SEITE 48

REISEZIELE IN CHINA

ALLE ZIELE AUF EINEN BLICK
Fundierte Einblicke, detaillierte Adressen, Insider-Tipps und mehr

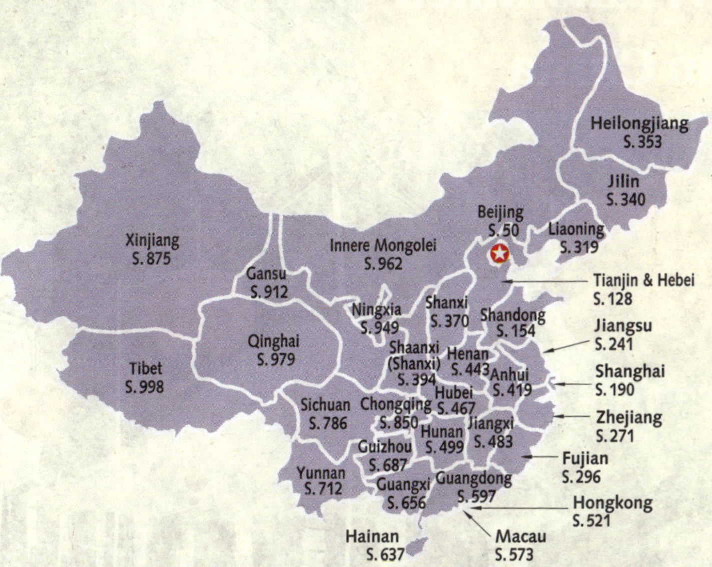

SEITE 1117

PRAKTISCHE INFORMATIONEN

SCHNELL NACHGESCHLAGEN
Tipps für Unterkünfte, sicheres Reisen, Small Talk und vieles mehr

Allgemeine Informationen 1118
Verkehrsmittel & -wege . 1133
China mit dem Zug 1142
Gesundheit 1149
Sprache 1157
Register 1172
Kartenlegende 1189

Damian Harper
Piera Chen, Chung Wah Chow, David Eimer, Tienlon Ho, Robert Kelly, Michael Kohn, Shawn Low, Bradley Mayhew, Daniel McCrohan, Christopher Pitts

Ehrwürdige Antike

Auch wenn sich China in Hochgeschwindigkeit modernisiert, sind die schicken Wolkenkratzer, die Autohäuser mit Lamborghinis und die Magnetschwebebahnen weit mehr als Spielereien: Die älteste fortdauernde Zivilisation der Welt fühlt sich stets genötigt, ein Kaninchen aus dem Hut zu zaubern. Geschichte ist nicht überall zu finden – drei Jahrzehnten Entwicklung und dem sozialistischen Ikonoklasmus fiel einiges zum Opfer –, doch wer seine China-Reise sorgfältig plant, wird immer wieder auf Spuren der Geschichte stoßen. Mit herabgefallenen Brocken der Großen Mauer, nebelumwobenen, von Tempeln gekrönten Bergen, idyllischen Dörfern, Wasserstädten und den ethnischen Grenzgebieten ist China Heimat einer der ältesten Zivilisationen der Welt. Gute Schuhe und ein starker Magen sind für Wanderungen unerlässlich: Chinas Spuren der Vergangenheit sind weit verstreut, also ist Laufen angesagt.

Herrliche Landschaften

China ist riesig. Man muss sich nur hinaus in die Weite des Landes wagen, etwa zum Inselhüpfen in Hongkong, um den Blick über die Grassteppe der Inneren Mongolei und die Gipfel des Himalajas schweifen zu lassen, oder eine Trekking- oder Fahrradtour durch die Märchenlandschaft der Karstberge unternehmen, um über die Endlosigkeit der nordwestlichen Wüste

Geschichtsträchtig und hochmodern, vertraut und doch fremd, städtisch und dennoch im Kern ländlich, konservativ, aber offen für neue Wege, antiquiert und technisiert – China ist ein Land verblüffender Gegensätze.

(links) Wachtürme entlang der Großen Mauer in der Nähe von Beijing (S. 120)
(unten) Kanäle von Zhujiajiao (S. 239)

oder die geheimnisvollen Nebel um Chinas Heilige Berge zu sinnieren. Wer angesichts der südlichen Reisterrassen ins Schwärmen gerät, die Größe der Sanddünen in Gansu zu schätzen versucht, der Großen Mauer folgt, die sich durch die Berggipfel schlängelt, sich in einem Bambuswald verläuft und durch dramatische Flussschluchten segelt, der mag am Ende ausgepowert sein – und findet Erholung beim Sonnenbad am Strand. Chinas Landschaft wird geprägt von den Schattierungen der Jahreszeiten: vom purpurnen Laub des herbstlichen Ahorns bis hin zu den bunten Azaleen in Huangshans Frühling und den vereisten Dächern der buddhistischen Tempel, die auf den Berspitzen thronen. Hier legt keiner die Kamera so schnell aus der Hand.

Küche

Die schalen Gerichte der westlichen Chinarestaurants haben nichts gemein mit der Kochkunst im Land: Das Kochbuch Chinas lockt mit Pekingente, Lammkebab aus Kaifeng oder Nudeln aus Lanzhou. Die scharfen Gewürze der Hunan- oder Sichuan-Küche bringen das Blut in Wallung, aber auch die Küche entlang der Grenzgebiete ist ein Erlebnis. Freunde werden mit einem *ganbei* („auf ex") des lokalen Feuerwassers begrüßt, zu empfehlen ist auch, ein kaltes Bier in einer Bar in Beijing zu schlürfen oder die Skyline von Shanghai durch ein Cocktailglas zu studieren. Womöglich sind die kulinarischen Entdeckungen die stärkste Erinnerung an das Reich der Mitte.

› China

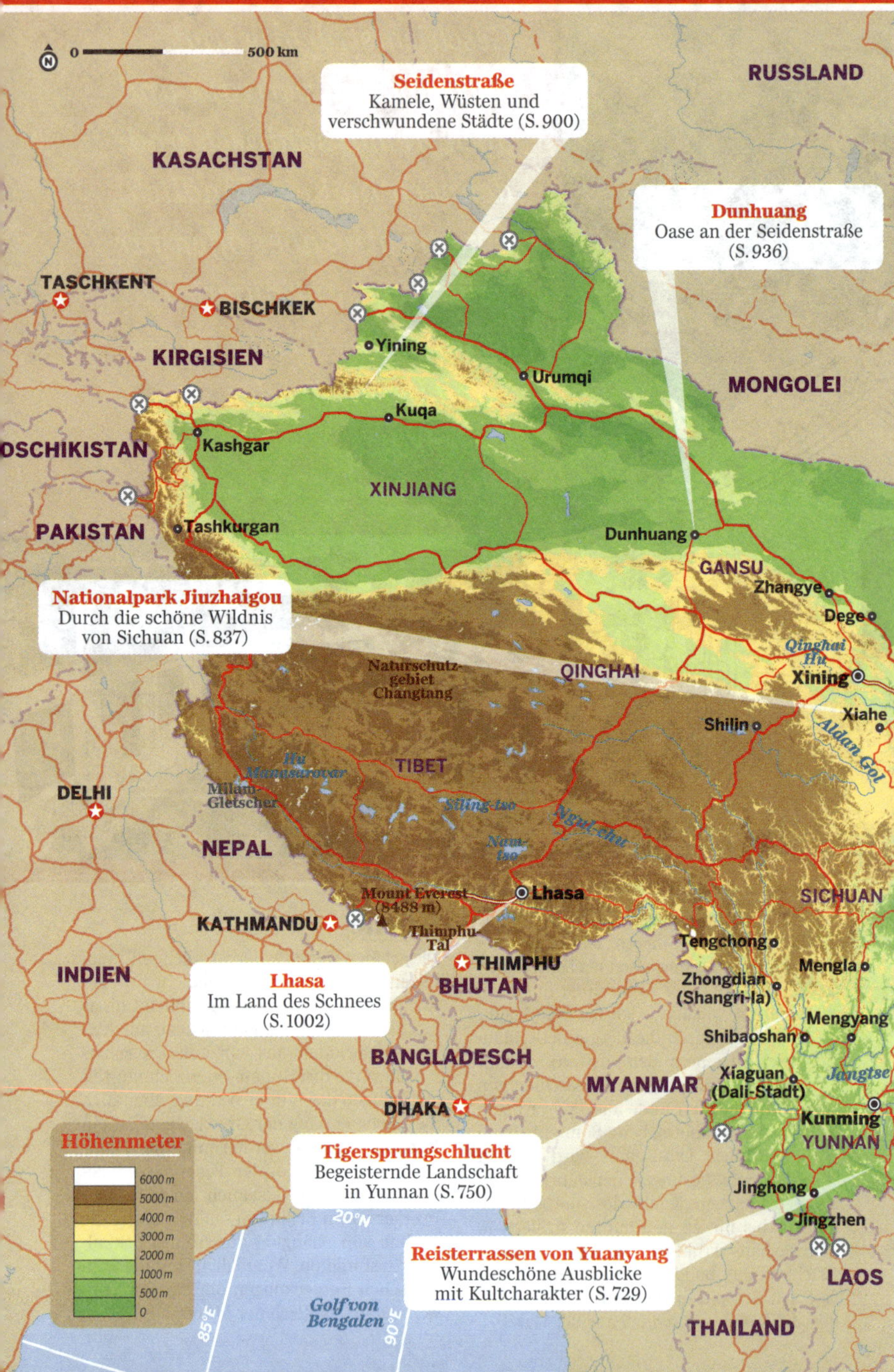

0 500 km
Seidenstraße
Kamele, Wüsten und verschwundene Städte (S. 900)
Dunhuang
Oase an der Seidenstraße (S. 936)
Nationalpark Jiuzhaigou
Durch die schöne Wildnis von Sichuan (S. 837)
Lhasa
Im Land des Schnees (S. 1002)
Tigersprungschlucht
Begeisternde Landschaft in Yunnan (S. 750)
Reisterrassen von Yuanyang
Wundeschöne Ausblicke mit Kultcharakter (S. 729)
RUSSLAND
KASACHSTAN
TASCHKENT
BISCHKEK
KIRGISIEN
MONGOLEI
Yining
Urumqi
Kuqa
Kashgar
XINJIANG
PAKISTAN
Tashkurgan
Dunhuang
GANSU
Zhangye
Dege
Qinghai Hu
Xining
Xiahe
Naturschutzgebiet Changtang
QINGHAI
Shilin
Aldan Gol
Hu Manasarovar
TIBET
Milam-Gletscher
DELHI
Siling-tso
Ngul-chu
NEPAL
Nam-tso
Lhasa
Mount Everest (8488 m)
SICHUAN
KATHMANDU
Thimphu-Tal
THIMPHU
BHUTAN
Tengchong
Mengla
INDIEN
Zhongdian (Shangri-la)
Mengyang
Shibaoshan
BANGLADESCH
Xiaguan (Dali-Stadt)
Jangtse
MYANMAR
Kunming
YUNNAN
DHAKA
Höhenmeter
6000 m
5000 m
4000 m
3000 m
2000 m
1000 m
500 m
0
20°N
Jinghong
Jingzhen
LAOS
Golf von Bengalen
85°E
90°E
THAILAND

Große Mauer
Auf der „Mutter aller Mauern" spazieren (S. 120)
Verbotene Stadt
Kaiserlicher Sitz zweier Dynastien (S. 55)
Pingyao
Chinas am besten erhaltene Stadtmauer (S. 383)
Terrakotta-Armee
Erstaunliches Kunsthandwerk des alten China (S. 406)
Shanghai
Paris des Ostens (S. 190)
Huang Shan
Chinas nebelverhangenes Gebirge (S. 431)
Kreuzfahrt auf dem Jangtse
Chinas großartigste Bootsfahrt (S. 868)
Kloster Labrang
Getränkt von buddhistischer Weisheit (S. 921)
Radeln in Yangshuo
Gemächlich durch eine beeindruckende Karstlandschaft strampeln (S. 668)
ULANBATAR
HEILONGJIANG
JILIN
LIAONING
NORD-KOREA
PYONGYANG
SEOUL
SÜD-KOREA
JAPAN
BEIJING
HEBEI
INNERE MONGOLEI
SHANXI
SHANDONG
NINGXIA
SHAANXI (SHANXI)
HENAN
JIANGSU
ANHUI
HUBEI
CHONGQING
ZHEJIANG
OSTCHINESISCHES MEER
JIANGXI
HUNAN
GUIZHOU
FUJIAN
TAIPEI
TAIWAN
GUANGDONG
GUANGXI
SÜDCHINESISCHES MEER
HANOI
VIETNAM
HAINAN
PHILIPPINEN
Nördlicher Wendekreis

30 TOP ERLEBNISSE

Verbotene Stadt, Beijing

1 Die überwältigende Palastanlage in Beijing (S. 55) ist zwar keine Stadt und auch nicht mehr verboten, aber mit ihren weiten Hallen und imposanten Toren immer noch das Nonplusultra kaiserlicher Prachtentfaltung. An keinem anderen Ort Chinas sind Geschichte, Legenden und alte Intrigen der Kaiserzeit derart geballt. Selbst wenn die Übersicht verloren geht, bleiben genügend bemerkenswerte Eindrücke hängen – eine einzige Postkarte reicht da kaum aus. Auch in Sachen Preis-Leistungs-Verhältnis belegt die Stadt einen Top-Rang: Der Gegenwert für die moderaten Eintrittspreise ist fast grenzenlos.

Große Mauer

2 Der Blick aus dem Weltraum wäre zwar cool, ist aber nur eine Legende. Nur in China ist die Große Mauer (S. 120) wirklich erfahrbar. Mal in Form bearbeiteter Steinreihen, mal als von Sträuchern überwucherte Ruine ohne Steinverblendung, windet sie sich durch die Hügel und zerfällt schließlich zu Staub. Die Mauer ist ein Symbol für die Wesenszüge Chinas: Fleiß, Arbeitskräfte, Visionen und Ingenieurskunst (gepaart mit Misstrauen gegen die Nachbarn). Mauerstück bei Mutianyu, nordöstlich von Beijing.

ROEVIN / GETTY IMAGES ©

2

TIM MAKINS / GETTY IMAGES ©

YAN LIAO / ALAMY ©

Tigersprungschlucht

3 Zwischen schneebedeckten Bergen hat ein reißender Fluss eine 2 km tiefe Schlucht ins Gestein geschnitten. Schmale Pfade führen in Serpentinen durch Bauerndörfer, in denen man ausruhen und Ausblicke genießen kann, die einem den Atem rauben. Die Tigersprungschlucht (S. 750) zieht sich über 16 km durch den abgelegenen Nordwesten Yunnans – eine unvergleichliche Erfahrung. Jeder, der diese Schlucht durchwandert hat, findet dafür nur glühende Worte der Begeisterung

Der Bund, Shanghai

4 Shanghai ist mehr als eine Stadt – Shanghai ist das neonfarbene Leuchtfeuer des Wandels, der Chancen und des Fortschritts. Es setzt voll und ganz auf eine nicht allzu ferne Zukunft. Superlative, wie die höchste Besucherplattform und das größte unterirdische Theater, geben einen Vorgeschmack auf Chinas ambitionierte Träume. Ob man die Stadt nach einer epischen 40-stündigen Zugfahrt von Xinjiang aus erreicht oder hier den ersten Stopp macht, Shanghai wird niemanden enttäuschen. Am Bund (S. 194), der berühmten Uferpromenade, hat alles begonnen; von dort bietet sich ein Blick auf Pudong.

Flussfahrt auf dem Jangtse

5 Das Schmelzwasser vom dritten Pol der Erde – dem Hochplateau von Tibet-Qinghai – speist den mächtigen, Leben spendenden Jangtse, den längsten Fluss Chinas. Er windet sich in westöstlicher Richtung durch das Land, ehe er in den Pazifik mündet. Der Höhepunkt einer Jangtsefahrt sind die Drei Schluchten, die der Fluss seit Urzeiten in das Gebirge geschnitten hat. Die Flussfahrt auf dem Jangtse (S. 868) bietet die seltene Gelegenheit, sich zurückzulehnen und die Szenerie zu genießen, die am Ufer vorbeizieht. Kleine Drei Schluchten, Hubei

4

DAN HERRICK / GETTY IMAGES ©

5

DAVID SOUTH / ALAMY ©

Kailash, Westtibet

6 Über eine Milliarde Buddhisten und Hindus verehren diesen heiligsten Berg Asiens (S. 1024), der sich über der Barkha-Ebene wie eine riesige, vierseitige *chörten* (Stupa) auf 6714 m erhebt. Er bildet zusammen mit dem eindrucksvollen Manasarovar-See und einem Becken, aus dem vier der größten Flüsse Asiens entspringen, eine Szenerie, die ihresgleichen sucht. So ganz nebenbei – während man eines der schönsten und entlegensten Fleckchen der Erde erlebt – kann man sich mit der dreitägigen Umrundung des Berges von allen Sünden seines Lebens reinwaschen.

Wandern durch die Reisterrassen

7 Nach holpriger Busfahrt ins Hochland des nördlichen Guangxi öffnet sich eine archaische und oft fotografierte Landschaft mit einem faszinierenden Namen: Die Drachenknochen-Reisterrassen (S. 665). Hier leben viele Minderheiten in einem Mosaik aus traditionellen Dörfern und Reisterrassen, die sich an steile Berghänge schmiegen. Die Wanderung von Dorf zu Dorf führt durch die gefluteten Felder. Die Strecke zwischen Ping'an und Dazhai bietet herrliche Ausblicke. Die beste Reisezeit ist nach den Sommerregengüssen, wenn die Felder in der Sonne glitzern.

6

HIROYUKI NAGAOKA / GETTY IMAGES ©

7

KRZYSZTOF DYDYNSKI / GETTY IMAGES ©

GREG ELMS / GETTY IMAGES ©

MICHAEL COYNE / GETTY IMAGES ©

LONELY PLANET / GETTY IMAGES ©

Chinas Küche

8 Den Standardgerichten des westlichen Chinarestaurants ein *zaijian* (auf Wiedersehen) – denn jetzt heißt es *nihao* (Hallo) zu einer neuen Welt der Speisen und Gewürze (S. 1071). Natürlich hat China *dim sum*, Nudeln und Teigtaschen zu bieten, aber auch den brennend scharfen Feuertopf aus Chongqing, die tibetische Küche oder die aufregenden Düfte eines Nachtmarktes in Kaifeng. Hier gibt's Speisen, von denen man noch nie gehört hat, und Getränke, die sich als Raketentreibstoff eignen würden, und das ist erst der Anfang. Wantan-Suppe mit Teigtaschen

Diaolou von Kaiping

9 Wem in Guangdong nur Zeit für ein einziges Ziel bleibt, der sollte sie für die Diaolou von Kaiping reservieren (S. 617). Wie hingeworfen auf den Feldern von Kaiping, einer Stadt bei Guangzhou, blieben etwa 1800 dieser eigenartigen befestigten Wohntürme erhalten. Es sind robuste Bastionen, die zu Beginn des 20. Jhs. erbaut wurden und völlig anders aussehen, als sonst im Reich der Mitte üblich: Ihre Architektur vereint fremde und heimische Stile in einer außergewöhnlichen Mischung. Griechisch, römisch, gotisch, byzantinisch oder barock – die Baumeister ließen nichts aus.

Französische Konzession, Shanghai

10 Die ehemalige Französische Konzession in Shanghai war einst der Unterschlupf von Abenteurern, Revolutionären, Gangstern, Prostituierten und Schriftstellern – ironischerweise waren viele dieser Bewohner gar keine Franzosen. Der schönste Teil von Puxi, das "Paris des Ostens", ist ein grünes, liebenswertes Viertel. In den Straßen mit Villen aus den 1920er-Jahren stehen Wohnhäuser des Jugendstils neben eleganten Restaurants und schicken Bars. Die Französische Konzession (S. 202) ist die Sonnenseite Shanghais – cool, hip und äußerst verführerisch. Shopping in Xintiandi (S. 203)

11

Huang Shan & Dörfer der Hui

11 Über 200 Tage im Jahr liegt der Huang Shan (S. 431) im Nebel oder Nieselregen. Jährlich besuchen Millionen von Menschen das Gebirge, angezogen von der kargen Schönheit der Landschaft und ihrem überirdischen Zauber. Der Nebel verschwindet so schnell, wie er aufzieht, und dürre, knorrige Kiefern ragen wie Nadeln aus dem nackten Granit der Hänge. Zu Füßen des Gebirges liegen wunderbar erhaltene Dörfer der Hui, wie Xidi (S. 425) und Hongcun (S. 425). Die Unesco, Ang Lee und Zhang Yimou waren begeistert – wie alle, die hier waren. Tempel des barmherzigen Lichtes, Huangshan

Großer Buddha von Leshan

12 Selbst wer alles über den Großen Buddha von Leshan (S. 809) gelesen hat – seine Ohren sind tatsächlich 7 m hoch –, wird seine gewaltige Größe erst von Angesicht zu Angesicht sinnlich erfassen können. Steigt man die Treppe bei der weltgrößten Buddha-Statue hinab, steht man schließlich neben seinen Zehen, die Fußnägel etwa auf Augenhöhe. Noch nicht beeindruckt? Dann hilft es, sich vorzustellen, wie die wunderbare Statue am Flussufer vor über 1200 Jahren in mühevoller Arbeit aus dem Felsen gehauen wurde.

Terrakotta-Armee

13 Die kaiserliche Armee (S. 406) steht seit über 200 Jahren schweigend Wache. Die Soldaten aus Terrakotta gehören zu den außergewöhnlichsten Funden, die je gemacht wurden. Nicht allein, dass hier tausende lebensgroße Tonfiguren in Schlachtordnung stehen, hinzu kommt, dass jeder einzelne Soldat individuell gestaltet ist, einen eigenen Gesichtsausdruck hat. Es ist eine Armee, aber eine Armee aus Individuen. Wer ihre Gesichter betrachtet, blickt direkt in eine einzigartige, lebensnahe Vergangenheit.

12

SIMON PODGORSEK / GETTY IMAGES ©

13

SEAN CAFFREY / GETTY IMAGES ©

14

HAIBO BI / GETTY IMAGES ©

15

KEVEN OSBORNE / FOX FOTOS / GETTY IMAGES ©

Fluss Li & Radfahren durch Yangshuo

14 Es ist kaum möglich, die Schönheit von Yangshuo (S. 668) und des Flusses Li (S. 672) übertrieben zu schildern. Das märchenhafte Chinabild der meisten Reisenden wird hier Wirklichkeit: Trauerweiden, die sich vor moosgrünen, zerklüftetem Kalkfelsen über sprudelnde Bäche neigen, Wasserbüffel, die sich im Schlamm suhlen, und Bauern, die ihre Reisfelder bestellen. Bei einer Fahrt mit dem Bambusfloß eröffnet sich eine Landschaft, die seit Jahrhunderten Maler und Dichter inspiriert. Ähnliche Eindrücke erlaubt eine Fahrradtour entlang des Flusses Yulong (S. 664). Fluss Li

Lhasa

15 Die heilige Stadt Lhasa (S. 1002) ist die perfekte Einstimmung auf Tibet. Schon bei der Ankunft wird die Magie des Ortes sinnlich spürbar. Die spektakulären Gebetshallen des Potala-Palastes, der mittelalterliche Tempel Jokhang und die Mönchstädte Drepung und Sera sind mit Sicherheit Highlights, aber auch die weniger bekannten Seitenkapellen und Pilgerwege sind sehenswert. In den weiß getünchten, gewundenen Gassen der Altstadt schlägt das wahre Herz Tibets. Dort könnte man stundenlang zwischen kleinen Handwerkerläden, versteckten Tempeln und Teehäusern spazieren. Potala-Palast

Seidenstraße

16 Auch in Usbekistan und Turkmenistan liegen Städte an der Seidenstraße, aber nur China bietet das echte „Seidenstraßen-Feeling" mit seinem vorherrschenden muslimischen Erbe und den Überresten der uralten buddhistischen Tradition. Unterwegs im Bus – Kilometer für Kilometer, Stadt für Stadt – lässt sich das Reisegefühl vergangener Zeiten nachempfinden. Kashgar (S. 891) ist die Seidenstraßenstadt schlechthin und noch heute ein einzigartiger kultureller Schmelztiegel. Ebenso beeindruckend ist Hotan (S. 902), das noch immer von seiner Vergangenheit zehrt. Tadschikischer Kameltreiber, Xinjiang

Pingyao

17 Die Zeit hinterließ Spuren in Pingyao (S. 383) und schliff es zu einem Juwel. Es kann innerhalb der intakten Stadtmauer auf eine seit der Qing-Dynastie ungebrochene Geschichte zurückblicken. Die Stadt bietet alles, was sich China-Reisende wünschen: eindrucksvolle Stadtmauern, schmale Gassen, alte Läden, traditionelle Hofhäuser, einige exzellente Hotels, Gastfreundschaft und eine überschaubare Größe. In ganz China gibt es keine zweite Stadt wie Pingyao; wer sie einmal entdeckt hat, will nie wieder weg. Intakte Stadtmauer der Ming-Dynastie in Pingyao

18
KRZYSZTOF DYDYNSKI / GETTY IMAGES ©

19
BEST VIEW STOCK / GETTY IMAGES ©

20
KRZYSZTOF DYDYNSKI / GETTY IMAGES ©

Kloster Labrang

18 Wer nicht bis Tibet kommt, kann in der Provinzstadt Xiahe in der Region Amdo in Gansu tibetisches Flair schnuppern. In nur einem Augenblick wird man von Han-China nach Tibet versetzt. Das Kloster Labrang (S. 921) zieht Legionen tibetischer Pilger an, die das Kloster in höchster Konzentration auf einem Pilgerpfad *(kora)* mit Gebetsmühlen umrunden. Dem Kloster wird spirituelle Kraft nachgesagt. Ein Magnet für Pilger, ein ethnischer Schmelztiegel und eine faszinierende Ecke Chinas – dazu ein guter Ausgangspunkt für Trekkingtouren.

hutongs, Beijing

19 Das wahre Beijing sieht nur derjenige, der mindestens einmal durch die zauberhaften, historischen Gassen (S. 77) der Hauptstadt schlendert. Die *hutongs* sind das Herz und die Seele der Stadt. In diesem Gassenlabyrinth im Zentrum entfaltet sich ein einzigartiges Straßenleben. Auch wenn sich Beijing bemüht, eine Großstadt des 21. Jhs. zu sein, sein wahrer Charme liegt nicht in den Hochhäusern, sondern in den himmlischen Hofhäusern, krummen Gassen und einem ausgeprägten Gemeinschaftsgefühl. Am besten mietet man sich in einem Hotel in einem alten Hofhaus ein, bleibt ein paar Tage und erlebt „Beijing pur" direkt vor der Haustür.

Yungang-Grotten

20 In diesen Grotten aus dem 5. Jh. (S. 375) zeigt sich buddhistische Kunst in ihrer höchsten Vollendung. Sie enthalten Statuen, die zu den bemerkenswertesten ihrer Art in China gehören. Die Grotten wurden ins gelbe Gestein von Shanxi geschlagen und mit großartigen Fresken ausgeschmückt. Die Statuen in den Höhlen repräsentieren den Höhepunkt der Tuoba-Kultur, die hier zudem Einflüsse aus Griechenland und Persien aufweist. Sogar ein Teil der Farben hat erstaunliche 1500 Jahre überlebt, und der Anblick hat auf gläubige Buddhisten bis heute eine ergreifende Wirkung.

Tai-Chi

21 Die ätherischen Bewegungen des Tai-Chi (S. 1114) sind sowohl eine Form der Meditation als auch ein Kampfsport in Zeitlupe – auf jeden Fall sind sie die Quintessenz Chinas. Wer täglich Tai-Chi betreibt, lebt angeblich ein Jahrzehnt länger; außerdem hilft es dabei, sich in den übervollen Bussen Platz zu verschaffen. Tatsächlich gibt es auch schnellere Versionen: Der Chen-Stil übernimmt Elemente des Shaolin-Boxens und eignet sich bestens als Workout. Lehrer in Beijing, Shanghai, Yangshuo und Wudangshan bieten Kurse an – ein Schnellkurs in Tai-Chi bereichert die Chinareise um die Magie und Weisheit des Landes.

Reisterrassen von Yuanyang

22 In die Hügel von Yuanyang, die sich in der Ferne zu verlieren scheinen, haben die Hani ihre Reisterrassen (S. 729) gegraben – ein sichtbares Zeugnis für die Harmonie zwischen den Bauern und der Landschaft, in der sie leben. Die Reisterrassen, die zu jeder Jahreszeit sehenswert sind, ziehen sich wie riesige Treppenstufen die Hänge hinauf. Absolut unwiderstehlich sind sie im Winter, wenn die Felder geflutet werden und sich Sonnenauf- oder -untergang in den glänzenden Wasserflächen widerspiegeln. Zu wenig Platz auf dem Speicherchip der Kamera wäre eine Katastrophe.

21

HUW JONES / GETTY IMAGES ©

22

WILLIAM YU PHOTOGRAPHY / GETTY IMAGES ©

23

RINGO CHIU / ZUMA PRESS / CORBIS ©

24

HUANG XIN / GETTY IMAGES ©

DIANA MAYFIELD / GETTY IMAGES ©

Fähre im Victoria-Hafen, Hongkong

23 Eine Sirene ruft die Fahrgäste zur Gangway, ein Pfiff, das Boot legt ab. Von der Reling bietet sich ein Blick auf die berühmte Skyline: Die Hochhäuser Hongkongs – Stahl, Glas und Neonlichter vor einer Gebirgskulisse. Die legendäre Star Ferry (S. 533) transportiert seit dem 19. Jh. ihre Passagiere zwischen Hongkong und der Halbinsel Kowloon. Nach zehn Minuten wirft ein Matrose ein Hanfseil ans Ufer, eine Glocke läutet, die Fahrt ist zu Ende. Besser können zwei Hongkongdollar für eine „Kreuzfahrt" wirklich nicht angelegt werden. Star Ferry

tulou-Rundhäuser

24 Die faszinierenden *tulou* im Hügelland von Fujian, Guangdong und Jianxi beherbergen ganze Dorfgemeinschaften in einem einzigen Bau, obwohl die Dörfer immer mehr ihrer Bewohner verlieren. Die eindrucksvollen Rundbauten – meistens, aber nicht immer – aus Holz und Erde ließen sich bestens gegen Angriffe verteidigen und wurden von der CIA fälschlicherweise für Raketenabschusssilos gehalten. Solange diese Lebensweise noch existiert, empfiehlt sich eine Übernachtung, um den Zauber des Ortes in sich aufzunehmen; die ländliche Umgebung ist großartig und die Architektur einzigartig.

Wandern im Nationalpark Jiuzhaigou

25 Eine Wanderung durch die bewaldeten Täler des Nationalparks Jiuzhaigou (S. 837) – an Seen mit unvergleichlich blauem Wasser und tibetischen Dörfern vorbei – war schon immer ein Highlight einer Sichuanreise. Inzwischen bietet der Park ausgezeichnet organisierte Ökotouren an, Camping im Park inklusive. Die Guides sprechen Englisch, und die Verwaltung bietet Campingausrüstungen an. Nur den Sinn für Abenteuer und Batterien für die Kamera müssen die Besucher selbst mitbringen. Perlenstrand-Wasserfall

ZOU YANJU / GETTY IMAGES ©

MARTIN MOOS / GETTY IMAGES ©

JANE SWEENEY / GETTY IMAGES ©

Tai Shan

26 Ohne einen oder zwei der heiligen Berge bestiegen zu haben, wäre eine Chinareise nur unvollkommen – und der ehrwürdige Tai Shan in Shandong ist der Urahn aller heiligen Berge (S.164). Die Überlieferung verspricht demjenigen, der den taoistischen Berg besteigt, ein 100-jähriges Leben; vorher müssen allerdings bis zur totalen Erschöpfung die mörderischen Treppen bis zum Gipfel erklommen werden (Drückeberger bevorzugen Minibus oder Seilbahn). Zur Belohnung warten außergewöhnliche Ausblicke, und der Sonnenaufgang über dem Gebirge im Osten gehört ins Pflichtprogramm.

Dunhuang

27 Im äußersten Westen des Landes, wo China sich in eine Mondlandschaft verwandelt, liegt das hübsche Oasenstädtchen Dunhuang (S.936), ein von der Natur geschaffener Rastplatz für staubige Reisende auf der Seidenstraße. Die berghohen Sanddünen reichen bis an die Stadt, und der ewige Wind hat die einst mächtige Große Mauer in bröckelige Fragmente verwandelt. Doch das eigentliche Highlight sind die prachtvollen Grotten von Mogao (S.940). Mogao ist die Crème de la Crème unter den buddhistischen Höhlen Chinas, und die kunstvollen Statuen dürften der vielleicht größte Kulturschatz des Landes sein. Mogao-Grotten

Sonntagsmarkt von Kashgar

28 Um die Mittagszeit ist Rushhour auf dem Viehmarkt von Kashgar (S.891), doch wenn die Busse die Touristenströme abtransportiert haben, lohnt sich der Bummel. Dann gehört der Markt den Viehhändlern, die mit Kennerblick Schafe, Ziegen, Kamele und andere Tiere bewerten. Hier im äußersten Westen Chinas, zwischen Staub, drängelnden Menschen und dem markanten Duft des Viehs, wird die lokale Tradition von Zentralasien geprägt – Beijing scheint ferner als Bagdad.

Fenghuang

29 Häuser auf wackeligen Stelzen, Ahnenhallen, zerfallende Tempel und Tortürme vor einem labyrinthischen Gewirr aus Gassen und Läden, in denen geheimnisvolle Speisen und Medikamente angeboten werden, wären schon Grund genug, sich die uralte Stadt Fenhuang (S.516) anzusehen. Hinzu kommen die verführerische Lage auf beiden Seiten des Flusses Tuo und die Möglichkeit, in einer Herberge direkt am Wasser zu wohnen. Die Stadt hat Charakter wie kaum eine zweite in China. Hong-Brücke und Stelzenhäuser

Mit dem Fahrrad durch Hainan

30 Der blaue Himmel und das milde Wetter, das die Urlauber auf Chinas einziger Tropeninsel (S.637) zum Nichtstun verführt, macht sie auch zum idealen Ort für eine Radtour. Der Osten bietet pittoreske Täler mit Reisfeldern, spektakuläre Buchten und einige der schönsten Strände Asiens. Das Gebirge in der Inselmitte ist nur dünn besiedelt. In den dichten Wäldern leben die Li und die Miao, die ersten Siedler der Insel. Hier sind selbst die Hauptstraßen kaum befahren.

29

DIANA MAYFIELD / GETTY IMAGES ©

30

VINNYP IMAGES / ALAMY ©

Gut zu wissen

Währung

» Der Yuan (¥)

Sprache

» Mandarin

» Kantonesisch

Reisezeit

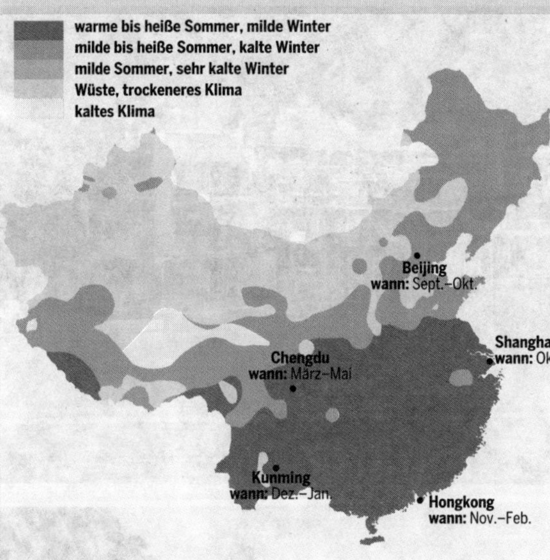

Hochsaison
(Mai–Aug.)

» An den wichtigsten Highlights warten Massen von Touristen auf Einlass; regelmäßige Sommerregen.

» Vor allem in der ersten Woche der Maiferien steigen die Preise für Unterkünfte stark an.

Zwischensaison
(Feb.–April, Sept. & Okt.)

» Im Frühling sind die Tage wärmer, im Herbst kühler.

» Die beste Jahreszeit für den Norden; das Wetter ist frisch und der Himmel klar.

» Ferien Anfang Oktober; die Preise für Unterkünfte steigen.

Nachsaison
(Nov.–Feb.)

» Keine Urlaubszeit für Chinesen, aber während des chinesischen Neujahrs ist viel los, und die Preise sind erhöht.

» Im Norden und in den Höhenlagen ist es bitterkalt; nur im tiefsten Süden ist es warm.

Tagesbudget

Weniger als
200 Yuan

» Bett im Schlafsaal: 40–60 Yuan

» Speisemärkte, Mini-Restaurants und Garküchen: 40 Yuan

» Internetzugang, Fahrradverleih, andere Transportmittel: 20 Yuan

» Freier Eintritt in einige Museen

Mittelteuer
200–1000 Yuan

» Doppelzimmer in Mittelklassehotels: 200–600 Yuan

» Essen in einheimischen Restaurants: 80–100 Yuan

» Drinks in einer Bar

» Taxifahrt

Teuer über
1000 Yuan

» Doppelzimmer im Spitzenhotel: 600 Yuan +

» Essen in sehr guten Restaurants: 300 Yuan

» Shoppen in teuren Geschäften: 300 Yuan

» Zwei Tickets für die Chinesische Oper: 300 Yuan

Geld

» In allen größeren Städten und Orten finden sich Geldautomaten. Kreditkarten sind ungebräuchlich, bezahlt wird mit Bargeld.

Visa

» Für eine Reise nach China (außer Hongkong und Macau) wird ein Visum benötigt. Für Tibet und ein paar andere Regionen sind außerdem Sondergenehmigungen erforderlich.

Handys

» Für die meisten Handys werden preiswerte Prepaid-SIM-Cards angeboten; auch chinesische Handys sind billig.

Verkehrsmittel & -wege

» Bahn- und Busnetz sind dicht; es gibt viele inländische Flugverbindungen. In Beijing, Shanghai, Hongkong und Macau können Autos geliehen werden.

Infos im Internet

» **Lonely** Planet (www.lonelyplanet.com/china und www.lonelyplanet.de/reiseziele/asien/china) Infos zu Orten, Hotels, Forum und mehr.

» **Ctrip** (www.english.ctrip.com) Buchung von Hotels und Flugtickets.

» **Danwei** (www.danwei.org) Einführung in das wahre China.

» **Chinasmack** (www.chinasmack.com) Aktuelles und Videos.

» **Tea Leaf Nation** (www.tealeafnation.com) Einblicke ins chinesische Social Media.

» **Popupchinese** (www.popupchinese.com) Podcasts (prima, um Chinesisch zu lernen).

Wechselkurse

Eurozone	1 €	7,27 Yuan
Hongkong	1 HK$	0,62 Yuan
Japan	100 Yen	5,36 Yuan
Schweiz	1 Sfr	5,47 Yuan

Aktuelle Wechselkurse unter www.wechselkurse.de.

Wichtige Telefonnummern

Notarzt	☎120
Feuerwehr	☎119
Polizei	☎110
Länderworwahl (China/Hongkong/Macau)	☎86/852/853
Internationale Zugriffsnummer	☎00
Internationale Fernsprechauskunft	☎114

Ankunft in China

» **Beijing Capital Airport**
Airport Express – Alle 15 Min.
Flughafenbus – ins Zentrum von Beijing alle 10–20 Min.
Taxi – 80–100 Yuan

» **Shanghai Pudong International Airport**
Magnetschwebebahn – alle 20 Min.
Metro – Linie 2 zum Hongqiao Airport
Flughafenbus – alle 15–25 Min.
Taxi – 160 Yuan

» **Hong Kong International Airport**
Airport Express – alle 12 Min.
Taxi – etwa 300 HK$ ins Zentrum

Internetzugang in China

Für die Nutzung WLAN-fähiger Mobiltelefone, Tablets oder Laptops finden sich in größeren Städten und Orten WLAN-Zonen in Hotels, Restaurants und Cafés sowie andere Hotspots. Achtung: In zahlreichen Internetcafés in China ist es ohne chinesische ID nicht erlaubt, ins Internet zu gehen. Gut vorausplanen und keinen Verstoß in Kauf nehmen: wer kein Mobiltelefon, Tablet oder Laptop mit Internetzugang besitzt, sollte sich auf die Suche nach einem Hotel oder Café mit Internetterminal machen oder ein mit einem Computer ausgestattetes Hotelzimmer buchen. Hotels, die WLAN bieten, sind in diesem Buch mit dem WLAN-Icon gekennzeichnet; Hotels mit Internetzugang führen das @ Internet-Icon. Soziale Netzwerke, wie Facebook und Twitter, sind verboten und daher in China nicht verfügbar.

Das erste Mal

Jeder, der zum ersten Mal ein Land besucht, ist dankbar für eine Hilfestellung. Ein paar Sprachfetzen sind nützlich für die Verständigung, und an Sitten und Etikette muss man sich gewöhnen. Die folgenden Tipps sollen das Reich der Mitte etwas entmystifizieren, damit bereits der erste Trip so glatt wie der fünfte verläuft.

Die Sprache

In der Tat kann man China bereisen, ohne ein einziges Wort Englisch zu hören. Bei den Angestellten touristischer Zentren im Land sieht es besser aus, und in den Großstädten, wie Shanghai, Beijing und Hongkong, sprechen und verstehen viele Chinesen Englisch. In kleineren Städten oder auf dem Land hilft es dagegen häufig wenig bis gar nicht weiter (die meisten Chinesen sprechen kein Wort Englisch). Im Kapitel Sprache (S. 1157) stehen ein paar der wichtigsten chinesischen Redewendungen.

Zimmer reservieren

Wer sich zumindest für die erste Übernachtung im Land ein Zimmer reserviert, beginnt seinen China-Trip ohne Stress. Diese Redewendungen helfen überall dort, wo kein Englisch gesprochen wird.

Hallo	你好	Nǐhǎo
Ich möchte ein Zimmer buchen	我想订房间	Wǒ xiǎng dìng fángjiān
ein Einzelzimmer	单人间	dānrén jiān
ein Doppelzimmer	双人间	shuāngrén jiān
Mein Name ist ...	我叫...	Wǒ jiào...
von... bis... (Termine)	从…到...	cóng... dào...
Wieviel kostet das? pro Nacht/Person?	每天/人多少钱？	Měi tiān/rén duōshǎo qián?
Vielen Dank	谢谢你	Xièxie nǐ

Kleidung

Mit Freizeitkleidung kommt man durch (fast) ganz China, nur gehobene Restaurants in Shanghai, Beijing oder Hongkong haben manchmal einen Dresscode. In der Regel gehen lange oder kurze Hosen, Hemden oder T-Shirts für Männer in Ordnung; Frauen tragen Kleider, Röcke oder Hosen. Im Sommer ist kurze Kleidung empfehlenswert, aber lange Hosen und Ärmel schützen abends vor Mücken. Sonnenhüte können nützlich sein. Wer bei jedem Wetter draußen ist, braucht einen leichten, wasserdichten Mantel/Jacke und feste Schuhe. Im Winter hält im Norden oder im Gebirge nur Kleidung in mehreren Lagen warm genug – dicke Hemden, Pullis und warme Jacken oder Mäntel, Handschuhe, Socken und eine Mütze.

Nicht vergessen

- Reisepass
- Kreditkarte
- Wörterbuch
- Geldgürtel
- Reisestecker
- Reiseapotheke
- Insektenmittel
- Ladegerät fürs Handy
- Kleidung
- Ohrstöpsel
- Toilettenartikel
- Sonnencreme
- Sonnenhut und -brille
- Papiertaschentücher
- Wasserdichte Kleidung
- Schloss
- Taschenlampe
- Taschenmesser
- Kamera
- Stift
- Reiselektüre

Checkliste

» Gültigkeit des Reisepasses überprüfen

» Alle nötigen Buchungen erledigen (Unterkunft und Transporte)

» Reiseroute planen (S. 34)

» Visa überprüfen und rechtzeitig Sondererlaubnisse einholen

» Notwendige Kleidung herauslegen

» Beschränkungen der Fluggesellschaft beim Reisegepäck checken

» Kreditkartengesellschaft informieren

» Reiseversicherung abschließen (siehe S. 1129)

» Überprüfen, ob das Handy benutzt werden darf (siehe S. 1126)

Etikette

Die Chinesen gehen recht entspannt mit der Etikette um, es gibt allerdings ein paar Dinge, die man beachten sollte:

» **Begrüßung & Abschied** Händeschütteln ist okay, auf keinen Fall jedoch Wangenküsse. Bei der Begrüßung sagt man „Nihao", beim Abschied „Zaijian".

» **Um Hilfe bitten** Die Frage nach dem Weg beginnt mit „Qing wen..." („Entschuldigung, darf ich fragen..."); um sich zu entschuldigen, sagt man „Duibuqi..." (Es tut mir leid).

» **Religion** Beim Besuch von buddhistischen (vor allem in Tibet) und taoistischen Tempeln, Kirchen und Moscheen wird dezente Kleidung empfohlen.

» **Essen & Trinken** Bei Tisch legt man nicht sich selbst sondern seinem Nachbarn ein Häppchen auf den Teller. Der Gastgeber und die anderen Gäste erwarten einen Trinkspruch, erst danach wird getrunken. Raucher bieten Zigaretten an. Man sollte sich immer bereit erklären, die Drinks in einer Bar zu bezahlen, aber nicht darauf bestehen, wenn ein anderer bezahlen möchte.

» **Gestik** Zu viele Handbewegungen oder übertriebene Körpersprache sind verpönt.

Geld

» **Kreditkarten** In Touristenorten und Großstädten werden Kredit- und Bankkarten akzeptiert, vor allem Visa- und Master Card. In Bars und Restaurants besser vorher erkundigen.

» **Geldautomaten** Die Bank of China und Zweigstellen der ICBC bieten einen 24-Stunden-Service an.

» **Geldwechsel** In Hotels, Filialen der Bank of China, einigen Kaufhäusern und Flughäfen kann Geld gewechselt werden. Dennoch sollte man Bargeld mitführen.

» **Trinkgeld** Taxifahrer oder Kellner erwarten kein Trinkgeld. In einigen Restaurants wird der Service berechnet.

Geführte Touren

Die Mehrzahl aller Sehenswürdigkeiten Chinas kann individuell besichtigt werden. Oft sind Touren (von Hotels und Reisebüros) teuer, unergiebig und werden von Guides begleitet, die schlecht Englisch sprechen. Wenn es möglich ist, einen Ort auf eigene Faust zu besuchen (etwa die Große Mauer oder die Wasserstädte um Shanghai), kann man auf eine geführte Tour verzichten. Auf manchen Touren wird ohnehin nur Chinesisch gesprochen, andere entpuppen sich als kommerzielle Fallen. Eine gute Alternative sind Taxifahrer, die Sehenswürdigkeiten anfahren – sie sind meist preiswerter und flexibler. Sinnvoll sind geführte Touren, wenn schwer erreichbare Ziele oder schlecht zugängliche Regionen angesteuert werden, Übernachtungen erforderlich sind oder mehrere Destinationen zusammengefasst werden. Empfehlenswerte einzelne Guides und komplette Tour-Programme werden in den einzelnen Kapiteln des Buches vorgestellt.

Wie wär's mit ...

Kaiserliche Architektur

Wer historische Bauwerke liebt, ist in China genau richtig. Jedes Kaiserreich hat seine – inzwischen oft verfallenen – Duftmarken in Form imposanter Altertümer über Nordchina verteilt: kaiserliche Paläste, die Ruinen der Großen Mauer oder Altäre, an denen der Kaiser betete. Beijing steht ganz oben auf dem Treppchen, dann folgen die kaiserlichen Städte Kaifeng, Xi'an und Datong.

Verbotene Stadt Chinas strahlende Kaiserresidenz in Beijing; hier lebten zwei Dynastien und ihre Konkubinen (S. 55)

Sommerpalast Traditionelles China mit allen Zutaten: Hügel, Seen, Pavillons und Tempel (S. 86)

Kaiserpalast Inmitten des Kernlandes der mandschurischen Dynastie, in Shenyang in der Provinz Liaoning (S. 322), entfaltet sich die Pracht der Mandschu

Xi'an Shaanxi, die Heimat der Terrakottakrieger, eine imposante Stadtmauer der Ming und Spuren der goldenen Zeiten der Stadt während der Tang-Dynastie (S. 396)

Chengde Die Reste des sommerlichen Schlupflochs der Qing: Paläste und fesselnde Tempel im tibetischen Stil (S. 142)

Die Große Mauer

Die Mauer hat einiges mehr zu bieten als Badalings Menschenmassen und übertrieben renovierte Mauerabschnitte. Der berühmteste Abschnitt gehört zu Beijing, doch die Mauer zieht sich wie ein gezacktes Band durch große Teile Nordchinas: Sie schlängelt sich von der Grenze Nordkoreas bis hin zu den vom Winde verwehten Resten im chinesischen Wilden Westen.

Jiankou Von Beijing aus der beste Abschnitt der Großen Mauer; sowohl die Bäume, die über dem Mauerwerk wachsen, als auch das prachtvolle Gebirgspanorama sind sehr reizvoll (S. 123)

Zhuangdaokou Kaum besuchter Mauerabschnitt bei Beijing mit fantastischen Ausblicken und Wandermöglichkeiten (S. 124)

Huanghua Cheng Einige der authentischsten Mauerstücke von Beijing (S. 124)

Festung Jiayuguan Im Angesicht abblätternder Slogans des großen Vorsitzenden aus der Kulturrevolution, die den Wüstenwinden Gansus ausgeliefert sind (S. 933)

Simatai Los geht's zum vierstündigen Trek zwischen Jinshanling und Simatai außerhalb von Beijing, bei dem sich traumhafte Panorama-Ansichten ergeben (S. 125)

Moderne Architektur

Wie es seiner Rolle auf der Weltbühne gebührt, hat China mit supermodernen Bauwerken nach den Sternen gegriffen. Man muss sich nicht als Architekturfan outen, um bei den Skylines von Shanghai oder Hongkong ins Schwärmen zu geraten. Die Begeisterung für Neues, Unerwartetes und für Aussichtsplattformen in schwindelnder Höhe reicht aus.

Shanghai World Financial Center Noch thront der Bau über ganz Lujiazui, doch schon bald wird er vom Shanghai Tower übertroffen werden (S. 208)

CCTV Building Die Bewohner Beijings nennen es „Große Unterhose", andere sehen darin eine Meisterleistung der Ingenieurskunst (S. 80)

Nationales Zentrum der darstellenden Kunst An diesem Bau in Beijing scheiden sich die Geister, doch jeder der ihn sieht, gerät ins Staunen (S. 84)

HSBC Building Hongkongs ausgefeiltestes und höchst technisiertes Gebäude im Feng-Shui-Design der Meisterklasse (S. 825)

Shanghai Tower Der noch immer im Bau befindliche Gigant in Shanghais Lujiazui-Viertel beginnt bereits seine riesigen Rivalen zu überschatten (S. 190)

KRZYSZTOF DYDYNSKI / GETTY IMAGES ©

» Stadtturm in Pingyao, Chinas besterhaltener antiker Stadt mit Stadtmauer (S. 383)

Historische Siedlungen

Die pittoresken alten Dörfer und Städte geben viel von der traditionellen Lebensweise ihrer Bewohner preis. Ming- und Qing-Architektur, schiefe Gassen, jede Menge Feng Shui und das entspannte Tempo der Bauern vereinen sich zu einer ländlich-idyllischen Ästhetik. In einigen Dörfern leben ethnische Minderheiten in typischen Bauten.

Pingyao Chinas bestaussehende Siedlung mit einer hervorragend erhaltenen Stadtmauer (S. 383)

Hongcun Leicht von Huangshan zu erreichen; das entzückende Dorf in Anhui zählt zu den Vorbildern für den Huizhou-Stil (S. 425)

Wuyuan Im ländlichen Jiangxi lässt es sich entspannt von Dorf zu Dorf gehen und den Städten den Rücken kehren (S. 488)

Lehmhäuser der *tulou* Die aus Lehm gebauten, festungsartigen Rundhäuser in den Grenzgebieten zu Guangdong, Fujian und Jiangxi sind charakterisiert durch ihr imposantes Ausmaß (S. 307)

Zhenyuan Die prachtvolle Uferstadt in der Provinz Guizhou bietet ein attraktives Zusammenspiel von erhabenen Klippentempeln, alter Geschichte und viel Charme (S. 698)

Städtische Extravaganzen

Chinas dynamischste und stylishste Ecken finden sich in Städten wie Shanghai – funkelnde Wolkenkratzer über Magnetschwebebahnen, Mittelständler, die nach getaner Arbeit in schicken Malls einkaufen, Drinks in eleganten Cocktailbars schlürfen und in Spitzenrestaurants tafeln. Die Städte setzen Chinas unerschöpfliches Reservoir an Energie und Menschen in moderne Skylines um.

Shanghai Shanghai will wohl Chinas Ansehen in der globalen Psyche ganz allein zurechtrücken (S. 190)

Hongkong Die ehemalige britische Kolonie an der Südküste positioniert sich souverän zwischen China und dem Westen (S. 521)

Beijing Die wichtigste Metropole Chinas zeigt unter der modernen Verkleidung ihre geschichtlichen Wurzeln mit einer Fülle von historischen Highlights (S. 50)

Hangzhou Eine der attraktivsten Städte Chinas mit dem erhabenen und romantischen Westsee in ihrem Zentrum (S. 273)

Bootsausflüge

China wird von gewaltigen Flüssen durchströmt. Der mächtige Jangtse windet sich quer durch das Land – gespeist von den Schmelzwässern vom hoch gelegenen Tibet-Qinghai-Plateau. Eine Fahrt auf dem Wasser zeigt Chinas Landschaften aus völlig anderer Perspektive – ein besonderer Genuss, wenn das Boot gemächlich an den Landschaftsbildern vorbeigleitet.

Drei Schluchten Chinas fantastischste Flusslandschaft (S. 868)

Li Eine Traumlandschaft aus Karst im Nordosten von Guangxi (S. 658)

Star Ferry, Hongkong Von Tsim Sha Tsui legt die Fähre zur kurzen legendären Überfahrt über den Victoria-Hafen ab (S. 533)

Abendliche Flussfahrt, Chongqing Bevor alles im Nebel der Drei Schluchten versinkt, sollte man die nächtliche Neon-Vorstellung von Chongqing erleben (S. 861)

Bootstour in Qingyuan, Guangdong Von Qingyuan führt die entspannende Fahrt über den Bei am verborgenen Tempel Feilai und dem Kloster Feixia vorbei (S. 624)

SEAN CAFFREY / GETTY IMAGES ©

» Blick auf den Mt. Everest vom Everest-Basislager, Tibet (S. 1019)

Großartige Küche

Fremde Gewürze, überraschende Aromen und Geschmäcker machen eine Chinareise zu einem kulinarischen Abenteuer. Beijing, Shanghai und Hongkong punkten mit chinesischer und internationaler Spitzenküche, aber auch ein Gericht in einem Dorfgasthof im Gebirge kann zu einem unvergesslichen Geschmackserlebnis werden. Im Westen warten Schärfe und Würze, im Norden herzhaft Salziges, im Osten Frische und milde Gewürze, im Süden *dim sum* – nicht zu vergessen die gänzlich andere, von ihren Nachbarländern beeinflusste Küche in den Grenzregionen.

Pekinkente Wer einmal gekostet hat, wird süchtig; nur in Beijing (S. 98)

Chongqing Hotpot Bei dieser vulkanischen kulinarischen Kreation kommt jeder ins Schwitzen (S. 857)

Xiaolongbao Häppchen aus Shanghai, toll gewürzt (Vorsicht, der Fleischsaft ist glühend heiß) (S. 222)

Essen auf der Straße Sie sind überall – Miniküchen eignen sich perfekt für einen günstigen Snack zwischendurch.

Museen

Die Verstädterung hat zur Folge, dass sich die besten Einblicke in die Vergangenheit Chinas im Museum ergeben. Zum Glück sind Museen allgegenwärtig, und sie zeigen wirklich alles – von der Kleidung der ethnischen Minderheiten über Beijinger Trinkwasser bis zu buddhistischen Artefakten. Die Museen, von denen immer mehr keinen Eintritt verlangen, bieten eine großartige Gelegenheit, Kultur und Geschichte kennenzulernen.

Palastmuseum So prosaisch wird Chinas Fenster in die bewegte Vergangenheit – die Verbotene Stadt – offiziell genannt (S. 55)

Shanghai-Museum Eine schillernde Sammlung von Keramiken, Gemälden, Kalligrafien und vielem mehr mitten im Herzen von Shanghai (S. 195)

Poly Art Museum Bronzen und Bodhisattvas in Beijing (S. 67)

Hongkong Museum of History Vielseitig und informativ wie ein Bilderbuch über die Geschichte Hongkongs (S. 536)

Museum der Kulturrevolution Das einzige seiner Art in China und Zeugnis eines fast vergessenen Jahrzehnts (S. 633)

Heiliges China

Obwohl sich das moderne China – eine Verschmelzung aus Kommunismus, Yves Saint Laurent und unvorstellbaren Verkehrsstaus – alle Mühe gibt, wird die Nation immer noch von spirituellen Idealen getragen. Von esoterischen Geheimnissen in tibetischen Klöstern bis zur Magie der heiligen taoistischen Berge, von christlichen Kirchen bis zu Moscheen und vielfältigen Heiligtümern: In Chinas Religionen trifft das Übernatürliche auf die reale Welt.

Tempel Puning, Chengde Chinas größte Holzstatue – eine Darstellung der buddhistischen Göttin des Mitgefühls – macht auch Ungläubige sprachlos (S. 145)

Labrang-Kloster im Süden Gansus, wo sich Legionen tibetischer Pilger dem Rhytmus der Klosterumrundung hingeben (S. 921)

Gyantse Kumbum Der neunstöckige, größte *chörten* (Stupa) Tibets ist eine monumentale Erscheinung und eine bewegende Erfahrung (S. 1015)

Qinglong Dong An der Küste Zhenyuans treffen Taoismus, Buddhismus und Konfuzianismus aufeinander (S. 698)

Wudang Shan Der Geist taoistischer Kampfkunst an der Geburtsstätte des Tai-Chi (S. 477)

Wie wär's mit ... kommunistischen Kollektiven? Ein Tag in Nanjiecun, dem letzten maoistischen Kollektiv Chinas (S. 448)

Wie wär's mit ... Bier? Im Juli findet im Küstenort Dalian das Internationale Bier-Festival statt (S. 331)

Wandern

Trotz zunehmender Verstädterung ist China eines der vielseitigsten Länder der Erde mit faszinierenden Landschaften. Vielleicht ist eine Wanderung der beste Weg, um das wahre China zu erleben, bietet sie doch körperliche Ertüchtigung, erstaunliche Szenerien und die Begegnung mit der Lebenswelt ethnischer Minderheiten oder mit dem Unerwarteten. In der Regel gilt, je weiter man von Beijing nach Westen und Südwesten reist, desto berauschender werden die Wanderrouten.

Tigersprungschlucht Die bekannteste und verlockendste Wanderroute Yunnans ist nichts für schwache Nerven (S. 750)

Drachenknochen-Reisterrassen Die Route von Dazhai nach Ping'an führt durch eine vielseitige Kulturlandschaft (S. 665)

Wuyusn Eine alte Poststraße führt von Dorf zu Dorf durch die Landschaft von Jiangxi (S. 488)

Langmusi Ausgehend von der reizvollen Klosterstadt an der Grenze von Gansu und Sichuan führen Trekkingrouten in fast alle Himmelsrichtungen (S. 927)

Von Ganden nach Samye In vier bis 5 Tagen geht's 80 km von Ganden nach Samye zu den Klöstern in Tibet (S. 1015)

Ethnische Minderheiten

Das China der Han grenzt an eine weitreichende Pufferzone mit einem farbenprächtigen Mosaik ethnischer Minderheiten, die ihre Kulturen, Sprachen, Baustile und Lebensweisen bewahrt haben. Von Yunnan, Guizhou und dem Südwesten bis Tibet, von Xinjiang und der Inneren Mongolei bis zum Nordosten sind viele Kulturen und Traditionen zu entdecken.

Tibet Wer keine Zeit hat, das weite Tibet im Westen Chinas gründlich zu erkunden, sollte auf seiner Reiseroute (S. 40) einige der leichter zu erreichenden Ziele außerhalb des tibetischen Kernlandes einplanen (S. 998)

Dehang Das Dorf der Miao in Hunan liegt in einer herrlichen Szenerie (S. 514)

Lijiang Yunnans Heimat der Naxi bietet Ausblicke über die Hänge des Yulong Xueshan (S. 741)

Kashgar Die berühmteste Stadt der Uiguren liegt jenseits der Taklamakan-Wüste (S. 891)

Fantastische Landschaften

Auch wenn die Bauwerke Städte wie Shanghai zu Highlights ersten Ranges machen, stiehlt ihnen Mutter Natur die Schau. Einfach den Rucksack aufsetzen, und auf geht's in die Berge (Ersatzsocken nicht vergessen).

Yangshuo Selbst wer diese Karstlandschaft von Fotos schon zu kennen glaubt, wird von der Realität umgehauen (S. 667)

Huang Shan Wenn der Nebel im Licht erstrahlt, zeigen Chinas Gelbe Berge eine neue Dimension von Schönheit (S. 431)

Nationalpark Jiuzhaigou Türkisgrüne Seen, Wasserfälle, schneebedeckte Berge, grüne Wälder – und noch mehr (S. 837)

Chishui Trekking an Wasserfällen entlang, mit fossilen Farnwäldern aus dem Jura (S. 708)

Everest Basislager Nur Frühaufsteher erleben, wie sich das Antlitz des Berges in der Morgensonne spektakulär verändert (S. 1019)

Yuanyang Reisterrassen Das schillernde, glitzernde Wechselspiel von Licht und Wasser fesselt jeden Betrachter (S. 729)

Monat für Monat

Top-Events

1 **Mönlam-Feier des Großen Gebetes,** Februar oder März

2 **Naadam,** Juli

3 **Internationales Literaturfestival Beijing,** März

4 **Frühlingsfest,** Januar, Februar oder März

5 **Pfingstrosenfest Luoyang,** April

Januar

Nordchina liegt im Kälteschlaf, im Süden ist es weit weniger schlimm; die Vorbereitungen für das Chinesische Neujahr beginnen lange vor dem Fest, das irgendwann zwischen Ende Januar und März stattfindet.

Frühlingsfest

Das Chinesische Neujahr ist ein Familienfest; die Familie isst Teigtaschen, und man schenkt sich *hongbao* (rote Umschläge mit Geld). Die meisten Familien treffen sich am Neujahrstag, dann geht China eine Woche lang in den Urlaub. Es gibt Feuerwerk, Umzüge, Tempelfeste, und alles erstrahlt in bunten Farben.

Eisige Kunstwerke Eis- und Schnee-Festival

In Harbin, der hübschen Hauptstadt von Heilongjiang, glitzern die Eisskulpturen– aus Eisblöcken geformte Gebäude und Statuen – in allen Regenbogenfarben. Es ist zwar saukalt – aber ohne Kälte kein Eis. (S. 359)

Yuanyang-Reisterrassen

Die regenreichen Wintermonate sind die beste Jahreszeit für den Reisanbau auf den Terrassen. Die Wasserflächen glitzern in der Sonne; auf keinen Fall die Kamera oder den Sinn für Schönheit vergessen. (S. 729)

Februar

In Nordchina ist es noch eisig und trocken, während Hongkong und Macau langsam wärmer werden. Beim Chinesischen Neujahr feuern alle aus allen Rohren; Tickets rechtzeitig besorgen.

Mönlam-Feier des Großen Gebetes

Das Fest beginnt am dritten Tag des Tibetischen Neujahrs und dauert zwei Wochen: Überall in Tibet finden prächtige Prozessionen statt, die großen seidenen *thangkas* (tibetische Sakralkunst) werden enthüllt, und am letzten Tag tragen Gläubige die Statuen des Maitreya Buddha um die Orte und Klöster; besonders eindrucksvoll in Xiahe. (S. 818)

Laternenfest

Das Fest findet 15 Tage nach dem Frühlingsfest statt; traditionell hängen die Chinesen kunstvoll verzierte Laternen auf. Wenn die Laternen in Pingyao (Shanxi) (S. 383) angezündet werden, bekommt der Ort eine magische Atmosphäre; manchmal auch im März.

März

Nach dem langen Winter erwacht China zu neuem Leben, nur in den Hochgebirgen halten sich Schnee und Eis. In Hongkong steigen die Temperaturen, und Beijing wird von Staubstürmen geplagt. Noch herrscht Nebensaison mit billigen Eintrittspreisen.

Bücher satt in Beijing

Ein gutes Buch im Bookworm Café (S. 108) wäre kein schlechter Einstieg ins Internationale Literaturfestival in Beijing; dann (ohne Buch) der Lesung eines internationalen oder heimischen Autors zuhören. Ein weiteres Lesezeichen verdient das Internationale Literaturfestival in Shanghai in der Glamour Bar (S.227) am Bund oder das Internationale Literaturfestival in Hongkong.

Gelbe Felder

Die Rapsblüte taucht die Landschaft in Südchina in strahlendes Gelb. In einigen Regionen des Landes, beispielsweise im hübschen Wuyuan (S.488) in der Provinz Jiangxi ist die Zeit der Rapsblüte ein echter Touristenmagnet.

April

In China ist es jetzt fast überall warm. Vor dem allgemeinen Urlaub im Mai und vor der eigentlichen Sommerhitze ist jetzt eine gute Zeit für Reisen durchs Land. Die Chinesen nehmen sich jetzt ein paar Tage Auszeit, um das Qingming-Festival zu begehen, ein traditionelles Fest, bei dem die Ahnen geehrt werden.

Gründlich eintauchen

Im Neujahrsfest der Dai werden Staub, Dämonen und der Kummer des alten Jahres mit großen Wassermassen abgewaschen. Beim Wasserspritzfest in Xishuangbanna (S.775) wäre ein Regenschirm völlig sinnlos.

Pfingstrosen, Pfingstrosen ...

Beim Pfingstrosenfest im Wangcheng-Park in Luoyang erblühen nicht nur die Beete in leuchtenden Farben: einfach eine Blumengirlande umhängen und mitmachen (Kamera nicht vergessen).

Messe des Dritten Mondes

Dieses Fest der ethnischen Bai-Minderheit ist eine gute Gelegenheit, die Stadt Dali (S.732) im schönen nördlichen Yunnan zu besuchen. Es besteht aus einer Woche Pferderennen, Singwettstreit und Spaß – zwischen Ende April und Anfang Mai.

Formel Eins

Leute mit Bleifuß, die süchtig nach Bezindämpfen, verbranntem Gummi und engen Kurven sind, sollten sich in Shanghai rechtzeitig ein Zimmer buchen, um an einem der glanzvollsten Events im Veranstaltungskalender teilzunehmen; die Rennstrecke liegt bei Anting.

Mai

Chinas Gebirge blühen, auch die Hänge im Nationalpark Wolong in Sichuan leuchten in allen Farben. In den ersten vier Tagen im Mai scheint ganz China auf den Beinen zu sein – ab dem 1. Mai beginnt eine der drei Haupturlaubszeiten.

Fest des Rundgangs um den Berg

Kangdings berühmtes Fest auf dem Paoma Shan ehrt den Geburtstag von Sakyamuni, dem historischen Buddha, mit prachtvollen Pferderennen, Ringen und einem Straßenmarkt.

(S.819)

Große Mauer Marathon

Wer unbedingt die wahre Bedeutung von Schmerz kennenlernen und gleichzeitig die Große Mauer mit allen Sinnen spüren möchte, sollte an dem Marathon teilnehmen. Der Lauf ist nichts für Schwache und Schlappe (die Seilbahnfraktion!). Mehr unter www.great-wall-marathon.com

Juni

Fast überall in China ist es heiß, und die Temperaturen steigen. Sogar der gefrorene Himmelssee in Jilin ist jetzt zugänglich, und die Natur erwacht zum Leben. Langsam nähert sich der touristische Massenansturm.

Drachenbootfest

An den meisten Flüssen kämpfen jetzt die Drachenbootmannschaften gegeneinander, um einen der berühmtesten Poeten Chinas zu feiern. Die Chinesen essen dazu traditionell *zongzi* (dreieckige Klebreisbrötchen, die in Schilfblätter gewickelt werden).

Shangri-la Pferderennen

Shangri-la im Norden Yunnans ist Mitte bis Ende Juni (S.755) während der Feierlichkeiten zu den Pferderennen im Ausnahmezustand: Überall herrscht Gesang, Tanz und Heiterkeit an den südöstlichen Grenzen Tibets

Juli

Ein Taifun an den Küsten von Guangdong und Fujian kann jede Reiseplanung für den Süden zunichte machen. In China herrscht Regenzeit: Die „Pflaumenregen" ergießen sich über

Shanghai, und sogar die Steppen der Inneren Mongolei und Qinghai werden grün.

Was Mongolen lieben

Mongolische Ringkämpfe, Pferderennen, Bogenschießen und vieles mehr machen das eine Woche dauernde Naadam-Fest aus. Ende Juli stehen die Weiden in vollem Grün.

Internationales Bierfestival Dalian

Während des zwölf Tage andauernden Festivals ist der Xinghai-Platz in der Hafenstadt Liaoning erfüllt von den Düften von Hopfen und Malz und gespickt mit Bierzelten. Hier gibt es mehr als 400 internationale und chinesische Biersorten von zahlreichen Brauereien. (S. 331)

August

Die Temperaturen der „drei Öfen" entlang dem Jangtse – Chongqing, Wuhan und Nanjing – steigen und steigen. In Beijing, wo es gewöhnlich heißer als 40 °C ist, wüten Regenstürme; das gleiche gilt für Shanghai. Als Ausweg bleibt die Höhe: Lushan, Moganshan, Huang Shan oder Guoliangcun.

Pferdefest Litang

In den letzten Jahren wurde dieses Festival in West-Sichuan manchmal abgesagt (es kann immer wieder zu Reiseeinschränkungen kommen), und es wurde von einer Woche auf einen Tag reduziert. Aber es bietet

RICHARD I'ANSON / GETTY IMAGES ©

(oben) Yuyuan-Basar, Shanghai (S. 202) während des Laternenfestes
(unten) Musikveranstaltung während der Feierlichkeiten zum chinesischen Neujahr

RICHARD I'ANSON / GETTY IMAGES ©

noch immer atemberaubende Darbietungen von tibetischer Reitkunst, Bogenschießen und einiges mehr.

Internationales Bierfest Qingdao

Die attraktivste Hafenstadt in Shandong hat das optimale Mittel gegen quälenden Sommerdurst: Tsingtao-Bier – dazu ein Teller Muscheln.

September

Dies ist definitiv die beste Zeit für Beijing – im September gilt hier *tiangao qishuang* („der Himmel ist hoch und die Luft frisch") – Herbstwetter vom Feinsten und ein Event für sich.

Fest der Herbstmitte

Zu diesem Fest (auch Mondfest genannt) verschlingen die Bewohner Beijings köstliche Mondkuchen gefüllt mit Bohnenpaste, Eigelb, Walnüssen und anderem. Bei Vollmond kosten Verliebte die Romantik aus, das Fest der Herbstmitte ist aber auch ein Familienfest; am 15. Tag des achten Mondmonats.

International Qiantang River Tide Observing Festival

Der beliebteste Zeitpunkt, um zu beobachten, wie die Flussbrandung mit bis zu 40 km/h durch den Qiantang rauscht, ist das Mondfest in Yanguan. Die riesige Wand aus Wasser ist aber auch jeweils zu Beginn und in der Mitte eines jeden Mondmonats zu beobachten. (S. 285)

Konfuzius' Geburtstag

Am 28. September wird am Konfuzius-Tempel in Qufu (S. 168) der Geburtstag des Philosophen, Weisen und Patriarchen Konfuzius gefeiert.

Oktober

Anfang Oktober kann es auf den Straßen höllisch werden: Mit dem Nationalfeiertag beginnt die Urlaubszeit – ganz China scheint unterwegs zu sein. Mitte des Monats ist alles wieder deutlich leerer.

Kurban Bairam (Gu'erbang Jie)

Das viertägige muslimische Opferfest wird in vielen Gemeinden Chinas zelebriert, ist aber in Kashgar besonders lebhaft und farbenprächtig.

Wollhandkrabben in Shanghai

Jetzt kommen die köstlichen Wollhandkrabben auf den Tisch. Männliche und weibliche Tiere werden zwischen Oktober und Dezember zu lauwarmem Shaoxing-Reiswein genossen.

Miao-Neujahr

In Guizhou, mitten im Herzen des Südwestens mit seinen zahlreichen ethnischen Minderheiten, finden reisweinfeuchte Festlichkeiten der Stämme statt.

November

Während China immer kälter wird, wandern die meisten Touristen ab, und die Urlauber zieht es in den Süden mit den letzten warmen Fleckchen.

Surfen auf Hainan

In der Shimei- und der Sonne-und-Mond-Bucht auf Hainan (S. 651) tragen die Surfer ihren jährlichen Surfwettbewerb aus, und Scharen von Chinesen entfliehen dem kalten Festlandsklima auf die südliche Insel.

Reise-routen

Ob man nun sechs oder 60 Tage Zeit hat – diese Reiserouten können der Beginn eines unvergesslichen Trips sein. Weitere Anregungen gibt's online unter www.lonelyplanet.de/ forum, wo Traveller ihre Erfahrungen austauschen.

Vier Wochen

Durch den Norden

Beijing ist ein Muss; für die Hauptstadt gehen mindestens fünf Tage drauf: die Verbotene Stadt erleben, die Große Mauer entdecken, durch den Sommerpalast spazieren und in den *hutongs* (schmale Gassen) seine Manieren vergessen. Die prachtvollen **Grotten von Yungang** vor Datong stimmen auf die buddhistische Gelassenheit ein, was sich durch ein paar Nächte auf dem **Wutai Shan** noch vertiefen ließe. Für das von einer Stadtmauer umgebene **Pingyao** sind drei weitere Tage reserviert; die Stadt sieht so aus, wie man sich China vorstellt. In der historischen, ummauerten Stadt **Kaifeng** in Henan lebt die kleine, traditionsreiche Judengemeinde Chinas. Der Nachtmarkt ist sehenswert. Weiter geht's nach **Luoyang** zum buddhistischen Schauspiel der Longmen-Grotten und dem Shaolin-Kloster in der Nähe. Vier Tage Sightseeing in Xi'an reichen aus, um der Terrakotta-Armee von Angesicht zu Angesicht gegenüberzustehen, und es bleibt noch Zeit für den taoistischen Berg **Hua Shan.** Traditionell beginnt in Xi'an die Seidenstraße, der man durch die Provinz Gansu bis zur Oasenstadt **Dunhuang** folgen sollte. Von Dunhuang geht's nach **Xinjiang,** um die Atmosphäre des weiten Nordwestens zu spüren.

Drei bis vier Wochen

Am Jangtse entlang

Nach **Lijiang**, der antiken Stadt im Norden von Yunnan, geht's entlang dem Jinsha (Goldsandfluss; er kommt aus Tibet und mündet in den Jangtse) in einer mehrtägigen, atemberaubenden Wandertour durch die **Tigersprungschlucht.** Danach müssen Beine und Füße unbedingt regenerieren, um wieder fit für die verstreuten Dörfer und alten Städtchen um Lijiang zu werden, beispielsweise **Shaxi** und **Shuhe** auf der Alten Tee- und Pferdestraße; wirklichen Auftrieb geben dann die prachtvollen Blicke auf den Yulong Xueshan. Auch ein Abstecher von Lijiang nach Nordosten in den Westen Sichuans (nur während der warmen Monate) und an den großartigen **Lugu Hu** an der Provinzgrenze wäre nicht schlecht, um ein paar Tage am See zu relaxen. Wenn die gesamte Region während der Wintermonate tief verschneit ist, geht's von Lijiang mit dem Flugzeug weiter. Vom Lugu Hu fährt morgens ein Bus nach **Xichang** in Sichuan und von dort weiter nach **Yibin** und **Chongqing.** Eine Alternative wäre die Rückkehr nach **Lijiang** und weiter mit dem Flugzeug nach Chongqing, die Heimat des würzigen, glühend heißen Chongqing-Feuertopfes und das Tor zu den Drei Schluchten. Auf einem Umweg geht es mit dem Bus zu den aufregenden Landschaften und Naturschönheiten von **Chishui** an der Grenze zu Guizhou, um zu entspannen und zu sich selbst zu finden, ehe es zurück ins städtische Chongqing geht. Für Stadt und Umgebung sollte man drei Tage einplanen. Die buddhistischen Grotten von **Dazu** und ein Trip ins historische, ländliche China nach **Songji,** ein Dorf am Jangtse, gehören unbedingt dazu. Weiter auf dem Wasserweg – Tragflügelboot, Kreuzfahrt- oder Passagierschiff – durch die faszinierenden Drei Schluchten nach **Yichang** in Hubei. Die Reise geht weiter nach **Wuhan** am Jangtse. Unterwegs eine Nacht in der ummauerten Stadt **Jingzhou** verbringen. Nach zwei Tagen in Wuhan geht's mit dem Bus weiter nach **Lushan** in der Provinz Jiangxi und von dort weiter nach **Nanjing** oder **Huangshan** in der Provinz Anhui am Jangtse. Eine Alternative wäre es, direkt Nanjing anzusteuern und dann durch eine ganze Kette hübscher Städte am Kanal – Suzhou, Tongli, Luzhi und Zhujiajiao – bis nach **Shanghai** zu reisen. Von Shanghai aus bietet sich dann die Tour „Durch Bauernland von Ost nach Süd" an (S.38).

Drei Wochen

Seidenstraße

Etwa am Ende der Tour „Durch den Norden“ (S.34) schließt sich diese atemberaubende, epische Route über die historische Seidenstraße an. Im südlichsten Abzweig der Seidenstraße, in **Xi'an,** stehen die einzigartigen Zeugen des kaiserlichen Chinas – die Soldaten der Terrakotta-Armee. Sportfans mit Lust auf einen extremen Workout klettern auf den steilen taoistischen Berg **Hua Shan** – niemals in den Abgrund blicken. Zurück in Xi'an erkundet man das muslimische Viertel, probiert die Köstlichkeiten der Hui-Küche – eines der kulinarischen Highlights jeder Chinareise – und erklettert die eindrucksvollen Stadtmauern. Dann springt man in den Zug nach **Lanzhou,** steigt aber schon in Tianshui im Südosten von Gansu wieder aus und besucht die bemerkenswerten buddhistischen Grotten auf dem grünen Maiji Shan. In Lanzhou bietet es sich an, die Seidenstraße zu verlassen und einen Abstecher in die Grenzregionen Tibets (siehe Entlang der Grenze zu Tibet, S.40) mit den Klostersiedlungen von **Xiahe** und **Langmusi** zu machen. Über den Hexi-Korridor geht's nach **Jiayuguan,** den Außenposten an der Großen Mauer, oder über die Seidenstraße bis **Wuwei** und zum Tempel des großen Buddhas in **Zhangye** mit einem großen schlafenden Sakyamuni vor dem Tempel. Auf den Mauern der Festung von **Jiayuguan**, der letzten großen Befestigung des kaiserlichen Chinas, lässt man sich den Wind um die Nase wehen, dann geht's nach Westen an den Ruinen der Großen Mauer entlang. Der großartige Oasen-Vorposten von **Dunhuang** gehört zu den saubersten und angenehmsten Städten Chinas. Von Süden rücken die hohen Singenden Sanddünen gegen die Stadt vor; in der Wüste warten ein paar Sehenswürdigkeiten, in der Stadt exzellente Restaurants. Die Stadt ist ein Tor zum Besten, was die buddhistische Kunst Chinas zu bieten hat – die **Mogao-Grotten.** Von Dunhuang geht's über die Melonenstadt **Hami** in die weite uigurische Provinz **Xinjiang** im Nordwesten, dann nach **Turpan** und **Ürümqi;** eine Nacht muss man einfach in einer Jurte an den Ufern des **Tian Chi** verbracht haben. Entlang einer Kette von Städten fährt die Eisenbahn über einen Abschnitt der Seidenstraße zum zentralasiatischen Außenposten von **Kashgar**; möglich wäre auch die Route über die von Marco Polo bereiste Südliche Seidenstraße am Rande der Taklamakan-Wüste entlang. Von Kashgar traut man sich entweder über den Karakorum-Highway oder fährt in Gegenrichtung wieder nach China hinein.

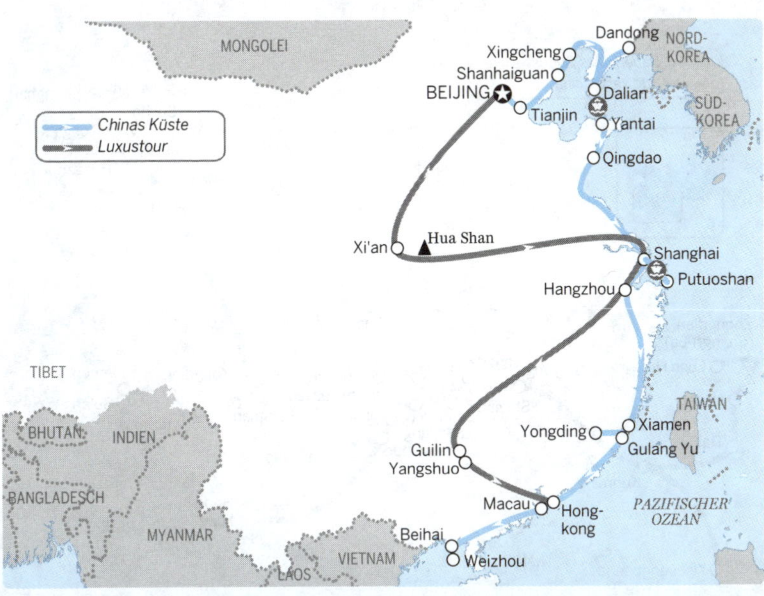

Drei bis vier Wochen

Chinas Küsten

Der Hochgeschwindigkeitszug fährt von **Beijing** nach **Tianjin** und weiter in die Garnisonsstadt **Shanhaiguan** aus der Ming-Dynastie an der Grenze zur Mandschurei. Hinter der Hafenstadt **Xingcheng** und entlang der Küste geht's bis nach **Dalian** – Ausflüge nach **Dandong** an der nordkoreanischen Grenze oder mit der Fähre nach **Yantai** bieten sich an. Von dort über die Halbinsel nach **Qingdao,** die sehenswerte Hafenstadt von Shandong. Auch **Shanghai** liegt an der Küste – für die Stadt und ihre Sehenswürdigkeiten müssen vier bis fünf Tage angesetzt werden; anschließend eine Schiffspassage nach **Putuo Shan** und einen Trip in die ehemalige Song-Hauptstadt **Hangzhou.** Von dort geht's in südliche Richtung an der Küste entlang bis **Xiamen** (Amoy), um die Magie von **Gulang Yu** zu spüren. Die Hafenstadt ist ein guter Standort für Ausflüge zu den Rundörfern der Hakka bei **Yongding.** Der Abschluss wird mit Dim Sum gefeiert, entweder im Rhythmus von **Hongkong** oder mit portugiesischen Melodien in **Macau**. Man kann aber auch weiter bis in den schläfrigen Hafen von **Beihai** in Guangxi fahren und den Trip mit einer Bootsfahrt auf der vulkanischen Insel **Weizhou** ausklingen lassen.

Zwei Wochen

Luxustour

Wer sich in vier Tagen an den Highlights von **Beijing** satt gesehen hat – die Verbotene Stadt, der Tiananmen-Platz, der Sommerpalast, die Große Mauer und die *hutongs* – springt in den Express Z-Zug und fährt im Schlafwagen quer durch Nordchina von Beijing nach **Xi'an**. Nach der Terrakotta-Armee kann über die Stadtmauern aus der Ming-Dyastie gewandert und auf die Granitgipfel des taoistischen Berges **Hua Shan** geklettert werden. Am Spätnachmittag geht's wieder mit dem Z-Express nach **Shanghai,** wo man noch vor dem Frühstück ankommt. Nach drei Tagen Sightseeing, Museumsbesuchen, Shoppen und Staunen über die Wolkenkratzer von Pudong geht's am vierten Tag mit dem Zug in die ehemalige Hauptstadt der Südlichen Song – **Hangzhou.** Dann nimmt man das Flugzeug von Hangzhou oder Shanghai nach **Guilin,** um das zeit- und beispiellose Panorama der Karstlandschaft von **Yangshuo** zu bestaunen. Ein passender Abschluss wäre der Direktflug von Guilin nach **Hongkong,** nach Guangzhou oder Shenzhen und von dort nach Süden über die Grenze ins ehemalige britische Territorium. Wenn möglich, noch einen Tag portugiesisches Feeling in **Macau** dazwischen quetschen.

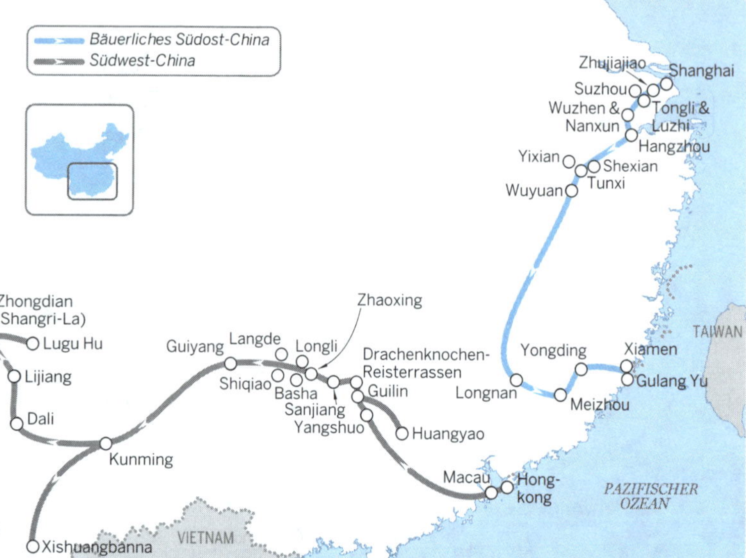

Zwei Wochen **Bäuerliches Südost-China**

Von **Shanghai** geht's nach **Zhujiajiao** im bäuerlichen Westen der Region, das reizvoll an einem Kanal liegt. Lust auf mehr Kanäle? In Jiangsu und Nord-Zhejiang warten noch mehr leicht erreichbare Kanaldörfer – darunter **Tongli, Luzhi, Wuzhen** und **Nanxun.** Von **Suzhou** oder **Hangzhou** fahren Busse nach **Tunxi** in der Provinz Anhui. Ein paar Tage zur Erkundung der hübschen alten Dörfer **Yixian** und **Shexian in Huizhou** sind durchaus lohnenswert. Mit dem Bus kommt man auch über die Grenze in die Provinz Jiangxi; hier kann man in der fantastischen Bauernlandschaft um **Wuyuan** zwei bis drei Tage von Dorf zu Dorf wandern. Von dort geht's nach Süden ins Land der Hakka – ein Hügelland mit befestigten Dörfern in der Gegend von **Longnan** – und anschließend für vier weitere Tage auf Exkursionen zu den Runddörfern der Hakka um **Meizhou** und **Yongding** in Guangdong und Fijian. Bei einer Übernachtung in einem Lehmhaus wird der Rhythmus des dörflichen Lebens hautnah miterlebt. **Xiamen** an der Küste rundet die Tour ab; diesmal empfiehlt sich ein Nachtquartier in den kolonialen Resten von **Gulang Yu.**

Drei Wochen **Südwest-China**

Nach vier kulinarischen Tagen in **Hongkong** und **Macau** ist der Appetit soweit gestillt, dass man ins Landesinnere nach **Guilin** fahren und sich drei Tage lang an der traumhaften Karstlandschaft von **Yangshuo** satt sehen kann. Dann geht's per Bus nach **Huangyao,** zurück nach Guilin und dann nach Norden zu den **Drachenknochen-Reisterrassen,** der Wind-und-Regen-Brücke und den ethnischen Minderheiten von **Sanjiang.** Jenseits der Grenze warten die Dörfer im Osten Guizhous, wie **Langde, Shiqiao, Longli, Basha** und **Zhaoxing.** Nächste Station ist **Guiyang** und nach einer Zugfahrt **Kunming,** die Hauptstadt der Provinz Yunnan. Nach ein paar Tagen Aufenthalt geht's nach Nord-Yunnan, um **Dali, Lijiang** und **Shangri-la** (Zhongdian) zu erkunden. Auch die Grenzregion mit **Sichuan** beim abgelegenen **Lugu Hu** wäre eine Option. In der anderen Richtung wartet das fruchtbare **Xishuangbanna** im tiefen Süden der Provinz, wo Yunnan sehr südostasiatisch gefärbt ist. Dort bieten sich tolle Gelegenheiten für Wandertouren an der Südwestgrenze Chinas und Ausflüge in die Dörfer ethnischer Minderheiten an.

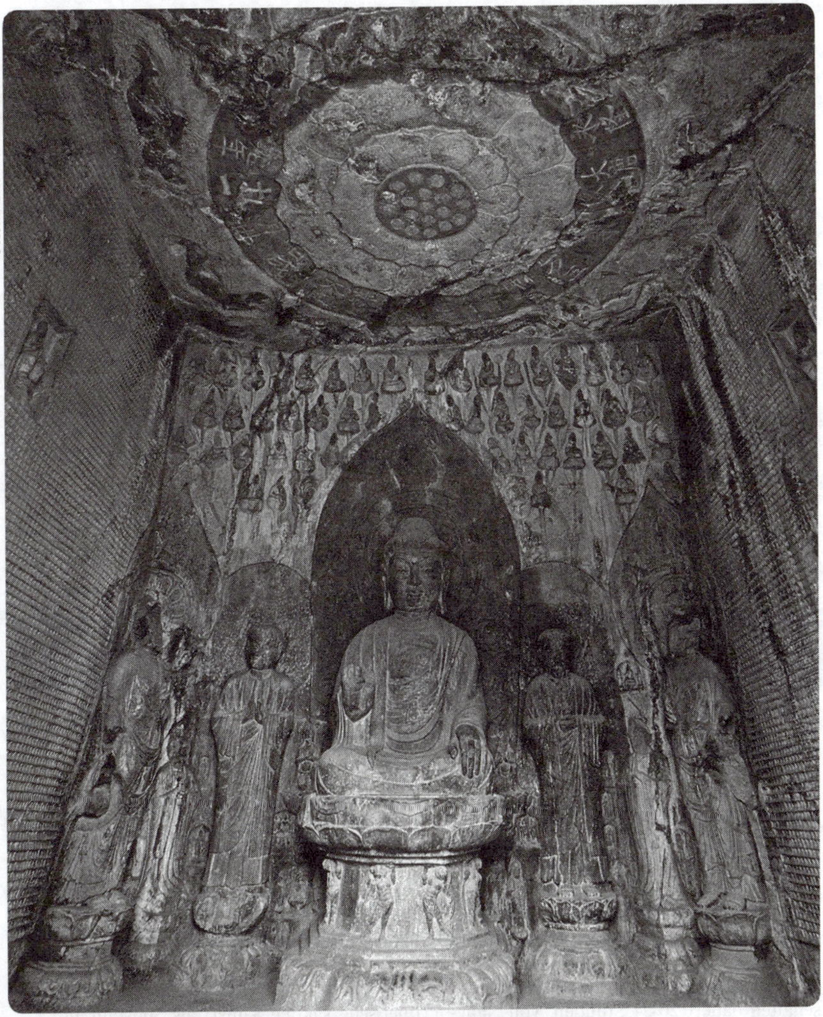

KRZYSZTOF DYDYNSKI / GETTY IMAGES ©

CHRISTIAN KOBER / GETTY IMAGES ©

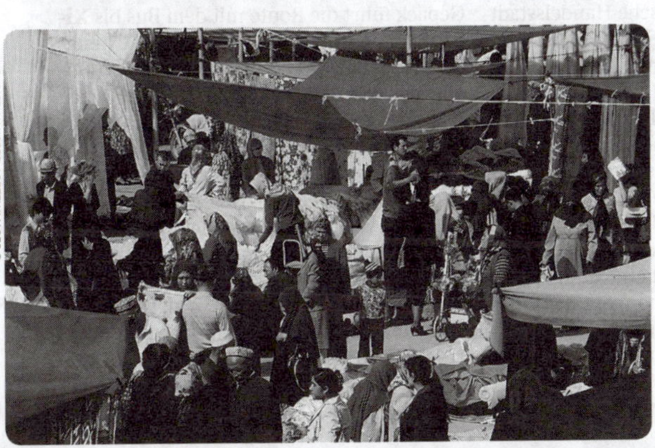

» (Oben) Buddhastatuen im Unesco Weltkulturerbe Longmen-Grotten (S. 456)

» (Links) Der große Sonntags-Basar in der alten Stadt Kashgar (S. 891) an der Seidenstraße

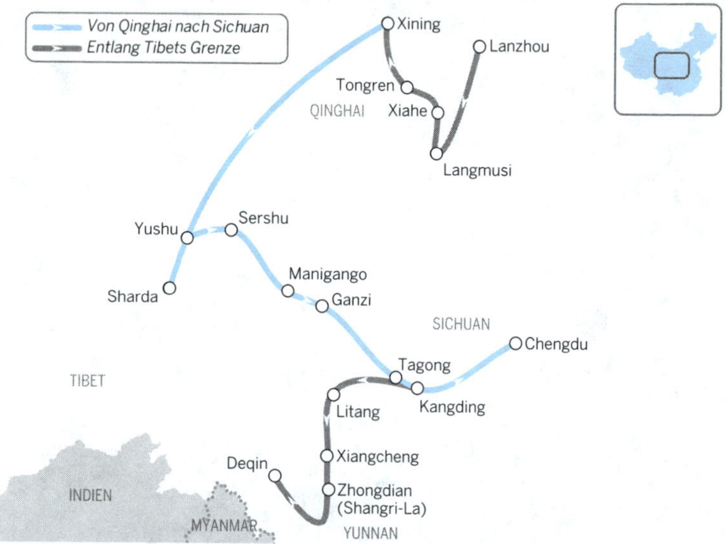

10 Tage **Von Quinhai nach Sichuan**

Diese Reise von **Xining** nach **Chengdu** kann nur im Sommer gemacht werden, selbst der Frühling ist eisig. Da Geldautomaten und Wechselstuben rar sind, genügend Bargeld und Proviant mitnehmen. Busse geben ihren Geist auf, die Verbindungen sind unzuverlässig, die Unterkünfte rustikal und die Wirkung des Hochgebirges nicht zu unterschätzen. Die Busfahrt von **Xining** nach **Sharda** im ehemaligen tibetischen Königreich Nangchen zu Klöstern und dramatischen Landschaften dauert 20-24 Stunden. Von Nangchen geht's über die tibetische Handelsstadt **Yushu** (Jyekundo) nach **Sichuan**. Von Xining nach Yushu kommt man auch mit dem Flugzeug oder per Bus und setzt von dort die Reise nach Sichuan fort. Ein Aufenthalt in Yushu ist nicht zu empfehlen; die Stadt leidet unter den Folgen des Erdbebens von 2010. Von Yushu geht's mit dem Bus nach **Sershu** (Shiqu Xian) im Nordwesten Sichuans. Von dort geht's mit dem Bus vorbei an **Manigango** (vielleicht mit einem Abstecher nach Dege), der tibetischen Stadt **Ganzi** und über **Tagong** bis **Kangding** (Dardo) an der Sichuan-Tibet-Fernstraße. Von dort geht's entweder Richtung Westen nach Tibet oder östlich nach **Chengdu.**

Drei bis vier Wochen **Entlang Tibets Grenze**

Die autonome Region **Tibet** (TAR) darf nur mit Genehmigung bereist werden, und diese wird Ausländern oft verweigert – der Aufwand ist beträchtlich. Die Reise ist nur im Sommer sinnvoll, zu anderen Jahreszeiten kann es gefährlich werden. Von **Lanzhou** in der Provinz Gansu geht's nach Südwesten bis **Langmusi** und **Xiahe,** bevor man mit dem Bus oder Taxi über die Klosterstadt **Tongren** und vorbei an einer fantastischen Szenerie **Qinghai** erreicht. Mit einer *thangka* (tibetische sakrale Kunst) als Souvenir im Gepäck führt die Route mit dem Bus bis **Xining,** dann mit dem Flugzeug nach **Chengdu** in Sichuan. Von dort geht's mit dem Bus oder mit dem Flugzeug über Chengdu nach **Kangding**. Die Überland-Busreise von Xining nach Kangding ist auch über Yushu in Süd-Qinghai möglich. Yushu kämpft zwar noch mit den Folgen des Erdbebens von 2010, die Verbindungen stehen aber wieder. Von Kangding fährt man mit dem Bus nach Westen durch die Landschaft um **Litang** – Wanderungen sind möglich – oder Richtung Süden nach **Xiangcheng** und nach **Shangri-la (Zhongdian)** in die tibetische Region von Nord-Yunnan. Von Zhongdian fährt ein Bus ins Hochgebirge nach **Deqin**.

Zehn Tage **Durch den Nordosten**

Von **Beijing** geht's mit dem Zug ins stylische **Dalian,** unterwegs sollte man ein paar Tage in den historischen Küstenstädten **Shanhaiguan** und **Xingcheng** verbringen. Die Sehenswürdigkeiten in und um Dalian nehmen mehrere Tage in Anspruch. Dazu gehören der historische Hafen von **Lüshun** und eine großartige Küste. Passionierte Grenzgänger fahren bis **Dandong** an die Grenze zu Nordkorea, um den speziellen Grusel zu erleben. Man kann mit dem Boot über den Yalu fahren, nordkoreanische Küche genießen und die Große Mauer am Tigerberg besuchen. Mit Bahn und Bus geht's über **Tonghua** zum **Himmelssee** im **Changbai Shan** (größter Naturpark Chinas). Der vulkanische See im Grenzbereich zu Nordkorea ist nur von Mitte Juni bis September zugänglich. Eine Alternative wäre der Zug nach **Shenyang** mit dem kaiserlichen Palast aus der Qing-Dynastie und dem Grab von Huang Taiji, dem Begründer der Qing-Dynastie. Mit Bus oder Zug geht's bis **Harbin** im Distrikt Daoliqu, wo sich Reste russischer und jüdischer Tradition erhalten haben. Wer noch mehr will, hängt einen Abstecher an Chinas nördlichsten Punkt an und versucht in **Mohe,** in das Nordlicht zu sehen.

Eine Woche **Von Beijing in die Mongolei**

Nach dem anstrengenden Marathon durch **Beijings** Sehenswürdigkeiten und der schwierigen Wahl zwischen den kulinarischen Köstlichkeiten geht's mit dem Zug nach **Hohot** in der Inneren Mongolei – Ende Juli wäre ein guter Termin, rechtzeitig zum Naadam-Fest in Gegentala im Norden, wo das Gras wieder grün ist. In Hohot gibt es Lamaklöster und Tempel zu sehen; beim Trip in die Steppe kann man die weite mongolische Landschaft auf sich wirken lassen. Von Hohot fährt ein Zug direkt nach **Ulanbator** in der Mongolei. Eine alternative Route durch die Mongolei führt per Zug von Hohot nach **Shangdu** – hier soll der Palast von Kublai Khan, das berühmte Xanadu, gestanden haben – und weiter bis **Hailaer** hoch im Norden der Inneren Mongolei, nahe der russischen Grenze. Die Grassteppe vor Hailaer ist ein echtes Highlight, vor allem, wenn man dort eine Nacht in einer Jurte verbringt. Wer von hier aus weiter nach Russland will, wählt den Weg über die nahe Handels- und Grenzstadt **Manzhouli**. Alternativ geht's von Hailaer nach Harbin in Heilongjiang (hier schließt sich die Tour „Durch den Nordosten" an) oder mit dem Flieger nach **Choibalsan** in der östlichen Mongolei.

China im Überblick

Der äußerste Westen Chinas – Tibet, Qinghai und Westsichuan – hat Hochgebirgscharakter. Die Landschaft wird im Übergang zu den wohlhabenden, wasserreichen Provinzen Jiangsu und Zhejiang mit den Kanalstädten bis nach Shanghai im Osten zunehmend flacher. Das Innere des Landes ist gebirgig; hier liegen die wichtigsten Wander- und Trekkingrouten, während sich im Nordwesten Berge und Wüsten auf spektakuläre Weise annähern. Im Westen, Südwesten und den abgelegenen Grenzregionen ist der Anteil der ethnischen Minderheiten besonders hoch. Im gesamten Land locken unterschiedliche Kochschulen, vom eisigen Nordosten bis zu den warmen Dschungeln im äußersten Südwesten.

Beijing

Geschichte ✓✓✓
Tempel ✓✓✓
Essen ✓✓✓

Beijings kaiserliche Vergangenheit hinterließ vielfältige Zeugnisse; Beispiele prächtiger Tempelarchitektur und nicht zuletzt die vielen *hutongs* (engen Gassen) prägen die Hauptstadt. Eine echte Trumpfkarte Beijings sind auch die hervorragenden Köche und die innovative Restaurantszene. **S. 50**

Tianjin & Hebei

Geschichte ✓✓✓
Tempel ✓✓✓
Outdoor-Aktivitäten ✓✓✓

In Tianjins Straßenzügen aus der Konzessionszeit spiegelt sich das stylische Shanghai wider. In Hebei stechen außergewöhnliche Tempel und Pagoden aus einer ländlich geprägten Region Chinas hervor – und angenehme Dörfer bieten wunderbare Rückzugsmöglichkeiten. **S. 128**

Shandong

Geschichte ✓✓✓
Tsingtao ✓✓✓
Gebirge ✓✓

Shandong ist mit historischen Schwergewichten gesegnet: das verehrte Heim (und Grab) des Konfuzius in Qufu und der heilige Tai Shan. Für den Ausgleich sorgt Qingdao, die Heimat des Tsingtao-Biers und heute eine entspannte Hafenstadt mit frischer Brise. **S. 154**

Shanghai

Architektur ✓✓✓
Essen ✓✓✓
Urbaner Lifestyle ✓✓✓

Das Lebensgefühl Shanghais ist einzigartig in China. Vielleicht liegt es an den guten Geschäften, die hier gemacht werden. Es gibt viel zu tun: Nonstop-Shoppen, Hochhäuser bestaunen, fantastisches Essen genießen und einzigartige Kunstschätze und den eleganten Jugendstil der Stadt bewundern. **S. 190**

Jiangsu

Kanalstädte ✓✓✓
Outdoor-Aktivitäten ✓✓
Geschichte ✓✓

In Jiangsu gibt es viele schöne Kanalstädte – von Tongli bis Suzhou – und alle sind in Tagestouren von Shanghai aus zu erreichen. Die Provinzhauptstadt Nanjing ist sehr geschichtsträchtig, von der Großen Mauer aus der Ming-Zeit bis zur Vergangenheit als Hauptstadt des Landes. **S. 241**

Zhejiang

Kanalstädte ✓✓✓
Outdoor-Aktivitäten ✓✓✓
Inseln ✓✓

Die Kanalstädte Zhejiangs sind voll mit Brücken und traditionellem Charme. Der ländliche Süden ist beschaulich und Hangzhou eine von Chinas reizvollsten Städten. Wer dem Trubel entfliehen möchte, findet auf der buddhistischen Insel Putuo Shan Frieden und immer eine kühle Brise. **S. 271**

Fujian

Architektur ✓✓✓
Essen ✓✓
Inseln ✓✓

Fujian ist das Kernland der Hakka und ihrer faszinierenden *tulou* – massive Bauten aus Steinen, Holz und Lehmziegeln, in denen einst Hunderte von Familien lebten. Auf der winzigen, hügeligen Insel Gulang Yu vor Xiamen verfallen die Villen der Kolonialzeit nach und nach, jede ist einzigartig. **S. 296**

Liaoning

Festivals ✓✓✓
Geschichte ✓✓✓
Minderheitenkultur ✓✓✓

Im geschichtsträchtigen Liaoning wetteifern kaiserliche Relikte mit den Überresten des russischen und japanischen Kolonialismus. Die Grenze zu Nordkorea bei Dandong steht in düsterem Kontrast zum ausgelassenen Bierfest von Dalian. **S. 319**

Jilin

Landschaft ✓✓✓
Kultur ✓✓✓
Skilaufen ✓✓

Jilin zieht Naturliebhaber in den größten Naturpark Chinas und ist ein Top-Skigebiet. Oder steht der Sinn mehr nach Exotik? In Ji'an warten die Ruinen eines antiken koreanischen Reiches. **S. 340**

Heilongjiang

Festivals ✓✓
Kultur ✓✓
Natur ✓✓✓

Feuer und Eis sind die Highlights dieser Provinz: Vulkanausbrüche haben eine der aufregendsten Landschaften Chinas geschaffen. Der eiskalte Winter liefert das Material für das spektakuläre Festival der Eisskulpturen. **S. 353**

Shanxi

Geschichte ✓✓✓
Kultur ✓✓✓
Gebirge ✓✓✓

In Shanxi hat sich eine der außergewöhnlichsten Grotten Chinas erhalten. Außerdem ragt hier ein besonders magischer Berg gen Himmel. Geschichte gibt's überall: Pingyao etwa ist mit seinen Stadtmauern ein (fast) unzerstörtes Zeugnis der Vergangenheit. **S. 370**

Shaanxi

Historische Stätten ✓✓✓
Museen ✓✓✓
Gebirge ✓✓

In den Ebenen um Shaanxis Hauptstadt Xi'an gibt es zahlreiche Fundstätten, deren Artefakte in zahllosen Museen ausgestellt werden. Am Hua Shan, einem der fünf heiligen taoistischen Berge Chinas, bläst der Wind den Staub der Geschichte davon. **S. 394**

Anhui

Dörfer ✓✓✓
Gebirge ✓✓✓
Outdoor-Aktivitäten ✓✓

Die aufregenden Dörfer der Hui, Hongcun und Xidi stehen auf der Unesco-Liste des Weltkulturerbes – und sie sind sehr gut erhalten. Dabei darf jedoch der Berg der Berge nicht vergessen werden: Huang Shan. Seine hoch aufragenden Granitgipfel haben unzählige Dichter und Maler inspiriert. **S. 419**

Henan

Geschichte ✓✓✓
Tempel ✓✓✓
Gebirge ✓✓

Die Gebirgslandschaft von Henan ist die Ouvertüre zu kaiserlichen Altertümern, und perfekt, um der Zivilisation zu entfliehen. Hier gibt es die letzte Bastion des maoistischen Kollektivs – Nanjiecun. Die Provinz ist das Zentrum des *wushu* (Kampfkunst): Hier steht das Shaolin-Kloster. **S. 443**

Hubei

Landschaft ✓✓✓
Geschichte ✓✓✓
Flüsse ✓✓✓

Der mächtige Jangtse im geschichtsträchtigen Hubei kann furchtbar wüten, ist aber auch der Weg in die Drei Schluchten. Die taoistischen Kampfsportler treffen sich auf dem Wudang Shan: landschaftliche Schönheit und Heimat des Tai-Chi. **S. 467**

Jiangxi

Landschaft ✓✓✓
Gebirge ✓✓✓
Alte Dörfer ✓✓✓

Kommunisten kennen die Provinz als Startpunkt des legendären Langen Marsches, doch Jiangxi gehört auch wegen der spektakulären Gebirgslandschaft und den Wanderrouten entlang der gut erhaltenen Dörfer mit ihren Terrassenfeldern zu den Reisezielen. **S. 483**

Hunan

Alte Städte ✓✓✓
Minderheitendörfer ✓✓
Gebirge ✓✓

Die bemerkenswerte Altstadt von Fenghuang, aber auch der heilige Berg Heng Shan, die überirdischen Karstgipfel von Wulingyuan und die abgelegenen Dörfer der Miao und Dong zeichnen Hunan aus. **S. 499**

Hongkong

Essen ✓✓✓
Shoppen ✓✓✓
Stadtlandschaft ✓✓✓

Hongkong ist die kulinarische Hauptstadt Chinas und darüber hinaus. Hier zieht ein verführerischer Mix aus Vintage- und Avantgarde-Mode Legionen von Käufern in die Geschäfte. Grün bewaldete Berge, glitzerndes Meer, Wolkenkratzer und Wohnhäuser bilden den unwirklichen und doch poetischen Hintergrund. **S. 521**

Macau

Essen ✓✓✓
Architektur ✓✓✓
Casinos ✓✓✓

In der Küche Macaus verschmelzen die Aromen aus fünf Kontinenten. Einzigartig ist auch die Skyline, wo taoistische Tempel auf barocke Kirchen und Gassen mit chinesischen Namen treffen. Hier wetteifern Casinos und andere Luxustempel um die besten Plätze. **S. 573**

Guangdong

Essen ✓✓✓
Geschichte ✓✓
Architektur ✓

Die alte gastronomische Tradition äußert sich in der weltberühmten kantonesischen Küche. Die Bewohner von Guangdong waren immer dem Meer zugewandt und haben verschiedene exotische Architekturformen mitgebracht, auch die als Weltkulturerbe geadelten Wachttürme. **S. 597**

Hainan

Strände ✓✓✓
Radfahren ✓✓✓
Surfen ✓✓

Wer sich für goldene Sandstrände und warmes, sauberes Wasser interessiert, wird von dieser tropischen Insel nicht enttäuscht. Hainan ist ideal für Radfahrer und zieht mit guten Straßen, milden Wintern und abwechslungsreicher Landschaft Abenteurer an, die wissen, was sie wollen. **S. 637**

Guangxi

Landschaft ✓✓✓
Outdoor-Aktivitäten ✓✓✓
Radfahren ✓✓

Die größte Anziehungskraft Guangxis übt die berühmte, überirdische Karstlandschaft aus. Es ist die Provinz für abenteuerlustige Reisende, die sich in grünen Tälern mit freundlichen Dörfern wohlfühlen und die zahllosen Wander- und Radwege oder die Möglichkeiten für Rafting schätzen. **S. 656**

Guizhou

Festivals ✓✓✓
Minderheitendörfer ✓✓✓
Wasserfälle ✓✓✓

Die Minderheiten stellen mehr als ein Drittel der Einwohner, und mehr Folklore-Festivals als in jeder anderen chinesischen Provinz laden ganzjährig dazu ein, mit den Einheimischen Party zu machen. Zahllose Wasserfälle locken Naturfreunde, und auch die Liebhaber alter Städte kommen im hübschen Zhenyuan auf ihre Kosten. **S. 687**

Yunnan

Alte Städte ✓✓✓
Gebirge ✓✓✓
Minderheitendörfer ✓✓✓

Yunnan hat alles zu bieten: die Berge des Himalaja, tropischen Dschungel, kostbare Reisterrassen und über die Hälfte aller chinesischen Minderheiten – von den prachtvollen historischen Städten wie Lijiang, den fantastischen Trekkingrouten und dem köstlichen Essen ganz zu schweigen. **S. 712**

Sichuan

Gebirge ✓✓✓
Landschaft ✓✓✓
Küche ✓✓✓

Eine Provinz, drei Welten: In Zentral- und Südsichuan wachsen bei hoher Feuchtigkeit dampfende Bambuswälder zwischen hübschen Dörfern aus der Ming-Zeit. Im Norden liegen prachtvolle Seen in alpiner Gebirgslandschaft und im Westen schließlich die abgelegene Grassteppe des tibetischen Plateaus. **S. 786**

Chongqing

Küche ✓✓✓
Alte Dörfer ✓✓✓
Flussfahrten ✓✓✓

Das hügelige Chongqing ist eine einzigartige Stadt in einzigartiger Lage über dem Jangtse. Die Stadt birst vor Energie des traditionellen Chinas und ist Ausgangspunkt für einige faszinierende Tagesausflüge – und Heimat des Hotpot, des würzigsten Gerichts auf diesem Planeten. **S. 850**

Xinjiang

Geschichte ✓✓✓
Minderheitenkultur ✓✓✓
Natur ✓✓

Bazare, Kebab und Kamele sind nur ein paar der Schlaglichter, die Zentralasien verraten. Die alte Seidenstraße verbindet unter anderem Städte wie Turpan, Kashgar und Hotan; die Wanderer zieht es eher an den Kanas-See und in den Tian Shan. **S. 875**

Gansu

Seidenstraße ✓✓✓
Tibet ✓✓✓
Buddhismus ✓✓✓

Gansu ist der Inbegriff von Vielfalt: farbiges Tibet im Südwesten, im Norden der Touch der Inneren Mongolei und uralte Kulturschätze der Seidenstraße im Zentrum. Gansu, das heißt Wüste, Gebirge, buddhistische Kunst und Architektur, Kamele, Yaks, Pilger und Nomaden. **S. 912**

Ningxia

Geschichte ✓✓✓
Minderheitenkultur ✓✓✓
Aktivitäten ✓✓

In der Heimat der Hui sollte man die großartigen Gräber von Xixia, die Felsenmalerei der Nomaden und die enormen Buddhas von Xumi Shan gesehen haben. In der Tengger-Wüste warten Kamelexkursionen und Rutschpartien über die Sanddünen. **S. 949**

Innere Mongolei

Einsame Reiserouten ✓✓✓
Essen ✓✓
Aktivitäten ✓✓

Hier können Traveller auf einem der berühmten mongolischen Pferde in ein Jurten-Camp bei Hohot und Hailaer reiten und einen mongolischen Hotpot essen (köstlicher Eintopf aus Fleisch und Gemüse). Noch weiter im schwer zugänglichen Westen der Inneren Mongolei warten berghohe Sanddünen, Wüstenseen und antike Stätten. **S. 962**

Qinghai

Klöster ✓✓✓
Landschaft ✓✓✓
Kultur ✓✓

Die besten Regionen von Qinghai sind weit und abgelegen – weit oben im Hochland von Tibet – und etwas für Reisende, die Herausforderungen lieben. Wer morgens eine warme Dusche und einen Kaffe braucht, ist hier definitiv am falschen Ort. **S. 979**

Tibet

Klöster ✓✓✓
Landschaft ✓✓✓
Kultur ✓✓

Das „Dach der Welt" ist ein Hochplateau mit türkisgrünen Seen, Wüstentälern und den Gipfeln des Himalaja, wo nur Klöster, Yaks und buddhistische Stätten die Einsamkeit unterbrechen. Wegen der strengen Bestimmungen kann eine Reise leider von heute auf morgen gekippt werden. **S. 898**

❯ **Alle aufgelisteten Reiseziele werden von unseren Autoren empfohlen, und Ihre Lieblingsziele werden zuerst aufgeführt.**

❯ **Empfehlungen von Lonely Planet:**

 Das empfiehlt unser Autor

 Nachhaltig und umweltverträglich

GRATIS Hier bezahlt man nichts

BEIJING **50**
RUND UM BEIJING 115

REISE ZUR GROSSEN MAUER **120**

TIANJIN & HEBEI ...**128**
TIANJIN 130
HEBEI 136
Shijiazhuang 136
Chengde 142
Shanhaiguan 148
Jimingyi 151

SHANDONG........**154**
Ji'nan 156
Tai'an 160
Tai Shan 164
Qufu 168
Qingdao 173
Lao Shan 183
Yantai 184

SHANGHAI **190**
RUND UM SHANGHAI 239

JIANGSU **241**
Nanjing 243
Suzhou 255

ZHEJIANG **271**
Hangzhou 273
Wuzhen 287
Nanxun 288
Wuyi 289
Putuoshan 292

FUJIAN.............**296**
Xiamen 298
Gulang Yu 304
Fujian Tolou 307
Quanzhou 311
Fuzhou 315
Wuyi Shan 316

LIAONING **319**
Shenyang 321
Dalian 326
Dandong 334
Xingcheng 338

JILIN...............**340**
Changbai Shan 342
Ji'an 347
Changchun 349

HEILONGJIANG **353**
Harbin 355
Mudanjiang 364
Wudalian Chi 366

SHANXI **370**
Datong 372
Wutai Shan 377
Taiyuan 380
Pingyao 383
Qikou 389
Jincheng 391

SHAANXI (SHANXI)..........**394**
Xi'an 396
Hua Shan 410
Hancheng 413
Yan'an 414
Yulin 416
Mizhi 417

ANHUI **419**
Tunxi 421
Dörfer der Huizhou 425
Huangshan 431
Jiuhua Shan 437
Hefei 440

HENAN............**443**
Zhengzhou 445
Song Shan & Dengfeng 449
Luoyang 452
Guoliangcun 458
Kaifeng 460
Zhuxian Zhen 465

HUBEI.............**467**
Wuhan 469
Jingzhou 474
Wudang Shan 476
Shennongjia 480
Yichang 481

JIANGXI...........**483**
Nanchang 485
Wuyuan 488
Sanqing Shan 492
Longhu Shan 494
Lushan 496

HUNAN............**499**
Changsha 501

Im Register werden alle Reiseziele aufgelistet, die in diesem Buch vorgestellt werden.

Reiseziele

Shaoshan 507
Heng Shan 508
Wulingyuan & Zhangjiajie 510
Dehang 514
Fenghuang 516
Altstadt von Hongjiang 519

HONGKONG 521

MACAU............ 573

GUANGDONG 597
Guangzhou 599
Foshan 616
Kaiping 617
Yangjiang 619
Zhaoqing 621
Nanling Nationaler Waldpark 624
Shenzhen 625
Zhuhai 628
Chaozhou 630
Meizhou 634

HAINAN 637
Haikou 639
Das Zentrale Hochland 645
Rund um Wuzhishan 646
Die Ostküste 647
Sanya 651

GUANGXI 656
Guilin 658
Drachenknochen-Reisterrassen 665
Yangshuo 667
Nanning 675
Beihai 679
Insel Weizhou 681
Detian Wasserfall 683
Leye 684

GUIZHOU 687
ZENTRAL-GUIZHOU 689
OST-GUIZHOU 692
WEST-GUIZHOU 702
NORD-GUIZHOU 708

YUNNAN 712
ZENTRAL-YUNNAN 714
NORDWEST-YUNNAN 741
NU JIANG TAL 763
BAOSHAN-REGION 767
PRÄFEKTUR DEHONG 770
XISHUANGBANNA-REGION 774

SICHUAN 786
ZENTRAL-SICHUAN 790
SÜD-SICHUAN 814
WEST-SICHUAN 818
NORD-SICHUAN 833

CHONGQING 850
Chongqing (Stadt) 852
Buddhistische Grotten Dazu 863
Zhongshan 865

KREUZFAHRT AUF DEM JANGTSE 868

XINJIANG 875
ZENTRAL-XINJIANG 878
SÜDWEST-XINJIANG – KASHGARIA 890
SÜDLICHE SEIDEN-STRASSE 900
NORD-XINJIANG 906

GANSU 912
LANZHOU & SÜD-GANSU 914
HEXI-KORRIDOR 929
OST-GANSU 944

NINGXIA........... 949
Yinchuan 951
Zhongwei 957
Guyuan & Umgebung 960

INNERE MONGOLEI . 962
Hohhot 965
Shangdu (Xanadu) 969
Baotou 970
Hailaer 973
Manzhouli 976

QINGHAI 979
Xining 981
Tongren (Repkong) 988
Guide 991
Yushu (Jyekundo) 993
Golmud 996

TIBET 998
Lhasa 1002
Straße der Freundschaft 1014
Westtibet 1021

Beijing

☎010 / BEVÖLKERUNG: 19,6 MIO.

Inhalt »

Sehenswertes ... 54
Aktivitäten ... 90
Kurse ... 90
Schlafen ... 91
Essen ... 97
Ausgehen ... 104
Unterhaltung ... 105
Shoppen ... 107
An- & Weiterreise ... 110
Rund um Beijing ... 115
Ming-Gräber ... 116
Chuandixia ... 117

Gut essen

» Zuo Lin You She (S. 97)
» Dali Courtyard (S. 98)
» 4Corners (S. 103)
» Yaoji Chaogan (S. 98)
» Najia Xiaoguan (S. 102)

Schön übernachten

» Peking Youth Hostel (S. 93)
» Courtyard 7 (S. 93)
» Red Capital Residence (S. 92)
» Opposite House Hotel (S. 94)
» DuGe (S. 94)

Auf nach Beijing

Beijing (北京) ist nicht nur eine von Chinas alten Zitadellen, es ist auch eine selbstbewusste, moderne Hauptstadt, die sich ihrer Bestimmung, bis zum Ende aller Zeit über China zu herrschen, scheinbar sicher ist.

Durch seine Architektur – darunter viele Abschnitte der Großen Mauer – können Besucher jeden historischen Wandel von mongolischen Zeiten bis zum heutigen Tag nachvollziehen. Zeugnisse von kaiserlicher Pracht und imposantem sozialistischen Realismus bewahren sich ihren Platz inmitten eines aufstrebenden globalen Machtzentrums, das sich aufmacht, das 21. Jh. zu dominieren.

Die Einwohner sprechen den Beijing-Dialekt (Beijinghua) – den Goldstandard des Mandarin – und sind glücklich, im Zentrum der bekannten Welt zu leben. Aber bei allem Enthusiasmus ist Beijing frei vom Stress, der Shanghai oder Hongkong prägt. Die Reste der historischen *hutongs* (Gassen) strahlen noch heute etwas Dörfliches aus. In diesen Vierteln schalten die Einheimischen einen Gang zurück und finden die Zeit, im Freien zu sitzen, Schach zu spielen und die Welt an sich vorbeiziehen zu lassen.

Reisezeit

Beijing

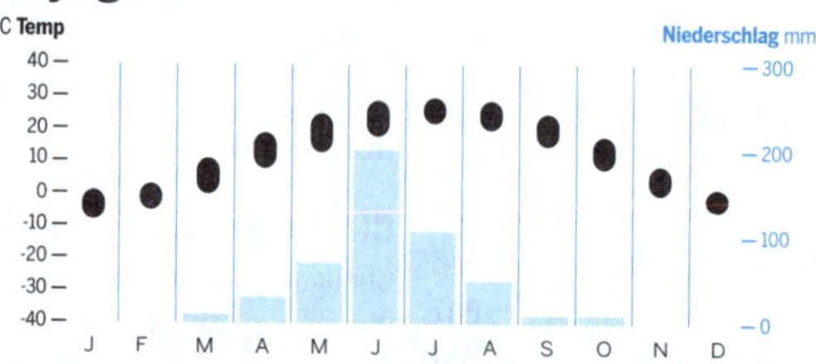

Oktober–November Erfrischend nach dem Sommer, mit blauem Himmel und weniger Touristen.

April–Mai Es wird wärmer nach der Winterkälte; windig, aber meist trocken und klar.

Dezember–Februar Knochentrocken und bitterkalt, aber klarer Himmel und ruhige Straßen.

Geschichte

Beijing (wörtlich: Nördliche Hauptstadt), das seit Urgedenken die Hauptstadt Chinas zu sein scheint und sich doch zugleich außerhalb des Kernlands der chinesischen Kultur befindet, wurde erst mit der mongolischen Besetzung Chinas im 13. Jh. zu einer kulturellen und politischen Macht, welche die Geschicke Chinas prägen sollte.

Chinesische historische Quellen datieren die frühesten Siedlungen in diesen Landesteilen auf 1045 v. Chr. In späteren Jahrhunderten wurde Beijing immer wieder von fremden Truppen erobert: Es wurde Zweitresidenz der Kitan, nomadische Mongolen, die Chinas Liao-Dynastie (907–1125 n. Chr.) begründeten. Später machten die Dschurdschen, ein ursprünglich aus der sibirischen Region stammendes tungisisches Volk, die Stadt zur Hauptstadt ihrer Jin-Dynastie (1115–1234). In dieser Zeit wurde eine befestigte Stadtmauer mit acht Toren erbaut.

Im Jahr 1215 legten die Heerscharen des Mongolenkriegers Dschingis Khan Beijing in Schutt und Asche, ein Ereignis, das paradoxerweise den Aufstieg der Stadt zu einer mächtigen nationalen Hauptstadt markiert. Abgesehen von den ersten 53 Jahren der Ming-Dynastie und 21 Jahren nationalistischer Herrschaft im 20. Jh. behielt sie diesen Status bis zum heutigen Tag.

Die Stadt wurde nun Dadu (大都; Große Hauptstadt) genannt und war auch unter dem mongolischen Namen Khanbalik (Stadt des Khan) bekannt. Im Jahr 1279, unter der Herrschaft von Kublai Khan, dem Enkel von Dschingis Khan, war Dadu die Hauptstadt des größten Reiches, das die Welt je gekannt hatte.

Der Stadtgrundriss des heutigen Beijing entstand während der Ming-Dynastie, und Kaiser Yongle (regierte 1403–1424) gilt als der eigentliche Architekt der modernen Stadt. Ein großer Teil von Beijings großartiger Architektur, wie die Verbotene Stadt und die ikonische Halle des Erntegebets im Himmelstempelpark, datiert aus seiner Regierungszeit.

Die Mandschu, die China im 17. Jh. eroberten und die Qing-Dynastie begründeten, behielten das Stadtbild im Wesentlichen bei. In den letzten 120 Jahren der Qing-Dynastie litt Beijing und später auch ganz China unter Machtkämpfen und Invasionen sowie dem nachfolgenden Chaos. Die Liste ist lang: Die anglofranzösischen Truppen, die im Jahr 1860 den alten Sommerpalast in Brand steckten, das korrupte Regime der Kaiserwitwe Cixi, der katastrophale Boxeraufstand, General Yuan Shikai, die Warlords, die japanische Besatzung von 1937 und die Kuomintang. Jede dieser Perioden hinterließ ihre Spuren, aber Form und Symmetrie Beijings blieben weitgehend unverändert.

Die Geschichte des modernen Beijing begann im Januar 1949 mit dem Einmarsch der Volksbefreiungsarmee (PLA). Am 1. Oktober desselben Jahres rief Mao Zedong auf dem Platz am Tor des Himmelsfriedens vor 500 000 Bürgern die „Volksrepublik" aus.

Wie die Kaiser vor ihnen veränderten auch die Kommunisten das Gesicht Beijings grundlegend. Die *pailou* (Ehrenbögen) wurden zerstört und Stadtviertel dem Erdboden gleich gemacht, um Platz für breite Hauptverkehrsstraßen zu schaffen. Von 1950 bis 1952 wurden die großartigen äußeren Stadtmauern niedergerissen, um dem modernen Autoverkehr Platz zu machen. Sowjetische Experten und Techniker strömten ins Land und sorgten für den stalinistischen Touch.

Das vergangene Vierteljahrhundert hat Beijing in eine moderne Stadt mit Wolkenkratzern, Shopping-Malls und einem stetig wachsenden U-Bahnnetz verwandelt. Die ehemals flache Skyline ist nun überragt von Apartmentblocks und Bürotürmen. In den letzten Jahren ist Beijing auch sichtlich verschönert worden: Die ausdruckslose und ungepflegte Stadt wurde grüner, sauberer und freundlicher.

PREISE

In diesem Kapitel werden die folgenden Preiskategorien verwendet:

Schlafen

€	unter 400 Yuan (für ein Standard-Zweibettzimmer)
€€	400 bis 1000 Yuan
€€€	über 1000 Yuan

Essen

€	unter 40 Yuan (für eine Mahlzeit für eine Person)
€€	40 bis 100 Yuan
€€€	über 100 Yuan

Highlights

1. Auf einem nicht restaurierten „wilden“ Abschnitt von Chinas berühmtester Ikone, der **Großen Mauer** (S. 120) wandern
2. Über die Macht und Pracht der Ehrfurcht gebietenden **Verbotenen Stadt** (S. 55) staunen, der größten Palastanlage der Welt und einst Residenz von 24 Kaisern Chinas
3. Durch das Gewirr historischer ***hutongs*** (Gassen, S. 77) irren oder den interessanten *hutong*-Spaziergang (S. 73) unternehmen
4. Die vielen herrlichen Parks von Beijing entdecken, und dabei auf keinen Fall das Highlight, den unübersehbaren **Himmelstempelpark** (S. 74) auslassen
5. Einen Einblick in kaiserliches Highlife auf Spaziergängen durch prächtige Gärten, Tempel, Pavillons und Korridore des **Sommerpalastes** (S. 86) gewinnen
6. Das typische Gericht der Hauptstadt, **Pekingente** (S. 101), in auf dieses Gericht spezialisierten Restaurants genießen
7. Auf den prächtigen **Trommelturm** (S. 69) oder sein schönes Gegenstück, den **Glockenturm** (S. 69) steigen und über die grauen Ziegeldächer in den Gassen darunter blicken
8. In einer von Beijings **Hinterhofbars** ein Bier trinken oder Livemusik hören, beispielsweise mit Jiang Hu (S. 106) anfangen

Olympischer Waldpark
Zur Großen Mauer (70 km)
Südtor des Waldpark
森林公园南门
Chinesisches Museum für Wissenschaft & Technologie
Olympic Green
奥林匹克公园
Datunlu Ost
大屯路东
Wangjingxi
望京西
Guangshan Beidajie
Badaling Schnellstraße
Happy-Magic-Wasserpark
Nationalstadion (Vogelnest)
Chengfu Lu
Huixinxijie Beikou
惠新西街北口
(4. Ringstraße Nord)
Olympic Sports Center
奥体中心
Beisihuan Donglu
798 Art District
Schnellstraße zum Flughafen
Mudanyuan
牡丹园
Anzhenmen
安贞门
Huixinxijie Nankou
惠新西街南口
Shaoyaoju
芍药居
Jiandemen
健德门
Beitucheng
北土城
Guangximen
光熙门
Taiyanggong
太阳宫
Xiba He
Beisanhuan Zhonglu (3. Ringstraße)
Hepingxiqiao
和平西桥
Beisanhuan Donglu
s. Karte Trommelturm & Nord-Dongcheng (S. 70)
Sanyuanqiao
三元桥
s. Karte Beihai Park & Nord-Xicheng (S. 82)
s. Karte Sanlitun & Chaoyang (S. 78)
Andingmen Dongdajie (2. Ringstraße)
BOTSCHAFTS-VIERTEL SANLITUN
Chaoyang-Park
Glockenturm & Trommelturm
hutongs
Hinterhofbars
CHAOYANG
XICHENG
Xindong Lu
Nongzhanguan Nanlu
XIDAN
Verbotene Stadt
DONGCHENG
Chaoyang Dajie
s. Karte Verbotene Stadt (S. 56)
Tonghui He
Tiananmen-Platz
Expressbus Linie 3 zum Hauptstadtflughafen
Beijing Hauptbahnhof
北京火车站
Fernbusbahnhof Bawangfen
Bratenten-restaurant
s. Karte Dongcheng (S. 62)
Beijing Ostbahnhof
北京东站
Dajie
Shuangjing
双井
CHONGWEN
Tiyuguan Lu
Jinsong
劲松
s. Karte Dashilar & Süd-Xicheng (S. 86)
Himmelstempel-park
Panjiayuan-Markt
Taoranting-Park
Longtan-Park
Dongsanhuan Nanlu
Zuo'anmen Xibinhe Lu
s. Karte Himmelstempelpark & Süd-Dongcheng (S. 75)
Beijing Süd
北京南站
Beijing Südbahnhof
北京南站
Puhuangyu
蒲黄榆

BEIJING IN ...

... zwei Tagen

Durch die vom Weihrauch erfüllten Höfe des **Lamaklosters** bummeln und im Anschluss über die Straße zum noch friedlicheren **Konfuziustempel** gehen. Einen Kaffee und etwas Essbares im **Konfuzius-Café** erstehen, bevor es durch die ***hutongs*** zum **Trommel-** und zum **Glockenturm** weitergeht, und den Tag mit einem Essen im **Dali Courtyard** beenden.

Früh aufstehen und im **Himmelstempelpark** spazieren gehen, der frühmorgens märchenhaft schön ist: Dann gehört er Opern singenden Einheimischen und nicht den wild fotografierenden Touristen. Essen im historischen **Dashilar** kaufen, bevor es quer über den **Tiananmen-Platz** auf dem Weg in die eindrucksvolle **Verbotene Stadt** geht. Den Tag mit dem für Beijing typischen Gericht – Pekingente – in Chinas berühmtestem Bratentenrestaurant **Quanjude** abschließen.

... vier Tagen

Den obigen Spaziergang machen, aber viel Kraft und Energie für den Traumtrip am dritten Tag aufheben: die Fahrt zur **Großen Mauer**. Es gibt viele Möglichkeiten, von einer Spritztour zum touristischen **Badaling** bis zu einer anstrengenden Wanderung an wilden, unrestaurierten Abschnitten wie **Huanghua Cheng** oder **Jiankou** entlang. **Mutianyu** ist gut für Familien geeignet. Ein Picknick mitnehmen und nicht damit rechnen, vor Einbruch der Nacht in die Stadt zurückzukehren.

Am vierten Tag mit der U-Bahn zum **Sommerpalast** fahren. Den Tag hier verbringen oder Abstecher zum **Botanischen Garten**, zum **Alten Sommerpalast** oder zum **Park des Duftbergs** machen, die alle in der Nähe liegen. Für ein frühes Abendessen zurückkommen, damit Zeit für eine Show, die **Pekingoper** oder **Akrobatik** bleibt.

Aber Beijing entwickelt sich weiter und kappt dabei seine zunehmend schwächer werdenden Bande zu seiner Vergangenheit Faser für Faser. Selbst die konservative Zeitung China Daily beklagt, dass seit 1990 4,43 Mio. m² alter Hofhäuser in Beijings historischen *hutong*-Vierteln abgerissen wurden; das entspricht rund 40 % der Gesamtfläche der Stadtmitte. Umweltschutzgruppen haben alle Hände voll zu tun, um das, was noch übrig geblieben ist, zu retten.

Klima

Im Winter wird es bitterkalt (bis -20 °C), und der schneidende Nordwind lässt einen zittern. Aber die Luft ist dann klar und frisch und die Stadt ungewohnt ruhig. Der trockene Frühling ist viel angenehmer (es sei denn, ein Sandsturm fegt durch die Stadt), aber er dauert nur etwa einen Monat (April bis Mai). Im Frühling wirbeln die *liuxu* (Weidensamen) wie Schneeflocken durch die Luft. Ab Mai klettert die Quecksilbersäule auf über 30 °C und erreicht im Spätsommer Temperaturen von über 40 °C. Sporadische Regengüsse reinigen die Luft für ein, zwei Tage – oft ist dies eine smogreiche Jahreszeit. Beijing wird kühler und klarer im Herbst (Ende Septmber bis Anfang November), dann ist die beste Reisezeit.

Sprache

Beijinghua (北京话), das in der Hauptstadt gesprochene Chinesisch, gilt unter Puristen als die reinste Form der chinesischen Sprache. Obwohl das Standard-Mandarin auf dem Peking-Dialekt basiert, sind die beiden in Aussprache und Umgangssprache sehr unterschiedlich. Beijinghua ist von Migranten bedroht, die in die Stadt strömen und ihre eigenen Dialekte mitbringen.

Sehenswertes

Der historische **Stadtbezirk Dongcheng** (东城区; Dongcheng Qu) ist der größte von Beijings zentralen Stadtbezirken und für Besucher der bei weitem interessanteste. Der Einfachheit halber wird er in diesem Kapitel in die Viertel Nord, Mitte und Süd eingeteilt. In Dongcheng-Mitte liegt der Löwenanteil der bekanntesten Sehenswürdigkeiten, darunter die ungeheuer große Verbotene Stadt. Von hier dehnt sich ein faszinierendes Netz kaiserlicher *hutongs* (Gässchen) nach Norden und Osten aus. Dongcheng-Nord ist ebenfalls ein fantastisch historisches, *hutong*-reiches Viertel und wohl am angenehmsten für einen Aufenthalt in Beijing. Dongcheng-Süd wird von dem reizvollen Park des Himmelstempels beherrscht.

Der **Stadtbezirk Chaoyang** (朝阳区; Chaoyang Qu) dehnt sich von Dongcheng nach Osten aus und beherbergt die meisten ausländischen Botschaften Beijings sowie den größten Teil der Expat-Bevölkerung. Dem Bezirk fehlt es an Geschichte und Charakter, aber hier befinden sich einige der besten modernen Restaurans, Bars und Geschäfte, von denen die meisten im Viertel Sanlitun zu finden sind.

Der westlich von Dongcheng gelegene **Stadtbezirk Xicheng** (西城区; Xicheng Qu) hat starke historische Bezüge. In diesem Kapitel wird er in ein Nord- und ein Südviertel geteilt. Der Norden umfasst die schönen zentralen Seen der Stadt – in Houhai und im jahrhundertealten Beihai-Park. Im Süden liegt das für Backpacker zentrale Viertel Dashilar.

Der Randbezirk **Haidian** (海淀区; Haidian Qu) ist das größte Universitätsviertel der Hauptstadt – in Wudaokou findet das Beijinger Studentenleben statt –, aber hier gibt's auch ein paar tolle Ziele für Tagesausflüge, darunter der höchst reizvolle Sommerpalast.

VERBOTENE STADT & DONGCHENG ZENTRUM

Verbotene Stadt — HISTORISCHE STÄTTE

(紫禁城; Zijin Cheng; Karte S. 56; www.dpm.org.cn; Eintritt Nov.–März/April–Okt. 40/60 Yuan, Audioguide 40 Yuan; ⏲ Mai–Sept. 8.30–16 Uhr, Okt.–April 8.30–15.30 Uhr; Ⓢ Tiananmen-West oder Tiananmen-Ost) Die von einem 52 m breiten Wassergraben umgebene Verbotene Stadt mitten in Beijing ist Chinas größtes und besterhaltenes Ensemble antiker Bauten und gleichzeitig die größte Palastanlage der Welt. Sie hieß so, weil sie 500 Jahre lang, durchdrungen von starren Ritualen und byzantinischem Hofzeremoniell, für normale Sterbliche gesperrt war. Der von der Außenwelt abgeschlossene Palast war die Residenz von zwei Dynastien, bis die Republik den letzten Qing-Kaiser vom Thron jagte.

Heute wird die Verbotene Stadt offiziell als Palastmuseum (故宫博物馆; Gugong Bowuguan) bezeichnet, aber die meisten Chinesen nennen sie einfach *gugong* (故宫; ehemaliger Palast).

In früherer Zeit war der Preis für den Zugang ohne Einladung die sofortige Enthauptung; heute tun es 40 oder 60 Yuan. Zur Besichtigung ist der größte Teil eines Tages erforderlich; echte Enthusiasten kommen mehrmals hierher.

Führer – viele von ihnen mit mäßigen Englischkenntnissen – warten im Eingangsbereich, doch die automatisch aktivierten Tonbandführungen sind billiger (40 Yuan; über 40 Sprachen) und zuverlässiger. Innerhalb des Palastes stehen Restaurants, ein Café, Toiletten und sogar ein Geldautomat zur Verfügung. Rollstühle (500 Yuan Kaution) sowie Kinderwagen (300 Yuan Kaution) sind kostenlos.

Eingang

Touristen betreten den Palast durch das **Mittagstor** (午门; Wu Men), ein gewaltiges U-förmiges Portal am Südende der Anlage. Die zentrale Öffnung war in früheren Zeiten allein dem Kaiser vorbehalten. Gongs und Glocken kündigten das Kommen und Gehen des Kaisers an. Niedere Sterbliche benutzten niedere Tore: Die Militärs benutzten das Westtor, Zivilisten das Osttor. Der Kaiser inspizierte von hier aus seine Armeen, sprach das Urteil über Gefangene, verkündete den Kalender des Neuen Jahres und sah beim Auspeitschen straffälliger Minister zu.

Durch das Mittagstor gelangt man in einen riesigen Hof und überquert den **Goldwasserbach** (金水; Jin Shui) – geschwungen wie ein Tartarenbogen und von fünf Marmorbrücken überspannt – auf dem Weg zu dem prächtigen **Tor der Höchsten Harmonie** (太和门; Taihe Men). In diesem Hof konnte der Kaiser 100 000 Menschen Audienz gewähren. Wie groß die Aufgabe der Restauration war, ist an den bröckelnden Hofsteinen zu sehen, die mit trockenen Gräsern ausgestopft sind, insbesondere im Randbereich.

> **SPAZIERGANG DURCH DIE VERBOTENE STADT**
>
> Unbedingt ansehen: Unsere farbige 3-D-Illustration der Verbotenen Stadt auf S. 58. Sie ist brandneu für diese Ausgabe und zeigt den von unserem Autor empfohlenen Rundgang durch den Baukomplex.

Verbotene Stadt

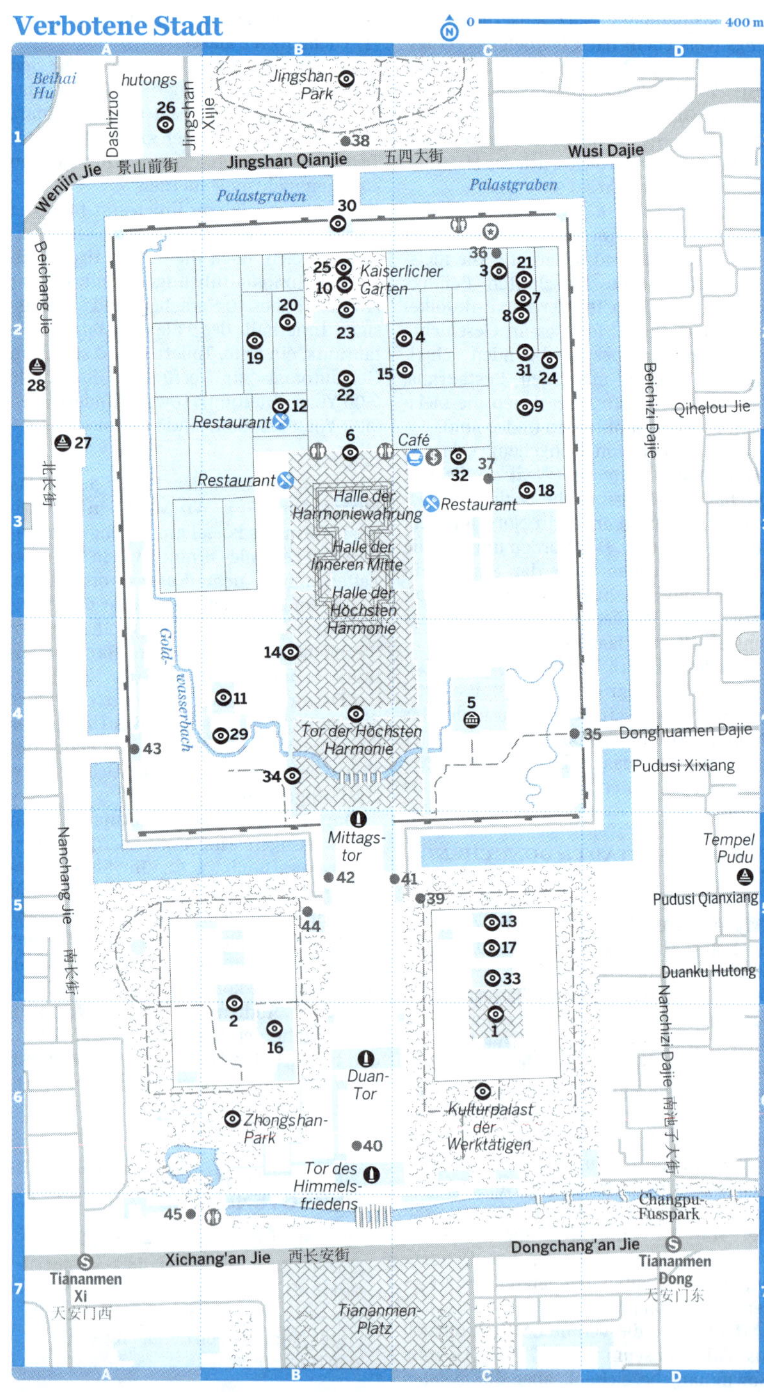

Verbotene Stadt

Sehenswertes

1 Ahnentempel C6
2 Altar aus der Ming-Zeit B6
3 Brunnen der Konkubine Zhen C2
4 Chengqiang-Halle C2
Halle des Ahnenkultes .... (siehe 2)
5 Halle der Freude und Langlebigkeit C2
6 Halle der Geistespflege C2
7 Halle der Harmonie C2
8 Halle der Juwelen C2
9 Halle der Kaiserlichen Absolutheit C2
10 Halle des Kaiserlichen Friendens B2
11 Halle der Literarischen Blüte C4
12 Halle der Militärischen Tapferkeit B4
13 Hintere Halle C5
14 Hongyi-Pavillon B4
15 Jingren-Halle C2
16 Konzerthalle in der Verbotenen Stadt B6
17 Mittlere Halle C5
18 Neun-Drachen-Mauer C3
19 Palast des Ewigen Frühlings B2
20 Palast der Gesammelten Eleganz B2
21 Palast der Herzensbildung B2
22 Palast der Himmlisch-Männlichen Klarheit B2
23 Palast der Irdischen Gelassenheit B2
24 Pavillon der fröhlichen Melodien C2
25 Shunzhen-Tor B2
26 Tempel Dagaoxuan A1
27 Tempel Fuyou A3
28 Tempel Wanshou Xinglong A2
29 Tor der Himmlischen Reinheit B3
30 Tor der Himmlischen Tapferkeit (nur Ausgang) B1
31 Tor der Militärischen Tapferkeit B4
32 Uhrenausstellung C3
33 Vordere Halle C5
34 Xihe-Tor B4

Praktisches

35 Donghua-Tor (nur Ausgang) C4
36 Hauptausgang des Palastes des Friedens und der Langlebigkeit C2
37 Haupteingang zum Palast des Friedens und der Langlebigkeit C3
38 Jingshan-Park Südeingang B1
39 Kulturpalast der Werktätigen Nordwesteingang C5
40 Tor des Himmelsfriedens Ticketbüro B6
41 Verbotene Stadt Ticketbüro B5
42 Verbotene Stadt Ticketbüro C5
43 Xihua-Tor (geschlossen) A4
44 Zhongshan-Park Nordosteingang B5
45 Zhongshan-Park Südeingang A7

Erste Seitengalerien

Bevor es durch das Tor der Höchsten Harmonie zu den Starattraktionen der Verbotenen Stadt geht, nach Osten und nach Westen des riesigen Hofes abbiegen, um die Kalligrafie- und Gemälde-Galerie in der **Halle der Militärischen Tapferkeit** (武英殿; Wu Ying Dian) zu besuchen und die besonders gute Keramik-Galerie, die in der knarrenden **Halle der Geistigen Bildung** (文化殿; Wen Hua Dian) untergebracht ist.

Die Drei Großen Thronhallen

Die Drei Großen Thronhallen (三大殿; San Dadian), die sich auf einer dreistufigen Marmorterrasse mit Balustraden befinden, sind das grandiose Herzstück der Verbotenen Stadt. Die kürzlich restaurierte **Halle der Höchsten Harmonie** (太和殿; Taihe Dian) ist das wichtigste und größte Bauwerk in der Verbotenen Stadt. Sie wurde im 15. Jh. erbaut und im 17. Jh. restauriert und war für zeremonielle Anlässe vorgesehen, wie der Geburtstag des Kaisers, die Ernennung militärischer Führer sowie die Inthronisation eines neuen Kaisers. Im Innern der Halle der Höchsten Harmonie befindet sich ein reich verzierter **Drachenthron** (龙椅; Longyi), von dem aus sich der Kaiser mit seinen hohen Beamten beriet. Der gesamte Hofe musste in Gegenwart des Kaisers mit der Stirn neun Mal den Boden berühren (ein als *kotau* bekannter ehrerbietiger Gruß). Die Schnitzereien auf dem Wandschirm hinter dem Thron zeigen Xumishan, das buddhistische Paradies, und versinnbildlichen damit die unantastbare Stellung des Throninhabers.

Gleich hinter der Halle der Höchsten Harmonie steht die kleinere **Halle der Harmonie der Mitte** (中和殿; Zhonghe Dian). Hier hielt sich der Kaiser vor Zeremonien auf, traf letzte Vorbereitungen, übte Reden und empfing hohe Beamte. Zu sehen sind zwei Sänften aus der Qing-Dynastie, die der Kaiser zur Fortbewegung in der Verbotenen Stadt benutzte. Der letzte

Verbotene Stadt

BESICHTIGUNG

Nach dem Eintritt durch das Mittagstor ist die Versuchung groß, geradewegs auf die Hauptattraktionen zuzusteuern, aber jetzt geht es erst einmal nach rechts für einen Blick auf die hervorragende **1 Keramik-Galerie**, die sich in der knarzenden Halle der Literarischen Blüte befindet.

Dann zurück zur zentralen Anlage und durch das Tor der Höchsten Harmonie zu den Drei Großen Hallen: erst zu der größten, der **2 Halle der Höchsten Harmonie**, gefolgt von der **3 Halle der Harmonie der Mitte** und der **4 Halle der Harmoniewahrung**, hinter der sich die kaiserliche Rampe aus Marmor erstreckt.

Hier geht es nach rechts für einen Besuch der faszinierenden **5 Uhrenausstellung** und dann in den **6 Vollständigen Palast des Friedens und der Langlebigkeit**, einer Verbotenen Stadt in Miniaturformat, die an der östlichen Achse der Hauptanlage errichtet wurde. Hier befindet sich die wunderschöne **7 Neun-Drachen-Mauer** und weiter nördlich eine Reihe von Hallen, die einige hervorragende Sammlungen enthalten und zusammenfassend als Schatzgalerie bekannt sind. Unbedingt lohnenswert ist auch ein Besuch im **8 Pavillon der Fröhlichen Melodien**, einem prachtvollen dreistöckigen Opernhaus.

Danach geht's weiter in den Norden dieses Bereichs und dann nach Westen in den **9 Kaiserlichen Garten** mit seinen alten Zypressen und hübschen Pavillons, bevor es durch das Westtor des Gartens (hinter dem Tausend-Jahre-Pavillon) wieder hinausgeht zum Erkunden der **10 Westlichen Paläste**, einer faszinierenden Sammlung von Hofhäusern, in denen viele der Kaiser während ihrer Herrschaft lebten.

Diesen Bereich verlässt man an der südwestlichen Ecke, und dann geht es wieder zurück nach Norden durch das Tor der Himmlischen Reinheit, um die drei letzten Zentralen Hallen zu sehen – den **11 Palast der Himmlisch-Männlichen Klarheit**, die **12 Halle der Einheit** und den **13 Palast der Irdische-Weiblichen Ruhe** –, bevor es durch das Nordtor wieder hinausgeht.

DANIEL MCCROHAN

Wasserfässer
Über 300 Wasserfässer aus Kupfer und Messing sind über die ganze Palastanlage verteilt. Sie wurden zur Feuerbekämpfung verwendet. Im Winter verhinderten dicke wattierte Decken, dass sie zufroren.

Eingang/Ausgang
Der Eingang ist nur durch das Südtor (Mittagstor) möglich, aber hinaus kommt man durch das Süd-, Nord- oder Osttor.

Löwenwächter
Paare von Löwen bewachen bedeutende Gebäude. Der männliche Löwe hat eine Pranke auf einen Globus gelegt (und steht für die Macht des Kaisers über die Welt). Die Löwin hat eine Pranke auf ein Löwenbaby gelegt (und steht für die Fruchtbarkeit des kaiserlichen Hofes).

DANIEL MCCROHAN

DANIEL MCCROHAN

DANIEL MCCROHAN

Kniende Elefanten

Am nördlichen Eingang des Kaiserlichen Gartens knien in einer anatomisch unmöglichen Position zwei Bronzeelefanten, die die Macht des Kaisers symbolisieren: Selbst Elefanten machten vor ihm einen Kotau.

Neun-Drachen-Mauer

Diese wunderschöne glasierte Drachenwand, von denen in China nur noch drei Stück existieren, sollte die Halle der Kaiserlichen Vorherrschaft vor bösen Geistern beschützen.

Nordtor der Verbotenen Stadt (nur Ausgang)

Tausend-Jahre-Pavillon

Tor der Himmlisch-Männlichen Klarheit

Kaiserliche Rampe aus Marmor

Die Schatzgalerie

NORDEN

Tor der Höchsten Harmonie

Mittagstor

Osttor der Verbotenen Stadt (nur Ausgang)

1 2 3 4 5 6 7 8 9 10 11 12 13

Oper

Dio größte Opernbühne der Verbotenen Stadt; interessant sind dort die Falltüren, die übernatürlichen Charakteren bei den Vorstellungen dramatische Auftritte und Abgänge ermöglichten.

Kein Zutritt

Nur ein Teil der Verbotenen Stadt ist für die Öffentlichkeit zugänglich. Die hier schattierten Bereiche sind nicht zugänglich.

Drachenkopf-Wasserspeier

Über tausend Drachenköpfe umgeben die erhöhten Marmorplattformen in der Mitte der Verbotenen Stadt. Sie waren – und sind heute noch – Teil des Entwässerungssystems.

DANIEL MCCROHAN

Dachwächter

Der kaiserliche Drache beschließt die Prozession. An der Spitze reitet eine Figur auf einem Phönix, der eine Reihe mythischer Kreaturen folgt. Je mehr Kreaturen, desto bedeutender das Gebäude.

DANIEL MCCROHAN

NICHT VERSÄUMEN

DIE HALLE MIT DER UHRENSAMMLUNG

Die **Halle mit der Uhrensammlung** (钟表馆; Zhongbiao Guan; Karte S. 56; Eintritt 10 Yuan; ⏲ Sommer 8.30–16 Uhr, Winter 8.30–15.30 Uhr) gehört zu den unbedingt sehenswerten Highlights der Verbotenen Stadt. Die in der **Halle der Anbetung der Ahnen** (Fengxian Dian) – gleich rechts hinter den Großen Drei Hallen – untergebrachte Sammlung umfasst eine erstaunliche Vielfalt an kunstvollen Zeitmessern, die meisten davon Geschenke für die Qing-Kaiser aus Übersee. Viele der Stücke aus dem 18. Jh. wurden von James Cox oder Joseph Williamson (beide in London) gefertigt und über Guangdong aus England importiert; andere kamen aus der Schweiz, Amerika oder Japan. Die exquisit gearbeiteten und mit prächtigen Elefanten und anderen Tieren verzierten Uhren zeugen alle von erstaunlicher Kunstfertigkeit und Liebe zum Detail. Besonders ins Auge fallen die „Astronomische Uhr aus vergoldetem Kupfer" mit einem beweglichen Modell des Sonnensystems und eine mit einem Automaten ausgestattete „Vergoldete Kupferuhr mit einem Roboter, der mit einem Pinsel chinesische Schriftzeichen schreibt". Bei der **Uhrenvorführung** um 11 Uhr und um 14 Uhr werden einige Uhren aufgezogen und schlagen vor staunenden Kindern und Erwachsenen.

der Qing-Kaiser, Puyi, benutzte ein Fahrrad und ließ einige Änderungen auf dem Palastgelände vornehmen, um besser fahren zu können.

Die dritte Halle ist die **Halle der Harmoniewahrung** (保和殿; Baohe Dian), die für Staatsbankette und die kaiserlichen Beamtenprüfungen genutzt wurde. Diese Halle wird nicht von Säulen getragen. Hier befindet sich am hinteren Aufgang die 250 Tonnen schwere, mit Drachen und Wolken verzierte **kaiserliche Marmorauffahrt,** die aus nur einem Stein besteht, der über eine künstliche Eisbahn nach Peking transportiert wurde. Der Kaiser wurde in seiner Sänfte über diesen Aufgang auf die Marmorterrasse oder hinuntergetragen. In den die Drei Großen Hallen umgebenden Gebäuden wurden Gold, Silber, Seide, Teppiche und andere Schätze gelagert.

Mehrere Seitengebäude an der Ost- und Westseite der Drei Großen Hallen beherbergen meist hervorragende Ausstellungen, die von wissenschaftlichen Instrumenten und Gegenständen des täglichen Bedarfs bis zu Objekten, die dem Kaiser in der Audienz von Würdenträgern überreicht wurden, reichen. In einem der Gebäude ist ein interessantes Diorama der Gesamtanlage ausgestellt.

Die Kleineren Zentralen Hallen

Die Anordnung der Drei Großen Hallen wiederholt sich in der nächsten Gebäudegruppe. Diese Hallen kleineren Maßstabs waren machtpolitisch bedeutender und befanden sich in China traditionell an der Hintertür.

Der erste Bau, der **Palast der Himmlischen Reinheit** (乾清宫; Qianqing Gang) war die Residenz von Ming- und frühen Qing-Kaisern. Später diente er als Audienzhalle für ausländische Gesandte und hohe Beamte.

Gleich dahinter liegt die **Halle der Einheit** (交泰殿; Jiaotai Dian), in der eine Klepsydra – eine 1745 mit fünf Bronzegefäßen und einer kalibrierten Waage gebauten Wasseruhr. Auch eine 1797 hergestellte mechanische Uhr sowie eine Sammlung kaiserlicher Jadesiegel sind ausgestellt. Im **Palast der irdischen Ruhe** (坤宁宫; Kunning Gong) befanden sich das kaiserliche Brautgemach und die Wohngemächer des kaiserlichen Harems.

Palastgarten

Am Nordende der Verbotenen Stadt liegt der Palastgarten (御花园; Yu Huayuan), ein klassisch chinesischer Garten mit 7000 Quadratmetern schönster Gartenbaukunst mit Felsen, Wegen, Pavillons und alten Zypressen. Bevor man zum **Tor des Göttlichen Mutes** (神武门; Shenwu Men), dem nördlichen Ausgang der Verbotenen Stadt, und zum Shunzhen-Tor (顺贞门; Shunzhen Men), das zu ihm führt, gelangt, sieht man zwei **Bronzeelefanten** knien, deren vordere Knie „unanatomisch" verbogen sind. Sie versinnbildlichen die Macht des Kaisers: Vor ihm würden sogar Elefanten den *kotau* machen.

Palast des Ruhevollen Alters

Eine kleine Verbotene Stadt, bekannt als der Palast des Ruhevollen Alters (宁寿全宫; Ning Shou Quan Gong) wurde in der Nordostecke der Anlage errichtet und ahmte den Bau der großen Hallen auf der zentralen Achse nach. Während der Ming-Dynastie lebten hier die Kaiserwitwe und die kaiserlichen Konkubinen. Heute ruhen in den ruhigerer Hofbauten die Kostbarkeiten der **Kaiserlichen Schatzkammer** (珍宝馆; Zhen Bao Guan; Eintritt 10 Yuan).

Der Eingang zu dem Baukomplex liegt im Süden – nicht weit von der Halle mit der Uhrensammlung entfernt. Gleich hinter dem Eingang befindet sich die aus glasierten Ziegeln errichtete **Neundrachenwand** (九龙壁; Jiulang Bi), eine von dreien dieser Art, die es noch in China gibt.

Besucher arbeiten sich Richtung Norden vor, vorbei an mehreren nicht überlaufenen Hallen und Höfen, und verlassen die Verbotene Stadt an ihrem Nordende. Unbedingt sehenswert ist der **Pavillon des Heiteren Klanges** (畅音阁; Changyin Ge), ein dreistöckiges hölzernes Opernhaus und das größte Theater. Zu beachten sind die Falltüren, die den Schauspielern unkonventionelle Auftritte und Abgänge ermöglichten.

Westliche & Östliche Paläste

Ungefähr ein Dutzend kleinerer Palasthöfe befinden sich im Westen und Osten der Kleineren Zentralen Hallen. Sie sollten alle für das Publikum geöffnet sein, obwohl zur Zeit der Recherche viele der östlichen Hallen wegen umfangreicher Renovierungsarbeiten geschlossen waren. In diesen kleineren Hofgebäuden lebten die meisten Kaiser, und viele der Bauten, insbesondere die im Westen, sind mit luxuriösem kaiserlichen Mobiliar ausgestattet. Die **Halle der Geistigen Bildung** (养心殿; Yang Xin Dian) ist ein Highlight, während im **Palast der Gesammelten Eleganz** (储秀宫; Chu Xiu Gong) interessante Fotos vom letzten Kaiser Puyi zu sehen sind, der hier um die Wende zum 20. Jh. als Kindherrscher lebte.

GRATIS **Tiananmen-Platz** PLATZ

(天安门广场; Tiananmen Guangchang; Karte S. 62; Ⓢ Tiananmen-West, Tiananmen-Ost oder Qianmen) Der von öden Bauten im Sowjetstil der 1950er-Jahre und weißen Begrenzungszäunen gesäumte Platz ist mit 440 000 m² der größte öffentliche Platz der Welt – eine nackte Wüste aus Pflastersteinen mitten in Beijing.

Hier steht man im symbolischen Zentrum des chinesischen Universums. Die rechteckige Anlage, mit Hallen im Osten und Westen, spiegelt zum Teil der Plan der Verbotenen Stadt wider. So weist der Platz zwar einen konventionellen Plan auf, der sich an die traditionelle chinesische Kultur hält, doch viele seiner Ornamente und Bauten sind sowjetisch geprägt. Mao wollte mit diesem Platz die enorme Größe der Kommunistischen Partei versinnbildlichen und nahm hier während der Kulturrevolution Paraden von bis zu einer Million Menschen ab. Tiananmen-Zwischenfall wird ein Beinaheaufstand von 1976 auf dem Platz genannt, zu dem es anlässlich des Todes des Ministerpräsident Zhou Enlai kam. Im selben Jahr drängten sich erneut eine Million Menschen auf dem Platz, um Mao die letzte Ehre zu erweisen. Traurige Berühmtheit erlangte der Platz, als 1989 die Armee Demonstranten der Demokratiebewegung von Platz verjagte. Hunderte verloren ihr Leben in den umliegenden Straßen, aber entgegen einer weitverbreiteten Meinung ist es unwahrscheinlich, dass es auf dem Platz selbst Todesopfer gab.

Obwohl öffentlich, ist der Platz mehr in den Händen der Regierung als in denen des Volkes; er wird von Videokameras, berittenen Polizisten und Zivilfahndern überwacht. Vorbestimmte Eingänge, Sicherheitschecks und eine bedrückte Stimmung trennen den Tiananmen-Platz von der Stadt. Es herrscht eine fast greifbare Atmosphäre von Einschränkung und staatlicher Kontrolle.

All dies – sowie das Fehlen jeglicher Sitzmöglichkeiten – bedeutet, dass der Platz sich kaum zum entspannten Bummeln eignet (bloß keine Gitarre rausholen!), doch er ist so zur Ikone geworden, dass kaum jemand Beijing verlässt, ohne ihn zu besuchen. In jedem Fall gibt's mehr als genug Platz, um die Beine auszustrecken, und die Aussicht kann atemberaubend sein, vor allem an einem klaren blauen Tag oder bei Einbruch der Nacht, wenn die Fläche beleuchtet ist.

Frühaufsteher können sich bei Sonnenaufgang die **Fahnenzeremonie** ansehen: Sie wird von Soldaten der Volksbefreiungsarmee (PLA) durchgeführt, die mit genau 108 Schritten pro Minute und exakt 75 cm

Dongcheng Zentrum

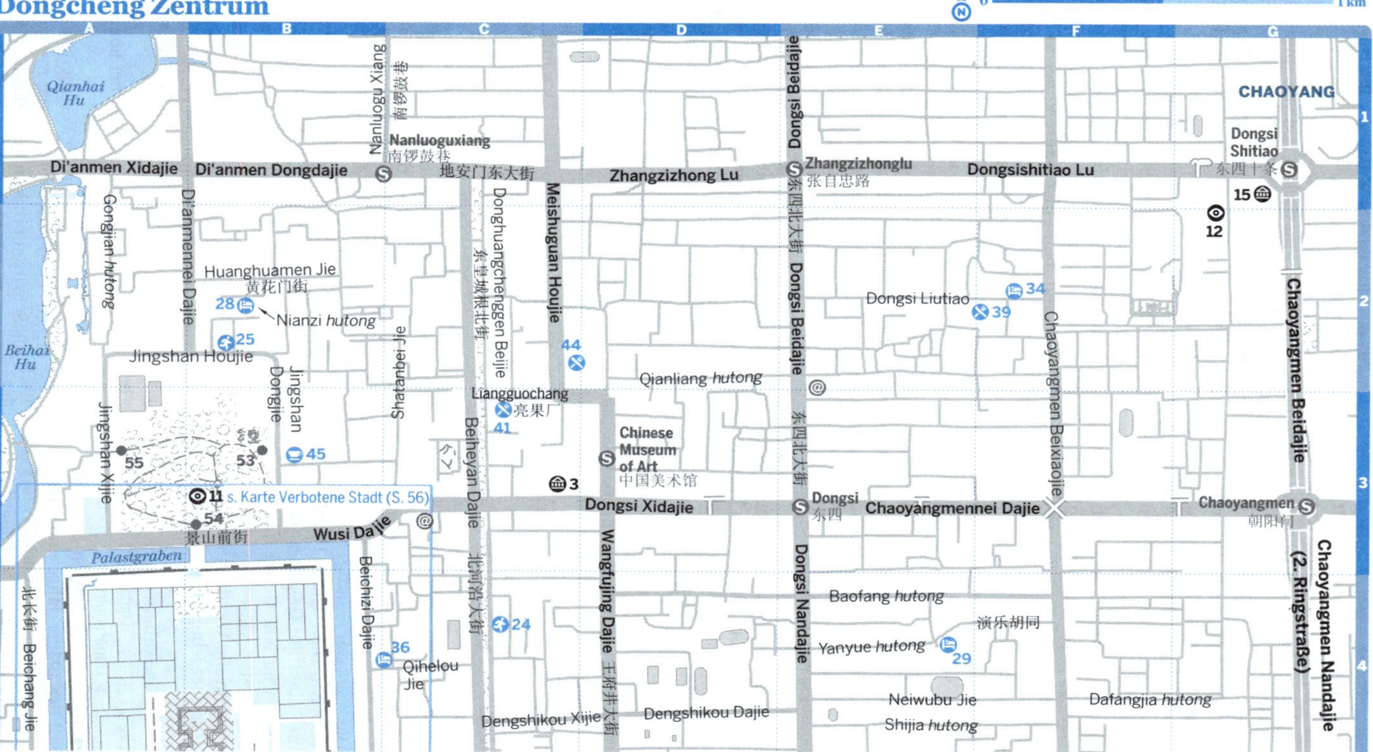

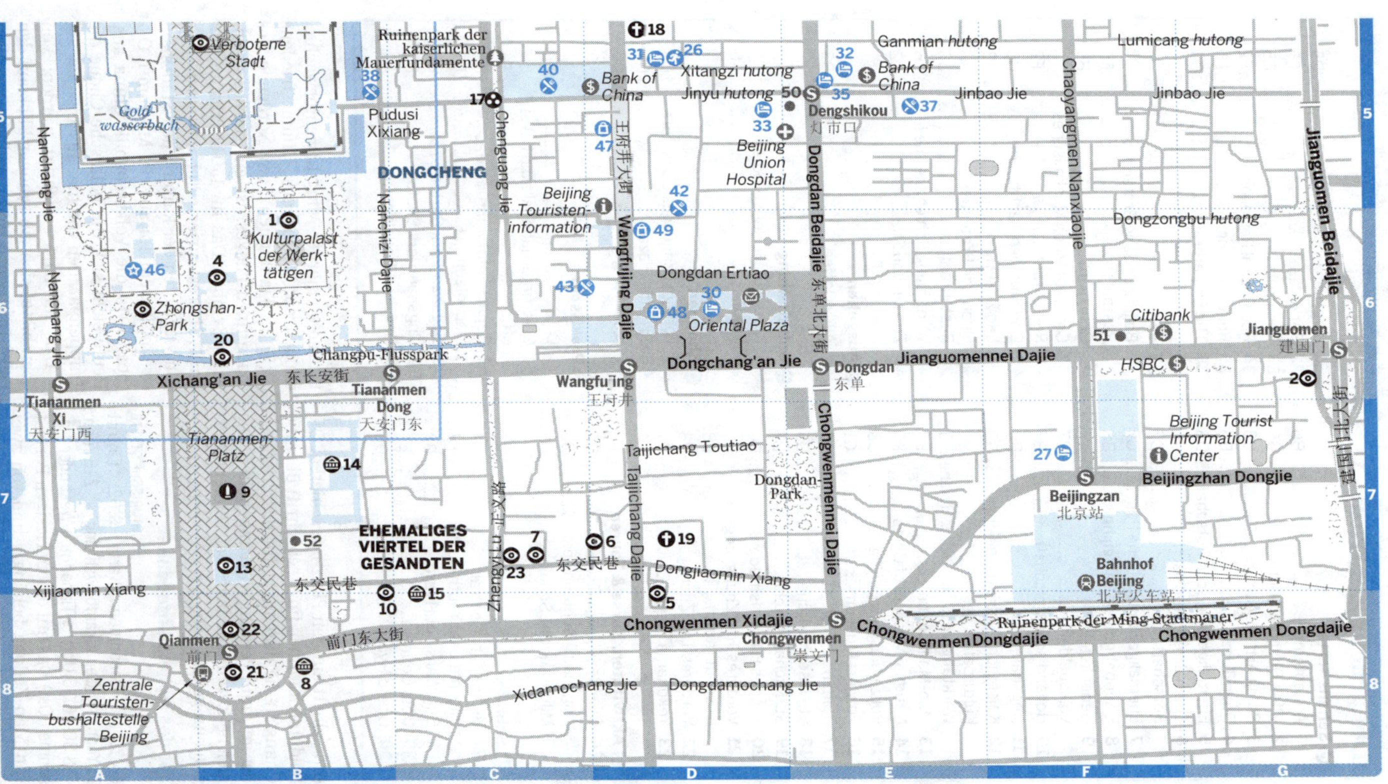
Verbotene Stadt
Goldwasserbach
Ruinenpark der kaiserlichen Mauerfundamente
Pudusi Xixiang
DONGCHENG
Chenguang Jie
Nanchizi Dajie
Nanchang Jie
Kulturpalast der Werktätigen
Zhongshan-Park
Changpu-Flusspark
Xichang'an Jie
东长安街
Tiananmen Dong
天安门东
Tiananmen Xi
天安门西
Tiananmen-Platz
Bank of China
Beijing Touristeninformation
王府井大街
Wangfujing Dajie
Wangfujing
王府井
Xitangzi hutong
Jinyu hutong
Beijing Union Hospital
Dongdan Ertiao
Oriental Plaza
Dongchang'an Jie
Dengshikou
灯市口
Dongdan Beidajie
东单北大街
Dongdan
东单
Ganmian hutong
Jinbao Jie
Lumicang hutong
Chaoyangmen Nanxiaojie
Dongzongbu hutong
Jianguomennei Dajie
Citibank
HSBC
Jianguomen
建国门
Jianguomen Beidajie
建国门北大街
Beijing Tourist Information Center
Beijingzhan Dongjie
Beijingzan
北京站
Bahnhof Beijing
北京火车站
Taijichang Toutiao
Taijichang Dajie
Dongdan-Park
Chongwenmennei Dajie
EHEMALIGES VIERTEL DER GESANDTEN
Zhengyi Lu
正义路
东交民巷
Dongjiaomin Xiang
Xijiaomin Xiang
Qianmen
前门
前门东大街
Chongwenmen Xidajie
Chongwenmen
崇文门
Chongwenmen Dongdajie
Ruinenpark der Ming-Stadtmauer
Zentrale Touristenbushaltestelle Beijing
Xidamochang Jie
Dongdamochang Jie

Dongcheng Zentrum

Sehenswertes

1 Ahnentempel ... B6
2 Altes Observatorium ... G6
3 China Art Museum ... C3
4 Duan-Tor ... B6
5 Ehemalige Belgische Botschaft ... D8
6 Ehemalige Französische Botschaft ... D7
7 Ehemalige Französische Post ... C7
8 Eisenbahnmuseum Beijing ... B8
9 Gedenkstele der Volkshelden ... B7
10 Holländische Botschaft ... B7
11 Jingshan-Park ... B3
12 Kaiserliche Getreidespeicher ... G2
Kulturpalast der Werktätigen ... (siehe 22)
13 Mao-Mausoleum ... B7
14 National Museum of China ... B7
15 Polizeimuseum Beijing ... C8
16 Poly Art Museum ... G1
17 Ruinen des Tores Dong'an Men ... C5
18 St.-Josephskirche ... D5
19 St.-Michaelskirche ... D7
20 Tor des Himmelsfriedens ... B6
21 Vorderes Tor (Zhengyang-Tor Geschützturm) ... B8
22 Vorderes Tor (Zhengyang-Tor) ... B8
23 Yokohama Specie Bank ... C7

Aktivitäten, Kurse & Touren

24 Bike Beijing ... C4
25 Jingshan-Tischtennispark ... B2
26 Milun-Kungfu-Schule ... D5

Schlafen

27 Beijing City Central International Youth Hostel ... F7
28 City Walls Courtyard ... B2
29 Côté Cour ... E4
30 Grand Hyatt ... D6
31 Jingyuan Hotel ... D5
32 Park Plaza ... E5
33 Peninsula ... D5
34 Red Capital Residence ... F2
35 Regent Beijing ... E5
36 The Emperor ... C4

Essen

37 Beijing Dadong Bratenten-Restaurant ... E5
38 Courtyard ... B5
39 Crescent Moon Muslimisches Restaurant ... F2
40 Donghuamen Nachtmarkt ... C5
41 Lao Zhai Yuan ... C3
42 Quanjude Bratenten Restaurant ... D5
43 Wangfujing Schlemmermeile ... C6
44 Zuo Lin You She ... C2

Ausgehen

45 Alley Coffee ... B3

Unterhaltung

46 Konzerthalle der Verbotenen Stadt ... A6

Shoppen

47 Foreign Languages Bookstore ... D5
48 Oriental Plaza ... D6
49 Ruifuxiang ... D6

Praktisches

50 CITS ... E5
51 CITS (international train ticket office) ... F6
52 Gepäckaufbewahrung Mao-Mausoleum ... B7
53 Jingshan-Park Osttor ... B3
54 Jingshan-Park Südtor ... B3
55 Jingshan-Park Westtor ... A3

pro Schritt auf den Platz marschieren. Die Soldaten kommen im Stechschritt über die Chang'an Jie durch das Tor des Friedens; der gesamte Verkehr wird angehalten. Die gleiche Zeremonie läuft bei Sonnenuntergang umgekehrt ab.

Tor des Himmelsfriedens

HISTORISCHE STÄTTE

(天安门; Tiananmen; Karte S. 62; Eintritt 15 Yuan, Gepäckaufbewahrung 2–6 Yuan; 8.30–16.30 Uhr; S Tiananmen-West oder Tiananmen-Ost) Das mit einem riesigen Porträt von Mao Zedong behängte und von zwei Paaren steinerner Ming-Löwen bewachte, doppeltraufige Tor des Himmesfriedens (天安门; Tiananmen), am Nordende des Tiananmen-Platzes, ist ein starkes nationales Symbol. Das im 15. Jh. erbaute und im 17. Jh. restaurierte Tor war einst eines von vier Toren der kaiserlichen Stadtmauer. Von diesem Tor aus rief Mao am 1. Oktober 1949 die Volksrepublik China aus. Heute sieht sich die politische Clique die Truppenparaden von hier aus an.

Das Tor darf besichtigt werden: Von oben bietet sich ein schöner Blick auf den Platz. Im Innern sind die eindrucksvollen

Balken und die überarbeiteten Malereien auf den 60 gewaltigen Pfeilern und die 17 riesigen Deckenlampen sehenswert. Die Fotogalerie im Torturm zeigt die faszinierende Geschichte des Tors und des Tiananmen-Platzes, leider sind die Beschriftungen nur auf Chinesisch.

Der Durchgang durch das Tor, auf dem Weg zur Verbotenen Stadt, ist kostenlos, aber der Aufstieg kostet Eintritt. Das Ticketbüro ist an der Nordseite des Tors zu finden. Wer Tickets für die Verbotene Stadt möchte, geht 600 m weiter nach Norden.

Vorderes Tor HISTORISCHE STÄTTE

(前门; Qian Men; Karte S. 62; Eintritt 20 Yuan, Audioguide 20 Yuan; ⏲ Di–So 9–16 Uhr; S Qianmen) Das Vordere Tor besteht aus zwei Toren. Das nördliche ist das 40 m hohe **Zhengyang-Tor** (正阳门城楼; Zhengyang Men Chenglau), das aus der Ming-Dynastie stammt und das größte der neun Tore der inneren Stadtmauer ist, welche die Innere oder Tartaren-Stadt von der Äußeren oder Chinesen-Stadt trennte. Das beim Boxeraufstand um 1900 teilweise zerstörte Tor wurde einst von zwei Tempeln flankiert, die seither verschwunden sind. Seit es keine Stadtmauern mehr gibt, steht das Tor allein da, aber es kann bestiegen werden und bietet nach Süden einen schönen Blick auf den Platz und das Pfeiltor.

In den unteren zwei Etagen ist eine schöne Ausstellung mit **historischen Fotos** zu sehen, die das Gebiet zeigen, wie es zu Beginn des letzten Jahrhunderts aussah, bevor die Stadtmauern und die umgebenden Tore und Tempel abgerissen wurden. Die Fotos sind sowohl englisch als auch chinesisch beschriftet.

Der südliche **Pfeilturm des Zhengyang-Tores** (正阳门箭楼; Zhengyangmen Jianlou) ist nicht zugänglich. Er stammt auch aus der Ming-Dynastie und war ursprünglich mit dem Zhengyang-Tor durch eine halbkreisförmige (im letzten Jahrhundert abgerissene) Mauer verbunden.

GRATIS **Chinesisches Nationalmuseum** MUSEUM

(中国国际博物馆; Zhongguo *guoji bowuguan*; Karte S. 62; en.chnmuseum.cn; Eintritt nur mit Pass, Audioguide 30 Yuan; ⏲ Di–So 9–17 Uhr; S Tiananmen-Ost; 📶) Nach Jahren der Renovierung wurde das in einem gewaltigen Gebäude der 1950er-Jahre an der Ostseite des Tiananmen-Platzes untergebrachte, bedeutendste Museum Chinas 2011 endlich wiedereröffnet. Zur Zeit der Recherche liefen die Umbauarbeiten noch, einige Hallen waren geschlossen, doch vieles von dem, was geöffnet war, lohnt einen Besuch. Die Ausstellung über das Alte China im Souterrain ist hervorragend. Sie enthält Dutzende und Aberdutzende von fantastischen Exponaten, von Chinas Vorgeschichte bis zur Qing-Dynastie, alle wunderschön in modernen, geräumigen, dezent beleuchteten Räumen ausgestellt.

Auch ein Besuch der interessanten Altchinesischen Geldausstellung im oberen Stockwerk ist lohnenswert. Die Galerien mit **Bronzekunst und buddhistischen Skulpturen,** ein Stockwerk tiefer, sind ebenfalls sehenswert.

Viele der anderen Räume beherbergten zeitgenössische Kunst als wir zuletzt da waren. Alles war beeindruckend, aber es fehlten englische Texte. Das Museum, das riesig und kräftezehrend ist, bietet im Erdgeschoss ein nettes **Café** (Kaffee ab 20 Yuan, Kuchen/Sandwiches 10–20 Yuan).

GRATIS **Mao-Mausoleum** MAUSOLEUM

(毛主席纪念堂; Mao Zhuxi Jiniantang; Karte S. 62; Eintritt nur mit Pass; Taschenaufbewahrung 2–10 Yuan, Kameraaufbewahrung 2–5 Yuan; ⏲ Di–So 8–12 Uhr; S Tiananmen-West, Tiananmen-Ost oder Qianmen) Das Mausoleum wurde kurz nach dem Tod des Großen Vorsitzenden Mao im September 1976 an der Stelle des ehemaligen Zhonghua-Tores erbaut.

Die Chinesen empfinden eine fast religiöse Ehrfurcht, wenn sie Mao physisch vor sich sehen. Der mumifizierte Leichnam des großen Führers liegt in einem Kristallsarg, eingehüllt in einer rote Flagge mit Hammer und Sichel. Die weiß behandschuhten Wächter scheuchen die Massen an Mao vorbei in die nächsten Räume, in denen Mao-Memorabilien ausgestellt sind. Taschen, Mäntel und Kameras müssen in einem Gebäude östlich vom Mausoleum, auf der anderen Straßenseite, deponiert werden.

Ehemaliges Gesandschaftsviertel HISTORISCHE STÄTTE

(Karte S. 62; S Qianmen oder Tiananmen-Ost) Das ehemalige Gesandschaftsviertel, wo die Großmächte des 19. Jhs. Botschaften, Schulen, Kirchen, Postämter und Banken einrichteten, verströmt noch heute das Flair des alten Europas und lohnt einen kurzen Bummel, wenn man in der Gegend des Tiananmen-Platzes ist.

Der beste Weg dorthin führt die Treppen östlich vom Tiananmen-Platz hinauf zur Dongjiaomin Xiang (东交民巷), einst Legationsstraße genannt und während der bilderstürmenden Kulturrevolution in „Anti-Imperialismus-Straße" umbenannt. Bald kommt zur Rechten ein Torbogen, durch den es ins **Legationsviertel** (23 Qianmen Dongdajie) geht, eine noble Ansammlung von elegant restaurierten Legationsgebäuden, die heute mehrere exklusive Restaurants, Läden und eine Kunstgalerie beherbergen. Wieder auf der Dongjiaomin Xiang, ist in Nr. 36 das sehr interessante **Polizeimuseum** zu finden. Das attraktive rote Ziegelhaus mit grünem Dach weiter östlich ist die ehemalige **Holländische Botschaft.**

Der Kuppelbau in der 4a Zhengyi Lu, an der Ecke von Zhengyi Lu (正义路) und Dongjiaomin Xiang, ist die ehemalige **Yokahama Specie Bank**. Das graue Gebäude in der Dongjiaomin Xiang Nr. 19 ist das ehemalige **Französische Postamt,** heute ist es der Standort des unauffälligen sichuanesischen Restaurants Jingyuan Chuancai. Ganz in der Nähe befindet sich die ehemalige **Französische Botschaft** (法国使馆旧址; Faguo Shiguan Jiuzhi) im Haus Nr. 15.

Hinter einem kleinen Schulhof erheben sich die Doppeltürme der neugotischen **St. Michaelskirche** (东交民巷天主教堂; Katholische Kirche Dongjisominxiang) vor den grünen Dächern und dem dekorativen roten Ziegelmauerwerk der ehemaligen **Belgischen Botschaft**.

Weiter nördlich auf der Taijichang Dajie ist ein Straßenschild aus Ziegeln in der Nordmauer Taijichang Toutiao (台基厂头条) eingelassen, in das der alte Straßenname geritzt ist: Rue Hart.

Polizeimuseum Beijing MUSEUM

(北京警察博物馆; Beijing *jingcha bowuguan*; 36 Dongjiaomin Xiang; Karte S. 62; Eintritt 5 Yuan, Sammelticket 20 Yuan; ⌚ Di–So 9–16 Uhr; Ⓢ Qianmen) Es mag zwar voller Propaganda sein, aber fesselnde Exponate gewähren in diesem Museum einen faszinierenden Einblick in Beijings Polizeiwesen. Man erfährt, wie das erste Büro für öffentliche Sicherheit 1949 vom Tempel Dongyue aus operierte und wie das PSB von Beijing in der „nationalen Katastrophe" der Kulturrevolution zerstört wurde. Im Obergeschoss werden gruselige Kriminalfälle und ihre Aufklärung gezeigt; Polizeiwaffen sind im 3. OG zu sehen. Wer ein „Sammelticket" hat, darf mit einer Laserwaffe schießen und bekommt ein Souvenir. Das Gebäude war einst die First National City Bank of New York.

Jingshan-Park PARK

(景山公园; Jingshan *gongyuan*; Karte S. 62; Sommer/Winter 5/2 Yuan; ⌚6–21.30 Uhr; Ⓢ Tiananmen- West, dann Bus 5) Beherrscht wird Jingshan – einer der schönsten Parks

MUSEUMSPASS

Für alle, die eine Weile in der Hauptstadt bleiben, ist der Museumspass (博物馆通票; *bowuguan tongpiao*) eine Investition, die sich lohnt. Mit ihm lässt sich nicht nur eine Menge Geld sparen, sondern auch das lästige Schlangestehen beim Ticketkauf vermeiden. Für 120 Yuan ist der Eintritt entweder frei oder ermäßigt (meist 50 %). Der Pass gilt für 65 Museen, Tempel und Sehenswürdigkeiten in und um Beijing. Die abgedeckten Attraktionen sind die **Große Mauer bei Badaling** (S. 127), das **Vordere Tor** (S. 65), der **Trommelturm,** der **Glockenturm,** der **Konfuziustempel** (S. 71), die **Botanischen Gärten** (S. 87), das **Beijinger Eisenbahnmuseum** (S. 76) und der **Tempel Dongyue** (S. 77). Nicht alle Museen lohnen einen Besuch, aber viele tun es, und es reicht schon, eine kleine Auswahl zu besuchen, damit der Pass sich auszahlt. Der Pass hat das Format einer Broschüre (Chinesisch mit minimalem Englisch), gültig vom 1. Januar bis zum 31. Dezember eines Jahres; im Laufe des Jahres wird es schwieriger, sich einen zu besorgen. Man bekommt ihn bei teilnehmenden Museen und Sehenswürdigkeiten, bei einigen Postämtern und am einfachsten in der großen Buchhandlung, dem **Beijing Books Building** (Karte S. 82; 西单图书大厦; Xidan Tushu Dasha; 17 Xichang'an Jie; 西长安街 17 号; ⌚9–21 Uhr; Ⓢ Xidan). Am Kundenschalter ganz rechts vom Eingang der Buchhandlung.

Es gibt eine Website (www.bowuguan.bj.cn), die allerdings nur auf Chinesisch ist, ebenso wie der telefonische Dienst (☎6222 3793).

der Stadt – von einem der wenigen Hügel in Beijing-Mitte; eine Anhöhe, die aus dem Aushub entstand, der für den Bau des Wassergrabens um die Verbotene Stadt abgetragen wurde. Jingshan, der von Westlern während der Legationszeit Kohlehügel genannt wurde, dient auch als Feng-Shui-Schild, das den Palast vor bösen Geistern – oder Staubstürmen – aus dem Norden schützt. Von oben bietet sich ein überwältigender Rundblick über die Hauptstadt und das rostbraune Dächermeer der Verbotenen Stadt. An der Ostseite des Parks steht ein Akazienbaum an der Stelle, wo sich der letzte der Ming-Kaser, Chongzen, aufhängte, als Aufständische sich den Stadtmauern näherten. Im übrigen Park kann man besser als sonstwo in der Stadt Leute beobachten. Wer früh am Morgen kommt, kann älteren Leuten bei ihren Morgenübungen, wie Tanzen, Singen und Tai-Chi, oder beim Spiel mit überdimensionalen Federbällen zusehen (oder auch dabei mitmachen). Im April und Mai steht der Park dank farbenprächtiger Pfingstrosen und Tulpen in voller Blüte und ist der Mittelpunkt einer sehr beliebten Blumenmesse.

Alley Coffee (Ecke Jingshan Dongjie & Shatan Houjie; ⏲8.30–23 Uhr), ein nettes Hofcafé in der Nähe des Osttores, wäre für eine kleine Lunchpause geeignet.

Zhongshan-Park PARK

(中山公园; Zhongshan *gongyuan*; Karte S. 62; Eintritt 3 Yuan; ⏲ Sommer 6–21 Uhr, Winter 6.30–19 Uhr; S Tiananmen-West) Dieser hübsche kleine Park westlich des Tors des Himmelsfriedens grenzt an den Wassergraben der Verbotenen Stadt. An dem heiligen Altar der fünf Erden aus der Mingzeit und des Gottes des Getreides (Shijitan) opferte einst der Kaiser. Der Park ist sauber und ruhig und steht wie der Jingshan-Park im April und Mai für seine **Frühlingsblumen- und Tulpenschau** (10 Yuan) in hinreißend schöner Blütenpracht.

Kulturpalast der Werktätigen PARK

(劳动人民文化宫; Laodong Renmin Wenhua Gong; Karte S. 62; Eintritt 2 Yuan; ⏲6.30–19.30 Uhr; S Tiananmen-Ost) Obwohl der Name an ein leninistisches Schulungszentrum für Arbeiter denken lässt, war dieses friedliche Paradies einst der Ort, wo der Kaiser im **Ahnentempel** (太庙; Tai Miao; Eintritt 10 Yuan) betete. Die nur selten besuchten Tempelhallen mit kaiserlichen gelben Ziegeln und weitläufigen Höfen sind wie eine Miniversion der Verbotenen Stadt, nur ohne die Menschenmassen.

> **PLÄNE ZUR NEUGESTALTUNG**
>
> Seit Ende 2013 wurde die Planung für die Neugestaltung der *hutong*-reichen Gebiete um den Trommel- und den Glockenturm wieder stärker vorangetrieben. Bei Drucklegung war noch nicht klar, wann und wie viele Gebäude in diesem Gebiet abgerissen werden müssen.

Poly Art Museum MUSEUM

(保利艺术博物馆; *baoli yishu bowuguan*; Karte S. 62; ☎6500 8117; www.polymuseum.com; 8. OG, Poly Plaza, 14 Dongzhimen Nandajie; Eintritt 20 Yuan, Audioguide 10 Yuan; ⏲9.30–16.30 Uhr; S Dongsishitiao) Dieses kleine, aber hervorragende Museum zeigt eine fabelhafte Sammlung alter Bronzen aus der Shang- und der Zhou-Dynastie, der Blütezeit der Bronzeherstellung. In einem Nebenraum sind vier der zwölf im westlichen Stil gefertigten bronzenen Tierköpfe, die bei der Plünderung des alten Sommerpalastes (S. 88) geraubt und nun vom Museum erworben wurden. Der letzte Raum ist angefüllt mit einer wunderbaren Sammlung stehender Bodhisattva-Statuen, von denen die meisten aus den Dynastien der Nördlichen Qi, der Nördlichen Wei und der Tang stammen.

Wer sich für die Architektur der Ming-Dynastie intereressiert, sollte sich die in der Nähe gelegenen **Kaiserlichen Speicher** (南新仓; Nan Xin Cang) ansehen. Neun der Lagerhäuser von 1409 sind liebevoll restauriert worden. Sie enthielten einst Getreide und Reis für Beijings Herrscherhaus; heute beherbergen sie vornehme Weinbars und private Clubs.

GRATIS St. Josephskirche KIRCHE

(东堂; Dong Tang; Karte S. 62; 74 Wangfujing Dajie; ⏲ Mo–Sa 6.30–19 Uhr, So bis 20 Uhr; S Dengshikou) Die St. Josephskirche, ein hohes Gebäude an der Wangfujing Dajie und eine der vier Hauptkirchen Beijings, wurde ursprünglich in der Regierungszeit von Shunzhi 1655 erbaut, aber beim Erdbeben von 1720 stark beschädigt und erneut aufgebaut. Die glücklose Kirche brannte 1807 aus, wurde 1900 während des Boxeraufstands wieder zerstört und im Jahr

1904 restauriert, bevor sie 1966 geschlossen wurde. Heute ist die vollkommen restaurierte Kirche ein Zeugnis der langen Geschichte der Christentums in China. Auf dem großen Vorplatz spielen Kinder, ältere Leute ruhen sich aus und Hochzeitspaare posieren für ein Foto. Die Messe wird auf Chinesisch von Montag bis Samstag um 6.30 Uhr und um 7 Uhr und an Sonntagen um 6.15 Uhr, 7 Uhr sowie 8 Uhr gehalten. Eine englische Messe findet jeden Sonntag um 16 Uhr statt.

Alte Sternwarte HISTORISCHE STÄTTE
(古观象台; Gu Guanxiangtai; Karte S. 62; Eintritt 20 Yuan; ⏲ Di–So 9.30–16.30 Uhr; **S** Jianguomen) Dieses ungewöhnliche frühere Observatorium wurde auf den Zinnen eines Wachturms eingerichtet, der am Verlauf der alten Ming-Stadtmauer liegt, und stammt ursprünglich aus der Zeit Kublai Khans, als es nördlich des heutigen Standorts lag. Khan verließ sich wie spätere Ming- und Qing-Kaiser bei der Planung von militärischen Unternehmungen weitgehend auf Astrologen. Das heutige Observatorium – das einzige noch bestehende von mehreren, die in den Jin-, Yuan-, Ming- und Qing-Dynastien entstanden – wurde zwischen 1437 und 1446 errichtet, um sowohl astrologische Vorhersagen als auch die Navigation auf See zu erleichtern. Stufen führen aufs Dach des Turms, wo eine Sammlung von Jesuiten entworfener astronomischer Instrumente, verziert mit

BEIJINGER STADTMAUERN

Wären die mächtigen Stadtmauern mit den eindrucksvollen Toren nicht aus ideologischen Gründen in den 1950er- bis 60er-Jahren komplett niedergelegt worden – sondern zumindest à la Nanjing teilweise erhalten geblieben –, gehörten sie heute zweifellos zu den Highlights jeder Chinareise. Der Verlust traf die Stadt mitten ins Herz, denn sie waren Teil der Beijinger Identität und ein wichtiger Ankerpunkt der Stadtgeografie. Viele Beijinger über 50 beklagen bereits, dass dasselbe auch mit den *hutongs* geschehen könnte. Die „überlebenden" Tore (VorderesTor, Deshengmen, das Tor des Himmelsfriedens) stehen außerhalb des Kontextes; andere wie das Yongding Men sind Neubauten. Der weitaus größte Teil der großartigen Tore Beijings ging leider den Weg der meisten historischen Bauten – sie sind verschwunden.

Der **Ruinenpark der Ming-Stadtmauer** (明城墙遗志公园; Ming Chengqiang Yizhi Gongyuan; Chongwenmen Dongdajie; Karte S. 75; Eintritt frei; ⏲24 Std.; **S** Chongwenmen;) ist eine Art Epitaph für die alten Stadtmauern. Er nimmt die gesamte Nordseite Chongwenmen Dongdajie ein. Die teilrestaurierte Mauer ist 2 km lang und etwa 15 m hoch; alle 80 m springen *dun tai* (Wehrtürme) aus der Mauer nach Süden vor.

Der Park reicht vom Standort des ehemaligen Chongwen Men (eines der neun Stadttore des inneren Stadtmauerrings) bis zum **Südöstlichen Eckturm** (东南角楼; Dongnan Jiaolou; Dongbianmen; Karte S. 75; Eintritt 10 Yuan; ⏲8–17.30 Uhr; **S** Jianguomen oder Chongwenmen;). Das zweistufige Dach mit den grünen Kacheln steigt steil auf. Hinter den 144 Schießscharten dieses prachtvollen Wehrturms aus der Ming-Dynastie standen Bogenschützen. Im hochinteressanten Inneren fällt besonders die kunstvolle Arbeit der Zimmerleute auf: Riesige rote Pfeiler tragen mächtige Querbalken. Das Erdgeschoss nimmt die hervorragende **Red Gate Gallery** (红门画廊; Hongmen Hualang; www.redgategallery.com; Eintritt frei; ⏲10–17 Uhr) ein; wer sagt, er besucht nur die Galerie, braucht die 10 Yuan Eintritt für den Turm nicht zu bezahlen. Eine Ausstellung im ersten Stock erzählt die Geschichte von Beijings Stadttoren und zeigt ein paar faszinierende alte Fotos.

Das bescheidene Gegenstück des Südöstlichen Eckturms ist der **Südwestliche Eckturm** (Xibianmen Jiaolou; Karte S. 82). Er ist nicht ganz so beeindruckend, aber man kann von ihm auf die alte Mauer steigen und den donnernden Verkehr unter sich bestaunen.

Eine Ausgrabung in der Beiheyan Dajie östlich der Verbotenen Stadt hat einen Mauerstumpf freigelegt – der traurige Rest des einst so prächtigen **Dong'an Men** (Karte S. 62), des Osttores der Kaiserstadt. Die Überreste sind Teil des **Ruinenparks der kaiserlichen Mauerfundamente** (Karte S. 62), ein schmaler Parkstreifen, der den Verlauf der östlichen Seite der verschwunden Kaiserlichen Stadtmauer nachzeichnet.

bronzenen Drachenskulpturen und anderen typisch chinesischen Dekors – eine Art von „Ost trifft West"-Fusion auf astronomischem Gebiet – zu bewundern ist.

GRATIS **Nationales Kunstmuseum Chinas** KUNSTGALERIE

(中国美术馆; Zhongguo *meishuguan*; Karte S. 62; 1 Wusi Dajie; ⌚9–17 Uhr, letzter Einlass 16 Uhr; Ⓢ Chinese Museum of Art) Dieses aufpolierte Museum hat einen Schuss Fantasie und Flair bekommen, mit sehr interessanten Ausstellungen aus dem In- und Ausland. Für etwas Innovativeres empfiehlt sich ein Ausflug zum 798 Art District (S. 81). Für Rollstuhlfahrer gibt es Aufzüge. Auch hier muss beim Einlass der Pass vorgezeigt werden.

TROMMELTURM & NORD-DONGCHENG

Trommelturm HISTORISCHE STÄTTE

(鼓楼; Gulou; Karte S. 70; Gulou Dongdajie; Eintritt 20 Yuan, Sammelticket für beide Türme 30 Yuan; ⌚9–17 Uhr, letzte Tickets 16.40 Uhr; Ⓢ Shichahai oder Gulou Dajie) Zusammen mit dem älter aussehenden Glockenturm, der hinter ihm steht, war der prächtige, rot bemalte Trommelturm der offizielle Zeitmesser der Stadt; die Tageszeiten wurden mit Trommeln und Glocken verkündet – im Grunde der Big Ben von Beijing.

Der ursprünglich 1272 errichtete Trommelturm war einst der Mittelpunkt der mongolischen Hauptstadt Dadu, wie Beijing damals hieß. Dieser Bau fiel einer Feuersbrunst zum Opfer, bevor 1420 ein Ersatz gebaut wurde, etwas östlich vom ursprünglichen Standort. Der heutige Turm ist eine Qing-Dynastie-Version dieses Turms von 1420.

Wer die steilen Stufen im Innern erklimmt, hat einen herrlichen Ausblick auf die mit grauen Ziegeln gedeckten Dächer in den *hutongs* (Gassen) der Umgebung. Der Glockenturm ist allerdings nicht zu sehen, da der nach Norden gerichtete Balkon geschlossen wurde. Es lohnt sich trotzdem sehr, auf den Turm zu steigen, vor allem, wenn gerade eine der regelmäßigen Trommelvorführungen stattfindet. Diese werden auf Reproduktionen der 25 Wachtrommeln aus der Ming-Dynastie dargeboten, die dann in diesem Teil der Stadt ertönten. Eine der originalen Trommeln, die **Nachtwächter-Trommel** (更鼓; Genggu), ist ebenfalls ausgestellt; verstaubt, zerschlagen und abgewetzt.

Die Zeiten der **Trommelvorführungen,** die nur jeweils ein paar Minuten dauern, sind am Ticketbüro angeschlagen. Zur Zeit unserer Recherche waren es: 9.30 Uhr, 10.30 Uhr, 11.30 Uhr, 13.30 Uhr, 14.30 Uhr, 15.30 Uhr und 16.45 Uhr.

Glockenturm HISTORISCHE STÄTTE

(钟楼; Zhonglou; Karte S. 70; Gulou Dongdajie; Eintritt 20 Yuan, Sammelticket für beide Türme 30 Yuan; ⌚9–17 Uhr, letzte Tickets 16.40 Uhr; Ⓢ Shichahai oder Gulou Dajie) Der schlichtere, graue Bau des Glockenturms ist schöner als der glänzende Trommelturm, nach dem dieser Teil Beijings benannt ist.

Die Trommeln des Trommelturms und die Glocken des Glockenturms wurden während der Yuan-, Ming- und Qing-Dynastien und bis 1924 als Beijings offizielle Zeitmesser genutzt. Der Glockenturm sieht älter aus, aber beide sind gleich alt.

Auch der Glockenturm ist besteigbar, über eine steile innere Treppe (Vorsicht!), aber der Rundblick von hier oben ist sogar noch besser, teils, weil der Bau tiefer im Gewirr der *hutongs* steht, teils, weil man den Trommelturm vom Balkon aus sehen kann. Zu bewundern ist hier die **63-Tonnen-Glocke,** die im angenehm unrestaurierten Innenraum hängt. Auffallend: Chinesische Glocken haben keine Klöppel, sondern werden mit einer kräftigen Stange geschlagen

Der **Trommel- und Glockenplatz,** der zwischen den beiden Türmen liegt, ist ideal zum Beobachten der Leute, vor allem am Abend, wenn sich dort die Einheimischen zum Formationstanzen treffen. Auch gibt's hier eine Handvoll exzellenter Bars und Cafés, manche mit Blick vom Dach auf den Platz. Beide Türme sind abends sehr schön beleuchtet.

Lamakloster BUDDHISTISCHER TEMPEL

(雍和宫; Yonghe Gong; Karte S. 70; 28 Yonghegong Dajie; Eintritt 25 Yuan, englischer Audioguide 50 Yuan; ⌚9–16.30 Uhr; Ⓢ Yonghegong-Lama Temple) Das außergwöhnliche Lamakloster ist der Stern am buddhistischen Firmament Beijings, ein Muss für jeden, der nur Zeit für einen Tempel mitbringt (der Himmelstempel ist kein „echter" Tempel): herrliche Dächer, fantastische Fresken, prachtvolle Ehrenbögen, Wandteppiche, kunstvolle Zimmermannsarbeiten, tibetische Gebetsmühlen, tantrische Statuen, ein prachtvolles Paar chinesischer Löwen, und überall hängt der intensive Duft von Räucherstäbchen in der Luft.

Trommelturm & Nord-Dongcheng

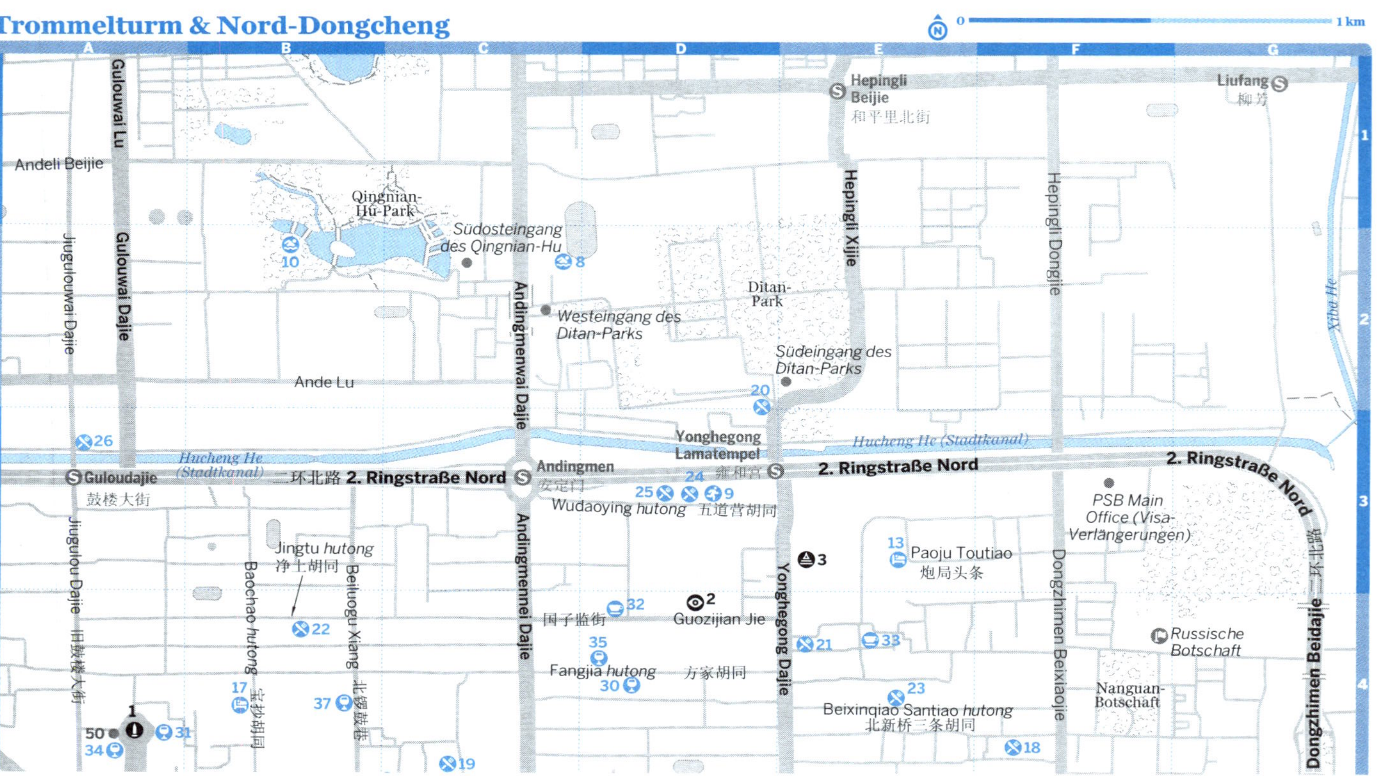

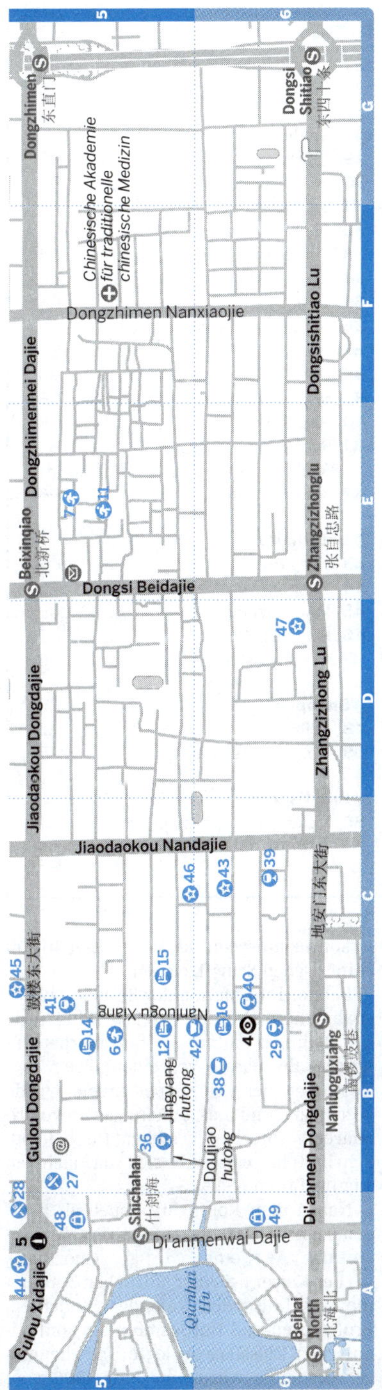

Der berühmteste buddhistisch-tibetische Tempel außerhalb Tibets war die Residenz von Kaiser Yong Zhen und wurde im Jahr 1744 in ein Lamakloster umgewandelt. Der Tempel ist heute ein Ort lebendigen Glaubens; er zieht Pilger von weither an, von denen sich einige in tiefer Verehrung in den Hallen in voller Länge auf den Boden werfen.

Die **Halle des Gesetzesrades** (Falun Dian), die vierte Halle vom Eingang aus, wird von einer herrlichen Bronzestatue des milde lächelnden Tsongkhapa (1357–1419) überstrahlt, dem Begründer der Gelugpa- oder Gelbmützen-Sekte, in gelbem Gewand und durch ein Oberlicht beleuchtet.

In der fünften Halle, dem **Wanfu-Pavillon** (Wanfu Ge), steht eine prächtige 18 m hohe Statue des Maitreya Buddha in seiner tibetischen Form. Er ist in gelbem Satin gekleidet und wurde aus einem einzigen Sandelholzbaum geschnitzt. Jede Zehe des Bodhisattvas ist so groß wie ein Kissen. Aus dem Gewölbe des Avalokiteshvara blickt eine kleine Statue von Guanyin mit blauem Gesicht hervor. Ein gedeckter Gang führt vom Wanfu-Pavillon zum Yansui-Pavillon (Yansui Ge). Er enthält eine riesige, drehbare Lotosblume, die eine Statue des Buddhas der Langlebigkeit freigibt.

Die Sammlung der tibetisch-buddhistischen Bronzestatuen im **Jietai Lou,** einer kleinen Seitenhalle, ist ein Muss. Die meisten Werke stammen aus der Qing-Dynastie und stellen friedvolle Grüne und Weiße Taras, aber auch exotische tantrische Gestalten wie Samvara oder den grimmig blickenden Mahakala dar. Ähnlich kostbar sind die Objekte des tibetischen Buddhismus im **Banchan Lou,** einer anderen Seitenhalle, wo mehrere *dorje* (tibetische Szepter), Mandalas und tantrische Figuren neben einer eindrucksvollen Sammlung von zeremoniellen Gewändern aus Seide und Satin ausgestellt sind.

Die Läden in den Straßen vor dem Klostereingang quellen über vor Buddhastatuen, Talismanen, buddhistischen Amuletten, Räucherstäbchen und Andenken, die einen nie versiegenden Strom von Pilgern versorgen.

Konfuziustempel & Kaiserliche Akademie
KONFUZIANISCHER TEMPEL

(孔庙、国子监; Kong Miao; Karte S. 70; 13 Guozijian Jie; Eintritt 20 Yuan, Audioguide 30 Yuan ⏲8.30–17.30 Uhr; Ⓢ Yonghegong-Lamakloster) Einen Räucherstäbchenwurf entfernt vom

Trommelturm & Nord-Dongcheng

Sehenswertes

1 Glockenturm ... A4
2 Konfuziustempel & Kaiserliche Akademie ... D4
3 Lamakloster ... E3
4 Nanluogu Xiang ... B6
5 Trommelturm ... A5

Aktivitäten, Kurse & Touren

6 Black Sesame Kitchen ... B5
7 Culture Yard ... E5
8 Ditan-Sportzentrum ... C2
9 Natooke ... D3
10 Schwimmbad im Qingnianhu-Park ... B2
11 The Hutong ... E5

Schlafen

12 Beijing Downtown Backpackers ... B5
13 Beijing P-Loft Youth Hostel ... E3
14 Courtyard 7 ... B5
15 DuGe ... C5
16 Peking Youth Hostel ... B6
17 The Orchid ... B4

Essen

18 Baihe Vegetarisches Restaurant ... F4
19 Dali Courtyard ... C4
20 Jin Ding Xuan ... D2
21 Qi Shan Mian ... E4
22 Rong Tian Sheep Spine ... B4
23 Tan Hua Lamb BBQ ... E4
24 Veggie Table ... D3
25 Vineyard Café ... D3
26 Xinmin Naschmarkt ... A3
27 Yang Fang Lamb Hotpot ... B5
28 Yaoji Chaogan ... A5

Ausgehen

29 12SQM ... B6
30 46 Fangjia *hutong* ... D4
31 Ball House ... A4
32 Café Confucius ... D4
33 Courtyard No 28 ... E4
34 Drum & Bell ... A4
35 El Nido ... D4
36 Great Leap Brewing ... B5
37 If ... B4
38 Irresistible Café ... B6
39 Mao Mao Chong ... C6
40 Passby Bar ... B6
41 Reef Bar ... B5
Sculpting in Time ... (siehe 44)
42 Xiaoxin's Café ... B6

Unterhaltung

43 Jiang Hu ... C6
44 Jiang Jin Jiu ... A5
45 MAO Livehouse ... C5
46 Penghao Theatre ... C5
47 Yugong Yishan ... D6

Shoppen

48 Ruifuxiang ... A5
49 Tian-Yi-Warenmarkt ... A6

Praktisches

50 Ticketbüro für Rikscha-Touren ... A4

Lamakloster steht der Konfuziustempel. Er wurde zwar im Vorfeld der Olympiade etwas herausgeputzt, konnte seine überirdische Aura aber bewahren. Wie alle konfuzianischen Tempel gleicht auch dieser zweitgrößte Konfuziustempel Chinas einem Mausoleum – hier herrscht Frieden und Stille. Einige der letzten, noch stehenden *pailou* (Schmucktor) überleben im *hutong* davor (Guozijian Jie), während vorsintflutliche *bixi* (schildkrötenförmige Drachen) mit unergründlichem Blick aus neu gestrichenen Pavillons schauen. Uralte knorrige Zypressen strecken ihre verknöcherten Zweige zum Himmel, und in einem „steinernen" Wald aus 190 Stelen (aufrecht stehende Steinplatten, in die Figuren und Schriftzeichen geschlagen sind) im hinteren Bereich der Anlage stehen die 13 konfuzianischen Klassiker in 630 000 chinesischen Schriftzeichen.

Bei der Information der Besucher bleibt etwas unerwähnt: Im August 1966 wurde der Beijinger Autor Lao She hierher gebracht. Er musste vor einem Feuer aus Kostümen der Pekingoper knien, wurde geschlagen und musste seine „antirevolutionären Verbrechen" gestehen. Der beliebte Schriftsteller ertränkte sich am nächsten Tag im Taiping-See.

Neben dem Konfuziustempel, aber auf demselben Gelände, befindet sich die **Kaiserliche Akademie** (国子监; Guozijian), wo der Kaiser bei einer jährlichen Zeremonie vor Tausenden kniender Studenten, Professoren und Hofbeamten die konfuzianischen Klassiker auslegte. Die ehemalige Akademie wurde im Jahr 1306 vom

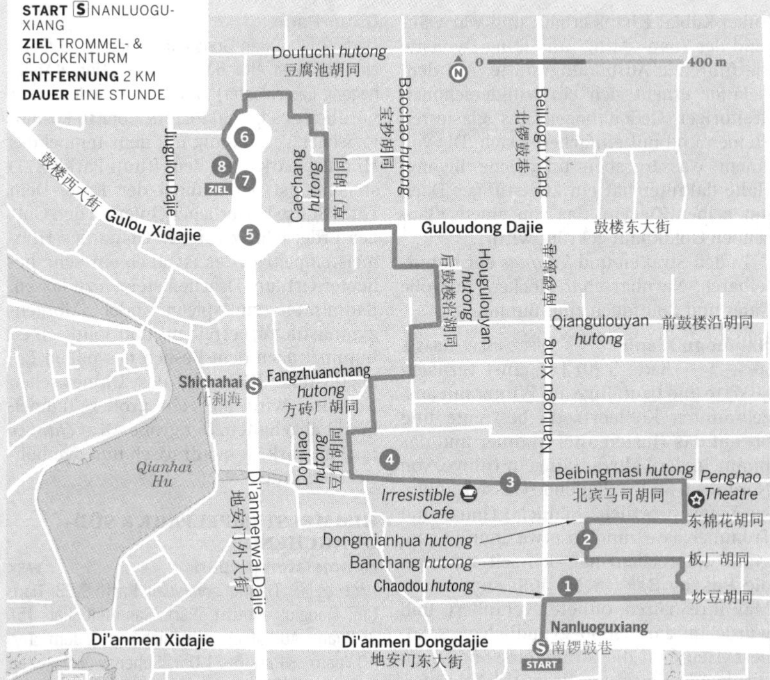

Stadtspaziergang *hutongs*

Diese Tour führt durch einige der historischen Gassen, die von Beijings berühmtestem *hutong*, Nanluogu Xiang, abzweigen. Von der U-Bahnstation Nanluoguxiang nach rechts in den Chaodou *hutong* (炒豆胡同) einbiegen. Ab Nr. 77 machten die nächsten Hofhäuser das ❶ **frühere Anwesen von Seng Gelinqin,** eines Armeegenerals der Qing-Dynastie, aus. Auffallend sind die *baogushi* (Trommelsteine) am Eingang zur Nr. 77, dem noch Eingangstor bei Nr. 75, 69, 67 und 63 folgen. Nach Nr. 53 nach links in eine gewundene Gasse einbiegen, bevor es links in den Banchang *hutong* (板厂胡同) geht. Bei Nr. 19 geht's nach rechts durch ein ❷ **Korridortor,** einen Durchgang, der zum Dongmianhua *hutong* (东棉花胡同) führt. Hier nach rechts wenden, dann links in eine nicht benannte Gasse, in der ein Schild den Weg zum Penghao-Theatercafé weist. Nach links in den Beibingmasi *hutong* (北兵马司胡同) und durch den Nanluogu Xiang in den historischen ❸ **Mao'er *hutong*** (帽儿胡同). Für einen Drink im Irresistible Cafe einkehren oder die Eingänge zu den Hofhäusern Nr. 5 and 11 bewundern; bei beiden lohnt sich ein Blick hinein, falls dieTore geöffnet sind. Ein Stückchen weiter kommt die Nr. 37, das ❹ **frühere Haus von Wan Rong,** die später Chinas letzten Kaiser Puyi heiratete. Weiter geht's nach rechts in den Doujiao *hutong* (豆角胡同) und dann durch die verwinkelten Gassen zum Fangzhuanchang *hutong* (方砖厂胡同), dann in den Nanxiawazi *hutong* (南下洼子胡同). Kurz vor dem Ende nach rechts in den Qiangulouyan *hutong* (前鼓楼沿胡同) einbiegen, dann links in den Hougulouyuan *hutong* (后鼓楼苑湖同) und bis zur Guloudong Dajie (鼓楼东大街) weitergehen. Hier nach links wenden und dann, kurz bevor der kaiserliche ❺ **Trommelturm** erreicht wird, rechts in den Caochang *hutong* (草厂胡同) einbiegen. In der Gasse bis zum Sea View Café weitergehen, dann in die zweite links biegen, wo der prächtige ❻ **Glockenturm** steht. Dieser herrlich verwinkelten Gasse bis zur Rückseite des Glockenturms folgen, dann um den Turm zum ❼ **Trommel- und Glockenplatz,** bestens geeignet zum Beobachten von Leuten, gehen, wo der Spaziergang mit einem Drink auf der Dachterrasse im ❽ **Drum & Bell** beendet werden kann.

Enkel Kublai Khans erbaut und war während der Yuan-, Ming- und Qing-Dynastie die führende Ausbildungsstätte. Auf dem Gelände erhebt sich ein wunderschöner, dreitoriger Gedenkbogen aus glasierten Steinen und mit einfachem Dach. Die von einem Wassergraben umgebene Biyong-Halle dahinter hat ein zweistufiges Dach mit gelben Ziegeln, das von einem glänzenden Goldknauf gekrönt wird.

In den Straßen und *hutongs* der unmittelbaren Nachbarschaft locken reizvolle Cafés und Boutiquen zum Bummeln.

Nanluogu Xiang HISTORISCHE STRASSE
(南锣鼓巷; Karte S.70) Die einst vernachlässigte und baufällige, im Winter mit ausgebrannten Kohlebriketts bestreute und bis auf das Husten alter Männer und das Bimmeln der Fahrradklingeln ruhige, von Nord nach Süd verlaufende Gasse Nanluogu Xiang (wörtlich „Südliche Gong- und Trommelgasse" und in etwa „nan-lo-goo-syan" gesprochen) hat sich seit 1999, als die **Passby Bar** (in Nr. 108) zum ersten Mal ihre Türen öffnete, verändert und wurde im Jahr 2006 gründlich verschönert. Heute ist die Straße eine vor Leben sprühende Kette von Bars, WLAN-Cafés, Restaurants, Hofhotels und trendigen Läden. Aber auch die ruhigeren Gassen, die vom Hauptweg abgehen und Hofhäuser aus der Qing-Dynastie sowie verborgene Cafés, Restaurants und Bars beherbergen, lohnen den Bummel. Unser *hutong*-Spaziergang (S.73) kann hier helfen. Siehe unser Kapitel Schlafen (S.91) für Empfehlungen, wie dieses historische Viertel während eines Beijing-Aufenthalts zur Bleibe werden kann.

Wudaoying *hutong* STRASSE
(五道营胡同; Karte S.70; S Yonghegong Lamakloster) Nach dem riesigen Erfolg der Renovierung des Nanluogu Xiang wurde dem Wudaoying *hutong* vor ein paar Jahren ein gründliches Facelift verpasst. Heute ist diese einst reine Wohngasse eine weitere Möchtegern-Trendstraße voller WLAN-Cafés, netter Restaurants, Boutiqueläden und ein paar Bars. In diesem *hutong* ist es nirgends so populär oder historisch wie in der Nanluogu Xiang, aber es gibt einiges, das einen Besuch lohnt; insbesondere Veggie Table (S.100), Beijings erstes veganes Restaurant, **Natooke** (in Nr. 19-1), der coolste Fahrradladen der Hauptstadt und das **Vineyard Cafe** (in Nr. 31), wo jeder Expat mittags am liebsten bruncht.

Ditan-Park PARK
(地坛公园; Ditan Gongyuan; Karte S.70; Parkeintritt 2 Yuan, Altar 5 Yuan; 6–21 Uhr; S Yonghegong-Lamakloster) Der Ditan-Park, direkt nördlich des Lamaklosters, aber in kosmologischer Verbindung mit dem Tempel des Himmelsparks und dem Ritan-Park (S.77) stehend, ist der Tempel der Erde. Dem Park, Stätte kaiserlicher Opfer an den Gott der Erde, fehlt zwar der Glanz des Himmelstempelpark, er ist aber ein sehr beliebter Ort, um Drachen steigen zu lassen, Badminton zu spielen oder Morgengymnastik zu betreiben, und lohnt einen Bummel nach dem Besuch des nahen Lamaklosters. Während des Chinesischen Neujahrs wird hier ein großer Tempelmarkt abgehalten. Der große **Altar** *(fangze tan)* im Park ist quadratisch und symbolisiert die Erde.

HIMMELSTEMPELPARK & SÜD-DONGCHENG

Himmelstempelpark PARK
(天坛公园; Tiantan *gongyuan*; Karte S.73; Tiantan Donglu; Eintritt Park/Sammelticket 15/35 Yuan, Audiotour erhältlich an jedem Tor, 40 Yuan; Park 6–21 Uhr, Sehenswürdigkeiten 8–18 Uhr; S Tiantandongmen) Der 267 ha große Himmelstempelpark ist eine Oase der Ruhe, die nach konfuzianischen Regeln geplant wurde – und doch eine der belebtesten Stadtlandschaften Beijings ist. Streng genommen ist er zwar kein Tempel – der chinesische Name bedeutet „Altar des Himmels", darum wird hier weder Weihrauch verbrannt noch gebetet –, doch ursprünglich diente er als große Bühne für feierliche Riten, vom Sohn des Himmels (ein Titel, der jedem Kaiser gegeben wurde) durchgeführt, der hier um das rechte Wetter für gute Ernten und um göttliche Erleuchtung betete.

Wie in allen chinesischen Parks haben die Gartenarchitekten das Unvollkommene, die Unebenheiten und Unregelmäßigkeiten der „wilden" Natur zugunsten von Harmonie in Form gerader Linien und symmetrischer Ordnung getilgt. Nach den Regeln des Konfuzius steht der menschliche Intellekt über der Natur, er schafft Ordnung und Symmetrie. Das Ergebnis der Planung ist ausbalanciert, harmonisch und schön – wenn auch gelegentlich klaustrophobisch. Polizisten fahren mit Elektrobuggys umher, während die Besucher gemächlich zwischen den alten Bauten, Hainen mit alten Bäumen und bei Vogelge-

Himmelstempelpark & Süd-Dongcheng

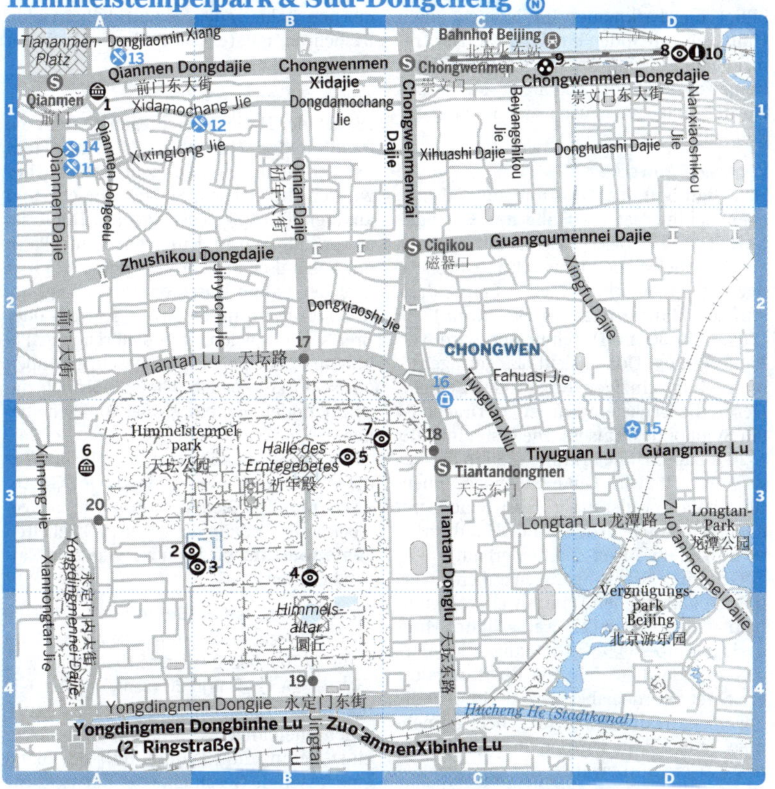

Himmelstempelpark & Süd-Dongcheng

Sehenswertes
- 1 Eisenbahnmuseum Beijing A1
- 2 Fastenpalast A3
- 3 Haus der Göttlichen Musik B3
- 4 Kaiserliches Himmelsgewölbe B3
- 5 Langer Korridor B3
- 6 Naturkundemuseum A3
- 7 Pavillon der Tieropfer B3
- 8 Red Gate Gallery D1
- 9 Ruinenpark der Ming-Stadtmauer . C1
- 10 Südöstlicher Eckturm D1

Essen
- 11 Duyichu A1
- 12 Liqun Bratenten-Restaurant B1
- 13 Lost Heaven A1
- 14 Qianmen Quanjude Bratenten-Restaurant A1

Unterhaltung
- 15 Rotes Theater D3

Shoppen
- 16 Hongqiao (Perlen-)Markt C2

Information
- 17 Himmelstempel Nordtor C3
- 18 Himmelstempel Osttor B2
- 19 Himmelstempel Südtor B4
- 20 Himmelstempel Westtor A3

zwitscher durch das Gelände schlendern. Im Park wachsen etwa 4000 uralte, knorrige Zypressen (einige sind 800 Jahre alt; ihre Äste müssen abgestützt werden).

Von oben gesehen sind die Tempelhallen rund und stehen auf quadratischem Grund, getreu dem Prinzip „Tianyuan Difang" (天圆地方) – „der Himmel ist rund, die Erde quadratisch“. Dementsprechend bildet die Parkmauer im Norden einen Halbkreis, im Süden ein Quadrat. Der traditionelle Eingang war das südliche **Zhaoheng-Tor** (昭亨门; Zhaoheng Men); das Nordtor dagegen wurde erst in jüngerer Zeit gebaut.

Zentrale Bauwerke

Das Highlight des Parks und ein Wahrzeichen Beijings ist die **Halle des Erntegebets** (祈年殿; Qinian Dian; Eintritt 20 Yuan), ein eindrucksvolles Bauwerk mit dreistufigem, blaulila Schirmdach auf einer dreistufigen Marmorterrasse. Das 38 m hohe Dach mit 30 m Durchmesser wird von Pfeilern aus Douglasienholz getragen – ohne einen einzigen Nagel oder Zement. Der in die Decke eingearbeitete Drache ist ein Symbol des Kaisers. Die erste, im Jahr 1420 erbaute Halle brannte 1889 in der Regierungszeit von Guangxu nach einem Blitzschlag vollständig ab. Schon im nächsten Jahr wurde sie mit Handwerkstechniken der Ming-Zeit neu erbaut.

Geht man Richtung Süden auf einem erhöhten kaiserlichen Damm weiter, kommt bald das achteckige **Kaiserliche Himmelsgewölbe** (皇穹宇; Huang Qiongyu), das zur gleichen Zeit wie der Rundaltar errichtet wurde, aber dessen Linien die Form der Halle des Erntegebets aufnehmen. In der Halle wurden die Ahnentafeln des Kaisers aufbewahrt, die zur Feier der Wintersonnenwende gebraucht wurden.

Nördlich des Himmelsgewölbes zieht sich die **Echomauer** (回音壁; Huiyinbi; Eintritt 20 Yuan) entlang. Eine geflüsterte Botschaft an einem Ende überträgt sich bis zum anderen Ende der Mauer. Der Effekt verpufft völlig, wenn eine Busladung gleichzeitig „flüstert“ (nur die Frühaufsteher haben Erfolg).

Gleich südlich der Echomauer steht der 5 m hohe **Rundaltar** (圜丘; Yuanqiu; Eintritt 20 Yuan), der 1530 erbaut und 1740 umgestaltet wurde. Der Altar besteht aus drei Marmorterrassen und wird von der kaiserlichen Zahl Neun bestimmt: ungerade Zahlen gelten als himmlisch, und Neun ist die größte einstellige ungerade Zahl. Die oberste Terrasse symbolisiert den Himmel; sie stellt ein riesiges Mosaik aus neun Kreisen dar, die jeweils aus Steinen in Vielfachen der Neun konstruiert sind. Der neunte Kreis enthält 81 Steine. Auch in den Treppen und Balustraden taucht die Neun auf. Geräusche aus der Mitte der obersten Terrasse werden durch die marmornen Balustraden verstärkt (bei vielen Besuchern entsteht auf diese Weise ein ziemlicher Lärm).

Andere wichtige Bauten

Östlich der Halle des Erntegebets steht die **Pavillon der Tieropfer** (Zaisheng Ting) mit grünem, zweistufigem Dach. Hier wurden die Ochsen, Schafe, Hirsche und anderen Tieropfer geschlachtet. Heute ist er verschlossen und ungenutzt und kann nur von außen besichtigt werden. Von hier geht der **Lange Korridor** (Changlang) ab, in dem die Chinesen sitzen, Karten- oder Brettspiele spielen, Radio hören, die Pekingoper nachspielen, Tanzschritte üben oder Softball spielen. Gleich nördlich davon befindet sich ein großer und sehr beliebter Sportpark.

Im Westen des Parks übten Musiker für die Opferzeremonien im **Haus der Göttlichen Musik** (Shenyue Shu). Der ausgetrocknete Graben des grün gekachelten **Fastenpalasts** wird von verwilderten Katzen bevölkert.

Eisenbahnmuseum Beijing MUSEUM
(北京铁路博物馆; Beijing *tielu bowuguan*; Karte S. 75; ☎6705 1638; 2A Qianmen Dongdajie; 前门东大街 2A 号; Eintritt 20 Yuan; ⏲ Di–So 9–17 Uhr; Ⓢ Qianmen) Das Museum im historischen ehemaligen Qianmen-Bahnhof, der einst Beijing mit Tianjin verband, bietet eine fesselnde Geschichte der Entwicklung der Hauptstadt und des chinesischen Eisenbahnnetzes, mit einer Fülle von Fotos und Modellen. Seine Größe bedeutet jedoch, dass nicht viele aktuelle Züge ausgestellt sind. Es gibt jedoch ein lebensgroßes Modell einer Kabine von einem der neuen Hochgeschwindigkeitszüge Chinas, in die man klettern kann (10 Yuan). Passionierte Trainspotter sollten sich auf den Weg zum **Chinesischen Eisenbahnmuseum** (中国铁道博物馆; Zhongguo *tiedao bowuguan*; ☎6438 1519; Jiuxianqiao North Rd, Chaoyang District; 朝阳区酒仙桥北路 1 号院北侧; 20 Yuan; ⏲ Di–So 9–16 Uhr) in den nordöstlichen Außenbezirken Beijings machen, das groß ist und in dem in Sachen Lokomotiven viel mehr los ist.

Naturkundemuseum MUSEUM
(自然博物馆; Ziran *bowuguan*; Karte S. 75; 126 Tianqiao Nandajie; Eintritt 10 Yuan; ⏲ Di–So 8.30–17 Uhr, letzte Tickets 16 Uhr; Ⓢ Qianmen oder Tiantandongmen) In der Eingangshalle des kürzlich renovierten Naturkundemu-

BEIJINGS *HUTONGS*

Wer das mittelalterliche Beijing sinnlich erfahren möchte, muss tief in die *hutongs* (胡同; enge Gassen) eintauchen. Hier leben und atmen Geist und Seele der Stadt. In den reizvollen, etwas heruntergekommenen Gassen herrscht noch echte Gemeinschaft und Gastfreundschaft. Die *hutongs* innerhalb der Zweiten Ringstraße vereinen sich zu einem kreuz und quer verlaufenden Labyrinth aus eingeschossigen Häusern und historischen Hofhäusern. Noch existieren Hunderte von *hutongs*, doch viele sind auf Beijings Weg zur modernen Großstadt auf der Strecke geblieben. Die historischen Gebäude – sie tragen Plaketten – sind geschützt, doch viele andere müssen mit dem Abriss rechnen.

Nachdem die Armee von Dschingis Khan das alte Beijing in Schutt und Asche gelegt hatte, entstand die neue Stadt mit den *hutongs*. In der Qing-Dynastie durchzogen mehr als 2000 dieser Gassen die Stadt; in den 1950er-Jahren waren es bereits 6000, doch inzwischen ist ihre Zahl rapide auf etwas über 1000 gesunken. Die heutigen *hutongs* sind ein Schmelztiegel von Altem und Neuem: Hofhäuser aus der Qing-Dynastie wurden mit An- und Umbauten sozialistischen Baustils verschandelt, andere von Grund auf neu gebaut.

Die *hutongs* verlaufen fast alle in Ost-West-Richtung, sodass die Haupteingänge in guter Feng-Shui-(Wind/Wasser)-Manier nach Süden zeigen. Damit ist Sonnenschein und Schutz vor negativen Einflüssen aus dem Norden garantiert.

Die Bausteine dieses herrlichen Universums sind die von einer Mauer umgebenen *siheyuan* (Hofhäuser). Viele sind noch bewohnt und voller Leben. Die Menschen versammeln sich von Frühling bis Herbst vor ihren Toren, trinken Bier, spielen Schach, rauchen und reden über Gott und die Welt. Die alten Bäume im Innern der Höfe spenden Schatten und bieten Vögeln Nistplätze. Schwärme von Tauben drehen am Himmel über Beijing ihre Runden; sie sind von Einheimischen gezüchtet und in Taubenschlägen in den *hutongs* gehalten.

Respektablere Hofhäuser verraten sich durch große, dicke rote Tore, vor denen ein Paar chinesischer Löwen oder Trommelsteine Wache halten. Das Flair der Beijinger Hofhäuser lässt sich gut im Irresistible Café (S. 102), beim Essen im Dali Courtyard (S. 98) oder bei einer Übernachtung im Courtyard 7 (S. 93) genießen. Oder aber man absolviert gemütlich unseren *hutong*-Spaziergang (S. 73).

Organisierte Touren sind leicht zu finden: *hutong*-Rikschafahrer warten in Scharen am Trommel- und Glockenplatz (S. 69) und am Qianhai-See (S. 84); sie verlangen zwischen 60 Yuan und 120 Yuan pro Person für eine 45-minütige oder eine einstündige Tour. Bike Beijing (S. 90) bietet geführte Radtouren durch *hutong*-Gebiete an.

seums hängen Porträts großer Naturforscher, unter anderem von Darwin und Linné. Kinder steuern zielsicher die neu gestaltete Dinosaurier-Halle an, die gegenüber vom Eingang liegt. Dort wartet ein haushohes Skelett eines *Mamenchisaurus jingyanensis* – eines riesigen Sauropoden, der einst durch China stampfte – und eines viel kleineren *Protoceratops*.

SANLITUN & CHAOYANG

Tempel Dongyue TAOISTISCHER TEMPEL

(东岳庙; Dongyue Miao; Karte S. 78; 141 Chaoyangmenwai Dajie; Erw. 10 Yuan, mit Führung 40 Yuan; ⏲ Di–So 8.30–16.30 Uhr; Ⓢ Chaoyangmen) Der dem Östlichen Berg (Tai Shan) der fünf taoistischen Berge Chinas geweihte, morbide taoistische Schrein des Tempels Dongyue ist ein ungewohntes, aber dennoch faszinierendes Erlebnis. Seine Wurzeln reichen tief in die Yuan-Dynastie zurück; was sich oberhalb des Bodens befindet, ist sorgfältig und aufwändig restauriert worden. Der Tempel Dongyue ist heute noch eine aktive Kultstätte, wo taoistische Mönche sich inmitten Hochhäusern als Glas und Stahl eine eigene Welt schaffen. Der prächtige *paifang* (Ehrenbogen) steht im Süden, von seinem Schrein durch die laute Hauptstraße, die Chaoyangmenwai Dajie, getrennt.

GRATIS **Ritan-Park** PARK

(日坛公园; Ritan Gongyuan; Ritan Lu; Karte S. 78; ⏲ 6–21 Uhr; Ⓢ Chaoyangmen) Ritan (gesprochen „rer-tan“) heißt „Sonnenaltar“

Sanlitun & Chaoyang

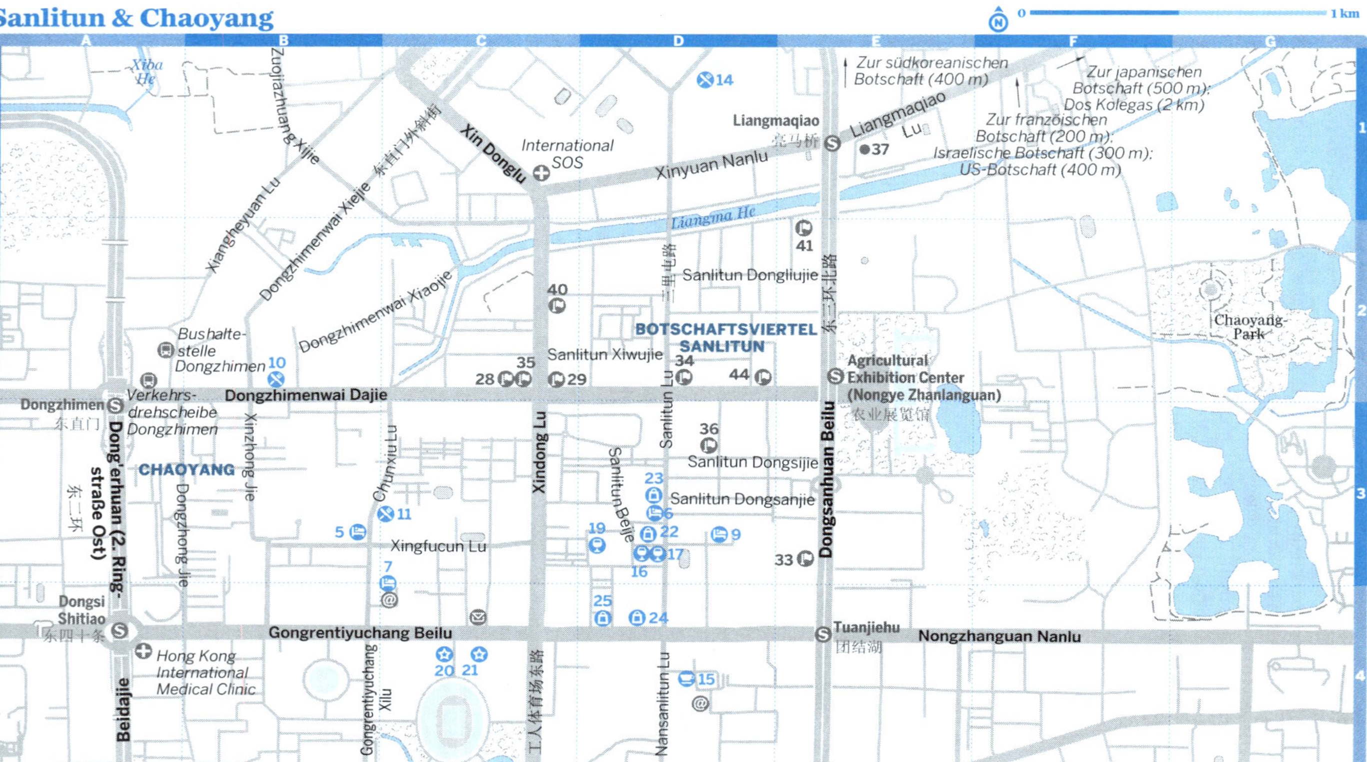

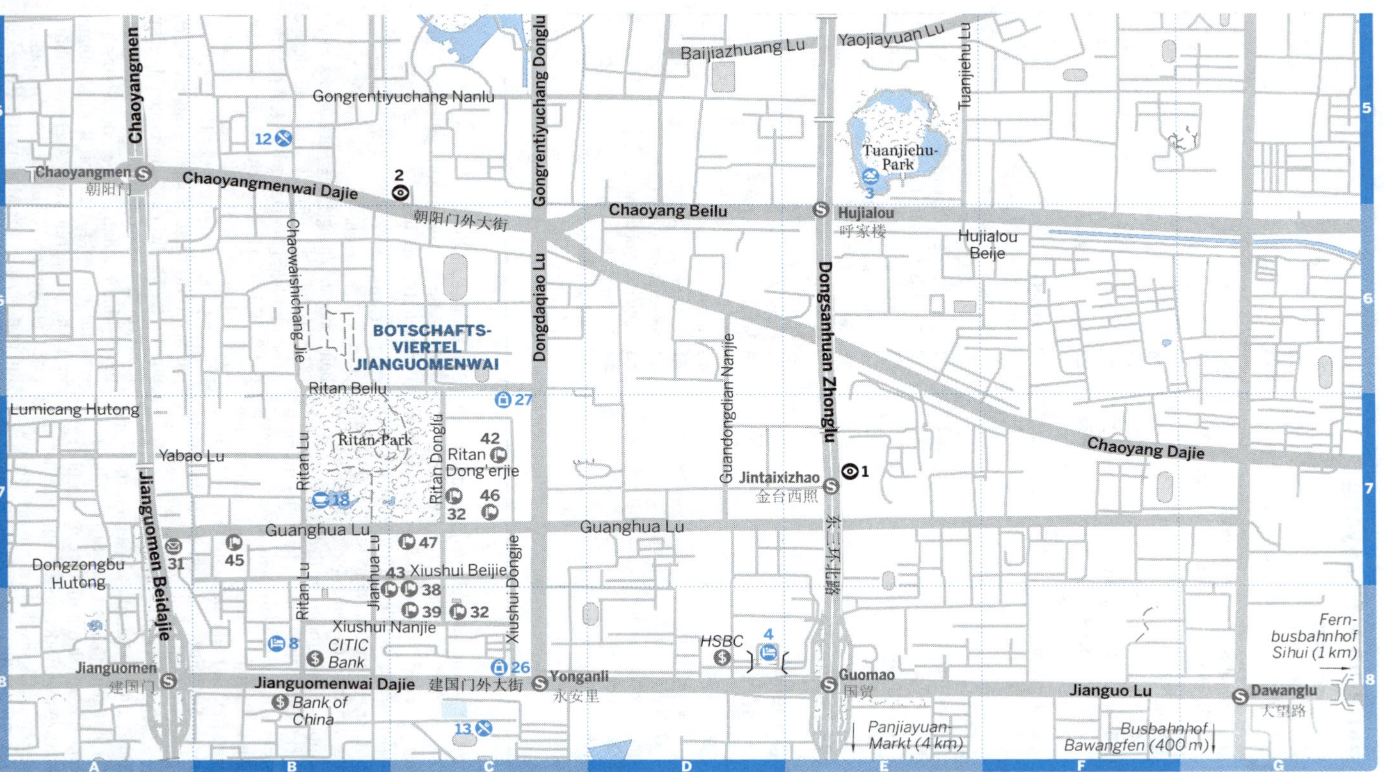
Chaoyangmen
Baijiazhuang Lu
Yaojiayuan Lu
Tuanjiehu Lu
Gongrentiyuchang Nanlu
Gongrentiyuchang Donglu
12
Tuanjiehu-Park
3
Chaoyangmen
朝阳门
Chaoyangmenwai Dajie
2
朝阳门外大街
Chaoyang Beilu
Hujialou
呼家楼
Hujialou Beije
Chaowaishichang Jie
Dongdaqiao Lu
Dongsanhuan Zhonglu
BOTSCHAFTS-VIERTEL JIANGUOMENWAI
Ritan Beilu
27
Lumicang Hutong
Ritan-Park
Ritan Donglu
42
Ritan Dong'erjie
Guandongdian Nanjie
Chaoyang Dajie
Yabao Lu
Ritan Lu
Jintaixizhao
金台西照
1
18
46
32
Guanghua Lu
Guanghua Lu
东三环北路
47
31
45
Dongzongbu Hutong
Jianguomen Beidajie
43 Xiushui Beijie
Jianhua Lu
Xiushui Dongjie
38
39
32
Ritan Lu
Xiushui Nanjie
HSBC
4
8
CITIC Bank
26
Fernbusbahnhof Sihui (1 km)
Jianguomen
建国门
Jianguomenwai Dajie
建国门外大街
Yonganli
永安里
Guomao
国贸
Jianguo Lu
Dawanglu
大望路
Bank of China
13
Panjiayuan-Markt (4 km)
Busbahnhof Bawangfen (400 m)
5
6
7
8
A
B
C
D
E
F
G

Sanlitun & Chaoyang

Sehenswertes
1 CCTV-Gebäude ... E7
2 Tempel Dongyue ... C5

Aktivitäten, Kurse & Touren
3 Schwimmbad im Tuanjiehu-Park ... E5

Schlafen
4 China World Hotel ... D8
5 Holiday Inn Express ... B3
6 Opposite House Hotel ... D3
7 Sanlitun Youth Hostel ... C4
8 St. Regis ... B8
9 Yoyo Hotel ... D3

Essen
10 Baodu Huang ... B2
Bei ... (siehe 6)
11 Jingzun Peking Duck ... C3
12 Jixiangniao Xiangcai ... B5
13 Najia Xiaoguan ... C8
14 Sanyuanli-Markt ... D1

Ausgehen
Apothecary ... (siehe 17)
15 Bookworm ... D4
16 First Floor ... D3
Migas ... (siehe 17)
17 Nali Patio ... D3
Saddle Cantina ... (siehe 16)
18 Stone Boat ... B7
19 Tree ... D3

Unterhaltung
20 Mix ... C4
21 Vics ... C4

Shoppen
22 3.3 Shopping Centre ... D3
23 Sanlitun Village (Nord) ... D3
24 Sanlitun Village (Süd) ... D4
25 Sanlitun Yashow Kleidermarkt ... D4
26 Seidenmarkt ... C8
27 Shard Box Store ... C7

Praktisches
28 Australien, Botschaft ... C2
29 Deutschland, Botschaft ... C2
30 Indien, Botschaft ... C7
31 International Post Office ... A7
32 Irland, Botschaft ... C8
33 Italien, Botschaft ... E3
34 Kambodscha, Botschaft ... D2
35 Kanada, Botschaft ... C2
36 Laos, Botschaft ... D3
37 Lufthansa Centre ... E1
38 Mongolei, Botschaft ... C8
39 Mongolei, Botschaft (Visa-Abteilung) ... C8
40 Nepal, Botschaft ... C2
41 Niederlande, Botschaft ... E2
42 Neuseeland, Botschaft ... C7
43 Singapur, Botschaft ... C8
44 Südafrika, Botschaft ... D2
45 Thailand, Botschaft ... B7
46 UK, Botschaft ... C7
47 Vietnam, Botschaft ... C7

und ist in diesem Teil Beijings der beste Ort, um dort etwas Zeit zu verbringen. Ritan ist einer von mehreren kaiserlichen Parks, die es in allen Himmelsrichtungen gibt. Er stammt aus dem Jahr 1530 und ist das östliche Gegenstück zum Himmelstempel (S. 74) und zum Erdtempel (Ditan-Park; S. 74). Der Altar ist heute kaum mehr als eine erhöhte Plattform, aber der umgebende Park ist landschaftlich sehr schön gestaltet und eine beliebte Oase der Ruhe in der Stadtmitte. Zu den Aktivitäten, denen man nachgehen kann, gehören Tanzen, Singen, Drachensteigenlassen, Klettern (30–50 Yuan), Tischtennis und Teichangeln (5 Yuan pro Std.). Oder man geht nur spazieren und freut sich über die Pflanzenwelt oder setzt sich in eines der netten Cafés des Parks; am schönsten ist das **Stone Boat** (石舫咖啡; Shifang Kafei; Bier & Kaffee ab 25 Yuan, Cocktails ab 35 Yuan; ⌚10–22 Uhr), das neben einem großen Landschaftspark liegt.

CCTV-Gebäude ARCHITEKTUR
(央视大楼; Yangshi Dalou; Karte S. 78; 32 Dongsanhuan Zhonglu; Ⓢ Jintaixizhao) Das CCTV-Gebäude, geformt wie eine riesige Hose und lokal als Dakucha (大裤衩) oder Große Unterhose bezeichnet, ist eine architektonische Meisterleistung. Seine Auskragung (der Hintern in der Hose) scheint der Schwerkraft zu trotzen – das ist durch ein ungewöhnliches technisches Design möglich, das eine dreidimensionale, winklige Schlaufe schafft, die an der Spitze horizontal abknickt. Das von Rem Koolhaas und Ole Scheeren vom Architektenbüro OMA entworfene Gebäude ist ein spektakuläres Beispiel für Modernität (trotz des

Spitznamens) und hat der Skyline von Beijing ein unverwechselbares Bauwerk hinzugefügt.

Vogelnest & Wasserwürfel ARCHITEKTUR (国家体育场、国家游泳中心; Guojia Tiyuchang & Guojia Youyong Zhongxin; Karte S. 52; Vogelnest 50 Yuan; ⌚9–17.30 Uhr; Wasserwürfel 30 Yuan; ⌚9–18.30 Uhr; **S** Olympisches Sportzentrum) So ruhig und verlassen wie der Bau heute daliegt, ist es kaum vorstellbar, dass hier der Jubel bei einem so großen Sportereignis wie der Olympiade im August 2008 aufbrandete, doch dies ist das Schicksal der meisten olympischen Stätten. In die Sonne blinzelnd, weisen Wärter in schlecht sitzenden schwarzen Kampfanzügen den gelegentlich auftauchenden heimischen Touristengruppen den Weg zum Schild Nationalstadion, im Volksmund Vogelnest (鸟巢; Niaochao) genannt. Manchmal finden hier noch Veranstaltungen statt, aber meist steht es leer. Dennoch ist es ein spektakuläres Architekturstück,

ABSTECHER

798 ART DISTRICT

Ein großes Gelände mit ehemaligen, von Ostdeutschen erbauten Fabriken, der **798 Art District** (798 艺术区; Qi Jiu Ba Yishu Qu; Karte S. 52;), auch als Dashanzi (大山子) bekannt, ist Beijings größte Konzentration zeitgenössischer Kunstgalerien.

Der Industriekomplex erinnert an seine proletarischen Wurzeln in der kommunistischen Hochzeit der 1950er-Jahre mit retuschierten roten maoistischen Parolen an den Wänden der Galerieräume und mit Standbildern von stämmigen, hohlwangigen Arbeitern entlang der Wege. Die großen Fabrikwerkstätten eignen sich ideal als Räumlichkeiten für Kunstgalerien, die Platz für Multimedia-Installationen und andere anspruchsvolle Projekte benötigen.

In dem Komplex lässt sich ohne Weiteres ein halber Tag verbringen. Schilder mit englischsprachigen Karten stehen an den Wegen.

Galerien

Manche sind innovativer als andere. Highlights sind:

BTAP (Ceramics Third St; ⌚Tue-Sun) Eine der Originalgalerien des 798 Art District.

UCCA (798 Rd) Finanzstarke Galerie mit Ausstellungshallen, einem funky Laden und einem kleinen Kino, das fast täglich Filme vorführt (15 Yuan). Donnerstag ist freier Eintritt.

Pace (797 Rd) Wunderbar großes Gelände mit Spitzenausstellungen.

Galleria Continua (gleich südlich der 797 Rd) Ein anderes großes Ausstellungsgelände; unter einem hochaufragenden, kaum zu übersehenden Ziegelschornstein.

Essen & Ausgehen

Die meisten Lokale haben frischen Kaffee, freies WLAN, westliches Essen und englische Speisekarten.

At Cafe (798 Rd; ⌚10–23 Uhr) 798's erstes Café und bei Künstlern beliebt.

Timezone 8 (798 Rd; ⌚8.30–20 Uhr) Cooles Café, angeschlossen an die beste Kunstbuchhandlung in Beijing.

Happy Rooster (Ecke 7 Star Rd & Ceramics First St; ⌚9.30–21 Uhr) Billigstes anständiges chinesisches Restaurant in 798. Speisekarte mit Fotos, plus Kaffee und WLAN.

An- & Weiterreise

Von Ausgang C der U-Bahnstation Dongzhimen mit Bus 909 (2 Yuan) rund 6 km Richtung Nordosten nach Dashanzi Lukou Nan (大山子路口南) fahren, wo das große rote Schild 798 in Sicht kommt. Die Busse fahren bis 20.30 Uhr.

Eine weitere ausgedehnte Ansammlung von Kunstgalerien befindet sich ungefähr 3 km nordöstlich des 798 Art District in **Caochangdi** (草场地). Bus 909 fährt bis dorthin.

Beihai-Park & Nord-Xicheng

ebenso wie das Nationale Schwimmzentrum (Wasserwürfel) mit seiner auffälligen Wabenumhüllung nebenan, das einer neuen Nutzung als Happy-Magic-Wasserpark (S. 90), dem größten Innen-Wasserpark in Asien, zugeführt wurde.

Chinesisches Wissenschafts- und Technikmuseum MUSEUM

(中国科技馆; Zhongguo *kejiguan*; Karte S. 52; 5 Beichendong Lu; 北辰东路 5 号; Erw./Kind 30/20 Yuan; ⌚ Di–So 9.30–17 Uhr; Ⓢ South Gate of Forest Park) Das etwa 8 km nördlich

Beihai-Park & Nord-Xicheng

Sehenswertes
1 Beihai-Park D3
2 Nationales Zentrum der Darstellenden Künste D6
3 Residenz des Prinzen Gong C2
4 Südwestlicher Eckturm A6
5 Tempel Miaoying der Weißen Pagode A3
6 Volkskongresshalle D6

Aktivitäten, Kurse & Touren
7 Houhai-Freizeitgebiet C1

Schlafen
8 Drum Tower Youth Hostel D1
9 Red Lantern East Courtyard B2
10 Red Lantern House West Yard B3

Essen
11 4Corners D2
12 Beipingju D2
13 Hutong Pizza D2
14 Kong Yiji C2

Unterhaltung
15 East Shore Jazz Café D2
Großes Opernhaus (siehe 5)
16 Nationales Zentrum der Darstellenden Künste D6

Shoppen
17 Beijing Books Building B5
18 Rundeli Naschmarkt C2
19 Three Stone Kite Shop D3

Praktisches
20 Ticketbüro für Fahrradrikscha-Touren C3

des Stadtzentrums gelegene und bei Kindern besonders beliebte große Museum hat mehrere interaktive wissenschaftliche Ausstellungen, einen Wissenschafts-Spielplatz und topmoderne 3D- und „4D"-Kinos. Von der U-Bahnstation South Gate of Forest Park nach Osten gehen, dann in die zweite rechts einbiegen (10 Minuten).

BEIHAI PARK & NORD-XICHENG

Beihai-Park PARK

(北海公园; Beihai *gongyuan*; Karte S. 82; Eintritt HS/NS 10/5 Yuan, Sammelticket HS/NS 20/15 Yuan; 6–21 Uhr, Sehenswürdigkeiten bis 17 Uhr; S Xisi oder Nanluoguxiang) Der Beihai-Park im Nordwesten der Verbotenen Stadt wird vom Nordsee *(beihai)* beherrscht. In dem riesigen See, der im Winter zugefroren ist, blühen im Sommer die Lotosblumen. Ältere Leute tanzen vor den Tempelhallen, und sobald die Dämmerung einbricht, schmusen Liebespärchen auf Bänken. Der Park lädt ein, geruhsam zu bummeln, im Sommer ein Ruderboot zu mieten und Kalligrafen dabei zuzusehen, wie sie mit dicken Pinseln und Wasser Schriftzeichen auf Pflastersteine malen.

Der Park liegt auf dem Gelände von Kublai Khans Palast, der vor dem Bau der Verbotenen Stadt der Nabel Beijings war. Alles, was von Khans Hof übrigblieb, ist eine riesige Jade-Urne in der **Runden Stadt** (团城; Tuancheng) in der Nähe des Südeingangs. Dort steht auch die **Chengguang-Halle** (Chengguang Dian), wo sich eine weiße Jade-Statue des Sakyamuni aus Myanmar (Burma) befindet, dessen Arm beschädigt wurde, als die alliierten Truppen durch Beijing zogen, um 1900 den Boxeraufstand niederzuschlagen. Zum Zeitpunkt der Recherche war die Runde Stadt für Besucher geschlossen.

Der südliche Teil des Nordsees, der Süd- (Nanhai) und der Mittelsee (Zhonghai), gab seinen Namen **Zhongnanhai** (wörtlich „Mittel- und Südsee") dem schwer bewachten Gelände, weniger als 2 km südlich des Parks, wo die Führung der chinesischen kommunistischen Partei lebt.

Auf der **Jade-Insel** (琼岛; Qiongdao) im See steht die 36 m hohe **Weiße Dagoba** (白塔; Baita), eine Stupa im tibetischen Stil. Sie wurde 1651 für einen Besuch des Dalai Lama erbaut und 1741 umgebaut. Auf dem Weg dorthin bietet es sich an, den **Tempel Yong'an** (永安寺; Yong'an Si) zu besuchen.

Am Nordufer des Sees steht der Tempel **Xitian Fanjing** (西天梵境; Westliches Paradies; der Eintritt ist im Parkticket enthalten). Die nahe **Neun-Drachen-Wand** (九龙壁; Jiulong Bi), eine 5 m hohe und 27 m lange Mauer, die Drachen abhalten soll, ist aus glänzenden bunten Kacheln gebaut, auf denen sich windende Drachen abgebildet sind, ähnlich ihrem Gegenstück in der Verbotenen Stadt. Am Westufer des Sees steht der hübsche Schrein **Kleiner Westlicher Himmel** (小西天; Xiao Xitian).

GRATIS **Hauptstadtmuseum** MUSEUM

(中国首都博物馆; Zhongguo *shoudu bowuguan*; ☎6337 0491; www.capitalmuseum.org.cn; 16 Fuxingmenwai Dajie; ⏰9–17 Uhr; Ⓢ Muxidi) Hinter dem beeindruckenden Bau des Hauptstadtmuseums verbergen sich ein paar erstklassige Galerien, darunter eine Sammlung antiker buddhistischer Statuen sowie eine reiche Ausstellung chinesischen Porzellans. Es gibt auch eine interessante chronologische Geschichte Beijings, eine Ausstellung, die kulturellen Zeugnissen der Pekingoper gewidmet ist, eine Ausstellung zu Beijinger Volksbräuchen sowie eine Sammlung mit antiken Bronzen, Kalligrafien und Gemälden. Bei Vorlage des Passes ist der Eintritt frei. Das Museum liegt 400 m östlich der Station Muxidi.

Houhai-Seen SEEN

(后海; Houhai; Karte S.82; Ⓢ Shichahai, Nanluogu Xiang oder Jishuitan) Die Houhai-Seen, auch bekannt als Shichahai (什刹海), doch meist einfach nur zusammen „Houhai" genannt, sind insgesamt drei Seen: Qianhai („Vorderer See"), Houhai („Hinterer See") und Xihai („Westsee"), von denen zwei (Qianhai und Houhai) miteinander verbunden sind. Sie gehören zu den beliebtesten Freizeitflächen der Hauptstadt, wo die Chinesen bei ihren vielfältigen Beschäftigungen zu sehen sind.

Am Tage gehen die Leute angeln, lassen ihre Drachen steigen und bummeln durch die Gegend. Am Abend beginnt hier ein reges Nachtleben, wenn die Restaurants, Bars und Cafés rund um den See zum Leben erwachen und auf den Seen Massen von Tretbooten ihre Runden drehen.

Vielerorts werden an den Seeufern Fahrräder (10 Yuan pro Stunde, 200 Yuan Kaution) vermietet. An vielen Stellen gibt's Tretboote (80 Yuan pro Std., 300 Yuan Kaution) zu mieten für alle, die aufs Wasser möchten (manch ein Einheimischer schwimmt sogar in den Seen, aber das können wir nicht empfehlen).

Die Seen sehen im Winter majestätisch aus. Sie sind dann zugefroren und ein ideales Revier für Schlittschuhläufer. Wundersamerweise sind zu dieser Jahreszeit auch Händler zur Stelle, die alles an Ausrüstung verkaufen, was gebraucht wird.

Residenz des Prinzen Gong HISTORISCHE RESIDENZ

(恭王府; Gongwang Fu; Karte S.82; ☎8328 8149; 14 Liuyin Jie; Eintritt 40 Yuan, geführte Touren inkl. Tee & Opernaufführung 70 Yuan; ⏰Sommer 7.30–16.30 Uhr, Winter 8–16 Uhr; Ⓢ Pinganli oder Shichahai) Diese Residenz diente als Vorbild für das Haus, das in Cao Xueqins klassischem Roman *Der Traum der roten Kammer* aus dem 18. Jh. beschrieben wurde. Der Palast ist eines der größten Privatanwesen in Beijing. Für einen Besuch lohnt es sich, schneller zu sein als die Touristenmassen, um die Steingärten, Pflanzen, Teiche, Pavillons, überdachten Wege und kunstvoll verzierten Torbögen in der Stille zu genießen. Sobald die Busse eintreffen, ist der Zauber des Ortes dahin. Im **Großen Opernhaus** (大戏楼; Daxi Lou) der Qing-Dynastie im Osten der Residenz werden regelmäßig Pekingopern aufgeführt.

Nationales Zentrum der Darstellenden Kunst (NCPA) THEATER

(国家大剧院; Guojia Dajuyuan; Karte S.82; 2 Xichang'an Jie; 西长安街 2 号; www.chncpa.org/ens; Eintritt 40 Yuan; ⏰ Di–So 9–17 Uhr; Ⓢ Tiananmen West) Obwohl Kritiker den Bau mit einem überdimensionalen Ei verglichen haben, gleicht er eher einer großen Quecksilberperle, einem ultramodernen Raketensilo oder dem futuristischen Schlupfwinkel eines James-Bond-Schurken. Das NCPA, oft auch als Großes Nationaltheater bezeichnet und heute eine der wichtigsten kulturellen Einrichtungen Beijings, scheint wie ein riesiger reflektierender Pilz aus der Erde zu sprießen.

Die Besichtigung lohnt sich auf jeden Fall, schon die Verkleidung der Träger mit Titanstahl (jeder der 148 Träger wiegt beeindruckende 8 Tonnen) ist sehenswert. Im Inneren können die drei Hallen besichtigt werden, obwohl die eine oder andere manchmal geschlossen ist. Auf der Website über das Veranstaltungsprogramm informieren (Tickets 80–800 Yuan).

Volkskongresshalle HISTORISCHE STÄTTE

(人民大会堂; Renmin Dahuitang; Karte S.82; Erw. 30 Yuan, Gepäckaufbewahrung 5 Yuan; ⏰8.30–15 Uhr; Ⓢ Tiananmen West) Die Volkskongresshalle an der Westseite des Tiananmen-Platzes – einem Gelände, auf dem früher der Tempel Taichang, das Jinyiwei (Geheimdienstgebäude der Ming-Dynastie) und das Justizministerium standen – ist der Sitz der Legislative, des Nationalen Volkskongresses (NPC). Die Architektur von 1959 ist monolithisch und ein passendes Symbol für Chinas politische Trägheit. Eine Führung bringt Besucher durch 29 seiner gesichtslosen Räume, die nach den Provinzen des chinesischen Universums benannt sind. Hier befindet sich auch die Festhalle mit 10 000 Plätzen und dem bekannten roten, in einer Galaxie aus Deckenleuchten eingebetteten Stern. Die Halle ist für das Publikum gesperrt, wenn der NPC tagt. Die Tickets werden an der Südseite des Gebäudes verkauft. Taschen müssen abgegeben werden, aber Kameras sind erlaubt.

Tempel Miaoying der Weißen Pagode BUDDHISTISCHER TEMPEL

(妙应寺白塔; Miaoying Si Baita; Karte S. 82; 171 Fuchengmennei Dajie; Eintritt 20 Yuan; ⌚ Di–So 9–17 Uhr; S Fuchengmen) Der buddhistische Miaoying-Tempel mit einer kalkweißen Pagode aus der Yuan-Dynastie, die zur Zeit der Recherche aufpoliert wurde, ragt über seine *hutong*-Umgebung. Das Highlight eines Besuches hier ist die vielgestaltige Sammlung buddhistischer Statuen: In der **Halle des Großen Erleuchteten** (大觉宝殿; Dajue Baodian) glitzern Hunderte tibetischer Buddhas um die Wette. In anderen Hallen sind eine viergesichtige Guanyin (Göttin des Mitgefühls und hier Parnashavari genannt), eine Dreiheit der Buddhas der Vergangenheit, der Gegenwart und der Zukunft sowie eine Fülle von bronzenen *luohan*-Figuren zu sehen. Nach dem Besuch des Tempels sollte man in das Gewirr der Gassen eintauchen und das tägliche Leben in den *hutongs* auf sich wirken lassen.

Tempel der Weißen Wolken TAOISTISCHER TEMPEL

(白云观; Baiyun Guan; Baiyunguan Jie; Eintritt 10 Yuan; ⌚ Mai–Sept. 8.30–16.30 Uhr, Okt.–April 16 Uhr; S Muxidi) Der 739 n. Chr. gegründete Tempel der Weißen Wolke ist ein lebendiger Komplex voller Schreine und Höfe, bewohnt von taoistischen Mönchen mit ihren typischen Haarknoten. Die heutigen Tempelhallen stammen überwiegend aus der Ming- und der Qing-Zeit.

In der Nähe des Tempeleingangs schiebt sich eine Menschenschlange langsam durch das Tor, um einen glänzenden Stein zu reiben – das soll Glück bringen. Während des chinesischen Neujahrs veranstaltet das Kloster ein prächtiges *miaohui* (Tempelfest).

Der Weg zum Tempel führt von der Muxidi-U-Bahnstation 400 m auf der Fuxingmenwai Dajie entlang und dann nach rechts auf die Baiyun Lu; von dort weiter Richtung Süden, bis die Baiyunguan Jie erreicht ist. Dort nach links wenden, dann befindet sich der Tempel in 50 m auf der linken Seite.

DASHILAR & SÜD-XICHENG

Dashilar HISTORISCHE EINKAUFSSTRASSE

(大栅栏; Dashilan'er; Karte S. 86; S Qianmen) Gleich westlich der Dajie liegt diese jahrhundertealte Einkaufsstraße. Sie ist zwar inzwischen von Grund auf verschönert worden, was ihr allerdings viel von ihrem Charme genommen hat, aber viele der Läden sind die gleichen, die es hier seit Jahrhunderten gibt, und lohnen einen Bummel wegen der manchmal esoterischen Waren – alte Kräutermedizin, handgemachte Stoffschuhe –, die sie verkaufen.

Nui-Jie-Moschee MOSCHEE

(牛街礼拜寺; Niujie Libai Si; Nebenkarte S. 86; 88 Niu Jie; Eintritt 10 Yuan, Muslime frei; ⌚ 8–Sonnenuntergang; S Caishikou) Beijings größte Moschee stammt aus dem 10. Jh. und ist an Freitagen voller Gläubiger (zu Gebetszeiten ist sie für Nichtmuslime geschlossen). Sie ist das Gemeindezentrum für die rund 10 000 muslimischen Hui-Chinesen, die in der Nähe leben. Die chinesisch geprägte Moschee ist mit Blumen und arabischen Motiven geschmückt – sehenswert sind die Hauptgebetshalle (nur Muslime haben hier Zutritt), die Frauengemächer und der **Turm zum Betrachten des Mondes** (望月楼; Wangyuelou), von wo aus der Mondkalender berechnet wurde. Angemessene Kleidung (keine Shorts oder kurze Röcke). Die Moschee liegt etwa 1 km von der U-Bahnstatin Caishikou entfernt. Die Station Richtung Westen verlassen und links auf der Niu Jie (牛街) weitergehen, dann kommt die Moschee bald auf der linken Seite in Sicht.

Fayuan-Tempel BUDDHISTISCHER TEMPEL

(法源寺; Fayuan Si; Karte S. 86; 7 Fayuansi Qianjie; Eintritt 5 Yuan; ⌚ 8.30–17 Uhr; S Caishikou) Dieser geschäftige buddhistische Tempel im Osten der Nui-Jui-Moschee wurde ursprünglich im 7. Jh. errichtet. Heutzutage beherbergt der Tempel die Chinesische Buddhistische Akademie. Der Grundriss ist typisch buddhistisch. Wer die vierte Halle betritt, steht vor einem herrlichen kupfernen **Buddha,** der auf vier weiteren Buddhas ruht, die wiederum auf unzähligen Bildwerken stehen. In der Guanyin-Halle befindet sich eine Guanyin mit

Dashilar & Süd-Xicheng

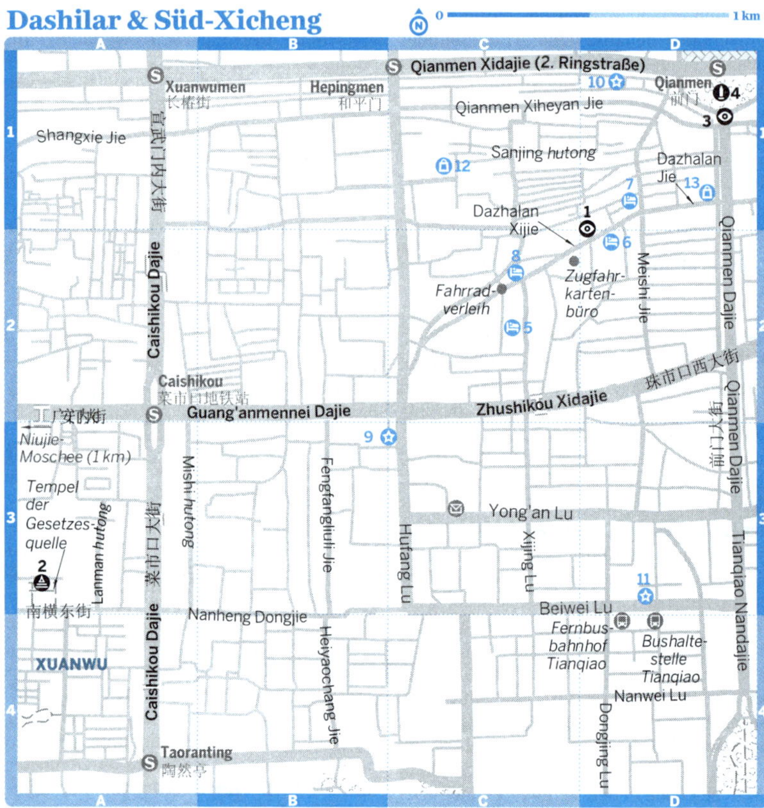

Dashilar & Süd-Xicheng

Sehenswertes

1 Dashilar D1
2 Qianmen-Ehrenbogen D1
3 Tempel der Gesetzesquelle A3
4 Zhengyang-Tor Geschützturm D1

Schlafen

5 Leo Courtyard C2
6 Leo Hostel D2
7 Qianmen Hostel D1
8 Three-Legged Frog Hostel C2

Unterhaltung

9 Huguang-Zunfthaus C3
10 Lao-She-Teehaus D1
11 Tianqiao-Akrobatiktheater D3

Shoppen

12 Liulichang Xijie C1
13 Ruifuxiang D1

tausend Händen und tausend Augen aus der Ming-Dynastie; in der hintersten Halle steht ein riesiger schlafender Buddha.

SOMMERPALAST & HAIDIAN

Sommerpalast HISTORISCHE STÄTTE

(颐和园; Yihe Yuan; Karte S. 88; 19 Xinjian Gongmen; Ticket 30 Yuan, Sammelticket 60 Yuan, Audioguide 40 Yuan; ⌚8.30–17 Uhr; Ⓢ Xiyuan oder Beigongmen) Der Sommerpalast, der genauso obligatorisch zum Besichtigungsprogramm von Beijing gehört wie die Große Mauer oder die Verbotene Stadt, diente den Kaisern im stickig-heißen Sommer der alten Kaiserstadt als Erholungsgebiet. Das großzügige Gelände verdient einen ganzen Tag Erkundung, kann im Schnelldurchgang aber auch an einem Vor- oder Nachmittag bewältigt werden.

Das Gelände, die Tempel, Gärten, Pavillons, Seen, Brücken, Tortürme und Wandelgänge sind ein Wunder an Landschaftskunst. Anders als die flache Verbotene Stadt oder die durchdachten Harmonien des Himmelstempels bietet der Sommerpalast – mit seinem großen See, dem Rundblick von den Hügeln aus und den erholsamen Spazierwegen – einen idyllischen Rückzugsort in die Landschaften der traditionellen chinesischen Malerei.

Lange bevor Kaiser Qianlong im 18. Jh. beschloss, die Domäne zu vergrößern und zu verschönern, gab es hier bereits einen kaiserlichen Garten. Qianlong ließ den **Kunming-See** (昆明湖; Kunming Hu) von 100 000 Arbeitern ausheben und erweitern; angeblich sah er hier seiner Marine von einem Hügel aus beim Manöver zu.

Während des Zweiten Opiumkriegs (1856–1860) verwüsteten englisch-französische Truppen den Palast, doch Kaiserin Cixi ließ ihn im Jahr 1888 für viel Geld restaurieren; da das Geld bewilligt worden war, um die chinesische Marine zu modernisieren, gab sie das Marmorboot am Nordufer des Sees in Auftrag – sozusagen als unsinkbares Zugeständnis.

Der schimmernde Kunming-See – besonders gut vom **Berg der Langlebigkeit** (万寿山; Wanshou Shan) aus zu überblicken – nimmt etwa zwei Drittel der Parkfläche ein. Der wichtigste Bau ist die Audienzhalle am Osttor, die **Halle des Altwerdens durch Güte** (仁寿殿; Renshou Dian; Karte S. 88). Hier nahm der Kaiser auf dem Thron aus Hartholz Platz; dazu gehört ein Hof mit Bronzetieren, wie dem mythischen *qilin* (dieses Fabeltier zeigt sich nur in Zeiten der Harmonie auf Erden). Da die Halle gesperrt ist, kann man leider nur hineinspähen.

Der elegante **Lange Wandelgang** (长廊; Chang Lang) aus Holz am Nordufer des Sees wurde mit Unmengen von Malereien verziert, während an den Hängen und auf dem Kamm des Berges der Langlebigkeit dahinter buddhistische Tempel liegen. Wandelgänge verbinden den entlang einer Nord-Süd-Achse angeordneten **Pavillon des Buddhaweihrauchs** (佛香阁; Foxiang Ge) mit der **Halle der ziehenden Wolken** (排云殿; Paiyun Dian). Den Berggipfel krönt der **Buddhistische Tempel des Weisheitsmeeres** (智慧海; Zhihui Hai); er ist mit glasierten Buddha-Darstellungen verziert, allerdings wurden vielen die Köpfe zerstört.

Cixis **Marmorboot** (清晏船; Qingyan Chuan) liegt fest verankert am Nordufer,

ABSTECHER

BOTANISCHER GARTEN

Vor dem Hintergrund der Westlichen Hügel und etwa 1 km nordöstlich des Parks des Duftenden Berges befindet sich der gepflegte **Botanische Garten** (北京植物园; Beijing Zhiwuyuan; Karte S. 117; Erw. 10 Yuan, Sammelticket 45 Yuan; ⌚ Sommer 6–21 Uhr, letzter Einlass 19 Uhr, Winter 7–19 Uhr, letzter Einlass 17 Uhr; S Xiyuan oder Yuanmingyuan, dann 🚌331), der im Frühling in voller Blütenpracht steht und zu einem erholsamen Aufenthalt im Freien zwischen Bambushalmen, Kiefern, Orchideen, Flieder und der größten botanischen Sammlung Chinas einlädt. Das **Beijinger Gewächshaus** (Eintritt mit Sammelticket; ⌚8.30–16 Uhr), zu dem ein imposantes Tropenhaus gehört, beherbergt über 3000 Pflanzenarten.

Etwa 15 Minuten zu Fuß vom Vordereingang entfernt (den Schildern folgen), aber noch auf dem Gartengelände, steht der **Tempel des Schlafenden Buddha** (Wofo Si; Erw. 5 Yuan oder Einlass mit Sammelticket; ⌚8–17 Uhr). Der erstmals in der Tang-Dynastie erbaute Tempel besitzt eine riesige liegende Sakyamuni-Statue, die 54 Tonnen wiegt.

An der Ostseite des Botanischen Gartens befindet sich das **Cao-Xueqin-Denkmal** (Cao Xueqin Jinianguan; 39 Zhengbaiqi; Eintritt 10 Yuan oder Einlass mit Sammelticket; ⌚8.30–16.15 Uhr), wo Cao Xueqin seine letzten Jahre verbrachte. Cao (1715–1763) soll den klassischen Roman *Der Traum der roten Kammer* verfasst haben, eine umfangreiche, lange Familiensaga, die in der Qing-Zeit spielt. Feines Summen ist im Westen des Gartens im kleinen **Chinesischen Honigbienenmuseum** (☑März–Okt. 8.30–16.30 Uhr) zu hören.

Sommerpalast

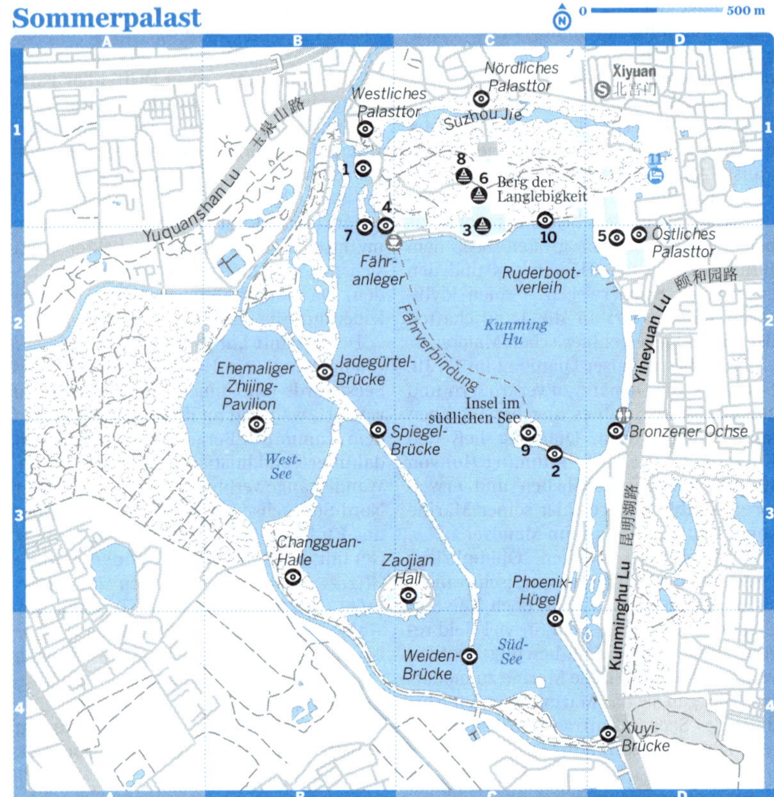

nördlich davon befinden sich die Qing-**Bootshäuser** (船坞; Chuan Wu). Solange der See nicht komplett zugefroren ist, setzt eine Fähre über den Kunming-See zur **Insel des Südlichen Sees** (南湖岛; Nanhu Dao), wo Cixi im **Tempel des Drachenkönigs** (龙王庙; Longwang Miao) in Dürrezeiten für Regen betete. Eine elegante **Brücke mit 17 Bögen** (十七孔桥; Shiqikong Qiao) überspannt die 150 m bis zum Ostufer des Sees. Bei warmem Wetter werden am Kai **Tretboote** (4-/6-Personen-Boote pro Std. 40/60 Yuan; ⌚ im Sommer 8.30–16.30 Uhr) verliehen.

Für die Umrundung des Sees geht's über den **Westlichen Damm** (Xidi) und am Ostufer zurück (oder umgekehrt). Der Weg ist zwar ziemlich einsam, aber die Ausblicke sind grandios, und Kreislauf und Muskeln freuen sich über den Workout. Die Strecke gleicht dem Su-Damm in Hangzhou; der von Weiden und Maulbeerbäumen gesäumte Weg beginnt westlich der Bootshäuser. Die Mündung des Jadeflusses (Yuhe) – er fließt nicht immer – in den See wird von der **Jadegürtelbrücke** (Yudai Qiao) überspannt. Die Brücke aus grauem und weißen Marmor mit einem reizvollen Buckel entstand in der Regierungszeit von Kaiser Qianlong.

Die **Suzhou-Straße** (苏州街; Suzhou Jie) führt auf das Nordtor zu. Mit ihren Wegen am Wasser, den historischen Kaufläden und den Restaurants ist sie eine unterhaltsame, beschwingte Version der berühmten Kanalstadt von Jiangsu.

Alter Sommerpalast HISTORISCHE STÄTTE
(圆明园; Yuanming Yuan; Karte S. 88; Eintritt 10 Yuan, Palastruinen 25 Yuan, Karte 6 Yuan; ⌚7–19 Uhr; Ⓢ Yuanmingyuan) Der schon im 12. Jh. angelegte alte Sommerpalast hat einen festen Platz im Nationalbewusstsein der Chinesen: Er steht für die Zerstörungen und Plünderungen durch britische

Sommerpalast

Sehenswertes

1 Bootshäuser B1
2 Brücke mit 17 Bögen C3
3 Buddhistischer Tempel Meer der Weisheit C1
4 Halle des Altwerdens durch Güte D2
5 Halle der Ziehenden Wolken C2
6 Langer Wandelgang C1
7 Marmorboot B1
8 Pavillon des Buddhaweihrauchs C1
9 Ruderboot-Verleih B2
10 Tempel des Drachenkönigs C3

Schlafen

11 Aman at Summer Palace D1

und französische Truppen während des zweiten Opiumkrieges. Kaiser Qianlong hatte fachkundige Jesuiten damit beauftragt, für die Gärten Paläste im europäischen Stil zu bauen, zu denen auch kunstvolle Wasserspiele und barocke Statuen gehörten. Während der Plünderungen ging vieles in Flammen auf und viele Beutestücke wurden ins Ausland gebracht, doch ein melancholisch stimmendes Durcheinander von umgestürzten Säulen und Marmorbruch erinnert noch an die von den Jesuiten errichteten steinernen Schlösschen.

Über die düsteren Marmorruinen der **Palastanlage** (Xiyanglou Jingqu) kann man im **Garten des Ewigen Frühlings** (Changchun Yuan) im Nordosten des Parks in der Nähe des Osttors sinnieren. Einst gab es hier mehr als zehn Gebäude, in denen Giuseppe Castiglione und Michael Benoist die Baustile europäischen Rokokos mit klassischer chinesischer Architektur vereinten.

Die **Ruinen des Großen Brunnens** (大水法遗址; Dashuifa Yizhi) gelten als die am besten erhaltenen Überreste. Vor dem 1759 erbauten Hauptgebäude stand ein Löwenbrunnen. Gegenüber steht der **Guanshuifa** (观水法), fünf große Steinmauern, die mit europäischen Reliefs von Militärflaggen, Rüstungen, Schwertern und Kanonen verziert sind. Sie wurden in den 1970er-Jahren auf dem Gelände der Universität Beijing entdeckt und später an ihren ursprünglichen Standort zurückgebracht.

Westlich von den Ruinen des Großen Brunnens befinden sich die Überreste des **Haiyantang-Wasserspeichers** (海宴堂蓄水池台基; Haiyantang Xushuichi Taiji), wo das Wasser für die eindrucksvollen Brunnen in einem Turm gespeichert und riesige Pumpanlagen eingesetzt wurden. Der **Haiyantang,** auch Wasseruhr genannt, an dem 12 bronzene Menschenfiguren mit Tierköpfen nacheinander jeweils zwei Stunden lang Wasser spien, wurde im Jahr 1759 errichtet. Die 12 Tierköpfe dieses Apparats sind auf mehrere ausländische Sammlungen verteilt, und Beijing versucht sie zurückzubekommen (vier Tierköpfe sind im Poly Art Museum (S. 67) ausgestellt). Direkt westlich davon befindet sich das Fangwaiguan, ein Gebäude für eine kaiserliche Konkubine, das in eine Moschee umgewandelt wurde; ebenfalls in der Nähe befindet sich eine kunstvolle Nachbildung eines historischen Irrgartens, der **Garten der gelben Blumen** (迷宫; Migong).

Der Garten hat riesige Ausmaße – rund 2,5 km von Ost nach West –, sodass Besucher auf längere Wege eingestellt sein sollten. Bus 331 fährt vom Südtor (das sich am Ausgang B der U-Bahnstation Yuanmingyuan befindet) zum Osttor des **Sommerpalastes** (S. 86), bevor er zum **Botanischen Garten** (S. 86) weiterfährt und dann am **Park des Duftbergs** (S. 91) die Fahrt beendet.

Tempel der Großen Glocke

BUDDHISTISCHER TEMPEL

(大钟寺; Dazhong Si; Karte S. 52; 31a Beisanhuan Xilu; Eintritt 20 Yuan; Di–So 9–16.30 Uhr; S Dazhongsi) Der schöne Tempel, in dem einst Qing-Kaiser in Trockenzeiten für Regen beteten, ist heute nach seiner gewaltigen Glocke aus der Ming-Dynastie benannt: Sie ist 6,5 m hoch und wiegt stolze 46,5 Tonnen; die Glocke wurde im Jahr 1406 gegossen und ist mit buddhistischen Sutren aus über 227 000 chinesischen Schriftzeichen beschriftet und mit Sanskrit-Gesängen verziert. Gezeigt werden außerdem Kopien der Glocken und Windspiele des Markgrafen Yi von Zeng und eine Sammlung buddhistischer und taoistischer Glocken, darunter die *vajra*-Glocken und die Windspiele *(fengling)*, die von Tempeldächern und Pagoden in ganz China erklingen. Der Tempel befindet sich 500 m westlich der U-Bahnstation Dazhongsi.

Aktivitäten

Radfahren

Beijing ist flach wie ein Pfannkuchen und fast jede Straße ist mit einem ausgezeichneten Radweg ausgestattet, das heißt, dass sich die Stadt am besten mit dem Rad erkunden lässt; vor allem in den *hutong*-Vierteln macht es Spaß, mit dem Rad zu fahren. Es gibt auch Fahrradvermietungen rund um die Houhai-Seen (S. 84). Nach dem neuen Fahrradverleihsystem erkundigen, das zur Zeit unserer Recherche gerade eingerichtet wurde.

Als es gestartet wurde, war das System zunächst ausschließlich für Chinesen zugänglich, aber es gab Pläne, es etwas später auch für Ausländer zu öffnen. Um die Fahrräder benutzen zu können, war eine Netzkarte (S. 114) erforderlich, die für den Fahrradverleih aktiviert werden musste. Am bequemsten waren die Karten an Ausgang A2 der U-Bahnstation Tiantandongmen und Ausgang A der Station Dongzhimen zu aktivieren. Die Karten konnten nur vom Montag bis Freitag (9–11 Uhr und 14–16 Uhr) aktiviert werden, aber wenn sie erst einmal aktiviert waren, konnten sie jederzeit für die Nutzung der Räder verwendet werden.

Bike Beijing RADFAHREN

(康多自行车租赁; Kangduo Zixingche Zulin; Karte S. 62; ☎6526 5857; www.bikebeijing.com; 34 Donghuangchenggen Nanjie; 东皇城根南街34号; ⏲9–19 Uhr; Ⓢ Chinesisches Kunstmuseum) Diese Agentur vermietet Fahrräder guter Qualität (pro Tag 50–100 Yuan) sowie die passende Ausrüstung und veranstaltet Radtouren durch die Stadt und in die Umgebung, darunter Touren zur Großen Mauer. Fremdenführer und Ladenpersonal sprechen Englisch.

Drachen steigen lassen

Das urtypischste Freizeitvergnügen der Chinesen ist in Beijing höchst populär. Zu den Top-Plätzen gehören der nordöstliche Bereich des Tempels des Himmelsparks (S. 74) und das Osttor des Ditan-Parks (S. 74). Achtung: Auf dem Tiananmen-Platz ist es mittlerweile verboten, Drachen steigen zu lassen.

Three Stone Kite Shop DRACHEN

(三石斋风筝; Sanshizhai Fengzheng; Karte S. 82; 25 Dianmen Xidajie; ⏲9–21 Uhr; Ⓢ Nanluogu Xiang) Drachenlieferant der früheren Qing-Kaiser; der Urgroßvater des Besitzers dieses freundlichen Ladens fertigte die Drachen für den chinesischen Kaiserhof. Es gibt eine reiche Auswahl an handgemachten, handgemalten Drachen in allen Größen.

Schwimmen

Einheimische schwimmen täglich in den **Houhai-Seen** (S. 84) – selbst mitten im eisigen Winter! Wem das nicht sauber genug ist, kann zu den Freizeitbädern im **Qingnian-Hu-Park** (青年湖公园; Qingnianhu Gongyuan; Karte S. 70), im **Tuanjiehu-Park** (团结湖公园; Tuanjiehu Gongyuan; Karte S. 78) oder im **Chaoyang-Park** (朝阳公园; Chaoyang Gongyuan; Karte S. 78) oder zum Innenpool im **Ditan-Sportzentrum** (地坛体育馆; Ditan Tiyuguan; Karte S. 70; Eintritt 30 Yuan; ⏲ Mo–Fr 8.30–15.30 & 18.30–22 Uhr, Sa & So 12–22 Uhr) fahren.

Happy-Magic-Wasserpark SCHWIMMEN

(水立方嬉水乐园; Shuilifang Xishui Leyuan; Karte S. 52; Olympic Green, von der Beichen Lu abgehend; 北辰路奥林匹克公园内; Wasserpark-Eintritt Erw./Kind 200/160 Yuan, nur Schwimmen 50 Yuan; ⏲10–21 Uhr; Ⓢ Olympic Green) Das Nationale Schwimmzentrum der Olympiade von 2008, auch Wasserwürfel genannt, ist heute Chinas größter Innen-Wasserpark.

Tischtennis

Chinas Nationalsport kann an allen erdenklichen Orten in der Hauptstadt an kostenfreien Tischen in Parks, auf Plätzen und in Wohnsiedlungen gespielt werden. Wer erstklassige Ping-Pong-Kämpfe sehen möchte, ist im **Jingshan-Tischtennis-Park** (Karte S. 62) richtig. Auch auf dem **Houhai-Freizeitgebiet** (Karte S. 82) stehen Tische. Einen billigen Tischtennisschläger im 1. Stock des **Tian-Yi-Warenmarkts** (Karte S. 70) kaufen.

Kurse

Sprache & Kultur

Culture Yard KULTURPROGRAMME

(天井越洋; Tianjing Yueyang; Karte S. 70; ☎8404 4166; www.cultureyard.net; 10 Shique *hutong*; 石雀胡同 10 号; ⏲10–19 Uhr; Ⓢ Beixinqiao) Das versteckt in einem *hutong* gelegene Kulturzentrum bietet in erster Linie Sprachunterricht an (Chinesisch, Englisch, Französisch, Spanisch, Portugiesisch), darunter einen Crashkurs Chinesisch für Anfänger. Darüber hinaus werden aber auch interessante chinesische Kultur-Workshops (Tee, Kalligrafie, *hutong*-Fotografie) veranstaltet.

ABSTECHER

PARK DES DUFTBERGS

In gut erreichbarer Nähe vom Sommerpalast liegen Beijings Westberge (西山; Xi Shan), ein weiteres ehemaliges Villenresort der Kaiser. Der Beijing am nächsten gelegene Bereich heißt Park des Duftbergs (香山公园; Xiang Shan Gongyuan; Karte S. 117; Sommer/Winter 10/5 Yuan; ⏲6–19.30 Uhr; Ⓢ Xiyuan oder Yuanmingyuan, dann 🚌331).

Zum **Weihrauchgefäß-Gipfel** (Xianglu Feng) geht's zu Fuß bergauf oder mit dem **Sessellift** (einfach/hin & zurück 30/50 Yuan; ⏲8.30–17 Uhr). Vom Gipfel hat man einen weiten Blick über die Landschaft, und wer weiter in die Westlichen Berge wandert, kann die Massen hinter sich lassen. Im Herbst, wenn die flammendroten Ahornblätter die Berghänge färben, ist dies ein beliebtes Ausflugsziel der Beijinger.

Am Nordeingang zum Park des Duftbergs, aber noch innerhalb des Parks, steht das prachtvolle **Tempelkloster der Azurnen Wolken** (Biyun Si; Erw. 10 Yuan; ⏲8–17 Uhr), das aus der Yuan-Dynastie stammt. In der **Bergtorhalle** wohnen zwei große Schutzgötter: Heng und Ha. Dahinter liegt ein kleiner Hof mit Glocken- und Trommelturm, an den sich die Halle mit einer wunderschönen Milefo-Skulptur anschließt; aus Bronze, aber mit der Zeit kohlschwarz geworden. Nur die große Zehe ist von unzähligen neugierigen Fingern blank gewienert.

In der **Gedenkhalle für Sun Yatsen** stehen eine Statue und ein gläserner Sarg, die die Sowjetunion zum Tode von Mr. Sun 1925 gestiftet hat. Im hinteren Bereich ragt die marmorne **Vajra-Thronpagode** empor, wo der Leichnam Sun Yatsens lag, bevor er zu seinem endgültigen Ruheplatz in Nanjing gebracht wurde. Ein Besuch in der **Halle der *arhats*** ist sehr lohnenswert; sie enthält 500 *luohan*-Statuen, die alle unterschiedlich gestaltet sind.

Im Südwesten des Tempels der Azurnen Wolken steht der im tibetischen Stil erbaute **Tempel der Klarheit** (Zhao Miao) und nicht weit davon entfernt eine mit glasierten Kacheln verkleidete Pagode. Beide überstanden die ausländischen Truppen, die in den Jahren 1860 und 1900 in der Gegend plünderten.

Es gibt Dutzende billiger **Restaurants** und Snackbuden entlang der Straße, die zum Nordtor des Parks führt, sodass man hier außerhalb der Sehenswürdigkeiten in diesem Teil der Stadt am besten essen kann.

Irgendwann im Jahr 2013 soll die U-Bahn über den Sommerpalast und den Botanischen Garten bis hierher fahren.

Kampfsport

Milun-Kungfu-Schule KAMPFSPORT
(北京弥纶传统武术学校; Beijing Milun Chuantong Wushu Xuexiao; Karte S. 62; ☎138 1170 6568; www.kungfuinchina.com; 33 Xitangzi *hutong*; 西堂子胡同 33 号; Drop-in-Gebühr pro Unterrichtsstunde 100 Yuan, 8-Stundenkarte 600 Yuan; ⏲ Mo & Do 19–20.30 Uhr, Sa & So 17–18.30 Uhr; Ⓢ Dengshikou) Bietet Unterricht in verschiedenen Formen der traditionellen chinesischen Kampfkünste (darunter auch Tai-Chi) in einem historischen Wohnhof in der Nähe des Wangfujing-Einkaufsviertels. Im Sommer, vor allem im August, finden alle Unterrichtsstunden im Ritan-Park (S. 77) statt. Die oben angegebenen Unterrichtszeiten sind für drop-in-Gruppenstunden, aber Privatunterricht kann organisiert werden. Der Unterricht wird auf Chinesisch, aber mit einem Englisch-Übersetzer erteilt.

Kochen

Black Sesame Kitchen KOCHEN
(Karte S. 70; www.blacksesamekitchen.com; ☎136 9147 4408; 3 Heizhima *hutong*) Veranstaltet beliebte Kochkurse mit Rezepten aus ganz China; in unmittelbarer Nähe der Nanluogu Xiang.

Schlafen

Das *hutong*-reiche Nord-Dongcheng ist Beijings angenehmstes Gebiet für einen Aufenthalt, wenngleich Dongcheng Zentrum auch ein paar tolle Unterkünfte zu bieten hat. Dashilar, in Xicheng-Süd, ist Ground Zero für Budget-Backpacker, wobei es überall in der Hauptstadt eine Menge guter Hostels gibt.

Leider akzeptieren einige billige Hotels immer noch keine Ausländer.

Für alle, die es sich erlauben können, eine Menge Geld auszugeben, sind das

Peninsula (Karte S. 62; www.peninsula.com), das **Grand Hyatt** (Karte S. 62; www.beijing.grand.hyatt.com) und das **China World Hotel** (Karte S. 78; www.shangri-la.com) drei der besseren Fünfsternehotels der Stadt, mit dem internationalem Spitzenstandard.

VERBOTENE STADT & DONGCHENG ZENTRUM

Red Capital Residence HOFHAUSHOTEL €€€

(新红资客栈; Xinhongzi *kezhan*; Karte S. 62; ☎8403 5308; www.redcapitalclub.com.cn; 9 Dongsi Liutiao; 东四六条 9 号; EZ/DZ 1150/1500 Yuan; Ⓢ Zhangzizhonglu; ❄@📶) Diese kleine, aber einzigartige Pension, dekoriert mit Artefakten aus der Ära des Befreiungskrieges und in einem prachtvollen Wohnhof der Qing-Dynastie gelegen, ist Eigentum des amerikanischen Aktivisten und Autors Laurence Brahm. Sie bietet eine berauschende Dosis Nostalgie. Vier Zimmer stehen zur Wahl, die zwar klein, aber mit lauter Dingen ausgeschmückt sind, die auch in einem Museum nicht fehl am Platze wären. Unbedingt in die einzigartige Zigarrenbar gehen, die in einem unterirdischen Bombenkeller unter dem Wohnhof untergebracht ist. An der Tür ist kein Schild; nur eine Nummer. Es gibt noch eine Schwester-Pension – die Red Capital Ranch – auf einem 20-Hektar-Gelände in der Nähe der Großen Mauer; siehe Kasten S. 93.

City Walls Courtyard *HUTONG*-HOSTEL €€

(城墙旅舍; Chengqiang Lüshe; Karte S. 62; ☎6402 7805; www.beijingcitywalls.com; 57 Nianzi *hutong*; 碾子胡同 57 号; B im 8/4BZ 100/120 Yuan, DZ 420 Yuan; Ⓢ Nanluoguxiang; ❄@📶) Teuer für ein Hostel, und das Personal könnte ruhig mal öfter lächeln, aber wegen der friedlichen Atmosphäre und der fabelhaften Lage im *hutong* es ist dennoch eine attraktive Bleibe – regelrecht versteckt in einem der historischsten Viertel der Stadt. Das Labyrinth von Gassen kann verwirren: von der Jingshan Houjie aus die Öffnung zum *hutong* gleich östlich des Jingshan-Tischtennis-Parks suchen. In den *hutong* hineingehen, dann nach rechts weiterlaufen und dann nach links; das Hostel befindet sich dann auf der linken Seite.

Jingyuan Hotel HOFHAUSHOTEL €€

(婧园雅筑宾馆; Jingyuan Yazhu Binguan; Karte S. 62; ☎6525 9259; jyyz2008@yahoo.com.cn; 35 Xitangzi *hutong*; 西堂子胡同 35 号; Zi. mit Gemeinschaftsbad 486 Yuan, Zi. 988–1398 Yuan; Ⓢ Dengshikou; ❄@📶) Einst das Haus des Malers der Qing-Dynastie, Pu Jin – einem Vetter von Chinas letztem Kaiser Puyi –, liegt dieses ruhige, preiswerte Hofhaushotel verborgen neben der St. Josephkirche. Die Zimmer sind ziemlich normal, wie die eines üblichen chinesischen Mittelklassehotels, liegen aber um zwei schöne Höfe und werden mit guten Rabatten abgegeben. Mit Gemeinschaftsbad kosteten die Zimmer zum Zeitpunkt der Recherche 298 Yuan, die mit eigenem Bad waren für 680 Yuan zu haben. Englischkenntnisse sind begrenzt.

Côté Cour HOFHAUSHOTEL €€€

(北京演乐酒店; Beijing Yanyue Jiudian; Karte S. 62; ☎6523 3958; www.hotelcotecourbj.com; 70 Yanyue *hutong*; 演乐胡同 70 号; DZ 1150–2000 Yuan; Ⓢ Dengshikou; ❄@📶) Mit einer ruhigen, heiteren Atmosphäre und einem hübschen Magnolienhof ist dieses 14-Zimmer-*hutong*-Hotel ein bezaubernder Ort zum Verweilen. Wie in allen Hofhaushotels sind die Zimmer und Bäder winzig, aber die Ausstattung ist in einigen von ihnen exquisit, und im Hof selbst gibt's ausreichend Platz zum Entspannen.

The Emperor BOUTIQUEHOTEL €€

(皇家驿栈酒店; Huangjia Yizhàn Jiudian; Karte S. 62; ☎6526 5566; www.theemperor.com.cn; 33 Qihelou Jie, von Beichizi Dajie abgehend; 北池子大街骑河楼 33 号; Zi. ab 1000 Yuan; Ⓢ Dengshikou; 🚭❄@📶) Beim Versuch, sich eine majestätische Lage an der Ostseite der Verbotenen Stadt zunutze zu machen, wurden die hochfliegenden Pläne des Emperor durch Höhenbeschränkungen unterminiert, sodass die Zimmer im Obergeschoss knapp an die Dächer des Kaiserpalasts reichen. Nichtsdestotrotz sind die Feng-Shui-Qualitäten dieses Standorts unbestreitbar. Die unzähligen Zimmer sind nach Kaisern benannt und mit modernem, leicht flippigen Mobiliar mit jeder Menge Kurven und Farben ausgestattet.

Park Plaza HOTEL €€

(北京丽亭酒店; Beijing Liting Judian; Karte S. 62; ☎8522 1999; www.parkplaza.com/beijingcn; 97 Jinbao Jie; 金宝街 97 号; DZ ab 900 Yuan; Ⓢ Dengshikou; 🚭❄@📶) Das Park Plaza ist eine preiswerte Replik der übertrieben luxuriösen Hotels erster Klasse in dieser Gegend (das protzige Legendale auf der anderen Straßenseite als Beispiel für das, was nicht sein muss) und ein super Fund. Wer sich ein Fünfsternehotel nicht leisten kann oder will, findet in diesem freundlichen Hotel einen komfortablen, modernen und gut präsentierten Viersternestandard. Es liegt verborgen hinter seinem pompöseren Schwesterhotel, dem exzellenten **Regent Beijing** (北京丽晶大酒店; Beijing Lijing Dajiudian; ☎8522 1888; www.regenthotels.com; 99 Jinbao Jie; 金宝街 99 号; Zi. ab 1600Yuan; Ⓢ Dengshikou;).

Beijing City Central International Youth Hostel HOSTEL €

(北京城市国际青年旅社; Beijing Chengshi Guoji Qingnian Lüshe; Karte S. 62; ☎6525 8866, 8511 5050; www.centralhostel.com; 1 Beijingzhan Xijie; 北京站街 1 号; B im 4–8BZ 60 Yuan, EZ/DZ mit geteiltem Bad 128/160 Yuan, DZ ab 298–368 Yuan; Ⓢ Beijing Railway Station;) Dieses Hostel ist das erste, auf das man nach Verlassen des Beijinger Hauptbahnhofs stößt. Es ist eine annehmbare Bleibe für alle, die keine Lust haben, den bleischweren Rucksack in nettere Teile der Stadt zu schleppen. Die Zimmer sind ganz schön einfach, aber sauber und ausreichend geräumig, und es gibt einen großen Raum mit Bar und Café sowie freiem WLAN, Internet-Terminals, Pooltischen und westlicher Kost

TROMMELTURM & NORD-DONGCHENG

Peking Youth Hostel *HUTONG*-HOSTEL €€

(北平国际青年旅社; Beiping Guoji Qingnian Lüshe; Karte S. 70; ☎8403 9098; pekinghostel@yahoo.com.cn; 113 Nanluogu Xiang; 南锣鼓巷 113 号; B/2BZ ab 120/450 Yuan; Ⓢ Nanluoguxiang;) Die fabelhafte, blumengeschmückte Jugendherberge liegt am trendigen Nanluogu Xiang, einem historischen *hutong*, der in ein belebtes Sträßchen mit Bars, Cafés, Restaurants und Boutiquen umgewandelt worden ist. Passend zur eleganten Location ist dies eher ein Boutique-Hotel als eine Backpacker-Bleibe. Es ist ein wunderschön renoviertes Gebäude mit einem malerischen, cottageartigen Restaurant und einer herrlichen Dachterrasse mit Bar und Café.

LP TIPP **Courtyard 7** HOFHAUSHOTEL €€€

(四合院酒店; Siheyuan Jiudian; Karte S. 70; ☎6406 0777; www.courtyard7.com; 7 Qiangulou Yuan *hutong* , von Nanluogu Xiang abgehend; 鼓楼东大街南锣鼓巷前鼓楼苑胡同 7 号; Zi.

ZUFLUCHT IM SCHATTEN DER GROSSEN MAUER

Ebenso wie die Übernachtungsmöglichkeiten in unserem speziellen Kapitel über die Große Mauer (S. 120), bieten die folgenden Luxusherbergen einige Exklusivität neben entlegeneren Teilen von Chinas weltberühmtem Wahrzeichen.

Commune by the Great Wall LUXUSHOTEL €€€

(长城脚下的公社; Changcheng Jiaoxia de Gongshe; ☎8118 1888; www.communebythegreatwall.com; Zi. ab 2500 Yuan;) Das Commune ist extrem teuer, aber die moderne, geometrische Architektur, die Lage und die superben Ausblicke sind einfach einzigartig. Das an der Großen Mauer bei Shuiguan gelegene, vom Badaling-Highway abgehend erreichbare und von Kempinski gemanagte Commune mag einen proletarischen Namen haben, aber das Design und die Aufmachung richten sich ausschließlich an Wohlsituierte. Wer tief ins Portemonnaie greift, der kann sich hier den ultimativen Ausblick – mit dazugehörigem Zimmer – gönnen. Einen Club für die Kleinen gibt's obendrein.

Red Capital Ranch HERITAGE-HOTEL €€€

(新红资避暑山庄; Xinhongzi Bishushanzhuang; ☎8403 5308; www.redcapitalclub.com.cn; 28 Xiaguandi Village, Yanqi Town, Huairou County; 怀柔县雁栖镇下关地村 28 号; Zi. ab 1500 Yuan;) Meilenweit von der Zivilisation entfernt, ist die Red Capital Ranch das eskapistische Refugium von Beijing. Zehn individuell gestaltete Villen sind auf dem Gelände eines mandschurischen Jagdschlosses auf einem 20-Hektar-Grundstück untergebracht. Falls die Bergkulisse – komplett mit quer durch die Anlage verlaufenden Resten der Großen Mauer – den Stress nicht genug abbaut, gibt es noch das tibetisch-tantrische Anti-Stress-Spa. Für den kostenlosen Transport vom stadtzentralen Schwesterhotel, Red Capital Residence (S. 92) ist gesorgt.

900–1500 Yuan; S Nanluoguxiang; ❄@) Makellos saubere Zimmer, dekoriert mit traditionellem chinesischen Mobiliar, blicken auf zwei 300 Jahre alte Höfe, in denen im Verlauf der Jahre Minister, reiche Kaufleute und sogar ein Armeegeneral zu Gast waren. Trotz des historischen Ambientes bieten die Zimmer modernen Komfort wie z. B. Fußbodenheizung, Breitband-Internet (aber kein WLAN) und Kabel-TV, und die *hutong*-Umgebung – in einer ruhigen Gasse, aber sehr nahe der trendigen Nanluogu Xiang – ist ein Knüller. Frühstück inbegriffen.

LP TIPP DuGe HOFHAUSHOTEL €€€

(杜革四合院酒店; Duge Siheyuan Jiudian; Karte S. 70; ☎6406 0686; www.dugecourtyard.com; 26 Qianyuan Ensi *hutong*; 交道口南大街前园恩寺胡同 26 号; Zi. 1800–2500 Yuan; S Nanluoguxiang oder Beixinqiao; ❄@📶) Diese ehemalige Residenz aus dem 19. Jahrhundert war ursprünglich das Anwesen eines Ministers der Qing-Dynastie, wurde aber kürzlich von einem belgisch-chinesischen Paar in ein exquisites Designer-Hofhaushotel umgewandelt. Jedes der sechs Zimmer ist einzigartig mit modernem, künstlerischem Schliff gestaltet, ergänzt mit traditionellen chinesischen Motiven. Das Holzmobiliar – Himmelbetten, chinesische Wandschirme – ist teilweise hinreißend schön. Die Zimmer liegen um kleine, romantische, bambusgesäumte Höfe. Der einzige Nachteil ist, dass, wie in den meisten Hofhaushotels, Platz kostbar ist, weshalb die Zimmer wesentlich kleiner sind, als man es in einem Spitzenhotel ähnlicher Preislage erwarten würde.

LP TIPP Beijing Downtown Backpackers *HUTONG*-HOSTEL €

(东堂客栈; Dongtang *kezhan*; Karte S. 70; ☎8400 2429; www.backpackingchina.com; 85 Nanluogu Xiang; 南锣鼓巷 85 号; B/EZ/2BZ/3BZ 75/160/170/270 Yuan, B im 4/3BZ 75/85 Yuan, DZ 150–190 Yuan, Suite 300 Yuan; S Beixinqiao; ❄@📶) Eine billigere Option als das exzellente Peking International Youth Hostel, aber in der gleichen wunderbaren *hutong*-Lage. Downtown Backpackers ist Nanluogu Xiangs erste Jugendherberge und hat seine Wurzeln nicht vergessen. Die Zimmer sind schlicht, darum billig, aber sie werden sauber und ordentlich gehalten, und das Personal ist total auf die Bedürfnisse westlicher Reisender eingestellt. Vermietet Fahrräder und veranstaltet empfohlene Wandertouren zur Großen Mauer (280 Yuan) plus mehrere anderer Stadtausflüge. Im Preis ist das Frühstück inbegriffen.

The Orchid HOFHAUSHOTEL €€

(兰花宾馆; Lanhua Binguan; Karte S. 70; ☎8404 4818; www.theorchidbeijing.com; 65 Baochao *hutong*; 鼓楼东大街宝钞胡同 65 号; DZ 700–1200 Yuan; S Gulou Dajie; ❄@📶) Das von einem Kanadier und einer Tibeterin eröffnete Hotel mag nicht die Geschichte anderer Hofhaushotels haben, ist aber schön umgebaut worden, mit einem friedlichen Innenhof und ein paar Plätzen auf dem Dach, von wo aus in der Ferne der Trommel- und der Glockenturm zu sehen sind. Zimmer gibt's nur als Doppel und sie sind klein, aber geschmackvoll eingerichtet, und alle haben ein Apple-TV-Home-Entertainment-System. Das The Orchid ist schwer zu finden; es liegt in einer namenlosen, schulterbreiten Gasse gegenüber von Mr. Shi's Dumplings.

Beijing P-Loft Youth Hostel *HUTONG*-HOSTEL €

(跑局工厂青年旅舍; Paoju Gongchang Qingnian Lüshe; Karte S. 70; ☎6402 7218; ploft@yahoo.cn; 29 Paoju Toutiao; 炮局头条 29 号; B/Zi. ab 56/195 Yuan; S Yonghegong-Lama Temple; ❄@📶) Erst eine Artillerie-Fabrik des 18. Jhs., dann ein Gefängnis; heute ein verstecktes Kleinod unter den Beijinger Jugendherbergen mit einem großstädtischen Flair. Eingebettet in einem *hutong*-Labyrinth hinter dem Lama-Tempel, scheint P-Loft am Rande des Geschehens zu liegen, aber es ist nur ein kurzer Schlängelweg zum U-Bahnnetz. Die Schlafsäle sind gut, ebenso wie die Privatzimmer mit Bad, und eine gewisse Anonymität ist durch die versteckte Lage gewahrt. Zu den Einrichtungen gehören eine Bar, eine Fahrradvermietung und eine geräumige Sportfläche für Tischtennis und Poolbillard.

SANLITUN & CHAOYANG

LP TIPP Opposite House Hotel BOUTIQUEHOTEL €€€

(瑜舍; Yushe; Karte S. 78; ☎6417 6688; www.theoppositehouse.com; Gbd. 1, Village, 11 Sanlitun Lu; 三里屯路 11 号院 1 号楼; Zi. ab 2500 Yuan; ⊖❄@≋📶) Mit einsehbaren offenen Bädern, amerikanischen Eichenholz-Badewannen, stimmungsvoller Beleuchtung, Fußbodenheizung, Gleittüren,

Gratisbier, TV an schwenkbaren Armen und einem Swimmingpool aus Metall ist dieses schicke Boutiquehotel der Swire-Kette hochmodern und hochkarätig. Chinesische Motive sind kaum vorhanden: Dies ist ein internationals Hotel mit gepfefferten Preisen. Kein Ort, der Kindern gefallen würde, aber Paare können hier genüsslich plantschen oder in der trendigen Bar Mesh Drinks schlürfen. Auf den ersten Blick sind kein Schild oder Empfangsbereich zu sehen. Also in den auffallend grünen Glaskasten hineinmarschieren und fragen.

Sanlitun Youth Hostel JUGENDHERBERGE €
(三里屯青年旅馆; Sanlitun Qingnian Lüguan; Karte S.78; ☎5190 9288; www.itisbeijing.com; Chunxiu Lu; 春秀路南口往北 250 米路东; B/2BZ ab 60/220 Yuan; Ⓢ Dongsishitiao oder Dongzhimen; ❄@📶) Sanlituns einzige ordentliche Jugendherberge. Sie ist sehr gut geführt und sehr beliebt. Eine Außenterrasse ist zu dem preiswerten Bar-Restaurant-Bereich hinzugekommen, und immer noch gibt's hier verlässliche Reiseberatung. Die Zimmer sind zweckmäßig einfach, aber sauber, und es gibt Internet, WLAN, einen Pooltisch, Tischfußball, Fahrradverleih (30 Yuan) und freundliches Personal.

St. Regis LUXUSHOTEL €€€
(北京国际俱乐部饭店; Beijing Guoji Julebu Fandian; Karte S.78; ☎6460 6688; www.stregis.com/beijing; 21 Jianguomenwai Dajie; 建国门外大街 21 号; Zi. ab 2600 Yuan; Ⓢ Jianguomen; ❄@📶) Sein extravagantes Foyer, die profunde Professionalität und die erstklassige Lage machen das St. Regis zu einer wunderbaren, wenn auch kostspieligen Fünfsternewahl. Prächtige und ruhige Zimmer strahlen Komfort aus, 24-Stunden-Butler stehen bereit, um den Gast zu verwöhnen, und ein tolles Sortiment von Restaurants bietet eines der feinsten Dinner-Erlebnisse in Beijing. WLAN kostet 80 Yuan pro Tag.

Holiday Inn Express HOTEL €€
(智选假日酒店; Zhixuan Jiari Jiudian; Karte S.78; ☎6416 9999; www.holidayinnexpress.com.cn; 1 Chunxiu Lu; 春秀路 1 号; Zi. 598 Yuan; Ⓢ Dongsishitiao oder Dongzhimen; ❄@📶) Funkelnagelneues 350-Zimmer-Hotel mit hellen, sauberen, komfortabel eingerichteten Zimmern (wir lieben die großen bauschigen Kissen!) mit Breitwand-TV, freiem WLAN und Internet-Zugang über Kabel. In der Lobby können die Gäste Apple-Computer benutzen. Das Personal ist freundlich und spricht etwas Englisch.

Yoyo Hotel HOTEL €€
(优优客酒店; Youyou Kejiudian; Karte S.78; ☎6417 3388; www.yoyohotel.cn; Bld 10 Dongsanjie Erjie, abseits der Sanlitun Lu; 三里屯北路东三街二街中 10 楼; Zi. ab 310 Yuan; Ⓢ Tuanjiehu; ❄@📶) Sieht modern und boutiqueartig aus, aber die Zimmer sind winzig. Nichtsdestotrotz sind sie allesamt sauber und ordentlich, und das Preis-Leistungs-Verhältnis ist für die Lage hervorragend. Das Personal spricht etwas Englisch und ist freundlich, wenn man bedenkt, wie es meist auf Trab gehalten wird. In den Zimmern gibt's Internet über Kabel. WLAN nur in der Lobby.

BEIHAI PARK & NORD-XICHENG

LP TIPP **Red Lantern House West Yard** HOFHAUSHOTEL €
(红灯笼; Hong Denglong; Karte S.82; ☎6617 0870; 12 Xisi Beiertiao; 西四北二条 12 号; EZ 280 Yuan, DZ & 2BZ 360 Yuan, Suite 450 Yuan; Ⓢ Xisi; ❄@📶) Die um zwei schöne Innenhöfe gelegenen Zimmer sind komfortabel im Stil des alten Beijing – mit hölzernen Betten und entsprechenden Einrichtungsgegenständen – ausgestattet, und das Personal ist fleißig und unaufdringlich. Es gibt sogar eine Honeymoon-Suite für alle Verliebten. Im Voraus buchen ist unerlässlich. Von der Xisi-U-Bahn die Xisi Beidajie runtergehen, dann befindet es sich zwei *hutongs* weiter zur Linken.

Drum Tower Youth Hostel JUGENDHERBERGE €
(鼓韵青年旅舍; Guyun Qingnian Lüshe; Karte S.82; ☎8401 6565; www.24hostel.com; 51 Jiugulou Dajie; 旧鼓楼大街 51 号; B im 6B-Schlafsaal ohne/mit Bad 60/80 Yuan, DZ & 2BZ ohne/mit Bad 200/280 Yuan; Ⓢ Gulou Dajie; ❄@📶) Noch vor wenigen Jahren hatte dieses Hostel einen zu Recht schlechten Ruf unter Travellern. Nun hat es sich entschieden gebessert mit einem Personal, das wirklich daran interessiert ist, Leuten zu helfen, und mit sauberen, wenn auch sehr nüchternen Schlafsälen und Zimmern. Als Zugabe gibt's eine kühle Dachterrasse und die angeschlossene Bar Lakers nebenan, in der westliche Gerichte und die übliche chinesische Kost zu vernünftigen Preisen serviert werden. Die Fahrradmiete kostet 35 Yuan pro Tag.

THE HUTONG

Verborgen in einem Gewirr enger Gassen liegt **The Hutong** (Karte S. 70; ☎159 0104 6127, www.thehutong.com; 1 Jiudaowan Zhongxiang *hutong*, in unmittelbarer Nähe des Shique *hutong*; 北新桥石雀胡同九道弯中巷胡同 1号; ⏲9–21 Uhr; SBeixinqiao), ein sehr angesehenes chinesisches Kulturzentrum, geleitet von extrem sachkundigen Expats und erfahrenen Einheimischen. Der Unterricht findet in einem friedvollen, umgebauten Wohnhof statt und ist auf drei Hauptthemen konzentriert:

Kochen (250 Yuan; ⏲10.30 Uhr, 14.39 Uhr & 19 Uhr) Außerordentlich beliebt und dreimal täglich. Der Schwerpunkt liegt auf der Küche aus ganz China, aber es werden auch andere asiatische Kochkurse angeboten. Zu manchen Kursen gehören Ausflüge zu einem Lebensmittelmarkt.

Chinesischer Tee (☎135 0112 6093; www.t-journeys.com; Teeprobieren/Teemarkttour 160/250 Yuan) Die "Tea Journeys" des The Hutong sind eine wunderbar leicht zugängliche Art, diese alte chinesische Tradition kennenzulernen. Schön verpackte Tees der Hausmarke (110–180 Yuan) werden hier verkauft.

Traditionelle chinesische Medizin (☎150 1151 0363; www.straightbamboo.com; ⏲So–Do 8–18 Uhr) Geleitet von Alex Tan, einem australisch-chinesischen TCM-Experten. Das Kursprogramm reicht von Einführungen in Qigong, Yoga und Taoismus bis zur chinesischen Medizin.

An- & Weiterreise

Aus Ausgang C der U-Bahnstation Beixinqiao kommend nach links zum Shique *hutong* gehen. In die zweite rechts einbiegen und durch die sehr enge Jiudaowanxi Xiang (九道弯西巷) gehen, dann die erste links und dann die erste rechts nehmen: The Hutong liegt zur Rechten.

DASHILAR & SÜD-XICHENG

Qianmen Hostel HOSTEL €
(前门客栈; Qianmen *kezhan*; Karte S. 86; ☎6313 2370/2369; www.qianmenhostel.com; 33 Meishi Jie; 煤市街 33号; B im 6–8/4B-Schlafsaal 60/70 Yuan, 2BZ/DZ/3BZ ohne/mit Bad 200–240/240–300 Yuan; SQianmen; ❄@📶) Dieses Heritage-Hostel vereint eine entspannende Atmosphäre mit hohen Zimmern, hübschen alten Gebäuden und fähigem Personal. Der umgängliche Hostel-Eigner Genghis Kane zeigt stolz seine umweltfreundliche Heizungsanlage (befeuert mit Holzpellets). Die Heritage-Zimmer sind einfach; neue Zimmer sind moderner, haben aber weniger Charakter. Westliches Frühstück, Fahrradverleih in der Nähe, Wäschedienst verfügbar.

Three-Legged Frog Hostel HOSTEL €
(京一食青年旅舍; Jingyi Shi Qingnian Lüshe; Karte S. 86; ☎6304 0749, 6304 3721; 3legs@threeleggedfroghostel.com; 27 Tieshu Xiejie; 铁树斜街 27号; B im 6B-Schlafsaal mit Bad 70 Yuan, B im 10B-Schlafsaal 60 Yuan, DZ & 2BZ 220 Yuan, 3BZ 300 Yuan, 4BZ 420 Yuan; SQianmen; ❄@📶) Der Name ist ein Rätsel, aber es ist ein willkommener Neuzugang in der wachsenden Zahl von Hostels entlang und in der Nähe der Dazhalan Xijie. Die Sechs-Bett-Schlafsäle sind hervorragend, während die Zimmer eng, aber sauber sind und alle um einen netten Innenhof liegen. Es gibt einen Gemeinschaftsraum im vorderen Bereich, wo westliches Frühstück und abends Bier serviert werden, sowie einen finsteren, aber hilfsbereiten Besitzer.

Leo Hostel HOSTEL €
(广聚元饭店; Guangjuyuan Fandian; Karte S. 86; ☎8660 8923, 6303 1595; www.leohostel.com; 52 Dazhalan Xijie; 大栅栏西街 52号; B im 10–12B-Schlafsaal 50 Yuan, B im 8B-Schlafsaal mit Toilette 70 Yuan, B im 6B-Schlafsaal 60 Yuan, 4BZ 60–80 Yuan, 3BZ 210–300 Yuan, DZ & 2BZ 240 Yuan; SQianmen; ❄@📶) Weniger Atmosphäre als der ehrwürdige Cousin, das Leo Courtyard, aber die Schlafsäle und die Zimmer sind moderner und offen gestanden auch besser, auch wenn insgesamt alles recht steril wirkt. Es gibt einen ausreichend großen Gemeinschaftsbereich, wo man recht gut essen kann, und es liegt in der Nähe des Tiananmen-Platzes und der benachbarten Sehenswürdigkeiten. Ständig voll, daher lieber im Voraus buchen.

Leo Courtyard HOSTEL €
(上林宾馆, Shanglin Binguan; Karte S. 86; ☎8316 6568, 6303 4609; www.leohostel.com; 22 Shanxi Xiang; 陕西巷胡同 22 号; B im 6B-Schlafsaal 50 Yuan, 2BZ 160 Yuan; 3BZ 270 Yuan; Ⓢ Qianmen;) Ein schönes historisches Gebäude mit einer pikanten Vergangenheit, in der Kurtisanen und die kaiserliche Elite vorkommen, aber die Zimmer selbst sind etwas schmuddelig und die Badezimmer nichts, über das man daheim berichten sollte. Auch das schläfrige Personal wirkt nicht gerade vertrauenserweckend. Abgesehen davon sind die kleinen Schlafsäle und Gemeinschaftsduschen sauber, und das angeschlossene Restaurant mit Bar nebenan ist gut für ein abendliches Schlückchen nach Sonnenuntergang. Das Hostel liegt in einer Gasse, die von der Dazhalan Xijie abgeht.

SOMMERPALAST & HAIDIAN

LP TIPP **Aman at Summer Palace** HISTORISCHES HOTEL €€€
(颐和安缦; Yihe Anman; Karte S. 88; ☎5987 9999; www.amanatsummerpalace.com; 1 Gongmen Qianjie; 宫门前街 1 号; Zi. 650 US$, Zi. zum Hof 750 US$, Suite 950 US$; Ⓢ Xiyuan;) An diesem exquisiten Hotel, ein wahrer Kandidat für das beste in Beijing, ist wirklich kaum etwas auszusetzen. Von der Lage um die Ecke beim Sommerpalast – Teile der Hotelgebäude stammen aus dem 19. Jh. und dienten zur Unterbringung vornehmer Gäste, die auf Audienzen bei der Kaiserin Cixi warteten – bis hin zu den hervorragend ausgestatteten Zimmern in einer Reihe von bildschönen, um einen Park gelegenen Pavillons: Wer durch die imposanten roten Tore tritt, betritt eine sehr andere, sehr lautlose und sehr privilegierte Welt. Mehrere Restaurants, ein Spa, eine Bibliothek, ein Kino, Pool, Squashplätze und, natürlich, ein sanft zurückhaltender Service runden das kultivierte Bild ab.

Essen

Auswärts essen wird sicherlich ein Highlight eines Beijing-Aufenthalts sein. In Beijing gibt's nicht weniger als 60 000 Restaurants, und sie bieten jedem Geschmack und jedem Geldbeutel etwas. Getreu seiner nordchinesischen Wurzeln ist Beijings Küche wärmend, fettreich und sättigend, mit großzügiger Verwendung von Knoblauch, der seinen Weg in viele Gerichte findet. Wagemutige können hier Ungewöhnliches probieren – gekochte Eingeweide, Tofupaste, saure Sojamilch ... Tischmanieren kann man getrost zu Hause lassen; Beijinger lieben es, wenn es beim Essen laut und lärmend zugeht, viel getrunken, geraucht und gebrüllt wird.

Jede Küche aus jeder Ecke Chinas findet ihren Weg auf die Tische in Beijings Restaurants, und es gibt auch jede Menge Snacks und Straßenstände für unterwegs. Wer Heimweh hat, findet eine ganze Skala von internationalen Lokalen, darunter anständiges westliches Essen in einigen von Beijings hervorragenden Coffee-Shops.

VERBOTENE STADT & DONGCHENG ZENTRUM

LP TIPP **Zuo Lin You She** BEIJING-KÜCHE €
(左邻右舍褡裢火烧; Karte S. 62; 50 Meishuguan Houjie; 美术馆后街 50 号; Teigtaschen per *liang* 4–6 Yuan, Gerichte 5–20 Yuan; ⏲11–21.30 Uhr; Ⓢ Chinesisches Kunstmuseum;) Dieses kleine, sachlich kühle und oft lärmend laute Restaurant ist auf Beijinger Küche eingestellt. Die Spezialität ist *dalian huoshao* (褡裢火烧), goldgelb gebratene, fingerdicke Teigtaschen mit allerlei würzigen Füllungen; wir mögen die mit Schweinefleisch am liebsten, aber es stehen auch Lamm, Rindfleisch oder Gemüse zur Auswahl. Sie werden per *liang* (二两; *er liang*) serviert, wobei ein *liang* drei Teigtaschen entspricht, und man muss mindestens zwei *liang* (二两; *er liang*) von jeder Füllung bestellen, damit sich das Kochen lohnt. Andere Spezialitäten sind eingelegter Fisch (酥鲫鱼; *su ji yu*), pikante Tofupaste (麻豆腐; *ma doufu*) und fritierte Schweinefleisch-Bällchen (干炸丸子; *gan zha wanzi*), dazu werden kostenlos Schüsseln mit sättigender Hirsesuppe (小米粥; *xiao mi zhou*) serviert. Es gibt kein englisches Schild (auf ein Holzschild achten), und es wird kein Englisch gesprochen, aber es gibt eine englische Übersetzung der Speisekarte (*yingwen caidan*).

LP TIPP **Courtyard** FUSIONKÜCHE €€€
(四合院; Siheyuan; Karte S. 62; ☎6526 8883; 95 Donghuamen Dajie; 东华门大街 95 号; Hauptgerichte 130–300 Yuan, Tagesmenu 488 Yuan; ⏲18–22 Uhr; Ⓢ Tiananmen Ost oder Dengshikou;) Das klasse Courtyard bietet eine unvergleichlich schöne Lage über dem Wassergraben, der die Verbotene Stadt umgibt. Romantiker sollten im Voraus

buchen, damit sie einen der gemütlichen Fenstertische, die den besten Blick bieten, bekommen. Das Menu ist klein, aber üppig und die Weinliste toll. Im Souterrain ist eine Kunstgalerie untergebracht.

Crescent Moon Muslim Restaurant XINJIANG-KÜCHE €

(新疆弯弯月亮维吾尔穆斯林餐厅; Xinjiang Wanwanyueliang Weiwu'er Musilin Canting; Karte S. 62; 16 Dongsi Liutiao *hutong*; 东四六条胡同 16 号（东四北大街); Gerichte ab 18 Yuan; ⌚10–24 Uhr; Ⓢ Dongsishitiao; 📋) Dieses in einem von der Dongsi Beidajie abgehenden *hutong* gelegene Lokal, dessen Besitzer und Personal uigurische Muslime aus der Provinz Xinjiang sind, zieht viele in Beijing lebende Uiguren und Leute aus Zentralasien sowie eine Menge westliche Expats an. Es ist teurer als die meisten anderen muslimischen Restaurants in Beijing, aber die Küche ist durchweg gut und es hat eine englische Speisekarte. Spezialität ist Lammkeule (128 Yuan).

Lao Zhai Yuan PEKINGENTE €€

(老宅院; Karte S. 62; 14 Liangguochang, von der Meishuguan Houjie abgehend; 美术馆后街亮果厂 14 号; Hauptgerichte 30–50 Yuan; ⌚10–13.30 Uhr & 16.30–20.30 Uhr; Ⓢ Chinesisches Kunstmuseum; 📋) Preiswerte Pekingente in einem Hofhausrestaurant. Die Ente auf der englischen Speisekarte kostet 135 Yuan und ist von den beiden angebotenen Arten die bessere. Wer die billigere, aber dennoch schmackhafte Version, die 98 Yuan kostet, lieber möchte, fragt nach *putong kao ya* (普通烤鸭; normale Pekingente).

Beijing Dadong Bratenten-Restaurant PEKINGENTE €€€

(北京大董烤鸭店; Beijing Dadong Kaoyadian; Karte S. 62; ☎8522 1111; 4. OG Jinbaohui Shopping Centre, 88 Jinbao Jie; 东城区金宝街 88 号金宝汇购物中心 5 层; gebratene Ente 238 Yuan; ⌚11–22 Uhr; Ⓢ Dengshikou) Das ultramoderne Dadong verkauft sich selbst als das einzige Restaurant, das gebratene Pekingente mit allen Gewürzen des klassischen kaiserlichen Gerichts, aber ohne Fett serviert; die magerste Pekingente in der Hauptstadt. Für manche ist es schrecklich überteuert und alles andere als authentisch. Für andere ist es das beste Pekingenten-Restaurants in China.

Donghuamen Nachtmarkt SNACKS €

(东华门夜市; Donghuamen Yeshi; Karte S. 62; Dong'anmen Dajie; 东安门大街; Snacks 5–15 Yuan; ⌚16–22 Uhr; Ⓢ Wangfujing) Eine Hauptattraktion ist der geschäftige Nachtmarkt in der Nähe der Wangfujing Dajie, ein wahrer Lebensmittel-Zoo: Lamm, Rindfleisch und Hühnerbeine, Maiskolben, duftender *doufu* (Tofu), Zikaden, Grashüpfer, Nieren, Wachteleier, Schlange, Tintenfisch, Früchte, Haferflockengrütze, gebratene Pfannkuchen, Erdbeer-Kebabs, Bananen, Käse aus der Inneren Mongolei, gefüllte Auberginen, Hühnerherzen, mit Fleisch gefülltes Fladenrot, Garnelen – und das ist nur der Anfang. Die Preise sind alle ausgezeichnet und auf Englisch. Die Tagesversion findet in der **Wangfujing Snackstraße** (王府井小吃街; Wangfujing Xiaochijie; off Wangfujing Dajie; 王府井大街西侧; ⌚9.30–22 Uhr; Ⓜ Wangfujing) statt.

TROMMELTURM & NORD-DONGCHENG

LP TIPP **Yaoji Chaogan** BEIJING-KÜCHE €

(姚记炒肝店; Karte S. 70; 311 Gulou Dongdajie; 鼓楼东大街 311 号; Hauptgerichte 5–20 Yuan; ⌚6–22.30 Uhr; Ⓢ Shichahai) Echte Einheimischenkneipe, mit echten Beijinger Gerichten in einer lauten, nüchternen Atmosphäre. Die Spezialität des Hauses ist *chaogan* (炒肝; Eintopf mit Schweineleber; 5–8 Yuan). Hier kann man auch gut *zha guanchang* (炸灌肠; mit Knoblauch bestrichene, fritierte Cracker; 6 Yuan) und *ma doufu* (麻豆腐; würzige Tofupaste; 10 Yuan) probieren. Die gedämpften, mit Schweinefleisch gefüllten Teigtaschen (包子; *baozi;* pro Teigtasche 1 Yuan) sind hervorragend und werden zum Frühstück mit einer Schüssel *xiaomi zhou* (小米粥; Hirseporridge; 2 Yuan) oder dem bei Einheimischen beliebten *douzhi* (豆汁; Sojamilch; 2 Yuan) gegessen. Hier gibt's auch eine ordentliche Schüssel voll Beijings bekanntestem Nudelgericht *zhajiang mian* (炸酱面; 10 Yuan). Keine englische Speisekarte und kein englisches Ladenschild.

LP TIPP **Dali Courtyard** YUNNAN-KÜCHE €€€

(大理; Dali; Karte S. 70; ☎8404 1430; 67 Xiaojingchang *hutong*, Gulou Dongdajie; 鼓楼东大街小经厂胡同 67 号; Tagesmenu ab 128 Yuan; ⌚11–15 Uhr & 18–23 Uhr; Ⓢ Andingmen) Die schöne Kulisse in einem restaurierten, offenen *hutong*-Hof macht dieses Restaurant zu einem der idyllischsten Orte zum Speisen, vor allem im Sommer. Es ist auf den feinen Geschmack der Küche der südwestlichen Provinz Yunnan spezialisiert und zudem

INSIDERWISSEN

DIE KÜCHE BEIJINGS

Die folgenden sind allesamt klassische Beijinger Gerichte, von denen viele nur in Restaurants, die auf die Beijinger Küche spezialisiert sind, zu finden sind. Zu empfehlen sind Zuo Lin You She (S. 97), Yaoji Chaogan (S. 98) oder Baodu Huang (S. 103). Viele Pekingenten-Restaurants haben neben Pekingente auch einige der anderen Beijinger Spezialitäten auf der Karte.

Pekingente (烤鸭; *kao ya*) Beijings bekanntestes Gericht, die Ente, ist hier fettiger, aber wesentlich schmackhafter als die gebratene Ente, wie sie in chinesischen Restaurants im Westen serviert wird. Wie daheim wird sie jedoch mit Pfannkuchen, Gurkenscheiben und Pflaumensauce serviert.

zha jiang mian (炸酱面) Sehr beliebtes Nudelgericht, das es in vielen Regionen gibt, in Beijing aber ein Favorit ist: dicke Weizennudeln mit Schweinehack und Gurkensticks, alles mit einer salzigen gärenden Sojabohnenpaste vermischt. Chiliöl (辣椒油; *la jiao you*) ist ein beliebtes Extra, das man dazu bestellen kann.

dalian huoshao (褡裢火烧) Fingerförmige, gebratene Teigtaschen mit einer schmackhaften Füllung.

ma doufu (麻豆腐) Pikante Tofupaste.

zha guanchang (炸灌肠) Frittierte knusprige Cracker, serviert mit einem sehr kräftigen Knoblauchdip.

chao gan (炒肝) Sautierte Leber, serviert in einer schleimigen Suppe.

baodu (爆肚) In Streifen geschnittener Magen, meist Lamm. Manchmal in würziger Brühe serviert.

yang za (羊杂) Ähnlich wie *baodu*, aber mit Schafsinnereien, nicht nur Magen, und wird immer in einer Brühe serviert.

rou bing (肉饼) Flache, mit Schweine- oder Rindfleisch gefüllte Teigtaschen, die leicht fritiert werden

jiao quan (焦圈) Fritierte Teigringe, gewöhlich mit einer Schale *dou zhi* serviert.

dou zhi (豆汁) Sauer schmeckendes Sojamilchgetränk.

eines der kreativeren Restaurants in Beijing. Es gibt keine Speisekarte. Stattdessen werden 128 Yuan, 200 Yuan oder 300 Yuan pro Kopf gezahlt (Getränke gehen extra), und der Chef entscheidet, was auf den Tisch kommt, je nachdem, was er im Sinn hat und welche Zutaten frisch sind. In der ersten Straße links im Xiaojingchang *hutong*; nach den roten Laternen Ausschau halten.

Yang Fang Lamm-Hotpot

MONGOLISCHER HOTPOT €

(羊坊涮肉; Yang Fang Shuan Ròu; Karte S. 70; 270 Guloudong Dajie; 鼓楼东大街 270 号; Brühe 6–10 Yuan, Dips 2–4 Yuan, rohe Zutaten 5–20 Yuan; ⌚11–23 Uhr; Ⓢ Shichahai) Es gibt zwei Hauptarten von Hotpot, zu deutsch Feuertopf, in China: der ungeheuer scharfe, der aus der feueratmenden südwestlichen Stadt Chongqing kommt, und die mildere Version, die in einem ungewöhnlichen konischen Metalltopf gekocht wird und die ursprünglich aus der Mongolei stammt, aber als eine Beijinger Spezialität übernommen wurde. Yang Fang ist eine bodenständige Version der letzteren und bei den Einheimischen der Gegend sehr beliebt. Als erstes die Brühe, die im Topf sein soll, bestellen: klar (清汤锅底; *qing tang guodi*) oder gewürzt (辣锅底; *la guode*). Dann die Saucen auswählen – Sesam (麻酱; *ma jiang*) oder Chiliöl (辣椒油; *la jiao you*) –, bevor zum Schluss die rohen Zutaten zum Eintauchen drankommen. Zu unseren Favoriten gehören hauchdünne Lammfleischscheiben (鲜羊肉; *xian yang rou*), Lotoswurzelscheiben (藕片; *ou pian*), Tofuscheiben (鲜豆腐; *xian doufu*), Süßkartoffel (红薯; *hong shu*) und Spinat (菠菜; *bo cai*). Kein englisches Schild; keine englische Speisekarte; keine englischen Sprachkenntnisse.

GEHEIMTIPP

FÜR DAS PICKNICK

Supermärkte nach westlichem Vorbild sind im Kommen, aber zum Glück gibt's noch einige stimmungsvolle Essensmärkte in Beijing, wo es frisches Obst und ungewöhnliche Snacks zu kaufen gibt und Einheimische ihre Frösche und Fische holen.

Der **Rundeli-Naschmarkt**(润得立菜市场; Rundeli Caishichang; Karte S. 82; ⊙7–19 Uhr), auch bekannt als Sihuan-Markt (四环市场; Sihuan Shichang), liegt in der Nähe der Houhai-Seen, während der **Xinmin-Naschmarkt** (Karte S. 68; 新民菜市场; Xinmin Caishichang; ⊙5–12 Uhr) nördlich des Trommelturms liegt.

Bekanntere Nahrungsmittel gibt's auf dem **Sanyuanli-Markt** (Karte S. 78; 三源里菜市场; Sanyuanli Caishichang; Shunyuan Jie; 朝阳区东三环顺源街; ⊙5–19 Uhr), der eine große Auswahl an Importprodukten neben all den üblichen chinesischen Waren hat.

Rong Tian Sheep Spine
HOTPOT €

(容天土锅羊羯子馆; Rongtian Tuguo Yangjiezi Guan; Karte S. 70; 8 Jingtu *hutong*, in der Nähe der Beiluogu Xiang; 北锣鼓巷净土胡同 8 号; Schafrücken pro Jin 29 Yuan, andere Zutaten 5–10 Yuan; ⊙10.30–22 Uhr; S Gulou Dajie) Eingefleischte Einheimische mögen den köstlich guten Hotpot mit Schafrücken. Unbedingt die Schafrückenstücke (pro *jin* 500 g) bestellen. Zwei *jins* (二斤; *er jin*) sind meist ausreichend. Sie kommen dann fertig gekocht in einer brodelnden Brühe auf den Tisch – je länger sie sieden, desto saftiger werden sie. Dann werden andere rohe Zutaten wie bei einem normalen chinesischen Hotpot in die Brühe getaucht. Wir mochten als Zutaten am liebsten Süßkartoffel (红薯; *hong shu*), Tofublöcke (鲜豆腐; *xian doufu*), Pilze (木耳; *mu'er*), chinesischen Rettich (白萝卜; *bai luobo*) und chinesischen Spinat (油麦菜; *you mai cai*). Kostenlose frische Nudeln, die den Saft aufsaugen sollen, werden zum Schluss gebracht. Wer sein Fleisch schon verspeist hat und bereit für die Nudeln ist, sagt „*fang mian*" (die Nudeln hineintun). Es gibt kein englisches Schild, keine englische Speisekarte, und keiner spricht Englisch. Sitzmöglichkeiten im Freien.

Baihe Vegetarian Restaurant
VEGETARISCH €€

(百合素食; Baihe Sushi; Karte S. 70; 23 Caoyuan *hutong*; 东直门内北小街草园胡同甲 23 号; Gerichte ab 25 Yuan; ⊙11.30–15 Uhr & 17–21.30 Uhr, nur Teetrinken⊙14–17 Uhr; S Dongzhimen oder Beixinqiao;) Liegt an einem großen Innenhof und ist auf vegetarische Gerichte, die wie Fleisch oder Fisch aussehen, spezialisiert. Höflicher Service, eine hervorragende Teekarte und überall Nichtraucher.

Veggie Table
VEGETARISCH €€

(吃素的; Karte S. 70; 19 Wudaoying *hutong*; 五道营胡同 19 号; Hauptgerichte 50–70 Yuan, ⊙11.30–14 Uhr & 17.30–21.30 Uhr; S Yonghegong-Lamakloster;) Beijings erstes rein vegetarisches Restaurant und das am meisten ökologisch ausgerichtete Restaurant der Stadt.

Qi Shan Mian
SHAANXI-KÜCHE €

(岐山面; Karte S. 70; 32 Yonghegong Dajie; 雍和宫大街 32 号; Nudelgerichte 10–18 Yuan, ⊙10.30–22 Uhr; S Yonghegong Lamakloster;) Das sehr beliebte Restaurant ist auf Gerichte aus der Provinz Shaanxi spezialisiert. Auf der schlecht übersetzten englischen Speisekarte stehen köstliche Nudelgerichte – die „besonderen handgemachten Nudeln mit heißem Öl und Gewürzen" oder die „*qi shan mian* (trocken mit Schweinefleisch)" – sowie die Spezialität des Hauses, *roujiamo* (肉夹馍; 7 Yuan), ein gebackenes Brötchen, gefüllt mit saftigen Schweinefleischstückchen und Chinas Antwort auf den Burger. Auf der englischen Speisekarte heißt es „traditional Chinese pork (beef) pancake (Xi'an style)". Die Schüsseln mit heißem Nudelwasser (面汤; *mian tang*) sind kostenlos, und der freundliche Manager hält an strikten Nichtraucherregeln fest; sehr selten für ein Budget-Restaurant in China. Kein Englisch.

Tan Hua Lamm-BBQ
GEGRILLTES LAMM €

(碳花烤羊腿; Tan Hua Kao Yangtui; Karte S. 70; 63 Beixintiao Santiao *hutong*; 北新桥三条胡同 63 号; Lamm pro jin 32 Yuan, Beilagen 1–12 Yuan; ⊙11–24 Uhr; S Beixinqiao) Fleisch liebende Beijinger strömen in dieses simple Lokal, wo man eine Lammkeule auf seinem persönlichen Tischgrill grillt, bevor man die fleischigsten Happen mit Messer und Gabel abtrennt. Die Tische stehen bis auf die Straße im belebten *hutong* und schaffen eine Partystimmung um den Barbecue-Rummel. Die Lammkeule (羊腿; *yang tui*) nach *jin* (500g) bestellen. Drei *jin* (三斤; *san jin*) reichen für zwei bis drei Personen. Dann werden ein paar kostenlose kalte Gerichte als Beilagen gereicht und dazu eine Sauce auf Kreuzkümmelbasis, in der die Lammscheiben gerollt werden. Andere beliebte Beilagen sind gegrilltes Naan-Brot (烤馕; *kao nang*), mit Soja gebratener Reis (酱油炒饭; *jiang you chao fan*) und Nudeltropfen-Suppe (疙瘩汤; *geda tang*). Sitzmöglichkeiten im Freien.

Jin Ding Xuan KANTONESISCH €€

(金鼎轩; Karte S.70; 77 Hepingli Xijie; 地坛南门和平里西街 77号; *dim sum* 8–20 Yuan, Hauptgerichte 30–100 Yuan; 24 Std.; Yonghegong-Lamakloster;) Das am Südtor des Ditan-Parks (S.74) gelegene, riesige, hektische, neonbeleuchtete, rund um die Uhr geöffnete Restaurant über drei Stockwerke bietet preiswerte *dim sum* sowie eine reiche Auswahl an anderen, meist kantonesischen Speisen. Es gibt eine eigene Speisekarte für *dim sum* (点心; *dian xin*). Die Speisekarten sind auf Englisch und haben Fotos, aber viel Englisch wird hier nicht gesprochen.

Geisterstraße SNACKS

(簋街; Gui Jie; Map S.70) Die Geisterstraße ist an Wochenenden gerammelt voll und zu jeder Tageszeit eine von Beijings belebtesten und farbigsten Restaurantmeilen. Der Name Ghost Street (Geisterstraße) ist der englische Spitzname eines Abschnitts der Dongzhimennei Dajie, wo unzählige Restaurants für das leibliche Wohl von Städtern und Zugereisten sorgen. Die ganze Nacht über brennen die roten Laternen, und der Straßenrand ist gesäumt mit Angestellten der Restaurants, die Vorbeigehende lauthals in Hotpot-Lokale, Fischrestaurants und andere Kneipen zu locken versuchen. Die Straße schläft niemals, irgendwo gibt's immer etwas zu essen. Mit der U-Bahn nach Beixinqiao fahren und nach Osten gehen.

PARK DES HIMMELSTEMPELS & DONGCHENG-SÜD

LP TIPP **Lost Heaven** YUNNAN-KÜCHE €€€

(花马天堂; Huama Tiantang; Karte S.75; 8516 2698; 23 Qianmen Dongdajie; 前门东大街 23号; Gerichte ab 40 Yuan; Mittag- & Abendessen; Qianmen;) Der letzte Zugang zu den in diesem ehemaligen Bereich des Legationsviertels angesiedelten Restaurants, das Lost Heaven, ist auf feine und leichte, manchmal allerdings etwas stark gewürzte Küche der Provinz Yunnan spezialisiert. Besonders zu empfehlen sind das im Dai-Stil gebratene Schweinefleisch im Bananenblatt (68 Yuan) oder einer der vielen herrlichen Salate, wie der marinierte Rindfleischsalat und Paprika oder der burmesische Teeblättersalat. Es gibt einen eleganten Bereich im Freien und einen aufmerksamen Service. Es ist zu empfehlen, im Voraus zu buchen.

LP TIPP **Liqun Bratenten-Restaurant** PEKINGENTE €€€

(利群烤鸭店; Liqun Kaoyadian; Karte S.75; 6702 5681, 6705 5578; 11 Beixiangfeng *hutong*; 前门东大街正义路南口北翔凤胡同 11号; Pekingente 220Yuan; Mittag-& Abendessen; Qianmen;) Der Weg zu diesem kompakten Hofrestaurant führt durch ein Gewirr von halb verfallenen *hutongs*, die irgendwie dem Abriss entkommen sind; auf Schilder achten, die den Weg weisen. Die köstlich knusprige Ente, die hier geboten wird, ist so gefragt, dass eine vorherige Reservierung sowohl einer Ente als auch eines Tisches unbedingt erforderlich ist (sonst außerhalb der Hauptandrangszeiten kommen und dann auf eine Stunde Wartezeit gefasst machen). Innen ist es ein bisschen schmuddelig (kein Lob für die Toiletten!), aber an den Öfen mit den Reihen von an Haken hängenden Enten entlanggehen, an den hektisch hastenden Kellnern vorbeidrängeln und dann Platz nehmen und eine der besten Enten der Stadt genießen.

Duyichu TEIGTASCHEN €€

(都一处; Karte S.75; 6702 1555; 38 Qianmen Dajie; 前门大街 38号; Teigtaschen ab 42 Yuan; 9–21 Uhr; Qianmen;) Das Duyichu, das wieder an der neuerdings schicken Straße liegt, wo es in der Mitte der Qing-Dynastie sein Geschäft begann, ist auf die delikaten, *shaomai* genannten Teigtaschen spezialisiert. Die mit Garnelen und Lauch gefüllten (42 Yuan) sind besonders lecker, aber auch die jahreszeitlichen Variationen, wie z.B. mit Süßmais und Bohnen gefüllte (42 Yuan) im Sommer oder mit Rindfleisch und Yamswurzel gefüllte (48 Yuan) im Winter, sind nicht zu verachten.

GEHEIMTIPP

HUTONG-CAFÉS

Tolle WLAN-Cafés sind nun schon seit einiger Zeit in Beijing schwer in Mode, und heute gibt's Dutzende hervorragende, vor allem in und um die *hutongs* von Nord-Dongcheng. Einige befinden sich in umgebauten Wohnhäusern, die meisten haben kostenloses WLAN, frischen Kaffee (ab 20 Yuan), preisgünstiges einheimisches Bier (ab 10 Yuan) und eine begrenzte Auswahl an meist westlichen Gerichten (ab 30 Yuan). Hier kann man auch am billigsten chinesischen Tee probieren (ab 20 Yuan pro Tasse, mit unbegrenztem Nachfüllen).

Irresistible Cafe (诱惑咖啡厅; You Huo Kafeiting; Karte S. 70; 14 Mao'er *hutong*; 帽儿胡同 14 号; ⌚11–24 Uhr, Mo & Di geschl.; 📶) Großer Wohnhof. Tschechische Biere. Gute, gesunde Speisen.

Cafe Confucius (秀冠咖啡; Xiu Guan Kafei; Karte S. 70; 25 Guozijian Jie; 国子监街 25 号; ⌚8.30–20.30 Uhr; 📶) Buddhistisch ausgerichtet. Sehr freundlich.

Xiaoxin's Cafe (小新的店; Xiaoxinde Dian; Karte S. 70; 103 Nanluogu Xiang; 南锣鼓巷 103 号; ⌚9.30–24 Uhr; 📶) Ruhige Oase abseits des Einkaufsrummels der Nanluogu Xiang.

Sculpting in Time (雕刻时光咖啡; Diaoke Shiguang Kafei; Karte S. 70; 2 Zhongku *hutong*, Trommel- & Glockenturm; 钟鼓楼文化广场，钟库胡同 2 号; ⌚10–22 Uhr; 📶) Dachterrasse mit Blick auf den Trommel- und den Glockenturm.

Courtyard No 28 (28 号院; Èrshiba Hao Yuan; Karte S. 70; Xilou *hutong*; 戏楼胡同; 📶) Schöner Wohnhof. Billiges Bier.

Qianmen Quanjude Bratenten-Restaurant PEKINGENTE €€€
(前门全聚德烤鸭店; Qianmen Quanjude Kaoyadian; Karte S. 75; ☎6701 1379, 6511 2418; 30 Qianmen Dajie; 前门大街 30 号; Pekingente 228 Yuan; ⌚Mittag- & Abendessen; Ⓢ Qianmen; 📋) Die beliebteste Filiale von Beijings bekanntester Adresse für Pekingenten, die dort in mit Obstholz befeuerten Öfen gebraten werden. Eine andere beliebte Filiale liegt an der Einkaufsstraße Wangfujing (Karte S. 62).

SANLITUN & CHAOYANG

Najia Xiaoguan MANDSCHU-KÜCHE €€
(那家小馆; Karte S. 78; ☎6567 3663; 10 Yong'an Xili, von der Jianguomenwai Dajie abgehend; Chunxiu Lu; 建国门外大街永安西里 10 号; Hauptgerichtet 40–70 Yuan; ⌚11–21 Uhr; Ⓢ Yonganli; 📋) Dieses hervorragende Restaurant, das sich in einem umgebauten zweistöckigen Hofhaus befindet, erinnert an ein traditionelles chinesisches Teehaus und strömt die Atmosphäre des alten Beijing aus. Das Menü basiert auf einem alten kaiserlichen Rezeptbuch, das als Goldene Suppenbibel bekannt ist, und die Speisen sind durchweg gut. Kein englisches Schild, und es wird auch kaum Englisch gesprochen, aber die Speisekarte ist auf Englisch.

Jingzun Peking Duck PEKINGENTE €€
(京尊烤鸭; Jingzun Kaoya; Karte S. 78; ☎6417 4075; 6 Chunxiu Lu; 春秀路 6 号; Hauptgerichte 30–50 Yuan; ⌚11–22 Uhr; Ⓢ Dongzhimen oder Dongsishitiao; 📋) Ganz besonders beliebtes Lokal für Beijings typischstes Gericht. Zum einen ist die Ente hier extrem preiswert – 128 Yuan mitsamt allen Beilagen –, zum anderen ist es möglich, auf der hölzernen Terrassendiele mit Blick auf die Straße zu sitzen, was für ein Pekingenten-Restaurant eher ungewöhnlich ist. Die übrige Speisekarte führt eine Mischung chinesischer Küchen und keine Beijinger Spezialitäten auf, aber generell ist das Essen hier gut.

Jixiangniao Xiangcai HUNAN-KÜCHE €€
(吉祥鸟湘菜; Karte S. 78; Jishikou Donglu; 吉市口东路; Hauptgerichte 20–50 Yuan; ⌚11–21.30 Uhr; Ⓢ Chaoyangmen; 📋) Es gibt nicht besonders viele Lokale in Beijing, die *xiang cai* (湘菜) servieren, wie die berühmt-berüchtigt scharfe Küche der Provinz Hunan heißt, aber dieses große, feurige Restaurant ist wohl das beste. Der geschmorte Schweinebauch mit brauner Sauce (38 Yuan), in China als *hongshao rou* (红烧肉) bekannt, ist besonders beliebt, was sehr verständlich ist – er war das Lieblingsgericht von Mao Zedong, der aus Hu-

nan stammte. Aber der Fischkopf mit gehacktem Pfeffer (68Yuan) ist ebenfalls ein lukullischer Hochgenuss. Englisch wird hier nicht viel gesprochen, dafür ist die Speisekarte aber mit Fotos und englischen Übersetzungen versehen. Kein englisches Schild; zu erkennen an den roten chinesischen Neon-Zeichen.

Baodu Huang BEIJING-KÜCHE €
(爆肚皇; Karte S.78; 15 Dongzhimenwai Dajie; 东直门外大街 15 号; Hauptgerichte 10–30 Yuan; 11–14 Uhr & 17–21 Uhr; S Dongzhimen) Einheimische, die sich auskennen, steuern ohne Umwege auf dieses nüchtern-kühle Apartmentblock-Restaurant zu, um sich genüsslich durch die gut zubereiteten authentischen Beijinger Speisen zu futtern. Die Spezialität ist *baodu* (爆肚; gekochter Lammmagen; ab 13 Yuan). Wenn das nun aber etwas ist, das dem eigenen Magen partout nicht zusagt, ist möglicherweise ein köstliches *niurou dacong roubing* (牛肉大葱肉饼; Pastetchen mit Rindfleisch und Zwiebeln, gebraten; 8 Yuan) bekömmlicher. Blanchiertes Gemüse gehört zu den beliebten Beilagen; zur Auswahl stehen *chao baicai* (焯白菜; blanchierter Kohl; 4 Yuan), *chao fensi* (焯粉丝; gebratene Reisnudeln; 4 Yuan) oder *chao dong doufu* (焯冻豆腐; gebratener Tofu; 4 Yuan). Wer keine Fleischpastete bestellt hat, sollte stattdessen ein *zhima shaobing* (芝麻烧饼; gebratenes Sesambrötchen; 1,50 Yuan) nehmen. Echte Beijinger werden auch an *jiao quan* (焦圈; frittierte Teigringe; 1 Yuan) knabbern, die sie mit großen Schlucken *dou zhi* (豆汁; saure Sojamilch) hinunterspülen. Aber vielleicht ist auch eine Flasche des lokalen Bieres (啤酒; *pijia;* 5 Yuan) genehm. Niemand verfügt über Englischkenntnisse, kein Englisch auf der Karte, es gibt auch kein englisches Schild.

Bei OSTASIATISCH €€€
(北; Karte S.78; 6410 5230; Opposite House, Gbd. 1, 11 Sanlitun Lu; 三里屯路 11 号院 1号楼; Hauptgerichte 150–400 Yuan; 18–22 Uhr; S Tuanjiehu;) Dieses wahrhaft coole asiatische Restaurant, gelegen im nachtclubähnlichen Souterrain des ultratrendigen Boutiquehotels Opposite House (S.94), hat sich auf koreanische und japanische Küche spezialisiert. Das Sushi ist Spitzenklasse, der Thunfisch sensationell, und die große Auswahl an *sake* und *soju* sorgt bei Gästen für beste Stimmung. Es sollte besser vorbestellt werden.

BEIHAI PARK & NORD-XICHENG

LP TIPP **4Corners** VIETNAMESISCH €€
(四角餐吧; Sijiao Canba; Karte S.82; 6401 7797; www.these4corners.com; 27 Dashibei *hutong*; 大石碑胡同 27 号; Gerichte ab 34 Yuan; 11–15 Uhr; S Shichahai;) Das 4Corners, ein cooles Lokal mit einem gemütlichen Außenbereich, bringt ein Gemisch aus pikanten vietnamesischen sowie einigen thailändischen Gerichten auf den Tisch. Es gibt eine riesige Auswahl an Frühlingsrollen für diejenigen, die nur ein wenig knabbern wollen, während sie ihre exzellenten Martinis (40 Yuan) schlürfen und, an manchen Abenden, Livemusik hören. Es liegt versteckt in einem *hutong* ganz in der Nähe der Gulou Xidajie.

Kong Yiji ZHEJIANG-KÜCHE €€
(孔乙己酒店; 6618 4915; Deshengmennei Dajie, Shichahai, Houhai Nan'an; 德胜门内大街什刹海后海南岸; Gerichte ab 28 Yuan; Mittag- & Abendessen; S Jishuitan) Die Provinz Zhejiang ist berühmt für Shaoxing, einen sherryähnlichen Wein, daher ist es mehr als passend, dass dieses belebte Restaurant mit einem netten Außenbereich direkt am Houhai-See Speisen serviert, die darin schwimmen – z.B. betrunkene Garnelen (醉虾; *zuixia*) und betrunkenes Huhn (醉鸡; *zuiji*). Es gibt weder eine englische noch eine Foto-Speisekarte; gucken, was andere Gäste essen, und dann mit dem Finger draufzeigen.

Hutong Pizza PIZZA €€
(胡同比萨; Hutong Bisa; Karte S.82; 9 Yindingqiao *hutong* Hou; Pizzas ab 65 Yuan; 11–23 Uhr; S Shichahai;) Die Chinesen werfen Marco Polo vor, er habe die Pizza aus China gestohlen – nun sei sie zurückgekehrt. Dieses ruhige, aber gut besuchte Lokal in der Nähe des Houhai-Sees zieht riesige Pizzas aus dem Ofen (wenn das auch manchmal lange dauern kann). Das *hutong*-Haus ist innen funky, und das Dachgeschoss mit seinem alten bemalten Balken ist hübsch.

Beipingju PEKINGENTE €€
(北平居烤鸭店; Karte S.82; 29 Di'anmenwai Dajie; 地安门外大街 29 号; Hauptgerichte 20–40 Yuan; 11–21.30 Uhr; S Shichahai;) Dieses helle, saubere, familienfreundliche Restaurant ist eines der preiswertesten Enten-Restaurants in der Stadt und hat köstliche, echte Pekingenten plus eine kleine Auswahl anderer Beijinger Spezialitäten sowie Gerichte aus anderen Teilen

BETRÜGERISCHE „KÜNSTLER“ & TEEHÄNDLER

Achtung vor aufdringlichen angeblichen Kunst- oder Englischstudenten in der Gegend der Wangfujing Dajie, des Tiananmen-Platzes und anderer touristischer Gebiete. Sie schleppen westliche Besucher in Ausstellungen mit überteuerter Kunst oder zu Teezeremonien, die abartig teuer sind (2000 Yuan und mehr). Wenn heuchlerisch freundliche Mädchen sagen, sie möchten Englisch lernen, nicht mitgehen.

Chinas auf der Karte. Die übliche ganze Penkingente (单店烤鸭; *dandian kaoya*) kostet 98 Yuan. Dazu werden die Beilagen ausgewählt: Gurkenstreifen (瓜条; *guatiao;* 2 Yuan), Frühlingszwiebeln (葱; *cong;* 2 Yuan), Pfannkuchen (鸭饼; *yabing;* 6 Yuan), Pflaumensauce (甜面酱; *tianmianjiang;* 2 Yuan). Es gibt eine englische Speisekarte mit Fotos.

Ausgehen

Es gibt drei Spitzenlokale fürs abendliche Ausgehen in Beijing (und weitere, die erkundenswert sind). Nach **Sanlitun** (三里屯; Karte S. 78), laut, grell und relativ teuer, gehen Expats und chinesische Partygänger, wenn sie die Nacht durchmachen wollen. Hier gibt's die besten Cocktail-Bars, die größten Nachtclubs und die übelsten Kneipen. Sanlitum Lu oder das Arbeiterstadion ansteuern.

Nanluogu Xiang (南锣鼓巷; Karte S. 70), in Dongcheng-Nord, ist viel ruhiger als Sanlitun. Dieser historische *hutong*, und das Netz der davon abzweigenden Gassen, beherbergt kleinere Bars – von denen einige in umgebauten Innenhöfen liegen –, die für einen Drink oder eine Plauderei besser geeignet sind als fürs Tanzen. Die coolsten Livemusikschuppen sind ebenfalls hier zu finden. Zur Nanluogu Xiang, Beiluogu Xiang oder zum Platz zwischen dem Trommel- und dem Glockenturm gehen.

An den **Houhai-Seen** (后海; Karte S. 82) gibt's eine geräuschvolle, aber zweifellos gute Meile mit Bars, die attraktiv an den Ufern des Houhai- und des Qianhai-Sees in Nord-Xicheng liegen, und insbesondere neonbeleuchteten Gitarrenbars mit Karaoke im Programm haben. Bei Chinesen beliebter als bei Ausländern und im Winter so gut wie tot.

Zur Zeit der Recherche war **Fangjia *hutong*** (方家胡同; Karte S. 70), überwiegend eine Wohnstraße südlich des Konfuziustempels, dabei, sich schnell zu einem weiteren Hotspot mit kleinen, ruhigen Bars ähnlich denen in der Gegend von Nanluogu Xiang zu entwickeln.

TROMMELTURM & NORD-DONGCHENG

Great Leap Brewing BAR

(大跃啤酒; Dayue Pijiu; Karte S. 70; www.greatleapbrewing.com; 6 Doujiao *hutong*; 豆角胡同 6 号; Bier pro Pint 25–50 Yuan; ⏲ Di–Fr 19–24 Uhr, Sa 15–24 Uhr, So 14–21 Uhr; Ⓢ Shichahai) Diese Kleinbrauerei, ein verborgenes Juwel, das alle anderen verborgenen Juwelen übertrifft und von dem Bierenthusiasten Carl Setzer geleitet wird, befindet sich in einem 100 Jahre alten Wohnhof aus der Qing-Dynastie, der schwer zu finden ist, und fährt eine wunderbare Auswahl an einzigartigen, aus Zutaten aus der Gegend hergestellten Bieren auf. Bekanntes wie helle Biere und Porter genießen oder chinesisch geprägte Biere, wie das mit scharfen Sichuan-Pfefferkörnen zubereitete, kosten. Von der Nanluogu Xiang den Jingyang *hutong* (景阳胡同) hinuntergehen, nach rechts wenden, dann nach links, dann wieder nach rechts, bevor es links in den Doujiao *huton* geht.

El Nido BAR

(59 号酒吧; Wushijiu Hao Jiuba; Karte S. 70; 59 Fangjia *hutong* Dongdajie; 方家胡同 59 号; Biere ab 10 Yuan; ⏲ 18 Uhr bis spät; Ⓢ Andingmen) Freundliche, winzige Bar mit ein paar Stühlen vor der Tür und mehr als 100 Arten von Importbier. Es gibt keine Getränkekarte; einfach den Kühlschrank öffnen und herausnehmen, was an Bier gefällt. Wenn es hier zu voll wird (es ist wirklich winzig), dann zur Nr. 46 weitergehen, wo in einer kleinen Sackgasse einige Bars und Cafés liegen.

Reef Bar BAR

(触礁; Chujiao; Karte S. 70; 14-1 Nanluogu Xiang; 南锣鼓巷 14-1 号; Biere ab 20 Yuan, Cocktails ab 25 Yuan; ⏲ 14 Uhr–spät; Ⓢ Nanluoguxiang) Hier gehen die Einheimischen lieber hin als in viele andere in der Gegend. Sie wird von einem fröhlichen Ehepaar geführt, hat eine freundliche Atmosphäre und bleibt, wenn viel los ist, bis in die frühen Morgenstunden geöffnet.

Ball House BAR

(波楼酒吧; Bolou Jiuba; Karte S. 70; Lao Mo; 40 Zhonglouwan *hutong*; 钟楼湾胡同 40号; ⏲14 Uhr-spät; Ⓢ Gulou Dajie) Auf das Ball House, eine Bar für Eingeweihte, stößt sicher keiner durch Zufall; es gibt kein Schild, und es liegt etwas zurückversetzt vom Haupt-*hutong* (um den Glockenturm herum) am Ende einer engen Gasse. Innen ist es jedoch ein großer, wunderschön restaurierter Raum mit zwei Ebenen, in dem Pooltische (30 Yuan pro Std.) und Tischfußballtische (frei) stehen – daher der Name –, der aber verwinkelt genug ist, um auch stille Plätzchen zu bieten. Biere ab 15 Yuan.

Mao Mao Chong BAR

(毛毛虫; Maomao Chong; Karte S. 70; 12 Banchang *hutong*; 板厂胡同 12号; Biere ab 25 Yuan, Cocktails ab 40 Yuan; ⏲19–24 Uhr, Mo & Di geschlossen; Ⓢ Nanluoguxiang; 🚭) Diese bei Expats besonders beliebte und gut besuchte Bar hat ein rustikales Interieur, preiswerte Cocktails, und sie verfolgt eine Nichtraucherpolitik. Ihre Pizzas ernten begeistertes Lob.

If BAR

(如果酒吧; Ruguo Jiuba; Karte S. 70; 67 Beiluogu Xiang; 北锣鼓巷 67号; Biere ab 15 Yuan; ⏲13–2 Uhr) Zu dieser sonderbaren Bar, die sich auf drei kleine Ebenen erstreckt, gehören ein merkwürdig geformtes Mobiliar, eine wie Käse durchlöcherte Wandtäfelung und Böden mit irritierenden Glasflächen, durch die man in die Ebene darunter blicken kann.

Drum & Bell BAR

(鼓钟咖啡馆; Guzhong Kafeiguan; Karte S. 70; 41 Zhonglouwan *hutong*; 钟楼湾胡同 41号; Biere ab 15 Yuan, Cocktails ab 35 Yuan; ⏲13–2 Uhr; Ⓢ Gulou Dajie) Gelegen zwischen dem Trommel- und dem Glockenturm, die Namensgeber sind, ist die Hauptattraktion dieser Bar ihre tolle Dachterrasse. Hier kann man an faulen Sonntagnachmittagen ein paar Sonnenstrahlen genießen oder einen Sommerabend verbringen. Im Winter laden drinnen bequeme Sofas ein, sich hineinsinken zu lassen.

SANLITUN & CHAOYANG

Nali Patio BAR AREA

(那里花园; Nali Huayuan; Karte S. 78; abgehend von der Sanlitun Lu; 三里屯路) Sanlituns heißestes Örtchen, Nali Patio, ist ein kleiner Platz, umgeben und überragt von massenweise sehr populären Bars und Restaurants. Mit Abstand der Favorit ist **Migas** (米家思; Mi Jia Si; 5. OG), ein Drei-in-einem-Lokal, in dem ein qualitativ gutes spanisches Restaurant, eine gemütliche Bar und eine wahnsinnig beliebte Dachterrassenbar Platz haben. **Apothecary** (酒术; Jiu Shu; www.apothecarychina.com; 2. OG) ist Beijings beste Cocktailbar, während **Saddle Cantina** (EG & 1. OG) eine dezente Kneipenstimmung sowie gemütliche Plätze auf der Terrasse bietet. Die meisten Bars sind etwa ab Mittag bis in die frühen Morgenstunden geöffnet

Gleich um die Ecke bei Nali Patio, hinter Saddle Cantina, ist **First Floor** (壹楼; Yi Lou; Erdgeschoss Tongli Studios, Sanlitun Houjie; 三里屯后街同里 1层) zu finden, eine weitere populäre Kneipe, und **Tree** (树酒吧; Shu Jiuba; 43 Sanlitun Beijie; 三里屯北街 43号), wo es Dutzende belgische Biere plus prima Pizza gibt.

✩ Unterhaltung

VERBOTENE STADT & DONGCHENG ZENTRUM

Forbidden City Concert Hall KLASSISCHE MUSIK

(中山公园音乐堂; Zhongshan Gongyuan Yinyue Tang; Karte S. 62; ☎6559 8285; Zhongshan-Park; 中山公园内; Tickets 30–880 Yuan; ⏲Konzerte 19.30 Uhr; Ⓢ Tiananmen-West) Die an der Ostseite des Zhongshan-Parks gelegene Konzerthalle ist ein wunderbar romantischer Veranstaltungsort für Konzerte mit klassischer und traditioneller chinesischer Musik. Die Halle ist auch akustisch eine der besten.

ABSTECHER

MALIANDAO-TEEMARKT

Der größte Teemarkt in Beijing, **Maliandao** (马连道茶城; Maliandao Chacheng; Karte S. 52; 6 Maliandao Lu; 马连道路 6号; ⏲9–19 Uhr; Ⓢ Westbahnhof Beijing), nur wenige Minuten zu Fuß vom Beijinger Westbahnhof entfernt, ist die Heimat, wenn nicht allen, so doch des meisten Tees in China. Obwohl überwiegend für Großhändler, ist er doch ein Mekka des Tees für Liebhaber, Kunden und Touristen geworden, und die Verkäufer geben normalerweise gern Kostproben.

TROMMELTURM & NORD-DONGCHENG

LP TIPP Jiang Hu LIVEMUSIK

(江湖酒吧; Jiang Hu Jiuba; Karte S.70; 7 Dongmianhua *hutong*; 东棉花胡同 7 号; Eintritt ab 30 Yuan; ⌚19–2 Uhr; Ⓢ Nanluoguxiang) Jiang Hu, einer der coolsten Orte für Indie- und Rock-Bands, geführt von einem Posaune spielenden, Musik liebenden Manager, liegt in einem alten Wohnhof und ist an guten Abenden gerammelt voll. Intim, cool und ideal für einen Drink, auch wenn keine Bands spielen. Biere ab 20 Yuan.

LP TIPP Jiang Jin Jiu LIVEMUSIK

(疆进酒吧; Jiangjin Jiuba; Karte S.70; 2 Zhongku *hutong*; 钟库胡同 2 号 (鼓楼北门); Eintritt ab 20 Yuan; ⌚13–2 Uhr; Ⓢ Gulou Dajie oder Shichahai) Dieses abgelegene Lokal ist das beste für alle, die chinesische Volksmusik der ethnischen Minderheiten des Landes, insbesondere uigurische und mongolische, hören möchten. Livemusk gibt's donnerstags und sonntags und ist meist kostenlos, allerdings wird manchmal freitags oder samstags ein kleiner Eintritt verlangt, wenn eine populärere Band spielt. Biere ab 15 Yuan. Cocktals an 25 Yuan.

Yugong Yishan LIVEMUSIK

(愚公移山; Karte S.70; ☎6404 2711; www.yugongyishan.com; West Courtyard, 3–2 Zhangzizhong Lu; 张自忠路 3–2(号段祺瑞执政府旧址西院); Eintritt ab 50 Yuan; ⌚19–2 Uhr; Ⓢ Zhangzizhonglu) Dieses historische Gebäude, wo es angeblich in ganz Beijing am meisten spukt, war von Mitgliedern des Qing-Kaiserhofs, von Warlords und der japanischen Besatzungsarmee in den 1930er-Jahren bewohnt. Womöglich könnte man noch die Geister rufen hören, wären da nicht die chinesischen und ausländischen Bands, Solokünstler und DJs, die hier Woche für Woche auf der Bühne stehen. Mit einer soliden Buchungspolitik und ausreichend Platz ist dieses Lokal eines der besten der Stadt, um Livemusik zu hören.

Mao Livehouse LIVEMUSIK

(光芒; Guangmang; Karte S.70; 111 Gulou Dongdajie; 鼓楼东大街 111 号; Eintritt ab 50 Yuan; ⌚20 Uhr bis spät; Ⓢ Shichahai) Groß genug, um die vielen Gigs, die hier stattfinden, zu etwas Besonderem zu machen, aber klein genug, um noch intim zu sein.

Penghao-Theater ZEITGENÖSSISCHES THEATER

(蓬蒿剧场; Penghao Juchang; Karte S.70; ☎6400 6452; www.penghaoren.com; in einer Gasse neben 35 Dongmianhua *hutong*; 东棉花胡同 35 号; Tickets ab 50 Yuan; Ⓢ Nanluoguxiang) Studenten von der nahen Schauspielakademie treten hier manchmal auf, in diesem kleinen, informellen, privaten Theater, versteckt gelegen in einer schmalen, namenlosen Gasse zwischen dem Dongmianhua *hutong* und dem Beibinmasi *hutong*. Das Theater, das zugleich auch ein Café ist, ist zauberhaft und hat ein paar schöne Sitzplätze auf der Dachterrasse, beschattet von einem 200 Jahre alten Baum, der durch einen Teil des Gebäudes wächst. Die Stücke sind meist moderne Dramen und werden oft sowohl in Englisch als auch in Chinesisch gegeben.

HIMMELSTEMPELPARK & SÜD-DONGCHENG

Red Theatre AKROBATIK

(红剧场; Hong Juchang; ☎6714 2473, 6714 8691; 44 Xingfu Dajie; Tickets 180–680 Yuan;

DER EHEMALIGE ROTLICHTBEZIRK

Heutzutage sind die Dazhalan Xijie und der umgebende *hutong* gleich westlich von Dashilar Beijings Backpacker-Zentrum. Aber jahrhundertelang waren diese harmlos aussehenden Gassen der berüchtigte Rotlicht-Distrikt des alten Peking (红灯区; *hongdengqu*).

Das um den Bada *hutong*, ein Ensemble von acht Gassen, gelegene Gebiet hatte bereits im 18. Jahrhundert einen anrüchigen Ruf. Als die Qing-Dynastie 1911 stürzte, gab es schätzungsweise über 300 Bordelle in den Gassen. Die Bandbreite der dort arbeitenden Damen reichte von kultivierten Kurtisanen, deren Kunden Aristokraten und Höflinge waren, bis hin zu einfachen Frauen, die den Massen zu Diensten waren.

Viele der acht Gassen, aus denen der Bada *hutong* bestand, sind abgerissen und/oder restauriert worden und lassen nicht mehr erkennen, was hier in der Vergangenheit vor sich ging. Shanxi Xiang steht jedoch noch, und das historische Gebäude, das heute das Leo Courtyard (S.97) ist, war einst das exklusivste Freudenhaus der Hauptstadt. Aber damals gab's dort noch keine Schlafsäle.

⏲Vorstellungen 17.15 Uhr & 19.30 Uhr; ⓈTiantandongmen) Die tägliche Show heißt *The Legend of Kung Fu* und zeigt den Weg eines Jungen zum Kriegermönch. Nicht zu verfehlen: Die Fassade, in einiger Entfernung von der Straße, ist knallrot und erleuchtet.

SANLITUN & CHAOYANG

Vics NACHTCLUB

(威克斯; Weikesi; Karte S. 78; Arbeiterstadion, Gongrentiyuchang Beilu, 工人体育场; Fr & Sa 50 Yuan; ⏲19 Uhr bis spät; ⓈDongsishitiao) Vics ist nicht der allerfeinste Nachtclub, aber er hält sich nun schon seit Jahren in der Gunst des jungen Publikums. Die Musik ist meist Standard-R&B und Hip-Hop, mittwochs gibt's eine berühmt-berüchtigte Ladies Night (freie Getränke für Frauen vor Mitternacht) und an Wochenenden drängelt sich hier alles, was frei und ungebunden ist. Wer hier nicht reinkommt, sollte es nicht weiter versuchen. Von montags bis donnerstags ist der Eintritt frei; hinter dem Nordtor des Arbeiterstadions, gegenüber dem **Mix,** einem sehr ähnlichen, ebenso beliebten Lokal, gelegen.

BEIHAI-PARK & NORD-XICHENG

LP TIPP **East Shore Jazz Café** LIVEMUSIK

(东岸; Dong'an; Karte S. 82; 1. OG, 2 Shichahai Nanyan; Biere ab 35 Yuan, Ccocktails ab 40 Yuan; ⏲15–2 Uhr; ⓈShichahai) Schöne Sicht auf den Qianhai-See und Auftrittsort der besten lokalen Jazzbands, mit Liveauftritten von mittwochs bis sonntags (ab 22 Uhr) in gediegener Atmosphäre.

DASHILAR & SÜD-XICHENG

Huguang Guild Hall PEKINGOPER

(湖广会馆; Huguang Huiguan; Karte S. 86; 3 Hufang Lu; Tickets 180–680 Yuan; ⏲Vorstellungen 18.30 Uhr; ⓈCaishikou) Das Theater mit prachtvollem roten, grünen und goldenen Interieur und Balkonen um die überdachte Bühne wurde im Jahr 1807 erbaut und ist ideal für den Besuch einer Pekingoper. Dem Theater gegenüber steht ein kleines **Opernmuseum** (Eintritt 10 Yuan; ⏲9–17 Uhr).

Lao-She-Teehaus TEEHAUS

(老舍茶馆; Lao She Chaguan; Karte S. 86; 2. OG, 3 Qianmen Xidajie; Abendtickets 180–380 Yuan; ⏲Vorstellungen 19.50 Uhr; ⓈQianmen) Das beliebte Teehaus zeigt Abendshows, meist auf Chinesisch. Folklore, Teezeremonien, Theater, Puppentheater und Matinees der Pekingoper sowie Akrobatik und Zauberkunst. Die Preise hängen von der Art der Show sowie dem gewählten Sitzplatz ab.

Tianqiao Acrobatics Theatre AKROBATIK

(天桥杂技剧场; Tianqiao Zaji Juchang; Karte S. 86; ☎6303 7449; 95 Tianqiao Shichang Lu Jie; Tickets 180–380 Yuan; ⏲Vorstellungen 17.30 Uhr; ⓈTaoranting) Dieses 100 Jahre alte Theater befindet sich westlich des Himmelstempelparks und zeigt mit die besten akrobatischen Darbietungen in Beijing. Der Eingang liegt an der Ostseite des Gebäudes.

SOMMERPALAST & HAIDIAN

Propaganda CLUB

(Karte S. 52; Huaqing Jiayuan; 华清嘉园; ⏲20.30 Uhr bis spät; ⓈWudaokou) Wudaokous Studenten werden von diesem Club wie Motten vom Licht angezogen, dank billiger Getränke, Hip-Hop-Klängen und der Chance eines kulturellen Austauschs mit den Einheimischen. Der Eintritt ist frei. Von der U-Bahnstation Wudaokou 50 m nach Westen gehen und nach links in die Huaqing Jiayuan einbiegen.

Shoppen

In Beijing konzentriert sich viel vom Wohlstand der Nation, und Shoppen ist hier in den letzten Jahren ein beliebter Zeitvertreib für die junge und aufstrebende Mittelklasse geworden. Sowohl wahre Shopaholics als auch durchschnittliche Gelegenheits-Shopper haben die Qual der Wahl zwischen glitzernden Einkaufszentren, Märkten, spezialisierten Ladenstraßen, Straßenständen und Straßenhändlern, die alle ihr Bestes geben, um Passanten um ihr Bargeld zu erleichtern.

VERBOTENE STADT & DONGCHENG ZENTRUM

Wangfujing Dajie EINKAUFSSTRASSE

(王府井; Karte S. 62; ⓈWangfujing) Diese renommierte, aber heute eher altmodische Einkaufsstraße, die zum Teil als Fußgängerzone eingerichtet ist, liegt nicht weit vom Tiananmen-Platz entfernt und wird im Allgemeinen Wangfujing genannt. Hier reihen sich Läden, die bekannte, mittelteure Marken verkaufen, und einige kitschige Souvenir-Outlets aneinander. An ihrem Südende befindet sich das **Oriental Plaza**, eine moderne Eins-a-Einkaufsmall. Weiter nördlich, kurz bevor die Fußgängerzone endet, liegt die gut sortierte **Fremdsprachliche Buchhandlung.**

TROMMELTURM & NORD-DONGCHENG

LP TIPP **Nanluogu Xiang** EINKAUFSSTRASSE
(南锣鼓巷; Karte S. 70; S Nanluoguxiang) Das wahnsinnig beliebte historische *hutong* Nanluogu Xiang stellt eine bunte Mischung von modischen Boutiquen dar, in denen Kleidung und Geschenke verkauft werden, sowie Dutzenden von netten Cafés, Bars und Restaurants. Dies ist ein guter Ort, um Souvenirs zu kaufen, allerdings nicht an Wochenenden, wenn es hier unfassbar voll ist.

HIMMELSTEMPELPARK & SÜD-DONGCHENG

Hongqiao-Perlenmarkt SOUVENIRMARKT
(红桥市场; Hongqiao Shichang; Karte S. 75; Tiantan Donglu; ⊙9–19 Uhr; S Tiantandongmen) Der Warenkosmos gegenüber dem Osttor des Himmelstempelparks bietet Schuhe, Ledertaschen, Jacken, Jeans, Seide, elektronische Geräte, chinesisches Kunsthandwerk und Antiquitäten. Im 2. OG gibt's eine große Auswahl an Perlen (Süß- und Salzwasserperlen, schwarze und weiße). Die Perlenpreise richten sich nach der Qualität; die hochwertigeren, teureren Perlen werden im 3. und 4. OG angeboten.

SANLITUN & CHAOYANG

LP TIPP **Panjiayuan-Markt** ANTIQUITÄTENMARKT
(潘家园古玩市场; Panjiayuan Guwan Shichang; Karte S. 52; Westlich von Panjiayuan Qiao; 潘家园桥西侧; ⊙ Mo–Fr 8.30–18 Uhr, Sa & So 16.30–18 Uhr; ⊙Jinsong) Panjiayuan ist die beste Anlaufstelle in Beijing für Einkäufe von Kunst, Kunsthandwerk und Antiquitäten. Hier gibt's rund 3000 Händler und bis zu 50 000 Besucher täglich, die auf der Suche nach Schätzen sind. Erst ein paar Runden drehen und Preise vergleichen, bevor Geld auf den Tisch gelegt wird.

Der Markt befindet sich ungefähr 1 km von der U-Bahnstation Jinsong an der Linie 10 entfernt. Bei Ausgang D herauskommen und geradeaus gehen. An der Überführung nach rechts gehen, dann ist der Markt zur Linken zu sehen. Zur Zeit unserer Recherche sollte die Linie 10 nach Süden erweitert warden; sie wird dann eine Station Panjiayuan haben.

LP TIPP **Sanlitun Village** EINKAUFSZENTRUM
(Karte S. 78; 19 Sanlitun Lu; 三里屯路 19 号; ⊙10–22 Uhr; S Tuanjiehu) Diese ultramoderne, auffällige Reihe von mittelgroßen Malls ist ein Einkaufs- und Architektur-Highlight in diesem Teil der Stadt. Das Village überragt, was einst eine Reihe von Spelunken war (es sind immer noch ein paar übrig!), und hat die Gegend zu einem beliebten Ziel für Einheimische und für Ausländer gemacht. Der Komplex ist in zwei Teilen angelegt, die an das etwas ältere **3.3 Shopping Centre** anschließen. Das **South Village** wurde vor einigen Jahren fertiggestellt und beherbergt Beijings ersten Apple-Store, den größten Adidas-Laden der Welt und zahlreiche mittelteure Läden mit westlicher Kleidung. Das nahe **North Village** hat mehr Edelmarken sowie einheimische Designer-Boutiquen.

LP TIPP **Bookworm** BUCHLADEN & CAFÉ
(书虫; Shuchong; Karte S. 78; ☎6586 9507; www.beijingbookworm.com; Gbd. 4, Nansanlitun Lu; 南三里屯路 4 号楼; Hauptgerichte ab 70 Yuan; ⊙9–2 Uhr; S Tuanjiehu;) Das Bookworm, eine Kombination aus Bar, Café, Restaurant und Buchladen, ist in Beijing eine Institution. Man kann in mehr als 16 000 Büchern schmökern, während man einen Kaffee trinkt oder sich durch die umfangreiche Weinliste arbeitet, aber es ist auch eines der Epizentren des Beijinger Kulturlebens, das Vorträge, Lesungen und eine vielbeachtete jährliche Buchmesse veranstaltet.

Shard Box Store SCHMUCK
(慎德阁; Shendege; Karte S. 78; 4 Ritan Beilu; 日坛北路 4 号; ⊙9–19 Uhr; S Yonganli) Mit den Scherben von Porzellan aus der Ming- und der Qing-Dynastie, das während der Kulturrevolution zu Bruch ging, fertigt dieser faszinierende Familienbetrieb wunderschöne und einzigartigen Dosen (ab 30 Yuan), Flaschen und Schmuckstücke.

Seidenmarkt SOUVENIRMARKT
(秀水市场; Xiushui Shichang; Karte S. 78; 14 Dongdaqiao Lu; 东大桥路 14 号; ⊙10–20.30 Uhr; S Yonganli) Der sechsstöckige Seidenmarkt gedeiht weiter, obwohl einige Händler von namhaften Herstellern, die es leid sind, dass ihre Markenprodukte in so großem Rahmen gefälscht werden, strafrechtlich verfolgt werden. Das soll aber nicht heißen, dass das gerichtliche Vorgehen die Busladungen mit Touristen, die jeden Tag hierherkommen, hätte versiegen lassen. Ihre Gegenwart macht erfolgreiches Feilschen schwierig. Dennoch ist dies ein gu-

ter Ort für den Kauf von Cashmere, T-Shirts, Jeans, Hemden, Röcken und natürlich Seide, die zu den wenigen nicht gefälschten Waren gehört, die es hier gibt.

Sanlitun Yashow Kleidermarkt SOUVENIRMARKT

(三里屯雅秀服装市场; Sanlitun Yaxiu Fuzhuang Shichang; Karte S.78; 58 Gongrentiyuchang Beilu; 工体北路 58 号; ⏲10–21 Uhr; S Tuanjiehu) Fünf Stockwerke mit wirklich allem, was man brauchen könnte, und bei Expats und Touristen beliebt. Hartnäckig feilschen.

DASHILAR & SÜD-XICHENG

Liulichang Xijie ANTIQUITÄTEN

(琉璃厂; Liulichang) Beijings Topadresse für Antiquitäten liegt nicht weit westlich von Dashilar und lohnt einen Bummel wegen der malerischen, wenn auch aufgehübschten Atmosphäre eines alten Dorfes und der (weitgehend gefälschten) Antiquitäten. Neben gefälschten, einfarbigen Qing-Schalen und Kitsch aus der Kulturrevolution gibt's hier auch alte chinesische Bücher, Malereien, Pinsel, Tinte und Papier zum Stöbern. Die Verkäufer sind manchmal aufdringlich und die Preise astronomisch hoch. Wer ein Siegel haben möchte, kann es sich hier schnitzen lassen. Am Westende der Liulichang Xijie verhökern Händler in wackligen Ständen Nippes, buddhistische Statuen, Pamphlete und Poster aus der Kulturrevolution, gefälschtes *sancai* (dreifarbiges Porzellan) aus der Tang-Dynastie, Schuhe für geschnürte Füße, Seide, Kunsthandwerk, chinesische Drachen, Schwerter, Spazierstöcke, Türklopfer usw.

Ruifuxiang BEKLEIDUNG

(瑞蚨祥丝绸店; Ruifuxiang Sichoudian; Karte S.86; 5 Dazhalan Jie; ⏲9.30–20.30 Uhr; S Qianmen) Das bekannte Rufuxiang in einem historischen Gebäude in Dashilar ist eines der besten Seidengeschäfte der Stadt. Es beginnt bei 98 Yuan pro Meter, aber die meisten Stoffe sind teurer. Im ersten Stock wird traditionelle chinesische Kleidung verkauft. Es gibt eine Filiale an der Wangfujing Dajie (S.107) und eine weitere südlich des Trommelturms in der Di'anmenwai Dajie Nr. 51 (Karte S.70).

ℹ Praktische Informationen

Büro für Öffentliche Sicherheit

PSB (公安局; Gong'anju; Karte S.70; ☎8402 0101, 8401 5292; 2 Andingmen Dongdajie; ⏲ Mo–Sa 8.30–16.30 Uhr) Die Ausländerabteilung des PSA bearbeitet Visumverlängerungen; weitere Informationen auf S.1129. Das Visabüro ist im Obergeschoss.

Geld

Geldautomaten (取款机; *qukuanji*), die internationale Karten annehmen, gibt's viele, auch am Flughafen. Immer Bargeld mitnehmen, da Kreditkarten weit weniger akzeptiert werden, als man denkt.

Fremdwährungen und Travellerschecks können in den großen Filialen der Bank of China, CITIC Industrial Bank, Industrial & Commercial Bank of China (ICBC), HSBC, am Flughafen und an den Wechselschaltern in Hotels umgetauscht werden.

Internationale Überweisungen führen die Filialen der **Western Union** (www.westernunion.com) in der **Internationalen Post** und in der Chaoyang-Filiale der **Chinesischen Post** (3 Gongrentiyuchang Beilu) durch.

Nützliche Banken zum Geldwechseln sind u.a.:

Bank of China (中国银行; Zhongguo Yinhang) Lufthansa Center (Karte S.78; Erdgeschoss, Lufthansa Center Youyi Shopping City, 50 Liangmaqiao Lu); Novotel Peace Hotel (Karte S.62; Foyer, Novotel Peace Hotel, 3 Jinyu *hutong*); Oriental Plaza (Karte S.62; Oriental Plaza, Ecke Wangfujing Dajie & Dongchang'an Jie); Sundongan Plaza (Karte S.62; beim Haupteingang der Sundongan Plaza, Wangfujing Dajie); Swissotel (Karte S.78; 1. OG, Swissotel, 2 Chaoyangmen Beidajie)

Citibank (花旗银行; Huaqi Yinhang; Karte S.62; ☎6510 2933; 5. OG, Tower 2, Bright China Chang'an Gbd., 7 Jianguomennei Dajie)

HSBC (汇丰银行; Huifeng Yinhang; ☎6526 0668, 800 820 8878) China World Hotel (Karte S.78; Suite L129, Erdgeschoss, China World Hotel, 1 Jianguomenwai Dajie); COFCO Plaza (Karte S.78; Erdgeschoss, Block A, COFCO Plaza, 8 Jianguomennei Dajie); Lufthansa Center (Karte S.78; Erdgeschoss, Lufthansa Center, 50 Liangmaqiao Lu)

Industrial & Commercial Bank of China (ICBC; 工商银行; Gongshang Yinhang; Karte S.62; Wangfujing Dajie) Gegenüber dem Geldautomaten der Bank of China am Eingang zur Sundongan Plaza.

Internetzugang

Internetcafés (网吧; *wangba*) gibt's überall, obwohl einige versteckt in Nebenstraßen und über Geschäften liegen. Sie sind selten auf Englisch ausgeschildert, also die Schriftzeichen 网吧 merken. Sie sind meist 24 Stunden geöffnet. Die Standardgebühren betragen 3–5 Yuan pro Stunde. Man muss seinen Pass vorlegen und kann am Empfang fotografiert werden. Wir haben einige nützliche Internetcafés auf unseren Beijing-Karten mit dem @-Symbol gekennzeichnet.

Alle Hotels und Hostels, die wir in diesem Kapitel besprochen haben, bieten irgendeine Form von Internetzugang, und zahlreiche Bars und Cafés in Beijing verfügen über freies WLAN.

Karten & Stadtpläne

Die meisten Hotels und die Touristeninformation bieten kostenlose, auf Englisch beschriftete Stadtpläne von Beijing an. Auch die fremdsprachliche Buchhandlung und andere Buchläden mit englischen Titeln haben Stadtpläne. Aufdringliche Straßenhändler verhökern Stadtpläne mit chinesischen Schriftzeichen in der Nähe von U-Bahnstationen am Tiananmen-Platz und auf der Wangfujing Dajie. Der Beijing-Stadtplan für Touristen mit englischen und chinesischen Legenden ist zwar nicht sehr detailliert, aber recht nützlich.

Medizinische Versorgung

Apotheken (药店; *yaodian*) sind an einem grünen Kreuz zu erkennen und weit verbreitet.

Beijing Union Hospital (协和医院; Xiehe Yiyuan; Karte S. 62; ☎6529 6114, Notfälle 6529 5284; 53 Dongdan Beidajie, Dongcheng; ⊙24 Std.) Ein empfohlenes chinesisches Krankenhaus für stationäre und ambulante Behandlung und mit einer Apotheke. Zu den **International Medical Services** (国际医疗部; Guoji Yiliao Bu; ☎6915 4270; 6529 5284) gehen, einem Flügel, der für Ausländer reserviert ist; hier spricht das Personal (auch am Telefon) Englisch.

Hong Kong International Medical Clinic (北京香港国际医务诊所; Beijing Xianggang Guoji Yiwu Zhensuo; Karte S. 78; ☎6553 2288; www.hkclinic.com; 8. OG, Office Tower, Hong Kong Macau Center, Swissotel, 2 Chaoyangmen Beidajie, Chaoyang; ⊙9–21 Uhr, zahnärztliche Versorgung ⊙9–19 Uhr) Zahnärztliche und medizinische Klinik mit Englisch sprechendem Personal, die in einem guten Ruf steht. Die Preise sind niedriger als bei International SOS. Medizinische Beratungen kosten 680 Yuan. Hat auch nachts Bereitschaftsdienst, sodass rund um die Uhr angerufen werden kann.

International SOS (国际 SOS 医务诊所; Guoji SOS Yiwu Zhensuo; Karte S. 78; www.internationalsos.com; Suite 105, Wing 1, Kunsha Gbd., 16 Xinyuanli, Chaoyang; ⊙ Mo–Fr 9–20 Uhr, Sa & So 9–18 Uhr; ☎Kliniktermine 6462 9199, Zahnarzttermine 6462 0333, 24-Std.-Bereitschaftsdienst 6462 9100) Bietet 24-stündige medizinische Notfallversorgung in einer Klinik hoher Qualität mit Englisch sprechendem Personal. Zahnbehandlung 900 Yuan; medizinische Konsultation 1160 Yuan.

Post

Große Postämter (邮局; *youju*) sind im Allgemeinen von 8.30–18 Uhr geöffnet. Wir haben einige davon auf unseren Beijing-Karten eingetragen.

Briefe und Päckchen mit der Aufschrift „Poste Restante, Beijing Main Post Office" kommen am **Internationalen Postamt** (国际邮电局; Guoji Youdian Ju; Karte S. 78; ☎6512 8114; Jianguomen Beidajie, Chaoyang; ⊙8.30–18 Uhr) an. Übergroße Päckchen nach Übersee sollten von hier aus verschickt werden (Päckchen können in der Post gekauft werden); kleinere Päckchen (bis zu rund 20 kg) können auch von kleineren Postämtern versandt werden. Eingehende und ausgehende Päckchen werden geöffnet und geprüft. Soll ein Päckchen verschickt werden, erst verschließen, wenn es geprüft worden ist.

Express Mail Service (EMS; 快递; *kuaidi*) ist für registrierte Sendungen zu inländischen oder internationalen Zielen von den meisten Postämtern der Stadt aus möglich. Die Preise sind sehr günstig. Als Alternative gibt's den **Federal Express** (联邦快递; Lianbang Kuaidi; FedEx; Karte S. 78; ☎6561 2003, 800 810 2338; 1217, Turm B, Hanwei Bldg, 7 Guanghua Lu) in der Nähe des CBD; eine Filiale befindet sich in der **Wangfujing Dajie** (Karte S. 62; Zimmer 107, Bürogebäude Nur. 1, Oriental Plaza).

Reisebüros

China International Travel Service (CITS; 中国国际旅行社; Zhongguo Guoji Lüxingshe; Karte S. 62; ☎8511 8522; www.cits.com.cn; Zimmer 1212, CITS Bldg, 1 Dongdan Beidajie) Gut zum Buchen von Touren, obwohl diese meist für einheimische Touristen gedacht sind.

Touristeninformation

Hotels haben oft Informationsschalter für Touristen, aber die besten Reisetipps für unabhängige Reisende gibt's meist in Jugendherbergen.

Beijing Tourist Information Center (北京旅游咨询服务中心; Beijing Lüyou Zixun Fuwu Zhongxin; ⊙9–17 Uhr) Bahnhof Beijing (Karte S. 62; ☎6528 4848; 16 Laoqianju *hutong*); Hauptstadtflughafen (Karte S. 117; ☎6459 8148); Houhai-Seen (Karte S. 82; 49 Di'anmenxi Dajie; 地安门西大街 49 号); Wangfujing Dajie (Karte S. 62; 269 Wangfujing Dajie; 王府井大街 269 号; ⊙9–21 Uhr). Die englischen Sprachkenntnisse sind mäßig und die Informationen sehr simpel, aber immerhin sind kostenlose Stadtpläne erhältlich. Eine detaillierte Karte der *hutongs* um die Houhai-Seen, das in der Houhai-Filiale ausliegt, ist besonders hilfreich.

An- & Weiterreise

Die Reise in die Hauptstadt des Landes ist kein Problem. Beijing ist über Flug- und Bahnverbindungen an praktisch jede Stadt Chinas angebunden, und ganze Busflotten starten in viele Landesteile. Daher ist Beijing als Ausgangspunkt für eine Chinasreise ideal.

ZUG NACH TIBET

Nach Lhasa (拉萨; Lasa) in Tibet (西藏; Xizang) fährt der **T27** (Hartsitzer/Hartschläfer/Weichschläfer 389/766/1189 Yuan, 44 Std.), der den Beijinger Westbahnhof um 20.09 Uhr verlässt und etwas unter zwei Tagen braucht. In der Gegenrichtung verlässt der T28 Lhasa um 13.45 Uhr und kommt in Beijing-West um 8.07 Uhr an.

Natürlich müssen alle Genehmigungen für Tibet in Ordnung sein, bevor man den Zug besteigt.

Bus

Keine internationalen Busse fahren Beijing an; es gibt jedoch viele inländische Langstrecken, die von den zahlreichen Fernbusbahnhöfen bedient werden. Der **Fernbusbahnhof Bawangfen** (八王坟长途客运站; Bawangfen *changtu keyunzhan*; Karte S. 52; 17 Xidawang Lu) liegt im Osten der Stadt, 500 m südlich der U-Bahnstation Dawanglu. Zu den Zielorten gehören:

Baotou Schlafwagen 181 Yuan, 12 Std., 1-mal tgl. (18 Uhr)

Changchun 320 Yuan, 12 Std., 1-mal tgl. (18 Uhr)

Dalian 326 Yuan, 8½ Std., 2-mal tgl. (12 Uhr und 22 Uhr)

Harbin 301 Yuan, 14 Std., 1-mal tgl., aber nur, wenn genug Passagiere (17.30 Uhr)

Shenyang 165 Yuan, 9 Std., fahrplanmäßig (8–22 Uhr)

Tianjin 35 Yuan, 2 Std., fahrplanmäßig (9.30–18.30 Uhr)

Der **Fernbusbahnhof Sihui** (四惠长途汽车站; Sihui *changtu qichezhan*; Karte S. 52) liegt im Osten der Stadt, 200 m östlich der U-Bahnstation Sihui. Die Zielorte sind u.a.:

Baotou 180 Yuan, 12 Std., 1-mal tgl. (10.30 Uhr)

Chengde 85 Yuan, 4 Std., fahrplanmäßig (7–16 Uhr)

Dandong 220 Yuan, 12 Std., 1-mal tgl. (16 Uhr)

Jixian 30 Yuan, 2 Std., fahrplanmäßig (6.40–19.20 Uhr)

Der **Fernbusbahnhof Liuliqiao** (六里桥长途站; Liuliqiao *changtuzhan*; Karte S. 52) liegt im Südwesten der Stadt, eine U-Bahnstation nach dem Beijinger Westbahnhof. Zu den Zielorten gehören:

Datong 133 Yuan, 4½ Std., fahrplanmäßig (7.10–18 Uhr)

Hefei 380 Yuan, 13 Std., 1-mal tgl. (13.45 Uhr)

Luoyang 148 Yuan, 10 Std., 1-mal tgl. (19.30 Uhr)

Shijiazhuang 83 Yuan, 3½ Std., 2-mal tgl. (8 Uhr und 17.30 Uhr)

Xiamen 580 Yuan, 30 Std., jeden zweiten Tag (11 Uhr)

Xi'an 298 Yuan, 12 Std., 1-mal tgl. (17.45 Uhr)

Zhengzhou Sitz-/Schlafplatz 128/158Yuan, 8½ Std., Sitzplatz 8.30 Uhr, Schlafplatz 19 Uhr und 21 Uhr

Der **Fernbusbahnhof Lianhuachi** (莲花池长途汽车站; Lianhuachi *changtu qichezhan*; Karte S. 52) ist nur ein kurzes Stück zu Fuß vom Fernbusbahnhof Liuliqiao entfernt. Zielorte sind u.a.:

Anyang 120 Yuan, 6½ Std., 8–19 Uhr (fahrplanmäßig)

Luoyang 150 Yuan, 11 Std., 1-mal tgl. (18.30 Uhr)

Yan'an 251 Yuan, 14 Std., 1-mal tgl. (14.30 Uhr)

Der **Fernbusbahnhof Zhaogongkou** (赵公口汽车站; Zhaogongkou *qichezhan*; Karte S. 52) liegt im Süden, 10 Minuten Fußweg von der U-Bahnstation Liujiayao entfernt. Zielorte sind u.a.:

Ji'nan 129 Yuan, 5½ Std., 4-mal tgl. (6 Uhr, 8 Uhr, 11 Uhr und 12.40 Uhr)

Shanghai 340 Yuan, 16 Std. (16.30 Uhr)

Tianjin 30–35 Yuan, 2 Std., fahrplanmäßig (7–18 Uhr)

Flugzeug

Beijing hat direkte Flugverbindungen in die meisten Großstädte der Welt. Weitere Informationen siehe S. 1133.

Tägliche Flüge verbinden Beijing mit jeder größeren Stadt in China. Kleinere Städte in ganz China werden mindestens einmal pro Woche angeflogen. Die Preise sind abhängig davon, wann man fliegt und wann man bucht, aber als Faustregel gilt, dass ein innerchinesischer One-Way-Flug von Beijing zwischen 600 Yuan und 1200 Yuan kostet.

Für gute Angebote folgende Webseiten ansehen:

C-trip (www.ctrip.com)

eLong (www.elong.net)

Travel Zen (www.travelzen.com)

eBookers (www.ebookers.com)

Expedia (www.expedia.com)

Wer aus irgendeinem Grund nicht online gehen kann, kann Tickets auch persönlich bei der **Civil Aviation Administration of China** (中国民航; CAAC; Zhongguo Minhang; Aviation Bldg; 民航营业大厦; Minhang Yingye Dasha; Karte S. 82; ☎6656 9118, Inland 6601 3336, international 6601 6667; 15 Xichang'an Jie; ⏲7–14 Uhr) kaufen.

INTERNATIONALE ZÜGE

Mongolei

Zwei, manchmal drei direkte wöchentliche Züge fahren vom Bahnhof Beijing in die mongolische Hauptstadt Ulan-Bator (乌兰巴托; Wulanbatuo). Der **Trans-Mongolische (K3)** (Hartschläfer/Weichschläfer/Deluxe 1430/2056/2241 Yuan, 30 Std., 7.45 Uhr) nach Moskau fährt über Ulan-Bator und startet jeden Mittwoch. Inzwischen hat auch der **K23-Zug** eine Dienstags-Verbindung (1430/2056/2241 Yuan, 30 Std., 8.05 Uhr) und eine Samstags-Verbindung (1472/2056/2202 Yuan, 30 Std., 8.05 Uhr). Im Sommer fahren meist beide Züge, aber zu anderen Zeiten des Jahres ist es entweder der eine oder der andere. Nochmals beim CITS, dem Ticketbüro für internationale Züge prüfen.

In der anderen Richtung verlässt der **K4** Ulan-Bator am Dienstag um 7.15 Uhr und kommt in Beijing am Mittwoch um 14.04 Uhr an. Der **K24** verlässt Ulan-Bator um 8.05 Uhr entweder am Donnerstag, Freitag oder an beiden Tagen und trifft am folgenden Tag um 14.04 Uhr im Beijing ein.

Russland

Die Transsibirische Eisenbahn verkehrt von Beijing nach Moskau (莫斯科; Mosiki) auf zwei Strecken: der **Trans-Mongolischen (K3)** (4049/5962/6527 Yuan, siehe Mongolei oben) und der **Trans-Mandschurischen (K19)** (Hartschläfer/Deluxe 4473/6953 Yuan). Der K19 verlässt den Beijinger Bahnhof jeden Samstag um 23 Uhr und kommt am Freitag um 17.58 Uhr in Moskau an.

Der Gegenzug **K20** verlässt Moskau um 23.55 Uhr am Samstag und kommt in Beijing am Freitag um 5.32 Uhr an.

Vietnam

Von Beijing fahren zwei Züge pro Woche nach Hanoi (河内; Henei). Der **T5** (M2 in Vietnam) fährt donnerstags und sonntags um 15.45 Uhr vom Westbahnhof Beijing ab und kommt am Samstag und Mittwoch um 8.10 Uhr in Hanoi an.

In der anderen Richtung fährt der **T6** (M1 in Vietnam) am Dienstag und Freitag um 18.30 Uhr von Hanoi ab und kommt am Freitag und Montag um 24.07 Uhr in Beijing West an. Es gibt nur Weichschläfer-Tickets (2390 Yuan).

Informationen für alle Airlines sind an Beijings **Hauptstadtflughafen** (PEK; Karte S. 117; ☎von Beijing nur 962 580) erhältlich. Unter der Telefonnummer ☎6454 1100 gibt's Informationen zu Ankunfts- und Abflugszeiten für internationale Flüge und Inlandsflüge.

Zug

Es gibt keine speziell für Ausländer vorgesehenen Fahrkartenschalter mehr am Hauptbahnhof in Beijing, obwohl manchmal an einem Schalterfenster ein Schild „for foreigners" (für Ausländer) hängt. Danach Ausschau halten. Sonst an einer Schlange anstellen, aber mit ein paar chinesischen Wörtern wappnen oder, noch besser, eine chinesischsprachige Person das Gewünschte aufschreiben lassen, um dies dem Fahrkartenverkäufer zu zeigen. Die Fahrkartenverkäufer an den drei großen Bahnhöfen sprechen heute immer häufiger etwas Englisch, aber darauf ist kein Verlass.

Fast alle Hotels und Hostels können Bahnfahrkarten für ihre Gäste besorgen, natürlich gegen eine kleine Gebühr. Offizielle **Fahrkartenbüros** (火车票代售处; *huochepiao daishouchu*) sind über die ganze Stadt verteilt und berechnen eine sehr angemessene Gebühr von 10 Yuan pro Fahrkarte. Aber obwohl sie ein englisches Schild haben, sind Englischkenntnisse hier praktisch nicht vorhanden. Weitere Infos zu Zügen und Bahnreisen in China siehe S. 1142.

Der **Bahnhof Beijing** (北京站; Beijing Zhan; Karte S. 62) ist der zentralste von Beijings vier Hauptbahnhöfen und mit dem U-Bahnnetz verbunden. Hier halten vor allem Züge der T-Klasse *(tekuai)*, langsame Züge und nach Nordosten fahrende Züge; die meisten schnellen Züge in Richtung Süden fahren heute vom Beijinger Südbahnhof und vom Beijinger Westbahnhof ab. Langsamere Züge nach Shanghai gehen aber noch von hier ab.

Typische Beispiele für Züge (Hartschläfer, wenn nicht anders angegeben) sind u.a.:

Dalian Z-Serie, Weichschläfer 390 Yuan, 10½ Std. (20.46 Uhr)

Dalian T- und K-Serien, 260 Yuan, 12 Std. (18.07 Uhr und 20.06 Uhr)

Nordkorea

Es gibt vier wöchentliche Verbindungen nach Pjöngjang (平壤; Pingrang; Hartschläfer 1164–1214 Yuan, Weichschläfer 1692–1737 Yuan). Der **K27** und der **K28** fahren beide zweimal wöchentlich von Bahnhof Beijing ab, das heißt, dass es am Montag, Mittwoch, Donnerstag und Samstag einen Zug gibt. Jeder Zug fährt um 17.30 Uhr ab und kommt am folgenden Tag um 19.30 an.

Gegenzüge verlassen Pjöngjang um 10.10 Uhr am Montag, Mittwoch, Donnerstag und Samstag und kommen am nächsten Tag um 8.31 Uhr in Beijing an.

Visa, Tickets & Touren

Visa sind an diesen Grenzübergängen nicht zu bekommen. Dafür muss im Voraus gesorgt werden.

Man kann internationale Tickets an Beijinger Bahnhöfen nur über ein Reisebüro kaufen. Für die Mongolei, Russland und Vietnam sind sie bei dem hilfsbereiten **CITS** (China International Travel Service; 中国国际旅行社; Zhongguo Guoji Lüxingshe; Karte S. 62; ☎6512 0507; Beijing International Hotel, 9 Jianguomennei Dajie, Dongcheng; ⏲ Mo–Fr 9–12 Uhr & 13.30–15 Uhr, Sa & So 9–12 Uhr), hinten links in der Empfangshalle des Hotels, einen Häuserblock nördlich vom Beijinger Bahnhof, zu bekommen.

Für Nordkorea gibt's die Tickets beim Büro des **CRTS** (China Railway Travel Service; 中国铁道旅行社; Zhongguo Tiedao Lüxingshe; Karte S. 52; ☎5182 6541; 20 Beifengwo Lu; 北蜂窝路 20 号; ⏲9–16 Uhr). Kein englisches Schild vorhanden, aber es liegt gegenüber dem leicht zu findenden Tianyou Hotel (天佑大厦; Tianyou Dasha). Die U-Bahnstation Militärmuseum über den Ausgang C1 verlassen, in die erste rechts gehen, dann liegt das CRTS zur Linken (10 Min.).

Tickets für die Transsibirische/Mongolische/Mandschurische Bahn können von zu Hause aus über **Intourist Travel** (www.intourist.com), das Filialen im Vereinigten Königreich, den USA, Kanada, Finnland und Polen hat, gekauft werden.

Hilfe bei der Buchung einer Tour nach Nordkorea bietet Beijings führende Agentur für dieses Gebiet, **Koryo Tours** (www.koryogroup.com).

Datong K-Serie, 108 Yuan, 6 Std. (fahrplanmäßig)

Harbin D-Serie, Weichsitzer, 267 Yuan, 10 Std. (7.13 Uhr, 13.51 Uhr und 2.18 Uhr)

Harbin T-Serie, 281 Yuan, 12 Std. (16.50 Uhr und 21.26 Uhr)

Jilin T-Serie, 263 Yuan, 12 Std. (19.10 Uhr)

Shanghai T-Serie, Weichschläfer, 327 Yuan, 14 Std. (16.56 Uhr und 19.28 Uhr)

Der **Westbahnhof Beijing** (西站; *xi zhan*; Karte S. 52) ist riesig. Zur Zeit der Recherche lag er an der noch nicht angeschlossenen U-Bahn-Linie 9, deshalb war es besser, die Station Militärmuseum der Linie 1 zu nehmen (die Station über Ausgang D verlassen und nach links wenden, dann wieder links und weitergehen; 15 Minuten). Bei Erscheinen des Buches sollte die Linie 9 jedoch an das übrige U-Bahnnetz angeschlossen sein.

Von Beijing-West fahren schnelle Z-Serien-Züge ab, wie die folgenden (die Preise beziehen sich auf Weichschläfer, wenn nicht anders angegeben):

Changsha 529 Yuan, 13 Std. (18.16 Uhr)

Fuzhou 458 Yuan, 20 Std. (15.08 Uhr)

Hankou (Wuhan) 429 Yuan, 10 Std. (10.54 Uhr und 21.12 Uhr)

Kowloon (Hong Kong) 488 Yuan, 24 Std. (Zug Q97, 13.08 Uhr)

Lanzhou Z- und T-Serien, Hartschläfer 345 Yuan, 17 Std. (14.31 Uhr und 20.09 Uhr)

Nanchang Hartschläfer 319 Yuan, 11½ Std. (19.45 Uhr, 20 Uhr und 20.06 Uhr)

Wuchang (Wuhan) Hartschläfer 281 Yuan, 10 Std. (21 Uhr und 21.06 Uhr)

Xi'an Hartschläfer 270–290 Yuan, 11–12 Std. (20.03 Uhr und 20.48 Uhr)

Weitere typische Preise für Hartschläfer-Tickets sind u.a.:

Changsha T- und K-Serien, 345 Yuan, 14 Std. (fahrplanmäßig)

Chengdu T- und K-Serien, 418–469 Yuan, 26–31 Std. (9 Uhr, 11.08 Uhr, 18.29 Uhr und 21.52 Uhr)

Chongqing T- und K-Serien, 409–458 Yuan, 25–30 Std. (5-mal tgl.)

Guangzhou T- und K-Serien, 458 Yuan, 21 Std. (5-mal tgl.)

Guiyang T-Serie, 490 Yuan, 29 Std. (15.58 Uhr und 16.57 Uhr)

Kunming T-Serie, 578 Yuan, 38 Std. (16.37 Uhr)

Shenzhen T- und K-Serien, 467 Yuan, 24–29 Std. (20.12 Uhr und 23.45 Uhr)

Shijiazhuang D-Serie, 2. Klasse-Sitz 82 Yuan, 2 Std. (fahrplanmäßig)

Ürümqi T-Serie, 569 Yuan, 34 Std. (10.08 Uhr)

Xi'an T-Serie, 274 Yuan, 13–14 Std. (fahrplanmäßig ab 14 Uhr)

Xining T-Serie, 379–430 Yuan, 20–24 Std. (13.59 Uhr und 20.09 Uhr)

Yichang K-Serie, 319–333 Yuan, 21½ Std. (13.35 Uhr und 23.11 Uhr)

Der **Südbahnhof Beijing** (南站; *nan zhan*; Karte S. 52) ist ultramodern und mit der Linie 4 an das U-Bahnnetz angeschlossen. Von hier aus fahren Hochgeschwindigkeitszüge zu Zielen wie Tianjin, Shanghai, Hangzhou und Qingdao. Preisbeispiele:

Fuzhou D-Serie, 2. Klasse-Sitz 676 Yuan, 15 Std. (7.50 Uhr)

Hangzhou G-Serie, 2. Klasse-Sitz 631 Yuan, 6 Std. (fahrplanmäßig)

Ji'nan G-Serie, 2. Klasse-Sitz 185 Yuan, 1½ Std. (fahrplanmäßig)

Nanjing G-Serie, 2. Klasse-Sitz 445 Yuan, 4 Std. (fahrplanmäßig)

Qingdao G- und D-Serien, 2. Klasse-Sitz 250–315 Yuan, 5 Std. (fahrplanmäßig)

Shanghai (Bahnhof Hongqiao) G-Klasse-Züge, 2. Klasse-Sitz 555 Yuan, 5½ Std. (fahrplanmäßig)

Suzhou G-Serie, 2. Klasse-Sitz 525 Yuan, 5 Std. (fahrplanmäßig)

Tianjin C-Serie, 55 Yuan, 30 Min. (fahrplanmäßig)

Der **Nordbahnhof Beijing** (北站; *bei zhan*; Karte S. 52) liegt eine kurze Strecke zu Fuß nördlich der U-Bahnstation Xizhimen und ist viel kleiner. Zu den Zielorten gehören:

Badaling Große Mauer Hart-/Weichsitzer 7/10 Yuan, 75 Min. (fahrplanmäßig)

Hohhot K-Serie, Hartschläfer 137 Yuan, 9 Std. (23.47 Uhr)

Unterwegs vor Ort

Auto

Siehe unser Kapitel über die Große Mauer (S. 123) für mehr Infos über Autovermietungen.

Die **Kfz-Zulassungsstelle** (车管所; *cheguansuo*; Karte S. 117; ☎6453 0010; ⊙9–18 Uhr) im Erdgeschoss von Terminal 3 im Hauptstadtflughafen – zu erkennen am Schild „Traffic Police" – gibt befristete Führerscheine für die Verwendung im Stadtgebiet von Beijing aus. Antragsteller müssen zwischen 18 und 70 Jahre alt sein und ein befristetes chinesisches Visum (drei Monate oder weniger) besitzen. Die unkomplizierte Bearbeitung dauert 30 Minuten und kostet 10 Yuan.

Bus

Beijings Busse (公共汽车; *gonggong qiche*) waren schon immer zahlreich und sehr billig (ab 1 Yuan), aber sie sind nun auch zunehmend leichter für Leute, die kein Chinesisch sprechen, zu benutzen, mit Magnetkarten, Ansagen auf Englisch und Haltestellenschildern in Pinyin und in chinesischer Schrift. Aber da es immer noch ein abenteuerliches Unterfangen ist, erfolgreich von A nach B zu gelangen, und die Busse noch so überfüllt sind wie eh un je, sind dort nur selten Ausländer anzutreffen.

Wer eine Netzkarte benutzt (siehe den Abschnitt über die U-Bahn), bekommt 60 % Rabatt auf alle Fahrten. Nützliche Strecken sind:

4 Verkehrt über die Chang'an Jie, Jianguomenwai Dajie und Jianguomennei Dajie: Gongzhufen, Junshi Bowuguan, Muxidi, Xidan, Tiananmen-West, Dongdan, Yong'anli, Bawangfen, Sihuizhan

5 Deshengmen, Di'anmen, Beihai-Park, Xihuamen, Zhongshan Park, Qianmen

20 Beijing-Südbahnhof, Tianqiao, Dashilar, Tiananmen-Platz, Wangfujing, Dongdan, Beijing-Bahnhof

52 Beijing-Westbahnhof, Muxidi, Fuxingmen, Xidan, Tor zum Himmelsfrieden, Dongdan, Beijing-Bahnhof, Jianguomen

103 Beijing-Bahnhof, Dengshikou, Chinesische Kunstgalerie, Verbotene Stadt (Nordeingang), Beihai-Park, Fuchengmen, Beijing-Zoo

332 Beijing-Zoo, Weigongcun, Renmin Daxue, Zhongguancun, Haidian, Beijinger Universität, Sommerpalast

2 Qianmen, Richtung Norden Dongdan Beidajie, Dongsi Nandajie, Dongsi Beidajie, Lamakloster, Zhonghua Minzu Yuan (Ethnische-Minderheiten-Park), Dorf der Asiatischen Spiele

Fahrrad

Siehe Aktivitäten (S. 90).

Vom/zum Flughafen Nanyuan

Der sehr kleine **Flughafen Nanyuan** (南苑机场; Nanyuan Jichang; NAY; Karte S. 117; ☎6797 8899; Jingbeixi Lu, Nanyuan Zhen, Fengtai-Distrikt; 丰台区南苑镇警备西路(警备东路口)) sieht eher wie ein Busbahnhof in der Provinz als wie ein Flughafen aus, bedient aber nicht wenige inländische Strecken. Die Flughafeneinrichtungen beschränken sich auf ein paar Läden und Imbissbuden, und die Englischkenntnisse sind minimal.

Der **Shuttlebus** (机场巴士; *jichang bashi*) fährt nach Xidan (西单; 16 Yuan; 2 Std.; 11.15–12.50 Uhr), von wo aus man mit der U-Bahn weiterfahren kann.

Ein **Taxi** kostet rund 60 Yuan zur Gegend um den Tiananmen-Platz. Fahrer, die Fluggäste ansprechen, ignorieren. An der offiziellen Taxischlange anstellen, und darauf achten, dass der Fahrer den Taxameter (打表; *da biao*) anstellt.

Vom/zum Hauptstadtflughafen

Der **Airport Express** (机场快轨; Jichang Kuaigui; einfache Fahrt 25 Yuan; 30 Min.), auch geschrieben als ABC (Airport Beijing City), ist schnell und angenehm und verbindet die Terminals 2 und 3 mit Beijings U-Bahnnetz an den Stationen Sanyuanqiao (Linie 10) und Dongzhimen (Linien 2 und 13). Die Züge fahren alle paar Minuten. Die Fahrzeiten sind wie folgt: Terminal 3 (6.21–22.51 Uhr); Terminal 2 (6.35–23 Uhr); Dongzhimen (6–22.30 Uhr).

Ein **Taxi** (mit Taxameter) sollte vom Flughafen zur Stadtmitte 80–100 Yuan kosten, einschließlich der 15 Yuan Maut für die Schnellstraße zum Flughafen; mit 30 Minuten bis zu einer Stunde bis in die Stadt rechnen. Zu den Taxiständen gehen und nicht von Fahrern ansprechen lassen. Im Taxi darauf achten, dass die Fahrer das Taxameter (打表; *da biao*) angestellt hat. Sinnvoll ist es auch, den Namen des Hotels auf Chinesisch geschrieben dem Fahren zu zeigen. Nur wenige Taxifahrer sprechen Englisch.

Es gibt 10 verschiedene Strecken für **Flughafen-Shuttlebusse** (机场巴士; *jichang bashi;* einfache Fahrt 16 Yuan), darunter die unten aufgeführten. Sie alle fahren von allen drei Terminals ab und verkehren zwischen etwa 5 Uhr und Mitternacht.

Linie 1 Nach Fangzhuang (方庄), über Dabeiyao (大北窑) zum CBD (国贸; *guo mao*)

Linie 3 Zum Bahnhof Beijing (北京站; Beijing Zhan), über Dongzhimen (东直门), Dongsishitiao (东四十条) und Chaoyangmen (朝阳门)

Linie 7 Zum Westbahnhof Beijing (西站; *xi zhan*)

Linie 10 Zum Südbahnhof Beijing (南站; *nan zhan*)

Busverbindung nach Tianjin (天津, 80 Yuan, 2½ Std., 8–22 Uhr stündl.)

U-Bahn

Das gewaltige und jedes Jahr größer werden **Beijinger U-Bahnnetz** (地铁; ditie; www.bjsubway.com; pro Fahrt 2 Yuan; ⌚6–23 Uhr) ist modern, leicht zu benutzen und billig. Eine **Netzkarte** (交通一卡通; *jiaotong yikatong;* rückzahlbare Kaution von 20 Yuan) empfiehlt sich, wenn man nicht jedes Mal für die Karten Schlange stehen will. Die Karte macht die U-Bahnfahrten nicht billiger, dafür gibt's damit einen Rabatt von 60 % auf alle Busfahrten innerhalb der Stadt Beijing. In diesem Buch ist im Anhang eine herausnehmbare Karte des U-Bahnnetzes angebracht.

> **TAXI-TRICKSER**
>
> Am Flughafen operiert eine gut organisierte, illegale Taxi-Mafia. Die Fahrer verlangen von ahnungslosen Fahrgästen 300 Yuan und mehr für die Fahrt in die Stadt. Vorsicht vor Fahreren, die sich anbieten – einfach ignorieren. Am Taxistand draußen anstellen dauert länger, ist aber sicherer.

Taxi

Taxis (出租车; *chuzuche*) sind überall, obwohl es problematisch sein kann, zu Stoßzeiten und bei Regen eines zu finden. Es kann zwischen 20 Uhr und 22 Uhr – der Primetime für Leute, die nach dem Essen in einem Restaurant nach Hause fahren wollen – auch länger als üblich dauern, eines herbeizuwinken.

Die Mindestgebühr beträgt 10 Yuan und gilt für drei Kilometer. Danach kostet es 2 Yuan pro Kilometer. Die Fahrer addieren noch eine kleine Pauschale für Treibstoffzuschlag (meist 3 Yuan). Nachts sind die Preise etwas höher.

Die Fahrer sprechen selten Englisch, deshalb ist es wichtig, den Namen und die Adresse, zu der es gehen soll, schriftlich in chinesischen Schriftzeichen dabei zu haben. Immer daran denken, die Visitenkarte des Hotels dabei zu haben, um am Ende der Nacht heil nach Hause zu finden.

Von Gesetzes wegen müssen Taxifahrer den Taxameter (打表; *da biao*) anstellen. Wenn sie sich weigern, aussteigen und ein anderes Taxi nehmen. Eine Ausnahme sind lange Fahrten aus der Stadt heraus, beispielsweise zur Großen Mauer, wofür die Preise im Voraus abgemacht werden (aber nicht im Voraus bezahlen!). Für Taxiunternehmen in Beijing siehe unser Kapitel Große Mauer (S. 123).

RUND UM BEIJING

Die Große Mauer 长城

Siehe unser Kapitel über die Große Mauer (S. 120) für Ausflüge zur Großen Mauer.

Ming-Gräber 

Die unter dem Schutz der Unesco stehenden Ming-Gräber (十三陵; Shisan Ling; Karte S. 117) sind die Ruhestätte für 13 der 16 Kaiser der Ming-Dynastie und bieten das Ziel für einen faszinierenden Halbtagsausflug. Die verstreut liegenden Gräber – jedes ein riesiger, tempelähnlicher Komplex, der einen gewaltigen Grabhügel in seinem Rücken bewacht – grenzen hinten an den Südhang des Tianshou-Berges. Nur drei der 13 Gräber sind für das Publikum geöffnet, und nur bei einem sind die unterirdischen Grabkammern freigelegt. Aber was zu sehen ist, ist beeindruckend und lässt ahnen, wie viele unvorstellbar wertvolle Schätze dort noch begraben sein müssen.

Chang Ling (长陵; Eintritt 45 Yuan, Audioguide 50 Yuan), die Ruhestätte des ersten von 13 Kaisern, die hier bestattet sind, enthält die Leichname des Kaisers Yongle (1402–1424), seiner Gemahlin und von 16 Konkubinen und ist das größte, eindrucksvollste und bedeutendste der Grabmäler. Das beherrschende Gebäude in dieser Anlage ist die auf einem dreistufigen Mamorsockel errichtete **Halle der himmlischen Gunst** (灵恩殿; Ling'en Dian), in der eine neuere Statue von Yongle, mehrere im Ding Ling ausgegrabene Artefakte sowie eine atemberaubend schöne Innenausstattung mit gewaltigen *nanmu*-(Zedernholz)-Säulen. Wie bei allen drei zugänglichen Gräbern kann der **Seelenturm** (明楼; Ming Lou) hinter der Grabanlage wegen der schönen Aussicht auf die Berge der Umgebung bestiegen werden.

Ding Ling (定陵; Eintritt 65 Yuan, Audioguide 50 Yuan), der letzte Ruheplatz von Kaiser Wanli (1572–1620) sowie seiner Gemahlin und seinen Konkubinen, ist auf den ersten Blick weniger beeindruckend als Chang Ling, weil viele der Hallen und Tore zerstört worden sind. Zahlreiche kostbare Grabbeigaben sind ruiniert, weil sie sich in einem riesigen, unversiegelten Lagerraum befanden, in den Wasser drang, und was an Schätzen übrig geblieben war – darunter die Särge von Kaiser Wanli und seinem Gefolge – wurden von Roten Garden während der Kulturrevolution geplündert und verbrannt. Es ist jedoch das einzige Grab, in dessen unterirdische Grabkammern man hinabsteigen kann. An Hinweistafeln um das Grab herum kann nachvollzogen werden, wie Archäologen à la Indiana Jones den Weg fanden, indem sie Hinweisen folgten, die sie auf einer geritzten Tafel fanden.

Zhao Ling (昭陵; Eintritt 35 Yuan) ist die kleinste Grabanlage, und viele der Gebäude sind Nachbauten neueren Datums. Aber sie ist viel weniger frequentiert als die anderen zwei und darum nicht überlaufen, und die **Befestigungsmauer** (宝Ei成; *bao cheng*), die den Grabhügel dahinter umgibt, ist in Größe und Form ungewöhnlich. Das Grab, die Ruhestätte von Kaiser Longqing (1537–1572), liegt am Ende des kleinen und gespenstisch ruhigen Dorfes Zhaoling Cun (昭陵村).

Der **Seelenweg** (神道; Shen Dao; Eintritt 35 Yuan) ist die Straße, die einst zu den Gräbern führte, heute ist sie ein Fußgängerweg. Sie beginnt im Süden mit einem dreifachen Triumphbogen, bekannt als das **Große Palasttor** (大宫门; Dagong Men), und führt durch den **Stelenpavillon** (碑亭; Bei Ting), in dessen Innerem sich ein riesiges *bixi* befindet, auf dem die größte Stele in China ruht. Zu beiden Seiten sind als Ehrengarde zwölf Paare steinerner Tier- und Wächterskulpturen aufgereiht.

Essen

Ein kleines Restaurant (chinesische Speisekarte) befindet sich auf dem Parkplatzgelände am Ding Ling und ein Café etwas näher am Grabeingang.

An- & Weiterreise

Bus 872 (9 Yuan, 1 Std., 7.10–19.10 Uhr) verkehrt regelmäßig von der Nordseite des **Deshengmen-Tores** (德胜门; Karte S. 82) und hält an allen wichtigen Sehenswürdigkeiten, außer am Zhao Ling, bevor die Fahrt am Chang Ling, dem Hauptgrab, endet. Der letzte Bus fährt um 18 Uhr zurück.

Es ist leicht, von einem Bus in den anderen zu steigen. Am Chang Ling, dem Hauptgrab beginnen, dann in Bus 872 (2 Yuan) oder 314 (1 Yuan) zum Ding Ling fahren, dann weiter mit Bus 67 (1 Yuan) zum Zhao Ling. Mit Bus 67 wieder zur Haltestelle Hu Zhuang (胡庄), von wo aus man entweder den Bus 872 zurück nach Beijing nimmt oder den Seelenweg hinuntergeht, um die Steinstatuen zu sehen. Am anderen Ende des Seelenwegs befindet sich die Haltestelle Da Gong Men (大宫门), wo es auch möglich ist, in den 872 zurück nach Beijing zu steigen.

Region Beijing

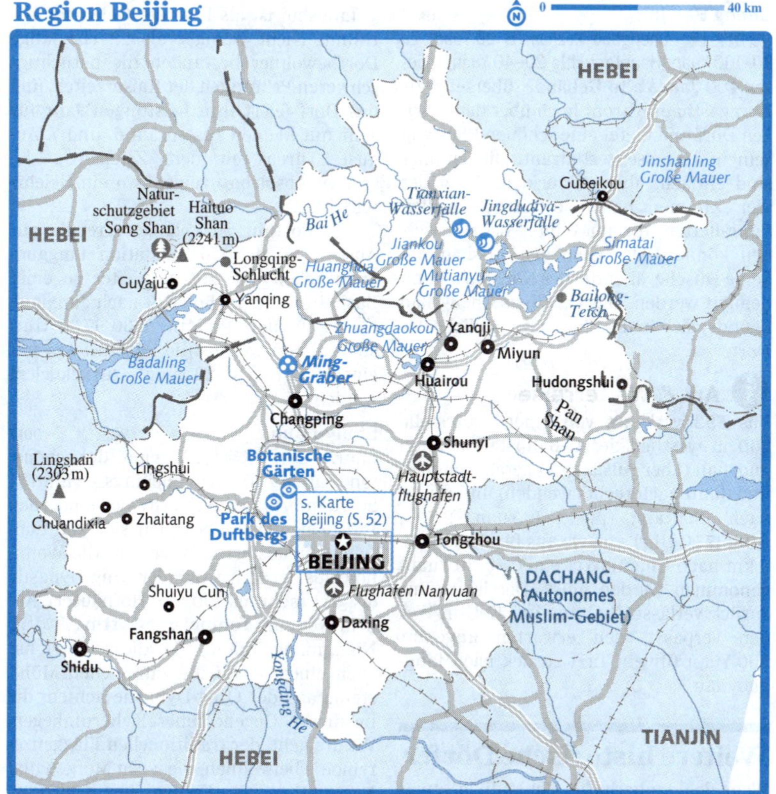

Chuandixia 爨底下

Eingebettet in ein 90 km westlich von Beijing gelegenes Tal und von hohen Gipfeln überragt, liegt das Dorf Chuandixia (Eintritt 35 Yuan), eine großartige Ansammlung von historischen Hofhäusern mit dem Charme der alten Welt. Die Kulisse ist herrlich: Terrassierte Obstgärten und Felder mit alten Häusern und Wegen, die sich an den Hang klammern. Zwei Stunden sind mehr als genug für einen Bummel im Dorf, denn es ist nicht groß, wer aber über Nacht bleibt, kann das historische Flair genießen, ohne von all den Tagesausflüglern dabei gestört zu werden.

An den Mauern sind noch **maoistische Slogans** zu sehen, und in den umliegenden Bergen gibt es **Tempel** zu erkunden, aber die Hauptattraktion sind hier die **Hofhäuser** und die Treppen und Wege, die sie miteinander verbinden. Viele der Häuser stammen aus der Qing-Dynastie, einige noch aus Ming-Zeiten, und manche sind in kleine Restaurants oder Pensionen umgewandelt worden, was bedeutet, dass man in einem 500 Jahre alten chinesischen Hofhaus essen, Tee trinken oder auch übernachten kann.

Essen & Schlafen

Restaurants und Pensionen sind auf Englisch ausgeschildert, also leicht zu finden. Die meisten Restaurants haben englische Speisekarten.

Cuan Yun Inn GASTHAUS
(爨韵客栈; Chuanyun *kezhan*; 23 Chuandixia-Dorf; 爨低下村 23 号; Hauptgerichte 20–40 Yuan; ⏲6.30–20.30 Uhr) In diesem Lokal schmeckt die Dorfspezialität, gebratene Lammkeule (烤羊腿; *kao yang tui;* 150 Yuan), besonders gut. Auf der rechten Seite der Hauptstraße, wenn man in das Dorf kommt.

Cheng Bao Inn GASTHAUS

(城堡客栈; Chengbao *kezhan*; B 20 Yuan, Zi. 80–100 Yuan; Hauptgerichte 20–40 Yuan) Dieses 400 Jahre alte Gebäude, übersetzt als Burggasthaus, thront hoch über dem übrigen Dorf und bietet eine schönen Blick von seinem Terrassenrestaurant. Die Zimmer sind einfach, aber entzückend. Zwei der vier Zimmer haben die traditionellen *kang*-Betten, die im Winter beheizt werden können. Das Gemeinschaftsbad hat keine Dusche, aber die des Nachbarn kann benutzt werden. Das Gasthaus Cheng Bao befindet sich in der oberen linken Ecke des Dorfes.

An- & Weiterreise

Bus 892 verkehrt von einer Haltestelle 200 m westlich der U-Bahnstation Pingguoyuan (über Ausgang D herauskommen und dann nach rechts wenden) und weiter nach Zhaitang (斋堂; 16 Yuan, 2 Std., 6.30–17.50 Uhr), von wo aus für die letzten 6 km nach Chuandixia ein Taxi (20 Yuan) genommen werden muss. Der letzte Bus zurück verlässt Zhaitang um 17 Uhr. Wer den verpasst, den erwarten ungefähr 200 Yuan für ein Taxi zurück nach Pingguoyuan.

Weitere historische Dörfer

Wem das zauberhafte Chuandixia etwas zu touristisch ist, für den erfüllen vielleicht diese drei weniger bekannten Glanzstücke den Zweck. Übernachtungsmöglichkeiten gibt's in Lingshui oder Shuiyu unter Schildern wie 农家院 (*nongjiayuan;* Dorfgasthaus). In Guyaju kann man nicht übernachten, obwohl manch ein Traveller in den Höhlen geschlafen hat. Das ist aber mit ziemlicher Sicherheit nicht erlaubt.

Lingshui DORF

In dem mit Geschichte vollgepackten, hübschen Dort Lingshui (灵水村) steht Beijings ältester Tempel: der **Lingquanchan-Tempel** (灵泉禅寺; Lingquanchan Si). Er liegt in Ruinen, das Haupttor ist so ziemlich alles, was von ihm überdauert hat, aber er stammt aus der Han-Dynastie (206 v. Chr.–220 n. Chr.). Auch der **Tempel des Drachenkönigs** (龙王庙; Longwang Miao) und der **Tempel der Göttin** (娘娘庙; Niangniang Miao), die miteinander verbunden sind und vor denen ein Paar uralter miteinander verschlungener Bäume stehen, sind zu besichtigen.

Lingshui ist als Dorf der Gelehrten berühmt. Nicht weniger als 22 ehemalige Dorfbewohner bestanden die berüchtigt schweren Prüfungen der Kaiserzeiten, und das Dorf feiert ihre Leistungen Jahr für Jahr mit kleinen Festen am 6. und 7. August. Türen mit dem Zeichen „举人„ (*juren;* Absolvent) zeigen, wo ein Gelehrter lebte.

Um dorthin zu gelangen, rechts aus Ausgang D der U-Bahnstation Pingguoyuan gehen und 200 m weiter zu einer Bushaltestelle. In Bus 829 nach Junxiang (军响, 12 Yuan, 90 Min., 6.30–17.30 Uhr) steigen, von wo aus die letzten 5 km mit einem Taxi (10–20 Yuan) zurückgelegt werden.

Shuiyu Cun DORF

Shuiyu Cun (水峪村) ist eines der schönsten alten Dörfer Beijings (Eintritt 20 Yuan). An der Westseite der modernen Hälfte des Ortes befinden sich die hübschen gepflasterten Wege und die Wohnhöfe aus der Ming- und der Qing-Dynastie (es gibt mehr als 100 alte Hofhäuser). Auf dem Weg zum **Tempel der Göttin** (娘娘庙; Niangniang Miao) – ja, dieses Dorf hat auch einen! – auf die zahlreichen Mühlsteine aus der Qing-Dynastie achten, die in dieser Gegend überall herumliegen. Wenn's geht, der traditionellen Flaggenzeremonie beiwohnen, die jeden Morgen und Nachmittag von Frauen aus dem Dorf durchgeführt wird.

Um dorthin zu gelangen, am Fernbusbahnhof Tianqiao (天桥长途汽车站; Tianqiao *changtu qichezhan*; Karte S. 86) den Bus 836 nehmen, der zur Bushaltestelle Fangshan Gouwu Zhongxin (房山购物中心, 11 Yuan, 90 Min., 5.40–20 Uhr) verkehrt, dann über die Straße zum Busbahnhof Fangshan (房山客运站; Fangshan *keyunzhan*) gehen und in den Bus 房 23 (*fang ershisan*) nach Shuiyu Cun (水峪村; 11 Yuan, 2 Std.) steigen. Für die Rückfahrt verlässt der letzte 房 Bus 23 Shuiyu um 16.20 Uhr.

Guyaju HÖHLENDORF

Guyaju (古崖居; Eintritt 40 Yuan) ist ein Rätsel; das uralte, verlassene Höhlendorf unbekannten Ursprungs ist in den Fels der wasserarmen Berge des Distrikts Yanqing gehauen und liefert reichlich Stoff für Geschichten. Mehr als ein Dutzend Höhlenwohnungen, die sich über fünf oder sechs Ebenen erstrecken, blicken auf die kahle Landschaft.

Wer nicht zu faul ist, über die in den Fels geschlagenen, steilen Treppen hochzuklettern, kann die angenehm kühlen Höhlen besichtigen, von denen einige aus zwei oder drei Einzelräumen bestehen. Einige der Höhlen in den oberen Ebenen sind abgeriegelt, doch es gibt immer noch genug zu besichtigen. Etwas zu essen mitbringen und an einem der seltsamsten Orte in Beijing picknicken.

Um hierher zu kommen, am Deshengmen-Tor (德胜门; Karte S. 82) Bus 919 (12 Yuan, 2 Std., 6–18 Uhr) nach Yanqing Dongguan (延庆东关) nehmen, dann in Bus 920 (5 Yuan, 40 Min., 6–18 Uhr) nach Dongmenying (东门营) umsteigen, das ungefähr 2 km Fußweg von Guyaju entfernt ist. Der letzte Bus 919 zurück zum Deshengmen-Tor verlässt Yanqing Dongguan um 17.30 Uhr.

Die Große Mauer

Inhalt »

Die Geschichte der Großen Mauer 120
Besuch der Mauer 121
Mutianyu 122
Jiankou 123
Huanghua Cheng 124
Zhuangdaokou 124
Jinshanling 125
Badaling 127

Wer nicht auf die Große Mauer gestiegen ist, ist kein wahrer Mann.

Mao Zedong

Die große Mauer (万里长城; Wanli Changcheng) ist Chinas größte architektonische Leistung und ein absolutes Muss einer jeden Chinareise. Sie zieht sich in Form scheinbar planlos verstreuter Reststücke durch die Mandschurei, durch die Provinz Liaoning, ist in der Wüste Gobi bis auf zarte Spuren vom Winde verweht, bis sie unter dem unerbittlichen Sand von Xinjiang schließlich ganz verschwindet.

Wenngleich sich die berühmtesten und am besten erhaltenen Mauerabschnitte über Berge und Hügel in der Umgebung von Beijing winden – diese Abschnitte stehen im Fokus dieses Kapitels – kann die Große Mauer auch in vielen anderen Provinzen Nordchinas sehr gut besichtigt werden. Details finden sich in den entsprechenden Kapiteln. Die Mauer ist eben kein durchgehendes Bauwerk, sondern ein Schutzwall, der aus isolierten Mauerabschnitten besteht, die steile Berge und andere natürliche Barrieren einbeziehen, an denen keine besonderen Befestigungen nötig waren.

Die Geschichte der Großen Mauer

Der Bau der „originalen" Mauer begann vor über 2000 Jahren in der Qin-Dynastie (221-207 v. Chr.), als Kaiser Qin Shihuangdi China vereinte. Bereits vorher hatten regionale Könige isolierte Mauern gebaut, um plündernde Nomaden fernzuhalten. Qin ließ die Mauerstücke durch Hunderttausende Arbeiter – viele waren politische Gefangene – miteinander verbinden. Die zehnjährige, harte Arbeit leitete General Meng Tian. Er baute den Kern der Mauer aus schätzungsweise 180 Mio. m³ gestampftem Lehm; nach der Überlieferung versetzt mit den Knochen verstorbener Arbeiter.

Pulverexplosionen oder der Rauch von Feuern aus Wolfsdung auf einer Kette von Wachtürmen leitete die Nachricht von eindringenden Feinden in kurzer Zeit bis zur Hauptstadt. Im Westen lag Jiayuguan als wichtige

Die Große Mauer

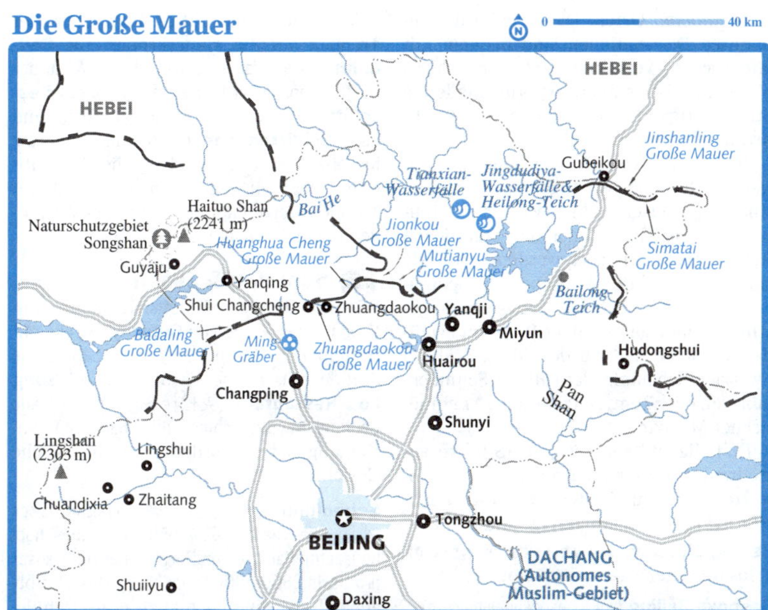

Verbindung zur Seidenstraße. Hier jagten die Zöllner unerwünschte Chinesen durch die Tore in den mit Schrecken behafteten wilden Westen.

Die Ingenieure der Ming-Dynastie bauten die langsam zerfallenden Bastionen neu: Sie verkleideten den Stampflehm mit rund 60 Mio. m^3 Ziegelsteinen und Steinplatten. Der Bau zog sich über einen Zeitraum von über 100 Jahren hin und kostete einen enormen Preis an Menschenleben und Geld. Die erhaltenen Postkartenmauern mit der Ziegelsteinverkleidung stammen aus dieser Zeit.

Obwohl die Mauer in einigen Fällen tatsächlich ihren Zweck erfüllte, versagte sie unterm Strich als undurchdringliche Abwehr völlig. Dschingis Khan bemerkte trocken: „Die Stärke einer Mauer wird durch die der Verteidiger bestimmt." Tatsächlich waren die Wachtposten ziemlich bestechlich – die Mongolische Armee überrannte sie ohne großen Widerstand und beherrschte China von 1279 bis 1368. Auch die Mandschu ließen sich nicht von der Mauer abhalten und herrschten 250 Jahre über das Reich der Mitte. Im 19. Jh. versagte die Mauer gänzlich, denn die „Barbaren" aus Europa kamen übers Meer. Als dann die Japaner das Land okkupierten, gab es bereits Flugzeuge und andere Kriegstechnik, gegen die Lehm- und Steinmauern völlig nutzlos waren.

Danach geriet die Mauer in Vergessenheit. Mao Zedong ließ sie als Steinbruch verwenden – das ist sie inoffiziell bis heute. Der Lehmkern ist geplündert, und die geformten Steine finden sich in Straßen, Dämmen und anderen Bauwerken wieder.

Ohne die Verkleidung verfielen lange Abschnitte zu Staub. Vermutlich wäre die Mauer ohne die Touristenindustrie längst völlig verschwunden. Inzwischen wurden mehrere wichtige Abschnitte restauriert oder rekonstruiert und mit Souvenirläden, Restaurants, Schlittenbahnen und Seilbahnen zugekleistert; und eine neue Generation fliegender Händler wartet auf die Touristen.

Besuch der Mauer

Badaling ist der am stärksten durch den Tourismus geprägte Abschnitt der Mauer, gleich gefolgt von **Mutianyu**. Teilweise renoviert und deutlich weniger kommerziell sind **Simatai, Jinshanling** und in geringerem Maß auch **Huanghua Cheng**. Nicht renovierte, „wilde" Abschnitte warten in **Jiankou, Zhuangdaokou** und an zahlreichen anderen Orten. Die meisten der genannten Destinationen sind bequem mit öffentlichen Verkehrsmitteln erreichbar. Manchmal ist es allerdings für das letzte Stück nötig, in ein Taxi oder einen Minivan umzusteigen.

Touren, die von Hostels oder spezialisierten Reisebüros angeboten werden, sind sehr viel empfehlenswerter als Touren, die von Hotels oder den staatlichen Reisebüros organisiert werden, denn sie sind besser auf die Wünsche der abenteuerlustigen westlichen Touristen abgestimmt und legen weniger Wert auf ermüdende „Abstecher" zu den Ming-Gräbern (was ziemlich häufig der Fall ist), Schmuckfabriken oder Zentren traditioneller chinesischer Medizin.

Fast alle im Beijing-Kapitel (S. 91) vorgestellten Hostels bieten auch empfehlenswerte Touren zur Großen Mauer an, ebenso wie folgende unabhängige Anbieter:

Beijing Sideways (www.beijingsideways.com) Trips im Seitenwagen eines Motorrades.

Bespoke Beijing (www.bespokebeijing.com)

Bike Beijing (www.bikebeijing.com) Mit dem Fahrrad zur Mauer.

Dandelion Hiking (www.chinahiking.cn)

SnapAdventures (www.snapadventures.com)

Mutianyu

Wie in Badaling wurde auch die Mauer bei **Mutianyu** (Erw./Student 45/25 Yuan; ⌚7-18.30, Winter 7.30-17.30 Uhr), 90 km nordöstlich von Beijing, jüngst renoviert. Da sie gut von Beijing erreichbar ist, ist die Zahl der Besucher hoch. Der Besuch lohnt sich besonders für Familien: Es gibt eine Seilbahn, Sessellifte und eine sehr beliebte Sommerschlittenbahn. Da Mutianyu weniger von Bussen angefahren wird als Badaling, bleibt die Zahl der Besucher dennoch überschaubar. Außerdem bieten sich angenehme Wandermöglichkeiten an.

Dieser 3 km lange Abschnitt der Mauer ist berühmt für die Wachtürme aus der Ming-Zeit; das jüngst restaurierte Mauerstück wurde während der Ming-Dynastie auf den Resten einer älteren Mauer der Nördlichen Qi errichtet. Die Mauer mit 26 Wachttürmen ist eindrucksvoll und gut zu bewältigen, auch wenn es manchmal ziemlich voll wird; die meisten fliegenden Souvenirhändler dürfen nur auf der unteren Ebene ihre Waren feilbieten.

Vom Ticketbüro führen drei oder vier Treppen auf die Mauerkrone; eine **Seilbahn** (缆车; *lan che;* einfach/hin & zurück 60/80 Yuan, Kinder zahlen die Hälfte), ein **Sessellift**(索道; *suodao*; einfach 50 Yuan) und eine **Schlittenbahn** (滑道; *hua dao*; Erw./Kinder 60/50 Yuan) machen die Besichtigung ideal für Menschen, die nicht gut Treppen steigen können, und zum Vergnügen für kleine Kinder.

Schlafen & Essen

Wie in Badaling befindet sich auch in Mutianyu eine Filiale von **Subway** (direkt unterhalb des Parkplatzes) und zahlreiche Stände mit frischem Obst. Das **Yi Song Lou Restaurant** (翼松楼餐厅; Yi Song Lou Canting; Hauptgerichte 20-50 Yuan; 🗐) am Eingang bereitet ordentliche chinesische Gerichte zu.

Schoolhouse FERIENHAUS €€€
(小园; Xiaoyuan; ☎6162 6505; www.theschoolhouseatmutianyu.com; Dorf Mutianyu; Häuser pro Nacht 2600-5000 Yuan; ❄📶) Das Hauptgebäude ist eine ehemalige Grundschule, etwa 1 km unterhalb des Parkplatzes von Mutianyu. Die Gäste schlafen in liebevoll restaurierten, auf dem Grundstück verteilten Gebäuden mit luxuriöser Ausstattung und mehreren Zimmern mit eigenem Bad. Gut für Familien oder Kleingruppen; exzellentes Essen.

Anreise nach Mutianyu

Bus 867 fährt von der **Haltestelle Dongzhimen Wai** (Karte S. 78; 东直门外车站; Dongzhimen Wai chezhan) zweimal am Morgen die direkte Strecke nach Mutianyu (nur 15. März bis 15. November; 16 Yuan, 2½ Std., 7 und 8.30 Uhr.); Rückfahrt ab Mutianyu zweimal am Nachmittag (14 und 16 Uhr).

Eine andere Möglichkeit ist die Fahrt über Huairou (怀柔). Von der **Verkehrsdrehscheibe Dongzhimen** (Karte S. 78; Dongzhimen shuniuzhan) bedient Bus 916 快 (das Schriftzeichen steht für „kuai" und bedeutet „schnell") die Strecke nach Huairou (12 Yuan, 1 Std., 6.30-19.30 Uhr). An der Haltestelle Mingzhu Guangchang (明珠广场) aussteigen (nicht auf Schlepper hören, die Touristen bereits vorher aus dem Bus locken wollen) und die erste Straße rechts nehmen. Dort stehen Minivans bereit, die Passagiere nach Mutianyu fahren (15 Yuan pro Person, 30 Min.).

Ab 18 Uhr stehen immer weniger Minivans für den Weg zurück zur Verfügung. Der letzte Bus 916 快 zurück nach Beijing fährt gegen 19 Uhr in Huairou ab.

Jiankou

Die wahrscheinlich großartigste Wanderstrecke entlang einem unvergleichlich „wilden" Mauerstück bei Beijing beginnt an der **Großen Mauer von Jiankou** (后箭扣长城; Hou Jiankou Changcheng; Eintritt 20 Yuan) und ist über Huairou zugänglich. Die Ausblicke auf das bröckelnde Ziegelmauerwerk der Großen Mauer, die sich von hier in beiden Richtungen durch eine Gebirgskette windet, sind ebenso faszinierend wie die großartige Landschaft. Allerdings ist dieser Mauerabschnitt nicht restauriert – die Besteigung ist nicht nur gefährlich, sondern in der Tat sogar verboten. Gute Schuhe mit sicherem Grip sind bei der Wanderungein absolutes Muss, und bei Regen, vor allem bei Gewitter, muss die Wanderung unbedingt ausfallen. Bei schönem Wetter sind Wandern und Campen an der Mauer dagegen eine fabelhafte Erfahrung.

Von der Haltestelle im Dorf Xizhazi (西栅子村; Xizhazi Cun) geht es eine Stunde bergauf bis zur Mauer. Der schmale Pfad führt durch einen herrlichen Kiefernwald. Dort angekommen nach Osten (links) wenden; die ganze Strecke bis Mutianyu nimmt zwei Stunden in Anspruch. Im Ort findet man leicht eine Transportmöglichkeit zurück nach Huairou oder sogar bis Beijing. Das Dorf Xizhazi besteht aus mehreren Teilen oder dui (队). Aus jedem führen Wege bis zur Mauer hinauf, doch der günstigste beginnt im ersten Teil des Dorfes (一队; yi dui). Man erreicht ihn, indem man über die Straße geht und dann direkt links nach dem Ticketbüro nach ihm Ausschau hält.

Schlafen & Essen

Die folgenden Unterkünfte sind freundlich geführt aber einfach ausgestattet, nicht in Englisch beschriftet und ohne Englisch sprechende Angestellte.

Jiankou Changcheng Nongjiayuan GÄSTEHAUS €
(箭扣长城农家院; ☎6161 1794, 136 9307 0117; Zi. 80-100 Yuan; ❄) Das erste *nongjiayuan* (农家院; Hofhaus im bäuerlichen Stil) steht gleich am Ortseingang von Xizhazi. Die Zimmer sind um einen Hof mit Gemüsebeeten angeordnet; sie sind einfach aber mit eigenem Bad; Essen.

Guohuai Dayuan GÄSTEHAUS €
(国槐大院; ☎137 1698 2205, 136 2136 2662; Zi. 80-120 Yuan; ❄) Das Gästehaus etwas weiter im Dorf hat ähnlich einfache, aber saubere Zimmer. Das Essen kostet pauschal 30 Yuan.

Anreise nach Jiankou

Wie bei der Fahrt nach Mutianyu, nimmt man den Bus 916 快 ab der **Verkehrsdrehscheibe Dongzhimen** (Karte S. 78; *dongzhimen shuniuzhan*) nach Huairou (12 Yuan, 1 Std., 6.30-19.30 Uhr) und steigt an der Haltestelle Mingzhu Guangchang (明珠广场) aus. Die Taxifahrt bis zum Dorf Xizhazi (西栅子村; Xizhazi Cun; einfach 100-130 Yuan, 1 Std.) muss vorher ausgehandelt werden.

TAXIS UND AUTOVERMIETUNGEN

Miles Meng (☎137 1786 1403; www.beijingtourvan.blog.sohu.com) ist ein freundlicher, zuverlässiger Fahrer, der Englisch spricht und mehrere ordentliche Wagen anbietet. Die Preise für eine Tagestour zur großen Mauer beginnen bei 600-700 Yuan pro Wagen (zum Mauerabschnitt von Mutianyu). Er setzt seine Fahrgäste an einer Stelle ab und holt sie – nach einer Wanderung von A nach B - am vereinbarten Punkt wieder ab. Die genauen Preise stehen in seinem Blog.

Mr. Sun (Sun Xiansheng; ☎136 5109 3753) spricht nur Chinesisch, ist aber sehr zuverlässig und sucht andere Fahrer, wenn er selbst beschäftigt ist. Er bietet Rundtrips zur Großen Mauer ab etwa 600 Yuan an.

Xin Lucheng (☎6235 5003) ist eine Taxigesellschaft in Beijing. Die Rundtouren zur Großen Mauer kosten etwa 500 Yuan; kein Englisch.

Hertz (Hezi; ☎800 988 1336, 5739 2000; www.hertzchina.com; ⌚Mo-Fr 8-20, Sa & So 9-18 Uhr) hat ein Büro am Terminal 3 im Flughafen Beijing. Mietwagen für Selbstfahrer *(zijia)* sind für einen Preis ab etwa 230 Yuan pro Tag (bis 150 km pro Tag; 20 000 Yuan Kaution) zu mieten. Auf S. 1138 steht, wie eine vorläufige Fahrerlaubnis erhältlich ist. Ein Wagen mit Fahrer *(daijia)* kostet ab 660 Yuan pro Tag.

Huanghua Cheng 黄花城

In **Huanghua Ching**, 77 km nördlich von Beijing, bleiben erstaunlicherweise die großen Massen aus. Daher können die Besucher in aller Ruhe die klassischen und gut erhaltenen Beispiele der Verteidigungsarchitektur der Ming bestaunen: hohe und breite Bollwerke, intakte Zinnenmauern und stabile Türme für die Signalfeuer. Die an einigen Stellen restaurierten Mauern sind in ihrem edlen Verfall völlig authentisch und weitgehend intakt. Nur die Bollwerke und einige Treppen zerfallen teilweise bereits zu Schutt.

Von der Straße entweder nach Westen (links) in Richtung Zhuangdaokou gehen oder nach Osten (rechts) über einen gefährlich steilen Abschnitt, der vom Staubecken aufsteigt und schließlich bis Jiankou und Mutianyu führt (dafür sollten drei Tage eingeplant werden). Der Weg ist aber nicht nur steil, sondern die Steine sind glatt gescheuert und sehr glitschig, und es sind keine Geländer vorhanden. Schuhe mit gutem Grip sind daher absolut unverzichtbar.

In westlicher Richtung geht's den Pfad hoch, der hinter dem Gästehaus Tenglong Fandian beginnt. Auch auf dieser Seite der Straße ist die Mauer steil und an manchen Stellen glatt und rutschig. Der Blick von oben über den Stausee und auf die Mauer auf der anderen Seite, die sich in den Bergen verliert, ist aber einfach großartig.

Schlafen & Essen

Tenglong Fandian PENSION €
(滕龙饭店; ☎6165 1929; Zi. ohne/mit Bad 50/80 Yuan) Nur eine der kleinen Pensionen am Ort. Die meisten liegen auf der Flussseite der Straße, doch dieses freundliche Haus schmiegt sich in den Hang auf der anderen Straßenseite (Zugang über eine Treppe, linker Hand vor der Mauer) und bietet schöne Ausblicke auf die Mauer. Die Zimmer für zwei bis drei Personen sind einfach, aber sauber. Das Personal spricht kein Englisch, aber das Restaurant mit einer Terrasse hat eine englische Speisekarte (Hauptgerichte 15-35 Yuan).

Anreise nach Huanghua Cheng

Der Bus 916 快 fährt von der **Verkehrsdrehscheibe Dongzhimen** (Karte S. 78; Dongzhimen shuniuzhan) nach Huairou (12 Yuan, 1 Std., 6.30-19.30 Uhr). Von der Haltestelle Nanhuayuan Sanqu (南花园三区) geht es etwa 200 m zu Fuß (eine Straße überqueren) bis zur nächsten Bushaltestelle Nanhuayuan Siqu (南花园四区). Hier hält der Bus nach Huanghua Cheng (8 Yuan, 1 Std., bis 18.30 Uhr); er hat keine Nummer. Auf der vorderen Windschutzscheibe klebt ein Plakat: 怀柔一黄花城 („von Huairou nach Huanghua Cheng"). Dieser Bus fährt nur einmal pro Stunde; wem das Warten zu langweilig ist, nimmt stattdessen einen der Minivans (10 Yuan), die regelmäßig die Bushaltestellen nach Fahrgästen abgrasen.

Der letzte Bus mit der Nummer 916 快 von Huairou zurück nach Beijing fährt gegen 19 Uhr in Huairou ab.

Zhuangdaokou 撞道口

Das kleine Dorf **Zhuangdaokou** liegt 80 km nördlich von Beijing – von Huanghua Cheng über den Hügel. Es ist der Zugang zu einem selten besuchten und völlig „wilden", nicht restaurierten Mauerabschnitt. Nach Huanghua Cheng führt der Weg über ein restauriertes Mauerstück; auch dieser Weg wird von wenigen Besuchern begangen, erstaunlich wenn man bedenkt, wie gut er zugänglich ist.

Am Ortsende von Zhuangdaokou aussteigen, wo die Straße einen kleinen Fluss überquert. In einem kleinen Laden gibt es Trinkwasser und Snacks für unterwegs zu kaufen, danach nach rechts wenden und dem Weg am Wasser entlang folgen. Hinter den Häusern geht's bergauf bis zu einem steinigen Pfad, der in einem etwa 20-minütigen Fußmarsch bis zur Mauer führt. Nach rechts geht das restaurierte aber sehr steile Mauerstück ab, das bis zur Straße nach Huanghua Cheng hinabführt – fantastische Ausblicke inklusive. Nach links geht die nicht restaurierte, bröckelnde und von Sträuchern überwucherte Mauer ab, die bis Shui Changcheng führt. Auf dieser wilden Mauer ist man praktisch allein; da die Strecke nicht ohne ist, ist volle Konzentration gefordert. Mehr Details stehen auf S. 126.

Schlafen & Essen

Zaoxiang Tingyuan PENSION €
(枣香庭院; ☎135 2208 3605; Zi. 40-100 Yuan) Kurz vor dem Fluss am Ende des Dorfes steht gleich rechts diese bescheidene Pension – eine von mehreren im Ort –, die in einem 70 Jahre alten Hofhaus untergebracht ist. Einige Zimmer haben Fernsehen, einige Klimaanlage und eines sogar

ein eigenes Bad. Kein Hinweisschild auf Englisch, und es spricht auch niemand die Sprache. Es gibt Hausmannskost, aber nur mit einer chinesischen Speisekarte. Geschmortes Schweinefleisch mit gerösteten Kastanien (栗子肉; *lizi rou*), gebratenes Schweinefleisch mit Chili (炒肉尖椒; *chaorou jianjiao*), geschmorter Schweinebauch (红烧肉; *hong shao rou*), gegrillter Fisch (烤鱼; *kao yu*) und Rindfleisch-Kartoffel-Eintopf (土豆牛肉; *tudou niurou*) sind eine gute Wahl.

Anreise nach Zhuangdaokou

Die Anfahrt ist dieselbe wie nach Huanghua Cheng, aber an der Haltestelle Nanhuayuan Siqu (南花园四区) in Huairou steigt man um in den Bus nach Shui Changcheng, der in Zhuangdaokou hält (8 Yuan, 1 Std., alle 30 Min. bis 18.30 Uhr). Der Bus hat keine Nummer. Auf der vorderen Windschutzscheibe klebt ein Plakat: 怀柔一水长城 („von Huairou nach Shui Changcheng").

Jinshanling 金山岭

Der schöne Mauerabschnitt von **Jinshanling** (Jinshanling Changcheng; Sommer/Winter 65/55 Yuan) in der Nähe der kleinen Stadt Gubeikou (古北口) liegt 142 km nordöstlich von Beijing und ist der Ausgangspunkt für eine großartige, 7 km lange Wanderung bis **Simatai** (司马台; Eintritt 40 Yuan; ⌚8-17 Uhr). Das Abenteuer auf gewundenem Weg durch eine atemberaubend abgelegene Gebirgslandschaft dauert drei bis vier Stunden, denn der Weg ist steil und die Mauer teilweise in sich zusammengestürzt. Wer einigermaßen fit ist, sollte die Strecke aber ohne größere Schwierigkeiten schaffen. Die Wachtürme sind unterschiedlich gut erhalten; bei einigen fehlen die Ziegelsteine völlig. Vielleicht ist die Umgebung nicht ganz so pittoresk wie etwa in Jiankou, sondern eher trocken und schroff – aber sie ist eindeutig kraftvoller, und es entsteht das Gefühl, in einer vollkommen abgelegenen Landschaft unterwegs zu sein.

Der Herbst ist die beste Zeit zum Wandern; in den Sommermonaten läuft der Schweiß in Strömen – unbedingt einen ausreichenden Wasservorrat mitnehmen (die fliegenden Händler auf der Mauer bieten das Wasser für teure 10 Yuan pro Flasche an; je durstiger man wirkt, desto höher ist der Preis).

Für die Wanderung nach Simatai wendet man sich an der Mauer nach links und geht los. Wer es braucht, benutzt die **Seilbahn** (缆车; *lan che*; einfach/Hin & zurück 30/50 Yuan) am Ticketbüro Westtor.

Simatai ist eher auf Touristen eingestellt als Jinshanling, war aber zur Zeit der Recherche geschlossen (wenn das Buch erscheint, sollte der Bereich wieder offen sein). Wer zu Fuß aus Jinshanling in Simatai ankommt, muss 5 Yuan für die Benutzung einer Seilbrücke bezahlen; dazu kommt der Eintrittspreis für den Mauerabschnitt Simatai.

Schlafen & Essen

Der Besuch kann sich sehr lange hinziehen. Wer Stress vermeiden möchte, sollte sich die Rückfahrt am selben Tag besser nicht antun. Es ist um einiges angenehmer, am Nachmittag anzukommen und am Westtor (西门; Ximen) nach einer Unterkunft zu suchen. Die Zimmer kosten zwischen 50 und 100 Yuan; Mahlzeiten werden ab 30 Yuan angeboten. Unterkünfte im Stil von Bauernhöfen (*nongjiayuan*) sind mit 农家院 beschriftet. Am nächsten Morgen kann man sich dann ganz entspannt die Mauer vornehmen.

Der Eingang am Osttor (东门; Dongmen) ist etwa 2 km vom Westtor entfernt. In einem Café im Stil einer Hotellobby liegt eine englische Speisekarte aus.

Anreise nach Jinshanling

Nahverkehrsbusse

Es gibt zwei Optionen: Der Bus nach Chengde (承德; 85 Yuan, 2½ Std.) fährt am **Fernbusbahnhof Sihui** (四惠长途汽车站; Sihui changtu qichezhan) ab, 200 m südöstlich von der U-Bahnstation Sihui. Wenn man dem Fahrer klarmacht, dass man nach Jinshanling möchte, hält er an einer Tankstelle auf der Hauptstraße an, die etwa 1 km vom Ticketbüro am Osttor entfernt ist (der Weg führt unter der Straße durch und immer geradeaus). Der Fahrer verlangt den vollen Preis bis Chengde (85 Yuan), obwohl er früher anhält.

Die zweite Option ist der Bus 980 ab der **Verkehrsdrehscheibe Dongzhimen** (Dongzhimen shuniuzhan; Karte S. 78) bis nach Miyun (15 Yuan). Von dort fährt ein Taxi bis Jinshanling (einfache Fahrt 50 Yuan).

Der letzte 980er Bus zurück nach Beijing fährt um 19 Uhr in Miyun ab. Die Busse Chenge-Beijing fahren bis in den Abend hinein und haben meistens noch freie Plätze – den Bus an der Tankstelle anhalten.

DIE BESTEN MAUERWANDERUNGEN

Von Jinshanling nach Simatai

Drei bis vier Stunden Bevor Simatai wegen Renovierung geschlossen wurde, war diese Tour unter Jugendherbergsgästen sehr beliebt. Inzwischen sollte die Strecke wieder offen sein. Die Wanderung ab Jinshanling dauert 3-4 Stunden, ist unkompliziert aber atemberaubend. Es geht durch eine weite, zerklüftete, abgelegene Landschaft und die Mauer präsentiert sich als fotogener Mix aus teilweise restaurierten und verfallenden Abschnitten. Zugang vom Osttor in Jinshanling (20 Min. Treppen steigen), dann an der Mauer nach links.

Von Jiankou nach Mutianyu

Zwei Stunden Der unschlagbar „wilde" Mauerabschnitt von Jiankou ist zunächst harte Arbeit, stößt aber bald auf den restaurierten, leichteren Abschnitt von Mutianyu. Zugang hinter der Großen Mauer von Jiankou (后箭扣; Hou Jiankou) im ersten Teil des Dorfes Xizhazi (西栅子村一队; Xizhazi Cun Yidui). Vom Dorf aus braucht man eine Stunde bis zur Mauer. An dem Schild (Mauer geschlossen) beginnt ein enger Trampelpfad bergauf durch einen hübschen Kiefernwald. An der verlassenen Hütte geht es geradeaus weiter (nicht rechts) und an der Mauer nach links.

Von Zhuangdaokou nach Huanghua Cheng

Eine Stunde Von diesem sehr steilen Abschnitt der restaurierten Mauer bieten sich fantastische Blicke auf den Mauerabschnitt von Huanghua Cheng – wenn man erst oben angelangt ist. Zugang vom Dorf Zhuangdaokou; am Dorfende geht es an dem Flüsschen nach rechts; dem Wasser folgen (es bleibt linker Hand), bis es hinter den Häusern auf einem steinigen Pfad den Hügel hinaufgeht. Nach etwa 20 Minuten erreicht man die Mauer und wendet sich nach rechts. Es geht weiter bergauf, bis die Mauer wieder zur Hauptstraße am Stausee abfällt. Von dort geht es mit dem Bus zurück nach Huairou.

Von Zhuangdaokou nach Shui Changcheng

Zwei Stunden Vom Dorf Zhuangdaokou geht es wieder hoch bis zur Mauer. Dort wendet man sich aber nach links. Die zerfallende Mauer ist in diesem Abschnitt zwar gefährlich, aber großartig. An einem Eckturm teilt sich die Mauer – weiter geht's links. Kurz darauf, an einem zweiten Wachturm, taucht tief unten der Stausee auf. Hier bröselt die Mauer unpassierbar weiter Richtung Tal vor sich hin. Kurz vor dem Turm links halten und dem Pfad folgen. Er berührt zwar später wieder die Mauer, aber man sollte ihm bis zur Straße unten folgen. Dort sollte man am unteren der beiden großen Parkplätze einen Bus zurück nach Huairou erwischen.

Für die Rückfahrt nach der Wanderung von Jinshanling nach Simatai sollte es noch möglich sein, als Mitfahrer einen Minivan oder ein Taxi nach Miyun zu erwischen; von dort aus bedient Bus 980 die Strecke zurück.

Touren

Bevor das Mauerstück von Simatai restauriert wurde, boten die Jugendherbergen in Beijing sehr empfehlenswerte Touren im Minibus an, die (ohne/mit Ticket inklusive 180/260 Yuan) für die vierstündige Wanderung Jinshanling-Simatai früh morgens nach Jinshanling fuhren. In der Regel fuhren die Busse gegen 6 oder 7 Uhr ab. Sie setzten die Fahrgäste in Jinshanling ab und nahmen sie vier Stunden später in Simatai wieder auf. Die gesamte Tour von Beijing und wieder zurück dauerte 12 Stunden. **Beijing Downtown Backpackers** (S. 94) gab bei der Recherche an, die Touren nach Simatai würden wieder aufgenommen, sobald die Arbeiten dort beendet seien; Genaueres wissen die Angestellten dort oder in den Jugendherbergen.

Touristenbus

An der **Haltestelle Dongzhimen Wai** (Karte S. 78; 东直门外车站) fährt einmal täglich um 8 Uhr ein spezieller Touristenbus (金山岭长城旅游班车专线; *jinshanling changcheng luyou banche zhuanxian*; 120 Yuan, 2 Std.) nach Jinshanling; er fährt um 15 Uhr ab Jinshanling wieder zurück.

Badaling 

Den echten Fans einer Mauerwanderung läuft schon bei der Nennung des Namens ein Schauer über den Rücken, doch **Badaling** (Badaling Changcheng; Erw./Studenten 45/25 Yuan; ⏲Sommer 6-19, Winter 7-18 Uhr), 70 km nordwestlich von Beijing, ist und bleibt der am leichtesten zugängliche Abschnitt der Mauer. Für Reisende mit knappem Zeitplan ist das möglicherweise die einzige Option. Hier werden allerdings auch alle Vorurteile bedient: Souvenirstände, fliegende T-Shirt-Händler, unzählige Restaurants, überrestaurierte Ziegelsteinmauern mit wenig Authentizität, Geländer und jede Menge Touristen. Es gibt aber auch Positives, wie die raue, eindrucksvolle Landschaft und die Mauer, die sich schlangengleich durch Hügel windet – ein extrem fotogenes Ambiente. Die Mauer stammt aus der Ming-Dynastie (1368–1644), wurde aber in den 1950er- und 1980er-Jahren umfassend restauriert, wenn nicht neu gebaut.

Es gibt eine **Seilbahn** (缆车; *lan che*; einfach/hin & zurück 60/80 Yuan; ⏲8-6.30 Uhr) und Zugänge für Behinderte. Am westlichen Parkplatz steht ein Geldautomat der Bank of China.

Essen

An den wichtigsten Zugängen zum Eingang in die Mauer gibt es Dutzende von Restaurants – der größte Teil hat sich am Weg vom westlichen Parkplatz angesiedelt. Die meisten sind Fastfoodläden oder kleine Stände mit Snacks. KFC oder Subway links liegen lassen und **Yong He King** (永和大王; Yonghe Dawang; Hauptgerichte 10-20 Yuan; ⏲10-21 Uhr; 📋) eine Chance geben, der chinesischen Version von Fastfood: Reisgerichte, Teigtaschen und Nudeln.

Anreise nach Badaling

Nahverkehrsbusse

Die Busse **877** (12 Yuan, 1 Std., 6-17 Uhr), **919** (12 Yuan, 1½ Std., 6-18.30 Uhr) und **880** (12 Yuan, 1½ Std., 7-17 Uhr) fahren in Badaling an der Nordseite des Deshengmen Tores (Karte S. 82; 德胜门) ab, etwa 500 m östlich der U-Bahnhaltestelle Jishuitan. Bus 877 fährt zum östlichen Parkplatz, 919 und 880 zum westlichen Parkplatz. Zwischen den beiden Parkplätzen, neben zwei großen Torbögen ist der Haupteingang.

Tourbusse

Die Tourbusse nach Badaling fahren am **Beijing Sightseeing Bus Centre** (Karte S. 78; 北京旅游集散中心; Beijing Lüyou Jisan Zhongxin; ☎8353 1111) am Pfeilturm, südlich vom Tiananmen-Platz ab. Linie C fährt nach Badaling (120 Yuan, hin & zurück, inkl. Eintritt zur Großen Mauer; Abfahrten 9.30-11Uhr); Linie A fährt nach Badaling und zu den Ming-Gräbern (180 Yuan, inkl. Eintritte und Mittagessen, Abfahrten 7-9.30 Uhr). Die gesamte Tour dauert etwa neun Stunden; da sie vor allem auf Chinesen abgestimmt ist, sollte man keine großartigen englischen Erläuterungen erwarten.

Zug

Der Bahnhof von Badaling liegt nur einen kurzen Spaziergang vom westlichen Parkplatz entfernt. Die Morgenzüge (harter/Polstersitz 7/11 Yuan, 75 Min.) fahren am Nordbahnhof in Beijing (Karte S. 52; 北京北站; Beijing *beizhan*) ab – neben der U-Bahnstation Xizhimen – um 6.12 Uhr, 7.58, 8.34, 9.02 und 10.57 Uhr. Die Nachmittagszüge kommen um 13.02, 15.19, 15.52, 16.21, 17.33 und 19.55 Uhr an.

Tianjin & Hebei

BEVÖLKERUNG: 110 MIO.

Inhalt »

Tianjin ... 130
Rund um Tianjin ... 136
Hebei ... 136
Shijiazhuang ... 136
Rund um Shijiazhuang . 138
Chengde ... 142
Shanhaiguan ... 148
Jimingyi ... 151

Die schönsten alten Städte

- » Chengde (S. 142)
- » Jimingyi (S. 151)
- » Yujiacun (S. 141)
- » Zhengding (S. 138)

Sehenswerte Tempel

- » Longxing (S. 139)
- » Tempel des Großen Mitleids (S. 131)
- » Puning (S. 145)
- » Taishan (S. 152)

Auf nach Tianjin & Hebei

Grasende Schafe, braune Erde und grüne Mais- und Weizenfelder – Hebei (河北) ist Beijings fruchtbarer Garten. Da mag das kosmopolitische Tianjin (天津) eine noch so glitzernde Show darbieten und gelegentlich auch ein günstiges Feng-Shui aus Beijing die Wirtschaftskraft im Land aufblitzen lassen, der eigentliche Reiz des ariden Hebei ist sein ehrwürdiges Alter und seine solide Bodenständigkeit.

Vor allem jedoch bietet Hebei die wunderbare Gelegenheit, nach dem modernen, hektischen Beijing einen Gang zurückzuschalten und das zeitlose China zu entdecken: von uralten Siedlungen und von Mauern umgebene Städtchen bis hin zum wilden Grenzbereich der ehemaligen Mandschurei und das majestätische Chengde, in das sich die Qing-Kaiser im ersten Jahrhundert in den Sommermonaten zurückzogen, um Ruhe zu finden. Es gibt Dutzende großartiger Tempel, aber auch selten besuchte Städtchen in den Hügeln, in denen die Zeit stillzustehen scheint – ideale Rückzugsorte in ländlicher Idylle.

Reisezeit

Tianjin

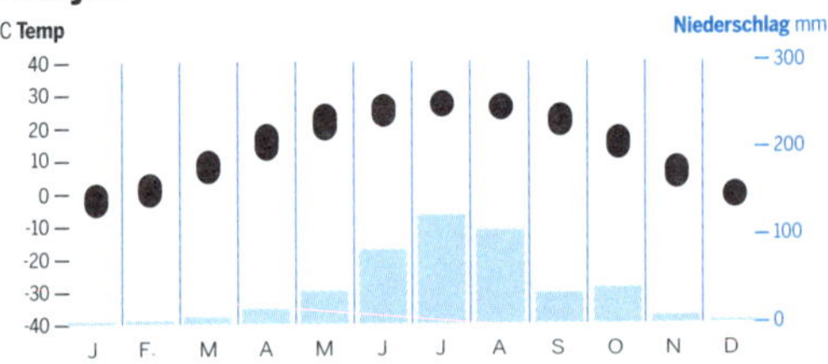

März & April Frei von dem sommerlichen Gedränge und dem glühend heißen Klima Nordchinas.

Juni & Juli Sonnenbaden an den Stränden von Beidaihe.

September & Oktober Ideales, frisches Herbstwetter in Hebei (weder zu heiß noch zu kalt).

Highlights

1 Den wuchernden Großstädten Chinas im Jahrhunderte alten Steindorf **Yujiacun** (S. 141) *zaijian* (Auf Wiedersehen) sagen

2 Sprachlos staunend vor der beeindruckend kolossalen, vielarmigen Statue im **Tempel Puning** (S. 145) in Chengde stehen

3 Sich über die Grenze von Liaoning stehlen, wo die **Mauer von Jiumenkou** (S. 151) in den Jiujiang abtaucht

4 Einen Zeitsprung in Chinas älteste Poststation machen, die alte, von Mauern umgebene Stadt **Jimingyi** (S. 151)

5 Die Tempelstadt **Zhengding** (S. 138) erkunden und sich an der riesigen Metallstatue der Guanyin im Tempel Longxing messen

6 Durch die großartigen Straßen in der ehemaligen Konzession von **Tianjin** (S. 130) schlendern

7 Die Große Mauer in **Shanhaiguan** (S. 148) im Meer verschwinden sehen

PREISE

In diesem Kapitel werden die folgenden Preiskategorien verwendet:

Schlafen

€	unter 400 Yuan
€€	400 bis 1000 Yuan
€€€	mehr als 1000 Yuan

Essen

€	unter 50 Yuan
€€	50 bis 100 Yuan
€€€	mehr als 100 Yuan

Klima

Im gebirgigen Norden herrschen völlig andere Temperaturen als im Süden der Provinz, an der Küste andere als im Inland. Grundsätzlich sind die Sommermonate in ganz Hebei heiß und die Winter eiskalt. Der Frühling kommt mit Staubstürmen und im Juli und August fallen schwere Niederschläge.

Sprache

Obwohl in Hebei Mandarin gesprochen wird, sprechen die Einwohner in den abgelegeneren Regionen einen regionalen Dialekt und besonderen Jargon.

An- & Weiterreise

Beijing und Tianjin sind die besten Standorte für Ausflüge in die Provinz; sie sind über Hochgeschwindigkeitszüge miteinander verbunden. Hebei ist außerdem über zahllose Bus- und Eisenbahnlinien an andere Ziele in ganz China angebunden.

Unterwegs vor Ort

Shijiazhuang ist die Drehscheibe der Provinz. Die Stadt ist über die Eisenbahn mit allen größeren Städten in Hebei verbunden. Chengde, Jimingyi und Shanhaiguan sind allerdings besser von Beijing aus zu erreichen. Die Provinz hat ein dichtes Busnetz.

TIANJIN

Tianjin 天津

022 / 4,57 MIO. EW.

Das ehrgeizige Tianjin (天津) beginnt langsam, sich aus dem langen Schatten seines Nachbarn Beijing zu lösen. Tianjin im Osten von Hebei genießt einen Sonderstatus. Es war eine ausländische Konzession und hat eindrucksvolle europäische Architektur zu bieten, ähnlich wie Shanghai. Nachdem die Stadtväter den historischen Stadtvierteln und der Uferfront ein Lifting gegönnt haben, hat sich Tianjin endgültig als Touristenmagnet etabliert. Aufregend moderne Hochhäuser kratzen am Himmel, neue spannende Brücken überqueren den Hai, und ständig eröffnen neue Luxushotels. Tianjin heißt Big Business: Die Wirtschaft wächst hier mit der traumhaften Zuwachsrate von 16,7 Prozent pro Jahr – mehr als in jeder anderen Stadt Chinas. Und das Beste: Dank der schicken, ultraschnellen Eisenbahnverbindungen nach Beijing lässt sich Tianjin in superbequemen Tagestouren erleben.

Geschichte

Während der mongolischen Yuan-Dynastie war Tianjin ein wichtiges Getreidelager. Die Stadt lag günstig am Schnittpunkt von Schifffahrtsrouten und inländischen Verkehrswegen; im 15. Jh. wurde eine befestigte Garnison erbaut.

Während der ausländischen Konzessionszeit zwischen 1895 und 1900 gründeten Großbritannien, Frankreich, später auch Japan, Deutschland, Österreich-Ungarn, Italien und Belgien Niederlassungen. Jede dieser Konzessionen war eine eigene Welt mit Gefängnis, Schule, Unterkünften und Krankenhaus. Im Boxerkrieg schleiften die ausländischen Mächte die Mauern der chinesischen Altstadt.

Beim Erdbeben von Tangshan am 28. Juli 1976 mit einer Stärke von 8,2 auf der Richterskala kamen fast 24 000 Menschen im Großraum Tianjin ums Leben. Die Stadt wurde zwar schwer getroffen, kam aber im Vergleich mit dem benachbarten Tangshan noch relativ glimpflich davon – insgesamt gab es laut Regierungsangaben über 240 000 Todesopfer.

Sehenswertes

Bereits beim ersten Blick vom Bahnhof auf die grandiose Skyline zeigt sich die Absicht der Stadtväter – immer noch höher! Im Westen ragen die glitzernden Türme des **Tianjin World Financial Centre** (Jinrong Dasha) in den Himmel, ein unvergleichliches Statement aus Stahl und Glas über dem Fluss. Auf der anderen Seite der **Befreiungsbrücke** (解放桥; Jiefang Qiao) dehnt sich ein breiter, in pompöser Manier wieder aufgebauter Abschnitt chinesisch-europäischer Ziegelsteinarchitektur in Rot und Orange, der nachts grandios angestrahlt wird. Nördlich der Befreiungsbrücke zeigt eine riesige und ziemlich surrealistische, mechanische Uhr die Zeit an, während am Südufer, im Westen der Brücke, eine bizarre Kollektion erotischer Skulpturen aufgestellt wurde.

Historischer Hafen HISTORISCHES GEBIET

Im Süden des Bahnhofes jenseits der Befreiungsbrücke lag die Britische Konzession im Umfeld der Jiefang Lu. Das Konzessionsviertel am Fluss wurde renoviert und aufgehübscht. Um hinter die neu gebauten Fassaden am Fluss zu gelangen, der **Jiefang Beilu** (解放北路) ein Stück nach Süden folgen; sie werden nachts spektakulär angestrahlt und sind am besten vom Nordufer aus zu sehen.

Zu den interessanten Gebäuden gehören die im Jahr 1924 erbaute **ehemalige Französische Stadtverwaltung** (原法国公议局大楼; Yuan Faguo Gongyiju Dalou) auf der Chengde Dao; die **Chinesisch-Französische Industrie- und Handelsbank** (中法工商银行; Zhongfa Gongshang Yinhang) und die von 1932 und die 1926 erbaute **Yokohama Specie Bank Ltd.** (横滨正金银行; Hengbin Zhengjin Yinhang).

Gleich daneben (Nr. 82) steht die ehemalige **Hongkong & Shanghai Bank** (汇丰银行遗址; Huifeng Yinhang); in dem pompösen Bau residiert jetzt die Bank of China. Die mächtigen Säulen vor Nr. 157 gehören zum Haus von **Jardine Matheson & Co.** (怡和洋行; Yihe Yanghang).

Altstadt HISTORISCHES GEBIET

(老城区) Die Altstadt von Tianjin war ursprünglich von einer Mauer umgeben; geblieben ist der restaurierte **Trommelturm** (鼓楼; Gu Lou; Chengxiang Zhonglu; Eintritt frei; ⌚Di-So 9–16.30 Uhr). Die mit *pailou* (Ehrenbogen) dekorierte Fußgängerzone schließt sich im Norden an den Trommelturm an. Die Läden eignen sich hervorragend, um Pinsel für Kalligrafie, Drachen, Scherenschnitte, Schnupftabaksflaschen, Fächer, Seide, Keramik, Jade, Tai-Chi-Schwerter, Essstäbchen, Schmuck Zuckerwatte und Zuckerrohrsaft zu kaufen.

Gegenüber dem Trommelturm steht die **Guangdong-Zunfthalle** (广东会馆; Guangdong Huiguan; ☎2727 3443; 31 Nanmenli Dajie; Eintritt 10 Yuan; ⌚Di-So 9–16.30 Uhr). Sie wurde 1907 erbaut und ist auch als Opernmuseum bekannt. In der hübschen, alten Halle, die mit üppigen Holzschnitzereien verziert ist, veranstalten ältere Herrschaften Konzerte mit traditioneller Musik. Der historische **Konfuzius Tempel** (文庙; Wen Miao; ☎2727 2812; 1 Dongmennei Dajie; Eintritt 30 Yuan; ⌚Di-So 9–16.30 Uhr) befindet sich ganz in der Nähe.

Tempel des Großen Mitleids BUDDHISTISCHER TEMPEL

(大悲禅院; Dabei Chanyuan; 40 Tianwei Lu; Eintritt 5 Yuan; ⌚Apr.-Okt. 9–18.30, Nov.-März 9–17 Uhr) Das Highlight von Tianjins wichtigstem buddhistischen Tempel ist die **Shijiabao Halle** (Shijia Baodian) und die daran anschließende große Halle. Hier steht eine riesige goldene, vielarmige Guanyin, deren Augen dem Besucher folgen. Die überdachten Gassen am Tempel haben Händler in einen riesigen Markt für religiöses Zubehör verwandelt. Von Gebetsteppichen über Bücher, buddhistische Gebetsketten, Talismane und Statuen bis hin zu Räucherstäbchen.

Italienische Konzession HISTORISCHES GEBIET

(意式风景区; Yishi Fengjingqu) Das völlig neu gestaltete Italienische Viertel soll wie ein perfekt geschneiderter Anzug Tianjins Anspruch untermauern, eine kosmopolitische, elegante Stadt zu sein. Tatsächlich spricht das Viertel vor allem Chinesen an, die hier teuer in italienischen und französischen Restaurants speisen und sich nach Europa träumen. Obwohl das Viertel durchaus seinen Reiz hat, sind die Preise astronomisch und der aufdringliche Kommerz nagt leider an seinem Charme.

Antike Kulturstraße HISTORISCHE STRASSE

(古文化街; Guwenhua Jie) In der Antiken Kulturstraße drängen sich fliegende Händler, die chinesische Kalligrafien, Gemälde, Teegeschirre, Scherenschnitte, Tonfigürchen, Essstäbchen und Waren aus ganz China anpreisen. Neben einem Schuhmuseum bietet die Straße den faszinierenden **Tempel Tianhou** (天后宫; Tianhou Gong; Eintritt frei; ⌚Di-So 8.30–16.30 Uhr) . In praktisch jedem chinesischen Hafen steht ein solcher Schrein für die Göttin der Seeleute – dieser Tempel ist Tianjins Version.

Wudadao HISTORISCHES GEBIET

(五大道; Fünf große Straßen) Im Viertel Wudadao befinden sich zahlreiche Villen und die ehemaligen Residenzen der Wohlhabenden vom Anfang des 20. Jhs. Der Bezirk im Süden der Stadt um fünf Straßenzüge – Machang Dao, Changde Dao,

Tianjin Zentrum

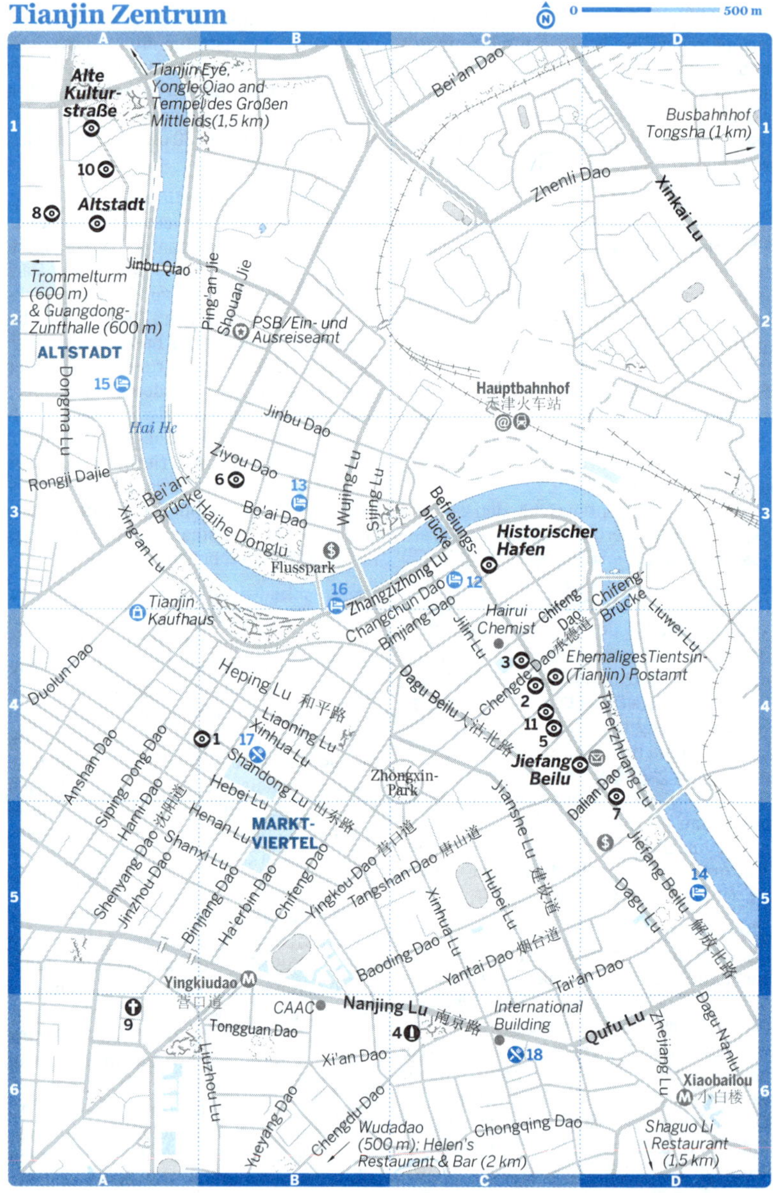

Munan Dao, Dali Dao und Chengdu Dao – hat immer noch einen europäischen Charakter: Die meisten Häuser stammen aus den 1920er-Jahren oder der Zeit davor. Einige sehen aus wie in einer englischen Vorstadt, andere repräsentieren pures Art-déco. Mit Pferdekutsche (50 Yuan) oder Elektrobuggy (pro Person 20 Yuan) können sich Besucher durch die Straßen fahren lassen.

St. Josephskirche KIRCHE

(西开天主教堂; Xikai Tianzhu Jiaotang; Binjiang Dao; ⏲Mo–Sa 5.30–16.30; So 5–20 Uhr)

Tianjin Zentrum

Highlights

Alte Kulturstraße ... A1
Altstadt ... A1
Historischer Hafen ... C3
Jiefang Beilu ... C4

Sehenswertes

1 Antiquitätenmarkt ... B4
2 Chinesisch-Französische Industrie- und Handelsbank ... C4
3 Ehemalige Französische Stadtverwaltung ... C4
4 Erdbeeben-Mahnmal ... C6
5 Gebäude der Hongkong & Shanghai Bank ... C4
6 Italienische Konzession ... B3
7 Jardine Matheson & Co Building ... D4
8 Konfuziustempel ... A1
9 St. Josephskirche ... A6
10 Tempel Tianhou ... A1
11 Yokohama Specie Bank Ltd ... C4

Schlafen

12 Astor Hotel ... D5
13 Home Inn ... C3
14 Home Inn ... B3
15 Orange Hotel ... A2
16 St Regis Tianjin ... B3

Essen

17 Goubuli ... B4
18 YY Beer House ... C6

Die Franzosen haben diese größte katholische Kirche der Stadt im Jahr 1917 erbaut. Das schöne Ziegelmauerwerk scheint angesichts der Shopping Malls der Umgebung wie aus der Zeit gefallen zu sein. Der Innenraum ist kunstvoller gestaltet als die meisten chinesischen Kirchen. Sonntags um 11. 30 Uhr wird eine englischsprachige Messe zelebriert.

Tianjin Eye RIESENRAD
(天津之眼; Tianjin Zhi Yan; Yongle Qiao; Erw./Kind 70/35 Yuan; ⌚Di-So 9.30–21.30, Mo 17–21.30 Uhr) Wer Tianjin aus einer anderen Perspektive erleben möchte, sollte eine Runde im Riesenrad direkt am Hai riskieren. Dieses Erlebnis bietet sich auch oder ganz besonders bei Dunkelheit an.

Antiquitätenmarkt MARKT
(古玩市场; Guwan Shichang; Ecke Shenyang Dao & Shandong Lu; ⌚Sa & So 9–17 Uhr) Die beste Zeit für den Antiquitätenmarkt ist der Sonntag; angeboten werden Briefmarken, Silber, Porzellan, Uhren, Mao-Anstecker und Erinnerungsstücke an die Kulturrevolution.

Geführte Touren

Auf dem Hai verkehren unterschiedliche Vergnügungsdampfer; ganz besonders beliebt sind die Touren bei Nacht. **Fine Line Hai Cruises** (☎5878 9911) legt im Sommer zwischen 9 und 17 Uhr mit mehreren Schiffen jeweils zur vollen Stunde am Yongle Qiao ab (80 Yuan). Die Nachtfahrten legen um 19.30 und 20.30 Uhr ab (100 Yuan).

Schlafen

LP TIPP **St. Regis Tianjin** HOTEL €€€
(天津瑞吉金融街酒店; Tianjin Ruiji Jinrongjie Jiudian; ☎5830 9999; www.stregis.com/tianjin; 158 Zhangzizhong Lu; 张自忠路 158 号; DZ 1035–1298 Yuan;) Der riesige ausgehöhlte Klotz von einem Gebäude ist der auffälligste Neubau am Flussufer – das St. Regis definiert Luxus in Tianjin neu. Die Betten sind super-bequem, die Bäder riesig und der ausgezeichnete Service schmeichelt müden Reisenden, vom tollen Blick auf den Fluss ganz zu schweigen. Restaurants mit europäischer und chinesischer Küche.

Orange Hotel BOUTIQUEHOTEL €
(桔子酒店; Juzi Jiudian; ☎2734 8333; 7 Xing'an Lu; 兴安路 7 号; DZ/2BZ 258–358 Yuan;) Das Boutiquehotel ist – abseits von Beijing und Shanghai – eine seltene Erscheinung: Das skurrile Haus ist für junge Gäste gedacht, die stylische und unkomplizierte Zimmer wollen; einige mit Blick auf den Fluss. Es gibt Leihfahrräder, die ersten beiden Stunden sind kostenlos. Während der Recherche war das Hotel wegen Bauarbeiten nur von hinten über eine Gasse zugänglich, die von der Xing'an Lu abzweigt. Das große Schild mit einer Orange darauf weist den Weg.

Astor Hotel HOTEL €€€
(利顺德大饭店; Lishunde Dafandian; ☎2331 1688; www.luxurycollection.com/astor; 33 Tai'erzhuang Lu; 台儿庄路 33 号; DZ 1035 Yuan;) Der Aufenthalt in diesem geschichtsträchtigen Hotel ist wie eine Reise

zurück in die Zeit der ausländischen Konzessionen. Die eindrucksvolle Lobby ganz in Marmor, solide und traditionelle Holzmöbel und Angestellte in formalen Cutaways – das Haus hat den ganz speziellen Charme vergangener Zeiten. Wie in allen historischen Hotels sind Zimmer und Badezimmer riesig.

Home Inn HOTEL €
(如家; Rujia; DZ 209–229 Yuan; ❄@) Binjiang Dao (☎5899 6888; 32 Binjiang Dao; 滨江道 32 号); Xinkai Lu (☎8469 9999; 225 Xinkai Lu; 新开路 225 号); Ziyou Dao (☎5819 9388; 5 Ziyou Dao; 自道 5 号) Das Hotel auf der Südseite der Befreiungsbrücke an der Binjiang Dao, einer Nebenstraße der Jiefang Beilu, ist mit hellen Zimmern und neuen Badezimmern eine gute Wahl. Kostenloses Breitband-Internet und Restaurant im Erdgeschoss; weitere Filialen südwestlich und östlich des Bahnhofes.

Essen & Ausgehen

LP TIPP **Shaguo Li** NORDCHINESISCH €€
(砂锅李; ☎2326 0075; 46 Jiujiang Lu; 九江路 46 号; Gerichte 10–88 Yuan; ⊙11.30–14.30 & 17.30–20.30 Uhr; 📋) Einheimische empfehlen dieses Restaurant: Sie kommen in Scharen, um die Spezialität (Schweinerippchen in süßer Barbecuesoße) zu bestellen. Diese sind so zart, dass sie bei der Berührung mit den Stäbchen zerfallen. Die kleine Portion (58 Yuan) reicht locker für zwei Personen. Auf der Karte stehen viele klassische Gerichte der nordchinesischen Küche.

YY Beer House THAI-KÜCHE €€
(粤园泰餐厅; Yueyuan Taicanting; ☎2339 9634; 3 Aomen Lu; 澳门路 3 号; Gerichte 40–80 Yuan; ⊙11–24 Uhr; 📋) Der Name ist irreführend. Das Beer House ist ein stimmungsvolles thailändisches Restaurant mit einem breiten Spektrum würziger Gerichte aus dem Land des Lächelns. Natürlich gibt es auch eine gute Auswahl ausländischer Biere. Es ist versteckt in einer ruhigen Straße hinter der Nanjing Lu gelegen. Hier treffen sich Ausländer und betuchte Chinesen; am Wochenende unbedingt reservieren.

Helen's Restaurant & Bar INTERNATIONAL €
(海伦餐厅; Hailun Canting; ☎2334 0071; 116 Heyan Lu; 河沿路 116 号; Gerichte 25–45 Yuan; ⊙10–3 Uhr; 📋) Im Helen's drängen sich an den meisten Abenden begeisterte Gäste, die ein billiges Bier (10 Yuan) trinken oder westliche Kost für den kleinen Hunger (Pizza, Pasta oder Hamburger) genießen wollen. Am Tag ist es viel ruhiger und genau richtig für einen Kaffee oder ein Frühstück (25 Yuan, den ganzen Tag).

Goubuli TEIGTASCHEN €€
(狗不理; ☎2730 2540; 77 Shandong Lu; 山东路 77 号; Gerichte 26–70 Yuan; ⊙9–22 Uhr) Das berühmteste Restaurant Tianjins bietet eine bunte Mischung. Das Standardgericht, die gedämpften Teigtaschen (*baozi*, auch als vegetarische Version) sind groß, saftig und köstlich – und schamlos überteuert. Dennoch ist es hier ständig voll, was die Preise erklären könnte. Im Erdgeschoss, das empfehlenswerter ist als das Restaurant im Obergeschoss, gibt's ein festes Menu (70 Yuan) mit Teigtaschen, Suppe und einem kalten Gericht. Bebilderte Speisekarte.

Praktische Informationen

Eine Handvoll Läden rund um den Bahnhof haben Internetcafés im Obergeschoss.

In dem Magazin *Jin* werden die Restaurants, Bars und Kulturveranstaltungen der Stadt aufgelistet; es bringt einen jährlichen Stadtführer heraus. Praktisch ist auch die Website der Ausländergemeinde (www.tianjinexpats.net).

Agricultural Bank of China (农业银行; Nongye Yinhang; Jiefang Beilu) Geldautomat (24 Std.).

Bank of China (中国银行; Zhongguo Yinhang; 80–82 Jiefang Beilu) Der Geldautomat (24 Std.) akzeptiert ausländische Karten.

Büro für Öffentliche Sicherheit (PSB; 公安局出入境管理局; Gong'anju/Churujing Guonliju; ☎2445 8825; 19 Shouan Jie)

Hairui Chemist (海瑞药店; Hairui Yaodian; 22 Chifeng Dao; ⊙7.30–22.30 Uhr)

HSBC (汇丰银行; Huifeng Yinhang; Ocean Hotel, 5 Yuanyang Guangchang) Im International Building, 75 Nanjing Lu, befindet sich ein Geldautomat.

Post (中国邮政; Zhongguo Youzheng; 153 Jiefang Beilu)

Tianjin International SOS Clinic (天津国际紧急救援诊所; Tianjin Guoji Jinji Jiuyuan Yiliao Zhensuo; ☎2352 0143; Sheraton Tianjin Hotel, Zijinshan Lu)

An- & Weiterreise

Bus

Busse nach Tianjin fahren in Beijing am Busbahnhof Zhaogongkou (30 Yuan, 1½ Std., alle 45 Min.), Sihui (23 Yuan, stündl.) oder regelmäßig am Busbahnhof Bawangfen (41 Yuan, alle

NACH JAPAN, SÜDKOREA ODER DALIAN

Nachdem sie fast ein Jahr lang nicht mehr gefahren sind, haben die Fähren nach Dalian (290–1590 Yuan, 13 Std.) den Betrieb wieder aufgenommen. Sie legen täglich in Tanggu (塘沽), etwa 50 km östlich von Tianjin, ab. Von Tanggu geht auch ein Schiff pro Woche nach Kobe (Japan; 1540–4500 Yuan, 51 Std., Montag) und zwei nach Incheon (Südkorea; 888–1930 Yuan, 25 Std., Dienstag und Sonntag).

In Tianjin werden die Passagen im **Ticketbüro** (☎2339 2455; 1 Pukou Dao) gebucht; in Tanggu, am **Terminal der Passagierfähren** (天津港客运站; Tianjingang *keyunzhan*; ☎2587 3261).

Vom Hauptbahnhof in Tianjin fahren häufig Busse und Minibusse nach Tanggu (10 Yuan); auch Bus 835 (5 Yuan) fährt nach Tanggu. In Tanggu, starten die Minibusse nach Tianjin vor dem Bahnhof. Eine Schnellbahn verbindet den Bahnhof Zhongshanmen im Südosten von Tianjin mit dem Bahnhof Donghailu in Tanggu (5 Yuan, 50 Min., 7–19 Uhr, etwa alle 15 Min.).

40 Min.) ab. Die Kosten für ein Sammeltaxi nach Beijing ab dem Hauptbahnhof belaufen sich auf etwa 60 Yuan pro Person.

BUSBAHNHOF TONGSHA Vom Busbahnhof **Tongsha** (通莎客运站; Tongsha *keyunzhan*; ☎6053 3950; 43 Zhenli Dao) in Tianjin – der nächstgelegene zum Stadtzentrum – fahren regelmäßig Busse nach:

Beijing (Fernbusbahnhöfe Bawangfen, Sihui und Zhaogongkou) 30 Yuan, 1½ Std., stündl. 7.45–17.45 Uhr

Hohhot 212 Yuan, 17 Uhr

Qingdao 181 Yuan, 20 Uhr

Qinhuangdao 99 Yuan, stündl. 9.30–18 Uhr

Shenyang 182 Yuan, 18 Uhr

Shijiazhuang 117 Yuan, 8, 11.30 und 13 Uhr

BUSBAHNHOF TIANHUAN Vom **Busbahnhof Tianhuan** (天环客运站; Tianhuan *keyunzhan*; ☎2305 0530; Ecke Hongqi Lu & Anshan Xidao) fahren regelmäßig Busse nach:

Beijing 37 Yuan, 7–16.30 Uhr

Dalian 288 Yuan, 15 Uhr

Shanghai 317 Yuan, 18 Uhr

Xi'an 308 Yuan, 15.30 Uhr

WESTBAHNHOF TIANJIN Vom **Westbahnhof Tianjin** (天津西站客运站; Tianjin *xizhan keyunzhan*; ☎2732 1282; Xiqing Dao) fahren regelmäßig Busse nach:

Ji'nan 120 Yuan, 14 und 20.50 Uhr

Qinhuangdao 100 Yuan, 9, 14 und 16.30 Uhr

Shijiazhuang 120 Yuan, halbstündl. zwischen 6.30 und 18.30 Uhr

Flugzeug

Der **Internationale Flughafen Tianjin Binhai** (Tianjin Binhai Guoji Jichang; ☎2490 2950) befindet sich etwa 15 km östlich des Stadtzentrums. Es bestehen Flugverbindungen nach Shanghai (620 Yuan), Guangzhou (1700 Yuan), Shenzhen (930 Yuan), Xi'an (430 Yuan) und Chengdu (1230 Yuan). Tickets verkauft die Civil Aviation Administration of China (CAAC; 中国民航; Zhongguo Minhang; ☎2490 6296; 10 Baoding Lu; ⌚8.30–19 Uhr) oder www.elong.com und www.ctrip.com.

Schiff/Fähre

Tianjins Hafen liegt im 50 km entfernten Tanggu (30 Min. mit dem Zug oder 1 Std. mit dem Bus). Siehe Kasten (Gegenseite) für nähere Infos über An- & Abreise per Schiff.

Zug

Tianjin verfügt über vier Bahnhöfe: Haupt-, Nord-, Süd- und Westbahnhof. Die meisten Züge verkehren vom **Hauptbahnhof** (Tianjin Zhan; ☎6053 6053). Das 24 bedient die Strecke zwischen **Westbahnhof** (☎2618 2662) und Hauptbahnhof. Vom außerhalb gelegenen **Südbahnhof** (☎2421 0073) fahren nur die Hochgeschwindigkeitszüge nach Shanghai ab.

Die Züge der C-Klasse verbinden Tianjin mit Beijing; Tagesausflüge sind kein Problem. Die fahrplanmäßigen Züge (55 Yuan , alle 20–30 Min.) brauchen für die 120 km lange Strecke etwa 30 Minuten. Der erste/letzte Zug ab Beijing Südbahnhof fährt um 6.30/21.30 Uhr. Der letzte Zug nach Beijing ab Tianjin fährt um 22.20 Uhr ab. Zwischen beiden Städten verkehren auch langsamere Züge.

Tianjin ist ein wichtiger Knotenpunkt im Nord-Süd-Schienenverkehr:

Ha'erbin Hartsitzer/-schläfer 154/281 Yuan

Ji'nan Expresszug 90 Yuan, 2 Std.; Hartsitzer 52 Yuan

Nanjing Expresszug 405 Yuan, 3 Std. 40 Min.; Hartsitzer/-schläfer 130/239 Yuan

Qingdao Expresszug 260 Yuan, 4 Std.; Hartsitzer/-schläfer 103/191 Yuan

Shanghai Expresszug 510 Yuan, 4 Std. 50 Min.; Hartsitzer/-schläfer 165/301 Yuan

Shanhaiguan Expresszug 88 Yuan, 2 Std. 40 Min.; Hartsitzer 24 Yuan

Shenyang Expresszug 202 Yuan, 5 Std.; Hartsitzer/-schläfer 83/164 Yuan

Shijiazhuang Hartsitzer/-schläfer 63/118 Yuan

Xi'an Hartsitzer/-schläfer 170/309 Yuan

Zhengzhou Hartsitzer/-schläfer 113/209 Yuan

Unterwegs vor Ort

Vom/zum Flughafen

Taxis verlangen 60 Yuan für die Fahrt vom Flughafen in die Innenstadt. Die Flughafenbusse zum Hauptstadtflughafen Beijing verkehren vom Busbahnhof Tianjin stündlich zwischen 4 und 18 Uhr, dann halbstündlich bis 6 Uhr (70 Yuan, 2½ Std.). Vom Terminal 2 auf dem Hauptstadtflughafen Beijing fahren stündlich Busse zwischen 7 und 21 Uhr nach Tianjin, dann alle 30 Min. bis 23 Uhr. Der Bus mit der Nummer 689 (3 Yuan) fährt am Hauptbahnhof zwischen 6 und 19 Uhr ab.

Öffentliche Verkehrsmittel

Tianjins **Metro** fährt mit drei Linien ab etwa 3.30 Uhr bis kurz nach 22 Uhr (Tickets 2–5 Yuan). Aufladbare Sammeltickets *(chengci piao)* werden angeboten. Vier weitere Linien sind geplant; eine Schnellbahn (Metro Linie 9) verbindet Tianjin mit dem Hafen von Tanggu.

Die Busse fahren von 5 bis 23 Uhr. Praktische Strecken:

Bus 600 Fährt auf dem Platz hinter dem Bahnhof Tianjin ab und berührt Tianjin Eye, Alte Kulturstraße, Altstadt St.-Josephs-Kirche, Wudadao, Binjiang Dao, Da Guangming Qiao (von dort geht's in die Jiefang Beilu und die anderen Konzessionsviertel) und zurück.

Bus 24 Verbindet den Haupt- mit dem Westbahnhof.

Bus 8 Verkehrt vom Hauptbahnhof aus und fährt im Zickzack in den südwestlichen Teil der Stadt.

Taxi

Der Grundpreis für die ersten 3 km beträgt 9 Yuan, dann kostet es 1,70 Yuan für jeden weiteren Kilometer.

Rund um Tianjin

HOF DER FAMILIE SHI

In Yangliuqing, einer westlichen Vorstadt von Tianjin, befindet sich der wunderbare **Hof der Familie Shi** (石家大院; Shi Jia Dayuan; 47 Yangliuqing Guyi Jie; 杨柳青估衣街 47号; Eintritt 27 Yuan; ⏲April-Okt. 9–17, Nov.-März 9–16.30 Uhr) – ein Labyrinth aus Innenhöfen und abgeschlossenen Gärten.

Das Anwesen gehörte einer wohlhabenden Kaufmannsfamilie, die hier in ganzen 278 Zimmern residierte und sogar ein eigenes Theater besaß; einige Zimmer sind noch möbliert. Ab dem Westbahnhof Tianjin fährt Bus 153 (2 Yuan) oder vom Kaufhaus Tianjin Bus 672 bis nach Yangliuqing. Ein Taxi kostet hin und zurück etwa 120 Yuan.

HEBEI

Shijiazhuang 石家庄

☎ 0311 / 2,65 MIO. EW.

Bis vor gar nicht langer Zeit war das „Dorf der Familie Shi" – so der Name – in der Tat nur ein kleines Dorf. Das heutige Shijiazhuang ist jedoch der Inbegriff einer chinesischen Stadt und sogar die Provinzhauptstadt von Hebei: ein hektischer, prosperierender und wuchernd wachsender Eisenbahnknotenpunkt mit wenig Sinn für Geschichte. Da jedoch die Umgebung Shijiazhuangs einiges zu bieten hat – so das historische Zhengding und das ländliche Yujiacun – lohnt sich der kurze Ausflug von Beijing.

Sehenswertes

GRATIS **Provinzmuseum Hebei** MUSEUM
(河北省博物馆; Hebei *sheng bowuguan*; Zhongshan Donglu; ⏲Di-So 9–17 Uhr) Das riesige Museumsgebäude ist ein wahrer Koloss. Leider zeigt es mehr Fotos als echte Exponate. Möglicherweise könnte sich das ändern, wenn das Museum endlich seine wahren Schätze aus dem Archiv holt: Die Ausgrabungsfunde aus den Westlichen Han-Gräbern, darunter zwei Totenkleider aus Jade; eines davon wurde mit 1,1 kg schweren Goldfäden genäht. Für ausländische Besucher (Pass mitbringen) ist der Eintritt frei.

GRATIS **Mausoleum Revolutionärer Märtyrer** PARK
(烈士陵园; Lieshi Lingyuan; 343 Zhongshan Xilu; ⏲6–17.30 Uhr) Das Museum legt den Schwerpunkt auf patriotische Erziehung; es befindet sich in einem hübschen, mit Bäumen bestandenem Park und zeigt das Grab des kanadischen Arztes Norman Bethune (1890–1939), der als Chirurg für die Rote Armee im Krieg gegen die Japaner arbeitete.

Shijiazhuang

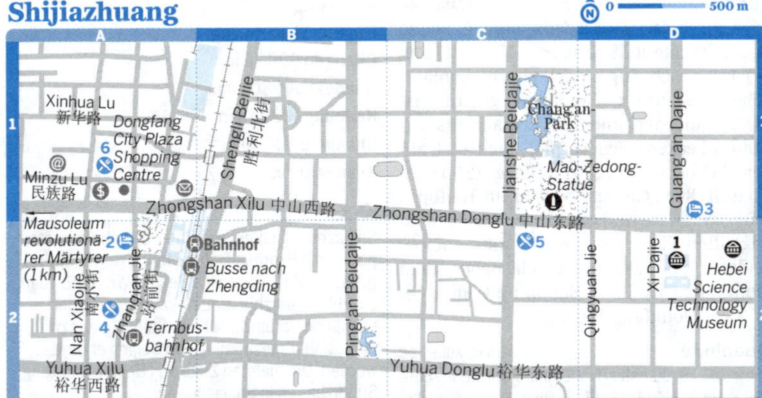

Schlafen

Wie auch in anderen Städten Hebeis dürfen Ausländer in vielen der preiswerten Hotels nicht übernachten. In Shijiazhuang stehen dank dieser Politik das einzige Hostel der Stadt und die Hotelketten nicht mehr zur Verfügung.

World Trade Plaza Hotel HOTEL €€
(世贸广场酒店; Shimao Guangchang Jiudian; ☎8667 8888; www.wtphotels.com; 303 Zhongshan Donglu; 中山东路303号; DZ/2BZ 818–918 Yuan, Suite 1318 Yuan;) In Beijing könnte das beste Hotel Shijiazhuangs sicher nicht mit fünf Sternen glänzen, aber es ist beeindruckend effizient und absolut bequem. Die Zimmer sind geräumig und tadellos sauber; es lohnt sich, 100 Yuan mehr für die Deluxe-Zimmer mit ausgezeichneten Badezimmern hinzulegen. Im Hotel finden sich Restaurants mit chinesischer und westlicher Küche; wenn wenig los ist, sind kleine Rabatte möglich.

Huiwen Hotel HOTEL €
(汇文大酒店; Huiwen Dajiudian; ☎8786 5999; www.hwhotel.cn; 6 Zhanqian Jie; 站前街 6号; EZ 358 Yuan, DZ/2BZ 483 Yuan;) Direkt gegenüber dem Bahnhof; das geräumige und geschäftige Hotel ist ein durchaus ordentliches Standquartier. Für den geforderten Preis sind die Zimmer angemessen groß, hell und sauber (vor allem wenn ein großzügiger Rabatt von bis 50 Prozent gewährt wird). Die ruhigeren Zimmer liegen nach hinten hinaus. Die Angestellten sind allerdings etwas unsicher im Umgang mit Ausländern.

Shijiazhuang

Sehenswertes
1 Provinzmuseum Hebei D2

Schlafen
2 Huiwen Hotel A2
3 World Trade Plaza Hotel D1

Essen
4 Chengde Huiguan A2
5 Quanjude C2
6 Tudari A1

Essen

In den Sommermonaten gibt es auf der Nan Xiaojie (南小街), südlich des Bahnhofs, gute *shaokao* (Barbecues), und hier finden sich auch Restaurants mit Feuertopf; auf der nahen Minzu Lu (民族路) drängen sich die Nudel- und Teigtaschen-Restaurants.

LP TIPP **Chengde Huiguan** HEBEI-KÜCHE €
(承德会馆; 12 Zhanqian Jie; 站前街 12 号; Gerichte 20–40 Yuan; ⌚10–21 Uhr) Dieses Speiselokal hat sich auf die Küche des nördlichen Hebei spezialisiert – eigentlich sind es vielmehr zwei Lokale in einem. Der protzige Eingang führt in das todschicke Restaurant mit Steinböden, Wasserspiel und hölzernen Nischen; durch die nächste Tür geht's ins deutlich einfachere *canting* mit entsprechend niedrigeren Preisen. Das Essen ist in beiden Bereichen gut – auch in nüchterner Umgebung. Es gibt eine bebilderte Speisekarte.

Tudari KOREANISCH €

(土大力; Tudali; www.tudari.com.cn; 2 Jinqiao Beijie; Gerichte ab 18 Yuan; ⌚11–15& 18–23 Uhr; 🚭) Ein geschäftiges, makelloses koreanisches Restaurant, das länger geöffnet ist als die meisten anderen Restaurants der Stadt. Leckere Feuertöpfe, auch das allseits beliebte *shiguo banfan* (25 Yuan; Fleisch, Reis, Gemüse und Ei im Tontopf), würzige Salate und eine große Auswahl an gegrillten Fleischspießen. Es gibt eine bebilderte Speisekarte; gleich neben dem Dongfang City Plaza Shopping Centre (东方大厦; Dongfang Dasha).

Quanjude BEIJING-KÜCHE €€

(全聚德; 9 Jianshe Nandajie; gebratene Ente 198 Yuan; ⌚10–14 & 17–21 Uhr) Wer von der Pekingente in der Hauptstadt noch nicht genug bekommen hat, kann sich in diesem großen und wirklich noblen Restaurant der Beijinger Kette an traditioneller Pekingente – gebraten über Obstbaumholz – nochmals satt essen. Eine halbe Ente mit allen Schikanen für 99 Yuan; bebildete Speisekarte.

 Praktische Informationen

Während unserer Recherche waren die chinesischen Internetcafés für Ausländer nicht geöffnet.

Bank of China (中国银行; Zhongguo Yinhang; Jinqiao Beidajie) Durch den Westeingang des Dongfang City Plaza Shopping Centre.

Büro für Öffentliche Sicherheit (PSB; 公安局; Gong'anju; Dongfeng Lu)

Meijue Internetcafé (美爵网吧; Meijue *wangba*; Zhanqian Jie; pro Std. 3 Yuan; ⌚24 Std.) Gleich neben dem Huiwen Hotel.

Post (中国邮政; Zhongguo Youzheng; Ecke Gongli Jie & Zhongshan Xilu; ⌚24 Std.)

 An- & Weiterreise

Bus

Die meisten Busse fahren am **Fernbusbahnhof** (石家庄客运总站; *shijiazhuang keyun zongzhan*) ab:

Beijing 83 Yuan, 3½ Std., alle 30 Min. (7–18.30 Uhr)

Chengde 160 Yuan, 7 Std., 4-mal tgl.

Ji'nan 115 Yuan, 4 Std., alle 40 Min. (7.20–17.30 Uhr)

Kaifeng 140 Yuan, 8 Std., tgl. 11 Uhr

Tianjin 120–130 Yuan, 4 Std., alle 40 Min. (6.30–18.30 Uhr)

Zhengzhou 121 Yuan, 6 Std., 9-mal tgl. (9–18.30 Uhr)

Flugzeug

Flüge ab Shijiazhuang:

Chengdu 900 Yuan

Guangzhou 780 Yuan

Kunming 1020 Yuan

Shanghai 500 Yuan

Xi'an 600 Yuan

Zug

Shijiazhuang ist ein wichtiger Eisenbahnknotenpunkt; die Express-D-Züge fahren am **Bahnhof** (☎8760 0111) von/nach Beijing-West (88 Yuan, 2 Std.), Zhengzhou und Anyang. Wegen der schnellen Verbindung kann Shijiazhuang problemlos als Tagesausflug von Beijing erkundet werden. Die meisten Züge aus Beijing Richtung Süden halten in Shijiazhuang.

Changchun Hartschläfer 309 Yuan, 15½ Std.

Chengde Hartschläfer 134 Yuan, 11 Std.

Datong Hartschläfer 149 Yuan, 8½ Std.

Guangzhou Hartschläfer 409 Yuan, 18½ Std.

Ji'nan Hartsitz 47 Yuan, 4½ Std.

Luoyang Express 162 Yuan, 4½ Std.; Hartsitz 76 Yuan, 5 Std.

Nanjing Hartschläfer 231 Yuan, 8½ Std.

Shanghai Hartschläfer 290 Yuan, 11 Std.

Shanhaiguan Express 178 Yuan, 5½ Std.; Hartschläfer 175 Yuan, 7½ Std.

Tianjin Hartsitz 55 Yuan, 4 Std.

Zhengzhou Hartsitz 63 Yuan, 3½ Std.

Einige Züge halten/fahren am Nordbahnhof von Shijiazhuang (Shijiazhuang *beizhan*) ab.

 Unterwegs vor Ort

Shijiazhuangs internationaler Flughafen liegt 40 km nordöstlich der Stadt. Die Flughafenbusse (25 Yuan, 35 Min., 6–20 Uhr) fahren vor dem Civil Aviation Hotel beim **CAAC-Büro** (中国民航; Zhongguo Minhang; ☎8505 4084; 471 Zhongshan Donglu) ab; Bus 1 fährt zum CAAC. Die Busse – mehrere pro Tag – sind auf die Flüge abgestimmt. Die Taxifahrt zum Flughafen dauert etwa eine Stunde und kostet 130 Yuan; Grundpreis 5 Yuan, für jeden weiteren Kilometer 1,60 Yuan.

Rund um Shijiazhuang

ZHENGDING 正定

☎0311 / 130 300 EW.

Arme taoistische Wahrsager auf den Straßen, Tempelruinen und Stadtmauern machen Zhengding zu einem anregenden, wenn auch unvollständigen Stück des alten Chinas. Vom Südtor der Stadt sind vier auffällige Pagoden zu sehen, die über die

Dächer der verschlafenen Stadt ragen. Nicht ohne Grund trägt die Stadt den Spitznamen „Stadt der neun Gebäude, vier Pagoden, acht großen Tempeln und 24 goldenen Bögen". Viel ist davon nicht mehr übrig, denn Zhengding hat tragischerweise die meisten Bauten und Bögen verloren – es ist nicht Pingyao. Zum Glück erlaubt auch der Rest noch einen guten Einblick in die längt verblasste Größe der Stadt.

Sehenswertes

Alles Sehenswerte der Stadt steht entweder auf der ost-westlichen Zhongshan Lu oder der nord-südlichen Yanzhao Nandajie. Wer am Tempel Longxing beginnt und nach Westen bis zur Yanzhao Nandajie, dann südlich bis zum Stadttor geht, bekommt fast alles zu sehen.

Das Sammelticket (通票; *tongpiao*) war während der Recherche nicht erhältlich. Öffnungszeiten von 8 bis 17.30 Uhr.

Tempel Longxing BUDDHISTISCHER TEMPEL
(隆兴寺; 109 Zhongshan Donglu; Erw./Std. 40/30 Yuan, Guide 40 Yuan) Der im Volksmund **Dafo** (大佛寺; Dafo Si) oder „Tempel des Großen Buddhas" genannte buddhistische Tempel im Osten der Stadt ist eindeutig das Sahnestück unter den Tempeln Zhengdings.

Der von den Zeiten gebeutelte Tempel geht auf das Jahr 586 zurück. Nachdem er mehrfach umgebaut und restauriert wurde, hat er den baulichen Kontakt zu seiner Geistermauer verloren, die jenseits der Zhongshan Donglu steht.

Gleich in der ersten Halle begrüßt ein jovialer Milefo die Besucher. Wegen seiner Leibesfülle, die sicher für mehrere reicht, wird er von den Wärtern im Plural angesprochen: „Mönche mit Bauch". Die vier Himmelkönige, paarweise neben ihm, sind beunruhigend groß.

Dahinter folgt die erstaunliche große **Manichäer-Halle** mit einem Fußboden aus glatt geschliffenen Steinplatten und beeindruckenden Balken. Sie enthält eine vergoldete Statue von Sakyamuni und köstliche Fresken aus der Ming-Zeit, die Geschichten aus dem Leben Buddhas erzählen. Am Ende der Halle befindet sich eine definitiv männliche Statue der Göttin Guanyin in der *lalitasana*-Pose – ein Fuß ruht auf ihrem/seinem Oberschenkel. Um ihn herum sind *luohan* (Erleuchtete, die das Rad der Wiedergeburt verlassen haben) aufgereiht.

Der **Buddhistische Altar** dahinter enthält einen ungewöhnlichen, doppelgesichtigen Bronze-Buddha aus der Ming-Dynastie, der in die beiden Himmelsrichtungen Norden und Süden blickt. Obwohl ein Schild das Berühren verbietet, haben Legionen von Gläubigen Finger und Daumen glatt geschliffen. Hinter dem buddhistischen Altar folgen zwei weitere Hallen. Auf der linken Seite befindet sich der **Drehbare-Bücherei-Pavillon** (Zhuanlunzang Ge) mit einem drehbaren, achteckigen Holzgestell, in dem Sutren aufbewahrt werden. Ein knurrender *bixi* (ein mythischer Drache in Schildkrötengestalt) trägt eine Stele auf dem Rücken. Der **Pavillon der Freundlichkeit** gegenüber enthält eine 7,40 m hohe Statue von Maitreya mit erhobener Hand.

Der Text zum **Pavillon der kaiserlichen Bibliothek** (Yushu Lou) preist zwar eine Statue der Guanyin mit 18 *luohan* an, sie sind aber nicht zu finden. Von der Bibliothek führt ein Weg zum riesigen **Pavillon der Großen Gnade** (大悲阁; Dabei Ge) mit einer kolossalen Guanyin aus Bronze. Die 21,30 m hohe Figur wurde 971 gegossen und sieht mit ihrem dritten Auge auf dem prächtig verzierten Sockel aus der Zeit der nördlichen Song einfach großartig aus. Die Sockelreliefs zeigen unzählige Gestalten und Musiker, auch buddhistische Engel und eine Frau, die in eine Meeresschnecke bläst. Zu Füßen der staubigen Göttin steht eine Schar kleinerer Guanyinstatuen. Man darf auf eine Galerie steigen (kostenlos) und um die Guanyin herumgehen; nur die dritte Galerie ist oft gesperrt. Die hölzerne Halle, in der die Göttin steht, wurde 1999 nach Architekturbüchern aus der Song-Zeit nachgebaut.

Die **Vairocana-Halle** im hinteren Teil der Anlage wird von den Gläubigen umrundet. Sie enthält einen viergesichtigen Buddha (Buddha der vier Himmelsrichtungen). Darüber steht ein zweiter viergesichtiger und darauf ein dritter. Insgesamt besteht die Gruppe, den Sockel eingerechnet, aus 1072 Buddhastatuen.

Tempel Tianning BUDDHISTISCHER TEMPEL
(天宁寺; Tianning Si; Eintritt 15 Yuan) Die Überreste dieses buddhistischen Tempels stehen etwa zehn Minuten in westlicher Richtung (am Ausgang nach rechts gehen) vom Tempel Dafo. Die 41 m hohe, achteckige Pagode aus der Tang-Dynastie, die **Hohe Pagode** (凌霄塔; Lingxiao Ta) oder

Muta(Hölzerne)-Pagode wurde bereits im Jahr 779 erbaut und 1045 restauriert. Die neun Dachstufen werden von einer Spitze gekrönt; dieses Bauwerk ist ein gut erhaltenes Beispiel der Ziegelsteinpagoden aus der Tang-Zeit. Leider dürfen Besucher sie nicht besteigen.

Rechts des Tempels befindet sich ein Rohbau, der irgendwann einmal das **Zhengding Museum** (正定博物馆; Zhengding Bowuguan) aufnehmen soll – wann, steht allerdings in den Sternen.

Noch weiter westlich, 250 m nach der Kreuzung von Zhongshan Xilu mit der Yanzhao Nandajie, führt eine Gasse zum bescheidenen **Konfuziustempel** (文庙; Wen Miao; Eintritt 15 Yuan); viel zu sehen gibt's aber nicht.

Tempel Kaiyuan BUDDHISTISCHER TEMPEL
(开元寺; Kaiyuan Si; Eintritt 15 Yuan) Der buddhistische Tempel weiter südlich auf der Yanzhao Nandajie wurde bereits im Jahr 540 erbaut. Bedauerlicherweise überstand er die Kulturrevolution nicht, sondern wurde im Jahr 1966 zerstört, gleich im ersten Jahr der Bewegung. Die Chinesen scheinen den Geist des Ortes zu schätzen, sie praktizieren hier Tai-Chi und Qigong. Neben dem **Glockenturm** blieb als Trumpfkarte die schmutzig-braune **Xumi-Pagode** bestehen. Sie ist ein gut erhaltener, schlichter Ziegelbau aus der frühen Tang-Zeit mit neunstufigem Dach und gekrönt von einer Spitze. Besonders attraktiv sind die Rundbogentüren, die Reliefs an dem steinernen Torweg und die Figuren auf dem Sockel.

Am Eingang steht Chinas größter *bixi*, eine Kolossalstatue aus Stein. Aus seiner linken Seite ist ein mächtiges Stück herausgebrochen und der Kopf ruht auf einer Plinthe. Die Figur aus der späten Tang-Zeit kam 2000 bei Straßenarbeiten in Zhengding ans Licht.

GRATIS **Kloster Linji** BUDDHISTISCHER TEMPEL
(临 济 寺; Linji Si; Linji Lu) Das aktive buddhistische Kloster befindet sich 500 südöstlich des Tempels Kaiyuan und ist berühmt für die elegante **Chengling-Pagode** (澄灵塔; auch Grüne Pagode) aus Relief-Ziegelsteinen. Sie wird von einer kunstvollen Lotosplinthe mit Kugel und Spitze gekrönt. In der Haupthalle dahinter befindet sich eine große, vergoldete Darstellung von Sakyamuni mit 18 goldenen *luohan*. Am Ende der Halle, neben einer Guanyin, reiten Puxian auf einem Elefanten und Wenshu auf einem Löwen. Während der Tang-Dynastie war hier ein Zentrum des Chan(Zen)-Buddhismus. Von Linji Yixuan, einem besonders exzentrischen und berühmten Lehrer, stammt der Satz: „Wenn du Buddha auf der Straße triffst, töte ihn!"

Tempel Guanghui BUDDHISTISCHER TEMPEL
(广惠寺; Guanghui Si; Eintritt 15 Yuan) Bis auf die indisch angehauchte Pagode, die mit Löwen, Elefanten, Meerestieren, *pusa* (Bodhisattvas) und einigen Figuren (ein paar fehlen) verziert ist, blieb von diesem buddhistischen Tempel nichts erhalten. Die Pagode steht auf einem Sockel aus Ziegelsteinen und ist in den oberen Etagen mit Steinreliefs verziert. Das Dach ist aus Ziegelsteinen gemauert.

Stadtmauern HISTORISCHE STÄTTE
(城墙; Chengqiang) Zhengdings Hauptstraße (Yanzhao Dajie) wurde weitgehend restauriert und präsentiert sich jetzt mit traditionellen chinesischen Dächern, Ziegelsteinen und Weiden als **Historische Kulturstraße** (正定历史文化街; Zhengding Lishi Wenhua Jie). An ihrem Südende erhebt sich das **Changle Tor** (长乐门; Changle Men; Eintritt 15 Yuan), auch bekannt als Nanchengmen oder Südtor. Die 24 km lange, originale Mauer aus der Zeit der Nördlichen Zhou bestand aus einer äußeren *(yuecheng)* und einer inneren Mauer *(neicheng)* mit Barbakanen *(wengcheng)*. Es ist erlaubt, das Changle Tor zu besteigen; einige verfallene Reste der Mauer sind noch zu sehen.

Schlafen & Essen

Für eine Stadt mit einer stark ausgeprägten buddhistischen Tradition leben in Zhengding sehr viele Hui (ihre moderne Moschee steht neben dem Tempel Guanghui); auf der Yanzhao Dajie befinden sich viele muslimische Nudelrestaurants. Auch auf der Zhongshan Donglu gibt es viele Esslokale, hier wird etwa Sichuan-Küche oder auch Kuchen angeboten.

Huayang Vacation Hotel HOTEL €
(华阳假日酒店; Huayang Jiari Jiadian; ☎8801 1470; 2 Shanxi Lu; 山西路 2 号; 2BZ/DZ 268/288 Yuan; ❄@) Das Hotel gehört zu den wenigen Häusern, die Ausländer aufnehmen. Das Huayang hat attraktive, moderne Zimmer und Badezimmer. Die Angestellten sind sehr freundlich, sprechen aber kein Englisch.

Praktische Informationen

Industrial & Commercial Bank of China (ICBC; 工商银行; Gongshang Yinhang; Ecke Zhongshan Donglu & Yanzhao Nandajie)

Internetcafé (网吧; *wangba*; Yanzhao Nandajie; pro Std. 3 Yuan; ⏲24 Std.) Ein paar Meter südlich der Kreuzung Yanzhao Nandajie und Zhongshan Donglu; durch eine Gasse.

An- & Weiterreise

Die Busse 131 und 132 (2 Yuan, 45 Min., 6.30–18.30 Uhr) fahren regelmäßig vom Hauptbusbahnhof auf dem Bahnhofsplatz von Zhengding ab. Zhengding und Shijiazhuang sind über regelmäßig verkehrende Züge verbunden.

Unterwegs vor Ort

Zhengding ist nicht sehr groß, seine Sehenswürdigkeiten liegen eng beieinander und lassen sich zu Fuß erlaufen. Der Taxigrundpreis innerhalb von Zhengding beträgt 5 Yuan; Dreiradmotorräder verlangen 4 Yuan zu allen Zielen innerhalb der Stadt. Bus 177 fährt am Tempel Dafo vorbei über die Zhongshan Donglu und die Yanzhao Nandajie.

YUJIACUN 于家村

1600 EW.

Das sogenannte **Steindorf** (石头村; Shitou Cun) liegt versteckt in den Hügeln des Hebei-Shanxi-Grenzlandes. Im kleinen, friedlichen **Yujiacun** (Eintritt 20 Yuan) bestand früher alles – von den Häusern bis zu den Möbeln – aus Stein. Daher blieb Yujiacun bemerkenswert gut erhalten: Holprige Gassen führen an traditionellen Hofhäusern der Ming- und Qing-Dynastie, alten Opernbühnen und winzigen Tempeln vorbei. Eigentlich ist „traditionell" missverständlich, denn das Dorf ist eine typisch chinesische Clan-Siedlung, in der 95% der Einwohner Yu (于) heißen.

Diesen außergewöhnlichen Umstand klären die Darstellungen in der **Ahnenhalle der Yu** (于氏宗祠; Yushi Zongci) auf: ein Familienstammbaum, der 24 Generationen aus 500 Jahren vorstellt. Jeder der fünf Wandteppiche zeigt die Nachkommenschaft eines der fünf Brüder Yu, die einst das Dorf gründeten.

Kurios ist auch der dreistöckige **Qingliang-Pavillon** (清凉阁; Qingliang Ge), der im Jahr 1581 fertiggestellt wurde. Angeblich wurde er von einem komplett verrückten Yu erbaut (Yu Xichun wollte von der Pavillonspitze bis nach Beijing sehen). Nach der Legende baute er bis zur Spitze 16 Jahre lang an der Pagode – nur nachts, ohne Hilfe der anderen Dorfbewohner. Auf jeden Fall war der Baummeister ein kompletter Laie, denn die Pagode verfügt über kein Fundament, und die Steine sind nicht mit Mörtel verbunden. Da er völlig unregelmäßige Steine verbaut hat (einige messen 2 m), sehen die Mauern aus wie Kraut und Rüben – völlig untypisch für chinesische Architektur.

Sehenswert sind außerdem der **Guanyin-Pavillon** (观音阁; Guanyin Ge) und der **Tempel Zhenwu** (真武庙; Zhenwu Miao). Das **Steinmuseum** (石头博物馆; Shitou Bowuguan) neben der Grundschule zeigt lokal gefertigte Gebrauchsgegenstände aus Stein.

Schlafen

Der Mandarindialekt, der in dieser Gegend gesprochen wird, ist so dick wie der Kohlenstaub, der sich auf alles im Bereich der Heibei-Shanxi-Grenze niederschlägt. Zum Glück bleibt Yujiacun von Luftverschmutzung verschont und eine Übernachtung im Dorf ist die Erfahrung wert. Bei Sonnenuntergang ist der Klang des Dorfes zu hören: Bauern, die nach einem Tag im Feld miteinander plaudern, spielende Kinder und gackernde Hühner – die schnelllebigen chinesischen Großstädte sind meilenweit weg.

Die Dorfbewohner bieten Zimmer für 15 Yuan pro Person an; für ein selbst gekochtes Abendessen nehmen sie 15 Yuan (pro Person), und die Flasche Bier kostet 2 Yuan. Eine dieser friedlichen Herbergen ist **Chunying Yuan** (春英院; ☎0311 8237 6583) mit einfachen Zimmern für 15 Yuan. Das Haus befindet sich in der Nähe des Tempels Zhenwu.

An- & Weiterreise

Alle Wege nach Yujiacun führen durch Jingxing (井陉), 35 km westlich von Shijiazhuang. Die schnellste und einfachste Verbindung ist einer der vielen Busse (11 Yuan, 1 Std., alle 30 Min., 7–18 Uhr) ab dem **Xiwang-Busbahnhof** (西王客运站; Xiwang keyunzhan) in Shijiazhuang nach Jingxing. Bus 9 (1 Yuan) fährt am Bahnhof Shijiazhuang nach Xiwang. Das Taxi kostet 17–20 Yuan.

Die Busse ab Jingxing fahren durch eine kohlenstaubschwarze Landschaft nach Yujiacun (5 Yuan, 1 Std., regelmäßig zwischen 7.30 und 17.15 Uhr) und Cangyan Shan (5 Yuan, 1 Std., Abfahrten 9 bis 13 Uhr, Rückfahrt 12–17 Uhr). Die Busse halten an verschiedenen Kreuzungen in der Stadt; wenn man dem Busfahrer das Ziel sagt, hält er dort an. Eine Alternative wäre das Taxi zu einem Ziel (hin & zurück 80 Yuan oder

200 Yuan für einen ganzen Tag). Wegen der vielen Kohlelaster auf den Straßen sind die Fahrzeiten nur Schätzwerte. Zum Cangyan Shan geht's mit dem Bus von Yujiacun bis Baishan (柏山; 2 Yuan), dort umsteigen.

CANGYAN SHAN 苍岩山

Der **Cangyan Shan** (Eintritt 50 Yuan) – wörtlich „grüner Felsenberg" – ist der Standort des unglaublichen Hängenden Palastes, ein Gebäudekomplex aus der Sui-Dynastie, der in halber Höhe über einer steilen Schlucht hängt. Wem die Gebäude bekannt vorkommen, irrt nicht: Sie spielten eine Rolle im Film *Tiger & Dragon*.

In ihrer Glanzzeit muss die Anlage in dramatischer Lage sehr eindrucksvoll ausgesehen haben. Heute ist es vor allem der Blick in die Schluchten, der neben der Haupthalle den Aufstieg lohnt. Nach dem steilen, kurzen Weg zum Palast geht's weitere 45 Minuten an Pagoden und Schreinen vorbei zum neuen Tempel auf dem Gipfel des Berges. Wer Menschenmassen nicht scheut, sollte die Anlage möglichst während der Mondfeste besuchen.

Die Morgenbusse (26 Yuan, 2 Std.) nach Cangyan Shan fahren um 7 Uhr am Bahnhof Xiwang ab und kommen am späten Nachmittag zurück. Die Tour kann mit einem Trip nach Yujiacun und Jingxing kombiniert werden.

ZHAOZHOU-BRÜCKE 赵州桥

Chinas älteste noch intakte **Brücke** (Zhaozhou Qiao; Eintritt 30 Yuan) überspannt seit 1400 Jahren den Fluss Jiao (Jiao He). Sie steht im Landkreis Zhaoxian, 40 km südöstlich von Shijiazhuang und 2 km südlich von Zhaoxian, und war die erste Steinbogenbrücke der Welt (jeder Bogen ist ein Kreisbogensegment, kein vollständiger Halbkreis). Andere Brücken dieses Typs wurden erst 800 Jahre später konstruiert. Die 50,82 m lange und 9,60 m breite Brücke überspannt 37 m und ist in einem guten Zustand. Die 22 Steinpfosten zeigen Reliefs von Drachen und mythischen Wesen; auf dem mittleren ist ein prachtvolles *taotie* (Drachenkind) dargestellt. Die Brücke ist auch unter dem Namen „Brücke des sicheren Übergangs" (安济桥; Anji Qiao) bekannt.

Vom Fernbusbahnhof Shijiazhuang geht's mit Bus 30 zum **Busbahnhof Süd** (南焦客运站; *nanjiao keyunzhan*; ☎8657 3806), dann weiter mit dem Minibus bis Zhaoxian (赵县; 10 Yuan, 1 Std.). Für das letzte Stück bis zur Brücke – es gibt keine öffentlichen Verkehrsmittel dorthin – einfach ein *sanlunche* (Dreirad-Fahrradtaxi) für 3 Yuan nehmen.

Chengde 承德

☎ 0314 / 479 703 EW.

Auf den ersten Blick erinnert Chengde an ein unauffälliges Provinzstädtchen, kann aber auf eine außerordentliche Geschichte zurückblicken. Es war die sommerliche „Spielwiese" für die Kaiser der Qing-Dynastie. Zu Beginn des 18. Jhs. wurde es als Urlaubsresidenz der Qing-Kaiser und zum Zentrum der mandschurischen Außenpolitik ausgebaut. Kangxi floh als erster Qing-Kaiser vor der glühenden Sommerhitze (möglicherweise auch vor ausländischen Invasoren) aus der Verbotenen Stadt und wollte hier den Jagdgründen seiner nördlichen Heimat näher sein.

Der Bishu Shanzhuang (Bergsitz zur Sommerfrische) ist ein grandioser Palastkomplex, und die Mauer umschließt den größten kaiserlichen Park. Er ist aber nicht nur ein faszinierender Landschaftspark, sondern auch eine Demonstration politischer Macht: Seine Tempel sollten wichtige Staatsgäste beeindrucken, wie den sechsten Panchen Lama. Der Besuch ist am schönsten im Herbst, wenn der sommerliche Touristenstrom nachgelassen hat – die Winter sind eisig kalt.

Geschichte

Als Kaiser Kangxi im Jahr 1703 mit seinem Tross durch das Tal von Chengde zog, war er von der Landschaft derart angetan, dass er dort einen Jagdsitz erbauen ließ. Nach und nach entwickelte sich daraus eine Sommerresidenz. Rehe oder Jehol („Warmer Fluss", nach einer heißen Quelle), wie Chengde damals hieß, nahm ständig an Bedeutung zu; auch der Hof der Qing hielt sich immer länger hier auf. Manchmal zogen die Kaiser mit ihrem 10 000-köpfigen Hofstaat für mehrere Monate nach Chengde; die Reise von Beijing bis Chengde dauerte sieben Tage.

Hier trafen sich die Kaiser zu Verhandlungen mit den kriegerischen Grenzstämmen – Mongolen, Tibetern, Uiguren – und später auch mit europäischen Gesandten in einer Umgebung, die weniger einschüchternd war als Beijing. Unter Kaiser Qianlong (Regierungszeit 1735–96) hatte die Residenz ihre größte Bedeutung. Er ließ auch viele der Tempel bauen, um die ausländischen Herrscher zu beeindrucken.

Im Jahr 1793 traf der britische Gesandte Lord Macartney ein, um über ein Handelsabkommen zu verhandeln. Dass er sich weigerte, einen Kotau vor dem Kaiser zu machen, beeindruckte die Höflinge sehr, war aber nicht der eigentliche Grund für die chinesische Ablehnung. China, so hieß es, habe alles, was es brauche, und sei nicht auf Handel angewiesen.

Als der Kaiser Xianfeng im Jahr 1861 hier verstarb, war das Feng-Shui des Ortes endgültig ruiniert – damit begann der langsame Niedergang des kaiserlichen Sommersitzes.

Sehenswertes

Bishu Shanzhuang HISTORISCHE STÄTTE
(避暑山庄; Eintritt April–Okt. 120 Yuan, Nov.–März 90 Yuan; ⌚Palast April–Okt. 7–18, Nov.–März 8–17.30 Uhr) Die kaiserliche Sommerresidenz besteht aus einem Palastkomplex und einem parkartigen Garten, der von einer schönen, 10 km langen Mauer umschlossen ist. Die Eintrittspreise in der Hauptsaison sind gesalzen, werden aber durch die tollen Spaziergänge im Park, abseits der Massen, wieder aufgewogen.

Eine mächtige Geistermauer beschützt den Eingang vor bösen Geistern (und den Abgasen von der Lizhengmen Dajie). Das **Lizheng-Tor** (丽正门; Lizheng Men) führt in den **Hauptpalast** (正宫; Zheng Gong) aus einer Flucht von neun Höfen und fünf eleganten, unbemalten Hallen. Die hohen Kiefern verleihen allem einen rustikalen Touch. In den Gebäuden an den Höfen werden verschiedene Sammlungen gezeigt (Porzellan, Kleidung, Waffen); die meisten Hallen sind noch original möbliert.

Die erste Halle, erbaut aus aromatischem Zedernholz *(nanmu)*, ist die erfrischend kühle **Halle der Anspruchslosigkeit und Ernsthaftigkeit**. Hier steht ein verzierter, mit gelber Seide verkleideter Thron. Zu den bekannteren Gebäuden gehören das Arbeitszimmer des Kaisers (Studio des vierfachen Wissens) und die Wohnräume (Halle der erfrischenden Nebel und Wellen). Links davon befindet sich das kaiserliche Schlafgemach. Hier zweigen zwei Wohnquartiere ab: im Osten der **Kiefern-und-Kraniche-Palast** (松鹤斋; Songhe Zhai) der Kaiserinwitwe und im Westen die kleineren Wohnräume, wo die Konkubinen (auch die junge Cixi) wohnten.

Jenseits des Hauptpalastes beginnen die Gärten und bewaldeten Jagdreviere. Sie sind den Landschaftsbildern von Hangzhou, Suzhou und Jiaxing, aber auch der mongolischen Steppe nachempfunden. Obwohl das 20. Jh. seine Spuren hinterlassen hat, schwebt noch immer der Geist der kaiserlichen Gärtner über dem Park.

Der zweistöckige **Turm des nebligen Regens** (烟雨楼; Yanyu Lou) an der nordwestlichen Seite des Hauptsees war das kaiserliche Arbeitszimmer. Weiter im Norden steht der 1773 erbaute **Wenjin-Pavillon** (文津阁; Wenjin Ge). Hier wurde eine Kopie der *Siku Quanshu* aufbewahrt; Kaiser Qianlong hatte diese wichtige Anthologie klassischer, historischer, philosophischer und literarischer Texte in Auftrag gegeben. Nach zehnjähriger Arbeit war die Anthologie mit erstaunlichen 36 500 Kapiteln abgeschlossen. Von den vier Kopien ist heute nur noch eine erhalten (in Beijing). Im Osten überragt die elegante **Yongyousi Pagode** (永佑寺塔; Yongyousi Ta) die Ruinen eines verschwundenen Tempels.

Etwa 90 % des Geländes gehören den Seen, Hügeln, Wäldern und Ebenen; ein merkwürdiger Pavillon dient als Aussichtspunkt. Im Nordteil des Parks sahen die Kaiser Bogenschützen, artistischen Reiterschauspielen und Feuerwerk zu.

Gleich hinter dem Hauptpalast warten Elektrokarren, um die Besucher durch die Anlage zu fahren (50 Yuan); etwas dahinter befindet sich der **Bootsverleih** (出租小船; Chuzu Xiaochuan; pro Std. 30–40 Yuan, 300 Yuan Kaution). Obwohl ab November bis Mai große Teile der Wälder wegen der Feuergefahr nicht zugänglich sind, bleibt noch genügend Park übrig, um sich die Füße wund zu laufen.

Tempel Guandi TAOISTISCHER TEMPEL
(关帝庙; Guandi Miao; 18 Lizhengmen Dajie; Eintritt 20 Yuan; ⌚April–Okt. 8–19, Nov.–März 8–17 Uhr) Der stark restaurierte taoistische Tempel Guandi entstand 1732 in der Regierungszeit von Yongzheng. Nachdem er lange als Wohnquartier diente, leben nun wieder taoistische Mönche hier, die sich mit auffallenden Jacken, Hosen und zu Knoten aufgebundenen, langen Haaren verraten.

Acht äußere Klöster BUDDHISTISCHER TEMPEL
(外八庙; *wai ba miao*) Entlang der nördlichen und östlichen Mauern des Bishu Shanzhuang befinden sich die buddhistischen Acht äußeren Klöster. Sie dienten aber eher diplomatischen als spirituellen

Chengde

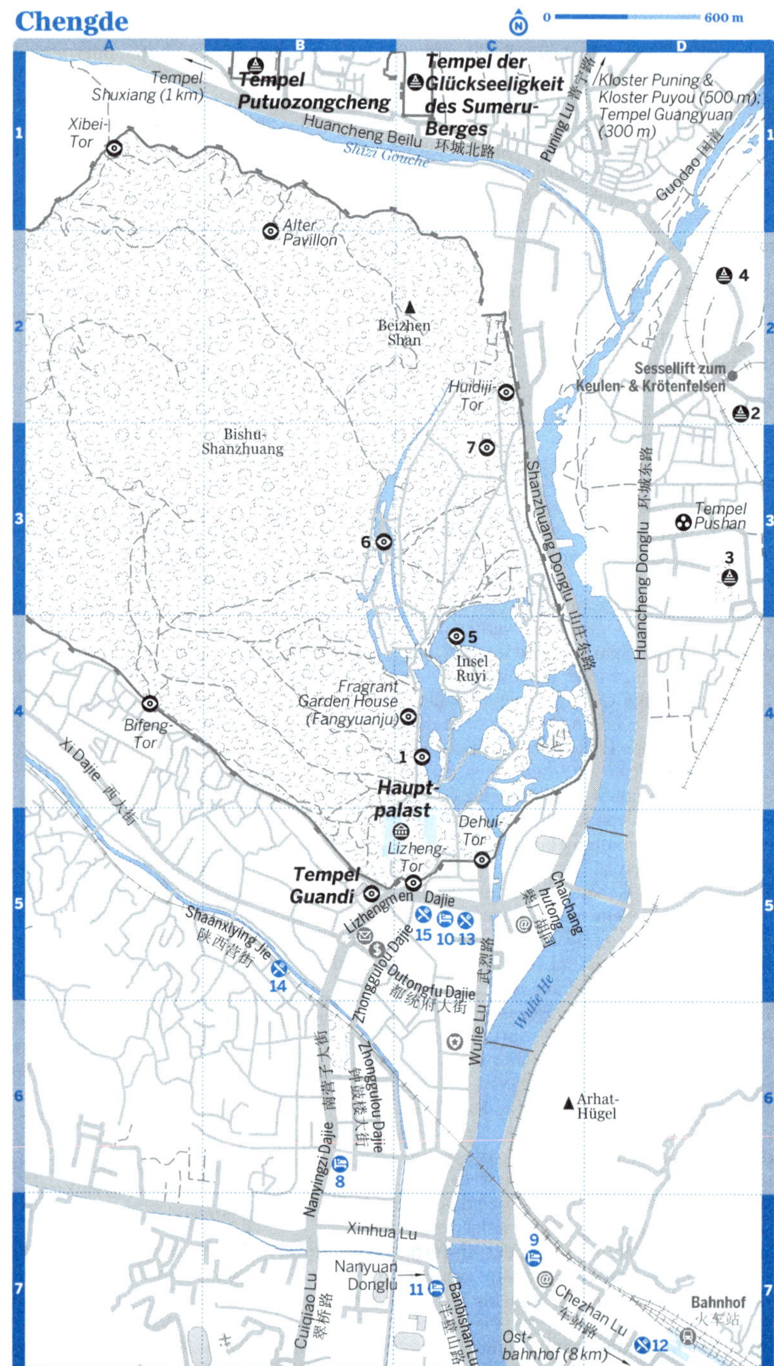
0
600 m
Tempel Shuxiang (1 km)
Tempel Putuozongcheng
Tempel der Glückseeligkeit des Sumeru-Berges
Kloster Puning & Kloster Puyou (500 m); Tempel Guangyuan (300 m)
Xibei-Tor
Huancheng Beilu 环城北路
Shizi Gouche
Puning Lu
Guodao
Alter Pavillon
Beizhen Shan
Sessellift zum Keulen- & Krötenfelsen
Huidiji-Tor
Bishu-Shanzhuang
Shanzhuang Donglu 山庄东路
Huancheng Donglu 环城东路
Tempel Pushan
Insel Ruyi
Fragrant Garden House (Fangyuanju)
Bifeng-Tor
Xi Dajie 西大街
Hauptpalast
Dehui-Tor
Lizheng-Tor
Tempel Guandi
Lizhengmen Dajie
Chaichang hutong 柴厂胡同
Shaanxiying Jie 陕西营街
Zhonggulou Dajie
Dutongfu Dajie 都统府大街
Wulie Lu 武烈路
Wulie He
Nanyingzi Dajie 南营子大街
Zhonggulou Dajie 钟鼓楼大街
Arhat-Hügel
Xinhua Lu
Nanyuan Donglu
Cuiqiao Lu 翠桥路
Banbishan Lu 半壁山路
Chezhan Lu 车站路
Bahnhof 火车站
Ost-bahnhof (8 km)
1
2
3
4
5
6
7
8
9
10
11
12
13
14
15
A
B
C
D

Chengde

Highlights

- Hauptpalast C5
- Tempel der Glückseligkeit des Sumeru-Berges C1
- Tempel Guandi B5
- Tempel Putuozongcheng B1

Sehenswertes

1 Bootsverleih C4
2 Kloster Pule D2
3 Kloster Puren D3
4 Tempel Anyuan D2
5 Turm des nebligen Regens C4
6 Wenjin-Pavillon B3
7 Yongyousi-Pagode C3

Schlafen

8 Chengde Binguan B6
9 Ming's Dynasty Hostel C7
10 Mountain Villa Hotel C5
11 Yunshan Hotel C7

Essen

12 Da Qing Hua D7
13 Da Qing Hua C5
14 Nachtmarkt B5
15 Xiao Feiyang C5

Praktisches

- Bank of China .... (siehe 13)

Zwecken. Obwohl tatsächlich ein paar Elemente tibetisch-buddhistischer Klöster übernommen wurden, waren sie vor allem auf Schauwirkung ausgerichtet: Manche der kleinen Tempelgebäude sind sogar solide gebaut, bei den anderen verbarg sich hinter tibetischen Fassaden mit aufgemalten Fenstern traditionelle chinesische Tempelarchitektur. Die erhaltenen Tempel und Klöster wurden zwischen 1713 und 1780 erbaut. Die Betonung des tibetischen Buddhismus richtete sich an die Mongolen (glühende Lamaisten) und die tibetischen Herrscher.

Bus 6 hält an der nordöstlichen Ecke; Bus 118 fährt die Huancheng Beilu entlang; die 12 km lange Gesamtstrecke lässt sich aber auch wunderbar mit dem Fahrrad fahren.

Kloster Puning BUDDHISTISCHER TEMPEL
(普宁寺; Puning Si; Puningsi Lu; Eintritt April–Okt. 80 Yuan, Nov.–März 60 Yuan; ⌚April–Okt. 8–18, Nov.–März 8.30–17 Uhr) Chengdes einziges aktives buddhistisches Kloster mit quietschenden Gebetsmühlen und andächtigen Mönchsgesängen wurde im Jahr 1755 erbaut, um den erwarteten Sieg Qianlongs über die westlichen Mongolenstämme in Xinjiang zu feiern. Vermutlich sollte es den Bauplan des frühesten tibetischen Buddhistenklosters (Samye) nachempfinden, hat jedoch in seiner vorderen Hälfte eindeutig chinesischen Charakter (die tibetischen Gebäude stehen dahinter).

Der Rundgang beginnt an einem Stelenpavillon mit Inschriften von Kaiser Qianlong in Chinesisch, Mandschurisch, Mongolisch und Tibetisch. Die Hallen dahinter sind nach buddhistischer Tradition aufgereiht: auf die **Halle der Himmelskönige** (天王殿; Tianwang Dian) folgt die the **Mahavira-Halle** (大雄宝殿; Daxiong Baodian) mit drei Buddhastatuen der drei Zeitalter. Hinter dem Tempel (die Anlage zieht sich einen Hang hoch) geht's auf sehr steilen Treppen zu einem Torturm, der bestiegen werden darf.

Auf einer Terrasse am Ende der Treppe steht die riesige **Mahayana-Halle** flankiert von Stupas und kubischen, blockartigen Gebäuden im tibetischen Stil mit attraktiven Wasserspeiern. Einige der Gebäude wurden zu Läden umgestaltet, andere sind kompakte Baublöcke und stehen nur dekorativ herum.

In der Mahayana-Halle versetzt einen die ungeheure, vergoldete Statue der **Guanyin** (buddhistische Göttin des Mitgefühls), die eine tief religiöse Aura ausstrahlt, ins Staunen. Sie ist unglaubliche 22 m hoch und damit die größte ihrer Art in der Welt. Die Guanyin wurde aus fünf Holzarten geschnitzt (Kiefer, Zypresse, Tanne, Ulme und Linde) und hat 24 Arme mit je einem Auge in den Handflächen. Jede Hand hält einen Gegenstand von symbolischer Bedeutung, wie Schädel oder Lotos. Ihre nach vorn gerichteten Hände sind nach tibetischer Art im Gebet gefaltet; die rechte Hand darunter hält ein szepterartiges *dorje* (*vajra* in Sanskrit) als Symbol des Männlichen, die linke eine *dril bu* (Glocke) als weibliches Symbol. Auf dem Kopf der Guanyin sitzt der Buddha der Langlebigkeit. Auf ihrer rechten Seite steht ein riesiger männlicher Wächter und Schüler (Shancai), auf der linken sein weibliches Pendant, die Drachenkönigstochter Longnü. Im Unterschied zur Guanyin tragen sie noch die alte, verstaubte

Bemalung. An den Wänden beiderseits der Statuen reihen sich Hunderte kleiner Buddhafiguren auf.

Mit etwas Glück ist es möglich, auf die erste Galerie zu steigen (10 Yuan), um Guanyin etwas näher zu kommen; Taschenlampen werden gestellt. Die oberen Galerien – Auge in Auge mit der Göttin – sind nicht zugänglich. Die besten Chancen für den Aufstieg bestehen morgens, am Nachmittag werden oft keine Tickets mehr verkauft. Es ist besser, sich nicht allzu viele Hoffnungen zu machen, denn die Galerie ist manchmal geschlossen.

Die freundlichen Lamas, die das Kloster Puning unterhalten, verdienen Ruhe und Respekt. Der Besuch des Klosters ist im Eintrittspreis enthalten. Bus 6 zum Kloster fährt vor dem Mountain Villa Hotel ab.

Tempelkloster Putuozongcheng

BUDDHISTISCHER TEMPEL

(普陀宗乘之庙; Putuozongcheng Zhimiao; Shizigou Lu; Eintritt April–Okt. 80 Yuan, Nov.–März 60 Yuan; ⏲April–Okt. 8–18, Nov.–März 8.30–17 Uhr) Chengdes größte buddhistische Klosteranlage ist eine ziemlich große Miniaturausgabe des Potala-Palastes in Lhasa und Heimstätte des Avalokiteshvara (Guanyin). An klaren Tagen heben sich die roten Mauern des Klosters malerisch vor dem Gebirgshintergrund ab. Auf den riesigen Stelenpavillon nach dem Eingang folgt ein großer Torbau mit drei Durchgängen und fünf Stupas in Rot, Grün, Gelb, Weiß und Schwarz auf dem Dach. Davor hocken zwei große Steinelefanten, deren Unterschenkel in einer anatomisch unmöglichen Weise nach vorn geknickt sind.

Hinter einer Gruppe von Gebetsmühlen und Flaggen steht der **Rote Palast** (auch die Große Rote Plattform) mit den meisten Schreinen und Hallen. Der Weg führt an einer Ausstellung mit *thangka* (heilige tibetische Bilder) vorbei in einen restaurierten Hof. Von dort sind die beiden fantastischen Pagoden aus Sandelholz in der vorderen Halle zu sehen. Sie sind 19 m hoch und enthalten 2160 Bildnisse des Amitabha Buddha.

Neben vielem anderen werden auch Kultgegenstände des tibetischen Buddhismus ausgestellt – die *kapala-Schale* besteht aus dem Schädeldach eines jungen Mädchens. Die Haupthalle, oben auf dem Hügel, ist von mehreren kleinen Pavillons umgeben und bietet einen schönen Ausblick in die Umgebung.

Im Eintrittspreis ist auch der Besuch des benachbarten Tempels der Glückseligkeit und Langlebigkeit des Sumeru-Berges enthalten. Bus 118 (1 Yuan) fährt auf der Huancheng Beilu am Tempel vorbei.

Tempel der Glückseligkeit & Langlebigkeit des Sumeru-Berges

BUDDHISTISCHER TEMPEL

(须弥福寿之庙; Xumifushou Zhimiao; Shizigou Lu; Eintritt April–Okt. 80 Yuan, Nov.–März 60 Yuan; ⏲April–Okt. 8–18, Nov.–März 8.30–17 Uhr) Dieser riesige buddhistische Tempel östlich des Putuozongcheng wurde zu Ehren des Sechsten Panchen Lama erbaut, der im Jahr 1781 hier weilte. Mit seinen tibetischen und chinesischen Architekturelementen gleicht er dem Heimatkloster Tashilhunpo des Panchen in Shigatse (Tibet). Auf dem Dach der Haupthalle hocken acht mächtige, vergoldete Drachen (jeder soll über 1000 kg wiegen). Im Eintrittspreis ist auch der Besuch des Putuozongcheng enthalten. Bus 118 (1 Yuan) fährt auf der Huancheng Beilu am Tempel vorbei.

Tempel Pule

BUDDHISTISCHER TEMPEL

(普乐寺; Pule Si; Eintritt inkl. Keulenfelsen 50 Yuan; ⏲April–Okt. 8–17.30, Nov.–März 8.30–16.30 Uhr) Die friedliche Anlage wurde im Jahr 1776 erbaut, als Gesandte von Minderheiten (unter anderem Kasachen) den Hof besuchten. Der ungewöhnliche Runde Pavillon am Ende des buddhistischen Klosters soll an die Halle des Erntegebets in Beijing erinnern. Das enorme hölzerne Mandala im Innern repräsentiert das Universum in geometrischer Form. Nach einem 30-minütigen Fußweg kommt man zum **Keulenfelsen** (磬锤峰; Qingchui Fēng) – der Felsen ist rundum meilenweit zu sehen und soll einem musikalischen Schlaginstrument ähneln. Der Park ist ideal für angenehme Wanderungen, denn auf den Wegen öffnen sich immer wieder schöne Ausblicke auf die Umgebung. Bus 10 fährt zum Sessellift (hin & zurück 50 Yuan), der zum Keulenfelsen hinaufführt.

Tempel Puyou

BUDDHISTISCHER TEMPEL

(普佑寺; Puyou Si; ⏲8–18 Uhr) Im Osten des Klosters Puning steht der verfallene buddhistische Tempel Puyou. Die Haupthalle fehlt ganz; in den Seitenflügeln stehen aber zahlreiche vergoldete, fröhliche *luohan* herum; leider fielen zahlreiche ihrer Mitbrüder 1964 einem Brand zum Opfer. Der Eintrittspreis ist im Ticket für Puning enthalten.

Tempel Guangyuan BUDDHISTISCHER TEMPEL
(广缘寺; Guangyuan Si) Der verfallene buddhistische Tempel ist nicht zugänglich und sein Torbau mit Steinen blockiert; offenbar nutzen die lokalen Bauern den Park. Der Tempel steht ein paar hundert Meter südöstlich des Tempels Puning.

Tempel Anyuan BUDDHISTISCHER TEMPEL
(安远庙; Anyuan Miao; Eintritt 20 Yuan; ⌚April–Okt. 8–17.30, Nov.–März 8.30–16.30 Uhr) Von diesem Tempel, einem Nachbau des Tempels Gurza in Xinjiang, blieb nur die Haupthalle mit buddhistischen Fresken erhalten. Der Tempel war während der Recherche wegen Restaurierungsarbeiten geschlossen. Bus 10 fährt hin.

Tempel Puren BUDDHISTISCHER TEMPEL
(普仁寺; Puren Si) Der 1713 entstandene Bau (nicht zugänglich) war der erste in Chengde gebaute buddhistische Tempel.

Tempel Shuxiang BUDDHISTISCHER TEMPEL
(殊像寺; Shuxiang Si) Eine niedrige, rote Mauer umschließt große Hallen, die sich den Hang hinaufziehen. Sollte der Park, wie häufig, geschlossen sein, können zumindest die riesigen Steinlöwen außerhalb bewundert werden. Direkt westlich des buddhistischen Tempels beginnt eine militärische Sperrzone, die für Ausländer tabu ist – auf keinen Fall ein Risiko eingehen.

Schlafen

Chengde bietet für Touristen wenig bemerkenswerte, aber teure Unterkünfte. Während der Recherche waren viele der Hotels – Budget und Mittelklasse – für Ausländer gesperrt. An Wochenenden und in der Urlaubszeit steigen die Zimmerpreise an.

LP TIPP **Ming's Dynasty Hostel** HOSTEL €
(明朝国际城市青年酒店; Mingchao Guoji Chengshi Qingnian Jiudian; ☎761 0360; www.mingsdynastyhostel.com; Huilong Plaza, Xinjuzhai, Chezhan Lu; 车站路新居宅会龙大厦; B 70 Yuan, 2BZ ohne/mit Bad 160/300 Yuan;) Die Rettung für Reisende mit kleinem Budget in Chengde. Das Hostel im Familienbesitz ist in ein mehr hotelartiges Gebäude umgezogen, ohne sein freundliches, gemütliches Flair einzubüßen. Die Schlafräume und Zimmer sind einfach, sauber und bequem, und das beflissene Personal hilft mit Ratschlägen, kostenlosen Karten und der Organisation von Transportmöglichkeiten. Am Bahnhof nach rechts wenden; 5 Minuten Fußweg.

Mountain Villa Hotel HOTEL €€
(山庄宾馆; Shanzhuang Binguan; ☎209 1188; www.hemvhotel.com; 11 Lizhengmen Dajie; 丽正门路11号; DZ 680–780 Yuan, 3BZ 400 Yuan;) Das riesige Mountain Villa nimmt mit seinen unzähligen Zimmern die Pole Position für den Besuch des Bishu Shanzhuang ein. Die Zimmer sind etwas langweilig und funktionell für den Preis; es gibt aber große Nachlässe in der Nebensaison – für Chengde ein ordentliches Angebot. Bus 7 ab dem Bahnhof hält in der Nähe (kurzer Fußweg). Das Hotel akzeptiert alle bekannten Kreditkarten. Bis 50 % Rabatt.

Yunshan Hotel HOTEL €€
(云山大酒店; Yunshan Dajiudian; ☎205 5588; 6 Nanyuan Donglu; 南园东路6号; DZ 880–980 Yuan;) Mit den schmutzigen weißen Kacheln wirkt es von außen wie eine Bedürfnisanstalt. Die Zimmer dieses Viersternehotels sind aber bequem, wenn auch etwas verblasst; die Badezimmer sind klein. Dennoch: Die Lage ist gut, Rabatte bis 35 % sind möglich

Chengde Hotel HOTEL €€
(承德宾馆; Chengde Binguan; ☎590 1888; 19 Nanyingzi Dajie; 南营子大街19号; DZ/2BZ 780–880 Yuan, bis 35 % Rabatt;) Noch ein großes Hotel, das eine Auffrischung vertragen könnte. Es liegt optimal mitten in der Stadt, hat große Zimmer mit ordentlichen Bädern und effizientem Personal.

Essen

Obwohl Chengde für seine Wildgerichte berühmt ist – vor allem für *Lurou* (Reh) und *shanji* (Fasan) – steht Wild nur selten auf der Karte, trotz der Vergangenheit als kaiserliches Jagdrevier. In den Sommernächten treffen sich die Einheimischen auf dem Nachtmarkt auf der Shaanxiying Jie (am Nordende der Nanyingzi Dajie), wo eine gute Auswahl an *shaokao* (Grill) und muslimischen Nudelrestaurants zu finden ist, außerdem einige Bars. Die Nanxinglong Jie hat eher *roujiamo* (肉夹馍; Fleisch im Brötchenteig) und andere Snacks zu bieten. In der Dongxing Lu (东兴路) drängen sich die großen, unauffälligen Feuertopf-Restaurants.

LP TIPP **Da Qing Hua** TEIGTASCHEN €
(大清花; ☎208 2222; 241 Chezhan Lu; 车站路241号; Gerichte ab 12 Yuan; ⌚11.30–21 Uhr) Hier gibt's die besten Teigtaschen von Chengde: Das ausgezeichnete Restaurant

bietet eine große Auswahl an saftigen *jiaozi* – für Vegetarier mit Kürbis und Eiern (18 Yuan) – dazu jede Menge anderer Gerichte. In dem mit frischen Kiefernholz eingerichteten Haus macht das Essen Spaß; die Gerichte werden mit kostenlosen Kaltgetränken serviert. Auf der Lizhengmen Dajie gibt es eine Filiale; bebilderte Speisekarte.

Xiao Feiyang HOTPOT **€**
(小肥羊; Xinyifulai Hotel; ☎202 2166; Lizhengmen Dajie; Menüs 50 Yuan; ⏲10 Uhr – open end) Direkt gegenüber dem Lizheng-Tor; der Feuertopf liefert die Kalorien nach, die beim Wandern durch den kaiserlichen Park verbrannt wurden. Am besten ist die würzige und milde *Yuanyang* (鸳鸯锅; 20 Yuan), in der tellerweise Lamm (羊肉; *yangrou;* 18 Yuan), Kohl (白菜; *baicai;* 4 Yuan), Kartoffeln (土豆片; *tudoupian;* 4 Yuan), Eier (鸡蛋; *jidan;* 1 Yuan) und mehr gegart wird. Es gibt keine englischen Speisekarten, aber die Kellnerinnen sind dabei behilflich, die Zutaten anzukreuzen. Im Erdgeschoss des Xinyifulai Hotels (新意富来酒店).

 Praktische Informationen

Bank of China (中国银行; Zhongguo Yinhang; 4 Dutongfu Dajie) Auch an der Xinsheng Lu und der Lizhengmen Dajie; 24-Std.-Geldautomaten

Büro für Öffentliche Sicherheit (PSB; 公安局; Gong'anju; ☎202 2352; 9 Wulie Lu; ⏲Mo–Fr 8.30–17 Uhr)

Post (中国邮政; Zhongguo Youzheng; Ecke Lizhengmen Dajie & Dutongfu Dajie; ⏲8–18 Uhr) Eine kleinere Filiale an der Lizhengmen Dajie, östlich vom Haupttor zur Kaiserlichen Sommerresidenz.

Xiandai Internetcafé (现代网吧; Xiandai *wangba*; Chezhan Lu; pro Std. 3 Yuan; ⏲24 Std.) Befindet sich westlich des Bahnhofs.

 An- & Weiterreise

Bus

In Beijing fahren die Busse nach Chengde vom Busbahnhof Liiliqiao (50 Yuan, 4 Std.) und vom Fernbusbahnhof Sihui (50 Yuan, 4 Std., 6–16 Uhr) ab. In Chengde fahren die Busse nach Beijing alle halbe Stunde vom Parkplatz vor dem Bahnhof ab (85 Yuan, 3 Std., letzter Bus um 18.30 Uhr).

Folgende Busse fahren am Busbahnhof Ost (*dong qichezhan*; ☎212 3566) von Chengde, 8 km südlich der Stadt ab:

Beijing 87 Yuan, 4 Std., alle 20 Min. (6–18 Uhr)

Dalian 221 Yuan, 13–14 Std., 15 Uhr

Jixian 57 Yuan, 4 Std., 9.30 und 19.30 Uhr

Qinhuangdao 112 Yuan, 5 Std., 6-mal tgl. (nach Shanhaiguan)

Tianjin 122 Yuan, 6 Std., 8.50 und 22 Uhr

Zug

Die schnellsten fahrplanmäßigen Züge ab dem Bahnhof Beijing brauchen 4 Std. (Hart-/Weichsitzer 41/61 Yuan); die langsameren Züge brauchen viel länger. Der erste Zug ab Beijing fährt um 8.05 Uhr ab, er kommt um 12.31 in Chengde an. Eine Alternative wäre der späte Zug (00.15 Uhr) ab Beijing, der um 6.31 Uhr in Chengde ankommt. In der entgegengesetzten Richtung ist der Zug um 13.53 Uhr ab Chengde eine gute Wahl; er erreicht Beijing um 18.19 Uhr. Der erste Zug Richtung Beijing fährt um 4.19 Uhr ab und kommt 10.09 Uhr in Beijing an.

Shenyang Hartsitzer/-schläfer 45/100 Yuan, 12/13 Std., 2-mal tgl. (6.53 und 17.31 Uhr)

Shijiazhuang Hartsitzer/-schläfer 67/134 Yuan, 10 Std.

Tianjin Hartsitzer/-schläfer 31/71 Yuan, 7 Std., tgl. um 22.50 Uhr

 Unterwegs vor Ort

Der Grundpreis für ein Taxi beträgt 7 Yuan, dann 1,40 Yuan für jeden weiteren Kilometer; die Fahrt vom Bahnhof zum Bishu Shanzhuang sollte etwa 9 Yuan kosten. In der Stadt verkehren mehrere Minibusse (1 Yuan): Linie 5 vom Bahnhof zur Lizhengmen Dajie, Linie 1 vom Bahnhof zum Busbahnhof Ost und Linie 6 zu den Acht äußeren Klöstern am Nordostrand der Stadt. Auch Bus 11 fährt von Bahnhof zum Bishu Shanzhuang. Zum Busbahnhof Ost fährt Bus 118 oder ein Taxi (20 Yuan).

Shanhaiguan 山海关

☎ 0335 / 19 500 EW.

Das verschlafene, von einer Stadtmauer umgebene Städtchen Shanhaiguan kann als Tagesausflug von Beijing oder als Zwischenstopp auf der Fahrt ins mandschurische Hinterland im Nordosten besucht werden. Hier windet sich die Große Mauer aus den Hügeln und endet im Meer.

In den letzten Jahren scheint Shanhaiguan einen Teil seiner Seele verkauft zu haben: Einige Bereiche der Altstadt wurden erneuert. Dabei wäre eine sorgfältige Restaurierung des alten Bestandes viel sinnvoller gewesen als der Neubau im Pseudo-Traditionsstil, von dem nur Geschäftsleute profitieren, die auf schnelles Geld von Touristen hoffen. Damit ist Shanhaiguan nur steriler geworden, obwohl zum Glück einige der alten Gebäude in den *hutongs* (Gassen) jenseits der Hauptstraßen der Abrissbirne entgangen sind.

Die Läden an der Nan Dajie und Bei Dajie wurden ebenso neu gebaut (der Beton wurde sorgfältig kaschiert) wie der Trommelturm, Reihen von *pailous* und einige Tempel. Es macht zwar immer noch Spaß, durch die Altstadt zu schlendern, aber zu sehen gibt es nur Neuschöpfungen.

Geschichte

Shanhaiguan war eine Garnisonsstadt der Ming. Der von einer Mauer umgebene Posten sollte die enge Hochebene nach Nordostchina bewachen und das Land vor den Mandschu beschützen, deren Ahnen Nordchina in der Jin-Dynastie (1115–1234) beherrschten. Bis 1644 ging die Strategie auf, doch als chinesische Rebellen Beijing eroberten, sah General Wu Sangui nur eine Möglichkeit: Er ließ eine mandschurische Armee passieren, um den Aufstand niederzuschlagen. Sein Plan lief gut – für die Mandschu. Sie unterwarfen ganz China und errichteten die Qing-Dynastie.

Eine ironische Fußnote: Auch die Qing-Kaiser ließen 1681 eine Große Mauer errichten. Die mehrere hundert Kilometer lange „Weidenpalisade" (ein tiefer Graben hinter einer Weidenhecke) zwischen Shanhaiguan und Jilin mit einer Abzweigung nach Süden zwischen Dandong und Kaiyuan sollte die Han-Chinesen und Mongolen aus der Mandschurei fernhalten.

Sehenswertes

Erster Pass unter dem Himmel

HISTORISCHE STÄTTE

(天下第一关; Tianxia Diyi Guan; Ecke Dong Dajie & Diyiguan Lu; Erw./Stud. 40/20 Yuan; ⏲7–17.30 Uhr) Der „Erste Pass unter dem Himmel" oder Osttor (东门; Dong Men) ist ein restaurierter Mauerabschnitt mit Wachtürmen und Andenkenläden. Der wichtigste Wachturm (13,70 m) der 12 m hohen Mauer hat zwei Stockwerke, ein zweistufiges Dach und 68 Bogenscharten.

Die kalligrafische Inschrift an seiner Spitze (dem gelehrten Xiao Xian zugeschrieben) hat die Bedeutung „Erster Pass unter dem Himmel". Neben mehreren Wachtürmen springt nach Osten eine Barbakane (*wengcheng*) aus der Mauer vor. In nördlicher Richtung verlieren sich die Reste der Befestigungen in den Hügeln; in südlicher Richtung ist es möglich, bis zur Rampe östlich des Südtores zu gehen.

GRATIS Große-Mauer Museum

MUSEUM

(长城博物馆; Changcheng Bowuguan; Diyiguan Lu; ⏲Di-So 9–16 Uhr) Dieses eindrucksvolle Museum in einem geometrischen Block aus grauem Stein ist das Highlight von Shanhaiguan. Es stellt die Geschichte der Großen Mauer von den Anfängen als Wall aus gestampftem Lehm bis zur festen Mauer vor. Es werden jede Menge Fotos und Artefakte ausgestellt, dazu gibt es informative englische Beschriftungen.

Jiao Shan

HISTORISCHE STÄTTE

(角山; Eintritt 30 Yuan; ⏲7 Uhr - Sonnenuntergang) Zur Zeit der Recherche geschlossen (mit Veränderungen und erhöhtem Eintrittpreis ist zu rechnen). Jiao Shan ist die erste größere Steigung, welche die große Mauer zu überwinden hatte, und eine schöne Wanderstrecke. Von oben liegt die Landenge im Blickfeld – einst das Einfalltor für Invasoren aus dem Norden. Wer

Shanhaiguan

Highlights

Erster Pass unter dem Himmel B1
Große-Mauer-Museum B1

Sehenswertes

1 Dabei-Pavillon A1
2 Hofhaus der Familie Wang A1
3 Trommelturm A1
4 West-Tor A1

Schlafen

5 Friendly Cooperate Hotel B2
6 Shanhai Holiday Hotel A1

mehr Action braucht, sollte der nicht restaurierten Mauer und den Wachttürmen folgen, die sich in der Ferne verlieren, oder bis zum einsamen **Kloster Qixian** (栖贤寺; Qixian Si; Eintritt 5 Yuan) gehen.

Die 3 km bis Jiao Shan können per Fahrrad oder ab dem Nordtor in 30 Minuten zu Fuß zurückgelegt werden; eine Alternative wäre eine *sanlunche* (10 Yuan). Der steile Aufstieg dauert 20 Minuten; die Seilbahn (20 Yuan) erspart die Kletterei.

Alter Drachenkopf HISTORISCHE STÄTTE
(老龙头; Laolongtou; Eintritt 30 Yuan; ⏲7.30–18.30 Uhr) Beim mythischen Alten Drachenkopf, 4 km südlich von Shanhaiguan, beginnt/endet die Große Mauer am Meer. Den Touristen wird eine Rekonstruktion aus den späten 1980er Jahren präsentiert, denn das Original war längst zerfallen. Der Name bezieht sich auf einen legendären Drachenkopf, der auf das Meer blickte – heute zählt der Rummel mehr als historische Fakten. Die Busse 25 und 21 (1 Yuan) fahren vom Südtor in Shanhaiguan zum Alten Drachenkopf.

Weitere Sehenswürdigkeiten HISTORISCHE STÄTTEN
Das nicht besonders interessante **Hofhaus der Familie Wang** (王家大院; Wang- jia Dayuan; 29–31 Dongsantiao *hutong*; Eintritt 25 Yuan; ⏲7.30–17.30 Uhr) ist eine große Residenz des 18 Jhs., in der laienhaft präsentierte Möbel der Epoche ausgestellt werden.

Die vom **Nordtor** (北门; Bei Men) abgehende Mauer wurde teilweise restauriert. Früher wurden die Stadttore durch runde, vorspringende Tortürme gesichert, die am Osttor noch zu sehen sind. In den Ausgrabungen am **Westtor** (西门; Xi Men) wurden die Fundamente eines Torturmes zusammen mit Platten der originalen Straße aus der Ming-Dynastie freigelegt, die 1 m unter dem heutigen Bodenniveau liegen.

Der **Dabei-Pavillon** (大悲阁; Dabei Ge; Bei Dajie; Eintritt 15 Yuan; ⏲7–18 Uhr) im Nordwesten der Stadt wurde ebenso wieder aufgebaut wie der taoistische **Tempel Sanqing** (三清观; Sanqing Guan; Beihou Jie; Eintritt frei; ⏲8–17 Uhr) etwa 800 m Fußweg vor den Mauern am Westtor. Der **Trommelturm** (鼓楼; Gulou) ist ebenso ein Neubau wie die beliebig verteilten *pailou*, die nach Osten und Westen von der Xi Dajie und Dong Dajie abführen.

Der taoistische **Tempel Mengjiangnü** (孟姜女庙; Mengjiangnü Miao; Eintritt 25 Yuan; ⏲7–19 Uhr) 6 km östlich von Shanhaiguan ist eine große, hübsche Rekonstruktion eines Tempels der Song-Ming-Zeit. Die Hin- & Rückfahrt im Taxi kostet 50 Yuan.

Schlafen & Essen

Da die meisten Hotels nahe der Altstadt keine Ausländer aufnehmen, ist ein Tagesausflug von Beijing nach Shanhaiguan die bessere Alternative. Möglich ist auch der Aufenthalt im nahen Qinhuangdao mit mehr Hotels und Restaurants. Das **Qinfa Holiday Hotel** (秦发假日酒店; Qinfa Jiari Jiudian; ☎385 1428; www.qinfa.com.cn; 123 Yingbin Rd.; 迎宾路 123 号; DZ/2BZ 438–518 Yuan, bis 50 % Rabatt; ❄@) hat ordentliche aber langweilige Zimmer. Das Hotel liegt günstig zum Bahnhof und den Bushaltestellen für die Busse nach Shanhaiguan.

Im Sommer befinden sich am Markt gegenüber dem Südtor Stände mit *shaokao* und Nudelgerichten.

Shanhai Holiday Hotel HOTEL €€
(山海假日酒店; Shanhai Jiari Jiudiun; ☎535 2888; www.shanhai-holiday.com; Bei Madao; 北马道; DZ/2BZ 880–1280 Yuan, bis 50 % Rabatt; ❄@) Ein traditionelles Viersternehotel mit attraktiven Zimmern um einen Hof, freundlichem Personal und in guter Lage am Westtor. Es ist gestaltet, wie sich Touristen das alte China vorstellen, aber wenigstens geschmackvoll.

Friendly Cooperate Hotel HOTEL €€
(谊合酒店; Yihe Jiudian; ☎593 9777; 4-1 Nanhai Xilu; 南海西路 4-1 号; DZ/2BZ/3BZ 380/420/560 Yuan, bis 40 % Rabatt; ❄@) Das gut geführte Zweisternehotel ist die einzige realistische Option in Altstadtnähe. Die sauberen Zimmer haben Breitband-Internetzugang. Im angeschlossenen Restaurant kann man im Sommer draußen sitzen (gut für *shaokao*); neben der Post.

Praktische Informationen

Direkt in oder auch in der Nähe der Altstadt gibt es keine Internetcafés. In Qinhuangdao sind einige in der Nähe des Bahnhofes und der Busbahnhöfe.

Bank of China (中国银行; Zhongguo Yinhang; Nanhai Xilu; ⏲8.30–17.30 Uhr) Beim Geldwechseln werden nur kleine Summen in US$ akzeptiert.

Büro für Öffentliche Sicherheit (PSB; 公安局; Gong'anju; ☎505 1163) Gegenüber dem Eingang zum Ersten Pass unter dem Himmel, an der Ecke einer kleinen Gasse.

DIE GROSSE MAUER VON JIUMENKOU

In einem Bergtal, 15 km nördlich von Shanhaiguan, hat sich bei **Jiumenkou** (九门口长城; Jiumenkou; Eintritt 60 Yuan) das einzige Stück der Großen Mauer erhalten, das über Wasser erbaut wurde. Normalerweise endet die Mauer am Ufer, weil das Wasser als natürliche Barriere eingeschätzt wurde. Die große Mauer von Jiumenkou überquert den Jiujiang als 100 m lange Brücke mit neun Bögen. Offenbar war der Fluss damals reißender und wasserreicher, sonst wären die Bögen weit offene Tore gewesen.

Die fantastisch aussehende Brücke wurde mit viel Aufwand restauriert; sie setzt sich auf beiden Ufern über die steilen Felshügel fort. Von der linken Seite lassen sich die originalen, nicht restaurierten Abschnitte auf dem Gegenufer gut sehen. Leider ist der Bereich nicht zugänglich, aber man kann sich vorstellen, wie einsam sich die Wachposten auf den Türmen an der Grenze gefühlt haben müssen.

Von Shanhaiguan fahren keine Busse zur Brücke, aber die Taxifahrer, die hinter dem Südtor warten, verlangen für die Fahrt hin & zurück 100 bis 120 Yuan. Allerdings sollte niemand erwarten, dann einsam in der Landschaft zu stehen: Mit den Touristenscharen kamen die fliegenden Händler und billigen Unterhaltungen, wenn auch deutlich weniger als anderswo.

Kodak Express (柯达; Keda; Nanhai Xilu) Das Brennen einer CD kostet 15 Yuan pro Disk. Neben der Bank of China.

Post (中国邮政; Zhongguo Youzheng; Nanhai Xilu; ⌚8.30–18 Uhr) Direkt neben dem Friendly Cooperate Hotel.

Zhongxing Apotheke (中兴药店; Zhongxing Yaodian; Nan Dajie; ⌚7–21 Uhr) Direkt südlich des Dongwutiao *hutongs* (东五条胡同).

ℹ An- und Weiterreise & Unterwegs vor Ort

Der schnellste und günstigste Zug ab Beijing Bahnhof ist der D 21 Express (Weichsitzer) nach Shenyang. Er fährt um 7 Uhr am Bahnhof Beijing ab und kommt um 9.32 Uhr in Shanhaiguan an (93 Yuan). Der D 19 startet um 10.02 Uhr und kommt um 12.38 Uhr an. Mehrere langsame Züge aus Beijing und Tianjin fahren durch Shanhaiguan. Alternativ einen Zug von Beijing in die größere Stadt Qinhuangdao (39–88 Yuan, 2–4 Std.) nehmen und von dort mit dem Bus 33 (2 Yuan, 30 Min.) weiter nach Shanhaiguan. Auch vom Bahnhof Bawangfen in Beijing fahren Busse nach Qinhuangdao (秦皇岛; 81 Yuan, 3½ Std., regelmäßig zwischen 7.30 und 18 Uhr).

Die Busse in Gegenrichtung fahren ab Qinhuangdao zum Bahnhof Bawangfen in Beijing (75 Yuan, 3½ Std., regelmäßig zwischen 7.30 und 6 Uhr) und zum Hauptstadtflughafen Beijing (140 Yuan, 4 Std., stündl. 5–15 Uhr). Es gibt direkte Busse von Qinhuangdao nach Chengde (110 Yuan, 5 Std.), die stündlich zwischen 7 und 11 Uhr, sowie um 17 Uhr abfahren. Vom Busbahnhof Ost in Chengde fährt ein Bus nach Qinhuangdao (112 Yuan, 5 Std.).

Die billigen Taxis verlangen 5 Yuan Grundgebühr und 1,40 Yuan für jeden weiteren Kilometer. In Shanhaiguan verkehren ganze Flotten von Motordreirädern, die für Strecken in der Stadt 2 Yuan verlangen.

Von dem kleinen Flugplatz in Qianhuangdao bei Shanhaiguan landen Flüge von Dalian, Shanghai, Taiyuan, Ha'erbin und Changchun.

Jimingyi 鸡鸣驿

1000 EW.

Das verschlafene Dörfchen Jimingyi ist wie ein Schnappschuss aus dem alten China – eine köstliche Überraschung im schäbigen nördlichen Hebei. Der von einer Mauer umgebene Ort ist Chinas älteste Poststation. Die chinesische Post funktionierte 2000 Jahre lang und sorgte dafür, dass die Bürokraten in der Verbotenen Stadt regelmäßig Nachrichten von örtlichen Beamten des riesigen Landes erhielten. Auf den Mauern der Stadt, die im Frühling regelmäßig von Staubstürmen heimgesucht wird, sind noch immer die verblassten Slogans der Maozeit zu erahnen. Jimingyi wird nur selten besucht. Obwohl nur 140 km von Beijing entfernt, verkörpert es eine völlig andere Welt als die glitzernde Hauptstadt.

Während der Ming- und Qing-Dynastie war Jimingyi ein reicher, belebter Ort, wie die vielen Tempel und die Stadtmauern beweisen. Die restlichen Hofhäuser verfallen immer mehr. Die Dorfbewohner sind freundlich, auch wenn ihr Mandarin-Akzent kaum verständlich ist; sie helfen gerne, den richtigen Torwächter aufzuspüren, sollte ein Tempel verschlossenen sein.

BEIDAIHE

Englische Eisenbahningenieure entdeckten in den 1890er-Jahren den angenehm frischen Ort Beidaihe (北戴河) am Meer als erste. Bis heute erinnert vieles dort an kitschige englische Seebäder wie Brighton oder Margate (ohne Fish & Chips), obwohl die Strände eher von Russen und kommunistischen Funktionären auf Urlaub überflutet werden.

Während der Hochsaison von Mai bis Oktober wimmelt es in Beidaihe von Urlaubern, die am Strand liegen und Meeresfrüchte essen. In der Nebensaison erscheint die Stadt gähnend leer. Dann machen Spaziergänge durch die Straßen und am Strand oder eine Radtour wirklich Spaß. In der Hochsaison ist es am besten, sich einen Schwimmreifen oder alten Autoschlauch von einem Straßenhändler zu besorgen, sich einen Weg durch die Massen am Strand zu bahnen und sich dann ins Meer zu stürzen.

Von Beijing fahren direkte Züge und Busse nach Beidaihe, von Qinhuangdao nur Busse. Von Shanhaiguan ist es über Qinhuangdao nur ein kurzer Weg zum Strand: Bus 33 (2 Yuan, 30 Min.) bis Qianhuangdao, dann entweder vor dem Bahnhof oder auf der Yingbin Lu in Bus 34 nach Beidaihe (2 Yuan, 30 Min.) wechseln. Busse zum Fernbusbahnhof Bawangfen in Beijing (100 Yuan, 3 Std.) fahren in Beidaihe auf der Haining Lu (海宁路) und der Bao'er Lu (保二路) ab; täglich um 8, 13 und 16 Uhr.

Vor kurzem herrschte große Betriebsamkeit in Jimingyi: Die Stadtmauern und Tore wurden restauriert, denn die Lokalregierung möchte den Tourismus fördern. Logischerweise wird **Eintritt** (40 Yuan) verlangt, der aber sämtliche wichtigen Sehenswürdigkeiten einschließt. In der nahen Zukunft dürfte sich Jimingyi noch stärker verändern – nichts wie hin, um alles zu sehen, bevor die Moderne Überhand gewinnt.

Geschichte

Das kaiserliche China verbreitete über 2000 Jahre lang offizielle Nachrichten über ein weit verzweigtes Netz von Poststraßen. Die Kuriere übernachteten oder wechselten ihre Pferde an festen Poststationen, die häufig auch als befestigte Garnisonsstädte reisenden Soldaten, Kaufleuten oder Beamten Unterkunft boten. Im 13. Jh. schätzte Marco Polo die Zahl dieser Poststationen auf etwa 10 000; die Postreiter konnten auf 300 000 Pferde zurückgreifen. Zwar wusste bereits Marco Polo, wie man mit kleinen Übertreibungen eine Story würzen kann, doch es ist gesichert, dass das chinesische Postsystem in der Yuan-Dynastie (1206–1368) hervorragend ausgebaut war. Damals, unter Kublai Khan, wurde auf der Route zwischen Beijing und der Mongolei auch die Poststation Jimingyi gegründet. In der Ming-Dynastie, als die Bedeutung der befestigten Grenzstädte mit Soldaten zunahm, wuchs die Stadt immer weiter.

Sehenswertes

Die skrupellose Kaiserinwitwe Cixi kam auf ihrer Flucht aus Beijing 1900 durch die Stadt; das Zimmer, in dem sie übernachtete, wird gezeigt, ist aber nicht besonders eindrucksvoll.

Konfuziustempel KONFUZIUSTEMPEL
(文昌宫; Wenchang Gong) Auf den verschlungenen, von Hofhäusern aus Lehmziegeln gesäumten Gassen Jimingyis passiert man neben anderen verfallenen Tempeln auch diesen einfachen Konfuziustempel aus der Ming-Dynastie. Er wird, wie viele andere Konfuziustempel, als Schule genutzt.

Tempel Taishan TEMPEL
(泰山行宫; Taishan Xinggong) In der Nähe steht dieser größere Tempel mit überwältigenden Wandmalereien aus der Qing-Zeit. Sie zeigen beliebte Legenden, in denen sich buddhistische, taoistische und konfuzianische Elemente bunt vermischen. Während der Kulturrevolution wurden sie weiß übermalt – angeblich auch, um sie zu schützen. Ein Professor der Universität von Qinghua hat geholfen, sie wieder freizulegen; an einigen Stellen sind noch weiße Pinselstriche erkennbar.

Weitere Tempel HISTORISCHE STÄTTEN
Für Touristen sind auch der **Tempel des Gottes des Wohlstands** (财神庙; Caishen Miao) und der **Tempel des Drachenkönigs** (龙王庙; Loangwang Miao) geöffnet. Gelegentlich stehen eine einsame Geistermauer (*yingbi*) ohne Kontext sowie einige antike

Bühnen herum. Wie aus einer vergessenen Zeit verblassen langsam die alten Wandzeitungen aus der Kulturrevolution, für die sich niemand mehr interessiert.

Stadtmauern HISTORISCHE STÄTTE

Die Stadtmauern Jimingyis wurden restauriert und sind rundum begehbar. Nach dem Aufstieg auf das **Osttor** (东门; Dong Men) bieten sich hübsche Blicke über die Stadt, die Felder des Umlandes und den **Berg Jiming** (鸡鸣山; Jiming Shan) im Norden. Auf der anderen Seite der Stadt steht das **Westtor**; die Ruinen des **Tempels der Stadtgötter** (城隍庙; Chenghuang Miao) ganz in der Nähe werden von Pflanzen überwuchert. Auf den abblätternden Wänden blieben ein paar interessante Karikaturen aus der Qing-Zeit erhalten, die Verbrecherjäger der Yuan-Dynastie darstellen sollen. Der größte und älteste Tempel der Region ist der **Tempel des ewigen Friedens** (永宁寺; Yongning Si) auf dem 12 km entfernten Berg Jiming.

Schlafen & Essen

Jimingyi wird meist als Tagestour besucht, doch bei einer Übernachtung, wenn alle anderen in den Luxus Beijings zurückkehren, lernt man das ländliche Leben richtig kennen. Wer sich etwas umhört, findet sicher einen Einheimischen, der für 25 Yuan pro Nacht Gäste aufnimmt; ein selbst gekochtes Abendessen kostet noch mal so viel. Jenseits der Nordmauer gibt es ein paar Restaurants – doch Vorsicht: In diesen Landesteilen enden viele Esel im Kochtopf.

An- & Weiterreise

Der Bus aus Shacheng (沙城) hält an der Nordmauer von Jimingyi (3 Yuan, 30 Min., 8.30–17 Uhr). Direkte Busse (50 Yuan, 11.50 und 14 Uhr) nach Shacheng fahren in Beijing am Bahnhof Liuliqiao ab. Viele andere fahrplanmäßige Busse fahren durch Shacheng (60 Yuan, 3 Std. stündl. zwischen 7.40 und 16 Uhr); den Fahrer bitten, an der Abzweigung nach Jimingyi anzuhalten. Dann geht's über die Überführung bis zum Zolltor – bis Jimingyi sind es noch 2 km zu Fuß. Die Busse von Shacheng zurück nach Beijing fahren von 8.30 bis 16 Uhr; schneller geht es, wenn man zu Fuß bis zur Schnellstraße geht und einen Bus in Richtung Beijing anhält.

Von Beijing West und Beijing Bahnhof fahren regelmäßige Züge nach Shacheng (Hartsitzer 19 Yuan, 2½-3 Std.). Auch die Züge nach Datong (Hartsitzer 41 Yuan, 4 Std., 8-mal tgl.) passieren Shacheng.

Für die Fahrt zwischen dem Bahnhof Shacheng und den Busbahnhöfen empfiehlt sich ein Taxi (6 Yuan) oder ein Motordreirad. Am Busbahnhof gibt's eine Gepäckaufbewahrung (1 Yuan).

Shandong

BEVÖLKERUNG: 96,8 MIO.

Inhalt »

Ji'nan 156
Rund um Ji'nan 159
Tai'an 160
Tai Shan 164
Qufu 168
Qingdao 173
Lao Shan 183
Yantai 184

Die schönsten historischen Stätten

» Tai Shan (S. 164)
» Residenz von Konfuzius (S. 169)
» Zhujiayu (S. 159)
» Penglai-Pavillon (S. 187)

Die besten Plätze für einen Sprung ins kühle Nass

» Shilaoren (S. 176)
» Strände Nr. 2 und 3 in Qingdao (S. 176)
» Wangfu-Teich (S. 157)
» Strand Nr. 1 Yantai (S. 186)

Auf nach Shandong

Die Halbinsel Shandong (山东) an der Nordostküste Chinas ist voller Mythen und überirdischer Reize – der Stoff, aus dem Legenden sind. Die bestechend schöne Landschaft – eine fruchtbare Schwemmebene mit Flüssen und Quellen, überragt von uralten Granitmassiven und eingerahmt von einer wilden Küste – begeistert jeden Besucher.

In diese Landschaft wurde ein Junge geboren, der als Konfuzius eine Philosophie der Tugend und Ethik entwickelte. Seine Lehre sollte weit über den Kreis seiner direkten Schüler hinaus wirken, die er unter einem Aprikosenbaum unterrichtete. Drei Jahrhunderte später stieg Chinas erster Kaiser Qin Shihuangdi auf den Tai Shan, den höchsten Berg Shandongs, um 219 v. Chr. die Einheit Chinas zu verkünden.

Die Provinz hat aber mehr zu bieten als ihre Vergangenheit. Die großartige Küstenstadt Qingdao gilt als eine der besten Wohnorte in ganz Asien. Die Mischung macht Shandong so attraktiv: Nach dem Bergsteigen wartet das Erbe der Kaiser, und dann bleibt immer noch Zeit, an einem der Strände zu relaxen.

Reisezeit

Qingdao

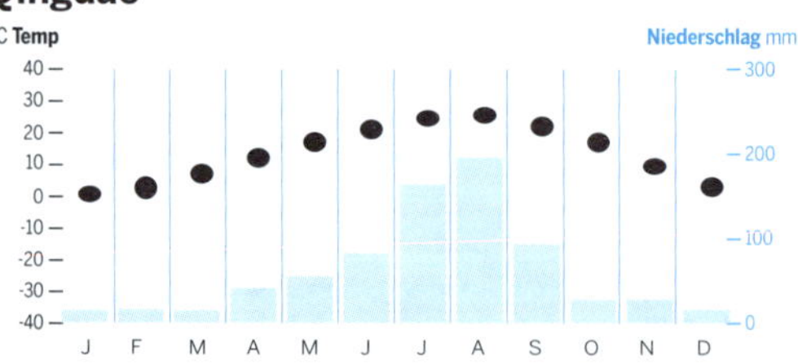

Juni–Juli Die Meeresbrise und das warme Wasser machen den Sommer zur idealen Zeit für Qingdao.

September–Oktober Der heilige Tai Shan versteckt sich in den Wolken, wenn auch nicht den ganzen Tag.

Dezember–Januar Wer sich warm anzieht, kann die Berge Shandongs im Winter besteigen.

Geschichte

Shandong hat eine stürmische Geschichte, die an das unberechenbare Temperament des Gelben Flusses gebunden ist. Der Fluss quert die Halbinsel auf seinem Weg ins Meer. Der „Mutterfluss“ war Grundlage für die Zivilisation, brachte in seiner ungezähmten Wildheit aber auch Tod, Krankheit und Aufstände über das Land. Im Jahr 1898 überschwemmte der Fluss die gesamte Ebene von Shandong, nachdem sich in dem Jahrzehnt vorher Dürren und Überschwemmungen abgewechselt hatten. Der Katastrophe gingen zudem eine lange wirtschaftliche Tiefphase und Unruhen voraus; und nachdem Japan 1895 in Korea über China gesiegt hatte, strömten aufgelöste Truppen und Flüchtlinge ins Land.

Dann kamen die Europäer. Nachdem 1897 zwei deutsche Missionare bei einem Aufstand der Bauern in West-Shandong getötet worden waren, besetzte Deutschland Qingdao und die Briten setzten sich in Weihai fest. Die Europäer bauten Eisenbahnen und forcierten ihre Missionsarbeit. Das lieferte den Nährboden für einen Aufstand abergläubischer chinesischer Nationalisten. Gegen Ende des 19. Jhs. standen die Boxer in Shandong auf. Sie kämpften mit Breitschwertern und magischen Sprüchen gegen eine Allianz aus acht Nationen. Nachdem die ausländischen Mächte Beijing mit Gewalt erobert hatten, musste Kaiserin Cixi 1900 kapitulieren. Die Boxer und andere Aufständische wurden exekutiert. Kurz darauf sollte auch die Qing-Dynastie untergehen.

Nach der Kapitulation der Japaner im 2. Weltkrieg bauten die Chinesen die Städte Shandongs nach Jahrzehnten des Krieges wieder auf.

Ji’nan, die Hauptstadt der Provinz, und die prosperierenden Küstenstädte Yantai und Weihai, spielen hinter Qingdao, dem eigentlichen Star der Provinz, nur eine untergeordnete Rolle.

Klima

Im Sommer (Mai bis August) herrschen Durchschnittstemperaturen von 26 °C, im

Highlights

❶ Die Hänge des **Tai Shan** (S. 164) besteigen, wo die Steine die Weisheit der Jahrtausende ausstrahlen

❷ Sich vom Dorfleben im ehrwürdigen **Zhujiayu** (S. 159) bezaubern lassen

❸ Mit einem Glas Bier in **Qingdao** (S. 173) chillen

❹ **Qufu** (S. 168) besuchen; Heimatstadt des Konfuzius

❺ Über den **Lao Shan** (S. 183) wandern und versteckte Quellen finden

❻ In die Hafenstadt **Yantai** (S. 184) flüchten

❼ Im **Penglai-Pavillon** (S. 187) den Legenden von Unsterblichen und Piraten nachspüren

PREISE

In diesem Kapitel werden die folgenden Preiskategorien verwendet:

Schlafen

€	unter 200 Yuan
€€	200 bis 500 Yuan
€€€	über 500 Yuan

Essen

€	unter 75 Yuan
€€	75 bis 200 Yuan
€€€	über 200 Yuan

Winter (November bis März) von -3 °C. An der Küste ist es im Sommer ein paar Grade kühler und im Winter etwas wärmer als im Landesinneren.

Sprache

In Shandong wird hauptsächlich Standard-Mandarin gesprochen. Allerdings klingen im täglichen Gespräch auch regionale Dialekte des nördlichen Mandarins durch. Die drei gebräuchlichsten Dialekte – Jilu (冀鲁), Zhongyuan (中原) und Jiaoliao (胶辽) – werden mit charakteristischen Dehnungen gesprochen. Die Silben werden meist zusammengezogen, sodass ein viersilbiges Mandarin-Wort zu einem dreisilbigen wird.

Anreise & Unterwegs vor Ort

Shandong ist über Bus und Bahn an die benachbarten und weiter entfernten Provinzen angeschlossen. Die wichtigste Verkehrsdrehscheibe ist Ji'nan; vor hier fahren Züge in alle wichtigen Orte Shandongs. Die Expresszüge verbinden Ji'nan, Taishan, Qufu und Qingdao mit Beijing und Shanghai. Mit dem Bus ist jeder Winkel der Provinz erreichbar.

Südkorea und Japan liegen gleich auf der anderen Seite des Meeres; es gibt direkte, internationale Flüge ab Ji'nan, Qingdao und Yantai. Fähren verkehren von Qingdao nach Südkorea (Incheon und Gunsan) und Japan (Shimonoseki), sowie von Yantai nach Incheon.

Ji'nan

0531 / 2,37 MIO. EW.

Ji'nan ist eine geschäftige Hauptstadt und die Verkehrsdrehscheibe für andere Ziele in Shandong. An der Oberfläche verändert sich die Stadt ständig, doch unter der Erde sprudeln stets 72 artesische Quellen, deren Wasser sich in Teichen sammelt und in den Daming-See (Daming Hu) fließt.

Die Bahnhöfe liegen im Westen der Stadt. Das Herz Ji'nans liegt in einer Biegung des Hucheng-Flusses. Hier finden sich die touristenfreundliche Quancheng Lu und der Quancheng Platz – ideal, um shoppen zu gehen.

Sehenswertes

Stadtparks PARKS

(公园; *gongyuan*) Wer genug hat vom Lärm der Innenstadt, kann sich beim Spaziergang unter den Weiden entspannen. Mitten in der Stadt liegen der große **Baotu-Quellenpark** (趵突泉; Baotu Quan; Gongqingtuan Lu; Eintritt 40 Yuan), die **Schwarze-Tiger-Quelle** (黑虎泉; Heihu Quan; Heihuquan Donglu; Eintritt frei) am Hucheng entlang und der **Park am Teich der fünf Drachen** (五龙潭; Wulongtan; Gongqingtuan Lu; Eintritt 5 Yuan). Dieser Park erlaubt Einblicke in die lokale Kultur, denn Einheimische malen mit Wasser Kalligrafien auf die Stufen. In einer ruhigen Gasse, die von der Furong Jie abgeht (an der Polizeiwache nach Osten), erfrischen sich die Städter im **Wangfu-Teich** (王府池子, Wangfu Chi; Eintritt frei), der von einer Quelle gespeist wird.

Tausend-Buddha-Berg BUDDHISTISCHER BERG

(千佛山; Qianfo Shan; 18 Jingshi Yilu; Eintritt 30 Yuan; 5–21 Uhr; K51) Seit der Sui-Dynastie (581–618) haben gläubige Buddhisten Buddhastatuen in den Hang dieses Bergs gemeißelt (südöstlich des Stadtzentrums). Die ältesten finden sich im **Tempel Xinguochan** (兴国禅寺; Eintritt 5 Yuan; 7.30–16.30 Uhr). Der Tempelkomplex mit dem goldenen Dach steht gleich neben der **Seilbahn** (einfach/hin & zurück 20/30 Yuan) und einer **Rodelbahn** (25/30 Yuan) für die Abfahrt von der Bergspitze. An den seltenen klaren Tagen reicht der Blick nach Süden bis zum Tai Shan, der wie ein ferner Ameisenhügel aufragt.

GRATIS **Ji'nan-Museum** MUSEUM

Der Haupteingang des **Ji'nan-Museum** (济南博物馆; Ji'nan *bowuguan*; 8295 9204; 3 Jing Shiyilu; Audiotour 10 Yuan; Di–So 8.30–16.30 Uhr) liegt nördlich des Tausend-Buddha-Berges. Es zeigt eine kleine, aber ausgezeichnete Sammlung von Gemälden, Kalligraphien, Keramik und buddhistischen Figuren aus der Tang-Dynastie so-

Ji'nan

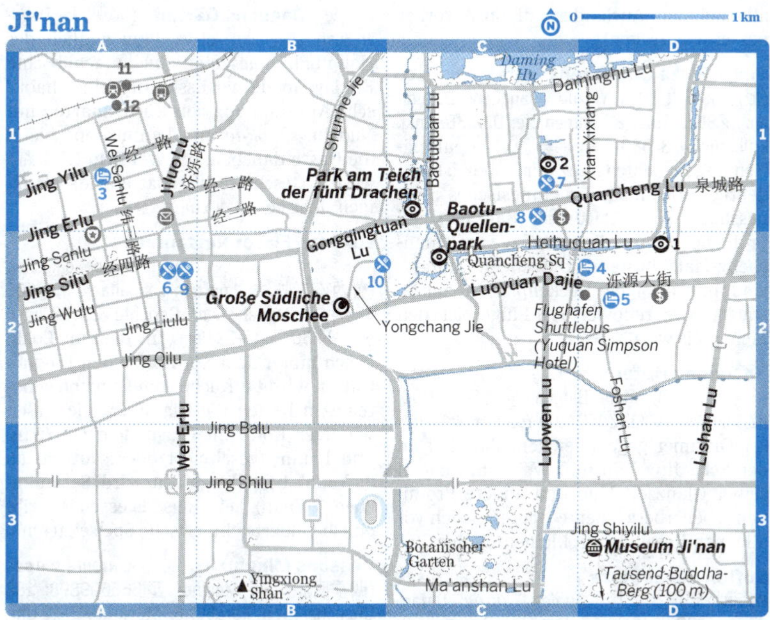

Ji'nan

Highlights
- Baotu-Quellenpark C2
- Große Südliche Moschee B2
- Museum Ji'nan D3
- Park am Teich der fünf Drachen C1

Sehenswertes
- 1 Schwarzer-Tiger-Quelle-Park D2
- 2 Wangfu-Teich C1

Schlafen
- 3 Shandong Hotel A1
- 4 Silver Plaza Quancheng Hotel D2
- 5 Sofitel Silver Plaza D2

Essen
- 6 Daguan-Gärten A2
- 7 Furong Jie C1
- Fushunjujiachang Restaurant .... (siehe 7)
- Luxi'nan Flavor Restaurant .. (siehe 6)
- 8 Seasons Minghu C1
- 9 Wei Erlu A2
- 10 Yinhuchi Jie B2

Transport
- 11 Ji'nan Railway Hotel A1
- 12 Shengxiangyuan Ticketbüro für Flüge und Zugfahrten A1

wie ein herrliches, aus einer Walnussschale geschnitztes Boot.

Das riesige neue **Provinzmuseum** (省博物馆; *sheng bowuguan*; 11899 Jingshi Donglu; Audiotour 30 Yuan; ⌚Di–So 9–16 Uhr; 🚌115, 51), 7 km östlich des Stadtzentrums, stellt die Geschichte Shandongs von der Steinzeit bis in die Gegenwart vor. Gezeigt werden Bruchstücke von Orakelknochen, Keramik der Qi und Lu, Wandmalereien aus Han-Gräbern und die Kleidungstücke, die der Familie Kong gehörten (Nachkommen von Konfuzius).

GRATIS **Große Südliche Moschee** MOSCHEE
(清真南大寺; Qingzhen Nan Da Si; 47 Yongchang Jie) Ji'nans älteste Moschee steht seit 1295 im Stadtzentrum. Es wird erwartet, mit bedeckten Armen und ohne Kopfbedeckung einzutreten. Im Norden schließt sich ein lebendiges Viertel der Hui (chinesische Muslime) an.

Schlafen

Die preiswerten Hotels sind in der Nähe des Hauptbahnhofes angesiedelt; nicht alle nehmen Ausländer auf (also vorher besser nachfragen).

Silver Plaza Quancheng Hotel HOTEL €€

(银座泉城大酒店; Yinzuo Quancheng Dajiudian; ☎8629 1911; 2 Nanmen Jie; DZ/ 3BZ inkl. Frühstück 478/680 Yuan; ⊖❄@) Der europäisch angehauchte Glanz der Lobby ist eindeutig – dies muss ein chinesisches Businesshotel sein. Dafür ist das Personal professionell und die gute Lage am Quancheng-Platz bestens. Die engen Zimmer sind mit farbigen Deckenplatten ausgestattet; der renovierte B-Flügel ist den Mehrpreis wert.

Shandong Hotel HOTEL €

(山东宾馆; Shandong Binguan; ☎8606 7000; 92 Jing Yilu; DZ/3BZ 179/209 Yuan; ❄@) Dieser Oldtimer gegenüber dem Bahnhof an der Ecke Jing Yilu und Wei Sanlu hat in seiner Glanzzeit Mao und andere Prominente beherbergt; heute richtet es sich vor allem an Reisende mit kleinem Budget.

Sofitel Silver Plaza HOTEL €€€

(索菲特银座大饭店; Suofeite Yinzuo Dafandiàn; ☎8981 1611; 66 Luoyuan Dajie; Zi ab 1101 Yuan, plus 10 % Servicegebühr; ⊖❄@≋) Das erste Fünfsternehotel der Stadt befindet sich im Geschäftsviertel und ist erste Wahl. Es wäre allerdings schöner, wenn die Standardzimmer so geräumig wären, wie die Lobby verspricht. Häufig werden Rabatte bis 50 % gewährt.

Essen

Ji'nan ist berühmt für seine *Lu*-Küche: kräftig gewürzte, bei großer Hitze in reichlich Öl gebratene Speisen. Das beste Essen gibt's in den Gassen der Stadt.

Essen auf der Straße SNACKS €

Auf der **Yinhuchi Jie** (饮虎池街) im Hui-Viertel bei der Großen Südlichen Moschee rauchen nachts die Holzkohlegrills, heftig von den Straßenhändlern angefacht. Sie grillen alle möglichen *shaokao* (an Spießchen gegrilltes Fleisch). Natürlich gibt's auch knackige Pfannkuchen mit Frühlingszwiebeln und frische Nudeln.

Die **Furong Jie** (芙蓉街), eine Nebenstraße der Quancheng Lu, ist eine Fußgängerzone voller Restaurants und Stände. Das **Fushunjujiachang Restaurant** (福顺居家常饭馆; Fushunjujiachang Fanguan; ☎188 0640 9638; 112 Furong Jie; die meisten Gerichte 8–28 Yuan; ⏲9.30–22.30 Uhr) stellt die besten Gerichte der *Lu-Küche* auf bebilderten Speisekarten vor.

Die **Daguan Gärten** (大观园; Daguan Yuan; Jing Silu), etwa 1 km südlich des Hauptbahnhofes, sind eine aufgehübschte Enklave moderner Esskultur. Eine chaotische Ansammlung von Küchenkarren mit Nudeln, *shaokao* und Lammsuppe bietet die Gasse daneben, die **Wei Erlu** (纬二路), wo die Geschäfte bis spät abends brummen; Bier kostet 4 Yuan!

Luxi'nan Flavor Restaurant SHANDONG-KÜCHE €

(鲁西南老牌坊; Luxi'nan Laopaifang; ☎8605 4567; 2 Daguan Yuan; Gerichte 28–98 Yuan; ⏲11–14.30 & 17–22 Uhr) In diesem Lokal gleich hinter dem Nordtor zu den Daguan Gärten wird Lu-Küche vom Feinsten geboten. Am besten die Klassiker, wie süßer, würziger Kohl mit Glasnudeln (18 Yuan) und Lamm (geschmort oder sautiert, ab 38 Yuan) bestellen; dazu wird Sesamkuchen (2 Yuan), kein Reis gegessen. Es gibt eine bebilderte chinesische Speisekarten.

Seasons Minghu KANTONESISCH €€€

(四季明湖; Siji Minghu; ☎6666 9898; 188 Quancheng Lu, Parc66, 6. Stock; ⏲11–22 Uhr; 📋) Die schicken Dandy-Kellner tragen beim Servieren Handschuhe. Das Restaurant auf dem Parc66 (恒隆广场) bereitet in seiner Küche leckere südchinesische Klassiker zu, wie gedünstete Lilien und Kürbis (32 Yuan), in Salz gebackene Hähnchen (48 Yuan) und Spareribs mit schwarzen Bohnen (58 Yuan). Der gedämpfte Fisch kann teuer werden – pro *jin* bis zu 998 Yuan!

Praktische Informationen

Bank of China (中国银行; Zhongguo Yinhang; 22 Luoyuan Dajie; ⏲Mo–Fr 9–17 Uhr) Geldwechseln und ein Geldautomat (24 Std.), der ausländische Karten akzeptiert.

Büro für Öffentliche Sicherheit (PSB; 公安局; Gong'anju; ☎8508 1088 Nebenstelle 2, Visumangelegenheiten Nebenstelle 2459; 145 Jing Sanlu; ⏲Mo–Fr 8–11.40 & 14–16.40 Uhr) An der Ecke der Wei Wulu.

Geldautomaten (自动取款机; Zidong Qukuan Ji) stehen in den Lobbys des Sofitel Hotels und des Crowne Plaza Hotels. In der Stadt gibt es außerdem sehr viele Banken.

Internetcafés sind häufig nur für Chinesen zugänglich; auf jeden Fall wird der Pass benötigt. Die besten Chancen bestehen in der Nähe des Bahnhofs (2–5 Yuan pro Stunde).

Post (中国邮政; Zhongguo Youzheng; 162 Jing Erlu; ⏲8.30–18 Uhr) Ein roter Ziegelsteinbau an der Ecke der Wei Erlu.

Thousand Buddha Mountain Hospital International Clinic (千佛山医院国际医疗中心; Qianfo Shan Yiyuan Guoji Yiliao Zhongxin; ☎8926 8018, 8926 8017; 16766 Jinshi Lu; ⏲8–11 & 14–17 Uhr) Es wird Englisch und Japanisch gesprochen. Bus K51 oder K68 nach *nankou* (南口), Haltestelle auf der Lishan Lu.

An- & Weiterreise

Bus

Die praktischste Station in Ji'nan ist der **Hauptfernbusbahnhof** (长途总汽车站; *changtu zongqichezhan*; ☎8594 1472; 131 Jiluo Lu;) etwa 3 km nördlich des Bahnhofes. Busse mit Zielen innerhalb der Provinz fahren auch vom **Busbahnhof** (☎8830 3030; 22 Chezhan Jie;) gegenüber dem Bahnhof ab.

Busse vom Hauptfernbusbahnhof fahren regelmäßig nach:

Beijing 124 Yuan, 5½ Std., stündl.

Qingdao 113 Yuan, 4½ Std., alle 40 Min.

Qufu 44 Yuan, 2 Std., alle 50 Min.

Shanghai 266 Yuan, 12 Std., 4-mal tgl. (9, 15, 17 & 18 Uhr)

Tai'an 25 Yuan, 2 Std., alle 30 Min.

Tianjin 120 Yuan, 4½ Std., stündl

Yantai 120 Yuan, 5½ Std., stündl.

Flugzeug

Von Ji'nan bestehen Flugverbindungen zu den meisten großen Städten; tägliche Flüge nach Beijing (760 Yuan, 1 Std.), Dalian (1050 Yuan, 2 Std.), Guangzhou (1790 Yuan, 2½ Std.), Harbin (1330 Yuan, 2 Std.), Shanghai (960 Yuan, 80 Min.), Xi'an (1080 Yuan, 1½ St.) und Yantai (790 Yuan, 50 Min.).

An den Ticketbüros des Flughafens kann es langsam vorangehen. Das **Shengxiangyuan-Büro für Bahn- und Flugtickets** (盛祥源航空铁路售票处; Shengxiangyuan *hangkong tielu shoupiaochu*; ☎8610 9666; 115 Chezhan Jie, EG, Quancheng Binguan; ⏲Flugzeuge 7.30–22, Züge 8–20 Uhr) direkt südlich des Bahnhofes oder in der Lobby des **Ji'nan Eisenbahnhotels** (济南铁道大酒店; Ji'nan Tiedao Dajiudian; 19 Chezhan Jie; ⏲8–00 Uhr) sind gute Alternativen; beide verlangen 5 Yuan Buchungsgebühr.

Zug

Ji'nan ist eine wichtige Drehscheibe im Eisenbahnverkehr Ostchinas und verfügt über mehrere viel ferquentierte Bahnhöfe. Für die meisten Reisenden sind der **Hauptbahnhof** (火车总站; *huoche zong zhan*) und der 20 km westlich des Standzentrums gelegene **Westbahnhof** (火车西站; *huoche xi zhan*) genau richtig. Bus K156 (2 Yuan) verbindet die beiden Bahnhöfe.

Vom **Hauptbahnhof** fahren Züge (Sitzplatz/Hartschläfer) regelmäßig nach:

Qingdao 65/109 Yuan, 4½ -5 Std., 9-mal tgl.

Qufu 17/71 Yuan, 2½ Std., 3-mal tgl. (5.13, 8.11 und 16 Uhr)

Tai Shan 12/103 Yuan, 1 Std., regelmäßig

Xi'an 150/274 Yuan, 15–18 Std., 4-mal tgl. (15.45, 16.32, 18.56 und 22.41 Uhr)

Yantai 76/143 Yuan, 6½-8 Std., 5-mal tgl. (1.27, 6.45, 7.20, 11.12 und 14.53 Uhr)

Zhengzhou 92/170 Yuan, 8½-10 Std., regelmäßig

Vom **Westbahnhof** fahren mehrere Express-D-Züge (nur Hart-/Weichsitzer) ab (auch G-Züge):

Beijing 125/150 Yuan, 2–3 Std., 8-mal tgl.

Nanjing 190/228 Yuan, 4½ Std., 7-mal tgl.

Qingdao 121/146 Yuan, 2½ Std., regelmäßig

Qufu 40/48 Yuan, 40 Min., regelmäßig

Shanghai 281/338 Yuan, 5–6½ Std., 6-mal tgl.

Unterwegs vor Ort

Vom/zum Flughafen

Der **Flughafen** Yaoqiang (☎8208 6666) liegt 40 km vor der Stadt. Vor dem **Yuquan Simpson Hotel** (玉泉森信大酒店; Yuquan Senxin Dajiudian; ☎96888; Luoyuan Dajie) und vom Hauptbahnhof verkehren Shuttlebusse zum Flughafen (6–19 Uhr, 20 Yuan). Ein Taxi kostet etwa 100 Yuan.

Öffentliche Verkehrsmittel

Bus 84 (1 Yuan) verbindet den Hauptfernbusbahnhof mit dem Hauptbahnhof. Bus K51 (2 Yuan) fährt vom Hauptbahnhof durch die Stadtmitte und weiter Richtung Süden am Baotu-Quellenpark vorbei zum Tausend-Buddha-Berg.

Taxi

Taxis verlangen 7,50 Yuan für die ersten 3 km, danach für jeden weiteren Kilometer 1,75 Yuan (nachts etwas mehr).

Wassertaxi

Offene **Motorboote** (☎8690 5886; pro Stopp 10 Yuan; ⏲ alle 20 Min., 8–20 Uhr) fahren im Uhrzeigersinn über den Hucheng und am Südufer des Daming-Sees entlang. Sie halten an zehn interessanten Stellen, wie dem Baotu-Quellenpark, der Schwarze-Tiger-Quelle, dem Park am Teich der Fünf Drachen und dem Quancheng-Platz. Eine volle Runde dauert etwa 1½ Stunden.

Rund um Ji'nan

ZHUJIAYU 朱家峪

☎ 0531

Das Dorf **Zhujayu** (Eintritt 15 Yuan), 80 km östlich von Ji'nan gelegen, ist eine der ältesten dörflichen Siedlungen Shandongs.

Es wurde in der Xia-Dynastie (2070–1600 v.Chr.) gegründet. Die meisten Gebäude stammen aber aus der jüngeren Ming- und Qing-Dynastie. Die chinesische Filmindustrie hat das Dorf längst für Filme und Seifenopern entdeckt; ein Spaziergang durch die engen Gassen ist wie ein Ausflug in vergangene Zeiten. Man kann auf eigene Faust losziehen oder sich innerhalb der Mauern der Altstadt von einem der älteren Einwohner herumführen lassen (10–20 Yuan), die aber nur Chinesisch sprechen.

Für einen Besuch des Dorfes in der unzerstörten ländlichen Hügellandschaft reicht ein halber Tag. Der Eintritt wird am Haupttor in der restaurierten Stadtmauer im Norden des Dorfes bezahlt. Die **zweispurige Straße** aus der Ming-Dynastie (双轨古道; *shuanggui gudao*) führt zum **Wenchang-Pavillon** (文昌阁; Wenchang Ge) aus der Qing-Dynastie, einem Torbau mit gewölbter Durchfahrt, auf dem sich ein Schrein mit einfachem Dach befindet; hier legen Schüler vor ihrer ersten Lektion Opfergaben für Konfuzius ab. Links davon steht die **Shanyin-Grundschule** (山阴小学; Shanyin Xiaoxue) mit mehreren Hallen und Höfen, in denen Ausstellungen das ländliche Leben vorstellen. Die beiden verblassenden Porträts des großen Vorsitzenden Mao ein Stück weiter stammen aus dem Jahr 1966.

Im übrigen Dorf stehen viele Ahnentempel, beispielsweise der **Ahnentempel der Familie Zhu** (朱氏家祠; Zhushi Jiaci), dicht an dicht stehende Gehöfte aus Lehmziegeln (viele sind verlassen und verfallen) und herrliche steinerne Bogenbrücken (*shiqiao*). Die **Lijiao-Brücke** (立交桥; Lijiao Qiao) aus dem Jahr 1671 ist eine der ersten dieser Verkehrswege. Nach einem 30-minütigem Anstieg hinter den Lehmziegelmauern des Dorfes erreicht man den schönen, strahlend weißen **Kuixing-Pavillon** (魁星楼; Kuixing Lou; Eintritt 2 Yuan) oben auf dem Hügel.

Wer einen Platz für die Nacht sucht, sollte nach Flaggen mit den Zeichen 农家乐 (*nongjiale;* Gasthaus oder Privatunterkunft) Ausschau halten. Das einfache **Gucun Inn** (古村酒家; Gucun Jiujia; ☎8380 8135; DZ mit Bad 100 Yuan) ist ein hübsches, altes Hofhaus; auf der Geistermauer ist ein Pfau dargestellt (80 m hinter der Lijiao-Brücke). Die Besitzer kochen ein Abendessen (Gerichte ab 12 Yuan). Im **Lao-Jia-Restaurant** (老家菜馆), neben den Mao-Porträts, gehen die cleveren Besitzer mit ihrem schläfrigen blonden Hund auf die Jagd nach Wildkaninchen und suchen in den Hügeln Pilze und Kräuter (35 Yuan pro *jin* für das Kaninchen, vegetarische Gerichte ab 10 Yuan).

Vom Busbahnhof in Ji'nan (gegenüber dem Bahnhof) den Bus nach Zhangqiu (章丘; 21 Yuan, 1½ Std., von 7–18.30 Uhr) nehmen und den Fahrer bitten, an der Abfahrt Zhujiayu anzuhalten. Von dort sind es noch 2 km zu Fuß; Einheimische verlangen 10 Yuan für die Fahrt. Für die Rückfahrt nach Ji'nan am großen Tor an der Hauptstraße warten und einen Bus anhalten – nach 18 Uhr kommen allerdings kaum noch Busse.

Tai'an 泰安

☎ 0538 / 1,05 MIO. EW.

Tai'an ist das Tor zum heiligen Berg Tai Shan. Hier gab es schon vor der Ming-Dynastie eine schwungvolle Touristenindustrie. Der Historiker Zhang Dai beschrieb schon im 7. Jh. organisierte Touren und Gasthäuser (riesige Gebäude mit über 20 Küchen und Hunderten von Dienern, Opernsängern und Kurtisanen). Nach der Gipfelbesteigung traf man sich zum Glückwunsch-Bankett. Wer den Weg in einer Sänfte zurücklegen wollte, legte etwas mehr Geld drauf (im damaligen Pauschalpreis war die einmalige Gipfelsteuer von acht *fen* Silber nicht enthalten).

Die heutige touristische Infrastruktur von Tai'an ist deutlich bescheidener. Neben dem prachtvollen Tempel Dai gibt es nicht viel zu sehen; dennoch sollte ein ganzer Tag für den Tai Shan eingeplant werden, möglichst mit einer Übernachtung im Ort oder auf dem Gipfel.

Sehenswertes

Tempel Dai TEMPEL
(岱庙; Dai Miao; Daimiao Beijie Lu; Erw./Kinder 30/15 Yuan; ⏲Sommer 8–18, Winter 8–17 Uhr)
Alle Straßen der Stadt führen zu diesem prachtvollen taoistischen Tempel. Er war traditionell die erste Station des Pilgerweges auf den Berg. Der Tempel ist dem Gott von Tai Shan geweiht; er bestimmte unter anderem die Lebensdauer eines Menschen. Die Anlage ist ein eindrucksvolles Beispiel der Tempelarchitektur der Song (960–1127). Der Tempel trägt die Merkmale kai-

Tai'an

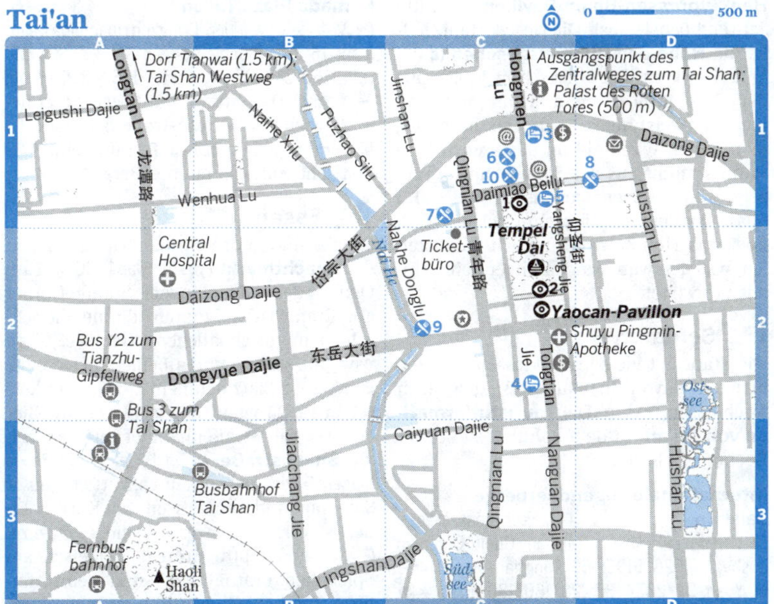

Tai'an

Highlights

Tempel Dai C2
Yaocan-Pavillon C2

Sehenswertes

1 Hou-Zai-Tor C1
2 Zhengyang-Tor C2

Schlafen

3 Roman Holiday C1
4 Internationale Jugendherberge Taishan C2
5 Yuzuo Hotel C1

Essen

6 A Dong de Shuijiao C1
7 Beixin-Snackstraße C1
8 Dai-Bei-Markt D1
9 Nachtmarkt C2
10 Shengtaoyuan Coffee & Tea C1

serlicher Paläste, andere Bauten sind ein Jahrtausend älter.

Die meisten Besucher treten vom Norden durch das **Hou-Zoi-Tor** (候载门) am Ende der Hongmen Lu ein. Wer von Süden durch das **Zhengyang-Tor** (正阳门) eintritt, kann dem traditionellen Pilgerweg durch den Tempel und weiter über die Hongmen Lu bis zum **Palast des Roten Tores** folgen; dort beginnt der Aufstieg zum Tai Shan.

Im Süden flankieren zwei Löwen ein Ehrentor und blicken auf die Autos, die auf der Dongyue Dajie an ihnen vorbei rasen. Dahinter steht der **Yaocan-Pavillon** (遥参亭; Yaocan Ting; ⌚6.30–18 Uhr) mit einer Halle, die der Großmutter (Taishan Laomu) des Taishan, Bixia und Songzi Niangniang, die von Paaren mit Kinderwunsch angerufen wird, geweiht ist. Direkt vor dem Zhengyang Tor erhebt sich der prachtvolle **Daimiao Fang**, ein *paifang* (Ehrentor) mit vier Paar verwitterter Löwen, Drachen und Phönixmotiven.

Die Höfe im Innern des Tempelkomplexes beherbergen hoch gelobte Beispiele von Poesie und kaiserlichen Aufzeichnungen. Die *bixis* (drachenähnliche Schildkrötenskulpturen) ab dem 12. Jh. und jünger erinnern an fossile Skelette. Sie tragen auf ihren Rücken Stelen (Steinplatten oder Säulen mit Skulpturen oder Inschriften), auf denen zum Beispiel der Ablauf von Beamtenprüfungen oder auch die kaiserlichen Geburtstage dokumentiert sind. Angeblich pflanzte der Han-Kaiser Wudi einige der mächtigen, knorrigen Bäume im

Han-Zypressen-Baum-Pavillon vor 2100 Jahren höchstselbst. Die riesige Haupthalle, die **Halle des Himmelsgeschenks** (天贶殿; Tiankuang Dian; Überschuhe 1 Yuan) aus dem Jahr 1009 ist neun Schiffe breit und hat ein zweistufiges Dach. Das herrliche, 62 m lange Wandbild im düsteren Innenraum stammt aus der Song-Dynastie und zeigt Kaiser Zhenzong als Gott des Tai Shan. Vor dem Aufstieg lohnt sich der Blick über das Hou-Zai-Tor, um sich vorzustellen, was den wandernden Pilger beim Aufstieg erwartet.

Schlafen

Die Stadt hat viele Mittelklassehotels, die meisten davon in Bahnhofsnähe; nach Nachlässen fragen. Die **Touristinformation von Tai'an** vor dem Bahnhof ist bei der Buchung behilflich.

Internationale Jugendherberge Taishan JUGENDHERBERGE €
(太山国际青年旅舍; Taishan Guoji Qingnian Lüshe; ☎628 5196; 65 Tongtian Jie; B 40–60 Yuan, DZ/2BZ/3BZ 228/160/180 Yuan; ❄@📶) Die erste Jugendherberge Tai'ans hat saubere, spartanische Zimmer mit Kiefernholzmöbeln und alten kommunistischen Postern. Es gibt einen Fahrradverleih, eine kostenlose Wäscherei, und eine Bar im 2. OG sorgt für gute Laune. Die Schlafräume sind ihren Preis wert; nach zwei Bögen ab der Tongtian Jie Ausschau halten.

Yuzuo Hotel HOTEL €€€
(御座宾馆; Yuzuo Binguan; ☎826 9999; 50 Daimiao Beilu; 2BZ/DZ/Suite 360/780/1680 Yuan; ❄@) Das Hotel neben dem Nordtor zum Tempel Dai wurde aus Respekt vor dem Tempel nur zwei Stockwerke hoch gebaut. Die Deluxe-Zimmer sind im kaiserlichen Stil eingerichtet; die preiswerteren Zimmer einfacher. Zum Hotel gehören eine Bäckerei und ein Restaurant mit taoistischen Gerichten (Menü mit 12 Gängen; 168 Yuan pro Person); bis 20 % Nachlass.

Roman Holiday HOTEL €€
(罗马假日商务酒店; Luoma Jiari Shangwu Jiudian; ☎627 9999; 18 Hongmen Lu; EZ/DZ 298/358 Yuan inkl. Frühstück; ❄@) Das Hotel mit dem merkwürdigen Namen am heiligen Weg zum Tai Shan ist unschlagbar. Mit Nachlässen gibt es ein Einzelzimmer für 168 Yuan. Die Zimmer sind klein, ordentlich, haben durchsichtige Duschkabinen und abgenutzte Teppiche – aber keine Audrey Hepburn.

Ramada Plaza Tai'an HOTEL €€€
(东尊华美达大酒店; Dongzun Huameida Dajiudian; 16 Ying Sheng Donglu; 迎胜东路; EZ/DZ 1160–1400 Yuan, Suite 1960–3360 Yuan; ⊖❄📶🏊) Das einzige Fünfsternehotel befindet sich am Nordwestrand der Stadt. Es bietet den üblichen Komfort und eine fantastische Aussicht auf den Berg.

Essen

Snacks sind in drei Straßen zu finden: Auf dem **Nachtmarkt** (*ye shi*; ⏱ab 17.30 Uhr) am Ostufer des Nai bieten viele Stände Hotpot an. Einfach die Zutaten (dünne Fleischscheiben, Fischbällchen, Gemüse, Tofu usw.) aussuchen und an einem der niedrigen Tische Platz nehmen. Ein Gericht kostet etwa 25 Yuan, ein großer Krug Bier 6 Yuan. Die Straßenhändler auf der **Beixin-Snackstraße** (北新小吃步行街; Beixin Xiaochi Buxing Jie) verkaufen Mittag- (außer Samstag) und Abendessen vom Karren. Einen Versuch wert sind *mantou* (馒头, gedämpfte Brötchen), Fleisch am Spießchen, Brathähnchen und mehr. Ähnliche Köstlichkeiten bieten auch die Straßenküchen auf dem **Dai-Bei-Markt** (贷北市场; Daibei Shicheng) am Tempel – zu Touristenpreisen.

A Dong de Shuijiao CHINESISCH €
(阿东的水饺; 31 Hongmen Lu; Gerichte ab 12 Yuan; ⏱9–22 Uhr; 📋) Dieses zentral gelegene Restaurant bietet gut zubereitete Sattmacher aus Nordchina an, *shuijiao* (水饺; gefüllte Teigtaschen) mit einem großen Angebot an Füllungen, wie Lamm (24 Yuan pro *jin* – reicht für zwei) und Gemüse (18 Yuan pro *jin*). Die englische Speisekarte ist ziemlich unverständlich, Zeigen ist besser.

Shengteoyuen Coffee & Tea INTERNATIONAL €€
(圣淘缘休闲餐厅; Shengtaoyuan Xiuxian Canting'; 33 Hongmen Lu; Gerichte 25–150 Yuan; ⏱8.30–00 Uhr; 📋📶) Auch wenn der Mini-Flügel aus Elfenbein neben der Toilette echt völlig daneben ist, die superbequemen Sofas und die ganze 41 Seiten umfassende Speisekarte (mit Fotos) sind einfach großartig. Es gibt ordentliche Pizzen (ab 25 Yuan), Salate (ab 12 Yuan) und Spaghetti (25 Yuan).

Dongzun Court CHINESISCH €€
(东尊阁, Dong Zunge; ☎836 8222; 16 Yingsheng Donglu; ⏱11.30–14.30 & 17.30–20.30 Uhr; Hauptgerichte ab 48 Yuan; 📋) Das edle Res-

taurant im Ramada Plaza hat einen ganzen Raum nur für Meeresfrüchte – lebend bestellt und nach *jin* abgerechnet; dazu gibt's frischen, mit Quellwasser bereiteten Tofu (38 Yuan).

 Praktische Information

Agricultural Bank of China (22 Daizong Jie; ⌚Mo–Fr 8.30–16 Uhr) Geldwechsel und Geldautomat (24 Std.), der ausländische Kreditkarten akzeptiert.

Bank of China (中国银行; Zhongguo Yinhang; 116 Tongtian Jie; ⌚8.30–16.30 Uhr) Geldwechsel und Geldautomat (24 Std.), der ausländische Kreditkarten akzeptiert.

Büro für Öffentliche Sicherheit (PSB; 公安局; Gong'anju; ☎827 5264; Ecke Dongyue Dajie & Qingnian Lu). Die **Visumabteilung** (出入境管理处; ⌚Mo-Fr 8.30–12 & 13–17 Uhr, oder nach Verabredung) ist im Ostteil des grau glänzenden Gebäudes untergebracht.

Central Hospital (中心医院; Zhongxin Yiyuan; ☎822 4161; 29 Longtan Lu) Begrenzte Englischkenntnisse.

Internetcafés sind häufig nur für Chinesen zugänglich; auf jeden Fall braucht man seinen Pass.

Wanjing Internetcafé (万景网吧; Wanjingj *wangba*; 180 Daizong Dajie; pro Std. 2 Yuan; ⌚7–24 Uhr)

World Net Bar Internet (大世界网吧; Dashijie *wangba*; 1. OG, 6–1 Hongmen Lu; pro Std. 2 Yuan; ⌚24 Std.) Es gibt Nichtraucherzimmer.

Post (中国邮政; Zhongguo Youzheng; 232 Daizong Dajie; ⌚8.30–17.30 Uhr)

Shuyu-Pingmin-Apotheke (漱玉平民大药房; Shuyu Pingmin Dayaofang; 38 Shengping Jie; ⌚7.30–21 Uhr)

Touristeninformation Tai'an (泰安市旅游咨询中心; Tai'anshi Lüyou Zixun Zhongxin; ☎Info-Hotline 12301) Hongmen Lu (☎ Buchungen 218 7989; 22 Hongmen Lu; ⌚8–18 Uhr); Bahnhof (☎ Buchungen 688 7358; ⌚8.30–19.30 Uhr) Hilfe bei der Hotelsuche, Eisenbahn (20 Yuan Gebühr pro Ticket) und Flugtickets. Begrenzte Englischkenntnisse.

 An- & Weiterreise

Die meisten Reiserouten führen durch das 80 km nördlich gelegene Ji'nan. In Bus- und Eisenbahnbüros werden Tai Shan und Tai'an oft synonym gebraucht.

Tickets sind bei **Train and Plane Ticket Bookings** (火车票代售处, 空售票处; ☎Züge 611 1111, Flugzeuge 218 3333; 111 Qingnian Lu; ⌚8.30–17.30 Uhr) westlich des Tempels erhältlich; sie sind schnell ausgebucht, also frühzeitig buchen.

Bus

Der **Fernbusbahnhof** (长途汽车站; *changtu qichezhan*; ☎218 8777; Ecke Tai'shan Dalu & Longtan Lu) wird auch Alter Bahnhof *(lao zhan)* genannt; südlich des Bahnhofes. Busse fahren regelmäßig nach:

Beijing 140 Yuan, 6 Std., tgl. 14.30 Uhr

Ji'nan 25 Yuan, 1½ Std., alle 30 Min. (6.30–18 Uhr)

Qingdao 126 Yuan, 5½ Std., 4-mal tgl. (6, 8, 14.30 und 15.30 Uhr)

Qufu 21 Yuan, 1 Std-, stündl.

Shanghai 205 Yuan, 12 Std., 2-mal tgl. (15.20 und 16.30 Uhr)

Weihai 165 Yuan, 7 Std., tgl. 7.20 Uhr

Zug

Die Orte der Region werden von zwei Bahnhöfen bedient. Der **Bahnhof Tai Shan** (泰山火车站; ☎688 7358; Ecke Dongyue Dajie & Longtan Lu) ist zwar zentral gelegen, die Expresszüge fahren aber ausschließlich durch den **Bahnhof Tai'an** (泰安火车站; ☎138 0538 5950; Xingaotiezhan Lu), manchmal Neuer Bahnhof *(xin zhan)*; er befindet sich 9 km westlich des Stadtzentrums.

Vom **Bahnhof Tai Shan** fahren regelmäßige Züge (Preise für Sitzplatz/Hartschläfer) nach:

Beijing 79/149 Yuan, 7–9½ Std., 5-mal tgl.

Ji'nan 8–14/67–109 Yuan, 1 Std., regelmäßig

Nanjing 82/155 Yuan, 7–8½ Std., regelmäßig

Qingdao 70/131 Yuan, 5–7 Std., regelmäßig

Shanghai 102–120/201–222 Yuan, 8½-13 Std., regelmäßig

Vom **Bahnhof Tai Shan** fahren regelmäßige Express-D-Züge (Preise für Hart-/Weichsitzer), auch G-Züge, nach:

Beijing 143/172 Yuan, 2–3 Std., 4-mal tgl.

Nanjing 172–254/207–432 Yuan, 3–4 Std., 6-mal tgl.

Qingdao (nur G-Züge) 207/353 Yuan, 3 Std., tgl. 17.55 Uhr

Shanghai 263/316 Yuan, 5–6 Std., 5-mal tgl.

 Unterwegs vor Ort

Der Bahnhof Tai Shan ist über Busse an die Startpunkte der drei Aufstiegsrouten angebunden. Bus 3 (三路汽车; 2 Yuan) fährt den Anfang des Zentralweges und im Dorf Tianwai (Tianwai Cun) den Beginn des Westweges an. Bus Y2 (游二路汽车 (往天烛峰景区)) fährt zum Beginn der Route auf den Tianzhu-Gipfel. Bus 16 bedient die Strecke zum Pfirsichblütenpark, Bus 4 verkehrt zum Tempel Dai.

Taxis verlangen 6 Yuan für die ersten 3 km und 1,50 Yuan für jeden weiteren Kilometer (nachts etwas mehr).

Tai Shan

☎0538

In China gibt es zwar heilige Berge wie Sand am Meer, doch nur der **Tai Shan** (Eintritt Feb.-Nov. 127 Yuan, Dez.-Jan. 102 Yuan) zählt wirklich. Der ebenfalls zum Weltkulturerbe erklärte Emei Shan ist etwas höher und der Huang Shan fotogener, und doch pilgern die Gläubigen mindestens seit dem 11. Jh. v. Chr. auf den Tai Shan.

Der erste Kaiser Qin Shihuangdi proklamierte 219 v. Chr. die Einheit des Reiches vom Gipfel des Tai Shan. Nach ihm hinterließen 71 weitere Kaiser und Berühmtheiten wie Du Fu oder Mao Zedong ihre Spuren auf dem Berg. Ihre Gedichte und Prosa wurden auf Tafeln, Steinen, Klippen und in Höhlen verewigt. Noch immer steigen Pilger die Treppen hinauf, um ihre Hingabe an taoistische und buddhistische Lehren zu bekunden.

Die beste Zeit für einen Besuch ist der Herbst. Dann sinkt die Luftfeuchtigkeit, und ab dem frühen Oktober ist die Sicht am klarsten. Im Winter sinken die Temperaturen unter den Gefrierpunkt, und die meisten Hotels auf dem Gipfel haben kein warmes Wasser. Die meisten Touristen kommen zwischen Mai und Oktober; im September findet außerdem ein **Internationales Bergsteigerfestival** statt (www.mttaishan.com). Die großen Ferien unbedingt meiden.

Sehenswertes & Aktivitäten

Drei Routen führen auf den 1532 m hohen Gipfel, die zu Fuß bewältigt werden: Der **Zentralweg** (御道; *yu dao*) ist der historische Kaiserweg; er windet sich auf 7,5 km Länge mit einem Höhenunterschied von 1400 m von unten bis zum Gipfel. Der **Westweg** folgt der Busstrecke; der wenig begangene Weg zum **Tianzhu-Gipfel** führt auf der Rückseite des Bergs hinauf. Etwa ab der Mitte (Mittleres Himmelstor) vereinen sich Zentral- und Westweg; von dort sind es noch 3,5 km auf steilen Treppen zum Gipfel.

Wem das zuviel für die Knie ist, nimmt einen Minibus bis zum Mittleren Himmelstor und dann die Seilbahn bis zum

Tai Shan

0 — 500 m

Tianzhu-Gipfelweg
Tempel des Jadekaisers
Gipfel des Jadekaisers (1545 m)
Tian Jie
Südliches Himmelstor
Brücke der Götter
Weg der 18 Windungen
Sehr steil
Gipfel zur Betrachtung des Sonnenaufgangs
Gipfel zur Betrachtung des Mondes
Seilbahn
(987 m)
Mittleres Himmelstor
Westweg
Zentralweg

Tai Shan

Highlights

- Mittleres Himmelstor ... B3
- Pfad der 18 Windungen ... A2
- Südliches Himmelstor ... A1
- Tempel des Jadekaisers ... B1

Sehenswertes

1. Brücke der Langlebigkeit ... A1
2. Brücke über den Wolken ... B2
3. Hintere Felsnische ... B1
4. Konfuziustempel ... A1
5. Nördlicher Gebetsfelsen ... B1
6. Nördliches Himmelstor ... B1
7. Pavillon der gegenüberstehenden Kiefern ... A2
8. Pavillon der fünf Kiefern ... A2
9. Qingdi-Palast ... B1
10. Tempel der azurblauen Wolken ... B1
11. Tempel des Gottes des Wohlstands ... B3
12. Zehntausend-Zhang-Tafel ... B2
13. Zhanlu-Terrasse ... B1

Schlafen

14. Nan Tian Men Binguan ... A1
15. Shenqi Hotel ... B1
16. Xianju Binguan ... A1
17. Yuyequan Hotel ... B3

Transport

18. Seilbahn zum Mondblickgipfel ... B3
19. Seilbahn zum Pfirsichblütenpark ... A1
20. Seilbahn zur Hinteren Felsnische ... B1

Südlichen Himmelstor kurz unter dem Gipfel – mit dem Bus geht's wieder abwärts.

Alle Sehenswürdigkeiten auf dem Gipfel schließen um 17.15 Uhr. Da das Wetter rasch umschlagen kann, und Regen, Wind und Kälte nicht selten sind, gehören warme Kleidung und Regenzeug ins Gepäck. Händler verkaufen Regencapes und vermieten Mäntel (20 Yuan) auf dem Gipfel.

Für einen Chinesen vollendet erst der Sonnenaufgang die Bergbesteigung – er gehört zum Erlebnishöhepunkt. Die Gästehäuser oben auf dem Gipfel bieten Übernachtungen an, damit die Gäste die ersten Sonnenstrahlen erleben können.

ZENTRALWEG 中路

Seit dem 3. Jh. v. Chr. ist der Zentralweg die wichtigste Aufstiegsroute. In den letzten beiden Jahrtausenden wurden zahllose Brücken, Bäume, Inschriften, Höhlen, Pavillons und Tempel errichtet und wie die Flüsse und Schluchten selbst zu Sehenswürdigkeiten. Der Weg ist durchgängig gepflastert, doch die 7000 Stufen sind eine echte Herausforderung. Der Aufstieg dauert mindestens vier Stunden.

Eigentlich ist der Tai Shan ein Freilichtmuseum der Kalligrafie: Das **Felsental der Inschriften** (经石峪; Jingshi Yu) mit einem eingemeißelten buddhistischen Text im ersten Abschnitt des Aufstieges war einst hinter einem Wasserfall verborgen. Der **Nördliche Gebetsfelsen** (拱北石; Gongbei Shi) auf dem Gipfel erinnert an ein kaiserliches Opfer.

Wer es sehr genau nimmt mit der kaiserlichen Tradition, durchschreitet vor dem Aufstieg den Tempel Dai in Tai'an (1,7 km südlich des Einstiegs) von Süd nach Nord. Es ist allerdings keine Schande, an der Bushaltestelle **Tempel Guandi** (关帝庙; Guandi Miao; Eintritt 10 Yuan) auszusteigen. Dieser Tempel war der erste von vielen, der dem taoistischen Bewahrer des Friedens geweiht war. Am **Ersten Himmelstor** (一天门; Yitian Men) beginnt der Aufstieg mit dem **Ticketbüro** (售票处; Shoupiao Chu; ☎806 6077; ⏲24 Std.) etwas dahinter. Der **Palast des Roten Tores** (红门宫; Hong Men Gong; Eintritt 5 Yuan; ⏲8–17 Uhr) ist der erste von vielen Tempeln für Bixia, die mitfühlende Tochter des Gottes von Tai Shan. Sie trägt einen Kopfschmuck mit Phönixen und wird von neun Begleitern umgeben, darunter die Göttinnen der Kinder und des Sehens.

Der Abstecher zu den ungewöhnlichen Felsformationen des **Unesco-Weltnaturerbes** (地质园区; Dizhi Yuanqu) hat schon Konfuzius fasziniert. Zurück auf dem Hauptweg folgt das buddhistische **Kloster Dou Mu** (斗母宫; Doumu Gong). Als es 1542 vollendet war, erhielt es den magischen Namen „Nonnenkloster Drachenquelle". Vom Tempelhof öffnet sich ein Blick auf einen dreifachen Wasserfall, der am schönsten im Juli und August wirkt. Die Bänder an den Kiefern sind mit Gebeten beschrieben. Danach führt der Weg weiter durch tunnelartig wachsende Zypressen, die **Zypressenhöhle** (柏洞; Bodong) bis zum **Stockenden-Pferd-Kamm** (回马岭; Huima Ling): Hier weigerte sich das Pferd Kaiser Zhenzongs weiterzugehen; er musste absteigen und ließ sich in einer Sänfte weiter tragen.

Am **Mittleren Himmelstor** (中天门; Zhong Tian Men) kommt der Punkt, an dem sich manche Reisende beim Anblick der in den Wolken verschwindenden Stufen für die Seilbahn entscheiden. Nicht aufgeben! Kurz mal die Beine ausruhen, den kleinen verräucherten **Tempel des Gottes des Wohlstandes** (财神庙; Caishen Miao) besuchen, die Vorräte ergänzen und weitergehen (für Notfälle stehen rund um die Uhr **Erste-Hilfe-Stationen** am Mittleren und Südlichen Himmelstor zur Verfügung).

Die **Seilbahn** (空中索道; *kongzhong suodao*; einfach/hin & zurück 80/140 Yuan; ⏲16. April–15. Okt. 7.30–18.30; 16. Okt.-15. April 8.30–17 Uhr) beginnt am Mittleren Himmelsstor. Die 15-minütige Fahrt endet am Mondblick-Gipfel (Yueguan Feng) in der Nähe des Südlichen Himmelstores. Doch Vorsicht: In der Hochsaison und an Wochenenden kann die Wartezeit in der Schlange bis zu zwei Stunden betragen. Darüber hinaus stellt die Bahn bei Gewittergefahr den Betrieb ein.

Der Fußweg geht weiter zur **Brücke in den Wolken** (云步桥; Yunbu Qiao), einst eine Holzbrücke, die über einen tosenden Wasserfall führte; dann folgt die verwitterte **Wudafu-Kiefer** (五大夫松; Wudafu Song) mit drahtigen Zweigen, unter der Kaiser Qin Shihuangdi Schutz vor einem Sturm suchte. Auf der anderen Seite des Tals steht die **Zehntausend-Zhang-Wand** (万丈碑). Jedes Schriftzeichen, das in die 1748 entstandene Wand gemeißelt wurde, misst 1 m im Durchmesser.

Es geht vorbei am **Pavillon der gegenüberstehenden Kiefern** (对松亭; Duisong Ting) bis zum **Weg der 18 Windungen** (十八盘; Shibapan) – hier geht's 400 m fast vertikal bergauf zu einem falschen Gipfel; jeder Schritt läuft wie in Zeitlupe ab, und die Beine fühlen sich immer mehr wie Blei an. Wer immer noch Energie hat, schaut sich den kleinen Schrein für die Großmutter von Tai Shan neben dem Weg an. Rechts führt ein alternativer Weg über eine steile Treppe direkt zum Tempel der azurblauen Wolken. Die Hauptroute führt zur **Brücke zur Unsterblichkeit** (升仙坊; Shengxian Fang). Der Legende nach verwandelt sich jeder, der durch den Torbogen tritt – und es verdient – in ein himmlisches Wesen. Ab hier ließen sich die Kaiser in riesigen Sänften zum Gipfel tragen.

Das letzte Wegstück endet am **Südlichen Himmelstor** (南天门; Nan Tian Men), dahinter beginnt die Gipfelzone. Hier rechts halten und über die Tian Jie durch das Tor zum **Tempel der azurblauen Wolken** (碧霞祠; Bixia Ci; Eintritt 5 Yuan; ⏲morgens–17.15 Uhr) gehen, der über den Wolken zu schweben scheint. Die eisernen Platten auf den Tempelbauten sollten Sturmschäden vermeiden; die bronzenen Dachtraufen sind mit *chiwen* (Ornamente, die vor Feuer schützen sollen) verziert.

Noch höher steht der **Konfuziustempel** (孔庙; Kong Miao), in dem Statuen von Konfuzius (Kongzi), Menzius (Mengzi), Zengzi und anderen konfuzianischen Größen verehrt werden. Der taoistische **Qingdi-Palast** (青帝宫; Qingdi Gong) steht direkt vor dem **Tempel des Jadekaisers** (玉皇顶; Yuhuang Ding), der den höchsten Punkt des Tai-Shan-Plateaus einnimmt. Er enthält ein Bildnis des Jadekaisers, der über alle Sterblichen herrscht.

Die meisten Besucher drängen sich auf dem **Nördlichen Gebetsfelsen** (拱北石; Gongbei Shi), um den Sonnenaufgang zu genießen; mit viel Glück reicht der Blick 200 km weit bis zur Küste. Auf der Rückseite des Berges liegt die **Hintere Felsnische** (后石坞; Hou Shiwu) mit Ruinen, die unter Kiefernwäldern und Gestrüpp verborgen sind.

Mit der **Seilbahn zum Pfirsichblütenpark** (桃花源索道; Taohua Yuan *suodao*; ✆833 0763; einfach/hin & zurück 80/140 Yuan; ⏲8–17.30 Uhr) geht es auf der anderen Seite zum attraktiven Pfirsichblütenpark, der im Spätfrühling in Farben versinkt. Vorher nachfragen, da die Seilbahn nicht regelmäßig verkehrt. Von der Haltestelle sind es 10 km zu Fuß oder mit dem Minibus (einfache Fahrt 25 Yuan) bis zum Parkausgang und zu den Bussen, die zum Bahnhof Tai Shan fahren.

WESTWEG 西路

Die meisten Besucher fahren mit dem Bus (30 Yuan) über den Westweg abwärts. Der schlecht markierte Fußweg kreuzt mehrfach die Fahrtstraße, und auf Teilstrecken sind beide identisch. Es ist sicherlich gesünder, mit dem Bus zu fahren, statt die Abgase einzuatmen, doch nach der Abfahrt am Mittleren Himmelstor fahren die Busse durch bis nach unten.

Der Westweg führt durch eine abwechslungsreiche Landschaft aus Obstgärten und Teichen. Die wichtigste Sehenswürdigkeit unterwegs ist der **Teich des Schwarzen Drachens** (黑龙潭; Heilong Tan) unterhalb der **Brücke der Langlebigkeit** (长寿桥; Changshou Qiao). Der Teich wird von einem Wasserfall gespeist und ist geheimnisumwittert: In großen Palästen auf seinem Grund sollen Karpfen leben, und dort sollen Kräuter wachsen, die Menschen in Tiere verwandeln.

Am Fuß des Berges bietet der **Tempel des andauernden Lichtes** (普照寺; Puzhao Si; Eintritt 5 Yuan; ⏲8–17.30 Uhr), ein buddhistischer Tempel aus der Zeit der Südlichen und Nördlichen Dynastien (420–589), die beste Gelegenheit für einen ruhigen Ausklang der Wanderung.

WEG ÜBER DEN TIANZHU 天烛峰景区

Dieser Weg auf der Rückseite des Berges führt durch das **Landschaftsschutzgebiet Tianzhu** (Tianzhu Feng Jingqu) und bietet die einmalige Chance, den Tai Shan ohne das übliche Gedränge zu besteigen. Unterwegs dominieren alte Kiefernwälder und Anhöhen – die Sehenswürdigkeiten am Zentralweg erwarten einen dann später beim Abstieg.

Die Wanderung sollte früh losgehen; der Bus braucht 45 Minuten bis zum Einstieg, und die Kletterpartie dauert nochmals fünf Stunden.

Vom Einstieg in den Weg bis zur Seilbahn zur **Hinteren Felsnische** (后石坞索道; Hou Shiwu *suodao*; ✆833 0765; einfach 20 Yuan; ⏲April-Okt. 8.30–16 Uhr, 16. Okt.-15. April geschlossen) sind es 5,4 km. Diese fährt von der Rückseite des Berges zur Seilbahnstation am **Nördlichen Himmelstor** (北天

门索道站; Bei Tianmen *suodao zhan*) mit Blicken auf den Gipfel des Tianzhu – wenn sie fährt; besser vorher anrufen.

Schlafen & Essen

Schilder mit 如家 (*rujia*) oder 宾馆 (*bingguan*) am Gipfel entlang der Tian Jie weisen auf Gasthäuser hin. Die Zimmerpreise beginnen bei 120 Yuan und steigen am Wochenende komentenhaft an. Die Preise unten gelten nicht für die Ferienzeit; dann sind sie locker dreimal so hoch. Zu anderen Terminen lohnt sich die Nachfrage nach Rabatten.

Auf dem Tai Shan gibt es genug zu essen; entlang des Mittelweges drängen sich die Stände und Restaurants – mit jeder Stufe steigen die Preise. Das Essen dürfte doppelt so teuer sein wie üblich.

Nan Tian Men Binguan HOTEL **€€**
(南天门宾馆; ☎833 0988; 1 Tian Jie; 2BZ 300–400 Yuan, mit eigenem Bad 680 Yuan, 3BZ 600–800 Yuan; ❄@) Das Hotel ist nicht zu verfehlen; direkt vor der Kurve zur Tian Jie ist es das erste Haus, um die müden Beine auszuruhen. Die Zimmer sind etwas verwohnt, aber sauber und luftig.

Shenqi Hotel HOTEL **€€€**
(神憩宾馆; Shenqi Binguan; ☎822 3866; Fax 826 3816; EZ/DZ 1000–1800 Yuan, Suite 6000 Yuan; ❄@) Die Preise verraten es – das einzige Hotel auf dem eigentlichen Gipfel! Hier bezahlt man in der Tat den höchsten Preis für den Blick auf das Gebirge, aber die Zimmer sind neu und im Winter die einzigen mit heißem Wasser. Das Restaurant bietet ein „Taoistisches Bankett“ an.

Xianju Binguan HOTEL **€€**
(仙居宾馆; ☎823 9984; 5 Tian Jie; 2BZ 100–360 Yuan, DZ/3BZ 420–700 Yuan; ❄) Am Südlichen Himmelstor gelegen; ein Zweisternehotel mit ordentlichen Zimmern. Einige bieten aus großen Fenstern einen Blick ins Grüne.

Yuyequan Hotel HOTEL **€**
(玉夜泉兵宾; ☎822 6740, Mittleres Himmelstor; EZ/DZ 200–300 Yuan, Suite 760–1200 Yuan; ❄) Das einzige empfehlenswerte Hotel am Mittleren Himmelstor. Die Zimmer sind öde, aber ordentlich und mit Blick auf einen Innenhof. Ganz in der Nähe gibt’s viele Restaurants.

KONFUZIUS: DER ERSTE LEHRER

Konfuzius (551–479 v. Chr.) wurde in einer Zeit politischer Umbrüche geboren. Er versuchte sein ganzes Leben lang, die Gesellschaft im Sinne traditioneller Ideale zu stabilisieren. Persönlich ist er dabei gescheitert, doch die Zeit hat ihn als einen der einflussreichsten Denker bestätigt. Bis heute sind seine Lehre und Ideale Leitbilder der asiatischen Werte.

Konfuzius, der als Kong Qiu (孔丘) geboren wurde, verdiente sich den Ehrentitel Kongfuzi (孔夫子), wörtlich „Meister Kong“, nachdem er zum Lehrer wurde. Seine Familie war adelig, aber arm, und er wurde Beamter in seinem Heimatstaat Lu (das heutige Shandong). Mit 50 machte er sich daran, einen Plan zur Reform seines Staates umzusetzen, da dieser von Korruption zerfressen wurde. Dies führt jedoch dazu, dass Konfuzius verbannt wurde und 13 Jahre umherzog auf der Suche nach einem Landesfürsten, der seine Ideen in die Praxis umsetzen wollte. Schließlich kehrte er in seine Heimatstadt Qufu zurück und stellte in seiner verbleibenden Lebenszeit seine Ideen in sechs klassischen Büchern zusammen (Buch des Wandels, der Lieder, der Riten, der Geschichte, der Musik und die *Frühlings- und Herbstannalen*). Er nahm Schüler aus unterschiedlichen sozialen Schichten an, weil er daran glaubte, dass jeder, nicht nur Adelige ein Recht auf Bildung habe. Dieses Ideal gehört zu seinem wichtigsten Vermächtnis.

Seine Schüler fassten die Lehren des Konfuzius in den *Analekten (Lunyu)* zusammen, einer Sammlung von 497 Aphorismen. Obwohl er selbst behauptete, nur die Ideale eines vergangenen, goldenen Zeitalters zu übermitteln, war er in der Tat der erste humanistische Philosoph Chinas, der Moral (Menschlichkeit, Rechtschaffenheit und Tugend) und Selbstbeherrschung als Basis der sozialen Ordnung verstand. „Was du für dich selbst nicht willst“, sagte er „tue auch keinem anderen an.“ Mehr über die konfuzianische Philosophie steht auf S. 1067.

An- & Weiterreise

Bus 3 (2 Yuan) fährt vom Einstieg in den Zentralweg über den Bahnhof Tai Shan bis zum Einstieg in die Westroute im Dorf Tianwai. Bus Y2 (3 Yuan) und Bus 19 (2 Yuan) fahren von der Caiyuan Dajie über den Bahnhof bis zum Einstieg in den Weg zum Tianzhu-Gipfel. Bus 16 verbindet den Bahnhof mit dem Pfirsichblütenpark. Der letzte Bus nach Tai'an fährt um 17 Uhr.

Unterwegs vor Ort

In Tianwai fahren alle 20 Minuten (oder wenn sie voll sind) Minibusse (30 Yuan einfache Fahrt) die 13 km bis zum Mittleren Himmelstor auf halber Höhe des Tai Shan; in der Hauptsaison von 4 bis 20 Uhr, in der Nebensaison von 7 bis 19 Uhr. Die Busse von oben nach unten verkehren regelmäßig. Mit einer Seilbahn geht's vom Mittleren Himmelstor, vom Pfirsichblütenpark und von der Hinteren Felsnische bis zum Gipfel.

Qufu 曲阜

0537 / 88905 EW.

Qufu ist die Heimatstadt des großen Weisen Konfuzius und seinen Ahnen, der Familie Kong. Alles in Qufu zeugt von der großen Bedeutung, die das konfuzianische Denken im China der Kaiserzeit hatte. Wer alles Sehenswerte innerhalb der Stadtmauern erleben möchte, sollte einen ganzen Tag einplanen.

Sehenswertes

Chinesen nennen die wichtigsten Monumente – Konfuziustempel, Kong-Residenz und den Konfuziushain – gerne die „San Kong" („Drei Konfuziusse"). Die zentrale **Ticketverkaufsstelle** (售票处; *shoupiaochu*) an der Ecke der Queli Jie und Nanma Dao (östlich vom Haupteingang zum Konfuziustempel) verkauft zwar auch Einzeltickets, praktischer ist aber das **Sammelticket** (pro Person 150 Yuan). Es gilt für alle drei „Kongs"; bei anderen Sehenswürdigkeiten, die Bezug zu Konfuzius haben, kostet der Eintritt nur die Hälfte. Dazu gehört auch die **Konfuziushöhle** (夫子洞; Fuzi Dong) etwa 30 km südöstlich von Qufu am Ni Shan. Nach der Legende wurde in dieser Höhle ein extrem hässlicher Konfuzius geboren, ausgesetzt und von einem Tiger und einem Adler aufgezogen. Erst dann erkannte seine Mutter seine himmlische Herkunft und nahm das Kind bei sich auf.

Zwischen dem 16. November und 14. Februar sind alle Eintritte 10 Yuan billiger (das Sammelticket kostet dasselbe) und die Sehenswürdigkeiten schließen eine halbe Stunde früher.

Konfuziustempel KONFUZIUSTEMPEL

(孔庙; Kong Miao; Eintritt 90 Yuan, im Sammelticket enthalten; 8–17.10 Uhr) Der nach der Verbotenen Stadt größte Tempel Chinas hat klein angefangen: als ein Haus mit drei Zimmern. Nach dem Tod des Weisen (478 v. Chr.) wandelte der Fürst von Lu das einfache Haus von Konfuzius in einen Tempel um. Konfuzius' ganze Habe, seine Kleider, Bücher, Musikinstrumente und ein Wagen wurden hervorragend konserviert. Im Jahr 153 n. Chr. wurde das Haus zum ersten Mal neu gebaut, und in den folgenden Jahrhunderten immer wieder renoviert, ausgebaut und erweitert. Im Jahr 1012 bestand es bereits aus über 300 Zimmern um vier Höfe. Schließlich schloss eine Mauer im Stil eines Palastes das Anwesen ein. Nach einem Brand (1499) entstand der Komplex in seinen heutigen Ausmaßen.

Wie alle Konfuziusschreine in Asien ist auch dieser Tempel mehr Museum als Kultstätte. Auf über 1000 Stelen sind die kaiserlichen Geschenke und Opfer erfasst; ab der Han-Dynastie. Die Stelen werden als kostbare Beispiele für Kalligrafie und Steinreliefs bewahrt. Die mythische Schildkröte *bixi* trägt die **Cheng-Hue-Stele** (成化碑), die ein Ming Kaiser 1468 gestiftet hat. Darauf wird Konfuzius mit kühnen, formellen Schriftzeichen gepriesen. Die Schriftzeichen sind derart perfekt, dass sie als Vorlagen für die Schriftkunst gelten. Im **Tempel Shengji** (圣迹殿) stellen 120 berühmte Gemälde aus der Tang-Dynastie das Leben des Konfuzius dar.

Der Tempel setzt sich aus neun Höfen entlang einer zentralen Achse zusammen. Etwa in der Mitte steht das **Literaturstudio des obwaltenden Kui-Gestirns** (奎文阁; Kuiwen Ge), ein eindrucksvoller Holzbau aus der Song-Zeit mit einem dreistufigen Dach. Mehrere Tore und kolossale Stelenpavillons mit doppeltem Dach leiten über zum **Aprikosenaltar** (杏坛; Xing Tan) – hier soll Konfuzius unter einem Aprikosenbaum seine Schüler belehrt haben.

Die riesige **Dacheng-Halle** (大成殿; Dacheng Dian) mit ihrem gelben Dach dominiert das Zentrum des Komplexes; sie wurde 1724 erbaut. Die Künstler arbeiteten die zehn Säulen mit windenden Drachen derart großartig aus, dass sie beim Besuch von Kaiser Qianlong mit roter Seide ver-

Qufu

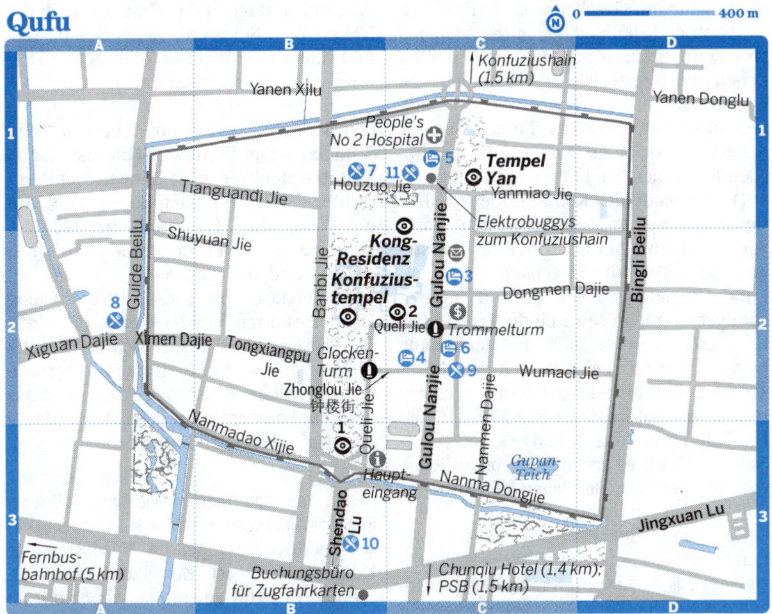

hängt wurden – gegen sie wäre selbst die Halle der Höchsten Harmonie verblasst (S. 57). Im Innern sitzt eine riesige Statue von Konfuzius auf einem Thron. Die Schriftzeichen über dem Weisen lauten „*wanshi shibiao*" („idealer Lehrer für alle Zeiten").

Südlich der **Chongsheng-Halle** (崇圣祠; Chongsheng Ci) – an dieser Stelle stand der bescheidene, erste Familientempel – steht die **Lu-Mauer** (鲁壁; Lu Bi), in der der neunte Nachkomme von Konfuzius die Schriften des Weisen versteckte, weil Kaiser Qin Shihuangdi um 213 v. Chr. alle Bücher verbrennen ließ. Bei Bauarbeiten 154 v. Chr. wurden die Texte wieder entdeckt und riefen einen heftigen Streit unter den konfuzianischen Schulen hervor, welche Versionen wirklich von Konfuzius stammten und welche nicht.

Kong-Residenz MUSEUM

(孔府; Kong Fu; Eintritt 60 Yuan, im Sammelticket enthalten; ⌚8–17.15 Uhr) Dieses Labyrinth aus 152 Gebäuden und 480 Hallen, Zimmern und Nebengebäuden wurde im Jahr 1377 vom Standort des Tempels an dieser Stelle umgesetzt. Im Jahr 1503 war die Residenz auf neun Höfe und 560 Zimmer angewachsen. Nach weiteren Umbauten und einem Neubau nach dem Brand von 1885 entstand schließlich die Residenz, wie sie heute zu sehen ist.

Über viele Jahrhunderte hinweg war das Anwesen die luxuriöseste private Residenz Chinas. Die Kaiser überschütteten

Qufu

Highlights
- Konfuziustempel B2
- Kong-Residenz C1
- Tempel Yan C1

Sehenswertes
1. Eingang zum Konfuziustempel B3
2. Eingang zur Kong-Residenz C2

Schlafen
3. Mingya Confucianist Hotel C2
4. Queli Hotel C2
5. Internationale Jugendherberge Qufu C1
6. Ruguangge Business Hotel C2

Essen
7. Muen Lou Halal Food and Drink B1
8. Muslimisches Viertel A2
9. Nachtmarkt C2
10. Shendao Lu B3
11. Yu Shu Fang C1

die Familie mit Geschenken und Privilegien, wie der Erlaubnis, im autonomen Bezirk Qufu Steuern zu erheben und über Leben und Tod zu richten. Die Kong lebten wie Könige, hatten Diener und Konkubinen und tafelten mit 180 Gängen. Seit der Song-Dynastie bis 1935 trugen die männlichen Erben den Titel Fürst Yan Sheng.

Die Gebäude der Kong-Residenz reihen sich entlang einer „unterbrochenen" Nord-Süd-Achse auf. Am Südtor (Eingang) stehen die Verwaltungsgebäude (Steuer-, Edikt-, Ritual-, Anmeldungs- und Untersuchungshallen), im Nordteil die Privatquartiere. Das **Ehrentor** (重光门; Chongguang Men) wurde nur beim Besuch der Kaiser geöffnet. Der Mittelweg passiert mehrere Hallen, darunter die **Große Halle** (大堂; Da Tang) und das **Neizhai-Tor** (内宅门; Neizhai Men); es trennte die öffentlichen von den privaten Bereichen der Residenz und wurde ständig bewacht.

Das große Schriftzeichen *„shou"* (寿; Langlebigkeit), das im **Oberen Vorderzimmer** (前上房; Qian Shang Fang) nördlich des Neizhai-Tores zu sehen ist, war ein Geschenk der Qing-Kaiserin Cixi. Der Fürst lebte im zweistöckigen **Vorderzimmer** (前堂楼; Qian Tang Lou).

Östlich vom Neizhai-Tor ragt der **Fluchtturm** (奎楼; Kui Lou) auf. Hier fühlte sich der Kong-Clan sicher: Eiserne Böden und eine Leiter zum Hochziehen machten es rebellischen Bauern unmöglich, sie zu erreichen. Der Turm ist nicht zugänglich.

Konfuziushain FRIEDHOF

(孔林; Kong Lin; Eintritt 40 Yuan, im Sammelticket enthalten; ⏲7.30–18 Uhr) An der Lindao Lu, 2 km nördlich der Stadt, liegt der friedliche Konfuziushain. Eine 10 km lange Mauer umschließt einen 200 ha großen Friedhof mit Kiefern und Zypressen. Hier liegen Konfuzius selbst und über 100 000 seiner Nachkommen aus den letzten 2000 Jahren – die Tradition wird fortgeführt.

Als Konfuzius 479 v. Chr. starb, wurde er am Ufer des Si unter einem einfachen Stein begraben: Während der Dynastie der Westlichen Han erklärte Kaiser Wudi den Konfuzianismus zur einzig wahren philosophischen Lehre, und das **Grab von Konfuzius** (孔子墓; Kongzi Mu) wurde zur Pilgerstätte. Das Grab ist heute nur noch ein mit Gras bewachsener Hügel mit einer Stele aus der Ming-Dynastie, umgeben von einem niedrigen Mäuerchen. Steinerne Wächter bewachen das Grab. Ganz in der Nähe ruhen Sohn und Enkel des Weisen, und überall im Wald verteilt stehen Dutzende von Tempeln und Pavillons.

Ein gemächlicher Spaziergang durch den parkartigen Friedhof dauert mehrere Stunden – das Konfuzius-Grab ist nur 15 Minuten Fußweg vom Eingang entfernt (hinter den Karren nach links gehen). Auf die Wagen für eine Rundfahrt (20 Yuan) kann man bei den Hauptsehenswürdigkeiten auf- und abspringen.

Ab der Ecke von Houzuo Jie und Gulou Dajie To fahren **Elektrokarren** (电动旅游车; Diandong Lüyou Che; einfach/hin & zurück 10/15 Yuan) zum Konfuziushain. Alternativen wären eine Rikscha (5 Yuan) oder Bus 1 (2 Yuan) ab der Gulou Beijie. Der Fußweg zum Hain dauert 30 Minuten.

Tempel Yan KONFUZIUSTEMPEL

(颜庙; Yan Miao; Yanmiao Jie; Eintritt 50 Yuan, im Sammelticket enthalten; ⏲8–17.30 Uhr) Dieser friedliche Tempel im Nordosten der Kong-Residenz ist Konfuzius Lieblingsschüler Yan Hui gewidmet. Als er mit 32 Jahren starb, verspürte Konfuzius „außerordentliche Trauer". Die Decke der **Fusheng-Halle** (复圣殿; Fusheng Dian), dem Hauptgebäude der Anlage, ist mit prachtvollen Drachenkopf-Motiven verziert. Vor der Halle steht ein *bixi* mit einer Stele, die Yan posthum (1331) den Titel Fürst von Yanguo verleiht (in Han- und mongolischer Schrift).

Feste & Events

Im Konfuziustempel werden zwei wichtige Feste gefeiert: Die **Grabreinigung** (üblicherweise am 5. April; die Feier dauert das ganze Wochenende) und der **Geburtstag des Weisen** (28. September). Auch während der beiden Märkte – im Frühling und Herbst – füllt sich die Stadt mit Fremden, Kunsthandwerkern, Heilern, Akrobaten und fliegenden Händlern.

Schlafen

LP TIPP **Internationale Jugendherberge Qufu** JUGENDHERBERGE €

(曲阜国际青年旅舍; Qufu Guoji Qingnian Lüshe; ☎441 8989; www.yhaqf.com; Gulou Beijie; 鼓楼北街北首路西; B/2BZ/3BZ 45/110/130 Yuan; ❄@📶) Die fantastische Jugendherberge steht am Nordende der Gulou Beijie. Die Zimmer sind so sauber, dass einen der Duft frischer Bettwäsche begrüßt.

Ein Fahrradverleih, Ticketbuchungen und ein Café/eine Bar (Cocktails kosten 15–18 Yuan) mit chinesischen und westlichen Gerichten werden geboten. In den Schlafräumen stehen fünf bis acht Betten; Gemeinschaftsbad. Nachteile? Das heiße Wasser kann morgens knapp werden.

Chunqiu Hotel HOTEL €€

(春秋大酒店; Chunqiu Da Jiudian; ☎505 1888; 13 Chunqiu Lu; 春秋路 13 号; inkl. Frühstück EZ 398–788 Yuan, DZ 298–788 Yuan;) Direkt außerhalb der Stadtmauern; ein unauffälliges Businesshotel, das bei Beamten beliebt ist (die Regierungsgebäude sind gleich nebenan). Die Standardzimmer haben kuschelige Betten, Blick auf den Park und Badezimmer, in denen Flugzeuge landen könnten. Nachlässe sind möglich.

Mingya Confucianist Hotel HOTEL €€

(名雅儒家大饭店; Mingya Rujia Dafandian; ☎505 0888; 8 Gulou Beijie; inkl. Frühstück EZ 128 Yuan, DZ 218–238 Yuan, 3BZ 338 Yuan;) Vermutlich wäre der Weise nicht angetan gewesen, seinen Namen auf einer Hotelreklame zu lesen, aber die tolle Lage mitten in der Stadt und die höflichen Angestellten hätten ihm bestimmt gefallen. Die stickigen fensterlosen Economy-Zimmer sind nicht empfehlenswert; Nachlässe bis 40%.

Queli Hotel HOTEL €€€

(阙里宾舍; Queli Binshe; ☎486 6400; 15 Zhonglou Jie; 钟楼街 15 号; EZ/DZ/Suite 498/568/2288 Yuan;) Das Viersternehotel zählte einst zur Oberklasse, doch inzwischen verblassen sogar die Fotos der prominenten Gäste. Zurzeit wird renoviert, daher sind einige Zimmer wirklich toll, während andere schäbig sind; vorher ansehen.

Ruguangge Business Hotel HOTEL €

(儒光阁商务宾馆; Ruguangge Shangwu Bungguan; ☎446 0688; 12 Gulou Nanjie; 鼓楼大街中段 12 号; inkl. Frühstück EZ/DZ 258–588 Yuan, 3BZ 468 Yuan;) Die besten Zimmer dieses nachempfundenen Ming-Gebäudes blicken auf die Gulou Nanjie. Der Eingang liegt in einer Nebenstraße der Wumaci Jie. Mit Nachlässen von bis zu 50% ein gutes Hotel für kleines Budget. Auf dem Hotelgelände ist Rauchen verboten.

Essen

Die Spezialität der Stadt sind Gerichte im Stil der Kong-Familie (孔家菜). Trotz des bodenständigen Namens geht es dabei um absolute Hochküche, die auf den Banketten der Familie basiert.

Die Restaurants verzichten heute zwar auf den Prunk, aber wer ganz normales Essen sucht, wird im Viertel um die **Shendao Lu** (südlich des Konfuziustempels) oder auf dem **Nachtmarkt** (夜市; *yeshi*) fündig. Er befindet sich an einer Nebenstraße der Wumaci Jie, östlich der Gulou Nanjie. Die Straßenküchen bieten Nudeln, Grillspieße mit Fleisch und *jianbing guozi* (煎饼裹子; 3–5 Yuan) an: leckere dampfende Päckchen mit Eiern, Gemüse und Chilisoße in einer crêpeartigen Hülle. Die Stände braten das rohe Fleisch auf Nachfrage. Nachts erwacht das **muslimische Viertel** auf der Xiguan Dajie (西关大街) vor dem Westtor zum Leben.

Yu Shu Fang CHINESISCH €€€

(御书房; ☎441 9888; 1. OG, Houzuo Jie; feste Menüs 128–500 Yuan; ⏲9–13.30 & 17–20.30 Uhr) Wer sich erfolgreich durch mehrere Kilometer Höfe geschleppt hat, verdient die Stärkung in diesen fantastischen Räumen mit Blick auf die Kong-Residenz. Sehr gute Tees (铁观音; *tie guanyin*) ab 38 Yuan pro Becher (壶) laden die Batterien wieder auf, das Bankett (套餐; *tao can*) tut ein Übriges. In der einfachsten Version werden zehn Gänge eines Kong-Banketts in schneller Folge serviert. Keine Englischkenntnisse; der Eingang ist die Tür neben dem Möbelgeschäft (der Besitzer ist auch Holzschnitzer).

Mu'en Lou Halal Essen und Trinken MUSLIMISCH €

(穆恩楼清真餐饮; Muen Lou, Qingzhen Canyin; ☎448 3877; Houzuo Jie; Hauptgerichte 15–48 Yuan; ⏲8.30–13.30 & 17–20.30 Uhr) Dieses Restaurant bei der Kong-Residenz wird schon seit Jahrzehnten von einer freundlichen Hui-Familie geführt. Sie servieren Spezialitäten des Hauses, wie Fleisch mit Kreuzkümmel, Sternanis und Kurkuma (南前牛肉片; *nanqian niurou pian;* 68 Yuan) und beißend scharfen, würzigen Tofu (麻辣豆腐; *mala doufu;* 12 Yuan).

Praktische Informationen

Bank of China (中国银行; Zhongguo Yinhang; 96 Dongmen Dajie; ⏲8.30–16.30 Uhr) Geldwechsel und Geldautomaten.

Büro für Öffentliche Sicherheit (PSB; 公安局; Gong'anju; ☎443 0007; 1 Wuyutai Lu; ⏲Mo–Fr 8.30–12 & 14–16 Uhr) Südlich der Stadtmauern.

ABSTECHER

DIE HEIMAT DES ZWEITEN WEISEN

Ziucheng (邹城; auch Zouxian genannt, 邹县) liegt 23 km südlich von Qufu. Hier wurde der verehrte Konfuziusschüler Menzius geboren (孟子; ca. 372–289 v. Chr.). Menzius wurde wie Konfuzius von seiner Mutter aufgezogen und reiste als Erwachsener durch das Land, um die Regierungen zu reformieren. Er glaubte fest daran, dass die Menschen von Natur aus gut seien. Diesen Kern seiner Lehre versuchte er auch gegenüber selbstsüchtigen Herrschern durchzusetzen. Obwohl seine Zeitgenossen seine Lehren ablehnten, galt Menzius tausend Jahre nach seinem Tod als der zweite Weise nach Konfuzius.

Das heutige Zoucheng ist eine entspannte Stadt mit weniger Touristen als Qufu. Für 40 Yuan ist ein Kombiticket erhältlich, das zwischen 8 und 16 Uhr für alle Sehenswürdigkeiten gilt. Der **Menziustempel** (孟庙; Meng Miao), der noch aus der Song-Dynastie stammt, wird zwar inzwischen restauriert, zeigt aber deutlich die Spuren diverser Umschwünge in der Einschätzung der konfuzianischen Lehre. Ohne dauernde Störungen durch andere wird hier unter knorrigen Zypressen der Geist des Ortes spürbar. Die Halle des Zweiten Weisen (亚圣殿; Yasheng Dian) mit dem Doppeldach steht im Zentrum des Komplexes. Der kleine Schrein daneben ist Menzius' Mutter gewidmet, dem „Vorbild aller Mütter". In der **Residenz der Familie Menzius** (孟府; Meng Fu) werden die Wohnquartiere der Familie gezeigt, von den Teetassen bis zum Bettzeug der 74. Generation nach Menzius, die bis in die 1940er-Jahre hier lebten.

Zoucheng ist gut per Tagesausflug von Qufu aus zu erreichen. Die Busse starten zwischen 6.50 und 18 Uhr ab Qufu alle 15 Minuten zur die 40-minütigen Fahrt nach Zoucheng (7 Yuan). Eine Taxifahrt kostet etwa 60 Yuan. Vom Busbahnhof Zoucheng kommt man mit Bus 20 (1 Yuan) zu jeder Sehenswürdigkeit (maximal noch 10 Minuten Fußweg); ein Motorrad kostet 5 Yuan, ein Taxi 7 Yuan.

Geldautomaten auf der Gulou Beijie und ihren Nebenstraßen akzeptieren ausländische Kreditkarten.

Internetcafés sind häufig nur für Chinesen zugänglich; auf jeden Fall wird der Pass benötigt. Am ehesten sind sie unter dem Zeichen „网吧" im Umfeld der Wumaci Jie (pro Stunde 2–5 Yuan) zu finden; Internetzugang hat auch die **Internationale Jugendherberge Qufu** (pro Std. 5 Yuan).

People's No 2 Hospital (第二人民医院; Di'er Renmin Yiyuan; ☎448 8120; 7 Gulou Beijie) Neben der Internationalen Jugendherberge Qufu.

Post (中国邮政; Zhongguo Youzheng; Gulou Beijie, 鼓楼门分理处; ⏲Sommer 8–18, Winter 8.30–17.30 Uhr) Vor dem Trommelturm.

An- & Weiterreise

Bus

Der **Fernbusbahnhof** (长途汽车站; *changtu qichezhan*; ☎441 2554; Yulong Lu) von Qufu befindet sich 6 km südwestlich der Stadtmauern. Dort ist eine **Gepäckaufbewahrung** (2 Yuan; ⏲6–18 Uhr).

Beijing 160–180 Yuan, 6 Std., tgl. um 8.10 & 11.20 Uhr

Ji'nan 44 Yuan, 3 Std., alle 30 Min.

Qingdao 125 Yuan, 5 Std., 5-mal tgl. (8.30, 9.30, 13.30, 14.20 & 16.40 Uhr)

Tai'an 23 Yuan, 1½ Std., alle 30 Min.

Yanzhou 5 Yuan, 20 Min., häufig

Zug

Im neu gebauten **Ostbahnhof** (高铁东火车站; ☎442 1571), 12 km östlich der ummauerten Altstadt, halten die Expresszüge. Vom **Bahnhof Yanzhou** (兖州火车站; ☎346 2965; Beiguan Jie), 16 km westlich von Qufu, gehen günstige Züge nach Beijing und Shanghai ab. Am nächsten zur Altstadt (6 km im Osten) befindet sich der **Bahnhof Huodong** (火东火车站; ☎442 1571; Dianlan Lu); hier halten allerdings nur langsame Züge.

Tickets verkauft der **Kartenschalter im Bahnhof** (火车售票处; *huoche shoupiao chu*; ☎335 2276; 8 Jingxuan Lu; ⏲7.30–18 Uhr); 5 Yuan Gebühr. Auch die Internationale Jugendherberge Qufu besorgt Tickets (15–20 Yuan Gebühr).

Folgende regelmäßige Züge (Sitzplatz/Hartschläfer) fahren vom **Bahnhof Yanzhou** ab:

Ji'nan 15/67 Yuan, 2–2 Std., häufig

Qingdao 76/143 Yuan, 6–8½ Std., häufig

Yantai 43/76 Yuan, 9–10½ Std., 6-mal tgl.

Einige Express-D-Züge (nur Hart-/Weichsitzer; auch G-Züge) fahren vom **Ostbahnhof** ab:

Beijing 165/198 Yuan, 3–4 Std., 6-mal tgl.

Ji'nan 40/48 Yuan, 1 Std., 8-mal tgl.

Nanjing 151/181 Yuan, 2½-3½ Std., 5-mal tgl.

Shanghai 242/290 Yuan, 4½-5½ Std., 3-mal tgl.

Tianjin 127/153 Yuan, 2–3 Std,, 4-mal tgl.

 Unterwegs vor Ort

Bus K01 (3 Yuan) verbindet den Fernbusbahnhof mit dem Südtor von Qufu und dem Ostbahnhof. Ein Taxi kostet von der Altstadt bis zum Ostbahnhof etwa 30 Yuan, bis zum Fernbusbahnhof 15 Yuan. Bus 1 pendelt über die Gulou Beijie und die Lindao Lu zwischen dem Busbahnhof und dem Konfuziushain.

Minibusse (5–7 Yuan, alle 15 Min.) verbinden den Bahnhof Yanzhou mit der ummauerten Altstadt (zwischen 6.30 und 17.30 Uhr). Ein Taxi kostet 50 Yuan.

In den Straßen wimmelt es nur so von lästigen Fahrradtaxis (5–6 Yuan innerhalb von Qufu; 10–20 Yuan außerhalb der Mauern). Bunt geschmückte Pferdekutschen bieten kurze Fahrten an (30 Yuan von der Queli Jie zum Konfuziushain).

Qingdao 青岛

 0532 / 1,83 MIO. EW.

Wer aus dem Smog einer chinesischen Großstadt nach Qingdao kommt, atmet mit Genuss die frische Luft ein. Qingdao gehört zu den wenigen Großstädten, die einen Teil ihrer Vergangenheit in die Gegenwart gerettet haben. Die gelungene Mischung aus der Architektur der Konzessionszeit und Moderne lässt andere chinesische Städte mit ihren weißen Kacheln und blauem Glas alt aussehen.

Die Einwohner sagen, Qingdaos Schönheit besteht aus den roten Dächern, den grünen Bäumen, dem himmelblauen Meer und dem azurfarbenen Himmel. Tatsächlich sind die Strände mehr als überlaufen und Bäume in den Neubauvierteln eher selten, aber Qingdao ist zu Recht stolz auf sein Erbe, auch auf die weitgehend intakten Bauten der deutschen Konzessionszeit. Die gewundenen Kopfsteinstraßen und die Villen mit den charakteristischen roten Dächern auf den Hügeln sind faszinierend. Natürlich hat die Stadt in den diversen Restaurants jede Menge Köstlichkeiten für Gourmets zu bieten, nicht zu vergessen das heimische Tsingtao-Bier.

Qingdao ist eine rasch wachsende Stadt mit vielen eigenständigen Vierteln, doch im Augenblick haben die Straßenzüge um Shi'nan (市南区), der Streifen am Meer, am meisten zu bieten.

Geschichte

Bevor Kaiser Wilhelm sein Auge auf Qingdao richtete, war es ein unbedeutender Hafen und ein Fischerdorf, das bekannt für sein hervorragendes Meersalz war. Allerdings erkannten schon die Ming die besondere strategische Bedeutung des Ortes und unterhielten dort einen militärischen Stützpunkt, bis die Deutschen ihn 1897 in Beschlag nahmen. China unterzeichnete einen Konzessionsvertrag, der 99 Jahre gelten sollte. Im folgenden Jahrzehnt gründeten die Deutschen die berühmte Tsingtao-Brauerei, installierten elektrischen Strom, gündeten Missionen und eine Universität und bauten die Eisenbahnverbindung nach Ji'nan.

Nachdem die englische und japanische Marine 1914 die Stadt bombardiert hatten, wurde sie von den Japanern besetzt. Der Vertrag von Versailles (1919) stärkte die japanische Position. In der sogenannten Bewegung des 4. Mai kam es zu heftigen Studentendemonstrationen in Beijing, und Japan gab die Stadt 1922 an China zurück. Allerdings kamen die Besatzer 1938 im Japanisch-Chinesischen Krieg zurück und hielten die Stadt bis zum Ende des Zweiten Weltkrieges.

Im Frieden stieg Qingdao zu einem der wichtigsten Häfen Chinas auf und wurde zum blühenden Handels- und Industriezentrum (für heimische und ausländische Waren). Bei den Olympischen Spielen von 2008 richtete Qingdao die Segelwettbewerbe aus. All dies und die saubere Luft machen Qingdao zu einer der angenehmsten Städte Asiens.

Sehenswertes

Die meisten Sehenswürdigkeiten bietet die Altstadt (das ehemalige Konzessionsgebiet). Dort sind der Bahnhof und der Busbahnhof, historische Architektur sowie Budgetunterkünfte; hinzu kommt im Norden die ruhige Wohngegend Badaguan mit Parks und alten Villen. Östlich der Shandong Lu ragen die Bauten der modernen Stadt in den Himmel: das Geschäftsviertel (CBD) im Norden und im Süden das näher am Wasser gelegene Dongbu, wo die modernsten Läden und die besten Restau-

Qingdao

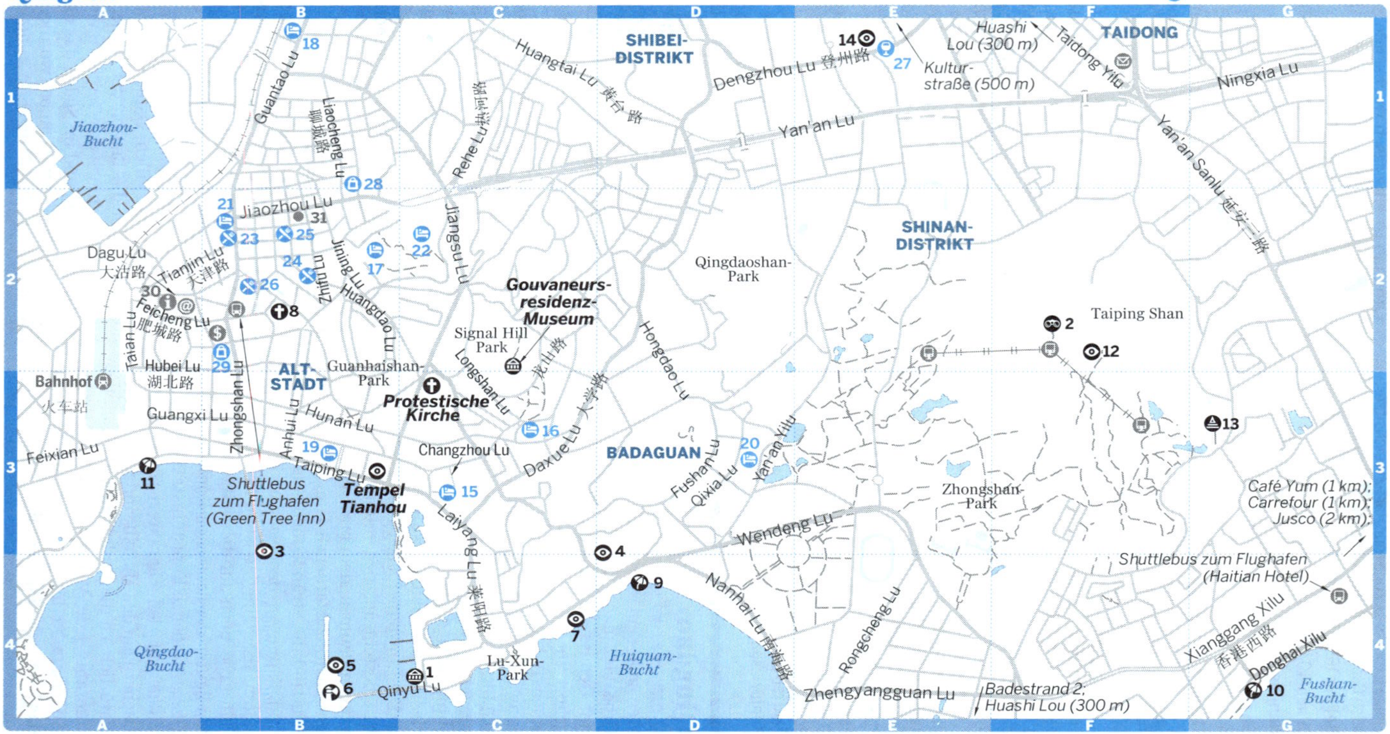

0 500 m

Taidong
Huashi Lou (300 m)
Taidong Yilu
Kulturstraße (500 m)
14
27
Shibei-Distrikt
Huangtai Lu 黄台路
Dengzhou Lu 登州路
Ningxia Lu
Yan'an Lu
Yan'an Sanlu 延安三路
18
Guantao Lu
Jiaozhou-Bucht
Liaocheng Lu 聊城路
Rehe Lu 热河路
28
Jiaozhou Lu
31
21
23
25
22
17
Jiangsu Lu
Shinan-Distrikt
Qingdaoshan-Park
Dagu Lu 大沽路
Tianjin Lu 天津路
30
Feicheng Lu 肥城路
24
26
Zhifu Lu
Jining Lu
Huangdao Lu
8
Gouvaneurs-residenz-Museum
Signal Hill Park
龙山路
Hongdao Lu
Taiping Shan
2
12
Taian Lu
Hubei Lu 湖北路
29
Alt-Stadt
Guanhaishan-Park
Protestische Kirche
Longshan Lu
Bahnhof 火车站
Zhongshan Lu
Guangxi Lu
Anhui Lu
Hunan Lu
16
Daxue Lu 大学路
Badaguan
Fushan Lu
Qixia Lu
20
Yan'an Yilu
13
Feixian Lu
19
Taiping Lu
Changzhou Lu
15
Tempel Tianhou
Zhongshan-Park
Café Yum (1 km);
Carrefour (1 km);
Jusco (2 km)
11
Shuttlebus zum Flughafen (Green Tree Inn)
Laiyang Lu 莱阳路
Wendeng Lu
3
4
Shuttlebus zum Flughafen (Haitian Hotel)
9
Nanhai Lu 南海路
7
Rongcheng Lu
Xianggang Xilu 香港西路
Donghai Xilu
Qingdao-Bucht
5
6
1
Qinyu Lu
Lu-Xun-Park
Huiquan-Bucht
Zhengyangguan Lu
Badestrand 2;
Huashi Lou (300 m)
10
Fushan-Bucht

Qingdao

Highlights
Gouverneursresidenz-Museum......C2
Protestantische Kirche..................C3
Tempel Tianhou..............................B3

Sehenswertes
1 Chinesisches Marinemuseum.......C4
2 Fernsehturm....................................F2
3 Huilan-Pavillon................................B3
4 Kleiner-Fisch-Park..........................D3
5 Klein-Qingdao.................................B4
6 Leuchtturm Klein-Qingdao............B4
7 Qingdao-Unterwasserwelt............C4
8 St.-Michaels-Kathedrale.................B2
9 Strand Nr. 1.....................................D4
10 Strand Nr. 3...................................G4
11 Strand Nr. 6...................................A3
12 Taiping Shan..................................F2
13 Tempel Zhanshan..........................G3
14 Tsingtao-Biermuseum...................E1
Zhan-Brücke..........................(siehe 2)

Schlafen
15 Hailong Castle Hotel......................C3
16 Hengshan No. 5 Hostel..................C3
17 Kaiyue Hostelling International......B2
18 Nordic Osheania Youth Hostel........B1
19 Oceanwide Elite Hotel....................B3
20 Internationale Jugendherberge Qingdao...D3
21 Starway Hotel, Pichaiyuan.............B2
22 Jugendherberge Alte Sternwarte...C2

Essen
23 Chun Ha Lou.....................................B2
Firewood Court.....................(siehe 21)
24 Huangdao Straßenmarkt................B2
25 Ma Jia La Mian..................................B2
26 Wangjie Shaokao..............................B2

Ausgehen
27 Bierstraße...E1
Mamahuhu Lounge..............(siehe 22)
Old Church Lounge...............(siehe 17)

Shoppen
28 Jimolu-Markt.....................................B1
29 Parkson..B2

Praktisches
Qingdao-Shinan-Touristeninformation..........(siehe 21)
30 Ticketbüro...A2

Transport
31 Dongsheng-Flugticketbüro.............B2

rants warten. Weiter im Osten schließt sich das aufstrebende Viertel Lao Shan (崂山区) mit dem Stadtmuseum, dem Großen Theater und der Internationalen Bierstadt (mit dem jährlichen Bierfest) an.

Die Stadtregierung von Qingdao hat die wichtigsten historischen Gebäude und Plätze der Stadt mit Plaketten markiert.

Gouverneursresidenz Museum MUSEUM
(青岛德国总督楼旧址博物馆; Qingdao Deguo Zongdu Lou Jiuzhi Bowuguan; 26 Longshan Lu; Eintritt Sommer/Winter 20/15 Yuan, mehrsprachige Audiotour 10 Yuan; ⌚8.30–17.30 Uhr; 🚌1, 221) Eines der besten Beispiele für die Konzessionsarchitektur Qingdaos steht östlich des Xinhaoshan Parks – die Residenz des ehemaligen deutschen Gouverneurs im Stil eines deutschen Schlosses. Der Bau kostete 1903 die Unsumme von 2450000 *tael* Silber. Als Kaiser Wilhelm die Rechnung sah, ließ er den unersättlichen Gouverneur absetzen. Hier machte 1957 der Vorsitzende Mao mit Frau und Kindern Urlaub. Auch der Verteidigungsminister Lin Biao, der ihn später angeblich ermorden wollte, hielt sich hier auf (Lin hatte eine Aversion gegen Sonnenlicht und hielt stets die Vorhänge geschlossen). Das Innere ist im deutschen Jugendstil gestaltet und chinesisch möbliert.

Protestantische Christuskirche KIRCHE
(基督教堂; Jidu Jiaotang; 15 Jiangsu Lu; Eintritt 7 Yuan; ⌚8.30–17 Uhr, Gottesdienst am Wochenende; 🚌1, 221, 367) Die von Kurt Rothkegel entworfene Kirche mit dem Kupferdach wurde 1908 erbaut. Sie steht in einer Straße zusammen mit anderen deutschen Gebäuden. Der Innenraum ist von lutherischer Kargheit geprägt – mit Ausnahme einiger herrlicher Reliefs auf den Pfeilergesimsen. Eine Treppe führt zum Uhrwerk hinauf (Bockenem 1909).

GRATIS **Tempel Tianhou** BUDDHISTISCHER TEMPEL
(天后宫; Tianhou Gong; 19 Taiping Lu; ⌚8–18 Uhr; 🚌25, 220) Dieser kleine, restaurierte Tempel (1467 erbaut) ist Tianhou, der Göttin des Meeres und Beschützerin der Seeleute, geweiht. In der Haupthalle steht eine farbenprächtige Statue von Tianhou,

die von zwei furchterregenden Wächtern flankiert wird. Auch der Schrein für den Gott des Wohlstandes und die Halle des Drachenkönigs (龙王殿; Longwang Dian) sind sehenswert; vor der Herrscherin über die Meere liegt ein Schwein mit weit ausgestreckten Beinen. Die Straßenhändler in der benachbarten Gasse (21 Taiping Lu) bieten Kunsthandwerk an.

St.-Michaels-Kathedrale KIRCHE
(天主教堂; Tianzhu Jiaotang; 15 Zhejiang Lu; 🚌1, 221, 367) Die großartige Kirche mit romanischen und gotischen Stilelemente steht auf einem steilen Hügel an der Zhongshan Lu. Sie ist wegen Renovierung bis 2014 geschlossen, darf aber von außen bewundert werden. Die Türme der 1934 vollendeten Kirche sollten Uhren aufnehmen, aber Hitler strich jegliche Unterstützung und der Plan wurde aufgegeben. Während der Kulturrevolution wurde die Kirche stark beschädigt. Die Kreuze auf den Doppeltürmen wurden abgerissen. Gläubige Bewohner der Stadt retteten sie und vergruben sie in den Hügeln. Bei Kanalarbeiten wurden sie im Jahr 2005 wiederentdeckt.

Huashi Lou KONZESSIONSARCHITEKTUR
(花石楼; Huashi Lou; 18 Huanghai Lu; Eintritt 8,50 Yuan; ⌚8–17 Uhr; 🚌26, 231, 604) Diese Villa aus Granit und Marmor wurde im Jahr 1930 als Wohnhaus für einen russischen Adeligen gebaut; später nutzte sie der deutsche Gouverneur als Jagdschloss. Die Chinesen nennen den Bau „Chiang-Kaishek-Gebäude", weil der Generalissimus 1947 hier wohnte. Die meisten Zimmer sind verschlossen, aber es ist erlaubt, über zwei steile Treppen bis in den Turm zu steigen und den Ausblick über Hügel und Bucht zu genießen. Am Ostende des Badestrands 2, am Südende der Zijingguan Lu in Badaguan.

Tsingtao-Biermuseum MUSEUM
(青岛啤酒博物馆; Qingdao *pijiu bowuguan*; 56–1 Dengzhou Lu; Eintritt 60 Yuan, Englisch sprechender Guide 60 Yuan; ⌚8.30–16.30 Uhr; 🚌1, 205, 221) Als Einstimmung auf das legendäre Bier ist ein Besuch der immer noch produzierenden Brauerei bestens geeignet. Hier werden alte Fotos, Geräte der Brauerei und Statistiken gezeigt. Darüber hinaus bekommt man auch einen faszinierenden Einblick in die moderne Fabrik. Überall duftet es nach Hopfen. Glücklicherweise gibt's auch Kostproben des Bieres. Eine gute Alternative ist die „Bierstraße" vor dem Museum. Wer mit dem Bus kommt, steigt an der Haltestelle 15 中 aus (*shiwu zhong*). Das Taxi von der Altstadt kostet 10 Yuan.

Qingdaos Strände STRÄNDE
(青岛沙滩; Qingdao Shatan) Qingdaos Strände sind berühmt, aber nicht mit der Französischen Riviera zu vergleichen. Die Strandkultur der Chinesen ist dürftig, nur während der Hauptsaison (Juni bis September) drängen sich Horden von Sonnenhungrigen und kämpfen um den Platz für ein Handtuch. Hainetze, Bademeister, Rettungsboote und medizinische Versorgung sind vorhanden.

Es gibt andere Möglichkeiten, das Wasser zu genießen. Wer einem der zahllosen Schlepper nachgibt, bezahlt für eine Bootstour je nach Größe des Bootes 10 bis 40 Yuan. Die **Strandpromenade Binhai** (滨海步行道) erstreckt sich über 40 km von der Tuandao-Bucht bis zum **Strand von Shilaoren** (石老人海水浴场) im Osten vor dem Lao-Shan-Viertel.

Shilaoren ist ein 2,5 km langer Sandstrand, der längste der Stadt, mit sauberem Sand und von den Wellen glatt geschliffenen Muschelschalen. Hier wurde viel gebaut, doch die Felsformation „Alter Mann aus Stein" (sie gab dem Strand ihren Namen) erhebt sich noch immer am Ostende. Bus 304 von der Zhan-Brücke (Zhan Qiao; 2,50 Yuan) fährt in 45 Minuten bis zum Strand; ein Taxi kostet 40 Yuan.

Badestrand Nr. 6 liegt dem Bahnhof am nächsten; gleich daneben ragt die **Zhan-Brücke** (栈桥; Zhan Qiao) ins Meer hinaus. Am Ende der Pier steht der achtseitige **Huilan-Pavillon** (回澜阁; Huilan Ge; Eintritt 4 Yuan; ⌚8–21 Uhr), der ständig bis zum Dach voller Touristen ist. Der Pavillon ist ein vertrautes Bild – er ist auf dem Etikett des Tsingtao-Bieres zu sehen.

Südlich von Badaguan, am **Badestrand Nr. 1**, ist der Sand grobkörniger und mit Algen übersät. Hübscher sind die geschützten Buchten mit den **Stränden Nr. 2 und 3** östlich von Badaguan. Bus 214 fährt die Strände direkt an; in Bus 26 sollte man am *wushengguan* (武胜关) aussteigen und durch die teuren Villen, Spas und Gästehäuser von Badaguan spazierengehen, die auf der bewaldeten, zum Meer hin abfallenden Landzunge liegen.

Wer weite, offene Sandflächen sucht, sollte den **Goldsandstrand** (金沙滩) auf der westlichen Halbinsel des Distrikts Huangdao (团岛区) ansteuern. Huangdao und Shinan sind über einen Tunnel unter dem Meer miteinander verbunden, was die Anfahrt aus der Altstadt enorm erleichtert. Man nimmt den roten Sightseeing-Doppeldeckerbus 2 (15 Yuan, 30 Min.), der um 9 und 10 Uhr am Bahnhof startet, oder den Tunnelbus 3 (隧道 3; 2 Yuan), der vor dem Städtischen Krankenhaus (市立医院) auf der Jiaozhou Lu in der Altstadt bis zur Endstation fährt; dort in Bus 18 (1 Yuan) umsteigen. Ein Taxi verlangt mit Tunnelmaut 70 Yuan.

Parks in Qingdao PARKS

Mitten in der Stadt lockt der **Zhongshan-Park** (中山公园; Zhongshan *gongyuan*; ⏲24 Std.; 🚌26, 202, 501) mit riesigen 69 ha mit Seen und Bäumen. Es gibt einen Vergnügungspark, einen Botanischen Garten und Wanderwege; im Frühling und Sommer finden viel besuchte Festivals statt. Im Nordosten des Parks erhebt sich der **Tai-ping Shan** (太平山; Taiping Shan). Auf seinem Gipfel steht der **Fernsehturm** (Dianshi Ta; Eintritt je nach Sicht 45/80/100 Yuan), zu erreichen mit einer **Seilbahn** (einfach/hin & zurück 60/80 Yuan; ⏲7.30–18.30 Uhr). Wer eine Reservierung für das eher glanzlose **Restaurant** (☎8635 4020; feste Menüs 108 Yuan; ⏲8–19 Uhr) hat, kommt kostenlos auf den Turm.

In dem Park steht Qingdaos größter **Tempel Zhanshan** (湛山寺; Zhanshan Si; Eintritt 10 Yuan; ⏲8–16 Uhr), ein aktives buddhistisches Heiligtum. Auf dem Weg von der Seilbahn zum Tempel fällt rechts eine runde Betonkuppel auf. Die Deutschen nutzten diesen Bunker als Weinkeller; heute ist darin eine Weinbar untergebracht. Fantastisch!

Nach 18.30 Uhr ist der Eintritt in viele Parks mit Ticketschalter kostenlos, darunter der **Kleine Fischberg** (小鱼山公园; 24 Fushanzi Lu; Eintritt 15 Yuan; ⏲6.30–18.30 Uhr) am Badestrand Nr. 1 und der **Signalberg-Park** (信号山; 16 Longshan Lu; Aussichtsplattform 15 Yuan; ⏲7.30–18 Uhr) in der Altstadt.

Klein-Qingdao LEUCHTTURM

(小青岛; Xiao Qingdao; 26 Qinyu Lu; Eintritt Sommer/Winter 15/10 Yuan; ⏲7–18.30 Uhr; 🚌6, 26, 202, 231, 304) Diese ehemalige Insel mit der Form einer *qin* (Saiteninstrument) ragt in die Bucht von Qingdao hinein. Sie wurde in den 1940er-Jahren mit dem Festland verbunden. Den weißen Leuchtturm auf der belaubten Landspitze haben die Deutschen 1900 erbaut. Von hier aus lässt sich wunderbar beobachten, wie die Stadt am Morgen zum Leben erwacht.

Chinesisches Marinemuseum MUSEUM

(中国海军博物馆; Zhongguo *haijun bowuguan*; Eintritt 80 Yuan; ⏲8.30–17.30 Uhr; 🚌6, 26, 304) Die Glanzstücke dieses Museums direkt neben Klein-Qingdao sind ein rostiges U-Boot und ein Zerstörer, der im Hafen ankert. Daneben sind Objekte zur chinesischen Marinegeschichte ausgestellt.

Qingdao-Unterwasserwelt AQUARIUM

(青岛海底世界; Qingdao Haidi Shijie; 1 Laiyang Lu; Sommer/Winter 120/100 Yuan, Kinder unter 6 Jahren frei. Studenten 60/50 Yuan; ⏲8–17.30 Uhr; 🚌6, 26, 304, 321, 501) Kinder lieben dieses alte Aquarium mit dem spektakulären 82 m langen Glastunnel, dem Quallenbecken und verschiedenen Vorführungen unter Wasser. Besser nicht an Wochenenden kommen.

GRATIS **Stadtmuseum** MUSEUM

(青岛市博物馆, Qingdao *shi bowuguan*; ☎8889 6286; 51 Meiling Lu; 梅岭东路 51 号; ⏲9–16.30 Uhr, Mo geschlossen; 🚌230, 321) Eine enorme Sammlung von Exponaten aus der Stadtkultur, 13 km östlich der Altstadt im Viertel Lao Shan. Die Exponate sind, wie üblich in großen Stadtmuseen, sehr breit gefächert – was sie nicht weniger eindrucksvoll macht!

Festivals & Events

Laternen-Fest FRÜHLING

Es findet am Ende des chinesischen Neujahrs- oder Frühlingsfestes zwischen Februar und März statt.

Kirschblütenfest KIRSCHBLÜTE

Im April verwandelt sich der Zhongshan Park in ein farbenfrohes Blütenmeer.

Internationales Bierfestival BIER

(www.qdbeer.cn) Die wichtigste Party der Stadt lockt jeden August über drei Millionen Gäste an.

Internationale Segelwoche SPORT

(www.qdsailing.org) Zwischen August und September finden im Olympischen Segelzentrum Segelregatten und Windsurferwettbewerbe statt.

Schlafen

In der Altstadt gibt's ausgezeichnete Budgetunterkünfte und Mittelklassehotels. Im Geschäftsviertel und in Dongbu ragen die seelenlosen Spitzenhotels der großen Ketten auf. Im Juli und August steigen die Preise um bis zu 30%.

LP TIPP **Kaiyue Hostelling International** JUGENDHERBERGE €
(凯悦国际青年旅馆; Kaiyue Guoji Qingnian Lüguan; ☎8284 5450; www.yhaqd.com; 31 Jining Lu; 济宁路 31 号; B 25–30 Yuan, FZ 100–179 Yuan, Zi. 80–100 Yuan, mit eigenem Bad ab 189 Yuan; ❄@📶) Die Jugendherberge in einer historischen Kirche an der Sifang Lu und Jining Lu hat eine lebendige Gemeinde. Die freundlichen Angestellten sorgen in der großartigen Bar und einem Restaurant (Old Church Lounge) für Gemeinschaftsgefühl, dazu gibt es gemütliche Ecken. Es gibt einen Fahrradverleih (10 Yuan) und jeden Abend ein Bier frei. Die großen Schlafräume sind sauber, die Qualität der Doppelzimmer ist unterschiedlich; im Voraus buchen.

Jugendherberge Alte Sternwarte JUGENDHERBERGE €
(奥博维特国际青年旅舍; Aoboweite Guoji Qingnian Lüshe; ☎8282 2626; www.hostelqingdao.com; 21 Guanxiang Erlu; 观象二路 21 号; B 40–50 Yuan, Zimmer mit Bad 138–238 Yuan; ❄@📶) Von der Herberge in einem aktiven Observatorium oben auf dem Hügel bieten sich unschlagbare Ausblicke auf Stadt und Bucht. Der größte Genuss stellt sich ein, wenn sie mit einem Glas Bier in der Hand aus der Mamahuhu Lounge auf dem Dach genossen werden. Die Angestellten (und das Hündchen Wilson) bieten den üblichen Service und organisieren Gruppentouren. Der Komfort ist sehr unterschiedlich; die renovierten Doppelzimmer haben protzige Badezimmer. Einige Schlafsäle sind riesig. Für Spätankommende steht nachts ein privater Fahrdienst (25 Yuan) bereit; im Voraus buchen.

China Community Art and Culture HOTEL €€
(老转村公社文华艺术酒店; Laozhuancun Gongshe Wenhua Yishu Jiudian; ☎8576 8776; 8 Minjiang Sanlu; EZ 198–498 Yuan, DZ 298–398 Yuan, Suite 598–980 Yuan) Seidene Lampions beleuchten die Flure, als Waschbecken sind Keramikschalen eingebaut, Duschen mit Holzböden und antike Möbel – jedes der üppig ausgestatteten Zimmer in diesem feinen Hotel im Herzen Dongbus vermittelt ein Hofhaus-Feeling. Gleich nebenan gibt's ein fantastisches Restaurant.

Starway Hotel, Pichaiyuan HOTEL €€
(劈柴院民俗主题酒店; Pichaiyuan Minsu Zhuti Jiudian; ☎8280 7288; 34 Jiangning Lu, im Firewood Court; EZ 189 Yuan, DZ 239–309 Yuan; ❄@) Das Hotel mit dem volksbräuchlichen Grundthema ist in einem renovierten *liyuan* untergebracht. Solche Wohnkomplexe waren einst üblich in Qingdao. Die Zimmer sind mit Fernseher und modernen Bädern ausgestattet. Alles Übrige ist wie in alten Zeiten, bis hin zu den Nachbarn, die seit Generationen hier leben. Die Zimmer können mit traditionellem Bettzeug (褥子; *ruzi;* 239 Yuan) oder einem chinesischen Hochzeitsbett (309 Yuan) aufgepeppt werden. Zu erkennen an der Holztür und einem runden, blauen Schild.

Hengshan No. 5 Hostel HOSTEL €
(恒山 5 号; Hengshan Wu Hao; ☎8288 9888; 5 Hengshan Lu; B/Zi. 60/175 Yuan; ❄@) Das neue Haus an einer kurzen Straße in bester Lage südlich der Gouverneursresidenz ist ein dreistöckiges, deutsches Gebäude mit Stuck. Alle Betten sind gleich (Kiefernholz, angenehm weich), doch während die Zimmer mit eigenem Bad an kleine Apartments erinnern, sind einige der Schlafräume fensterlose Bunker. Es gibt jenseits des Gartens eine kleine Bar und ein Café.

Oceanwide Elite Hotel HOTEL €€€
(泛海名人酒店; Fanhai Mingren Jiudian; ☎8299 6699; 29 Taiping Lu; DZ ohne/mit Meerblick 1160/1560 Yuan, Suite 2800 Yuan plus 10% Servicegebühr; ❄@) Das hübsche, fünfstöckige Hotel hat auf der Bonusseite den fantastischen Blick (der Ausblick schlägt sich im Zimmerpreis nieder) auf die Zhan-Brücke und die Bucht von Qingdao. Auch andere Kleinigkeiten wie Begrüßungssnacks zeichnen es gegenüber anderen Hotels aus. In der Nebensaison sinken die Preise für ein Doppelzimmer auf 700 Yuan.

Sea View Garden Hotel HOTEL €€€
(海静花园大酒店; Haijing Huayuan Jiudian; ☎8587 5777; 2 Zhanghua Lu; Zi. 1017–1491 Yuan, Suite 2043 Yuan; ❄@📶) Von den anderen Fünfsternekonkurrenten hebt sich dieses Hotel am Meer in Dongbu durch superprofessionellen (beinahe neo-kaiserlichen) Service ab: Erfrischungen, warme Handtücher und sogar unaufgefordert servierte Suppen, um eine Erkältung zu lindern – wer die Kreditkarte heiß laufen lassen möchte, hier geht's. Zum Glück sind die 10% Servicegebühr stets inklusive; Nachlässe bis 40% sind möglich.

MADE IN TSINGTAO

Dieses Bier wird in Chinarestaurants auf der ganzen Welt angeboten. Tsingtao ist eine der ältesten und bekanntesten chinesischen Marken. Die Brauerei wurde 1903 als deutsch-britische Kooperation gegründet. Die Germania Brauerei begann klein und braute ihr Bier mit dem Quellwasser des nahen Lao Shan – ein leichtes Pilsener und ein dunkles Münchner – für die heimwehkranken deutschen Soldaten. Als die Japaner 1914 Qingdao besetzten, annektierten sie die Brauerei, machten unter dem Label Dai Nippon weiter und verkauften das Bier als „Tsingtao", „Asahi" und „Kirin". Die Chinesen gaben der Brauerei 1945 ihren heutigen Namen. In der ersten Zeit war Bier ein Getränk der Reichen, doch dann wurde das Tsingtao als Gesundheitstrunk angeboten („Es ist nicht nur harmlos, sondern kräftigt auch den Körper"). Im Jahr 2011 lag der Bierkonsum der Chinesen bei 766 Mio. Fässern – das war ein gutes Argument für die Asahi Brauerei, Minderheitenanteile der Tsingtao Brauerei zu erwerben.

Hailong Castle Hotel HOTEL €€

(青岛海龙古堡酒店; Qingdao Hailong Gubao Jiudian; ☎8289 2626; 23 Changzhou Lu; EZ 300–438 Yuan, DZ/3BZ 338/438 Yuan; ❄@) Das Hotel in einer Seitenstraße der Taiping Lu bei Badaguan wurde kürzlich renoviert. Es ist in den Polizeibüroräumen des ehemaligen Gefängnisses von Quingdao untergebracht (zusammen mit einem Museum). Allerdings wäre „Gefängnis-Hotel" nicht fair. Die Zimmer sind spartanisch, mit den üblichen Kiefermöbeln eingerichtet.

Qingdao Internationale Jugendherberge HOTEL €€

(青岛国际青年旅舍; Qingdao Guoji Qingnian Lüshe; ☎8286 5177; www.youthtaylor.com; 7a Qixia Lu; 栖霞路 7号甲; B 60 Yuan, EZ/DZ/3BZ 260–480 Yuan; ❄@⊜) Der Name ist irreführend, denn diese Unterkunft in Badaguan ist eher ein Bed&Breakfast-Hostel als eine Jugendherberge. Die Zimmer (und Bäder) sind höhlenartig. Der Charme der Vergangenheit wirkt angestaubt, aber es gibt eine Gemeinschaftsküche.

Nordic Osheania Hostel HOSTEL €

(青岛巢城青年旅舍; Qingdao Chaocheng Qingnian Lüshe; ☎8282 5198; www.nordicosheania.com; 28 Guantao Lu; 馆陶路 28 号; B 40–65 Yuan, EZ/DZ 168–178 Yuan, 3BZ 228 Yuan; ❄⊜) Dieser Bienenstock mit einfachen Zimmern steht am Nordrand der Altstadt. Das Management hat mehr Energie in eine großartige Bar und einen riesigen Filmraum gesteckt, statt die schäbigen Gemeinschaftsbäder zu renovieren.

Essen

Qingdaos Köche bieten etwas für jeden Geschmack. Die Uferfront zwischen den Stränden Nr. 6 bis 1 ist voller Restaurants – hochpreisig für Touristen. Die größte Auswahl bietet der **Hong Kong Garden** (香港花园; Xianggang Huayuan; 🚌222, 501) im Dongu-Viertel im Umfeld der Xianggang Zhonglu: Koreanische, japanische, thailändische, italienische und russische Küche, um nur ein paar zu nennen.

Die typischen Meeresfrüchte der Stadt gibt's in den Straßenküchen. In **Taidong** zwischen der Taidong Yilu (台东一路) und Taidong Balu (台东八路) im Distrikt Shibei (市北区) nördlich der Altstadt sind Restaurants, Straßenmärkte und Garküchen dicht gedrängt; zu erreichen mit den Bussen 2, 222 oder 217. Unbedingt das charakteristischste Gericht der Stadt probieren – man kauft einen *jin* Muscheln, die im lokalen Slang *gala* (蛤蜊; ab 16 Yuan) genannt werden und bringt sie zu einer der Garküchen mit dem Zeichen 加功 (*jia gong*) . Dort werden sie für 5 Yuan zubereitet und mit einem Beutel frischem Tsingtao-Bier runtergespült (wer sich nicht traut, fragt nach Bechern oder Gläsern).

LP TIPP **China Community Art and Culture** CHINESISCH €€€

(老转村公社文华艺术酒店; Laozhuancun Gongshe Wenhus Yishu Jiudian; ☎8077 6776; 8 Minjiang Sanlu; Hauptgerichte ab 48 Yuan; ⏲11.30–14.30 & 17.30–22 Uhr; 🚌222, 304) Das großartige Restaurant, neben dem gleichnamigen Hotel im Hong Kong Garden gelegen, ist als stilisiertes Hakka-Rundhaus gestaltet (diese Gebäude hielt die CIA für Raketenabschusssilos). Geboten wird die hohe regionale Küche aus Shandong und Sichuan. Von den Pilzen bis zum Wasser für den Tee stammen alle Zutaten vom Lao Shan.

Huangdao-Naschmarkt SNACKS €
(黄岛路市场; Huangdao Lu Shichang; Gerichte ab 5 Yuan; ⌚8–21 Uhr; 🚌228, 231) Der alteingesessene belebte Straßenmarkt im Herzen der Altstadt ist gerammelt voll mit Ständen, die Meeresfrüchte, Brathähnchen, Pfannkuchen, Obst, Sojamilch und vieles mehr anbieten. Da alles preiswert ist, einfach dort stehenbleiben, wo der Duft überzeugt. Auf der nahen Zhifu Lu haben mehrere Stände Stühle an die Straße gestellt; beispielsweise Nr. 17 mit der roten Markise, wo für 5 Yuan mitgebrachtes Essen zubereitet wird.

Firewood Court SNACKS €
(劈柴院; Pichaiyuan; Gerichte ab 10 Yuan; ⌚6–22 Uhr; 🚌2, 228) Die Nebenstraße der Zhongshan Lu wird durch einen Bogen mit einer „1902" aus Gips betreten – eine labyrinthartige Ansammlung von Garküchen erwartet einen dort. Die Jiangning Versammlungshalle (江宁会馆) zieht bekannte Künstler an, darunter auch Musiker, die hier auftreten. Der Markt wirkt etwas aufgetakelt, aber die Preise sind ausgezeichnet, und in den Restaurants liegen bebilderte Speisekarten aus.

Chun He Liu CHINESISCH €€
(春和楼; ☎8282 4346; 146 Zhongshan Lu; Gerichte ab 40 Yuan; ⌚11–15 & 17–21.30 Uhr; 🚌2, 228) Eine Institution der Lu-Küche, die bereits 1891 gegründet wurde. Hier gibt es legendäre Teigtaschen (锅贴; *guotie*) und knusprige, köstliche Hähnchen (香酥鸡; *xiangsi ji*). Die Tische im Obergeschoss haben mehr Atmosphäre und werden von den Köchen mehr beachtet. Unten gibt's die Fast-Food-Versionen und eine Theke für Teigtaschen zum Mitnehmen.

Ma Jia La Mian NUDELN €
(马家拉面; Yizhou Lu in der Nähe der Gaomi Lu; Nudeln 7–12 Yuan; ⌚9–23 Uhr; 🚌222, 308) Einfaches Nudelrestaurant in der Altstadt, das von einer Familie muslimischer Chinesen geführt wird; es bietet verschiedene, handgemachte Nudeln. Die Nudelsuppe mit Rindfleisch (牛肉面; *niurou mian*) ist sättigend und lecker, doch eigentlich sind alle Gerichte gleich gut und preiswert. Suppe und roher Knoblauch werden als Beilagen ständig nachgefüllt.

Wangjie Shaokao GRILL €
(王姐烧烤; 113 Zhongshan Lu & Dexian Lu; Spieße 2–12 Yuan; ⌚10–21.30 Uhr) Die besten Fleischspieße von Qingdao muss man einfach gegessen haben. Wer die Warteschlange hinter sich hat, bestellt Lamm (羊肉; *yangrou*), Tintenfisch (鱿鱼; *youyu*) und Hühnerherz (鸡心; *jixin*); die abgenagten Spieße landen im Eimer. Ein Restaurant mit Sitzplätzen findet sich gleich um die Ecke.

Café Yum INTERNATIONAL €€€
(☎8388 3838, ext 6008; 9 Xianggang Zhonglu; Buffet Mittag-/Abendessen 198/228 Yuan; ⌚12–14.30 & 18–21.30 Uhr) Das All-you-can-eat im schicken Shangri-La-Hotel ist teuer aber ein Paradies für Nimmersatte. Für das Bier gilt übrigens: All-you-can-drink! Reservierung empfohlen.

The Canvas INTERNATIONAL €€
(☎8565 5688; 63B Zhangzhou Yilu; 漳州一路63号乙; Gerichte ab 48 Yuan; ⌚So–Do 9–00, Fr & Sa 9–2 Uhr) Der Besitzer hat in diesem stylischen Bistro im Hong Kong Garden seinen Traum von Pasta al dente wahr gemacht. Die Pasta ist großartig, aber der Renner ist der Burger mit Blauschimmelkäse, Rukola und Tomaten (55 Yuan). Ordentliche Weine für 30 Yuan pro Glas.

Ausgehen

Was wäre Qingdao ohne Tsingtao? Daher beginnt der Besuch der Stadt für jeden Bierophilen in der **Bierstraße** (啤酒街; Pijiu Jie). Hier gibt es das köstliche, dunkle, ungefilterte Yuanjiang (原浆啤酒), das sonst kaum angeboten wird. Die Bars in den Jugendherbergen sind prima, vor allem die **Mamahuhu Lounge** auf dem Dach der alten Sternwarte und die **Old Church Lounge** im Kaiyue Hostelling International. Im *Red Star* (online oder gedruckt in den Zeitungsständern der Jugendherbergen oder ausländischen Restaurants) stehen die aktuellen Infos.

Club New York BAR
(纽约吧; Niuyue Ba; 1. OG, 41 Xianggang Zhonglu; Bier ab 35 Yuan; ⌚19–2 Uhr; 🚌208, 216) Trotz der überteuerten Drinks, wird die Bar am Wochenende von Nachtschwärmern und Ausländern überschwemmt – und Sportfans, wenn ein Spiel läuft. In den meisten Nächten spielt eine Coverband (21–1 Uhr); nebenan in der konkurrenzlos großartigen Sushi-Bar (17–21 Uhr; Gerichte ab 250 Yuan) gibt's eine Stärkung. Über der Lobby des Overseas Chinese International Hotel in Dongbu.

Spark Café & Brewery BAR €€
(咖啡、酿酒厂; ☎8578 2296; Qingdao-Bier-Gbd., 35 Donghai Xilu Rd; 东海西路 35 号, 五四

广场、青皮大厦; 📋) In diesem ständig überfüllten Laden an der Ostecke des städtischen Regierungsplatzes sitzt man auf langen Holzbänken. Auf der Karte stehen alle möglichen Getränke: Bier („dunkles" und „leichtes" aus der Hausbrauerei für 35 Yuan das Pint), Cocktails, Kaffee, Tee und Milchshakes. Wem Pizza und Wurstplatte nicht reichen (65–88 Yuan), zieht eine Tür weiter ins angeschlossene Restaurant.

Unterhaltung

Broadway Cinemas KINO
(百老汇影城; Bailaohui Yingcheng; 88 Aomen Lu; 澳门路 88号; Tickets ab 40 Yuan) Chinesische und Hollywood-Blockbuster im 2. OG der Marina City Shopping Mall im CBD. Dienstag und Donnerstag kosten die Karten die Hälfte.

Qingdao Grand Theatre THEATER
(青岛大剧院; ☎8066 5555; www.qingdaograndtheatre.com; 5 Yunling Lu; 云岭路 5号; 🚌230, 321) Nördlich von Shilaoren im Lao Shan Viertel. Im städtischen Theater treten Künstler von Weltklasse auf drei Bühnen auf: Theater, Musik, Tanz, Komödie und Aufführungen für Kinder. Das Programm steht auf www.qingdaonese.com.

Shoppen

Die wichtigsten Einkaufsadressen Qingdaos sind in Dongbu, im Umfeld der Xianggang Zhonglu; es gibt aber zahlreiche andere lohnende Ziele.

Book City BÜCHER
(书城; Shu Cheng; 67 Xianggang Zhonglu an der Yan'erdao Lu; ⊙9–19 Uhr) Riesige Bücherregale mit chinesischen Medien; einige auf Englisch.

Carrefour SUPERMARKT
(家乐福; Jialefu; ⊙8.30–22 Uhr) Ein riesiger Supermarkt an der Nanjing Lu und Xianggang Zhonglu.

Kulturstraße ANTIQUITÄTEN
(文化路; Wenhua Lu; Changle Lu zwischen Lijin Lu & Huayang Lu; ⊙8–16 Uhr) „Antiquitäten" und Kunsthandwerk werden vor einer hübschen Häuserzeile in der nördlichen Altstadt angeboten.

Jimolu-Markt EINKAUFSZENTRUM
(即墨路小商品市场; Jimolu Xiaoshangpin Shichang; 45 Liaocheng Lu; ⊙9–17.30 Uhr) Eine vierstöckige Goldgrube für Kaufsüchtige im Norden der Altstadt. Perlen, Geldbeutel, Kleidung, Schuhe, Rucksäcke, Jade und Perücken – Feilschen muss sein.

Jusco SUPERMARKT
(佳世客; Jiashike; Xianggang Zhonglu; ⊙9–23 Uhr) Lebensmittel und mehr im Supermarkt an der Ecke Fuzhou Nanlu und Xianggang Zhonglu.

Marina City EINKAUFSZENTRUM
(百丽广场; ☎6606 1177; 88 Aomen Rd.; ⊙10–22 Uhr) Internationale Marken und eine Eislaufbahn.

Parkson EINKAUFSZENTRUM
(百盛; 44 Zhongshan Lu; ⊙9.30–21 Uhr) Shoppen auf mehreren Etagen und Supermarkt.

Praktische Informationen

Büro für Öffentliche Sicherheit

(PSB; 公安局; Gong'anju; 272 Ningxia Lu; ⊙Mo–Fr 9–12 & 13.30–17 Uhr) Mit dem Bus 301 vom Bahnhof bis zu dem terrakottafarbenen Haus (14. Haltestelle). Visumsangelegenheiten (出入境管理处); ☎6657 3250, Nebenstelle 2860. Die Hotline für die Polizei ist ☎6657 0000.

Geld

In Quingdao stehen reichlich Geldautomaten.

Bank of China (中国银行; Zhongguo Yinhang; 66 & 68 Zhongshan Lu; ⊙Mo–Fr 8.30–17, Sa & So 9.30–16 Uhr) An der Ecke der Feicheng Lu in der Altstadt; außerdem 59 Xianggang Zhonglu (⊙ 8.30–17 Uhr); im Turm an der Abzweigung der Fuzhou Nanlu in den CBD. Die Filialen wechseln Geld und haben Geldautomaten (24 Std.).

Internetzugang

Internetcafés (网吧) sind häufig nur für Chinesen zugänglich; auf jeden Fall wird der Pass benötigt. In den Jugendherbergen stehen Terminals.

Haodu *wangba* (好读网吧; 2 Dagu Lu; pro Std. 2 Yuan; ⊙24 Std.) In der Nähe des Bahnhofs.

Yijieyu *wangba* (义杰玉网吧; 120 Zhangzhou Lu; pro Std. 2 Yuan; ⊙24 Std.) Im Hong Kong Garden, am nördlichen Ende der Plaza.

Medizinische Versorgung

Qingdao Municipal Hospital, Internationale Klinik (青岛市立医院国际门诊; Qingdaoshi Shili Yiyuan, Guoji Menzhen; ☎Internationale Klinik 8593 7690, Nebenstelle 2266; Notfälle 8278 9120; 5 Donghai Zhonglu; ⊙Mo–Sa 8–12 & 13.30–17.30Uhr)

Post

Post (中国邮政; Zhongguo Youzheng; 23–1 Taidong Yilu; ⊙8.30–18 Uhr) An der westlichen Ecke von Taidong nördlich der Altstadt.

Außerdem 119 Nanjing Lu (⌚Mo–Fr 9–17, Sa & So 9–16.30 Uhr) im ICBC Turm im CBD.

Reisebüro

China International Travel Service (CITS; 中国国际旅行社; Zhongguo Guoji Lüxingshe; ☎8389 5022, Hotline für Buchungen 400 600 8888; 33 Lianyungang Lu; 万达广场商务楼 B 座 5层 （连云港路 33 号); ⌚Mo–Fr 8.30–17 Uhr, Sa & So 9–16 Uhr) Im 4. OG der Wanda Plaza, Gbd. B im CBD.

Touristeninformation

Qingdao-Shinan-Touristeninformation (青岛市南旅游信息咨询中心; Qingdao Shi'nan Lüyou Xinxi Zixun Zhongxin; ☎8287 2787; 56 Jiangning Lu) Kostenlose Karten und Reiseinformationen im Firewood Court.

Websites

Qingdaonese (www.qingdaonese.com) Programme und aktive Foren.

Red Star (www.myredstar.com) Ein Online-Leitfaden für Unterhaltung; monatliches, gedrucktes Magazin – es liegt in Jugendherbergen, Bars, ausländischen Restaurant oder in der Redaktion aus (100 Nanjing Lu, Creative 100 Gbd. im CBD).

That's Qingdao (www.thatsqingdao.com) Programme und neue Clips.

An- & Weiterreise

Das Ticketbüro im Erdgeschoss des **Tianqiao Hotels** (青岛新天桥兵官售票处; Qingdao Xin Tianqiao Bingguan Shuupiaochu; ☎ Züge 8612 0111, Flugzeuge & Fähren 8612 0222; 47 Feicheng Lu; ⌚7.30–21 Uhr), in günstiger Lage nahe am Bahnhof bietet Tickets für Flugzeuge, Züge und Schiffe an.

Bus

Unter den zahlreichen Busbahnhöfen Qingdaos ist der **Fernbusbahnhof** (长途汽车站; *changtu qichezhan*; ☎400 691 6916; 2 Wenzhou Lu) im Sifang-Viertel (四方区), im Norden der wichtigsten Touristenziele, fast immer die beste Wahl. Eine begrenzte Zahl von Bussen fährt zu Zielen in der Provinz von den Haltestellen gegenüber dem Bahnhof ab, beispielsweise nach Yantai (81 Yuan, 4 Std., alle 20–30 Min., 6–17.30 Uhr).

Vom Fernbusbahnhof fahren täglich ab:

Beijing 195–230 Yuan, 9 Std., 7-mal tgl.

Hangzhou 310, 12 Std., 4-mal tgl. (10.45, 11.30,18 & 18.30 Uhr)

Hefei 219 Yuan, 10 Std., 7-mal tgl.

Ji'nan 84–113 Yuan, 4½ Std., alle 30 Min.

Qufu 127 Yuan, 6 Std., 4-mal tgl.

Shanghai 200–286 Yuan, 11 Std., 6-mal tgl.

Tai'an 116–125 Yuan, 6 Std., 6-mal tgl.

Weihai 94 Yuan, 3½ Std., stündl.

Yantai 67, 4 Std., alle 30 Min.

Flugzeug

Qingdaos **Liuting International Airport** (☎8471 5139, Hotline für Buchungen & Fluginformationen 96567; www.qdairport.com) liegt 30 km nördlich der Stadt. Die meisten größeren Städte Chinas werden angeflogen, täglich beispielsweise Beijing (710 Yuan, 1¼ Std.), Shanghai (740 Yuan, 1¼ Std.) und Hongkong (1220 Yuan, 3 Std.). Tägliche internationale Flüge gehen nach Seoul (570 Yuan), Tokio (1660 Yuan) und vier Flüge pro Woche nach Osaka (1660 Yuan).

Man kann die Tickets direkt über die Hotline am Flughafen oder über die Fluggesellschaften buchen (viele unterhalten Büros auf der Xianggang Zhonglu). Folgende Ticketbüros verlangen keine Gebühren:

Civil Aviation Administration of China (CAAC; 中国民航; Zhongguo Minhang) Inlandsflüge (☎8289 5577; 29 Zhongshan Lu; ⌚8–17 Uhr); Inland & International (☎8578 2381, 8577 5555; 30 Xianggang Lu; ⌚8–17 Uhr) Wer persönlich bucht, spart sich Ärger.

Dongsheng Air Ticket Office (东升航空售票处; Dongsheng Hangkong Shoupiao Chu; ☎8069 0169; 140 Jiaozhou Lu; ⌚8–18 Uhr) Unter dem KFC. Telefonische Buchungen 24 Std.

Schiff/Fähre

Regelmäßige Schiffe nach Dalian legen auf der anderen Seite der Bucht in Yantai (168–300 Yuan, 6–8 Std.) oder Weihai (180–320 Yuan, 8–10 Std.) ab; Tickets verkauft CITS oder das Dongsheng Air Ticket Office.

Zug

Alle Züge ab Qingdao fahren durch Ji'nan, mit Ausnahme der Direktzüge nach Yantai und Weihai. Die Tickets gibt's am **Bahnhof** (☎9510 5175; 2 Tai'an Lu); das ziemlich hektische Ticketbüro (24 Std.) befindet sich auf der Ostseite (Pass mitnehmen). Die Buchungsbüros in der Stadt verlangen eine Gebühr (in der Regel 5 Yuan). Da die Tickets schnell ausverkauft sind, unbedingt rechtzeitig buchen.

Regelmäßige Züge (Sitzplatz/Hartschläfer):

Beijing 113/209 Yuan, 13½ Std., tgl. um 12.42 Uhr

Ji'nan Sitz 28–65 Yuan, Hartschläfer 67–109 Yuan, 4½-6 Std., regelmäßig

Qufu 32/74 Yuan, 8 Std., tgl. um 7.28 Uhr

Tai'shan 70/131, 5–7 Std., 11-mal tgl.

Xi'an 191/345 Yuan, 21–24 Std., 3-mal tgl. (9.45, 11.12 & 13.42 Uhr)

Yantai 22/71 Yuan, 4 Std., tgl. um 6.15 Uhr

Zhengzhou Sitz 123–140 Yuan, Hartschläfer 249–257 Yuan, 13½-16 Std., 6-mal tgl.

GRENZÜBERGANG: JAPAN & SÜDKOREA

Die internationalen Schiffe/Fähren legen am **Passagierfährterminal** (青岛港客运站; Qingdaogang *keyunzhan*; ☎8282 5001; 6 Xinjiang Lu) ab. **Orient Ferry** (☎389 7646; www.orientferry.co.jp; Haitian Hotel, 48 Xianggang Xilu) verkauft Tickets für die Schiffe nach Shimonoseki, Japan (2-mal wöchentlich, 1100 Yuan, 26 Std., Mo & Do 15.30 Uhr). **Weidong Ferry Company** (☎8280 3574; www.weidong.com; 4 Xinjiang Lu) betreibt regelmäßige Fähren nach Südkorea über Incheon (ab 750 Yuan, 17 Std., Mo, Mi & Fr 17 Uhr) und Gunsan (920 Yuan, 16 Std., Mo, Mi & Sa 14.30 Uhr). Auch aus Yantai und Weihai legen Schiffe nach Incheon ab.

Bis auf Ausnahmen fahren die Express-D-Züge (nur Hart-/Weichsitzer; auch G-Züge) regelmäßig nach:

Beijing 253/303 Yuan, 5–5½ Std., 6-mal tgl.

Ji'nan 121/146 Yuan, 2½-3 Std., stündl.

Qufu 239/407 Yuan, 3 Std., tgl. um 13.55 Uhr

Shanghai G-Zug 596/1014 Yuan, 6½ Std., 4-mal tgl. (6.55, 9.26, 13.55 & 16.35 Uhr)

Tai'an 207/353 Yuan, 3 Std., tgl. um 6.55 Uhr

Unterwegs vor Ort

Vom/zum Flughafen

Die hellblauen **Shuttlebusse** (机场巴士; Jichang Bashi; ☎8286 0977; ¥20) fahren auf drei Routen durch die Altstadt. Sie fahren stündlich an der **Green Tree Inn** (77 Zhongshan Lu) in der Altstadt ab (5.40–19.40 Uhr), alle halbe Stunde vom **Haitian Hotel** (48 Xianggang Xilu) am Strand Nr. 3 (6–20 Uhr) und am **Century Mandarin Hotel** (10 Haijiang Lu) im CBD (6.10–1745 Uhr). Ein Taxi verlangt für die einfache Fahrt ab/bis Shinan 80–100 Yuan.

Öffentlicher Nahverkehr

Die Busse 26 und 501 fahren ab dem Bahnhof in östliche Richtung zum Zhongshan-Park, über die Nanjing Lu in nördliche oder auf der Xianggang Lu in östliche Richtung. Ab dem Fernbusbahnhof fahren die Busse 221 und 366 in die Altstadt bzw. nach Dongbu. Bus 5 verbindet den Fernbusbahnhof mit dem Bahnhof. Die meisten Busse kosten 1–2 Yuan; die Schaffner im Bus verkaufen auch Tickets für weitere Strecken. Zur Planung ist www.qdjyjt.com hilfreich (auf Chinesisch).

Die roten Doppeldeckerbusse vor dem Bahnhof machen **Sightseeingtouren** (unbegrenzt 30 Yuan, pro Haltestelle 10 Yuan; stündl.) zu allen wichtigen Sehenswürdigkeiten: Bus 1 fährt an der Küste entlang Richtung Osten zum Lao Shan (9–15 Uhr, letzte Rückfahrt 17 Uhr). Bus 3 fährt die Ziele Firewood Court, Bierstraße, Kulturstraße und Taidong an (ab 7 Uhr). Bus 2 (15 Yuan) fährt in den Distrikt Huangdao.

Die von allen herbeigesehnte U-Bahn soll Ende 2014 fertig sein und wird hoffentlich das Verkehrschaos etwas lindern.

Taxi

Der Grundpreis ist 9 oder 12 Yuan für die ersten 6 km, danach 2,10 Yuan für jeden weiteren Kilometer (nachts etwas mehr), dazu 1 Yuan Benzingeld. Wenn die Fahrer Umwege nehmen, liegt das oft an Straßensperren zwischen 7 und 22 Uhr.

Lao Shan 崂山

Nicht weit von Qingdao entfernt reichen chaotisch aufgetürmte, von der Sonne gebleichte Granitblöcke mit verborgenen Quellen bis ans Meer. Es fällt nicht schwer zu verstehen, dass der Lao Shan seit Jahrunderten immer wieder Sinnsucher angezogen hat.

In seinem Wunsch nach Unsterblichkeit erstieg auch Kaiser Qin Shihuangdi die Hänge (selbstverständlich in einer Sänfte), und der buddhistische Pilger Faxian landete hier im 5 Jh. nach seiner Indienreise mit den ersten buddhistischen Schriften. Von den vielen religiösen Stätten auf dem Lao Shan sind vor allem die taoistischen Heiligtümer berühmt. Die Anhänger der Quanzhen-Sekte (sie wurde im 12. Jh. bei Yantai gegründet) richteten sich hier verstreute Einsiedeleien ein.

Die Wege winden sich an antiken Tempeln (und Ruinen), an sprudelnden Quellen und azurblauen Teichen und an Inschriften chinesischer Poeten und deutscher Alpinisten vorbei. Die meisten Wege sind gepflastert, aber man kann sehr gut jenseits der befestigten Wege laufen (rote Flaggen an den Bäumen markieren den Verlauf der Wanderpfade).

Der Rundweg durch die landschaftlich schöne Region **Beijiushui** (北九水景区; Eintritt mit Gipfel 95 Yuan, unterhalb 70 Yuan) am Nordrand des Parks ist überwiegend flach und dauert ein paar Stunden. Die Wege führen neben und über klare Wasserläufe bis zum **Chaoyin-Wasserfall** (潮音瀑), der in der Regenzeit rauscht wie das Meer. In den trockenen Monaten tröpfelt er eher spärlich, daher der alte Name „Fischschuppen-Wasserfall".

Im Süden führt ein pittoresker Weg nach **Jufeng** (巨峰; Eintritt mit Gipfel 95 Yuan, unterhalb 65 Yuan), mit 1133 m der höchste Punkt der Region. Eine **Seilbahn** (*suo dao*; einfach/hin & zurück 40/80 Yuan) erspart einen Teil der Kletterei. Danach geht es weitere vier Stunden an Tempeln und einer Quelle vorbei bis zu einer Steinterrasse am Gipfel mit herrlichen Ausblicken auf Berge, Himmel und Meer.

Auf der Ostseite liegt die landschaftlich schöne Region **Yangkou** (仰口景区; Eintritt April-Okt. 130 Yuan, Nov.-März 100 Yuan, inkl. Eintritt in den Taiqing Palast). Auch hier kann man zu Fuß oder mit der **Seilbahn** (einfache Fahrt 60 Yuan) durch Granitfelsen aufsteigen, die von Wind und Regen geformt wurden. Der Weg führt 30 m durch eine düstere Schlucht mit Felsbrocken bis zur **Suche-nach-dem-Himmel-Höhle** (觅天洞) und weiter aufwärts bis zum Meerblick. Die Tour dauert drei Stunden.

Der **Taiqing-Palast** (太清宫; Taiqing Gong; Eintritt 20 Yuan; beim Ticket für die Yangkou Route inkl.; ⌚schließt um 17.30 Uhr) ist der älteste und großartigste Tempel des Lao Shan. Er wurde vom ersten Song-Kaiser um 960 erbaut, der hier taoistische Riten durchführen ließ, um die Seelen der Toten zu schützen. Noch immer leben hier Gläubige in blauen und weißen Roben, und viele führen ihre gute Gesundheit auf die **Quelle der Unsterblichen** (神水泉) zurück, die hier entspringt. Auch den mächtigen altersgrauen Ginkgos, Zedern und Zypressen scheint das Wasser gutzutun.

Wer länger bleiben möchte, wählt sich das passende Meeresfrüchte-Restaurant und eines der Gästehäuser aus, welche die Hauptstraße an der Küste säumen. In Yangkou gibt es auch eine Dependance der **Qingdao-Jugendherberge Alte Sternwarte** (仰口度假酒店; ☎0532 8282 2626; B 50 Yuan, Zi. mit eigenem Bad 168–268 Yuan). Von dort bietet sich ein wunderschöner Blick auf ein pittoreskes Fischerdorf; Tagestouren jenseits der gepflasterten Wege werden organisiert. Südlich davon, in Liuqinghe, befindet sich das **Baoyudao Hotel** (崂山流清河鲍鱼岛酒店; ☎8882 0333; Zi. 398 Yuan) mit einer Handvoll einfacher Zimmer über einem exzellenten Meeresfrüchte-Restaurant.

Die roten Sightseeingbusse 2 (10 Yuan), die am Bahnhof in Qingdao starten, oder Bus 304 (7 Yuan, 1 Std., ab 6.30 Uhr) von der Haltestelle Zhan Qiao am Badestrand Nr. 6 fahren bis zum Dahedong-Touristeninformationszentrum am Südende des Parks. Dort wird der Eintritt bezahlt, und weiter geht's mit dem Parkbus (im Eintrittspreis enthalten). Privatautos sind im Park nicht zugelassen. Von vielen Straßen in Qingdao starten ab 6 Uhr Tourbusse zum Lao Shan (etwa 40 Yuan hin & zurück; ohne Eintritt); sie halten unterwegs an anderen „Sehenswürdigkeiten" an.

Yantai 烟台

☎ 0535 / 878 981 EW.

Irgendwie hat sich die schläfrige Hafenstadt Yantai zu einer der am schnellsten wachsenden Wirtschaftsmetropolen Chinas gemausert – keine schlechte Leistung in einem Land mit generell fantastischem Wachstum. Hier haben ausländische Investoren in Hightech investiert; daneben arbeitete die Stadt an ihrem Renommee als Urlaubsort am Meer. Mehrere Tunnels verbinden das alte Viertel Zhifu mit dem aufstrebenden Laishan im Südosten. Wenn man den Penglai-Pavillon einbezieht, lohnt sich hier ein zweitägiger Abstecher.

Geschichte

Die „rauchende Terrasse" (Yantai wörtlich) war ein Fischerdorf und Außenposten der Ming-Dynastie. Die Wächter brannten Feuer aus Wolfsdung ab, um die Fischer vor japanischen Piraten zu warnen. Im späten 19. Jh. geriet Yantai ins Blickfeld ausländischer Mächte, als die Qing-Regierung nach der Niederlage im Opiumkrieg die Stadt an die Briten übergab. Die Briten bauten einen Hafen, den sie Chefoo (Zhifu) nannten. Die acht beteiligten Staaten der Allianz – Österreich-Ungarn, Frankreich, Deutschland, Italien, Japan, Russland, Großbritannien und die USA – gründeten Handelsniederlassungen und machten die Stadt zu einem Erholungsgebiet.

Sehenswertes

Yantai-Bergpark PARK

(烟台山公园; Yantaishan *gongyuan*; Eintritt 30 Yuan; ⌚7–18 Uhr) Dieser idyllische Park mit Steinwegen, grünen Gärten und Ausblicken aufs Meer ist auch ein Museum für westliche Hafenarchitektur. Das ehemalige **Amerikanische Konsulat** enthält noch

Yantai

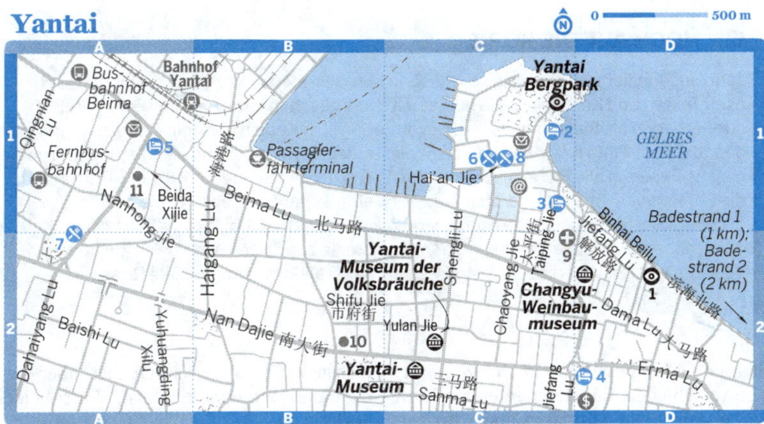

Yantai

Highlights

Changyu-Weinbaumuseum D2
Yantai-Bergpark C1
Yantai-Museum C2
Yantai-Museum der Volksbräuche .C2

Sehenswertes

1 Bernstein-Strandpromenade D2

Schlafen

2 Golden Gulf Hotel C1
3 Karen Bayview Hotel C1
4 Shandong Machinery Hotel D2
5 Waitinn A1

Essen

6 Brasilianisches Barbecue C1
7 Parkson A2
8 Shide Wu C1

Praktisches

9 Yantaishan-Krankenhaus C2

Transport

China Travel Service .... (siehe 1)
10 Shandong Airlines B2
11 Yantai International Airport Group Air Travel Agency A1

originale Inneneinrichtungen und zeigt in einer Ausstellung Yantais Zeit als Hafen. Ganz in der Nähe steht die **Yantai Union Church** von 1875, in der heute eine Firma für Hochzeitsplanungen ihren Sitz hat. Das ehemalige **Britische Konsulat** überblickt die Bucht; das **Nebengebäude** ist in einen verwilderten englischen Garten eingebettet. Auf dem Gipfel des Hügels steht der **Tempel des Drachenkönigs** aus der Ming-Zeit, der 1860 als militärisches Hauptquartier der französischen Truppen diente. Auf der Terrasse darüber wurden die Wolfsdung-Feuer abgebrannt – seit dem 14. Jh. unter Kaiser Hongwu. Der **Leuchtturm** (Eintritt 5 Yuan) hinter dem Tempel beherbergt ein Meeresmuseum, das während der Recherche umgestaltet wurde. Das **Japanische Konsulat** im Westen des Parks entstand in den 1930er-Jahren als nüchterner Ziegelbau mit einem „Folterraum".

GRATIS **Yantai-Museum der Volksbräuche** MUSEUM

(烟台民俗博物馆; Yantai *minsu bowuguan*; 2 Yulan Jie; ⌚8.30–11.30 & 13.30–16.30 Uhr) Etwa 200 m östlich des Yantai-Museums wurde dieses Museum in einer ehemaligen Zunfthalle eingerichtet, die Einwanderer aus Fujian zwischen 1884 und 1906 erbaut hatten. In der Mitte des Hofes steht ein farbenprächtig bemaltes und kostbar verziertes Tor. Es wird von 22 Pfeilern gestützt und ist mit Hunderten geschnitzter, bemalter Menschenfiguren, Blumen, Bestien, Phönixen und Tieren aus den Volkssagen verziert; darunter auch mit dem Titel „Acht Unsterbliche fahren über das Meer". In der **Halle der Himmelskönigin** wird

EIN HOCH AUF DIE KOPIE

Jahrtausendelang wurde alles von kaiserlichen Dekreten über Poesie bis hin zu religiösen Texten und Karten in Stein gemeißelt. Dies geschah entweder versenkt (*yin*-Stil) oder erhaben als Relief (*yang*-Stil). Davon ließen sich Kopien herstellen, indem man den Stein mit Tinte bestrich und Reispapier auflegte. Bei einer anderen Technik wurde nasses Papier in alle Ritzen gestopft; man ließ es trocknen und tupfte dann Tinte auf die Papierlinien. Im Laufe der Zeit nutzt sich aber sogar Stein ab, und die besten, saubersten Abdrücke wurden zu Kunstwerken aus eigenem Recht. Leider führte das dazu, dass skrupellose Sammler die Originalsteine zerstörten, weil sie die beste Kopie besitzen wollten. Aus diesem Grund weisen viele Tafeln und Stelen tiefe Risse und Kratzer auf.

Tianhou, die Beschützerin der Seeleute, von verschiedenen Instrumenten aus Zinn in der Form von Kürbissen und winzigen Mäusen, kriechenden Drachen und Drachenköpfen umringt.

GRATIS **Yantai-Museum** MUSEUM

(烟台市博物馆; Yantai *shi bowuguan*; ☎623 2976; 61 Nan Dajie; ⌚9–16 Uhr, Mo geschlossen) Das brandneue Museum spürt der Geschichte der Halbinsel Jiaodong – wo Yantai sich heute befindet – nach, und zwar von der Vorgeschichte und den folgenden Königreichen bis hin zur Gegenwart. Es gibt eine Ausstellung zur Muschelhaufenkultur (ein Blick auf den Abfall steinzeitlicher Kultur) sowie eine wunderbare Sammlung seltenen Porzellans. Englische Beschriftungen.

Changyu-Weinbaumuseum MUSEUM

(张裕酒文化博物馆; Zhangyu *jiuwenhua bowuguan*; 56 Dama Lu; Eintritt 50 Yuan; ⌚8–17.30 Uhr) Das verblüffende Changyu-Weinmuseum stellt Chinas ältestes und größtes Weingut westlicher Art vor. Es produziert aber nicht nur Wein, sondern auch Brandy und einen chinesischen „Gesundheitslikör". Cheong Fatt-Tze – die New York Times nennt ihn den „Rockefeller Chinas" – gründete das Weingut 1894. Vermutlich hatte er auf einem Empfang im Französischen Konsulat erfahren, dass im Klima von Yantai gute Reben gedeihen müssten. Im alten Weinkeller finden Weinproben statt, die im Eintritt enthalten sind (der Geschmack ist ... nun ja).

Strände STRÄNDE

Yantai hat zwei Hauptstrände: **Strand Nr. 1** (第一海水浴场; Diyi Haishui Yuchang) ist ein langer Strand mit weichem Sand an einer ruhigen Bucht; er ist viel schöner als **Strand Nr. 2** (第二海水浴场; Di'er Haishui Yuchang). Dieser ist schmutziger, aber dafür nicht so überlaufen. Bus 17 fährt beide Strände an.

Bernstein-Strandpromenade HISTORISCHES GEBIET

(广仁步行街; Guang Ren Buxingjie) Östlich des Changyu-Weinmuseums wurden einige attraktive (aber seelenlose) Konzessionsgebäude restauriert und in Restaurants, Clubs und Bars umgewandelt.

Schlafen

In der Nähe von Bahnhof und Busbahnhof stehen mehrere Hotels in lauter, langweiliger Umgebung. Die Unterkünfte am reizvollen Nordende der Chaoyang Jie sind deutlich angenehmer.

Golden Gulf Hotel HOTEL €€€

(金海湾酒店; Jinhaiwan Jiudian; ☎663 6999; Fax. 663 2699; 34 Haian Lu; 海安路 34 号; EZ/DZ inkl. Frühstück 920–1200 Yuan; ❄@) Das erste Fünfsternehotel der Stadt bietet einen außerordentlichen Meerblick, liegt in einem Park und hat helle, sehr gepflegte Zimmer. Am Abend finden im Patio am Meer Barbecues statt.

Karen Bayview Hotel HOTEL €€

(凯琳海景酒店; Kailin Haijing Jiudian; ☎622 6600; 30 Dongtaiping Jie; 东太平街 30 号; EZ/DZ 160/260 Yuan; ❄@) Dank des schiefen Winkels haben einige der Zimmer tatsächlich Meerblick. Allerdings gibt es auch in diesem Haus langweilige, fensterlose Zimmer. Die Zimmer mit Meerblick kosten dasselbe, sind aber mit sauberen Teppichen und neuen Möbeln ausgestattet und sind besser geschnitten.

Shandong Machinery Hotel HOTEL €€

(山东机械宾馆, Shandong Jixie Binguan; ☎621 6469; 162 Jiefang Lu; EZ/DZ 320–480 Yuan, Suite 580 Yuan; ❄@) Zum Hotel gehören ein koreanisches, japanisches und kantonesisches Restaurant, sowie eine Vertretung der Asiana Airlines. Die Angestellten wissen genau, was sie ihren Nicht-Mandarin-sprechenden Gästen Gutes tun können. Die Zimmer im asiatischen Dekor sind zwar raffinierter ausgestattet (hölzerne Waschbecken) als die westlichen, aber alle sind bequem. Mit Nachlässen von bis zu 70 % ein echtes Schnäppchen.

Waitinn HOTEL €
(维特风尚酒店; Weite Fengshang Jiudian; ☎212 0909; 73 Beima Lu; 2BZ & DZ 88–228 Yuan, 3BZ 258 Yuan; ❄@) Das renovierte Hotel gegenüber dem Bahnhof eignet sich bestens für eine kurze Auszeit. Die Zimmer sind groß, bequem und mit Flachbildfernsehern ausgestattet. Das Frühstück kostet 8 Yuan extra; bis zu 20 % Nachlass sind möglich.

Essen & Ausgehen

Südlich vom Yantai-Bergpark reihen sich in den Fußgängerzonen Chaoyang Jie und Hai'an Jie Bars, Cafés und sogar ein Irish Pub aneinander; allerdings machen viele nach dem Sommer zu. Auch die Straßen um den Bahnhof bieten eine Menge Optionen, darunter auch nachts geöffnete Nudelbars mit Suppen (拉面) für 15 Yuan. An der Ostseite des **Parkson** (☎6293322; 166 Nan Dajie, in der Nähe der Qingnian Lu, ⏲9–20 Uhr), im Herzen des Einkaufszentrums, bieten Garküchen ihre Speisen an. Wer Tischdecken zum Wohlfühlen braucht, findet koreanische, lateinamerikanische und chinesische Restaurants im **Crowne Plaza** (☎689 9999; Gangcheng Donglu) – 50 Minuten Fahrt entfernt im Laishan Viertel. Bus 50 (2 Yuan) oder ein Taxi (50 Yuan) ab dem Stadtzentrum fahren dorthin.

Shide Wu JAPANISCH €€
(食德屋; Shide Wu; ☎621 6676; 23 Hai'an Jie; Gerichte 120 Yuan; ⏲Mittag- & Abendessen 11–13 & 17–21.30 Uhr) Küchenchef Hao hat zehn Jahre in Japan gelebt, bevor er mit seiner Frau dieses Lokal eröffnete. Inzwischen ist das Essen sehr beliebt bei Liebhabern von Sashimi (ab 38 Yuan), gebratenen Schweineschnitzeln (30 Yuan), Udon und Ramen (25–36 Yuan). Die liebevoll angebrachten beruhigenden Dekorationen mit Holz trösten über den voll aufgedrehten japanischen Fernsehkanal hinweg.

ABSTECHER

PENGLAI-PAVILLON

Etwa 75 km nordwestlich von Yantai thront der 1000 Jahre alte **Penglai-Pavillon** (蓬莱阁; Penglai Ge; Eintritt 140 Yuan; ⏲Sommer 7–17.30, Winter 7–17 Uhr) hoch über den Wellen. Er spielt eine wichtige Rolle in der chinesischen Mythologie und der taoistischen Legende „Acht Unsterbliche fahren über das Meer".

Der Weg zum Pavillon führt an einer alten Marinebasis und mehreren Tempeln vorbei. Der eigentliche Pavillon ist wenig beeindruckend; die restaurierten Außenfronten fügen sich in die anderen Bauten ein. Im Innern enthält er eine Sammlung berühmter Inschriften, die Besucher seit der Song-Dynastie hinterlassen haben, und eine moderne Darstellung der „Acht Unsterblichen" von Zhou Jinyun. Die Legende wird in vielen Versionen erzählt; in dieser Version trinken sie gemeinsam in dem Pavillon. Jeder hat ein anderes Leben geführt und doch werden sie ihre Superkräfte nutzen, um gemeinsam über das Bo-Meer zu reisen.

Nach der Besichtigung des Pavillons geht's mit der **Seilbahn** (30/50 Yuan einfach/hin & zurück, 8–17.10 Uhr) zum Spaziergang über die Klippen, wobei sich immer wieder Blicke über das Bo- und Gelbe Meer auftun. Es gibt Museen (geöffnet 7.30–17.30 Uhr), die dem antiken Schiffbau, regionalen Artefakten und dem Ming-General Qi Jiguang, der gegen die Piraten kämpfte, gewidmet sind.

Wer zufällig nach heftigen Regenfällen eintrifft, sollte auf Luftspiegelungen über dem Meer achten. Seit alters ist Penglai berühmt für diese Trugbilder, die seine Bedeutung als Tor in die Welt der Unsterblichen begründeten – Kaiser Qin Shihuangdi sandte sogar Schiffe nach Osten, um die Inseln der Unterblichkeit zu suchen.

Penglai kann als Tagestour mit dem Bus von Yantai (24 Yuan, 1½ Std., alle 20 Min., 5.30–18 Uhr) besucht werden (letzter Bus zurück um 19.45 Uhr). Von der Bushaltestelle (166 Zhonglou Beilu) sind es 15 Minuten zu Fuß bis zum Park. Taxifahrer nehmen 7 Yuan für die Strecke, halten aber manchmal vorher an anderen Stellen an.

GRENZÜBERGANG: SÜDKOREA

Die internationalen Schiffe nach Incheon in Südkorea (ab 960 Yuan, 16 Std., Mo, Mi & Fr 17 Uhr) legen am **Yantai-Passagierfährenterminal** (烟台港客运站; Yantaigang *keyunzhan*; ☎624 2715; 155 Beima Lu) ab. Die **Weidong Ferry Company** (www.weidong.com) Incheon (☎8232 777 0490; Internationales Passagier Terminal, 71–2 Hangdong); Seoul (☎822 3271 6710; 9. OG, 1005 Sungji Gbd., 585 Dohwadong, Mapo-gu) betreibt ebenfalls Fährschiffe nach Incheon (deluxe/1. Kl./2. Kl. /Economy 1370/1090/890/750 Yuan, 15 Std., Di, Do & So. 17 Uhr). In Weihai werden die Tickets im **Ticketbüro** (☎522 6173; 48 Haibin Beilu) südlich des Passagierfährenterminals (威海港客运码头; Weihaigang *keyunmatou*) verkauft. Schiffsverbindungen bestehen auch von Qingdao nach Incheon und Gunsan.

Brasilianisches Barbecue GRILL €€
(巴西烤肉主题餐厅; Baxi Kaorou Zhuti Canting; ☎661 0185; 23 Hai'an Jie; Buffet 58 Yuan; ⏲11.30–14 & 17.30–21 Uhr) Wenn Chinesen brasilianisches *churrascaria* (Grill) servieren, kommen Schweinefleisch, Knoblauch, Rindszunge in Scheiben und Hähncheninnereien auf den Tisch. Am All-you-can-eat-Buffet, das hier auch dazugehört, wird alles Mögliche aufgetischt, von Pommes frites bis hin zu Muscheln in der Schale. Die Angestellten mit dem Grillteller kommen nur ganz am Anfang einmal vorbei – wer mehr oder etwas anderes möchte, muss nachfragen.

Praktische Informationen

An der Chaoyang Jie, südlich vom Yantai-Bergpark und auf der Beima Lu gegenüber dem Bahnhof befinden sich viele **Internetcafés** (网吧; *wangba*; ab 2 Yuan pro Std.). Viele sind nur für Chinesen zugänglich; auf jeden Fall wird der Pass benötigt.

Bank of China (中国银行; Zhongguo Yinhang; 166 Jiefang Lu) Die Geldautomaten akzeptieren alle Karten. Die Filialen auf der Beima Lu und Dahaiyang Lu bieten vollen Service (8.30–16.30 Uhr).

Büro für Öffentliche Sicherheit (PSB; 公安局; Gong'anju; ☎629 7050; 78 Shifu Jie; ⏲Mo-Sa 8–11.30 & 14–17.30 Uhr) An der Ecke der Chaoyang Jie. **Einreisevisa** (出入境管理处; ☎629 7050; 7 Chang'an Jie; 长安路 7 号; ⏲Mo-Sa 8.30–11.30 & 14–17.30 Uhr) gibt es im Laishan-Viertel.

China International Travel Service (CITS; 中国国际旅行社; Zhongguo Guoji Lüxingshe; ☎626123; 180 Jiefang Lu; ⏲9–11.30 & 14–17.30 Uhr) Geführte Tagestouren auf Chinesisch nach Weihai (ab 170 Yuan) und Penglai (ab 220 Yuan). Im Ticketpreis ist die Fähre enthalten (30 Yuan pro Ticket).

China Travel Service (中国旅行社总社; ☎668 8777; 26 Guangren Lu; ⏲8.30–17.30 Uhr) Im Bernstein-Strandpromenade. Touren und Tickets inkl. Fähren.

Post (中国邮政; Zhongguo Youzheng; Beima Lu & Dahaiyang Lu, gegenüber dem Bahnhof) Eine weitere Post befindet aich auf der 28 Hai'an Jie.

Yantaishan-Krankenhaus (烟台山医院; Yantaishan Yiyuan; ☎660 2001; 91 Jiefang Lu)

An- & Weiterreise

Bus

Die Minibusse nach Penglai (24 Yuan, 1½ Std., 5.15–18.30 Uhr) fahren alle 20 Min. am **Beima-Lu-Busbahnhof** (北马路汽车站; Beimalu *qiche zhan*; ☎665 8714; Ecke Beima Lu & Qingnian Lu) ab.

Vom **Fernbusbahnhof** (长途总汽车站; *changtu zong qiche zhan*; ☎666 6111; Ecke Xi Dajie & Qingnian Lu;) werden zahlreiche Städte angefahren:

Beijing 246 Yuan, 13 Std., tgl. um 15 Uhr

Ji'nan 175 Yuan, 5½ Std., stündl.

Qingdao 85 Yuan, 4 Std., alle 30 Min.

Shanghai 320 Yuan, 12 Std., tgl. um 17 Uhr, alle anderen Tage um 20.15 Uhr

Tianjin 184 Yuan, 11 Std., tgl. um 19.30 Uhr, alle anderen Tage um 10 Uhr

Weihai 25–31 Yuan, 1 Std., stündl.

Flugzeug

Yantais **Internationaler Flughafen Laishan** (☎624 1330) von Yantai liegt 20 km südlich der Stadt. Die Tickets bucht man in der Nähe des Bahnhofs bei der **Yantai International Airport Group Air Travel Agency** (航空国际旅行有限公司; Yantai Guoji Lüxingshe Youxiangongsi; ☎625 3777; 6 Dahaiyang Lu; ⏲8–17.30 Uhr); im **Ticketzentrum** (烟台国际机场售票中心; Yantai Guoji Jichang Shoupiao Zhongxin; ☎658 3366; 78 Dahaiyang Lu; 大海阳路 78 号) des Civil Aviation Hotel oder bei der **Shandong Airlines** (山东航空公司; Shandong Hangkong; ☎662 2737; 236 Nan Dajie, Bihai Dasha; ⏲8.30–17.30 Uhr) im Bihai Hotel.

Es gibt regelmäßige Flüge nach Beijing (690 Yuan, 1 Std.), Shanghai (790 Yuan, 1½ Std.), Guangzhou (1930 Yuan, 3 Std.), Seoul (1116 Yuan, 1 Std.) und Osaka (2388 Yuan, 1½ Std.).

Schiff/Fähre

Tickets für das Schnellboot nach Dalian (Sitz 160 Yuan, Bett 200–800 Yuan, 6–7 Std., 9, 10, 12.30, 15.30, 20.30 & 22 Uhr) sind am **Yantai-Passagier-Transitterminal** (烟台港客运站; Yantaigang Keyunzhan; ☎650 6666; www.bohaiferry.com; 155 Beima Lu) oder in einem der Ticketbüros östlich des Bahnhofes erhältlich.

Zug

Züge vom **Bahnhof** (火车站; *huochezhan*; Beima Lu) Yantai fahren nach:

Beijing Hartsitzer/Weichschläfer 130/365 Yuan, 13½ Std., tgl. um 23.25 Uhr

Ji'nan Hartsitzer/Weichschläfer 76/215 Yuan, 7½ Std., 8-mal tgl.

Qingdao Hart-/Weichsitzer 22/31 Yuan, 4½ Std., tgl. um 14.58 Uhr

Shanghai Hartsitzer/Weichschläfer 182/511 Yuan, 20½ Std., tgl. um 9.40 Uhr

Xi'an Hartsitzer/Weichschläfer 200/554 Yuan, 24 Std., tgl. um 15.30 Uhr

Unterwegs vor Ort

Shuttlebusse zum Flughafen (机场巴士; ☎1510 659 0123, 666 6111; 10 Yuan) verkehren am Fernbusbahnhof zwischen 6 und 19.30 Uhr und vor dem Civil Aviation Hotel (78 Dahaiyang Lu und Xinshi Nanlu) zwischen 6.15 und 20 Uhr. Bus 17 bedient die Strecke zwischen den beiden städtischen Stränden. Die Busse 10 und 50 fahren über die Hauptstraßen der Viertel Zhifu und Laishan.

Der Grundpreis für ein Taxi beträgt 7 oder 8 Yuan für die ersten 6 km; danach 2,25 Yuan für jeden weiteren Kilometer (nachts ist es etwas mehr).

Shanghai

021 / BEVÖLKERUNG: 23 MIO.

Inhalt »

Sehenswertes 191
Kurse 214
Geführte Touren 214
Festivals & Events 215
Schlafen 216
Essen 222
Ausgehen 227
Unterhaltung 229
Shoppen 231
An- & Weiterreise 236
Rund um Shanghai 239

Gut essen

- » Huanghe Lu, Schlemmermeile (S. 225)
- » Yin (S. 224)
- » Din Tai Fung (S. 223)
- » Lost Heaven (S. 222)
- » Fu 1039 (S. 226)

Schön übernachten

- » Fairmont Peace Hotel (S. 216)
- » Urbn (S. 220)
- » Ritz-Carlton Shanghai Pudong (S. 221)
- » Magnolia Bed & Breakfast (S. 219)
- » Le Tour Traveler's Rest Youth Hostel (S. 221)

Auf nach Shanghai

Die Chinesische Mauer kann man aus dem Weltall nicht erkennen, Shanghai (上海) dagegen ist nicht zu übersehen. Als eine der größten und dynamischsten Städte des Landes verkörpert Shanghai in gewisser Weise das moderne China – und ist doch anders als der Rest des Landes. Shanghai ist das echte China, aber vielleicht – wie Hongkong oder Macau – nicht das, was Besucher erwarten.

Es ist eine Stadt der Tat, nicht der Ideen. Man wird hier nicht viele buddhistische Mönche antreffen, die über das Dharma meditieren, auch keine exzentrischen Bohemians oder Dichter mit wildem Haar, die Flyer austeilen, dafür erheben sich Wolkenkratzer so weit das Auge reicht. Shanghai kann als Epilog einer Chinareise betrachtet werden: Nach all den verstaubten Kaiserpalästen und zehnstündigen, holprigen Busreisen sollten Reisende sich auf seinen erfrischenden Charme einlassen. Von Shopping-Marathons über Wolkenkratzer-Hopping bis hin zu raketenschnellen Magnetschwebebahnen und glamourösen Cocktails – das ist Shanghai.

Reisezeit

Shanghai

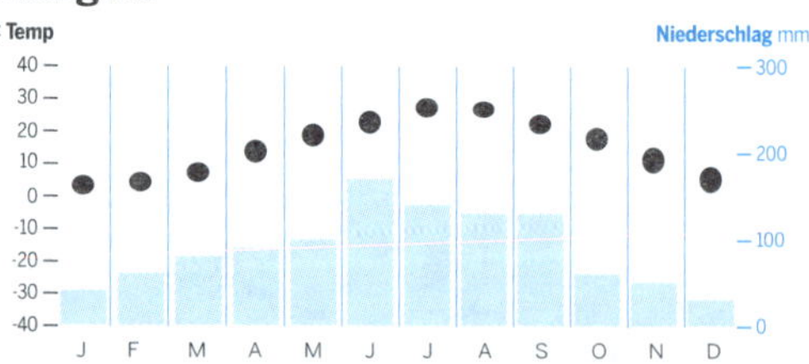

Februar In den Yuyuan-Garten zum Laternenfest, zwei Wochen nach dem Chinesischen Neujahr.

April & Mai Der März ist eisig, und am 1. Mai bricht Chaos aus, aber dennoch ist der Frühling ideal.

Oktober Die optimale Jahreszeit: Weder zu heiß, noch zu regnerisch.

Geschichte

Als Tor zum Jangtse (Chang Jiang) ist Shanghai (wörtlich „über dem Meer") seit Langem ein idealer Handelshafen. Obwohl es im späten 17. Jh. 50 000 Einwohner verzeichnete, erwachte das moderne Shanghai erst 1842 wirklich zum Leben, als die Briten hier ihre Konzession eröffneten.

Den Briten folgten bald die Franzosen und Amerikaner in die Region, und 1853 hatte Shanghai alle anderen chinesischen Häfen überflügelt. Die Stadt lebte vom Handel mit Opium, Seide und Tee und lockte auch bald die großen Finanzhäuser der Welt an, die dort ihre üppigen Paläste errichteten. Der Name Shanghai wurde aber auch zum Synonym für Ausbeutung und Laster; die zahllosen Opiumhöhlen, Spielhöllen und Bordelle, alle fest in der Hand von Banden, bildeten das Herzstück des Shanghaier Lebens. Kontrolliert wurde alles von amerikanischen, französischen und italienischen Marinesoldaten, Tommys und japanischen Matrosen.

Nach Chiang Kaisheks Schlag gegen die Kommunisten 1927 kooperierte die Kuomintang mit der Fremdenpolizei und den Shanghaier Banden, aber auch mit chinesischen und ausländischen Fabrikanten, um die Arbeiterunruhen zu unterdrücken. Ausgebeutet unter Bedingungen wie in einem Zuchthaus, von Hunger und Armut gebeutelt, als Sklaven verkauft, vom Highlife und den von Ausländern angelegten Parks ausgeschlossen, war der Appetit nach radikalen Änderungen bei den Armen Shanghais unersättlich. Hier wurde 1921 die Kommunsistische Partei Chinas (KPCh) gegründet, die 1949 nach zahlreichen Rückschlägen die Stadt „befreite".

Die Kommunisten beseitigten schließlich die Slums, rehabilitierten die Hunderttausenden Opiumsüchtigen der Stadt und schafften Kinder- und Sklavenarbeit ab. Dies waren wahrhaft gigantische Leistungen, aber mit der Dekadenz verschwand auch der Glanz. Shanghai wurde zu einer farblosen Industriestadt und zu einer politischen Brutstätte; während der Kulturrevolution fungierte die Stadt als Machtbasis für die berüchtigte Viererbande.

Shanghais langer Schlummer fand 1990 ein abruptes Ende, als Entwicklungspläne für Pudong am Ostufer des Huangpu bekannt wurden. Shanghais boomende Wirtschaft, seine Führungsrolle und sein natürliches Selbstbewusstsein haben der Stadt einen meilenweiten Vorsprung vor anderen chinesischen Städten verschafft. Seine hellen Lichter und seine zahllosen Möglichkeiten haben Shanghai zu einem Mekka für chinesische (und ausländische) Wirtschaftsmigranten gemacht. Inzwischen ist die Bevölkerung auf insgesamt 23 Millionen angewachsen; während sich im Jahr 2000 noch 2588 Menschen auf jedem Quadratkilometer drängten, waren es 2010 schon 3600. Etwa neun Millionen Migranten leben in Shanghai, sie verleihen der Stadt durch einen Mischmasch aus Dialekten, Weltanschauungen, Lebensstilen und Küchen ein buntes Antlitz.

Sprache

13 Millionen Menschen sprechen Shanghaiisch (oder Shanghainesisch; in Mandarin Shanghaihua), das zum Wu-Dialekt gehört. Da Mandarin zunehmend Oberhand gewinnt und es keine standardisierte Form des Shanghaiischen gibt, können es immer weniger junge Menschen richtig sprechen.

Klima

Die Shanghaier Winter sind nasskalt, während die Sommer heiß, feucht und anstrengend sind und plötzliche, ausgiebige Regenfälle mit sich bringen. Am besten ist das Wetter dazwischen: April bis Mitte Mai ist wahrscheinlich die beste Reisezeit, ebenso der Herbst (Ende September bis Mitte November).

Sehenswertes

Das Verwaltungsgebiet Shanghai bedeckt ein riesiges Areal, aber der eigentliche

PREISE

In diesem Kapitel werden folgende Preiskategorien verwendet:

Schlafen

€	unter 500 Yuan
€€	500 bis 1300 Yuan
€€€	über 1300 Yuan

Essen

(pro Gericht)

€	unter 60 Yuan
€€	60 bis 160 Yuan
€€€	über 160 Yuan

Highlights

1 Den **Bund** (S. 194) entlangspazieren oder sein Glas auf die Lichter von Pudong erheben

2 Meisterstücke traditioneller chinesischer Kunst im **Shanghai-Museum** (S. 195) betrachten

3 Oben auf dem **World Financial Center** (S. 208) die Krümmung der Erde bestaunen

4 Die Geschmacksknospen verwöhnen: Ob Fusionsküche oder sichuanische Pfefferkörner, die **Restaurants der Französischen Konzession** (S. 224) decken alles ab

5 Die alten Gassen von **Tianzifang** (S. 203) und seine schrulligen Boutiquen entdecken

6 Die besten Schuhe anziehen und **Shanghais Nachtleben** (S. 229) genießen

7 Auf Schnäppchenjagd nach falschen Antiquitäten und maßgeschneiderten Klamotten in der **Altstadt** (S. 228) gehen

8 Im **M50** (S. 208) die eigenen ästhetischen Grenzen in Bezug auf chinesische Kunst ausloten

9 Der Metropole entfliehen und **Zhujiajiao** (S. 239) mit seiner Kanallandschaft genießen.

10 Sich hinsetzen und Ruhe finden im **Yuyuan-Garten** (S. 202)

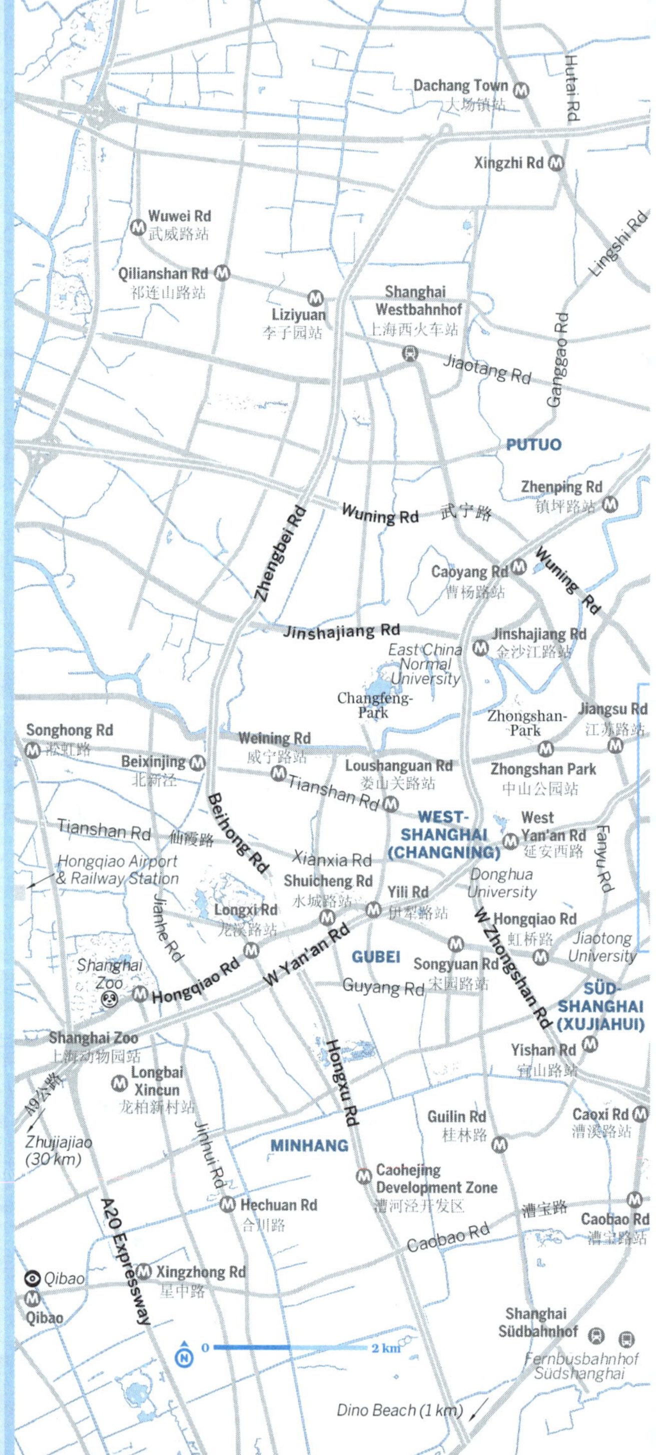

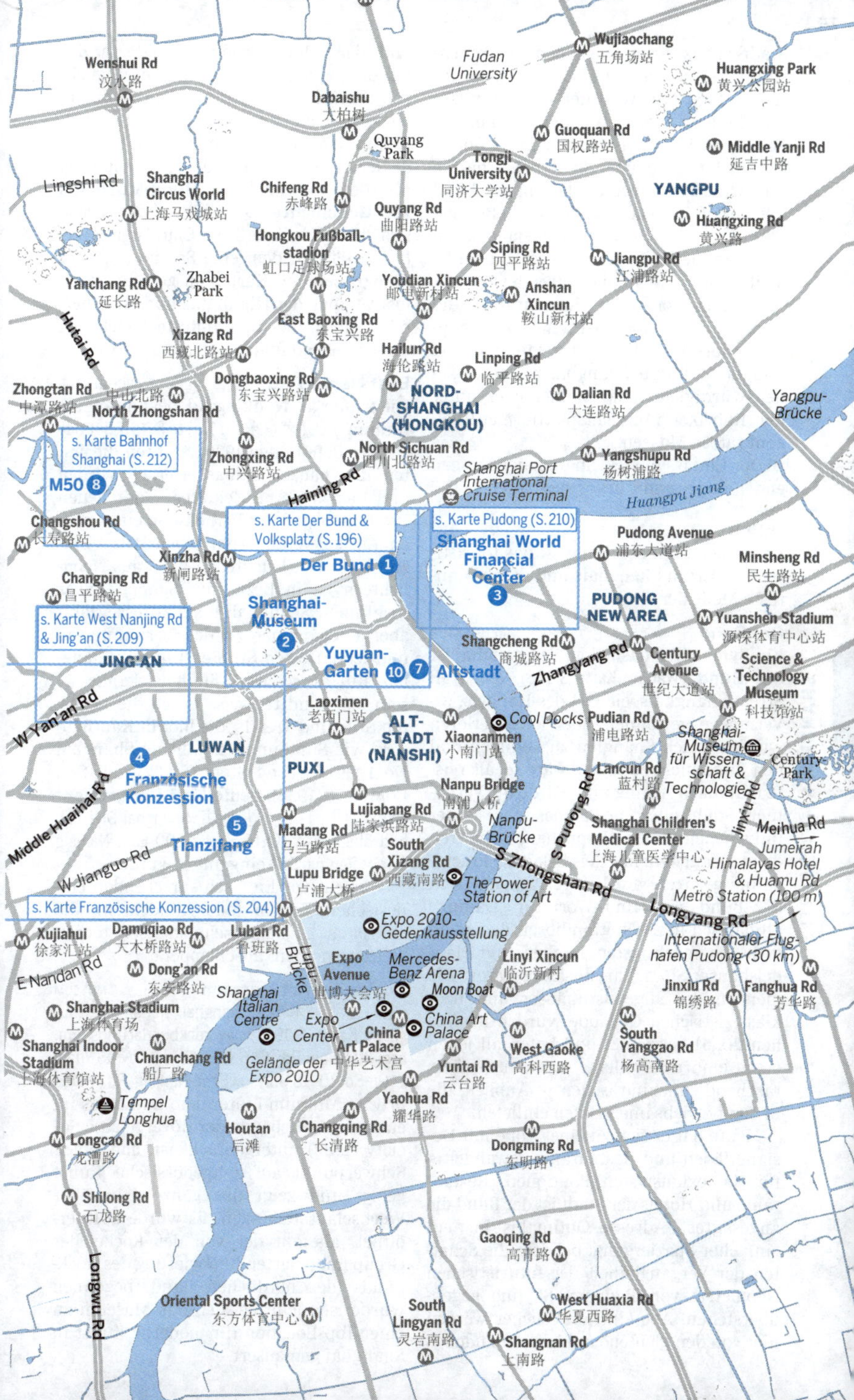

Wujiaochang 五角场站
Fudan University
Wenshui Rd 汶水路
Huangxing Park 黄兴公园站
Dabaishu 大柏树
Guoquan Rd 国权路站
Quyang Park
Middle Yanji Rd 延吉中路
Tongji University 同济大学站
Lingshi Rd
Shanghai Circus World 上海马戏城站
Chifeng Rd 赤峰路
Quyang Rd 曲阳路站
YANGPU
Huangxing Rd 黄兴路
Hongkou Fußballstadion 虹口足球场站
Siping Rd 四平路站
Jiangpu Rd 江浦路站
Yanchang Rd 延长路
Zhabei Park
Youdian Xincun 邮电新村站
Anshan Xincun 鞍山新村站
North Xizang Rd 西藏北路站
East Baoxing Rd 东宝兴路
Hutai Rd
Hailun Rd 海伦路站
Linping Rd 临平路站
Zhongtan Rd 中潭路站
中山北路
North Zhongshan Rd
Dongbaoxing Rd 东宝兴路站
NORD-SHANGHAI (HONGKOU)
Dalian Rd 大连路站
Yangpu-Brücke
s. Karte Bahnhof Shanghai (S. 212)
Zhongxing Rd 中兴路站
North Sichuan Rd 四川北路站
Yangshupu Rd 杨树浦路
M50 8
Haining Rd
Shanghai Port International Cruise Terminal
Huangpu Jiang
Changshou Rd 长寿路站
s. Karte Der Bund & Volksplatz (S. 196)
s. Karte Pudong (S. 210)
Shanghai World Financial Center 3
Pudong Avenue 浦东大道站
Xinzha Rd 新闸路站
Der Bund 1
Minsheng Rd 民生路站
Changping Rd 昌平路站
Shanghai-Museum 2
PUDONG NEW AREA
s. Karte West Nanjing Rd & Jing'an (S. 209)
Yuanshen Stadium 源深体育中心站
Shangcheng Rd 商城路站
JING'AN
Yuyuan-Garten 10 7
Altstadt
Zhangyang Rd
Century Avenue 世纪大道站
Science & Technology Museum 科技馆站
W Yan'an Rd
Laoximen 老西门站
ALT-STADT (NANSHI)
Xiaonanmen 小南门站
Cool Docks
Pudian Rd 浦电路站
LUWAN
4
Shanghai-Museum für Wissenschaft & Technologie
Century Park
PUXI
Französische Konzession
Lancun Rd 蓝村路
S Pudong Rd
Jinxiu Rd
Nanpu Bridge 南浦大桥
Middle Huaihai Rd
Lujiabang Rd 陆家浜路站
5
Nanpu-Brücke
Shanghai Children's Medical Center 上海儿童医学中心
Meihua Rd
Tianzifang
Madang Rd 马当路站
South Xizang Rd 西藏南路
Jumeirah Himalayas Hotel & Huamu Rd Metro Station (100 m)
W Jianguo Rd
S Zhongshan Rd
Lupu Bridge 卢浦大桥
The Power Station of Art
s. Karte Französische Konzession (S. 204)
Longyang Rd
Expo 2010-Gedenkausstellung
Xujiahui 徐家汇站
Damuqiao Rd 大木桥路站
Luban Rd 鲁班路
Internationaler Flughafen Pudong (30 km)
Lupu-Brücke
Linyi Xincun 临沂新村
Dong'an Rd 东安路站
Expo Avenue 世博大会站
Mercedes-Benz Arena
E Nandan Rd
Moon Boat
Jinxiu Rd 锦绣路
Fanghua Rd 芳华路
Shanghai Italian Centre
Shanghai Stadium 上海体育场
Expo Center
China Art Palace
China Art Palace
South Yanggao Rd 杨高南路
Shanghai Indoor Stadium 上海体育馆站
Chuanchang Rd 船厂路
West Gaoke 高科西路
Gelände der Expo 2010
中华艺术宫
Yuntai Rd 云台路
Tempel Longhua
Yaohua Rd 耀华路
Houtan 后滩
Changqing Rd 长清路
Longcao Rd 龙漕路
Dongming Rd 东明路
Shilong Rd 石龙路
Gaoqing Rd 高青路
Longwu Rd
Oriental Sports Center 东方体育中心
South Lingyan Rd 灵岩南路
West Huaxia Rd 华夏西路
Shangnan Rd 上南路

Stadtkern ist eher bescheiden. Die Innenstadt lässt sich grob in zwei Gegenden einteilen: Puxi (am Westufer des Huangpu) und Pudong (am Ostufer des Huangpu). Die historischen Attraktionen befinden sich in Puxi, wo auch Shanghais Charme und seine Persönlichkeit liegen: der Bund (offiziell East Zhongshan No 1 Rd. genannt) und die ehemaligen ausländischen Konzessionen, die wichtigsten Einkaufsmeilen und Shanghais trendigste Ansammlung von Bars, Restaurants und Nachtclubs. Pudong ist eine Neuschöpfung, dort finden sich das Finanzviertel und die berühmte Shanghaier Skyline; Sehenswürdigkeiten fallen hier eher unter die Rubriken Aussichtsplattformen/Wolkenkratzer/Museen.

Der Einlass in viele Shanghaier Museen endet eine Stunde, bevor sie schließen.

DER BUND 外滩

Die Gegend um den Bund ist das touristische Zentrum Shanghais und die bekannteste Meile der Stadt.

Der Bund ARCHITEKTUR

Ein Symbol für das koloniale Shanghai ist der **Bund** (Waitan; Karte S. 196), die Wall Street Shanghais, ein Ort des Handels, wo Vermögen gewonnen, aber auch verloren wurden. Nach Shanghai zu kommen und den Bund nicht zu sehen, wäre so, als reiste man nach Beijing und würde die Verbotene Stadt oder die Chinesische Mauer links liegen lassen. Ursprünglich ein Treidelpfad, auf dem mit Reis beladene Frachtkähne gezogen wurden, verwandelte sich der Bund (ein Hindi-Wort für „Damm") allmählich in einen grandiosen Bogen, an dem die mächtigsten Banken und Handelshäuser Shanghais ansässig waren. Die meisten der Jugendstilhäuser und neoklassizistischen Gebäude wurden im frühen 20. Jh. errichtet und boten all jenen einen eindrucksvollen – wenn auch überraschend „unchinesischen" – Anblick, die in den betriebsamen Hafen einliefen.

Heute hat er sich zu einer Zone mit Designerläden und Restaurants gewandelt – für die exklusivsten Boutiquen, Restaurants und Hotels der Stadt ist der Bund die angesagteste Adresse. Optimal ist hier ein einfacher Spaziergang, bei dem die Schatten der Vergangenheit der futuristischen Geometrie von Pudongs Skyline gegenüberstehen. Abendliche Besucher werden hier von den gleißenden Lichtern Pudongs und der schimmernden Grandezza des Bunds empfangen. Eine andere Möglichkeit ist eine Bootsfahrt auf dem Huangpu oder eine entspannte Tour durch die fabelhaften Bars und Restaurants. Am Nordende der Promenade liegt der Huangpu-Park mit dem bescheidenen **Bund-Museums für Geschichte** (外滩历史纪念馆; Waitan Lishi Jinianguan; Karte S. 196; Eintritt frei; ⏲Mo–Fr 9–16 Uhr), in dem eine Sammlung alter Fotografien und Karten ausgestellt ist. Illustrationen der Highlights und ein Überblick über die berühmtesten Gebäude dieser Gegend finden sich auf S. 200.

East Nanjing Rd. ARCHITEKTUR

Die früher als Nanking Rd. bekannte East Nanjing Rd. (南京东路; Karte S. 196) ist der Ort, an dem in den 1920er-Jahren die ersten Kaufhäuser Chinas eröffnet wurden und das moderne Zeitalter – mit neuen Produkten und der Verheißung eines neuen, radikal veränderten Lebensstils – Einzug hielt. Der leuchtende Wald aus Neonlichtern ist in Bezug auf Shoppen zwar nicht mehr Shanghais erste Adresse, zählt aber noch immer zu den berühmtesten und lebhaftesten Straßen Chinas. Shanghais Ruf, die schickste Stadt des Landes zu sein, entstand teilweise durch die neuesten Stile und Trends, die hier in Kaufhäusern wie Sun Sun (1926), heute Shanghai No 1 (First) Food Store (S. 232) und Sun Company (1936), heute **No 1 Department Store** (上海第一百货商店; Shanghai Diyi Baihuo Shangdian; Karte S. 196; 800 East Nanjing Rd.; Ⓜ Renmin Sq.) eingeführt wurden.

Vorsicht vor Englisch sprechenden chinesischen Frauen (oder Studenten), die Touristen zu halsabschneiderisch teuren „Teezeremonien" abschleppen.

Rockbund Art Museum MUSEUM

(上海外滩美术馆; Shanghai *waitan meishuguan*; Karte S. 196; www.rockbundartmuseum.org; 20 Huqiu Rd; 虎丘路 20 号; Erw. 15 Yuan; ⏲Di–So 10–18 Uhr; Ⓜ East Nanjing Rd.) Das private Museum hinter dem Bund, das im ehemaligen Gebäude der Royal Asiatic Society (1933) untergebracht ist, hat seinen Schwerpunkt auf zeitgenössische Kunst gelegt und zeigt das ganze Jahr über Wechselausstellungen. Es wurde 2010 eröffnet, als mit der von der Rockefeller Group finanzierten Renovierung des Rockbunds (des nördlichen Bund) begonnen wurde; seitdem hat sich das Museum zu einer Top-Location für moderne Kunst in Shanghai gemausert.

SHANGHAI IN ...

... einem Tag

Bei Sonnenaufgang aufstehen und am **Bund** frühmorgendliche Szenen am Fluss erleben, während die Metropole aus ihrem Schlummer erwacht. Die East Nanjing Rd. bis zum **Volksplatz** entlangbummeln und entweder das **Shanghai-Museum** oder die **Ausstellungshalle für Stadtplanung** besichtigen. Auf der Gourmetmeile Huanghe Lu ein paar Teigtaschen zu Mittag essen, dann an der Haltestelle Volksplatz in die Metro in Richtung Osten nach Pudong hüpfen. Das lustige, interaktive **Shanghai History Museum** erkunden oder den Bund von der luftigen Flusspromenade aus betrachten. Danach im **World Financial Center** mit dem High-speed-Aufzug auf die höchste Aussichtsplattform der Welt fahren, um Shanghai in die richtige Perspektive zu rücken. Knurrender Magen? Zeit für ein Abendessen in der Französischen Konzession, gefolgt von einem Schlaftrunk auf dem Bund, um den Kreis zu schließen.

... zwei Tagen

Im **Yuyuan-Garten** in der Altstadt den Massen mit einem Frühstart zuvorkommen, danach auf der Old St. nach Souvenirs stöbern und durch die Gassen bummeln. Nächster Halt: Mittagessen in **Xintiandi** und ein Besuch im **Shikumen Open House Museum**. Nachmittags mit dem Taxi zum **Tianzifang**, danach zu einem weiteren Abendessen in der Französischen Konzession. Wieder Auftrieb bekommen? Den Akrobaten nachjagen, durch die Clubs ziehen oder bei einer traditionellen chinesischen Massage entspannen.

Neben dem Kunstmuseum bietet diese Gegend noch weitere architektonische Perlen, die zu diesem Renovierungsprojekt gehören, etwa das **ehemalige Britische Konsulat**, das am Nordende des Bunds besichtigt werden kann. Der am ausgiebigsten renovierte Abschnitt befindet sich an der **Yuanmingyuan Lu** (圆明园路), die die neuesten Restaurants der Spitzenklasse sowie Luxusmarken wie ein Magnet anzieht. Weitere Wahrzeichen in der Gegend wurden bereits für eine Sanierung vorgeschlagen, etwa die wundervolle geschwungene Fassade des im Jugendstil gehaltenen Capitol Theatre (1928) am nördlichen Ende der Huqiu Lu.

GRATIS **Shanghai-Postmuseum** MUSEUM
(上海邮政博物馆; Shanghai Youzheng *bowuguan*; Karte S. 196; 250 North Suzhou Rd.; 北苏州路 250 号; ⌚Mi, Do, Sa & So 9–17 Uhr; Ⓜ Tiantong Rd.) Was sich im ersten Moment todlangweilig anhört, ist in Wirklichkeit ein ziemlich gutes Museum, in dem man etwas über die Postgeschichte des kaiserlichen China erfahren und seltene Briefmarken von vor und nach der Befreiung (1888–1978) sehen kann. Es befindet sich in einem prachtvollen Postamt aus dem Jahr 1924, von dessen Dachgarten sich ein herrlicher Panoramablick bietet (der Garten war beim Verfassen dieses Buches geschlossen).

Bund Sightseeing Tunnel TUNNEL
(外滩观光隧道; Waitan Guanguang Suidao; Karte S. 196; The Bund; Fahrpreis einfach/hin und zurück 50/60 Yuan; ⌚8–22 Uhr; Ⓜ East Nanjing Rd.) Die verrückteste Art, nach Pudong zu gelangen: Durch einen Tunnel mit kitschigen Lichteffekten werden sprachlose Passagiere in Waggons vom Bund zum gegenüberliegenden Ufer transportiert. Der Eingang befindet sich hinter dem Touristeninformations- & Servicecenter.

VOLKSPLATZ 人民广场

Der Volksplatz war einst Shanghais Rennbahn, heute ist er das neuralgische Zentrum der Metropole. Überschattet vom Wolkenkratzer **Tomorrow Square** (Zukunftsplatz; 明天广场; Mingtian Guangchang; Karte S. 196), wird der offene Platz von Museen, Veranstaltungssälen und dem grünen Volkspark eingenommen. In den Tunneln unter all dem liegt der betriebsamste U-Bahn-Knotenpunkt in Shanghai; dort kommt die frenetische Energie der Stadt zu einem vollen Crescendo.

Shanghai-Museum MUSEUM
(上海博物馆; Shanghai *bowuguan*; Karte S. 196; www.shanghaimuseum.net; 201 Renmin Ave; 人

Der Bund & Volksplatz

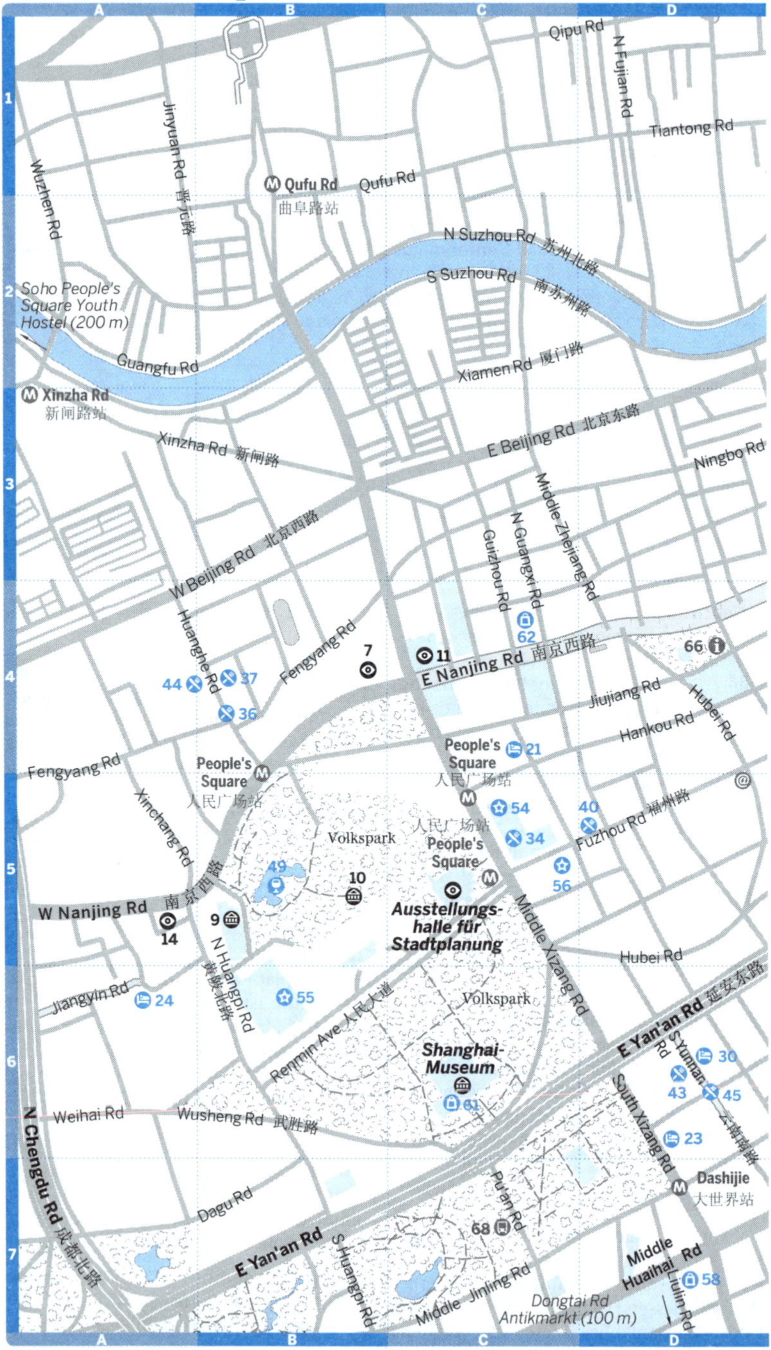

SHANGHAI SEHENSWERTES

Der Bund & Volksplatz

Highlights

East Nanjing Rd ... E3
Rockbund Art Museum ... F2
Shanghai-Museum ... C6
Ausstellungshalle für Stadtplanung ... C5
Yuyuan-Garten ... H7

Sehenswertes

1 Bund ... G3
2 Bund-Museum für Geschichte ... G2
3 Ehemaliges Britisches Konsulat ... G2
4 Eingang zum Bund Sightseeing Tunnel ... G2
5 Eingang zum Yuyuan-Garten ... G6
6 Huxinting-Teehaus ... G7
7 Madame Tussaud's ... B4
8 Nonnenkloster Chenxiangge ... G6
9 Shanghai-Kunstmuseum ... B5
10 Shanghai-Museum für Zeitgenössische Kunst ... B5
11 Shanghai No 1 Department Store .. C4
12 Shanghai-Postmuseum ... F1
13 Stadtgotttempel ... H7
14 Tomorrow Square ... A5
15 Yuyuan Bazaar ... G7

Aktivitäten, Kurse & Touren

16 Bootstouren auf dem Huangpu (Bund) ... H5

Schlafen

17 Astor House Hotel ... G1
18 Captain Hostel ... G4
19 Chai Living Residences ... E1
20 Fairmont Peace Hotel ... G3
JW Marriott Tomorrow Square ... (siehe 14)
21 Langham Yangtze Boutique ... C4
22 Les Suites Orient ... H5
23 Marvel Hotel ... D6
24 Mingtown Etour Youth Hostel ... A6
25 Mingtown Hiker Youth Hostel ... F2
26 Mingtown Nanjing Road Youth Hostel ... E3
27 Motel 168 ... E6
28 Motel 268 ... F2
29 Peninsula Hotel ... G2
30 The Phoenix ... D6
31 Waldorf Astoria ... G4

Essen

32 Din Tai Fung ... H7
33 El Willy ... H5
34 Food Republic ... C5
35 Hongyi Plaza ... E3
36 Huanghe-Lu-Schlemmermeile ... B4
37 Jiajia Soup Dumpings ... B4
38 Lost Heaven ... G5
39 M on the Bund ... G4
40 Nanxiang Steamed Bun Restaurant ... D5
41 Shanghai Grandmother ... G4
42 Songyuelou ... G7
43 Wu Fang Zhai ... D6
44 Yang's Fry Dumpings ... A4
45 Yunnan-Lu-Schlemmermeile ... D6
46 Yuxin Chuancai ... E4

Ausgehen

47 Atanu ... G4
48 Bar Rouge ... G3
49 Barbarossa ... B5
Captain's Bar ... (siehe 18)
Glamour Bar ... (siehe 39)
Long Bar ... (siehe 31)
50 Moonlight Teahouse ... H7
51 New Heights ... G4
52 Old Shanghai Teahouse ... G7
53 Vue ... H1

Unterhaltung

Fairmont Peace Hotel Jazz Bar ... (siehe 20)
54 Peace Cinema ... C5
55 Shanghai Grand Theatre ... B6
56 Yifu Theatre ... C5

Shoppen

57 Annabel Lee ... G4
58 Cybermart ... D7
59 Fremdsprachliche Buchhandlung .. E4
60 Old Street ... G7
61 Shanghai Museum Shop ... C6
62 Shanghai No 1 (First) Food Store ... C4
Suzhou Cobblers ... (siehe 18)

Praktisches

63 China Mobile ... F2
64 Ticketbüro für Hausboote ... G5
65 Tourist Information & Service Centre ... G2
66 Tourist Information & Service Centre ... D4
67 Tourist Information & Service Centre ... G7

Transport

68 Busbahnhof Pu'an Rd. ... C7
69 Zugfahrkartenbüro ... H1
70 Zugfahrkartenbüro ... F2

民大道 201 号; Eintritt frei; 9–17 Uhr; M People's Square) Ein absolutes Muss ist das Shanghai-Museum. Auf einem Spaziergang durch einige Jahrtausende Handwerkskunst werden zugleich viele Seiten der chinesischen Geschichte aufgeblättert. Am besten einen halben, besser noch einen ganzen Tag dafür einplanen (Achtung, der Eingang befindet sich an der East Yan'an Rd.).

Das Gebäude, dessen Form an einen *ding*, eine spezielle Art von antikem Kessel, erinnern soll, beherbergt eine der beeindruckendsten Sammlungen Chinas. Hier findet jeder Besucher etwas nach seinem Geschmack, von den archaischen grünen Patinas in der **Alten Chinesischen Bronzegalerie** bis zur feierlichen Ruhe der **Alten Chinesischen Skulpturengalerie;** von der erlesenen Schönheit der Porzellan- und Tonwaren in der **Keramikgalerie** bis hin zu gemessenen, zeitlosen Schnörkeln in der **Galerie für Chinesische Kalligrafie.** Auch chinesische Malerei, Siegel, Jade, Ming- und Qing-Möbel, Münzen und Volkstrachten gehören zu den Exponaten, die in gut beleuchteten Räumen intelligent präsentiert werden. Wenn die Müdigkeit zuschlägt, kann man sich auf den bequemen Sitzgelegenheiten ausruhen, die in jedem Stock vor den Ausstellungsräumen zu finden sind.

In einigen Galerien ist Fotografieren erlaubt. Der informative Audio-Guide (erhältlich in acht Sprachen) ist seine 40 Yuan wert (400 Yuan oder Reisepass als Pfand hinterlegen). Der **Museumsshop** ist hervorragend und verkauft Postkarten, eine reiche Auswahl an Büchern und originalgetreue Repliken der im Museum ausgestellten Keramiken und anderer Stücke. Innerhalb des Museums gibt's ein überteuertes Teehaus und ein ebenso überteuertes Restaurant – lieber etwas in der ganz in der Nähe gelegenen **Yunnan-Lu-Schlemmermeile** (s. Kasten S. 225) essen.

Ausstellungshalle für Stadtplanung

MUSEUM

(上海城市规划展示馆; Shanghai Chengshi Guihua *zhanshiguan*; Karte S. 196; 100 Renmin Ave; 人民大道 100 号; Erw. 30 Yuan; Di–So 9–17 Uhr, Einlass bis 16 Uhr; M People's Square) Es gibt Städte, die ihre Vergangenheit romantisieren, andere versprechen gute Zeiten in der Gegenwart, aber nur in China kann man Gebäude besuchen, die noch gar nicht gebaut sind. Im 2. OG wird Shanghais idealisierte Zukunft (2020) präsentiert: Hier ist ein unglaubliches Stadtplanungsmodell der künftigen Megalopolis mit einer schwindelerregenden virtuellen 3-D-Panorama-Tour inklusive Einweihungsfeuerwerk zu sehen. Ein Gegengewicht zu den in die Zukunft gerichteten Ausstellungsteilen bilden Fotos und Karten des historischen Shanghai. Der Eingang befindet sich an der Xizang Rd.

Shanghai-Museum für Zeitgenössische Kunst

MUSEUM

(Moca Shanghai; 上海当代艺术馆; Shanghai Dangdai *yishuguan*; Karte S. 196; www.mocashanghai.org; People's Park; 人民公园; Erw. 30 Yuan; 10–21.30 Uhr; M People's Square) Dieses Nonprofit-Zentrum für zeitgenössische Kunst befindet sich in einem Glasbau, um das oft trübe Shanghaier Sonnenlicht optimal einzufangen. Das Museum hat einen erstklassigen Standort im Volkspark. Die Wechselausstellungen reichen von Skulpturen urbaner Dystopie bis hin zu japanischem Ecodesign und Multimedia-Installationen.

GRATIS Kunstmuseum Shanghai

MUSEUM

(上海美术馆; Shanghai *meishuguan*; Karte S. 196; www.sh-artmuseum.org.cn; 325 West Nanjing Rd; 南京西路 325 号; 9–17 Uhr; M People's Square) Die Ausstellungen moderner chinesischer Kunst sind mal gut, mal schlecht, aber das Gebäude (Shanghais ehemaliger Pferderennclub) und seine historischen Details sind einfach hinreißend. Englische Beschriftungen nur sporadisch.

ALTSTADT & SÜDLICHER BUND 南市

Die Altstadt, die bei den Einheimischen als *nan shi* (Südstadt) bekannt ist, ist der Teil Shanghais, der – abgesehen von Qibao – am traditionellsten chinesisch ist. Ihre ovale Anlage lässt noch immer den Verlauf der Stadtmauer aus dem 16. Jh. erkennen, die errichtet wurden, um marodierende japanische Piraten abzuhalten. Teile der Altstadt sind im vergangenen Jahrzehnt den Bulldozern zum Opfer gefallen, um Platz für Bauprojekte zu schaffen, aber der schäbige Charme hat in den engen Gassen des Viertels überlebt. Die **Cool Docks** (时尚老码头; Shishang Laomatou) am Südlichen Bund sind die Light-Version eines am Fluß gelegenen Xintiandi mit *shikumen* (niedrige Mietshäuser aus dem frühen 20. Jh.) und umgewandelten Lagerhäusern.

Der Bund

Ein Spaziergang am Bund zeigt Shanghais schönste Seite. Ab der Mitte des 19. Jhs. war dieser Stadtteil am Wasser der Sitz der kolonialen Macht; hier etablierten sich bahnbrechende Hotels, Banken und Handelshäuser, die im Lauf der Jahrhunderte durch noch großartigere Bauwerke ersetzt wurden. In den 1920er- und 1930er-Jahren erlebte der Bund seine Blütezeit, bevor Kriegswirren und Besatzung dem Highlife der ausländischen Bürger ein Ende setzten. Nachdem die Stadt in der Ära des Kommunismus praktisch eingemottet wurde, strebte der Uferstreifen in den letzten 15 Jahren danach, den Glanz der Vergangenheit wieder aufleben zu lassen, indem viele historische Gebäude restauriert wurden. Heute ist der Bund Chinas Vorzeigeprojekt in Sachen Lifestyle, und viele der Wahrzeichen hier sind Designerrestaurants, schicke Cocktailbars und Flagship Stores der exklusivsten Marken der Welt. Wer von der Promenade aus die Skyline von Pudong gegenüber bestaunt

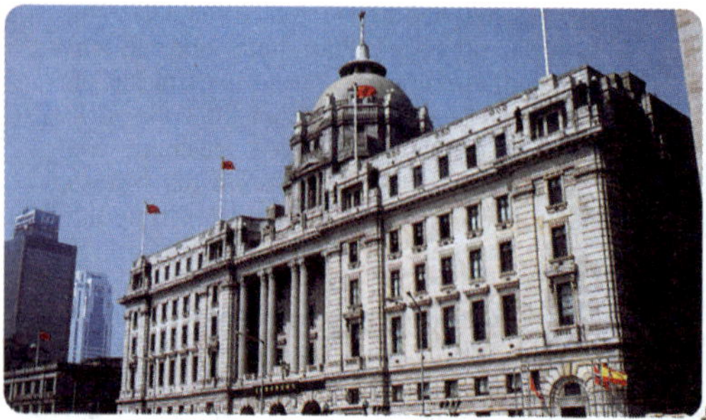

CHRIS MELLOR/GETTY ©

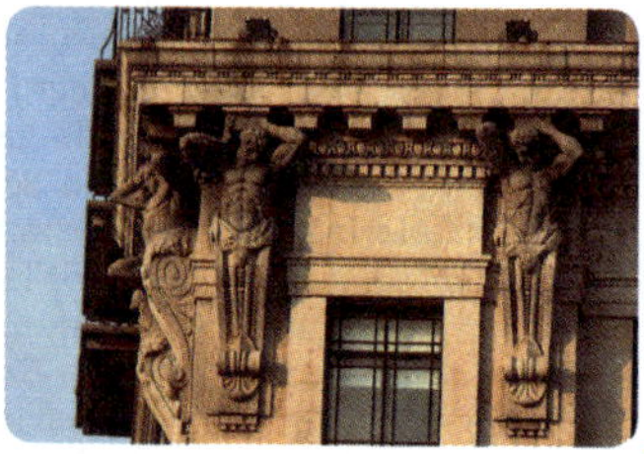

LYNDON GIFFARD IMAGES/ALAMY ©

North China Daily News Building (1924)

Bekannt als die „Alte Dame des Bunds" war die News 1864 bis 1951 die wichtigste englischsprachige Zeitung in China. Über den mittleren Fenstern ist noch das Motto der Zeitung zu sehen.

Hongkong & Shanghai Bank Building (1923)

In dieser riesigen Bank (⌚Mo–Fr 9–16.30 Uhr) lässt sich eine wunderschöne Mosaikdecke bewundern, die die zwölf Tierkreiszeichen und die acht (früheren) Finanzzentren der Welt darstellt.

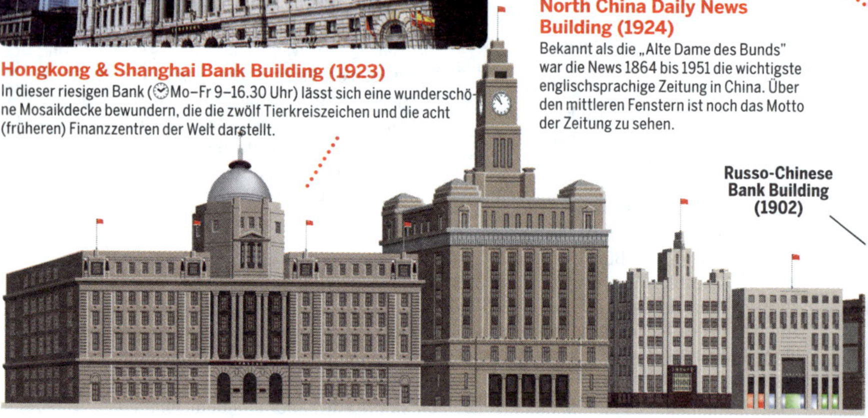

Russo-Chinese Bank Building (1902)

Custom House (1927)

Als eines der wichtigsten Gebäude am Bund bekam das Custom House das größte Zifferblatt Asiens verpasst und obendrein noch „Big Ching", eine Glocke nach dem Vorbild von Londons Big Ben.

Ehemalige Bank of Communications (1947)

Bund Public Service Centre (2010)

KEITH LEVIT/ALAMY ©

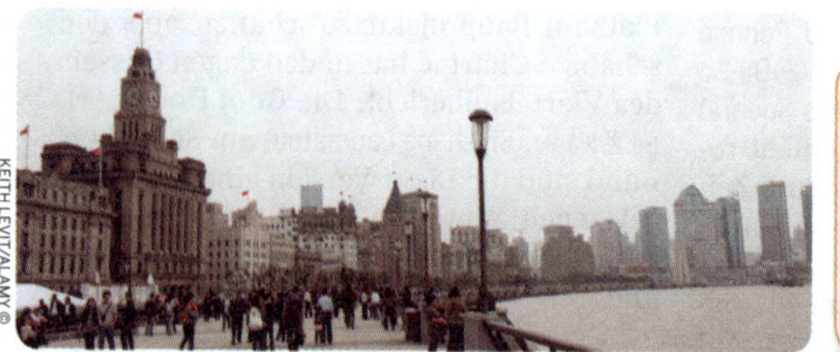

Top-Tipp

Die Promenade ist rund um die Uhr offen, aber am besten ist es dort früh am Morgen, wenn die Einheimischen draußen Tai-Chi üben, oder am frühen Abend, wenn beide Flussufer beleuchtet sind und das Gebiet am Wasser am großartigsten aussieht.

hat, sollte sich die großartigen Fassaden einmal genauer ansehen und die Gebäude, wo es möglich ist, auch von innen in Augenschein nehmen. Diese Illustration zeigt die wichtigsten Sehenswürdigkeiten am zentralen Abschnitt des Bunds, beginnend in der Nähe der Einmündung der East Nanjing Road. Der Bund ist 1 km lang. Wer in das Gebiet südlich des Hongkong & Shanghai Bank Building geht, findet dort die größte Auswahl an Bars und Restaurants.

KURZINFOS

» **Anzahl** der Baudenkmäler am Bund: 22

» **Datum,** an dem das erste ausländische Gebäude am Bund gebaut wurde: 1851

» **Das Jahr,** in dem M on the Bund, das erste Bund-Restaurant der Spitzenklasse, eröffnet wurde: 1999

» **Ungefähre Anzahl** der Holzpfähle, die das Fairmont Peace Hotel stützen: 1600

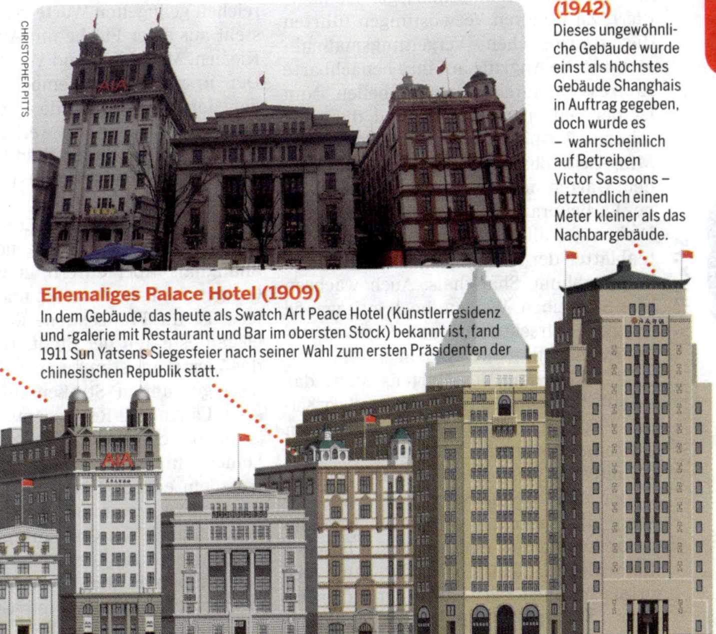

Bank of China (1942)
Dieses ungewöhnliche Gebäude wurde einst als höchstes Gebäude Shanghais in Auftrag gegeben, doch wurde es – wahrscheinlich auf Betreiben Victor Sassoons – letztendlich einen Meter kleiner als das Nachbargebäude.

Ehemaliges Palace Hotel (1909)
In dem Gebäude, das heute als Swatch Art Peace Hotel (Künstlerresidenz und -galerie mit Restaurant und Bar im obersten Stock) bekannt ist, fand 1911 Sun Yatsens Siegesfeier nach seiner Wahl zum ersten Präsidenten der chinesischen Republik statt.

Ehemalige Bank of Taiwan (1927)

Ehemaliges Chartered Bank Building (1923)
Das Gebäude wurde 2004 als der vornehme Unterhaltungskomplex Bund 18 wieder eröffnet; die Bar Rouge im obersten Stock ist spätabends eine der erstklassigsten Anlaufstellen am Bund.

Fairmont Peace Hotel (1929)
Ursprünglich als Cathay Hotel errichtet, war dieses Jugendstilmeisterstück die Unterkunft schlechthin in Shanghai und das Kronjuwel in Sassoons Immobilien-Empire.

Yuyuan-Garten & Basar GARTEN, BASAR

(豫园、豫园商城; Yuyuan & Yuyuan Shangcheng; Karte S. 196; Eintritt Garten 40 Yuan, Basar Eintritt frei; ⏲Garten 8.30 – 17.30, Einlass bis 17 Uhr; Ⓜ Yuyuan Garden) Schattige Nischen, glitzernde Wasserbecken, in denen Karpfen das Wasser aufwirbeln, Pavillons, melancholische Kiefern, die in Steingärten sprießen, und umherstreifende japanische Touristen – dieser Garten gehört zu Shanghais herausragendsten Sehenswürdigkeiten. An den Wochenenden ist er allerdings hoffnungslos überlaufen.

Angelegt hat den Garten die Familie Pan, reiche Beamte zur Zeit der Ming-Dynastie. Es dauerte 18 Jahre (1559–1577), bis der Garten grünte und blühte. 1842 wurde er während des Opiumkrieges bombardiert. Zu weiteren Verwüstungen führten die französischen Vergeltungsmaßnahmen für die Angriffe auf ihre benachbarte Konzession durch Taiping-Rebellen. Nun ist der Garten restauriert und dient als schönes Beispiel für die Gartenkunst der Ming-Zeit. Blumen und Blüten verleihen dem Garten in Frühling und Sommer seine Farbenpracht und bringen ihn zum Duften, vor allem durch die schweren Blütenblätter der *Magnolia grandiflora*, die Wappenblume Shanghais. Auch wachsen hier Steineiben, Weiden, hoch aufragende Gingkos, Kirschbäume und Urweltmammutbäume mit feinen Nadeln.

Beim Eingang des Gartens steht das **Huxinting-Teehaus** (湖心亭; Huxinting; Karte S. 196; ⏲8.30–21.30 Uhr), das einst zum Garten gehörte und heute eines der berühmtesten Teehäuser Chinas ist.

Der angrenzende **Basar** mag etwas kitschig und überfüllt sein, aber wen die Menschenmassen und Verkäufer falscher Rolex-Uhren nicht stören, der kann hier prima herumstöbern. Auch der nahegelegene **Stadtgotttempel** (城隍庙; Chenghuang Miao; Karte S. 196; Yuyuan Bazaar; Eintritt 10 Yuan; ⏲8.30–16.30 Uhr) ist einen Besuch wert. Gleich vor dem Basar verläuft die **Old Street** (老街; Lao Jie), prosaischer als Middle Fangbang Rd. bekannt, eine belebte Straße, die von Kuriositätenläden und Teehäusern gesäumt ist.

Nonnenkloster Chenxiangge BUDDHISTISCHES KLOSTER

(沉香阁; Chenxiang Ge; Karte S. 196; 29 Chenxiangge Rd.; 沉香阁路 29 号; Eintritt 10 Yuan; ⏲7–17 Uhr; Ⓜ Yuyuan Garden) Dieser herrliche buddhistischeTempel schirmt mit seinen gelben Mauern eine Gemeinschaft von dunkelbraun gewandeten Nonnen ab. Er bildet ein stilles Portal zu einer hingebungsvollen Existenz weit weg von der weltlichen Hektik der Stadt. Wer an der hinteren Halle auf den **Guanyin-Turm** (观音楼; Guanyin Lou; Eintritt 2 Yuan) steigt, hat Aussicht auf eine erlesene Statue von Guanyin, der buddhistischen Göttin des Mitgefühls; das Original ist während der Kulturrevolution verschwunden.

Konfuziustempel KONFUZIUSTEMPEL

(文庙; Wen Miao; außerhalb der Karte S. 196; 215 Wenmiao Rd.; 文庙路 215 号; Eintritt 10 Yuan; ⏲9–17 Uhr; Ⓜ Laoximen) Dieser hübsche und gepflegte Tempel zu Ehren des Weisen und Sozialtheoretikers Konfuzius, der die zahlreichen geflügelten Worte geprägt hat, besteht aus einer Fläche mit Ahornbäumen, Kiefern, Magnolien und Vogelgezwitscher. Der ursprüngliche Tempel stammt aus dem Jahr 1294, er wurde erst 1855 an seinen jetzigen Standort verlegt. Sonntags findet hier ein **Secondhand-Buchmarkt** (⏲7.30–16 Uhr; Eintritt 1 Yuan) statt.

FRANZÖSISCHE KONZESSION 法租界

Einst Heimat des überwiegenden Teils von Shanghais Abenteurern, Revolutionären, Gangstern, Prostituierten und Schriftstellern, ist die Französische Konzession der eleganteste Teil der Stadt. Heute besteht das Viertel aus stimmungsvollen, von Bäumen gesäumten Straßen mit Wohnhäusern, Läden und Restaurants. Den Namen „Französische Konzession" wird man auf keiner chinesischen Karte finden, und trotzdem erstreckt sie sich elegant durch die Bezirke Luwan und Xuhui und schneidet sich auch von Changning und Jing'an eine Scheibe ab. Die Crème de la Crème von Shanghais alten Wohngebäuden und Wohnblöcken, Hotels und Gebäuden im Jugendstil ist hier erhalten, während sich auf der auf Kommerz ausgerichteten Huaihai Rd. die Shopping-Süchtigen drängen. Der Bezirk strebt natürlicherweise nach Aufwertung, doch gleichzeitig ist er eine trendige, angesagte Enklave, die sich hervorragend für langsames, zielloses Erkunden oder aber für ein vollständiges Eintauchen in das Viertel Tianzifang eignet. Tianzifang ist eine hippe Gegend aus Gassen, die vor Läden und Cafés nur so überquellen, und hat Xintiandi als eines der angesagtesten Einkaufs- und Unterhaltungszentren überholt.

Tianzifang SHOPS

(田子坊; Karte S. 204; Lane 210, Taikang Rd.; 泰康路 210 弄; Ⓜ Dapuqiao) Xintiandi und Tianzifang basieren auf einer ähnlichen Idee – ein Unterhaltungskomplex, der sich in einem Gewirr aus traditionellen *longtang* (Gassen) befindet – aber wenn es darum geht, echten Charme und Atmosphäre auszustrahlen, hat Tianzifang mehr zu bieten. Das Ensemble aus Designstudios, Internetcafés und Boutiquen ist das perfekte Gegenmittel zu Shanghais übergroßen Einkaufszentren und Wolkenkratzern. Da noch immer einige Familien hier wohnen, ist eine gemeinschaftliche Atmosphäre erhalten geblieben.

Es gibt einige wichtige, in Nord-Süd-Richtung verlaufende Gassen (Nr. 210, 248, 274), die von den ungeraden, in Ost-West-Richtung verlaufenden Gassen gekreuzt werden. Dadurch wird die Erkundung ein wenig verwirrend, aber richtig lustig. In der Hauptgasse befindet sich das **Deke Erh Art Centre** (尔冬强艺术中心; Er Dongqiang Yishu Zhongxin; Karte S. 204; No 2, Lane 210), das einem einheimischen Fotografen und Autor gehört. Noch besser ist die winzige Galerie **Beaugeste** (比极影像; Biji Yingxiang; Karte S. 204; www.beaugeste-gallery.com; 4. OG, No 5, Lane 210; ⏲10–18 Uhr) mit Ausstellungen zeitgenössischer chinesischer Fotografen.

Die Hauptbeschäftigung ist hier selbstverständlich Shoppen, und durch die kürzlich erfolgte Explosion kreativer Neugründungen lassen sich interessante Funde machen – von folkloristischen Stickereien und frisch eingepackten Pu-Erh-Tees bis hin zu kommunistischem Essgeschirr im Retro-Look. Woanders gibt's eine wachsende Anzahl cooler Cafés, z. B. das Café Kommune (S. 228), wo man Essen und Getränke bekommen und die müden Füße ausruhen kann. Nach chinesischem Essen zu suchen ist die Mühe nicht wert – hier gibt es das nicht.

Xintiandi SHOPS

(新天地; Karte S. 204; www.xintiandi.com; Ecke Taicang Rd. & Madang Rd.; 太仓路与马当路路口; Ⓜ South Huangpi Rd oder Xintiandi) Xintiandi existiert gerade mal seit einem Jahrzehnt, trotzdem gehört es bereits zu den Wahrzeichen Shanghais. Der exklusive Laden- und Restaurantkomplex besteht aus weitgehend umgebauten *shikumen*-Häusern und ist damit das erste Stadtentwicklungsprojekt, das unter Beweis gestellt hat, dass historische Architektur tatsächlich einen wirtschaftlichen Wert darstellt. Betuchte Kunden und Restaurants mit Sitzgelegenheit im Freien sorgen bis spät in der Nacht für Trubel, während zwei Museen einen Hauch von Kultur zur Mischung beitragen.

Im nördlichen Block ist am meisten los. Das kleine **Shikumen Open House Museum** (屋里厢石库门民居陈列馆; Wulixiang Shikumen Minju Chenlieguan; Karte S. 204; Eintritt 20 Yuan; ⏲10.30–22.30 Uhr) dokumentiert das traditionelle Leben in einem Shanghaier Zehn-Zimmer-*shikumen*. Darüber hinaus lohnt es sich auch, durch die verschönerten Gassen zu spazieren und bei einem Abendessen oder einem Gläschen einen Sommerabend zu genießen.

Liuli-Glasmuseum MUSEUM

(琉璃艺术博物馆; Liuli Yishu Bowuguan; Karte S. 204; www.liulichinamuseum.com; 25 Taikang Rd.; 泰康 25 号; Eintritt 20 Yuan; ⏲Di–So 10–17 Uhr; Ⓜ Dapuqiao) Das Liuli-Glasmuseum, das von den taiwanesischen Künstlern Loretta Yang und Chang Yi gegründet wurde, ist der Glaskunst gewidmet. Wer die Sammlung der zum Teil über 2000 Jahre alten Artefakte unter die Lupe nimmt, kann beispielsweise anhand von Ohrringen, Gürtelschnallen und sogar einem *weiqi-Spiel (Go)* aus der Tang-Dynastie frühzeitliche Handwerkskunst bewundern.

Die Sammlung geht dann nahtlos zu zeitgemäßeren Kreationen aus aller Welt über, bevor der Besucher bei Yangs heiteren, vom Buddhismus inspirierten Werken angelangt, einschließlich einer großartigen 1,6 m hohen, 1000-armigen Guanyin.

GRATIS **KP-Gründungsgedenkstätte** MUSEUM

(中共一大会址纪念馆; Zhonggong Yida Huizhi; Karte S. 204; 76 Xingye Rd.; 兴业路 76 号; ⏲9–17 Uhr; Ⓜ South Huangpi Rd. oder Xintiandi) Die Kommunistische Partei Chinas (KPCh) wurde im Juli 1921 in diesem *shikumen*-Gebäude der Französischen Konzession auf einen Schlag gegründet. Dadurch verwandelte sich ein unscheinbarer Wohnblock in einen der heiligsten Schreine des chinesischen Kommunismus. Die schwindelerregend marxistische Tendenz und der kommunistische Narzissmus des heutigen Museums gehen ein bisschen zu weit, aber man kann den Raum besichtigen, in dem die Partei gegründet wurde. Am Eingang muss der Pass vorgezeigt werden.

Französische Konzession

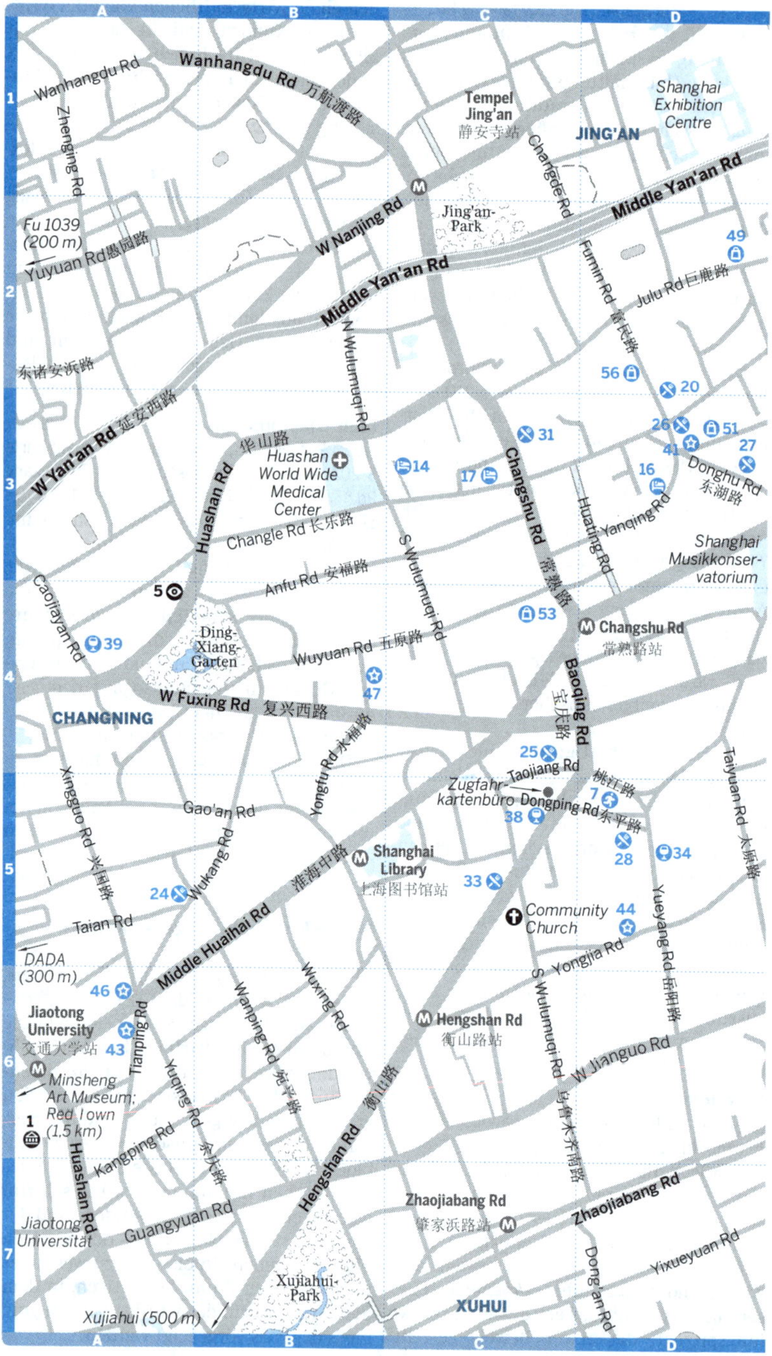

A B C D
1 2 3 4 5 6 7

Wanhangdu Rd
Wanhangdu Rd 万航渡路
Zhenning Rd
Tempel Jing'an
静安寺站
Changde Rd
JING'AN
Shanghai Exhibition Centre
Middle Yan'an Rd
Fu 1039 (200 m)
Yuyuan Rd 愚园路
W Nanjing Rd
Jing'an-Park
Middle Yan'an Rd
Fumin Rd 富民路
Julu Rd 巨鹿路
49
东诸安浜路
N Wulumuqi Rd
56
20
W Yan'an Rd 延安西路
华山路
26
51
31
41
27
Huashan World Wide Medical Center
14
17
Changshu Rd
16
Donghu Rd 东湖路
Huashan Rd
Huating Rd
Yanqing Rd
Changle Rd 长乐路
S Wulumuqi Rd
Shanghai Musikkonservatorium
Caojiayan Rd
5
Anfu Rd 安福路
常熟路
53
Changshu Rd
常熟路站
39
Ding-Xiang-Garten
Wuyuan Rd 五原路
Baoqing Rd 宝庆路
47
W Fuxing Rd 复兴西路
CHANGNING
Yongfu Rd 永福路
25
Taojiang Rd 桃江路
Taiyuan Rd 太原路
Xingguo Rd 兴国路
Zugfahrkartenbüro
7
Dongping Rd 东平路
38
Gao'an Rd
28
34
Wukang Rd
Shanghai Library
上海图书馆站
淮海中路
33
24
Community Church
44
Taian Rd
Yueyang Rd 岳阳路
DADA (300 m)
Middle Huaihai Rd
S Yongjia Rd
46
Wanping Rd 宛平路
Wuxing Rd
Jiaotong University
交通大学站
43
Tianping Rd
Hengshan Rd
衡山路站
S Wulumuqi Rd 乌鲁木齐南路
W Jianguo Rd
Minsheng Art Museum; Red Town (1,5 km)
Yuqing Rd 余庆路
1
Kangping Rd
Hengshan Rd 衡山路
Huashan Rd
Zhaojiabang Rd
肇家浜路站
Zhaojiabang Rd
Jiaotong Universität
Guangyuan Rd
Xujiahui-Park
Yixueyuan Rd
Dong'an Rd
XUHUI
Xujiahui (500 m)

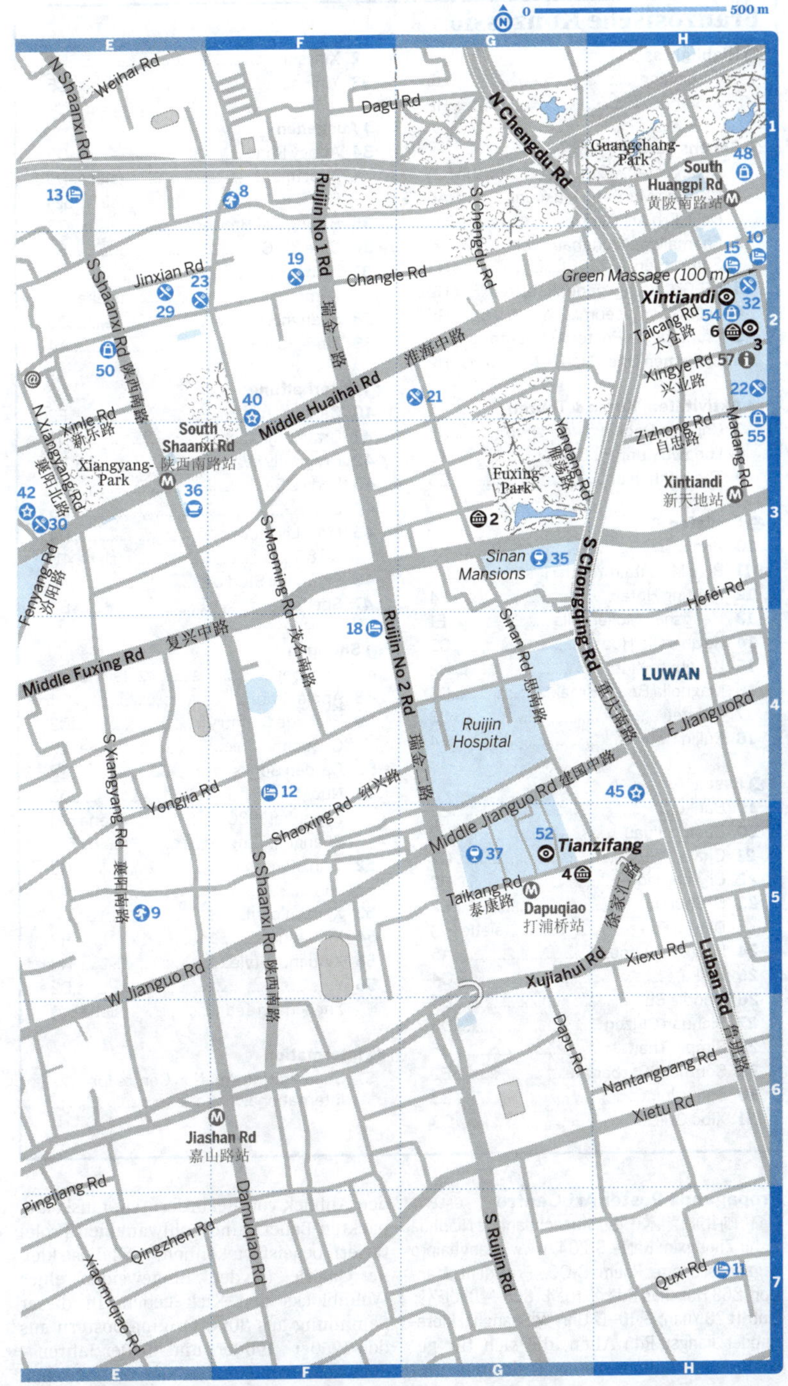

SHANGHAI SEHENSWERTES

Französische Konzession

Highlights
- Tianzifang G5
- Xintandi H2

Sehenswertes
- Beaugeste .... (siehe 52)
- 1 CY Tung Maritime Museum A6
- Deke Erh Art Centre .... (siehe 52)
- 2 Ehemaliges Wohnhaus von Sun Yatsen G3
- 3 KP-Gründungsgedenkstätte H2
- 4 Liuli-Glasmuseum G5
- 5 Propaganda Poster Art Centre A4
- 6 Shikumen Open House Museum H2

Aktivitäten, Kurse & Touren
- 7 Chinese Cooking Workshop D5
- 8 Longwu Kung Fu Center F1
- 9 The Kitchen at E5

Schlafen
- 10 Andaz H2
- 11 Blue Mountain Youth Hostel H7
- 12 Hanting Hotel F4
- 13 Hengshan Moller Villa E1
- 14 Kevin's Old House C3
- 15 Langham Xintiandi H2
- 16 Magnolia Bed & Breakfast D3
- 17 Quintet C3
- 18 Ruijin Hotel F4

Essen
- 19 Bankura F2
- 20 Baoluo Jiuau D2
- 21 Cha's G2
- 22 Crystal Jade H2
- 23 Di Shui Dong E2
- Din Tai Fung .... (siehe 22)
- 24 Ferguson Lane A5
- 25 Haiku C4
- 26 Noodle Bull D3
- 27 Sichuan Citizen D3
- 28 Simply Thai D5
- 29 Southern Barbarian E2
- 30 Spicy Joint E3
- 31 Xibo Grill C3
- 32 Xinjishi H2
- 33 Yin C5

Ausgehen
- 34 Abbey Road D5
- Apartment .... (siehe 47)
- Bell Bar .... (siehe 52)
- 35 Boxing Cat Brewery G3
- 36 Cafe 85°C E3
- 37 Kaiba G5
- Kommune .... (siehe 52)
- 38 Shanghai Brewery C5
- 39 Time Passage A4

Unterhaltung
- 40 Cathay Theatre F2
- 41 Dragonfly D3
- 42 Dragonfly E3
- 43 Eddy's Bar A6
- 44 Lola D5
- 45 MAO Livehouse H4
- No 88 .... (siehe 41)
- 46 Shanghai Studio A6
- 47 Shelter B4

Shoppen
- Annabel Lee .... (siehe 54)
- 48 Apple Store H1
- 49 Brocade Country D2
- Chouchou Chic .... (siehe 52)
- 50 Garden Books E2
- 51 NuoMi D3
- Shanghai 1936 .... (siehe 52)
- Shanghai Tang .... (siehe 54)
- 52 Tianzifang G5
- Woo .... (siehe 52)
- 53 XinleLu.com C4
- 54 Xintiandi H2
- 55 Xintiandi Style H3
- 56 Yu D2
- Zhenchalin Tea .... (siehe 52)

Information
- 57 Shanghai Information Centre for International Visitors H2

Propaganda Poster Art Centre GALERIE
(宣传画年画艺术中心; Xuanchuanhua Nianhua Yishu Zhongxin; Karte S. 204; www.shanghaipropagandaart.com; Raum B-OC, President Mansion, 868 Huashan Rd.; 华山路 868 号B-0C室; Eintritt 20 Yuan; ⏲10–17 Uhr; Ⓜ Shanghai Library oder Jiangsu Rd.) Allen, die sich für geschlossene Reihen roter Traktoren und den Anblick von Rekordernten, muskelbepackten Bauern und hohlwangigen Proletariern begeistern können, wird diese kleine Galerie in den Eingeweiden eines Wohnblocks den Kick geben. In dieser Sammlung aus 3000 Originalpostern aus den 1950er-, 1960er- und 1970er-Jahren – dem goldenen Zeitalter der maoistischen

Posterproduktion – können einem die Knie weich werden angesichts der Cartoon-Welt des antiamerikanischen Widerstands. Das Zentrum besteht aus einem Ausstellungsraum und einem Laden, in dem Poster und Postkarten verkauft werden. Hat man den Haupteingang gefunden, weist ein Wachmann den Weg.

Ehemaliges Wohnhaus von Sun Yatsen HISTORISCHES GEBÄUDE

(孙中山故居; Sun Zhongshan Guju; Karte S. 204; 7 Xiangshan Rd.; 香山路 7 号; Eintritt 20 Yuan; ⌚9–16.30 Uhr; Ⓜ South Shaanxi Rd. oder Xintiandi) In China gibt's unzählige Andenken an Sun Yatsen, in diesem ehemaligen Wohnhaus auf der früheren Rue Molière war der Begründer des modernen China (posthum auch Guofu, Vater der Nation, genannt) sechs Jahre lang zu Hause. Nach Suns Tod blieb seine Frau Song Qingling (1893–1981) noch bis 1937 hier wohnen, beobachtet von Kuomintang in Zivilkleidung und der französischen Polizei. Das zweistöckige Haus ist trotz der Plünderungen der Japaner noch mit historischem Mobiliar eingerichtet.

WEST NANJING ROAD & JING'AN

南京西路、静安

Gesäumt von hippen, exklusiven Einkaufszentren und einer großen Dichte an Auslandsvertretungen, Botschaften und Konsulaten gehört die West Nanjing Rd. zu den Straßen Shanghais, die mit Gold gepflastert sind – oder zumindest mit Prada und Gucci.

Aber weiter im Norden der West Nanjing Rd. kommt man in einen düstereren, interessanteren Teil von Jing'an, der sich bis zum Bahnhof von Shanghai erstreckt. Wie Hongkou (nördlich des Bund) ist auch diese Gegend für eine Entwicklung bereit.

Jadebuddha-Tempel BUDDHISTISCHER TEMPEL

(玉佛寺; Yufo Si; Karte S. 212; 170 Anyuan Rd.; 安远路 170 号; Erw. 20 Yuan; ⌚8–16.30 Uhr; Ⓜ Changshou Rd.) Der zwischen 1918 und 1928 errichtete Tempel ist einer der wenigen aktiven buddhistischen Klöster Shanghais. Das Herzstück ist der 1,90 m hohe, blassgrüne **Jadebuddha**, der im Obergeschoss in seiner eigenen Halle thront. Es wird erzählt, der Mönch Hui Gen (Wei Ken) von der Insel Putuoshan sei über Tibet nach Myanmar (Burma) gereist, hätte von dort fünf Jadebuddhas zurück nach China befördert und um Almosen gebettelt, um ihnen einen Tempel errichten zu können. Die schöne Sakyamuni-Statue, unübersehbar im südostasiatischen Stil, blickt ätherisch aus einem Schrein. Besucher können nicht nahe an die Statue herangehen, sondern sie nur aus der Ferne bewundern. Wer die Statue sehen will, muss eine zusätzliche Gebühr von 10 Yuan berappen (fotografieren ist verboten).

Ein ähnlich eleganter **halb liegender Buddha** befindet sich im unteren Stockwerk, gegenüber einer gewichtigeren Kopie aus Marmor. Um die Ecke ist ein großes **vegetarisches Restaurant** (素菜餐厅; *sucai canting*; 999 Jiangning Rd.) dem Tempel angegliedert.

Im Februar, während des Chinesischen Neujahrsfestes, geht's im Tempel besonders lebhaft zu. Etwa 20 000 chinesische Buddhisten drängen sich dann hier und beten um Wohlstand.

VERLOCKENDES SHANGHAI

Shanghai verdankt seinen Ruf als modischste Stadt Chinas dem Kalenderposter, dessen Druckauflage einst zig Millionen betrug und dessen Verbreitung vom chinesischen Inland bis nach Südostasien reichte. Die Grundidee hinter dem Poster – ein Produkt mit einer attraktiven Frau in Verbindung zu bringen, um unterbewusst Begehren und Konsum zu schüren – klingt heute wie das Kleine Einmaleins des Marketing, aber im frühen 20. Jh. war dies revolutionär. Kalenderposter stellten den Chinesen im ganzen Land nicht nur neue Produkte vor, die Porträts von Shanghaier Frauen – mit Make-up und modischer Kleidung, Zigaretten rauchend und von ausländischen Gütern umgeben – setzten Standards für die damalige Mode, von der viele chinesische Frauen noch jahrzehntelang träumen sollten. Heute werden Reproduktionen dieser Poster in der ganzen Altstadt für gerade mal 10 Yuan verkauft, aber ein echtes Original zu finden, ist eine ziemliche Herausforderung. Wer sich in die Kalenderposter und Shanghais Rolle bei der Entwicklung des modernen China vertiefen möchte, sollte sich das Buch *Shanghai Splendor* von Wen-Hsin Yeh anschauen.

GRATIS **FM50** GALERIEN

(M50 创意产业集聚区; M Wushi Chuangyi Chanye Jijuqu; Karte S. 212; 50 Moganshan Rd.; 莫干山路 50 号; ⌚Di–So 10–18 Uhr; Ⓜ Shanghai Railway Station) Beijing mag vielleicht die Kunstszene in China dominieren, aber Shanghai hat seine eigene blühende Galerien-Subkultur, die ihr Zentrum in diesem Komplex von Industriegebäuden in der staubigen Moganshan Rd. im Norden der Stadt hat. Auch wenn die meisten der Künstler, die diese Enklave gegründet haben, längst weitergezogen sind, lohnt es sich, sich einen halben Tag Zeit zu nehmen und in den vielen Galerien dort herumzustöbern.

Wie in den meisten Galerien ist auch hier innovative Kunst oft von Mittelmaß umgeben, deshalb sollte man bereit sein, alles durchzugehen. Zu den Besten zählen die gute alte **ShanghART** (香格纳画廊; Xianggena Hualang; Karte S. 212; www.shanghartgallery.com; Gebäude 16 & 18), die gemeinschaftliche und provokative **island6** (Karte S. 212; www.island6.org; 1. OG, Gebäude 6) sowie die Fotokunst der **OFoto** (Karte S. 212; www.ofoto-gallery.com; 1. OG, Gebäude 13) und die **m97** (Karte S. 212; www.m97gallery.com; 1. OG, 97 Moganshan Rd.). Letztere befindet sich auf der anderen Straßenseite. Wem die Füße dann endgültig zu müde werden, kann sich in der Bandu Cabin hinplumpsen lassen oder im **Roof Club,** einem Cafe auf dem Dach von Gebäude 17.

Tempel Jing'an BUDDHISTISCHER TEMPEL

(静安寺; Jing'an Si; Karte S. 209; 1686–1688 West Nanjing Rd.; 南京西路 1686–1688 号; Eintritt 30 Yuan; ⌚7.30–17 Uhr; Ⓜ Jing'an Temple) Nach über einem Jahrzehnt Renovierung ist aus dem Tempel Jing'an einer der prägnantesten Tempel der Stadt geworden. Er ist zwar nicht besonders ehrwürdig und hat weniger Anhänger als der Jadebuddha-Tempel, dafür ist seine Lage zwischen den himmelhohen Wolkenkratzer des Viertels einfach spektakulär.

PUDONG NEW AREA 浦东新区

Am Ostufer des Huangpu erhebt sich das riesige Gebiet Pudong New Area (Pudong Xinqu), das aus Beton und Stahl besteht. Die von Wolkenkratzern geprägte Skyline von Lujiazui zählt zu den meistfotografierten Ansichten Chinas. Am schönsten ist es hier abends – die Wirkung der Neonlichter ist berauschend, und einige der Hochhaustürme leuchten wie Fernsehbildschirme. Pudongs mehrspurige Straßen und seine schiere Größe können die Beine der Fußgänger regelrecht in Beton verwandeln, aber die Hauptattraktionen befinden sich in der Nähe der U-Bahnhaltestelle Lujiazui.

Shanghai World Financial Center ARCHITEKTUR

(SWFC; 上海环球金融中心; Shanghai Huanqiu Jinrong Zhongxin; Karte S. 210; www.swfc-observatory.com; 100 Century Ave.; 世纪大道 100 号; Aussichtsplattform 94., 97. & 100. Stock/Exklusivtour 120/150/300 Yuan, Ermäßigung für Kinder, Senioren & Studenten; ⌚8–23 Uhr, Einlass bis 22 Uhr; Ⓜ Lujiazui) Das unglaubliche 492 m hohe Shanghai World Financial Center wird demnächst vom nahe gelegenen **Shanghai Tower** (Fertigstellung 2014) von seinem Platz als höchstes Gebäude der Stadt verdrängt; wenn die Nacht hereinbricht und auf der „Flaschenöffner"-Spitze Lichter tanzen, ist sein Anblick noch faszinierender. Insgesamt gibt es drei Aussichtsplattformen (94., 97. und 100. Stock), schwindelerregende, der Höhe angepasste Ticketpreise und Aufzüge mit Wow-Faktor gehören hier dazu. Wichtig ist, dass der Tag klar und smogfrei ist; zum Skywalk im 100. Stock gehören Wegabschnitte aus durchsichtigem Glas. Wer stattdessen lieber etwas essen (oder einen Cocktail) will, kann in das Restaurant/die Bar des Park Hyatt im 91. Stock gehen (billig ist das aber nicht).

Jinmao Tower ARCHITEKTUR

(金茂大厦; Jinmao Dasha; Karte S. 210; 88 Century Ave.; 世纪大道 88 号; Erw./Studenten/Kinder 120/90/60 Yuan; ⌚8.30–21.30 Uhr; Ⓜ Lujiazui) Der Jinmao Tower, dessen Architektur an den Art-déco-Stil erinnert, ist Pudongs zweithöchster (bald dritthöchster) Wolkenkratzer (520,5 m). Im 88. Stock gibt's eine Aussichtsplattform (wer „betrunken oder nicht angemessen gekleidet" ist, erhält keinen Zutritt); man kann aber auch einen Drink in der Cloud 9 Bar (S. 229) im 87. Stock in Erwägung ziehen (den Besuch auf die Abenddämmerung legen, um sowohl Tages- als auch Nachtaussicht genießen zu können).

Shanghai-Museum für Stadtgeschichte MUSEUM

(上海城市历史发展陈列馆; Shanghai Chengshi Lishi Fazhan *chenlieguan*; Karte S. 210; www.historymuseum.sh.cn; Sockel des Oriental Pearl Tower; Erw. 35 Yuan, Audiotour 30 Yuan; ⌚8–

West Nanjing Rd. & Jing'an

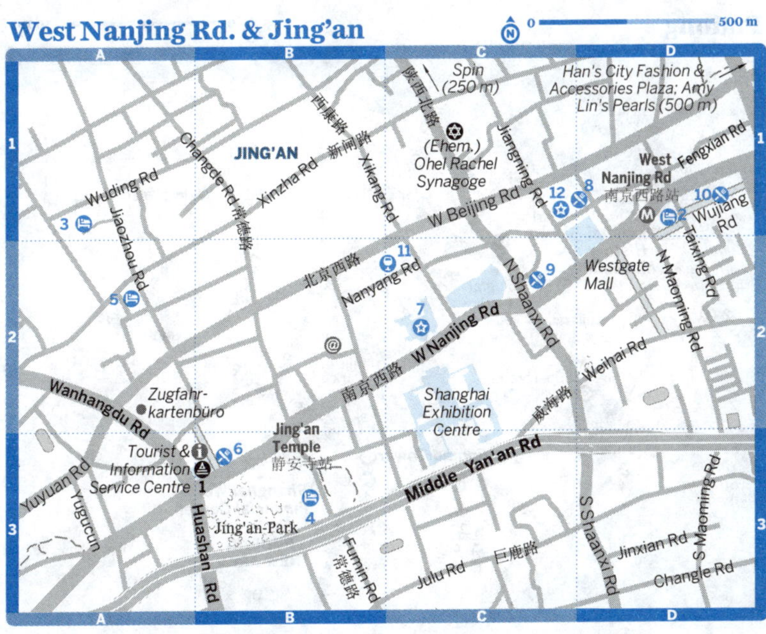

West Nanjing Rd. & Jing'an

Sehenswertes
1 Tempel Jing'an B3

Schlafen
2 Jia Shanghai D1
3 Le Tour Traveler's Rest Youth Hostel A1
4 Puli B3
5 Urbn A2

Essen
6 Guyi Hunan Restaurant B3
7 Shanghai Centre C2
8 Vegetarian Lifestyle D1
9 Wagas C2
10 Wujiang-Lu-Schlemmermeile D1

Ausgehen
11 Big Bamboo C2

Unterhaltung
Green Massage .... (siehe 7)
Shanghai Centre Theatre ..... (siehe 7)
12 Shanghai Cultural Information & Booking Centre C1

21.30 Uhr; Ⓜ Lujiazui) In dem informativen Museum im Sockel des Oriental Pearl Towers wird die Geschichte Shanghais durch lustige Multimedia-Präsentationen und fantasievolle Ausstellungen lebendig. Der Schwerpunkt liegt dabei auf der Zeit vor 1949. Lebensgroße Modelle von traditionellen Werkstätten sind von realistischen Wachsfiguren bevölkert; das Museum wartet mit vielen historischen Details auf.

Gelände der Expo 2010 ARCHITEKTUR
(世博会区; Shibo Hui Qu; Karte S. 192; Ⓜ Yaohua Rd., Linien 7 & 8) Die meisten der Pavillons auf dem Gelände der Expo im Jahr 2010 wurden wieder abgebaut. Mindestens fünf Gebäude auf der Pudong-Seite sind jedoch noch stehengeblieben und beherbergen auch weiterhin Ausstellungen und Events, wie etwa der ikonische **China-Pavillon** (中国国家馆; Zhongguo Guojia Guan; Karte S. 192), das **Expo-Center** (世博中心; Shibo Zhongxin; Karte S. 192) und das galaktisch anmutende UFO der **Mercedes-Benz Arena** (梅赛德斯奔驰文化中心; Meisaidesi Benchi Wenhua Zhongxin; Karte S. 192; www.mercedes-benzarena.com).

Pudong

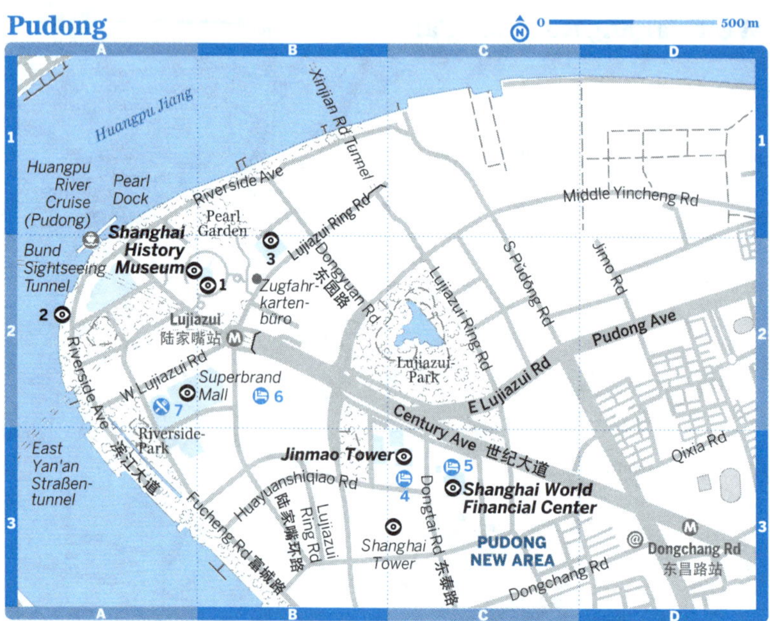

Als dieses Buch entstand, war auf der Pudong-Seite eine Handvoll Bauten öffentlich zugänglich: Das wenig überzeugende **Moon Boat** (月亮船; Yueliang Chuan; Karte S.192; Eintritt Mo–Fr 60 Yuan, Sa & So 80 Yuan, an Feiertagen 100 Yuan; Di–So 9–18 Uhr) – der ehemalige saudische Pavillon – und das **Shanghai Italian Centre** (Karte S.192; Eintritt 60 Yuan; Di–So 9–17 Uhr) im ehemaligen italienischen Expo-Pavillon.

Mit 6000 m² Ausstellungsfläche wurde der China-Pavillon im Jahr 2012 als **China Art Palace** (Di–So 9–17 Uhr; M China Art Palace) neu eröffnet und sollte zu einem bahnbrechenden Kunstmuseum werden. Auch die **Power Station of Art** (Lane 20 Huayuangang Rd.; Di–So 9–17 Uhr; M South Xizang Rd.), die die Shanghai Biennale beherbergt, wurde Ende 2012 am anderen Ufer des Huangpu im ausgedienten Nanshi-Kraftwerk (dem ehemaligen Pavillon der Zukunft) eröffnet.

Faszinierende Highlights der Expo sind in der **Expo 2010-Gedenkausstellung** (上海世博会纪念展; Shanghai Shibohui Jinianzhan; Karte S.192; Eintritt 30 Yuan; Di–So 9–17 Uhr; M Luban Rd.) auf der Puxi-Seite zu sehen; sie umfasst Ausstellungsstücke und Teile der Originalpavillons. Leider keine englische Beschriftung.

Pudong

Highlights
- Jinmao Tower C3
- Shanghai-Museum für Stadtgeschichte A2
- Shanghai World Financial Center C3

Sehenswertes
1. Oriental Pearl Tower B2
2. Riverside-Promenade A2
3. Shanghai Ocean Aquarium B2

Schlafen
4. Grand Hyatt C3
5. Park Hyatt C3
6. The Ritz-Carlton Hotel Pudong Shanghai B2

Essen
- 100 Century Avenue .... (siehe 5)
7. Element Fresh A2

Ausgehen
- Cloud 9 .... (siehe 4)
- Flair .... (siehe 6)

Shoppen
- IFC Mall .... (siehe 6)
- South Beauty .... (siehe 7)

Oriental Pearl Tower WOLKENKRATZER

(东方明珠电视塔; Dongfang Mingzhu Dianshi Ta; Karte S. 210; 1 Century Ave.; 世纪大道 1号; Tickets 120–298 Yuan; ⌚8–22 Uhr; Ⓜ Lujiazui) Dieser atomzeitalterliche Retro-Turm aus Gussbeton in Form einer Rakete zählt zu den Bauwerken in Lujiazui, die sich niemand entgehen lassen sollte; am eindrucksvollsten ist er bei nächtlicher Beleuchtung. Das Shanghai History Museum, das Museum zur Stadtgeschichte, ist im Sockel untergebracht und lohnt einen Besuch – und das nicht nur deshalb, weil es der einzige Ort in Pudong ist, an dem man den Turm selbst nicht sehen kann.

Museum für Wissenschaft & Technologie MUSEUM

(上海科技馆; Shanghai Kejiguan; Karte S. 192; www.sstm.org.cn; 2000 Century Ave.; 世纪大道 2000 号; Erw. 60 Yuan; ⌚Di–So 9–17.15 Uhr; Ⓜ Science & Technology Museum) Man muss viel zu Fuß gehen, wenn man dieses abgefahrene Museum besichtigen will, aber es gibt ein paar faszinierende Ausstellungsstücke, von Robotern, die den Zauberwürfel lösen, bis hin zum Elfmeterschießen gegen einen computerisierten Torwart. Es gibt vier Kinos (zwei IMAX, ein 4D-Kino und ein Space Theatre), die den ganzen Tag über 15- bis 40-min. **Filme** (Eintritt 20–40 Yuan) zu bestimmten Themen zeigen.

Riverside-Promenade PROMENADE

(滨江大道; Binjiang Dadao; Karte S. 210; ⌚6.30–23 Uhr; Ⓜ Lujiazui) Der beste Spaziergang in Pudong führt über die Promenade an der Riverside Ave., die herrliche Fotoshootings über das Wasser zum Bund und ein paar geschickt positionierte Cafés am Ufer bietet.

Shanghai Ocean Aquarium AQUARIUM

(上海海洋水族馆; Shanghai Haiyang Shuizuguan; Karte S. 210; www.sh-aquarium.com; 1388 Lujiazui Ring Rd.; 陆家嘴环路 158 号; Erw./Kinder 160/110 Yuan; ⌚9–18 Uhr; Ⓜ Lujiazui) In diesem raffinierten und intelligent konzipierten Aquarium trifft Bildung auf aquatische Unterhaltung.

NORD-SHANGHAI (HONGKOU) 虹口

Die schäbigen Bezirke im Nordosten, Hongkou und Zhabei, liegen abseits der ausgetretenen Touristenpfade, bieten aber einige interessante Nebenstraßen und ein paar kleinere Sehenswürdigkeiten. Bevor die Japaner ans Ruder kamen, war Hongkou die amerikanische Siedlung, und man hieß dort Tausende jüdischer Flüchtlinge willkommen.

Ohel-Moishe-Synagoge MUSEUM

(摩西会堂; Moxi Huitang; 62 Changyang Rd.; 长阳路 62 号; Eintritt 50 Yuan; ⌚9–16.30 Uhr; Ⓜ Dalian Rd.) Die Synagoge wurde im Jahr 1927 von der russisch-jüdischen Aschkenasim-Gemeinde erbaut und liegt im Herzen des jüdischen Ghettos der 1940er-Jahre. Heute fungiert sie nicht nur als Synagoge, sondern beherbergt auch das Shanghai Jewish Refugees Museum, das Ausstellungen über das Leben der etwa 20 000 mitteleuropäischen Flüchtlinge bietet, die auf der Flucht vor den Nazis nach Shanghai kamen. Alle 45 Min. finden Führungen in englischer Sprache statt (9.30–16.15 Uhr).

Duolun-Kulturstraße ARCHITEKTUR

In dieser restaurierten **Straße** (多伦文化名人街; Duolun Wenhua Mingren Jie; Ⓜ Dongbaoxing Rd.) mit schönen alten Häusern wohnten einst einige der berühmtesten chinesischen Schriftsteller (und auch Generäle der Kuomintang). Heute gibt's hier ein paar hervorragende Antiquitätenläden (Dashanghai in Nr. 181 – hier lässt sich's vortrefflich stöbern), mehrere historische Gebäude (der Tempel Hongde aus Backstein, die Nr. 59, ist eine christliche Kirche) und ein paar Cafés – z. B. das **Old Film Cafe** (Nr. 123; ⌚10–24 Uhr) beim Glockenturm an der Biegung der Straße. Das **Shanghai Duolun Museum of Modern Art** (上海多伦现代美术馆; Shanghai Duolun Xiandai Meishuguan; Nr. 27; Eintritt 10 Yuan; ⌚Di–So 10–18 Uhr) zeigt Ausstellungen zeitgenössischer chinesischer Kunst. Die Straße endet im Norden an der maurisch wirkenden **Residenz der Familie Kong** (Nr. 250), die 1924 mit Fliesen und Fenstern im Stil des Nahen Ostens gebaut wurde.

SÜD-SHANGHAI (XUJIAHUI) 徐家汇

Xujiahui, ursprünglich eine Jesuitensiedlung aus dem 17. Jh., war bei Shanghais Expats in den 1930er-Jahren als Ziccawei oder Sicawei bekannt. Heute ist sie eher von Einkaufszentren wie dem riesigen Grand Gateway geprägt.

Tempel Longhua BUDDHISTISCHER TEMPEL

(龙华寺; Longhua Si; Karte S. 192; 2853 Longhua Rd.; 龙华路 2853 号; Eintritt 10 Yuan; ⌚7–16.30 Uhr; Ⓜ Longcao Rd.) Südwestlich der Innenstadt befindet sich dieser älteste und größte buddhistische Tempel Shanghais, der aus dem 10. Jh. stammen soll; er ist

Bahnhof Shanghai

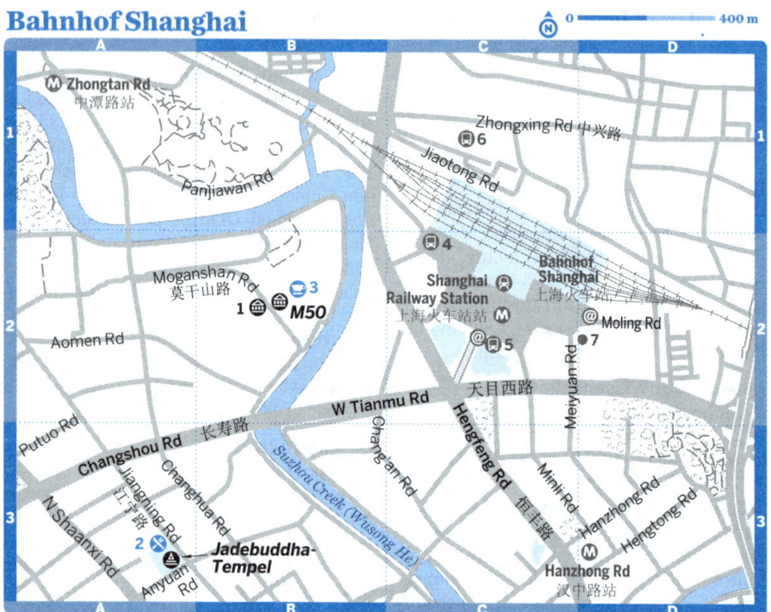

Bahnhof Shanghai

Highlights
- Jadebuddha-Tempel A3
- M50 .... B2

Sehenswertes
- island6 .... (siehe 3)
- 1 m97 .... B2
- OFoto .... (siehe 3)
- ShanghART .... (siehe 3)

Essen
- 2 Vegetarisches Restaurant Jadebuddha-Tempel A3

Ausgehen
- 3 Bandu Cabin B2

Transport
- 4 Bus 941 zum Flughafen Hongqiao C2
- 5 Busse zum Internationalen Flughafen Pudong C2
- 6 Fernbusbahnhof Shanghai C1
- 7 Zugfahrkartenbüro D2

stark restauriert. Gegenüber dem Tempel erhebt sich eine siebenstöckige Pagode, die ursprünglich im Jahr 977 errichtet und ebenfalls erneuert wurde. Von der Station Longcao Rd. etwa 1 km Richtung Osten über die North Longshui Rd.

GRATIS **CY Tung Maritime Museum** MUSEUM
(董浩云航运博物馆; Dong Haoyun Hangyun *bowuguan*; Karte S. 204; 1954 Huashan Rd., Campus der Jiaotong Universität; 华山路 1954 号交通大学内; ⏲Di–So 13.30–17.30 Uhr; Ⓜ Jiaotong University) Das kleine, aber faszinierende Museum zeigt Austellungsobjekte zu dem legendären Entdecker Zheng He und der oft vernachlässigten Welt der Geschichte der chinesischen Seefahrt.

Bibliotheca Zi-Ka-Wei BIBLIOTHEK
(徐家汇藏书楼; Xujiahui Cangshulou; ☎6487 4095, App. 208; 80 North Caoxi Rd.; 漕溪北路 80 号; ⏲Besichtigung der Bibliothek Sa 14 Uhr; Ⓜ Xujiahui) Diese ehemalige Jesuiten-Bibliothek bietet samstags eine kostenlose, 15-minütige Führung durch die Hauptbibliothek und ihre Sammlung antiquarischer Bände an. Anmeldung allerdings unbedingt erforderlich.

St.-Ignatius-Kathedrale KIRCHE
(天主教堂; Tianzhu Jiaotang; 158 Puxi Rd.; 蒲西路 158 号; ⏲Sa & So 13–16.30 Uhr; Ⓜ Xujiahui) Zu dieser würdevollen Kirche (1904) mit ihren zwei Türmen gehören ein paar faszi-

nierende, vor kurzem eingebaute Glasfenster mit Inschriften in Altchinesisch. Auf der anderen Straßenseite steht das frühere St.-Ignatius-Kloster, das heute ein Restaurant ist.

Tousewe-Museum MUSEUM

(土山湾博物馆; Tushanwan *bowuguan*; 55–1 Puhuitang Lu; 蒲汇塘路 55–1 号; Eintritt 10 Yuan; ⏲Di–So 9–16.30 Uhr; Ⓜ Shanghai Indoor Stadium/Xujiahui) Neben einer Mittelschule an der Puhuitang Rd. widmet sich dieses großartige Museum dem *sino*-westlichen Kunsthandwerk des früheren Touwese-Waisenhauses aus rotem Backstein, das hier von den einfallsreichen Jesuiten im Jahr 1864 eingerichtet wurde. Es gibt Audiotouren.

WEST-SHANGHAI

West-Shanghai umfasst ein riesiges Gebiet, das aus den Bezirken Minhang (闵行) und Changning (长宁) besteht, welche die kleinere Wohngemeinde Gubei (古北) umgeben. Die Gegend ist vor allem für Leute interessant, die länger hier leben wollen, sowie für Geschäftsleute. Abgesehen davon gibt's hier in der Gegend ein paar wenige Sehenswürdigkeiten und natürlich den Flughafen Hongqiao.

Qibao HISTORISCHES DORF

(七宝; Karte S. 192; Minhang-Bezirk; Eintritt 45 Yuan; Ⓜ Qibao) Wer die Nase irgendwann voll hat von Shanghais unaufhörlichem Streben nach Modernität – diese winzige Stadt ist mit der Metro nur einen Katzensprung entfernt. Die alte Siedlung florierte während der Ming- und Qing-Dynastie und ist reich gesegnet mit traditioneller, historischer Architektur, die von kleinen, belebten Gässchen und einem malerischen Kanal durchzogen wird. Wem es gelingt, die Menschenmassen zu ignorieren, findet in Qibao ein wenig vom Flair des alten China, zusammen mit jeder Menge Unterhaltung.

Die Besichtigung von neun offiziellen Sehenswürdigkeiten ist im Gesamtticket enthalten; wer auf das Ticket verzichtet,

SHANGHAI MIT KINDERN

Shanghai steht bei Kindern nicht gerade ganz oben auf der Liste der Urlaubswünsche, aber der neue Disney-Themenpark in Pudong (voraussichtlich 2015 fertiggestellt) wird dies in Zukunft zweifellos ändern. Bis dahin dürften bei einem Shanghai-Besuch mit Kindern folgende Sehenswürdigkeiten die ganze Familie bei Laune halten.

» Shanghai World Financial Center (S. 210) oder Jinmao Tower (S. 210)

» Shanghai-Museum für Stadtgeschichte (S. 210)

» Shanghai Ocean Aquarium (S. 211)

» Museum für Wissenschaft & Technologie (S. 211)

» Akrobatikshow (S. 229)

» Bustouren (s. Kasten S. 215)

Im Allgemeinen bekommen Kinder unter 1,40 m vergünstigte Tickets. Kinder unter 0,80 m kommen normalerweise überall kostenlos rein.

Wenn es in Bezug auf Sehenswürdigkeiten zum Streik kommt, kann Folgendes Abhilfe schaffen:

» **Happy Valley** (欢乐谷; Huanle Gu; http://sh.happyvalley.cn; Erw./Kind 1,2–1,4 m 200/100 Yuan; Linyin Ave, Sheshan, Bezirk Songjiang; 松江区佘山林荫大道; ⏲9–18 Uhr; Ⓜ Sheshan, Linie 9) Beliebter nationaler Vergnügungspark, mit der Metro in einer Stunde von Shanghai aus zu erreichen.

» **Dino Beach** (热带风暴; Redai Fengbao; außerhalb Karte S. 192; www.dinobeach.com.cn; 78 Xinzhen Rd.; 新镇路 78 号; Eintritt 100–200 Yuan; ⏲Di–So 10–23 Uhr, Juni–Sept. Mo 14–23 Uhr; Ⓜ Xinzhuang, Linie 1, danach Bus Nr. 763 oder 173) Der weit im Süden Shanghais gelegene Wasserpark bietet einen Strand, ein Wellenbecken und Wasserrutschen.

» **Shanghai Zoo** (上海动物园; Shanghai Dongwuyuan; Karte S. 192; www.shanghaizoo.cn; 2381 Hongqiao Rd.; 虹桥路 2381 号; Erw./Kind 40/20 Yuan; ⏲April–Sept. 6.30–18 Uhr, Okt.–März bis 17 Uhr; Ⓜ Shanghai Zoo) Im Vergleich zu anderen chinesischen Zoos das Beste, was man kriegen kann.

zahlt 5 Yuan pro Sehenswürdigkeit. Am sehenswertesten davon sind die **Baumwolltextilfabrik**, das **Schattenspielfiguren-Museum** (Vorstellungen Mi & So von 13–15 Uhr) und das **Old Trades House.** Halbstündige **Bootsfahrten** (10 Yuan pro Person; ⌚8.30–17 Uhr) auf dem Kanal bringen die Passagiere langsam und gemütlich von der Brücke Nummer Eins (Number One Bridge) nach Dongtangtan (东塘滩) und zurück. Es lohnt sich, die **Katholische Kirche** (天主教堂; 50 Nanjie) aus dem 19. Jh. zu besichtigen, die sich südlich des Kanals neben einem Kloster in der Nähe der Qibao Nanjie befindet.

Souvenirs findet man bei einem Bummel über die Bei Dajie nördlich des Kanals; die Nan Dajie südlich des Kanals ist voller Imbisse und kleiner Restaurants. In Nr. 26 werden z.B. süße *tangyuan*-Teigtaschen verkauft. Die Nr. 9 ist eines der seltenen traditionellen **Teehäuser** (Geschichtenerzählen ⌚12.20–14.30 Uhr).

Minsheng Art Museum & Red Town MUSEUM

(民生现代美术馆、红坊; Minsheng Xiandai *meishuguan*, Hong Fang; außerhalb der Karte S. 204; Gebäude F, 570 West Huaihai Rd.; 淮海西路 570 号F座; Eintritt 20 Yuan; ⌚Di–So 10–21 Uhr; Ⓜ Hongqiao Rd.) Das ausgefallene Kunstmuseum wird zwar hauptsächlich von der Minsheng Bank gesponsort, zählt aber Tate, Centre Pompidou, MoMA und Guggenheim zu seinen Partnern; da überrascht es nicht, dass die Ausstellungen (drei pro Jahr) in der Regel hervorragend sind. Zu seinem Renommee trägt auch der künstlerische Leiter Zhou Tiehai bei, einer der bekanntesten Künstler Shanghais. Das Museum liegt in dem von Skulpturen übersäten Red-Town-Komplex (früher No 10 Steel Factory).

Kurse

Folgende Kurse helfen auf kurzweilige Art und Weise dabei, Yin und Yang ins Gleichgewicht zu bringen.

The Kitchen at ... KOCHEN

(Karte S. 204; ☎6433 2700; www.thekitchenat.com; Gebäude 20, 2. Stock, 383 South Xiangyang Rd.; 襄阳南路 383 弄 20 号 3 楼; Ⓜ South Shanxi Rd.) Großartige kulinarische Schule, die interessante Kurse in chinesischer Regionalküche und westlicher Küche anbietet; lohnt sich für alle, die länger in Shanghai verweilen, aber auch für Leute, die nur kurz hier sind.

Workshop Chinesische Küche

(Karte S. 204; www.chinesecookingworkshop.com) Hier lassen sich unterschiedliche chinesische Kochstile von *dim sum* bis Sichuanesisch erlernen. Darüber hinaus werden Marktführungen und Kurse für Kinder angeboten.

Longwu Kungfu Center KAMPFSPORT

(龙武功夫馆; Longwu Gongfu Guan; Karte S. 204; ☎6287 1528; www.longwukungfu.com; 1 South Maoming Rd.; 茂名南路 1 号; Ⓜ South Shaanxi Rd.) Das größte Kampfsportzentrum der Stadt bietet Unterricht in chinesischer, japanischer und koreanischer Kampfkunst an sowie Kurse für Kinder, und Kurse auf Englisch.

Geführte Touren

Ob per Boot, Fahrrad oder Bus – verschiedene geführte Touren bieten eine großartige Einführung in Shanghai.

BOHDI RADFAHREN

(☎5266 9013; www.bohdi.com.cn; Touren 220 Yuan) Nächtliche Fahrradtouren dienstags (März bis November) und Ausflüge in die Region.

Bootstouren auf dem Huangpu (Bund) BOOTSTOUR

(黄浦江游览船; Huangpujiang Youlanchuan; Karte S. 196; 219–239 East Zhongshan No 2 Rd.; 中山东二路 219–239 号; Tickets 128 Yuan; ⌚11–20.30 Uhr) Neunzigminütige Bootsfahrten führen vom Südende des Bund (Nähe East Jinling Rd.) hinauf zum Shanghai Port International Cruise Terminal und wieder zurück – und dann geht das Ganze wieder von vorne los. Besser eine der selteneren 40- bis 60-minütigen Touren (100 Yuan) suchen, auf denen die Strecke nur einmal zurückgelegt wird.

Bootstouren auf dem Huangpu (Pudong) BOOTSTOUR

(黄浦江游览船; Huangpujiang Youlanchuan; Karte S. 210; Pearl Dock; 明珠码头; Tickets 100 Yuan; ⌚10–13.30; Ⓜ Lujiazui) Sechs 40-minütige Bootstouren starten in Pudong.

Shanghai Sideways MOTORRADTOUR

(Touren ab 800 Yuan; www.shanghaisideways.com) Ungewöhliche Stadtrundfahrten im Motorrad-Beiwagen für bis zu zwei Personen; los geht's vom Peninsula Hotel.

Shanghai Sightseeing-Busse BUSTOUR

(上海旅游集散中心; Shanghai Lüyou Jisan Zhongxin; www.chinassbc.com; Ⓜ Shanghai Sta-

MIT DEM BUS DURCH SHANGHAI

Tickets für die praktischen, oben offenen **Sightseeing Busse** (☎6252 0000; www.springtour.com; Tickets 30 Yuan; ⊙im Sommer 9–20.30 Uhr, im Winter bis 18 Uhr), in die man beliebig ein- und aussteigen kann, gelten 24 Stunden; sie bieten nicht nur eine Tour zu Shanghais Highlights, sondern auch eine großartige Möglichkeit, im Stadtzentrum und in Pudong herumzukommen. Aufnahmen in acht Sprachen liefern Kommentare: Einfach die (bereitgestellten) Kopfhörer einstöpseln. Die Busse haben ihre eigenen Haltestellen überall in der Stadtmitte Shanghais, einschließlich Bund, Altstadt und Volksplatz. Auch bei **Big Bus Tours** (☎6351 5988; www.bigbustours.com; Erw./Kind US$44/29) kann man ein- und aussteigen, wie man möchte; hier werden die top Sehenswürdigkeiten über zwei Routen und 22 Haltestellen abgehakt. Die Tickets gelten 48 Stunden und umfassen auch eine einstündige Bootsfahrt auf dem Huangpu sowie den Eintritt zur Aussichtsplattform im 88. Stock des Jinmao Towers.

dium) Täglich verkehren Busse vom Stadion in Shanghai zu den Kanalstädten in der Nähe (z.B. Tongli, Nanxun und Zhouzhuang). Busfahren ist zwar ziemlich bequem, aber auf eigene Faust losziehen ist lustiger. Für weitere Bustouren siehe Kasten (S.215).

SISU RADFAHREN
(☎5059 6071; www.sisucycling.com; Tour 150 Yuan) Mittwochs werden nächtliche Radtouren angeboten; auch Radtouren außerhalb der Stadt.

Bootstouren auf dem Suzhou BOOTSTOUR
(苏州河游览船; Suzhouhe Youlanchuan; Changhua Rd. Dock, 1250 Yichang Rd.; 昌化路码头宜昌路 1250; Danba Rd. Dock, 2690 West Guangfu Rd.; 丹巴路码头光复西路 2690 号; Tickets 80–150 Yuan; ⊙13.30–20.15 Uhr; Ⓜ Changshou Rd., danach Taxi) Einfache Strecke oder 1¾-Std. Rundfahrt am frisch ausgebaggerten Suzhou vom Changhua Rd. Dock bis zum Danba Rd. Dock in der Nähe des Changfeng Parks im Bezirk Putuo. Einfach an einem der Docks an Bord gehen. Es ist geplant, die Tour in Richtung Osten zur Waibaidu-Brücke nördlich des Bunds auszuweiten. Boote können ebenfalls gemietet werden.

Feste & Events

Laternenfest TRADITION
Eine gute Gelegenheit den Yuyuan-Garten in farbenprächtigem Gewand zu erleben. Die Chinesen bereiten *Yuanxiao* oder *tangyuan* (Klebreistaschen mit einer süßen Füllung) zu, und manche ziehen mit Papierlaternen durch die Straßen. Das **Laternenfest** (元宵节; Yanxiao Jie) fällt immer auf den 15. Tag des ersten Mondmonats (14. Februar 2014, 5. März 2015).

Internationales Literaturfestival Shanghai LITERATUR
Das **Festival** ((上海国际文学艺术节; Shanghai Guoji Wenxue Yishu Jie) für Buchliebhaber mit internationalen und einheimischen Autoren findet im März oder April in der Glamour Bar (S.227) statt.

Longhua Tempelmarkt TRADITION
Dieser **Markt** (龙华寺庙会; Longhua Si Miaohui) im Tempel Longhua, der im 3. Mondmonat (Ende März, April oder Anfang Mai) stattfindet und mehrere Wochen dauert, ist Ostchinas größtes und ältestes Volksfest mit jeder Menge Snacks, Buden, Gaukler und Stelzenläufer.

Formel 1 SPORT
(www.formula1.com; 2000 Yining Rd., Jiading; Ⓜ Shanghai International Circuit, Linie 11) Auf dem Shanghai International Circuit, der professionellen Rennstrecke, finden mehrere bekannte Autorennen statt, darunter auch jährlich im April die heiß umkämpfte Formel 1.

Drachenboot-Festival SPORT
Bei dem **Festival** (端午节; Duanwu Jie), das am fünften Tag des fünften Mondmonats (12. Juni 2013, 2. Juni 2014, 20. Juni 2015) gefeiert wird, finden auf dem Suzhou Drachenbootrennen statt.

Internationales Kunstfestival von Shanghai KUNST
(中国上海国际艺术节; Zhongguo Shanghai Guoji Yishu Jie; www.artsbird.com) Ein Monat voller Kulturevents im Oktober und November, einschließlich der Shanghaier Kunstmesse und internationalen Darbietungen aus den Bereichen Musik, Tanz, Oper und Akrobatik sowie der Shanghai Biennale.

NOCH MEHR INFOS?

Lonely Planets *Shanghai City Guide* ist im Apple App-Store als App für das iPhone erhältlich. Damit werden Zusatzinfos, Berichte und Empfehlungen direkt aufs Handy übertragen.

Eine Alternative ist das Internet: **Lonely Planet** (www.lonelyplanet.com/china/shanghai) bietet Tipps zur Reiseplanung, Empfehlungen der Autoren, Erfahrungen anderer Reisender und Insider-Tipps.

Schlafen

Shanghai bietet an beiden Enden des Spektrums tolle Übernachtungsmöglichkeiten, im Mittelklassebereich lässt die Qualität jedoch noch zu wünschen übrig – am besten man sichert sich frühzeitig ein Zimmer. Dabei aber nicht die Spitzenklassehotels vergessen, denn durch Rabatte werden sie oft beträchtlich erschwinglicher. Allgemein lässt sich sagen, dass die Hotels hier in fünf Hauptkategorien eingeteilt werden können: Luxushotels in Wolkenkratzern, Hotels in historischen alten Villen oder Wohnblocks, Boutiquehotels, chinesische Hotelketten sowie Jugendherbergen. Zusätzlich gibt es eine Handvoll neuer B&Bs, aber sie sind relativ selten.

Die zentralsten Gegenden sind der Bund und der Volksplatz. Wer eher in einer Wohngegend unterkommen möchte, sollte die Französische Konzession oder Jing'an in Betracht ziehen, wo es einzigartige Unterkünfte gibt. Pudong ist perfekt für Panoramablicke und Zimmer in großer Höhe, die allerdings ihren Preis haben.

Hier sind Standardpreise aufgelistet. Außerhalb der Feriensaison gehören Rabatte zum Standard. Vier- und Fünfsternehotels schlagen einen Zuschlag von 10 oder 15% auf (oft verhandelbar).

Für Hotelbuchungen sind die Online-Agenturen **CTrip** (☎400 619 9999; http://english.ctrip.com) und **Elong** (☎400 617 1717; www.elong.net) empfehlenswert.

DER BUND & VOLKSPLATZ (RENMIN SQUARE)

Astor House Hotel HISTORISCHES HOTEL €€

(浦江饭店; Pujiang Fandian; Karte S. 196; ☎6324 6388; www.astorhousehotel.com; 15 Huangpu Rd.; 黄浦路 15 号; DZ/Suite 1280/2800 Yuan; ❄@📶; Ⓜ East Nanjing Rd.) Vollgestopft mit Geschichte (und vielleicht dem einen oder anderen Hausgeist) mixt dieser ehrwürdige Oldtimer einen beeindruckenden Cocktail aus erlesenen Ingredienzen: eine Lage nahe am Bund, altweltlichen Shanghaier Charme, großzügige Rabatte und riesige Zimmer. Hier gibt's genug Holztäfelung, um eine Arche zu bauen, und in die geräumigen Badezimmer könnte man ein Bett schieben; die originalen gebohnerten Holzböden, Korridore und Galerien (in denen sich die verloren wirkende Richard's Bar Seite an Seite mit Massagesalons befindet) erwecken insgesamt den Eindruck einer Mischung aus britischer Privatschule und viktorianischem Irrenhaus. WLAN ist nur teilweise empfangbar; Breitband kostet 60 Yuan pro Tag. Rabatte von 40 %.

Fairmont Peace Hotel HISTORISCHES HOTEL €€€

(费尔蒙和平饭店; Fei'ermeng Heping Fandian; Karte S. 196; ☎6321 6888; www.fairmont.com; 20 East Nanjing Rd.; 南京东路 20 号; DZ 2200–3400 Yuan; Ⓜ East Nanjing Rd.; 🚭❄📶🏊) Wenn irgendwo in dieser Stadt noch die noble Atmosphäre des Shanghais der 1930er-Jahre weiterlebt, dann im ehemaligen Cathay Hotel, das sich majestätisch am Bund erhebt (s. Kasten S. 219). Nach jahrelanger Restaurierung wurde es 2010 wiedereröffnet und behauptet seitdem wieder seinen Anspruch, zu den kultigsten Hotels der Stadt zu gehören. Die Zimmer sind in Jugendstil gehalten – von den Lampen bis hin zu den Couchtischen – und das ganze Hotel ist in die warmen, gedämpften Farbtöne einer längst vergangenen Ära getaucht. Internetzugang (WLAN) kostet zusätzlich 99 Yuan pro Tag.

Marvel Hotel HOTEL €€

(商悦青年会大酒店; Shangyue Qingnianhui Dajiudian; Karte S. 196; ☎3305 9999; www.marvelhotels.com.cn; 123 South Xizang Rd.; 西藏南路 123 号; DZ 1080–1580 Yuan; ❄@; Ⓜ Dashijie) Das Marvel Hotel ist im ehemaligen YMCA-Gebäude (1931) südlich vom Volksplatz untergebracht, es zählt zu den herausragendsten Mittelklassehotels der Stadt. Die erfolgreiche Mischung aus historischem Ambiente, zentraler Lage und modernem Komfort (Breitband-Internetzugang über den Fernseher, schalldichte Fenster, gemütliche Daunenkissen) ergibt eines der besten Preis-Leistungs-Verhältnisse, die in Shanghaier Hotels überhaupt zu finden sind. WLAN gibt's nur in der Lobby.

Chai Living Residences APARTMENT €€€

(Karte S. 196; ☎3366 3209; www.chailiving.com; Embankment Building, 400 North Suzhou Rd.; 苏州北路 400 号; Apt. 3 Tage/1 Woche/1 Monat ab 3300/6000/13 500 Yuan; Ⓜ Tiantong Rd.;) Wer eine trendige Adresse für drei Tage (Minimum) oder mehr in Shanghai sucht, ist in diesen schicken, individuell gestylten Appartments in dem im Jugendstil gehaltenen Embankment Building, einem lebendigen, luftigen Wohnblock, bestens aufgehoben (hin und wieder trifft man dort auch auf einheimische Mieter, was zum authentischen Charme noch beiträgt). Zu den Appartments, die zwischen 40 und 200 m² groß sind, gehören der tägliche Service eines Zimmermädchens, Fußbodenheizung, Küche und betörende Aussichten auf den Fluss.

Langham Yangtze Boutique BOUTIQUEHOTEL €€€

(朗廷扬子精品宾馆; Langting Yangzi Jingpin Binguan; Karte S. 196; ☎6080 0800; www.langhamhotels.com; 740 Hankou Rd.; 汉口路 740 号; DZ 1300–1800 Yuan; Ⓜ People's Square;) Diese ursprünglich in den 1930er-Jahren erbaute Jugendstilschönheit wurde im Jahr 2010 saniert und wiedereröffnet. Neben ihrem historischem Dekor sind die Zimmer mit tiefen Badewannen, Badezimmern mit Glaswand (mit Jalousien) und sogar winzigen Balkonen ausgestattet – in Shanghai eine Seltenheit. Das Hammam und die Sauna im fabelhaften Chuan-Wellnessbereich ist für Hotelgäste kostenlos; Frühstück gibt's im italienischen Restaurant Ciao. WLAN kostet extra.

JW Marriott Tomorrow Square LUXUSHOTEL €€€

(明天广场JW万怡酒店; Mingtian Guangchang JW Wanyi Jiudian; Karte S. 196; ☎5359 4969; www.marriotthotels.com/shajw; 399 West Nanjing Rd.; 南京西路 399 号; DZ 2180–3330 Yuan; @; Ⓜ People's Square) Victor Sassoon hätte seine alte Bude wahrscheinlich mit Kusshand gegen eine Suite hier eingetauscht. Das JW Marriott nimmt die 24 oberen Stockwerke eines der spektakulärsten Wolkenkratzer Shanghais ein und bietet herrliche Zimmer mit fabelhaftem Ausblick (die Aussicht aus dem Lobbycafé im 38. Stock auf den Volksplatz ist schon an sich was) und fantastischen Duschen mit hydraulischen Massagefunktionen, die den Stress einfach wegspülen. WLAN-Zugang kostet zusätzlich 120 Yuan pro Tag.

Les Suites Orient LUXUSHOTEL €€€

(东方商旅酒店; Dongfang Shanglü Jiudian; Karte S. 196; ☎6320 0088; www.hotelsuitesorient.com; 1 East Jinling Rd.; 金陵东路 1 号; DZ 1580–2280 Yuan; Ⓜ Yuyuan Garden; @) Das am südlichen Ende des Bunds gelegene Luxushotel Les Suites Orient ist als einziges Hotel an diesem Streifen dafür bekannt, dass es Standardzimmer (Bund Studio) mit fantastischem Ausblick auf den Fluss und den Bund bietet – in einigen Zimmern hat man sogar von der Badewanne aus eine gute Aussicht. Das Hotel befindet sich in einem modernen, 23-stöckigen Hochhaus und ist mit Hartholzböden und minimalistischem Design ausgestattet, was dem Innenraum einen ansprechenden Chic verleiht. Hervorragender Service.

Peninsula Hotel LUXUSHOTEL €€€

(上海半岛酒店; Shanghai Bandao Jiudian; Karte S. 196; ☎2327 2888; www.peninsula.com; 32 East Zhongshan No 1 Rd.; 中山东一路 32 号; DZ 2300–4600 Yuan; @; Ⓜ East Nanjing Rd.) Das Luxushotel am Nordende des Bunds kombiniert Jugendstilmotive mit Shanghaier Modernität, aber es sind die Feinheiten, in denen es sich von den zahlreichen anderen Fünfsternehotels in der Umgebung unterscheidet: Die Zimmer sind mit einem Fernseher an der Badewanne ausgestattet, außerdem gibt es Ankleidezimmer, eine Nespressomaschine und eine fabelhafte Aussicht über den Fluss oder in den Garten des ehemaligen britischen Konsulats.

Waldorf Astoria LUXUSHOTEL €€€

(华尔道夫酒店; Huaer Daofu Jiudian; Karte S. 196; ☎6322 9988; www.waldorfastoriashanghai.com; 2 East Zhongshan No 1 Rd.; 中山东一路 2 号; DZ 2500–3500 Yuan; Ⓜ East Nanjing Rd.; @) Das südliche Ende des Bunds markiert der imposante Shanghai Club (1910), der einst der exklusivste Herrenclub am Bund war. Die 20 Originalzimmer wurden 2010 wieder zurückverwandelt und beherbergen nun die Premiumsuiten des Waldorf Astoria – sechs von ihnen mit Aussicht auf den Huangpu. Hinter diesem Baudenkmal steht ein neuer Hotelturm mit 252 hochmodernen Zimmern; jedes davon ist mit jedem erdenklichen Luxus ausgestattet – von der Touch-Steuerung und der Espressomaschine bis hin zum begehbaren Kleiderschrank und einem Fernseher im Spiegel.

Motel 268 MOTEL €

(莫泰连锁旅馆; Motai Liansuo Lüguan; Karte S.196; ☎5179 3333; www.motel168.com; 50 Ningbo Rd.; 宁波路 50 号; DZ 268–308 Yuan; ❄@📶; Ⓜ East Nanjing Rd.) Das grundsolide Motel 268 setzt sich mit seinen geräumigen Betten, der holzverkleideten Inneneinrichtung und den adrett gefliesten, mit Chrom und Glas ausgestatteten Badezimmern bei seinen modernen Gegenstücken in der Nähe des Bunds durch. Auf der Website sind noch andere Standorte um Shanghai aufgeführt, z.B. das **Motel 168** (Karte S.196; ☎5153 3333; 531 East Jinling Rd.; 金陵东路531号; DZ 311–338 Yuan; ❄@; Ⓜ Dashijie) in der Nähe des Volksplatzes.

Mingtown Nanjing Road Youth Hostel JUGENDHERBERGE €

(明堂上海南京路青年旅舍; Mingtang Shanghai Nanjing Lu Qingnian Lüshe; Karte S.196; ☎6322 0939; 258 Tianjin Rd.; 天津路 258 号; B 55 Yuan, EZ/DZ 150/220 Yuan; Ⓜ East Nanjing Rd.; ❄@📶) Dieses neue Mingtown-Hostel liegt auf halber Strecke zwischen dem Bund und dem Volksplatz und ist nur einen Katzensprung von der nächsten U-Bahnstation entfernt. Die Sechsbettzimmer sind jeweils mit einem eigenen Bad ausgestattet; sie haben Laminatboden und eine einfache Einrichtung aus Spanplatten; darüber hinaus gibt's hier Waschmaschinen, eine richtige Küche, ein Bar-Restaurant, einen DVD-Raum und Poolbillard.

Mingtown Etour Youth Hostel JUGENDHERBERGE €

(上海新易途国际青年旅舍; Shanghai Xinyitu Guoji Qingnian Lüshe; Karte S.196; ☎6327 7766; 55 Jiangyin Rd.; 江阴路 55 号; B 55 Yuan, DZ ohne/mit Bad 160/260 Yuan; ❄@📶; Ⓜ People's Square) Das Etour befindet sich in optimaler Lage gleich hinter dem Volksplatz und bietet obendrein auch noch angenehme Zimmer (viele mit Reproduktionen antiker Möbel). Aber die eigentlichen Highlights sind der ruhige Innenhof mit Fischteich und das terrassenartige Restaurant. Der fantastische Gemeinschaftsbereich bietet Computer (1 Std. gratis), einen DVD-Player mit Beamer, kostenlose Billardtische und massenhaft Sitzgelegenheiten im Freien.

Mingtown Hiker Youth Hostel JUGENDHERBERGE €

(上海旅行者青年旅舍; Shanghai Lüxingzhe Qingnian Lüshe; Karte S.196; ☎6329 7889; 450 Middle Jiangxi Rd.; 江西中路 450 号; B im Schlafsaal ohne/mit Fenster 50/55 Yuan, EZ/DZ 160/220 Yuan; ❄@; Ⓜ East Nanjing Rd.) Lediglich einen kurzen Fußweg vom Bund entfernt befindet sich ein günstig gelegenes, nettes Hostel. Die Herberge bietet 4- und 6-Bett-Zimmer (manche sind mit Dusche ausgestattet, die günstigsten haben kein Fenster) sowie ein paar preiswerte Luxusdoppelzimmer mit chinesischer Innenausstattung. Es gibt eine Bar mit Billardtisch, kostenlosen Filmen und Internetzugang (für Gäste ist die erste Stunde kostenlos). WLAN gibt's nur in der Lobby.

Soho People's Square Youth Hostel JUGENDHERBERGE €

(苏州河畔国际青年旅社; Suzhou Hepan Guoji Qingnian Lüshe; außerhalb der Karte S.196; ☎5888 8817; 1307 South Suzhou Rd.; 南苏州路 1307 号; B im Schlafsaal ohne/mit Bad 55/65 Yuan, DZ 200–300 Yuan, 3BZ 400 Yuan; ❄@📶; Ⓜ Xinzha Rd.) Das geräumige Hostel befindet sich in einem ehemaligen Lagerhaus am Suzhou; es ist mit hohen Decken, Wandgemälden und einem riesigen, coolen Gemeinschaftsraum ausgestattet. Es liegt ein wenig außerhalb, ist aber zu Fuß in fünf Minuten von der U-Bahnstation Xinzha Rd. mit Linie 1 zu erreichen, die direkt vom Volksplatz und der Französischen Konzession hierher fährt. Im Hostel gibt's Waschmaschinen und ein paar Küchengeräte (Mikrowelle, Kühlschrank).

The Phoenix JUGENDHERBERGE €

(老陕客栈; Laoshan *kezhan*; Karte S.196; ☎6328 8680; www.thephoenixshanghai.com; 17 South Yunnan Rd.; 云南南路 17 号; B/DZ 55/230 Yuan; ❄@📶; Ⓜ Dashijie) Die Flure sind zwar ein wenig schäbig, aber die Zimmer in dieser freundlichen Unterkunft sind ziemlich gut in Schuss. In den Schlafsälen können acht Leute schlafen, und die Doppelzimmer hier sind einladender als Vergleichbares in teureren Mittelklassehotels. Die Bar auf dem Dach und das Shaanxi-Teigtaschen-Restaurant im Erdgeschoss sind weitere Anreize, in diesem Hostel abzusteigen. Günstige Lage in der Nähe des Volksplatzes.

Captain Hostel JUGENDHERBERGE €

(船长青年酒店; Chuanzhang Qingnian Jiudian; Karte S.196; ☎6323 5053; www.captainhostel.com.cn; 37 Fuzhou Rd.; 福州路 37 号; B 65 Yuan, Zi. 358–458 Yuan; ❄@) Die staatlich geführte Jugendherberge ist traditionell die am wenigsten freundliche Shanghais, aber durch ihre fantastische Lage gleich beim Bund und die perfekt positionierte Bar auf dem Dach zieht sie dennoch haufenweise Gäste an. WLAN-Empfang nur in der Lobby.

ALTSTADT & SÜDLICHER BUND

The Waterhouse at South Bund BOUTIQUEHOTEL €€
(außerhalb der Karte S. 196; ☎6080 2988; www.waterhouseshanghai.com; 1–3 Maojiayuan Rd., Lane 479, South Zhongshan Rd.; 中山南路 479 弄毛家园路 1–3; DZ 1100–2800 Yuan; Ⓜ Xiaonanmen;) Das vierstöckige umgewandelte Lagerhaus aus den 1930er-Jahren liegt am südlichen Bund, gleich bei den Cool Docks; es verfügt über 19 Zimmer und bietet großartige Aussichten; die schicken Gästezimmer (einige mit Terrasse) sind mit noblen Designermöbeln eingerichtet. Industrieller Chic und obendrein eine nette Bar auf dem Dach.

Hotel Indigo Shanghai on the Bund HOTEL €€€
(英迪格酒店; Yingdige Jiudian; außerhalb der Karte S. 196; www.hotelindigo.com; 585 East Zhongshan No 2 Rd.; 中山东二路 585 号; DZ 4546–5006 Yuan; @; Ⓜ Xiaonanmen) Mit seiner kreativ konzipierten Lobby ist das hoch aufragende Hotel Indigo ein stylisher Neuling am südlichen Bund, mit Blick auf den Huangpu. Die schicken, verspielten Zimmer sind mit bunten Kissen, schrägem Design, hübschen Teppichen und makellosen Duschbädern ausgestattet. Der Infinity Pool ist ein Traum. Regelmäßig Rabatte bis zu 60 %.

FRANZÖSISCHE KONZESSION

Langham Xintiandi LUXUSHOTEL €€€
(新天地朗廷酒店; Xintiandi Langting Jiudian; Karte S. 204; ☎2330 2288; http://xintiandi.langhamhotels.com; 99 Madang Rd.; 马当路 99 号; Zi. 1550–2900 Yuan; Ⓜ Changshu Rd.;) Xintiandi ist zu einem Magneten für Luxushotels geworden, und es gibt kaum ein schöneres als diese. Alle 357 Zimmer verfügen über riesige Fenster, die vom Boden bis zur Decke reichen, massenhaft Platz, um sich auszubreiten, und sie wurden mit Liebe zum Detail ausgestattet: In den Suiten gibt's Holzbadewannen im japanischen Stil, Fußbodenheizung im Bad und das ganze Jahr über blühende weiße Orchideen.

Andaz LUXUSHOTEL €€€
(安达仕酒店; Andashi Jiudian; Karte S. 204; ☎2310 1234; http://shanghai.andaz.hyatt.com; 88 Songshan Rd.; 嵩山路 88 号; Zi. 1820–2820 Yuan; Ⓜ South Huangpi Rd.;) Das Andaz liegt in einem der Zwillingstürme nördlich von Xintiandi; die Zimmer wurden von dem japanischen Innenarchitekt Super Potato gestaltet. Das Resultat sind hippe, moderne Räumlichkeiten mit klaren Linien, natürlichen Materialien (Hartholzböden, Badezimmer aus Granit) und der unverkennbaren LED-Beleuchtung, die der Stimmung angepasst werden kann. Online gibt's Rabatte bis zu 35 %.

LP TIPP **Magnolia Bed & Breakfast** B&B €€
(Karte S. 204; www.magnoliabnbshanghai.com; 36 Yanqing Rd.; 延庆路 36 号; Zi. 650–1200 Yuan; ; Ⓜ Changshu Rd.) Eröffnet

NICHT VERSÄUMEN

PEACE HOTEL

Das **Fairmont Peace Hotel**, ist ein Wahrzeichen, das die Ecke East Nanjing und East Zhongshan Rd. dominiert; das berühmteste Gebäude am Bund wurde zwischen 1926 und 1929 errichtet. Es wurde ursprünglich als Sassoon House gebaut, denn im 3. bis 6. Stock war Victor Sassoons berühmtes Cathay Hotel untergebracht. Das war kein Hotel für das gemeine Volk – auf der Gästeliste standen hier schon Charlie Chaplin, George Bernard Shaw und Noel Coward, der hier im Jahr 1930 innerhalb von vier Tagen *Private Lives* verfasste, während er mit Grippe darniederlag. Sassoon selbst verbrachte die Werktage in seiner persönlichen Suite im obersten Stock, gleich unter der grünen Pyramide.

Man muss nicht Gast sein, um die wunderbare Jugendstillobby und die großartige Rotunde zu besichtigen oder abends der alten Jazzband zu lauschen (S. 229). Außerdem gibt's einstündige Führungen (100 Yuan) durch die **Peace Gallery** (☎6321 6888, App. 6751; ⏲10–17 Uhr), eine kleine, museumsartige Ausstellungsfläche mit Hotelmemorabilia; in der Nähe des Haupteingangs eine Treppe hoch. Es empfiehlt sich, sich einen halben Tag vorher anzumelden.

von den beiden Gründern der Kochschule The Kitchen at ... (S. 214) befindet sich dieses gemütliche, kleine Bed&Breakfast in einem Haus der Französischen Konzession, das 1927 errichtet wurde. Es ist durch und durch shanghaiisch – ausgehend vom Jugendstil strebt es nach stilvoller Modernität in Komfort und Design. Es bietet zwar nur fünf eher kleine Zimmer, aber es ist liebevoll eingerichtet und man könnte sich keine bessere Umgebung für seine Unterkunft wünschen.

Quintet B&B €€

(Karte S. 204; ☎6249 9088; www.quintet-shanghai.com; 808 Changle Rd.; 长乐路 808 号; DZ 850–1200 Yuan; ; Changshu Rd.) Das schicke Bed&Breakfast bietet sechs schöne Doppelzimmer in einem stilvollen Wohnhaus aus den 1930er-Jahren. Manche der Zimmer sind recht klein, aber alle sind geschmackvoll eingerichtet und mit modernem Luxus, wie Großbild-Satellitenfernsehen, WLAN und laptopgroßen Safes, aber auch klassischen Elementen, wie Holzdielen und tiefen Porzellanbadewannen, ausgestattet. Einen Aufzug gibt es nicht.

Kevin's Old House B&B €€

(老时光酒店; Laoshiguang Jiudian; Karte S. 204; ☎6248 6800; www.kevinsoldhouse.com; No 4, Lane 946, Changle Rd.; 长乐路 946 弄 4 号; Suite 1180–1280 Yuan; Changshu Rd.;) Das herrliche Boutiquehotel in einer abgelegenen, 1927 erbauten Villa in der Französischen Konzession wurde liebevoll restauriert und dadurch zu einer eleganten, aber erschwinglichen Unterkunft. Sechs Suiten sind über das Haus verteilt; jede davon wurde mit Sorgfalt gestaltet und ist mit Holzdielen, traditionellen chinesischen Möbeln, eleganten Kunstwerken und ein paar Antiquitäten ausgestattet.

Hengshan Moller Villa HISTORISCHES HOTEL €€€

(衡山马勒别墅饭店; Hengshan Male Bieshu Fandian; Karte S. 204; ☎6247 8881; www.mollervilla.com; 30 South Shaanxi Rd.; 陕西南路 30 号; Zi. 1500–2800 Yuan; South Shaanxi Rd.; @) Dieses märchenhafte, burgähnliche Hotel, das von dem schwedischen Geschäftsmann und Pferderennenfanatiker Eric Moller erbaut wurde, war bis 1949, als es vom Kommunistischen Jugendverband Chinas übernommen wurde, ein Familiensitz. Eines von Shanghais seltsamsten Gebäuden gibt trotzdem eine großartige Unterkunft ab mit seinem Parkettfußboden in der Lobby und einem üppigen Garten hinter dem Haus. WLAN gibt's nur in der Lobby.

Ruijin Hotel HISTORISCHES HOTEL €€€

(瑞金宾馆; Ruijin Binguan; Karte S. 204; ☎6472 5222; www.ruijinhotelsh.com; 118 Ruijin No 2 Rd., Französische Konzession Ost; 瑞金二路 118 号; DZ Standard/Executive 1320/2310 Yuan; South Shaanxi Rd.; @) Auf dem herrlichen Gartengrundstück stehen vier Gebäude mit einer Reihe von Zimmern, aber das attraktivste davon ist Gebäude Nr. 1, ein 1919 errichtetes Wohnhaus aus rotem Backstein, in dem früher Benjamin Morris lebte, der einstige Besitzer der *North China Daily News*. Rabatte von 20 % sind zu erwarten.

Blue Mountain Youth Hostel JUGENDHERBERGE €

(蓝山国际青年旅舍; Lanshan Guoji Qingnian Lüshe; Karte S. 204; ☎6304 3938; www.bmhostel.com; Gebäude 1, 1. OG, 1072 Quxi Rd.; 瞿溪路 1072 号 1 号甲 2 楼; B 55–65 Yuan, DZ 190 Yuan; @; Luban Rd.) Eine gute Jugendherberge, die zwar nicht gerade im Zentrum des Geschehens liegt, aber dafür in der Nähe einer Metrostation, sodass zumindest die Anbindung gut ist. Die Zimmer sind einfach, aber sauber, es stehen gemischte Schlafsäle zur Auswahl, aber auch welche, die ausschließlich für Frauen bzw. Männer sind. Die Gemeinschaftseinrichtungen sind hervorragend, dazu gehört auch ein Bar-Restaurant-Bereich mit gebührenfreiem Billardtisch, Internet und Filmen, sowie eine Küche und mehrere Waschmaschinen.

Hanting Hotel HOTEL €

(汉庭酒店; Hanting Jiudian; Karte S. 204; ☎5465 6633; www.htinns.com; 233 South Shaanxi Rd., Französische Konzession Ost; 陕西南路 233 号; DZ ab 339 Yuan; @; South Shaanxi Rd. oder Jiashan Rd.) Die Zimmer in diesem Mittelklassehotel sind ein bisschen klein, aber makellos sauber und in gutem Zustand, mit einem Zweig Plastikefeu an der Klimaanlage, um dem Ganzen eine individuelle Note zu verleihen. Englisch wird nur begrenzt gesprochen.

WEST NANJING ROAD & JING'AN

Urbn BOUTIQUEHOTEL €€€

(Karte S. 209; ☎5153 4600; www.urbnhotels.com; 183 Jiaozhou Rd.; 胶州路 183 号; Zi. ab 1500 Yuan; ; Changping Rd.) Chinas erstes klimaneutrales Hotel verwendet nicht nur, wenn es möglich ist, Recyclingmaterial und Produkte mit geringem Energieverbrauch, es berechnet auch seinen kompletten CO2-Ausstoß – einschließlich Pendelstrecken des Personals und Lieferfahrten – und kompensiert ihn durch Geldspenden an umweltfreundliche Projekte. Die 26 offen gestalteten Zimmer sind schön eingerichtet mit niedrigen Möbeln und in den Boden versenkten Wohnbereichen, die den Eindruck von Geräumigkeit vermitteln.

LP TIPP Le Tour Traveler's Rest Youth Hostel JUGENDHERBERGE €
(乐途静安国际青年旅舍; Letu Jing'an Guoji Qingnian Lüshe; Karte S. 209; ☎6267 1912; www.letourshanghai.com; 36, Alley 319, Jiaozhou Rd.; 胶州路 319 弄 36 号; B/DZ 70/260 Yuan; ❄@🛜; ⓂJing'an Temple) Diese fabelhafte, in einer alten Handtuchfabrik untergebrachte Jugendherberge lässt die meisten anderen weit hinter sich. Die großartige Unterkunft, die in einem ruhigen *lilong* (Gasse) liegt, ist sehr geräumig. Die Alt-Shanghaier Strukturen sind auch innen noch in Form von roten Backsteinwänden und reproduzierten, von Steinbögen überspannten Durchgängen erhalten. In dem hellen, geräumigen und luftigen Hostel mit den reizvollen, lustig angemalten Räumen arbeitet liebenswürdiges Personal. Internet, Waschmaschine, Küche, kostenloser Schirmverleih, Tischtennis und Billardtisch.

Jia Shanghai BOUTIQUEHOTEL €€€
(Karte S. 209; ☎6217 9000; www.jiashanghai.com; 931 West Nanjing Rd.; 南京西路 931 号; Studio 2500 Yuan; ⊖❄@🛜) Die dezente, unscheinbare Eingangstür dieses schicken Boutiquehotels (Eingang Taixing Rd.) ist leicht zu übersehen, denn nur eine bescheidene, kleine Tafel weist auf ein Hotel hin. Die Deko der Lobby (flippige Vogelkäfige, Uhren mit lustigem Design) und das schmucke Personal sind unkonventionell, amüsant und modisch und bereiten die Gäste auf die farbenfrohen Studioräume vor, die in diesem Gebäude aus den 1920er-Jahren eingerichtet wurden. Rabatte bis zu 50 % sind möglich.

Puli LUXUSHOTEL €€€
(璞丽酒店; Puli Jiudian; Karte S. 209; ☎3203 9999; www.thepuli.com; 1 Changde Rd.; 常德路 1 号; DZ ab 3380 Yuan; ⊖❄@🛜🏊; ⓂJing'an Temple) Ein zukunftsweisendes Shanghaier Gebäude mit offen angelegten Räumen, die durch hängende Wandschirme unterteilt sind. Die in Beige und Mahagoni gehaltene Farbgebung ist ein Understatement, das durch die Schönheit gut platzierter Orchideen akzentuiert wird. Das 25 Stockwerke hohe Puli ist ein starkes Argument für stilvolle Wolkenkratzer. Wer im Voraus bucht, erhält Rabatte von bis zu 60 %.

PUDONG NEW AREA

LP TIPP The Ritz-Carlton Shanghai Pudong LUXUSHOTEL €€€
(上海浦东丽思卡尔顿酒店; Shanghai Pudong Lisi Ka'erdun Jiudian; Karte S. 210; ☎2020 1888; www.ritzcarlton.com; Shanghai IFC, 8 Century Ave.; 世纪大道 8 号; DZ ab 2400 Yuan; ❄@🛜🏊; ⓂLujiazui) Von der Stachelrochenhaut-Effekttapete im Aufzug bis hin zur exquisiten Unterkunft und der Freiluft-Bar – das hochfein gestaltete Ritz-Carlton darf sich mit seinen 285 Zimmern im Shanghai IFC mit Fug und Recht als die viel umkämpfte Krone unter den Hotels in Pudong bezeichnen. Das schöne Design der Zimmer – eine Mischung aus femininen Farben, auffälligen Jugendstilmotiven, elegantem Chic und dramatischen Aussichten auf den Bund – ist ein stilistischer Triumph. In den herrlichen offenen Badezimmern, die durch Wandschirme vom Zimmer getrennt sind, stehen tiefe, frei stehende Badewannen, die zum Baden einladen.

Park Hyatt LUXUSHOTEL €€€
(柏悦酒店; Boyue Jiudian; Karte S. 210; ☎6888 1234; www.parkhyattshanghai.com; 100 Century Ave.; 世纪大道 100 号; DZ ab 3600 Yuan; ❄@🛜🏊; ⓂLujiazui) Das stratosphärische Hotel, das die Stockwerke 79 bis 93 des himmelhohen Shanghai World Financial Center einnimmt, ist einfach cool. Die riesigen Wolkenkratzer, die durch die großen Fenster zu sehen sind, wirken plötzlich zwergenhaft wie Legoblöcke; die Lobby befindet sich auf Höhe der Spitze des Jinmao Towers. Das Hotel mit 174 Zimmern ist modern und dezent mit einem Hauch von Jugendstil: Korridore mit hohen Wänden, beigen und braunen Stoffen und beruhigenden steingrauen Tönen führen zu luxuriösen Zimmern, in denen den Gast Espressomaschinen, beschlagfreie Badezimmerspiegel (mit kleinem, integrierten Fernseher) und sich automatisch öffnende Toilettendeckel erwarten. Der Eingang des

Park Hyatt befindet sich an der Südseite des Turms. Rabatte von bis zu 20%.

Jumeirah Himalayas Hotel LUXUSHOTEL €€€
(卓美亚喜玛拉雅酒店; Zhuomeiya Ximalaya Jiudian; ☎3858 0888; www.jumeirah.com; 1108 Meihua Rd.; 梅花路 1108 号; DZ 4149 Yuan, Suite 5989–6564 Yuan; ❄@📶🏊; Ⓜ Huama Rd.) In der fantastischen Lobby hängen traditionelle chinesische Gemälde, während über einem chinesischen Pavillon hypnotische Bilder über eine Großbildleinwand flimmern – da bleibt einem die Spucke weg. Die nach Feng-Shui angelegten Zimmer sind großartig und geräumig mit Schwerpunkt auf traditioneller chinesischer Ästhetik und hochmodernen Akzenten. Es gibt gute Rabatte, aber lieber im Voraus buchen. Das Hotel liegt südlich des Century Parks an der Kreuzung Huama Rd. und Fangdian Rd., ganz in der Nähe der U-Bahnstation Huama Rd.

Grand Hyatt LUXUSHOTEL €€€
(金茂凯悦大酒店; Jinmao Kaiyue Dajiudian; Karte S. 210; ☎5049 1234; www.shanghai.grand.hyatt.com; 88 Century Ave.; 世纪大道 88 号; DZ ab 2500 Yuan; ❄@📶🏊; Ⓜ Lujiazui) Das Grand Hyatt mit seinen 555 Zimmern beginnt im 54. Stock des Jinmao Tower und zählt noch immer zu den edelsten Unterkünften Shanghais. Sein einst unanfechtbarer Qualitätsstandard unter den Luxusklassehotels in Shanghai hat zwangsläufig Konkurrenz bekommen, aber die umfangreiche Modernisierung, der es gegenwärtig Stock für Stock unterzogen wird, hat die Zimmer aufgepeppt – jetzt finden sich dort auffällige kalligrafische Gedichte aus der Tang-Dynastie über den Betten, und es gibt Espressomaschinen sowie schicke hellbraune Schreibtische mit Lederverzierungen. Die Eckzimmer sind heiß begehrt; im 33-stöckigen, immer wieder erstaunlichen Atrium kann man sich schon mal den Nacken verrenken; das Servicepersonal ist und bleibt äußerst zuvorkommend und die Restaurants sind hervorragend.

Essen

Typisch für Shanghai spiegelt die heutige Restaurantszene das Streben der Stadt nach Trends und Geschmäckern von anderswo wider, ob es nun hunanesische Gewürze sind oder französische Foie gras. Die meisten Besucher werden natürlich vom chinesischen Teil des Spektrums angezogen, denn dort findet man die beste Küche.

Während ein Abendessen mit Blick auf den Huangpu oder im Gassengewirr von Xintiandi immer eine runde Sache ist, wissen echte Gourmets, dass die besten Restaurants in China oft da sind, wo man sie am wenigsten erwartet. Ein Großteil des Spaßes, draußen zu essen, besteht in Shanghai darin, auf diese kleinen Lokale in Einkaufszentren, Metrostationen oder Seitenstraßen zu stoßen, die ein einzigartiges Esserlebnis bieten. Auch sollten Restaurantketten nicht von vorneherein verschmäht werden, eine ganze Reihe der besseren Restaurants in Shanghai haben überall in der Stadt Niederlassungen.

Die Shanghaier Küche selbst ist im Allgemeinen süßer als andere chinesische Küchen und beinhaltet zahlreiche Gerichte mit Fisch und Meeresfrüchten. Zu den klassischen Gerichten und Snacks gehören *xunyu* (熏鱼; Räucherfisch), *hongshao rou* (红烧肉; geschmorter Schweinebauch), *shengjian* (生煎; frittierte Teigtaschen) und die typisch shanghaiischen *xiaolongbao* (小笼包;gedünstete Teigtaschen), die überall in China nachgemacht werden, aber nur hier richtig echt sind. In ausgefallenen Restaurants im Voraus reservieren.

DER BUND & VOLKSPLATZ

Lost Heaven YUNNAN-KÜCHE €€€
(花马天堂; Huama Tiantang; Karte S. 196; ☎6330 0967; www.lostheaven.com.cn; 17 East Yan'an Rd.; 延安东路 17 号; Gerichte 38–180 Yuan; 🚭📋; Ⓜ East Nanjing Rd.) Das Lokal hat vielleicht nicht die Aussicht, die seiner Konkurrenz die Kundschaft beschert, aber warum sollte man immer die gleichen alten westlichen Restaurants aufsuchen, wenn einem hier die anspruchsvolle Küche der Bai-, Dai- und Miao-Nationalitäten aus Chinas mächtigem Südwesten serviert wird? Spezialitäten sind hier Blüten (von Banane und Granatapfel), Wildpilze, Chilis, Burmesische Currygerichte, Huhn nach Art der Bai und hervorragende Pu-Erh-Tees – das alles wird den Gästen in herrlicher Yunnan-meets-Shanghai-Atmosphäre serviert.

LP TIPP **Hongyi Plaza** CHINESISCH €
(宏伊国际广场; Hongyi Guoji Guangchang; Karte S. 196; 299 East Nanjing Rd.; 南京东路 299 号; Gerichte ab 30 Yuan; 📋; Ⓜ East Nanjing Rd.) Nicht alle Einkaufszentren sind gleich: das Hongyi wartet mit einer ganzen Reihe mit Sternen ausgezeichneten Restaurants auf und hält im Konkurrenzkampf mühelos

mit. Das Ganze ist nur einen Steinwurf vom Wasser entfernt. Top-Adressen sind hier das South Memory (5. OG), das auf scharfe hunanesische Gerichte spezialisiert ist, das Dolar Hotpot (4. OG), dessen köstliche Soßen-Bar auch außerhalb der Wintersaison sehr beliebt ist, das Charme (3. OG), ein tolles Tee-Restaurant im Hong-Kong-Stil, das Wagas (EG), Shanghais WLAN-Café-Kette, und das Ajisen (UG), der König der japanischen Ramen.

Yuxin Chuancai SICHUAN-KÜCHE €€

(渝信川菜; Karte S. 196; 4. OG, Huasheng Tower, 399 Jiujiang Rd.; 九江路 399 号华盛大厦 5 楼; Gerichte 18–98 Yuan; Ⓜ East Nanjing Rd.; 📶📋) Das Yuxin ist ein regelmäßiger Anwärter auf das beste sichuanesische Essen in Shanghai; dort hält man sich nicht zurück, wenn es um Blasen erzeugende Chilis und betäubende Pfefferkörner geht.

Nanxiang Steamed Bun Restaurant TEIGTASCHEN €

(南翔馒头店; Nanxiang Mantou Dian; Karte S. 196; 1. OG, 666 Fuzhou Rd.; 豫园商城福佑路 666 号 2 楼; Dampfgarer mit 8 Teigtaschen 25–50 Yuan; Ⓜ People's Square; 📋) Angenehme Filiale von Shanghais berühmtestem *xiaolongbao*-Restaurant in der Nähe des Volksplatzes.

El Willy SPANISCH €€€

(Karte S. 196; ☎ 5404 5757; www.el-willy.com; 4. OG, 22 East Zhongshan No 2 Rd.; 中山东二路 22 号 5 楼; Tapas 45–165 Yuan, Reis für 2 Pers. 195–265 Yuan; ⏲ Mo–Sa; 🚭📋; Ⓜ Yuyuan Garden) Dieses neue Restaurant am südlichen Bund wird befeuert von der unaufhaltsamen Energie von Willy, dem Koch aus Barcelona mit den farbenfrohen Socken; den Charme des Lokals vergrößert noch die coole Aussicht auf den Fluss durch die Bogenfenster im 4. Stock. Von der U-Bahnstation ein Taxi nehmen.

M on the Bund WESTLICH €€€

(米氏西餐厅; Mishi Xicanting; Karte S. 196; ☎ 6350 9988; www.m-onthebund.com; 6. OG, 20 Guangdong Rd.; 广东路 20 号 7 楼; Gerichte 188–288 Yuan, 2-Gänge-Mittagessen 186 Yuan; 🚭📋; Ⓜ East Nanjing Rd.) Vor einer exklusiven Aussicht auf Pudong flattern Tischtücher im Wind. Die Grand Dame am Bund erntet noch immer den Applaus der Shanghaier Gastronomen.

Shanghai Grandmother CHINESISCH €

(上海姥姥; Shanghai Laolao; Karte S. 196; 70 Fuzhou Rd.; 福州路 70 号; Gerichte 20–52 Yuan; 📋; Ⓜ East Nanjing Rd.) Dieses vollgepackte Shanghaier Restaurant im einheimischen Stil ist vom Bund aus leicht zu erreichen und liegt sehr praktisch für ein zwangloses Mittag- oder Abendessen. Mit den Klassikern wie Grandma's geschmortem Schweinefleisch und gebratenen Tomaten und Eiern kann man nichts falsch machen.

Food Republic FOOD-COURT €

(大食代; Dashidai; Karte S. 196; 5. OG, Raffles City, 268 Middle Xizang Rd.; 西藏中路 268 号; Gerichte ab 40 Yuan; Ⓜ People's Square) Der König unter den Food-Courts, das Food Republic, bietet asiatische Küche in Hülle und Fülle für viel beschäftigte Gäste und unterhält praktische Niederlassungen überall in der Stadt – diese Filiale bietet einen Blick über den nie zur Ruhe kommenden Volksplatz. Im Voraus bezahlen, eine Karte schnappen (10 Yuan Kaution) und zum gewünschten Stand gehen, um sofort bedient zu werden.

ALTSTADT & SÜDLICHER BUND

Din Tai Fung SHANGHAI €€

(鼎泰丰; Karte S. 196; www.dintaifungsh.com.cn; 1. OG, Yu Fashion Garden, 168 Middle Fangbang Rd.; 方浜中路 168 号豫龙坊 2 楼; Teigtaschen ab 29 Yuan; ⏲ 10.30–22 Uhr; 🚭📋; Ⓜ Yuyuan Garden) Diese hell erleuchtete taiwanesische Kette – eine von sechs Filialen in der Stadt – serviert superleckere shanghaiische *xiaolongbao* auf dem Gipfel des Geschmacks – nicht gerade billig, aber jeden einzelnen *jiao* wert. Der Service ist erstklassig.

Kebabs on the Grille INDISCH €€

(außerhalb der Karte S. 196; ☎ 6152 6567; No 8, The Cool Docks, 479 South Zhongshan Rd.; 中山南路 479 号; Hauptgerichte ab 45 Yuan, gedämpfter Reis 25 Yuan, Naan-Brot 20 Yuan; ⏲ 11–22.30 Uhr; 🚭📋; Ⓜ Xiaonanmen) Dieses sehr beliebte Restaurant an den Cool Docks ist ein echter Publikumsliebling. Das Boti Mutton (gegrillte Lammstücke) ist hinreißend, und es gibt eine leckere Auswahl an Tandoori-Gerichten, direkt am Tisch Gegrilltes, eine hervorragende Auswahl an vegetarischen Gerichten und sonntags einen All-you-can-eat-Brunch (150 Yuan).

Char STEAKHOUSE €€€

(恰餐厅; außerhalb der Karte S. 196; ☎ 3302 9995; www.char-thebund.com; 28–30. OG, Hotel Indigo Shanghai on the Bund, 585 East Zhongshan No 2 Rd.; Steaks ab 390 Yuan, Burger

290 Yuan, weitere Hauptgerichte ab 140 Yuan; ⌚18–22 Uhr; 🚭📖; Ⓜ Xiaonanmen) Auf einem Sofa Platz nehmen, das Hochrippensteak vom Wagyu-Rind, den gegrillten Dorsch oder die Meeresfrüchte probieren und hinreißende Aussichten auf Lujiazui genießen. Auch von der entspannten Bar darüber kann man den spektakulären Blick genießen. Vorher reservieren.

Songyuelou VEGETARISCH, CHINESISCH €

(松月楼; Karte S. 196; 99 Jiujiaochang Rd.; Gerichte 25–48 Yuan; ⌚7–22 Uhr; 📖; Ⓜ Yuyuan Garden) Dieses bescheidene Lokal ist Shanghais ältestes vegetarisches Restaurant. Hier gibt's die übliche Mischung aus Tofu, der so tut als wäre er Fleisch. Im 1. OG gibt es eine englische Speisekarte.

FRANZÖSISCHE KONZESSION

LP TIPP Yin CHINESISCH €€

(音; Karte S. 204; ☎5466 5070; 1. OG, 4 Hengshan Rd.; 衡山路 4 号 2 楼; Gerichte 38–108 Yuan; 🚭📖; Ⓜ Hengshan Rd.) Wie eine Rückblende auf die 1930er-Jahre strahlt das Yin mit seiner antiken Einrichtung eine sanfte, jazzige Dekadenz aus. Geschirr im Stil der Song-Dynastie und Ella Fitzgerald aus den Lautsprechern. Hier gibt's hervorragende regionale Gerichte aus ganz China, einschließlich den lustig benannten „Tintenfisch im Sandsturm".

Di Shui Dong HUNAN-KÜCHE €€

(滴水洞; Karte S. 204; ☎6253 2689; 1. OG, 56 South Maoming Rd.; 茂名南路 56 号 2 层; Gerichte 25–88 Yuan; 📖; Ⓜ South Shaanxi Rd.) Shanghais ältestes hunanesisches Restaurant ist überraschend bodenständig, aber die Speisekarte ist Feuer pur; dafür, dass die hunanesische Küche zu Chinas schärfsten Kochtraditionen gehört, ist das Essen jedoch vergleichsweise mild. Der scharfe Tofu mit *ziran*(Kreuzkümmel)-Ribs trifft voll ins Schwarze, abgerundet wird die Mahlzeit durch geschmortes Schweinefleisch auf Mao-Art.

Xinjishi SHANGHAI-KÜCHE €€

(新吉士; Karte S. 204; ☎6336 4746; Xintiandi, nördlicher Block, Gebäude 9; 新天地北里 9 号楼; Gerichte 38–88 Yuan; 📖; Ⓜ South Huangpi Rd. oder Xintiandi) Köstliche shanghainesische Hausmannskost in schicker Umgebung. Zu den Spezialitäten des Hauses gehören Teigtaschen mit Krabben, gefüllte rote Datteln und das klassische geschmorte Schweinefleisch. In der Stadt gibt es mehrere Niederlassungen.

Spicy Joint SICHUAN-KÜCHE €

(辛香汇; Xinxianghui; Karte S. 204; 2. OG, K Wah Center, 1028 Middle Huaihai Rd.; 淮海中路 1028 号嘉华中心 3 楼; Gerichte 12–58 Yuan; 📶📖; Ⓜ South Shaanxi Rd.) Die Hitze in diesem sichuanesischen Laden kommt der glühenden Begeisterung seiner Gäste gleich. Die Gerichte sind gemessen an den Shanghaier Standards nicht teuer; am beliebtesten sind die großen Schüsseln Wels in heißem Chili-Öl, mit Tee geräucherte Ente, und Lammkotelettes im Chili-Mantel. Eventuell wird nach der Handynummer gefragt, um einen Platz in der Schlange zu sichern.

Southern Barbarian YUNNAN-KÜCHE €

(南蛮子; Nanmanzi; Karte S. 204; ☎5157 5510; 1. OG, 169 Jinxian Rd.; 进贤路 169 号 2 楼; Gerichte 25–68 Yuan; 📖; Ⓜ South Shaanxi Rd.) Trotz des alarmierenden Namens hat das Essen hier absolut nichts Barbarisches an sich. Stattdessen gibt's hier superbe glutamatfreie yunnanesische Küche: gegrillten Schnapper, Rindfleisch-Minze-Auflauf, Chicken Wings und den berühmten yunnanesischen Ziegenkäse. Eingang durch das Einkaufszentrum.

Baoluo Jiulou SHANGHAI-KÜCHE €

(保罗酒楼; Karte S. 204; ☎6279 2827; 271 Fumin Rd.; 富民路 271 号; Gerichte 20–68 Yuan; ⌚11–3 Uhr; 📖; Ⓜ Changshu Rd. oder Jing'an Temple) Am besten kommt man mit einer ausgelassenen Clique aus Freunden in diese typisch chaotische, höhlenartige Shanghaier Institution, vor deren Tür sich bis spät in der Nacht Schlangen bilden. Unbedingt die köstlichen Löwenkopf-Fleischbällchen, die in Lotosblättern geröstete Ente oder den *baoluo kaoman* (保罗烤鳗; gebackenen Aal) probieren.

Crystal Jade DIM SUM €

(翡翠酒家; Feicui Jiujia; Karte S. 204; ☎6385 8752; Xintiandi, südlicher Block, 1. OG, Gebäude 6; 兴业路 123 弄新天地南里 6 号 2 楼; Nudeln & *dim sum* 16–40 Yuan; 📖; Ⓜ South Huangpi Rd. oder Xintiandi) Was das Crystal Jade von anderen *dim-sum*-Restaurants unterscheidet ist der Teig: Die Teigtaschenhüllen sind vollkommen zart, die Dampfnudeln sind leicht und luftig, und die frischen Nudeln sind perfekt gezogen. Zum Mittagessen werden sowohl kantonesische als auch shanghaiische *dim sum* serviert. Das Restaurant befindet sich im Einkaufszentrum, auf demselben Stock wie die gleichermaßen beliebte Niederlassung von Din Tai Fung (S. 223).

Sichuan Citizen SICHUAN-KÜCHE €€
(龙门陈茶屋; Longmen Chencha Wu; Karte S. 204; ☎5404 1235; 30 Donghu Rd.; 东湖路 30 号; Gerichte 28–98 Yuan; 📶🗒; Ⓜ South Shaanxi Rd.) Das Citizen hat sich für „rustikalen Schick" entschieden, mit seiner Holztäfelung und den Deckenventilatoren sieht es aus wie eines der altmodischen Teehäuser in Chengdu, das für ein Fotoshooting der Elle aufgemotzt worden ist. Aber das Essen ist erste Sahne, es wird von einer sichuanesischen Küchen-Crew zubereitet, die absolut sicherstellt, dass sich auch wirklich keine shanghaiische Süße in das Pfefferkörnermassaker schleicht.

Simply Thai THAI-KÜCHE €€
(天泰餐厅; Tiantai Canting; Karte S. 204; ☎6445 9551; 5c Dongping Rd.; 东平路 5 号 C 座; Gerichte 48–68 Yuan; 🚭🗒; Ⓜ Changshu Rd.) Alle schwärmen für dieses Restaurant mit seinen köstlichen, glutamatfreien Currys und Salaten und dem erfrischenden Dekor. Es gibt einen hübschen Bereich zum Draußensitzen, eine vernünftige Weinkarte und die Mittagessen-Specials sind preiswert. Eine weitere Niederlassung ist in Xintiandi.

Ferguson Lane ITALIENISCH, FRANZÖSISCH €€
(武康庭; Wukang Ting; Karte S. 204; 376 Wukang Rd.; 武康路 376 号; Gerichte 48–130 Yuan; ✎🗒; Ⓜ Shanghai Library oder Jiaotong University) An den seltenen Tagen, an denen der Himmel über Shanghai wolkenlos ist, füllt sich der elegante Hof des Ferguson Lane augenblicklich mit sonnenhungrigen Gästen. Hier gibt's mehrere verlockende Optionen, etwa das **Coffee Tree** (⏲9–22 Uhr; 📶), wo es Panini, Salate und biologischen Kaffee gibt, und das **Franck** (☎6437 6465; ⏲Di–So, Mittagessen nur Sa & So), wo es Speisen gibt wie in einem französischen Bistro.

Noodle Bull NUDELN €
(狠牛面; Henniu Mian; Karte S. 204; 3b, 291 Fumin Rd.; 富民路 291 号 1F3b 室; Nudeln 28–35 Yuan; ✎🗒; Ⓜ Changshu Rd. oder South Shaanxi Rd.) Um einiges cooler als der durchschnittliche Nudelstand an der Straßenecke (minimalistischer Beton-Chic und lustige Schüsseln). Noodle Bulls Geheimnis ist die absolut schlürfbare, glutamatfreie Brühe. Eingang in der Changle Rd.

Cha's KANTONESISCH €
(查餐厅; Cha Canting; Karte S. 204; 30 Sinan Rd.; 思南路 30 号; Gerichte 20–50 Yuan; 🗒; Ⓜ South Shaanxi Rd.) Geschäftiges Retro-Restaurant im Hong-Kong-Stil (süß-saures Schweinefleisch, gebackenes, salziges Huhn, Nudeln). Mindestens 15 Minuten Warten einplanen.

Bankura JAPANISCH €
(万藏; Wanzang; Karte S. 204; ☎6215 0373; 344 Changle Rd.; 长乐路 344 号; Nudeln 30–45 Yuan; 🗒; Ⓜ South Shaanxi Rd.) Das Bankura ist eine unterirdische japanische Nudel-Bar mit köstlichen Extras wie gegrilltem Fisch, Curry-Garnelen und gebratenen Shiitake-Pilzen.

Haiku JAPANISCH €€
(隐泉之语; Yinquan Zhi Yu; Karte S. 204; ☎6445 0021; 28b Taojiang Rd.; 桃江路 28 号乙; Maki-Rollen 68–98 Yuan; 🚭🗒; Ⓜ Changshu Rd.)

SCHLEMMERMEILEN

Shanghais Gourmetmeilen sind ein El Dorado für Gourmands, die auf der Suche nach etwas Neuem sind. Hier gibt's eigentlich keine Garküchen wie anderswo in Asien, eher eine Ansammlung winziger Restaurants, und jedes davon ist auf eine andere chinesische Küche spezialisiert.

In erstklassiger Lage in der Nähe des Volksparks liegt die **Huanghe Rd.** (黄河路美食街; Huanghe Lu Meishi Jie; Karte S. 196; Ⓜ People's Square). Sie bietet alle Grundlagen vom preiswerten Mittagessen bis hin zu spätabendlichen Snacks nach dem Theater. Hier gibt's auch die besten Teigtaschen – ob frittiert im **Yang's Fry Dumplings** (小杨生煎馆; Nr. 97) oder in Bambuskörbchen gedämpft auf der anderen Straßenseite im **Jiajia Soup Dumplings** (佳家汤包; Nr. 90).

In der **Yunnan Rd.** (云南路美食街; Yunnan Lu Meishi Jie; Ⓜ Dashijie) gibt es einige interessante Spezialitätenrestaurants. Sie ist der perfekte Ort für eine authentische Mahlzeit nach dem Museen-Hopping auf dem Volksplatz. Nr. 15 bietet Spezialitäten aus Shaanxi, das **Wu Fang Zhai** (五芳斋; Karte S. 196; Nr. 28) serviert *dim sum* in fünf Geschmacksrichtungen. Außerdem gibt's hier *yan shui ya* (盐水鸭; gesalzene Ente) – schmeckt besser als es klingt – und mongolischen Hotpot.

Verrückte Maki-Rollen: Ninja (Garnelen, Krabben und killerscharfe Soße), Philly (Frischkäse und Lachs) bis hin zu Pimp My Roll (alles).

Xibo Grill ZENTRALASIATISCH €€
(锡伯餐厅; Xibo Canting; Karte S. 204; ☎5403 8330; 2. OG, 83 Changshu Rd.; 常熟路 83 号 3 楼; Gerichte 52–98 Yuan; 📋; Ⓜ Changshu Rd.) Wer eine Portion Hammelfleisch möchte, sollte die Terrasse im 2. OG dieses stilvollen Xinjiang-Ladens ausprobieren.

WEST NANJING ROAD & JING'AN

Fu 1039 SHANGHAI-KÜCHE €€€
(福一零三九; Fu Yao Ling San Jiu; außerhalb der Karte S. 204; ☎5237 1878; 1039 Yuyuan Rd.; 愚圆路 1039 号; Gerichte 48–108 Yuan; 📋; Ⓜ Jiangsu Rd.) Das in einer dreistöckigen Villa von 1913 gelegene Fu ist exklusiv shanghaiisch mit einem ungewöhnlichen, altmodischen Charme in einer Stadt, die ganz versessen ist auf modernes Design. Es ist zwar nicht ganz einfach zu finden, aber wer beharrlich ist, der wird mit köstlichen Standardgerichten belohnt, wie etwa der Räucherfisch-Vorspeise und geschmortem Schweinefleisch in Sojasoße.

Um dorthin zu gelangen, der Yuyuan Rd. von der Metrostation aus etwa 200 m (nach dem Überqueren der Jiangsu Rd.) in Richtung Westen folgen, dann Richtung Süden in eine Gasse abbiegen. Der nicht gekennzeichnete Eingang ist der erste auf der linken Seite. Der Mindestbetrag beläuft sich auf 200 Yuan pro Person.

LP TIPP **Wujiang-Lu-Schlemmermeile** SCHLEMMERMEILE €
(Karte S. 209; Wujiang Rd.; 吴江路; Gerichte ab 30 Yuan; Ⓜ West Nanjing Rd.) In dieser Fußgängerzone, einer Schlemmermeile, die sich über zwei Blocks erstreckt, gibt es so ziemlich alles: haufenweise Cafés, japanische und koreanische Nudelläden und Eisverkäufer. Wer shanghaiische Küche sucht, sollte an Nr. 269 (über dem Ausgang der U-Bahnstation) ins Einkaufszentrum gehen und im 1. OG nach Yang's Fry Dumplings oder Nanxiang Steamed Bun Ausschau halten.

Guyi Hunan Restaurant HUNAN-KÜCHE €€
(古意湘味浓; Guyi Xiangweinong; Karte S. 209; ☎6232 8377; 7. OG, City Plaza, 1618 West Nanjing Rd.; 南京西路 1618 号 8 楼久百城市广场; Gerichte 28–98 Yuan; Ⓜ Jing'an Temple; 📋) Stilvolle hunanesische Speisen und Kreuzkümmel-Rippen, bei denen einem das Wasser im Mund zusammenläuft. Direkt neben dem Jing'an-Tempel (im Einkaufszentrum).

Vegetarian Lifestyle CHINESISCH €€
(枣子树; Zaozi Shu; Karte S. 209; ☎6215 7566; 258 Fengxian Rd.; 奉贤路 258 号; Gerichte 22–68 Yuan; 🚭✍📋; Ⓜ West Nanjing Rd.) Wer leichtes und gesundes, biologisch angebautes, vegetarisches Essen mit zero Fleisch und ziemlich wenig Öl möchte, wird in diesem einladenden Restaurant auf ein hervorragendes Angebot stoßen. Die gesundheitsbewusste, umweltfreundliche Einstellung reicht sogar bis hin zu den Zahnstochern, die aus Speisestärke bestehen.

Shanghai Centre TEIGTASCHEN, PIZZA €€
(上海商城; Shanghai Shangcheng; Karte S. 209; 1376 West Nanjing Rd.; 南京西路 1376 号; Pizza 58–88 Yuan; 🚭📶✍📋; Ⓜ Jing'an Temple oder West Nanjing Rd.) Das Shanghai Centre ist unschlagbar in Sachen Gourmet-Angebote: unwiderstehliche Teigtaschen von Din Tai Fung, super Smoothies von Element Fresh, dünnkrustige Pizzen von Pizza Marzano, und Karottenkuchen und Sandwichs von Baker & Spice.

Wagas CAFE €
(沃歌斯; Wogesi; Karte S. 209; www.wagas.com.cn; 11a, Citic Sq., 1168 West Nanjing Rd.; 南京西路 1168 号下一层 11a 室; Gerichte ab 48 Yuan; ⏲7–22 Uhr; 🚭📶📋; Ⓜ West Nanjing Rd.) Frühstück ist vor 10 Uhr morgens 50 % billiger, Pasta kostet nach 18 Uhr 38 Yuan, man kann hier stundenlang mit seinem Laptop herumhängen, ohne dass man verjagt wird – was braucht man mehr? Zahlreiche Filialen.

PUDONG NEW AREA

South Beauty SICHUAN-KÜCHE, KANTONESISCH €
(Karte S. 210; 俏江南; Qiao Jiangnan; ☎5047 1817; 9. OG, Superbrand Mall, 168 West Lujiazui Rd.; 陆家嘴西路 168 号 10 楼; Gerichte ab 18 Yuan; ⏲11–22 Uhr; Ⓜ Lujiazui) Aussicht, Aussicht und noch mehr Aussicht – während alle anderen auf die Lichter Pudongs starren, lässt es sich von dieser eleganten sichuanesisch-kantonesischen Kombination aus mit vollen Stäbchen in der Hand zurückstarren. Am besten Fensterplätze reservieren.

Element Fresh SANDWICHES €
(新元素; Xinyuansu; Karte S. 210; www.elementfresh.com; EG, Superbrand Mall, 168 West

Lujiazui Rd.; 陆家嘴西路 168 号; Frühstück 38–88 Yuan; ; Lujiazui) Dieser flippige Außenposten der Kette Element Fresh in Pudong bietet den ganzen Tag über Gesundes – Frühaufsteher bekommen beim Frühstück endlos Kaffee nachgeschenkt und den ganzen Tag über gibt's tolle Salate, deftige Sandwiches, Pasta, Smoothies und Kinderteller.

NORD-SHANGHAI (HONGKOU)

LP TIPP **Guoyuan** HUNAN-KÜCHE €

(果园; 520 Dongjiangwan Rd.; 东江湾路 520 号; Gerichte ab 30 Yuan; Hongkou Football Stadium) Die kühlen, lindgrünen Tischtücher bereiten einen nicht auf die feurigscharfen, Chili-lastigen Aromen des tollen hunanesischen Restaurants nahe der U-Bahnstation Hongkou Football Stadium vor. Das *tieban niurou* (铁板牛肉; Rindfleischplatte; 30 Yuan) ist ein tolles Gericht, aber die feurige Würze wird fast noch von dem verführerischen *xiangwei qiezibao* (湘味茄子煲; Auberginen-Hotpot hunanesischer Art) übertroffen.

SÜD-SHANGHAI (XUJIAHUI)

1001 Noodles House NUDELN €

(Unit 502, 4. OG, Grand Gateway; 港汇广场 5 楼 502 室; Nudeln ab 22 Yuan; ; 10–22 Uhr; Xujiahui) Serviert in schönen, großen Schüsseln gibt's in diesem makellosen, niveauvollen, aber günstigen Nudelhaus im Essbereich des Grand Gateway z. B. *yuxiang,* Schweinefleischnudeln (22 Yuan) oder Schweinekotelette-Nudeln (26 Yuan).

Xinjiang Fengwei Restaurant UIGHUR-KÜCHE €

(维吾尔餐厅; Weiwu'er Canting; 280 Yishan Rd.; 宜山路 280 号; Gerichte ab 15 Yuan; 10–2 Uhr; ; Yishan Rd. oder Xujiahui) Kaschgar-Kitsch lautet die Devise in diesem rustikalen uigurischen Restaurant im oberen Stock; vor dem Eingang steht ein glänzender Messinggrill, am Geländer funkelt Lametta und die Speisekarte bietet köstliche gegrillte Xinjiang-Lammgerichte. Ab dem frühen Abend steppt hier der Bär, dann gibt's nämlich Musik und Tanz.

Ausgehen

In Shanghai wimmelt es nur so von Kneipen, ihr Schicksal steht und fällt mit den Launen der neuesten Mode. Getränke sind hier teurer als im übrigen China, die Preise bewegen sich in den meisten Lokalen um 40 Yuan (Bier) oder 60 Yuan (Cocktails), deshalb kann es sich lohnen, zur Happy Hour zu kommen (in der Regel von 17 bis 20 Uhr). Die Bars machen entweder mittags oder am späten Nachmittag auf und schließen gegen 2 Uhr nachts.

DER BUND & VOLKSPLATZ

Glamour Bar COCKTAILBAR

(魅力酒吧; Meili Jiuba; Karte S. 196; www.m-glamour.com; 5. OG, 20 Guangdong Rd.; 广东路 20 号 6 楼; 17 Uhr–open end; East Nanjing Rd.) Michelle Garnauts stilvolle Bar befindet sich in einem herrlich renovierten Raum gleich unter M on the Bund. Hier werden nicht nur großartige Cocktails gemixt, es gibt auch ein jährlich veranstaltetes Literaturfestival, Musikveranstaltungen und chinabezogene Buchvorstellungen.

Long Bar BAR

(廊吧; Lang Ba; Karte S. 196; 6322 9988; 2 East Zhongshan No 1 Rd.; 中山东一路 2 号; 16–1 Uhr; East Nanjing Rd.;) Wer einen Hauch elitäres Drumherum des Shanghais der Kolonialzeit erleben möchte, ist in der fantastischen Long Bar im Waldorf Astoria goldrichtig. Einst war sie als Shanghai Club ausschließlich Mitgliedern vorbehalten; spektakulärstes Requisit war eine 34 m lange Bar aus Holz, angeblich die längste in ganz Asien.

Captain's Bar BAR

(船长青年酒吧; Chuanzhang Qingnian Jiuba; Karte S. 196; 5. OG, 37 Fuzhou Rd.; 福州路 37 号 6 楼; 11–2 Uhr; ; East Nanjing Rd.) Hin und wieder ein betrunkener Seemann, und über den schäbigen Aufzug sollte man auch mal nachdenken – trotzdem ist die Bar mit Terrasse über dem Captain Hostel eine gute Adresse auf der Bund-Seite. Hier gibt es preiswerte Getränke und Pizza, dazu die phosphoreszierende nächtliche Aussicht auf Pudong und lässig-unprätentiöses Publikum.

Barbarossa BAR

(芭芭露莎会所; Babalusha Huisuo; Karte S. 196; People's Park, 231 West Nanjing Rd.; 南京西路 231 号人民公园内; 11–2 Uhr; ; People's Square) Das Bar-Restaurant im marokkanischen Stil bringt einen Hauch Tausendundeinenacht in die Perle des Orients. Wie eine Fata Morgana steht es an einem Teich im Volkspark. Dabei ist es mehr als nur eine Neuheit: Die Musik ist hervorragend, und es lässt sich angenehm im Freien sitzen und abends die schöne Aussicht genießen.

New Heights
BAR, CAFÉ

(新视角; Xin Shijiao; Karte S. 196; 6. OG, Three on the Bund, 3 East Zhongshan No 1 Rd.; 中山东一路 3号 7楼; ⌚11–1.30 Uhr; 📶; Ⓜ East Nanjing Rd.) Die Terrasse dieser lässigen Bar im Three on the Bund hat so ziemlich den absoluten Blickwinkel auf Lujiazuis abendliche Neon-Ouvertüre.

Bar Rouge
BAR

(Karte S. 196; 6. OG, Bund 18, 18 East Zhongshan No 1 Rd.; 中山东一路 18号 7楼; ⌚So–Do 18–2 Uhr, Fr & Sa bis 4.30 Uhr; Ⓜ East Nanjing Rd.) Die Bar Rouge lockt gut betuchtes Partyvolk an, das wegen der fantasischen Aussicht von der Terrasse und den DJ-Partys, welche die ganze Nacht dauern, hierherkommt.

Atanu
BAR, CAFÉ

(阿塔努咖啡酒吧; Atanu Kafei Jiuba; Karte S. 196; 1 Zhongshan East No 2 Rd.; 中山东二路 1号; ⌚10–2 Uhr; Ⓜ East Nanjing Rd.) Auf den beiden oberen Stockwerken des früheren Signalturms, der sich am südlichen Ende des Bunds befindet, ist das Atanu perfekt für einen Boxenstopp.

ALTSTADT

Old Shanghai Teahouse
TEEHAUS

(老上海茶馆; Lao Shanghai Chaguan; Karte S. 196; 385 Middle Fangbang Rd.; 方浜中路 385号; ⌚9–21 Uhr; Ⓜ Yuyuan Garden) Wer hierher kommt, fühlt sich, als wäre er auf jemandes Dachboden gelandet, wo alte Grammophone, Schallplatten, Schreibmaschinen, Feuerlöscher und sogar ein alter Frigidaire-Kühlschrank herumstehen, eingehüllt in den Duft chinesischer Tees und verführerischer Snacks.

Moonlight Teahouse
TEEHAUS

(耕月人茶馆; Gengyueren Chaguan; Karte S. 196; 3. OG, 235 Middle Fangbang Rd.; 方浜中路 235号 4楼; ⌚10–23 Uhr; Ⓜ Yuyuan Garden) Versteckt im 3. OG befindet sich dieses Qing-Dynastie-Ambiente mit Steinreliefs, chinesischen Löwen und Antiquitäten – alles davon schamlos falsch; nichtsdestotrotz kann man sich hier bei chinesischer Musik und dem Duft von Tee gut entspannen. Das Teehaus liegt neben dem Stadtgotttempel, Ecke Anren St. (安仁街); am besten den Aufzug nehmen.

FRANZÖSISCHE KONZESSION

LP TIPP Abbey Road
BAR

(艾比之路; Aibi Zhi Lu; Karte S. 204; 45 Yueyang Rd.; 岳阳路 45号; ⌚Mo–Fr ab 16 Uhr, Sa & So ab 8.30 Uhr; 📶; Ⓜ Changshu Rd.) Wie immer zieht auch hier die Kombi aus billigem Bier und klassischem Rock und lockt haufenweise Stammgäste in dieses beliebte Lokal in der Französischen Konzession.

Apartment
BAR

(Karte S. 204; 2. OG, 47 Yongfu Rd.; 永福路 47号; ⌚11–2 Uhr; 📶; Ⓜ Shanghai Library) Dieser trendige, loftartige Laden verfügt über eine Tanzfläche gegenüber der Bar und eine erstklassige Terrasse für Grillveranstaltungen im Sommer.

Bell Bar
BAR, CAFÉ

(Karte S. 204; http://bellbar.cn; Tianzifang, Nr. 11 (Hintertür) Lane 248, Taikang Rd.; 泰康路 248弄 11号后门田子坊; ⌚11–2 Uhr; 📶; Ⓜ Dapuqiao) Vielleicht die diskreteste der Ausgeh-Optionen in Tianzifang; die schwach beleuchtete, mit Wasserpfeifen ausgerüstete Höhle ist perfekt für alle, die sich ein Stündchen – oder drei – entspannen wollen. Die Bell Bar befindet sich in der zweiten Gasse (Gasse 248) rechts.

Kommune
CAFÉ

(公社酒吧; Gongshe Jiuba; Karte S. 204; Tianzifang, Nr. 7, Lane 210, Taikang Rd.; 泰康路 210弄 7号田子坊; ⌚8 – 24 Uhr; 📶; Ⓜ Dapuqiao) Das Café ist typisch für Tianzifang und immer voll. Man kann draußen im Hof sitzen; auf der Karte stehen Getränke, große Frühstücke und Sandwichs.

Kaiba
BAR

(开巴; Karte S. 204; www.kaiba-beerbar.com; Tianzifang, 1. OG, 169 Middle Jianguo Rd.; 建国中路 169号 2楼田子坊; ⌚11–2 Uhr; Ⓜ Dapuqiao; 📶) Der Bierspezialist Kaiba betreibt eine der beliebtesten Bars in Tianzifang. Um sie zu finden, muss man auf Entdeckungsreise gehen.

Boxing Cat Brewery
BAR

(拳击猫啤酒屋; Quanjimao Pijiuwu; Karte S. 204; www.boxingcatbrewery.com; Unit 26A, Sinan Mansions, 519 Middle Fuxing Rd.; 复兴中路 519号思南公馆 26A; ⌚11–2 Uhr; Ⓜ Xintiandi) Zu Recht beliebt ist diese Mini-Brauerei mit Südstaatenküche im Sinan-Mansions-Komplex.

Cafe 85°C
CAFÉ

(85度咖啡店; Bashiwu Du Kafeidian; Karte S. 204; 117 South Shaanxi Rd.; 陕西南路 117号; ⌚24 Std.; Ⓜ South Shaanxi Rd.) Das günstigste Koffein (und Frühstück) in der Stadt, hochwertiger Kaffee und Tee sowie nie dagewesenes taiwanesisches Gebäck. Dutzende von Niederlassungen.

Shanghai Brewery BRAUEREI
(Karte S. 204; www.shanghaibrewery.com; 15 Dongping Rd.; 东平路 15 号; ⌚10–2 Uhr; Ⓜ Changshu Rd., Hengshan Rd.; 📶) Selbstgebraute Biere – keine Massenware, viel Essen, Billardtische und Sport im Fernsehen ... dieser riesige, zweistöckige Laden bietet fast alles, und noch viel mehr.

Time Passage BAR
(昨天今天明天; Zuotian Jintian Mingtian; Karte S. 204; Nr. 183, Lane 1038, Caojiayan Rd.; 曹家堰路 1038 弄 183 号; ⌚17.30–2 Uhr; 📶; Ⓜ Jiangsu Rd.) Wer billiges Bier, ein behagliches Ambiente und John-und-Yoko-Poster mag, ist in dieser seit 1994 bestehenden, schlipsträgerfreien Bar gut aufgehoben.

JING'AN

Big Bamboo SPORTBAR
(Karte S. 209; 132 Nanyang Rd.; 南阳路 132 号; ⌚9.30–2 Uhr; 📶; Ⓜ Jing'an Temple) Das Big Bamboo ist eine riesige Sportbar auf zwei Stockwerken; riesenhafter Bildschirm für Sportübertragungen, der von einer Batterie aus Fernsehern unterstützt wird, Guiness, Billard und Darts.

Bandu Cabin CAFÉ
(半度音乐; Bandu Yinyue; Karte S. 212; ☎6276 8267; Gebäude 11, 50 Moganshan Rd.; 莫干山路 50 号 11 号楼; ⌚10–18.30 Uhr; 📶; Ⓜ Shanghai Railway Station) Einladende, ungezwungene Enklave im Moganshan Rd. Art Centre mit Kiefernholztischen und preiswerter Karte (Nudeln, Kaffee). Samstagabends um 19.30 Uhr (reservieren) gibt es traditionelle chinesische Musikveranstaltungen.

PUDONG NEW AREA

Flair BAR
(Karte S. 210; 57. Stock, The Ritz-Carlton Shanghai Pudong, 8 Century Ave.; 世纪大道 8 号 58 楼; ⌚5.30–2 Uhr; Ⓜ Lujiazui) Wer sein Date (und seinen Bankdirektor) begeistern will, sollte den Aufzug zum Flair nehmen, der höchsten Freiluftterrasse der Stadt, um Logenplätze für eine der besten Aussichten auf die Neonlandschaft Shanghais zu ergattern. Wichtig ist, dass es ein klarer Abend ist; die Getränkepreise draußen auf der Terrasse können astronomisch sein (die Innenbar ist fast ebenso umwerfend).

Cloud 9 BAR
(九重天酒廊; Jiuchongtian Jiulang; Karte S. 210; 86. OG, Jinmao Tower, 88 Century Ave.; 世纪大道 88 号金茂大厦 87; ⌚Mo–Fr 17–1 Uhr, Sa & So 11–2 Uhr; Ⓜ Lujiazui) Die Bar befindet sich oben auf dem Grand Hyatt, sie ist zwar nicht mehr die höchste Bar der Stadt, aber noch immer sehr cool.

NORD-SHANGHAI (HONGKOU)

Vue BAR
(非常时髦; Feichang Shimao; Karte S. 196; 31. & 32. Stock, Hyatt on the Bund, 199 Huangpu Rd.; 外滩茂悦大酒店黄浦路 199 号 32–33 楼; ⌚18–1 Uhr; Ⓜ Tiantong Rd.) Extra-sinnliche nächtliche Aussicht auf den Bund und Pudong mit einem Outdoor-Whirlpool, in dem man Champagner oder Vue-Martinis (Wodka mit Mangopüree) genießen kann.

☆ Unterhaltung

In Shanghai gibt es für fast alle Stimmungen etwas: Oper, Rock, Hip-Hop, Techno, Salsa und frühmorgendliches Walzertanzen auf dem Volksplatz. Nichts davon ist jedoch billig (außer das Walzertanzen, das kostenlos ist). Ausgehen in Shanghai lässt sich mit Ausgehen in Hongkong oder Taipeh vergleichen.

Traditionelle Vorführungen

Die Shanghaier Akrobatiktruppen gehören zu den besten der Welt, und ein Abend mit Akrobaten, die Teller auf Stöcken herumwirbeln lassen und Unglaubliches mit ihrem Körper anstellen, bietet immer famose Unterhaltung.

Yifu Theatre OPER
(逸夫舞台; Yifu Wutai; Karte S. 196; ☎6322 5294; 701 Fuzhou Rd.; Tickets 30–280 Yuan; Ⓜ People's Square) Ein Block östlich vom Volksplatz liegt die wichtigste Oper der Stadt. Aufgeführt wird eine Vielfalt regionaler Opernstile, einschließlich Peking-, Kunqu- und Yue-Opern. Mehrmals wöchentlich um 13.30 und 19.15 Uhr gibt's Highlights aus der Peking-Oper.

Shanghai Centre Theatre AKROBATIK
(上海商城剧院; Shanghai Shangcheng Juyuan; Karte S. 209; ☎6279 8948; www.pujiangqing.com; 1376 West Nanjing Rd.; 南京西路 1376 号; Tickets 100–280 Yuan; Ⓜ Jing'an Temple) Die Shanghaier Akrobatiktruppe liefert hier an den meisten Abenden um 19.30 Uhr kurze, aber unterhaltsame Auftritte. Der Ticketverkauf ist rechts am Eingang des Shanghai Centres.

Live-Musik

Fairmont Peace Hotel Jazz Bar LIVEMUSIK
(Karte S. 196; ☎6138 6883; 20 East Nanjing Rd.; 南京东路 20 号; ⌚17.30–1 Uhr; Ⓜ East Nanjing

Rd.) In Shanghais berühmtestem Hotel spielt auch Shanghais berühmteste Jazzband, ein Sextett aus Siebzigjährigen, das seit Urzeiten nostalgische Cover-Versionen wie „Moon River" und „Summertime" darbietet. Die urspüngliche Band steht von 19 bis 21.45 Uhr auf der Bühne; danach tritt Theo Crokers brandheiße moderne Gruppe auf (Di–Sa, 22–1 Uhr). Eintritt 100 Yuan; am Wochenende reservieren.

Yuyintang ROCK

(育音堂; www.yuyintang.org; 1731 West Yan'an Rd., 延安西路 1731 号; Eintritt 40 Yuan; ⌚Do–So 20–24 Uhr; Ⓜ West Yan'an Rd.) Klein genug, dass es sich intim anfühlt, aber groß genug, um manchmal eine pulsierende Atmosphäre heraufzubeschwören. Das Yuyintang ist seit Langem die Location für Live-Musik. Rock ist hier das Grundnahrungsmittel, aber alles andere geht auch, von hartem Punk bis Gypsy-Jazz. Westlich der Stadt an den Linien 3 und 4, Eingang in der Kaixuan Rd.

MAO Livehouse LIVEMUSIK

(Karte S. 204; www.mao-music.com; 2. OG, 308 South Chongqing Rd.; 重庆南路 308 号 3 楼; Ⓜ Madang Rd.) Das MAO gehört zu Shanghais besten und größten Adressen für Musikveranstaltungen und ist von Rock über Pop bis hin zu elektronischer Musik ein unerschütterlicher Fels in der Brandung der Shanghaier Musikszene. Auf der Website kann das Konzertprogramm abgerufen werden.

Clubs

Durch Shanghais raschen Übergang von toter Hose zum Partytier und durch seinen Ruf, eine Stadt in ständiger Bewegung zu sein, entstanden eine originelle Clubszene und ein konstanter Strom von Club-Besuchern. Die Fluktuation ist groß, deshalb ist es am besten, sich über Websites und Magazine auf dem Laufenden zu halten.

Shelter CLUB

(Karte S. 204; 5 Yongfu Rd.; 永福路 5 号; ⌚Mi–So 21–4 Uhr; Ⓜ Shanghai Library) Das Shelter, ein Liebling des Underground, ist ein umgebauter Luftschutzbunker mit toller Musik und preisgünstigen Getränken. Es kommen gute DJs und Hip-Hop-Künstler. Eintritt für große Shows etwa 30 Yuan.

No 88 CLUB

(搜浩 88 酒吧; Souhao Baba Jiuba; Karte S. 204; www.no88bar.com; 1. OG, 291 Fumin Rd.; 富民路 291 号; ⌚21–6 Uhr; Ⓜ South Shaanxi Rd. oder Changshu Rd.) Als eine der beliebtesten Party-Locations Shanghais ist dies genau der richtige Ort für alle, die's mal so richtig chinesisch haben wollen. Die Einrichtung ist der Knaller – wer sie nicht selbst gesehen hat, wird es nicht glauben.

Lola CLUB

(Karte S. 204; www.lolaclubshanghai.com; Gebäude 4, Surpass Ct., 570 Yongjia Rd.; 永嘉路 570 号 4 号楼; ⌚Di–Sa 22–3 Uhr; Ⓜ Hengshan Rd.) Ein überragendes Soundsystem und Videoprojektionen über Wände und Decke, die auf den Beat synchronisiert sind,

AKUPRESSURMASSAGE

Shanghais Mittelklasse-Massagesalons sind ein Muss – für den Preis eines oder mehrerer Cocktails gibt es hier einen eigenen Bademantel, einen Tee nach der Behandlung und chinesische Flötenmusik zur Entspannung. Nicht erwarten sollte man hingegen, dass die Masseurin zart mit einem umgeht. Aber wie heißt das Sprichwort: Ohne Fleiß kein Preis. Im Voraus reservieren.

Dragonfly (悠庭保健会所; Youting Baojian Huisuo; Karte S. 204; www.dragonfly.net.cn; Massagen 168–420 Yuan; ⌚10–2 Uhr) Donghu Rd. (☎5405 0008; 20 Donghu Rd.; 东湖路 20 号; Ⓜ South Shaanxi Rd.), Xinle Rd. (☎5403 9982; 206 Xinle Rd., 新乐路 206 号; Ⓜ South Shaanxi Rd.), Nanchang Rd. (☎5386 0060; 84 Nanchang Rd.; 南昌路84号; Ⓜ South Huangpi Rd.) Das Dragonfly bietet Stunden währende chinesische Körpermassagen, japanisches Shiatsu und traditionelle Fußmassagen in beruhigender Umgebung. Es gibt mehrere Filialen.

Green Massage (青专业按摩; Qing Zhuanye Anmo; www.greenmassage.com.cn; Massagen 118–528 Yuan; ⌚10.30–2 Uhr) Französische Konzession (außerhalb der Karte S. 204; ☎5386 0222; 58 Taicang Rd.; 太仓路 58 号; Ⓜ South Huangpi Rd.); Jing'an (Karte S. 209; ☎6289 7776; 1. OG, Shanghai Centre, 1376 West Nanjing Rd.; 南京西路 1376 号 2 楼; Ⓜ Jing'an Temple) Hier gibt es 45 Minuten lange *tuina*- und Shiatsu-Massagen mit chinesischem Schröpfen und stundenlangen Fußmassagen.

locken die Massen in diesen erstklassigen Club, der von einem Trio katalanischer DJs eröffnet wurde.

DADA CLUB
(außerhalb der Karte S. 204; 115 Xingfu Rd.; 幸福路 115 号; ⌚8–open end; Ⓜ Jiaotong University) Dieser nette Laden ohne Schnickschnack liegt außerhalb bei der Jiaotong-Universität und gehört zu Shanghais beliebtesten Spelunken – die Spezialität sind hier billige Getränke. Dienstagabends gibt's Slasher-Filme (mit kostenlosem Popcorn) und am Wochenende beliebte Partys.

Schwulen- & Lesbentreffs

Shanghai Studio GAY
(嘉浓休闲; Jianong Xiuxian; Karte S. 204; No 4, Lane 1950, Middle Huaihai Rd.; 淮海中路 1950 弄 4 号; ⌚21–2 Uhr; Ⓜ Jiaotong University) Diese hippe Ergänzung der Shanghaier Schwulenszene verwandelt die kühle Tiefe eines ehemaligen Luftschutzbunkers in eine entspannte Bar mit Kunstgalerie und Underware-Shop für Männer.

Eddy's Bar GAY
(嘉浓咖啡; Jianong Kafei; Karte S. 204; 1877 Middle Huaihai Rd.; ⌚20–2 Uhr; Ⓜ Jiaotong University) Schwulenfreundliches Bar-Café, das etwas reifere chinesische und ausländische Schwule anzieht. Preiswerte Getränke und elegante Ausstattung.

Klassische Musik, Oper & Theater

Shanghai Grand Theatre DARSTELLENDE KÜNSTE
(上海大剧院; Shanghai Dajuyuan; Karte S. 196; ☎6386 8686; www.shgtheatre.com; 300 Renmin Ave.; 人民大道 300 号; Tickets 50–2280 Yuan; Ⓜ People's Square) Dieser hochmoderne Veranstaltungsort am Volksplatz bietet sowohl chinesische als auch internationale Oper, Tanz, Musik und Theateraufführungen.

Kinos

Nur eine begrenzte (und in der Regel verspätete) Auswahl an ausländischen Filmen schafft es hier in die Kinos, oft sind sie auf Chinesisch synchronisiert, deshalb lieber vorher fragen, ob der Film in der englischen Version (英文版; *yingwenban*) gezeigt wird. Karten kosten im Allgemeinen 70 bis 100 Yuan; auch in einigen Shanghaier Bars gibt's Filmvorführungen.

Peace Cinema KINO
(和平影都、巨幕影院; Heping Yingdu; Karte S. 196; 290 Middle Xizang Rd.; 西藏中路 290 号; Ⓜ People's Square) Praktische Adresse am Volksplatz, mit IMAX-Kino.

TICKETS

Tickets für alle Veranstaltungen der darstellenden Künste können an den jeweiligen Veranstaltungsorten gekauft werden. Außerdem gibt's Tickets bei **Smart Ticket** (www.smartshanghai.com/smartticket) und beim **Shanghai Cultural Information & Booking Centre** (上海文化信息票务中心; Shanghai Wenhua Xinxi Piaowu Zhongxin; Karte S. 209; ☎6217 2426; www.culture.sh.cn; 272 Fengxian Rd.; 奉贤路272号; ⌚9–19 Uhr; Ⓜ West Nanjing Rd.) direkt hinter dem Westgate-Einkaufszentrum in der West Nanjing Rd. Sie haben oft noch Tickets, wenn sie woanders ausverkauft sind.

Cathay Theatre KINO
(国泰电影院; Guotai Dianyingyuan; Karte S. 204; 870 Middle Huaihai Rd.; 淮海中路 870 号; Ⓜ South Shaanxi Rd.) Historisches Jugendstil-Kino (1932) in der Französischen Konzession.

Shoppen

Es ist nicht übertrieben zu sagen, dass manche Leute ausschließlich zum Shoppen nach Shanghai kommen. Was der Stadt an historischen Sehenswürdigkeiten fehlt, macht sie mit ihrer trendbewussten Einstellung und großartigen Schnäppchen wieder wett. Von Mega-Einkaufszentren bis hin zu unabhängigen Boutiquen und Haute Couture steht Shanghai einmal mehr an der Spitze chinesischer Mode und chinesischen Designs.

DER BUND & VOLKSPLATZ

Annabel Lee MODE
(安梨家居; Anli Jiaju; Karte S. 196; www.annabellee.com; No 1, Lane 8, East Zhongshan No 1 Rd.; ⌚10–22 Uhr; Ⓜ East Nanjing Rd) Am Bund bietet Annabel Lee eine Auswahl an verspielten Accessoires aus Seide, Leinen und Kaschmir in zarten Farben, vieles davon mit zarten Spitzen. Eine weitere Filiale gibt es in Xintiandi.

Shanghai Museum Shop KUNST
(上海博物馆商店; Shanghai *bowuguan shangdian*; Karte S. 196; 201 Renmin Ave.; ⌚9–17 Uhr; Ⓜ People's Square) Der gut ausgestattete

Museumsshop verkauft hervorragende, jedoch ziemlich teure Imitationen von Museumsstücken, die dem mittelmäßigen Gerümpel der Souvenirshops haushoch überlegen sind.

Suzhou Cobblers SCHUHE
(上海起想艺术品; Shanghai Qixiang Yishupin; Karte S. 196; www.suzhou-cobblers.com; Zi. 101, 17 Fuzhou Rd.; ⌚10–18 Uhr; Ⓜ East Nanjing Rd.) Wer handbestickte Hausschuhe aus Seide möchte, sollte in diesem winzigen Geschäft gleich beim Bund vorbeischauen.

Cybermart ELEKTRONIK
(赛博数码广场; Saibo Shuma Guangchang; Karte S. 196; 1 Middle Huaihai Rd.; 淮海中路 1 号; ⌚10–20 Uhr; Ⓜ Dashijie) Cybermart ist der zentralste und zuverlässigste Laden für Geräte aller Art, einschließlich Laptops, Digitalkameras und Memorysticks. Man kann versuchen zu handeln, aber es sind keine enormen Rabatte zu erwarten.

Fremdsprachliche Buchhandlung BÜCHER
(外文书店; Waiwen Shudian; Karte S. 196; 390 Fuzhou Rd.; ⌚So–Do 9.30–18 Uhr, Fr & Sa bis 19 Uhr; Ⓜ East Nanjing Rd.) Im Erdgeschoss sind Reiseführer und auf China bezogenes Material zu finden, im 3. Stock gibt es importierte Sachbücher und Romane.

Shanghai No 1 (First) Food Store ESSEN
(上海市第一食品商店; Shanghaishi Diyi Shipin Shangdian; Karte S. 196; 720 East Nanjing Rd.; ⌚9.30–22 Uhr; Ⓜ East Nanjing Rd.) Es ist chaotisch, aber so shoppen die Shanghaier, und das macht eine Menge Spaß. Das Erdgeschoss nach *dan tat*, Mondkuchen, getrockneten Pilzen, Ginseng und getrockneten Meeresfrüchten durchforsten oder einen Strohhalm in eine durstlöschende Kokosnuss stecken.

ALTSTADT

Der Yuyuan-Basar ist eine wilde Ansammlung von Souvenirläden, in denen man auf ein paar erlesene Geschenkideen und Qualitätskunsthandwerk stoßen kann – von bemalten Schnupftabakflaschen und Scherenschnitten aus Papier und Leder bis hin zu herrlichen chinesischen Drachen, gestickten Gemälden und cleveren, mit der Handfläche und den Fingern gemalten Bildern; doch leider sind die harten Verkaufsmethoden eher abschreckend. In den Läden der nahe gelegenen **Old Street** (老街; Middle Fangbang Rd.; Karte S. 196) geht es ein wenig gediegener zu, dort wird alles verkauft, was es unter Shanghais Sonne so gibt: von Kalligrafien, Teekannen und Andenken bis hin zu Holzschnitten und Reproduktionen von Postern aus den 1930er-Jahren sowie surreale, schillernde 3D-Fotos von Kätzchen.

Shiliupu-Stoffmarkt STOFF
(十六铺面料城; Shiliupu Mianliao Cheng; außerhalb der Karte S. 196; 2 Zhonghua Rd.; 中华路 2 号; ⌚8.30–18.30 Uhr; Ⓜ Xiaonanmen) Expats und Reisende stehen auf diesem Markt Schlange, um sich Kleidung maßschneidern zu lassen. Er ist berühmt für ballenweise billige Seide, Kaschmir, Wolle, Leinen und Baumwolle. Vom Yuyuan-Basar der Middle Fangbang Rd. in Richtung Osten bis zum Fluss folgen, dann erreicht man den Stoffmarkt nach etwa 10 Minuten (500 m).

Dongtai-Lu-Antikmarkt SOUVENIRS
(东台路古商品市场; Dongtailu Gushangpin Shichang; außerhalb der Karte S. 196; Dongtai Rd.; 东台路; ⌚8.30–18 Uhr; Ⓜ Laoximen) Westlich der Altstadt in Richtung Xintiandi erstreckt sich der Dongtai-Road-Antikmarkt mit seinen Miniatur-Tonsoldaten, Guanyin-Figuren, kaiserlichen Roben, walnussgesichtigen *luohan(arhat)*-Statuen, putzigen Lotusschuhen, gefälschten alten Blechautos, Hubschrauberpilotenhelmen und Kinkerlitzchen aus der Mao-Ära; in der Regel sind nur die neueren Sachen wie die Jugendstilornamente echt. Unbedingt feilschen.

FRANZÖSISCHE KONZESSION

Die Französische Konzession ist die Adresse für Shopper; dort gibt's fast überall Boutiquen. Für einen zielgerichteten Einkauf ist Tianzifang zu empfehlen. Wer mehr Zeit hat, sollte an der Metrostation South Shaanxi beginnen und auf der South Maoming Road nach maßgeschneiderten *qipao* (enges Kleid im chinesischen Stil, wie es im Shanghai der 1920er-Jahre modern war) Ausschau halten. Zeitgemäßere Mode gibt es in der Xinle Rd. und der Nanchang Rd. (zwischen der Ruijin No 1 Rd. und der S. Chengdu Rd.). Nachmittag und Abend sind die besten Zeiten zum Bummeln: Manche der kleineren Läden machen erst mittags auf, aber die meisten haben bis 22 Uhr geöffnet.

Tianzifang MODE, SOUVENIRS
(田子坊; Karte S. 204; Taikang Rd.; 泰康路; ⌚10–20 Uhr; Ⓜ Dapuqiao) Wer sich hier tief in die *lilong* wühlt, wird mit einer Aus-

wahl kreativer Boutiquen belohnt, die alles Mögliche verkaufen, von hippem Schmuck und Schals aus Yakwolle bis hin zu Retro-Geschirr im Kommunistenlook. Die Läden ziehen ungefähr so regelmäßig um wie Mahjong-Steine – unbedingt Ausschau halten nach **Shanghai 1936** (Unit 110, Nr. 3, Lane 210), wo maßgeschneiderte chinesische Kleidung hergestellt wird, nach **Woo** (Unit 7, Nr. 10, Lane 210) für ansprechende Schals und Tücher, nach **Chouchou Chic** (Nr. 47, Lane 248) für Kinderkleidung, sowie nach dem gut sortierten Teeladen **Zhenchalin Tea** (Nr. 13, Lane 210), der ganz auf künstlerisch macht.

Xintiandi MODE

(Karte S. 204; 新天地; Ecke Taicang Rd. & Madang Rd.; 太仓路与马当路路口; ⏲11–23 Uhr; Ⓜ South Huangpi Rd. oder Xintiandi) Im nördlichen Block gibt es exklusive Boutiquen: Fluoreszierender Chic im **Shanghai Tang** (Gebäude 15), bestickte Accessories bei **Annabel Lee** (Gebäude 3); das Einkaufszentrum **Xintiandi Style** (新天地时尚; Xintiandi Shishang; 245 Madang Lu; 马当路 245 号) bietet eine Handvoll einheimischer Designer, z. B. la vie, Heirloom, The Thing und Shanghai Trio. Das Xintiandi Style ist das zweite Einkaufszentrum am Ende des südlichen Blocks.

NuoMi KLEIDER, SCHMUCK

(糯米; Nuomi; Karte S. 204; 196 Xinle Rd.; 新乐路 196 号; Ⓜ Changshu Rd.) Dieses in Shanghai ansässige Label scheint wirklich alles richtig zu machen: Das Angebot umfasst tolle Kleider aus Baumwolle, Seide und Bambus – alles biologisch, auffälliger Schmuck aus Recyclingmaterial und ein nachhaltiger Businessplan, der der Gesellschaft etwas zurückgibt.

XinleLu.com KLEIDER, VINTAGE

(Karte S. 204; www.xinlelu.com; 87 Wuyuan Rd.; 五原路 87 号; ⏲Di–So 12–22 Uhr; Ⓜ Changshu Rd.) Die einheimischen Modeexperten von XinleLu.com haben sich mit diesem originellen Verkaufsraum endlich in die offline-Welt hinausgewagt und verkaufen hier das Beste ihrer handverlesenen Taschen, Schuhe und Kleider lokaler Designer. Im Laden ist auch der Vintage-Store William the Beekeeper mit von der Partie.

Yu KERAMIK

(萸; Karte S. 204; 164 Fumin Rd.; 富民路 164 号; ⏲11–21 Uhr; Ⓜ Changshu Rd.) Man Zhang und ihr Ehemann kreieren das hübsche Porzellan in diesem winzigen Laden – die neueste Verbindung der Shanghai-Jingdezhen-Connection. Dies ist ein hervorragender Ort, um nach Teegeschirr, Schüsseln und Vasen Ausschau zu halten – alles handgemacht und handbemalt.

Brocade Country KUNSTHANDWERK

(锦绣纺; Jinxiu Fang; Karte S. 204; 616 Julu Rd.; 巨鹿路 616 号; ⏲10.30–19 Uhr; Ⓜ Changshu Rd.) Exquisite Sammlung von Minderheiten-Kunsthandwerk aus Chinas Südwesten, von Besitzerin Liu Xiaolan, ursprünglich aus Guizhou, persönlich ausgewählt.

Garden Books BÜCHER

(韬奋西文书局; Taofen Xiwen Shuju; Karte S. 204; 325 Changle Rd.; 长乐路 325 号; ⏲10–22 Uhr; 📶; Ⓜ South Shaanxi Rd.) Ist es eine Eisdiele oder doch eher ein Buchladen? Das muss jeder selbst entscheiden.

Apple Store ELEKTRONIK

(Karte S. 204; Hong Kong Plaza North Block, 282 Middle Huaihai Rd.; 淮海中路 282 号香港广场北座; ⏲10–22 Uhr; 📶; Ⓜ South Huangpi Rd.) Rat und Fehlerbehebung finden sich in der

WO FINDET MAN ...

» **Replikate von Antiquitäten und Souvenirs?** In der Old St. oder auf dem Antikmarkt in der Dongtai Rd. in der Altstadt.

» **einheimische Mode?** In Tianzifang und in der Französischen Konzession (Xinle Rd. und Changle Rd.).

» **maßgeschneiderte Kleidung und Stoffe?** Auf dem Stoffmarkt von Shiliupu in der Altstadt.

» **heruntergesetzte (okay, gefakete) Kleider und Accessoires?** Han City Fashion & Accessories Plaza in Jing'an oder AP Xinyang Fashion & Gifts Market in Pudong.

» **echte Perlen?** Amy Lin's Pearls in Jing'an.

» **Kunsthandwerk?** Brocade Country, Yu oder Suzhou Cobblers.

» **Elektronik? Mein Laptop hat in Sichuan den Geist aufgegeben!** Im Cybermart oder im Apple Store in der Französischen Konzession.

Genius Bar; in diesem zweistöckigen Apple Store kann man online gehen oder durch die neuesten Wunder der Technik stöbern.

JING'AN

Spin KERAMIK
(旋; Xuan; außerhalb der Karte S. 204; 360 Kangding Rd.; 康定路 360 号; ⌚11–21.30 Uhr; Ⓜ Changping Rd.) Moderne und schicke Jingdezhen-Keramik von kühlen Seladontönen und rechteckigen Teetassen bis hin zu „Kung-Fu“-Vasen, präsentiert in einem erfrischenden Verkaufsraum.

Amy Lin's Pearls PERLEN
(艾敏林氏珍珠; Aimin Linshi Zhenzhu; außerhalb der Karte S. 204; Zi. 30, 2. OG, 580 West Nanjing Rd.; 南京西路 580 号 3 楼 30 号; ⌚10–20 Uhr; Ⓜ West Nanjing Rd.) Shanghais seriösester Perlenhändler. Hier gibt es Perlen in allen Größen und Farben, und sie kosten nur einen Bruchteil von dem, was sie zu Hause kosten würden.

Han City Fashion & Accessories Plaza KLEIDER, SOUVENIRS
(韩城服饰礼品广场; Hancheng Fushi Lipin Guangchang; außerhalb der Karte S. 204; 580 West Nanjing Rd.; 南京西路 580 号; ⌚9–21 Uhr; Ⓜ West Nanjing Rd.) Dieses unscheinbare Gebäude ist mit seinen Hunderten von Ständen auf mehreren Stockwerken eine der besten Gelegenheiten für alle, die günstig T-Shirts, Jacken, Taschen usw. erwerben wollen. Hartes Feilschen ist jedoch ein Muss.

PUDONG

IFC Mall EINKAUFSZENTRUM
(Karte S. 210; IFC, 8 Century Ave.; www.shanghaiifcmall.com.cn; ⌚10–22 Uhr; Ⓜ Lujiazui) Dieses schicke, glitzernde sechsstöckige Einkaufszentrum unter den von Cesar Pelli entworfenen Twin Towers des Shanghai International Finance Center (IFC) beherbergt eine ganze Reihe nobler Top-Marken von Armani und Prada bis hin zu Vivienne Westwood, sowie einige Restaurants.

AP Xinyang Fashion & Gifts Market KLEIDER, SOUVENIRS
(亚大新阳服饰礼品市场; Yada Xinyang Fushi Lipin Shichang; ⌚10–20 Uhr; Ⓜ Science & Technology Museum) Einen Ausflug wert ist dieser riesige unterirdische Markt in der Metrostation beim Museum für Wissenschaft & Technologie, Shanghais größte Ansammlung an Verkaufsständen, mit einem extra Bereich, in dem es ausschließlich Perlen gibt. Die Verkäufer sind aufdringlich und packen einen auch mal am Arm; außerdem schicken sie Leute zu den Drehkreuzen der U-Bahnstation, die Einkaufswillige in ihre Richtung locken. Feilschen, feilschen, feilschen ist auch hier angesagt.

HONGKOU

Qipu-Markt KLEIDER, SCHUHE
(七浦服装市场; Qipu Fuzhuang Shichang; 168 & 183 Qipu Rd.; 七浦路 168 & 183 号; ⌚7–17 Uhr; Ⓜ Tiantong Rd.) Ein einziger großer „Alles-muss-raus“-Verkauf und Shanghais billigster Markt für Kleider und Schuhe. Unbedingt hartnäckig feilschen.

Praktische Informationen

Kostenlose englische und zweisprachige Stadtpläne von Shanghai liegen an den Flughäfen, in Touristeninformations- & Service-Centern, Buchläden und in vielen Hotels aus. Pläne vom Metronetz (地铁线路图; *ditie xianlutu*) gibt es in der Regel in allen Stationen.

Büro für Öffentliche Sicherheit

(PSB; 公安局; Gong'anju; ☎2895 1900, App. 2; 1500 Minsheng Rd.; 民生路 1500 号; ⌚Mo–Sa 9–16.30 Uhr; Ⓜ Science & Technology Museum) Visa und Registrierungen; die Verlängerung des 30-tägigen Visums kostet hier um die 160 Yuan. In Pudong.

Geld

Fast jedes Hotel hat einen Wechselschalter. Die meisten Touristenhotels, besseren Restaurants und Banken akzeptieren die wichtigsten Kreditkarten. 24-Std.-Geldautomaten sind überall; die meisten davon akzeptieren die wichtigsten Karten.

Bank of China (中国银行; Zhongguo Yinhang; Karte S. 196; Bund; ⌚Mo–Fr 9–12 & 13.30–16.30 Uhr, Sa 9–12 Uhr) Direkt neben dem Fairmont Peace Hotel gelegen. Oft überfüllt, aber besser organisiert als chinesische Banken in anderen Teilen des Landes (Vorbeischauen lohnt sich auch wegen des grandiosen Innenraums). Ticket holen und warten, bis die Nummer aufgerufen wird. Auszahlungen auf Kreditkarte in der letzten Halle (Schalter 2).

Citibank (花旗银行; Huaqi Yinhang; Karte S. 196; Bund; ⌚24 Std.) Bietet einen nützlichen Geldautomaten.

Hongkong & Shanghai Bank (汇丰银行; HSBC; Huifeng Yinhang) Shanghai Centre (West Nanjing Rd.); Bund (15 East Zhongshan No 1 Rd.) Die Bank unterhält Geldautomaten in den genannten Standorten sowie in der Ankunftshalle des Internationalen Flughafens in Pudong.

Internetzugang

Internetcafés sind in Touristengegenden inzwischen selten – normalerweise ist es bequemer, im Hotel online zu gehen oder an einem WLAN-Hotspot. Ansonsten im Hotel nach dem nächsten *wangba* (网吧; Internetcafé) fragen. Reisepass mitnehmen.

Bule Internet Cafe (布乐网吧; Bule *wangba*; Karte S. 212; 1. OG, Moling Rd.; pro Std. 3 Yuan; ⏲24 Std.) Ecke Moling Rd. am Shanghai Hauptbahnhof.

Eastday Bar (东方网点; *dongfang wangdian*; 30 East Yuyuan Rd.; pro Std. 4 Yuan; ⏲24 Std.)

Internetcafé (网吧; *wangba*; Karte S. 210; 2. OG, 565 Dongchang Rd.; pro Std. 4 Yuan; ⏲8–24 Uhr) Gleich bei der South Pudong Rd.

Internetcafé (网吧; *wangba*; Karte S. 212; pro Std. 5 Yuan; ⏲24 Std.) Gegenüber dem Hauptbahnhof Shanghai die Rolltreppe runter.

Internetcafé (网吧游艺城; *wangba* Youyicheng; 4. OG, östliches Ende der Duolun Rd.; pro Std. 3 Yuan; ⏲24 Std.)

Jidu Internet Cafe (极度网络; Jidu *wangluo*; Karte S. 204; 1. OG, Ecke Changle Rd. & North Xiangyang Rd.; pro Std. 3 Yuan; ⏲24 Std.)

Tashi Internet Cafe (拓实网吧; Tashi *wangba*; 2. OG, 18 Yuyuanzhi Rd.; 愚园支路 18 号 3 楼; pro Std. 4 Yuan; ⏲24 Std.)

Xiwang Internet Cafe (夕旺网吧; Xiwang *wangba*; Karte S. 196; 515 Fuzhou Rd.; pro Std. 4 Yuan; ⏲24 Std.)

Medien

Ein Restaurant oder eine Bar aufsuchen, die von Expats frequentiert werden, und Gratis-Ausgaben von *That's Shanghai* besorgen, um sich einen Überblick darüber zu verschaffen, was in Shanghai so geht – von der Kunstausstellung und der Clubnacht bis zur Restauranteröffnung.

Medizinische Versorgung

Huashan World Wide Medical Center (Karte S. 204; ☎6248 3986; www.sh-hwmc.com.cn; 12 Middle Wulumuqi Rd.; 乌鲁木齐中路 12 号; Ⓜ Changshu Rd.) Stationäre und ambulante Behandlung gibt es in der Ausländerklinik in Gebäude 1 (tgl. von 8 bis 22 Uhr geöffnet) im 7. OG des Huashan Hospital (华山医院; Huashan Yiyuan); im 14. OG von Gebäude 6 gibt es einen 24-Stunden-Notdienst.

Parkway Health (以极佳医疗保健服务; Yijijia Yiliao Baojian Fuwu; ☎24-Std.-Hotline 6445 5999; www.parkwayhealth.cn) An sieben Standorten in und um Shanghai, einschließlich im **Shanghai Centre** (上海商城; Shanghai Shangcheng; Suite 203–204, Shanghai Centre, 1376 West Nanjing Rd.; 南京西路1376号203室; Ⓜ West Nanjing Rd.). Private medizinische Versorgung durch Expat-Ärzte, -Zahnärzte und -Spezialisten.

Watson's (屈臣氏; Quchenshi) Französische Konzession (787 Middle Huaihai Rd.; 淮海中路 787 号; Ⓜ South Shaanxi Rd.); West Nanjing Rd. (Westgate Mall, 1038 West Nanjing Rd.; 南京西路 1038 号; Ⓜ West Nanjing Rd.) Hier gibt's westliche Kosmetik, rezeptfreie Medikamente und Gesundheitsprodukte. Zahlreiche Niederlassungen in der Stadt.

Post

In größeren Touristenhotels gibt es einen Postschalter, wo man Briefe und Päckchen aufgeben kann – dies ist die bequemste Lösung. In China sind Post und Briefkästen grün. Das **Internationale Postamt** (国际邮局; Guoji Youju; 276 North Suzhou Rd.; 苏州北路276号; ⏲7–22 Uhr; Ⓜ Tiantong Rd.) ist gleich nördlich des Suzhou.

Reisebüros

Einzelheiten zu Büros, die Zug- und Fährentickets verkaufen, s. S. 237.

CTrip (☎400 619 9999; http://english.ctrip.com) Hilfreiche Online-Agentur für Hotel- und Flugbuchungen.

Elong (☎400 617 1717; www.elong.net) Online-Agentur für Hotel- und Flugbuchungen.

STA Travel (☎2281 7723; www.statravel.com.cn; Zi. 1609, Shanghai Trade Tower, 188 Siping Rd.; ⏲Mo–Fr 9.30–18 Uhr, Sa 9.30–12.30 Uhr; Ⓜ Hailun Rd.) Verkauft Zug- und Flugtickets und stellt internationale Studentenausweise aus.

Telefon

Nach Skype (www.skype.com) und **Viber** (www.viber.com) sind IP-Karten die günstigste Möglichkeit für internationale Anrufe, mit Hoteltelefonen funktionieren sie aber nicht immer. Handy ist natürlich die bequemste Option. SIM-Karten werden in den zahlreichen China Mobile-Shops oder in Zeitungskiosks mit dem China-Mobile-Zeichen verkauft.

China Mobile (中国移动通信; Zhongguo Yidong Tongxin; Karte S. 196; 21 Yuanmingyuan Rd.; 圆明园路 21 号; ⏲8.30–18.30 Uhr; Ⓜ East Nanjing Rd.)

Touristeninformation

Im Hotel bekommen Touristen in der Regel Stadtpläne und viele andere nützliche Infos. Hilfreiche Websites s. S. 236.

Shanghai Call Centre (☎962 288; ⏲24 Std.) Diese gebührenfreie Hotline in englischer Sprache ist vielleicht die nützlichste Telefonnummer Shanghais – sie kann sogar dem Taxifahrer die Richtung weisen, wenn man ein Handy hat.

Shanghai Information Centre for International Visitors (Karte S. 204; ☎6384 9366; Nr. 2, Gasse 123, Xingye Rd.) Informationszentrum von Xintiandi, mit Wechselschalter und kostenlosen Broschüren.

Tourist Information & Service Centre (旅游咨询服务中心; Lüyou Zixun Fuwu Zhongxin) Bund (Karte S. 196; unterhalb der Bund-Promenade, gegenüber der Kreuzung mit der East Nanjing Rd.); East Nanjing Rd. (Karte S. 196; Century Sq., 518 Jiujiang Rd.); Jing'an (Karte S. 209; Lane 1678, 19 West Nanjing Rd.); Altstadt (Karte S. 196; 149 Jiujiaochang Rd.) Diese Zentren liegen praktischerweise in der Nähe großer touristischer Sehenswürdigkeiten. Das Englischniveau variiert von gut bis nicht vorhanden, aber kostenlose Stadtpläne und einige Informationen sind hier erhältlich.

Websites

City Weekend (www.cityweekend.com.cn) Website mit Programmverzeichnis.

Shanghai Daily (www.shanghaidaily.com) Lokalnachrichten (zensiert).

Shanghai Expat (www.shanghaiexpat.com) Ein Muss für jeden, der nach Shanghai ziehen will; nützliches Forum.

Shanghaiist (www.shanghaiist.com) Lokale Unterhaltung und News Blog.

SmartShanghai (www.smartshanghai.com) Essen, Spaß und Amüsement. Alles über Unterhaltung.

That's Shanghai (www.thatsmags.com/shanghai) Website mit Programmverzeichnis.

Time Out Shanghai (www.timeoutshanghai.com) Hervorragende Programmverzeichnisse und Rezensionen.

Virtual Shanghai (www.virtualshanghai.net) Faszinierende Datenbank mit alten Fotos, Karten, Texten und einem Blog.

An- & Weiterreise

Shanghai ist ziemlich einfach zu erreichen: zwei Flughäfen, Bahn- und Flugverbindungen in alle Teile Chinas und Busse in die benachbarten Provinzen und darüber hinaus machen Shanghai zu einem praktischen Sprungbrett für den Rest des Landes.

Bus

In Shanghai stehen mehrere Fernbusbahnhöfe zur Auswahl, aber angesichts des ständigen Verkehrsinfarkts ist es besser, wenn möglich den Zug zu nehmen.

Vom riesigen **Shanghai-Fernbusbahnhof** (上海长途客运南站; Shanghai *changtu keyun nanzhan*; Karte S. 192; www.ctnz.net; ☎5436 2835; 666 Shilong Rd.; Ⓜ Shanghai South Railway Station) fahren Busse in die Städte im Süden Chinas, einschließlich:

Hangzhou (Jiubao, Hangzhou Busbahnhof Nord und Hangzhou Busbahnhof Süd) 68 Yuan, 2 Std., häufig (7.10–19.20 Uhr)

Nanjing 105 Yuan, 4 Std.

Nanxun 47 Yuan, 2½ Std., 8-mal tgl., den Bus nach Huzhou (湖州; 6.50–19.28 Uhr) nehmen

Ningbo 99 Yuan, 3 Std., häufig

Shaoxing 80 Yuan, 3 Std., häufig (7.10–19.55 Uhr)

Shenjiamen 130 Yuan

Suzhou (Busbahnhof Süd und Nord) 38 Yuan, 1½ Std., häufig (6.27–19.30 Uhr)

Tunxi/Huang Shan 135 Yuan, 6 Std., 8-mal tgl.

Wuyuan 194 Yuan, 5 Std., 2-mal tgl. (9.28 & 18.45 Uhr)

Wuzhen 49 Yuan, 2 Std., 8-mal tgl. (7.44–18.17 Uhr)

Xitang 32 Yuan, 1½ Std., 12-mal tgl.

Vom riesigen **Shanghai-Fernbusbahnhof** (上海长途汽车客运总站; Shanghai *changtu qiche keyun* Zongzhan; Karte S. 212; 1666 Zhongxing Rd.; Ⓜ Shanghai Railway Station) nördlich des Shanghaier Bahnhofs fahren Busse zu so fernen Zielen wie die Provinz Gansu und die Innere Mongolei. Regelmäßige Busverbindungen gibt's nach Suzhou (häufig) und Hangzhou (häufig), sowie nach Nanjing (12-mal tgl.) und Beijing (311 Yuan, 16 Uhr). Auch wenn es so aussieht, als wäre es nicht weit vom Bahnhof, ist es zu Fuß sehr anstrengend, dorthin zu kommen. Am besten ein Taxi nehmen.

Shanghai-Sightseeing-Busse fahren zu den Kanalstädten außerhalb Shanghais; Einzelheiten s. S. 215.

Flugzeug

Shanghai bietet internationale Flüge in die meisten wichtigen Städte, viele von der Fluggesellschaft China Eastern, die hier ihre Basis hat.

Alle internationalen Flüge (und ein paar Inlandsflüge) starten vom **Pudong International Airport** (浦东国际机场; Pudong Guoji Jichang; ☎Fluginformation 96990; www.shairport.com; Ⓜ Pudong International Airport), die meisten (aber nicht alle) Inlandsflüge vom **Hongqiao Airport** (虹桥机场; Hongqiao Jichang; ☎Fluginformation 96990; www.shairport.com; Ⓜ Hongqiao Airport), der sich in Shanghais westlichen Außenbezirken befindet. Wer in Pudong einen Anschlussflug zu einem Ziel im Inland hat, muss unbedingt herausfinden, ob er von Pudong oder von Hongqiao aus weiterfliegt, da es mindestens eine Stunde dauert, quer durch die Stadt von einem Flughafen zum anderen zu gelangen.

Täglich (in der Regel mehrmals) fliegen von Shanghai aus Flugzeuge in wichtige chinesische Städte:

Beijing 1220 Yuan, 1½ Std.

Chengdu 1700 Yuan, 2 Std. und 20 Min.

Guangzhou 1280 Yuan, 2 Std.

Guilin 1200 Yuan, 2 Std.

Qingdao 740 Yuan, 1 Std.

Xi'an 1260 Yuan, 2 Std.

Flugtickets werden fast überall verkauft, z. B. in großen Hotels, Reisebüros und auf Websites wie ctrip.com und elong.net. Rabatte von bis zu 40 % sind Standard.

Schiff/Fähre

Tickets für Inlandsfahrten gibt's bei Reiseagenturen im **Ticketshop für Inlandsschifffahrten** (Karte S. 196; ☎6336 8600; 21 East Jinling Rd.; 金陵东路 21号; ⏲9–18 Uhr; Ⓜ East Nanjing Rd.) in der East Jinling Rd.

Abfahrt für eine nächtliche Schiffspassage (109–499 Yuan, 10½ Std.) nach Putuo Shan ist täglich um 20 Uhr am **Wusong-Kai** (吴淞码头; Wusong Matou; Ⓜ Songbing Rd.) in der Nähe der Jangtse-Mündung; mit Metrolinie 3 zur Songbing Rd. und weiter zu Fuß oder ein Taxi rufen.

Eine Schnellbootverbindung (255–340 Yuan, 3 Std., 9.30 Uhr) nach Putuo Shan fährt zweimal täglich von Xiao Yang Shan (小洋山). Von der Nanpu-Brücke (南浦大桥; neben der Brücke) verkehrt ein Bus (die Fahrt ist im Fährticket inbegriffen, 2 Std., Abfahrt 7.20 und 8 Uhr) nach Xiao Yang Shan.

Zug

Viele Teile des Landes können von Shanghai aus direkt mit dem Zug erreicht werden. Die Stadt hat drei nützliche Bahnhöfe: **Shanghai-Hauptbahnhof** (Shanghai *zhan*; Karte S. 212; Ⓜ Shanghai Railway Station), **Shanghai-Südbahnhof** (Shanghai *nanzhan*; Karte S. 192; Ⓜ Shanghai South Railway Station) und den **Bahnhof Hongqiao** (上海虹桥站; Shanghai *hongqiao zhan*; Ⓜ Hongqiao Railway Station) in der Nähe des Hongqiao Airport. Die meisten Züge fahren vom Hauptbahnhof, aber zu Reisezielen im Süden, wie Hangzhou, fahren sie von Shanghai Süd. Internationale Züge nach Kowloon in Hong Kong fahren vom Hauptbahnhof. Der Bahnhof Hongqiao ist für neue Schnellzüge (viele Züge nach Nanjing und Suzhou fahren von hier) und dient als Endstation des Shanghai-Beijing-Express der G-Klasse. Egal, wo man hinmöchte – man sollte auf jeden Fall so früh wie möglich Tickets kaufen. Wer in Shanghai ankommt, sollte nicht am Shanghai-Westbahnhof (上海西站; Shanghai *xizhan*) aussteigen, weil das für Reisende nicht praktisch ist.

Es gibt verschiedene Möglichkeiten, Tickets zu kaufen: Am Bahnhof (meist stressig), über das Hotel oder ein Reisebüro (viel einfacher, aber man muss mit einer Kommissionsgebühr rechnen) oder in Zugticketbüros in der Stadt.

Am Hauptbahnhof gibt es zwei Hallen, in denen Tickets verkauft werden (售票厅; *shoupiaoting*), eine im Hauptgebäude (Tickets für denselben Tag) und eine weitere auf der Ostseite des Platzes (Vorverkauf). An einem Schalter spricht das Personal angeblich Englisch. Für die **zweisprachigen Automaten** (自助售票处; *zizhu shoupiaochu*) wird ein chinesischer Ausweis benötigt. Für den Ticketkauf ist der Reisepass erforderlich.

Außerdem können Tickets für eine kleine Provision (5 Yuan) in den zahlreichen **Zugticketsbüros** (火车票预售处; *huochepiao yushouchu*) Bund (Karte S. 196; 384 Middle Jiangxi Rd.; 江西中路 384 号; ⏲8–20 Uhr); Hongkou (Karte S. 196; 106 Huangpu Lu; 黄浦路 106 号; ⏲8–11.30 & 12.30–18 Uhr); Jing'an (Karte S. 209; 77 Wanhangdu Rd.; 万航渡路 77 号; ⏲8–17 Uhr); Französische Konzession (Karte S. 204; 12 Dongping Rd.; ⏲Mo–Fr 8–12 & 13–18 Uhr, Sa & So 9–12 & 13–17.30 Uhr); Pudong (Karte S. 210; 1396 Lujiazui Ring Rd.; 陆家嘴环路 1396 号; ⏲8–19 Uhr) in der Stadt gekauft werden.

Die hier aufgelisteten Preise und Fahrzeiten gelten jeweils für den schnellsten Zug. Langsamere, weniger teuere Züge sind nicht aufgeführt. Einige der Züge, die am Shanghaier Bahnhof abfahren:

Beijing (D-Zug) Sitz-/Schlafwagen 311/698 Yuan, 8–11½ Std., 3-mal tgl.

Chengdu Sitzplatz/Hartschläfer 267/467 Yuan, 35 Std., 4-mal tgl.

Hangzhou (G-Zug) 2./1. Klasse 93/148 Yuan, 1½ Std., 4-mal tgl.

Hong Kong Sitzplatz/Hartschläfer 226/409 Yuan, 18½ Std., 1-mal tgl. (18.24 Uhr)

Huangshan Sitzplatz/Hartschläfer 94/175 Yuan, 11½ Std., 2-mal tgl.

TRANSPORT CARD

Für jeden, der viel in Shanghai unterwegs sein wird, lohnt sich die Investition in eine *jiaotong ka* (交通卡; Transport Card), da sie einiges an Schlangstehen erspart. Die Karte wird in den Metrostationen und einigen Lebensmittelläden verkauft. Sie kann immer wieder aufgeladen und in der Metro, den meisten Bussen und in Taxis benutzt werden. Das Guthaben wird elektronisch abgezogen, wenn man die Karte über den Sensor an den Drehkreuzen am Eingang zur Metro und in der Nähe der Bustüren zieht. Zum Bezahlen der Taxigebühr einfach die Karte dem Taxifahrer geben, der sie über sein Lesegerät zieht. Man muss eine Kaution von 20 Yuan zahlen, die vor der Weiterreise an der Metrostation East Nanjing Rd. zurückerstattet werden kann.

GRENZÜBERGANG: JAPAN

Die **China-Japan International Ferry Company** (☎6595 6888, 6325 7642; www.chinajapanferry.com; 17. OG) fährt jede Woche samstags um 12.30 Uhr abwechselnd entweder nach Osaka oder nach Kobe in Japan. Die **Shanghai International Ferry Company** (☎6595 8666; www.shanghai-ferry.co.jp; 14. OG) fährt dienstags um 11 Uhr nach Osaka. Beide haben ihren Sitz im Jin'an Building (908 Dongdaming Rd.; 东大明路908号金岸大厦) nördlich des Bund. Für alle Fähren kosten die Tickets (44 Std.) zwischen 1300 Yuan in der Acht-Bett-Kabine und 6500 Yuan in einer Deluxe-Doppelkabine. Im Juli und August sind Reservierungen empfehlenswert. Reisende müssen drei Stunden vorher am Hafen sein wegen der Einreiseprozedur. Alle Schiffe fahren am **Shanghai Port International Cruise Terminal** (Karte S. 192; 上海港国际客运中心; Shanghai Gang Guoji Keyun Zhongxin; 800 Dongdaming Rd.; 东大明路 908 号) ab.

Während der Entstehung dieses Buches wurde der Betrieb einer kürzlich eröffneten, 26 Stunden dauernden **Fährroute** (http://htbc.co.jp; ab 1160 Yuan), die wöchentlich zwischen Shanghai und Nagasaki verkehrt, ausgesetzt; möglicherweise wurde der Betrieb mittlerweile wieder aufgenommen.

Lhasa Hart-/Weichschläfer 845/1314 Yuan, 48 Std., jeden 2. Tag (19.28 Uhr)

Nanjing (G-Zug) 2./1. Klasse 140/220 Yuan, 2 Std., häufige Verbindungen

Suzhou (G-Zug) 2./1. Klasse 40/60 Yuan, 30 Min., häufige Verbindungen

Ürümqi Hart-/Weichschläfer 699/1079 Yuan, 44 Std., 1-mal tgl. (20.32 Uhr)

Xi'an Sitzplatz/Hartschläfer 182–333 Yuan, 16–20 Std., 10-mal tgl.

Einige der Züge, die vom Shanghaier Südbahnhof abfahren:

Guilin Hart-/Weichschläfer 353/539 Yuan, 22 Std., 4-mal tgl.

Hangzhou 29 Yuan, 2½–3 Std., häufige Verbindungen

Kunming Hart-/Weichschläfer 536/825 Yuan, 38 Std., 3-mal tgl.

Yushan (Sanqing Shan) 130 Yuan, 6 Std., 6-mal tgl.

Einige der Züge, die am Bahnhof Hongqiao abfahren:

Beijing (G-Zug) 2./1. Klasse 555/935 Yuan, 5½ Std., sehr häufig (7–19.55 Uhr)

Hangzhou (G-Zug) 2./1. Klasse 78/124 Yuan, 1 Std., sehr häufig (6.38–21.32 Uhr)

Qingdao (G-Zug) 2./1. Klasse 520/820 Yuan, 6½ Std., 4-mal tgl.

Shaoxing (G-Zug) 2./1. Klasse 65/78 Yuan, 2 Std., 10-mal tgl.

Suzhou (D-Zug) 2./1. Klasse Sitzplatz 26/31 Yuan, 30 Min., häufige Verbindungen

Xiamen (D-Zug) 2./1. Klasse 339/408 Yuan, 9 Std., 10-mal tgl.

Zhengzhou (D-Zug) 2./1. Klasse 238/381 Yuan, 7 Std., 3-mal tgl.

Unterwegs vor Ort

Die beste Art, in Shanghai herumzukommen, ist die Metro, deren Netz inzwischen die ganze Stadt abdeckt; danach kommen gleich die Taxis. Busfahren (2 Yuan) ist kompliziert für alle, die nicht fließend Mandarin sprechen. Wie auch immer man sich fortbewegt – die Rushhour zwischen 8 und 9 Uhr morgens sowie zwischen 16.30 und 18 Uhr gilt es zu meiden.

Auch wenn es einige faszinierende Gebiete zum Bummeln und Spazieren gibt, ist es generell anstrengend und manchmal auch stressig, zu Fuß von A nach B zu gelangen.

Vom/zum Flughafen

Über den **Internationalen Flughafen Pudong** werden die meisten internationalen und einige Inlandsflüge abgewickelt. Es gibt vier Transportmöglichkeiten vom Flughafen in die Innenstadt: Taxi, Magnetschwebebahn, Zug, Metro und Bus.

Taxifahrten in die Shanghaier Innenstadt kosten etwa 160 Yuan und dauern ungefähr eine Stunde; ein Taxi zum Flughafen Hongqiao kostet um die 200 Yuan. Die meisten Shanghaier Taxifahrer sind ehrlich, aber man sollte sichergehen, dass sie das Taxameter benutzen; um Aufpreise zu vermeiden, den regulären Taxistand vor der Ankunftshalle benutzen. Nach Suzhou (84 Yuan) und Hangzhou (100 Yuan) fahren regelmäßig Busse.

Die schnelle, Zeit sparende **Magnetschwebebahn** (www.smtdc.com) fährt vom Internationalen Flughafen Pudong zum Terminal in Pudong in acht Minuten. Von dort in die Metro (Haltestelle Longyang Rd.) umsteigen oder ein Taxi (40 Yuan zum Volksplatz) nehmen. Einfach/hin & zurück (Economy-Class) kostet 50/80 Yuan; aber wer ein Flugticket für denselben Tag hat, zahlt für eine einfache Fahrt nur 40 Yuan. Kinder unter 1,20 m fahren kostenlos (größere Kinder bezahlen die Hälfte). Der Zug fährt zwischen 6.54 und 21.40 Uhr alle 20 Minuten.

Die Metrolinie 2 geht vom Internationalen Flughafen Pudong zum Flughafen Hongqiao und passiert dabei die Shanghaier Innenstadt. Das ist sicherlich bequem, aber nicht für denjenigen, der es eilig hat. Die Fahrt vom Flughafen Pudong zum Volksplatz (7 Yuan) dauert etwa 75 Minuten, zum Flughafen Hongqiao 1¾ Std. (8 Yuan).

Darüber hinaus verkehren zahlreiche **Flughafenbusse**, die zwischen 1 und 1½ Std. zu ihrem Ziel in Puxi brauchen. Zwischen 6.30 und 23 Uhr fährt ungefähr alle 15 bis 25 Minuten ein Bus am Flughafen ab; Busse zum Flughafen fahren ungefähr zwischen 5.30 und 21.30 Uhr (Bus 1 fährt bis 23 Uhr). Die nützlichsten Busse sind Airportbus 1 (30 Yuan), der den Internationalen Flughafen Pudong mit dem Flughafen Hongqiao verbindet, und Airportbus 2 (22 Yuan), der zwischen dem Internationalen Flughafen Pudong und dem Airport City Terminal (上海机场城市航站楼; Shanghai Jichang Chengshi Hangzhan Lou) in der West Nanjing Rd. östlich des Tempels Jing'an verkehrt. Airportbus 5 (22 Yuan) bedient die Strecke vom Internationalen Flughafen Pudong über den Volksplatz zum Shanghaier Bahnhof.

Flughafen Hongqiao liegt 18 km vom Bund entfernt, eine Fahrt von 30–60 Minuten. Die meisten Flüge kommen inzwischen an Terminal 2 an, von wo aus man mit den Metrolinien 2 und 10 ins Zentrum fahren kann (30 Minuten bis zum Volksplatz). Wer in Terminal 1 ankommt, kann auch den Flughafen-Shuttlebus (4 Yuan, 7.50–23 Uhr) zum Airport City Terminal auf der West Nanjing Rd. benutzen. Airportbus 1 (30 Yuan, 6–21.30 Uhr) fährt zum Internationalen Flughafen Pudong; Bus 941 (6 Yuan) verbindet den Flughafen Hongqiao mit Shanghai Hauptbahnhof. Ein Taxi in Shanghais Zentrum kostet 70–100 Yuan.

Die großen Hotels haben Flughafen-Shuttles zu beiden Flughäfen (nach Hongqiao in der Regel kostenlos, nach Pudong 30 Yuan).

Öffentliche Verkehrsmittel

FÄHRE Die **Jinling-Road-Fähre** (金陵路轮渡站; Jinling Lu Lundu Zhan) verkehrt zwischen dem südlichen Ende des Bund und dem Dongchang-Road-Kai in Pudong. Zwischen 7 und 22 Uhr fährt etwa alle 15 Minuten eine Fähre (2 Yuan). Die Fuxing-Road-Fähre (复兴路轮渡站; Fuxing Lu Lundu Zhan) fährt von der Fuxing Rd. nördlich der Cool Docks am südlichen Bund ebenfalls zur Dongchang Rd. Von ca. 5 bis 23 Uhr fährt alle 10 bis 20 Min. eine Fähre (2 Yuan).

METRO Das **Shanghaier Metronetz** (www.shmetro.com), das mit einem roten M gekennzeichnet ist, umfasst nach riesigen Erweiterungen derzeit 11 Linien; zwei zusätzliche (13 und 22) sollen bis zur Veröffentlichung dieses Buches eröffnet werden und weitere zwei Linien (12 und 16) werden 2013 erwartet. Die Linien 1, 2 und 10 sind für Reisende am nützlichsten. Tickets kosten zwischen 3 und 10 Yuan, je nach Streckenlänge, und werden an zweisprachigen Automaten, die Münzen und Scheine nehmen, gelöst (in manchen Stationen gibt's auch Schalter); das Ticket bis zum Ausgang aufbewahren. An Infoschaltern gibt es Transport Cards für 50 oder 100 Yuan; man spart damit kein Geld, umgeht aber das Schlangestehen und kann sie auch für Taxis und die meisten Busse benutzen. Ein Tagesticket für die Metro gibt es für 18 Yuan ebenfalls am Infoschalter.

In den meisten Metrostationen ist ein Metroplan erhältlich; auch in den kostenlosen Stadtplänen für Touristen ist ein kleines Metronetz abgebildet. Unter www.shmetro.com ist ebenfalls ein Plan des Metronetzes erhältlich.

Taxi

Taxifahren in Shanghai ist halbwegs günstig und problemlos. Außerhalb der Hauptverkehrszeit ist es einfach, ein Taxi anzuhalten – bei einem Regenguss ist es allerdings unmöglich. Die Grundgebühr beträgt 14 Yuan (für die ersten 3 km), bei Nacht (23–5 Uhr) 18 Yuan. Für die Expo wurde eine neue, 4000 Autos starke Flotte aus geräumigen und komfortablen weißen Volkswagen Tourans eingeführt (gleiche Grundgebühr).

Wichtige Taxiunternehmen:

Bashi (☎96840)

Dazhong (☎96822)

Qiangsheng (☎6258 0000)

RUND UM SHANGHAI

Von Shanghai ausgehend führen die bei vielen Reisenden beliebtesten Tagesausflüge nach Hangzhou (eine kurze Bahnfahrt entfernt) und Suzhou.

Zhujiajiao 朱家角

Das 30 km westlich von Shanghai gelegene **Zhujiajiao** (optionales Ticket inkl. Eintritt zu 4/9 Sehenswürdigkeiten 30/90 Yuan) ist leicht zu erreichen und wirklich reizvoll – vorausgesetzt es kommen nicht gerade Unmengen von Tourbussen an.

Bis heute von der historischen Kanalstadt erhalten geblieben ist ein reizvolles Stadtbild aus Gassen, Brücken und *guzhen*(古镇; Altstadt)-Architektur aus der Zeit der Ming- und der Qing-Dynastie; in den Gassen duftet es nach *chou doufu* („stinkendem Tofu").

Auf der Westseite der neulich errichteten Stadtgott-Tempelbrücke steht der **Tempel des Stadtgotts** (城隍庙; Chenghuang Miao; Eintritt 10 Yuan; ⏲7.30–16 Uhr), der 1769 von seinem ursprünglichen Standort in Xuejiabang hierher verlegt wurde. Weiter im Norden an der Caohe St. (漕河街), die am Kanal entlang verläuft, steht der **Buddhistische Yuanjin-Tempel** (圆津禅院; Yuanjin Chanyuan; Eintritt 5 Yuan; ⏲8–16 Uhr) in der Nähe der markanten **Tai'an-Brücke** (泰安桥; Tai'an Qiao). Dem Tempel sollte man einen Besuch abstatten, und auf der Rückseite den **Qinghua-Pavillon** (清华阁; Qinghua Ge) besteigen, eine hoch aufragende Halle, die von vielen Teilen der Stadt aus zu sehen ist.

Es lohnt sich auch ein Abstecher zur **Katholischen Himmelfahrtskirche von Zhujiajiao** (朱家角耶稣升天堂; Zhujiajiao Yesu Shengtiantang; No 317 Alley, 27 Caohe Jie; 漕河街27号317弄), einer tollen Kirche mit einem freistehenden Glockenturm am hinteren Tor. Sehenswert ist auch das **Postamt aus der Zeit der Qing-Dynastie** (Eintritt 5 Yuan).

Die herausragendste und fotogenste unter Zhujiajiaos malerischen, alten Brücken ist die **Fangsheng-Brücke** (放生桥; Fangsheng Qiao). Die fünfbögige, 1571 errichtete Brücke wurde ursprünglich aus den Einnahmen finanziert, die ein Mönch durch 15 Jahre Almosensammeln zusammengetragen hatte. An verschiedenen Stellen, auch an der Fangsheng-Brücke, kann man an Bord von Booten gehen, um umfassende Touren durch die Stadt zu machen. Tickets kosten 60/120 Yuan pro Boot für die kurze/lange Tour; auch Schnellboote (40 Yuan) machen von der Brücke aus 30-minütige Touren.

Die Bei Dajie ist von Lebensmittelverkäufern gesäumt, die alles Mögliche verhökern – von Schweinefüßen bis hin zu dicken Kokosnüssen; darüber flattern Tüten als Fächer, um die Fliegen zu vertreiben. Cafés in Hülle und Fülle gibt's in der Caohe Jie, der Xihu Jie und der Donghu Jie, und sogar eine Creperie hat sich in der Nähe der Yongquan-Brücke etabliert. Erstklassig zum Übernachten ist das wunderschöne, alte **Uma Hostel** (☎189 1808 2961; umahostel@gmail.com; 103 Xijing Jie; 西井街103号; B/DZ 80/240 Yuan) mit Innenhof, in der Nähe des Kezhi-Gartens (课植园; Kezhi Yuan). Vorher reservieren.

Zhujiajiao erreicht man vom **Pu'an Rd.-Busbahnhof** (普安路汽车站; Pu'an Lu Qiche Zhan; Karte S. 196 Ⓜ Dashijie), gleich südlich des Volksplatzes. Von dort kann man mit dem rosa-weißen Huzhu-Gaosu-Kuaixian-Bus (沪朱高速快线; 12 Yuan, 1 Std., zwischen 6 und 22 Uhr alle 20 Minuten; in der Nebensaison seltener) direkt in die kleine Stadt fahren. Wer unter Zeitdruck steht, kann vom Shanghaier Sightseeing-Buszentrum aus einen Tagesausflug mit dem Shanghaier Sightseeing Bus machen (85 Yuan, Abfahrt 9 und 10 Uhr); er kehrt um 15.45 und 16.45 Uhr wieder nach Shanghai zurück. Das Ticket beinhaltet das Eintrittsgeld. Nach Zhujiajiao geht's auch vom Busbahnhof in Tongli (15 Yuan, 1½ Std.) aus.

Jiangsu

BEVÖLKERUNG: 78,9 MIO.

Inhalt »

Nanjing.......................... 243
Rund um Nanjing.......... 255
Suzhou.......................... 255
Rund um Suzhou.......... 265

Die schönsten klassischen Gärten

» Garten des Meisters der Netze (S. 258)
» Garten der Politik meiner Wenigkeit (S. 258)
» Präsidentenpalast (S. 248)

Die besten Museen

» Suzhou-Museum (S. 257)
» Nanjing-Museum (S. 250)
» Gedenkstätte für die Opfer des Nanjing-Massakers (S. 246)

Auf nach Jiangsu

Jiangsu (江苏) ist vor allem für ortsgebundene Reisende reizvoll. Die Provinz verdankte ihren früheren Reichtum der Produktion von Seide und Salz und ist vom Großen Kanal sowie weit verzweigten Wasserläufen geprägt, die den Jangtse (Chang Jiang) flankieren. In ganz China ist die Provinz für ihre reizenden Kanalstädte, ihre verzauberten Gärten und ihre anspruchsvolle Opern- und Volkskunst berühmt.

Der Charme dieser Provinz ist so bekannt, dass sie seit den 1990er-Jahren – viel früher als die meisten Gegenden des Landes – eine große Anzahl von Inlandstouristen anzieht. Das ganze Jahr über strömen Pauschaltouristen nach Suzhou, die sich in den Gärten und allen berühmten Kanalstädten tummeln. Davon sollte man sich nicht abschrecken lassen. Früh aufstehen und die Hauptstraßen meiden, dann kann man den altweltlichen Charme genießen und hat den Ort ganz für sich allein. In der Universitäts- und Provinzhauptstadt Nanjing gibt es für Neuankömmlinge noch viel zu entdecken: Überbleibsel aus der Ming-Dynastie, grüne Parks und fantastische Museen.

Reisezeit

Nanjing

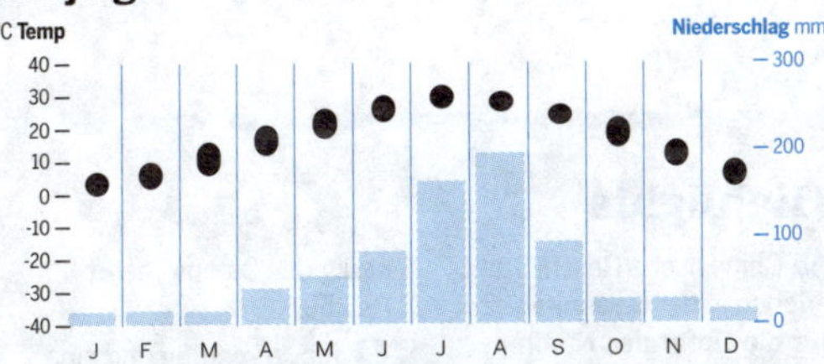

März & April Die beste Reisezeit ist der Beginn des Frühlings, wenn die Gärten in voller Blüte stehen.

Oktober Der Herbst bezaubert durch nebelverhangene Kanäle und Gärten.

Dezember Im Winter liegt die hübsche Kanalstadt Suzhou unter einer Schneedecke.

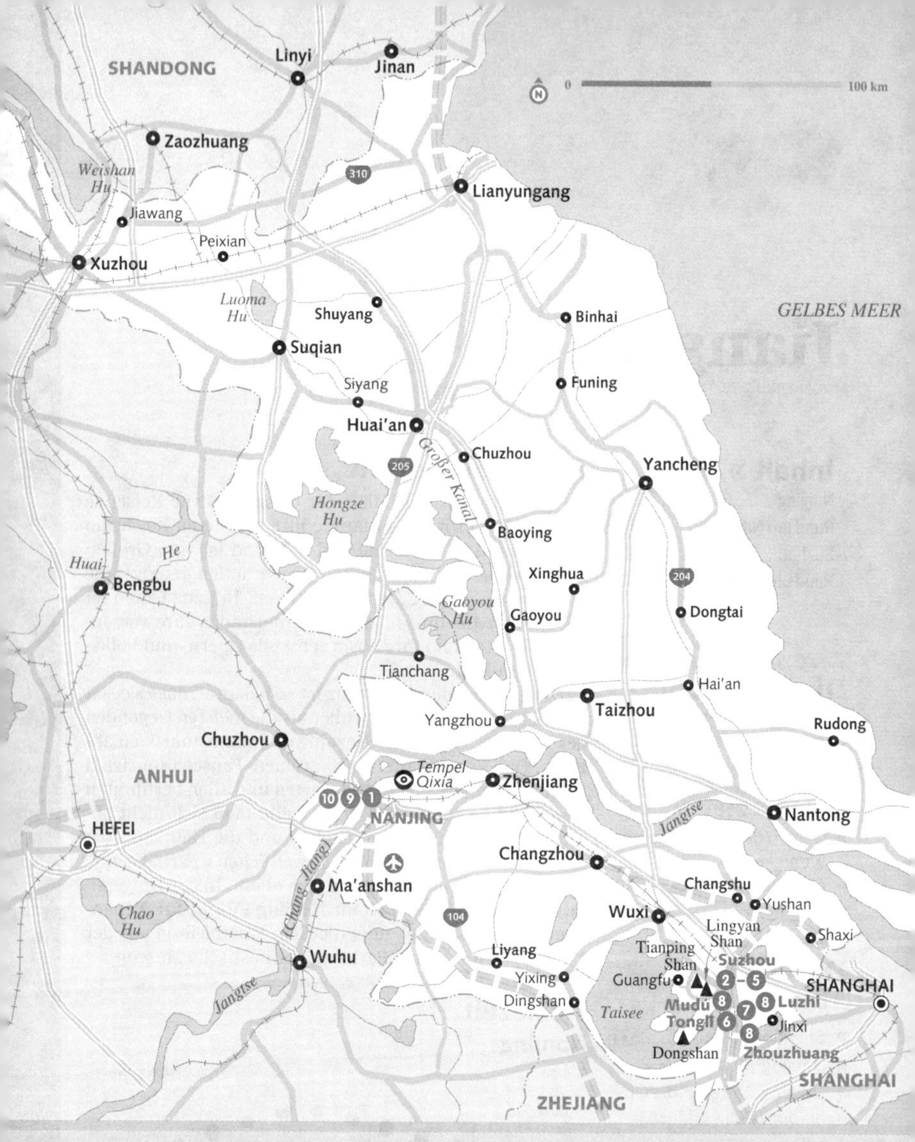

SHANDONG
Linyi
Jinan
0 100 km
Zaozhuang
Weishan Hu
310
Lianyungang
Jiawang
Peixian
Xuzhou
Luoma Hu
Shuyang
Binhai
GELBES MEER
Suqian
Siyang
Funing
Huai'an
Großer Kanal
Chuzhou
205
Yancheng
Hongze Hu
Baoying
Huai He
Xinghua
204
Bengbu
Gaoyou Hu
Gaoyou
Dongtai
Tianchang
Hai'an
Taizhou
Yangzhou
Rudong
Chuzhou
Tempel Qixia
Zhenjiang
ANHUI
10 9 1
NANJING
Jangtse
Nantong
HEFEI
Changzhou
Ma'anshan
Chang Jiang
Changshu
Yushan
Chao Hu
104
Wuxi
Lingyan Shan
Shaxi
Tianping Shan
Liyang
Suzhou
Wuhu
2–5
Jangtse
Yixing
Guangfu
SHANGHAI
Dingshan
Mudu 8
Luzhi 8
Taisee
7
Tongli 6
Jinxi
8
Dongshan
Zhouzhuang
SHANGHAI
ZHEJIANG

Highlights

1 Chinesische Geschichte erleben in der **Gedenkstätte für die Opfer des Nanjing-Massakers** (S. 246)

2 Die Artefakte des **Suzhou-Museums** bestaunen (S. 257)

3 Die Schönheit der **Gärten von Suzhou** genießen (S. 258)

4 In der **Pingjiang Lu** verstehen, warum Suzhou auch „Venedig des Ostens" heißt (S. 259)

5 Teeverkostung und eine *pingtan*-Vorführung im ***pingtan*-Teehaus** genießen (S. 259)

6 Sich in den Gassen und Kanälen von **Tongli** verlieren (S. 265)

7 Vier Wörter: **Chinese Sex Culture Museum** (S. 266)

8 Sich in **Luzhi** (S. 267), **Mudu** (S. 268) oder **Zhouzhuang** (S. 269) entspannen

9 Eine **Kunqu-Opernaufführung** (S. 253) erleben

10 Sich vom malerischen **Ming-Xiaoling-Mausoleum** (S. 246) und dem **Tempel Linggu** (S. 247) zu einem Spaziergang einladen lassen

Geschichte

Jiangsu war bis zur Song-Dynastie (960–1279) relativ unbedeutend, entwickelte sich aber schließlich durch die Handelswege, die sich durch den Großen Kanal eröffneten, zu einem wichtigen Handelszentrum. Vor allem der Süden der Provinz erlebte eine Blüte. In den Städten Suzhou und Yangzhou, die eine wichtige Rolle in der Seidenproduktion spielten, bildete sich eine breite Handel treibende Gesellschaftsschicht heraus.

Auch unter der Ming- und der Qing-Dynastie hielt der Wohlstand an, und als in den 1840er-Jahren der Westen seine Finger nach China ausstreckte, öffnete sich der Süden Jiangsus den abendländischen Einflüssen. Während des Taiping-Aufstands (1851–64), wählten die Rebellen Nanjing als Hauptstadt, die sie Tianjing oder „Himmlische Hauptstadt" nannten.

Auch im 20. Jh. sollte Jiangsu eine wichtige politische Rolle spielen, als Nanjing von der Nationalistischen Partei zur Hauptstadt gemacht wurde, bis die Kommunisten sie im Jahr 1949 einnahmen und ihre Hauptstadt nach Beijing verlegten.

Wegen seiner Nähe zu Shanghai profitiert der Süden Jiangsus heute von einer boomenden Wirtschaft und raschen Entwicklung, während der Norden der Provinz noch immer hinterherhinkt.

Klima

Jiangsu ist im Sommer (Mai bis August) heiß und feucht, doch im Winter (Dezember bis Februar) sinken die Temperaturen so tief, dass man sich warm anziehen muss, und der Nebel kann so dicht werden, dass man nicht die Hand vor Augen sieht. Im Winter muss mit Regen oder Nieselregen gerechnet werden, der einen dunstigen Schleier über die Landschaft legt. Im Frühling (März und April) schmückt sich die Natur mit prächtigen Farben. Im Frühling und Sommer kommt es zu heftigen Regenfällen; der Herbst (September bis November) ist die trockenste Zeit des Jahres und deswegen die beste Reisezeit.

Anreise & Unterwegs vor Ort

Jiangsu hat gute Verbindungen zu allen größeren Städten Chinas. Zahlreiche Flieger verkehren täglich von Nanjing in alle Ecken des Landes, und es gibt häufige Bus- und Zugverbindungen.

Es gibt ein flächendeckendes Busnetz, das Reisende zu den meisten Zielen innerhalb der Provinz bringt. Auch Bahnfahren ist unkompliziert.

PREISE

In diesem Kapitel werden die folgenden Preiskategorien verwendet:

Schlafen

€	unter 250 Yuan
€€	250 bis 800 Yuan
€€€	über 800 Yuan

Essen

€	unter 30 Yuan
€€	30 bis 70 Yuan
€€€	über 70 Yuan

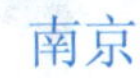

Nanjing 南京

025 / 3,7 MIO. EW.

Viele Besucher kommen nur auf der Durchreise von Shanghai nach Beijing (oder umgekehrt) nach Nanjing und verpassen dadurch eine ganze Menge. Die unterschätzte Hauptstadt der Provinz Jiangsu liegt an den Niederungen des Jangtse und hat ein überraschend reiches und beeindruckendes geschichtliches Erbe, das die Kulturrevolution überdauert hat. Hauptattraktionen sind die Überreste aus den kurzen Zeiten des Ruhmes, als Nanjing unter der Ming-Dynastie (1368–1644) Hauptstadt der Nation und später, Anfang des 20. Jhs., Hauptstadt der Republik China war. Zu den sichtbaren Belegen gehören eine großartige Stadtmauer, die noch immer einen Großteil der Stadt umgibt, und die eleganten Gebäude aus der republikanischen Periode, die überall im Zentrum anzutreffen sind.

Heute breitet sich die Stadt rasant aus, aber ihre entspannte Atmosphäre bleibt selbst bei verschleiertem Himmel erhalten. Die berühmte Universitätsstadt bietet breite, von Bäumen gesäumte Boulevards, schicke Cafés und wunderbare Museen und liegt in einer herrlichen Landschaft aus Seen, waldreichen Parks und Flüssen. Die schönen *wutong*-Bäume spenden angenehmen Schatten und verleihen der Stadt eine grüne Lunge.

Geschichte

Während der Qin-Dynastie (221–207 v.Chr.) stieg Nanjing zu einem wichtigen Verwaltungszentrum auf. In der Sui-Dynastie (589–618) erlebte Nanjing einen

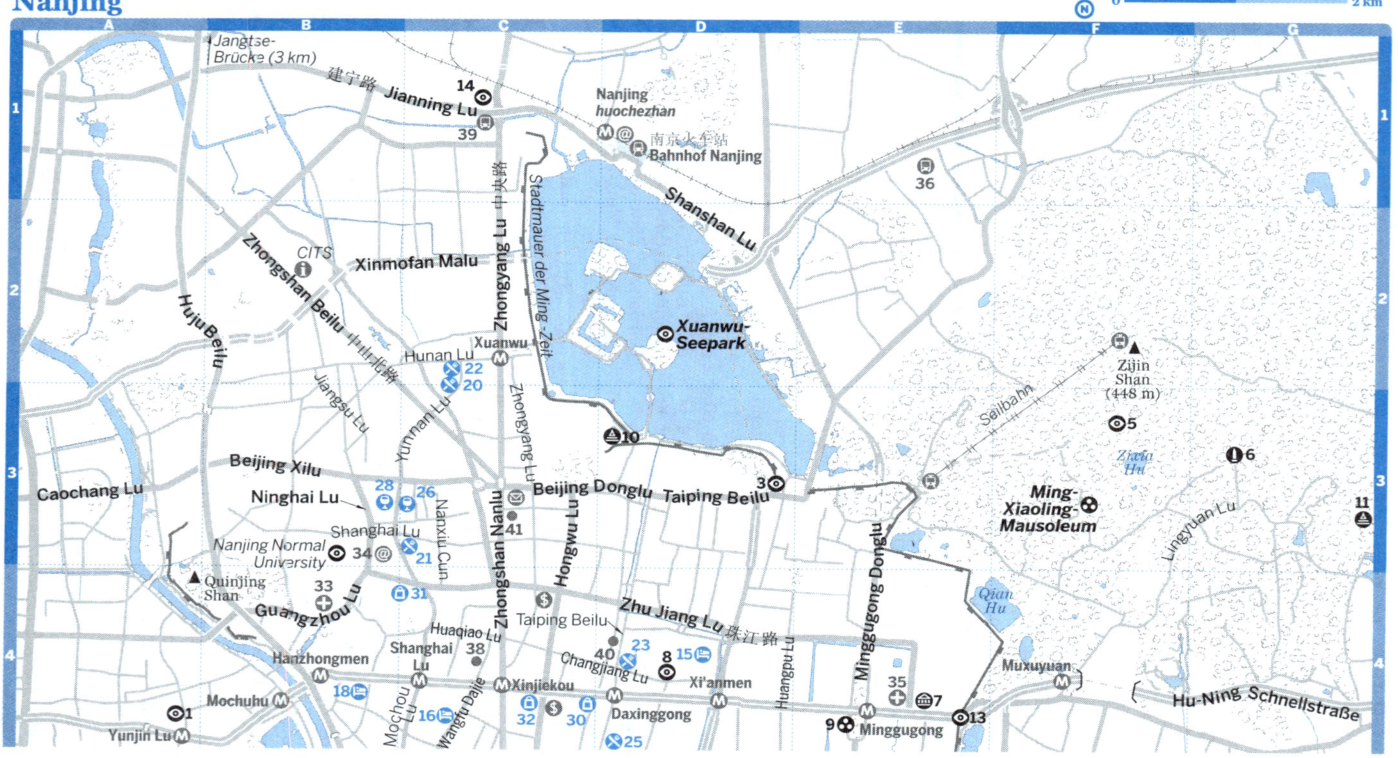
Nanjing
0
2 km
A
B
C
D
E
F
G
1
2
3
4
Jangtse-Brücke (3 km)
建宁路
Jianning Lu
14
39
Nanjing huochezhan
南京火车站
Bahnhof Nanjing
36
Shanshan Lu
CITS
Xinmofan Malu
Zhongshan Beilu
中山北路
Zhongyang Lu
中央路
Stadtmauer der Ming-Zeit
Xuanwu-Seepark
Huju Beilu
Xuanwu
Hunan Lu
22
20
Jiangsu Lu
Yunnan Lu
Zhongyang Lu
Seilbahn
Zijin Shan (448 m)
5
10
Zixia Hu
6
Beijing Xilu
Caochang Lu
Ninghai Lu
28
26
Nanxiu Cun
Beijing Donglu
Taiping Beilu
3
Ming-Xiaoling-Mausoleum
11
Lingyuan Lu
41
Shanghai Lu
Nanjing Normal University
34
21
Zhongshan Nanlu
Hongwu Lu
Minggugong Donglu
Qian Hu
Quinjing Shan
33
31
Guangzhou Lu
Zhu Jiang Lu
珠江路
Taiping Beilu
Huaqiao Lu
Shanghai Lu
38
40
23
8
15
Changjiang Lu
Huangpu Lu
Hanzhongmen
Xinjiekou
Xi'anmen
Muxuyuan
35
7
Hu-Ning Schnellstraße
1
Mochuhu
18
Mochou Lu
16
Wangfu Dajie
32
30
Daxinggong
25
9
Minggugong
13
Yunjin Lu

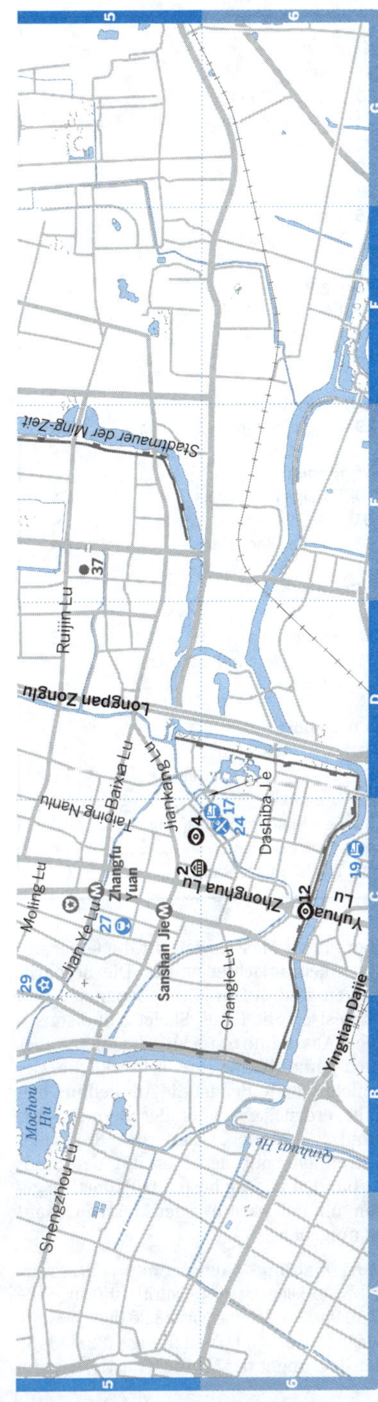

Niedergang, erfuhr aber unter der langlebigen Tang-Dynastie eine weitere Epoche des Wohlstands, bevor es allmählich in Vergessenheit geriet.

Im Jahr 1356 kam es zu einem erfolgreichen Bauernaufstand unter dem Anführer Zhu Yuanzhang gegen die mongolische Yuan-Dynastie. 1368 wurde es Hauptstadt von Zhu Yuanzhangs Ming-Dynastie, aber sein Ruhm war nur von kurzer Dauer. 1420 verlegte der dritte Ming-Kaiser, Yongle, die Hauptstadt zurück nach Beijing. Ab diesem Zeitpunkt erlebte die Stadt ein wechselhaftes Schicksal als regionales Zentrum, aber erst im 19. und 20. Jh. rückte sie wieder in den Mittelpunkt der chinesischen Geschichte.

Im 19. Jh. brachten die Opiumkriege die Briten nach Nanjing, hier wurde der erste der sogenannten „Ungleichen Verträge" unterzeichnet, der die Öffnung mehrerer chinesischer Häfen für den Außenhandel vorsah, China zu Reparationszahlungen von enormer Höhe zwang und die Halbinsel Hongkong offiziell Großbritannien zusprach. Nur wenige Jahre später, während des Taiping-Aufstands, dem es gelang, weite Teile Südchinas einzunehmen, wurde Nanjing zur Hauptstadt der Taiping.

1864 umzingelten die vereinten Streitkräfte der Qing-Armee und der britischen Armee sowie verschiedene europäische und US-amerikanische Söldnertruppen die Stadt. Sie belagerten sie sieben Monate lang, bevor sie sie schließlich einnahmen und die Taiping-Truppen niedermetzelten. Die Kuomintang machten Nanjing von 1928 bis 1937 zur Hauptstadt der Republik China. Doch angesichts vorrückender japanischer Soldaten wurde die Hauptstadt 1937 nach Chongqing verlegt. Von 1945 bis 1949 war Nanjing erneut Hauptstadt, bevor die Kommunisten die Stadt „befreiten" und sich China aneigneten.

Sehenswertes

Über dem östlichen Stadtrand Nanjings erhebt sich der Berg Zijin (紫金山; Zijin Shan) oder „Purpurgoldberg", ein stark bewaldeter Park, in dem sich die meisten historischen Attraktionen Nanjings befinden – das Mausoleum des Sun Yatsen, das Ming-Xiaoling-Mausoleum, der Tempel Linggu und der Botanische Garten (植物园; Zhiwu Yuan). Zudem handelt es sich hier um einen der kühlsten Orte, die vor der Schwüle des Sommers Zuflucht bieten.

Nanjing

Highlights

Ming-Xiaoling-Mausoleum ... F3
Xuanwu-Seepark ... D2

Sehenswertes

1 Gedenkstätte für die Opfer des Masakers von Nanjing ... A4
2 Historisches Museum des Himmlischen Taiping-Königreichs ... C5
3 Jiuhuashan-Park ... D3
4 Konfuziustempel ... C5
5 Landschaftsschutzgebiet Ming Xiaoling ... F3
6 Mausoleum des Sun Yatsen ... G3
Museum der kaiserlichen Examensanstalt ... (siehe 1)
7 Nanjing-Museum ... E4
8 Präsidentenpalast ... D4
9 Ruinen des Ming-Palastes ... E4
10 Tempel Jiming ... D3
11 Tempel Linggu ... G3
12 Zhonghua-Tor ... C6
13 Zhangshan-Tor ... E4
14 Zhongyang-Tor ... C1

Schlafen

15 Nanjing Time International Youth Hostel ... D4
16 Nanjing Zhongfang Service Apartment ... C4
17 Orange Hotel ... C6
18 Sheraton Nanjing Kingsley ... B4
19 Travelers' Soul Inn Nanjing ... C6

Essen

20 A Simple Diet ... C3
21 Cosima Restaurant ... C3
22 Maxiangxing ... C2
23 Nanjing 1912 ... D4
24 Sculpting in Time ... C6
25 Sichuan Jiujia ... D4
Yongheyuan ... (siehe 1)

Ausgehen

26 Behind the Wall ... C3
27 Finnegans Wake ... C5
28 Florentina ... B3

Unterhaltung

29 Lanyuan-Theater ... C5

Shoppen

30 Foreign Languages Bookstore ... C4
31 Librairie Avant-Garde ... C4
32 Popular Book Mall ... C4

Praktisches

33 Jiangsu People's Hospital ... B4
34 Jinsuo Internetcafé ... B3
35 Nanjing International SOS Clinic ... E4

Transport

36 Busbahnhof Ost ... E1
37 CAAC ... E5
38 Dragonair ... C4
39 Fernbusbahnhof Nanjing ... C1
40 Zugfahrkartenbüro ... D4
41 Zugfahrkartenbüro ... C3

Wenn Eintrittskarten für mehrere Sehenswürdigkeiten zusammen gekauft werden, gibt's eine Ermäßigung.

LP TIPP **Gedenkstätte für die Opfer des Nanjing-Massakers** GEDENKSTÄTTE
(南京大屠杀纪念馆; Nanjing Datusha Jinianguan; 418 Shuiximen Dajie; Eintritt frei; Di–So 8.30–16.30; M Yunjin Lu) Im südwestlichen Außenbezirk der Stadt dokumentieren die erschütternden Exponate der Gedenkstätte für die Opfer des Massakers von Nanjing die Gräueltaten, die japanische Soldaten während der Besatzung von Nanjing 1937 an der Zivilbevölkerung verübten. Die Gedenkstätte umfasst authentische Fotos von Exekutionen – viele davon wurden von japanischen Armeefotografen aufgenommen – und eine makabre Schauhalle, die über einem Massengrab für die Opfer des Massakers errichtet wurde. Die Beschriftungen sind auf Englisch, Japanisch und Chinesisch, die Fotos, Skelette und sonstigen Ausstellungsstücke erzählen aber auch ohne Worte ihre schreckliche Geschichte. Bisweilen ist die Ausstellung beinahe erdrückend, aber der Besucher beginnt zu ahnen, dass das Massaker untrennbar mit der Identität der Stadt verbunden ist. Am besten früh dorthin gehen, um den Ansturm der Massen elegant zu umgehen.

Ming-Xiaoling-Mausoleum MAUSOLEUM
(明孝陵; Ming Xiaoling; Eintritt 70 Yuan; 8–17.30 Uhr, im Sommer bis 18.30 Uhr; M Muxuyuan) Kaiser Zhu Yuanzhang (1328–1398), der Begründer der Ming-Dynastie, liegt im

Ming-Xiaoling-Mausoleum begraben; er ist der einzige Ming-Kaiser, der außerhalb Beijings bestattet wurde. Der erste Abschnitt dieses großartigen Mausoleums führt über den 618 m langen „Seelenweg“, der mit Steinstatuen von Löwen, Kamelen, Elefanten und Pferden gesäumt ist, welche die bösen Geister verjagen und das Mausoleum bewachen sollen. Auch zwei Fabelwesen befinden sich darunter: Das *xie zhi,* mit Mähne und einem einzelnen Horn auf dem Kopf, und das *qilin,* das einen schuppigen Körper, einen Kuhschwanz, Rehhufe und ein Horn aufweist.

Im ersten Hof führt ein gepflasterter Weg zu einem Pavillon mit mehreren Stelen. Das nächste Tor öffnet sich zu einem großen Hof mit der **Linghun-Pagode** (Linghun Ta), einem gewaltigen rechteckigen Steinbau. Beachtenswert sind auch die Stalaktiten und Stalagmiten, die sich über die Jahre durch das Wasser gebildet haben, das von den Mauern tropft. Ein langer Tunnel führt zu einer Mauer, die in einem Durchmesser von 350 m einen riesigen Erdhügel umschließt. Darin befindet sich das Grab Hongwus, das bisher nie geöffnet wurde.

Das Grabmal liegt inmitten des **Ming-Xiaoling-Landschaftsschutzgebietes** (明孝陵风景区; Ming Xiaoling Fengjingqu). Ein von Bäumen gesäumter Weg schlängelt sich zwischen Pavillons und Picknickplätzen hindurch bis zum malerischen **Zixia-See** (Zixia Hu; Eintritt 10 Yuan), der zu einem Spaziergang einlädt. Der Preis für ein Kombiticket für das Mausoleum und das Tempel-Linggu-Landschaftsschutzgebiet (unten) beträgt 115 Yuan.

Von der U-Bahnstation Muxuyuan (Linie 2) geht es 1,6 km aufwärts. Vom Stadtzentrum fährt außderdem die Buslinie Y3 hierher.

GRATIS Mausoleum des Sun Yatsen

GEDENKSTÄTTE

(中山陵; Zhongshan Ling; ⌚6.30–18.30 Uhr; Ⓜ Xiamafang) Dr. Sun gilt sowohl bei den Kommunisten als auch bei den Kuomintang als Vater des modernen China. Er starb 1925 in Beijing, und sein Wunsch war es, in Nanjing bestattet zu werden. Dabei dachte er sicherlich an etwas Schlichteres als das Grab im Ming-Stil, das seine Nachfolger ihm errichteten. Trotzdem wurde weniger als ein Jahr nach seinem Tod mit dem Bau dieses Mausoleums begonnen.

Das Grabmal selbst liegt am oberen Ende einer riesigen Steintreppe – 392 Stufen, die einen ganz schön aus der Puste kommen lassen. Am Anfang des Weges steht ein Ehrentor aus Marmor mit einem Dach aus blau glasierten Ziegeln. Die Farben Blau und Weiß des Mausoleums symbolisieren die weiße Sonne auf dem blauen Hintergrund der Kuomintang-Flagge.

Die Krypta befindet sich am oberen Ende der Treppe im hinteren Teil der Gedenkhalle. Auf einer Tafel, die über dem Eingang hängt, stehen die „Drei Prinzipien des Volkes“, die Dr. Sun formuliert hatte: Nationalismus, Demokratie und Volkswohl. Im Inneren befindet sich eine sitzende Statue Dr. Suns. In die Wände ist der vollständige Text der Prinzipien für die Institution der Nation eingelassen, wie sie von der nationalistischen Regierung propagiert wurde. Der Kupfersarg ist mit einer Marmorstatue Dr. Suns bedeckt.

Busse der Linien 9, Y2 und Y3 fahren vom Stadtzentrum zum Mausoleum des Sun Yatsen. Ein Shuttlebus, der aussieht wie ein roter Dampfzug, pendelt zum Tempel Linggu.

Tempel Linggu

BUDDHISTISCHER TEMPEL

(灵谷寺风景区; Linggu Si Fengjing Qu; Eintritt 80 Yuan; ⌚7–18.30 Uhr; Ⓜ Zhonglingjie) Die ausgedehnte Tempelanlage aus der Ming-Zeit enthält eines der interessantesten Gebäude Nanjings – die **balkenlose Halle** (Wuliang Dian), die 1381 ausschließlich aus Ziegeln und Steinen errichtet wurde und durch keine Balken gestützt wird. In der Ming-Zeit wurden die Gebäude normalerweise aus Holz gebaut, wegen einer Verknappung des Bauholzes mussten die Baumeister in diesem Fall auf Ziegel zurückgreifen. Das Bauwerk hat eine gewölbte Decke und ein großes Steinpodest, auf dem einst Buddha-Statuen standen. In den 1930er-Jahren wurde die Halle in eine Gedenkstätte für die Opfer des Widerstands gegen die Japaner umgewandelt.

Auf beiden Seiten der Halle führt eine Straße vorbei, und über zwei Treppen geht es zum eleganten **Windpavillon aus Kiefernholz** (Songfeng Ge), der als Teil des **Tempels** ursprünglich Guanyin gewidmet war. Nun ist es nicht mehr weit zum eigentlichen Tempel und der Gedenkhalle für Xuan Zang (dem buddhistischen Mönch, der nach Indien reiste und die buddhistischen Schriften mitbrachte). Durch die balkenlose Halle gehen, rechts

DIE VERGEWALTIGUNG VON NANJING

Es geschah im Jahr 1937. Die chinesische Armee war vergleichsweise schwach und mit zu wenig Mitteln ausgestattet. Am Horizont tauchte die japanische Armee auf, und es war abzusehen, dass die Invasion und die Besatzung Nanjings durch die Japaner unmittelbar bevorstand. Während die chinesische Regierung ihre Sachen packte und flüchtete, ermunterte sie die Bevölkerung Nanjings mit folgenden Worten zum Bleiben: „Alle, die Blut und Atem in sich haben, sollten sich lieber wie Jade brechen lassen, denn wie Ziegel intakt bleiben." Um diese Aufforderung noch zu unterstreichen, wurden die Stadttore abgeschlossen, sodass eine halbe Million Bürger in der Stadt gefangen war.

In Nanjing folgten sechs Wochen unaufhörlicher und unfassbarer Schikanen gegen die Zivilbevölkerung, die ein in der modernen Kriegführung nie dagewesenes Ausmaß annahmen. Laut Journalisten und Historikern, wie Iris Chang und Joshua Fogel, wurden in Nanjing unter japanischer Besatzung zwischen 200 000 und 300 000 chinesische Zivilisten getötet, teils in Massakern, teils durch gezielten Mord. Innerhalb des ersten Monats wurden mindestens 20 000 Frauen im Alter zwischen 11 und 76 Jahren vergewaltigt. Frauen, die sich wehrten, oder Kinder, die störten, wurden häufig mit Bajonetten erstochen oder erschossen.

Die Japaner unterschätzten indessen die Chinesen. Anstatt den Willen des Volkes zu brechen, förderte die Invasion das Zusammengehörigkeitsgefühl und die Entschlossenheit der Menschen. Wer nicht starb – gebrochen wie Jade – verteidigte sich mit allen Mitteln.

In Iris Changs viel gepriesenem Buch *Die Vergewaltigung von Nanjing* werden die Gräueltaten beim Namen genannt, welche die Chinesen unter der japanischen Besatzung erleiden mussten. Die Recherchen zu dem bedrückenden Massaker schienen der jungen Autorin schwer zugesetzt zu haben, 2004 beging sie Selbstmord. Doch Chang war nicht die Erste, deren Selbstmord mit dem Massaker in Verbindung gebracht wurde: Die amerikanische Missionarin Minnie Vautrin nahm sich nach dem Massaker das Leben, weil sie so viele Menschen nicht hatte retten können.

halten und dem Weg folgen. Im Inneren der Gedenkhalle ist ein goldenes, maßstabgetreues Modell einer 13-stöckigen Holzpagode, die einen Teil von Xuan Zangs Schädel, einen Opfertisch und ein Porträt des Mönchs enthält.

In der Nähe erhebt sich auch die farbenprächtige **Linggu-Pagode** (Linggu Ta). Die neunstöckige, 60 m hohe, achteckige Pagode wurde 1933 unter der Ägide eines US-amerikanischen Architekten zur Erinnerung an die Toten der Kuomintang-Revolution errichtet. Die Buslinien Y2 und Y3 fahren vom Bahnhof Nanjing zum Tempel Linggu. Ein kostenloser Shuttlebus fährt von dort zum Sun-Yatsen-Mausoleum.

Ruinen des Ming-Kaiserpalastes PARK
(明故宫; Ming *gugong*; Ⓜ Minggugong) Die Ruinen des Ming-Kaiserpalastes sind überall im friedlichen, wenn auch sentimentalen **Wuchaomen-Park** (Wuchaomen Gongyuan; Zhongshan Donglu; Eintritt frei; ⏲6.30–21.30 Uhr) verstreut. Der Kaiserpalast, der von Zhu Yuanzhang errichtet wurde, soll ein herrliches Bauwerk gewesen sein, das dem Kaiserpalast in Beijing als Vorbild gedient hatte. Jeder, der mit dem Grundriss der Verbotenen Stadt einigermaßen vertraut ist, wird Ähnlichkeiten in der Anordnung erkennen.

Hier kann man in den Ruinen des **Mittagstors** (Wu Men) herumklettern, es hatte einst enorme Mauern, die im rechten Winkel aus dem Hauptgebäude herausragten, sowie Wachttürme. Heute ist der Park voll mit Einheimischen, die zu Tanzmusik Gesellschaftstänze üben.

Zu den Ruinen des Ming-Palastes fährt Bus Y1 vom Bahnhof Nanjing oder Bus 9 von der Zhongyang Lu.

Präsidentenpalast HISTORISCHES GEBÄUDE
(总统府; Zongtong Fu; 292 Changjiang Lu; Eintritt 40 Yuan; ⏲8–18 Uhr; Ⓜ Daxinggong) Nach der Machtübernahme bauten die Taiping in Nanjing die **Residenz des Himmlischen Königs** (Tianwang Fu) auf dem Fundament eines ehemaligen Palastes aus der Ming-Dynastie. Der herrliche Palast über-

lebte den Sturz der Taiping nicht; er wurde aber rekonstruiert, mit einem klassischen Ming-Garten umgeben und ist heute als Präsidentenpalast bekannt. Weitere Gebäude an dieser Stelle wurden 1912 kurzzeitig von der Regierung Sun Yatsens und 1927 bis 1949 von den Kuomintang als Amtssitz des Präsidenten genutzt. Anfahrt mit Buslinie Y1.

Tempel Jiming BUDDHISTISCHER TEMPEL
(鸡鸣寺; Jiming Si; Eintritt 5 Yuan; ⏲ im Winter 7.30–17 Uhr, im Sommer bis 17.30 Uhr) Nicht weit von den Ming-Stadtmauern und dem Xuanwu-See (Xuanwu Hu) befindet sich der buddhistische Tempel Jiming, der im Jahr 527 in der Zeit der Drei Reiche errichtet wurde. Seitdem wurde er mehrfach erneuert, behielt aber seit dem Jahr 1387 seinen Namen (der wörtlich übersetzt „krähender Hahn" bedeutet). Dieser Tempel wird in Nanjing am meisten genutzt und ist am Chinesischen Neujahrsfest gesteckt voll mit Gläubigen. Die siebenstöckige Yaoshifo-Pagode (药师佛塔) bietet eine Aussicht über den Xuanwu-See. Vom hinteren Teil des Tempels kann man auf

STADTMAUER AUS DER MING-ZEIT

Beijing wird für immer davon gezeichnet sein, dass die Kommunisten die Ehrfurcht gebietende Stadtmauer zerstört haben. Die mächtige Mauer aus der Tang-Dynastie in Xi'an – die weit größer war als die heutige Mauer – ist kaum mehr als eine Erinnerung. Selbst Shanghais bescheidene Stadtmauer fiel 1912.

Das Gleiche spielte sich überall in China ab, aber die fabelhafte Stadtmauer von Nanjing ist noch erhalten und dient als permanente Erinnerung an den früheren Glanz der Stadt. Die Mauer mag zwar zugewachsen sein, aber diese Nachlässigkeit hat in einem Land, in dem historische Authentizität schon zu oft zu Zerstörungen herausgefordert hat, dazu beigetragen, dass sie überhaupt erhalten geblieben ist.

Das imponierende, fünfstöckige Bollwerk, das vielleicht das eindrucksvollste Überbleibsel aus den goldenen Jahren der Ming-Dynastie in Nanjing darstellt, war fast 35 km lang und damit die längste Stadtmauer, die je auf der Welt gebaut wurde. Etwa zwei Drittel davon stehen noch.

Die Mauer wurde zwischen 1366 und 1393 von über einer Million Arbeiter errichtet. Ihr Grundriss ist unregelmäßig und bildet eine Ausnahme zur damals üblichen, rechteckigen Form. Sie verläuft im Zickzack zwischen Nanjings Hügeln und Flüssen hindurch und bezieht die jeweilige Landschaft mit ein. Die Befestigungsanlage ist durchschnittlich 12 m hoch, oben 7 m breit und besteht aus Ziegeln, die von fünf chinesischen Provinzen geliefert wurden. In jeden Ziegel war eingeprägt, von wo er stammte, zusätzlich der Name und Rang des Aufsehers, der Name des Ziegelherstellers und manchmal sogar noch das Datum. Das sollte eine gute Qualität der Ziegel sicherstellen; ein zerbrochener Ziegel musste ersetzt werden. Viele dieser Prägungen sind noch erhalten.

Es gibt noch einige der ursprünglich 13 Stadttore aus der Ming-Zeit, das **Mitteltor** (中央门; Zhongyang Men) im Norden, das **Zhonghua-Tor** (中华门; Zhonghua Men; Eintritt 20 Yuan) im Süden und das **Glockentor** (中山门; Zhongshan Men) im Osten. Die Stadttore waren stark befestigt; das Zhonghua-Tor, das an der Stelle der alten Mauer aus der Tang-Dynastie errichtet wurde, war durch seine vier Torreihen praktisch uneinnehmbar und konnte in den Gewölben im vorderen Tor eine Garnison von 3000 Soldaten aufnehmen. Beim Hindurchgehen sieht man Mulden in beiden Wänden des zweiten Tors; sie hielten ein enormes Steintor, das heruntergelassen werden konnte. Das Tor ist weit beeindruckender als alles, was in Beijing noch erhalten ist.

An mehreren Stellen kann das Mauerwerk für Besichtigungen erklettert werden. Vom Glockentor im Osten der Stadt aus lädt die Mauer zu langen Spaziergängen ein. Hier gehen viele Einheimische mit dem Hund Gassi oder machen nach dem Abendessen auf dem ausgetretenen Pfad einen Verdauungsspaziergang; es kostet hier nichts, die Mauer zu erklimmen.

Einen der besten Zugänge zum Tor bietet der hintere Teil des Tempels Jiming. Zum Jiuhuashan-Park an der Taiping Beilu gehen und den Blick über den riesigen **Xuanwu-Seepark** (玄武湖公园) genießen, vorbei an verfallenden Pagoden an den Hügelhängen.

die **Stadtmauer** (Eintritt 15 Yuan) hinaustreten. Zwischen den Steinen wachsen Grasbüschel, Richtung Osten bietet sich hier ein schöner, langer Spaziergang über die zugewachsenen Befestigungsmauern an; siehe Kasten auf S. 249. Buslinien Y1 und 304 fahren zum Tempel.

Konfuziustempel KONFUZIUSTEMPEL

(夫子庙; Fuzi Miao; Gongyuan Jie; Eintritt 30 Yuan; ⏲9–22 Uhr; Ⓜ Sanshan Jie) Der Konfuzius- oder auch Fuzi-Tempel in einer Fußgängerzone im Süden der Stadt war über einen Zeitraum von 1500 Jahren hinweg ein Zentrum konfuzianischer Studien. Heute stehen hier jedoch kürzlich restaurierte Bauten aus der späten Qing-Zeit oder völlig neu errichtete Gebäude im traditionellen Stil.

Inzwischen ist aus dem Viertel um den Konfuziustempel Nanjings Shoppingmeile geworden, eine lebhafte, überfüllte und ziemlich unattraktive Gegend. Nachts wird die ohnehin kitschige Atmosphäre noch durch eine Festbeleuchtung verstärkt. Von der Anlegestelle gegenüber dem Tempel werden tagsüber (60 Yuan) und abends (80 Yuan) 30-minütige **Bootstouren** *(youchuan)* auf dem Fluss Qinhuai (秦淮河; Qinhuai He) angeboten. Vom Xinjiekou aus gelangt man mit Bus 1 oder Y2 hierher.

Museum der kaiserlichen Examensanstalt MUSEUM

(江南贡院历史陈列馆; Jiangnan *gongyuan lishi chenlieguan*; 1 Jinling Lu; Eintritt 20 Yuan; ⏲8.30–22 Uhr) Dieses Museum befindet sich gegenüber der Konfuziustempelanlage in östlicher Richtung. Zu besichtigen ist eine neuere Rekonstruktion des Gebäudes, in dem einst Gelehrte Monate – oder sogar Jahre – in winzigen Zellen damit zubrachten, die klassische konfuzianische Lehre zur Vorbereitung auf die Beamtenprüfung zu studieren.

GRATIS **Nanjing-Museum** MUSEUM

(南京博物馆; Nanjing *bowuguan*; 321 Zhongshan Donglu; ⏲9–16.30 Uhr; Ⓜ Minggugong) Gleich westlich des Zhongshan-Tors beherbergt das erste Nationalmuseum Chinas Artefakte vom Neolithikum bis hin zur kommunistischen Zeit ... wenn es nicht gerade renoviert wird. Das Hauptgebäude entstand 1933 im Stil eines Ming-Tempels. Für die Zeit, in der an diesem Gebäude herumgebastelt wird, ist eine kleine Sammlung in das Gebäude der **Kunstgalerie** (艺术陈列馆; Yishuchenlieguan) nebenan umgezogen.

Das beschränkte Angebot umfasst eine willkürlich zusammengewürfelte Kollektion aus Porzellan, Textilien, Bronze- und Tongegenständen sowie Volkskunst. Manche der über 500 Jahre alten Porzellangegenstände sind mit auffälligen Farben versehen und wirken überraschend zeitgemäß, während eine riesige Webmaschine aus Holz manche Rätsel aufgibt. Einige Ausstellungsstücke sind in (schlechtem) Englisch beschriftet.

Xuanwu-Seepark PARK

(玄武湖公园; Xuanwuhu *gongyuan*; Eintritt 1. März–1. Mai & 1. Sept.–30. Nov. 30 Yuan, 1. Dez.–29. Feb. & 1. Juni–31. Aug. 20 Yuan; ⏲7–19 Uhr) Dieser grüne, 530 ha große Park an der Stadtmauer aus der Ming-Dynastie umfasst fünf kleine Inseln, die über den See verteilt und miteinander verbunden sind. Auf den Inseln gibt's Bonsaigärten, Kampfer- und Kirschbäume, Tempel und Bambuswälder. Der Gesamtumfang des Sees beläuft sich auf 9,5 km – für all jene, die einen langen Spaziergang unternehmen wollen. Wer lieber faul sein will, sollte eine gemächliche Bootsfahrt (70 Yuan/Std.) um den See machen. Bevor es losgeht, sollte man allerdings überprüfen, ob die Lenkung richtig funktioniert.

Historisches Museum des Himmlischen Taiping-Königreichs MUSEUM

(太平天国历史博物馆; Taiping Tianguo *lishi bowuguan*; 128 Zhonghua Lu; Eintritt 30 Yuan; ⏲8–17 Uhr; Ⓜ Sanshan Jie) Hong Xiuquan, der Anführer der Taiping, ließ in Nanjing einen Palast bauen, der bei der Einnahme Nanjings im Jahr 1864 jedoch vollkommen zerstört wurde.

Das Museum (kein Schild auf Englisch) war ursprünglich eine Gartenanlage aus der Ming-Zeit. Dort wohnten einige Taipingbeamte bis zu ihrem Sturz. Zu den Exponaten zählen Karten, die das Vorrücken der Taiping-Armee von Guangdong aus zeigen, außerdem Siegel von Hong Xiuquan, Münzen und Waffen aus der Zeit des Taiping-Aufstands und Texte, welche die Gesetze der Taiping zur Bodenreform, zur Sozialgesetzgebung und zur Kulturpolitik beschreiben.

Die Buslinie Y2 fährt von den Ruinen des Ming-Palastes oder von der Taiping Nanlu zum Museum.

Jangtse-Brücke BRÜCKE
(南京长江大桥; Nanjing Changjiang Daqiao) Die am 23. Dezember 1968 eröffnete Jangtse-Brücke zählt zu den längsten Brücken Chinas. Das doppelstöckige Bauwerk verfügt über eine 4,5 km lange Straße auf der oberen Etage und eine Bahnstrecke auf der unteren Ebene. Wunderbare Skulpturen im Stil des sozialistischen Realismus schmücken die Zufahrten zur Brücke. Wer mit dem Zug von Norden her kommt, hat gute Chancen, die Brücke zu überqueren. Die einfachste Möglichkeit, auf die Brücke zu gelangen, bietet wahrscheinlich der Zugang über den **Brückenpark** (Daqiao Gongyuan; Erw./Kind 12/10 Yuan; ⏲7.30–18.30 Uhr). Mit der Buslinie 67 von der Jiangsu Lu, die nordwestlich vom Trommelturm (鼓楼; Gulou) verkehrt, bis zur Endhaltestelle fahren, die sich gegenüber dem Park befindet.

Feste & Events

Internationales Pflaumenblütenfest von Nanjing PFLAUMENBLÜTE
Das Pflaumenblütenfest wird alljährlich vom letzten Samstag im Februar bis Anfang März auf dem Zijin Shan in der Nähe des Ming-Xiaoling-Mausoleums veranstaltet. Zu dieser Zeit schmückt sich der Berg über und über mit einer rosa-weißen Blütenpracht.

Schlafen

Die meisten Unterkünfte in Nanjing liegen im mittleren bis oberen Preissegment. Alle Zimmer verfügen über Breitband-Internetzugang, und in fast allen Hotels können Flug- und Bahntickets gebucht werden.

Orange Hotel HOTEL €€
(桔子酒店; Juzi Jiudian; ☎8696 8090; www.orangehotel.com.cn; 26 Dashiba Jie; 大石坝街 26 号; Zi. 298–328 Yuan; ❄@) Das schön am Fluss gelegene Hotel gehört zu einer zuverlässigen Kette und ist ein echter Glückstreffer. Die ultramodernen Zimmer mit bequemen Betten und guter Beleuchtung bieten sämtliches Zubehör, den Computer, PDA und Handy je brauchen könnten. Es lohnt sich, etwas mehr für die Zimmer mit Balkon zum Fluss zu bezahlen. Weitere Vorzüge sind kostenloses Obst und die kostenlose Benutzung der hoteleigenen Fahrräder.

Nanjing Time International Youth Hostel JUGENDHERBERGE €
(南京时光国际青年旅舍; Nanjing Shiguang Guoji Qingnian Lüshe; ☎8556 9053; www.yhachina.com/ls.php?id=271; 6–5 Yongyuan, Meiyuan Xincun; 梅园新村雍园 6–5 号; B 60 Yuan, Zi. 180–260 Yuan; ❄@) Das Time ist von der Atmosphäre her die beste Jugendherberge der Stadt. Sie befindet sich in einer Villa aus republikanischer Zeit und ist nicht weit vom Präsidentenpalast entfernt. Die gesunde Umgebung garantiert einen guten Nachtschlaf. Die Schlafsäle sind makellos, die Zimmer haben einen schlichten Charme. Es gibt viele Gemeinschaftsbereiche, darunter auch eine erholsame Dachterrasse. Das Hostel liegt im Viertel Meiyuan Xincun, versteckt in einer kleinen, verwinkelten Gasse. Um hinzufinden, einfach den Stadtplan auf der Website des Hostels herunterladen.

Nanjing Zhongfang Service Apartment APARTMENT €€
(南京中房酒店公寓; Nanjing Zhongfang Jiudian Gongyu; ☎6867 8188; www.njmyhome.com; 88 Wangfu Dajie; 王府大街 88 号; Zi. 328–368 Yuan; ❄@) Sämtliche Zimmer in diesem zentral gelegenen Apartmentblock sind mit Kochgelegenheit, Kühlschrank und Waschmaschine/Trockner ausgestattet. Sie sind makellos sauber und äußerst komfortabel. Eingang über 118 Moling Lu (秣陵路 118 号), dann rechts halten und zum letzten Gebäude gehen Die Rezeption ist im 3. Stock.

Travelers' Soul Inn Nanjing JUGENDHERBERGE €
(南京心之旅国际青年旅舍; Nanjing Xinzhilu Guoji Qingnian Lüshe; ☎8329 2888; www.nanjinginn.com; Gbd. B7/B5, 1865 Creativity Industrial Park; 1865 创意园区 B7 幢; B im 4-/6-B-Schlafsaal 55/45 Yuan, DZ 180–668 Yuan; ❄@) Diese brandneue Location ist Hostel und Hotel in einem und bietet Zimmer für jedes Budget. Die Schlafsäle und einfacheren (günstigeren) Zimmer befinden sich im Erdgeschoss. Hier ist alles schlicht und sauber. Die darüber liegenden Zimmer sind nach Themen dekoriert, die von kitschig bis skurril reichen. Das Hostel befindet sich ein wenig außerhalb (vor der südlichen Stadtmauer). Von der U-Bahnstation Zhonghuamen über die Yingtian Dajie 1 km in Richtung Osten gehen.

Sheraton Nanjing Kingsley HOTEL €€€
(南京金丝利喜来登酒店; Nanjing Jinsili Xilaideng Jiudian; ☎8666 8888, 800 810 3088; www.sheraton.com/nanjing; 169 Hanzhong Lu; 汉中路 169 号; DZ 1580–2080 Yuan) Das zentral gelegene Sheraton-Hotel ist eine zuverlässige

Adresse für Geschäftsreisende. Zum Hotel gehören vier Restaurants, zwei Bars, ein Indoor-Pool und ein Tennisplatz. Rabatte von fast 50% sind erhältlich.

Essen

Die beiden wichtigsten Schlemmermeilen in Nanjing liegen um den Konfuziustempel und in Shiziqiao (狮子桥) hinter der Hunan Lu. Beides sind quirlige Fußgängerzonen, in denen es nachts so richtig lebendig wird, wenn sich viele Menschen um die Garküchen und in den kleinen Restaurants tummeln. Auf der Shanghai Lu gibt's eine Reihe von Restaurants, die bei Studenten sehr beliebt sind. In der Nähe des Präsidentenpalastes steht das **Nanjing 1912** (Ecke Taiping Beilu & Changjiang Lu), ein Komplex aus glänzenden, neonbeleuchteten Bars, Kaffeehäusern und gehobeneren Restaurantketten.

Maxiangxing HALAL, JIANGSU-KÜCHE **€€**
(马祥兴; 32 Yunnan Beilu; Hauptgerichte 12–158 Yuan; Erdgeschoss 6.30–19 Uhr, 1. OG 6.30–21 Uhr) Im Erdgeschoss dieser 172 Jahre alten Institution ist eine Kantine, in der jede Mahlzeit Rindfleisch enthält. Unbedingt die herzhaften *niurou mian* (牛肉面; Rindfleischnudeln) probieren oder die knusprigen *niurou guotie* (牛肉锅贴; „Topfkleber" mit Rindfleischfüllung). Zum Abendessen geht's dann in das teurere Restaurant im OG, dort gibt es liebevoll zubereitete *Hui*-Gerichte mit einem Hauch von Jiangsu. Angeboten werden hier unter anderem *meiren gan* (美人肝; Entenleber mit Steckrüben und Sellerie) und *dan shaomai* (蛋烧卖; Eierknödel mit Shrimpsfüllung). Es gibt Speisekarten mit Bildern.

Sichuan Jiujia SICHUAN-, JIANGSU-KÜCHE **€**
(四川酒家; 171 Taiping Nanlu; Gerichte ab 15 Yuan; 10.30–22.30 Uhr) Wer sich unter die Einheimischen mischen möchte, ist in dem günstigen Restaurantbereich im Erdgeschoss genau richtig. Hier gibt's einheimische Gerichte: *Yanshui ya* (盐水鸭; gestopfte Nanjing-Ente), *dandanmian* (担担面; pikante Nudeln; 3,50 Yuan), *cha shao* (叉烧; Schweinefleischscheiben), *jianjiao* (煎饺; gebratene Teigtaschen) und *Suancaiyu* (酸菜鱼; Fisch-und-Kohl-Suppe). Andere sichuanesische Gerichte werden im schickeren und viel teureren ersten Stock serviert. Es gibt kein englisches Schild, deshalb nach dem hellroten Gebäude und dem Schild mit den tanzenden Chilis Ausschau halten.

Cosima Restaurant PIZZA, TAPAS **€€**
(120 Shanghai Lu; Pizza 48–80 Yuan, Tapas 12–48 Yuan; 10 Uhr bis spät abends) Dieser winzige spanische Laden lässt einen vergessen, dass man in China ist. Die authentischen Tapas lassen sich am besten mit Sangria runterspülen. Pizza gibt's auch. Allerdings gibt es nur drei Tische, und Reservierungen sind nicht möglich.

A Simple Diet JIANGSU-KÜCHE **€€**
(粗茶淡饭; Cucha Danfan; 32 Shiziqiao; Hauptgerichte 8–20 Yuan; 11–21 Uhr) In diesem betriebsamen Restaurant gibt es hervorragende *xiaolong tangbao* (小笼汤包; Suppenklöße). Auf der Suche nach einem günstigen Happen zu essen, ist dieses Lokal mit Abstand die beste Adresse im Shiziqiao-Streifen.

Yonghe Yuan JIANGSU-, SHANGHAI-KÜCHE **€**
(永和园; 122 Gongyuan Jie; Hauptgerichte 15 Yuan; 8.30–21 Uhr) Nicht weit von dem malerischen Bogen etwa in der Mitte der Gongyuan Jie entfernt steht dieser altgediente Food Court. Die Dekoration ist spärlich, aber das hält die Massen nicht davon ab, sich hier einzufinden. Es gibt ein großes Angebot an köstlichen Snacks von *paigu mian* (排骨面; Spare Ribs und Nudeln) und *xianrou huntun* (鲜肉馄饨; Teigtaschen mit Fleisch) bis hin zu *wuxiang dan* (五香蛋; Eier mit fünf Gewürzen), *xiaolong*-Teigtaschen und dem einheimischen Leibgericht *yaxie fensi tang*. Tablett schnappen, Gerichte bestellen und an der Kasse bezahlen.

Sculpting in Time WESTLICH, CAFÉ **€€**
(雕刻时光; Diaoke Shuguang; 32 Dashiba Jie; Hauptgerichte 50 Yuan; 9–23 Uhr) Diese einladende, relaxte Filiale der hervorragenden taiwanesischen Café-Kette hat eine Außenterrasse mit Blick auf den Fluss. Hier essen und trinken coole, aber unprätentiöse Gäste am liebsten. Für alle, denen nachmittags der Sinn nach gutem Kuchen und Backwaren steht.

Ausgehen

Nanjings Bar- und Clubszene ist nicht so pulsierend wie die von Shanghai. Bars und Clubs finden sich im **Nanjing 1912** (Ecke Taipei Beilu & Changjiang Lu).

Behind the Wall BAR
(答案; Da'an; 150 Shanghai Lu; Bier 30 Yuan) Sehr entspannt und bequem, mit Sitzgelegenheiten im Freien, geselliger Atmosphäre und Bier vom Fass. An den meisten

Abenden tritt ein talentiertes Gitarrenduo auf. Die Bar ist zugleich ein mexikanisches Restaurant. Es liegt im wahrsten Sinne des Wortes „hinter der Mauer".

Finnegans Wake BAR
(芬尼根酒吧; Fennigen Jiuba; ☎5220 7362; 400 Zhongshan Nanlu; Guinness vom Fass 70 Yuan; ⏲Mo–Fr 17 Uhr bis spätnachts, Sa & So 10.30 Uhr bis spätnachts) Nach ihrem Umzug in eine Seitengasse der Zhongshan Nanlu liegt diese Bar nun in einem erneuerten historischen Viertel und ist noch teuerer als vorher. Es gibt Guinness vom Fass und einen irischen Barkeeper, der auch gerne mal lauthals singt. Einfach anrufen, wenn man die Bar nicht finden kann. Besser nicht den Chiliwodka probieren, es sei denn, man möchte die ganze Nacht gekrümmt am Boden liegen.

Florentina BAR
(Ecke Nanyingyangying Xiang & Shanghai Lu; Bier ab 20 Yuan) Die Studentenkneipe in einer Seitengasse der Shanghai Lu bietet über 40 belgische und amerikanische Biersorten, Wasserpfeifen und ein junges, redseliges Publikum. Wer hungrig ist, kann sich gerne von den Esslokalen nebenan etwas bestellen.

☆ Unterhaltung

Lanyuan-Theater CHINESISCHE OPER
(兰苑剧场; Lanyuan Juchang; ☎8446 9284; 4 Chaotiangong) Jeden Samstagabend gibt es hier *kunqu*-Aufführungen, eine noch erhaltene Form der Chinesischen Oper, die ursprünglich aus Jiangsu stammt. Mit englischer Untertitelung. Tickets 80 Yuan.

Shoppen

Der Bereich um den **Konfuziustempel** ist Fußgängerzone, hier werden Souvenirs, Kleidung, Schuhe, Antiquitäten und sogar Tiere verkauft.

Librairie Avant-Garde BUCHLADEN
(先锋书店; Xianfeng Shudian; 173 Guangzhou Lu; ⏲10–21.30 Uhr; ⓂShanghai Lu) Der riesige Indie-Buchladen in einem ausgedienten Luftschutzbunker verkauft keine fremdsprachigen Bücher, aber die Atmosphäre und die Ausstattung sind einen Besuch unbedingt wert. Wer es gesehen hat, weiß, was damit gemeint ist. Studenten und Literaten schätzen die ansehnliche Sammlung gesellschafts- und geisteswissenschaftlicher Werke in diesem kulturellen Meilenstein Nanjings gleichermaßen. Eine erlesene Auswahl an Postkarten und handgearbeiteten Accessoires lockt Kauflustige an. Außerdem gibt es hier ein hübsches Cafe und einige bequeme Sitzecken. Von der U-Bahnstation Shanghai Lu ist der Buchladen zu Fuß in etwa 15 Min. zu erreichen.

Fremdsprachige Bücher BUCHLADEN
(外文书店; Waiwen Shudian; 218 Zhongshan Donglu; ⏲9–19 Uhr) Hier gibt es englische Landkarten und teure importierte englische Bestseller.

Popular Book Mall BUCHLADEN
(大众书局; Dazhong Shuju; Xinjiekou; ⏲9–21 Uhr) Hat im dritten Stock eine Auswahl an englischen Romanen.

ℹ Praktische Informationen

Büro für öffentliche Sicherheit

PSB (公安局; Gong'anju) In einem Sträßchen, Sanyuan Xiang, am Ende eines Gewirrs kleiner Gassen westlich der Zhongshan Nanlu.

Geld

Einen Geldautomaten, der internationale Karten annimmt, gibt's im Sheraton Nanjing Kingsley. Die meisten Bankautomaten laufen rund um die Uhr und nehmen internationale Karten an. Die unten aufgeführten Banken wechseln die wichtigsten Währungen und Reiseschecks.

Bank of China (中国银行; Zhongguo Yinhang; 29 Hongwu Lu; ⏲Mo–Fr 8–17, Sa bis 12.30 Uhr)

Bank of China (中国银行; Zhongguo Yinhang; 148 Zhonghua Lu; ⏲Mo–Fr 8–17, Sa bis 12.30 Uhr)

Infos im Internet

Nanjing Expats (www.nanjingexpat.com) Aktives Forum, Veranstaltungen und Verzeichnisse rund um Nanjing. Gibt auch ein Magazin heraus, das überall in der Stadt vertrieben wird.

Internetzugang

Jinsuo Internet Cafe (金锁网洛; Jinsuo *wangluo*; 85 Shanghai Lu; pro Std. 3 Yuan; ⏲24 Std.)

Medien für Expats

Map (www.mapmagazine.com.cn) Expat-Magazin.

Nanjing Expats (www.nanjingexpat.com) Noch ein Expat-Magazin mit Infos; erhältlich in Restaurants und Bars.

Medizinische Versorgung

Jiangsu People's Hospital (江苏省人民医院; Jiangsu Sheng Renmin Yiyuan; ☎8371 8836; 300 Guangzhou Lu; ⏲8–12 & 14–17.30 Uhr)

Hier gibt's eine Klinik für Ausländer mit englischsprachigen Ärzten.

Nanjing International SOS Clinic (南京国际SOS紧急救援诊所; Nanjing Guoji SOS Jinji Jiuyuan Zhensuo; ☎8480 2842, rund um die Uhr Notdienst 010 6462 9100) Im Erdgeschoss des Grand Metropark Hotel. Das diensthabende Personal spricht Englisch.

Post

Post (中国邮政; Zhongguo Youzheng; 2 Zhongshan Nanlu; ⏰8–18.30 Uhr) Postdienst und internationale Telefongespräche.

Reisebüros

Die meisten Hotels haben ein Reisebüro und buchen gegen eine kleine Gebühr Tickets. Sie organisieren auch Stadtrundfahrten und Ausflüge zu Sehenswürdigkeiten in der näheren Umgebung.

China International Travel Service (CITS; 中国国际旅行社; Zhongguo Guoji Lüxingshe; ☎8342 1125; 202 Zhongshan Beilu; ⏰9–16 Uhr) Im Reisebüro gegenüber dem Nanjing Hotel können Ausflüge sowie Flug- und Bahntickets gebucht werden.

An- & Weiterreise

Bus

Nanjing verfügt über zahlreiche Fernbusbahnhöfe, der größte davon heißt **Nanjing Changtu Qichezhan** (南京门长途汽车站; Nanjing *changtu qichezhan*; ☎8533 1288) bzw. Zhongyangmen; er liegt südwestlich der großen Kreuzung mit der Zhongyang Lu. Von hier fahren regelmäßig Busse nach:

Hefei 50 Yuan, 2½ Std.

Shanghai 88 Yuan, 4 Std.

Suzhou 64 Yuan, 2½ Std.

Wuxi 52 Yuan, 2 Std.

Busse vom **Busbahnhof Ost** (长途汽车东站; *changtu qiche dongzhan*):

Hangzhou 125 Yuan, 4 Std.

Huangshan 120 Yuan, 4 Std.

Yangzhou 37 Yuan, 1½ Std.

Zhenjiang 24 Yuan, 1½ Std.

Vom Bahnhof aus fährt die Buslinie 13 Richtung Norden zum Fernbusbahnhof Zhongyangmen und die Buslinie 2 von Xinjiekou zum Busbahnhof Ost. Die Kosten für ein Taxi von der Stadt zu den beiden Fernbusbahnhöfen belaufen sich auf etwa 20 bis 25 Yuan.

Flugzeug

Von Nanjing gibt es regelmäßige Flüge in alle wichtigen chinesischen Städte. Das Hauptbüro der **Civil Aviation Administration of China** (CAAC; 中国民航; Zhongguo Minhang; ☎8449 9378; 50 Ruijin Lu) befindet sich in der Nähe der Endstation der Buslinie 37, aber auch die meisten Spitzenklassehotels verkaufen Tickets.

Dragonair (港龙航空; Ganglong Hangkong; ☎8471 0181; Zimmer 751–53, World Trade Centre, 2 Hanzhong Lu) verkehrt täglich nach Hong Kong.

Zug

Der **Bahnhof Nanjing** (☎8582 2222) ist eine wichtige Zwischenstation an der Bahnlinie Beijing–Shanghai. Östlich von Nanjing hat die Strecke Richtung Shanghai Anschluss nach Zhenjiang, Wuxi and Suzhou. Die meisten G-Hochgeschwindigkeitszüge enden am neuen **Südbahnhof von Nanjing** (南京南站; Nanjing *nanzhan*); beim Ticketkauf darauf achten!

Zwischen Nanjing und Shanghai (135 Yuan, ½ Std.) verkehren regelmäßig die schnellen G-Züge, die auch in Suzhou (100 Yuan, 50 Min.) halten. G-Züge nach Beijing (274 Yuan, 5 Std.) fahren fast alle 20 Min. am Südbahnhof von Nanjing ab; auch nach Hangzhou (211 Yuan, 2½ Std.) fahren von diesem Bahnhof aus 15 G-Züge. Vom Bahnhof Nanjing gibt es regelmäßige Verbindungen nach Huangshan-Stadt in der Provinz Anhui (54–159 Yuan, 7 Std.).

Ein langsamer Zug bedient die Strecke über Shanghai nach Guangzhou (208–658 Yuan, 28 Std., 2-mal tgl.).

Fahrkarten kauft man am besten im Hotel oder im **Zugfahrkartenbüro** (火车票售票处; *huochepiao shoupiaochu*; 2 Zhongshan Nanlu; ⏰8.30–17 Uhr) im 2. Stock des Postgebäudes oder im **Zugfahrkartenbüro** (35 Taiping Beilu) auf der Taiping Beilu.

Unterwegs vor Ort

Vom/zum Flughafen

Nanjings Flughafen Lukou liegt etwa eine Stunde südlich der Stadt. Zwischen 6 und 21 Uhr fährt vom Platz östlich des Bahnhofs von Nanjing alle 30 Minuten ein Bus (25 Yuan). Die meisten Hotels bieten einen Shuttlebusservice zwischen Hotel und Flughafen an. Ein Taxi kostet etwa 130 Yuan.

Öffentliche Verkehrsmittel

Das Stadtzentrum von Nanjing verfügt über ein leistungsfähiges **U-Bahnnetz**. Linie 1 verläuft von Norden nach Süden und verbindet die beiden Bahnhöfe. Linie 2 fährt von Jingtianlu im Osten nach Youfangqio im Westen; dadurch sind einige Sehenswürdigkeiten leichter erreichbar. Sechs weitere Linien werden gerade gebaut, sie sollen 2015 in Betrieb gehen. Tickets kosten zwischen 2 und 4 Yuan.

Nach Xinjiekou im Herzen der Stadt kommt man mit der Buslinie 13 vom Bahnhof oder vom Mitteltor. Zu vielen Sehenswürdigkeiten fahren auch Touristenbusse:

Bus Y1 Fährt vom Bahnhof und vom Fernbusbahnhof durch die Stadt zum Sun-Yatsen-Mausoleum.

Bus Y2 Beginnend im Süden am Märtyrerbahnhof (烈士墓地; Lieshi Mudi) führt die Fahrt am Konfuziustempel vorbei und endet auf halber Höhe des Zijin Shan.

Bus Y3 Fährt auf dem Weg zum Ming-Xiaoling-Mausoleum und zum Tempel Linggu am Bahnhof vorbei.

In vielen Stadtplänen sind die Buslinien eingezeichnet. Die Fahrkarten für Linienbusse kosten pro Fahrt 1 Yuan, in speziellen Touristenbussen 2 Yuan.

Taxi

Die Gebühren für ein Taxi beginnen bei 9 Yuan, danach weitere 2,40 Yuan pro 3 km. Fahrten zu den meisten Zielen innerhalb der Stadt kosten 10 bis 14 Yuan. Überall in der Stadt lassen sich Taxis gut anhalten.

Rund um Nanjing

Der auf dem gleichnamigen Berg liegende **Tempel Qixia** (栖霞寺; Qixia Si; Eintritt 20 Yuan; ⌚7–17.30 Uhr) 22 km nordöstlich von Nanjing wurde während der Südlichen Qi-Dynastie von dem buddhistischen Mönch Ming Sengshao gegründet und ist heute noch eine aktive Kultstätte. Lange Zeit zählte er zu Chinas wichtigsten Klöstern und gehört auch heute noch zu den größten buddhistischen Priesterseminaren des Landes. Überreste wurden entdeckt, mutmaßlich Teile des Schädels von Gautama Buddha, die hier bestattet wurden. Es gibt zwei Haupttempelhallen: die Maitreya-Halle mit einer Statue des Maitreya-Buddhas, der im Schneidersitz am Eingang thront, und die Vairocana-Halle mit der 5 m hohen Statue des Vairocana-Buddhas.

Hinter dem Tempel Qixia befindet sich der **Tausend-Buddha-Felsen** (Qianfo Ya). In den Hang sind mehrere Grotten geschlagen, in denen Steinstatuen stehen, deren älteste aus der Qi-Dynastie (479–502) stammt. Dort steht auch eine kleine Steinpagode, die **Sheli-Pagode** (舍利; Sheli Ta) aus dem Jahr 601, die in der späten Tang-Zeit erneuert wurde. Im oberen Teil sind eingeritzte Sutren und geschnitzte Buddhas zu sehen, die Abbildungen im unteren Teil auf allen acht Seiten der Pagode stellen Sakyamuni dar.

Der Tempel ist landschaftlich schön gelegen, und wer weiter in Richtung Norden geht, kann hinter dem Tempel noch viel schöne Landschaft entdecken. Der steile Pfad schlängelt sich vorbei an einer Reihe von Pavillons und Felsen. Die Landschaft ist wirklich ausgesprochen hübsch – also etwas zum Essen mitnehmen und den Rest des Tages hier verbringen.

Der Tempel ist von Nanjing aus mit dem Linienbus (南上, Nan Shang, 2,50 Yuan, 1 Std.) zu erreichen, der von einer Haltestelle neben dem Bahnhof abfährt. Wer aussteigt, wird von Motorradtaxifahrern angesprochen, die anbieten, einen für 10 Yuan auf Schleichwegen zum Tempel zu bringen. Achtung, die Wanderung ist anstrengend, sie führt einen großen Hügel hinauf und wieder hinunter zum Tempel.

Suzhou 苏州

☎0512 / 1,3 MIO. EW.

Historisch betrachtet stand Suzhou für Hochkultur und Eleganz, und Generationen von Künstlern, Gelehrten, Schriftstellern und Mitgliedern der chinesischen High Society wurden von seinen erlesenen Kunstformen und der zarten Schönheit seiner Gärten angezogen. Die kommunistische Herrschaft hat einige höchst unattraktive Städte hervorgebracht und viele andere verunstaltet, und wie alle modernen chinesischen Städte musste auch Suzhou damit fertig werden, dass sein Erbe zerstört und durch weitgehend willkürlich hingeworfene Klötze moderner Architektur ersetzt wurde.

Trotz allem hat die Stadt noch haufenweise Charme, um eine zwei- bis dreitägige Besichtigung zu rechtfertigen. Suzhou ist eine der wenigen (relativ) fahrradfreundlichen Städte Chinas. Und die Gärten, Suzhous Hauptattraktion, bestehen aus einer symphonischen Komposition aus Felsen, Wasser, Bäumen und Pavillons, die das Bewusstsein der Chinesen für Gleichgewicht und Harmonie widerspiegeln. Es ist leicht, ein paar angenehme Tage damit zu verbringen, durch die Gärten zu spazieren, ein paar hervorragende Museen zu besichtigen und ein paar von Suzhous noch erhaltenen Kanalansichten, Pagoden und Bogenbrücken anzuschauen.

Geschichte

Suzhou ist mit etwa 2500 Jahren eine der ältesten Städte im Jangtse-Becken. Nach der Vollendung des Großen Kanals während der Sui-Dynastie erlebte Suzhou eine

Suzhou

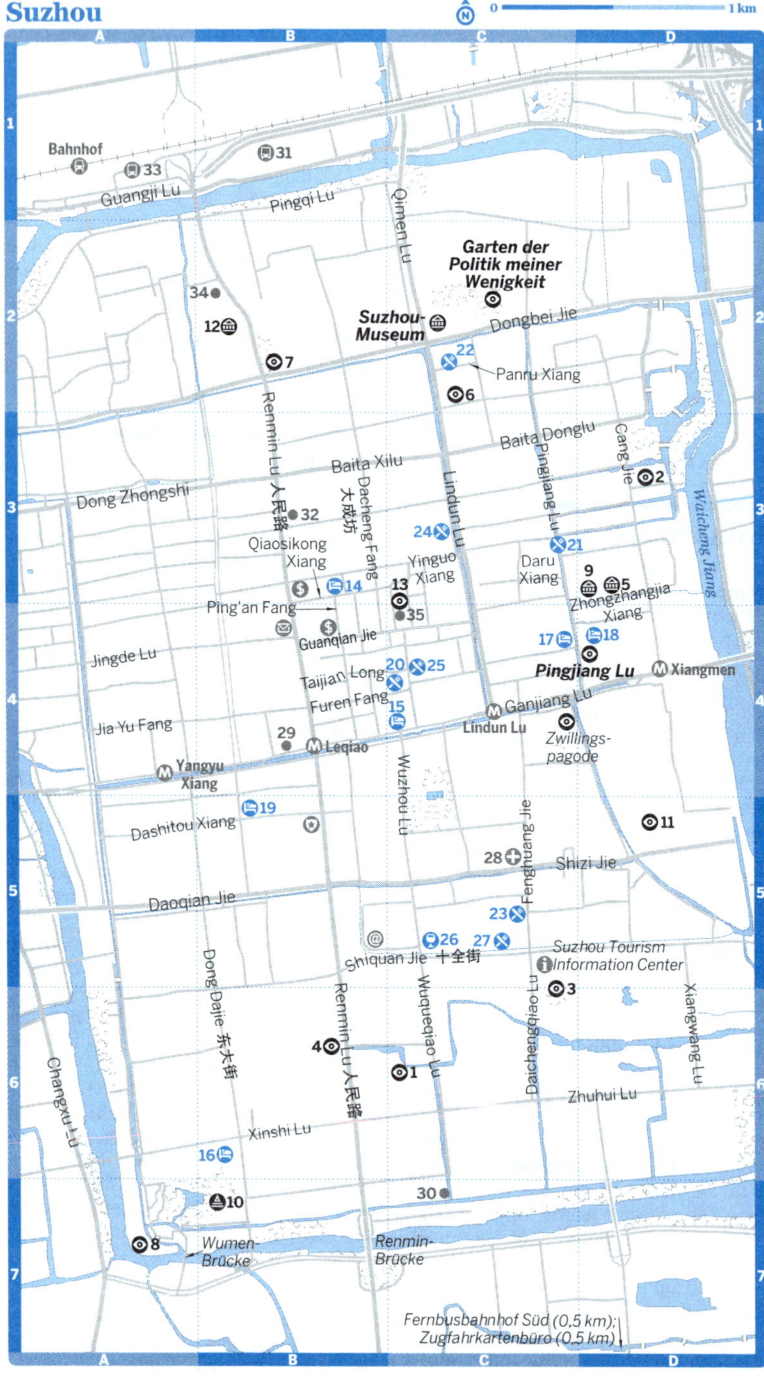
Bahnhof
33
31
Guangji Lu
Pingqi Lu
Qimen Lu
Garten der Politik meiner Wenigkeit
Suzhou-Museum
Dongbei Jie
34
12
7
22
Panru Xiang
6
Renmin Lu 人民路
Baita Donglu
Cang Jie
2
Baita Xilu
Dacheng Fang 大成坊
Lindun Lu
Pingjiang Lu
Dong Zhongshi
32
Waicheng Jiang
Qiaosikong Xiang
24
21
Yinguo Xiang
Daru Xiang
9
5
Zhongzhangjia Xiang
14
13
Ping'an Fang
35
Guanqian Jie
17
18
Jingde Lu
Taijian Long
20
25
Pingjiang Lu
Xiangmen
Furen Fang
15
Ganjiang Lu
Lindun Lu
Jia Yu Fang
29
Leqiao
Zwillings-pagode
Yangyu Xiang
Wuzhou Lu
19
Dashitou Xiang
11
Fenghuang Jie
28
Shizi Jie
Daoqian Jie
23
26
27
Shiquan Jie 十全街
Suzhou Tourism Information Center
3
Dong Dajie 东大街
Renmin Lu 人民路
Wuqueqiao Lu
Daichengqiao Lu
Xiangwang Lu
4
1
Changxu Lu
Zhuhui Lu
Xinshi Lu
16
30
10
8
Wumen-Brücke
Renmin-Brücke
Fernbusbahnhof Süd (0,5 km); Zugfahrkartenbüro (0,5 km)
0
1 km

Suzhou

Highlights
- Garten der Politik meiner Wenigkeit ... C2
- Pingjiang Lu ... D4
- Suzhou-Museum ... C2

Sehenswertes
1. Garten Changlang Tin ... C6
2. Garten des Ehepaars ... D3
3. Garten des Meisters der Netze ... C6
4. Konfuziustempel ... B6
5. Kunqu Opernmuseum ... D3
6. Löwenhain-Garten ... C2
7. Nordtempel-Pagode ... B2
8. Pan-Tor ... A7
9. *pingtan*-Museum ... D3
10. Ruiguang-Pagode ... B7
11. Soochow-Universität ... D5
12. Suzhou-Seidenmuseum ... B2
13. Tempel des Mysteriums ... C3

Schlafen
14. Hotel Soul ... B3
15. Marco Polo Suzhou ... C4
16. Pan Pacific Suzhou ... B6
17. Pingjiang Lodge ... C4
18. Suzhou Mingtown Youth Hostel ... D4
19. Suzhou Watertown Youth Hostel ... B5

Essen
20. Deyue Lou ... C4
21. Pingvon ... C3
22. Wumen Ranjia ... C2
23. Xishengyuan ... C5
24. Yaba Shengjian ... C3
25. Zhuhongxing Mianguan ... C4

Ausgehen
26. Bookworm ... C5

Unterhaltung
- Garten des Meisters der Netze ... (siehe 4)
- Kunqu-Opernmuseum ... (siehe 5)
- *pingtan*-Museum ... (siehe 9)
27. *pingtan*-Teehaus ... C5

Praktisches
28. Hospital Nr. 1 ... C5

Transport
29. China Eastern Airlines ... B4
30. Fahrkartenverkauf für Fahrten auf dem Großen Kanal ... C7
31. Fernbusbahnhof Nord ... B1
32. Lianhe Ticket Centre ... B3
33. Lokale Busse ... A1
34. Yangyang Bike Rental Shop ... B2
35. Zugfahrkartenbüro (Guanqian Jie) C4

Blütezeit als Zentrum der Schifffahrt und des Getreidehandels. Die Stadt war voll von Kaufleuten und Handwerkern.

Im 14. Jh. hatte sich Suzhou zu Chinas führender Stadt in der Seidenherstellung gemausert. Adlige, Vergnügungshungrige, berühmte Gelehrte, Schauspieler und Maler wurden von der Stadt angezogen und legten sich dort Villen und Gärten an, in die sie sich zurückziehen konnten.

Das positive Image der Stadt als „Gartenstadt" oder „Venedig des Ostens" entstand durch eine mittelalterliche Mixtur aus Holzschnittzünften und Stickereigesellschaften, weiß getünchten Gebäuden, gepflasterten Straßen, Alleen und Kanälen. Die einheimischen Frauen galten als die schönsten Chinas, was weitgehend ihrem wohlklingenden einheimischen Akzent geschuldet war; und die Stadt war die Heimat einer Vielzahl reicher Kaufleute und belesener Gelehrter ... die ohne Zweifel von den schönen Frauen angelockt worden waren.

Im Jahr 1860 konnten die Taiping-Truppen die Stadt widerstandslos einnehmen, und 1896 wurde Suzhou für den Außenhandel geöffnet, es gab japanische und weitere internationale Konzessionen. Nach 1949 verschwanden weite Teile der historischen Altstadt, darunter auch die Stadtmauer (ja, ganz richtig, der Fortschritt und die Kulturrevolution waren daran schuld).

Sehenswertes & Aktivitäten

Die angegebenen Preise für die Hochsaison gelten von März bis Anfang Mai und von September bis Oktober. Eintrittskarten für Gärten und Museen erhält man bis 30 Minuten vor Torschluss; die beste Besuchszeit ist früh am Morgen, wenn es noch nicht so überfüllt ist.

GRATIS **Suzhou-Museum** MUSEUM

(苏州博物馆; Suzhou *bowuguan*; 204 Dongbei Jie; Audioguide 30 Yuan; ⌚9–17 Uhr) Das von I. M. Pei entworfene Museum – ein architektonischer Triumph für Suzhou – ist durch seine kreative Kombination aus Wasser, Bambus und geraden Linien eine inspirierende Interpretation der Gärten von Suzhou. Im Inneren ist eine faszinierende Auswahl an Jade, Keramik, Holzschnitzereien, Textilien und anderen Ausstellungsstücken zu sehen, alle mit guten englischen Beschriftungen. Sehenswert ist die Buchsholzstatue von Avalokiteshvara (Guanyin) aus der republikanischen Periode. Am Eingang gelten strenge Regeln: Wer Flipflops anhat, wird weggeschickt.

Garten des Meisters der Netze GÄRTEN

(网师园; Wangshi Yuan; Haupt-/Nebensaison 30/20 Yuan; ⌚7.30–17 Uhr) In unmittelbarer Nähe der Shiquan Jie gelegen gilt dieser Westentaschengarten als der besterhaltene der Stadt. Er wurde im 12. Jh. angelegt, verwahrloste später und wurde im 18. Jh. als Teil des Zuhauses eines pensionierten Beamten restauriert, der sich auf seine alten Tage als Fischer betätigte (daher der Name des Gartens). In der Mitte des Grundstücks befindet sich der Hauptgarten. Der westliche Teil ist ein Innengarten, in einem Hof befindet sich das Arbeitszimmer des Meisters.

Das Eindrucksvollste an diesem Garten ist, was aus dem begrenzten Raum gemacht wurde: Das Labyrinth der Höfe mit Fenstern, die andere Teile des Gartens umrahmen, ist derart geschickt angelegt, dass die Illusion einer weit größeren Fläche entsteht. Wissenswerte Nebensächlichkeiten: Das **Pfingstrosenstudierzimmer** diente dem Astor Court und dem Ming-Garten im Museum of Modern Art in New York als Vorbild.

Zum Eingangstor führen zwei Wege mit englischer Beschilderung und Souvenirständen, die den Weg weisen: Hinein geht's über die Gasse von der Shiquan Jie aus oder über die Kuojiatou Xiang (阔家头巷), einer Gasse, die von der Daichengqiao Lu abzweigt.

Garten der Politik meiner Wenigkeit GÄRTEN

(拙政园; Zhuozheng Yuan; 178 Dongbei Jie; Hoch-/Nebensaison 70/50 Yuan, Audioguide kostenlos; ⌚7.30–17.30 Uhr) Der im Jahr 1509 angelegte, 5,2 ha große Garten ist von Wasser geprägt und umfasst ein Museum, ein Teehaus und mindestens zehn Pavillons, etwa den Pavillon „des Lauschens auf das Geräusch des Regens" und den Pavillon „des In-die-Ferne-schauens" – nicht unbedingt bescheiden, das wissen wir. Er ist der größte aller Gärten in Suzhou, und viele halten ihn auch für den eindrucksvollsten. Mit den im Zickzack angelegten Brücken, den Pavillons, Bambushainen und duftenden Lotosteichen wäre er eigentlich die ideale Umgebung für einen geruhsamen Spaziergang ... wenn man sich nur nicht dauernd durch nervige Menschenmassen kämpfen müsste.

Löwenhain-Garten GÄRTEN

(狮子林; Shizi Lin; 23 Yuanlin Lu; Hoch-/Nebensaison 30/20 Yuan; ⌚7.30–17.30 Uhr) Der Löwenhain-Garten wurde 1342 von dem buddhistischen Mönch Tianru zur Erinnerung an seinen Meister angelegt; dieser hatte auf dem Löwenfelsen auf dem Tianmu Shan in der Provinz Zhejiang gelebt. Die seltsam geformten Felsen sollen Löwen ähneln; sie gelten als Beschützer des buddhistischen Glaubens. Wer den Garten der Politik meiner Wenigkeit bereits überfüllt vorgefunden hat, muss sich darauf einstellen, von der Flut der Touristen hierher gespült zu werden.

Garten des Verweilens GÄRTEN

(留园; Liu Yuan; 79 Liuyuan Lu; Hoch-/Nebensaison 40/30 Yuan; ⌚7.30–17 Uhr) Der 3 ha große Garten zählt zu den größten Gärten Suzhous. Er wurde in der Zeit der Ming-Dynastie von einem Arzt angelegt, der seinen rekonvaleszenten Patienten einen Ort der Erholung bieten wollte. Es ist leicht nachzuvollziehen, weshalb den Patienten der Garten gefiel: die gewundenen Wandelgänge sind mit Kalligrafien berühmter Meister geschmückt, die Fenster und Durchgänge öffnen sich auf seltsame Steinformationen, Teiche und dichte Bambushaine. An den Wänden hängen Steintafeln, auf denen Patienten ihre Eindrücke von diesem Ort festgehalten haben. Das Teehaus ist ein fabelhafter Ort, um sich von den Menschenmassen zu erholen. Eine Tasse *longjing* (龙井; Drachenbrunnentee, 15 Yuan) bestellen und entspannen.

Der Garten ist etwa 3 km vom Stadtzentrum entfernt; hierher fährt der Touristenbus Y1 vom Bahnhof oder der Renmin Lu.

Westgarten-Tempel GÄRTEN

(西园寺; Xiyuan Si; Xiyuan Lu; Eintritt 25 Yuan; ⌚8–17 Uhr) Der Westgarten-Tempel mit seinen senfgelben Mauern und dem anmutig geschwungenen Dach brannte während des Taiping-Aufstands nieder und wurde schließlich im späten 19. Jh. nachgebaut.

Besucher werden beim Betreten der prachtvollen **arhat-Halle** (罗汉堂; *luohan tang*) innerhalb des Tempels von einer faszinierenden Guanyin-Statue mit vier Gesichtern und tausend Armen begrüßt. Danach geht's weiter zu den faszinierenden, aber auch leicht nervtötenden Reihen aus 500 funkelnden *arhat*-Statuen (*arhats* sind Mönche, die erleuchtet wurden und nach ihrem Tod ins Nirvana eingingen) – jede Statue ein Einzelstück und beinahe lebensgroß. Achtung: Kinder könnten es mit der Angst zu tun bekommen. Auch für das leibliche Wohl ist gesorgt: Ein vegetarisches Restaurant serviert Nudeln.

Der Westgarten-Tempel ist 400 m westlich des Gartens des Verweilens gelegen. Die Buslinien Y1 und Y3 fahren vom Bahnhof aus hierher.

Soochow-Universität HISTORISCHES GEBÄUDE

Bevor die Kommunisten das Land übernahmen, war dieses College (苏州大学; Suzhou Daxue) die älteste Privatuniversität des Landes; methodistische Missionare gründeten sie im Jahr 1900. Die Universität ist noch immer in Betrieb, und ihr schöner, alter Campus ist über das Westtor (西门; *ximen*) zugänglich. Direkt vor dem Tor steht die im Jahr 1881 erbaute **Kirche des Hl. Joseph.** Auf den Grünflächen des Campus befinden sich von Efeu umrankte Gebäude im Kolonialstil; zu den bekanntesten von ihnen zählen der eindrucksvolle **Glockenturm** und die **Laura-Haygood-Gedenkhalle**.

Die U-Bahnstation Xiangmen (Ausgang 1) befindet sich neben dem Nordtor des Campus; Buslinie 8 fährt vom Bahnhof zum Westtor.

Pingjiang Lu STRASSE

Die meisten Kanäle der Stadt wurden zwar versiegelt und zu Straßen befestigt, aber in der **Pingjiang Lu** (平江路) erhält der Besucher einen Eindruck von der Vergangenheit Suzhous. Die Straße im Osten der Stadt (Achtung Elektrofahrräder!) verläuft an einem Kanal. Weiß getünchte, einheimische Häuser, die inzwischen fast alle zu Gästehäusern umgewandelt wurden, stehen hier behaglich Seite an Seite mit Teehäusern und trendigen Cafes, die überteuerte Getränke verkaufen.

Nase voll von Schönheitssalons und Tsingtao schlürfenden Touristen? Dann am besten einfach in eine der Seitenstraßen abtauchen, die von den ausgetretenen Touristenpfaden wegführt. Dort ergibt sich die Gelegenheit, einen Blick auf das beschauliche Leben der Einheimischen zu erhaschen.

PINGTAN: TRADITIONELLE ERZÄHLKUNST IM HERZEN SUZHOUS

In einem Teehaus von Suzhou einen Tee genießen und dabei einer *pingtan*-Aufführung lauschen, lässt sich mit einem Abend in einer Jazzbar irgendwo in der westlichen Welt vergleichen.

Pingtan ist eher eine Volkskunst, anders als die *kunqu*-Oper, eine noch erhaltene Form der Chinesischen Oper, die ihren Ursprung ebenfalls in Jiangsu hat, jedoch eine dominierende Ausdrucksform der Hochkultur in China ist. *Pingtan* kombiniert erlesene Erzählkunst mit dem Singen von Balladen im einheimischen Dialekt und wird oft von traditionellen Instrumenten wie *guzheng* (Zither) und *pipa* (Laute) begleitet. In den Geschichten geht es überwiegend um die chinesischen Klassiker wie die *Drei Reiche* (eine kriegerische Periode der Jahre 220 bis 280) und die Legende der weißen Schlange. Anstatt einer Kammermusikgruppe wie im Theater sorgt beim *pingtan* in einem Teehaus oft nur ein einzelner Musiker (maximal zwei) für die musikalische Untermalung. Wenn es gut gemacht ist, entsteht eine zauberhafte Mischung aus Gesang und Saitenmusik, die die Themen und Gefühle ausdrücken, die hinter diesen Melodien stecken. Wenn es schlecht gemacht ist? Einfach nur Katzenmusik.

Die meisten Teehäuser bieten an den Wochenenden die Suzhou-Version von Livemusik; Reservierung erforderlich. In einigen wenigen tritt jeden Abend ein *pingtan*-Meister auf, zum Beispiel im reizvollen ***pingtan*-Teehaus** (评弹茶馆; *pingtan chaguan*; 1. OG, 626 Shiquan Jie), wo sich *pingtan*-Fans versammeln, um die Tradition am Leben zu erhalten. Die Musik fängt gewöhnlich zwischen 20 und 22 Uhr an. Tee bestellen (die Spezialität ist Pu'Erh-Tee aus Yunnan, für 100 Yuan kann man trinken so viel man will) und Lieder aussuchen (ab 45 Yuan; für manche Lyrics gibt's eine englische Übersetzung), die der Meister spielen soll, und einfach genießen!

DER GROSSE KANAL

Als längster Kanal der Welt schlängelte sich der Große Kanal (大运河; Dayunhe) einst über eine Länge von 1800 km von Beijing nach Hangzhou und ist damit ein Beispiel für die Fähigkeiten chinesischer Ingenieure. Teile des Kanals sind seit Jahrhunderten verlandet, und heute ist er je nach Jahrezeit noch etwa zur Hälfte schiffbar.

Der Bau des Großen Kanals nahm viele Jahrhunderte in Anspruch. Die ersten 85 km wurden 495 v. Chr. fertiggestellt; aber das Mammutprojekt, den Gelben Fluss (Huang He) und den Jangtse (Chang Jiang) zu verbinden, setzte zwischen 605 und 609, zur Zeit der Sui-Dynastie, eine gewaltige Truppe von Zwangsarbeitern um. Zur Zeit der Yuan-Dynastie (1271–1368) wurde der Kanal dann weiterentwickelt. So konnte die Regierung aus dem wachsenden Reichtum der Gegend um den Gelben Fluss Kapital schlagen und Waren von Süden nach Norden verschiffen.

Im Bereich Jiangnan (Hangzhou, Suzhou, Wuxi und Changzhou) gibt es ein ganzes Gewirr von Kanälen, Flüssen und verästelten Seen. In Suzhou und Yangzhou werden auf bestimmten Abschnitten des Kanals Bootsausflüge angeboten – bei der Modernität der Umgebung scheint jedoch die Größe dieses Projekts aus vergangenen Zeiten fast zu verblassen.

Garten Canglang Ting GÄRTEN

(沧浪亭; Canglang Ting; Renmin Lu; Hoch-/Nebensaison 20/15 Yuan; ⌚7.30–17 Uhr) Der verwilderte, überwucherte Garten um den Pavillon der azurblauen Welle lockt keine Touristenhorden an, vielmehr gehen dort die Einheimischen hin, wenn sie sich entspannen und gemütlich spazieren gehen wollen. Ursprünglich der Wohnsitz eines Fürsten, wurde der älteste Garten in Suzhou im 11. Jh. angelegt und seitdem mehrmals erneuert.

Dem Garten fehlt die Nordmauer; so entsteht die Illusion eines größeren Raumes, weil die umliegende Landschaft integriert wird. Vor dem Pavillon zieht sich eine doppelte Veranda am Kanal entlang. Vom äußeren Weg sieht man die Grünfläche innen, und vom inneren Weg hat man einen Blick auf das Wasser. An den dunklen Wänden eines „Tempels" können die geschnitzten Poträts von über 500 Weisen bewundert werden, und im „Haus der reinen Wohlgerüche" finden sich eindrucksvolle Möbel aus den knorrigen Wurzeln des Banyanbaums.

GRATIS **Konfuziustempel** KONFUZIUSTEMPEL

(文庙; Wenmiao; 613 Renmin Lu; ⌚8.30–16.30 Uhr) Das Hauptgebäude dieses früheren Konfuziustempels wird derzeit renoviert, und es ist davon auszugehen, dass es danach fantastisch aussieht. Die Hauptattraktion sind die wunderbaren Stelen, die in der Zeit der Südlichen Song-Dynastie (1137–1279) geschnitzt wurden. Eine davon zeigt einen Stadtplan des alten Suzhou, mit einer detaillierten Ansicht des Kanalnetzes (das in weiten Teilen überbaut und abgesperrt ist), der alten Straßen und der Stadtmauer von 1229. Erstaunlicherweise hat sich am gesamten Stadtnetz seit 800 Jahren nicht viel verändert. Außerdem befindet sich dort eine Astronomie-Stele aus dem Jahr 1190 – eine der ältesten Sternkarten der Welt.

Suzhou-Seidenmuseum MUSEUM

(苏州丝绸博物馆; Suzhou *sichou bowuguan*; 2001 Renmin Lu; Eintritt 15 Yuan; ⌚9–17 Uhr) Suzhou war berühmt für seine Seidenproduktion und -weberei. Das Suzhou-Seidenmuseum beherbergt eine Reihe faszinierender Ausstellungen, welche die Geschichte von Suzhous 4000 Jahre alter Seidenindustrie en detail dokumentieren. Eine Abteilung widmet sich Seidenwebtechniken, und es gibt einen Raum mit lebenden Seidenraupen, die an Maulbeerblättern knabbern und Kokons spinnen. Viele funktionierende Webstühle sind zu sehen, und es ist kein seltener Anblick, dass Leute vom Personal an einem, sagen wir mal, riesigen Seidenbrokat arbeiten. Viele Beschriftungen sind auf Englisch. Neben dem Museum ist das neue Suzhou-Kunstmuseum, dessen Ausstellungen allerdings wechselnden Erfolg verbuchen.

Nordtempel-Pagode PAGODE

(北寺塔; Beisi Ta; 1918 Renmin Lu; Eintritt 25 Yuan; ⌚7.45–17.30 Uhr) Die größte Pagode südlich des Jangtse beherrscht mit ihren neun Stockwerken das Nordende der Renmin Lu. Der Aufstieg lohnt sich wegen der beeindruckenden Aussicht auf das im Dunst liegende moderne Suzhou.

Die Tempelanlage ist 1700 Jahre alt und war ursprünglich eine Residenz. Die aktuelle Version geht auf das 17. Jh. zurück. Direkt neben dem Tempel erhebt sich die **Nanmu-Guanyin-Halle** (Nanmu Guanyin Dian), die unter der Ming-Dynastie mit einigen Elementen anderer Herkunft wieder aufgebaut wurde.

Pan-Tor DENKMAL

(盘门; Pan Men; 1 Dong Dajie; Eintritt nur Pan-Tor/mit Ruiguang-Pagode 25/31 Yuan; ⏲7.30–18 Uhr) Dieser Teil der Stadtmauer, der sich im südwestlichen Zipfel der Stadt am äußeren Stadtgraben entlangzieht, beherbergt Suzhous einziges originales Tor mit Schleuse und Winde von 1355. Das überwucherte doppelwandige Wassertor gewährleistete die Kontrolle der Wasserstraßen, im oberen Bereich bietet es zahlreiche Verteidigungsstellungen. Vom Tor aus kann man im Osten die elegante Wumen-Brücke (Wumen Qiao) mit ihren Bögen sehen, und es bietet sich eine tolle Aussicht auf den Stadtgraben und die verfallende **Ruiguang-Pagode** (瑞光塔; Ruiguang Ta), die im Jahr 1004 errichtet wurde. Das Tor ist außerdem mit einem 300 m langen Abschnitt der alten Stadtmauer verbunden, auf der Besucher wandern können.

Vom Bahnhof oder von der Changxu Lu fährt der Touristenbus Y5 hierher.

Tempel des Mysteriums TAOISTISCHER TEMPEL

(玄妙观; Xuanmiao Guan; Guanqian Jie; Eintritt 10 Yuan, mit Vorführung 30 Yuan; ⏲7.30–17.30 Uhr) Der taoistische Tempel des Mysteriums befindet sich an der Stelle des früheren alten Basars von Suzhou, einem lauten Vergnügungsviertel mit reisenden Schaustellern, Akrobaten und Schauspielern. Die heutige Umgebung des Tempels auf der Guanqian Jie ist noch genauso geräuschvoll wie früher, aber die modernen „Schausteller" drehen einem eher eine gefälschte Designeruhr an, und in der Vorhalle des Tempels werden inzwischen – blasphemischerweise – Gold und Schmuck verkauft.

Der Tempel wurde im 3. Jh. gegründet und im Laufe seiner langen Geschichte mehrfach restauriert. Der Komplex umfasst mehrere reich dekorierte Hallen, dazu zählt auch die **Sanqing Dian** (Halle der drei Reinen), die von 60 Säulen getragen wird. Sie ist zweitraufig, mit nach oben geschwungenem Dachkranz. Der Tempel stammt aus dem Jahr 1181 und ist das einzige noch erhaltene Beispiel der Song-Architektur in Suzhou.

Tigerhügel PARK

(虎丘山; Huqiu Shan; Huqiu Lu; Eintritt Hoch-/Nebensaison 60/40 Yuan; ⏲7.30–18 Uhr, im Winter bis 17 Uhr) Der Tigerhügel im äußersten Nordwesten der Stadt ist bei einheimischen Touristen beliebt. Der Hügel wurde künstlich angelegt und dient als letzte Ruhestätte des Gründervaters der Stadt, He Lu. Er starb im 6. Jh. v.Chr., und um seine Person ranken sich verschiedene Legenden. So wird erzählt, er sei zusammen mit einer Sammlung von 3000 Schwertern bestattet worden und würde von einem weißen Tiger bewacht.

Das Wahrzeichen, das Besucher ganz besonders anzieht, ist die schiefe **Wolkenfelsen-Pagode** (云岩塔; Yunyan Ta) oben auf dem Tigerhügel. Die achteckige, siebenstöckige Pagode wurde im 10. Jh. errichtet. Sie besteht komplett aus Ziegeln – was für die chinesische Architektur der damaligen Zeit eine Innovation darstellte. Vor mehr als 400 Jahren begann die Pagode sich zu neigen. Heute befindet sich ihr höchster Punkt 2 m von seiner ursprünglichen Position entfernt.

Die Touristenbusse Y1 und Y2 fahren vom Bahnhof zum Tigerhügel.

Garten des Ehepaars GÄRTEN

(耦园; Ou Yuan; Haupt-/Nebensaison 20/15 Yuan; ⏲8–16.30 Uhr) Der ruhige Garten des Ehepaars ist abseits der Haupttouristenroute gelegen, daher kommen weniger Besucher hierher (was in China allerdings relativ ist), auch wenn Garten, Teich und Höfe ausgesprochen hübsch sind. An der Pingjiang Lu ist der Garten von einigen schönen Beispielen traditioneller Suzhou-Architektur und darüber hinaus von Brücken und Kanälen umrahmt.

GRATIS **Kunqu-Opernmuseum** MUSEUM

(戏曲博物馆; Xiqu *bowuguan*; 14 Zhongzhangjia Xiang; ⏲8.30–16 Uhr) Durch ein Gewirr schmaler Gassen gelangt man zu dem kleinen Opernmuseum, das dem regionalen Opernstil *kunqu* gewidmet ist. In dem schönen alten Theater sind unter anderem antike Musikinstrumente, Kostüme und Fotos berühmter Operndarsteller zu sehen. Gelegentlich gibt's auch *kunqu*-Aufführungen.

pingtan-Museum MUSEUM
(评弹博物馆; *pingtan bowuguan*; 3 Zhongzhangjia Xiang; Eintritt 4 Yuan; ⌚8.30–12, 15.30–16.30 Uhr) Ganz in der Nähe des Kunqu-Opernmuseums befindet sich das *pingtan*-Museum. Dort werden wundervolle *pingtan*-Vorstellungen dargeboten, eine Kunstform mit Gesang und Erzählung im Dialekt von Suzhou. Vorführung täglich um 13.30 Uhr.

Geführte Touren

Abendliche Bootsfahrten finden auf dem Außenkanal statt; die Touren starten täglich zwischen 18 und 20.30 Uhr (120 Yuan, 55 Min., halbstündl.). An Bord gibt's für gewöhnlich eine *pingtan*-Aufführung. Die Fahrten sind eine großartige Gelegenheit, das alte Suzhou zu erleben. An Insektenschutz denken, denn die Mücken hier sind äußerst lästig. Fahrkarten können am Hafen in der Nähe der Renmin-Brücke gekauft werden, hier ist auch der Fahrkartenverkauf für den Großen Kanal (划船售票处; Huachuan *shoupiaochu*).

Festivals & Events

Suzhou-Seidenfestival SEIDE
Jedes Jahr im September ist Suzhou der Gastgeber eines Seidenfestivals. Es finden allerlei Ausstellungen zur Geschichte der Seidenherstellung statt, und Seidenhändler präsentieren Tausenden Schaulustigen ihre Ware.

Schlafen

Hotels in Suzhou sind in der Regel hoffnungslos überteuert. Zeit, seine Fähigkeiten im Feilschen zu verbessern.

LP TIPP **Pingjiang Lodge** BOUTIQUEHOTEL €€€
(苏州平江客栈; Suzhou Pingjiang *kezhan*; ☎6523 2888; www.pingjianglodge.com; 33 Niujia Xiang; 钮家巷 33 号; Zi. 988–2588 Yuan; ❄@) Zu diesem traditionellen, aus dem 17. Jh. stammenden Gebäude mit Innenhof gehören gepflegte Gärten und 51 mit traditionellen Möbeln ausgestattete Zimmer (besonders toll: die Badewanne aus Holz!). Die Zimmer am spitz zulaufenden Ende sind Suiten mit verschiedenen Wohnebenen. Aufmerksamer Service; Rabatte von bis zu 50 %.

Suzhou Watertown Youth Hostel JUGENDHERBERGE €
(苏州浮生四季国际青年旅舍; Suzhou Sijifusheng Qingnian Lüshe; ☎6521 8885; www.watertownhostel.com; 27 Dashitou Xiang, Renmin Lu; 人民路大石头巷 27 号; 6-/4-Bett B 50/60 Yuan, Zi. 130–220 Yuan; ❄@) Etwas versteckt in einer Gasse, die von der Renmin Lu abzweigt, beherbergt dieser 200 Jahre alte Hofkomplex heute eine schöne, angenehme Jugendherberge mit 18 Zimmern, die alle unterschiedlich sind. Die Zimmer im 1. OG sind leiser, die im Erdgeschoss haben besseren WLAN-Empfang. Zu den meisten Zimmern gehören Bäder, in denen man jedoch eher keine Privatsphäre hat (keine Türen, nur Duschvorhänge). Die Schlafsäle sind kompakt, aber einigermaßen sauber. Der gemütliche Patio im Suzhou-Stil lädt zum Verweilen ein. Ein weiteres Plus ist, dass der Airport-Busbahnhof nur einen Steinwurf entfernt ist.

Suzhou Mingtown Youth Hostel JUGENDHERBERGE €
(苏州明堂青年旅舍; Suzhou Mingtang Qingnian Lüshe; ☎6581 6869; 28 Pingjiang Lu; 平江路 28 号; 6-Bett B 50 Yuan, Zi. 160–180 Yuan; ❄@) Gegenüber der Pingjiang Lodge am Kanal steht diese gut geführte Jugendherberge, deren Zimmer und Schlafsäle mit dunklem, „antikem" Holz ausgestattet sind. Und heißes Wasser gibt es endlich auch sieben Tage lang rund um die Uhr. Der einzige Nachteil ist, dass die Zimmer dieses Komplexes nicht schalldicht sind. Internet und Waschmaschinenbenutzung sind kostenlos. Auch ein Fahrradverleih gehört zur Herberge.

Pan Pacific Suzhou HOTEL €€€
(苏州吴宫泛太平洋酒店; Suzhou Wugong Fantaipingyang Dajiudian; ☎6510 3388; www.panpacific.com/Suzhou; 259 Xinshi Lu; 新市路 259 号; DZ 1268 Yuan; ❄@) Das frühere Sheraton Hotel wirkt von außen etwas kitschig, weil es der Verbotenen Stadt nachempfunden ist. Beim Betreten der Lobby wird jedoch schnell klar, dass sich das Luxushotel die fünf Sterne wirklich verdient hat. Die über 500 Zimmer sind geräumig und stilvoll, sie sind mit allem ausgestattet, was das Herz begehrt. Der Service ist tadellos. Bonus: Gäste haben freien Eintritt im angrenzenden Gan-Tor-Garten.

Hotel Soul HOTEL €€€
(苏哥李酒店; Sugeli Jiudian; ☎6777 0777; www.hotelsoul.com.cn; 27–33 Qiaosikong Xiang; 乔司空巷 27–33 号; DZ & 2BZ 1080–1680 Yuan; ❄📶) Dieses Hotel im Philippe-Starck-Look hat eine Menge Ecken und Kanten und neonblaue Lichter, aber leider nicht

viel Seele. Allerdings bietet es ein hervorragendes Preis-Leistungs-Verhältnis. Die Zimmer sind riesig und ausgestattet mit Strukturtapeten, plüschigen Betten und Farbtönen, bei denen man sich am liebsten einen Martini bestellen würde. Das Servicepersonal ist emsig und aufmerksam.

Marco Polo Suzhou HOTEL €€
(苏州玄妙马可波罗大酒店; Suzhou Xuanmiao Makeboluo Dajiudian; ☎6801 9888; www.marcopolohotels.com; 818 Ganjiang Donglu; 干将东路 818 号; DZ 1250–2200 Yuan; ❄@) Das ehemalige Sofitel-Hotel direkt im Herzen Suzhous bekam ein neues Image verpasst und wird immer noch den Anforderungen gerecht. Seine 314 Zimmer sind auf die Bedürfnisse von Geschäftsreisenden zugeschnitten. Wer zum Vergnügen reist, dem werden die geräumigen Zimmer mit dem modernen Mobiliar aber auch gefallen. Zur Zeit der Recherche gab es Rabatte, die die Zimmerpreise auf 500 Yuan senkten.

Essen

Restaurants in Hülle und Fülle gibt es an der Guanqian Jie, vor allem ab dem Tempel des Mysteriums.

Es gibt einige lokale Köstlichkeiten, die einen Versuch wert sind: *songshu guiyu* (松鼠鳜鱼; Mandarinfisch süßsauer), *xiangyou shanhu* (香油鳝糊; gedämfter, geschnetzelter Aal) und *xigua ji* (西瓜鸡; Hühnerfleisch in der Wassermelonenschale gedünstet).

Wumen Renjia JIANGSU-KÜCHE €€
(吴门人家; ☎6728 8041; 31 Panru Xiang; Gerichte ab 40 Yuan; 📋) Versteckt in einer ruhigen Gasse nördlich des Löwenhain-Gartens lockt dieses Restaurant mit Hof eine Mischung aus Einheimischen und gut informierten Besuchern an, die die feinen Aromen der traditionellen Küche Suzhous genießen. Man sagt, dass hier nur lokale und natürliche Zutaten verwendet werden. Die Bedienung ist manchmal ein wenig langsam. Reservierung erforderlich.

Pingvon TEEHAUS €
(品芳; Pinfang; 94 Pingjiang Lu; Gerichte ab 4 Yuan; 📋) Hübsches kleines Teehaus an einer von Suzhous beliebtesten Kanalstraßen. Hier gibt's Teigtaschen und köstliche Häppchen auf kleinen Tellern. Die Teestuben im OG sind atmosphärischer.

Xishengyuan TEIGTASCHEN €
(熙盛源; 43 Fenghuang Jie; Teigtaschen ab 8 Yuan) Menschenmassen bezahlen und warten am Eingang darauf, dass die frischen, noch dampfenden *xiaolong bao* (小龙包; mit Fleisch gefüllte Teigtaschen in Brühe) aus der Küche kommen. Wer nicht drängeln und stoßen will, kann sich auch hinsetzen und verschiedene andere großartige Gerichte bestellen, einschließlich verschiedener *huntun* (馄饨; Teigtaschen; 6–10 Yuan).

Yaba Shengjian TEIGTASCHEN €
(哑巴生煎; 12 Lindun Lu; Teigtaschen 10 Yuan; ⏲5.30–19.30 Uhr) Diese 60 Jahre alte Institution verkauft auch Nudeln, aber gelobt werden vor allem die sehr frischen, hausgemachten *shenjian bao* (生煎包; in der Pfanne gebratene Teigtaschen), die mit saftigem Schweinefleisch gefüllt sind. Um die Mittagszeit ist eine Schlange zu erwarten, in der man 30 Minuten nur für die Bestellung anstehen muss! Aber es lohnt sich – einen Tisch erobern und die Trophäe genießen. Keine englische Karte.

Zhuhongxing NUDELN €
(朱鸿兴; Taijian Long; Hauptgerichte 20–47 Yuan) Das bei den Einheimischen beliebte Restaurant hat mehrere Niederlassungen in der Stadt. Es hat eine lange Geschichte und bekömmliche, sättigende Nudeln – empfehlenswert sind superleckere *xiaren mian* (虾仁面; Nudeln mit Babyshrimps) oder *baoshanmian* (爆鳝面, Aalnudeln, 10 Yuan). Keine englische Speisekarte.

Deyue Lou JIANGSU-KÜCHE €€€
(得月楼; ☎6523 8940; 43 Taijian Long; Hauptgerichte 30–120 Yuan; ⏲24 Std.; 📋) Schwer zu entscheiden, womit man anfangen soll in dieser Institution, deren Speisekarte über 300 Posten umfasst! Absoluter Renner ist der Süßwasserfisch. Das Restaurant ist ein beliebter Zwischenstopp für Tourgruppen und eine Location für riesige Hochzeitsfeierlichkeiten – manchmal ein bisschen zu viel des Guten.

Ausgehen

An der Pingjiang Lu gibt's haufenweise trendige Cafes. Das Nachtleben auf der Shiquan Jie ist gerade am Aussterben, weil die meisten von Ausländern besuchten Kneipen in den neuen Suzhou-Industriepark 9 km östlich des Stadtzentrums umgezogen sind.

Bookworm CAFÉ-BAR
(老书虫; Lao Shuchong; 77 Gunxiu Fang; ⏲9–1 Uhr) Beijings Bookworm hat sich bis

ganz nach Suzhou herunter geschlängelt, allerdings ist die Auswahl nicht so gut wie in Beijing. Das Essen kommt bei den Gästen gut an (viele westliche Gerichte), das Bier ist kalt, und es gibt Tsingtao und Erdinger. Ab und zu gibt es Veranstaltungen und Bücher, die man ausleihen oder kaufen kann. Gleich bei der Shiquan Jie.

☆ Unterhaltung

Folgende Locations bieten regelmäßig *kunqu-* oder *pingtan*-Vorführungen an, zwei der erlesenen Performancekünste, die im lokalen Dialekt gesungen werden:

Kunqu-Opernmuseum CHINESISCHE OPER
(昆曲博物馆; Kunqu *bowuguan*; 14 Zhongzhangjia Xiang; Tickets 30 Yuan) Hier werden jeden Sonntag um 14 Uhr *kunqu*-Aufführungen dargeboten.

Garten des Meisters der Netze MUSIK
(网师园; Wangshi Yuan; Tickets 100 Yuan) Von März bis November finden in diesem Garten jeden Abend von 19.30 bis 21.30 Uhr musikalische Aufführungen für Touristengruppen statt – authentisch ist anders.

***pingtan*-Museum** TRADITIONELLER GESANG
(评弹博物馆; *pingtan bowuguan*; 3 Zhongzhangjia Xiang; Tickets 4–5 Yuan) Hier wird täglich um 13.30 Uhr traditionelles *shuosh* (Geschichtenerzählen; nur auf Chinesisch) veranstaltet. Tickets werden um die Mittagszeit verkauft.

Shoppen

Fast überall werden Stickereien, Kalligrafien, Gemälde, Sandelholzfächer, Schreibpinsel und Seidenunterwäsche, alles im Suzhou-Stil, verkauft. Hochwertige Waren zu guten Preisen erhält man östlich der Renmin Lu in der Shiquan Jie, die von Geschäften und Märkten gesäumt wird, in denen Souvenirs angeboten werden. Im nördlichen Teil der Renmin Lu findet sich eine Reihe großer Seidengeschäfte (丝绸商店; Sichou Shangdian).

Xinhua Bookshop BÜCHER
(新华书店; Xinhua Shudian; 166 Guanqian Jie; ⏲9–21 Uhr) Verkauft eine Auswahl an Landkarten in englischer und chinesischer Sprache. Im dritten Stock gibt es schwer verdauliche englische Romane.

Praktische Informationen

In großen Touristenhotels stehen Wechselschalter zur Verfügung.

Bank of China (中国银行; Zhongguo Yinhang; 1450 Renmin Lu) Löst Reiseschecks ein und tauscht ausländisches Bargeld. In den meisten großen Filialen der Bank of China stehen Geldautomaten zur Verfügung, die internationale Karten akzeptieren.

Post (中国邮政; Zhongguo Youzheng; Ecke Renmin Lu & Jingde Lu)

Hong Qingting Internet Cafe (红蜻蜓网吧; Hong Qingting *wangba*; 916 Shiquan Jie; pro Std. 2.50 Yuan; ⏲24 Std.)

Industrial & Commercial Bank of China (工商银行; Gongshang Yinhang; 222 Guanqian Jie) 24-Stunden-Automaten.

Hospital Nr. 1 (苏大附一院; Suda Fuyiyuan; 96 Shizi Jie) Eines von mehreren Krankenhäusern in Suzhou.

Büro für Öffentliche Sicherheit (PSB; 公安局; Gong'anju; ☎6522 5661, App. 20593; 1109 Renmin Lu) Hilfestellung in Notfällen und bei Problemen mit dem Visum. Das Visa-Büro ist etwa 200 m weiter an der Dashitou Xiang.

Suzhou Touristeninformationszentrum (苏州旅游咨询中心; Suzhou Lüyou Zixun Zhongxin; ☎6530 5887; www.classicsuzhou.com; 345 Shiquan Jie) Davon gibt's mehrere Niederlassungen in der Stadt, einschließlich an den Busbahnhöfen. Hilft bei der Buchung von Unterkünften oder Ausflügen. Auf der Website stehen eine Liste der Festivals und allgemeine Informationen.

An- & Weiterreise

Bus

Suzhou hat drei Fernbusbahnhöfe, die beiden hier aufgelisteten sind die nützlichsten. Fahrkarten für alle Busse verkauft das **Lianhe Ticket Centre** (Lianhe *shoupiaochu*; 1606 Renmin Lu; ⏲Busfahrkarten 8.30–11.30 & 13–17 Uhr).

Der wichtigste Busbahnhof ist der **Fernbusbahnhof Nord** (汽车北站; *qiche beizhan*; ☎6577 6577) am Nordende der Renmin Lu, gleich beim Bahnhof:

Hangzhou 71 Yuan, 2 Std., häufige Verbindungen

Nanjing 75 Yuan, 2½ Std., häufige Verbindungen

Ningbo 130 Yuan, 4 Std., 7-mal tgl.

Yangzhou 75 Yuan, 3 Std., häufige Verbindungen

Busse vom **Fernbusbahnhof Süd** (汽车南站; *qiche nanzhan*; Ecke Yingchun Lu & Nanhuan Donglu) fahren nach:

Hangzhou 71 Yuan, 2 Std., alle 20 Min.

Nanjing 75 Yuan, 2 Std., alle 20 Min.

Shanghai 35 Yuan, 1½ Std., alle 30 Min.

Yangzhou 75 Yuan, 2 Std., stündl.

Flugzeug

Suzhou hat keinen Flughafen, aber **China Eastern Airlines** (东方航空公司; Dongfang Hangkong Gongsi; ☎6522 2788; 115 Ganjiang Lu) kann Flüge ab Shanghai buchen. Es gibt häufige Busverbindungen zum Hongqiao Airport in Shanghai; die Fahrt kostet 53 Yuan.

Zug

Suzhou liegt an der Schnellstrecke Nanjing–Shanghai. Züge halten entweder am zentraler gelegenen **Bahnhof von Suzhou** (苏州站; Suzhou Zhan) oder am neuen **Nordbahnhof von Suzhou** (苏州北站; Suzhou *beizhan*), 12 km nördlich des Stadtzentrums. Fahrkarten gibt es im Obergeschoss des **Lianhe Ticket Centre** (Lianhe *shoupiaochu*; 1606 Renmin Lu; ⌚Zugfahrkarten 7.30–11 & 12–17 Uhr). Außerdem gibt es einen **Fahrkartenschalter** an der Guanqian gegenüber dem Tempel des Mysteriums. Ein weiterer **Fahrkartenschalter** befindet sich am Busbahnhof Süd auf der anderen Seite der Straße.

Beijing 525 Yuan, 5 Std., 15-mal tgl.

Nanjing 100 Yuan, 50 Min., häufige Verbindungen

Shanghai 40 Yuan, 25 Min., häufige Verbindungen

Wuxi 20 Yuan, 15 Min., häufige Verbindungen

Unterwegs vor Ort

Fahrrad

Das Fahrrad ist das am besten geeignete Fortbewegungsmittel, um sich Suzhou anzuschauen, auch wenn verrückte Autofahrer und der starke Verkehr im Stadtzentrum nervig sein können. Die schönsten Eindrücke von der Stadt erhält, wer auf den ruhigeren Straßen und an den Kanälen entlangradelt.

Die meisten Jugendherbergen in Suzhou verleihen Fahrräder. Zum **Yangyang Bike Rental Shop** (洋洋车行; Yangyang Chehang; 2061 Renmin Lu; ⌚7–18 Uhr), der Fahrräder vermietet (25 Yuan/Tag plus 200 Yuan Kaution), geht's vom Seidenmuseum eine kurze Strecke zu Fuß in Richtung Norden. Vor dem Losstrampeln Sattel und Bremsen sorgfältig überprüfen.

Öffentliche Verkehrsmittel

Suzhou hat einige praktische Touristenbusse, die für 2 Yuan alles Sehenswerte ansteuern. Sie fahren alle am Bahnhof vorbei.

Bus Y5 deckt die West- und die Ostseite der Stadt ab und hält am Suzhou-Museum.

Bus Y2 fährt vom Tigerhügel zum Pan-Tor und die Shiquan Jie entlang.

Buses Y1 & **Y4** befahren die Renmin Lu.

Bus 80 verkehrt zwischen den beiden Bahnhöfen.

Die neue U-Bahnlinie verläuft entlang der Ganjiang Lu. Die zweite Linie wird den Nordbahnhof von Suzhou mit der Innenstadt verbinden, wenn sie 2014 (hoffentlich) in Betrieb genommen wird.

Taxi

Die Taxitarife beginnen bei 10 Yuan, die Fahrer stellen normalerweise das Taxameter an. Der Preis für eine Fahrt von der Guanqian Jie zum Bahnhof sollte bei etwa 15 Yuan liegen. Die Fahrt vom Nordbahnhof von Suzhou in die Innenstadt kostet zwischen 50 und 60 Yuan. Fahrradtaxis werden in Touristengebieten reichlich angeboten, die Fahrer können recht aufdringlich sein (5 Yuan für kurze Fahrten ist Standard).

Rund um Suzhou

Die Touristenprospekte von Suzhou preisen eine irrsinnige Menge an Sehenswertem rund um die Stadt an. Leider ist nicht alles davon großartig, und was wirklich sehenswert ist, ist oft von Touristen überlaufen. Wer die Massen meiden will, sollte früh aufbrechen.

TONGLI 同里

☎0512

Diese reizvolle **Altstadt** (老城区; Laochengqu; ☎6333 1140; Eintritt 100 Yuan, nach 17.30 Uhr Eintritt frei), nur 18 km südöstlich von Suzhou, ist reich an historischer Kanalatmosphäre und verwittertem Charme. Viele Gebäude haben noch ihre traditionellen Fassaden. Auch die weißgetünchten Wände, schwarz gedeckten Dächer, gepflasterten Wege und von Weiden beschatteten Kanäle tragen zu Tonglis malerischem Reiz bei.

Tongli lässt sich am besten auf traditionelle Art erkunden, also durch zielloses Herumstreifen an den Kanälen und durch die Gassen, bis man sich endlich verlaufen hat. Wohin man geht, ist eigentlich egal, solange man die Menschenmassen meidet.

Tongli ist entweder von Suzhou oder Shanghai aus zu erreichen – den Besuch unbedingt auf einen Werktag legen.

Der Eintritt für die Stadt umfasst Zugang zu folgenden Sehenswürdigkeiten, außer dem Chinese Sex Culture Museum.

Sehenswertes & Aktivitäten

Gengle Tang HISTORISCHES GEBÄUDE

(耕乐堂; ⌚9–17.30 Uhr) Es gibt drei historische Residenzen, an denen man irgendwann vorbeikommt; die sehenswerteste davon ist dieses ausufernde Anwesen aus der Ming-Dynastie im Westen der Stadt,

Rund um Suzhou

mit 52 Hallen, die sich über fünf Höfe verteilen. Die Gebäude wurden sorgfältig restauriert und mit Gemälden, Kalligrafien und antiken Möbeln neu eingerichtet, um die Atmosphäre der Originalgebäude wieder neu entstehen zu lassen.

Perlenpagode PAGODE
(珍珠塔; Zhenzhu Ta; ⊙9–17.30 Uhr) Im Norden der Stadt steht diese Pagode, die aus der Zeit der Qing-Dynastie stammt, kürzlich jedoch restauriert wurde. Im Inneren befindet sich ein großer Wohnbereich, der mit Antiquitäten aus der Qing-Zeit ausgestattet ist, eine Ahnenhalle, ein Garten und eine Opernbühne. Seinen Namen verdankt dieser Ort einer winzigen, mit Perlen behängten Pagode.

Tuisi-Garten GÄRTEN
(退思园; Tuisi Yuan; ⊙9–17.30 Uhr) Der herrliche Garten aus dem 19. Jh. befindet sich im Ostteil der Altstadt; sein Name bedeutet „zur tiefen Besinnung", denn die Anlage diente Beamten der Qing-Regierung als Altersruhesitz. Der Turm der Fächelfreuden diente als Wohnbereich, während der Garten selbst ein wunderschönes Bild abgibt mit seinen hübschen Teichen, in denen übergroße Goldfische ihre Kreise ziehen sowie seinen schönen Steingärten und Pavillons, die von traditioneller chinesischer Musik erfüllt sind.

Chinese Sex Culture Museum MUSEUM
(中华性文化博物馆; *zhonghua xingwenhua bowuguan*; Eintritt 20 Yuan; ⊙9–17.30 Uhr) Dieses Privatmuseum östlich des Tuisi-Gartens liegt ruhig auf dem historischen, aber ausgedienten Campus einer Mädchenschule – und man sollte es sich nicht entgehen lassen. Wer bisher der Ansicht war, Konfuzius sei prüde gewesen, wird hier eines Besseren belehrt.

Touren

Träge dahingleitende **Boote für sechs Personen** (90 Yuan für 25 Min.) befahren Tonglis Netz aus Kanälen. Bootsfahrten auf dem Tongli-See sind kostenlos, aber nicht besonders interessant.

Schlafen & Essen

Gästehäuser gibt's wie Sand am Meer; sie bieten einfache Zimmer ab 100 Yuan. Auch Restaurants gibt's nicht zu knapp, allerdings sind die Preise hier viel höher als in Suzhou. Folgende einheimische Gerichte unbedingt probieren: *meigancaishaorou* (梅干菜烧肉; Schmorfleisch mit getrocknetem Gemüse), *yinyuchaodan* (银鱼炒蛋; Silberkarpfenomelette und *zhuangyuangti* (状元蹄; geschmortes Eisbein).

Zhengfu Caotang BOUTIQUEHOTEL €€€
(正福草堂; ☎6333 6358; www.zfct.net; 138 Mingqing Jie; 明清街 138 号; DZ 380–1380 Yuan; ❄@) Dies ist die beste Unterkunft der Stadt. Die 14 Deluxe-Zimmer und Suiten sind mit Möbeln und Antiquitäten im Qing-Stil stilvoll eingerichtet. Die Zimmer wären auf den Seiten eines Einrichtungsmagazins nicht fehl am Platz, jedes von ihnen ist einzigartig. Die Badezimmer sind ultramodern, ebenso die übrige Ausstattung wie zum Beispiel die Fußbodenheizung.

Tongli International Youth Hostel JUGENDHERBERGE €
(同里国际青年旅舍; Tongli Guoji Qingnian Lushe; ☎6333 9311; 210 Zhuhang Jie; 竹行街 210 号; B 45 Yuan, Zi. 120–150 Yuan; ❄@📶). Die Jugendherberge hat zwei Niederlassungen. Die Hauptadresse liegt etwas abseits der Zhongchuan Beilu, 300 m westlich des Hotels Zhengfu Caotan. Die Zimmer sind mit antiken Möbeln herausgeputzt, und die Holzpfeiler und der Steinhof sorgen für eine altweltliche Atmosphäre. Die alternative Adresse bei der Taiping-Brücke bietet

5000 JAHRE EROTISCHE KUNST

Im Großen und Ganzen gibt es nicht viel, worin sich die Kanalstädte voneinander unterscheiden, und letztendlich ist es eine Frage der Bequemlichkeit oder des Zufalls (oder beides), welche dieser Städte man besichtigt. Tongli allerdings hat einen nicht jugendfreien Trumpf in der Tasche, nämlich das **Chinese Sex Culture Museum**. Leider schreckt der Name die meisten Leute davon ab, einen Besuch überhaupt in Erwägung zu ziehen (viele nähern sich vorsichtig, sehen das Schild, kichern, erröten und gehen weiter), obwohl eigentlich alles nur halb so wild ist.

Gegründet wurde das Museum allen Widerständen zum Trotz von den Soziologieprofessoren Liu Dalin und Hu Hongxia mit dem Ziel, einen Aspekt der Kultur des Landes nicht neu, sondern wieder einzuführen – ein Aspekt, der ironischerweise seit der sogenannten Befreiung Chinas 1949 gewaltsam unterdrückt wurde. Das Paar hat mehrere Tausend Objekte zum Thema Sex gesammelt, angefangen von eher harmlosen Exponaten (erotische Landschaftsmalerei, Fächer und Teetassen) bis hin zu Bizarrem (Keuschheitsgürtel und Sättel mit Dildos aus Holz zur Bestrafung „zügelloser" Frauen), Humorvollem (satirische Buddhastatuen) und Kuriosem (ein dickbäuchiger Unsterblicher, aus dessen Kopf ein Penis wächst, auf dem eine Schildkröte sitzt). Das Museum ist einer der wenigen Orte im Land, an dem Homosexualität offen als Teil der chinesischen Kultur anerkannt wird.

Einige der Exponate scheinen zwar ein wenig an den Haaren herbeigezogen zu sein (eine ausgestellte Steinsäule soll einen „Penis" verkörpern? Das geht nun wirklich zu weit) und die zahlreichen Felsen, die wie ein Penis oder eine Vagina geformt sind, bringen allenfalls kleine Jungs zum Kichern, aber der Besuch lohnt sich – schon allein um dieses Unterfangen zu würdigen und weil sich nirgendwo in China etwas Vergleichbares findet.

kompakte Schlafsäle; für die Doppelzimmer stehen nur Gemeinschaftsbäder zur Verfügung.

An- & Weiterreise

Vom Fernbusbahnhof Süd in Suzhou fahren Busse (8 Yuan, 50 Min., alle 30 Min.) nach Tongli. Ab dem Busbahnhof von Tongli bringen Elektrowägelchen (2 Yuan) Besucher in die Altstadt, zu Fuß dauert es etwa 15 Min.

Täglich fahren zwölf Busse (36 Yuan) vom Busbahnhof in Tongli nach Shanghai; häufige Busverbindungen gibt's auch nach Zhouzhuang (6 Yuan, 30 Min.).

LUZHI 甪直

Diese winzige, relativ wenig kommerzialisierte Kanalstadt mit außergewöhnlichem Charme liegt nur eine 25 km lange Busfahrt östlich von Suzhou. Den Eintrittspreis von 78 Yuan kann sich sparen, wer nur durch Straßen, Gassen und über Brücken spazieren will – bezahlen muss nur, wer die **touristischen Sehenswürdigkeiten** (⌚8–17 Uhr) besuchen will. Dazu zählen der **Wansheng-Reisspeicher** (万盛米行; Wansheng Mihang), der **Tempel Baosheng** (保圣寺; Baosheng Si) und eine Handvoll Museen, aber darauf kann man auch verzichten, ohne dass es den Gesamteindruck beeinträchtigt.

Hier gibt es wunderschöne Buckelbrücken. Ein Muss sind die **Jinli-Brücke** (进利桥; Jinli Qiao) und die **Xinglong-Brücke** (兴隆桥; Xinglong Qiao). Eine halbstündige **Bootsfahrt** (40 Yuan) ist eine perfekte Gelegenheit, die Aussicht auf die Kanäle zu genießen. Boote fahren an verschiedenen Stellen ab, etwa an der Yong'an-Brücke (永安桥; Yong'an Qiao).

Die neuste Attraktion hier ist der **Luzhi-Kulturpark** (甪直文化园), ein riesiger unechter Ming-Komplex, in dem es touristische Läden und ein paar Ausstellungshallen gibt. Der Eintritt ist frei, und die landschaftlich gestalteten Gärten mit Teichen, Pavillons und einer Opernbühne laden zum Schlendern ein.

Vom Bahnhof in Suzhou (4 Yuan, 1 Std., erster/letzter Bus 6/20 Uhr) oder von der Bushaltestelle auf der Pingqi Lu (平齐路) fährt der Bus 518 nach Luzhi (Endstation). Nach dem Aussteigen geht's die erste rechts, die Dasheng Lu (达圣路) entlang bis zum dekorativen Bogen; wer über die Brücke geht, kommt in den hinteren Teil der Altstadt; das dauert zu Fuß etwa fünf

Minuten. Hier gibt's unzählige Fahrradtaxis, die einen zum Haupteingang bringen wollen. Nicht mehr als 5 Yuan zahlen.

Der letzte Bus nach Suzhou verlässt Luzhi um 19.30 Uhr. Vom Busbahnhof in Luzhi fahren zwischen 6.20 und 17 Uhr Busse (18 Yuan, 2 Std.) nach Shanghai.

MUDU 木渎

Die Stadt geht auf die Ming-Dynastie zurück und war früher der Lieblingsort wohlhabender Beamter, Intellektueller und Künstler; später lockte es sogar den Qing-Kaiser Qianlong an, der sechsmal hierher zu Besuch kam. Heute wurde das Dorf von Suzhous ausuferndem Stadtgebiet geschluckt. Mudu ist zwar weder die größte noch die reizvollste von Jiangsus Kanalstädten, bietet sich aber für einen gemütlichen Halbtagsausflug an.

Wer nur die Atmosphäre aufsaugen will, kann dies kostenlos tun – nur die Highlights kosten Eintritt. Da die meisten Häuser am Kanal heute moderne Bauten sind, lohnt es sich leider tatsächlich, die Eintrittsgelder zu berappen.

Sehenswertes

Bangyan Mansion HISTORISCHES GEBÄUDE
(榜眼府第; Bangyan Fudi; Xiatang Jie; Eintritt 10 Yuan; ⏲8–16.30 Uhr) Dieser ehrwürdige Bau war der Wohnsitz des Schriftstellers und Politikers Feng Guifen aus dem 19. Jh. Das Herrenhaus, zu dem eine üppige Sammlung antiker Möbel und raffinierter Stein-, Holz- und Ziegelreliefs gehören, muss häufig als Filmkulisse herhalten. Der Garten ist zwar sehr hübsch, aber auch gewöhnlich – Lotosteiche, Bogenbrücken und Bambus – nicht zu vergleichen mit den kunstvolleren Gärten von Suzhou.

Hongyin Mountain Villa HISTORISCHES GEBÄUDE
(虹饮山房; Hongyin Shanfang; Shantang Jie; Eintritt 30 Yuan; ⏲8–16.30 Uhr) Das bei weitem Interessanteste in Mudu ist diese Villa mit aufwendiger Opernbühne, Ausstellungsstücken und sogar einem kaiserlichen Kai, an dem Kaiser Qianlong mit seinem Schiff anlegte. Die Bühne im Mittelsaal ist eindrucksvoll, die Ehrengäste saßen direkt davor, und auf den seitlichen Balkonen der Halle durften Frauen Platz nehmen. Der Kaiser war hier häufig zu Gast, sein unbequem aussehender Sessel steht noch immer vor der Bühne. Dieser Sessel ist über 1000 Jahre alt, stellenweise ist er vom vielen Anfassen abgegriffen. Tagsüber werden hier noch immer Opern aufgeführt. Um die Bühne herum befinden sich einige sorgfältig angelegte Gärten, die von anmutigen Bogenbrücken und Fußwegen durchzogen werden. Die alten Wohnhallen wurden wunderbar instand gehalten und umfassen einige interessante Ausstellungsstücke, darunter staubige Hüte und Kleider, die von kaiserlichen Beamten getragen wurden. Sehenswert ist die Darstellung eines Mandchu-Han-Festmahls: 111 aus Plastik hergestellte Gerichte sind hier zu sehen.

Garten der Alten Kiefern HISTORISCHES GEBÄUDE
(古松园; Gusongyuan; Shantang Jie; Eintritt 20 Yuan; ⏲8–16.30 Uhr) In der Mitte der Shantang Jie befindet sich diese Hofanlage, die für ihre raffiniert geschnitzten Balken bekannt ist. Hier sieht man die hölzernen Abbilder von Beamten, Hüten, Phönixen, Blumen und Dingen, die kein Mensch erkennen kann.

Garten der Familie Yan HISTORISCHES GEBÄUDE
(严家花园; Yanjia Huayuan; Ecke Shantang Jie & Mingqing Jie; Eintritt 30 Yuan; ⏲8–16.30 Uhr) In der Nordwestecke der Altstadt liegt diese schöne Anlage, die auf die Ming-Dynastie zurückgeht und einst von einem ehemaligen Magistraten bewohnt wurde. Der Garten mit Felsformationen und einem See, der sich dazwischen hindurchwindet, ist durch Mauern in fünf Teile unterteilt, wobei jeder Abschnitt eine Jahreszeit repräsentieren soll. Blumen, Pflanzen und Gestein sind so arrangiert, dass eine jeweils eigene „Stimmung" hervorgerufen wird. Die einzige Stimmung, die am Wochenende durch die Menschenmassen hervorgerufen wird, ist Verzweiflung.

Touren

Die vergnüglichste Art, Mudu zu erkunden, ist per **Boot**. Am Bangyan Mansion liegt eine ganze Sammlung traditioneller Ruderboote am Kai. Die Fahrt führt durch die schmalen Kanäle, auf die alte Brücken und ramponierte Steinmauern ihre Schatten werfen. Die Kosten für eine zehnminütige Bootsfahrt belaufen sich auf 10 Yuan/Person (mindestens 30 Yuan/Boot).

An- & Weiterreise

Vom Bahnhof in Suzhou fährt Touristenbus Y4 nach Mudu (3 Yuan). An der Haltestelle Mudu

Yanjia Huayuan Zhan (木渎严家花园站) aussteigen. Sie befindet sich gegenüber einer kleinen Straße (明清街; Mingqing Jie), die zum Haupteingang führt. Zu erkennen ist die Haltestelle an einem großen Schild und einem Parkplatz, der mit Reisebussen gefüllt ist. Die Fahrt dauert etwa 45 Min.

Oder mit der U-Bahn fahren und an der gleichnamigen Endstation aussteigen. Durch Ausgang 1 gehen und in Bus 38 einsteigen. An der Haltestelle Mudu Guzhen zhan (木渎古镇站, 4 Haltestellen) aussteigen.

TIANPING SHAN & LINGYAN SHAN 天平山、灵岩山

Die beiden Hügel liegen an der Busstrecke nach Mudu und können zu einem langen Tagesausflug kombiniert werden. Der malerische **Tianping Shan** (Lingtian Lu; Eintritt 20 Yuan; ⌚7.30–17 Uhr) ist ein niedriger, bewaldeter Hügel etwa 13 km westlich von Suzhou – ein wunderbarer Ort um zu wandern oder einfach über die vielen Waldwege zu spazieren. Darüber hinaus ist er bekannt für seine Heilquellen.

11 km südwestlich von Suzhou liegt der **Lingyan Shan** (Lingtian Lu; Eintritt 20 Yuan; ⌚Winter 8–16.30 Uhr, Sommer bis 17 Uhr) oder „Geisterfelsen". Hier erhob sich einst ein Palast, in dem Kaiser Qianlong während seiner Inspektionstouren durch das Jangtse-Tal wohnte. Heute befindet sich auf dem Berg ein aktives buddhistisches Kloster. Der Aufstieg zum Gipfel ist anstrengend, oben bietet sich jedoch ein Panoramablick über Suzhou. Wer über grob behauene Steine und Pfade kraxeln will, sollte auf dem Weg nach oben am besten den linken Weg nehmen.

Die Touristenbuslinie 4 fährt vom Bahnhof in Suzhou zum Lingyan Shan und zum Tianping Shan.

ZHOUZHUANG 周庄

Etwa 30 km südöstlich von Suzhou liegt das 900 Jahre alte Wasserdorf **Zhouzhuang** (Eintritt 100 Yuan, freier Eintritt nach 20 Uhr); es ist wahrscheinlich die am stärksten vermarktete Kanalstadt und wird häufig von Ausflugsgruppen überrannt – dank Chen Yifei, einem kürzlich berühmt gewordenen chinesischen Maler, dem Werke rund um das einstmals idyllische Dorf zum Ruhm verholfen haben.

Trotzdem ist es nicht ausgeschlossen, einen Blick auf den altweltlichen Charme zu erhaschen, der in Zhouzhuang noch immer existiert. Früh aufstehen, bevor die Menschenmassen ankommen, oder einen Abendspaziergang machen, wenn sie sich allmählich wieder lichten. Zhouzhuang bietet ein paar architektonische Highlights, für die sich ein Ausflug in dieses „Venedig des Ostens" lohnt.

Sehenswertes

Zwillingsbrücke BRÜCKE

Insgesamt gibt es 14 Brücken in Zhouzhuang, aber am attraktivsten ist dieses Brückenpaar aus der Ming-Dynastie (双桥; Shuangqiao), das sich im Herzen der Kanalstadt prachtvoll über dem Zusammenfluss zweier Wasserstraßen erhebt. Die **Shide-Brücke** (世德桥; Shide Qiao) ist eine Buckelbrücke, während die damit verbundene **Yongan-Brücke** (永安桥; Yongan Qiao) einen quadratischen Bogen aufweist. Die Brücken sind auf Chen Yifeis Gemälde *Memory of Hometown* abgebildet, das der ganzen Stadt seit den 1980er-Jahren Berühmtheit beschert.

Es macht Spaß, mit dem **Boot** unter all den Brücken durchzufahren. Eine einstündige Bootsfahrt kostet 100 Yuan pro Boot (sechs Personen).

Haus der Familie Zhang HISTORISCHES GEBÄUDE

(张厅; Zhangting; ⌚8.30–17.30 Uhr) Südlich der Zwillingsbrücke befindet sich dieses prächtige Gebäude aus der Ming-Zeit mit seinen 70 Zimmern und drei Hallen. Es wurde in der frühen Qing-Dynastie von dem Familienclan der Zhangs als Wohsitz gekauft. Das Haus umfasst eine Opernbühne zur Unterhaltung der Damen, die das Haus nicht verlassen sollten, um woanders Unterhaltung zu suchen. Sehenswert sind die Stühle in der Haupthalle. Die unverheirateten Frauen durften nur auf denen mit hohler Rückenlehne sitzen, die symbolisierte, dass sie niemanden hatten, der ihnen den Rücken stärkte! Die Dienstbotengänge, eine lange, schmale Gasse mit scharfen Zickzackwendungen, sind etwas für das innere Kind, das in jedem Reisenden steckt.

Haus der Familie Shen HISTORISCHES GEBÄUDE

(沈厅; Shenting; Nanshi Jie; ⌚8.30–17.30 Uhr) In der Nähe einer anderen berühmten Brücke, der Fu'an Qiao, liegt das Anwesen der Familie Shen, ein Prachtstück aufwändiger Architektur im Stil der Qing-Zeit mit drei Hallen und über 100 Zimmern. Besonders interessant ist die erste Halle, denn hier gibt es eine Schleuse und ein Kai, an dem die Privatboote des Clans anlegten.

Tempel Quanfu TEMPEL
(全福寺; Quanfu Si; ⌚8.30–17.30 Uhr) Der auffällige bernsteinfarbene Tempelkomplex ist kaum zu übersehen. Der Tempel des „vollkommenen Glücks" wurde während der Song-Dynastie gegründet und seitdem zahllose Male umgebaut. Seine heutige Struktur stammt aus dem Jahr 1995, als eine Reihe Hallen und Gärten hinzugefügt wurde. Die Szenerie ist einfach faszinierend. Umgeben von sich überkreuzenden Wasserläufen, scheint der ganze Komplex zu schwimmen; zwischen den Gebäuden, die alle mit Brücken miteinander verbunden sind, befinden sich Teiche und Seen. Die Gärten bieten einen hübschen Rückzugsort vor der hektischen Betriebsamkeit auf den Straßen des Dorfes.

Schlafen & Essen

In der Stadt gibt es einige Gästehäuser. Für ein einfaches Zimmer muss mit 80 Yuan gerechnet werden. An jeder Ecke gibt es Restaurants – zu verhungern braucht hier also niemand.

Zhengfu Caotang BOUTIQUEHOTEL €€€
(正福草堂; ☎5721 9333; www.zfct.net; 90 Zhongshi Jie; 中市街 90 号; DZ 480–1080 Yuan; ❄@) Hut ab vor diesem Boutiquehotel mit fünf Zimmern, das gekonnt antike Möbel mit erstklassiger Ausstattung kombiniert und dadurch zum besten Hotel dieser Wasserstadt avancierte. Der Innenhof ist zum Entspannen und Teetrinken sehr gemütlich.

Zhouzhuang International Youth Hostel JUGENDHERBERGE €
(周庄国际青年旅舍; ☎5720 4566; 86 Beishi Jie; 北市街 86 号; B 45 Yuan, Zi. 100–140 Yuan; ❄@📶) Diese neue Jugendherberge in der Nähe der alten Opernbühne ist in einem umgebauten Wohnhof untergebracht. Sie bietet eine Auswahl an ordentlichen Zimmern und einen sauberen (aber dämmrigen) Schlafsaal. Kostenlose Benutzung der Waschmaschinen. Der Besitzer ist Barista, deshalb lassen sich in dem trendigen Cafe im Erdgeschoss perfekt zubereitete Getränke genießen.

An- & Weiterreise

Vom Fernbusbahnhof Nord in Suzhou fahren zwischen 6.55 und 17.20 Uhr halbstündig Busse (20 Yuan, 1½ Std.) nach Zhouzhuang. Vom Busbahnhof in Zhouzhuang links abbiegen und geradeaus gehen, bis man die Brücke sieht. Über die Brücke gehen, dahinter ist schon das Eingangstor des Dorfes Zhouzhuang zu sehen. Der Fußweg dauert etwa 20 Min. Eine Taxifahr vom Busbahnhof kostet nicht mehr als 10 Yuan.

Zhejiang

BEVÖLKERUNG: 47 MIO.

Inhalt »

Hangzhou........................273
Rund um Hangzhou......285
Wuzhen.........................287
Nanxun..........................288
Wuyi..............................289
Rund um Wuyi...............290
Putuo Shan...................292

Tolle Wanderungen

» Moganshan (S. 285)
» Guodong (S. 290)
» Putuo Shan (S. 292)

Schön übernachten

» Moganshan House 23 (S. 286)
» Le Passage Mohkan Shan (S. 286)
» Four Seasons Hotel Hangzhou (S. 280)

Auf nach Zhejiang

Trumpfkarte der Provinz Zhejiang ist ihre außerordentlich attraktive und vielbesuchte Hauptstadt Hangzhou, lediglich eine kurze Bahnfahrt von Shanghai entfernt. Hangzhou mag zwar das größte Highlight sein, aber Zhejiang hat weitaus mehr zu bieten. Charakteristisch für den grünen und wasserreichen Norden Zhejiangs (浙江) mit seinen glitzernden Flüssen und Kanälen sind die hübschen Bogenbrücken sowie die malerischen Wasserdörfer Wuzhen und Nanxun.

Die Buddhisteninsel Putuo Shan ist die bekannteste der Tausenden Inseln, die sich entlang der zerklüfteten und felsigen Küste aneinanderreihen. Die dunstigen, bewaldeten Hänge von Moganshan wirken wie eine erfrischende natürliche Klimaanlage, wenn das Thermometer in Shanghai in den schwülen Sommermonaten unangenehm in die Höhe schießt. Zhejiangs ländlicher Charme zeigt sich noch mehr in den weniger besuchten historischen Dörfern Guodong und Yuyuan vor den Toren des Städtchens Wuyi.

Reisezeit

Hangzhou

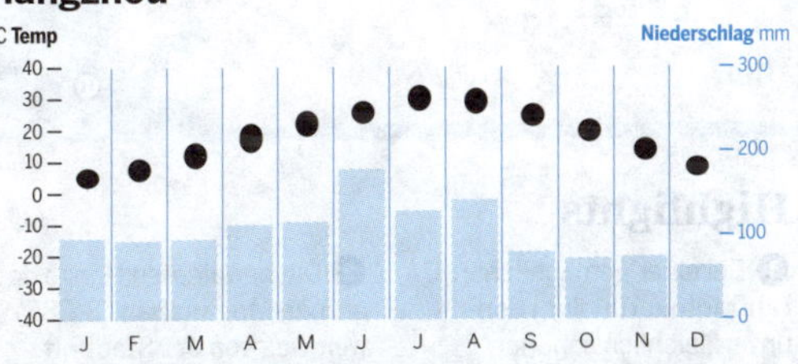

März–Mai Im Frühling ist die Luftfeuchtigkeit geringer, und alles erstrahlt in leuchtendem Grün.

August & September Erholung von der Hitze im Tiefland bieten die kühleren Höhen von Moganshan.

September–November In Hangzhou ist es noch nicht ganz Winter, aber der Sommer ist vorbei.

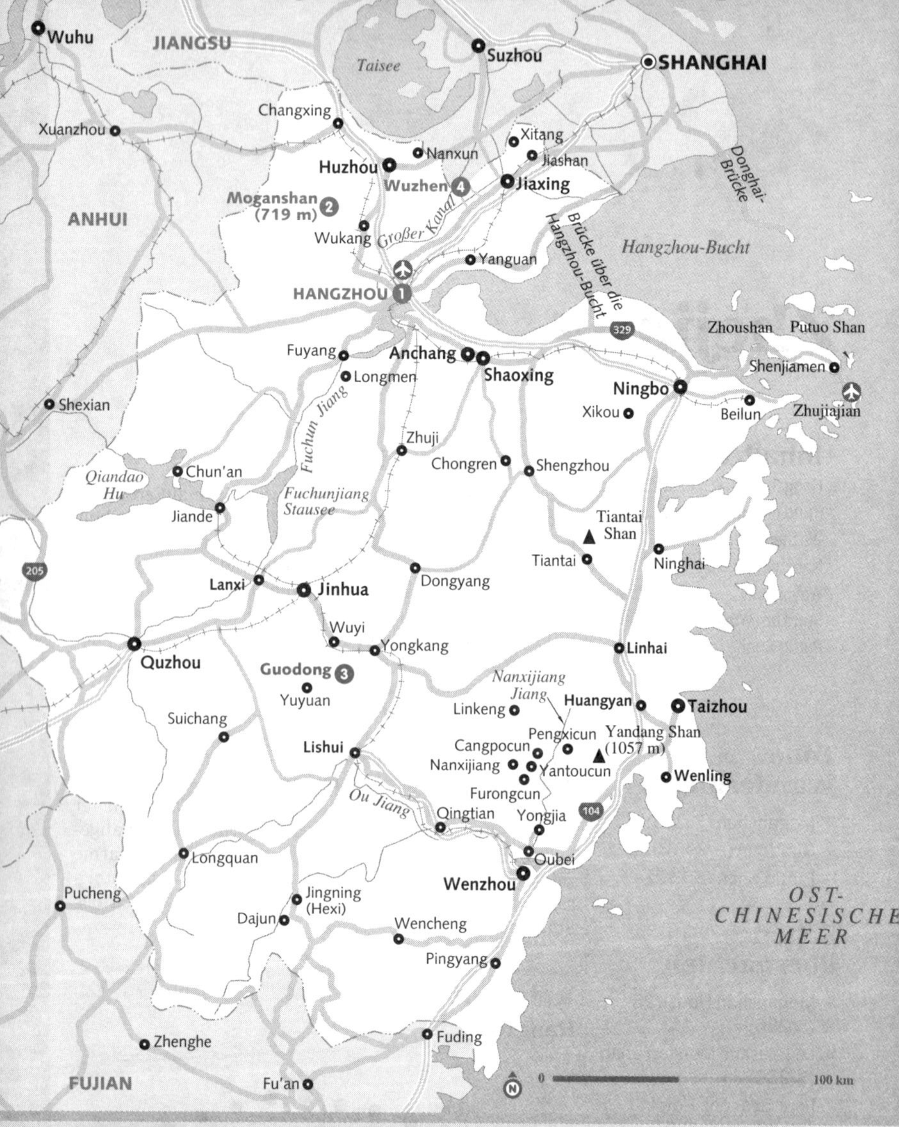

Highlights

1. Bei einer gemächlichen Fahrradtour rund um den unvergleichlich schönen **West Lake** (S. 275) in Hangzhou neue Kräfte tanken
2. Die bewaldeten Hänge des grünen **Moganshan** (S. 285) weit weg von der Stadtluft Chinas erkunden
3. Sich eine Ruhepause im dörflichen Charme und ländlichen Flair von **Guodong** (S. 290) gönnen
4. Das malerische Kanaldorfleben Zhejiangs in **Wuzhen** (S. 287) erkunden

Geschichte

Im 7. und 8. Jh. stellten Hangzhou, Ningbo und Shaoxing drei der bedeutendsten Handelszentren und Hafenstädte Chinas dar. Das fruchtbare Zhejiang gehörte zur weitläufigen Kornkammer des Südens, von der die verarmten Gebiete des Nordens über den Großen Kanal (Da Yunhe), der hier beginnt, mit Nahrung versorgt wurden. Als die Song-Dynastie im 12. Jh. nach Invasionen aus dem Norden ihren Hof nach Hangzhou verlegte, ging es mit dem Wachstum rasant voran. Durch intensiven Ackerbau ist im Norden Zhejiangs die natürliche Vegetation weitgehend verschwunden, weswegen die Landschaft sich heute zum großen Teil in eine flache, gesichtslose Ebene verwandelt hat.

Klima

Das Klima in Zhejiang ist subtropisch feucht mit heißen, stickigen Sommern und kühlen, feuchten Wintern. Im Mai und Juni gießt es in Strömen (und Taifune können im Sommer das Festland erreichen), im restlichen Jahr gibt es dafür nur noch Nieselregen.

Sprache

Die Bewohner Zhejiangs sprechen eine Variante des Wu-Dialekts, der auch in Shanghai und Jiangsu üblich ist. Da sich die Dialekte von Stadt zu Stadt unterscheiden, wird auch Mandarin gesprochen.

ℹ An- & Weiterreise

Zhejiang hat gute Inlandsverbindungen per Flugzeug, Hochgeschwindigkeitszug und Bus. Die Provinzhauptstadt Hangzhou ist problemlos von Shanghai und Suzhou mit dem Zug zu erreichen und ist ein günstiger Anlaufpunkt für Zhejiang. In der Nähe von Hangzhou und Putuo Shan gibt's jeweils Flughäfen.

ℹ Unterwegs vor Ort

Die Provinz ist recht klein, alles ist also problemlos zu erreichen. Reisen mit dem Hochgeschwindigkeitszug ist schnell und zuverlässig, allerdings sind für einige Orte Fahrten mit dem Bus (oder Boot) notwendig. Zu größeren Städten gibt's auch Flugverbindungen.

PREISE

In diesem Kapitel werden die folgenden Preiskategorien verwendet:

Schlafen

€	weniger als 200 Yuan
€€	200–500 Yuan
€€€	über 500 Yuan

Essen

€	weniger als 40 Yuan
€€	40–100 Yuan
€€€	über 100 Yuan

Hangzhou 杭州

☎0571 / 6,16 MIO. EW.

Hangzhou ist eines der berühmtesten Touristenziele Chinas. Sein idyllischer Westsee und die herrlich grüne, hügelige Umgebung verführen jeden Besucher leicht zu einem längeren Aufenthalt. Der See – von Dichtern gepriesen und von Kaisern gerühmt – hat die Fantasie der Chinesen seit Ewigkeiten beflügelt. Ganze Armeen von Straßenkehrern und Müllsammlern sorgen peinlichst für Sauberkeit, und so wirkt sein malerischer Anblick mit weidengesäumten Ufern, alten Pagoden, nebelverschleierten Hügeln und hier und da einem *shikumen*-Haus und einer alten *lilong*-Gasse wie ein klassisches chinesisches Aquarell. Trotz der Touristenhorden ist es ein Vergnügen, den Westsee zu erkunden, ob zu Fuß oder mit dem Fahrrad. Es braucht etwa drei Tage, um das malerische Gebiet Jiangnan („südlich des Yangtsekiang") voll genießen zu können. Aber eigentlich mag hier jeder bleiben und nie wieder gehen – wie die sanft fächelnden Weiden am Seeufer.

Geschichte

Hangzhous Geschichte reicht bis in die Anfänge der Qin-Dynastie (221 v. Chr.) zurück. Als Marco Polo im 13. Jh. durch die Stadt kam, nannte er Hangzhou Kinsai und nahm mit Erstaunen wahr, dass die Stadt einen Umfang von etwa 160 km hatte und ihre Gewässer von 12 000 Brücken überspannt waren.

Hangzhou erlebte nach der Anbindung an den Großen Kanal im Jahre 610 n. Chr. einen Aufschwung, doch richtig zur Blüte kam die Stadt erst, als die Song-Dynastie von den eindringenden Dschurdschen gestürzt wurde. Sie hatten 1126 die Song-Hauptstadt Kaifeng eingenommen und den Kaiser samt seinen führenden Höflingen gefangengesetzt. Die restlichen Mitglieder des Song-Hofes flohen nach Süden

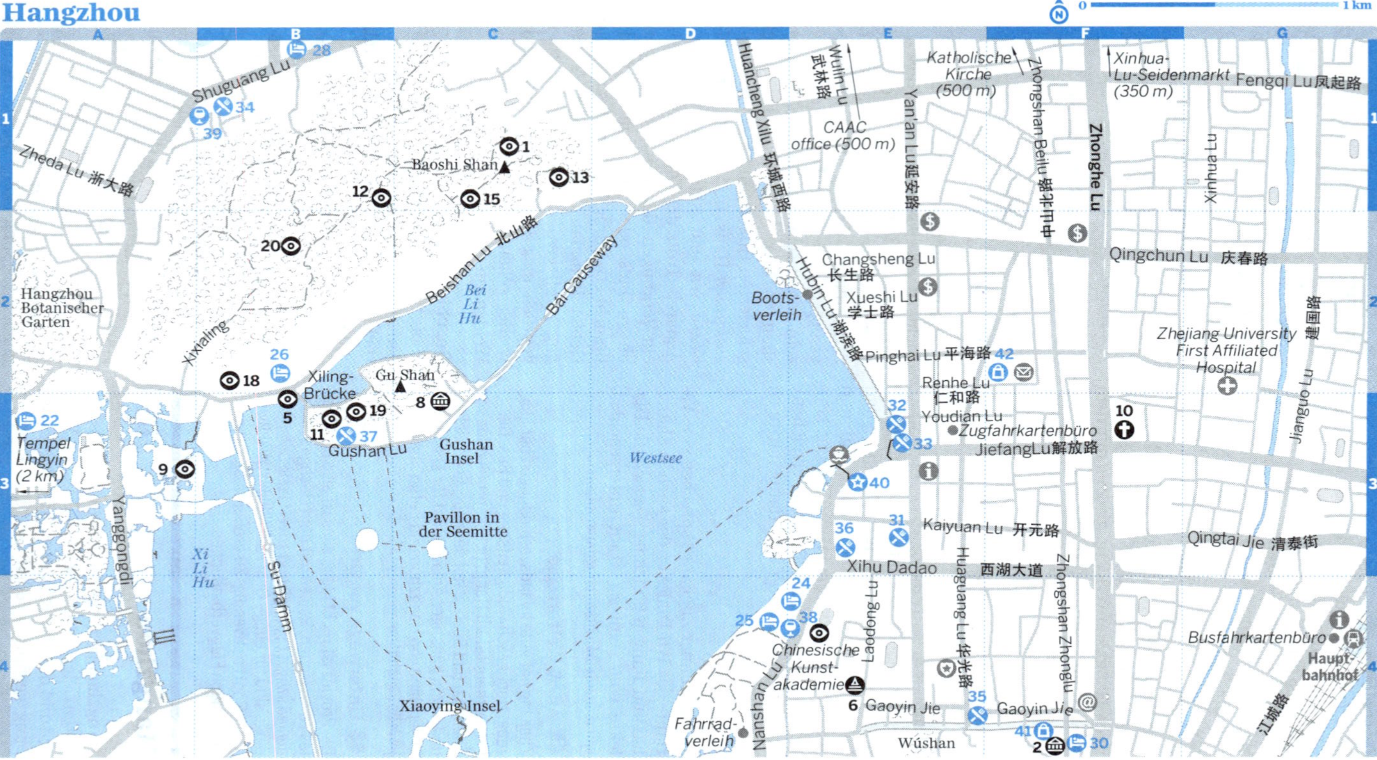
Hangzhou
0
1 km
Shuguang Lu
Zheda Lu 浙大路
Baoshi Shan
Hangzhou Botanischer Garten
Xixialing
Beishan Lu 北山路
Bei Li Hu
Bai Causeway
Xiling-Brücke
Gu Shan
Gushan Lu
Gushan Insel
Tempel Lingyin (2 km)
Yanggongdi
Xi Li Hu
Su-Damm
Pavillon in der Seemitte
Xiaoying Insel
Westsee
Huancheng Xilu 环城西路
Wulin Lu 武林路
CAAC office (500 m)
Katholische Kirche (500 m)
Xinhua-Lu-Seidenmarkt (350 m)
Fengqi Lu 凤起路
Yan'an Lu 延安路
Zhongshan Beilu 中山北路
Zhonghe Lu
Xinhua Lu
Qingchun Lu 庆春路
Changsheng Lu 长生路
Xueshi Lu 学士路
Boots-verleih
Hubin Lu 湖滨路
Pinghai Lu 平海路
Zhejiang University First Affiliated Hospital
建国路
Jianguo Lu
Renhe Lu 仁和路
Youdian Lu
Zugfahrkartenbüro
JiefangLu 解放路
Kaiyuan Lu 开元路
Qingtai Jie 清泰街
Xihu Dadao 西湖大道
Laodong Lu
Huaguang Lu 华光路
Zhongshan Zhonglu
Busfahrkartenbüro
Hauptbahnhof
Chinesische Kunst-akademie
Nanshan Lu
Fahrrad-verleih
Gaoyin Jie
Wúshan
江城路

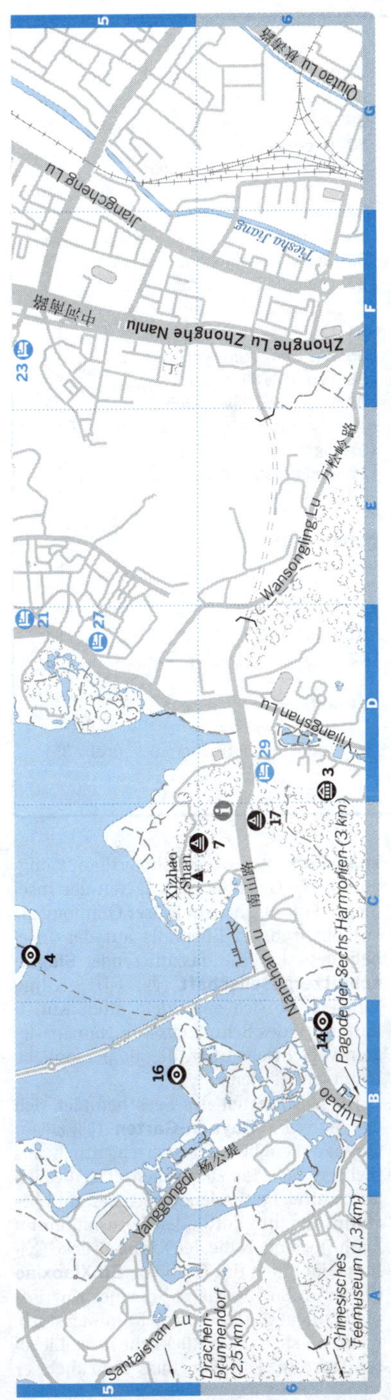

und ließen sich schließlich in Hangzhou nieder, das sie zur Hauptstadt der Südlichen Song-Dynastie ernannten. Feuersbrünste waren wegen der Holzhäuser Hangzhous eine ständige Gefahr. Das große Feuer von 1237, einer von vielen Großbränden, legte um die 30 000 Gebäude in Schutt und Asche.

Als die Mongolen in China einfielen, wählten sie Beijing als Sitz ihres Hofs, doch Hangzhou blieb weiterhin eine blühende Handelsstadt. In der Ming-Epoche besaß Hangzhou zehn Stadttore, wurde aber dennoch von Taiping-Rebellen angegriffen, die im Jahr 1861 die Stadt belagerten und schließlich einnahmen. Zwei Jahre später eroberten kaiserliche Truppen die Stadt wieder zurück. Die Gefechte zerstörten fast die ganze Stadt, über eine halbe Million Einwohner starb durch Krankheit, Hunger und kriegerische Gewalt. Die Bedeutung Hangzhous als Wirtschafts- und Handelszentrum fand somit schließlich ein Ende.

Nur wenige Bauwerke konnten die Verwüstung überstehen. Ein Großteil des heutigen Hangzhous wurde erst in jüngerer Zeit erbaut.

Sehenswertes & Aktivitäten

Der Eintritt in Museen und Gärten Hangzhous ist kostenlos. Die übrigen Sehenswürdigkeiten bieten Eintritt zum halben Preis für Kinder von 1 m bis 1,30 m und freien Eintritt für die unter 1 m.

Westsee SEE

(西湖; Xi Hu) Die kitschige und völlig übertriebene Touristenbroschüre, die den Westsee anpreist, hat mit ihrer zuckrigen Lobhudelei beinahe recht. Der Westsee ist der Inbegriff klassischer Schönheit in China und fasziniert bis heute, auch durch systematische Aufhübschung, die einen raffinierten Zauber ausübt: Über dem von Weiden gesäumten Gewässer erheben sich Hügel, die von Pagoden gekrönt sind, und Boote gleiten langsam durch ein gelassenes und anmutiges Landschaftsbild. Ganz authentisch ist es mit all der aufgemotzten Historie bei Weitem nicht, aber es ist dennoch eine ziemlich gelungene Nachbildung des klassischen China.

Der See war ursprünglich eine Lagune mit Verbindung zum Fluss Qiantang und entstand erst im 8. Jh., als der Statthalter von Hangzhou das sumpfige Areal ausschlämmen ließ. Im Lauf der Zeit entstand

Hangzhou

Sehenswertes

1 Baochu-Pagode C1
2 Chinesisches Medizinmuseum Huqingyu Tang F4
3 Chinesisches Seidenmuseum D6
4 Drei Teiche, die den Mond spiegeln C5
5 Grab von Su Xiaoxiao B3
6 Konfuziustempel E4
7 Lei-Feng-Pagode C6
8 Provinzmuseum Zhejiang C3
9 Quyuan-Garten A3
10 Sicheng-Kirche F3
11 Siegelschnitzergesellschaft B3
12 Sonnenaufgangsterrasse B1
13 Statuen der Ming-Dynastie C1
14 Taiziwan-Park B6
15 Taoistischer Tempel Baopu C1
16 Teich der Roten Karpfen B5
17 Tempel Jingci C6
18 Yue-Fei-Mausoleum B2
19 Zhongshan-Park B3
20 Ziyun-Höhle B2

Schlafen

21 Crystal Orange Hotel D5
22 Four Seasons Hotel Hangzhou A3
23 Hofang International Youth Hostel F5
24 Jugendherberge In Lake E4
25 Jugendherberge Mingtown D4
26 Shangri-La Hotel B2
27 Starway Jingshang Youth Hostel D5
28 Tea Boutique Hotel B1
29 West Lake Youth Hostel D6
30 Internationale Jugendherberge Wushanyi F4

Essen

31 Carrefour E3
32 Grandma's Kitchen E3
33 Green Tea Restaurant E3
Jin Sha ..... (siehe 22)
34 La Pedrera B1
35 Lao Hangzhou Fengwei E4
36 Laomajia Mianguan E3
37 Louwailou Restaurant B3

Ausgehen

38 Eudora Station E4
39 Maya Bar B1

Unterhaltung

40 JZ Club E3

Shoppen

41 Huichun Tang F4
42 Wushan-Lu-Nachtmarkt F2

Praktisches

Hangzhou-Touristeninformation ..... (siehe 35)

die ganze Schönheit des Sees: Gärten wurden angelegt, Pagoden erbaut und aus dem Schlamm Dämme und Inseln aufgeworfen.

Der gefeierte Dichter Su Dongpo selbst nahm am Ausbau des Sees teil und ließ in seiner Amtszeit als Statthalter im 11. Jh. den **Su-Damm** (苏堤; Sudi) bauen. Das Projekt war nicht wirklich originell – der Dichter-Statthalter Bai Juyi hatte bereits 200 Jahre zuvor den **Bai-Damm** (白堤; Baidi) errichten lassen. Die autofreien Dämme mit ihren Bogenbrücken, Weiden, Pflaumen- und Pfirsichbäumen eignen sich für geruhsame Ausflüge, besonders mit dem Fahrrad.

Die größte Insel des Sees, **Gu Shan** (孤山岛; Gushan Dao), ist über den Bai-Damm mit dem Nordufer verbunden. Dort befinden sich das **Zhejiang-Provinzmuseum** (浙江省博物馆; Zhejiang *sheng bowuguan*; 25 Gushan Lu; Eintritt frei, Audioguide 10 Yuan; ⌚Di–So 8.30–16.30 Uhr) und der **Zhongshan-Park** (中山公园; Zhongshan Gongyuan). Die Gebäude und Gärten der Insel dienten im 18. Jh. dem Kaiser Qianlong als Urlaubsresidenz. Ebenfalls auf der Insel befindet sich die faszinierende **Siegelschnitzergesellschaft** (西泠印社; Xiling Yinshe), die sich ganz dem alten Kunsthandwerk des Schnitzens von Namenssiegeln verschrieben hat, die als persönliche Unterschrift dienen.

Im Nordwesten des Sees befindet sich der hübsche **Quyuan-Garten** (曲院风荷; Quyuan Fenghe), der sich eigentlich aus mehreren Gärten zusammensetzt, die sich auf zahlreiche Inselchen verteilen und berühmt für ihre duftenden Lotusblüten im Frühling sind. Nahe der Xiling-Brücke (Xiling Qiao) liegt das Grab von **Su Xiaoxiao** (苏小小墓;Su Xiaoxiao Mu), einer Kurtisane aus dem 5. Jh., die vor Kummer starb, während sie auf die Rückkehr ihres Liebsten wartete. Es heißt, dass ihr ruheloser

Geist diese Gegend noch immer heimsuche und dass das Bimmeln der Glöckchen an ihrem Gewand nachts zu hören sei.

Von der kleineren **Seeinsel Xiaoying** (小瀛洲; Xiaoying Zhou) aus sind die **Drei Teiche, die den Mond spiegeln** (三潭印月; Santan Yinyue) zu sehen, drei Türmchen im Wasser vor dem Südufer der Insel. In der Nacht des Mittherbstfestes erstrahlt aus den jeweils fünf Öffnungen Kerzenlicht. Von der Kleinen Yingzhou-Insel schweift der Blick über den **Teich der Roten Karpfen** (花港观鱼; Huagang Guanyi), in dem ein paar Tausend rote Karpfen schwimmen.

Rund um den See gibt es oft spontanen Operngesang und andere kulturelle Darbietungen, und bei schönem Wetter sollte unbedingt daran gedacht werden, vom Ostufer aus Fotos vom Sonnenuntergang am Westsee zu schießen. Auch nächtliche Spaziergänge um den See sind toll und sehr romantisch – es gibt jede Menge Sitzbänke mit Blick auf das stille Gewässer.

Am besten lässt sich der See mit dem Fahrrad umrunden. **Pferdekutschen** (⏲8–18.30 Uhr), die einfach herangewunken werden können, traben ebenfalls um den Westsee. Eine komplette Seeumrundung kostet 40 Yuan, bis zum nächsten Halt 10 Yuan. Auch die beiden Touristenbusse Y1 und Y2 umrunden den See.

Yue-Fei-Mausoleum TEMPEL

(岳庙; Yue Fei Mu; Beishan Lu; Eintritt 25 Yuan; ⏲7–18 Uhr) General Yue Fei (1103–42), der Befehlshaber der Armee der Südlichen Song, führte im 12. Jh. mehrere erfolgreiche Schlachten gegen die Dschurdschen, die aus dem Norden eingefallen waren. Trotz seiner anfänglichen Erfolge wurde er an den Song-Hof zurückbeordert und aufgrund einer Intrige des heimtückischen Premierministers Qin Hui zusammen mit seinem Sohn hingerichtet. Der Song-Kaiser Gao Zong rehabilitierte Yue Fei 1163 und ließ seinen Leichnam an den heutigen Standort umbetten.

Lei-Feng-Pagode PAGODE

(雷峰塔; Leifeng Ta; Erw./Kind 40/20 Yuan; ⏲März–Nov. 8–20.30 Uhr, Dez.–Feb. 8–17.30 Uhr) Die auffällige Lei-Feng-Pagode mit ihrer goldenen Spitze bietet einen schönen Blick auf den See. Die ursprüngliche Pagode von 977 stürzte 1924 ein. Bei Renovierungsarbeiten 2001 wurden im Fundament, neben anderen Schätzen, buddhistische Seidenmanuskripte entdeckt.

Tempel Jingci BUDDHISTISCHER TEMPEL

(净慈寺; Jingci Si; Eintritt 10 Yuan; ⏲6.30–17 Uhr) Der beschauliche Chan(Zen)-Tempel Jingci stammt ursprünglich aus dem Jahr 954 n. Chr. und ist heute vollständig restauriert. In der prächtigen Vorhalle befinden sich die gewaltigen und bedrohlichen Himmlischen Könige und ein prunkvoller rot-goldener Kasten, in dem Milefo (der zukünftige Buddha) und Weituo hocken. Die Haupthalle – die **Große Schatzkammer** – birgt eine schlichte, riesige sitzende Statue des Sakyamuni. Unbedingt sehenswert ist die umwerfende **1000-armige Guanyin** (千手观音) im Guanyin-Pavillon mit ihrem Riesenfächer aus Armen. Die gewaltige Bronzeglocke des Tempels wird am Vorabend des Mondneujahrs 108-mal geschlagen, um Wohlstand zu bringen. Ein vegetarisches Restaurant befindet sich dort auch.

Tempel Lingyin BUDDHISTISCHER TEMPEL

(灵隐寺; Lingyin Si; Lingyin Lu; nur Gelände 35 Yuan, Gelände & Tempel 65 Yuan; ⏲7–17 Uhr) Der Lingyin ist der berühmteste Tempel Hangzhous und stammt von 326 n. Chr. Durch Kriege und Katastrophen wurde er 16-mal zerstört und immer wieder aufgebaut. Während der Zeit der Fünf Dynastien (907–960) lebten hinter seinen safrangelben Mauern etwa 3000 Mönche.

Die Hauptgebäude des Tempels wurden während der Qing-Dynastie restauriert. Die Halle der Vier Himmlischen Könige ist mit ihren vier großen Wächtern und einem herrlich kunstvollen Schrein mit einer Statue des Milefo einfach großartig. Die **Große Halle** birgt eine prächtige, 20 m hohe Statue des Siddhartha Gautama (Sakyamuni). Sie wurde 1956 aus 24 Kampferholzblöcken als Kopie eines Originals aus der Tang-Dynastie gefertigt. Hinter der Riesenstatue steht eine verblüffende Installation der Guanyin inmitten von 150 kleinen Figuren, darunter mehrere *arhat (luohan)* in verschiedenen Posen. Dahinter befindet sich die Halle des Buddhas der Heilkunde.

Der Weg zum Tempel hinauf führt an der Flanke des **Feilai-Bergs** (Feilai Feng; Berg, der aus der Ferne herbeiflog) entlang, der der Legende nach wie durch ein Wunder aus Indien hierher versetzt wurde. Die 470 buddhistischen Skulpturen am Flussufer und an den Berghängen, die in Grotten stehen, stammen aus dem 10. bis 14. Jh. Zu den schönsten Skulpturen, auch zum berühmten „lachenden“ Maitreya Buddha, führen Pfade am anderen (östlichen) Flussufer entlang.

In der Nähe des Lingyin-Tempels finden sich noch eine Reihe anderer Tempel, darunter der Yongfu-Tempel und der Taoguang-Tempel.

Hinter dem Tempel Lingyin erhebt sich der **Nordgipfel** (Bei Gaofeng), auf den eine Seilbahn hinaufführt (Berg-/Talfahrt/hin & zurück 30/20/40 Yuan). Von oben eröffnet sich ein Panorama über den See und die Stadt.

Der Tempel ist mit dem Bus K7 sowie dem Touristenbus Y2 zu erreichen (beide fahren am Bahnhof ab), außerdem mit dem Touristenbus Y1, der die Straßen um den Westsee befährt.

Qinghefang-Altstadtstraße STRASSE

(清河坊历史文化街; Qinghefang Lishi Wenhua Jie) Die faszinierende und quirlige Fußgängerstraße mit ihren Geschäften, Buden und Andenkenläden jeglicher Art befindet sich am Südende der Zhongshan Zhonglu. Die Imbissgassen, die von ihr abzweigen, sind stets voller Menschen. Es macht Spaß, hier herumzustöbern, auch gibt es hier mehrere traditionelle Apotheken und das atmosphärische **Museum traditioneller chinesischer Medizin Huqingyu Tang** (中药博物馆; *zhongyao bowuguan*; 95 Dajing Xiang; Eintritt 10 Yuan; ⌚8.30–17 Uhr), das eine echte Apotheke und Arztpraxis ist. **Huichun Tang** (回春堂; 117 Hefang Jie) ist eine weitere reizende alte Apotheke mit einem Schwalbennest innen über dem Eingang.

BOOTSFAHRTEN AUF DEM WESTSEE

Ausflugsboote (游船; youchuan; inkl. Eintritt zu den Drei Teichen Erw./Kind 45/22,50 Yuan; ⌚7–16.45 Uhr) fahren häufig von vier Anlegestellen (Hubin-Park, Teich der Roten Karpfen, Zhongshan-Park und dem Mausoleum des Generals Yue Fei) zum Mittsee-Pavillon (Huxin Ting) und zur Insel Xiaoying (Xiaoying Zhou). Die Touren dauern anderthalb Stunden und legen alle 20 Minuten ab. Wer mag, kann sich auch eines der Boote für sechs Personen (小船; xiao chuan; 80 Yuan pro Person oder 160 Yuan pro Boot) mit Ruderer mieten. Sie warten gegenüber dem Overseas Chinese Hotel oder an den Dämmen auf Kundschaft. Am Bai-Damm werden auch Paddelboote vermietet (30 Min. 15 Yuan, Kaution 200 Yuan).

GRATIS **Konfuziustempel** TEMPEL

(文庙; Wenmiao; Ecke Fuxue Xiang & Laodong Lu; ⌚Di–So 9–16.30 Uhr) Der Konfuziustempel von Hangzhou ist eine Oase der Stille und Ruhe. Die Haupthalle mit ihren prachtvoll bemalten und geschnitzten Balken und Deckenschmuck ist einen Besuch wert. Im Inneren sitzen die stattlichen Figuren des Konfuzius und anderer konfuzianischer Philosophen, darunter auch Menzius.

SÜDSEITE DES WESTSEES

Die Hügel südlich des Westsees sind ein Paradies für Wanderer, Radfahrer und Liebhaber grünen Tees.

GRATIS **Chinesisches Seidenmuseum** MUSEUM

(中国丝绸博物馆; *zhongguo sichou bowuguan*; 73-1 Yuhuangshan Lu; Audioguide 100 Yuan; ⌚8.30–16.30 Uhr, Mo Vormittag geschl.) Das Museum dicht am See zeigt schöne Seidenarbeiten. Die Exponate erläutern (auf Englisch) die Geschichte und den Arbeitsvorgang der Seidenherstellung.

GRATIS **Chinesisches Teemuseum** MUSEUM

(中国茶叶博物馆; *zhongguo chaye bowuguan*; 88 Longjing Lu; ⌚Di–So 9–16.30 Uhr) Nicht weit Richtung Berge sind bereits von weitem die welligen Reihen der Teesträucher zu sehen, die zum Chinesischen Teemuseum gehören – 3,7 ha Land, die der Kunst, dem Anbau und der Verkostung des Tees gewidmet sind. Weiter bergauf befinden sich mehrere Tee produzierende Dörfer, die alle den berühmtesten grünen Tee Chinas ernten, den *longjing* (Drachenquelle), der nach einer Quelle benannt wurde, deren Muster im Wasser einem Drachen ähnelt. Die berühmtesten Tees Hangzhous können im **Drachenbrunnendorf** (龙井问茶; Longjing Wencha; ⌚8–17.30 Uhr) nahe dem ersten Pass probiert werden. Der Touristenbus Y3 fährt sowohl zum Museum als auch zum Dorf.

Taiziwan-Park PARK

(太子湾公园; Nanshan Lu; ⌚24 Std.) Durch den hübschen und heiteren Park gleich südlich des Sudi-Damms am Westsee

WANDERN AM WESTSEE

Die Xixialing Lu (栖霞岭路; auch Qixialing Lu genannt) führt gleich westlich des Mausoleums des Generals Yue Fei zu einer atemberaubenden Wanderung in die Hügel oberhalb des Sees hinauf. Der Weg geht an der Westmauer des Tempels vorbei und dann im Schatten hoher Bäume Steinstufen hinauf. An der Ziyun-Höhle (紫云洞; Ziyun Dòng) gabelt sich der Weg; weiter geht's über den rechten Abzweig in Richtung des 1 km entfernten taoistischen Tempels Baopu (Baopu Daoyuan) und der Baochu-Pagode (保俶塔; Baochu Ta). Oben auf der Treppe geht's nach links und an der Sonnenaufgangsterrasse (初阳台; Chuyang Tai) nochmals links. Wieder treppab liegt rechts der **taoistische Tempel Baopu** (抱朴道院; Eintritt 5 Yuan; ⏲6–17 Uhr), in dessen Vorhalle eine Statue der Guanyin (obwohl eine buddhistische Göttin) vor einem Yin-Yang-Symbol steht. Eine Statue des taoistischen Meisters Gehong (葛洪) – der hier einst Zinnober verhüttete – befindet sich in der nächsten Halle hinter einem prachtvoll geschnitzten und mit Figuren geschmückten Altar. Zur Baochu-Pagode geht's dann ein Stück auf dem Weg zurück Richtung Osten bis zu einer Gabelung von drei Pfaden; hier den mittleren Pfad nehmen. Nach einem engen Durchgang zwischen zwei riesigen Felsbrocken ist die Baochu-Pagode bereits zu sehen. Die siebenstöckige Ziegelpagode wurde mehrmals restauriert und zuletzt 1933 neu gebaut. Die Turmspitze stürzte jedoch in den 1990er-Jahren herab. Der Weg führt von hier hinab und durch einen pailou hindurch, einen Zierbogen aus der Zeit der Republik China (einige Schriftzeichen sind rausgekratzt), bis zu einigen Statuen aus der Ming Dynastie am Felshang. In den turbulenten 1960er-Jahren wurden sie alle zerstört, bis auf zwei Statuen auf der rechten Seite. Rechts führt nun der Weg hinab zur Beishan Lu (北山路), die von der Baochutaqianshan Lu (保俶塔前山路) abzweigt.

führt ein hölzerner Laufsteg zwischen Bäumen, Teichen, Seen, Rosengärten und Rasen hindurch. Der Park kann jederzeit erkundet werden.

Pagode der sechsfachen Harmonie
PAGODE

(六和塔; Liuhe Ta; 16 Zhijiang Lu; nur Gelände 20 Yuan, Gelände & Pagode 30 Yuan; ⏲6–18.30 Uhr) 3 km westlich des Sees überspannt eine gewaltige Eisenbahn- und Autobrücke den Fluss Qiantang. Ganz in der Nähe erhebt sich die 60 m hohe, achteckige Pagode der sechsfachen Harmonie, die erstmals 960 n. Chr. erbaut wurde. Die gedrungende (statt wie üblich in China schlanke) Pagode, die bestiegen werden kann, diente auch als Leuchtturm und soll magische Kräfte besitzen, um die 6,5 m hohe Flutwelle aufzuhalten, die den Qiantang heraufdonnert. Hinter der Pagode führt ein wunderschöner Weg über Terrassen mit Skulpturen, Glocken, Schreinen und Inschriften. Zu erreichen mit dem Bus K4 oder 504 ab der Nanshan Lu.

WEITERE SEHENSWÜRDIGKEITEN

Katholische Kirche
KIRCHE

(天主堂; Tianzhu Tang; 415 Zhongshan Beilu; Eintritt frei) Die hinter Blechtoren verborgene, blauweiße katholische Kirche ist ein hübsches altes Bauwerk mit einer Statue der barmherzigen Jungfrau Maria über der Tür. Wer an das Tor klopft, wird vielleicht vom Torhüter eingelassen.

Sicheng-Kirche
KIRCHE

(思澄堂; Sicheng Tang; 132 Jiefang Lu; Eintritt frei) Die von Chinesen gebaute protestantische Backsteinkirche hat anders als die katholische Kirche einen eher chinesischen Baustil und eine ergebene und freundliche Gemeinde. Falls sie geschlossen ist, den Eingang in der Jueyuansi-Gasse (觉苑寺巷) an der Ostseite der Kirche probieren.

Geführte Touren

Praktisch jedes Mittel- und Spitzenklassehotel bietet Touren zum Westsee und Umgebung an. Auch die Touristeninformation von Hangzhou organisiert häufige Touren.

Festivals & Events

Das wichtigste Event ist das Internationale Qiantang-Flutfestival, das jedes Jahr im Herbst in Yanguan außerhalb von Hangzhou stattfindet. Weitere Informationen siehe S. 285.

Schlafen

Die Hotelszene Hangzhous hat sich in den vergangenen Jahren in allen Kategorien enorm entwickelt; Jugendherbergen gibt's jetzt reichlich. Im Sommer, an Wochenenden und während der trubeligen Festtage sollte frühzeitig gebucht werden. Die Zimmerpreise in Hostels und in einigen Hotels gehen am Wochenende, wenn Reisende aus allen Ecken der Welt eintreffen, in die Höhe. Die Zeichen 住宿 und 客房 („Zimmer zu vermieten") weisen auf billige Unterkünfte hin, die oft auch Ausländer akzeptieren.

Four Seasons Hotel Hangzhou HOTEL €€€
(杭州西子湖四季酒店; Hangzhou Xizihu Siji Jiudian; ☎8829 8888; www.fourseasons.com/hangzhou; 5 Lingyin Lu; 灵隐路 5号; DZ 3048–3738 Yuan, Suite ab 6693 Yuan;) Das großartige Four Seasons mit 78 Zimmern und zwei Swimming-Pools ist eher eine Ferienanlage als ein Hotel und liegt in verführerischer Lage auf einem üppig bewachsenen Areal am Westsee. Die niedrigen Gebäude und Ferienwohnungen erinnern an das traditionelle China, ein Eindruck, der noch durch Duftblütenbäume, Ziersträucher, Teiche und die Ruhe verstärkt wird. Die hinreißend eingerichteten und sehr großen Deluxe-Zimmer im Erdgeschoss haben ihren eigen Garten. Alle Zimmer sind mit schönen Bädern, begehbaren Kleiderschränken und sehr einladenden Betten ausgestattet. Der Infinity-Pool am Westsee ist ein Traum, ebenso der herausragende Wellnessbereich. WLAN kostet extra.

Tea Boutique Hotel HOTEL €€€
(杭州天伦精品酒店; Hangzhou Tianlun Jingpin Jiudian; ☎8799 9888; www.teaboutiquehotel.com; 124 Shuguang Lu; 曙光路 124号; DZ 988–1280 Yuan, Suite 2688 Yuan;) Das einfache, aber wirkungsvoll aus Holz gestaltete Foyer mit der geschwungenen Rezeption bietet bereits einen Vorgeschmack auf die schönen Zimmer. Ein Hauch von japanischem Minimalismus durchweht das Hotel mit seinen blassgrünen Teetassen, gedämpften Farben und – für China interessant – einer Bibel in jedem Zimmer. Isolierfenster zur Straße raus halten den Verkehrslärm fern und die breiten Flure vermitteln ein Gefühl von Raum, der Boutiquehotels oft fehlt. Der Service its exzellent, und Ermäßigungen werden von 20 bis 40 % geboten.

Internationale Jugendherberge Hofang HOSTEL €
(荷方国际青年旅社; Hefang Guoji Qingnian Lushe; ☎8706 3299; 67 Dajing Xiang; 大井巷 67号; B 50–55 Yuan, 2BZ 100 Yuan, DZ 99–119 Yuan;) Das Hostel in bester Lage liegt erfreulich abseits vom Lärm in einer historischen Seitengasse der Qinghefang Altstadtstraße. Es hat ein angenehmes und ruhiges Flair und hübsche Dachzimmer mit Tatami-Matten.

Internationale Jugendherberge Wushanyi HOSTEL €
(吴山驿国际青年旅社; Wushanyi Guoji Qingnian Lushe; 22 Zhongshan Zhonglu; 中山中路 22号; DZ/3BZ 248/320 Yuan;) Das ruhige, gemütliche und komfortable Hostel wird von einer gesunden Mischung aus chinesischen und westlichen Reisenden besucht. Es hat saubere und gepflegte Zimmer, exzellentes, sehr hilfsbereites Personal und eine zauberhafte Lage abseits der Qinghefang Jie (und nicht allzu weit vom Westsee). Drei Computer (erste halbe Stunde kostenlos) stehen in der Lobby (mit WLAN) zur Verfügung.

Jugendherberge Mingtown HOSTEL €
(明堂杭州国际青年旅社; Mingtang Hangzhou Guoji Qingnian Lushe; ☎8791 8948; 101–11 Nanshan Lu; 南山路 101–11号; B 60 Yuan, EZ/DZ 185/265 Yuan;) Das freundliche Hostel in hübscher Seelage ist oft ausgebucht, sollte also frühzeitg reserviert werden. Es hat eine erholsame Café-Bar, Internetzugang, verleiht Fahrräder und Campingausrüstung und bucht Tickets für die Gäste.

Jugendherberge In Lake HOSTEL €
(柳湖小筑青年旅社; Liuhu Xiaozhu Qingnian Lushe; ☎8682 6700; 5 Luyang Lu; 绿杨路 5号; 6-Bett-Schlafsaal mit Dusche 70 Yuan, 2BZ & DZ 368–448 Yuan;) Das freundliche und aufgeschlossene Hostel liegt ideal nur ein paar Schritte vom malerischen Westsee an der Nanshan Lu. Es hat ein friedliches Flair, einen blumengeschmückten Innenhof, saubere Schlafsäle (alle mit Dusche), Schicke Doppel- und Zweibettzimmer, eine Dachterrasse zum Grillen, unten eine Café-Bar und zuvorkommendes Personal.

Jugendherberge West Lake HOSTEL €
(杭州过客青年旅社; Hangzhou Guoke Qingnian Lushe; ☎8702 7027; www.westlakehostel.com; 62–3 Nanshan Lu; 南山路 62–3号; B 50–55 Yuan, EZ 170 Yuan, 2BZ 210–220 Yuan;) Das Hostel östlich des Jingci-Tempels liegt zwischen Bäumen und Büschen ein Stück

zurückgesetzt von der Straße. Es hat nette Zimmer und eine gemütliche, mit Laternen behangene Lounge-Bar und bietet viel Atmosphäre und Abgeschiedenheit – Reservierung ist ratsam. Morgens kann der Kindergarten nebenan etwas laut sein. Vom Bahnhof ist es mit dem Bus Y2 bis zur Haltestelle Changqiao (长桥) zu erreichen.

Crystal Orange Hotel HOTEL €€€
(桔字水晶酒店; Juzi Shuijiing Jiudian; ☎2887 8988; www.orangehotel.com; 122 Qingbo Jie; 清波街 122 号; 2BZ/Suite 788/1388 Yuan; ❄@📶) Adrettes und modernes Businesshotel mit frischem und flotten Interieur, Warhol-Drucken im Foyer, gläsernem Aufzug und nur vier Stockwerken. Leider haben die gepflegten Zimmer keinen Seeblick. Ermäßigungen von 50 %.

Shangri-La Hotel HOTEL €€€
(杭州香格里拉饭店; Hangzhou Xianggelila Fandian; ☎8797 7951; www.shangri-la.com; 78 Beishan Lu; 北山路 78 号; DZ 1650 Yuan, mit Seeblick 2500 Yuan; ❄@📶🏊) Das Haus mitten im Wald am Nordufer des Sees hat eine schöne, malerische Lage. Das Hotel ist schon lange im Geschäft, also unbedingt die Zimmer vorher besichtigen, da sie sich qualitativ unterscheiden. Es gibt WLAN, einen Swimmingpool und ein Fitnessstudio sowie Ermäßigungen von 30 %.

Starway Jingshang Youth Hostel HOSTEL €
(景上南山; Jingshang Nanshan; ☎2806 9000; 148–5 Nanshan Lu; 南山路 148–5 号; B 50 Yuan, DZ/2BZ 255/235; ❄@📶) Das Starway ist Ok mit durchwachsenen Schlafsälen und Doppelzimmern ein Stück ab von der Straße nahe dem Westsee. Besonders atmosphärisch ist es nicht, aber praktisch, wenn alles andere ausgebucht ist.

Essen

Hangzhous Küche ist frisch, mild und enthält viel Süßwasserfisch, besonders Aal und Karpfen. Beachtenswert sind Gerichte wie dongpo rou (东坡肉; geschmortes Schweinefleisch), benannt nach dem Dichter aus der Song-Dynastie Su Dongpo, und das „Bettlerhuhn" jiaohua tongji (叫花童鸡; Huhn in Lotosblätter und Ton gewickelt und in heißer Asche gegart). Bambussprossen sind eine lokale Delikatesse, besonders im Frühjahr, wenn sie am zartesten sind. Hangzhous beliebteste Restaurantstraße ist die **Gaoyin Jie** parallel zur Qinghefang-Altstadtstraße. Sie ist voller Restaurant, die nachts wie Casinos knallig hell erleuchtet sind und sich an Touristen richten. Neben den hier erwähnten vegetarischen Restaurants gibt es auch eins im Tempel Jingci, das bis 22 Uhr geöffnet ist.

LP TIPP **Green Tea Restaurant** HANGZHOU-KÜCHE €€
(绿茶; Lucha; 250 Jiefang Lu; 解放路 250 号; Mahlzeiten 70 Yuan; 📋) Das exzellente und stets gut besuchte Restaurant serviert hervorragendes Essen und gehört zu den besten im Ort. Das Ambiente aus unverputzten Ziegelwänden, Rattanutensilien und Kissen mit buntem Blumenmuster ist zwanglos. Auf der langen Papierspeisekarte (auf der das Gewünschte angekreuzt wird) steht u. a. Muschelsuppe (19 Yuan) – ein Teller Muscheln – , ein salziges und leckeres Gericht mit Chilli. Die Auberginen im Tontopf (20 Yuan) sind einfach klasse und das Green-Tea-Brathuhn (halbes/ganzes 25/48 Yuan) ist schmackhaft. Den Kaffee sollte man besser vermeiden, es sei denn, man mag ihn mit automatisch beigefügter supersüßer Kaffeesahne. Es gibt noch vier weitere Filialen im Ort.

La Pedrera SPANISCH, TAPAS €€€
(巴特洛西班牙餐厅; Bateluo Xibanya Canting; ☎8886 6089; 4 Baishaquan, Shuguang Lu; 曙光路白沙泉 4 号; Tapas ab 30 Yuan, Mahlzeiten 200 Yuan; ⏲11–23 Uhr) Das zweistöckige und gute spanische Restaurant nahe der Amüsiermeile Shuguang Lu begeistert Fans von Tapas, Paella und spanischem Wein. Die Preise sind etwas gepfeffert, aber die gesellige Atmosphäre und die überzeugenden Gerichte haben sich als populär und vergnüglich erwiesen.

Grandma's Kitchen HANGZHOU-KÜCHE €
(外婆家; Waipojia; 3 Hubin Lu; Hauptgerichte 6–55 Yuan; ⏲mittags & abends; 📋) Das bei den Einheimischen beliebte Kettenrestaurant serviert klassische Hangzhou-Gerichte wie *hongshao dongpo rou* (红烧东坡肉). Es gibt in der Stadt noch weitere Filialen.

Jin Sha CHINESISCH €€€
(金沙厅; Jin Sha Ting; Four Seasons Hotel Hangzhou; ☎8829-8888; www.fourseasons.com/hangzhou; 5 Lingyin Lu; Mahlzeiten 300 Yuan; ⏲mittags & abends) Für edle Hangzhou-, Shanghai- und kantonesische Küche in einem sehr eleganten und schön ausgestatteten Ambiente am Wasser ist das Vorzeigerestaurant im Four Seasons

Hotel Hangzhou genau richtig. Es hat zudem eine Terrasse und eine gute Auswahl an Tee und Wein.

Lao Hangzhou Fengwei HANGZHOU-KÜCHE €
(老杭州风味; 141 Gaoyin Jie; Hauptgerichte ab 20 Yuan; ⌚11.30–21 Uhr; ▣) Das viel zu hell ausgeleuchtete Restaurant ist eines von mehreren in der Gaoyin Jie mit traditioneller Hangzhou-Küche. Empfehlenswert sind der leckere Auberginentopf mit Hühnerstückchen (*lao hangzhou jili qiezi bao;* 28 Yuan) und die salzigen und fettigen Lammkoteletts (*lao hangzhau kaoyangpai;* 68 Yuan) oder das *dongpo*-Schweinefleisch (15 Yuan pro Stück).

Louwailou Restaurant HANGZHOU-KÜCHE €€€
(楼外楼; Louwailou; 30 Gushan Lu; Hauptgerichte 30–200 Yuan; ⌚10.30–15.30 & 16.30–20.45 Uhr; ▣) Hangzhous berühmtestes Restaurant besteht schon seit 1838. Spezialitäten sind *xihu cuyu* (西湖醋鱼; Karpfen süßsauer) und *dongpo*-Schweinefleisch, aber es gibt auch etliche andere preisgünstige Standardgerichte.

Laomajia Mianguan NUDELN €
(老马家面馆; 232 Nanshan Lu; Mahlzeiten 15 Yuan; ⌚7–22.30 Uhr) Schlichtes, beliebtes und schnörkelloses muslimisches Restaurant in einem alten *shikumen*-Mietshaus. Es hat nur eine Handvoll Tische, aber ein spitzenmäßiges *niurou lamian* (牛肉拉面; Nudeln mit Rindfleisch; 7 Yuan) und superleckeres *roujiamo* (肉夹馍; Fleisch im Brötchen; 5 Yuan).

Carrefour SUPERMARKT €
(家乐福; Jialefu; 135 Yan'an Lu; 延安路 135 号; ⌚9–21 Uhr) In der Yan'an Lu zwischen Xihu Dadao und Kaiyuan Lu.

Ausgehen

Die Kneipenmeile ist die Shuguang Lu nördlich des Westsees. Einen Haufen schlichterer Bars gibt's gegenüber der Kunstakademie in der Nanshan Lu (南山路). Ein umfassendes Verzeichnis von Bars und Restaurants in Hangzhou ist im englischsprachigen Heft *More – Hangzhou Entertainment Guide* (www.morehangzhou.com) aufgelistet. Erhältlich ist es in Bars und an der Rezeption guter Hotels.

Maya Bar BAR
(玛雅酒吧; Maya Jiuba; 94 Baishaquan, Shuguang Lu; ⌚12–2 Uhr) Jim Morrison, Kurt Cobain, Mick Jagger, Bob Dylan und die Beatles blicken wohlwollend von den Wänden dieser dämmrigen, soliden und rockigen Bar. Fast ebenso wichtig sind die richtig billigen Getränke; zur Happy Hour kostet Bier vom Fass lächerliche 10 Yuan (ansonsten 20 Yuan). Die Angestellten sind oft griesgrämig, aber was soll's.

Eudora Station BAR
(亿多瑞站; Yiduoruizhan; 101–107 Nanshan Lu; ⌚9–2 Uhr) Die einladende Kneipe lockt mit einer super Lage am Westsee, einer Dachterrasse, soliden Gerichten und einer tollen Atmosphäre. Es gibt Sport-TV, Livemusik, eine Terrasse im Erdgeschoss und eine gute Bierauswahl. Im Sommer wird auf der Dachterrasse gegrillt.

Unterhaltung

JZ Club CLUB
(黄楼; Huang Lou; ☎8702 8298; 6 Liuying Lu, neben 266 Nanshan Lu; ⌚18.30–2.30 Uhr) Die gleichen Leute, die den JZ Club in Shanghai führen, haben mit diesem tollen und kultivierten Laden über drei Stockwerke nahe dem Westsee die Jazzszene auch in Hangzhou etabliert. Jeden Abend werden Events mit Livejazz internationaler Künstler dargeboten.

Shoppen

Hangzhou ist berühmt für Tee, besonders den grünen Tee *longjing*, aber auch für Seide, Fächer und ausgerechnet Scheren. Zu finden ist all das auf dem **Wushan-Lu-Nachtmarkt** (吴山路夜市; Wushan Lu Yeshi) in der Huixing Lu (惠兴路) zwischen Youdian Lu (邮电路) und Renhe Lu (仁和路). Dort stapeln sich Keramikimitationen neben alten Zinntabakpfeifen, Krimskrams zum Vorsitzenden Mao, Seidenhemden und CDs mit Raubkopien. In der Qinghefang-Altstadtstraße (S. 278) gibt's Unmengen an Waren, von chinesischen Tigerkissen bis zu Tai-Chi-Schwertern.

Seidenmarkt Xinhua Lu SEIDE
(新华路丝绸市场; Xinhua Lu Sichou Shichang; Xinhua Lu; ⌚8–17 Uhr) Am Nordende der Xinhua Lu verkaufen etlichen Seidenläden ihre Waren. Das Wohnhaus aus der Ming-Zeit (明宅; Ming Zhai) in der 227 Xinhua Lu ist heute ein Seidenkaufhaus.

Praktische Informationen

Büro für Öffentliche Sicherheit

Aus- & Einreiseverwaltung des Büros für Öffentliche Sicherheit (PSB; 公安局; Gong'anju Banzheng Zhongxin; ☎8728 0600; 35 Huaguang Lu; ⌚Mo–Fr 8.30–12 & 14–17 Uhr) Verlängert auch Visa.

Geld

Bank of China (中国银行; Zhongguo Yinhang; 177 Laodong Lu) Geldwechsel und 24-Stunden-Geldautomat.

HSBC (汇丰银行; Huifeng Yinhang; Ecke Qingchun Lu & Zhonghe Lu) 24-Stunden-Geldautomat.

Industrial & Commercial Bank of China (ICBC; 工商银行; Gongshang Yinhang; 300 Yan'an Lu) 24-Stunden-Geldautomat

Internetzugang

Durchgängig geöffnete Internetcafés gibt es reichlich um den Bahnhof (in der Regel 4 oder 5 Yuan pro Stunde). Zu erkennen sind sie am Neonschild „网吧". In einigen Touristeninformationen Hangzhous, wie in jener in der Huaguang Lu Nr. 10, gibt es kostenlosen Internetzugang.

Yezitou Internetcafé (椰子头网吧; Yezitou *wangba*; 2. Stock, östliches Ende der Gaoyin Jie; pro Std. 4 Yuan; ⌚24 Std.) Gleich westlich der Kreuzung mit der Zhonghe Nanlu.

Medizinische Versorgung

Universitätskrankenhaus Zhejiang (浙江大学医学院附属第一医院; Zhejiang Daxue Yixueyuan Fushu Diyi Yiyuan; 79 Qingchun Lu)

Post

Post (中国邮政; Zhongguo Youzheng; Renhe Lu) Nahe dem Westsee.

Touristeninformation

Informationen im Hostel oder Hotel zu erfragen kann sehr praktisch sein.

Touristeninformation Hangzhou (杭州旅游咨询服务中心; Hangzhou Luyou Zixun Fuwu Zhongxin; ☎Hotline 96123; Bahnhof Hangzhou) Bietet einfache Reiseinformationen, kostenlose Landkarten und Touren. Weitere Filialen gibt es an der Leifeng-Pagode, in der Yan'an Lu Nr. 228, und in der Huaguang Lu Nr. 10, einer Nebenstraße der Qinghefang-Altstadtstraße.

Touristen-Hotline für Beschwerden (☎8796 9691)

Travellers Infoline (☎96123) Hilfreiche 24-Stunden-Infos, mit englischer Ansage von 6.30 bis 21 Uhr.

Websites

Hangzhou City Travel Committee (www.gotohz.com) Aktuelle Informationen zu Events, Restaurants und Veranstaltungsorten in der Stadt.

Hangzhou News (www.hangzhou.com.cn/english) Website mit Nachrichten und Reiseinformationen.

More Hangzhou (www.morehangzhou.com) Praktische Website mit Besprechungen von Restaurants und Bars, mit Foren und Kleinanzeigen.

An- & Weiterreise

Bus

Alle vier Busbahnhöfe liegen außerhalb des Stadtzentrums. Fahrkarten für alle Busbahnhöfe werden im **Busfahrkartenbüro** (长途汽车售票处; *changtu qiche shoupiaochu*; ⌚6.30–17 Uhr) gleich neben dem Ausgang am Hauptbahnhof Hangzhous verkauft.

Busse ab dem großen **Busbahnhof Jiubao** (九堡客运中心; Jiubao *keyun zhongxin*) ganz im Nordosten von Hangzhou:

Ningbo 60 Yuan, 2 Std.

Shanghai 69 Yuan, 2½ Std., regelmäßig

Shaoxing 26 Yuan, 1 Std.

Suzhou 60 Yuan, 2 Std.

Wuzhen 30 Yuan, 1 Std.

Bis die direkte U-Bahnlinie zum Busbahnhof Jiubao eröffnet, fährt der Bus K21 bis Xihu Tiyuguan, von dort dann der Bus K101 (1½ Std.). Ein Taxi kostet ab Westsee etwa 60 Yuan; der Bus K508 fährt vom Busbahnhof Jiubao zum Hauptbahnhof Hangzhou.

Busse vom **Busbahnhof Süd** (汽车南站; qiche nanzhan; 407 Qiutao Lu):

Ningbo 60 Yuan, 2 Std., alle 20 Min.

Shaoxing 26 Yuan, 1 Std., alle 20 Min.

Wuyi 60 Yuan, 6-mal tgl.

Busse vom **Busbahnhof Nord** (汽车北站, *qiche beizhan*; 766 Moganshan Lu):

Nanxun 40 Yuan, 1½ Std., regelmäßig

Suzhou 72 Yuan, 2 Std., regelmäßig

Tongli 15 Yuan, 2 Std., 3-mal tgl.

Wukang 15 Yuan, 1 Std., stündl.

Vom Busbahnhof Süd in Shanghai fahren häufig Busse zu den verschiedenen Busbahnhöfen in Hangzhou (65 Yuan, 2½ Std.). Auch vom Flughafen Hongqiao in Shanghai fahren von 10 bis 21 Uhr alle 30 Minuten Busse nach Hangzhou (85 Yuan, 2 Std.), ebenso regelmäßige Busse vom Shanghaier Pudong International Airport (100 Yuan, 3 Std.).

Busse nach Huangshan (100 Yuan, 4 Std.) fahren vom **Busbahnhof West** (汽车西站; *qiche xizhan*; 357 Tianmushan Lu).

Flugzeug

Hangzhou hat Flugverbindungen zu allen größeren Städten in China (außer Shanghai) sowie internationale Flüge nach Hongkong, Macau, Tokio, Singapur und anderen Orten. Flüge nach Beijing (1050 Yuan) und Guangzhou (960 Yuan) gibt's mehrmals täglich.

Tickets können bei der **Zivilen Luftfahrtsverwaltung** (Civil Aviation Administraion of China; CAAC; 中国民航; Zhongguo Minhang; ☎8666 8666; 390 Tiyuchang Lu; ⏲7.30–20 Uhr) gebucht werden. Auch die meisten Hotels buchen Flüge, in der Regel gegen eine Gebühr von 20 bis 30 Yuan.

Zug

Die einfachste Anreise von Shanghai nach Hangzhou ist mit dem Hochgeschwindigkeitszug der G-Klasse, der zum **Hauptbahnhof Hangzhou** (杭州火车站; Hangzhou *huochezhan*) östlich des Westsees fährt. Der Nachtzug Z10 (194–539 Yuan) nach Beijing fährt am Hauptbahnhof Hangzhou um 18.16 Uhr ab und kommt um 7.28 Uhr an. Praktisch ist auch der T32 (194–539 Yuan) ab Hauptbahnhof Hangzhou nach Beijing um 18.25 Uhr, der kurz nach 10 Uhr am nächsten Tag ankommt. Tägliche Hochgeschwindigkeitszüge der G-Klasse ab Hauptbahnhof Hangzhou:

Beijing Südbahnhof 2./1. Klasse 631/1058 Yuan, 6½ Std., 7-mal tgl.

Nanjing Südbahnhof 2./1. Klasse 211/353 Yuan, 2 Std. 20 Min., 10-mal tgl.

Shanghai Hongqiao-Bahnhof 2./1. Klasse 78/124 Yuan, 55 Min., erster/letzter Zug 6.14/21.10 Uhr, regelmäßig

Suzhou 2./1. Klasse 111–188 Yuan, 1½ Std., 4-mal tgl.

Tägliche Hochgeschwindigkeitszüge der D-Klasse vom Hauptbahnhof Hangzhou:

Ningbo Ostbahnhof 2./1. Klasse 52/62 Yuan, 2 Std., 8-mal tgl.

Shanghai Hongqiao-Bahnhof 2./1. Klasse 49/60 Yuan, 70 Min., 8-mal tgl.

Shaoxing 2./1. Klasse 19/22 Yuan, 40 Min., 6-mal tgl.

Suzhou 2./1. Klasse 75/91 Yuan, 2 Std., 3-mal tgl.

Xiamen Nordbahnhof 2./1. Klasse 284/341 Yuan, 7½ Std., 2-mal tgl.

Wenzhou Südbahnhof 2./1. Klasse 131/158 Yuan, 4 Std., 7-mal tgl.

Auch Züge der D-Klasse (2./1. Klasse 54/65 Yuan, 1½ Std.) fahren regelmäßig zum **Hongqiao-Bahnhof Shanghai,** meist vom Südbahnhof Hangzhou (杭州火车南站; Hangzhou *huoche nanzhan*) südlich des Flusses Qiantang. Der Ostbahnhof Hangzhou (杭州东站; Hangzhou Dongzhan) wird derzeit für Hochgeschwindigkeitszüge umgebaut und wird an das U-Bahnnetz angeschlossen sein. Die Fertigstellung ist für 2013 geplant.

Die Reservierung eines Schlafwagens, besonders nach Beijing, kann im Bahnhof Hangzhou schwierig sein. Die meisten Hotels erledigen das gegen eine Gebühr. Ein günstiger **Bahnfahrkartenverkauf** (火车票售票处; *huochepiao shoupiaochu*; 147 Huansha Lu) befindet sich nördlich der Jiefang Lu an der Ostseite des Westsees. Weitere Verkaufsstellen sind in der Baochu Lu Nr. 72 (nahe der Kreuzung mit der Shengfu Lu) und in der Tiyuchang Lu Nr. 149. Bahnfahrkarten werden auch in bestimmten Postämtern verkauft, z. B. in der Desheng Lu Nr. 10 und der Fengqi Lu Nr. 60.

Unterwegs vor Ort

Fahrrad

Der städtische **Fahrradverleih** (☎8533 1122; www.hzzxc.com.cn, auf Chinesisch) ist die beste Art, sich ein Fahrrad zu leihen. In der ganzen Stadt gibt es zahllose Stationen. Benutzer können sich in einer der **Kabinen** (⏲April–Okt. 6.30–21 Uhr, Nov.–März 6–21 Uhr) an bestimmten Fahrradstationen (sie sind auf dem Stadtplan von Hangzhou markiert) anmelden. Dazu müssen sie 300 Yuan zahlen (200 Yuan für die Kaution und 100 Yuan als Guthaben) und den Reisepass vorlegen. Sie erhalten dann eine Magnetkarte für eines der leuchtend roten Fahrräder, die an jeder beliebigen Station wieder abgegeben werden können. Die erste Stunde ist pro Fahrrad kostenlos. Wer also sein Fahrrad vor Ablauf der ersten Stunde auswechselt, fährt umsonst. Die zweite Stunde auf dem gleichen Fahrrad kostet 1 Yuan, die dritte 2 Yuan und danach 3 Yuan pro Stunde. Kaution und ungenutztes Guthaben werden bei Rückgabe der Magnetkarte erstattet. Fahrräder können allerdings außerhalb der Öffnungszeiten der Kabinen nicht zurückgegeben werden, da der Magnetleser dann abgeschaltet wird (das kostet dann die Leihgebühr für die ganze Nacht). Hostels verleihen ebenfalls Fahrräder, die aber teurer sind.

Vom/zum Flughafen

Der Flughafen Hangzhou liegt 30 km vom Stadtzentrum entfernt. Taxifahrer verlangen etwa 100 bis 130 Yuan für die Strecke. Von 5.30 bis 21 Uhr verkehren alle 15 M inuten Shuttlebusse (20 Yuan, 1 Std.) ab dem CAAC-Büro (sie halten auch am Bahnhof).

Öffentliche Verkehrsmittel

BUS Hangzhou hat ein sauberes, effizientes Busverkehrsnetz, das einfach zu benutzen ist (allerdings stecken sie immer häufiger im Stau fest). Y-Busse sind Touristenbusse, „K" ist schlichtweg eine Abkürzung für *kongtiao* (Klimaanlage). Fahrkarten kosten 2 bis 5 Yuan. Die meistbefahrenen Strecken:

Bus K7 Verbindet den Hauptbahnhof mit der Westseite des Westsees und dem Tempel Lingyin.

Touristenbus Y1 Umrundet den Westsee mit einem Schlenker zum Tempel Lingyin.

Touristenbus Y2 Fährt vom Hauptbahnhof über die Beishan Lu und zum Tempel Lingyin.

Touristenbus Y3 Befährt die Strecke um den Westsee zum Seidenmuseum, Teemuseum, Drachenbrunnendorf und zum Guan-Brennofen der Südlichen Song Dynastie.

Bus K56 Fährt vom Busbahnhof Ost zur Yan'an Lu.

Busse 15 & K15 Verbindet den Busbahnhof Nord mit dem nordwestlichen Gebiet des Westsees.

Bus K95 Pendelt zwischen dem Bahnhof Hangzhou und dem Busbahnhof Nord.

Bus K518 Verbindet den Bahnhof Ost mit dem Hauptbahnhof über den Busbahnhof Ost.

U-BAHN Die Linie 1 des neuen U-Bahnnetzes von Hangzhou wurde 2012 eröffnet und hält am Hauptbahnhof, am Ostbahnhof und am Busbahnhof Jiubao.

Taxi

Hyundai-Taxis mit Taxameter sind überall zu finden und kosten ab 10 Yuan. Vom Hauptbahnhof (die Schlangen können jedoch ätzend sein) bis zur Hubin Lu ist mit etwa 20 bis 25 Yuan zu rechnen.

Rund um Hangzhou

GEZEITENWELLE AM QIANTANG 钱塘江潮

Wenn beim höchsten Gezeitenstand im Mondzyklus eine gewaltige Welle von der Bucht von Hangzhou (Hangzhou Wan) die schmale Mündung des Qiantang mit einer Geschwindigkeit von bis zu 40 km/h hinaufdonnert, wird ein spektakuläres Naturereignis geboten.

Die Gezeitenwelle kann zwar auch vom Flussufer in Hangzhou betrachtet werden, aber den besten Ausblick auf das Ereignis bieten die beiden Flussufer in **Yanguan** (盐官), einem hübschen, alten Städtchen 38 km nordöstlich von Hangzhou. Den größten Andrang gibt's während des Mittherbstfestes um den 18. Tag des achten Monats des Mondkalenders, wenn das **Internationale Qiantang-Flutfestival** stattfindet. Das Phänomen ist jedoch das ganze Jahr über zu bewundern, und zwar, wenn zu Beginn und in der Mitte jedes Mondmonats die Flut am höchsten ist. Die Gezeitenstände sind in der Touristeninformation von Hangzhou zu erfahren.

Hotels und Reisebüros bieten während des Mittherbstfestes Touren zur Gezeitenwelle an, aber das Naturspektakel kann auch problemlos auf eigene Faust besichtigt werden. Zu erreichen ist Yanguan mit einem Bus (25 Yuan, 1 Std.) vom Busbahnhof Jiubao in Hangzhou nach Haining, dort umsteigen in den Bus 106 (8 Yuan) nach Yanguan; ansonsten geht's auch mit einem Bus vom Bahnhof Hangzhou (45 Min.) und dann umsteigen in den Bus 109 nach Yanguan.

MOGANSHAN 莫干山

☎0572

Das reizende **Bergstädtchen** (Eintritt 80 Yuan) ist eine erlösende Wohltat nach der stickigen Sommerhitze, die über dem Norden Zhejiangs glüht. Es wurde in der Konzessionszeit im 19. Jh. von Europäern aus Shanghai und Hangzhou als Sommerfrische im Stil von Kushan und Jigongshan in Henan gebaut. Moganshan ist im Sommer erfrischend kühl und manchmal in gespenstischen Nebel gehüllt. Berühmt ist es für den malerischen Blick über Wälder, den hohen Bambus und die Architektur der steinernen Villen. Der Berg ist noch immer eine beliebte Wochenendzuflucht für die *taitais* (Ehefrauen) der Ausländer, die der unerträglich siedenden Hitze im Tiefland entfliehen wollen.

Sehenswertes & Aktivitäten

Am schönsten erschließt sich Moganshan bei einem Bummel über die gewundenen Waldwege und die Steintreppen, die auch einen Blick auf die Gebäude erlauben. Hier stehen zum Beispiel die alte Villa des Shanghaier Gangsters **Du Yuesheng** (杜月笙别墅; Du Yuesheng Bieshu), die heute ein Hotel ist, Chiang Kaisheks Haus, ein paar Kirchen (Moganshan Nr. 375 und Moganshan Nr. 419) und viele weitere Villen, die einen (manchmal spärlichen) Bezug zu den Reichen und Berühmten haben, darunter das **Haus** (毛主席下榻处; Mao Zhuxi Xiatachu; 126 Moganshan), in dem der Vorsitzende Mao einst seine rundlichen Glieder ausruhte.

Abgesehen von den verlassenen Villen entstanden in jüngerer Zeit auch weniger schöne Häuser aus gleichmäßigen Baublöcken; die authentischen alten Villen wurden mit unregelmäßig geformten Steinen gebaut. Leider sind viele der originalen Innenausstattungen herausgerissen worden, der historische Charme fehlt also weitgehend. An anderen Villen wurden imitierte klassische Portikos in unbeholfener chinesischer Interpretation europäischer Stilformen angebaut. Die blauen und roten Wellblechdächer sehen neu aus, sind aber tatsächlich die Originale.

Wunderbar zum Wandern eignet sich das landschaftlich schöne Gebiet **Da Keng** (大坑景区; Dakeng Jingqu) mit dem **Ta-Berg** (塔山; Tashan) im Nordwesten. In Hotels gibt es eine chinesischsprachige Karte (4 Yuan), die etwas Orientierung bietet. Ansonsten stehen überall Plakattafeln mit Karten herum.

Infos zu **Wanderungen** und anderen Aktivitäten in Moganshan hat der gut informierte Mark Kitto, Autor des spannenden Buchs *China Cuckoo*, in der Moganshan Lodge. Er würde es aber sicherlich gerne sehen, wenn wenigstens ein Kaffee bestellt wird.

Schlafen

In Moganshan gibt's zahlreiche Hotels unterschiedlichster Qualität, meist in bröckelnden Villen. Die Zimmerpreise sind am Wochenende (freitags bis sonntags) am höchsten. Backpackerunterkünfte gibt's keine, aber jeder kann hier hartnäckig um die Preise feilschen. Wer außerhalb der Saison (z. B. zu Beginn des Frühlings) anreist, kann bessere Preise erwarten, aber muss auch damit rechnen, dass viele Hotels entweder ganz dicht haben oder über den Winter wegen Renovierung geschlossen bleiben.

LP TIPP Moganshan House 23 HOTEL €€€

(莫干山杭疗 23 号; Moganshan Hangliao 23 Hao; ☎803 3822; www.moganshanhouse23.com; 23 Moganshan; 莫干山 23 号; werktags DZ & 2BZ 900 Yuan, Wochenende 2 Nächte 2400 Yuan; ❄@📶) Die sorgfältig restaurierte Villa trifft den Geist von Moganshan bis aufs i-Tüpfelchen: Der historische Charme ist allgegenwärtig, angefangen bei den gediegenen Art-déco-Waschbecken und schwarz-weißen Fliesenböden in den Badezimmern über Holzböden in den Zimmern und dem originalen Treppenhaus bis hin zu einer wunderbaren englischen Küche. Auch Kinder werden in diesem Haus berücksichtigt: Es stehen ein Familienzimmer, Babystühle und Schaukeln im Garten zur Verfügung. Das Haus hat nur sechs Zimmer, frühzeitige Buchung ist also ratsam, besonders fürs Wochenende, wenn mindestens zwei Übernachtungen gebucht werden müssen. Frühstück ist im Preis enthalten. Der gleiche Besitzer betreibt auch noch zwei weitere Häuser in Moganshan, Haus 2 und Haus 25.

Naked Home Village BAUERNHÄUSER €€

(☎021-6431 8901; www.nakedretreats.cn; 329 Moganshan; 莫干山 329 号; pro Pers. werktags Hütte/Bungalow 350/520 Yuan, Wochenende 450/750; Yuan ❄) Naked Retreats befindet sich am Kopf einer schmalen Schlucht unterhalb des Dorfes und bietet mitten in einem Bambuswald etliche Ökohütten, Bauernhäuschen und Bungalows, die Platz für zwei Personen oder eine ganze Gruppe haben. Schöne Aussicht gibt's gratis. Aktivitäten werden ebenfalls angeboten, ob nun Radfahren, Angeln, Wandern, Sterne gucken, oder Yoga und Massage. Die Preise gelten für eine Belegung von mindestens zwei Personen.

Naked Stables Private Reserve FERIENHÄUSER €€€

(☎021-6431 8901; www.nakedretreats.cn; Erdhütte 2600 Yuan, Baumhäuser 5800 Yuan; ❄@🏊) Noch mehr grenzenlose Weltflucht bietet Naked Retreats mit diesen luxuriösen und traumhaft schön gelegenen Baumhäusern, die mit allem modernen Komfort ausgestattet sind. Sie gehören zu einer 23 ha großen Anlage in Moganshan mit Waldblick, Infinity-Pools, einem Wellnesszentrum und jede Menge Öko.

Le Passage Mohkan Shan HOTEL €€€

(莫干山里法国山居; Moganshanli Faguoshanju; ☎805 2958; www.lepassagemoganshan.com; Xianrenkeng-Teeplantage, Ziling; 紫岭村仙人坑茶厂; pro Pers. Zi. 1500–2100 Yuan; 🚭📶🏊) Das französisch geführte Le Passage, das auch etwas an dem kolonialen Zauber des Bergrefugiums verdienen will, ist ein reizendes, kinderfreundliches Landhaushotel inmitten einer Moganshaner Teeplantage. Die 38 Zimmer mit Bad und hohen Decken zeigen viel historischen Charme. Die Preise gelten für zwei Übernachtungen; wer nur eine Nacht bleibt, zahlt 1000 Yuan extra. Gästen wird ein teurer Abholservice aus Shanghai und Hangzhou angeboten. Und natürlich gibt es einen Weinkeller.

Essen

In der Yinshan Jie gibt's etliche Restaurants und Hotelrestaurants.

LP TIPP Moganshan Lodge INTERNATIONAL €€

(马克的咖啡厅; Make de Kafeiting; ☎803 3011; www.moganshanlodge.com; Songliang Shanzhuang, an der Yinshan Jie; ⏲9–23 Uhr; 📶) Der in Moganshan lebende Engländer Mark Kitto kann lecker kochen, einen guten Kaffee brühen und weiß alles über Moganshan. Die elegante Villa liegt nur ein paar Schritte von der Yinshan Jie.

Praktische Informationen

Das eigentliche Dorf (Moganshan Zhen) zentriert sich um die Yinshan Jie (荫山街). Dort befinden sich auch eine **Post** (40 Moganshan; ⌚8.30–11 & 13–16 Uhr), eine Zweigstelle des PSB (gegenüber der Post) und mehrere Unterkünfte.

An- & Weiterreise

Vom Busbahnhof Nord in Hangzhou fahren von 6.20 bis 19 Uhr Busse nach Wukang (武康; 15 Yuan, 40 M in., alle 30 Min.), zurück von 6.30 bis 19 Uhr alle 30 Minuten. Wichtig: Wukang wird auch Deqing (德清) genannt.

Ab Wukang fahren Minivans für etwa 50 Yuan nach Moganshan, ein Taxi kostet um 70 bis 80 Yuan. Auch von Shanghai fahren Busse nach Wukang (53 Yuan, 4 Std.), und zwar vom alten Busbahnhof Nord in der Gongxing Road 80 nahe der U-Bahnstation Baoshan Road. Abfahrtszeiten in Shanghai sind 6.30, 11.50 und 12.50 Uhr, von Wukang zurück nach Shanghai fahren sie um 6.30, 7.40, 13 und 15.30 Uhr. Auch vom Busbahnhof Nord in Shanghai fahren Busse nach Wukang (60 Yuan).

Wuzhen 乌镇

☎0573

Wie Zhouzhuang und andere Wasserstädtchen im südlichen Jiangsu kam auch Wuzhen mit Seidenproduktion und -handel zu Reichtum, dank des reizenden Wasserstraßennetzes und der Anbindung an den Großen Kanal.

Sehenswertes

Wuzhen (www.wuzhen.com.cn) ist mit seinen alten Brücken, Tempeln, Wohnhäusern, den Museen und den Bauten aus der Ming- und Qing-Dynastie am Kanal ein schnuckeliges und fotogenes, wenn auch überkommerzialisiertes Stück altes China. Der Ort ist wunderbar für eine Übernachtung, aber er lässt sich auch bequem als Tagesausflug von Shanghai oder Hangzhou besuchen.

Die Altstadt besteht aus zwei Teilen: **Dongzha** (东栅; östliche Altstadt; Eintritt 100 Yuan) und **Xizha** (西栅; westliche Altstadt; Eintritt 120 Yuan, nach 17 Uhr 80 Yuan); der Eintritt in beide Teile kostet 150 Yuan. Die Eintrittskarten sind im **Besucherzentrum** (入口; rukou; Daqiao Lu; Kombiticket

SHAOXING

Shaoxing (绍兴) ist eine große Wasserstadt 67 km südöstlich von Hangzhou, in der sich Kanäle schlängeln und die von Bogenbrücken und alten Wohnhäusern geziert wird. Die Stadt war auch Geburtsort vieler einflussreicher und schillernder Gestalten, darunter der Große Yu (der mythische „Flutenbezwinger"), der Maler und Dramatiker Xu Wei, die Revolutionsheldin Qiu Jin und Lu Xun, Chinas erster bedeutender moderner Romanautor. Er lebte hier, bis er zum Studium ins Ausland ging. Er kehrte später nach China zurück, musste sich jedoch in der Französischen Konzession in Shanghai verstecken, als die Kuomintang seine Bücher als zu gefährlich einstuften.

Sehenswürdigkeiten mit Bezug zu Lu Xun konzentrieren sich in der Lu Xun Zhonglu (鲁迅中路), darunter **Lu Xuns ehemaliges Haus** (鲁迅故居; Lu Xun Guju; 393 Lu Xun Zhonglu; ⌚8.30–17 Uhr), die **Lu-Xun-Gedenkhalle** (鲁迅纪念馆; Lu Xun Jinianguan; ⌚8–17 Uhr) am gleichen Standort und der **Lu-Xun-Familiensitz** (鲁迅祖居; Luxun Zuju; 237 Lu Xun Zhonglu). Gegenüber ist die Einklassenschule (Sanwei Shuwu), die der Schriftsteller als Kind besuchte. Der Eintritt ist überall frei, aber Besucher müssen sich gegen Vorlage des Reisepasses am Kartenschalter der nahen **Touristeninformation** (免费领票处; Mianfei Lingpiaochu; ⌚8.30–17 Uhr) anmelden.

Shaoxing kann gut als Tagesausflug von Hangzhou aus besucht werden, wo es mehr und bessere Unterkünfte gibt. Das Restaurant **Apo Mianguan** (阿婆面馆; ☎8513 0826; 100 Lu Xun Zhonglu; Mahlzeiten 20 Yuan; ⌚9–23 Uhr) serviert exzellente Nudelgerichte.

Am schnellsten geht es mit dem Zug der D-Klasse vom Hauptbahnhof Hangzhou nach Shaoxing (19–22 Yuan, 40 Min., 6-mal tgl.), aber es fahren auch reichlich Busse zum Busbahnhof Süd in Hangzhou (26 Yuan, 1 Std., alle 20 Min.) und zum Fernbusbahnhof Süd in Shanghai (80 Yuan, 3 Std., regelmäßig). Taxis in Shaoxing kosten ab 7 Yuan.

150 Yuan; ⌚8–17.30 Uhr) erhältlich, wo es auch einen Geldwechselschalter und einen Geldautomaten gibt. Von hier aus legen auch Boote über den See ab.

Die Hauptstraße von Dongzha, die Dongda Jie, ist ein schmaler Steinplattenweg zwischen Holzhäusern. Einige der Häuser sind kleine Betriebe, wie die **Weinproduktion Sanbai** (三白酒坊; Sanbai Jiufang), eine richtige Destillerie, die starken Reiswein herstellt und verkauft. Daneben gibt es noch viele weitere Kleinbetriebe für alle möglichen Gewerbe, von Stofffärbereien über Bambusflechtereien bis hin zur Tabakverarbeitung.

Ehemaliges Haus von Mao Dun HISTORISCHES GEBÄUDE

(茅盾故居; Mao Dun Guju) Mao Duns einstiges Wohnhaus liegt ebenfalls in Dongzha. Der Revolutionsschriftsteller Mao Dun war ein Zeitgenosse von Lu Xun und Autor der Bücher *Seidenraupen im Frühling* und *Mitternacht*. Sein Urgroßvater, ein erfolgreicher Kaufmann, hatte das Haus 1885 gekauft, das ein typisches Exemplar aus der späten Qing-Zeit ist. Gezeigt werden Fotos, Schriften und andere Memorabilien aus Mao Duns Leben. Es gibt aber leider kaum englische Erläuterungen.

Museum der 100 Betten MUSEUM

(210 Dongzha Dajie) Das Museum der 100 Betten zeigt eine faszinierende Sammlung historischer Betten der Region. Die interessante Ausstellung liegt zwar am westlichen Ende von Dongzha um die Ecke der Changfeng Jie, wird aber von vielen Besuchern übersehen.

Huiyuan-Pfandhaus HISTORISCHES GEBÄUDE

(汇源当铺; Huiyuan Dangpu) Das Huiyuan-Pfandhaus war einst eine berühmte Pfandleihe, die schließlich Zweigstellen in Shanghai eröffnete.

Schlafen

Wuzhen Guesthouse PENSION €€

(☎873 1666; 137 Xizha Jie; Zi. ab 340 Yuan; ❄) Es handelt sich um gemeinschaftlich geführte Pensionen an beiden Ufern des Kanals. Die Familien teilen den Gästen schön eingerichtete Zimmer mit Klimaanlage, Telefon und Bad zu.

Unterhaltung

Einer der schönsten Gründe für einen Besuch in Wuzhen sind die regelmäßigen Aufführungen der einheimischen **Blütentrommel-Oper** (Huagu Xi), die tagsüber auf dem Dorfplatz stattfinden, und die Schattenspiele *(piyingxi)* im Theater am Platz. Besonders diese Puppenspiele sind ein Heidenspaß und lohnen sich unbedingt. Boote für Kanalfahrten werden am Haupttor verliehen (80 Yuan pro Pers.).

An- & Weiterreise

Vom Busbahnhof Jiubao in Hangzhou fahren Busse von 6.25 bis 18.25 Uhr etwa jede Stunde nach Wuzhen (30 Yuan, 1 Std.).

In Shanghai fahren Busse (49 Yuan, 2 Std., 8-mal tgl.) vom Busbahnhof Süd ab. Tourbusse (hin & zurück 165 Yuan, einschl. Eintrittsgeld für Wuzhen und einem chinesischsprachigen Reiseleiter, 9 und 9.30 Uhr, 2 Std.) fahren vom Shanghai-Stadion ab. Minibusse (10 Yuan) verkehren zwischen Wuzhen und der Kanalstadt Nanxun.

Nanxun 南浔

☎0572

Dicht an der Grenze der Provinz Jiangsu, etwa 125 km von Hangzhou und nur 20 km von Wuzhen entfernt, liegt die Wasserstadt Nanxun, deren heutiges Erscheinungsbild die einst glanzvolle Vergangenheit verdeckt. Die über 1400 Jahre alte Stadt erlangte in der Zeit der Südlichen Song-Dynastie dank ihrer blühenden Seidenindustrie eine herausragende Stellung. In der Ming-Zeit war sie eines der bedeutendsten Handelszentren Zhejiangs. Die Stadt hat typische Merkmale anderer Wasserstädte des Südens – Bogenbrücken, Kanäle, enge Gassen und alte Häuser –, was sie einzigartig macht, ist die faszinierende Mischung aus chinesischer und europäischer Architektur. Letztere wurde von reichen Seidenhändlern mitgebracht, die sich vor langer Zeit hier niedergelassen hatten.

Sehenswertes

Da **Nanxun** (Erw./Stud. Eintritt 100/50 Yuan; ⌚im Sommer 8–17 Uhr, im Winter bis 16.30 Uhr) nicht groß ist, dauert es nur ein paar Stunden, um alles zu sehen. Im Eintrittsgeld sind alle Sehenswürdigkeiten enthalten. Auf der Rückseite der Eintrittskarte befindet sich ein kleiner Stadtplan, der bei der Orientierung hilft.

Pavillon der 100 Zimmer HISTORISCHES GEBÄUDE

(百间楼; Baijian Lou) Der weitläufige Pavillon der 100 Zimmer im Nordosten der Stadt ist Nanxuns berühmtestes Gebäude.

Er wurde vor 400 Jahren von einem reichen Ming-Beamten angeblich für seine Dienstboten gebaut. Das Haus ist ein bisschen knarzig, aber für sein Alter in erstaunlich gutem Zustand.

Garten des Kleinen Lotos GARTEN
(小莲庄; Xiaolian Zhuang) Nanxun hat ein paar reizvolle Gärten, der hübscheste ist der Garten des Kleinen Lotos, einst der Privatgarten eines reichen Qing-Beamten. Er verdankt seinen Namen dem vollendeten Lotosteich, der von alten Kampferbäumen umgeben ist. Im Garten befinden sich einige kunstvolle Steintore und ein kleiner Familienschrein.

Jiaye-Bibliothek BIBLIOTHEK
(嘉业堂藏书楼; Jiayetang Cangshulou) Die Jiaye-Bibliothek war einst die größte Privatbibliothek in Südostchina. Sie umfasste über 30 000 Bücher, von denen einige aus der Zeit der Tang-Dynastie stammten. Heute birgt sie eine große Sammlung von Holztafeldrucken und Manuskripten. Die Bibliothek ist von einem Graben umgeben – in der Qing-Zeit eine wirksame Methode des Brandschutzes.

Anwesen der Familie Zhang HISTORISCHES GEBÄUDE
(张石铭旧宅; Zhang Shiming Jiuzhai) Das Anwesen der Familie Zhang zählt zu den interessanteren alten Wohnhäusern in Nanxun. Es gehörte einst einem reichen Seidenhändler und war gegen Ende der Qing-Zeit das größte und kunstvollste Wohnhaus in Südostchina. Gebaut wurde es aus Holz, Glas, Ziegeln und Marmor – alles aus Frankreich importiert. Die Gebäude sind eine faszinierende Kombination aus europäischen und chinesischen Baustilen inmitten zierlicher Gärten, Fischteichen und Steingärten. Völlig unpassend ist eine französische Villa mit Backsteinmauern, schmiedeeisernen Balkonen und Lamellenfensterläden. Erstaunlicherweise hat die Villa sogar einen Ballsaal samt Orchesterpodium. Diese Vorliebe für westliche Architektur zeigt sich auch am **Anwesen der Familie Liu** (刘氏梯号; Liushi Tihao) mit dem importierten Buntglas, wuchtigen Holztreppen und Backsteinmauern.

Essen

Nach einem Tag auf den Beinen ist es angenehm, sich in einem der kleinen Restaurants am Kanal bei einem Imbiss oder einem Tee zu erholen. Der Preis für das Essen ist Verhandlungssache; der erste genannte Preis sollte auf keinen Fall akzeptiert werden.

An- & Weiterreise

Busse nach Nanxun (40 Yuan, 10-mal tgl.) fahren stündlich vom Busbahnhof Nord in Hangzhou. Busverbindungen gibt es auch zwischen Nanxun und Wuzhen (10 Yuan), sowie regelmäßigen Busverkehr ab dem Busbahnhof Süd in Shanghai (47 Yuan, 2½ Std., 8-mal tgl.) und Busse vom Hauptbusbahnhof in Shanghai (48 Yuan).

Nanxun hat zwei Busbahnhöfe: den Tai'an Lu (Tai'an Lu chezhan) und einen weiteren *(Nanxun qichezhan)* an der Schnellstraße. An beiden verkehren Busse von 5.50 bis 17 Uhr:

Shanghai 30–50 Yuan, 2½ Std.

Suzhou 21 Yuan, 1 Std.

Wuyi

☎0579

Wuyi liegt ziemlich weit im Landesinneren und ist an sich eine langweilige Stadt. Aber sie ist das Tor zu den zwei Dörfern Yuyuan und Guodong im malerischen Hügelland der Umgebung. Eine Übernachtung in Guodong, das viel mehr Charme und Charakter hat, ist auf jeden Fall vorzuziehen. Aber wer lieber in Wuyi nächtigen will, findet nahe dem Fernbusbahnhof etliche Hotels.

Das **Hongda Hotel** (鸿达大酒店; Hongda Dajiudian; ☎8762 2001; 2 Jiefang Beilu; 解放北路 2 号; EZ & 2BZ mit Computer 218 Yuan, DZ 258 Yuan; ❄@) hat einen fiesen Aufzug, aber die Zimmer sind angenehm und sauber, haben Holzböden, einige einen Computer und Ermäßigungen von etwa 60 %; die renovierten Zimmer sind etwas teurer, aber netter.

In der Shuxi Beilu (熟溪北路) gibt es am Fluss Shuxi neben der Jiefang-Brücke mehrere beliebte Fischrestaurants.

Praktische Informationen

Mehrere Internetcafés drängen sich in dem Büroklotz Zijin Wusheng Shangye Zhongxin (紫金五圣商业中心) an der Ecke Shang Jie (上街) und Jiefang Zhonglu (解放中路) gegenüber dem KFC.

Bank of China (中国银行; Zhongguo Yinhang; 71 Hushanxia Jie) Im Süden der Stadt; hat einen Wechselschalter.

ICBC (工商银行; Gongshang Yinhang; Wuyang Lu) 24-Std.-Geldautomat.

Pengke *wangba* (朋客网吧; Jiefang Beijie; pro Std. 2,50 Yuan; ⌚24 Std.) Internetzugang.

Anreise & Unterwegs vor Ort

Die Busse 2 und 302 verkehren zwischen Bahnhof und Busbahnhof.

Bus

Busverbindungen gibt es vom **Hauptbusbahnhof** (客运中心; *keyun zhongxin*; ☎8851 5959) in Wuyi zum Busbahnhof Süd in Hangzhou (76 Yuan, 7.10–16.40 Uhr 6-mal tgl.), nach Ningbo (85 Yuan, 3-mal tgl.) und Wenzhou (8.30 Uhr).

Zug

Wuyi ist von folgenden Orten mit dem Zug einfach zu erreichen:

Hangzhou Hart-/Weichsitzer 38/57 Yuan, 3½–4 Std., 5-mal tgl.

Nanjing 6-Bett-/4-Bett-Schlafwagen 159/244 Yuan, 9½–13 Std., 4-mal tgl.

Shanghai Südbahnhof 6-Bett-/4-Bett-Schlafwagen 101/156 Yuan, 6 Std., 1-mal tgl.

Wenzhou Hart-/Weichsitzer 38/57 Yuan, 4–5 Std., 12-mal tgl.

Rund um Wuyi

GUODONG 郭洞

Südlich von Wuyi befindet sich das hübsche alte **Dorf** (Eintritt 30 Yuan) aus der Zeit der Song- Dynastie völlig abgeschieden und eingebettet zwischen bambusbewachsenen Hügeln. Das teilweise hinreißende Guodong bietet reichlich Gelegenheit, durch alte und enge Gassen aus der Ming-Ära mit ihren gleichmäßigen Ziegel- und Lehmhäusern zu bummeln und dabei auf Waschfrauen, alte Brunnen und Antiquitätenläden zu stoßen. Auch die Umgebung lädt zum Wandern ein. Besonders hübsch ist das Mauerwerk in der Qingyuan Lu (清源路), wo auch eine kleine Kirche steht (in einem Hof neben dem Haus Qingyuan Lu Nr. 20). Die **Ahnenhalle des He-Clans** (何氏宗祠; Heshi Zongci) ist ein riesiger Bau aus der Zeit der Ming-Dynastie im Zentrum des Dorfs. Sehenswert sind auch die Fanyu-Halle (凡豫堂) und die Renlan-Halle (纫兰堂; Renlan Tang).

Wer Angst vor Hunden hat, sollte sich seelisch und moralisch darauf vorbereiten, dass es in Guodong ziemlich viele kläffende Vierbeiner gibt.

Die Türen einiger Wohnhäuser sind mit christlichen Plakaten geschmückt, andere mit wunderbar poetischen Zeilen verschönert, die den Rhythmus der Natur preisen, wie „近山识鸟音、临水知鱼性" („Geh in die Berge, um den Gesang der Vögel zu verstehen, blick auf das Wasser, um das Wesen der Fische zu ergründen"). Nach der Erkundung des Dorfs führt der Weg über die Longshan Lu (龙山路) und in den Bambuswald auf dem Hügel oberhalb des Dorfs hinauf (Zugang ist in der Eintrittskarte enthalten).

Ein Highlight ist das landschaftlich reizvolle **Naturgebiet Dawan-See** (大弯湖景区; Dawanhu Jingqu; Eintritt 5 Yuan), ein 30-minütiger Fußmarsch vom Dorf (ausgeschildert), der am Wenchang-Pavillon (文昌阁; Wenchang Ge) und an einer gewaltigen, 600 Jahre alten Tanne vorbeiführt. Am See geht's weiter über einen Damm und von dort rund um den tannengrünen See, der malerisch von Bambuswäldern umgeben ist.

Es lohnt sich unbedingt, in Guodong zu übernachten (statt in Wuyi), auch verfügt das Dorf über mehr Charakter als Yuyuan. Das kleine **Qingyuan Hotel** (清源旅馆; Qingyuan Luguan; ☎6890 3801; DZ 80 Yuan; ❄) nahe der Bushaltestelle vermietet saubere und moderne Zimmer mit Flachbildschirm-TVs.

Alle Hotels haben entweder ein Restaurant oder bereiten auch auf Wunsch etwas zu Essen zu. Wenn möglich aber nicht das *tuji* (Freilandhuhn) aufschwätzen lassen, da es teuer ist. Ein kleiner Teller mit *xiao xiyu* (小溪鱼; gegrillter Flussfisch) kostet überall etwa 18 Yuan.

Nach Guodong geht es zunächst in Wuyi mit dem Bus 5 (1,50 Yuan) zum Busbahnhof Ost (客运东站; keyin dongzhan) und dort weiter mit dem Bus nach Guodong (3,50 Yuan, 1 Std., alle 30 Min.), der gegenüber hält. Der erste/letzte Bus von Guodong zurück nach Wuyi fährt um 7/17.50 Uhr.

YUYUAN 俞源

Eine 20 km lange Fahrt von Wuyi durch die schimmernde Landschaft von Zhejiang führt vorbei an Bergen, Tee- und Rapsfeldern, gelbem und grünem Bambus und alten Brücken bis zum Flussdorf Yuyuan. Das **alte Dorf** (Eintritt 30 Yuan) ist berühmt für seine Anlage nach dem taoistischen Taiji-Symbol (Doppelfisch, oder Yin-Yang-Zeichen), obwohl das für jene, die sich nicht für Feng Shui interessieren, nur schwer zu erkennen ist.

Sehenswertes

Mit den weißen Wohnhäusern, alten Hallen, Türen, an denen rote Spruchfahnen hängen, Holzschnitzwerk, Kopfsteinpflastergassen, krähenden Hähnen und watschelnden Enten hat das Dorf jede Menge historischen Charme.

Alte Gebäude HISTORISCHE GEBÄUDE

Hinter hohen Bäumen versteckt sich die **Bowen-Halle** (伯温草堂; Bowen Caotang), ein attraktives altes Bauwerk, das mit Taiji-Symbolen geschmückt ist. Die **Ahnenhalle des Yu-Clans** (俞氏宗祠; Yushi Zongci) stammt ursprünglich aus dem Jahr 1374 und besteht aus einer hübschen und unrestaurierten Gruppe von Häusern, die sich um ein Podium mit prachtvollem Steinwerk versammeln, das hinten mit einem unübersehbaren Slogan aus der Kulturrevolution beschmiert ist. Hinten befindet sich das **Qin Tang** (寝堂), in dem die Ahnentafeln aufbewahrt wurden. Die Ahnenhalle brannte einst nieder und wurde wieder aufgebaut, ein Bataillon schlug hier im Jahr 1930 sein Lager auf, und 1951 diente sie als Kornspeicher. Sehenswert ist auch die renovierbedürftige **Ahnenhalle des Li-Clans** (李氏宗祠; Lishi Zongci) mit ihrem kleinen Innenhof *(tianjing)* und den Seitengebäuden, die mit folkloristischen Gegenständen geschmückt sind.

Mehrere der **alten Häuser** des Dorfs – viele müssten restauriert werden – sind noch bewohnt, wie das Dunhou Tang (敦厚堂) und das Xiatai Lou (下态楼). Interessant sind auch das Hongbin Lou (鸿宾楼) mit seiner Holzfassade am Fluss Yin (银河; Yin He), das reizende Jingsehn Lou (精深楼), das große Yuhou Tang (裕后堂) mit 2560 m² Grundfläche und das **Shengyuan Tang** (声远堂; auch Liufeng-Halle genannt), eines der protzigsten und besterhaltenen Wohnhäuser in Yuyuan. Ein großer Teil des Feng-Shui-Charmes von Yuyuan wurde durch planlos hingeklotzte moderne bauliche Schandflecke und Plattenbauten mit Aluminiumverschalung zerstört, die die alten Häuser überragen.

Tempel des Herrn der Höhle TAOISTISCHER TEMPEL

(洞主庙; Dongzhu Miao) Der ausgesprochen hübsche taoistische Tempel des Herrn der Höhle liegt neben einer Flussbrücke an einem großen Kampferbaum am Rand von Yuyuan und stammt ursprünglich aus der Zeit der Nördlichen Song. Es ist anscheinend eines der besterhaltenen Gebäude im Dorf.

An- & Weiterreise

Nach Yuyuan fährt ein Bus (4,50 Yuan, 30 Min., alle 30 Min., erster/letzter Bus 6.30/17.30 Uhr) direkt vom Busbahnhof West (西站; Xizhan) in Wuyi. Der Bus 5 (1,50 Yuan) verkehrt zwischen dem Hauptbusbahnhof in Wuyi und dem Busbahnhof West.

Putuo Shan 普陀山

☎0580

Die üppige und gepflegte buddhistische Insel Putuo Shan – die berühmteste Insel des Zhoushan-Archipels – ist das Domizil von Guanyin, der stets mitfühlenden Göttin der Barmherzigkeit. Putuo Shan ist einer der vier heiligen buddhistischen Berge Chinas und vom Geist der Göttin und der Andacht ihrer Anhänger durchdrungen. Jedoch stören ganze Bootsladungen mit Besuchern den heiligen Nimbus der Insel, besonders da der Zugang in jüngster Zeit einfacher wurde. An Feiertagen und Wochenenden geht es hier oft hoch her (besser ist ein Besuch unter der Woche). Der Kommerz hat sich schon lange auf Putuo Shan breitgemacht: Buddhistische Gesänge tönen aus Lautsprechern, die als Felsen getarnt sind, und bei der bemühten Verschönerung der Insel ging etwas vom Flair verloren. Der Gipfel war, dass die Insel sich angeblich überlegte, 2012 einen millionenschweren Börsengang zu machen. Die drei Geburtstage Guanyins (19. Februar, 19. Juni und 19. September) werden auf der ganzen Insel mit Hingabe gefeiert.

Sehenswertes

Bei Ankunft wird ein gepfeffertes **Eintrittsgeld** (Sommer/Winter 160/140 Yuan) fällig; der Eintritt zu einigen anderen Sehenswürdigkeiten kostet extra.

Bildnisse von Guanyin sind allgegenwärtig, und auch die Tempel sind allesamt Schreine für die barmherzige Gottheit. Außer den drei Haupttempeln gibt es überall noch Frauen- und Männerklöster, und aus dem Meeresdunst tauchen hier und da plötzlich dekorative Torbögen auf.

Der zentrale Teil der Insel liegt um den Puji-Tempel etwa 1 km nördlich des Fährhafens. Der Tempel ist von dort über die Straßen nach Osten oder Westen zu erreichen; beide Strecken dauern etwa 20 Min. zu Fuß. Ansonsten fahren auch Minibusse

Putuo Shan

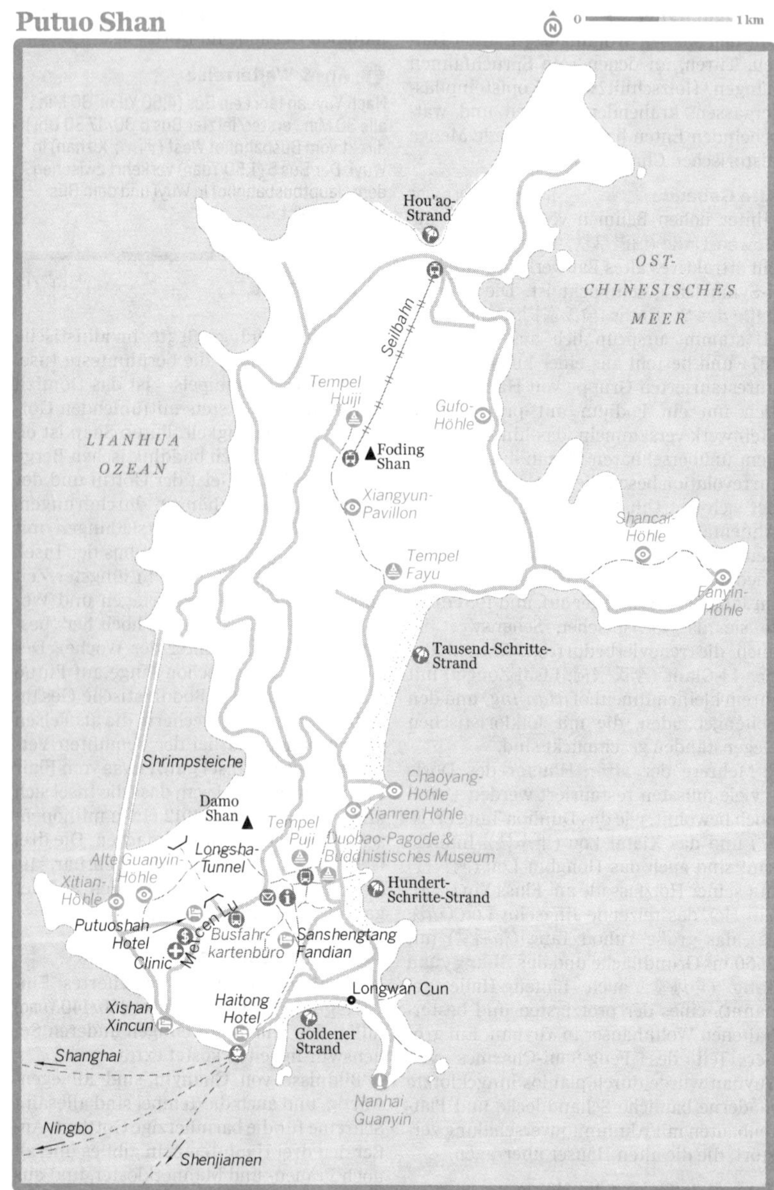

vom Fährhafen zum Tempel Puji und anderen Orten auf der Insel.

Tempel Puji TEMPEL
(普济禅寺; Puji Si; Eintritt 5 Yuan; ⌚5.30–18 Uhr) Der Tempel, der mindestens aus dem 17. Jh. stammt, steht im Schatten hoher Kampferbäume und Luohan-Kiefern hinter großen Teichen am Hauptplatz. Zur Zeit der Recherche wurde er gerade restauriert. Hinter dem pummeligen Milefo, der in der Halle der Himmlischen Könige in einem roten, goldenen und grünen

Schränkchen hockt, stehen Massen von Gläubigen mit waberndem Räucherwerk vor der atemberaubenden Haupthalle. An der Westseite des Tempels fahren Busse zu verschiedenen Orten auf der Insel. Südwestlich des Tempels liegt der zauberhafte und stille **Botanische Garten von Putuo** (Eintritt frei).

GRATIS **Buddhismusmuseum** MUSEUM

(佛教博物馆; Fojiao *bowuguan*; ⌚Di–So 9–15 Uhr) Ein kurzes Stück zu Fuß vom Puji-Tempel steht die fünfstöckige **Duobao-Pagode** (多宝塔; Duobao Ta) von 1334. Daneben befindet sich das brandneue und anspruchsvolle Buddhismusmuseum. Es ermöglicht mit den ausgestellten rituellen Gegenständen, buddhistischen Objekten, Keramiken und Artefakten einen faszinierenden Blick in den Buddhismus.

Tempel Fayu TEMPEL

(法雨禅寺; Fayu Chansi; Eintritt 5 Yuan; ⌚5.30–18 Uhr) Gewaltige Kampferbäume und ein riesiger Ginkgo überragen den Tempel, in dessen Haupthalle eine große schimmernde Statue der Guanyin hockt, die von ganzen Reihen historischer *luohan*-Figuren flankiert ist. In der Halle dahinter befindet sich eine 1000-armige Guanyin. Vom Fährhafen bedient ein Bus die Strecke zum Tempel (6 Yuan).

Foding Shan BERG

(佛顶山; Foding Shan; Eintritt 5 Yuan) Vom Fayu-Tempel ist es ein fantastischer, schattiger, halbstündiger Aufstieg zum höchsten Punkt der Insel, dem Foding-Berg – Buddhas Gipfel. Hier befindet sich auch der weniger prachtvolle **Huiji-Tempel** (慧济禅寺; Huiji Chansi; Eintritt 5 Yuan; ⌚5.30–18.30 Uhr). Im Sommer ist der Aufstieg am Spätnachmittag weniger heiß. Ein interessanter Anblick sind fromme Pilger und buddhistische Nonnen, die alle drei Schritte anhalten, um sich entweder zu verbeugen oder um im Gebet niederzuknien. Weniger ergebene Besucher nehmen die **Seilbahn** (einfach/hin & zurück 30/50 Yuan; ⌚6.40–17 Uhr). Der Xiangyun-Pavillon (香云亭; Xiangyun Ting) ist ein netter Ort für eine Atempause.

Nanhai Guanyin STATUE

(南海观音; Eintritt 6 Yuan) Der erste Anblick bei der Anfahrt mit dem Boot nach Putuo Shan ist die 33 m hohe schimmernde Statue der Guanyin, die vom südlichsten Zipfel der Insel übers Meer blickt.

Strände STRÄNDE

Putuo Shans zwei großen Strände, der **Hundert-Schritte-Strand** (百步沙; Baibusha; ⌚6–18 Uhr) und der **Tausend-Schritte-Strand** (千步沙; Qianbusha) an der Ostküste der Insel sind reizvoll und weitgehend unberührt. Allerdings kostet der Zugang manchmal etwas. Schwimmen (Mai bis August) ist nach 18 Uhr nicht erlaubt. Es ist aber wunderbar, sich bei warmem Wetter am frühen Abend auf dem Strand niederzulassen.

Höhlen HÖHLEN

An der **Fanyin-Höhle** (梵音洞; Fanyin Dong; Eintritt 5 Yuan; ⌚5.30–18 Uhr) ganz im Osten der Insel gibt es zwischen zwei Felswänden einen Guanyin-Tempel, der eine Vogelperspektive auf die donnernde Brandung bietet. Das Geräusch der tosenden Wellen in der **Chaoyang-Höhle** (朝阳洞; Chaoyang Dong; Eintritt 12 Yuan) weit oberhalb des Meeres soll den Gebetsgesang des Buddha nachahmen. Um die kleine Grotte der Guanyin-Höhle (观音古洞; Guanyin Gudong) wurde ein kompletter Tempel gebaut. Weitere sehenswerte Naturwunder sind die **Shancai-Höhle** (善财洞; Shancai Dong; Eintritt 5 Yuan), die **Gufo-Höhle** (古佛洞; Gufo Dong; Eintritt 5 Yuan), die **Xianren-Höhle** (仙人洞; Xianren Dong; Eintritt 5 Yuan) und die **Xitian-Höhle** (西天洞; Xitian Dong; Eintritt 5 Yuan).

Schlafen

Die meisten Hotels auf Putuo Shan zielen direkt auf Reisegruppen und chinesische Touristen, sie sind also nicht gerade billig. Die Zimmerpreise sind von Sonntag bis Donnerstag in der Regel ermäßigt; die hier angegebenen Preise beziehen sich auf Freitag, Samstag und Feiertage.

Beim Verlassen des Ankunftsgebäudes warten Hotelschlepper mit Plastikfotos ihrer Hotels auf die Besucher; diese Hotels gehören eher zur billigeren Kategorie im nahen Dorf, nicht luxuriös, aber in Ordnung und erschwinglicher als viele andere Hotels auf der Insel. Ansonsten können Besucher auch gleich nach Verlassen des Ankunftsgebäudes links abbiegen und zu den billigen Hotels an der Meicen Lu in Xishan Xincun (西山新村) laufen, ein kurzer Weg über den Hügel westlich des Fährhafens. Sie sind alle ziemlich ähnlich und haben Standardzimmer mit ein, zwei oder manchmal drei Betten. Einige Hotels nehmen keine Ausländer auf, aber manche schon (chinesische Sprachkenntnisse helfen). Die Zimmer kosten werktags um 100 bis 150 Yuan, sind aber am Wochenende erheblich teurer; verhandeln hilft. Die Schriftzeichen „内有住宿" bedeuten, dass Zimmer frei sind. Mehrere der größeren Hotels haben Shuttlebusse vom und zum Fährhafen.

Putuoshan Hotel HOTEL **€€€**
(普陀山大酒店; Putuoshan Dajiudian; ☎609 2828; www.putuoshanhotel.com; 93 Meicen Lu; 梅岑路 93 号; DZ 1668–2268 Yuan, Suite ab 2568 Yuan; ❄@) Putuo Shans bestes Hotel verstärkt sein Feng-Shui durch die Lage an einem grünen Hügel und hat eine angenehme Atmosphäre, die sich auch auf die ansprechenden Zimmer und den Service ausdehnt. Viele andere Hotels auf Putuo Shan sind vollgestopft mit buddhistischem Kitsch, der hier vermieden wird. Werktags gibt es Ermäßigungen von bis zu 70%.

Sanshengtang Fandian HOTEL **€€€**
(三圣堂饭店; ☎609 3688; 121 Miaozhuang Yanlu; 妙庄严路 121 号; DZ 800–1040 Yuan, 3BZ 1020 Yuan; ❄) Das oft ausgebuchte traditionelle Haus liegt hübsch zwischen Bäumen an einem kleinen Weg nahe dem Puji-Tempel. Die Zimmer sind ziemlich muffig, kosten aber bei wenig Betrieb meist um die 300 Yuan.

Haitong Hotel HOTEL **€€€**
(海通宾馆; Haitong Binguan; ☎609 2569; Zi. 780–1180 Yuan; ❄) Das ansprechende Hotel gegenüber dem Ausgang des Fährhafens hat hilfsbereites Personal und ein verlockend traditionelles Flair. Werktags gibt es bis zu 60 oder 70% Ermäßigungen, am Wochenende manchmal 30%.

Essen

Da sich viele Restaurants auf Meeresfrüchte spezialisieren und zu Hotels gehören, ist Essen in Putuo Shan teuer, außer in den Nudelrestaurants in kleinen Dörfern wie Xishan Xincun (sie sind in den Seitenstraßen der Meicen Lu) und Longwan Cun (龙湾村), dem Dorf östlich des Citic Putuo Hotels (Jinsha Lu Nr. 22). Besser sind die Tempelrestaurants, wo meist mittags vegetarische Gerichte serviert werden, manchmal auch Frühstück und Abendessen, und alles für 2 bis 10 Yuan.

Praktische Informationen

Bank of China (中国银行; Zhongguo Yinhang; 85–7 Meicen Lu; ⌚8–11 & 14–17 Uhr) Hat einen Forex-Wechselschalter. Geldautomaten (24 Std.) der Bank of China und anderer Banken, die internationale Karten akzeptieren, befinden sich gleich um die Ecke des Blocks (die Straße heißt „Financial Street").

China Mobile (中国移动; Zhongguo Yidong; Meicen Lu) Hier gibt's SIM-Karten für Handys. In der Nähe der Banken.

Post (中国邮政; Zhongguo Youzheng; 124 Meicen Lu) Südwestlich des Puji-Tempels.

Arztpraxis (诊所; Zhensuo; ⌚8–17 Uhr) Um die Ecke des Blocks hinter der Bank of China.

ICBC (工行; Gongshang Yinhang; 85–15 Meicen Lu; ⌚8–11 & 14–17 Uhr) Forex-Wechselschalter.

Gepäckaufbewahrung (寄存处; jicunchu; pro Gepäckstück 4 Yuan; ⌚6.30–17 Uhr) Am Fährhafen.

Touristeninformation(旅游咨询中心; Luyou Zixun Zhongxin; ☎609 4921; ⌚9–18 Uhr) In der Nähe des Puji-Tempels.

An- & Weitereise

Die kürzeste und schnellste Fährstrecke nach Putuo Shan ist die von Shenjiamen (沈家门) auf der Nachbarinsel Zhoushan (舟山岛). Die Boote (28 Yuan, 15 Min.) legen von dort von 6.20 bis 17.30 Uhr alle zehn Minuten für die kurze Fahrt nach Putuo Shan ab. Es fahren auch langsamere Boote (22 Yuan), aber weniger häufig. Die neuen Brücken verbinden die Hauptinseln des Zhoushan-Archipels mit dem Festland, Besucher können also auch mit dem Bus von Shanghai und Hangzhou anreisen.

Busfahrkarten nach Hangzhou (95 Yuan, erster/letzer Bus 6.20/18.50 Uhr, regelmäßig) und Shanghai Nanpudaqiao (138 Yuan, 5 Std., erster/letzter Bus 6.30/18 Uhr, regelmäßig) ab Shenjiamen gibt es im **Ticketbüro des Fährhafens** (☎609 1186), im **Busfahrkartenbüro** (74 Meicen Lu; ⌚8–10.40 & 13.20–16.15 Uhr) gegenüber dem Putuoshan Hotel oder am Busbahnhof am Anleger in Shenjiamen.

Der nächste Flughafen liegt in Zhoushan (Putuo Shan) auf der Nachbarinsel Zhujiajian (朱家尖), der zwischen 6.30 und 17.30 Uhr regelmäßige Schnellbootverbindungen (24 Yuan) mit Putuo Shan hat.

Eine gemächlichere Überfahrt bietet die Nachtfähre um 16.30 Uhr ab Putuo Shan, die nach zwölf Stunden den Wusong-Hafen in Shanghai erreicht. Sie bietet zahlreiche Komfortstufen, von der 4. Klasse bis zur Spezialklasse; Tickets kosten 109 bis 499 Yuan oder 998 Yuan für eine eigene Kabine. Eine Hochstufung *(bupiao)* ist kein Problem, sobald man an Bord ist. In Shanghai legt die Fähre um 20 Uhr am Wusong-Hafen ab, freitags auch um 19.20 und 20.40 Uhr. Der Wusong-Hafen ist mit der U-Bahnlinie 3 bis zur Songbin Road und von dort nach 15 Minuten zu Fuß zu erreichen. Nach Überqueren der achtspurigen Autobahn ist der Hafen ausgeschildert. Vom Platz des Volkes aus muss mit 1½ Stunden gerechnet werden.

Von Putuo Shan fährt um 13.30 Uhr eine Schnellfähre (255–340 Yuan) zum Hafen Xiao Yang Shan (小洋山) südlich von Shanghai. Dort geht es weiter mit dem Bus zur Nanpu-Brücke; die ganze Fahrt dauert vier Stunden. Die zweimal tägliche Fähre von Shanghai nach Putuo Shan legt in Xiao Yang Shan ab; Shuttlebusse fahren an der Nanpu-Brücke in Shanghai um 7.20 und 20 Uhr zur Fähre ab.

Tickets für alle Fähren gibt es in der Ankunftshalle am Anleger oder im Büro in der 74 Meicen Lu gegenüber dem Putuoshan Hotel.

Weitere Schiffsverbindungen von Putuo Shan sind die Schnellfähren nach Ningbo (83 Yuan, erste/letzte Fähre 7.40/17.20 Uhr, 10-mal tgl.) an der Küste Zhejiangs; die Überfahrt dauert etwa 2½ Stunden, einschließlich Bus zum Schnellbootanleger außerhalb von Ningbo. Die Busse (60 Yuan, 3 Std., alle 30 Min.) vom **Busbahnhof Nord in Ningbo** (*qiche beizhan*; ☎8735 5321; 122 Taodu Lu) fahren nach Shenjiamen.

Tickets für Fähren und Bus/Fähren gibt es am Reisebüroschalter im **Laden** (☎6336 8600; 21 East Jinling Rd; 金陵东路 21 号; ⏲9–18 Uhr; Ⓜ East Nanjing Rd) in der East Jinling Road in Shanghai.

ℹ Unterwegs vor Ort

Bei etwas Zeit ist Laufen die entspannendste Art, Putuo Shan zu erkunden. In den letzten Jahren wurden auf einigen Teilen der Insel weitere hölzerne Laufstege gebaut, was für Füße und Knie von Fußgängern angenehmer ist und auch sicherer ist, als auf der Straße zu laufen. Minibusse fahren vom Fährhafen zu verschiedenen Orten der Insel, auch zum Puji-Tempel (5 Yuan), 1000-Schritte-Strand, (6 Yuan), Fayu-Templel (6 Yuan), zur Fanyin-Höhle (8 Yuan) und zur Seilbahnstation (10 Yuan). Die Bushaltestellen sind auf Englisch und Chinesisch ausgeschildert. Vom Puji-Tempel, Fayu-Tempel und anderen Orten auf der Insel fahren weitere Busse auf den gleichen Strecken und zu anderen Zielen.

Fujian

BEVÖLKERUNG: 36,8 MIO.

Inhalt »

Xiamen 298
Gulang Yu 304
Fujian-*tulou* 307
Quanzhou 311
Rund um Quanzhou 314
Fuzhou 315
Wuyi Shan 316

Sehenswerte Tempel

» Tempel Nanputuo (S. 299)
» Tempel Kaiyuan (S. 311)
» Tempel Cao'an-Manichean (S. 314)
» Tempel Guandi (S. 312)

Die schönsten *tulou*-Siedlungen

» *tulou* von Tianluokeng (S. 308)
» *tulou* von Gaobei (S. 309)
» *tulou* von Hongkeng (S. 308)
» *tulou* von Yunshuiyao (S. 310)

Auf nach Fujian

Wer mit Menschen chinesischer Herkunft in Südostasien oder in Taiwan spricht, wird häufig erzählt bekommen, dass ihre Vorfahren vor mehreren Jahrhunderten aus Fujian (福建) an der Südküste Chinas kamen. Fujian war mit seiner Seefahrertradition eines der Fenster Chinas zur Außenwelt. Das multikulturelle Erbe ist in Xiamen und Quanzhou ganz besonders gut erhalten, da dort die glorreiche Seefahrtsgeschichte der Region tiefe Spuren hinterlassen hat.

Weiter im hügeligen Landesinneren liegen einige der ungewöhnlichsten Bauten Chinas. Die fantastischen *tulou* (Rundhäuser) in Fujians Südwesten ragen wie Burgen in der Landschaft auf und sorgen für ein unvergessliches Erlebnis. Das Bergland von Wuyi Shan im Nordwesten bietet reichlich Wandergelegenheiten.

Die gemächliche Hafenstadt Xiamen ist ein guter erster Anlaufpunkt. Von hier besteht die Möglichkeit, zur beliebten Insel Gulang Yu oder zur zauberhaften taiwanesischen Insel Kinmen überzusetzen.

Reisezeit

Xiamen

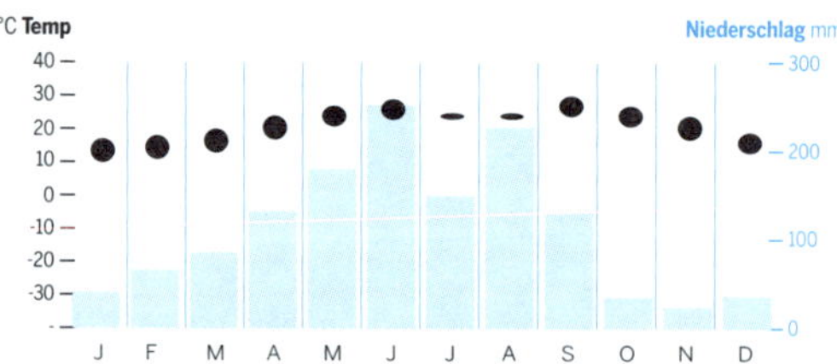

März & April Ein Besuch der zum Weltkulturerbe ernannten *tulou* ist im Frühling besser als im Sommer.

Juni & September Ideal für die Küste von Xiamen und fürs Inselhüpfen im Sommer oder Herbst.

Oktober Das zerklüftete und grüne Gebirge Wuyi Shan bietet jetzt Nachsaisonpreise und klare Bergluft.

Highlights

1 Durch das frische **Xiamen** (S. 298) bummeln, eine der reizvollsten Städte Chinas

2 Durch die Gassen von **Gulang Yu** (S. 304) streifen, einer Insel voller Kolonialvillen

3 Die **Fujian-*tulou*** (S. 307) erkunden, massive Lehmbauten und altertümliche Vorläufer heutiger Mietshäuser

4 Ein Einblick in die Seefahrerzeit Chinas in **Quanzhou** (S. 311) bekommen

5 Sich durch **Chongwu** (S. 314) treiben lassen, einer antiken ummauerten Stadt

6 Durch eine der herrlichsten Landschaften Fujians im Bergland von **Wuyi Shan** (S. 316) wandern

7 Eine Floßfahrt auf dem **Fluss der neun Biegungen** (S. 316) unternehmen – mit Blick auf bootsförmige Särge in Spalten der Uferfelsen

8 Einen Abstecher machen zum hübschen **Kinmen** (S. 305), Taiwans nächstgelegenen Insel zu China

PREISE

In diesem Kapitel werden die folgenden Preiskategorien verwendet:

Schlafen

€	weniger als 250 Yuan
€€	250–500 Yuan
€€€	über 500 Yuan

Essen

€	weniger als 40 Yuan
€€	40–90 Yuan
€€€	über 90 Yuan

Geschichte

Die Küstenregion von Fujian, in der alten Umschrift auch Fukien oder Hokkien genannt, gehörte seit der Quin-Dynastie (221–207 v.Chr.) unter dem Namen Min zum chinesischen Reich. Der Seehandel machte das Grenzland zu einem der Zentren der chinesischen Welt. In der Zeit der Song- und der Yuan-Dynastie stellte die Küstenstadt Quanzhou eine der wichtigsten Hafenstädte auf der maritimen Seidenstraße dar. Über diesen Seeweg wurden nicht nur Seide, sondern auch andere Textilien, Edelsteine, Porzellan sowie zahlreiche weitere wertvolle Güter transportiert. In Quanzhou lebten über 100 000 arabische Kaufleute, Missionare und Handelsvertreter.

Als der Wohlstand der Provinz wegen der Einschränkung des Seehandels im 15. Jh. durch die Ming-Dynastie schwand, zogen die Menschen von Fujian einfach scharenweise nach Taiwan, Singapur, Malaysia, Indonesien und auf die Philippinen. Dadurch wurden Auslandsverbindungen geknüpft, die bis in die heutige Zeit anhalten und viel zum modernen Charakter der Provinz beitragen.

Klima

Fujian hat ein subtropisches Klima mit heißen, feuchten Sommern und nieseligen, kühlen Wintern. Von Juni bis August ist das Klima tropisch heiß und feucht, und es gibt häufig sintflutartige Regenfälle und Taifune. In den Bergregionen sind die Wintermonate oft bitterkalt. Die besten Reisezeiten sind der Frühling (die Monate März bis Mai) und der Herbst (September bis Oktober).

Sprache

Fujian ist eine der Provinzen mit der größten Sprachenvielfalt Chinas. Die Menschen sprechen unterschiedliche Variationen des Min-Dialekts, zu dem auch Taiwanesisch gehört. Der Min-Dialekt hat verschiedene Untergruppen – in Xiamen und Quanzhou wird das Südliche Min (Minnan Hua) gesprochen und in Fuzhou das Östliche Min (Dong Min). Mandarin wird aber auch verstanden.

An- & Weiterreise

Fujian ist mit der Bahn und über die Küstenautobahn gut mit den benachbarten Provinzen Guangdong und Jiangxi verbunden. Xiamen und Fuzhou haben Flugverbindungen mit den meisten Städten des Landes, auch mit Hongkong sowie mit Taipei und Kaohsiung in Taiwan. Wuyi Shan bietet Flugverbindungen mit den größeren Städten Chinas, wie Beijing, Shanghai und Hongkong. Die Küstenautobahn führt von Xiamen bis nach Hongkong. Der neue Zug der D-Klasse verbindet Xiamen mit Shanghai in acht Stunden.

Unterwegs vor Ort

Für Reisen ins Landesinnere sind Züge der D-Klasse weitaus komfortabler und sicherer als Busse. Zugverbindungen nach Wuyi Shan gibt es ab Fuzhou, Quanzhou und Xiamen. Wem der Zug zu langsam ist, kann auch einen der täglichen Flieger von Xiamen nach Wuyi Shan nehmen. Weitere Infos stehen in den jeweiligen Abschnitten des Kapitels in der Rubrik An- & Weiterreise.

Xiamen 厦门

0592 / 668 000 EW.

Die malerischen historischen Gebäude, die adretten Straßen und das reizvolle Hafenviertel machen Xiamen, im Westen auch Amoy genannt, zu einem ganz besonders beliebten Ferienziel für chinesische „Flashpacker".

Highlight von Xiamen ist eine Übernachtung auf der winzigen Insel Gulang Yu, dem einstigen Kolonialviertel der Europäer und Japaner. Die Ufergärten, verwinkelten Gassen und wunderschönen Kolonialvillen verströmen einen historischen Charme, der in chinesischen Städten selten ist.

Geschichte

Xiamen entstand etwa Mitte des 14. Jhs. zu Beginn der Ming-Zeit, als eine Stadtmauer gebaut wurde und die Entwicklung zum bedeutenden Seehafen und Handelszentrum einsetzte. Im 17. Jh. wurde die Stadt zur Zuflucht der Ming-Herrscher auf der Flucht vor den eindringenden Mandschu. Xiamen und das benachbarte Jinmen waren Stützpunkte der Ming-Armee unter dem Kommando des Generals Koxinga. Ihr Schlachtruf gegen die Mandschu lautete: „Wehret den Qing, alle Macht den Ming."

Im 16. Jh. trafen die Portugiesen ein, gefolgt von den Briten im 17. Jh. und schließlich von den Franzosen und Holländern. Sie alle versuchten, allerdings wenig erfolgreich, Xiamen als Handelshafen zu nutzen. In den 1750er-Jahren wurde der Hafen für Ausländer gesperrt. Erst in den Opiumkriegen wendete sich das Blatt: Im August 1841 segelten 38 britische Kriegsschiffe mit Geschützen und Soldaten in das Hafenbecken von Xiamen und erzwangen somit die Öffnung des Hafens. Xiamen wurde anschließend einer der ersten Vertragshäfen.

Japanische und westliche Mächte folgten bald darauf, richteten Konsulate ein und machten Gulang Yu zur ausländischen Enklave. Zwischen den Jahren 1938 und 1945 stand Xiamen unter japanischer Herrschaft.

Sehenswertes & Aktivitäten

Die Stadt Xiamen befindet sich auf der gleichnamigen Insel. Sie ist mit dem Festland über einen 5 km langen Damm mit Bahnlinie, Bus Rapid Transit (BRT; Schnellbusspur), Straße und Fußweg verbunden. Der interessanteste Teil Xiamens, nämlich die Altstadt mit ihren Kolonialbauten, Parks und verwinkelten Straßen, befindet sich nahe dem westlichen Hafenviertel direkt gegenüber der kleinen Insel Gulang Yu.

GRATIS Tempel Nanputuo

BUDDHISTISCHER TEMPEL

(南普陀寺; Nanputuo Si; Siming Nanlu; Eintritt 3 Yuan; ⌚8–18 Uhr) Die buddhistische Tempelanlage, die sich an der Südseite von Xiamen befindet, ist die berühmteste in Fujian und gilt auch unter getreuen Anhängern aus Südostasien als Pilgerstätte. Der Tempel wurde wiederholt zerstört und wieder aufgebaut. Der jüngste Bau stammt aus dem frühen 20. Jh. Heute ist er ein aktiver und vielbesuchter Tempel mit singenden Mönchen und Gläubigen, die Räucherwerk entzünden.

Vor dem Tempel liegt ein großer Lotosteich. In der doppeltraufigen **Großen Schatzhalle** (Daxiong Baodian) vor dem Innenhof hocken drei Buddhas, die jeweils seine vergangene, gegenwärtige und zukünftige Gestalt repräsentieren. Dahinter erhebt sich die achtseitige **Halle des Großen Erbarmens** (Dabei Dian), in der sich eine goldene, tausendarmige Statue der Guanyin befindet, die in alle vier Himmelsrichtungen blickt.

Der Tempel hat ein hervorragendes **vegetarisches Restaurant** (Gerichte 20–50 Yuan; ⌚10.30–16 Uhr) in einem schattigen Hof, wo Gäste zusammen mit den ansässigen Mönchen, die ihre Handys mitschleppen, speisen können. Anschließend bietet sich ein Spaziergang hinter dem Tempel die Treppen zwischen Felsen und schattigen Bäumen hoch an.

Zum Tempel fahren Bus 1 ab dem Bahnhof und die Busse 21, 45, 48 oder 503 ab der Zhongshan Lu.

Universität Xiamen

HISTORISCHES GEBÄUDE

(厦门大学; Xiamen Daxue) Die Universität neben dem Nanputuo-Tempel wurde von Auslandschinesen finanziert und hat wunderschöne Gebäude aus der Republikzeit und einen hübschen See – ein wunderbarer Ort für einen kleinen Spaziergang. Das **Anthropologische Museum** (人类学博物馆; *renleixue bowuguan*) auf dem Campus besitzt zwei große „Bootssärge", die an den Felswänden in Wuyi Shan ausgegegraben wurden. Der Campuseingang befindet sich neben der Haltestelle der Buslinie 1.

Festung Huli Shan

MILITÄRGEBÄUDE

(胡里山炮台; Huli Shan Paotai; Eintritt 25 Yuan; ⌚7.30–17.30 Uhr) Südlich der Universität auf der anderen Seite der Daxue Lu liegt die deutsche Geschützfestung von 1893. Besucher können sich Ferngläser ausleihen, um einen Blick auf die von Taiwan besetzte Insel Kinmen (金门; Jinmen; s. Kasten S. 305) zu werfen, die früher Quemoy hieß. Sowohl die Volksrepublik als auch Taiwan erheben Anspruch auf sie. Boote (126 Yuan) legen vom **Passagierfährhafen** (客运码头; keyun matou; ☎298 5551) an der Lujiang Lu zu Rundfahrten um Jinmen ab.

GRATIS Museum der Auslandschinesen

MUSEUM

(华侨博物馆; *huaqiao bowuguan*; 73 Siming Nanlu; ⌚Di–So 9.30–16.30 Uhr) Eine äußerst anspruchsvolle Ausstellung über Chinas

Xiamen & Gulang Yu

Auswanderer im Ausland, mit Dioramen, Straßenszenen, Fotos und Krimskrams.

Fischmarkt Kaihe Lu MARKT
(开禾路菜市场; Kaihelu Caishichang; Kaihe Lu) Der winzige aber lebhafte Markt in der Altstadt von Xiamen bietet allerlei (bizarres) Meeresgetier vor einer Kulisse aus Häusern mit überdachten Balkons und einer Kirche. Der Zugang ist über die Xiahe Lu möglich.

Geführte Touren

China International Travel Service (CITS; S.303) und viele größere Hotels organisieren ebenfalls Touren.

Apple Travel REISEBÜRO
(☎505 3122; www.appletravel.cn; Shop 20, Guanren Lu) Dieses Büro ist zwar ziemlich teuer, aber es bietet organisierte Touren zu den Hakka-*tulou* und nach Wuyi Shan. Außerdem werden hier auch englischsprachige Führer vermittelt.

Festivals & Events

Xiamen International Marathon MARATHON
(www.xmim.org) Findet im Januar mit einheimischen und internationalen Teilnehmern statt. Die Strecke führt über die Küstenringstraße rund um die Insel.

Drachenbootrennen DRACHENBOOTE
Findet jeden Juni in Xiamen auf dem Drachensee (龙舟池; Longzhou Chi) in Jimei (集美) statt und ist ein toller Anblick.

Schlafen

Xiamen ist das ganze Jahr über ein beliebtes Reiseziel in China, frühzeitige Reservierungen sind also unbedingt nötig. Die Hotels haben sich hauptsächlich um den Hafen herum angesiedelt. Die meisten bewegen sich in der Mittelklasse- und unteren Spitzenklassekategorie.

Es gibt auch eine breite Auswahl an Spitzenklassehotels in Xiamen, aber viele

Xiamen & Gulang Yu

Highlights
- Katholische Kirche ... B3
- Shuzhuan-Garten ... A4
- Tempel Nanputuo ... D4
- Universität Xiamen ... D4

Sehenswertes
- 1 Bo'ai-Krankenhaus ... B3
- Ehemaliges britisches Konsulat ... (siehe 1)
- 2 Ehemaliger Gerichtshof ... A3
- 3 Ehemaliges japanisches Konsulat .. B3
- Ehemaliges spanisches Konsulat ... (siehe 2)
- 4 Fischmarkt Kaihe Lu ... B1
- Guancai Lou ... (siehe 3)
- 5 Haoyue-Garden ... B4
- 6 Koxinga-Gedenkhalle ... A3
- 7 Museum der Auslandschinesen C3
- 8 Orgelmuseum ... A3
- 9 Sanyi-Kirche ... A3
- Sonnenscheinfelsen ... (siehe 11)
- 10 Sonnenscheinfelsen-Park ... A3
- Statue von Koxinga ... (siehe 4)
- Villa Huang Rongyuan ... B3
- 12 Yingxiong-Hügel ... A4
- Yizu Shanzhuang ... (siehe 3)

Schlafen
- 13 21 Howtel ... C1
- 46 Howtel ... (siehe 5)
- 14 Internationale Jugendherberge Gulang Yu ... B3
- 15 Internationale Jugendherberge Gulang Yu Lu Fei ... B3
- 16 Hotel Indigo Xiamen Harbour ... B2
- 17 Lujiang Harbourview Hotel ... B2
- 18 Mogo Cafe Hotel ... A3
- 19 Internationale Jugendherberge Xiamen ... D3
- 20 Internationale Jugendherberge Xaamen Locanda ... B3
- 21 Internationale Jugendherberge Xiamen Locanda ... D3

Essen
- 22 Babycat Café ... A3
- Cherry 32 Café ... (siehe 13)
- 23 Dafang Sucaiguan ... D4
- 24 Huangzehe Peanut Soup Shop ... B2
- 25 Kaihe Shachamian ... B1
- 26 Liji Mudan Fishball ... A3
- 27 Lucky Full Seafood City ... B2
- Seaview Restaurant ... (siehe 17)
- 28 Tianhe Ximen Tusundong ... C1

Transport
- 29 Buchungsbüro für Zugfahrkarten . C2
- 30 Chunguang Hotel (Flughafen-shuttlebusse) ... B2
- 31 Public Bus Terminal ... D4
- 32 Silk Air ... B2
- Thai Airways International .. (siehe 31)

sind ungünstig im Ostteil der Stadt gelegen. Die meisten bieten einen Preisnachlass von 40%.

LP TIPP 21 Howtel HOTEL €€
(☎205 0321; www.21howtel.com, auf Chinesisch; 21 Huaxin Lu; 华新路 21号; EZ 238 Yuan, 2BZ 268–388 Yuan; ❄@) Die reizende alte Villa in einem ruhigen Stadtviertel mit herrschaftlichen Häusern aus den 1950er-Jahren hat 14 jeweils unterschiedliche Zimmer. Das Haus ist durchweg sauber und heimelig. Eine Reservierung ist jedoch schwierig. Wer will, kann sein Glück versuchen und einfach hineinmarschieren oder sollte zumindest drei Wochen zuvor buchen. Nicht alle Mitarbeiter sprechen Englisch.

Hotel Indigo Xiamen Harbour HOTEL €€€
(厦门海港英迪格酒店; Xiamen Haigang Yindige Jiudian; ☎226 1666; www.hotelindigo.com; 16 Lujiang Dao; 鹭江道 16 号; DZ 2600–3600 Yuan, Ermäßigungen um 50 %; ⊖❄@) Das neueste Kettenhotel, das sich im Hafenviertel niedergelassen hat, hat es geschafft, in Bezug auf Design und Einrichtung die richtige Balance zwischen flippig und kitschig zu finden. Sowohl Geschäftsreisende als auch Touristen werden die zentrale Lage und die Zimmer mit weitem Hafenblick zu schätzen wissen. Das Personal ist zuvorkommend.

Internationale Jugendherberge Xiamen HOSTEL €
(厦门国际青年旅舍; Xiamen Guoji Qingnian Lushe; ☎208 2345; www.yhaxm.com; 41 Nanhua Lu; 南华路 41号; B ab 55 Yuan, EZ 80–160 Yuan, DZ 160–240 Yuan; ❄@) Das berühmte Hostel mit sauberen Schlafsälen und Doppelzimmern wird von effizienten und hilfsbereiten Leuten geführt. Es gibt auch einen Fahrradverleih, einen Buchungsservice für Tickets, Computer mit Internetanschluss (2,50 Yuan pro Std.) und den gemütlichen

Anywhere Pub. Eine Reservierung ist erforderlich.

Lujiang Harbourview Hotel HOTEL €€€
(鹭江宾馆; Lujiang Binguan; ☎202 2922; www.lujiang-hotel.com; 54 Lujiang Dao; 鹭江道 54号; EZ 1345–1450 Yuan, DZ mit Meerblick 1955–2300 Yuan, Ermäßigungen 30 %; ❄@) Die Zimmer in dem Haus aus den 1940er-Jahren wurden endlich komplett renoviert und erhielten moderne Bäder und recht geschmackvolle Einrichtungen, die dem Viersternestatus entsprechen. Es lohnt sich, etwas mehr für die großen Zimmer mit Meerblick zu zahlen, von denen einige auch einen Balkon haben.

Internationale Jugendherberge Xiamen Locanda HOSTEL €
(厦门卢卡国际青年旅舍; Xiamen Luka Guoji Qingnian Lushe; ☎208 2918; www.locandahostel.com; 35 Minzu Lu; 民族路 35 号; 4-/6-Bett-Schlafsaal 60/55 Yuan, EZ 208 Yuan, DZ & 2BZ 258 Yuan; ❄@) Das liebenswürdige Hostel ist leicht an seinen ockerfarbenen Mauern und dem hübschen Innenhof zu erkennen. Alle Zimmer sind sauber und in Bernsteintönen gehalten. Die Schlafsäle sind jedoch beengt. Es hat ein **Schwesterhaus** (☎209 9053; 12 Nanhua Lu; 4-/6-Bett-Schlafsaal 55/50 Yuan, Zi. 198–238 Yuan; ❄@) nicht weit von der Internationalen Jugendherberge Xiamen, das zwar nicht ganz so hübsch ist, aber größere Zimmer hat.

NICHTS FÜR ZARTE GEMÜTER!

Lust auf Aspik oder Gelee der etwas anderen Art? *Tusundong* (土笋冻), oder Wattwurmgelee, ist eine der beliebtesten Vorspeisen in Fujian. Die Wattwürmer werden in einer Sülzform gekocht und das knusprige Endprodukt, eine Art Aspik, soll reich an Kollagen sein. Die Einheimischen lieben es besonders mit Senf, Koriander und Rübenscheiben. Das Gelee wird in allen Imbissbuden verkauft, aber die Amoyer empfehlen alle **Tianhe Ximen Tusundong** (天河西门土笋冻; 33 Douxi Lu; Snacks ab 10 Yuan; ⏲8–22 Uhr) nahe dem Westtor des Zhongshan-Parks. Wem das Verspeisen von Würmern zu eklig ist, kann sich im Restaurant auch leckere Tintenfische und Archenmuscheln bestellen.

Ring Island Coast Inn PENSION €€
(环岛海岸客栈; Huandao *haian kezhan*; ☎219 6677; www.xm-inn.com; 20 Zeng Cuo An, Huandao Nanlu; 环岛南路曾厝安 20 号; Zi. 150–350 Yuan; ❄@) Ein Stück südöstlich der Universität Xiamen liegt das Fischerdorf Zeng Cuo An, wo immer mehr familiengeführte Pensionen eröffnet werden. Die neunzimmrige Pension (auch „Blue House“ genannt) hat zwei gemütliche Zimmer mit herrlichem Balkonblick aufs Meer. Die billigsten Zimmer haben kein eigenes Bad. Zu erreichen ist das Haus mit dem Bus 29 von der Siming Nanlu.

Essen

Xiamen ist eine Hafenstadt, daher bekannt für frische Meeresfrüchte, besonders Austern und Krabben. In den Seitengassen der Zhongshan Lu gibt es massenhaft Restaurants aller Art. In der Yundang Lu (篔筜路) nahe dem Marco Polo Hotel sind eine ganze Reihe von Cafés und Restaurants, die bei Ausländern und trendigen Einheimischen beliebt sind.

Seaview Restaurant *DIM SUM*, FUJIAN-KÜCHE €€
(鹭江宾馆观海厅; Lujiang Binguan Guanhaiting; 7th fl, 54 Lujiang Dao; Mahlzeiten ab 80 Yuan; ⏲10–22 Uhr; 📄) Was ist schöner, als Tee zu trinken und ein *dim sum* auf einer sonnigen Terrasse mit Hafenblick zu genießen? Das Dachrestaurant im Lujiang Harbourview Hotel ist super, um fujianesische Straßensnacks in behaglichem Ambiente zu kosten. Die *dim-sum*-Speisekarte ist nicht auf Englisch, aber an den Kochecken können die Gerichte ausgewählt werden.

Kaihe Shachamian NUDELN €
(开禾沙茶面; 126 Xiahe Lu; Nudeln ab 12 Yuan; ⏲24 Std.) Das absolut schlichte Lokal ist wegen seiner *Shachamian* (satay-artige Nudeln) bei den Einheimischen seit jeher beliebt. Die Zutaten werden auf Wunsch variiert, aber normalerweise gehören immer Schalentiere, Fleischklopse und Schweineinnereien dazu. Ausgewählt wird durch Fingerzeig. Der Laden ist an den gelben Schriftzeichen an der grünen Außenwand zu erkennen.

Huangzehe Peanut Soup Shop SNACK €
(黄则和花生汤店; Huangzehe Huasheng Tangdian; 20 Zhongshan Lu; Imbiss 4–10 Yuan; ⏲6.30–22.30 Uhr) Sehr beliebtes Restaurant mit minimalem Service und wenigen Tischen, das für seine köstlich süße *huasheng tang* (花生汤; Erdnusssuppe) und

gängigen Snacks wie *halijian* (海蛎煎; Austernomelette) und *zhurou chuan* (猪肉串; Schweinekebab) berühmt ist. Gäste müssen erst Coupons kaufen, die bei der Bestellung abgegeben werden.

Lucky Full City Seafood DIM SUM €€
(潮福城; Chaofu Cheng; 28 Hubin Beilu; *dim sum* ab 12 Yuan, Mahlzeiten ab 70 Yuan; ⏲10–22 Uhr; 🗒) Das beliebte Lokal ist stolz auf seine glutamatfreien *dim sum* und andere Gerichte. Gäste können auf gut Glück auftauchen oder müssen mindestens 30 Minuten auf einen Tisch warten. Am besten mit dem Taxi fahren: Der Fahrer weiß, wo es ist. Es hat eine **Filiale** (33 Lujiang Dao; ⏲8–2.30am) neben dem Lundu-Fährhafen.

Cherry 32 Café CAFÉ €€
(32 Huaxin Lu; Kaffee ab 45 Yuan; ⏲11–23 Uhr; 🗒) Das Cherry 32, vom 21 Howtel geführt und nur einen Katzensprung davon entfernt, serviert zweifellos den besten Kaffee der Stadt. Das zarte Porzellan, die altmodischen Telefone und Uhren an der Wand und der wunderbare Hof vermitteln eine Atmosphäre wie in Omas Wohnstube. Es gibt auch eine ordentliche Weinauswahl.

Dafang Sucaiguan VEGETARISCH €€
(大方素菜馆; ☎209 3236; 3 Nanhua Lu; Gerichte 28–68 Yuan; ⏲9–21.30 Uhr; 🗒) Das fröhlich eingerichtete vegetarische Restaurant hat eine sehr breite Auswahl an köstlichen Gerichten, darunter auch Eintöpfe und Fleischimitation.

Shoppen

Die Zhongshan Lu ist eine einzige lange Einkaufsstraße mit Souvenirläden und den neuesten Modenamen.

Praktische Informationen

Taschendiebe treiben in den viel besuchten Gegenden Xiamens ihr Unwesen. Dazu gehören die Zhongshan Lu und die Fähre von und nach Gulang Yu.

Bank of China (中国银行; Zhongguo Yinhang; 6 Zhongshan Lu) Der 24-Stunden-Geldautomat akzeptiert internationale Karten.

China International Travel Service (CITS; 中国国际旅行社; Zhongguo Guoji Luxingshe; 335 Hexiang Xilu) Es gibt mehrere Filialen in der Stadt. Diese nahe dem Yundang-See ist empfehlenswert.

Post (中国邮政; Zhongguo Youzheng; Ecke Xinhua Lu & Zhongshan Lu) Mit Telefonservice.

Life Line Medical Clinic (Mifu Zhensuo; ☎532 3168; 123 Xidi Villa Hubin Beilu; ⏲Mo–Fr 8–17, Sa bis 12 Uhr) Englischsprechende Ärzte in einer Praxis, die von hier lebenden Ausländern aufgesucht wird. Rund um die Uhr telefonisch erreichbar.

Büro für Öffentliche Sicherheit (PSB; 公安局; Gong'anju; ☎226 2203; 45–47 Xinhua Lu) Gegenüber der Hauptpost und dem Fernsprechamt. Die Visaabteilung (*churujing guanli-chu;* Mo–Sa 8.10–11.45 & 14.40–17.15 Uhr) ist im nordöstlichen Teil des Gebäudes in der Gongyuan Nanlu.

What's On Xiamen (www.whatsonxiamen.com) Aktuelle Infos zu Xiamen.

An- & Weiterreise

Bus

Vom **Fernbusbahnhof Hubin** (湖滨长途汽车站; Hubin changtu qichezhan; 58 Hubin Nanlu) fahren Busse in die unten folgenden Orte. Fahrkarten können auch zwei Tage zuvor am Fahrkartenschalter im Regionalbusbahnhof neben der Universität Xiamen am Ende der Siming Nanlu gekauft werden.

Fuzhou 75 Yuan, 4 Std., alle 10 Min.

Guangzhou 200 Yuan, 9 Std., 2-mal tgl.

Guilin 240 Yuan, 1-mal tgl. (8.30 Uhr)

Longyan 58 Yuan, 3 Std., regelmäßig

Nanjing (in Fujian) 35 Yuan, 2 Std., regelmäßig

Quanzhou 37 Yuan, 2 Std., alle 20 Min.

Wuyi Shan 124 Yuan, 9 Std., 1-mal tgl. (11.10 Uhr)

Yongding 65 Yuan, 4 Std., 4-mal tgl.

Flugzeug

Air China, China Southern, Xiamen Airlines und andere einheimische Fluggesellschaften fliegen von Xiamen zu allen größeren Städten in China. Es gibt in der Stadt unzählige Ticketschalter, viele in den größeren Hotels wie dem Millennium Harbourview Hotel. Internationale Flugverbindungen gibt es mit Amsterdam, Bangkok, Hongkong, Jakarta, Kuala Lumpur, Los Angeles, Manila, Osaka, Penang, Singapur und Tokio.

All Nippon Airways (☎573 2888; 12–8 Zhenhai Lu) Im Millennium Harbourview Hotel.

Apple Travel (☎505 3122; www.appletravel.cn; Shop 20, Guanren Lu) Flug- und Tourbuchungen. Liegt hinter dem Marco Polo Hotel.

Silk Air (胜安航空; Sheng'an Hangkong; ☎205 3280; International Plaza, 15. Stock, Unit H, 8 Lujiang Dao)

Thai Airways International (泰国航空公司; Taiguo Hangkong Gongsi; ☎226 1688) Im International Plaza.

Schiff/Fähre

Am Passagierfährhafen (客运码头; *keyun matou*) legen Schnellboote (10 Yuan, 20 Min.) von

6.30 bis 21.30 Uhr alle 15 Minuten zur benachbarten Küstenstadt Zhangzhou (漳州) ab. Fährverbindungen gibt es auch nach Kinmen (Jinmen), Taiwan (180 Yuan, 1 Std., stündl.). Näheres s. Kasten S. 307.

Zug

Fahrkarten gibt es im Bahnhof oder über den **Fahrkartenvorverkauf** (☎203 8565; Ecke Xinhua Lu & Zhongshan Lu) hinter dem Gem Hotel (Jinhou Jiudian). Die meisten Züge fahren vom Hauptbahnhof in der Xiahe Lu ab, alle Züge der D-Klasse nach Norden halten am neuen Nordbahnhof 25 km nördlich des Stadtzentrums von Xiamen (Preise rangieren von Hartsitzer bis Weichschläfer):

Beijing (West) 253–705 Yuan, 33 Std.
Hangzhou (D-Klasse) 285 Yuan, 7 Std.
Kunming 266–783 Yuan, 41 Std.
Nanjing (in Jiangsu) 150–452 Yuan, 30 Std.
Shanghai (D-Klasse) 237 Yuan, 7½ Std.
Wuyi Shan 149–232 Yuan, 13½ Std.

Unterwegs vor Ort

Zum/vom Flughafen

Der Flughafen von Xiamen liegt 15 km vom Hafenviertel entfernt. Taxis kosten etwa 45 Yuan. Der Bus 27 fährt vom Flughafen zum Fährhafen Diyi (aber nicht umgekehrt). Flughafenbusse pendeln ab Stadtzentrum vom **Chunguang Hotel** (春光酒店; Chunguang Jiudian; Ecke Datong Lu & Lujiang Dao; 10 Yuan) gegenüber dem Fährhafen Lundu.

Öffentliche Verkehrsmittel

Die Linie 1 des Bus Rapid Transit (BRT; Schnellbus) verbindet das Hafenviertel mit beiden Bahnhöfen über die Xiahe Lu (1 Yuan). Bus 19 fährt vom Fährhafen zum Bahnhof (1 Yuan). Busse zur Universität Xiamen fahren am Bahnhof (Bus 1) und am Fährhafen (Bus 2) ab. Taxis kosten ab 8 Yuan plus 3 Yuan Benzinzuschlag.

Gulang Yu 鼓浪屿

☎0592

Die kleine Insel ist die Trumpfkarte von Xiamen. Es ist auch gut verständlich, warum sie jedes Jahr Massen an Besuchern anlockt. Nur fünf Minuten mit der Fähre entfernt wartet ein enges Gassengewirr mit einem architektonischen Kaleidoskop aus über 1000 Kolonialhäusern, imposanten Villen und alten Banyanbäumen. Die Gegend um den Fährhafen ist meist sehr voller Menschen. Aber je höher und weiter es geht, desto einsamer wird es. Es lohnt sich, hier ein paar Tage zu verbringen, um den ganzen Charme zu genießen.

In den 1880er-Jahren war die ausländische Gemeinde auf Gulang Yu bereits fest etabliert. Es gab eine englischsprachige Tageszeitung, Kirchen, Krankenhäuser, Post und Fernmeldeämter, Bibliotheken, Hotels und Konsulate. Im Jahr 1903 wurde die Insel offiziell zu einer internationalen Ausländersiedlung erklärt. Ein Stadtrat und eine Sikh-Polizei wurden zur Verwaltung der Insel eingesetzt. Heute klingt die Erinnerung an diese Siedlung in den vielen zauberhaften Kolonialbauten und der klassischen Klaviermusik nach, die aus Lautsprechern tönt (die Insel erhielt von den Chinesen den Spitznamen „Piano-Insel"). Viele berühmte Musiker Chinas stammen aus Gulang Yu, darunter die Pianisten Yu Feixing, Lin Junqing und Yin Chengzong.

Die schönste Art, die Insel zu genießen, ist bei einem Streifzug durch die Straßen den einen oder anderen Blick in einen Hof oder eine Gasse zu werfen, um einen Eindruck vom heutigen Leben in den Kolonialvillen zu erhaschen, und sich dann in einem der vielen hübschen Cafés auf ein Bier oder einen Tee niederzulassen.

Sehenswertes

Historische Gebäude HISTORISCHE GEBÄUDE

Die alten Kolonialhäuser und Konsulate verbergen sich im Straßengewirr hinter dem Landungssteg, besonders in der Longtou Lu und den Seitensträßchen der Huayan Lu. Viele Gebäude Gulang Yus sind verlassen, verfallen und überwuchert, weil sich die Bewohner die Instandhaltung nicht leisten können.

Südöstlich des Landungsstegs sind die zwei Gebäude des ehemaligen **Britischen Konsulats** (原英国领事馆; 14–16 Lujiao Lu) zu sehen, ein Stück weiter in der Lujiao Lu Nr. 1 (鹿礁路) befindet sich das cremefarbene ehemalige japanische **Bo'ai-Krankenhaus** aus dem Jahr 1936. Die Bewohner haben den Zugang für die Öffentlichkeit nun gesperrt und ein entsprechendes Schild nahe dem Eingang aufgestellt.

In der Lujiao Lu hügelaufwärts befindet sich in Nr. 26 das backsteinerne **ehemalige japanische Konsulat** und kurz dahinter die prächtige, schneeweiße **Ecclesia Catholica** (天主堂; Römisch-Katholische Kirche; Tianzhutang; 34 Lujiao Lu) aus dem Jahr 1917. Das weiße Gebäude neben der Kirche ist das **ehemalige spanische Konsulat.** Gleich hinter der Kirche befindet sich auf

ABSTECHER

KINMEN, TAIWAN

Mit einem Visum für mehrere Einreisen nach China lohnt sich ein Ausflug zur Insel Kinmen (金门; Jinmen) in Taiwan. Die friedliche kleine Insel nur 2 km vor der Küste Xiamens war einst Teil eines politischen, 50 Jahre währenden Tauziehens zwischen der Volksrepublik China und Taiwan und wurde in den 1950er- und 1960er-Jahren unaufhörlich von China bombardiert. Erst 1993 wurde das Kriegsrecht aufgehoben und den Menschen auf dieser einst gesperrten Grenzinsel freies Reisen nach China und Taiwan erlaubt. Im Jahr 2000 hob die taiwanesische Regierung das Reise- und Handelsverbot zwischen China und den Inseln in der Formosastraße auf. Seither gibt es regen Fährverkehr zwischen beiden Seiten.

Heute ist Kinmen ziemlich gut erschlossen und besucherfreundlich. Die einstigen Schlachtfelder und Armeebunker wurden für den Tourismus geöffnet. Neben Kriegsrelikten besitzt die Insel aber auch Alleen, Seen, einen Nationalpark und einige schöne Dörfer mit farbenprächtigen Tempeln und fujianesischen Häusern (in Fujian selbst wurden die meisten dieser Häuser in den vergangenen 30 Jahren abgerissen). Zu den Attraktionen gehören der **Chukuang-Turm** (莒光楼; Juguang Lou), der 1952 zu Ehren der gefallenen Soldaten von Kinmen gebaut wurde, die historischen Dörfer **Shuitou** (水头村; Shuitou Cun) und **Jhushan** (珠山; Zhushan) sowie die verwinkelten Gassen und Marktstraßen in **Kincheng** (金城; Jincheng), der größten Stadt auf Kinmen. Alle sind in erreichbarer Nähe zum Fährhafen und ideal für einen Tagesausflug.

Die Größe von Kinmen (153 km²) macht auch einen mehrtägigen Ausflug möglich. Lohnenswert ist auch ein Trip zur hübschen Insel **Lieyu** (列屿乡; Lieyu Xiang); sie ist knapp 2 km² groß und liegt nur zehn Minuten mit dem Boot von Kinmen entfernt.

Mit dem Fahrrad lässt sich die Insel am besten erkunden. Leihfahrräder gibt es kostenlos für bis zu drei Tage in den meisten Touristeninformationen; eine davon liegt günstig am Busbahnhof von Kincheng (金城车站; Jincheng chezhan). Fahrradwege und Sehenswürdigkeiten sind gut auf Englisch und Chinesisch ausgeschildert. Kostenlose chinesische Landkarten sind in allen Touristeninformationen erhältlich, wo das chinesischsprachige Personal auch Unterkünfte empfiehlt. In den Dörfern Shuitou und Jhushan gibt es jede Menge Pensionen (民宿; *minsu*); nett ist besonders das **Qin Inn** (水头一家亲; Shuitou Yijiaqin; ☎886-910-395565; http://qininn.tumblr.com; 63–64 Qian Shuitou; EZ 1200 NT$, DZ 2400–3600 NT$; ❄📶). In Kincheng ist die beste Unterkunft das nagelneue **In99 Hotel** (☎886-082-3248; www.in99hotel.com; 60 Minsheng Lu, Jincheng Township; DZ 1800–3000 NT$).

Anreise s. Kasten S. 307. Auf Kinmen fährt der Bus 7 zwischen Fährhafen, Shuitou und Kincheng, der Bus 3 zwischen Kincheng, Jhushan und dem Flughafen. Fähren zur Insel Lieyu legen von 6.30 bis 20.30 Uhr alle 30 Minuten am Kai gegenüber dem Fährhafen ab.

Ein guter Rat: Wer zurück nach Fujian will, braucht ein Visum zur mehrfachen Einreise nach China. Andernfalls muss man nach Taipei oder Kaohsiung fliegen, um sich eines über ein Reisebüro zu besorgen.

In der Abfahrtshalle des Fährhafens gibt es eine kostenlose Gepäckaufbewahrung. Zur Zeit der Recherche akzeptierten die Geldwechsler am Fährhafen nur Renmimbi.

der linken Seite die **Villa Huang Rongyuan**, ein fantastisches, mit Säulen geschmücktes Gebäude, in dem heute das Zentrum für Marionettenkunst untergebracht ist. Es finden sich in dieser Gegend auch ein paar Art-déco-Gebäude, z. B. in der **Fujian Lu Nr. 28**.

Ebenfalls sehenswert ist die protestantische **Sanyi-Kirche** (三一堂), ein Backsteinbau mit klassizistischem Portikus und kreuzförmigem Innenraum an der Ecke Anhai Lu (安海路) und Yongchun Lu (永春路). An der Ecke Anhai Lu und Bishan Lu (笔山路) befindet sich der ehemalige **Gerichtshof** (1–3 Bishan Lu), in dem heute einige Inselbewohner leben.

Ein Rundgang über die Bishan Lu führt in einen selten besuchten Teil der Insel. **Guancai Lou** (观彩楼; 6 Bishan Lu), ein Wohnhaus aus dem Jahr 1931, verfügt über prachtvolle, aber heruntergekommene Innenräume mit reichlich originaler Ausstattung – es schreit förmlich nach Erhaltung, wie so viele andere Gebäude in dieser Gegend auch. Das Haus steht neben dem makellosen **Yizu Shanzhuang** (亦足山庄; 9 Bishan Lu) aus den 1920er-Jahren in starkem Kontrast.

Orgelmuseum MUSEUM
(风琴博物馆; Fengqin *bowuguan*; Eintritt 20 Yuan; ⌚8.40–17.30 Uhr) Das höchst ungewöhnliche Haus Bagua Lou (八卦楼) in der Guxin Lu (鼓新路) Nr. 43 ist heute ein Orgelmuseum mit einer fantastischen Sammlung, darunter eine Orgel von Norman & Beard von 1909.

Haoyue-Garten GARTEN
(皓月园; Haoyue Yuan; Eintritt 15 Yuan; ⌚6–19 Uhr) Der Haoyue-Garten ist eigentlich eine sehenswerte Felszunge mit einer imposanten **Statue des Koxinga** in voller Armeeuniform.

Sonnenscheinfelsen-Park PARK
(日光岩公园; Riguang Yan *gongyuan*; Eintritt 60 Yuan; ⌚8–19 Uhr) Der **Sonnenscheinfelsen** (Riguang Yan) im Sonnenscheinfelsen-Park ist mit 93 m der höchste Punkt der Insel. Zu Füßen des Sonnenscheinfelsens befindet sich ein großes Kolonialhaus, die **Koxinga-Gedenkhalle** (郑成功纪念馆; Zheng Chenggong Jinianguan; ⌚8–11 & 14–17 Uhr). Ebenfalls im Park und in der Nähe der Gedenkhalle gelegen ist der **Yingxiong-Hügel** (Yingxiong Shan), der mit einer kostenlosen Fahrt mit der Seilbahn zu erreichen ist. Oben gibt es eine **Freiluftvoliere** (Eintritt frei) mit schnatternden Reihern und Papageien und einer grässlichen „Vogelshow“.

Shuzhuang-Garten GARTEN
(菽庄花园; Shuzhuang *huayuan*; Eintritt 30 Yuan) Im Shuzhuang-Garten am südlichen Ufer der Insel lassen sich gut ein paar Stunden vertrödeln. Es gibt einen kleinen Bonsaigarten (*penzai*), ein paar zierliche Pavillons und ein Klaviermuseum, das sich ganz dem inseltypischen Klavierspiel widmet. Eines der Klaviere hat noch seinen originalen Kaufvertrag aus Melbourne aus der Zeit um 1900.

Schlafen

Auf Gulang Yu findet sich eine Riesenauswahl an Unterkünften, aber wegen der Beliebtheit der Insel ist frühzeitige Reservierung ein Muss. Autos sind auf der Insel nicht erlaubt. Wer also viel Gepäck hat, sollte ein Hotel in der Nähe des Fährhafens buchen.

46Howtel HOTEL €€€
(☎206 5550; www.46howtel.com; 46 Fujian Lu; 福建路 46 号; Zi. 365–780 Yuan; ❄@) Die 17 Zimmer in dem luxuriösen Boutiquehotel sind allesamt geräumig, schick und supermodern. Sie könnten fast aus einer Bildstrecke in *Schöner Wohnen* stammen: klare Linien, glänzende Oberflächen und dicke Teppiche. Der Service ist ebenfalls spitzenmäßig.

Mogo Café Hotel HOTEL €€
(蘑菇旅馆; Mogu Luguan; ☎208 5980; www.mogo-hotel.com; 3–9 Longtou Lu; 龙头路 3–9 号; Zi. 280–650 Yuan; ❄@) Jedes einzelne der 19 schönen Zimmer in dem hervorragenden Hotel ist ein klares Designerstatement: Strukturtapeten, Stimmungsbeleuchtung, Regenduschen. Das Hotel liegt nur ein kurzes Stück zu Fuß vom Fährhafen entfernt. Allerdings muss das Gepäck dann im Haus drei Stockwerke hochgeschleppt werden.

Internationale Jugendherberge Gulang Yu HOSTEL €
(鼓浪屿国际青年旅馆; Gulang Yu Guoji Qingnian Luguan; ☎206 6066; 18 Lujiao Lu; 鹿礁路 18 号; 6-/4-Bett-Schlafsaal 50/75 Yuan, EZ 110 Yuan, DZ 270 & 370 Yuan; ❄@📶) Das Hostel, das in einem umgebauten alten Haus untergebracht ist, glänzt mit einer guten Lage. Es bietet geräumige Zimmer mit hohen Balkendecken und einem beschaulichen Hof. Es ist wohl die preiswerteste Unterkunft auf der Insel. Es gibt Internetzugang, eine Wäscherei und jede Menge Gesellschaft.

Internationale Jugendherberge Gulang Yu Lu Fei HOSTEL €
(鼓浪屿鹭飞国际青年旅舍; Gulang Yu Lu Fei Guoji Qingnian Lushe; ☎208 2678; www.yhalf.cn; 20 Guxin Lu; 鼓新路 20 号; B 60 Yuan, EZ & DZ 290–370 Yuan; ❄@📶) Die Zimmer sind hübsch und blitzblank und jedes hat ein bestimmtes Motiv. Schön sind die Pastelltöne und die schmiedeeisernen Betten. Es liegt 400 m westlich des Fährhafens.

Essen

Kleine Restaurants und trendige Cafés gibt es hier massenhaft, besonders in den Seitenstraßen der Longtou Lu. Lecker sind die Haifischbällchen und der Amoy-Pie (eine süß gefüllte Teigtasche).

ÜBERFAHRT NACH TAIWAN

Zwischen 8 und 19 Uhr verkehren 18 Fähren zwischen Xiamen und der taiwanesischen Insel Kinmen (金门; Jinmen). Sie legen am internationalen Passagierfährhafen (150 Yuan/750 NT$, 1 Std.), allgemein Dongdu Matou (东渡码头) genannt, 4 km nördlich des Lundu-Fährhafens ab, sowie am Wutong-Fährhafen (五通码头; Wutong Matou; 20 Min.) 8 km östlich des Flughafens. Fahrpläne stehen auf www.kma.gov.tw.

Die Tickets können erst eine Stunde vor Abfahrt gekauft werden. In Kinmen erhalten die meisten Ausländer an Ort und Stelle ein Visum. Allerdings ist ein Visum für die mehrfache Einreise nach China nötig, um nach Fujian zurückkehren zu können.

Beide Fährhäfen sind nur mit dem Taxi erreichbar. Vom Hafenviertel aus kosten sie 15 Yuan zum internationalen Passagierfährhafen und 20 Yuan vom Flughafen zum Wutong-Fährhafen.

Zur Zeit der Recherche war der Renminbi die einzige akzeptierte Währung an den Wechselschaltern im Fährhafen von Kinmen. In der Gegend um den Hafen gibt es keine Geldautomaten. Von Kinmen gibt es Flugverbindungen zu anderen größeren Städten in Taiwan.

Vom Mawei-Fährhafen Fuzhou (马尾码头; Mawei Matou) fahren auch Fähren (300 Yuan, 90 Min., 9.15 Uhr) zur taiwanesischen Inselgruppe Matzu (马祖; Mazu). Dort gibt es Boote nach Keelung und Flüge in andere Städte Taiwans.

Babycat Café CAFÉ €€

(☎206 3651; 143 Longtou Lu; ⏰10.30–23 Uhr; 📶) Die hausgemachten Amoy-Pies des trendigen Cafés begeisterten schon Feinschmecker aus allen Ecken Chinas. Hinzu kommen eine breite Kaffeeauswahl und kostenloses WLAN.

Liji Mudan Fishball MEERESFRÜCHTE €

(林记木担鱼丸; Linji Mudan Yuwan; 56 Longtou Lu; Mahlzeiten ab 15 Yuan; ⏰10–21 Uhr) Die Gäste sitzen in diesem Restaurant auf Bänken und essen lokale Spezialitäten wie Haifischbällchen mit Nudeln (鲨鱼丸粉丝) oder eine Portion Austernomelette (海蛎煎) – oder auch zwei.

ℹ Praktische Informationen

Stadtpläne (10 Yuan) werden in allen möglichen Versionen verkauft, der beliebteste scheint der auf braunem Papier handgezeichnete chinesische zu sein. Auf dem sind alle Sehenswürdigkeiten verzeichnet, aber er ist nicht maßstabsgetreu und nutzlos, wenn man sich verläuft.

Bank of China (中国银行; Zhongguo Yinhang; 2 Longtou Lu; ⏰9–19 Uhr) Forex-Wechselschalter und 24-Std.-Geldautomat.

Post (中国邮政; Zhongguo Youzheng; 102 Longtou Lu)

Krankenhaus (Yiyuan; 60 Fujian Lu) Hat einen eigenen kleinen Krankenwagen für die engen Straßen.

Touristeninformation Xiamen Gulang Yu (Xiamen Gulang Yu Youke Zhongxin; Longtou Lu) Gepäckaufbewahrung 3 bis 5 Yuan.

ℹ Anreise & Unterwegs vor Ort

Die Fähren legen für die fünfminütige Überfahrt nach Gulang Yu am Lundu-Fährhafen (轮渡) gleich westlich vom Lujiang Harbourview Hotel in Xiamen ab. Hin und zurück kostet es 8 Yuan (auf dem Oberdeck noch 1 Yuan extra). Die Boote verkehren von 5.30 bis 24 Uhr. Bootsrundfahrten (15 Yuan) um die Insel gibt es von 7.45 bis 20.45 Uhr stündlich ab dem Passagierfährhafen an der Lujiang Lu.

Fujian-*tulou* 福建土楼

☎0597 / 40 200 EW.

Die außergewöhnlichen *tulou* (土楼) in der hübschen, hügeligen Landschaft im Südwesten Fujians sind enorme, befestigte Lehmbauten, in denen seit uralten Zeiten die Hakka und die Minnan (Fujianesen) lebten. Heute sind noch über 3000 *tulou* erhalten, viele noch bewohnt und offen für Besucher.

Seit die *tulou* im Jahr 2008 von der Unesco zum Weltkulterbe ernannt wurden, bemüht sich die Regionalregierung eifrig, sie zu modernisieren. Neue Straßen wurden gebaut, um die *tulou*-Gebiete mit den benachbarten Bezirksstädten zu verbinden, außerdem entstand eine Reihe neuer Hotels. Einige *tulou* sind mehr als bereit, wegen der touristischen Nachfrage die einstigen Familienwohnungen in Pensionen umzuwandeln. Ganz klar, dass sich auch die Eintrittspreise erhöht haben.

Ganze Konvois aus Reisebussen karren massenhaft Besucher zu den beliebtesten *tulou*-Siedlungen, aber das sollte nicht abschrecken. Das Umfeld und die Architektur der *tulou* sind einfach umwerfend, und jeder Bau ist einzigartig.

Abseits der üblichen Wege sind immer deutlich weniger Besucher anzutreffen, und einige kaum bekannte oder sogar namenlose *tulou* repräsentieren am authentischsten das ländliche Leben in diesen Lehmschlössern.

Sehenswertes

Die bemerkenswertesten der über 3000 *tulou* sind in verschiedene Gruppen zusammengefasst und liegen in der Nähe von zwei Bezirksstädten: Nanjing (南靖) und Yongding (永定). Wer beim Besuch der *tulou* allein auf öffentliche Verkehrsmittel angewiesen ist, kann sich im kleinen Dorf Liulian (六联), oder *tulou* Minsu Wenhuacun (土楼民俗文化村), einquartieren. Das Dorf liegt 800 m südlich der Hongke-*tulou*-Gruppe und ist mit dem Bus von Xiamen oder Yongding zu erreichen. Es besteht aus einem kleinen Busbahnhof, einigen Hotels und Restaurants. Mit einem Mietwagen wäre das malerische Dorf Taxia (S. 308), 55 km nordöstlich von Nanjing, eine ideale Basis.

Infos zur Anreise zu den verschiedenen *tulou* s. S. 311.

DIE *TULOU* VON HONGKENG 洪坑土楼群

Der Eintritt für alle Gebäude beträgt 90 Yuan.

Zhencheng Lou TULOU

(振成楼) Der am meisten besuchte *tulou* liegt nur ein kurzes Stück zu Fuß von Liulian entfernt und ist ein grandioser Bau von 1912 mit zwei konzentrischen Kreisen und insgesamt 222 Zimmern. Die Ahnenhallte im Zentrum hat westliche Säulen. Die Einheimischen nennen es *tulou wangzi* (土楼王子), den Prinzen-*tulou*.

Kuiju Lou TULOU

(奎聚楼) Der viel ältere, quadratische *tulou* in der Nähe des Zhencheng Lou stammt von 1834.

Rusheng Lou TULOU

(如升楼) Der winzige *tulou*, der im späten 19. Jh. erbaut wurde, ist das kleinste Rundhaus und besteht aus nur einem Ring und 16 Zimmern.

Fuyu Lou TULOU

(福裕楼) Der fünfstöckige, quadratische *tulou* am Fluss besitzt einige wunderschön geschnitzte Holzbalken und -säulen. Zimmer werden hier für 100 Yuan an Gäste vermietet.

DIE *TULOU* VON TIANLUOKENG 田螺坑土楼群

Eine Tour zu den Lehmburgen ist ohne einen Besuch von **Tianluokeng** (田螺坑) unvollständig. Es liegt 37 km nordöstlich von Nanjing und besteht aus den zweifellos malerischsten *tulou* der Region. Die Einheimischen nennen die fünf erhabenen Gebäude wegen ihrer runden, quadratischen und ovalen Formen liebevoll „vier Schüsseln mit einer Suppe". Alle modernisierten zur Zeit der Recherche gerade ihre Gästezimmer. Wenchang Lou (文昌楼) zum Beispiel hat Zimmer mit Ventilatoren und WLAN für 70 Yuan. Beim nächsten Besuch dürften schon mehr Annehmlichkeiten vorhanden sein.

Ein direkter Bus (55 Yuan, 3½ Std.) fährt um 8.30 Uhr in Xiamen zu den *tulou* ab. Wer mit einem Auto mit Fahrer anreist, sollte ihn unbedingt dazu überreden, auf den Hügel hinaufzufahren, um einen Postkartenblick auf Tianluokeng zu genießen. Der Eintrittspreis für alle Häuser beträgt 100 Yuan.

Yuchang Lou TULOU

(裕昌楼) Das große, fünfstöckige Bauwerk verfügt über 270 Zimmer und ist das größte Rundhaus in Fujiang. Es hat außerdem einen Wachturm, von dem marodierende Banditen ausgespäht werden konnten. Interessanterweise neigen sich die Pfeiler des 300 Jahre alten Baus im 3. Stock in eine Richtung und im 5. Stock in die entgegengesetzte. Auch haben jedes Zimmer und jede Küche im Erdgeschoss ihre eigene Quelle.

Taxia DORF

(塔下村) Das Dorf in der Nähe ist eine reizende Flusssiedlung mit mehreren *tulou*, darunter auch das **Qingde Lou**, wo eine Übernachtung in einem modernen *tulou*-Zimmer möglich ist (160 Yuan). Ein weiteres Highlight des Dorfs ist die **Ahnenhalle der Zhang**. Sie ist von 23 kunstvoll gemeißelten, speerartigen Steinen umgeben, die die Erfolge prominenter Dorfbewohner ehren. Vom Busbahnhof in Nanjing fahren von 8 bis 16.30 Uhr sechsmal Busse zum Dorf (17 Yuan, 1½ Std.).

WAS IST EIGENTLICH EIN *TULOU*?

tulou, wörtlich Lehmhäuser, sind seltsame, mehrstöckige, befestigte Lehmbauten, die von den Bewohnern des südwestlichen Fujian als Schutz vor Banditen und wilden Tieren gebaut wurden.

Die *tulou* haben entweder einen runden oder einen quadratischen Grundriss. Die Mauern wurden aus gestampftem Lehm und Klebreis errichtet, die zur Verstärkung mit Bambusstäben und Holzspänen versetzt waren. Die Bauten boten (und bieten noch immer) genügend Platz für ganze Clans und sind ideal für kommunales Leben. Die inneren Häuser sind von einem gewaltigen Rundbau umschlossen, der Hunderten Menschen Unterkunft bieten kann. In den Lehmmauern um einen zentralen Innenhof waren Schlafräume, Brunnen, Kochbereiche und Lagerräume eingebaut. Die späteren *tulou* bestanden zum Schutz vor verheerenden Feuersbrünsten aus Steinmauern mit metallverstärkten Türen.

Die Unterteilung der Gebäude in Wohneinheiten bedeutet, dass sie im Prinzip frühe Entsprechungen heutiger Mietshäuser sind. Eine typische Aufteilung bestand aus Küchen im Erdgeschoss, Lagerhaltung im nächsten Stock und Wohnräumen in den Stockwerken darüber. In einigen *tulou* befinden sich auch mehrere Häuser, die in konzentrischen Kreisen im Innenhof gebaut wurden. Es handelt sich vermutlich um Gästezimmer und Schulen. Das Zentrum selbst bildet oft eine Ahnenhalle oder ein Gemeindehaus, das für Geburtstage und Hochzeiten genutzt wurde. Aus Gründen der Verteidigung gibt es meist nur einen Eingang für den gesamten *tulou* und keine Fenster in den ersten drei Stockwerken.

Einst glaubte man, dass die Lehmkastelle ausschließlich von den Hakka bewohnt wurden. Sie sind ein Volk, das während der Jin-Dynastie (265–314 n. Chr.) aus dem Nordwesten Chinas in den Süden zog, um Verfolgung und Hungersnot zu entgehen. Sie ließen sich schließlich in Jiangxi, Fujian und Guangdong nieder. Die meisten *tulou* in der unmittelbaren Umgebung der Bezirksstadt Yongding sind zwar von den Hakka bewohnt, aber es gibt weitaus mehr *tulou* in anderen Bezirken, wie Nanjing und Hua'an, in denen die einheimischen Minnan (Fujianesen) leben. Ein wichtiges Unterscheidungsmerkmal zwischen den *tulou* der Hakka und denen der Minnan sind die Gemeinschaftskorridore und -treppen sowie der zentrale Innenhof der Hakka, während die Minnan auf mehr Privatsphäre Wert legen, z. B. hat jede Wohneinheit eigene Treppen und Innenhöfe.

Egal um welche Art *tulou* es sich auch handelt, viele von ihnen sind heute noch immer von einem einzigen Clan bewohnt. Die Bewohner leben zum einen vom Tourismus, zum anderen von der Landwirtschaft. Die *tulou* bieten eine überraschend komfortable Unterkunft, sie sind *„dong nuan, xia liang"* (冬暖夏凉), das bedeutet „warm im Winter und kühl im Sommer". Diese Bauwerke wurden für die Ewigkeit errichtet.

Buyun Lou *TULOU*

(步云楼) Das viereckige Gebäude steht im Zentrum von Tianluokeng. Es stammt ursprünglich aus dem 17. Jh., brannte aber 1936 nieder und wurde in den 1950er-Jahren wieder aufgebaut.

Wenchang Lou *TULOU*

(文昌楼) Der Name des ovalen Gebäudes in Tianluokeng.

DIE *TULOU* VON GAOBEI

高北土楼群

Der Eintrittspreis für sämtliche Gebäude beträgt 50 Yuan.

Chengqi Lou *TULOU*

(承启楼) Der 300 Jahre alte *tulou* im Dorf Gaobei (高北) verfügt über 400 Zimmer und hatte einst 1000 Bewohner. Das imposante Bauwerk besteht aus kunstvollen konzentrischen Ringen mit Gängen dazwischen und einem zentralen Schrein. Der Bau ist einer der berühmtesten und meist fotografierten *tulou* – kein Wunder, dass er Königs-*tulou* genannt wird.

Wuyun Lou *TULOU*

(五云楼) Das viereckige Gebäude ist verlassen und wackelig und hat seit einem Erdbeben im Jahr 1918 Schieflage.

Qiaofu Lou TULOU

(侨福楼) Der moderne *tulou* wurde 1962 mit 90 netten Zimmern auf drei Ebenen gebaut, die 100 Yuan kosten.

Yijing Lou TULOU

(遗经楼) Der größte rechteckige *tulou* in Fujian. Das bröckelnde Gebäude hat 281 Zimmer, zwei Schulen und 51 Hallen. Gebaut wurde er 1851.

DIE *TULOU* VON YUNSHUIYAO 云水谣土楼群

Die Siedlung 48 km nordöstlich von Nanjing liegt in einer idyllischen Landschaft aus sanften Hügeln, grünen Feldern und plätschernden Bächen. Busse (20 Yuan) fahren sechsmal vom Busbahnhof in Nanjing nach Yunshuiyao (云水谣). Der Eintritt beträgt 90 Yuan.

Hegui Lou TULOU

(和贵楼) Der höchste rechteckige *tulou* in Fujian verfügt über fünf Stockwerke und wurde auf Sumpfgebiet gebaut. Der Bau beherbergt 120 Zimmer und eine Schule, außerdem hat er zwei Quellen und einen befestigten Hof vor dem Eingang. Das gewaltige Bauwerk wurde 1732 errichtet.

Huaiyuan Lou TULOU

(怀远楼) Der relativ junge *tulou* (1909 gebaut) hat 136 gleich große Zimmer und einen konzentrischen Ring um eine Ahnenhalle und eine Schule.

Changjiao DORF

(长教村) Das schöne Dorf (mittlerweile auch Yunshuiyao genannt) ist zwischen den beiden oben genannten *tulou* gelegen. Dort kann man unter großen Banyanbäumen Tee trinken und den imposanten Wasserbüffeln beim Herumtollen im Fluss zuschauen. Im Dorf finden sich ein paar Pensionen, die Zimmer ab 200 Yuan anbieten (siehe S. 310).

DIE *TULOU* VON NANXI 南溪土楼群

Eintritt für alle Gebäude kostet 70 Yuan.

Huanji Lou TULOU

(环极楼) Das vierstöckige riesige Rundhaus auf halbem Weg zwischen Yongding und Nanjing ist innen von konzentrischen Gängen durchzogen. Es hat gekachelte Innenraumkorridore und einen Hof. Es besitzt auch eine *huiyinbi* (回音壁) – eine Mauer, an der schrille Töne widerhallen. Einige Dorfbewohner verlangen eine „Sanitärgebühr". Das ist illegal, also auf keinen Fall zahlen.

Yanxiang Lou TULOU

(衍香楼) Der vierstöckige *tulou* liegt wunderschön an einem Fluss und in der gleichen Richtung wie der Huanji Lou.

Liben Lou TULOU

(立本楼) Der verfallene *tulou* hinter dem Yanxiang Lou wurde im Bürgerkrieg niedergebrannt und hat kein Dach mehr.

Qingyang Lou TULOU

(庆洋楼) Der riesige, rechteckige Bau liegt ebenfalls in der Nähe des Yanxiang Lou und ist nahezu verfallen. Er wurde zwischen 1796 und 1820 errichtet.

Schlafen & Essen

In Yongding und Nanjing finden sich zahlreiche Hotels, aber schön ist keine der Städte. Empfehlenswerter ist eine Übernachtung in einem *tulou*, in denen ein Einblick in eine verschwindende Lebensweise Chinas möglich ist. Ins Gepäck gehören eine Taschenlampe und ein Insektenschutzmittel. Die meisten Familien kochen auch für ihre Gäste. Ein Essen kostet ab 30 Yuan, der Preis sollte vor der Bestellung erfragt werden.

In den meisten *tulou* ist ein Zimmer zu finden, da viele der einst dort lebenden Familien mittlerweile ausgezogen sind. In einigen *tulou* wurden die Zimmer mit modernen Annehmlichkeiten ausgestattet, aber die meisten sind noch immer sehr einfach – ein Bett, eine Thermoskanne mit heißem Wasser und ein Ventilator. Oft befinden sich auch die Toiletten außerhalb des Baus und die *tulou*-Tore werden gegen 20 Uhr geschlossen.

Die meisten *tulou*-Besitzer lassen ihre Gäste auch in Xiamen abholen und organisieren Autotouren durch die Gegend.

Qingde Lou TULOU €

(庆德楼; ☎777 1868, 1386 0800 101; www.qingdelou.com, auf Chinesisch; DZ 100–160 Yuan; ❄📶) Die 30 Zimmer in dem rechteckigen *tulou* im Dorf Taxia sind modern und mit Klimaanlage und WLAN ausgestattet. Einige Zimmer im 2. und 3. Stock haben nur Gemeinschaftsbäder, aber sie sind allesamt sauber und behaglich. Die Zimmer mit eigenem Bad haben kräftige Duschen und Heizlampen.

Fuyu Lou Changdi Inn TULOU €

(福裕楼常棣客栈; ☎553 2800, 1379 9097 962; www.fuyulou.net, auf Chinesisch; DZ mit Frühstück 100–150 Yuan; 📶) Die Doppelzimmer sind einfach, aber komfortabel und mit Ventilator und TV ausgestattet. Die Besitzer sind freundlich und sprechen etwas Englisch.

Tulou Club PENSION €
(土楼会所; *tulou* Huisuo'; ☎777 3888, 1396 0090 178; www.tulou168.com; DZ 200 Yuan; ❄📶) Das kleine Holzhaus ist weder ein *tulou* noch ein Club, aber die Lage am Fluss im idyllischen Dorf Changjiao sorgt für einen angenehmen und entspannten Aufenthalt. Die Fenster sind in einigen Zimmern klein, aber das ganze Haus ist adrett und sauber. Die Küche brutzelt köstliche Hakka-Gerichte.

ℹ An- & Weiterreise

Bus

NANJING Vom Fernbusbahnhof in Xiamen fährt ein Bus nach Nanjing (35 Yuan, 2 Std., 12-mal tgl. von 7 bis 17.30 Uhr). Dort geht es weiter mit dem jeweiligen Bus wie auf S. 307 erwähnt oder mit einem Mietwagen mit Fahrer zu den *tulou*-Siedlungen.

YONGDING Von Xiamen fahren von 7.10 bis 16 Uhr acht Busse täglich über Liulian und die *tulou* von Gaobei nach Yongding (永定县; 72 Yuan, 4 Std.). Für die Rückfahrt sollten die passenden Zeiten an den Bushaltestellen nachgesehen werden. Nach Yongding fahren auch Busse von Guangdong und Longyan (20 Yuan, 1 Std., regelmäßig).

Zug

Seit 2011 fahren die neuen Züge der D-Klasse in die *tulou*-Gebiete. Elf Hochgeschwindigkeitszüge verkehren täglich zwischen Xiamen und Longyan via Nanjing (30 Yuan, 1 Std.). Die Stadtbusse 1 und 2 verbinden den Bahnhof mit dem Busbahnhof. Bei Erscheinen des Buchs sollten auch Busse vom Bahnhof nach Tianluokeng und Yunshuiyao in Betrieb sein.

ℹ Unterwegs vor Ort

Die einfache Möglichkeit, die *tulou* zu besichtigen, ist eine Tour zu buchen oder ein Auto in Xiamen, Nanjing oder Yongding zu mieten. Höchstwahrscheinlich ist ein Mietwagen in den *tulou*-Gebieten ohnehin nötig, es kommt also günstiger, gleich einen Wagen in Xiamen zu mieten (handeln ist gut, aber mit 600 Yuan pro Tag von/nach Xiamen ist zu rechnen).

Bei der Buchung einer Unterkunft in einem der *tulous* helfen die meisten Besitzer, ein Auto zu organisieren. Sie sorgen auch meist dafür, dass Gäste in Nanjing oder Yongding abgeholt werden.

Taxifahrer bieten in Yongding, Liulian oder Nanjing ihre Dienste für etwa 450 Yuan pro Tag an (300 Yuan für mehr als einen Tag), also von frühmorgens bis zum späten Nachmittag. In dem Zeitraum können zwei Siedlungen abgeklappert werden.

Apple Travel (S. 303) bietet Touren mit Englisch sprechenden Führern an.

Quanzhou 泉州

☎0595 / 648 000 EW.

Zwar stehen Gulang Yu und die *tulou* in Fujian im Rampenlicht, aber die unterschätzte Kleinstadt Quanzhou ist zauberhaft, um sich mit Chinas Seefahrtsgeschichte zu befassen. Die Stadt war einst ein großer Handelshafen und eine wichtige Station auf der maritimen Seidenstraße. Im 13. Jahrhundert schrieb Marco Polo, dass die Stadt „einer der beiden Häfen mit dem größten Warenfluss der Welt" sei. Ihren Zenit als internationaler Hafen erreichte die Stadt in der Zeit der Song- und der Yuan-Dynastie, als sie Kaufleute aus aller Welt anlockte. In der Qing-Zeit begann jedoch ihr Niedergang, und zahllose Einwohner flohen vor den ständigen politischen Unruhen nach Südostasien.

Die Glanzzeit liegt zwar längst in der Vergangenheit, aber ein großer Teil des eindrucksvollen Erbes Quanzhous blieb erhalten. Auch sind noch Anzeichen ihres Multikulturalismus' zu entdecken, insbesondere die Spuren islamischer Präsenz unter den Einwohnern und an den Gebäuden der Stadt.

👁 Sehenswertes

Das Stadtzentrum erstreckt sich zwischen Zhongshan Nanlu, Zhongshan Zhonglu und Wenling Nanlu. Dort befinden sich auch die meisten Sehenswürdigkeiten. Der älteste Teil der Stadt liegt im Westen, wo die vielen engen Gassen und Sträßchen noch immer ihren traditionellen Charme bewahren konnten.

Tempel Kaiyuan BUDDHISTISCHER TEMPEL
(开元寺; Kaiyuan Si; 176 Xi Jie; Eintritt 10 Yuan; ⏲7.30–19 Uhr) Der Kaiyuan im Nordwesten der Stadt stammt von 686 und ist einer der ältesten Tempel in Quanzhou. Er ist von Bäumen umgeben und berühmt für seine beiden rostfarbenen, fünfstöckigen Steinpagoden, die vom Alter gezeichnet und mit Reliefs und Figuren aus dem 13. Jh. geschmückt sind.

Hinter der östlichen Pagode zählt zu den Exponaten eines **Museums** der gewaltige Rumpf einer seetüchtigen Dschunke

Quanzhou

Quanzhou

Highlights

Marionettenmuseum Jinxiuzhuang B3
Tempel Guandi B3
Tempel Kaiyuan A1

Sehenswertes

1 Qingjing-Moschee B3

Essen

2 Gucuo Chafang B3
3 Lanshi Zhonglou B1

aus der Zeit der Song-Dynastie, der im Jahr 1974 in der Nähe von Quanzhou ausgegraben wurde.

Die **Große Schatzhalle** (Daxiong Baodian) des Tempels und die Halle dahinter sind mit prächtigen herauskragenden Dachbalken und Stützpfeilern verziert. Eine Reihe alter Banyanbäume, einer davon 800 Jahre alt, säumen den Haupthof. Zu erreichen mit Bus 2 (2 Yuan) ab der Wenling Nanlu.

GRATIS **Seefahrtsmuseum** MUSEUM
(泉州海外交通史博物馆; Quanzhou *haiwai jiaotongshi bowuguan*; Donghu Lu; ⌚Di–So 8.30–17.30 Uhr) Das großartige Museum, am Nordostrand der Stadt gelegen, erläutert die Geschichte des Seehandels, die Entwicklung des chinesischen Schiffbaus und die vielfältigen Religionen zur Glanzzeit Quanzhous. Es zeigt wunderbar detaillierte Modelle chinesischer Schiffe, von Dschunken bis zu Ausflugsbooten. Highlights sind die nagelneue Halle der religiösen Steininschriften und die Halle der islamischen Kultur, die eine herrliche Sammlung von Grabsteinen und Reliefs verschiedener Religionen ab der Yuan-Dynasty ausstellen. Zu erreichen mit dem Bus 7 oder 203 bis Haltestelle Qiaoxiang Tiyuguan (侨乡体育馆).

Qingjing-Moschee MOSCHEE
(清净寺; Qingjing Si; 108 Tumen Jie; Eintritt 3 Yuan; ⌚8–17.30 Uhr) Der steinerne Bau wurde 1009 von den Arabern gebaut und 1309 restauriert und ist die einzige erhaltene Moschee Chinas aus der Song-Dynastie. Lediglich ein paar Teile (meist Wände) des originalen und weitgehend verfallenen Gebäudes sind erhalten. Die benachbarte brandneue Moschee ist eine Schenkung der saudi-arabischen Regierung.

Islamischer Friedhof Lingshan FRIEDHOF
(灵山伊斯兰教圣墓; Lingshan Yisilan Shengmu; Ecke Donghu Lu & Lingshan Lu) Die grüne „Oase" zu Füßen des Bergs Lingshan ist ein wahrhaft verborgenes Juwel in Quanzhou und einer der intaktesten historischen Friedhöfe in China. Hier sollen zwei Jünger Mohammeds begraben sein, auch stehen hier einige Granitstelen aus der Ming-Dynastie. Zu erreichen mit dem Bus 7 oder 203 bis Haltestelle Shengmuzhan (圣墓站).

Tempel Guandi TAOISTISCHER TEMPEL
(关帝庙; Guandi Miao; Tumen Jie) Der verräucherte und prachtvoll gemeißelte Tempel befindet sich südöstlich der Moschee. Der sakrale Bau ist Guan Yu gewidmet, einem Helden der Drei Reiche und Kriegsgott. Im Tempel sind Statuen des Gottes sowie Wandtafeln zu bestaunen, die sein Leben schildern.

GRATIS **Marionettenmuseum Jinxiuzhuang** MUSEUM
(锦绣庄木偶艺术馆; Jinxiuzhuang Mu'ou Yishuguan; 10–12 Houcheng; ⌚9–21 Uhr) Das Museum zeigt 3000 Puppenköpfe, 30-fädige Marionetten und drollige Handpuppen.

Schlafen

Quanzhou kann als Tagesausflug von Xiamen besucht werden. Wer übernachten will, findet reichlich nichtssagende chinesische Mittelklassehotels in der Wenling Nanlu Richtung Norden sowie folgende Unterkünfte.

Tiho Café & Hostel HOSTEL €
(堤后咖啡客栈; Tihou Kafei *kezhan*; ☎2239 0800, 1865 9009 055; caimj@126.com; 114 Tihou Lu; 堤后路 114 号; B 50 Yuan, EZ & DZ 98–158 Yuan; ❄@) Ein munteres neues Hostel mit Café und die beste Budgetunterkunft der Stadt. Die gemischten Schlafsäle mit sechs Betten sind klein aber sauber, die Zimmer haben kein eigenes Bad, sind aber gemütlich und erholsam. Zu erreichen mit dem Bus 29 (Richtung Westen) ab dem Fernbusbahnhof bis zur Haltestelle Shucaigongsi (蔬菜公司). Ein Taxi vom Stadtzentrum kostet um die 20 Yuan.

Jinjiang Hotel HOTEL €
(锦江之星旅馆; Jinjiang Zhixing Luguan; ☎2815 6355; 359 Wenling Beilu; 温陵北路 359 号; 2BZ/DZ 169/179 Yuan; ❄@) Das Hotel einer Mittelklassekette direkt gegenüber einem Park hat relativ große Zimmer und saubere Badezimmer. Es ist eine Klasse besser als ähnliche chinesische Hotelketten in der Kategorie.

Quanzhou Yeohwa Hotel HOTEL €€€
(泉州悦华酒店; ☎2801 9999; www.yeohwahotels.com; 129 Citong Xilu; 刺桐西路 129 号; DZ 1650–2200 Yuan, Ermäßigung 40 %; ❄@) Der Klotz mit 378 Zimmern ist zweifellos das beste Hotel in Quanzhou und vor allem bei vielen Geschäftsreisenden beliebt.

Essen & Ausgehen

Die üblichen Nudel- und Reisgerichte gibt's in den Gassen um den Kaiyuan-Tempel und auch in der Marktstraße nahe der Wenling Nanlu.

Lanshi Zhonglou HAKKA €
(蓝氏钟楼肉粽; 19–21 Dong Jie; Mahlzeiten ab 20 Yuan; ⌚11–21.30 Uhr) In dem anspruchslosen Lokal sitzen die Leute dicht gedrängt, um die berühmten klebrigen Reisbällchen zu verspeisen. Die Speisekarte ist nicht auf Englisch, aber es gibt an der Wand Fotos der Gerichte. Empfehlenswert sind die typischen Schwarzreisbällchen (黑米粽; *heimizong*) und die Reisbällchen mit Eigelb (蛋黄粽; *danhuangzong*).

Gucuo Chafang TEE €€
(古厝茶坊; 44 Houcheng Xiang; Tee 46–480 Yuan, Snacks ab 20 Yuan; ⌚9–1 Uhr; 📋) Das malerische Teehaus in einer Gasse hinter dem Guandi-Tempel hat einen wohltuenden, altmodischen Innenhof mit Steinplattenboden, traditionellen Holzpavillons und Bambusstühlen.

Praktische Informationen

Internetcafés befinden sich nahe dem PSB in der Dong Jie und in den kleinen Gassen hinter dem Tempel Guandi. Die meisten verlangen 4 bis 5 Yuan pro Stunde.

Bank of China (中国银行; Zhongguo Yinhang; 9–13 Jiuyi Jie; ⌚9–17 Uhr) Mit 24-Std.-Geldautomaten.

Post (中国邮政; Zhongguo Youzheng; Ecke Dong Jie & Nanjun Lu; ⌚8.30–18 Uhr)

Büro für Öffentliche Sicherheit (PSB; 公安局; Gong'anju; ☎2218 0323; 62 Dong Jie; ⌚Visaabteilung 8–11.30 & 14.30–17.30 Uhr)

Quanzhou-Xiehe-Krankenhaus (Quanzhou Xiehe Yiyuan; Tian'an Nanlu) Im Südteil der Stadt.

Anreise & Unterwegs vor Ort

Bus

Vom **Busbahnhof Quanzhou** (泉州汽车站; Quanzhou qichezhan; Ecke Wenling Nanlu & Quanxiu Jie) und vom **Fernbusbahnhof** (泉州客运中心站; Quanzhou *keyun zhongxinzhan*; Ecke Quanxiu Jie & Pingshan Lu) weiter östlich über die Quanxiu Jie fahren Busse zu folgenden Zielorten:

Guangzhou 250 Yuan, 9 Std., 5-mal tgl.

Shenzhen 250 Yuan, 8 Std., 4-mal tgl.

Regelmäßige Deluxe-Busse:

Fuzhou 70 Yuan, 3½ Std.

Xiamen 37 Yuan, 1½ Std.

Der Stadtbus 15 verbindet beide Busbahnhöfe. Der Bus 2 fährt vom Busbahnhof zum Kaiyuan-Tempel. Grundgebühr für ein Taxi ist 6 Yuan, dann 1,60 Yuan pro Kilometer.

Zug

Vom Ostbahnhof Quanzhou (泉州东站; Quanzhou Dongzhan) im Nordosten der Stadt fahren Züge nach Wuyi Shan (Hartschläfer 149 Yuan, 14 Std., 15.38 Uhr). Der Bus 19 fährt von hier zum Busbahnhof Quanzhou und zum Guandi-Tempel. Züge der D-Klasse fahren vom Hochgeschwindigkeitsbahnhof (高铁泉州火车站; Gaotie Quanzhou *huochezhan*) 15 km vom Stadtzentrum ab.

Fuzhou 55 Yuan, 1 Std., alle 30 Min.

Shanghai 240 Yuan, 8½ Std., 6-mal tgl.

Xiamen 30 Yuan, 45 Min., alle 30 Min.

Die Busse 17 und K1 fahren vom Hochgeschwindigkeitsbahnhof zum Busbahnhof Quanzhou und zum Fernbusbahnhof. Der Bus 203 verbindet beide Bahnhöfe und hält am Seefahrtsmuseum und am islamischen Friedhof. Ein Taxi vom Stadtzentrum kostet 40 Yuan. Bahnfahrkarten gibt's im **Fahrkartenbüro** (铁路火车票代售点; *tielu huochepiao daishoudian*; 166 Wenling Nanlu; ⏲9–18 Uhr) in der Wenling Nanlu und im **Fahrkartenbüro** (火车售票亭; *huoche shoupiaoting*; 675 Quanxiu Jie; ⏲7–18 Uhr) gleich östlich des Fernbusbahnhofs. Es werden 5 Yuan Buchungsgebühr erhoben.

Rund um Quanzhou

Nicht weit von Quanzhou gibt es ein paar oft übergangene aber lohnenswerte Sehenswürdigkeiten.

CHONGWU 崇武

Eine der besterhaltenen Stadtmauern Chinas gibt es in der alten „Steinstadt" **Chongwu** (Eintritt frei), etwa 50 km östlich von Quanzhou. Die Granitmauern stammen von 1387, sind 2,5 km lang, im Durchschnitt 7 m hoch, besitzen 1304 Schießscharten und vier Stadttore.

Die Ming-Regierung ließ die Stadtmauer als Schutzwall gegen plündernde japanische Piraten errichten – und sie hat die letzten 600 Jahre bemerkenswert gut überstanden. Besucher können durch die Stadt schlendern, die alten Hallen und Hofhäuser und das schlichtweg einzigartige Gewirr aus Sträßchen und Sackgassen erkunden. An einigen Stellen ist die Mauer auch begehbar.

Neben der Steinstadt befindet sich der **Ausstellungspark für Steinkunst aus Chongwu** (崇武石雕工艺博览园; Chongwu shidiao Gongyi Bolanyuan; Eintritt 45 Yuan), ein großer Park mit 500 Steinskulpturen lokaler Handwerker, einem kleinen Strand, einem Leuchtturm und einigen Meeresfrüchterestaurants. Wer den Park auslässt, verpasst nicht viel.

Minibusse fahren vom Fernbusbahnhof Quanzhou (12 Yuan, 1½ Std.) regelmäßig an Steinstatuen vorbei (die Gegend ist berühmt für ihre Steinmetzwerkstätten) bis nach Chongwu.

Motorradtaxis (3–5 Yuan) fahren dann ab der Bushaltestelle bis zum Eingang des Ausstellungsparks. Von dort können Besucher an der Stadtmauer entlang bis zum nächsten Stadttor laufen, um die Stadt zu betreten.

XUNPU 蟳埔村

Das Fischerdorf Xunpu an der Flussmündung des Jinjiang um die 10 km südöstlich des Stadtzentrums von Quanzhou lag an der alten Handelsroute der maritimen Seidenstraße. Es war möglicherweise der erste Anlaufhafen der Araber, als sie während der Song-Dynastie in Quanzhou eintrafen. Das Dorf wird nun immer mehr von der Verstädterung vereinnahmt, aber es fasziniert noch immer mit seinen verbliebenen alten Häusern aus Austernschalen und den alten Frauen, die noch den extravaganten traditionellen Kopfschmuck tragen, auf den sie so stolz sind.

Die Dorfbewohner sollen noch Spuren arabischen Bluts haben, aber sie pflegen heute mehr chinesische als islamische Bräuche. Der **Tempel Mazu** (妈祖庙; Mazu Miao) im Dorf ist der Göttin der Seefahrer geweiht und wird am 29. Tag des ersten Mondmonats, dem Geburtstag der Schutzpatronin, höchst lebendig. Alle Dorffrauen nehmen dann in traditioneller Kleidung an der jährlichen Mazu-Prozession teil.

Zu erreichen mit dem Bus 1 oder 8 ab dem Fernbusbahnhof bis zur Haltestelle Gelin Gongsi (格林公司), von dort noch 1 km zu Fuß Richtung Süden. Ein Taxi vom Busbahnhof kostet etwa 20 Yuan.

TEMPEL CAO'AN-MANICAHEAN 草庵摩尼教寺

Der eigenwillige **Tempel** (Cao'an Monijiao Miao; Suneicun, Shedian, Jinjiang; 晋江佘店苏内村; Eintritt 20 Yuan; ⏲8–18 Uhr) auf dem Hügel Huabiao, 19 km südlich von Quanzhou, ist dem Manichäismus gewidmet, einer Religion, die im 3. Jh. in Persien entstand und im 7. Jh. nach China kam. Sie verbindet Elemente des zoroastrischen, christlichen und gnostischen Gedankenguts.

Der ursprüngliche Tempel war eine Strohhütte, die restaurierte Steinanlage von heute wurde in der Yuan-Dynastie (14. Jh.) neu erbaut. Die bemerkenswerteste Reliquie des Tempels ist der „Buddha des Lichts", eine sitzende Steinstatue in der Haupthalle, die tatsächlich den Propheten Mani, den Gründer des Manichäismus', in buddhistischer Verkleidung darstellt. Der Manichäismus war während der Song-Dynastie verboten und wurde unter dem Deckmantel einer esoterischen Buddhistengemeinschaft praktiziert. Bei genauer Betrachtung der Statue wird deutlich, dass sich der Haarstil (glatt statt lockig), die Handhaltung und Farbkombinationen deutlich von den meisten Darstellungen Buddhas unterscheiden.

Zu erreichen ab dem Fernbusbahnhof in Quanzhou mit dem Bus nach Anhai (安海; 10 Yuan) und den Fahrer bitten, in Cao'an Lukoo (草庵路口) anzuhalten. Von dort sind es dem englischsprachigen Schild „Grass Temple" folgend noch 2 km zu Fuß bergauf. Die Straße ist nicht gut gekennzeichnet, ein Taxi ist daher die bessere Alternative. Ein Taxi von Quanzhou kostet um 40 Yuan.

Fuzhou 福州

VERKEHRSKNOTENPUNKT / ☎0591

Fuzhou, die Hauptstadt von Fujian, ist einer der wichtigsten Verkehrsknotenpunkte in Südchina. Hier gibt es Flüge, Intercity- und Regionalzüge sowie Busse zu den meisten Orten, die auf der Reiseroute stehen, besonders in die Küstenprovinzen.

Schlafen

In Fuzhou gibt es hauptsächlich Mittel- und Spitzenklassehotels, von denen viele auch Preisnachlässe bieten. Für Übernachtungen bieten sich folgende gute Unterkünfte nahe den Zug- und Busbahnhöfen an.

Shangri-La Hotel HOTEL €€€

(香格里拉大酒店; Xianggelila Dajiudian; ☎8798 8888; www.shangri-la.com; 9 Xinquan Nanlu; 新权南路 9 号; DZ 1250 Yuan;) Der Service ist in jedem Shangri-La spitzenmäßig, auch in dieser Edelherberge im Zentrum der Stadt am Wuyi-Platz. Ein Taxi vom Fernbusbahnhof Süd kostet um 15 Yuan.

Jinhui Hotel HOTEL €€

(金辉大酒店; Jinhui Dajiudian; ☎8759 9999; www.hoteljh.com; 492 Hualin Lu; 华林路 492 号; DZ 395–520 Yuan;) Eine günstige Unterkunft, dank der ordentlichen Preisnachlässe auf bis zu 250 Yuan (mit Frühstück), auch wenn die Zimmer etwas abgenutzt sind. Es liegt im Norden der Stadt direkt gegenüber dem Bahnhof. Der Flughafenbus fährt hier ebenfalls ab.

7 Days Inn HOTEL €

(7 天; Qitian; ☎8803 8377; www.7daysinn.cn; 98 Wuyi Nanlu; 五一南路 98 号; DZ & 2BZ 147–247 Yuan;) Das Budgethotel einer Kette wurde 2011 eröffnet, alle Zimmer sind daher blitzblank. Die biligsten Zimmer sind fensterlos. Das Haus liegt 500 m südlich des Fernbusbahnhofs.

Essen

Das verkehrsfreie Viertel **Sanfang Qixian** (三坊七巷) mit Häusern aus der Ming-Zeit und Laternen ist eine beliebte Restaurant- und Einkaufsgegend. Kleinere Restaurants gibt es auf beiden Seiten der **Nanhou Jie** (南后街), der Hauptstraße des Viertels. Zu erreichen ist es mit dem Taxi bis zur Kreuzung der Yangqiao Donglu und der Nanhou Jie. Vom Fernbusbahnhof Süd kostet es um die 15 Yuan.

In der Gegend um den Bahnhof im Norden der Stadt gibt es zahlreiche Fast-Food-Restaurants und chinesische Nudelimbissläden.

An- & Weiterreise

Bus

Der **Fernbusbahnhof Nord** (长途汽车北站; *changtu qiche beizhan*; 317 Hualin Lu) liegt 400 m südlich des Nordbahnhofs und bedient folgende Busstrecken:

Guangzhou 258 Yuan, 12 Std., 14-mal tgl.

Quanzhou 63 Yuan, 2 Std., regelmäßig

Shanghai 398 Yuan, 10 Std., 3-mal tgl.

Wenzhou 125 Yuan, 4 Std., 7-mal tgl.

Wuyi Shan 86–90 Yuan, 8 Std. Nachtbus

Xiamen 75 Yuan, 3½ Std., alle 15 Min.

Der **Fernbusbahnhof Süd** (长途汽车南站; *changtu qiche nanzhan*; Ecke Guohuo Xilu & Wuyi Zhonglu) bedient folgende Strecken:

Guangzhou 180–258 Yuan, 13–15 Std., 10-mal tgl.

Hongkong 358 Yuan, 15 Std., 4-mal tgl. (18.30, 18.50, 19 und 20 Uhr)

Shenzhen 260 Yuan, 12 Std., 6-mal tgl.

Xiamen 85 Yuan, 3½ Std., alle 15 Min.

Flugzeug

Die **Zivilflugbehörde** (Civil Aviation Administration China; CAAC; 中国民航; Zhongguo Minhang; ☎8334 5988; 18 Wuyi Zhonglu) verkauft Tickets für die täglichen Flüge nach Beijing (1500 Yuan, 2½ Std.), Guangzhou (1000 Yuan,

1 Std.), Shanghai (1200 Yuan, 70 Min.), Hongkong (2000 Yuan, 80 Min.) und Xiamen (900 Yuan, 35 Min.).

Flughafenbusse fahren an zwei Orten in der Stadt ab: alle 20 Minuten von 5.30 bis 22 Uhr vom Apollo Hotel (Aboluo Dajiudian; 25 Yuan) in der Wuyi Zhonglu, 400 m nördlich des Fernbusbahnhofs Süd, und vom Jinhui Hotel (30 Yuan) nahe dem Nordbahnhof jede Stunde von 6 bis 20 Uhr. Die Fahrt über 50 km dauert etwa eine Stunde.

Zug

Fuzhou hat gute Bahnverbindungen zu den meisten größeren Städten. Züge der D-Klasse fahren vom zentraler gelegenen Nordbahnhof (福州北站; Fuzhou *beizhan*) oder dem neuen Südbahnhof (福州南站; Fuzhou *nanzhan*) 17 km südöstlich des Stadtzentrums ab:

Quanzhou 55 Yuan, 1 Std., alle 30 Min.

Shanghai 264 Yuan, 6½ Std., 16-mal tgl.

Xiamen 81 Yuan, 1½ Std., alle 15 Min.

Der Nordbahnhof hat auch regelmäßige Zugverbindungen nach Wuyi Shan (47–141 Yuan, 4½–6½ Std., 8-mal tgl.) und einen direkten D366-Schnellzug nach Beijing (Weichschläfer 1165 Yuan, 15 Std., 7 Uhr).

Das **Bahnfahrkartenbüro** (火车票售票处; *huochepiao shoupiaochu*; ⌚8–17 Uhr) befindet sich an der westlichen Seite der Xinhuadu Baihuo (新都百货) an der Ecke Bayiqi Lu und Dong Jie.

Wuyi Shan 武夷山

☎0599 / 22 000 EW.

Wuyi Shan ist mit seinem kühlen Klima und der unberührten Berglandschaft ein beliebtes Ausflugsziel, wohin so manche Chinesen aus der Ebene der Hitze entfliehen. Die Landschaft mit ihren Flüssen, Wasserfällen, Bergen und geschützten Wäldern ist ideal für kleine und lange Wanderungen. Werktags und in der Nachsaison (November, März und April) hat man die Gegend fast für sich allein. Zu vermeiden ist ein Besuch jedoch bei heftigem Regen (besonders in den Sommermonaten), auch wenn Hotels und Tourveranstalter etwas anderes behaupten.

Die schönste Gegend liegt am Westufer des Chongyang (Chongyang Xi), wo es auch etliche Unterkünfte gibt. Die meisten Hotels befinden sich im *du jia qu* (Ferienanlage) an der Ostseite des Flusses. Hauptort ist die Stadt Wuyi Shan etwa 10 km Richtung Nordosten; Bahnhof und Flughafen liegen ungefähr auf halbem Weg dorthin.

Sehenswertes & Aktivitäten

Naturschutzgebiet Wuyi Shan BERGLANDSCHAFT

(武夷宫; 1-/2-/3-Tageseintritt 140/150/160 Yuan; ⌚6–20 Uhr) Der Eingang befindet sich in **Wuyi Gong**, etwa 200 m südlich der Wuyi Mountain Villa nahe dem Zusammenfluss des Chongyang und des Flusses der Neun Biegungen. Sämtliche Hauptsehenswürdigkeiten im Naturschutzgebiet sind mit Wegen verbunden. Reizvolle Wanderungen führen auf den 530 m hohen **Großen Königsberg** (大王峰; Dawang Feng), der vom Haupteingang aus zugänglich ist, und auf den 410 m hohen **Himmelfahrtsberg** (天游峰; Tianyou Feng), dessen Eingang über die Straße am Fluss der Neun Biegungen zu erreichen ist. Der mäßig anstrengende, zweistündige Aufstieg zum Großen Königsberg führt an Bambushainen und steilen Felswänden vorbei. Der Weg ist oft rutschig und nass, gutes Schuhwerk also ein Muss.

Der Weg auf den Himmelfahrtsberg ist malerischer und bietet schönere Aussichten auf den Fluss und die Berge. Aber er ist eben leider auch bei anderen Touristen und Reisegruppen höchst beliebt und deshalb oft recht voll. Die **Wasservorhanghöhle** (水帘洞; Shuilian Dong) am Nordrand des Naturschutzgebiets ist eine Felsspalte, die etwa ein Drittel einer 100 m hohen Felswand hinaufreicht. Im Herbst und Winter stürzt Wasser von oben herab, sodass ein Vorhang aus gischtigem Wasser entsteht.

Fluss der Neun Biegungen FLUSS

(九曲溪; Jiuqu Xi; Bootsfahrt 100 Yuan; ⌚7–17 Uhr) Eines der Highlights für Besucher ist eine Flussfahrt auf einem **Bambusfloß** *(zhupai)*, das mit Rattanstühlen ausgestattet ist. Die Tour beginnt in Xingcun (星村), das nur eine kurze Busfahrt von der Ferienanlage entfernt ist, und dauert über eine Stunde. Sie führt durch eine großartige Schluchtenlandschaft mit steilen Felswänden und üppiger Vegetation.

Eines der Rätsel von Wuyi Shan sind die Spalten in großer Höhe in den Felswänden, in denen einst bootsförmige Särge abgelegt wurden. Wissenschaftler gehen davon aus, dass sie etwa 4000 Jahre alt sind. Vom Floß aus sind einige Überreste dieser Särge an der Westwand, dem **Kleinen Ablageberg** (小藏山峰; Xiaozangshan Feng), an der vierten Biegung des Flusses zu sehen.

Xiamei ALTES DORF

(下梅; Eintritt 26 Yuan) Das Dorf stammt aus der Zeit der Nördlichen Song-Dynastie und verfügt über einige spektakuläre Qing-Bauten aus seiner Glanzzeit als reiches Teehandelszentrum. Zu erreichen ist Xiamei mit dem Minibus (4 Yuan) ab der 12 km entfernten Stadt Wuyi Shan. Minibusse verkehren außerdem ab dem Naturschutzgebiet Wuyi Shan nach Xiamei (3 Yuan).

Wufu ALTES DORF

(五夫; Eintritt 60 Yuan) Das 1700 Jahre alte Dorf 60 km südöstlich des Naturschutzgebiets Wuyi Shan wurde als Heimatort von Zhu Xi berühmt, eines konfuzianischen Gelehrten aus der Song-Dynastie. Am schönsten ist ein Besuch, wenn der Lotos in den großen Teichen vor dem Hintergrund einiger malerischer Bauten aus der Ming-Zeit in voller Blüte steht. Minibusse fahren von dem kleinen Busbahnhof neben dem Fernbusbahnhof nach Wufu (13 Yuan, 2 Std.).

Schlafen

Die meisten Unterkünfte in Wuyi Shan sind in der Mittelklassekategorie und meist überteuert, außer in der Nachsaison. Die Hotels liegen zum großen Teil an der Ostseite des Flusses. An der ruhigeren Westseite entstehen im Dorf Sangu (700 m nördlich der Wuyi Mountain Villa) immer mehr familiengeführte Pensionen.

Wuyi Mountain Yeohwa Resort HOTEL €€€

(武夷山悦华酒店; ☎523 8999; www.yeohwahotels.com; Dawangfeng Lu; 大王峰路; EZ/DZ 748/848 Yuan; ❄@) Das Hotel einer chinesischen Edelkette liegt im Feriengebiet und hat 204 große, luxuriöse Zimmer mit Korbmöbeln, guten Betten und tollen Aussichten auf den Großen Königsberg. Die Restaurants und Bars hier sind empfehlenswert.

Jugendherberge Wuyishan Shanchahua HOSTEL €

(武夷山山茶花青年旅舍; Wuyishan Shanchahua qingnian lushe; ☎523 2345, 1890 5093 345; wulifang21@yahoo.com.cn; 27 Sangu Lantangcun; 三菇兰汤村 27 号; 8-/4-Bett-Schlafsaal 35/50 Yuan, DZ 118–190 Yuan; @) Das „Kamelienhostel" liegt im Dorf Sangu Lantang am Westufer. Die Schlafsäle sind annehmbar und die Zimmer haben eine gemütliche Atmosphäre, ohne klaustrophobisch zu sein. Der zwanglose Innenhof lädt zu einem ruhigen und faulen Nachmittag ein. Zu erreichen ist es mit dem Bus 5 oder mit dem Taxi vom Bahnhof (30–40 Yuan).

Wuyi Mountain Villa HOTEL €€€

(武夷山庄; Wuyi Shanzhuang; ☎525 1888; www.513villa.com; Wuyi Gong; 武夷宫; DZ 888–988 Yuan, Suite 1388–2888 Yuan; 🏊) Die Villa zu Füßen des Großen Königsbergs gilt unter Chinesen als renommierteste Unterkunft in Wuyi Shan. Die Häuser sind im Chaletstil gehalten und sind von einem friedlichen Garten, einem Swimming-Pool und einem Wasserfall umgeben. Einige Zimmer sind altbacken, aber die Aussicht ist schön. Es gibt Ermäßigungen von 40 %.

Essen

Frösche, Pilze, Bambusreis und Bambussprossen sind die Spezialitäten der Küche Wuyi Shans. In der Stadt öffnen abends Imbissstände in den Straßen. Wie zu erwarten, sind die Restaurants überteuert.

Praktische Informationen

Chinesische Karten des Wuyi-Shan-Gebiets sind in Buchläden und Hotels in der Ferienanlage erhältlich. Es befinden sich ein paar schmuddelige Internetcafés in den Nebengassen südlich der Wangfeng Lu (望峰路), die 2 bis 4 Yuan pro Stunde verlangen.

Bank of China (中国银行; Zhongguo Yinhang; Wujiu Lu; ⏲9–17 Uhr) Die Filiale in der Stadt Wuyi Shan hat einen Geldautomaten.

China International Travel Service (CITS; 中国国际旅行社; Zhongguo Guoji Luxingshe; ☎5134 666; Guolu Dalou, Sangu Jie; ⏲Mo–Sa 9–16 Uhr) Das Personal kümmert sich um die Buchung von Bahnfahrkarten und Touren.

An- & Weiterreise

Bus

Busse fahren vom Fernbusbahnhof in der Stadt Wuyi Shan.

Fuzhou 86–90 Yuan, 8 Std.

Nanping 44 Yuan, 3 Std.

Shangrao 30 Yuan, 2 Std.

Shaowu 22 Yuan, 1½ Std.

Xiamen normal/deluxe 159 Yuan, 9 Std.

Flugzeug

Wuyi Shan hat Flugverbindungen zu mehreren Städten.

Beijing 1350 Yuan, 2 Std.

Guangzhou 890 Yuan, 2½ Std.

Hongkong 1300 Yuan, 2 Std.

Shanghai 660 Yuan, 1 Std.

Xiamen 720 Yuan, 50 Min.

Zug

Direkte Zugverbindungen nach Wuyi Shan gibt es ab Quanzhou (145–232 Yuan, 13 Std.) und Xiamen (149–232 Yuan, 12 Std.).

Unterwegs vor Ort

Der Bus 6 verkehrt zwischen Fernbusbahnhof, Bahnhof, Flughafen, der Ferienanlage und der Wuyi Mountain Villa. Der Bus 5 verbindet Bahnhof, Flughafen und das Dorf Sangu. Die Ferienanlage ist klein genug, um alles zu Fuß zu erreichen.

Die Kosten für eine Fahrt mit einer motorisierten Fahrradrikscha belaufen sich auf etwa 15 Yuan von der Ferienanlage bis zum Eingang des Naturschutzgebiets. Eine Rikschafahrt vom Bahnhof oder Flughafen in die Ferienanlage kostet 15 bis 25 Yuan.

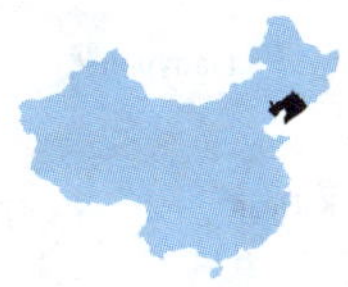

Liaoning

BEVÖLKERUNG 43,1 MIO.

Inhalt »

Shenyang 321
Dalian 326
Rund um Dalian 332
Dandong 334
Xingcheng 338

Tolle Spaziergänge

» Dalians Südwestküste (S. 326)
» Expo-Garten Shenyang (S. 322)
» Nordkoreanische Grenze (S. 334)
» Strände von Xingcheng (S. 338)

Die schönsten historischen Stätten

» Kaiserpalast (S. 322)
» Nordgrab von Shenyang (S. 322)
» Große Mauer am Tigerberg (S. 336)
» Altstadt von Xingcheng (S. 338)
» Sowjetischer Märtyrerfriedhof (S. 332)

Auf nach Liaoning

Geschichte und Lifestyle gehen in Liaoning (辽宁) Hand in Hand. Die Trennlinie zwischen den alten Festungsstädten der Ming-Dynastie und boomenden Strandresorts ist hauchdünn; kaiserliche Paläste haben ihren Platz im Herzen der pulsierenden Großstädte behauptet. An den Goldsandstränden und beim Sommerbierfestival von Dalian treffen Lebenslust und Lebensart aufeinander; hinter der feuchtfröhlichen Fassade will Geschichte erkundet werden, auf den ehemaligen Schlachtfeldern der Russen und Japaner, die Anfang des 20. Jhs. um Vorherrschaft rangen.

Außerhalb der größeren Städte Liaonings erstrecken sich Landschaften mit fruchtbaren Feldern und Wäldern, unterbrochen von qualmenden Industriestädten. Die Provinz grenzt auf einer langen Strecke an Nordkorea. In Dandong kommen Touristen so nah an die Demokratische Volksrepublik Korea (DPRK) wie nirgendwo sonst. Der große koreanische Bevölkerungsanteil und das unproblematische Miteinander der Kulturen zeigen deutlich, dass China viele seiner Klischees widerlegt, wenn man sich tiefer hineinwagt.

Reisezeit

Dalian

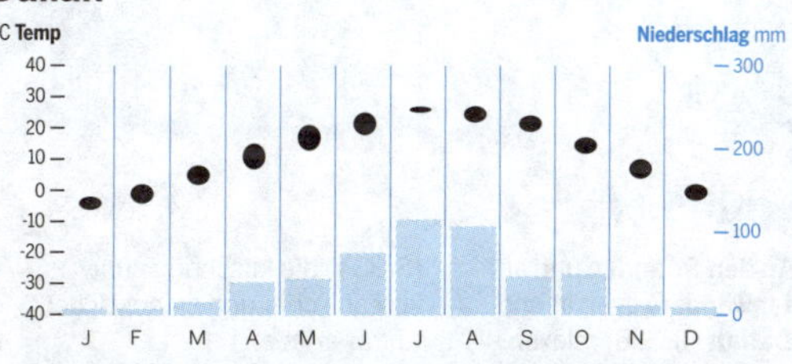

Mai & Juni Schnäppchenangebot in Strandhotels leicht erhältlich!

Juni & Juli Am Straßenrand stehen Stände mit frischen Kirschen, Maulbeeren und Heidelbeeren.

Juli & August Viel Spaß beim Internationalen Bierfestival in Dalian!

Highlights

1 An den Stränden und auf Küstenwanderwegen in und um **Dalian** (S. 326) relaxen und das Bierfestival genießen

2 Den Abschnitt der **Großen Mauer am Tigerberg** (S. 336) nahe Dandong erklimmen

3 Auf dem Yalu Jiang nahe der Grenze zu Nordkorea schippern und in **Dandong** (S. 334) die Mischung aus koreanischer und chinesischer Kultur erleben

4 Das Grabmal von Huang Taiji, des Begründers der Qing-Dynastie, in **Shenyang** (S. 322) erkunden

5 Ganz in der Natur aufgehen im riesigen **Expo-Garten Shenyang** (S. 322)

6 Auf den alten Schlachtfeldern mit den Gräbern von **Lüshun** (S. 333) herumstreifen, wo sich Japan und Russland gegenüberstanden

7 Am Strand faulenzen und durch die von einer Mauer umgebene Altstadt des historischen, kaum besuchten **Xingcheng** (S. 338) schlendern

Geschichte

Das Gebiet der früheren Mandschurei umfasst die Provinzen Liaoning, Jilin und Heilongjiang sowie Teile der Inneren Mongolei. Es heißt heutzutage Dongbei, was nichts anderes bedeutet als „Nordosten".

Die mandschurischen Kriegsherren dieser nördlichen Gegend errichteten die Qing-Dynastie, die China von 1644 bis 1911 regierte. Ende des 19. Jhs. bis zum Ende des Zweiten Weltkrieges, als die westlichen Mächte damit beschäftigt waren, sich Teile Chinas einzuverleiben, wurde die Mandschurei abwechselnd von den Russen und den Japanern besetzt.

Klima

In den langen Wintermonaten ist die Witterung in Liaoning kalt und trocken mit Temperaturen, die bis auf -15°C absinken können. Im Sommer ist es warm (bis heiß) und feucht, nachmittags oft mit heftigen Regenschauern.

Sprache

Fast jeder in Liaoning spricht Standard-Mandarin, wenn auch mit unterschiedlichem Akzent. In Dandong und den Gegenden in der Nähe der Grenze zu Nordkorea ist es nicht ungewöhnlich, Koreanisch zu hören.

ℹ Anreise & Unterwegs vor Ort

Liaoning lässt sich leicht bereisen. Shenyang ist der Verkehrsknotenpunkt für Ausflüge in die Provinz.

AUTO Zwischen den größeren Städten gibt es ein gut ausgebautes Autobahn- und Schnellstraßennetz

BUS Reisebusse sind schneller als die Bahn und deshalb eine gute Alternative

FLUGZEUG In Shenyang und Dalian gibt es Flughäfen mit hohem Aufkommen an In- und Auslandsflügen.

SCHIFFE & FÄHREN Zu Wasser erreicht man von Dalian aus Reiseziele in der Provinz Shandong und in Südkorea.

ZUG Bahnstrecken verlaufen kreuz und quer durch die Region (einschließlich schnelle D-Züge); ab Shenyang gibt es Verbindungen zu den Städten im Süden und Norden

PREISE

In diesem Kapitel werden die folgenden Preiskategorien verwendet:

Schlafen

€	unter 200 Yuan
€€	200 bis 400 Yuan
€€€	über 400 Yuan

Essen

€	unter 40 Yuan
€€	40 bis 80 Yuan
€€€	über 80 Yuan

Shenyang 沈阳

☎024 / 5,7 MIO. EW.

Die Hauptstadt der Provinz Liaoning hat gewaltige Anstrengungen unternommen, um sich von ihrem Ruf als Industriestadt zu befreien, die als Vorbild für William Blakes Vision „finsterer satanischer Mühlen" gedient haben könnte. Tatsächlich ist Shenyang noch immer eine ausufernde Metropole; inzwischen erleichtern aber die neuen U-Bahn-Linien das Verkehrsmanagement, die Optik der Stadtlandschaft machte eine rasante Entwicklung durch, und auf den Straßen vibriert ein Stimmengewirr, das ein wachsendes Selbstbewusstsein vermuten lässt: Die Ausstrahlung der Stadt und der Menschen ist positiv und sogar ein bisschen weltgewandt.

Den Besuchern präsentiert sich die Stadt voller Stolz mit einem eigenen Kaiserpalast, einem Grabmalensemble und zwei ordentlichen Museen sowie mehreren schönen Parks einschließlich dem weitläufigen Botanischen Garten am Stadtrand. Wer Richtung Norden oder Süden reist, tut gut daran, in Shenyang einen mehrtägigen Zwischenstopp einzulegen, um die verkehrsstrategisch günstige Lage der Stadt auszunutzen.

Geschichte

Shenyangs historische Wurzeln reichen zurück bis 300 v.Chr., damals hieß die Stadt Hou. Seit dem 11. Jh. war Shenyang ein mongolisches Handelszentrum und erreichte seine größte historische Bedeutung im 17. Jh. als Hauptstadt des Mandschu-Reichs. Als die Mandschu im Jahr 1644 Beijing eroberten, wurde Shenyang unter dem mandschurischen Namen Mukden zur zweiten Hauptstadt und ein Handelszentrum für Ginseng.

Im Laufe der Geschichte wechselte Shenyang mehrmals sehr schnell die Besitzer und wurde von verschiedenen Machthabern beherrscht, den Japanern (1931), den

Russen (1945), den Kuomintang (1946) und schließlich von der Kommunistischen Partei Chinas (1948).

Sehenswertes & Aktivitäten

Kaiserpalast HISTORISCHE STÄTTE

(故宫; Gugong; 171 Shenyang Lu; Eintritt 60 Yuan; ⌚8.30–18 Uhr, letzter Einlass 17.15 Uhr) Shenyangs Hauptattraktion ist eine imposante Palastanlage, eine Art Verbotene Stadt im Kleinformat. Sie wurde zwischen 1625 und 1636 von dem Mandschu-Kaiser Nurhachi (1559–1626) und seinem Sohn Huang Taiji erbaut. Der Palast diente bis 1644 als Residenz der Qin-Kaiser.

Zu den Hofhäusern in der Mitte der Anlage gehören verzierte Zeremonienhallen und kaiserliche Appartements mit der Wiege des Herrschers. Die Anlage besteht insgesamt aus 114 Gebäuden – nicht alle sind der Öffentlichkeit zugänglich.

Unbedingt besichtigen sollte man die mit zwei Traufrinnen versehene, achteckige **Dazheng-Halle** (am hinteren Ende der Anlage). Dort winden sich zwei goldene Drachen um die Eingangssäulen, die Kassettendecke besticht durch ihre tiefen Reliefs, und der Thron ist ebenfalls sehr aufwendig gestaltet. Hier wurde Nurhachis Enkel, Kaiser Shunzhi, gekrönt. In der **Chongzheng-Halle**, das erste große Gebäude, auf das man trifft, sind die Balken über der Eingangskolonnade alle in Form von fünffingrigen Drachen geschnitzt.

Der Palast liegt im ältesten Teil der Stadt. Die U-Bahnstation Zhong Jie (Ausgang B) befindet sich nur ein paar Gehminuten weiter nördlich.

Nordgrab HISTORISCHE STÄTTE

(北陵; Bei Ling; 12 Taishan Lu; Park/Gräber 6/50 Yuan; ⌚7–18 Uhr) Eine weitere Attraktion in Shenyang ist diese weitläufige Grabanlage; sie ist das Mausoleum von Huang Taiji (1592–1643), dem Gründer der Qing-Dynastie. Die Tierstatuen in der Grabstätte führen hinauf zum zentralen Hügel, der als Leuchtendes Grab (Zhao Ling) bezeichnet wird.

In vielerlei Hinsicht ist das Nordgrab besser erhalten als der Kaiserpalast. Für die Besichtigung der gesamten Anlage mit Dutzenden von reich verzierten historischen Gebäuden sollte man einige Stunden einplanen. Die **Longen-Halle** ist eine besondere architektonische Augenweide – beim Streifzug durch die großzügigen Räumlichkeiten fallen traditionelle Reliefs mit Symbolen wie Pfingstrosen, Vasen und Wölkchen auf.

Das Nordgrab liegt nur ein paar Kilometer nördlich der Stadt innerhalb des **Beiling-Parks**. Mit seinen Pinien und dem See ist der Park eine ausgezeichnete Oase, um dem städtischen Treiben zu entfliehen. Einheimische kommen hierher zum Spazierengehen, treffen sich zum Singen oder lassen einfach nur die Seele baumeln. Die U-Bahnstation Beiling Gongyuan befindet sich direkt außerhalb des Parks.

DER MUKDEN-ZWISCHENFALL

Im Jahr 1931 suchte Japan nach einem Vorwand, die Mandschurei zu besetzen – die japanische Armee nahm die Sache in ihre Hand. In der Nacht zum 18. September ereignete sich an einem kleinen, von den Japanern kontrollierten Bahnstreckenabschnitt außerhalb von Mukden, dem heutigen Shenyang, eine Bombenexplosion. Fast unmittelbar danach griffen die Japaner die chinesische Garnison an, die nicht weit vom Unglücksort stationiert war, und besetzten in der darauf folgenden Nacht Shenyang. Innerhalb von fünf Monaten hatten sie die ganze Mandschurei eingenommen, welche bis zum Ende des Zweiten Weltkriegs unter ihrer Herrschaft bleiben sollte.

Expo-Garten Shenyang PARKS & GÄRTEN

(沈阳世博园; Shenyang Shibo Yuan; Eintritt 50 Yuan; ⌚9–17 Uhr, letzter Einlass 15.30 Uhr) In dieser ausgedehnten Parkanlage an der östlichen Peripherie von Shenyang gibt es unzählige aufwendig gestaltete Schaugärten, in denen Pflanzen und Blumen aus praktisch jeder Region Chinas sowie einige aus Übersee gezeigt werden. Züge verkehren inzwischen nicht mehr bis zum Geländer des Expo-Gartens, jedoch fährt regelmäßig Bus 168 (5 Yuan) ab dem **Busbahnhof Shenyang** direkt gegenüber der großen Kreuzung Zhonghua Lu/Heping Dajie. Eine Taxifahrt hierher kostet zwischen 50 und 70 Yuan.

GRATIS **Provinzmuseum Liaoning** MUSEUM

(辽宁省博物馆; Liaoning Sheng Bowuguan; SE Ecke Regierungsplatz; ⌚9–12 & 13–17 Uhr, letzter Einlass 15.30 Uhr, Mo & in den Ferien geschl.)

Hier wird auf drei Etagen Kunst und Geschichte präsentiert, angefangen bei prähistorischen Zeiten bis zum Ende der Qing-Dynastie. Am interessantesten ist das dritte Obergeschoss mit einer reichen Antiquitätensammlung. Die Exponatbeschriftungen sind auf Englisch.

GRATIS **Geschichtsmuseum 18. September** MUSEUM
(九一八历史博物馆; Jiu Yi Ba *lishi bowuguan*; 46 Wanghua Nanjie; ⌚9–17 Uhr, letzter Einlass 16 Uhr) Das Museum erfüllt ganz offensichtlich einen propagandistischen Zweck. Allerdings sind mehrere 100 Fotos, Skulpturen, Gemälde und Dioramen sehr aufschlussreich, was einen berühmt-berüchtigten Abschnitt in Chinas jüngster Geschichte betrifft. Vereinzelt finden sich knappe englische Bildunterschriften. Ab dem Nordbahnhof fährt Bus 325 bis vor das Gebäude. Das Museum liegt ca. 2 km nordöstlich des Stadtzentrums.

Schlafen

Der Bushauptbahnhof ist eine moderne, pulsierende Zone mit einem Überangebot an schicken Einkaufspassagen, ganz zu schweigen von der bunten Vielfalt an Restaurants und Cafés. Außerdem befinden sich verschiedene U-Bahnstationen ganz in der Nähe, weshalb man von hier aus alle Stadtteile leicht erreichen kann.

Die Gegend rund um den Kaiserpalast hat mehr das Flair eines Wohnviertels; ausländische Touristen finden hier kein so großes Angebot an Unterkünften.

LP TIPP **Liaoning Binguan** HOTEL €€€
(辽宁宾馆; Liaoning Hotel; ☎2383 9104; 97 Zhongshan Lu; 中山路 97 号; Zi. inkl. Frühstück ab 458 Yuan; ❄@) Dieser japanische Hotelpalast geht auf das Jahr 1927 zurück. Das Hotel wurde jüngst renoviert, hat jedoch viele der zeittypischen Elemente bewahrt - die mit Marmor ausgestattete Lobby ist besonders beeindruckend. Außerdem hat das Hotel auch komfortable, moderne Zimmer sowie ein Restaurant und einen Patio im Freien, sofern die Sonne gnädigerweise einmal scheint. Rabatte sind gewöhnlich erhältlich.

Home Inn HOTEL €€
(如家快捷酒店; Rujia Kuaijie Jiudian; ☎2401 7777; 7 Donghua Nan Lane, Shenyang Lu; 沈阳路东华南巷 7 号; Zi. 149–229 Yuan; 🚭❄@📶) Während Treppenhaus und Korridore langsam etwas verkratzt wirken, sind die Zimmer dieser Hotelkette nach wie vor hell und blitzblank. Zu den Annehmlichkeiten gehören außerdem eine kostenlose Breitbandverbindung (WLAN in der Lobby) und ruhige Nächte, da sich das Hotel in einer rückwärtigen Seitenstraße befindet. Die Unterkunft ist nur einen Steinwurf vom Kaiserpalast entfernt. An der Zhong Jie findet man gute kleinere Restaurants dicht aneinander gereiht. Auch der Einkaufsbummel macht hier Spaß!

Traders Hotel HOTEL €€€
(商贸饭店; Shangmao Fandian; ☎2341 2288; www.tradershotel.com; 68 Zhonghua Lu; 中华路 68 号; Zi. ab 698 Yuan; 🚭❄@📶) Das Haus gehört zur Shangri-La-Kette und ist eines von Shenyangs besten Luxushotels. Die Zimmer sind groß, das flinke englischsprachige Personal bietet erstklassigen Service. Die Zimmerpreise sind saisonabhängig. Wer Geld sparen will, bucht am besten online. Zu den Hoteltarifen kommt noch ein Service-Aufschlag von 15 %.

Sanpi Youth Hostel HOSTEL €
(三皮青年旅社; Sanpi Qingnian Lüshe; ☎2251 1133; www.gjqnls.com; 21 Yalu Jiang Jie; 鸭绿江街 21 号; B/2BZ mit Gemeinschaftsbad 45/100 Yuan; ❄@📶) Östlich des Nordgrabs liegt dieses lässige Hostel neben einem KTV (Karaoke-Kneipe); es vermittelt ein Feeling, als würden beste Freunde in einer EG-Suite in der Vorstadt zusammenwohnen. Das klingt allerdings ein bisschen komisch, weil sich die Räume in einem unscheinbaren Gebäude im 5. OG befinden. Die Lage ist nichts Besonderes, es gibt jedoch einen Waschsalon und Internetzugang. Die Zimmer sind außerdem sauber und gepflegt. Bus 162 ab dem Bahnhof Süd fährt bis zur Haltestelle Jianyuanxiaoqu.

Peace Hotel HOTEL €
(和平宾馆; Heping Binguan; ☎2349 8888; www.hpbg.com.cn; 104 Shengli Beijie; 胜利北街 104 号; 2BZ mit Gemeinschaftsbad 100 Yuan, 2BZ mit Bad 200–280 Yuan; ❄@) Dieses freundliche Hotelhochhaus bietet eine günstige Übernachtungsmöglichkeit gleich 200 m nördlich vom Bahnhof. Die Zimmer sind sauber, wenn auch etwas verraucht. Rabatte in Höhe von 20 %.

Shentie Shenzhan Binguan HOTEL €
(沈铁沈站宾馆; Shenyang Railway Station Hotel; ☎2358 5888; 2 Shengli Dajie; 胜利大街 2 号; Zi. ohne Bad 120 Yuan, 2BZ mit Bad 168–188 Yuan; ❄@) Ein passables, wenn auch

Shenyang

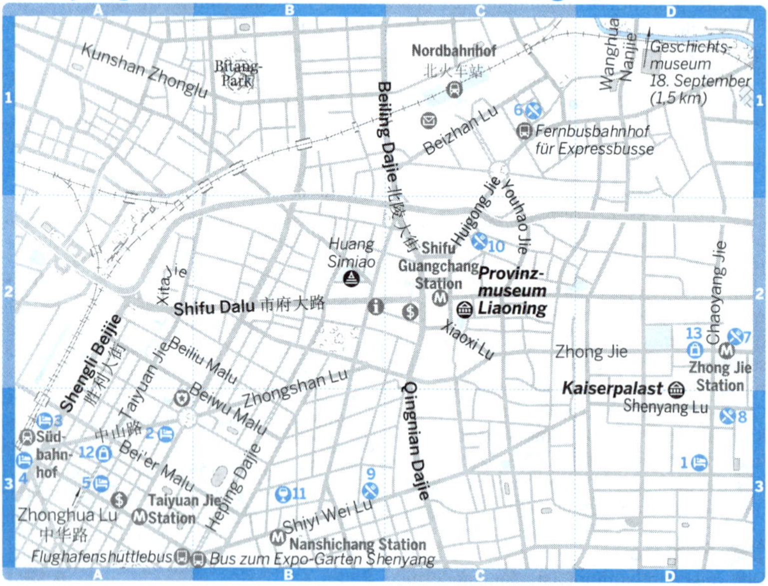

0 — 1 km

Kunshan Zhonglu
Bitang-Park
Nordbahnhof
北火车站
Beijing Dajie 北陵大街
Beizhan Lu
Wanghua Nanjie
Geschichtsmuseum 18. September (1,5 km)
6
Fernbusbahnhof für Expressbusse
Huigong Jie
Youhao Jie
10
Huang Simiao
Shifu Guangchang Station
Provinzmuseum Liaoning
Xita Jie
Shifu Dalu 市府大路
Xiaoxi Lu
Zhong Jie
13
Chaoyang Jie
7
Zhong Jie Station
Kaiserpalast
Shenyang Lu
8
Shengli Beijie 胜利大街
Taiyuan Jie
Beiliu Malu
Beiwu Malu
Zhongshan Lu
中山路
2
3
Süd-bahn-hof
12
4
5
Bei'er Malu
Heping Dajie
Qingnian Dajie
1
9
11
Taiyuan Jie Station
Shiyi Wei Lu
Zhonghua Lu 中华路
Nanshichang Station
Flughafenshuttlebus
Bus zum Expo-Garten Shenyang

etwas in die Jahre gekommenes Hotel gleich neben dem Bahnhof Süd. Einige der günstigeren Zimmer haben keine Fenster!

Essen

Rund um den Nord- und Südbahnhof befinden sich Viertel mit günstigen Esslokalen. In der Gegend rund um den Kaiserpalast gibt es ebenfalls jede Menge Restaurants mit vernünftigen Preisen, die meisten haben bebilderte Speisekarten.

Laobian Dumplings TEIGTASCHEN €€
(老边饺子馆; Laobian Jiaoziguan; 3f 208 Zhong Jie; Teigtaschen 12–30 Yuan; ⌚10–22 Uhr; 📋) Shenyangs berühmtestes Restaurant ist seit 1829 ein Geheimtipp der Einheimischen - auch heute kommen die Insider scharenweise, um die köstlichen Teigtaschen – in der Brühe gegart, gedämpft oder gebraten – in diversen Geschmacksrichtungen zu genießen: angefangen bei Kohl bis zu Pekingente und sogar mit Curry. Das Restaurant befindet sich im 3. OG des Hotels Laobian direkt gegenüber dem B1-Ausgang der U-Bahnstation Zhong Jie.

LP TIPP **View & World Vegetarian Restaurant** VEGETARISCH €
(宽巷子素菜馆; Kuan Xiangzi Sucaiguan; 202 Shiyi Wei Lu; Gerichte 8–36 Yuan; ⌚10–22.30 Uhr; 🖉📋) Zwar stehen Pekingente und Fleischbällchen auf der Speisekarte, es kommt aber definitiv kein Fleisch auf den Teller, denn alles ist fleischlos in diesem erstklassigen (fast) veganen Paradies. Es soll sich sogar um das einzige Restaurant im ganzen Nordosten Chinas handeln, das ohne Geschmacksverstärker kocht (ein Knüller, wenn das stimmen würde!). Die Obst- und Biogetränke passen gut zu den Hauptgängen.

View & World ist eine von Shenyangs quirligsten Schlemmermeilen und es gibt jede Menge Möglichkeiten zu kulinarischen Streifzügen, einschließlich einer richtigen Pekingente – falls gewünscht!

Yufu Matou Shaokao FISCH & MEERESFRÜCHTE €
(沈阳渔夫码头烧烤; Fisherman's Harbour Barbecue; 75 Huigong Jie; Gerichte 15–36 Yuan; ⌚11.30–24 Uhr) Ein freundliches Lokal auf drei Etagen, die maritime Deko verbreitet ein fröhliches Ambiente. Die Platte mit Fisch und Meeresfrüchten (118 Yuan) ähnelt einem Schiff und macht zwei bis drei Personen satt. Hier werden auch jede Menge Fleischgerichte sowie Hotpot, Fleischspieße, einige sehr reichhaltige Nudelgerichte und gut gewürzte vegetarische Spezialitäten zubereitet.

Shenyang

Highlights
Kaiserpalast D2
Provinzmuseum Liaoning C2

Schlafen
1 Home Inn D3
2 Liaoning Binguan A3
3 Peace Hotel A3
4 Shentie Shenzhan Binguan A3
5 Traders Hotel A3

Essen
6 Carrefour Supermarkt C1
7 Laobian Dumplings D2
8 Qinzi Shangmian D3
9 Vegetarisches Restaurant View & World B3
10 Yufu Matou Shaokao C2

Ausgehen
11 Stroller's B3

Shoppen
12 Taiyuan Jie A3
13 Zhong Jie D2

Qinzi Shangmian DONGBEI €
(亲子商面; Shenyang Lu; Gerichte 8–18 Yuan; ⌚8.30–24 Uhr) Am Ende einer Reihe guter Restaurants lockt dieses familiengeführte Lokal, wo einfache kalte Nudel-, Fleisch- und Gemüsegerichte serviert werden. Es gibt auch eine bebilderte Speisekarte.

Carrefour Supermarket SUPERMARKT €
(家乐福; Jialefu; Beizhan Lu) Der Konsumtempel liegt nahe dem Fernbusbahnhof. Hier gibt's Reiseproviant und im Untergeschoss die Möglichkeit für einen Happen zwischendurch im Gastronomiehof.

Ausgehen

Bei schönem Wetter bietet Liaoning Binguan eine angenehme Bar im Patio gleich gegenüber der Zhongshan Lu.

Stroller's BAR
(流浪者餐厅; Liulangzhe; 36 Beiwu Jing Jie) Diese altbewährte Bar im Untergeschoss ist sowohl bei Einheimischen als auch bei Expats beliebt. Die Auswahl der Biere kann sich sehen lassen! Die Straße ist nicht ausgeschildert, jedoch ist die Bar nicht weit vom Ausgang B der U-Bahnstation Nanshichang entfernt; einfach die Straße überqueren und einen Häuserblock weiter Richtung Norden in die Seitenstraße – da ist sie auch schon!

Shoppen

Nicht weit vom Bahnhof Süd verläuft die **Taiyuan Jie,** eine der größeren Einkaufsstraßen von Shenyang mit luxuriösen Kaufhäusern und einer weitläufigen unterirdischen Einkaufspassage (größtenteils mit kleinen Modeboutiquen) – hier ist der perfekte Ort, um die Energie des modernen Shenyang zu spüren.

Die **Zhong Jie,** in der Nähe des Kaiserpalasts, ist eine weitere beliebte, verkehrsfreie Einkaufszone, die hoffentlich in naher Zukunft wieder den Platz einnimmt, den sie verdient.

Praktische Informationen

Geldautomanten gibt es überall in der Stadt.

Bank of China (中国银行; Zhongguo Yinhang) Regierungsplatz (253 Shifu Dalu); Gegend rund um den Bahnhof Süd (96 Zhonghua Lu; ⌚Mo–Fr 8.30–17 Uhr) Die Filiale am Südbahnhof hat einen Geldautomaten, der rund um die Uhr in Betrieb ist. Die Filiale am Regierungsplatz verfügt ebenfalls über einen Geldautomaten und tauscht außerdem Reiseschecks.

Internetcafé (网吧; *wangba*; Hauptebene, Bahnhof Süd; pro Std. 4 Yuan; ⌚24 Std.) Computer dürfen ohne chinesische Zugangsdaten genutzt werden, eine Garantie dafür gibt's jedoch keine!

Büro für Öffentliche Sicherheit (PSB; 公安局; Gonganju; ☎2253 4850; Zhongshan-Platz)

An- & Weiterreise

Große Hotels können Flug- und Bahntickets buchen – so auch **China Travel Service of Shenyang** (沈阳市中国旅行社; Shenyang Shi Zhongguo Lüxingshe; ☎137 0000 0681; 1 Shifu Lu; ⌚8.30–17 Uhr).

Bus

Der **Fernbusbahnhof für Expressbusse** (长途汽车快速客运站; *changtu qiche kuaisu keyunzhan*; 120 Huigong Jie) liegt südlich der Beizhan Lu, etwa fünf Gehminuten vom Nordbahnhof entfernt und nahe am Carrefour Supermarkt. Aktuelle Fahrpläne sind am Infoschalter beim Eingang erhältlich. Die Busse fahren zu folgenden Zielen:

Beijing 149–166 Yuan, 7½ Std., 8-mal tgl. (8–21 Uhr)

Changchun 85 Yuan, 4½ Std., 7-mal pro Tag (8.30–17 Uhr)

Dandong 82 Yuan, 3½ Std., alle 30 Min. (6–19 Uhr)

Ha'erbin 122 Yuan, 6½ Std., 2 -mal tgl. (11und 14.30 Uhr)

Xingcheng 83 Yuan, 4½ Std., 2 -mal tgl. (8.50 und 15.40 Uhr)

Flugzeug

Shenyang Taoxian International Airport bietet Flüge nach Südkorea und Russland sowie Inlandsflüge.

Beijing 700 Yuan

Ha'erbin 510 Yuan

Shanghai 1380 Yuan

Zug

Shenyangs wichtigste Bahnhöfe sind der Nord- und der Südbahnhof. Viele Züge halten kurz an dem einen Bahnhof und fahren dann weiter zum anderen. Bei der Abfahrt ist dies jedoch nicht immer der Fall, daher sollte man immer genau fragen, an welchem der beiden Bahnhöfe man einsteigen muss. Fahrkarten für den Schlafwagen oder D-Zug-Tickets (nach Beijing oder Shanghai) sollten so früh wie möglich gekauft werden. Bus 262 verkehrt zwischen Nord- und Südbahnhof, die U-Bahn fährt auch.

ZÜGE AB SÜDBAHNHOF

Baihe (nach Changbaishan) harter/weicher Schlafwagen 100/156 Yuan, 3-mal tgl. (9.13, 19.28 und 20.18 Uhr), 13 Std.

Dalian harter/weicher Sitz 55/87 Yuan, 4–7 Std.

Dandong harter/weicher Sitz 42/64 Yuan, 5 Std.

Ha'erbin harter/weicher Sitz 44/72 Yuan, 7 Std.

Xingcheng harter/weicher Sitz 54/84 Yuan, 4–6 Std.

ZÜGE AB NORDBAHNHOF

Beijing (D Zug) 207 Yuan, 5 Std., regelmäßige Verbindungen

Beijing harter Sitz/Schlafwagen 99/172 Yuan, 10 Std.

Ha'erbin (D Zug) 161 Yuan, 4 Std., 5-mal tgl.

Changchun (D Zug) 88 Yuan, 2½ Std., 4 Züge am Vormittag

Unterwegs vor Ort

BUS Busse sind günstig und fahren regelmäßig, jedoch deckt das U-Bahn-Netz alle Zonen ab, die für Touristen interessant sind. Streckenpläne sind für 5 Yuan an den Bahnhöfen erhältlich.

VOM/ZUM FLUGHAFEN Der Flughafen befindet sich 25 km südlich der Stadt. Shuttlebusse (15 Yuan, stündl.) fahren in einer Straße direkt vor der Kreuzung Zhonghua Lu/Heping Dajie ab. Ein Taxi zum Flughafen kostet 80 Yuan.

TAXI Eine Taxifahrt kostet auf den ersten 3 km 8 Yuan, mit Klimaanlage 9 Yuan.

U-BAHN Mit nur zwei Linien (Linie 1 von Ost nach West und Linie Zwei von Nord nach Süd) und einem Anschlussbahnhof ist es ganz leicht, sich in Shenyangs sauberem und übersichtlichem U-Bahnsystem gut zurechtzufinden. Entlang der Strecke befinden sich Haltestellen am Nord- und Südbahnhof, am Nordgrab und in der Zhong Jie (zur Besichtigung des Kaiserpalasts). Die Fahrtkosten liegen gewöhnlich zwischen 2 bis 4 Yuan. Die U-Bahnhöfe haben öffentliche Toiletten.

Dalian 大连

0411 / 3,6 MIO. EW.

Hoch über der Halbinsel Liadong bzw. am Gelben Meer liegt Dalian, eine der entspanntesten und lebenswertesten Städte im Nordosten, um nicht zu sagen, in ganz China. Die steil ansteigenden Straßen sind von Bäumen gesäumt, die Abgase im Straßenverkehr halten sich in Grenzen, die Luft ist frisch, und die Kolonialbauten sind in der Überzahl. Außerdem hat Dalian eine tolle Küste mit vielen Badestränden, und das ist erst der Anfang einer langen Liste von Pluspunkten. Hinzu kommt noch eine Gastronomieszene mit Restaurants und Bars, einige bedeutende Einkaufszentren und das pulsierende Leben in einer Stadt, die jedes Jahr einen weiteren Wohlstandsschub verzeichnet, weshalb sich Dalian oft genug mit dem Beinamen „Hongkong des Nordens" schmückt – und dies ist keineswegs nur Prahlerei.

Dalian ist ein wunderbarer Ort, um für einige Tage tief durchzuatmen. Doch nach dem Faulenzen am Strand und den Streifzügen entlang der Südwestküste (auf einer der längsten Strandpromenaden der Welt), sollte man unbedingt die historische Hafenstadt Lüshun besuchen. Die alten Schlachtfelder und Friedhöfe bieten einen seltenen, unverschleierten Einblick in die turbulentesten Tage in der Geschichte von Chinas Norden.

Sehenswertes & Aktivitäten

LP TIPP **Südwestliche Küste** STRAND

Dalians südwestliche Küste (Karte S. 333) ist als Naturattraktion das verlockendste Ausflugsziel der Stadt. Beeindruckend sind vor allem die dramatisch anmutende Landzungen, die tiefen Buchten und die Sandstrände, und dann gibt es da auch

Dalian

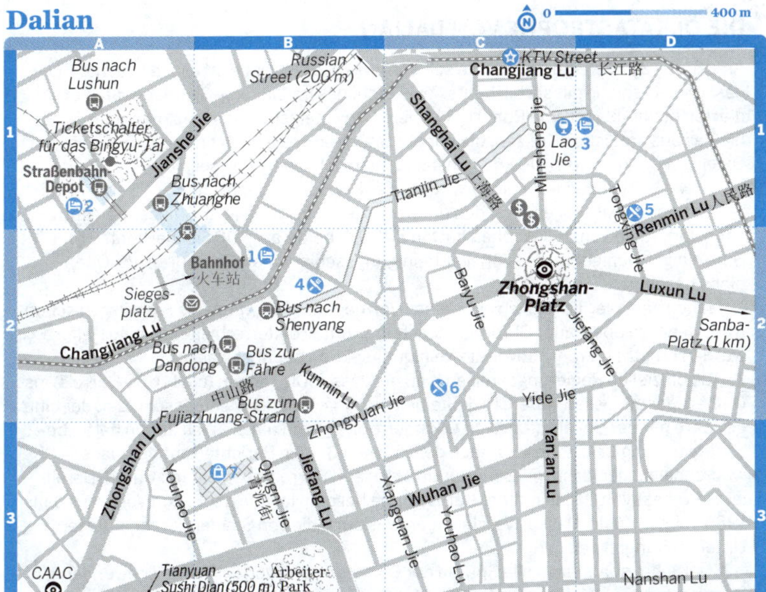

Dalian

Highlights

Zhongshan-Platz C2

Schlafen

1 Bohai Pearl Hotel B2
2 Hanting Express A1
3 Home Inn D1

Essen

4 Nachtmarkt B2
5 Tiantian Yugang D1
6 Xiao Yaogu Shanxi Mian Zhuang C2

Shoppen

7 New Mart Shopping Mall B3

noch Parks, Leuchttürme, idyllische Dörfer und die längste Strandpromenade der Welt (angeblich soll sie 20,9 km lang sein!).

Die Erkundungstour könnte mit einer Trambahnfahrt Richtung **Xinghai-Platz** in der Innenstadt beginnen, oder man fährt mit dem Bus zum **Strand von Fujiazhuang** (傅家庄海滨; Fujiazhuang Haitan). Der besagte Platz besticht durch seine aufregende Architektur und dient heute unter anderem als Partyzone für das beliebte Bierfestival von Dalian – außerdem ist der Ort wunderbar, um Leute zu beobachten, um zu kiten oder einfach nur zum Herumschlendern. In der Nähe befinden sich ein kleiner Strand und ein Funpark.

Fujiazhuang ist ein beliebter Strand, der in einer tief eingeschnittenen Bucht liegt. Dschunken schippern aufs Meer hinaus, am Horizont schimmern Inseln, die wie hingestreut wirken, und ganze Familien kommen nur hierher, um dem Badespaß zu frönen. Ausflügler nehmen den Bus 5 ab der Jiefang Lu (1 Yuan, 20–30 Min.), der direkt gegenüber dem Strand hält.

Zwischen Fujia-Zhuang und dem Xinghai-Platz verläuft eine sehr angenehme Promenade (mit Fußgängerbrücke). Weiter am Strand entlang verläuft ein Küstenweg zum 8 km entfernten **Laohutan Ocean Park** (老虎滩海洋公园; Laohu Tan Haiyang Gongyuan; www.laohutan.com.cn; Eintritt 210 Yuan; ⌚7.30–17.30 Uhr), einem familienfreundlichen Park mit einem **Eismeeraquarium**. In Laohutan fährt Bus 30 (1 Yuan) nach Sanba oder zum Zhongshan-Platz im Zentrum von Dalian.

Doch entlang eines weiteren Abschnitts der Strandpromenade setzt sich die spektakuläre Küstenlandschaft fort. Einige Kilometer weiter liegt **Fisherman's Wharf**

DIE ÖLKATASTROPHE VON DALIAN

Am 16. Juli 2010 ereignete sich die schlimmste Ölkatastrophe in der Geschichte Chinas, und als solche gilt sie bis heute: Zwei Pipelines im Xingang-Ölverladehafen explodierten beim Abladen von Rohöl mit hohem Schwefelgehalt. Innerhalb weniger Tage hieß es aus amtlichen Kreisen, die mit der Situation völlig überfordert waren, dass der Ozean im Umkreis von 400 km² von der Katastrophe betroffen sei.

Freiwillige Helfer wurden angeworben, die 44 US$ pro abgeschöpftes Barrel erhalten sollten. Das allein genügte, den unternehmerischen Geist der Chinesen zu entfachen. Innerhalb von drei Wochen hatten 8000 Arbeiter auf 800 Fischerbooten (mit Hilfe einiger weniger professioneller Reinigungsschiffe) fast alle Spuren des Öltep-pichs beseitigt.

Manch einer verdiente sich ein kleines Vermögen, doch waren die Freiwilligen schon froh, wenn sie überhaupt Gummihandschuhe zum Arbeiten erhielten. Einige Helfer wurden ernsthaft krank, bevor die Reinigungsaktion beendet war.

Aus offiziellen Regierungskreisen hieß es, dass 1500 Tonnen (ca. 11 000 Barrels) ins Gelbe Meer geflossen waren. Rick Steiner, ein angesehener Meeressschützer, der einige Jahre mit der Bekämpfung von Ölkatastrophen rund um die Welt zu tun hatte, besuchte die Unglückszone kurz nach der Havarie. Seinen Berichten zufolge war es wahrscheinlicher, dass mehrere Hunderttausend Barrels ausgelaufen waren. Damit ist die Ölpest von Dalian mit der Katastrophe bei der Havarie der Exxon Valdez im Jahr 1989 vor der Küste Alaskas vergleichbar, was auch die von Steiner durchgeführten Untersuchungen belegen.

Zwei Jahre später sind alle Spuren der Ölkatastrophe von Dalian verschwunden. Badegäste können wieder die Goldsandstrände genießen und im warmen Wasser herumplantschen. Ungewiss bleiben aber nach wie vor die langfristigen Auswirkungen auf die Küstenlandschaft und ihre Ökosysteme sowie auf den Fischereibetrieb und die einheimische Bevölkerung; beide wurden durch den Kontakt mit dem Öl und der giftgeschwängerten Luft, die tagelang über der Stadt waberte, in Mitleidenschaft gezogen. Offizielle Studien wurden bis heute weder durchgeführt noch freigegeben.

(渔人码头; Yuren Matou), tatsächlich handelt es sich um eine Küstengemeinde im Kolonialstil, wie man sie auch an der amerikanischen Ostküste findet. Das Städtchen mit dörflichem Charakter bildet eine wunderbare Fotokulisse und lädt zu einer Kaffeepause ein. Auffällig und etwas merkwürdig ist das perfekte Duplikat des **Leuchtturms im Bremer Hafen** (aus dem Jahr 1853), der aus Ziegelsteinen von Häusern aus der Umgebung gebaut wurde, die abgerissen werden mussten.

Die Promenade verläuft hinter Fisherman's Wharf weiter Richtung Osten, jedoch verkehren dort immer weniger öffentliche Verkehrsmittel. Zum nächsten Bus oder Taxi in die Stadt muss man bis nach Laohutan zurücklaufen.

Goldener Steinstrand STRAND

Die Küste rund um den Goldenen Steinstrand (Jinshitan), 60 km nördlich der Stadt, ist gerade dabei, sich in ein Touristenmekka für Einheimische zu verwandeln. Sie umfasst einige Themenparks und Felsformationen, die überhöhte Eintrittsgelder zur Folge haben. Der Zutritt zum langen Kiesstrand ist gratis. Dieser liegt ganz hübsch in einer weiten Bucht mit Blick auf ein paar Halbinseln in der Ferne. Um zum Strand zu gelangen, nimmt man den Vorortzug, bei Einheimischen als Linie 3 bekannt, (轻轨三号线; Qinggui Sanhaoxian) ab dem Lagerhaus auf der Ostseite des Triumph Plaza hinter dem Bahnhof Dalian (8 Yuan, 50 Min.). Ab der Strandhaltestelle sind es noch zehn Gehminuten bis zum Strand; es fährt auch ein Shuttlebus (20 Yuan, 30 Min.), der sich die Küste entlangschlängelt, bevor er die Fahrgäste gegenüber dem Strand aussteigen lässt. Rechts vom Bahnhof gleich hinter dem Ausgang befindet sich ein **Besucherzentrum** mit hilfsbereitem, englischsprachigem Personal

Zhongshan-Platz HISTORISCHE GEBÄUDE

(Karte S. 327; 中山广场; Zhongshan Guangchang) Der Zongshan-Platz, ein 223 m breiter Platz mit 10 Straßen, die strahlenförmig in alle Richtungen abzweigen, ist Dalians Hauptverkehrsknotenpunkt. Er entstand nach einem Entwurf russischer Städteplaner im Jahr 1889. Mit Ausnahme des Finanzgebäudes sind alle anderen größeren Bauten geprägt von der Zeit des frühen 20 Jhs., als Dalian unter japanischer Kontrolle stand. Die Baustile reichen von Art-déco bis zum französischen Renaissancestil. Das **Dalian Binguan**, ein gediegenes Hotel aus dem Jahr 1914, einst Dalian Yamato Hotel genannt, diente bei den Dreharbeiten für *Der letzte Kaiser* als Filmkulisse.

Schlafen

In den Sommermonaten sollten Unterkünfte unbedingt vorab reserviert werden. Denn dann kann es sein, dass die Preise bis zu 50% über den unten angegebenen Tarifen liegen. Die Gegend rund um den Bahnhof bietet einige Budgethotels, woanders ist es aber weit ruhiger und weniger hektisch. Kundenfänger sind auch unterwegs, um Zimmer an den Mann zu bringen: die Preise liegen zwischen 140 und 180 pro Übernachtung (in der Hochsaison kommen noch mal etwa 100 Yuan dazu).

Dalian South Mountain Youth Hostel HOSTEL €

(Karte S.333; 大连南山国际青年旅舍; Dalian Nanshan Guoji Qingnian Lushe; 114 Minze St; 明泽街 114 号; ☎8263 1189; froh@163.com; B 60–70 Yuan, DZ/2BZ 178/188; ❄@☜) Diese kleine freundliche Jugendherberge liegt versteckt in einem ruhigen Wohnviertel am Hang. Die Zimmer sind sauber und bieten Komfort. Zu den Annehmlichkeiten zählen ein Waschsalon (mit Selbstbedienung), eine Küche, Computer und WLAN-Zugang. Die südwestliche Küste ist mit dem Bus nur eine Viertelstunde entfernt, zahlreiche Parks liegen in nächster Umgebung und sind zu Fuß erreichbar; sogar zum Bahnhof kommt man schnell mit dem Taxi (10 Yuan). Wer ab hier einen Bus nehmen will, kann sich beim Hostel nach verschiedenen Zielen erkundigen.

Ibis Dalian Sanba Hotel HOTEL €€

(Karte S.333; 大连三八宜必思酒店; Dalian Sanba Yibisi Jiudian; ☎3986 5555; www.ibishotel.com.cn; 49 Wuwu Rd.; 中山区五五路 49 号; DZ & 2BZ 219 Yuan; ❄@) Dieses europäisch anmutende Businesshotel erfreut sich bester Lage. Es fehlt nicht an Restaurants und Märkten in nächster Umgebung, auch ist es nur fünf Gehminuten von Parks und ruhigen Straßen mit Baumalleen entfernt. Die Räume sind tiptop und modern, das englischsprachige Personal ist sehr zuvorkommend. Um Schnäppchenpreise zu bekommen, am besten online buchen!

Tian Tong Hotel HOTEL €€

(Karte S.333; 天通大酒店; Tian Tong Da Jiudian; 58 Luxun Lu; 鲁迅路 58 号; DZ/2BZ 518/497 Yuan; ❄@) In der Nebensaison bietet dieser Hotelkoloss nahe dem Sanba-Platz Rabatte bis zu 60%! Wer hier bucht, trifft keine schlechte Wahl: in der Nähe des Hotels befinden sich Geschäfte und Restaurants, eine Imbissbude mit Grill und Obststände. Die südwestliche Küste ist mit dem Taxi nur 10 Min. entfernt; und auch zu Fuß ist es nur 1 km bis zum Zhongshan-Platz. Individualreisende sollten sich um Zimmer im japanischen Stil bemühen –diese kosten in der Nebensaison nur 168 Yuan.

Home Inn HOTEL €€

(Karte S.327; 如家快捷酒店; Rujia Kuaijie Jiudian; ☎8263 9977; www.homeinns.com; 102 Tianjin Jie; 天津街 102 号; DZ/2BZ 189/209 Yuan; ❄@) Eine gute Budgetunterkunft im Stadtzentrum mit winzig kleinen Zimmern in hellen Farben, kostenlosem Breitband-Internetzugang und hauseigenem Restaurant, das günstige, aber schmackhafte Gerichte serviert. Vor nicht allzu langer Zeit erhielt der Platz rund um das Hotel im Rahmen eines städtebaulichen Konzepts ein erstaunlich neues Gesicht mit nostalgischem Touch: Nur 100 m vom Hotel entfernt entstand eine „alte Gasse" mit zahlreichen Cafés und Bars der Spitzenklasse. Außerdem gibt es eine durchgängige verkehrsfreie Straße (mit Nachtmarkt) zwischen dem Hotel und dem Bahnhof.

Bohai Pearl Hotel HOTEL €€€

(Karte S.327; 渤海明珠酒店; Bohai Mingzhu Jiudian; ☎8812 8888; www.bohaipearl.com; 8 Victory-Plaz; 胜利广场 8 号; Zi. ab 867 Yuan; ⊖❄@≋) Dieser 30-stöckige Turm mit einem kitschigen Drehrestaurant gegenüber dem Bahnhof schützt seine Besucher mit seiner großen Lobbyzone vor der Hektik der Außenwelt. Die Zimmer sind dringend renovierungsbedürftig, allerdings bieten die Rabatte bis zu 40% ein gutes Preis-Leistungs-Verhältnis. Ein paar Wellnesseinrichtungen wie Spa und Swimmingpool gehören auch noch dazu – wer hätte das gedacht?

Hanting Express HOTEL €€
(Karte S. 327; 汉庭快捷酒店; Hanting kuaijie Jiudian; ☎6666 2888; 32 Yunyang Jie; 云阳街 32 号; Zi. ab 209 Yuan; ❄@📶) Direkt hinter dem Bahnhof ragt über dem Stadtbahnplatz dieses ordentliche Businesshotel auf. In jedem Zimmer gibt es eine Breitbandverbindung und WLAN-Zugang in der Lobby. Der Hoteleingang ist rückwärtig, also nicht zum hektischen Platz hinaus.

Dalian Binhai Hotel HOTEL €€€
(Karte S. 333; 大连滨海大厦; Dalian Binhai Dasha; ☎8240 6666; Fax 8240 6668; 2 Binhai Xilu; 滨海西路 2 号; Zi./Suite 460/620 Yuan; ❄@) Dieses mehrstöckige Hotel ist besonders bei russischen Gästen beliebt, könnte jedoch besser in Schuss sein. Immerhin: Die Lage ist optimal. Gleich gegenüber beginnt der Fujiazhuang Strand. In der Nebensaison gibt's Rabatte in Höhe von 30%.

Essen

In den Straßen um den Zhongshan-Platz und den Freundschaftsplatz gibt's viele Restaurants. Im 4. OG des exklusiven New-Mart-Einkaufszentrums gibt's einen schicken Gastronomiehof mit einer breiten Palette an Gerichten und Getränken – eine gute Wahl für Individualreisende in einer Stadt, in der die meisten Restaurants auf Gruppen ausgerichtet sind. Auf der unteren Ebene gibt's auch einen Supermarkt. Noch ein Tipp: Am Freundschaftsplatz verbergen sich hinter zahlreichen Gebäuden Einkaufspassagen – am besten ist die große Einkaufspassage direkt gegenüber von Starbucks. Der Gastronomiehof in der nahegelegenen unterirdischen Einkaufspassage am Siegesplatz ist ein wenig günstiger, jedoch fehlt es an Atmosphäre.

Beide Seiten der Plaza außerhalb des Bahnhofs sind von Obsthändlern und günstigen Imbissläden gesäumt, die *baozi* (包子; gedämpfte Teigtaschen) anbieten. In der Zhongyuan Jie und in der Kunmin Jie gibt es jede Menge Restaurants, die Frittiertes und Eintöpfe mit deftigen Aromen des Nordens servieren.

Xuncai Lamian TEIGTASCHEN $
(Karte S. 333; 旬采拉面; Chaoyang Jie; Gerichte 12–20 Yuan; ⏲8–20.30 Uhr) Wer sich in der Gegend rund um den Sanba-Platz eine Unterkunft gesucht hat, wird in dem beliebten Lokal einen Block weiter südöstlich prima in den Tag starten. Dort gibt es zu jeder Tageszeit eine leichte Mahlzeit. Neben den köstlichen xiaolongbao (小笼包; gedämpfte Teigtaschen) schmecken auch die Wonton-Suppe und geräucherte Hähnchenschenkel besonders gut. Eine bebilderte Speisekarte hängt aus.

Xiao Yaogu Shanxi Mian Zhuang SHAANXI €
(Karte S. 327; 小腰鼓陕西面庄; Gerichte 5–22 Yuan; ⏲8–21 Uhr) Am Ende der Zhongyuan Jie lockt dieses Shaanxi-Restaurant mit herrlichen Gerichten zu Spottpreisen, wie *jiamo* (羊肉夹馍; Lamm im Pitabrot) oder *paomo* (泡馍; Broteintopf). Für eine leichte Mahlzeit gibt man nicht mehr als 15 Yuan aus. Die roten Laternen vor dem Restaurant weisen den Weg. Die Bestellung gibt man am Empfangstresen ab, gleich neben der bebilderten Speisekarte.

Tiantian Yugang FISCH & MEERESFRÜCHTE €€€
(Karte S. 327; 天天鱼港; 10 Renmin Lu; Gerichte 12–88 Yuan; ⏲11–22 Uhr) In diesem gehobenen Meeresfrüchte-Restaurant sucht sich jeder Gast seine Mahlzeit unter allerlei Meereslebewesen, die von der Vielfalt her mit jedem Museum mithalten können. Die meisten Gerichte werden als Kaltgerichte anschaulich präsentiert – ein in China seltenes kulinarisches Erlebnis, ohne viel Schnickschnack.

Tianyuan Sushi Dian VEGETARISCH €
(außerhalb der Karte S. 327; 天缘素食店; Tangshan Jie; Gerichte 12–38 Yuan; ⏲8.30–20 Uhr) Nahe am Labour Park befindet sich dieses winzige buddhistische Lokal, dass bei Gläubigen vom nahegelegenen Tempel auch sehr beliebt ist. Der Eingang liegt in der Tangshan Jie ca. 30 m hinter der Straßenkreuzung mit der Tongshan Jie.

Nachtmarkt MARKT €
Die Nachtmarktmeile erstreckt sich vom Bahnhof bis zum Home Inn in einer Seitenstraße der Tianjin Jie. Auf diesem Markt im Freien (Karte S. 327), der jeden Abend geöffnet ist, lassen sich nahezu überall gegrillter Fisch & Meeresfrüchte schlemmen, und dazu ein Bier! Rund um den Sanba-Platz gibt's auch einen kleineren Markt mit Grillständen und Sitzgelegenheiten im Freien, und außerdem Obststände in Hülle und Fülle.

Ausgehen & Unterhaltung

Dalian kann mit der abgefahrensten Kneipen- und Clubszene aller Städte im Nordosten Chinas punkten. Im aktuellen Lokalblatt Focus on Dalian stehen jede Menge nützliche Tipps zur Orientierung.

In der Changjiang Lu sind jede Menge gehobene KTVs (Karaoke-Kneipen), Clubs und Bars angesiedelt. Eine gefälschte, aber doch sehr angenehme **Lao Jie** (Karte S.327; Alte Straße) liegt abseits von der Plaza nahe dem Tianjin Jie Home Inn. Dort gibt's verschiedene Spitzencafés und Bars, wo die Gäste auch im Freien sitzen können.

I-55 Coffee Stop & Bakery CAFE
(Karte S.333; Aiwuwu Meishi Kafeizhan; 67 Gao'erji Lu; 8.30-Mitternacht) Für Kaffee, Kuchen und Sandwiches bietet sich das 1-55 an. Mit Kissen bestückte Lounges, Jazz-Musik und ein schöner grüner Patio für Frischluftfanatiker tragen zu einer gehobenen, und dennoch gemütlichen Atmosphäre bei.

Lenbach Beer House PUB
(Karte S.333; 兰巴赫西餐 & 啤酒坊; Lan Bahe Xican & Pijiu Fang; 49 Gao'erji Lu) Auf zwei Stockwerken serviert dieses gehobene bayerische „Wirtshaus" eine fantastische Palette an deutschen Bieren, darunter auch Dunkles und Helles vom Zapfhahn (35 Yuan, die Halbe). Man kann auch draußen sitzen und die Atmosphäre des ruhigen Wohnviertels an der Gaoerji Lu genießen; außerdem gibt's eine Auswahl an Würstelgerichten, wenn sich beim Durstlöschen langsam der Appetit einstellt.

Noah's Ark BAR
(Karte S.333; Nuoya Fangzhou; 32 Wusi Lu; 12.30 Uhr-2 Uhr) Ein lässiges, alteingesessenes Lokal, in dem talentierte chinesische Musiker auftreten; dazu gibt's ein Bier! Wer will, kann auch hier draußen sitzen – das Publikum ist eine Mischung aus Einheimischen und Expats.

Shoppen

Dalian ist mit Einkaufszentren reichlich gesegnet. Das **New-Mart-Einkaufszentrum** (Karte S.327), südlich des Siegesplatzes, ist eine verkehrsfreie Plaza, gesäumt von Kaufhäusern mit exklusivem Sortiment. An der Straße gegenüber vom Bahnhof befindet sich ein riesiges, unterirdisches Einkaufsparadies - direkt unter dem Siegesplatz.

Dalians **Russische Straße** (außerhalb der Karte S.327), eine verkehrsfreie Straße mit einigen der ältesten Gebäude der Stadt, ist eine gute Adresse für Souvenirjäger.

Praktische Informationen

Geldautomaten gibt es überall in der Stadt. Am Zhongshan-Platz gibt es eine Reihe von großen Bankfilialen einschließlich der **Bank of China** (中国银行; Zhongguo Yinhang; 9 Zhongshan -Platz), wo man Devisen und Reiseschecks tauschen kann.

Dalian Xpat (www.dalianxpat.com) Ausgezeichnete englischsprachige Informationsquelle rund um die Gastroszene (Restaurants, Bars und Clubs) in Dalian.

Focus on Dalian (www.focusondalian.com) Zweisprachiges Magazin mit guten Rezensionen und Empfehlungen zu Restaurants und Bars.

An- & Weiterreise

Bus

Fernbusse fahren an mehreren Haltepunkten rund um den Bahnhof ab. Manchmal ist es etwas kompliziert, unter den vielen Ticketständen den richtigen zu finden, denn gelegentlich ziehen sie auch um.

Dandong 100 Yuan , 4 Std., 7-mal tgl., 6.20–14.30 Uhr. Busse fahren am Stand Nr. 2 in der Shengli Guangchang direkt südlich der Changjiang Lu ab.

Lüshun 旅顺; 8 Yuan, 1 Std., alle 10 Min.; die Busse fahren hinter dem Bahnhof ab, gegenüber dem großen Platz.

Shenyang 沈阳; 128 Yuan, 5 Std., alle 30 Min.; die Busse fahren an der nordöstlichen Ecke des Siegesplatzes ab.

Zhuanghe 庄河; 47 Yuan, 2½ Std., regelmäßige Busverbindungen; die Busse fahren vor dem

IM BIERFIEBER

Jedes Jahr von Juli bis Anfang August veranstaltet Dalian zwölf Tage lang das **Internationale Bierfestival von Dalian**, eine chinesische Variante des Münchner Oktoberfests. Bierbrauereien aus ganz China und aus aller Welt stellen auf dem großen Xinghai-Platz (Karte S. 333) in Küstennähe ihre Zelte auf. Einheimische wie Touristen (2012 waren es über 2 Mio.) strömen in Scharen herbei, um die ganze Palette an Bieren zu verkosten, Meeresfrüchte als Imbiss zu verspeisen, Livemusik zu hören und sich am Rummel zu erfreuen. Der Eintritt kostet nur 10 Yuan, und im Jahr 2012 gab es über 400 Biersorten von 30 verschiedenen Anbietern zur Auswahl. Aktuelle Termine auf der Festival-Website zu den Highlights in China (www.chinahighlights.com).

Ticketstand in der Jiangshe Jie ab, die erste Straße hinter dem Bahnhof.

Flugzeug

Der Flughafen ist 12 km vom Stadtzentrum entfernt. Der Inlandsflugverkehr sorgt für Verbindungen innerhalb der Region und zu den meisten Städten Chinas. Flugtickets sind bei **Civil Aviation Administration of China** (CAAC; 中国民航; Zhongguo Minhang; ☎8361 2888; www.tickets.dlairport.com; Zhongshan Lu) oder in jeder nahegelegenen Reiseagentur erhältlich.

Zusätzlich zu den unten genannten Inlandsdestinationen werden Flüge nach Khabarowsk, Wladiwostok und Tokio angeboten.

Beijing 710 Yuan, 1 Std.

Harbin 840 Yuan, 1½ Std.

Hong Kong 2640 Yuan, 3½ Std.

Schiffe & Fähren

Mehrmals täglich verkehren Fähren nach Yantai (160–600 Yuan, 5–8 Std.), zwei Mal täglich setzen Schiffe nach Weihai (170–600 Yuan, 7–8 Std.) über. Tickets sind am Passagier-Fähranleger im Nordosten von Dalian erhältlich oder an einem der vielen Schalter vor dem Bahnhof. Bus 13 (1 Yuan) fährt ab der Nordostecke der Shengli Guangchang und ab der Zhongshan Lu nahe dem Bahnhof direkt zum Fähranleger.

Zug

Die Bahntickets für Fernreisen sollten so früh wie möglich im Voraus gekauft werden.

Beijing Hartsitzer/Schlafwagen 140/240 Yuan, 10–12 Std.

Changchun Hartsitzer/Schlafwagen 83/164 Yuan, 9–10 Std.

Harbin Hartsitzer/Schlafwagen 110/201 Yuan, 9–13 Std.

Shenyang Sitz, 28–55 Yuan, 5–6 Std.

 Unterwegs vor Ort

Dalians Zentrum ist nicht groß und lässt sich ganz gut zu Fuß erkunden.

BUS Busse verkehren zuhauf; die Haltestellen sind mit englischsprachigen Fahrplänen inklusive Routenverlauf ausgestattet.

VOM/ZUM FLUGHAFEN Eine Taxifahrt ab dem Stadtzentrum kostet 30 bis 60 Yuan, je nach Tageszeit. Keine Shuttlebusse.

TAXI Die Tarife beginnen bei 8 Yuan; die Fahrtkosten liegen meist unter 15 Yuan.

TRAM Dalian verfügt über zwei stilvolle Trambahnlinien (201 und 202, 1–2 Yuan pro Fahrt), jedoch ist diese Art der Fortbewegung sehr zäh. Die Trasse der Linie 201 verläuft hinter dem Bahnhof auf der Changjiang Lu; Linie 202 fährt bis ans Meer und hält am Xinghai-Platz (zuerst die 201 nehmen, dann umsteigen!).

GRENZÜBERGANG NACH SÜDKOREA

Die von Korea betriebene **Da-in Ferry** (☎Dalian 8270 5082, Incheon 032-891 7100, Seoul 822-3218 6500; www.dainferry.co.kr) nach Incheon in Südkorea legt 3-mal pro Woche in Dalian ab (Mo, Mi, Fr 16.30 Uhr, 920–1848 Yuan, 16 Std.).

Rundum Dalian

LÜSHUN 旅顺

Mit dem ausgezeichneten Hafen und als strategischer Standort an der Nordostküste war Lüshun – früher Port Arthur – der Dreh- und Angelpunkt der russischen bzw. japanischen Expansionsbestrebungen zur Jahrhundertwende (19./20. Jh.). Nach dem russisch-japanischen Krieg in den Jahren 1904/1905, der einen hohen Blutzoll forderte, sollte schließlich das gesamte Gebiet für die darauf folgenden vier Jahrzehnte unter die Kolonialherrschaft der Japaner fallen.

Heute gehört Lüshun zum Pflichtprogramm für Touristen, die sich in Dalian aufhalten. Das auf Hügeln gebaute Hafenstädtchen bietet eine entspannte Atmosphäre, während die meisten Sehenswürdigkeiten eng mit der Militärgeschichte verknüpft sind. Es gibt ein ausgezeichnetes Museum über Liaoning sowie die verschiedene malerische Aussichtspunkten oder Landschaftsparks.

Vor dem Busbahnhof tummeln sich Taxifahrer, die um Fahrgäste für längere Besichtigungstouren werben. Eine mehrstündige Tour zu den Sehenswürdigkeiten kostet zwischen 100 und 200 Yuan. Am Zeitungskiosk vor dem Bahnhof ist eine zweisprachige Karte (Englisch/Chinesisch) erhältlich, die beim Feilschen hilft.

Sehenswertes

LP TIPP **Sowjetischer Märtyrerfriedhof** FRIEDHOF

(苏军烈士陵园; Sujun Lieshi *lingyuan*; ⏲8.30–16.30 Uhr) Der größte Friedhof Chinas für ausländische Soldaten ehrt die Gefallenen auf sowjetischer Seite, die im Befreiungskrieg im Nordosten Chinas am Ende des Zweiten Weltkrieges ihr Leben verloren haben, sowie die Piloten, die im Koreanischen Krieg (bekannt als der „Krieg gegen

Großraum Dalian

Großraum Dalian

Highlights
Xinghai-Platz ... A2

Sehenswertes
1 Fisherman's Wharf ... D3
2 Polar-Aquarium ... C3

Schlafen
3 Dalian Binhai Hotel ... B3
4 Dalian South Mountain Youth Hostel ... C2
5 Ibis Dalian Sanba Hotel ... C1
6 Tian Tong Hotel ... C1

Essen
7 Xuncai Lamian ... C1

Ausgehen
8 I-55 Coffee Stop & Bakery ... B2
9 Lenbach Beer House ... B2
10 Noah's Ark ... B2

den US-Angriff") gefallen sind. Die Friedhofanlage entstand nach einem Entwurf sowjetischer Berater und ist daher reich an kommunistischer Ikonografie. Eine riesige Statue mit einem Soldaten, der ein Gewehr hält, bewacht den Eingangsbereich – dahinter erstreckt sich das Gelände mit Kriegsdenkmälern sowjetischer Soldaten und mehreren Reihen sorgfältig gepflegter Grabsteine.

Lüshun-Museum MUSEUM
(旅顺博物馆; Lüshun *bowuguan*; Eintritt 20 Yuan; ⏰Di–So 9–16 Uhr) In diesem stilvollen alten Museum, das anno 1917 eingerichtet wurde, erfährt man allerhand Wissenswertes über die Geschichte der Provinz Liaoning. Unter den Tausenden von Artefakten befinden sich sowohl alte Bronzeobjekte, Münzen und Gemälde als auch verschiedene Mumien. Das Gelände rund um das Museum birgt eine Reihe weiterer alter Gebäude aus der japanischen Kolonialzeit, außerdem gibt es eine wunderbare Fotokulisse ab.

Hill 203 KRIEGSDENKMAL
(二0三景区; Er Ling San Jingqu; Eintritt 30 Yuan) Während des russisch-japanischen Kriegs (1904/05) lieferten sich die feindlichen Truppen einen erbitterten Kampf um diesen strategischen Hügel (oben begreift man, warum!). In der „Raubtierschlacht" verloren 5000 russische und 10 000 japanische Soldaten ihr Leben; den Sieg errangen schließlich die Japaner. Daraufhin errichteten die Sieger ein 10 m hohes

Kriegsdenkmal in Form einer Kugel aus Patronenhülsen – das Denkmal steht bis heute unversehrt an Ort und Stelle!

Bahnhof Lüshun

HISTORISCHES GEBÄUDE

(旅顺火车站; Lüshun Huochezhan) Der attraktive Bahnhof wurde im Jahr 1903 während der kurzen russischen Gebietshoheit gebaut; 2005 wurde das Gebäude im alten Stil originalgetreu wieder aufgebaut. Es ist auf dem Weg zu den anderen Sehenswürdigkeiten eine Stippvisite wert.

An- & Weiterreise

Busse nach Lüshun (8 Yuan, 1 Std.) fahren alle 10 Min. von der Haltestelle auf der anderen Seite des Platzes hinter dem Bahnhof von Dalian ab (s. Karte S. 327). Die Tickets sollten am Stand gekauft werden, bevor man sich einreiht. Die Busse fahren von früh bis spät.

BINGYU-TAL 冰峪沟

Wer nicht Richtung Süden nach Guilin (S. 658) reisen kann, erhält im Bingyu-Tal (Bingyu Gou) eine Kostprobe dessen, was er versäumt. Im Park, der etwa 250 km nordöstlich von Dalian liegt, sind von Bäumen bewachsene Kalkklippen entlang des Flusses zu sehen ähnlich der Landschaft in Guilin, wenn auch nicht annähernd so spektakulär. Vom Ticketschalter aus wird man in einem Boot ein kurzes Stück auf dem Fluss gefahren, an dessen Ufern Felsformationen steil emporragen. Angelegt wird an einem Dock. Hier kann man selbst ein kleines Boot mieten, und kreuz und quer über das flache Wasser paddeln; einige kurze Wanderwege führen flussauf und -ab zu verschiedenen Aussichtspunkten. Der Park erfreut sich wachsender Beliebtheit im Rahmen organisierter Reisen: Es gibt eine Schießanlage und verschiedene harmlose Fahrgeschäfte in einem Vergnügungspark, ja sogar Jetski fahren ist möglich. Da der Erkundungsradius relativ klein ist, kann es schwierig werden, in der an sich so reizvollen Umgebung einen ruhigen Ort zu finden.

Im Sommer fahren die Busse für Tagesausflügler am Bahnhofsgelände ab (7.30 Uhr; Rückfahrt ca. um 19 Uhr). Die Tickets (238 Yuan) sollte man zuvor in den großen Tourismusmobilen gegenüber des Betriebsbahnhofs der Stadtbahn kaufen. Dieser befindet sich im hinteren Teil des Bahnhofsgeländes. Eine Tour auf eigene Faust ist nicht ratsam.

Dandong 丹东

☎0415 / 780 400 EW.

Dandong, Chinas Haupttor nach Nordkorea (Chaoxian) ist für eine Stadt dieser Größenordnung ungewöhnlich belebt. In Dandong, das von der Demokratischen Volksrepublik Korea (DVRK) durch den Yalu Jiang getrennt wird, blüht der illegale wie legale Handel mit Nordkorea.

Für die meisten Besucher der Stadt erscheint Nordkorea so nah, als ob sie es tatsächlich besuchen würden. Zwar kann man nicht viel sehen, doch der Kontrast zwischen Dandongs belebtem, zugebautem Flussufer und dem desolaten Streifen Land auf der anderen Seite des Yalu Jiang spricht Bände über den maroden Zustand der nordkoreanischen Wirtschaft und die Restriktionen, unter denen dieses Volk immer noch zu leiden hat.

Zwar organisiert der CITS Touren nach Korea, das Angebot richtet sich aber vor allem an chinesische Staatsbürger. Wer das Land besichtigen möchte, unternimmt die Reise besser mit dem in Beijing ansässigen Reiseveranstalter **Koryo Tours** (☎010-6416 7544; www.koryogroup.com; 27 Beisanlitun Nan, Beijing). Sie helfen bei der Beschaffung des Visums und bieten Reisen an, die auf westliche Besucher zugeschnitten sind. Bis kurz vor Redaktionsschluss durften beispielsweise US-Bürger nach Nordkorea fliegen, jedoch den Zug von Dandong nach Nordkorea nicht nehmen. Das kompakte Dadong lässt sich relativ leicht zu Fuß erkunden. Der Fluss verläuft etwa 800 m südöstlich des Bahnhofs, während der Haupteinkaufsbezirk direkt östlich des Bahnhofs liegt.

Sehenswertes & Aktivitäten

Nordkoreanische Grenze GRENZE, PARK

(北朝鲜边界; Bei Chaoxian Bianjie) Bei einem Spaziergang durch den **Yalujiang-Park** am Flussufer gegenüber der nordkoreanischen Stadt Sinuiju ist die Grenze deutlich zu erkennen.

Die interessanteste Sehenswürdigkeit ist die von Granatsplitternarben gesprenkelte **Kaputte Brücke** (Yalujiang Duanqiao; Eintritt 30 Yuan; ⌚7–18.30 Uhr).

Während des Koreakriegs 1950 beschossen amerikanische Truppen „versehentlich“ die ursprüngliche Stahlbrücke zwischen beiden Ländern. Die Nordkoreaner bauten die Brücke bis zur Grenzlinie in der

Flussmitte ab – auf koreanischer Seite stehen nur noch ein paar Stützpfeiler. Man kann auf dem verbleibenden Abschnitt herumspazieren und bis kurz vor die Grenze gelangen, nur einen Baseballwurf vom nordkoreanischen Flussufer entfernt. Die chinesisch-koreanische Freundschaftsbrücke, der offizielle Grenzübergang zwischen China und Nordkorea, verläuft neben der alten Brücke; Züge und LKW poltern regelmäßig von einer Seite zur anderen.

Noch näher an Nordkorea heran geht's mit einer 30- bis 40-minütigen **Bootsfahrt** (guanguang chuan; ⌚7–18 Uhr) mit einem der Ausflugsboote, die an beiden Seiten der Brücken am Pier bereit liegen. Die großen Boote (60 Yuan) sind preisgünstiger als die kleinen Schnellboote (80 Yuan), sie fahren jedoch erst ab, wenn sich genügend Fahrgäste an Bord eingefunden haben (durchschnittlich alle 30 Min.). In den Sommermonaten planschen auf der anderen Uferseite gelegentlich Kinder im Fluss, es gibt Angler und die Crews der Schiffe, die auf der anderen Flussseite ankern.

Jinjiang-Pagode PAGODE

(锦江塔; Jinjiang Ta) Der höchste Punkt in der ganzen Umgebung ist diese Pagode, die inmitten des gleichnamigen Parks des Jinjiang-Shan-Gebirges thront. Die Ausblicke über Nordkorea sind von dort aus ohnegleichen; der Park – einst eine Militärzone – besteht aus gut gepflegten, bewaldeten Hängen. Hierher geht's entweder mit einem Taxi bis zum Eingang oder ab dem Bahnhof auf ebener Strecke 20 Minuten zu Fuß, danach jedoch geht's noch einen Kilometer steil hinauf zur Pagode.

GRATIS **Museum zum Gedenken an den US-Angriff** MUSEUM

(抗美援朝纪念馆; Kangmei Yuanchao Jinianguan; ⌚Di–So 9–16 Uhr) Das umfassende Museum, mit Exponaten, die von Statistiken bis zu Granaten reichen, dokumentiert aus Sicht der Chinesen und der Nordkoreaner – sie waren schließlich die Sieger! – den Krieg gegen die UNO-Truppen unter US-amerikanischer Führung zwischen 1950 und 1953). Das Museum ist mit guten

FREIER HANDEL MIT KOMMUNISTISCHEN VERBÜNDETEN

Ohne Übertreibung kann man sagen, dass das nordkoreanische Regime ohne China nicht überleben könnte. China unterhält seit den 1950er-Jahren Handelsbeziehungen zur Demokratischen Volksrepublik Nordkorea (DVRK) und ist heute der größte Handelspartner des Landes. Fast die Hälfte aller Importe kommt direkt aus China, und von über der Hälfte an Zuschüssen aus dem Etat der chinesischen Entwicklungshilfe profitiert das Einsiedlerkönigreich direkt als Leistungsempfänger. Dass China sein Nachbarland aus geopolitischen Gründen unterstützt, ist nicht weiter überraschend – dass dies auch aus wirtschaftlichen Gründen erfolgt, wahrscheinlich schon. Allerdings pocht die chinesische Führungselite in den nördlichen Provinzen – einfach ausgedrückt – auf die Notwendigkeit grenzübergreifender Marktreformen, damit Entwicklungspläne auf lange Sicht umgesetzt werden können.

Dandong ist der Hauptumschlagplatz für den chinesisch-koreanischen Handel, und damit Standort für eine mögliche Freihandelszone zwischen den zwei Ländern. Ja, so steht's wirklich geschrieben! Anfang Juni 2011 haben China und Nordkorea Pläne angekündigt, auf den nordkoreanischen Inseln Hwanggumpyong und Wihwa eine gemeinsame Industrie-, Tourismus- und IT-Zone zu errichten. Wie Dandong vor noch nicht allzu langer Zeit bestehen die Inseln derzeit größtenteils aus Ackerland, und bis es so weit ist, dass sich besagtes Gebiet in das „Hong Kong von Nordkorea" verwandelt, wie es Pyongyang nannte, braucht es noch einige Anstrengungen. Während sich Dandongs Gewerbezonen in den letzten fünf Jahren rasant entwickelt haben, zeigen die Satellitenbilder bisher nichts weiter als Berge von Bauschutt aus China, die sich auf der nordkoreanischen Seite auftürmen. Jedoch haben die zwei Staaten auf einem Gebiet schon Fortschritte gemacht: bei der Verlängerung von Arbeitsvisa! 2012 erhielten rund 40 000 nordkoreanische Näherinnen, Bauarbeiter, Techniker und Bergwerksarbeiter Fortbildungsvisa für eine Anstellung in China. Expertenberichten zufolge sollen jedoch inoffiziell über 100 000 Menschen davon betroffen sein. Während die meisten Arbeiterlöhne direkt an die fast bankrotte DVRK zurücküberwiesen werden sollen, sind die Nordkoreaner immer noch ganz heiß darauf, an diesem Programm teilzunehmen.

englischen Beschriftungen ausgestattet. Die benachbarte Gedenksäule für den Krieg mit Nordkorea ist 53 m hoch, diese Höhe symbolisiert das Jahr 1953, in dem der Koreakrieg schließlich endete.

Ein Taxi von der Innenstadt bis zum Museum kostet 8 Yuan; wer zur Pagode läuft, kann einen Abstecher hierher machen. Ab dem Eingang zum Park in der Shanshang Jie sind es etwa 1,5 km bis zum Eingang zur Gedenkstätte.

Grosse Mauer am Tigerberg GROSSE MAUER
(虎山长城; Hushan Changcheng; Eintritt 60 Yuan; ⌚8-Abenddämmerung) Etwa 12 km nordöstlich von Dandong und parallel zur nordkoreanischen Grenze verläuft dieser steile, restaurierte Abschnitt der Mauer, der als Große Mauer am Tigerberg bezeichnet wird und dessen Entstehung in die Zeit der Ming-Dynastie zurückgeht. Im Gegensatz zu anderen wird dieser Abschnitt der Mauer vergleichsweise wenig von Touristen besucht.

Die Mauer endet an einem kleinen **Museum** (Eintritt 10 Yuan, Tickets sind am Haupteingang an einem Stand erhältlich), das einige Waffen, Vasen und Dioramen aus Kriegszeiten ausstellt. Zurück zum Eingang führen zwei Rundgänge. Der einfache Weg führt direkt auf der Straße zurück, jedoch gibt es da nichts zu sehen. Besser ist der Weg, der zuerst kurz über die Mauertreppen hinaufführt, dort folgt man einem Pfad auf der rechten Seite, der zunächst steil abfällt und dann buchstäblich entlang der Felsen verläuft. Manchmal wimmelt es hier geradezu von Kletterern; in nur 20 Minuten kommt man zum yibukua, was so viel heißt wie „Nur einen Schritt nach drüben" – eine Stelle, an dem der Fluss, der China und Nordkorea trennt, extrem schmal ist. Ein kleines Stück dahinter folgt offenes Gelände; von da aus ist es nur noch eine Minute zum Eingangstor; oder man gönnt sich eine kurze Bootsfahrt entlang des Flusses.

Busse zur Mauer (6,50 Yuan, 40 Min.) verkehren im Stundentakt ab Dandong Fernbusbahnhof.

Schlafen

In Dandong gibt es viele Hotels, eine Übernachtung kostet meistens um die 200 Yuan.

Im Hochsommer liegen die Tarife zwischen 30 und 50 % über den unten stehenden Preisen.

Dandong

Sehenswertes
1 Kaputte Brücke B2
2 Yalujiang-Park B2

Aktivitäten, Kurse & Touren
3 Anleger Ausflugsboote B2
4 Anleger Ausflugsboote B1

Schlafen
5 Hua Xia Cun Binguan B1
6 Lüyuan Binguan B1
7 Zhong Lian Hotel B2

Essen
8 Pingrang Songdaoyuan Fandian B2
9 Tesco's B1

Ausgehen
10 Peter's Coffee House B1

Hua Xia Cun Binguan HOTEL €€
(华夏村宾馆; ☎212 1999; 11 Bajing Jie; 八经街 11 号; DZ inkl. Frühstück ab 200 Yuan; ❄@) Dieses Hotel ist eine ordentliche Budgetunterkunft mit einem Komfort, der weit über dem liegt, was normalerweise zu diesem Preis zu finden ist. Es gibt Breitband-Internetzugang, und es ist wunderbar direkt in der Stadtmitte gelegen. Das Restaurant im Erdgeschoss serviert eine Reihe von schmackhaften Gerichten aus Chinas Norden (15–60 Yuan). An der Wand hängt eine bebilderte Speisekarte. Die Portionen sind reichlich. Das Hotel befindet sich an der Ecke der Bajing Jie/Qiwei Lu. Rabatte in Höhe von 25 % sind möglich.

Zhong Lian Hotel HOTEL €€€
(中联大酒店; Zhong Lian Da Jiudian; ☎233 3333; www.zlhotel.com; 62 Binjiang Zhong Lu; 滨江中路 62 号; DZ/2BZ inkl. Frühstück 478/578 Yuan; ❄@📶) Direkt gegenüber der Kaputten Brücke bietet dieses gediegene Mittelklassehotel geräumige Zimmer; die Marmorlobby ist sogar noch etwas großzügiger (mit WLAN-Anschluss). Das Personal spricht Englisch, Rabatte sind erhältlich.

Lüyuan Binguan HOTEL €
(绿苑宾馆; ☎212 7777; fax 210 9888; cnr Shiwei Lu & Sanjing Jie; 三经街十纬路交界处; dm with Gemeinschaftsbad 50–60 Yuan, EZ mit Gemeinschaftsbad 128 Yuan, DZ & 2BZ mit Bad ab 168 Yuan; ❄@) Diese alteingesessene Pension an der geschäftigen Shiwei Lu besteht aus passablen Einzelzimmern und Drei- bis Vierbettzimmern. Die Doppel- und Zweibettzimmer (inkl. Internet) liegen preislich höher bzw. sind ein bisschen überteuert.

Essen & Ausgehen

An lauen Sommerabenden wabert der Rauch von Hunderten von Grillgeräten über Dandong, wenn die Straßenecken zu improvisierten Restaurants werden, wo es frische Meeresfrüchte gibt und dazu das Yalu-Jiang-Bier, ein erfrischendes Gebräu aus heimischer Produktion. Einer der besten Barbecue-Plätze befindet sich in den Zelten an der Ecke Bawei Lu und Qujing Jie. Konventionellere Restaurants gibt's beidseits der Brücken am Ufer: dazu gehören eine Reihe koreanischer Hotpot- und Grilllokale mit „Eigenbeteiligung" sowie angenehme Cafés, in denen man beim Kaffeeschlürfen beobachten kann, wie es sich auf der anderen Seite so lebt. Für Selbstversorger gibt's den großen Supermarkt **Tesco's** (Legou; Ecke Liuwei Lu & Sanjing Jie) im östlichen Teil der Stadt.

Pingrang Songdaoyuan Fandian NORDKOREANISCH €€
(平壤松祷园饭店; Jinjiang Lu; Gerichte 10–48 Yuan; ⏲Abendessen) Für viele, die diese Region bereisen, bedeutet es ein unvergessliches Erlebnis, in einem nordkoreanischen Restaurant mit echten nordkoreanischen Kellnerinnen zu essen. Der Geheimtipp liegt knappe 100 m von der Kaputten Brücke entfernt (direkt neben SPR Coffee). Die Speisekarte bietet eine Reihe traditionelle Mahlzeiten, angefangen bei vegetarischen Gerichten bis zu Hotpot und Fischeintöpfen, die schon mal 100 Yuan kosten können. Eine bebilderte Speisekarte gibt's auch, was bei der Auswahl hilft.

Peter's Coffee House CAFE, WESTLICH/EUROPÄISCH €€
(彼得咖啡室; Bide Kafei Shi; www.peterscoffeehouse.com; Binjiang Lu; ⏲9–21 Uhr; 📶) Am Flussufer liegt dieses freundliche Café, das seit langem von einer kanadischen Expat-Familie geführt wird. Zusätzlich zu den ausgezeichneten Kaffees, mixt Peter auch Milkshakes und Sodas (25 Yuan). Es gibt authentische westliche Backwaren und von früh bis spät ein wunderbares Frühstück (30 Yuan; mit großen Hash Browns/Kartoffelpuffern), Burger und Sandwiches. Hier erhält man auch topaktuelle Informationen und Empfehlungen zum nordkoreanischen Gastronomieangebot der Stadt.

Praktische Informationen

Bank of China (中国银行; Zhongguo Yinhang; 60 Jinshan Dajie) verfügt über Geldautomaten und tauscht Reiseschecks. Ebenfalls gibt's einen Geldautomaten näher am Fluss bei der Filiale in der Binjiang Zhong Lu 77–1.

China International Travel Service (CITS; 中国国际旅行社; Zhongguo Guoji Lüxingshe; ☎213 2196; 20 Shiwei Lu, Jiangcheng Dajie; ⏲8–17.30 Uhr) Die Agentur organisiert im Rahmen geführter Touren (auf Chinesisch!) Ausflüge in die DPRK. Per E-Mail sind detaillierte Informationen auf Englisch erhältlich; Kontakt: Jackie Zhang (jacky790117@hotmail.com).

Büro für Öffentliche Sicherheit (PSB; 公安局; Gonganju; 15 Jiangcheng Dajie)

An- & Weiterreise

Der Flughafen Dandong bietet unregelmäßige Inlandsflüge zu einigen chinesischen Städten, die meisten kommen aber mit Bus oder Bahn an.

Bus

Der **Fernbusbahnhof** (98 Shiwei Lu) befindet sich in Bahnhofsnähe.

Dalian 100 Yuan, 3½ Std., 7-mal tgl. (7.50–14.50 Uhr)

Ji'an 80 Yuan, 7 Std., 1-mal tgl. (8.30 Uhr)

Shenyang 82 Yuan, 3 Std., alle 30 Min. (5.10–18.30 Uhr)

Tonghua 82 Yuan, 7 Std., 2-mal tgl. (6.30 und 20.50 Uhr)

Zug

Der Bahnhof liegt in der Stadtmitte nördlich vom Fluss. Dort heißt eine majestätische Mao-Statue die Fahrgäste willkommen.

Shenyang Sitz 24–44 Yuan, 4 Std.

GRENZÜBERGANG: SÜDKOREA

Die **Dandong International Ferry Co.** (丹东国际航运有限公司; www.dandongferry.co.kr; Ecke Xingwu Lu & Gangwan Lu; ⌚8–17 Uhr) fährt nach Incheon in Südkorea. Jeden Di, Do und So legt sie um 16 Uhr ab (Einsteigen ab 14.20 Uhr, 1010–1710 Yuan, 16 Std.). Tickets sind im DIF-Büro in der Xingwu Lu erhältlich. Um 13.50 Uhr fährt ein Bus (20 Yuan) ab dem Bahnhof zum Fährterminal, jeweils an den Abfahrtstagen ab dem Bahnhof, entsprechend dem Fahrplan der Fähre.

Xingcheng

☎0429 / 140 000 EW.

Obgleich Xingcheng eine von nur vier Städten der Ming-Dynastie ist, die noch ihre komplette Stadtmauer hat, außerdem den ältesten noch erhaltenen Tempel im ganzen Nordosten Chinas besitzt und sich mit einem aufstrebenden Strandresort schmücken kann, haben nur die wenigsten Touristen diese Stadt im Visier. In Wahrheit ist die Stadt immer noch etwas verstaubt, und das Stadtrandgebiet zeigt sich von seiner rauen Seite. Auffällig in der Altstadt sind die sich aneinanderreihenden Ming-Tore, in denen sich Jeans-Läden verbergen; die Zustände werden aber besser – Historiker und Freunde der chinesischen Kultur werden hier voll auf ihre Kosten kommen.

Xingchengs Hauptschlagader ist die Xinghai Lu Er Duan (兴海路二段), an der es nicht nur Hotels gibt, sondern auch eine **Bank of China** (中国银行; Zhongguo Yinhang) mit einem Geldautomaten, der rund um die Uhr in Betrieb ist, sowie Restaurants. Ab dem Bahnhof geht's nach rechts, in der ersten Querstraße links abbiegen und kurz danach rechts auf die Xing Hai Lu Yi Duan. Diese Straße mündet nach einem Kilometer in den zweiten Abschnitt der Er Duan.

Sehenswertes

Altstadt HISTORISCHE STÄTTE

(老城; Lao Cheng) Der Hauptgrund für eine Besichtigung von Xingcheng ist die befestigte Altstadt aus dem Jahr 1430. Noch immer wohnen etwa 3000 Menschen in der Altstadt, in deren Umkreis die moderne Stadt gewachsen ist. Betreten wird die Altstadt durch eines von vier Toren; am einfachsten zu finden ist das **Südtor** (南门; nanmen), das sich in unmittelbarer Nähe von Xingchengs Hauptstraße, der Xing Hai Lu Er Duan befindet. Englische und chinesische Beschilderungen weisen den Weg.

Ebenso intakt wie die **Stadtmauern** (城墙; Chengqiang; Eintritt 25 Yuan; ⌚8–17 Uhr) sind der **Trommelturm** (鼓楼; Gulou; Eintritt 20 Yuan; ⌚8–17 Uhr), der genau in der Mitte der Altstadt steht, und der Wachturm in der südöstlichen Ecke der Stadt. Ein kompletter Rundgang über die Stadtmauer dauert etwa eine Stunde. Das **Gao House** (将军府; Jiangjun Fu; Eintritt 10 Yuan; ⌚8–17 Uhr), der ehemalige Wohnsitz von General Gao Rulian, einem der berühmtesten Söhne Xingchengs, befindet sich ebenfalls in der Altstadt. Der imposante und gut in Schuss gehaltene **Konfuziustempel** (文庙; Wenmiao; Eintritt 35 Yuan; ⌚8–17 Uhr), der im Jahr 1430 erbaut wurde, ist angeblich der älteste Tempel in ganz Nordostchina. Unbedingt besuchen sollte man das unglaublich andersartige **Dinosaurermuseum** im hinteren Bereich der Altstadt.

Wer alle oben erwähnten Sehenswürdigkeiten besichtigen will, sollte sich für 80 Yuan eine Pauschalkarte besorgen, die den Eintritt zu allen Stätten innerhalb der ummauerten Stadt gewährt.

STRÄNDE

Nicht gerade mit fantasievollen Namen ausgestattet sind der **Strand 1** (第一浴场), **Strand 2** (第二浴场) und **Strand 3** (第三浴场), dafür sind sie aber mit ihrem gepflegten, golden schimmernden Sand und ruhigem Seegang ziemlich hübsch, wenn auch ohne besonderes Flair.

Am Strand 1 fällt eine Statue zu Ehren **Juhua Nu** (Chrysanthemenfrau) auf. Einer chinesischen Legende nach verwandelte sie sich in eine Insel, um Xingcheng vor einem Meeresdrachen zu schützen. Die Insel **Juhua Dao** liegt 9 km vor der Küste. Auf dem Eiland gibt es ein Fischerdorf, einen kleinen Strand und ein paar Tempel. Täglich verkehren **Fähren** (hin & zurück 175 Yuan; ⌚Abfahrt 8.30 & 10 Uhr, Rückfahrt 12 Uhr, 14 Uhr & 17.30 Uhr), die vom Pier am nördlichen Ende von Strand 1 ablegen.

Bus 1 (1 Yuan) fährt von der Xinghai Lu Er Duan zum Strand 1 (9 km vom Stadtzentrum entfernt). Die Fahrt dauert etwa eine halbe Stunde. Danach fährt der Bus weiter zum Strand 2 und zum Strand 3. Ein Taxi kostet je nach Entfernung der Haltestelle in der Strandzone zwischen 15 und 20 Yuan.

Schlafen

Günstige Hotels rund um den Bahnhof akzeptieren keine ausländischen Gäste. Gegenüber vom Strand 1 befinden sich kleinere Hotels, jedoch haben ausländische Gäste hier auch keinen Zugang zu Budgetunterkünften. Zimmer in gewöhnlichen Strandhotels kosten selbst in der Nebensaison Hunderte von Yuan.

Jin Zhong Zi Da Sha HOTEL **$$**
(金种子宾馆; ☎352 1111; 9 Xinghai Lu Yi Duan; 兴海路一段 9号; Zi. ab 398 Yuan; ❄@) Im Herzen der Stadt befindet sich an einer verkehrsreichen Kreuzung dieses Hotel mit komfortablen Zimmern, kostenlosem Breitband-Internetzugang und gutem hauseigenen Restaurant (Gerichte von 16–36 Yuan). Bei normalem Rabatt kann man ein Doppelzimmer für ca. 200 Yuan bekommen.

Ya Yi Xuan Binguan HOTEL **$**
(雅宜轩宾馆; Xinghai Lu Yi Duan; ☎513 4488; DZ 158–188 Yuan, 2BZ 228 Yuan; ❄@) Die Zimmer in diesem neuen Hotel sind geräumig, jedoch etwas schäbig möbliert. Die Lage ist praktisch: Ab dem Bahnhof sind es nur fünf Gehminuten in die Stadt. Die Doppel- und Zweibettzimmer liegen preislich höher und verfügen über Computer und Breitbandinternetverbindung.

Essen

Es überrascht nicht wirklich, dass es hier großartige Meeresfrüchte gibt. Am Strand reihen sich zahlreiche Restaurants direkt am Wasser. Dort kann man sich Krustentiere oder Fische aus Aquarien aussuchen, in denen sie ihr Lebensende erwarten.

Das Restaurant in der **Jin Zhong Zi Da Sha** (Gerichte 16–36 Yuan; ⌚Frühstück, Mittag- & Abendessen) serviert eine Reihe ausgezeichneter Fisch- & Meeresfrüchtegerichte sowie Fleisch- und Gemüsegerichte. Die Auswahl wird durch eine bebilderte Speisekarte leicht gemacht, die anschaulich präsentierten Leckerbissen lassen sich per Fingerzeig auswählen. Rund ums Hotel gibt's weitere Alternativen für den Genuss von Fisch und Meeresfrüchten oder für Frittiertes; viele Restaurants erfreuen ihre Gäste mit bebilderten Speisekarten.

Abends trifft man sich in den Zelten außerhalb des Südtors, um bei Grillfleisch und Gemüse reichlich Bier zu bechern.

An- & Weiterreise

Xingcheng ist eine Haltestelle für Züge, die zwischen Beijing und Harbin (und den Städten dazwischen) verkehren. Es ist aber womöglich leichter, eine Busfahrkarte zu ergattern als einen Platz im Zug; ab **Südbahnhof Jinzhou** fahren bequeme D-Züge in alle größeren Städte. Busse und Züge ab Xingcheng fahren zuerst zum Hauptbahnhof; vor dem Südbahnhof stehen Busse (5 Yuan, 30 Min.).

Bus

Xingchengs Busbahnhof (兴城市客运站; Xingcheng shi keyun zhan) befindet sich links vom Bahnhof.

Beijing 131 Yuan , 1-mal tgl. (8.10 Uhr)

Jinzhou 18 Yuan, 2 Std., alle 30 Min. (6.30–15.30 Uhr)

Shanhaiguan 20,50 Yuan, 2 Std., 2 -mal tgl. (6.50 und 7.40 Uhr)

Shenyang 81 Yuan, 3½ Std., 5 -mal tgl.

Zug

Beijing Hart-/Weichsitzer 63/110 Yuan, 6–7 Std., 6 -mal tgl.

Jinzhou Sitz 13 Yuan, 1 Std., mehrere Vormittagszüge oder am späten Nachmittag

Shanhaiguan Hart-/Weichsitzer 17/27 Yuan, 1½ Std.

Shenyang Hart-/Weichsitzer 47/72 Yuan, 4 Std.

Jilin

BEVÖLKERUNG: 27,1 MIO.

Inhalt »

Changbai Shan 342
Yanji 345
Ji'an 347
Beidahu Ski Resort 349
Changchun 349

Beeindruckende Landschaften

» Himmelssee (S. 343)
» Yanji bis Baihe (S. 346)
» Bergfestung Wandu (S. 348)

Die schönsten historischen Stätten

» Palast des Marionettenkaisers (S. 349)
» Königreich Koguryo (S. 347)
» Tempel Banruo (S. 351)

Auf nach Jilin

Jilin (吉林) ist eine Provinz mit Charakter: Hier treffen Tradition und Moderne aufeinander, und zu den Reizen der Region zählen Kulturschätze und bezaubernde Naturphänomene. Reisende, die sich an der Großen Mauer und kaiserlichen Fassaden bereits satt gesehen haben, können hier westlich geprägte Paläste besichtigen oder auch Ruinen des alten koreanischen Königreichs. Tatsächlich wird der größte Teil der östlichsten Region von der kaum bekannten Autonomen Koreanischen Präfektur eingenommen, wo über eine Million Koreaner leben. Auf der Speisekarte dominieren kimchi und kalte Nudeln, Besuch von der Außenwelt ist hier immer herzlich willkommen.

Jilin ist für seine Autoindustrie und die von Fabrikrauch umwaberten Städte bekannt, lockt aber zugleich mit einer beliebten Wintersportregion und Chinas größtem Naturschutzgebiet. Sind es die Gegensätze, die es so interessant machen? Nein, die Superlative! Der Himmelssee, ein Vulkankratersee im größten Naturschutzgebiet des Landes, gehört zu Chinas reizvollsten Naturwundern.

Reisezeit

Changchun

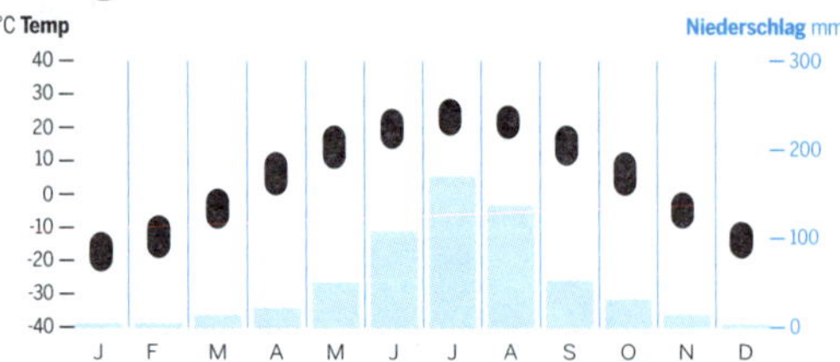

Juni–September Beste Zeit, um das Naturschutzgebiet Changbai Shan zu besuchen

Juli–August Landidylle pur rund um die Koreanischische Autonome Präfektur.

November–März Skisaison im Ski-Resort Beidahu.

Geschichte

Teile Jilins waren von koreanischen Königen beherrscht. Nach der Entdeckung wichtiger Relikte aus dem Koguryo-Königreich (37 v. Chr. – 668 n. Chr.) in der südöstlichen Stadt Jian wurde die Region von der Unesco zum Weltkulturerbe ernannt.

Die japanische Besetzung der Mandschurei Anfang der 1930er-Jahre rückte Jilin mitten ins Geschehen auf der Weltbühne. Changchun wurde zur Hauptstadt des Gebietes, das die Japaner Manchukuo getauft hatten. Puyi (der letzte Kaiser der Qing-Dynastie) diente den Japanern als Repräsentationsfigur ihrer Marionettenregierung. 1944 übernahmen die Russen gewaltsam die Macht über Jilin, und nachdem sie der Provinz die industriellen Grundlagen entzogen hatten, übergaben sie den Chinesen wieder die Kontrolle. In den darauffolgenden Jahren sollte Jilin einen hohen Preis dafür bezahlen, dass es

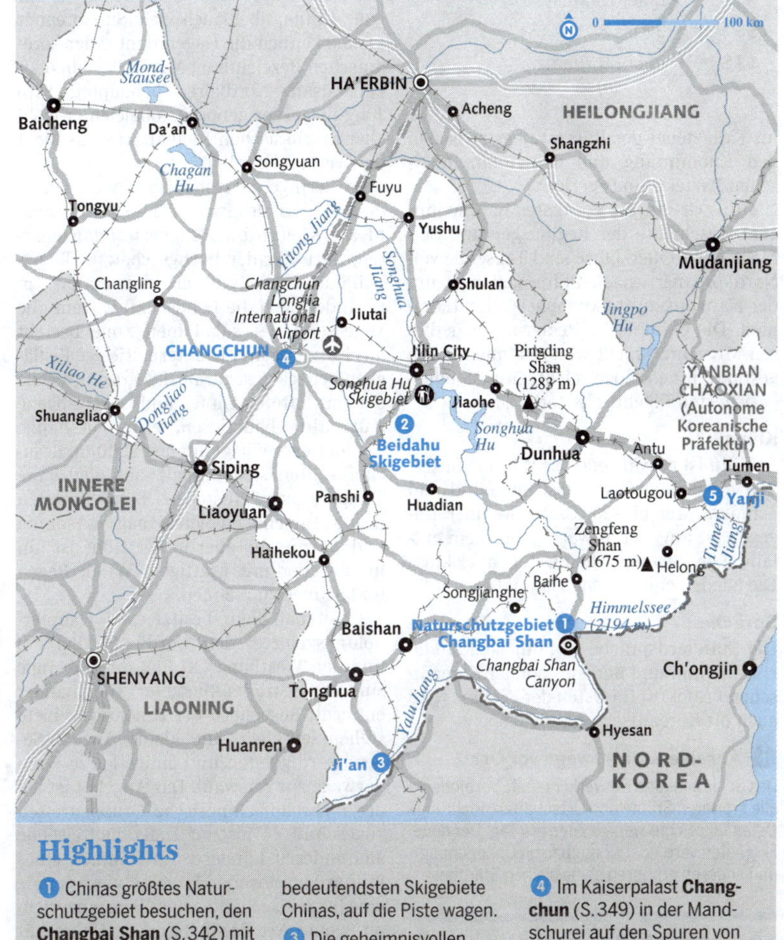

Highlights

1. Chinas größtes Naturschutzgebiet besuchen, den **Changbai Shan** (S. 342) mit Wasserfällen, heißen Quellen und dem trefflich benannten **Himmelsee** (S. 343).
2. Sich im **Ski-Resort Beidahu** (S. 349), einem der bedeutendsten Skigebiete Chinas, auf die Piste wagen.
3. Die geheimnisvollen Überreste des alten Koguryo-Königreichs **Ji'an** (S. 347) erkunden, nur durch den Yalu Jiang von Nordkorea getrennt.
4. Im Kaiserpalast **Changchun** (S. 349) in der Mandschurei auf den Spuren von Puyi wandeln, dem letzten Kaiser Chinas.
5. In **Yanji** (S. 345) koreanische Kultur in China erleben.

PREISE

In diesem Kapitel werden die folgenden Preiskategorien verwendet:

Schlafen

$	unter 200 Yuan
$$	200 bis 400 Yuan
$$$	über 400 Yuan

Essen

$	unter 30 Yuan
$$	30 bis 80 Yuan
$$$	über 80 Yuan

ins Kreuzfeuer des Bürgerkriegs zwischen den Kuomintang und der Kommunistischen Partei Chinas geriet.

Jilins Grenze zu Nordkorea hat die jüngere Geschichte der Region geprägt. Seit Mitte der 1990er-Jahre sind Tausende von Nordkoreanern nach China geflohen, um der Nahrungsmittelknappheit zu entkommen. Die chinesische Regierung war diesen Migranten nicht wohlgesonnen, ja sie gestand ihnen noch nicht einmal einen gesicherten Flüchtlingsstatus zu.

Klima

In Jilin ist es während des Winters bitterkalt mit Schneefällen, eisigem Wind und Temperaturen bis -20 °C. Der Sommer hingegen ist angenehm warm, vor allem entlang dem küstenreichen Osten, aber kurz. Die Niederschlagsmenge ist mäßig.

Sprache

Die Standardsprache in Jilin ist Mandarin. In Yanji und der Autonomen Koreanischen Präfektur im Osten der Provinz wird auch oft Koreanisch gesprochen.

ℹ Anreise & Unterwegs vor Ort

Das Schienen- und Busverkehrsnetz verbindet alle größeren Städte und Ortschaften. Richtung Osten fahren nur wenige Züge pro Tag. Der neue Flughafen verbindet Changbai mit Changchung und anderen größeren chinesischen Städten.

Changbai Shan 长白山

BAIHE/NORDHANG ☎0433
SONGJIANGHE/WESTHANG ☎0439

Changbai Shan (Immerweißes Gebirge), Chinas größtes Naturschutzgebiet, erstreckt sich am östlichen Rand von Jilin auf 2100 dicht bewaldeten Quadratkilometern. Die Hauptattraktion der Provinz bietet durch das viele Grün und die unverbaute Landschaft einen willkommenen Gegensatz zu den Industriestädten.

Das Kernstück ist der sagenumwobene Himmelssee (Tian Chi), dessen blaues Wasser einen riesigen Vulkankrater auffüllt, der sich über die chinesisch-nordkoreanische Grenze hinaus erstreckt. Der geheimnisvolle Ruf des Himmelssees zusammen mit einem Ungeheuer wie im Loch Ness *(guaiwu)* lockt Besucher aus ganz China, aber auch viele Südkoreaner an. Sie kennen die Gegend unter der koreanischen Bezeichnung Mount Paekdu oder Paekdusan. Nordkorea behauptet, Kim Jong-il sei hier geboren, (obgleich er wohl eher im russischen Khabarowsk das Licht der Welt erblickt hat).

In geringeren Höhenlagen wachsen in den Wäldern des Parks Weißbirken, koreanische Kiefern und Hunderte Pflanzenarten, darunter der hochgeschätzte Changbai-Shan-Ginseng. Oberhalb 2000 m verändert sich die Landschaft extrem: die Vegetation der subalpinen Zone besteht aus Kurzgras und Kräutern. Riesige Eisflächen bedecken sogar noch Mitte Juni Teile der zerklüfteten Gipfel, und Gebirgsbäche stürzen die baumlosen, felsigen Abhänge hinab. Der See liegt auf fast 2200 m, Besucher sollten sich deshalb auf niedrigere Temperaturen einstellen. Beim Betreten des Naturschutzgebietes mag es sonnig und warm sein, aber in der Höhe ist hin und wieder mit kräftigem Wind, Regen und Schnee zu rechnen.

Changbai Shan besitzt zwei Haupterholungsgebiete: den Nordhang (Bei Po) und den Westhang (Xi Po); ihre Zugänge sind 100 Straßenkilometer voneinander entfernt. Besuchern der Erholungsgebiete stehen lediglich eine kleine Anzahl Sehenswürdigkeiten und einige kurze Wanderwege zur Auswahl. Das Angebot ist leider mehr auf chinesische Gruppenreisen zugeschnitten als auf Individualreisende aus anderen Ländern. Im Rahmen eines milliardenschweren Projekts wird gerade eine luxuriöse Sightseeing-Zone eingerichtet – eine Art Banff Resort in China mit Thermen, Skigebiet und Golfplätzen, jedoch nur wenigen Möglichkeiten zum Wandern und Campen. Seit Ende 2012 wurde ein neues Skigebiet westlich des Changbai Shan eingeweiht, und mit

20 Pisten auf zwei Berge verteilt – im Sommer könnte diese Gegend möglicherweise ein passables Wandergebiet abgeben. Sicherlich steht der Wintersport eindeutig im Vordergrund. Wer das Gebiet besucht, kann sich auch vor Ort schlau machen.

Zwar lässt sich das Gebiet fast das ganze Jahr über erkunden – auch außerhalb der Skisaison – aber die beste Zeit, um den Krater zu sehen (und sicher zu gehen, dass die Straßen nicht gesperrt sind) ist von Juni bis Anfang September. Unterkünfte sind überall verfügbar, auch innerhalb des Parks, die meisten Reisenden aber bleiben in den jeweiligen Städten im näheren Umkreis von Baihe und dem schmuddeligen Songjianghe.

NORDHANG 北坡

Am besten sind die Ausblicke auf den Himmelssee vom **Nordhang** (Bei Po; Eintritt 125 Yuan, Transportgebühren 85 Yuan; ⌚7–18 Uhr) aus. Das Tor ins Naturschutzgebiet ist die Stadt **Baihe** (白河), wo die meisten Besucher auch übernachten.

Alle Sehenswürdigkeiten können innerhalb eines Tages besichtigt werden.

Sehenswertes & Aktivitäten

Himmelssee KRATERSEE

(天池; Tian Chi) Der 2 Mio. Jahre alte Kratersee mit 13 km Umfang liegt auf einer Höhe von 2194 m und ist von Felsvorsprüngen und 16 hohen Berggipfeln umgeben. Der höchste Punkt ist der **White Rock Peak** (Baiyan Feng), mit 2749 m. Für die Besteigung ist eine spezielle Erlaubnis nötig, und sie kann auch nur im Rahmen einer geführten chinesischen Tour erfolgen. Der See soll angeblich von einem riesigen scheuen Ungeheuer bewohnt sein, das die magische Kraft besitzt, jedes von ihm geschossene Foto verschwimmen zu lassen.

Der Zugang zur Uferzone ist für Wanderer untersagt, aber auch vom Kraterrand bieten sich herrliche Panoramaausblicke. Für die Anreise wird ab der Hauptkreuzung des Parks ein Fahrzeug mit Allradantrieb benötigt. Dafür kommt ein Aufschlag von 80 Yuan zu den regulären Parktransport- und Eintrittsgebühren hinzu.

Changbai-Wasserfall WASSERFALL

(长白瀑布; Changbai Pubu) Wer mit dem ersten Parkbus fährt, steigt an der Kreuzung am Parkplatz aus (*lukou*). Ab da geht es dann entweder weiter zum Himmelssee, in einem Fahrzeug mit Allradantrieb oder mit dem Shuttle zum Yuehua Plaza (岳桦广场; Yuehua Guangchang) hinauf, einem weiteren großen Parkplatz. Am Rand dieser Zone befindet sich ein kleines Areal mit **Heißen Quellen**, wo Hartgesottene ihre Füße eintauchen oder ein Ei kochen können. Ein kurzer Weg führt schnell zum Aussichtspunkt des großartigen 68 m hohen Changbai-Wasserfalls. Früher konnte man neben den Wasserfällen – abgesichert durch einen Auffangnetz – einem dramatisch anmutenden Wanderpfad hinauf bis in den hintere Schlucht folgen, dieser Zugang ist jedoch inzwischen offiziell versiegelt. Die Absperrung zu ignorieren und sich heimlich durchzuschleichen, lohnt sich nicht – schnell pfeift das Parkpersonal die Abenteurer zurück.

Wer eine kurze Wanderung durch den Park machen will, läuft erst 1,5 km die Straße entlang bis zur Abzweigung hinauf und benutzt am Rand des Green Deep Pool den 3,5 km langen Bohlenweg, der durch Birkenwälder bis zu den Wasserfällen führt.

Green Deep Pool POOL

(绿渊潭; Lü Yuan Tan) Am Anfang (oder auch am Ende) des Bohlenwegs ab dem Changbai-Wasserfall, den Parkplatz überqueren – dann kommt man über ein paar Stufen hinauf zum grünen Teich, der seinem Namen alle Ehre macht. Busse verkehren von hier zurück zur Abzweigung und zum Untergrundwald.

Untergrundwald WALDPARK

(地下森林; Dixia Senlin) Zwischen dem Parkeingang und der Abzweigung liegt dieses grüne Waldgebiet, das auch als Dell-Wald (谷底森林; Gudi Senlin) bekannt ist; ein paar Wanderpfade laden zu einstündigen Rundwanderungen ein. Die Busse fahren von hier zurück zum Nordtor. Sollte der Wanderpfad geöffnet sein, kann man auch ab der Kreuzung bis hierher wandern. Die Strecke ist nur ca. 3 km lang und beginnt gegenüber dem Parkplatz gleich nach den Bädern.

Schlafen & Essen

Innerhalb des Parks an der Straße zum Wasserfall gibt es überteuerte Hotels und Restaurants. Die meisten Besucher bleiben aber in Erdao Baihe, in der Regel kurz Baihe genannt, einer Stadt etwa 20 km nördlich des Naturschutzgebiets. Die Stadt ist in drei recht unterschiedliche Zonen unterteilt: das Bahnhofsviertel, die einige

WESTHANG

Changbai Shans **Westhang** (西坡; Xi Po; Eintritt 125 Yuan, Transportgebühren 85 Yuan; 7–18 Uhr) bietet so ziemlich die gleichen Erlebnisse wie der Nordhang. Am Westhang geht es noch etwas nobler zu, jedoch ist es hier wie dort kaum möglich, den Besuchermassen auszuweichen. Auch hier besteht die Hauptattraktion aus einem Blick in den Krater. Der **Canyon im Changbai Shan** (长白山大峡谷; Changbai Shan Daxiagu), eine 200 m breite und 100 m tiefe Schlucht, ist zudem wirklich sehenswert mit seinen dramatisch anmutenden Felsformationen.

Das **Woodland Youth Hostel** (571 0800; www.cbshan.net) in Baihe bietet einen Shuttle-Service (70 Yuan pro Pers. hin & zurück) zum Westhang an. Taxifahrten verlangen für die einfache Strecke 200 Yuan.

Das Tor zum Park am Westhang ist die staubige, von Verkehrschaos geplagte Stadt **Songjianghe** 40 km nordwestlich des Gebirges; ab dort fahren Busse und Züge nach Tonghua und Shenyang. Der **Flughafen von Changbaishan** liegt auf halber Strecke zwischen dem Park und Songjianghe; Flugverbindung gibt es von/nach Shanghai (1830 Yuan, 3½ Std.), Changchun (850 Yuan, 40 Min.) und Beijing (1130 Yuan, 2 Std.).

Songjianghe bietet ähnlich wie Baihe Mittelklassehotels an, während in den letzten Jahren eine Reihe neuer Resorts noch näher am Park entstanden sind, wie etwa das **Days Hotel Landscape Resort** (蓝景戴斯度假酒店; Lanjingdaisi Dujia Jiudian; 0433-633 7999; Zi. ab 850 Yuan), eine stilvolle Lodge mit Kaminfeuer in der Lobby, Spitzenküche und feucht-fröhlichen Events; die Räume sind aus Materialien wie Holz, Glas und Stein gestaltet und wären am Lake Louise in Kanada auch nicht fehl am Platz.

Kilometer entfernte, staubige Hauptstraße (Baishan Jie) und die angenehme Flussufermeile (Baihe Dajie), die sich allmählich in ein modernes Luxusdorf wandelt. In allen drei Zonen gibt es Unterkünfte und kleine Restaurants. Die Baishan Jie ist für eine Reihe von Obstständen reserviert, die beim Hotel Xinda ums Eck aufgebaut haben. Abends reihen sich in der zweiten Hälfte der Straße Grillstände aneinander.

Eine Taxifahrt vom Bahnhof in die Stadt kostet 10 Yuan.

BAIHE

Wer am Bahnhof oder am Busbahnhof ankommt, wird von Kundenfängern umschwirrt, die günstige Pensionen anbieten. Viele dieser Pensionen befinden sich an einer kleinen Straße gleich hinter dem Woodland Youth Hostel. Zimmer ohne Bad kosten 30 bis 80 Yuan. In der höheren Preiskategorie bekommt man Zimmer mit eigenem PC.

LP TIPP **Woodland Youth Hostel** HOSTEL €
(望松国际青年旅舍; Wangsong Guoji Qingnian Lüshe; 571 0800; www.cbshan.net; B/BZ 45/190 Yuan;) Dieses freundliche Hostel bietet einfache, saubere Zweibettzimmer sowie Mehrbettzimmer, für Männer wie Frauen getrennt. Hinzu kommen die üblichen Annehmlichkeiten wie ein Restaurant (mit Blick auf einen bewaldeten Park), Waschsalon, WLAN-Zugang und Reiseinformationen. Das Hostel hat seinen eigenen Shuttle-Service zum Nord- und Westhang (30 bzw. 70 Yuan) und bietet außerdem mehrtägig **Campingausflüge** (350–1800 Yuan) in den Park an.

Am Bahnhofsausgang rechts abbiegen, dann links und weiter bis zur Hauptstraße. Dort rechts abbiegen, und ca. 150 m weiter laufen, immer dem Wegweiser nach.

Yajuge Shishang Binguan PENSION €
(雅居阁时尚宾馆; 139 4475 7965; DZ/2BZ 80/100 Yuan) Diese gemütliche Pension mit Innenhof hat einige kleine aber ordentliche Zimmer. Ab dem Busbahnhof läuft man ca. 600 m die Hauptstraße entlang in Richtung Stadt. Yajuge Shishnang befindet sich gleich rechts neben einem Restaurant im Stil eines modernen, massiven Blockhauses.

Zou Xian Ju Shishang Binguan HOTEL €€
(聚闲居时尚宾馆; 574 9555; Baihe Dajie; DZ/2BZ 398/498 Yuan;) Im modernsten Bezirk und gegenüber dem schönen Baihe-Fluss lockt dieses schicke Hotel mit hellen, stilvollen Räumen und freundlichem Service. Das Hotel befindet sich derzeit am Ende einer Ladenmeile mit kleineren Hotels, allerdings ist eine Verlängerung

dieser Straße geplant. Rabatte zwischen 30 und 40% sind möglich.

Xinda Binguan HOTEL €€
(信达宾馆; ☎572 0444; Baishan Jie; DZ/2BZ inkl. Frühstück 480/360 Yuan; ❄) An der Hauptstraße von Baihe am Nordende der Stadt gegenüber den Wäldern bietet dieses Hotel ein angenehmes Umfeld, gemütliche Zimmer sowie ein hauseigenes Restaurant. Manchmal besteht auch die Möglichkeit für kleinere Rabatte.

Heshengyuan Yesheng Xiaoyuguan FISCH & MEERESFRÜCHTE $$
(合盛源野生小魚馆; Gerichte 18–48 Yuan) Neben dem Woodland Hostel in Baihe befindet sich dieses Restaurant, das hauptsächlich Gerichte mit Meeresfrüchten serviert. Glitzernde Beleuchtung und Qualität sind gut aufeinander abgestimmt. Das Personal ist freundlich, verfügt aber über keine Englischkenntnisse.

NORDHANG

Lanjing Spa Holiday Inn LUXUSHOTEL €€€
(蓝景温泉度假酒店; Lanjing Wenquan Dujia Jiudian; ☎505 2222, 574 5555; Zi. ab 1702 Yuan; ❄@) Die europäisch anmutende Lodge mit 200 Zimmern (inklusive der obligatorischen chinesischen Kitsch-Accessoires) ist die Spitzenunterkunft in der Gegend, nur 300 m vom Nordeingang entfernt, aber ruhig gelegen, umgeben von einer Waldkulisse abseits der Straße. Neben den zahlreichen kulinarischen Möglichkeiten (Bistros und Restaurants, Snacks und Drinks) hat das Hotel eine Therme mit Innen- und Außenanlagen.

Praktische Informationen

Die **Bank of China** (中国银行; Zhongguo Yinhang; Baishan Jie) befindet sich an der Hauptstraße nahe dem Ortsende von Baihe; sie verfügt über einen Geldautomaten.

An- & Weiterreise

Öffentliche Verkehrsmittel fahren ausschließlich bis Baihe.

BUS Busse fahren am **Fernbusbahnhof** *(keyunzhan)* ab. Ab dem Bahnhof geht's auf die Hauptstraße; der Busbahnhof befindet sich auf der gegenüberliegenden Straßenseite gleich links.

Mudanjiang 96 Yuan, 8 Std., 1-mal tgl. (6.55 Uhr)

Yanji 47 Yuan, 3½ Std., 5-mal tgl.

ZUG Züge ab Baihe:

Ji'an Hart-/Weichschläfer 64/98 Yuan, 8 Std., 1-mal tgl. um 10.25 Uhr

Shenyang Hart-/Weichschläfer 100/156 Yuan, 14 Std., 3-mal tgl. (6.47, 17.35 und 19.10 Uhr)

Songjianghe Sitz 8 Yuan, 2-mal Std., 7-mal tgl.

Tonghua Hartsitzer/Schlafwagen 24/58 Yuan, 6–7 Std., 6-mal tgl. (6.40–19 Uhr)

Unterwegs vor Ort

Hotels und Hostels in Baihe können günstige Fahrgemeinschaften zum Naturschutzgebiet organisieren (20 bis 30 Yuan); die Transferbusse fahren normalerweise früh morgens ab und gegen 16 Uhr wieder zurück. Eine einfache Taxifahrt kostet zwischen 60 und 70 Yuan (pro Auto). Für die Rückfahrt ist es gewöhnlich einfach, ein Gemeinschaftstaxi zu organisieren (20 Yuan pro Person).

Am Nordtor gleich hinter der Einfahrt zum Naturschutzgebiet stehen parkeigene Busse bereit. Diese fahren zu einer Kreuzung bzw. zu einem Parkplatz *(lukou)*, von dort geht's mit einem Allradfahrzeug die letzten 16 km weiter bis zum Himmelssee hinauf. Andere Busse wiederum fahren zum Wasserfall, zum Green Deep Pool und in den Untergrundwald. Die Busfahrten innerhalb des Parks sind allesamt im Ticket inbegriffen, die Fahrt mit dem Geländewagen kostet jedoch 80 Yuan extra.

Yanji 延吉

☎0433 / 375 000 EW.

Die lässige und attraktive Hauptstadt der Autonomen Koreanischen Präfektur steht mit einem Fuß auf der anderen Seite der Grenze mit Nordkorea. Etwa ein Drittel der Einwohner sind Koreaner; man hört hier mehr Koreanisch als Mandarin, und auch die offiziellen Verkehrsschilder sind auf Koreanisch. Der Buerhatong teilt die Stadt in zwei Teile. An seinen Ufern verlaufen Promenaden vorbei an angenehmen Parks. Geldautomaten gibt es überall in der Stadt, so auch einen an der Industrie- & Handelsbank (ICBC; 中国工商银行; Zhonguo Gongshang Yinhang) drei Blocks nach dem Bahnhof an der Ecke Changbaishan Xilu/Zhanqian Jie.

Schlafen & Essen

In Yanji gibt es einige Budgethotels rund um den Bahnhof, jedoch ist es eine anrüchige Gegend und männliche Touristen werden ohne Umschweife mit eindeutigen Angeboten konfrontiert.

Dianli Dasha HOTEL €
(电力大厦; ☎291 1881; 399 Guangming Lu; 光明街 399 号; 2BZ 148–188 Yuan, 3BZ 225 Yuan; ❄📶) Sogar die günstigeren Zimmer sind

DIE KAUM BEKANNTE KOREANISCHE AUTONOME PRÄFEKTUR

Nach ethnischen Minderheiten in China befragt, werden die meisten Leute Bevölkerungsgruppen wie Tibeter, Uighuren, Mongolen und Hui aufzählen, und vielleicht noch die Li oder die Dai. Wer dann aber noch die fast 2 Mio. Koreaner nennt – die Mehrheit lebt in der Autonomen Präfektur entlang der nordkoreanischen Grenze – erntet wahrscheinlich erstaunte Blicke.

Die **Autonome Koreanische Präfektur Yanbian** (延边朝鲜族自治州; Yanbian Chaoxianzu Zizhizhou) ist die einzige Minderheitenpräfektur im Norden von China. Gegründet wurde sie erst im Jahr 1955, zum Teil als Belohnung für die Koreaner, die im Bürgerkrieg auf der Seite der Kommunisten kämpften, jedoch war die Region tatsächlich schon seit den 1880er-Jahren von Koreanern besiedelt. Heute sind alle Straßenschilder offiziell zweisprachig, weite Teile der Bevölkerung ebenfalls, dank der staatlich geförderten Sprachschulen für Koreanisch; TV-Shows und Zeitungen sind Koreanisch, ethnisch geprägte Kulinarik ist allgegenwärtig.

In den vergangenen Jahrzehnten hat der Bevölkerungsanteil der Koreaner einen steten Rückgang erfahren: Waren es in den 1950er-Jahren noch 60 %, sind es heute nur noch 38 %. Darin spiegelt sich teilweise auch der Wunsch der chinesischen Regierung wider, jeglichen Irredentismus (Ideologie, die auf die Zusammenführung möglichst aller Vertreter einer bestimmten Ethnie in einem Staat mit festen Territorialgrenzen hinzielt) im Keim zu ersticken. Tatsächlich nennen viele Koreaner Yanbian „drittes Korea" (nach Süd- und Nordkorea), dagegen treibt die chinesische Regierung die Zuwanderung der Han voran. Um es positiver auszudrücken: Gut ausgebildete Koreaner aus Yanbian scheinen kaum oder gar nicht diskriminiert zu werden, wenn sie sich außerhalb der Präfektur nach Arbeit umschauen und Karriere machen wollen. Yanbian nimmt flächenmäßig wohl ein Viertel der Provinz ein (ca. die Hälfte von Südkorea), die Bevölkerungszahl liegt jedoch kaum über 2 Mio., und die Möglichkeiten sind begrenzt.

Bedeutende Tourismusattraktionen sind ebenfalls überraschend dünn gesät. Berühmt ist wohl tatsächlich nur ein kleiner Landstrich ganz am östlichen Rand der Präfektur. Von einer Aussichtsplattform aus kann man hier in Richtung Norden nach Russland schauen sowie gen Süden nach Südkorea; im Westen liegt China und manchmal reicht der Blick sogar bis zum Japanischen Meer im Osten. Wer dorthin möchte, steigt östlich von Yanji in einen Bus nach Hunchun (珲春; 23 Yuan, 2 Std., alle 30 Min.), und von dort geht es noch 70 km weiter im Taxi nach Fangchuan (防川). Das Fahrtziel lautet **Yi Yan Wang San Guo** (一眼望三国; Eintritt 20 US$) – falls der Fahrer das nicht von selbst errät. Die fünf Silben bezeichnen die Aussichtsplattform am Dreiländereck.

Alle, die länger in Chinas Norden unterwegs sind, können auf ihrem Weg von Dandong oder Changbaishan nach Harbin eine Rundschleife über Yanbian einplanen. Die regionale Hauptstadt Yanji ist ein attraktiver Ort mit lässiger Atmosphäre; es gibt ausgezeichnetes koreanisches Essen in Hülle und Fülle, und die An- bzw. Abreise beschert auf stundenlangen Überlandfahrten Ausblicke auf Getreidefelder, abwechslungsreiche bewaldete Hügel und kleine Dörfer mit Ziegelsteinhäusern, die den ländlichen Charakter der Gegend betonen.

in diesem Hotel geräumig, sauber und gemütlich, und das gilt auch für die Badezimmer. Mit einem herrlichen Restaurant im Erdgeschoss, einer Internetlounge mit WLAN-Zugang und einer prima Lage ganz in der Nähe guter Restaurants, Einkaufspassagen und dem Fluss ist dieses Hotel ein idealer Ort, um nach einer langen Anreise auf dem Landweg erst einmal zu entspannen.

Das **Hotelrestaurant** (Gerichte 18–48 Yuan; ⌚6–21 Uhr) bereitet in seiner guten Küche ausgezeichnete koreanische Gerichte zu und ist mit hungrigen Gästen jederzeit gut ausgelastet. An der Wand hängt eine große und umfangreiche bebilderte Speisekarte – es ist aber auch leicht möglich, jede Menge kleinerer Gerichte (4 bis 8 Yuan) einfach per Fingerzeig zu bestellen.

An- & Weiterreise

Bahnhof und Busbahnhof befinden sich südlich des Flusses, während das Geschäftszentrum im Norden liegt. Die Taxitarife beginnen bei 5 Yuan, und die meisten Fahrten kosten unter 10 Yuan.

Busse nach Changchun oder Jilin verkehren vor dem Bahnhof. Yanjis **Fernbusbahnhof** (客运站; keyun zhan; 2319 Changbaishan Xilu) bietet folgende Verbindungen an:

Erdao Baihe 45 Yuan, 4 Std., 6-mal tgl. (6.40–14.40 Uhr)

Hunchun 28 Yuan, 2 Std., alle 30 Min. (7–15.30 Uhr)

Mudanjiang 71 Yuan, 5 Std., 4-mal tgl. (6.30, 9.50, 12.10 und 16.30 Uhr)

Zugverbindungen:

Changchun Hartsitzer/Schlafwagen 70/124 Yuan, 8–9 Std.

Jilin Hartsitzer/Schlafwagen 52/98 Yuan, 6–8 Std.

Ji'an 集安

☎0435 / 240 000 EW.

Die kleine Stadt, die von Nordkorea durch den Yalu Jiang getrennt wird, gehörte einst zum Königreich der Koguryo (高句丽; Gaogouli), einer koreanischen Dynastie, die von 37 v. Chr. bis 668 n. Chr. über Gebiete in Nordchina und auf der koreanischen Halbinsel herrschte. Wegen der zahlreichen Pyramiden, Ruinen und Grabstätten der Koguryo, die hier zu finden sind, wurde die Stadt im Jahr 2004 von der Unesco zum Weltkulturerbe erklärt. Archäologen legten in der Umgebung von Ji'an und Huanren (in der Provinz Liaoning) die Überreste von drei Städten und etwa 40 Grabstätten frei.

Im Zuge der Erschließung des touristischen Potenzials, mit dem Jian aus seinem koreanischen Kulturerbe Kapital schlagen will, hat sich die heutige Stadt inzwischen zu einer der angenehmeren Städte Nordchinas gewandelt. Davon zeugen die gepflegten Parks, begrünte Straßen und ein wunderschönes Areal am Flussufer, von wo aus man nach Nordkorea hinüberschauen kann. Zudem besticht die Stadt durch ihre Bergkulisse ringsum, und lockt mit ausgezeichnetem koreanischen Essen und der herzlichen Gastfreundlichkeit ihrer Einwohner. Die Anreise per Bahn oder Bus beschert malerische Eindrücke; und so erweist sich Ji'an als großartiger Zwischenstopp auf einer Rundreise durch Donbei.

Die Shengli Lu verläuft von Ost nach West durch die Stadt; am westlichen Ende befindet sich der Fernbusbahnhof. Auf der Nordsüdachse verläuft die Li Ming Jie, welche am Flusspark endet. Stadtspaziergänge sind ein leichtes Unterfangen. In jedem Hotel liegen englischsprachige Stadt- und Umgebungspläne aus. Gleich östlich der Kreuzung Shengli/Li Ming Jie gibt es eine **Bank of China** (中国银行; Zhongguo Yinhang; Shengli Lu) mit einem Geldautomaten, der rund um die Uhr in Betrieb ist.

Sommerabende sind in Ji'an sehr belebt, sei es am Flussufer oder im Park gegenüber dem Hotel Cuiyuan Binguan; dort treten Amateure auf, die chinesische Folklore zum Besten geben. In den meisten Nächten wird gesungen und getanzt.

Sehenswertes

Die Hauptsehenswürdigkeiten liegen – sofern sie nicht Teil des Flussparks sind – außerhalb der Stadt. Theoretisch kann alles im Rahmen eines eintägigen Rundgangs zu Fuß besichtigt werden, doch mieten sich die meisten Leute ein Taxi. Eine drei- bis vierstündige Halbtagestour kostet mindestens 100 Yuan.

Die **Koguryo-Stätten** (⏲8–17 Uhr) liegen verstreut rund um die reizvollen grünen Hügel von Ji'an. Trotz der historischen Bedeutung gibt es dort nicht gerade viel zu sehen. Viele Grabstätten sind Steingräber – hauptsächlich also Steine, die über den Begräbnisstätten aufgehäuft wurden – andere sind Steinpyramiden. Allerdings haftet dem offenen Gelände und den hohen Terrassen, auf denen die Bauten errichtet wurden, etwas Zauberhaftes an, das dazu einlädt, länger zu verweilen. Die eindrucksvollste Stätte ist in der Bergfestung Wandu. Für die Besichtigung des weitläufigen Areals braucht man ein paar Stunden. Am besten ein Taxi nehmen (günstigeren Tarif erfeilschen!) und am anderen Ende der Stätte aussteigen. Von dort aus führt entlang des Flusstals eine leichte Wanderung von einer knappen Stunde auf der Shancheng Road zurück nach Ji'an.

Mit einem 100-Yuan-Ticket können die vier bedeutendsten Stätten besucht werden; separate Tickets für die jeweilige Sehenswürdigkeit kosten 30 Yuan.

Jiangjunfen (Grabmal des Generals) GRABMAL

(将军坟) Eines der größten pyramidenartigen Bauwerke in der Region ist das 12 m hohe Grabmal des Generals (Jiangjunfen). Es wurde im 4. Jh. für einen Koguryo-Herrscher errichtet; ein kleineres Grab ganz der Nähe ist die Ruhestätte eines Familienmitglieds. Die Stätte liegt in den Hügeln, 4 km nordöstlich der Stadt.

Haotaiwang Stele STELE
(好太王碑; Haotaiwang Bei) Mit einer Inschrift aus 1775 chinesischen Schriftzeichen dokumentiert die Haotaiwang-Stele, eine 6 m hohe Steinplatte aus dem Jahr 415 n. Chr., die Erfolge des Koguryo-Königs Tan De (374–412 n. Chr.), der als „Haotaiwang" bekannt war. Tan Des Grab („Taiwang-Grabmal") befindet sich ebenfalls auf dem gleichen Gelände. Dort gibt es Grabsteinplatten zu bestaunen.

Die Stele und das Grabmal sind in nächster Nähe zum Grabmal des Generals.

Friedhof of Noblemen at Yushan GRABMÄLER
(禹山贵族墓地; Yushan Guizu Mudi) In diesem kleinen, abgeschlossenen Park liegen überall Steinkrypten verschiedener Adliger des Königreichs Koguryo verstreut. In das Grab Nr. 5 kann man über einen gruseligen Schacht hineingehen, in eine frostige Steingruft. Sobald sich das Auge der Dunkelheit angepasst hat, sind an Decken und Wänden Malereien erkennbar wie etwa Drachen, weiße Tiger, schwarze Schildkröten und Lotosblumen.

LP TIPP **Bergfestung Wandu** RUINE
(丸都山城; Wandu Shancheng) Die Stadt wurde erstmals im Jahr 3 n. Chr. erbaut und stieg im Jahr 209 zur Hauptstadt des Königreichs Koguryo auf, nachdem die erste Hauptstadt, eine Stadt namens Guonei (wo das heutige Ji'an liegt) ihren Niedergang erlebt hatte. Von den Originalgebäuden ist wenig erhalten, die Fundamente aber wurden freigelegt, und es macht unheimlich viel Spaß, auf den Terrassen herumzukraxeln und dabei die Ausblicke zu genießen, die sicher damals ein entscheidender Faktor bei der Wahl des Standorts für die Hauptstadt waren.

Auf einer Felsbank mitten in den Flussniederungen unterhalb der Stadt befindet sich die größte Ansammlung an riesigen **Hügelgräbern** in ganz Ji'an. Dieser weitläufige Friedhof für Adlige wurde nach der Zerstörung Wandus errichtet. Bisher blieb das Ensemble von Touristen unbehelligt, und es wurde auch keine touristische Infrastruktur angelegt. Der Anblick der massiven Felshaufen inmitten von Windröschen *(Bidens pilosa)* ist wohl das schönste Fotomotiv in ganz Jian.

Flussufer Plaza AM WASSER/UFER
Der modere, belebte Park besticht durch Steinbrunnen, Formschnittgärten, gepflasterte Spazierwege, Karpfen- und Lotosblütenteiche, Statuen und Holzterrassen am Fluss, von wo aus man über den Yalu nach Nordkorea hinüberschauen kann. Das Kernstück des Parks ist das sehr schlichte **Ji'an-Museum** (集安博物馆; Ji'an *bowuguan*) mit einem braunen Steinfundament und einem gläsernen Überbau, auf dem sich mehrere Segel wie Blätter entfalten. Der Museumsbau befindet sich nun schon seit mehreren Jahren in der Schwebe, zum Zeitpunkt der Recherche vermuteten die Einheimischen aber, die Eröffnung werde im Jahr 2013 stattfinden. Natürlich werden dort Artefakte aus der Koguryo-Ära zu sehen sein.

Zum Park geht's von der Shengli Lu in Richtung Osten bis zur Ecke Jian She Jie.

Schlafen & Essen

Luming Binguan HOTEL $
(鹿鸣宾馆; ☎625 6988; 653 Shengli Lu; 胜利路 653 号; EZ/2BZ ohne Bad 40/60 Yuan, DZ mit Bad & inkl. Frühstück 138–158 Yuan; ❄@) Freundliches Personal und gepflegte Zimmer machen das Luming zur besten Budgetunterkunft von Ji'an. Es befindet sich drei Häuserblocks östlich vom Busbahnhof auf der Nordseite der Shengli Lu direkt vor der Liming Jie. Zu erkennen ist es am englischsprachigen Schild „Guesthouse" über dem Eingang. Einige Zimmer haben einen eigenen PC.

Cuiyuan Binguan HOTEL $$
(翠园宾馆; ☎622 2123; www.jiancy.com; 888 Shengli Lu; 胜利路 888 号; DZ/2BZ 488/344 Yuan) Zwei Häuserblocks östlich vom Busbahnhof, gleich gegenüber einem idyllischen Park mit kopfsteingepflasterten Bächen, bietet das Cuiyuan guten Mittelklassekomfort. Die Zimmerpreise liegen gewöhnlich um die 200 Yuan nach Abzug eines Rabatts.

Pu Jia Gourou Lengmian Cheng KOREANISCH $$
(朴家狗肉冷面城; Ecke Shengli Lu & Dongsheng Lu; Gerichte 6–38 Yuan) Die Spezialität des Hauses ist wie in vielen anderen Restaurants in der Stadt Hundefleisch, jedoch

JILIN JI'AN

gibt's auch wunderbare *lengmian* (冷面; kalte Nudeln) und *shuijiao* (水饺; Teigtaschen). Die Schriftzeichen für „Hundfleisch" sind 狗肉 – für alle, die sicher gehen wollen, keins zu erwischen.

Auf Märkten östlich und westlich der Liming Jie gibt es Obst, Teigtaschen, Brot und Gutes vom Grill. In der Dongsheng Lu befinden sich Teigtaschen- und Grillrestaurants, in der Tuanjie Lu Cafés und chinesische Fastfoodrestaurants, während in der Liming Jie vielerorts Hotpot und Gegrilltes angeboten werden.

An- & Weiterreise

Die Hauptreiserouten nach Ji'an führen entweder von Norden über Tonghua und Baihe (Tor zum Changbai Shan) oder über Shenyang und Dandong in der Provinz Liaoning in Richtung Westen und Süden. Wer im Bus nach Baihe unterwegs ist, muss in Tonghua umsteigen. Wer hinauf nach Changchun reist, ist wahrscheinlich mit dem Bus schneller; Bahnreisende müssen in Tonghua umsteigen.

Der **Fernbusbahnhof** (客运站; keyun zhan; Shengli Lu) liegt im westlichen Teil der Stadt.

Changchun 109 Yuan, 5½ Std., 2-mal tgl. (5.30 und 14.50 Uhr)

Dandong 73 Yuan, 6 Std., 2-mal tgl. (7.30 und 9.20 Uhr)

Shenyang 97 Yuan, 6 Std., 3-mal tgl. (6.20, 11.20 und 14.55 Uhr)

Tonghua 28 Yuan, 2 Std., alle 2 Std. (5–17 Uhr)

Der **Bahnhof** (Yanjiang Lu) befindet sich im nordöstlichen Teil der Stadt. Auf einer langsamen, malerischen Bahnfahrt kommt man innerhalb eines Tages nach Baihe (harter/weicher Schlafwagen 64/98 Yuan, 8 Std., 9 Uhr).

Ski-Resort Beidahu 北大湖滑雪场

Seit es 2007 die Asiatischen Winterspiele veranstaltete, hat sich **Beidahu** (Beidahu Huaxuechang; www.beidahuski.com) als eines von Chinas besten Ski-Resorts etablieren können; allerdings gibt es einige Anzeichen dafür, dass sich der Zustand aus Mangel an Investitionen verschlechtern wird. Nahe einem winzigen Dorf 53 km südlich von Jilin erstreckt sich das Skigebiet auf zwei Bergen mit Pisten für Anfänger und Fortgeschrittene. Zwar ist die ökonomische Bilanz seit 2009 gleich Null, jedoch wird weiterhin investiert: Jedes Jahre kommen 10 Pistenkilometer hinzu. Wer mehr über das Skigebiet wissen will, inklusive praktische Informationen zu Touren, Transport und Unterkünften, kann sich auf der Webseite von **China Ski Tours** (www.chinaskitours.com/home.html) schlau machen oder im Kasten auf S. 363.

Changchun 长春

0431 / 2,93 MIO. EW.

Die japanische Hauptstadt von Manchukuo, in den 1950er- und 1960er-Jahren auch das Zentrum der chinesischen Filmindustrie. Besucher, die erwarten, hier eine Hollywood-ähnliche Kulisse mit Palmen und schönen Menschen vorzufinden, werden allerdings enttäuscht sein. Inzwischen ist Changchun wegen der vielen Automobilhersteller, die hier ansässig sind, besser bekannt als Chinas Autostadt bzw. der größte Stützpunkt des Landes in Sachen KfZ-Bau.

Für alle, die auf den Spuren von Puyi, dem letzten Kaiser von China, wandeln, ist die Stadt jedoch eine wichtige Station. Es gibt auch ein paar wenige historische Gebäude aus dem frühen 20. Jh. Sie sind überwiegend an der Renmin Dajie oder in deren unmittelbarer Umgebung zu finden.

Changchun breitet sich von Nord nach Süd aus. Fernbusbahnhof und Bahnhof liegen im Norden der Stadt, beide Bahnhöfe sind von Budgetunterkünften umgeben. Wer länger als nur eine Übernachtung in Changchung einplant, sollte sich in den Süden der Stadt begeben; dort zu wohnen ist weit angenehmer.

Sehenswertes

LP TIPP **Kaiserpalast der Mandschurei (Palast des Marionettenkaisers)** MUSEUM
(伪满皇宫博物院; Weiman Huanggong Bowuyuan; 5 Guangfu Lu; Eintritt 80 Yuan; 8.30–16.20 Uhr, letzter Einlass 40 Min. vor Schluss)
Die Hauptattraktion von Changchun ist die frühere Residenz von Puyi, des letzten Kaisers der Qing-Dynastie. Seine Lebensgeschichte inspirierte 1987 Bernardo Bertolucci zu dem Film Der letzte Kaiser.

Im Jahr 1908 wurde Puyi im Alter von zwei Jahren der zehnte Qing-Kaiser. Seine Regierungszeit dauerte etwas mehr als drei Jahre, er durfte jedoch bis 1924 in der Verbotenen Stadt bleiben. Danach lebte er in Tianjin. Im Jahr 1932 ernannten ihn die Japaner in diesem Palast zum „Marionettenkaiser" von Manchukuo. Nach Japans Niederlage im Jahr 1945 wurde Puyi von

Changchun

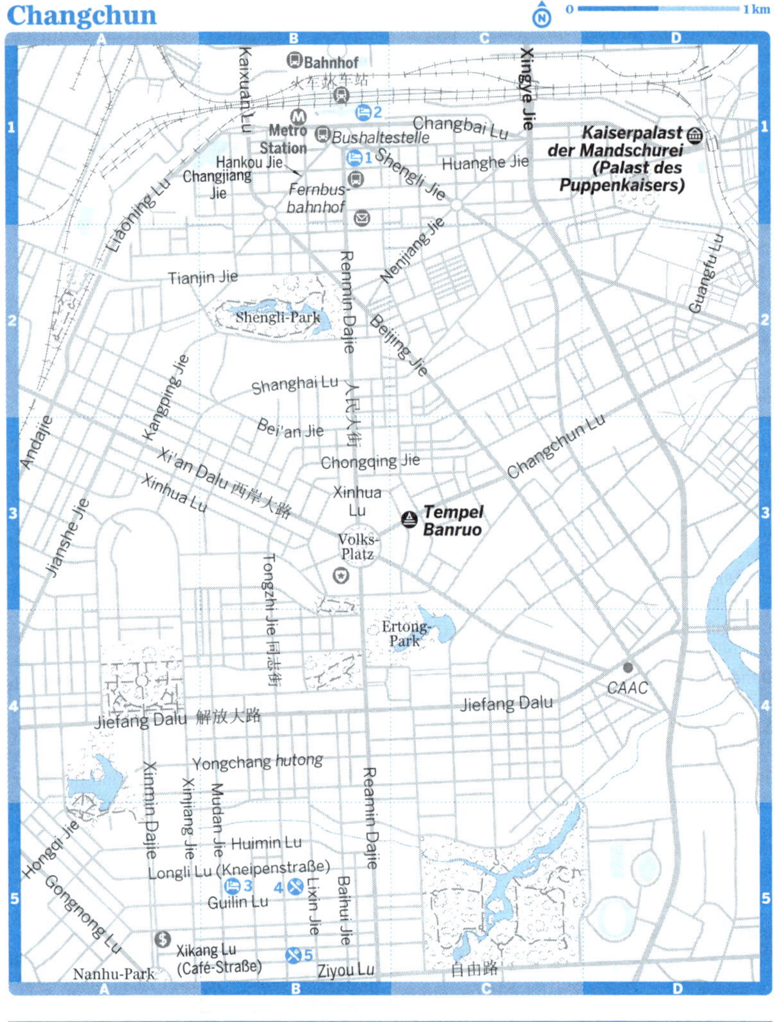

Changchun

Highlights

Kaiserpalast der Mandschurei (Palast des Marionettenkaisers) D1
Tempel Banruo C3

Schlafen

1 Chunyi Binguan B1
2 Home Inn B1
3 Star Moon Fashion Inn B5

Essen

4 French Bakery B5
5 Shinza Restaurant B5

russischen Truppen gefangen genommen. 1950 veranlasste man seine Rückkehr nach China, wo er zehn Jahre in einem Umerziehungslager verbrachte, bevor er seine Tage als Gärtner in Beijing fristete. Der Kaiser starb im Jahr 1967.

Arbeitszimmer, Schlafzimmer und Tempel des letzten Kaisers sowie die Wohnräume seiner Frau (einschließlich ihrer Opiumhöhle) und auch die Zimmer seiner Mätresse wurden allesamt sorgfältig restauriert. Auch sein amerikanisches Auto ist zu besichtigen; ganz besonders spannend ist allerdings die Ausstellung zu seinem ungewöhnlichen Leben, das teils mit einer fantastischen Fotosammlung erzählt wird – die Bilder sind absolut fesselnd. Eine Taxifahrt ab dem Bahnhof bis zum Palast kostet 7 Yuan.

Tempel Banruo BUDDHISTISCHER TEMPEL
(般若寺; Banruo Si; 137 Changchun Lu) Banruo, einer der größten buddhistischen Tempel im Nordosten, ist eine viel besuchte Stätte für Einheimische und Pilger. Nach einem Rundgang in den inneren Bereichen kann man auf einem Streifzug durch das Gassengewirr hinter der Tempelanlage Händler beobachten, die den Tempelbesuchern allerlei Amulette, Figuren, Schreine und Weihrauch feilbieten.

Die Anfahrt erfolgt mit Bus 281 oder 256 ab dem Busbahnhof am Bahnhofsgelände. Vom Bahnhof sind es 30 Minuten zu Fuß. Der Weg führt durch den attraktiven Shengli-Park.

Jingyuetan PARK
(净月潭旅游区; Jingyuetan Lüyouqu; Eintritt 30 Yuan; ⌚24 Std.) Der weitläufige Park am See am südöstlichen Stadtrand von Changchun umfasst über 90 km² – eine willkommene Oase der Ruhe für alle, die eine Weile in der Autostadt zubringen. Angelegt wurde der Park im Jahr 1934. Er besteht aus gepflegten Gärten, Pavillons, Aussichtspunkten und einem 20 km langen Radwanderweg rund um den See. Shuttlebusse (10 Yuan) fahren bis zum Damm; dort kann man mit einem Boot auf den See hinausfahren. Am Eingangstor können Fahrräder gemietet werden (30 Yuan pro Std.), jedoch sind Shuttlebusse, Boote und Fahrräder nur von 9 bis 18 Uhr verfügbar.

Am einfachsten ist es, mit dem Vorortzug ab dem Bahnhof in der Liaoning Lu anzureisen (4 Yuan, 55 Min., Ausstieg: Jingyue Gongyuan).

Schlafen

Eine Handvoll günstiger Hotels haben sich in Gehweite zum Bahnhof angesiedelt; meist liegen die Zimmerpreise zwischen 140 und 180 Yuan (meist mit Breitband-Internetverbindung).

Chunyi Binguan HOTEL €€€
(春谊宾馆; ☎8209 6888; www.chunyihotel.com; 80 Renmin Dajie; 人民大街 80 号; Zi. inkl. Frühstück ab 680 Yuan; ❄@) Seit seiner Entstehung im Jahr 1909 ist der nostalgische Charme dieses Hotels etwas verblasst, die herrliche Marmortreppe und das Foyer hat es sich jedoch bewahrt. Heute ist es unbestreitbar eine Unterkunft mit allem Komfort. Zimmer und Badezimmer sind riesig. Der Breitband-Internetzugang sorgt für einen Touch Modernität.

Das Hotel liegt gegenüber dem Bahnhof. Rabatte in Höhe von 50 % erhältlich.

Star Moon Fashion Inn HOTEL €
(星月时尚酒店; Xingyue Shishang Jiudian; ☎8509 0555; www.starmoon.inn.com.cn; 1166 Longli Lu; 隆礼路 1166 号; DZ ab 148 Yuan; ❄@) Zwar ist Changchun eine graue Industriestadt, doch mangelt es hier nicht an schicken Gasthöfen. Dieses moderne Hotel hat eine herrliche Lage mitten im Geschäftsviertel mit Läden, Restaurants und buntem Nachtleben.

Home Inn HOTEL €
(如家快捷酒店; Rujia Kuaijie Jiudian; ☎8986 3000; 20 Changbai Lu; 长白路 20 号; Zi. 159–209 Yuan; ⊖❄@) Wer eine Nichtraucheralternative in Bahnhofsnähe braucht, wird sich in diesem gut geführten Hotel wohlfühlen; als Teil einer landesweit vertretenen Hotelkette ist es eine gute Wahl mit einwandfreien Zimmern. Breitband-Internetverbindung und ein PC in der Lobby stehen den Gästen zur Verfügung.

Essen & Ausgehen

An der Tongzhi Jie (mit all ihren abzweigenden Straßen) zwischen Huimin Lu und Ziyou Lu zeigt sich Changchun von seiner lebhaftesten Seite, und dort ist es auch am angenehmsten. Hier sind die Straßen gut bestückt mit günstigen Restaurants, Musikläden und Boutiquen, während Xikang Lu (eine Baumalle westlich der Tongzih Jie) inzwischen die offizielle **Caféstraße** ist. Die meisten der zahlreichen Cafés und Bistros haben WLAN-Anschluss und bieten Sandwiches oder einfache Mahlzeiten an.

Shinza Restaurant KOREANISCH €€
(延边信子饭店; Yanbian Xinzi Fandian; 728 Xikang Lu; Gerichte 12–38 Yuan; ⌚9 Uhr-Mitternacht) Dieses ungezwungende Lokal bietet klassische koreanische Gerichte wie etwa *shi guo ban fan* (Reise, Gemüse und Eier in

einem Tontopf) sowie Teigtaschen und sättigende kalte Nudelgerichte; dazu gibt's koreanische Biere. Die bebilderte Speisekarte hilft bei der Auswahl.

French Bakery BISTRO €
(红磨坊; Hong Mofang; 745 Guilin Lu; Gerichte 10–25 Yuan; ⌚9–22 Uhr) Zwar gibt es in der Umgebung entlang der Xikang Lu ebenso gute Gelegenheiten für eine Kaffeepause wie in diesem holzvertäfelten Bistro, hier entspricht aber alles westlichem Geschmack, von den Brötchen und Sandwiches bis hin zu den Quiches und Desserts.

Praktische Informationen

Überall in der Stadt gibt es Geldautomaten, die rund um die Uhr in Betrieb sind. Die meisten Hotels verfügen über Zimmer mit Breitband-Internetverbindung, und in den Cafés entlang der Xikang Lu hat man WLAN-Anschluss.

Bank of China (中国银行; Zhongguo Yinhang; 1296 Xinmin Dajie) nahe am Park Nanhu (Nanhu Gongyuan). Hier werden Reiseschecks getauscht.

CAAC (中国民航; Zhongguo Minhang; ☎8298 8888; 480 Jiefang Dalu) Im CAAC-Hotel gibt es Flugtickets. Von dort fahren auch Shuttlebusse zum Flughafen.

An- & Weiterreise

BUS Der **Fernbusbahnhof** (长途汽车站; *changtu qichezhan*; 226 Renmin Dajie) liegt zwei Häuserblocks südlich vom Bahnhof. Busse nach Harbin fahren ab dem nördlichen Busbahnhof *(beizhan)* hinter dem Bahnhof. Gegenüber dem Bahnhof nach links gehen und die Unterführung gleich nach der KFC-Fastfoodfiliale (24 Std.) nehmen (nicht zu verwechseln mit der KFC-Filiale rechts vom Bahnhof, die nicht rund um die Uhr geöffnet ist, oder den anderen zwei Filialen auf der gegenüberliegenden Straßenseite).

FLUGZEUG Der **Changchun Longjia International Airport** bietet täglich Flüge in die größeren Städte wie Beijing (960 Yuan, 2 Std.), Dalian (580 Yuan, 1½ Std.), Shanghai (1600 Yuan, 3 Std.) und auch ins Changbai Shan (850 Yuan, 2½ Std.).

Dandong 130 Yuan, 6 Std., 1-mal tgl. um 9 Uhr

Harbin 77 Yuan, 3½ Std., stündl.

Jilin 29 Yuan, 1½ Std., alle 30 Min.

Shenyang 83 Yuan, 4½ Std., alle 30 Min.

ZUG Ab Changchun gibt es folgende Verbindungen:

Beijing (D-Zug) Sitz 227 Yuan, 7 Std., 7-mal tgl.

Beijing harter Sitz/Schlafwagen 130/224 Yuan, 9–14 Std.

Harbin (D-Zug) Sitz 72 Yuan, 2 Std., 5-mal tgl.

Shenyang (D-Zug) Sitz 88 Yuan, 2½ Std., 12-mal tgl.

Unterwegs vor Ort

BUS Bus 6 fährt entlang der Renmin Dajie ab dem Busbahnhof am Bahnhofsgelände bis in den südlichen Teil der Stadt. Die Busse 62 und 362 bedienen die Strecke zwischen dem Bahnhof und dem Park Nanhu quer durch die Einkaufsviertel entlang der Chongqing Lu und der Tongzhi Jie.

VOM/ZUM FLUGHAFEN Der Flughafen befindet sich 20 km östlich vom Stadtzentrum zwishen Changchun und Jilin. Shuttlebusse zum Flughafen (20 Yuan, 50 Min., alle 30 Min. von 6 bis 19 Uhr) verkehren ab dem **CAAC Hotel** (民航宾馆; Minhang Binguan; 480 Jiefang Dalu) auf der östlichen Seite des Stadtgebiets. Die Taxitarife für Fahrten zum Flughafen liegen zwischen 80 und 100 Yuan (40 Min.).

TAXI Die Taxitarife beginnen bei 5 Yuan.

VORORTZUG Die **Changchun-Stadtbahn** (⌚6.30–21 Uhr) ist nur sinnvoll für einen Ausflug in den Jingyuetan-Park. Die Haltestelle ist gleich westlich des Bahnhofs.

Heilongjiang

BEVÖLKERUNG: 37,3 MIO.

Inhalt »

Harbin 355
Mudanjiang 364
Rund um Mudanjiang ... 366
Wudalian Chi 366
Russisches Grenzgebiet 368

Beeindruckende Landschaften

» Laohei Shan (S. 367)
» Beijicun (S. 368)
» Jingpo Hu (S. 366)

Tolle Aktivitäten

» Skifahren (S. 363)
» Polarlichter beobachten (S. 368)
» Eis- und Schneefestival (S. 359)

Auf nach Heilongjiang

Chinas nördlichste Provinz mit ihrer subarktischen Kälte ist frostig– doch sorgt dieses Klima auch dafür, dass im Winter der Tourismus auf Hochtouren läuft, und mit Harbins weltberühmtem Eis- und Schneefestival, bei dem sich große Eisskulpturen bestaunen lassen, und einigen der besten Skipisten Chinas, lohnt es sich für Winterfans, dick eingemummt ins Getümmel einzutauchen.

Der Name Heilongjiang (黑龙江) bedeutet „Schwarzer Drachenfluss", und dieser sich windende Drache bildet die natürliche Trennlinie zwischen China und Russland. Quer durch die Provinz ist der Einfluss des Nachbarlandes in der Architektur, im Essen und den Souvenirs offenkundig. Harbins kopfsteingepflasterte Straßen und die europäisch geprägten Häuserfassaden sind da nur der Auftakt.

Außerhalb der Städte erstreckt sich eine zerklüftete Landschaft mit Wäldern, Seen, Bergen und Vulkanen. In Chinas nördlichstem Dorf Mohe haben die Weiden und Sumpfgebiete eine magnetische Wirkung auf Besucher. Die Einwohner sind stolz darauf, am nördlichsten Zipfel des Reichs der Mitte zu leben.

Reisezeit

Ha'erbin

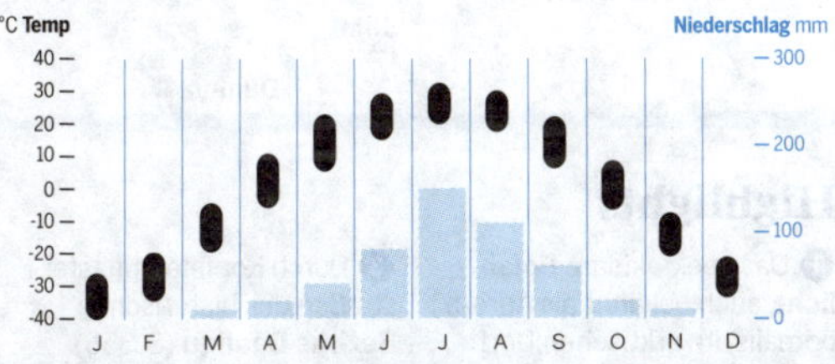

Januar In Harbin findet das alljährliche Eis- und Schneefestival statt.

Juni Mohe veranstaltet das Nordlichtfest.

Dezember–März Skisaison in Yabuli

Highlights

1. Das spektakuläre **Polarlicht**, auch bekannt als Aurora borealis, im arktischen Dorf Mohe (S. 368) bewundern
2. Der Kälte trotzen und sich der Menschenmenge anschließen, die zu Chinas weltberühmten **Eis- und Schneefestival** strömt (S. 359)
3. Durch Kopfsteinpflasterstraßen des historischen **Bezirks Daoliqu** (S. 356) bummeln und Harbins russisch-jüdische Vergangenheit erkunden
4. Einen erloschenen Vulkan besteigen und über die Lavafelder von **Wudalian Chi** (S. 367) wandern
5. Ski und Snowboard fahren in **Yabuli** (S. 363), eines der besten Skigebiete Chinas
6. Sich auf die Suche nach den **seltenen Kranichen** (S. 365) quer durch die Naturschutzgebiete des Nordens begeben

Geschichte

Heilongjiang ist der nördlichste Teil von Dongbei; die Region hieß früher einmal Mandschurei. Durch die Nähe zu Russland bestehen hier seit Langem starke historische Bande und Handelsbeziehungen mit dem Nachbarn im Norden. Mitte des 19. Jhs. annektierte Russland Teile von Heilongjiang, und im Jahr 1897 begannen russische Arbeiter mit dem Bau einer Eisenbahnstrecke von Wladiwostok nach Harbin. In den 1920er-Jahren wohnten allein in Harbin über 100 000 russische Gastarbeiter.

Heilongjiang war wie die übrige Mandschurei zwischen 1931 und 1945 von den Japanern besetzt. Nach der Machtübernahme der Kommunistischen Partei Chinas 1949 wurden die Beziehungen zu Russland zunehmend frostig, bis es zwischen China und Russland im Jahr 1969 schließlich zu einem kurzen Grenzkrieg kam. In jüngster Vergangenheit aber wurden die chinesisch-russischen Beziehungen wieder enger: Im Juli 2008 einigten sich China und Russland nach mehr als 40 Jahre dauernden Verhandlungen auf die Grenze zwischen den beiden Ländern.

Klima

Die Region muss lange und eisige Winter ertragen, teils mit Temperaturen unter -30°C. Der Sommer ist nur kurz, dafür aber warm und feucht, insbesondere im Süden und Osten der Provinz. Dann können die Temperaturen mitunter sogar bis auf 39 Grad Celsius steigen. Nachmittags regnet es häufig.

Sprache

Die große Mehrheit der Bevölkerung in Heilongjiang spricht das nordöstliche Mandarin, das abgesehen vom Akzent dem Standardmandarin entspricht. Die Sprache, die neben Mandarin am meisten zu hören ist, ist Russisch. Im äußersten Nordwesten sprechen die sehr kleinen ethnischen Minderheiten der Oroqen, Daur, Ewenki und Hezhen noch ihre eigenen Sprachen. Eine Handvoll Menschen spricht noch Mandschurisch, früher die vorherrschende Sprache dieser Region.

ℹ Anreise & Unterwegs vor Ort

Harbin ist die logistische Drehscheibe der Region und durch ein dichtes Verkehrsnetz mit dem Rest Chinas verbunden. Mit Bussen kommt man meistens schneller voran als mit den örtlichen Bummelzügen. Wer vorhat, in die Innere Mongolei zu reisen, kann von Harbin einen Direktzug in die Städte Hailar und Manzhouli nehmen.

PREISE

In diesem Kapitel werden die folgenden Preiskategorien verwendet:

Schlafen

€	unter 150 Yuan
€€	150 Yuan bis 300 Yuan
€€€	über 300 Yuan

Essen

€	unter 30 Yuan
€€	30 bis 80 Yuan
€€€	über 80 Yuan

Harbin 哈尔滨

☎0451 / 3,72 MIO. EW.

Für eine Stadt dieser Größe ist Harbin erstaunlich gemächlich. Autos (und sogar Fahrräder!) sind aus der Hauptstraße des historischen Bezirks Daoliqu, der Zhongyang Dajie, verbannt. Hier sind die meisten alten Bauwerke Harbins zu finden. Auch die lange Uferpromenade gehört allein den Spaziergängern; das Gleiche gilt für die gegenüberliegende Sonneninsel.

Die Sehenswürdigkeiten sind so vielfältig wie die Baustile, die hier zu sehen sind: Tempel, alte Kirchen und Synagogen stehen friedlich nebeneinander, während eine ehemalige japanische Basis für bakteriologische Kriegsführung in einem südlichen Außenbezirk als Sehenswürdigkeit recht ernüchternd anmutet. Aufgrund des russisch-jüdischen Erbes lohnt sich ein Besuch zu jeder Jahreszeit. In den Wintermonaten ist jedoch das äußerst beliebte Eislaternenfest die Hauptattraktion. Dann verwandeln sich die eisverzierte Uferpromenade und andere Begegnungsorte in ein Wunderland mit bunten Lichtern.

Geschichte

Russland schloss im Jahr 1896 einen Vertrag über den Bau einer Eisenbahnstrecke von Wladiwostok nach Harbin, damals Dalian (in der Provinz Liaoning). So kam es zum Zustrom russischer Arbeiter, denen später russische Juden und nach der Russischen Revolution im Jahr 1917 Flüchtlinge der Weißen Armee folgten.

Harbin

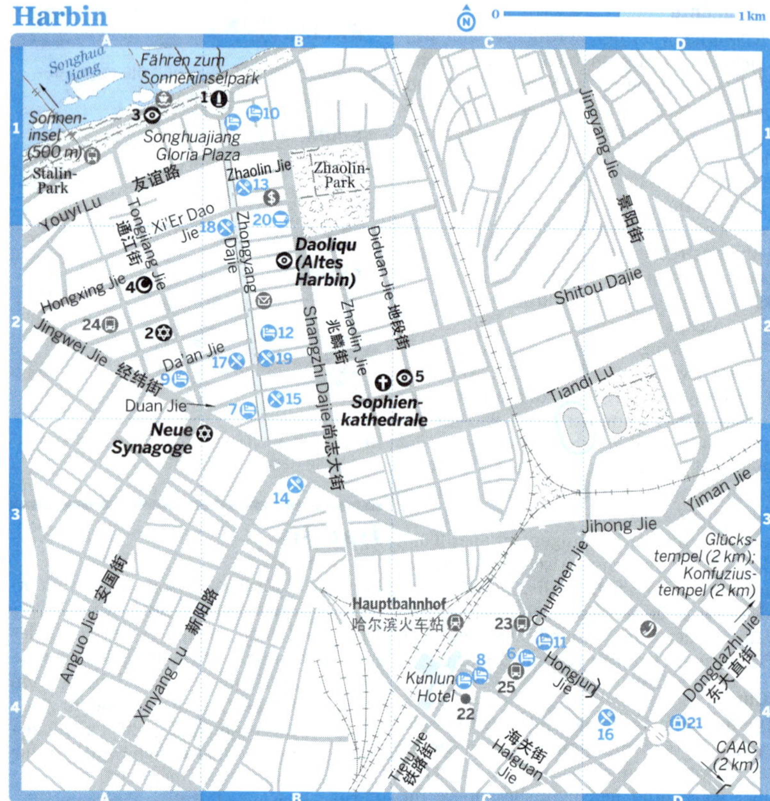

Heute ist Harbin, dessen Name von einem mandschurischen Wort mit der Bedeutung „ein Ort, um Fischernetze zu trocknen" stammt, eine ständig expandierende, weitgehend industriell ausgerichtete Stadt. Die Nähe Russlands sorgt dafür, dass es sich bei den meisten ausländischen Gesichtern auf den Straßen um Russen handelt, wobei die Chinesen immer noch in der Mehrheit sind.

Sehenswertes

Altes Harbin HISTORISCHE GEBÄUDE

Der Distrikt Daoliqu, vor allem die von Backsteinhäusern gesäumte Straße **Zhongyang Dajie,** ist das am deutlichsten sichtbare Vermächtnis Russlands in Harbin. Heute ist diese Straße eine Fußgängerzone, gesäumt von Gebäuden aus dem frühen 20. Jh. Einige sind eindrucksvoll, andere baufällig, die bunte Mischung der Baustile ist in jedem Fall faszinierend. Auch in benachbarten Straßen stehen eine ganze Reihe schöner alter Bauten wie etwa in der **Shangzhi Dajie** und in der **Zhaolin Jie**.

In anderen Teilen der Stadt reihen sich ebenfalls stattliche historische Häuser aneinander, z. B. in der **Hongjun Jie,** die ab dem Bahnhof in Richtung Süden verläuft, und in der **Dongdazhi Jie,** wo einige Kirchen stehen. Letztere Straße und ihre Nebenstraßen haben den Ruf, sie würden sich mit postmoderner Architektur russischer Prägung hervortun wollen. Der gute Geschmack sei jedoch in Frage gestellt. In all diesen Arealen hat die Stadt vor den meisten wertvollen Gebäuden Tafeln aufgestellt, auf denen das Baujahr, der Architekt und die frühere Funktion erwähnt sind (in Englisch und Chinesisch).

Sophienkathedrale RUSSISCHE KIRCHE

(圣索菲亚教堂; Sheng Suofeiya Jiaotang; Ecke Zhaolin Jie & Toulong Jie; Eintritt 20 Yuan; ⌚8.30–17 Uhr) Der Backsteinbau der rus-

Haerbin

Highlights
Daoliqu (Altes Harbin) ... B2
Neue Synagoge ... B3
Sophienkathedrale ... B2

Sehenswertes
1 Denkmal der Flutkontrolle ... B1
2 Hauptsynagoge ... A2
Jüdische Mittelschule ... (siehe 3)
3 Stalinpark ... A1
4 Türkische Moschee ... A2
5 Zentrum für Architektur und Kunst ... C2

Schlafen
6 Beibei Hotel ... C4
7 Central Old Street Hotel ... B2
8 Hanting Express ... C4
9 Haolin Business Hotel ... A2
10 Jindi Binguan ... B1
Internationale Jugendherberge Kazy ... (siehe 3)
11 Lungmen Grand Hotel ... C4
12 Modern Hotel ... B2

Essen
13 Cafe Russia 1914 ... B1
14 Ding Ding Xiang ... B3
15 Dongfang Jiaozi Wang ... B2
16 Dongfang Jiaozi Wang ... D4
17 Lebensmittelmarkt ... B2
18 Lao Chang Chunbing ... B2
19 Xiaochi Jie ... B2

Ausgehen
Aogu Yaba ... (siehe 3)
20 Ming Tien ... B1

Shoppen
21 Hongbo Century Square ... D4

Praktisches
22 Haerbin Railway International Travel Service ... C4

Transport
23 Bushaltestelle ... C4
24 Busse zum Park für Sibirische Tiger ... A2
25 Fernbusbahnhof ... C4

sisch-orthodoxen Sophienkathedrale mit dem unverwechselbaren grünen Zwiebelturm ist Harbins berühmtestes Wahrzeichen. Heute beherbergt der Bau aus dem Jahr 1907 das **Zentrum für Architektur und Kunst,** in dem Schwarzweißfotos von Harbin aus dem frühen 20. Jh. gezeigt werden. Bemerkenswert ist die Tatsache, dass die Beschriftungen eine sehr positive Haltung gegenüber dem ausländischen Einfluss in der Stadt vermitteln.

Stalinpark
PARK

(斯大林公园; Sidalin Gongyuan) Einheimische und Touristen kommen das ganze Jahr über im Stalinpark zusammen. Überall an der von Bäumen gesäumten Uferpromenade finden sich Statuen, Spielplätze und Cafes. Sie verläuft entlang eines 42 km langen Damms, der gebaut wurde, um den wilden Fluss Songhua zu zähmen. Das seltsame **Denkmal der Flutkontrolle** (防洪胜利纪念塔; Fanghong Shengli Jinianta) aus dem Jahr 1958 erinnert an die vielen Tausend Menschen, die in der Vergangenheit durch Hochwasser ums Leben kamen.

Sonneninselpark
PARK

(太阳岛公园; Taiyangdao Gongyuan) Am anderen Flussufer gegenüber dem Stalinpark liegt der Sonneninselpark, eine 3800 ha große Naherholungsfläche mit Landschaftsgärten, Miniaturwäldern, einer „Wasserwelt" und einem Städtchen im russischen Stil sowie verschiedenen kleinen Galerien und Museen. Hier lässt es sich wunderbar spazieren gehen und das, obwohl viele Bereiche nur gegen Eintrittsgeld begehbar sind.

Bootstickets zum Park (10 Yuan) werden am Dock direkt nördlich des Denkmals der Flutkontrolle verkauft. In nächster Nähe fährt auch eine **Seilbahn** (einfach/hin & zurück 50/100 Yuan; 8.30–18.30 Uhr).

Park für Sibirische Tiger
WILDSCHUTZGEBIET

(东北虎林园; Dongbeihu Linyuan; 88 Songbei Jie; Eintritt 90 Yuan; 8.30–16.30Uhr, letzte Führung 16 Uhr) Im Park für Sibirische Tiger haben die Besucher Gelegenheit, eines der seltensten Tiere (und die größte Raubkatze) der Welt ganz aus der Nähe zu sehen. Ehrlich gesagt bietet das städtische Zuchtgehege keinen sehr erbaulichen Anblick: Dort werden nämlich Besucher, die wie bei einer Safari in Bussen durch den Park gefahren werden, dazu animiert, lebende (!) Hühner (60 Yuan), Enten und sogar Kühe (2800 Yuan) zu kaufen und den Tigern

GROSSE KATZEN

Wie viele kraftvolle Wildtiere dieser Welt bezog auch der Amurtiger (Sibirischer Tiger) im 20. Jh. keinen echten Vorteil aus seiner Größe. Die größten Raubkatzen der Welt – die männlichen Tiger werden oft bis über 300 kg schwer – können in einem fairen Kampf leicht einen Braunbären zerfleischen, jedoch blieben sie chancenlos gegenüber Wilderern, Kriegen, Revolutionen, dem Bau von Eisenbahnstrecken und der wirtschaftlichen Entwicklung in ihren gewohnten Lebensräumen quer durch Russland, China und Korea. Heute sollen nur noch weniger als 400 dieser großartigen Raubkatzen durch die Wildnis Russlands streifen, in Korea sind sie ganz ausgestorben, und zwischen den chinesischen Provinzen Heilongjiang und Jilin gibt es insgesamt vielleicht noch 20.

Angesichts dieser trostlosen Zahl hat die chinesische Regierung mit der Einrichtung des weltgrößten Aufzuchtzentrums für Tiger in Harbin eine Maßnahme ergriffen, die den Bestand wieder vermehren soll. Am Anfang waren es nur acht Tiger; das Projekt war so erfolgreich, dass es jetzt wieder weltweit über 1000 Sibirische Tiger gibt.

Die Mehrheit lebt in Gefangenschaft, weswegen jede Sichtung eines Tigers in der Wildnis ein Grund zum Feiern ist. Im April 2012 war die Zahlenkampagne in vollem Gange, als im Naturschutzgebiet Wangqing in der Provinz Jilin zum ersten Mal ein wilder Sibirischer Tiger gefilmt wurde. Es wurde darüber spekuliert, ob es sich dabei um einen von mehreren Tigern handelte, die im März in Hunchun entlang der russischen Grenze aufgetaucht waren. Wenn das stimmt, könnte das ein Beweis dafür sein, dass sich die Raubkatzen derzeit wieder in südlichen Gefilden verbreiten, nämlich in ihrem angestammten chinesischen Gebiet.

zum Fraß vorzuwerfen. Zart besaiteten Besuchern sei davon abgeraten, der Fütterung im Rahmen einer solchen Tour beizuwohnen – für manche ist es gruselig mit anzusehen, wie Einheimische in Jubelschreie ausbrechen, während die gut versorgten Tiger gleichgültig ihre Beute zerfleischen.

Der Park liegt circa 15 km nördlich der Stadt. Die Busstrecken scheinen sich ständig zu ändern, am besten im Hotel oder Hostel nach den aktuellen Strecken fragen. Es fahren auch Taxis zum Stadtzentrum (30 bis 40 Yuan, einfache Fahrt).

Jüdisches Harbin HISTORISCHE GEBÄUDE

Der jüdische Einfluss in Harbin war überraschend langlebig; der letzte jüdische Einwohner der Stadt starb 1985. In den 1920er-Jahren lebten noch 20 000 Juden in Harbin, damals die größte jüdische Gemeinschaft in ganz Fernost.

Wer sich auf jüdische Spuren begeben möchte, ist hier genau am richtigen Ort. Die **Neue Synagoge** (哈尔滨犹太新会堂; Harbin Youtai Xinhuitang; 162 Jingwei Jie; Eintritt 25 Yuan; ⌚8.30–17 Uhr) wurde 1921 für die Gemeinde und auch in deren Auftrag gebaut. Ein Großteil der Gemeindemitglieder waren russische Auswanderer. 2004 wurde der Sakralbau restauriert und zu einem Museum umgebaut. Im Obergeschoss befindet sich eine Kunstgalerie mit Bildern und Fotografien des alten Harbin. Im 2. und 3. OG sind Fotografien und Exponate zu sehen, die den Besuchern die Stadtgeschichte und das kulturelle Leben der jüdischen Gemeinde in Harbin näher bringen wollen. Den Schilderungen zufolge führten die Juden hier ein fabelhaftes Leben, bei dem vor allem Sport, Musik und Unternehmertum im Mittelpunkt standen.

Bis zum Ende des Zweiten Weltkriegs war die **Tongjiang Jie** das Zentrum des jüdischen Lebens in Harbin. Viele Gebäude in dieser Straße stammen aus dem frühen 20. Jh. Das Museum gibt Aufschluss über die Nutzung der Zweckbauten. Sie beherbergten damals Bäcker, Metzger mit koscherer Fleischware und Kürschner. Die alte **Hauptsynagoge** (Youtai Jiuhuitang; 82 Tongjiang Jie) wurde im Jahr 1909 gebaut; heute sind hier ein Café und Geschäfte untergebracht sowie eine ausgezeichnete kleine Jugendherberge. In nächster Nähe befindet sich die ehemalige **Jüdische Mittelschule** (犹太中学; Youtai Zhongxue).

Ein Stück weiter an der Tongjiang Jie steht die **Türkische Moschee** (土耳其清真寺; Tuerqi Qingzhen Si) aus dem Jahr 1906. Sie wird nicht mehr als Moschee genutzt und kann nicht besichtigt werden.

Im äußersten Osten der Außenbezirke Harbins liegt der **Jüdische Friedhof Huangshan,** der größte im Fernen Osten. Hier befinden sich über 600 Gräber, die alle gut gepflegt sind. Eine Taxifahrt zu diesem Friedhof dauert etwa 45 Minuten und kostet um die 100 Yuan.

GRATIS **Japanische Basis für bakteriologische Kriegsführung** MUSEUM

(侵华日军第 731 部队遗址; Qinhua Rijun Di 731 Budui Yizhi; Xinjiang Dajie; ⌚Di–So 9–11 & 13–15.30 Uhr) Von allen Gräueltaten – dokumentiert in Kriegsmuseen von Dongbei –, welche an den Chinesen unter japanischer Besatzung zwischen 1939 und 1945 verübt wurden, reicht nichts an das heran, was in der berühmt-berüchtigten japanischen Basis für bakteriologische Kriegsführung – 731. Division – vor sich ging. Chinesische Kriegsgefangene und Angehörige der Zivilbevölkerung wurden lebendig eingefroren, an ihnen wurden Vivisektionen durchgeführt oder man infizierte sie mit Erregern von Beulenpest, Syphilis und anderen ansteckenden Krankheiten. 3000 bis 4000 Menschen kamen unter grausamsten Umständen ums Leben, darunter Russen, Koreaner, Mongolen und vermutlich auch einige amerikanische Piloten.

Das Hauptgebäude der Basis ist heute ein Museum mit Fotos, Skulpturen und Exponaten der von den Japanern verwendeten Ausrüstung. Es gibt umfangreiche englische Beschriftungen und einen Audioguide für 15 Yuan.

Die Basis liegt im äußersten Süden von Harbin. Die Busfahrt dauert etwa eine Stunde; in der Straße neben dem Postsamt an der Tielu Jie (gleich südwestlich des Bahnhofs) fährt Bus 343 (2 Yuan). An der Haltestelle Xinjiang Dajie aussteigen, gleich nachdem der Bus um die Ecke fährt bzw. die Yinjian Dajie verlässt; dann 500 m auf der Xinjian Daije zurücklaufen. Die Basis befindet sich auf der linken Straßenseite. Wer sich verlaufen hat, kann sich bei den Anwohnern nach dem Weg zum „Qi San Yi“ oder „731“ erkundigen.

Tempel

Die folgenden Tempel liegen in Gehweite voneinander entfernt. Der erste liegt abseits einer verkehrsfreien Straße, die man vom Bezirk Daoliqu aus mit dem Taxi erreicht. Der Konfuziustempel Wen Miao ist an einem Bogen rechts am Anfang der Fußgängerzone erkennbar. Unter dem ersten Bogen durchlaufen und beim zweiten Bogen links abbiegen. Zum Tempel sind es zehn Gehminuten auf der Wen Miao Jie.

Glückstempel BUDDHISTISCHER TEMPEL

(吉乐寺; Ji Le Si; 9 Dongdazhi Jie; Eintritt 10 Yuan; ⌚8.30–16 Uhr) Trotz des kommerziellen Betriebs am Ticketschalter wirkt die Atmosphäre um den Tempel authentisch religiös. Den Tempel zieren mehrere große Statuen, darunter der Milefo (Maitreya), Buddha der Zukunft, dessen Ankunft das Paradies auf Erden bringen wird sowie der Sakyamuni Buddha; die **Siebenstöckige Buddhistische Pagode** (七级浮屠塔; Qiji Futu Ta) aus dem Jahr 1924 gehört auch zum Gebäudekomplex. Der Eingang zum Tempel ist auf der linken Seite am Anfang der verkehrsfreien Straße.

GRATIS **Tempel Wen Miao** KONFUZIUSTEMPEL

(文庙; Wen Miao; 25 Wen Miao Jie; ⌚9–15.30 Uhr) Die friedliche und wenig besuchte Tempelanlage aus dem Jahr 1929 beansprucht für sich, der größte Konfuziustempel in Nordostchina zu sein. Das meiste, was man heute sieht, ist allerdings das Ergebnis einer Restauration in jüngster Vergangenheit. Ein Personalausweis ist für den Zutritt erforderlich.

Weitere Sehenswürdigkeiten

Heilongjiang-Museum für Wissenschaft & Technologie MUSEUM

(黑龙江省科技馆; Heilongjiangsheng Kejiguan; Erw/Ki 24/12 Yuan; ⌚Di–So 9–16 Uhr, letzter Kartenverkauf 15 Uhr) Das Kindermuseum liegt westlich vom Sonneninselpark. Im Fokus der Ausstellung stehen ansprechend gestaltete Präsentationen rund um Luft- und Raumfahrt, Akustik und Tontechnik, Transportwesen und Energiewirtschaft. Das Museum kann mit dem Taxi oder nach einer Bootsüberfahrt zu Fuß erreicht werden (4 km in westlicher Richtung, links die Straße entlang) – ein schöner Spaziergang!

Feste & Events

Eis- & Schneefestival EISSKULPTUREN

(冰雪节; Bingxue Jie; www.chinahighlights.com/festivals/harbin-ice-and-snow-festival.htm; ⌚9.30–21.30 Uhr) Harbins Hauptattraktion ist das berühmte Eis- und Schneefestival, das alljährlich von Dezember bis Februar veranstaltet wird und im Zhaolinpark sowie im Sonneninselpark stattfindet (offizielle Eröffnung am 5. Januar). Die Schnee- und Eisskulpturen präsentieren sich außergewöhnlich detailverliebt, fantasievoll und überaus exzentrisch in all ihren unterschiedlichen Formen: Zu sehen sind riesige Rekonstruktionen symbolträchtiger Bauten wie die Verbotene Stadt oder europäische Kathedralen, Tiergestalten und Figuren aus uralten Legenden. Nachts erstrahlen sie in leuchtenden Farben und verbreiten eine wahrhaft magische Atmosphäre.

Zwar kann es klirrend kalt sein, und die Sonne geht am frühen Nachmittag unter, aber das Festival ist die Hauptattraktion von Harbin – die Preise schnellen dementsprechend nach oben. Zum Programm gehören auch Eiskunstlauf-Shows und eine breite Vielfalt an Wintersportarten.

Das Festival findet an verschiedensten Austragungsorten statt, am bedeutendsten sind die **Eis- und Schneewelt Harbin** (Eintritt 300 Yuan) und die **Eisskulpturenausstellung** (Eintritt 240 Yuan) auf der **Sonneninsel**. Die Exponate der Eis- und Schneewelt werden am westlichen Rand der Insel am Nordufer des Songhua-Flusses präsentiert. Am besten können sie nachts bestaunt werden; das Tagesticket (gültig von 9.30 bis 13.30 Uhr) beinhaltet nicht den Zutritt zu den Nachtspektakeln.

Das **Eislaternenfest** findet im **Zhaolin-Park** (Eintritt 200 Yuan) statt; für viele ist das die uninteressanteste Veranstaltung. Hier ist es auch nachts am schönsten.

Taxifahrten sind teuer und zu Festivalzeiten oftmals schwer herbeizuwinken, jedoch stehen auch Pferdekutschen bereit, oder man läuft zu Fuß: Die Schauplätze auf der Sonneninsel sind tatsächlich leicht über den zugefrorenen Shonghua-Fluss erreichbar (1 bis 2 Std. einplanen!) Vor Kurzem sind die Eintrittspreise in astronomische Höhen geschossen, und man sollte sich nicht wundern, wenn sie sogar noch höher liegen als oben angegeben.

Schlafen

Die angenehmsten Unterkünfte gibt's entlang der Zhongyang Dajie im Bezirk Daoliqu oder im Bahnhofsviertel. Während des Eis- und Schneefestivals sind die Zimmerpreise um mindestens 20 % erhöht.

LP TIPP Internationale Jugendherberge Kazy JUGENDHERBERGE €

(卡兹国际青年旅舍; Kazi Guoji Qingnian Lüshe; ☎8469 7113; kazyzcl@126.com; 82 Tongjiang Jie; 通将街 82 号; B/EZ/2BZ mit Gemeinschaftsbad 40/60/80 Yuan, DZ mit Bad 140 Yuan; 📶) Die Jugendherberge hat in den unteren Etagen der alten Hauptsynagoge ihre Räumlichkeiten gefunden. In keiner Jugendherberge dieser Welt sind die Decken im Lobbybereich so hoch und die Gesamtfläche des Eingangsbereichs so geräumig wie hier. Die Mehrbettzimmer sind hell und sauber; eine echte Wonne ist es jedoch, in den Zimmern unterm Dach zu wohnen, auch wenn es dort keine Klimaanlage gibt. Die Fensterrahmen haben die Form eines Davidsterns. Das Personal ist freundlich. Zudem gibt's hier aus erster Hand praktische Informationen für Reise- und Ausflugsziele rund um die Stadt und quer durch die Provinz. Die Jugendherberge mit eigenem Waschsalon, Café und Kartenvorverkauf ist vor allem bei Inlandstouristen beliebt. Reservierung erforderlich.

Century Old Street Hotel HISTORISCHES HOTEL €€

(百年老街酒店; Bainian Laojie Jiudian; ☎8463 8888; Fax 8468 1157; 32 Zhongyang Dajie; 中央大街 32–40 号; DZ & 2BZ 198–298 Yuan; ❄@) Das Kulturerbehotel an der Zhongyang Dajie hat eine erstklassige Lage und bietet Komfortzimmer mit dunkler Wandvertäfelung. Unter Harbins Budget- und Mittelklassehotels ist es die erste Wahl! Die lichtdurchflutenden Eckzimmer mit ihren großen Fenstern und Ausblicken auf die Zhongyang Dajie sind echt spitze. Die Zimmer ohne Fenster kosten um die 130 Yuan – ein echtes Schnäppchen für diese Lage! Das Hotel liegt einen Häuserblock entfernt vom Anfang der Zhongyang Dajie. Gewöhnlich gibt es 30 % Rabatt.

Modern Hotel HISTORISCHES HOTEL €€€

(马迭尔宾馆; Madie'er Binguan; ☎8488 4000; www.hrbmodern.com; 89 Zhongyang Dajie; 中央大街 89 号; Zi. ab 680 Yuan; ❄@🏊) Dieses Hotel aus dem Jahr 1906 zählt zu den eindrucksvolleren Gebäuden in der Zhongyang Dajie. Vom originalen Marmor ist manches noch erhalten, und neben den hellen Holzakzenten gibt es Jugendstilelemente. Am besten sind die Zimmer mit freiem Internetzugang, das Frühstücksbuffet im eleganten Speisesaal ist im Preis inbegriffen. Der Eingang liegt auf der Hotelrückseite. Rabatte sind erhältlich.

Lungmen Grand Hotel HISTORISCHES HOTEL €€€

(龙门贵宾楼酒店; Longmen Guibin Lou Jiudian; ☎8679 1999; 85 Hongjun Jie; 红军街 86 号;

DZ/2BZ 480/680 Yuan; ❄@) Das Hotel mit kolonialem Touch hat fast nichts von seinem nostalgischen Charme eingebüßt: dazu gehören die Marmortreppe, die dunkel vertäfelten Korridore und die kupferne Drehtür. Das Lungmen gehört zu den besten Unterkünften der Spitzenklasse in der Stadt. Zwar liegt es direkt gegenüber dem Bahnhof, jedoch geht die Hotellobby zur Hongjun Jie hinaus mit Blick auf historische Kulturerbebauten. Auf den breiten Gehsteigen gelangt man schnell in Harbins Innenstadt mit all ihren Einkaufsmöglichkeiten. Rabatte sind erhältlich.

Jindi Binguan HOTEL €€
(金地宾馆; ☎8461 8013; 16 Dongfeng Jie; 东风街 16 号; EZ & DZ 150 Yuan, 2BZ 230–280 Yuan; ❄@) Wer gerne ein preiswertes Zimmer mit Blick auf den Fluss möchte, ist hier genau richtig! Die Zimmer sind geräumig, die meisten verfügen über eine Breitbandverbindung zum Internet; in den etwas teureren Zweibettzimmern steht ein PC bereit. Das Hotel befindet sich ganz am Ende der Zhongyang Dajie rechts ums Eck und noch vor dem Park, direkt hinter dem Hotel Gloria Plaza.

Haolin Business Hotel HOTEL €€
(昊琳商务连锁酒店; Haolin Shangwu Liansuo Jiudian; ☎400-060 6530; 26 Tongjiang Jie; 通将街 26 号; DZ/2BZ 218/268 Yuan; ❄@) Im Herzen des jüdischen Harbin in einem Viertel, wo es inzwischen jede Menge Restaurants und nächtliche Grillstände gibt, befindet sich diese neue Unterkunft im Stil eines Geschäftshotels mit überraschend komfortablen Zimmern: mit hohen Decken, hellen Interieurs und guten modernen Bädern. Ab Haolin sind es zwei Gehminuten bis in die Zhongyang Dajie. Rabatte in Höhe von 30 % sind möglich.

Hanting Express HOTEL €€
(汉庭快捷酒店; Hanting kuaijie Jiudian; ☎5180 1177; www.htinns.com; *huochezhan guangchang* Dian; 火车站广场店; DZ/2BZ 289/299 Yuan; ❄@📶) Dieses schicke, freundliche Hotel mit Business-Flair liegt im 2. OG eines Gebäudes rechts vom Bahnhofsplatz (am Bahnhofsausgang). Der Eingang ist neben einem KFC-Fastfoodrestaurant (eines von vielen in der Bahnhofsgegend). Zimmer mit Breitbandinternetverbindung und WLAN-Zugang in der Lobby.

Beibei Hotel HOTEL €€
(北北大酒店; Beibei Dajiudian; ☎8257 0960; www.bblsjd.com; 2 Chunshen Jie; 春申街 2 号; DZ/2BZ 198–228 Yuan; ❄@) Gleich links vom Busbahnhof, quasi mit Blick auf den Eingang, bietet das etwas abgewohnte Beibei eine günstige Übernachtungsmöglichkeit für alle, die mit einem frühen Bus oder Zug weiterreisen wollen. Jeden Tag sind auch Schnäppchen dabei, dann gibt es schon supergünstige Zimmer für 168 Yuan.

Essen

Harbins Gerichte sind eher scharf und bestehen aus eintopfähnlichen Kreationen, wie sie häufig auf den bebilderten Speisekarten unzähliger Lokale zu sehen sind. Köstlichen Hotpot, Fleisch vom Grill und russische Gerichte gibt es in den touristischen Bereichen auch. Die Zhongyang Dajie und ihre Seitenstraßen sind voller kleiner Restaurants und Bäckereien. Die Tongjiang Jie hat Obststände, Restaurants zum Verweilen und eine Fülle an Grillständen im Freien (mit Sitzgelegenheiten), die erst abends aufgebaut werden.

Im Sommer beleben Imbissstände und Biergärten die Nebenstraßen der Zhongyang Dajie; dort kann man ein Hapi (lokales Bier) schlürfen, und mit den Fingern essen, z. B. einen Kalamarispieß oder *yangrou chuan* (Lamm-Kebabs). Hier gibt es alle üblichen Straßensnacks.

Das ganze Jahr hindurch gibt es einen überdachten **Lebensmittelmarkt** (小吃城; *xiaochi cheng*; 96 Zhongyang Dajie; ⏲8.30–20 Uhr) mit Ständen, die ordentliches Brot, geräucherte Fleischspezialitäten, Würstel, Wraps und frische Gerichte anbieten sowie Nüsse, Kekse, Obst und Süßigkeiten. Hier lässt es sich wunderbar schnell frühstücken oder Proviant für eine längere Bus- oder Bahnreise einkaufen.

Südlich des Markts gegenüber der Straße lockt die unterirdische **Xiaochi Jie** (小吃街; Snack Street; Gerichte 8–15 Yuan), ein moderner Gastronomiehof mit einer Reihe günstiger Nudel- und Reisgerichte sowie Kebabs, Currys und Pastagerichte.

Dongfang Jiaozi Wang TEIGTASCHEN €
(东方饺子王; Orient King of Eastern Dumplings; Teller Teigtaschen 8–20 Yuan; ⏲10.30–21.30 Uhr; 📶📋) Distrikt Daoliqu (51 Zhongyang Dajie); Bahnhofgegend (72 Hongjun Jie) In diesen immer gut besuchten Filialen einer Restaurantkette sind nicht nur die preiswerten *jiaozi* (饺子; gefüllte Teigtaschen) empfehlenswert. Es gibt in diesem Restaurant auch eine Fülle schmackhafter vegetarischer Gerichte sowie ausgezeichnete

frisch gepresste Fruchtsäfte. Die Filiale an der Hongjun Jie befindet sich zehn Gehminuten südöstlich vom Bahnhof neben dem Overseas Chinese Hotel. In beiden Filialen gibt es englische Speisekarten. Was noch mehr überrascht: alle Filialen haben einen guten WLAN-Zugang ohne Passwort, der gewöhnlich auch draußen vor der Tür funktioniert.

Cafe Russia 1914 RUSSISCH €€
(露西亚咖啡西餐厅; Luxiya kafei Xican Ting; 57 West Ist Rd.; Gerichte 18–48 Yuan; ⏲10-Mitternacht) In diesem ruhigen, romantisch von Efeu bewachsenen Teehaus mit Restaurant und Café fühlt man sich in die Vergangenheit zurückversetzt. Schwarzweißfotos aus Harbins russischer Vergangenheit zieren die Wände, während altmodisches Mobiliar und der Kamin an frühere Zeiten erinnern. Zu essen gibt's vor allem russische Gerichte wie Borschtsch und *piroshki* (Piroggen mit Kohl, Kartoffeln und Fleisch). Auch russischer Wodka wird hier ausgeschenkt.

Das Restaurant befindet sich in einer Seitenstraße der Zhongyang Dajie in einem kleinen Innenhof.

Ding Ding Xiang HOTPOT €€
(鼎鼎香; Hotpot Paradise; 58 Jingwei Jie; Hotpot als Vorspeise ab 20 Yuan, Gerichte 12–68 Yuan; ⏲9.30–21 Uhr) Im Winter gehören Harbin und Hotpot zusammen wie Erdbeeren und Sahne. Im Sommer, nun ja, was gibt es Besseres als eine gut zubereitete Brühe, Berge von Gemüse und in dünne Streifen geschnittenes Fleisch zu essen? Das Essen in diesem dreistöckigen Hotpot-Palast kann sehr teuer sein, wenn man das berühmte Seafood und japanische Rindfleischgerichte bestellt, doch es ist ebenfalls möglich, mit bescheidenerem Aufwand gute Rindfleisch-, Lamm- oder Meeresfrüchtegerichte zu genießen. Unbedingt die leckeren Soßen (ab 5 Yuan) probieren, die zum Hotpot gereicht werden. Eine bebilderte Speisekarte erleichtert die Auswahl.

Lao Chang Chunbing FRÜHLINGSROLLEN €
(老昌春饼; Old Chang's Spring Rolls; 180 Zhongyang Dajie; Gerichte 12–38 Yuan; ⏲10.30–21 Uhr; 🗐) In diesem bekannten Geschäft für Frühlingsrollen, das sich im Untergeschoss befindet, kann man ein ganzes Oblatenset kaufen (1 Yuan pro Rolle), verschiedene Teller mit Fleisch- und Gemüsegerichten oder auch ein vollständiges Menü genießen.

Ausgehen & Unterhaltung

In Harbin gibt es das übliche Angebot an Karaoke-Lokalen (KTV). Wer für gemeinschaftliches Singen nichts übrig hat, findet auch einige Bars an der Zhongyang Dajie und in der Tiandi Lu und ihren Seitenstraßen. Im Stalinpark gibt's Biergärten mit günstigem Zapfbier und jeder Menge Snacks. Beim Essen verfolgen die Gäste gerne Sportsendungen auf großen Bildschirmen. Wer die neuesten Nachtclubs sucht, fragt sich am besten vor Ort durch.

Aogu Yaba CAFÉ
(傲古雅吧; 82 Tongjiang Jie; Getränke 18–35 Yuan; ⏲10-Mitternacht; 📶🗐) Ausgezeichneter Kaffee und ein ansprechendes Interieur mit nostalgischem Flair machen den Nebensaal der alten Jüdischen Hauptsynagoge zu einer der schönsten Lokalitäten in Harbin, um auf ein Getränk einzukehren. Das Essen ist allerdings mittelmäßig.

Ming Tien CAFÉ
(名典西餐; Mingdian Xican; www.hrbmingdian.com; 214 Shangzhi Dajie; Getränke 35–60 Yuan) Das auf zwei Stockwerke verteilte Café eignet sich gut für eine Verschnaufpause am Nachmittag mit einer Tasse Tee oder Kaffee. Sein leicht gehobenes Flair verdankt es dem Umstand, dass es sich in einem Kulturerbegebäude an der Shangzhi Dajie befindet. Man betritt es über einen Salon mit gedämpfter Atmosphäre und schlängelt sich hinauf über eine vom Blätterwerk eines Baums eingehüllte Treppe. Eine gro-

MIT DEM ZUG NACH RUSSLAND

Seit Mai 2012 fahren keine Züge mehr von Harbin nach Wladiwostok. Es fahren allerdings Züge nach Suife; von dort gibt es einen Anschlusszug nach Wladiwostok.

Reisende der Transsibirischen Eisenbahn nach oder von Moskau können ihre sechstägige Reise in Harbin beginnen oder beenden. Der **Harbin Railway International Travel Service** (哈尔滨铁道国际旅行社; Harbin Tiedao Guoji Lüxingshe; ☎5361 6717; www.ancn.net; Kunlun Hotel, 7. OG, 8 Tielu Jie) informiert über Reisen nach Russland

SKIFAHREN IN CHINA

Chinas Skitourismus ist allem Anschein nach eine Erfolgsstory. Seit 1996 mit 20 000 Gästen auf den Skipisten ist die Anzahl der Wintersportler bis einschließlich 2012 auf ca. 15 Mio. gestiegen. Heute gibt es über 20 große Resorts im ganzen Land; die Skigebiete sind auf die Provinzen Heilongjiang, Yunnan und Hebei verteilt.

Brancheninsidern zufolge schreiben jedoch die meisten Resorts seit Jahren rote Zahlen, weil der durchschnittliche Besucher nur einmal das Skifahren ausprobiert und dann nicht wieder kommt. Hänge und Resorts zu bauen war einfach, die Instandhaltung im Entwicklungsverlauf der chinesischen Skisportwelt hingegen nicht. Im Jahr 2012 flammte jedoch erneut Hoffnung auf, als eine weitere Investitionswelle einsetzte. Dieses Mal stand der Luxusbereich im Mittelpunkt; gleichzeitig wollte man mehr Pisten und Einrichtungen für absolute Anfänger schaffen.

Die größten Resorts in Chinas Norden sind Jilins **Skigebiet Beidahu** (s. S. 349) und Heilongjiangs **Skiresort Yabuli** (亚布力滑雪中心; Yabuli Huaxue Zhongxin; www.yabuliski.com), 200 km südöstlich von Harbin. Yabuli, Chinas erste Hochburg des Wintersports, ist nach wie vor das Trainingszentrum für das chinesische Olympiateam. Seit 2009 hat sich das Skiresort über zwei Berge ausgebreitet, und damit sind auch Pisten aller Schwierigkeitsgrade entstanden (Anfänger, fortgeschrittene Anfänger und Fortgeschrittene) sowie für eine Viersternelodge, die auch den Bedürfnissen westlicher Gäste gerecht wird.

Die neuesten Hänge der Region, die gerade für den Wintersport erschlossen werden, befinden sich in den Bergen des **Changbai Shan** an der chinesisch-nordkoreanischen Grenze. In der Wintersaison 2012–13 wurde das Skiresort Shanbai Shan ca. 20 km vom Flughafen entfernt eröffnet. Auf den zwei Bergen können 20 Pisten befahren werden; außerdem bietet ein Bergdorf mit Luxusflair Hotels, Restaurants und Ferienwohnungen.

Skipässe kosten im Durchschnitt ca. 500 Yuan pro Tag, an Werktagen etwas weniger. Der Verleih von Skibekleidung und -ausrüstung kostet weitere 140 Yuan. Aktuelle Informationen zu allen größeren Skigebieten Chinas sowie Tipps zu Transportmöglichkeiten und Touren findet man auf der ausgezeichneten Webseite von **China Ski Tours** (www.chinaskitours.com/home.html).

ße Loungenische aus braunem Leder eröffnet Ausblicke auf den Zhaolin-Park – und auf eine seltsame Tapete. Eklektisch ist aber auch die Speisekarte: angefangen bei Borscht bis zur Pizza für hungrige Mäuler.

Shoppen

Einige Läden an der **Zhongyang Dajie** zeigen deutlich kriegerische Züge mit ihren Imitationen russischer und chinesischer Tarnuniformen, die neben Furcht einflößenden Messern verkauft werden, die man besser nicht ins Flugzeug mitzunehmen versucht. Es gibt hier aber auch Kaufhäuser, Boutiquen und viele westliche Ladenketten mit Kleidung im westlichen Stil. Souvenirgeschäfte mit russischem Schnickschnack, Puppen, Ferngläser und auch Wodka und anderen Spirituosen gibt es überall in der Stadt.

Einheimische steuern für ihre Einkäufe die Dongdazhi Jie sowie das riesige unterirdische Einkaufszentrum **Hongbo Century Square** (红博世纪广场; Hongbo Shiji Guangchang; ⌚6.30–17 Uhr) für Damen- und Herrenbekleidung an.

Praktische Informationen

Überall in der Stadt gibt es Geldautomaten. In vielen großen Hotels kann auch Geld gewechselt werden. Die meisten Mittel- und Spitzenklassehotels verfügen über einen Ticket-Service bzw. organisieren geführte Touren quer durch die Provinz.

Bank of China (中国银行; Zhongguo Yinhang; Xi'Er Dao Jie) hat einen Geldautomaten, der rund um die Uhr in Betrieb ist und tauscht Reiseschecks gegen Bargeld. Die Bank liegt in einer Seitenstraße der Zhongyang Dajie und ist von der Hauptstraße aus leicht zu erkennen.

Civil Aviation Administration of China (CAAC; Zhongguo Minhang; 101 Zhongshan Lu)
Im CAAC-Hotel sind Flugtickets und Fahrkarten für Shuttlebusse zum Flughafen erhältlich.

Harbin Modern Travel Company (哈尔滨马迭尔旅行社; Harbin Madie'er Lüxingshe;

http:hotel.hrbmodern.com; 89 Zhongyang Dajie) Das Reisebüro im 2. OG des Modern Hotel organisiert ein-/zweitägige Skiaufenthalte in Yabuli. Flugtickets nach Mohe und andere Regionen sind ebenfalls erhältlich.

 An- & Weiterreise

Bus

Der Hauptfernbusbahnhof liegt direkt gegenüber dem Bahnhof. Tickets sind im 2. OG erhältlich.

Changchun 76 Yuan, 4 Std., stündl. 8–17 Uhr

Mudanjiang 96 Yuan, 4½ Std., stündl. 8–17 Uhr

Wudalian Chi 67 bis 79 Yuan, 5–6 Std., 3-mal tgl. (9, 11.30 und 13.30 Uhr). Der Bus um 13.30 Uhr bietet den meisten Komfort.

Beian 65 bis 82,5 Yuan, 5 Std., 4-mal tgl. (7.10, 8.30, 14.20 und 16.30 Uhr)

Flugzeug

Harbin Taiping International Airport hat Flüge nach Russland und Südkorea sowie Verbindungen auf folgenden Inlandsstrecken:

Beijing 960 Yuan, 1 Std. 50 Min.

Dalian 840 Yuan, 1½ Std.

Mohe 1610 Yuan, 2½ Std., 2-mal tgl. (8.20 und 13 Uhr)

Zug

Harbin stellt einen wichtigen Eisenbahn-Verkehrsknotenpunkt dar. Es gibt Verbindungen in den gesamten Nordosten des Landes und darüber hinaus. Wer sich nicht in die Warteschlangen am Bahnhof einreihen will, kauft die Tickets am nahegelegenen **Bahntickebüro** (Tielu Jie; ⌚8–17 Uhr) links neben dem Hotel Kunlun.

Beijing harter Sitz/Schlafwagen 158/270 Yuan, 10–16 Std.

Beijing (D-Zug) Sitz 267 Yuan, 9 Std.

Changchun (D-Zug) Sitz 72 Yuan, 2 Std., 6-mal tgl.

Mohe Hart-/Weichschläfer 246/400 Yuan, 21 Std.

Mudanjiang Hartsitzer/Schlafwagen 48/94 Yuan, 5–7 Std.

Shenyang Hartsitzer/Schlafwagen 76/134 Yuan, 6–7 Std.

Shenyang (D-Zug) Sitz 161 Yuan, 4 Std., 5-mal tgl.

 Unterwegs vor Ort

Vom/zum Flughafen

Harbins Flughafen liegt 46 km vom Stadtzentrum entfernt. Ab dem Flughafen fahren Shuttlebusse (20 Yuan) zum Bahnhof oder zum CAAC-Büro. In Richtung Flughafen fahren die Shuttlebusse den ganzen Tag von 17.30 bis 19.30 Uhr halbstündlich am CAAC-Büro ab. Ein Taxi (100 bis 125 Yuan) braucht 45 Minuten bis eine Stunde – je nach Verkehrslage.

Öffentliche Verkehrsmittel

Die Busse 101 und 103 verkehren ab dem Bahnhof und folgen der Shangzhi Dajie; die Endhaltestelle ist am Nordende der Zhongyang Dajie (Alte Straße). Die Haltebucht beider Busse befindet sich links vom Bahnhofsausgang auf der gegenüberliegenden Straßenseite (wo sich die Chunshen Jie und die Hongjun Jie kreuzen).

Ende 2012 fanden die ersten Testfahrten auf der ersten, seit langem erwarteten U-Bahnlinie von Harbin statt.

Taxi

In der Stadt sind ziemlich viele Taxis unterwegs, an nassen Tagen sind sie allerdings schnell besetzt. Die Grundgebühr für eine Taxifahrt beträgt 8 Yuan.

Mudanjiang 牡丹江

☎0453 / 764 000 EW.

Mudanjiang, eine angenehme, überraschend moderne Kleinstadt, umgeben von einer reizvollen Landschaft, ist der Ausgangspunkt für einen Abstecher zum nahegelegenen Jingpo Hu (Spiegelsee) und zum Untergrundwald. Die Taiping Jie ist die Hauptverkehrsader der Stadt und verläuft direkt südlich vom Bahnhof. Zwei Häuserblocks weiter befindet sich eine Filiale der **Bank of China** (中国银行; Zhongguo Yinhang), wo man (wenn auch sehr langsam) Reiseschecks in Bargeld umtauschen kann. Der Geldautomat ist rund um die Uhr in Betrieb.

Schlafen & Essen

In der Bahnhofsgegend bieten sich eine Reihe guter Hotels an, weswegen man nicht weiter in der Stadt suchen muss. Budgetunterkünfte befinden sich gleich rechts vom Bahnhofsausgang. Gleich hinter dem Bahnhofsplatz reihen sich an der Guanghua Jie einige Pensionen aneinander, davon sind mindestens sechs eine gute Wahl. Die Preise liegen bei allen mehr oder weniger auf gleichem Niveau, und dabei sind sie überraschend passabel ausgestattet: Betten in Mehrbettzimmern sind für 20 Yuan zu haben, Zimmer mit Gemeinschaftsbad für ca. 40 Yuan und Zimmer mit eigenem Bad (und manchmal sogar mit einem PC) für 80 Yuan.

Überall im Viertel gibt es jede Menge günstige Restaurants; weitere findet man

LAND DER KRANICHE

In Nordostchina gibt es mehrere Naturschutzgebiete, die zum Schutz der bedrohten Wildkraniche angelegt wurden . Das **Naturschutzgebiet Zhalong** (扎龙自然保护区; Zhalong Ziran Baohuqu) in der Nähe von Qiqihar ist von diesen Schutzgebieten das am besten zugängliche und wird am meisten besucht. Hier leben an die 260 Vogelarten, zu denen auch verschiedene seltene Kranicharten zählen. Darunter befinden sich auch vier Zugvogelarten: seltene Mandschurenkraniche, Weißnackenkraniche, Sibirische Kraniche und Haubenkraniche.

Das Reservat erstreckt sich auf 2100 km^2 Feuchtgebiete. Es liegt auf der Zugroute von Wandervögeln, die aus der russischen Arktis nach Südostasien ziehen. Von April bis Mai kommen Hunderte von Vögeln an, die hier ihre Jungen von Juni bis August aufziehen, bis diese flügge werden. Zwischen September und Oktober ziehen sie dann wieder ab. Leider lebt ein Großteil der Vögel wie in einem Tierpark in Käfigen, die sie nur einmal pro Tag verlassen dürfen, um den Besuchern als Fotomotiv zu dienen.

Die beste Reisezeit für einen Abstecher nach Zhalong ist im Frühling. Im Sommer können schon mal mehr Mücken als Vögel in der Luft herumschwirren – Antimückenspray nicht vergessen!

Das **Nationale Naturschutzgebiet Xianghai** (向海; Xianghai Guojia Ziran Baohuqu) liegt 310 km westlich von Changchun in der Provinz Jilin auf der Zugroute der Sibirischen Kraniche.

Die seltenen Mandschurenkraniche, Weißnackenkraniche und Jungfernkraniche brüten hier. Über 160 Vogelarten, darunter mehrere dieser Kraniche, wurden im **Nationalen Naturschutzgebiet Horqin** (科尔沁; Ke'erqin Guojia Ziran Baohuqu) registriert, das an Xianghai in der Inneren Mongolei grenzt. Das **Nationale Naturschutzgebiet Momoge** (莫莫格; Momoge Guojia Ziran Baohuqu) in der nördlichen Provinz Jilin ist auch ein bedeutendes Feuchtbiotop mit Vogelbrutstätten.

Weitere Infos über Chinas Kraniche und diese Naturschutzgebiete erteilt die **International Crane Foundation** (www.savingcranes.org); außerdem lässt sich Wissenswertes auf der Webseite des **Sibirischen Kranichprojekts in den Feuchtgebieten** (www.scwp.info) nachlesen.

auch in den Seitenstraßen der Qixing Jie, die sich 500 m weiter mit der Taiping Jie kreuzt. Die Dongyitiao Lu (Nebenstraße, die von der Qixing Jie abzweigt) ist eine belebte verkehrsfreie Straße mit einem breiten Angebot an Imbissständen (Gegrilltes, Nudeln und Snacks), die abends geöffnet sind.

Home Inn HOTEL €€
(如家快捷酒店; Rujia Kuaijie Jiudian; ☎6911 1188; 651 Guanghua Jie; 光花街 651 号; Zi. 129–179 Yuan; ⊖❄@📶) Die wahrscheinlich preiswertesten Zimmer rund um den Bahnhof bietet diese gut geführte Hotelkette rechts vom Bahnhofsausgang. In den oberen Etagen ist Rauchen verboten; die Zimmer sind trotz der Lage sehr ruhig.

Shuanglong Jiaozi Wang TEIGTASCHEN €
(双龙饺子王; Ecke Qixing Jie & Taiping Jie; Teigtaschen 12–25 Yuan; ⏲9–21 Uhr) Hier gibt's eine große Auswahl an *jiaozi* sowie die üblichen klassischen Dongbei-Gerichte. Das Lokal befindet sich in einer Seitenstraße der Taiping Jie: Links abbiegen und dann taucht rechter Hand schon das große Glasgebäude mit dem englischen Schild auf. Eine Speisekarte mit Abbildungen macht das Bestellen leichter.

An- & Weiterreise

Bus

Fernbusse halten gewöhnlich in Bahnhofsnähe und fahren nur ein paar Kilometer vom Bahnhof entfernt ab (客车站; *ke chezhan*). Eine Taxifahrt zum Bahnhof kostet 6 Yuan.

Dongjing Cheng 15 Yuan, 1¼ Std.

Harbin 70 Yuan, 4½ Std., alle 40 Min. (5–6 Uhr)

Yanji 71 Yuan, 5 Std., 6.30 und 11.30 Uhr

Zug

Mudanjiang hat folgende Zugverbindungen:

Harbin Hartsitzer/Schlafwagen 54/100 Yuan, 5–7 Std., regelmäßige Verbindungen

Suifenhe Sitz 30–47 Yuan, 5 Std.

Yanji Hartsitzer/Schlafwagen 22/56 Yuan, 6 Std., 1-mal tgl. (16.26 Uhr)

Rund um Mudanjiang

JINGPO HU

Der **Jingpo Hu** (镜泊湖; Spiegelsee; www.jingpohu.com.cn; Eintritt 80 Yuan), 110 km südlich von Mudanjiang gelegen, bildete sich vor 5000 Jahren in einer Biegung des Mudan Jiang durch die Lavaströme von fünf Vulkanausbrüchen. Seine Bezeichnung verdankt der See den ungewöhnlich klaren Spiegelungen des umliegenden saftig grünen Waldes in seinem makellos blauen Wasser.

Im Sommer ist der See bei chinesischen Tagesausflüglern äußerst beliebt, die hier paddeln oder am Ufer picknicken. Wer am See entlangwandert und den Menschenmassen entkommt, findet hier ein sehr angenehmes Plätzchen. Alternativ bieten sich Ausflugsfahrten an Bord einer Fähre rund um den See an (80 Yuan).

Sehenswertes

Wasserfall Diaoshuilou WASSERFALL

Eine der größten Attraktionen in der Gegend ist dieser 12 m hohe und 300 m breite **Wasserfall** (吊水楼瀑布; Diaoshuilou Pubu). In der Regenzeit, wenn der Diaoshuilou seine Höchstmenge an Wasser führt, ist der Anblick des tosenden Wassers spektakulär, im Sommer jedoch tröpfelt das Wasser wie ein Nieselregen über die Kante.

Den Wasserfall kann man in fünf Minuten auf der Hauptstraße über den Nordeingang erreichen – immer den englischen Wegweisern nach!

Untergrundwald WALD

(地下森林; Dixia Senlin; Eintritt 40 Yuan) Trotz seines Namens befindet sich der Untergrundwald nicht etwa unter der Erde, sondern er wuchs in den Kratern von Vulkanen, die vor etwa 10000 Jahren ausbrachen. Die Wanderung durch den dichten Kiefernwald zu einigen der zehn Krater dauert etwa eine Stunde.

Der Wald liegt 50 km vom Jingpo Hu entfernt. Bei den meisten Tagestouren halten die Busse zum See auch bei diesem Wald; ansonsten einen Bus ab dem Nordtor von Jingpo nehmen. Die einstündige Anfahrt lohnt sich nicht wirklich, wenn man nur einen Tag am See verbringt.

Schlafen & Essen

Eine Nacht im Park zu verbringen und den See in aller Stille zu genießen, wenn die Menschenmassen in ihre Hotels in Mudanjiang zurückgekehrt sind, ist eine angenehme Variante.

Jingpo Hu Shanzhuang Jiudian HOTEL €€

(镜泊湖山庄酒店; ☎627 0039, 139 0483 9459; Zi. 200–300 Yuan) Ein Hotel, das man nicht links liegen lassen sollte, befindet sich in der Nähe des Seeufers an der ersten Ausstiegsstelle der Shuttlebusse. Dort ist auch ein kleiner Badestrand. Das Hotelrestaurant bietet ordentliches Essen, jedoch etwas überteuert.

An- & Weiterreise

Die einfachste Möglichkeit, zum Jingpo Hu zu gelangen, ist die Teilnahme an einem Tagesausflug (Kontakt ☎139 4533 1797). Die Busse fahren ab dem Bahnhof Mudanjian von 6.30 bis 19.30 Uhr. Die Pauschaltouren kosten 235 Yuan inkl. Transportkosten, Eintritt, Bootsausflug und zwei Shuttlebustickets (zur Anlegestelle der Fähre und zurück).

Wer allerdings alleine aufbrechen will, steuert zuerst das staubige Dongjing Cheng (东京城) an. Busse nach Dongjing Cheng (15 Yuan, 1 ½ Std., häufige Verbindungen) fahren vom lokalen Busbahnhof Mudanjiang (客车站; *ke chezhan*) ab; bis hierher fahren Taxis (6 Yuan). Nun geht es weiter in Kleinbussen (10 Yuan, 40–60 Min.) zum See. Sie fahren entweder vor dem Bahnhof in Dongjing Chen ab (ca. 0,5 km die Straße entlang laufen, wo der Bus aus Mudanjiang seine Fahrgäste aussteigen lässt), oder direkt auf der gegenüberliegenden Straßenseite. Am späten Nachmittag bekommt man gewöhnlich einen Sitzplatz in einem der Tourenbusse, die direkt nach Mudanjiang zurückfahren (30 Yuan).

Unterwegs vor Ort

Das Ticketbüro für den See befindet sich am Nordtor (Beimen). Von hier sind es etwa fünf Gehminuten zu einem Parkplatz, wo man in Shuttlebusse zum See, zur Anlegestelle der Fähre (Ticket bis Jingpo Shanzhuang kaufen; 镜泊山庄) und zu anderen Sehenswürdigkeiten einsteigen kann (12 Yuan pro Fahrt). Der Diaoshuilou-Wasserfall befindet sich direkt hinter diesem Parkplatz.

Wudalian Chi 五大连池

☎0456

Das Naturschutzgebiet Wudalian Chi ist das Ergebnis einer ganzen Reihe von Vulkanausbrüchen und eine der faszinierendsten Landschaften Chinas, die ihre Besucher in den Bann zieht. Mit seinen weitläufigen erkalteten Lavafeldern, Basaltflüssen, Vulkankegeln, azurblauen

Kraterseen und einem seltsamen schilfgesäumten Teich ist es ein echtes Niemandsland. Hier könnte man wirklich tagelang auf Erkundungstour gehen.

Der letzte Vulkanausbruch fand im Jahr 1720 statt. Damals blockierte die Lava den nahen Nordfluss (Bei He), und es entstand auf diese Weise eine Reihe von fünf miteinander verbundenen Seen, die der Gegend ihren Namen gaben. Wudalian Chi liegt etwa 250 km nordwestlich von Harbin. Neben der Vulkanlandschaft bietet die Gegend auch noch Mineralquellen, von denen ganze Busladungen chinesischer und russischer Touristen angezogen werden, die das angeblich heilkräftige Wasser schlürfen. Es kommen so viele Russen, dass die Straßenschilder zweisprachig chinesisch und russisch sind.

Von einer richtigen Stadt kann man hier nicht reden, die Ortschaft besteht lediglich aus einer ansprechenden baumgesäumten Straße namens Yaoquan Lu. Alles, was Reisende brauchen, gibt es in einem Abschnitt westlich vom Busbahnhof. Das Viertel zwischen der Yaoquan Lu und der Shilong Lu (etwa 3 km von der Bushaltestelle) ist der Kernbereich der Hotelzone. Hierher kostet eine Taxifahrt ab dem Busbahnhof 5 bis 10 Yuan.

Seit kurzem suchen sich Touristen gerne in Wudalian Chi Shi (五大连池市), einer richtigen Stadt ca. 20 km von den Vulkanen entfernt, eine Unterkunft. Dort lassen die meisten Busse aus Harbin ihre Fahrgäste aussteigen.

Die beste Reisezeit für einen Besuch des Naturschutzgebietes ist zwischen Mai und Oktober.

Sehenswertes & Aktivitäten

In der flachen Landschaft wäre ein Fahrrad das beste Fortbewegungsmittel, um alle Sehenswürdigkeiten zu besichtigen. Günstige Fahrräder kann man auch für einen Ausflug rund um Gongren Liaoyangyuan (20 Yuan pro Std.) mieten. Für halbtägige Ausflüge zu den Seen, Vulkanen und Grotten nehmen sich die meisten Besucher ein Taxi (150 Yuan). Den Preis gilt es vorher zu verhandeln, um sicher zu gehen, dass die Wartezeiten bei jeder Besichtigung inbegriffen sind (5 bis 10 Yuan). Wer nicht so viel Zeit hat, besucht eben nur den Laohei Shan. Damit ist schon ein Großteil von dem erkundet, was die Gegend zu bieten hat.

LP TIPP Laohei Shan VULKAN
(老黑山; Eintritt 80 Yuan plus 25 Yuan Shuttlegebühren; ⏲Mai–Okt. 7.30–19 Uhr) Zum Gipfel des Laohei Shan, einem von den 14 Vulkanen in dieser Gegend, führt ein fast ein Kilometer langer Treppenweg. Vom Kraterrand aus bieten sich Panoramablicke auf die Seen und andere Vulkane.

Mit dem Taxi bis zu einem Ticketstand fahren. Von hier einen Shuttlebus bis zu einem großen Parkplatz nehmen, wo der Wanderpfad beginnt. Linker Hand geht's auf den Gipfelpfad, rechter Hand führt eine kurze Wanderung zum **Shi Hai** (石海; Steinmeer), einem herrlichen Lavafeld.

Wieder zurück auf dem Parkplatz kann man einen kleineren grünen Shuttlebus zum **Huoshao Shan** (火烧山) nehmen. Am Ende der Straße befindet sich eine weitere Ansammlung von bizarr geformtem Lavagestein. Dieser Abschnitt ist einer von Wudalian Chis bezauberndsten Gegenden. Zwischen Lavabrocken haben sich Flüsse ihr Flussbett gegraben, gesäumt von **Birkenwäldern,** Kurzgrassteppen, Teichen und weitläufigen Lavafeldern. Dieses Areal erstreckt sich auf 5 km. Theoretisch kann man locker zu Fuß zurückgehen – jedoch vorsichtig, denn die Fahrer der Shuttlebusse fahren in rasender Geschwindigkeit an einem vorbei.

Steindorf Longmen LAVAFELD
(龙门后塞奇观观光区; Longmen Housai Qiguan Guanguangqu; Eintritt 50 Yuan; ⏲Mai–Okt. 7–18 Uhr) Auf diesem imposanten Lavafeld kann man auf Stegen zwischen den Lavabrocken durch einen Wald aus Weiß- und Zuckerbirken spazieren, der sich zu beiden Seiten weit ausdehnt.

Eishöhlen HÖHLEN
(熔岩冰洞; Rongyan Bingdong; Eintritt 30 Yuan; ⏲Mai–Okt. 7.30–18 Uhr) Familien mit kleinen Kindern wird allein schon der Anblick der Eisskulpturen erfreuen, oder auch ein Besuch der **Lavaeishöhle** und der nahegelegenen **Lavaschneehöhle** (熔岩雪洞; Rongyan Xuedong; Eintritt 30 Yuan; ⏲7.30–18 Uhr), wo es das ganze Jahr über frostige -5°C kalt ist. Wer keinen eigenen warmen Mantel trägt, kann an beiden Höhlen einen Mantel ausleihen (10 Yuan).

Schlafen & Essen

An der Yaoquan Lu, der Hauptverkehrsachse von Ost nach West quer durch Wudalian Chi Shi, liegen über ein Dutzend

Hotels, die von Mai bis Oktober geöffnet sind. Besser im Voraus buchen, wenn man nicht das Risiko eingehen will, leer auszugehen.

Das Naturschutzgebiet ist auf Gruppenreisende ausgerichtet. Individualreisende, die nicht in einem Hotel mit Restaurant wohnen, gehen direkt südlich des Viertels zwischen der Yaoquan und der Shilong Lu essen. Dort gibt's jede Menge leckere Sachen, die richtig satt machen (Gerichte 5–48 Yuan), darunter die fünf typischen Fischarten, für die die Gegend so berühmt ist. Natürlich sind auch günstige *jiaozi* sowie Gerichte vom Grill zu haben. Einige Lebensmittelläden verkaufen Obst und importierte Snacks – dazu gehört auch echte Schokolade.

Ein Aufenthalt in Wudalian Chi Shi ist eine gute Alternative zu Wudalian Chi. Die Stadt ist nicht ganz so einladend, es wird aber ständig daran gearbeitet, die Gehsteige zu verbreitern und die Straßen zu begrünen. Nur wenige Gehminuten von der Bushaltestelle entfernt gibt es eine Handvoll Hotels und jede Menge Restaurants.

Gongren Liaoyangyuan HOTEL €€
(工人疗养院; Workers Sanatorium; ☎722 1569; www.hljwdlc.com; DZ/2BZ 180/360 Yuan; ❄) Dieses Kellergewölbe mit langen Korridoren, die an den Film *The Shining* erinnern, ist bei russischen Touristen beliebt. Das parkähnliche Grundstück verströmt eine angenehme Atmosphäre, und das Restaurant mit chinesischen und russischen Gerichten hat ein gutes Preis-Leistungs-Verhältnis; hier können jedoch nur Hotelgäste speisen. Abseits der Hauptstraße zwischen dem Tor und dem Hauptgebäude reihen sich jede Menge Geschäfte mit Fahrradverleih (20 Yuan pro Std.).

Keyun Binguan HOTEL €
(客运宾馆; ☎261 6666; DZ/2BZ 100 Yuan; ❄) In Wudalian Chi Shi direkt neben dem Busbahnhof bietet dieses freundliche und recht saubere Hotel eine gute Übernachtungsmöglichkeit fürs kleine Portemonnaie. Auf der gegenüberliegenden Straßenseite gibt es ein paar günstigere Restaurants, und vormittags stehen vor dem Hotel Taxis, die Tagesausflüge nach Wudalian Chi (150 Yuan) anbieten.

Praktische Informationen

Zwischen dem Busbahnhof und der Hotelzone befindet sich ein Besucherzentrum mit guten Stadtplänen und Umgebungskarten (5 Yuan) in englischer Sprache. In Wudalian Chi gibt es weder Banken noch Geldautomaten, die ausländische Kreditkarten akzeptieren.

An- & Weiterreise

Bus

Wudalian Chi und Wudalian Chi Shi haben jeweils einen Busbahnhof. Direktbusse aus Harbin (67 bis 79 Yuan, 6 Std., 3-mal tgl. um 9, 11.30 und 13.30 Uhr) lassen ihre Fahrgäste außerhalb von Wudalian Chi Shi aussteigen, selbst wenn das Ticketbüro in Harbin beteuert, dass dem nicht so sei. Die restliche Fahrtstrecke mit dem Taxi kostet 40 Yuan.

Von Wudalian Chi fahren Busse zurück nach Harbin (67 bis 79 Yuan, 6 Std., 5.40 und 8.10 Uhr) bzw. auch von Wudalian Chi Shi (6.50 und 8.20 Uhr). Es verkehren auch Busse nach Heihe und Beian, dem nächstgelegenen Bahnhof mit Verbindungen nach Harbin.

Russisches Grenzgebiet

Ein Großteil der entlegenen nordöstlichen Grenze zwischen China und Sibirien folgt dem Verlauf des Schwarzen Drachenflusses (Heilong Jiang), den die Russen Amur nennen. In dieser Region befinden sich sibirische Wälder und aussterbende Siedlungen ethnischer Minderheiten aus dem Norden wie den Daur, Ewenki, Hezhen und Oroqen.

Zu den größeren Städten im hohen Norden gehören Mohe und Heihe. Letztere Stadt ist ein beliebtes Einkaufsreiseziel für Menschen aus der Provinz. Suifenhe an der östlichen Grenze ist das Tor nach Wladiwostok.

MOHE & BEIJICUN (NORDLICHTDÖRFER) 北极村,漠河

☎0457

China ist riesig – soviel dürfte jedem Reisenden im Reich der Mitte klar sein. Diese endlosen Weiten sind geprägt von zahlreichen Landschaften, Ökosystemen und Klimazonen. Chinas nördlichste Stadt, Mohe, die zwischen kargen Kiefernwäldern und weiten Moorlandschaften eingebettet liegt, hält den Rekord für die tiefsten Temperaturen des Landes mit einem Wert von -52,3°C, der 1956 verzeichnet wurde. Am gleichen Tag jedoch scheint am südlichsten Ende des Landes die Sonne: In Sanya lockt ein tropischer Strand mit azurblauem Wasser und Kokospalmen – dort liegen die Temperaturen bei fast 20 °C.

Mohe ist einer der beeindruckendsten Ausläufer Chinas. Das Grenzgebiet schafft nicht nur eine landschaftliche, sondern auch eine architektonische Einheit zwischen den Nachbarn.

1985 brannte das Städtchen im Zuge eines Waldbrandes bis auf seine Grundmauern nieder. Als es an die Wiederaufbauarbeiten ging, wurde ein Beschluss gefasst: Aufgrund der Nähe zu Russland und der Bande zwischen Heilongjiang und seinem Nachbarn im Norden, wurden die Straßen im Stil der russischen Kaiserära wieder aufgebaut. Dazu gehören Elemente wie Dome mit Zwiebeltürmen, Säulenportale und Fassaden, an denen sich schmale Fenster aneinanderreihen.

Am bekanntesten ist Mohe heute aufgrund der Mitternachtssonne, die Ende Juni während des alljährlichen **Nordlichtfestes** (北极光节; Beijiguang Jie) 22 Stunden lang scheint. Seltsamerweise ist es nach Aussagen der Einheimischen nur in der Dämmerung möglich, die Nordlichter zu sehen. Später im Sommer, wenn es länger dunkel ist, erscheinen die Lichter angeblich nicht.

Noch ein Stück weiter nördlich von Mohe liegt an den Ufern des Schwarzen Drachenflusses das weitläufige Beijicun (北极村; Nordlichtdorf), Dorf und Erholungsgebiet zugleich, im Grenzgebiet zwischen China und Russland. Von dort aus kann man nur noch in Richtung Süden zurückreisen. Eines der Häuser wird sogar **China Nr. 1** (中国最北一家), Chinas erstes Haus, genannt. Um die Gegend zu besichtigen, muss man ab Mohe ein Taxi nehmen (ca. 250 bis 300 Yuan hin & zurück).

Beijicun ist geprägt von einer anmutigen Landschaft mit Wäldern, Weiden und Mooren – dazwischen liegen verstreut kleine Weiler, Blockhütten im russischen Stil.

Wer spontan Lust und Laune dazu hat, kann eine **Landkarte Chinas** im Großformat betreten, die auf einem großen Platz eingelassen ist. Wer sich dort auf das Podium stellt, befindet sich nicht nur am nördlichsten Punkt Chinas, sondern auch am nördlichsten Punkt von 9 671 018 km² der Erdoberfläche (so groß ist China).

Zwischen Beijicun und Mohe erreicht man nach einer etwa halbstündigen Fahrt über eine Seitenstraße die **Quelle des Schwarzen Drachenflusses** (黑龙江源头; Heilongjiang Yuantou) an einer ruhigen Waldlichtung. Hier liegt der **Prostituiertenfriedhof** (胭脂沟妓女坟; Yanzhi Gou Jinü Fen) verborgen, mit Grabhügeln für unzählige Frauen, die sich während des Goldrausches in Mohe Ende des 19. Jhs. als Prostituierte verdingt hatten.

In Mohe befindet sich eine Reihe von Hotels und Pensionen; dazu gehört das komfortable, gut geführte **Mohe Jia Xin Binguan** (漠河佳鑫宾馆; ☎287 0666; Zi. 180–220 Yuan). Die Zimmerpreise liegen in der Nebensaison bei 120 Yuan. Außerdem gibt es einige günstige **Pensionen** und Restaurants in den Nebenstraßen der Fanrong Xiang. Vom **Polarsternpark** (北极星公园; Beiji Xing Gongyuan) am nördlichsten Ende der Stadt zwei Häuserblocks weiter in die Zhenxing Jie (Hauptstraße), danach rechts abbiegen.

Von Harbin nach Mohe gibt es vier Flugverbindungen pro Tag (1610 Yuan, 2½ Std.). Züge (harter/weicher Schlafwagen 256/400 Yuan, 21.55 Uhr) brauchen 21 Std. bis zur nördlichen Stadt. Zurück fährt ein Zug um 19.46 Uhr.

Mohes Bahnhof befindet sich etwa 2 km vom Stadtzentrum entfernt; die Kosten für eine Taxifahrt in die Stadt belaufen sich auf 10 Yuan, eine Fahrt zum/vom Flughafen kostet 20 Yuan.

Shanxi

BEVÖLKERUNG: 36,3 MIO.

Inhalt »

Datong 372
Rund um Datong 375
Wutai Shan 377
Taiyuan 380
Pingyao 383
Rund um Pingyao 388
Qikou 389
Jincheng 391
Rund um Jincheng 392

Die schönsten altertümlichen Städte & Dörfer

» Pingyao (S. 383)
» Guoyu (S. 392)
» Lijiashan (S. 390)
» Qikou (S. 389)

Die schönsten Tempel

» Tempel Xiantong (S. 379)
» Tempel Tayuan (S. 378)
» Tempel Huayan (S. 373)
» Tempel Shuanglin (S. 389)

Auf nach Shanxi

Die Gebirgsprovinz Shanxi (山西) erfüllt praktisch alle Erwartungen, die ausländische Touristen an eine Chinareise stellen – inklusive einiger Überraschungen! Wer nach einem Besuch in Pingyao gleich nach Hause fliegt, könnte annehmen, dass China nur so von bilderbuchartigen Siedlungen mit alten Stadtmauern strotzt. In den Nischen alter Wohnhöfe und Burgen herrscht eine besondere Atmosphäre. Alles, was Shanxi an Sehenswürdigkeiten zu bieten hat, ist von Pingyao aus leicht erreichbar – in der Umgebung wollen Tempel mit Patina und die Innenhofarchitektur der Qing-Dynastie erkundet werden. Die Menschen gehören zu den herzlichsten im Reich der Mitte.

Die Gebirgslandschaft des Wutai Shan verströmt einen Zauber, der eine andere Seite der Provinz offenbart: ihren Reichtum an buddhistischer Klosterarchitektur, darunter so faszinierende Kultstätten wie die buddhistischen Statuen in den Yungang-Grotten. Wenn noch ein Abstecher zum Dorf Guoyu, umgeben von einem uralten Schutzwall, und zu den Höhlenwohnungen von Lijiashan drin ist, wird die Reise länger ausfallen als geplant.

Reisezeit

Datong

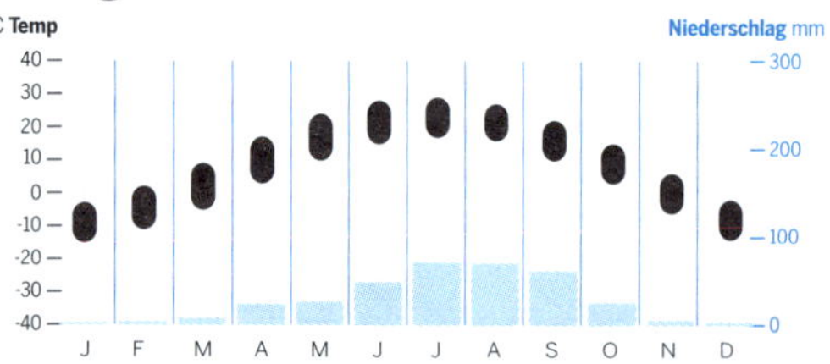

Mai Der Sommer steht schon vor der Tür – und damit schweißtreibende Tage.

Ende Mai–Anfang September Im Gebirgsklima des Wutai Shan die angenehmste Reisezeit.

Ende September In Shanxi fängt der Herbst an – bei immer noch angenehmen Temperaturen.

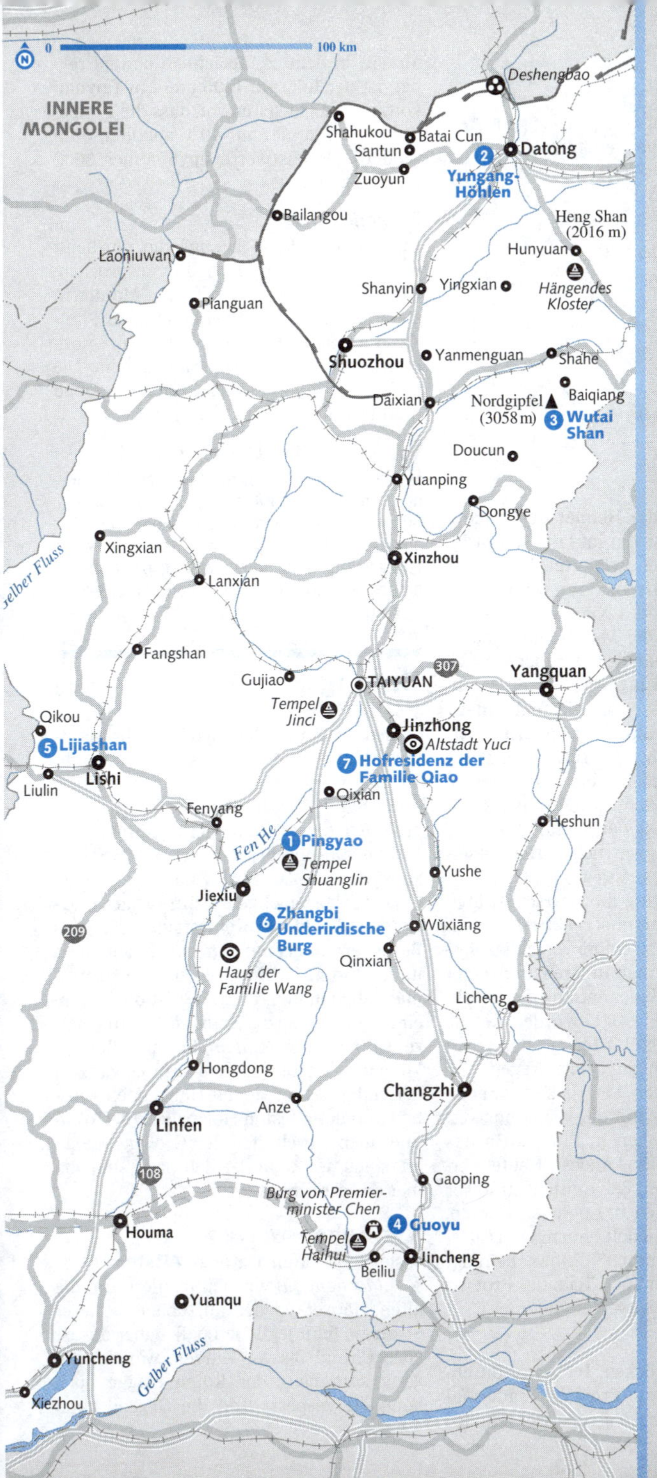

Highlights

1 **Pingyao** (S. 383) sehen und lieben – ein Musterbeispiel der Zeitlosigkeit

2 Die unbeschreibliche Schönheit der buddhistischen Statuen in den **Yungang-Grotten** (S. 375) entdecken

3 In der Klosterenklave am Fuß der heiligen Gipfel des **Wutai Shan** (S. 377) zur Ruhe kommen

4 In Shanxis Südosten zu dem entlegenen, von historischen Mauern umgebenen Dorf **Guoyu** (S. 392) reisen

5 Bei einer Übernachtung im uralten Höhlendorf **Lijiashan** (S. 390) in Shanxis Vergangenheit graben

6 Hinabsteigen in die faszinierende **Unterirdische Burg Zhangbi** (S. 389)

7 Eine der besterhaltenen Residenzen Chinas entdecken, den **Wohnhof der Qiao-Familie** (S. 387)

PREISE

In diesem Kapitel werden die folgenden Preiskategorien verwendet:

Schlafen

€	unter 200 Yuan
€€	200 bis 500 Yuan
€€€	über 500 Yuan

Essen

€	unter 50 Yuan
€€	50 bis 100 Yuan
€€€	über 100 Yuan

Geschichte

Obgleich Shanxi die Heimat des mächtigen Staates Jin war, der im Jahr 403 v. Chr. in drei Teile zerfiel, gelangte die Provinz erst mit Ankunft der Tuoba zu wahrer Größe. Dieser Stamm des Xianbei-Volkes aus der Mongolei und der Mandschurei machte Datong während der Nördlichen Wei-Dynastie (386–534 n. Chr.) zu ihrer Hauptstadt. Schließlich wurden die Tuoba in die Stämme der Han-Chinesen integriert. Als China jedoch nach dem Zusammenbruch der Tang stark geschwächt war, kehrten die Invasoren aus dem Norden zurück, vor allem das Reitervolk der Khitan (907–1125 n. Chr.), zu deren westlicher Hauptstadt wiederum Datong aufstieg.

Nachdem die Ming die Herrschaft über Nordchina zurückerobert hatten, entwickelte sich Shanxi zu einem Verteidigungsposten, der mit einer inneren und einer äußeren Großen Mauer entlang der nördlichen Grenzen befestigt wurde. Lokale Händler zogen ihren Vorteil aus der neuen Stabilität und gingen einer regen Geschäftstätigkeit nach. Letztlich verwandelten sie die Provinz mit der Gründung von Chinas ersten Banken in Pingyao in das Finanzzentrum des Landes. Heute verdankt Shanxi seinen Bekanntheitsgrad vor allem den zahlreichen Kohlebergwerken, die sich hier angesiedelt haben; ein Drittel aller Kohlevorkommen Chinas befindet sich hier. So leiden auch Teile der Provinz unter starker Umweltverschmutzung.

Klima

Shanxi ist staubtrocken. Im Jahresdurchschnitt bringt es die Provinz gerade mal auf 3500 mm Niederschlag. Der einzige Monat, in dem es tatsächlich einmal regnet, ist der Juli (nur 1200 mm). In Taiyuan kommt es nicht selten vor, dass die Temperaturen im Januar auf -10 °C abfallen, während die Höchstwerte im Sommer 30 °C übersteigen.

Sprache

In Shanxi wird von den meisten, das heißt von 45 Mio. Menschen Jin gesprochen. Den Hauptunterschied zum Mandarin stellt ein glottaler Verschlusslaut dar, hinzu kommen komplizierte, durch die Grammatik bedingte Tonverschiebungen. Die meisten Einheimischen sprechen auch Standard-Mandarin.

Anreise & Unterwegs vor Ort

Moderne Schienen- und Straßenwege durchziehen Shanxi auf einer Achse von Nordosten nach Südwesten. Es ist daher kein Problem, von Beijing nach Datong, Taiyuan und Pingyao und weiter nach Xi'an zu kommen. Außerhalb der Städte drosseln Gebirgsstraßen und Konvois von Kohle-LKWs das Reisetempo.

Datong 大同

☎0352 / 1,1 MIO. EW.

Seine Lage im Kohle-Gürtel und die Stadtarchitektur der sozialistischen Ära raubten Datong viel von seinem Charme. Allerdings hat die Stadt riesige Summen in ein großangelegtes Renovierungsprogramm für das alte Viertel gepumpt – laut Schätzungen etwa 50 Mrd. Yuan. Doch auch ohne das kostspielige Facelifting kann sich Datong als ein von Kohlestaub berieselter Besuchermagnet auf dem zunehmend hart umkämpften chinesischen Tourismusmarkt behaupten. Die Stadt ist das Tor zu einem der herausragendsten Kulturschätze Chinas, den Ehrfurcht einflößenden Yungang-Grotten. Zudem liegt es ganz in der Nähe des fotogenen Hängenden Klosters und der ältesten Holzpagode der Welt, und auch Abschnitte der Großen Mauer, an denen der Zahn der Zeit nagt, sind von hier aus erreichbar.

Sehenswertes

Viele Gebäude in Datongs **Altstadt** (老城区; *laochengqu*) wurden planiert, um die alten Häuser wieder aufzubauen. Dieser Strategie fehlt jegliche Logik –aber das ist eben China! Bis vor Kurzem war der Zugang zum Platz der Roten Flagge noch komplett gesperrt und die Gegend rund um den Trommelturm (鼓楼; Gu Lou) sollte schon bald als putziges „altvertrautes Qing-Viertel" wiederauferstehen.

Zu den Gebäuden, die von Grund auf wieder aufgebaut wurden, zählen die Moschee (清真寺; Qingzhen Si), ein taoistischer Tempel und viele einstige Innenhofhäuser, während sich die Huayan Jie, die Da Beijie und die Da Nanjie in verkehrsfreie Einkaufsstraßen verwandelt haben. Die Sanierungskosten konnten zum Teil durch höhere Eintrittsgelder zu den Hauptsehenswürdigkeiten wieder hereingeholt werden – die Ticketpreise sind heute mindestens doppelt so hoch wie früher.

Tempel Huayan BUDDHISTISCHE TEMPELANLAGE
(华严寺; Huayan Si; Huayan Jie; Eintritt 80 Yuan; ⏲8–18.30 Uhr) Diese Tempelanlage ist in zwei separate Komplexe unterteilt. Es gibt das aktive Kloster (Oberer Tempel) und ein Museum (Unterer Tempel). Die Tempel wurden während der Liao-Dynastie (907–1125 n. Chr.) von den Khitan erbaut und sind nach Osten ausgerichtet, nicht wie sonst üblich nach Süden. Die Khitan sollen nämlich Sonnenanbeter gewesen sein.

Die Haupthalle des **Oberen Tempels** ist ein imposanter Bau. Er stammt aus dem Jahr 1140 und zählt zu den größten buddhistischen Tempelhallen Chinas. Die Statuen im Inneren stammen aus der Ming-Zeit, die Wandbilder aus der Qing-Zeit. Die hintere Halle des **Unteren Tempels** aus dem Jahr 1038 ist das älteste Bauwerk in Datong. Im Inneren sind bemerkenswerte Holzskulpturen aus der Liao-Dynastie zu sehen. Die Seitenhallen enthalten verschiedene Relikte aus der Wie-, Liao- und Jin-Dynastie.

Hierher fährt der Bus 4 (1 Yuan) vom Bahnhof.

Neun-Drachen-Mauer STADTMAUER
(九龙壁; Jiulong Bi; Da Dongjie; Eintritt 10 Yuan; ⏲8–19 Uhr) Diese alte Geistermauer der Ming-Dynastie stammt aus dem Jahr 1392 und ist 45,5 m lang, 8 m hoch und 2 m dick. Sie zeigt neun bunte, gewundene Drachen und ist die größte glasierte Ziegelwand Chinas – eine Sehenswürdigkeit, die in Staunen versetzt! Schon vor langer Zeit wurde der Palast, zu dessen Schutz sie gedient haben soll, durch ein Feuer zerstört.

Tempel Shanhua BUDDHISTISCHER TEMPEL
(善化寺; Shanhua Si; Nansi Jie; Eintritt 50 Yuan; ⏲8.30–18.30 Uhr) Der ursprüngliche Bau

Datong

Highlights
Tempel Huayan B4

Sehenswertes
1 Altstadt B3
2 Neun-Drachen-Mauer B3
3 Tempel Shanhua B4

Schlafen
4 Datong Youth Hostel B4
5 Garden Hotel B4
6 Jiahe Hotel B1

Essen
7 Haoxuan Huoguo B2
8 Tonghe Dafandian B1

aus dem Jahr 713 n. Chr. wurde von den Jin nachgebaut. In der Mitte der großartigen hinteren Halle mit hölzernem Walmdach stehen fünf schöne Buddha-Statuen. Die Seitenflügel enthalten ausdrucksstarke Statuen der himmlischen Generäle.

Schlafen

Jiahe Hotel HOTEL €€

(嘉和宾馆; Jiahe Binguan; ☎555 9555; 1 Zhanqian Jie; 站前街 1 号; DZ & 2BZ 268 Yuan; ❄@) Das am Bahnhof gelegene Hotel bietet Zimmer mit ausreichend Platz und Komfort, moderne Duschen und eine gute Breitbandverbindung. Die Doppelbetten ahmen den traditionellen Kang-Stil nach, d.h. sie liegen erhöht auf einem Ziegelsteinsockel. Die zentrale Lage ist ideal, die Wege zu Restaurants und zu Verkehrsmitteln, die einen zu Ausflugszielen in der Umgebung und zu ferneren Zielen bringen, sind kurz. Mit Rabatten liegen die Zimmerpreise oft weit unter 200 Yuan.

Jugendherberge Datong JUGENDHERBERGE €

(大同青年旅舍; Datong Qingnian Lüshe; ☎242 7788/7766; www.doyouhike.net; 2 Huayan Jie; 华严寺街 2 号; B 50 Yuan, DZ & 2BZ 158 Yuan; ❄@📶) Die einzige Jugendherberge der Stadt ist auf Inlandstouristen ausgerichtet, jedoch sind auch Ausländer herzlich willkommen (man spricht gebrochenes Englisch). Die Mehrbett- und Doppelzimmer, alle mit eigenem Bad/WC, sind sauber und frisch. Gemeinschaftsräume gibt es nur wenige, etwas zum Essen gar nicht. Jedoch ist die Unterkunft recht angenehm, wenn man nicht gerade in den Zimmern schläft, die zur lauten Huayan Jie hinausgehen. Die Räumlichkeiten befinden sich über einem kleinen Laden für Kinderklamotten; ein englisch-sprachiges Schild weist den Weg zur Treppe hinauf in den dritten Stock.

Garden Hotel HOTEL €€€

(花园大饭店; Huayuan Dafandian; ☎586 5888; www.huayuanhotel.com.cn; 59 Da Nanjie; 大南街 59 号; DZ & 2BZ 1080–1380 Yuan; ⊖❄@📶) Makellose Zimmer mit Daunendecken zeichnen dieses Hotel mit familiärer Atmosphäre aus; Bettrahmen aus geschnitztem Birnbaumholz, pseudoantikes Mobiliar und schöne Badezimmer tragen zum Ambiente bei. Das Haus hat ein attraktives Atrium. Zum Hotel gehören außerdem zwei Restaurants mit südamerikanischer und chinesischer Küche sowie ausgezeichnetem Personal; zudem gibt es hier eine Filiale der Bank of China mit Geldautomat. Sogar in der Hochsaison lassen sich hier manchmal gute Rabatte ergattern.

Essen

LP TIPP **Tonghe Dafandian** CHINESISCH €

(同和大饭店; Zhanqian Jie; Gerichte 16–40 Yuan; ⏲11–14 & 18–21 Uhr; 📄) Das helle und freundliche Lokal neben dem Hotel Hongqi ist sehr beliebt. Zwar wirken die großen runden Tische etwas einschüchternd, jedoch können Gäste auch allein Platz nehmen; die Speisekarte bietet eine Riesenpalette an schmackhaften, schön angerichteten Mahlzeiten für jedes Portemonnaie. Unbedingt probieren sollte man die Reisnudeln mit Rindfleisch (16 Yuan), oder man wählt unter den vielen Teigtaschen, Suppen oder vegetarischen Gerichte etwas Feines aus. Fisch und Ente schmecken auch gut, sind jedoch etwas teurer.

Haoxuan Huoguo HOTPOT, GRILL €

(浩轩火锅; Gebäude 1, Xinghuayuan, Xima Lu; Hotpot für eine Person 25 Yuan; ⏲9.30–23 Uhr) Dieses freundliche Lokal kann sich nicht recht entscheiden, was es eigentlich darstellen will: Drinnen ist es ein blitzblanker, moderner Hotpot-Palast, wo sich Einzelgäste (砂锅; *shaguo*) aber auch Gruppen (火锅; *huoguo*) wohlfühlen. Draußen herrscht lässige Barbecue-Atmosphäre, das Aroma von gut gewürztem Grillfleisch *(shaokao)* kitzelt die Nase. Das Bier kommt in einem Riesenbottich daher (für 55 Yuan), schmeckt aber auch in kleineren Gläsern gut (6 Yuan). Die Speisekarte ist weder auf Englisch noch bebildert – die Kellnerinnen helfen ihren Gästen jedoch bei der Auswahl.

Praktische Informationen

Amt für Öffentliche Sicherheit (PSB; 公安局出入境接待处; Gong'anju Churujing Jiedaichu; Weidu Dadao; ⏲Mo–Fr 9–12 & 15–17.30 Uhr)

Bank of China (中国银行; Zhongguo Yinhang; Da Nanjie) verfügt über einen Geldautomaten; Reiseschecks werden ausschließlich in der Filiale Yingbin Xilu getauscht (Mo–Fr 8–12 & 14.30–18 Uhr). Eine weitere Filiale befindet sich nahe am Bahnhof in der Xima Lu.

China Construction Bank (中国建设银行; Zhongguo Jianshe Yinhang; Xinjian Beilu) verfügt über einen Geldautomaten nahe am Bahnhof.

Internetcafé (网吧; *wangba*; Xinjian Beilu; pro Std. Yuan4; ⏲24 Std.) westlich des Hotels Jiahe (Jiahe Binguan).

Post (中国邮政; Zhongguo Youzheng; Xinjian Beilu; ⏲8–18.30 Uhr) Das Postamt befindet sich gegenüber dem Bahnhof.

An- & Weiterreise

Bus

Gut zu wissen: Vor dem Bahnhof stehen Minibusse, die zu vielen der unten aufgeführten Reiseziele fahren, die Busse verkehren ab dem **Neuen Busbahnhof Süd** (新南站; *xinnan zhan*):

Beijing 125 Yuan, 4 Std., stündl. (7.10–4.10 Uhr)

Muta 25 Yuan, 2 Std., halb-stündl. (7.40–19 Uhr)

Taiyuan 120 Yuan, 3½ Std., alle 20 Min. (6.50–19.30 Uhr)

Wutai Shan 75 Yuan, 3½ Std., 2-mal tgl. (8.30 und 14.10 Uhr; nur im Sommer)

Busse ab dem **Bushauptbahnhof** (大同汽车站; Datong qichezhan; 20 Yantong Xilu):

Jining (nach Deshengbao) 15 Yuan, 1 Std., stündl. (7.30–17.30 Uhr)

Hängendes Kloster 30 Yuan, 2 Std., halbstündl. (6.30–18.30 Uhr)

Hohhot 80 Yuan, 3½ Std., stündl. (7.30–17.50 Uhr)

Flughafen

Datongs kleiner Flughafen liegt 20 km östlich der Stadt und bietet Flüge nach Beijing (400 Yuan), Shanghai (1450 Yuan) und Guangzhou (1630 Yuan). Online-Tickets sind auf www.ctrip.com oder www.elong.net erhältlich. Zum Flughafen gibt es keine öffentlichen Verkehrsmittel. Eine Taxifahrt kostet um die 50 Yuan.

Zug

Zugverbindungen ab Datong sind unter anderem:

Beijing Hartsitzer/Schlafwagen 54/108 Yuan, 6 Std., 12-mal tgl.

Hohhot Hartsitzer 44 Yuan, 4 Std., 11-mal tgl.

Pingyao Hartsitzer/Schlafwagen 62/123 Yuan, 7–8 Std., 4-mal tgl.

Taiyuan Hartsitzer 46 Yuan, 6 Std., 7 tgl.

Xi'an Hartsitzer/Schlafwagen 115/224 Yuan, 16½ Std., 1-mal tgl.

Unterwegs vor Ort

Bus 4 (1 Yuan) fährt vom Bahnhof durch das Stadtzentrum die Da Beijie entlang und biegt dann in Richtung Westen in die Da Xijie ab. Bus 30 (1 Yuan, 30 Min.) fährt vom Bahnhof zum neuen Busbahnhof Süd. Die Busse 2 und 15 (1 Yuan, 10 Min.) fahren vom Bahnhof zum Bushauptbahnhof.

Die Taxigrundgebühr beträgt 6 Yuan.

Rund um Datong

YUNGANG-GROTTEN 云冈石窟

Diese **Grotten** (Yungang Shiku; Eintritt 150 Yuan; 8.30–17.30 Uhr im Sommer) aus dem 5. Jh., allesamt von erhabener Schönheit, sind die besten Beispiele in ganz China für buddhistische Höhlenkunst. Mit 51 000 alten Statuen stellen sie jeden Tempel, jede Pagode und jeden Hof in den Schatten – der erhabene Anblick lässt die Besucher vor Ehrfurcht verstummen!

Die Yungang-Grotten, die von den türkischsprachigen Tuoba aus dem Sandstein herausgearbeitet wurden, sind geprägt von indischen, persischen und sogar griechischen Einflüssen, die über die Seidenstraße nach China kamen. Die Arbeiten begannen 460 n. Chr. und es dauerte 60 Jahre, bis alle 252 Grotten fertig waren. Sie sind die älteste Sammlung buddhistischer Steinmetzarbeiten in China.

Heute können 40 Grotten (bis kurz vor Redaktionsschluss wurden die Grotten 9 bis 13 saniert) besichtigt werden; sie präsentieren einen Teil von Chinas wertvollsten und elegantesten buddhistischen Kunstwerken. Trotz Verwitterung sind auf zahlreichen Statuen die wunderbaren Farbpigmente erhalten geblieben, anders als bei den jüngeren Skulpturen von Longmen (S. 356). Achtung: Hierher kommen auch Gläubige zum Beten! Einige Grotten waren einmal mit Holzbauten versehen; viele davon sind jedoch längst verschwunden, nur noch vor den Grotten 5, 6, 7 und 8 sind Holztempel zu sehen.

Andere enthalten komplizierte, aus dem Stein gehauene viereckige Pagoden. Wieder andere bilden das Innere von Tempeln ab; sie wurden so gemeißelt und bemalt, dass sie aussehen, als wären sie aus Holz. Es gibt Fresken in Hülle und Fülle sowie anmutig wirkende Abbildungen von Tieren, Vögeln und Engeln, von denen einige noch immer in strahlenden Farben bemalt sind, und fast jede Grotte enthält das 1000-Buddha-Motiv (winzige Buddhas, die in Nischen sitzen).

Acht Grotten enthalten gewaltige Buddha-Statuen, deren größte in **Grotte 5** zu finden ist: ein sitzender, 17 m hoher Sakyamuni mit vergoldetem Gesicht. Die Fresken in dieser Grotte sind sehr zerkratzt, die Gewölbedecke ist bemalt. Die farbenfrohe **Grotte 6** ist ebenfalls großartig: Sie ähnelt einer Filmkulisse aus *Indiana*

Jones, mit unzähligen buddhistischen Engeln, Bodhisattvas und anderen Figuren. In der Mitte der Grotte geht eine viereckige Blockpagode nahtlos in die Decke über; zu beiden Seiten stehen auf zwei Ebenen Buddhas in Reih und Glied. Die meisten ausländischen Besucher nehmen die hellroten Graffitimalereien auf der rechten Seite des Haupteingangs zur Grotte kaum wahr. Darauf steht 大同八中 (Datong Bazhong; Datong Mittelschule Nr. 8), eine freundliche Widmung von Schülern der Kulturrevolution. Auf dem wertvollen Fresko rechter Hand sind weitere Graffitimalereien zu erkennen – anscheinend sind sie ein Überbleibsel aus dem Pingyao-Kontingent.

Die Verwitterungsschäden sind schwer zu übersehen. Die bitterkalten Shanxi-Stürme haben **Grotte 7** (aus den Jahren 470–493 n.Chr.) und **Grotte 8** in Mitleidenschaft gezogen. Aber auch die Luftverschmutzung hat ihren Tribut gefordert.

Die **Grotten 16** bis **20** sind die ältesten Grotten in Yungang. Sie wurden unter der Aufsicht des Mönchs Tanyao aus dem Stein gehauen. Einzigartig ist auch die Qualität der Steinmetzarbeiten in der **Grotte 18;** die Gesichter einiger Personen wurden perfekt abgebildet. Die **Grotte 19** enthält das riesige 16,8 m hohe Konterfei von Sakyamuni. Der Maitreya-Buddha war einst ein beliebtes Motiv für Yungangs Steinmetze, es sind z.B. sitzende Statuen in der **Grotte 17** und **Grotte 13** zu finden; letztere wurde durch Graffitis von Arbeitern aus Hohhot und von anderen Kulturschändern verunstaltet.

Grotte 20 ähnelt der Ahnenverehrungsgrotte in Longmen; ursprünglich zeigte sie die Dreifaltigkeit der Buddhas (Vergangenheit, Gegenwart und Zukunft der Buddhas). Der riesige sitzende Buddha in der Mitte ist die Repräsentationsfigur von Yungang, der Buddha auf der linken Seite hat sich dagegen irgendwie in Luft aufgelöst. In zahlreichen Grotten am westlichen Ende von Yungang befinden sich Buddhas, deren Köpfe abgeschlagen wurden, wie in der **Grotte 39.** Die buddhistischen Figuren, die Wind und Wetter ausgesetzt waren, insbesondere diejenigen, die sich nahe am Eingang befinden, sind fast gänzlich verwittert.

Fast in jeder Grotte sind englischsprachige Beschreibungen angebracht. In einigen Grotten darf fotografiert werden, in anderen wiederum nicht. Gegen 100 Yuan Kaution sind Audioguides in Englisch gratis erhältlich.

An- & Weiterreise

Vorm Postamt gegenüber vom Bahnhof in den Bus 4 (1 Yuan, 30 Min.) einsteigen und dem Fahrer sagen, dass es zu den Grotten gehen soll. An der Endstation auf die gegenüberliegende Straßenseite wechseln und mit dem Bus 3 weiterfahren (1 Yuan, 30 Min.); dieser fährt bis zum Haupteingang. Die Busse gehen alle 10 bis 15 Minuten. Eine einfache Taxifahrt kostet 40 Yuan.

GROSSE MAUER 长城

Shanxis Große Mauer (Changcheng) ist weit weniger spektakulär als die restaurierten Abschnitte bei Beijing. Die Ziegel aus der Ming-Zeit waren eindeutig zu nützlich für die örtlichen Bauern, um sie hier so herumliegen zu lassen. Sie sind fast alle verschwunden, geblieben sind praktisch nur festgestampfte Erdhaufen, die sich teilweise in der Zwischenzeit ebenfalls aufgelöst haben.

Eine gute Stelle, um eine im Originalzustand belassene Mauer zu sehen, findet sich am weniger besuchten **Desheng Bao** (得胜堡), einem altem Fort aus dem 16. Jh., ganz nahe an der Grenze zur Inneren Mongolei. Hinter den Festungsmauern verbirgt sich heute ein kleines Bauerndorf. Nord- und Südtor sowie Teile der Mauer stehen noch. Der Streifzug durch das Dorf führt an zahlreichen Häusern vorbei, die aus Ziegelsteinen der Großen Mauer erbaut wurden. Hinter dem Nordtor öffnet sich dann der Blick auf 10 m hohe Abschnitte der wilden Mauer. Anfahrt: Busticket nach Fengzhen kaufen (丰镇; 15 Yuan, 1 Std.) für eine beliebige Buslinie nach Jining (集宁) ab Datongs Bushauptbahnhof. Der Busfahrer lässt die Besucher einen Kilometer vor dem Südtor aussteigen. Für die Rückfahrt zur Ausstiegsstelle zurückkehren und dort per Handzeichen einen Bus nach Datong anhalten.

HÄNGENDES KLOSTER 悬空寺

Das gefährlich nah an der Felsklippe erbaute **Hängende Kloster** (Xuankong Si; Eintritt 130 Yuan; ⌚8–19 Uhr im Sommer) wirkt noch überwältigender durch die langen Stützpfeiler, auf denen es ruht. Die Tempelhallen passen sich dem Verlauf des Felshangs an und sind untereinander durch wacklige Laufstege und schmale Korridore verbunden. Im Sommer herrscht hier ein großer Andrang.

Wutai Shan

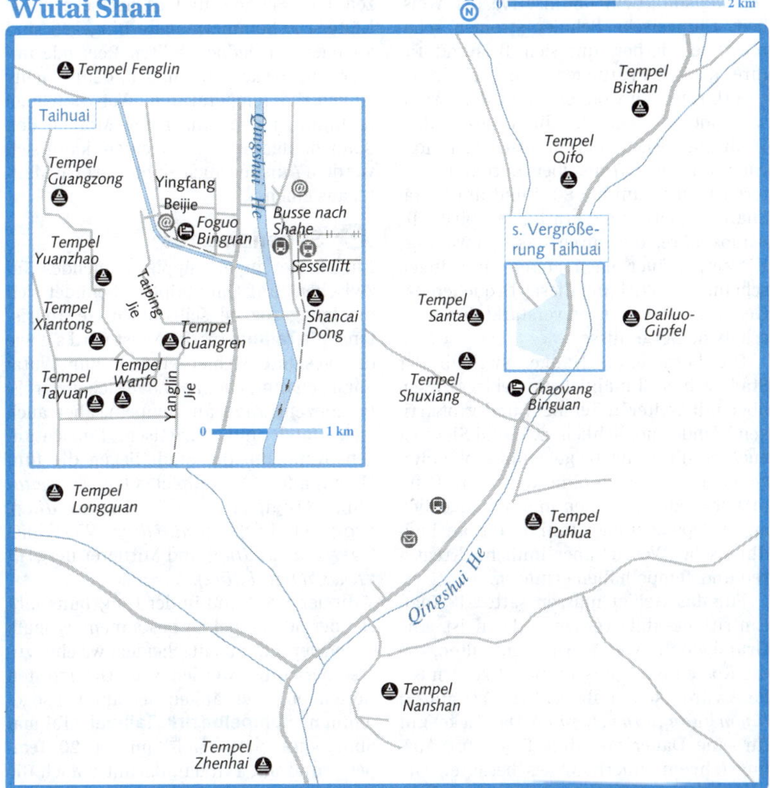

Die Busse hierher fahren ab dem Busbahnhof Datong (30 Yuan, 2 Std.). Die meisten bieten für die letzten 5 km ab Hunyuan (浑源) einen kostenlosen Taxitransfer an. Für die Rückfahrt müssen die Besucher 20 Yuan (pro Pers.) für eine Taxifahrt ausgeben. Wer nach Muta will, kann ab Hunyuan einen der regelmäßig verkehrenden Busse (14 Yuan, 1 Std.) nehmen; außerdem gibt es Gemeinschaftstaxis, die eine Fahrt ab dem Klosterparkplatz für 50 Yuan pro Pers. anbieten.

MUTA 木塔

Dieser 1056 erbaute fünfstöckige **Turm** (Eintritt 60 Yuan; ⏲7.30–19 Uhr im Sommer, 8–17.30 Uhr im Winter) ist die älteste und mit 67 Metern höchste Holzpagode der Welt. Die buddhistischen Tonskulpturen im Innern mit einem 11 m hohen Sakyamuni im Obergeschoss sind so alt wie die Pagode selbst. Aufgrund des prekären Zustands dürfen Besucher nicht mehr auf die Pagode hinauf. Fotos der oberen Etagen sind jedoch an einer Seite der Pagode zu sehen.

Muta liegt im wenig reizvollen Yingxian (应县). Busse vom Bahnhof Süd in Datong (25 Yuan, 2 Std.) fahren bis zum Busbahnhof West (西站; *xizhan*). Nach Datong fahren Busse im Stundentakt bis 18 Uhr, oder man fährt nach Taiyuan (85 Yuan, 3½ Std., letzter Bus um 15.30 Uhr). Vom Busbahnhof Ost (东站; *dongzhan*), der nur aus einer Straßenkreuzung besteht, fahren zwei Busse pro Tag nach Wutai Shan (55 Yuan, 2½ Std., 10.30 und 15.30 Uhr).

Wutai Shan 五台山

☎0350

Die atemberaubende Gebirgslandschaft des Wutai Shan (Gebirge der Fünf Terrassen), eine Mönchsenklave, ist die heilige nördliche Gebirgskette des Buddhismus und der irdische Wohnort Manjushris (文

殊; Wenshu), dem Bodhisattva der Weisheit. Chinesische Schüler strömen scharenweise hierher, um sich Beistand für ihre gaokao-Prüfungen (Hochschulreife) zu erbitten. Sie wohnen unter dem wohlwollenden Nicken des Bodhisattva dem Weihrauch-Ritual bei, inmitten von Mönchen in ihren safrangelben Kutten und älteren Pilgern um die 80. Rund um Wutai Shan vibriert eine kraftvolle spirituelle Atmosphäre, die durch das dickwandige Klostergemäuer nach außen zu dringen scheint. Die Wirkung dieser Urquellen der Geisteskraft wird noch verstärkt durch die erhabene Bergkulisse.

Die bewaldeten Hänge oberhalb der Stadt gehen allmählich in Gebirgswiesen über mit weiteren Tempeln und großartigen Wandermöglichkeiten. Wutai Shan ist auch berühmt für die geheimnisvollen Regenbogen, die auch ohne Regen am Himmel erscheinen können und die angeblich zu Luftspiegelungen führen, die an buddhistische Wesen, übersinnliche Kreaturen und Tempelhallen erinnern.

Für das Gebiet müssen satte 218 Yuan Eintritt bezahlt werden – darin ist eine Grundgebühr von 50 Yuan enthalten, die die Kosten einer Busrundfahrt zu den Sehenswürdigkeiten abdeckt (旅游观光车票; *lüyou guanguang chepiao*). Das Ticket gilt für eine Dauer von drei Tagen für Ausflugsfahrten innerhalb des besagten Gebiets. Für den Zutritt zu einigen der beliebteren Tempel wird zusätzlich eine kleine Eintrittsgebühr verlangt.

In der Ferienzeit und in der Hochsaison ist der Wutai Shan sehr überlaufen. Von einem Besuch in dieser Zeit sei deshalb abgeraten; die Temperaturen liegen von Oktober bis März oft unter 0 Grad, und die Straßen sind manchmal unpassierbar.

Geschichte

Bereits im 6. Jh. soll es in der Gegend 200 Tempel gegeben haben, die jedoch bis auf zwei alle während der offiziellen Verfolgung des Buddhismus im 9. Jh. zerstört wurden. Während der Ming-Dynastie zog der Wutai Shan zahlreiche tibetische Buddhisten an (hauptsächlich aus der Mongolei), für die Manjusri eine besondere Bedeutung hat.

Klima

Das Hochgebirge von Wutai Shan wird von Ende Mai bis Anfang September von heftigen Stürmen heimgesucht. In der Winterzeit fällt Schnee, und es herrscht eisige Kälte. Die Sommermonate hingegen sind angenehmer, jedoch sollten Reisende immer eine Jacke dabei haben, denn nachts sinken die Temperaturen. Wer die Gipfel erklimmt, um am nächsten Morgen den Sonnenaufgang zu beobachten, kann sich vor dem Aufstieg auch einen warmen Mantel ausleihen.

Sehenswertes

Eingebettet in ein üppig grünendes Tal zwischen fünf Hauptgipfeln befindet sich die langgezogene selbstbewusste Touristenstadt **Taihuai** (台怀). Meist wird sie wie das gesamte Gebiet einfach nur Wutai Shan genannt. Hier befinden sich die größte Konzentration an Tempeln, aber auch viele Hotels und touristische Einrichtungen. Rund um die Stadt liegen die fünf Hauptgipfel: Nordgipfel (北台顶; *beitai ding*), Ostgipfel (东台顶; *dongtai ding*), Südgipfel (南台顶; *nantai ding*), Westgipfel (西台顶; *xitai ding*) und Mittlerer Berg (中台顶; *zhongtai ding*).

In der Stadt und in der Umgebung gibt es über 50 Tempel zu bestaunen, weshalb es schwer fällt zu entscheiden, welcher zuerst besichtigt werden soll. Die meisten Reisenden beschränken sich auf den sogenannten **Tempelbezirk Taihuai** (Taihuai Simiaoqun; 台怀寺庙群) mit ca. 20 Tempeln rund um Taihuai, darunter auch die Tempel Tayuan und Xiantong, die als die besten gelten. In zahlreichen Tempeln dieser Gegend ist eine Statue von Manjushri zu sehen. Oft reitet er einen Löwen und hält ein Schwert in der Hand, um damit Ignoranz und Illusion zu zerschlagen. Mit der Erkundung der gesamten Bergregion könnte man ganze Wochen zubringen, um einen Tempel nach dem anderen bis ins Detail zu erforschen.

Tempel Tayuan BUDDHISTISCHER TEMPEL
(塔院寺; Tayuan Si; Eintritt 10 Yuan) Das von weither sichtbare Wahrzeichen von Wutai Shan ist der weiße Stupa, der sich über dem Tempel Tayuan erhebt. Das Heiligtum befindet sich am Fuß des **Geistgeiergipfels** (灵鹫峰; Lingjiu Feng). Fast alle Pilger kommen hierher und drehen die große Gebetsmühle, die unterhalb des Stupa steht, oder werfen sich demütig zu Boden, selbst wenn Schnee liegt. Jenseits der **Devaraja-Halle** (Halle der Himmlischen Könige), in der eine Statue von Avalokitesvara (statt Milefo, der gewöhnlich in dieser Position

zu finden ist) im Kerzenschein golden leuchtet, und an der Rückseite der **Daci-Yanshou-Halle** befindet sich ein Altar, an dem Gläubige Pulverkaffeedosen für Guanyin zurücklassen. Mit kleinen gelben Glöckchen behangen, die von den Winden des Wutai-Shan zum Klingen gebracht werden, ragt der **Große Weiße Stupa** (大白塔; Dabai Ta) in majestätischer Größe auf. Der Tempel stammt aus dem Jahr 1301. Er ist einer der 84 000 Dagobas, die König Asoka erbauen ließ, 19 davon befinden sich China. Die **Große Sutra-Schriftenhalle** ist eine beeindruckende Sehenswürdigkeit; in ihrem hoch aufragenden Sutra-Schrein aus dem 9. Jh. wurden ursprünglich Schriften in Chinesisch, Mongolisch und Tibetisch aufbewahrt.

Tempel Xiantong BUDDHISTISCHER TEMPEL
(显通寺; Xiantong Si; Eintritt 10 Yuan) Der Tempel Xiantong ist der größte der Stadt und wohl auch der faszinierendste. Hier leben etwa 150 Mönche. Die Anlage umfasst über 100 Hallen und Räume. Die **Qianbo-Wenshu-Halle** birgt eine 1000-armige Wenshu-Figur mit vielen Gesichtern. Auf jeder ihrer Handflächen steht eine Buddha-Miniatur. Die erstaunliche **Balkenlose Halle** (无梁殿; Wuliang Dian) aus rotem Backstein birgt eine Miniaturpagode aus der Yuan-Dynastie, bemerkenswerte Statuen kontemplativer Mönche, die in den Alkoven meditieren, und ein riesige, sitzende Wenshu-Figur. Einige Stufen höher befindet sich die strahlend schöne **Goldene Halle**. An ihren Innenwänden reihen sich kleine Buddhafiguren dicht aneinander. Die Halle aus Edelmetall ist 5 m hoch und wiegt 50 t. Ihr Gemäuer wurde im Jahr 1606 errichtet, erst danach wurde sie vergoldet. Im Innern befindet sich eine sitzende Figur, die den Wenshu der Weisheit auf dem Rücken eines Löwen darstellt.

WEITERE SEHENSWÜRDIGKEITEN

Nach der Besichtigung des Tempels Xiantong könnte die Erkundungstour durch den Tempelbezirk ein Stück weiter nördlich fortgesetzt werden. Der **Tempel Yuanzhao** (圆照寺; Yuanzhao Si) birgt einen Stupa, der kleiner ist als der im Tempel Tayuan. Zehn Gehminuten weiter südlich, immer die Straße entlang, erreicht man den **Tempel Shuxiang** (殊像寺; Shuxiang Si). Von der Straße aus führen ein paar Stufen hinaus bis jenseits der Geistermauer; der Tempel beherbergt Wutai Shans größte Wenshu-Statue, die ebenfalls auf dem Rücken eines Löwen positioniert ist. Hier bietet sich eine Übernachtung im ausgezeichneten Foyuan Lou (siehe Schlafen, weiter unten) an. Nach dem Weihnachtsmann sucht man im **Tempel Santa** (三塔寺; Santa Si) westlich von Taihuai vergeblich: der Name des Tempels verweist lediglich auf die drei Pagoden.

Mit einer großartigen Aussicht auf die Stadt wird derjenige belohnt, der sich zu Fuß, mit dem Sessellift (bergauf/bergab 50/80 Yuan) oder auf dem Rücken eines Pferdes (50 Yuan) aufmacht zum Tempel auf dem **Dailuo-Gipfel** (黛螺顶; Dailuo Ding; Eintritt 8 Yuan) auf der Ostseite des Qingshui Yiang (清水河; Qingshui He). Noch bessere Ausblicke auf die Berge in der Umgebung bieten sich nach einem 2,5 km langen Fußmarsch Richtung Süden zu dem einsam gelegenen, festungsähnlichen **Tempel Nanshan** (南山寺; Nanshan Si) mit seinen schönen Steinmetzarbeiten und weit weniger Besucherandrang als bei den anderen Tempeln. Der **Tempel Wanfo** (万佛阁; Wanfo Ge) ist ein perfekter Zwischenstopp, denn im Sommer finden hier auf der Freilichtbühne großartige kostenlose Aufführungen der Shanxi-Oper statt (jeden Vormittag und von 15–18 Uhr).

Aktivitäten

Die Wandermöglichkeiten in dieser Gegend kennen keine Grenzen. Es gibt aber weder gute Karten noch markierte Wege, noch Einheimische, die sich fürs Wandern interessieren und einem den Weg zeigen könnten. Hier ist man auf sich gestellt; also Proviant und ausreichend Wasser mitnehmen und auf eigene Faust losziehen. Ein günstiger Ausgangspunkt sind die Hügel hinter dem Tempel Shuxiang: dort der kleinen Straße folgen, die zu den mittleren und westlichen Gipfeln führt, und gleich nach der kleinen Brücke links abbiegen. Hier führt hinter den Häusern ein Weg bergauf und dann Richtung Westen nach oben auf den Berg.

Eine andere Wandermöglichkeit bieten die Hügel hinter dem Tempel Yuanzhao, wo ein Rundwanderweg ausgeschildert ist, der um den Hügel mit seiner Pagode führt. Auf die Gipfel der fünf Hauptberge führen Straßen, es ist also auch möglich, bequem mit einem Taxi hinaufzufahren. Beim Zurückwandern kann man sich dann an der Straße orientieren.

Am großen Parkplatz am Sessellift zum Dailuo-Gipfel stehen Minibusse bereit, die zu allen fünf Gipfeln fahren (350 Yuan).

Schlafen

Die meisten Unterkünfte sind ziemlich einfach. Im nördlichen Teil des Dorfes gibt es wirklich günstige Herbergen, allerdings ohne Dusche.

Chaoyang Binguan HOTEL €€
(朝阳宾馆; ☎180 3500 9567; Wayao Jie; 瓦窑街; 2BZ/3BZ 388/528 Yuan) Hier sind die Zimmer größer und komfortabler als in anderen Berghotels, selbst wenn die Badezimmer genauso heruntergekommen sind wie anderswo. Platz ist hier also genug geboten, und durch die üblichen Rabatte halbieren sich die Tarife oder sind sogar noch günstiger. Das Hotel befindet sich rechts an der Straße, die vom Tempel Tayuan zum Tempel Shuxiang führt, in nächster Nähe zum Tempel Wuye (五爷庙).

Foguo Binguan HOTEL €
(佛国宾馆; ☎654 5962; Yingfang Jie; 营坊街; 2BZ/3BZ ohne Dusche 60/100 Yuan, 2BZ/3BZ mit Dusche 120/180 Yuan) Die Hotelanlage umschließt einen unscheinbaren Innenhof. Die Zimmer sind einfach aber sauber und recht geräumig, alle mit Warmwasser. Das Personal ist den Umgang mit ausländischen Touristen gewohnt. Bis ans Ende der Yingfang Beijie gehen und links abbiegen; das Hotel taucht dann linker Hand auf (gegenüber der Brücke).

Essen

In den Nebenstraßen der Hauptmeile befinden sich, versteckt hinter den Hotels, jede Menge familiengeführte Restaurants. Die örtliche Spezialität ist *taimo* (台蘑), der heiß begehrte Wutai-Shan-Pilz, an dem kein Weg vorbei führt. Unbedingt empfehlenswert sind *taimo*-Gerichte wie etwa *taimodun jikuai* (台蘑炖鸡块; *taimo* mit geschmortem Hühnchen) und *taimodun tu ji* (台蘑炖土鸡; *taimo* mit wildem geschmorten Hühnchen) oder *taimodun doufu* (台蘑炖豆腐; *taimo* mit geschmortem Tofu). Die *taimo*-Gerichte sind nicht gerade günstig, dafür gibt es aber auch jede Menge Alternativen.

Praktische Informationen

Für unterwegs sollten Reisende immer Bargeld dabei haben, denn es gibt keine Möglichkeiten zum Geldwechsel und die Geldautomaten akzeptieren nur chinesische Kreditkarten. Anständige Wanderkarten sind nirgendwo erhältlich, jedoch gibt es in zahlreichen Läden eine ganz brauchbare Karte extra für Touristen (5 Yuan)

Post (中国邮政; Zhongguo Youzheng; ⌚8–19 Uhr) Das Postamt liegt 30 Gehminuten vom Busbahnhof entfernt, ein ganzes Stück weiter südlich und direkt nördlich vom Handy-Shop China.

Internetcafé (网吧; *wangba*; pro Std. 4 Yuan; ⌚24 Std.) Praktisch gleich neben dem Hotel Foguo Binguan.

An- & Weiterreise

Bus

Am Sessellift des Dailou-Gipfels fahren Busse nach Shahe (25 Yuan, 1½ Std., stündl., 8–18 Uhr) ab.

Busse ab dem **Busbahnhof Wutai Shan** (汽车站; *qiche zhan*):

Beijing 145 Yuan, 6½ Std., 4-mal tgl.

Datong 75 Yuan, 4 Std., 4-mal tgl. (7.30–14.30 Uhr, nur im Sommer)

Hängendes Kloster 65 Yuan, 3 Std., 1-mal tgl. (8 Uhr)

Taiyuan 74 Yuan, 3–4 Std., stündl. (6–16 Uhr)

Im Winter erfolgt die Anreise ab Datong nach Shahe (43 Yuan, 3½ Std., 2-mal tgl., 6.30 und 7 Uhr); dort geht es weiter im Minibustaxi (ca. 70 Yuan).

Zug

Der Bahnhof **Wutai Shan** befindet sich tatsächlich 50 km entfernt von der Stadt Shahe (砂河). Die Strecke nach Beijing kostet beispielsweise 63 Yuan (5–7 Std., 10-mal tgl.).

Taiyuan 太原

☎0351 / 2,85 MIO. EW.

Viele Reisende passieren Shanxis Hauptstadt nur als Zwischenstopp auf ihrer Reise nach Pingyao, doch die Stadt hat genug zu bieten, um sich einen Tag dort aufzuhalten und ihre sehr guten Museen sowie einige attraktive Tempel zu besichtigen.

Sehenswertes

GRATIS **Shanxi-Museum** MUSEUM
(山西博物馆; Shanxi *bowuguan*; Binhe Xilu Zhongduan; ⌚Di–So 9–17 Uhr, letzter Einlass 16 Uhr) Dieses Spitzenklassemuseum führt Besucher auf drei Stockwerken durch alle kulturellen Aspekte der Provinz Shanxi, von prähistorischen Fossilien bis zu lokalen Kunstwerken und architektonischen

Taiyuan

Taiyuan

Highlights

Konfuziustempel ... C1
Tempel Chongshan ... C1

Schlafen

1 Jiaotong Dasha Business Hotel ... C2
2 Taiyuan Wanming Hotel ... C2

Essen

3 Schlemmermeile ... A1
4 Taiyuan Noodle House ... A2

Exponaten. Alles wird fantasievoll präsentiert und ist weitgehend in gutem Englisch beschriftet. Am Bahnhof in Bus 6 (1 Yuan) einsteigen, an der Haltestelle Yifen Qiaoxi (漪汾桥西) auf der anderen Flussseite aussteigen und nach der umgekehrten Pyramide Ausschau halten.

Tempel der Zwillingspagode/ Tempel Yongzuo BUDDHISTISCHER TEMPEL
(双塔寺 / 永祚寺; Shuangta Si/Yongzuo Si; Eintritt 30 Yuan; ⏲8.30–17.30 Uhr) Dieses atemberaubende Tandem zweier Pagoden ragt südlich des Nansha Yian auf, der durch den südwestlichen Teil Taiyuans fließt. Von diesem Tempel ist nicht gerade viel erhalten, doch wirkt die Außenanlage sehr gepflegt mit Büschen und viel Grün; wenn die Glöcklein im Wind erklingen, wirken die Backsteinfassaden der Pagoden noch reizvoller. Die 13-stöckige **Pagode Yuanwen** (宣文塔; Xuanwen Ta) stammt aus der Ming-Zeit unter dem Kaiser Wanli; Besucher dürfen auch auf ihr herumklettern. Die Pagode daneben stammt aus der gleichen Zeit, sie ist jedoch nicht begehbar. Am Bahnhof in den Bus 820 oder 812 einsteigen.

Tempel Chongshan BUDDHISTISCHER TEMPEL
(崇善寺; Chongshan Si; Dilianggong Jie; Eintritt 2 Yuan; ⏲8–16.30 Uhr) Die zweitraufige hölzerne Halle in diesem Tempel aus der Ming-Zeit, die besonders im Sommer Besucher anlockt, enthält drei wunderschöne Statuen: Samantabhadra (den Bodhisattva der Wahrheit), Guanyin (die 1000-armige Göttin der Barmherzigkeit) und Manjushri (den Bodhisattva der Weisheit mit 1000 Almosenschälchen). Bis kurz vor Redaktionsschluss wurden weitere Hallen gerade renoviert. Der Eingang liegt an einer Gasse, die von der Dilianggong Jie abzweigt, hinter dem Konfuziustempel (文庙; Wen Miao; 3 Wen Miao Xiang; Eintritt frei; ⏲Di–So 9–17 Uhr). Die Geistermauer steht noch auf ihrem Posten, zudem lädt eine Kalligraphie-Ausstellung zur Besichtigung und ein exklusives Teehaus zur Verschnaufpause ein.

Schlafen

An der Wuyi Dongjie finden sich sehr günstige Unterkünfte (Pensionen) mit Zimmerpreisen um die 40 Yuan.

World Trade Hotel HOTEL €€€
(山西国贸大饭店; Shanxi Guomao Dafandian; ☎868 8888; www.sxwtc.com; 69 Fuxi Jie; 府西街 69 号; DZ 1258–1578 Yuan, Suite 2478 Yuan;) Dieser gut geführte Fünfsternepalast mit Marmorlobby, die zwischen ihren zwei Türmen wie ein weitläufiges

Atrium wirkt (der Ähnlichkeit halber nach den früheren World Trade Center in New York benannt), bietet die exquisitesten Räume und Räumlichkeiten in der ganzen Stadt, einschließlich Fitnessstudio und Spa-Bereich. Wer ein Zimmer mit echter Aussicht mietet (und nicht mit Blick auf den gegenüberliegenden Turm), muss einen Aufpreis zahlen. Rabatte bis zu 25 % sind erhältlich.

Jiaotong Dasha Business Hotel HOTEL €€
(交通大厦; Jiaotong Dasha; ☎826 7008; 50 Yingze Dajie; 迎泽大街 50 号; DZ & 2BZ 428 Yuan; ❄@) Für den Preis in diesem großen Hotel südlich vom Bahnhof wirken die Zimmer schon ziemlich abgewohnt, jedoch sind sie einigermaßen geräumig und haben moderne Badezimmer. Das Personal ist hilfsbereit, und die Rabatte bis zu 40 % sind nur fair.

Taiyuan Wanming Hotel HOTEL €
(太原万明宾馆; Taiyuan Wanming Binguan; ☎494 8888; 23 Wuyi Dongjie; 五一东街 23 号; 2BZ 158–198 Yuan; ❄@) Recht altmodisch wirken die *fuwuyuan* (Portiers oder Wächter) auf jeder Etage. Die Zimmer sind sauber, das Interieur ist allerdings ziemlich abgenutzt, und es ist laut. Immerhin gibt es eine ordentliche Internetverbindung und ein hauseigenes Restaurant. Die Lage ist gut für Reisende, die schnell zum Bahnhof oder zum Bushauptbahnhof wollen. Rabatte bis zu 10 %.

Essen

Shanxi ist für seine Essig-Nudeln-Variationen bekannt. Dazu gehören beispielsweise die *daoxiao mian* (刀削面; mit dem Messer zubereitete Nudeln) und *lamian* (拉面; handgezogene Nudeln) – davon gibt es in Taiyuan jede Menge. Zum Frühstück schlürfen Einheimische schon Hammelfleischsuppe – lecker!

LP TIPP **Taiyuan-Nudelhaus** NUDELN €
(太原面食店; Taiyuan Mianshi Dian; 7 Jiefang Lu; Nudeln ab 8 Yuan; ⌚11–21.30 Uhr) Dieses Lokal ist der Geheimtipp schlechthin für die berühmten Essig-Nudel-Variationen à la Shanxi – hier ist immer was los! Zu den Klassikern gehören die köstlichen *mao'erduo* (猫耳朵; Katzenohren; 10 Yuan) und *cuoyu* (搓鱼; gerollter Fisch; 10 Yuan) – keine Angst, der Name bezieht sich lediglich auf die Form, nicht auf den Inhalt. Als Beilagen gibt's *rouzhajiang* (肉炸酱; Schweinefleisch) und *yangrou* (羊肉; Hammelfleisch). Auf der Speisekarte – die es leider nicht auf Englisch gibt, jedoch sind Bilder der Speisen an der Wand angebracht – stehen außerdem leckere *shaomai* (烧麦; 12 Yuan).

Essmeile CHINESISCH €
(食品街; Shipin Jie; Mahlzeiten ab 7 Yuan; ⌚11–2 Uhr) Wer dann mal doch etwas anderes als Nudeln essen will, wird in dieser Straße fündig, die von verschiedensten Restaurants und *shaokao* (Grillimbissstände) gesäumt ist. Neben Nudeln – die gibt es hier selbstverständlich auch! – locken Hotpot, Teigtaschen und Pfannengerichte. Am Abend wird's quirliger, dann haben auch Touristen die Gelegenheit, bei einem Glas Bier mit Einheimischen ins Gespräch zu kommen. Die Straße zweigt nördlich von der Zhonglou Jie ab; ein guter Anhaltspunkt ist der Torbogen aus der Qing-Zeit: Einfach hindurchgehen und schon ist man mittendrin!

Praktische Informationen

Rund um den Bahnhof gibt es jede Menge Internetcafés, aber nicht überall sind Ausländer gerne gesehen.

Bank of China (中国银行; Zhongguo Yinhang; 169 Yingze Dajie; ⌚8.30–17.30 Uhr) Ein Geldautomat akzeptiert ausländische Kreditkarten. Hier werden auch Reiseschecks getauscht (Mo–Fr).

Büro für Öffentliche Sicherheit (PSB; 公安局; Gong'anju; ☎895 5355; Wuyi Dongjie; ⌚Mo–Fr 8–11.30 & 14.30–17.30 Uhr im Winter, 8–11.30am & 15–17.30 Uhr im Sommer) kann Visa verlängern.

Industrial & Commercial Bank of China (ICBC; 工商银行; GongShang Yinhang; Yingze Dajie) Der Geldautomat ist rund um die Uhr in Betrieb und akzeptiert ausländische Kreditkarten.

Internetcafé (网吧; *wangba*; Wuyi Dajie; pro Std. 3 Yuan; ⌚24 Std.) die Straße entlang, rechts neben dem Hotel Taiyuan Wanming.

Post (中国邮政; Zhongguo Youzheng; ⌚8–19 Uhr) Das Postamt befindet sich gegenüber dem Bahnhof.

An- & Weiterreise

Bus

Taiyuans **Fernbusbahnhof** (长途汽车站; *changtu qichezhan*) liegt 500 m südlich des Bahnhofs an der Yingze Dajie. Busverbindungen gibt es zu folgenden Städten:

Beijing 146 Yuan , 7 Std., 3-mal tgl. (8.30, 10.30 und 14.30 Uhr)

Datong 117 Yuan, 3½ Std., alle 20 Min. (6.40–19 Uhr)

Shanghai 409, 17 Std. Yuan, 1-mal tgl. (14.30 Uhr)

Shijiazhuang 65 Yuan, 3½ Std., 2-mal tgl. (10.30 und 14.30 Uhr)

Xi'an 180 Yuan, 8 Std., 5-mal tgl. (8–18 Uhr)

Zhengzhou 156 Yuan, 7 Std., 5-mal tgl. (7–17 Uhr)

Ab dem **Busbahnhof Jiannan** (建南站; Jiannan zhan), 3 km südlich vom Bahnhof, verkehren folgende Busse:

Jiexiu 42 Yuan, 2 Std., halb-stündl. (7.30–19 Uhr)

Jincheng 114 Yuan, 4 Std., alle 40 Min. (6.50–19 Uhr)

Pingyao 26 Yuan, 2 Std., halb-stündl. (6–19.30 Uhr)

Qixian 23 Yuan, 2 Std., halb-stündl. (7.30–19 Uhr)

Ab dem **Busbahnhof Ost** (东客站; *dong kezhan*) bedienen Busse die Strecke nach Wutai Shan (74 Yuan, 3–4 Std., alle 50 Min., 6.40–18.30 Uhr).

Am **Busbahnhof West** (客运西站; *keyun xizhan*):

Lishi 70 Yuan, 2 Std., regelmäßige Verbindungen (7–19.30 Uhr)

Qikou 79 Yuan, 4 Std., 1-mal tgl. (10.30 Uhr)

Flugzeug

Vor dem Hotel Sanjin International Hotel in der Wuyi Guangchang fahren Shuttlebusse zum Flughafen (15 Yuan, 40 Min., stündl. von 6–20.30 Uhr) ab. Der Flughafen liegt 15 km südöstlich der Innenstadt von Taiyuan; eine Taxifahrt kostet um die 50 Yuan.

Folgende Städte werden angeflogen: Beijing (590 Yuan), Hangzhou (580 Yuan), Hong Kong (1400 Yuan), Kunming (1640 Yuan), Nanjing (700 Yuan), Shanghai (920 Yuan) und Shenzhen (1090 Yuan).

Zug

Direktzüge ab dem **Bahnhof Taiyuan** (火车站; *huoche zhan*):

Beijing D-Expresszug 149 Yuan, 3 Std. 40 Min.; normaler Zug 73 Yuan, 5–6 Std., 22-mal tgl.

Datong Hartsitzer/Schlafwagen 46 Yuan/100, 5–7 Std., 7-mal tgl.

Jincheng Hartsitzer/Schlafwagen 48/108 Yuan, 7 Std., 4-mal tgl.

Pingyao 15 Yuan, 1½ Std., regelmäßige Verbindungen

Wutai Shan 54 Yuan, 5 Std., 1-mal tgl.

Xi'an Hartsitzer/Schlafwagen 103/191 Yuan, 9–11 Std., 9-mal tgl.

Unterwegs vor Ort

Bus 1 (1 Yuan) fährt die gesamte Yingze Dajie entlang. Zum Busbahnhof Jiannan und zum Busbahnhof West fährt Bus 611 (1,50 Yuan, ab Bahnhof). Zum Busbahnhof Ost fahren alle Busse ab der Wulongkou Jie in Fahrtrichtung Osten (1,50 Yuan). Die Taxigrundgebühr beträgt 8 Yuan.

Pingyao 平遥

0354 / 450 000 EW.

Pingyao ist einfach fantastisch: Die Stadt hat die besterhaltene Stadtmauer im gesamten Land. Alle, die schon einige Tausend Kilometer quer durch China zurückgelegt haben, werden bezaubert sein von den jahrtausendealten Reizen der Stadt, Reize, die anderswo im Reich der Mitte langsam verblassen oder für immer verloren gegangen sind. In anderen alten Städte finden sich Reste alter Stadtmauern, einzelne Tempel oder gelegentlich traditionelle Gassenviertel zwischen gesichtsloser weißer Kachelarchitektur und Wohnblocks mit Fassaden, die sich allmählich grau verfärben, und die Resultate der Bemühungen, diese Altstädte optisch aufzupolieren, wirken in vielen Fällen wenig überzeugend. In Pingyao hingegen ist es gelungen, das meiste intakt zu halten, weshalb die Stadt Besucher sofort in ihren Bann zieht. Sie bietet alles, was den Traumvorstellungen westlicher Besucher über China entspricht: mit roten Laternen geschmückte Gassen, die sich nachts von der Silhouette imposanter Stadtmauern abheben, elegante Residenzarchitektur, alte Türme, die in den Himmel ragen, und eine ganze Reihe knarzender Tempel und historische Bauwerke.

Pingyao ist auch eine Stadt, in der authentisch gelebt wird: Etwas über 30 000 Einwohner zählt die Altstadt; dort hängen die Leute ihre Wäsche im Hof auf, sausen auf ihren Drahteseln die Gassen entlang oder sitzen im Hauseingang, um sich zu sonnen oder mit Nachbarn zu plaudern. Wer im Hinterland schon einige Ausflüge hintereinander absolviert hat, findet in Pingyao die beste Ruheoase, um einmal tief Luft zu holen und sich für ein paar Tage zu entspannen, gleichzeitig aber ist die Stadt ein guter Ausgangspunkt für Abstecher zum Wohnhof der Wang-Familie und nach Zhangbi Cun mit seiner 1400 Jahre alten Unterirdischen Burg.

Geschichte

Pingyao stellte bereits während der Ming-Dynastie eine blühende Handelsstadt dar. In der Qing-Zeit tat sich die Stadt besonders hervor, als Kaufleute die ersten Banken und Schecks des Landes einführten. Auf diese Weise wurde der Transfer von Silbermengen von einem Ort zum anderen erleichtert. Glücklicherweise konnte die Stadt dem Erneuerungswahn kommunistischer Städteplaner ausweichen: Innerhalb der Stadtmauern sind noch annähernd 4000 Residenzen aus der Zeit der Ming- und Qing-Dynastien erhalten.

Sehenswertes & Aktivitäten

Da die Stadtmauern noch komplett erhalten sind, kann die Altstadt über vier Stadttore im Osten, Westen, Norden und Süden betreten werden. Die Hauptstraße der Altstadt ist die Nan Dajie (南大街). Dort gibt's eine Fülle von Pensionen, Restaurants, Museen, Tempel und Souvenirläden. Wer auch nur das geringste Interesse an chinesischer Geschichte, Kultur oder Architektur hat, kann hier problemlos mehrere Tage damit zubringen, durch die Kopfsteinpflasterstraßen zu bummeln und über verborgene Kostbarkeiten zu stolpern, während er alle bekannten Sehenswürdigkeiten abhakt. In den Straßen kann man kostenlos herumspazieren, wer jedoch auf die Stadtmauern hinauf will oder eines der 18 als historisch bedeutsam geltenden Gebäude besichtigen möchte, muss 150 Yuan Eintritt bezahlen. Die Eintrittskarten gelten für eine Dauer von drei Tagen; Besichtigungen auf eigene Faust mit Audioguide kosten 40 Yuan (100 Yuan Kaution). Die Sehenswürdigkeiten sind im Sommer von 8 bis 19 Uhr im Sommer und im Winter von 8 bis 18 Uhr geöffnet.

Alte Stadtmauer HISTORISCHE MAUER

Ein guter Ausgangspunkt ist die prachtvolle Stadtmauer *(cheng qiang)* von 1370.

Pingyao

Sie ist 10 m hoch, hat eine Länge von 6 km und wird von insgesamt 72 Wachtürmen unterbrochen. Auf jedem steht ein Absatz aus Sunzis *Die Kunst des Krieges*. Ein Teil der südlichen Mauer, die 2004 eingestürzt war, wurde wieder aufgebaut, alles Übrige ist noch original. Pingyaos **Stadttore** (城门; *chengmen*) sind faszinierend und gehören zu den am besten erhaltenen im ganzen Land; der **Untere Turm am Westtor** (Fengyi Men oder das Tor der Erscheinung von Phoenix) befindet sich an einem Abschnitt der Originalstraße, wo noch die tiefen Spuren von Kutschenrädern zu sehen sind (wie auch am Südtor).

Rishengchang Finannzhaus-Museum

MUSEUM

(日升昌; Rishengchang; 38 Xi Dajie; 西大街 38号) Sehr sehenswert ist das RHM, das Ende des 18. Jahrhunderts als bescheidenes Geschäft für Farbstoffe begann, bevor es sich durch seinen enormen Geschäftserfolg in Chinas erste Wechselbank (1823) verwandelte, die schließlich landesweit 57 Filialen besaß. Das Museum hat fast 100 Räume, einschließlich Büros, Wohnräume und einer Küche. Zu den Exponaten gehören auch mehrere alte Schecks.

Tempel Wen Miao

KONFUZIUSTEMPEL

Das älteste noch erhaltene Bauwerk in Pingyao ist die **Dacheng-Halle** (大成殿; Dacheng Dian) aus dem Jahr 1163 im Konfuziustempel (文庙; Wen Miao). In dieser gewaltigen Anlage absolvierten angehende Beamte ihre kaiserlichen Prüfungen.

Stadtturm

TURM

(市楼; Shi Lou; Nan Dajie; Eintritt 5 Yuan; ⌚8–19 Uhr) Im Zentrum steht der Stadtturm, das höchste Gebäude der Stadt. Über glatte Steintreppen kann man bis zur Aussichtsplattform hinaufsteigen. Von dort aus bieten sich schöne Ausblicke über die Dächer von Pingyao. Im Innern gibt's außerdem den etwas ramponierten und verloren wirkenden Schrein zu Ehren eines Guandi mit ernster Miene zu begutachten.

Qingxu Guan

TAOISTISCHER TEMPEL

(清虚观; Dong Dajie) Der Staub von Shanxi ist in jede Ritze der 10 Hallen der Tempelanlage eingedrungen; doch gerade das trägt zur Aura dieser uralten Kultstätte bei, die aus der Tang-Dynastie stammt.

Parolen

HISTORISCHE STÄTTE

Im Wohnhof Nr. 153 in der Xi Dajie befinden sich zwei Gebäude, auf denen die Kulturrevolution in Form von Kampfparolen ihre Blutspuren hinterlassen hat – der Wortlaut spielt auf die Reformen an:工业学大庆 („Die Industrie sollte von Daqing lernen"); ein anderer, etwas blasserer Spruch rechter Hand ist ein Aufruf zur Aktion:认真搞好斗批改 („Macht Ernst mit dem Kampf, der Kritik und der Reform").

Neun-Drachen-Wand

MONUMENT

(九龙壁; Jiulong Bi; Chenghuangmiao Jie) Das Denkmal steht vor dem alten Theater von Pingyao (大戏堂; Daxitang).

Katholische Kirche

KIRCHE

(天主堂; Tianzhu Tang; 2 Anjia Jie) Vor der Kirche steht eine schneeweiße Marienstatue. Die historische, wenn auch baufällige Kirche ist Dreh- und Angelpunkt für katholische Christen in Pingyao.

☞ Geführte Touren

Herr Deng, der Inhaber der Pension Harmony, bietet für 150 Yuan Tagestouren durch die Stadt an. Er ist eine großartige Informationsquelle zur Geschichte der Stadt, und er gibt auch Ausflugstipps zu weniger besuchten Stätten rund um Pingyao.

Pingyao

Highlights

	Rishengchang Finanzhaus-Museum	B2
	Stadtmauer	A2
	Stadtturm	C2
	Tempel Wen Miao	D3

Sehenswertes

1	Dacheng-Halle	D3
2	Katholische Kirche	D3
3	Neun-Drachen-Wand	D3
4	Qingxu Guan	D2

Schlafen

5	Cui Chenghai Hotel	C3
6	Dejuyuan Guesthouse	B2
7	Harmony Guesthouse	C3
8	Jing's Residence	C2
9	Jugendherberge Yamen	B3
10	Zhengjia *kezhan*	C3

Essen

11	Beibaoke	C3
12	Dejuyuan	C3

Ausgehen

13	Sakura Café	C3
14	Sakura Café	C2

Schlafen

Die meisten Altstadthotels sind Umbauten ehemaliger Wohnhöfe. Deshalb ist es auch nicht schwer, hier einen Platz zum Übernachten zu finden. Pingyaos Wohnhöfe unterscheiden sich von ihren eher quadratischen Pendants in Beijing; in Pingyao sind die Wohnhöfe wie 目字形, was so viel bedeutet, dass sie „geformt sind wie das Zeichen 目", also eher rechteckig. Die Hoteliers von Pingyao stellen sich immer mehr auf die Bedürfnisse westlicher Touristen ein, d.h. es wird vielerorts Englisch gesprochen.

LP TIPP **Harmony Guesthouse** HOFHAUSHOTEL €
(和义昌客栈; Heyichang *kezhan*; ☎568 4952; www.py-harmony.com; 165 Nan Dajie; 南大街 165 号; B 40–60 Yuan, EZ 140 Yuan, DZ & 3BZ 180–210 Yuan; ❄@📶) Die mit Recht sehr beliebte Pension bietet Zimmer in einem nostalgischen 300 Jahre alten Gebäudekomplex aus der Qing-Zeit sowie einem kleineren Wohnhof in einer benachbarten Straße. Herr Deng und seine Frau, ein sehr unprätentiöses englischsprechendes Paar, haben ein gastfreundliches Umfeld geschaffen. Die meisten Zimmer sind mit traditionellen steinernen Betten im Kang-Stil, hölzernen Teetischen am Kopfende und reizvollen Holzfenstern mit Intarsien ausgestattet. Im ursprünglichen Gästehaus finden sich Mehrbettzimmer, aber auch die Bar ist dort untergebracht. Im Harmony sind auch Tickets erhältlich; außerdem gibt es einen Fahrradverleih (10 Yuan pro Tag), eine Wäscherei, Internetzugang, WLAN-Anschluss und einen Abholservice.

Dejuyuan Guesthouse HOFHAUSHOTEL €€
(德居源客栈; Dejuyuan *kezhan*; ☎568 5266; www.pydjy.net; 43 Xi Dajie; 西大街 43 号; DZ 280 Yuan, 2BZ 368–580 Yuan, Suite 1480 Yuan; ❄@📶) Die Zimmer rund um zwei der ältesten Wohnhöfe der Stadt (sie sind bereits 400 Jahre alt) sind sehr gepflegt, die gut geführte Pension macht einen freundlichen Eindruck. Selbst die günstigsten Zimmer sind ausgezeichnet ausgestattet, während die Suiten höchsten Komfort bieten; auch die Bäder sind tiptop. Im hauseigenen Restaurant kommen hochwertige, lokale Speisen auf den Tisch, die nicht überteuert sind. Das Personal organisiert darüber hinaus Bahntickets und geführte Touren.

LP TIPP **Jing's Residence** HOFHAUSHOTEL €€€
(锦宅; Jin Zhai; ☎584 1000; www.jingsresidence.com; 16 Dong Dajie; 东大街 16 号; Zi. 1438 Yuan; ❄@📶) Die vornehm gedämpfte Atmosphäre ist das Alleinstellungsmerkmal dieses exklusiven (und ziemlich teuren) Hotels – einem Mix aus Tradition und Moderne. Es spricht direkt den Geschmack westlicher Touristen an, die sich im oberen Marktsegment zu Hause fühlen. Vor 260 Jahren war es die Residenz eines Seidenhändlers der Qing-Dynastie, inzwischen ist es ein durchgestyltes und perfekt restauriertes Gebäude: die thematischen Wohnhöfe sind bilderbuchartig, die Räume sind elegant und stilvoll (die geräumigen Suiten in den oberen Etagen bieten Ausblicke über die Dächer von Pingyao), die Hotelbar ist eine der abgehobendsten in ganz Shanxi. Im Restaurant wird das Beste aus der westlichen Fusionsküche serviert, entsprechend hoch liegen die Preise. Insgesamt nur 19 Zimmer bietet das Hotel, weshalb eine Reservierung unbedingt erforderlich ist.

Jugendherberge Yamen JUGENDHERBERGE €
(衙门官舍青年旅社; Yamen Guanshe Qingnian Lüshe; ☎568 3539; 69 Yamen Jie; 衙门街 69 号; 7-/3-BZ B 40/60 Yuan, DZ & 2BZ 180–240 Yuan; ❄@📶) Die Jugendherberge ist rund um mehrere Wohnhöfe angelegt. Die Zimmer sind größer als so viele andere in Pingyao, jedoch ziemlich abgewohnt; die Bäder könnten ruhig wieder mal renoviert werden. Die Mehrbettzimmer unter dem Traufdach sind sauber, die Duschen sind in Ordnung und die Toiletten befinden sich unten. Das Personal hat ein verbindliches Auftreten und alles, was eine Jugendherberge so an Annehmlichkeiten hat, ist in diesem Haus vorhanden: DVD-Zimmer, Kartenverkauf, Wäscherei, kostenloser Internetzugang, WLAN, Fahrradverleih, Billardtisch und Abholservice. 30%-Rabatte gibt's auch.

Zhengjia *kezhan* HOFHAUSHOTEL €
(郑家客栈; ☎568 4466; 68 Yamen Jie; 衙门街 68 号; B 35–40 Yuan, DZ 168–218 Yuan; ❄@📶) Das Hotel ist auf zwei benachbarte Gebäude verteilt. Am besten ist die Unterkunft in nächster Nähe zum „Regenpavillon". Dort befinden sich rund um einen sehr angenehmen Wohnhof ordentliche Doppelzimmer mit Betten im Kang-Stil. Die Mehrbettzimmer unter dem Traufdach des benachbarten Wohnhofs sind etwas eng,

NICHT VERSÄUMEN

WOHNHOF DER QIAO-FAMILIE

Der **Wohnhof der Qiao-Familie** (乔家大院; Qiaojia Dayuan; Eintritt 72 Yuan; ⌚8–19 Uhr) mit seinen zahlreichen Innenhöfen stammt aus dem 18. Jh. und ist eines der beeindruckendsten Beispiele einer traditionellen Privatresidenz in Nordchina. Einst war es der Wohnsitz eines Kaufmanns mit hohem Ansehen. Der Komplex besteht aus einem relativ schmucklosen Labyrinth aus Passagen und Wohnhöfen, die zu scheinbar endlosen Räumen führen (über 300!).

Hier wurde auch Zhang Yimous berühmter Film *Rote Laterne* gedreht, eine opulente Tragödie der Fünften Generation des chinesischen Kinos, für die der erfolgreiche Regisseur steht. Wie der Filmtitel schon verrät, hängen überall rote Laternen, jedoch gibt es auch viele faszinierende Ausstellungen mit Möbeln und Kleidungsstücken aus der Qing-Zeit sowie mit Kostümen und Requisiten aus der Shanxi-Oper.

Überall auf dem Gelände gibt es Souvenir- und Imbissstände, die vor allem bei einheimischen Reisegruppen extrem beliebt sind (so früh wie möglich da sein!). Die Residenz ist jedoch groß genug, um den Menschenmassen zu entkommen; es bieten sich so viele Torwege an, dass sich die Besuchermassen wie durch Magie überall verteilen.

Für die Anreise in einen der Busse nach Qixian (祁县; 23 Yuan, 1½ Std.) einsteigen, die vom Busbahnhof Jiannan in Taiyuan abfahren, dann gleich dem Fahrer Bescheid geben, wo die Reise hingehen soll, und so klappt es dann auch, dass man am Haupttor rausgelassen wird. Auch von Pingyao aus lässt sich der Wohnhof besichtigen.

jedoch frisch und sauber (Doppelzimmer gibt's dort auch). Das Hotel hat einen guten Gemeinschaftsbereich und empfängt mehr chinesische Touristen als andere Pensionen – hier trifft man also leicht auf Einheimische.

Cui Chenghai Hotel HOFHAUSHOTEL €
(翠成海客栈; Cui Chenghai *kezhan*; ☎577 7888; www.pycch.com; 178 Nan Dajie; 南大街178号; DZ & 2BZ 168 Yuan; ❄@📶) Die großzügigen Räume sind mit Betten im Kang-Stil ausgestattet, ansonsten aber ziemlich kahl. Allerdings hat der restaurierte Wohnhof aus der Ming-Dynastie einen besonderen Reiz.

Essen & Ausgehen

Die meisten Pensionen bieten Vollpension mit Frühstück, Mittagessen und Abendessen (westlich oder chinesisch). In Pingyaos Straßen gibt es jede Menge *xiaochi* (小吃; Wandnischenrestaurants), die fast alle die gleichen Gerichte zu ähnlichen Preisen anbieten. Wer etwas günstiger und weniger touristisch essen will, geht in die Xia Xiguan Jie (下西关街) gleich außerhalb des unteren Westtors, wo Imbissstände Nudel auf vielerlei Art für 4 Yuan und darüber anbieten, sowie *roujiamo* (肉夹馍; Burger mit Schweine- oder Rindfleisch und grünem Paprika) oder auch Fleisch- und Gemüsespieße.

In Pingyao gibt es nicht so viele Bars und Kneipen, aber die Wohnhotels bieten praktisch alles, was das Herz begehrt: eisgekühltes Bier in Flaschen, einen Platz zum Sitzen in der herrlichen Kulisse eines Wohnhofs, Tische und Stühle, geröstete Erdnüsse, Sterne am Firmament von Shanxi, ein gutes Buch und Kerzenlicht. Unbedingt probieren sollte man alkoholhaltige Getränke, die das Herz erwärmen und den Magen besänftigen, wie etwa den rosaroten Wein *nü'er hong* (女儿红) oder den klaren *meigui* (玫瑰), erhältlich in den meisten Pensionen und Restaurants.

Dejuyuan SHANXI-KÜCHE €
(德居源; 82 Nan Dajie; ⌚8.30–22 Uhr; 📋) Touristen sind hier gern gesehen, was dem kleinen einladenden Restaurant aber nicht wirklich schadet. Auf der Speisekarte stehen einfache und schmackhafte Gerichte aus dem nördlichen China wie etwa Teigtaschen (15 Yuan) oder lokale Spezialitäten. Empfehlenswert ist das berühmte Pingyao-Rindfleisch oder die Bergnudeln (12 Yuan). Kalte Speisen sind ab 8 Yuan zu haben.

Beibaoke SHANXI-KÜCHE €
(背包客; 37 Yamen Jie; Gerichte ab 12 Yuan; ⌚7–22.30 Uhr) Dieses winzige Kabäuschen (ein typischer Treffpunkt für „Rucksacktouristen", was sich vom Namen her ableitet) ist im Vergleich zu anderen Restau-

rants meist von Einheimischen bevölkert. Die Küche hat einen geheimnisvollen Touch – es gibt beispielsweise einen würzigen Minihotpot (*shaguo niurou;* 沙锅牛肉) und süßsaure Fleischbällchen (28 Yuan); natürlich dürfen die unvermeidlichen Nudelgerichte der Region nicht fehlen. Die Speisekarte ist nicht auf Englisch, es hängen jedoch Bilder an der Wand.

Sakura Café BAR €
(樱花屋西餐酒吧; Yinghuawu Xican Jiuba; 6 Dong Dajie; Gerichte ab 35 Yuan, Biere ab 10 Yuan; ⌚9.30–12 Uhr; 📶📋) In diesem Café bzw. in dieser Bar herrscht immer gute Stimmung – Einheimische wie auch Touristen treffen sich hier, um Gerichte und Getränke des Tages zu „testen". Die Pizzas für 55 Yuan sind wirklich ordentlich, die Frühstücksvariationen, der Kaffee, die Biere und Cocktails auch. In der 86 Nan Dajie gibt's eine weitere beliebte Filiale.

Shoppen

Pingyao ist alles andere als auf Hochglanz poliert, und unter anderem liegt genau darin sein besonderer Reiz. Allerdings werden die abblätternden Fassaden und von Wind und Wetter ramponierten Ladenzeilen nunmehr ohne Wenn und Aber restauriert. In der Nan Dajie findet sich eine ganze Fülle an holzvertäfelten Läden; sie verkaufen mit Ingwer aromatisierte Süßwaren (eine zuckersüße, goldfarbene Ingwermasse wird vor den Augen neugieriger Touristen von Verkäufern in Streifen gezogen), Mohnkuchen, Pingyao-Snacks, Nippes, Memorabilien aus der Kulturrevolution, Jade, Schuhe und Schlappen und vieles mehr. Als Mitbringsel besonders begehrt sind die rot-schwarzen Papierschnitte aus Shanxi.

Praktische Informationen

Alle Pensionen und Hotels haben Internet und WLAN-Zugang.

Büro für Öffentliche Sicherheit (PSB; 公安局; Gong'anju; ☎563 5010; Shuncheng Lu; ⌚Mo–Fr 8–12 & 15–18 Uhr Mo) Etwa 3 km südlich vom Bahnhof, an der Ecke zur Shuguang Lu gelegen. Hier können keine Visa verlängert werden.

Industrial & Commercial Bank of China (ICBC; 工商银行; Gongshang Yinhang; Xia Xiguan Dajie) hat einen Geldautomaten, der Visa-Kreditkarten akzeptiert, aber wie alle anderen Banken in Pingyao kein Geld oder Reiseschecks tauscht.

Internetcafé (网吧; *wangba*; pro Std. 3 Yuan; ⌚24 Std.) befindet sich gegenüber dem Tempel Erlang an der Bei Dajie in einer schmutzigen Seitenstraße. Links abbiegen in den ersten Wohnhof, dann in den zweiten Stock hinaufgehen.

Post (中国邮政; Zhongguo Youzheng; Xi Dajie; ⌚8–18 Uhr)

An- & Weiterreise

Bus

Ab Pingyaos **Busbahnhof** (汽车新站; *qichexinzhan*) verkehren Busse nach Taiyuan (26 Yuan, 2 Std., regelmäßige Verbindungen, 6.30–7.40 Uhr), Lishi (44 Yuan, 2 Std., 8.30–12.30 Uhr) und Changzhi (68 Yuan, 3 Std., 7.50 und 13.40 Uhr). Außerdem fahren Busse zu regionalen Reisezielen wie Jiexiu (9 Yuan, 40 Min.) ab dem Bahnhof.

Zug

Bahntickets (vor allem für Fahrten nach Xi'an) sind im Sommer schwer zu bekommen, deshalb lohnt es sich, weit im Voraus zu planen. Eventuell können Hostels und Hotels dabei helfen. Folgende Zugverbindungen gibt es:

Beijing Hartsitzer/Schlafwagen 92/170 Yuan, 11–14 Std., 3-mal tgl.

Datong Hartsitzer/Schlafwagen 62/123 Yuan, 7–8 Std., 4-mal tgl.

Taiyuan 15 Yuan, 1½ Std., regelmäßige Verbindungen

Xi'an Hartsitzer/Schlafwagen 67/134 Yuan, 8½–10½ Std., 5-mal tgl.

Unterwegs vor Ort

Das beschauliche Pingyao lässt sich ganz bequem zu Fuß oder mit dem Fahrrad erkunden (10 Yuan pro Tag). Fahrradverleiher sind überall in der Stadt zu finden – es finden sich mehrere Anbieter in der Nan Dajie und der Xi Dajie; die meisten Gästehäuser bieten diesen Service ebenfalls an. Darüber hinaus verkehren auch Rickschas zu den Bahnöfen und Bushaltestellen für 10 Yuan.

Rund um Pingyao

Die meisten Hotels und Pensionen bieten einen kostenlosen Transferdienst zu den wichtigen Sehenswürdigkeiten in der Umgebung. Zu den typischen Tagesausflügen gehören unter anderem die Besichtigung des Wohnhofs der Wang-Familie und der Unterirdischen Burg Zhangbi. Die Preise für diese Ausflüge belaufen sich auf etwa 80 Yuan pro Person (zuzüglich Eintrittskarte bzw. Essen).

UNTERIRDISCHE BURG ZHANGBI 张壁古堡

Dieses 1400 Jahre alte Netzwerk aus **Verteidigungstunneln** (Zhangbi Gubao; Eintritt 60 Yuan; ⏲8–18.30 Uhr) ist das älteste und mit 10 km das längste Tunnelsystem in ganz China. Es wurde gegen Ende der Sui-Dynastie erbaut. Seinen geplanten Zweck als Verteidigungssystem gegen Invasoren aus der Tang-Dynastie musste es jedoch nie erfüllen und verfiel daher. Inzwischen sind 1500 Meter auf drei Ebenen saniert. Es geht 26 m tief hinunter zu Stollen und unterirdischen Passagen, die so niedrig sind, dass man sich bücken muss. Einst dienten diese als Vorratskammern, Wachstuben und Schlafzimmer. Die Löcher an den Seitenwänden der Schächte, die an die Oberfläche führten, weisen auf die Fluchtwege hin und führen zu den Stellen, wo die Soldaten Wache standen, um nach potenziellen Angreifern Ausschau zu halten.

Die Begleitung durch Gästeführer ist zwingend und auch dringend notwendig, damit man sich nicht verläuft. Die Führung ist im Ticketpreis enthalten und für ausländische Touristen normalerweise in englischer Sprache.

Im Rahmen der geführten Tour wird auch das faszinierende Bauerndorf **Zhangbi Cun** (张壁村) besichtigt, das sich über den Tunneln befindet. Seine Ursprünge reichen bis in die Yuan-Dynastie zurück, und es ist bis heute bewohnt. Wer meint, auf die Unterirdische Burg verzichten zu können, kann hier auch auf eigene Faust (und kostenlos) durch die Kopfsteinpflasterstraßen spazieren.

Die einzige Möglichkeit der Anreise ist ein Taxi oder im Rahmen einer geführten Tour. Um die Kosten zu reduzieren, kann die Hälfte der Strecke nach Jiexiu (介休; 9 Yuan, 40 Min.) mit dem Bus zurückgelegt werden. Von Jiexiu aus führt ein Taxi zurück; inklusive Wartezeit kostet die Taxifahrt um die 150 Yuan.

WOHNHOF DER WANG-FAMILIE 王家大院

Die **ehemalige Residenz** (Wangjia Dayuan; Eintritt 66 Yuan; ⏲7.30–19 Uhr) der Qing-Dynastie gleicht mehr einer Burg als einem gemütlichen Wohnsitz. Herrschaftlich mutet der Gebäudekomplex an, und alles ist sehr gut instandgehalten (auffällig sind die hölzernen Galerien an der Vorderseite vieler Gebäude). Mit insgesamt 123 Wohnhöfen ist die Anlage von beeindruckender Größe, wirkt aber etwas eintönig durch die endlose Aneinanderreihung von Bauten. Interessanter sind eigentlich die noch immer bewohnten **Höhlenwohnungen** (窑洞; *yaodong*), die sich hinter der Burgmauer befinden. Vor dem Gebäudekomplex steht ein **Konfuziustempel** (文庙; Wen Miao; Eintritt 10 Yuan) aus der Yuan-Dynastie, der eine wunderschöne dreistöckige, hölzerne Pagode hat.

Vom Busbahnhof in Pingyao fahren zwei Direktbusse (17 Yuan, 1 Std., 8.50 und 13.10 Uhr) hierher; zurück geht es wieder um 12.40 Uhr oder 16 Uhr. Regelmäßig verkehren Busse nach Jiexiu (介休; 9 Yuan, 40 Min.), wo man in den Bus 11 (5 Yuan, 40 Min.) umsteigen kann, der bis zum Komplex fährt und dort endet. Der letzte Bus zurück nach Jiexiu geht um 18 Uhr.

TEMPEL SHUANGLIN 双林寺

Dieser **Buddhistische Tempel** (Shuanglin Si; Eintritt 40 Yuan; ⏲8.30–18.30 Uhr) ist von Pingyao aus leicht erreichbar. Die in Getreidefeldern eingebettete Tempelanlage beherbergt eine Reihe seltener, bemalter Schnitzfiguren aus der Song- und Yuan-Zeit. Die beeindruckende Anlage wurde 1571 erbaut: sie umfasst einige Hallen; auch wirkt der ganze Komplex authentischer als so manch anderer restaurierte Tempel. Das Innere der Sakyamuni-Halle und die Nebengebäude sind besonders exquisit. Eine Rikscha- oder Taxifahrt dorthin kostet um die 40 bis 50 Yuan, oder man fährt die 7 km mit dem Fahrrad – LKWs sorgen dafür, dass viel Kohlestaub in der Kehle landet.

Qikou

☎0358 / 32 000 EW.

Die winzige Ming-Stadt trennt nur der Gelbe Fluss (黄河; Huang He), ein schnell dahinfließender schlammiger Strom, von der benachbarten Provinz Shanxi (S. 394). Während der Quin-Zeit gelangte sie zu ihrer Blüte, als sich hier Hunderte von Kaufleuten niederließen. Erst im Jahr 1938 verlor sie mit dem Einmarsch der Japaner ihren Einfluss. Ein Besuch ihrer faszinierender steinernen Wohnhöfe und Kopfsteinpflastergassen, die sich zum Schwarzen Drachentempel mit Ausblick über das Städtchen hinaufwinden, lohnt sich. Einige der Häuser sind auf Englisch beschildert und verraten ihre frühere offizielle Funktion wie etwa das Pfandhaus und die

Handelskammer. Eine gute Zeit, Qikou zu besuchen, ist samstags, wenn der Wochenmarkt stattfindet und Leute aus den umliegenden Dörfern mit ihrem Traktor oder Elektrobuggy einen Tag zum Einkaufen oder zum Feiern hierherkommen.

Der Hauptgrund hierherzukommen ist jedoch das nahegelegene Dorf Lijiashan, eine anscheinend lange vergessene Siedlung mit Hunderten von Höhlenwohnungen (窑洞; *yaodong*), die teilweise noch bewohnt werden.

Sehenswertes

Lijiashan WOHNHÖHLEN

(李家山) Für Reisende, die Shanxis **Höhlenwohnungen** (窑洞; *yaodong*) hautnah erleben möchten, ist dieses abgelegene, 550 Jahre alte Dorf absolut traumhaft. Es schmiegt sich an einem vom Gelben Fluss zurückversetzten Hang und besteht aus Hunderten von Höhlenwohnungen, die sich über neun Ebenen erstrecken. Hier lebten früher über 600 Familien, die fast alle den Familiennamen Li trugen. Heute wohnen hier nur noch ca. 45 Menschen; fast alle Einwohner sind ältere Leute. Die örtliche Schule, deren Klassenzimmer sich ebenfalls in Höhlen befinden, hat gerade einmal vier Schüler. Die Menschen hier sprechen Jin, wenn auch die meisten Mandarin verstehen. Einige Steinwege und Treppen, die sich den Hügel hinaufwinden, stammen ebenfalls noch aus der Ming-Dynastie. Bemerkenswert sind die Steinringe an einigen Mauern, die früher zum Anbinden der Pferde dienten.

Um hierher zu gelangen, führt der Weg an der Bushaltestelle Qikou über die Brücke und dann etwa 30 Minuten am Fluss entlang bis zu einem blauen Schild mit der Aufschrift 李家山. Von hier aus dem unbefestigten Weg noch etwa 20 Minuten bergauf folgen bis zu dem alten Dorf.

Schwarzer Drachentempel TAOISTISCHER TEMPEL

(黑龙庙; Heilong Miao) In dm taoistischen Tempel aus der Ming-Zeit mit herrlichen Ausblicken auf den Gelben Fluss soll die Akustik so gut gewesen sein, dass man Vorführungen auf der Bühne noch auf der gegenüberliegenden Seite des Flusses in der Provinz Shaanxi (Shanxi) hören konnte. Oft sind die Opernaufführungen an Samstagnachmittagen fantastisch; das Publikum besteht dann größtenteils aus älteren Bürgern, die was von Musik verstehen. Vom Busbahnhof in Qikou auf der Straße hinunter zum Fluss gehen und dann irgendeinen Kopfsteinpflasterweg durch einen oder zwei der Höfe bergauf gehen.

Schlafen & Essen

Einige Einheimische bieten funktionale Betten für ca. 50 Yuan an. Essen gibt's an einfachen Imbissbuden (Nudeln!) an der „Hauptstraße" hinter der Bushaltestelle.

LP TIPP **Qikou *kezhan*** PENSION €

(碛口客栈; ☎446 6188; DZ/2BZ/3BZ 188/218/388 Yuan; @) Direkt in Qikou gelegen bietet dieses historische Haus (im Zweiten Weltkrieg hielt es die Rote Armee besetzt) heute eine freundliche Pension, komfortable Zimmer im *yaodong*-Stil (alle mit Internetverbindung) mit *kang*-Betten und einem schönen Ausblick auf den Fluss. Die Zimmer gehen alle zu zwei 300 Jahre alten Innenhöfen hinaus. Oberhalb der Steintreppe befindet sich eine wunderschöne Terrasse mit herrlichem Blick über den Gelben Fluss. Das ist ein toller Platz, um ein Bierchen zu genießen oder die leckeren Mahlzeiten, die hier unterm Sternenhimmel zubereitet werden. Rabatte in Höhe von 10 % sind möglich.

Siheyuan Lüdian HOFHAUSHOTEL €

(四合院旅店; ☎138 3583 2614; Zi. pro Pers. inkl. Mahlzeiten 50 Yuan; @) Dieses 180 Jahre alte rustikale Hofhaus hat eine Handvoll Höhlenschlafzimmer an der rückwärtigen Hangseite. Inhaber sind der zuvorkommende Herr Li und seine gastfreundliche Frau, deren Familie hier schon seit sechs Generation lebt. Die Zimmer haben große, wuchtige *kang*-Betten aus Ziegelstein und traditionelle chinesische Fensterscheiben aus Papier sowie Computer. Es gibt Strom und meist auch fließendes Wasser. Herrn Li sollte man von unterwegs aus anrufen, dann wird er seine Gäste gerne abholen. Ansonsten folgt man von der Straße aus einem ausgeschilderten Weg mit den Schriftzeichen 四合院旅店.

An- & Weiterreise

Ein Bus fährt von Taiyuan nach Qikou (79 Yuan, 4 Std., 10.30 Uhr). Wer diesen Bus verpasst oder aus Pingyao kommt, muss die komplizierte Anreise über Lishi (离石) auf sich nehmen.

Von Taiyuan fahren regelmäßig Busse nach Lishi (70 Yuan, 3 Std., halb-stündl. Von 7.35–19 Uhr), von Pingyao verkehren sie 5-mal tgl. (44 Yuan, 2 Std., 7.30–12.30 Uhr). Vom Fernbus-

HÖHLENWOHNUNGEN

In Shanxi wohnen Menschen seit 5000 Jahren in Höhlenwohnungen, und man geht davon aus, dass es eine Zeit gab, in der ein Viertel der Bevölkerung unterirdisch lebte. Noch immer ist Shanxis Landschaft übersät von Höhlenwohnungen (窑洞; *yaodong*), insbesondere im Bereich des Gelben Flusses. Lijiashan ist hierfür ein wunderschönes Beispiel. Heute sind die meisten dieser Höhlenwohnungen verlassen, jedoch wohnen in Shanxi etwa 3 Mio. Menschen noch immer in Höhlenbehausungen (und 30 Mio. in ganz China). Und warum auch nicht? Verglichen mit modernen Häusern sind diese Wohnungen günstiger, bei Weitem besser isoliert gegen schneidende Kälte im Winter und brütende Hitze im Sommer und deutlich besser geräuschisoliert. Zudem bieten sie einen besseren Schutz gegen Naturkatastrophen wie Erdbeben und Waldbrände. Da für ihren Bau sehr viel weniger Material benötigt wird, sind sie auch viel umweltfreundlicher. Warum leben also nicht alle Menschen in solchen Höhlenwohnungen? Nun ja, auch wenn die meisten inzwischen an das nationale Stromnetz angeschlossen sind, gibt es in der großen Mehrzahl der Höhlendörfer weder fließendes Wasser noch eine Kanalisation, sodass einfache alltägliche Dinge wie Waschen oder der Gang auf die Toilette zu einer schwierigen Aufgabe werden. So gesehen erscheint plötzlich der hässlichste Wohnblock sehr viel verlockender.

bahnhof Lishi (长途汽车站; *changtu qichezhan*) mit Bus 1 (1 Yuan, 15 Min.) zur Kreuzung fahren und dort in einen Bus nach Qikou (17 Yuan, 1½ Std., 6.30–15.30 Uhr) umsteigen.

Von Qikou nach Taiyuan fährt tgl. ein Bus um 5.30 Uhr. Bis ca. 15 Uhr fahren regelmäßig Busse von Qikou nach Lishi. Ab Lishi fahren zahlreiche Busse zurück nachh Taiyuan (70 Yuan, von 7–20 Uhr), zwei nach Pingyao (44 Yuan, 7.30 und 11.40 Uhr) und drei nach Xi'an (180 Yuan, 8 Std., 7, 11.30 und 14.30 Uhr).

Jincheng 晋城

☎0356 / 505115 EW.

Abgesehen von einer wirklich schnuckeligen, 470 Jahre alten Pagode hat Jincheng an Sehenswertem nicht allzu viel zu bieten. Dieses wenig besuchte Städtchen ist jedoch die Startrampe für eine geschichtliche Abenteuerreise in Shanxis Südosten. Die Landschaft in der Umgebung der Stadt birgt einige beeindruckende Beispiele alter Architektur und ist aus diesem Grund ein wirklich lohnender Zwischenstopp, vor allem für diejenigen, die sich Richtung Süden nach Henan aufmachen.

Die einzige Sehenswürdigkeit in Jincheng ist der **Tempel Bifeng** (笔峰寺; Bifeng Si; ⏲6–18 Uhr), der auf einem Hügel nahe dem Bahnhof thront. Der Tempel selbst wurde neu erbaut, jedoch stammt die neunstöckige Pagode aus der Ming-Dynastie. Wer die dunkle, enge Treppe hinaufsteigt, den erwarten schöne Ausblicke über Jincheng.

Die meisten Stadthotels sind überteuert oder akzeptieren keine ausländischen Gäste. Die beste Übernachtungsmöglichkeit bietet das exzentrische **Venice Water City** (威尼斯水城; Weinisi Shuicheng; ☎888 3600; 978 Wenchang Dongjie; 文昌东街 978 号; 2BZ/DZ 205/215 Yuan; ❄@), ein Spahotel gleich neben dem Städtischen Krankenhaus (人民医院; Renmin Yiyuan). Beim Betreten der Lobby heißt es: “Schuhe ausziehen und rein in die Badelatschen!” Währendessen schwirrt das Personal diskret durch die Räume. Die Zimmer sind hingegen modern, sauber und bieten jeglichen Komfort einschließlich Computer.

In der Wenchang Dongjie befindet sich auch eine Filiale der Bank of China mit einem Geldautomaten (davon gibt es noch viele mehr überall in der Stadt). Ebenso gibt es dort jede Menge Restaurants und ein Internetcafé (2 Yuan pro Std.; 24 Std.); allerdings war letzteres bis kurz vor Redaktionsschluss für ausländische Nutzer gesperrt.

Busverbindungen gibt es nach Taiyuan (114 Yuan, 4 Std., stündl., 6.30–18.30 Uhr) und Changzhi (38 Yuan, halb-stündl., 6.30–18.30 Uhr) mit Umsteigmöglichkeiten nach Pingyao; die Anschlussbusse fahren am zentralen Busbahnhof (客运总站; *keyun zǒngzhan*) nahe am Bahnhof ab. Wer Richtung Süden nach Henan weiterfahren will, muss am Fernbusbahnhof (长途汽车站; *changtu qichezhan*) in der Jianshe Lu einsteigen. Dort verkehren Busse nach Zhengzhou (63 Yuan, alle 40 Min.,

ZUM NACHSCHLAGEN

Premierminister Chen Tingjing war zweifellos vielfältig begabt. Neben seiner Regierungsverantwortung verstand er es, auch als Lehrer, Dichter und Musiker zu begeistern. Sein Vermächtnis war jedoch keines der großartigen kreativen Werke Chinas, sondern ein Wörterbuch. Allerdings nicht irgendein Wörterbuch, sondern Chinas berühmtestes und umfangreichstes und das letzte, das je von einem Kaiser in Auftrag gegeben wurde. Die Rede ist von dem nach seinem kaiserlichen Auftraggeber benannten *Kangxi-Wörterbuch*. Es war ein Mammutkompendium, das von Chen und Zhang Yushu zusammengetragen wurde; allerdings starben beide noch vor der Vollendung des Werks im Jahr 1716. Bis 1993 war dieses mehrbändige Werk, das 49 030 Schriftzeichen enthält, das größte je zusammengetragene chinesische Wörterbuch.

Da ist es sehr passend, dass Chens frühere Residenz heute Chinas einziges Wörterbuchmuseum beherbergt. Unter den Exponaten sind 39 Ausgaben des *Kangxi-Wörterbuchs*, die älteste umfasst 42 Bände mit 47 035 Schriftzeichen und wurde 1827 herausgegeben. In einem kleinen Buchladen werden moderne Nachdrucke (580 bis 2000 Yuan) verkauft, man braucht dann allerdings einen zusätzlichen Rucksack, um die Bände zurück ins Hotel zu schaffen!

5.40–18.20 Uhr) und Luoyang (50 Yuan, stündl., 7.20–18 Uhr) sowie nach Xi'an (176–196 Yuan, 3-mal tgl., 8.30, 10, 18.20 Uhr) und nach Beijing (261 Yuan, 10 Std., 18.20 Uhr).

Die wenigen Züge, die Jincheng passieren, pendeln zwischen Taiyuan (harter Sitz/Schlafwagen 54/108 Yuan, 7 Std., 4-mal tgl.) und Zhengzhou (30 Yuan, 3½ Std., 2-mal tgl.).

Bus 2 (1 Yuan) verbindet den Bahnhof mit dem zentralen Busbahnhof und dem Fernbusbahnhof. Die Taxigrundgebühr beträgt 5 Yuan.

Rund um Jincheng

GUOYU 郭峪古城

Dieses atmosphärische, von einer Mauer umgebene Dorf (Guoyu Gucheng) ist der unbestrittene Höhepunkt eines Abstechers in diese Ecke der Provinz Shanxi. Der Zugang ist kostenlos, und es herrscht kein Touristenandrang (erstaunlich, dass viele der einheimischen Tourenveranstalter das Dorf auslassen); es verfügt über genau den gewissen authentischen Reiz einer historischen und noch bewohnten Siedlung der Ming-Dynastie.

Die bröckelnden Überreste des Südtors, das zur einstigen Festung gehört, und einige Mauerabschnitte sind immer noch am Eingang des Dorfs nahe an der Straße erhalten geblieben, als ob sie Wache hielten. Wer 200 Meter weiter läuft, fühlt sich in eine andere Zeit zurückversetzt: Schmale Gassen und Straßen mit Kopfsteinpflaster führen an Hofhäusern vorbei, wo Einheimische draußen sitzen und in ihrem Dialekt plaudern.

Am besten lässt man sich dahintreiben, um Guoyu zu erkunden. Den 600 Jahre alten taoistischen Tempel **Tangdi Miao** (汤帝庙) sollte man jedoch nicht versäumen. Er ist das älteste Gebäude des Dorfes. Im Innern des Tempels hängen über einer Bühne (oberhalb der Treppe!) zwei sehr seltene Gemälde aus der Zeit der Kulturrevolution mit Durchhalteparolen, die alle Chinesen motivieren sollten, noch fleißiger zu arbeiten (zu jener Zeit wurde der Tempel als Regierungsgebäude genutzt). Ebenfalls lohnend ist ein Blick in den früheren **Wohnhof** des Großvaters von Minister Chen (1 Jingyang Beilu/景阳北路 1 号).

Vom Fernbusbahnhof Jincheng verkehren regelmäßig Busse zur Burg des Premierministers Chen (15 Yuan, 1½ Std., 6–18.30Uhr). Guoyu liegt zehn Gehminuten südlich der Burg. Die Rückfahrtmöglichkeiten sind allerdings rar; am besten geht's mit einem Kleinbus in die Kleinstadt Beiliu (北留; 3 Yuan, 15 Min.), und von dort mit einem normalen Bus zurück nach Jincheng (12 Yuan).

PREMIERMINISTER CHENS BURG 皇城相府

Diese wunderbar erhaltene **Burg** (Huangcheng Xiangfu; Eintritt 100 Yuan; ⌚8–18.30 Uhr) aus der Ming-Dynastie ist die ehemalige Residenz von Chen Tingjing, der Ende des 17. Jhs. Premierminister unter Kaiser Kangxi und Co-Autor von Chinas bekanntestem Wörterbuch war. Die Familie Chen gelangte im 16. Jh. durch den Aufstieg einiger höherer Staatsdiener aus ihren Reihen zu großem Ansehen; die Burgmauern wurden ursprünglich zur Verteidigung erbaut, um sich gegen Bauernaufstände zu schützen.

Die Burg präsentiert sich heute äußerst touristisch – mit Souvenirhändlern und Gästeführern, die mit wehenden Fähnchen und Mikrophonen bewaffnet sind – besticht aber nach wie vor durch ein faszinierendes Gewirr an Wohnhöfen, Gärten und steinernen Arkaden, zu dem beherbergt sie Chinas einziges Wörterbuchmuseum.

Ab dem Fernbusbahnhof Jincheng verkehren regelmäßig Busse (15 Yuan) direkt zum Ticketbüro.

TEMPEL HAIHUI 海会寺

Kurz vor Redaktionsschluss war der Tempel geschlossen, jedoch ist er normalerweise geöffnet. Dieser buddhistische **Tempel** (Haihui Si; Eintritt 30 Yuan), in den sich Minister Chen gerne zum Arbeiten zurückzog, ist geprägt von seinen großartigen Zwillingspagoden aus Backstein. Die 20 m hohe **Sheli Ta** (舍利塔) ist fast 1100 Jahre alt. Oberhalb erhebt sich die achteckige **Rulai Ta** (如来塔) aus dem Jahr 1558, die für zusätzliche 10 Yuan bestiegen werden kann. Man fährt mit dem Bus, der auch zur Burg des Premierministers Chen fährt, muss dem Fahrer jedoch sagen, dass man in Haihui aussteigen will. Zur Burg oder zum alten Dorf Guoyu geht's anschließend mit einem Kleinbus von der Hauptstraße (2 Yuan) oder aber auch zu Fuß (45 Min.).

Shaanxi

BEVÖLKERUNG: 37,3 MIO.

Inhalt »

Xi'an 396

Rund um Xi'an................406

Hua Shan 410

Hancheng........................412

Yan'an..............................414

Yulin.................................416

Mizhi................................417

Die schönsten historischen Stätten

» Die Terrakotta-Armee (S. 406)

» Das Grab des Kaisers Jingdi (S. 407)

» Die Große Wildganspagode (S. 400)

» Das Revolutionäre Hauptquartier Yangjialing (S. 415)

Die besten Museen

» Stelenwaldmuseum (S. 397)

» Geschichtsmuseum Shaanxi (S. 399)

» Stadtmuseum Xianyang (S. 409)

» Revolutionsmuseum Yan'an (S. 415)

Auf nach Shaanxi!

Shaanxi (陕西) ist der Ort, an dem für China alles begann. Als Kerngebiet der Qin-Dynastie war Shaanxi die Wiege der chinesischen Zivilisation. Später bildete Xi'an den Anfangs- und Endpunkt der Seidenstraße und präsentierte sich als geschäftige, kosmopolitische Hauptstadt, lange bevor irgendwer auch nur von Beijing gehört hatte.

Shaanxis archäologische Fundstätten machen es zu einem lohnenden Ziel. Rund um Xi'an liegen ein ausgegrabenes Dorf aus der Jungsteinzeit und königliche Grabstätten; so auch die Grabstätte von Qin Shihuangdi und seinen Terrakotta-Kriegern. Shaanxi kann auch auf jüngere Geschichte verweisen: in den 30er- und 40er-Jahren des 20. Jhs. wurden die Höhlen rund um Yan'an von der Kommunistischen Partei Chinas (KPCh) als Zentrale genutzt.

Xi'an entwickelt sich zu einem Drehkreuz für Reisende, mit Nachtleben, Museen, alten Pagoden und einem faszinierenden muslimischen Viertel. Doch auch die ländlichen Gegenden mit ihren Dörfern, noch kaum berührt vom modernen Leben, und Bergen, auf denen einst Eremiten und Weise hausten, warten darauf, erkundet zu werden.

Reisezeit

Xi'an

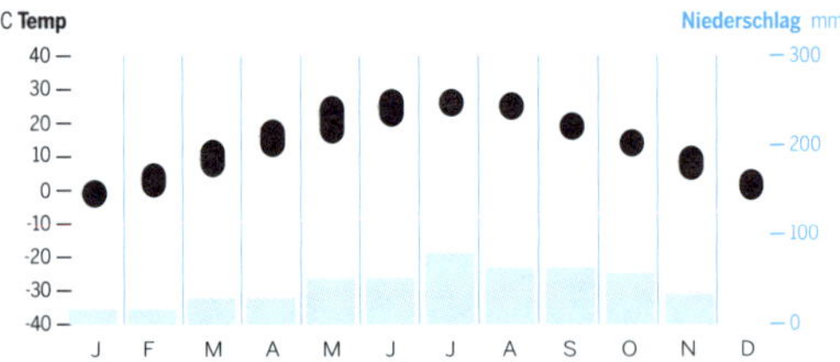

April & Mai Jetzt wehen die Frühlingswinde – die ideale Zeit, um den Hua Shan zu besteigen.

September & Oktober Es ist warm und trocken; perfekt für die Sehenswürdigkeiten Xi'ans.

Dezember Keine typische Reisezeit: Wer Glück hat, hat die Terrakotta-Armee ganz für sich allein.

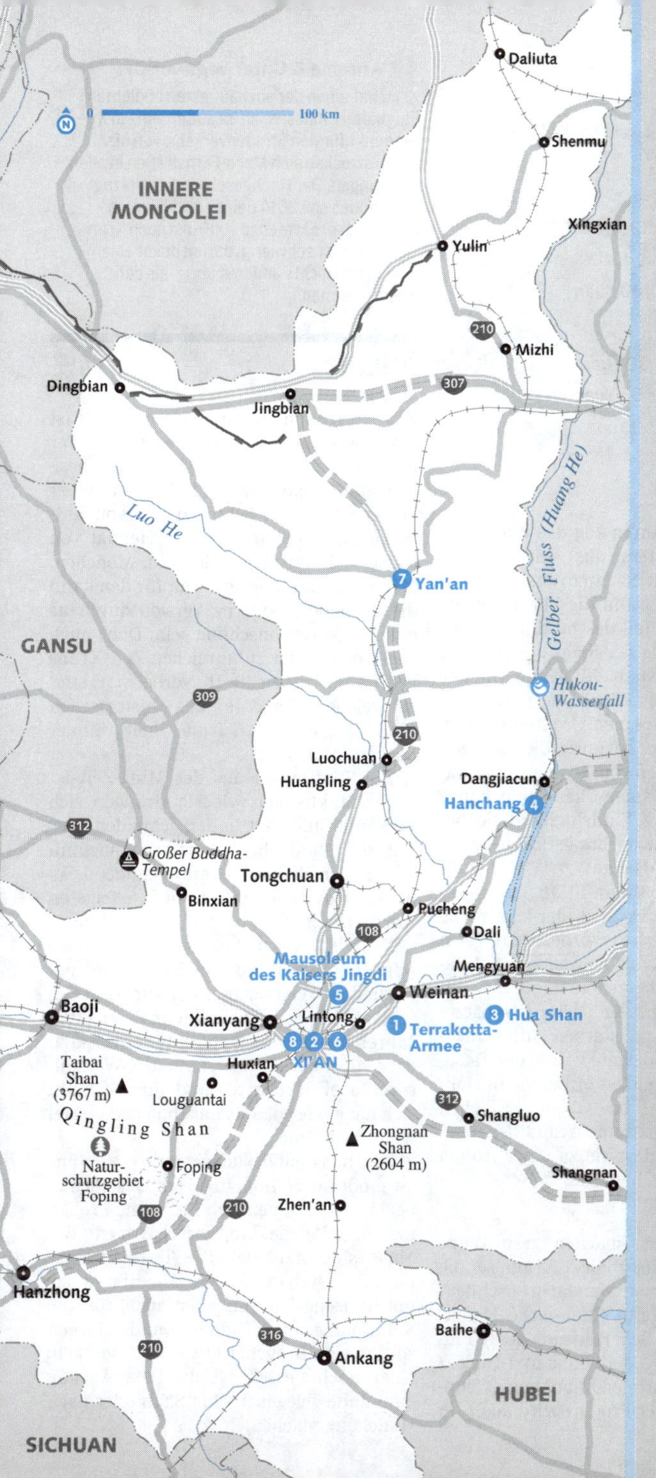

Highlights

1. Sich bei der außergewöhnlichen **Terrakotta-Armee** (S. 406) darüber informieren, was ein Kaiser so ins Grab mitnimmt
2. In Xi'an eine atemberaubende Licht- und Tonschau rund um die Sehenswürdigkeit mit dem ungewöhnlichen Namen **Große Wildganspagode** (S. 400) bestaunen
3. Vom heiligen westlichen Gipfel **Hua Shan** (S. 410) die Sonne über den Qinling-Bergen aufgehen sehen
4. Die alte Stadt **Hancheng** (S. 412), ein malerisches Viertel von Gebäuden aus der Yuan-, Ming- und Qing-Zeit, erkunden
5. Durch die faszinierenden Ausgrabungen am **Grab des Kaisers Jingdi** (S. 407) einen ganz neuen Blick auf Chinas Geschichte gewinnen
6. Sich in den Hintergassen von Xi'ans altem **muslimischen Viertel** (S. 397) verlieren
7. Einen Blick auf die **Höhle** (S. 415) werfen, in der Mao Zedong in Yan'an lebte, und auf die „roten Touristen", die auf seinen Spuren hierher pilgern
8. Aufs Fahrrad steigen und auf Xi'ans prachtvoller **Stadtmauer** (S. 416) eine reizvolle 14 km lange Runde um die Stadt radeln

PREISE

In diesem Kapitel werden die folgenden Preiskategorien verwendet:

Schlafen

€	unter 190 Yuan
€€	190 bis 400 Yuan
€€€	über 400 Yuan

Essen

€	unter 30 Yuan
€€	30 bis 60 Yuan
€€€	über 60 Yuan

Geschichte

Vor etwa 3000 Jahren zog das Zhou-Volk des Bronzezeitalters aus seiner angestammten Heimat Shaanxi aus, eroberte die Shang und gewann die Vorherrschaft in einem großen Teil des nördlichen China. Später vereinte der Staat der Qin, die von ihrer Hauptstadt Xianyang (in der Nähe des heutigen Xi'an) aus herrschten, als erste Dynastie einen Großteil Chinas. Spätere Dynastien, darunter die Han, Sui und Tang, regierten von Xi'an aus, das damals unter dem Namen Chang'an bekannt war. Immer wenn Eindringlinge sie bedrohten, flohen sie in ihre östliche Hauptstadt Luoyang (in Henan).

Shaanxi blieb bis zum 10. Jh. das politische Herz Chinas. Doch als der kaiserliche Hof nach Osten verlegt wurde, begann sich das Glück der Provinz zu wenden. Auf Rebellionen und Hungersnöte folgte 1556 ein starkes Erdbeben, bei dem geschätzte 830 000 Menschen starben (die ungewöhnlich hohe Todesrate wurde der Tatsache zugeschrieben, dass Millionen in Höhlen lebten, die bei dem Erdbeben einbrachen). Die extreme Armut der Region sorgte dafür, dass sie zu einer frühen Hochburg der KPCh wurde.

Sprache

Die Einheimischen machen gern Witze und behaupten, der Dialekt Xi'ans sei die „echte" Hochsprache Mandarin – schließlich lag hier die alte chinesische Hauptstadt. Weniger zu Scherzen aufgelegte Linguisten ordnen den Shaanxi-Dialekt allerdings der zentralen Zhongyuan-Gruppe zu. In Teilen der Provinz wird auch Jin gesprochen.

Anreise & Unterwegs vor Ort

Xi'an hat einen der am häufigsten bedienten Flughäfen Chinas. Xi'an ist außerdem ein Knotenpunkt für den Straßenverkehr; von hier aus erstrecken sich Mega-Fernstraßen in alle Richtungen. Der Hochgeschwindigkeitszug des Landes soll 2014 Beijing und Xi'an verbinden. Übernachtzüge von Yulin nach Xi'an zu buchen ist schwierig, darum bleibt einem womöglich nichts anderes übrig, als den Bus zu nehmen.

Xi'an 西安

☎ 029 / 6,5 MIO. EW.

Xi'ans sagenumwobene Vergangenheit ist eine zweischneidige Angelegenheit. Wer hierher kommt in dem Wissen, dass diese legendäre Stadt einst der Endpunkt der Seidenstraße, ein Schmelztiegel von Kulturen und Religionen sowie Heimat von Kaisern, Kurtisanen, Dichtern, Mönchen, Händlern und Kriegern war, für den kann die lärmende moderne Version durchaus eine herbe Enttäuschung sein. Doch auch wenn es mit der ruhmreichen Zeit Xi'ans bereits im frühen 10. Jh. vorbei war, sind zahlreiche Elemente des historischen Chang'an, wie Xi'an früher hieß, immer noch zu finden.

Die Stadtmauer aus der Ming-Zeit ist noch intakt, nach wie vor drängen sich Verkäufer aller Art in den schmalen Gassen des kaninchenbauartigen muslimischen Viertels, und es gibt genügend Sehenswertes, um selbst den eifrigsten Amateurhistoriker bei Laune zu halten.

Xi'an ist zwar nicht mehr Chinas politische Hauptstadt, aber es ist sich des potenziellen Wertes seiner ehrwürdigen Geschichte bewusst geworden. In den letzten Jahren hat sich die Stadt dafür eingesetzt, dass die Seidenstraße zum UN-Weltkulturerbe erklärt wird, und man bemüht sich nach wie vor, das muslimische Viertel wiederzubeleben.

Die meisten Besucher verbringen nur zwei oder drei Tage in Xi'an; Geschichtsbegeisterte können sich hier ohne Probleme eine Woche lang beschäftigen. Ein Muss sind natürlich die Terrakotta-Armee, das Grab des Kaisers Jingdi und das muslimische Viertel, aber auch für die Stadtmauer, die Pagoden und Museen sollten sich Besucher etwas Zeit nehmen. Oder noch besser, gleich einen Ausflug zum nahe gelegenen Hua Shan oder nach Hancheng machen.

Sehenswertes

INNERHALB DER STADTMAUER

Das muslimische Viertel HISTORISCHE STÄTTE
(回族区) Die Hintergassen nördlich des Trommelturms waren jahrhundertelang die Heimat der städtischen Hui-Gemeinde (chinesische Muslime). Obwohl in dieser Gegend mindestens seit dem 7. Jh. Moslems leben, glauben viele, die Wurzeln der heutigen Gemeinde gingen nur bis zur Zeit der Ming-Dynastie zurück.

Metzger, Sesamölfabriken, hinter riesigen Holztüren versteckte kleine Moscheen, Männer in weißen Schädelkappen und mit bunten Schals verschleierte Frauen prägen das Bild der schmalen Gassen. In dieser Gegend lässt es sich herrlich bummeln; besonders nachts ist das Viertel außerordentlich stimmungsvoll. Zum Flanieren empfehlen sich die Straßen Xiyang Shi, Dapi Yuan und Damaishi Jie, die nördlich der Xi Dajie unter anderem durch einen interessanten islamischen Lebensmittelmarkt führt.

Große Moschee MOSCHEE
(清真大寺; Qingzhen Dasi; Huajue Xiang; Eintritt März–Nov. 30 Yuan, Dez.–Feb. 15 Yuan, für Muslime frei; ⏲März–Nov. 8–19.30 Uhr, Dez.–Feb. bis 17.30 Uhr) Die Große Moschee ist eine der imposantesten Moscheen in China, eine faszinierende Mischung chinesischer und islamischer Architektur. Sie ist nicht wie üblich nach Süden, sondern nach Westen (gen Mekka) ausgerichtet. Das Gebäude beginnt mit einem für einen chinesischen Tempel charakteristischen Merkmal, der Dämonen abwehrenden Geistermauer. Auch die Gärten mit ihren schroffen Felsen, hübschen Pagoden und Bogengängen sind offensichtlich chinesisch, mit Ausnahme der vier Palmen am Eingang. Der arabische Einfluss erstreckt sich indessen von dem zentralen Minarett (clever als Pagode getarnt) bis zur großen Gebetshalle mit türkisfarbenem Dach (für Besucher geschlossen) im hinteren Teil der Anlage sowie den eleganten Kalligrafien an den meisten Eingängen. Die Gebäude stammen größtenteils aus der Ming- und Qing-Zeit, obwohl die Moschee im 8. Jh. gegründet wurde.

Um die Große Moschee zu erreichen, führt der Weg auf der Xiyang Shi mehrere Minuten nach Westen; dabei nach einer winzigen Gasse Ausschau halten, die zwischen zahlreichen Souvenirständen Richtung Süden führt.

Stelenwaldmuseum MUSEUM
(碑林博物馆; Beilin *bowuguan*; 15 Sanxue Jie; Eintritt März–Nov. 75 Yuan, Dez.–Feb. 50 Yuan; ⏲März–Nov. 8–18.15 Uhr, Dez.–Feb. bis 17.15 Uhr) In diesem Museum in Xi'ans Konfuziustempel sind über 1000 Steinstelen (Inschriften-Tafeln) zu bewundern. Darunter befinden sich die neun konfuzianischen Klassiker und einige beispielhafte Kalligrafien. In der 2. Galerie befindet sich eine nestorianische Stele (781 n. Chr.), das früheste Zeugnis des Christentums in China. (Die Nestorianer glaubten, Christus sei sowohl menschlich als auch göttlich, und wurden deshalb 431 aus der Kirche ausgeschlossen.) In der 4. Galerie befindet sich eine Sammlung historischer Karten und Porträts. Es ist interessant, dabei zuzusehen, wie Kopien gemacht werden.

Das Highlight aber ist die fantastische Skulpturengalerie (gegenüber dem Museumsshop), die tierische Beschützer aus der Tang-Dynastie, Grabsteine mit Bildinschriften und buddhistische Bildhauerkunst umfasst.

Die Shuyuan Xiang östlich des Südtors führt zum Museum.

NICHT VERSÄUMEN

STADTMAUER

Xi'an gehört zu den wenigen chinesischen Städten, deren historische **Stadtmauer** (城墙; Chengqiang; Eintritt 40 Yuan; ⏲April–Okt. 8–20.30 Uhr, Nov.–März bis 19 Uhr) noch steht. Die 12 m hohe Mauer wurde 1370 während der Ming-Dynastie gebaut. Sie ist umgeben von einem trockenen Festungsgraben und bildet ein Rechteck mit einem Umfang von 14 km.

Die meisten Bereiche wurden restauriert oder wiederaufgebaut, sodass es heute möglich ist, bequem in vier Stunden die gesamte Mauer zu erwandern. Vom Südtor aus kann man auch Rad fahren (Fahrradverleih pro 100 Minuten 40 Yuan, Pfand 200 Yuan). An den Haupttoren gibt's Zugangsrampen.

Folgendes vermittelt vielleicht eine Vorstellung von der früheren Größe Xi'ans: Die Tang-Stadtmauer umschloss ursprünglich 83 km², eine siebenmal so große Fläche wie das heutige Stadtzentrum.

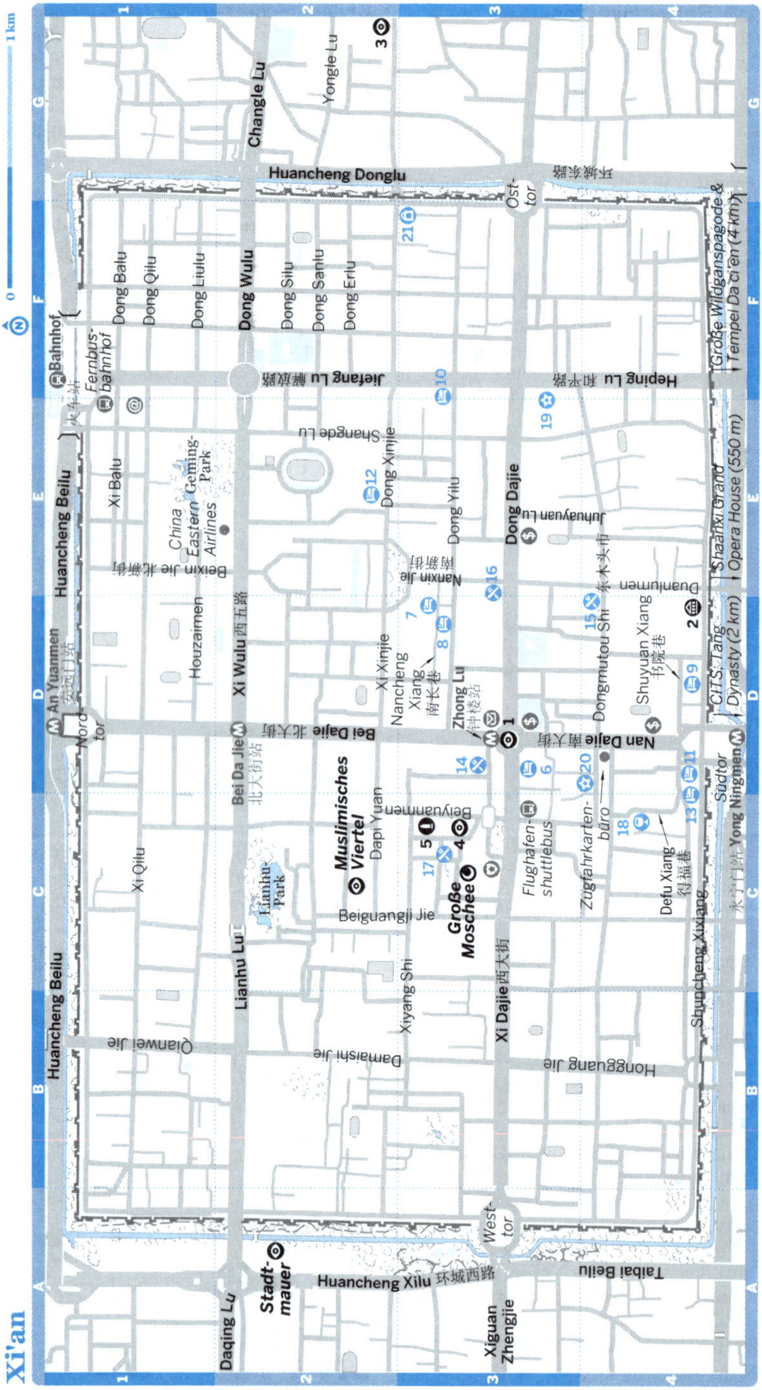

Xi'an

0 1 km
A
B
C
D
E
F
G
1
2
3
4
Huancheng Beilu
An Yuanmen
安远门站
Nord-tor
Huancheng Beilu
Bahnhof
火车站
Fernbus-bahnhof
Xi Balu
Dong Balu
Dong Qilu
Dong Liulu
Xi Qilu
Qianwei Jie
Houzaimen
Beixin Jie 北新街
China Eastern Airlines
Geming-Park
Daqing Lu
Lianhu Lu
Bei Da Jie
北大街站
Xi Wulu 西五路
Dong Wulu
Changle Lu
Stadt-mauer
Lianhu-Park
Bei Dajie 北大街
Dong Silu
Dong Sanlu
Dong Erlu
Huancheng Donglu
Yongle Lu
Huancheng Xilu 环城西路
Damaishi Jie
Beiguangji Jie
Muslimisches Viertel
Dapi Yuan
Xi Xinjie
Nancheng Xiang
南长巷
12
Dong Xinjie
Shangde Lu
Jiefang Lu 解放路
3
Xiyang Shi
Beiyuanmen
17
5
7
8
Nanxin Jie 南新街
21
10
Dong Yilu
Große Moschee
4
14
Zhong Lu
钟楼站
16
West-tor
Xiguan Zhengjie
Xi Dajie 西大街
1
Dong Dajie
Ost-tor
Flughafen-shuttlebus
6
Juhuayuan Lu
19
Hongguang Jie
Zugfahrkarten-büro
20
Nan Dajie 南大街
Dongmutou Shi 东木头市
15
Heping Lu 和平路
环城东路
Taibai Beilu
18
Shuyuan Xiang
书院巷
Defu Xiang
得福巷
13
11
9
2
Duanlumen
Shuncheng Xixiang
Südtor
永宁门站 Yong Ningmen
CITS; Tang Dynasty (2 km)
Shaanxi Grand Opera House (550 m)
Große Wildganspagode & Tempel Da'ci'en (4 km)

Xi'an

Highlights
Große Moschee ... C3
Muslimisches Viertel ... C2
Stadtmauer ... A2

Sehenswertes
1 Glockenturm ... D3
2 Stelenwaldmuseum ... D4
3 Tempel der Acht Unsterblichen ... G2
4 Trommelturm ... C3
5 Volkskundehaus ... C3

Schlafen
6 Bell Tower Hotel ... D3
7 Han Tang House ... D3
8 Han Tang Inn ... D3
9 Jano's Backpackers ... D4
10 Jinjiang Inn ... F3
11 Shuyuan Youth Hostel ... D4
12 Sofitel ... E2
13 Xiangzimen Youth Hostel ... C4

Essen
14 Defachang Jiaoziguan ... D3
15 First Noodle Under the Sun ... D4
Jamaica Blue ... (siehe 7)
16 Lao Sun Jia ... E3
17 Muslim Family Restaurant ... C3

Ausgehen
18 Old Henry's Bar ... C4
Park Qin ... (siehe 11)
The Belgian ... (siehe 9)

Unterhaltung
19 1+1 ... E3
20 Song & Song ... D4

Shoppen
21 Nordwestlicher Antiquitätenmarkt F3

Glocken- & Trommelturm

HISTORISCHE STÄTTEN

Der **Glockenturm** (钟楼; Zhong Lou; Eintritt 27 Yuan, kombiniert mit dem Trommelturmticket 40 Yuan; ⌚März–Nov. 8.30–21.30 Uhr, Dez.–Feb. bis 18 Uhr), der inzwischen etwas verloren auf einer Verkehrsinsel liegt, befindet sich im Zentrum Xi'ans und beherbergte ursprünglich eine große Glocke, die zum Sonnenaufgang geläutet wurde. Sein Alter Ego hingegen, der **Trommelturm** (鼓楼; Gu Lou; Beiyuanmen; Eintritt 27 Yuan, kombiniert mit dem Glockenturmticket 40 Yuan; ⌚März–Nov. 8.30–21.30 Uhr, Dez.–Feb. bis 18 Uhr), signalisierte den Beginn der Nacht. Beide stammen aus dem 14. Jh. und wurden um 1700 wieder aufgebaut (der Glockenturm stand ursprünglich zwei Blocks weiter westlich). In beiden Türmen gibt es um 9 Uhr, 10.30 Uhr, 11.30 Uhr, 14.30 Uhr, 16 Uhr und 17 Uhr Musikvorführungen, die im Eintrittspreis enthalten sind. Der Glockenturm wird durch die Unterführung an der Nordseite betreten.

Volkskundehaus

HISTORISCHE STÄTTE

(高家大院; Gaojia Dayuan; 144 Beiyuanmen; Eintritt 15 Yuan, mit Tee 20 Yuan; ⌚8.30–23 Uhr) Dieses vielseitige historische Wohnhaus dient gleichzeitig als Kunstgalerie, Kulturzentrum und Teehaus. Ursprünglich wohnte hier der Qing-Bürokrat Gao Yuesong. Seine Residenz, ein schönes Beispiel für ein Hofhaus, wurde geschmackvoll restauriert und enthält Empfangsräume, Schlafzimmer, Bereiche für das Personal, einen Ahnentempel und ein Studierzimmer (heute das Teehaus).

Die Führungen beginnen auf Wunsch mit einer Marionetten- oder Schattenpuppenvorführung (10 Yuan). Da die Anlage derzeit der Künstlervereinigung Shaanxi gehört, findet sich hier eine Kunstgalerie, die traditionelle chinesische Kunst zu vernünftigen Preisen verkauft. Die angegebene Hausnummer hilft wenig bei der Orientierung, denn dieses Haus befindet sich nicht an Nr. 144, sondern etwa 20 m weiter die Straße hinunter.

AUSSERHALB DER STADTMAUER

GRATIS Geschichtsmuseum Shaanxi

MUSEUM

(陕西历史博物馆; Shanxi *lishi bowuguan*; 91 Xiaozhai Donglu; ⌚April–Okt. Di–So 8.30–18 Uhr, letzter Einlass 16.30 Uhr, Nov.–März Di–So 9.30–17 Uhr, letzter Einlass 16 Uhr) Shaanxis Geschichtsmuseum wird häufig als Chinas bestes gerühmt. Wer es allerdings erst besichtigt, nachdem er sich einige der Sehenswürdigkeiten in der Umgebung angesehen hat, verlässt es eher mit dem Eindruck, nicht wirklich viel Neues gesehen zu haben. Dennoch bietet das Museum einen umfassenden und erhellenden Streifzug durch das historische Chang'an, und die meisten Ausstellungsstücke sind

AFFENTHEATER

Die epische 17 Jahre dauernde Reise des buddhistischen Mönchs Xuan Zang nach Indien über Zentralasien und Afghanistan auf der Suche nach buddhistischer Erleuchtung war das Thema eines der nachhaltigsten Werke chinesischer Literatur, *Die Reise nach Westen*. Der Roman aus der Ming-Dynastie gibt dem Mönch Xuan drei Schüler an die Seite, die ihn auf dem Weg beschützen sollen. Der beliebteste von ihnen ist der Affenkönig.

Der Roman, der dem Dichter Wu Cheng'en zugeschrieben wird, hat viele Filme, Theaterstücke und Fernsehfilme inspiriert, darunter die Kultserie der 70er-Jahre, *Monkey*. Eine neuere populäre Adaption von 2007 stammt von der Band Gorillaz mit Damon Albarn und Jamie Hewlett in Zusammenarbeit mit dem Opernregisseur Chen Shi-Zheng.

mit Beschriftungen und Erklärungen in englischer Sprache versehen.

Im Erdgeschoss befinden sich vier originale Statuen von Kriegern der Terrakotta-Armee. In der Sui- und Tang-Abteilung gibt es einzigartige Wandmalereien, die ein Polospiel zeigen, und eine Serie bemalter Tonfiguren mit detaillierten Frisuren und Kleidern, darunter einige bärtige Ausländer, Musiker und brüllende Kamele.

Die Anzahl der Besucher ist begrenzt auf 4000 am Tag (2500 Tickets werden morgens ab 8.30 Uhr und weitere 1500 nachmittags ab 13.30 Uhr ausgegeben), also rechtzeitig hingehen und sich auf mindestens 30 Minuten Schlangestehen einstellen. Außerdem den Pass nicht vergessen, um das kostenlose Ticket zu bekommen. Bus 610 vom Glockenturm oder Bus 701 vom Südtor fahren zum Museum.

Große Wildganspagode

BUDDHISTISCHER TEMPEL

(大雁塔; Dayan Ta; Yanta Nanlu; Eintritt für das Gelände 50 Yuan, Eintritt in die Pagode 30 Yuan; ⏲April–Okt. 8–19 Uhr, Nov.–März bis 18 Uhr) Xi'ans berühmtestes Wahrzeichen ist diese Pagode, die die sie umgebenden modernen Gebäude überragt. Sie ist eines der besten Beispiele in China für eine Pagode im Tang-Stil (eher viereckig als rund). Fertiggestellt wurde sie 652 n.Chr. für die buddhistischen Sutren, die der Mönch Xuan Zang aus Indien mitgebracht hatte. Xuan verbrachte die letzten 19 Jahre seines Lebens damit, mit einem Spezialistenteam aus Mönchen Schriften zu übersetzen; viele dieser Übersetzungen werden bis heute verwendet. Seine Reisen inspirierten eines der bekanntesten Werke der chinesischen Literatur – *Journey to the West (Die Reise nach Westen)*.

Der **Tempel Da Ci'en** (大慈恩寺; Daci'en Si), der um die Pagode liegt, ist einer der größten Tempel des tangzeitlichen Chang'an. Die heutigen Gebäude stammen aus der Qing-Dynastie. Südlich von der Pagode befindet sich eine neu erbaute Ladenstraße unter freiem Himmel mit Geschäften, Galerien, Restaurants und öffentlicher Kunst, die zu einem Bummel einlädt. Dort gibt es außerdem ein Kino und eine Einschienenbahn.

Bus 610 vom Glockenturm und Bus 609 vom Südtor fahren zum Pagodenplatz. Der Eingang liegt an der Südseite. Auf dem Platz findet abends eine sehenswerte Fontänenshow statt.

GRATIS Xi'an-Museum

MUSEUM

(西安博物馆; Xi'an *bowuguan*; 76 Youyi Xilu; ⏲8.30–19 Uhr, Di geschl.) In diesem Museum auf dem ansprechenden Gelände des Tempels Jianfu sind Stücke ausgestellt, die im Laufe der Jahre in Xi'an ausgegraben wurden. Darunter befinden sich einige exquisite Keramiken aus der Han-Dynastie, außerdem Figuren, eine Ausstellung von Siegeln aus der Ming-Dynastie und Jade-Objekte. Nicht entgehen lassen sollte man sich das Untergeschoss, wo ein großes Modell des alten Xi'an einen guten Eindruck von dem Ort in seiner einstigen Pracht vermittelt.

Auf dem Gelände befindet sich außerdem die **Kleine Wildganspagode** (小雁塔; Xiaoyan Ta; ⏲8.30–19 Uhr, Di geschl.). Die Spitze der Pagode schüttelte ein Erdbeben Mitte des 16. Jhs. ab, aber der Rest des 43 m hohen Bauwerks ist erhalten geblieben. Der Tempel Jianfu wurde 684 n.Chr. erbaut, um das jenseitige Leben des verstorbenen Kaisers Gaozong zu segnen. Die Pagode, ein eher zierliches Gebäude aus 15 immer kleiner werdenden Stufen, wurde von 707 bis 709 n.Chr. errichtet und beherbergte buddhistische Schriften, die der Pilger Yi Jing aus Indien mitgebracht hatte. Der Eintritt auf das Gelände ist frei, aber für das Besteigen der Pagode ist ein 30-Yuan-Ticket erforderlich.

Bus 610 fährt vom Glockenturm hierher; vom Südtor fährt Bus 203.

Tempel der Acht Unsterblichen

TAOISTISCHER TEMPEL

(八仙庵; Baxian An; Yongle Lu; Eintritt 5 Yuan; ⌚März–Nov. 7.30–17.30 Uhr, Dez.–Feb. 8–17 Uhr) Xi'ans größter taoistischer Tempel stammt aus der Song-Dynastie und ist immer noch aktiv. Angeblich ist er auf dem Gelände eines früheren Weinladens erbaut worden, um Schutz gegen unterirdischen göttlichen Donner zu bieten. Rund um den Innenhof wurden Szenen aus der taoistischen Mythologie gemalt. Hier hielt sich 1901 Kaiserin Cixi, die Mutter des letzten Kaisers, auf, nachdem sie vor dem Boxeraufstand aus Beijing geflohen war. Der kleine **Antiquitätenmarkt** gegenüber ist vor allem sonntags und mittwochs recht belebt. Bus 502 fährt in der Nähe des Tempels vorbei (nämlich von der Xi Xinjie in Richtung Osten).

Schlafen

Wer mit dem Flugzeug ankommt und seine Unterkunft noch nicht gebucht hat, kann über die Schlepper an der Endhaltestelle des Shuttlebusses (Melody Hotel) oft ermäßigte Zimmer einer großen Auswahl an Hotels bekommen.

Alle Hostels in der Stadt bieten ein vergleichbares Servicespektrum, darunter Fahrradverleih, Internet, Waschsalons, Restaurants und Reisebüros. Oft werden Gäste am Bahnhof kostenlos abgeholt; beliebte Unterkünfte sollten allerdings vorab gebucht werden. In der Nebensaison (Januar–März) gewähren die Hostels in der Regel 20 Prozent Preisnachlass.

Han Tang Inn-Jugendherberge

JUGENDHERBERGE €

(汉唐驿; Hantang Yi; ☎8728 7772, 8723 1126; www.hostelxian@yahoo.com.cn; 7 Nanchang Xiang; 南长巷 7 号; B 30–50 Yuan, EZ & DZ 160–200 Yuan; ⊖❄@⊜) Dieses beliebte Hostel glänzt durch freundliches und hilfsbereites Personal sowie zahlreiche Informationen und Touren in Xi'an. Es hat kleine, aber blitzsaubere Mehrbettzimmer mit Bad. Es gibt eine hübsche Dachterrasse, eine Tischtennisplatte und sogar eine Sauna! Auch Aktivitäten werden hier organisiert, zum Beispiel hin und wieder ein kostenloser Teigtaschenabend. Das Han Tang befindet sich in einer kleinen Seitenstraße der Nanxin Jie; als Wegweiser dienen zwei Terrakotta-Krieger, die vor dem Gebäude Wache halten.

LP TIPP Han Tang House

HOSTEL €€

(汉唐居; Hantang Ju; ☎8738 9765; www.itisxian.com; 32 Nanchang Xiang; 南长巷 32 号; B/EZ/DZ/3BZ 50/120/180/240 Yuan; ⊖❄@⊜) Mit dieser Unterkunft bekommt man gewissermaßen zwei Dinge auf einmal – es bietet Mehrbettzimmer und die Atmosphäre einer Jugendherberge, aber das Erscheinungsbild eines Dreisternehotels. Die makellos sauberen Zimmer haben eine hochwertige Einrichtung aus dunklem Holz, Fliesenboden und Betten, die zu den bequemsten in ganz China gehören. Eine schöne Alternative für Reisende, die etwas Gehobeneres und gleichzeitig Besucherfreundliches suchen. Im Erdgeschoss gibt es ein Restaurant mit gutem westlichem Essen. Das Han Tang House liegt in einer Nebenstraße der Nanxin Jie.

Xiangzimen-Jugendherberge

JUGENDHERBERGE €

(湘子门国际青年旅舍; Xiangzimen Guoji Qingnian Lüshe; ☎6286 7999/7888; www.yhaxian.com; 16 Xiangzimiao Jie; 南门里湘子庙街 16 号; B 40–50 Yuan, Zi 180–240 Yuan; ❄@⊜) Die große, ausgedehnte Anlage erstreckt sich um eine Reihe miteinander verbundener Innenhöfe. Im Pub, der für seine verrauchte und laute Atmosphäre bekannt ist, ist immer etwas los. Die Zimmer sind sauber, modern und warm im Winter, aber die stickigen, fensterlosen Kellerräume sollten besser gemieden werden. Das Personal kann Touren organisieren, ist aber weniger beschlagen bei Infos für Individualreisende. Bus 603 fährt gegenüber dem Bahnhof ab zum Südtor; von dort sind es noch 100 m zu Fuß nach Westen.

Sofitel

HOTEL €€€

(索菲特人民大厦; Suofeite Renmin Dasha; ☎8792 8888; sofitel@renminsquare.com; 319 Dong Xinjie; 东新街 319 号; DZ/Suite 1150/3150 Yuan; ⊖❄@≋) Xi'ans selbsternanntes „Sechssternehotel" ist zweifelsohne die luxuriöseste Unterkunft der Stadt mit einer wohltuenden, gedämpften Atmosphäre. Die Badezimmer sind allesamt vom Feinsten. Im Gebäude befinden sich ein kantonesisches, ein japanisches und ein marokkanisches Restaurant, außerdem eine Bar im südamerikanischen Stil. Die

Rezeption befindet sich im Ostflügel, und die Zimmerpreise ändern sich täglich; wenn mal wenig los ist, lässt sich also durchaus ein Schnäppchen machen.

Shuyuan-Jugendherberge JUGENDHERBERGE €

(书院青年旅舍; Shuyuan Qingnian Lüshe; ☎8728 7721; www.hostelxian.com; 2a Shuncheng Xixiang; 南门里顺城西巷甲 2 号; B 30–50 Yuan, EZ/DZ 160/180 Yuan; ❄@📶) Dieses am längsten bestehende und am besten ausgestattete Haus in Xi'an befindet sich in einem umgebauten Hofhaus in der Nähe des Südtors. Das Café serviert tolles Essen, und im Keller gibt es eine gemütliche Bar (Gäste erhalten einen Bier-Gutschein). Die Zimmer sind einfach, aber sauber, und das Personal kennt sich mit den Bedürfnissen von Reisenden aus. Die Jugendherberge liegt 20 m westlich vom Südtor an der Stadtmauer; Bus 603 hält in der Nähe.

Jinjiang Inn HOTEL €€

(锦江之星; Jinjiang Zhixing; ☎8745 2288; www.jj-inn.com; 110 Jiefang Lu; 解放路 110 号; DZ/2BZ/Suite 179/199/219 Yuan; ❄@) Nach Xi'an-Standards liegen die Preise nahe bei einer Budgetunterkunft, aber dank der sauberen und hellen modernen Zimmer, alle mit DSL-Intrnetanschlüssen, ist dies eine bessere Wahl als die meisten Dreisterneunterkünfte der Stadt. Hier gibt's außerdem ein billiges Restaurant.

Bell Tower Hotel HOTEL €€€

(西安钟楼饭店; Xi'an Zhonglou Fandian; ☎8760 0000; www.belltowerhtl.com; 110 Nan Dajie; 南大街 110 号; DZ 850–1080 Yuan; ❄@) Dieses staatseigene Viersternehotel mitten im Stadtzentrum ist komfortabel und liegt günstig in der Nähe der Haltestelle für den Flughafenbus. Von manchen Zimmern kann der Glockenturm von oben bewundert werden. Alle Zimmer sind geräumig und verfügen über Kabelfernsehen und DSL-Internetverbindung. Preisnachlässe von 15 %.

Jano's Backpackers HOSTEL €€

(杰诺庭院背包旅舍; Jienuo Tinyuan Beibao Lüshe; ☎8725 6656; www.xian-backpackers.com; 69 Shuncheng Nanlu Zhongduan, South Gate; 南门顺城南路中段 69 号; B 50–60 Yuan, Zi ohne Bad 120 Yuan, mit Bad 200–260 Yuan, Suite 320–390 Yuan; ❄@📶) Durch seine Lage in einem kleinen nachgemachten *hutong* etwa 200 m östlich vom Südtor und mit den Künstlergalerien, Cafés und Kneipen in der Nähe ist dies eine reizvolle Zuflucht vor den belebten Boulevards von Xi'an. Die Zimmer sind brandneu und im traditionellen Stil eingerichtet, einige sogar mit Kang-Betten. Trotz des Namens wirkt diese Unterkunft eher wie ein kleines Boutiquehotel als wie ein Backpacker-Treff, und als Bonus gibt es auch noch englischsprachiges Personal.

Essen

Gut isst man in Xi'ans muslimischem Viertel. Übliche Gerichte sind hier *majiang liangpi* (麻酱凉皮; kalte Nudeln in Sesamsauce), *fenzhengrou* (粉蒸肉; gehacktes Hammelfleisch mit gemahlenem Weizen im Wok gebraten), *roujiamo* (肉夹馍; gebratenes Schweine- oder Rindfleisch in Pita-Brot, manchmal mit grünem Pfeffer und Cumin), *caijiamo* (菜夹馍; die vegetarische Version) und die allgegenwärtigen *rouchuan* (肉串; Kebabs).

Am besten ist das köstliche *yangrou paomo* (羊肉泡馍), ein Suppengericht, bei dem ein flaches Stück Brot in einer Schüssel zerbröselt wird. Hinzu kommen Nudeln, Hammelfleisch und Brühe. Den Mund wässrig machen auch Desserts wie *huashenggao* (花生糕; Erdnusskuchen) oder *shibing* (柿饼; getrocknete Datteln); zu finden sind sie auf dem Markt oder in den Geschäften im muslimischen Viertel.

Eine gute Adresse für alle, die ein typisch chinesisches Restaurant suchen, ist die Dongmutou Shi östlich der Nan Dajie.

Alle Jugendherbergen servieren westliches Frühstück und Mahlzeiten mit unterschiedlichem Erfolg.

Muslim Family Restaurant CHINESISCH, MUSLIMISCH €

(回文人家; Huiwen Renjia; Damaishi Jie; Gerichte 6–58 Yuan; ⏲9–22.30 Uhr; 📋) Dieses hervorragende Lokal tief im Herzen des muslimischen Viertels serviert all die klassischen muslimischen Gerichte sowie schnelle Gerichte für Alleinreisende wie Suppen und Teigtaschen. Ein englisches Schild gibt es nicht; am besten nach dem Nudelkoch in der zur Straße gelegenen Küche unter freiem Himmel suchen. Bebilderte Speisekarte.

First Noodle Under the Sun NUDELN €

(天下第一面酒楼; Tianxia Diyi Mian Jiulou; 19 Dongmutou Shi; Gerichte 16–58 Yuan; ⏲9–22.30 Uhr; 📋) Eine Restaurantkette mit einem ungewöhnlichen Namen und einer unsinnigen Speisekarte in englischer Sprache. Die Spezialität ist *biang biang mian,* eine riesige, 3,8 m lange Nudel, die in eine große Schüssel gefaltet und mit zwei Suppenbeilagen serviert wird (10 Yuan). Außerdem gibt's hier alle möglichen hervorragenden Nudel-, Fleisch und Gemüsegerichte.

Lao Sun Jia SHAANXI-KÜCHE €
(老孙家; 5. Etage, Ecke Dong Dajie & Duanlumen; Gerichte 12–40 Yuan; ⌚8–21 Uhr; 🚭) Xi'ans berühmtestes Restaurant (mit einer über hundertjährigen Geschichte) ist bekannt für sein Spezialgericht – dampfende Schüsseln von *yangrou paomo.* Der Haken daran ist, dass der Wirt dafür zuständig ist, das Brot zu zerreißen, bevor die Köche die Suppe hinzufügen. An die Suppe müssen sich die meisten erst gewöhnen, aber das Erlebnis lohnt sich auf jeden Fall. Das Lokal liegt in der 5. Etage eines großen schwarzen Glasgebäudes.

Jamaica Blue CAFÉ €€
(藍色牙買加; Lanse Yamaijia; 32 Nanchang Xiang; 南长巷 32 号; Gerichte 32–49 Yuan; @📶📋) Das auf australischer Küche basierende Café ist in einer kleinen Seitenstraße in Xi'an aufgetaucht und serviert hervorragende Sandwiches, Wraps, westliches Frühstück, Pasta, Desserts und einen guten Kaffee. Es bietet freundliches, Englisch sprechendes Personal, WLAN, Spiele und eine pseudo-irische Pub-Atmosphäre. Abends wird von 21 bis 23 Uhr Livemusik geboten.

Defachang Jiaoziguan TEIGTASCHEN €€
(德发長饺子馆; Glocken- und Trommelturmplatz; Gerichte 22–34 Yuan; ⌚10–21 Uhr) Wer von Teigtaschen einfach nicht genug bekommen kann, der ist in diesem 100 Jahre alten Restaurant, das für seine köstlichen Teigtaschen mit einer Füllung aus Rind, Schwein, Pilzen und anderem berühmt ist, genau richtig. Das Essen kostet zwar doppelt so viel wie in anderen Restaurants, aber die Atmosphäre und die Geschichte des Lokals haben eben ihren Preis. Am besten bestellt man an der Theke in der ersten Etage und vermeidet den teuren Speisesaal oben. Das Restaurant liegt in einem Gebäude hinter der Pyramidenplaza; die gigantische goldene Teigtasche im Eingang ist nicht zu verfehlen.

Ausgehen

Xi'ans Nachtleben bietet alles von Bars und Clubs bis hin zu kitschigen, aber beliebten Touristenshows.

Die Hauptbarmeile der Stadt ist die Defu Xiang in der Nähe des Südtors. Am oberen Ende der Straße sind Cafés und Teehäuser zu finden. Je näher man dem Südtor kommt, desto lärmiger werden die Bars, aber eigentlich ist alles immer noch ziemlich zahm.

Old Henry's Bar BAR
(老亨利酒吧; Laohengli Jiuba; 48 Defu Xiang; ⌚20–3 Uhr) Hier ist immer etwas los; es gibt auch Tische draußen.

Park Qin BAR
(琴文化吧; Qin Wenhua Jiuba; 2a Shuncheng Xixiang; Bier 20–25 Yuan; ⌚19–3Uhr) Andy Warhol trifft auf Kaiser Qin Shihuangdi in dieser gemütlichen Bar mit Terrakotta-Kriegern, die kunstvoll mit spielerischen Farbzusammenstellungen wiedergegeben werden. Das gemischte Publikum besteht aus jungen Chinesen und Westlern, die alle wegen der belgischen Biere, der niedrigen Preise und der Livemusik hier sind. Das Schild draußen, nach dem „nur Mitglieder" Zutritt haben, darf getrost ignoriert werden; es gilt nur für die einheimischen Chinesen (Touristen sind auch ohne Mitgliedschaft willkommen).

The Belgian BAR
(比利时咖啡酒吧; Bilishi Kafei Jiuba; ⌚19–3 Uhr) The Belgian ist eine entspannte Bar im westlichen Stil mit etwa 40 Sorten belgischer Importbiere und Pub-Essen (Hamburger und Pommes). Die kleine Gasse, in der sie sich befindet, entwickelt sich allmählich zur Kneipenstraße und es macht Spaß, auf der Terrasse zu sitzen und Leute zu beobachten.

☆ Unterhaltung

In Xi'an geht der Betrieb in den Clubs früh los; das liegt auch daran, dass man dort ebenso häufig auf einen Drink wie zum Tanzen hingeht. Der Eintritt ist frei, dafür kostet aber ein Bier mindestens 30 Yuan. Die meisten Clubs liegen an der Nan Dajie oder in einer Nebenstraße.

Manche Besucher sehen sich gern die **Fontänen- und Musikshow** (⌚März–Nov. 21 Uhr, Dez.–Feb. 20 Uhr) bei der Großen Wildganspagode an; es ist die größte „musikalische Fontäne" Asiens. Es gibt auch eine Reihe Dinnertanzshows, in denen sich normalerweise Reisegruppen drängeln. Wem der Sinn nach etwas Kitsch steht, der kann sich hier auf jeden Fall großartig amüsieren.

Song & Song CLUB
(上上酒吧乐巢会; Shangshang Jiuba Lechaohui; 109 Ximutou Shi; ⌚ab 19 Uhr) Eher eine große Bar mit DJs als ein echter Club.

1+1 CLUB
(壹加壹俱乐部; Yijiayi Julebu; 2. Etage, Heping Yinzuo-Gebäude, 118 Heping Lu; ⌚ab 19 Uhr) Das stets populäre 1+1 ist ein neonbeleuchteter Kaninchenbau, durch den bis in die frühen Morgenstunden Hip-Hop-Rhythmen dröhnen.

Tang Dynasty DINNERSHOW
(唐乐宫; Tangyue Gong; ☎8782 2222; www.xiantangdynasty.com; 75 Chang'an Beilu; Vorstellung mit/ohne Dinner 500/220 Yuan) Das berühmteste Dinnertheater der Stadt führt ein übermütiges Spektakel mit Kostümen im Vegas-Stil vor, samt traditionellem Tanz, Musik und Gesang. Es wird englisch synchronisiert.

Shaanxi Grand Opera House DINNERSHOW
(陕歌大剧院; Shange Dajuyuan; ☎8785 3295; 165 Wenyi Lu; Vorstellung mit/ohne Dinner 298/198 Yuan) Diese Show, auch bekannt unter dem Namen Tang Palace Dance Show, stellt eine billigere und weniger schrille Alternative zur Tang-Dynasty-Show dar. Die Wenyi Lu fängt südlich der Stadtmauer an. Das Ticket gibt es günstiger, wenn man es bei einer namhaften Jugendherberge oder einem namhaften Hotel erwirbt.

Shoppen

Wer sich ein paar Tage in Xi'an aufhält, bekommt genug Miniatur-Terrakotta-Krieger angeboten, um sich eine eigene Armee aufzubauen. Eine gute Adresse für Geschenke ist das muslimische Viertel, wo die Sachen meist günstiger sind als anderswo.

Die Xiyang Shi ist eine schmale, belebte Gasse nördlich der Großen Moschee, in der es Terrakotta-Krieger, Gemälde der Bauern aus Huxian, Schattentheaterpuppen, Laternen, Teeservices, Mao-Memorabilien und T-Shirts gibt.

In der Nähe des Südtors befindet sich die im Qing-Stil gehaltene Shuyuan Xiang, die Hauptstraße für Kunstkäufe, Gemälde, Kalligrafien, Papierschnitte, Tuschezeichnungen und Kopien aus dem Stelenwaldmuseum. Ernsthaft an Anschaffungen Interessierte sollten auch den **Nordwestlichen Antiquitätenmarkt** (西北古玩城; Xibei Guwan Cheng; Dong Xinjie; ⌚10–17.30 Uhr) am Zhongshan-Tor besuchen. In dieses dreistöckige Labyrinth von Läden, die jede Menge Jade, Siegel, Antiquitäten und Mao-Memorabilien verkaufen, verirren sich deutlich weniger Ausländer als in das muslimische Viertel.

Sonntags und mittwochs vormittags gibt es einen viel kleineren Antiquitätenmarkt am Tempel der Acht Unsterblichen.

Praktische Informationen

An vielen Orten liegt die *Xi'an Traffic & Tourist Map* (12 Yuan) aus, eine zweisprachige Publikation mit Informationen und Busrouten. Sie ist erhältlich am Flughafen und in einigen Buchläden. Karten in chinesischer Sprache mit den Busrouten werden für 5 Yuan auf der Straße verkauft. Die englischsprachige Zeitschrift *Xianese* (www.xianese.com) ist in einigen Touristenhotels und -restaurants erhältlich.

Alle Jugendherbergen und die meisten Hotels bieten Internetzugang. In den Jugendherbergen kann man digitale Fotos auf CDs brennen (pro CD 10 Yuan).

Im Notfall ☎120 wählen.

Bank of China (中国银行; Zhongguo Yinhang) Juhuayuan Lu (38 Juhuayuan Lu; ⌚8–20 Uhr); Nan Dajie (29 Nan Dajie; ⌚8–18 Uhr) In beiden Filialen können Bargeld gewechselt, Reiseschecks eingelöst und die Geldautomaten genutzt werden.

China International Travel Service (CITS; 中国国际旅行社; Zhongguo Guoji Lüxingshe) Filiale (2. Etage, Bell Tower Hotel, 110 Nan Dajie); Hauptbüro (48 Chang'an Beilu) Das Büro im Bell Tower Hotel eignet sich am besten zum Buchen geführter Touren, aber die günstigeren Angebote gibt es in der Regel bei den Jugendherbergen.

Internetcafé (网吧; *wangba*; 21 Xi Qilu; pro Std. 3 Yuan; ⌚24 Std.) Um die Ecke vom Fernbusbahnhof. In dieser Gegend gibt's noch weitere Internetcafés.

Post (中国邮政; Zhongguo Youzheng; Bei Dajie; ⌚8–20 Uhr)

PSB (PSB; 公安局; Gong'anju; 2 Keji Lu; 科技路 2 号 ⌚Mo–Fr 8.30–12 & 14–18 Uhr) An der südöstlichen Ecke der Xixie 7 Lu. Visumverlängerungen dauern fünf Werktage. Vom Glockenturm aus mit dem Bus K205, an der Xixie 7 Lu aussteigen.

An- & Weiterreise

Bus

Der **Fernbusbahnhof** (长途汽车站; *changtu qichezhan*) befindet sich gegenüber dem Bahnhof von Xi'an. Es ist ein chaotischer Ort. Achtung: Bus nach Hua Shan (6–20 Uhr) fahren vor dem Bahnhof ab.

Zu den weiteren Busbahnhöfen, an denen man mit dem Bus ankommen könnte, zählen der **Busbahnhof Ost** (城东客运站; *chengdong keyunzhan*; Changle Lu) und der **Busbahnhof West** (城西客运站; *chengxi keyunzhan*; Zaoyuan Donglu). Beide befinden sich außerhalb der zweiten Ringstraße. Bus K43 pendelt zwischen Glockenturm und Ostbusbahnhof und Bus 103 zwischen Bahnhof und Westbusbahnhof. Die Kosten für ein Taxi in die Stadt belaufen sich auf 15 bis 20 Yuan.

Busse vom Fernbusbahnhof Xi'an bedienen die Strecken nach:

Luoyang 107,50 Yuan, 5 Std. (10, 12, 13, 15 Uhr)

Pingyao 160 Yuan, 6 Std. (8, 9.30, 10.30, 12.30, 16.30 Uhr)

Zhengzhou 133 Yuan, 6 Std., stündl. (7–16 Uhr)

Busse ab Ostbusbahnhof Xi'an:

Hancheng 69 Yuan, 4 Std., alle 30 Min. (8–18.30 Uhr)

Hua Shan einfach 40,50 Yuan, 2 Std., stündl. (7.30–19 Uhr)

Yan'an 92,50 Yuan, 5 Std., alle 40 Min. (8.30–17.35 Uhr)

Flugzeug

Xi'ans Flughafen Xianyang bietet die besten Flugverbindungen des Landes – man erreicht von hier aus fast jedes Ziel in China und auch viele internationale. Die meisten Jugendherbergen und Hotels sowie alle Reisebüros verkaufen Flugtickets.

China Eastern Airlines (中国东方航空公司; Zhongguo Dongtang Hangkong; ☎8208 8707; 64 Xi Wulu; ⏲8–21 Uhr) Bietet die meisten Flüge von und nach Xi'an an. Es gibt tägliche Flüge nach Beijing (840 Yuan), Chengdu (630 Yuan), Guangzhou (890 Yuan), Shanghai (1260 Yuan) und Ürümqi (2060 Yuan). An der internationalen Front bietet China Eastern Flüge von Xi'an nach Hongkong (1640 Yuan), Seoul, Bangkok, Tokio und Nagoya.

Zug

Xi'ans Hauptbahnhof *(huoche zhan)* liegt direkt außerhalb der nördlichen Stadtmauer. Hier ist immer viel los. Tickets für die Weiterreise kauft man am besten gleich bei der Ankunft. Xi'ans Nordbahnhof *(bei huoche zhan)* wird von Hochgeschwindigkeitszügen der Klassen D und G angefahren. Hochgeschwindigkeitszüge aus Beijing, Shanghai, Lanzhou und anderen Orten sollen in den nächsten Jahren ebenfalls bis hierher verkehren, aber im Moment gibt es nur Züge nach Luoyang (1. Klasse/2. Klasse 280/175 Yuan).

Die meisten Hotels und Jugendherbergen verkaufen Fahrkarten (40 Yuan Gebühr); es gibt auch eine **Zugfahrkartenvorverkaufsstelle** (代售火车票; daishou huochepiao; Nan Dajie; ⏲8.30–12 & 14–17 Uhr) am Südeingang der ICBC Bank. Oder man stürzt sich in das Chaos in der Haupthalle.

Xi'an bietet gute Verbindungen zum Rest des Landes. Luxus-Z-Züge fahren nach/von Beijing West (nur Weichschläfer 417 Yuan, 11½ Std.); Abfahrt in Xi'an um 19.23 Uhr und in Beijing um 21.24 Uhr. Ab dem späten Nachmittag fahren auch mehrere Expresszüge (265 Yuan, 12½ Std.). Der Z94 nach Shanghai fährt um 17.12 ab und kommt um 7.42 Uhr an (Hart-/Weichschläfer 333/511 Yuan, 14½ Std.).

Alle unten aufgeführten Preise gelten für Hart-/Weichschläfer.

Chengdu 209/316 Yuan, 16½ Std.

Chongqing 191/286 Yuan, 14 Std.

Guilin 399/613 Yuan, 27 Std.

Lanzhou 175/264 Yuan, 7½–9 Std.

Luoyang 109/162 Yuan, 5 Std.

Pingyao 134/206 Yuan, 9 Std.

Shanghai 333/511 Yuan, 15–22 Std.

Taiyuan 191/286 Yuan, 10–12 Std.

Ürümqi 287/467 Yuan, 27–39 Std.

Zhengzhou 137/205 Yuan, 6–8 Std.

Innerhalb von Shaanxi fahren fünf Züge (darunter zwei Nachtzüge) nach Yulin (Hart-/Weichschläfer 155/232 Yuan, 12–14 Std.) über Yan'an (Hart-/Weichschläfer 102/128 Yuan, 5–9 Std.). Es empfiehlt sich, die Karten im Voraus zu kaufen. Es gibt zudem am frühen Morgen einen Zug nach Hancheng (33 Yuan, 4½ Std.).

Unterwegs vor Ort

Xi'ans Flughafen Xianyang liegt 40 km nordwestlich der Stadt. Shuttlebusse fahren zwischen 5.40 Uhr und 20 Uhr alle 20 bis 30 Minuten zwischen dem Flughafen und dem Melody Hotel (26 Yuan, 1 Std.). Taxis in die Stadt kosten über 100 Yuan mit Taxameter.

Wer gern die öffentlichen Busse ausprobieren will: Diese steuern alle bedeutenden Sehenswürdigkeiten in der Stadt und der Umgebung an. Besonders geeignet ist Bus 610. Er fährt am Bahnhof vorbei und dann weiter zum Glockenturm, zur Kleinen Wildganspagode, zum Geschichtsmuseum Shaanxi und zur Großen Wildganspagode. Auf Wertsachen aufpassen: volle Busse sind ein Eldorado für Taschendiebe.

Die Taxi-Grundgebühr beträgt 6 Yuan. Am späten Nachmittag, wenn die Schicht wechselt, kann es sehr schwierig werden, ein Taxi zu erwischen. Wem die verstopften Straßen nichts ausmachen, der kann auch mit dem Fahrrad fahren; in den Jugendherbergen können welche gemietet werden.

Das neue Metrosystem von Xi'an (西安地铁; Xi'an *ditie*) ist 2011 mit der Vollendung der Linie 2 in Betrieb gegangen. Linie 1 soll im September

2013 eröffnet werden und Linie 3 ist für 2015 geplant. Fahrten kosten je nach Entfernung 2 bis 4 Yuan. Praktische Stationen an Linie 2 sind Beihuoche Zhan (Nordbahnhof) und Xiaozhai (ganz in der Nähe des Geschichtsmuseums Shaanxi). Linie 1 hält auch an der neolithischen Siedlung Banpo.

Rund um Xi'an

Die Ebene um Xi'an ist übersät mit frühen Kaisergräbern, von denen viele noch nicht freigelegt wurden. Aber wer nicht eine ausgesprochene Faszination für Tote und Begräbnisstätten hat, dem genügt es sicher auch, nur eine oder zwei Stätten zu besuchen.

Die berühmteste ist natürlich die Terrakotta-Armee, aber sehenswert ist in jedem Fall auch das Grab des Kaisers Jingdi.

Von der Haltestelle vor dem Bahnhof Xi'an fahren Touristenbusse fast alle Sehenswürdigkeiten an; eine Ausnahme bildet das Grab des Kaisers Jingdi.

Sehenswertes

ÖSTLICH VON XI'AN

Die Terrakotta-Armee MUSEUM

(兵马俑; Bingmayong; www.bmy.com.cn; Eintritt März–Nov. 150 Yuan, Stud. 75 Yuan, Dez.–Feb. 120 Yuan, Stud. 60 Yuan; ⏲März–Nov. 8.30–17.30 Uhr, Dez.–Feb. bis 17 Uhr) Die Terrakotta-Armee ist nicht nur die größte Sehenswürdigkeit Xi'ans, sondern außerdem einer der berühmtesten archäologischen Funde der Welt. Diese unterirdische Armee aus Tausenden Statuen lebensgroßer Soldaten hat über zwei Jahrtausende hinweg schweigend die Seele des ersten Kaisers bewacht, der China einte. Ob Qin Shihuangdi befürchtete, die besiegten Geister im Jenseits wiederzutreffen oder – wie die meisten Archäologen glauben – erwartete, seine Regentschaft setze sich dort fort, spielt keine Rolle: Die faszinierenden Wächter seines Grabs bieten uns heute einen der großartigsten Einblicke in die Welt des alten China.

Die Entdeckung der Kriegerarmee war nichts als ein glücklicher Zufall. 1974 stießen Bauern, die einen Brunnen gruben, auf eine unterirdische Höhle mit Tausenden Terrakotta-Soldaten und -Pferden in schlachtbereiter Aufstellung. Im Laufe der Jahre wurde diese Stätte so berühmt, dass viele ihrer ungewöhnlichen Eigenschaften inzwischen allgemein bekannt sind, wie z. B., dass kein Soldatengesicht dem anderen gleicht.

Der Dokumentarfilm im Kino der Ausgrabungsstätte gibt eine Einführung zur Entstehung der Soldaten. Man kann sich auch einen Führer nehmen (150 Yuan) oder es mit dem Audioguide (40 Yuan plus Pfand) versuchen, allerdings hat man von letzterem nicht sehr viel, denn er ist schwer zu verstehen und nicht besonders fesselnd gestaltet. Danach kann die Stätte in umgekehrter Reihenfolge besichtigt werden; so kommt das Eindrucksvollste am Schluss.

Man beginnt mit der kleinsten Grube, **Grube 3**, mit 72 Kriegern und Pferden, die vermutlich das Heereskommando nachbildet, was aus der hohen Anzahl hochrangiger Offiziere abgeleitet wurde, die hier ausgegraben worden sind. Interessanterweise wurden die nördlichen Räume vor dem

Rund um Xi'an

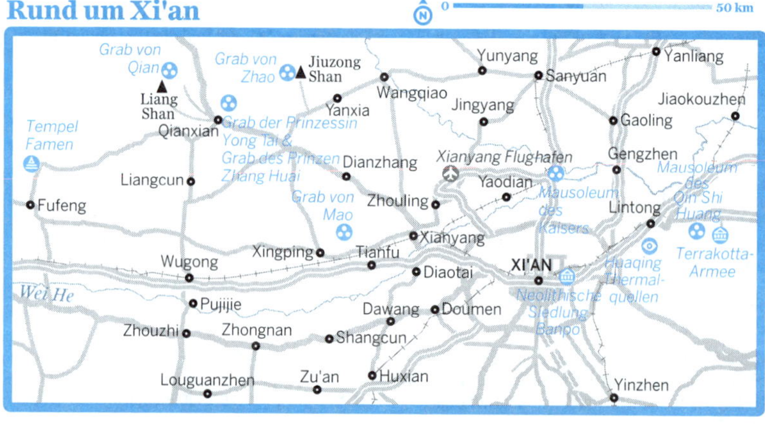

ABSTECHER

GRAB DES KAISERS JINGDI

Dieses Grab (汉阳陵; Han Yangling; Eintritt März–Nov. 90 Yuan, Dez.–Feb. 65 Yuan; ⏲März–Nov. 8.30–19 Uhr, Dez.–Feb. bis 18 Uhr), auch als Han-Jing-Mausoleum, Liu-Qi-Mausoleum oder Yangling-Mausoleum bezeichnet, ist ein Highlight von Xi'an, das eindeutig unterschätzt wird. Wer nur für zwei Sehenswürdigkeiten Zeit hat, sollte sich unbedingt die Terrakotta-Armee und dieses eindrucksvolle Museum und Grab ansehen. Anders als bei den Terrakotta-Soldaten gibt's hier nur wenige Besucher, was einem genügend Raum bietet, zu würdigen, was zu sehen ist.

Der vom Taoismus beeinflusste Kaiser Jingdi (188–141 v. Chr.) begründete seine Herrschaft auf dem Konzept des *wuwei* (Nicht-Handeln oder Nicht-Einmischen) und tat viel, um das Leben seiner Untertanen zu verbessern: er reduzierte die Steuern erheblich, setzte Diplomatie ein, um unnötige militärische Einsätze zu vermeiden, und minderte sogar das Strafmaß für Kriminelle. Die Funde aus seinem Grab sind besonders interessant, da sie mehr über das tägliche Leben verraten als über kriegerische Aktivitäten – ganz im Gegensatz zur Terrakotta-Armee.

Die Stätte ist in zwei Bereiche unterteilt: das Museum und das Ausgrabungsgebiet. Das **Museum** besitzt eine große Sammlung ausdrucksvoller Terrakotta-Figuren (über 50 000 wurden hier vergraben), darunter Eunuchen, Diener, Haustiere und sogar Amazonen auf Pferden. Die Figuren hatten ursprünglich bewegliche Holzarme (sind nicht erhalten) und trugen farbenfrohe Seidenkleidung.

Im **Grab** befinden sich 21 schmale Gruben, die teilweise mit einem Glasboden bedeckt wurden, der es ermöglicht, sich oberhalb der fortlaufenden Ausgrabungsarbeiten zu bewegen; dadurch bietet sich ein großartiger Blick auf die Relikte. Insgesamt werden hier 81 Begräbnisgruben vermutet.

Leider ist die Anreise nicht ganz leicht. Zunächst geht's mit Bus 4 (1 Yuan) vom Nordtor Xi'ans los; dieser erreicht nach 30 Minuten seine Endhaltestelle am Zhang-Jiabu-Kreisel. Hier aussteigen, vom Kreisel aus 100 m nach rechts laufen und in einen anderen Bus (2 Yuan) einsteigen, der ebenfalls die Zahl 4 trägt und in Richtung Grab fährt. Der Haken daran ist, dass zwar viele Busse bis zum Kreisel fahren, aber nur wenige Busse am Tag den zweiten Teil des Weges zum Grab bedienen. Zum Zeitpunkt der Recherche fuhren sie um 8.30, 10.50, 14.50 und 16.30 Uhr ab und fuhren um 9.10, 12.10, 15.10 und 17.20 Uhr nach Xi'an zurück.

Als Alternative bietet sich die Teilnahme an einer Tour (etwa 160 Yuan) an, die in der Regel von den Unterkünften organisiert wird. Da sich das Grab in Flughafennähe befindet, kann auf dem Weg zum oder vom Flughafen hier Halt gemacht werden.

Kampf für Opfergaben genutzt. In der nächsten Grube, **Grube 2** mit etwa 1300 Kriegern und Pferden, ist es möglich, fünf Soldaten aus der Nähe zu betrachten: einen knienden Bogenschützen, einen stehenden Bogenschützen, einen Kavalleristen mit Pferd, einen Offizier mittleren Ranges und einen General. Die Detailintensität ist absolut beeindruckend – Gesichtsausdruck, Frisur, Rüstung und sogar das Profil der Schuhe sind alle einzigartig.

Die größte Grube, **Grube 1**, ist die spektakulärste. Sie befindet sich in einem Gebäude von der Größe eines Flugzeughangars und beherbergt vermutlich 6000 Soldaten (nur 2000 werden ausgestellt) und Pferde, die alle nach Osten blicken und bereit zur Schlacht sind. Der dreifach gestaffelten Vorhut aus Bogenschützen (Armbrust und Langbogen) folgt die Infanterie, ursprünglich mit Speeren, Schwertern, Säbeläxten und weiteren Waffen mit langem Schaft bewaffnet. Die Infanterie begleiteten einst 35 Pferdewagen, aber da sie aus Holz waren, haben sie sich längst zersetzt.

Fast ebenso außergewöhnlich wie die Soldaten ist ein Paar bronzener Kutschen und Pferde, das 20 m westlich des Mausoleums von Qin Shihuangdi ausgegraben wurde. Heute sind sie mit einigen der originalen Waffen in einem kleinen **Museum** rechts des Haupteingangs zu sehen.

Die Armee der Terrakotta-Soldaten ist mit öffentlichen Bussen leicht zu erreichen. Vom Parkplatz des Bahnhofs in Xi'an fahren grüne Terrakotta-Armee-Minibusse (8 Yuan, 1 Std.) oder Bus *306* (8 Yuan, 1 Std.). Beide halten an den Thermalquellen in Huaqing und am Mausoleum von Qin Shihuangdi. Der Parkplatz für alle Fahrzeuge ist 15 Minuten Fußweg von der Ausgrabungsstätte entfernt; der Ticket-Kiosk liegt in der Nähe des Parkplatzes. Für 5 Yuan fährt ein Elektrowagen zum Eingang. Wer hier essen möchte, sollte eines der Restaurants gegenüber dem Parkplatz wählen. Vom Parkplatz fahren Busse nach Xi'an ab.

Thermalquellen Huaqing HISTORISCHE STÄTTE

(华清池; Huaqing Chi; Eintritt März–Nov. 110 Yuan, Dez.–Feb. 50 Yuan; ⌚März–Nov. 7–19 Uhr, Dez.–Feb. 7.30–18.30 Uhr) Die natürlichen heißen Quellen dieses Parks waren während der Tang-Dynastie ein beliebter Erholungsort von Kaisern und ihren Konkubinen.

Dieser reizvolle Ort ist zwar ein obligatorisches Ziel für chinesische Tourgruppen, die vor den aufwendig restaurierten Pavillons und an den Zierteichen für Fotos posieren, ist den hohen Eintrittspreis aber eigentlich nicht wirklich wert. Wer möchte, kann zum **taoistischen Tempel** auf dem Berg des Schwarzen Pferdes (Li Shan) hinaufwandern. Der Tempel ist der Göttin Nuwa gewidmet, die die Menschheit aus Lehm erschuf und auch die Risse im Himmel reparierte. Es gibt eine **Seilbahn** (einfach/hin & zurück 45/70 Yuan) zum Tempel hinauf, aber die Haltestelle liegt außerhalb des Parks; wer anschließend wieder in den Park will, muss eine zweite Eintrittskarte kaufen.

Mausoleum von Qin Shihuangdi HISTORISCHE STÄTTE

(秦始皇陵; Qin Shihuang Ling; Eintritt frei mit Terrakotta-Krieger-Ticket; ⌚März–Nov. 8–18 Uhr, Dez.–Feb. bis 17 Uhr) Zur Zeit ihrer Errichtung war diese Grabstätte sicher eins der prachtvollsten Mausoleen in der ganzen Welt.

Historischen Berichten zufolge enthielt sie mit Edelsteinen gefüllte Paläste, unterirdische Flüsse aus Quecksilber und ausgeklügelte Verteidigungsanlagen gegen Eindringlinge. Die Fertigstellung des Mausoleums soll 38 Jahre gedauert und die Arbeitskraft von 700 000 Menschen erfordert haben. Die Kunsthandwerker, die alles hier erst entstehen ließen, wurden angeblich lebendig begraben, damit geheim blieb, was sie gesehen hatten.

Noch haben keine Archäologen die Grabstätte betreten, doch es wurden bereits Sonden und Fühler hineingeschickt. Die Quecksilberwerte übersteigen tatsächlich die normalen Werte um das Hundertfache, sodass an den Legenden durchaus etwas dran sein könnte. Da bisher wenig freigelegt wurde, gibt es auch nicht viel zu sehen, aber man kann die Stufen den Hügel hinauf erklimmen; von oben bietet sich ein guter Blick auf die umgebende Landschaft. Das Mausoleum liegt etwa 2 km westlich der Terrakotta-Armee. Bus *306* ab Bahnhof Xi'an fährt hierher.

Neolithische Siedlung Banpo HISTORISCHES DORF

(半坡博物馆; Banpo *bowuguan*; Eintritt März–Nov. 65 Yuan, Dez.–Feb. 45 Yuan; ⌚8–18 Uhr) Dieses Dorf ist für die chinesische Archäologie enorm bedeutend, dürfte aber höchstens leidenschaftliche Fans des Fachgebietes vom Hocker reißen.

Banpo ist das früheste Beispiel der neolithischen Kultur Yangshao, die vermutlich matriarchalisch geprägt war. Es soll von 4500 v. Chr. bis 3750 v. Chr. bewohnt gewesen sein. Der freigelegte Bereich besteht aus drei Teilen: den Töpferwerkstätten, dem Wohnbereich mit Graben und einem Friedhof. Es gibt zwei Ausstellungshallen, in denen einige der Töpferwaren ausgestellt sind, darunter seltsam geformte Amphoren, die hier gefunden wurden.

Das Dorf befindet sich in den östlichen Vororten von Xi'an. Hier verläuft die Buslinie 105 (1 Yuan) vom Bahnhof (fragen, wo man aussteigen soll); das Dorf wird auch oft bei Touren angefahren.

NÖRDLICH & WESTLICH VON XI'AN

Kloster Famen BUDDHISTISCHER TEMPEL

(法门寺; Famen Si; Eintritt März–Nov. 120 Yuan, Dez.–Feb. 90 Yuan; ⌚8–18 Uhr) Dieser Tempel aus dem 2. Jh. n. Chr. wurde gebaut, um Teile eines heiligen Fingerknochens des Buddha zu beherbergen, die Indiens König Asoka China schenkte. Nachdem 1981 Regenfluten die alte Ziegelstruktur des Tempels geschwächt hatten, stürzte die gesamte westliche Seite seiner zwölfstöckigen Pagode ein. Bei der anschließenden Tempelrestaurierung kam es zu einem sensationellen Fund: in einer versiegelten Krypta unter der Pagode befanden sich über 1000 Opfergaben und königliche Geschenke, die dort für über ein Jahrtausend in Vergessenheit geraten waren.

Die örtlichen Behörden witterten einen Goldesel und bauten den Tempelkomplex weiter aus. Jetzt enthält er einen ausgedehnten modernen Bereich mit einem 1,6 km langen Gang, gesäumt von zehn goldenen Buddhas, exzentrischen modernen Skulpturen und übergroßen Toren. Shuttlebusse (20 Yuan) stehen bereit, um mit den Gläubigen zum Haupttempel zu sausen, der von einer enormen Replik des Kastens gekrönt wird, in dem der Fingerknochen aufbewahrt wurde.

Auch wenn der ältere Bereich ein bisschen wie eine Hollywood-Filmkulisse von Cecil B. DeMille wirkt, ist er einen Besuch durchaus wert, und man kann sich in die Schlange der Pilger einreihen, die sich am Fingerknochen vorbeischieben. Der eigentliche Grund für einen Besuch ist das hervorragende **Museum** und seine Sammlung von Schätzen aus der Tang-Dynastie. Zu den Exponaten zählen kunstvolle Gold- und Silberkästen (aufeinandergestapelt, um Pagoden zu ergeben) und winzige Kristall- und Jadekästchen, in denen sich ursprünglich die vier einzelnen Glieder des heiligen Fingers befanden.

Weitere bedeutende Ausstellungsstücke sind verzierte Weihrauchbrenner, Glastassen und Vasen aus dem römischen Reich, Statuen, Grabbeigaben aus Gold und Silber und ein hervorragend nachgebildeter Querschnitt der aus vier Kammern bestehenden Krypta, die ein tantrisches Mandala repräsentierte (eine geometrische Darstellung des Universums).

Der Tempel Famen ist 115 km nordwestlich von Xi'an gelegen. Tourbus 2 (25 Yuan, 8 Uhr) bedient die Strecke vom Bahnhof Xi'an zum Tempel und kehrt um 17 Uhr nach Xi'an zurück. Der Tempel wird meist auch bei den Touren in Richtung Westen angefahren.

GRATIS **Stadtmuseum Xianyang** MUSEUM

(咸阳市博物馆; Xianyang Shi *bowuguan*; Zhongshan Jie; ⌚9–17.30 Uhr) Vor über 2000 Jahren war Xianyang die Hauptstadt der Qin-Dynastie. Inzwischen ist es nur noch ein staubiges Anhängsel von Xi'an. Seine Hauptattraktion ist dieses interessante Museum, das eine bemerkenswerte Sammlung von 3000 Terrakotta-Soldaten und -Pferden beherbergt, die alle etwa 50 cm groß sind. Sie wurden 1965 aus dem Grab von Liu Bang, dem ersten Han-Kaiser, ausgegraben. Das in einem hübschen Hof gelegene Museum zeigt außerdem Bronze- und Jadestücke und hat gute englische Beschriftungen.

Busse verkehren alle 15 Minuten von Xi'ans Fernbusbahnhof nach Xianyang (8,50 Yuan, 1 Std.). Man kann sich direkt am Museum absetzen lassen. Um nach Xi'an zurückzukehren, einfach Busse anhalten, die in die entgegengesetzte Richtung fahren.

Kaiserliche Gräber HISTORISCHE STÄTTE

In der Guangzhong-Ebene um Xi'an befinden sich zahlreiche kaiserliche Gräber (皇陵; *huang ling*). Ihr Besuch gehört manchmal zu den in Xi'an angebotenen Touren, aber keines ist so bemerkenswert, dass es für sich allein die Anfahrt lohnt. Das bei Weitem eindrucksvollste ist das **Grab von Qian** (乾陵; Qian Ling; Eintritt März–Nov. 45 Yuan, Dez.–Feb. 25 Yuan; ⌚8–18 Uhr). Hier ruht Chinas einzige weibliche Herrscherin Wu Zetian (625–705 n.Chr.) gemeinsam mit ihrem Ehemann, dem Kaiser Gaozong, dem sie auf den Thron folgte. Den langen **Gedenkgang** (Yu Dao) hierher säumen gewaltige, mit Flechten bewachsene Skulpturen von Tieren und Beamten der kaiserlichen Wache, darunter insbesondere 61 Statuen von Oberhäuptern chinesischer Stämme (inzwischen ohne Köpfe), die beim Begräbnis des Kaisers anwesend waren. Das Mausoleum liegt 85 km nordwestlich von Xi'an. Tourbus 2 (25 Yuan, 8 Uhr) fährt vom Bahnhof Xi'an bis in die Nähe des Grabes und am späten Nachmittag wieder zurück.

In der Nähe befinden sich das **Grab der Prinzessin Yong Tai** (永泰幕; Yong Tai Mu) und das **Grab der Prinzessin Zhang Huai** (章怀幕; Zhang Huai Mu). Beide fielen unter Kaiserin Wu in Ungnade und wurden nach ihrem Tod rehabilitiert. Zu den weiteren Mausoleen zählen das **Grab von Zhao** (昭陵; Zhao Ling), in dem der zweite Tang-Kaiser begraben ist, und das **Maoling-Mausoleum** (茂陵; Maoling), die Ruhestätte des Kaisers Wudi (156–87 v.Chr.), des mächtigsten Han-Kaisers.

Geführte Touren

Auf organisierten Tagestouren können alle Sehenswürdigkeiten in der Umgebung von Xi'an schneller und bequemer besucht werden als durch selbst organisierte Anreisen. Die Strecken variieren ein wenig, aber grundsätzlich gibt es zwei Routen, eine östliche und eine westliche Tour.

Die meisten Jugendherbergen bieten eigene Touren an, allerdings sollte man aufpassen, was im Preis inbegriffen ist (Eintrittsgelder, Mittagessen, englischsprachiger Führer). Wichtig wäre es auch, den genauen Verlauf herauszubekommen, sonst wird man schneller durch die Terrakotta-Armee getrieben, als die Kamera gezückt werden kann.

Die östliche Tour

Die östliche Tour (Dongbu Zhilü – 东线游览) ist die beliebtere Route, denn sie umfasst die Besichtigung der Terrakotta-Armee, des Mausoleums von Qin Shihuangdi, der neolithischen Siedlung Banpo, der Thermalquellen von Huaqing und möglicherweise der Großen Wildganspagode. Die meisten Reiseagenturen und Jugendherbergen nehmen für eine Tagestour etwa 300 Yuan. Inbegriffen sind die Eintrittsgelder, Mittagessen und der Führer. Bei den Jugendherbergs-Touren wird manchmal Banpo weggelassen. Es gibt auch Touren nur zur Terrakotta-Armee für etwa 160 Yuan.

Eine kürzere Variante dieser Tour kann auf eigene Faust mit den Touristenbussen oder mit Bus 306 unternommen werden, die allesamt zu den Thermalquellen in Huaqing, zur berühmten Terrakotta-Armee und zum Mausoleum ihres Kaisers Qin Shihuangdi fahren. Wer sich für diese Besichtigungstour entscheidet, fängt am besten bei den Thermalquellen an, fährt dann weiter zum Mausoleum von Qin Shihuangdi und besucht zuletzt die Terrakotta-Armee.

Die westliche Tour

Zu der längeren, westlichen Tour (Xibu Zhilü – 西线游览) gehören die Besichtigung des sehenswerten Stadtmuseums Xianyang, einiger Kaisergräber und vielleicht auch des Tempelklosters Famen und (auf nachdrücklichen Wunsch) des Grabs des Kaisers Jingdi. Diese Route ist wesentlich weniger beliebt als die östliche Tour, und darum kann es vorkommen, dass man mehrere Tage warten muss, bis die Jugendherberge oder die Agentur genügend Teilnehmer zusammen haben. Sie ist zudem teurer; mit etwa 600 Yuan muss gerechnet werden.

Eine Tour zum Grab des Kaisers Jingdi, die normalerweise keine weiteren Sehenswürdigkeiten einschließt, kostet etwa 160 Yuan.

Hua Shan 华山

Die Granitkuppen des Hua Shan, einem der fünf heiligen Berge im Taoismus, waren früher von Einsiedlern und Weisen bewohnt. Heute drängen sich Scharen von Tagesausflüglern auf den Wanderwegen, die sich durch die traumhafte Landschaft zu den fünf Gipfeln schlängeln. Die Landschaft ist tatsächlich atemberaubend: man passiert rasiermesserscharfe Vorsprünge, an deren Flanken sich gewundene Pinien halten, und immer wieder öffnen sich weite Panoramen grüner Berge und Landschaften bis zum Horizont. Taoisten, die auf ein ruhiges Plätzchen hoffen, um über das Leben und das Universum nachzusinnen, werden enttäuscht sein; alle anderen scheinen jedoch den beschwerlichen Aufstieg zu genießen, und haben sie erst einmal den Gipfel erreicht, sind sie entsprechend in Hochstimmung. Also ist die beste Idee, den ganzen spirituellen Quatsch zu vergessen und einfach mit Freude loszuwandern.

Sehenswertes & Aktivitäten

Drei Wege führen hoch zum **Nordgipfel** (北峰; Bei Feng), dem ersten von fünf Gipfeln. Zwei davon beginnen am östlichen Fuß des Berges an der Seilbahnstation. Wenn die eigenen Beine sich der Herausforderung nicht gewachsen fühlen, ist die von Österreichern gebaute **Seilbahn** (einfach/hin & zurück 80/150 Yuan; 7–19 Uhr) der bequemste Weg; sie bringt ihre Fahrgäste in landschaftlich reizvollen acht Minuten auf den Nordgipfel.

Die zweite Variante ist der Aufstieg zum Nordgipfel unterhalb der Seilbahnstrecke. Dies dauert schweißtreibende zwei Stunden, und zwei 50 m lange Abschnitte sind regelrecht vertikal; dort gibt's nur ein Stahlseil zum Festhalten und kleine in den Fels geschlagene Kerben für die Füße. Nicht umsonst heißt diese Route „Weg der Soldaten".

Am beliebtesten, allerdings ebenfalls anstrengend, ist die dritte Alternative: Ein 6 km langer Pfad führt vom Dorf Hua Shan am Fuß des Berges (an der anderen Seite des Berges von der Seilbahn aus) zum Nordgipfel. In der Regel dauert es auf dieser Strecke zwischen drei und fünf Stunden zum Nordgipfel. Die ersten 4 km aufwärts sind recht leicht; danach folgen nur noch steile und beschwerliche Stufen.

Hua Shan

Jadebrunnentempel North Peak Hotel	3½ Std.
North Peak Hotel zum Xiaqi-Pavillon	30 Min
Dongfeng Binguan zum Nan Feng (Südgipfel)	30 Min
North Peak Hotel zum Wast Peak Hostel	1 Std.

Das Dorf am Ausgangspunkt des Weges bietet sich dazu an, Wasser- und Essensvorräte aufzustocken. Zwar gibt es dazu auch noch im weiteren Verlauf des Weges Gelegenheit, aber die Preise verdoppeln und verdreifachen sich, je höher man auf den Berg gelangt. Seltsamerweise begegnen einem unterwegs alte Damen, die Baumwollhandschuhe verkaufen; weshalb, wird spätestens an den steilsten Stellen klar, wo nur noch rostige Ketten einen Halt bieten.

Wer den Weg zu anderen Gipfeln fortsetzen will, braucht vom Ausgangspunkt

Hua Shan

Schlafen

1 Dongfeng Binguan ... B5
2 Huayue Kuai Jie Jiudian ... A1
3 Mingzhu Jiudian ... A1
4 North Peak Hotel ... B3
5 West Peak Hostel ... A4
6 Wuyunfeng Fandian ... A3

Hua Shan mindestens acht Stunden. Knieschonender ist es, mit der Seilbahn zum Nordgipfel hochzufahren und von dort aus auf die weiteren Gipfel zu steigen, um schließlich wieder am Ausgangspunkt anzukommen. So nimmt der Rundweg etwa vier Stunden in Anspruch, und er ist immer noch anstrengend genug. An manchen Stellen werden außerdem die Nerven auf eine harte Probe gestellt. Der Hua Shan hat den Ruf, gefährlich zu sein, besonders wenn viel Betrieb auf den Wegen ist oder wenn es nass oder eisig ist; also unbedingt vorsichtig sein.

Dafür ist die Landschaft grandios. Entlang des **Grats des Blauen Drachens** (苍龙岭; Canglong Ling), der den Nordgipfel mit dem **Ostgipfel** (东峰; Dong Feng), dem **Südgipfel** (南峰; Nan Feng) und dem **Westgipfel** (西峰; Xi Feng) verbindet, wurde der Weg an einem schmalen Felsgrat geschlagen, mit eindrucksvollen blanken Felsen zu beiden Seiten.

Der Südgipfel ist mit 2160 m der höchste und belebteste. Auf dem Ostgipfel ist weniger los, aber alle drei hinteren Gipfel bieten eine fantastische Aussicht – wenn das Wetter mitspielt. Die Wochenenden besser vermeiden, denn dann ist hier am meisten los.

Am Südgipfel können Adrenalinjunkies sich an den **Plankenweg** (Eintritt 30 Yuan) wagen. Eine Leiter aus Metall führt zu einem Weg aus hölzernen Planken hinunter, der über einem furchteinflößenden 2000 m tiefen senkrecht abfallenden Felshang schwebt. Glücklicherweise sind im Eintrittsgeld ein Klettergurt und Karabinerhaken enthalten, die man in ein Sicherungsseil hakt, aber selbst mit diesen Sicherheitsmaßnahmen bricht einem auf diesem Weg der kalte Angstschweiß aus.

Auf dem Berg finden sich Unterkünfte. Die meisten sind zwar recht schlicht und überteuert, ermöglichen aber, den Aufstieg am Nachmittag zu beginnen, den

Sonnenuntergang zu beobachten, dann zu übernachten und den Sonnenaufgang entweder am Ost- oder am Südgipfel zu erleben. Manche Einheimische bewältigen den Aufstieg nachts mit Taschenlampen. Sie starten etwa um 23 Uhr, um den Ostgipfel bei Sonnenaufgang zu erreichen; auf dem ganzen Weg hinunter kann dann die Landschaft bewundert werden.

Der Eintritt kostet 180 Yuan (Studenten 90 Yuan). Um zur Seilbahn *(suodao)* zu kommen, fährt vom Dorf bis zur Kasse ein Taxi (10 Yuan), weiter geht's mit dem Shuttlebus (einfach/hin & zurück 20/40 Yuan).

Schlafen & Essen

Übernachtungsmöglichkeiten gibt's im Dorf Hua Shan oder auf einem der Gipfel. Es empfiehlt sich, Proviant mitzunehmen oder vor dem Aufstieg ausgiebig zu essen. Auf dem Gipfel gibt's vor allem Fertignudeln und Dosenfleisch – eine echte Mahlzeit kann außerordentlich teuer sein. Nicht vergessen: eine Taschenlampe und warme Kleidung. An gesetzlichen Feiertagen verdreifachen sich die Preise für ein Bett. Die Hotels sind sehr einfach; es gibt keine Duschen und nur Gemeinschaftsbäder.

Im Dorf gibt's einige schäbige, nicht allzu saubere Hotels an der Yuquan Lu, der Straße, die zum Startpunkt des Wanderwegs führt. Hier kosten Betten ab 50 Yuan. Fast jeder Laden bietet Zimmer an, und die Besitzer kommen auf einen zu. Bessere Unterkünfte liegen an der Yuquan Donglu.

Im Dorf Hua Shan:

Mingzhu Jiudian HOTEL €€
(明珠酒店; ☎0913-436 9899; Yuquan Donglu; 玉泉東路; EZ & DZ 238–281 Yuan; ❄📶) Das chinesische Zweisternehotel an der Hauptkreuzung im Dorf Hua Shan hat saubere und moderne Zimmer mit WLAN. Außerhalb der Hauptreisezeiten sind Preisnachlässe von 30 % möglich.

Huayue Kuai Jie Jiudian HOTEL €
(华岳快捷酒店; ☎0913-436 8555; Yuquan Donglu; 玉泉路; EZ & DZ 120 Yuan; 📶) Die Zimmer sind sauber und einfach, die Badezimmer in Ordnung, also eine gute Option für Reisende mit einem kleinen Budget. Es liegt an der Yuquan Lu am Fuß des Hügels in der Nähe der Hauptkreuzung.

Auf dem Berg:

Wuyunfeng Fandian HOTEL €€
(五云峰饭店; B 100–180 Yuan, 3BZ/DZ 220/300 Yuan) Dieses Hotel hat eine strategisch gute Lage für alle, die am nächsten Tag eine Rundtour zu den hinteren Gipfeln machen oder den Sonnenaufgang am Ost- oder Südgipfel erleben möchten.

Dongfeng Binguan HOTEL €€
(东峰宾馆; B 150–220 Yuan, 3BZ/DZ 280/340 Yuan) Das Hotel in der besten Lage, um den Sonnenaufgang zu sehen, und auch das beste Restaurant.

West Peak Hostel HOSTEL €
(西峰旅社; Xifeng Lüshe; B 100 Yuan) Diese rustikale und einfache, zugleich aber freundlichste Unterkunft auf dem Berg teilt ihre Lage mit einem alten taoistischen Tempel.

North Peak Hotel HOTEL €€
(北峰饭店; Beifeng Fandian; ☎157 1913 6466; B 95 Yuan, DZ 240–260 Yuan) Das geschäftigste der Gipfelhotels.

An- & Weiterreise

Von Xi'an nach Hua Shan kommt man am leichtesten mit einem der Privatbusse (36 Yuan, 2 Std., 6–20 Uhr), die vor dem Bahnhof Xi'an abfahren, sobald sie voll sind. An der Yuquan Lu aussteigen, wo von 7.30 bis 19 Uhr auch die Busse zurück nach Xi'an fahren. Wer von Osten kommt, sollte den Fahrer dazu bringen, einen an der Schnellstraßenabfahrt nach Hua Shan abzusetzen, wenn kein Direktbus zu finden ist; mehr als 10 Yuan darf ein Taxi nach Hua Shan nicht kosten. Wenige Busse (wenn überhaupt einer) fahren von Hua Shan nach Osten. Fast jeder nimmt ein Taxi zur Schnellstraße und hält dort einen Bus Richtung Yuncheng, Taiyuan oder Luoyang an. Wer kein Chinesisch lesen kann, sollte versuchen, jemanden um Hilfe zu bitten.

Hancheng 韩城

☎0913 / 59 000 EW.

Hancheng ist am besten bekannt als Heimatstadt von Sima Qian (145–90 v. Chr.), Chinas legendärem Historiker und Autor des *Shiji* (Aufzeichnungen des großen Historikers). Sima Qian dokumentierte verschiedene Aspekte des Lebens in der Han-Dynastie und begann, die schon ferne Geschichte des Landes in die richtige (konfuzianische) Ordnung zu bringen. Er wurde letztendlich kastriert und von Kaiser Wudi inhaftiert, nachdem er einen erfolglosen General verteidigt hatte.

Hancheng bietet sich für einen Ausflug von Xi'an aus an. Die auf einem Hügel erbaute neue Stadt (新城; *xincheng*) ist staubig und nicht weiter bemerkenswert; hier

DER MANN HINTER DER ARMEE

Geschichte wird von den Siegern geschrieben. In China aber wurde sie von konfuzianischen Bürokraten geschrieben, und das war für Qin Shihuangdi ein Problem. Seine Verachtung für den Konfuzianismus ging nämlich so weit, dass er ihn verbot, fast alle konfuzianischen Texte zu verbrennen befahl und, so die Legende, 460 der besten Gelehrten lebendig begraben ließ. Folglich ging der erste Kaiser als ein Tyrann der schlimmsten Sorte in die Geschichte ein.

Doch gleichzeitig kann man die Bedeutung seiner Leistungen während seiner 36-jährigen Herrschaft (die er mit 13 Jahren antrat) gar nicht hoch genug bewerten. Als klassischer Erfolgsmensch schuf er eine effiziente, zentralisierte Regierung, die späteren Dynastien als Vorbild galt. Er vereinheitlichte die Maßeinheiten, die Währung und vor allem die Schriftsprache. Er ließ über 6400 km neue Straßen und Kanäle bauen und – nicht zu vergessen – eroberte sechs bedeutende Königreiche. Und das alles, bevor er 40 war.

Dass Qin Shihuangdi dazu Hunderttausende von Menschen versklavte, verschaffte ihm dann endgültig einen Ruf so finster wie das Schwarz, das er zur offiziellen Farbe seines Hofes erkor. Doch in den letzten Jahren bemüht sich die Kommunistische Partei Chinas (KPCh), ihn zu rehabilitieren, indem sie sowohl seine Leistungen bei der Einigung Chinas als auch die weitblickende Art seiner Politik hervorhebt.

Dennoch bleibt er eine äußerst umstrittene Persönlichkeit der chinesischen Geschichte und ist dabei in der populären Kultur überall präsent. Der erste Kaiser taucht in Videospielen, in der Literatur und in Fernsehsendungen auf. Er war außerdem Thema von Kinofilmen von Chen Kaige und Zhang Yimou (*Der Kaiser und sein Attentäter* und *Hero*), und in dem 2008 erschienenen Hollywood-Blockbuster *Die Mumie: Das Grabmal des Drachenkaisers* spielte Jet Li eine kaum verhüllte Version des Kaisers. Informationen zu seinem berühmten Mausoleum sind im Abschnitt über die Terrakotta-Armee auf S. 406 zu finden.

gibt's aber Hotels, Banken und Transportmöglichkeiten. Dafür weist die stimmungsvollere Altstadt (古城; *gucheng*) am Fuß des Hügels ein paar historische Sehenswürdigkeiten auf. Das einzigartige Dorf Dangjiacun aus der Ming-Zeit liegt 9 km weiter östlich.

Sehenswertes

Konfuziustempel & Tempel Chenghuang TEMPEL

Das Highlight im Herzen der Altstadt von Hancheng selbst ist der stille **Konfuziustempel** (文庙; Wen Miao; Eintritt 15 Yuan; ⌚8–17.30 Uhr). Die baufälligen Gebäude aus der Yuan-, Ming- und Qing-Zeit könnten einen frischen Anstrich gebrauchen, dafür gibt's aber zudem einen halbmondförmigen Teich, turmhohe Zypressen und glasierte Drachenmauern. Das Stadtmuseum zeigt in seinen Flügeln nebensächliche Ausstellungsstücke.

Hinter dem Konfuziustempel befindet sich der **Tempel Chenghuang** (城隍庙; Chenghuang Miao; Eintritt 15 Yuan; ⌚8–17.30 Uhr) in einer kleinen Straße, die von mingzeitlichen Hofhäusern gesäumt ist. Schon seit der Zhou-Dynastie befindet sich hier ein Tempel, doch in den letzten Jahren wurde die gesamte Anlage umfassend renoviert. Die Hauptattraktion ist definitiv die **Opferhalle** mit ihren fein ausgearbeiteten Dachdetails, in der den Göttern geopfert wurde, um ihren Schutz für die Stadt zu erflehen.

Eine Eintrittskarte für einen der Tempel gilt auch gleichzeitig für den anderen. Bus 102 (1 Yuan) fährt hierher von der südwestlichen Ecke der Huanghe Dajie, in der Nähe des Busbahnhofs. Ein Taxi kostet 10 Yuan.

Yuanjue-Pagode PAGODE

(园觉寺塔; Yuanjue Sita; ⌚6–18 Uhr) Diese Pagode, die die Altstadt überragt und ursprünglich aus der Tang-Dynastie stammt, im Jahr 1958 aber neu aufgebaut wurde, dient gleichzeitig als Denkmal für die Soldaten der Roten Armee, die beim Kampf gegen die Kuomintang gefallen sind. Die Pagode selbst kann nicht bestiegen werden, aber der steile Aufstieg zu ihr bietet weite Panoramablicke auf die Altstadt. Um hierher zu gelangen, geht's beim Verlassen des Tempels Chenghua scharf nach rechts, dann in die erste größere Straße nach rechts einbiegen. Der Weg führt durch den stimmungsvollsten Teil der Altstadt; wer die Pagode durch den Park auf der anderen Seite verlässt, kommt anschließend in die Neustadt.

Dangjiacun HISTORISCHES DORF
(党家村; Eintritt 40 Yuan; ⌚7.30–18.30 Uhr) Dieses perfekt erhaltene Dorf aus dem 14. Jh. liegt geschützt in einem Lösstal. Einst diente es als Wohnsitz des Dang-Clans, erfolgreiche Händler, die Holz und andere Waren über den Gelben Fluss (黄河; Huang He) verschifften. Seitdem entwickelte es sich vollständig zu einer Bauerngemeinde. Hier stehen 125 graue Ziegelsteinhäuser mit Innenhof, die wegen ihrer Schnitzereien und gemischten Architekturstile sehenswert sind. Der elegante sechsstöckige Turm ist eine **Konfuziuspagode** (Wenxing ge). Leider sind viele der Familien inzwischen ausgezogen und ihre Heime sind jetzt Ausstellungsräume, darum wirkt das Dorf etwas leblos. Aber es lohnt sich dennoch, durch die alten Gassen zu wandern und die Architektur zu bewundern.

Dangjiacun ist 9 km nordöstlich von Hancheng gelegen. Ein Minibus (3 Yuan, 20 Min.) verkehrt vom Busbahnhof zur Ortseingangsstraße, von der aus ein angenehmer 2 km langer Fußweg durch Felder ins Dorf führt. Alternativ gibt es auch die Möglichkeit, von Hancheng aus ein Taxi zu nehmen (30 Yuan).

Schlafen

Wer einmal etwas ganz Neues erleben möchte, hat die Möglichkeit, in Dangjiacun zu übernachten, wo in manchen Hofhäusern einfache Betten in Mehrbettzimmern für 30 Yuan angeboten werden. Wer nicht von Einheimischen angesprochen wird, kann einfach fragen und wird dann schon in die richtige Richtung geschickt. Hier gibt's auch einfache und günstige hausgemachte Gerichte.

Wer lieber in der Stadt übernachtet, kann sein Glück bei einer der folgenden Adressen versuchen:

Tianyuan Binguan HOTEL €
(天园宾馆; ☎529 9388; Longmen Dajie Beiduan; 龙门大街北段; EZ & DZ 120–130 Yuan; ❄@) In diesem Hotel, ein paar Türen vom Hauptbusbahnhof entfernt, gibt es einfache, aber zweckmäßige Zimmer.

Yinhe Dajiudian HOTEL €€
(银河大酒店; ☎529 2555; Longmen Dajie Nanduan; 龙门大街南段; Zi. 398 Yuan; ❄@) Eine etwas schickere Option. Vom Busbahnhof geht es erst nach links und dann etwa 10 Minuten lang an der Hauptstraße entlang. Es sind Preisnachlässe von 30% möglich.

Praktische Informationen

In der Nähe des Busbahnhofs gibt es eine Filiale der **Bank of China** (中国银行; Zhongguo Yinhang; Ecke Huanghe Dajie & Jinta Zhonglu; ⌚8–18 Uhr) mit einem rund um die Uhr zugänglichen Geldautomaten, in der man Geld wechseln kann.

An- & Weiterreise

Ab 7 Uhr morgens fahren Busse vom östlichen Busbahnhof Xi'an nach Hancheng (68 Yuan, 3 Std., 7-mal tgl.). Zurück nach Xi'an fahren Busse bis 18.30 Uhr. Zwei Busse fahren täglich um 7 und 12.30 Uhr nach Hua Shan (40,50 Yuan, 2 Std.). Außerdem fahren täglich zwei Busse um 6.50 und 8 Uhr nach Yan'an (79,50 Yuan, 8 Std.).

Nachts (2.50 Uhr) fährt auch ein Zug von Xi'an nach Hancheng (33 Yuan, 4½ Std.). Ab Hancheng fährt täglich um 16.10 Uhr der Regionalzug Nr. 1164 über Pingyao (96 Yuan, 5 Std.) und Taiyuan (115 Yuan, 7 Std.) nach Beijing (Hartschläfer, 224 Yuan, 18 Std.).

Yan'an

☎0911 / 107000 EW.

Als die dezimierte kommunistische Armee hier am Ende des Langen Marsches ihr Lager aufschlug, begann Yan'ans Zeit an der Sonne, die jedoch nicht lang anhalten sollte. 12 Jahre lang, zwischen den Jahren 1935 und 1947, bildete diese Provinzstadt das Hauptquartier der KPCh, und in den umliegenden Höhlen arbeitete die Partei einen großen Teil der Ideologie aus, die dann während der chinesischen Revolution umgesetzt wurde.

Heute scheinen die Bewohner Yan'ans sich mehr für Konsumismus als für Kommunismus zu interessieren; für eine so kleine Stadt findet sich hier eine erstaunliche Anzahl an Einkaufszentren. Doch die Einkünfte hängen immer noch zum großen Teil mit der KPCh zusammen; jedes Jahr schieben sich hier endlose Reisegruppen „roter Touristen" vorwiegend mittleren Alters auf den Spuren Maos und seiner Kohorten hindurch. Nur wenige Ausländer verirren sich hierher; Reisende, die diese Gegend besuchen, dürfen daher mit einiger Aufmerksamkeit rechnen.

Sehenswertes

GRATIS **Revolutionsmuseum Yan'an** MUSEUM
(延安革命简史陈列馆; Yan'an Geming Jianshi Chenlieguan; Shengdi Lu; ⌚8.30–17 Uhr) Das protzigste Gebäude der Stadt ist die **Revolutionsgedenkhalle Yan'an** (延安革命纪念馆; Yan'an Geming Jinianguan), vor der eine Statue Maos steht und die dieses Museum beherbergt. Sie bietet eine hervorragende, wenn natürlich auch einseitige Darstellung der Zeit der KPCh in Yan'an und des Japanisch-Chinesischen Krieges. Mehr Beschriftungen in englischer Sprache wären zwar schön, aber dafür gibt's zahlreiche Fotos von der guten alten Zeit und andere Ausstellungsstücke, die für sich selbst sprechen. Hierher fährt Bus 1 (1 Yuan).

GRATIS **Revolutionäres Hauptquartier Wangjiaping** HISTORISCHE STÄTTE
(王家坪革命旧址; Wangjiaping Geming Jiuzhi; Wangjiaping Lu; ⌚März–Nov. 8–17.30 Uhr, Dez.–Feb. 8.30–17 Uhr) Während ihres langen Aufenthaltes wechselte die kommunistische Führung recht häufig ihr Quartier innerhalb von Yan'an, weshalb es mehrere Hauptquartiere gibt. Neben dem Revolutionsmuseum liegt die letzte Stätte der kommunistischen Führung in Yan'an. Die verbesserten Lebensumstände an dieser Stätte – in Häusern statt Bunkern – lassen erkennen, dass sich das Glück der KPCh bis zu ihrem Umzug hierher gewendet hatte.

GRATIS **Revolutionäres Hauptquartier Yangjialing** HISTORISCHE STÄTTE
(杨家岭革命旧址; Yangjialing Geming Jiuzhi; Yangjialing Lu; ⌚März–Nov. 8–18 Uhr, Dez.–Feb. 8.30–17 Uhr) Dies ist vielleicht das interessanteste Quartier. Es liegt 3 km nordwestlich des Stadtzentrums. Zu sehen ist hier der Versammlungsraum für die ersten Treffen des Zentralkomitees, darunter das 7. Nationale Plenum, das letztendlich Mao zum Führer der Partei und der Revolution ernannte. Es macht Spaß, den „roten Touristen" in alten KPCh-Uniformen beim Posieren vor dem Podium zuzusehen.

In der Nähe wurden einfache **Bunker** im Lössboden erbaut, in denen Mao, Zhu De, Zhou Enlai und weitere hohe Kommunistenführer lebten, arbeiteten und schrieben.

GRATIS **Revolutionäres Hauptquartier Zaoyuan** HISTORISCHE STÄTTE
(枣园岭革命旧址; Zaoyuan Geming Jiuzhi; Yangjialing Lu; ⌚März–Nov. 8–18 Uhr, Dez.–Feb. 8.30–17 Uhr) Hier suchte die kommunistische Führung zwischen 1943 und 1947 Zuflucht; das Land hatte ein wohlhabender Kaufmann zur Verfügung gestellt. Dieses schattige Gelände ist wohl die reizvollste der revolutionären Stätten. Es liegt 4 km hinter dem Quartier Yangjialing.

GRATIS **Revolutionäres Hauptquartier Fenghuangshan** HISTORISCHE STÄTTE
(凤凰山革命旧址; Fenghuangshan Geming Jiuzhi; ⌚März–Nov. 8–17 Uhr) Dieses Revolutionäre Hauptquartier ist von der Stadt aus leichter erreichbar und liegt etwa 100 m westlich der Post. Dies war der erste Sitz der Kommunisten, als sie in Yan'an ankamen. Allerdings war er leicht durch feindliche Flugzeuge angreifbar, weshalb später eine sicherere Unterkunft gesucht wurde. Es gibt dort eine Fotoausstellung über Norman Bethune, den kanadischen Arzt, der in China als Held berühmt wurde, weil er in den 1930er-Jahren Verwundete der KPCh behandelte.

Schatzpagode PAGODE
(宝塔; Bao Ta; Eintritt 65 Yuan; ⌚März–Nov. 6.30–21 Uhr, Dez.–Feb. bis 20 Uhr) Die Schatzpagode, Yan'ans prominentestes Wahrzeichen, stammt aus der Zeit der Song-Dynastie. Für zusätzliche 10 Yuan können die sehr schmalen Stufen und Leitern der Pagode erklommen und von oben ein uneingeschränkter Blick auf die Stadt genossen werden.

Qingliang-Berg PARK
(清凉山; Qingliang Shan; Eintritt 31 Yuan; ⌚März–Nov. 8–19 Uhr, Dez.–Feb. bis 17.30 Uhr) Dies war die Geburtsstätte der KPCh-Propagandamaschine. Hier wurden sowohl die Nachrichtenagentur *Xinhua* als auch die *Liberation Daily* ins Leben gerufen; daher war der Ort als „Informationsberg" bekannt. Jetzt befindet sich hier ein hübscher Bergpark mit einigen schönen Wanderwegen und Sehenswürdigkeiten, darunter die **Zehntausend-Buddha-Höhle** (万佛洞; Wanfo Dong), die in den Sandsteinfels neben dem Fluss gehauen wurde. Im Höhleninneren befinden sich recht gut erhaltene buddhistische Statuen.

Schlafen & Essen

Es gibt nur wenige günstige Unterkünfte in Yan'an, doch die meisten Hotels bieten Preisnachlässe an. Die Stadt ist auch kein Gourmetparadies, allerdings befindet sich der Nachtmarkt direkt neben dem kleinen

Platz im Stadtzentrum. Er ist eine gute Adresse, um im Freien lecker zu essen und dabei Einheimische kennenzulernen. Die köstlichen handgemachten Nudeln unbedingt probieren.

Haisheng Jiudian HOTEL €€€
(海盛酒店; ☎821 3333; Daqiaojie; 大桥街; EZ/DZ 438/698 Yuan; ❄@) Dieses Mittelklasse-Hotel bietet hervorragende Zimmer mit Computern, und im Preis ist das Frühstück enthalten. In einer Stadt mit überteuerten Hotels ist diese Unterkunft eine recht gute Alternative, bei der die Zimmer normalerweise etwa 268 Yuan kosten. Außerhalb der Spitzenreisezeiten sind darüber hinaus Preisnachlässe von bis zu 50% möglich.

Yasheng Dajiudian HOTEL $$
(亚圣大酒店; ☎266 6000; Erdaojie Zhongduan; 二道街中段; 2BZ 328–368 Yuan; ❄) Im Stadtzentrum gelegen, hat es saubere und bequeme, wenn auch etwas triste Zimmer. Das Restaurant (Gerichte 14 bis 40 Yuan) im obersten Stock ist recht ordentlich. Preisnachlässe von 40%.

Praktische Informationen

Bank of China (中国银行; Zhongguo Yinhang; Daqiao Jie; ⌚8–17 Uhr) Diese Filiale an der Ecke Daqiao Jie und Erdao Jie verfügt über einen rund um die Uhr zugänglichen Geldautomaten. In der Stadt gibt's noch weitere Geldautomaten.

Internetcafé (*wangba*; pro Std. 3 Yuan; ⌚24 Std.) Im 1. OG, in einer Gasse direkt links von der Yasheng Dajiudian.

Post (中国邮政; Zhongguo Youzheng; Yan'anshi Dajie) Post und Telefonamt.

An- & Weiterreise

Bus

Von Xi'ans Busbahnhof Ost fahren von 8.30 bis 17.35 Uhr alle 40 Minuten Busse nach Yan'an (92,50 Yuan, 4 Std.). Die Fahrzeiten zurück nach Xi'an sind ähnlich. Die Busse fahren vom Busbahnhof Süd ab, wo sie auch wieder ankommen (汽车南站; *qiche nanzhan*).

Am Busbahnhof Ost von Yan'an *(qiche dongzhan)* fahren von 7.25 bis 17.30 Uhr alle 50 Minuten Busse nach Yulin (80 Yuan, 5 Std.). Regionalbusse nach Mizhi (53,50 Yuan, 4 Std.) fahren um 9.15, 13.10 und 14.20 Uhr ab.

Richtung Westen fahren Busse nach Yinchuan in Ningxia (127 Yuan, 8 Std.), und zwar um 8, 9.30 und 10.30 Uhr, Schlafbusse um 16 und 17.30 Uhr. Es gibt auch Verbindungen nach Shanxi und Henan.

Zug

Ein Nachtzug nach Xi'an fährt um 22.28 Uhr (Hart-/Weichschläfer 102/128 Yuan, 8 Std.). Leider kann es schwierig werden, vorab in Yan'an Fahrkarten zu bekommen. In dem Fall ist es besser, mit dem Bus zu fahren. Ein Taxi vom Bahnhof in die Stadt kostet 10 Yuan.

Unterwegs vor Ort

Zu den Revolutionären Hauptquartieren fährt Bus 1, der die Straße östlich vom Fluss entlang und dann die Shengdi Lu hinauffährt. Dieser Bus startet am Bahnhof. Bus 8, den man von der Da-Brücke (大桥) aus nehmen kann, fährt ebenfalls an diesen Zielen vorbei. Die Taxigebühr beträgt 5 Yuan.

Yulin 榆林

☎ 0912 / 92 000 EW.

Die ehemalige Garnisonsstadt am Rand der Mu-Us-Wüste in der Inneren Mongolei floriert dank extensivem Kohleabbau und der Entdeckung von Erdgasfeldern in der Umgebung. Bei aller Bautätigkeit gibt es aber noch genügend Sehenswertes, um auf der Reise entlang der Großen Mauer oder nach Norden auf den Spuren Dschingis Khans hier Zwischenstation zu machen.

Teile der **Stadtmauer** aus Erde sind immer noch intakt, und an der Hauptfußgängerstraße von Norden nach Süden in der langgestreckten Altstadt (unterteilt in Beidajie und Nandajie) stehen mehrere restaurierte Gebäude, darunter ein **Glockenturm** (钟楼; Zhong Lou), der ursprünglich 1472 errichtet und mehrmals zerstört wurde (der heutige Turm stammt aus dem frühen 20. Jh.). Auch ein paar Restaurants und Antiquitätenläden gibt's hier, und insbesondere nachts, im Licht der Laternen, lässt es sich hier wunderbar flanieren.

Sieben Kilometer nördlich vom Busbahnhof Yulin befinden sich in den Randbezirken der Stadt einige schwer durch Erosion beschädigte Abschnitte der Großen Mauer und ein vierstöckiger mingzeitlicher **Leuchtturm** (镇北台; zhenbeitai; Eintritt 20 Yuan; ⌚7.30–19.30 Uhr) aus dem Jahr 1607. Hierher fährt Bus 11 (1 Yuan) von der Changcheng Nanlu 200 m westlich vom Hauptbusbahnhof.

Schlafen

Jinyu Hotel HOTEL €€
(金域大酒店; Jinyu Dajiudian; ☎233 3333; 6 Xinjian Nanlu; 新建南路 6 号; 2BZ/DZ 238/

EIN BAUERNJUNGE AUF DEM KAISERTHRON

Li Zicheng erlebte einen bemerkenswerten Aufstieg vom Hirten zum Kaiser und führte den erfolgreichsten der vielen Bauernaufstände in den letzten Tagen der untergehenden Ming-Dynastie an. Der im Jahr 1606 geborene Li sammelte um 1630 Zehntausende Anhänger aus dem von Hungersnöten geplagten Shaanxi um sich, indem er gleiche Landanteile für alle und die Abschaffung der Steuern versprach. Nachdem Li und seine Armee große Teile von Shaanxi, Shanxi und Henan erobert hatten, nahmen sie auch Beijing ein, und nach dem Selbstmord des letzten Ming-Kaisers rief Li sich im April 1644 selbst zum Kaiser der Shun-Dynastie aus.

Seine Herrschaft währte nur kurz. Nicht ganz zwei Monate später besiegten die angreifenden Mandschu-Truppen seine Armee, und Li zog sich erst nach Shaanxi und dann nach Hubei zurück, wo er 1645 Selbstmord beging oder getötet wurde. Vier Jahrhunderte später machte Lis untadeliger sozialistischer Werdegang ihn zum idealen Rollenvorbild für die KPCh, die ihn für seine Heldentaten nach wie vor als frühen Revolutionär preist.

298 Yuan; ❄@) Dieses Hotel der mittleren Preisklasse verfügt über große, komfortable Zimmer und einen Kabel-Internetanschluss und liegt gegenüber dem Hauptbahnhof. Es sind Preisnachlässe von 30% möglich.

Jiayuan Shangwu Binguan HOTEL €
(嘉源商务宾馆; ☎326 8958; 1. OG, 5 Yuyang Zhonglu; 榆扬中路 5 号二楼; Zi mit Gemeinschaftsbad 60 Yuan) Das Treppenhaus in diesem Billighotel fünf Gehminuten westlich vom Hauptbusbahnhof ist dreckig, aber die Zimmer sind in Ordnung. Ein riesiges Internetcafé liegt im 2. Stock.

An- & Weiterreise

Es gibt täglich mehrere Flüge von Yulin nach Xi'an (850 Yuan).

In Yulin gibt es zwei Busbahnhöfe. Wer innerhalb der Stadtmauer (in der Nähe des Südtors) aus dem Bus aussteigt, ist am Hauptbusbahnhof (im Süden) (汽车站; *qiche zhan*); der Regionalbusbahnhof (im Norden) (客运站; *keyun zhan*) liegt 3,5 km nordwestlich an der Yingbin Dadao.

Vom Hauptbusbahnhof fahren regelmäßig von 7.25 bis 19.30 Uhr Busse nach Xi'an (170 bis 181 Yuan, 7–8 Std.). Es bestehen zahlreiche Busverbindungen nach Yan'an (80 Yuan, 5 Std., von 7.25 bis 17 Uhr alle 30 Min.) sowie Busverbindungen nach Taiyuan (136 Yuan, 8 Std., 6.50 und 12.50 Uhr) und Yinchuan (142 Yuan, 5–6 Std., acht tgl.).

Vom Regionalbusbahnhof fahren jede Stunde Busse nach Baotou in der Inneren Mongolei (94 Yuan, 4 Std.) und alle halbe Stunde Busse nach Daliuta (49 Yuan, 2 Std.), von wo man nach Dongsheng weiterreisen kann. Die Busse nach Dongsheng fahren an Dschingis Khans Mausoleum vorbei.

Der Bahnhof liegt 4 km westlich des Hauptbusbahnhofs. Es fahren zwei Züge täglich über Yan'an nach Xi'an (Hart-/Weichschläfer 155/232 Yuan, 12–14 Std.), aber es ist praktisch unmöglich, kurzfristig Fahrkarten für Schlafwagen zu bekommen.

Bus 1 (1 Yuan) verkehrt zwischen den beiden Busbahnhöfen. Taxis innerhalb der Stadt und zum Bahnhof kosten 6 Yuan.

Mizhi 米脂

☎ 0912

Mizhi, 70 km südlich von Yulin, ist vor allem bekannt als Heimatstadt Li Zichengs, des Ur-Kommunisten und Möchtegern-Kaisers, und für die angebliche Schönheit seiner Bewohnerinnen.

Trotz dieser zweifachen Attraktion ist Mizhi ein verträumtes Städtchen mit einer kleinen Hui-Einwohnerschaft abseits der ausgetretenen Touristenpfade. Hier ist man meist der einzige Ausländer in der Stadt, wenn nicht gar der einzige Besucher. Einige Einwohner leben noch in Höhlen, die in die umgebenden Hügel gegraben wurden. Beim Bummeln durch das kleine Altstadtviertel mit seinen schmalen Gässchen und zerfallenden Hofhäusern bieten sich faszinierende Einblicke.

Die Hauptsehenswürdigkeit aber ist der **Li-Zicheng-Palast** (李自成行宫; Li Zicheng Xinggong; Xinggong Lu; Eintritt 20 Yuan; ⊙8–17 Uhr). Dieser gut erhaltene und kompakte Palast wurde im Jahr 1643 auf dem Höhepunkt von Lis Macht erbaut. Er befindet sich an einem Hang und enthält eine Statue des Mannes selbst, Pavillons mit Ausstellungen über Li und bekannte Frauen aus Mizhi sowie eine Pagode. Es gibt außerdem ein schönes Theater, in dem Konzerte und Schauspiele aufgeführt wurden, oft an drei Tagen hintereinander, um Lis Siege zu feiern. Den Palast erreicht man über die Xinggong Lu nach Osten. Vom Busbahnhof ist es ein Fußweg von 10 bis 15 Minuten.

Wer sich nach Verlassen des Palastes gleich nach links wendet, ist schon mitten drin im **Altstadtviertel** von Mizhi. Viele der originalen Hofhäuser aus der Ming-Dynastie haben überlebt, sind allerdings ziemlich heruntergekommen.

Mizhi eignet sich gut für einen Tagesausflug von Yulin oder als Zwischenstopp auf dem Weg nach/von Yan'an. Es verkehren häufig Busse (20 Yuan, 2 Std.) vom (südlichen) Hauptbusbahnhof in Yulin. Auf Nachfragen setzt der Fahrer die Gäste an der Jiulong Qiao ab (die dem Palast etwas näher liegt). Von Mizhi nach Yan'an (53,50 Yuan, 3½ Std.) verkehren täglich drei Busse um 7.40, 8.20 und 13.30 Uhr.

Anhui

BEVÖLKERUNG: 64,1 MIO.

Inhalt »

Tunxi ... 421
Rund um Tunxi ... 424
Huizhou-Dörfer ... 425
Huang Shan ... 431
Jiuhua Shan ... 437
Hefei ... 446

Die beeindruckensten Berge

» Huang Shan (S. 431)
» Jiuhua Shan (S. 437)
» Qiyun Shan (S. 424)

Die schönsten Dörfer

» Xidi (S. 425)
» Hongcun (S. 425)
» Chengkan (S. 429)

Auf nach Anhui!

Besucher kommen vor allem wegen der gut erhaltenen historischen Dörfer und fantastischen Berglandschaften nach Anhui (安徽). Den Hauptanziehungspunkt dieser südlichen Huizhou-Region bildet zweifellos Huang Shan. Dieses Gewirr aus steilen, in wattige Wolken gehüllten Granitfelsen hat im 17. und 18. Jh. eine ganze Tuschzeichnungsschule inspiriert. Die stilleren Gipfel des nahe gelegenen Jiuhua Shan werden dabei gern übersehen. Hier, wo Buddhisten die Seelen der kürzlich Verstorbenen segnen, herrscht eine sakrale Atmosphäre, die in starkem Kontrast zu der atemberaubenden natürlichen Landschaft Huang Shans steht. Am Fuße der Bergketten verstreut liegen die alten Huizhou-Dörfer, deren markante weiß getünchte Mauern und schwarze Ziegeldächer sich gegen den üppigen Hintergrund aus sattgrünen Hügeln und terrassierten Teeplantagen abheben.

Die grandiosen Berge und der gemächlichere Lebensrhythmus Anhuis sind das perfekte Gegenmittel zum lärmerfüllten Ungestüm der größeren Städte Chinas.

Reisezeit

Tunxi

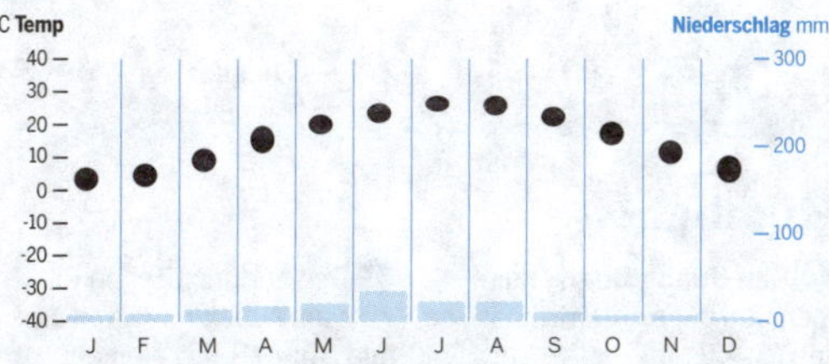

März Sommertage sind ideal zum Besteigen des entrückten Huang Shan.

Oktober Im Herbst lodert die Gegend in allen Farben – Tachuan ist besonders hübsch.

Dezember Die schneebedeckten Dächer der Hui-Häuser von Xidi sind im Winter wunderschön.

Highlights

1 Den **Huang Shan** erklimmen und auf sich wirken lassen (S. 431)

2 Die Grotten und Tempel auf dem taoistischen **Qiyun Shan** (S. 324) erkunden

3 Auf der **Alten Straße** (S. 421) von Tunxi die Atmosphäre der Ming-Dynastie aufsaugen

4 Den buddhistischen Pilgern am nebelumwogten **Jiuhua Shan** (S. 437) folgen

5 Das auf der Weltkulturerbeliste stehende Dorf **Hongcun** (S. 425) entdecken

6 Sich abseits der Massen in **Chengkana** (S. 429) einen Eindruck vom echten Dorfleben verschaffen

7 In Mukeng mit der **Seilrutsche** an fedrigen Bambuswipfeln vorbeisausen … (S. 427)

8 Im **Pig's Heaven Inn** (S. 427) in Xidi ein fantastisches Essen genießen

9 Auf den Spuren Ang Lees und Zhang Yimous nach **Guanlu** (S. 427) pilgern, das in ihren Filmen einen Auftritt hatte

Geschichte

Die Provinzgrenzen von Anhui wurden von der Qing-Regierung festgelegt, die damit zwei grundverschiedene geografische Regionen und Kulturen zusammenbrachte: die trockene, dicht besiedelte Nordchinesische Ebene und das gebirgige Terrain südlich des Jangtse (Chang Jiang), das erst spät in der Tang-Dynastie besiedelt wurde.

In letzter Zeit hat sich das Geschick des traditionellen Armenhauses Anhui zu wenden begonnen. Manche sagen, die gewaltigen Verbesserungen in der Infrastruktur der bislang entlegenen Gegenden seien zum Teil Präsident Hu Jintao zu verdanken, dessen Clan aus dem Kreis Jixi stammt. Hu entstammt einer langen Reihe von Huizhou-Kaufleuten, die über Jahrhunderte ihre Heime verließen, um anderenorts ihre Geschäfte zu machen oder offizielle Posten zu bekleiden, aber niemals versäumten, stets ihre familiären Pflichten zu erfüllen und die Daheimgebliebenen an ihren Gewinnen teilhaben zu lassen (zum großen Teil in Form großer Eigenheime und zeremonieller Strukturen).

Auch heute noch verlassen die Einheimischen oft ihre Region, um anderswo Arbeit und Glück zu suchen (genau wie ihre Vorfahren), doch sie schämen sich ihrer Herkunft nicht, und das zu Recht.

Klima

In Anhui herrscht ein gemäßigt warmes Klima mit Regenfällen im Frühjahr und Sommer, die oft Überschwemmungen verursachen. Die Winter sind feucht und kalt. Auf Reisen durch Anhui sind also immer Regensachen und eine warme Jacke für den Aufenthalt in den Bergen angesagt.

An- & Weiterreise

Die historischen und touristischen Sehenswürdigkeiten von Anhui sind im Süden rund um die Stadt Tunxi konzentriert und von Hangzhou, Shanghai und Nanjing leicht mit dem Bus, dem Zug oder dem Flugzeug zu erreichen.

PREISE

In diesem Kapitel werden die folgenden Preiskategorien verwendet:

Schlafen

€	unter 200 Yuan
€€	200 bis 550 Yuan
€€€	über 550 Yuan

Essen

€	unter 25 Yuan
€€	26 bis 60 Yuan
€€€	über 60 Yuan

Tunxi 屯溪

☎0559 / 77 000 EW.

Die von niedrigen Hügeln umgebene alte Handelsstadt Tunxi (auch Huangshan Shi genannt) ist der beste Ausgangspunkt für Ausflüge nach Huang Shan und die umgebenden Huizhou-Dörfer. Die Altstadt ist reizvoll, und es gibt gute Verkehrsverbindungen in das Gebiet des Jangtse-Deltas. Von Tunxi aus kommt man viel besser in das südliche Anhui als von Hefei, der Hauptstadt der Region.

Sehenswertes

Der älteste und interessanteste Teil der Stadt befindet sich im Südwesten entlang der Alten Straße (Lao Jie). Der neuere Teil der Stadt liegt im Nordosten in der Nähe des Bahnhofs.

Alte Straße STRASSE

(老街; Lao Jie) Einen Block vom Fluss entfernt liegt die Alte Straße, eine Souvenirstraße voller hölzerner Läden und restaurierter Huizhou-Gebäude im Ming-Stil, die bis spät abends geöffnet haben. Bei einem Abstecher in die Nebenstraßen kann man einen Blick auf das Alltagsleben werfen oder kleine Restaurants finden.

Wancuilou-Museum MUSEUM

(万粹楼博物馆; Wancuilou *bowuguan*; 143 Lao Jie; Eintritt 50 Yuan; ⌚8.30–21.30 Uhr) Das Wancuilou-Museum an der Lao Jie zeigt eine private Antiquitätensammlung, die auf vier Stockwerken in die Architektur und das Mobiliar von Huizhou einführt.

Geführte Touren

Jugendherbergen organisieren Tagesausflüge zu den Dörfern Xidi und Hongcun (210 Yuan inklusive Transport, Eintrittsgelder und Mittagessen) und bieten einen Direktbus zum Huang Shan an (18 Yuan, 1 Std., 6.15 Uhr).

Touristenzentrum Huang Shan BUSTOUREN

(黄山市旅游集散中心; Lüyou Jisan Zhongxin; ☎255 8358; ⌚7.30–18 Uhr) Das Touristenzentrum Huang Shan – das sich in einem

Tunxi

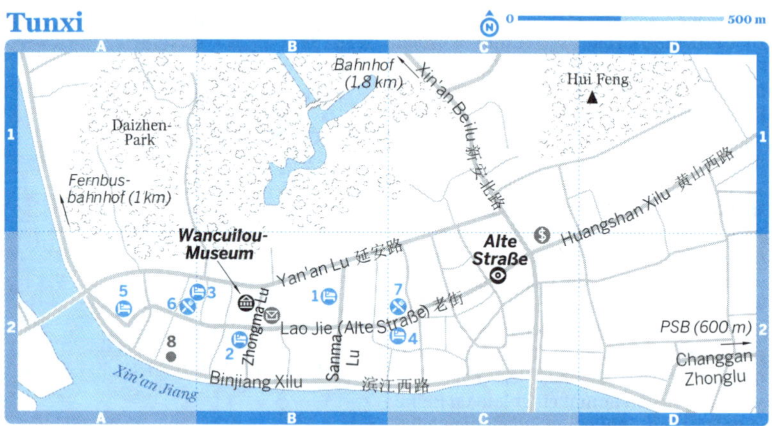

Tunxi

Highlights
Alte Straße C2
Wancuilou-Museum B2

Schlafen
1 Ancient Town Youth Hostel B2
2 Harbour Inn & Bar B2
3 Hui Boutique Hotel B2
4 Old Street Hostel C2
5 Tunxi Lodge A2

Essen
6 Gaotang Hundun A2
7 Meishi Renjia C2

Transport
8 Flugreisebüro Huang Shan A2

Verbindungsgebäude direkt neben dem Fernbusbahnhof befindet – organisiert geführte Touren und bietet vergünstigte Tickets an.

Schlafen

Ancient Town Youth Hostel JUGENDHERBERGE €

(小镇国际青年旅舍; Xiaozhen Guoji Qingnian Lüshe; ☎252 2088; www.yhahs.com; 11 Sanma Lu; 三马路 11 号; B 40–45 Yuan, DZ& 2BZ 145–198 Yuan; ❄@🛜) Dieses Hostel, das von ein paar ehemaligen Touristenführern gegründet wurde, bietet alles, was Reisende sich wünschen – eine gut ausgestattete Bar, einen Kinoraum, einladende Aufenthaltsbereiche, freundliches englischsprachiges Personal, einen Fahrradverleih, organisierte Touren etc. Die Betten in den Mehrbettzimmern sind riesig und bequem, die günstigeren Zweibettzimmer sind sauber, aber Tageslicht ist Mangelware. Die teureren Doppelzimmer weisen Hotelqualität auf.

Old Street Hostel HOSTEL €

(老街国际青年旅舍; Laojie Guoji Qingnian Lüshe; ☎254 0386; www.hiourhostel.com; 266 Lao Jie; 老街 266 号; B 35–45 Yuan, 2BZ 159–169 Yuan, DZ/3BZ/FZ 139/199/219 Yuan; ❄@🛜) Durch seine günstige Lage und die präsentablen Zimmer – ordentliche Matratzen und eigenes Bad in den Vierbettzimmern sowie Holzgitter-Deko und Flatscreen-TV in den privaten Zimmern – ist diese Unterkunft nicht nur für Rucksacktouristen attraktiv. Im 1. OG gibt's ein Café mit Blick auf die Lao Jie, wo es Sofas, recht teures Bier und einen Balkon für die Gäste gibt. Das Personal spricht Englisch, ist aber eher effizient als herzlich.

LP TIPP **Hui Boutique Hotel** BOUTIQUEHOTEL €€€

(黄山徽舍品酒店; Huangshan Huishepin Jiudian; ☎235 2003; www.huistylehotel.com; 3 Lihong Xiang; 老街利洪巷 3 号; Zi einschl. Frühstück 588–1080 Yuan; ❄🛜) Versteckt in einer Nebenstraße der Alten Straße ist dieses Hotel in einem restaurierten Gebäude aus der Qing-Dynastie eine Mischung aus Boutiquen-Schick und traditionellem Stil. Die dunklen Zimmer sind mit antikem Mobiliar und modernen Toiletten ausgestattet. Online gibt es Preisnachlässe von 40 %.

Harbour Inn & Bar HOTEL €€
(夜泊客栈; Yebo *kezhan*; ☎252 2179; 29 Zhongma Lu; 中马路 29 号; DZ & 2BZ 200 Yuan; ❄@📶) Wo genau hier Segel gesetzt werden können, erschließt sich einem zwar nicht unbedingt, dafür sind aber die Zimmer in diesem renovierten traditionellen Gebäude in der Altstadt von Tunxi etwas besser als in den üblichen Unterkünften der mittleren Preisklasse. Es stehen Zweibettzimmer mit Blick auf die Straße zur Verfügung, und wer tiefer in die Tasche greift, kann sich ein Luxuszimmer gönnen, um dann womöglich in einem traditionellen chinesischen Holz-Himmelbett zu nächtigen. Wer der geblümten Tapete und der dazu passenden Laken im Zimmer überdrüssig wird, auf den wartet unten die schicke Bar.

Tunxi Lodge HOTEL €€
(屯溪客栈; Tunxi *kezhan*; ☎258 0388; 15 Lao Jie; 老街口 15 号; Zi einschl. Frühstück 368–680 Yuan; ❄) Dieses stilvolle Hotel am westlichen Ende der Lao Jie stimmt seine Gäste mit seiner Innenausstattung im Huizhou-Stil gleich richtig ein. Die Zimmer im traditionellen Stil sind mit wunderbaren Holzbetten und sauberen, hellen Duschen ausgestattet. Angeschlossen ist ein Restaurant, das ordentliche chinesische und westliche Gerichte serviert. Mit Preisnachlässen kostet ein Doppelzimmer nur noch 200 Yuan.

Essen & Ausgehen

Es gibt preisgünstige Straßenrestaurants und eine Vielzahl an Restaurants mit einheimischer Küche in dem Gebiet unmittelbar östlich vom östlichen Ende der Alten Straße. An der Alten Straße selbst und in den angrenzenden Straßen finden sich Restaurants in Hülle und Fülle. In der Zhongma Lu, einer Nebenstraße der Alten Straße, gibt es eine Reihe gemütlicher Cafés und Bars, alle mit kostenlosem WLAN, Kaffee zu 12 bis 20 Yuan und Bier zu 10 bis 25 Yuan.

LP TIPP **Meishi Renjia** CHINESISCH, HUI €
(美食人家; Lao Jie; Gerichte 7–56 Yuan; ⏲Mittag- & Abendessen) In diesem beliebten Restaurant auf zwei Stockwerken voller traditioneller chinesischer *madeng*-Laternen am Eingang zur Lao Jie drängen sich die zufriedenen Kunden. An der Theke werden verschiedene Gerichte ausgestellt – *hundun* (Wantans; Klößchensuppe), *jiaozi* (Teigtaschen), *baozi* (Dampfnudeln mit Fleisch- oder Gemüsefüllung), Nudeln, Tontopf und mehr. Sie werden frisch zubereitet. Für alle, die sich beim Essen lieber viel Zeit nehmen, gibt's eine teurere Version des Restaurants nebenan.

Gaotang Hundun WANTANS €
(高汤馄饨; 1 Haidi Xiang; hundun 8–12 Yuan; ⏲ab 10 Uhr) In einer kleinen Gasse gegenüber der 120 Lao Jie werden schon in der 12. Generation wärmende Schüsseln *hundun* (Wantan) serviert. Das Geheimnis ist der superdünne *hundun*-Teig, Hackfleisch von einem ganzen mageren Schwein und die aromatische Suppe. Wenn auf den spillerigen Bänken draußen kein Platz mehr ist, lässt man sich eben im Wohnzimmer des Besitzers nieder: Es liegt in einem Hui-Haus aus der Qing-Zeit mit einer einmaligen Atmosphäre. Hier gibt es auch *da hundun* (größere, mit Gemüse gefüllte Klöße).

Praktische Informationen

In den Jugendherbergen gibt es PCs für den Internetzugang (4 Yuan pro Std.).

Bank of China (中国银行; Zhongguo Yinhang; Ecke Xin'an Beilu & Huangshan Xilu; ⏲8–17.30 Uhr) Wechselt Reiseschecks und tauscht Geld um; 24-Std.-Geldautomat.

Büro für Öffentliche Sicherheit (PSB; 公安局; Gong'anju; ☎232 3093; EG, 108 Changgan Zhonglu; ⏲8–12 & 14.30–17 Uhr)

Post (中国邮局; Zhongguo Youqu; 183 Lao Jie)

An- & Weiterreise

Bus

Der **Fernbusbahnhof** (客运总站; keyun zongzhan; Qiyun Dadao) liegt etwa 2 km westlich vom Bahnhof in den Außenbezirken der Stadt. Die Busse fahren unter anderem die folgenden Orte an:

Hangzhou 89 Yuan, 3 Std., stündl. (6.50–17.50 Uhr)

Jingdezhen 61 Yuan, 3½ Std., 3-mal tgl. (9.15, 12 und 14.10 Uhr)

Nanjing 120 Yuan, 5½ Std., 3-mal tgl. (7.25, 12.10 und 16.20 Uhr)

Shanghai 135 Yuan, 5 Std., 5-mal tgl. (letzter Bus um 17 Uhr)

Suzhou 132 Yuan, 6 Std., 2-mal tgl. (6 und 6.50 Uhr)

Wuyuan 40 Yuan, 2 Std., 2-mal tgl. (8.30 und 12.30 Uhr)

Außerdem fahren die Busse folgende Ziele innerhalb von Anhui an:

Hefei 144 Yuan, 4 Std., stündl.

Jiuhua Shan 59 Yuan, 3½ Std., 1-mal tgl. (13.30 Uhr)

Shexian 6 Yuan, 45 Min., häufig

Yixian 12,50 Yuan, 1 Std., häufig (6–17 Uhr)

Busse zum Huang Shan fahren zum Hauptbusbahnhof Tangkou (13 Yuan, 1 Std., häufig, 6–17 Uhr) und weiter zum Nordeingang, Taiping (20 Yuan, 2 Std.). Vor dem Bahnhof befindet sich außerdem eine Haltestelle für Minibusse nach Tangkou (15 Yuan).

Innerhalb des Busbahnhofs (wenn man hineinkommt, rechts) liegt das separate **Touristenzentrum Huang Shan** (黄山市旅游集散中心; Lüyou Jisan Zhongxin; ☎255 8358; ⏲7.30–18 Uhr) mit speziellen Touristenbussen zu beliebten Zielen. Busse (hin & zurück) fahren hier stündlich von 8 bis 16 Uhr ab, mit einer Pause von 12 bis 13 Uhr. Angefahren werden unter anderem:

Hongcun 14,50 Yuan, 1½ Std.

Qiyun Shan 8,50 Yuan, 40 Min.

Xidi 12,50 Yuan, 1 Std.

Flugzeug

Tägliche Flüge vom Flughafen Huang Shan City (黄山市飞机场; Huangshanshi Feijichang):

Beijing 990 Yuan, 2½ Std., 1-mal tgl.

Guangzhou 800 Yuan, 1½ Std., 2-mal tgl.

Hongkong 2250 Yuan, 1¾ Std., 3-mal wöchentl.

Shanghai 500 Yuan, 1 Std., 1-mal tgl.

Tickets verkauft das **Flugreisebüro Huang Shan** (黄山航空旅游公司; Huangshan Hangkong Lüyou Gongsi; ☎251 7373; 1–1 Binjiang Xilu, ⏲8–17.30 Uhr).

Zug

Die Zugverbindungen sind ziemlich miserabel. Züge von Beijing (195–500 Yuan, 20 Std., 9.21 Uhr), Shanghai (110–265 Yuan, 13 Std., 20.45 und 22.06 Uhr) und Nanjing (70–159 Yuan, 6–7½ Std., 9-mal tgl.) halten in Tunxi (meist als Huangshan bezeichnet). Es fährt außerdem ein Zug nach Jingdezhen (25–115 Yuan, 3–5 Std., 11-mal tgl.). Wer in den Süden will, fährt besser erst nach Yingtan (55–153 Yuan, 5–8 Std., 9-mal tgl.) in Jiangxi und steigt dort um.

ℹ Unterwegs vor Ort

Taxis kosten ab 5 Yuan Grundgebühr und die 5 km lange Fahrt zum Flughafen etwa 30 Yuan. Zwischen den Fahrradtaxis herrscht eine lebhafte Konkurrenz, darum sind sie das günstigste Fortbewegungsmittel. Eine Fahrt von der Bahnhofsgegend zur Alten Straße kostet etwa 4 Yuan. Kurze Fahrten beginnen bei 2 Yuan. Bus 9 (1 Yuan) verkehrt zwischen dem Busbahnhof und dem Bahnhof; ein Taxi kostet auf dieser Strecke etwa 7–10 Yuan.

Rund um Tunxi

QIYUN SHAN 齐云山

Nach einer 40-minütigen Busfahrt von Tunxi in Richtung Westen gelangt man zu den grandiosen Gebirgspanoramen des **Qiyun Shan** (Eintritt März–Nov. 75 Yuan, Dez.–Feb. 55 Yuan; ⏲Mo–Fr 8–17 Uhr, Sa & So 7.30–17.30 Uhr). Auf dem von den Taoisten seit Langem verehrten rötlichen Sandsteinfelsen haben sich Tempel angesiedelt, um die sich Mönche kümmern, und von den Bergwanderwegen eröffnen sich Ausblicke auf eine atemberaubende Bergwelt.

Von der Bushaltestelle ausgehend führt der Weg über die **Dengfeng-Brücke** (登封桥; Dengfeng Qiao) – mit ein paar prachtvollen Ausblicken über den Fluss – und hinter dem Dorf am Fuß der Berge weiter nach rechts. Nach einem anstrengenden 75-minütigen Aufstieg über Steintritte ist das Kartenbüro erreicht. Alternativ kann man den Fahrer bitten, einen an der Seilbahn (索道; Suodao; bergauf 26 Yuan, bergab 14 Yuan) weiter vorn rauszulassen und den Rundweg in umgekehrter Richtung zurücklegen.

In der **Zhenxian-Höhle** (真仙洞府; Zhenxian Dongfu) hinter dem Kartenbüro befindet sich ein Komplex taoistischer Schreine in Grotten und Nischen, die aus den Sandsteinfelsen herausgehauen wurden. Im verrauchten Inneren der gewaltigen und verfallenden **Xuan Tian Taisu Gong** (玄天太素宫) befindet sich weiter hinten ein Bildnis von Zhengwu Dadi, einer taoistischen Gottheit.

Eine weitere Tempelhalle, die **Yuxu Gong** (玉虚宫), wurde unter der ausladenden Kuppe eines 200 m langen Sandsteinfelsens errichtet. Dort finden sich Bildnisse von Zhengwu Dadi und Laotse.

Es gibt hier ein zauberhaftes Dörfchen, **Qiyun** (Qiyun Cun), das scheinbar inmitten der Bergwelt abgesetzt wurde. Seine weiß getünchten Gebäude beherbergen eine Reihe von Restaurants, Souvenirläden und freundliche Anwohner.

ℹ An- & Weiterreise

Vom Touristenzentrum des Fernbusbahnhofs Tunxi fahren Touristenbusse direkt zum Qiyun Shan (8,50 Yuan, 45 Min.); Abfahrt stündlich von 8 bis 16 Uhr. Dieser Bus setzt Reisende auf Wunsch an der Dengfeng-Brücke oder an der Seilbahnstation ab. Alternativ kann man von Tunxi aus jeden Bus in Richtung Yixian nehmen und den Fahrer bitten, einen am Qiyun Shan abzusetzen. Um nach Tunxi zurückzukehren, am Straßenrand auf Busse warten, die von Yixian kommen, doch aufgepasst: der letzte Bus von Yixian nach Tunxi fährt um 17 Uhr ab. Der letzte Touristenbus fährt um 16 Uhr ab.

Huizhou-Dörfer

☎0559

Ein Leben in Huizhou, der Heimat höchst erfolgreicher Kaufleute, die mit Holz, Tee und Salz handelten – und außerdem im ganzen Reich eine Reihe lukrativer Pfandhäuser betrieben –, war ein zweischneidiges Schwert: Die Anwohner waren zwar häufig ziemlich reich, aber meist irgendwo unterwegs. Mit 13 Jahren wurden viele junge Männer vor die Tür gesetzt, um anderswo Geschäfte zu machen, und kehrten manchmal nur einmal im Jahr nach Hause zurück. Statt ihre Familien zu entwurzeln und sich ihrem angestammten Clan gegenüber respektlos zu zeigen, blieben diese Kaufleute ihren Heimatstädten verbunden, die sie kaum mehr zu Gesicht bekamen, und verwandten ihre Gewinne für den Bau luxuriöser Residenzen und einiger der größten Ahnenhallen Chinas.

Vor diesem Hintergrund gehören die Dörfer, die über das gesamte südliche Anhui (auch bekannt als Wannan; 皖南) und das nördliche Jiangxi verstreut sind, zu den schönsten des Landes, wozu auch noch die Tatsache beiträgt, dass sie häufig inmitten einer opulenten Landschaft voller Hügel mit Bambus- und Kiefernwäldern liegen und sich im Hintergrund die Silhouetten der in Schichten verlaufenden Hügel in der Ferne verlieren.

WESTLICHE DÖRFER (YIXIAN) 黟县

In Yixian befinden sich die beiden malerischsten Dörfer von Anhui: Xidi und Hongcun. Selbst mit wuchernden Eintrittspreisen und obwohl es hier vor Besuchern nur so wimmelt (zumindest meistens), sind sie mit Abstand das Eindrucksvollste, was das Huizhou-Gebiet zu bieten hat.

Sehenswertes & Aktivitäten

Xidi HISTORISCHES DORF

(西递; Eintritt 104 Yuan) Das Dorf Xidi aus dem Jahr 1047 n.Chr. ist seit Jahrhunderten eine Hochburg der Hu (胡), der Nachkommen des ältesten Sohns des letzten Tang-Kaisers, der in den letzten Jahren der Tang-Dynastie hierher geflohen war. Die 124 noch existierenden Gebäude in Xidi, typisch für den eleganten Huizhou-Stil (s. Kasten S. 428), bringen den Wohlstand und das Prestige der erfolgreichen Kaufleute zum Ausdruck, die sich hier niedergelassen hatten.

Als Unesco-Welterbestätte erfreut sich Xidi einer lukrativen Tourismuswirtschaft. Aber das Dorf bietet nach wie vor ein malerisches Bild mit seinen schmalen Gässchen, cremefarbenen Mauern mit Pferdekopfgiebeln, dunklen Ziegeldächern und Torbögen mit reich verzierten Stürzen.

Beim Flanieren durch ein Labyrinth von Plattenwegen streift der Blick über Türstürze voller herausgearbeiteter Vasen, Urnen, Tiere, Blumen und Schmuckmotive, und wer nicht aufpasst, stolpert noch über die Scharen von Schülern, die eifrig Szenen zu Papier bringen, in denen steinerne Brücken Bächlein überspannen.

Xidis dreistufiger Schmuckbogen aus der Ming-Dynastie, der **Huwenguang Paifang** (胡文光牌坊) am Eingang zum Dorf, ist ein prunkvolles Symbol für Xidis ehemaligen Status. Es können zahlreiche Bauwerke besichtigt werden, darunter die **Diji-Halle** (迪吉堂; Diji Tang) und die **Zhuimu-Halle** (追慕堂; Zhuimu Tang), die beide an der Dalu Jie (大路街) liegen. Die **Jing'ai-Halle** (敬爱堂; Jing'ai Tang) ist das größte Gebäude der Stadt. Hier wurden früher Sitzungen, Hochzeiten und natürlich Bestrafungen abgehalten. Frauen hatten hier in der guten alten Zeit nichts zu suchen, doch der Zahn der Zeit macht vor nichts Halt. **Xiyuan** (西园) ist ein kleines Haus, das für seine exquisiten Steinmetzarbeiten an den Fenstern bekannt ist. Anders als sonst üblich, wurden diese auf beiden Seiten angefertigt. Der Besitzer soll bereits Angebote von 10 000 US$ (pro Stück) dafür zurückgewiesen haben.

Wer sich im Dorf sattgesehen hat, kann sich in die nahe gelegenen Hügel aufmachen, wo sich malerische Panoramablicke auf das Dorf bieten (allerdings verschandelt inzwischen ein Mobiltelefonmast die Landschaft). Wer den Massen entgehen will, muss entweder früh aufstehen oder länger bleiben: Die Touristengruppen rollen ab 7 Uhr morgens an und verlassen um etwa 17 Uhr allmählich das Dorf.

Hongcun HISTORISCHES DORF

(宏村; Eintritt 104 Yuan) Das entzückende Dorf und Unesco-Welterbestätte Hongcun aus der südlichen Song-Dynastie gruppiert sich 11 km nordöstlich von Yixian um den halbmondförmigen Mondteich (月沼; Yue Zhao) und wird vom Süd-See (南湖; Nan Hu), dem West-Fluss (西溪; Xi Xi) und dem Berg Leigang (雷岗山; Leigang Shan) umschlossen. Als die Gründerväter und Dorfältesten aus dem Wang-Clan (汪) einen Feng-Shui-Guru zu Rate zogen, wurde das Dorf umgestaltet und einem Ochsen nachempfunden, wobei sein immer noch funktionierendes Wasserleitungssystem die Eingeweide bildet. Bald zog der Wohlstand ein; inzwischen machen die Nachkommen des Wang-Clans allerdings ihre Geschäfte mit Tourismus statt mit Waren.

Heute bietet das Dorf ein zauberhaftes und beschauliches Bild voller Brücken, Seeblicke, enger Sträßchen und traditioneller Hallen. Kanäle neben den schmalen Durchgängen leiten Wasser vom West-Fluss zum Mondteich und von dort zum Süd-See, während Schilder die Besucher über einen Rundgang an den wichtigsten Gebäuden vorbeiführen. Wer sich verirrt, braucht nur dem Wasserlauf zu folgen.

Die Brücke am Dorfeingang wird manchem bekannt vorkommen: Sie tauchte in der Eröffnungsszene von Ang Lees Film *Tiger & Dragon* auf. Auch der malerische Mondteich ist im Film zu sehen. Die **Chengzhi-Halle** (承志堂; Chengzhi Tang; Shangshuizhen Lu; 上水圳路) stammt aus dem Jahr 1855 und wurde von einem Salzhändler gebaut. Sie verfügt über 28 Zimmer mit sagenhaften Schnitzereien, Balkonen im ersten Obergeschoss und Lichtschächten. Gucklöcher in den Geländern im Obergeschoss waren dafür gedacht, Mädchen einen Blick auf jugendliche männliche Besucher werfen zu lassen, und der kleine Alkoven im Mahjong-Zimmer wurde genutzt, um die Konkubine zu verstecken. Für die inzwischen verblassten vergoldeten Schnitzereien sollen 100 Taels des kostbaren Materials benötigt worden sein und ihre Fertigstellung soll vier Jahre gedauert haben.

Bemerkenswert sind außerdem noch die **Halle des Pfirsichgartens** (桃源居; Taoyuan Ju) mit ihren kunstvoll geschnitzten Holzpaneelen und die **Süd-See-Lehranstalt** (南湖书院; Nanhu Shuyuan), die idyllisch neben dem friedlichen Süd-See gelegen ist. Daneben gibt es noch weitere Hallen mit Blick auf den Mondteich, wie die würdevolle **Lexu-Halle** (乐叙堂; Lexu Tang), eine ehrwürdige Ming-Antiquität aus den ersten Jahren des 15. Jhs. Auf dem **Markt** westlich des Mondteiches werden Bambusschnitzereien, Kinkerlitzchen und ein großes Sortiment an Tee feilgeboten. Der belebte Platz an der **Hongji-Brücke** (宏际桥; Hongji Qiao) am West-Fluss liegt im Schatten zweier alter Bäume (den „Hörnern“ des Ochsen), einer roten Pappel und eines Ginkgos.

Im Eintrittspreis zu dem Dorf ist ein Führer mit begrenzten Englischkenntnissen enthalten – Besucher, die das Dorf durch den Seiteneingang betreten haben, müssen ihn am Haupteingang engagieren.

Tachuana HISTORISCHES DORF

(塔川; Eintritt 20 Yuan) 3 km nordwestlich von Hongcun liegt in einer Talsohle das winzige Dörfchen Tachuana, das für seine atemberaubende herbstliche Farbenpracht berühmt ist. Jedes Jahr wechseln die Blätter an den uralten Bäumen in und um das Dorf über einen Zeitraum von 10 bis 30 Tagen die Farbe. Das ganze Tal leuchtet in Schattierungen von Orange, Grün und Braun – zur Begeisterung der Fotografen. Außerhalb dieser Zeit schlagen sich die Dorfbewohner mit der Anpflanzung von Reis und Tee mehr schlecht als recht durch. Von Weitem wirkt das Dorf wie eine Pagode, weil es auf den Ausläufern der Berge erbaut wurde. Die neue Leitung bot während unserer Recherche keine Führer oder Hausbesichtigungen an, aber falls dieser Service wiederaufgenommen wird, finden Reisende in Haus Nr. 18 einige der erlesensten Schnitzereien der Region. Ansonsten kann man einen Blick in das verfallene Haus 25 werfen, ein traditionelles Hui-Haus, in dem leere antike Möbel und andere Kleinigkeiten über das Haus verteilt zu sehen sind.

Nanping HISTORISCHES DORF

(南屏; Eintritt 43 Yuan) Dieses reizvolle verwinkelte Dorf mit seiner über 1100 Jahre alten Geschichte, 5 km westlich der Stadt Yixian gelegen, ist der berühmte Schauplatz von Yimous Filmdrama *Judou* aus dem Jahr 1989 und natürlich von Szenen aus *Tiger & Dragon*. Zahlreiche altehrwürdige Hallen der Vorfahren, Familienschreine und Residenzen von Kaufleuten haben in dem Gewirr der Gassen von Nanping überlebt, darunter **Chengshi Zongci** (程氏宗祠) und **Yeshi Zongci** (叶氏宗祠). Die Residenz **Lao Yang Jia Ranfang** (老杨家染坊), die in *Judou* der Färberin Gongli und ihrem habgierigen Ehemann als Hauptwohnsitz dient, ist immer noch vollgestopft mit allerlei Requisiten, und an den Wänden hängen verblasste Standfotos aus dem Film. Im Eintrittspreis ist ein Führer mit begrenzten Englischkenntnissen enthalten.

Guanlu HISTORISCHES DORF

(关麓; Eintritt 35 Yuan) Die Hauptattraktion dieses kleinen Dorfes, 8 km westlich von Yixian und hinter Nanping gelegen, sind die sagenhaften Haushalte – **Badajia** (八大家) – von acht wohlhabenden Brüdern. Jede der Residenzen aus der Qing-Dynastie weist vergleichbare elegante Huizhou-Merkmale auf und enthält Lichtschächte, Innenhöfe, Hallen, geschnitzte Holzpaneele und kleine Gärten. Jeder Haushalt ist eine Einheit für sich, doch sie sind durch Türen verbunden und bilden ein zusammenhängendes Ganzes. Charakteristisch für die Häuser sind die eleganten Deckenmalereien, deren Muster und Details bis heute überlebt haben. Inzwischen sind die Häuser auf die Familien der Nachkommen aufgeteilt worden, und viele Flügel sind in einem baufälligen Zustand, da viele der jüngeren Dorfbewohner in modernere Wohnsitze umgezogen sind. Im Eintrittsgeld ist ein Führer mit begrenzten Englischkenntnissen enthalten.

Mukeng Zhuhai WALD

(木坑竹海; Eintritt 30 Yuan) Eine Wanderung durch den **Bambuswald** von Mukeng bietet eine tolle Gelegenheit, den Megaphonen und rudernden Scharen der Kunststudenten in den Städten zu entkommen. Erinnert sich jemand an die Kampfszenen in den Bambuswipfeln in *Tiger & Dragon*? Genau – hier sind sie gefilmt worden. Der zweistündige Wanderweg am Bergkamm entlang führt vorbei an den buschigen Laubkronen fedriger Bambuswälder, plätschernden Bächlein und Teeplantagen am Hang, vorbei an einem kleinen Dorf, in dem es für 60 bis 120 Yuan eine sättigende Mahlzeit und ein sauberes Zimmer mit Bad gibt, und schließlich zu einem kleinen Weiler, in dem man eine Rast einlegen und eine Tasse *cha* (Tee) zu sich nehmen kann. Vielleicht inspiriert durch den Film, wurde in der Nähe des höchsten Punktes des Wanderwegs eine **Seilrutschbahn** (40 Yuan) gebaut; hier saust man in nur 40 Sekunden aus einer Höhe von über 75 m bis ganz nach unten! Der Wald liegt 5 km nordöstlich von Hongcun.

Schlafen & Essen

Aufgrund regionaler Bestimmungen ist es nicht möglich, in Xidi und Hongcun ohne Vorab-Organisation einfache Privatunterkünfte (住农家; *zhu nongjia*) zu ergattern. Jedes der Dörfer hat „genehmigte" Unterkünfte für Ausländer; die meisten davon sind unten aufgeführt. Man kann Privathäuser besuchen und die hervorragende Kost probieren (die Mahlzeiten kosten normalerweise um die 20 Yuan, wenn man nicht gerade ein Huhn schlachten lässt, das 50 bis 100 Yuan kosten kann). Restaurants finden sich in Hülle und Fülle; im Frühjahr sind saftige Bambussprossen (竹笋; *zhusun*) in zahlreichen Gerichten reichlich vertreten.

XIDI

Pig's Heaven Inn BOUTIQUE-HOTEL €€€

(猪栏酒吧; Zhulan Jiuba; ☎515 4555; http://blog.sina.com.cn/zhulanjiuba; Renrang Li; 西递镇仁让里; DZ inkl. Frühstück 360 Yuan, Suite 460–880 Yuan; ❄📶) Ein 400 Jahre altes renoviertes Haus in Xidi mit einem Arbeitszimmer, zwei Terrassen und fünf aparten Zimmern. Eine Reservierung ist erforderlich (der Eingang ist nicht gekennzeichnet). Detektivisch veranlagte Gourmets werden im Hof fündig, wo ein fantastisches Mittagessen serviert wird (Gerichte ab 20 Yuan). Die Eigentümer haben in Bishan (碧山) auch noch ein größeres, teureres Haus eröffnet. Dies ist ein wunderbarer Ort, um ein paar Tage auszuspannen; einfach eins der Fahrräder schnappen und losziehen, um die Umgebung zu erkunden. Es gibt Transportmöglichkeiten zu beiden Unterkünften. Begrenztes Englisch.

Xidi Travel Lodge HOTEL €€

(西递行馆; Xidi Xingguan; ☎515 6999; www.xidilodge.com; 西递; DZ inkl. Frühstück 368–488 Yuan, Suite 608–1288 Yuan; ❄@) Dieses nicht zu übersehende Hotel unmittelbar hinter dem Haupttor von Xidi ist eine ausgedehnte, aus mehreren Gebäuden bestehende Angelegenheit samt komfortablen Zimmern, einem eigenen Restaurant und einem Café im Freien. Alle Zimmer haben moderne Duschen, Flatscreen-TV und pseudo-antikes Mobiliar, manche auch einen Balkon. Am schönsten sind die Zimmer mit Blick auf die kleine Teeplantage. Das Restaurant bietet regionale Küche an (Gerichte 18–108 Yuan) und im Café gibt's günstiges Bier zu 10 Yuan. Es sind Preisnachlässe von 30 % möglich.

HUIZHOU-STIL

Die Huizhou-Architektur bildet die augenfälligste Zutat der regionalen Eigenart und steht für die Klasse der Kaufleute, die in der Ming- und Qing-Dynastie diese Region beherrschten. Die Wohnhäuser von Yixian und Shexian sind die typischsten Beispiele für die Huizhou-Architektur; ihre weiß getünchten Wände weisen an beiden Seiten Pferdekopfgiebel auf, die ursprünglich einmal verhindern sollten, dass ein Feuer sich über eine Reihe von Häusern ausbreitet, sich im Laufe der Zeit aber zu dekorativen Motiven entwickelten. Die Mauern mit ihren markanten schwarzen Dachziegeln sind häufig von hohen, schmalen Fenstern durchbrochen, was Einbrüche verhindern (und einsame Ehefrauen vor verbotenen Versuchungen bewahren) sollte.

Außentore, häufig mit dekorativen Vorsprüngen und behauenen Ziegel- oder Steinstürzen verziert, sind manchmal von Trommelsteinen *(gushi)* oder Spiegelsteinen *(jingshi)* flankiert und führen zu Innenhöfen, die wunderschön von Lichtschächten *(tianjing)*, rechteckigen Öffnungen im Dach, erhellt werden. Die Türen sind ein Thema für sich. Es heißt, für den dekorativen Torbogen und die Schmuckarbeiten daran hätten die Besitzer 1000 Taels ausgegeben, für die eigentliche Tür dagegen nur vier Taels. Viele Huizhou-Häuser sind mit aufwendig geschnitzten hölzernen Paneelen ausgestattet und erstrecken sich über zwei Stockwerke, wobei das obere Stockwerk von hölzernen Säulen gestützt wird. Selbst die Einrichtung hat oft eine eigene Bedeutung. Die Haupthalle, in der Besucher begrüßt wurden, hat verschiedene Elemente, auf die zu achten sich lohnt. Manchmal sind halbrunde Tische zu sehen, die gegen die Wand gestellt sind: War der Herr des Hauses zugegen, wurden die Tische zusammengestellt; waren sie getrennt, so war das ein subtiler Hinweis für Besucher, sich der Ehefrau nicht aufzudrängen. Zu entdecken gibt es auch oft einen Kaminsims, auf dem eine Uhr, eine Vase und ein Spiegel stehen – diese symbolisieren Frieden und Harmonie im Haus. Die chinesischen Wörter für diese Gegenstände lauten: *zhong sheng* (钟声; stündlich schlagende Uhr), *ping* (平; Harmonie) und *jing* (静; Frieden).

Ein weiteres charakteristisches Element der regionalen Architektur ist die Vorliebe für Schmucktorbögen (*paifang* oder *pailou*), die auf kaiserlichen Befehl hin erbaut wurden, um eine außerordentliche Leistung zu ehren. Zu solchen Leistungen gehörte es etwa, ein hoher Beamter zu werden (bei Männern; *paifang*) oder ein keusches Leben zu führen (bei Frauen; *pailou*). Torbögen sind in ganz China üblich und haben nicht immer eine symbolische Bedeutung, aber in Huizhou waren sie sehr wichtig, weil sie den Kaufleuten – die auf der untersten Sprosse der konfuzianischen sozialen Leiter standen (noch unter den Handwerkern, Bauern und Gelehrten) – heiß ersehntes soziales Prestige verliehen. Beim Straßenbau wurde darauf geachtet, dass die Straße durch einen *paifang* hindurch, aber um einen *pailou herum* führte, sodass ein Mann nie das Gefühl haben musste, der Status einer Frau sei höher als sein eigener.

HONGCUN

LP TIPP **Long Lane Inn** BOUTIQUEHOTEL €€€
(宏村一品更楼; Hongcun Yipin Geng Lou; ☎554 2001; www.hcno-1.com; 1 Shangshui Quan; 宏村上水圳 1 号; Zi inkl. Frühstück 380–1280 Yuan; ❄📶) Dieses von Taiwanesen betriebene Boutiquehotel mit 10 Zimmern in einem stillen Winkel von Hongcun ist ein willkommener Neuzugang im Dorf. Besucher haben die Qual der Wahl: traditionell eingerichtete Zimmer mit Rosenholz-Himmelbett (oder gar die Suite mit hübschem Garten und einer versenkten Badewanne) oder einfache Tatami-Zimmer, allesamt komfortabel und makellos sauber. Auch die Küche des Hauses ist hervorragend. Iris, die Eigentümerin, spricht gut Englisch und kann bei Reiseplänen oder dem Mieten von Privatfahrzeugen behilflich sein.

Hongda Tingyuan PRIVATUNTERKUNFT €
(宏达庭院; ☎554 1262; 5 Shangshui Zhen; 宏村上水圳 5 号; Zi 100 Yuan) Der besondere Reiz dieses Wohnhauses in Hongcun besteht in dem grünen Innenhof, in dem lauter Töpfe mit Seidelbast, Himmelsbambus und anderen blühenden Sträuchern um einen kleinen Teich und einen Pavillon gruppiert sind. Die Räume sind schmucklos, aber die friedliche Lage im oberen Teil

des Dorfes ist ideal. Wenn Platz ist, kann man hier auch gut zu Mittag essen (Gerichte ab 20 Yuan). Es wird kein Englisch gesprochen.

Anreise & Unterwegs vor Ort

BUS Vom Touristenzentrum des Fernbusbahnhofs Tunxi fahren zwischen 8 und 16 Uhr – mit einer Pause am Mittag – stündlich Busse direkt nach Xidi (12,50 Yuan, 1 Std.) und dann weiter nach Hongcun (14,50 Yuan, 1½ Std.). Vom Fernbusbahnhof verkehren Regionalbusse nach Yixian (13 Yuan, 1 Std., häufig, 6–17 Uhr), dem Verkehrsknotenpunkt des öffentlichen Nahverkehrs zu den umliegenden Dörfern.

Von Yixian fahren grüne Minibusse (2 Yuan, halbstündl., 7–17 Uhr) nach Xidi (15 Min.), Nanping (15 Min.), Guanlu (20 Min.) und Hongcun (20 Min.). Man muss zunächst nach Yixian zurück, um von einem Dorf zum anderen zu kommen, mit Ausnahme von Nanping und Guanlu, die beide in der gleichen Richtung liegen. Von Yixian aus geht's weiter nach Tangkou (15 Yuan, 1 Std., 4-mal tgl.) und Qingyang (38 Yuan, 2½ Std., 3-mal tgl.).

FAHRRAD Eine großartige Möglichkeit, die Umgebung zu erkunden, sind Touren mit dem **Fahrrad** (出租自行车; *chuzu zixingche*; pro 4 Std. 5–15 Yuan), die an der modernen Straße gegenüber der Hongji-Brücke (宏际桥; Hongji Qiao) in Hongcun vermietet werden.

TAXI Taxis und Fahrradtaxis fahren von Yixian aus nach Xidi (10 Yuan), Hongcun (15 Yuan), Nanping (20 Yuan) und Guanlu (25 Yuan). Je nach Verhandlungsgeschick gibt's schon für 150 Yuan ein Fahrradtaxi für einen ganzen Tag, das einen von Yixian zu allen vier Dörfern bringt. Ein Minivan für einen ganzen Tag kostet 300 bis 400 Yuan. Die meisten Unterkünfte können beim Buchen der Transportmittel behilflich sein. Von Hongcun aus nimmt man ein Fahrradtaxi nach Tachuan (10 Yuan) und Mukeng Zhuhai (15 Yuan). Womöglich sind Verhandlungen mit dem Fahrer erforderlich, damit er auf einen wartet, denn Fahrradtaxis sind rar.

NÖRDLICHE DÖRFER

Die selten von Individualreisenden besuchten Dörfer nördlich von Tunxi stellen einen ruhigeren Gegenpol zu dem Rummel und Gedränge in den Dörfern im Westen von Anhui dar.

Sehenswertes

Chengkan HISTORISCHES DORF

(呈坎; Eintritt 80 Yuan; ⏲8–17 Uhr) Chengkan ist eine lebendige, aktive Gemeinde und bietet damit ein ganz anderes Bild als seine wohlhabenderen Cousins in Shexian: Bauern laufen mit geschulterter Hacke durch die Stadt, Teehändler wuchten Körbe frisch gepflückter Teeblätter auf die Straße, quakende Enten machen den Bach unsicher, und in der Luft liegt der unverkennbare Geruch von Stallmist – ein echtes Stück Leben im ländlichen China. Die meisten Besucher kommen hierher, um sich den größten **Ahnentempel** (罗东舒祠; Luo Dongshu Ci) im südlichen China anzuschauen, einen massiven hölzernen Komplex, mehrere Innenhöfe umfassend, dessen Bau 71 Jahre (1539–1610) in Anspruch nahm. Hier gibt es eine bunte Mischung von Architekturstilen zu entdecken, von griechisch-römischen Säulen bis hin zu persischen Mustern an den Deckenbalken. Es gibt noch andere altehrwürdige Bauten in der Stadt, z. B. das dreistöckige **Yanyi Tang** (燕翼堂), das beinahe 600 Jahre alt ist; doch viele Wohnhäuser sind in schlechtem Zustand. In einem Haus schneidet der Eigentümer seinen Kunden auf seinem mindestens 100 Jahre alten Stuhl immer noch die Haare (2 Yuan), und sein Spiegel ist um keinen Deut jünger. Ein weiterer Reiz liegt in den grandiosen Panoramen der umliegenden Landschaft Anhuis.

Tangmo HISTORISCHES DORF

(唐模; Eintritt 80 Yuan, zzgl. Pfand für den elektronischen Guide 300 Yuan; ⏲8–17 Uhr) Tangmo ist ein schmales Dorf aus der späten Tang-Dynastie, das sich 1 km weit entlang einem zentral gelegenen Kanal erstreckt. Ein Pfad folgt dem Wasserlauf vom Eingang am Osttor (东门; *dong men*) ins Dorf, vorbei an dem großen **Tan'gan-Garten** (檀干园; Tan'gan Yuan), bei dessen Anlage der West-See von Hangzhou als Vorbild diente. Hier geht's in das eigentliche Dorf. Auf der **Shui Jie** (水街) passiert man eine Reihe am Kanal gelegener Qing-Wohnhäuser und kommt schließlich zur überdachten **Gaoyang-Brücke** (高阳桥; Gaoyang Qiao), erbaut 1733, wo sich jetzt ein kleines Teehaus befindet. Am Ende der Straße befindet sich die **Shangyi-Ahnenhalle** (尚义堂; Shangyi Tang), in deren Eingangsbalken 199 Pfingstrosenblüten geschnitzt sind. In der Nähe wird eine Hotelanlage erbaut. In der Umgebung des Osttors befindet sich eine Reihe traditioneller Werkstätten und Läden. Hier gibt's selbst gemachte *doujiang* (豆浆; Soja-Milch; 1,50 Yuan) und traditionelle Anhui-Tintensteine (砚台; *yantai*) und Pinsel.

Der Bus setzt die Reisenden meist am Westtor ab (sodass man die Sehenswürdigkeiten in umgekehrter Reihenfolge zu sehen bekommt), aber es müsste auch Transportmöglichkeiten weiter zum Osttor geben, ansonsten einfach den Weg wieder zurückgehen.

An- & Weiterreise

Es fährt ein Touristenbus vom Fernbusbahnhof Tunxi, der in Tangmo (14 Yuan, 1½ Std., alle 2 Std.) hält. Er verkehrt von 8 bis 16 Uhr, mit einer Pause von 12 bis 13 Uhr.

Nach Chengkan zu kommen ist etwas kompliziert: Zuerst vom Fernbusbahnhof Tunxi mit dem Bus nach Yansi (岩寺; 4,50 Yuan, 30 Min., häufig) fahren. Vom Busbahnhof Yansi dann mit dem öffentlichen Bus (1 Yuan) oder einem Fahrradtaxi (4 Yuan) zum nördlichen Busbahnhof (北站; *bei zhan*) der Stadt fahren. Von dort gibt's einen weiteren Bus nach Chengkan (3,50 Yuan, 20 Min., stündl.). Von hier geht's auch nach Tangmo (2,50 Yuan, 20 Min., stündl.).

Eine Alternative ist es, vom Busbahnhof Yansi ein Fahrradtaxi nach Chengkan (30 Yuan) oder Tangmo (20 Yuan) zu mieten. Wer gut verhandelt, kann schon für 80 bis 100 Yuan eines für den Tag bekommen. Um mit öffentlichen Verkehrsmitteln von einem Dorf zum anderen zu gelangen, muss man immer erst zurück nach Yansi. Achtung: die letzten Busse fahren um 17 Uhr, und um die Mittagszeit ruht der Verkehr eine Stunde lang.

ÖSTLICHE DÖRFER

Bei den östlichen Dörfern macht nicht zuletzt die weitgehende Abwesenheit touristischen Treibens einen großen Teil ihres Reizes aus. Shexian ist eine nicht allzu kleine Provinzstadt, in der es einige interessante historische Sehenswürdigkeiten zu entdecken gibt, während der benachbarte Hafen Yuliang ein architektonisches Erbe präsentiert, das sich in seiner Gestalt von dem der anderen Huizhou-Dörfer vollkommen abhebt.

Sehenswertes

Shexian HISTORISCHES DORF

Shexian (歙县), der historische Sitz der Präfektur Houzhou, liegt 25 km östlich von Tunxi und ist leicht in einem Tagesausflug zu erreichen. Früher bildete die Stadt das bedeutende Zentrum und die Hauptstadt der Huizhou-Kultur. Inzwischen ist die **Altstadt** (徽州古城; Huizhou Gucheng; Eintritt inkl. Zutritt in Yuliang & chinesischsprachiger Führer 80 Yuan, ohne Zutritt in Yuliang 60 Yuan) die Hauptsehenswürdigkeit der Stadt.

Vom Busbahnhof Shexian führt der Weg auf die Brücke über den Fluss; danach rechts halten und weiter durch einen Torturm und zum **Yanghe Men** (阳和门), einem hölzernen Torturm mit doppeltem Dachtrauf. Hier sind Eintrittskarten erhältlich, der Turm kann bestiegen werden, und oben wartet der lohnende Anblick eines steinernen *xiezhi* (獬豸; ein Fabeltier) aus der Ming-Dynastie und der Blick von oben auf den prachtvollen **Xuguo-Torbogen** (许国石坊; Xuguo Shifang). Dieser vierseitige Schmucktorbogen mit seinen fantastischen Verzierungen ist der letzte seiner Art in China. 12 Löwen (18 insgesamt, wenn die Löwenjungen mitgezählt werden) sind, auf Podesten sitzend, darum gruppiert neben einer Vielzahl von Basrelief-Schnitzereien von weiteren mythischen Kreaturen.

Wer in der gleichen Richtung ein kleines Stück weiterläuft, gelangt in die Gasse (auf der linken Seite), die zu dem alten Wohnbezirk **Doushan Jie** (斗山街古民居; Doushanjie Guminju) führt, einer Straße voller Huizhou-Häuser, herrlich verziert mit erlesenen Schnitzereien in den Türstürzen, wunderschönen Innenräumen und einigen Aufsitzblöcken, die das Besteigen eines Pferdes erleichterten. Mehrere dieser Hofhäuser sind für Besucher geöffnet. Wer sich genau umschaut, kann möglicherweise den *paifang* (Schmucktorbogen) entdecken, der zugemauert und in eine Wand integriert wurde.

Zum Zeitpunkt der Recherche fanden umfassende Bauarbeiten in der Altstadt statt. Nach ihrem Abschluss (mit dem 2013 zu rechnen ist) wird der Öffentlichkeit eine Nachbildung des ursprünglichen Hauptstadtkomplexes offen stehen.

Yuliang HISTORISCHES DORF

(渔梁; Eintritt 30 Yuan) Nur wenige besuchen den historischen Flusshafen Yuliang am Lian Jiang. Die kopfsteingepflasterte **Yuliang Jie** (渔梁街) ist ein malerisches Gässlein mit Gebäuden und ehemaligen Verladestationen für Holz, Salz und Tee, die früher über den Liang nach Nordchina verschifft wurden; der **Teeladen** in Nr. 87 ist ein Beispiel dafür. Feuermauern trennen die Häuser an der Straße. Im **Baweizu-Museum** (巴慰祖纪念馆; Baweizu Jinianguan), ebenfalls an der Yuliang Jie, lässt sich die traditionelle Huizhou-Architektur begutachten.

Die **Löwenbrücke** (狮子桥; Shizi Qiao) stammt aus der Tang-Dynastie; zu dieser Zeit wurde auch der 138 m lange **Yuliang-Damm** (渔梁坝; Yuliang Ba) über den

Fluss angelegt. Vom Damm aus starten 20-minütige Bootsrundfahrten den Fluss entlang (10–20 Yuan).

Das ruhige Yuliang ist genau das Richtige, um seine Batterien wieder aufzuladen. Es gibt Zimmer mit schöner Aussicht in einer kleinen **Herberge** (☎0559-653 9731; 147 Yuliang Jie; 渔梁街 147 号; DZ mit Bad 50–60 Yuan; ❄). Zwei Türen weiter gibt's noch eine ähnliche **Herberge** (☎0559-653 8024; 145 Yuliang Jie; 渔梁街 145 号; DZ mit Bad 80–100 Yuan; ❄). Beide servieren auch Mahlzeiten; die Gerichte kosten ab 15 Yuan. Wer im Voraus bucht, wird von den Inhabern ins Dorf gebracht.

An- & Weiterreise

Es fahren regelmäßig Busse vom Fernbusbahnhof Tunxi nach Shexian (6,50 Yuan, 45 Min., häufig). Um nach Yuliang zu gelangen, nimmt man ein Fahrradtaxi (5 Yuan) vom Busbahnhof Shexian (an der Brücke) oder Bus 1, der vor dem Busbahnhof in Richtung Yuliang (1 Yuan) abfährt und auch die Straße gegenüber der Altstadt Shexian entlangfährt. Der letzte Bus zurück nach Tunxi fährt um 18 Uhr.

Huang Shan 黄山

☎0559

Die typischen Granitgipfel und knorrigen Kiefern des Huang Shan, umweht von geheimnisvollen Nebelschwaden, sind ein Anblick, der dieses Gebirge mühelos in den erlesenen Kreis der zehn, ach was, fünf, schönsten Sehenswürdigkeiten Chinas erhebt. Ganze Legionen von Dichtern und Malern haben sich schon von der Schönheit des Huang Shan inspirieren lassen. Die Künstler von gestern, die hier Zuflucht vor dem hektischen Getriebe der Moderne gesucht haben, sind nicht mehr hier zu finden. Stattdessen gibt es Touristenströme, die ihr geschäftiges Treiben hierher mitbringen, aber der Huang Shan belohnt seine Besucher immer noch mit Momenten der Stille, und seine überirdische Schönheit kann einem schier den Atem verschlagen.

Klima

Die Einheimischen behaupten, auf dem Berg würde es über 200 Tage im Jahr regnen. Man sollte sich einen mehrtägigen Aufenthalt gönnen und dann auf den Berg steigen, wenn die Vorhersage am günstigsten ist. Im Frühjahr (April bis Juni) ist es meist dunstig. Das bedeutet, möglicherweise eine atemberaubende Landschaft bestaunen zu können, aber genauso wahrscheinlich ist es, in einen dichten Nebel zu geraten, der alles verschwimmen lässt außer einer Reihe gelber Ponchos, die sich den Wanderweg hinaufzieht. In den Sommermonaten (Juli bis August) ist Regenzeit; allerdings können Stürme recht schnell vorüberziehen. Der Herbst (September bis Oktober) gilt allgemein als die beste Reisezeit. Selbst im Hochsommer steigen die Temperaturen auf dem Gipfel selten über 20 °C – also unbedingt entsprechende Kleidung mitbringen.

Sehenswertes & Aktivitäten

Busse von Tunxi (Huangshan Shi) setzen Reisende in Tangkou ab. Bergsteiger nutzen die weitläufige Stadt am Fuße des Huang Shan als Ausgangspunkt. Hier können Vorräte aufgestockt (Karten, Regenmäntel, Essen, Geld), das überflüssige Gepäck zwischengelagert und der Weitertransport organisiert werden. Man kann sich zwar die Zeit in Tangkou vertreiben, aber wer nicht gerade mit einem schmalen Budget klarkommen muss, kann genauso gut auf dem Berg bleiben.

Die Stadt besteht aus zwei Hauptstraßen, der größeren Feicui Lu – einer Straße voller Restaurants, Supermärkte und Hotels – und der sehr viel hübscheren Yanxi Jie, die neben dem Fluss verläuft, der senkrecht auf die Feicui Lu stößt. Hierher geht's über Stufen, die von der Brücke hinunterführen.

AUF- UND ABSTIEG

Auf welchem Wege man den **Huang Shan** (Eintritt März–Nov. 230 Yuan, Dez.–Feb. 130 Yuan, Sen. ganzjährig 60 Yuan, Kind von 1,10–1,30 m 60 Yuan) auch erklimmt, bei dem Eintrittsgeld kann einem schon etwas schwindlig werden. Eintrittskarten gibt's an den östlichen Stufen in der Nähe der Yungu-Station (云谷站; Yungu Zhan) oder an der Station „Tempel des Barmherzigen Lichts" (慈光阁站; Ciguang Ge Zhan), wo die westlichen Stufen beginnen. Shuttlebusse (13 Yuan) fahren von Tangkou aus beide Stationen an.

Es stehen drei Hauptwege zum Gipfel zur Auswahl: der kurze, schwierige Weg (östliche Stufen), der längere, noch schwierigere Weg (westliche Stufen) und der sehr kurze, einfache Weg (Seilbahn). Die östlichen Stufen führen von der Yungu-Station bergauf und die westlichen Stufen vom Parkplatz in der Nähe des Tempels des

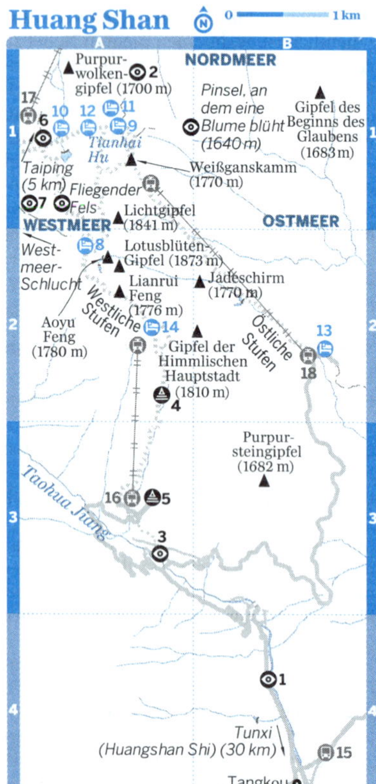

Huang Shan

Sehenswertes

1 Eingang B4
2 Erfrischende Terrasse A1
3 Heiße Quellen A3
Huang-Shan-Besucher-zentrum .... (siehe 4)
4 Tempel Banshan A2
5 Tempel des Barmherzigen Lichtes A3
6 Westmeer-Schlucht (Ringweg 1) A1
7 Westmeer-Schlucht (Ringweg 2) A1

Schlafen

8 Baiyun Hotel A2
9 Beihai Hotel A1
Beihai Hotel (Dreisterneflügel) .... (siehe 9)
10 Paiyunlou Hotel A1
11 Shilin Hotel A1
12 Xihai Hotel A1
13 Yungu Hotel B2
14 Yupinglou Hotel A2

Information

Bank of China .... (siehe 9)
Polizei .... (siehe 9)

Transport

15 Fernbusbahnhof Ost B4
16 Station am Tempel des Barmherzigen Lichts A3
17 Taiping-Seilbahnstation A1
18 Yungu-Station B2

Barmherzigen Lichts. Es ist möglich, an einem Tag eine zehnstündige Rundwanderung zu machen, die die östlichen Stufen hinauf- und dann die westlichen Stufen wieder hinabführt, aber dafür muss man schon etwas verrückt und ziemlich gut in Form sein, und man verpasst dabei auf jeden Fall einige der spektakuläreren Bereiche, die schwer zugänglich sind.

Am einfachsten ist es, früh am Morgen den Bus von Tunxi zu nehmen, die östlichen Stufen hinaufzusteigen, den Gipfelbereich zu durchwandern, oben zu übernachten, sich am nächsten Tag den Sonnenaufgang anzusehen und die westlichen Stufen zeitig genug hinabzusteigen, um noch einen Nachmittagsbus nach Tunxi zu erwischen. Die meisten Reisenden bleiben länger als eine Nacht dort oben, um die verschiedenen Wanderwege richtig auszukosten. Allerdings sind die Strapazen nicht zu unterschätzen; die steilen Abhänge und die Granitstufen gehen sowohl beim Auf- als auch beim Abstieg heftig auf die Knie.

Die meisten Touristen drängen sich (buchstäblich) im Gipfelbereich oberhalb der oberen Seilbahnstationen, der aus einem Netz von Wanderwegen zwischen den verschiedenen Gipfeln besteht. Das Highlight des Aufstiegs für viele Individualreisende ist die Wanderung durch die weniger bekannte Westmeer-Schlucht (S. 434), ein schrofferer, ungeschützterer Bereich, den die meisten Reisegruppen meiden.

Zum Aufstieg unbedingt genügend Wasser, Essen und angemessene Kleidung einpacken. Abgefülltes Wasser und Essen werden immer teurer, je höher man gelangt. Da es kaum möglich ist, sich auf den Bergwegen zu verlaufen, und überall Schilder in englischer Sprache stehen, sind Wanderführer unnötig.

Heiße Quellen THERMALQUELLEN
(黄山温泉; Huangshan Wenquan; Eintritt 238 Yuan; ⌚10.30–22.30 Uhr) Nachdem die Renovierungsarbeiten inzwischen abgeschlossen sind, ist ein Bad im Thermalbadbereich genau das Richtige, um sich von dem anstrengenden Aufstieg zu erholen. Hier gibt es ein wahres Wunderland von Erlebnisquellen. So werden die Lebensgeister in einem mit Kaffee angereicherten Becken neu belebt oder an den Dämpfen der mit Wein oder Alkohol versetzten Quellen berauscht. Es gibt sogar ein Becken, in dem einem Fische abgestorbene Hautfetzen von den Füßen nagen. Danach noch eine Fußmassage, und man ist ein neuer Mensch. Ein kleiner Imbiss und Tee sind im Eintrittsgeld enthalten.

Am einfachsten gelangt man zu den Quellen, indem man mit dem Hotel den kostenlosen Transport einschließlich der Abholung vereinbart. Es gibt Shuttlebusse (7 Yuan) zur Yungu-Station; von hier führt ein kurzer Fußweg bergab zu den heißen Quellen.

Östliche Stufen WANDERWEG
Ein mittelschneller Aufstieg lässt sich über die 7,5 km langen östlichen Stufen von der Yungu-Station (890 m) zum **Weißganskamm** (白鹅峰; Bai'e Feng; 1770 m) in zweieinhalb Stunden bewerkstelligen. Die Strecke ist angenehm, lässt aber die spektakuläre geologische Landschaftskulisse der westlichen Stufen vermissen. Im Frühjahr bilden Azaleen und Weigelien farbenprächtige Tupfen im Grün der bewaldeten Berghänge.

Ein großer Teil des Aufstiegs lässt sich gemütlich im Schatten zurücklegen, und obwohl der Weg anstrengend sein kann, ist er doch ein Klacks im Vergleich zu den westlichen Stufen. Träger schaffen über die östlichen Stufen langsam ihre gewaltig schwankenden Lasten mit Essen, Getränken und Baumaterial nach oben, darum herrscht hier immer viel Verkehr. Beim Hinaufsteigen sind gelegentlich noch die älteren Stufen, die neben den neueren verlaufen, zu sehen.

Puristen können den Aufstieg über die östlichen Stufen noch um mehrere Stunden verlängern, indem sie am **Vorderen Tor** (黄山大门; Huangshan Damen) aufbrechen, wo ein Pfad mit Trittsteinen beginnt, der die Straße an mehreren Punkten kreuzt, bevor er in den Hauptpfad der östlichen Stufen mündet.

Westliche Stufen WANDERWEG
Die 15 km lange Strecke über die westlichen Stufen bietet einige atemberaubende Ausblicke, ist dafür aber doppelt so lang und anstrengend wie über die östlichen Stufen – wer hinunterklettert, genießt sie sehr viel entspannter als diejenigen, die hinaufkeuchen. Also einfach mit der Seilbahn nach oben fahren und über diesen Weg wieder hinunterwandern.

Der Abstieg über die westlichen Stufen beginnt am **Fliegenden Fels** (飞来石; Feilai Shi), einem Felsblock, der auf einer Felsnase eine halbe Stunde vom Beihai Hotel entfernt klebt, und geht weiter über den **Lichtgipfel** (光明顶; Guangming Ding; 1841 m). Vom Lichtgipfel gesehen, sieht der **Aoyu-Gipfel** (鳌鱼峰; Aoyu Feng; 1780 m) aus wie zwei Schildkröten.

Südlich vom Aoyu-Gipfel auf dem Weg zum Lotosblütengipfel führt der Abstieg durch die bemerkenswert schmale **Himmelsschimmer-Schlucht** (一线天; Yixian Tian) – ein vertikaler Graniteinschnitt – direkt unter einem gewaltigen Felsen entlang, der bedrohlich über den Köpfen der Kletterer hervorragt. Noch ein Stück weiter bezeichnet der **Lotosblütengipfel** (莲花峰; Lianhua Feng; 1873 m) den höchsten Punkt; der Weg dorthin ist jedoch manchmal gesperrt, sodass man nicht hinaufsteigen kann. Auf dem **Lianrui-Gipfel** (莲蕊峰; Lianrui Feng; 1776 m) finden sich außergewöhnliche Felsformationen in großer Zahl, denen kuriose Tiernamen gegeben wurden. Ein paar Kilojoule Energie sollte man sich noch aufsparen für den sehr beliebten und im wahrsten Sinne atemberaubenden Aufstieg – insgesamt 1321 Stufen – bis zum **Gipfel der Himmlischen Hauptstadt** (天都峰; Tiandu Feng; 1810 m) und dem grandiosen Ausblick auf die unten ausgebreitete Landschaft. Wie überall in dem Gebirge bringen junge Liebespaare Schlösser mit ihren eingravierten Namen mit und schließen sie für alle Ewigkeit an die Kettengeländer an. Zum Andenken an den erfolgreichen Aufstieg gibt es hier goldene Medaillen zu kaufen, in die Namen eingraviert werden können (15 Yuan). Der Zugang zum Gipfel der Himmlischen Hauptstadt (und zu anderen Gipfeln) ist manchmal wegen Wartung oder Reparaturarbeiten gesperrt, also Daumen drücken beim Hochsteigen!

Weiter unten führen die Stufen zum **Tempel Banshan** (半山寺; Banshan Si) und noch weiter unten zum **Tempel des Barmherzigen Lichts** (慈光阁; Ciguang Ge), von wo man entweder mit einem Minibus nach Tangkou zurückfahren (13 Yuan) oder weiterlaufen kann bis zum Bereich der heißen Quellen.

Der Huang Shan gehört nicht zu Chinas heiligen Bergen, daher ist von religiösen Aktivitäten nicht viel zu sehen. Der Tempel Ciguang am Fuß der westlichen Stufen ist einer der wenigen Tempel auf dem Berg, dessen Tempelhallen überdauert haben, auch wenn sie inzwischen nicht mehr für religiöse Zwecke verwendet werden. Die erste Halle wird jetzt als **Huang-Shan-Besucherzentrum** (黄山游人中心; Huangshan Youren Zhongxin) genutzt; das Diorama der gesamten Bergkette ist wirklich eindrucksvoll. Nach all den Strapazen lockt ein kühles Bier in Tangkou.

Yungu-Seilbahn SEILBAHN

(云谷索道; Yungu Suodao; einfach März–20. Nov. 80 Yuan, Dez.–Feb. 65 Yuan; ⏲7–16.30 Uhr) Shuttlebusse (13 Yuan) bringen die Besucher von Tangkou zur Seilbahn. Da lange Schlangen hier nichts Ungewöhnliches sind, am besten entweder sehr früh oder sehr spät ankommen (wenn man über Nacht bleibt). Zum Glück hat sich die Wartezeit dank einer neuen Seilbahnstation von drei Stunden auf nur noch 45 Minuten verkürzt.

Shuttlebusse (13 Yuan) fahren auch von Tangkou zum Tempel des Barmherzigen Lichts, und von hier gibt es über die **Yuping-Seilbahn** (玉屏索道; Yuping Suodao; einfach März–20. Nov. 80 Yuan, Dez.–Feb. 65 Yuan; ⏲7–16.30 Uhr) eine Verbindung zu dem Gebiet, das direkt unterhalb des Yupinglou Hotels gelegen ist.

AUF DEM GIPFEL

Der Gipfel ist im Wesentlichen ein riesiges Netzwerk miteinander verbundener Wanderwege und Pfade, die sich die Gipfel hinauf- und hinunterwinden und die einzelnen Gipfel miteinander verbinden. Nicht wenige Besucher bleiben mehrere Nächte auf dem Gipfel, und der Sonnenaufgang über dem Nordmeer (北海; Beihai) ist ein Highlight für alle, die die Nacht hier oben verbringen. Die **Erfrischende Terrasse** (清凉台; Qingliang Tai) liegt fünf Minuten vom Beihai Hotel entfernt und zieht zahlreiche Besucher an, die den Sonnenaufgang bewundern wollen. Wer Glück hat, wird mit dem leuchtenden Spektakel des *yunhai* (das bedeutet wörtlich „Wolkenmeer") belohnt: malerische Nebelschwaden füllen Schluchten und Täler des Berges und verwandeln die Gipfel in Inseln.

Der atemberaubende und überirdisch schöne Ausblick vom Gipfel erstreckt sich über gewaltige Granittäler und ausladende Felsformationen, auf denen Felssplitter balancieren und der Schwerkraft zu trotzen scheinen, und knorrige Formen der allgegenwärtigen Huangshan-Kiefern (*Pinus taiwanensis*). Vielen Felsen haben die Chinesen fantasievolle Namen verliehen, die sich auf Gestalten aus der Religion oder aus Mythen beziehen. Am **Gipfel des Beginns des Glaubens** (始信峰; Shixin Feng; 1683 m) mit seinen grandiosen Ausblicken kommt kaum ein Fotograf vorbei. Auf dem Weg zum Nordmeer lohnt sich ein Zwischenstopp am **Pinsel, an dem eine Blume blüht** (梦笔生花; Mengbi Shenghua; 1640 m), einer Granitformation, auf der eine Kiefer sprießt. Ein letzter Aufstieg zum **Purpurwolkengipfel** (丹霞峰; Danxia Feng; 1700 m) für einen langen Blick auf die Landschaft und den Versuch, die Sonne noch bei ihrem Untergang im Westen zu erhaschen, runden den Tag ab. Liebhaber von Felsformationen können versuchen, die Formation mit dem poetischen Namen **Mobiltelefonfelsen** (手机石; Shouji Shi) oben an den westlichen Stufen zu entdecken. Weiter geht es zu Sehenswürdigkeiten auf dem Weg zu den Westlichen Stufen (S. 433).

WESTMEER-SCHLUCHT 西海大峡谷

Eine strapaziöse und eindrucksvolle 8,5 km lange Wanderung führt in eine Schucht (Xihai Daxiagu) hinab. Unterwegs werden einige beeindruckend exponierte Streckenabschnitte passiert – nichts für Leute mit Höhenangst. Für die ganze Wanderung müssen mindestens vier Stunden eingerechnet werden. Die Schlucht kann entweder über den nördlichen Eingang (in der Nähe des Paiyunlou Hotels) oder den südlichen Eingang (in der Nähe des Baiyun Hotel alias White Clouds Hotel) betreten werden.

Ein guter Ausgangspunkt für eine Wanderung ist der nördliche Eingang. Von hier aus passiert man einige Felstunnel und kommt im schönsten Teil der Schlucht heraus. Hier sind an den steil abfallenden Bergwänden Steinstufen befestigt worden. Beim Blick in die Tiefe kann einem angst und bange werden, aber keine Sorge, es gibt Handläufe. Wer es eilig hat oder nicht die Energie für eine lange Wanderung aufbringt, kann einfach eine Acht, bestehend aus Ringweg 1 (一环上路口) und Ringweg 2 (二环上路口), laufen und dann zum nördlichen Eingang zurückkehren. Dabei entgehen einem zwar einige grandiose Ausblicke über einsame, dunstverhangene Gipfel, aber der steile Abstieg ins Tal und der darauffolgende Aufstieg zum südlichen Eingang bleiben einem erspart (Knie und Oberschenkel werden es einem danken).

Zur Zeit der Recherche waren Arbeiten zum Bau einer neuen Seilbahn in dieses Gebiet im Gange, darum ist der Zugang eventuell auf Ringweg 1 und 2 begrenzt. Nach Abschluss der Arbeiten ist hier mit viel mehr Betrieb zu rechnen. Bei schlechtem Wetter die Gegend besser meiden.

Schlafen & Essen

Am Huang Shan gibt es verschiedene Gebiete, wo sich Hotels befinden. Preise und Verfügbarkeit variieren je nach Saison; es empfiehlt sich, Unterkünfte auf dem Gipfel, besonders die Unterbringung in Mehrbettzimmern, im Voraus zu buchen. Die Hotelpreise im Gebirge sind häufig doppelt so hoch wie die Preise anderswo. Wer ein knappes Budget hat, sollte möglichst viel Proviant zum Gipfel mitnehmen, denn warme Mahlzeiten gibt's nicht unter 50 Yuan. Die Hotels am Gipfel stellen den Gästen, die den Sonnenaufgang beobachten wollen, in der Regel warme Jacken zur Verfügung.

TANGKOU 汤口

An der Feicui Lu, Tangkous Hauptstraße, reihen sich Hotels mittlerer Preislage aneinander; bevor man sich auf eines festlegt, immer erst die Zimmer ansehen und über Preisnachlässe verhandeln. Es gibt auch viele preisgünstige Angebote an der Tiandu Lu. Restaurants drängen sich an der Yanxi Jie neben dem Fluss, der senkrecht auf die Feicui Lu stößt.

Pine Ridge Lodge HOTEL €

(黄山天客山庄; Huangshan Tianke Shanzhuang; ☎1377-761 8111; www.hstksz.com; Südtor des landschaftlich schönen Gebietes; 风景区南门; Zi inkl. Frühstück 120–150 Yuan; ❄) Wayne, der freundliche englischsprachige Besitzer, vergleicht es mit einer Hütte in Aspen – dabei ist die Unterkunft weniger eine Skihütte als ein sehr ordentliches Hotel mittlerer Preisklasse. Wer es etwas privater mag, kann ein gemütliches Zimmer in dem reizvollen Nebengebäude buchen. Das Restaurant im Haus serviert großartiges regionales Essen. Im Zimmer sind Transporte vom/zum Busbahnhof Tangkou enthalten.

Huayi Binguan HOTEL €€

(华艺宾馆; ☎556 6888; Südtor; 南大门; 2BZ 480–680 Yuan; ❄) Dieses Viersternehotel, ein großes weißes Gebäude auf der westlichen Flussseite an der Straße zum Huang Shan, bietet die teuerste und schönste (die Bedeutung des Wortes ist hier relativ) Unterbringung in Tangkou. Die Preise im Dreisternegebäude sind günstiger. Das Personal hilft beim Buchen von Bus- und Flugtickets.

YUNGU-STATION 云谷索道站

Yungu Hoteluu HOTEL €€

(云谷山庄; Yungu Shanzhuang; ☎558 6444; EZ & DZ 580 Yuan; ❄) Dieses Hotel in traditionellem Stil in wunderschöner, wenn auch etwas ungünstiger Lage mit Blick auf Bambus und Wald hat schöne, saubere Zimmer. Häufig werden Preisnachlässe von 35 % gewährt. Unterhalb des Parkplatzes vor der Seilbahnstation.

WESTLICHE STUFEN 西线台阶

Yupinglou Hotel HOTEL €€€

(玉屏楼宾馆; Yupinglou Binguan; ☎558 2288; www.hsyplhotel.com; DZ/4BZ/3BZ 1480/1600/1680 Yuan; ❄@) Viersternehotel in spektakulärer Lage auf einem 1660 m hohen Aussichtspunkt direkt oberhalb der Willkommenskiefer, zu erreichen über einen 10-minütigen Fußweg von der Yuping-Seilbahnstation (nach rechts gehen). Es ist ratsam, sich um eines der Doppelzimmer mit guter Aussicht hinten zu bemühen, denn manche Zimmer haben kleine Fenster ohne nennenswerte Aussicht. Ermäßigte Doppelzimmer kosten 880 Yuan.

Baiyun Hotel HOTEL €€€

(白云宾馆; Baiyun Binguan; ☎558 2708; www.baiyunhotel.com; B 280–360 Yuan, DZ/3BZ 1480/1680 Yuan; ❄@) Die Mehrbettzimmer sind mit Fernseher und Duschen ausgestattet, aber sie sind etwas alt und abgenutzt; die Doppelzimmer (mit eigenem Bad) sind passabel, aber im Vergleich mit der Konkurrenz fällt dieses Hotel doch sehr ab. Kein englisches Schild, aber als „White Clouds Hotel" auf Englisch gut ausgeschildert. Mit Preisnachlässen können die Preise im Mehrbettzimmer auf bis zu

200 Yuan und für Doppelzimmer auf bis zu 980 Yuan heruntergehen.

AUF DEM GIPFEL 山顶

Idealerweise gehört zu einem Besuch des Huang Shan auch eine Übernachtung auf dem Gipfel. Die Zimmerpreise ziehen samstags und sonntags an und steigen zu Haupturlaubszeiten auf schwindelerregende Höhen. Die meisten Hotelrestaurants bieten Buffets (Frühstück 60 Yuan, Mittag- und Abendessen 100 bis 140 Yuan) sowie eine Auswahl von Standardgerichten (gebratener Reis 40 Yuan), allerdings kann es außerhalb der Essenszeiten schwierig sein, etwas zu bekommen. Hotels in Tangkou organisieren Zelte (帐篷; *zhangpeng;* 180 Yuan) fürs Camping an ausgewählten Stellen auf dem Gipfel.

Shilin Hotel HOTEL €€

(狮林饭店; Shilin Fandian; ☎558 4040; www.shilin.com; B mit Bad 300 Yuan, DZ & 2BZ 1680–1980 Yuan; @) Die billigeren Zimmer haben keine schöne Aussicht, aber die teureren Doppelzimmer sind hell und sauber und haben Flatscreen-TV. Auch die beengten Neunbettzimmer sind gut gepflegt, mit Etagenbetten und Gemeinschaftsbad; vom Block oben an den Stufen des Hotels bietet sich ein schöner Blick, ebenso von einigen der neueren Zimmer im Hauptblock und der Villa dahinter. Ermäßigte Doppelzimmer gibt's für 1280 Yuan.

Beihai Hotel HOTEL €€€

(北海宾馆; Beihai Binguan; ☎558 2555; www.hsbeihaihotel.com; B 180 Yuan, EZ & DZ 1880 Yuan; @ wifi) Das Viersternehotel Beihai bietet professionellen Service, Geldwechsel, eine Handyladestation, ein Café und 30 % Preisnachlässe unter der Woche. Größere Doppelzimmer mit Bad haben ältere Armaturen als die kleinen, besser ausgestatteten Doppelzimmer (gleicher Preis). In der Dreisterneanlage auf einem Hügel auf der anderen Seite des Hauptplatzes gibt es Doppelzimmer zu 1000 Yuan. Dies ist zwar das am schönsten gelegene Hotel am Platz, aber es ist auch das belebteste und nicht sehr reizvoll.

Paiyunlou Hotel HOTEL €€

(排云楼宾馆; Paiyunlou Binguan; ☎558 1558; www.paiyunlou.com; B/DZ/3BZ 300/1480/1680 Yuan; @) Mit seiner hervorragenden Lage in der Nähe des Tianhai-Sees (Tianhai Hu) und des Eingangs zur Westmeer-Schlucht und seinem Dreisternekomfort ist dieses Hotel ideal für Gäste, die eine ruhigere Unterkunft bevorzugen. Keines der Standardzimmer hat eine nennenswerte Aussicht, aber die neueren Mehrbettzimmer bieten Platz und sind mit Duschen und TV ausgestattet. Mit Preisnachlässen kosten Betten im Mehrbettzimmer 160 Yuan und Doppelzimmer 780 Yuan.

Xihai Hotel HOTEL €€

(西海饭店; Xihai Fandian; ☎558 8888; www.hsxihaihotel.cn; B/DZ 380/1680 Yuan; ❄@) Die Standardzimmer sind abgenutzt, aber sauber, mit Heizung und Warmwasser, aber man sollte sich die Doppelzimmer zuerst ansehen, denn manche zeigen nach innen. Mit Preisnachlässen kosten Betten in Mehrbettzimmern nur noch 280 Yuan und Doppelzimmer nur noch 1280 Yuan. Zum Zeitpunkt der Recherche war ein neuer Fünfsterneblock im Bau. Er soll 2013 fertiggestellt werden.

Praktische Informationen

Tangkou

Bank of China (中国银行; Zhongguo Yinhang; ⌚8–17 Uhr) Am südlichen Ende der Yanxi Jie.

Büro für Öffentliche Sicherheit (PSB; 公安局; Gong'anju; ☎556 2311) Am westlichen Ende der Brücke.

Internetcafé (网吧; *wangba*; pro Std. 3 Yuan; ⌚8–24 Uhr) Auf der westlichen Flussseite, Obergeschoss.

Auf dem Berg

Die meisten Hotels auf dem Berg bieten Gästen und Besuchern Bereiche mit Internetzugang zu 15 bis 20 Yuan pro Std. Manche haben kostenloses WLAN.

Bank of China (中国银行; Zhongguo Yinhang; ⌚8–11 & 14.30–17 Uhr) Gegenüber vom Beihai Hotel. Hier kann man Geld wechseln. Der Geldautomat akzeptiert internationale Karten.

Polizeiwache (派出所; paichusuo; ☎558 1388) Neben der Bank.

An- & Weiterreise

Von Tunxi (alias Huangshan Shi) benötigt der Bus etwa eine Stunde nach Tangkou. Die Busse verkehren sowohl vom Fernbusbahnhof (18 Yuan, 1 Std., häufig, 6–17 Uhr) als auch vom Bahnhof (18 Yuan, Abfahrt, sobald sie voll belegt sind, 6.30–17 Uhr, Abfahrt im Sommer noch bis 20 Uhr möglich). Busse von Tangkou zurück nach Tunxi verkehren reichlich; man kann sie einfach an der Straße nach Tunxi anhalten (18 Yuan). Der letzte Bus zurück fährt um 17.30 Uhr.

Tangkou hat zwei Busbahnhöfe. Bei der Ankunft in Tangkou werden Reisende am südlichen Fernbusbahnhof (南大门换乘分中心; *nandamen huancheng fenzhongxin*) abgesetzt. Reisende, die vom Berg kommen, können am östlichen Fernbusbahnhof (东岭换乘分中心; *dongling huancheng fenzhongxin*) östlich vom Stadtzentrum und in Laufweite zur Feicui Lu abgesetzt werden. Das Hotel kann meist bei den Buchungen helfen und sogar Abholungen und Transfers organisieren. Busse fahren unter anderem die folgenden wichtigen Ziele an:

Hangzhou 100 Yuan, 3½ Std., 7-mal tgl.

Hefei 91 Yuan, 4 Std., 7-mal tgl.

Jiuhua Shan 47 Yuan, 2½ Std., 2-mal tgl. (6.30 und 14.20 Uhr)

Nanjing 93 Yuan, 5 Std., 3-mal tgl.

Shanghai 140 Yuan, 6½ Std., 5-mal tgl.

Wuhan 235 Yuan, 9 Std., 2-mal tgl. (8.40 und 17.30 Uhr)

Yixian 15 Yuan, 1 Std., 4-mal tgl. (hält in Hongcun und Xidi)

Unterwegs vor Ort

Offizielle Touristen-Shuttlebusse verkehren zwischen den zwei Fernbusbahnhöfen und dem Gebiet der Thermalquellen (7 Yuan), der Yungu-Station (云谷站; Yungu zhan; östliche Stufen; 13 Yuan) und der Station am Tempel des Barmherzigen Lichts (慈光阁站; Ciguangge zhan; westliche Stufen; 13 Yuan). Sie fahren von 6 bis 17.30 Uhr alle 20 Minuten, aber normalerweise warten sie, bis genügend Passagiere zugestiegen sind. Eine Taxifahrt zu den östlichen oder westlichen Stufen kostet 50 Yuan, zu den Thermalquellen 30 Yuan.

Jiuhua Shan 九华山

☎0566

Die Buddhisten der Tang-Dynastie, die den Jiuhua Shan einst zum irdischen Reich des Bodhisattva Dizang (Ksitigarbha) – des Herrn der Unterwelt – erkoren, haben eine gute Wahl getroffen. Mit dem Nebel, der ihn nicht selten einhüllt und durch die Fenster in die Tempel an der Felswand dringt, umweht den Jiuhua Shan eine Aura der Weltferne, die noch verstärkt wird durch die Andacht der Menschen, die hierher pilgern, um für die Seelen der Verstorbenen zu beten. Dieses Bild wird gelegentlich von dem Kommerz getrübt, der die Religion umgibt – frommen Nippes, Glücksbringer und überteuerte Räucherstäbchen gibt's zuhauf –, doch die wahren Gläubigen sind offenbar mühelos imstande, all dies in ihrer Inbrunst auszublenden. Mit den gelben Mauern der Klöster, dem flackernden Schein der Kerzen und den monotonen Klängen buddhistischer Gesänge aus den MP3-Playern der Pilger herrscht hier eine ganz andere Atmosphäre als auf dem benachbarten Huang Shan.

Geschichte

Der Jiuhua Shan, einer von Chinas vier heiligen Bergen des Buddhismus, wurde berühmt durch den koreanischen Mönch Kim Kiao Kak (Jin Qiaojue) aus dem 8. Jh., der hier 75 Jahre lang meditierte und nach seinem Tod zur Reinkarnation Dizangs erklärt wurde. In Tempeln wird Dizang meist mit einem Stab und einem leuchtenden Juwel dargestellt, das die Seelen durch die Finsternis der Hölle geleiten soll.

Sehenswertes & Aktivitäten

Die Busse setzen Reisende am Jihuashan Xinquzhan (九华山新区站) ab. Das ist der Busbahnhof des Ortes und das Ticketbüro, wo man Eintrittskarten für den **Berg** (Eintritt März–Nov. 190 Yuan, Dez.–Feb. 140 Yuan) kaufen kann. Hier gibt es auch die Rückfahrkarten für den Shuttlebus (50 Yuan, 20 Min., alle 30 Min.) an den Schaltern links von dem Eintrittskarten-Schalterfenster. Der Bus fährt zum **Dorf Jiuhuajie**. Im Dorf befinden sich die meisten Unterkünfte. Es liegt etwa auf der Hälfte des Berges (oder, wie die Einheimischen sagen, ungefähr in der Höhe des Bauchnabels, wenn man sich den Berg als riesigen rundlichen Buddha denkt). Endstation ist der Busbahnhof direkt vor dem Tor (大门; *damen*) zum Dorf, von wo die Hauptstraße (芙蓉路; Furong Lu) an Hotels und Restaurants vorbei nach Süden führt. Der Hauptplatz liegt rechts von der Furong Lu, wenn man die Straße hinaufgeht.

GRATIS **Tempel Zhiyuan** TEMPEL

(祇园寺; Zhiyuan Si; ⌚6.30–20.30 Uhr) Unmittelbar hinter dem Haupteingang zum Dorf halten sich Gläubige an dem verlockend esoterischen gelben Tempel links Räucherstäbchen an die Stirn und drehen sich dabei in die vier Himmelsrichtungen. An den Abenden finden hier Versammlungen mit Gesängen statt, an denen die Pilger teilnehmen können.

GRATIS **Huacheng Si** TEMPEL

(化成寺; ⌚6.30–20.30 Uhr) Der größte, bunteste und detailreichste Tempel der Stadt.

Kunstvoll geschnitzte Drachen dienen als Handläufe an der Haupttreppe. Die Traufen und Balken der Gebäude sind in jeder nur denkbaren Farbe bemalt, und das Tüpfelchen auf dem „i" sind die drei riesigen goldenen Bodhisattwas, die die Besucher begrüßen: Jeder ist mindestens 25 m groß und bietet eine eindrucksvolle Kulisse, wenn es Zeit wird für das Abendgebet.

Berggipfel WANDERWEG

Das echte Highlight besteht darin, neben den Pilgern den Berg hinaufzuwandern auf einem Weg (天台正顶), der vorbeiführt an Wasserfällen, Flüssen und zahllosen Nonnenklostern, Tempeln und Schreinen. Der Gipfel liegt auf einem Bergzug hinter dem Dorf. Die Wanderung dauert gemächliche vier Stunden; für den Rückweg zum Dorf hinunter müssen etwa zwei bis drei Stunden eingerechnet werden.

Die Wanderung beginnt direkt hinter dem Haupteingang des Dorfes und führt den Kamm hinter dem Tempel Zhiyuan hinauf. Nach 30 Minuten kommt man zum **Baisui Gong** (百岁宫; Eintritt frei; ⏲6–17.30 Uhr), einem aktiven Tempel, der 1630 in den Felsen gebaut und dem buddhistischen Mönch Wu Xia geweiht wurde, dessen zusammengeschrumpfter, einbalsamierter Körper in Gold und Silber gehüllt in einem dekorativen Glasschrank vor einer Reihe pinkfarbener Lotoskerzen sitzt. Wer keine Lust hat zu laufen, kommt auch mit der **Standseilbahn** (Express/normal hin & zurück 150/100 Yuan, einfach 55 Yuan; ⏲7–17.30 Uhr) zum Kamm hinauf.

Von oben führt ein Weg nach Süden am Kamm entlang und dann vorbei am **Tempel Dongya** (东崖禅寺; Dongya Chansi) zum **Huixiang-Pavillon** (回香阁; Huixiang Ge), über welchem die siebenstöckige **10 000-Buddha-Pagode** (万佛塔; Eintritt 10 Yuan; ⏲6–17.30 Uhr) aufragt. Sie ist ganz aus Bronze erbaut und wird nachts hübsch beleuchtet. Nach Westen führt ein Weg in die Stadt, während der Weg in Richtung Osten hinunter in ein reizvolles Tal und dann weiter an der **Phoenix-Kiefer** (凤凰松; Fenghuang Song) und der **Seilbahnstation** (einfach/hin & zurück 75/140 Yuan) vorbei zum **Tiantai-Gipfel** (天台正顶; Tiantai Zheng Ding; 1304 m) verläuft. Die zweistündige Wanderung zum Gipfel hat es in sich; der Weg führt vorbei an kleinen Tempeln und Nonnenklostern. Die Fahrt mit der Seilbahn braucht jeweils 15 Minuten. Achtung: Selbst mit der Seilbahn bleibt immer noch ein Fußweg von 1 km über eine Treppe nach oben!

Auf dem Gipfel ist es etwas feucht, und über der Gegend liegt ein Nebelschleier wie Schwaden von Räucherstäbchen.

In dem verblassten **Tempel Tiantai** (天台寺; Tiantai Si) auf dem Tiantai-Gipfel sitzt eine Statue des Dizang-Buddhas in der **Dizang-Halle** (Dizang Dian), während von der prächtigen **10 000-Buddha-Halle** (Wanfo Lou) oben eine riesige Statue des Buddhas Dizang von ihrem Thron auf die atemlosen Massen herabblickt, die sich zu ihren Füßen sammeln. Einen Blick wert sind die Balken über den Köpfen der Besucher, die mit Tausenden in Reihen angeordneten funkelnden Buddhas geschmückt sind.

Es gibt einen weiteren Wanderweg rechts vor der Haupttreppe zum Tempel Tiantai. Dieser führt zu einer der höchsten und ruhigsten Stellen auf dem Berg, dem **Shiwang-Gipfel** (十王峰; Shiwang Feng; 1344 m), auf dem man eine Pause machen und den wallenden Nebel an sich vorbeiziehen lassen kann.

Eine einfachere Möglichkeit ist der Bus (die Rückfahrkarte ist im Ticket für 50 Yuan enthalten) von dem Dorf Jiuhuajie hinauf in das Gebiet der **Phoenix-Kiefer** (凤凰松; Fenghuang Song) und von dort weiter mit der Seilbahn. Von hier aus ist der Gipfel in zwei Stunden erwandert. Der Bus fährt nicht am Baisui Gong vorbei.

Schlafen & Essen

In dem Dorf Jiuhuajie gibt es zahlreiche Hotels entlang der Furong Lu. Außerhalb der Haupturlaubszeiten kostet ein Bett im Mehrbettzimmer meist 30 Yuan, während einfache Zweibettzimmer ab 80 Yuan zu haben sind. An Wochenenden und Feiertagen verdoppeln sich die Preise oft. An der Jiuhua Lao Jie entlang finden sich billige Gästehäuser.

Rund um den Hauptplatz und an der Furong Lu und der Huacheng Lu gibt es viele Restaurants, die regionale Küche anbieten (von 10 Yuan bis 100 Yuan). Der Tempel Zhiyuan serviert gute vegetarische Mahlzeiten für 8 Yuan (5.30, 10.40 und 16.40 Uhr). Essen gibt es reichlich auf dem Weg nach oben; ein guter Tipp sind die Restaurants mit vernünftigen Preisen in der Nähe der Phoenix Kiefer (etwa auf halber Höhe). Je höher man kommt, desto mehr steigen die Essenspreise.

Julong Hotel HOTEL €€€
(聚拢大酒店; Julong Dajiudian; ☎283 1368; Furong Lu; 芙蓉路; DZ & 2BZ 1280–1480 Yuan; ❄@) Nach der kürzlich erfolgten Renovierung bietet das altehrwürdige Julong hochwertige Räume in angenehmen Braun- und Goldtönen. Flatscreen-TVs, gut ausgestattete Badezimmer und das freundliche Personal runden das Ganze ab. Mit Preisnachlässen kosten die Zimmer 680 Yuan an Wochentagen und 880 an Wochenenden. Es liegt gegenüber dem Tempel Zhiyuan, in einer Nebenstraße der Furong Lu, wenn man durch das Haupttor kommt.

Longquan Hotel HOTEL €€
(龙泉饭店; Longquan Fandian; ☎328 8888; Furong Lu; DZ & 2BZ einschl. Frühstück 780–880 Yuan; ❄@) Dieses Eckhotel am Ende der Furong Lu verfügt über kleine, aber klug renovierte Zimmer. Bequeme Betten, moderne Duschen, die nicht verstopfen, chinesisches Kabelfernsehen und ein furchtbares Frühstück. Bei den Standardpreisen geht noch was: Die Preisnachlässe am Wochenende belaufen sich auf 50% und steigen an Wochentagen bis auf 70%. Das Hotel liegt am Ende der Furong Lu auf der rechten Seite, wo die Straße eine Biegung macht.

Shangketang Hotel HOTEL €€€
(上客堂; Shangketang Binguan; ☎283 3888; Furong Lu; 芙蓉路; DZ & 2BZ 1280 Yuan; ❄@) Passend zum Berg hat dieses Hotel in erstklassiger Lage ein buddhistisches Leitmotiv gewählt. Die Zimmer sind luxuriös mit Rosenholzmöbeln, Flatscreen-TV und dicken Teppichen ausgestattet (allerdings riechen einige Zimmer nach nassem Teppich). An Wochentagen kosten die Zimmer mit Preisnachlässen nur noch 580 Yuan, an Wochenenden 780 Yuan. Das vegetarische Restaurant des Hotels (Gerichte ab 22 Yuan) ist sehr gut.

Baisuigong Xiayuan Hotel HOTEL €€
(百岁宫下院; Baisuigong Xiayuan; ☎283 3118; B 30 Yuan, DZ 200–240 Yuan, 3BZ 260–300 Yuan; ❄) Das Hotel ist reizvoll um einen alten Tempel gruppiert, hat die richtige Atmosphäre und ist schön gelegen. Die Standardzimmer sind genau das – Linoleumböden, kleine Duschen, aber komfortabel genug. Die Preise für ein Bett im Mehrbettzimmer (Gemeinschaftsdusche) sind angemessen. Das Hotel liegt direkt neben dem Julong Hotel.

Praktische Informationen

Bank of China (中国银行; Zhongguo Yinhang; 65 Huacheng Lu; ⌚9–17 Uhr) Wechselt ausländische Währung; internationaler 24-Stunden-Geldautomat. Westlich vom Hauptplatz.

Jiuhuashan Red Cross Hospital (九华山红十字医院; Jiuhuashan Hongshizi Yiyuan; ☎283 1330) Hinter dem Teich an der Baima Xincun.

Post (中国邮政; Zhongguo Youzheng; 58 Huacheng Lu; ⌚8–17.30 Uhr) Neben dem Hauptplatz.

An- & Weiterreise

Busse vom Jiuhuashan xinquzhan (九华山新区站) – dem Busbahnhof und Hauptkartenbüro von Jiuhua Shan – verkehren zu und von den folgenden Zielen:

Hefei 75 Yuan, 3½ Std., 10-mal tgl.

Huangshan 50 Yuan, 3 Std., 1-mal tgl. (7 Uhr)

Nanjing 75 Yuan, 3 Std., 4-mal tgl. (6.20, 7.20, 8.40 und 13 Uhr)

Qingyang 7 Yuan, 30 Min., häufige Fahrten (6.30–17 Uhr)

Shanghai 115 Yuan, 6 Std., 2-mal tgl. (7 und 14 Uhr)

Tongling 21 Yuan, 1 Std., 2-mal tgl. (10 und 12.40)

Tunxi 60 Yuan, 3½ Std., 1-mal tgl. (7 Uhr)

Wuhan 129 Yuan, 6 Std., 1-mal tgl. (7 Uhr)

Häufigere Busverbindungen gibt es von der nahe gelegenen Stadt Qingyang:

Hangzhou 85 Yuan, 5 Std., stündl.

Hefei 70 Yuan, 2–3 Std., stündl.

Huang Shan 55 Yuan, 3 Std., 3-mal tgl. (7.30, 9.30 und 14 Uhr)

Nanjing 70 Yuan, 3 Std., stündl.

Shanghai 110 Yuan, 6 Std., stündl.

Tunxi 60 Yuan, 2 Std., 2-mal tgl. (7.30 und 14 Uhr)

Yixian 60 Yuan, 2½ Std., 2-mal tgl. (8.30 und 13.30 Uhr)

Unterwegs vor Ort

Im Shuttle-Ticket für 50 Yuan sind vier Busfahrten enthalten: vom Hauptkartenbüro bis zum Dorf Jiuhuajie (Ausgangspunkt für den Bergaufstieg), vom Dorf zur Phoenix-Kiefer (Seilbahnstation) und zurück zum Dorf, und vom Dorf zurück zum Hauptkartenbüro (erster Bus 6 Uhr, letzter Bus 17 Uhr).

Zur Phoenix-Kiefer fährt ein Bus (alle 30 Minuten bzw. sobald er voll ist) vom Busbahnhof nördlich vom Haupttor (über die Brücke rechts hinter dem Julong Hotel). Wenn viel los ist, muss man damit rechnen, über zwei Stunden lang für die Seilbahn zum Gipfel anzustehen.

FÜRST BAO: INTEGER & GERECHT

Fürst Bao, alias Bao Zheng, war ein Beamter in der Nördlichen Song-Dynastie (960–1127). Mit seinem Respekt gegenüber seinen Eltern, seinem Gerechtigkeitssinn als Richter und seiner Unbestechlichkeit hat sich Fürst Bao einen festen Platz in der chinesischen Literatur erobert. Auch heute noch ist er der Held von Kinofilmen, Fernsehserien und Theaterstücken. Wie bei allen guten klassischen Charakteren verschwimmt auch bei ihm die Grenze zwischen Dichtung und Wahrheit. In der Interpretation der Ming-Dynastie wurde aus ihm ein Detektiv à la Sherlock Holmes mit etlichen in den Kampfkünsten bewanderten Assistenten. Es gibt sogar schon ein eigenes Videospiel mit ihm. Hefei ist sein Geburtsort, und der Baohe-Park enthält vier **Sehenswürdigkeiten** (Eintritt 50 Yuan, einschl. englischsprachigem Führer 200 Yuan; ⏲8–18 Uhr). Das **schwimmende Dorf** (浮庄; Fuzhuang; ⏲8–17.45 Uhr) ist eine reizvolle Gruppe von Gebäuden, Gärten und einem Teehaus im Hui-Stil, die auf einer Insel in der Mitte des Flusses durch den Park angelegt wurden. Der **Tempel Bao Gong** (包公祠; Baogong Ci; ⏲7.30–18 Uhr) ist ein kleiner Gedenktempel mit einer riesigen, 3 m hohen Statue von Fürst Bao, und der **Qingfeng-Turm** (清风园; Qingfeng Yuan; ⏲7.30–18 Uhr) ist ein 42 m hoher Pavillon, der 1999 anlässlich des 1000. Geburtstages von Fürst Bao errichtet wurde.

Die interessanteste Sehenswürdigkeit ist zweifellos **Fürst Baos Grabstätte** (包公墓园; Baogong Muyuan; ⏲8–17.45 Uhr). Ein düsterer Steintunnel führt unter seinen Grabhügel und zu einem großen braunen Sarg mit seinen Überresten. Wie man sich vorstellen kann, ist davon nicht mehr viel übrig, und zu wissenschaftlichen Zwecken wurden verschiedene Knochenstücke luftdicht versiegelt und weggeschlossen.

Jetzt fehlt nur noch ein Fürst-Bao-Freizeitpark ...

Hefei 合肥

☎0551 / 1,37 MIO. EW.

Die Provinzhauptstadt Hefei ist eine hübsche Stadt mit Märkten, Seen und Parks, aber nur wenigen anderen Attraktionen. Sie bildet einen geschickten Verkehrsknotenpunkt für Reisen ins übrige Anhui.

Sehenswertes

Die Shengli Lu führt vom Bahnhof hinunter zum Fluss Nanfei (Nanfei He) und mündet dann in die Shouchun Lu. Die Changjiang Zhonglu ist die Hauptgeschäftsstraße und durchschneidet die Stadt von Ost nach West. Zwischen der Suzhou Lu und der Huancheng Donglu liegt die Huaihe Lu Buxing Jie, eine geschäftige Fußgängerzone.

Parks PARKS

Die schönsten Parks von Hefei sind der **Xiaoyaojin-Park** (Xiaoyaojin Gongyuan; Shouchun Lu; Eintritt frei; ⏲6–19 Uhr) und der **Baohe-Park** (Baohe Gongyuan; Eintritt frei; ⏲6–22 Uhr); hier lässt es sich wunderbar entspannen und Leute beobachten. Der Baohe-Park bietet verschiedene Sehenswürdigkeiten (s. Kasten oben), für die sich der Eintritt lohnt.

Ehemaliges Wohnhaus von Li Hongzhang HAUS

(李鸿章故居; Li Hongzhang Guju; Huaihe Lu; Eintritt 20 Yuan; ⏲8.30–18.30 Uhr) An der Huaihe Lu Buxing Jie steht dieses restaurierte Wohnhaus eines lokalen Beamten der späten Qing-Dynastie stoisch inmitten des geschäftigen Trubels ringsum.

Tempel Mingjiao TEMPEL

(明教寺; Mingjiao Si; Huaihe Lu; Eintritt 10 Yuan; ⏲6–18 Uhr) Der Tempel ist klein, hat ein ganz eigenes Flair und wirkt etwas fehl am Platz. Er steht 5 m über dem Boden in der Fußgängerzone der Huaihe Lu.

Schlafen & Essen

In der Stadt gibt es Hotels jeder Preisklasse (aber keine Jugendherbergen!). In der Gegend rund um den Bahnhof liegen chinesische Unterkünfte unterer und mittlerer Preisklasse (ab 70 Yuan; Ausschau halten nach den Zeichen 宾馆; *binguan*) und in der Hauptgeschäftsstraße Changjiang Zhonglu findet man Mittelklasse-Hotelketten wie 7 Days, Home Inn und Hanting. Wer hungrig ist, wird in der Fußgängerzone Huaihe Lu Buxing Jie fündig. In den Seitenstraßen gibt es billige Esslokale; von Fastfood-Ketten bis zu Nudelrestaurants

Hefei

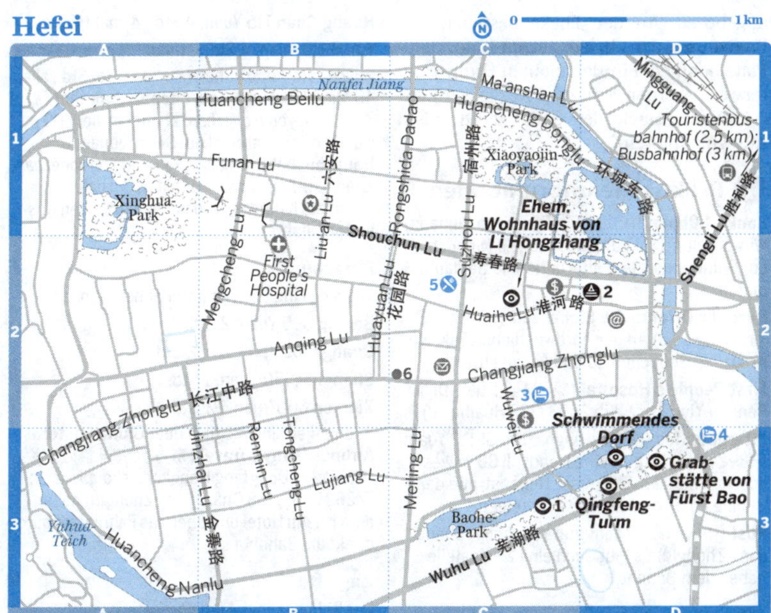

ist alles vertreten. Auch ein Nachtmarkt wird in der Gegend eröffnet.

Westin HOTEL €€€

(合肥万达威斯汀酒店; Hefei Wandaweisiting Jiudian; ☎298 9888; www.westin.com/hefeibaohe; 150 Ma'anshan Lu; 马鞍山路 150 号; DZ ab 1500 Yuan; ❄@≋) Das Westin ist das schönste Hotel der Stadt mit allem modernen Komfort wie Fitness-Center, Schwimmbad, Wellness-Bereich und guten Restaurants. Die Zimmer sind mit Flatscreen-TV und weichen Betten ausgestattet. Auf der anderen Straßenseite gibt es ein gigantisches Einkaufszentrum, wo man erst bei Gucci shoppen und sich dann einen IMAX-Film ansehen kann. Der Baohe-Park liegt direkt um die Ecke. Online gibt es Preisnachlässe von 35%.

Green Tree Inn HOTEL €

(格林豪泰; Geli'n Haotai; ☎225 8188; www.998.com; 34 Hogxing Lu; 红星路 34 号; 2BZ 199 Yuan, DZ 169–189 Yuan; ❄@) Diese verlässliche, moderne Hotelkette mittlerer Preisklasse bietet kompakte, billige und saubere Unterkünfte in einem 24-Zimmer-Ableger an einer ruhigen Wohnstraße. Höherpreisige Zimmer haben einen PC. In Laufweite gibt es Speise- und Einkaufsmöglichkeiten.

Hefei

Highlights
- Ehemaliges Wohnhaus von Li Hongzhang C2
- Fürst Baos Grabstätte D3
- Qingfeng-Turm D3
- Schwimmendes Dorf D3

Sehenswertes
- 1 Tempel Bao Gong C3
- 2 Tempel Mingjiao D2

Schlafen
- 3 Green Tree Inn C2
- 4 Westin D3

Essen
- 5 Luzhou Kaoya C2

Transport
- 6 China Eastern Airlines C2

Luzhou Kaoya BRATENTE €

(庐州烤鸭店; 107 Suzhou Lu; Gerichte ab 8 Yuan) In diesem beliebten Lokal steht die traditionelle gebratene Ente nach Anhui-Art (烤鸭; 20 Yuan pro 500 g) auf der Speisekarte, außerdem werden zahlreiche weitere Nudel- und Kloßgerichte (ab 8 Yuan) angeboten. An der Theke bestellen, der Bedienung den Beleg zeigen und dann Platz nehmen. Für den kleinen Hunger unterwegs werden würzige Kekse verkauft (1,70 Yuan; nach der Schlange draußen Ausschau halten).

 Praktische Informationen

Bank of China (中国银行; Zhongguo Yinhang) Wuwei Lu (Wuwei Lu); Shouchun Lu (Shouchun Lu) Geldwechsel und internationale Geldautomaten.

Büro für Öffentliche Sicherheit (PSB; 公安局; Gong'anju) An der nordwestlichen Ecke der Kreuzung Shouchun Lu und Liu'an Lu.

First People's Hospital (第一人民医院; Diyi Renmin Yiyuan; ☎265 2893; 322 Huaihe Lu)

Internetcafés (网吧; *wangba*; pro Std. 2 Yuan; ⏲8–24 Uhr) Es gibt eine Handvoll 80 m westlich vom Motel 168, in einer Nebenstraße der Huaihe Lu Buxing Jie. Pass vorzeigen.

Post (中国邮政; Zhongguo Youzheng; Changjiang Zhonglu) Es gibt auch eine Zweigstelle neben dem Bahnhof.

 An- & Weiterreise

Bus

Dafür, dass Hefei relativ klein ist, hat es sehr viele Busbahnhöfe, doch am praktischsten sind die folgenden.

Vom **Fernbusbahnhof Hefei** (合肥长途汽车站; Hefei *changtu qichezhan*; 168 Mingguang Lu) fahren Busse zahlreiche Ziele in den benachbarten Provinzen an:

Hangzhou 140 Yuan, 5½ Std., 6-mal tgl.

Nanjing 55 Yuan, 2½ Std., alle 30 Min.

Shanghai 180 Yuan, 7 Std., 12-mal tgl. (auch Schlafwagen)

Wuhan 185 Yuan, 6½ Std., 8-mal tgl.

Vom **Busbahnhof Ost** (汽车东站; *qiche dongzhan*; Changjiang Donglu) fahren Busse zu den meisten Zielen innerhalb von Anhui:

Huang Shan 115 Yuan, 4 Std., 4-mal tgl.

Tunxi 115 Yuan, 4 Std., stündl.

Busse zum Jiuhua Shan (88 Yuan, 3½ Std., alle 40 Min.) fahren am **Touristenbusbahnhof** (旅游汽车站; *lüyou qichezhan*; Zhanqian Jie) 500 m westlich vom Bahnhof ab. Der sogenannte **Hauptbusbahnhof** (客运总站; *keyun zongzhan*; Zhanqian Jie), der sich direkt außerhalb des Bahnhofs befindet, wird nur von örtlichen Bussen angefahren.

Flugzeug

Tägliche Flüge gibt es unter anderem nach:

Beijing 890 Yuan, 2 Std.

Guangzhou 750 Yuan, 2 Std.

Shanghai 550 Yuan, 1 Std.

Xiamen 600 Yuan, 1½ Std.

Buchungen sind möglich über **China Eastern Airlines/Lanyu Travel** (东方航空售票处 / 兰宇旅行社; Dongfang Hangkong *shoupiaochu*; ☎262 9955; 158 Changjiang Zhonglu) neben dem Huadu Hotel und über das Fahrkartenbüro direkt am Bahnhof.

Zug

Der Bahnhof liegt 4 km nordöstlich vom Stadtzentrum. Express-D-Züge:

Nanjing 61 Yuan, 1 Std., 27-mal tgl.

Shanghai Hongqiao 151–218 Yuan, 3½ Std., 15-mal tgl.

Ziele im Linienverkehr:

Beijing 145–411 Yuan, 10–16 Std., 6-mal tgl.

Shanghai 116–183 Yuan, 6½–8½ Std., 8-mal tgl.

Tunxi 66–162 Yuan, 6–7 Std., 3-mal tgl.

 Unterwegs vor Ort

Taxis mit Taxameter sind billig; der Grundpreis beträgt 6 Yuan. Mit einem Taxi kommt man am besten zum Flughafen (35 Yuan, 30 Min.), der 11 km südlich vom Stadtzentrum liegt. Eine Fahrt von der Stadt sollte 10 Yuan kosten.

Henan

BEVÖLKERUNG: 100 MIO.

Inhalt »

Zhengzhou 445
Nanjiecun 448
Song Shan & Dengfeng 449
Luoyang 452
Rund um Luoyang 456
Guoliangcun 458
Kaifeng 460
Zhuxian Zhen 465

Die schönsten Dörfer

» Guoliangcun (S. 458)
» Zhuxian (S. 465)
» Nanjiecun (S. 448)

Die schönsten historischen Stätten

» Shaolin-Tempel (S. 449)
» Kaifeng (S. 460)
» Luoyang (S. 452)

Auf nach Henan!

Wohlhabende Chinesen verdrehen bei der Erwähnung des verarmten Henan (河南) die Augen, doch das Erbe der Provinz führt zurück bis in die frühesten Tage des chinesischen Altertums. Im Norden Henans, wo der launische Gelbe Fluss (Huang He) eine große Zivilisation erblühen ließ, stiegen frühe Hauptstädte auf und gingen unter.

In Henan befinden sich der älteste aktive buddhistische Tempel Chinas und die Longmen-Grotten, eine fantastische Sammlung buddhistischer Steinmetzarbeiten. Hier liegt der Shaolin-Tempel, die legendäre Institution, in der der Weg des Kriegers und der des Buddhismus eine seltsam anmutende und doch effektive Verbindung miteinander eingegangen sind. Henans Unvermögen, den Rest des Landes einzuholen, erklärt vielleicht zum Teil, warum das ungewöhnliche Dorf Nanjiecun auch heute noch eine Zukunft im maoistischen Kollektivismus sieht. Henan beherbergt zudem die von Stadtmauern umgebene Stadt Kaifeng und die 1000 Jahre alte Kunst des Holztafeldrucks in Zhuxian.

Reisezeit

Zhengzhou

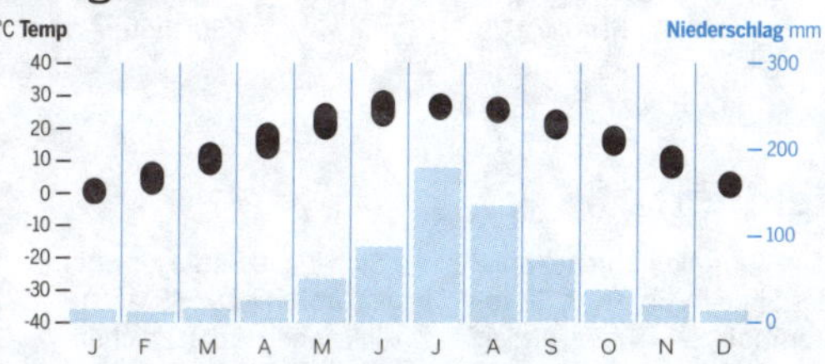

April Der Wangcheng-Park in Luoyang ist während des Pfingstrosenfests eine Blütenpracht.

Juni Ausflüge ins kühle Guoliangcun oben in den Bergen der Zehntausend Unsterblichen.

September & Oktober Den wunderschönen und kurzen Herbst Nordchinas erleben.

Highlights

1. Die Kampfkunstgeheimnisse der Shaolin-Boxer im **Shaolin-Tempel** (S. 449) ergründen
2. Bei den Bodhisattvas der **Longmen-Grotten** (S. 456) Erleuchtung suchen
3. In **Kaifeng** (S. 460) in die Vergangenheit reisen und sich ins kulinarische Getümmel auf dem Nachtmarkt stürzen
4. Sich in die Berge ins entlegene **Guoliangcun** (S. 458) zurückziehen – den Zeichenblock dabei nicht vergessen
5. In Luoyang den ältesten buddhistischen Schrein Chinas, den **Tempel der Weißen Pferde** (S. 457), erkunden
6. Sich in **Zhuxian** (S. 465) mit der uralten Kunst des chinesischen Holztafeldrucks vertraut machen
7. Den Kommunismus chinesischer Prägung in **Nanjiecun** (S. 448) wiederentdecken

Geschichte

Yanshi, westlich des heutigen Zhengzhou gelegen, war vermutlich die erste Hauptstadt der Shang und ist möglicherweise bereits 3800 Jahre alt. Etwa in der Mitte des 14. Jhs. v. Chr. soll die Hauptstadt dann nach Zhengzhou verlegt worden sein, wo immer noch die antiken Stadtmauern zu sehen sind.

Henan rückte während der Song-Dynastie (960–1279 n. Chr.) erneut ins Zentrum der Aufmerksamkeit, aber als die Regierung während der Dschurdschen-Invasion im 12. Jh. aus der Hauptstadt Kaifeng nach Süden floh, verlor es seine politische Macht wieder.

1975 brach der Banqiao-Damm in Henan nach starken Regenfällen, was zu einer Reihe weiterer Dammbrüche führte, bei denen 230 000 Menschen zu Tode kamen. In den 90er-Jahren des letzten Jahrhunderts führte ein Skandal rund um den Verkauf von HIV-infiziertem Blut zu einer hohen Zahl von AIDS-Fällen in mehreren Dörfern Henans.

Klima

In Henan herrscht warm-gemäßigtes Klima: trocken, windig und kalt (im Januar durchschnittlich -2 °C) im Winter, heiß (durchschnittlich 28 °C) und feucht im Sommer. Die Niederschlagsmenge steigt von Norden nach Süden an und reicht von 60 bis 120 cm jährlich; das meiste davon fällt zwischen Juli und September.

Sprache

Der Löwenanteil von Henans 93 Mio. Einwohnern spricht einen der fast 20 Unterdialekte des Zhongyuan Hua, das wiederum ein Nordmandarin-Dialekt ist. Im nördlichen Henan sind auch zwei von 15 Dialekten des Jin zu hören, bei dem sich die Sprachwissenschaftler noch streiten, ob es sich nun um eine eigene Sprache oder um einen Dialekt des Mandarin handelt.

PREISE

In diesem Kapitel werden die folgenden Preiskategorien verwendet:

Schlafen

€	unter 200 Yuan
€€	200 bis 500 Yuan
€€€	über 500 Yuan

Essen

€	unter 35 Yuan
€€	35 bis 100 Yuan
€€€	über 100 Yuan

Anreise & Unterwegs vor Ort

Henan gehört zu den Raritäten in China: eine Provinz, wo Reisende problemlos hinein-, hinaus- und herumkommen können. Zhengzhou ist ein wichtiger regionaler Eisenbahnknotenpunkt, und Schnellstraßen, auf denen zahlreiche bequeme Expressbusse unterwegs sind, verlaufen parallel zu den Eisenbahnlinien und bis in die südlichen Teile der Provinz.

Luoyang hat einen kleinen Flughafen, aber Zhengzhou ist der wichtigste Knotenpunkt für Flüge von und nach Henan.

Zhengzhou 郑州

0371 / 2,03 MIO. EW.

Zhengzhou, die Provinzhauptstadt von Henan, ist eine sich rasch modernisierende, in Smog eingehüllte Metropole mit nur wenigen Überbleibseln aus ihrer historischen Vergangenheit (dank der japanischen Luftwaffe, die die Stadt in Grund und Boden gebombt hat). Zhengzhou fungiert vor allem als bedeutender Verkehrsknotenpunkt und als Zugang zum Shaolin-Tempel und zum exzentrischen maoistischen Kollektiv von Nanjiecun.

Sehenswertes

Auch wenn die Geschichte Zhengzhous bis in die frühesten Kapitel der chinesischen Geschichte zurückreicht, gibt es in der Stadt nur noch wenige Sehenswürdigkeiten, die Reisende anlocken könnten.

GRATIS **Provinzmuseum Henan** MUSEUM
(河南省博物馆; Henan Sheng *bowuguan*; 8 Nongye Lu; englische Audiotour 20 Yuan, Pfand 200 Yuan; 9–17 Uhr) Die hervorragende Sammlung dieses Museums reicht von kunstfertig gearbeiteten Bronzestatuen aus der Shang-Dynastie über Orakelknochen aus Schildkrötenpanzern und Relikte aus den Yin-Ruinen in Anyang bis hin zu fantastischen Porzellan- und Keramikstücken aus der Ming- und Qing-Dynastie.

Die Dioramen von Kaifeng zur Zeit der Song-Dynastie und von dem prachtvollen und inzwischen zerstörten Kaiserpalast aus der Tang-Dynastie in Luoyang verdeutlichen, dass der Großteil der glanzvollen Vergangenheit von Henan den Weg

Zhengzhou

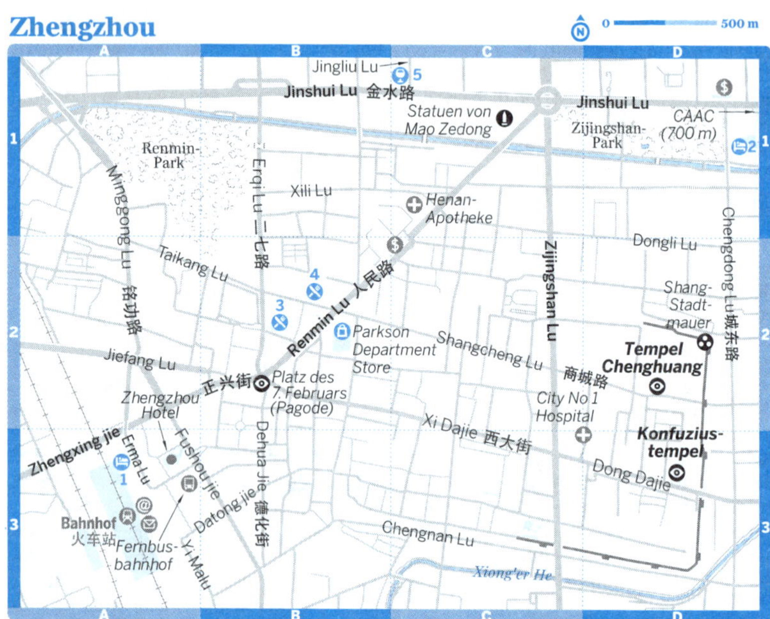

HENAN ZHENGZHOU

Ninives und Tyrus' gegangen sind. Englische Beschriftungen. Bus 105 vom Bahnhof fährt hier vorbei. Ein Taxi hierher kostet 18 Yuan.

GRATIS Tempel Chenghuang

TAOISTISCHER TEMPEL

(城隍庙; Chenghuang Miao; Shangcheng Lu; ⌚9–18 Uhr) In diesem 600 Jahre alten Tempel des Stadtgottes drängen sich die Andächtigen, die die Bäume des Tempels mit roten Bändern schmücken und duftende Rauchwolken aus den Eingängen kräuseln lassen. Bus 2 vom Bahnhof.

GRATIS Konfuziustempel

(文庙; Wen Miao; 24 Dong Dajie; ⌚8.30–17 Uhr) Der Tempel wurde (zum Preis von 30 Millionen Yuan!) gründlich renoviert zu einem hübschen, fotogenen Tempel voller farbenfroh bemalter Traufen und üppiger Schnitzereien. Bus 60 oder 85 vom Bahnhof.

Schlafen

Ein billiges Bett (60 bis 150 Yuan) ist am ehesten in einem der zahlreichen Gästehäuser (宾馆, *binguan*) rund um den Bahnhof zu bekommen. Bessere Unterkünfte befinden sich nordöstlich des Bahnhofs an der Jinshui Lu, an der sich ein

Zhengzhou

Highlights
Konfuziustempel ... D3
Tempel Chenghuang ... D2

Schlafen
1 Jinjiang Inn ... A3
2 Sofitel ... D1

Essen
3 Guangcai-Markt ... B2
4 Henan Shifu ... B2

Ausgehen
5 Target Pub ... C1

paar Filialen von Hotelketten, wie das Crowne Plaza und Holiday Inn, angesiedelt haben.

Sofitel

HOTEL €€€

(索菲特国际饭店; Suofeite Guoji Fandian; ☎6595 0088; www.sofitel.com; 289 Chengdong Lu; DZ inkl. Frühstück 2722 Yuan; ⊖❄@📶🏊) Die Zimmer in dem Fünfsternehotel sind, wie zu erwarten, ausgezeichnet. Der schicke Atriumbereich taucht das Café (mit seinem beliebten Nachmittagsteebuffet), die Bar und die Restaurants darunter in

Tageslicht. Es gibt außerdem einen Fitness-Club. Preisnachlässe von 40 %.

Jinjiang Inn MOTEL €€
(锦江之星; Jinjiang Zhixing; ☎6693 2000; 77 Erma Lu; EZ & DZ 189–219 Yuan) Nobel und modern anmutendes Hotel in einem Block, der etwas von der Straße zurückgesetzt ist, die Zimmer sind makellos, elegant und gut gepflegt. Sie sind mit Schreibtischen und Flatscreen-TV ausgestattet.

Essen & Ausgehen

500 m nördlich vom Bahnhof liegt der belebte Platz des 7. Februars alias Erqi Guang Chang (二七广场). In seiner Nähe gibt es Läden, Restaurants und einen Nachtmarkt – nach der großen weißen Pagode Ausschau halten. Bus 26 vom Bahnhof fährt an den aufgeführten Orten vorbei.

Guangcai-Markt MARKT €
(光彩市场; Guangcai Shichang; Imbisse 1–5 Yuan; ⌚8–21 Uhr) Etwas schmuddelig, mag sein – aber in diesem beengten Gewühl voller Essens- und Kleidungsstände im Block nordöstlich der Erqi Ta herrscht immer reges Gedränge. Hier gibt es *mala tang* (麻辣烫; würzige Suppe mit Zutaten aus aufgespießtem Gemüse und Fleisch), *chun juan* (春卷; Frühlingsrollen), *roujiamo* (肉夹馍; würziges Fleisch im Brötchen), *caijiabing* (菜夹饼; Gemüse im Brötchen); *guotie* (锅贴; gebratene Klöße), *baokao xian youyu* (爆烤鲜鱿鱼; Kebab aus gebratenem Tintenfisch), süßen *xingren cha* (杏仁茶; Mandeltee), *yangrou tang* (羊肉汤; Lammsuppe) und vieles mehr. Eingang über die Remin Lu oder Erqi Lu.

Henan Shifuu CHINESISCH, HENAN-KÜCHE €
(河南食府; ☎6622 2108; 25 Renmin Lu; Gerichte ab 25 Yuan; ⌚10–14 & 17–21.30 Uhr) Etwas versteckt gelegen in einem Hof abseits der Renmin Lu. Die Foto-Speisekarte dieses bekannten Restaurants präsentiert lauter exotisch aussehende Gerichte, auf den hinteren Seiten gibt's aber günstige, würzige und bekömmliche Gerichte, z. B. *Shanghai xiaolongbao* (上海小笼包; gedämpfte Klöße nach Shanghai-Art; Fleisch/Gemüse 12/10 Yuan) oder die würzigen *yangrou huimian* (羊肉烩面; mit Lamm geschmorte Nudeln, klein/groß 8/12 Yuan).

Target Pub PUB
(目标酒吧; Mubiao Jiuba; ☎138 0385 7056; 10 Jingliu Lu; ⌚20 Uhr bis der letzte Kunde geht) Das großartige Target Pub, ein bewährtes Panorama aus Flaggen, alten Banknoten, Rattanstühlen und einem halben Auto, das an der Decke befestigt ist, trifft genau ins Schwarze: hervorragende Musik, eine vorzügliche Auswahl an Spirituosen und eine entspannte Atmosphäre.

Praktische Informationen

Bank of China (中国银行; Zhongguo Yinhang; 8 Jinshui Lu; ⌚9–17 Uhr)

Büro für Öffentliche Sicherheit (PSB; 公安局出入境管理处; Gong'anju Churujing Guanlichu; ☎6962 0350; 90 Xihuanghe Donglu; ⌚Juni–Aug. 8.30–12 & 15–18.30 Uhr, Sept.–Mai Mo–Fr. 14–17.30 Uhr) Für Visumverlängerungen; hierher fahren die Busse 135 und 114.

City Number One Hospital (市一院; Shi Yiyuan; Dong Dajie)

Henan-Apotheke (河南大药房; Henan Dayaofang; ☎6623 4256; 19 Renmin Lu; ⌚24 Std.)

Industrial & Commercial Bank of China (ICBC; 工商银行; Gongshang Yinhang; Renmin Lu) 24-Std.-Geldautomat.

Internetcafés (网吧; pro Std. 3–5 Yuan) Rund um den Bahnhof.

Post (中国邮政; Zhongguo Youzheng; ⌚8–20 Uhr) Am südlichen Ende der Bahnhofshalle.

An- & Weiterreise

Bus

Der Fernbusbahnhof (长途汽车站; *changtu qichezhan*) liegt gegenüber dem Bahnhof.

Dengfeng 27 Yuan, 1 Std., alle 30 Min.

Kaifeng 16 Yuan, 1½ Std., stündl.

Linying 40 Yuan, 2 Std., stündl.

Luoyang 38–50 Yuan, 2 Std., alle 15 Min.

Shaolin-Tempel 27 Yuan, 1½–2½ Std., stündl. (7.40–23.40 Uhr)

Xi'an 135 Yuan, 6½ Std., stündl.

Flugzeug

Die **Civil Aviation Administration of China** (CAAC; 中国民航; Zhongguo Minhang; ☎6599 1111; 3 Jinshui Lu, an der Dongmin Lu) östlich vom Stadtzentrum verkauft Tickets, ebenso wie das **Ticketbüro** (售票处; *shoupiaochu*; ☎6677 7111) im **Zhengzhou Hotel** (郑州大酒店; Zhengzhou Dajiudian; 8 Xinglong Jie), angezeigt durch ein Schild mit der Beschriftung „Zhengzhou Airport ticket office". Unter anderem werden die folgenden Ziele angeflogen:

Beijing 790 Yuan, 8-mal tgl.

Guangzhou 1000 Yuan, 11-mal tgl.

Guilin 1300 Yuan, 1-mal tgl.

Hongkong 2200 Yuan, 1-mal tgl.

Shanghai 600 Yuan, 12-mal tgl.

Shenzhen 1000 Yuan, 9-mal tgl.

Zug

Von hier verkehren Züge praktisch zu jedem vorstellbaren Zielort; hier hält sogar der Beijing–Kowloon-Express.

Für eine Provision von 5 Yuan sind Karten im **Fahrkartenreservierungsbüro** (火车预售票处; *huoche yushoupiaochu*; ☎6835 6666; Ecke Zhengxing Jie & Fushou Jie; ⏲8–17 Uhr) erhältlich.

Anyang D-Zug, Hart-/Weichsitzer 55/65 Yuan, 1½ Std., 5-mal tgl.

Beijing West D-Zug, Hart-/Weichsitzer 202/243 Yuan, 5½ Std., 6-mal tgl.

Ji'nan D-Zug, Hart-/Weichsitzer 194/273 Yuan, 5½ Std., 12.28 Uhr

Kaifeng D-Zug, Hart-/Weichsitzer 19/24 Yuan, 30 Min., 3-mal tgl.

Luoyang 17–20 Yuan, 2½ Std., regelmäßig

Luoyang Longmen G-Zug, Hart-/Weichsitzer 60/90 Yuan, 35 Min., 10-mal tgl.

Nanjing D-Zug, Hart-/Weichsitzer 205/288 Yuan, 5½ Std., 3-mal tgl.

Shanghai D-Zug, Hart-/Weichsitzer 238/381 Yuan, 6½ Std., 3-mal tgl.

Xi'an G-Zug, Hart-/Weichsitzer 230/370 Yuan, 2½ Std., regelmäßig

Unterwegs vor Ort

Busse zum Flughafen (15 Yuan, 1 Std., von 6.30–19 Uhr) fahren jede Stunde vom Zhengzhou Hotel ab. Ein Taxi (40 Min.) kostet etwa 100 Yuan.

Bus 26 fährt vom Bahnhof vorbei am Platz des 7. Februar, die Renmin Lu und Jinshui Lu entlang bis zur CAAC-Geschäftsstelle. Die lokalen Busse kosten 1–2 Yuan.

Die Metro-Linie 1 an der Renmin Lu entlang und die Nord-Süd-Linie 2 entlang der Zijingshan Lu sind im Bau.

Der Taxifahrpreis beginnt ab 6 Yuan (nachts 8 Yuan) aufwärts.

Nanjiecun 南街村

Südlich von Zhengzhou befindet sich **Nanjiecun** (www.nanjiecun.cn; Eintritt frei), Chinas allerletztes maoistisches Kollektiv (*gongshe*). Hier gibt es weder buddhistische Tempel noch dunstumflorte Bergpanoramen, und dennoch kommt einem ein Ausflug nach Nanjie vor wie eine Reise in eine vergangene Zeit: Es ist eine Reise in das puritanische und revolutionäre China des Jahres 1950, als der Vorsitzende Mao zum höchsten Wesen aufstieg, Geld eine Sache von gestern war und selbst der paranoideste Parteigenosse nicht einmal im Traum eine Karaoke-Plage vorhergesehen hätte.

Beim Anblick der Straßen überkommt den Besucher das Gefühl, eine fremde Welt zu betreten: blitzsauber und weidengesäumt verlaufen sie schnurgerade in einer Art strenger sozialistischer Schönheit und führen vorbei an Nudelfabriken, Schulen und Arbeiterwohnungen wie aus dem Baukasten, die mit leuchtend roten kommunistischen Propagandasprüchen ausstaffiert sind. Auf dieses Szenario blicken Porträts des Vorsitzenden Mao hinab.

Vom Haupteingang geht es weiter die Hauptstraße Yingsong Dadao (颍松大道) entlang. Das Gefühl, in einer anderen Welt gelandet zu sein, setzt sich fort, wenn man seine Tasche im Supermarkt Nanjiecun (南街村超市; Nanjiecun Chaoshi) lächelnden jungen Mädchen zur Verwahrung übergibt, ohne dass diese dafür eine Gebühr verlangen. Wow.

Weiter geht's die Yingsong Dadao entlang zum **Platz des roten Ostens** (东方红广场; Dongfanghong Guangchang), auf dem bewaffnete Wachposten 24 Stunden lang zu Füßen einer Statue des Vorsitzenden Mao Wache halten und Portraits von Marx, Engels, Stalin und Lenin (der „Viererbande") auf allen vier Seiten aufragen. Über dem Platz erklingen schrille Propaganda-Lautsprecherdurchsagen ganz im Stil der 50er-Jahre. Ein kurzer Spaziergang nach links führt zum **Platz des Chaoyang-Tors** (朝阳门广场; Chaoyangmen Guangchang) und zum **Chaoyang-Tor** (朝阳门; Chaoyang Men), das im traditionellen Stil wiederaufgebaut wurde.

Bei näherem Hinsehen wird jedoch klar, dass diese heile Welt Risse hat. In den Außenbezirken stehen baufällige Gebäude mit zerbrochenen Fenstern. Im nordöstlichen Sektor durchdringt ein strenger Kanalisationsgeruch die Luft. In den öffentlichen Toiletten sind die Wasserhähne gesperrt. Der Kulturgarten, in dem die „Touristen die Pionier- und Entwicklungsgeschichte der Menschen von Nanjing erkunden können, indem sie sich Videos, Bilder und Gegenstände ansehen", ist geschlossen. Und doch atmet jeder unwillkürlich auf, der inmitten der fieberhaften, turbulenten Hektik Chinas auf diese hermetisch versiegelte Blase von Weite, Sauberkeit und Ruhe stößt.

Essen

Eine Handvoll Restaurants befindet sich am westlichen Ende der Zhongyuan Lu (中原路), südlich und parallel zur Yingsong Dadao. Zudem gibt es eine große Arbeiterkantine rechts in der Nähe des Haupteingangs, angezeigt durch 清真快餐. Sie schließt um 13.30 Uhr. Eine weitere Möglichkeit ist es, durch das Chaoyang-Tor zur energiegeladenen Marktstraße im echten China zu gehen, wo es Restaurants in Hülle und Fülle gibt.

Praktische Informationen

Das **Touristenzentrum** (旅游接待处; Youke Jiedaichu; 7.30–17.30 Uhr) am westlichen Ende der Yingsong Dadao besser meiden, denn dort wird einem eine Eintrittskarte für 80 Yuan angeboten. Wer darauf eingeht, bekommt einen chinesischsprachigen Führer und eine Rundfahrt durch die Stadt in einem Elektrowagen.

An- & Weiterreise

Vom Busbahnhof Zhengzhou verkehren Busse (40 Yuan, 2 Std.) zwischen 6.20 und 18.20 Uhr jede Stunde nach Süden zum Busbahnhof Linying (临颍), von wo es für 3 Yuan in einem *sanlunche* (Fahrradtaxi) in das südlich gelegene Nanjiecun weitergeht.

Song Shan & Dengfeng 嵩山、登封

0371

Dem Taoismus gilt der Song Shan als der zentrale Berg, der unter den fünf Elementen die Erde *(tu)* symbolisiert und die Achse direkt unter dem Himmel belegt. Trotz dieser Verbindung zum Taoismus sind die Berge aber auch Heimat für einen der berühmtesten und legendärsten buddhistischen Zen-(Chan-)Tempel, nämlich den Shaolin-Tempel. Es gibt hauptsächlich zwei Gebirgsketten in der Gegend: den 1494 m hohen **Taishi Shan** (太室山) und den 1512 m hohen **Shaoishi Shan** (少室山), dessen Gipfel den Song Shan etwa 80 km westlich von Zhengzhou bilden. Beide Gipfel können bestiegen werden.

Am Fuß des Taishi Shan, 12 km südöstlich vom Shaolin-Tempel und 74 km von Zhengzhou entfernt, hockt die kleine Stadt **Dengfeng**. Hie und da etwas schmuddelig, dient sie Reisenden als Ausgangspunkt für Ausflüge in die Umgebung oder für Wanderungen in die Berge.

Der Hauptbusbahnhof befindet sich weit im Osten der Stadt. Die meisten Hotels und Restaurants liegen direkt an oder nahe der Zhongyue Dajie (中岳大街), der größten von Ost nach West verlaufenden Straße, bzw. der parallel dazu gelegenen Shaolin Dadao (少林大道) im Süden. Der Shaolin-Tempel, der sich nordwestlich der Stadt befindet, ist mit dem Bus in 15 Minuten zu erreichen.

Sehenswertes & Aktivitäten

Shaolin-Tempel BUDDHISTISCHER TEMPEL

(少林寺; Shaolin Si; 6370 2503; Eintritt 100 Yuan; 8–18.30 Uhr) Der in weiten Teilen wieder aufgebaute Shaolin-Tempel ist zum Opfer seines eigenen Erfolgs geworden. Der Tempel war häufig Kriegsziel und wurde zuletzt 1928 in Brand gesetzt. Die noch bestehenden Hallen – viele davon relativ neu – werden heute von Touristenhorden belagert. Die Quellen sind sich nicht ganz einig, aber offenbar wurde der Tempel etwa im Jahr 500 gegründet. Seine Besonderheit, das *gongfu* (Kung-Fu), dem verschiedene größere Säugetiere und Insekten Modell standen, entstand angeblich, als Damo, einer der Mönche, Fitnessübungen für die Mönche entwickelte. Der Rest ist (hauptsächlich Zelluloid-)Geschichte.

Für einen Besuch des Shaolin-Tempels braucht es eine gewisse Zen-Mentalität, um sich mit den Besucherhorden zu arrangieren. Es gibt dort etliche kleinere Tempel zu besuchen und Gipfel zu erwandern, und so lässt sich dort leicht ein ganzer Tag oder auch zwei verbringen. Auf dem Weg vom Haupteingang kommt man an mehreren *gongfu*-Schulen vorbei. Nach etwa 500 m liegt rechts ein Platz, auf dem unter freiem Himmel täglich eindrucksvolle 30-minütige **Kampfkunstvorführungen** stattfinden. Daneben liegt das **Wushu-Trainingszentrum**, ebenfalls mit Shows von herumwirbelnden Mönchen, die Stäbe und Metallstangen über ihren Köpfen zerbrechen.

Der Haupttempel selbst liegt weitere 600 m weiter die Straße entlang. Viele Gebäude – so wie die Haupthalle, die **Daxiong-Halle** (大雄宝殿; Daxiong Baodian; rekonstruiert 1985) – wurden 1928 durch ein Feuer dem Erdboden gleichgemacht. Manche Hallen sind erst im Jahr 2004 erbaut worden. Zu den ältesten Elementen im Tempel gehören die **Schmuckbögen** und **Steinlöwen**, beide außerhalb des Haupttors.

In der **nach Westen liegenden Halle** (西方圣人殿; Xifang Shengren Dian) hinten finden sich gewaltige farbige Fresken und die berühmten Vertiefungen im Boden, die der Legende nach von den Generationen von Mönchen herrühren, die hier ihre Übungen abgehalten haben. Immer wieder blickt das bärtige indische Antlitz des allgegenwärtigen Damo (Bodhidharma) weise von Stelen herab oder späht aus einer Tempelhalle hervor.

Die *arhat*-Halle im **Shifang Chanyuan** (十方禅院) enthält ganze Legionen simpel modellierter *luohan* (Mönche, die den Zustand der Erleuchtung erlangt haben und beim Tod das Nirwana erreichen). Der **Pagodenwald** (少林塔林; Shaolin Talin), ein Friedhof aus 248 Ziegelpagoden einschließlich der Asche eines bedeutenden Mönches, lohnt einen Besuch, wenn man den herbeidrängenden Massen zuvorkommt. Leider ist der Bereich, in dem die Besucher früher zwischen den Pagoden herumwandern durften, nur noch über einen Holzzaun-Rundweg zu besichtigen. Mit Blick auf den Shaolin-Tempel sind links Wege zu sehen, die zum **Wuru-Gipfel** (五乳峰; Wuru Feng) hinaufführen. Der Weg den Berg hinauf bietet Zuflucht vor dem Touristenrummel; hier befindet sich die **Höhle** (达摩洞; Damo Dong), in der Damo neun Jahre lang meditierte; sie liegt 4 km den Berg hoch. Vom Fuß des Berges aus sind der Gipfel und die Höhle zu sehen, die durch eine große Bodhisattva-Statue gekennzeichnet ist. Der Weg zur Höhle lädt zu einem kleinen Abstecher zum **Chuzu-Tempel** (初祖庵; Chuzu An) ein, einem stillen und abgenutzten Gegenstück zum Haupttempel. Sein Hauptgebäude ist der älteste Holzbau der Provinz (etwa um das Jahr 1125 n.Chr.).

Der **Shaoshi Shan** (少室山) ist mit 1512 m der höchste Gipfel des Gebietes. Er ist mit der Songyang-Seilbahn (Songyang Suodao; hin & zurück 40 Yuan, 20 Minuten) zu erreichen. In dem Bereich hinter der Seilbahn befinden sich der Gipfel und das **Erzu-Nonnenkloster** (二祖庵; Erzu An) mit vier Brunnen, an denen man die verschieden schmeckenden Wasser (sauer, süß, pfeffrig und bitter) probieren kann.

Es gibt außerdem einen Panoramaweg zum benachbarten Sanhuangzhai. Die Wanderung hin und zurück dauert etwa sechs Stunden für 15 km. Sie führt neben schroffen Felsformationen und manchmal dicht am Felsen entlang bis zu der 782-stufigen **Seilbrücke** (连天吊桥; Lian Tian Diao Qiao). Der Weg beginnt bei dem kleinen chinesischen Schild, das nach **Sanhuangzhai** (三皇寨) weist. Die Wanderung ist lang und beschwerlich, darum empfehlen die Mönche aus Sicherheitsgründen, sie nicht allein zu unternehmen.

Wer eine bequemere Wanderung vorzieht, geht zu der neueren Shaolin-Seilbahn (Shaolin Suodao; hin & zurück 60 Yuan, 40 Minuten), die nach Sanhuangzhai führt. Von hier ist der Weg zur Brücke kürzer. Beide Seilbahnen befinden sich direkt hinter dem Pagodenwald. Die Brücke ist gelegentlich wegen Reparaturen oder ungünstiger Wetterbedingungen gesperrt. Die Wanderung am besten früh beginnen, um nicht in die Dunkelheit zu geraten.

Zum Shaolin-Tempel geht's von Dengfengs Westbusbahnhof (西站; *xizhan*) mit dem Bus (3 Yuan, 15 Minuten) an der Zhongyue Dajie bis zur Endstation. Die Tempelanlage liegt auf der anderen Straßenseite. In der Anlage kann man entweder mit einem Buggy (10 Yuan, von 8–18 Uhr) zum Haupttempeleingang fahren oder zu Fuß gehen (20 Minuten). Alternativ fährt ein Minibus entweder von Luoyang oder von Zhengzhou (19,50–27 Yuan, 1½–2½ Std.) zur Endstation. Vom Tempel aus fahren die Busse von der Endstation wieder zurück (der letzte Bus fährt um etwa 20 Uhr ab). Ein Taxi von Dengfeng zum Tempel kostet etwa 30 Yuan (inoffizieller Preis, ohne Taxameter).

Songyang-Akademie — AKADEMIE

(嵩阳书院; Songyang Shuyuan; Eintritt 30 Yuan; ⏲7–18 Uhr) Am Fuß des Taishi Shan befindet sich eine der ältesten Akademien Chinas, die grandiose und gut gepflegte Songyang-Akademie, die aus dem Jahr 484 n.Chr. stammt und sich über eine Reihe von Terrassen den Hügel hinauf erstreckt. Im Hof stehen zwei Zypressen, deren Alter auf 4500 Jahre geschätzt wird – und sie leben tatsächlich immer noch!

Sowohl Bus 2 als auch Bus 6 (1 Yuan) fahren von Dengfeng zur Songyang-Akademie.

Taishi Shan — BERG

(太室山; Taishi Shan; Eintritt 50 Yuan; ⏲8–18 Uhr) Die hübsche **Songyue-Pagode** (嵩岳塔; Songyue Ta) aus dem Jahr 509, die älteste Ziegelpagode Chinas, liegt 2 km Fußweg von der Songyang-Akademie entfernt. In der Nähe befindet sich der von Bergen umgebene **Tempel Fawang** (法王寺; Fawang Si) aus dem Jahr 71 n. Chr. Doch die meisten Besucher kommen hierher, um den Taishi zu besteigen. Der Weg hinauf beginnt auf dem breiten Steinweg direkt hinter der Songyang-Akademie. Der Gipfel Junji ist 1470 m hoch und nicht viel mehr als ein Aussichtspunkt (hier gibt's leider keinen Tempel!). Der anstrengende Weg die Steinstufen hinauf dauert drei bis vier Stunden (nur Hinweg).

Tempel Zhongyue TAOISTISCHER TEMPEL
(中岳庙; Zhongyue Miao; Eintritt 30 Yuan; ⏲6.30–18.30 Uhr) Ein paar Kilometer östlich von Dengfeng befindet sich der historische und altehrwürdige Zhongyue Miao, eine riesige aktive taoistische Klosteranlage, die ursprünglich aus dem 2. Jh. v. Chr. stammt. In diesem weniger besuchten Tempel vor der Kulisse der Berge, dessen Mönche traditionelle Roben und Haarknoten tragen, ist die andächtige Atmosphäre deutlicher spürbar als in seinem buddhistischen Bruder, dem Shaolin-Tempel. Hier lohnt sich nicht nur ein Blick auf die Haupthalle, die dem Berggott geweiht ist, sondern auch das Durchschreiten des **Huasan-Tors** (化三门; Huasan Men), denn das treibt *pengju, pengzhi* und *pengjiao* aus – drei pestbringende Insekten, die sich im Gehirn, im Bauch und in den Füßen einnisten. Jetzt noch ein Besuch bei den vier **Eisernen Männern der Song** – an ihnen zu reiben kann angeblich allerlei Beschwerden heilen – und bei der **Halle der Sechzig Götter** vorbeischauen, wo Besucher dem Gott ihres Geburtsjahrs ihren Respekt erweisen. Ab Dengfeng fährt der grüne Bus 2 über die Zhongyue Dajie hierher.

Schlafen & Essen

In dem Abschnitt der Chonggao Lu (崇高路) rund um das Shaolin Travelers Hostel gibt es Restaurants in rauen Mengen. Auch in der Stadt gibt es an der Zhongyue Dajie (中岳大街) zwischen der Jiming Jie (鸡鸣街) und der Songshan Lu (嵩山路) zahlreiche Restaurants – eine Taxifahrt kostet von den meisten Hotels 5 bis 7 Yuan. Abends gibt's Grillstände vor den Restaurants. Zu den regionalen Spezialitäten gehören dick geschnittene handgemachte Nudeln in Brühe (烩面; *hui mian;* 6 bis 8 Yuan) und Lamm-Grillspieße (羊肉串; *yangrou chuan;* 2 Yuan).

Shaolin Travelers Hostel HOSTEL €
(旅行家青年旅舍; Lüxingjia Qingnian Lüshe; ☎159 8188 3801; www.shaolintravelershostel.hostel.com; 308 Chonggao Luxi; 崇高路西 308 号; B 30 Yuan, DZ & 2BZ mit/ohne Bad 160/100 Yuan; ❄@📶) Die Zehnbettzimmer sind geräumig, aber einfach und ohne Schließfächer, die privaten Zimmer dagegen sind groß und mit Schaummatratzen und einem seltsamen Steinplattendekor ausgestattet. Der Besitzer Coco spricht Englisch und kann mit Empfehlungen behilflich sein. Der Massagesalon (60 Yuan, eine Stunde) nebenan bringt die müden Muskeln nach einem anstrengenden Wandertag wieder auf Trab. Die Taxifahrt vom Hauptbusbahnhof kostet 7 Yuan, sonst Bus 1 (1 Yuan) bis zur Shaosi Lu (少室路).

Shaolin Hotel HOTEL €€
(少林宾馆; Shaolin Binguan; ☎6016 1616; 66 Zhongyue Dajie; 中岳大街 66 号; DZ/3BZ 320/500 Yuan; ❄) Zuvorkommendes und freundliches Personal, gute Preisnachlässe und saubere Zimmer machen diese ordentliche und gepflegte Unterkunft an der Zhongyue Dajie zu einer guten Wahl. Es gibt kein englisches Schild für dieses vierstöckige weiße Gebäude östlich von Dicos (einem Schnellrestaurant) mit dem gelben und roten Zeichen. Hierher geht's mit Bus 1 vom Hauptbusbahnhof oder mit dem Taxi für 7 Yuan. Preisnachlässe von 50 %.

Shaolin International Hotel HOTEL €€€
(少林国际大酒店; Shaolin Guoji Dajiudian; ☎6285 6868; www.shaolinhotel.com; 20 Shaolin Dadao; 少林大道 20 号; EZ/DZ/Suite 680/780/1180 Yuan; ❄) Dieses Hotel bezeichnet sich selbst als Viersternehotel, ist aber eher ein besseres Dreisternehotel, vor dem die obligatorischen Kolonnen schwarzer Buicks parken. Hier hat einmal Jiang Zemin übernachtet, der sein Foto in der Hotellobby zurückließ und dieses Haus so bei chinesischen Gästen populär machte. Ein Taxi vom Hauptbusbahnhof kostet 7 Yuan. Preisnachlässe von 40 %.

Praktische Informationen

Bank of China (中国银行; Zhongguo Yinhang) 52 Zhongyue Dajie (⏲Mo–Fr 9–17 Uhr); 186 Shaolin Dadao (⏲Mo–Fr 9–12 & 14–17 Uhr) 24-Std.-Geldautomat und Devisen.

China International Travel Service (CITS; 中国国际旅行社; Zhongguo Guoji Lüxingshe; ☎6288 3442; Beihuan Lu Xiduan) Das Büro beschäftigt hilfsbereites, englischsprachiges Personal.

No 2 People's Hospital (第二人民医院; Di'er Renmin Yiyuan; ☎6289 9999; 189 Shaolin Dadao) An der Hauptstraße.

Post (中国邮政; Zhongguo Youzheng; Ecke Zhongyue Dajie & Wangji Lu)

Anreise & Unterwegs vor Ort

Der **Busbahnhof von Dengfeng** (总站; *zong zhan*) befindet sich im Osten der Stadt; Bus 1 (1 Yuan) bedient die Strecke zur Zhongyue Dajie und zum Stadtzentrum. Es gibt außerdem einen **westlichen Busbahnhof** (西站; *xi zhan*), den manche Busse anfahren, nachdem sie Passagiere am Hauptbahnhof abgesetzt haben. Busse von und nach Zhengzhou (27 Yuan, 1½ Std.) und Luoyang (19,50 Yuan, 2 Std.) fahren alle 30 Minuten vom Hauptbahnhof. Karten für den Zug von Zhengzhou sind im **Fahrkartenbüro** (⌚8–12 & 14–17 Uhr) am Tor des **Songyang Yingbin Hotel** (130 Shaolin Dadao) erhältlich. Taxis sind eine billige und unkomplizierte Möglichkeit, herumzukommen. Es gibt Fahrten ab 5 Yuan, aber auf Taxis mit Taxametern achten.

Luoyang 洛阳

☎0379 / 1,4 MIO. EW.

Luyoang, eine von Chinas wahrhaft alten dynastischen Städten, diente 13 Dynastien als Hauptstadt, bis die Nördliche Song-Dynastie ihre Hauptstadt im 10. Jh. nach Kaifeng verlegte. Wie man auf Karten der Stadt erkennen kann, erstreckten sich die mächtigen Mauern der Sui- und Tang-Dynasten in einem imposanten Rechteck nördlich und südlich des Luo, und über die Stadt verteilten sich 1300 buddhistische Tempel. Heute ist es kaum noch vorstellbar, dass Luoyang einmal der Mittelpunkt des chinesischen Universums und die östliche Hauptstadt der großen Tang-Dynastie gewesen ist. Das Herz des damaligen prachtvollen Palastkomplexes der Sui-Dynastie schlug genau dort, wo sich heute inmitten eines hektischen Verkehrsgewühls die Zhongzhou Lu und die Dingding Lu kreuzen.

Oberflächlich mag Luoyang sich nicht von anderen abgasverpesteten modernen chinesischen Städten unterscheiden, aber wer hier etwas Zeit verbringt, wird feststellen, dass die Menschen in dieser Gegend geduldiger und die Straßen tatsächlich weniger hektisch sind als in Zhengzhou. Die nahe gelegenen herrlich gestalteten Longmen-Grotten am Ufer des Yi bleiben einer der kostbarsten buddhistischen Schätze Chinas, und das alljährliche **Pfingstrosenfest**, das im April hauptsächlich im Wangcheng-Park stattfindet, bietet ein farbenprächtiges Spektakel. Die quirlige Altstadt, in der noch am meisten von Luoyangs Geschichte zu finden ist, liegt im Osten.

Sehenswertes & Aktivitäten

GRATIS **Luoyang-Museum** MUSEUM
(洛阳市博物馆; Luoyang *shi bowuguan*; Nietai Lu; ⌚Di–So 9–16.30 Uhr) Die Lage im Süden der Stadt ist nicht ideal, aber wo sonst wäre in der Stadt genug Platz gewesen, um ein derart imposantes neues Gebäude zu errichten, das sich gegen die Prunkstücke von Shanghai und Beijing durchaus behaupten kann? Das Museum beherbergt eine erschöpfende Anzahl von Ausstellungsstücken auf zwei weitläufigen Etagen und ist einer der wenigen Orte, wo man den Finger an den Puls des alten Luoyang legen kann. Es besitzt eine faszinierende Sammlung dreifarbiger *sancai*-Porzellanstücke aus der Tang-Dynastie und verfolgt den Aufstieg der Stadt durch Töpferwaren, Bronzewaren und andere glanzvolle Artikel der verschiedenen Dynastien. Außerdem gibt es einen unerwartet nüchternen Raum mit einer gigantischen Materialsammlung zu Mao Zedong – es gibt Hunderte von Büchern und Zeitschriften, alle sorgfältig in Cellophan verpackt. Vom Hauptbahnhof mit Bus 77. Ein Taxi aus der Stadt kostet 20 Yuan.

Altstadt HISTORISCHES GEBIET
Jede chinesische Stadt mit dem geringsten Gespür für Geschichte hat ihre eigene Altstadt (老城区; *laochengqu*). Die Altstadt von Luoyang befindet sich östlich des wieder aufgebauten **Lijing-Tors** (丽京门; Lijing Men), wo der Forscherdrang der Besucher in einem Labyrinth schmaler und gewundener Straßen belohnt wird. Mitten zwischen den modernen Auswüchsen haben sich sogar noch ein paar alte Hofhäuser gehalten. Vom Tor geht es die Xi Dajie (西大街) über einen Steinweg hinunter. Links liegt eine Halle mit einem **Antiquitätenmarkt** (文博城古玩字画玩中心; Wenbocheng Guwan Zihuawan Zhongxin). Auf drei Stockwerken bieten Antiquitätenstände einfach alles feil, angefangen von Keramik aus der Tang-Zeit über Mao-Büsten, alte Banknoten und Pfeifen bis hin zu Ja-

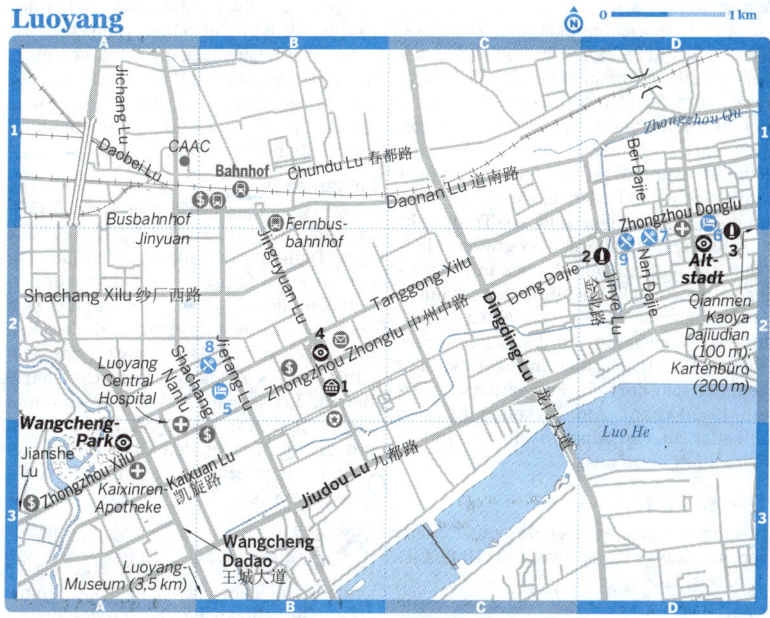

destücken und anderem verstaubtem Kleinkram. Ein Stück weiter ragt an Dong Dajie (东大街) der alte **Trommelturm** (鼓楼; Gu Lou) empor, der ursprünglich aus dem Jahr 1555 stammt. Hier, an ihrem öst lichen Ende, wird die Dong Dajie von traditionellen Dächern gesäumt; der restliche Teil stellt ein lebhaftes Durcheinander des Alltagslebens dar mit Friseuren, Nudelständen und Händlern, die in den verfallenden alten Häusern ihren Geschäften nachgehen.

Wangcheng-Platz PLATZ, MUSEUM

(王城广场; Wangcheng Guangchang; Zhongzhou Zhonglu) Dieser Platz ist der Treffpunkt der Einheimischen, die sich unter flatternden roten Landesflaggen zum Schach- und Kartenspiel einfinden. Abends finden Gruppentänze statt, und findige Einzelunternehmer richten an den Steinbankkanten provisorische Massageliegen ein. Auf der anderen Seite der Zhongzhou Zhonglu und gekennzeichnet durch eine riesige Statue sechs sich aufbäumender Pferde befindet sich das unterirdische **Königliche Pferde- und Kutschenmuseum der Östlichen Zhou** (Eintritt 30 Yuan; Winter 9–17 Uhr, Sommer 8.30–19 Uhr). Die Hauptattraktion sind hier die Überreste der königlichen Pferde eines ehemaligen Herrschers. Als der Herrscher das Zeitliche segnete, wurden seine Kutschpferde lebendig mit ihm begraben. Die Ausstellung enthält Dioramen der ehemaligen Kaiserstadt und andere archäologische Funde.

Luoyang

Highlights

Altstadt D2
Wangcheng-Park A3

Sehenswertes

1 Museum für königliche Pferde und Kutschen der Östlichen-Zhou-Dynastie B2
2 Lijing-Tor D2
3 Trommelturm D2
4 Wangcheng-Platz B2

Schlafen

5 Christian's Hotel B2
Lijingmen Hotel .... (siehe 3)
6 Internationale Jugendherberge Luoyang Yijia D1

Essen

7 Altstadtmarkt D2
8 Carrefour B2
9 Zhen Bu Tong Fandian D2

Wangcheng-Park PARK

(王城公园; Wangcheng Gongyuan; Zhongzhou Zhonglu; Eintritt Park & Zoo 25 Yuan, Park, Zoo & Seilbahn 30 Yuan, nach 19 Uhr 15 Yuan, Pfingstrosenfestival 50–55 Yuan) Dieser Park, eine der unverzichtbaren grünen Lungen von Luoyang, ist Schauplatz des alljährlichen **Pfingstrosenfestes**. Es findet im April statt, taucht den Park in ein Meer von allen erdenklichen Farben und ist Treffpunkt von Blumenliebhabern, Fotografen, Mädchen mit Blumenkopfschmuck und Händlern, die riesige Blumenbuketts verkaufen. Leider beherbergt der Park einen heruntergekommenen Zoo, für den der Besucher ebenfalls Eintritt zahlen muss. Außerdem befindet sich dort ein Freizeitpark (Fahrten 15–20 Yuan). Am Parkeingang üben Künstler an den Mauern auf der linken Seite ihren Beruf aus.

Schlafen

In Luoyang gibt es über die ganze Stadt verteilt eine große Auswahl an Hotels jeder Preisklasse.

LP TIPP **Christian's Hotel** BOUTIQUEHOTEL €€€

(克丽司汀酒店; Kelisiting Jiudian; ☎6326 6666; www.5xjd.com; 56 Jiefang Lu; 解放路 56 号; DZ & 2BZ 819–919 Yuan; ❄@) Wer auch immer Christian sein mag – vom Einrichten von Hotelzimmern versteht er jedenfalls etwas. Das Boutiquehotel punktet durch die Vielfalt der Zimmer, die sämtlich mit einer Küche und einem Essbereich, großen bequemen Betten, Flatscreen-TV und einer Minibar ausgestattet sind. Was darf's denn sein – das Zimmer mit der dunklen Farbenpracht oder das mit den weißen Wänden und dem runden Bett? Welches es auch wird – beim Betreten wird der Gast jedes Mal dankbar an Christian denken. Das tüchtige Personal trägt sein Scherflein bei.

Internationale Jugendherberge Luoyang Yijia JUGENDHERBERGE €

(洛阳易家国际青年旅舍; Luoyang Yijia Guoji Qingnian Lüshe; ☎6526 0666; 329 Zhongzhou Donglu; 中洲东路 329 号; B 40 Yuan, DZ & 2BZ 130 Yuan; ❄@📶) Dieses Hostel in der geschäftigen Altstadt trifft ins Schwarze mit seinem lebhaften Gemeinschaftsbereich, seiner Bar und dem hervorragenden Essen (Pizzas 32 Yuan, Hamburger 26 Yuan). Die Mehrbettzimmer sind etwas eng, aber die Privatzimmer entsprechen einem chinesischen Zweisternezimmer. Die Zimmer zur Hauptstraße hinaus sind laut, und einige riechen nicht gut, also besser ansehen, bevor man sich häuslich einrichtet. Verkehrsmittel in die Stadt und alle wichtigen Sehenswürdigkeiten sind in Laufweite. Hier fahren die Busse 5 und 41 vom Bahnhof und Busbahnhof vorbei.

Lijingmen Hotel HOTEL €€

(丽京门宾馆; Lijingmen Binguan; ☎6350 3381; Lijing-Tor; 丽京门; EZ & DZ 240–320 Yuan; ❄@) Dank der beneidenswerten Lage im restaurierten Lijing-Tor und dem wunderschönen Blick auf einen Kanal lässt es sich über die kleinen Zimmer und Duschen hinwegsehen. Das Dekor entspricht dem chinesischen Zweisternestandard: harte Betten, Flatscreen-TV, Wasserkessel und saubere Laken. Die teureren Zimmer sind größer, mit Blick auf den Kanal und ausgestattet mit internetfähigen PCs. Ermäßigungen von 50 %.

Essen

Das berühmte „Wasserbankett" (水席; *shuixi*) von Luoyang ist in der kulinarischen Gerüchteküche des Landes durchaus ein fester Begriff. Die Hauptgerichte dieses 24-gängigen Mahls sind unterschiedliche Suppen, die mit der Schnelligkeit fließenden Wassers serviert werden – daher der Name. In der Nähe der Ecke Tanggong Xilu und Jiefang Lu findet sich eine praktische Filiale des **Carrefour**-(家乐福; Jialefu) Supermarkts in dem **Einkaufszentrum Today** (新都汇; Xindouhui). Hier gibt es außerdem eine große Auswahl an Essen. In der Altstadt gibt es ebenfalls alles, von Nudeln bis zu Teigtaschen, Hotpot und mehr.

Altstadtmarkt MARKT €

(南大街夜市; Nandajie yeshi; Ecke Xi Dajie & Dong Dajie & nördlich zur Zhongzhou Donglu; ⏲5–22 Uhr) Quirliger Straßenmarkt mit einem wahren Füllhorn an Imbissen, von *yangrou chuan* (羊肉串; Lammkebabs; 2 Yuan) bis hin zu extrem süßem *zhi* (汁; Saft; 3 Yuan). Die Stände links bieten eine große Auswahl zubereiteter Gerichte (von 8 bis 58 Yuan), serviert an Tischen, die auf dem Gehsteig dahinter aufgestellt wurden. Es gibt Speisekarten auf Chinesisch mit Preisauszeichnung, aber mit dem Finger auf das Gewünschte zeigen geht auch. Die Auswahl reicht von Meeresfrüchten bis zu Gemüse, alles im Wok gebraten. Es gibt auch Bier vom Fass (生啤酒; *shengpijiu*; 5 Yuan).

Qianmen Kaoya Dajiudian BRATENTE €€
(前门烤鸭大酒店; Qianmenkaoya Dajiudian; ☎636 0188; Ecke Zhongzhou Donglu & Minzu Jie; Ente ab 60 Yuan; ⏲10–14 & 17–21 Uhr) Das geschäftige Personal geleitet die Gäste an einen vornehm gedeckten Tisch und überreicht ihnen eine gewaltige bebilderte Speisekarte. Bei der Bestellung von gebratener Ente (烤鸭; halbe Ente 60 Yuan, ganze Ente 110 Yuan), serviert auf viererlei Arten, bricht in der Küche eine Armee weißgekleideter Köche in hektische Aktivität aus. Auf der Speisekarte stehen auch noch andere Gemüse- und Fleischgerichte (ab 20 Yuan), aber wozu die Mühe?

Zhen Bu Tong Fandian
CHINESISCH, HENAN-KÜCHE €€
(真不同饭店; One of a Kind Restaurant; ☎6399 5080; 369 Zhongzhou Donglu; Gerichte 15–45 Yuan, Wasserbankett ab 688 Yuan; ⏲10–21 Uhr) Ein riesiges Lokal, das sich hinter einer farbenfrohen grün-blau-goldenen traditionellen Fassade befindet. Wer eine große Gruppe zusammenbekommen kann und das Wasserbankett probieren möchte, ist hier genau richtig. Wem 24 Gänge und 688 Yuan ein wenig übertrieben erscheinen, kann sich aus der Speisekarte auch einzelne Gerichte herauspicken.

Praktische Informationen

Internetcafés (pro Std. 3 Yuan) sind überall rund um den Bahnhof und an der nahe gelegenen Jinguyuan Lu zu finden.

Bank of China (中国银行; Zhongguo Yinhang; ⏲8–16.30 Uhr) Die Zweigstelle Zhongzhou Xilu wechselt Reiseschecks ein und hat einen Geldautomaten, der MasterCard und Visa akzeptiert. Eine Zweigstelle befindet sich an der Ecke Zhongzhou Lu und Shachang Nanlu. Geld kann in einer weiteren Zweigstelle unmittelbar westlich vom Bahnhof umgetauscht werden.

Büro für Öffentliche Sicherheit (PSB; 公安局; Gong'anju; ☎6393 8397; Ecke Kaixuan Lu & Tiyuchang Lu; ⏲Mo–Fr 8–12 & 14–17.30 Uhr) Die Aus- und Einreiseabteilung (Churujing Dating) befindet sich im Südgebäude.

Industrial & Commercial Bank of China (ICBC; 工商银行; Gongshang yinhang; 228 Zhongzhou Zhonglu) Riesige Zweigstelle mit Geldumtauschmöglichkeit und 24-Std.-Geldautomat.

Kaixinren-Apotheke (开心人大药房; Kaixinren Dayaofang; ☎6392 8315; Zhongzhou Zhonglu; ⏲24 Std.)

Luoyang Central Hospital (洛阳市中心医院; Luoyang Shi Zhongxin Yiyuan; ☎6389 2222; 288 Zhongzhou Zhonglu) Arbeitet mit SOS International zusammen und hat eine 24 Std. geöffnete Apotheke.

Post (中国邮政; Zhongguo Youzheng; Zhongzhou Zhonglu)

An- & Weiterreise

Bus

Es fahren regelmäßig Busse vom **Fernbusbahnhof** (一远汽车站; *yiyuan qichezhan*; Jinguyuan Lu) schräg gegenüber vom Bahnhof zu den folgenden Zielen:

Dengfeng 20 Yuan, 2 Std., stündl.

Kaifeng 55 Yuan, 3 Std., stündl.

Shaolin-Tempel 19,50 Yuan, 1½ Std., alle 30 Min. (5.20–16 Uhr)

Xi'an 90 Yuan, 4 Std., stündl.

Zhengzhou 40 Yuan, 1½ Std., stündl.

Busse zu ähnlichen Zielen fahren auch vom freundlichen und weniger hektischen **Busbahnhof Jinyuan** (锦远汽车站; Jinyuan *qichezhan*) direkt westlich vom Bahnhof ab.

Flugzeug

Wer mit dem Flugzeug reisen will, fliegt besser nach oder von Zhengzhou. Die **CAAC** (中国民航; Zhongguo Minhang; ☎6231 0121, 24 Std. 6539 9366; 196 Chundu Lu) befindet sich in einem weiß gekachelten Gebäude nördlich der Eisenbahnlinie, aber Flugtickets sind auch über die Hotels erhältlich. Es gibt tägliche Flugverbindungen nach Beijing (810 Yuan, 1½ Std.), Shanghai (990 Yuan, 1½ Std.) und zu anderen Städten.

Zug

Von Luoyangs neuem **Bahnhof Luoyang Longmen** (洛阳龙门站; Luoyang Longmen Zhan) auf der anderen Flussseite im Süden der Stadt fahren D- und G-Züge nach Zhengzhou und Xi'an. Vom normalen **Bahnhof** (洛阳火车站; Luoyang Huoche Zhan) fahren Regional- und Fernzüge ab.

Gegen eine Provision von 5 Yuan bekommt man Fahrkarten auch bei einem **Zugfahrkartenbüro** (火车票代售处; huochepiaodaishouchu; 249 Zhongzhou Donglu).

Zu den regionalen Zielen gehören Kaifeng (Hartsitzer 35 Yuan, 3 Std., regelmäßig) und Zhengzhou (Hartsitzer 25 Yuan, 1½ Std., regelmäßig).

Zielorte der Hartschläfer:

Beijing West Sitz/Schlafwagen 110/197 Yuan, 7–10 Std., 8-mal tgl.

Nanjing Sitz/Schlafwagen 113/316 Yuan, 8–12 Std., 6-mal tgl.

Shanghai Sitz/Schlafwagen 153/263 Yuan, 12–17 Std., 5-mal tgl.

Wuhan Sitz/Schlafwagen 90/170 Yuan, 9 Std., regelmäßig

Vom Bahnhof Luoyang Longmen:

Xi'an 2./1. Klasse 120/190 Yuan, 2 Std., 8-mal tgl.

Zhengzhou 2./1. Klasse 61/97 Yuan, 40 Min., 10-mal tgl.

Unterwegs vor Ort

Der Flughafen liegt 12 km nördlich der Stadt. Bus 83 (1 Yuan, 30 Min.) fährt ab dem Parkplatz auf der rechten Seite, wenn man den Bahnhof verlässt. Ein Taxi vom Bahnhof kostet etwa 35 Yuan.

Die Busse 5 und 41 fahren vom Bahnhof über den Wangcheng-Platz zur Altstadt. Die Busse 26, 28, 33, 65 und 66 fahren zum Bahnhof Luoyang Longmen. Ein Taxi von der Stadt kostet etwa 20 Yuan.

Die Grundgebühr für Taxis beträgt 5 Yuan. Damit sind sie eine preiswerte und attraktivere Wahl als die Motor-Rikschas, die vom Bahnhof bis zum Wangcheng-Platz etwa 4 Yuan kosten.

Rund um Luoyang

LONGMEN-GROTTEN 龙门石窟

Die geplünderten Grotten bei Longmen, eine Unesco-Weltkulturerbestätte, stellen eines der wenigen in China noch existierenden Meisterwerke buddhistischer Felsenbildhauerkunst dar. Das grandiose Werk der **Longmen-Grotten** (Drachentorgrotten; Longmen Shiku; Eintritt 120 Yuan, englischsprachiger Führer 150 Yuan; ⌚tagsüber 7.30–16.30 im Sommer, 8–16 Uhr im Winter, abends 19–22.30 Uhr), eine in Stein gehauene Sutra, wurde von Bildhauern der Nördlichen Wei-Dynastie begonnen, nachdem die Hauptstadt im Jahr 494 n. Chr. von Datong hierher verlegt wurde. Im Laufe der nächsten 200 Jahre entstanden aus über einem Kilometer Kalksteinwand an den Ufern des Yi He über 100 000 Bildnisse und Statuen von Buddha sowie seinen Schülern.

Die Figurensammlung ist durch eine traurige Anzahl von Enthauptungen verunstaltet. Anfang des 20. Jhs. wurden viele Statuen von skrupellosen Sammlern geköpft oder gleich ganz entnommen; viele davon landeten im Ausland in Institutionen wie dem Metropolitan Museum of Art in New York, dem Atkinson Museum in Kansas City und dem Nationalmuseum in Tokio. Eine Tafel vor Ort führt bedeutende Statuen auf, die nicht mehr da sind, und nennt die Orte, wo sie sich derzeit befinden. Inzwischen werden nach und nach einige Bildnisse zurückgegeben und die abgetrennten Köpfe werden langsam wieder auf ihren Hälsen restauriert. Bei manchen Statuen jedoch wurden die Gesichter einfach roh abgeschlagen, eine gezielte Verunstaltung aus den dunklen Tagen der Kulturrevolution und früheren Vorfällen anti-buddhistischen Reformeifers. Auch die Elemente sind nicht ganz unschuldig, die die Gesichter vieler Statuen mit der Zeit verwittern lassen.

Die Grotten liegen in einer Linie auf der westlichen und östlichen Seite des Flusses. Die meisten bedeutenden buddhistischen Steinmetzarbeiten liegen auf der Westseite, aber eine schöne Gruppe ist auch jenseits der Brücke auf der Ostseite zu finden. Die Eintrittskarte gilt auch für den Eintritt in einen Tempel und einen Garten auf der Ostseite. Die englischen Beschriftungen für diesen touristischen Hauptanziehungspunkt sind recht spärlich. Die Grotten sind nummeriert und werden abends beleuchtet (wer von den Grotten begeistert ist oder sie einmal anders sehen will, kann sie auch abends besuchen). Ob tagsüber oder abends – wer seinen Augen Zeit gibt, sich an das Dämmerlicht in den Grotten zu gewöhnen, kann viel mehr Details erkennen. Einige der wichtigsten Grotten werden unten aufgeführt.

Die Longmen-Grotten befinden sich 13 km südlich von Luoyang und sind zu erreichen mit dem Taxi (30 Yuan) oder mit dem Bus 81 (1,50 Yuan, 40 Min.), der an der Ostseite des Bahnhofs Luoyang abfährt. Der letzte Bus 81 kehrt um 20.50 Uhr nach Luoyang zurück. Auch die Busse 53 und 60 fahren die Grotten an.

Von Westen aus ist es möglich, mit einem Boot (20 bis 25 Yuan) zum Haupteingang zurückzukehren, um die Grotten vom Fluss zu sehen. Achtung, nach dem Verlassen kann die Westseite nicht erneut betreten werden. Von der Ostseite bringen Elektrowagen (5 bis 10 Yuan) die Besucher zurück zum Haupteingang.

WESTSEITE

Drei Binyang-Grotten GROTTEN

Die Gestaltung der Drei Binyang-Grotten (宾阳三洞; Binyang San Dong) begann zur Zeit der Nördlichen Wei-Dynastie. Obwohl zwei der Grotten erst zur Zeit der Sui- und der Tang-Dynastie fertiggestellt wurden, tragen die Statuen alle die wohlwollenden Mienen zur Schau, die für den Nördlichen Wei-Stil charakteristisch waren. In den drei großen Grotten sind noch Pigmentspuren zu finden, und die Felswände sind von weiteren kleinen Nischen durchsetzt. In der Nähe befindet sich die **Moya-Nische der drei Buddhas** (摩崖三佛龛; Moya Sanfo Kan) mit sieben Figuren, die aus der Zeit der Tang-Dynastie stammen.

Zehntausend-Buddha-Grotte GROTTE
(万佛洞; Wanfo Dong) Südlich der Drei Binyang-Grotten liegt die Zehntausend-Buddha-Grotte der Tang-Dynastie aus dem Jahr 680. Zusätzlich zu der namenstiftenden Galaxie winziger Basrelief-Buddhas enthält sie ein schönes Bildnis des Buddha Amitabha. An der Decke ist eine rote Pigmentierung zu sehen.

Statue des Buddhas Losana GROTTE
Dieser gewaltige Höhlentempel (奉先寺; Lushe), der zur Zeit der Tang-Dynastie zwischen 672 und 675 entstand, ist das größte und prachtvollste Bauwerk von Longmen und enthält trotz der offenkundigen Verwitterung und des Vandalismus die besten Kunstwerke.

Neun Hauptfiguren dominieren den Tempel der Ahnenverehrung. Tang-Figuren sind im Unterschied zu den Nördlichen Wei-Figuren häufig stärker dreidimensional. Ihr Ausdruck und die Haltung wirken natürlicher, und anders als die weltentrückten Figuren der Nördlichen Wei-Dynastie weisen die Tang-Figuren in ihren menschlichen Formen eine furchteinflößendere Grimmigkeit und einen muskulöseren Körperbau auf, der besonders bei der riesigen Wächterfigur in der Nordwand ins Auge fällt.

Bei dem 17 m hohen sitzenden zentralen Buddha soll es sich um Losana handeln. Angeblich zeigt das Gesicht die Züge der Tang-Kaiserin und buddhistischen Mäzenin Wu Zetian, von der das Geld für die Herstellung der Statue kam.

Der letzte Abschnitt der Grotten, der an verwinkelten Steintreppen verstreut liegt, hat die meisten Schäden erlitten, und viele Grotten sind so leer, dass das Personal Besuchern manchmal abrät, sie aufzusuchen. Wer sich die Zeit nimmt, etwas herumzuwandern, kann auch hier auf Schätze stoßen. Wer von unten nach oben schaut, kann sechs Pagoden sehen, die ganz oben in der Felswand eingemeißelt wurden.

OSTSEITE

Wer die letzte Grotte auf der Westseite erreicht hat, kann die Brücke überqueren und auf der anderen Seite wieder zurückgehen. Die wunderschöne **Tausend-Arme-und-tausend-Augen-Guanyin** (千手千眼观音龛; Qianshou Qianyan Guanyin Kan) in Grotte 2132 ist ein prachtvolles Basrelief aus der Tang-Dynastie. Es zeigt die Göttin der Barmherzigkeit in einem riesigen Fächer aus dem Stein gehauener Hände, die alle ein Auge tragen. Zwei Wächtergottheiten der Tang-Dynastie stehen vor der ziemlich großen **Fürst-Gaoping-Grotte** (高平郡王洞; Gaoping Junwang Dong). Danach kommt die große **Grotte des Sutralesens** (看经寺洞; Kan Jing Sidong) mit einer in Stein gehauenen Lotosblüte an der Decke und 29 *luohan* unten an den Wänden. Hier befindet sich außerdem eine große **Aussichtsterrasse** mit Blick auf den Tempel der Ahnenverehrung auf der anderen Flussseite.

Tempel Xiangshan BUDDHISTISCHER TEMPEL
(香山寺; Xiangshan Si) An den Höhlen auf der östlichen Seite vorbei und eine steile Treppe hinauf schmiegt sich dieser im Jahr 516 n. Chr. erbaute und mehrfach restaurierte Tempel an den Hügel. Er enthält bronzene buddhistische Abbildungen und eine Villa, die einmal dem früheren Präsidenten Jiang Jieshi gehörte; sie war ihm 1936 zur Feier seines 50. Geburtstages gebaut worden (was für ein Geschenk! Was für ein Blick!). Eine Stele enthält ein Gedicht von Kaiser Qianlong, der bei einem Besuch des Tempels von seiner Schönheit ergriffen war.

Mausoleum des Bai Juyi GARTEN, GRABSTÄTTE
Zum Schluss kommt ein bezaubernder Garten, der um das Mausoleum des tangzeitlichen Dichters Bai Juyi (白居易墓地; Bai Juyi Mudi) herum angelegt wurde, ein friedlicher, schattiger Ort, an dem die müden Füße etwas ausruhen können. Ein hübsches Teehaus im Freien serviert Tee (ab 38 Yuan), Imbisse und Instant-Nudeln.

KLOSTER DER WEISSEN PFERDE
白马寺

Dieses aktive **Kloster** (Baima Si; Eintritt 50 Yuan; ⌚7–18 Uhr), gegründet im 1. Jh. n. Chr., gilt als der erste buddhistische Tempel, der auf chinesischer Erde erbaut wurde, auch wenn die ursprünglichen Strukturen zum großen Teil inzwischen ersetzt wurden und ältere Tempel wahrscheinlich verschwunden sind.

Nachdem sich zwei Abgesandte des Hofes der Han-Dynastie auf die Suche nach buddhistischen Schriften gemacht hatten, begegneten sie in Afghanistan zwei indischen Mönchen; diese begaben sich auf zwei weißen Pferden nach Luoyang und brachten buddhistische Sutren und Statuen mit. Der beeindruckte Kaiser baute den Tempel, um die Mönche unterzubringen; der Tempel wurde auch zu ihrer letzten Ruhestätte. Es ist eine Ironie des Schicksals, dass die Gräber inzwischen überwuchert und vernachlässigt sind und an den Rand der Anlage verdrängt wurden.

In der **Halle der Himmlischen Könige** lacht Milefo aus einer Vitrine mit reichen Schnitzereien heraus, über die sich 50 Drachen winden. Bemerkenswert sind außerdem die **Halle der Großen Helden** mit ihrer geschnitzten Holzstruktur über zwei Ebenen und die **Pilu-Halle** im hinteren Bereich. Im April/Mai bieten die blühenden Pfingstrosengärten einen prachtvollen Anblick. Die herausragende **Qiyun-Pagode** (齐云塔; Qiyun Ta), ein alter 12-stöckiger Ziegelturm, wird in angenehmen fünf Gehminuten durch einen Garten und über eine Brücke erreicht.

Der Tempel liegt 13 km östlich von Luoyang, etwa 40 Minuten mit Bus 56 von der Haltestelle Xiguan (西关). Auch Bus 58 von Zhongzhou Donglu in der Altstadt fährt hierher.

Guoliangcun 郭亮村

☎0373 / 300 EW.

Dieses malerische Steindörfchen hockt hoch oben auf seinem Ausguck auf einem Felsen in den Wanxian-Bergen (Berge der Zehntausend Unsterblichen) im nördlichen Henan. Jahrhundertelang von der Außenwelt geschützt durch eine Kombination aus nahezu vollständiger Unzugänglichkeit und Anonymität, wurde Guoliangcun auf einen Schlag als ländliche Kulisse einer Reihe chinesischer Filme berühmt, die dem Dorf einen festen Platz in der zeitgenössischen chinesischen Mythologie verschafften.

Heute zieht das Dorf ganze Ströme von Künstlern an, die die unwirkliche Gebirgslandschaft auf Papier und Leinwand bannen wollen. Zu ihnen gesellen sich chinesische Wochenend-Touristen, die busweise hier abgesetzt werden. Wer den Gipfel in ländlicher Abgeschiedenheit erleben will, sollte unter der Woche kommen, wenn es hier still und friedvoll ist. Am Fuß des Dorfes sprießen neue Hotels aus dem Boden, aber die ursprünglichen Behausungen – welche sich den Berghang hinaufziehen – konnten sich ihren einfachen dörflichen Charme bewahren. Lange wunderschöne Wanderungen durch die atemberaubende Landschaft machen die mühsame Anreise mehr als wett.

In Guoliangcun ist es etwa 6 °C kälter als in Zhengzhou und damit kühl genug, um das ganze Jahr über mückenfrei zu sein (berichten manche Einheimische), dafür aber unbedingt warme Kleidung für den Winter einpacken, der einem hier richtig in die Knochen fahren kann. Ein Besuch außerhalb der Saison klingt nach einem seltsamen Tipp, aber zu solchen Zeiten kann abends im Dorf vollkommene Stille eintreten, und mondbeschienene Nächte wirken regelrecht berauschend. Unbedingt eine Taschenlampe mitbringen, denn außerhalb der Hotels ist Beleuchtung rar.

Mehrere Kilometer vor dem Dorf muss man aus dem Bus steigen, um ein Ticket (80 Yuan) für den Eintritt in den Bereich der Wanxian-Berge zu kaufen. In Guoliangcun gibt es nirgendwo Geldautomaten oder eine Geldwechselmöglichkeit. Für Notfälle befindet sich im Dorf eine kleine **Klinik** (☎671 0303).

Sehenswertes & Aktivitäten

Die **Dorfhäuser,** von denen oft buttergelbe *bangzi* (Maiskolben) herabhängen, sind aus demselben einheimischen Stein, mit dem in Guoliang auch die schmalen Gassen gepflastert, die Brücken gebaut und die malerischen Tore gefertigt sind. Alte Frauen, deren schrumpelige Gesichter an Walnüsse erinnern, spähen aus Türöffnungen hervor, und Kinder toben herum, aber die Einheimischen sind den Anblick von Fremden gewohnt.

Die **Abgrund-Galerie** (绝壁长廊; Juebi Changlang), die auf manchen Schildern auch als „Langer Korridor in den Felsen" bezeichnet wird, passiert man zwar schon auf dem Weg zum Dorf, aber der Weg zurück lohnt sich, um diesen schroffen Felsen und die dramatischen Ausblicke von dem Tunnel, der in den Felsen gehauen wurde, noch einmal von Nahem zu betrachten. Bevor der Tunnel von einem Einheimischen namens Shen Mingxin und anderen gebaut wurde (zwischen 1972 und 1978), führte der einzige Weg ins Dorf über die **Himmelsleiter** (天梯; Tian Ti) – Stufen, die zur Zeit der Ming-Dynastie in den typischen rosafarbenen Fels gehauen wurden; sie hatten zwar keinen Handlauf, dafür aber eine fantastische Aussicht.

Zur Himmelsleiter geht's über die linke Abzweigung der Straße, die zum Tunnel führt; von dort sind es noch 2,5 km Fußweg. Weitere 500 m die Straße entlang folgt das bezaubernde Dorf **Huitao Zhai** (会逃寨) mit seinen auf den Fels gebauten Häusern.

Vom Dorf aus über die Brücke auf der anderen Seite des Abgrunds führt der Weg vorbei an einer Reihe Häuser, die fast am Rande des Felsens **Yashang Renjia** (崖上人家) gebaut wurden. Hier befindet sich eine Plattform auf einer Felssäule, die einen eindrucksvollen Blick in die Schlucht hinein bietet.

Zum Anfang des 5 km langen Rundwegs durch das Bergtal geht es durch den Abschnitt mit Straßenständen und an den Hotels vorbei, und vom Ende der Straße dann zu Fuß oder mit dem Elektrowagen (15 Yuan hin & zurück) 1,3 km weit zum Anfangspunkt des Rundweges. Leider verschandeln mehrere menschengemachte Kuriositäten die stimmungsvolle Szenerie – eine Seilbahn und eine kanalisationsartige Rutsche vom Berggipfel herunter. Wer auf der Treppe links startet, kommt zunächst an der imposanten Felswand über der **Rufenden Quelle** (喊泉; Han Quan) vorbei. Dem Volksmund nach reagiert ihr Fließen auf die Lautstärke der Rufe von Wanderern (stimmt aber nicht!). Dann wird das friedvolle **Alte Becken** (老潭; Lao Tan) erreicht, dessen Ufer leider mit Flaschen und Kuchenpapieren übersät sind. Weiter geht es an der inzwischen geschlossenen **Höhle des Roten Drachen** (红龙洞; Honglong Dong) und einige steile Treppen später an der Rutsche (30 Yuan) und der **Höhle des Weißen Drachen** (白龙洞; Bailong Dong; Eintritt 20 Yuan) vorbei. Die letzte Sehenswürdigkeit ist eine Treppe, die zur **Perlenquelle** (珍珠泉; Zhenzhu Quan) führt, einem Bergspalt, aus dem kühles, klares Quellwasser fließt. Der Rundweg kann natürlich auch in umgekehrter Richtung durchlaufen werden (das ist einfacher).

Sind diese bedeutenden Sehenswürdigkeiten erst einmal abgehakt, am besten die ausgetretenen Wege verlassen und auf einem der kleinen Pfade in die Berge hinaufwandern (z. B. über den felsübersäten Weg am Bach entlang, der an Guoliangcun vorbei weiter in die Berge führt. Unbedingt Trinkwasser mitnehmen!)

Schlafen & Essen

Hotels gibt es in Guoliangcun reichlich, aber alle bieten die gleiche Zweisternequalität mit heißen Duschen und TV (allerdings weder Toilettenartikel noch Handtücher). Es gibt einen Bereich mit Hotels am

DAS BERÜHMTE BILD: ZHANG ZEDUANS MEISTERWERK

An ihm führt in Kaifeng praktisch kein Weg vorbei. Man begegnet ihm – in Holz geschnitzt und in Stein gemeißelt – in Museen und Parks, außerdem in maßstabsgetreuen Dioramen, auf Souvenirpostern, als Werbung (auf dem Poster des Kaifeng Hotels) und gar in einem historischen Themenpark. Es geht um ein Rollbild aus der Song-Dynastie: Die Flussuferszene vom Qingming-Fest, das Anfang des 12. Jhs. von Zhang Zeduan (张择端) vollendet wurde. Mittlerweile befindet es sich in der Verbotenen Stadt und gilt allgemein als Chinas erstes *shen* (göttliches) Bild.

Das lange 24,8 x 528,7 cm große Bild zeigt das Leben in einer Stadt, die Experten für Kaifeng halten. Es steckt voller Details aus der damaligen Zeit: Boote, die in einem Hafen Waren entladen, eine Schenke, in der sich die Gäste drängen, spielende Kinder in den Straßen etc. Dadurch bietet es natürlich wertvolle Einblicke in das Alltagsleben einer großen Stadt zur Zeit der Song-Dynastie. Seine Bedeutung wird mit der der Mona Lisa verglichen, und der letzte Kaiser Puyi nahm es mit nach Manchuko. Sobald das Original in Beijing ausgestellt wird, sammeln sich Besucherschlangen, die stundenlang anstehen, um es zu sehen.

In Kaifeng ist es an mehreren Stellen zu bewundern: im Flusslandschaftspark, als maßstabsgetreues Diorama in der Zunfthalle Shanshangan, als Replik im Museum und als Scherenschnitt in der Moschee Qingzhen in Zhuxian (S. 465). An einer der Wände des Bahnhofs gibt es sogar eine großmaßstäbliche Version davon!

Fuß des Dorfes und einen weiteren Abschnitt auf dem Steilhang gegenüber dem Tunnel. Der letztere hat zwar die schöneren Aussichten, aber dafür erwarten einen dort Hähne, die zu merkwürdigen Zeiten krähen. Die Zimmer kosten je nach Größe und Lage 40 bis 100 Yuan. In den Sommermonaten kann der Betrag auch schon mal etwas darüber liegen, aber in der Nebensaison und an Wochentagen lassen die Vermieter mit sich handeln. Restaurants gibt es in dieser Gegend nicht, aber die Hotels haben Küchen und chinesische Speisekarten mit einer großen Auswahl an Fleisch- und Gemüsegerichten, Reis und Nudeln. In der Nähe der Hotels am Fuß des Dorfes und am Anfang des Bergrundwegs befinden sich einfache Nudelstände. Ein paar Läden verkaufen Imbisse und das Allernötigste.

An- & Weiterreise

Guoliangcun ist von **Xinxiang** (新乡) aus zu erreichen, das zwischen Anyang und Zhengzhou liegt. Es verkehren regelmäßig Schnellzüge von Zhengzhou nach Xinxiang (24 Yuan, 45 Min.), ebenso Busse (20 Yuan, 1½ Std.). Vom Ausgang des Bahnhofs Xinxiang geht's geradeaus, dann die erste Straße links und über die Straße auf die Ziyou Lu (自由路), um Busse nach **Huixian** (辉县; 6,50 Yuan, 50 Min., regelmäßig) anzuhalten. Der Bus fährt auch am Busbahnhof ab. Fünf Busse (12 Yuan, 1 Std. 40 Min., erster/letzter Bus 7/16.30 Uhr) vom Busbahnhof Huixian (辉县站; Huixian zhan) fahren über die Bergstraße nach Guoliangcun. Achtung, auch wenn Busse im Fenster die Schriftzeichen für Guoliang (郭亮) haben, kann es sein, dass sie je nach Auslastung nur in Nanping (南坪) halten, einem Dorf ganz unten hinter der Straße nach Guoliangcun.

Wenn der Bus nicht den Berg hinauffährt, kann man sich entweder am Fuß der Straße nach Guoliangcun absetzen lassen und einen Einheimischen bitten, einen die 4 km lange steile kurvige Straße gegen einen Wucherpreis von 50 Yuan hinaufzubringen, oder nach Nanping fahren, von wo aus grüne Busse (15 Yuan) Rundfahrten nach Guoliangcun unternehmen. Die grünen Busse fahren an den Wochenenden regelmäßig, an Wochentagen aber nur, wenn sich genügend Passagiere gefunden haben. Der letzte Bus fährt um 17.30 Uhr ab.

In die Gegenrichtung fahren Minibusse nach Huixian (12 Yuan) unten an der Bergstraße nach Guoliangcun um 6.30, 9, 12, 13 und 15 Uhr ab. Wer die Nacht auf dem Berg verbringt, kann sich von seinem Gastwirt meist für etwa 40 Yuan bis zum Haltepunkt bringen lassen. Oder man nimmt den grünen Bus nach Nanping, um einen Bus nach Huixian zu erwischen.

Kaifeng 开封

0378 / 594 000 EW.

Mehr als irgendeine andere der alten Hauptstädte Henans hat Kaifeng einen Widerschein seiner ursprünglichen Pracht erhalten. Kaifeng hat Charakter: Hier und da muss man zwar mal ein Auge zudrücken und lernen, historisches Original und Fälschung zu unterscheiden, aber die Stadt bringt es fertig, ein hinreißendes Aufgebot an jahrhundertealtem Charme, fantastischem Essen vom Markt, Überresten einer lange versunkenen Hochkultur und farbenprächtigen Chrysanthemen (das Wahrzeichen der Stadt; Kaifeng ist auch als Jucheng oder „Chrysanthemenstadt" bekannt) aus dem Hut zu zaubern. Ein Grund, weshalb es hier nicht so viele hoch aufragende Wolkenkratzer gibt, besteht darin, dass Gebäude, die tiefe Fundamente erfordern, verboten sind, aus Sorge, die darunterliegende alte Stadt der Nördlichen Song-Dynastie könnte bei deren Bau zerstört werden.

Geschichte

Kaifeng, die einstmals wohlhabende Hauptstadt der Nördlichen Song-Dynastie (960–1126), wurde südlich des Gelben Flusses gegründet, aber nicht weit genug entfernt, um vor dem unberechenbaren Wüten des Flusses sicher zu sein. Nach Jahrhunderten wiederholter Überschwemmungen liegt die Stadt der Nördlichen Song zum großen Teil acht bis neun Meter unter der Erde vergraben. Zwischen den Jahren 1194 und 1938 versank sie insgesamt 368-mal in den Fluten, also durchschnittlich alle zwei Jahre.

Kaifeng war auch die erste Stadt in China, in der sich zur Zeit der Song-Dynastie jüdische Händler ansiedelten, die über die Seidenstraße gekommen waren. Auch eine kleine christliche und katholische Gemeinde lebt in Kaifeng neben einer viel größeren muslimischen Hui-Gemeinschaft.

Sehenswertes

Reisende sollten sich am besten innerhalb der Mauern der Altstadt eine Unterkunft suchen. Ein Tipp für Fans der alten Architektur von Kaifeng: durch die schmalen Straßen abseits der Hauptdurchgangsstraße innerhalb der Stadtmauern bummeln. Hier finden sich immer noch alte, baufällige, einstöckige Gebäude mit eingesunkenen Dächern.

Tempel Xiangguo

BUDDHISTISCHER TEMPEL

(大相国寺; Da Xiangguo Si; Ziyou Lu; Eintritt 30 Yuan; ⌚8–18 Uhr) Erstmals 555 n. Chr. erbaut wurde der bereits mehrfach wieder errichtete Tempel zusammen mit der Stadt in den 40er-Jahren des 17. Jhs. zerstört, als Rebellen die Deiche des Gelben Flusses stürmten. Zur Zeit der Nördlichen Song-Dynastie erstreckte sich der Tempel über 34 ha. Hier lebten über 10 000 Mönche.

In der **Halle der Himmlischen Könige** (天王殿; Tianwang Dian) wird die Aufgabe des rundlichen Milefo (des lachenden Buddha) in chinesischen Schriftzeichen folgendermaßen beschrieben: „Ein großer Bauch kann alles ertragen, was in der Welt schwer zu ertragen ist." Aber die eigentliche Attraktion des Tempels ist die faszinierende, hoch aufragende **Guanyin mit den vier Gesichtern, 1000 Händen und 1000 Augen** (四面千手千眼观世音) in der achteckigen *arhat*-Halle (罗汉殿; *luohan dian*) hinter der **Halle von Tathagata** (大雄宝殿; Daxiong Baodian). 58 Jahre dauerte es, die 7 m hohe vergoldete vierseitige Statue mit ihren riesigen Fächern aus 1048 Armen und einem Auge an jeder Hand anzufertigen; die *arhats* selbst werden wesentlich weniger kunstfertig präsentiert. Links von der **Halle des Tripitaka** (Cangjing Lou) befindet sich eine kleine Halle (大师堂; Dashitang), in der ein Kalligrafiemeister seinem Beruf nachgeht (Arbeiten ab 100 Yuan). Eine gewaltige Pagodenhalle ist hinten im Bau. In einem anderen Teil des Tempels kann man Strohhalme *(chouqian)* ziehen und mit ihrer Hilfe einen Blick in die Zukunft werfen oder in dem hübschen **vegetarischen Restaurant** (素斋部; *suzhaibu*) der Anlage etwas essen.

Zunfthalle Shanshangan HISTORISCHE STÄTTE

(山陕甘会馆; Shanshan'gan Huiguan; 85 Xufu Jie; Eintritt 30 Yuan; ⌚Sommer 8.30–18.30 Uhr, Winter 8.20–17 Uhr) Ein Paradebeispiel für das Motto „Klein, aber fein". Die winzige, kunstvoll gestaltete Zunfthalle wurde zur Zeit der Qing-Dynastie von einem Zusammenschluss von Kaufleuten aus den Provinzen Shanxi, Shaanxi (Shanxi) und Gansu als Unterkunft und Versammlungsort gebaut. Bemerkenswert sind die schmuckvollen Schnitzereien an den Dächern. Es findet eine interessante Ausstellung zum historischen Kaifeng statt: Faszinierende Dioramen zeigen die alte Song-Stadt – mit dem Palast im Zentrum – und bieten die Möglichkeit zu einem Vergleich mit einem Modell des modernen Kaifeng. Ein maßstabsgetreues Modell stellt das berühmte Qingming-Gemälde von Zhang Zeduan nach.

Kaifeng Fu HISTORISCHE STÄTTE

(开封府; 85 Xufu Jie; Eintritt 50 Yuan; ⌚Sommer 7–19 Uhr, Winter 7.30–17.30 Uhr) Einheimische Reisegruppen strömen in Scharen zum See Baogong, um sich einen Historienkick zu holen. Das Spektakel beginnt täglich um 9 Uhr vor den Toren: diese werden aufgeworfen und heraus marschieren Truppen kostümierter Schauspieler, die eine Kostümszene samt Peitschenknallen und dem Klang von Gongs nachstellen. Dann ziehen sie sich nach drinnen zurück, um das Stück (auf Chinesisch) fortzusetzen. Abgesehen von dem Spektakel ist die Stätte, die von hohen Mauern umgeben ist, eine Nachstellung des kaiserlichen Lebens zur Song-Zeit. Es gibt diverse Gebäude aus der alten Zeit, z. B. ein Zeughaus, eine Schnapsbrennerei, eine Essigproduktion, eine Pagode und ein „Gebäude der geistigen Bildung".

Eisenpagodenpark PARK

(铁塔公园; Tie Ta Gongyuan; 210 Beimen Dajie; Eintritt 50 Yuan; ⌚7–19 Uhr) Die 55 m hohe Pagode aus dem 11. Jh. ist ein hinreißendes, schlankes Ziegelbauwerk, mit glasierten rostfarbenen Kacheln verkleidet (daher der Name). Für weitere 30 Yuan kann die schmale Treppe bestiegen werden. Hierher fährt Bus 1 von der Zhongshan Lu.

GRATIS **Kaifeng-Museum** MUSEUM

(开封博物馆; Kaifeng *bowuguan*; 26 Yingbin Lu; ⌚Di–So 9–12 & 14.30–17.30 Uhr) Das interessante Museum beherbergt einige Räume mit archäologischen Funden, Holztafeldrucken und diversem historischem Kleinkram. Es befinden sich zwei bemerkenswerte jüdische Stelen im 3. OG, die dem **Kaifeng-Institut für die Erforschung der Geschichte chinesischer Juden** (☎393 2178, Durchwahl 8010) unterstellt sind; sie zu betrachten, kostet allerdings 50 Yuan. Das Museum befindet sich auf der Strecke der Busse 1, 7, 9, 16, 20 und 23.

Flusslandschaftspark Qingming-Garten PARK

(Millennium City Park; 清明上河园; Qingming Shangheyuan; Longting Nanlu; Eintritt Tag/Abend 80/199 Yuan; ⌚9–18 Uhr) Dieser Themenpark, der sich auf historischen Kitsch

Kaifeng

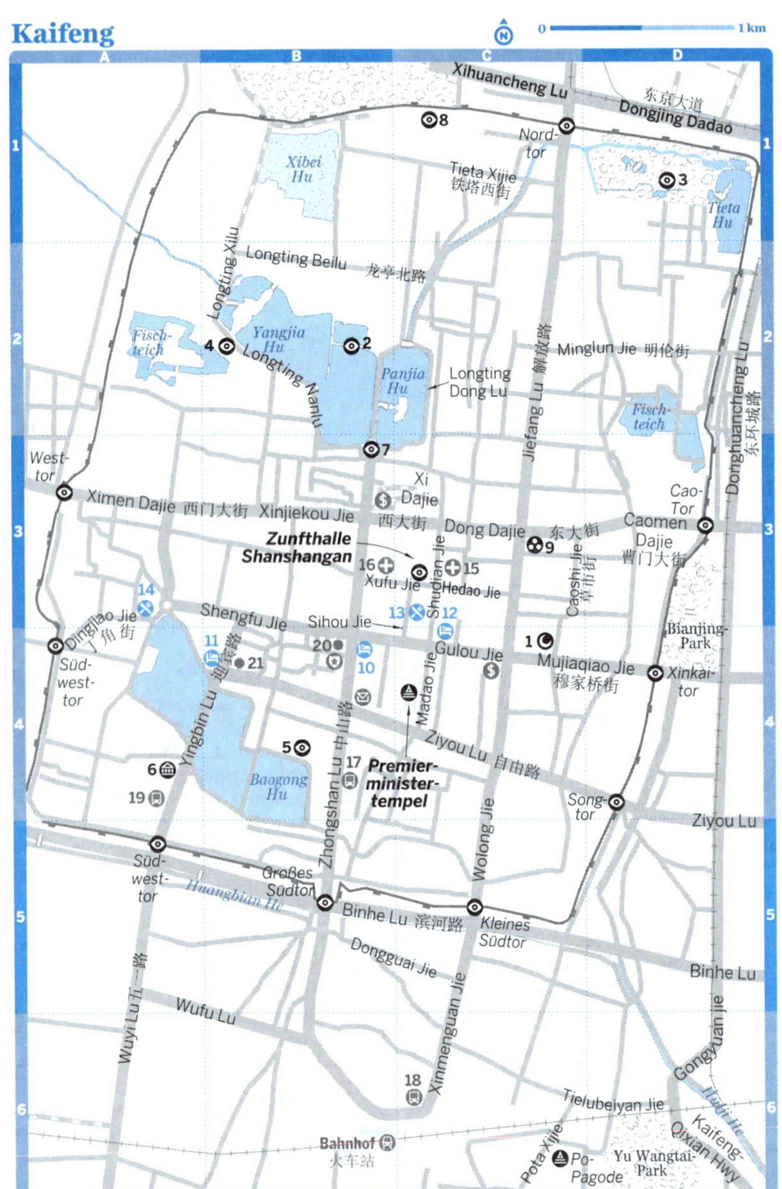

stürzt, ist eine Nachbildung von Zeduans berühmtem Qingming-Gemälde. Dieses wird lebendig mit herumstreifenden Schauspielern in Kostümen der Song-Ära, kulturellen Aufführungen, Volkskunst und Musikvorführungen. Wer über die Anzahl der Souvenirstände hingwegsehen kann, wird hier seinen Spaß haben (es gibt eine Hochzeitszeremonie und sogar ein nachgestelltes Schiffsgefecht samt Pyrotechnik draußen auf dem See). Mit dem Abendticket kommt man schon tagsüber

Kaifeng

Highlights
Tempel Xiangguo C4
Zunfthalle Shanshangan C3

Sehenswertes
1 Dongda-Moschee C4
2 Drachenpavillon B2
3 Eisenpagodenpark D1
4 Flusslandschaftspark Qingming-Garten B2
5 Kaifeng Fu B4
6 Kaifeng-Museum A4
7 Longting-Park B3
8 Stadtmauer C1
9 Synagoge von Kaifeng (ehem. Standort) C3

Schlafen
10 Jinjiang Inn B4
11 Internationale Jugendherberge Kaifeng B4
12 Soluxe Hotel Kaifeng C4

Essen
13 Gulou Nachtmarkt C3
14 Xisi Nachtmarkt A3

Praktisches
15 Kaifeng No 1 People's Hospital C3
16 Zhangzhongjing-Apotheke B3

Transport
17 Busbahnhof Xiangguosi B4
18 Fernbusbahnhof Süd C6
19 Fernbusbahnhof West A4
20 IATA-Flugticketbüro B4
21 Zugfahrkartenbüro B4

hinein und bucht einen Platz für eine farbenfrohe Abendvorführung (20.10 Uhr) auf dem See.

Longting-Park PARK
(龙亭公园; Longting *gongyuan*; ☎566 0316; Zhongshan Lu; Eintritt 35 Yuan; ⏱7–18.30 Uhr) Stätte des ehemaligen Kaiserpalastes, besteht zum großen Teil aus Seen, in die im Winter abgehärtete Schwimmer springen. Der **Drachenpavillon** (龙亭; Long Ting), zu dem eine Brücke führt, kann bestiegen werden und bietet einen Blick von oben auf die Stadt.

Stadtmauern HISTORISCHE STÄTTE
Kaifeng wird von einer relativ intakten, stark restaurierten Mauer aus der Qing-Zeit (城墙) umgeben. Die hinteren Bereiche der Befestigungswälle, die von grauen Ziegeln umschlossen sind, sind kürzlich eher unschön mit Beton verstärkt worden . Die heutige Bastion wurde auf den Fundamenten der **Inneren Mauer** (内城; Neicheng) der Song-Dynastie erbaut. Dahinter erhob sich die mächtige, inzwischen zerfallene **Äußere Mauer** (外城; Waicheng), ein gewaltiger Bau mit 18 Toren, der in einer Schleife südlich der Po-Pagode verlief, während die alte **Kaisermauer** (皇城; Huangcheng) den kaiserlichen Palast schützte.

Synagoge von Kaifeng HISTORISCHE STÄTTE
(开封犹太教堂; Kaifeng Youtai Jiaotang Yizhi; 59 Beitu Jie) Leider ist von der Synagoge nichts erhalten geblieben als ein Brunnen mit einem Eisendeckel im Kesselraum des Krankenhauses für traditionelle chinesische Medizin Kaifeng. Da das neue Krankenhaus zum Zeitpunkt der Recherche noch renoviert wurde, sollten sich Besucher zunächst erkundigen, ob das Krankenhaus Besichtigungen überhaupt zulässt. Der Geist der Synagoge klingt aber noch nach im Namen der Ziegelgasse unmittelbar südlich des Krankenhauses: **Jiaojing *hutong*** (教经胡同; Gasse der Torah-Lehre). In dem Haus mit dem blauen Schild lebt eine einheimische englischsprachige Führerin (yisrael-kaifeng@hotmail.com), die sich in der jüdischen Geschichte der Gegend auskennt. Wer sie als Führerin buchen will oder ein ausgiebiges Gespräch mit ihr sucht, schickt einfach eine E-Mail.

Dongda-Moschee MOSCHEE
(东大寺; Dongda Si; 39 Mujiaqiao Jie) Im Süden befindet sich Kaifengs wichtigster Muslimbezirk, dessen Wahrzeichen und Ort der Verehrung die im Stil chinesischer Tempel erbaute Moschee ist. Die Straßen tragen fantasievolle Namen wie Shaoji *hutong* (Brathuhngasse).

Schlafen

Internationale Jugendherberge Kaifeng JUGENDHERBERGE €
(开封国际青年旅舍; Kaifeng Guoji Qingnian Lüshe; ☎255 2888; 30 Yingbin Lu; 迎宾路 30

号; B 50 Yuan, EZ 120 Yuan, DZ & 2BZ 140 Yuan; ❄@📶) Die erste und einzige Jugendherberge der Stadt, am Baogong-See gelegen, hat hilfsbereites, englischsprachiges Personal und ist mit Bussen gut zu erreichen. Die Mehrbettzimmer mit Etagenbetten sind mit einer eigenen Dusche ausgestattet, die Privatzimmer bieten Flatscreen-TV, Klimaanlage und einen Internet-Kabelanschluss. Kaltes Bier, eine Speisekarte mit vielen chinesischen und westlichen Gerichten und ein Pool-Tisch helfen, die Zeit zu vertreiben. Mietfahrräder kosten 20 Yuan pro Tag.

Soluxe Hotel Kaifeng HOTEL €€€
(开封阳光酒店; Kaifeng Yangguang Jiudian; ☎595 8888; 41 Gulou Jie; 鼓楼街 41 号; EZ & DZ 518 Yuan; ❄@) Das schicke Soluxe Hotel bietet kompakte, aber moderne Zimmer im Business-Stil in Schattierungen von Braun und Weiß. Flatscreen-TVs und PCs runden das Angebot ab. Preisnachlässe von 40 %. Im Erdgeschoss liegt ein attraktives und vornehm aussehendes Braten-ten-Restaurant.

Jinjiang Inn HOTEL €
(锦江之星; Jinjiang Zhixing; ☎399 6666; 88 Zhongshan Lu; 中山路 88 号; EZ & DZ 159–179 Yuan; ❄@) Dieser Ableger einer Hotelkette in bester Lage an der Kreuzung der Zhongshan Lu hat alles, worauf es ankommt: effizientes Personal, saubere Zimmer, moderne Einrichtung, Flatscreen-TV und gute sanitäre Anlagen.

Essen & Ausgehen

Xisi Nachtmarkt MARKT €
(西司夜市; Xisi Yeshi; Dingjiao Jie; Imbisse ab 2 Yuan; ⏲ab 6.30 Uhr) Alles schiebt sich durchs Gedränge, vorbei an Ständen, an denen Hui-Moslem-Köche Kebab und *nang*-Brot zubereiten, vorbei an rotgesichtigen Popcornverkäufern und duftenden Ständen, an denen geräuchertes Fleisch, herzhafte *jianbing guozi* (煎饼裹子; Pfannkuchen mit gehackten Zwiebeln), Süßkartoffeln, Kaninchenbraten, *xiaolongbao* (Klöße nach Shanghai-Art), Erdnusskuchen (花生糕; *hua sheng gao*) und Becher mit Zuckerrohrsaft feilgeboten werden. Hier lohnt es sich auch, nach *yangrou kangmo* (羊肉炕馍; Lamm im Brotpäckchen) Ausschau zu halten, eine köstliche regionale Spezialität der Kaifeng-Muslime. Eine gute Wahl sind außerdem *yangrou chuan* (羊肉串; Lammkebabs). Nudelverkäufer ziehen und drehen frische *niu rou lamian* (牛肉拉面; Nudeln in Rindfleischbrühe).

Zwischen den Flammen und den Dampfwolken der Öfen tänzeln Verkäufer von *xingren cha* (杏仁茶; Mandeltee), einer zuckrigen Mixtur aus kochendem Wasser, angedickt mit gemahlenen Mandeln, roten Beeren, Erdnüssen, Sesamsamen und kandierten Kirschen.

Gulou Nachtmarkt MARKT €
(鼓楼夜市; Gulou Yeshi; in einer Nebenstraße der Sihou Jie; Imbisse ab 2 Yuan; ⏲ab 18.30 Uhr) Kaifengs Nachtmarkt mit seinen Dampfschwaden, seinem Gedränge und seinem Lärmpegel wurde keimfrei gemacht und verlegt. Das Essen ist immer noch das Gleiche, aber die Authentizität wurde gegen pseudo-antike Tische und Bänke eingetauscht, und die Stände sind jetzt in hölzernen Hütten untergebracht. Das hält die Einheimischen aber noch lange nicht davon ab, sich prächtig zu amüsieren. Am Tsingtao-Stand werden Krüge (壶; *hu*; 15–18 Yuan) voller Lager vom Fass (黄扎; *huang zha*), Ale (红扎; *hong zha*) und Stout (黑扎; *hei zha*) ausgeschenkt. Östlich der Shudian Jie und ringsum verkaufen weitere Stände Essen oder Kleidung, Spielzeuge und Bücher.

Praktische Informationen

In der Gegend rings um die Zhongshan Lu finden sich Internetcafés, aber zum Zeitpunkt der Recherche brauchte man einen einheimischen Ausweis zum Surfen; allerdings lassen manche Läden einen für etwa eine Stunde online gehen.

Bank of China (中国银行; Zhongguo Yinhang; Ecke Xi Dajie & Zhongshan Lu) 24-Std.-Geldautomat (MasterCard und Visa).

Büro für Öffentliche Sicherheit (PSB; 公安局; Gong'anju; ☎532 2242; 86 Zhongshan Lu; ⏲Mo–Fr 8.30–12 & 14.30–18 Uhr) Visaverlängerungen.

China Construction Bank (中国建设银行; Zhongguo Jianshe Yinhang; Gulou Jie) 24-Std.-Geldautomat (Cirrus, Maestro, Visa und MasterCard).

Kaifeng No 1 People's Hospital (开封第一人民医院; Kaifeng Diyi Renmin Yiyuan; ☎567 1288; 85 Hedao Jie)

Post (中国邮政; Zhongguo Youzheng; Ziyou Lu; ⏲8–17.30 Uhr)

Zhangzhongjing-Apotheke (张仲景大药房; Zhangzhongjing Dayaofang; ⏲Sommer 7.30–22 Uhr, Winter 8–21 Uhr) Neben der Zunfthalle Shanshangan.

An- & Weiterreise

Bus

Busse vom **Fernbusbahnhof West** (长途汽车西站; *changtu qiche xizhan*) fahren nach:

Dengfeng 35 Yuan, 3 Std., 2-mal tgl. (9.30 und 13.20 Uhr)

Luoyang 57 Yuan, 3 Std., 2-mal tgl. (9 und 14 Uhr)

Xinxiang 26 Yuan, 2 Std., 6-mal tgl.

Zhengzhou 8 Yuan, 1½ Std., alle 20 Min. (6.20–19.30 Uhr)

Busse vom **Fernbusbahnhof Süd** (长途汽车南站; *changtu qiche nanzhan*), gegenüber dem Bahnhof, fahren außerdem nach:

Anyang 54 Yuan, 4 Std., Linienverkehr

Luoyang 57 Yuan, 3 Std., stündl.

Xinxiang 32 Yuan, 2 Std., alle 40 Min.

Zhengzhou 8 Yuan, 1½ Std., alle 15 Min.

Flugzeug

Der nächste Flughafen ist Zhengzhou. Tickets gibt's beim **IATA-Flugticketbüro** (☎595 5555; Hangkong Dasha) neben dem PSB; von hier fahren täglich zwei kostenlose Busse (8 und 14 Uhr) zum Flughafen Zhengzhou. Es gibt außerdem ein **Flughafenshuttle** von der Ecke Gulou Jie und Jiefang Lu (40 Yuan, 1½ Std., 10-mal tägl).

Zug

Tickets gibt's im **Fahrkartenbüro** (火车票代售; *huochepiao daishou*; Yingbin Lu; ⌚8–12 & 13.30–17.30 Uhr) schräg gegenüber deJugendherberge Kaifeng.

Beijing West Sitz/Schlafwagen 99/185 Yuan, 12 Std.

Luoyang 40–80 Yuan, 2½ Std., 8-mal tgl.

Shanghai Hart-/Weichsitzer 235/375 Yuan, 7 Std., 8.59 & 15.53 Uhr

Xi'an Sitz/Schlafwagen 85/155 Yuan, 8 Std., regelmäßig

Zhengzhou 25–30 Yuan, 45 Min.

Unterwegs vor Ort

Von der Zhongshan Lu fahren Busse zu den meisten Sehenswürdigkeiten (1 Yuan). Am einfachsten kommt man mit Taxis (Grundgebühr 5 Yuan) herum; eine Fahrt vom Bahnhof zur Zhongshan Lu müsste etwa 7 Yuan kosten. Fahrradtaxis besser meiden, da die Fahrer Touristen gern übers Ohr hauen.

Zhuxian Zhen 朱仙镇

23 km nördlich von Kaifeng befindet sich die antike Stadt **Zhuxian** (Unsterblicher Zinnober). Manche halten diesen Ort für eine von Chinas vier „alten" Städten – die anderen drei sind Hanko (Handel), Jingdezhen (Porzellan) und Foshan (Seide). In Zhuxian wird heute noch die 1000 Jahre alte Kunst des Holztafeldrucks (木板年画; *hankou*) ausgeübt.

Sobald das Frühlingsfest naht, pflastern Familien mit diesen Drucken traditionell ihre Türfronten und Häuser (allerdings werden mittlerweile auch schon oft industrielle Drucke verwendet), um Glück und Wohlstand für das bevorstehende Jahr einzuladen. Etwa fünf Familien üben diese Kunst heute noch aus. Sorgfältig werden Sätze hölzerner Tafeln geschnitzt; für jeden Druck sind fünf bis sieben Blöcke erforderlich, einer für die einfachen schwarzen Umrisse und jeweils einer für jede Farbe. Auf diese werden Pigmente (meist rot, blau, gelb, schwarz und grün) aus Naturmaterialien wie Samen und Pflanzen mit handgefertigten Pinseln aufgetragen und dann auf Reispapier gedruckt. Zuerst wird der schwarze Umriss gedruckt und das Papier getrocknet, dann wird der gesamte Vorgang für jede Farbe wiederholt. Die Drucke zeigen volkstümliche chinesische Figuren, Götter und andere Figuren, die Glück und Segen symbolisieren. Diese grellfarbigen Drucke sind beschämend billig (von 5 bis 30 Yuan für Drucke in Din-A-4-/Briefpapiergröße; bis zu 100 Yuan für einen Druck, der mit 150 Jahre alten Blöcken angefertigt wurde).

Interessant ist ein Besuch bei **Tiancheng Nianhua Laodian** (天成年画老店), 100 m nördlich vom Tempel Yuefei. Der Künstler und Eigentümer Herr Yin (尹) ist Kunsthandwerker in der 5. Generation; seine Familie ist schon seit über 200 Jahren im Geschäft, „mit Ausnahme von etwa 30 Jahren wegen der Kulturrevolution". Sein Werk wurde bei den Olympischen Spielen 2008 in Beijing und bei der Weltausstellung 2010 in Shanghai präsentiert. Hier gibt's ein wunderschön gebundenes Buch mit Drucken samt Erläuterungen in englischer Sprache in einer hölzernen Präsentationsbox für 200 Yuan (wenn Herr Yin jemanden nett findet, geht er auch schon mal auf 180 Yuan herunter). Es gibt mehrere weitere Werkstätten am Kanal am Ende der Stadt.

Wer die Stadt weiter erkundet, stößt auf zwei Tempel an der Hauptstraße: den **Tempel Yuefei** (岳飞庙; Yuefei Miao; Eintritt 20 Yuan) und den **Tempel Guanyu** (关羽庙; Guanyu Miao; Eintritt 1 Yuan). Etwa 700 m von der Hauptstraße nach Süden führt ein breiter Steinweg zum **Tempel Qingzhen** (清真寺; Qing Zhen Si; Eintritt frei). Dies ist eine Moschee auf einem traditionellen chinesischen Tempelgelände mit einem hübschen Rosengarten. Hier gibt es einen Stand mit **aufwendigen Scherenschnitten** von Herrn Hu (胡). Der Künstler hat es ins *Guinness-Buch der Rekorde* geschafft, indem er 10 000 (!) Papierschmetterlinge ausgeschnitten hat. An der Wand hängt eine Scherenschnittversion von Zeduans berühmtem Qingming-Bild.

Vom Busbahnhof Xiangguo Si (相国寺汽车站) an der Zhongshan Lu fahren Busse (6 Yuan, 45 Min., alle 12 Min.) bis nach Zhuxian. Der letzte Bus aus Zhuxian fährt um 17.50 Uhr ab. Unterwegs geht's durch eine belebte Durchgangsstraße; hier aussteigen.

Hubei

BEVÖLKERUNG: 61,8 MIO.

Inhalt »

Wuhan ... 469
Jingzhou ... 474
Rund um Jingzhou ... 476
Wudang Shan ... 476
Shennongjia ... 480
Yichang ... 481

Die beeindruckendsten Landschaften

» Shennongjia (S. 480)
» Wudang Shan (S. 476)
» Drei Schluchten (S. 868)

Interessante Geschichte

» Jingzhou (S. 474)
» Wudang Shan (S. 476)
» Wuhan (S. 469)

Auf nach Hubei

Ganze Scharen von Besuchern kommen nach Hubei (湖北) durch die fantastischen Drei Schluchten, dem steilwandigen geologischen Wunder, das im benachbarten Chongqing beginnt und hier endet. Dieses Erlebnis ist eine perfekte Einstimmung für Hubeis dramatische Naturschönheit.

Das von Flüssen – darunter der gewaltige Jangtse – durchschnittene und von Seen durchsetzte Hubei ist weitgehend grün und fruchtbar, seine westlichen Regionen aber werden von einer herrlichen Gebirgslandschaft dominiert. Die spektakuläre Schönheit der Nationalparks wie Shennongjia verschlägt einem schier den Atem, und die heiligen Gipfel des Wudang Shan verleihen der grandiosen Landschaft zusätzlich eine hohe kulturelle Bedeutung.

Hubeis zentrale Lage bescherte der Provinz eine Schlüsselrolle in der chinesischen Geschichte. Rund um die alte Stadt Jingzhou finden sich zahlreiche Spuren des großen Reiches Chu, das vor über 2000 Jahren in diesem Teil Chinas herrschte. Chinas neuere Geschichte dagegen ist eng mit Hubeis riesiger, kampfvernarbter Hauptstadt Wuhan verwoben.

Reisezeit

Wuhan

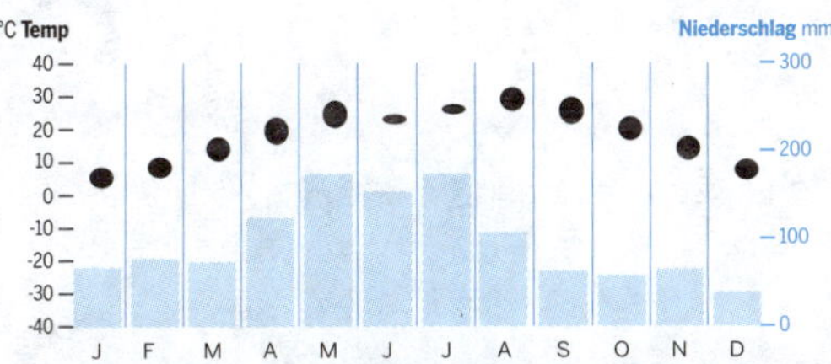

März & April Kühler als in den Sommermonaten, aber den Regenschirm nicht vergessen!

September–November Wenn die drückende sommerliche Hitze vorbei ist.

November–März Schneebedeckt ist der Wudang Shan schöner denn je. Warme Kleidung einpacken!

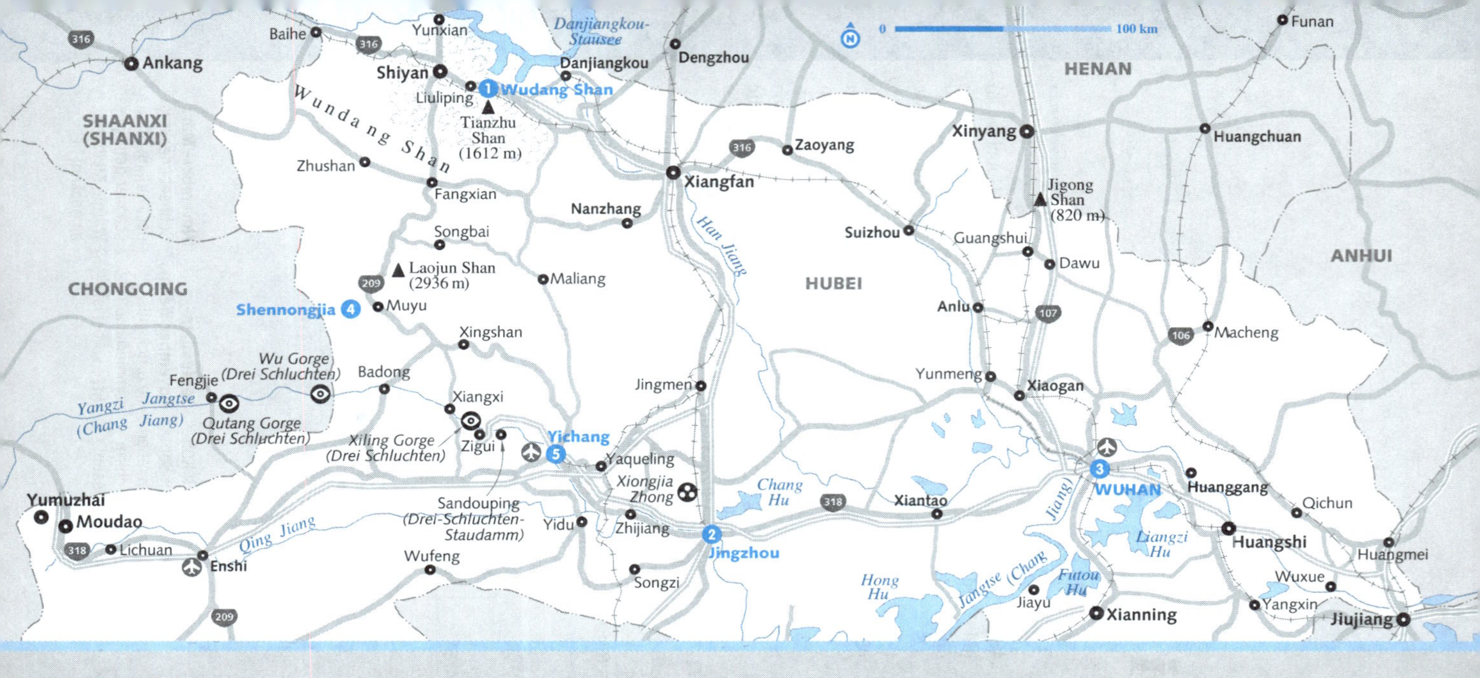

Highlights

1 Tai-Chi dort studieren, wo alles begann: an den grandiosen Abhängen des **Wudang Shan** (S. 476)

2 Die historischen Tore, Stadtmauern und verfallenen Tempel des alten **Jingzhou** (S. 474) erkunden

3 Im Konzessionsbereich am Fluss des gewaltigen **Wuhan** (S. 469) eine Bar suchen und ein kühles Blondes genießen

4 Chinas weitläufige Städte fliehen und in der Wildnis des fantastischen **Shennongjia** (S. 480) zelten

5 Entgegen den Touristenströmen die Drei-Schluchten-Tour nicht in Chongqing, sondern in **Yichang** (S. 481) beginnen

PREISE

In diesem Kapitel werden die folgenden Preiskategorien verwendet:

Schlafen

€	unter 200 Yuan
€€	200 bis 500 Yuan
€€€	über 500 Yuan

Essen

€	unter 40 Yuan
€€	40 bis 100 Yuan
€€€	über 100 Yuan

Geschichte

Das Gebiet von Hubei erlangte zum ersten Mal Bekanntheit zur Zeit der Östlichen Zhou (700–221 v.Chr.), als das mächtige Reich Chu, dessen Herz im heutigen Jingzhou schlug, seine Blütezeit erreichte. Zum zweiten Mal nahm Hubei zur Zeit der Drei Reiche (220–280 n.Chr.) eine wichtige Schlüsselrolle ein. In dem chinesischen Klassiker *Die Geschichte der Drei Reiche (San Guo Yanyi)* wird Jingzhou häufig namentlich erwähnt. In den darauffolgenden Jahrhunderten gewährleistete der mächtige Jangtse einen gewinnbringenden Handel besonders für Wuhan, Chinas größten Binnenhafen und Schauplatz des Aufstands im Jahr 1911, der zum Fall der Qing und zur Gründung der Chinesischen Republik führte.

Klima

Selbst im „Hochofen" Hubeis, Wuhan, herrscht nur in den Monaten Juli und August eine erdrückende Hitze. In den anderen Monaten ist es deutlich angenehmer, und in den westlichen Bergen ist das Klima generell gemäßigter. Der Südosten ist ausgesprochen regenreich, doch nach Norden und Westen nimmt die Regenhäufigkeit ab. Der meiste Regen fällt von April bis Juli.

Sprache

In Hubei werden zwei Dialektvariationen des Nördlichen Mandarin gesprochen – das südwestliche Mandarin und das untere mittlere Jangtse-Mandarin –, während zahlreiche Bewohner des Südostens Gan sprechen, einen Mandarin-Dialekt aus Jiangxi.

Wuhan

027 / 4,26 MIO. EW.

Wuhan ist eine ausgedehnte gigantische Verschmelzung dreier ehemals separater Städte (Wuchang, Hankou und Hanyang). Doch der Jangtse bahnt sich seinen Weg durch das Zentrum, teilt die Stadt in zwei Hälften und gewährt kleine Verschnaufpausen inmitten der hoch aufragenden Gebäude und des dröhnenden Verkehrs, und auch die zahlreichen Seen und ein paar schöne Sehenswürdigkeiten bieten willkommene Abwechslung.

Geschichte

Die Stadt heißt zwar erst seit 1927 Wuhan, doch der einflussreiche Status der drei mächtigen Teile der Stadt ist auf die Zeit der Han-Dynastie zurückzuführen, als Wuchang und Hankou miteinander um politischen und wirtschaftlichen Einfluss konkurrierten. Mit dem Vertrag von Nanking wurde die Stadt im 19. Jh. für den Außenhandel geöffnet.

Der Aufstand von 1911 bedeutete für die Qing-Dynastie den Anfang vom Ende. Vieles von dem, was damals nicht zerstört wurde, wurde schließlich im Jahr 1944 plattgemacht, als die amerikanischen Truppen die Stadt, nachdem sie unter japanische Kontrolle gefallen war, mit Brandbomben belegten.

Sehenswertes & Aktivitäten

In Hankou ist das Gebiet westlich der Yanjiang Dadao nach wie vor ein Sammelsurium von **Architektur der Konzessionszeit** und alten Konsulatsgebäuden.

Ein Bummel den **Hankou-Bund** (汉口海滩; Hankou Haitan) entlang ist ein beliebter frühabendlicher Zeitvertreib. Der Bund ist im Grunde ein langgestreckter Park, der am Westufer des Jangtse verläuft, und ein beliebter Treffpunkt der Einheimischen, die hier Sport treiben, Schwatzen und Drachen steigen lassen.

GRATIS **Provinzmuseum Hubei** MUSEUM

(湖北省博物馆; Hubei *sheng bowuguan*; 156 Donghu Lu; 东湖路 156 号; 9–17 Uhr, kein Einlass nach 15.30 Uhr, Mo geschl.) Das Herzstück dieses fabelhaften Museums ist seine Ausstellung von Gegenständen aus dem Grab des Markgrafen Yi von Zeng, zu dem unter anderem eines der größten Musikinstrumente der Welt gehört, ein bemerkenswerter fünf Tonnen schwerer Satz von

Wuhan

64 Zweiton-Bronzeglocken. Nebenan zeigt das **Kunstmuseum Hubei,** zu dem der Eintritt ebenfalls frei ist, häufig sehenswerte Ausstellungen. Beide Museen liegen neben dem gewaltigen **Ost-See** (东湖; Dong Hu). Bus 402 oder 411.

Tempel Guiyuan BUDDHISTISCHER TEMPEL
(归元寺; Guiyuan Si; 20 Cuiweiheng Lu; 翠微横路 20 号; Eintritt 10 Yuan; ⌚8–17 Uhr) Hinter einem großen, rechteckigen Teich, in dem sich Schildkröten wie Überlebende eines Schiffsunglücks an zwei Lotosblüten aus Metall klammern, befindet sich in der ersten Halle ein herrlich poliertes Schränkchen, das Milefo beherbergt. Ein weiteres Glanzlicht in diesem 350 Jahre alten buddhistischen Tempel ist die Sammlung von über 500 Statuen erleuchteter Schüler, die in der Halle der *arhats* (罗汉堂; *luohan tang*) untergebracht ist. Sie wurde im Jahr 1890 nach neunjähriger Arbeit fertiggestellt und ist noch immer in ihrem ursprünglichen Zustand. Im Mahasattva-Pavillon (大士阁; Dashi Ge) beeindruckt die 2 m hohe Tafel aus der Tang-Dynastie mit einer eingearbeiteten Guanyin, die einen Weidenzweig hält, und im **Cangjing-Pavillon** (藏经阁; Cangjing Ge) befindet sich

Wuhan

Sehenswertes
1 Museum der Revolution von 1911 .. C5
2 Tempel Changchun D5
3 Tempel Guiyuan A4
4 Turm des Gelben Kranichs C4

Aktivitäten, Kurse & Touren
5 Öffentliches Schwimmbad C2

Schlafen
6 Marco Polo C2
7 Pfadfinder-Jugendherberge D4
8 Tomolo B2
9 Wanke Binguan C1
10 Zhong Hui Hotel C5

Essen
11 Crown Bakery D5
12 Hubu Xiang Snack Street C4
Vegetarisches Restaurant Changchun Tempel .... (siehe 1)
13 Xiao Beike C2

Ausgehen
14 Cafés C2
15 Nachtclubs C2
16 York Teahouse C2

Praktisches
17 HSBC ATM A1
18 Pu'an-Apotheke B2
19 Public Security Bureau C1
20 Zhonglian-Apotheke D5

Transport
21 Fernbusbahnhof Fujiapo D5
22 Fernbusbahnhof Hongji D5
23 Wuhan-Guan-Kai C3
24 Zhonghua-Lu-Kai C4

ein Jadebuddha. Zum Tempel fahren die Busse 401 und 402.

Turm des Gelben Kranichs

HISTORISCHE STÄTTE

(黄鹤楼; Huanghe Lou; Wuluo Lu; Eintritt 80 Yuan; ⏲7.30–17.30 Uhr, in den Sommermonaten bis 18.30 Uhr) Wuhans magischer tanzender Kranich, durch die Gedichte Cui Haos unsterblich geworden, ist schon lange davongeflogen, doch der Stolz und die Freude der Stadt hockt immer noch oben auf dem Schlangenhügel. Seit seiner Errichtung im Jahr 223 n.Chr. wurde der Turm immer wieder neu aufgebaut; die heutige, wunderschöne fünfgeschossige Version mit ihren gelben Dächern ist eine Rekonstruktion des im Jahr 1884 durch Feuer zerstörten Qing-Turms aus den 1980er-Jahren. Hierher fahren die Busse 401, 402 und 411 und die Oberleitungsbusse 1 und 10.

Tempel Changchun

TEMPEL

(长春观; Changchun Guan; Eintritt 10 Yuan; ⏲8–17 Uhr) Die Wurzeln dieses bezaubernden taoistischen Tempels reichen zurück bis zur Han-Dynastie, allerdings wurde er in den letzten Jahren stark renoviert. Herzstück des Tempels bildet die Halle der Höchsten Reinheit (Taiqing *dian*), die eine weißbärtige Statue Laotses beherbergt. Die dahinterliegenden steilen Stufen führen zu weiteren Hallen. Direkt nebenan befindet sich ein angesehenes vegetarisches Restaurant (S. 472). Hierher verkehren die Busse 411, 401 und 402.

GRATIS Museum der Revolution von 1911

MUSEUM

(辛亥革命博物馆; Xinhai Geming *bowuguan*; Shouyi Guangchang (Platz des Aufstands); 首义广场; ⏲9–17 Uhr, Mo geschl.) Die Propagandamaschine der Kommunistischen Partei Chinas läuft hier auf Hochtouren, aber es gibt ein paar interessante alte Fotos. Untergebracht in einem auffallenden roten felsartigen Gebäude.

Ost-See

SCHWIMMEN

(东湖游泳池; Donghu Youyongchi; Eintritt 10 Yuan; ⏲9–22 Uhr) Im Sommer bietet dieser Abschnitt des Ost-Sees, der zum Schwimmen abgesperrt wurde, eine willkommene Zuflucht vor der drückenden Hitze der Stadt. Mit Bus 402 zur Donghu Donglu Youyongchi (东湖东路游泳池).

Schlafen

LP TIPP Pfadfinder-Jugendherberge

JUGENDHERBERGE €

(探路者国际青年旅社; Tanluzhe Guoji Qingnian Lüshe; ☎8884 4092; yhawuhan@hotmail.com; 368 Zhongshan Lu; 中山路 368 号; B/Zi ab 40/138 Yuan; ❄@📶) Wuhans beste Budgetunterkunft neben der Hubei-Kunstgalerie (湖北美术馆; Hubei Meishuguan) verströmt die Atmosphäre eines Kunst-Lagerhauses, wo die Gäste Graffiti an den

Wänden hinterlassen. Die mit Kiefernholz ausgestatteten Zimmer sind elegant und sauber; die Badezimmer sind klein und mit Hock-Toiletten ausgestattet (die Gemeinschaftsbäder haben Sitztoiletten), aber überall sonst ist es geräumig. Das Hostel verfügt außerdem über Internetanschluss, Reisetipps, echten Kaffee und sehr hilfsbereites, Englisch sprechendes Personal. Von Ausgang A2 der Metrostation Pangxiejia (螃蟹岬) geht es auf der Zhongshan Lu zu Fuß nach Süden; das Hostel liegt auf der rechten Seite.

Tomolo BOUTIQUEHOTEL €€€
(天美乐饭店; Tianmeile Fandian; ☎8275 7288; 56 Jianghan Sanlu; 江汉三路 56 号; Zi 698 Yuan, mit Preisnachlässen 348 Yuan; ❄@📶) Dieses Boutiquehotel ist etwas versteckt in einer Gasse abseits der modernen Fußgänger-Einkaufsstraße gelegen. Es bietet ein vorzügliches Preis-Leistungs-Verhältnis, befindet sich in absolut bester Lage, und die Ausstattung ist vom Feinsten. Die großen Zimmer sind mit Sofas, Breitbildfernseher, Internetzugang und üppigen Teppichen ausgestattet; die Badezimmer mit Mosaikfliesen und leistungsfähigen Duschen sind in erstklassigem Zustand; das Personal ist äußerst zuvorkommend. Es gibt hervorragende Preisnachlässe.

Wanke Binguan HOTEL €
(万可宾馆; ☎8271 9922; 315 Shengli Jie; 胜利街 315 号; Zi ab 178 Yuan, mit Preisnachlässen 128 Yuan; ❄@) Durch ihre Holztreppe und Holzdielen wirkt diese einfache Billigunterkunft ungewöhnlich schick. Gute Lage in den Randbezirken der hübschen ehemaligen Konzessionsgegend und in der Nähe des Flusses. Internetanschluss für Laptop-Besitzer. Kein englisches Schild und hier wird kein Englisch gesprochen.

Zhong Hui Hotel HOTEL €
(中惠宾馆; Zhonghui Binguan; ☎8805 9288; 188 Shouyi Xincun; 首义新村 188 号; Zi ohne/mit Fenster 118/208 Yuan; ❄@) Dieses Dreisternehotel bietet gut gepflegte Räume mit sauberen Badezimmern. Die billigen Zimmer sind kleiner und fensterlos, aber immer noch komfortabel, und es macht Spaß, mit dem außen gelegenen Messinglift hinaufzufahren. Im Preis ist das Frühstück enthalten. Einige Zimmer haben einen Computer, andere haben einen Internetanschluss. Die Zimmer für 208 Yuan sind meist für 168 Yuan zu haben.

Marco Polo HOTEL €€€
(马哥孛罗酒店; Mage Boluo Jiudian; ☎8277 8888; www.marcopolohotels.com; 159 Yanjiang Dadao; 沿江大道 159 号; Zi ab 850 Yuan, mit Flussblick 1050 Yuan; ❄@📶🏊) Das Marco Polo ist das am besten gelegene Fünfsternehotel in Wuhan. Es bietet Panoramablicke auf den Jangtse und dahinter liegt der von Bäumen gesäumte ehemalige Konzessionsbereich, der von Bars, Cafés und Restaurants durchsetzt ist.

Essen

In Hankou ist in den Gassen nördlich der Zhongshan Dadao zwischen der Qianjin Yilu und der Qianjin Silu besonders viel los. An der **Jiqing Jie** (吉庆街) gibt's zahlreiche *dapaidang* (Imbissstände und Straßenrestaurants), die Fisch, Meeresfrüchte und Ente verkaufen, besonders in der Gegend der Dazhi Lu. Die **Cai'e Lu** (才俄路), an der das Restaurant Xiao Beike liegt, ist gespickt mit *shaokao* (烧烤; Grills).

In Wuchang geht man einfach der Nase nach und gelangt so in die äußerst beliebte **Imbissstraße Hubu Xiang** (户部巷小吃; Hubu Xiang Xiaochi).

Zum Frühstück – das in Wuhan *guozao* (过早) heißt – gibt es vor allem *regan mian* (热干面; wörtlich „heiß-trockene Nudeln"; 4 Yuan).

LP TIPP **Xiao Beike** CHINESISCH €€
(小贝壳; 129 Dongting Jie; 洞庭街 129 号; Hauptgerichte 20–50 Yuan; ⏲9.30–22.30 Uhr) Dieses schicke Restaurant mit einer herrlichen baumbestandenen Terrasse bietet eine hervorragende Auswahl chinesischer Gerichte aus dem ganzen Land, wobei Gerichte aus Hubei, Sichuan und Chongqing ganz oben stehen. Ebenso empfehlenswert ist eine Reihe von Fischgerichten, darunter Wels aus dem Jangtse und köstliche Jakobsmuscheln. Kein englisches Schild – das Restaurant liegt in dem gelben Gebäude an der Ecke Dongting Jie und Cai'e Lu (蔡锷路) –, aber es gibt eine englische Speisekarte mit Fotos.

Vegetarisches Restaurant Tempel Changchun VEGETARISCH €€
(长春观素菜餐厅; Changchunguan Sucai Canting; 145 Wuluo Lu; 武珞路 145 号; Hauptgerichte 20–50 Yuan; ⏲9.30–21 Uhr; 🖉) Dieses Restaurant liegt neben einem taoistischen Tempel und präsentiert stolz bizarre Pseudo-Fleisch-Kreationen, aber auch Fischgerichte. Foto-Speisekarte.

Crown Bakery BÄCKEREI €
(皇冠蛋糕; Huangguan Dangao; 345 Wuluo Lu; 武珞路 345号; ⌚7–21 Uhr) Fabelhaft gelegen in einer alten kreuzförmigen Kirche aus dem Jahr 1907 mit intakter originaler Holzdecke und jeder Menge Jesus-Bildern. Hier punktet die Atmosphäre. In der Apsis kann man das Brot brechen und Eiertörtchen (4 Yuan), Tee (5 Yuan), Instantkaffee (5 Yuan) oder Kuchen satt (2 bis 5 Yuan) bestellen.

Ausgehen & Unterhaltung

Wer sich einen schönen Abend machen will, geht nach Hankou und beginnt am besten mit der Yanjiang Dadao (沿江大道) und den angrenzenden Gässchen. Zum Fährhafen hin liegen ein paar neon-tastische **Nachtclubs**, während die kleinen Gassen wie die Lihuangpi Lu (黎黄陂路) kitschige **Cafés in westlichem Stil** beherbergen.

York Teahouse BAR
(约克英式茶馆; Yueke Yingshi Chaguan; 162 Yanjiang Dadao; ⌚13–3 Uhr) Dieser Oldtimer, den es schon seit 2001 am Flussufer gibt, wird geführt von „Mr. Sugar“ (Tang Xiansheng). Drinnen ist ein Labyrinth von Räumen, aber draußen gibt's reichlich Platz zum Sitzen. Bier und Kaffee ab 20 Yuan.

Praktische Informationen

Die meisten Geldautomaten akzeptieren ausländische Karten. Auf der Karte sind einige verzeichnet, ebenso einige praktisch gelegene Zweigstellen der Post. Internetcafés (网吧; *wangba*) sind hier manchmal etwas zögerlich, Ausländer zu akzeptieren, denn sie müssen einen chinesischen Ausweis durchziehen, um ihre Nutzer zu registrieren. Alle aufgeführten Hotels haben irgendeinen Internetanschluss.

Büro für Öffentliche Sicherheit (PSB; 公安局; Gong'anju; ☎8539 5351; 7 Zhangzizhong Lu; 张自忠路 7号; ⌚8.30–12 & 14.30–17.30 Uhr) Kann Visa verlängern.

Pu'an-Apotheke (普安大药房; Pu'an Dayaofang; 148 Jianghan Lu; 江汉路 148号; ⌚24 Std.)

Zhonglian-Apotheke (中联大药店; Zhonglian Dayaodian; 404 Zhongshan Lu; 中山路 404号; ⌚24 Std.)

An- & Weiterreise

Bus

Es stehen diverse Fernbusbahnhöfe zur Auswahl, die alle ziemlich ähnliche Leistungen bieten. Der wichtigste Fernbusbahnhof von Hankou liegt neben dem Bahnhof Hankou. Die beiden wichtigsten in Wuchang sind der Fernbusbahnhof Fujiapo (傅家坡汽车客运站; Fujiapo *qiche keyunzhan*) und der Fernbusbahnhof Hongji (宏基长途汽车站; Hongji *changtu qichezhan*).

Busse verkehren zu den meisten großen Städten, sogar bis nach Shanghai und Beijing. Vom Fernbusbahnhof Hongji verkehren beispielsweise die folgenden Busse:

Jingzhou 75–89 Yuan, 3 Std., alle 45 Min. (7–20 Uhr)

Muyu (nach Shennongjia) 150 Yuan, 8 Std., 1-mal tgl. (8.50 Uhr)

Shiyan (zum Wudang Shan) 145 Yuan, 6 Std., 3-mal tgl. (8.40, 11.40 und 13.30 Uhr)

Yichang 115–142 Yuan, 4 Std., alle 30 Min. (6.50–18 Uhr)

Flugzeug

Tianhe International Airport (天河飞机场; Tianhe Feijichang; ☎8581 8888) liegt 30 km nordwestlich der Stadt und bietet Direktflüge z. B. nach Beijing (800 Yuan), Chengdu (600 Yuan) und Hongkong (1000 Yuan). Flüge lassen sich über elong.net oder ctrip.com buchen.

Es verkehren regelmäßig Flughafen-Shuttlebusse zum und vom Bahnhof Hankou (15 Yuan, 45 Min.) und vom Fernbusbahnhof Fujiapo (30 Yuan, 1 Std.). Ein Taxi kostet etwa 100 Yuan.

Zug

In Wuhan gibt es drei große Bahnhöfe: den Bahnhof Hankou (汉口火车站; Hankou Huochezhan), den Bahnhof Wuchang (武昌火车站; Wuchang Huochezhan) und den Bahnhof Wuhan (武汉火车站; Wuhan *huochezhan*), die bis zum Erscheinen dieses Reiseführers alle an das Metrosystem angeschlossen sein dürften.

Es gibt unter anderem folgende Züge:

Beijing D-Zug 2./1. Klasse Sitzplatz 267/333 Yuan, 10 Std., 3-mal tgl. (8.06*, 9.05* und 11.57*** Uhr)

Beijing Z-Zug Hart-/Weichschläfer 263/411 Yuan, 10 Std., 4-mal tgl. (20.24*, 21.03**, 21.09** und 21.12* Uhr)

*****Changsha** G-Zug 2./1. Klasse Sitzplatz 165/265 Yuan, 1½ Std., über 40-mal tgl. (7–19.55 Uhr)

*****Guangzhou** G-Zug 2./1. Klasse Sitzplatz 465/740 Yuan, 4 Std., über 40-mal tgl. (7–19.55 Uhr)

****Kunming** Hart-/Weichschläfer 380/600 Yuan, 26–30 Std., 3-mal tgl. (5.07, 10.55 und 22.46 Uhr)

***Shanghai** D-Zug 2./1. Klasse Sitzplatz 264/317 Yuan, 5–6 Std., 11-mal tgl. (7.05–17.23 Uhr)

***Wudang Shan** Hartsitzer 70 Yuan, 6–7 Std., 2-mal tgl. (10.35 und 16 Uhr)

***Xi'an** D-Zug 2./1. Klasse Sitzplatz 307/432 Yuan, 7½ Std. (9.15 Uhr)

****Yichang** Hartsitzer 54 Yuan, 5 Std. 4-mal tgl. (7.36, 11.26, 12.10 und 17.35 Uhr)

*(*Bahnhof Hankou; **Bahnhof Wuchang; ***Bahnhof Wuhan)*

Unterwegs vor Ort

Bus

Bus 10 (1,50 Yuan) Verbindet die Bahnhöfe Hankou und Wuchang miteinander.

Bus 401 (2 Yuan) Von Hanyang vorbei am Tempel Guiyuan, am Turm des Gelben Kranichs und am Tempel Changchun zum Ost-See.

Bus 402 (2 Yuan) Vom Bahnhof Wuchang zum Tempel Changchun und zum Turm des Gelben Kranichs, dann über Hanyang zur Yanjiang Dadao in Hankou und schließlich jenseits des Flusses zurück zum Provinzmuseum und einer halben Umfahrung des Ost-Sees.

Bus 411 (1,50 Yuan) Verkehrt über eine direktere Strecke vom Museum zum Turm des Gelben Kranichs und zum Tempel Changchun und dann weiter zum Bahnhof Hankou.

Fähre

Fähren (1,50 Yuan, 6.30–20 Uhr) verkehren täglich und bieten eine schnelle Möglichkeit, den Jangtse zwischen dem Pier an der Zhonghua Lu (中华路码头; Zhonghua Lu Matou) und dem Pier Wuhan Guan (武汉关码头; Wuhan Guan Matou) zu überqueren.

Metro

Wuhans noch im Aufbau begriffenes Metrosystem (地铁; *ditie*) umfasst Linie 1, eine oberirdisch verkehrende Stadtbahnlinie in Hankou, sowie die Linien 2 und 4, die den Fluss unterqueren und die Hauptbahnhöfe miteinander verbinden. Andere Linien werden gerade gebaut.

Jingzhou 荆州

0716 / 1,5 MIO. EW.

Als Hauptstadt des Königreichs Chu zur Zeit der Östlichen Zhou kann Jingzhou auf eine sehr alte Geschichte verweisen; heute ist es geprägt von gemütlichem Kleinstadtflair. Jingzhou ist eine der wenigen chinesischen Städte, die noch von einer intakten Stadtmauer umgeben sind, hat an einigen alten Tempeln festhalten können und kann sich eines beachtlichen Museums rühmen. Auf den umgebenden landwirtschaftlichen Nutzflächen befinden sich mehrere alte Begräbnisstätten, darunter Xiongjia Zhong, die größte je entdeckte Sammlung von Grabstätten aus dem Reich Chu.

Sehenswertes

Der von der Mauer umgebene Abschnitt von Jingzhou erstreckt sich über 3,5 km von Ost nach West und über 2,5 km von Nord nach Süd, mit imposanten Stadttoren an den wichtigen Stellen (und einigen kleineren Toren). Wer von den Hauptbahnhöfen aus den Bus nimmt, kommt am Neuen Osttor (新东门; *Xin Dongmen*) durch die Mauer und sieht die Jingzhou Nanlu (荆州南路) vor sich liegen und das ältere Osttor (东门; *Dongmen*) zur Rechten. Die Zhangjuzheng Jie (张居正街) führt vom Osttor weg und verläuft parallel zur Jingzhou Nanlu.

GRATIS **Jingzhou-Museum** MUSEUM

(荆州博物馆; Jingzhou *bowuguan*; Jingzhou Zhonglu; 荆州中路; Audiotour 20 Yuan, englischsprachiger Führer 200 Yuan; ⏲Di–So 9–17 Uhr) Das Highlight dieses ausgezeichneten Museums, das ein paar wundervolle Artefakte aus den Chu-Grabstätten der Gegend zeigt, ist der unglaublich gut erhaltene 2000 Jahre alte Leichnam eines Mannes, der zusammen mit Werkzeugen, Kleidung und sogar Essen in einem Grab gefunden wurde; seinen guten Konservierungszustand verdankt er unter anderem dem luftdichten Lehmsiegel um seine Krypta. Der Leichnam befindet sich in einem der Gebäude am großen Teich hinter dem Hauptgebäude. Mit Bus 12, 19 oder 101 zum Westtor (西门; *Ximen*), dann 200 m zurück.

Stadtmauer HISTORISCHE STÄTTE

Die ursprüngliche **Stadtmauer** (城墙; *chengqiang*) von Jingzhou war eine Lehmmauer aus der Zeit der Östlichen Han-Dynastie. Die erste Steinversion wurde zur Zeit der Fünf Dynastien und der Zehn Reiche erbaut. Die ältesten heute noch stehenden Abschnitte rund um das **Südtor** (南门; *Nanmen*) reichen zurück bis in die Song-Zeit; das meiste, was noch zu sehen ist, stammt aus der Ming- und Qing-Zeit. Am Südtor mit seiner noch intakten Umwallung bekommt man am ehesten eine Vorstellung vom Jingzhou des Mittelalters. Hier wimmelt es vor taoistischen Weissagern, Freiluft-Barbieren, die Rasuren mit Rasiermessern anbieten, und Gemüseverkäufern. Ein ähnlicher Rummel herrscht am **Osttor** (老东门; *Lao Dongmen*), ebenfalls mit einer Umwallung, wo man sich unversehens auf einen Jahrmarkt mit Hüpfburgen und Kostümverleih versetzt fühlt. Teile der Mauer sind – manchmal gegen einen kleinen Obolus (7 bis 27 Yuan) – begehbar, aber am schönsten ist die Stadtmauer zu bewundern, wenn sie auf einem Leihfahrrad zwischen Stadtmauer und Stadtgraben umrundet wird (1½ Std.). Der Weg eignet sich auch sehr schön für einen Spaziergang.

Tempel Kaiyuan TAOISTISCHER TEMPEL
(开元观; Kaiyuan Guan) Die faszinierenden leeren Überreste des taoistischen Tempels neben dem Jingzhou-Museum laden zum Erkunden ein.

Tempel Guandi TAOISTISCHER TEMPEL
(关帝庙; Guandi Miao) Taoistischer Tempel an der Straße vom Südtor.

Tempel Tienü BUDDHISTISCHER TEMPEL
(铁女寺; Tienü Si; abseits der Jingbei Lu) Dieser buddhistische Tempel trägt übersetzt den neugierig machenden Namen „Eisenmädchentempel".

Tempel Xuanmiao TAOISTISCHER TEMPEL
(玄妙观; Xuanmiao Guan; nördlich der Jingbei Lu) Übersetzt lautet der Name dieses taoistischen Tempels unmittelbar nördlich vom Nordtor (新北门; *xinbeimen*) „Tempel des Geheimnisses".

Tempel Wen Miao KONFUZIUSTEMPEL
(文庙; Wen Miao) Jetzt Teil der Shiyan Zhongxue (Experimentellen Mittelschule), einen kurzen Fußweg östlich vom Museum. Wer hier sein schönstes Lächeln einsetzt, wird vielleicht eingelassen.

Schlafen

Jiuge Holiday Hotel HOTEL €€
(九歌假日酒店; Jiuge Jiari Jiudian; ☎885 7777; 13 Jingzhou Nanlu; 荆州南路 13 号; Zi ab 380 Yuan, mit Preisnachlass 198 Yuan; ❄@📶) Gutes, modernes Hotel mittlerer Preisklasse mit großen, komfortablen Zimmern mit WLAN, einem Restaurant und einem Café. Es liegt etwa 200 m innerhalb des Neuen Osttors.

Bayi Binguan HOTEL €
(八一宾馆; ☎152 7248 2879; 14–4 Zhangju Zhengjie; 张居正街 14–4 号; Zi ab 70 Yuan; ❄) Eine von mehreren preisgünstigen Unterkünften an der Zhangju Zhengjie. Bei unserem letzten Besuch waren umfangreiche Renovierungsarbeiten im Gange. Bei Erscheinen dieses Reiseführers ist mit renovierten Zimmern, WLAN und etwas höheren Preisen zu rechnen. Es liegt 200 m innerhalb des älteren Osttors.

Essen

Sobald es Abend wird, begeben sich die Einheimischen zum Osttor-Ende der Zhangju Zhengjie zum *shaokao*. Mehr über das *shaokao* auf S. 858.

Bayu Renjia CHINESISCH HUBEI €€
(巴渝人家; Neues Osttor, Donghuan Lu; 东环路新东门外; Hauptgerichte 20–50 Yuan; ⏱11–21 Uhr) Großartige Lage am Stadtgraben vor dem Neuen Osttor. An einem Tisch mit Blick auf die Stadtmauer kann man sich die Spezialität des Restaurants schmecken lassen: *ganguo* (干锅), ein Eisentopf voller pikanter Genüsse, die auf einem kleinen Kerzenstövchen brodelnd heiß gehalten werden. Es gibt verschiedene Zutaten wie Hühnchen (干锅仔鸡; *ganguo ziji;* 38 Yuan), Ochsenfrosch (干锅牛蛙; *ganguo niuwa;* 48 Yuan), Tofu (干锅千叶豆腐; *ganguo qianye doufu;* 32 Yuan) und Schweinswurst (干锅肥肠; *ganguo feichang;* 38 Yuan). Ein Topf reicht für zwei oder drei Personen mit Reis (米饭; *mifan*), der kostenlos ist. Durch das Neue Osttor und über den Graben gehen; das Restaurant liegt rechts.

Praktische Informationen

Zwischen dem Neuen Osttor und dem Jiuge Holiday Hotel liegt eine China Construction Bank (中国建设银行; Zhongguo Jianshe Yinhang) mit einem ausländerfreundlichen Geldautomaten. Gegenüber beiden genannten Hotels liegen rund um die Uhr geöffnete Internetcafés, zu erkennen an den Zeichen 网吧 *(wangba)*.

An- & Weiterreise

Bus

Die meisten Besucher kommen entweder am Fernbusbahnhof Shashi (沙市长途汽车站; Shashi *changtu qichezhan*) oder am zentralen Busbahnhof Shashi (沙市中心客运站; Shashi *zhongxin keyunzhan*) an. Von beiden geht es am Ausgang nach rechts bis zur ersten Bushaltestelle und mit Bus 101 (¥2) zum Osttor (东门; *dongmen*). An der ersten Haltestelle nach der Durchfahrt durch das Tor aussteigen. Wer zum Jiuge Holiday Hotel will, geht weiter geradeaus; das Hotel liegt nach 200 m links. Zum Bayi Binguan geht man zurück, biegt in die erste Straße nach links ab, dann noch einmal links in die Zhangju Zhengjie; das Hotel liegt rechts.

Busse vom Fernbusbahnhof Shashi:

Wudang Shan 120 Yuan, 5 Std. (7.45 und 13 Uhr)

Wuhan 80 Yuan, 4 Std. (6.30 bis 20 Uhr)

Yichang 44 Yuan, 2 Std. (7 bis 18 Uhr)

Fahrrad

Der **Fahrradverleih** (pro Std./Tag 7/50 Yuan) am Osttor ist nur einer von vielen in dem Bereich innerhalb der Stadtmauer.

Zug

Bei Erscheinen des Reiseführers dürfte die Bahnverbindung zwischen Jingzhou und Wuhan sowie Yichang fertiggestellt sein. Bus 49 (2 Yuan) verbindet den Bahnhof (火车站; *huoche zhan*) mit dem Osttor.

Rund um Jingzhou

Bei unserem ersten Besuch der 2300 Jahre alten Grabstätten von **Xiongjia Zhong** (熊家冢; Eintritt 30 Yuan; ⏲9.30–16.30 Uhr) im Jahr 2008 hatten die Ausgrabungen dort gerade erst begonnen (siehe Kasten S. 479), und Touristen hatten die seltene Gelegenheit, eine laufende archäologische Ausgrabung zu beobachten, denn die meisten Grabstätten, darunter die Hauptgrabstätte selbst, waren noch gar nicht geöffnet worden. Zu den ersten ausgegrabenen Stücken gehörten eine umfangreiche Jadesammlung, die jetzt im Jingzhou-Museum ausgestellt wird, und die faszinierenden skelettierten Überreste zweier Pferde mitsamt Streitwagen, die in ihrem kleinen geöffneten Grab belassen worden waren und besichtigt werden konnten. Als wir die Stätte vor Kurzem erneut besuchten, war sie für die Öffentlichkeit nicht mehr zugänglich, sollte aber als Teil eines neuen hangarähnlichen Museums (ähnlich wie die Terrakotta-Armee) in naher Zukunft neu eröffnet werden. Es ist zu erwarten, dass die Besichtigung der Stätte dann sehr viel informativer, aber auch deutlich teurer wird.

Die Gräber befinden sich 40 km nördlich von Jingzhou. Busse (9 Yuan, 70 Min.) fahren jede Stunde hinter dem Busbahnhof Chudu Keyun Zhan (楚都客运站) ab. Bus 24 verbindet diesen Bahnhof mit der Bushaltestelle Jinfeng Guangchang (金凤广场) unmittelbar außerhalb des Osttors (über den Stadtgraben und dann nach links). Die Kosten für eine Hin- und Rückfahrt mit dem Taxi belaufen sich auf mindestens 100 Yuan.

Wudang Shan 

☎0719

Der Wudang Shan zählt zwar nicht zu den fünf heiligen taoistischen Bergen Chinas, dennoch gilt er paradoxerweise als der bedeutendste taoistische Berg des Reichs der Mitte. Unter Kampfkunst-Jüngern ist er sakrosankt, und eine allgemein anerkannte Wahrheit lautet: „Im Norden huldigt man Shaolin, im Süden verehrt man Wudang." Die Unesco-Welterbestätte Wudang Shan ist die – wenn auch unbewiesene – Geburtsstätte des Tai-Chi. Der Berg bietet übernatürlich schöne Ausblicke und einen Reichtum an Heilkräutern, die zu einer reichen Fülle taoistischer Heiltränke verarbeitet werden. Leider regiert hier inzwischen der Kommerz mitsamt überhöhter Preise, und es herrscht eine rege Bautätigkeit; also darauf gefasst sein, dass der Zauber taoistischer Mönchsgesänge immer mal wieder vom Kreischen der Kreissägen durchbrochen wird.

Sehenswertes & Aktivitäten

Die Hauptstraße der Stadt, die Taihe Lu (太和路) – die in anderen Abschnitten auch Taihe Donglu (太和东路; Taihe Ost) und Taihe Zhonglu (太和中路; Taihe Zentral) heißt – verläuft in ost-westlicher Richtung zum Haupttor des Berges einen Kilometer östlich der Stadt. Alles, was in dieser Stadt von Interesse ist, liegt entweder an oder in der Nähe dieser Straße, und die Straßennummern sind deutlich ausgeschildert. Busse setzen ihre Fahrgäste häufig an der Kreuzung der Hauptschnellstraße ab, 1 km Fußweg östlich vom Stadtzentrum. Von hier geht es nach links zum Bergeingang (100 m) oder nach rechts in die Stadt.

Am Haupttor des Berges oder im Jinlongdian Hotel, das zwischen den beiden empfohlenen Hotels liegt, gibt es Karten in chinesischer (3 Yuan) oder englischer (8 Yuan) Sprache.

GRATIS **Chinesisches Museum Wudang** MUSEUM

(武当博物馆; Wudang *bowuguan*; Platz der Kultur; 文化广场; Audiotour 20 Yuan, Pfand 200 Yuan; ⏲9–11 & 14.30–17 Uhr) Wer sich über Geschichte, Überlieferungen und Architektur des Wudang Shan informieren will, ist hier richtig. Es gibt ein ganzes Pantheon von Göttern, darunter der bedeutende Zhenwu (Patriarch des Berges), und einen Abschnitt über taoistische Medizin einschließlich der Grundlagen der *neidan Xue* (内丹学; internen Alchemie). Einige fantastische Bronzestücke werden auch gezeigt. Aus den hier aufgeführten Hotels geht es nach rechts hinaus und dann rechts die Bowuguan Lu (博物馆路) entlang, die zum Platz der Kultur (文化广场; Wenhua Guangchang) führt.

Wudang Shan BERG

(Eintritt 140 Yuan, Bus 100 Yuan, Audioguide 30 Yuan) Der Berg zieht Wanderer aller Couleur an: taoistische Nonnen mit Rucksäcken, Arbeiter mit Pflastersteinplatten und Säcken voll Reis, Geschäftsleute mit Laptops und Achtzigjährige mit wachen Augen und flinken Schritten. Bus 1 (1 Yuan) oder Schusters Rappen bringen Wanderer von der Taihe Lu zum Haupttor (山门口; Shan Menkou) und Kartenbüro. Die Busfahrkarte, die mit der Eintrittskarte gekauft wird, gilt unbegrenzt für alle Shuttlebusse (von 6–18.30 Uhr). Alles zusammen (einschließlich Bussen und Tempeleintritten) kostet der Besuch 245 Yuan; vermutlich wurde so der Bau der teuer aussehenden Kartenhalle finanziert. Das Wachpersonal in seinen schwarzen, fast militärisch aussehenden Uniformen mit roten Baretts mutet an einem solchen Ort der Andacht seltsam an. Bevor der Besucher seine Karte erstehen kann, wird er zunächst gnadenlos an Läden vorbeigeleitet, die Wudang-Schwerter und dergleichen feilbieten.

Ein Bus – der oft erst abfährt, wenn er voll besetzt ist – fährt hinauf zur Talstation der **Seilbahn** (索道; suodao; bergauf/bergab 50/45 Yuan). Wem Stufen nichts ausmachen, der kann mit dem Bus zum Südfelsen (南岩; Nanyan) hinauffahren, wo der Wanderweg auf den höchsten Gipfel, den 1612 m hohen **Himmelssäulengipfel** (天柱峰; Tianzhu Feng), beginnt. Man kann bereits am wunderschönen, türkis gedeckten **Purpurwolkentempel** (紫霄宫; Zixiao Gong; Eintritt 20 Yuan) aussteigen, von wo ein schmaler Steinpfad zum Südfelsen hinauf führt (45 Min.). Vom Südfelsen aus erstreckt sich ein strapaziöser zweistündiger 4 km langer Aufstieg bis zum Gipfel, aber der Blick ist jede einzelne Stufe wert, und unterwegs laden zahlreiche taoistische Tempel zu kontemplativen Atempausen ein. Interessante Details sind die gelegentlichen taoistischen Steinhügel und die Bäume, geschmückt mit scharlachroten Bändern, die mit kleinen Steinen beschwert sind.

DIE WUHAN-SPRACHE

Die Bewohner Wuhans sprechen Hanqiang (汉腔) oder „Wuhan-Sprache", ein lokaler Dialekt. Für die Einheimischen sind Schuhe *haizi* (das klingt wie das Wort für „Kind") statt des üblicheren *xiezi*, darum rufen die allgegenwärtigen Schuhputzer in Wuhan *„ca haizi"* („saubere Schuhe") statt *„ca xiezi"* (in dieser Hinsicht ist das Wort dem Kantonesischen ähnlich). Weitere nette, in vielen anderen Teilen Chinas unübliche Eigenarten sind die Wörter *fuzi* (服子) für Handtuch und *mamu* (麻木) für ein Fahrradtaxi, das anderorts im Land nüchterner einfach *sanlunche* (三轮车) genannt wird. Angeben heißt *fapao* („Schaum schlagen"), während „innen" (里面) aus unerfindlichen Gründen *„douli"* (豆里; wörtlich „in der Bohne") heißt. „Sauber" auf Wuhan heißt nicht *„ganjing"*, sondern *„linxin"* (林新). Die Leute in Wuhan beenden ihre Sätze mit der Partikel *sa* (撒), statt mit dem im übrigen China viel üblicheren Anhang *a* (啊).

Der bezaubernde **Tempel Chaotian** (朝天宫; Chaotian Gong) mit seinen roten Mauern liegt auf etwa halbem Weg auf einem alten moosbewachsenen Felsfundament; er birgt eine Statue des Jadekaisers, und sein Eingang wird von 4 m hohen Grabsteinen bewacht. Von hier aus führen zwei verschiedene Wege weiter den Berg hinauf: entweder die 1,4 km lange Ming-Dynastie-Strecke (der ältere, hintere Weg) oder der 1,8 km lange Qing-Dynastie-Weg (die „hundert Stufen"). Die kürzere, aber anstrengendere Ming-Route führt an den **Drei Himmelstoren** vorbei, einschließlich des anstrengenden Aufstiegs zum **Zweiten Himmelstor** (二天门; Ertian Men). Es ist auch möglich, eine Strecke für den Aufstieg und die andere für den Abstieg zu wählen. Tempelruinen, umgestürzte Bäume, furchterregende Gefälle und hohe Stufen, im Laufe der Jahrhunderte krumm und schief getreten, erwarten den Wanderer, aber die Kletterei lohnt sich wirklich.

In der Nähe des Gipfels liegt hinter dem Seilbahnausgang die prächtige **Verbotene Stadt** (紫金城; Zijin Cheng; Eintritt 20 Yuan) mit ihren 2,5 m dicken Steinwänden, die sich dicht an die Bergwand schmiegen,

DIE GEBURT DES TAI-CHI

Der Begründer der Kampfkunst *taijiquan* oder Tai-Chi soll Zhang San Feng (张三丰) gewesen sein, ein fast legendärer Mönch vom Wudang Shan im 10. oder 13. Jh. (je nachdem, welcher Quelle geglaubt wird). Zhang sagten die „harten" Techniken des Shaolin-Boxens nicht mehr zu; er suchte nach einer „weicheren" Methode. Als er eines Tages auf seiner Veranda saß, wurde er von dem Kampf zwischen einem großen Vogel und einer Schlange inspiriert. Die geschmeidige Schlange wich den Angriffen des Vogels mit fließenden Bewegungen aus. Der Vogel gab schließlich erschöpft auf und flog davon. Es besteht eine enge Verbindung zwischen Tai-Chi und dem Taoismus, und die taoistischen Priester auf dem Wudang Shan praktizieren praktisch alle eine Variante dieser Kunst.

und ihren Balustraden, die mit den Schlössern von Liebespaaren geschmückt sind. Von hier aus kann man weiterkraxeln und wird belohnt durch Ausblicke von der **Goldenen Halle** (金殿; Jin Dian; Eintritt 20 Yuan), die aus Bronze erbaut wurde, bis ins Jahr 1416 zurückreicht und dringend etwas aufpoliert werden müsste. Im Innern befindet sich eine kleine Statue von Zhenwu, Ming-Kaiser und führende taoistische Gottheit am Wudang Shan. Auf dem Weg bergab kann man einige Pilger dabei beobachten, wie sie den Abstieg rückwärts bewältigen.

Kurse

Taoistischer Kungfu-Akademi Wudang TAI-CHI

(武当道教功夫学院; Wudang Daojiao Gongfu Xueyuan; ☎568 9185; www.wudang.org; Gebühren pro Tag Kurse/Unterkunft /Mahlzeiten 250/120/50 Yuan) Es gibt Dutzende von Tai-Chi-Schulen (太极拳; *taijiquan*) in dieser Gegend, aber was die Lage, die Qualität der Schule und die Zugänglichkeit für Ausländer betrifft, ragt diese deutlich aus der Masse hervor. Sie ist geradezu magisch in einem großen, umschlossenen Hof, umgeben von Kiefern, auf halbem Weg den Berg hinauf gelegen. Die Kurse folgen einem strengen Stundenplan (manche beginnen schon um 5.30 Uhr!) und werden entweder in und um den Hof oder an verschiedenen malerischen Orten auf dem Berg abgehalten. Ein Mitglied des Verwaltungspersonals verfügt über hervorragende Englischkenntnisse und ist besonders hilfsbereit. Interessierte können sich für eine beliebige Zeitdauer anmelden, von mehreren Tagen bis zu einem Jahr; je länger man studiert, desto günstiger wird es. Wer die Schule zum ersten Mal besucht, muss den Weg hierher selbst finden und finanzieren (es geht die Stufen links hinunter, direkt hinter dem Purpurwolkentempel, kein englisches Zeichen). Danach organisiert die Schule einen Passierschein, mit dem Schüler kommen und gehen können, ohne jedes Mal den stattlichen Eintrittspreis für den Berg bezahlen zu müssen. Donnerstags finden keine Kurse statt.

Schlafen

IN DER STADT

Xuan Yue Hotel HOTEL €€

(玄岳饭店; Xuanyue Fandian; ☎566 5111; 27 Yuxu Lu; 玉虚路 27 号; Zi ab 428 Yuan, mit Preisnachlass 160 Yuan; ❄@) Sehr schickes, vor Kurzem renoviertes Hotel der mittleren Preisklasse mit Teppichboden und makellos sauberen Badezimmern. Einige Zimmer haben Computer, andere haben einen Internet-Anschluss für Laptops. Das Hotel liegt an der Ecke Yuxu Lu und Taihe Zhonglu und wird durch einen Eingang betreten, der sich rechts von dem Eingang mit dem englischen Schild für Hotel befindet (dieser führt zum Restaurant).

Shengjingyuan Binguan HOTEL €€

(圣景苑宾馆; ☎566 2118; 7 Taihe Zhonglu; 太和中路 7 号; Zi ohne/mit Bad 258/288 Yuan, mit Preisnachlass 80/120 Yuan; ❄@) Einfache, helle und freundliche Zimmer mit festen Matratzen und geräumigen Badezimmern. Internetverbindung für Laptop-Nutzer. Das übernächste Haus neben der schwer zu übersehenden Bank of China.

AUF DEM BERG

Am Südfelsen liegen etwa ein Dutzend Hotels und Gästehäuser. Die billigsten Zimmer gibt's ab etwa 80 Yuan.

Nanyan Hotel HOTEL €€

(南岩宾馆; Nanyan Binguan; ☎568 9182; Zi 380–486 Yuan, mit Preisnachlass 150–200 Yuan; ❄@) Dieses Hotel an der Bushaltestelle am Südfelsen hat große, saubere, komfortable Zimmer und freundliches Personal. Die billigeren Zimmer haben eine Hock-Toilette und keinen Internetanschluss.

Taichi Hotel HOTEL €€
(太极会馆; Taiji Huiguan; ☎568 9888; Zi ohne/mit Fenster 288/498 Yuan; ❄@) Das qualitativ beste Hotel auf dem Berg, aber die Preisnachlässe fallen weniger üppig aus als anderswo. Die Zimmer mit Fenster kosten 348 Yuan und bieten fabelhafte Aussichten auf den Berg. Zimmer ohne Fenster sind identisch (bis auf den Blick), aber normalerweise gibt es hier keine Preisnachlässe. Einen Internetanschluss für Laptops gibt es in allen Zimmern. Das Hotel liegt 200 m bergab von der Bushaltestelle am Südfelsen.

Essen

IN DER STADT

In einer Nebenstraße zur Taihe Lu machen jeden Abend *shaokao*-Stände auf. Der neonbeleuchtete Torbogen mit den Zeichen 鱼羊鲜 neben Nr. 14 weist den Weg.

Taihe Xuanwu Dajiudian CHINESISCH €€
(太和玄武大酒店; 35 Taihe Zhonglu; 太和中路 35 号; Hauptgerichte 20–50 Yuan; ⌚6.30–23.30 Uhr) Großes geschäftiges Restaurant; die Hälfte seiner Karte gibt es praktischerweise auf Englisch. Hier werden verschiedene regionale Küchen angeboten, von Sichuan bis hin zu Kantonesisch, sogar Pekingente! Kein englisches Zeichen. Aus jedem der hier aufgeführten Hotels geht es nach rechts; es liegt auf der rechten Seite.

AUF DEM BERG

Am Südfelsen gibt's viele Restaurants, aber nicht viele haben eine englische Karte. **Taste of Wudang** (味道武当; Weidao Wudang; Hauptgerichte 15–32 Yuan), ein Schnellimbiss-Restaurant direkt an der Bushaltestelle, bietet Nudeln und Reisgerichte an und hat eine englische Speisekarte.

☆ Unterhaltung

Wudang Grand Theatre THEATER
(武当大剧院; Wudang Dajuyuan; ☎506 2366; Platz der Kultur) Modernes Theater gegenüber dem Museum. Hier wird donnerstags, freitags und samstags die **Wudang-Taichi-Show** (Tickets 200–280 Yuan; ⌚20–21 Uhr) aufgeführt.

Praktische Informationen

Bank of China (中国银行; Zhongguo Yinhang; 1 Taihe Zhonglu; 太和中路 1 号; ⌚8.30–17.30 Uhr) Ausländerfreundlicher Geldautomat und Geldwechselmöglichkeit. Das übernächste Haus vom Shengjingyuan Binguan.

IN WARTESTELLUNG

Die potentiell bedeutsame Grabstätte Xiongjia Zhong wurde schon vor 30 Jahren entdeckt, als Kanalarbeiter auf die Überreste eines Pferdes und eines Streitwagens stießen, doch immer noch umgibt die Stätte ein dichter Schleier von Geheimnissen. Aus Furcht, die Methoden zur Erhaltung der Funde könnten noch nicht ausgereift genug sein, hat man erst im Jahr 2006 mit den Ausgrabungen begonnen und bislang erst einen Bruchteil der über 100 Gräber geöffnet. Zu den bereits freigelegten Funden gehört eine der herausragendsten Jadesammlungen Chinas, doch womöglich war dies erst der Anfang noch bedeutsamerer Entdeckungen. Die Arbeiten zur Ausgrabung der riesigen, 130 m langen Grabstätte mit Pferd und Streitwagen begannen 2008; das Hauptgrab selbst, von dem man vermutet, dass es den größten je in China entdeckten königlichen Sarg enthält (248 m^2, wenn die Schätzungen stimmen), wurde noch gar nicht angerührt. Es ist immer noch nicht bekannt, wessen Überreste darin liegen und auf ihre Entdeckung warten. Vermutet wird, dass die Stätte nach dem Nachnamen der darin begrabenen Person benannt ist (Xiong; 熊), doch es gibt keine Aufzeichnungen, die verraten, um wen es sich dabei handelt. Xiong lautete jedoch der Name einer königlichen Familie des Reiches Chu (722–221 v. Chr.), darum wird allgemein angenommen, dass es sich hier um das Grab eines der 20 Chu-Könige handelt, die einst dieses Gebiet beherrschten. In diesem Falle wäre es das erste je entdeckte Grab eines Chu-Königs. Experten schätzen das Alter der Stätte auf etwa 2300 Jahre, was auf den letzten Chu-König Chu Zhaowang (楚昭王) hindeuten würde, auch bekannt unter dem Namen Xiong Zhen (熊珍). Es gibt keine Aufzeichnungen, die eine Verbindung zwischen ihm und dieser Stätte herstellen, doch weiß man immerhin, dass er so beliebt war, dass die Menschen für ihn zu sterben bereit waren. Möglicherweise ist das der Grund dafür, weshalb das Hauptgrab mindestens 92 Nebengräber hat, die vermutlich alle menschliche Überreste enthalten.

Jisu Internet (极速网吧; Jisu *wangba*; 2. OG, 20 Taihe Lu; 太和路 20 号; pro Std. 3 Yuan; ⌚24 Std.) Durch einen runden Torbogen. Kein englisches Schild.

An- & Weiterreise

Bus

Der neue Busbahnhof (客运汽车站; *keyun qichezhan*), 200 m bergab von der Schnellstraße auf der rechten Seite der Straße in die Stadt, war zur Zeit der Recherche noch im Bau, aber es verkehrten bereits Busse von hier. Nach der Fertigstellung des Busbahnhofs ist mit Änderungen der Abfahrtspläne zu rechnen.

Jingzhou 120 Yuan, 5 Std. (9 Uhr)

Wuhan 150 Yuan, 5 Std. (8.30 und 11 Uhr)

Xi'an 110 Yuan, 4 Std. (8.30 Uhr)

Yichang 110 Yuan, 5 Std. (9.30 Uhr)

Eine Flotte kleiner grüner Busse pendelt zwischen den zwei nächstgelegenen Bahnhöfen – Wudangshan und Shiyan (十堰; ¥8, 1 Std., 5.10–20 Uhr) – über Liuliping (六里坪; 4 Yuan, 20 Min.). Sie fahren vor dem Restaurant Taihe Xuanwu Dajiudian ab.

Zug

Wudang Shan hat keinen Bahnhof mehr, auch wenn der Bahnhof in Liuliping häufig als Wudang Shan bezeichnet wird. Fahrkarten gibt es beim **Bahnkartenbüro** (铁路客票代售; *tielu piaodaishou*; ⌚8.30–18 Uhr) neben dem alten Bahnhof von Wudang Shan an der Chezhan Lu (车站路) gegenüber dem Restaurant Xuanwu Dajiudian. Wer nach Yichang will, muss in Xiangyang (襄阳) umsteigen, einem Bahnhof in der Stadt Xiangfan (襄樊), von wo außerdem regelmäßig Züge zu Orten wie Xi'an, Chengdu und Luoyang verkehren.

Züge ab Liuliping:

Wuhan (Wuchang) Hartsitzer 70 Yuan, 6–6½ Std., 3-mal tgl. (12.56, 13.11 und 16.21 Uhr)

Xianyang Hartsitzer 24 Yuan, 2 Std., regelmäßig (6–23.30 Uhr)

Züge ab Shiyan:

Wuhan (Wuchang) Hartsitzer 73 Yuan, 6–7 Std., regelmäßig (9–23.30 Uhr)

Züge ab Xiangyang:

Yichang Hartsitzer 33–38 Yuan, 3 Std., stündl. (7–12 Uhr, dann 20.48 und 20.55 Uhr)

Shennongjia 神农架

☎0719

Der Shennongjia ist berühmt für seine Heilkräuter und für den legendären Affenmenschen (野人; *yeren*) und macht einen großen Teil der spektakulärsten Region der Provinz Hubei aus. Dicht bewaldete Gipfel mit teilweise freiliegenden Felshängen ragen dramatisch aus einem kleinen Netz von Nebenflüssen des Jangtse auf; schon die Fahrt mit dem Bus hierher verschlägt einem den Atem. Ausländer dürfen nur einen der vier Abschnitte des Nationalparks – **Yazikou** (鸭子口; Eintritt 140 Yuan) – betreten. Doch das Gebiet ist durchaus groß genug, um das Herz jedes Wanderers höher schlagen zu lassen; Zelten ist hier ebenfalls erlaubt. Im Park fahren Shuttlebusse (90 Yuan) verschiedene interessante Orte an. Definitiv einen Besuch wert sind die Gebiete **Xiaolongtan** (小龙潭), etwa 10 km vom Eingang entfernt und ein guter Platz, um Affen zu entdecken (am Shennongjia sind die seltenen Goldstumpfnasen beheimatet; 川金丝猴; *chuan jinsihou*), und **Shennongding** (神农顶), 20 km vom Eingang entfernt und der höchste Gipfel hier (3105 m). Am Fuß des Shennongding ist ein Campingbereich (30 Yuan) namens **Shennongying** (神农营). Die Winter hier sind bitterkalt und die Straßen häufig durch Schnee blockiert.

Yazikou ist von **Muyu** (木鱼) aus zu erreichen, einem kleinen, aber gut erschlossenen Touristendorf 14 km unterhalb. Alle Busse setzen Fahrgäste in Muyu ab.

Das bescheidene **Shuanglin Hotel** (双林酒店; Shuanglin Jiudian; ☎345 2803; 25 Muyu Lu; 木鱼路 25 号; Zi ab 88 Yuan, mit Computer 128 Yuan; ❄@), wo die Busse einen absetzen, hat ordentliche Zimmer und ein gastfreundliches Management, aber es gibt auch schickere Hotels. Normalerweise gibt es im Park Zelte zu mieten (帐篷; *zhangpeng*; 100 bis 200 Yuan), die Campingläden in Muyu verkaufen auch Zelte (700 bis 800 Yuan).

Das coolste Esslokal in Muyu ist das über eine wacklige Brücke zugängliche **Pian Qiao Wan** (偏桥湾; 53 Muyu Lu; 木鱼路 53 号; Hauptgerichte 20–40 Yuan; ⌚10–21 Uhr), hinter dem eine Teeplantage liegt (bei der auch Tee verkauft wird). Es gibt nur eine chinesische Speisekarte. Hier gibt's *huiguo niurou* (回锅牛肉; würziges gebratenes Rindfleisch; 48 Yuan), *chashugu chaolarou* (茶树菇炒腊肉; Wildpilze mit geräuchertem Schweinefleisch; 38 Yuan) und *xianggu rousi* (香菇肉丝; Shiitake-Pilze mit Schweinefleischgeschnetzeltem; 38 Yuan). Platz lassen für *qiaomai bing* (荞麦并; flaches Buchweizenbrot mit Wildkräutern, serviert mit einem Honig-Dip)!

Praktische Informationen

Die ICBC Bank oben in dem Dorf Muyu hat einen Geldautomaten, der ausländische Karten akzeptiert. Internetcafés sind anhand der Zeichen 网吧 (*wangba;* pro Std. 4 Yuan) zu erkennen.

Geteilte Minibusse nach Yazikou (pro Person 10 Yuan) fahren vom oberen Ende von Muyu ab.

An- & Weiterreise

Busse fahren vor dem Shuanglin Hotel ab, wo es auch Fahrkarten zu kaufen gibt. Ausländer dürfen von Muyu aus nicht nach Norden nach Wudang Shan weiterfahren.

Badong 55 Yuan, 3 Std., 1-mal tgl. (9.30 Uhr)

Yichang 60 Yuan, 2½ Std., 5-mal tgl. (7–15.30 Uhr)

Yichang 宜昌

☎0717 / 4 MIO. EW.

Die pulsierende junge Viermillionenstadt hat touristisch nicht viel zu bieten, dient aber als Tor zu den spektakulären Drei Schluchten (S. 868).

Sehenswertes

Drei-Schluchten-Damm ARCHITEKTUR

(三峡大坝; Sanxia Daba; Eintritt 105 Yuan) Der gewaltige Drei-Schluchten-Damm türmt sich flussaufwärts auf. Seine Länge (2,3 km), nicht seine Höhe (101 m), macht ihn zum größten Damm der Welt. Er ist zwar nicht der spektakulärste Damm aller Zeiten, aber einen Blick ist er allemal wert. Die Staumauer ist nicht begehbar, aber im Norden gibt es einen Aussichtspunkt für Touristen. Vom Süden aus bietet sich so ziemlich der gleiche Blick, der noch dazu kostenlos ist. Anreise mit dem Bus vom Fernbusbahnhof nach Maoping (茅坪; 15 Yuan, 8.30 bis 15 Uhr), aber in Balu Chezhan (八路车战) aussteigen. Alternativ verkehrt Bus 8 (20 Yuan, 1 Std., 8 bis 16 Uhr) vom Ostbahnhof Yichang.

Es werden auch Tagesausflüge mit dem Schiff (280 Yuan einschl. Eintritt und Mittagessen) vom alten Fährhafen (老码头; *lao matou*) angeboten. Die Schiffe legen um 7.30 Uhr ab und kehren um etwa 17 Uhr zurück. Karten gibt's bei Yangtze River International Travel (S. 874) am Hafen.

Schlafen

Yichang Hotel HOTEL €€

(宜昌饭店; Yichang Fandian; ☎644 1616; 113 Dongshan Dadao; 东山大道 113 号; Zi ab 268 Yuan, mit Preisnachlass 198 Yuan; ❄@) Dieses fröhliche Hotel hat ein elegantes Foyer und große und hübsche Zimmer mit Teppichboden (manche mit Computer; 20 Yuan extra). Das Englisch ist begrenzt, wird aber mit einem freundlichen Lächeln dargeboten. Schräg gegenüber vom Fernbusbahnhof.

Yiling Hotel HOTEL €€

(夷陵饭店; Yiling Fandian; ☎886 7199; 41 Yunji Lu; 云集路 41 号; Zi ab 528 Yuan, mit Preisnachlass 260 Yuan; ❄@) Große helle Zimmer mit Laminatfußboden. Nicht so freundlich wie das Yichang Hotel, aber gut gelegen in Flussnähe und gegenüber von einer Reihe Restaurants, Bars und Cafés. Bus 4 vom alten Dock; Bus 6 vom Fernbusbahnhof.

Essen

Gegenüber dem Yiling Hotel gibt es ein **koreanisches Restaurant** und ein **Café im westlichen Stil,** die beide eine englischsprachige Speisekarte haben.

Wer lieber etwas Einheimisches ausprobiert, fährt mit Bus 2 oder 6 (1 Yuan) oder einem Taxi (7 Yuan) nach **Beimen** (北门) und kann dort an einem der Stände oder in den Straßenrestaurants abends (17 bis 2 Uhr) *xiao ye* (宵夜; wörtlich „Mitternachtsimbisse") probieren. Hier gibt's Spieße (串; *chuan*), Teigtaschen (饺子; *jiaozi*) und Nudeln (面; *mian*) oder gegrillten Fisch (烤鱼; *kaoyu*). Es lohnt sich, den **Pfannkuchenstand** mit den *fei bing* (飞饼; „fliegende Pfannkuchen"; 12 bis 15 Yuan) zu suchen; die Bananenpfannkuchen (香蕉; *xiangjiao*) sind himmlisch.

Xiao Hu Niu CHINESISCH, HUBEI €

(小胡牛; Beimen; 北门; Zutaten 8–20 Yuan; ⏲17–2 Uhr) Unser Lieblingsrestaurant in Beimen hat sich auf die hiesige Grillplatte mit Rindfleisch spezialisiert, die *xiao hu niu* genannt wird: Dies zuerst bestellen und dabei angeben, wie scharf das Rindfleisch sein soll – mild (微辣; *wei la*), medium (中辣; *zhong la*) oder scharf (麻辣; *ma la*) – dann andere rohe Zutaten bestellen, die dazu auf der Grillplatte gebraten werden, zum Beispiel *qingjiao* (青椒; grüne Paprika), *xianggu* (香菇; Shiitake-Pilze), *tudou pian* (土豆片; Kartoffelscheiben) und *ou pian* (藕片; Lotoswurzelscheiben).

Praktische Informationen

Gegenüber beiden aufgeführten Hotels liegen rund um die Uhr geöffnete **Internetcafés** (pro Std. 3 Yuan), zu finden anhand der Zeichen

网吧 (*wangba*). Auch ausländerfreundliche Geldautomaten gibt es überall. Informationen zum Buchen von Drei-Schluchten-Schiffstouren siehe S. 875.

Anreise & Unterwegs vor Ort

Busfahrten vor Ort kosten 1 Yuan.

Bus 4 Alter Fährhafen (三码头; *san matou*) – Yiling Hotel (夷陵饭店; Yiling Fandian) – alter Bahnhof (火车站; *huoche zhan;* zum Yichang Hotel oder zum Fernbusbahnhof).

Bus 6 Fernbusbahnhof (长途汽车站; *changtu qichezhan;* zum Yichang Hotel) nach Beimen (北门).

Bus 9 Ostbahnhof (火车东站; *huoche dongzhan*) zum Fernbusbahnhof (长途汽车站; *changtu qichezhan*).

Bus

Es gibt drei wichtige Fernbusbahnhöfe – den Fernbusbahnhof Yichang (长途汽车站; *changtu qichezhan*) und je einen am Ostbahnhof und am alten Fährhafen. Alle sind modern und werden effizient betrieben und bieten ganz ähnliche Busdienste an. Vom Fernbusbahnhof Yichang fahren z. B. die folgenden Busse:

Jingzhou 40 Yuan, 2 Std., alle 30 Min. (6.40–18.30 Uhr)

Laoying (nach Wudang Shan) 130 Yuan, 6 Std., regelmäßig (8–13 Uhr)

Muyu (nach Shennongjia) 70 Yuan, 5 Std., 7-mal tgl. (7.45–15.30 Uhr)

Wudang Shan 135 Yuan, 6 Std., 1-mal tgl. (entweder 7.45 oder 13.45 Uhr)

Wuhan (Wuchang) 110–157 Yuan, 4½ Std., stündl. (7–20 Uhr)

Flugzeug

Tägliche Flüge vom Drei-Schluchten-Flughafen (三峡机场; Sanxia Jichang) verkehren nach Beijing (1300 Yuan), Chengdu (740 Yuan), Shanghai (1080 Yuan) und Xi'an (880 Yuan).

Flughafen-Shuttlebusse (20 Yuan, 50 Min.) verkehren zum und vom Qingjiang-Gebäude (清江大厦; Qingjiang *dasha*). Sie fahren zwei Stunden vor Abflug und zur Ankunft aller Flüge ab. Flugtickets sind im Büro der Air China erhältlich (im Flughafengebäude). Aus dem Yichang Hotel geht's nach rechts; das Gebäude liegt nach etwa 1 km auf der rechten Seite.

Schiff

Infos zu den Drei Schluchten, siehe S. 872.

Zug

Fast alle Züge fahren jetzt über den Ostbahnhof Yichang (火车东站; *huoche dongzhan*). Zugfahrkarten (5 Yuan Servicegebühr) gibt es auch an Fenster 1 des Fernbusbahnhofs Yichang. Züge fahren nach:

Beijing Hartschläfer 300 Yuan, 21 Std., 2-mal tgl. (0.34 und 18.12 Uhr)

Chengdu Hartschläfer 239 Yuan, 13–16 Std., 7-mal tgl.

Chongqing Hartschläfer 179 Yuan, 10–12 Std., 6-mal tgl.

Shanghai Hartschläfer 290 und 365 Yuan, 18 und 23 Std., 2-mal tgl. (1.17 und 13.54 Uhr)

Wuhan Hartsitzer 55 Yuan, 4–6 Std., regelmäßig

Xi'an Hartschläfer 224 Yuan, 15 Std., 1-mal tgl. (15.50 Uhr)

Xiangyang (nach Wudang Shan) Hartsitzer 22–38 Yuan, 3 Std., 8-mal tgl. (8.23–20.20 Uhr)

Jiangxi

BEVÖLKERUNG: 45,2 MIO.

Inhalt »

Nanchang ... 485
Rund um Nanchang ... 488
Wuyuan ... 488
Rund um Wuyuan ... 489
Sanqing Shan ... 492
Longhu Shan ... 494
Lushan ... 496

Tolle Wanderungen

» Sanqing Shan (S. 492)
» Wuyuan (S. 488)
» Lushan (S. 496)
» Wudang Shan (S. 497)
» Longhu Shan (S. 494)

Die schönsten Dörfer

» Klein-Likeng (S. 490)
» Sixi (S. 491)
» Luotiancun (S. 488)

Auf nach Jiangxi!

Wasser ist das bestimmende Element von Jiangxi (江西) mit seinem Netz aus Flüssen, Seen und funkelnden Reisfeldern. Die Bauern pflügen bei Nieselregen in Regenjacken und schweren Stiefeln ihre Felder, während über ihnen Reiher kreisen, und an den Rändern der Provinz werden die Hügel mit ihren bleistiftdünnen Kiefern von massiveren Bergketten abgelöst, die in ständigen Nebel gehüllt scheinen. An der nördlichen Grenze liegt Poyang Hu, ein Sumpfgebiet, das im Sommer anschwillt und sich in den größten Süßwassersee des Landes verwandelt.

Die Provinz steht nicht sehr weit oben auf der Liste der Wunschziele in China, aber sie bietet einige Überraschungen und ist womöglich genau das Richtige für Reisende, die einmal eine entlegenere Ecke des Landes besuchen wollen. Besonders Wanderern wird hier das Herz aufgehen: Fast alle bedeutenden Sehenswürdigkeiten liegen entweder in den Bergen oder inmitten einer sanft gewellten üppig-grünen Hügellandschaft. Und dank mehreren Hochgeschwindigkeitszugverbindungen von Shanghai und Hangzhou war die Reise hierher noch nie so einfach.

Reisezeit

Nanchang

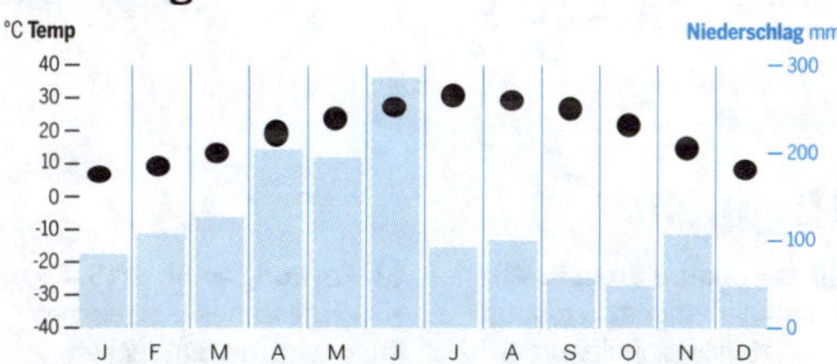

Mitte März Die terrassenförmigen Rapsfelder in Wuyuan locken Hobbyfotografen aus ganz China.

Ende Mai – Anfang Juni Bunte Rhododendronbüsche bedecken das Blätterdach des Sanqing Shan.

September–November Weniger Regen und mäßige Temperaturen – die beste Zeit für Jiangxi.

Highlights

1. In **Sanqing Shan** (S. 492), einem der am meisten unterschätzten Nationalparks Ostchinas, über einen Wald von Granitspitzen blicken
2. Die alten Poststraßen begehen, die die Huizhou-Dörfer rund um **Wuyuan** (S. 488) miteinander verbinden
3. Am **Longhu Shan** (S. 494) ein vergessenes taoistisches Kulturzentrum entdecken
4. Auf dem **Lushan** (S. 496) Chinas literarische Muse aufsuchen, politische Skandale aufdecken oder darauf warten, dass sich die ätherischen Nebelschwaden heben
5. Das Hakka-Land rund um **Longnan** (S. 497) erkunden, wo befestigte Dörfer und subtropische Wälder vor sich hinträumen
6. Aus dem grauen städtischen Einerlei Nanchangs in die traditionsreichen Gässchen **Luotiancuns** (S. 488) fliehen

Geschichte

Das Flusstal des Gan in Jiangxi war einst die Haupthandelsroute, die Guangdong zur Kaiserzeit mit dem Rest des Landes verband. Seine strategische Lage, seine natürlichen Ressourcen und seine lange Vegetationszeit waren Garanten dafür, dass die Provinz immer relativ wohlhabend war. Am berühmtesten ist Jiangxi für sein kaiserliches Porzellan (aus Jingdezhen), doch noch bedeutender sind womöglich seine Beiträge zu Philosophie und Literatur, besonders zur Zeit der Tang- und Song-Dynastien. Lushan war ein bedeutendes buddhistisches Zentrum und darüber hinaus die Heimat der berühmten Akademie zur Weißen-Hirsch-Grotte, die von dem Gründer des Neo-Konfuzianismus Zhu Xi (1130–1200) als das überragendste intellektuelle Zentrum ihrer Zeit neu gegründet wurde. Auch der Taoismus spielte eine wichtige Rolle in der Entwicklung Jiangxis, nachdem der Longhu Shan zur Zeit der Song-Dynastie (960–1279) zum Zentrum der mächtigen Zhengyi-Sekte wurde.

Im 16. Jh. kam es zu Bauernaufständen, und ein weiteres Mal im 19. Jh., als die Taiping-Rebellen durch das Jangtse-Tal tobten. Die Rebellion setzte sich bis ins 20. Jh. fort, und der Jangtse wurde zu einem der frühesten Stützpunkte der chinesischen Kommunisten.

Klima

Der zentrale Teil von Jiangxi liegt in der Ebene des Gan (früher die Hauptroute, die Guangdong mit dem Rest Chinas verband); hier herrscht ein subtropisches Klima mit vier Jahreszeiten. Die Ebene ist von Bergen umgeben, und dorthin strömen die Einheimischen in Scharen, um der Sommerhitze zu entkommen, die im Juli durchschnittlich über 30 °C liegt. Der Niederschlag beträgt durchschnittlich 120 bis 190 cm im Jahr und ist normalerweise im Nordosten am stärksten; die Hälfte dieser Menge fällt zwischen den Monaten April und Juni.

Sprache

Die meisten Bewohner von Jiangxi sprechen eine der zahllosen lokalen Gan-Varianten (赣); die Bezeichnung „Gan" dient außerdem als Kürzel für die Provinz. Gan ist ähnlich wie die Hakka-Sprache, die im südlichen Jiangxi gesprochen wird. Manche sagen, die beiden Sprachen seien verwandt.

PREISE

In diesem Kapitel werden die folgenden Preiskategorien verwendet:

Schlafen

€	unter 100 Yuan
€€	100 bis 400 Yuan
€€€	über 400 Yuan

Essen

€	unter 30 Yuan
€€	30 bis 60 Yuan
€€€	über 60 Yuan

Anreise & Unterwegs vor Ort

Von Nanchang gibt es Flüge zu den meisten größeren Städten in China. Mehrere Expresszüge verbinden die Hauptstadt mit Beijing im Norden, Changsha im Westen und Hangzhou und Shanghai im Osten. Ein Schlafwagenzug verbindet die Hauptstadt mit Guangzhou im Süden. Die Busverbindungen innerhalb der Provinz und zu den benachbarten Provinzen sind im Allgemeinen schnell und zuverlässig.

Nanchang 南昌

☎0791 / 2,5 MIO. EW.

Nanchang, eine quirlige, geschäftige und aufstrebende Stadt, ist als Fackelträger der Revolution fest im chinesischen Bewusstsein verankert und wird in den chinesischen Geschichtsbüchern für die tragende Rolle gefeiert, die es bei der Festigung der Macht der kommunistischen Partei (KPCh) gespielt hat. Es mag daher wenig überraschen, dass die meisten Reisenden, wenn irgend möglich, die erstbeste Verbindung nutzen, um sich in den ländlichen Zauber von Luotiancun, zum atemberaubenden Wuyuan oder dem Sanqing Shan zu stürzen.

Der hübscheste Teil der Stadt liegt rund um den Bayi-Park; die Fußgängerstraßen Shengli Lu und Zhongshan Lu sind die Haupteinkaufsstraßen.

Sehenswertes

Tengwang-Pavillon DENKMAL

(腾王阁; Tengwang Ge; Rongmen Lu; 榕门路; Eintritt 50 Yuan; ⏲Sommer 7.30–18.15 Uhr, Winter 8–16.50 Uhr) Der Tengwang-Pavillon, eine Pagode mit neun Stockwerken, die ursprünglich aus der Tang-Zeit stammt, stellt die bedeutendste Attraktion der Stadt dar.

Tempel Youmin BUDDHISTISCHER TEMPEL
(佑民寺; Youmin Si; 181 Minde Lu; 民德路 181 号; Eintritt 2 Yuan; ⏲9–17 Uhr) Dieser riesige buddhistische Tempel wurde während der Kulturrevolution stark beschädigt, enthält aber einige bemerkenswerte Statuen.

GRATIS **Ehemaliges Hauptquartier des Aufstands von Nanchang** MUSEUM
(八一南昌起义纪念馆; Bayi Nanchang Qiyi Jinianguan; 380 Zhongshan Lu; 中山路 380 号; ⏲9–11.30 & 13–16 Uhr) Krimskrams aus dem Krieg; etwas für einen Regentag oder begeisterte Anhänger der KPCh. Eintritt frei mit Ausweis.

Schlafen

7 Days Inn HOTEL €€
(七天连锁酒店; Qitian Liansuo Jiudian; ☎8885 7688; www.7daysinn.cn; 142 Bayi Dadao; 八一大道 142 号; Zi 162–218 Yuan; ❄@) Dieses beliebte Hotel in Pastellorange und Gelb ist eines der verlässlichsten in Nanchangs mittlerem Preissegment. Einige der Zimmer könnten etwas frische Farbe vertragen, aber es ist sowohl komfortabel als auch gut gelegen. WLAN in der Lobby und chinesisches Frühstück für 7 Yuan.

Hanting Inn HOTEL €€
(汉庭连锁酒店; Hanting Liansuo Jiudian; ☎8885 5556; www.htinns.com; 8 Yongshu Lu; 永叔路 8 号; DZ 199–239 Yuan; ❄) Das Hanting ist ein einigermaßen hochwertiges Hotel im mittleren Preissegment mit Hartholzböden, Flatscreen-TV und relativ neuen Zimmern. In der Lobby gibt's WLAN, aber das Frühstück gibt es nur für Gäste.

Es gibt eine weitere **Zweigstelle** (☎8622 1000; Bahnhofsplatz; 火车站广场; DZ 199–229 Yuan; ❄) gegenüber vom Bahnhof. Im Voraus buchen.

Galactic Peace Hotel HOTEL €€€
(嘉莱特和平国际酒店; Jialaite Heping Guoji Jiudian; ☎8611 1118; www.glthp.com; 10 Guangchang Nanlu; 广场南路1 0 号; DZ einschl. Frühstück 1080–1580 Yuan; ⊖❄@📶🏊) Dieses Hotel hebt sich zwar nicht durch besonderen Charme hervor, bietet aber jeden Komfort, der in Jiangxi zu haben ist. Die Einrichtungen sind vom Feinsten und die renovierten Zimmer ausgesprochen geräumig (die besten befinden sich in Block B). Es gibt Preisnachlässe von 35 %.

Essen & Ausgehen

Die Yangzi Jie (羊子街) ist am westlichen Ende gesäumt von winzigen, preisgünstigen Restaurants.

Xianheng Jiudian SÜDCHINESISCH €€
(咸亨酒店; 48 Minde Lu; 民德路 48 号; Gerichte 16–58 Yuan; 📋) Modernes Restaurant mit einer Kombination südchinesischer Küchen (Jiangxi, Kantonesisch und Zhejiang); das würzige „alkoholische Rindfleisch“ mit Massen von Erdnüssen (酒鬼牛肉; *jiugui niurou*) ist köstlich.

Bossa Nova BAR
(5 Nanhu Lu; 南湖路 5 号; ⏲18–1 Uhr) Eine der besten ausländerfreundlichen Bars von Nanchang.

Praktische Informationen

Bank of China (中国银行; Zhongguo Yinhang; Zhanqian Xilu; 站前西路) Die Hauptgeschäftsstelle bietet Geldwechsel und einen Geldautomaten (zugänglich nur zu Geschäftszeiten). Alle Geldautomaten in Nanchang akzeptieren die wichtigsten Karten.

Büro für Öffentliche Sicherheit (PSB; 公安局; Gong'anju; ☎8728 8493; 131 Yangming Lu; 阳明路 131 号; ⏲8–12 & 14.30–18 Uhr)

http://verynanchang.com Website mit nützlichen Infos.

Nanchang No 1 People's Hospital (南昌市第一人民医院; Nanchang Shi Diyi Renmin Yiyuan; 128 Xiangshan Beilu; 象山北路 128 号)

Post (中国邮政; Zhongguo Youzheng; Ecke Bayi Dadao & Ruzi Lu)

Xintie Wangcheng (鑫铁网城; Bahnhofsplatz; pro Std. 3 Yuan; ⏲24 Std.) Eines von mehreren Internetcafés am Bahnhofsplatz.

An- & Weiterreise

Bus

Nanchang hat mehrere Fernbusbahnhöfe, die über die Stadt verstreut liegen, aber in den meisten Fällen ist die Bahn die schnellere und komfortablere Option.

Der nördliche Busbahnhof Qingshan (青山北站; Qingshan *beizhan*) fährt die folgenden Ziele an:

Lushan 50 Yuan, 2½ Std., 9.30 Uhr

Wuyuan 95 Yuan, 3½ Std., 4-mal tgl.

Der **Busbahnhof Xujiafang** (徐家坊客运站; Xujiafang *keyunzhan*) fährt die folgenden Ziele an:

Ganzhou 102 Yuan, 5½ Std., stündl.

Jiujiang 30 Yuan, 2 Std., alle 40 Min.

Shangrao 58 Yuan, 3½ Std., stündl.

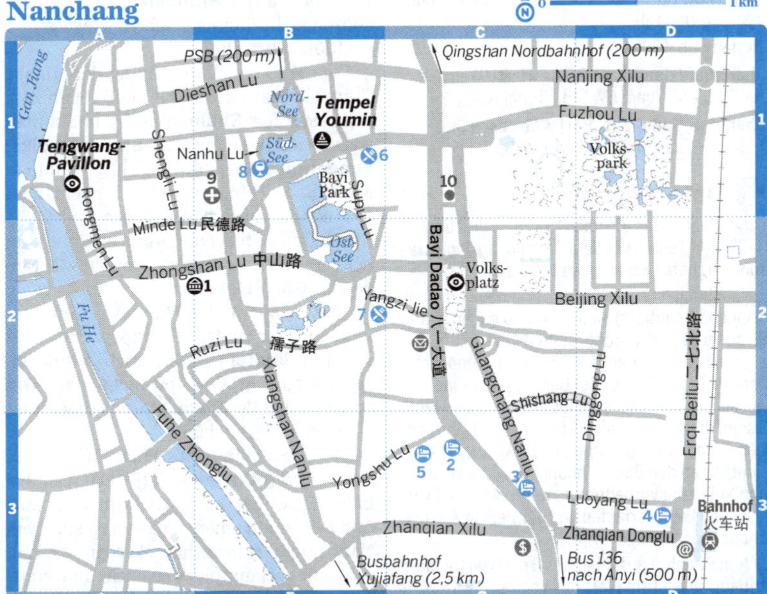

Yingtan 50 Yuan, 2½ Std., stündl.

Yushan 70 bis 95 Yuan, 4 Std., 3-mal tgl.

Flugzeug

Der Flughafen Changbei befindet sich 28 km nördlich der Stadt. Von hier aus gibt es Flüge zu den folgenden Zielen:

Beijing 1490 Yuan, 2 Std.

Guangzhou 850 Yuan, 1½ Std.

Shanghai 830 Yuan, 1 Std.

Xi'an 1200 Yuan, 1½ Std.

Flugtickets sind beim **internationalen Zugfahrkartenbüro Nanchang** (南铁国旅; Nantie Guolü; 393 Bayi Dadao; ⌚8.30–18 Uhr) neben dem Büro für Fahrkartenreservierungen erhältlich.

Zug

Fahrkarten für die Bahn gibt es im **Büro für Fahrkartenreservierungen** (铁路售票处; *huoche shoupiaochu*; 393 Bayi Dadao; ⌚8–12 & 12.30–17 Uhr), oder man stürzt sich in die Massen im Hauptbahnhof. Zu den folgenden Zielen besteht eine Bahnverbindung von Nanchang:

Beijing West Z-Zug, Hart-/Weichschläfer 298/466 Yuan, 11½ Std., 3-mal tgl.

Guangzhou Ost Hart-/Weichschläfer 260/404 Yuan, 12 bis 14 Std., 4-mal tgl.

Hangzhou D-Zug, Hart-/Weichsitzer 185/222 Yuan, 5 Std., 4-mal tgl.

Nanchang

Highlights

- Tempel Youmin B1
- Tengwang-Pavillon A1

Sehenswertes

1 Ehemaliges Hauptquartier des Aufstandes von Nanchang B2

Schlafen

2 7 Days Inn C3
3 Galactic Peace Hotel C3
4 Hanting Inn D3
5 Hanting Inn C3

Essen

6 Xianheng Jiudian B1
7 Yangzi Jie B2

Ausgehen

8 Bossa Nova B1

Praktisches

9 Nanchang No 1 People's Hospital ... B1

Transport

10 Büro für Zugfahrkartenreservierungen C1
Nanchang Railway International Ticketbüro .... (siehe 10)

Hangzhou Hart-/Weichschläfer 153/234 Yuan, 9 Std., 5-mal tgl.

Jiujiang ab 40 Yuan, 1–2 Std., häufig

Shanghai (Hongqiao) D-Zug, Hart-/Weichsitzer 239/287 Yuan, 6½ Std., 3-mal tgl.

Shanghai Süd K-Zug, Hart-/Weichschläfer 185/286 Yuan, 9–13 Std., 4-mal tgl.

Unterwegs vor Ort

Flughafenbusse (10 Yuan, 45 Min., halbstündl., 6–20 Uhr) fahren vor dem Bahnhof ab. Ein Taxi zum Flughafen kostet etwa 100 Yuan.

Nanchang ist zurzeit dabei, fünf neue (und dringend benötigte) Metrolinien zu bauen. Wann diese fertig sein werden, steht noch nicht fest, aber die eine oder andere Linie wird womöglich bereits 2014 oder 2015 in Betrieb genommen werden. Am nützlichsten für Reisende wird Linie 2 sein, die am Bahnhof vorbeifährt und der Bayi Dadao nach Norden folgt. Linie 3 wird voraussichtlich an den Busbahnhöfen Qingshan Nord und Xujiafang vorbeiführen, während Linie 1 von Ost nach West verlaufen und der Beijing Xilu und Zhongshan Lu folgen wird.

Vom Bahnhof aus fährt Bus 2 die Bayi Dadao entlang, vorbei am Platz des Volkes. Taxis kosten 6 bis 8 Yuan Grundgebühr; einige berechnen einen Benzinaufschlag von 1 Yuan.

Rund um Nanchang

Nordwestlich der Stadt und von allen Seiten von eindrucksvollen Schmucktoren *(menlou)* umgeben liegt das 1120 Jahre alte Dorf **Luotiancun** (罗田村; Eintritt 30 Yuan), das mit seinen unebenen gepflasterten Gassen und den Zeugnissen seiner jahrhundertealten Geschichte ein ideales Ausflugsziel auf dem Land ist. Luotiancun mit seinem verwirrenden Labyrinth aus engen, verwinkelten Sträßchen, verlassenen Hallen und uralten Wohnhäusern aus dunklem Stein befindet sich vor einer malerischen Kulisse, deren Felder und Hügel seinen bukolischen Charme noch stärker hervorheben.

Das enge Gewirr aus Gassen lädt zum gemütlichen Flanieren ein, angefangen am Platz mit dem Teich, vorbei an handbetriebenen Pumpen, alten Brunnen, steinernen Stufen, davonstiebenden Hühnern, trägen Wasserbüffeln und kegelförmigen Heuhaufen. Hier gibt's einige sehr schöne Gebäude, zum Beispiel das ehemalige Wohnhaus **Dashifudi** (大世夫第) an der Hengjie (横街; Kreuzstraße). Am Dorfrand steht ein dicker alter Kampferbaum aus der Tang-Zeit; zu entdecken gibt es außerdem noch den **alten Brunnen** (古井; *gujing*), von dem die Einheimischen schwören, er sei 1000 Jahre alt.

Vom Wasserrad am Anfang der Qianjie führt ein Plattenweg von Luotiancun zum Schwesterdorf **Shuinan** (水南). In Shuinan weisen Schilder auf das **Shuinan-Volkskundemuseum** (水南民俗馆; Shuinan Minsuguan) hin, ein weiteres ehemaliges Wohnhaus mit Schlafzimmern und faden Ausstellungsstücken. Zum Dorfrand hin liegt ein weiteres bemerkenswertes Gebäude, das **Guixiu Lou** (闺秀楼).

Weitere 500 m den Plattenweg hinunter (und auf der anderen Straßenseite) liegt verloren **Jingtai** (京台), dessen zahnlückige und zum großen Teil nicht Mandarin sprechenden Bewohner alle entweder Liu (刘) oder Li (李) heißen.

In Luotiancun gibt's eine einfache (农家; *nongjia*) **Unterkunft** (Bett 50 Yuan) bei Bauernfamilien, aber wer will, kann alle drei Dörfer auf einem einzigen Ausflug von Nanchang aus besuchen. Wer Hunger hat, sollte den Hauptplatz meiden und stattdessen sein Heil bei einem der zwei familienbetriebenen Restaurants in Luotiancun selbst suchen.

Die Anreise hierher ist etwas kompliziert. Zuerst geht es von der nördlich gelegenen Bushaltestelle *tanzikou* (坛子口北; *tanzikoubei*) in Nanchang mit dem Bus 136 nach Anyi (安义; 10 Yuan, 1 Std., häufig von 6 bis 18 Uhr); ein Taxi dürfte etwa 10 bis 20 Yuan kosten, je nachdem, woher man kommt. Allerdings den Ort möglichst noch einmal überprüfen, denn in den letzten Jahren gab es einige Änderungen im Linienverkehr von und nach Anyi. Dann am Busbahnhof Anyi umsteigen in einen Bus nach Shibi (石鼻; 4 Yuan, 30 Min., häufig), von wo *sanlunche* (Fahrradtaxis) für die Fahrt nach Luotiancun (8 Yuan, 15 Min.) zur Verfügung stehen und einem die Knochen ordentlich durchschütteln. Es ist auch möglich, sich gleich für etwa 50 Yuan von Anyi aus ein Taxi direkt nach Luotiancun zu nehmen.

Wuyuan

☎0793 / 81200 EW.

Der Landstrich um Wuyuan hat einige der schönsten Anblicke von Südostchina zu bieten. In diesem entlegenen Hügelland findet sich eine verstreute Handvoll malerischer Huizhou-Dörfer, in denen das historische China in betörenden Panoramen von alten Brücken, glitzernden Flüssen und steingepflasterten Gassen noch erhalten geblieben ist.

Auch wenn es dem gesamten Gebiet seinen Namen gegeben hat, ist Wuyuan selbst eine alles andere als hübsche Stadt, und die meisten Reisenden werden wohl nicht allzu lange nach Entschuldigungen suchen, um den Verlockungen des bukolischen Charmes weit draußen, jenseits der schäbigen Vorstädte, nachzugeben.

Die Wengong Lu (文公路) ist die Hauptgeschäftsstraße von Nord nach Süd.

Geführte Touren

Das **CITS-Büro** (中国国际旅行社; Zhongguo Guoji Lüxingshe; ☎0798-862 9999) im nahe gelegenen Jingdezhen vermittelt einen englisch sprechenden Führer (200 Yuan am Tag) und einen Fahrer.

Schlafen

Es ist schöner, in einem der Dörfer zu übernachten, aber wer mitten in der Nacht ankommt, für den gibt es eine Auswahl an Hotels an der Wengong Lu.

Yingdu Binguan HOTEL €
(迎都宾馆; ☎734 8620; 13 Wengong Nanlu; 文公南路 13 号; EZ & 2BZ 100 Yuan; ❄@) Zentral gelegenes Hotel in passablem Zustand. Teurere Zimmer haben einen Computer.

Tianma Hotel HOTEL €€
(天马大酒店; Tianma Dajiudian; ☎736 7123; www.wytm.cn; 119 Wengong Beilu; 文公北路 119 号; DZ Woche/Wochenende 188/228 Yuan; ❄📶) Das Hotel ist die komfortabelste Unterkunft hier; in der Hochsaison (März, April und Hauptferienzeiten) können die Zimmerpreise auf astronomische 688 Yuan ansteigen.

Praktische Informationen

Bank of China (中国银行; Zhongguo Yinhang; 1 Dongxi Lu) Der 24-Std.-Geldautomat akzeptiert internationale Karten.

Büro für Öffentliche Sicherheit (PSB; 公安局; Gong'anju; 2 Huancheng Beilu; ⌚8–11.30 & 14.30–17.30 Uhr)

People's Hospital (人民医院; Renmin Yiyuan; Wengong Nanlu)

Post (中国邮政; Zhongguo Youzheng; Ecke Tianyou Donglu & Lianxi Lu)

Qihang *wangba* (启航网吧; Wengong Nanlu; pro Std. 3 Yuan; ⌚24 Std.) Internetcafé neben dem Volkshospital.

An- & Weiterreise

Wuyuans **Hauptfernbusbahnhof** (婺源汽车站; Wuyuan *qichezhan*) liegt westlich der Stadt. Ein Motorrad oder ein Taxi bringt einen für 5 Yuan hierher; öffentliche Busse kosten 1 Yuan. Busse, die nachts hier ankommen (z. B. aus Shanghai), setzen Reisende am nördlichen Ende der Stadt ab, nicht beim Bahnhof. Von hier fahren Busse die folgenden Ziele an:

Hangzhou 130 Yuan, 3½ Std., 4-mal tgl.

Jiujiang 90 Yuan, 2½ Std., 3-mal tgl.

Nanchang (nördlicher Busbahnhof Qingshan) 105 Yuan, 3½ Std., 4-mal tgl.

Shanghai Süd 194 Yuan, 6 Std., 2-mal tgl.

Shangrao 58 Yuan, 4 Std., häufig

Tunxi 45 Yuan, 2½ Std., 3-mal tgl.

Yushan (Sanqing Shan) 47 Yuan, 2½ Std., 2-mal tgl.

Rund um Wuyuan

In den letzten paar Jahren ist Wuyuan bei einheimischen Touristen äußerst populär geworden, doch da das Gebiet riesengroß ist, können die Tourbusse mit ein bisschen Planung problemlos umgangen werden. Allerdings sollte man nicht unterschätzen, wie viele Besucher sich in der Hochsaison (besonders zur Rapsblüte) in diese Dörfer zwängen können. Wer die Dörfer zur Ferienzeit besucht, sollte sich auf einen gewaltigen Massenandrang einstellen und das Hotel so früh wie möglich im Voraus buchen.

Es gibt hauptsächlich zwei Ticket-Optionen: entweder einen **Fünftagespass** (Erw./Stud. 180/126 Yuan), in dem der Eintritt zu 12 Sehenswürdigkeiten enthalten ist, oder **Einzelkarten** für jedes Dorf (pro Ticket 60 Yuan). In dem Pass sind einige Dörfer enthalten (hier werden nur die interessantesten aufgezählt), darunter Sixi/Yancun, Klein-Likeng (Xiao Likeng) und Xiaoqi sowie weitere Sehenswürdigkeiten wie das Wolong-Tal. Für Groß-Likeng (Da Likeng) muss der Eintritt separat bezahlt werden. Die weniger bekannten äußeren Dörfer – darunter Guankeng, Lingjiao, Qingyuan und Changxi – konnten zum Zeitpunkt des Schreibens noch kostenlos betreten werden. Für ihren Besuch am besten zwei Tage einplanen.

Unterwegs vor Ort

Das Reisen durch die Provinz kann zu einem frustrierenden Erlebnis werden, weil die Dörfer weit auseinander liegen und es zwischen ihnen nicht immer zuverlässige Busverbindungen gibt. Es ist leichter, ein Motorrad (摩的; *modi*), Taxi oder einen Minivan in Wuyuan oder Qinghua zu mieten, als einen Bus zu erwischen. Motorräder gibt es schon ab 120 Yuan (zuzüglich Mittagessen für den Fahrer) für einen ganzen Tag, was ausreichen dürfte, um vier oder fünf Dörfer zu sehen. Taxis und Minivans fangen normalerweise bei etwa 300 Yuan für einen ganzen Tag an, aber wenn die Geschäfte schlecht laufen, lässt sich der Preis auf bis zu 200 Yuan herunterhandeln. Die Fahrer sträuben sich manchmal, eine Kombination aus den östlichen und nördlichen Dörfern anzufahren; im Zweifel einfach Preise vergleichen.

Wer die Nacht in einem Dorf verbringt, kann auch um einfache Fahrten feilschen. Individuelle Fahrten mit dem Motorrad von Wuyuan aus schließen Qinghua (20 Yuan), Klein-Likeng (15 Yuan) oder die äußeren Dörfer (60 Yuan) ein.

Es gibt drei mögliche Abfahrtsstellen für die Busse, je nachdem, wohin es gehen soll. Von Wuyuans Hauptbusbahnhof geht's zu den nördlichen Dörfern:

Groß-Likeng 16 Yuan, 1 Std., 2-mal tgl.

Guankeng 23 Yuan, 50 Min., 2-mal tgl.

Lingjiao 19 Yuan, 2 Std., 2-mal tgl.

Vor Wuyuans altem Nordbusbahnhof (老北站; *lao beizhan*) am nördlichen Ende der Wengong Beilu fahren häufig Busse nach Qinghua und zu verschiedenen östlichen Dörfern:

Klein-Likeng 5 Yuan, 20 Min., häufig (6.40–16.20 Uhr)

Qinghua 10 Yuan, 30 Min., häufig (6.30–17.30 Uhr)

Xiaoqi 15 Yuan, 1 Std., häufig (6.40–16.20 Uhr)

Wer nach Qingyuan will, muss sich auf dem Fruchtmarkt (水果市场; *shuiguo shichang*) durchfragen – die Fahrt kostet etwa 30 Yuan.

Auf jeden Fall aber sollte man sich zunächst die Abfahrtsorte bestätigen lassen, denn sie wechseln manchmal.

ÖSTLICHE DÖRFER

KLEIN-LIKENG 李坑

Klein-Likeng (Xiao Likeng) ist das malerischste Dorf der Gegend und liegt idyllisch am Fluss. Überall hängen Laternen, enge Gässchen ziehen sich durch das Dorf und hübsche alte Brücken prägen das Bild. Noch beschaulicher wirkt es nachts, wenn die flussseits gelegenen Straßen von Klein-Likeng vom sanften Schein der roten Laternen und altertümlichen Straßenlaternen erleuchtet werden.

Der sehr fotogene Mittelpunkt von Klein-Likeng ist der Zusammenfluss seiner beiden Flüsschen, überspannt vom Bogen der 300 Jahre alten **Tongji-Brücke** (通济桥; Tongji Qiao) und ausgewiesen durch den **Shenming-Pavillon** (申明亭; Shenming Ting), einer der charakteristischen Sehenswürdigkeiten des Dorfes, dessen hölzerne Bänke mit den Jahren glatt poliert wurden.

Bemerkenswert sind unter anderem das **Patina-Haus** (铜录坊; Tonglu Fang), errichtet in der Qing-Zeit von einem Kupferhändler, die wieder aufgebaute **alte Bühne** (古戏台; *guxitai*), wo bei Festen immer noch chinesische Opern und andere Aufführungen dargeboten werden, und die „Geistwände", die am Flussufer errichtet wurden, um die Einwohner vor dem Geräusch plätschernden Wassers zu schützen; und dazwischen der *baicai* (chinesischer Kohl), über Bambuspfähle drapiert, und Fleischstücke, die an maroden muffi-

Rund um Wuyuan

gen Gebäuden zum Trocknen an die Luft gehängt werden.

Über eine der Brücken direkt hinter der alten Bühne führt ein mit Platten belegter Pfad den Hügel hinauf, vorbei an einem alten Kampferbaum und Terrassenfeldern, durch Bambus- und Tannenbestände und hinunter zum Fluss und zur **Li-Zhicheng-Residenz** (李知诚故居; Li Zhicheng Guju), dem Domizil eines Militärgelehrten der Südlichen Song. Ab hier, egal in welcher Richtung, wird es richtig ländlich.

Eine Unterkunft ist leicht zu finden, z.B. in dem hilfsbereiten **Brook Hotel** (小桥驿栈; Xiaoqiao Yizhan; ☎138 7934 9519; DZ 100 Yuan; ❄@📶) in der Nähe der Tongji-Brücke, in dem mindestens eine Person Englisch spricht, oder dem Teehaus **Guangming Chalou** (光明茶楼; ☎0793-737 0999; DZ 80 Yuan; ❄📶) mit Blick auf den Fluss oberhalb des Shenming-Pavillons.

Der Bus setzt einen an der Abbiegung zum Dorf ab; von hier sind es noch fünf Gehminuten bis zum Kartenbüro.

XIAOQI 晓起

Xiaoqi, 36 km von Wuyuan entfernt, geht zurück auf das Jahr 787. Tatsächlich gibt es hier zwei Dörfer: das kitschige und überlaufene untere Xiaoqi (下晓起) und das hübschere obere Xiaoqi (上晓起), wo es eine faszinierende alte **Teefabrik** (传统生态茶作坊; *chuantong shengtai cha zuofang*) zu sehen gibt.

QINGYUAN 庆源

Wer genug hat von rempelnden Reisegruppen, dem bietet das entlegene Dorf Qingyuan eine willkommene Zuflucht. Architektonisch ist es vielleicht weniger reizvoll als die anderen Dörfer in der Huizhou-Region; es ist ziemlich arm und sieht so aus, als wäre es das auch schon immer gewesen. Doch im Unterschied zu den meisten umliegenden Dörfern ist es touristisch vollkommen unerschlossen und wurde nicht für die Bustouristen aufgehübscht. Auch wenn es hier sehr viel friedlicher ist, führt einem ein Ausflug hierher doch vor Augen, welche Vorteile – insbesondere für die wirtschaftliche Situation der einheimischen Dorfbewohner – der organisierte Tourismus in China hat. Qingyuan ist ein beliebtes Ziel für Individualreisende in China; hier findet man problemlos eine **Unterkunft** (Privatunterkunft 20 Yuan pro Person). Eine Alternative ist, einen Fahrer zu mieten und einen Tagesausflug hierher zu machen.

NÖRDLICHE DÖRFER

QINGHUA 清华

Qinghua ist das größte und uninteressanteste Dorf der Gegend, aber dank seiner zentralen Lage bietet es sich als Basis an. Die Hauptattraktion ist die 800 Jahre alte **Regenbogenbrücke** (彩虹桥; Caihong Qiao) aus der südlichen Song-Dynastie, die einen nicht gerade vom Hocker haut, aber interessant ist auch ein Bummel durch die alte Straße **Qinghua Laojie** (清华老街), ein baufälliges Porträt verwitterter Steinbauten mit geschnitzten hölzernen Ladenfronten, Stürzen, dekorativen Sockeln und alten Leuten, die Bambus schälen. Das gastliche **Laojie *kezhan*** (老街客栈; ☎0793-724 2359; 355 Qinghua Laojie; 清华老街 355 号; EZ/DZ 50/60 Yuan, ❄) hat einfache, saubere Zimmer.

Es verkehren Busse nach Sikou (3 Yuan, 10 Min.), Wuyuan (6 Yuan, 30 Min.) und Jingdezhen (22 Yuan, 2 Std., 2-mal tgl.) sowie zu anderen Zielen.

SIXI & YANCUN 思溪、延村

Sixi ist ein zauberhaftes kleines Dorf und sehr beliebt bei Filmleuten mit seiner bugförmigen, überdachten hölzernen **Tongji-Brücke** (通济桥; Tongji Qiao) am Eingang, die aus dem 15. Jh. stammt und mit einem großen Bagua-Symbol (acht Trigramme) versehen ist. Der Tourweg führt vorbei an zahlreichen Qing-Wohnhäusern, viele von ihnen für die Öffentlichkeit zugänglich; sehenswert ist auch die große **Jingxu-Halle** (敬序堂; Jingxu Tang) flussaufwärts. 15 Gehminuten flussabwärts (zurück in Richtung Sikou) führen den Besucher nach Yancun, Sixis schlichterer Schwester. Anreise mit einem beliebigen Bus von Wuyuan Richtung Qinghua (3 Yuan), aussteigen in Sikou (思口). Von hier aus geht's weiter mit einem Motorrad (wenn eins aufzutreiben ist) für 5 Yuan die restliche Strecke.

WOLONG-TAL 卧龙谷

Eine 1½-stündige Wanderstrecke durch das Wolong-Tal (Wolong Gu) folgt dem Lauf eines Flusses, dessen Bett mit großen Steinen übersät ist, hinauf in die Hügel, vorbei an Wasserfällen und durch eine idyllische Landschaft bis zu der Hauptsehenswürdigkeit: zwei gewaltigen Wasserfällen (dem Weißen Drachen und dem Großen Drachen), die in Kaskaden die kahlen Felshänge hinunterstürzen. Auch wenn es hier schnell voll werden kann, ist es ein reizvolles Ziel für eine einfache Wanderung. Hierher fahren täglich zwei bis vier Busse von Wuyuan (16 Yuan, 1 Std.), aber am einfachsten ist es mit einem eigenen Fahrer zu erreichen.

GROSS-LIKENG 理坑

Dieser Weiler am Fluss mit etwa 300 Häusern wird meist **Da Likeng** (Eintritt 60 Yuan) genannt, nicht zu verwechseln mit Klein-Likeng im Osten. Vielleicht das Schönste bei einem Besuch hier ist der Weg durch die hügelige Landschaft von Qinghua aus, einem herrlichen Landstrich voller Felder und Täler, die von glitzernden Flüssen durchzogen sind.

Das Dorf selbst ist nur mäßig interessant; es ist ein Privatunternehmen, das neben dem offiziellen Wuyuan-Netzwerk existiert, aber gerade darum ist es auch weniger überlaufen. Wie in Qingyuan haben etliche einheimische Haushalte ihre Türen für Reisende geöffnet und bieten einfache Betten ab etwa 30 Yuan pro Nacht an.

Sanqing Shan 三清山

☎0793

Ein Weg, in die markante Felswand gebaut, mit schönem Ausblick auf einen Wald aus fantastischen schlanken Granittürmen und ein herrliches Laubdach, gesprenkelt mit weißen Rhododendronblüten… Dies ist einer der zahlreichen Wanderwege im **Sanqing Shan** (www.sanqingshan.com.cn; Erw./Stud. 150/80 Yuan), einem der am meisten unterschätzten Nationalparks in Ostchina – unterschätzt nicht nur wegen seiner einzigartigen Landschaft, sondern auch, weil er relativ unbekannt und daher weniger überlaufen ist als andere Berge in China.

Anders als der Huang Shan, sein berühmterer Nachbar im Norden, hat der Sanqing Shan ein spirituelles Erbe und ist schon seit Jahrhunderten ein Zufluchtsort für Schüler des Taoismus. Der Name Sanqing bedeutet „Die drei Reinen" und bezieht sich auf die drei Hauptgipfel, die den drei wichtigsten Gottheiten des Taoismus ähneln sollen. Die Panoramen sind zu jeder Jahreszeit atemberaubend, am schönsten aber Ende März, wenn die Rhododendronblüte einsetzt.

Dort oben stehen genügend ansprechende Wanderwege zur Auswahl, um Besucher problemlos zwei Tage lang zu beschäftigen, aber auch eine verbindende lange Tageswanderung (etwa 13 km) ist definitiv machbar. Es gibt zwei Hauptzugänge: Die südliche Route (南部; *nan bu*) und die östliche Route (东部; *dong bu*). Der Yujing-Gipfel ist der höchste Punkt des Gebietes mit einer Höhe von 1820 m. Karten (5 Yuan) sind im Bereich des Gipfels leicht zu finden.

Sehenswertes & Aktivitäten

Nanqing-Garten WANDERN

(南清苑; Nanqing Yuan) Der Hauptbereich am Gipfel wird Nanqing-Garten genannt. Es ist ein Rundwanderweg, der sich unter seltsamen Felszacken entlangwindet und die südliche und die östliche Route miteinander verbindet.

Westuferweg WANDERN

(西海岸; Xi Hai'an) Vom Nanqing-Garten-Rundweg geht's zum dramatisch exponierten Westuferweg, der auf einer durchschnittlichen Höhe von 1600 m in den Fels hineingebaut wurde. Der Weg führt schließlich zu dem abgelegenen **taoistischen Tempel Sanqing** (三清宫; Sanqing Gong), der in der Ming-Dynastie gegründet wurde. Dies ist einer der wenigen taoistischen Tempel in Jiangxi, die die Kulturrevolution überstanden haben.

Sonnenscheinuferweg WANDERN

(阳光岸; Yangguang An) Auf dem Rückweg vom Tempel schlängelt sich der Sonnenscheinuferweg durch einen Wald aus alten Rhododendren, Edelkastanien, Bambus, Magnolien und Kiefern; es gibt sogar eine Plattform mit Glasboden. Weil er mit zahlreichen Stufen versehen ist, eignet sich dieser Weg am besten für den Rückweg vom Tempel.

Schlafen

Es gibt drei Übernachtungsbereiche: Auf dem Gipfel, am Anfang der Wanderwege (Süden oder Osten) oder in der Stadt Yushan. An den Wochenenden steigen die Preise; wer am Anfang der Wanderwege oder auf dem Gipfel übernachten möchte, sollte reservieren.

YUSHAN

Fangfang Binguan HOTEL €

(芳芳宾馆; ☎255 5909; Nebenstraße der Renmin Dadao; 人民大道日景现代城; EZ/DZ 60/88 Yuan; ❄@) Diese Unterkunft ist die beste der familienbetriebenen Gästehäuser in der Nähe des Busbahnhofs; manche

WANDERUNGEN DURCH WUYUAN

Viele der Dörfer Wuyuans sind durch uralte **Poststraßen** (驿道; *yidao*) miteinander verbunden, die Wanderern heute einen idealen Anlass bieten, das traumhafte Hinterland des Gebietes zu erkunden: wer dabei an steile Hänge denkt, die von Tupfen wilder Azaleen-, Glyzinien- und Irisblüten bedeckt sind und von herabstürzenden Flüssen durchschnitten werden, liegt ganz richtig. Man braucht dazu einen Dorfbewohner, der willens ist, als Führer zu agieren, und es ist nicht so ganz einfach – wenn auch nicht unmöglich –, das zu arrangieren, ohne Chinesisch zu sprechen. Ein Führer kostet für eine Halbtags-/Ganztagstour etwa 60/120 Yuan, einschließlich Mahlzeit(en) für den Führer, und 20 Yuan für eine Unterkunft (wenn er zu weit von daheim fortgeraten ist). Achtung: Touren auf eigene Faust von einem Dorf zum anderen sind nicht ratsam; Ortsfremde werden sich dabei verlaufen.

Wer in einem Dorf übernachtet, kann dort nach einem Führer fragen. (我要步行去 X. 这里有没有一个人可以带我去 ?/ *Wo yao buxing qu X. Zheli you meiyou yi ge ren keyi dai wo qu* ?/Ich möchte nach X wandern. Kann mich hier jemand dorthin führen?)

Empfohlene Wanderungen:

» **Von Guankeng nach Lingjiao** (官坑 – 岭脚; 8 km, mindestens 3 Std.) Eine einfache Wanderung von einem entlegenen Dorf zum anderen über einen hohen Kamm; Dauer: mindestens zwei Tage. Um 9 Uhr morgens fährt ein Bus von Wuyuan nach Guankeng (20 Yuan, 2 Std.). Für die Nacht kann eine Übernachtung in einer einfachen Privatunterkunft (住农家; *zhu nongjia;* etwa 20 Yuan) in Lingjiao oder Hongguan arrangiert werden, 30 Gehminuten weiter die Straße entlang. Am nächsten Morgen fahren Busse nach Wuyuan (16 Yuan, 2 Std.).

» **Von Qingyuan nach Xiaoqi** (庆源 – 晓起; 12 km, mind. 4 Std.) Diese Wanderung folgt einem Flusstal und führt an terrassierten Feldern und abgeschiedenem Hinterland vorbei. Sie kann auch in umgekehrter Richtung erfolgen, aber mit öffentlichen Verkehrsmitteln ist Xiaoqi am leichtesten zu erreichen.

Wem all das zu kompliziert erscheint, der kann sich stattdessen einfach von einem der Dörfer aus zu einer viel kürzeren, aber ebenso schönen Tageswanderung in die Teeplantagen oder Rapsfelder aufmachen.

Zimmer sind sogar mit Computern ausgestattet. Die Schilder draußen werben mit Preisen von nur 30 Yuan; aber als Erstes werden einem Zimmer angeboten, die näher bei 90 Yuan liegen. Das Hotel liegt in einer Nebenstraße links auf dem Weg vom Busbahnhof.

Pengfa Hotel HOTEL €€
(蓬发宾馆; Pengfa Binguan; ☎220 6666; Xiufeng Lu; 秀峰路; 2BZ ab 130 Yuan; ❄@) Verlässliche Zimmer der mittleren Preisklasse, auch wenn womöglich etwas Feilschen vonnöten ist. Aus dem Busbahnhof Yushan kommend, geht es zweimal nach links; es sind etwa fünf Gehminuten.

AM ANFANG DER WANDERWEGE

Sanqingshan International Resort HOTEL €€€
(三清山国际度假酒店; Sanqingshan Guoji Dujia Jiudian; ☎223 3333; www.sqshotel.com; 2BZ ab 2000 Yuan; ❄) Dieses Hotel am Anfang des südlichen Wanderweges ist bei Weitem das schönste Hotel im Bereich des Sanqing Shan, mit Satelliten-TV und modernem Dekor. WLAN in der Lobby. Preisnachlässe bis zu 50 %.

Diwang Shanzhuang HOTEL €€
(地王山庄; ☎213 7999; DZ ab 280 Yuan) Praktische Zimmer am Beginn des östlichen Wanderweges.

AUF DEM GIPFEL

Wer mit seiner eigenen Ausrüstung unterwegs ist, kann sein Zelt ganz in der Nähe des Tempels Sanqing aufschlagen (mindestens 3 km Fußweg vom südlichen Sessellift entfernt).

Rishang Binguan HOTEL €€€
(日上宾馆; ☎218 9377; Zi ab 480 Yuan) Eines von mehreren Gipfelhotels; 10 Min. Fußweg oberhalb des südlichen Sessellifts.

Nüshen Hotel HOTEL €€€
(女神酒店; Nüshen Jiudian; ☎218 9366; Zi ab 480 Yuan) Eines von mehreren Gipfelhotels;

20 Min. Fußweg oberhalb des östlichen Sessellifts.

 Praktische Informationen

Agricultural Bank of China (中国农业银行; Zhongguo Nongye Yinhang; Renmin Dadao) 24-Std.-Geldautomat etwa 10 Min. Fußweg vom Busbahnhof Yushan.

 An- & Weiterreise

Nach Sanqing Shan führt die Reise über die Stadt Yushan (玉山), die sowohl mit dem Bus als auch mit der Bahn zu erreichen ist. Wer keine Direktverbindung nach Yushan bekommt, fährt am besten in die nahe gelegene Stadt Shangrao (上饶) und steigt dort in einen Zug oder einen Bus (Achtung, Busse nach Yushan fahren nicht vom Fernbusbahnhof Shangrao ab – man muss ein Taxi oder ein Motorrad zur Haltestelle nehmen).

Bus

Verbindungen vom Busbahnhof Yushan (汽车站; *qichezhan*):

Hangzhou 90 Yuan, 4 Std., 4-mal tgl.

Nanchang 72 Yuan, 4–5 Std., 2-mal tgl.

Shangrao 14 Yuan, 1 Std., häufig

Wuyuan 45 Yuan, 2½ Std., 2-mal tgl.

Zug

Yushan befindet sich an der Verbindungsstrecke zwischen Shanghai und Nanchang. Die Kosten für ein Taxi zum Bahnhof (火车站; *huochezhan*) belaufen sich auf 10 Yuan. Von Sanqing Shan gibt es unter anderem Züge nach:

Hangzhou Süd ab 45 Yuan, 4½ Std., 6-mal tgl.

Nanchang 22–44 Yuan, 4½ Std., 4-mal tgl.

Shanghai Süd Hartsitzer/Schlafwagen 76/134 Yuan, 7 Std., 5-mal tgl.

Shangrao 3,50–10 Yuan, 20 Min., 7-mal tgl.

Yingtan 12–24 Yuan, 2 Std., 7-mal tgl.

 Unterwegs vor Ort

Minibusse (15 Yuan, 80 Min., 6.30–17.20 Uhr) verkehren vom Busbahnhof Yushan bis zum Anfang der östlichen (东部) und der südlichen Route (南部) – darum das Ziel immer genau angeben. Ein **Sessellift** (索道; bergauf/bergauf und bergab 70/125 Yuan) steht an beiden Orten zur Verfügung. Alternativ gibt es für die südliche Strecke auch noch den Trägerweg – ein schweißtreibender 1½-stündiger Fußweg (2,5 km), der sich unter dem Sessellift entlangschlängelt.

Die östliche Strecke hat einen spektakuläreren Sessellift, liegt aber weiter vom Westuferweg entfernt; zum Wandern ist die südliche Strecke sehr viel kürzer.

Longhu Shan 龙虎山

☎0701

Angefangen bei mächtigen taoistischen Priestern bis hin zu den ersten Szenen der Abenteuergeschichte *Die Räuber vom Liang-Shan-Moor* – der Longhu Shan (Drachen- und Tigerberg) hinterließ in seiner Blütezeit während der Song-, Yuan- und Ming-Dynastien eine deutliche Spur in der traditionellen chinesischen Kultur. Auch wenn die Kulturrevolution die sichtbaren Zeichen dieser Vergangenheit ausradiert hat, ist diese Gegend, die an ein Landschaftsgemälde erinnert – ein gewundener Fluss, eine Gruppe von Sandsteingipfeln, grasende Wasserbüffel und einsame Reiher – so gut wie keine andere geeignet, dem Besucher die opulente Schönheit der Natur von Jiangxi nahezubringen.

Während der Song-Dynastie (960–1279) wurde Longhu Shan zum Zentrum der aufkommenden Zhengyi-Sekte, die für sich beanspruchte, die Lehren des Taoismus-Begründers Zhang Daoling (34–156) zu vertreten. Neben der Quanzhen-Sekte war der Zhengyi-Taoismus eine der profiliertesten Schulen des Taoismus im späten kaiserlichen China, und es gab hier früher über 100 Tempel und Klöster. Die Zhengyi-Taoisten waren in der Gesellschaft aktiv; sie verkauften Schutztalismane (die immer noch angeboten werden) und hielten Gottesdienste für die Bevölkerung ab. Der Kopf der Zhengyi-Sekte war bekannt als Himmelsmeister; dieser Titel wird zurückgeführt bis auf Zhang Daoling.

Sehenswertes & Aktivitäten

Das Landschaftsgebiet Longhu Shan umfasst 200 km². Der größte Teil davon befindet sich am Ostufer des Luxi. Die **Eintrittskarte** (www.longhushan.com.cn; ohne/mit Raftingtour 175/225 Yuan) umfasst den Eintritt zu sieben Stätten und eine Raftingtour sowie den Transport mit den Kleinbahnen (Haupteingang zum Tempel Zhengyi) und Shuttlebussen (vom Tempel Zhengyi zur Residenz der Himmelsmeisters). Um sich auf dem Gelände nicht zu verzetteln, am besten bei den Sehenswürdigkeiten auf zwei beschränken: die Residenz der Himmelsmeister und den Elefantenrüsselhügel.

Am Haupteingang befinden sich zwei kleine Museen, das **taoistische Museum** (⌚8–17 Uhr) mit ausschließlich chinesi-

JINGDEZHEN: PORZELLAN AUS CHINA

Den Namen Jingdezhen (景德镇) werden viele schon einmal gehört haben: hier wird das in China hoch geschätzte Porzellan gebrannt, auch wenn die kaiserlichen Brennöfen, aus denen die Keramikwaren für die Bewohner der Verbotenen Stadt stammten, schon lange erloschen sind. Hier gibt's mehr Porzellan als im übrigen China zusammengenommen, und so bietet Jingdezhen kein besonders reizvolles Bild und ist wirklich nur für Angehörige der Branche interessant. Wer sich für altes Porzellan interessiert, sollte stattdessen Shanghai besuchen: Die Sammlung im Shanghaier Museum ist die beste in ganz China, und Geschäfte wie Spin und Yu verkaufen herausragende Stücke aller Stilarten.

schen Informationen und das interessante **Geologiemuseum** (⌚8–17 Uhr) mit detaillierten Erklärungen zur Entstehung des Longhu Shan.

Residenz der Himmelsmeister TAOISTISCHER TEMPEL

(天师府; Tianshi Fu) Etwa 28 km vom Haupteingang Longhu Shans gelegen, ist dies der größte und am besten erhaltene taoistische Tempel des Gebietes. Er wurde in der Song-Dynastie ursprünglich als Zhengyis Haupttempelanlage erbaut und in der Qing-Dynastie und ein weiteres Mal in den 90er-Jahren des letzten Jahrhunderts von Grund auf renoviert. Das älteste noch existierende Gebäude ist das **Heiligtum der Dreifachen Selbstprüfung** (三省堂; San Xing Tang) aus dem Jahr 1865. Von der Shuttlehaltestelle aus sind es 15 Gehminuten durch das alte Shangqing-Dorf. Weitere 500 m die Fuqian Jie (府前街) entlang liegt eine verlassene **katholische Kirche** (天主教堂; Tianzhujiao Tang), ein herrlich bizarres Gebäude und seltsam anmutendes Überbleibsel kolonialer Missionierung.

Shangqing-Palast TAOISTISCHER TEMPEL

(大上清宫; Da Shangqing Gong) 500 Meter hinter der katholischen Kirche liegt diese taoistische Tempelanlage, die fast vollständig durch ein Feuer zerstört wurde; nur das Eingangstor, der erste Hof (mit Trommel- und Glockenturm) und ein paar Nebenhallen stehen noch. Ein mythischer Ort: Hier soll sich nicht nur die Residenz des ersten Himmelsmeisters (Zhang Daoling) befunden haben, sondern hier sollen auch die 108 Geister in *Die Räuber vom Liang-Shan-Moor* aus Versehen freigelassen worden sein.

Elefantenrüsselhügel LANDSCHAFTSBEREICH

(象鼻山; Xiangbi Shan) Dieser Bereich ist näher beim Haupteingang gelegen; hier befindet sich die erste Haltestelle der Kleinbahn. Es gibt einen Rundwanderweg vorbei an Felsformationen und wieder aufgebauten Tempeln und einen Weg zum Fluss hinunter, von wo aus sich ein guter Blick auf die **Hängenden Särge** (悬棺; *xuan guan*) des Longhu Shan am anderen Ufer bietet. Vor etwa 2500 Jahren bestatteten die ursprünglichen Bewohner des Gebietes, die Guyue, ihre Toten in Grotten hoch oben in der Felswand. Viermal am Tag (um 10, 12, 14 und 16 Uhr) findet hier eine sehenswerte Vorstellung zu den hängenden Särgen statt (eine freie Neuinterpretation). Es gibt eine kostenlose Fähre über den Fluss.

Schlafen & Essen

Die Hotels und Restaurants liegen praktischerweise in der Nähe des Haupteingangs. Kleinere Restaurants gibt es im Dorf Shangqing am anderen Ende des Landschaftsbereichs.

Rongsheng Binguan HOTEL €€

(荣盛宾馆; Rongsheng Binguan; ☎665 7666; 龙虎山新大门对面; 2BZ Woche/Wochenende 130/160 Yuan; ❄@) Das Rongsheng ist sehr geschmackvoll eingerichtet und geradezu überraschend elegant mit Hartholzböden, Flatscreen-TV und Waschbecken im traditionellen chinesischen Stil in den Bädern ausgestattet. Es ist gegenüber dem Parkeingang zu finden.

Longhu Shan Nongjiale HOTEL €

(龙虎山农家乐; ☎665 9506; 39 Xianrencheng Lu; 仙人城路 39 号; DZ/2BZ 60/80 Yuan; ❄) Hier findet sich eine saubere Übernachtungsmöglichkeit mit freundlichen Gastgebern in einer Nebenstraße, eher Privatunterkunft als Hotel.

Praktische Informationen

Es gibt **Internetcafés** (网吧; *wangba*) und einen 24-Std.-Geldautomaten gegenüber dem Bahnhof in Yingtan.

Anreise & Unterwegs vor Ort

Longhu Shan befindet sich in der Nähe der Stadt Yingtan (鹰潭), die an der Bahnlinie Shanghai–Nanchang gelegen ist. Um von Yingtan nach Longhu Shan zu gelangen, geht's mit dem Bus K2, der vor dem Bahnhof abfährt, am Busbahnhof vorbei und weiter zum Haupteingang (3 Yuan, 25 Min., 6.15–18.30 Uhr).

Züge vom Bahnhof Yingtan (火车站; *huoche zhan*) fahren folgende Ziele an:

Hangzhou D-Zug, Hart-/Weichsitzer 142/171 Yuan, 3½–4 Std., 5-mal tgl.

Hangzhou Hartsitzer 70 Yuan, 5–7 Std., häufig

Nanchang 12–43 Yuan, 1–2 Std., häufig

Shanghai Hongqiao D-Zug, Hart-/Weichsitzer 197/236 Yuan, 5½ Std., 4-mal tgl.

Shanghai Süd 94–164 Yuan, 7½–9½ Std., häufig

Shangrao 19–34 Yuan, 1–2 Std, häufig

Die Verbindungen vom Busbahnhof (客运站; *keyun zhan*) sind weniger praktisch:

Nanchang (Busbahnhof Xujiafang) 50 Yuan, 2 Std., stündl.

Shangrao 36 Yuan, 2 Std., stündl.

Wuyuan 73 Yuan, 3½ Std., 4-mal tgl.

Lushan 庐山

☎0792

Die dramatisch in Nebel gehüllten Felsen von **Lushan** (Erw./Stud. 180/135 Yuan), einem der frühen kulturellen Zentren der chinesischen Zivilisation, zogen 1500 Jahre lang viele Ordensmitglieder und Denker an. Der Mönch Hui Yuan, einer der ersten chinesischen Lehrer, der die Bedeutung der Meditation betonte, gründete im 4. Jh. n.Chr. hier den Buddhismus des Reinen Landes. Sein Zeitgenosse und Bekannter Tao Yuanming, der am Fuß des Berges lebte, gilt als erster Landschaftsdichter Chinas.

In den darauffolgenden Jahrhunderten erkoren zahlreiche weitere Autoren die Hänge des Lushan zu ihrem Heim – darunter Bai Juyi, Zhu Xi und Su Dongpo –, doch leider wurde beim Taiping-Aufstand Mitte des 19. Jhs. fast alles von Bedeutung zerstört. Den Aufständischen folgten westliche Kolonialisten und Missionare. Sie erbauten den Erholungsort Guling (Kuling; Höhe 1167 m), in dem die Nobelpreisgewinnerin Pearl S Buck die Sommer ihrer Kindheit verbrachte und Mervyn Peake (der Autor der *Gormenghast*-Romane) geboren wurde.

Nach dem Aufstieg der KPCh zur Macht wurden die im europäischen Stil gehaltenen Villen von Guling in ein berühmt-berüchtigtes politisches Konferenzzentrum umgewandelt; neben den atemberaubenden Panoramen ist dies die Attraktion, die die meisten Besucher anzieht.

Sehenswertes & Aktivitäten

Die Hauptattraktion besteht in dieser Gegend darin, die Gebirgsstraßen und -wege auf eigene Faust zu erkunden – im Allgemeinen kann davon ausgegangen werden, dass jeder Ort, der ausschließlich zu Fuß zu erreichen ist, weit weniger überlaufen ist. Der **Xinhua Bookshop** (新华书店; Xinhua Shudian; 11 Guling Zhengjie) hat detaillierte Karten der Straßen und Wanderwege in seinem Angebot.

Von den alten Stätten der Religionsausübung von Lushan sind noch die **protestantische Kirche** (基督教堂; Jidujiao Tang; 23 Hexi Lu) und die **katholische Kirche** (天主教堂; Tianzhujiao Tang; 12 Xiangshan Lu) erhalten.

Meilu-Villa HISTORISCHE STÄTTE
(美庐别墅; Meilu Bieshu; 180 Hedong Lu; Eintritt 25 Yuan, inkl. Residenz von Zhou Enlai; ⏲8–18 Uhr) Erbaut in den 30er-Jahren des letzten Jahrhunderts von Chaing Kaishek und benannt nach seiner Frau Song Meiling.

Residenz von Zhou Enlai HISTORISCHE STÄTTE
(周恩来纪念室; Zhou Enlai Jinian Shi; Eintritt inkl. Meilu-Villa) Die Residenz des ehemaligen chinesischen Ministerpräsidenten steht trotzig auf dem der Meilu-Villa gegenüberliegenden Ufer.

Stätte der Konferenz von Lushan MUSEUM
(庐山会议旧址; Lushan Huiyi Jiuzhi; 504 Hexi Lu; Eintritt 50 Yuan; ⏲8–17 Uhr) Auch Halle des Volkes genannt; hier fanden die historischen Besprechungen der KPCh der Jahre 1959 und 1970 statt.

GRATIS **Museum Lushan** MUSEUM
(庐山博物馆; Lushan *bowuguan*; 1 Lulin Lu; ⏲8–17.30 Uhr) Das Museum befindet sich in der ehemaligen Residenz Maos und ist vollgestopft mit Kinkerlitzchen, die die Verbindung Lushans mit dem Kommunismus unterstreichen.

Wandern

Ein hervorragendes Ziel für Wanderer ist der **Wu Lao Feng** (五老峰; Gipfel der fünf alten Männer; 1358 m). Etwas weniger ab-

ABSTECHER

LONGNAN

Tief im Süden von Jiangxi liegt die selten besuchte Hakka-Region, eine Gegend mit üppig grünen Bergen, gesprenkelt mit Wehrdörfern, die – im Unterschied zu den meist kreisförmigen *tulou* (Rundbauten) von Fujian – ungewohnt rechtwinklig angelegt wurden. Die Anzahl dieser Wohnstätten im Kreis Longnan (龙南) wird auf 370 geschätzt, aber Reisende können sich ruhigen Gewissens auf zwei Hauptgegenden beschränken, die beide von der geschäftigen Stadt Longnan aus besucht werden können.

Die von einem Holzhändler im frühen 19. Jh. erbaute **Neue Festung Guanxi** (关西新围; Guanxi Xin Wei; Eintritt 10 Yuan) ist das größte und schmuckvollste Wehrdorf der Region. In der Nähe befindet sich die **Hakka-Weinburg** (客家酒堡; Kejia Jiubao; Eintritt 15 Yuan), die zur gleichen Zeit von einem reichen Weinhersteller erbaut wurde. Ein Bus vom Binjiang-Platz in Longnan fährt nach Guanxi (5 Yuan, 40 Min., stündl.) und kommt dabei an der Hakka-Weinburg (3 Yuan) vorbei.

In der Nähe der Stadt Yangcun (杨村) liegt eine Reihe verfallender alter Dörfer wie das 350 Jahre alte **Yanyi Wei** (燕翼围; Eintritt 10 Yuan), die größte derartige Wohnstätte der Region (vier Stockwerke). Doch noch faszinierender ist das nahe gelegene **Wudang Shan** (武当山; Eintritt 15 Yuan; ⏲8–18 Uhr), eine Gruppe verwitterter Sandsteinkuppeln, die aus dem subtropischen Wald herausragen (nicht zu verwechseln mit dem Wudang Shan in Hubei). Nach Yangcun fährt ein Bus (11 Yuan, 1¼ Std., häufig) von der 99 Longding Dadao (龙鼎大道 99 号) in Longnan. Busse in beide Richtungen passieren unterwegs Wudang Shan; auf Wunsch setzen einen die Fahrer am Eingang ab.

Züge nach Longnan fahren von Nanchang (134 Yuan, 7½ Std.) und Guangzhou (Sitz/Hartschläfer 87/177 Yuan, 5½– 6½ Std.); alternativ fährt man mit dem Bus von Nanchang nach Ganzhou (120 Yuan, 4½ Std.) und steigt dort in einen Bus nach Longnan (49 Yuan, 2 Std.). Zwei Busse am Tag fahren nach Guangzhou (90 Yuan, 5 Std.). Bus 1 (1,5 Yuan) fährt vom Bahnhof aus am Busbahnhof vorbei ins Stadtzentrum. Zum *tulou* in Fujian zu gelangen oder von dort wegzukommen, ist nicht leicht. Man kann in Ganzhou in einen Bus in Richtung Fujian (z. B. nach Yong'an) umsteigen, aber nach einer mindestens fünfstündigen Fahrt über die Grenze muss man erneut umsteigen, um nach Yongding zu gelangen.

In Longnan ist es möglich, im **Xinxing Binguan** (新兴宾馆; ☎353 6288; Binjiang-Platz; 滨江广场; Zi 70–138 Yuan; ❄@) zu übernachten.

gelegen, aber ein sehr beliebtes Fotomotiv ist der **Dreistufenwasserfall** (三叠泉; Sandie Quan).

Am nordwestlichen Rand des Lushan fällt das Land abrupt ab und eröffnet spektakuläre Aussichten über die dicht besiedelten Ebenen des Jangtse. Ein langer Wanderweg nach Süden (etwa eine Stunde von Guling entfernt) an diesen schroffen Abhängen entlang führt zum **Drachenkopffelsen** (龙首崖; Longshou Ya), einer natürlichen Felsplattform über einem atemberaubenden Steilhang.

Schlafen

In den Monaten Juli und August ist Hauptsaison am Lushan, und wer zu dieser Zeit hierherkommt – womöglich sogar an einem Wochenende –, sollte unbedingt im Voraus buchen. Außerhalb dieser Zeit ist es aber durchaus möglich, spontan ein Zimmer zu mieten.

Lushan Yuntian Villa HOTEL €€
(庐山云天别墅; Lushan Yuntian Bieshu; ☎829 3555; www.lsytbs.com; Guling Zhengjie; DZ Juli & Aug. 760 Yuan, Rest des Jahres 240 Yuan; ❄📶) Eine Klasse besser als Lushans typische muffige und abgenutzte Unterkünfte. Alte Villenatmosphäre mit geräumigen, hellen Zimmern und schickem Design.

Jugendherberge JUGENDHERBERGE €
(大自然青年旅社; Daziran Qingnian Lüshe; ☎829 6327; www.yhalushan.com; 1 Hubei Lu; 湖北路 1 号; B/DZ 35/120 Yuan; ❄@📶) Die einzige Dekoration hier sind die Graffiti an den Wänden, aber dafür liegt es wunderbar abgelegen am Hang. Das Hostel liegt etwa 1 km zu Fuß vom Busbahnhof entfernt; von der Guling Zhengjie nach links

auf die Henan Lu abbiegen und von dort noch etwa 600 m der Straße folgen.

Praktische Informationen

Bank of China (中国银行; Zhongguo Yinhang; 13 Hemian Jie) Geldwechsel und 24-Std.-Geldautomat.

Büro für Öffentliche Sicherheit (PSB; 公安局; Gong'anju; 20 Guling Zhengjie)

Internetcafé (极速网吧; Jisu *wangba*; Guling Zhengjie; pro Std. 3 Yuan; ⏲8–24 Uhr) In der Nähe der Kreuzung mit der Dalin Lu, am anderen Ende der Guling Zhengjie.

Anreise & Unterwegs vor Ort

Reisende kommen normalerweise von Jiujiang (九江) nach Lushan. Busse (15 Yuan, 1 Std., 6.50–16.30 Uhr) fahren stündlich von Jiujiangs Fernbusbahnhof nach Lushan und setzen Passagiere vor einem kleinen Fahrkartenbüro an der Guling Jie ab. Im Sommer empfiehlt es sich, schon bei der Ankunft die Rückfahrt zu buchen.

Es verkehrt außerdem ein Bus zum nördlichen Busbahnhof Qingshan in Nanchang (50 Yuan, 2½ Std., 14.30 Uhr), der vom Busbahnhof Lushan an der Hexi Lu abfährt; im Sommer fahren manchmal mehrere Busse.

Jiujiang ist von Nanchang aus mit dem Bus und der Bahn zu erreichen. Der Fernbusbahnhof Jiujiang (长途汽车站; *changtu qiche zhan*) hat Verbindungen zu den folgenden Städten:

Nanchang 30 Yuan, 2 Std., halbstündl.

Nanjing 149 Yuan, 6½ Std., stündl.

Shanghai 218 Yuan, 10 Std., 3-mal tgl.

Wuhan 90 Yuan, 4 Std., stündl.

Wuyuan 90 Yuan, 3 Std., 6-mal tgl.

In Anbetracht der zahllosen Fußwege und der vielen Busreisegruppen am Lushan machen Erkundungen zu Fuß dort am meisten Spaß. Es steht aber auch ein **Bus-Pendeldienst** (旅游观光车; *lüyou guanguang che*; 7-Tagespass 80 Yuan) zur Verfügung, bei dem man jederzeit aus-/zusteigen kann, der die meisten Sehenswürdigkeiten anfährt und manchmal ganz praktisch ist – der größte Nachteil dabei ist, dass es kein Entkommen von den Massen gibt. Den Buspass gibt's an dem Busbahnhof, wo die Busse nach Nanchang abfahren. Sich hier ein Taxi zu mieten, ist ziemlich sinnlos, denn Privatfahrzeuge dürfen die meisten Straßen nicht befahren. Es gibt verschiedene Seilbahnen am Lushan (hin & zurück 80 Yuan).

Hunan

BEVÖLKERUNG: 66 MIO.

Inhalt »

Changsha 501
Shaoshan 507
Heng Shan 508
Wulingyuan & Zhangjiajie 510
Dehang 514
Fenghuang 516
Altstadt von Hongjiang 519

Die tollsten Wanderungen

- » Wanderung am Goldpeitschenfluss (S. 510)
- » Naturschutzgebiet Tianzi Shan (S. 512)
- » Neundrachenfluss (S. 519)
- » Fanyin-Tal (S. 508)

Die interessantesten Bauwerke

- » Fenghuangs *diaojiaolou* (Stelzenhäuser) (S. 518)
- » Altstadt von Hongjiang (S. 519)
- » Maos Geburtshaus (S. 507)
- » Tianxin Ge (S. 502)

Auf nach Hunan!

Die Kader der Kommunistischen Partei mögen immer noch von dem besonderen geschichtlichen Stellenwert Hunans (湖南) schwärmen, der ihm als Geburtsort von Mao Zedong zukommt, doch es lockt vor allem mit seiner dramatischen und fruchtbaren Landschaft.

Eine beeindruckende Landschaft aus gewaltigen, isolierten Gebirgszügen und zerklüfteten Karstgipfeln nimmt über 80 % der Provinz ein. Diese Naturschönheiten erheben sich aus den unglaublich grünen Tälern, die von den Zuflüssen des fruchtbaren Jangtse-Beckens durchflossen werden. Schon vor langer Zeit haben sich Menschen inmitten dieser wundervollen Natur niedergelassen und auf den felsigen Hängen fruchtbare Terrassenfelder angelegt. Ihre besonderen Kulturen leben in den entzückenden Dörfern in den Hügeln und in den lebendigen Städten am Fluss weiter.

Neben den Einheimischen und der Landschaft ist aber auch das Essen aufregend. Die scharfe, leckere Küche von Hunan treibt weltweit Menschen die Tränen in die Augen und schmeckt natürlich direkt vor Ort am besten.

Reisezeit

Changsha

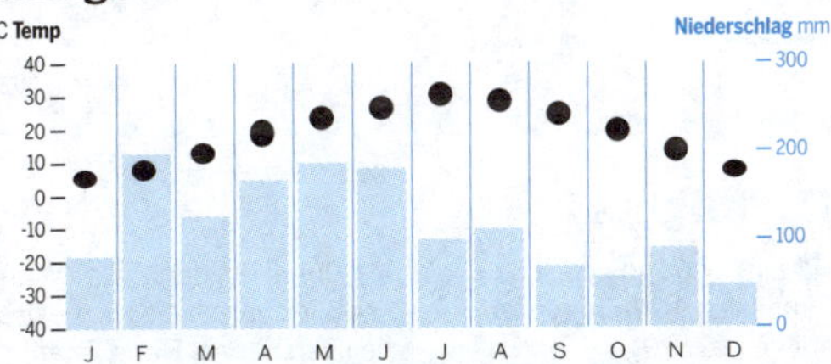

April–Mai Der Frühling erwacht in den subtropischen Wäldern und Karstgipfeln von Wulingyuan.

September & Oktober Das Wasser rauscht an den tollen Aussichtspunkten am Heng Shan.

November–Dezember Reisegruppen sind in den alten Gassen von Fenghuang seltener zu sehen.

Highlights

1 Eine neue geologische Dimension in **Wulingyuan** erleben (S. 510)

2 Dem bröckelnden Charme des alten **Fenghuang** verfallen (S. 516)

3 Die außergewöhnliche Karstlandschaft um das Miao-Dorf **Dehang** erwandern (S. 514)

4 Durch Wälder und an Wasserfällen vorbei die Hänge des heiligen Berges **Heng Shan** erklimmen (S. 508)

5 Hemmungslos in den **Bars** und **Clubs** von Changsha tanzen (S. 505)

6 Die jahrhundertealten Kaufmannsgassen in der **Altstadt von Hongjiang** besuchen (S. 519)

7 Sich unter die Massen mischen, die Mao in **Shaoshan** huldigen (S. 507)

Geschichte

Unter der Herrschaft der Ming- und Qing-Dynastie stellte Hunan eine der Getreidekammern des Reiches dar, und riesige Mengen an Reis wurden in den verarmten Norden transportiert. Im 19. Jh. führten die Landknappheit und das Großgrundbesitzertum zu großflächigen Unruhen unter den Bauern und Minderheiten, die in den Bergen heimisch waren. Dieses wirtschaftliche Ungleichgewicht war der Anlass der Taiping-Rebellion in den 1850er-Jahren und sorgte später in den 1920er-Jahren dafür, dass die Kommunistische Partei Chinas (KPCh) und Mao Zedong aus Hunan stark unterstützt wurden.

Klima

Im subtropischen Hunan liegen die zumeist gemäßigten Temperaturen im Sommer im Durchschnitt bei 28 °C und im kurzen Winter bei 6 °C. Der Monsunregen fällt von April bis Juni, gefolgt von hohen Temperaturen und hoher Luftfeuchtigkeit im Juli. Im Norden der Provinz ist das Wetter etwas unbeständiger und im Winter fällt dort sogar Schnee.

Sprache

Hunanesisch (*xiang* 湘语) ist ein Dialekt des nördlichen Mandarins und umfasst sechs bis acht eigene „Dialekte", die vor allem in der Mitte und im Südwesten von Hunan gesprochen werden. Ein weiterer Dialekt des nördlichen Mandarins, *gan* (赣语; Jiangxinesisch), wird im Osten und im Süden gesprochen. In den Grenzregionen findet sich ein buntes Mosaik an weiteren Dialekten und Minderheitensprachen, wie Xiangyu und Ganyu.

PREISE

In diesem Kapitel werden die folgenden Preiskategorien verwendet:

Schlafen

€	unter 200
€€	200 bis 550 Yuan
€€€	über 550 Yuan

Essen

€	unter 75 Yuan
€€	75 bis 200 Yuan
€€€	über 200 Yuan

Anreise & Unterwegs vor Ort

Eine Hochgeschwindigkeitsbahn verbindet Hunan mit ihren Nachbarprovinzen Hubei und Guangdong und verläuft nun auch im Osten von Hunan durch Yueyang, Changsha, Hengshan und Chenzhou. (Die Städteplaner scheinen mit einer enormen Verstädterung zu rechnen, den oftmals abgelegenen Bahnhöfen nach zu urteilen.) Ein Netzwerk aus praktischen, älteren Bahnlinien und Autobahnen überzieht die gesamte Provinz. Von den Flughäfen in Changsha, Zhangjiajie und Huaihua aus ist jede größere Stadt innerhalb von zwei Flugstunden zu erreichen.

Changsha 长沙

☎0731 / 2,5 MIO. EW.

3000 Jahre lang gedieh diese Stadt am Ufer des Xiang als landwirtschaftliches und intellektuelles Zentrum. Während der britische Philosoph Bertrand Russell es in den 1920er-Jahren noch mit einer „mittelalterlichen Stadt" verglich, wurde praktisch das gesamte alte Changsha während des Japanisch-Chinesischen Krieges und im Jahr 1938 durch einen Großbrand zerstört, sodass kaum noch Spuren der Vergangenheit übrig sind. Heutzutage ist Changsha hauptsächlich für seine Sehenswürdigkeiten bekannt, die mit einem Revolutionär namens Mao verknüpft sind.

Sehenswertes

Die meisten Sehenswürdigkeiten von Changsha liegen östlich des Flusses und schließen von Ende August bis April eine halbe Stunde früher.

GRATIS Städtisches Museum Changsha MUSEUM

(市博物馆; Shi *bowuguan*; ☎8224 2209; 538 Bayi Lu; ⌚Di–So 9–17 Uhr; 🚌1, 501) Eine gigantische Mao-Statue aus dem Jahr 1968 – in Heilongjiang aus einer Aluminium-Legierung gegossen – begrüßt die Besucher freundlich am Eingang. Es ist sehr interessant, seine Haltung – rechter Arm in Verkündung eines neuen Morgens erhoben – mit zurückhaltenderen Statuen zu vergleichen, die nach der Reformbewegung aufgestellt wurden. Die Statue ist der erste Hinweis darauf, dass das Museum trotz der Gemälde, Keramik- und Jadeexponate in Wirklichkeit ein Schrein ist. Unbedingt ansehen: das riesige Porträt des jungen Mao mit den aus seinem Kopf kommenden Lichtstrahlen, das über dem Eingang hängt.

Das Museum ist auch der ehemalige Sitz des **KPCh-Komitees Hunan** (中共湘区委员会旧址; Zhong Gong Xiangqu Weiyuanhui Jiuzhi), wo Mao von 1921 bis 1923 mit seiner ersten Frau und Schwiegermutter lebte, während er heimlich die örtliche KPCh leitete. Zutritt nur mit Lichtbildausweis.

Lehrerausbildungsanstalt Nr. 1 in Hunan HISTORISCHE STÄTTE
(第一师范学校旧址; Diyi Shifan Xuexiao Jiuzhi; ☎8515 7430; 356 Shuyuan Lu; Eintritt 15 Yuan; ⏲8.30–17.30 Uhr; 🚌1, 122) Mao besuchte diese Schule von 1913 bis 1918. Er kehrte hierher zurück, um von 1920 bis 1922 Chinesisch zu unterrichten. Die Lehranstalt existiert noch immer, und wenn man Glück hat, kommen Schüler vorbei, die ihr Englisch anwenden und eine kleine Führung anbieten möchten. Zu sehen gibt es den Schlafsaal von Mao, seine alten Klassenzimmer, Säle, in denen er seine ersten politischen Versammlungen abhielt, und einen Brunnen im Freien, von dem er sich das Wasser für seine kalten Bäder holte. Es gibt auch ein paar englischsprachige Hinweistafeln.

Tianxin Ge HISTORISCHE STÄTTE
(天心阁; Herz-des-Himmels-Pavillon; ☎8489 1389; 3 Tianxin Lu; Park Eintritt frei, Pavillon 16 Yuan; ⏲8–18 Uhr, Pavillon 7.30–18 Uhr; 🚌202) Die alte Stadtmauer wurde 202 v.Chr. aus festverschlagenem Lehm erbaut, 1372 mit Steinen verstärkt und schließlich 1928 bis auf diesen Abschnitt zerstört. Dies ist ein beliebter Zufluchtsort vor der Sommerhitze.

Yuelu-Akademie HISTORISCHE STÄTTE
(岳麓书院; Yuelu Shuyuan; ☎8882 3764; Lushan Nanlu; Eintritt 30 Yuan; ⏲7.30–18 Uhr; 🚌202) Studenten schwitzen am Fuße des Berges Yuelu westlich des Flusses bereits seit dem Jahr 976 über ihren Klausuren, als die Akademie als eine der vier höheren Lehranstalten Chinas gegründet wurde. Das Gelände aus der Song-Ära gehört heute zur Universität Hunan. Am Eingang liegt der **Hexi-Pavillon** (Hexi Tai), einstmals auf dem Gipfel des Yuelu, in dem die Schriften einer der größten Köpfe Chinas verwahrt werden, darunter ein Gedicht aus einem Gespräch in Sonettform, das gemeinsam von den konfuzianischen Gelehrten Zhu Xi und Zhang Shi verfasst wurde.

Orangeninsel PARK
(橘子洲; Juzi Zhou; ☎8861 4640; ⏲24 Std.; 🚌3) Der berühmteste Park der Stadt ist eine 5 km lange Landzunge im Fluss Xiang. Ein nachdenklicher, 32-jähriger Mao machte ihn unsterblich in „Changsha", seinem vermutlich angesehensten Gedicht, nachdem er eines Herbstages an der Südspitze gestanden und gen Westen zum Berg Yuelu geschaut hatte. Eine meterhohe Granitbüste eines jungen Vorsitzenden mit wallenden Locken steht nun an dieser Stelle – sie schaut aber in eine andere Richtung. Einen **Ausflugswagen** (*guanguang diandong che*; Ticket 20 Yuan; ⏲7.30–20.30 Uhr) am Eingang nehmen und so den Weg durch die gepflegten Rasenflächen vor der Hauptattraktion verkürzen.

LP TIPP **Provinzmuseum Hunan** MUSEUM
(湖南省博物馆; Hunan *sheng bowuguan*; ☎8451 4630; www.hnmuseums.com; 50 Dongfeng Lu; Eintritt frei; ⏲Di–So 9–17 Uhr; 🚌113, 136) Dieses erstklassige, unbedingt sehenswerte Museum ist leider bis Ende 2015 wegen Renovierungsarbeiten geschlossen. Bis dahin werden ausgewählte Stücke, einschließlich einiger aus der beeindruckenden Sammlung von Relikten, die in 2100 Jahre alten Gräbern der westlichen Han-Dynastie in Mawangdui gefunden wurden, eine Rundreise durch nationale Museen machen.

Schlafen

In Changsha gibt's nicht viele anständige Budgetunterkünfte, aber rund um den Bahnhof liegen einfache Unterkünfte. Die Leistung entspricht dort dem Preis.

Internationale Jugendherberge Changsha – Hunan JUGENDHERBERGE €
(长沙国际青年旅舍; Changsha Guoji Qingnian Lushe; ☎8299 0202; www.hnhostel.com; 61 Gongshang Xiang; 东风路下大陇工商巷 61号; B 35–45 Yuan, EZ/DZ/3BZ 108/138/168 Yuan; ⊖❄@) Dies ist die einzige Jugendherberge der Stadt. Sie befindet sich etwas versteckt in einer ruhigen, von Bäumen gesäumten Straße. Die Gemeinschaftszimmer und Doppelzimmer sind sauber und geräumig. Es gibt hier einen hübschen Garten und gut informiertes Personal. Der einzige Nachteil besteht darin, dass heiße Duschen nur zu bestimmten Zeiten möglich sind. Bus 136 vom Bahnhof nehmen und in der Dongfeng Lu an der Haltestelle Xiadalong (下大陇) aussteigen, dann immer dem Schild YHA folgen. Zimmer in ähnlicher Preislage, die jedoch kompakter sind, gibt's im neuen Ableger der Jugendherber-

Changsha

ge westlich des Flusses, **Yuelu Mountain International Youth Hostel** (☎8536 8418; 50 Xinmin Lushan Huaqiao Cun; 新民路 50 号麓山华侨村).

Lotus Huatian Hotel HOTEL €€
(芙蓉华天大酒店; Furong Huatian Dajiudian; ☎8440 1888; Fax 8440 1889; 176 Wuyi Dadao; EZ/DZ 398/498 Yuan, Suite 988 Yuan plus 10 % Servicezuschlag; P❄@) Die alternde Beton- und Glasfassade wirkt wenig einladend, aber drinnen ist dies ein gut geführtes und sehr gepflegtes Hotel. Bei Preisnachlässen von 25 % ergibt dies eine sehr komfortable Mittelklasseunterkunft, besonders wenn man sich für ein Zimmer in der frisch renovierten 7. oder 8. Etage entscheidet.

Sheraton Changsha Hotel LUXUSHOTEL €€€
(喜来登酒店; Xilaideng Jiudian; ☎8488 8888; 478 Furong Zhonglu; 芙蓉中路一段 478 号运达国际广场; EZ & DZ 1238 Yuan plus 15 % Servicezuschlag; ❄) Das beste Hotel in Changsha bietet Spitzenservice und schicke Zimmer mit großartigen Betten. Es gibt auch einen Wellness-Bereich, Fitness-Raum sowie ein kantonesisches, hunanesisches und italienisches Restaurant. Die Preise ändern sich täglich, so dass in der ruhigeren Saison vielleicht ein Schnäppchen drin ist.

Guangsheng Fengjing Hotel HOTEL €€
(广圣风景酒店; Guangsheng Fengjing Jiudian; ☎8217 9999; 309 Chezhan Zhonglu; EZ & DZ 288–348 Yuan, 3BZ 388 Yuan; ❄@) Eine günstige Unterkunft auf chinesischem Standard, die bei einheimischen Reisegruppen beliebt ist. Die winzigen Badezimmer haben schon bessere Zeiten gesehen, aber die Zimmer sind sauber und die Lage gegenüber vom Bahnhof ist günstig. Preisnachlässe von bis zu 50 %.

Changsha

Highlights
Städtisches Museum Changsha B1

Sehenswertes
1 Orangeninsel A1
2 Tianxin Ge B2

Schlafen
3 Guangsheng Fengjing Hotel D1
4 Jinjiang Inn B1
5 Lotus Huatian Hotel C1
6 Sheraton Changsha Hotel B1

Essen
7 Carrefour B1
8 Huogongdian C2
9 Huogongdian A2
10 Sunriver Dumpling Restaurant C1
11 Xinhua Lou D2

Ausgehen
12 Hualongchi Xiang B2
13 Jiefang Xilu A2
14 Taiping Jie A2

Transport
15 Enjoy Going B1
Gump's Teahouse ..... (siehe 14)

Jinjiang Inn HOTEL €€
(锦江之星宾馆; Jinjiang Zhixing Binguan; ☎8828 1888; 1 Dongfeng Lu; 东风路 1 号; EZ/

DER GROSSE STEUERMANN

Mao Zedong wurde im Jahr 1893 im Dorf Shaoshan als Sohn „wohlhabender" Bauern geboren. Mao arbeitete schon mit sechs Jahren an der Seite seines Vaters auf dem 8 ha großen Hof und heiratete mit 14 Jahren.

Sein Leben schien in geordneten Bahnen zu verlaufen. Später bezeichnete er eine Schrift über die Kolonialisierung Asiens, die er von einem Lehrer bekam, als Auslöser des Erwachens seines politischen Bewusstseins. Mit 16 Jahren überzeugte er seinen Vater, ihn auf die Mittelschule in Changsha zu schicken. In der Stadt entdeckte Mao den revolutionären Geheimbund von Sun Yatsen. Als die Qing-Dynastie zusammenbrach, schloss sich Mao der republikanischen Armee an, verließ sie jedoch schon bald wieder, da er meinte, die Revolution sei vorbei.

Während seiner Zeit an der Lehrerausbildungsanstalt Nr. 1 in Hunan (S. 502) begann Mao, sich für die sowjetische sozialistische Bewegung zu interessieren. Er schaltete in einer Tageszeitung von Changsha eine Anzeige mit folgendem Text: „Junge Männer, die an patriotischer Arbeit interessiert sind, mögen sich bitte bei mir melden." Es meldeten sich u. a. Liu Shaoqi, der später Präsident der Volksrepublik China wurde, und Xiao Chen, späteres Gründungsmitglied der Kommunistischen Partei Chinas (KPCh).

Mao machte 1918 seinen Abschluss und ging nach Beijing, wo er als Bibliotheksassistent an der Peking-Universität arbeitete. Dort lernte er weitere Größen der zukünftigen KPCh kennen. Bis er als Lehrer nach Changsha zurückkehrte, engagierte Mao sich in der kommunistischen Politik. Anders als die orthodoxen Marxisten sah Mao in den Bauern die Stütze der Revolution. Die KPCh wurde 1921 gegründet und nahm bald auch Bauern-, Arbeiter- und Studentenverbände auf. Rachedurstige Bandenchefs zwangen Mao zur Flucht nach Guangzhou.

Im April 1927, nach dem Angriff des Kuomintang-Führers Chiang Kaishek auf die Kommunisten, wurde Mao nach Changsha entsandt, um das zu organisieren, was unter dem Namen „Herbsternte-Aufstand" bekannt wurde. Maos Armee erklomm den Jinggang Shan, um einen Guerillakrieg zu entfesseln. Der Feldzug dauerte bis zum Langen Marsch im Oktober 1934 an: 9600 km lange Exerzitien, aus denen Mao als der Führer der KPCh hervorging.

Mao schmiedete eine zerbrechliche Allianz mit den Kuomintang, um die Japaner zu vertreiben. Von 1936 bis 1948 lagen die beiden Seiten im Streit und führten gleichzeitig mit dem Zweiten Weltkrieg einen Bürgerkrieg. Schließlich siegten Maos Truppen, und am 1. Oktober 1949 wurde die Volksrepublik China gegründet.

Als Vorsitzender der Volksrepublik China ergriff Mao radikale Maßnahmen, um sein vom Krieg gebeuteltes Land wieder in Stand zu setzen. In der Mitte der 1950er-Jahre begann er, eine auf die Bauern gestützte und dezentralisierte sozialistische Politik einzuführen. Die Folge war der berüchtigte Große Sprung nach vorn und später das Chaos der Kulturrevolution (mehr Details auf S. 1051).

China erlebte unter Maos Herrschaft erhebliche Verbesserungen in der Bildung, bei den Rechten der Frauen und der durchschnittlichen Lebenserwartung. Dennoch starben den meisten Schätzungen zufolge zwischen 40 und 70 Millionen Menschen während dieses Übergangs. Fünf Jahre nach Maos Tod machte Deng Xiaoping die berühmte Aussage, dass Mao zu 70 % Recht und zu 30 % Unrecht hatte – einige meinen, um den Personenkult um Mao zu entkräften. Dennoch wird Mao heute noch als der Mann verehrt, der das Land vereinte. „Großer Führer", „Großer Lehrer" und „viel geliebter Vorsitzender" sind geläufige Beinamen. Sein Bild hängt überall – in Schulen, Taxis und Wohnzimmern – allerdings versucht China derzeit zu klären, für was Mao eigentlich steht.

DZ 169/209 Yuan; ❄@) Ein Allerweltshotel, aber angenehm. Liegt in der Stadtmitte, nur wenige Schritte vom grünen Lieshi-Park entfernt.

Essen

Die Zhaoyang Lu und die Nebenstraßen der Haupteinkaufszone Huangxing Zhonglu sind gute Anlaufstellen für Garküchen.

Carrefour (家乐福; Jialefu; 238 Furong Zhonglu; ⌚8–22.30 Uhr) ist ein Lebensretter für alle, die nach westlichem Proviant suchen. Wer die regionale Küche von Hunan (Xiangcai) probieren möchte, sollte sich ein Restaurant mit Sitzplätzen suchen.

LP TIPP **Huogongdian** CHINESISCH HUNAN €€
(火宫殿; ☎8581 4228; 127 Pozi Jie; Gerichte 5–78 Yuan; ⌚6–2 Uhr) Dieses 1747 gegründete Restaurant ist eine Institution, und hier herrscht immer viel Betrieb. 1958 probierte Mao den hausgemachten *chou doufu* (臭豆腐; stinkender Tofu; 58 Yuan) und lobte ihn als „stinkend und köstlich". Eine riesige Auswahl an dampfenden Gerichten nach *dim-sum*-Art wird auf Wagen herumgeschoben, aber man kann auch von der Speisekarte ordern, darunter *Maoshi hongshaorou* (毛氏红烧肉; geschmortes Schweinefleisch nach Mao-Art; 78 Yuan). Eine weniger stimmungsvolle Filiale findet sich in der Nähe des Bahnhofs in der Wuyi Dadao 93 (☎8412 0580).

Xi Hu Lou Jiu Jia CHINESISCH €€
(西湖楼酒家; Xi Hu Lou Jiu Jia; ☎8425 8188; Jinma Food City; 金马美食城内,省广电中心斜对面; vegetarische Gerichte ab 58 Yuan, Tonkasserollen ab 78 Yuan; ⌚11–14 Uhr & 17–21 Uhr; 🚌158) Rund 9 km nordöstlich des Stadtzentrums liegt das weltweit größte Chinarestaurant. Das behaupten zumindest das *Guinness Book of World Records* und eine Tafel an der Wand. Dies ist ein Dorf mit fünf Küchen, 1000 Mitarbeitern und Bankettsälen, Bühnen, Höfen und Gärten, in denen bis zu 5000 Gäste bewirtet werden können. Die bebilderte Speisekarte ist ein Lehrbuch über die regionalen Küchen, außerdem gibt's eine Gasse mit Garküchen. Dem Hype entgeht man in einem privaten Raum. Unbedingt im Voraus reservieren.

Sunriver Dumpling Restaurant TEIGTASCHEN €
(松花江饺子馆; Songhuajiang Jiaoziguan; www.songhuajiang.net; 102 Wuyi Dadao; Teigtaschen ab 4 Yuan; ⌚9–1.20 Uhr; 📋) Lieber mal keine Chilis? Dieses betriebsame Restaurant ist auf die köstlich milde Küche aus Chinas Norden spezialisiert. Teigtaschen *(jiaozi)* sind die Spezialität des Hauses, und es gibt sie in unzähligen Variationen, darunter auch rein vegetarisch.

Xinhua Lou CHINESISCH HUNAN €
(新华楼; 35 Wuyi Dadao; Gerichte 4–25 Yuan; ⌚6.30–2 Uhr) In diesem seit Langem beliebten Lokal für *xiang*-Küche schieben gehetzte Damen Servierwagen mit kalten und warmen Gerichten herum, aus denen die Gäste auswählen können. Hier gibt's auch leckere Nudeln (ab 7 Yuan). Die anderen beiden Filialen liegen in der Sudong Zhonglu 54 (☎8552 1000) und in der Pozi Jie (☎8599 6705).

Ausgehen & Unterhaltung

Changsha wird nach Einbruch der Dunkelheit erst richtig lebendig. Die folgende Aufzählung gibt nur einen groben Überblick. Die Lokale eröffnen und schließen schneller, als der grüne Tee mit Whisky geleert werden kann. Aktuelle Infos liefert der Online-Ausgehführer *Changshahua* (www.changshahua.com).

Ein guter Ausgangspunkt für einen nächtlichen Zug durch die Stadt ist die **Taiping Jie,** eine autofreie Gasse mit Kopfsteinpflaster zwischen Wuyi Dadao und Jiefang Xilu, westlich des Einkaufsbezirks an der Huangxing Zhonglu. Als eine der ältesten noch erhaltenen Straßen von Changsha bietet sie eine nette Mischung aus Bars, Boutiquen und Souvenirläden. Von dort aus ist es nur ein kleiner Spaziergang um die Ecke zur **Jiefang Xilu,** wo sich die meisten Clubs und Karaoke-Läden (KTV) befinden. Der Eintritt ist frei, aber die Getränke sind teuer.

Eine weitere belebte Enklave mit Bars liegt am Ende einer alten Gasse seitlich der Huangxing Zhonglu. In die Gasse mit der Beschilderung Dagudao Xiang (大古道巷) einbiegen und 100 m zur **Hualongchi Xiang** (化龙池巷) laufen.

Praktische Informationen

Die Geldautomaten akzeptieren in der ganzen Stadt ausländische Karten. In Bahnhofsnähe gibt's jede Menge Internetcafés.

Bank of China (中国银行; Zhongguo Yinhang; 43 Wuyi Dadao) Diese große Filiale neben dem Civil Aviation Hotel wechselt Devisen, außerdem gibt's einen Geldautomaten, der rund um die Uhr in Betrieb ist.

Büro für Öffentliche Sicherheit (PSB; 公安局; Gong'anju; ☎8589 5023; 1 Dianli Lu) Ein- und Ausreisevisa werden hier ausgestellt, 20 km südlich vom Stadtzentrum. Mit dem Bus 705 bis zur Haltestelle Youyishe (友谊社) in der Furong Nanjie fahren.

China International Travel Service (CITS; 中国国际旅行社; Zhongguo Guoji Lüxingshe; ☎8446 8929; http://hnguolv.com; 160 Wuyi Dadao; ⌚8–20 Uhr) An der Ecke von Changdao

Lu, gleich östlich des Lotus Huatian Hotel. Eine kleinere Filiale liegt in der Wuyi Dadao 54 (☎8229 0512).

HSBC (汇丰银行; Huifeng Yinhang; 159 Shaoshan Lu) Im Dolton Hotel. Hat einen Geldautomaten, der rund um die Uhr in Betrieb ist.

Lianying Internetcafé (联赢网吧; Lianying *wangba*; 446 Chezhan Lu; pro Std. 4–5 Yuan; ⌚8–20 Uhr) Rechts vom Ausgang der Bahnhofshalle.

Post (中国邮政; Zhongguo Youzheng; 460 Chezhan Lu; ⌚9–17 Uhr) Aus dem Bahnhof kommend rechts.

Provinzkrankenhaus (省人民医院; Sheng Renmin Yiyuan; ☎8227 8071; 61 Jiefang Xilu)

An- & Weiterreise

Bus

Als wichtiger Verkehrsknotenpunkt hat Changsha mehrere Busbahnhöfe, die oftmals dieselben Reiseziele bedienen. Die meisten Reisenden werden das Gesuchte im **Busbahnhof Süd** (汽车南站; *qiche nanzhan*; ☎8280 5051; Zhong Yilu) finden. Dorthin fahren die Busse 107 oder 7 (2 Yuan) vom Bahnhof aus. Ein Taxi kostet rund 40 Yuan. Die am Bahnhof dicht gedrängt stehenden Busse sind überwiegend Tourbusse.

Bustickets gibt's an den Busbahnhöfen oder im Büro für Bustickets am Bahnhofsplatz. Unten stehen einige der regelmäßigen Verbindungen vom Busbahnhof Süd aus.

Changning 68 Yuan, 4 Std., 10-mal tgl.

Guangzhou 162–182 Yuan, 7 Std., 2-mal tgl. (10 und 20.30 Uhr)

Guilin 190 Yuan, 6 Std., 2-mal tgl. (8.30 und 16 Uhr)

Heng Shan 19–38 Yuan, 3 Std., 7-mal tgl.

Hengyang 51 Yuan, 2 Std., häufig

Huaihua 132 Yuan, 6 Std., 8-mal tgl.

Shanghai 282 Yuan, 16 Std., 1-mal tgl. (17 Uhr)

Zhangjiajie 109 Yuan, 4 Std., 4-mal tgl. (8.40, 9.40, 10.40 und 12.10 Uhr)

Flugzeug

Von Changshas **Huanghua International Airport** (黄花国际机场; Huanghua Guoji Jichang; ☎8479 8777; www.hncaac.com) gibt's täglich mehrere Flüge in größere Städte, wie Beijing (1210 Yuan, 2 Std.), Chengdu (910 Yuan, 2 Std.), Kunming (950 Yuan, 2 Std.), Qingdao (1040 Yuan, 2 Std.), Shanghai (890 Yuan, 2 Std.), Xiamen (860 Yuan, 1½ Std.) und Xi'an (890 Yuan, 2 Std.). Täglich geht ein Flug nach Huaihua (810 Yuan, 1 Std.) und Zhangjiajie (850 Yuan, 50 Min.).

Tickets gibt's bei der **Civil Aviation Administration of China** (CAAC; 中国民航售票处; Zhongguo Minhang *shoupiaochu*; ☎8411 2222; 49 Wuyi Dadao; ⌚8.30–17.30 Uhr), fünf Minuten zu Fuß westlich des Bahnhofs im Civil Aviation Hotel. Am Schalter für internationale Flüge spricht das Personal Englisch.

Zug

Der zentrale **Bahnhof** (火车站; *huochezhan*; ☎9510 5105; Chezhan Zhonglu) bietet täglich zwei Verbindungen nach Beijing (ab 506 Yuan, 13 Std.) und eine nach Guangzhou (ab 99 Yuan, 8½ Std.), Jishou (76 Yuan, 6½ Std.), Shanghai (ab 260 Yuan, 9½ Std.) und Zhangjiajie (99 Yuan, 11 Std.). Wer nach Hongkong unterwegs ist, kann den klimatisierten Nachtzug nach Shenzhen (147 Yuan, 11 Std.) nehmen.

Das Personal von Schalter 7 im Fahrkartenverkauf des Bahnhofs spricht Englisch. Ansonsten gibt's Tickets an jeder Ticket-Verkaufsstelle (火车售票处; *huoche shoupiaochu*) um den Bahnhofsplatz. In der Stadt sind **Enjoy Going** (亲和力旅游; Qinheli Luyou; ☎8222 7222; 25 Yingpan Donglu; ⌚8–21 Uhr) oder **Gump's Teahouse** (阿甘茶馆; Agan Chaguan; ☎8258 9999; 133 Taiping Lu; ⌚9–23 Uhr) zuverlässig und verlangen eine Provision von 5 Yuan pro Ticket.

Expresszüge fahren täglich vom **Bahnhof Süd** (南火车站; *nan huochezhan*; ☎280505; Huaqiao Lu), 8 km südöstlich der Stadtmitte, nach Wuhan (D-Zug, Hart-/Weichsitzer 112/134 Yuan, 2 Std.; G-Zug, Hart-/Weichsitzer 165/281 Yuan, 1½ Std.) und nach Guangzhou (D-Zug, Hart-/Weichsitzer 204/244 Yuan, 4½ Std.; G-Zug, Hart-/Weichsitzer 322/516 Yuan, 2½ Std.).

Unterwegs vor Ort

Vom/Zum Flughafen

Der Huanghua International Airport liegt 26 km vom Stadtzentrum entfernt. **Pendelbusse** (长沙黄花国际机场 – 机场巴士; ☎8479 8076; 20 Yuan) fahren zwischen 5.30 und 22 Uhr alle 15 Minuten am Civil Aviation Hotel neben der CAAC in der Wuyi Dadao ab. Außerdem fahren Busse vom westlichen Busbahnhof alle 40 Minuten zwischen 9 und 17 Uhr, vom südlichen Busbahnhof alle 30 Minuten zwischen 9 und 18.10 Uhr und vom Helong Stadium in der Furong Zhonglu stündlich zwischen 7 und 20 Uhr. Die Busfahrt dauert rund eine Stunde. Ein Taxi in die Innenstadt kostet rund 60 Yuan.

Öffentliche Verkehrsmittel

Mit den öffentlichen Bussen ist in Changsha auch der letzte Winkel erreichbar. Touren können mit dem **Online-Busnetz** (http://changsha.8684.cn, auf Chinesisch) geplant werden. Der Touristenbus 1 (旅 1路; 1 Yuan) fährt in Ost-West-Richtung entlang der Wuyi Dadao und verbindet den Bahnhof mit dem Berg Yuelu.

Taxi

Taxis kosten 6 Yuan für die ersten 2 km, dann 1,80 Yuan (nachts etwas mehr) pro Kilometer.

Shaoshan 韶山

☎0732

Über drei Millionen Menschen pilgern jährlich in die Heimat von Mao Zedong, ein hübsches Dorf 130 km südwestlich von Changsha, in dem die Zeit stehen geblieben zu sein scheint. Die Scharen an Jungen und Alten lassen jährlich um die 1,8 Mrd. Yuan hier. Schon alleine die Mao-Statuen sind eine so wichtige Einnahmequelle, dass jede davon eine Inspektion durch nicht weniger als fünf Experten durchlaufen muss, die die typischen Merkmale, den Gesichtsausdruck, die Frisur, Kleidung und Haltung prüfen. Die 6 m hohe Bronzestatue von Mao, die 1993 am Mao-Zedong-Platz errichtet wurde, gilt als der Maßstab.

Das allgemeine Wiederaufleben von Menschenschlangen vor revolutionären Sehenswürdigkeiten liegt teils an einer staatlich geförderten Kampagne des Roten Tourismus, die junge Chinesen dazu bewegen soll, sich wieder mehr für die Vergangenheit Chinas zu interessieren. Einige kommen skeptisch an, aber andere sprechen leise Gebete, in denen sie den Gründer des Neuen Chinas um Gesundheit, Wohlstand und Beistand bei Prüfungen bitten.

Sehenswertes & Aktivitäten

Shaoshan besteht aus zwei Teilen: die Neustadt um den Bahnhof und die Busbahnhöfe und das ursprüngliche Dorf Shaoshan rund 5 km außerhalb, in dem die Sehenswürdigkeiten liegen. Nur eine Handvoll der gekennzeichneten Sehenswürdigkeiten hat einen echten Bezug zu Mao.

GRATIS Maos Geburtshaus HISTORISCHE STÄTTE

(毛泽东故居; Mao Zedong Guju; ⌚8.30–17 Uhr) Dieses einfache Lehmziegelhaus zwischen Lotosteich und Reisfeldern ist eines von Millionen von Häusern auf dem Land, nur dass Mao hier im Jahr 1893 geboren wurde. Den meisten Berichten zufolge war seine Kindheit relativ normal, auch wenn er mit 10 Jahren weglaufen wollte. Er kehrte 1921 als junger Revolutionär vorübergehend hierher zurück. Zu sehen sind ein paar Originalmöbel, Fotos von Maos Eltern und eine kleine Scheune. In den Innenräumen darf nicht fotografiert werden.

GRATIS Nanan-Schule HISTORISCHE STÄTTE

(南岸私塾; Nan'an Sishu; ⌚8.30–17 Uhr) Mao begann seine Schullaufbahn in dieser einfachen Dorfschule, nur wenige Schritte von seinem Geburtshaus entfernt. Die Innenräume werden durch Lichtschächte (*tian jing*, 天井) erhellt, über die ein frühreifer Mao ein Gedicht schrieb. Es wird zusammen mit Maos Klassenzimmer und dem Wohnraum des Lehrers gezeigt. Einige Beschriftungen sind auf Englisch.

GRATIS Museum des Genossen Mao MUSEUM

(毛泽东同志纪念馆; Mao Zedong Tongzhi Jinianguan; ⌚9–16.30 Uhr) Das Leben von Mao (abzüglich ein paar umstrittener Jahre) in Form von Fotos, Kleidung und lebensgroßen Figuren. In Blickrichtung aufs Museum liegt rechts davon und gegenüber der Bronzestatue von Mao Zedong (geschmückt mit Kalligrafie von Jiang Zemin) der **Ahnentempel der Familie Mao.** Dort lässt sich der Stammbaum der Familie zurückverfolgen.

Tropfwasserhöhle PARK

(滴水洞; Di Shui Dong; Eintritt 50 Yuan; ⌚8–17.30 Uhr) Mao zog sich im Juni 1966 an diesen Ort, 3 km außerhalb des Dorfes Shaoshan, für 11 Tage zurück, um den Beginn der Kulturrevolution zu verfolgen. Sein Haus war in Wirklichkeit ein niedriger Bunker aus Zement und Stahl (nicht die Höhle, die ein paar Kilometer entfernt liegt). Mitglieder des Mao-Clans liegen in der Nähe begraben.

Shao-Gipfel BERG

(韶峰; Shao Feng; Eintritt 80 Yuan, einschl. Seilbahn; ⌚8.30–17 Uhr) Dieser kegelförmige Berg ist vom Dorf aus sichtbar. Auf dem Gipfel steht eine überdachte Aussichtsplattform, und im **Stelenwald** an den niedriger gelegenen Hängen gibt's Steintafeln, in die Maos Gedichte eingraviert sind. Die Wanderung zum Gipfel dauert ungefähr eine Stunde.

Schlafen & Essen

Shaoshan ist von Changsha ohne weiteres als Tagesausflug machbar, es gibt keinen Grund, hier zu übernachten. In der Nähe des Busbahnhofs in der Neustadt bieten verschiedene unscheinbare Hotels Zimmer für 140 Yuan (nach Preisnachlass) an. Im Dorf selbst bringen Schlepper die Touristen gerne zu eine *nongjiale* (农家乐), dem Gasthaus einer einheimischen Familie.

Restaurants finden sich im Dorf an jeder Ecke. Alle kochen Maos Lieblingsgericht – geschmortes Schweinefleisch nach der Art der Familie Mao (*Mao jia hongshaorou*) – und servieren es für 45 Yuan und mehr.

Shaoshan Binguan HOTEL €€
(韶山宾馆; ☎5568 5262; 16 Guyuan Lu; 故园路 16 号; EZ/DZ 368/398 Yuan plus 10 % Servicezuschlag; ❄@) Die Zimmer sind sauber und hell – Standard mit vier Sternen. Man zahlt für die Lage und die Tatsache, dass Mao und verschiedene Parteigrößen der KPCh im Juni des Jahres 1959 im Gebäude nebenan übernachtet haben. (Ein Blick in die Zimmer, in denen sie tatsächlich geschlafen haben, kostet 20 Yuan extra – lohnt sich nicht.)

An- & Weiterreise

Täglich fahren Busse (26 Yuan) zwischen 8 und 17.30 Uhr halbstündlich vom Busbahnhof Süd in Changsha nach Shaoshan. Die Fahrt dauert 1½ Stunden. Die Busse nach Changsha fahren von Shaoshans **Fernbusbahnhof** (长途汽车站; *changtu qichezhan*; Yingbin Lu) gleich nördlich des Bahnhofs zurück. Der letzte Bus fährt gegen 17.30 Uhr. Tourbusse fahren ebenfalls vom Bahnhofsplatz in Changsha ab (Tagestour 150 Yuan).

Es gibt eine tägliche Zugverbindung (Hart-/Weichsitzer 11/17 Yuan, 2½ Std.) zwischen Changsha und Shaoshan, hin um 6.40 Uhr und von Shaoshan zurück um 16.38 Uhr.

Unterwegs vor Ort

Ein Minibus für Touristen (中巴; 10 Yuan) fährt zwischen 7 und 18 Uhr die wichtigsten Sehenswürdigkeiten an. Das Ticket berechtigt unterwegs jederzeit zum Ein- und Aussteigen. Zu finden ist der Minibus vor den Sehenswürdigkeiten und vor dem Shaoshan Binguan. Lokale Minibusse (2,50 Yuan) fahren ebenfalls die Sehenswürdigkeiten ab und starten am Bahnhof. Eine Rundfahrt mit dem Taxi kostet ungefähr 100 Yuan.

Heng Shan

☎0734

Rund 127 km südlich von Changsha erhebt sich der südlichste der fünf heiligen taoistischen Berge Chinas, zu dem die Kaiser kamen, um dem Himmel und der Erde zu opfern. Die Alten nannten ihn Nanyue (南岳; Südberg). Dies ist auch der Name der Stadt zu seinen Füßen. Die kaiserlichen Besucher hinterließen eine erhabene Landschaft aus taoistischen Tempeln und alten Inschriften, die zwischen rauschenden Wasserfällen, dichten Kiefernwäldern und Terrassenfeldern, die in üppig grüne Schluchten geschnitten wurden, zerstreut liegen. Wetterfeste Kleidung mitbringen, da sich das Wetter rasch ändern kann und es am Gipfel oft kalt und nass ist.

Sehenswertes & Aktivitäten

Heng Shan BERG
Zum Heng Shan gehörten 72 Gipfel, die sich über 400 km hinziehen, aber die meisten Besucher konzentrieren sich auf den **Harmoniewunschgipfel** (祝融峰; Zhurong Feng; Eintritt 100 Yuan), der sich 1290 m über dem Meeresspiegel erhebt. Der anstrengende, stetige Anstieg über 13 km über verschlungene Pfade, viel befahrene Straßen und steile Treppen kann einen ganzen Tag dauern. Ein Bus und danach eine Seilbahn bringen Besucher zwei Drittel des Weges hinauf.

Wer es eher bequem mag, kauft sich das Kombiticket im 2. Stock des **Touristenzentrums** (Luke *fuwu zhongxin*; Yanshou Lu; Eintritt & hin/zurück 40/70 Yuan; ⏲7–17.30 Uhr). Die Busse fahren direkt hier ab und halten an unterschiedlichen Sehenswürdigkeiten bis auf der halben Höhe des Berges, **Banshan Ting** (半山亭). Von dort aus ist es eine kurze Fahrt mit der **Seilbahn** (halbstündlich; ⏲7–18 Uhr) nach **Nantianmen** (南天门). Busse fahren die 18 km zurück von Nantianmen zum Touristenzentrum (7 bis 18 Uhr).

Wer wandern möchte, startet über die von Bäumen gesäumte Straße 300 m östlich des Touristenzentrums, die mit dem **Shengli-Torbogen** (胜利坊) auffällt. Die Straße führt zum **Eingang** (*jinshan menpiaochu*; ☎567 3377; ⏲24 Std.), wo der Eintritt gezahlt wird, und dann zu einem stillen Pfad, der sich 5 km an Seen, Wasserfällen und Flüssen vorbei das **Fanyin-Tal** (Fanyin Gu) entlang schlängelt, fast bis zur Seilbahnstation in Banshan Ting. Entlang des Weges finden sich die bunten Figuren taoistischer und buddhistischer Herkunft im **Shenzhou-Tempel** (Shenzhou Zumiao), die großartige und würdevolle **Gedenkstätte der Märtyrer von Nanyue** (Nanyue Zhonglieci), die dem Widerstand gegen die Japaner gewidmet ist, und eine **Stele** mit einer Widmung des Kuomintang-Anführers Chiang Kaishek, die dem Kiefernwald huldigt. Bevor man in die Seilbahn steigt, sollte man eine Rast einlegen und sich **Xuandou Guan** (玄都观), einen noch genutzten taoistischen Tempel ansehen. Das am

Eingang eingemeißelte Couplet erinnert den müden Bergwanderer, dass der Pfad der Tugend lang ist. Also nicht schon auf halber Strecke aufgeben!

Die nächsten 4,5 km hoch nach Nantianmen verlaufen häufig entlang der stark befahrenen Straße und über bröckelnde Treppen. Dafür liegen noch weitere inspirierende Tempel am Weg. Ab Nantianmen ist es (außer im Juli und August) noch ein kühler, 3 km langer Aufstieg zum Gipfel. Es gibt Mäntel zu leihen (20 Yuan), bevor der Aufstieg zum **Zhu-Rong-Palast** (Zhu Rong Dian) beginnt, einem mit Eisen ausgekleideten Tempel, der für Zhu Rong gebaut wurde. Das war ein Beamter im Alten China, der eine Methode entwickelte, bei der durch das Aneinanderschlagen von Steinen Funken entstanden. Nach seinem Tod wurde er als Feuergott verehrt.

Tempel Nanyue TEMPEL
(南岳大庙; Nanyue Damiao; ☎567 3658; Eintritt 50 Yuan; ⏲7–18 Uhr) Dieser weitläufige taoistische und buddhistische Tempel wurde während der Sui-Dynastie vom Gipfel zum Fuß des Heng Shan verlegt und dann mehrfach wieder aufgebaut, zuletzt in der Qing-Dynastie. Jedes geschnitzte Panel in der Balustrade des Hauptpavillons erzählt eine Legende zu einem der Gipfel des Heng Shan.

Tempel Zhusheng TEMPEL
(祝圣寺; Zhusheng Si; 67 Dong Jie; Eintritt 5 Yuan; ⏲5–18 Uhr) Dieser buddhistische Zen-Tempel liegt zehn Minuten Fußweg östlich des Tempels Nanyue und geht auf die Tang-Dynastie zurück.

GRATIS **Tempel Dashan Chan** KLOSTER
(大善禅寺; Dashan Chansi; Zhurong Beilu; ⏲7.30–18 Uhr) Dieses noch bewohnte taoistische Nonnenkloster befindet sich westlich von Nanyue.

Schlafen & Essen

Die billigsten Zimmer in Nanyue werden in den kleinen, familiär geführten Gasthäusern (客栈; *kezhan*) vermietet, in denen ein Bett 70 Yuan (90 Yuan mit Klimaanlage und Dusche) kostet. Eine andere Möglichkeit ist es, einfach am Busbahnhof nachzufragen: Zahlreiche Restaurants in der Stadt bieten ebenfalls Fremdenzimmer an. Ansonsten sind auch noch einige Hotels an der Zhurong Beilu (祝融北路) angesiedelt. Am besten ist es, auf dem Berg zu wohnen, um den Sonnenaufgang gut sehen zu können. Viele einfache Hotels liegen bei Banshan Ting und Nantianmen.

Zahlreiche Restaurants befinden sich im Dorf Nanyue, aber sie sind recht teuer und ähneln sich sehr. Das Essen auf dem Berg ist sogar noch teurer: Snacks und Wasser sollten also besser bereits im Reisegepäck vorhanden sein.

LP TIPP **Vegetarische Mahlzeiten und Tee** HOTEL €€
(素语茶绿; ☎568 7222; 1 Jiyang Jie; 吉祥街 1 号; EZ/DZ 260 Yuan, Suite 360 Yuan, 50 Yuan Zuschlag am Wochenende; Hauptgerichte ab 25 Yuan; P ❄ @ ✎) Die neun eleganten Zimmer in diesem Boutique-Hotel neben dem Tempel Nanyue sind wunderschön mit chinesischen Holzmöbeln und buddhistischen Antiquitäten eingerichtet, obwohl alles andere in diesem Haus absolut modern ist. Safranfarbige Wände verleihen dem Haus eine friedliche Tempelatmosphäre. Die Zimmer liegen über einem köstlichen vegetarischen Restaurant und traditionellen Teehaus.

Zushi Dian PENSION €€
(祖师殿; Zushi Dian; ☎568 7181; im Tempel Nantianmen; DZ 460 Yuan; @) Die spartanischen Zimmer in diesem taoistischen Tempel sind die besten in dieser Höhe auf dem Berg. Diese Unterkunft ist ein guter Ausgangspunkt für Wanderungen am frühen Morgen. In der Hochsaison steigen die Preise enorm, ansonsten sind Preisnachlässe von 20 % drin. Vegetarisches Essen für 20 Yuan pro Gericht.

Cohere Hotel LUXUSHOTEL €€€
(枕岳楼大酒店; ☎539 8888; 8 Jinsha Lu; 金沙路 8 号; EZ/DZ/Suite 688/888/1088 Yuan; P ❄ @ ☜ ≋) Das hübscheste Hotel in Nanyue ist ein Kurhotel, das in der Lobby-Bar keine Erfrischungsgetränke anbietet. Dafür gibt es alles Andere – Fußmassagen, Fitness-Raum, Pool, Dachgarten, Tischtennis-Raum, drei Restaurants und einen Geldautomaten. In der Nebensaison sind 40 % Preisnachlass drin.

Nanyue Telecom Hotel HOTEL €€
(南岳电信兵官; ☎567 8888; 173 Zhurong Lu; 祝融路 173 号; EZ/DZ/3BZ 328/438/488 Yuan; P ❄ @) Ein Standardhotel mit drei Sternen mit einigermaßen sauberen Badezimmern. In der Nähe des Busbahnhofs gelegen. Mit einem Preisnachlass von 40 % ist es günstig.

Praktische Informationen

In der Nähe des Busbahnhofs gibt's eine Filiale der **Bank of China** (中国银行; Zhongguo Yinhang; 270 Hengshan Lu) mit einer Wechselstube und einem Geldautomaten, der rund um die Uhr in Betrieb ist. Das Büro für Öffentliche Sicherheit (PSB) (公安局; Gong'anju) von Xijie (西街) befindet sich in der Furong Jie.

An- & Weiterreise

Der Fernbusbahnhof liegt wenige Minuten nördlich des Torbogens (牌坊; *paifang*) an der Kreuzung Zhurong Beilu und Hengshan Lu. Täglich fahren sieben Busse nach Changsha (45 Yuan), die zwischen 7.20 und 15.40 Uhr alle 40 Minuten zu der dreistündigen Fahrt aufbrechen.

Der Expresszug von Changsha (42 Yuan) braucht eine halbe Stunde und fährt halbstündlich zwischen 7.27 und 21.20 Uhr. Er kommt 10 km außerhalb der Stadt am Westbahnhof von Heng Shan an (西站). Tickets gibt's in der Stadt neben dem Busbahnhof im **Ticketbüro Nanyue Heng Shan** (南岳衡山代票点; 167 Zhurong Lu; 祝融路 167 号; 5 Yuan Provision; ⌚8–21 Uhr).

Kostenlose Minibusse (电瓶车) fahren alle Sehenswürdigkeiten zwischen dem Busbahnhof, dem Tempel Nanyue und dem Eingang zum Heng Shan zwischen 7 und 19 Uhr ab. Taxis verlangen normalerweise 10 Yuan für jede Sehenswürdigkeit.

Wulingyuan & Zhangjiajie
武陵源、张家界

☎0744

Aus dem dunstigen, subtropischen und gemäßigten Wald in Hunans Nordwesten erheben sich Quarzit-Sandsteinformationen, die weltweit einzigartig sind. Rund 243 Gipfel und über 3000 Karstauffaltungen und -spitzen prägen diese Landschaft, die als Unesco-Weltnaturerbe ausgewiesen wurde. Tausende von Jahren war dies eine abgelegene Landschaft, die vor allem drei ethnischen Minderheiten bekannt war: Tujia, Miao und Bai. Heute kommen jährlich über 20 Millionen Besucher in den Naturpark Wulingyuan. Der Park ist auch die Heimat von über 3000 Pflanzenarten sowie einer artenreichen Fauna. Makaken springen und baumeln entlang der Wege herum, während sich bedrohte Tierarten wie der chinesische Riesensalamander, der chinesische Wasserhirsch und der scheue Nebelparder (von dem lediglich Spuren gefunden wurden) in den Tiefen des Parks verbergen.

Die Touristen strömen in den Monaten Juli bis September herbei, aber zu jeder Jahreszeit zeigt der Park eine eigene Schönheit. Nationale Feiertage sollten unbedingt vermieden werden. Das Ticket gilt für drei Tage in Folge. Die Zeit braucht man auch, um die wichtigsten Teile des Parks zu sehen. Weitere Kosten entstehen für Seilbahnen und einige Sehenswürdigkeiten im Park.

Sehenswertes & Aktivitäten

NATURPARK WULINGYUAN

Der **Park** (武陵源风景区; Wulingyuan Fengjingqu; Erw./Stud. 245/168 Yuan) teilt sich in die Gebiete um Zhangjiajie, Tianzi Shan, Yuanjiajie und das Tal Suoxi, die insgesamt eine Fläche von 264 km² bedecken.

Es gibt Eingänge an allen Seiten des Parks, aber die meisten Besucher kommen aus dem Süden durch das Dorf Zhangjiajie und benutzen den **Eingang zum Zhangjiajie-Nationalpark** (张家界公园门票站; Zhangjiajie Gongyuan *menpiaozhan*). Außerdem kommen viele aus dem Osten durch den **Wulingyuan-Eingang** (武陵源门票站; Wulingyuan *menpiaozhan*) östlich des Suoxi-Sees (索溪湖; Suoxi Hu).

Die Einheimischen nennen das ganze Gebiet auch oft Zhangjiajie, obwohl das der Name der Stadt (张家界市; Zhangjiajie *shi*) 30 km südlich des Parks ist, die gute Verkehrsverbindungen und Einkaufsmöglichkeiten bietet. Außerdem gibt es noch ein gleichnamiges Dorf (张家界村; Zhangjiajie *cun*).

Nationalpark Zhangjiajie und Naturschutzgebiet Suoxi-Tal NATURSCHUTZGEBIET

(张家界国家森林公园) Vom Südeingang aus bietet sich der erste Ausblick auf die Felsenspitzen vom **Dorf Huangshi** (黄石寨) aus, einem 3 km langen Ring auf einem Plateau in einer Höhe von 1048 m. Der Weg hinauf führt zwei Stunden über 3878 Steinstufen; eine Alternative ist eine halbstündige Fahrt mit dem Bus (Hin-/Rückfahrt 96/50 Yuan; 6.30–18 Uhr) und dann weiter mit der Seilbahn (einfache Fahrt 50 Yuan).

Zurück in der Schlucht ist die **Route am Goldpeitschenfluss** (金鞭溪精品游览线) eine Wanderung in der Ebene. Der Weg zieht sich über 7,5 km in östlicher Richtung am Goldpeitschenfluss entlang, nach dem er benannt wurde, in das **Naturschutzgebiet Suoxi-Tal** (索溪峪自

Wulingyuan

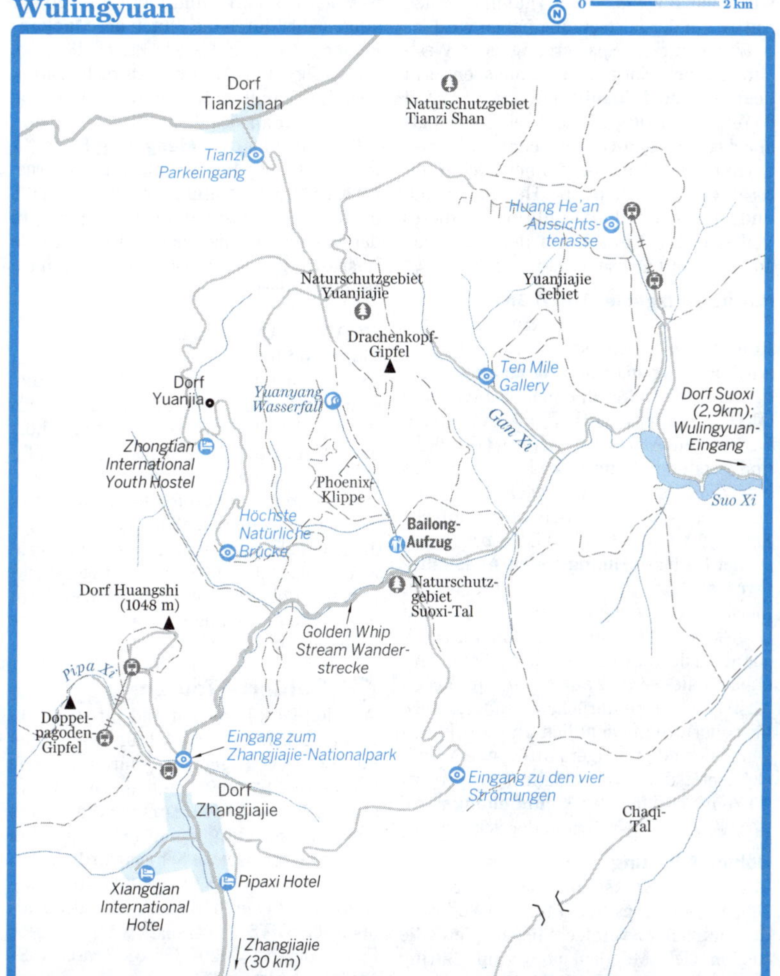

然保护区). Von dort aus ist es nur weniger als ein Kilometer zum **Bailong-Aufzug** (百龙天梯; pro Fahrt 56 Yuan), einem Aufzug an einer Klippe, der Besucher in weniger als zwei Minuten die 335 m hinauf in das Gebiet Yuanjiajie, das Herz des Parks, befördert.

Naturschutzgebiet Yuanjiajie

NATURSCHUTZGEBIET

(袁家界风景区) Wer hier unterwegs ist, wird Mühe haben, besonders große Menschenmengen zu umgehen. Die Ausblicke sind es jedoch wert, darunter die **Höchste Naturbrücke** (天下第一桥), ein von Wind und Wasser geschaffenes Gebilde, das zwei Gipfel 357 m hoch über dem Grund der Schlucht verbindet. Der Weg führt auch an dem erst in jüngerer Zeit umbenannten „Avatar-Halleluja-Berg" vorbei, dessen Name sich auf den Rekord brechenden Film *Avatar* bezieht. Obwohl der Regisseur James Cameron nur Huang Shan, die himmlischen Berge in der Provinz Anhui, auf seiner Promotionreise erwähnte, sind die Parkchefs überzeugt, dass die Karstspitzen von Wulingyuan die Vorlage für Pandoras Halleluja-Berge lieferten. Wenn die Fortsetzung in die Kinos kommt, wird sich zeigen, ob der Yuanjiajie einen Auftritt in der Fortsetzung haben wird.

Einen kurzen Spaziergang vom Westeingang des Naturschutzgebiets entfernt liegt das **Dorf Yuanjia** (袁家寨子; Eintritt 85 Yuan, Aufführung 25 Yuan), eine ehemals abgelegene Tujia-Gemeinschaft, die nun einen pauschalen, aber immer noch interessanten Einblick in die Heirats-, Land- und Hauswirtschaftstraditionen dieses Volkes bietet. Einfach auf den hölzernen Torbogen mit Ochsenschädeln achten.

Naturschutzgebiet Tianzi Shan NATURSCHUTZGEBIET

Rund 20 km nordwestlich des Wulingyuan-Eingangs erhebt sich **Tianzi Shan** (天子山自然保护区), einschließlich des Westsees (西海), Kaiserpavillons (天子阁), der Gruppe der unbesiegbaren Armee (神兵聚会) und weiterer Landschaftsszenarien aus bizarren Felsen, die auf vielen Postkarten zu sehen sind. Eine Seilbahn (einfache Fahrt 52 Yuan; 6.50–17.10 Uhr) bringt Besucher hoch zur **Huang-He'an-Aussichtsterrasse** (黄河岸观景台) und zu den himmelshohen Wanderwegen über dem Gebirgszug. Die Routen hier sind schwieriger als in den übrigen Teilen des Parks. (An einer Stelle werden auf einem optionalen Abstecher Kettenbrücken und Leitern überquert, die bedenklich an die Klippen genagelt sind.) Weniger aufregende Ausblicke bietet die Ausflugsbahn (pro Strecke 40 Yuan) entlang der **Zehnmeilengalerie** (十里画廊) auf dem Grund der Schlucht.

Höhlen & Rafting OUTDOOR-AKTIVITÄTEN

Mit über 40 Kalksteinhöhlen, die an den Ufern des Flusses Suoxi und im Südosten des Tianzi Shan versteckt liegen, bietet die Region viele Möglichkeiten zum Rafting (漂流; *piaoliu*) und für Höhlentouren.

Gleich hinter dem Wulingyuan-Eingang bietet **Jiliu Hulxuan** (激流回旋; ☎150 7441 9596; www.jiliuhuixuan.com, auf Chinesisch; Floßfahrten 168 Yuan; ⌚8–19 Uhr) einen 3 km langen, einstündigen Rafting-Trip an einem Abschnitt des Flusses Suoxi, der für das Olympiatraining genutzt wird. Danach die **Höhle des Gelben Drachens** (黄龙洞; Huanglong Dong; Eintritt 80 Yuan), die längste Asiens, anschauen. Sie liegt 10 km östlich des Wulingyuan-Eingangs.

Veranstalter bieten eine Kombination aus Höhlentouren und Rafting weiter im Parkinneren. Lohnenswert ist der Besuch der **Jiutian-Höhle** (九天洞; Jiutian Dong; Eintritt 76 Yuan; ⌚8–18 Uhr) rund 160 km nordwestlich des Parks und dann eine 20 km lange Fahrt durch die Fluten des **Maoyan-Flusses** (茅岩河; Maoyan He; ab 188 Yuan; ⌚8–18 Uhr). Der Maoyan ist recht zahm, aber die Landschaft ist fantastisch. Die Raftingtour an sich dauert drei Stunden.

Tagesausflüge den **Mengdong-Fluss** (猛洞河; Mengdong He; www.mdh.cn, auf Chinesisch; ab 200 Yuan) hinunter sind ebenfalls möglich. Das beste Wildwasser gibt's in der Nähe der Grenze nach Hubei, aber die Ausrüstung und der Transport müssen extra organisiert werden.

STADT ZHANGJIAJIE

Tianmen Shan NATURSCHUTZGEBIET

(天门山; Eintritt 258 Yuan; ⌚8–17 Uhr) Zu diesem markanten, überall in der Stadt Zhangjiajie sichtbaren Gebirgszug gehört auch Tianmen Dong (天门洞), ein auffälliger Einschnitt im Gebirge. Auf der 7 km langen Strecke der **Seilbahn** (hin und zurück 52 Yuan) sieht man schöne grüne Gebirgsansichten. Eine vernietete 60 m lange Straße aus Glasplanken, die nur wenige Schritte von der oberen Seilbahnstation entfernt ist, stellt das Vertrauen in die menschliche Ingenieurskunst auf die Probe.

Geführte Touren

Wer den Park besuchen und raften möchte, kann sich geführten Touren anschließen oder seine eigenen Touren mithilfe von Reisebüros in Zhangjiajie zusammenstellen. Eine typische Dreitagetour durch den Park kostet 798 Yuan (auf jeden Fall vorher klären, welche Sehenswürdigkeiten und Fahrten nicht inbegriffen sind). Sowohl die Jugendherberge Zhongtian als auch das **CITS** (中国国际旅行社; Zhongguo Guoji Luxingshe; ☎820 0885; 631 Ziwu Lu; ⌚8–18 Uhr) vermitteln Touren.

Schlafen & Essen

Wer in der Nähe des Südeingangs des Parks im Dorf Zhangjiajie übernachtet, ist gleich mitten in den Ausläufern von Wuling, aber die großartige Lage kostet auch etwas. Günstige Gasthäuser (客栈; *kezhan*) befinden sich am Osteingang des Parks. Das größte Hotelangebot gibt's in der Stadt Zhangjiajie. Rund um den Busbahnhof und in der Bei Zhengjie (北正街) liegen Billigunterkünfte, wo ein Zimmer mit Rabatt nur noch etwa 80 Yuan kostet.

Warme Mahlzeiten gibt's in den kleinen Restaurants überall im Dorf Zhangjiajie. Auf den Tisch kommen Tujia-Gerichte. Die

Bedienungen versuchen gerne, Gästen das teure *tuji* (土鸡; freilaufende Hühner, ab 180 Yuan) aufzuschwatzen. Im Dorf Zhangjiajie gibt's viele Möglichkeiten in der Einkaufszone entlang der Renmin Lu. Im Park sind überall Imbissstände, die allerdings teuer sind.

DORF ZHANGJIAJIE 张家界村

Günstige Übernachtungen im Park sind etwas schwierig zu organisieren, da die meisten Häuser familiengeführt sind. Manche nehmen nur Reisegruppen auf, andere nur Chinesen. Wer überhaupt ein Bett findet, muss mit 80 bis 120 Yuan rechnen. Die Einheimischen an den Essens-, Getränke- und Souvenirständen helfen mit guten Tipps weiter.

An den beliebten Wanderrouten gibt's Standardhotels, darunter in Yuanjiajie auch einen Ableger des **Zhongtian International Youth Hostel** (☎590 3315; B 40–50 Yuan, EZ & DZ 150 Yuan). Tianzi Shan und das Suoxi-Tal bieten ein beeindruckendes Angebot an Hotels und Hostels. Alle der folgenden Unterkünfte befinden sich in der Hauptstraße Jinbian Lu (金鞭路). Es gibt jedoch auch noch weitere Unterkünfte.

LP TIPP **Xiangdian International Hotel** HOTEL €€€

(湘电国际酒店; Xiangdian Guoji Jiudian; ☎571 2999; EZ & DZ 1080–1280 Yuan, Suite 3380 Yuan, plus 10 % Servicezuschlag; ⊖❄@) Diese heitere Viersternelodge hat grüne Innenhöfe, die fast hübsch genug sind, um die Gäste von der unglaublichen Umgebung abzulenken. Die meisten Zimmer verfügen über einen Balkon mit zumindest einer eingeschränkten Aussicht auf die Berge. Mit Preisnachlässen von 40 bis 60 % wird dieses Haus sehr attraktiv.

Pipaxi Hotel HOTEL €€

(琵琶溪宾馆; Pipaxi Binguan; ☎571 8888; EZ & DZ 580–680 Yuan, Suite 2680 Yuan; ⊖❄📶) Dieses Hotel in Gebäuden im Tujia-Stil ist gepflegt und liegt inmitten von Longan-Bäumen und den Bergen. Die Zimmer sind luxuriös. Nach einem Balkon und einem Preisnachlass von 20 % fragen.

STADT ZHANGJIAJIE 张家界市

Zhongtian International Youth Hostel HOSTEL €

(中天国际青年旅舍; Zhongtian Guoji Qingnian Lushe; ☎832 1678; www.zjjzthostel.com; Raum 4 A1, Zhongtian-Gebäude, Ziwu Lu; 子午路中天大厦 4 楼 A1 室; B 35–40 Yuan, B mit eigenem Bad 45–50 Yuan, DZ 138–148 Yuan; ❄@) Trotz der Lage in einem anonymen Bürogebäude bietet dieses angenehme Hostel einen Dachgarten, eine kleine Bar mit Restaurant und gemütliche Zimmer. Die vier Tatami-Zimmer sind ein Schnäppchen, aber schwer zu ergattern (110 Yuan mit eigenem Bad). Die hilfsbereiten Mitarbeiter sprechen etwas Englisch. Es gibt eine zweite etwas einfachere Herberge im Yuanjiajie-Gebiet des Parks.

Dacheng Shanshui Hotel HOTEL €€€

(大城山水国际大酒店; Dacheng Shanshui Guoji Jiudian; ☎888 9999; Ecke Dayong Xilu & Airport Rd; 大庸西路、机场路; EZ & DZ 1688–2688 Yuan, Suite 3288 Yuan inkl. Frühstück; ❄@) Eine der wenigen Fünfsterneunterkünfte. Diese hier übertreibt es etwas mit dem Golddekor, zeichnet sich aber durch geräumige Zimmer und besonders aufmerksames Personal aus. Es gibt rund um die Uhr Zimmerservice und ein Reisebüro in der Lobby. Preisnachlässe von 50 bis 75 %.

Jinjiang Inn HOTEL €€

(锦江之星; Jinjiang Zhixing; ☎839 8777; 51 Ziwu Lu; 子午路 51 号; DZ/2BZ 269/229 Yuan; ❄@) Das Jinjiang ist schon etwas in die Jahre gekommen, hat aber die üblichen Einrichtungen und zuverlässigen Internetzugang.

ℹ Praktische Informationen

Karten (einige auch auf Englisch) des Naturschutzgebiets und Stadtpläne von Zhangjiajie gibt's in den Ticketverkaufsstellen und großen Hotels für 5 Yuan.

2 in 1 Internetcafé (二合一网吧; Erheyi *wangba*; pro Std. 2 Yuan; ⏲24 Std.) An der Ecke von Bei Zhengjie und Ziwu Lu in der Stadt Zhangjiajie

Bank of China (中国银行; Zhongguo Yinhang; Ziwu Lu, Zhangjiajie Stadt) Diese Zweigstelle in der Nähe des Zhongtian International Youth Hostel wechselt Geld und hat einen Geldautomaten, der rund um die Uhr in Betrieb ist. Ein weiterer Geldautomat befindet sich am Südeingang des Parks.

Büro für Öffentliche Sicherheit (PSB; 公安局; Gong'anju; ☎571 2329; Jinbian Lu, im Dorf Zhangjiajie)

Visaanträge werden in der Nanzhuang Lu in der Stadt Zhangjiajie bearbeitet (☎824 8129).

Industrial & Commercial Bank of China (ICBC; 工商银行; Gongshang Yinhang; Huilong Lu, Zhangjiajie city) Liegt 250 m östlich des Busbahnhofs.

Post (中国邮政; Zhongguo Youzheng; ⏲8–17.30 Uhr) An der Guyong Lu und Daqiao Lu in der Stadt Zhangjiajie.

Volkskrankenhaus (市人民医院; Shi Renmin Yiyuan; ☎822 7836; 208 Guyong Lu) In der Stadt Zhangjiajie.

An- & Weiterreise

Bus

Die Busse fahren vom **Fernbusbahnhof** (☎822 2417) in der Huilong Lu in der Stadt Zhangjiajie ab.

Changsha 83/96 Yuan, 4 Std., halbstündlich

Fenghuang 42/45 Yuan, 4 Std., 4-mal tgl. (zwei um 8.30, 14 und 14.30 Uhr)

Jishou 35 Yuan, 2 Std., stündlich

Shanghai 309 Yuan, 20 Std., 2-mal tgl. (6.30 und 9.30 Uhr)

Wuhan 135/155 Yuan, 12 Std., 3-mal tgl. (8.30, 17.30 und 18.30 Uhr)

Xi'an 292 Yuan, 20 Std., 1-mal tgl. (13.30 Uhr)

Flugzeug

Der Flughafen Zhangjiajie Hehua liegt 6 km südwestlich von Zhangjiajie und 40 km vom Eingang zum Zhangjiajie-Nationalpark entfernt. Ein Taxi zum Park dürfte etwa 100 Yuan kosten. Es gibt Flugverbindungen zwischen Zhangjiajie und Beijing (1340 Yuan, 2½ Std.), Changsha (850 Yuan, 1 Std.), Chongqing (580 Yuan, 1 Std.), Guangzhou (860 Yuan, 1½ Std.), Shanghai (1100 Yuan, 1½ Std.) und Xi'an (690 Yuan, 1½ Std.).

Zug

Der **Bahnhof** (☎214 5182) liegt 8 km südöstlich der Stadt. Fahrkarten besser im Voraus besorgen. Morgens fahren fünf Züge in Changsha zwischen 2.39 und 8.29 Uhr ab (Hart-/Weichsitzer 65/87 Yuan, 4½ bis 6 Std.). In die Gegenrichtung fahren tagsüber sechs Züge (Hart-/Weichsitzer 32/81 Yuan) zwischen 13.16 und 18.18 Uhr und ein Nachtzug um 19 Uhr (Hart-/Weichschläfer 183/276 Yuan, 11 Std.). Weitere Verbindungen:

Beijing Hart-/Weichschläfer 307/353 Yuan, 25 Std., 2 mal tgl. (12.47 und 18.18 Uhr)

Guangzhou Hart-/Weichschläfer 164/383 Yuan, 14–21 Std., 3-mal tgl. (6.40, 15.27 und 16.52 Uhr)

Huaihua Hart-/Weichsitzer 19/31 Yuan, 3½-6 Std., häufig

Jishou Hart-/Weichsitzer 11/17 Yuan, 2–4 Std., häufig

Yichang Hart-/Weichsitzer 25–62 Yuan, 5 Std., 3-mal tgl. (4.53, 9.23 und 18.35 Uhr)

Unterwegs vor Ort

Minibusse zum Dorf Zhangjiajie (10 Yuan, 50 Min.) – auch als Waldpark (森林公园; Senlin Gongyuan) bezeichnet – fahren vom Fernbusbahnhof alle 15 Minuten zwischen 6 und 19 Uhr ab. Achtung: Einige der Busse fahren zum östlichen Eingang von Wulingyuan und andere nach Tianzishan (13 Yuan, stündl.). Zwischen den Parkeingängen verkehren Busse, die mit dem Parkticket kostenlos genutzt werden können.

Die Taxigrundgebühr in der Stadt Zhangjiajie beträgt 5 Yuan. Ein Taxi von der Stadt in das Dorf kostet rund 120 Yuan.

Dehang 德夯

☎0743

Die Miao-Ortschaft **Dehang** (Eintritt 60 Yuan; ⏲7–22 Uhr, Aufführungen um 10, 15 und 19.30 Uhr), nordwestlich von Jishou ganz im Westen der Provinz Hunan, bietet eine seltene Chance, sich eine erstaunliche Landschaft aus terrassenartigen Tälern und Wasserfällen zu erwandern, die von turmhohen Steinsäulen umgeben ist.

Ansprechende, erschwingliche Gasthäuser machen Dehang zu einem attraktiven Urlaubsort. Das Dorf wurde für die Touristen aufgehübscht, aber in den engen Gassen entlang des Flusses hinter der geschwungenen **Jielong-Brücke** (接龙桥; Jielong Qiao) ist die Miao-Kultur noch lebendig.

Sehenswertes & Aktivitäten

Dehang liegt in einem riesigen 164 km² großen geologischen Park. Hier führen einige besonders schöne Wanderwege durch die reizvolle Landschaft. Die Einstiegspunkte zu den Wanderwegen sind ab der Jielong-Brücke ausgeschildert.

Landschaftspark Neundrachenfluss WANDERUNG

(九龙溪景区; Jiulongxi Jingqu) Dieses landschaftlich schöne Gebiet zieht sich an einem Fluss ab dem Dorf dahin, vorbei an Miao-Bauern, die ihre Felder bestellen, und in eine Landschaft aus Gipfeln und grün ausgeschlagenen Tälern. Der Hauptweg führt zum **Liusha-Wasserfall** (流沙瀑布; Liusha Pubu). Das ist Chinas höchster Wasserfall, bei dem die Gischt beeindruckende 216 m tief herabstürzt. Über einige Stufen geht's hinter den Wasserfall; von dort bietet sich ein faszinierender Blick durch den Wasservorhang. Auf dem Rückweg zweigt in einer Kurve ein Weg ab. Hier geht's über 1,5 km einen Weg an Rinnen und Wasserfällen hinauf zum **Neundrachenwasserfall** (九龙瀑布; Jiulong Pubu;

MINDERHEITEN & RAKETEN

Ganz in der südwestlichen Ecke von Hunan liegt das Autonome Gebiet der Dong-Minderheit bei Tongdao (通道侗族自治区; Tongdao Dongzu Zizhiqu). Unweit der Grenze zu Guangxi und Guizhou ist dies das Kernland des Dong-Stammes. Die Hügel um die unscheinbare Stadt Tongdao sind voller malerischer Dörfer, die für ihre einzigartige Holzarchitektur bekannt sind – sowie für einen beträchtlichen Anteil an Chinas Interkontinentalraketen. Obwohl die Raketensilos nicht zu sehen sind, da sie eingegraben oder halbwegs als überdachte Brücken getarnt sind, war der Zutritt zu dem Gebiet zum Zeitpunkt der Recherche offiziell für Ausländer verboten. Das kann sich natürlich geändert haben, bis dieser Führer in den Handel kommt. Auskunft erteilt das örtliche Büro für Öffentliche Sicherheit in **Tongdao (PSB)** (☎0745-5862 2322).

Eintritt 15 Yuan). Die Wanderung zum Liusha-Wasserfall dauert eine Stunde ab der Jielong-Brücke. Die herrliche Landschaft ist nach einem Regenguss ganz besonders schön, der Aufstieg wird dadurch allerdings rutschig.

Landschaftspark Yuquanxi WANDERUNG
(玉泉溪景区; Yuquanxi Jingqu) Der 2,6 km lange Pfad entlang des Yuquan durchquert das Dorf, vorbei an Heustadeln und Terrassenfeldern, bevor er in einer kleinen Schlucht verschwindet, wo man den Fluss mehrere Male quert und dann weiter in ein dichtes grünes Dickicht läuft. Hinter dem **Jadebrunnentor** (玉泉门; Yuquan Men) führt der Weg zum Wasserfall. Zuletzt geht's zur **Tianwen-Plattform** (天问台; Tianwen Tai) hinauf, von wo aus sich ein herrlicher Blick durch die Schlucht und auf die Miao-Weiler bietet.

Jielong-Brücke AUSSICHTSPUNKT
Dieser kurze Spaziergang führt von der Jielong-Brücke die mit Steinplatten belegten Treppen durch den Bambus hinauf. Von oben bietet sich ein schöner Blick auf das Dorf.

Schlafen & Essen

Einfache Gasthäuser (客栈; *kezhan*) sind rund um den Platz zu finden und ragen über den Fluss. Reisende, die eher Mittelklassekomfort suchen, können im nahegelegenen (und unattraktiven) Jishou übernachten.

Restaurants drängen sich um den Platz und an der Hauptstraße. Die Gasthäuser haben ebenfalls Restaurants, aber das Essen ist oftmals teurer als die Zimmer. Straßenhändler bieten kleine Mahlzeiten an, z.B. Grillspieße mit Fisch (*taohuayu;* 3 Yuan) und kleinen Krebsen (*xiao pangxie;* 5 Yuan).

Jielongqiao Inn HERBERGE €
(接龙桥客店; Jielongqiao Kedian; ☎135 1743 0915; EZ/DZ 40/50 Yuan) Dieses kleine Holzhaus gleich neben der Jielong-Brücke hat die ordentlichsten Zimmer des ganzen Dorfes, alle mit Ventilator und TV. Der Wermutstropfen sind die Gemeinschaftsbäder zwei Stockwerke weiter unten im muffigen Keller.

Fengyuqiao Inn HERBERGE €
(风雨桥客栈; Fengyuqiao *kezhan*; ☎135 1743 0915; B/DZ 30/60 Yuan) Zu dieser frisch renovierten Herberge geht's beim Platz über die Brücke, gleich beim Einstieg zum Wanderweg durch den Yuquanxi-Landschaftspark.

Jielong Inn HERBERGE €
(接龙客栈; Jielong *kezhan*; ☎135 7432 0948; EZ/DZ 40/60 Yuan; ❄) Gleich neben der Jielong-Brücke gelegen. Diese beliebte Unterkunft hat Zimmer mit Gemeinschaftsbädern und ein Restaurant mit Blick auf den Fluss.

Miaojie Canguan CHINESISCH €
(苗姐餐馆; ☎152 7435 8239; Gerichte ab 40 Yuan; ⏲6–21 Uhr) Hier kauern Gäste auf niedrigen Schemeln an einem Tisch auf dem Balkon mit Blick auf den Platz. Die leckeren regionalen Gerichte werden mit dem Feuerwasser aus diesem Dorf hinuntergespült.

An- & Weiterreise

Der beste Weg nach Dehang führt über Jishou, eine Stadt mit Bahnanschluss im Südosten. Die Busse (7 Yuan, 50 Min.) fahren vom Bahnhof Jishou zum Platz in Dehang ab, wenn sie voll sind. Sie verkehren zwischen 6 und 18.30 Uhr. Auf dem letzten Drittel der Fahrt ist die Landschaft absolut sehenswert. Der Fahrer wartet, bis man den Eintritt am Parkeingang bezahlt hat.

Fenghuang 凤凰

☎0743

Fenghuang war einst eine Grenzstadt. Hier trennten sich die Han-Zivilisationen der zentralen Ebenen und die ethnischen Minderheiten der Miao (苗), der Tujia (土家) und der Dong (侗) in den Bergen im Südwesten. Die Schutzmauern wurden während der Ming-Dynastie errichtet, aber trotzdem gedieh Fenghuang als ein Zentrum des Handels und des kulturellen Austausches. Seine verschiedenen Bewohner erbauten eine atemberaubende Siedlung am Fluss aus gewundenen Gassen, Tempeln und wackligen Stelzenhäusern. Heutzutage hat die Förderung des Tourismus leider Vorrang vor zaghaften Bemühungen um den Erhalt der Bausubstanz. Daher besser bald anschauen, bevor alles verschwunden ist.

Sehenswertes & Aktivitäten

Das ziellose Herumstromern ist der beste Weg, um die zauberhafte **Altstadt von Fenghuang** (凤凰古城; Fenghuang Gucheng) zu entdecken. Die kleinen Gassen sind eine Fundgrube an Läden, Tempeln, Ahnenhallen und Wohnhäusern mit Innenhöfen.

Fenghuang kann größtenteils kostenlos besichtigt werden, aber das **Kombiticket** (*tongpiao*; ☎322 3315; 148 Yuan) ermöglicht über zwei Tage den Zutritt zu den wichtigsten Sehenswürdigkeiten und beinhaltet darüber hinaus eine halbstündige Bootsfahrt vom Nordtorturm auf dem Tuo (Tuo Jiang) hinab. Die Tickets werden an mehreren Stellen in der Stadt verkauft, u.a. südlich der Hong-Brücke, südlich des Nordtorturms und an der Ostseite des Wenhua-Platzes. Die Sehenswürdigkeiten sind in der Regel von 8 bis 18 Uhr geöffnet. Ein Großteil der romantischen Altstadt wird bei Anbruch der Dämmerung glanzvoll erleuchtet.

INNERHALB DER STADTMAUERN

Stadtmauer HISTORISCHE STÄTTE

(城墙; *chengqiang*) Restaurierte Fragmente der Stadtmauer befinden sich entlang des Südufers des Tuo. Schnitzereien mit Fischen und mythologischen Ungeheuern zieren die Dachtraufen des **Nordtorturms** (北门城楼; Beimen Chenglou), eines der vier ursprünglichen Haupttore. Ein weiterer, der **Osttorturm** (东门城楼; Dongmen Chenglou; Kombiticket), ist ein zweitraufiger Turm aus Sandstein und gebrannten Lehmziegeln.

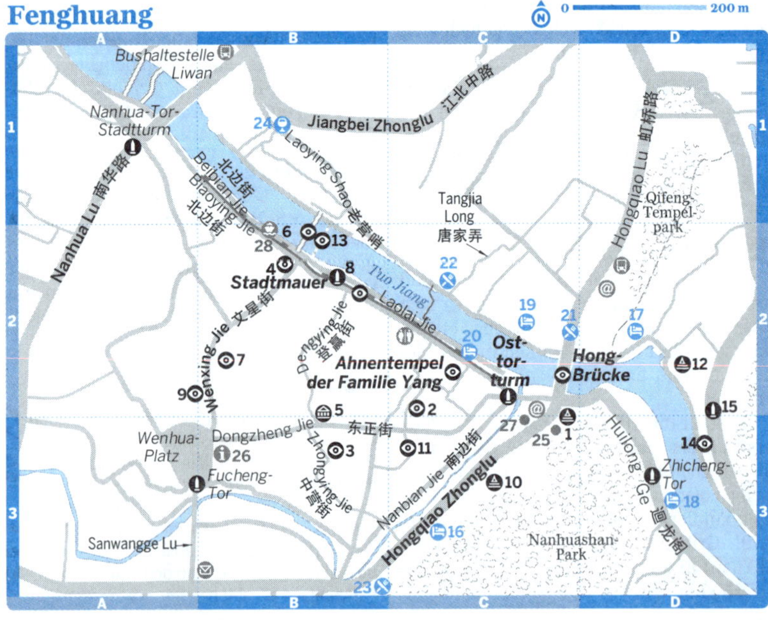

Hong-Brücke
BRÜCKE

(虹桥; Hong Qiao; Kombiticket für die Galerien im Obergeschoss) Die sehenswerte Hong-Brücke folgt dem Stil der überdachten Brücken der Dong-Minderheit.

Ahnenhalle der Familie Yang
HISTORISCHE STÄTTE

(杨家祠堂; Yangjia Citang; Kombiticket) Diese Halle liegt westlich des Osttorturms und wurde im Jahr 1836 erbaut. Die Außenmauern sind mit Slogans aus der Zeit der Kulturrevolution übersät.

Ehemaliges Haus von Xiong Xi Ling
HISTORISCHE STÄTTE

(熊希龄故居; Xiong Xi Ling Guju; Kombiticket) Das Haus eines ehemaligen Premier- und Finanzministers.

Buddhistischer Tempel Jiangxin
TEMPEL

(江心禅寺; Jiangxin Chansi) In der Huilong Ge, einer engen Gasse.

Tempel der drei Könige
TEMPEL

(三皇庙; Sanhuang Miao) Der Tempel befindet sich abseits der Jianshe Lu. Von den Stufen davor hat man einen tollen Blick auf die Stadt.

Tempel Tianhou
TEMPEL

(天后宫; Tianhou Gong) Abseits der Dongzheng Jie, dem Schutzheiligen der Seefahrer gewidmet.

Ehemaliges Haus von Shen Congwen
HISTORISCHE STÄTTE

(沈从文故居; Shen Congwen Guju; Kombiticket) Der berühmte moderne Schriftsteller wurde hier 1902 geboren. (Sein Grab befindet sich östlich der Stadt.)

Chongde-Residenz
HISTORISCHE STÄTTE

(崇德堂; Chongde Tang; Kombiticket) Die private Antiquitätensammlung des wohlhabendsten Bürgers der Stadt, Shoulu, wird in seinem ehemaligen Wohnhaus in der Shijialong gezeigt.

Konfuziustempel
TEMPEL

(文庙; Wen Miao; Wenxing Jie) Dieser von einer Mauer umgebene Tempel aus dem 18. Jh. ist heutzutage eine Mittelschule.

Tempel Chaoyang
TEMPEL

(朝阳宫; Chaoyang Gong; 41 Wenxing Jie; Eintritt 10 Yuan) Beherbergt eine antike Theaterbühne und einen Hauptsaal.

Fenghuang

Highlights
- Ahnentempel der Familie Yang C2
- Hong-Brücke C2
- Osttorturm C2
- Stadtmauer B2

Sehenswertes
1 Buddhistischer Tempel Jiangxin ... C3
2 Chongde-Residenz C2
3 Ehemaliges Haus von Shen Congwen B3
4 Ehemaliges Wohnhaus von Xiong Xi Ling B2
5 Gucheng-Museum B2
6 Hölzerne Fußgängerbrücke B2
7 Konfuziustempel B2
8 Nordtorturm B2
9 Tempel Chaoyang A2
10 Tempel der Drei Könige C3
11 Tempel Tianhou C3
12 Tempel Wanshou D2
13 Trittsteine B2
14 Wanming-Pagode D3
15 Yingxi-Tor D2

Schlafen
16 Border Town International Youth Hostel C3
17 Fenghuang International Youth Hostel D2
18 Koolaa's Small Room – A Good Year D3
19 Phoenix Jiangtian Holiday Village C2
20 Tuoshui Renjia *kezhan* C2

Essen
21 Nachtmarkt C2
22 Soul Café C2
23 Wanmu Zhai B3

Ausgehen
24 Laoying Shao B1

Praktisches
25 Ticketbüro C3
26 Tourismusbehörde von Fenghuang B3

Transport
27 Buchungsbüro für Zugfahrkarten . C3
28 Nordtor-Bootsanleger B2

Gucheng-Museum MUSEUM
(古城博物馆; Gucheng *bowuguan*; Dengying Jie; 6.30–18 Uhr; Kombiticket) Bietet einen Überblick über die Geschichte der Altstadt.

AUSSERHALB DER STADTMAUER
Das Nordufer des Flusses bietet einen Ausblick auf die auf Stelzen gebauten Häuser am Flussufer in Fenghuang (吊脚楼; *diao jiaolou*). Der Fluss wird über die Trittsteine (跳岩; *tiaoyan*) überquert, nüchtern geht's am besten, oder über die hölzerne Fußgängerbrücke (木头桥; *mutou qiao*).

Tempel Wanshou HISTORISCHE STÄTTE
(万寿宫; Wanshou Gong; Kombiticket) Im Jahr 1755 von den neu angekommenen Jiangxi erbaut. Diese Versammlungshalle nördlich der Wanming-Pagode beherbergt ein Museum zu dieser ethnischen Minderheit.

Yingxi-Tor TOR
(迎曦门; Yingxi Men) Aus dem Jahr 1807.

Südliche Große Mauer ARCHITEKTUR
(南长城; Nan Changcheng; Eintritt 45 Yuan) Die Verteidigungsanlage aus der Ming-Dynastie befindet sich 13 km vor der Stadt und reichte einst bis Guizhou.

Altstadt an der Huangsi-Brücke DORF
(黄丝桥古城; Huangsi Qiao Gucheng; Eintritt 20 Yuan) Ein militärischer Vorposten aus der Tang-Dynastie 5 km vor der Stadt. Motorräder bringen einen für 4 Yuan dorthin.

Qiliang Dong HÖHLE
(奇梁洞; Qiliang Dong; Eintritt 60 Yuan) Eine Höhle aus unterirdischen Flüssen und Wasserfällen 7 km nördlich der Stadt. Dorthin fährt der Liwan-Touristenbus.

Schlafen

Gasthäuser (客栈; *kezhan*) gibt's in Fenghuang überall. An der Ostkurve des Flusses liegen günstige Zimmer mit Blick auf den Fluss, weit genug entfernt von den lärmenden Bars. Viele Unterkünfte sind rudimentär mit Hocktoiletten. Die Zimmer können feucht sein, besser vorher ansehen. Im Juli und August verdreifachen sich die Preise und die Zimmer gehen schnell weg, daher besser im Voraus buchen. Schilder mit der Aufschrift „今日有房" bedeuten, dass Zimmer frei sind.

LP TIPP **Koolaa's Small Room – A Good Year** HERBERGE €
(考拉小屋的一年好时光; Kaola Xiaowu de Yi Nian Hao Shiguang; 322 2026; 89 Huilong Ge; 迴龙阁 89 号; DZ 120 Yuan;) Es stehen nur zehn Zimmer in diesem süßen Holzhaus am Fluss zur Verfügung. Alle sind mit Balkonen, Duschen und TV ausgestattet, aber nur sechs haben einen tollen Blick auf den Fluss. Eine Klimaanlage kostet 20 Yuan extra. Die freundlichen Tanten, die das Gasthaus führen, wohnen selbst hier, gleich hinter dem Zhicheng-Tor (志城关). Im Voraus reservieren.

Border Town International Youth Hostel JUGENDHERBERGE €
(边城国际青年旅舍; Biancheng Guoji Qingnian Lushe; 322 8698; 45 Hongqiao Zhonglu; B/EZ 30/80 Yuan, DZ 100–130 Yuan, 3BZ 188 Yuan; @) Die Herberge wurde nach einem Roman von Fenghuangs berühmten Sohn, Shen Congwen, benannt. Sie liegt nur fünf Gehminuten südlich der Hong-Brücke. Die teureren Doppelzimmer sind besonders geräumig, und die im obersten Stockwerk bieten einen tollen Blick auf die Altstadt. Hocktoiletten.

Phoenix Jiangtian Holiday Village HOTEL €€€
(凤凰江天旅游度假村; Fenghuang Jiangtian Luyou Dujiacun; 326 1998; Jiangtian Sq; 虹桥路江天广场; EZ & DZ 588 Yuan, 3BZ 668 Yuan; @) Das in die Jahre gekommene Phoenix ist reif für eine Wiedergeburt, aber bis dahin sind dies immer noch Zimmer in angenehmer Größe mit mittelprächtigen Badezimmern. Außerhalb der Hauptsaison können 40% Preisnachlass herausgehandelt werden, aber es gibt keinen Ausblick auf den Fluss. Beim Torbogen in der Laoying Shao rechts abbiegen.

Fenghuang International Youth Hostel JUGENDHERBERGE €
(凤凰国际青年旅馆; Fenghuang Guoji Qingnian Luguan; 326 0546; yhaphoenix@163.com; 11 Shawan; 沙湾 11 号; B 35–50 Yuan, EZ & DZ 148–238 Yuan; @) Liegt am Nordostufer des Flusses neben dem Osttorturm (东关门; Dongguan Men). Die Zimmer sind altmodisch. In den Gemeinschaftsbädern stehen Hocktoiletten.

Tuoshui Renjia *kezhan* HERBERGE €
(沱水人家; 350 1690; 12 Beibian Jie; B 100–120 Yuan, EZ/DZ 200/300 Yuan, Preisnachlässe von 50%; @) Die holzvertäfelten Zimmer, von denen vier mit Balkonen mit Blick auf den Fluss und Computern ausgestattet sind, sind ganz nett, bis die Bars in der Nachbarschaft aufmachen. Ohrenstöpsel mitbringen.

Essen & Ausgehen

Die Restaurants in Fenghuang sind etwas teurer, nur diejenigen westlich des Nordtorturmes sind weniger touristisch und daher günstiger. Die gute Nachricht ist, dass diese Stadt ein wirklich tolles Angebot an Garküchen hat – dort gibt's alles von Kebab bis hin zu würzigem *doufu* (Tofu) und kühlen Schalen mit *liangfen* (Bohnenstärkegelee).

Es gibt ein paar ganz nette Kneipen. Die Bars erwachen bei Anbruch der Dämmerung mit einem Aufschrei entlang der Laoying Shao (老营哨; Laoying Shao) am Nordufer des Flusses und gegenüber entlang der Beibian Jie sowie am Nordende der Huilong Ge. Hier kippt man einheimischen Miao-Branntwein *(Miao jiu)* herunter, eine ziemliche Dröhnung mit 53% zu 12 Yuan pro Glas.

LP TIPP **Nachtmarkt** MARKT €

(虹桥夜市; Hongqiao Yeshi; Hongqiao Donglu; ⌚17–1 Uhr) Lebhafte Verkäufer öffnen ihre Verkaufsstände am Spätnachmittag gleich nördlich der Hong-Brücke. Hier gibt's alle Sorten Fleisch und Gemüse vom Grill und reife Früchte in Stücken. Alles befindet sich in den Auslagen, also nimmt man sich einfach das Gewünschte, holt sich ein Bier aus den Läden gegenüber und setzt sich an einen der überdachten Tische.

Wanmu Zhai CHINESISCH HUNAN €

(万木斋; ☎322 1589; Hongqiao Beilu; Gerichte ab 25 Yuan; ⌚10–21 Uhr) Die Familie Yang serviert großzügige Portionen von Tujia-Gerichten sowie regionale *xiang*-Küche an diesem beliebten Treffpunkt. Die Kellner machen gute Vorschläge wie Wollmispelente mit süßem Reis (皿杷鸭子; 68 Yuan).

Soul Cafe WESTLICH €€

(亦素咖啡; Yisu Kafei; ☎326 0396; 18 Laoying Shao; ⌚8–24 Uhr) Dieses gehobene Café am nördlichen Flussufer serviert anständigen Kaffee (ab 29 Yuan), Pizza (ab 48 Yuan) und Schokoladenkuchen (20 Yuan). Es ist nicht billig, aber andererseits gibt's nicht viele Lokale in China mit einer so umfangreichen Auswahl an ausländischen Weinen und kubanischen Zigarren.

Praktische Informationen

Die Filialen der großen Banken befinden sich in der Nanhua Lu. Die China Construction Bank (中国建设银行; Zhongguo Jianshe Yinhang) wechselt Devisen und hat einen Geldautomaten, der rund um die Uhr in Betrieb ist.

Kaiming-Apotheke (开明大药房; Kaiming Dayaofang; ☎322 8578; Hongqiao Xilu; ⌚7.30–22.30 Uhr) In der Nähe der Kreuzung mit Sanwangge Lu.

Menghuan-Internetcafé (梦幻网城; Menghuan Wang Cheng; Hongqiao Donglu; pro Std. 3 Yuan; ⌚24 Std.)

Neues Volkskrankenhaus (新人民医院; Xin Renmin Yiyuan; ☎322 1199; Hongqiao Xilu) Südwestlich der Stadt an der Kreuzung der Jiensu Lu.

Post (中国邮政; Zhongguo Youzheng; cnr Sanwangge Lu & Hongqiao Zhonglu; ⌚8–17.30 Uhr)

Tourismusbehörde in Fenghuang (凤凰旅游中心; Fenghuang Luyou Zhongxin; ☎322 8365; ⌚6.30–18 Uhr) Abseits des Wenhua-Platzes.

Xindongli-Internetcafé (新动力网吧; Xindongli *wangba*; 1. OG, Jianshe Lu; pro Std. 2–3 Yuan; ⌚24 Std.)

An- & Weiterreise

Die Fernbusse von/zum Bahnhof Jishou (20 Yuan, 1½ Std.) halten zwischen 6 und 20 Uhr oft außerhalb der Altstadt. Motorräder (5 Yuan) helfen beim Transfer.

Busse kommen an aus:

Changsha 130 Yuan, 5 Std., 8-mal tgl.

Huaihua 35 Yuan, 3 Std., alle 20 Min.

Wuhan 200 Yuan, 8 Std., 1-mal tgl. (16.30 Uhr)

Zhangjiajie 70 Yuan, 4½ Std., 4-mal tgl. (8.30, 9.30, 14.30 und 16.30 Uhr)

Es gibt keinen Bahnhof in Fenghuang, aber Fahrkarten für andere Strecken verkauft das **Bahnticketbüro** (火车代票处; *huoche daipiaochu*; ☎322 2410; Hongqiao Zhonglu; ⌚8–22 Uhr) südlich der Hong-Brücke.

Die Altstadt ist für den Autoverkehr gesperrt. Ein Minibus fährt die Runde zur südlichen Großen Mauer und nach Qiliang Dong ab der Liwan-Bushaltestelle (栗湾停车场; 30 Yuan, alle 10 Min., 8–22 Uhr) an der Fenghuang-Brücke und Jiang Beixilu. Taxifahrten gibt's ab 3 Yuan. Aber wenn es geht, besser ohne Taxameter fahren.

Altstadt von Hongjiang 洪江古商城

☎0745 / 60 783 EW.

Diese wenig bekannte Stadt 55 km südlich von Huaihua hat – dank ihres glücklichen Standortes, an dem die beiden Flüsse Yuan (沅江; Yuan Jiang) und Wu (巫水; Wu Shui) aufeinandertreffen – als Finanz- und

Handelszentrum der Qing-Dynasty eine außerordentliche Geschichte aufzuweisen. Früher war sie einmal der Hauptumschlagsplatz für Opium in Südwestchina. Die Wurzeln der Stadt reichen zwar bis in die nördliche Song-Dynastie zurück, aber heutzutage ist es eine überwiegend moderne Stadt. Nur in der bemerkenswerten Altstadt (Hongjiang Gushangcheng) ist die Vergangenheit immer noch lebendig. Hier leben auch heute noch ein paar Tausend Menschen.

Sehenswertes

Die Altstadt ist der Hauptgrund für eine Reise hierher. Innerhalb eines halben Tages kann alles besichtigt werden. Der wesentliche Teil liegt in dem Gebiet zwischen der Xinmin Lu (新民路), Yuanjiang Lu (沅江路) und Xiongxi Lu (雄溪路), die in die Xingfu Lu (幸福路) übergeht.

Einen offiziellen **Eintrittskartenverkauf** (☎763 2579; Eintritt 120 Yuan; ⏲8–17 Uhr) gibt's in einer Gasse an der Yuanjiang Lu. Er ist an den roten Laternen zu erkennen. Im Eintrittspreis ist eine zweistündige Führung in chinesischer Sprache enthalten, bei der es Szenen aus dem täglichen Leben der Kaufleute zu sehen gibt. Wer über eine der anderen Gassen, die von den Hauptstraßen abzweigen, in die Altstadt geht, muss keinen Eintritt zahlen. Ohne Eintrittskarte darf man jedoch nicht die Gebäude betreten.

Die Altstadt ist ein entzückendes Gewirr aus Gassen und Plattenwegen, die sich unübersichtlich, oft steil am Hang entlangziehen. Wegweiser auf Englisch und Chinesisch weisen den Weg zu den beachtenswerten Gebäuden, von denen einige vollständig restauriert wurden. Zu sehen sind u. a. das Steueramt, Opiumhöhlen, Bordell, Zeitungsbüro, Ahnenhallen und Häuser bedeutender Kaufleute. Die meisten wurden im *Yinziwu-Stil* (窨子屋) erbaut, zu erkennen an mehreren aufeinander folgenden Innenhöfen, hohen Außenwänden und konkaven Dächern mit *tian jing* (Lichtschächte). Unbedingt sehenswert sind die Ruinen des **Taiping-Tempels** (太平宫; Taiping Gong), der 1723 als Teil einer Versammlungshalle für Shaoyang-Händler erbaut und während der Kulturrevolution zerstört wurde. In dieser Gegend verläuft man sich zwangsläufig, aber die Bewohner dieses Viertels mit seinen 380 historischen Gebäuden können den Weg erklären.

Schlafen & Essen

Hotels gibt's an den Straßen am Rande der Altstadt. Garküchen bereiten fangfrischen Fisch am Flussufer bei der Hong-Brücke zu. Restaurants befinden sich entlang der Xinmin Lu und Yuanjiang Lu.

Wulingcheng Hotel HOTEL €€
(武陵城酒店; Wulingcheng Jiudian; ☎766 6677; Xinmin Lu; 新民路、武陵广场; EZ/DZ 238/288 Yuan, Suite 438 Yuan; ❄@) Weniger als 1 km von der Hong-Brücke entfernt bietet dieses Hochhaus das polierte Dekor und uniformiertes Personal, wie man es in einer Großstadt erwarten würde. Draußen vor der Tür ist der Wuling-Platz der Mittelpunkt der Stadt. In der Lobby gibt's ein Reisebüro. Preisnachlässe von 20 %.

Hongjiang Hotel HOTEL €
(洪江大酒店; Hongjiang Dajiudian; ☎766 2999; 50 Xinmin Lu; 新民路 50 号; EZ/DZ 138/158 Yuan, Suite 248 Yuan; ❄@) Trotz der heruntergekommenen Lobby ist dieses Hotel gut in Schuss und komfortabel. Es liegt direkt auf der anderen Straßenseite von der Altstadt und an den Stufen zur Hong-Brücke. Preisnachlässe von 20 %.

Praktische Informationen

Bank of China (中国银行; Zhongguo Yinhang; Xinmin Lu) Der Geldautomat ist rund um die Uhr zugänglich. Hier wird auch Geld gewechselt. Neben dem Hongjiang-Hotel.

An- & Weiterreise

Die Altstadt von Hongjiang ist nicht identisch mit der Stadt Hongjiang (洪江市; Hongjiang Shi), der Stadt an der Eisenbahnlinie 30 km weiter westlich. Die Altstadt wird am besten über Huaihua (怀化) erreicht. Die Busse fahren vom Busbahnhof Süd in Huaihua (25 Yuan, 1½ Std., alle 40 Min.) zwischen 6.40 und 18.20 Uhr zum **Busbahnhof** (Yuanjiang Lu) gegenüber dem Hauptzugang zur Altstadt. Taxis verlangen eine Pauschale von 140 Yuan nach/von Huaihua.

Hongjiang-Zugfahrkartenverkauf (洪江火车票代售点; Huochepiao *daishouchu*; ☎266 3111; 81 Xinmin Lu; ⏲7.30–17.30 Uhr) Gegenüber dem Wulingcheng-Hotel.

Hongkong

☎ 852 / BEVÖLKERUNG: 7 MIO.

Inhalt »

Sehenswertes 525
Aktivitäten 542
Geführte Touren 543
Festivals & Events 544
Schlafen 544
Essen 549
Ausgehen 554
Unterhaltung 557
Shoppen 558
An- & Weiterreise 562
Unterwegs vor Ort 563

Gut Essen

- » Dong Lai Shun (S. 552)
- » Kowloon Tang (S. 552)
- » Luk Yu Teahouse (S. 550)
- » Yin Yang (S. 551)
- » Pure Veggie House (S. 551)

Schön Übernachten

- » Peninsula Hongkong (S. 546)
- » Espace Elastique (S. 549)
- » Hotel Icon (S. 547)
- » Helena May (S. 545)
- » Upper House (S. 545)

Auf nach Hongkong

Hongkong beschleunigt den Puls wie ein Adrenalinstoß. Wolkenkratzer ziehen sich bei Tag die mit Dschungel bewachsenen Hänge hinauf. Bei Nacht erleuchten sie den Hafen voller Frachter und Motordschunken in Neonfarben. An den Straßen, voller Autos und Menschen, stehen Fünfsternehotels neben alten Mietshäusern.

Auf diesem Tummelplatz der Milliardäre kann sich jeder den Luxus dieser Stadt leisten, denn es muss nicht die Welt kosten, Hongkong zu genießen. Eine Fahrt durch den Hafen für 2 HK$ dürfte weltweit die Schiffsfahrt mit dem besten Preis-Leistungs-Verhältnis sein. Auch ein Rundgang über einen Markt bietet spannende Erlebnisse. Den Menschenmassen kann man durchaus entgehen – die Stadt bietet viele Landschaftsparks.

Dies ist auch eine Stadt, die lebt, um zu essen. Die Gäste finden hier das Beste aus China und anderen Gegenden. Hongkong lohnt sich für alle, die die Gelegenheit beim Schopf packen und auch Qualle probieren, halbverlassene Dörfer erkunden oder an Stränden bummeln möchten, die weitab von Neon und Stahl liegen.

Reisezeit

Hong Kong

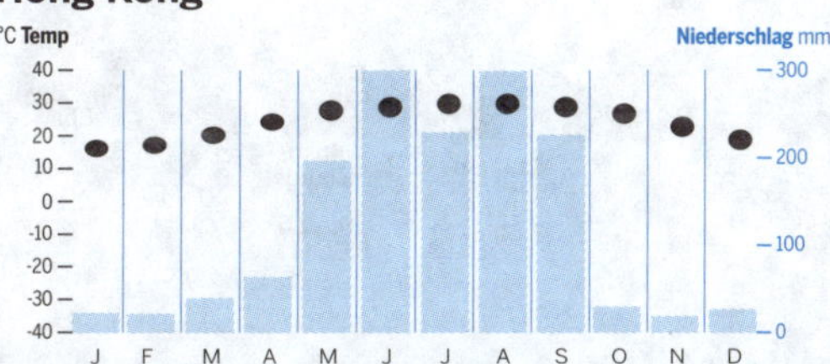

März–Mai Asiens wichtigstes Filmfestival und die Geburtstage von Gottheiten locken trotz des Regens.

Juni–September Sonnenbaden, kühles Nass (Drachenboot, Bier): ideal gegen die Sommerhitze.

November–Februar Wanderungen, Kunstfestivals und das chinesische Neujahrsfest.

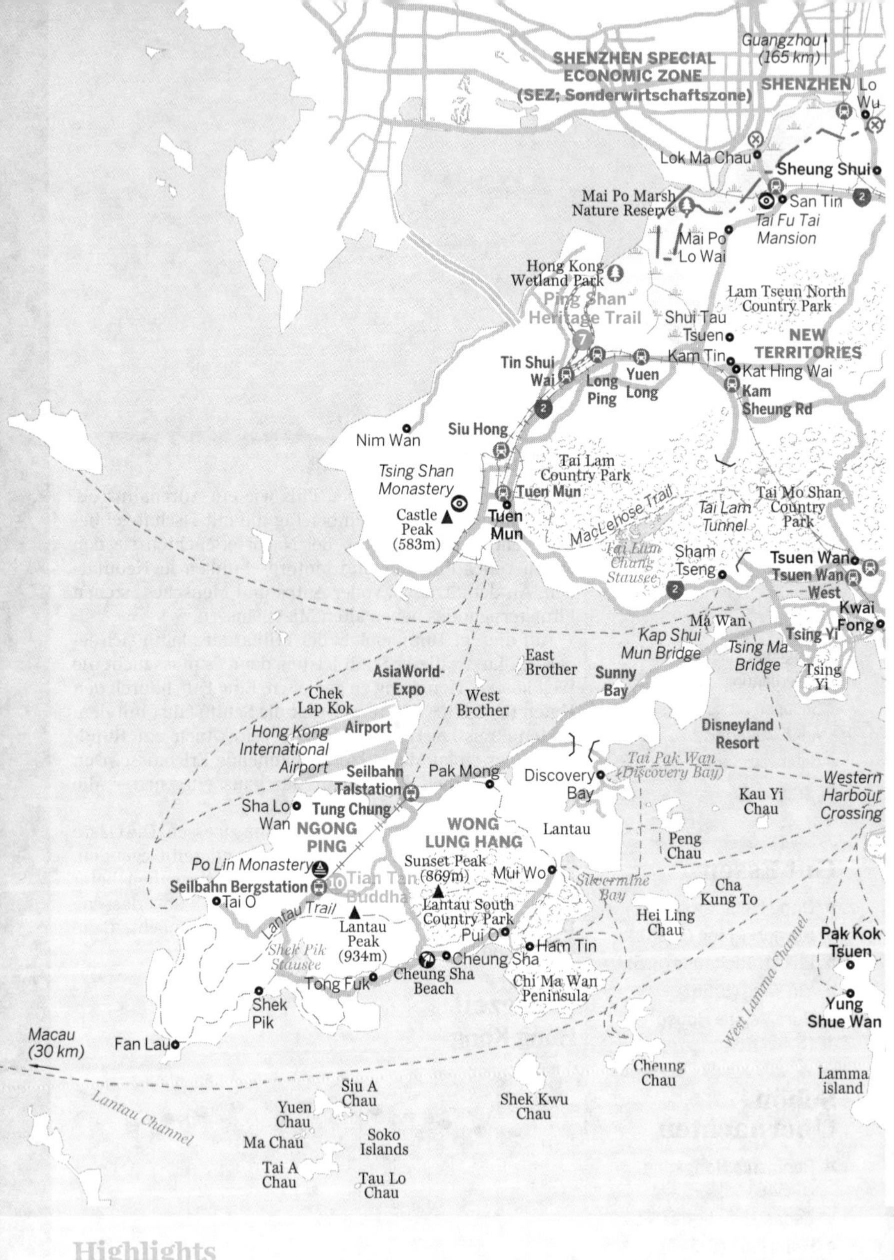

Highlights

1 Den Victoria Harbour mit der kultigen **Star Ferry** (S. 533) überqueren

2 Mit der historischen **Peak Tram** (S. 525) zum Victoria Peak hinauffahren

3 Yum Cha inmitten anderer Fans im **Luk Yu Teahouse** (S. 550) genießen

4 Die von Räucherwerk geschwängerte Luft im **Tempel Man Mo** (S. 528) inhalieren

5 Das Rattern einer der letzten **Doppeldecker-Straßenbahnen spüren**

6 In der Augenweide an der **Tsim Sha Tsui East Promenade** (S. 536) schwelgen

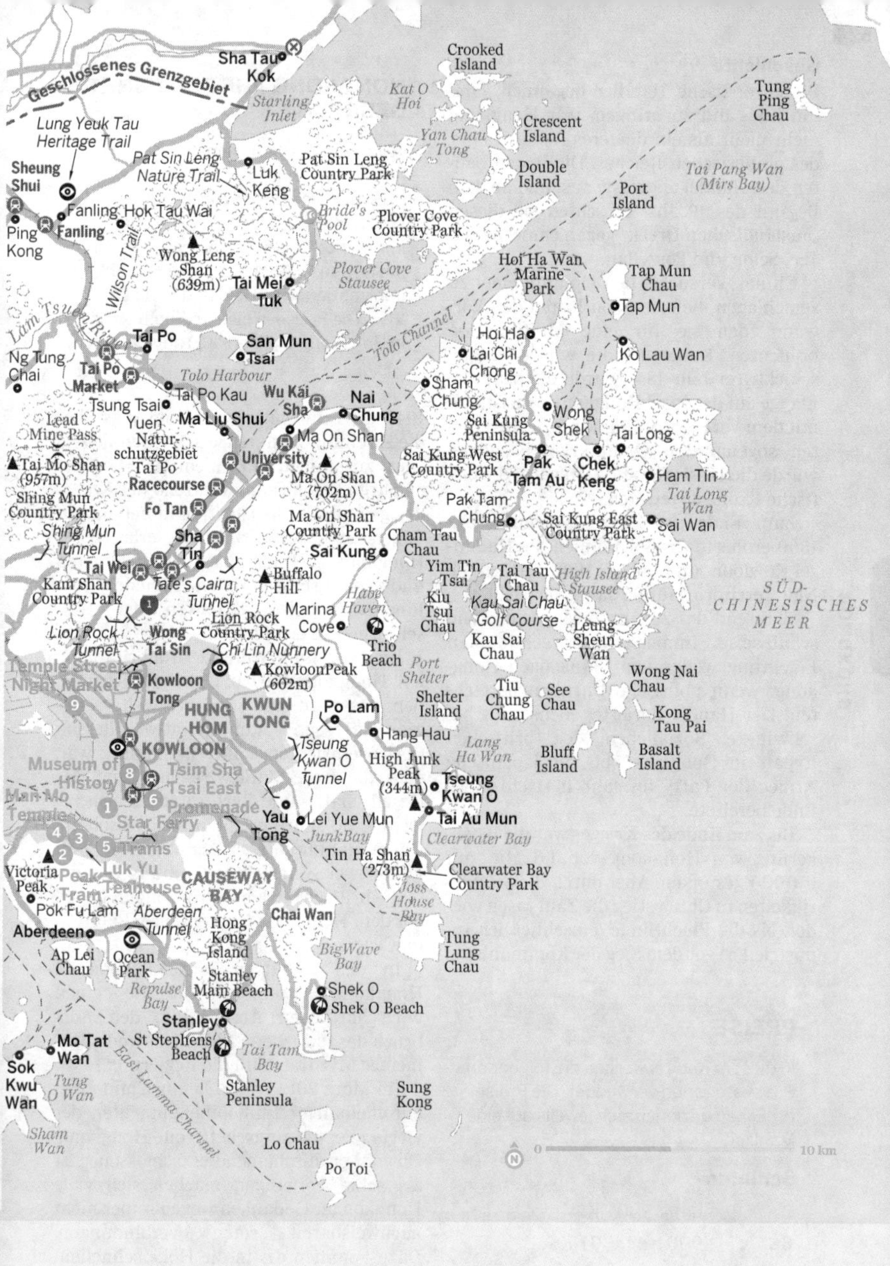

7 Durch ein Dorf mit Ringmauer auf dem **Ping Shan Heritage Trail** (S. 540) streifen

8 Im **Geschichtsmuseum** (S. 536) alles in den größeren Kontext einordnen

9 Die typischen Anblicke, Klänge und Gerüche des **Nachtmarktes an der Temple Street** (S. 537) erleben

10 Dem großen **Tian Tan Buddha** (S. 542) die Ehre erweisen

Geschichte

Bis europäische Händler begannen, Opium ins Land zu bringen, war Hongkong nicht mehr als ein düsteres Achterwasser des chinesischen Reiches. Die Briten bauten den Handel aggressiv aus, und ab dem Beginn des 19. Jhs. tauschten sie diesen „ausländischen Dreck" gegen chinesischen Tee, Seide und Porzellan.

Chinas Versuche, den Opiumhandel zu zerschlagen, lieferten den Briten den Vorwand, den sie für eine Militäraktion brauchten. Kanonenboote wurden losgeschickt. Im Jahr 1841 wurde die britische Flagge auf der Insel Hongkong gehisst und mit dem Vertrag von Nanking, der den ersten sogenannten Opiumkrieg beendete, wurde die Insel „für alle Zeiten" an die britische Krone abgetreten.

Zum Ende des Zweiten Opiumkriegs 1860 eroberte Großbritannien die Halbinsel Kowloon, und im Juli 1898 wurden die New Territories für 99 Jahre verpachtet.

Während des 20. Jhs. wuchs Hongkong schubweise. Immer wieder schwappten Flüchtlingswellen von China nach Hongkong, wenn politische Unruhen herrschten. Der Handel florierte, ebenso das beschwingte Sozialleben der britischen Expats in Hongkong, bis die japanische Armee der Party im Jahr 1941 ein jähes Ende bereitete.

Bis zum Ende des Krieges war die Bevölkerung von Hongkong von 1,6 Mio. auf 610 000 gesunken. Aber durch die Schwierigkeiten in China stieg die Zahl rasch wieder, bis die Flüchtlinge (einschließlich Industrieller) vor dem Sieg der Kommunisten 1949 die Einwohnerzahl Hongkongs über die Zweimillionengrenze schnellen ließen. Dies, zusammen mit einem UN-Handelsembargo gegen China während des Koreakriegs und Chinas Isolation in den darauf folgenden drei Jahrzehnten, erlaubte es Hongkong, sich als eines der wichtigsten und dynamischsten Hafen-, Industrie- und Finanzdienstleistungszentren der Welt selbst neu zu erfinden.

Im Jahr 1984 willigte Großbritannien ein, Hongkong 1997 an China zurückzugeben, das dann eine Sonderverwaltungsregion (Special Administrative Region (SAR)) einrichten sollte. Bedingung war, dass die freie Marktwirtschaft und das Gesellschafts- und Rechtssystem noch für weitere 50 Jahre erhalten bleiben sollten. China nannte dieses Arrangement „Ein Land, zwei Systeme". Am 1. Juli 1997 endete die britische Ära bei strömendem Regen vor dem Hongkong Convention & Exhibition Centre.

In den folgenden Jahren überstand Hongkong mehrere große Stürme – einen wirtschaftlichen Abschwung, den Ausbruch des tödlichen SARS-Virus und allgemeines Misstrauen in die Regierung.

Im März 2012 wurde Leung Chun-ying, ein ehemaliger Immobiliengutachter, der vierte Verwaltungschef von Hongkong. Obwohl er anscheinend entschlossener ist als seine Vorgänger, machen sich viele Hongkonger Gedanken wegen seiner nicht nachweisbaren „roten" Verbindungen. Dazu kommen die in die Höhe schnellenden Lebenshaltungskosten und Chinas Umgang mit seinen Dissidenten.

Klima

In Hongkong wird es selten richtig kalt, aber es lohnt sich, zwischen November und März etwas einzupacken, was halb-

HONGKONG AUF DEN PUNKT GEBRACHT

Teils bedingt durch seine Vergangenheit als britische Kronkolonie unterscheiden sich das politische und wirtschaftliche System von Hongkong immer noch deutlich von dem des chinesischen Festlandes. Siehe S. 1121 für Informationen zu Geld und S. 1131 für Visa. Die Preise in diesem Kapitel sind in Hongkong-Dollar (HK$) angegeben.

PREISE

In diesem Kapitel werden die folgenden Preiskategorien verwendet. Die Preise für Essen beziehen sich jeweils auf eine Mahlzeit.

Schlafen

€	unter 900 HK$
€€	900 bis 1500 HK$
€€€	über 1500 HK$

Essen

€	unter 200 HK$
€€	200 bis 400 HK$
€€€	über 400 HK$

wegs warm hält. Zwischen Mai und September können Temperaturen um 35 °C in Verbindung mit stickiger Luftfeuchtigkeit einen schon mal zu einem wandelnden Schweißbrunnen werden lassen. Dies ist auch die nasseste Jahreszeit, in der ca. 80 % des jährlichen Niederschlags fallen – teilweise in Form von Taifunen.

Die beste Zeit für eine Reise nach Hongkong liegt zwischen September und Februar. Die Umweltverschmutzung kann das ganze Jahr über ziemlich heftig sein. Der Großteil stammt aus den mit Kohle betriebenen Fabriken aus Guangdong, deren Eigentümer oftmals in Hongkong wohnen.

Sprache

Fast 95 % der Einwohner Hongkongs sind kantonesischsprachige Chinesen, auch wenn immer mehr Putonghua (Mandarin) gesprochen wird. Besucher dürften jedoch wenige Probleme habe, da Englisch sehr verbreitet ist und die Straßenschilder sowie die meisten Speisekarten in der Stadt zweisprachig sind. Für die chinesische Schrift werden in Hongkong die traditionellen chinesischen Zeichen verwendet, von denen einige komplizierter als die vereinfachten Schriftzeichen sind, die auf dem Festland verwendet werden.

Sehenswertes

Hongkong ist in vier Hauptgebiete unterteilt: die Insel Hongkong, Kowloon, die New Territories und die vorgelagerten Inseln. Die meisten Sehenswürdigkeiten von Hongkong liegen im nordwestlichen Teil der Insel Hongkong, außerdem im Süden der Halbinsel Kowloon und über die New Territories verteilt.

Über 70 % von Hongkong bestehen aus Bergen und Wäldern, der Großteil liegt in den New Territories (NT). Obwohl die Verstädterung voranschreitet, gibt's immer noch traditionelle Dörfer, Wanderwege in den Bergen und Strände, die in rund einer Stunde von Central aus mit öffentlichen Verkehrsmitteln erreichbar sind. Die Vororte in den New Territories sind durch die MTR verbunden, die Kowloon mit Lo Wu (East Rail) im Norden und mit Tuen Mun (West Rail) im Westen verbindet.

Von Hongkongs 234 Inseln sind nur Lantau, Cheung Chau, Lamma und Peng Chau gut mit der Fähre zu erreichen.

Bei den meisten Sehenswürdigkeiten wird für Kinder und Senioren nur ungefähr der halbe Eintrittspreis verlangt.

DIE INSEL HONGKONG

Central ist die Gegend, wo die Hochfinanz auf Haute Couture trifft und Megadeals in Wolkenkratzern abgeschlossen werden. Im Westen liegt das historisch bedeutende Sheung Wan, während das ruhige Admiralty mit seinen wenigen, aber ausgezeichneten Angeboten im Osten liegt. Die 800 m lange Rolltreppe **Central–Mid-Levels Escalator** (Karte S. 526; ⌚runter 6–10 Uhr, hoch 10.30–24 Uhr), die an der Queen's Rd Central beginnt und an der Conduit Rd endet, ist praktisch, um die Steigungen in Sheung Wan zu bewältigen.

Gleich östlich von Admiralty liegt Wan Chai. Es ist im Norden voller Wolkenkratzer, während im südlichen Teil noch die alten Stadtviertel stehen. Das hinter Neonreklame verborgene Causeway Bay liegt im Osten.

LP TIPP **Peak Tram** STANDSTEILBAHN

(www.thepeak.com.hk; einfach/hin & zurück 28/40 HK$; ⌚7–24 Uhr; Ⓜ Central, Ausgang J2) Die der Schwerkraft trotzende Peak Tram war die erste Standseilbahn in Asien und ist eine von Hongkongs denkwürdigsten Attraktionen. Die Seilbahn fährt steil an den Wolkenkratzern vorbei und alle 10 Minuten von der Talstation (Karte S. 526) hinauf zum 552 m hohen **Victoria Peak** (Karte S. 526). An klaren Tagen und nachts ist die Aussicht von dort oben einfach spektakulär.

HSBC-Gebäude GEBÄUDE

(匯豐銀行大廈; Karte S. 526; 1 Queen's Rd, Central; Ⓜ Central, Ausgang K) Die beeindruckende Zentrale von HSBC, geplant von dem britischen Architekten Sir Norman Foster, ist ein Meisterwerk der Präzision, Eleganz und Innovation, und so sollte es auch sein. Bei seiner Fertigstellung im Jahr 1985 war dies das teuerste Gebäude der Welt (es kostete über 1 Mrd. US$). Das Erdgeschoss ist

WECHSELKURSE

China	1 Yuan	1,24 HK$
Euro-Zone	1 €	10,04 HK$
Japan	1 ¥	0,097 HK$
Macau	1 MOP$	1,03 HK$
USA	1 US$	7,75 HK$

Die aktuellen Wechselkurse stehen auf der Website www.xe.com.

Sheung Wan, Central & Admiralty

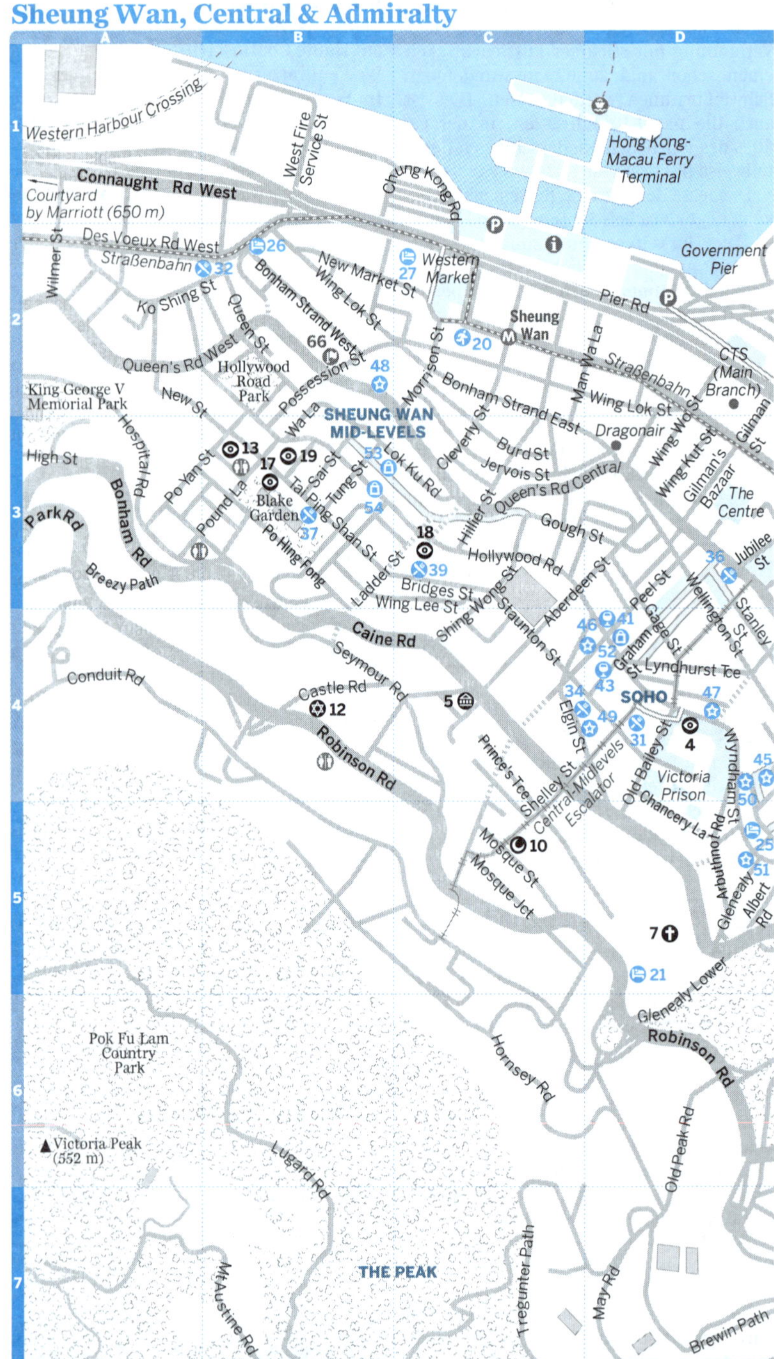

HONGKONG SEHENSWERTES

Sheung Wan, Central & Admiralty

Sehenswertes

1 Asia Society Hong Kong Centre......H7
2 Bank of China Building G5
3 Cenotaph F4
4 Central Police Station Compound....................................... D4
5 Dr Sun Yatsen Museum................. C4
6 Former Legislative Council Building F5
7 Hong Kong Catholic Cathedral of the Immaculate Conception...........D5
8 Hong Kong-Park.................................F6
9 Hong Kong Zoological & Botanical Gardens E6
10 Jamia-Moschee...............................C5
11 Museum of Tea Ware G5
12 Ohel-Leah-Synagoge....................... B4
13 Pak-Sing-Ahnenhalle.......................B3
14 Peak Tram Lower Terminus............F6
15 Statue Square F4
16 St John's Cathedral ....F5 –
17 Tempel Kwun Yam B3
18 Tempel Man Mo............................. C3
19 Tempel Tai Sui B3

Aktivitäten, Kurse & Touren

20 Wan Kei Ho International Martial Arts Association C2

Schlafen

21 Bishop Lei International House.......D5
22 Four Seasons....................................E2
23 Garden View E6
24 Helena May F6
25 Hotel LKF D5
26 Ibis B2
27 Mandarin Oriental............................C2
28 Upper House H6

Essen

29 AMMO...H7
city'super ....(siehe 56)
30 L'Atelier de Joël Robuchon...............E5
31 Life Cafe D4
32 Lin Heung Kui B2
33 Luk Yu Tea House.............................E4
Lung King Heen...................(siehe 22)
34 Posto Pubblico C4
35 Pure Veggie House E6
San Xi Lou ....(siehe 35)
36 Sing Kee D3
37 Teakha..B3
38 ThreeSixty E4
39 Yardbird... C3
40 Yung Kee E4

Ausgehen

Amo Eno.............................(siehe 56)
41 Club 71.. D4
Gecko Lounge......................(siehe 47)
42 Sevva F4
T:me ....(siehe 41)
43 The Globe.. D4

Unterhaltung

44 Grappa's Cellar F4
45 Makumba D4
46 Peel Fresco D4
47 Propaganda D4
48 Sheung Wan Civic Centre B2
49 TakeOut Comedy Club D4
50 Tivo D4
51 Works D5

Shoppen

52 Arch Angel Antiques....................... D4
53 Cat Street..B3
Fook Ming Tong Tea Shop...(siehe 56)
54 Hollywood Road B3
55 Hong Kong Book Centre E4
56 IFC Mall...F3
57 Mountain Folkcraft E4
58 Pacific Place H6
59 Photo Scientific.................................E4
60 Shanghai Tang..................................E4

Praktisches

61 Deutschland, Konsulat................... H6
62 Frankreich, Konsulat H5
63 Großbritanien, Konsulat H6
64 Kanada, Konsulat.............................F3
Japan, Konsulat ....(siehe 62)
65 Laos, Konsulat..................................B2
66 Niederlande, Konsulat F5
67 Österreich, Konsulat E3

öffentlich zugänglich. Von hier aus fahren Aufzüge zur Hauptschalterhalle. Es lohnt sich, mit dem **Aufzug** (Mo–Fr 9–16.30 Uhr, Sa 9–12.30 Uhr) zu dem sehr sehenswerten kathedralenartigen Atrium im 3. Stock hinaufzufahren.

Tempel Man Mo TEMPEL
(文武廟; Karte S. 526; 124–126 Hollywood Rd, Sheung Wan; 8–18 Uhr; Bus 26) Der Tempel war im 19. Jh. das Zentrum des bürgerlichen Lebens auf der Insel. Er wurde zwischen 1847 und 1862 von chinesischen

Kaufleuten gebaut und ist den Göttern der Literatur (*'man'*) und des Krieges (*'mo'*) geweiht. Neben einem Gotteshaus war er auch der Sitz des Schiedsgerichts für Streitigkeiten unter den Einheimischen. Zu Beginn der Kolonialzeit akzeptierte die Regierung nur die hier abgelegten Eide, nicht die aus einem ordentlichen Gericht.

Nicht weit vom Tempel Man Mo liegt die **Pak-Sing-Ahnenhalle** (百姓廟; Karte S. 526; 42 Tai Ping Shan St; ⌚8–18 Uhr). Sie war eine Klinik für chinesische Patienten, die eine Behandlung durch westliche Mediziner ablehnten, sowie eine Leichenhalle für Verstorbene, die in China beigesetzt werden sollten. Der **Tempel Kwun Yam** (觀音堂; Karte S. 526; 34 Tai Ping Shan St) ehrt die Göttin der Gnade. Im **Tempel Tai Sui** (太歲廟; Karte S. 526; 9 Tai Ping Shan St; ⌚8–18 Uhr) stehen Statuen von Tieren aus dem chinesischen Tierkreis.

Bank of China Building GEBÄUDE

(中國銀行大楼; Karte S. 526; 1 Garden Rd; ⓂCentral, Ausgang K) Der Ehrfurcht einflößende Turm der Bank of China, der von IM Pei entworfen wurde, erhebt sich wie ein Kubus über dem Erdboden und wird dann schmaler, bis nur noch die Südfassade weiter hinaufragt. Die **öffentliche Aussichtsgalerie** (⌚Mo–Fr 8–18 Uhr) im 43. Stock bietet Panoramablicke über Hongkong.

**Happy Valley Rennstrecke** RENNSTRECKE

(跑馬地馬場; Karte S. 530; www.hkjc.com/home/english/index.asp; 2 Sports Rd, Happy Valley; Eintritt 10 HK$; ⌚Sept.–Juni Mi 7–22.30 Uhr; 🚌Happy Valley) Wer zufällig an einem Mittwoch in der Gegend sein sollte, darf sich auf keinen Fall einen Abend bei den allwöchentlichen Rennen in Hongkong entgehen lassen. Die Halle ist voller Zocker, die das Rennen verfolgen, lachen und trinken, und die Atmosphäre ist elektrisch geladen. Einzelheiten zum Wetten und zu Touristenpauschalangeboten stehen auf der Website.

Asia Society Hongkong Centre GEBÄUDE, GALERIE

(亞洲協會香港中心; Karte S. 526; The Hongkong Jockey Club Former Explosives Magazine; ☎2103 9511; http://asiasociety.org/hong-kong; 9 Justice Dr, Admiralty; ⌚Galerie Di–So 11–17 Uhr, letzter Do im Monat bis 20 Uhr; ⓂAdmiralty, Ausgang F) Diese großartige Anlage integriert britische Militärgebäude aus dem 19. Jh., darunter auch zwei Munitionsmagazine, und macht daraus einen nobel aussehenden Komplex, der eine Ausstellungsgalerie, ein Theater und Restaurants (S. 549) beheimatet. Das Zentrum ist von den Hotels in Admiralty gut zu Fuß erreichbar.

Dr. Sun Yatsen Museum MUSEUM

(孫中山紀念館; Karte S. 526; 7 Castle Rd, Mid-Levels, Central; Eintritt 10 HK$; ⌚Mo–Mi 10–18 Uhr, Fr, Sa & So bis 19 Uhr; 🚌Busse 3B, 12) Das Museum ist dem Vater des modernen Chinas und seiner Zeit in Hongkong gewidmet, und befindet sich in einem herrlichen Gebäude im Stil von König Edward. Das Herrenhaus wurde 1914 als Wohnhaus

HONGKONG IN…

… einem Tag

Es bietet sich an, eine Bahn hinauf zum **Victoria Peak** zu nehmen, um den tollen Blick über die Stadt zu genießen und auf dem Weg nach unten in **Central** für ein Mittagessen Station zu machen. Dann geht's weiter zum **Tempel Man Mo** für einen Einblick in die Geschichte, bevor man die **Star Ferry** nach Kowloon nimmt. Die Aussicht entlang der **Tsim Sha Tsui East Promenade** ist einfach herrlich, und dann geht's in das **Museum of History.** Nach dem Abendessen in Tsim Sha Tsui geht's mit der MTR ins Nachtleben von **Soho**.

… zwei Tagen

Zusätzlich zu dem oben Beschriebenen bietet es sich an, nach **Aberdeen** für einen Bootsausflug und zum Shoppen in **Ap Lei Chau** zu fahren oder in **Sai Kung** zu wandern oder zu schwimmen und hinterher Seafood am Wasser zu essen. Nach Anbruch der Dunkelheit lohnt sich der Weg zum **Nachtmarkt in der Temple Street** für Sightseeing, Shoppen und Essen aus Garküchen. Wer dann noch kann, schaut sich den **Yau Ma Tei Obstgroßmarkt** an.

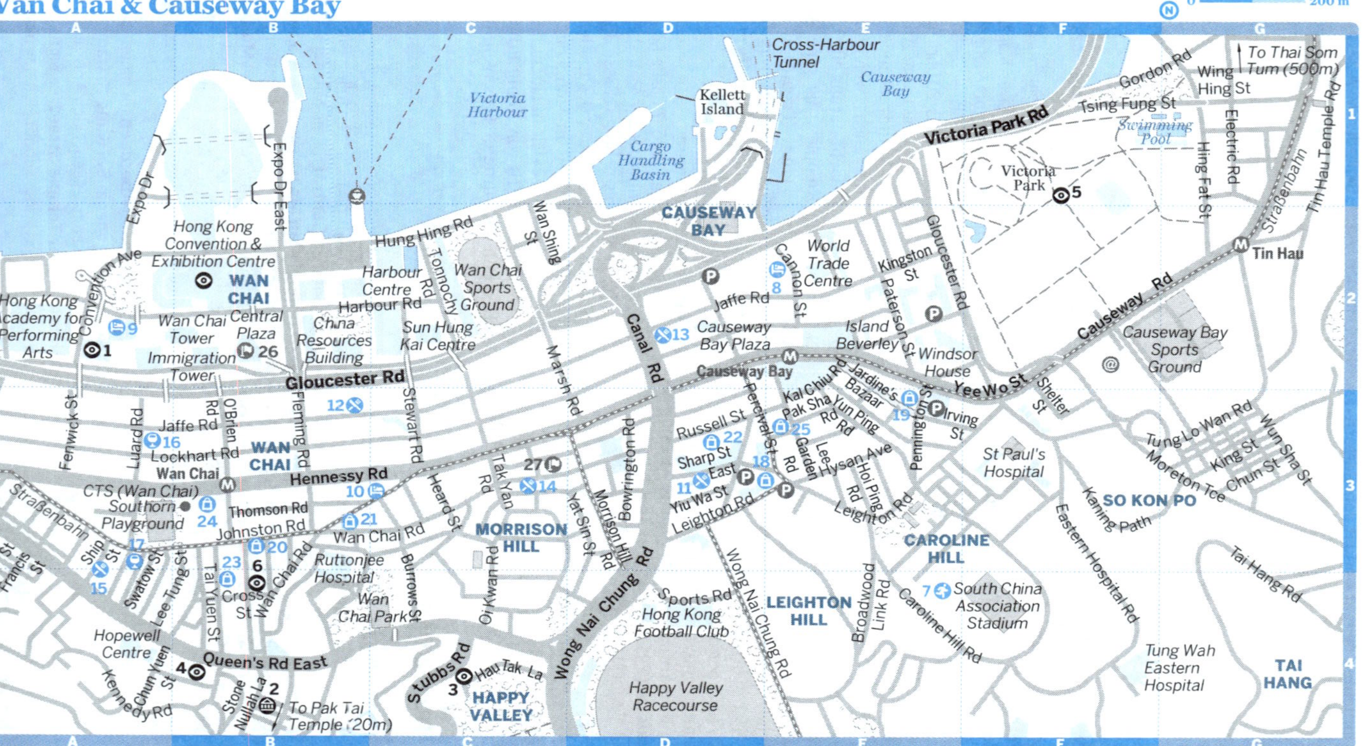
Wan Chai & Causeway Bay
0
200 m
Cross-Harbour Tunnel
Causeway Bay
Victoria Harbour
Kellett Island
Cargo Handling Basin
Victoria Park Rd
Gordon Rd
Tsing Fung St
Swimming Pool
Wing Hing St
To Thai Som Tum (500m)
Tin Hau Temple Rd
Electric Rd
Hing Fat St
Straßenbahn
Victoria Park
5
Tin Hau
Expo Dr
Expo Dr East
Hong Kong Convention & Exhibition Centre
WAN CHAI
Convention Ave
Hong Kong Academy for Performing Arts
1
9
Wan Chai Tower
Central Plaza
26
Immigration Tower
Hung Hing Rd
Harbour Centre
Harbour Rd
Tonnochy Rd
Wan Chai Sports Ground
China Resources Building
Sun Hung Kai Centre
Wan Shing St
CAUSEWAY BAY
World Trade Centre
Cannon St
8
Jaffe Rd
Kingston St
Gloucester Rd
Paterson St
Causeway Rd
Causeway Bay Sports Ground
13
Causeway Bay Plaza
Island
Beverley St
Windsor House
Causeway Bay
Gloucester Rd
Canal Rd
Marsh Rd
Stewart Rd
12
Fleming Rd
O'Brien Rd
Jaffe Rd
16
Lockhart Rd
Luard Rd
Fenwick St
WAN CHAI
Wan Chai
Hennessy Rd
Yee Wo St
Shelter St
Kai Chiu Rd
Jardine's Bazaar
Pak Sha Rd
Yun Ping Rd
19
Irving St
Pennington St
Russell St
22
25
Percival St
Sharp St East
18
Garden Rd
Lee Hysan Ave
Hoi Ping Rd
11
Yiu Wa St
Leighton Rd
St Paul's Hospital
Tung Lo Wan Rd
King St
Wun Sha St
Moreton Tce
Chun St
SO KON PO
Kaning Path
Eastern Hospital Rd
CTS (Wan Chai)
Southorn Playground
24
Thomson Rd
Johnston Rd
10
21
Wan Chai Rd
Heard St
Tak Yan Rd
27
14
MORRISON HILL
Yat Sin St
Morrison Hill Rd
Bowrington Rd
Straßenbahn
Francis St
Ship St
17
15
Swatow St
Lee Tung St
Tai Yuen St
23
20
6
Cross St
Wan Chai Rd
Ruttonjee Hospital
Wan Chai Park
Burrows St
Oi Kwan Rd
Wong Nai Chung Rd
Sports Rd
Hong Kong Football Club
Wong Nai Chung Rd
LEIGHTON HILL
Broadwood Rd
Link Rd
Caroline Hill Rd
CAROLINE HILL
7
South China Association Stadium
Tai Hang Rd
Hopewell Centre
Queen's Rd East
4
Chun Yuen St
Kennedy Rd
Stone Nullah La
2
To Pak Tai Temple (20m)
Stubbs Rd
3
Hau Tak La
HAPPY VALLEY
Happy Valley Racecourse
Tung Wah Eastern Hospital
TAI HANG

Wan Chai & Causeway Bay

Sehenswertes
1 Hong Kong Arts Centre....................A2
2 Hong Kong House of Stories (Blue House)..................................B4
3 Khalsa Diwan Sikh Temple.............C4
4 Old Wan Chai Post Office................B4
5 Victoria Park..F1
6 Wan-Chai-Markt...............................B4

Aktivitäten, Kurse & Touren
7 South China Athletic Association.......................................E4

Schlafen
8 Alisan Guest House..........................E2
9 Harbour View.......................................A2
10 Regal iClub Hotel..............................C3

Essen
11 Irori...D3
12 Joon Ko Restaurant..........................B3
13 Manor Seafood Restaurant............D2
14 Old Bazaar Kitchen..........................C3
15 Yin Yang..A4

Ausgehen
16 Delaney's A3
Executive Bar ....(siehe 11)
17 Pawn..A3

Shoppen
Daydream Nation...................(siehe 1)
18 G.O.D. E3
19 Jardine's Bazaar E3
20 Johnston Road B3
21 Kung Fu Supplies B3
22 Page One..D3
23 Tai Yuen Toy Shops..........................B4
24 Wan Chai Computer Centre B3
25 Yiu Fung Store E3

Praktisches
26 Schweiz, Konsulat..............................B2
27 Vietnam, Konsulat C3

eines Tycoons aus einer einflussreichen eurasischen Familie erbaut. Es wurde 1960 in eine mormonische Kirche umfunktioniert und 2006 wurde das heutige Museum eingerichtet.

Dr. Sun Yatsen war eine Schlüsselfigur in der modernen Geschichte Chinas. Leider wird die langweilige Ausstellung hier nicht wirklich seinem legendären Leben gerecht, auch wenn die Architektur des umgewidmeten Gebäudes ein Genuss ist.

Central Police Station Compound
HISTORISCHE STÄTTE

(前中區警署; Karte S. 526; 10 Hollywood Rd; Ⓜ Central, Ausgang D1) Dieser enorme, heute nicht mehr genutzte Komplex aus der Kolonialzeit wurde zusammen mit dem angrenzenden früheren Gericht und Victoria-Gefängnis zwischen 1841 und 1919 erbaut. Es gibt Pläne, die Gebäude als Kunstgalerie, Kino, Museum und Boutiquen-Einkaufszone wiederzubeleben. Die Renovierung soll 2014 komplett abgeschlossen sein.

Hongkong-Park
PARK

(香港公園; Karte S. 526; 19 Cotton Tree Dr, Admiralty; ⏲Park 6–23 Uhr; Ⓜ Admiralty, Ausgang C1) Die künstlichen Wasserfälle und Schwanenteiche in diesem 8 ha großen Park mögen einen Tick zu perfekt erscheinen, wenn man nicht gerade einen Hintergrund für Hochzeitsaufnahmen sucht, aber der dramatische Anblick von Wolkenkratzern und Bergen ist auf jeden Fall ein Fotomotiv. Die Highlights hier sind die **Edward-Youde-Volière** (尤德觀鳥園; ⏲9–17 Uhr), in der eine Holzbrücke entlang den Baumästen führt, in denen 600 Vögel leben, und das **Museum of Tea Ware** (茶具文物館; Karte S. 526; www.lcsd.gov.hk/ce/Museum/Arts/en/tea/tea01.html; 10 Cotton Tree Dr, Admiralty; Eintritt frei; ⏲Mi–Mo 10–17 Uhr).

Hongkong Zoological & Botanical Gardens
PARK

(香港動植物公園; Karte S. 526; Albany Rd, Central; ⏲Terrassengärten 6–22 Uhr, Zoo & Volièren bis 19 Uhr, Gewächshaus 9–16.30 Uhr; 🚌Busse 3B, 12) Die vor über einem Jahrhundert im Stil eines englischen Parks angelegten Gärten bieten eine angenehme Mischung aus Laubengängen, Brunnen, Volièren und einem Zoo. Die Gärten sind ideal zum Spazierengehen, sofern man sich nicht an den Hinterlassenschaften der Flamingos stört.

Statue Square
DENKMAL, HISTORISCHES GEBÄUDE

(皇后像廣場; Karte S. 526; Edinburgh Pl, Central; Ⓜ Central, Ausgang K) Dieser betuliche Platz war früher einmal der Standort von Abbildern der britischen Royals. Heute

Yau Ma Tei

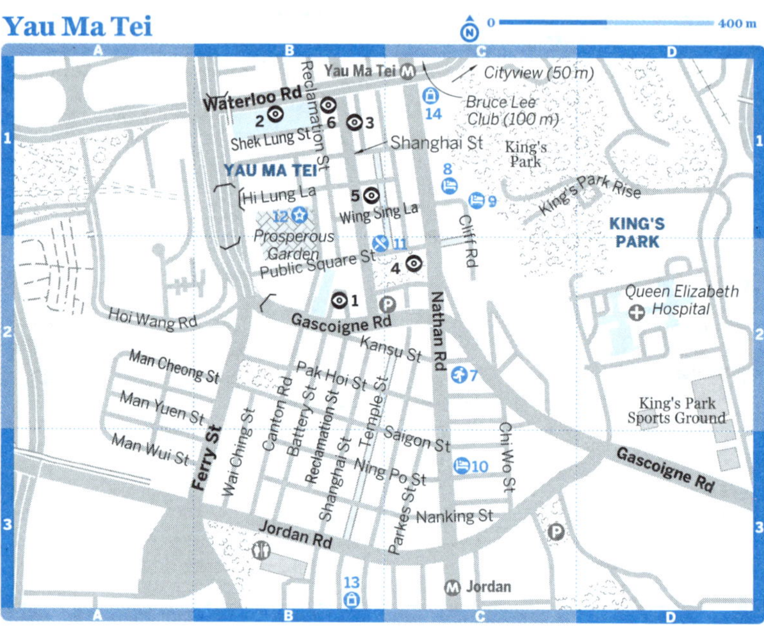

Yau Ma Tei

Sehenswertes
1 Jademarkt B2
2 Obstgroßmarkt B1
3 Red Brick House B1
4 Tempel Tin Hau C2
5 Temple Street Nachtmarkt B1
6 Yau Ma Tei Theatre B1

Aktivitäten, Kurse & Touren
7 Map Publications Centre C2

Schlafen
8 Booth Lodge C1
9 Caritas Bianchi Lodge C1
10 Madera Hong Kong C3

Essen
11 Mido Café B2

Unterhaltung
12 Broadway Cinematheque B1

Shoppen
13 Chan Wah Kee Cutlery Store B3
14 Protrek C1

wird hier nur noch einem einzigen Souverän Tribut gezollt – dem Gründer von HSBC, dem Bankriesen, dem der Platz gehört. Im Osten liegt das **Former Legislative Council Building** (前立法會大樓; Karte S. 526; 8 Jackson Rd), ein neoklassizistisches Gebäude. Im Norden liegt der **Cenotaph** (和平紀念碑; Karte S. 526; Chater Rd), ein Denkmal für die Einwohner von Hongkong, die in den beiden Weltkriegen umkamen.

Old Wan Chai STADTVIERTEL
(Karte S. 530; MWan Chai, Ausgang A3, 6 oder 6A) In der Gegend um Queen's Rd. Ost sind in vielen Ecken Hinweise auf dic lokale Kultur zu finden, die sich am besten zu Fuß entdecken lassen. Das Mini-Museum **Hongkong House of Stories** (香港故事館; Karte S. 530; Auskunft 2117 5850, Touranmeldung (Suki Chau) 2835 4376; wctour@gmail.com; http://houseofstories.sjs.org.hk; 74 Stone Nullah Lane, Wan Chai; 11–17 Uhr) befindet sich im historischen **Blue House** (藍屋), einem Vorkriegsgebäude mit gusseisernen spanischen Balkonen, die an New Orleans erinnern. Die Toiletten haben hier keine Wasserspülung. Hier werden Touren rund um Wan Chai auf Englisch angeboten (600 HK$, 2 Std.). Einen Monat im Voraus per E-Mail buchen.

Das **Old Wan Chai Post Office** (舊灣仔郵政局; Karte S. 530; 221 Queen's Rd. E; ⌚Mi–Mo 10–17 Uhr) ist Hongkongs ältestes Postamt. Die Gegend zwischen Queen's Rd. E und Johnston Rd. ist ein einziger lebendiger Basar unter freiem Himmel. Die Verkäufer auf dem **Wan-Chai-Markt** (Karte S. 530; ⌚7.30–19 Uhr) stellen ihre Waren in der Cross St. und Stone Nullah Lane zur Schau. **Tai Yuen Street** hat alles Mögliche von Goldfischen über Plastikblumen bis hin zu Oma-Unterwäsche zu bieten, ist jedoch wohl am bekanntesten für ihre **Spielzeugläden** (Karte S. 530; 14–19 Tai Yuen St; ⌚10–20.30 Uhr), die unter anderem Sammlerstücke wie Blechspielzeug zum Aufziehen verkaufen.

Tempel Pak Tai TEMPEL

(北帝廟; außerhalb von Karte S. 530; 2 Lung On St, Wan Chai; ⌚8–17 Uhr; Ⓜ Wan Chai, Ausgang A3) Ein kurzer Spaziergang die Stone Nullah Lane hinauf führt zu einem majestätischen taoistischen Tempel, der 1863 zu Ehren eines Meeresgottes gebaut wurde, Pak Tai. Der Tempel – der größte auf der Insel Hongkong – ist ziemlich beeindruckend und zeigt in seiner Haupthalle ein 3 m hohes Kupferbildnis von Pak Tai, das in der Ming-Dynastie gegossen wurde.

Victoria Park PARK

(維多利亞公園; Karte S. 530; Causeway Rd, Causeway Bay; Eintritt frei; ⌚6 oder 7 Uhr bis 23 Uhr; Ⓜ Tin Hau, Ausgang B) Hongkongs größte öffentliche Grünfläche besucht man am besten morgens unter der Woche, wenn sich auf den Wiesen Menschen wie Bäumchen aufpflanzen und in Zeitlupe Tai-Chi praktizieren, oder auch während des **Mid-Autumn Festival**, wenn die Leute in Scharen mit Laternen herbeiströmen.

Hong Kong Film Archive FILMARCHIV

(香港電影資料館; ☎2739 2139, Reservierungen 2734 9009, 2119 7383; www.filmarchive.gov.hk; 50 Lei King Rd, Sai Wan Ho; ⌚Kartenverkauf 12–20 Uhr, Do geschl., Medienzentrum Mo-Mi & Fr 10–19 Uhr, Sa bis 17 Uhr, So 13–17 Uhr; Ⓜ Sai Wan Ho, Ausgang A) Mit über 6300 Filmspulen in den Tresoren und 30 000 zugehörigen Exponaten ist dieses ausgezeichnete Archiv dem Kinoschaffen von Hongkong gewidmet, lohnt aber auch einen Besuch für jeden Filmliebhaber.

St John's Cathedral KIRCHE

(聖約翰座堂; Map S. 526; www.stjohnscathedral.org.hk; 4–8 Garden Rd, Central; ⌚7–18 Uhr; Ⓜ Central, Ausgang J2) In der anglikanischen Kathedrale werden seit ihrer Einweihung 1849 Gottesdienste abgehalten. Eine Unterbrechung gab es nur 1944, als die japanische Armee sie als Clubhaus nutzte.

Sikh-Tempel Khalsa Diwan TEMPEL

(Karte S. 530; ☎2572 4459; www.khalsadiwan.com; 371 Queen's Rd. E, Wan Chai; ⌚4–21 Uhr; 🚊) Hongkongs größter Sikh-Tempel lädt Menschen aller Kasten, Farben und Glaubensrichtungen ein, an den Gebeten (Montag bis Sonntag 4 bis 8 Uhr und 18 bis 20 Uhr, Sonntag 9 bis 13 Uhr) und den kostenlosen vegetarischen Mahlzeiten (11.30 bis 20.30 Uhr) teilzunehmen.

DIE STAR FERRY

Man hat Hongkong nicht gesehen ohne eine Fahrt mit der **Star Ferry** (天星小輪; Karte S. 526; www.starferry.com.hk; ⌚Central–Tsim Sha Tsui alle 6–12 Min., 6.30–23.30 Uhr, Wan Chai–Tsim Sha Tsui alle 8–20 Min., 7.20–23 Uhr), der legendären Flotte an motorisierten Schiffen mit Namen wie *Morning Star* und *Twinkling Star.* Zu jeder Tageszeit dürfte die Fahrt für 2,50 HK$ mit dem grandiosen Ausblick auf Wolkenkratzer und dschungelbewachsene Hügel eine der preiswertesten Schiffstouren weltweit sein. Am Ende der 10-minütigen Fahrt wird ein Hanfseil über einen Poller geworfen, genauso wie damals, als die ersten Schiffe 1888 anlegten.

Die Star Ferry wurde von Dorabjee Nowrojee gegründet, einem Parsen aus Bombay. Parsen glauben an den Zoroastrismus, und der fünfzackige Stern im Logo der Star Ferry ist ein altes zoroastrisches Symbol – tatsächlich ist es derselbe Stern, dem die Hl. Drei Könige laut der Weihnachtsgeschichte nach Bethlehem folgten (die somit zoroastrische Pilger gewesen sein könnten).

Zoroastrier betrachten das Feuer als ein Medium, durch das spirituelle Weisheit gewonnen wird, und Wasser gilt als die Quelle dieser Weisheit. Kein Wunder, dass an bedeckten Tagen, die Sterne der Star Ferry die einzigen Sterne über dem Victoria Harbour sind.

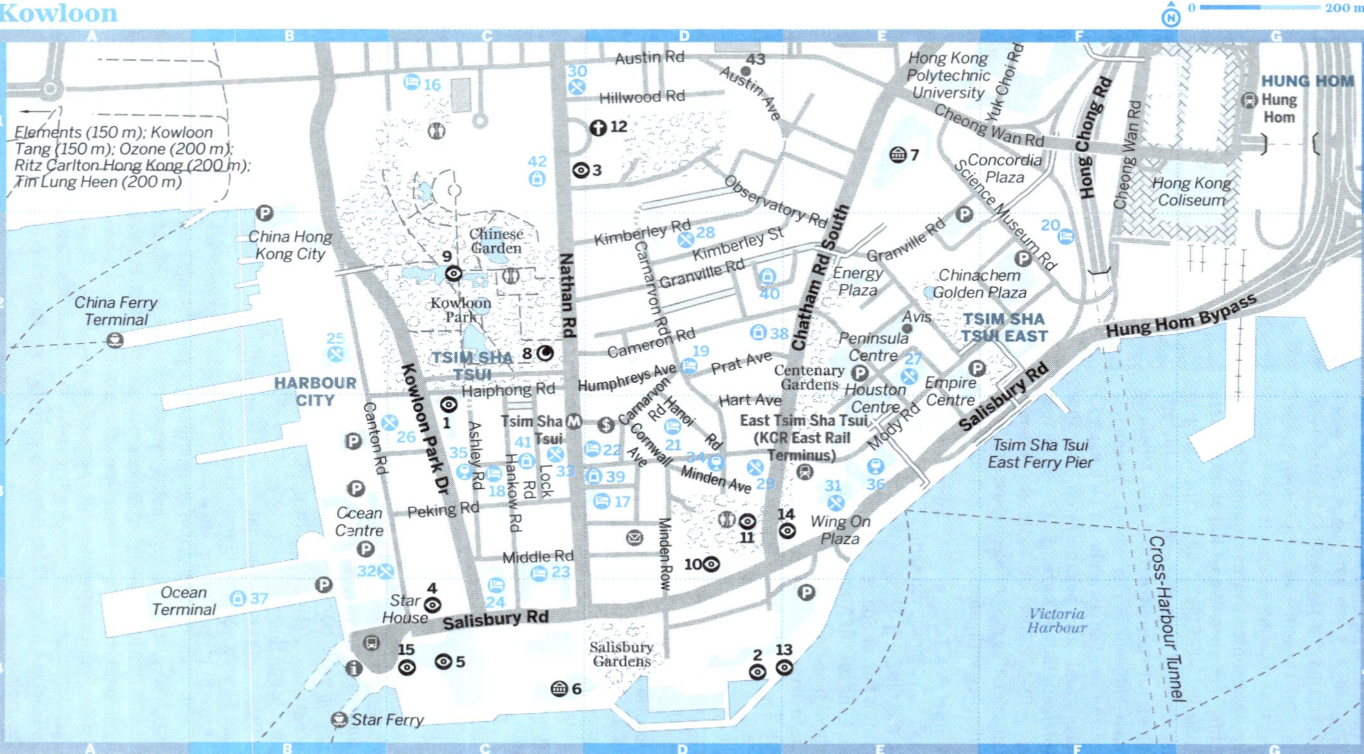

Kowloon
0
200 m
HUNG HOM
Hung Hom
Hong Kong Coliseum
Cheong Wan Rd
Hong Chong Rd
Hung Hom Bypass
Cross-Harbour Tunnel
Victoria Harbour
Tsim Sha Tsui East Ferry Pier
Salisbury Rd
TSIM SHA TSUI EAST
Science Museum Rd
Chinachem Golden Plaza
Concordia Plaza
Yuk Choi Rd
Hong Kong Polytechnic University
Cheong Wan Rd
Granville Rd
Avis
Peninsula Centre
Empire Centre
Houston Centre
Mody Rd
Energy Plaza
Chatham Rd South
Centenary Gardens
East Tsim Sha Tsui (KCR East Rail Terminus)
Wing On Plaza
Hart Ave
Prat Ave
Observatory Rd
Kimberley St
Kimberley Rd
Austin Ave
Austin Rd
Hillwood Rd
Carnarvon Rd
Cameron Rd
Humphreys Ave
Hanoi Rd
Carnarvon Rd
Cornwall Ave
Minden Ave
Minden Row
Salisbury Gardens
Nathan Rd
Chinese Garden
Kowloon Park
TSIM SHA TSUI
Haiphong Rd
Tsim Sha Tsui
Lock Rd
Hankow Rd
Ashley Rd
Middle Rd
Peking Rd
Kowloon Park Dr
Salisbury Rd
Canton Rd
Star House
Star Ferry
Ocean Centre
HARBOUR CITY
China Hong Kong City
Ocean Terminal
China Ferry Terminal
Elements (150 m); Kowloon Tang (150 m); Ozone (200 m); Ritz Carlton Hong Kong (200 m); Tin Lung Heen (200 m)

Kowloon

Sehenswertes

1 Alter Tempel Fook Tak C3
2 Avenue of the Stars D4
3 Former Kowloon British School (Antiquities and Monuments Office) C1
4 Former Marine Police Headquarters (Heritage 1881) C4
5 Hong Kong Cultural Centre C4
6 Hong Kong Museum of Art C4
7 Hong Kong Museum of History E1
8 Kowloon-Moschee und Islamisches Zentrum C2
9 Kowloon Park C2
10 Middle Road Children's Playground D3
11 Signal Hill Garden & Blackhead Point Tower D3
12 St Andrew's Anglican Church D1
13 Tsim Sha Tsui East Promenade E4
14 Tsim Sha Tsui East Waterfront Podium Garden E3
15 Uhrturm Kowloon-Canton Railway C4

Schlafen

16 BP International Hotel C1
17 Chungking Mansions D3
18 Hop Inn C3
19 Hop Inn on Carnarvon D2
20 Hotel Icon F2
21 Hyatt Regency Tsim Sha Tsui D3
22 Mirador Mansion D3
23 Peninsula Hong Kong C3
24 Salisbury C4

Essen

25 city'super B2
26 Din Tai Fung C3
27 Dong Lai Shun E2
28 Kimberley Chinese Restaurant D2
29 Spring Deer D3
Stables Grill .... (siehe 4)
30 Typhoon Shelter Hing Kee Restaurant C1
31 Woodlands E3
32 Ye Shanghai B3
33 Ziafat C3

Ausgehen

34 Butler D3
35 Ned Kelly's Last Stand C3
36 Tapas Bar E3

Shoppen

37 Harbour City B4
38 Initial D2
39 Premier Jewellery D3
40 Rise Shopping Arcade D2
41 Swindon Books C3
42 Yue Hwa Chinese Products Emporium C1

Praktisches

43 Phoenix Services Agency D1

Hong Kong Catholic Cathedral of the Immaculate Conception KIRCHE
(天主教聖母無原罪主教座堂; Karte S. 526; http://cathedral.catholic.org.hk; 16 Caine Rd, Central; 7–19 Uhr) Hongkongs wichtigstes katholisches Bauwerk aus dem Jahr 1888.

Jamia-Moschee MOSCHEE
(回教清真禮拜堂; Karte S. 526; 2523 7743; 30 Shelley St, Central) Die 1849 erbaute und damit älteste Moschee in Hongkong ist für Nicht-Moslems nicht zugänglich. Aber die Fassade kann man von der davor liegenden Terrasse aus bewundern.

Ohel-Leah-Synagoge SYNAGOGE
(猶太教莉亞堂; Karte S. 526; 2589 2621; www.ohelleah.org; 70 Robinson Rd, Mid-Levels; Mo–Do 10.30–19 Uhr) Dieser maurisch aussehende Tempel ist die älteste Synagoge der Gegend. Wer die Innenräume besuchen möchte, braucht einen Lichtbildausweis. Besichtigung nur nach Vereinbarung.

Stanley Strand & Markt MARKT, STRAND
Diesen Publikumsmagneten besucht man am besten an Wochentagen. Das Labyrinth aus überdachten Gassen heißt **Stanley Market** (Karte S. 522; Stanley Village Rd.; 10–18 Uhr). Hier gibt's Gassen mit Bekleidung zum Schnäppchenpreis (Feilschen ist Pflicht!). Der **Stanley-Hauptstrand** (Karte S. 522) ist ideal fürs Strandleben und zum Windsurfen. Mit seinen Gräbern, die bis in das Jahr 1841 zurückreichen, ist der **Stanley-Militärfriedhof** (Karte S. 522), 500 m südlich des Stanley-Markts, einen Besuch wert.

Aberdeen HAFEN
(Karte S. 522) Aberdeens Hauptattraktion ist der Taifunschutzraum, den es sich mit dem verschlafenen **Ap Lei Chau** teilt, wo

HONGKONGS MUSEEN

Der **Hongkong-Museumspass** (sieben Tage für 30 HK$), mit dem man die in diesem Kapitel aufgeführten Museen mehrfach besuchen darf, ist bei allen teilnehmenden Museen erhältlich – siehe www.discoverhongkong.com/eng/attractions/museum-major.html.

Mittwochs ist der Eintritt in alle Museen kostenlos.

die Sampans der auf den Booten lebenden Fischer früher ankerten. Eine halbstündige Tour durch den Taifunschutzraum mit dem Sampan kostet ca. 68 HK$ pro Person. Man kann auch eines der Boote nehmen, die zwischen der Aberdeen-Promenade und Ap Lei Chau (1,80 HK$, 5 Min.) hin- und herpendeln.

Repulse Bay STRAND
(Karte S. 522) Am südöstlichen Ende von Hongkongs beliebtesten Strand stehen der exzentrische **Kwun-Yam-Schrein** (觀音廟) und eine grelle Galerie an Gottheiten – vom Goldfisch und einem Affengott bis hin zur bekannteren Tin Hau. Wer die Longevity Bridge (Brücke der Langlebigkeit, 長壽橋) überquert, lebt angeblich drei Tage länger.

Ocean Park VERGNÜGUNGSPARK
(香港海洋公園; Karte S. 522; www.oceanpark.com.hk; Ocean Park Rd.; Eintritt 250 HK$; ⌚10–18 Uhr) Der Ocean Park, der Disneyland Hong Kong locker in die Tasche steckt, ist ein riesiger maritimer Vergnügungspark: halsbrecherische Fahrgeschäfte, riesige Pandas, ein Atollriff und ein erstaunliches Aquarium. Große Kinder werden sich beim alljährlichen **Halloween Bash** (⌚Ende Sept–Okt., 17.30–24 Uhr) in diesem Park amüsieren. Bus 629 von der Metrostation Admiralty oder von Central Pier No 7 bringt Besucher hierher.

Shek O STRAND
(Karte S. 522) Shek O ist die Art von Gegend, wo Dorfbewohner, die Algen auf ihrer Wäscheleine trocknen, gleich neben Vespa fahrenden „bürgerlichen Bohemiens" wohnen. Raue Klippen und ein lässiges Flair runden das Bild ab.

KOWLOON

Tsim Sha Tsui, bekannt für die große Auswahl beim Essen und Shoppen, ist Hongkongs vielfältigster Distrikt, in dem das Glamouröse oft nur einen Steinwurf vom Gewöhnlichen entfernt liegt. Die Bevölkerung besteht aus Chinesen, Südasiaten, Afrikanern, Filipinos und Europäern.

Gleich nördlich liegt das bodenständigere und lebendige Yau Ma Tei. Das vom Auto- und Fußgängerverkehr verstopfte Mong Kok ist das am dichtesten besiedelte Gebiet der Welt.

LP TIPP Tsim Sha Tsui Ostpromenade HAFEN
(尖沙嘴東部海濱花園; Karte S. 534; Salisbury Rd; Ⓜ Tsim Sha Tsui, Ausgang E) Der prächtige Blick über den Victoria Harbour macht diesen Weg zu einem der besten Spaziergänge in Hongkong. Ausgangspunkt ist der alte **Uhrturm der Kowloon–Canton Railway,** ein Wahrzeichen aus der Zeit der Dampfeisenbahnen in der Nähe des **Star-Ferry-Terminals**. Linker Hand befindet sich das fensterlose **Hong Kong Cultural Centre** (香港文化中心), kurz dahinter erstreckt sich die **Avenue of the Stars** (星光大道), Hongkongs unorigineller Tribut an seine brillante Filmindustrie. Dies ist der ideale Standort zum Beobachten der **Symphony of Lights** (⌚20–20.20 Uhr), einer Laserlightshow, die oben von den Wolkenkratzern projiziert wird.

LP TIPP Hong Kong Museum of History MUSEUM
(香港歷史博物館; Karte S. 534; 100 Chatham Rd South; Eintritt 10 HK$; ⌚Mo & Mi–Sa 10–18 Uhr, So bis 19 Uhr; Ⓜ Tsim Sha Tsui, Ausgang B2) Wer nur für ein einziges Museum Zeit findet, sollte unbedingt dieses wählen. Hier gehen Besucher auf eine faszinierende Reise durch Hongkongs Vergangenheit, von prähistorischen Zeiten bis ins Jahr 1997. Die „Hongkong-Story" zeigt anhand interessanter Artefakte die Lebensgewohnheiten der frühesten Einwohner dieses Gebiets und die Entwicklung seiner städtischen Kultur.

Former Marine Police Headquarters HISTORISCHES GEBÄUDE
(前水警總部; Karte S. 534; www.1881heritage.com; 2A Canton Rd, Tsim Sha Tsui; Eintritt frei; ⌚Ausstellungssaal 10–22 Uhr; ⛴Star Ferry) Dieser prächtige Komplex aus dem Jahr 1884 im viktorianischen Stil ist eines der vier ältesten Regierungsgebäude von Hongkong. Zum Kummer vieler Einwohner Hongkongs wurde der Komplex 2009

in ein rein kommerzielles Anwesen mit Läden, Restaurants und einem Hotel umgebaut. Der Planer fand die Zahl „4" im Gründungsdatum unglücklich, da sie auf Chinesisch ähnlich wie das Wort „Tod" ausgesprochen wird. Deshalb nennt sich die Anlage jetzt „Heritage 1881".

LP TIPP **St Andrew's Anglican Church** KIRCHE

(聖安德烈堂; Karte S. 534; www.standrews.org.hk; 138 Nathan Rd, Tsim Sha Tsui; ⏲7.30–22.30 Uhr; Ⓜ Tsim Sha Tsui, Ausgang B1) Versteckt auf einem niedrigen Hügel hinter der ehemaligen britischen Schule von Kowloon liegt die älteste protestantische Schule von Kowloon. Die reizende Anlage wurde 1905 aus roten Ziegelsteinen und Granit in einem englisch-gotischen Stil erbaut und diente während der japanischen Besatzung vorübergehend als Shinto-Schrein.

Former Kowloon British School HISTORISCHES GEBÄUDE

(前九龍英童學校; Karte S. 534; www.amo.gov.hk; 136 Nathan Rd, Tsim Sha Tsui; Ⓜ Tsim Sha Tsui, Ausgang B1) Das älteste noch erhaltene Gebäude für die Kinder der Expats in Hongkong ist ein viktorianisches Gebäude unter Denkmalschutz, in dem sich heute das **Antiquities and Monuments Office** (古物古蹟辦事處) befindet. Das 1902 erbaute Gebäude wurde später durch luftige Veranden und hohe Decken erweitert, was möglicherweise an den Ohnmachtsanfällen lag, die seine jungen Besucher erlitten hatten.

Hong Kong Museum of Art MUSEUM

(香港藝術博物館; Karte S. 534; www.lcsd.gov.hk; 10 Salisbury Rd, Kowloon; Eintritt 10 HK$, Mi freier Eintritt; ⏲Fr–Mi 10–18 Uhr, Sa bis 20 Uhr; Ⓜ Tsim Sha Tsui, Ausgang J) Das Museum mit sechs Etagen voller chinesischer Antiquitäten, Gemälde, Kalligrafie und zeitgenössischer Kunst aus Hongkong ist ein Muss, wenn man sich auch nur ein bisschen für Kunst interessiert. Die Sonderausstellungen mit modernen Werken einheimischer und ausländischer Künstler sind ebenfalls inspirierend. Kostenlose Führungen auf Englisch um 11 Uhr.

LP TIPP **Temple Street Nachtmarkt** MARKT

(廟街夜市; Karte S. 532; ⏲6–24 Uhr; Ⓜ Yau Ma Tei, Ausgang C) Dieser berühmte Basar erstreckt sich von der Man Ming Lane bis zur Nanking St. Gehandelt wird hier mit so ziemlich allem, was es unter der Sonne gibt. Angefangen bei nachgemachten Designertaschen bis hin zu Sexspielzeugen. Feilschen nicht vergessen. Es werden darüber hinaus Aufführungen der Kanton-Oper dargeboten und Wahrsager wagen einen Blick in die Zukunft, viele von ihnen sprechen Englisch. Nachteulen sollten unbedingt über den historischen **Obstgroßmarkt** (Karte S. 532; Ecke Shek Lung & Reclamation St.; ⏲Mitternacht bis Morgengrauen; Ⓜ Yau Ma Tei, Ausgang B2) in der Nähe schlendern, wo unter großem Spektakel Lastwagen

INSIDERWISSEN

FRED YEUNG: FELSKLETTERER, GRAFFITI-KÜNSTLER

Die beste Kletterwand

Auf Tung Lung Chau (Karte S. 522), wo es eine Übungswand, eine Klippe und eine große Felswand gibt. Dorthin geht's über den Pfad zum Fort auf der Insel, bis der Holiday Store zu sehen ist. Die Leute zeigen einem den Weg. Eine **Fähre** (☎2560 9929) fährt am Wochenende vier- bis sechsmal täglich vom Taifunschutzraum in Sai Wan Ho zur Insel. An Wochentagen einfach zum Taifunschutzraum gehen und mit den Sampan-Führern verhandeln. Tai Tau Chau, in der Nähe des Strandes Shek O, hat auch hervorragenden Granit mit einigen vorbereiteten Strecken.

Die tollsten Graffiti

Hongkongs Hall of Fame für Graffiti ist eine Gasse in der Nähe einer Schule und einer der Ausgänge der East-Metrostation Mong Kok. Dort gibt's Throw-ups, Schablonen, Versätze und Freistil. Außerdem gibt's einen Pavillon an Hongkongs beliebtesten Surfspot, **Big Wave Bay** (Karte S. 522; Ⓜ Station Shau Kei Wan, Ausgang A3, Minibus nach Shek O), mit jährlich neuen Arbeiten. Im Jockey Club Creative Arts Centre gibt's Graffiti im 5. und 6. Stock.

WEBSITES ZU SEHENSWÜRDIGKEITEN

Praktische Websites für die in diesem Kapitel aufgeführten Sehenswürdigkeiten sind:

Antiquities & Monuments Office (http://amo.gov.hk) Alle Dörfer, Wanderwege und einige historische Bauwerke.

Chinese Temple Committee (www.ctc.org.hk) Die meisten Tempel.

Leisure & Cultural Services Department (www.lcsd.gov.hk) Alle öffentlichen Parks, Strände und Museen.

frisches Obst abladen, und die Arbeiter die Kisten in jahrhundertealte Stände manövrieren.

Jademarkt & Shanghai Street MARKT, ALTE STRASSE

(玉器市場和上海街; Karte S. 532; Ecke Kansu St. & Battery St., Yau Ma Tei; ⏲10–17 Uhr; Ⓜ Yau Ma Tei, Ausgang C) Rund 450 Stände verkaufen alle Arten und Güteklassen von Jade. Wer jedoch einen Nephriten nicht von einem Jadestein unterscheiden kann, sollte hier besser nichts Teures kaufen. Das Bummeln auf der **Shanghai Street** (上海街) auf der anderen Seite der Kansu St. ist jedoch kostenlos. An der einstigen Hauptstraße von Kowloon drängen sich Läden, die bestickte chinesische Hochzeitsgewänder, Sandelholzräucherwerk, Küchenzubehör, Kräutermedizin und buddhistisches Zubehör verkaufen. Es gibt sogar ein Pfandleihhaus an der Kreuzung Saigon St. und Mahjong-Hallen (das Betreten ist erlaubt, aber bitte nicht fotografieren).

Tempel Tin Hau TEMPEL

(天后廟; Karte S. 532; Ecke Temple St. & Public Square St.; ⏲8–17 Uhr; Ⓜ Yau Ma Tei, Ausgang C) Dieses große, mit Räucherstäbchenduft gefüllte Heiligtum aus dem 19. Jh. ist einer der berühmtesten Tin-Hau-Tempel Hongkongs. Der Platz davor ist der Treffpunkt im Herzen von Yau Ma Tei, wo die Fischer früher ihre Hanftaue in der Sonne trockneten neben den Banyanbäumen, die heute Spielern, Rentnern und Gangstern Schatten spenden.

Nonnenkloster Chi Lin TEMPEL

(志蓮淨苑; Karte S. 522; www.chilin.org; 5 Chin Lin Dr, Diamond Hill; ⏲9–16.30 Uhr; Ⓜ Diamond Hill, Ausgang C2) Dieses schöne Replikat eines Klosters der Tang-Dynastie hat alles vom Tempel über den Lotosteich und buddhistische Reliquien bis hin zu Holzkonstruktionen, die ohne einen einzigen Eisennagel auskommen. Dies ist weltweit größte Ansammlung von handgearbeiteten Holzgebäuden. Gleich neben dem Nonnenkloster liegt der **Nan Lian Garden** (www.nanliangarden.org; ⏲10–18 Uhr), ein Garten im Stil der Tang-Dynastie mit Pagode, Teepavillon, Koi-Teich und einer bizarren Sammlung an versteinertem Holz.

Tempel Sik Sik Yuen Wong Tai Sin TEMPEL

(嗇色園黃大仙祠; www.siksikyuen.org.hk; Lung Cheung Rd, Wong Tai Sin; Eintritt gegen Spende von 2 HK$; ⏲7–17.30 Uhr; Ⓜ Wong Tai Sin, Ausgang B3) Dieser taoistische Tempel ist Wong Tai Sin geweiht, welcher der Legende nach Felsbrocken in Schafe verwandelte. Tatsächlich wurden die gesamte Gegend, eine MTR-Station und eine Wohnanlage in der Nähe des Tempels nach diesem armen Unsterblichen benannt, der angeblich ein Einsiedler war.

Middle Road Childrens Playground PARK, SPIELPLATZ

(中間道遊樂場; Karte S. 534; Middle Rd.; ⏲7–23 Uhr; Ⓜ East Tsim Sha Tsui) An Wochenenden lockt dieses verborgene Juwel mit Spielgeräten, Schattenplätzen, weitläufigen Grünanlagen und Blick aufs Wasser Kinder und Picknick-Freunde aus ebenso vielen Volksgruppen an, wie es Wege gibt, eine Rutsche hinabzugleiten (wenn man unter 12 ist oder sich manchmal noch so fühlt). Der Park befindet sich auf dem Podest der MTR-Station Tsim Sha Tsui East. Sein östlicher Ausgang ist mit dem hübschen **Tsim Sha Tsui East Waterfront Podium Garden** (尖沙咀東海濱平台花園; Karte S. 534) verbunden.

Signal Hill Garden & Blackhead Point Tower PARK, TURM

(訊號山公園和訊號塔; Karte S. 534; Minden Row; ⏲Turm 9–11 Uhr & 16–18 Uhr) Die Aussicht von der Spitze dieses Hügelchens ist zwar recht spektakulär, aber wenn dies noch die 1900er-Jahre wären, würden alle Schiffe im Hafen den Blick erwidern – eine Kupferkugel in dem ansehnlichen Turm im Stil des Königs Edward VII. wurde täglich um 13 Uhr fallen gelassen, damit die Seefahrer ihre Chronometer justieren konnten. Eingang an der Minden Row (Seitenstraße der Mody Rd).

Kowloon Park PARK
(九龍公園; Karte S. 534; 22 Austin Rd; ⌚6–24 Uhr; Ⓜ Jordan, Ausgang E) Diese grüne Oase ist toll zum Leutegucken, besonders sonntags, wenn sie voller Hausangestellter mit Migrationshintergrund ist, die ihren freien Tag mit Singen, Tanzen und Flirten verbringen. Sonntag ist auch der Tag für die Kung-Fu-Ecke, in der chinesische Kampfkunst dargeboten wird.

Yau Ma Tei Theatre HISTORISCHES GEBÄUDE
(油麻地戲院; Karte S. 532; ☎ Auskünfte 2264 8108, Tickets 2374 2598; www.lcsd.gov.hk/ymtt; Ⓜ Yau Ma Tei, Ausgang B2) Zwei historische Gebäude wurden in ein Zentrum für die Kanton-Oper umgewandelt. Jahrzehntelang haben die Art-déco-Innenräume des YMT-Theaters Scharen an Kulis und Rikschafahrern unterhalten, aber als es in den 80er-Jahren viele seiner Besucher an die modernen Kinos verlor, begann es, Porno zu zeigen, um sich über Wasser zu halten. Das neoklassizistische **Red Brick House** (紅磚屋; Karte S. 532) war das Ingenieurbüro der ehemaligen **Pumpenstation** (前水務署抽水站工程師辦公室; 8 Waterloo Rd.) aus dem Jahr 1895.

Jockey Club Creative Arts Centre KUNSTZENTRUM
(賽馬會創意藝術中心; www.jccac.org.hk; 30 Pak Tin St, Shek Kip Mei; ⌚10–22 Uhr; Ⓜ Shek Kip Mei, Ausgang C) Über 150 Künstler sind in dieses Fabrikgelände gezogen, auf dem früher Schuhe und Uhren produziert wurden. Viele Studios sind an Wochentagen geschlossen, aber man kann die luftigen Gemeinschaftsflächen und das **G.O.D. Street Culture Museum & Store** (Unit L2-09; ⌚12.30–18.30, Mo & Di geschl.) besuchen, das das attraktive „alte Hongkong" zeigt und regelmäßige Öffnungszeiten hat.

Yuen Po St Bird Garden GARTENANLAGE
(園圃街雀鳥花園; Flower Market Rd., Mong Kok; ⌚7–20 Uhr; Ⓜ Prince Edward, Ausgang B1) Östlich der MTR-Station Prince Edward liegt dieser entzückende Ort, an dem Vögel geputzt, ge- und verkauft und von ihren flaumigen Besitzern (meistens Männern) mit Stäbchen gefüttert werden. In der Nähe liegt der **Blumenmarkt,** der dieselben Öffnungszeiten hat, auf dem jedoch ab 10 Uhr am meisten Betrieb herrscht.

Alter Tempel Fook Tak TEMPEL
(福德古廟; Karte S. 534; 30 Haiphong Rd; ⌚6–20 Uhr; Ⓜ Tsim Sha Tsui, Ausgang A1) Der einzige Tempel von Tsim Sha Tsui aus dem Jahr 1900 ist ein verräuchertes Loch mit einem heißen Blechdach. Die meisten Räucherstäbchen werden von weißhaarigen Achtzigjährigen geopfert – Fook Tak ist auf Langlebigkeit spezialisiert.

Kowloon-Moschee & Islamisches Zentrum MOSCHEE
(九龍清真寺暨伊斯蘭中心; Karte S. 534; 105 Nathan Rd.; ⌚5–22 Uhr; Ⓜ Tsim Sha Tsui, Ausgang A1) Dieses Gebäude mit seiner glänzenden Kuppel und Marmorschnitzereien fasst bis zu 2000 Gläubige. Nicht-Moslems sollten um Erlaubnis fragen, bevor sie die Moschee betreten.

NEW TERRITORIES

Mit einem Anteil von 747 km² an Hongkongs Boden sind die New Territories eine Mischung aus Wohngegenden und unberührter Natur.

Die neuen Städte Tsuen Wan, Tuen Mun, Fanling, Sheung Shui, Tai Po und Sha Tin lohnen durchweg einen Besuch wegen ihrer Tempel und Museen. Sie sind alle über ihre gleichnamigen MTR-Stationen erreichbar, und Tuen Mun ist an das Stadtbahnnetz angeschlossen.

FLUCH ZU VERKAUFEN

Unter der Canal-Rd.-Unterführung (Karte S. 530) zwischen Wan Chai und Causeway Bay kann man sich kleine alte Damen mieten, die Feinde platt machen. Auf einem Plastikstuhl sitzend trampeln diese Omas auf einem Papierschnitt der Rivalin, des nervigen Kollegen oder des armseligen Promis mit einem Schuh (mit ihren eigenen Gesundheitslatschen oder mit den Stilettos der Kundschaft) herum, während sie Flüche rappen. Alles für 50 HK$.

Das Verhauen von Bösewichten (打小人; *da siu yan*) ist eine Praktik aus der volkstümlichen Hexerei. Sie findet das ganze Jahr über statt, aber der beliebteste Tag dafür ist der Tag des Erwachens der Insekten, wenn die Sonne sich exakt auf dem 345. Längengrad befindet (gewöhnlich zwischen dem 5. und 20. März nach dem gregorianischen Kalender).

Es heißt, der Brauch bringt eine Versöhnung oder Lösung, aber diese könnte auch symbolischer Art sein.

Yuen Long wartet mit den meisten historischen Dörfern mit Ringmauern in Hongkong und einem Naturschutzgebiet von Weltrang auf. Es ist sowohl mit der West Rail als auch Transit-Stadtbahn zu erreichen.

Die Halbinsel Sai Kung ist toll zum Wandern, Segeln und für Seafood. Die besten Strände der New Territories gibt's hier.

LP TIPP Naturschutzgebiet Mai Po Marsh NATURSCHUTZGEBIET
(米埔自然保護區; Karte S. 522; ☎2471 3480; www.wwf.org.hk; San Tin, Yuen Long; ⏲Mo–Fr 9–17 Uhr) Dieses 380 ha große Gebiet in Deep Bay ist die Heimat einer beachtlich vielfältigen Flora und Fauna, darunter 380 Arten von Zug- und heimischen Vögeln. Dreistündige Touren auf Englisch (70 HK$) starten am Besucherzentrum um 9.30, 10, 14 und 14.30 Uhr am Wochenende und an Nationalfeiertagen. Die Anmeldung ist jetzt auch online möglich. Unbedingt ein Fernglas mitbringen oder notfalls eines im Besucherzentrum für 20 HK$ ausleihen. Hierher geht's mit dem Bus 76K ab den MTR-East-Rail-Stationen Fanling oder Sheung Shui.

LP TIPP Ping Shan Heritage Trail WANDERWEG
(屏山文物徑; Karte S. 522; ⓂWest Rail Tin Shui Wai, Ausgang E) Der 1 km lange Pfad führt durch drei teilweise von Ringmauern umgebene Dörfer in die Zeit des vorkolonialen Hongkongs. An dem Weg liegen 12 gut restaurierte historische Gebäude, darunter zwei prächtige **Ahnenhallen** (⏲9–13 Uhr & 14–17 Uhr), ein **Studierzimmer,** die **älteste Pagode** (⏲9–13 Uhr & 14–17 Uhr, Di geschl.) des Territoriums und ein **Museum** über den mächtigen Tang-Clan, die ersten Immigranten, die sich in Hongkong im 11. Jh. niederließen. Die Tsui Sing Rd. aus dem Erdgeschoss der West-Rail-MTR-Station überqueren , dann ist die Pagode zu sehen.

Tai Fu Tai Mansion HISTORISCHES GEBÄUDE
(大夫第; Karte S. 522; ⏲Mi–Mo 9–13 Uhr & 14–17 Uhr; ⓂSan Tin, Yuen Long; 🚌76K) Dieser prachtvolle Gebäudekomplex aus dem Jahr 1865 im Mandarin-Stil war einst das Wohnhaus des Man-Clans, einer weiteren mächtigen Familie in den New Territories, bis sie 1980 auszog. Der Innenhof ist von Steinwänden umgeben. Hier befand sich einst ein bewachter Zugang. Drinnen finden sich die allgegenwärtigen chinesischen Symbole in den Holzschnitzereien neben Jugendstil-Glasfenstern. In den Bus 76K in der Sheung Shui einsteigen und an der Haltestelle San Tin aussteigen.

Lung Yeuk Tau Heritage Trail WANDERWEG
(龍躍頭文物徑; Karte S. 522; ⓂEast Rail Fanling, dann Bus 54K oder 56K) Dieser 4,5 km lange Wanderweg nordöstlich von Fanling zieht sich durch fünf Dörfer mit Ringmauern. Das schönste davon ist das älteste (800 Jahre), aber noch intakte **Lo Wai,** erkennbar an seinen 1 m dicken befestigten Mauern. Weitere Attraktionen hier sind die **Tang-Chung-Ling-Ahnenhalle** (⏲Mi–Mo 9–17 Uhr) und das Steinherrenhaus **Shek Lo.**

Kat Hing Wai DORF
(吉慶圍; Karte S. 522) Dieser winzige (100 x 90 m) Weiler an der Kam Tin Rd., der einst von einem Graben umgeben war, ist ein weiteres Domizil des Tang-Clans, obwohl hier auch einige Hakka wohnen. Besucher werden am Eingang um eine Spende gebeten. Für 10 HK$ dürfen Fotos der alten Hakka-Damen in der Nähe des Eingangs gemacht werden. Bezahlt man nicht, verbergen sie ihre Gesichter.

Tai-Po-Markt & Tempel Man Mo MARKT, TEMPEL
(大埔街市 & 文武廟; Karte S. 522; Fu Shin St.; ⏲6–20 Uhr; ⓂEast Rail Tai Wo) Dieser geschäftige Wet Market (ein Markt, auf dem Tiere, vor allem Meerestiere und Schlangen, lebend verkauft werden) ist einer der interessantesten Märkte in den New Territories. Am nördlichen Ende derselben Straße liegt der **Tempel Man Mo** (文武廟; ⏲8–18 Uhr) mit den zwei Hallen vom Ende des 19. Jh. Er ist ein Zentrum der Gläubigen in der Gegend von Tai Po.

Hong Kong Wetland Park PARK
(香港濕地公園; Karte S. 522; www.wetlandpark.com; Wetland Park Rd., Tin Shui Wai; Eintritt 30 HK$; ⏲10–17 Uhr) Die Naturwanderwege, Vogelschutzhütten und Aussichtsplattformen machen diesen 60 ha großen Naturpark zu einem wundervollen Ort für Vogelbeobachtungen. Hierher geht's mit der West-Rail-Linie nach Tin Shui Wai und dann umsteigen in die MTR Stadtbahnlinien 705 oder 706.

Tempel Fung Ying Seen TEMPEL
(蓬瀛仙館; 66 Pak Wo Rd., Fanling; ⏲8–18 Uhr; ⓂEast Rail Fan Ling) Trotz all seiner fröhlichen Farben wirkt der taoistische Tempel

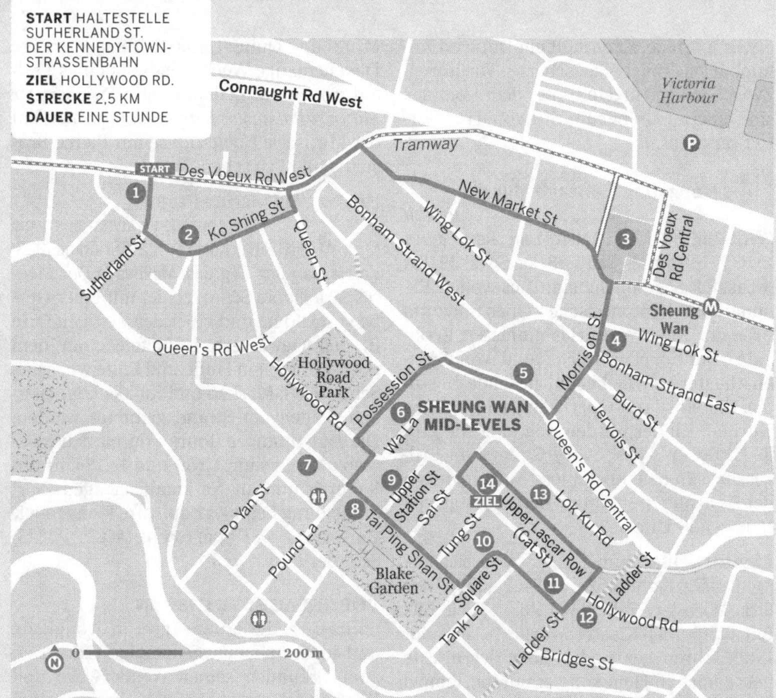

Stadtspaziergang
Sheung Wan

Eine einstündige Tour durch Sheung Wan ist ein wundervoller Schritt zurück in Hongkongs Vergangenheit.

Die Tour beginnt an der Haltestelle Sutherland St. der Straßenbahnlinie nach Kennedy Town. Hier kann man sich die 1 **Läden für getrocknete Meeresfrüchte** in der Des Voeux Rd. West ansehen, dann in die Ko Shing St. abbiegen, wo sich die 2 **Großhändler für Heilkräuter** befinden.

Am Ende der Straße in nordwestlicher Richtung entlang der Des Voeux Rd. West laufen und rechts in die New Market St. einbiegen, wo der 3 **Western Market** liegt. Diese Straße in südlicher Richtung gehen, vorbei an Bonham Strand, die von 4 **Verkäufern der Ginsengwurzel** gesäumt ist, und dann rechts in die Queen's Rd. Central.

Rechter Hand liegen 5 **traditionelle Läden**, die Vogelnester (für Suppe) und Opfergaben aus Papier für Bestattungen verkaufen.

Hier die Queen's Rd. Central überqueren und links in die 6 **Possession St.** einbiegen, wo die britische Flagge im Jahr 1841 gehisst wurde.

Weiter geht's die Pound Lane hinauf, dort trifft sie auf die Tai Ping Shan St. Rechts liegt die 7 **Pak-Sing-Ahnenhalle,** dann links zum 8 **Tempel Kwun Yam** und zum 9 **Tempel Tai Sui.**

Etwas weiter biegt man links in die Square St. ein, wo es an 10 **Cloth Haven** (43–45 Square St.), einer Weberwerkstatt, und 11 **Bestattungsinstituten** vorbeigeht. Danach geht's links in die Ladder St. und man sieht den 12 **Tempel Man Mo.**

Die Ladder St. zur Upper Lascar Row hinablaufen, dem Standort des 13 **Cat-Street-Basars.** Die Cat St. bis zum Ende laufen, dann links in die Lok Ku Rd. Noch einmal links, dann ist man schon in der **Hollywood Road** mit ihren Antiquitätenläden und Kunstgalerien.

etwas morbide. Er enthält ein Dutzend Kolumbarien für eingeäscherte Vorfahren. Zwischen den Hügeln hinter dem Komplex sind überall Gräber im Stil von Tim Burton verstreut.

LP TIPP Hongkong Heritage Museum

MUSEUM

(香港文化博物館; 1 Man Lam Rd; Eintritt 10 HK$; ⏲Mo & Mi–Sa 10–18 Uhr, So bis 19 Uhr; Ⓜ East Rail Sha Tin) Die eindrucksvollen Exponate zur kantonesischen Oper und zum Erbe der New Territories umfassen Replikate traditioneller Dörfer und von Bambustheatern sowie beeindruckende Kostüme, die einst von Opernsängern getragen wurden. Kinder werden sich über die große **Children's Discovery Gallery** im Erdgeschoss freuen. Kostenlose Aufführungen der **Kanton-Oper** gibt's jeden Samstag von 15 bis 17.30 Uhr.

Kloster Tsing Shan

BUDDHISTISCH

(青山禪院; Karte S.522; ☎2461 8050; Tsing Shan Monastery Path; ⏲24 Std.; 🚇Linie 610, 615, 615P) Das Kloster wurde bereits vor 1500 Jahren gegründet, aber der älteste heute noch in Hongkong erhaltene Tempel wurde 1926 erbaut. Es gibt eine Reihe sonderbarer Schreine für verschiedene Heilige und Bodhisattvas. Der Tempel war einer der Drehorte für den Bruce-Lee-Klassiker *Der Mann mit der Todeskralle*. Aussteigen an der Stadtbahnstation Tsing Shan Tsuen. Für den steilen Pfad hinauf zum Eingang des Klosters benötigt man etwa 30 Minuten.

Zehntausend-Buddha-Kloster

KLOSTER

(萬佛寺; 221 Pai Tau Village; ⏲9–17 Uhr; Ⓜ Sha Tin, Ausgang B) Rund 12 800 Miniaturstatuen säumen die Wände des Haupttempels, und Dutzende lebensgroßer goldener Statuen von Buddhas Jüngern flankieren die steilen Treppen, die zum Klosterkomplex hinaufführen. Mehrere Tempel und Pavillons sind über zwei Ebenen verteilt, dazu gibt's eine neunstöckige Pagode. Am MTR-Ausgang die Rampe hinunter laufen, links in die Pai Tau St. einbiegen. Nach einer kurzen Strecke in die Sheung Wo Che St. einbiegen, bis zum Ende laufen und den Schildern die 400 Stufen hinauf folgen.

Drachengarten

GARTEN

(龍圃; http://dragongarden.hk; Sham Tseng) Hongkongs größter verbliebener Privatgarten hat großartige, auf antik getrimmte Architektur, die von der Ära der Song-, Ming- und Quing-Dynastien inspiriert ist. Die ehemalige Wochenendvilla eines Philanthropen war in dem Bond-Klassiker *Der Mann mit dem goldenen Colt* (1974) und in der Miniserie *Noble House* mit Pierce Brosnan (1988) zu sehen.

Hoi Ha Wan Marine Park

OUTDOOR-AKTIVITÄTEN, STRAND

(海下灣海岸公園; Karte S.522; ☎Hotline 1823; Hoi Ha, Sai Kung; 🚇grüner Minibus 7) Der Meerespark ist ein Schutzgebiet mit einer Größe von 260 ha und einer der wenigen Orte in den Gewässern Hongkongs, an dem noch Korallen in Hülle und Fülle wachsen. Schnorchel, Masken und Kajaks können in dem Laden am Strand gemietet werden. Die 1½-stündigen Touren durch den Meerespark gibt's um 10.30 und 14.15 Uhr am Sonntag und an Nationalfeiertagen. Voranmeldung beim **Agriculture, Fisheries & Conservation Department** (AFCD; ☎1823) erforderlich.

VORGELAGERTE INSELN

Lantau ist die größte Insel in Hongkong und ideal für eine mehrtägige Exkursion zum Erkunden seiner Wanderwege und Dörfer und zum Abhängen an den Stränden. Mui Wo ist der Ankunftspunkt der Fähren aus Central und Tung Chung hat einen MTR-Anschluss.

Das entspannte **Lamma** (Karte S.522) hat anständige Strände, ausgezeichnete Wandermöglichkeiten und eine ganze Reihe Restaurants in **Yung Shue Wan** und **Sok Kwu Wan**. Für einen schönen Tagesausflug die Fähre nach Yung Shue Wan nehmen, 90 Minuten lang auf einem leichten Wanderweg nach Sok Kwu Wan wandern und dann den Lunch bei einem der Seafood-Restaurants am Wasser genießen.

Das hantelförmige **Cheung Chau** (Karte S.522), mit einem Fischerhafen, einem Windsurfing-Zentrum, mehreren Tempeln und einigen Restaurants am Wasser ist ebenfalls ein schöner Tagesausflug. Nicht weit davon entfernt liegt **Peng Chau** (Karte S.522), die kleinste und traditionellste der leicht erreichbaren Inseln.

LP TIPP Kloster Po Lin

KLOSTER

(寶蓮禪寺; Karte S.522; Lantau; ⏲9–18 Uhr) Stolz über dem Ngong-Ping-Plateau, 500 m über dem Meeresspiegel, thront diese enorme Tempelanlage. Sie enthält die beeindruckende 26 m hohe **Tian-Tan-Buddha-Statue** (天壇大佛; ⏲10–17.30 Uhr), die weltweit größte Statue eines sitzenden Buddhas aus Bronze. Hierher geht's von Mui Wo aus mit dem Bus 2 nach Ngong Ping. Alternativ verbindet ein Seilbahnsystem namens **Ngong Ping 360** (昂平 360纜車; www.np360.com.hk; Erw./Kind/erm. Einfache Fahrt 86/44/70 HK$, hin&zurück 125/62/98 HK$; ⌚Mo–Fr 10–18 Uhr, Sa, So & Nationalfeiertage 9–18.30 Uhr) Ngong Ping mit Tung Chung und befördert Fahrgäste rasch vorbei an atemberaubenden Aussichten zum Kloster. Die Talstation in Tung Chung befindet sich neben der MTR-Station Tung Chung.

Tai O DORF

(大澳; Karte S. 522; Lantau) Wer einen faszinierenden Einblick in das Leben eines traditionellen Fischerdorfes möchte, sollte sich in diesen entlegenen Teil von Lantau aufmachen. Die Stelzenhäuser, Kanäle und Tempel, die den Wassergottheiten und dem Kriegsgott geweiht sind, sind immer noch zu sehen. Ebenso die erst vor kurzem umgewidmete Polizeistation aus der Kolonialzeit. Tai O ist mit dem Bus 1 von Mui Wo, Bus 11 von Tung Chung oder Bus 21 von Ngong Ping zu erreichen.

Aktivitäten

Das Hong Kong Tourism Board (HKTB) bietet eine Reihe von tollen und kostenlosen Aktivitäten, darunter Feng-Shui-Kurse, Schiffstouren bei Sonnenuntergang und Tai-Chi-Kurse. Die Website www.discoverhongkong.com hat die aktuellen Informationen. Das **Map Publications Centre** (香港地圖銷售處; Karte S. 532) verkauft ausgezeichnete Wander- und Radkarten. Sie sind online erhältlich (www.landsd.gov.hk/mapping/en/pro&ser/products.htm) oder bei großen Postämtern (www.landsd.gov.hk/mapping/en/pro&ser/outlet.htm). Sportskanonen erhalten bei der **South China Athletic Association** (南華體育會; Karte S. 530; ☎2577 6932; www.scaa.org.hk; 5. OG, South China Sports Complex, 88 Caroline Hill Rd., Causeway Bay; Gastmitgliedschaft 50 HK$) Auskunft zu Sporteinrichtungen jeglicher Art. Eine weitere praktische Website ist www.hkoutdoors.com.

Kampfkunst

Wan Kei Ho International Martial Arts Association KAMPFKUNST

(Karte S. 526; ☎2544 1368; www.kungfuwan.com; 3. OG, Yue's House, 304 Des Voeux Rd Central, Sheung Wan; Ⓜ Sheung Wan, Ausgang A) Diese Schule ist bei Einheimischen und Ausländern gleichermaßen beliebt.

Wandern

Hongkong eignet sich hervorragend zum Wandern, und die zahlreichen zur Auswahl stehenden Wanderwege sind durchweg ausgesprochen attraktiv. Die vier Hauptwege sind der **MacLehose Trail**, **Wilson Trail**, **Lantau Trail** und **Hong Kong Trail**. Der berühmte **Dragon's Back Trail** ist landschaftlich sehr schön und relativ leicht zu gehen. Weitere Informationen unter www.hkwalkers.net.

Radfahren

Die Radwege in Hongkong befinden sich vorwiegend in den New Territories und verlaufen zwischen Sha Tin und Tai Po nach Tai Mei Tuk (Karte S. 522).

Räder verleihen **Wong Kei** (☎2662 5200; Ting Kok Rd., Tai Mei Tuk) und **Friendly Bike Shop** (老友記單車; ☎2984 2278; Shop B, 13 Mui Wo Ferry Pier Rd., Lantau; pro Tag 30 HK$; ⌚Mo–Fr 10–19 Uhr, Sa & So bis 20 Uhr).

Internetadressen: **Agriculture, Fisheries and Conservation Department** (www.afcd.gov.hk) und **Crazy Guy on a Bike** (www.crazyguyonabike.com/doc/Hongkong).

Golf

Der **Hong Kong Golf Club** (www.hkgolfclub.org) begrüßt Nichtmitglieder an Wochentagen auf seinen Plätzen in **Fanling** (☎2670 1211; Lot No 1, Fan Kam Rd., Sheung Shui; Ⓜ Fanling) und **Deep Water Bay** (☎2812 7070; 19 Island Rd., Deep Water Bay; 🚌Bus 6, 6A). Der landschaftlich sehr ansprechende 36-Loch **Jockey Club Kau Sai Chau Public Golf Course** (Karte S. 522; ☎2791 3388; www.kscgolf.org.hk/index-e.asp; Kau Sai Chau, Sai Kung) ist der einzige öffentliche Golfplatz des Territoriums. Eine Fähre nach Kau Sai Chau (wochentags alle 20 Min. von 6.40 – 19 Uhr, Fr–So 6.40–21 Uhr) fährt von dem Pier in der Nähe des Parkplatzes an der Wai Man Rd.

Touren

Star Ferry (☎2118 6201; www.starferry.com.hk) hat eine 60-minütige **Hafentour** (80–200 HK$; ⌚11.55–20.55 Uhr) im Angebot, die in Tsim Sha Tsui startet und in Central und Wan Chai Zwischenstops macht. Fahrkarten gibt's am Pier.

Das **HKTB** (☎2508 1234; www.discoverhongkong.com; ⌚9–18 Uhr) bietet folgende Touren an:

Island Tour BUSTOUR
(halb-/ganztags 350/490 HK$) umfasst den Tempel Man Mo, den Gipfel, Aberdeen, Repulse Bay und Stanley Market.

Hongkong Dolphinwatch DELFINTOUR
(☎2984 1414; www.hkdolphinwatch.com) Bietet ganzjährig jeden Mittwoch, Freitag und Sonntag eine 2½-stündige Tour an, bei der die einheimischen chinesischen rosafarbenen Delfine beobachtet werden können.

Wassersport

Die staatlichen **Wassersportzentren** (www.lcsd.gov.hk/watersport/en/index.php) von Hongkong verleihen Kanus, Windsurfing-Bretter und sonstige Ausrüstung gegen Vorlage der entsprechenden Scheine. Für Wakeboarding bei **Tai Tam Wakeboarding Centre** (☎3120 4102; www.wakeboard.com.hk) nachfragen.

Festivals & Events

Die Verbindung aus westlicher und chinesischer Kultur ergibt einen interessanten Mix aus kulturellen Events und über 20 Nationalfeiertagen. Es kann jedoch schwierig sein, den exakten Termin herauszufinden: Einige richten sich nach dem chinesischen Mondkalender, sodass die Feste beweglich sind. Ein vollständiger Kalender mit den genauen Daten steht auf der Website www.discoverhongkong.com.

Hong Kong Arts Festival KUNST
(www.hk.artsfestival.org) Februar bis März.

Man Hong Kong International Literary Festival LITERATUR
(www.festival.org.hk) März.

Hongkong Sevens SPORT
(www.hksevens.com) Ende März oder Anfang April.

Hong Kong International Film Festival FILM
(www.hkiff.org.hk) März bis April.

Le French May Arts Festival KUNST
April bis Mai.

Tin Hau Festival & Buddhas Geburtstag VOLKSFEST
April oder Mai.

Art Basel Hong Kong KUNST
(hongkong.artbasel.com) Mai.

Internationale Drachenbootrennen SPORT
(www.hkdba.com.hk) Juni oder Juli.

Summer International Film Festival FILM
(www.hkiff.org.hk) August bis September.

Hong Kong International Jazz Festival MUSIK
(http://hkja.org/blog) November.

Hong Kong Photo Festival KUNST
(www.hkphotofest.org) Biennale. Wechselnde Termine; aktuelle Infos auf der Website.

Clockenflap Outdoor Music Festival MUSIK
(www.clockenflap.com) Dezember.

Schlafen

Hongkong bietet alle möglichen Unterkünfte, von Verschlägen bis zu Palastsuiten in einem der weltbesten Hotels. Verglichen mit denen in anderen Städten Chinas sind die Zimmer relativ teuer, obwohl sie für europäische Begriffe immer noch recht günstig sein können. Die hier aufgeführten Preise sind die Standardpreise.

Die meisten Hotels befinden sich auf der Insel Hongkong zwischen Central und Causeway Bay und an beiden Seiten der Nathan Rd. in Kowloon, wo es auch die größte Auswahl an Budgetunterkünften gibt. Alle Hotels und einige Budgetunterkünfte schlagen 13 % Steuern auf die aufgeführten Preise auf.

Die gute Nachricht ist, dass die Preise in der Nebensaison extrem sinken, vor allem in der Mittelklasse- und Spitzenkategorie. Danach gibt's Preisnachlässe von bis zu 50 %, wenn online, über ein Reisebüro oder bei der **Hong Kong Hotels Association** (HKHA; ☎2383 8380; www.hkha.org) gebucht wird.

Die Hochsaison ist die Zeit von März bis Anfang Mai, Oktober bis November und das chinesische Neujahr (Ende Januar oder Februar). Die genauen Daten stehen auf der Website www.discoverhongkong.com.

Sofern nicht anderweitig angegeben, haben alle aufgeführten Zimmer ein eigenes Bad und Klimaanlage. Fast alle Unterkünfte bieten Breitband- und/oder WLAN-Anschluss sowie Computer zur Benutzung durch die Gäste. Alle Hotels zählen zur Mittelklasse und darüber, und einige Budgetunterkünfte haben Nichtraucheretagen oder sind ganz rauchfrei.

INSEL HONGKONG

Die meisten Spitzenklassehotels auf der Insel Hongkong befinden sich in Central und Admiralty, während Wan Chai und Sheung Wan eher den Mittelklassebereich abdecken. Causeway Bay hat eine ganze Menge an Budgetpensionen, die ihren Pendants in Tsim Sha Tsui einen Schritt voraus sind (im Hinblick auf Preis und Qualität).

LP TIPP Helena May HOSTEL €

(梅夫人婦女會主樓; außerhalb von Karte S. 526; ☎2522 6766; www.helenamay.com; 35 Garden Rd., Central; EZ/DZ 400/580 HK$, monatlich 9900/13 100 HK$, Studios 13 860–18 060 HK$, Min. 1 Monat; 🚌12A von Ⓜ Admiralty) Wer das koloniale Ambiente der Halbinsel, aber nicht ihr Preisniveau mag, wird hier fündig. Das Haus wurde 1916 von der Gemahlin eines Gouverneurs als Club für ledige europäische Frauen eröffnet, für die die Kolonie wenig an damenhaften Zeitvertreib, wie Teeparties und Balletstunden, zu bieten hatte. Das HM ist heute ein privater Club und ein Hostel mit 43 kleinen, aber anständigen Zimmern. Die im Hauptgebäude sind nur für Frauen und haben Gemeinschaftsbäder. Die Studios im Nebengebäude werden auch an Männer vermietet. Gäste müssen volljährig sein.

Wer das Haus nur besichtigen möchte, kann sich einmal alle zwei Monate einer 20-minütigen Führung auf Englisch anschließen (Sa 10–12 Uhr). Verbindliche Reservierungen werden einen Monat im Voraus entgegengenommen. Die Daten stehen auf der Website.

LP TIPP Upper House BOUTIQUEHOTEL €€€

(Karte S. 526; ☎2918 1838; www.upperhouse.com; 88 Queensway, Pacific Place, Admiralty; Zi. ab 4000 HK$, Suite ab 9000 HK$; Ⓜ Admiralty, Ausgang F; @📶) Jede Ecke dieses Boutiquehotels verbreitet Zen-Gelassenheit – die Lobby mit ihrem Understatement, die schicken und ökologisch angehauchten Zimmer, die eleganten Skulpturen, der warmherzige und diskrete Service und der manikürte Rasen, auf dem Gäste an kostenlosen Yogastunden teilnehmen können. Weitere Pluspunkte sind eine kostenlose Minibar und der kurze Weg zur MTR-Station an der Admiralty-Linie.

Hotel LKF HOTEL €€€

(蘭桂芳酒店; Karte S. 526; ☎3518 9688; www.hotel-lkf.com.hk; 33 Wyndham St., Central; Zi. ab 3500 HK$, in der Nebensaison Preisnachlässe von bis zu 50 %; Ⓜ Central, Ausgang D2; @) Das Hotel LKF ist fraglos das beste Tor zur Action in Lan Kwai Fong, aber es liegt weit genug entfernt, um hier bei Bedarf Ruhe und Frieden zu finden. Es hat Hightech-Zimmer in gedämpften Tönen, die keinen Wunsch offen lassen: flauschige Bademäntel, Espressomaschinen und kostenlose Milch und Kekse vor dem Schlafengehen.

LP TIPP Y-Loft Youth Square Hostel JUGENDHERBERGE €€

(☎3721 8989; http://youthsquare.hk; 238 Chai Wan Rd., Chai Wan; 2BZ/3BZ Nebensaison 600/900 HK$, Hochsaison 1200/1800 HK$, Suite 3000 HK$; Ⓜ Chai Wan, Ausgang A; @📶) Wer kein Problem damit hat, 20 Minuten extra in der MTR für eine hervorragende Budgetunterkunft in Kauf zu nehmen, wird mit großen, sauberen und fröhlichen Zimmern in Chai Wan (nicht Wan Chai!) belohnt. Der Stanley Market ist in nur 15 Minuten mit dem Bus ab der Bushaltestelle des 16X gegenüber der MTR-Station erreichbar. Zum Hostel geht's von Ausgang A, wenn man geradeaus durch das Einkaufszentrum zur Fußgängerbrücke läuft und den ersten Ausgang rechts nimmt. Die Rezeption befindet sich im 12. Stock.

Garden View HOTEL €€

(女青年會園景軒; Karte S. 526; ☎2877 3737; http://the-garden-view-ywca.hotel-rn.com; 1 MacDonnell Rd., Central; Zi. 880–1760 HK$, Suite 2500–2900 HK$, Wochenrate pro Tag ab 1500 HK$, pro Monat ab 19 500 HK$; 🚌grüner Minibus 1A; @🏊🏋) Das vom YWCA geführte Garden View liegt direkt an der Grenze zwischen Central und den Mid-Levels. Es hat 133 einfache, ruhige und funktionale Zimmer mit Blick auf den Zoo und botanischen Garten. Der Swimmingpool ist eine Wohltat. Die Preise sind in der Nebensaison erheblich niedriger.

Bishop Lei International House HOTEL €

(宏基國際賓館; Karte S. 526; ☎2868 0828; www.bishopleihtl.com.hk; 4 Robinson Rd., Mid-Levels; EZ/DZ/Suite ab 650/700/1250 HK$; 🚌23 oder 40; @🏊) Dieses Hotel mit 203 Zimmern bietet eine Menge fürs Geld: guten Service, Swimmingpool und Fitness-Raum sowie die Nähe zum Zoo und botanischen Garten. Die Zimmer sind klein und es lohnt sich, lieber etwas mehr für die größeren Zimmer mit Blick auf den Hafen auszugeben.

Harbour View HOTEL €€

(香港灣景國際酒店; Karte S. 530; ☎2802 0111; www.theharbourview.com.hk; 4 Harbour

Rd., Wan Chai; Zi. 2000 HK$, Pauschalen für 2 Wochen/Monat ab 10 500/21 000 HK$, 18, Wan Chai, Ausgang A5;) Dieses vom YMCA geführte und sehr preisgünstige Hotel liegt gleich neben dem Hong Kong Arts Centre. Das Hong Kong Convention & Exhibition Centre und der Wan-Chai-Fährterminaal sind leicht zu Fuß erreichbar. Das Hotel bietet schlicht möblierte, aber ausreichende Zimmer und das Personal ist freundlich. In der Nebensaison werden die Zimmer um 45 % günstiger.

LP TIPP Mandarin Oriental LUXUSHOTEL €€€

(文華東方酒店; 2522 0111; www.mandarinoriental.com/hongkong; 5 Connaught Rd., Central; Zi. 3800–6000 HK$, Suite 6500–45 000 HK$, Landmark Oriental DZ ab 5200 HK$, Suite 9300 HK$; Central, Ausgang J3;) Das ehrwürdige Mandarin hat in der Vergangenheit den Maßstab in Asien gesetzt und ist immer noch einer der Anwärter auf den Spitzenplatz, auch wenn es inzwischen Konkurrenz vom Four Seasons und Konsorten gibt. Styling, Service, Essen und Atmosphäre sind durchweg traumhaft. Hier liegt ein anmutiger Charme der alten Welt in der Luft.

Four Seasons LUXUSHOTEL €€€

(四季酒店; Karte S. 526; 3196 8888; www.fourseasons.com/hongkong; 8 Finance St., Central; Zi. 4500–6500 HK$, Suite 9300–63 000 HK$; Hongkong, Ausgang F;) Das Four Seasons ist auf der Insel fraglos Spitzenklasse. Schon alleine durch seinen tollen Ausblick, seine Lage in der Nähe der Star Ferry, dem Bahnhof von Hongkong, dem Inland und Sheung Wan, seinen palastartigen Zimmern, seinem großartigen Pool und Spa und seinen brillanten Restaurants Lung King Heen und Caprice. Der Service ist tadellos und persönlich.

The T Hotel HOTEL €€

(酒店; 3717 7388; www.vtc.edu.hk/thotel; 6. OG, VTC Pokfulam Complex, 145 Pokfulam Rd., Pok Fu Lam; Zi. 1030 HK$, Suite 1880 HK$; 7 oder 91 von Central, 973 von Tsim Sha Tsui;) Das T Hotel mit seinen 30 Zimmern liegt am südwestlichen Ende der Insel und wird von Schülern einer lokalen Ausbildungsstätte für das Gastgewerbe geführt. Freundlicher und aufmerksamer Service gehört hier zum guten Ton. Die Zimmer sind neu und geräumig, Ausblick auf den Ozean oder die Berge. Die Kochschule im Komplex bietet ausgezeichnete chinesische und westliche Mahlzeiten.

Courtyard by Marriott Hong Kong BUSINESS-HOTEL €€€

(香港萬怡酒店; außerhalb von Karte S. 526; 3717 8888; www.marriott.com/hotel-search/china; 167 Connaught Rd. W; Zi. 1560–2440 HK$, Suite 3450 HK$; 5 oder 5B ab Central;) Dieses Hotel jongliert mit Luxus auf begrenztem Raum, und es funktioniert. Die meisten Zimmer bieten den Blick auf den Hafen und sind modern eingerichtet. Die aufgeschüttelten Betten und hochwertige Bettwäsche garantieren einen guten Schlaf. Auf der anderen Straßenseite halten die Busse des Airbus Services.

Regal iClub Hotel BUSINESS-HOTEL €€

(Karte S. 530; 3669 8668; www.regalhotel.com; 211 Johnston Rd., Wan Chai; DZ 800–1100 HK$, Suite 1900 HK$; Wan Chai, Ausgang A3;) Dieses moderne Hotel mit 99 Zimmern im Herzen von Wan Chai ist eine gute Wahl für alle, die sich nicht an kleinen Zimmern und zuweilen ritterlichem Service stören.

Ibis HOTEL €€

(上環宜必思酒店; Karte S. 526; 2252 2929; www.ibishotel.com; 18–30 Des Voeux Rd. W; Zi. 1500–1800 HK$; 5B ab Central;) Dieses Ibis mit 550 Zimmern wurde 2012 eröffnet. Es hat kleine, aber blitzblanke Zimmer und ist eine der günstigeren Optionen in diesem teuren Stadtteil.

Alisan Guest House PENSION €

(阿里山賓館; Karte S. 530; 2838 0762; http://home.hkstar.com/~alisangh; Flat A, 5. OG, Hoito Ct., 23 Cannon St., Causeway Bay; EZ/DZ/3BZ 320/440/660 HK$; Causeway Bay, Ausgang D1;) Die makellose Unterkunft mit 21 Zimmern bietet Klimaanlage, Badezimmer und kostenlosen Internetzugang. Die Eigentümer können Visa für China organisieren. Die winzige Küche bietet einen Computer, einen Gemeinschaftskühlschrank und eine Mikrowelle. Eingang an der 23 Cannon St. Die Preise steigen während der Hauptsaison um 10 %.

KOWLOON

In Kowloon gibt's unglaublich viele Unterkünfte: vom Peninsula, der „Grande Dame" der Hotels, bis hin zu seinem berüchtigten Nachbarn, den Chungking Mansions, und dazu noch viele mittendrin.

LP TIPP Peninsula Hongkong LUXUSHOTEL €€€

(香港半島酒店; Karte S. 534; 2920 2888; www.peninsula.com; Salisbury Rd., Tsim Sha

Tsui; Zi. 5000–7000 HK$, Suite ab 8200 HK$; Ⓜ Tsim Sha Tsui, Ausgang E; @📶🏊👪) Das beste Hotel Hongkongs thront über der Südspitze von Kowloon und besticht mit kolonialer Eleganz. Das größte Dilemma dürfte die Anreise sein: Ankunft auf dem Hubschrauberlandeplatz auf dem Dach oder in einem der 14 hoteleigenen Rolls-Royce Phantoms. Rund 300 klassische Zimmer im europäischen Stil bieten WLAN, CD und DVD-Spieler sowie Marmorbäder. Viele Zimmer im 20-stöckigen Anbau des Pen bieten einen spektakulären Blick auf den Hafen. Im ursprünglichen Gebäude muss man sich mit den prächtigen Innenräumen begnügen. Es gibt einen Spa und Swimmingpool erster Güte.

Hyatt Regency Tsim Sha Tsui LUXUSHOTEL €€€
(尖沙咀凱悅酒店; Karte S. 534; ☎2311 1234; http://hongkong.tsimshatsui.hyatt.com; 18 Hanoi Rd., Tsim Sha Tsui; Zi. 1800–2900 HK$, Suite ab 3500 HK$; Ⓜ Tsim Sha Tsui, Ausgang D2; @📶🏊👪) Bestnoten für diesen Klassiker in Tsim Sha Tsui mit seiner subtilen Eleganz und Gelassenheit. Das Personal ist warmherzig und sachkundig. Die gut ausgestatteten Zimmer sind relativ geräumig. Von den oberen Etagen aus hat man einen guten Blick über die Stadt. Die Fotografien von Tsim Sha Tsui geben der Einrichtung einen persönlichen Touch.

Salisbury HOSTEL, HOTEL €
(香港基督教青年會; Karte S. 534; ☎2268 7888; www.ymcahk.org.hk; 41 Salisbury Rd., Tsim Sha Tsui; B 260 HK$, EZ/DZ/Suite ab 850/950/1600 HK$; Ⓜ Tsim Sha Tsui, Ausgang E; @📶🏊👪) Wer hier ein Zimmer ergattern kann, wird mit professionellem Service und ausgezeichneten Fitness-Einrichtungen belohnt. Es gibt sogar einen Swimmingpool und eine Kletterwand. Die Zimmer sind hier komfortabel, aber einfach. Am besten den Blick auf den Hafen konzentrieren: Dieser Ausblick kann im Peninsula nebenan fünfmal so viel kosten. Die Vierbettzimmer sind ein Pluspunkt, aber es gibt Einschränkungen: Check-in ist um 14 Uhr, Aufenthalt für maximal sieben Nächte in Folge. Neue Gäste werden nicht aufgenommen, wenn sie sich schon länger als sieben Tage in Hongkong aufhalten.

LP TIPP **Hotel Icon** LUXUSHOTEL €€€
(唯港薈; Karte S. 534; ☎3400 1000; www.hotel-icon.com; 17 Science Museum Rd., Tsim Sha Tsui; Zi. 2200–4100 HK$, Suite 3000–5100 HK$; Ⓜ East Tsim Sha Tsui, Ausgang P1; 📶🏊👪) Die Zimmer in diesem Ausbildungshotel sind sauber, modern und geräumig. Das Personal ist aufmerksam. Obwohl nicht alle Zimmer den Blick auf den Hafen haben und Kinder die Terrassenlounge nicht betreten dürfen, bekommt man hier doch eine Menge für sein Geld. Das Icon liegt 10 Gehminuten von der MTR-Station und vom Geschichtsmuseum entfernt. Ein Pendelbus bringt Gäste in die zentraleren Teile von Tsim Sha Tsui.

MEKKA DER BILLIGUNTERKÜNFTE

Chungking Mansions (重慶大廈; Karte S. 534) ist seit Jahrzehnten in Hongkong das Synonym für Budgetunterkunft. In dem bröckelnden Block in der Nathan Rd. stapeln sich die billigsten Hostels und Pensionen der Stadt. Die Zimmer sind in der Regel winzig und der Service ist rudimentär. Aber der Standard ist in den letzten Jahren gestiegen und mehrere Gästehäuser erstrahlen in neuem Glanz. Selbst die Aufzüge wurden verbessert, obwohl sie immer noch quälend langsam sind.

Mirador Mansion (美麗都大廈; Karte S. 534), sein Nachbar ein Stück die Straße rauf, hat auch eine ganze Reihe günstiger Betten.

Hop Inn HOSTEL €
(Karte S. 534; ☎2881 7331; www.hopinn.hk; Flat A, 2. OG, Hanyee Bldg, 19–21 Hankow Rd., Tsim Sha Tsui; EZ 410–510 HK$, DZ & 2BZ 520–740 HK$, 3BZ 650–930 HK$; Ⓜ Tsim Sha Tsui, Ausgang A1; @📶) Dieses rauchfreie Gästehaus hat eine tolle Atmosphäre und neun makellose, aber winzige Zimmer. In jedem Zimmer sind Bilder eines anderen Künstlers aus Hongkong ausgestellt. Einige Zimmer haben keine Fenster, aber dafür sind sie ruhiger als die anderen. Das neue **Hop Inn on Carnarvon** (Karte S. 534; 9. OG, James S Lee Mansion, 33–35 Carnarvon Rd.) hat brandneue Zimmer. Unser Lieblingszimmer wurde von Sim Chan gestaltet. Beide Niederlassungen haben kostenloses WLAN auf den Zimmern und helfen, Visa für China zu organisieren.

Madera Hong Kong HOTEL €€
(Karte S. 532; ☎2121 9888; www.hotelmadera.com.hk; 1–9 Cheong Lok St., Yau Ma Tei; DZ & 2BZ

1400–1800 HK$, Suite 2800 HK$; ⓂJordan, Ausgang B1) Ein lebhafter Neuzugang unter den Mittelklasseoptionen von Kowloon. Das Madera liegt in der Nähe des Nachtmarktes in der Temple Street und einen strammen 20-Minuten-Marsch von der Star Ferry entfernt. Die ausreichend großen Zimmer präsentieren sich in neutralen Farben mit leuchtenden Akzenten. Es gibt auch eine reine Frauenetage und einen kleinen Fitness-Raum.

Ritz-Carlton Hong Kong LUXUSHOTEL €€€
(麗思卡爾頓; außerhalb von Karte S. 534; ☎2263 2263; www.ritzcarlton.com; 1 Austin Rd. West, Jordan; Zi. 6000–7800 HK$, Suite ab 8000 HK$;) Dieses abgelegene Luxushaus über der Kowloon-Station des Airport Express war zum Zeitpunkt der Recherche das höchste Hotel weltweit (die Lobby befindet sich im 103. OG). Das Einzige, was noch höher erscheint, ist die spitzenmäßige Einrichtung mit schweren Möbeln und einem Überfluss an glänzenden Annehmlichkeiten. Der Service ist tadellos, das Tin Lung Heen ist ein exzellentes Restaurant und der Ausblick an klaren Tagen ist atemberaubend.

BP International Hotel HOTEL €€
(龍堡國際酒店; Karte S. 534; ☎2376 1111; www.bpih.com.hk; 8 Austin Rd; Zi. ab 1450 HK$, Suite ab 5200 HK$; ⓂJordan, Ausgang C; @) Dieses riesige Hotel mit Blick auf den Kowloon Park hat Zimmer auf einem vernünftigen Standard. Die teureren bieten den Ausblick auf den Hafen. Es gibt auch Familienzimmer mit Stockbetten. Je nach Saison und Wochentag gibt's häufig Preisnachlässe von 50 %.

Cityview HOTEL €€€
(城景國際; außerhalb von Karte S. 532; ☎2771 9111; www.thecityview.com.hk; 23 Waterloo Rd., Yau Ma Tei; Zi. 1880 HK$, 3BZ 2400 HK$, Suite ab 3080 HK$; ⓂYau Ma Tei, Ausgang A2; @) Dieses Hotel wird vom YMCA geführt. Alle 413 Zimmer sind sauber, fesch und in sanften Tönen gehalten. Der Service ist ebenfalls ausgezeichnet. Das Hotel ist nur einen kurzen Spaziergang vom Yau Ma Tei Theatre entfernt.

Caritas Bianchi Lodge PENSION €
(明愛白英奇賓館; Karte S. 532; ☎2388 1111; www.caritas-chs.org.hk/eng/bianchi_lodge.asp; 4 Cliff Rd.; EZ ab 750 HK$, DZ & 2BZ ab 870 HK$, Familienzimmer ab 1080 HK$; ⓂYau Ma Tei, Ausgang D) Dieses Hotel und Gästehaus mit 90 Zimmern liegt gleich abseits der Nathan Rd. (und einen Steinwurf von der MTR-Station Yau Ma Tei entfernt). Die Zimmer sind sauber und haben ein eigenes Bad. Die hinteren Zimmer sind ruhig und einige haben den Blick auf King's Park. Das Frühstück ist im Preis inbegriffen.

Booth Lodge PENSION €€
(卜維廉賓館; Karte S. 532; ☎2771 9266; http://boothlodge.salvation.org.hk; 11 Wing Sing La, Yau Ma Tei; Zi. 620–1500 HK$; ⓂYau Ma Tei, Ausgang D; @) Das Haus mit 53 Zimmern wird von der Heilsarmee geführt. Es ist zwar spartanisch, aber sauber und komfortabel. Die Sparpreise für Zimmer können bis auf 500 HK$ sinken. Das Frühstück ist im Preis inbegriffen.

Nic & Trig's PENSION €
(☎6333 5352; rooms@nostalgic.org; 705 Shanghai St., Mong Kok; Zi. mit Gemeinschaftsbad ab 400 HK$; ⓂPrince Edward, Ausgang C1;) Diese Unterkunft in einem Mietshaus hat drei Zimmer, die jeweils von den 1960er-, 1970er- (Bruce-Lee-Poster) und 1980er-Jahren inspiriert sind. Die Englisch sprechenden Eigentümer sind freundlich und hilfsbereit. Wer sich per E-Mail anmeldet, erhält eine Wegbeschreibung.

NEW TERRITORIES

Günstige Übernachtungen in den New Territories sind eher rar, aber in den entlegeneren Gegenden gibt es sowohl Jugendherbergen als auch Independent Hostels. Die **Country & Marine Parks Authority** (☎1823) unterhält 40 einfache Campingplätze in den New Territories. Weitere Infos gibt's im Internet unter www.afcd.gov.hk unter dem Eintrag „Country & Marine Parks“.

Tao Fong Shan Pilgrim's Hall HOSTEL €
(道風山雲水堂; ☎2691 2739; www.tfssu.org/pilgrim.html; 33 Tao Fong Shan Rd., Sha Tin; EZ/DZ mit Gemeinschaftsbad 260/400 HK$; ⓂEast-Rail-Station Sha Tin, Ausgang B) Dieses Hostel der lutheranischen Kirche liegt an einem Hang. Seine 18 Zimmer sind einfach, aber sauber. Der Weg hierher ist allerdings eine Herausforderung, deshalb die Wegbeschreibung auf der Website genau befolgen oder ein Taxi (rund 30 HK$) ab der MTR-Station Sha Tin nehmen.

Hyatt Regency Hong Kong LUXUSHOTEL €€€
(☎3723 1234; www.hongkong.shatin.hyatt.com; Zi. 2500–3100 HK$, Suite 3700–12 700 HK$; ⓂEast-Rail-Station University, Ausgang B; @) Das Hyatt wird seinem Ruf als

nobelstes Hotel in den New Territories durchaus gerecht. Die Zimmer sind angenehm eingerichtet und bieten einen fesselnden Blick über den Hafen oder die Berge. Das chinesische Restaurant Sha Tin 18 (S. 554) ist ausgezeichnet.

Bradbury Jockey Club Youth Hostel HOSTEL €
(☎2662 5123; www.yha.org.hk; 66 Tai Mei Tuk Rd.; B Mitglieder unter/über 18 Jahre 65/95 HK$, DZ/4BZ Mitglieder 290/420 HK$; 75K) Dieses Hostel, das Flaggschiff des Jugendherbergswerks von Hongkong, ist ganzjährig geöffnet. Hierher geht's mit Bus 75K (275R an Sonn- und Feiertagen) von der East-Rail-Station Tai Po Market bis zur Busendhaltestelle Tai Mei Tuk. Das Hostel liegt an der Straße, die zu dem Stausee führt.

VORGELAGERTE INSELN

Lantau, Lamma und Cheung Chau bieten ausgezeichnete Unterkünfte mit Urlaubsflair. Für Camper unterhält die **Country & Marine Parks Authority** (☎1823) elf Campingplätze auf Lantau. An den Stränden von Hongkong ist das Zelten verboten.

LP TIPP **Espace Elastique** B&B $$
(歸田園居; ☎2985 7002; www.espaceelastique.com.hk; 57 Kat Hing St., Tai O; Zi. So–Do 600–1400 HK$, Fr & Sa 800–2230 HK$; Lantau;) Dieses gemütliche B&B hat vier geschmackvoll eingerichtete Zimmer, zwei mit Balkon mit Blick auf das größte Gewässer von Tai O. Die mehrsprachige Eigentümerin Veronica bietet nützliche Reisetipps und ein herzhaftes Frühstück im Café im Erdgeschoss.

Bali Holiday Resort STUDIOS, APARTMENTS €
(優閒渡假屋; ☎2982 4580; 8 Main St., Lamma; Zi. 280–380 HK$, Apt. 560–760 HK$;) Dies ist eher eine Agentur als eine Ferienanlage als solche. Das Bali hat über 30 Studios und Apartments über die ganze Insel verteilt. Alle haben TVs, Kühlschränke und Klimaanlage und einige davon auch Meerblick. Die Preise verdoppeln sich am Wochenende. Nur in den Apartments gibt's WLAN.

Essen

Als eine der weltweit großartigsten Städte für Gourmets bietet Hongkong kulinarisch immer Spannendes, ganz egal, ob man 20 HK$ in eine Schale mit Nudeln oder ein halbes Vermögen in Haute Cuisine investiert.

Das Beste Chinas ist vertreten, sei es Kantonesisch, die Küche von Shanghai oder aus Nord- und Südsichuan. Darüber hinaus ist die internationale Küche – Französisch, Italienisch, Spanisch, Japanisch, Thai, Indisch, Fusion – eine der besten und abwechslungsreichsten in ganz China.

Das Essengehen in Hongkong ist gemessen an anderen Regionen Chinas teuer, aber immer noch billiger als in anderen Metropolen dieser Welt. Die Qualität der Speisen und des Services ist gleichbleibend hoch im Gegensatz zu vielen Lokalen auf dem chinesischen Festland.

Für die meisten hier aufgeführten Lokale wird die Reservierung empfohlen, besonders zum Abendessen.

INSEL HONGKONG

Die beste Auswahl der Inseln findet sich in Central, Sheung Wan und Wan Chai.

LP TIPP **Manor Seafood Restaurant** KANTON €€€
(富瑤酒家; Karte S. 530; ☎2836 9999; Shop F-G, 440 Jaffe Rd., Causeway Bay; Mahlzeiten ab 300–2000 HK$; ⊙Mittagessen & Abendessen; MCauseway Bay, Ausgang B) Das gehobene Manor bereitet die meisten kantonesischen Gerichte gut zu, aber am bekanntesten ist es für einen heute selten gewordenen Klassiker. *Gum chin gai* (金錢雞; wörtlich „Goldmünzenhuhn", obwohl kein Hühnerfleisch darin enthalten ist) ist ein leckeres „Cholesterinsandwich" mit Hähnchenleber, gegrilltem Schweinefleisch und Speck – alles ist mariniert in chinesischem Wein und auf den Punkt geröstet und wird zwischen Pfannkuchen gegessen. Eine köstliche Sünde, die auf der Zunge zergeht.

Old Bazaar Kitchen SINGAPUR, MALAYSIA €
(老巴剎廚房; Karte S. 530; ☎2893 3998; 207 Wan Chai Rd., Wan Chai; Mittagessen ab 50 HK$, Abendessen ab 150 HK$; ⊙Mo–Sa Mittagessen & Abendessen; MWan Chai, Ausgang A2) Die Gerichte aus Singapur, Malaysia und China in diesem Lokal werden mit mehr Flair als Authentizität zubereitet, aber sie sind überzeugend. Der Hang des Küchenchefs zu wahrer Magie mit kulinarischen Einflüssen hat ihm eine Fangemeinde unter den Gourmands eingebracht.

LP TIPP **AMMO** EUROPÄISCH €€
(Karte S. 526; ☎2537 9888; Asia Society Hongkong Centre, 9 Justice Dr., Admiralty; Mittagessen ab 188 HK$, Abendessen ab 400 HK$;

SELBSTVERSORGER

Die beiden größten Supermarktketten von Hongkong **Park'nShop** (www.parknshop.com) und **Wellcome** (www.wellcome.com.hk) haben so viele Filialen, dass man zwangsläufig an welchen vorbeikommt. **ThreeSixty** (Karte S. 526; www.threesixtyhk.com; Landmark, Central; ⏲Mo–Sa 8–19.30 Uhr) hat etwas mehr Biolebensmittel im Sortiment, ist aber auch teurer. Der Gourmetladen **city'super** (Karte S. 534; www.citysuper.com.hk; Shop 3001, Gateway Arcade, 25–27 Canton Rd., Harbour City, Tsim Sha Tsui; ⏲10–22.30 Uhr) hat attraktive, aber teure Produkte. Eine der Filialen befindet sich auch in der **IFC Mall** (Karte S. 526; www.citysuper.com.hk; Shop 1041–1049, IFC Mall, 8 Finance St., Central; ⏲10.30–21.30 Uhr).

⏲So–Do 11.30–23.30 Uhr, Fr & Sa bis 0.30 Uhr; Ⓜ Admiralty) Ganz in der Farbe von Patronen gehalten, hat dieses schicke Café im Asia Society Centre Kronleuchter und Metallpaneele, die an die Vergangenheit dieses Ortes als Munitionsmagazin erinnern. Die teure Speisekarte ist gut durchdacht. Es gibt eine Auswahl an vorwiegend italienischen Hauptgerichten, und Tapas gibt's zur Cocktailstunde (ab 58 HK$). Unbedingt reservieren.

LP TIPP **Luk Yu Teahouse** KANTONESISCH €€
(陸羽茶室; Karte S. 526; ☎2523 5464; 24–26 Stanley St., Central; Hauptgerichte 100–350 HK$; ⏲7–22 Uhr; Ⓜ Central, Ausgang D2; 👪) Dieses elegante Etablissement ist fraglos das berühmteste Teehaus in Hongkong. Mit seiner Einrichtung im fernöstlichen Art-déco-Stil mit Deckenventilatoren und Bleiglasfenstern könnte es fast der Schauplatz eines geheimnisvollen Krimis sein. *Dim sum* gibt's hier bis 17.30 Uhr.

Sing Kee *DAI PAI DONG* €
(盛記; Karte S. 526; ☎2541 5678; 9–10 Stanley St., Central; Gerichte ab 50 HK$; ⏲ Mittagessen & Abendessen; Ⓜ Central, Ausgang D2) Dies ist einer der wenigen überlebenden *dai pai dongs* (Open-Air-Imbissstände) auf der Insel, der der Flut der Gentrifizierung standgehalten und sich seinen Arbeiterklasse-Charakter bewahrt hat. Es ist nicht auf Englisch ausgeschildert. Einfach nach den voll besetzten Tischen und dem Dampf Ausschau halten, der am Ende der Stanley St. aus dem Kocher quillt.

Lin Heung Kui KANTONESISCH €
(蓮香居; Karte S. 526; ☎2156 9328; 2–3/F, 46–50 Des Voeux Rd. West; Mahlzeiten 120–250 HK$; ⏲6–23 Uhr, *dim sum* bis 15.30 Uhr; 🚌Bus 5B von Des Voeux Rd. Central) Dieses *dim-sum*-Restaurant der alten Schule ist eines der Lokale, in denen Gäste das *dim sum* von den Servierwagen oder an den Kochstationen aussuchen. Die an Großväter erinnernden Kellner tragen immer noch ihre traditionellen weißen Tuniken und servieren Tee aus riesigen Kupferkesseln. Das Lokal ist einfach, daher wird kein Trinkgeld erwartet.

LP TIPP **Life Cafe** VEGETARISCH, WESTLICH €
(Karte S. 526; www.lifecafe.com.hk; 10 Shelley St., Central; Salate 80–90 HK$, Hauptgerichte 80–105 HK$; ⏲9–22 Uhr; 👪🌶) Das Life ist der Traum jedes Vegetariers. Es serviert vegane Biokost und Gerichte, die frei von Gluten, Weizen, Zwiebeln und Knoblauch sind. Das Lokal befindet sich in einem dreistöckigen Vorkriegsgebäude und hat viele gemütliche Sitzecken. Der Feinkostladen im Erdgeschoss hat Leckeres zum Mitnehmen für ein reines Gewissen.

Lung King Heen KANTONESISCH, *DIM SUM* €€€
(龍景軒; Karte S. 526; ☎3196 8888; www.fourseasons.com/hongkong; Four Seasons Hotel, 8 Finance St.; Lunch 450 HK$, Abendessen 1280 HK$; ⏲Mittagessen & Abendessen; Ⓜ Hongkong, Ausgang E1) Das erste Chinarestaurant, das jemals drei Michelin-Sterne verliehen bekam, konnte sie sich erhalten. Die kantonesische Küche wird hier ausgezeichnet zubereitet. Zusammen mit dem Blick auf den Hafen und dem reibungslosen Service ergibt dies ein wirklich traumhaftes kulinarisches Erlebnis.

Posto Pubblico ITALIENISCH, BIO €€
(Karte S. 526; ☎2577 7160; 28 Elgin St, Soho; Lunch ab 130 HK$, Mahlzeiten ab 150 HK$, Cocktails ab 75 HK$; ⏲Frühstück, Mittag- & Abendessen; 🚌26) Ein italienisches Bistro im New Yorker Stil. Das „öffentliche Lokal" serviert köstliches und nachhaltiges Seafood, hochwertiges Fleisch und handverlesenes Gemüse von örtlichen Biobauern. Kein Servicezuschlag.

LP TIPP **Yin Yang** CHINESISCH €€€

(鴛鴦飯店; Karte S. 530; ☎2866 0868; www.yinyang.hk; 18 Ship St.; Lunch 180–280 HK$, Abendessen ab 680 HK$; ⏲Mo–Sa Mittagessen & Abendessen; Ⓜ Wan Chai, Ausgang B2) Margaret Xu, die Küchenchefin des Yin Yang, baut Biogemüse an und verwendet altmodische Utensilien wie Steinmühlen und Terrakotta-Öfen, um Hongkong-Klassiker mit einem zeitgenössischen Einschlag zu kreieren. Das Yin Yang befindet sich in einem prachtvollen historischen Gebäude (ca. 1930er-Jahre). Das Abendessen ist ein schmackhaftes Menü. Es empfiehlt sich, mindestens fünf Tage im Voraus zu reservieren. Laut Website ist eine Anzahlung zu leisten, aber die ist verhandelbar.

San Xi Lou SICHUAN-KÜCHE €€

(三希樓; Karte S. 526; ☎2838 8811; 76. OG Coda Plaza, 51 Garden Rd., Admiralty; Mahlzeiten 200–450 HK$; ⏲11–22.30 Uhr; 🚌12A von Ⓜ Admiralty) Die frischen Zutaten und die Komplexität der Gewürze lassen gleich erkennen, dass dies die beste Küche nach Sichuan-Art in Hongkong ist. Wer's immer noch nicht glaubt, wird es wohl angesichts der großen Zahl an Exil-Sichuanesen tun, die sich unter den Stammgästen befinden.

LP TIPP **Pure Veggie House** VEGETARISCH, CHINESISCH $$

(Karte S. 526; ☎2525 0556; 3. OG, Coda Plaza, 51 Garden Rd., Admiralty; Mahlzeiten 200–400 HK$; ⏲11–22 Uhr; 🚌Bus 12A von Ⓜ Admiralty; 🖉) Dieses buddhistische Restaurant bereitet ein paar der besten vegetarischen Gerichte weit und breit zu. Das leckere Glutamatfreie *dim sum* und eine Auswahl an kreativen chinesischen Gerichten werden von Personal mit guten Manieren serviert. Die Umgebung erinnert an ein rustikales Gasthaus.

Joon Ko Restaurant KOREANISCH €€

(純子餐廳; Karte S. 530; 209 Jaffe Rd., Wan Chai; Lunch ab 11 HK$, Abendessen ab 200 HK$; ⏲Lunch & Abendessen; Ⓜ Wan Chai, Ausgang A1; 🖉) Dieses kleine, familiär geführte Lokal wurde von koreanischen Freunden empfohlen. Fleischliebhaber sollten die Rinderrippchen und Ochsenzunge versuchen, während Vegetarier sich die kalten Nudeln nicht entgehen lassen sollten.

L'Atelier de Joël Robuchon FRANZÖSISCH €€€

(Karte S. 526; ☎2166 9000; www.joel-robuchon.com; Shop 401, Landmark, Queen's Rd. Central, Central; Mittagessen ab 398 HK$, Abendessen ab 980 HK$; ⏲Lunch & Abendessen; Ⓜ Central, Ausgang G) Diese rot-schwarze, dreigeteilte Wunderwerkstatt des Promi-Küchenchefs von Hongkong hat eine reizvolle Liste an Tapas. Wer auf Haute Cuisine steht, besucht das **Le Jardin** nebenan, das auch Frühstück serviert (Mo–Sa 7.30–10 Uhr). **Le Salon de The** (⏲8–20 Uhr), eine Etage tiefer, hat einige der besten Sandwiches, Pasteten und Kuchen der Stadt zum hier Essen oder Mitnehmen.

Yung Kee KANTONESISCH €€

(鏞記酒家; Karte S. 526; www.yungkee.com.hk; 32–40 Wellington St., Central; Gerichte 300–600 HK$; ⏲11–23.30 Uhr; Ⓜ Central, Ausgang D2) Die Gänsebraten in den Kohleöfen sind schon seit 1942 Stadtgespräch. Zur Mittagszeit ist das Yung Kee ein beliebtes *dim-sum*-Lokal für die Arbeiter von Central.

Yardbird JAPANISCH €€

(Karte S. 526; ☎2547 9273; 33–35 Bridges St.; Gerichte ab 300 HK$; ⏲Mo–Sa 18–open end; 🚌26) Das japanische Bistro mit einem New Yorker Touch ist der Ort, um zu sehen und gesehen zu werden. Der Bartisch in der Mitte der Bühne ist der Mittelpunkt eines festlichen Raums. Die Yakitori und Sake sind erstklassig. Reservierungen werden nicht akzeptiert.

Piccolo Pizzeria & Bar ITALIENISCH €€

(☎2824 3000; Shop 1E, Davis St., Kennedy Town; Gerichte ab 150 HK$; ⏲Mo Abendessen, Di–Sa Mittagessen & Abendessen; 🚌 5B oder 5X ab Central) Das Piccolo befindet sich am Westende der Insel und serviert fraglos die beste Pizza der Stadt. Die offene Küche erlaubt den Gästen, den riesigen Gasofen durch die Glaswand zu bestaunen.

LP TIPP **Irori** JAPANISCH €€

(酒處; Karte S. 530; ☎2838 5939; 2. OG, Bartlock Centre, Yiu Wa St, Causeway Bay; Lunch ab 150 HK$, Abendessen ab 300 HK$; ⏲Lunch & Abendessen; Ⓜ Causeway Bay, Ausgang A) Iroris vielseitige Küche gibt rohe und gekochte Delikatessen von hohem Standard aus. Aus Japan eingeflogener Fisch der Saison wird sorgfältig zu Sushi verarbeitet. Als Appetitanreger gibt es eine kreative Auswahl an leckeren Häppchen, wie gebratenen Rindfleischrollen und Yakitori.

Thai Som Tum THAI-KÜCHE €

(泰爽甜; außerhalb von Karte S. 530; ☎3622 1795; Shop C1, 2/F, Electric Road Municipal Services Bldg, 229 Electric Rd., North Point; Gerichte

50–100 HK$; ⌚Mo–Fr Mittagessen, Mo–So Abendessen; Ⓜ Fortress Hill, Ausgang B; ✎) Lebhafter Imbissstand, der die teuflische Kunst des Bratens und Grillens perfektioniert hat. Der „Schweinenacken" wird in saftige Scheiben geschnitten und à la minute gegrillt. In der Wartezeit kippt man einfach ein Singha. Der leckere Bratfisch nach Thai-Art wird wie eine Stammesfrisur präsentiert und entzückt schon beim bloßen Ansehen.

Teakha TEEHAUS €

(茶家; Karte S. 526; ☎2858 9185; Shop B, 18 Tai Ping Shan St., Sheung Wan; ⌚Mi–Fr 11–18 Uhr, Sa & So 12–19 Uhr; 🚌26) Biomilchtees, sei es indischer Chai oder Hojicha-Latte, werden am besten mit einem hausgemachten Scone in dieser Oase abseits der Hauptstraße genossen. Das Teegeschirr ist so süß, dass es gerne als Souvenir gekauft wird.

KOWLOON

Große Auswahl sowohl im Hinblick auf die Art der Küche als auch auf den Geldbeutel, vor allem in Tsim Sha Tsui. Die eher einheimisch orientierten Lokale befinden sich weiter im Norden.

LP TIPP **Dong Lai Shun** NORDCHINESISCH €€

(東來順; Karte S. 534; ☎2733 2020; www.rghk.com.hk; B2, The Royal Garden, 69 Mody Rd., Tsim Sha Tsui; Mittagessen 200–400 HK$, Abendessen 300–450 HK$; ⌚Lunch & Abendessen; Ⓜ East Tsim Sha Tsui, Ausgang P2; ✎) Während die Festlandfilialen dieser Kette aus Beijing schwankende Qualität liefern, ist die Filiale in Hongkong hervorragend. Neben nordchinesischen Gerichten, die köstlich zubereitet werden, stehen auf der Speisekarte in Telefonbuchstärke auch Lieblingsgerichte aus Kanton, Sichuan und Shanghai, die in elegantem Ambiente serviert werden.

Tin Lung Heen KANTONESISCH €€€

(天龍軒; außerhalb von Karte S. 534; ☎2263 2270; www.ritzcarlton.com/hongkong; 102. OG, Ritz-Carlton Hongkong, International Commerce Centre, 1 Austin Rd. W, West Kowloon; Gerichte 300–1800 HK$; ⌚Mittagessen & Abendessen; Ⓜ Kowloon, Ausgang U3) Die Atmosphäre hier ist beeindruckend – so als ob jederzeit Hu Jintao für seinen gebratenen Reis hereinspazieren würde. Aber der Service ist persönlich und wir waren berauscht von dem weiten Blick über West Kowloon. Das berühmte *char siu* (Grillfleisch) zu 218 HK$ ist das teuerste Schwein vom Grill der Stadt, aber es stammt vom spanischen Iberico-Schwein und den Unterschied schmeckt man.

LP TIPP **Kowloon Tang** CHINESISCH €€€

(九龍廳; außerhalb von Karte S. 534; ☎2811 9398; www.kowloontang.com; Shop R002–003, Civic Square, 3. OG, Elements Mall, 1 Austin Rd., West Kowloon; Gerichte 300–2000 HK$; ⌚12–22.30 Uhr; Ⓜ Kowloon, Ausgang U3) Das Kowloon Tang befindet sich oben in der Elements Mall und serviert ausgezeichnete kantonesische Klassiker, eine schrecklich gute Peking-Ente (24 Std. im Voraus bestellen) und köstliche europäische Desserts in einem schicken Retro-Ambiente. Hier gibt's auch tolle Cocktails!

Ziafat ARABISCH, INDISCH €

(Karte S. 534; ☎2312 1015; 6. OG, Harilela Mansion, 81 Nathan Rd., Tsim Sha Tsui; Gerichte 120–200 HK$; ⌚11–24 Uhr; Ⓜ Tsim Sha Tsui, Ausgang R; ✎) Dieses Halal-Restaurant serviert leckere arabische und indische Küche. Es befindet sich in einem alten Gebäude, in dem es auch Budgetunterkünfte gibt. Das Restaurant selbst ist sauber und bescheiden mit arabischer Kunst eingerichtet. Die Tische in der Nähe des Eingangs sind für Wasserpfeifenraucher reserviert.

Typhoon Shelter Hing Kee Restaurant KANTONESISCH €€€

(避風塘興記; Karte S. 534; ☎2722 0022; 1 OG, Bowa House, 180 Nathan Rd., Tsim Sha Tsui; Gerichte 300–1000 HK$; ⌚18–5 Uhr; Ⓜ Jordan, Ausgang D) Dieses Promilokal wird von einer resoluten Fischerstochter geführt, die für ihre brillanten Gerichte bekannt ist, die wie auf einem Sampan zubereitet werden. Der Service kann allerdings etwas schroff sein. Unbedingt über die Preise der „saisonalen Gerichte", die bestellt werden sollen, informieren.

Ye Shanghai SHANGHAI-KÜCHE, *DIM SUM* €€€

(夜上海; Karte S. 534; ☎2376 3322; www.elite-concepts.com; 6. OG, Marco Polo Hotel, Harbour City, Canton Rd., Tsim Sha Tsui; Gerichte 300–600 HK$; ⌚Mittagessen & Abendessen; Ⓜ East Tsim Sha Tsui, Ausgang L4) Der Name bedeutet „Shanghai Nächte". Dunkles Holz und indirekte Beleuchtung, die vom Shanghai der 1920er-Jahre inspiriert sind, sorgen für eine romantische Atmosphäre. Die modernen Shanghaier Kreationen sind ebenfalls hervorragend. Die einzige Ausnahme dieser Jiangnan-Harmonie ist das kantonesische *dim sum*, das zum Mittagessen serviert wird. Allerdings schmeckt es trotzdem wunderbar.

Woodlands INDISCH, VEGETARISCH €
(活蘭印度素食; Karte S. 534; ☎2369 3718; Hochparterre, 16 & 17 Wing On Plaza, 62 Mody Rd.; Gerichte 55–130 HK$; ⏲12–15.30 Uhr & 18.30–22.30 Uhr; ⓂEast Tsim Sha Tsui, Ausgang P1; ✎) Das gute alte Woodlands liegt über einem Kaufhaus und serviert indische vegetarische Küche, die ihr Geld absolut wert ist, für Landsleute und den einen oder anderen Einheimischen. Wer sich nicht entscheiden kann, sollte das *thali*-Menü wählen, ein rundes Metalltablett mit Kostproben von zehn Gerichten, Dessert und Brot.

Kimberley Chinese Restaurant KANTONESISCH €€
(君怡閣中菜廳; Karte S. 534; ☎2369 8212; Etage M, Kimberley Hotel, 28 Kimberley St., Tsim Sha Tsui; Gerichte ab 400 HK$; ⓂTsim Sha Tsui, Ausgang B1) Das Lokal ist berühmt für das Kimberley-Schwein – ein 30 Tage altes Ferkel, das mit Klebreis gefüllt wird, der mit Schalotten und Knoblauch gekocht wird. Danach wird alles zusammen gebraten. Von einem Ferkel (900 HK$) werden mindestens fünf Esser satt. Zwei Tage im Voraus bestellen. Es wird eine (verhandelbare) Anzahlung von 200 HK$ verlangt.

Wo Mei Restaurant KANTONESISCH €€
(和味館; ☎2748 0002; EG, 29–33 Shun Ning Rd., Cheung Sha Wan; Gerichte 100–400 HK$; ⏲Mittagessen & Abendessen; ⓂCheung Sha Wan, Ausgang A2; ✎) Die Zutaten werden sorgfältig ausgewählt, und die Gerichte kommen dampfend auf den Tisch. Es gibt aber noch einen Grund, warum Wo Mei zwar bei Restaurantkritikern, aber nicht bei Vegetariern beliebt ist – es ist berühmt für gruseliges Ungetier wie Bambuswürmer und Honigbienenlarven, die gebraten und mit Salz und Pfeffer serviert werden.

Stables Grill EUROPÄISCH €€€
(Karte S. 534; ☎3988 0104; www.hulletthouse.com; 1881 Heritage, Hullett House, 2A Canton Rd., Tsim Sha Tsui; Gerichte ab 400 HK$; ⏲12–22.30 Uhr; ⛴Star Ferry; ✎) Die Heimat der Pferde des ehemaligen Hauptquartiers der Marinepolizei ist heute ein stimmungsvolles Restaurant mit Tischen, die bis in den hübschen Garten reichen. Auf der Karte stehen Grillgerichte und eine Auswahl an Tapas und Pasta. Die Servicequalität schwankt, aber bei dem Ambiente sieht man doch gerne darüber hinweg.

AUSGEDRÜCKT

In Hongkong ist das Rauchen in allen Restaurants, Bars, Einkaufszentren und Museen verboten – sogar an den Stränden und in den öffentlichen Parks – nur in den Lokalen unter freiem Himmel ist es noch erlaubt. Einige Bars riskieren jedoch Ordnungsstrafen, um mehr Gäste außerhalb der Stoßzeiten anzulocken. Man erkennt sie daran, dass lässig Aschenbecher auf den Tisch gestellt werden.

Din Tai Fung TAIWANESISCH, NUDELN €€
(鼎泰豐; Karte S. 534; www.dintaifung.com.tw; Shop 130, 3. OG, 30 Canton Rd., Tsim Sha Tsui; Gerichte 120–300 HK$; ⏲11.30–22.30 Uhr; ⓂTsim Sha Tsui, Ausgang C1; ✎) Ob man nun Gelüste auf bodenständige Küche oder Kohlenhydrate hat, die Klöße und Nudeln in diesem mit einem Michelin-Stern ausgezeichneten taiwanesischen Kettenrestaurant sind die Rettung. Warteschlagen sind normal; keine Reservierungen.

Spring Deer NORDCHINESISCH €€
(鹿鳴春飯店; Karte S. 534; ☎2366 4012; EG, 42 Mody Rd., Tsim Sha Tsui; Gerichte 80–550 HK$; ⏲Mittagessen & Abendessen; ⓂTsim Sha Tsui, Ausgang N2) Hier wird der authentischste Lammbraten nach nordchinesischer Art von ganz Hongkong serviert und die Pekingente ist ordentlich, aber der Service kann so herzlich wie der Winter in Beijing anno 1967 sein. Unbedingt im Voraus servieren.

Mido Café TEEHAUS, CHINESISCH €
(美都餐室; Karte S. 532; 63 Temple St.; Gerichte 25–80 HK$; ⏲9–22 Uhr; ⓂYau Ma Tei, Ausgang B2) Das im Jahr 1950 eröffnete antike *cha chaan tang* (einheimisches „Teehaus") mit seinen Mosaikkacheln und dem Metallgitterwerk befindet sich an einer Straßenecke, die bei Sonnenuntergang lebendig wird. Am besten in den oberen Stock gehen und einen Platz an den vergitterten Fenstern mit Blick auf den Tempel Tin Hau wählen.

NEW TERRITORIES

Die New Territories haben eine kleinere Auswahl an ethnischen Restaurants als Kowloon und Hongkong, aber dafür ein reichhaltiges Angebot an Seafood und einheimischen Restaurants.

LP TIPP **Loaf On**

KANTONESISCH, MEERESFRÜCHTE $$

(六福菜館; ☎2792 9966; 49 Market St.; Gerichte ab 200 HK$; ⊙Mittagessen & Abendessen) In diesem mit einem Michelin-Stern ausgezeichneten Restaurant kommt mittags der Fisch auf den Tisch, der morgens in den Gewässern um Sai Kung gefangen wurde. Es gibt keine englischen Schilder, aber das Lokal ist an dem einsamen Esstisch erkennbar, der draußen festgemacht ist. Unbedingt vorher reservieren.

Dah Wing Wah KANTONESISCH, *DIM SUM* €

(大榮華酒樓; ☎2476 9888; 2. OG, Koon Wong Mansion, 2–6 On Ning Rd.; *dim sum* 14 HK$, Gerichte ab 150 HK$; ⊙6–24 Uhr; Stadtbahnstation Tai Tong Rd.) Der von Michelin empfohlene Oldie ist *der* Ort, wenn man die Küche der Ringmauerdörfer in den New Territories probieren möchte. Kantonesisches dim sum wird ganztags serviert.

Ho To Tai Noodle Shop KANTONESISCH €

(好到底麵家; ☎2476 2495; 67 Fau Tsoi St.; Gerichte ab 30 HK$; ⊙8–20 Uhr; Stadtbahnstation Tai Tong Rd.) Eines der weltweit günstigsten Michelin-Restaurants. Diese 60 Jahre alte Yuen-Long-Institution ist am besten für frische kantonesische Eiernudeln und Shrimprogennudeln bekannt.

Sha Tin 18 NORDCHINESISCH €€€

(沙田 18; ☎3723 1234; www.hongkong.shatin.hyatt.com; Hyatt Regency Hongkong, 18 Chak Cheung St., Sha Tin; Gerichte 280–800 HK$; ⊙11.30–15 Uhr & 17.30–22.30 Uhr; M East-Rail-Station University;) Die Pekingente hier hat dieses Hotelrestaurant seit seiner Eröffnung 2009 ins gastronomische Rampenlicht gerückt. Das preisgekrönte Federvieh muss 24 Stunden im Voraus gebucht werden.

LP TIPP **Honeymoon Dessert** DESSERTS €

(滿記甜品; www.honeymoon-dessert.com; 9–10A, B&C Po Tung Rd., Sai Kung; Gerichte 30 HK$; ⊙13–2.45 Uhr; M East-Rail-Station Sha Tin, dann Bus 299;) Dieser Laden ist auf chinesische Desserts wie süße Walnusssuppe und Durianpudding spezialisiert. Er ist so erfolgreich, dass er in ganz China und Indonesien Filialen hat, schon alleine 20 davon in Hongkong.

VORGELAGERTE INSELN

Auf Lamma ist die Auswahl in Yung Shue Wan und Sok Kwu Wan am größten. Es sind auch einige gute Speiselokale auf Lantau und ein paar wenige auf Cheung Chau zu finden.

Bookworm Cafe CAFÉ, VEGETARISCH €

(南島書蟲; ☎2982 4838; bookwormcafe.com.hk; 79 Main St., Yung Shue Wan; ⊙Mo–Fr 10–21 Uhr, Sa 9–22 Uhr, So 9–19 Uhr; @;) Für Vegetarier ist das Bookworm der siebte Himmel. Das Urgestein der gesunden und ökologischen Küche in der Gastroszene Hongkongs. Das Café ist gleichzeitig auch ein Secondhand-Buchladen.

Solo CAFÉ €

(☎9153 7453; 86 Kat Hing St., Tai O; Gerichte ab 40 HK$; ⊙Mo–Sa 11–18 Uhr; 1 ab Mui Wo) Vor der Kulisse von Stelzenhäusern und saftigen Bergen lädt diese sonnenverwöhnte Terrasse direkt über dem Wasser zu trägen Nachmittagen bei einer guten Tasse Kaffee ein. Die Kuchen und Pies sind ebenso verführerisch wie der frisch geröstete Kaffee.

Ausgehen

Lan Kwai Fong (LKF) in Central ist ein Synonym für das Nachtleben von Hongkong: Alle kommen hierher, von Expats über chinesische Anzugträger bis hin zu Touristen. Allgemein sind die Kneipen in Wan Chai billiger und entspannter (manche sagen zwielichtiger), obwohl schicke neue Lokale rasch rund um Star St. entstanden sind. Die Kneipen in Kowloon werden eher von Einheimischen besucht. Die meisten Lokale gewähren während der Happy Hour Preisnachlässe auf Getränke, gewöhnlich ab dem späten Nachmittag bis zum frühen Abend – etwa 16 bis 20 Uhr – aber in jedem Lokal ticken die Uhren anders.

INSEL HONGKONG

LP TIPP **The Globe** BAR

(Karte S. 526; 45–53 Graham St., Soho; ⊙Happy Hour 9–20 Uhr; M Central, Ausgang D1) Neben der beeindruckenden Karte der importierten Weine und Biersorten ist der Gastro-Pub Globe eine der wenigen Bars in der Stadt, die Typhoon servieren. Das ist das erste Ale, das in Hongkong gebraut wird und im Fass reift. Die Bar in beneidenswerter Lage hat einen riesigen Speisebereich mit langen Holztischen und bequemen Bankettsaal, in dem allgemein verträgliche Kost serviert wird.

Club 71 BAR

(七一吧; Karte S. 526; Basement, 67 Hollywood Rd., Central; ⊙Mo–Sa 15–2 Uhr, So 18–1 Uhr; Bus 26) Diese nach einem Protestmarsch am 1. Juli 2003 benannte Bar ist eine Zuflucht für Künstler, Bohemiens und die sozial Aufgeklärten. Dorthin geht's über einen scharfen Abzweig vom Hollywood Rd. rechts in eine enge Gasse oder über einen kleinen Pfad, der westlich von der Peel St. abzweigt.

Gecko Lounge LOUNGE, WEINBAR

(Karte S. 526; ☎2537 4680; Souterrain, 15–19 Hollywood Rd.; ⏲16–2 Uhr, Fr & Sa 16–4 Uhr, Happy Hour 18–21 Uhr; Ⓜ Central, Ausgang D1) Zugang über die schmale Ezra's Lane abseits der Cochrane St. oder Pottinger St. Das Gecko ist eine intime Lounge und Weinbar, die von einem freundlichen französischen Sommelier mit einem Faible für Absinth geführt wird. Der gut versteckte DJ mischt gute Sounds mit verrückten Pariser Stücken.

8th Estate Winery WEINBAR €

(☎2518 0922; www.the8estatewinery.com; Zimmer 306, 3. OG, Harbour Industrial Centre, 10 Lee Hing St., Ap Lei Chau; Eintritt 100 HK$; ⏲Sa 14–17 Uhr, Mo–Fr nach Vereinbarung; 🚌90 vom Exchange Square in Central) Diese Weinkellerei hat kein Chateau und keine Weinberge. Trotzdem können Weine „Made in Hongkong" draußen auf der Terrasse genossen werden, die einen weiten Blick über den Ozean bietet, oder in den rustikalen Räumen mit den Fässern. Von der Busendhaltestelle Ap Lei Chau aus nimmt man ein Taxi hierher (20 HK$).

Amo Eno WEINBAR

(Karte S. 526; Shop 3027, Podium Level 3, IFC Mall, 1 Harbour View St.; Ⓜ Hongkong, Ausgang E) „Liebe Wein" verspricht ein gehobenes Weinerlebnis, egal, ob man Debutant oder ein Connoisseur ist. Auf einem Touchscreen kann man nach Farbe, Rebsorte und Preis auswählen und die Größe des Glases selbst bestimmen, in dem der Wein aus einer der 72 Flaschen, die in Weinautomaten verwahrt werden, gekostet wird.

LP TIPP **Sevva** COCKTAILBAR

(Karte S. 526; ☎2537 1388; www.sevva.hk; 25 OG, Prince's Bldg, 10 Chater Rd., Central; ⏲Mo–Do 12–24 Uhr, Fr & Sa bis 2 Uhr; Ⓜ Central, Ausgang H) Wenn es eine unbezahlbare Aussicht in Hongkong gibt, dann die vom Balkon dieser stilvollen Bar – Wolkenkratzer so nahe, dass ihre Stahlarterien zu erkennen sind, der Hafen und Kowloon in der Ferne. Am Abend sind die Cocktails im

TANZEN, TANZEN!

In der Stadt finden sich jede Menge Gelegenheiten zum Tanzen.

Tango

Hongkong hat eine eifrige Tango-Gemeinde. **Tango Tang** (www.tangotang.com), die prominenteste aller Schulen, führt Tango-Veranstaltungen, auch die anderer Veranstalter, auf seiner Website auf. Man kann zu jeder der *milongas* (Tanzparties), die wöchentlich überall in der Stadt stattfinden, einfach hingehen. Das **Hong Kong Tango Festival** (www.hktangofest.com), das zum Jahresende abgehalten wird, bietet Kurse, Workshops und noch mehr Partys. Weitere Informationen stehen auf der Website.

Salsa

Hongkongs lebendige Salsa-Community bietet wöchentliche Clubnächte, die jeder besuchen kann, der etwas Spaß möchte. Siehe www.dancetrinity.com oder www.hongkong-salsa.com. Das jährliche **Hong Kong Salsa Festival** (http://hksalsafestival.com) findet im Februar statt und zieht Teilnehmer aus der ganzen Welt an.

Swing

Wer auf Swing steht, findet Veranstaltungen mit Live-Jazzbands (und kostenlose Anfängerkurse) mindestens sechsmal pro Monat. Siehe Kalender auf www.hongkongswings.com.

Queer-Tanztee

Party mit tollen Drag-Gastgeberinnen jeden ersten und dritten Monat in der schwulenfreundlichen Bar **Tivo** (S. 526; 43–55 Wyndham St., Central; ⏲So geschl.; Ⓜ Central, Ausgang D2). Das bunte Treiben beginnt um 19 Uhr.

ABSTECHER

HONGKONGS HIDDEN AGENDA

Hidden Agenda (☉9170 6073; www.hiddenagendahk.com; 2A, Wing Fu Industrial Bldg, 15–17 Tai Yip St, Kwun Tong; Ⓜ Ngau Tau Kok, Ausgang B6) wurde in einem geheimen Bandprobenraum in der Industriestadt Kwun Tong gegründet und wurde zu einem Synonym für Untergrundmusik in Hongkong. Heute sitzt es in einem ehemaligen Lagerhaus und hat Platz für 300 Besucher. Generell ist die Musik eher laut und animiert zum Headbanging, doch der Mix der Genres umfasst inzwischen Post-Rock, Reggae, Jazz, Folk, Techno und Punk.

Sowohl lokale (Chochukmo, Hungry Ghosts) als auch ausländische Bands (Tahiti 80, The Chariot, Anti-Flag, Two Gallants, Alcest, Pitchtuner) sind hier schon aufgetreten. Konzerte gibt's allwöchentlich. Aktuelle Informationen auf der Website.

Sevva eine wunderbare Ausrede, um sich der atemberaubenden Aussicht einfach hinzugeben.

LP TIPP Executive Bar LOUNGEBAR
(Karte S. 530; ☎2893 2080; 7. OG, Bartlock Centre, 3 Yiu Wa St., Causeway Bay; ☉Mo–Sa 17–1 Uhr; Ⓜ Causeway Bay, Ausgang A) Wer einfach auf gut Glück in dieser clubartigen, ziemlich maskulinen Bar hoch über Causeway Bay aufkreuzt, wird nicht bedient – Besuch nur nach Vereinbarung. Klingt vielleicht merkwürdig, lohnt aber trotzdem den Weg für alle, die auf Whisky und Bourbon stehen. Mehrere Dutzend Sorten werden hier in großen Weinbrandschwenkern auf großen Klumpen Eis serviert, das der japanische Barkeeper von Hand zerschlägt.

Delaney's BAR, PUB
(Karte S. 530; EG & 1. OG, One Capital Place, 18 Luard Rd., Wan Chai; ☉Happy Hour 12–21 Uhr; Ⓜ Wan Chai, Ausgang C) In dieser beliebten irischen Kneipe kann man zwischen dem Schwarz-weiß gefliesten Pub im Erdgeschoss und der Sportbar und dem Restaurant im 1. OG wählen. Das Essen ist gut und reichlich.

Pawn BAR, PUB
(Karte S. 530; www.thepawn.com.hk; 62 Johnston Rd., Wan Chai; Ⓜ Wan Chai, Ausgang A3) Dieser ansehnliche dreistöckige Gastro-Pub stellte früher ein Mietshaus und ein Jahrhunderte altes Pfandleihhaus dar. Inzwischen ist es ein Restaurant und eine Bar. Die latschigen Sofas, Inneneinrichtung im Shabby Chic und Terrasse mit Blick auf die Straßenbahnschienen machen es zu einem angenehmen Ort, um die große Auswahl an Lager, Bitter und Wein durchzuprobieren.

KOWLOON

LP TIPP Butler BAR
(Karte S. 534; 5. OG, Mody House, 30 Mody Rd., Tsim Sha Tsui; Eintritt 200 HK$; Ⓜ East Tsim Sha Tsui (Ausgang N2)) Ein Cocktail- und Whisky-Traum, der sich in einem Wohngebiet von TST verbirgt. Man kann hier in einem Whisky-Magazin blättern und dabei dem Barkeeper, Uchida, zuschauen, wie er seine magischen Mixturen mit dem Flair und der Präzision eines Meistermixers in Ginza zusammenbraut.

Ozone BAR
(außerhalb von Karte S. 534; ☎2263 2263; 118. OG, ICC, 1 Austin Rd., West Kowloon; ☉17–2 Uhr; Ⓜ Kowloon, Ausgang U3) Asiens höchste Bar ist fantasievoll mit Säulen eingerichtet, die wie Schokoladenbrunnen im Hurrikan aussehen, mit Myriaden von Glasscherben und farbwechselnden Illuminationen. Ebenso betörend ist die übervolle Weinkarte, auf der die teuerste Flasche zu 150 000 HK$ angeboten wird. Ein einmaliges Erlebnis in mehr als einer Hinsicht.

Ned Kelly's Last Stand PUB
(Karte S. 534; ☎2376 0562; 11A Ashley Rd., Tsim Sha Tsui; ☉Happy Hour 11.30–21 Uhr; Ⓜ Tsim Sha Tsui, Ausgang L5) Das nach einem australischen Busch-Ranger benannte Ned's ist einer der ältesten Pubs von Hongkong. Viele Gäste kommen wegen der entspannten Atmosphäre und der Dixieland-Jazzband, die zwischen den Sets Witze reißt. Die Bar ist voller alter Poster und sonstiger Andenken an Australien.

Tapas Bar TAPASBAR
(Karte S. 534; www.shangri-la.com; Lobby, Kowloon Shangri-La, 64 Mody Rd., Tsim Sha Tsui East; ☉15.30–1 Uhr; Ⓜ East Tsim Sha Tsui, Ausgang P1) Eine intime Stimmung und das Dekor

im Bistro-Stil machen die Tapasbar zu einem feinen Plätzchen, um sich nach einem anstrengenden Sightseeing-Tag bei Sekt und Tapas zu entspannen.

☆ Unterhaltung

Hongkonger arbeiten hart und spielen noch härter. Um herauszufinden, was gerade geht, besorgt man sich am besten ein Exemplar des Veranstaltungskalenders *HK Magazine* (http://hk-magazine.com). Er ist kostenlos, erscheint freitags und liegt in den Restaurants, Bars und Hotels aus. Wer noch mehr Infos möchte, kauft sich den zweiwöchentlich erscheinenden *Time Out* (www.timeout.com.hk) am Zeitschriftenkiosk. Außerdem lohnt sich ein Blick in das kostenlose *bc magazine* (www.bcmagazine.net).

Die drei größten Ticketagenturen, **Urbtix** (☎2734 9009; www.urbtix.hk; ⏲10–20 Uhr), **Cityline** (☎2317 6666; www.cityline.com.hk) und **Hongkong Ticketing** (☎3128 8288; www.hkticketing.com; ⏲10–20 Uhr) verkaufen die Tickets zu jedem großen Ereignis in Hongkong. Buchen kann man über die Websites oder per Telefon.

Kino

Tickets gibt es bei Cityline (für Mainstreamfilme) und Urbtix (für alternatives Kino). Wer auf Arthouse-Filme steht, sollte sich für die **Broadway Cinematheque** (Karte S. 532; ☎2338 3188; www.cinema.com.hk (Rubrik „Cinematheque"); Prosperous Garden, 3 Public Square St., Yau Ma Tei; ⏲11.30–22.30 Uhr) interessieren.

Kantonesische Oper

Hongkong ist einer der besten Orte, um eine kantonesische Oper zu sehen. **Sunbeam Theatre** (www.ua-sunbeam.com; 423 King's Rd., North Point) und das Yau Ma Tei Theatre (siehe S. 539) widmen sich dieser Kunstform. Buchen kann man über Urbtix oder Cityline.

Livemusik

LP TIPP Street Music Series LIVEMUSIK
(☎2582 0280; www.hkac.org.hk; ⏲18.30–21 Uhr, 1 Freitag pro Monat) An einem Freitag im Monat gibt der Musiker Kung Chi-sing ein kostenloses Freiluftkonzert vor dem **Hong Kong Arts Centre** (Karte S. 530; 香港藝術中心; 2 Harbour Rd., Wan Chai; ⓂAdmiralty, Ausgang E2). Die bunten Line-ups haben schon alles von Indie-Rock und Jazz über kantonesische Oper bis hin zu Mozart geboten. Zu den Anhängern dieser ausgezeichneten Musik von professioneller Qualität (Kung hat eine klassische Musikausbildung), die in einer elektrisierenden Atmosphäre aufgeführt wird, gehörten auch schon die Generalkonsuln von Venezuela und Kanada. Auf der Website stehen die Termine.

LP TIPP Peel Fresco LIVEMUSIK
(Karte S. 526; www.peelfresco.com; 49 Peel St., Central; ⏲Mo–Sa 17 Uhr–open end) In diesem klassischen Jazzlokal fallen vor allem die riesigen Gemälde ins Auge. Es ist auch für die Popstars berühmt, die hier ein- und ausgehen. Soul und Reggae werden hier ebenfalls gespielt.

Grappa's Cellar LIVEMUSIK
(Karte S. 526; ☎2521 2322; www.elgrande.com.hk/outlets/HongKong/GrappasCellar; 1 Connaught Pl, Central; ⓂHongkong, Ausgang B2) Mindestens an zwei Wochenenden pro Monat mutiert dieses italienische Restaurant zu einer Jazz- oder Rockkneipe. Informationen zu Events und Eintrittskarten per Telefon oder auf der Website.

Sheung Wan Civic Centre LIVEMUSIK
(Karte S. 526; 上環文娛中心; ☎Buchung 2853 2678, Auskunft 2853 2689; 5. OG, Sheung Wan Municipal Services Bld, 345 Queen's Rd Central, Sheung Wan; ⏲9–23 Uhr, Kartenschalter 10–18.30 Uhr; ⓂSheung Wan, Ausgang A2) Dieses staatlich geführte Veranstaltungszentrum, das sich in demselben Gebäude wie ein Wet Market und einige Garküchen befindet, bietet ganzjährig Aufführungen in Richtung Drama von lokalen Theaterensembles, von denen einige äußerst experimentell sind, sowie Konzerte von Independent-Musikern und Bands.

Makumba Africa Lounge LIVEMUSIC
(Karte S. 526; ☎2522 0544; http://makumbahk.com; 2. OG., Ho Lee Commercial Bldg, 38–44 D'Aguilar St., Lan Kwai Fong, Central; ⏲17 Uhr bis open end) Dies ist der wichtigste Club für afrikanische und Reggae-Musik.

Schwulen- & Lesbentreffs

Die aktuellen Infos stehen auf **Utopia Asia** (www.utopia-asia.com/hkbars.htm), **Gay HK** (www.gayhk.com) oder im kostenlosen monatlichen Magazin **Dim Sum** (http://dimsum-hk.com).

Hongkongs wichtigste Organisation für Lesben, **Les Peches** (☎9101 8001; lespeches info@yahoo.com), hat monatlich Events für Lesben, Bi-Frauen und deren Freundinnen.

Propaganda CLUB
(Karte S. 526; Tiefparterre, 1 Hollywood Rd., Central; Eintritt am Wochenende 160 HK$; ⌚Di–Sa 21 Uhr bis open end) Hongkongs wichtigster Dance-Club für Schwule. Mit dem Eintrittspreis für's Wochenende hat man am Freitag auch freien Eintritt ins Works darunter. Eingang an der Ezra's Lane.

T:me BAR
(Karte S. 526; ☎2332 6565; www.time-bar.com; ⌚Mo–Sa 18–2 Uhr) Eine kleine und schicke Schwulenbar, die sich in einer Seitengasse der Hollywood Rd. befindet, in der Nähe des Club 71. Die Getränke sind etwas teurer, aber es gibt die ganze Woche über eine Happy Hour.

Comedy-Bühnen

TakeOut Comedy Club COMEDY
(Karte S. 526; ☎6220 4436; www.takeoutcomedy.com; Keller, 34 Elgin St., Soho; 🚌26) Hongkongs erster Comedy-Club ist mit gleichbleibend guter Stand-up-Comedy und improvisierten Acts auf Englisch, Kantonesisch und Mandarin ein echter Angriff auf die Lachmuskeln.

Shoppen

Hier ist zwar nicht mehr alles billig, aber Hongkong ist vollgestopft mit Läden, die das Shoppen zum Vergnügen machen. Wer gerne alles unter einem Dach hat, findet hier ein paar schickere Adressen: **IFC Mall** (國際金融商場; Karte S. 526; www.ifc.com.hk; 1 Harbour View St., Central; Ⓜ Hongkong), **Pacific Place** (太古廣場; Karte S. 526; 88 Queensway, Admiralty; Ⓜ Admiralty), **Elements** (圓方; außerhalb von Karte S. 534; www.elementshk.com; 1 Austin Rd. W, West Kowloon; Ⓜ Kowloon, Ausgang U3) und **Harbour City** (海港城; Karte S. 534; Canton Rd., Tsim Sha Tsui; ⛴Star Ferry). Letzteres ist ein riesiges Einkaufszentrum.

Für Antiquitäten und Kuriositäten sollte die Hollywood Road in Central (Karte S. 526) die erste Anlaufstelle sein, während die preiswertere Cat Street (Karte S. 526), ebenfalls in Central, sich auf jüngere (d.h. Retro-) Waren wie Mao-Andenken spezialisiert hat.

Billige Klamotten gibt's im Jardine's Bazaar (渣甸街; Karte S. 530) in Causeway Bay, Johnston Road (Karte S. 530) in Wan Chai oder im **Ladies Market** (女人街; Tung Choi St, Fa Yuen St. & Sai Yeung Choi St., Mong Kok; ⌚12–22.30 Uhr; MTR Mong Kok, Ausgang B2) in Mong Kok, Kowloon.

Hongkong ist einer der besten Orte Asiens, um englischsprachige Bücher zu kaufen, und die Computer-Einkaufszentren der Stadt haben mit die niedrigsten Preise weltweit. Außerdem gibt's einige fantastische Fotoläden, obwohl sich die meisten davon *nicht* in der Nathan Rd. in Tsim Sha Tsui befinden.

INSEL HONGKONG

Central und Causeway Bay sind die Haupteinkaufszonen auf der Insel Hongkong.

LP TIPP **Horizon Plaza** MÖBEL
(海怡工貿中心; 2 Lee Wing St., Ap Lei Chau, Aberdeen; ⌚10–19 Uhr) Diese Industrie-Zitadelle hat inzwischen über 150 Läden und Outlets auf 28 Stockwerken. Verkauft werden Möbel und Designerklamotten zu unschlagbaren Preisen. Die meisten Läden verpacken und versenden auch. Bus 90 von der Bushaltestelle Exchange Sq. in Central bringt die Kundschaft zur Endhaltestelle Ap Lei Chau Estate, von dort geht's mit dem Taxi weiter.

Arch Angel Antiques ANTIQUITÄTEN
(Karte S. 526; 53–55 Hollywood Rd., Central; ⌚9.30–18.30 Uhr; 🚌Bus 26) Dieser renommierte Laden hat sachkundiges Personal und eine große Auswahl an Antiquitäten und Kuriositäten, viele davon zu durchaus erschwinglichen Preisen. Alles mit Echtzeitzertifikat.

LP TIPP **G.O.D.** HAUSHALTSWAREN, GESCHENKE
(Karte S. 530; www.god.com.hk; Leighton Centre, Sharp St. E, Causeway Bay; Ⓜ Causeway Bay, Ausgang A) Wer nur für einen Souvenirladen Zeit hat, geht zu G.O.D. Dieser freche Lifestyle-Store verkauft Accessoires für Heim und Büro, die Retro mit einem gewissen Etwas sind. Außerdem gibt's eine eigene Modekollektion. Der Laden macht Spaß, ist schick und sehr typisch für Hongkong. G.O.D. hat fünf Filialen, darunter eine in JCCAC (S. 539).

Photo Scientific KAMERAS
(攝影科學; Karte S. 526; 6 Stanley St., Central; ⌚Mo–Sa 9–19 Uhr; Ⓜ Central) Photo Scientific hat einen sehr soliden Ruf unter den Profi-Fotografen. Die Waren sind ausgezeichnet. Kein Feilschen, Handeln und Betrügen.

NOCH MEHR INFOS?

Für ausführliche Informationen, Rezensionen und Empfehlungen auf Knopfdruck gibt's im Apple App Store den *Hong Kong City Guide von Lonely Planet* als iPhone-App.

Alternativ gibt's bei **Lonely Planet** (www.lonelyplanet.com/china/hong-kong) Planungshilfen, Empfehlungen der Autoren, Reiseberichte und Insidertipps.

Mountain Folkcraft KUNSTHANDWERK
(高山民藝; Karte S. 526; 12 Wo On Lane, Central; ⌚Mo–Sa 9.30–18.30 Uhr; Ⓜ Central, Ausgang D1) Dieser Laden verkauft Batikstoffe vom Ballen, Holzschnitzereien, Bekleidung und Papierschnitte von ethnischen Minderheiten aus Asien.

LP TIPP **Shanghai Tang** BEKLEIDUNG, ACCESSOIRES
(上海灘; Karte S. 526; ☎2525 7333; www.shanghaitang.com; Shanghai Tang Mansion, 1 Duddell St.; Ⓜ Central, Ausgang D1) Wer auf ein *cheongsam* (ein enganliegendes chinesisches Kleid) mit modernem Muster, eine Clutch-Tasche im chinesischen Stil oder eine limettengrüne Mandarin-Jacke aus ist, sollte unbedingt hierher kommen. Shanghai Tang hat auch eine Reihe von Lifestyle-Produkten im Sortiment – alles von Kissen bis zu Bilderrahmen, Teekannen und sogar Mahjong-Spielen – in einem modernen *chinoiserie*-Stil.

Fook Ming Tong Tea Shop ESSEN, GETRÄNKE
(福茗堂; Karte S. 526; ☎2295 0368; Shop 3006, IFC Mall, 8 Finance St.; Ⓜ Central, Ausgang A) Zubehör für die Teezubereitung und sorgfältig ausgewählte Teesorten verschiedener Alters- und Güteklassen, von Gunpowder bis zu Nanyan Ti Guan Yin Crown Grade – die Preise liegen zwischen 10 HK$ und 9000 HK$ pro 100 g.

Hong Kong Book Centre BÜCHER
(Karte S. 526; ☎2522 7046; www.hongkongbookcentre.com; Keller, On Lok Yuen Bldg, 25 Des Voeux Rd., Central; ⌚Mo–Fr 9–18.30 Uhr, Sa bis 17.30 Uhr; Ⓜ Central) Kellerladen mit riesiger Auswahl an englischsprachigen Büchern und Magazinen, vor allem Business-Titel.

Wan Chai Computer Centre ELEKTRONIK
(灣仔電腦城; Karte S. 530; 1. OG, Southern Centre, 130–138 Hennessy Rd., Wan Chai; ⌚Mo–Sa 10–20 Uhr; Ⓜ Wan Chai, Ausgang B2) Eine zuverlässige Einkaufszone für Computer, Peripheriegeräte und die meisten sonstigen elektronischen und digitalen Waren.

LP TIPP **Daydream Nation** MODE
(Karte S. 530; ☎3741 0758; www.daydream-nation.com; 2. OG, Hongkong Arts Centre, 2 Harbour Rd., Wan Chai; 🚋⛴) Daydream Nation ist eine Marke, die als „Vogue Talent 2010“ ausgezeichnet wurde und von zwei der kreativsten Designern der Gegend gegründet wurde – Kay Wong und ihrem Bruder Jing, der auch Musiker ist. DN ist bekannt für sehr tragbare Mode und Accessoires mit einem leicht theatralischen Touch. Die aktuellen Öffnungszeiten stehen auf der Website.

Kung Fu Supplies SPORT
(功夫用品公司; Karte S. 530; ☎2891 1912; Room 6A, 6. OG, Chuen Fung House, 188–192 Johnston Rd., Wan Chai; ⌚Mo–Sa; 🚌6, 6A oder 6X) Wer seine Kampfsportausrüstung, einschließlich Uniformen, Nunchakus und Trainingswaffen, aufstocken oder einfach nur in einer beträchtlichen Sammlung an Büchern und DVDs stöbern möchte, ist hier an der richtigen Adresse.

Yiu Fung Store ESSEN
(么鳳; Karte S. 530; 3 Foo Ming St., Causeway Bay; Ⓜ Causeway Bay, Ausgang A; 🖋) Hongkongs berühmtes Geschäft (seit den 1960ern) für chinesische Pickles und Fruchtkonserven, darunter saure Pflaumen, Zitronen mit Süßholzaroma, Tangerinenschale, eingelegte Papaya und getrocknete Longnan.

KOWLOON

Das Shoppen in Kowloon ist eine Wanderung zwischen dem Schäbigen und dem Glamourösen. Hier ist praktisch alles zu finden – vor allem in Tsim Sha Tsui.

Page One BÜCHER
(Karte S. 530; Shop LG1 30, Tiefparterre, Festival Walk, 80–88 Tat Chee Ave, Kowloon Tong; Ⓜ Kowloon Tong, Ausgang C2) Eine Ladenkette, ja, schon, aber eine wirklich gute. Page One hat Hongkongs beste Auswahl an Kunst- und Designmagazinen und -büchern. Weitere Schwerpunkte sind Fotografie, Literatur, Film und Kinderbücher. Es gibt eine weitere Filiale in **Causeway Bay** (☎2506 0381; Shop 922, Time's Square, 1 Matheson St., Causeway Bay; ⌚10.30–22 Uhr; Ⓜ Causeway Bay, Ausgang A).

Premier Jewellery SCHMUCK
(愛寶珠寶有限公司; Karte S. 534; ☎2368 0003; Shop G14–15, EG, Holiday Inn Golden Mile Shopping Mall, 50 Nathan Rd.; ⏲Mo–Sa 10–19.30 Uhr, So 10.30–16 Uhr; Ⓜ Tsim Sha Tsui, Ausgang G) Dieses Familienunternehmen unter der Leitung eines ausgebildeten Edelsteinspezialisten bietet ein kleines, aber attraktives Schmucksortiment. Wer etwas Besonderes sucht, kann dort einen Tag vorher anfragen und dann liegt beim Eintreffen im Laden schon eine Auswahl bereit.

Initial BEKLEIDUNG
(Karte S. 534; www.initialfashion.com; Shop 2, 48 Cameron Rd., Tsim Sha Tsui; ⏲11.30–23.30 Uhr; Ⓜ Tsim Sha Tsui, Ausgang B2) Dieser attraktive Laden führt stilvollen, multifunktionalen City-Chic mit europäischen und japanischen Einflüssen. Die von hauseigenen Designern entworfene Kleidung wird durch importierte Schuhe, Taschen und Schmuck ergänzt.

LP TIPP **Ap Liu St Flea Market** ELEKTRONIK
(Ap Liu St, Sham Shui Po; ⏲12–24 Uhr; Ⓜ Sham Shui Po, Ausgang A2) Läden und Verkaufsstände, die jedes nur vorstellbare elektronische/elektrische Gerät verkaufen, bis hin zu exotischen Batterien und Satellitenschüsseln. Dieser Flohmarkt ist sehr asiatisch.

Swindon Books BÜCHER
(Karte S. 534; www.swindonbooks.com; 13–15 Lock Rd., Tsim Sha Tsui; Ⓜ Tsim Sha Tsui, Ausgang A1) Einer der besten Buchhändler (verglichen mit den Bücher-Supermärkten). Ausgezeichnetes Sortiment und sachkundiges Personal. Besonders stark bei lokalen Büchern und Heimatgeschichte.

Rise Shopping Arcade BEKLEIDUNG
(利時商場; Karte S. 534; www.rise-hk.com; 5–11 Granville Circuit, Tsim Sha Tsui; Ⓜ Tsim Sha Tsui, Ausgang B2) Diese Mini-Mall platzt aus allen Nähten – überall billige Streetwear aus Korea und Japan, dazwischen auch ein paar wirklich gute Klamotten. Geduld und ein gutes Auge können zu Einkäufen verhelfen, die für ein Shooting für die *Vogue* taugen. Beste Besuchszeit ist zwischen 16 und 20.30 Uhr, wenn die meisten Läden geöffnet sind.

Yue Hwa Chinese Products Emporium KAUFHAUS
(裕華國貨; Karte S. 534; ☎2384 0084; 301–309 Nathan Rd.; Ⓜ Yau Ma Tei, Ausgang D) Ein enormes Gebäude mit sieben Etagen voller Keramik, Möbel, Souvenirs und Kleidung für den Souvenirjäger der alten Schule.

Bruce Lee Club SPORT
(李小龍會; außerhalb von Karte S. 532; www.bruceleeclub.com; Shop 160–161, In's Point, 530 Nathan Rd.; ⏲13–21 Uhr; Ⓜ Yau Ma Tei, exit A1) Ein kleines Kampfkunstmuseum und ein Souvenirladen, die Bruce Lee gewidmet sind.

Chan Wah Kee Cutlery Store HAUSHALTSWAREN
(陳華記刀莊; Karte S. 532; ☎2730 4091; 278D, Temple St., in der Nähe der Bowring St., Yau Ma Tei; ⏲11–18 Uhr, Mi geschlossen; Ⓜ Jordan, Ausgang C2) Küchenwaffen, die auf traditionelle Weise von einem 80 Jahre alten Guru geschärft werden. Ein Hackmesser gefällig, das Tofu zu Julienne-Streifen verarbeitet? Hier wird man fündig.

Protrek OUTDOOR EQUIPMENT
(Karte S. 532; www.protrek.com.hk; 522 Nathan Rd., Yau Ma Tei; ⏲Mo–Sa 12–20 Uhr, So 11.30–21.30 Uhr; Ⓜ Yau Ma Tei, Ausgang C) Fraglos die beste Adresse für Wander- und Campingausrüstung weit und breit.

Praktische Informationen

Geld

Geldautomaten gibt's überall in Hongkong, auch am Flughafen. Die meisten sind rund um die Uhr in Betrieb. Die Banken bieten die besten Wech-

HSBC UND FENG-SHUI

Das 52-stöckige HSBC-Gebäude ist angeblich voll von Beispielen für gutes Feng-Shui. Es wurde sorgfältig darauf geachtet, dass nichts die Aussicht auf den Victoria Harbour versperrt, da Wasser mit Wohlstand und Reichtum in Verbindung gebracht wird. Die Aufzüge symbolisieren vermutlich die Schnurrbarthaare eines Drachens, der den Reichtum in seinen Bauch saugt, und dazu sind sie vom Eingang abgewinkelt, was vermutlich böse Geister verwirren soll, die sich nur in gerader Linie fortbewegen. Es war auch wichtig, dass die Schalterhalle nicht im Erdgeschoss ist, da dies den Fluss der "Ader des Drachens" vom Victoria Harbour in die Berge im Hintergrund blockieren würde, was ein schlechtes *feng shui* bewirken würde.

selkurse, aber manche verlangen Provisionen von 50 HSK$ oder mehr pro Transaktion. Die Öffnungszeiten sind Montag bis Freitag 9 bis 16.30 Uhr oder 17.30 Uhr und samstags 9 bis 12.30 Uhr.

Lizensierte Wechselstuben sind reichlich in den Touristenbezirken und im Erdgeschoss der Chungking Mansions zu finden. **Wing Hoi Money Exchange** (EG, Shop No 9b, Mirador Mansion, 58 Nathan Rd., Tsim Sha Tsui; ⌚Mo–Sa 8.30–20.30 Uhr, So bis 19 Uhr). Am Flughafen gibt' schlechtere Wechselkurse.

Internetzugang

Internetcafés sind in der Gegend nicht so leicht zu finden, aber an vielen Stellen gibt's WLAN. Es ist kostenlos am Hong Kong International Airport und in Parks, öffentlichen Bibliotheken, Sportzentren, Museen, an Garküchen, Gemeindezentren und in Behörden, die auf folgender Seite aufgeführt sind: www.gov.hk/en/theme/wifi/location.

Die Filialen von **McDonald's** (www.mcdonalds.com.hk), **Pacific Coffee** (www.pacificcoffee.com) und **Starbucks** (www.starbucks.com.hk) bieten kostenloses WLAN für Kunden.

Einen 60-Minuten-WLAN-Pass vom PCCW gibt's bei den HKTB-Besucherzentren. Eine wiederaufladbare 3G-SIM-Karte (ab 48 HK$) bringt das Telefon ins Internet. Die Karten sind erhältlich bei PCCW und SmarTone-Läden. PCCW bietet rund 10 000 WLAN-Hotspots. Die aktuellen Tarife stehen auf www.pccwwifi.com.

Medien

Lokale und asiatische Ausgaben von Zeitungen und Zeitschriften, die lokal gedruckt werden: *South China Morning Post, The Standard, HK Magazine, BC Magazine, Time Out, USA Today, International Herald Tribune, Financial Times* und *Wall Street Journal Asia*.

Englischsprachiges TV (terrestrisch) & Radio: TVB Pearl, ATV World; BBC World Service, RTHK 3 und 4.

Medizinische Versorgung

Die medizinische Versorgung ist in Hongkong auf einem hohen Standard, aber private Krankenhäuser sind teuer.

Krankenwagen (☎999)

Allgemeine Auskunft für Krankenhäuser (☎2300 6555)

Krankenhäuser mit 24-Std.-Notfallambulanz:

Matilda International (明德國際醫院; ☎2849 0111; 41 Mt Kellett Rd., Peak) Teures Privatkrankenhaus oben auf dem Victoria Peak.

Prince of Wales (威爾斯親王醫院; ☎2632 2211; 30–32 Ngan Shing St., Sha Tin) Staatliches Krankenhaus in den New Territories.

Queen Elizabeth (伊利沙伯醫院; ☎2958 8888; 30 Gascoigne Rd., Yau Ma Tei) Staatliches Krankenhaus in Kowloon.

Notfall

Feuerwehr, Polizei & Krankenwagen (☎999)

Post

Postämter der Hong Kong Post (www.hongkongpost.com):

General post office (中央郵政局; Hauptpost, 2 Connaught Pl, Central; ⌚Mo–Sa 8–18 Uhr, So 9–17 Uhr).

Postamt Tsim Sha Tsui (尖沙咀郵政局; EG & 1. OG, Hermes House, 10 Middle Rd, Tsim Sha Tsui; ⌚Mo–So 9–18 Uhr, So bis 14 Uhr)

Reisebüros

China Travel Service (中國旅行社; CTS; ☎2522 0450; www.ctshk.com; EG, China Travel Bldg, 77 Queen's Rd., Central; ⌚Mo–Fr 9–19.30 Uhr, Sa bis 17 Uhr, So 9.30–17 Uhr)

Phoenix Services Agency (峯寧旅運社; Karte S. 534; ☎2722 7378; info@phoenixtrvl.com; Zimmer 1404–5, 14. OG, Austin Tower, 22–26A Austin Ave., Tsim Sha Tsui; ⌚Mo–Fr 9–18 Uhr, Sa bis 16 Uhr)

Telefon

Alle Telefonnummern haben acht Ziffern (ausgenommen gebührenfreier ☎800-Nummern) und keine Vorwahl. Ortsgespräche sind von Privatanschlüssen aus kostenlos und kosten von öffentlichen Telefonen 1 HK$ pro fünf Minuten.

Mit einer Telefonkarte, die es in kleinen Lebensmittelläden gibt, können Direktgespräche ins Ausland geführt werden. Eine Prepaid-SIM-Karte (ab 50 HK$) ermöglicht den Zugang zum örtlichen Mobilfunknetz.

Touristeninformation

HKTB (香港旅遊發展局; ☎Besucherhhotline 2508 1234; www.discoverhongkong.com; ⌚Hotline 9–18 Uhr) unterhält eine Website, eine Besucherhotline und betreibt mehrere Besucherinformations- und Servicecenter:

Grenze bei Lo Wu (1. OG, Ankunftshalle, Lo Wu Terminal Bldg; ⌚8–18 Uhr)

Hong Kong International Airport (Hallen A & B, Ankunftsebene, Terminal 1; ⌚7–23 Uhr)

Insel Hongkong (The Peak Piazza; ⌚9–21 Uhr)

Kowloon (Star Ferry Concourse, Tsim Sha Tsui; ⌚8–20 Uhr)

Websites

Discover Hongkong (www.discoverhongkong.com) Offizielle Website des Fremdenverkehrsamtes.

Lonely Planet (www.lonelyplanet.com/hongkong) Informationen zum Reiseziel, Buchungen, Reiseforum und mehr.

HKIA NACH CHINA AUF KÜRZESTEM WEG

Vom Hong Kong International Airport (HKIA) kann man nach Macau und zu den Flughäfen in Shenzhen und Guangzhou weiterreisen. Die folgenden Gesellschaften (alle mit Schaltern im HKIA Terminal 2) haben Busse, die Ziele in Südchina anfahren (Foshan 230 HK$, Guangzhou 250 HK$ und Flughafen Shenzhen 180 HK$):

CTS Express Coach (☎2261 2147, 3559 1474)

Eternal East Cross Border Coach (☎2261 0176)

Trans-Island Limousine Service (☎3193 9333)

Eine schnelle Fährverbindung, **Skypier** (☎2215 3232), besteht zwischen HKIA und Macau sowie sechs Zielen im Delta des Perlflusses. Reisende können in die Fähren ohne Formalitäten beim Zoll und bei der Einwanderungsbehörde von Hongkong einsteigen. Vor dem Einschiffen muss man sich eine Fahrkarte an einem Fahrkartenschalter im Transferbereich der Ankunftshalle kaufen (Level 5, in der Nähe der Einwanderungsbehörde).

Chu Kong Passenger Transportation Co (☎2858 3876; www.cksp.com.hk) Hat Fähren von HKIA zum Flughafen Shenzhen (295 HK$, 40 Minuten, 8-mal tgl., 10.15–18.30 Uhr) und nach Macau, Shekou, Dongguan, Zhuhai und Zhongshan.

TurboJet (☎2859 3333; www.turbojet.com.hk) Hat Verbindungen nach Macau (233 HK$, 1 Std., 8-mal tgl., 10–22 Uhr).

Time Out Hongkong (www.timeout.com.hk) Führer zu Live-Entertainment und mehr.

An- & Weiterreise

Bus

Infos zu Bussen vom Flughafen zum chinesischen Festland s. Kasten S. 562. Praktisch jeder größere Ort in der Provinz Guangdong ist mit dem Bus erreichbar (100 bis 220 HK$):

CTS Express Coach (☎2764 9803; http://ctsbus.hkcts.com) Unterhält die meisten grenzüberschreitenden Busverbindungen zu Zielen in der Provinz Guangdong.

Trans-Island Limousine Service (☎3193 9333; www.trans-island.com.hk) Busse zu vielen Zielen in der Provinz Guangdong.

Flugzeug

Über 100 Fluggesellschaften sind am **Hong Kong International Airport** (HKG; ☎2181 8888; www.hkairport.com) vertreten, die weltweit rund 160 Ziele anfliegen. Die Flugpreise sind günstig, es gibt manchmal Tickets zu Discount-Preisen.

Dagegen sind Billigflüge zwischen Hongkong und dem chinesischen Festland rar, da der Staat die Preise reguliert. Der Ansturm der Geschäftsreisenden und chinesischen Touristen ist groß, daher unbedingt rechtzeitig buchen. Wer bereit ist, nach Guangzhou oder Shenzhen in der Provinz Guangdong zu reisen, findet deutlich günstigere Flüge. Der Flughafen Shenzhen (siehe S. 628) hat Flüge zu fast sämtlichen Reisezielen in China (siehe www.elong.net).

Siehe S. 1133 für internationale Flugverbindungen nach/ab Hongkong.

Vertretungen der Fluggesellschaften in Hongkong:

Air China (www.airchina.hk)

Cathay Pacific (www.cathaypacific.com)

China Airlines (www.china-airlines.com)

China Southern (www.cs-air.com)

Dragonair (www.dragonair.com)

Hongkong Airlines (www.hongkongairlines.com)

Schiff/Fähre

Es gibt regelmäßig Fährverbindungen zwischen dem **China Ferry Terminal** (中港碼頭; China Hongkong City, 33 Canton Rd., Tsim Sha Tsui) in Kowloon und dem **Hong Kong–Macau Ferry Terminal** (港澳碼頭; Shun Tak Centre, 200 Connaught Rd., Sheung Wan) auf der Insel Hongkong mit einer Reihe von Halts in kleineren oder größeren Städten im Delta des Perlflusses – jedoch nicht im Zentrum von Guangzhou oder Shenzhen. Infos über Schiffsverbindungen von/nach Macau stehen auf S. 595. Gepäckschließfächer gibt's in beiden Terminals (20 bis 30 HK$ pro Stunde).

Chu Kong Passenger Transportation Co (☎2858 3876; www.cksp.com.hk) betreibt regelmäßige Fähren nach Zhuhai (190 HK$, 70 Minuten), Zhongshan (210 HK$, 1½ Std.), Shunde (228 HK$, 2 Std.), Zhaoqing (220 HK$, 4 Std.), Kaiping (180 HK$, 4 Std.) und Shekou (110 HK$, 1 Std.).

Zug

Die aktuellen Fahrpläne und Fahrpreise stehen auf der Website www.mtr.com.hk.

Die Einreiseformalitäten in Hung Hom müssen vor dem Einsteigen vollständig erledigt sein. Das gilt auch für die Überprüfung des Visums für China, daher mindestens 45 Minuten vor der Abfahrt dort sein.

Fahrkarten können im Voraus bei CTS, an den East-Rail-Stationen in Hung Hom, Mong Kok, Kowloon Tong und Sha Tin sowie bei MTR Travel am Admiralty-Bahnhof gekauft werden. Fahrkarten, die per Telefon und Kreditkarte bestellt werden (☎2947 7888), müssen mindestens eine Stunde vor Abfahrt abgeholt werden.

Züge nach Guangzhou, Shanghai, Beijing und Zhaoqing Täglich ab dem Bahnhof Hung Hom (230 bis 1191 HK$).

Züge nach Shenzhen Mit einem Zug der East Rail nach Lo Wu oder Lok Ma Chau; von Shenzhen aus geht's weiter mit dem Regionalzug oder Bus nach Guangzhou und darüber hinaus.

 Unterwegs vor Ort

Hongkongs Nahverkehrsnetz ist schnell, praktisch, relativ günstig und das Octupus-Kartenzahlungssystem ist leicht zu durchschauen.

Auto

Das Autofahren in Hongkong ist nichts für schwache Nerven. Wer unbedingt selbst durch Hongkong navigieren möchte, fragt bei **Avis** (☎2890 6988; www.avis.com.hk; pro Tag/Woche 970/3700 HK$, mit Chauffeur pro Std. 350 HK$, Mindestmietdauer 3 Std.) nach einem Honda Civic ohne Kilometerbegrenzung.

Fahrrad

In den ruhigeren Gegenden der vorgelagerten Inseln oder der New Territories kann ein Fahrrad ein angenehmes Transportmittel sein. Siehe S. 543 für Informationen zu Verleihern.

Zum/vom Flughafen

Der **Airport Express** (www.mtr.com.hk; 100/90/60 HK$ pro 24/21/13 Min. ab Central/Kowloon/Tsing Yi; ⏲alle 12 Min. ab dem Bahnhof Hongkong in Central) Schnellste und teuerste öffentliche Verbindung zum Flughafen. Die meisten Fluggesellschaften ermöglichen den Fluggästen den Check-In am Bahnhof Central oder Kowloon zwischen 5.30 und 12.30 Uhr einen Tag bis 90 Minuten vor dem Abflug. Im Hong Kong International Airport gibt's eine **Gepäckaufbewahrung** (☎2261 0110; 10/120 HK$ pro Std./Tag; ⏲5.30–1.30 Uhr) auf Level 3 in Terminal 2.

Die Busfahrt zum Flughafen kostet 21 bis 45 HK$. Siehe „Transport" auf der Website www.hkairport.com für weitere Einzelheiten.

Ein Taxi nach Central kostet rund 300 HK$ plus von 5 HK$ pro Gepäckstück.

Einzelheiten zur Fähre zum Flughafen Shenzhen enthält der Kasten S. 562.

Öffentliche Verkehrsmittel

Nie wieder in der Handtasche nach Kleingeld kramen:

Airport Express Travel Pass (220/300 HK$) Freie Fahrt mit der MTR an drei aufeinanderfolgenden Tage und eine/zwei Fahrten mit dem Airport Express.

MTR –Touristen-Tagespass (55 HK$) Freie Fahrt mit der MTR für 24 Stunden.

Octopus-Karte (www.octopuscards.com; 150 HK$, plus erstattungsfähigem Pfand von 50 HK$) Wiederaufladbare „Smart-Cards", die in fast allen öffentlichen Verkehrsmitteln akzeptiert werden. Erhältlich in kleinen Lebensmittelläden, Supermärkten und Fast-Food-Ketten. Geld kann in den MTR-Bahnhöfen und 7-Eleven-Läden auf die Karte geladen werden.

BUS Hongkongs **Bussystem** (Fahrpreis 2,50–52 HK$; ⏲5.30/6 Uhr bis 24/0.30 Uhr) bringt einen fast überall hin. Man braucht passendes Kleingeld oder eine Octopus-Karte. Das HKTB hat Broschüren zu den wichtigsten Busrouten. Busgesellschaften:

City Bus und First Bus (www.nwstbus.com.hk)

Kowloon Motor Bus (www.kmb.hk)

New Lantau Bus (www.newlantaobus.com)

Wichtige Bushaltestellen und Busbahnhöfe:

Central Bus Terminus (Exchange Sq) Bringt Fahrgäste auf die Südseite der Insel. Die Busse 6, 6A und 260 fahren nach Stanley und Repulse Bay; die Busse 70 und 70P nach Aberdeen.

Admiralty Oberhalb der MTR-Station Admiralty. Für Fahrten auf die Südseite der Insel.

Star Ferry Pier Hat Busse zum Bahnhof Hung Hom und zu Zielen im Ost- und Westteil von Kowloon.

PUBLIC LIGHT BUS Besser bekannt als „Minibusse". Diese Busse mit 16 Sitzplätzen gibt's in zwei Ausführungen:

ACHTUNG: FALSCHE MÖNCHE

Echte Mönche bitten in Hongkong niemals um Geld. Man kann jedoch in Tempeln, sogar Bars und Läden, von Betrügern in Mönchskutte angesprochen werden, die einem das Geld aus der Tasche ziehen wollen. Die aggressiveren bieten möglicherweise gefälsche buddhistische Amulette zum Kauf an oder zwingen einem einen „Segen" auf und plagen einen dann wegen einer Spende. Wer angesprochen wird, sagt einfach „No" und ignoriert sie.

Weitere Informationen zu Betrügereien auf S. 1120.

Mit rotem Dach/Streifen Fahrpreis 2 bis 22 HK$; ergänzende Busverbindungen. Ein- und Aussteigen fast überall möglich – einfach *„ni do, m goi"* (hier bitte) schreien. Die Octopus-Karte wird auf manchen Strecken akzeptiert.

Mit grünem Dach/Streifen Fahren auf über 350 festen Routen und halten nur an offiziellen Haltestelle. Die Octopus-Karte wird auf allen Strecken akzeptiert.

HAFENFÄHRE Die **Star Ferry** (www.starferry.com.hk; ab 2 HK$) verkehrt auf zwei Routen: Central–Tsim Sha Tsui und Wan Chai–Tsim Sha Tsui.

FÄHREN ZU DEN VORGELAGERTEN INSELN Fahrpläne hängen am Fähranleger aus und sind auf den Websites der Fährunternehmen aufgeführt. Ansonsten kann man auch nach einem Taschenfahrplan fragen. Die meisten Fähren legen an den Fahranlegern für die vorgelagerten Inseln ab, also in der Nähe des IFC-Gebäudes in Central. Die wichtigsten Gesellschaften sind:

Hongkong & Kowloon Ferry Co (www.hkkf.com.hk) Fährt nach Lamma.

New World First Ferry (NWFF; www.nwff.com.hk) Verbindungen nach Cheung Chau, Peng Chau und Lantau. Eine Fähre verkehrt zwischen den drei Inseln.

ZUG Die **Mass Transit Railway** (MTR; www.mtr.com.hk; Fahrpreise 4–25 HK$) betreibt 10 Linien. Tickets kaufen oder die Octopus-Karte (etwas günstiger) besorgen. Ab dem Drehkreuz muss die Fahrt innerhalb von 150 Minuten beendet werden.

Die MTR betreibt auch Linien auf zwei Hauptstrecken und zwei Nebenstrecken, mit denen die New Territories zu erreichen sind:

East Rail Vom Bahnhof Hung Hom in Kowloon nach Lo Wu (35 HK$) und Lok Ma Chau (35 HK$), dem Tor nach Shenzhen. Eine Nebenstrecke verläuft zwischen Tai Wai und Wu Kai Sha.

Stadtbahn Fahrpreise 4–5,5 HK$. Es gibt Verbindungen im Westen der New Territories zwischen Tuen Mun und Yuen Long; Umsteigemöglichkeit in die West Rail.

West Rail Vom Bahnhof Hung Hom nach Tuen Mun (20 HK$) über Yuen Long.

Gepäckschließfächer gibt's in den größeren MTR-Bahnhöfen und am Bahnhof Hung Hom.

STRASSENBAHN Hongkongs jahrhundertealte **Straßenbahnen** (www.hktramways.com; Fahrpreis 2,50 HK$) ist die einzige Straßenbahnflotte weltweit, die noch komplett aus Doppeldeckern mit Holzverkleidung besteht. Sie fahren auf sechs Routen in Ost-West-Richtung entlang der Nordseite der Insel Hongkong.

Taxi

In Hongkong fahren Taxis in drei Farben:

Blau Für die Insel Lantau; 15 HK$ Grundgebühr, danach 1,30 HK$ pro 200 m.

Grün Für die New Territories; 16,50 HK$ Grundgebühr, danach 1,30 HK$ pro 200 m.

Rot Für die Insel Hongkong und Kowloon; 30 HK$ Grundgebühr für die ersten zwei Kilometer, dann 1,50 HK$ für alle weiteren 200 m.

China in Bildern

Küche »
Die Große Mauer »
Tempel »
Wandern »
Feste »

Kormoranfischer im Fluss Li in der Nähe von Xingping (S. 672)

GLOWINGEARTH / GETTY IMAGES ©

Küche

Für die Chinesen bedeutet Essen Lebensfreude. Die Hauptmahlzeit ist der geheiligte Höhepunkt des Tagesablaufs und oft die einzige Gelegenheit, die Arbeit beiseite zu legen und vollkommen abzuschalten. Das einzige Problem ist nur, zu entscheiden, womit es losgehen soll: Alleine angesichts der Speisenvielfalt kann einem ganz schwindelig und flau im Magen werden.

Nudeln

1 Marco Polo mag das Spaghettirezept geklaut haben, doch in China gibt es eine spannende Nudelvielfalt: Von den scharfen *dandan mian* bis hin zu den supersalzigen *zhajiang mian*.

Dim Sum

2 Dim Sum gibt's in ganz China. Wer die besten kosten möchte, vertraut, wie auch beim kantonesischen Dialekt, auf die Meister des Südens. Hongkong (S.521), Macau (S.573) und Guangzhou (S.597) sollten die ersten Etappen sein.

Klöße

3 Mit dem Kompass auf Norden und Nordosten geht's zu den besten *jiaozi* (Klöße) – Lauch, Schwein, Lamm, Krebsfleisch in einer Teighülle. Wer sie knusprig mag, bestellt sie *guotie* (gebraten). Shanghais gedämpfte Variante ist *xiaolongbao*.

Pekingente

4 Puristen sagen, es gäbe nur in Beijing echte Pekingente. Nur dort wird sie über Obstbaumholz gebraten, bis sie die Farbe von Sandelholz annimmt. (S.97).

Hotpot

5 Hotpot ist ein Allwettergericht und ideal, um der Winterkälte zu trotzen. Im dampfenden Chongqing (S.857) verschlingen die alten Herrschaften die würzigste Hotpot-Variante sogar im Sommer.

Im Uhrzeigersinn von links oben

1 Reisnudeln 2 *dim sum* 3 Gedämpfte Klöße
4 Pekingente

2

LONELY PLANET / GETTY IMAGES ©

3

GREG ELMS / GETTY IMAGES ©

Die Große Mauer

Chinas Bastion besteht noch in Fragmenten an der Grenze zu Nordkorea, überspannt Flüsse, verläuft bis ans Meer, windet sich durch die Berge bei Beijing, verschwindet hier und taucht dort wieder auf, bevor sie von den Wüstenwinden des Nordwestens bezwungen wird.

Jinshanling

1 Die Wanderung von Jinshanling (S. 126) nach Simatai ist ideal im Spätherbst, wenn das Wetter in Beijing am besten ist. In der Gluthitze des Sommers sind viel Wasser und ein guter Sonnenhut Pflicht.

Jiayuguan-Fort

2 Das Jiayuguan-Fort (S. 933) in Gansu bietet den einzigartigen Anblick eines vom Winde verwehten Wüstenforts vor schneebedeckten Bergen. Chinas Wilder Westen beginnt genau hier. Es gibt noch Reste der Mauer zu erkunden, die zwischen den alten Wachtürmen verläuft.

Jiankou

3 Ein Besuch von Beijings authentischstem Mauerabschnitt lohnt sich: Jiankou (S. 123) bietet das schönste Erlebnis, die besten Fotos und ein super Work-out.

Huanghua Cheng

4 Eine willkommene Alternative zu den kommerzialisierten Abschnitten der Mauer: Huanghua Cheng (S. 124) ist eine authentische Rekonstruktion. Wer Zeit, Schuhe mit gutem Profil und Abenteuerlust mitbringt, kann hier prima wandern.

Zhuangdaokou

5 Mauer-Puristen werden angesichts des Abschnittes in Zhuangdaokou (S. 124) ins Schwärmen geraten, wo sich unterschiedliche Phasen des Zerfalls und der Restaurierung abwechseln.

1

3

Im Uhrzeigersinn von links oben

1 Jinshanling 2 Jiayuguan-Fort
3 Nicht restaurierter Abschnitt bei Jiankou

TIM MAKINS / GETTY IMAGES ©

2

TAO IMAGES LIMITED / GETTY IMAGES ©

Tempel

Die Tempel vertreten entweder den buddhistischen, taoistischen oder konfuzianischen Glauben, und sie alle sind Orte der inneren Einkehr, des Friedens und des Vergebens. Es gibt sie auf Berggipfeln, in Höhlen, in Seitenstraßen, an Klippen oder im Zentrum der Stadt, von Tibet nach Beijing und darüber hinaus.

Himmelstempel, Beijing

1 Der Himmelstempel von Beijing (S. 74) war der anmutige Andachtsort der Kaiser der Ming- und Qing-Dynastie. Er verkörpert das konfuzianische Streben nach Symmetrie und Ordnung sowie nach Harmonie zwischen Himmel und Erde.

Tempel Puning, Chengde

2 Dieser Tempel (S. 145) erhebt sich vor den Hügeln um Chengde. In der Mahayana-Halle steht die Guanyin-Statue, ein 22 m hohes, mehrarmiges Bildnis der buddhistischen Güte.

Konfuziustempel, Qufu

3 Dies ist Chinas größter Konfuziustempel (S. 168). Die Shandong-Sage hatte großen Einfluss auf das chinesische Menschenbild während jenes Jahrtausends. Wer diese Stadt besucht, lernt die Lehren von Konfuzius kennen.

Kloster Labrang, Xiahe

4 Wer nicht nach Tibet kann, sollte zumindest einen Abstecher in dieses tibetische Kloster (S. 921) in der Südwestecke von Gansu machen. Seine andächtige Aura wird noch verstärkt von den tibetischen Pilgern und Gläubigen.

Tempel Jokhang, Lhasa

5 Tibets heiligste Gebetstätte, der Jokhang-Tempel (S. 1003) in Lhasa, ist ein Pilgerort, den jeder tibetische Buddhist mindestens einmal besucht haben sollte.

1

MERTEN SNIJDERS / GETTY IMAGES ©

2

CHU YONG / GETTY IMAGES ©

Rechts

1 Halle des Erntegebets, Himmelstempel, Beijing

2 Tempel Puning, Chengde

IMAGEMORE CO. LTD. / ALAMY ©

IAN TROWER / GETTY IMAGES ©

Wandern

Chinas Vielfalt von Landschaften bietet die perfekte Kulisse für Wanderungen – sei es beim Insel-Hopping in Hongkong, beim Erkunden der Ausläufer des Himalayas oder beim Trekking durch die Schluchten in der Provinz Yunnan.

Huang Shan, Anhui

1 Er ist Chinas schönster Berg (S. 431). Die Besteigung ist anstrengend, also besser ganz auf die Landschaft konzentrieren. Selbst wenn die Nebel nicht auftauchen, ist der Ausblick einfach unglaublich.

Hongkongs vorgelagerte Inseln & New Territories

2 70 % von Hongkong sind ein Wanderrevier. Also schnell die Wanderschuhe schnüren, um von Insel zu Insel zu ziehen oder in den New Territories zu rasten, wo tolle Wanderwege warten (S. 542).

Von Ganden nach Samye, Tibet

3 Diese Wanderung zwischen zwei der prachtvollsten Klöster Tibets dauert vier bis fünf Tage. (S. 1015). Die Landschaft ist schön, aber die Strecke erfordert physische und mentale Vorbereitung und dazu eine Einreisegenehmigung für Tibet.

Tigersprungschlucht, Yunnan

4 Dies ist die Mutter aller Treks in Chinas Südwesten. Der Wanderweg in Yunnan mit dem tollen Namen (S. 750) ist im Frühsommer am malerischsten. Das hier ist kein Spaziergang im Park, sondern erfordert Planung und ausreichend Zeit.

Yangshuo, Guangxi

5 Die Karstlandschaft von Yangshuo (S. 667) ist wirklich erstaunlich. Am besten in der Stadt einquartieren, drei oder vier Tage Zeit einplanen und dann wandern, bis die Socken qualmen (oder ein Rad mieten). Abenteuerlustige können sich sogar im Klettern versuchen.

Links

1 Der chinesische Ur-Berg, Huang Shan
2 Wandern auf der Insel Hongkong

Feste

China ist eine Nation von Schwerarbeitern und Unternehmern, aber für Feste und Feiern ist immer noch Energie übrig. Die Anlässe können religiöser Natur sein, der Spaß an der Freude, Gedenkfeiern oder Feste im Jahreskreis. Die Einheimischen legen ihre besten Kleider an und werden sehr gesellig. Einfach mitmachen und mitfeiern!

Drachenbootfest

1 Zum Gedenken an Qu Yuan, Dichter und Staatsmann des 3. Jhs. v. Chr., werden in ganz China im Mai oder Juni Drachenbootrennen ausgetragen, u. a. in Shanghai, Hongkong und Tianjin.

Eis-und-Schnee-Fest, Harbin

2 Die arktischen Temperaturen nehmen einem fast die Luft zum Atmen, aber im Januar erstrahlt die vom beißenden Frost heimgesuchte Hauptstadt der Provinz Heilongjiang (S. 359) dank einer irisierenden Sammlung an Eisskulpturen.

Messe zum dritten Mond, Dali

3 Eines der vielen Feste der ethnischen Minderheiten. Meist findet dieses Bai-Fest im April statt (S. 732) und erinnert an Guanyin, den Bodhisattva der Güte, beim Volk des Königreiches Nanzhao.

Frühlingsfest

4 Chinas kommerzialisiertetes und lautestes Fest erobert die Nation im Sturm am ersten Tag des ersten Monats des Mondkalenders. Die Zündschnur für das riesige Feuerwerk brennt bereits.

Mönlam, Xiahe

5 Wird in ganz Tibet gefeiert. Das Highlight dieses buddhistischen Fests (Februar oder März) lässt sich in der Klosterstadt Xiahe (S. 923) erleben, wo am Berghang ein *thangka* (heiliges Gemälde) entrollt wird.

AFP / GETTY IMAGES ©

NICK LEDGER / GETTY IMAGES ©

Rechts

1 Drachenbootrennen während des Drachenbootfestes, Hongkong Island **2** Eis-und-Schnee-Fest, Haerbin

Macau

853 / BEVÖLKERUNG: 549 500

Inhalt »

Sehenswertes 574
Aktivitäten 586
Festivals & Events 587
Schlafen 587
Essen 589
Ausgehen 592
Unterhaltung 593
Shoppen 593
An- & Weiterreise 595
Unterwegs vor Ort 596

Gut Essen

» Antonio (S. 589)
» Robuchon Au Dôme (S. 590)
» Tim's Kitchen (S. 590)
» Alfonso III (S. 589)
» Lung Wah Tea House (S. 591)

Die schönsten Sehenswürdigkeiten

» Ruine der Kirche São Paolo (S. 575)
» Guia-Fort (S. 583)
» Mandarin-Haus (S. 575)
» Bezirk St. Lazarus (S. 575)

Auf nach Macau

Das chinesische Volk hat sich erhoben und ist auf und davon nach Macau. Der Vorsitzende Mao (der die erste Hälfte dieses Satzes prägte) dürfte sich in seinem Glassarg umdrehen. Die Festlandchinesen können gar nicht genug bekommen von dieser einst abgelegenen Gegend unter portugiesischer Verwaltung, die sich zu einem Mega-Spielerparadies entwickelt hat.

Es ist seit 2002 so explosionsartig gewachsen, dass Macau oft auch als das „Vegas des Ostens" bezeichnet wird. Anders herum wäre es stimmiger, denn Macau hat seine amerikanische Konkurrenz bereits bei den Einnahmen aus Glücksspielen übertroffen. Und es gibt noch einige andere Dinge, die in Macau besser sind. Jenseits der Spielhöllen finden sich hier Straßen mit Kopfsteinpflaster, chinesische Tempel und Barockkirchen, kleine Grünflächen, ein historisches Zentrum, das von der Unesco zum Weltkulturerbe erklärt wurde, und angenehme Strände.

Macaus Geschichte hat auch eine einmalige Küche hervorgebracht, die europäische, lateinamerikanische, afrikanische und asiatische Aromen vereint.

Reisezeit

Macau

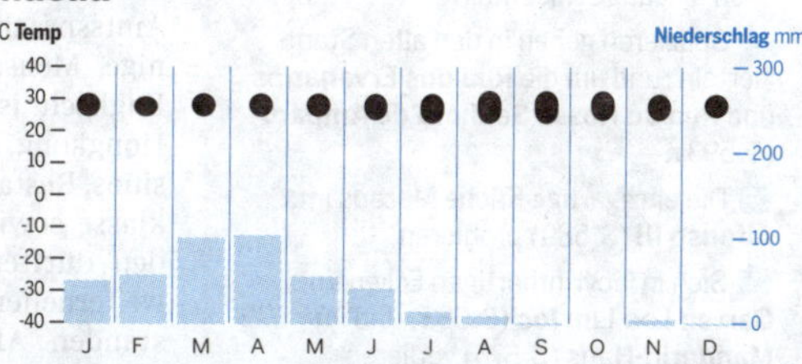

März–Mai Kunstfestival und Feierlichkeiten zu Ehren einer Meeresgöttin und eines Drachens.

Juni–September Tage im Schatten der Tempel und Drachenboote sowie große Feuerwerke.

Oktober–Februar Musik und Autorennen bis Weihnachten und zum chinesischen Neujahrsfest.

Geschichte

Portugiesische Galeonen kamen erstmals Anfang des 16. Jhs. nach Südchina, um Handel zu treiben. Im Jahr 1557 erhielten sie als Belohnung für die Vertreibung der in diesem Gebiet ansässigen Piraten die Erlaubnis, eine winzige Enklave in Macau zu errichten. Der erste portugiesische Gouverneur von Macau wurde 1680 ernannt. Macau wuchs in dem Maße, in dem der Handel mit China zunahm. Es wurde zu einem wichtigen Zentrum des portugiesischen Handels mit China, Japan und Südostasien. Nach den Opiumkriegen zwischen den Chinesen und den Briten und der darauffolgenden Gründung von Hongkong, erlebte Macau jedoch einen langen Abschwung.

Highlights

1. Die Eindrücke im **Macau-Museum** (S. 575) in den Kontext einordnen
2. Die himmlische Ruine der **Kirche São Paolo** (S. 575) erkunden, dem Wahrzeichen Macaus schlechthin
3. Spazieren gehen in den alten Stadtvierteln rund um die **Rua dos Ervanarlos** und **Rua de Nossa Senhora do Amparo** (S. 593)
4. Die einzigartige Küche Macaus im **Alfonso III** (S. 589) probieren
5. Sich in labyrinthartigen Ecken im **Garten Lou Lim loc** (S. 583) und im **Mandarin-Haus** (S. 575) verlieren
6. Mit der Seilbahn zum ansehnlichen **Guia-Fort** (S. 583) und zur hübschen Kapelle hinauffahren
7. Sich unter die Künstler in den gepflasterten Gassen von **São Lazaro** (S. 575) mischen

Chinas Kulturrevolution wirkte sich auch bis hierher aus, als 1966 Unruhen ausbrachen. Die portugiesische Regierung bot angeblich an, dass Portugal Macau endgültig an China zurückgeben würde, die Chinesen lehnten dieses Angebot jedoch ab aus Angst vor den wirtschaftlichen Auswirkungen auf Hongkong.

Im Jahr 1999 wurde Macau im Rahmen eines chinesisch-portugiesischen Abkommens an China zurückgegeben und zu einer Sonderverwaltungsregion (Special Administrative Region, SAR) erklärt. Wie auch im Falle Hongkongs stellt das Abkommen einen „hohen Grad an Autonomie“ für Macau in allen Fragen (ausgenommen Verteidigung und Außenpolitik) für die Dauer von 50 Jahren sicher. Weit mehr als durch die Rückgabe änderte sich in Macau jedoch durch die Abschaffung des Glücksspielmonopols im Jahre 2001 (siehe S. 590). Casinos schossen wie Pilze aus dem Boden und veränderten die Skyline der Stadt. Die Zahl der Touristen vom chinesischen Festland stieg sprunghaft an.

Sprache

Kantonesisch und Portugiesisch sind die Amtssprachen von Macau, obwohl nur wenige Menschen Portugiesisch sprechen. Englisch ist seltener anzutreffen als in Hongkong, aber in den meisten Hotels, Casinos, Restaurants der Mittel- und Spitzenklasse sowie in den touristischen Gegenden dürften englische Sprachkenntnisse weiterhelfen. Mandarin wird ganz gut verstanden. Allerdings werden hier zumeist die traditionellen Schriftzeichen verwendet und nicht die vereinfachte Schrift, die auf dem Festland gebräuchlich ist.

Sehenswertes

Dafür, dass Macau nur eine relative kleine Grundfläche (29 km²) hat, ist es randvoll mit bedeutenden kulturellen und historischen Sehenswürdigkeiten, darunter acht Plätze und 22 historische Gebäude, die insgesamt von der Unesco unter der Bezeichnung „Altstadt von Macau" zum Weltkulturerbe erklärt wurden. Die meisten der Sehenswürdigkeiten befinden sich auf der Halbinsel. Bei einigen davon wird Senioren über 60 und Kindern unter elf Jahren freier Eintritt gewährt. Der **Macau-Museumspass** (25 MOP$) umfasst den Zutritt zu einem halben Dutzend Museen über fünf Tage.

WECHSELKURSE

China	1 Yuan	1,28 MOP$
Euro-Zone	1 €	10,24 MOP$
Hongkong	1 HK$	1,03 MOP$
Japan	1 ¥	0,099 MOP$
USA	1 US$	7,98 MOP$

Die aktuellen Wechselkurse stehen auf der Website www.xe.com.

ZENTRUM DER HALBINSEL MACAU

Zwischen der Avenida da Praia Grande und dem inneren Hafen verläuft die Avenida de Almeida Ribeiro – oder San Ma Lo (新馬路; Neue Durchgangsstraße) auf Kantonesisch – die wichtigste Verkehrsader der Halbinsel. Hier befindet sich der reizende **Largo do Senado** (Karte S. 582), ein in Schwarz und Weiß gefliester Platz in der Nähe einiger bedeutender Sehenswürdigkeiten.

LP TIPP **Ruine der Kirche São Paolo** HISTORISCHE STÄTTE

(大三巴牌坊; Karte S. 578; Ruinas de Igreja de São Paulo; Rua de São Paulo; 8A, 17) Ein Tor ins Nichts mitten in der Stadt ist alles, was von der Kirche São Paolo übrig ist. Manche halten diese Kirche für das großartigste Monument der Christenheit in Asien. Die Kirche wurde von einem italienischen Jesuiten entworfen und 1602 von japanischen Christen im Exil und chinesischen Handwerkern erbaut. Im Jahr 1835 zerstörte ein Feuer alles bis auf die Fassade. Wie ein Großteil der Kolonialarchitektur von Macau täuscht ihr europäisches Aussehen über den faszinierenden Mix der Einflüsse hinweg (in diesem Fall sind es chinesische, japanische und indochinesische Wurzeln), die zu ihrer Ästhetik beitragen. Hinter der Ruine befinden sich ein kleines **Museum christlicher Kunst** (天主教藝術博物館; Karte S. 578; Museu de Arte Sacra; Rua de São Paulo; 9–18 Uhr) sowie eine Krypta und ein Beinhaus.

LP TIPP **Monte-Fort & Macau-Museum** FORT, MUSEUM

(大炮台; Fortaleza do Monte; Karte S. 582; Eintritt frei; Mo–So 9–19 Uhr; 7, 8) Das Monte-Fort wurde von den Jesuiten zwischen 1617 und 1626 erbaut. Seine Kasernen und Lagerhäuser wurden so angelegt, dass das Fort auch eine lange Belagerung gut überstehen konnte, jedoch wurden die Kanonen nur einmal abgefeuert: während einer gescheiterten Invasion der Holländer im Jahr 1622. Jetzt werden die Kanonen der Südseite im Grand Lisboa Casino auf Trab gebracht.

An der Außenseite der südöstlichen Mauer, etwa 6 m über dem Boden und unterhalb einer Kanone, befindet sich eine (verschlossene) rechteckige Öffnung. Diese ehemalige Tür wurde von Soldaten benutzt, die auf der alten Stadtmauer patroullierten, die sich im rechten Winkel an das Fort anschloss. Im Fort ist das bemerkenswerte **Macau-Museum** (澳門博物館; Museu de Macau; Karte S. 582; 2835 7911; www.macaumuseum.gov.mo; Eintritt 15 MOP$; Di–So 10–17.30 Uhr) mit seinen Exponaten zur Geschichte und zu den Traditionen von Macau untergebracht.

LP TIPP **Mandarin-Haus** HISTORISCHES GEBÄUDE

(鄭家大屋; Caso do Mandarim; Karte S. 578; www.wh.mo/mandarinhouse; 10 Travessa de Antonio da Silva; Eintritt frei; Fr–Di 10–17.30 Uhr; 28B, 16) Diese weitläufige Anlage aus dem Jahr 1869 mit über 60 Zimmern ist das Stammhaus von Zheng Guanying, einem Autor und Kaufmann, zu dessen Leserschaft auch einige Kaiser und Dr. Sun Yatsen sowie der Parteivorsitzende Mao gehörten. Die beeindruckende Anlage umfasst ein Mondtor, Innenhöfe und Hallen in einer labyrinthartigen Anordnung.

LP TIPP **Bezirk São Lazaro** STADTVIERTEL

(瘋堂斜巷; Calçada da Igreja de São Lazaro; Karte S. 582; 7, 8) Ein hübsches Stadtviertel mit ruhigen Häusern und Kopfsteinpflasterstraßen. Künstler, Designer und Independents haben hier in den letzten paar Jahren Läden eröffnet.

PREISE

In diesem Kapitel werden die folgenden Preiskategorien verwendet. Die Angaben erfolgen in Patacas (MOP$), sofern nicht anderweitig angegeben. Bitte beachten, dass die Preise für Essen pro Gericht angegeben sind:

Schlafen

€	unter 700 MOP$
€€	700 bis 2000 MOP$
€€€	über 2000 MOP$

Essen

€	unter 200 MOP$
€€	200 bis 400 MOP$
€€€	über 400 MOP$

Die **St Lazarus Church District Creative Industries Promotion Association** (望德堂區創意產業促進會; www.cipa.org.mo) vereint die Mieter und organisiert die wöchentliche **Sun Never Left – Public Art Performance** (S.593). Aktuelle Infos gibt's auf der Website. Die folgenden Sehenswürdigkeiten sind einige der Highlights des Stadtviertels.

Das **Haus für alte Damen** (仁慈堂婆仔屋; Karte S.582; www.albcreativelab.com; 8 Calçada da Igreja de São Lazaro; ⏲Mi–Mo 12–19 Uhr) gewährte im Zweiten Weltkrieg portugiesischen Flüchtlingen aus Shanghai und später obdachlosen älteren Frauen Zuflucht. Heute wird es von einer Gruppe avantgardistischer Künstler verwaltet. Draußen gibt's einen Hof mit prächtigen alten Bäumen. Die Modeboutique **Lines Lab** (S.594) und der portugiesische Lebensmittelladen **Mercearia Portuguesa** (S.593) befinden sich ebenfalls hier.

G32 (Karte S.582; ☎2834 6626; 32 Rua de Sao Miguel; kostenlose Führungen Sa & So 15–17 Uhr) ist ein restauriertes Mietshaus, das als macanesisches Wohnhaus aus den 1960er- und 1970er-Jahren eingerichtet wurde. Das dreistöckige Gebäude mit einem schmalen Treppenhaus hat Dielenböden und Retro-Möbel.

Tai Fung Tong Art House (大瘋堂藝社; Karte S.582; ☎2835 3537; 7 Calçada da Igreja de São Lazaro; ☎14–18 Uhr, Mo geschl.) ist ein prächtiges historisches Gebäude, das eine Mischung aus chinesischen und europäischen Architekturstilen bietet. Es wurde vor fast einem Jahrhundert von einem Philanthropen erbaut. Heute sitzt hier eine Gruppe, die das chinesische Kulturerbe fördert. Das Haus zeigt traditionelle chinesische Artefakte und der Kalligraf Carlos Choi führt hier manchmal seine Kunst vor.

G17 (S.594) ist ein neuer Ausstellungsraum für Keramikkünstler. Das von einem Modesigner geführte **Jabber Café** (S.592) befindet sich ebenfalls hier.

Kirche São Domingo KIRCHE

(聖母堂; Igreja de São Domingos; Karte S.582; Largo de São Domingos; ⏲10–18 Uhr; 🚌3, 6) Diese hübsche Barockkirche aus dem 17. Jh. steht auf dem Grundstück eines Klosters, das von den spanischen Dominikanern 1587 errichtet wurde. Sie enthält den **Schatz der christlichen Kunst** (聖物寶庫; Tresouro de Arte Sacra; Karte S.582; Eintritt frei; ⏲10–18 Uhr), eine Aladin-Höhle der Kirchenkunst, die unter anderem Reliquien in Form von Körperteilen und einen Schädel beherbergt.

GRATIS **Haus des Lou Kau** HISTORISCHES GEBÄUDE

(盧家大屋; Casa de Lou Kau; Karte S.582; 7 Travessa da Sé; ⏲Di–So 9–19 Uhr; 🚌2, 3) Dieses im Jahr 1889 erbaute elegante Herrenhaus im kantonesischen Stil mit südeuropäischen Elementen gehörte einem Kaufmann. Hinter der grauen Fassade verzaubert ein Labyrinth aus offenen und halboffenen Räumen mit bunten Glasfenstern.

Kirche des Priesterseminars São Jose KIRCHE

(聖若瑟修院及聖堂; Capela do Seminario São Jose; Karte S.582; Rua do Seminario; ⏲10–17 Uhr; 🚌9, 16) Eines von Macaus schönsten

MACAU AUF EINEN BLICK

Wie auch in Hongkong sind das politische und das wirtschaftliche System von Macau immer noch sehr verschieden von denen auf dem chinesischen Festland. Siehe S.1121 für Informationen zu Geld und S.1131 für Einzelheiten zu Visa. Der Begriff „Macanese" bezeichnet speziell Menschen portugiesischer Abstammung, die in Macau geboren wurden; „macanesisch" bezieht sich auf deren Traditionen und Küche.

Gebäuden und das beste Beispiel für tropischen Barock. Die Kirche wurde 1758 als Teil des Jesuitenseminars geweiht. Sie hat eine Fassade wie ein Zitronenbaiser und die erste Kuppel, die jemals in ganz China erbaut wurde.

Leal Senado SENAT

(民政總署大樓; Karte S. 582; 163 Avenida de Almeida Ribeiro; 🚌3, 6) Der „Loyale Senat" ist der Sitz von Macaus bedeutendstem Verwaltungsgremium. Wer durch den Eingang geht, gelangt in einen friedlichen Hof und zur stattlichen **Senatsbibliothek** (⊙13–19 Uhr) an der Rückseite des Gebäudes. In den Innenräumen zeigt die **IACM-Galerie** (⊙Di–So 9–21 Uhr) gut kuratierte Ausstellungen.

Tempel Na Tcha TEMPEL

(哪咤古廟; Templo de Na Tcha; Karte S. 578; Rua de São Paulo; ⊙8–17 Uhr; 🚌8A, 17) Es gibt kein besseres Sinnbild für die kulturelle Diversität von Macau als diesen chinesischen Tempel (erbaut 1888), der ganz friedlich in der Ruine der Kirche von São Paolo steht. Er wurde dem kindlichen Kriegsgott geweiht, um die damals wütende Pest einzudämmen. Übrigens ist die Mauer außerhalb des Tempels, die oft für einen Teil der alten Stadtmauer gehalten wird, tatsächlich eine Mauer des ehemaligen Kollegs von São Paolo.

Ox Warehouse KULTURSTÄTTE

(牛房倉庫; Karte S. 578; http://oxwarehouse.blogspot.com; Ecke Avenida do Coronel Mesquita & Almirante Lacerda; ⊙Mi–Mo 12–19 Uhr; 🚌1A, 12) Dieses stimmungsvolle ehemalige Schlachthaus ist ein Raum für künstlerisches Schaffen, in dem spannende Ausstellungen und Performances gezeigt werden.

Pfandleihhaus-Museum MUSEUM

(典當業展示館; Espaço Patrimonial – Uma Casa de Penhores Tradicional; Karte S. 582; 396 Avendia de Almeida Ribeiro; Eintritt 5 MOP$; ⊙10.30–19 Uhr, 1. Mo im Monat geschl.; 🚌3, 6) Dieses kuriose Museum befindet sich in den Räumen eines ehemaligen Pfandleihhauses aus dem Jahr 1917 und zeigt, wie dieses einst florierende Geschäft in Macau betrieben wurde.

GRATIS **AFA (Gesellschaft Kunst für Alle)** GALERIE

(全藝社; Karte S. 578; ☎2836 6064; www.afamacau.com; 9. OG Edificio da Fabrica de Baterias NE National, 52 Estrada da Areia Preta; ⊙Mo–Sa 12–19 Uhr) Das Beste an zeitgenössischer Kunst aus Macau ist in dieser gemeinnützigen Galerie zu sehen, die 2007 von einem einheimischen Künstler gegründet wurde. Es finden monatlich Ausstellungen von Künstlern aus Macau statt. Die Galerie liegt neben dem Multi-Sport-Pavillon Mong Ha (望廈體育館). Mit dem Bus 8, 8A oder 7 bis zur Rua Da Barca oder Rua De Francisco Xavier Pereira fahren. Zu Fuß ist der Weg ab dem Largo do Senado in 20 Minuten machbar.

MACAU AN EINEM TAG

Am besten am **Largo do Senado** starten und hinauf zu den **Ruinen der Kirche São Paolo laufen.** Nach rund einer Stunde im **Macau-Museum** hat man einen ganz guten Überblick über die Geschichte Macaus und ein besseres Gespür für seine Gegenwart. Anschließend geht's durch die schmalen Gassen zum inneren Hafen und zum Mittagessen im **Litoral.** Nach dem Mittagessen noch den **Tempel A-Ma** ansehen, bevor es mit dem Bus zum verschlafenen **Dorf Coloane** geht. Hier lässt es sich gemütlich bummeln, bevor es mit dem Bus über den **Cotai Strip** zurückgeht, wo sich ein Ehrfurcht einflößender Blick auf die Megahotels bietet. Zum Abendessen geht's ins unprätentiöse **Alfonso III,** dann als Kontrastprogramm in die grelle Pracht des **Casinos Grand Lisboa,** bevor man sich ein paar Drinks auf der Dachterrasse des **Corner's Wine Bar & Tapas Cafe** gönnt. Wer dann noch fit ist, schlendert rüber ins **Macau Soul** für Live-Jazz.

SÜDLICHE HALBINSEL MACAU

Die südliche Halbinsel bietet einige alte Kolonialhäuser und Barockkirchen, die sich am besten zu Fuß erkunden lassen.

Das Macau der Kolonialzeit HISTORISCHES STADTVIERTEL

Von der Almeida Ribeiro aus die Calçada do Tronco Velho entlang zur **Kirche São Agostinho** (聖奧斯定教堂; Igreja de Santo Agostinho; Karte S. 582; Largo de Santo Agostinho; ⊙10–18 Uhr; 🚌3,6) aus dem Jahr 1814. Gegenüber der Kirche liegt Chinas erstes westliches Theater, das **Teatro Dom Pedro V** (崗頂劇院; Teatro Dom Pedro; Karte

Halbinsel Macau

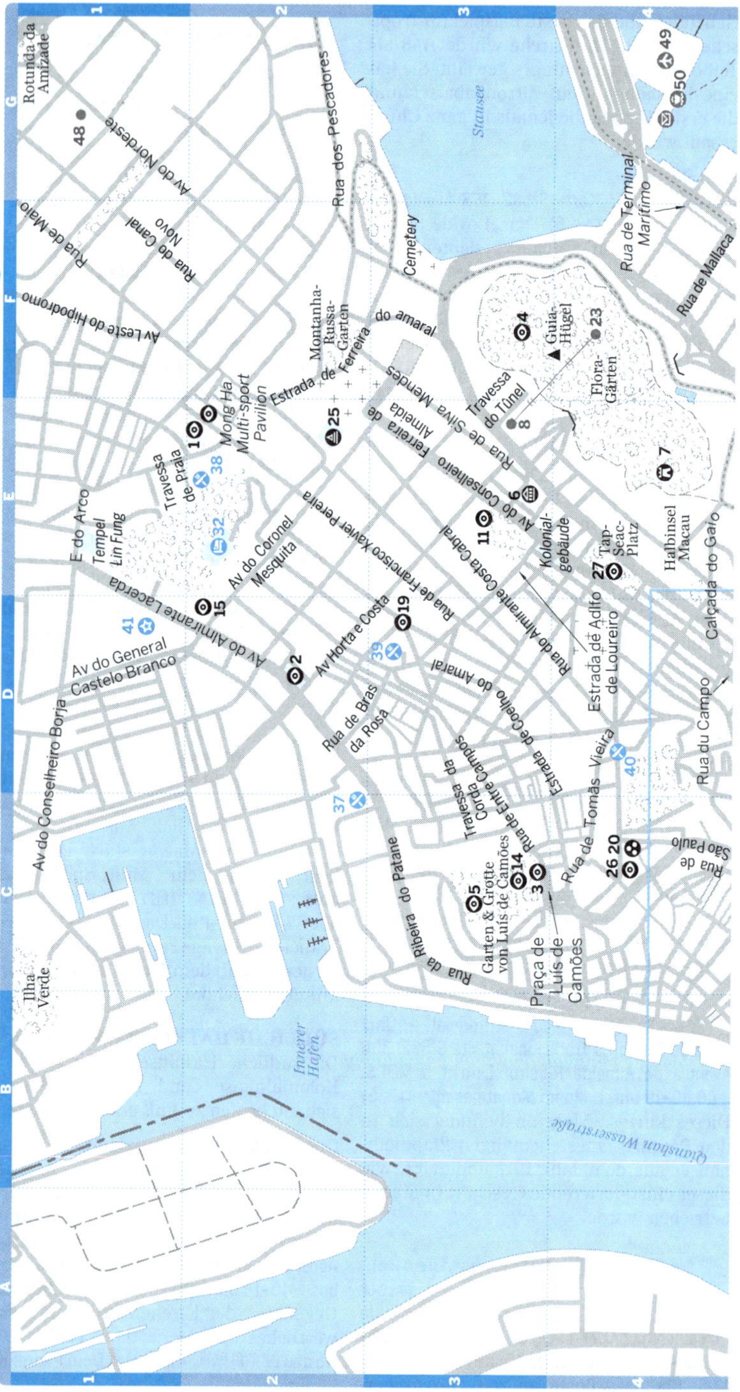

A B C D E F G
1 2 3 4
0 500 m
N

Ilha Verde
Av do Conselheiro Borja
Av do General Castelo Branco
41
E do Arco
Tempel Lin Fung
Av Leste do Hipodromo
Rua de Maio
Rotunda da Amizade
48
Rua do Canal Novo
Av do Nordeste
Av do Almirante Lacerda
Travessa de Praia
15
32
38
1
Mong Ha Multi-sport Pavilion
Av do Coronel Mesquita
Innerer Hafen
2
Estrada de Ferreira do amaral
Montanha-Russa-Garten
25
Rua dos Pescadores
37
Rua de Bras da Rosa
Av Horta e Costa
Rua de Francisco Xavier Pereira
39
19
Av do Conselheiro Ferreira de Almeida
Rua de Silva Mendes
Cemetery
Rua da Ribeira do Patane
Travessa da Corda
Rua de Entre Campos
Estrada de Coelho do Amaral
Rua do Almirante Costa Cabral
11
Stausee
5
Garten & Grotte von Luís de Camões
14
3
Praça de Luís de Camões
6
Kolonialgebäude
Travessa do Túnel
8
4
Guia-Hügel
Flora-Gärten
23
Rua de Tomás Vieira
Estrada de Adlfo de Loureiro
27
Tap-Seac-Platz
Qianshan Wasserstraße
26 20
40
Rua de Terminal Marítimo
7
Halbinsel Macau
49
50
Rua de São Paulo
Rua du Campo
Calçada do Gaio
Rua de Mallaca

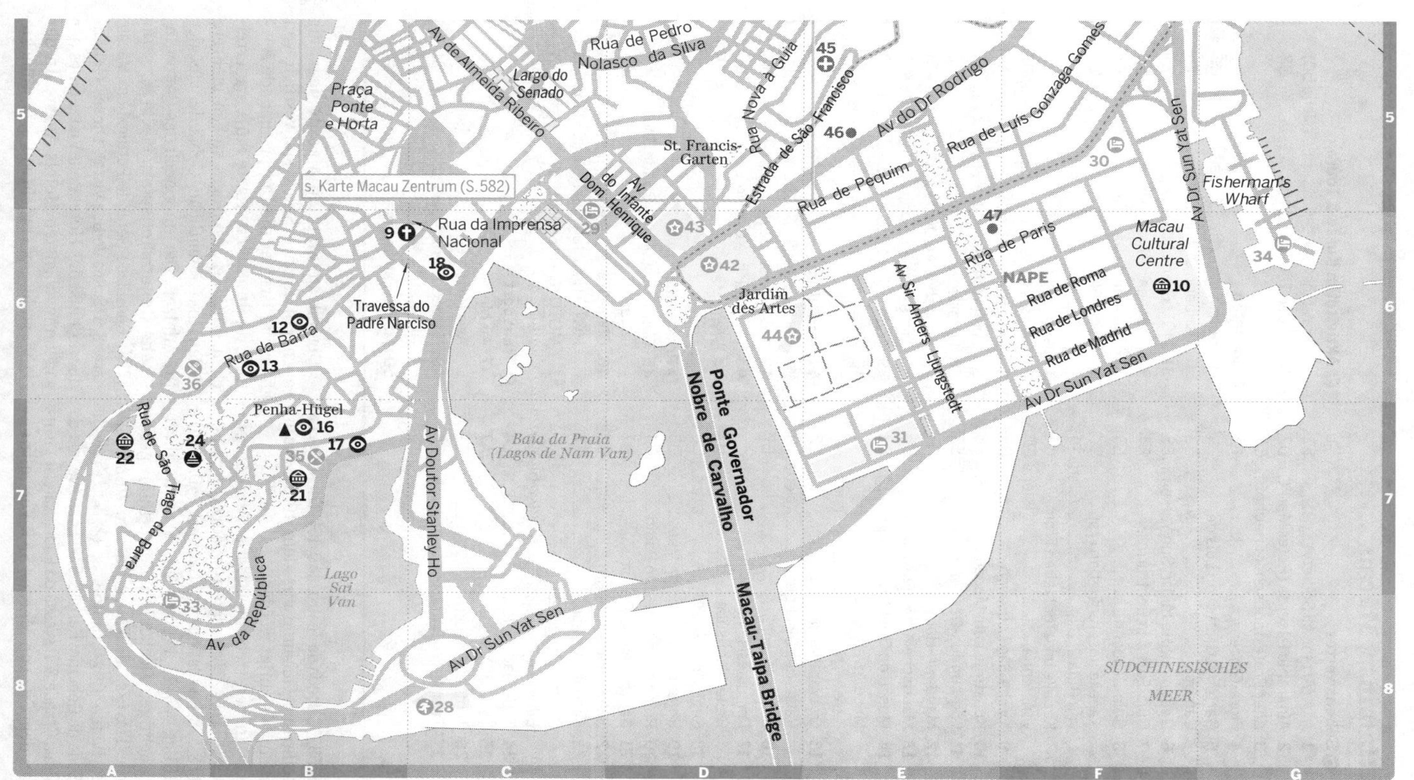
Av de Almeida Ribeiro
Rua de Pedro Nolasco da Silva
Largo do Senado
Praça Ponte e Horta
45
Rua Nova à Guia
Estrada de São Francisco
46
Av do Dr Rodrigo
Rua de Luís Gonzaga Gomes
St. Francis-Garten
Av do Infante Dom Henrique
s. Karte Macau Zentrum (S.582)
29
43
Rua de Pequim
30
Av Dr Sun Yat Sen
Fisherman's Wharf
9
Rua da Imprensa Nacional
18
47
Rua de Paris
Macau Cultural Centre
34
42
NAPE
10
Jardim des Artes
Rua de Roma
Rua de Londres
Rua de Madrid
Av Sir Anders Ljungstedt
44
Travessa do Padré Narciso
12
Rua da Barra
13
36
Av Dr Sun Yat Sen
Penha-Hügel
16
17
24
22
Rua de São Tiago da Barra
35
21
Av Doutor Stanley Ho
Baía da Praia (Lagos de Nam Van)
Ponte Governador Nobre de Carvalho
31
Lago Sai Van
33
Av da República
Macau-Taipa Bridge
Av Dr Sun Yat Sen
28
SÜDCHINESISCHES MEER
A
B
C
D
E
F
G
5
6
7
8

Halbinsel Macau

Sehenswertes

1 AFA (Art for All Society) E2
2 Almirante Lacerda (Roter Markt) D2
3 Alter Protestantischer Friedhof C3
4 Flora-Gärten F3
5 Garten & Grotte von Luís de Camões C3
6 Gedenkstätte für Dr. Sun Yatsen E3
7 Guia-Fort & Leuchtturm E4
8 Guia-Seilbahn E3
Kapelle unserer Lieben Frau von Guia .... (siehe 9)
Kapelle unserer Lieben Frau von Penha .... (siehe 21)
9 Kirche São Lourenço B6
10 Kunstmuseum Macau F6
11 Lou-Lim-Ioc-Garten E3
12 Mandarin-Haus B6
13 Maurische Kasernen B6
14 Museu do Oriente C3
Museum christlicher Kunst .... (siehe 24)
15 Ox Warehouse D2
Palais des Bischofs .... (siehe 21)
16 Penha-Hügel B7
17 Portugiesisches Generalkonsulat B7
18 Regierungssitz C6
19 Rotunda de Caros da Maia D3
20 Ruine der Kirche São Paolo C4
21 Santa-Sancha-Palast B7
22 Schifffahrtsmuseum A7
23 Seilbahnstation F4
Sr Wong Ieng Kuan-Bibliothek .... (siehe 12)
24 Tap-Seac-Platz E4
25 Tempel A-Ma A7
26 Tempel Kun Iam E2
27 Tempel Na Tcha C4

Aktivitäten, Kurse & Touren

Gray Line Tours .... (siehe 50)
28 Macau Tower C8

Schlafen

29 Hotel Sintra C6
30 Mandarin Oriental F5
31 MGM Grand Macau E7
32 Pousada de Mong Há E2
33 Pousada de São Tiago A8
34 Rocks Hotel G6

Essen

35 Henri's Galley B7
36 Litoral A6
37 Lung Wah Tea House C2
38 O Porto E2
Robuchon Au Dôme .... (siehe 43)
Tim's Kitchen .... (siehe 42)
39 Toung King D3
40 Xina Café D4

Unterhaltung

41 Canidrome D1
42 Casino Lisboa D6
43 Grand Lisboa Casino D6
44 Wynn Macau D6

Praktisches

45 Centro Hospitalar Conde São Januário E5
46 China Travel Service E5
MGTO (Fährterminal) .... (siehe 50)
MGTO (Guia-Leuchtturm) .... (siehe 9)

Transport

47 Air Macau E6
Avis Rent A Car .... (siehe 50)
48 Burgeon Rent A Car G1
49 Heliport G4
50 Macau Fährterminal G4

S. 582; Calçada do Teatro; 🚌9, 16). Dieses pastellgrüne Gebäude aus dem 19. Jh. kann nicht besichtigt werden.

Daneben steht die **Kirche São Lourenço** (聖老楞佐教堂; Igreja de São Lourenço; Karte S. 578; Rua da Imprensa Nacional; ⏲Di–So 10–18 Uhr, Mo 13–14 Uhr; 🚌3, 6) mit ihren prächtigen Deckengemälden. Dann geht's die Travessa do Padre Narciso zum pinkfarbenen **Regierungssitz** (特區政府總部; Sede do Goberno; Karte S. 578; Ecke Avenida da Praia Grande & Travessa do Padré Narciso) hinab, dem Sitz von Macaus SAR-Verwaltung.

Der älteste Stadtteil Macaus liegt nur noch ein kleines Stück südwestlich von hier und ist über die Uferpromenade **Avenida da República** (Karte S. 578) zu erreichen. Entlang des Weges stehen mehrere Villen und öffentliche Gebäude aus der Kolonialzeit. Darunter auch das **Portugiesische Generalkonsulat** (葡國駐澳門領事官邸; Consulado-Geral de Portugal em Macau; Karte S. 578; Rua do Boa Vista). Dieses Gebäude war einst das Hotel Bela Vista, eines der sagenumwobensten Hotels Asiens. In der Nähe steht der prachtvoll geschmückte

MACAUS VERBORGENE SCHÖNHEITEN

Großartige Bibliotheken

Macaus Bibliotheken beweisen, wie sehr winzige Proportionen ansprechend wirken können.

Sir-Robert-Ho-Tung-Bibliothek (何東圖書館; Karte S. 582; ☎2837 7117; 3 Largo de St Agostinho; ⏲Mo–Sa 10–19 Uhr, So 11–19 Uhr; @) Dieser Hingucker besteht aus einer Villa aus dem 19. Jh. und einem Anbau aus Glas und Stahl hoch über einem Garten. Die Brücken zwischen den Gebäudeteilen könnten von Piresi stammen.

Chinesischer Lesesaal (八角亭; Karte S. 582; Rua de Santa Clara; ⏲9–12 Uhr & 19–24 Uhr) Dies ist eine ehemalige Trinkhalle aus dem Jahr 1926, die auf Chinesisch als „Achteckiger Pavillon" bezeichnet wird.

Sir-Wong-Ieng-Kuan-Bibliothek (白鴿巢公園黃營均圖書館; Karte S. 578; ☎2895 3075; Praça de Luís de Camões; ⏲8–20 Uhr, Mo geschl.; @) Eine Oase der Ruhe zwischen einem Felsen (der ins Innere hineinragt) und einem Banyanbaum (der den Eingang einrahmt) im Luís-de-Camões-Garten.

Coloane-Bibliothek (路環圖書館; Karte S. 586; ☎2888 2254; Av de Cinco de Outubro, Coloane; ⏲Mo–Sa 13–19 Uhr; @) Ein griechischer Minitempel aus dem Jahr 1917 mit einem Giebel und zu dicken Säulen.

Modernistische Meisterwerke

Pier 8 (8號碼頭; Karte S. 582; Rua do Dr Lourenco Pereira Marquez) Ein gutes Beispiel für chinesischen Modernismus in Grau, 50 Schritte südlich des Macau Masters Hotel. Den besten Blick hat man vom **Südlichen Sampan-Pier** (南舢板碼頭; Cais de Sampanas Sul; Karte S. 582) nebenan.

East Asia Hotel (東亞酒店; Karte S. 582; Ecke Rua do Guimares & Rua da Madeira) Chinesisches Art-déco in Minzgrün; etwas heruntergekommen, aber sehr schick.

Almirante Lacerda (紅街市大樓; Mercado Almirante Lacerda; Karte S. 578; Ecke Avs do Almirante Lacerda & Horta e Costa; ⏲7.30–19.30 Uhr) Dieser „Rote Markt" im Art-déco-Stil ist ein Obst- und Gemüsemarkt.

Santa-Sancha-Palast (禮賓府; Palacete de Santa Sancha; Karte S. 578; Estrada de Santa Sancha), die ehemalige Residenz der portugiesischen Gouverneure von Macau.

LP TIPP **Kunstmuseum Macau** MUSEUM
(澳門藝術博物館; Museu de Arte de Macau; Karte S. 578; www.mam.gov.mo; Macau Cultural Centre, Avenida Xian Xing Hai; Eintritt 5 MOP$, ⏲Di–So 10–18.30 Uhr; 🚌1A, 8) Dieses riesige hervorragende Museum zeigt Wechselausstellungen sowie ständige Sammlungen von Kunstwerken bekannter chinesischer und westlicher Künstler wie George Chinnery (1774–1852), der den größten Teil seines Lebens als Maler in Macau verbrachte.

Tempel A-Ma TEMPEL
(媽閣廟; Templo de A-Ma; Karte S. 578; Rue de São Tiago da Barra; ⏲7–18 Uhr; 🚌1, 5) Der Tempel ist der Göttin A-Ma geweiht (besser bekannt als Tin Hau, Göttin des Meeres), von der sich der Name Macau ableitet. Es heißt, dass die Portugiesen, als sie nach dem Namen des Ortes fragten, „A-Ma Gau" (Bucht von A-Ma) zur Antwort bekamen. Im modernen Kantonesisch heißt Macau „Ou Mun" (澳門), was „Tor zur Bucht" bedeutet.

Penha-Hügel SCHÖNE AUSSICHT
(主教山; Colina da Penha; Karte S. 578; 🚌6, 9) Die Aussicht von hier ist ausgezeichnet, und außerdem gibt's das Palais Unserer Lieben Frau von Penha (Capela de Nostra Senora da Penha) und modernistische Villen zu sehen.

Maurische Kasernen HISTORISCHE STÄTTE
(港務局大樓; Capitania dos Portos; Karte S. 578; Barra Hill; 🚌2, 5) Dieses neoklassizistische Gebäude mit maurischen Einflüssen, das von einem Italiener entworfen wurde, ist heute der Hauptsitz der Schifffahrtsverwaltung von Macau. Am Ausgang des A-Ma-Tempels rechts halten; nach zehn Gehminuten bergauf kommen die Kasernen.

Macau Zentrum

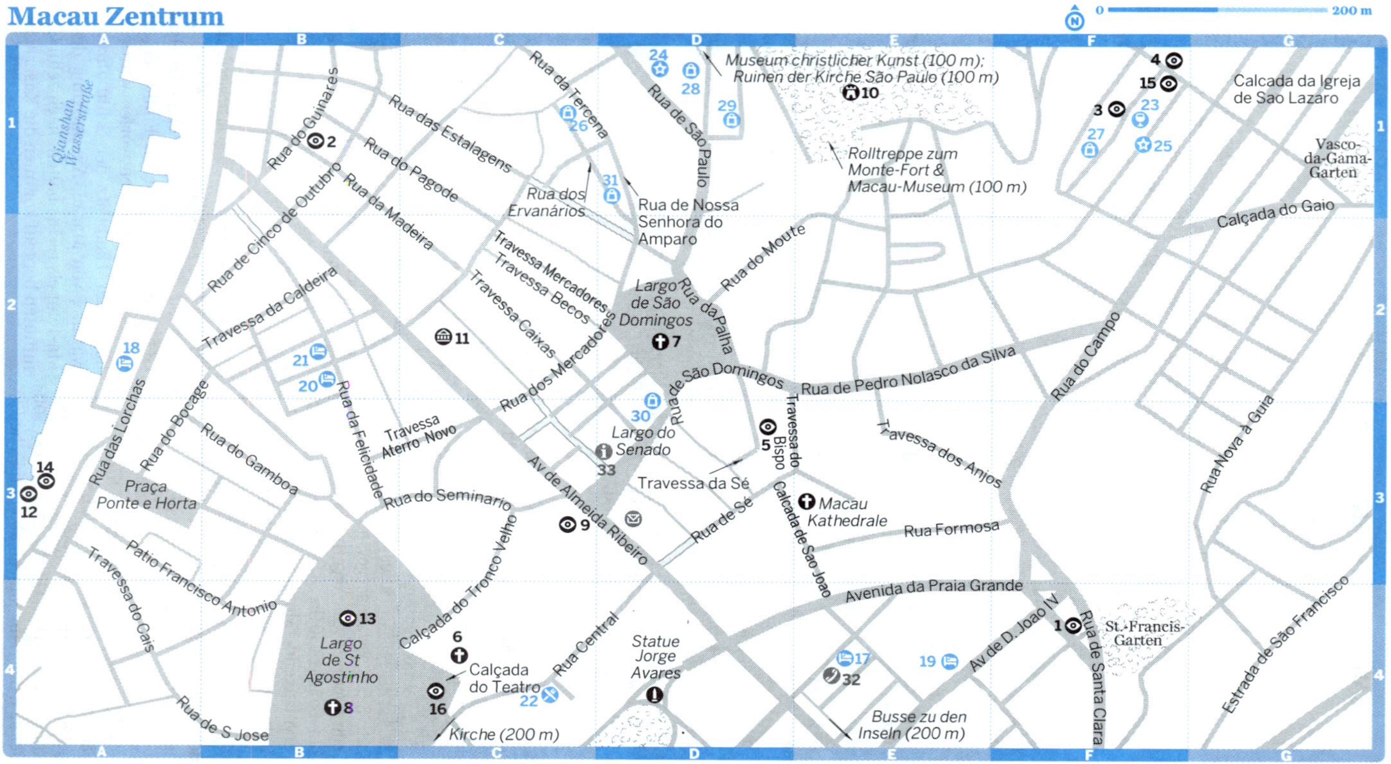

Macau Zentrum

Sehenswertes

1 Chinesischer Leseraum F4
2 East Asia Hotel B1
3 G32 .... F1
4 Haus der Barmherzigkeit F1
5 Haus des Lou Kau D3
IACM-Galerie .... (siehe 7)
6 Igreja de Santo Agostinho C4
7 Igreja de São Domingos D2
8 Kirche des Seminars zum Hl. Joseph B4
Kirchenschatz .... (siehe 3)
9 Leal Senado C3
Macau-Museum .... (siehe 9)
10 Monte Fort E1
11 Pfandleihhaus-Museum C2
12 Pier 8 .... A3
Senatsbibliothek .... (siehe 7)
13 Sir-Robert-Ho-Tung-Bibliothek B4
14 Südlicher Sampan-Pier A3
15 Tai Fung Tong Art House F1
16 Theatro Dom Pedro V C4

Schlafen

17 Augusters Lodge E4
18 Macau Masters Hotel A2
19 New Nam Pan Hotel E4
20 San Va Hospedaria B2
21 Vila Universal B2

Essen

22 Alfonso III C4

Ausgehen

23 Jabber F1

Unterhaltung

24 Macau Soul D1
25 Sun Never Left – Public Art Performance F1

Shoppen

26 Flohmarkt C1
27 G17 .... F1
Lines Lab .... (siehe 10)
28 Macau Creations D1
Mercearia Portuguesa .... (siehe 10)
29 MOD Design Store D1
30 Pinto Livros D3
31 Traditionelle Geschäfte D1

Praktisches

32 Companhia de Telecomunicações de Macau (CTM) E4
33 MGTO (Largo do Senado) D3

Schifffahrtsmuseum MUSEUM
(海事博物館; Museu Marítimo; Karte S. 578; www.museumaritimo.gov.mo; 1 Largo do Pagode da Barra; Eintritt 10 MOP$, So 5 MOP$; ⌚Mi–Mo 10–17.30 Uhr; 🚌2, 5) Das Schifffahrtsmuseum zeigt interessante Artefakte aus der Seefahrervergangenheit von Macau, ein Modell eines Hakka-Fischerdorfes und Ausstellungen zu Drachenbooten.

NÖRDLICHE HALBINSEL MACAU

Die nördliche Halbinsel ist ein schönes Ausflugsgebiet. Der historische **Dreilampenbezirk** (三盞燈; *saam jaan dang*) ist wegen seiner südostasiatischen – vor allem burmesischen – Einflüsse bekannt. Er beginnt bei der Rotunda de Caros da Maia (Karte S. 578) mit den Straßenlampen, die ihm den Namen gaben, und erstreckt sich über mehrere quadratische Blöcke.

LP TIPP **Guia-Fort** FORT
(東望洋山堡壘; Fortaleza de Guia; Karte S. 578; ⌚9–17.30 Uhr; 🚌2, 17) Als höchster Punkt der Halbinsel Macau bietet diese Festung einen herrlichen Panoramablick über die Stadt und an klaren Tagen auch über Inseln und bis nach China. Ganz oben stehen ein **Leuchtturm** aus dem Jahr 1865, der älteste an der chinesischen Küste, und die **Kapelle Unserer Lieben Frau von Guia** (聖母雪地殿聖堂; Capela de Nossa Señora da Guia; Karte S. 578; ⌚Di–So 10–17 Uhr), die im Jahr 1622 erbaut wurde und noch fast vollständig im Originalzustand erhalten ist. Hier ist auch eines der wertvollsten Wandgemälde Ostasiens zu bewundern. Hinauf geht's zu Fuß oder mit der **Guia-Seilbahn** (東望洋山纜車; Teleférico da Guia; Karte S. 578; einfach/hin&zurück 3/5 MOP$; ⌚Di–So 8–18 Uhr). Die Talstation befindet sich am Eingang zum **Flora-Garten** (二龍喉公園; Jardim da Flora; Karte S. 578; Travessa do Túnel; ⌚7.30–20.30 Uhr), Macaus größtem öffentlichen Park.

Lou-Lim-Ioc-Garten GARTEN
(盧廉若公園; Jardim Lou Lim Ioc; Karte S. 578; 10 Estrada de Adolfo Loureiro; ⌚6–21 Uhr; 🚌12, 16) Ein kühler und schattiger Garten im Suzhou-Stil mit Pavillons, Lotosteichen, Bambusgrotten und einer Brücke mit neun

Insel Taipa

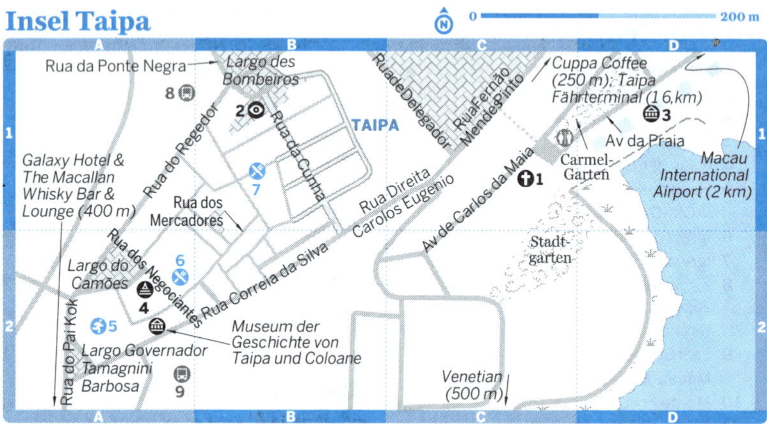

Insel Taipa

Sehenswertes

1 Kirche unserer Lieben Frau von Carmel ... C1
2 Taipa-Flohmarkt ... B1
3 Taipa-Freiluftmuseum ... D1
4 Tempel Pak Tai ... A2

Aktivitäten, Kurse & Touren

5 Aluguer de Bicicletas ... A2

Essen

6 Antonio ... A2
7 O Santos ... B1

Transport

8 Bushaltestelle ... A1
Fahrradverleih ... (siehe 9)
9 Hauptbusbahnhof ... A2

Windungen (um den bösen Geistern zu entkommen, die sich nur in gerader Linie fortbewegen können). Hier kann man Einheimische beobachten, die sich in Tai-Chi üben oder chinesische Musikinstrumente spielen.

Garten & Grotte von Luís de Camões

GARTEN

(白鴿巢公園 （賈梅士公園; Jardim e Gruta de Luís de Camões; Karte S. 578; Eintritt frei; ⏲6–22 Uhr; 🚌8A, 17) Dieser erholsame Park ist dem einäugigen Dichter Luís de Camões (1524–80) gewidmet, der einen Teil seines Epos *Os Lusíadas* in Macau geschrieben haben soll. Tatsächlich deutet recht wenig darauf hin, dass er die Stadt wirklich jemals erblickt hat. Die sehr interessante **Bibliothek des Sr. Wong Leng** befindet sich im Garten.

LP TIPP Tempel Kun Iam

TEMPEL

(觀音廟; Templo de Kun Iam; Karte S. 578; Avenida do Coronel Mesquita; ⏲10–18 Uhr) Der bereits vor 400 Jahren erbaute Tempel Kun Iam ist Macaus ältester und interessantester Tempel. Das Abbild von Kun Iam, der Göttin der Gnade, befindet sich in der Haupthalle. Links vom Altar und hinter Glas steht eine Statue eines bärtigen *arhat*, der angeblich Marco Polo darstellt. Das erste Handels- und Freundschaftsabkommen zwischen den USA und China wurde in dem Terrassengarten dieses Tempels im Jahr 1844 geschlossen.

Tap-Seac-Platz

PLATZ

(塔石廣場; Karte S. 578; 🚌7, 8) Kühn und schön wirkt dieser neue Platz, der von wichtigen historischen Bauwerken gesäumt ist, welche vom macanesischen Architekten Carlos Marreiros entworfen wurden. Marreiros entwarf auch das Tap-Seac-Gesundheitszentrum (neben dem Amt für Kulturelle Angelegenheiten), eine zeitgenössische Interpretation von Macaus neoklassizistischen Gebäuden mit geschwungenem Glas, das an ein *cheongsam* (langes chinesisches Damenkleid mit Verschluss an der Schulter) erinnert, in dem der Wind spielt.

GRATIS Gedenkstätte für Dr. Sun Yatsen

MUSEUM

(國父紀念館; Casa Memorativa de Doutor Sun Yat Sen; Karte S. 578; ☎2857 4064; 1 Rua de Silva

Mendes; ⌚Mi–Mo 10–17 Uhr; 🚌2, 9) Dieses neomaurische Haus erinnert an Dr. Sun Yatsen (1866–1925), den Gründer der chinesischen Republik, der allerdings nie darin gelebt hat.

Museu do Oriente GALERIE
(東方基金會 博物館; Karte S. 578; www.oriente.pt; 13 Praça de Luís de Camões; ⌚Mo–Fr 10–17.30 Uhr, bei Sonderausstellungen tgl. 10–19 Uhr) Diese Galerie liegt im Casa-Garten, dem ehemaligen Sitz der britischen Ostindienkompagnie. Sie stellt einige der besten Ausstellungen an zeitgenössischer und alter Kunst in Macau auf die Beine.

Alter protestantischer Friedhof FRIEDHOF
(基督教墳場; Antigo Cemitério Protestante; Karte S. 578; 15 Praça de Luís de Camões; ⌚8.30–17.30 Uhr; 🚌8A, 17) Dieser Friedhof wurde im Jahr 1821 als letzte Ruhestätte (zumeist anglophoner) Protestanten angelegt. Unter anderem ist hier der in Irland geborene Künstler George Chinnery begraben.

DIE INSELN

Die Inseln Cotai, Coloane und Taipa sind mit dem Festland von Macau über drei Brücken verbunden. Dort, wo sie einst das Wasser trennte, wird immer mehr Land trockengelegt. Alle drei Inseln, Taipa in etwas geringerem Maße, sind grüne Oasen der Ruhe. Der Cotai Strip dagegen ist das Zentrum der Bautätigkeit, hier schießen die Mega-Casinos nur so aus dem Boden.

LP TIPP **Taipa** INSEL
(氹仔; Tam Chai auf Kantonesisch; Karte S. 584) Traditionell war Taipa eine Insel der Entenfarmen und Bootswerften, verstädtert nun aber doch sehr rasch. Hotels, eine Universität, eine Rennstrecke, ein Stadion und ein Flughafen sind neu entstanden. Wer jedoch die vielen Barockkirchen, Tempel, überwachsenen Esplanaden und lethargischen Siedlungen betrachtet, spürt immer noch den alten Charme der Insel.

Das Dorf Taipa im nördlichen Inselinneren ist ein Fenster zur Vergangenheit der Insel. Hier befindet sich das herrschaftliche **Taipa-Freilichtmuseum** (龍環葡韻; Casa Museum da Taipa; Karte S. 584; Avenida da Praia; Eintritt 5 MOP$; ⌚Di–So 10–17.30 Uhr; 🚌22, 26), das aus fünf Villen am Ufer besteht, die einen Eindruck davon vermitteln, wie die macanesische Mittelschicht zu Beginn des 20. Jhs. lebte. In dem Dorf stehen außerdem die **Kirche unserer Lieben Frau von Carmel** (嘉模聖母堂; Igreja de Nossa Senhora de Carmo; Karte S. 584; Avenida de Carlos da Maia; 🚌22, 26) und Tempel, darunter auch der **Tempel Pak Tai** (北帝廟; Templo Pak Tai; Karte S. 584; Largo do Camões).

Der **Taipa-Flohmarkt** (Karte S. 584; www.iacm.gov.mo; Bombeiros Square, Rua do Regedor & Rua das Gaivotas; ⌚So 11–20 Uhr), der fast ganzjährig abgehalten wird, ist eine besonders gute Adresse für Souvenirs.

Fahrräder gibt's im Dort Taipa bei **Aluguer de Bicicletas** (Karte S. 584; ☎2882 7975; 36 Largo Governador Tamagnini Barbosa) zu mieten. Der Laden hat kein englischsprachiges Schild, aber er liegt gleich neben dem Restaurant Don Quixote.

LP TIPP **Coloane** INSEL
(路環; Lo Wan auf Kantonesisch; Karte S. 586) Coloane war bis zum Anfang des 20. Jhs. noch eine Zufluchtsstätte für Piraten. Es ist deutlich größer als Taipa und der einzige Teil von Macau, der sich nicht in einem schwindelerregenden Tempo zu verändern scheint, was eine wahre Wohltat ist.

Alle Busse halten am Verkehrskreisel im Dorf Coloane, von dem aus in der Ferne das chinesische Festland zu sehen ist. Die Hauptattraktionen sind hier die **Kapelle des São Francisco Xavier** (聖方濟各教堂; Capela de São Francisco Xavier; Karte S. 586; Avenida de Cinco de Outubro; ⌚10–20 Uhr; 🚌21, 25), die 1928 erbaut wurde und eine Reliquie mit dem Armknochen des Heiligen enthält, und der **Tempel Tam Kong** (譚公廟; Templo Tam Kong; Karte S. 586; Largo Tam Kong Miu; ⌚8.30–18 Uhr; 🚌21A, 25), wo ein Drachenboot aus Walknochen zu sehen ist.

Rund 1,5 km südöstlich des Dorfes Coloane liegt der **Cheoc-Van-Strand** (Karte S. 586; Bamboo Bay; 🚌21A, 25), während der größere und beliebtere **Hac-Sa-Strand** im Nordosten liegt.

Auf dem **Alto de Coloane** (170 m) stellt die 20 m hohe **A-Ma-Statue** (媽祖像及媽閣廟; Estátua da Deusa A-Ma; Estrada do Alto de Coloane) die Göttin dar, der Macau seinen Namen verdankt. Sie ist aus weißer Jade gearbeitet und steht neben dem riesigen **Tempel Tian Hou Temple** (天后廟; ⌚8–18 Uhr), der den Mittelpunkt des touristischen **A-Ma-Kulturdorfes** (媽祖文化村) bildet. Ein kostenloser Pendelbus fährt alle 30 Minuten (9–18 Uhr) an dem reich verzierten Tor an der Estrada de Seac Pai Van ab.

Insel Coloane

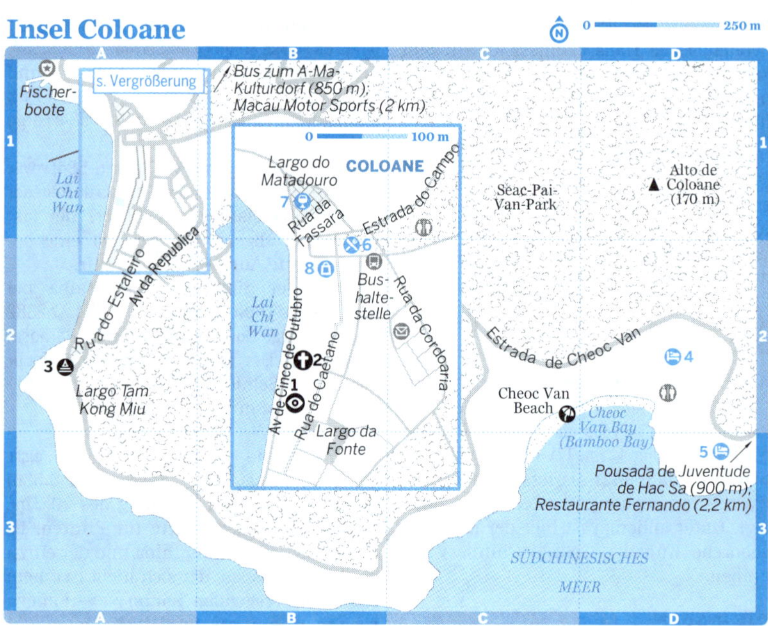

Insel Coloane

Sehenswertes

1 Coloane-Bibliothek ... B2
2 Kapelle des São Francisco Xavier ... B2
3 Tempel Tam Kong ... A2

Schlafen

4 Pousada de Coloane ... D2
5 Pousada de Juventude de Cheoc Van ... D3

Essen

6 Café Nga Tim ... B2

Ausgehen

7 Lord Stow's Café ... B1

Shoppen

8 Asian Artefacts ... B2

Aktivitäten

Wenngleich Macau nicht unbedingt ein Abenteurerparadies ist, kann man doch in alles hineinschnuppern, sei es als Zuschauer oder als Extremsportler. Wer einen Endorphinschub sucht, geht am besten auf www.iacm.gov.mo (hier auf „facilities“ klicken).

AJ Hackett KLETTERN
(☎8988 8875; http://macau.ajhackett.com) Das ursprünglich aus Neuseeland stammende Unternehmen AJ Hackett sorgt für die Organisation aller Arten von Klettertouren um den und direkt am Macau Tower hinauf.

Macau Motor Sports Club GO-KART
(☎2888 2126; Estrada de Seac Pai Van, Coloane; pro 10/20 Min. 100/180 MOP$; ⊙Mo–Fr 11.30–19 Uhr, Sa & So 11–20 Uhr; 21A, 25) Dieser Club hat eine landschaftlich sehr ansprechende, 1,2 km lange professionelle Go-Kart-Strecke am Südende des Cotai Strip.

Macau Formel 3 Grand Prix AUTORENNEN
(☎2855 5555; www.macau.grandprix.gov.mo) Macaus größtes Sportereignis des Jahres wird in der dritten Novemberwoche ausgetragen. Der 6,2 km lang Guia-Rundkurs startet in der Nähe des Lisboa Hotel, führt entlang der Küste über die Avenida da Amizade, rund um das Reservoir und zurück durch die Stadt.

Radfahren

Es stehen zwei Radwanderwege auf Taipa zur Auswahl. Der längere **Trail Taipa Grande** (21A, 26) ist über eine gepflasterte Straße zu erreichen, die von der Estrada Colonel Nicolau de Mesquita in der Nähe des Vereinigten Chinesischen Friedhofs abzweigt. Der **Trail Taipa Pequena** (🚌21A, 33) kann über die Estrada Lou Lim Ioc hinter dem Regency Hotel erreicht werden. Fahrräder verleiht ein Kiosk in der Nähe der Bushaltestelle. Er befindet sich neben dem Museum über die Geschichte von Taipa und Coloane im Dorf Taipa.

Wandern

Macaus Wanderwege sind nicht besonders anspruchsvoll, und bei Bedarf ist die nächste Straße nicht weit, wo ein Taxi gestoppt werden kann. Der längste Weg ist der 8,1 km lange **Coloane-Trail,** der im mittleren Abschnitt der Estrada do Alto de Coloane beginnt und sich um die ganze Insel zieht.

Man kann auch einen Abstecher zum **Alto de Coloane** (170 m) machen, um sich die A-Ma-Statue anzusehen. Der **Berg Guia** auf der Halbinsel bietet ebenfalls einen beliebten Spaziergang. Am Ausgang des Forts rechts in die Estrada do Engenheiro Trigo einbiegen.

Geführte Touren

Quality Tours steht für Busausflüge, die vom MGTO (Macau Government Tourist Office) organisiert und über solche Agenturen wie **Gray Line** (錦倫旅行社; Karte S.578; ☎2833 6611; Zi. 1015, EG, Macau Ferry Terminal; Erw. 880–1800 MOP$, Kind 810–1470 MOP$) angeboten werden. Die Touren dauern rund zehn Stunden.

Festivals & Events

Die 400 Jahre lange Verschmelzung zweier äußerst unterschiedlicher Kulturen hat Macau eine einzigartige Sammlung von Festivitäten und kulturellen Ereignissen beschert. Die genauen Daten sind auf www.macau tourism.gov.mo oder auf der Website zur jeweiligen Veranstaltung aufgelistet.

Chinesisches Neujahrsfest Die Feierlichkeiten finden Ende Januar oder Anfang Februar statt; die **Prozession Nosso Senhor dos Passos** findet im Februar statt. Sowohl das **Macau Arts Festival** (www.icm.gov.mo/fam), bei dem einheimische und ausländische Musik- und Theaterensembles in Macau auftreten, als auch das **A-Ma-Festival** zu Ehren der Göttin des Meeres findet im Mai statt.

Ein **Fest des Betrunkenen Drachen,** fraglos das urtümlichste Fest, bei dem betrunkene Männer einen Drachentanz durch Märkte und Gassen aufführen, findet im Mai oder Juni statt.

Das **Drachenbootfestival** findet im Juni statt. Ein **internationaler Feuerwerkswettbewerb** wird im September veranstaltet und ein **internationales Musikfestival** (www.icm.gov.mo/fimm) im Oktober und November.

Das Ende des Jahres wird mit dem **Macau Formel 3 Grand Prix** (www.macau.grandprix.gov.mo) am dritten Novemberwochenende eingeläutet, und der **Macau International Marathon** (www.sport.gov.mo) findet jeweils am ersten Sonntag im Dezember statt.

Schlafen

Die meisten Hotels in Macau zielen eher auf die Betuchteren als auf die Budgetreisenden ab.

Reisende mit dem nötigen Kleingeld finden in dieser Gegend einige Hotels von Weltklasse. Die Preise schnellen am Freitag oder Samstag in die Höhe. Unter der Woche gibt's über Reisebüros, Hotelwebsites und spezielle Websites wie www.macau.com immer wieder einige Schnäppchen. Das **Shun Tak Centre** (200 Connaught Rd, Sheung Wan) in Hongkong, von wo die Fähren nach Macau abfahren, ist auch eine gute Adresse, ebenso die Stände in der Ankunftshalle des Macau-Fährterminals.

Alle hier aufgeführten Zimmer haben Klimaanlage und ein eigenes Bad, sofern nicht anderweitig angegeben. Die meisten Mittel- und Spitzenklassehotels unterhalten einen Pendelverkehr vom und zum Fährterminal.

HALBINSEL MACAU

Die billigen Pensionen liegen im Zentrum der Halbinsel Macau rund um die Rua das Lorchas und die Avenida de Almeida Ribeiro. Viel Auswahl hat auch die Rua da Felicidade, der Dreh- und Angelpunkt des ehemaligen Rotlichtbezirks, während die Casino-Hotels der Spitzenklasse eher im Südosten und in der Stadtmitte liegen.

LP TIPP **Mandarin Oriental** LUXUSHOTEL €€€ (文華東方酒店; Karte S.578; ☎8805 8888; www.mandarinoriental.com/macau; Avenida Dr Sun Yat Sen; Zi. 3500–4500 MOP$, Suite ab 6200 MOP$; ⊖@🛜🏊) Ein großartiges Hotel der Spitzenklasse. Das neue Mandarin verfügt über alles, was man von dieser

Marke erwartet – schlichte Eleganz, Service der Superlative, komfortable Zimmer und ausgezeichnete Einrichtungen. Es ist ein wohltuender Kontrast zu den grellen Casino-Hotels.

San Va Hospedaria PENSION €
(新華旅店; Karte S. 582; ☎2857 3701; www.sanvahotel.com; 65–67 Rua da Felicidade; Zi. 150–270 MOP$; 🚌3, 6) Das 1873 erbaute San Va ist so ziemlich die billigste und gleichzeitig heimeligste Unterkunft der Stadt (Wong Kar-wai filmte hier einen Teil des 2004 entstandenen Filmklassikers *2046*). Es ist sehr einfach, die Zimmer sind winzig und es gibt nur Gemeinschaftsbäder.

LP TIPP **Pousada de Mong Há** HERBERGE €€
(望厦賓館; Karte S. 578; ☎2851 5222; www.ift.edu.mo; Colina de Mong Há; Zi. 600–1200 MOP$, Suite ab 1200 MOP$; 🚭@📶; 🚌5, 22, 25) Dieses attraktive Gasthaus im portugiesischen Stil oben auf dem Hügel Mong Ha ist eine alte Kaserne und wird nun von Tourismusstudenten geführt. Die Zimmer sind einfach, schlicht und blitzblank. Die Preise sind mit die besten der ganzen Stadt.

Pousada de São Tiago LUXUSHOTEL €€€
(聖地牙哥酒店; Karte S. 578; ☎2837 8111; www.saotiago.com.mo; Fortaleza de São Tiago da Barra, Avenida de República; Suite 3000–4200 MOP$); 🚭@🏊; 🚌6, 9, 28B) Das „Gasthaus zum Hl. Jakob", das in die Ruinen eines Forts aus dem 17. Jh. gebaut wurde, hat zwölf Suiten mit Balkon und prächtigem Blick über den Hafen. Es ist romantisch, altmodisch und teuer.

MGM Grand Macau LUXUSHOTEL €€€
(澳門美高梅酒店; Karte S. 578; ☎8802 1888; www.mgmgrandmacau.com; Avenida Dr Sun Yat Sen, NAPE; Zi. ab 3200 MOP$, Suite ab 7800 MOP$; 🚭@📶🏊; 🚌8, 3A, 12) Dieses Casino-Hotel hat ein jugendliches Flair und zeitgenössische Architektur. Das Markenzeichen des Hauses ist ein barock anmutendes Wellenmotiv, das sich in den schicken Zimmern wiederholt.

Hotel Sintra HOTEL €€
(新麗華酒店; Karte S. 578; ☎2871 0111; www.hotelsintra.com; Avenida de Do João IV; Zi. 1250–1900 MOP$, Suite ab 2360 MOP$; 🚌3, 11, 22) Dieses zentral gelegene Dreisternehotel ist sein Geld wirklich wert. Die Zimmer sind tadellos und das Personal höflich. Das Einzige, was wir noch zu bemängeln haben, ist der langsame Aufzug.

Rocks Hotel BOUTIQUEHOTEL €€€
(萊斯酒店; Karte S. 578; ☎2295 6528; www.rockshotel.com.mo; Macau Fisherman's Wharf; Zi. 1880–2980 MOP$, Suite ab 4080 MOP$; 🚭📶; 🚌3A, 5, 23) Dieses elegante Boutiquehotel im viktorianischen Stil liegt genau zwischen einem Restaurant mit einer afrikanischen Stammeshütte und einem Casino. Die Zimmer sind allesamt ordentlich, und die meisten bieten einen Blick auf das Wasser.

New Nam Pan Hotel PENSION €
(新南濱賓館; Karte S. 582; ☎2848 2842; www.cnmacauhotel.com; 1. OG, 8 Avenida de D. Joao IV; EZ/DZ/3BZ/4BZ 380/580/780/880 MOP$, am Wochenende 100–200 MOP$ mehr; 📶; 🚌3, 5, 10) Die Pension hat eine zentrale Lage, ein rustikales Ambiente und acht tadellose Zimmer. Insgesamt ist das New Nam Pan eine gute Budgetunterkunft.

Vila Universal PENSION €
(大利迎賓館; Karte S. 582; ☎2857 3247/5602; Cheng Peng Bldg, 73 Rua Felicidade; EZ/DZ ab 280/350 MOP$; 📶; 🚌3, 6, 26) Aquarien, Muscheldekorationen und gelbe Sofas in der Lobby sorgen für eine gemütliche Atmosphäre. Die 32 Zimmer sind unpersönlich, jedoch sauber und ordentlich.

Augusters Lodge PENSION €
(Karte S. 582; ☎2871 3242, 6664 5026; www.augusters.de; Flat 3J, Block 4, Kam Loi Bldg, 24 Rua do Dr Pedro Jose Lobo; B pro Pers. ab 130 MOP$; 📶; 🚌6, 11, 19;) Diese winzige, freundliche Pension ist ein Treffpunkt der Backpacker. Die Zimmer sind einfach, aber sauber. Es gibt ein Gemeinschaftsbad und eine Küche. Die Pension befindet sich über dem CTM-Shop.

Macau Masters Hotel HOTEL €
(萬事發酒店; Karte S. 582; ☎2893 7572; www.mastershotel-macau.com; 162 Rua das Lorchas; EZ/DZ ab 680/980 MOP$; 🚭📶; 🚌1, 2, 10) Eine schäbige Außenansicht verbirgt ein schick geführtes Hotel mit kleinen, gut ausgestatteten Zimmern, die vielleicht etwas antiquiert wirken. Die Stromversorgung ist manchmal unzuverlässig.

DIE INSELN

Taipa verändert sich schnell. Mehrere internationale Hotelketten der Spitzenklasse haben neue Häuser am Cotai Strip eröffnet. Coloane bietet verschiedene gute Budgetunterkünfte, darunter auch zwei Jugendherbergen, die zum HI-Verband gehören.

LP TIPP **Pousada de Coloane** HOTEL €€
(竹灣酒店; Karte S.586; ☎2882 2143; www.hotelpcoloane.com.mo; Estrada de Cheoc Van, Coloane; Zi. ab 750 MOP$; ; 21A, 25) Dieses Hotel mit 30 Zimmern im portugiesischen Stil (alle mit Balkon und Meeresblick) bietet ein hervorragendes Preis-Leistungs-Verhältnis. Die Lage oberhalb des Cheoc-Van-Strandes ist so chillig, wie sie nur sein könnte. In der Nebensaison sind Preisnachlässe von 20 bis 40% drin.

Grand Hyatt Macau LUXUSHOTEL €€€
(澳門君悅酒店; ☎8868 1234; http://macau.grand.hyatt.com; City of Dreams, Estrada do Istmo, Cotai; Zi. 1300–3200 MOP$, Suite ab 2300 MOP$; @; 35, 50) Das Grand Hyatt ist das geschmackvollste Casino-Hotel am Cotai Strip. Es gehört zu dem Casino-Shopping-Veranstaltungskomplex namens „City of Dreams". Die großen Zimmer sind mit einem Duschbereich aus Glas und Marmor und einer ganzen Batterie an Technik ausgestattet.

Banyan Tree Luxury HOTEL €€€
(☎8883 8833; www.banyantree.com/en/macau; Galaxy, Avenida Marginal Flor de Lotus, Cotai; Suite 2880–63800 MOP$, Villen 23 600–35 100 MOP$; 25, 25X) Dieses extravagante Resort bringt Luxus im Tropenstil nach Macau. Alle zehn Villen haben einen eigenen Garten und Swimmingpool, während die Suiten riesige Bäder an der Fensterfront haben. Wer sich noch weiter verwöhnen lassen will, findet einen Wellness- und Beauty-Bereich mit topmodernen Einrichtungen. Das andere Hotel im Galaxy, das **Okura** (www.hotelokuramacau.com; Zi. 2200–5600 MOP$, Suite 3000–20 000 MOP$) bietet Luxus mit japanischem Einschlag.

Hostels

Beachside Youth Hostels HOSTEL €
(☎2855 5533; www.dsej.gov.mo/~webdsej; B/2BZ/4BZ ab 100/160/120 MOP$; 21A, 25, 26A) Diese beiden Hostels am Strand unter der Leitung des Amtes für Bildung und Jugend sind sehr preiswert, aber man muss drei Monate im Voraus buchen und beim Check-in einen internationalen Schülerausweis oder einen internationalen Jugendherbergsausweis vorlegen. Männer und Frauen schlafen in getrennten Räumen. Es gelten noch weitere Bedingungen – bitte auf der Website nachsehen. Als weitere Hostels wären zu nennen die **Pousada de Juventude de Cheoc Van** (Karte S.586; ☎2888 2024; Estrada de Cheoc Van, Coloane) und **Pousada de Juventude de Hác Sá** (außerhalb der Karte S.586; ☎2888 2701; Rua de Hác Sá Long Chao Kok, Coloane).

Essen

Eine typisch macanesische Speisekarte bietet ein verlockendes Potpourri bestehend aus Einflüssen aus den Küchen Chinas und Asiens sowie der ehemaligen portugiesischen Kolonien in Afrika, Indien und Lateinamerika. Kokosnuss, Tamarinden, Chili, Jaggery (Palmzucker) und Shrimppaste sind häufig anzutreffen. Eine berühmte macanesische Spezialität ist *galinha africana* (afrikanisches Hühnchen), das mit Kokosnuss, Knoblauch und Chili zubereitet wird. Weitere macanesische Lieblingsgerichte sind *casquinha* (gefüllter Krebs), *minchi* (Hackfleisch mit Kartoffeln, Zwiebeln und Gewürzen) und *serradura*, ein Milchpudding.

Portugiesische Gerichte finden sich in dieser Gegend auch, vor allem *salada de bacalhau* (Salat mit Stockfisch), *arroz de pato* (Reis mit Enten-Confit) und *leitão assado no forno* (Ferkelbraten). Trotz der ebenso guten chinesischen Küche kommen die meisten Leute hierher, um macanesische oder portugiesische Gerichte zu probieren.

Alfonso III MACAU-KÜCHE €
(亞豐素三世餐廳; Karte S.582; ☎2858 6272; 11a Rua Central; 70–200 MOP$; Mo–Sa Mittagessen & Abendessen; 3, 6) An der abwechslungsreichen Speisekarte, auf der neben beliebten Klassikern auch Leber und Kutteln stehen, die allesamt fabelhaft zubereitet werden, ist ganz klar zu erkennen, dass dieses unprätentiöse Lokal nicht nur für die Scharen von Wochenendurlaubern da ist. Es ist voller macanesischer Familien, daher unbedingt vorher reservieren.

LP TIPP **Antonio** PORTUGIESISCH €€€
(安東尼奧; Karte S.584; ☎2899 9998; www.antoniomacau.com; 3 Rua dos Negociantes, Taipa; 250–1200 MOP$; Mo–Fr Mittagessen & Abendessen, Sa & So 12–22.30 Uhr; 22, 26) Dunkles Mahagoni neben blau-weißen Fliesen im Azulejo-Stil stimmen auf ein stilechtes portugiesisches Mahl in diesem von Michelin empfohlenen Restaurant ein. Es ist bekannt für das Aufpeppen von einfachem Ziegenkäse mit Honig und eine üppige Seafood-Kasserole.

LP TIPP **Tim's Kitchen** CHINESISCH €€€
(桃花源小廚; Karte S. 578; ☎8803 3682; Shop F25, East Wing, Hotel Lisboa, Avenida de Lisboa, Praia Grande; Mittagessen ab 200 MOP$, Abendessen ab 400 MOP $; ⏲Mittagessen & Abendessen; 🚌3, 6, 26A) Das mit einem Michelin-Stern dekorierte Tim's bietet einige der besten kantonesischen Gerichte. Frische Zutaten werden sorgfältig mit Garmethoden verarbeitet, die ihren Eigengeschmack hervorheben. Heraus kommen dabei Gerichte, die einfach aussehen, aber göttlich schmecken – Eine riesige „Glas"-Garnele teilt sich einen Teller mit einer Scheibe chinesischem Schinken. Eine Krebsschere ruht auf einem Kissen aus Wintermelone in einem Meer aus Bouillon.

Robuchon Au Dôme FRANZÖSISCH €€€
(Karte S. 578; ☎8803 7878; 42. OG, Grand Lisboa, Avenida de Lisboa; Mittagessen/Abendessen ab 400/1588 MOP$; ⏲Mittagessen & Abendessen; 🚌 3, 10) Macaus einziges Restaurant mit drei Michelin-Sternen hat alles, was man mit dem Namen Robuchon verbindet: schicke Einrichtung, feine gallische Kreationen und tadellosen Service. Der Weinkeller mit 8000 Flaschen ist einer der bestsortierten Asiens.

O Santos MACAU-KÜCHE €
(山度士葡式餐廳; Karte S. 584; ☎2882 7508; 20 Rua da Cunha, Taipa; 150–250 MOP$; ⏲Mittagessen & Abendessen; 🚌22, 26) Trotz seiner Lage an der touristischen Rua da Cunha, hat das O Santos seinen hohen Standard beibehalten können. Die Stammgäste kommen seit 20 Jahren wegen des Hühnchens und dem Reis in Blut (*arroz de cabidela*) sowie dem netten Schwatz mit dem freundlichen Inhaber, einem ehemaligen Marinekoch.

Litoral MACAU-KÜCHE €€
(海灣餐廳; Karte S. 578; ☎2896 7878; http://restaurante-litoral.com; 261A Rua do Almirante Sérgio; ab 250 MOP$; ⏲Mittagessen & Abendessen; 🚌1, 5, 7) Dieses berühmte Lokal serviert macanesische und portugiesische Hausmannskost, wie köstliche Eintopfgerichte und gebackenen Reis – viele davon sind alte Familienrezepte der Matrone Manuela, die den Laden führt.

Henri's Galley MACAU-KÜCHE €€
(美心亨利餐廳; Karte S. 578; ☎2855 6251; www.henrisgalley.com.mo; 4G-H Avenida da República; 130–350 MOP$; ⏲11–22 Uhr; 🚌6,9,16) Der macanesische Küchenchef Henri Wong ist die Seele dieser 34 Jahre alten Institution. Herr Wong bereitet macanesische Spezialitäten wie afrikanisches Hühnchen und Macau-Scholle nach einzigartigen Rezepten zu, deren Zutaten geheim sind. Es liegt zwar etwas abseits, aber sehr schön am Sai-Van-See.

HELL ERLEUCHTETE STADT DER SÜNDE

Macaus Ufer hat sich mittlerweile in einen Spielplatz für King Kong verwandelt. Ein Ort, an dem derart gigantische Gebäude stehen, dass man sich angesichts ihrer Größe mühelos ihren Untergang vorstellen kann. Natürlich sind Casinos nichts Ungewöhnliches in einer Stadt, die das „Vegas des Ostens" genannt wird. Aber während früher dort nur ein Kartenhaus das Wahrzeichen war, ist jetzt der Himmel die einzige Grenze. Der Wandel vollzog sich, als das Monopol des Casinomoguls Stanley Ho im Jahr 2002 auslief und die Casinobetreiber aus Las Vegas begannen, hier Konkurrenzunternehmen aufzumachen. Gegenwärtig gibt's rund 30 Casinos in Macau.

Über 80 % der Glücksspieler und 95 % der Extremspieler kommen vom chinesischen Festland nach Macau. Letztere spielen in privaten Räumen, in denen der Gesamteinsatz eines beliebigen Tages das Bruttoinlandsprodukt eines Landes übersteigen kann und wo einem das Geld so herrliche Privilegien verschafft, wie die Option, einen Kronleuchter mit einem Aschenbecher zu zertrümmern, wenn einem danach ist, ohne dafür zahlen zu müssen.

Gelegenheitsspieler werden am ehesten mit der zwielichtigen Seite eines Casinos in Berührung kommen, wenn sie von kleinen Betrügern belästigt werden. Mal benehmen sie sich wie der beste neue Freund, dann klauen sie die Chips, wollen Geld und/oder versuchen, die Gäste in ein anderes Casino abzuschleppen, wo sie ein Trinkgeld für neue Kundschaft bekommen.

Alle Casinos haben rund um die Uhr geöffnet. Die Spieler müssen mindestens 18 Jahre alt und angemessen gekleidet sein (keine Shorts oder Flipflops).

MACAU FÜR LAU

Das letzte Hemd ist also verspielt, aber immer noch keine Lust heimzufahren? Nun, in Macau klappt das wahrscheinlich sogar.

Alle namhaften Casinos unterhalten einen kostenlosen Pendelverkehr zum und vom Macau Ferry Terminal, Taipa Ferry Terminal, Grenztor und sogar zum Flughafen. Vor allem das Venetian unterhält einen riesigen Fuhrpark. Jeder kann diese Busse benutzen – es werden keine Fragen gestellt. Außerdem betreiben einige Casinos Busse von einem Casino zum anderen. Dies in Verbindung mit einem kleinen Fußmarsch, und schon ist man gut unterwegs.

Die Busse fahren zwischen 9.30 und 23 Uhr im Takt von ca. 3 bis 15 Minuten. Genaue Infos stehen auf der Website der Casinos oder einfach am Eingang nachfragen.

Wer auf einer Strecke in Richtung Casinos fährt, sollte nicht vergessen, nach dem kostenlosen Chip zu fragen. Ein Freispiel könnte genau so viel abwerfen, dass es für ein Bett für die Nacht reicht. Falls nicht, nicht den Mut verlieren. Die Casino-Hotels verwahren gerne kostenlos das Gepäck ihrer Gäste, selbst wenn diese lieber im Freien nächtigen.

Wie heißt es so schön? Erst wenn man ganz unten ist, zeigt es sich, wer ein echter Freund ist.

Xina Cafe MEDITERRAN €
(Karte S. 578; ☎2835 0489; 72b Rua Tomas Vieira; Mittagessen ab 35 MOP$, Abendessen 250 MOP$; ⏲Di–So 11–18.30 Uhr; ✎; 🚌7, 8) Das „China“ serviert tagsüber einfache Salate und Tapas. Abends kocht der Inhaber Pedro erstklassiges Essen nach mediterraner Art für die wenigen Glücklichen, die es schaffen, hier einen Tisch zu ergattern (Reservierungen nur für Gruppen von mindestens sechs Personen, zwei Tage im Voraus). Familienfreundlich.

O Porto MACAU-KÜCHE €
(内港餐廳; Karte S. 578; ☎2859 4643; 17 Travessa da Praia; 110 MOP$; ⏲Mittagessen & Abendessen, Mi geschl.; 🚌2, 10, 12) Nicht verwechseln mit dem O Porto Interior in der Rua do Almirante Sérgio. Dieses schlichte Lokal an der Treppe, die zum Mong-Ha-Hügel hinaufführt, serviert macanesische Gerichte zu moderaten Preisen mit ein bisschen Luxus: karierte Tischdecke, Fußball-Fanartikel und herzliche Bedienung.

Lung Wah Tea House KANTONESISCH €
(龍華茶樓; Karte S. 578; http://lungwahteahouse.com; Avenida do Almirante Lacerda; 70 MOP$; ⏲Frühstück & Mittagsessen; 🚌23, 32) Retromöbel und eine lässige Art sind in diesem lebhaften kantonesischen Teehaus aus dem Jahr 1963 zusammengewürfelt. Das Teehaus wurde mit einem Michelin Bib Gourmand (für gute, preiswerte Restaurants) ausgezeichnet. Vorzugsweise einen Fensterplatz mit Blick auf die Almirante Lacerda wählen, wo das Teehaus jeden Tag seine Zutaten frisch einkauft. Es gibt keine englischsprachige Speisekarte, einfach zeigen und zugreifen.

Restaurante Fernando MACAU-KÜCHE €
(法蘭度餐廳; jenseits Karte S. 586; www.fernandorestaurant.com; 9 Praia de Hác Sá, Coloane; 120 MOP$; ⏲12–21.30 Ur) Eine macanesische Institution am Meer, die für Seafood und als perfekte Adresse für ein ausgedehntes Mittagessen mit einem guten Tropfen bekannt ist. Mit dem Bus 25, 26A oder 21A fahren und an der Haltestelle Hac-Sa-Strand aussteigen. In Fahrtrichtung des Busses eine Minute weiterlaufen und das Restaurant liegt rechter Hand.

Café Nga Tim MACAU-KÜCHE €
(雅憩花園餐廳; Karte S. 586; 8 Rua do Caetano, Coloane; 100 MOP$; ⏲12–1 Uhr; 🚌21A, 25) Uns gefallen hier die chinesisch-portugiesische Küche, die Kleinstadtatmosphäre, die Preise und der Inhaber – ein Gitarre und Erhu schrammelnder ehemaliger Polizist namens Feeling Wong.

Toung King BURMESISCH, CHINESISCH €
(東京小食館; Karte S. 578; 1c Rotunda da Carlos Da Maia, Santo Antonio; 15–40 MOP$; ⏲10–22 Uhr; 🚌23, 32) Die Snacks im burmesischen Stil sind bei Feinschmeckern sehr beliebt. Viele davon reisen extra wegen der Nudeln mit Schweinehirn (schmeckt wie Tofu, wie der Inhaber versichert) an. Wem das zu abgehoben erscheint, der probiert vielleicht lieber die Eiernudeln mit getrockneten Shrimps, Chili und Erdnüssen.

MACAUS SCHWERTMEISTER

Darf es ein ganz besonderes Reiseandenken sein? Eines der Designerschwerter von einem der angesehensten Künstler aus Macau: Antonio Conceição Junior (www.arscives.com/bladesign). Seine Inspiration bezieht er aus Macau, aus der antiken Mythologie und der modernen Welt.

Der charismatische Künstler bietet östliche Klingen wie Katana, Tanto und Dhakris, westliche Säbel, Anderthalbhänder und Entermesser sowie Hybridwaffen wie z.B. eine westliche Klinge mit einer Parierstange, die an das Rad einer Harley Davidson angelehnt ist. Diese polierten, präzisen Originalwaffen sind Werke zeitgenössischer Kunst statt Imitationen „echter" Waffen.

Wenn der Entwurf fertig ist, kann Antonio Waffenschmiede in Nordamerika empfehlen, die den Kunden direkt betreuen und das fertige Produkt ausliefern.

Interessenten sollten ihm vorab eine E-Mail schreiben (antonio.cejunior@gmail.com). Die Designarbeiten dauern eine bis zwei Wochen und kosten rund 2300 €.

Der ehemalige Leiter des Macau-Museums ist ein vielseitiger Künstler mit einer kilometerlangen Palette an Mode, Briefmarken, Schmuck, Medaillons und Titelseiten von Büchern.

Seine Website (www.arscives.com) enthält eine Rubrik mit dem Titel „How to Work with a Designer". Ja, Antonio ist ein äußerst pedantischer Mensch.

Ausgehen

Macaus typische und gemütliche Lokale zum Ausgehen liegen weit entfernt vom Glanz und Glamour des äußeren Hafens.

The Macallan Whisky Bar & Lounge WHISKYBAR
(außerhalb der Karte S. 584; 203, 1. OG, Galaxy Hotel; 25, 25X) Die beste Whiskybar in Macau (und Hongkong). Dieses ansehnliche Etablissement hat jede Menge Eichenvertäfelung, Teppiche im Stil der Zeit von Jakob I. (Ende 16. Jh.) und einen echten Kamin. Unter den über 400 Whiskysorten sind welche aus Irland, Frankreich, Schweden und Indien und sogar eine Flasche 1963er Glemorangie neben den üblichen Verdächtigen. Die Bar öffnet um 17 Uhr.

Club Cubic CLUB
(www.cubic-cod.com; 2105–02, City of Dreams, Estrada do Istmo, Cotai; 50, 35) Auf knapp 3000 m² bietet der grelle, zweistöckige Club Cubic im Hard Rock Hotel Themenzimmer, eine Champagnerbar und eine große „Discokugel", in die bis zu vier Personen hineinpassen. DJs mischen verschiedene Musikstile, darunter Hip-Hop, Techno und koreanischen Pop. Das City of Dreams (新濠天地) ist eine riesige, kaum zu verfehlende Casino-Hotel-Anlage am Cotai Strip zwischen Coloane und Taipa.

Lord Stow's Cafe CAFÉ
(澳門澳門安德魯餅店; Karte S. 586; www.lordstow.com; Largo do Matadouro, Coloane Village; 10–18 Uhr) Dieses gemütliche Café serviert leckeres Backwerk aus der berühmten Bäckerei um die Ecke, darunter die beliebten *pastéis de nata* (warme Puddingtörtchen mit Blätterteig).

McSorley's Ale House PUB
(麥時利愛爾蘭酒吧; Shop 1038, Venetian Macao Resort Hotel, Estrada da Baía de Nossa Senhora da Esperança, Taipa; 25, 25X) Diese gemütliche Kneipe im Stil einer Taverne im Venetian ist ein genialer Fleck, der Rugby- und Fußballfans mit seinen Live-Übertragungen von europäischen Spielen anzieht. Seine große Auswahl an importiertem Bier wird zu vernünftigen Preisen angeboten. Mit dem Bus 25 oder 26A fahren und an der Haltestelle City of Dreams aussteigen. In Fahrtrichtung des Busses fünf Minuten weitergehen; das Venetian liegt gleich rechts.

Jabber CAFÉ
(Karte S. 582; 34–38 Rua de São Roque; Di–Fr 12–19 Uhr, Sa & So 15–19 Uhr; 7, 8) Das sexy Café befindet sich im Souterrain im Distrikt São Lazaro. Gehört der Modedesignerin Venessa Cheah, die nicht nur für grellpinke Wände gesorgt hat, sondern ihr Talent auch auf die leckere und kreative Speisenauswahl verwendet.

Cuppa Coffee CAFÉ
(104 Rua Fernão Mendes Pinto, Taipa; 8–20 Uhr; 25, 26) In diesem schicken Café werden frisch gebackenes Brot, lecke-

re Sandwiches, tolle Smoothies und anständiger Kaffee serviert. Das Café liegt gleich neben dem Zebrastreifen an der Kreuzung mit der Avenida Olimpica (奥林柏克大馬路).

Unterhaltung

Macaus Nachtleben wird zwar von der ständig wachsenden Casinoszene dominiert, aber in der gesamten Stadt sind auch etliche neue und interessante Livemusiklokale entstanden. Informationen zu Unterhaltung/kulturellen Veranstaltungen gibt's im zweimonatlich erscheinenden CCM+ und im monatlich erscheinenden Destination Macau, die kostenlos an den MGTO-Zweigstellen und in größeren Hotels erhältlich sind.

Canidrome SPORT

(逸園狗場; Karte S. 578; www.macauyydog.com; Avenida do General Castelo Branco; Eintritt 10 MOP$; 🚌1, 3) Asiens einzige Rennbahn für Windhundrennen. Im Canidrome gibt's jeden Montag, Donnerstag, Samstag und Sonntag um 19.30 Uhr Rennen.

Sun Never Left – Public Art Performance MARKT

(Karte S. 582; ☎2834 6626; www.cipa.org.mo; Rua de São Roque, Bezirk São Lazaro; Eintritt frei; ⊙Sa & So 15–18 Uhr; 🚌7, 8) Jeden Samstag- und Sonntagnachmittag bietet dieser Markt im hübschen Bezirk São Lazaro Stände, die Kunst und Kunsthandwerk verkaufen, Livemusik, Essen und Trinken. Die Teilnehmer sind überwiegend Künstler aus diesem Viertel.

Macau Soul BAR, LIVEMUSIK

(澳感廊; Karte S. 582; ☎2836 5182; www.macausoul.com; 31a Rua de São Paulo; ⊙Mo–Do 9.30–20.30 Uhr, Fr–So 9.30–24 Uhr; 🚌8A, 17) Im Schatten der Ruine von São Paulo liegt das Macau Soul mit elegantem Holz und Bleiglasfenstern. Im Keller spielen Bluesbands vor vollem Haus. Die Öffnungszeiten schwanken, deshalb lieber vorher anrufen.

Wynn Macao CASINO

(永利澳門; Karte S. 578; www.wynnmacau.com; Rua Cidade de Sintra; 🚌8, 10A) Ein Herrenclub für Glücksspieler. Das Wynn ist in sattem Braun gehalten, das von ungeduldigem Rot und Gold unterbrochen wird. Angeblich hatte hier Feng-Shui ein Wörtchen mitzureden – das Hotel trägt einen Chip auf seiner Schulter, der auf das Grand Lisboa zeigt.

Grand Lisboa Casino CASINO

(新葡京; Karte S. 578; www.grandlisboa.com; Avenida de Lisboa; 🚌3, 10) Dieses fackelförmige Riesenbauwerk ist zu einem wichtigen Orientierungspunkt geworden. Es stellt seine kleine Schwester nebenan, das **Casino Lisboa** (葡京; Karte S. 578; 2–4 Avenida de Lisboa), in den Schatten, das einst wegen seines inzwischen verblassten 60er-Jahre-Glanzes das bekannteste Casino Asiens war.

Shoppen

Das Herumstreifen in den Läden der Altstadt, ganz besonders auf der baufälligen **Rua dos Ervanários** und **Rua de Nossa Senhora do Amparo** (Karte S. 578) in der Nähe der Ruine von São Paulo, kann ein tolles Erlebnis sein. Hier finden sich Läden mit Briefmarken, Jade, Räucherwerk und Goldfischen. Am Nachmittag breiten die Flohmarktverkäufer ihre Waren auf dem Boden aus.

Antiquitäten oder Replikate gibt es in den Läden an oder in der Nähe der **Rua de São Paulo, Rua das Estalagens** und **Rua de São António**. In der **Rua de Madeira** und **Rua dos Mercadores,** die zur **Rua da Tercena** und ihrem **Flohmarkt** (Karte S. 582) führen, gibt's Läden, die Mahjong-Steine und Vogelkäfige verkaufen. Mit ihren bescheidenen, ein- oder zweistöckigen Häusern aus der Zeit, als hier noch Bauern lebten, laden diese hübschen Straßen geradezu zu einem Spaziergang ein, selbst wenn man nichts kaufen möchte.

LP TIPP **Mercearia Portuguesa** LEBENSMITTEL, SCHMUCK

(Karte S. 582; ☎2856 2708; www.mercearia portuguesa.com; 8 Calcada da Igreja de Sao Lazaro; ⊙12–20 Uhr; 🚌7, 8) Dieser reizende portugiesische Laden, der von einem Regisseur und einer Schauspielerin eröffnet wurde, hat ein kleines, aber gut ausgewähltes Sortiment an Proviant, wie Marmelade und Honig, Seifen, Porzellan, Goldschmuck und Holzspielzeug sowie Badprodukte aus Portugal. Alles wird hier herrlich verpackt und geht zu vernünftigen Preisen über den Tisch.

LP TIPP **Macau Creations** LIFESTYLE

(澳門佳作; Karte S. 582; ☎2835 2954; www.macaucreations.com; 5a Rua da Ressurreicao; ⊙10–22 Uhr; 🚌3, 6) Ausgezeichnete Bekleidung und Papierwaren, die typisch für

Macau sind, sowie Andenken. Alles hier wird von 30 in der Stadt lebenden Künstlern entworfen. Zu den Künstlern gehören auch der Russe Konstantin Bessmertny und der Macanese Carlos Marreiros.

G17 Gallery KERAMIK
(陶藝廊; Karte S. 582; ☎2834 6626; 17a Rua de Sao Miguel; ⏰Mo–Sa 10–19 Uhr, So 14–18 Uhr; 🚌7, 8) Eine kleine, neue Galerie, die Keramik und Töpferwaren einheimischer Künstler ausstellt und verkauft.

MOD Design Store MODE, ACCESSOIRES
(Karte S. 582; www.mod-store.com; B1, Macau Tourism & Cultural Activity Centre, Ruine von São Paulo & Companhia-de-Jesus-Platz; ⏰9–19 Uhr; 🚌3, 6, 26) Der neue MOD-Laden gleich neben der Ruine der Kirche von São Paulo verkauft Souvenirs aus Portugal und T-Shirts, die von macanesichen Designern entworfen wurden.

Pinto Livros BÜCHER
(邊度有書; Karte S. 582; http://blog.roodo.com/pintolivros; 1a Veng Heng Bldg, 31 Largo do Senado; ⏰11.30–23 Uhr; 🚌3, 6, 26A) Dieser Leseraum im Obergeschoss mit Blick auf den Largo do Senado hat eine ordentliche Auswahl an Kunst- und Kulturwerken, esoterische CDs und zwei Ladenkatzen.

Lines Lab MODE
(Karte S. 582; www.lineslab.com; Shop A3, 8 Calçada da Igreja de São Lazaro; ⏰13–20 Uhr, Mo geschl.; 🚌7, 8) Spannende Mode und Accessoires von zwei Designern aus Lissabon, die sich von Macau inspirieren lassen.

Asian Artefacts ANTIQUITÄTEN
(Karte S. 586; 9 Rua dos Negociantes, Coloane; ⏰10–19 Uhr) Wer sich ernsthaft für Antiquitäten interessiert, sollte diesen Laden im Dorf Coloane gesehen haben. Zu den restaurierten Stücken gibt's jeweils die Vorher- und Nachherfotos.

Praktische Informationen

Das Macau Government Tourist Office (MGTO) verteilt die ausgezeichnete (und kostenlose) *Macau Tourist Map* mit Sehenswürdigkeiten und Straßennamen auf Portugiesisch und Chinesisch. Kartenausschnitte vergrößern die Bezirke Taipa und Coloane, außerdem sind auch Buslinien eingezeichnet.

Geld

Geldautomaten gibt's überall, alleine schon ein halbes Dutzend draußen am Hotel Lisboa. Bei den meisten kann man zwischen Patacas und Hongkong-Dollars wählen.

Bargeld wechseln und Reiseschecks einlösen kann man bei den **Banken** (⏰Mo–Fr 9–17 Uhr, Sa bis 13 Uhr) an der Avenida da Praia Grande und Avenida de Almeida Ribeiro.

Geldscheine und Münzen aus Hongkong werden (außer den 10-HK$-Münzen) überall in Macau angenommen, aber das Wechselgeld wird dann in Patacas ausgegeben.

Infos im Internet

Cityguide (www.cityguide.gov.mo) Praktische Informationen (z. B. zu Verkehrsmitteln).

Macau Cultural Institute (www.icm.gov.mo) Der monatliche Kulturkalender für Macau.

Macau Government Tourist Office (www.macautourism.gov.mo) Die beste Informationsquelle für Besuche in Macau.

Internetzugang

Die wenigen Internetcafés in Macau verschwinden ebenso schnell, wie sie entstehen. Die gute Nachricht ist, dass WLAN immer stärker verbreitet ist. Die meisten Bibliotheken, Museen, Touristen- und viel besuchten Gegenden haben kostenloses WLAN von 8 bis 1 Uhr nachts. Der Benutzername und das Kennwort lauten „wifi-go". Jede Sitzung dauert 45 Minuten, aber es ist möglich, sich erneut einzuwählen. Die aktuelle Liste steht auf www.wifi.gov.mo/en/index.php.

Für mobiles WLAN kann man sich eine Prepaid-Telefonkarte (50 bis 130 MOP$) oder einen Funkzugang zum Breitbandnetz (120/220 MOP$ für 1/5 Tage) beim CTM kaufen.

Medizinische Versorgung

Centro Hospitalar Conde São Januário (山頂醫院; ☎2831 3731; Estrada do Visconde de São Januário) Südwestlich vom Guia-Fort; 24-Std.-Notfallambulanz.

University Hospital (☎2882 1838; www.uh.org.mo; Block H, Macau University of Science & Technology, Avenida Wai Long, Taipa; ⏰Mo–Sa 9–21 Uhr, So bis 17 Uhr) Westliche und chinesische Medizin.

Notfall

24-Stunden-Touristen-Hotline (☎112) Die Mitarbeiter sprechen Englisch.

Polizei, Feuerwehr und Krankenwagen (☎999)

Post

Macau Post (澳門郵政; www.macaupost.gov.mo) Zweigstelle im Fährterminal (☎2872 8079; ⏰Mo–Sa 10–19 Uhr); Hauptpost (☎2832 3666; 126 Avenida de Almeida Ribeiro; ⏰Mo–Fr 9–18 Uhr, Sa bis 13 Uhr) Briefmarken gibt's an kleinen roten Automaten überall in Macau. Postlagernde Sendungen können an den Schaltern 1 und 2 der Hauptpost abgeholt werden.

Reisebüros

China Travel Service (CTS; 中国旅行社; Karte S. 578; Zhongguo Lüxingshe; ☎2870 0888; cts@cts.com.mo; Avenida do Dr Rodrigo 207, Edifício Nam Kuong; ⊙9–17 Uhr) Visa für China (285 MOP$ plus Fotos) werden den meisten Reisepassinhabern innerhalb von einem Tag ausgestellt.

Telefon

Ortsgespräche Kostenlos von privaten Anschlüssen und auch von den meisten Hoteltelefonen. Von den Münzfernsprechern kosten Anrufe 1 MOP$ für fünf Minuten.

SIM-Karten/lokale Karten (ab 50 MOP$) Können für die meisten Mobiltelefone verwendet werden. Erhältlich bei den CTM-Läden und am Fährterminal.

Internationale Auskunft (☎101)

Auskunft für Macau (☎181)

Touristeninformationen

Das **Macau Government Tourist Office** (MGTO; Karte S. 582; 澳門旅遊局; ☎2831 5566; www.macautourism.gov.mo) hat Broschüren zu einzelnen Sehenswürdigkeiten von Macau und zweisprachige Karten in seinen Zweigstellen:

Guia-Leuchtturm (旅遊局東望洋燈塔分局; ☎2856 9808; ⊙9–13 Uhr & 14.15–17.30 Uhr)

Hongkong (澳門政府旅遊局; ☎2857 2287; Room 336–337, Shun Tak Centre, 200 Connaught Rd, Sheung Wan; ⊙9–22 Uhr)

Largo do Senado (旅遊諮詢處; ☎8397 1120; ⊙9–18 Uhr)

Macau Ferry Terminal (旅遊局外港碼頭分局; ☎2872 6416; ⊙9–22 Uhr)

An- & Weiterreise

Der internationale Flughafen von Macau bietet Verbindungen zu verschiedenen Reisezielen in Asien. Wer nicht aus Asien anreist, fliegt am besten zum Hong Kong International Airport und nimmt eine Fähre nach Macau ohne durch den Zoll für Hongkong zu gehen.

Bus

Macau ist ein gutes Sprungbrett nach China.

Cotai-Grenzposten (⊙9–20 Uhr) An dem Damm, der Taipa und Coloane verbindet. Besucher können die Lotus-Brücke mit dem Shuttlebus (4 MOP$) nach Zhuhai überqueren. Die Busse 15, 21 und 26 setzen ihre Fahrgäste am Grenzübergang ab.

Grenztor (Portas de Cerco; ⊙7–24 Uhr) Mit dem Bus 3, 5 oder 9 hinfahren und dann zu Fuß über die Grenze.

Macau International Airport (info ☎2888 1228) Busse nach Guangzhou und Dongguan (beide 155 MOP$, 4 Std.).

Unterirdischer Busterminal in der Nähe des Grenztors (☎2893 3888) Kee Kwan Motor Rd Co betreibt Busverbindungen nach Guangzhou (80 MOP$, 2½ Std., alle 15 Minuten 8–21.40 Uhr) und nach Zhongshan (23 MOP$, 1½ Std., alle 20 Min. 8–18.30 Uhr).

Flugzeug

MACAU INTERNATIONAL AIRPORT (☎2886 1111; www.macau-airport.com) Liegt auf der Insel Taipa, 20 Minuten vom Stadtzentrum entfernt.

HÄUFIGE REISEVERBINDUNGEN u.a. nach Bangkok, Chiang Mai, Kaohsiung, Kuala Lumpur, Manila, Osaka, Seoul, Singapur, Taipei und Tokio.

REGELMÄSSIGE FLÜGE zwischen Macau und Beijing, Hangzhou, Nanjing, Ningbo, Shanghai und Xiamen (und weniger häufige Flüge nach Chengdu, Chongqing, Fuzhou und Wuhan). Flugpläne und Fluggesellschaften stehen auf www.macau-airport.com.

GEPÄCKAUFBEWAHRUNG Abflughalle des **Macau International Airport** (pro Std./Tag 10/80 MOP$; ⊙24 Std.).

Sky Shuttle (www.skyshuttlehk.com; 3700 HK$; ⊙9–23 Uhr) betreibt einen Pendelverkehr zwischen Macau und Hongkong. Der Flug dauert 15 Minuten und es gibt 27 Flüge pro Tag.

Schiff/Fähre

NACH CHINA **TurboJet** (☎3628 3628; www.turbojet.com.hk) Tägliche Fährverbindungen nach Shekou in Shenzhen (210 MOP$, 1 Std., 10-mal zwischen 9.45 und 20.45 Uhr) Es gibt auch Verbindungen zum Flughafen Shenzhen (210 MOP$, 1 Std., 5-mal zwischen 11.30 und 19.30 Uhr) und nach Nansha in der Nähe von Guangzhou (180 MOP$, 2-mal zwischen 10.45 und 16.15 Uhr).

Yuet Tung Shipping Co (☎2893 9944; www.ytmacau.com) betreibt Fähren von Macaus provisorischem Fährterminal auf Taipa (155 MOP$, 1½ Std., 11, 14, 19 Uhr) mit Shekou. Fährabfahrten auch vom Macau-Maritim-Fährterminal (12 MOP$, halbstündl., 8 bis 16.15 Uhr) nach Wanzai in Zhuhai.

NACH HONGKONG Zwei Fährgesellschaften bieten praktisch rund um die Uhr Verbindungen von/nach Hongkong.

CotaiJet (☎2885 0595; www.cotaijet.com.mo) Verkehrt zwischen dem provisorischen Fährterminal in Taipa und dem Fährterminal für Hongkong-Macau in Hongkong (Economy/ 1. Klasse Mo–Fr 151/201 HK$, 10 % Aufschlag am Wochenende, 20 % Aufschlag nach 18 Uhr; halbstündl., 6.30–24 Uhr). Der Zubringerbus setzt die Fahrgäste überall entlang des Cotai Strip ab. Aktuelle Infos zu Verbindungen zum Hong Kong International Airport gibt's auf der Website.

TurboJet (☎3628 3628; www.turbojet.com.hk) Die meisten Verbindungen. Abfahrten nach Macau vom Hongkong–Macau Fährterminal (Economy/Superclass Mo–Fr 151/291 HK$, 10% Aufschlag am Wochenende, 20% Aufschlag zwischen 18.15 und 6.30 Uhr; alle 15 Minuten, 7–24 Uhr); vom China-Fährterminal (halbstündl., 7–24 Uhr, weniger häufig nach Mitternacht). Infos zu Verbindungen zum Hong Kong International Airport auf der Website.

Gepäckschließfächer (20/25 MOP$ für die ersten beiden Std., 25/30 MOP$ für jeweils weitere 12 Std.) befinden sich sowohl in der Ankunfts- als auch Abreisehalle des Macau-Fährterminals.

Unterwegs vor Ort

Auto

Avis Rent A Car (www.avis.com.mo; Room 1022, EG, Macau-Fährterminal) vermietet Autos (700–400 MOP$ pro Tag, mit Chauffeur ab 300 MOP$ pro Stunde, 20% Wochenendaufschlag).

Burgeon Rent A Car (Karte S. 578; www.burgeonrentacar.com; Shop O,P & Q, Block 2, La Baie Du Noble, Avenida Do Nordeste) vermietet Autos der Marke Kia (ab 190/270/390 MOP$ für 6/11/24 Std.; mit Chauffeur ab 160 MOP$ pro Std., mindestens 2 Std.)

Fahrrad

Fahrräder können in Taipa gemietet werden. Es ist nicht erlaubt, die Brücke zwischen Macau und Taipa mit dem Fahrrad zu überqueren.

Zum/vom Flughafen

Flughafenbus AP1 Verkehrt zwischen dem Flughafen und dem Macau-Fährterminal und dem Grenztor (4,20 MOP$, alle 5–12 Min., 6.30–24 Uhr); Hält unterwegs bei den großen Hotels. Aufpreis von 3 MOP$ für jedes große Gepäckstück.

Flughafenbusse MT1 und MT2 Vom Flughafen zur Praça de Ferreira do Amaral in der Nähe vom Casino Lisboa (4,20 MOP$, alle 12–20 Min., 7–22.30 Uhr).

Busse 21 und 26 Zwischen Flughafen und Coloane.

Bus 21 Zwischen Flughafen und dem A-Ma-Tempel.

Taxi Eine Fahrt vom Flughafen ins Stadtzentrum kostet rund 40 MOP$.

Öffentliche Verkehrsmittel

LINIEN Macau hat rund 50 Strecken, auf denen öffentliche Busse und Minibusse verkehren, die von 6–24 Uhr unterwegs sind.

FAHRPREISE 3,20 MOP$ auf der Halbinsel, 4,20 MOP$ nach Taipa, 5 MOP$ ins Dorf Coloane, 6,40 MOP$ zum Hac-Sa-Strand.

ENDHALTESTELLEN werden auf Portugiesisch und Chinesisch angezeigt.

INFORMATION **Macau Transmac Bus Co** (www.transmac.com.mo), **Macau TCM Bus Co** (www.tcm.com.mo) und **REOLIAN** (www.reolian.com.mo) veröffentlichen Informationen zu Strecken und Fahrpreisen. Die beim MGTO erhältliche *Macau Tourist Map* enthält auch eine Liste der Strecken. Außerdem gibt's eine Übersicht über das gesamte Busnetz.

NÜTZLICHE VERBINDUNGEN Busse 3 und 3A (zwischen Fährterminal und Stadtzentrum); Busse 3 und 5 (zum Grenztor) sowie Bus 12 (vom Fährterminal, vorbei am Hotel Lisboa zum Lou-Lim-loc-Garten und zum Kun-lam-Tempel). Die Busse 21, 21A, 25 und 26A fahren nach Taipa und Coloane.

Taxi

SPRACHE Nicht viele Taxifahrer sprechen Englisch, daher kann ein Zettel mit dem Fahrtziel in chinesischen Schriftzeichen sehr nützlich sein.

KOSTEN Die Grundgebühr beträgt 13 MOP$ (erste 1,6 km); danach 1,50 MOP$ für alle weiteren 230 m.

AUFSCHLAG Für Fahrten von der Halbinsel Macau oder von Taipa nach Coloane wird ein Aufschlag in Höhe von 5/2 MOP$ verlangt. Fahrten vom Flughafen kosten 5 MOP$ extra. Für große Gepäckstücke werden noch einmal 3 MOP$ extra kassiert.

NÜTZLICHE TELEFONNUMMERN Ein gelbes Funktaxi wird über die Nummern ☎2851 9519 oder ☎2893 9939 gerufen.

Guangdong

BEVÖLKERUNG: 93 MIO.

Inhalt »

Guangzhou....................599
Foshan.......................... 616
Kaiping..........................617
Yangjiang...................... 619
Zhaoqing...................... 621
Qingyuan.......................624
Nationalpark Nanling ...624
Shenzhen.....................625
Zhuhai..........................628
Chaozhou.....................630
Shantou 633
Meizhou 634

Die schönste Aussicht

» Nationalpark Nanling (S. 624)

» Berge der weißen Wolken (S. 615)

» Feixia (S. 624)

» Jinjiangli (S. 618)

Die tollsten Wanderungen

» Dongshan (S. 606)

» Westsee (S. 631)

» Chikan (S. 619)

» Insel Shamian (S. 604)

Auf nach Guangdong!

Viele Reisende haben Guangdong nicht auf dem Radar. Seine interessante Geschichte und landschaftliche Schönheit sind noch weitestgehend unentdeckt, sodass man unzählige schillernde Sehenswürdigkeiten für sich alleine hat (ganz zu schweigen von den leckeren *dim sum*).

Der Norden von Guangdong (广东) bietet wilde und beeindruckende Landschaften. Die Blaukiefernwälder in Nanling, die Musik der Wasserfälle und die windgepeitschten Bäume neigen sich dem Besucher entgegen. Wer auf Unesco-Weltkulturerbe aus ist, findet in Kaiping auffallende Wachtürme und in Chaozhou feine Holzschnitzereien. Die stilisierten Posen der Kanton-Oper beeindrucken nicht minder.

Historisch gesehen ist Guangdong der Anfangspunkt der maritimen Seidenstraße und der Geburtsort der Revolution. Auf den Nebenstrecken im Delta des Perlflusses schimmert der Glanz von Chinas revolutionärer Vergangenheit. An den Stränden der brandungsumtosten Insel Hailing warten ein altes Schiffswrack und seine Schätze.

Reisezeit

Guangzhou

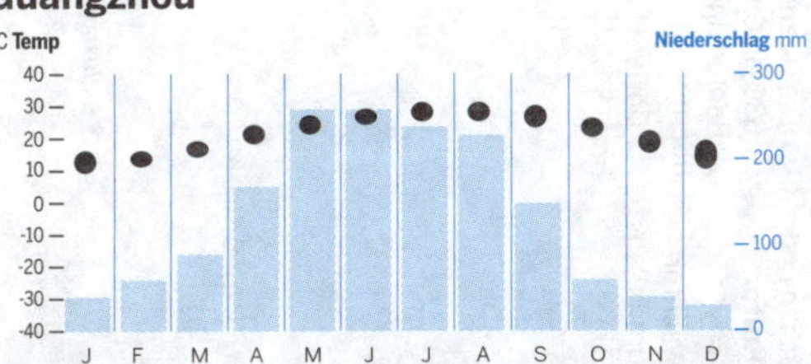

April–Juni Grüne Reisfelder kontrastieren mit den Sehenswürdigkeiten in Kaiping und Meizhou.

Juli–September Blaukiefern und Bleiglasfenster für eine Pause vom Sommer.

Oktover–Dezember Wenn Wirbelstürme und Hitze nachlassen, ist dies die beste Reisezeit.

Highlights

1 Die Spuren der reichen und lebendigen **Lingnan-Kultur** erkunden (S. 608)

2 Auf dramatische Wachtürme (Unesco-Weltkulturerbe) in **Kaiping** klettern (S. 617)

3 Die **Guangji-Brücke** (S. 630) in Chaozhou mit ihren 18 Booten und 24 Anlegern überqueren

4 Dörfer-Hopping in **Meizhou** (S. 634), um Lehmrundhäuser und alte Herrenhäuser zu sehen

5 Nach einer Tageswanderung zur geflüsterten Symphonie des alten Waldes im **Nationalpark Nanling** schlummern (S. 624)

6 Seidige Strände und ein 800 Jahre altes Schiffswrack in **Yangjiang** erleben (S. 619)

7 Zu Mittag essen in einem Gartenrestaurant in **Guangzhou** (S. 610), untermalt von Opernarien

8 Zum **Wohnhaus und zur Gedenkstätte des Dr. Sun Yatsen** (S. 603) in Guangzhou pilgern

9 Essen, göttliches (kantonesisches) Essen, genießen

Geschichte

Guangdong hat seit fast zwei Jahrtausenden Kontakt zur Außenwelt. Unter den ersten ausländischen Besuchern waren die Römer, die schon im 2. Jh. den Weg hierher fanden. Zur Zeit der Tang-Dynastie (618–907) entwickelte sich ein beträchtlicher Handel mit dem Nahen Osten und Südostasien.

Die ersten Europäer, die sich in Guangdong niederließen, waren die Portugiesen im Jahr 1557. Ihnen folgten die Jesuiten, die in Zhaoqing ansiedelten. Die Briten kamen im 17. Jh. und ab dem Jahr 1685 liefen Handelsschiffe der Ostindienkompagnie den Hafen von Guangzhou an. Um 1757 verlieh ein kaiserliches Edikt der *cohong*, einer örtlichen Kaufmannsgilde, ein Monopol auf Chinas Handel mit Ausländern, die ausschließlich noch die Insel Shamian betreten durften. Der Handel verlief bis zum Jahr 1773 im Sinne der Chinesen, als die Briten das Gleichgewicht störten, indem sie 1000 Truhen mit bengalischem Opium in Guangzhou anlandeten. Die Sucht griff in China wie ein Flächenbrand um sich und führte schließlich zu den Opiumkriegen.

Im 19. Jh. war Guangdong eine Brutstätte der Reformen und Revolten. Zu der politischen Elite, die hier revolutionäre Ideen säte, gehörte auch Sun Yatsen, der später der erste Präsident der Republik China wurde.

Das Guangdong des 20. Jhs. erlebte einige Höhen und Tiefen. Hier befand sich der Sitz sowohl der nationalistischen als auch der kommunistischen Partei, und die Provinz erlitt viel Leid während der Kulturrevolution. Nach Einführung der Wirtschaftspolitik der „offenen Tür“ im Jahr 1978 stellte Guangdong die erste Provinz dar, in der der Kapitalismus Einzug hielt. Der anhaltende wirtschaftliche Erfolg der Provinz hat sie schließlich zu einem führenden Exportzentrum für Konsumgüter werden lassen.

Sprache

Die überwiegende Mehrheit der Einwohner von Guangdong spricht Kantonesisch, einen Dialekt, der sich deutlich vom Mandarin unterscheidet. Wenngleich Kantonesisch viel weniger Ansehen genießt als die Amtssprache, ist dieser Dialekt älter, und die klassischen Gedichte klingen auf Kantonesisch noch um einiges besser als auf Mandarin.

PREISE

In diesem Kapitel werden die folgenden Preiskategorien verwendet:

Schlafen

€	unter 250 Yuan
€€	250–600 Yuan
€€€	über 600 Yuan

Essen

€	unter 70 Yuan
€€	70–150 Yuan
€€€	über 150 Yuan

Guangzhou 广州

☎020 / 12 MIO. EW.

Guangzhou, das vielen Westlern nur unter dem Namen Kanton bekannt ist, ist der umtriebigste Transportknotenpunkt und Warenumschlagsplatz Chinas. Reisende kommen eigentlich zwangsläufig hier vorbei und sei es nur, um in andere Landesteile weiterzureisen. Besuche um die Zeit des chinesischen Neujahrsfestes sollten tunlichst vermieden werden, dies ist die Zeit der größten jährlichen Völkerwanderung der Welt.

Geschichte

Die Geschichte von Guangzhou ist geprägt von Handel und Revolution. Seit der Tang-Dynastie (618–907) war es der wichtigste Hafen im Süden Chinas. Hier war der Anfang der maritimen Seidenstraße, einer Handelsroute in den Westen. Im 16. Jh. wurde die Stadt ein wichtiger Handelsstützpunkt der Portugiesen und später der Briten.

Nach dem Sturz der Qing-Dynastie im Jahre 1911 war es eine Hochburg der republikanischen Kräfte unter der Führung von Sun Yatsen. Später wurde Guangzhou auch zu einem Schwerpunkt der Aktivitäten der Kommunistischen Partei Chinas (KPCh) unter Mao Zedong.

In den Jahren der selbst auferlegten Isolation Chinas nach 1949 war die damalige kantonesische Handelsmesse (Canton Trade Fair) das einzige Forum, über das China noch mit dem Westen Geschäfte machte.

Im Jahr 2010 richtete Guangzhou die Asienspiele aus. Für dieses Ereignis wurde

Guangzhou

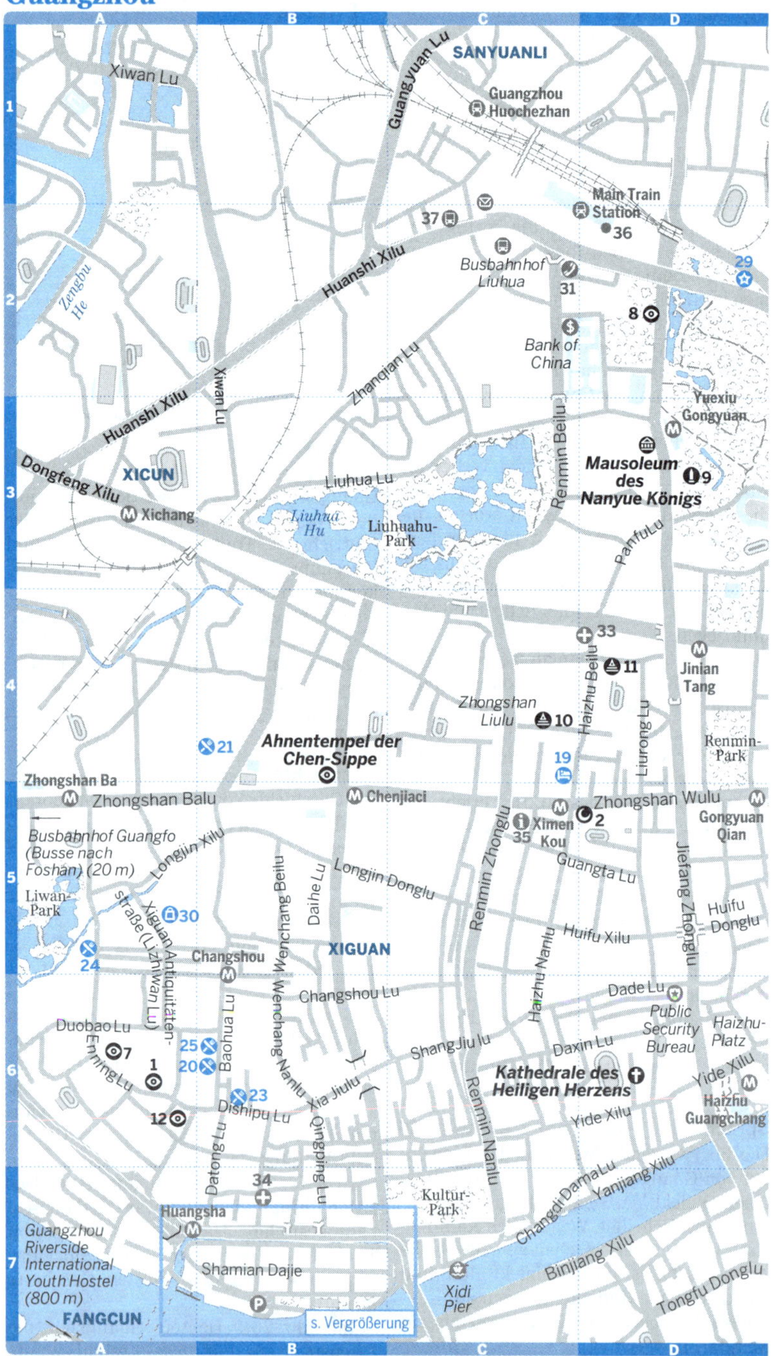

SANYUANLI
Guangzhou Huochezhan
Main Train Station
Xiwan Lu
Guangyuan Lu
Huanshi Xilu
Busbahnhof Liuhua
Bank of China
Zengbu He
Zhanqian Lu
Yuexiu Gongyuan
Mausoleum des Nanyue Königs
Renmin Beilu
XICUN
Dongfeng Xilu
Xichang
Liuhua Lu
Liuhua Hu
Liuhuahu-Park
Panfu Lu
Jinian Tang
Zhongshan Liulu
Haizhu Beilu
Liurong Lu
Renmin-Park
Ahnentempel der Chen-Sippe
Zhongshan Ba
Zhongshan Balu
Chenjiaci
Zhongshan Wulu
Gongyuan Qian
Ximen Kou
Busbahnhof Guangfo (Busse nach Foshan) (20 m)
Longjin Xilu
Longjin Donglu
Guangta Lu
Liwan-Park
Xiguan Antiquitätenstraße (Lizhiwan Lu)
Wenchang Beilu
Daihe Lu
Renmin Zhonglu
Jiefang Zhonglu
Huifu Donglu
Huifu Xilu
Changshou
XIGUAN
Haizhu Nanlu
Changshou Lu
Dade Lu
Public Security Bureau
Haizhu-Platz
Duobao Lu
Enning Lu
Baohua Lu
Wenchang Nanlu
ShangJiu lu
Daxin Lu
Kathedrale des Heiligen Herzens
Xia Jiulu
Dishipu Lu
Renmin Nanlu
Yide Xilu
Haizhu Guangchang
Datong Lu
Qingping Lu
Kultur-Park
Changdi Damalu
Yanjiang Xilu
Huangsha
Guangzhou Riverside International Youth Hostel (800 m)
Shamian Dajie
Binjiang Xilu
Xidi Pier
Tongfu Donglu
FANGCUN
s. Vergrößerung

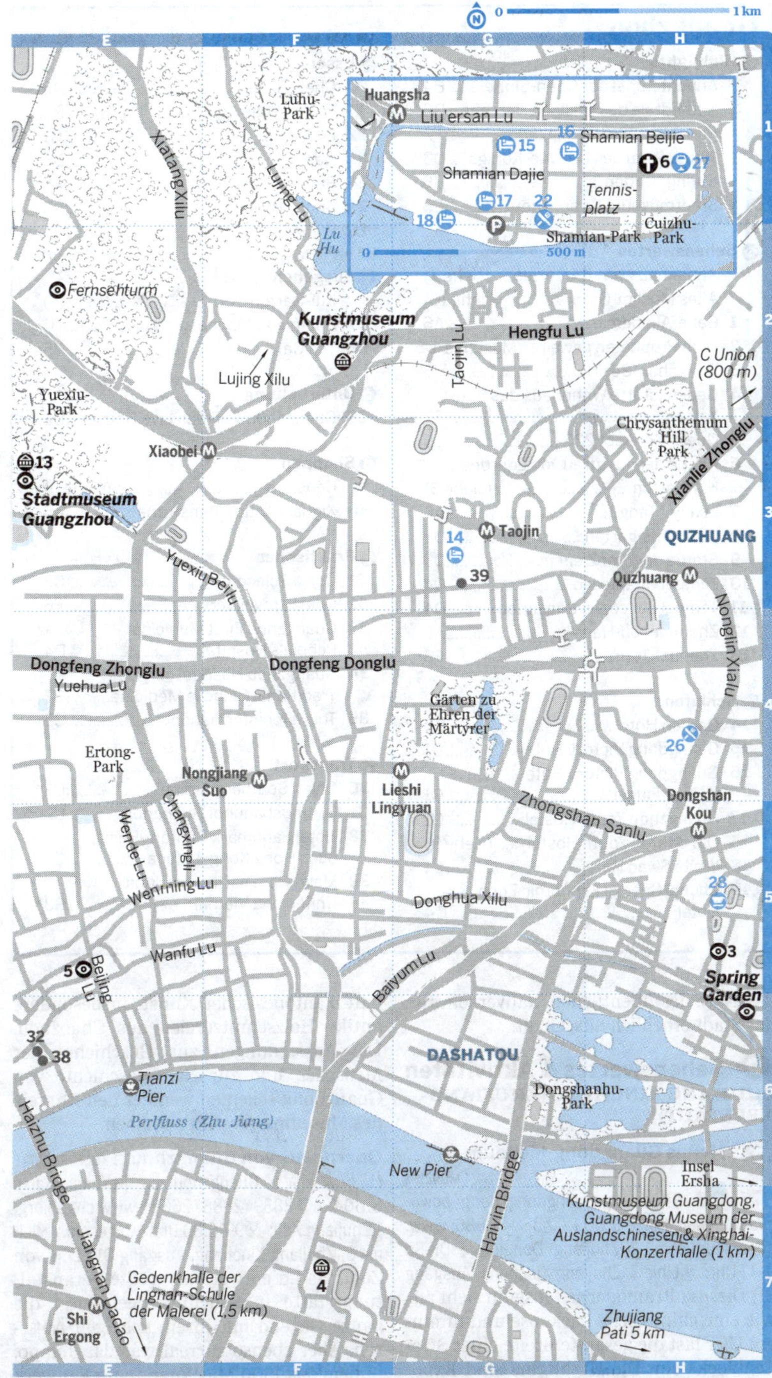

Huangsha
Liu'ersan Lu
Shamian Beijie
Shamian Dajie
Tennis-platz
Shamian-Park
Cuizhu-Park
500 m
1 km
Luhu-Park
Lu Hu
Xiatang Xilu
Lujing Lu
Fernsehturm
Kunstmuseum Guangzhou
Hengfu Lu
Taojin Lu
Lujing Xilu
C Union (800 m)
Yuexiu-Park
Xiaobei
Chrysanthemum Hill Park
Stadtmuseum Guangzhou
Xianlie Zhonglu
Taojin
QUZHUANG
Yuexiu Beilu
Quzhuang
Nonglin Xialu
Dongfeng Zhonglu
Dongfeng Donglu
Yuehua Lu
Gärten zu Ehren der Märtyrer
Ertong-Park
Nongjiang Suo
Lieshi Lingyuan
Zhongshan Sanlu
Dongshan Kou
Changxingli
Wende Lu
Wenming Lu
Donghua Xilu
Wanfu Lu
Beijing Lu
Spring Garden
Baiyum Lu
DASHATOU
Tianzi Pier
Dongshanhu-Park
Perlfluss (Zhu Jiang)
New Pier
Insel Ersha
Haizhu Bridge
Haiyin Bridge
Kunstmuseum Guangdong, Guangdong Museum der Auslandschinesen & Xinghai-Konzerthalle (1 km)
Jiangnan Dadao
Gedenkhalle der Lingnan-Schule der Malerei (1,5 km)
Shi Ergong
Zhujiang Pati 5 km

Guangzhou

Highlights
- Ahnentempel der Chen-Sippe B4
- Kathedrale des Heiligen Herzens .. D6
- Kunstmuseum Guangzhou............. F2
- Mausoleum des Nanyue-Königs.....D3
- Spring Garden H6
- Stadtmuseum Guangzhou E3

Sehenswertes
- Ahnenhaus von Bruce Lee.... (siehe 7)
- Altes Muslim-Grab .... (siehe 10)
- 1 Bahe-Akademie A6
- 2 Dem Propheten geweihte Moschee D5
- 3 Dongshan-Bezirk H5
- 4 Gedenkstätte Wohnhaus des Sun Yatsen F7
- 5 Goelia Concept 225 .... E5
- 6 Kirche der Jungfrau von Lourdes ... H1
- Kui-Garten .... (siehe 3)
- 7 Luanyu Tang A6
- 8 Orchideengarten D2
- 9 Statue der fünf Ziegen D3
- 10 Tempel Guangxiào........................ C4
- 11 Tempel der sechs Banyanbäume .. D4
- 12 Zhantianyou-Haus A6
- 13 Zhenhai-Turm.................................E3

Schlafen
- 14 Garden Hotel G3
- 15 Guangdong Victory Hotel G1
- 16 Guangdang Victory Hotel (Neuer Flügel) G1
- 17 Guangzhou Youth Hostel G1
- Old Canton Youth Hostel ...... (siehe 3)
- 18 White Swan Hotel.............................. G1
- 19 Zhuhai Special Economic Zone Hotel C4

Essen
- 20 Chen Tianji B6
- 21 Fo You Yuan B4
- 22 Lucy's.. G1
- 23 Nanxin B6
- 24 Panxi Restaurant A5
- 25 Shunji Bingshi B6
- 26 Wilber's H4

Ausgehen
- Kui-Garten .... (siehe 3)
- 27 Shamian Clubhouse H1
- 28 Ten Cafe H5

Unterhaltung
- 29 Guangzhou Tekkuan Live House.....D2

Shoppen
- Benshop .... (siehe 5)
- 30 Xiguan-Antiqitätenstraße................A5

Praktisches
- 31 China Telecom.....................................C2
- 32 China Travel Service........................ E6
- 33 Guangzhou First Municipal People's Hospital D4
- 34 Guangzhou Hospital of Traditional Chinese Medicine..........B7
- 35 Touristeninformation C5

Transport
- 36 China Southern Airlines...................D2
- 37 Fernbusbahnhof Guangdong C2
- 38 Hotel Landmark Canton–Busse nach Hong Kong & Macau............... E6
- 39 Malaysia, Thai International, United and Vietnam Airlines G3

das Netz des öffentlichen Nahverkehrs in der Stadt erheblich ausgebaut.

Sehenswertes & Aktivitäten

ZHUJIANG XINCHENG (ZHUJIANG-NEUSTADT)

GRATIS **Neues Guangdong-Museum** MUSEUM

(广东省博物馆新馆; Guangdongsheng *bowuguan xinguan*; Karte S. 604; ☎3804 6886; www.gdmuseum.com; 2 Zhujiang Donglu; ⏲Di–So 9–17 Uhr; Ⓜ Linie 3, Zhujiang Xincheng, Ausgang B1) Dieses ultramoderne Museum sieht aus wie eine chinesische Lackdose und nimmt am Ufer fast die gesamte Breite eines Straßenblocks ein. Die Highlights sind Exponate kantonesischer Kunst, insbesondere antike Holzschnitzereien aus Chaozhou. Die Ausstellungen zur Geschichte der Menschen und zur Naturgeschichte von Guangdong scheinen weniger den Ehrgeiz des Museums geweckt zu haben.

Opernhaus von Guangzhou KULTURSTÄTTE

(广州大剧院; Guangzhou da ju Yuan; Karte S. 604; ☎3839 2888 2666; www.chgoh.org; 1 Zhujiang Xilu; ⏲9–16.30 Uhr, Mo geschl.; Ⓜ Linie 3, Zhujiang Xincheng, Ausgang B1) Die von Zaha Hadid entworfene größte Veranstaltungsstätte in Südchina beeinflusst die ganze Gegend mit ihrem spacigen Äußeren. Aber ebenso surreal war das Tempo, in dem das 1300 Mio. Yuan teure Bauwerk entstand – in nur fünf Jahren. Es besteht aus Glasflächen, die zu sanften Kurven zusammengefügt wurden. Der Komplex wurde mit Kieselsteinen im Flussbett des Perlflusses verglichen. Die Erosion schlägt anscheinend schon früh zu – immer wieder fallen Platten vom Dach herunter.

Um das Opernhaus zu betreten, muss man sich einer der fünf 45-minütigen täglichen **Führungen** (pro Pers. 30 Yuan; ⏲10, 11, 14, 15 und 16 Uhr) anschließen. Für eine Tour auf Englisch muss im Voraus reserviert und am Vortag eine Anzahlung von 200 Yuan geleistet werden. Drinnen gibt's den schönen Opernsaal mit 4200 LED-Lichtern und Holzdielen aus Russland sowie die topmodernen Probesäle zu sehen.

BEZIRK HAIZHU

GRATIS Gedenkstätte der Lingnan-Malereischule MUSEUM

(岭南画派纪念馆; Lingnan Huapai Jinianguan; außerhalb der Karte S. 600; ☎8401 7167; www.lingnans.org; 257 Changgang Donglu; ⏲Di–So 9–17 Uhr; Ⓜ Xiao gang, Ausgang A) Dieses kleine, aber ausgezeichnete Museum auf dem grünen Campus der Kunstakademie von Guangzhou (广州美术学院; Guangzhou Meishu Xueyuan) zollt den Gründern der Lingnan-Malereischule Respekt, wie Gao Jianfu. Zu seinen Exponaten zählen bunte Tusche- und Pinselarbeiten zeitgenössischer Künstler, die im Lingnan-Stil ausgeführt wurden.

Gedenkstätte Wohnhaus des Sun Yatsen HISTORISCHE STÄTTE

(孙中山大元帅府; Sun Zhongshan Dayuanshuai Fu; Karte S. 600; ☎8901 2366; www.dyshf.com; 18 Dongsha Jie, Fangzhi Lu; Eintritt 10 Yuan; ⏲Di–So 9–17 Uhr; Ⓜ Linie 2, Shi Ergong) Dieses viktorianische Herrenhaus war das Domizil von Sun Yatsen, als er im damaligen Kanton in den Jahren 1917 und 1923 die Regierung bildete. Hierher geht's entweder mit einem Taxi ab dem Metroausgang (10 Yuan) oder mit einem Spaziergang von 20 Minuten.

Kanton-Turm TURM

(广州电视观光塔; Guangzhou Dianshi Guanguang Ta; außerhalb der Karte S. 604; ☎8933 8222; 222 Yuejiang Xilu; Eintritt 50–150 Yuan; ⏲9–22 Uhr; Ⓜ Linie 3, Chigangta, Ausgang D) Für die 150 Yuan Eintritt kommt man bis in die Spitze des zweithöchsten Fernsehturms der Welt (610 m), und der Ausblick ist einfach großartig.

LIWAN-BEZIRK

Ahnentempel der Chen-Sippe HISTORISCHE STÄTTE

(陈家祠; Chenjia Ci; Karte S. 600; ☎8181 4559; 34 Enlong Li, Zhongshan Qilu; Eintritt 10 Yuan; ⏲8.30–17.30 Uhr; Ⓜ Linie 1, Chenjiaci) Diese enorme Anlage ist ein Ahnenschrein, eine konfuzianische Schule und eine „Handelskammer" für die Chen-Sippe, die 1894 von den Einwohnern von 72 Dörfern in Guangdong erbaut wurde. In diesen Dörfern ist die Chen-Linie am stärksten vertreten. Die Anlage umfasst 19 Gebäude im traditionellen Lingnan-Stil. Alle Gebäude enthalten erlesene Schnitzereien, Statuen und Gemälde und sind zudem mit kunstvollem Beschlagwerk verziert.

Enning-Straße STRASSE

(恩宁路; Enning Lu; Karte S. 600; Ⓜ Changshou Lu) Wer nach Guangzhou reist, muss auch die jahrhundertealte Enning-Straße gesehen haben. Sie liegt in einem Bezirk, der traditionell als Xiguan (西关) bezeichnet wird. Der Bezirk ist das Westtor und das Handelszentrum des alten Kanton. Hier gibt's immer noch ein paar alte kulturelle Relikte, trotz ernsthafter Bemühungen um die Innenstadtsanierung.

Das Highlight ist die **Bahe-Akademie** (八和会馆; Bahe Hui Guan; Karte S. 600; ☎8170 1877; 117 Enning Lu; Eintritt frei; ⏲9–12 Uhr), ein Zunfthaus für Künstler der Kanton-Oper. Die ursprüngliche Akademie wurde im Jahr 1889 eröffnet, um Unterkunft, Ausbildung, medizinische Versorgung und Bestattungen für Ensembles der Kanton-Oper zur Verfügung zu stellen. Es gibt weltweit in rund 20 Ländern Bahe-Akademien, aber dies ist das Stammhaus. Heutzutage treffen sich hier die Künstler im Ruhestand, und beim Besuch dort wird man auch einige antreffen.

Unbedingt beachten: Die 3 m hohe Originalholztür aus dem Jahr 1889. Das ist der einzige Gegenstand, der die japanischen Bomben 1937 überstand. Während des Großen Sprungs nach vorn wurde sie als Parkplanke für 4 t schwere Fahrzeuge genutzt und überstand auch das ganz eindeutig. Die Wände schmücken die Fotos gut bekannter Künstler und Librettisten, und am hinteren Ende der Halle glimmt Räucherwerk auf einem Schrein, der dem Feuergott geweiht ist.

Am Ausgang der Akademie rechts halten und etwa einen Block weiterlaufen, dann rechts in eine Gasse namens

Ost-Guangzhou

Ost-Guangzhou

Highlights

Neues Guangdong-Museum B6
Opernhaus von Guangzhou............A6

Essen

1 Bingsheng Restaurant B6

Ausgehen

2 Brew...A6
3 McCawley's.......................................A5
4 Rebel Rebel B4
5 Tavern..A6

Unterhaltung

6 Opernhaus von Guangzhou............A6

Transport

7 Busbahnhof Guangzhou Dongzhan...A1
8 Singapore Airlines A2

Yongqing Erxiang (永庆二巷) einbiegen. Das vorletzte Gebäude in der Gasse ist **Luanyu Tang** (銮輿堂; Karte S. 600; ⌚10–15 Uhr), eine 200 Jahre alte Vereinigung von Künstlern, die kriegerische und akrobatische Rollen in der Kanton-Oper spielen. Der Künstlerbund erteilt am Wochenende immer noch kostenlosen Schauspielunterricht für Kinder. Jeden Montag, Mittwoch und Freitag ab 14 Uhr kommen die Mitglieder zu einer Opern-„Jamsession" im 1. Obergeschoss zusammen. Ob sie Besucher hereinlassen, liegt in ihrem Ermessen.

Interessanterweise war das letzte Gebäude in dieser Gasse das **Haus der Vorfahren von Bruce Lee** (Karte S. 600), der Kung-Fu-Ikone *(gongfu)*, dessen Vater Li Haiquan (李海泉)- natürlich – ein Schauspieler der Kanton-Oper und ein Mitglied dieser Vereinigung war. Heutzutage steht dort nur eine Mauer. Wer aber aus der Gasse wieder herausgeht, rechts abbiegt und die Enning-Straße hinaufgeht, kommt an einem Schultor vorbei. In der rechten Ecke, gleich hinter dem Eingang, ist das verlassene Haus zu sehen.

Unter den weiteren Highlights in der Enning-Straße ist auch das **Zhantianyou-Haus** (詹天佑故居; Zhantianyou Guju; Karte S. 600; 43 Yacai Xiang; 芽菜巷 43 號; Eintritt frei; ⌚Di–So 10–12 Uhr & 14.30–17.30 Uhr), ein bescheidenes Xiguan-Haus mit einer kleinen Ausstellung zum Leben des Vaters der chinesischen Eisenbahn.

INSELN

Insel Shamian HISTORISCHE GEGEND

(沙面岛; Shamian Dao; Karte S. 600; Ⓜ Linie 1, Huangsha) Diese grüne Oase, die 1859 zu ausländischem Gebiet erklärt worden war,

INSIDERWISSEN

KONG XIANZHU (孔宪珠), VETERAN DER KANTON-OPER, 87

Wie sind Sie zur Kanton-Oper gekommen?

In den 1930er-Jahren, nachdem die Japaner Guangzhou besetzt hatten, lebte ich als Kind auf dem Land. Ich zog mit einem Opernensemble umher. Sie veranstalteten Aufführungen für die japanische Armee, damit sie an Essen kamen. Erst ließen sie mich als Handlanger mitmachen, später durfte ich auch komische Rollen spielen.

Warum verehren die Künstler der Kanton-Oper den Feuergott?

Der Legende nach wurde der Feuergott (华光师傅; Huaguang Shifu) vom Kaiser des Himmels geschickt, um ein Opernhaus niederzubrennen, das zu viel Lärm machte. Aber der Gott war von der Aufführung so beeindruckt, dass er das Publikum bat, stattdessen Räucherstäbchen zu entzünden, um den Kaiser hinter das Licht zu führen. Er schützt uns vor Feuer, Armut, schwierigen Verhandlungen und anderen Missgeschicken. Wissen Sie, viele Schauspieler kommen von ganz unten.

Gibt es besondere Festivals?

Jedes Jahr am Geburtstag des Feuergottes (28. Tag des neunten Monats des Mondkalenders, normalerweise ungefähr im November) gibt Bahe ein Festmahl für die Mitglieder dieser Zunft. Ab dem frühen Morgen hört man Gongs und Trommeln, in der Luanyu Tang finden Zeremonien statt. Über 500 Leute kommen zu dem Festmahl, das drinnen, aber auch draußen auf dem Gehweg stattfindet.

bietet eine friedliche Alternative zur Stadt. Im 19. Jh. wurde den Briten und Franzosen die Genehmigung erteilt, ihre Lagerhäuser hier zu errichten. Umfassende Renovierungsarbeiten haben einige Gebäude wieder in ihren Ursprungszustand versetzt. Shamian Dajie ist ein beschaulicher Streifen mit Gärten und Bäumen. Die **Kirche der Jungfrau von Lourdes** (天主教露德圣母堂; Tianzhujiao Lude Shengmu Tang; Karte S. 600; 14 Shamian Dajie; ⏲8–18 Uhr) wurde von den Franzosen 1892 erbaut.

GRATIS **Whampoa-Militärakademie** MUSEUM

(黄埔军校; Huangpu Junxiao; ☎8820 1082; ⏲Di–So 9–17) Die Akademie liegt auf der Insel Changzhou (长洲岛; Changzhou Dao). Sie wurde 1924 von den Kuomintang (KMT) gegründet und bildete eine ganze Reihe von militärischen Elitekräften aus, sowohl für die KMT als auch für die KPCh. Im Jahr 1938 wurde sie von den Japanern zerstört; das Gebäude wurde 1965 wiederaufgebaut. Heute beherbergt die Anlage ein Museum, das der Militärgeschichte des modernen Chinas gewidmet ist.

Hierher geht's mit der Metrolinie 2 zur Station Chigang, Ausgang C1 nehmen. Mit dem Bus 262 auf der Xingang Zhonglu zum Xinzhou-Pier (新洲码头; Xinzhu Matou) fahren. Fähren (1,50 Yuan) legen jeweils stündlich zwischen 7.40 und 19.40 und alle 20 Minuten zwischen 7.50 und 21.20 Uhr ab. Es gibt auch private Fährleute, aber dann kostet die gesamte Fahrt rund 15 Yuan.

GRATIS **Xinhai-Revolutionsmuseum** MUSEUM

(辛亥革命纪念馆; Xinhaigeming Jinianguan; ☎8252 5897; Junxiao Lu, Huangpu Qu; ⏲Di–So 9–17 Uhr) Ebenfalls auf der Insel Changzhou befindet sich dieses schöne, 18 000 m² große Museum, das zum 100. Jahrestag der Xinhai-Revolution im Jahr 1911 eröffnet wurde.

Der Bau kostete rund 320 Mio. Yuan. Das Museum behandelt die Geschichte der Revolution, ihre wichtigsten Protagonisten und die Literaturtrends, die in jener Zeit ihren Ursprung haben. Obwohl die Darstellungsweise leicht propagandistisch angehaucht ist, ist die Ausstellung interessant und gut zusammengestellt.

Mit dem Bus 383 oder 430 fahren und in Changzhoujie aussteigen oder mit der Linie 4 der Metro fahren und in Daxuecheng Bei aussteigen, dann weiter mit dem Bus 383 nach Changzhoujie und noch einmal fünf Minuten laufen.

Kunstmuseum Guangdong MUSEUM

(广东美术馆; Guangdong Meishuguan; außerhalb der Karte S. 600; ☎8735 1468; www.gdmoa.org; 38 Yanyu Lu; Eintritt 15 Yuan; ⏲Di–So

9–17 Uhr; 89, 194, 131A) Am Südende der Insel Ersha (Ersha Dao) zeigt dieses lohnenswerte Museum die Arbeiten wichtiger kantonesischer Künstler, und es war der Sitz der Guangzhou Triennale, die erstmals 2003 veranstaltet wurde.

Museum der Auslandschinesen aus Guangdong MUSEUM
(广东华侨博物馆; Guangdong *huaqiao bowuguan*; außerhalb der Karte S. 600; 8735 3707; 32 Yanyu Lu; Di, Do und Sa 9.30–12 Uhr & 13.30–16.30 Uhr; 89, 194, 131A) Dieses Museum gegenüber dem Guangdong-Kunstmuseum erinnert an die Auslandschinesen mit kantonesischen Wurzeln. Hier gibt's eine winzige Sammlung zur Geschichte und zu den Leistungen dieser Gruppe.

YUEXIU-BEZIRK

Mausoleum des Nanyue-Königs MAUSOLEUM
(南越王墓; Nanyuewang Mu; Karte S. 600; 3618 2475; www.gznywmuseum.org/nanyuewang/index.html; 867 Jiefang Beilu; Eintritt 15 Yuan; 9–17.30 Uhr; Linie 2, Yuexiu Gongyuan) Dieses prächtige Mausoleum aus dem 2000 Jahre alten Königreich Nanyue ist eines der besten Museen Chinas. Hier befindet sich das Grab von Zhao Mo, dem zweiten König von Nanyue, der vom Kaiser im Jahr 214 v. Chr. nach Süden gesandt wurde, um Unruhen niederzuschlagen, und einen souveränen Staat mit Guangzhou als Hauptstadt gründete. Unbedingt anschauen: Die Grabkleider von Zhao Mo aus Jade – damals glaubte man, dass Jade den Körper erhält.

Dongshan-Viertel HISTORISCHES GEBIET
(东山区; Dongshan Qu; Karte S. 600) Die von Bäumen gesäumten Xinhepu Lu (新河浦路), Xuguyuan Lu (恤孤院路) und Peizheng Lu (培正路) und die umliegenden Straßen im historischen Dongshan-Viertel bieten eine willkommene Abwechslung zur Stadt. Hier sieht man Schulen und Kirchen, die von amerikanischen Missionaren um 1900 erbaut wurden, und prachtvolle Villen, die von Auslandschinesen und militärischen Größen der Kuomintang errichtet wurden. Mit der Metrolinie 1 zur Station Dongshan Kou fahren, Ausgang A. Die Shuqian Lu nach Süden weiterlaufen und den Schildern folgen.

Das am schönsten restaurierte Gebäude ist das dreistöckige **Kui Garden** (逵园; Kui Yuan; Karte S. 600; 8765 9746; 9 Xuguyuan Lu; Eintritt frei; 10–24 Uhr), das 1922 von einem Überseechinesen aus Amerika gebaut wurde. Es liegt inmitten eines üppigen Gartens und hat eine rötliche Fassade, einen Säulengang, Veranden mit Säulen und den Originalkamin. Heute befinden sich hier eine Kunstgalerie und ein Café, die beide sehr angenehm sind.

Spring Garden (春园; Chunyuan; Karte S. 600; 22–26 Xinhepu Lu; Eintritt frei; 9–17 Uhr, Mo geschl.) war 1923 der Sitz des Zentralkomitees der KPCh, und Mao Zedong wohnte hier während des dritten Nationalkongresses der Partei.

Yuexiu-Park PARK
(越秀公园; Yuexiu Gongyuan; Karte S. 600; 988 Jiefang Beilu; Eintritt 5 Yuan; 6–21 Uhr; Linie 2, Yuexiu Gongyuan) Dieser riesige Stadtpark umfasst Gärten, schattige Wege, historische Monumente und Museen. Der **Zhenhai-Turm** (Zhenhai Lou; Karte S. 600), erbaut 1380, diente einst als Wachturm, um die Piraten abzuwehren, die früher die Küstenstädte Chinas plünderten. Hier befindet sich das **Guangzhou-Stadtmuseum** (广州市博物馆; Guangzhoushi *bowuguan*; Karte S. 600; www.guangzhoumuseum.cn/en/main.asp; Eintritt 10 Yuan; 9–17.30 Uhr), dessen ausgezeichnete Sammlung die Geschichte von Guangzhou bis ins Neolithikum zurückverfolgt. Von der obersten Etage hat man einen tollen Ausblick.

Orchideengarten GARTEN
(兰圃; Lan Pu; Karte S. 600; 901 Jiefang Beilu; Eintritt 5 Yuan, mit Teeverkostung 20 Yuan; 8–18 Uhr; Linie 2, Yuexiu Gongyuan) Gegenüber vom Yuexiu-Park liegt dieser bezaubernde Orchideengarten. Am Westende des Parks befindet sich ein **altes Moslemgrab** (清真先贤古墓; Qingzhen Xianxian Gumu; Karte S. 600; Eintritt 5 Yuan; 8–18 Uhr), das angeblich die Grabstätte von Abu Waqas ist, der den Islam nach China gebracht haben soll.

Kunstmuseum Guangzhou MUSEUM
(广州艺术博物院; Guangzhou Yishu Bowuyuan; Karte S. 600; 8350 6255; 13 Luhu Lu; Eintritt 20 Yuan; Di–Fr 9–17 Uhr, Sa & So 9.30–16.30 Uhr; 10, 63) Das Museum hat eine umfangreiche Sammlung an Kunstwerken, von antiker bis hin zu zeitgenössischer Kunst und Skulptur, sowie eine Sammlung seltener tibetischer Wandbehänge im obersten Stock.

Tempel der Sechs Banyanbäume BUDDHISTISCHER TEMPEL
(六榕寺; Liurong Si; Karte S. 600; 8339 2843; 87 Liurong Lu; Eintritt 5 Yuan, Pagode 10 Yuan;

⌚8–17 Uhr; 🚌56) Dieser buddhistische Tempel wurde 537 als Schrein für buddhistische Reliquien erbaut, die von Indien hergebracht worden waren. Sie wurden in der oktogonalen Verzierten Pagode (Hua Ta) untergebracht. Der Tempel erhielt seinen jetzigen Namen 1099 von dem im Exil lebenden Dichter Su Dongpo, der die Banyanbäume im Hof mit einem Gedicht bedachte. Die Banyanbäume gibt's schon lange nicht mehr, aber die von ihm verfassten Schriften *(liurong)* befinden sich über dem Tor zum Tempel.

Tempel Guangxiao BUDDHISTISCHER TEMPEL
(光孝寺; Guangxiao Si; Karte S. 600; ☎8108 7421; 109 Guangxiao Lu; Eintritt 5 Yuan; ⌚6–17.30 Uhr; Ⓜ Linie 1, Ximen Kou) Der „Tempel des leuchtenden kindlichen Respekts vor den Älteren" ist der älteste Tempel in Guangzhou. Er stammt aus dem 4. Jh. Bis zur Regierungszeit der Tang-Dynastie hatte sich der Tempel bereits einen Namen als wichtiges Zentrum der buddhistischen Lehre in Südchina gemacht. Bodhidarma, der Begründer des Zen-Buddhismus, unterrichtete einst in diesem Tempel. Die meisten der heutigen Gebäude datieren aus dem 19. Jh., darunter eine Haupthalle mit doppelten Dachvorsprüngen. Darin steht eine 10 m hohe Buddha-Statue.

Die dem Propheten geweihte Moschee MOSCHEE
(怀圣寺; Huaisheng Si; Karte S. 600; ☎8333 3593; 56 Guangta Lu; Ⓜ Linie 1, Ximen Kou) Das erste Bauwerk an diesem Standort wurde mutmaßlich 627 von Abu Waqas, einem Onkel des Propheten Mohammed, errichtet. Es war damals das erste seiner Art in China. Die heutige Moschee geht auf die Quing-Dynastie zurück.

Kathedrale des heiligen Herzens KIRCHE
(石室教堂; Shishi Jiaotang; Karte S. 600; 368 Yide Lu; Ⓜ Linie 2, Haizhu Guangchang) Die Franzosen erhielten nach dem Zweiten Opiumkrieg die Erlaubnis, diese Kathedrale zu bauen. Die römisch-katholische Kathedrale mit ihren zwei Türmen ist im neogotischen Stil gehalten und ganz aus Granit erbaut. Ihre massiven Türme erreichen eine Höhe von 48 m.

GRATIS **Goelia Concept 225** GEBÄUDE
(歌莉娅 225 概念会所; Geliya Ererwu Gainian Huisuo; Karte S. 600; ☎8336 0050; 225 Beijing Lu; ⌚Di–So 11–23 Uhr; 🚌106, 544) Hinter der orangefarbenen Fassade dieses entzückend restaurierten Gebäudes aus dem Jahr 1949 liegen fünf Stockwerke mit schmalen, labyrinthartigen Räumen, darunter auch ein Zimmergarten, ein Blumenladen und Ausstellungsgalerien. Im obersten Stock ist das Café und Geschäft Benshop (s. S. 613).

Bootsausflüge auf dem Perlfluss BOOTSFAHRTEN
Guangzhou Star Cruises Company (☎83 33 2222) bietet acht Abendfahrten auf dem Perlfluss (48–88 Yuan, 2 Std.) immer zwischen 18 und 23 Uhr. Die Schiffe fahren am **Tianzi-Pier** (Tianzi Matou; Karte S. 600; Beijing Lu), gleich östlich der Haizhu-Brücke (Haizhu Qiao; zu erreichen mit der Metrolinie 2, Haltestelle Haizhu Guangchang) ab, und fahren den Fluss bis zur Insel Ersha (Ersha Dao) hinunter, bevor sie dann wenden.

TIANHE-BEZIRK

Redtory DORF
(红砖厂; Hongzhuan Chang; ☎8557 8470; www.redtory.com.cn/english/redtory.php; 128 Yuancun Sihenglu; 员村四横路 128 號; ⌚10.30–21 Uhr; Ⓜ Linie 3, Yuncun, Ausgang B) Auf dem Firmengelände der ehemaligen Guangdong Canned Food Factory (erbaut 1958) liegt dieses hübsche Künstlerdorf mit Galerien, Buchläden und Cafés. **Cultural** (有文化; Youwenhua; http://travelideas.taobao.com; ⌚11–20 Uhr) verkauft attraktive Souvenirs, die von Designern in Guangdong geschaffen wurden. Redtory ist ca. 600 m vom Metroausgang entfernt.

Feste & Events

Canton Trade Fair MESSE
(Zhongguo Chukou Shangpin Jiaoyi Hui; ☎2608 8888; www.cantonfair.org.cn) Die fünfzehntägige Messe „Canton Trade Fair" wird zweimal jährlich abgehalten, meist im April und Oktober. Die Messehallen befinden sich auf der Insel Pazhou (Pazhou) südlich des Flusses.

Schlafen

Die Auswahl an Unterkünften im Budgetbereich und in der unteren Mittelklasse ist in Guangzhou dürftig. Wer sich etwas gönnen möchte, findet jede Menge ausgezeichnete Hotels der Spitzenklasse und oberen Mittelklasse. Sie sind teuer, besonders während der Canton Trade Fair (gewöhnlich im April und Oktober). Alle Hotels bieten Breitband-Internetzugang im Zimmer.

LINGNAN-KULTUR

Lingnan (岭南; wörtlich: „südlich der Gebirge") bezeichnet die Region südlich der fünf Gebirgszüge (s. S. 624), die den Yangzi-Fluss (Zentralchina) vom Perlfluss (Südchina) trennen. Traditionell umfasste Lingnan mehrere Provinzen, inzwischen ist es weitestgehend ein Synonym für Guangdong. Das Wort „Lingnan" wurde von den Gelehrten auf der Yangzi-Seite als ein höflicher Verweis auf die Pampa benutzt, wo „die Berge hoch und die Kaiser außer Sicht" waren. Diese Nordchinesen betrachteten ihre südlichen Vettern als (physisch und moralisch) schwächer, romantischer und weniger zivilisiert. Lingnan war aber auch eine Zufluchtsstätte für Menschen, die in China unerwünscht waren (s. Hanwen-Tempel, S. 632): So war es im Laufe der Jahre immer wieder mal Schauplatz einer Diaspora für Migranten aus dem Norden, wie die Hakka in Meizhou. Das erklärt auch, warum einige kantonesische Wörter stärker der alten chinesischen Aussprache ähneln.

Kulturell war Lingnan ein Hybrid und ein Spätzünder, der oft einen Gegeneinfluss auf den Rest des Landes hatte. Seine Entwicklung war auch von den revolutionären Ideen zur Abschaffung des Feudalismus angetrieben. Die Grenzen zwischen dem Vornehmen und dem Gewöhnlichen sind fließend, und moderne Ideen werden offen aufgenommen. In der Zeit der Qing-Dynastie war Guangzhou lange der einzige rechtmäßige Hafen für den Handel zwischen China und dem Rest der Welt. Der Austausch mit der Außenwelt brachte ausländische und moderne Einflüsse in die lokale Kultur. Einige der wichtigsten politischen Vordenker des modernen China kamen aus Lingnan, wie Kang Youwe und Sun Yatsen.

Die Lingnan-Kultur ist ein wichtiger Teil der kantonesischen Kultur, was sich deutlich am Essen, in der Kunst, der Architektur und der Kanton-Oper zeigt.

Schule der Lingnan-Malerei (1900–1950)

Die Lingnan-Maler waren eine einflussreiche Gruppe, die in der ersten Hälfte des 20. Jhs. eine nationale Bewegung in der Kunst einleitete. Traditionell waren chinesische Maler Gelehrte, die mit Kalligrafie, Poesie und konfuzianischen Klassikern vertraut waren. Später wurden sie kaiserliche Bürokraten. Da sie oftmals fern der Heimat stationiert waren, verliehen sie ihrer Nostalgie Ausdruck, indem sie die Landschaften ihrer Kindheit aus der Erinnerung erschufen. Die begründenden Meister der Schule der Lingnan-Malerei studierten im Ausland, wo sie mit japanischer und europäischer Kunst in Berührung kamen. China wurde während der Qing-Dynastie jedoch von den westlichen Mächten zerstückelt. Da sie die Ideale der Revolutionäre unterstützten, widmeten sich diese Künstler einer Revolution in der Kunst, indem sie traditionelle Techniken mit Elementen der westlichen und japanischen realistischen Malerei kombinierten. Diese sogenannte Neue Nationale Malerei zeichnete sich aus durch einen kühneren Einsatz von Farbe, mehr Realismus und Perspektiven – ein Stil, der der Bevölkerung der neuen Republik China leichter zugänglich war als die Malerei der Gelehrten vergangener Zeiten. Die Lingnan-Malerei ist im Kunstmuseum Guangdong (S. 605) und in der Gedenkstätte für die Schule der Lingnan-Malerei (S. 603) zu sehen.

Lingnan-Architektur

Die Schule der Lingnan-Architektur ist eine der drei großen Schulen der modernen chinesischen Architektur, neben den Schulen von Beijing und Shanghai. Sie wurde in den 1950er-Jahren gegründet, obwohl es schon seit Ende der Ming-Dynastie (17. Jh.) frühe Bauwerke gab, die eine eindeutig lokale Handschrift trugen. Die Merkmale der Lingnan-Schule sind Klarheit, Offenheit und eine organische Einbindung der Natur in bebaute Umgebungen.

ANTIK

In diesem Architekturstil sind einige Schulen, Ahnenhallen und Tempel der Ming- und Qing-Dynastie gehalten. Die Akademien der Chen-Sippe (S. 603) in Guangzhou und Zumiao in Foshan veranschaulichen diesen Stil hervorragend. Die einheimischen Häuser im Lingnan-Stil sind dekorativer als ihre strengeren Vettern im Norden. Die „Wok-Griff"-Häuser (锅耳屋) in Licha Cun (S. 523) in der Nähe von Zhaoqing haben auffällige Dächer in der Form eines Wok-Griffs, die auch das Ausbreiten von Bränden verhindern sollen. In Lich Cun finden sich aufwändige und farbenfrohe Flachreliefarbeiten und Gemälde (浮雕彩画), über den Fenstern und Türen, die klassische Geschichten, Vögel, Blumen und Landschaften darstellen.

MODERN

Dieser Architekturstil kam zum Ende der Qing-Dynastie auf. Exzellente Beispiele dafür sind die Xiguan-Häuser in der Enning-Straße (S. 603) in Guangzhou mit ihren grauen Ziegeln und Bleiglasfenstern. Diese Fenster sind ein Produkt der Vermählung von den Fenstern der Mandschurei (Vorrichtungen aus Papier, das mit Holz überlagert ist) und Buntglasfenstern, die von Westlern nach Guangzhou gebracht wurden. Der Sage nach war die Kaiserwitwe so von der Schönheit einer Glasperle bezaubert, die sie von einem ausländischen Kaufmann geschenkt bekam, dass sie das Geschenk mit einer echten Perle erwiderte. Das Restaurant Panxi (S. 610) in Guangzhou hat mandchurische Fenster, in die Buntglas eingebettet ist.

Ein weiteres Beispiel moderner Lingnan-Architektur sind Ladengeschäfte mit Arkaden oder *qilou* (骑楼) im Erdgeschoss, ein Stil, der sich von den Arkaden in Südeuropa ableitet. Zu sehen sind sie in der Enning-Straße und in Chikan (S. 619) in Kaiping.

ZEITGENÖSSISCH

Die Gartenrestaurants und Gartenhotels, die sich zwischen den 1950er- und 1990er-Jahren stark vermehrten, sind ein Beispiel dieser zeitgenössischen Architektur. Das Garden Hotel (S. 610), White Swan Hotel (S. 610) und Panxi Restaurant in Guangzhou enthalten alle aufwändige Innengärten, in denen es sogar Bäume und Wasserfälle gibt. Sie setzen Glas ein, um die Grenze zwischen der gebauten und natürlichen Umgebung zu verwischen.

Diese Gärten Eden in geschlossenen Räumen wurden den privaten Gärten im Lingnan-Stil reicher Familien nachempfunden, wie dem Liang-Garten (S. 616) in Foshan, der zusammen mit den kaiserlichen Gärten von Peking und den Gelehrtengärten von Jiangnan einen der drei Haupttypen der chinesischen Gärten darstellte. Dank dieser Architekten ist das Privileg eines Gartens in geschlossenen Räumen nun für alle zugänglich.

Kanton-Oper

Die Kanton-Oper ist eine Regionalform der chinesischen Oper, die sich aus Theaterformen der nördlichen und benachbarten Regionen entwickelte. Wie auch bei der Peking-Oper gehören Musik, Singen, Kampfkunst, Akrobatik und Schauspiel dazu. Die Gesichter werden kunstvoll geschminkt, die historischen Kostüme sind prachtvoll und zu einigen der Rollen gehört ein sehr hoher Falsettgesang. Verglichen mit ihrer nördlichen Verwandten kommen in dieser Oper mehr Gelehrte als Krieger in ihren Geschichten über das Brautwerben und die Liebe vor. Man muss die Kanton-Oper nicht verstehen oder gar mögen, um diesen wichtigen Aspekt der kantonesischen Kultur zu schätzen – es gibt keinen Mangel an damit zusammenhängenden Attraktionen, wie die Bahe-Akademie (S. 603) und Luanyu Tang (S. 604) in Guangzhou, ein Festival (s. Kasten, S. 605) und ein Fachgeschäft für Requisiten in Chaozhou (s. S. 632). Wer sich entschließt, eine Aufführung im Kulturpark von Guangzhou mitzunehmen, wird vielleicht Jahre später erleben, wie diese exotischen Klänge die Erinnerungen an die Reise durch China wieder wachrufen.

Kantonesische Küche

Es gibt einen Spruch, der besagt: „Gutes Essen gibt's in Guangzhou" (食在广州). Auch wer vom regionalen Chauvinismus absieht, muss anerkennen, dass das kantonesische Essen sehr gut ist. Als einflussreichste der acht größten Regionalküchen Chinas ist sie bekannt für komplexe Garmethoden, Frische und die vielfältige Zutaten. Viele kantonesische Gerichte werden bei großer Hitze schnell gegart – das erfordert eine Fingerfertigkeit (im Gegensatz zur Geduld für einen Eintopf), die in anderen Regionalküchen weniger stark gefordert ist. Kantonesische Köche sind auch Meister darin, neue Zubereitungsmethoden in ihr Repertoire zu integrieren. Gerichte wie Schweinefleisch süß-sauer, Krebspanzer au gratin und Garnelen in Tempura-Teig beweisen eine Aufgeschlossenheit für ausländische Ideen.

Im Bereich der Haute Cuisine würden sogar Köche aus dem Norden die Überlegenheit ihrer kantonesischen Kollegen anerkennen, wenn es darum geht, das Beste aus so teuren Zutaten wie Abalone zu machen. Aber so manches kostspielige Meeresgetier, das die kantonesischen Tische ziert, wie Tiefseefische und Riesengarnelen, gedeiht einfach nicht in den Flüssen des Inlands.

BEZIRKE HAI ZHU, YUEXIU & TIANHE

LP TIPP Garden Hotel HOTEL €€€
(花园酒店; Huayuan Jiudian; Karte S. 600; ☎8333 8989; www.thegardenhotel.com.cn; 368 Huanshi Donglu; 环市东路 368 号; Zi./Suite ab 3200/5200 Yuan; Ⓜ Linie 5, Taojin;) Eines der beliebtesten gehobenen Hotels in Guangzhou mit Wasserfällen und heiteren Gärten an der Rückseite und in der 3. Etage. Die Zimmer sind ebenso edel wie seine Lobby. Ohne Reservierung geht hier gar nichts.

Zhuhai Special Economic Zone Hotel HOTEL €€
(珠海特区大酒店; Zhuhai Tequ Dajiudian; Karte S. 600; ☎61276888; Fax 8108 3542; 11–15 Haizhu Beilu; 海珠北路 11–15 号; DZ/Suite ab 580/828 Yuan; Ⓜ Linie 1, Ximen Kou, Ausgang C;) Dieses designierte Hotel für den Empfang von Regierungsvertretern verfügt über 170 saubere und geräumige Zimmer und einen sehr guten Service. Es gibt eine Nichtraucheretage und WLAN in der Lobby. Gleich neben einem großen Seafood-Restaurant, das zu derselben Gruppe gehört.

Old Canton Youth Hostel HOSTEL €
(广州古粤东山青年旅舍; Guangzhou Guyue Dongshan Qingnian Lushe; Karte S. 600; ☎8730 4485; 22 Xuguyuan Lu; 恤孤院路 22 号; B 50 Yuan, EZ mit Bad 120–150 Yuan, DZ ohne Bad 150 Yuan;) Das Hostel befindet sich ganz in der Nähe des Kui-Gartens im grünen Viertel Dongshan (东山) des Bezirks Yuexiu (越秀). Dieses neue Hostel stellt eine gute Budgetunterkunft dar. Die Zimmer sind sauber und verfügen über kostenloses WLAN.

INSEL SHAMIAN & FANGCUN-BEZIRK

Die Insel Shamian ist bei weitem die ruhigste und schönste Gegend für eine Übernachtung in Guangzhou.

Guangdong Victory Hotel HOTEL €€€
(胜利宾馆; Shengli Binguan; Karte S. 600; ☎8121 6688; www.vhotel.com; 53 & 54 Shamian Beijie; 沙面北街 53、54 号; Zi. ab 800 Yuan, 3BZ 1180 Yuan, Suite ab 1380 Yuan;) Auf der Insel Shamian gibt's zwei Filialen des Victory Hotel: eine ältere in der Shamian Beijie 54 (Eingang von der Shamian Sijie 10) und ein neuerer Flügel (胜利宾馆（新楼); Karte S. 600) in der Shamian Nanjie 52. Beide sind ihr Geld wert.

White Swan Hotel HOTEL €€€
(白天鹅宾馆; Baitian'e Binguan; Karte S. 600; ☎8188 6968; www.whiteswanhotel.com; 1 Shamian Nanjie; Zi. 1600–1800 Yuan, Suite ab 4100 Yuan;) Eines der repräsentativsten Hotels der Stadt. Es wartet mit einem Wasserfall und Fischteich in der Lobby auf. Die Auswahl an Zimmern und Restaurants und Bars ist ausgezeichnet. Im September 2012 wurde es renoviert.

Guangzhou Riverside International Youth Hostel HOSTEL €
(广州江畔国际青年旅舍; Guangzhou Jiangpan Guoji Qingnian Lushe; außerhalb der Karte S. 600; ☎2239 2500; www.yhachina.com; 15 Changdi Jie; 长堤街 15 号; B 50 Yuan, EZ 108–138 Yuan, DZ 148–198 Yuan, Suite 268 Yuan; Ⓜ Linie 1, Fangcun, Ausgang B1;) Liegt in Fangcun direkt neben einer Kneipenstraße. Diese Herberge, die dem Internationalen Jugendherbergsverband angeschlossen ist, hat makellose Zimmer und eine heimelige Atmosphäre.

Am Ausgang der Metrostation rechts halten und die schmale Gasse am Krankenhaus hinablaufen bis zur von Bäumen gesäumten Luju Lu (陆居路). Links halten und weiterlaufen, bis der Fluss zu sehen ist. Dann rechts halten und noch einmal fünf Minuten weiterlaufen. Es fahren häufig Fähren vom Huangsha-Pier auf der Insel Shamian zum Pier von Fangcun direkt vor dem Hostel.

Guangzhou Youth Hostel HOSTEL €
(广东鹅潭宾馆; Guangdong Etan Binguan; Karte S. 600; ☎8121 8298; www1.gzyhostel.com; 2 Shamian Sijie; 沙面四街 2 号; B/EZ 60/240 Yuan, DZ 260–320 Yuan, 3BZ 390 Yuan;) Die billigsten Betten auf der Insel Shamian gibt's in diesem unscheinbaren Hostel. Von Backpacker-Ambiente ist nicht viel zu spüren, aber die Zimmer sind einigermaßen sauber.

Essen

In Guangzhou gibt's einige hervorragende kantonesische Restaurants. *Dim sum* (点心; *dianxin*) – oder *yum cha* (饮茶; *yincha;* Teetrinken), wie es hier genannt wird –, ist vielleicht das im Ausland am besten bekannte Produkt der kantonesischen Küche, aber hier in der Region sind Nudeln, Reis-Congee und Desserts ebenso beliebt.

LP TIPP Panxi Restaurant DIM SUM €€
(泮溪酒家; Panxi Jiujia; Karte S. 600; ☎8172 1328; 151 Longjin Xilu; Gerichte ab 40 Yuan;

7.30–24 Uhr; Changshou Lu;) Das Panxi liegt in einem majestätischen Garten und hat einen weiteren innerhalb seiner Mauern. Es ist das repräsentativste von Guangzhous Gartenrestaurants. Die Höfe, Teiche, Brücken und Büsche wurden so arrangiert, dass jeder Schritt einen neuen Eindruck vermittelt („pro Schritt ein Anblick" (一步一景)). Die Senioren kommen für das verlässliche *dim sum* und um die eine oder andere Opernarie zu singen, wenn sie in Stimmung sind. Es ist unmöglich, nach 8.30 Uhr morgens einen Tisch zu bekommen.

Bingsheng Restaurant KANTONESISCH €€
(炳胜品味; Bingsheng Haixian Jiujia; Karte S. 604; 3803 5888; 2 Xiancun Lu; Gerichte ab 48 Yuan; 11–24 Uhr; 293, 886) Eines der besten Restaurants der Stadt in Sachen Lebensmittelqualität. Dieses Flaggschiff der Bingsheng-Kette in Zhujiang-Neustadt beeindruckt zugleich mit einer tollen Einrichtung. Sein Aushängeschild ist das knusprig gegrillte Schweinefleisch (脆皮叉烧; *cuipi chashao*).

Tang Li Yuan KANTONESISCH €€
(唐荔园; Tang Li Yuan; 8181 8002; Hauptgerichte 18–200 Yuan; 7.30–15 Uhr & 17–3 Uhr; Linie 1, Huangsha) Dieses Gartenrestaurant ist bekannt für seine gebratenen Tauben (金牌乳鸽; *jinpai ruge*) und liegt im Liwan-Seepark (荔湾湖公园; Liwan Hu Gongyuan; Karte S. 600). Ein Highlight sind die Tische auf Booten, die man zum Abendessen reservieren kann. Sie sind eine Anlehnung an die Zidong Chuan (紫洞船), auch als „Gesellschaftsboote" oder „Hurenboote: bekannt, die in der Qing-Dynastie von Xiguan-Kaufleuten genutzt wurden, um mit Banketten, Oper und Frauen zu unterhalten.

Auf jedem Boot ist Platz für sechs Personen. Dafür zahlt man Eintritt und eine „Platzgebühr" von 150 bzw. 20 Yuan pro Person. Das Restaurant liegt an der Kreuzung von Huangsha Dadao (黄沙大道) und Ruyi Fang (如意坊).

Wilber's EUROPÄISCH €€€
(Karte S. 600; 3761 1101; www.wilber.com.cn; 62 Zhusigang Ermalu; Hauptgerichte 30–180 Yuan; 11–16 Uhr & 17–21 Uhr; Dongshan Kou;) Ganz versteckt am Rande des Bezirks Yuexiu erhält das schwulenfreundliche Wilber's Spitzennoten für die tolle Atmosphäre, und das Essen rangiert gleich dahinter. Es befindet sich in einer restaurierten Kolonialvilla mit weiß gestrichenen Wänden und einem schattigen Hof.

Chen Tianji KANTONESISCH €
(陈添记; Karte S. 600; 8182 8774; 59 Baohua Lu; Gerichte 7–32 Yuan; 9.30–22.30 Uhr; Changshou Lu) Dieses berühmte Minirestaurant serviert drei Dinge – knusprige blanchierte Fischhaut (鱼皮; *yupi*) mit Erdnüssen und Petersilie, Sampan-Congee (艇仔粥; *tingzai zhou*) und leckere Reismehlrollen (肠粉; *changfen*). An der Baohua Lu 59 in eine Gasse abbiegen. Dort ist es das zweite Lokal.

Shunji Bingshi KANTONESISCH, DESSERTS €
(顺记冰室; Karte S. 600; 8181 4287; 85 Baohua Lu; Gerichte 6–20 Yuan; 7–1 Uhr; Changshou Lu;) Gedämpfte Reisrollen gibt's hier in vielen Variationen, einschließlich der einfachen vegatarischen (净斋肠; *zhengzhai chang*), mit Krapfen (炸面肠; *zhamian chang*), nach Mönchsart (罗汉素斋肠; *luohan suzhai chang*) oder mit Eiern (鸡蛋肠; *jidan chang*). Zahlreiche Desserts stehen zur Auswahl.

Nanxin DESSERTS €
(南信; Karte S. 600; 47 Dishipu Lu; Desserts 7–15 Yuan; 10–24 Uhr; Changshou Lu) Beliebtes Lokal für kantonesische Desserts, einschließlich von gedämpftem Eiweiß mit Milch (双皮奶; *shuangpinai*).

Fo You Yuan VEGETARISCH €
(佛有缘; Karte S. 600; 1 Fu'er Rd, Liwan-Bezirk; Gerichte ab 18 Yuan; 7–15 Uhr & 17–22 Uhr; Chenjiaci) Ein unprätentiöses vegetarisches Restaurant, das sich im Wohnbezirk Xingfu Xincun (幸福新村) versteckt.

Lucy's WESTLICH €€
(Lusi Jiuba Canting; Karte S. 600; 3 Shamian Nanjie; Hauptgerichte 23–118 Yuan; 11–2 Uhr; Huangsha;) Dieses Tex-Mex-Restaurant ist bei Expats beliebt, die ein Stück Heimat suchen. Es liegt in einem Park auf der Insel Shamian.

Ausgehen

Guangzhous aufstrebende Partyzone ist Zhujiang Pati (珠江琶醍; außerhalb der Karte S. 600), ein Streifen Land entlang des Flussufers, auf dem sich die riesige Zhujiang-Brauerei befindet. Die Brauerei räumt jedoch nach und nach das Gelände und dürfte bis zum Jahr 2015 vollständig umgezogen sein. Die leer stehenden Räumlichkeiten wurden von trendigen Clubs und Bars übernommen. Derzeit kann man die Brauerei noch in Betrieb sehen. Das macht diesen Ort zur surrealsten (und alkoholhaltigsten) Partyzone der Stadt.

Neben den unten aufgeführten Tipps lohnt sich auch ein Besuch der etwas gediegeneren Kneipenstraße Yanjiang Lu.

Shamian Clubhouse BAR

(Shamian Dajie; Karte S. 600; ⌚11–23 Uhr; Ⓜ Huangsha; 📶) Im „Roten Herrenhaus" (erbaut 1907) befinden sich ein Hotel nur für Zollbeamte und eine clubbige Bar mit langen Teakdielen, die öffentlich zugänglich ist. Das einst als „Shamians großartigstes Herrenhaus" bezeichnete Gebäude vereint Merkmale der britischen Kolonialarchitektur wie die konischen Zinnen, Kolonnaden und Louvre-Fenster mit dem Hang der Lingnan-Architektur zum Oberlicht.

LP TIPP Kui Garden CAFÉ

(逵园; Kui Yuan; Karte S. 600; ☎8765 9746; 9 Xuguyuan Lu; ⌚10–24 Uhr; Ⓜ Linie 1, Dongshan Kou; 📶) Dieses Café liegt im Kui Garden im Bezirk Dongshan (东山) und serviert guten Kaffee und Tee sowie Canapés und alkoholische Getränke. Die Zimmer und Veranda des Originalhauses wurden in stilvolle Sitzecken in warmen Tönen verwandelt.

Ten Cafe CAFÉ

(十号咖啡店; Shihao Kafeidian; Karte S. 600; ☎8766 9918; 105 Yandun Lu; ⌚20–2 Uhr; Ⓜ Linie 1, Dongshan Kou; 📶) Mit großen Wandspiegeln, Marmortischplatten und Ledersofas sieht diese gehobene Lounge im Dongshan-Bezirk wie ein gemütliches Wohnzimmer aus, das an einen französischen Salon aus dem 19. Jh. erinnert. Hier gibt's eine gute Auswahl an importiertem Bier und Wein und anständige Cocktails.

Rebel Rebel BAR

(Karte S. 604; ☎8520 1579; www.rebelrebelgz.com; 42 Tiyu Donglu; ⌚10–2 Uhr, Happy Hour 15–21 Uhr; Ⓜ Shipaiqiao) Diese neue Bar im Tianhe-Bezirk mit offener Front ist leicht an ihren bunten Flaschenreihen vor einer weißen Wand zu erkennen. Sie hat ein schönes urbanes Ambiente und Bier vom Fass. Auf der Website stehen Infos zu besonderen Events. Am Ausgang der Metrostation auf der Seite des One Link Plaza die Tiyu Donglu hinablaufen. Nach rund 300 m links in eine Seitenstraße abbiegen. Eine Leuchtreklame weist den Weg.

Sun's LOUNGE

(☎8977 9056; www.sunsgz.com; B 25–26 Yuejiang Xilu; 🚌779, 765) Das Sun's ist das beste Lokal in Zhujiang Pati. Es ist voll mit trendigen Expats und wohlhabenden Einheimischen. Gäste haben die Wahl zwischen Cocktailschlürfen auf den Sofas am Fluss oder Tanzen zu elektronischen Klängen in der designbewussten Bar. Mit dem Bus 779 oder 765 fahren und an der Endhaltestelle Zhujiang-Bierbrauerei (珠江啤酒厂总站) aussteigen.

Es gibt viele lebhafte Kneipen in Zhujiang-Neustadt (Ⓜ Zhujiang Xincheng), die Livesportreportagen, kostenloses WLAN und Bier vom Fass bieten. Die Lokale wurden erst kürzlich eröffnet und sind alle nur fünf Gehminuten voneinander entfernt.

Tavern PUB

(Karte S. 604; ☎8550 3038; www.taverngz.com; Poly 108, 6 Huajiu Lu; ⌚11–2 Uhr, Happy Hour 16–20 Uhr, Mo ganztags; 📶) Die englische Sportbar Tavern bietet eine Auswahl an Premiumbieren, darunter Paulaner und Strongbow, und einen Pooltisch.

Brew PUB

(Karte S. 604; ☎3804 9549; www.thebrew-china.com; 105, 106 Huaxun Jie; ⌚Happy Hour 16–20 Uhr, Mo ganztags; 📶) Kanadisch-amerikanische Bar mit Zapfhähnen am Tisch, an denen man sein Bier selbst zapft und mit einer „VIP"-Karte bezahlt. Hier werden Bier-Pong-Wettbewerbe veranstaltet.

McCawley's PUB

(Karte S. 604; ☎3801 7000; www.mccawleys.com; Shop 101, 16 Huacheng Dadao; ⌚10–2 Uhr, Happy Hour 10–22 Uhr; 📶) Das geräumige McCawley's hält über 50 irische Whiskys bereit, dazu irischen Cider, irisches Bier und eine Filipino-Band.

★ Unterhaltung

Die besten Infos zu Unterhaltung in Guangzhou gibt's auf www.gzstuff.com.

LP TIPP Guangzhou Tekkuan Live House

LIVEMUSIK

(广州踢馆; Guangzhou Tiguan; Karte S. 604; www.gztekkwun.com; 201 Huan Shi Zhonglu; Ⓜ Xiaobei, Ausgang B) Der professionellste Veranstaltungsort für Konzerte in Guangzhou. Das Tekkuan hat nur an drei oder vier Nächten pro Woche geöffnet, wenn Gigs anstehen (auf der Website stehen die genauen Termine). Profibands aus Russland, den Niederlanden, Frankreich und Hongkong sind hier schon aufgetreten. Hier gibt's Jazz, Rock, Fusion und Pop auf die Ohren.

Dem Taxifahrer sagt man als Fahrtziel Xisheng Jie (西胜街) in der Huaguo Shan (花果山), das nur 150 m vom Fernsehsender von Guangzhou (广州电视台; Guangzhou Dianshi Tai) entfernt liegt. Bis zum Ende der Xisheng Jie laufen, und dort befindet es sich. Alternativ geht's auch mit der Metrolinie 5 nach Xiaobei (小北), Ausgang B. Hier die Tongxin Lu (童心路) hinablaufen und an der ersten Ampel in die Xisheng Jie einbiegen.

C Union LIVEMUSIK
(喜窝 (城市会); Xiwo; außerhalb der Karte S. 600; ☎3584 0144; 115 Shuiyin Lu; ⏲19–2 Uhr) Eine unprätentiöse, aber sehr umtriebige Kneipe. C Union lockt mit seiner Livemusik eine gute Mischung aus Studenten und Expats an. Das Spektrum reicht von R&B bis hin zu Reggae. Liegt hinter dem Gebäude Chengshihui (城市会) im Yuexiu-Bezirk. Nur per Taxi erreichbar.

Opernhaus von Guangzhou THEATER
(广州大剧院; Guangzhou Dajuyuan; Karte S. 604; ☎3839 2888–2666; www.chgoh.org; 1 Zhujiang Xilu; ⏲9–16.30 Uhr, Mo geschl.; Ⓜ Linie 3, Zhujiang Xincheng, Ausgang B1) Dieses neue Opernhaus in Zhujiang-Neustadt ist Guangdongs wichtigster Veranstaltungsort.

Xinghai-Konzerthalle THEATER
(星海音乐厅; Xinghai Yinyue Ting; außerhalb der Karte S. 600; ☎8735 2766; 33 Qingbo Lu; 🚌 89, 194, 131A) Heimat des Symphonieorchesters von Guangzhou. Diese Konzerthalle für klassische Musik liegt auf der Insel Ersha.

Shoppen

Xiguan-Antiquitätenstraße ANTIQUITÄTEN
(Xiguan Guwan Cheng; Karte S. 600; Lizhiwan Lu; Ⓜ Linie 5, Zhongshan Balu) In dieser Straße im Bezirk Xiguan bieten Läden alles von Keramikteekannen bis hin zu tibetischen Teppichen. Selbst wenn man seinen Rucksack nicht mit Keramikvasen füllen möchte, ist dies dennoch ein toller Ort, um einfach nur herumzulaufen und zu stöbern.

Fangcun-Teemarkt TEE
(芳村茶叶市场; Fangcun Chaye Shichang; Fangcun Dadao; Ⓜ Fangcun, Ausgang C) Dies ist ein ausgedehnter Markt, der sich über etliche Straßenblöcke hinzieht. Läden und Malls verkaufen Tee und Teezubehör. Die meisten Händler verkaufen an Großhändler, aber oft können auch Privatkunden hier einkaufen.

Fang Suo Commune BÜCHER
(方所; Fangsuo; ☎3868 2327; MU35, Tai Koo Hui, 383 Tianhe Lu; ⏲10–22 Uhr; Ⓜ Linie 1, Shipaiqiao) In einer schicken, rund 2000 m² großen Mall verkauft dieser elegante Buchladen auch Kleidung, Heimtextilien, Küchenzubehör, Deko und Kaffee. Hier gibt's über 90 000 Titel, vorwiegend auf Chinesisch, darunter viele über Kunst, Literatur und Kultur sowie Bücher aus Taiwan. Die Mode- und Lifestyleartikel verfolgen einen klaren, minimalistischen Stil, aber sie sind etwas teuer.

Benshop SOUVENIRS
(Karte S. 600; www.benshop.net) Ein schicker Souvenirladen mit Café im obersten Stock von Goelia Concept 225.

Praktische Informationen

Gute Stadtpläne von Guangzhou auf Englisch und Chinesisch gibt's an Zeitungskiosken und in Buchläden.

Geld

Geldautomaten gibt's überall in Guangzhou. Die meisten davon sind rund um die Uhr in Betrieb.

American Express Guangzhou (美国运通广州; Meiguo Yuntong Guangzhou; ☎8331 1611; Fax 8331 1616; Raum 1004, Hauptturm, Guangdong International Hotel, 339 Huanshi Donglu; ⏲Mo–Fr 9–17.30 Uhr) Löst Amex-Reiseschecks ein und verkauft sie.

Bank of China (中国银行; Zhongguo Yinhang; ☎8334 0998; 686 Renmin Beilu; ⏲Mo–Fr 9–17.30 Uhr, Sa & So bis 16 Uhr) Die meisten Filialen wechseln Reiseschecks.

Infos im Internet

Delta Bridges Guangzhou (www.deltabridges.com/users/guangzhou) Informiert über Veranstaltungen in der ganzen Stadt.

Guangzhou Stuff (www.gzstuff.com) Veranstaltungstermine, Foren und Kleinanzeigen.

Life of Guangzhou (www.lifeofguangzhou.com) Ein Verzeichnis für Besucher und Expats.

Internetzugang

Die meisten Hotels bieten ihren Gästen einen kostenlosen Breitband-Internetzugang. Kostenloses WLAN gibt's in allen Filialen von Starbucks, Fairwood (大快活; *dakuaihuo*) und Cafe de Coral (大家乐; *dajiale*) in Guangdong.

Medizinische Versorgung

Can-Am International Medical Centre (加美国际医疗中心; Jiamei Guoji Yiliao Zhongxin; ☎8386 6988; www.canamhealthcare.com; 4. OG, Garden Tower, Garden Hotel, 368 Huanshi

Donglu) Einige der Ärzte sprechen Englisch, es ist allerdings empfehlenswert, vorher anzurufen.

Guangzhou Erstes Städtisches Volkskrankenhaus (广州第一人民医院; Guangzhou Diyi Renmin Yiyuan; ☎8104 8888; 1 Panfu Lu) Bietet im OG medizinische Versorgung für Ausländer.

Guangzhou Krankenhaus für traditionelle chinesische Medizin (广州市中医医院; Guangzhou shi Zhongyi Yiyuan; ☎8122 6288; 16 Zhuji Lu) Bietet Akupunktur und Kräutermedizin sowie andere traditionelle chinesische Heilverfahren.

Notfall

Feuerwehr (☎119)

Krankenwagen (☎120)

Polizei (☎110)

Post

China Post (中国邮政; Zhongguo Youzheng; 151 Huanshi Xilu; ⏲8–20 Uhr) Gleich neben dem Bahnhof.

Reisebüros

Die meisten Hotels haben Reisebüros, die gegen eine kleine Gebühr beim Buchen von Tickets und Touren behilflich sind.

China Travel Service (CTS; 广州中国旅行社; Zhongguo Luxingshe; ☎8333 6888; 8 Qiaoguang Lu; ⏲Mo–Fr 8.30–18 Uhr, Sa & So 9–17 Uhr) Neben dem Hotel Landmark Canton (华厦大酒店; Huaxia Dajiudian).

Telefon

China Telecom (中国电信; Zhongguo Dianxin; ☎10000; 196 Huanshi Xilu; ⏲9–18 Uhr) Die Hauptstelle liegt gegenüber vom Bahnhof an der Ostseite der Renmin Beilu.

Touristeninformation

Tourism Administration of Guangzhou (www.visitgz.com) hat 19 Touristeninformationsbüros, u. a. am Flughafen, Bahnhof und in der Zhongshan Liu 325 (geöffnet 9–18 Uhr).

Touristen-Beschwerde-Hotline (☎8666 6666)

An- & Weiterreise

Bus

Guangzhou verfügt über mehrere Fernbusbahnhöfe mit Verbindungen in alle Teile von Guangdong, ins südliche Fujian, östliche Guangxi und zu weiter entfernten Reisezielen. Alle der folgenden Busbahnhöfe bieten häufige Fahrten nach Foshan (18 Yuan, 45 Min.), Kaiping (62 Yuan, 2 Std.), Shenzhen (65 Yuan, 2 Std.) und Zhuhai (85 Yuan, 2 Std.). Hier sind ein paar nützliche Busstationen:

Tianhe Passenger Station (Tianhe *keyunzhan*; Huadi Dadao; Ⓜ Tianhe) Die meisten Abfahrten zu Zielen in Guangdong; per Metro erreichbar (Station Tianhe Keyunzhan).

Fangcun Passenger Station (Fangcun *keyunzhan*; Huadi Dadao) Per Metro erreichbar (Station Kengkou).

Guangzhou Dongzhan Fernbusbahnhof (广州东站客运站; Guangzhou *dongzhan keyunzhan*; Linhe Xilu) Hinter dem Ostbahnhof von Guangzhou. Gut für Ziele in Guangdong, weniger Verbindungen als von den anderen Busbahnhöfen.

Fernbusbahnhof Guangdong (广东省汽车客运站; Guangdong *sheng qiche keyunzhan*; Huanshi Xilu) Rechts neben dem Bahnhof. Ein weiterer, kleinerer Fernbusbahnhof (Guangzhou *shiqichezhan*) liegt auf der anderen Seite der Fußgängerbrücke.

Busbahnhof Liuhua (流花车站; Liuhua *chezhan*) Auf der anderen Seite der Huanshi Xilu vor dem Bahnhof.

Übersicht über die Reiseziele:

Chaozhou 160–180 Yuan, 6 Std., stündl. ab dem Bushahnhof in Tianhe

Guilin 170 Yuan, 10 Std., 5-mal tgl. ab dem Fernbusbahnhof Guangdong (9.10, 11.30, 20.30, 21.30 und 22.30 Uhr)

Haikou 250–280 Yuan, 13 Std., 7-mal tgl. ab dem Fernbusbahnhof Guangdong

Nanning 180 Yuan, 10 Std., 9-mal tgl. ab dem Fernbusbahnhof Guangdong

Qingyuan 20–40 Yuan, 2 Std., stündl. ab dem Busbahnhof Liuhua

Shantou 180 Yuan, 5 Std., alle 30 Min. ab dem Busbahnhof in Tianhe

Shaoguan 70–80 Yuan, 4 Std., alle 45 Min. ab dem Fernbusbahnhof Guangdong

Xiamen 220 Yuan, 9 Std., alle 45 Min. ab dem Busbahnhof in Tianhe

Zhaoqing 45 Yuan, 1½ Std., alle 15 Min. ab dem Busbahnhof in Fangcun

Der einfachste Weg nach Hongkong sind die Luxusbusse, die auf der Autobahn Guangzhou–Shenzhen verkehren. Die Busse nach Hongkong (100–110 Yuan) und zum Flughafen dort fahren alle 30 Min. am Hotel Landmark Canton in der Nähe des Haizhu-Platzes ab.

Busse über Zhuhai nach Macau (75 Yuan, 2½ Std.) fahren häufig am Busbahnhof in Tianhe ab (7.40–20 Uhr).

Flugzeug

China Southern Airlines (中国南方航空; Zhongguo Nanfang Hangkong; ☎95539; www.cs-air.com; 181 Huanshi Xilu; ⏲24 Std.) Das Büro der größten Fluggesellschaft, welche die Strecke nach Guangzhou bedient, befindet sich südöstlich vom Hauptbahnhof.

Es gibt zahlreichen Verbindungen zu wichtigen Städten in China, u. a. Guilin (660 Yuan), Shanghai (1280 Yuan) und Beijing (1700 Yuan), und darüber hinaus etliche internationale Verbindungen.

Zug

Die drei großen Bahnhöfe von Guangzhou bedienen Reiseziele in ganz China. CTS, neben dem Hotel Landmark Canton, bucht Zugfahrkarten bis zu fünf Tage im Voraus gegen eine Servicegebühr von 20 Yuan.

Verbindungen ab **Hauptbahnhof Guangzhou** (Guangzhou Zhan; Huanshi Xilu; Ⓜ Linie 2, Guangzhou Huochezhan):

Lhasa 818 Yuan, 54 Std., 1-mal tgl. (0.19 Uhr)

Shaoguan 57 Yuan, 2½ Std., viele Verbindungen

Zhaoqing 29 Yuan, 2 Std., 14-mal tgl.

Die Hochgeschwindigkeitszüge fahren ab dem **Südbahnhof Guangzhou** (Guangzhou *nanzhan*; Shibi, Panyu) im Vorort Panyu:

Changsha 322 Yuan, 2½ Std., häufig

Qingyuan 38 Yuan, 30 Min., 12-mal tgl. (7.40–20.30 Uhr)

Shaoguan 104 Yuan, 50 Min., häufig

Shenzhen North Station 47 Yuan, 50 Min.

Wuhan 330–490 Yuan, 4 Std., häufig

Eine Stadtbahn fährt nach Zhuhai (34 Yuan, 1 Std.).

Den Südbahnhof von Guangzhou erreicht man mit der Metrolinie 2 ab dem Hauptbahnhof (45 Min.) oder mit einem der Expressbusse (15 Yuan, 50 Min.) zum Südbahnhof (南站快线; *nanzhan kuaixian*), die u. a. vom Busbahnhof Liuhua, dem Garden Hotel und am Hotel Landmark Canton abfahren.

Fahrkarten für den Südbahnhof können auch an anderen Bahnhöfen gekauft werden, jedoch nicht anders herum.

Der **Ostbahnhof Guangzhou** (Guangzhou *dongzhan*; Ⓜ Linie 1, Guangzhou *dongzhan*):

Beijing 443 Yuan, 21½ Std., 2-mal tgl. (15.08 und 18.05 Uhr)

Shanghai 367 Yuan, 17 Std., 1-mal tgl. (18.11 Uhr)

Dieser Bahnhof wird hauptsächlich für die Schnellzüge nach Shenzhen (45 Yuan, 1½ Std., 6.07–22.40 Uhr) und ein Dutzend Direktzüge nach Hongkong (186 Yuan, 190 HK$, 1¾ Std., 8.19–21.32 Uhr) verwendet. Die **Fahrkartenschalter** (⌚7.30–21 Uhr) für Züge nach Hongkong befinden sich im Obergeschoss.

ℹ Unterwegs vor Ort

Der Großraum Guangzhou erstreckt sich über rund 20 km in alle Richtungen. Die Metro ist das schnellste Verkehrsmittel.

Bus

Guangzhou hat ein großes Netz an Bussen mit und ohne Oberleitung (2–5 Yuan).

Zum/vom Flughafen

Der **Baiyun International Airport** (Baiyun Guoji Jichang; www.baiyunairport.com) liegt 28 km nördlich der Stadt. Flughafenpendelbusse (17 bis 28 Yuan, 1 Std., alle 15 bis 30 Min., 5–23 Uhr) fahren ab einem halben Dutzend Haltestellen in der Stadt ab, u. a. auch vom Büro der China Southern Airlines unweit des Hauptbahnhofs, vom Fernbusbahnhof in Tianhe und vom Busbahnhof in Fangcun. Ein Taxi vom/zum Flughafen kostet rund 150 Yuan.

Die Metrolinie 3 verbindet den Südterminal des Flughafens (Jichang Nan, Station Airport South) mit dem Ostbahnhof in Guangzhou. Die Fahrt dauert 45 Minuten (7 Yuan).

Metro

Guangzhou bietet acht Metrolinien, die uneingeschränkt in Betrieb sind. Es gibt kostenlose Linienpläne dafür. Die Metro fährt ungefähr von 6.20 bis 23 Uhr und die Fahrpreise betragen 2–14 Yuan.

Transitpässe (羊城通; *yang cheng tong*; ab 50 Yuan, 30 Yuan Pfand) gibt's in den Metrostationen. Das Pfand wird nur an bestimmten Stationen erstattet, darunter Dongshan Kou und Gongyuan Qian. Der Pass kann in allen öffentlichen Verkehrsmitteln verwendet werden, auch in den gelben Taxis.

Taxi

Taxis finden sich reichlich in den Straßen von Guangzhou, die Nachfrage ist allerdings auch sehr hoch. Die Stoßzeiten sind zwischen 8 und 9 Uhr, aber auch mittags und zur Zeit des Abendessens. Die gelben und roten Taxis werden von Einheimischen gefahren, die übrigen von Gastarbeitern, die die Stadt möglicherweise nicht so gut kennen. Die Grundgebühr beträgt 10 Yuan für die ersten 2,3 km; 2,6 km für jeden weiteren Kilometer mit einem Spritzuschlag von 1 Yuan.

Rund um Guangzhou

BERGE DER WEISSEN WOLKEN 白云山

Die **Berge der weißen Wolken** (Baiyun Shan; Eintritt 5 Yuan) in den nördlichen Vororten von Guangzhou sind Ausläufer der **Gebirgskette Dayu** (大庾岭; Dayu Ling). Es befinden sich dort über 30 Gipfel, die einst mit Tempeln und Klöstern übersät waren. Die Wanderung zum Gipfel ist fantastisch. Der **Moxing Ling** (摩星岭; Gipfel, der die Sterne berührt) ist mit 382 m der höchste Punkt.

Hierher mit Bus 24 ab der Zhongshan Wulu, gleich südlich der Renmin Gongyuan, fahren und dann an der Endstation aussteigen. Die Fahrt dauert zwischen einer halben Stunde und einer Stunde.

Foshan

☎0757 / 5,9 MIO. EW.

Tagesausflügler erreichen Foshan nach einstündiger Busfahrt ab Guangzhou. Foshan („Berg des Buddha") war seit der Ming-Dynastie für seine Keramik bekannt. Heute ist die Stadt besser bekannt als der Geburtsort von zwei Kung-Fu-Ikonen.

Sehenswertes

Zu Miao
TAOISTISCHER TEMPEL

(祖庙; 21 Zumiao Lu; Eintritt 20 Yuan; ⏲8.30–18 Uhr; 🚌101, 105, 106) Diese Anlage aus dem 11. Jh. ist der bedeutendste Tempel in Guangdong. Er ist Beidi (北帝) oder dem Gott des Nordens geweiht – sein imposantes Abbild ziert die Haupthalle. Der Tempel gilt auch als Ursprung der Kanton-Oper. Diese wird immer noch samstags und sonntags (13.50–15.30 Uhr) und an Festtagen aufgeführt, um die Götter (und die Touristen) zu unterhalten. Außerdem gibt's täglich Vorführungen von Kung-Fu (10.15 und 15 Uhr) und des Löwentanzes (10.30, 13.30 und 15.30 Uhr).

Darüber hinaus hat die Anlage zwei Ausstellungsräume, die den aus Foshan stammenden Kung-Fu-Ikonen Ip Man und Wong Fei Hung gewidmet sind.

Liang-Garten
GARTEN

(梁园; Liang Yuan; ☎8224 1279; Songfeng Lu; Eintritt 10 Yuan; ⏲8.30–17.30 Uhr) Diese traumhafte Residenz einer reichen Familie, die Maler und Kalligrafen hervorbrachte, wurde während der Qing-Dynastie erbaut. Der Garten im Lingnan-Stil (siehe auch Kasten, S. 608) entzückt mit beschaulichen Teichen, von Weiden gesäumten Pfaden und im Sommer mit Bäumen voller Wachsäpfel, Mangos und Jackfrüchten. Vom Tempel Renshou geht's nach Norden, bis auf der anderen Straßenseite die Bank of China zu sehen ist. Der Liang-Garten liegt noch einmal 300 m weiter nördlich der Bank.

Alte Brennofenwerkstatt Nanfeng
KERAMIK

(南风古灶; Nanfeng Guzao; ☎8271 1798; 6 Gaomiao Lu, Shiwan; Eintritt 25 Yuan; ⏲9–17.30 Uhr) Shiwan (石湾), 2 km von der Innenstadt von Foshan entfernt, war früher das wichtigste Zentrum der Keramikproduktion in China. Der Großteil der Töpferwaren aus der Ming-Dynastie in den Museen stammt von hier (die Ware in den Läden beim Brennofen sind jedoch Kopien und stammen aus der Massenproduktion). Das Highlight ist dieser alte „Drachenofen", der über 30 m lang ist und in dieser hübschen Anlage mit sich windenden Steinpfaden und dem Ambiente einer uralten Stadt liegt. Mit Bus 137 sind es 17 Haltestellen ab Zu Miao bis hierher.

GRATIS Tempel Renshou
TEMPEL

(仁寿寺; Renshou Si; ☎8225 3053; 9 Zumiao Lu; ⏲8–17 Uhr; 🚌1, 2B, 5, 11) Wenige Schritte nördlich des Tempels Zu Miao liegt das ehemalige Ming-Kloster, das noch heute für Andachten genutzt wird. Drinnen steht eine Pagode von 1656. Hier gibt's auch das Foshan-Volkskunststudio, das hübsche Scherenschnitte anbietet.

Foshan Lingnan Tiandi
HISTORISCHES GEBÄUDE

(Tiandi Lu, Chancheng Qu; ⏲11–21 Uhr; 🚌101, 105) Die neueste – äußerste fotogene und mondäne – Attraktion in Foshan ist diese Gruppe restaurierter Medizinläden, chinesischer Schnapsläden und alter Villen, die in anspruchsvolle Boutiquen und importierte Restaurants umgewandelt wurden. Das brandneue **Foshan Marco Polo** (马哥孛罗酒店; Mage Boluo Jiudian; ☎757 8250 1888; www.marcopolohotels.com; 97 Renmin Lu, Chancheng Qu; Zi./Suite ab 2380/3080 Yuan; @📶🏊), das ebenfalls im Rahmen dieses Projekts entstand, hat geräumige Zimmer, ausgezeichneten Service und gewährt in der Nebensaison bis zu 50 % Nachlass.

Essen

Yingji Nudellokal
NUDELN €

(应记面家; Yingji Mianjia; 116 Lianhua Lu; 莲花路 116 号; Nudeln 5–10 Yuan; ⏲7–23 Uhr) Dieses ausgezeichnete Nudellokal gegenüber dem Lianhua-Supermarkt (莲花超市; Lianhua Chaoshi) ist die erste Adresse in Foshan für Nudeln mit Shrimp-Wonton (鲜虾云吞面; *xianxia yuntunmian*).

Healthy Buddha Vegetarian
KANTONESISCH, VEGETARISCH €

(健康菩提素食; Jiankang Puti Sushi; ☎8230 2836; Hauptgerichte 18–35 Yuan; 🚌1, 2b, 5, 10, 11; ⏲Mittagessen & Abendessen; ✍📋) In diesem vegetarischen Restaurant auf dem Ge-

EINE NATIONALE LEGENDE ENTSTEHT

Der in Foshan geborene Wong Fei Hung (1847–1924) ist einer der bekanntesten Volkshelden Chinas. Obwohl er schon zu Lebzeiten ein hervorragender Meister des Kung-Fu *(gongfu)* war, wurde er erst richtig bekannt, nachdem seine Lebensgeschichte mit Fiktion aufgepeppt worden war. Zwischen 1949 und heute entstanden zahllose Filme – die meisten davon von Regisseuren aus Hongkong. Diese Filme, darunter Jet Lis *Die schwarzen Tiger von Hongkong,* zeigen ihn als Helden, der die Gerechtigkeit und Nationalehre gegen Schurken verteidigt. Traurigerweise war Wongs Lebensabend von Verzweiflung gekennzeichnet, nachdem sein Sohn ermordet und seine Kampfkunstschule durch ein Feuer zerstört worden war. Dennoch haben erstaunliche 106 Spielfilme (und es entstehen immer noch neue!) diesen berühmten Sohn Foshans gefeiert, was zu der längsten Spielfilmserie weltweit und zum Entstehen einer nationalen Legende führte.

Ein weiterer Held aus Foshan ist Ip Man (1893–1972), der zu Beginn des Zweiten Weltkrieges als Meister des wing chun (siehe auch S. 1116) berühmt wurde. Später, im Jahr 1949, floh er nach Hongkong und gründete die erste wing-chun-Schule. Einer seiner bekanntesten Schüler war Bruce Lee. Ip Man wurde in der letzten Zeit durch eine Reihe halbbiografischer Spielfilme unsterblich, in denen Donnie Yen die Hauptrolle spielte.

lände des Renshou-Tempels wird für die Preise sehr viel geboten.

☆ Unterhaltung

AD Livehouse LIVEMUSIK

(西元 Livehouse; Xiyuan Livehouse; ☎139 2991 1129; Gebäude 5, Xijie, Poly Canal Plaza, Denghu Xilu, Nanhai-Bezirk; 水岸长廊, 南海区, 灯湖西路, 保利水成西街 5栋 1号; ⌚8.30–2 Uhr; 📶) Diese große und abgelegene Bar mit wundervollem Soundsystem bietet Livemusik jeden Abend ab 22 Uhr. In der Regel spielt hier eine lokale Band, aber ungefähr einmal im Monat gibt's Gastauftritte in Sachen Pop, Hip-Hop, Jazz, Indic oder Rock. Ein Taxi hierher ab Foshan Lingnan Tiandi kostet weniger als 30 Yuan.

ℹ An- & Weiterreise

Vom **Busbahnhof Zumiao** (Zumiao *chezhan*; Jianxin Lu) in Foshan fahren Busse (15 Yuan, alle 20 Min., 6.45–23 Uhr) zum Fernbusbahnhof in Guangzhou, zum Busbahnhof Guangfo (Guangfo Qichezhan; Zhongshan Balu) und zum Fangcun-Busbahnhof in Kengkou.

Verbindungen ab dem **Fernbusbahnhof** (Foshan *sheng qichezhan*; Fenjiang Beilu), 400 m südlich des Bahnhofs:

Shenzhen 90–100 Yuan, 2½ Std., alle 20 bis 60 Min.

Zhuhai 60–70 Yuan, 3 Std., alle 15 bis 40 Min.

Es fahren Züge zwischen Foshan und Guangzhou Hauptbahnhof (8–27 Yuan, 30 Min., 19-mal tgl.).

Die Metro verkehrt zwischen Guangzhou und der Station Zumioa in Foshan (5 Yuan, 30 Min.).

Es gibt einen direkten Expresszug nach Hongkong (210 Yuan, 3 Std.; 16.13 Uhr) und um 22.42 Uhr ab Kowloon.

Sowohl Bus 101 als auch Bus 109 (2 Yuan) verbinden den Bahnhof mit dem Tempel Zu Miao und Shiwan. Taxis gibt's ab 7 Yuan.

Kaiping 开平

☎0750 / 680 000 EW.

Kaiping, 140 km südwestlich von Guangzhou, ist der Standort einer der spannendsten von Menschenhand geschaffenen Attraktionen in Guangdong – die als Weltkulturerbe ausgezeichneten *diaolou* (碉楼), exzentrische Wachttürme, in denen sich östliche und westliche Architekturstile vereinen. Von den ursprünglich rund 3000 *diaolou* sind nur noch 1833 erhalten.

Die Innenstadt von Kaiping ist angenehm, vor allem der Teil in der Nähe des Flusses Tanjiang (谭江), wo Menschen neben Mango- und Wampi-Bäumen angeln.

Kaiping ist auch die Heimat vieler Auslandschinesen. Gegenwärtig leben 720 000 Menschen aus der Gegend im Ausland – 40 000 mehr als in der Heimat.

◉ Sehenswertes

Ein Kombiticket für den Li-Garten und die Dörfer Majianglong und Zili kostet 180 Yuan. Wer nur eines der Dörfer und den Li-Garten besuchen möchte, zahlt trotzdem 150 Yuan. Das Dorf Jinjiangli alleine kostet 50 Yuan.

Zili HISTORISCHES DORF

(自力村; Zili Cun; ⌚8.30–17.30 Uhr) Das pittoreske Dorf Zili, 11 km westlich von Kaiping, hat die größte Ansammlung von *diaolou*. 15 Türme erheben sich majestätisch zwischen den Reisfeldern, doch nur wenige davon können auch besichtigt werden. Der eindrucksvollste ist **Mingshi Lou** (铭石楼) mit einer Veranda aus ionischen Säulen und barocken Zierelementen sowie einem hexagonalen Pavillon auf dem Dach, der von europäischen Säulen getragen wird. Er war in dem Film *Tödliche Kugeln* aus dem Jahr 2010 zu sehen. **Yunhuan Lou** (云幻楼) verfügt über vier Türme, die als „Schwalbennester" bezeichnet werden. Jeder Turm hat Schießscharten, Feldsteine und eine Wasserkanone.

In der Nähe des Dorfes befindet sich der bemerkenswerte **Deng Lou des Fang-Clans** (方氏灯楼; Eintritt frei), der wegen seines starken Suchscheinwerfers auch als Leuchtturm bezeichnet wird.

Jinjiangli HISTORISCHES DORF

(锦江里; Jinjiangli Cun; ⌚9–17 Uhr) Die Highlights in diesem Dorf, 20 km südlich von Kaiping, sind der privat betriebene **Ruishi Lou** (瑞石楼; Eintritt 20 Yuan) und **Shengfeng Lou** (升峰楼). Ersterer aus dem Jahr 1923 ist der höchste *diaolou* von Kaiping und verfügt über neun Stockwerke. Darauf befindet sich ein Dach im byzantinischen Stil und eine römische Kuppel. Der zweite davon ist einer der wenigen *diaolou*, der von einem europäischen Architekten erbaut wurde.

Im nahegelegenen Dorf Nanxing neigt sich der **Nanxing Xie Lou** (南兴斜楼; Schräger Turm; Eintritt frei) bedrohlich zur Seite; die Mittelachse ist bereits um 2 m aus dem Lot.

Li-Garten HISTORISCHE STÄTTE

(立园; Li Yuan; ⌚8.30–17.30 Uhr) Nur eine ca. 15-minütige Taxifahrt von Kaiping entfernt befindet sich der Li-Garten, ein befestigtes Herrenhaus aus dem Jahr 1936, das von einem reichen China-Amerikaner erbaut wurde, der in Chicago zur Welt kam. Die Innenräume muten italienisch an, und die aufwändige Gartenanlage mit ihren künstlichen Kanälen, Fußgängerbrücken und gesprenkelten Gehwegen sind entzückend.

An weiteren *diaolou* wären noch der älteste Turm, **Yinglong Lou** (迎龙楼) im Dorf Sanmenli (三门里) und die befestigten Villen im **Dorf Majianglong** (马降龙; Majianglong) zu nennen.

KAIPINGS BIZARRE TÜRME

Im Umkreis von 20 km rund um Kaiping liegen die *diaolou verstreut* – mehrstöckige Wachtürme und befestigte Wohnhäuser, die durch die Mischung von Baustilen aus Europa, China und maurische Einflüsse auffallen. Die Mehrheit wurde Anfang des 20. Jhs. von Dorfbewohnern gebaut, die ein als „Kulis" ein Vermögen im Ausland verdient hatten. Sie brachten fantasievolle architektonische Ideen mit, die sie live oder auf Postkarten gesehen hatten und erbauten diese Türme als Festungen, um ihre Familien vor Banditen, Überschwemmungen und den japanischen Truppen zu schützen.

Die ältesten *diaolou* waren Gemeinschaftsprojekte, die von mehreren Familien aus einem Dorf erbaut wurden. Jede Familie erhielt einen Raum in der Zitadelle, wohin sich alle männlichen Familienmitglieder nachts zurückzogen, um nicht von Banditen entführt zu werden. Diese schmalen Türme hatten dicke Mauern, Eisentore und Schießscharten zur Verteidigung und Beobachtung. Die *diaolou* jüngeren Datums waren ebenfalls Wachtürme, jedoch mit Suchscheinwerfern und Alarm ausgestattet, und sie befanden sich jeweils am Dorfeingang.

Über 60 % der *diaolou* vereinten jedoch die Wohnfunktion mit der Verteidigung. Wenn sie von einer einzelnen Familie erbaut wurden, waren sie geräumig und mit verschiedenen dekorativen Elementen verziert. Da die Erbauer die europäische Architektur nicht aus eigener Anschauung kannten, nahmen sie sich bei den Proportionen ihre Freiheiten. Heraus kamen dabei merkwürdige Bauwerke, die der amerikanischen naiven Malerei oder einem Miyazaki-Cartoon zu entstammen scheinen.

Diese Bauwerke haben eine turmartige Form in den untersten Stockwerken. Aber dann, wie stoische Menschen, die das Träumen nicht vergessen haben, entfesseln sie einen Sturm an Bögen, Balustraden, ägyptischen Säulen, Kuppeln, Ecktürmchen, chinesischen Giebelgauben und griechischen Vasen.

Chikan HISTORISCHES DORF
Die reizende Altstadt von Chikan (赤坎), 10 km südwestlich von Kaiping, hat Geschäftsstraßen mit Arkadengängen im Erdgeschoss entlang des Flusses Tanjiang (潭江). Diese auffälligen, als *qilou* (骑楼) bezeichneten Gebäude wurden von kantonesischen Kaufleuten aus Übersee in den 1920er-Jahren erbaut. Bus 6 vom Busbahnhof Yici fährt nach Chikan.

Fengcai-Halle HISTORISCHE STÄTTE
(风采堂; Fengcai Tang; Eintritt 5 Yuan; ⌚9–16.30 Uhr) Diese Anlage ist kein typischer Ahnentempel. Sie wurde 1906 erbaut und zeigt einen erlesenen südchinesischen Baustil mit exzentrischen westlichen Elementen. Die Anlage liegt auf einem Schulgelände 1,5 km südlich des Busbahnhofs von Changsha verborgen. Mit dem Bus 2 fahren und in Fengcai Zhongxue (风采中学) aussteigen.

Schlafen & Essen

Eine Übernachtung in Kaiping sorgt für ausreichend Zeit, um die einzigartigen Sehenswürdigkeiten in Ruhe bestaunen zu können.

Tribe of Diaomin HOTEL €
(碉民部落; Diaomin Buluo; ☎0750 261 6222; 126 Henan Lu, Chikan; 赤坎镇河南路 126 号; B pro Pers. 40–50 Yuan, Zi. ohne Bad 80 Yuan, 4BZ/FZ mit Bad 200–300 Yuan; 📶) Ein historisches Gebäude gleich am Fluss Tanjiang in Chikan wurde in ein Hostel umgewandelt. Es befindet sich neben einem Fahrradclub, ist ein angenehmes Haus und hat Backpackerflair. Es stehen über 100 Fahrräder zum Verleih bereit. Wer einen Tag lang Sehenswürdigkeiten per Rad erkunden möchte, bekommt ein Rad für 80 Yuan.

Pan Tower Hotel HOTEL €€
(潭江半岛酒店; Tanjiang Bandao Jiudian; ☎233 3333; www.pantower.com; 2 Zhongyin Lu; 中银路 2 号; Zi. 800 Yuan; ❄@) *Die* Adresse in Kaiping. Das Hotel liegt auf einer kleinen Insel im Tanjiang und ist ausschließlich per Taxi erreichbar (12 Yuan ab dem Busbahnhof Changsha, 5 Min.). Preisnachlässe von 50 bis 60 %.

Kaiping Hotel HOTEL €€
(☎223 3333; Kaipinghotel@126.com; Changsha Wenxin Rd 19–21; 长沙文新路 19–21 号; Zi. 588–688 Yuan, Suite 688–1688 Yuan; @📶) Dieses renovierte Hotel bietet saubere Zimmer, einige davon mit Blick auf den schönen Fluss Tanjiang. Mit Bus 2 oder 3 ab dem Busbahnhof Yici. Ab dem Changsha-Busbahnhof sind es noch fünf Minuten zu Fuß.

Hausmannskost CHINESISCH €
(农家饭; Nongjia Fan) Zahlreiche Dorfbewohner von Zili servieren rustikale Gerichte mit selbst erzeugten Produkten in ihren Häusern. Beliebt sind das Freilandhühnchen (走地鸡; *zoudiji)* für 25 Yuan pro Kätti (斤; *jin*; ca. 500 g) und gekochter Reis mit Babyaal (黄鳝饭; *huangshan fan;* 60 Yuan).

Chaojiangchun Restaurant CHINESISCH €
(潮江春酒楼; Chaojiangchun Jiulou; ☎0750 2219963; Hauptgerichte 25–60 Yuan; ⌚11–22.30 Uhr) Dieses hervorragende Restaurant serviert die lokale Spezialität – gebratene Wildgans (狗仔鹅; *gouzai e*). Der gedämpfte Tofu mit klein geschnittenem Taro und Schweinehack (肉碎芋丝蒸豆腐; *rousui yusi zheng doufu*) und das in Salz gebackene Hühnchen (手撕鸡; *shousiji*) sind ebenfalls köstlich.

An- & Weiterreise

Kaiping hat zwei Busbahnhöfe, zwischen denen die Stadtbusse 7 und 13 verkehren: den **Yici-Busbahnhof** (义祠总站; Yici *zongzhan*; ☎221 3126; Mucun Lu) und den **Changsha-Busbahnhof** (长沙汽车站; Changsha *qichezhan*; ☎233 3442; Musha Lu). Von beiden Busbahnhöfen gibt's regelmäßig Verbindungen nach:

Guangzhou 60 Yuan, 2 Std., alle 40 Min. (7–19.30 Uhr)

Hongkong (nur vom Yici-Busbahnhof) 150 HK$, 4 Std., 4-mal tgl.

Shenzhen 90 Yuan, 2½ Std., alle 45 Min. (7.30–21 Uhr)

Zhuhai 50–72 Yuan, 2½ Std., alle 30 bis 40 Min. (7–19.40 Uhr)

Gegenüber vom Changsha-Busbahnhof starten die Stadtbusse (4–5 Yuan), die nach Chikan und zu einigen der *diaolou* fahren. Da die Türme über mehrere Bezirke verteilt sind, mietet man sich am besten ein Taxi für den ganzen Tag. Das kostet rund 600 Yuan, aber da ist noch Verhandlungsspielraum drin.

Yangjiang 阳江

☎0662 / 2,3 MIO. EW.

Yangjiang ist eine Stadt an der Südwestküste von Guangdong. Während die Innenstadt von Yangjiang kaum Highlights bietet, ist die malerische Insel Hailing (海陵岛; Hailing *dao*), rund 50 km oder eine

„FERKEL" ZU VERKAUFEN

Zur Mitte des 19. Jhs. befand sich Guangdong in einem verzweifelten Zustand, es wüteten Hungersnot und Revolten. Mittlerweile war die Sklaverei in den meisten westlichen Ländern verboten worden. Dadurch wurden billige Arbeitskräfte für die Erschließung und Bewirtschaftung der Neuen Welt benötigt. Die Bedingungen waren günstig für viele ungelernte Arbeiter aus Taishan (wo sich Kaiping befindet), die nach einem besseren Leben in Übersee strebten.

Hinterlistige Anwerber versprachen gute Bezahlung und Arbeitsbedingungen, aber in Wirklichkeit mussten die Arbeiter unter miserablen Bedingungen als Kulis auf den Zuckerrohrfeldern in Südamerika, auf Farmen in Südostasien und in Goldminen und im Eisenbahnbau in Nordamerika arbeiten. Der Kulihandel wurde auf Kantonesisch als *maai ju jai* – „Ferkelverkauf" bezeichnet.

Von den neun Millionen chinesischen Arbeitern, die in der Mitte des 19. Jhs. bis Anfang des 20. Jhs. die Heimat verließen, starben viele. Eine Handvoll jedoch verdiente ein Vermögen und wurde zu wohlhabenden „Übersee-Chinesen". Daraus entwickelte sich eine starke Gemeinschaft, die oftmals Wohlstand und exotische Ideen in die Heimat mitbrachte, welche die lokale Kultur prägten.

einstündige Fahrt entfernt, die Heimat des Museums zur maritimen Seidenstraße. Dort gibt's einige der besten Strände der Provinz.

Wer nicht so genau auf's Geld gucken muss, sollte auf der Insel Hailing wohnen – in dem neuen Resortbereich in der Nähe des Museums oder im lebhafteren Badeort Zhapo (闸坡). In der Innenstadt von Yangjiang sind die Unterkünfte allerdings am günstigsten.

Sehenswertes

Museum zur maritimen Seidenstraße in Guangdong MUSEUM

(广东海上丝绸之路博物馆; Guangdong Haishang *sichou zhilu bowuguan*; ☎368 1111; Eintritt 80 Yuan, kostenloser Audioguide auf Englisch; ⊙9.30–17.30 Uhr, geschl. am 1. & 2. März und im Nov.) Direkt am Strand Shili Yintan (十里银滩) liegt dieses Museum. Das Gebäude wurde eigens errichtet, um ein 800 Jahre altes Schiffswrack aus der Song-Dynastie aufzunehmen, das in der Nähe der Insel in einem Stück samt Sedimenten geborgen wurde. Die Überreste des 30 m langen Handelsschiffes (Nanhai I; 南海一号) und viele der 70 000 Waren an Bord ruhen nun in einem versiegelten Glastank. Das Schiff war vermutlich auf dem Weg in den Nahen Osten, als es sank.

Das Wrackgut hat beträchtlichen archäologischen Wert, es sind jedoch nur 200 Teile des Porzellan-, Gold- und Kupferschatzes ausgestellt. Die vollständige Ausgrabung im Glasbecken ist ab Anfang 2013 geplant.

Strände STRÄNDE

Der schönste Strand mit der längsten Küstenlinie ist der **Shili Yintan** (十里银滩; wörtlich übersetzt „Zehn Meilen Silberstrand"). Hier befindet sich das Museum, und der Zutritt ist kostenlos. Zentraler liegt der Strand **Dajiaowan** (大角湾) in der lebhaften Gegend Zhapo (闸坡), zehn Minuten per Fahrradtaxi oder gemütliche 45 Minuten zu Fuß von Shili Yintan entfernt. Er ist attraktiv und in der Nähe der Restaurants und einer „Wasserwelt" gelegen. Mit einem Ticket für 50 Yuan hat man zwei Tage lang unbegrenzten Eintritt zum Strand und Badepark zwischen 8 und 19 Uhr. Die im Badepark verkauften Tickets gelten nur für einen Tag.

Schlafen & Essen

Days Hotel & Suites LUXUSHOTEL €€€

(☎369 8888; www.haiyundayshotel.com; Insel Hailing, Nationaler Badeort; 海陵岛国家旅游度假区; EZ 1688–2688 Yuan, DZ 1388–2388 Yuan, Suite 3288–4688 Yuan; @ 📶 🏊) Yangjiangs bestes Hotel hat 368 helle und geräumige Zimmer mit bequemen Betten, stylischen Lampen und in den Einheiten mit Blick aufs Meer gibt's Balkone. Beim Museum.

Sunshine Peninsula International Hotel LUXUSHOTEL €€€

(阳光半岛国际酒店; Yangguang Bandao Guoji Jiudian; ☎389 7777; www.sunshine369.com; Zhapo Luyou Dadao Nan; 闸坡旅游大道南; Zi. 1380–1880 Yuan, Suite 2280–2580 Yuan, Villen 2880–8880 Yuan; 📶) Familienfreundliche gehobenere Option am Strand in Zhapo.

Jinhaili Hotel HOTEL €
(金海利大酒店; Jinhaili Dajiudian; ☎389 6688; Fax 389 5599; 23 Haibin Lu, Zhapo Town; 闸坡市海滨路 23 号; Zi. 220–280 Yuan) Diese erschwingliche Option im gehobeneren Bezirk Zhapo hat eine düstere Lobby und große ordentliche Zimmer. Im Juli und August steigen die Preise am Freitag um 30 % und verdoppeln sich am Samstag.

7 Days Inn HOTEL €
(☎321 7888; www.7daysinn.cn; 37 Dongfeng Erlu, Yangjiang; 阳江市, 东风二路 37 号; Zi. 140–195 Yuan; [WLAN]) Wer in Yangjiang übernachten möchte, findet hier freundliche Zimmer und WLAN in der Lobby.

Seafood-Restaurants MEERESFRÜCHTE €€
In Zhapo gibt es Unmengen an Seafood-Restaurants. Einfach das Gewünschte aus dem Aquarium auswählen, einen Preis vereinbaren und dann warten, während das Gericht frisch zubereitet wird. In der Regel kosten Seafood-Waren 28–200 Yuan pro 500 g/1 Kätti (斤; *jin*). Nicht-Seafood-Gerichte gibt's bereits ab 18 bis 90 Yuan.

An- & Weiterreise

Yangjiang hat zwei Busbahnhöfe. Der **Hauptbusbahnhof** (阳江汽车客运总站; Yangjiang Qiche Keyun Zongzhan; ☎316 6593; Ecke Xiping Belu & Jinshan Gonglu) bietet Verbindungen nach:

Foshan 55 Yuan, 4-mal tgl. (9.10–16 Uhr)

Guangzhou 65–88 Yuan, 30-mal tgl. (8–21 Uhr)

Hongkong 220–230 Yuan, 2-mal tgl. (9 Uhr und 14.30 Uhr)

Shenzhen 90–100 Yuan, 5-mal tgl. (8.30–15.30 Uhr)

Zhuhai 60 Yuan, 9-mal tgl. (8–17 Uhr)

Busbahnhof Nr. 2 (阳江二运车站; Yangjiang Eryun Chezhan; ☎365 0888; 666 Shiwan Beilu) hat Direktverbindungen nach:

Guangzhou 17-mal tgl. (6.30–14.40 Uhr)

Kaiping 1-mal tgl. (15 Uhr)

Shenzhen 9-mal tgl. (7.30–23 Uhr)

Vom Yici-Busbahnhof in Kaiping fahren täglich zwei Busse (12.55 und 17.15 Uhr) zum Hauptbusbahnhof in Yangjiang und sechs (8.45–16.10 Uhr) zum Busbahnhof Nr. 2 (36 Yuan).

Unterwegs vor Ort

Stadtbusse fahren alle 10 bis 20 Minuten von Zhapo zum Busbahnhof Nr. 2 (13 Yuan, 1 Std., 6.30–21 Uhr) und zum Hauptbahnhof (6–19.30 Uhr).

Zhapo und der Museumsbezirk sind per Fahrradtaxi erreichbar (15 Yuan, 10 Min.). Ein Taxi von der Innenstadt von Yangjiang zu den Museen kostet 100 Yuan (1 Std.).

Zhaoqing 肇庆

☎0758 / 3,9 MIO. EW.

Die Stadt ist umgeben von Seen und Kalksteinformationen. Das verschlafene Zhaoqing im westlichen Teil der Provinz Guangdong ist der Ort, an dem der Jesuit Mateo Ricci im Jahr 1583 erstmals chinesischen Boden betrat.

Sehenswertes

Park der Sieben Sternfelsen PARK
(七星岩公园; Qixing Yan Gongyuan; ☎230 2838; Eintritt 60 Yuan; ⌚8–17.30 Uhr) Die Landschaft aus Kalksteinhügeln, Grotten und von Weiden gesäumten Seen in diesem riesigen Park ist wunderschön. Es ist schade, dass die Behörden sich so stark engagieren – Kalksteinhöhlen werden wie Nachtclubs ausgeleuchtet und Bootsfahrten kosten extra (10–60 Yuan). Die einfachste Art der Fortbewegung zwischen den Sehenswürdigkeiten sind die Elektrokarren (10–25 Yuan pro Pers.).

GRATIS **Pflaumenkloster** BUDDHISTISCHER TEMPEL
(梅庵; Meian; ☎283 3284; Mei'an Lu, Duanzhou Qu; ⌚8.30–16 Uhr) Dieser würdevolle, staatlich geschützte Tempel ist dem Vater des chinesischen Zen-Buddhismus geweiht – Meister Huineng (六祖慧能). Der in Zhaoqing während der Tang-Dynastie geborene Meister Huineng liebte der Legende nach Pflaumenblüten. Während eines Aufenthalts pflanzte er auf dem Hang Pflaumenbäume. Der Tempel wurde von einem Schüler im Gedenken an seinen Lehrer erbaut.

Unbedingt den alten Brunnen anschauen, in dessen Brüstung Blütenblätter eingeschnitzt sind. Angeblich wurde er von Meister Huineng zum Bewässern seiner Pflaumen ausgehoben. Die Pflaumenbäume des Tempels blühen am Frühlingsanfang. Ein Fahrradtaxi ab der Innenstadt von Zhaoqing kostet 15 Yuan.

Stadtmauer HISTORISCHE STÄTTE
Die Stadmauer (古城; *gu cheng*) von Zhaoqing wurde über mehrere Perioden gebaut – der unterste Teil mit großen Lehmziegeln stammt aus der Song-Dynasty, darüber kommt Ming und dann eine Quing-Erweiterung mit kleineren Ziegeln. Alles darüber ist relativ neu. Der Flussblickturm und der Wolkenverhangene Turm waren zur Zeit der Recherche wegen Reparaturarbeiten geschlossen.

Zhaoqing

Schlafen & Essen

Blue Palace Hotel HOTEL €€

(南宫宾馆; Nangong Binguan; ☎227 8020; Fax 227 2085; 76 Tianning Beilu; 天宁北路 76 号; Zi. 438–468 Yuan, Suite 888 Yuan; @) Dieses zentral gelegene Hotel mit 106 renovierten Zimmern ist sauber, schick und komfortabel. Die Wände sind dick genug, damit es nachts ruhig ist.

Bohailou CHINESISCH €

(波海楼; ☎230 2708; Xinghu Xilu; *dim sum* 4–22 Yuan; ⏲Mittagessen & Abendessen) Dieses Restaurant mit Blick auf den See serviert Delikatessen aus Zhaoqing, einschließlich klebriger Reisklöße (裹蒸粽; *guozhengzong*), die Bohnen, Schweinefleisch, Kastanien und Eigelb enthalten, sowie Brötchen mit den Früchten der Stachelseerose (茨实包; *cishi bao*). Hierher geht's in zehn Minuten zu Fuß ab dem Westeingang des Parks der Sieben Sternefelsen. Bus 19 (2 Yuan) fährt vom Eingang aus auch hier vorbei (波海楼; Bohailou).

Praktische Informationen

Bank of China (中国银行; Zhongguo Yinhang; Duanzhou Wulu; ⏲Mo–Sa 9–17 Uhr)

China Travel Service (CTS; 肇庆中国旅行社; Zhaoqing Zhongguo Luxingshe; ☎226 8090; Duanzhou Wulu; ⏲8–21 Uhr)

Post (中国邮政; Zhongguo Youzheng; Jianshe Sanlu; ⏲9–20 Uhr)

An- & Weiterreise

Bus

Vom **Fernbusbahnhof** (汽车客运总站; *qiche keyun zongzhan*; Duanzhou Silu) fahren regelmäßig Busse nach:

Guangzhou 46 Yuan, 1½ Std.

Shenzhen 100 Yuan, 3 Std.

Zhuhai 75 Yuan, 4 Std.

Zhaoqing

Highlights

Flussblickturm C4
Park der Sieben Sternenfelsen C1
Stadtmauern B4

Sehenswertes

1 Pflaumenkloster B4
2 Wolkenverhangener Turm B4

Schlafen

3 Blue Palace Hotel C4

Essen

4 Bohailou B1

Transport

5 Boote zum Park der Sieben Sternenfelsen C3
6 Busbahnhof Qiaoxi A3
7 Fähre C1
8 Fernbusbahnhof C3
9 Lokaler Busbahnhof (Busse nach Dinghu Shan) C3

Der **Ostbusbahnhof** (城东客运站; Chengdong Keyunzhan; Duanzhou Sanlu), 1,5 km östlich des Fernbusbahnhofs hat Verbindungen nach Kaiping (42 Yuan, 2½ Std.).

Zug

Der schnellste Zug nach Guangzhou (17–36 Yuan) braucht zwei Stunden. Der direkte Expresszug nach Hongkong (235 HK$, 4½ Std.) fährt um 15.10 Uhr.

Unterwegs vor Ort

Bus 12 verbindet den Bahnhof und den Fernbusbahnhof mit dem Fähranleger. Ein Taxi zum Bahnhof ab dem Zentrum kostet rund 15 Yuan.

Rund um Zhaoqing

DINGHU SHAN 鼎湖山

Dieses 11,3 km² große **Naturschutzgebiet** (Berg Dingu; 0758-262 2510; 21 Paifang Lu; Eintritt 60 Yuan) 18 km nordöstlich von Zhaoqing bietet tolle Wanderungen in üppiger Vegetation, vorbei an seltenen Bäumen, rauschenden Wasserfällen und anderen Attraktionen.

Ein Boot (30 Yuan) setzt Besucher zu der winzigen bewaldeten Insel im **Ding-See** (Ding Hu) über, wo sich ein Schmetterlingsschutzgebiet befindet. Wer eine Stunde lang durch eine wunderschöne Waldlandschaft mit Teichen und Wasserfällen wandert, kommt beim hübschen **Baoding-Garten** (宝鼎园) heraus, in dem sich der weltgrößte *ding*, ein dreibeiniger Kessel, befindet.

Der **Qingyun-Tempel** (庆云寺; Qingyun Si) ist eine grelle Anlage, aber hier findet man ein gehobenes **vegetarisches Restaurant** (0758-262 1585; Hauptgerichte 38–118 Yuan; Frühstück, Mittagessen & Abendessen), das die berühmte Erfindung eines Mönchs serviert: ein vegetarisches Gericht mit dem Namen „Dinghu" (鼎湖上素; Dinghu Shangsu).

Bus 21 (2 Yuan) fährt nach Dinghu Shan vom **lokalen Busbahnhof** (Duanzhou Silu) in Zhaoqing. Elektrokarren (20 Yuan) sind nützlich für die Fortbewegung im Naturschutzgebiet.

BAGUA-DÖRFER 八卦村

Zwei der Bagua-Dörfer, die außergewöhnlich sind wegen ihrer Form und Gestaltung nach Feng-Shui-Prinzipien, eignen sich für einen tollen Tagesausflug von Zhaoqing aus.

Licha Cun (黎槎村; Eintritt 20 Yuan; 8.15–17.30 Uhr), das auch Bagua Cun (八卦村) genannt wird und 21 km östlich von Zhaoqing liegt, ist ein 700 Jahre altes achteckiges Dorf, das in der Form eines *bagua* erbaut wurde, des Symbols des Taoismus, das sich aus acht Trigrammen zusammensetzt, die jeweils für die Veränderungen in den verschiedenen Phasen des Lebens stehen.

Die Häuser, von denen viele Dächer haben, die wie ein Wok-Griff aussehen, sind strahlenförmig um ein *taichi* (Symbol des Yin und Yang) auf einer zentralen Terrasse angeordnet. Das Dorf wirkt wie ein Labyrinth. Die meisten Dorfbewohner sind nach Australien ausgewandert, nur die Älteren sind zurückgeblieben. Bus 315 (9 Yuan, 40 Min.) fährt hinter dem **Busbahnhof Qiaoxi** (Qiaoxi Keyunzhan; Duanzhou Qilu) in Zhaoqing alle 15 Minuten nach Licha ab.

Im Südosten von Zhaoqing liegt **Xiangang Cun** (蚬岗村), ein weiteres Bagua-Dorf der Ming-Dynastie. Es ist größer und lebendiger als Licha, am Eingang ist ein Markt. Seine 16 Ahnenhallen, einige davon opulent, sind nur am ersten und 15. Tag des Mondkalenders geöffnet. Bus 308 (9 Yuan, 1 Std.) fährt vom Busbahnhof Qiaoxi hierher.

Qingyuan 清远

0763 / 3,9 MIO. EW.

Die Industriestadt Qingyuan ist ein guter Ausgangspunkt für einen schönen Ausflug auf dem Fluss Beijiang (北江). Der abgeschiedene Tempel in Feilai und das Kloster in Feixia sind die Hauptattraktionen. Die Boote fahren am **Wuyi-Kai** (五一码头; Wuyi Matou) in Qingyuan ab. Die Tour dauert etwa vier Stunden und kostet 380 Yuan.

Der erste Teil des Ausflugs führt vorbei an alten Pagoden zur buddhistischen Tempelanlage von **Feilai** (飞来; Eintritt 15 Yuan). Feilai ist schon über 1400 Jahre alt, aber die gesamte Anlage wurde 1997 durch einen Erdrutsch zerstört und anschließend wieder aufgebaut. Der Pavillon oben auf dem Berg bietet einen tollen Ausblick über den Fluss und die Schlucht.

Der Eintritt für das Kloster in **Feixia** (飞霞; Eintritt 50 Yuan) 4 km flussaufwärts umfasst auch eine achtminütige Autofahrt zu den taoistischen Relikten weiter oben. Die **alte Höhle von Cangxia** (藏霞古洞; erbaut 1863) ist ein Labyrinth aus flüsternden Schatten, verlassenen Innenhöfen und zerfallenden Gassen, die über schattige Wege verbunden sind.

Auf dem schwimmenden Markt in Feixia gibt es Seafood zu kaufen und der Bootsmann kocht es für die Fahrgäste ohne Aufpreis.

Anreise & Unterwegs vor Ort

Feilai und Feixia bietet sich an für einen Tagesausflug von Guangzhou aus. Dafür nimmt man einen der zehn Hochgeschwindigkeitszüge vom Südbahnhof in Guangzhou, der auch in Qingyuan (40 Yuan, 22 Min.) hält. In Qingyuan angekommen, sind es nur 15 Gehminuten zum Wuyi-Kai. Am Bahnhofsausgang rechts halten.

Die Busse fahren alle 15 Minuten von Guangzhous Fernbusbahnhöfen in der Nähe des Hauptbahnhofes (35 Yuan, 2 Std., 6.30–21 Uhr).

Nationalpark Nanling 南岭国家森林公园

0751 / 2000 EW.

285 km nördlich von Guangzhou erstreckt sich der mächtige Nanling-Gebirgszug (Südliche Berge) von der Provinz Guangxi nach Jiangxi und trennt den Perlfluss vom Jangtse.

Die Berge in Guangdong, Heimat der einzigen alten Wälder der Provinz, wurden als **Naturschutzgebiet** (Nanling Guojia Senlin Gongyuan; 523 2038; www.eco-nanling.com; Eintritt 60 Yuan; 6–18 Uhr) ausgewiesen. Hier gibt es einen alten Bestand an Blaukiefern, die in diesem Teil von Guangdong einzigartig sind.

Sehenswertes & Aktivitäten

Wer hierher reist, sollte unbedingt die Wanderschuhe im Gepäck haben. Es gibt vier Wanderwege, und die kürzeren lassen sich in zwei bis drei Stunden bewältigen. Der leichteste ist ein 6 km langer Weg, der an einem Fluss entlang in das **Wassertal** (亲水谷; Qinshuigu) führt. Immer wieder geht's vorbei an steilen Schluchten und glasklaren kleinen Seen. Der kürzere, aber interessantere 3,5 km lange Weg führt an rauschenden **Wasserfällen** (瀑布长廊; Pubu Changlang) vorbei.

Der 12 km lange Weg zum **Kleinen Gelben Berg** (小黄山; Xiao Huangshan) ist eine anspruchsvollere Tour durch einen Blaukiefernwald. Vom Grat (1608 m) ist der Blick über die sanften Gebirgszüge spektakulär.

Die längste (28 km) und schwierigste Tour ist der Weg Nr. 4 (四号林道; Sihao Lindao) zum **Shikengkong** (石坑空). Mit 1902 m ist der Shikengkong der höchste Gipfel in Guangdong und bildet die Grenze zwischen Guangdong und Hunan.

Der Parkeingang befindet sich am südlichen Ende des Dorfes **Wuzhishan** (五指山), das gut zu Fuß erkundet werden kann. Die Bauern aus der Umgebung erledigen hier ihren Wochenendeinkauf und verkaufen ihren eigenen Überschuss auf dem geschäftigen Sonntagsmarkt in Wuzhishan. Eine Übernachtung im Orange House im Dorf berechtigt zum freien Eintritt in den Park am nächsten Tag. Dafür einfach das Ticket und die Quittung im Hotel abstempeln lassen.

Von Wuzhishan ist es noch mal eine Fahrt oder Wanderung von 6 km zum Ausgangspunkt der Touren zu den Wasserfällen und zum Wassertal bzw. noch mal weitere 6 km zum Kleinen Gelben Berg. Für die letztere Tour nimmt man sich am besten ein Taxi ab Wuzhishan. Für 180 bis 250 Yuan kann ein Taxi für den gesamten Tag gemietet werden. Der Fahrer setzt die Wanderer am einen Ende des Wegs ab und wartet dann am anderen Ende. Eine einfache Fahrt zum unteren Einstieg in die Wanderung zum Kleinen Gelben Berg kostet 90 Yuan.

Schlafen & Essen

Da das Zelten im Park verboten ist, kann man nur in Wuzhishan übernachten. Es gibt eine Reihe von *zhaodaisuo* (招待所; einfache Unterkünfte) mit Zimmern ab 80 Yuan.

Orange House BOUTIQUEHOTEL €€
(橙屋; Chengwu; ☎523 2929; DZ 398–489 Yuan, Hochsaison 500–600 Yuan; ❄@) Das Orange House ist ein fröhliches Boutiquehotel mit 32 komfortablen Zimmern. In den Zimmern im ersten Stock riecht es etwas muffig. Unbedingt im Voraus buchen. Das Hotel betreibt auch das nicht klimatisierte **Ranger House** (林舍; Linshe; 3BZ 198 Yuan), das gleich hinter dem Orange House mit acht makellosen Dreibettzimmern aufwartet. Preisnachlässe von 30 bis 40 % über www.ctrip.com.

Feng's Kitchen KANTONESISCH €
(冯家菜; Fengjiacai; ☎523 2107; Hauptgerichte 8–14 Yuan) Herr Feng serviert leckere Mahlzeiten in seinem Hof. Reservieren.

An- & Weiterreise

Bus

Shaoguan (韶关) ist das Tor zu Nanling. Busse (70 Yuan, 4 Std.) fahren von den Fernbusbahnhöfen in Guangzhou alle 40 Minuten zum Xihe-Busbahnhof in Shaoguan ab (6.50–20.30 Uhr).

Wer den Bus nach Wuzhishan verpasst, nimmt einen Bus nach Ruyuan (乳源; 10 Yuan, 1 Std., alle 15 Min.). Von Ruyuan aus fahren täglich drei Busse nach Wuzhishan (10 Yuan) um 9.05 Uhr, 12.45 Uhr und 16.30 Uhr oder man nimmt ein Taxi (80 Yuan).

In Wuzhishan fahren die Busse nach Shaoguan um 7.30, 12.30 und 15.30 Uhr ab.

Zug

Hochgeschwindigkeitszüge (105 Yuan, 1 Std.) fahren vom Südbahnhof in Guangzhou zum Bahnhof von Shaoguan (韶关高铁站; Shaoguan Gaotiezhan). Dort geht's weiter mit dem Bus 22 oder 26 bis zum **Xihe-Busbahnhof** (西河汽车站; Xihe *qichezhan*; Gongye Donglu). Busse nach Wuzhishan (20 Yuan, 2 Std.) fahren um 8 Uhr, 11.45 und 15.30 Uhr ab.

Der Hauptbahnhof in Guangzhou bietet Verbindungen mit Halt am **Ostbahnhof von Shaoguan** (韶关东站; Shaoguan *dongzhan*; 38 Yuan, 2½ Std.). Die Busse nach Wuzhishan fahren um 7.45, 11.15 und 15.15 Uhr ab.

Shenzhen 深圳

☎0755 / 14 MIO. EW.

Als eine der wohlhabendsten Städte Chinas und Sonderwirtschaftszone lockt Shenzhen eine Mischung aus Geschäftsleuten, Investoren und Gastarbeitern vor ihre goldenen Tore. Außerdem ist es ein wichtiger Verkehrsknotenpunkt für die Weiterreise in die anderen Teile Chinas.

Ein Fünftagevisum, das nur für Shenzhen gilt (160 Yuan für die meisten Nationalitäten, nur Bar) gibt's an den Grenzübergängen **Luohu** (Lo Wu; ⏲9–22.30 Uhr), **Huangang** (⏲9–13 & 14.30–17 Uhr) und **Shekou** (⏲8.45–12.30 & 14.30–17.30 Uhr).

Sehenswertes

GRATIS **Shenzhen-Museum** MUSEUM
(深圳博物馆新馆; Shenzhen *bowuguan xinguan*; ☎8201 3036; www.shenzhenmuseum.com.cn; Osttor, Bürgerzentrum, Fuzhong Sanlu, Bezirk Futian; ⏲Di–So 10–18 Uhr; Ⓜ Linie 4, Shimin Zhongxin, Ausgang B) Durch Dioramen in Lebensgröße und interaktive Multimediapräsentationen wird hier die kurze, aber dynamische Geschichte des gesellschaftlichen Wandels veranschaulicht.

GRATIS **OCT Terminal für zeitgenössische Kunst** MUSEUM
(华侨城当代艺术中心; Huaqiaocheng Dangdai Yishu Zhongxin; ☎2691 1976; Enping Jie, Overseas Chinese Town; ⏲Di–So 10–17.30 Uhr; Ⓜ Linie 1, Station Qiaocheng Dong, Ausgang A) Dies ist ein ausgezeichnetes Museum mit Exponaten internationaler und einheimischer zeitgenössischer Künstler.

Kunstgalerien GALERIEN
Nur eine Metrohaltestelle vom OCT-Kunstterminal entfernt befinden sich zwei Kunstgalerien, deren Besichtigung sich durchaus lohnt. Die **He Xiangning Kunstgalerie** (何香凝美術館; Hexiangning Meishuguan; ☎2660 4540; www.hxnart.com; 9013 Shennan Lu; Eintritt 20 Yuan, Fr freier Eintritt; ⏲Di–So 10–17.30 Uhr; Ⓜ Huaqiaocheng, Ausgang C) hat eine esoterische Sammlung an japanisch-chinesischer Aquarellmalerei des verstorbenen Meisters He Xiangning. Gleich daneben ist die **OCT Kunst- und Designgalerie** (华美术馆; Hua Meishuguan; ☎3399 3111; www.oct-and.com; 9009 Shennan Lu; Eintritt 18 Yuan; ⏲Di–So 10–17.30 Uhr) mit Werken von Chinas Avantgardedesignern.

Shenzhen

Schlafen

Hotels in Shenzhen senken ihre Preise an Wochentagen um bis zu 50 %, aber es lohnt sich trotzdem, stets nach einem Preisnachlass zu fragen. Dieser gleicht sich teilweise durch die Steuer bzw. den Servicezuschlag von 10 oder 15 % aus, der von vielen Hotels erhoben wird. In allen Hotels sind die Zimmer mit Breitband ausgestattet.

Shenzhen Loft Youth Hostel HOSTEL €
(深圳侨城旅友国际青年旅舍; Shenzhen Qiaocheng Lüyou Guoji Qingnian Lüshe; ☎8609 5773; www.yhachina.com; 3 Enping Jie, Huaqiaocheng; 华侨城恩平街 3栋; B 60 Yuan, DZ ab 158 Yuan; Ⓜ Qiaochengdong, Ausgang A; ❄ @) Das Hostel ist der Maßstab für alle übrigen Hostels in China. Es liegt im OCT-Kunstterminal.

Shenzhen Vision Fashion Hotel BOUTIQUEHOTEL €€
(深圳视界风尚酒店; Shenzhen Shijie Fengshang Jiudian; ☎2558 2888; www.visionfashionhotel.com; 5018 Shennan Donglu; 深南东路 5018 号; DZ 486–1880 Yuan, Preisnachlässe von 50–70 %; Ⓜ Dajuyuan, Ausgang B; ❄ @) Seine erstklassige Lage in einem Theaterbau und die ruhige Umgebung machen dieses Hotel zu einer sehr guten Wahl.

Essen

Laurel KANTONESISCH €€
(丹桂轩; Dangui Xuan; ☎8232 1888; 1. OG, Century Plaza Hotel, 1 Chunfeng Lu; Gerichte 50–180 Yuan; ⏲7–23 Uhr) Dieses Lokal befindet sich im Century Plaza Hotel und serviert mit das beste *dim sum* der ganzen Stadt. Sehr beliebt bei Tagesausflüglern aus Hongkong.

Summer Tea House VEGETARISCH, *DIM SUM* €
(静颐茶馆; Jingyi Chaguan; ☎2557 4555; 6. & 7. OG, Jintang Daxia, 3038 Bao'an Nanlu; Gerichte 50–80 Yuan; ⏲10–1 Uhr; 🚭 ✓) Etwas versteckt in einem Bürogebäude befindet sich dieses tolle vegetarische Restaurant mit

Shenzhen

Unterhaltung
1 True Color B1

Shoppen
2 Dongmen-Markt B1

Praktisches
3 China Travel Service B1
4 Great Land International Travel Service B1

Transport
5 Busbahnhof Luohu B3
6 Busse nach Shekou B2
7 Lokale Minibusse B4
8 Lokaler Busbahnhof B3
9 Taxis B3

gesundem *dim sum* (ganztägig erhältlich) und einem entspannten Bereich für Teegenießer.

Ausgehen & Unterhaltung

Citic City Plaza (中信城市广场; Zhongxin Chengshi Guangchang; Ⓜ Kexue Guan) und **COCO Park** (Ⓜ Gouwu Gongyuan) sind die Gegenden, in denen etwas los ist. Der kostenlose Veranstaltungskalender *That's PRD* (http://shenzhen.urbanatomy.com) erscheint monatlich.

Yidu Tang LIVEMUSIK

(一渡堂; ✆8610 6046; Block F3, OCT-LOFT Art Terminal, Enping Lu, Huaqiaocheng; ⊙10–2 Uhr; Ⓜ Qiaochengdong, Ausgang A) Ein Lagerhaus, das in eine flippige Kneipe umgewandelt wurde, in der Lokalbands jeden Abend ab 22 Uhr jammen.

True Color CLUB

(本色; Bense; ✆8230 1833; 3. OG, Golden World, 2001 Jiefang Lu; ⊙9–1 Uhr; Ⓜ Laojie, Ausgang A) Dies ist ein langjähriges Lieblingslokal, das sowohl Großstädter als auch trendige junge Leute mit seinem Kneipe-plus-Dancefloor-Konzept anzieht.

Shoppen

Hardcore-Shopper werden Shenzhen nicht mit leeren Händen verlassen, obwohl die Qualität schwanken kann. Das Feilschen nicht vergessen!

Dorf Dafen MALEREI

(大芬村; Dafencun; ✆8473 2633; www.dafenvillageonline.com; Dafen, Buji, Bezirk Longgang) Dieses Dorf ist ein Aha-Erlebnis. Die rund 600 Studios mit Verkaufsräumen bringen Woche für Woche Tausende von Rembrandt- und Renoir-Kopien hervor. Die Preise beginnen bei 300 Yuan. Es gibt auch Originalwerke, und das Malzubehör kostet nur die Hälfte von dem, was es in der Innenstadt kostet. Bus 306 ab der Station Luohu braucht eine Stunde zum Dorf. Eine Taxifahrt kostet rund 70 Yuan.

Century Furnishings Central Mall EINRICHTUNG

(世纪中心家居广場; Shijizhongxin Jiajuguang Chang; www.sz-sjzx.com; Shennan Dadao, westlich des Xiangmi Hu Water Park, Bezirk Futian; ⊙Mo–Fr 9.30–20 Uhr, Sa & So bis 20.30 Uhr; Ⓜ Chegongmiao, Ausgang A) Diese Mall hat beachtliche 30 000 m² an Verkaufsfläche. Angeboten wird alles für die Inneneinrichtung. Die Zonen A und B verkaufen Fliesen, Waschbecken, Duschen und Spiegel, während Zone C auf Lampen und Möbel spezialisiert ist. Ein Taxi ab der Station Luohu kostet 30 Yuan.

Dongmen-Markt MARKT

(东门市场; Dongmen Shichang; ⊙10–22 Uhr; Ⓜ Laojie, Ausgang A) Dieser chaotische Markt ist beliebt wegen maßgeschneiderter Anzüge, Röcke, Vorhänge und Bettwäsche. Die Abholung am selben Tag ist möglich, wenn der Auftrag frühzeitig erteilt wird. Achtung Taschendiebe!

Praktische Informationen

Bank of China (中国银行分行; Zhongguo Yinhang; 2022 Jianshe Lu; ⊙Mo–Fr 9–17.30 Uhr, Sa & So bis 16 Uhr)

Büro für Öffentliche Sicherheit (PSB; 公安局; Gong'anju; ✆2446 3999; 4018 Jiefang Lu)

China Travel Service (CTS; 深圳中国旅行社; Zhongguo Lüxingshe; ✆8228 7644; 3023 Renmin Nanlu; ⊙9–18 Uhr)

Great Land International Travel Service (巨邦国际旅行社; Jubang Guoji Lüxingshe; ✆2515 5555; 2. OG, Junting Hotel, 3085 Shennan Donglu; ⊙10–18 Uhr) Guter Flugticketservice.

HSBC (汇丰银行; Huifeng Yinhang; EG, Shangri-La Hotel; 香格里拉大酒店; Xianggelila Dajiudian; 1002 Jianshe Lu; ⊙Mo–Sa 9–17 Uhr, Sa 10–18 Uhr)

Internetcafé (网吧; 3023 Renmin Nanlu; pro Std. 5 Yuan) Neben dem CTS.

Post (中国邮政; Zhongguo Youzheng; 3040 Shennan Donglu; ⊙8–20 Uhr)

SZ Party (www.shenzhenparty.com) Infos zu aktuellen Events in Shenzhen.

An- & Weiterreise

Bus

Regelmäßige Intercity-Busverbindungen ab dem **Busbahnhof Luohu** (罗湖汽车站; Luohu *qichezhan*):

Chaozhou 150 Yuan, 5½ Std., 3-mal tgl. (8.30, 13.40 und 20 Uhr)

Guangzhou 60 Yuan, 2 Std., alle 10 Min. (6–22 Uhr)

Shantou 170 Yuan, 5 Std., alle 30 Min. (7.30–21.30 Uhr)

Xiamen 240–303 Yuan, 8 Std., 6-mal tgl. (9.30, 11.00, 19.30, 20.30, 21.30 und 21.50 Uhr)

Flugzeug

Flughafen Shenzhen (Shenzhen Jichang; ☎2345 6789; eng.szairport.com) Flüge zu fast allen wichtigen Reisezielen in China.

Schiff/Fähre

Hafen Shekou (☎2669 1213) hat zahlreiche Verbindungen nach Hongkong:

Hongkong International Airport 260 Yuan, 30 Min., 14-mal tgl. (7.45–21 Uhr)

Macau-Fähranleger in Central 110 Yuan, 1 Std., 6-mal tgl. (7.45, 10.15, 11.45, 14.00, 16.30 und 19.15 Uhr)

Nach Macau:

Macau-Fähranleger 180 Yuan, 1 Std., 10-mal tgl. (8.15–19.30 Uhr)

Taipa 180 Yuan, 1 Std., 4-mal tgl. (9.30, 11.00, 12.15 und 17.30 Uhr)

Nach Zhuhai:

Hafen Jiuzhou 100 Yuan, 1 Std., alle 30 Min. (7.30–20.30 Uhr)

Fährterminal Fuyong (Fuyong *keyunzhan*; ☎2345 5107) am Flughafen Shenzhen hat Fährverbindungen nach Hongkong und Macau:

Macau-Fähranleger 210 Yuan, 70 Min., 6-mal tgl. (9.30–18 Uhr)

Skypier am Flughafen Hongkong 298 Yuan, 40 Min., 4-mal tgl. (8.30, 11.30, 15.30 und 18.30 Uhr)

Zug

Die Züge nach Guangzhou und Hongkong fahren ab dem Bahnhof Luohu zum Ostbahnhof von Guangzhou (45 Yuan, 1½ Std.) und vom neuen Nordbahnhof in Shenzhen (深圳北站; Shenzhen *beizhan*) in Longhua zum Südbahnhof von Guangzhou (47 Yuan, 40 Min.).

Die Metro (MTR) verkehrt zwischen Shenzhen und Hongkong (s. S. 562).

Unterwegs vor Ort

Zum/vom Flughafen

Der Flughafen von Shenzhen liegt 36 km westlich der Stadt. Zwischen dem Flughafen und Longhua verkehrt die Metrolinie 1 (9 Yuan, 1 Std.). Die Kosten für ein Taxi belaufen sich auf 140 bis 160 Yuan. Der Flughafenbus fährt am **Hualian Hotel** (华联大厦; Hualian Dasha; Shennan Zhonglu; Ⓜ Kexue Guan, Ausgang B2, 🚌101) ab und kostet 20 Yuan (35 Min., alle 15 Min., 5.30–21 Uhr) sowie am Bahnhof Shenzhen in Luohu (20 Yuan, 1 Std., alle 15 Min., 6.30–22 Uhr). Die Busse fahren am Regionalbusbahnhof östlich des Bahnhofs ab.

Öffentliche Verkehrsmittel

Shenzhen verfügt über ein gutes Nahverkehrsnetz mit fünf Metrolinien (2–11 Yuan). Transitpässe (Shenzhen Tong; 深圳通) können in den Metrostationen gekauft werden und gelten für alle Verkehrsmittel, außer für Taxis. Der Fahrpreis für Busse und Minibusse beträgt 2 bis 4 Yuan.

Taxi

Die Grundgebühr beträgt 10 Yuan (16 Yuan zwischen 23 und 6 Uhr), 4 Yuan Benzinaufschlag und 2,40 Yuan für jeden weiteren Kilometer.

Rund um Shenzhen

Festung Dapeng (大鹏所城; Dapeng Suocheng; ☎0755-8431 5618; Stadt Dapeng, Bezirk Longgang; Erw./Stud. & Sen. 20/10 Yuan; ⏲10–18 Uhr) Diese befestigte Stadt im Osten von Shenzhen war eines der wichtigsten Schlachtfelder im Opiumkrieg im 19. Jh. Heute ist es eine lebendige Stadt voller Einheimischer und Migranten.

Hierher geht's mit dem Bus 360 ab Shenzhen vom Busterminal Yinhu (银湖汽车总站). Nach rund 90 Minuten am Busbahnhof Dapeng (大鹏总站) in den Minibus 966 umsteigen. Ein Taxi von Luohu kostet 170 Yuan.

Zhuhai 珠海

☎0756 / 1,5 MIO. EW.

Zhuhai ist die kleine Schwester der Sonderwirtschaftszone Shenzhen und liegt dicht genug an Macau für einen Tagesausflug. Hier geht's lässig zu und im Vergleich zum Rest des Landes gibt's auffällig weniger wahnsinnige Autofahrer.

Gongbei im Süden ist der Hauptbezirk des Tourismus. Die Fähren von und nach Hongkong, Shenzhen und Guangdong legen in Jidain im Nordosten an.

Dreitagevisa (160 Yuan für die meisten Nationalitäten) gibt's an der Grenze (8.30–12.15 Uhr und 13–18.15 Uhr und 19–22.30 Uhr).

Sehenswertes

GRATIS **Stadtmuseum Zhuhai** MUSEUM
(珠海市博物馆; Zhuhaishi *bowuguan*; ☎332 4708; 191 Jingshan Lu; ⏲Di–So 9–17 Uhr) Das Stadtmuseum in Jida hat 13 Ausstellungssäle mit Fotografien von Zhuhai, Kanonenbatterien und Stelen, die um die Stadt ausgegraben wurden. Von Gongbei geht's mit Bus 2 auf der Yingbin Nanlu entlang.

Öffentlicher Garten Tangjia GARTEN
(唐家共乐园; Tangjia *gongleyuan*; ☎338 8896; Eling, Tangjiawan; Erw./Stud. 10/5 Yuan; ⏲8.30–17.30 Uhr) 13 km nörlich von Zhuhai liegt die labyrinthartige Stadt Tangjiawan (唐家湾). Hier befindet sich das Anwesen des ersten Premierministers der Republik China, Tong Shaoyi, heute ein Garten mit altem Bestand und seltenen Bäumen. In Zhuhai den Bus K3, 3A, 69 oder 3 (40 Minuten) an der Bushaltestelle in der Nähe der Kreuzung von Fenghuang Nanlu und Dongfeng Lu nehmen und in Tangjia Shichangzhan (唐家市场站; Haltestelle Tangjia Markt) aussteigen.

GRATIS **Tempel Tangjia** BUDDHISTISCHER TEMPEL
(唐家三庙; Tangjia Sanmiao; Ecke Datong Lu & Xindizhi Jie, Tangjiawan; ⏲8.30–18 Uhr) Auf dem Weg zum öffentlichen Garten Tangjia lohnt sich ein Abstecher zu diesem 300 Jahre alten Tempel mit einer grimmig dreinschauenden Buddhastatue aus Indien. Für die Fahrt hierher in der Yingbin Nanlu in Bus 10 einsteigen und am Tangjia-Markt (Tangjiashichang) aussteigen.

Schlafen

Es gibt kaum Nachfrage nach Budgetunterkünften, da nur wenige Reisende über Nacht in Zhuhai bleiben.

Youth Hostel HOSTEL €
(国际青年学生旅馆; Guoji Qingnian Xuesheng Lüguan; ☎7711 7712; www.zhuhai-holitel.com; 9 Shihua Donglu; 石花东路 9 号; B 60 Yuan; 🚌99) Das Hostel liegt etwas versteckt im Zhuhai Holiday Resort (珠海度假村; Zhuhai Dujiacun) in Jida. Es hat zwei Zimmer mit je acht Betten.

Yindo Hotel HOTEL €€
(银都酒店; Yindu Jiudian; ☎888 3388; Fax 888 3311; Ecke Yingbin Nanlu & Yuehai Donglu; 迎宾大道与粤海东路交界; EZ & DZ 780–1440 Yuan, Preisnachlässe von 40–50 %; ❄@) Eine Mittelklasseunterkunft in der Nähe der Grenze, die ihr Geld wert ist.

Zhuhai

0 — 400 m

Youth Hostel (2 km); Tangjiawan (21 km); Cuiheng (33 km)
Guihua Beilu
Yingbin Nanlu
Lian'an Lu
Yuehai Donglu
Qinglu Nanlu
Bank of China
Guihua Nanlu
Shuiwan Lu
Südchinesisches Meer
Canal dos Patos
Hafen Gongbei

Zhuhai

Schlafen
1 Yindo Hotel A1

Essen
2 Jin Yue Xuan B1
3 Rosa Chinensia B1

Praktisches
Bank of China .... (siehe 1)
4 China Travel Service A1

Transport
6 Fernbusbahnhof Gongbei B2
5 Flughafenshuttlebus A2

Essen & Ausgehen

In der Gegend von Gongbei nahe der Grenze zu Macau gibt's Restaurants, Bars und Straßenhändler.

Jin Yue Xuan *DIM SUM* €€
(金悦轩; ☎813 3133; 1.-3. OG, Block B, 265 Rihua Commercial Sq, Qinglu Nanlu; Mahlzeiten 100–130 Yuan; ⏲9–22 Uhr) Hier werden die besten *dim sum* und die beste kantonesische Küche in Zhuhai zubereitet. Um in diesem eleganten Restaurant noch einen Tisch zu ergattern, sollte man vor 11 Uhr eintreffen.

Rosa Chinensia *DIM SUM* €€
(月桂轩; Yuegui Xuan; ☎818 3382; 1. OG, 305 Qinglu Nanlu; *dim sum* 8–28 Yuan, Gerichte 48–188 Yuan; ⏲8–17 Uhr) Dieses Lokal ist eine gute, erschwingliche Alternative zum Jin Yue Xuan.

Praktische Informationen

Bank of China (中国银行; Zhongguo Yinhang) Gongbei (Ecke Yingbin Nanlu & Yuehai Donglu; ⌚Mo–Fr 9–17.30 Uhr, Sa & So 16 Uhr); Lianhua Lu (⌚Mo–Fr 9–17.30 Uhr, Sa & So bis 16 Uhr)

Büro für Öffentliche Sicherheit (PSB; 公安局; Gong'anju; ☎888 5277; 1038 Yingbin Nanlu)

China Travel Service (CTS; 中国旅行社; Zhongguo Lüxingshe; ☎889 9228; 2. OG, Overseas Chinese Hotel, 2016 Yingbin Nanlu; ⌚8–20 Uhr)

Internetcafé (E 霸网吧; E-bar; 1155 Yingbin Nanlu; pro Std. 5 Yuan)

Post (中国邮政; Zhongguo Youzheng; 1041–1043 Yuehai Donglu; ⌚8–20 Uhr)

An- & Weiterreise

Bus

Der **Fernbusbahnhof Gongbei** (拱北长途汽车站; Gongbei *changtu qichezhan*; ☎888 5218; Youyi Lu) am Gongbei-Hafen hat zwischen 6 und 22 Uhr regelmäßige Verbindungen nach:

Foshan 55 Yuan, 3 Std.

Guangzhou 55 Yuan, 2½ Std.

Kaiping 40 Yuan, 3 Std.

Shantou 180 Yuan, 5 Std.

Shenzhen 75 Yuan, 3 Std.

Zhaoqing 65 Yuan, 4½ Std.

Flugzeug

Der Flughafen von Zhuhai hat Verbindungen zu verschiedenen Städten in China, darunter Beijing (1400 Yuan), Shanghai (700 Yuan) und Chengdu (1460 Yuan).

Stadtbahn

Die Stadtbahn verbindet den Nordbahnhof von Zhuhai (珠海北站) und den Südbahnhof von Guangzhou (34 Yuan, 1 Std.). Der Bahnhof ist mit den Bussen K1, 3A und 65 erreichbar.

Schiff/Fähre

Zwischen Zhuhai und Hongkong fahren Jetcats, Abfahrt im **Hafen Jiuzhou** (九州港码头; Jiuzhou Gang Matou; ☎333 3359):

China-Fährterminal, Kowloon 175 Yuan, 70 Min., 6-mal tgl. (8–17 Uhr)

Hongkong International Airport 280 Yuan, 1 Std. (9.30, 12.40, 15.30 und 18.30 Uhr)

Macau-Fährterminal, Central 9-mal tgl. (9–21.30 Uhr)

Es gibt Fähren vom Hafen Jiuzhou zum Shekou-Hafen in Shenzhen (100 Yuan, 1 Std., halbstündl., 8–21.30 Uhr). Sie fahren in Shekou alle halbe Stunde zum Hafen Jiuzhou ab (7.30–21.30 Uhr).

Die lokalen Busse 3, 23, 25 und 26 fahren zum Hafen Jiuzhou.

Unterwegs vor Ort

Der Flughafen von Zhuhai liegt 43 km südwestlich der Stadtmitte. Ein Flughafenshuttle (25 Yuan) verkehrt stündlich zwischen 6.30 und 21.30 Uhr vom Stadtzentrum. Abfahrt ist vor dem **Zhongzhu Building** (Zhongzhu Dasha; Ecke Yuehua Lu & Yingbin Nanlu). Ein Taxi ins Zentrum kostet rund 150 Yuan.

Die Grundgebühr für Taxifahrten ist 10 Yuan für die ersten drei Kilometer, danach 0,60 Yuan pro 250 Meter.

Chaozhou 潮州

☎0768 / 2,5 MIO. EW.

Das entzückende Chaozhou war einst ein blühendes Handels- und Kulturzentrum in Südchina, das mit Guangzhou konkurrierte. Bis heute hat es sich seinen eigenen Dialekt sowie seine eigene Küche und Oper erhalten. Chaozhou genießt man am besten in Ruhe, daher bietet sich eine Übernachtung hier an.

Paifang Jie (牌坊街; Straße der Gedenkbögen) verläuft 1948 m in Nord-Südrichtung durch das alte Stadtviertel. Von hier aus sind viele der Hauptsehenswürdigkeiten ausgeschildert und die Orientierung fällt leicht. Die Paifang Jie besteht aus der Taiping Lu (太平路; 1742 m) und der Dongmen Jie (东门街; 206 m).

Sehenswertes

Sehenswürdigkeiten finden sich in Chaozhou reichlich, aber es kommt einiges an Eintrittsgeldern zusammen. Vor dem Sightseeing am besten ein Kombiticket (80 Yuan) beim **Jinlong Travel Service** (金龙旅行社; Jinlong Lüxingshe; ☎222 8900; 39 Huangcheng Nanlu; ⌚9–21 Uhr) gegenüber der Huangcheng Nanlu am Südeingang der Straße der Gedenkbögen kaufen.

Es gibt zwei Arten von Kombitickets, die beide jeweils für zwei Tage gelten: eines für zehn Sehenswürdigkeiten und eines für elf.

LP TIPP **Guangji-Brücke** BRÜCKE

(广济桥; Guangji Qiao; ☎222 2683; Eintritt 50 Yuan; ⌚10–17.30 Uhr) Die Pontonbrücke aus dem 12. Jh., die aus 86 Booten besteht und über den Han-Fluss führt, wurde im Laufe der Jahrhunderte immer wieder zerstört. Die aktuelle Version der Guangji-Brücke wurde im Jahr 2007 eingeweiht und ist eine brillante, auf antik gemachte Passage mit 18 Holzbooten, die jeden Morgen wieder neu festgemacht werden, und 24 Steinanlegern mit Pagoden.

Der Erwerb eines Tickets berechtigt zur einmaligen Überquerung der Brücke. Wer gleich zurückkommen möchte, sagt vor dem Verlassen der Brücke zum Personal „Ich möchte zurückkommen: (我要回来; „*woyao huilai*") und die Wärter werden sich das merken.

Tempel Jilue Huang TEMPEL
(己略黄公祠; Jilue Huanggongci; ☎225 1318; 2 Tie Xiang, Yian Lu; Eintritt 10 Yuan; ⏲8.30–17 Uhr) Die Highlights hier sind die alten Chaozhou-Holzschnitzereien an den Wänden und Schwellen. Die von der Unesco ausgezeichnete Kunstform ist berühmt für ihre zahlreichen und subtilen Details, komplizierten Designs und die vollendete Ausführung. Der Tempel ist eigentlich schon 1000 Jahre alt. Aber der heutige Tempel wurde in der Qing-Dynastie erbaut (1887) und hier blühte diese Kunst. Zum Tempel gelangt man per Fahrradtaxi, das rund 8 Yuan ab der Paifang Jie kostet.

LP TIPP **Westsee** PARK
(西湖; Xihu; ☎222 0731; Huancheng Xilu; Eintritt 8 Yuan; ⏲8–23 Uhr) Der Stadtgraben um das alte Chaozhou ist ein friedlicher See in einem Park, der die Grenze zwischen der Altstadt und den neuen Stadtteilen markiert. In dem bei den Einheimischen sehr beliebten Park stehen sehr unterschiedliche Gebäude, die sich zu einem harmonischen Gesamtbild zusammenfügen. Das **Hanbi-Gebäude** (涵碧楼; Hanbi Lou), das als Militäramt während der Expeditionen gegen die Warlords im Jahr 1925 diente, hat eine kostenlose Ausstellung mit Waffen und zu den Errungenschaften von Zhou Enlai.

Das **Phönix-Gebäude** (凤楼; *fenglou*; Eintritt 4 Yuan; ⏲6–18 Uhr) ist eine tolle Wiedergabe des Wahrzeichens von Chaozhou, das auf einem Felsen fünf Minuten weiter oben auf dem Berg sitzt. In dem vogelartigen Bauwerk führen Treppenstufen an einem eisernen Mondtor und kürbisförmigen Öffnungen vorbei zu Räumen, die in Anlehnung an die Anatomie des Vogels geformt sind – der Bauch verjüngt sich zum Schwanz, die Brust geht in den Hals über, Öffnungen wie Flügel ... das Motiv ist nicht zu übersehen. Daneben steht ein Gebäude mit Fensterläden (四望楼; Siwang Lou) in einem Stil, der an die Kung-Fu-Filme aus den 1970er-Jahren erinnert.

Chaozhou

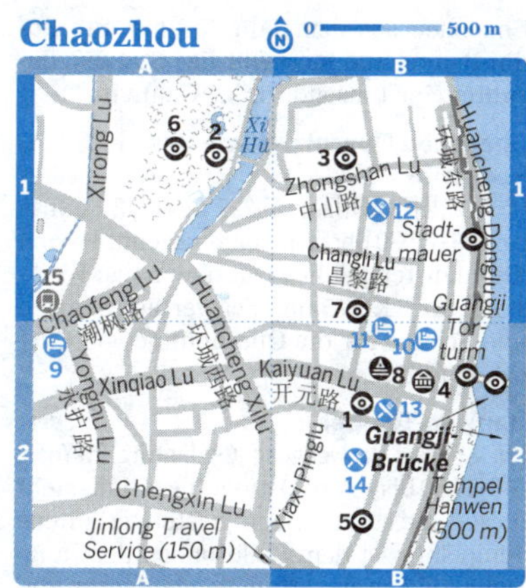

Chaozhou

Highlights
Guangji-Brücke ... B2

Sehenswertes
1 Chaozhou Opernkostüme & Requisiten ... B2
2 Hanbi-Gebäude ... A1
3 Herrenhaus des Schwiegersohns von Kaiser Xu ... B1
4 Jao Tsung I Petite Ecole ... B2
5 Paifang Jie ... B2
6 Phoenix-Gebäude ... A1
Siwang Lou ... (siehe 8)
7 Tempel Jilue Huang ... B1
8 Tempel Kaiyuan ... B2

Schlafen
9 Chaozhou Hotel ... A2
10 Chengfu Inn ... B2
11 Zaiyang Inn ... B2

Essen
12 Hu Rong Quan ... B1
13 Lianhua Vegetarian ... B2
14 Ruya Ju ... B2

Transport
15 Busbahnhof West ... A1

Der Westsee wird am besten per Fahrradtaxi erreicht für rund 10 Yuan ab der Paifang Jie.

Kaiyuan-Tempel BUDDHISTISCHER TEMPEL
(开元寺; Kaiyuan Si; Eintritt 5 Yuan; ⏲6–17.30 Uhr) Der berühmteste Tempel von

Chaozhou aus dem Jahr 738 hat alte Bodhi-Bäume und merkwürdige Statuen, darunter eine tausendarmige Guanyin.

Chaozhou Opernkostüme und Requisiten OPER
(吉元戏剧歌舞用品; ☎222 6041; 12 Kaiyuan Lu; ⌚9–22.30 Uhr) Diagonal gegenüber vom Kaiyuan-Tempel liegt diese winzige Werkstatt, die Kostüme, Schwerter, Sänften und Schuhe für die Opernbühne von Chaozhou fertigt.

Hanwen-Tempel TEMPEL
(韩文公祠; Hanwengong Ci; Eintritt 20 Yuan; ⌚8–17.30 Uhr) Am Ostufer des Han steht dieser älteste und am besten erhaltene Tempel. Er ist dem Philosophen der Tang-Dynastie geweiht, Han Yu, der wegen seiner antibuddhistischen Ideen in das „weit entlegene" Guangdong verbannt wurde.

Herrenhaus des Schwiegersohns von Kaiser Xu HISTORISCHES GEBÄUDE
(许驸马府; Xufuma Fu; ☎225 0021; 4 Dongfucheng, Putao Xiang, Zhongshan Lu, Bezirk Xiangqiao; Eintritt 20 Yuan; ⌚9–17.30 Uhr) Dieses luftige Herrenhaus wurde ursprünglich im Jahr 1064 erbaut. Erhalten sind noch alte Steinmetzarbeiten und Wandbeläge. Die für Südchina typischen hohen Türschwellen wurden eingebaut, um die Türen vor Feuchtigkeit zu schützen.

Konfuzianische Akademie TEMPEL, GARTEN
(海阳县儒学宫; Haiyangxian Ruxue Gong; Ecke von Changli Lu & Wenxing Lu, Bezirk Xiangqiao; Eintritt 10 Yuan; ⌚8–17 Uhr) Diese 4000 m² große Anlage hat Seerosenteiche voller Koi und einen Haupttempel, der Konfuzius geweiht ist und auf 48 Säulen ruht.

Jao Tsung I Petite Ecole MUSEUM
(饶宗颐学术馆; Raozongyi Xueshuguan; ☎222 8966; Eintritt 10 Yuan; ⌚9–17 Uhr) In der Nähe des Ostturms der Altstadtmauer liegt dieses Museum mit dem herrlichen Garten im Chaozhou-Stil, das dem Sinologen Jao Tsung I. geweiht ist.

Schlafen

Das Zaiyang Inn und Chengfu Inn liegen in Gassen seitlich der Paifang Jie. Hierher geht's mit dem Fahrradtaxi für 10 Yuan ab dem Hauptbahnhof (汽车总站).

Zaiyang Inn HOTEL €
(载阳客栈; Zaiyang *kezhan*; ☎223 1272; www.czdafudi.com; 15 Zaiyang Xiang, Taiping Lu; 太平路, 载阳巷 15 号; Zi. 100–250 Yuan; 📶) Das schicke Gasthaus im Qing-Stil mit anmutigen Innenhöfen und antiken Holzschnitzereien (die während der Kulturrevolution mit Kalkstein abgedeckt wurden, um die Plünderung zu verhindern) ist *das* Hotel in Chaozhou. Die Zimmer sind klein, aber sauber und sehr ruhig. In den Ferien und an Feiertagen steigen die Preise auf mehr als das Doppelte.

Chengfu Inn HOTEL €
(城府客栈; Chengfu *kezhan*; ☎222 8585; 9 Fensi Houxiang, Taiping Lu; 太平路, 分司后巷 9 号; Zi. 98–158 Yuan) Das Chengfu ist ebenfalls ein altes Gebäude, aber rangiert ein paar Klassen unter dem Zaiyang Inn in Sachen Atmosphäre und Service.

Chaozhou Hotel HOTEL €€€
(潮州宾馆; Chaozhou Binguan; ☎233 3333; www.chaozhouhotel.com; Ecke Chaofeng Lu & Yonghu Lu; 潮枫路与永护路交界; Zi. 618–758 Yuan, Preisnachlässe von 50 %; ❄@) Eine gute Wahl, wenn man im neuen Teil der Stadt wohnen möchte. Das tolle Restaurant hat eine englische Speisekarte.

Essen & Ausgehen

Das Essen ist allgemein gut in Chaozhou. Auf der Paifang Jie gibt's ein paar Speiselokale, die einheimische Spezialitäten wie Rindfleischbällchen mit Nudeln (牛丸粉; *niuwan fen*) und Austernomelette (蚝烙; *haolao*) servieren. **Hu Rong Quan** (⌚8 Uhr bis open end), dessen drei Filialen nicht weit voneinander liegen, verkauft Gebäck und süße Suppen. Hier gibt's auch eine Reihe von Bars und Cafés, die allesamt kostenloses WLAN anbieten.

LP TIPP **Ruya Ju** CHINESISCH €€
(茹雅居; ☎225 9326; Xingning Xiang, Taiping Lu; 太平路, 兴宁巷; Mahlzeiten pro Pers. 80–100 Yuan; ⌚Mittagessen & Abendessen) Wer mit wenigstens fünf Gästen kommt, kann (einen Tag im Voraus) einen Tisch bei Herrn Wong buchen und dann eine authentische mehrgängige Mahlzeit nach Chaozhou-Art im Glanz der untergehenden Sonne in einer Privatküche eines einst königlichen Herrenhauses genießen.

Lianhua Vegetarian CHINESISCH €
(莲华素食府; Lianhua Sushifu; ☎223 8033; 9 Kaiyuan Sq; Hauptgerichte 15–30 Yuan; ⌚Mittagessen & Abendessen; 🖉) Ein ausgezeichnetes vegetarisches Restaurant gegenüber des Kaiyuan-Tempels. Auf der Speisekarte stehen einige Spezialitäten aus Chaozhou, u. a. die Desserts auf der letzten Seite.

An- & Weiterreise

Bus

Verbindungen ab dem **Hauptbusbahnhof** von Chaozhou (2 Chaofeng Lu):

Guangzhou 110–170 Yuan, 5½ Std., 9-mal tgl. (8–23.55 Uhr)

Meizhou 60 Yuan, 2 Std., 2-mal tgl. (8.30 und 15 Uhr)

Raoping 20 Yuan, 1 Std., 32-mal tgl. (6.30–18.30 Uhr)

Shanghai 380 Yuan, 15 Std., 1-mal tgl. (15.15 Uhr)

Shantou 17 Yuan, 1 Std., 48-mal tgl. (7–18.40 Uhr)

Shenzhen 120–140 Yuan, 4½ Std., 7-mal tgl. (8–23 Uhr)

Xiamen 80–120 Yuan, 3½ Std., 4-mal tgl. (7–14 Uhr)

Zhuhai 140 Yuan, 2-mal tgl. (8.30 Uhr und 21.10 Uhr)

Zug

Der Bahnhof von Chaozhou, 8 km westlich des Stadtzentrums, hat folgende Verbindungen:

Guangzhou 137–167 Yuan, 7 Std., 2-mal tgl. (9.23 Uhr und 13.13 Uhr)

Shantou 8 Yuan, 30 Min., 4-mal tgl. (8.50, 16.28, 21.15 und 22.50 Uhr)

Shenzhen 76 Yuan, 7 Std., 1-mal tgl. (19.15 Uhr)

Rund um Chaozhou

In Raoping (饶平), 53 km von der Stadtmitte von Chaozhou entfernt, befindet sich Chinas größtes oktogonales Hakka-Lehmhaus: das **Daoyunlou** (道韵楼; Eintritt 20 Yuan; ⏲8.30–17.30 Uhr). 600 Dorfbewohner wohnten einst in diesem erstaulichen Bauwerk aus dem Jahr 1587; davon sind heute nur noch 100 Bewohner übrig. Wer bei Wohneinheit 18 in die oberen Stockwerke hochsteigt, kann die Aussicht und die Fresken bewundern.

Die Busse nach Raoping (20 Yuan, 1 Std.) fahren am Hauptbusbahnhof ab. Dann in einen Bus zum 50 km entfernten Dorf Sanrao (三饶; ¥11) umsteigen. Von dort fahren Motorrickschas zum Daoyunlou (5 Yuan, 10 Min.).

Shantou 汕头

☎0754 / 4,9 MIO. EW.

Das stark von Umweltverschmutzung geplagte Shantou hat eine Reihe interessanter Sehenswürdigkeiten am Stadtrand, die sich gut in einem Tagesausflug von Chaozhou aus erkunden lassen.

Sehenswertes

Museum zur Kulturrevolution MUSEUM
(文革博物馆; Wenge *bowuguan*; Eintritt 10 Yuan; ⏲9.30–17.30 Uhr) Das einzige Museum in China, das die Opfer der Revolution ehrt, liegt oben im Tashan-Park (塔山风景区; Tashanfengjingqu) 25 km nördlich des Stadtzentrums. Namen und Inschriften sind in die Wände eingeritzt.

Hierher gelangt man mit dem nach Osten fahrenden Bus 18. Auf der Jinsha Lu einsteigen und bis Tucheng Tashan (涂城塔山) fahren (6 Yuan). Alternativ kann man auch Bus 102 vor dem Fernbusbahnhof nach Tashan Lukou (塔山路口) nehmen. Nach der 45-minütigen Fahrt die Straße überqueren und 800 m zum Eingang laufen, dann geht's weitere 3,5 km bergauf (den linken Weg nehmen).

Chen-Cihong-Gedenkstätte GEBÄUDE
(陈慈黉故居; Chen Cihong Guju; Eintritt 25 Yuan; ⏲8–17.30 Uhr) Diese attraktive Anlage wurde von einem reichen Geschäftsmann erbaut, der im 19. Jh. in Thailand zu großem Wohlstand gekommen war. Es heißt, dass er sich die besten Rohmaterialien der Region an diesen Ort senden ließ und sie fantasievoll zusammenfügte. Das Bauwerk zeigt asiatische, westliche und maurische Motive. Die Souvenirläden im Erdgeschoss sind sehenswert. Hierher geht's mit Bus 103 ab dem Volksplatz (Ostseite) in Shantou.

Essen & Schlafen

Die Straßen hinter dem Hotel sind voller Stände und Straßenhändler, die Nudeln, Reis-Congee und einheimische Gerichte verkaufen.

Jinguan Hotel HOTEL €€
(金冠酒店; Jinguan Jiudian; ☎8989 8882; Fax 8989 8989; 6 Rongjiang Lu; 榕江路 6 号; Zi. 488 Yuan; @📶) Ein Hotel mit geräumigen Zimmern zu vernünftigen Preisen. Das hilfsbereite und Englisch sprechende Personal kann zuverlässige Taxifahrer empfehlen.

LA Music Cafe WESTLICH €€
(5 Rongjiang Lu; Hauptgerichte 35–158 Yuan; ⏲11–2 Uhr; 📶) Gleich gegenüber dem Jinguan Hotel liegt diese schwulenfreundliche Bar mit netter Einrichtung und einer ordentlichen westlichen Speisekarte.

Shantou

An- & Weiterreise

Bus

Shantou hat einen **zentralen Busbahnhof** (Shantou *zhongxingzhan*; Taishan Lu), **Fernbusbahnhof** (Shantou *qiche zongzhan*; Huoche Lu) und den **CTS-Busbahnhof** (Zhonglu *chezhan*; Ecke Shangzhang Lu & Changping Lu). Ab Shantou gibt's regelmäßige Verbindungen nach:

Chaozhou 17 Yuan, 1 Std., stündl. (8–18.10 Uhr)

Guangzhou 150 Yuan, 6 Std., ungefähr jede Stunde (8–18.40 Uhr)

Meizhou 35–98 Yuan, 2½ Std., 2-mal tgl. (6.25 Uhr und 20.45 Uhr)

Shenzhen 140 Yuan, 5 Std., 4-mal tgl. (9.20, 13.00, 14.00, 17.00 Uhr)

Minibus

Minibusse fahren an einem kleinen Büro südlich der CTS-Station ab nach:

Chaozhou 12 Yuan, 1 Std., stündl. (7–20 Uhr)

Meizhou 45 Yuan, 3 Std., stündl. (8–17 Uhr)

Zug

Der Bahnhof liegt 5 km östlich des Zentrums.

Chaozhou 10–31 Yuan, 30 Min., 3-mal tgl. (8.50, 12.40 und 17.20 Uhr)

Guangzhou 92–168 Yuan, 7 Std., 2-mal tgl. (8.50 und 12.40 Uhr)

Meizhou 29 Yuan, 2 Std., 3-mal tgl. (7.15, 10.22 und 18.26 Uhr)

Meizhou 梅州

0753 / 5 MIO. EW.

In Meizhou, eine Stadt, die von den Hakka (Kejia auf Mandarin; 客家) bewohnt wird, findet sich Chinas größte Ansammlung von „gewundenen Drachenhäusern" oder *weilongwu* (围龙屋). Diese Wohnhäuser sind in Hufeisenform angeordnet, was ganz charakteristisch für die Bauweise der Hakka ist, und sie erinnern an einen Drachen, der am Fuß eines Berges ein Nickerchen hält. Auch *tulou* (Rundhäuser) stehen hier und da in den Feldern wie geheimnisvolle UFOs. Dazu kommt noch eine bunte Mischung aus weiteren Architekturwundern.

Sehenswertes

GRATIS **Hakka Museum** MUSEUM
(客家博物馆; Kejia *bowuguan*; Dongshan Dadao; 9–17 Uhr; 1, 6) Das Museum, das sich im Hakka-Park (客家公园; Kejia *gongyuan*) am Nordufer des Meijiang befindet, stimmt auf die Kultur dieses Volkes ein. Der Park selbst mit seinen Kieselsteinwegen und den von Weiden umgebenen Teichen ist schon einen herrlichen Spaziergang wert.

Tai'an Lou HISTORISCHE STÄTTE
(泰安楼; Eintritt 20 Yuan) 70 km weiter östlich befindet sich im Dapu-Bezirk (大埔) diese dreistöckige quadratische Zitadelle, ein dem Rundhaus verwandter Bau. Das Gebäude stammt aus dem Jahr 1764 und umfasst vier Bauten aus quadratischen Ziegeln und Steinen mit 220 Zimmern in nordöstlicher bis südöstlicher Ausrichtung. Inzwischen leben nur noch acht Familien hier.

Altstadt von Chayang STADT
(茶阳古镇; Chayang Guzhen) Die Menschen im trägen Chayang, 27 km vom Dapu-Bezirk entfernt, halten lange Siesta. Seine alten Straßen (老街; *laojie*) mit Arkadengängen laden dazu ein, sich dort für ein paar Stunden zu verlieren. **Der Gedenkbogen der Vater-und-Sohn-Absolventen** (父子进士牌坊; FuziJinshi Paifang; Dapu High School, Xueqian Jie; 学前街, 大埔中学), ein Granitbauwerk aus dem Jahr 1610, steht passenderweise vor einer Schule. Die in Würde alternde **Xuan-Villa** (旋庐; Xuanlu; 115 Dahua Lu; 大华路 115 号) aus dem Jahr 1936 wurde von einem malaysischen Chinesen erbaut, der Mitglied eines Geheimbundes war, der mit Sun Yatsen in Verbindung stand. Teile des Gebäudes dienten früher auch als Luftschutzraum. Wenn die Eigentümer Besucher ins Haus lassen, erlauben die geräumigen Balkone einen Ausblick über Teeplantagen.

Nankou HISTORISCHE STÄTTEN
Im friedlichen Dorf Nankou (南口), rund 16 km westlich von Meizhou, schmiegen sich *weilongwu* (围龙屋) in die Reisfelder und Hügel wie Drachen bei der Mittagsruhe. Das Dorf ist zwar baufällig, trotzdem ist es interessant, hier herumzustreifen. Es gibt einige einst prächtige Wohnhäuser; wer vorher fragt, darf sie vielleicht betreten, wenn die Türen geöffnet sind.

Bus 9 ab dem **städtischen Busterminal** (市公共汽车总站; Shi Gonggong Qichezhan; Ecke Meijiang Dadao & Xinzhong Lu) und die Busse nach Xingning (兴宁; 10 Yuan, alle 20 Min.) ab dem Hauptbusbahnhof fahren nach Nankou. Ab der Haltestelle ist es ein Fußweg von 1 km zum Dorfeingang. Der letzte Bus fährt um 16.30 Uhr zurück nach Meizhou. Eine Taxifahrt kostet rund 35 Yuan.

Lianfang Lou HISTORISCHE STÄTTE
(联芳楼) In einem Dorf in der Nähe der Stadt Baigong (白宫), 14 km östlich von Meizhou, liegt dieses prachtvolle dreistöckige Herrenhaus versteckt. Es wurde in den 1930er-Jahren erbaut und gehörte einer indonesischen Hakka-Familie. Seine 100 Zimmer sind rund um überdachte Innenhöfe mit tropischem Grün angelegt. Kuppeln krönen den Dachgarten. Balkone werden von mythischen Kreaturen gemischter Herkunft bewacht. Aufgrund eines Diebstahls in jüngster Zeit ist die Familie gegenübern Besuchern skeptisch. Wer das Haus betreten möchte, sollte sehr freundlich fragen.

Hua'e Lou HISTORISCHE STÄTTE
(花萼楼; Eintritt 10 Yuan) Das 400 Jahre alte „Kelchhaus" 33 km östlich von Lianfang Lou und 20 km südlich von Meizhou gelegen, ist die größte runde Lehmburg in Guangdong. Das Gebäude ist noch vollständig erhalten mit drei Verteidigungsringen und Steinmauern, die über einen Meter dick sind.

Schlafen & Essen

Ramada HOTEL €€
(华美达酒店; Huameida Jiudian; ☎611 3828; Fax 611 3800; Ecke Meiyuan Lu & Binfang Dadao; 梅园路口、彬芳大道; Zi. 238–710 Yuan, Suite 810–2180 Yuan; @📶) Ein ordentliches Hotel mit großen, komfortablen Zimmern und hilfsbereitem Personal. Der 7. Stock ist eine rauchfreie Etage.

Chengde Lou HAKKA-KÜCHE €
(承德楼; ☎233 1315; Fuqi Lu; Hauptgerichte 28–68 Yuan) Dieses Restaurant in einem auf Hochglanz polierten Hakka-Haus aus dem 19. Jh., das sich ganz in der Nähe des Flughafens befindet, bereitet hervorragende Hakka-Klassiker zu. Besonders zu empfehlen sind das in Salz gebackene Hühnchen (盐局鸡; *yanju ji*) und Schweinebraten mit eingelegtem Gemüse (梅菜扣肉; *meicai kourou*). Der Manager spricht Englisch. Die Kosten für ein Taxi hierher ab dem Stadtzentrum belaufen sich auf 12 Yuan.

An- & Weiterreise

Bus

Meizhou verfügt über zwei Busbahnhöfe: der **Hauptbusbahnhof** (汽车总站; *qiche zongzhan*; Meizhou Dadao) nördlich des Flusses und der **Busbahnhof Jiangnan** (江南汽车站; Jiangnan *qichezhan*; Binfang Dadao) im Süden. Die meisten Busse nach Meizhou verkehren über den Südbahnhof.

Chaozhou 30 Yuan, 3 Std., 2-mal tgl. (10.50 und 15.30 Uhr)

Guangzhou 130 Yuan, 7 Std., 20-mal tgl. (6.50–23 Uhr)

Hongkong 90 Yuan, 6 Std., 3-mal tgl. (7.40, 10.05 und 14.40 Uhr)

Shantou 60 Yuan, 3 Std., 13-mal tgl. (8–17.20 Uhr)

Shenzhen 26 Yuan, 2 Std., 3-mal tgl. (7.15, 10.22 und 18.26 Uhr)

Yongding 40 Yuan, 3 Std., 2-mal tgl. (6.30 und 16 Uhr)

Flugzeug

Der Flughafen von Meizhou, 9 km südlich der Stadt, bietet Verbindungen nach Guangzhou (800 Yuan, tgl.) und Hongkong (1200 Yuan, Mo und Fr). Eine Taxifahrt in die Stadt kostet rund 15 Yuan.

Zug

Der Bahnhof liegt südlich der Stadt. Täglich fahren drei Züge nach Guangzhou (120 Yuan, 0.56, 1.12 und 12.38 Uhr) und Yongding (18 Yuan, 0.43, 1.04 und 3.01 Uhr).

 Unterwegs vor Ort

Stadtbus 6 verbindet den Bahnhof mit den Busbahnhöfen. Fahrten zu einem Ziel innerhalb des Stadtgebiets kosten unter 15 Yuan.

Am Hauptbusbahnhof von Meizhou gibt's täglich fünf Busse nach Chayang (21 Yuan, 6.40, 8.15, 11.10, 12.45 und 14.10 Uhr).

Abgesehen von Nankou und Chayang liegen die hier aufgeführten Sehenswürdigkeiten in verschiedenen Dörfern und sind nur schlecht mit öffentlichen Verkehrsmitteln erreichbar. Es ist sinnvoller, ein Taxi für den ganzen Tag zu mieten. Der Preis dürfte bei 400 Yuan liegen.

Hainan

BEVÖLKERUNG: 8,8 MIO.

Inhalt »

Haikou 639
Rund um Haikou 644
Zentrales Hochland 645
Rund um Wuzhishan 646
Ostküste 647
Sanya 651

Die besten Strände

» Sanya-Bucht (S. 652)
» Yalong-Bucht (S. 652)
» Bo'ao (S. 647)
» Yue Liang Wan (S. 645)
» Houhai (S. 650)

Die tollsten Aktivitäten

» Bergsteigen in Wuzhishan & auf dem Sieben-Feen-Berg (S. 647)
» Radfahren im zentralen Hochland (S. 640)
» Erkundung des Fischerstädtchens Xincun (S. 648)
» Besichtigung des Hainan-Museums (S. 640)
» Besuch des vulkanischen Geoparks in Haikou (S. 644)

Auf nach Hainan!

Chinas größte tropische Insel lässt keinen Wunsch offen: Mildes Wetter, Kokosnusspalmen und goldene Strände. Unten in Sanya geht's ums Sehen und Gesehenwerden. Oder darf es sogar eines der besten Luxushotels Asiens sein? Strohgedeckte Hütten und Bananenpfannkuchen sind noch nicht in Sicht, aber ein Hauch Flippigkeit weht von den Küstenstädten an der Ostküste herüber, und die sich langsam entwickelnde Surfszene hilft, das Evangelium des Chillens zu verkünden.

Mittlerweise fließt viel Geld nach Hainan (海南) und sorgt für einen hohen Luxusstandard. Es gibt zwar eine neue Hochgeschwindigkeitsbahn, aber das Radfahren ist immer noch die beste Art und Weise, um sich in dieser Gegend fortzubewegen. Wer vom Abhängen an der Küste genug hat, dem bietet sich das kühle zentrale Hochland für Radtouren an. Die guten Straßen, umwerfenden Ausblicke auf die Berglandschaft und die Bevölkerungsgruppe der Li und Miao, der ersten Siedler der Insel, verleihen dieser Region einen Charakter, der sie deutlich vom Flachland unterscheidet.

Reisezeit

Sanya

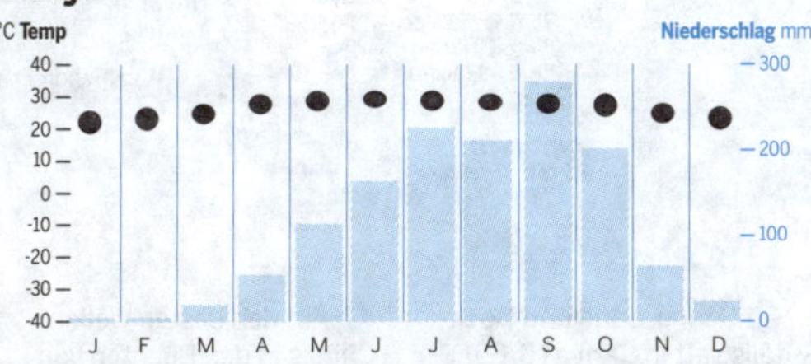

April–Oktober Die besten Monate für ein Hotelschnäppchen.

November–März Die beste Zeit zum Radfahren.

November–Januar Beste Jahreszeit zum Surfen.

Geschichte

Bis zum Wirtschaftsboom, der sich in den letzten 30 Jahren vollzog, war Hainan immer tiefste Provinz des chinesischen Reiches, und das schon, seit die ersten Han-Siedlungen vor 2000 Jahren an der Küste auftauchten. Das von einigen Dynastien weitestgehend ignorierte Hainan wurde als „Drachenschwanz" oder „Tor zur Hölle" bezeichnet und war ein Ort, der als Verbannungsort berühmter Exilanten, wie dem Dichter Su Dongpo und dem Minister Hai Rui, diente.

In den 1920er-Jahren wurde hier Chinas erste kommunistische Zelle gegründet, und die Insel wurde während des Zweiten Weltkriegs von den Japanern heftig bombardiert und schließlich besetzt. Guerillakämpfer der Li und Han-Chinesen führten einen schlagkräftigen Kampf gegen die japanischen Kräfte, aber die Vergeltung war brutal – die Japaner exeku-

Highlights

1. Sonne, Sand und Cocktails satt in **Sanya** (S. 651), dem besten Badeort Chinas
2. Radfahren im **zentralen Hochland** (S. 645), Heimat der Li und der Miao
3. Die Dörfer und Strände um **Bo'ao** (S. 647) erkunden
4. Auf den besten Wellen Chinas in den Buchten von **Sanya** (S. 652) und **Shimei** (S. 651) surfen
5. Das klassische südchinesische Fischerstädtchen **Xincun** (S. 648) durchstreifen
6. Auf den **Wuzhi Shan** (S. 646) und den **Sieben-Feen-Berg** (S. 647), die berühmten Gipfel von Hainan, klettern
7. **Frische Meeresfrüchte** auf den Märkten der ganzen Insel genießen

tierten ein Drittel der männlichen Einwohner der Insel. Selbst heute finden sich noch bei zahlreichen Menschen der jüngeren Generation Ressentiments wegen der japanischen Gräueltaten.

Im Jahr 1988 wurde Hainan von Guangdong abgetrennt und als eigenständige Provinz und Sonderwirtschaftszone etabliert. Nach etlichen Anläufen konzentriert sich die Planungstätigkeit nun darauf, das tropische Hainan bis ins Jahr 2020 in eine „Insel für den internationalen Tourismus" zu verwandeln. Welche Konsequenzen dies tatsächlich haben wird – neben dem Bau weiterer Golfplätze, Hotels an allen Stränden und weiteren Megatransportprojekten wie einer Hochgeschwindigkeitsbahn rund um die Insel, einem Kreuzfahrtterminal und sogar einem Weltraumbahnhof – ist nicht ganz klar.

Klima

Das Wetter auf Hainan ist in den Herbst- und Wintermonaten weitestgehend warm und im Frühjahr und Sommer heiß und feucht. In den Bergen ist es immer kühler als an der Küste und der Norden ist kühler als der Süden. Hainan wird jedes Jahr mindestens einmal von einem Wirbelsturm heimgesucht, gewöhnlich zwischen Mai und Oktober.

Sprache

Hainanesisch ist ein Oberbegriff für rund ein Dutzend lokaler Dialekte des Hainan-Min (für das es auch noch zahlreiche weitere Bezeichnungen gibt), von denen die meisten auch in Guangdong gesprochen werden. Wenngleich die Li und Miao in der Regel Mandarin sprechen können, unterhalten sie sich lieber in ihren eigenen Sprachen.

Unterwegs vor Ort

Das Herumreisen auf Hainan ist fast durchweg billig und einfach. Haikou und Sanya sind durch drei große Straßen verbunden: die östliche Autobahn entlang der Küste (nur 3½ Std. mit dem Bus), die zentrale und viel langsamere Strecke über Wuzhishan und die am wenigsten beliebte Autobahn im Westen. Die Hauptstraßen sind in gutem Zustand, die Busverbindungen bequem und die Abfahrtzeiten regelmäßig.

Eine Hochgeschwindigkeitsbahnlinie verläuft an der Ostküste von Haikou nach Sanya. Die Tickets kosten nur wenig mehr als Busfahrkarten, aber die Bahnhöfe liegen nicht zentral.

Informationen zum Radfahren auf Hainan s. Kasten, S. 640.

PREISE

In diesem Kapitel werden die folgenden Preiskategorien verwendet:

Schlafen

€	unter 200 Yuan
€€	200 bis 400 Yuan
€€€	über 400 Yuan

Essen

€	unter 30 Yuan
€€	30 bis 80 Yuan
€€€	über 80 Yuan

Haikou 海口

0898 / 724 000 EW.

Haikou bedeutet wörtlich „Tor zur See". Obwohl der Seehandel immer noch relativ wichtig ist, ist die geschäftige Provinzhauptstadt an der Nordspitze von Hainan vor allem wegen ihrer boomenden Bauindustrie bemerkenswert. Überall gibt's neue und erneut in Angriff genommene Projekte.

Haikou verfügt zwar über nur wenige Sehenswürdigkeiten, aber es ist eine gute Ausgangsbasis, um den Norden der Insel zu erkunden. Es finden sich ganz in der Nähe ein paar annehmbare Strände, die gut mit dem Rad oder dem Bus erreichbar sind. Die Luft ist frisch und sauber (auch wenn sie von Jahr zu Jahr wegen des Verkehrs schlechter wird), und manche Besucher sind schon damit zufrieden, wenn sie hier einfach nur ein paar Tage abhängen können.

Die Reisenden, die in diese Gegend kommen, übernachten am liebsten rund um den Haikou-Park oder nördlich des Flusses auf der Insel Haidian (海甸岛; Haidian Dao). Dies sind beides ältere, leicht heruntergekommene Viertel (vor allem verglichen mit den Stadtteilen im Westen), aber die Infrastruktur – einschließlich Banken, Lebensmittelversorgung und Reisebüros – ist hier vorhanden.

Im Nordwesten liegen der Bahnhof, der Hafen und der Stadtstrand. Der Hauptbusbahnhof und die Endhaltestelle der Hochgeschwindigkeitsbahn liegen im Südosten der Stadt. Der Flughafen befindet sich rund 25 km weiter östlich.

RADFAHREN AUF HAINAN

Hainan ist ein wunderbares Reiseziel für Freizeitradler. Man ist selten weiter als eine Stunde von einem Dorf mit Wasser und Lebensmitteln entfernt und nie weiter als ein paar Stunden von einer Stadt mit einem ordentlichen Hotel. Zudem führen die Radtouren durch die Natur oder durch hübsche kleine Bauerntäler, nicht durch städtische Gebiete. Die Touren erfordern nur eine minimale Vorbereitungszeit.

Hier sind ein paar beliebte Radtouren:

Insel Haidian – Zahlreiche Fischerdörfer und viel ländliche Gegend und doch in der Nähe von Haikou.

Nordküste – Kilometer um Kilometer an Sandstränden entlang und auf kleinen Wegen in das Inselinnere.

Bezirk Wenchang – 100 km zur Kokosnussplantage in Dongjiao fahren und die Nacht in einer stillen Hütte am Strand verbringen. Am nächsten Tag geht's weiter nach Tonggu Ling, einem der schönsten unerschlossenen Strände von Hainan.

Die beliebteste mehrtägige Tour ist die 250 km lange Fahrt von Haikou nach Wuzhishan und weiter nach Sanya. Die Hauptstraße hat fast die ganze Strecke über einen befestigten Seitenstreifen und ermöglicht unzählige Abstecher in kleine Landstraßen und Stopps in winzigen Dörfern. Nach einer Tagestour durch das saftige Tal des Bezirks Tunchang steigt die Strecke in den Hügeln rund um **Shiyun** (什运) an. Das Dorf liegt 32 km südwestlich von Qiongzhong (琼中) auf einem grasbewachsenen Vorsprung über dem Fluss und lohnt einen Besuch. Einheimische Radfahrer empfehlen den 42 km langen Abstecher von hier eine bewaldete Schlucht hinauf nach **Baisha** (白沙). Die größten Städte in diesem Gebiet sind **Tunchang** (屯昌) und **Qiongzhong**, letztere ist eine wichtige Miao-Siedlung.

Nach Shiyun kann man sich auf einen langen Anstieg (mindestens 10 km) freuen, gefolgt von einer langen schnellen Abfahrt nach Wuzhishan. Wer nach Sanya weiterfährt, hat ab dem Abzweig nach Baoting nur noch eine lange, steile Abfahrt vor sich.

Wer kein eigenes Rad mitbringt, kann Mountainbikes brauchbarer Qualität im **Haikou Banana Youth Hostel** (www.haikouhostel.com) für 50 Yuan pro Tag mieten. Auf der Website des Hostels stehen detaillierte Informationen zum Radfahren auf Hainan. Es gibt auch den Laden **Giant Bicycles** (☎6865 5598; www.hncycling.com; 26 Jinmao Xilu; 金贸西路 26 号) in Haikou, der Räder vermietet. Bitte beachten, dass ein Fahrrad auf Hainan *danche* genannt wird.

Sehenswertes & Aktivitäten

Wenige Kilometer westlich des Stadtzentrums befindet sich ein langer Streifen Sandstrand. Dorthin fährt Bus 37 (2 Yuan) ab dem Ertong-Park, man steigt einfach aus, wo es einem gefällt. Alternativ kann in der Stadt ein Rad gemietet werden. Die Insel Haidian ist ebenfalls sehr gut zum Radfahren geeignet. Es lohnt sich, sich zu informieren, ob das Wegenetz zu den Stauseen und zum vulkanischen Geopark Haikou fertig ist.

Hainan-Museum MUSEUM
(海南省博物馆; Hainan *sheng bowuguan*; 68 Guoxing Dadao; ⌚9–17 Uhr, Mo geschl.) Dieser weitläufige Komplex mit Ausstellungsräumen sollte nach der Ankunft in Hainan als allererstes auf dem Programm stehen. Die Ausstellungen zu den ethnischen Minderheiten sowie zur Geschichte Hainans im 20. Jh., die den erbitterten Widerstand gegen die Japaner und später gegen die Nationalisten einschließt, sind ganz besonders informativ. Die meisten Beschriftungen sind auch auf Englisch. Die Busse 43 und 48 aus der Stadtmitte halten vor dem Museum. Die Kosten für ein Taxi belaufen sich auf rund 30 Yuan.

Tempel zum Gedenken an die fünf Beamten TEMPEL
(五公祠; Wugong Ci; 169 Haifu Dadao; Eintritt 20 Yuan; ⌚8–18 Uhr) Dieser Ming-Tempel und die umliegenden Gärten sind fünf Beamten gewidmet, die einst nach Hainan verbannt wurden. Dem berühmten Dichter der Song-Dynastie, Su Dongpo, der ebenfalls nach Hainan verbannt wurde, wird hier ebenfalls gedacht.

Schlafen

Anders als in Sanya, in dem die Haupt- und Nebensaison deutlicher zu spüren sind, werden in Haikou eigentlich das ganze Jahr über große Nachlässe auf die ausgewiesenen Preise gewährt. Nur wer zur Hauptferienzeit kommt, könnte einen herben Schreck bekommen.

Haikou Banana Youth Hostel HOSTEL €
(海口巴纳纳国际青年旅舍; Haikou Banana Qingnian Lüshe; ☎6628 6780; www.haikouhostel.com; 3 Dong, 6 Bieshu Liyuan Xiaoqu, 21 Renmin Dadao; 海甸岛人民大道 21号梨园小区 6号别墅 3栋; B/EZ/2BZ/3BZ 45/80/120/150 Yuan; ❄@📶) Das Banana ist zurück. Zurück als eines der besten Hostels von Hainan. Das heißt: Mit guten Schlafsälen, hellen und schicken Zimmern mit eigenem Bad (unter anderem ein Familienzimmer für 160 Yuan) und einer neuen Speisekarte in seinem **Restaurant** (Gerichte 35–60 Yuan; ⌚8–13 Uhr & 18–21 Uhr) im Innenhof, auf der ausgezeichnete Pizza und andere Lieblingsgerichte der Backpacker stehen. Der Service umfasst Waschmaschinen, Internet und Gemeinschaftsräume sowie superinformative Aushänge und eine Website. Der Fahrradverleih hat sowohl Treter für Tagestouren (pro Tag 20 Yuan) als auch robuste Giant-Mountainbikes für mehrtägige Touren (pro Tag 50 Yuan; im Voraus reservieren).

Golden Sea View Hotel HOTEL €€€
(黄金海景大酒店; Huangjin Haijing Da Jiudian; ☎6851 9988; www.goldenhotel.com.cn; 67 Binhai Dajie; Zi. ab 825 Yuan) Bei Preisnachlässen von 40 bis 50% liegen die Zimmerpreise in diesem Dreisternehotel auf dem Niveau anderer Hotels, die sich tiefer in der Stadt befinden. Aber das Sea View liegt gegenüber einem großen Park am Anfang der Strände im Westen der Stadt. Das Drehrestaurant des Hotels bietet einen ausgezeichneten Blick über Haikou und den Ozean und ist für sein Frühstücksbuffet bekannt.

Redbud Flower Internationale Jugendherberge HOSTEL €
(紫荆花墅国际青年旅舍; Zijing Hua Shu Guoji Qingnian Lüshe; ☎3661 1352; zjhsyha@163.com; 13 Bilin Ge, Ye Hai Shanzhuang, Jinmao Xilu; 龙华区金贸西路椰海山庄碧林阁 13幢; B/DZ 45/110 Yuan; ❄@📶) Dieses Hostel ist bei chinesischen Backpackern beliebt. Im Sommer 2012 ist es vom Süden der Stadt in eine zentralere Lage in der Nähe der Xiuying Battery gezogen. Es verfügt über Schlafsäle sowie Zimmer mit eigenem Bad (einschließlich kostenlosem Frühstück und Kaffee), außerdem bietet es ein Restaurant und eine Bar, eine Dachterrasse, eine Wäscherei, hilfreiche Unterstützung beim Mieten von Fahrrädern und bei der Tourplanung und einige Informationen auf Englisch zu Verkehrsmitteln und Unternehmungen.

Hainan Minhang Binguan HOTEL €
(海南民航宾馆; Hainan Civil Aviation Hotel; ☎6650 6888; www.mhbghotel.com; 9 Haixiu Donglu; Zi. ab 190 Yuan; ❄@) Das Hotel setzt

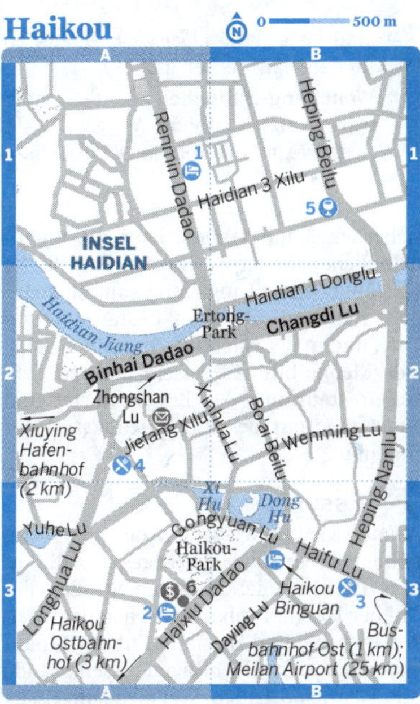

Haikou

Schlafen
1 Haikou Banana Youth Hostel A1
2 Hainan Minhang Binguan A3

Essen
3 Carrefour B3
4 Schlemmermeile Haikou Qilou A2

Ausgehen
5 Red's Pub B1

Transport
6 China Southern Airlines A3

KÖSTLICHKEITEN AUF HAINAN

Auf Hainan steht eine große Vielzahl an chinesischen Regionalküchen zur Auswahl. Frisches Obst und Gemüse gibt's überall, und anders als im restlichen China wachsen diese Erzeugnisse unter blauem Himmel und in roter Erde, die nicht durch industrielle Umweltverschmutzung belastet ist. Es gibt jede Menge verschiedener Meeresfrüchte-Gerichte – die meisten davon werden allerdings mit Fisch oder Krustentieren aus anderen Regionen oder lokalen Aquafarmen zubereitet.

Die vier für Hainan typischen Gerichte sollte man sich nicht entgehen lassen.

» **Dongshan-Ziege** (东山羊; *dongshan yang*) Eine Bergziegenart mit schwarzer Wolle, die mit Kamelien und Orchideen gefüttert wird. Das Fleisch wird geschmort, gebraten, in Kokosmilch gekocht oder in Suppen verwendet.

» **Hele-Krebs** (和乐蟹; *hele xie*) Saftiger Krebs, gewöhnlich gedämpft, aber auch gebraten, aus Hele in der Nähe von Wanning. Die beste Jahreszeit dafür ist der Herbst.

» **Jiaji-Ente** (加积鸭; *jiaji ya*) Entenbraten aus Jiaji (ein anderer Name für Qionghai), für den man sterben möchte.

» **Wenchang-Hühnchen** (文昌鸡; *wenchang ji*) Am bekanntesten ist dieses ursprünglich aus dem Küstenort Wengchang stammende Rezept: Saftiges Fleisch von Hühnchen, die nur mit Reis und Erdnüssen gefüttert werden.

sicherlich keine Trends, aber die unaufdringliche moderne Einrichtung bietet eine angenehme Umgebung zum Entspannen. Nebenan gibt's ein Restaurant und Café, und in der Nachbarschaft finden sich jede Menge billige Speiselokale und gute Hotelrestaurants. Als Bonus startet und endet die Tour des Flughafenbusses hier (15 Yuan).

Essen

Abends wird vorwiegend in den angenehm kühlen Freiluftlokalen gegessen, die es praktisch in jeder größeren Straße gibt. Auf der Haixiu Donglu zwischen dem Haikou Binguan und Hainan Minhang Binguan ballen sich die billigen Essensstände und Fast-Food-Läden. Wer sich zum Essen gepflegt niederlassen möchte, sollte es in den Hotelrestaurants rund um den Park versuchen. Das Banana Youth Hostel ist die richtige Adresse für westliche Lieblingsgerichte wie Pizza und Frühstück.

An der Ecke der Haidian 3 Donglu und Renmin Dadao finden sich haufenweise Cafés, Obststände, Supermärkte und Restaurants mit bebilderten Speisekarten. Haidian 2 Donglu ist eine lange Reihe von Grillständen, die nachts zwischen der Renmin Dadao und Heping Dadao ihre Tische aufbauen.

Es gibt ein **Carrefour** (家乐福; Jialefu) in der Haifu Dadao mit einer großen Auswahl an zubereiteten Speisen und frischen Waren. Eine zweite Filiale liegt gegenüber dem Milli Café.

Fischmarkt in der Banqiao-Straße

FISCHMARKT €€

(板桥路海鲜市场; Ban Qiao Lu Haixian Shi Chang; Banqiao Lu) Wer Lust auf frische Meeresfrüchte mit viel Lärm, Rauch und Trinksprüchen hat, läuft zu dem Hektar voller Tische auf dem Fischmarkt an der Banqiao-Straße, der auf der ganzen Insel bekannt ist. Am besten geht man mit einer Gruppe dorthin. Ein durchschnittliches Essen kommt auf 50 Yuan pro Person (Bier geht extra). Ein Taxi von der Stadtmitte zum Markt kostet 15 Yuan.

Schlemmermeile Haikou Qilou

MARKT €

(海口骑楼小街; Haikou Qilou Xiao Jie; Ecke Datong Lu & Jiefang Lu) Die Haikou Qilou ist ein Food-Court im Kolosseumformat mit zwei Stockwerken, einem großen offenen Innenraum und einer Bühne, auf der abends manchmal Opern- und andere traditionelle Aufführungen stattfinden. Fast unmittelbar daneben auf der linken Seite liegt eine etwas landestypischere Fressgasse, die sich eine überdachte Gasse entlangzieht. Hier werden alle möglichen preisgünstigen Gerichte angeboten: Von Obstplatten, Klößen und Maiskolben bis hin zu allerlei Gegrilltem. Die Gasse endet merkwürdigerweise an einem beliebten buddhistischen Schrein, der die Luft mit süßem Räucherduft erfüllt.

Ausgehen

Kleine Stände, die Zitronengetränke und Tee verkaufen, sind überall zu finden. *Liangcha* (kalter Tee) schmeckt etwas nach Medizin, aber die Einheimischen schwören, dass er hilft, den Körper an einem heißen Tag abzukühlen. In der Heping Dadao, nördlich der Haidian 2 Donglu, gibt's eine Reihe freundlicher Bars, darunter **Red's Pub** (红蜘蛛), Stammlokal der Haikou Hash House Harriers (Sportvereinigung).

Milli Café CAFÉ

(米粒咖啡; Mili Kafei; http://millicafe.niwota.com; 8 Jinlong Lu; 金龙路 8 号嘉华城市广场美景苑 101 房; Getränke 16–36 Yuan; ⏲10–24 Uhr; 📶🅥) Dieser stilvolle Treffpunkt bietet guten Kaffee, kostenloses WLAN und tolle Desserts. Das Café liegt in einer Seitenstraße der Jinlong Lu gleich östlich der Yu Sha Lu. Zu erreichen ist es durch die Einfahrt in der Mitte der Jiahua Plaza. Der einzige Wermutstropfen ist, dass das Rauchen in den Innenräumen gestattet ist und die Luft manchmal ganz schön dick wird.

Praktische Informationen

Die jährlich neu aufgelegte *Hainan Island Guide Map* (6 Yuan) ist ein guter Stadtplan von Haikou. Auf der Rückseite befinden sich eine Karte der gesamten Insel Hainan und kleinere Karten von Sanya und Bo'ao. Der **Xinhua Bookstore** (新华书店 l; Xinhua Shudian; 10 Jiefang Xilu; ⏲9–22 Uhr) hat Karten, die sich gut zum Radfahren eignen.

Zahlreiche Cafés rund um die Guomao und Jinlong Lu bieten WLAN. Die **Bank of China** (中国银行; Zhongguo Yinhang; Datong Lu) wechselt Geld und Reiseschecks. Geldautomaten gibt's überall in der Stadt.

START IN DEN TAG WIE EIN EINHEIMISCHER

In China ist der Start in den Morgen mit einem guten und billigen Frühstück in aller Regel eine Herausforderung. Auf Hainan gibt's aber in fast jeder Stadt oder jedem Dorf eine Institution namens *laoba cha*, wo frischer Kaffee (4 Yuan pro Tasse), Brötchen mit Fleischfüllung (包子; *baozi*) und eine große Auswahl an kleinen Süßspeisen angeboten werden. Na gut, das ist vielleicht nicht so gesund wie Müsli und Joghurt, aber man kann sich ja immer noch frisches Obst an einem Straßenstand kaufen.

Laoba cha sind leicht an ihren großen, nüchternen Innenräumen zu erkennen oder in kleineren Städten an ihren Sitzplätzen im Freien (gewöhnlich unter schattigen Bäumen). Falls keines zu finden ist, einfach einen Einheimischen fragen.

An- & Weiterreise

Bus

Es fahren Busse vom Busbahnhof am Hafen Xiuying (海口秀英港客运站; Haikou Xiuxinggang Keyun Zhan) nach Guangzhou (280 Yuan, 10 Std., stündl.) und Guilin (280 Yuan, 15 Std., stündl.).

Der Bahnhof liegt ein Stück westlich der Stadt. Bus 37 verkehrt zwischen Bahnhof und Ertong-Park. Taxis kosten ca. 25 Yuan ab der Innenstadt.

Die Busse vom **Busbahnhof Süd** (汽车南站; 32 Nanhai Dadao) fahren nach:

Qiongzhong 33 Yuan, 3 Std., stündl. Busse über die zentrale Autobahn

Sanya 73 Yuan, 3½ Std.

Wuzhishan 75 Yuan, 4 Std. über die östliche Autobahn, stündl.

Die Busse vom **Busbahnhof Ost** (汽车东站; 148 Haifu Lu) fahren nach:

Qionghai 26 Yuan, 1½ Std., regelmäßig

Wenchang 19 Yuan, 1½ Std., regelmäßige Verbindungen

Sanya 75 Yuan, 3½ Std.

Flugzeug

Haikous **Flughafen Meilan** (www.mlairport.com) ist an die meisten Großstädte Chinas angebunden, einschließlich Hongkong und Macau, mit internationalen Flügen nach Bangkok, Singapur, Kuala Lumpur und Taipei. In der Nebensaison sind One-Way-Inlandsflüge billig. Die Reiseziele umfassen Beijing (2250 Yuan), Guangzhou (700 Yuan) und Shanghai (1660 Yuan).

Zug

Der Hauptbahnhof liegt weit im Westen der Stadt. Bus 37 (2 Yuan) verkehrt zwischen dem Bahnhof und dem Ertong-Park. Bus 40 (2 Yuan) verbindet den südlichen Teil der Stadt mit dem Bahnhof.

Züge nach/von Guangzhou (Hart-/Weichschläfer 197/298 Yuan, 12 Std., 2-mal tgl. um 20.42 und 22.53 Uhr) werden auf eine Fähre verladen, um die Meerenge von Qiongzhou zu überqueren. Tickets (5 Yuan Bearbeitungsgebühr) gibt's am Bahnhof oder am entsprechend ausgeschilderten Schalter der **China Southern Airlines** (中国南方航空; Zhongguo Nanfang Hangkong; 9 Haixiu Donglu).

Hochgeschwindigkeitszug

Der Hochgeschwindigkeitszug von Haikou nach Sanya hat eine Trasse entlang der Ostküste mit Zwischenstopps am Hauptbahnhof von Haikou (Haikou Railway Station) im Westen der Stadt, am Ostbahnhof (Haikou East Railway Station) und am Flughafen Meilan. Dabei ist zu beachten, dass nicht alle Züge bis zum Bahnhof von Haikou fahren. Verbindungen:

Qionghai 41 Yuan, 1 Std., unregelmäßige Fahrtzeiten

Sanya 90 Yuan, 2 Std., regelmäßig

 Unterwegs vor Ort

Zum/vom Flughafen

Der Flughafen Meilan liegt 25 km südöstlich vom Stadtzentrum. Ein Pendelbus (15 Yuan, halbstündl.) fährt zum/ab dem Hainan Minhang Binguan. Ein Taxi kostet rund 80 Yuan in die Innenstadt, den genauen Preis kann man aushandeln. Der Hochgeschwindigkeitszug hält auch am Flughafen.

Öffentliche Verkehrsmittel

Die Innenstadt von Haikou ist zu Fuß machbar. Das Bussystem (1–2 Yuan) ist gut, obwohl man häufig umsteigen muss, um ein bestimmtes Ziel zu erreichen.

Taxi

Taxis verlangen 10 Yuan für die ersten 3 km. Sie sind leicht zu entdecken, aber an den großen Straßen wegen der Barrieren schwer zu erwischen.

Rund um Haikou

VULKANISCHER GEOPARK HAIKOU

海口火山群世界地质公园

Der Geopark (Haikou Huoshanqun Shijie Dizhi Gongyuan) umfasst rund 108 km^2 ländliche Gegend in der Großgemeinde Shishan. Zu sehen sind hier Dutzende erloschener Vulkane, Lavatunnel und sogar ein verlassenes Dorf, das aus Lavasteinen erbaut ist. Minibusse aus Haikou setzen die Touristen vor einem schicken **Touristenpark** (Eintritt 60 Yuan; ⌚8.30–17.30 Uhr) ab, der sich lohnt, wenn man durch einen Vulkankrater laufen möchte, der üppig bewachsen ist.

Vom Park aus geht's am besten mit einem Motorradtaxi 2 km zum **Schutzgebiet des 72-Höhlen-Lavatunnels (Seventy-Two Cave Lava Tunnel)** (七十二洞熔岩隧道保护区), das besser als Huoshan Dong (Vulkanhöhle) bekannt ist. Der Tunnel ist mehrere hundert Meter lang, rund 20 m breit und 15 m hoch. Obwohl es vor dem Tunnel keine offizielle Kasse gibt, verlangen die einheimischen Senioren von den Besuchern 10 Yuan plus weitere 2 Yuan für eine Fackel, die allerdings schon längst abgebrannt ist, bevor man den Tunnel vollends passiert hat.

In der Nähe des Weganfangs zum Tunneleingang liegt **Huoshan Cun** (火山村; Vulkandorf). Das verlassene Dorf besteht komplett aus Lavasteinen und ist sehr fotogen. Auch hier kann Eintritt verlangt werden.

An- & Weiterreise

Der Geopark liegt ungefähr 15 km von Haikou entfernt. Hierher geht's zuerst mit einem Taxi bis zur T-Kreuzung von Xiuying Xiaojie und Xiuying Dadao (秀英小街、秀英大道) und dann mit einem der häufigen Minibusse (4 Yuan, 30 Min.) in den Verwaltungsbezirk Shishan (石山镇; Shishan Zhen). Der Bus fährt an der Bushaltestelle am weiter entfernten Ende der Xiuying Dadao ab.

Ein Taxi zum Park kostet 60 Yuan. Doch angesichts seiner Größe und der Nähe zu Haikou lässt er sich am besten per Rad erkunden.

KOKOSNUSSPLANTAGE DONGJIAO

东郊椰林

Die Kokosnussplantage (Dongjiao Yelin) erstreckt sich über einen großen Teil des Verwaltungsbezirks Wenchang an der Nordostküste. Dies ist eher eine große Agrargemeinde als eine einzige Plantage, und die kühlen, von Palmen gesäumten Landstraßen und traditionellen Dörfer verleihen der Region sehr viel Charme. Dazu kommen kilometerlange Sandstrände. Alles in allem also eine tolle Gegend, in der man prima ein paar schöne Tage mit Erkunden oder Erholen verbringen kann. In der Nebensaison hat man die Strände praktisch für sich allein, sofern nicht eine Studentengruppe einfällt und das Gelände erobert.

Übernachtungsmöglichkeiten gibt's in verschiedenen Strandhotels. Das **Hainan Prima Resort** (海南百莱玛度假酒店; ☎0898-6353 8222; www.hainanprimaresort.com; Zi./Hütten ab 289/498 Yuan) hat kahle Zimmer und komfortable ein- und zweistöckige Holzhäuser, deren Preis sich nach Größe und Strandnähe bemisst. Alle Schilder, Speisekarten und Hinweistafeln sind auf Englisch, das Personal spricht jedoch kaum Englisch. Wer sich nicht für das Prima begeistern kann, wandert in das nahegelegene Dorf, wo die Einheimischen Privatzimmer anbieten.

LI & MIAO

Vier große Volksgruppen leben auf Hainan (auch wenn die amtliche Statistik insgesamt 39 auflistet). Darunter sind die ersten Bewohner der Insel, die Li und die Miao (H'mong), die heute vorwiegend in den Waldgebieten am Gebirgszug Limuling Shan (Mutter des Li-Bergs) anzutreffen sind, der sich bis zur Inselmitte erstreckt. Die Li kamen vermutlich vor 3000 Jahren aus Fujian nach Hainan, und die Volksgruppe zählt heute über eine Million Menschen.

Trotz einer langen Geschichte der Rebellion gegen die Chinesen haben die Li während des Krieges gegen Japan hier den kommunistischen Guerillakämpfern geholfen. Vielleicht wurde deshalb die Inselmitte nach der kommunistischen Machtübernahme zu einer „autonomen" Region erklärt. Die Region sollte sich also selbst verwalten, und die Randgruppen der Li und Miao sollten einen gewissen Einfluss erhalten. Diese Situation erwies sich allerdings als kurzlebig, nachdem die frisch erstarkten Lokalpolitiker der Korruption und Geldverschwendung überführt worden waren.

Wie auch die Li breiteten sich die Miao von Südchina her aus und sind nun auch in Nordvietnam, Laos und Thailand zu finden. Heute leben rund 60 000 Miao auf Hainan, und zwar auf einem Teil des rauesten Terrains der Insel.

An- & Weiterreise

Am Ostbahnhof von Haikou nimmt man den Hochgeschwindigkeitszug nach Wenchang (27 Yuan, 30 Min., stündl.). Dann geht's weiter mit dem Bus 6 (2 Yuan) zur Haltestelle Xinhua Chu Dian (dauert ca. fünf Minuten), die Straße überqueren und weiter mit einem Bus nach Jianhuashan (建华山; 8,50 Yuan), das ist die letzte Haltestelle. Der Strand liegt direkt geradeaus hinter dem Tor des Hainan Prima Resort.

TONGGU LING & YUE LIANG WAN

铜鼓岭、月亮湾

Tonggu Ling ist der Name eines Berges und Naturparks an der Nordostküste gleich nördlich der Kokosnussplantage bei Dongjiao. Von oben bietet sich ein guter Ausblick über die Küste, und im Norden liegt ein langer Sandstrand mit dem Namen Yue Liang Wan. Es gibt keine öffentlichen Verkehrsmittel in dieser Gegend, aber vielleicht kann im Dorf um das Hainan Prima Resort ein Motorrad gemietet werden. Mit dem Rad dauert die Tour hierher ab der Kokosnussplantage rund zwei Stunden. Es ist eine schöne Strecke durch das ländliche Hinterland von Hainan.

Zentrales Hochland

☎0898

Hainan ist vor allem wegen seiner tropischen Strände berühmt, aber für zahlreiche Reisende zeigt sich der wahre Charme dieser Insel in dieser Gegend mit ihren dunkelgrünen Bergen und Tälern mit Reisterrassen.

Bis vor kurzem hatten die Han-Chinesen hier noch kaum Spuren hinterlassen, und selbst heute gibt es nur wenige Anzeichen der chinesischen Kultur wie Tempel oder Schreine. Stattdessen ist die Region eher von den Li und Miao geprägt, ethnischen Minderheitengruppen, die auf dieser Insel ein sehr primitives Leben führten. Tatsächlich wurden selbst in den 1930er-Jahren noch Gruppen von Li angetroffen, die als Jäger und Sammler im bergigen Inland von Hainan lebten. Heutzutage sind diese bei Weitem die ärmsten Menschen auf der Insel.

Reisen in dieser Region ist einfach, da ein gut ausgebautes Busnetz die großen und die kleineren Städte miteinander verbindet. Die meisten Busse von Haikou brauchen über die Straße an der Ostküste nur wenige Stunden nach Wuzhishan. Wer die Route durch die Inselmitte nehmen möchte, fährt zuerst nach Qiongzhong und von dort weiter mit einem Bus nach Wuzhishan.

Das Rad ist ebenfalls ein gutes Fortbewegungsmittel in dieser Region – s. Kasten S. 640.

WUZHISHAN STADT (TONGSHI)

五指山市(通什)

Früher hieß es einmal Tongzha oder Tongshi. Heute ist Wuzhishan Shi nach dem berühmten nahegelegenen Berg benannt, dem höchsten Punkt der Insel und einem Wahrzeichen von Hainan. Auch wenn es der Größe nach eher eine Kleinstadt ist, ist Wuzhishan die kleinste Großstadt Chinas.

Diesen Status erhielt es, als es damals in den 1980er-Jahren die Hauptstadt der kurzlebigen Autonomen Präfektur der Li und Miao wurde.

Die meisten Reisenden erklimmen von hier aus den Berg oder nutzen die Stadt als Ausgangsbasis zum Erkunden der Region. Bitte beachten, dass es in Wuzhishan keine Möglichkeit zum Geldwechseln oder -abheben gibt, also unbedingt ausreichend Bargeld mitbringen. Ein **Internetcafé** (pro Std. 2,50 Yuan; ⌚24 Std.) befindet sich im Obergeschoss des Jinyuan Dajiudian, aber man braucht einen chinesischen Ausweis dafür.

Schlafen & Essen

Kostengünstige Restaurants finden sich überall rund um den Busbahnhof, ebenso zahllose Obststände, Bäckereien und Cafés. Abends stehen überall in der Stadt Grillstände, und wer als Gruppe unterwegs ist, kann hier abends wunderbar gemeinsam essen. Abseits der Buxing Jie, der breiten Promenade am Fluss mit über einem Kilometer an ausufernden Banyanbäumen, befinden sich reihenweise *laoba cha* (Lokale für Kaffee und Snacks), Teehäuser und Grilllokale.

Holiday Inn of Jadeite Mountain City HOTEL €€

(五指山翡翠山城假日酒店; Wuzhishan Feicui Shancheng Jiari Jiudian; ☎8663 08888; 1 Shanzhuang Lu; EZ/DZ 298/368 Yuan; ❄📶) Die sauberen und hellen Zimmer im oberen Stock bieten einen herrlichen Blick über die Stadt und die nahen Berge. Das geräumige **Restaurant** (pro Gericht durchschnittlich 28–58 Yuan, Menüs 18–25 Yuan; ⌚7–24 Uhr) im Zwischengeschoss serviert ausgezeichnete chinesische Küche, darunter auch ein *dim-sum*-Frühstück, zu vernünftigen Preisen. Von der Bushaltestelle führt der Weg hierher, wenn man sich am Ausgang links hält und der Straße folgt, die eine Rechtskurve neben dem Fluss macht. Die Unterkunft befindet sich 500 m weiter unten. Es sind Preisnachlässe von bis zu 40 % möglich.

Tong Shi Guo Ji Hotel HOTEL €

(通什国际大酒店; Tongshi Guoji Dajiudian; ☎8663 3158; Haiyu Lu; DZ/2BZ 180/258 Yuan) Die größeren Zweibettzimmer sind in der Nebensaison günstig und bieten mehr Licht und einen besseren Ausblick als die Doppelzimmer. Das Hotel liegt nur wenige Blöcke vom Jinyuan Dajiudian entfernt, gleich dort, wo die Straße den Rechtsknick macht, um dem Flusslauf zu folgen. Es gibt Preisnachlässe von bis zu 60 %.

Zhengzong Lanzhou Lamian NUDELN €

(正宗兰州拉面; echte Lanzhou-Nudeln; 海榆路; Haiyu Lu; Gerichte 7–15 Yuan; ⌚6.30–22 Uhr) Nur ein paar Häuser weiter als das Jinyuan Dajiudian verkauft dieses von Hui-Moslems geführte Restaurant eine ganze Reihe billiger, aber ausgezeichneter Nudel- und Lammgerichte. Unbedingt probieren: das *ganbanmian* (干伴面; 8 Yuan), eine Art von pfannengerührten Spaghetti Bolognese mit handgezogenen Nudeln.

An- & Weiterreise

Busse von Wuzhishan sind u.a.:

Baoting 9 Yuan, 40 Min., stündl.

Haikou 86 Yuan, 4 Std., 7-mal tgl.

Qiongzhong 28 Yuan, 2 Std., stündl.

Sanya 23 Yuan, 1½ Std., regelmäßig

Shuiman 8 Yuan, 1 Std., stündl.

Rund um Wuzhishan

WUZHI SHAN (FÜNFFINGERBERG) 五指山

Der **Berg** (Eintritt 50 Yuan; ⌚24 Std.), nach dem Wuzhishan benannt ist, erhebt sich in der Mitte von Hainan und erreicht bis zu 1867 m. Er liegt in einem Naturschutzgebiet 30 km nordöstlich der Stadt. Als höchster Gipfel dieser Insel spinnen sich natürlich Volkssagen um ihn: Die fünf Bergspitzen sollen beispielsweise für die fünf wichtigsten Götter des Li-Volkes stehen. Seinem Namen zum Trotz sieht der Gipfel jedoch aus den meisten Blickwinkeln wie ein einzelner Vulkangipfel oder ein gespaltener Huf aus.

Das Naturschutzgebiet umfasst den Ursprung der Flüsse Wanquan (万泉河) und Changhua (昌化江) und schützt einen Mischwald, in dem 6,5 % aller Gefäßpflanzenarten Chinas beheimatet sind. Dies ist ein reichhaltiges (wenn auch bedrohtes) Ökosystem und bekommt auf Hainan den meisten Niederschlag ab. Die durchschnittliche Luftfeuchtigkeit liegt hier bei über 90 %, und die Bergspitze verschwindet oft im Nebel und Dunst.

Mit der Fahrt hierher und dem Bergsteigen kann man locker den ganzen Tag verbringen. Wer also auf klare Sicht vom Gipfel hofft, sollte möglichst früh aufbrechen. Die meisten Leute erreichen die Spitze des ersten Fingers (der zweite ist der höchste) in drei Stunden. Der Weg ist zwar frei, aber er ist sehr steil. Es müssen auch ein paar Leitern erklommen werden. Der Abstieg geht nicht viel schneller als der Aufstieg, daher dauert die Tour bestimmt sechs bis acht Stunden.

Wuzhishan befindet sich rund 4 km vom Dorf **Shuiman** (水满) entfernt. Es gibt keinen festen Fahrplan für die Busse nach Shuiman, aber die Busse verkehren ungefähr einmal pro Stunde (8 Yuan, 1 Std., 35 km). In Wuzhishan kauft man das Ticket im Bus, der auf der Straßenseite gegenüber der Vorderseite des Busbahnhofs startet. Unbedingt darauf achten, den Bus nach Shuiman zu nehmen, der über Nansheng fährt.

In Shuiman transportieren Motorradtaxis die Touristen für 15 Yuan über die letzten 4 km. Der letzte Bus zurück nach Wuzhishan verlässt Shuiman gegen 18 Uhr.

QI XIAN LING (SIEBEN-FEEN-BERG) 七仙岭

Rund 39 km südöstlich von Wuzhishan liegt die kleine und auffallend ordentliche Li-Stadt **Baoting** (保亭). Auch wenn einem diese Ordnung nach ein paar Wochen des Reisens durch China angenehm auffallen mag, ist der Hauptgrund für die Reise hierher der Aufstieg zum 1126 m hohen **Sieben-Feen-Berg** (Qi Xian Ling), einem auffälligen Gebirgskamm, der aus zerklüfteten, speerähnlichen Felszacken besteht. Die Gegend ist jedoch bei den Chinesen möglicherweise berühmter wegen der Thermalquellen, die mitten im tropischen Regenwald sprudeln.

Die Zufahrt zum Berg und zu den heißen Quellen liegt 9 km abseits der Hauptstraße von Baoting. Die Gegend ist inzwischen als **Naturschutzgebiet Heisse Quellen und Wald** (七仙岭温泉国家森林公园; Qi Xian Ling Wenquan Guojia Senlin Gongyuan; Eintritt 48 Yuan) ausgewiesen. Tickets für den Aufstieg zum Sieben-Feen-Berg können am neuen Nationalparkbüro am Anfang des 2,4 km langen Wanderwegs gekauft werden. Der Weg nach oben und wieder zurück dauert drei Stunden. Es geht durch einen dichten, gesunden Regenwald, in dem Vögel und Insekten umherschwirren. Die letzten 100 m Aufstieg zum Gipfel führen über einen Hang mit Löchern, Ketten und Geländern, um den fast senkrechten Aufstieg zu erleichtern. Der Ausblick von ganz oben lohnt die Mühe.

Es verkehren häufig Busse nach Baoting von Wuzhishan (9 Yuan, 40 Min.) und auch Sanya (22 Yuan, 1½ Std.). Ab dem Busbahnhof in Baoting geht's mit einem Motorradtaxi weiter zum Eingang des Nationalparks (30 Yuan). Unbedingt sollte man darauf achten, dass man kein Motorrad mit Seitenwagen erwischt, da diese Fahrzeuge nicht genügend PS haben, um die letzten 4 km von den heißen Quellen bis zum Ausgangspunkt der Wanderung zu schaffen.

Wer in Baoting übernachten möchte, findet im **Jin Zhou Du Jia Xiuxian Binguan** (金洲度假休闲宾馆; ☎0898-8366 3888; 2BZ ab 130 Yuan) überraschend komfortable und moderne Zimmer mit großartigen Extras, wie einem Großbildschirm-TV und Computer mit Breitband-Internet. Das Hotel liegt gleich rechts vom Ausgang des Busbahnhofs.

Ostküste

☎0898

An Hainans Ostküste reihen sich von Palmen gesäumte Strände, lange Buchten und Landzungen aneinander, von denen die meisten leider kaum von der Hauptstraße zu sehen sind, noch nicht einmal vom Fahrradsattel aus. Nachdem die besten Strände bebaut wurden oder gerade werden, besteht wenig Veranlassung für einen eigenen Ausflug hierher (ausgenommen nach Bo'ao), es sei denn, man möchte surfen oder in einem Strandhotel wohnen. Radfahren oder Motorradfahren ist jedoch eine andere Geschichte, da es unendlich viele einsame Buchten, kleine Dörfer und Landstraßen gibt, die entdeckt werden wollen.

In der Vergangenheit war die Ostküste der Schwerpunkt der Besiedelung durch die Han. Vom Hochland kommend fallen die Tempel, Gräber, Schreine und anderen Zeichen chinesischer Kultur ins Auge, die überall verteilt sind.

BO'AO 博鳌

Die attraktive kleine Küstenstadt am Zusammenfluss von drei Flüssen ist bekannt als Veranstaltungsort des Bo'ao Forum for Asia (BFA), einem jährlichen Treffen von Spitzenfunktionären, Akademikern und

ABSTECHER

DAS FARBENFROHE FISCHERSTÄDTCHEN XINCUN

Dieses klassische Fischerstädtchen (新村; Xincun) am Südchinesischen Meer ist eines der authentischsten und malerischsten Ausflugsziele auf Hainan. Inmitten des Tumults, Wirrwarrs, Drecks und des Treibguts eines typischen Fischerhafens treiben Hunderte bunt lackierter Holzschiffe in einer tiefblauen tropischen Bucht umringt von jadegrünen Hügeln. Fisch trocknet in den Werften, Frauen knüpfen Netze, Männer schweißen alte Metallstücke zusammen und eine ganze Gemeinschaft lebt gut und zufrieden, einschließlich Hunderte von Familien, die dauerhaft auf Hausbooten auf der anderen Seite der Bucht leben.

Die meisten Menschen kommen in diese Gegend, um nur die eher langweilige **Nanwan-Affeninsel** (南湾猴岛; Nanwan Houdao) auf der anderen Seite der Bucht zu sehen, zu der man mit Chinas längster **Gondel** (163 Yuan; ⌚8–16.50 Uhr, letzte Gondel 16.20 Uhr) fährt. Rund 1000 Makaken *(Macaca mulatta)* leben auf der hügeligen Insel. Während der größte Teil der Insel inzwischen für Touristen gesperrt ist, müssen die Affen immer noch Shows für die Besucher abziehen, werden angeblich von den Wärtern geschlagen und zeigen eindeutige Anzeichen von Stress.

Wer einfach nur die Affen sehen und mit der Gondel fahren möchte, macht am besten eine Tour von Sanya aus. Wer den Fischerort besuchen möchte, nimmt einen Bus von Sanya nach Lingshui (陵水; 18 Yuan, 1½ Std., 79 km, stündl.). Nach dem Verlassen des Hauptausgangs des Busbahnhofs in Lingshui überquert man die Straße, hält sich rechts und läuft ein paar Straßenblöcke geradeaus. Vor der Bank of China einen Minibus nach Xincun (3 Yuan, 40 Min.) nehmen. In Xincun geht's entweder mit einem Motorradtaxi oder zu Fuß noch 1 km weiter bis zum Hafen.

Wirtschaftswissenschaftlern ausschließlich aus der Region Asien.

Für Radfahrer bietet sich Bo'ao als Zwischenstopp an der Küste an und lockt mit guten Unterkünften und leckerem Essen. Für alle übrigen Reisenden ist es eine unprätentiöse kleine Stadt am Meer (mit einem meist menschenleeren Strand), die von einer der schönsten Landschaften Hainans umgeben ist.

Wie ein großer Teil von Hainan oder auch ganz China so stand auch Bo'ao in den letzten paar Jahren unter dem Zauber der Baufee. Im Norden der Stadt schießen Luxusvillen und Urlaubshotels aus dem Boden. Offiziell wird Bo'ao eine große Fläche einnehmen, aber die Straßenblocks der „Innenstadt", in denen die meisten Reisenden sowohl übernachten als auch essen, sind eher winzig, eigentlich nicht mehr als zwei Straßen, die sich an einer T-Kreuzung treffen. Die Haibin Lu (海滨路) verläuft in Nord-Süd-Richtung und die Zhaobo Lu (朝博路) in Ost-West-Richtung. Der Strand ist fünf Gehminuten von hier entfernt.

Eine Reise nach Bo'ao sollte man möglichst nicht in die Zeit des Forums oder in die Woche davor legen, da die Stadt dann weitestgehend durch Sicherheitsleute abgeschirmt wird (es liegen sogar Kriegsschiffe im Hafen).

Sehenswertes & Aktivitäten

Trotz der jährlichen Veranstaltung des BFA und trotz des Baubooms, der manche Stadtteile allmählich in ein Klein-Dubai verwandelt, ist Bo'ao immer noch recht ländlich. Selbst wenige Blöcke von der Hauptkreuzung entfernt liegen kleine Dörfer mit Naturstein- und Ziegelsteinhäusern, wo die Einheimischen den Reis mitten auf der Straße trocknen und Räucherstäbchen in kleinen Schreinen für ihre lokalen Gottheiten abbrennen. Gute Beispiele dafür sind das **Dorf Da Lu Po** (大路坡村; Da Lu Po Cun) und das **Dorf Nanqiang** (南强村; Nanqiang Cun) abseits der Hauptstraße rund 2 km westlich der Kreuzung in der Innenstadt. Rund 20 km nordöstlich von Bo'ao liegt das kleine Fischerdorf **Tanmen** (潭门), wo die hiesigen bunten Holzdschunken sowohl hergestellt als auch repariert werden.

Strände STRÄNDE

Der Strand von Bo'ao's befindet sich nur wenige hundert Meter östlich der Hauptstraße. Um dorthin zu gelangen, geht's die Haibin Lu hinunter. Am Jinjiang Hot

Spring Hotel links abbiegen und dem Straßenverlauf bis zu einer Rechtskurve folgen, die direkt zum **Matsu-Tempel** kurz vor dem Strand führt. Hier fließt der Fluss ins Meer und eine schmale Sandbank an der Mündung ist aus einem unerfindlichen Grund (vielleicht einfach mal einen Einheimischen fragen!) ein beliebtes Ziel für Bootsausflüge.

Schwimmer sollten mindestens einen halben Kilometer weiter Richtung Norden laufen, um gefährlichen Strömungen zu entgehen.

Wohnhaus der Familie Cai HISTORISCHE STÄTTE

(蔡家宅; Caijia Zhai) Wer einen schönen halbtägigen Ausflug machen möchte, schnappt sich ein Rad oder mietet ein Motorradtaxi (60 Yuan) und macht sich auf zu diesem weitläufigen alten Herrenhaus aus dem Jahr 1934, das von mehreren Brüdern gebaut wurde, die ein Vermögen in der indonesischen Gummiindustrie verdient hatten. Das Haus wurde 1937 aufgegeben, als die Japaner Hainan besetzten, und wurde später ein Guerillavorposten für Widerstandskämpfer. 2006 wurde es zu einem Denkmal erklärt, und heute kann man sich die Innenräume ansehen, wenn der Hausmeister gerade da ist, um aufzuschließen.

Um zum Haus zu gelangen, verlässt man die Stadt in westlicher Richtung und biegt am Ende der Straße an einer Gabelung nach links (Süden) ab und überquert zwei lange Brücken. Nach der zweiten Brücke an dem englischen Hinweisschild rechts abbiegen. Nach ein paar Blöcken links halten. Die Fahrt führt durch grüne Felder und eine Ansammlung schöner alter und neuer Häuser entlang der Straße.

Hof der östlichen Kultur KLOSTER

(东方文化苑; Dongfang Wenhuayuan) Diese moderne buddhistische Tempelanlage wird nicht gut instand gehalten, und das ausgezeichnete Lotus-Museum scheint ständig geschlossen zu sein. Trotzdem lohnt sich der Besuch, um die riesige Statue der Guanyin mit vielen Armen und Köpfen, eine beeindruckende Pagode und den Blick über das Delta zu sehen, der beweist, wie schön und ländlich Bo'ao immer noch sein kann.

Ein Motorradtaxi kostet 10 Yuan ab dem Zentrum von Bo'ao. Zurück kann man ohne weiteres laufen und unterwegs einige der traditionellen Dörfer mitnehmen.

Schlafen

LP TIPP Bo'ao Inn B&B €€

(博鳌客栈; Bo'ao *kezhan*; ☎138 7627 1007; www.hainan-letsgo.com; Zi. mit Frühstück ab 395 Yuan; ❄📶) Die Inhaberin dieser großartigen kleinen Pension, eine Amerikanerin, eröffnete die Pension teilweise, um mehr Kontakt zu Ausländern zu haben. Daher ist dies eine Pension mit Familienanschluss. Die Gäste werden verhätschelt und mit Hausmannskost und frischen Backwaren verwöhnt (ihr Bananenbrot ist fantastisch und unter Backpackern legendär). Die Pension bietet Touren in die Miao-Dörfer und Leihräder für Touren im Nahbereich (mit passender Karte). Es gibt Arrangements mit örtlichen Motorradtaxichauffeuren für Touren zu den Sehenswürdigkeiten zum Festpreis. Unbedingt im Voraus reservieren.

Hai Jing Wan Hotel HOTEL €

(海景湾宾馆; Haijing Wan Binguan; ☎6277 9558; Zi. 90–130 Yuan) Nur 150 m westlich von der Hauptkreuzung in der Stadt liegt dieses freundliche Hotel in Familienhand mit großen Zimmern mit Blick auf das Meer und den Fluss. Ein paar Zimmer bekommen jedoch kaum oder gar kein Tageslicht. Das Personal bringt Ausländer gerne in den großen Zimmern im obersten Stock unter. Das sind zwar die teuersten, aber auch die besten.

Essen

Aufgrund ihres internationalen Status als Ausrichterin des BFA hat die Stadt eine gute Auswahl an chinesischen Restaurants, die sich jeweils einer regionalen Küche verschrieben haben (beispielsweise die Küche der muslimischen Hui, Kost aus Hunan und Sichuan, Gerichte 8–60 Yuan). Dazu gibt's jede Menge Grillstände, die abends aufgestellt werden. Vor den Lokalen hängen englischsprachige Schilder, und einige haben inzwischen sogar Speisekarten auf Englisch oder mit Bildern. In der Hauptstraße gibt's Lebensmittelläden und unzählige Obststände.

Täglich gegen 16 Uhr lohnt sich der Weg die 150 m nach Norden auf der Haibin Lu ab der Hauptkreuzung. Dort nach Ständen auf beiden Straßenseiten in der Nähe der Hainan Bank Ausschau halten, die saftige Jiaji-Ente (10 Yuan pro Keule), eine Spezialität aus Hainan, verkaufen. Dafür lohnt es sich, auf die Uhr zu achten, denn das Geflügel ist immer schnell ausverkauft.

Colourful Noodles VEGETARISCH €

(七彩面馆; Qicai Mianguan; Zhaobo Lu; Gerichte 13–15 Yuan; ⌚8–24 Uhr; 🖉📄) Wenngleich ein paar Fleischgerichte in diesem herzlichen, von einer Familie geführten Lokal angeboten werden, bietet dieses Resaurant in erster Linie vegetarische Gerichte an. Auf der Speisekarte stehen Nudelgerichte mit Gemüse, außerdem Klöße, frisches Obst und Säfte. Hierher geht's in westlicher Richtung auf der Zhaobo Lu fast bis zum Ende der Reihe zweistöckiger, weiß gekalkter Häuser.

LP TIPP **Sea Story** MEERESFRÜCHTE, CAFÉ €€

(海的故事; Haide Gushi; Gerichte 18–38 Yuan; ⌚9.30–1 Uhr; 📶📄) Das Sea Story am Meer hat eine offene Konstruktion aus Treibholz und ein cooles Strandläuferdesign: Eine alte Fischerdschunke aus Holz befindet sich mitten in der Lobby. Das luftige Deck im Außenbereich ist der ideale Platz für leckere Cocktails und sogar ein ausgedehntes Mittag- oder Abendessen. Laute Musik, Karaoke und sonstige aufdringliche Geräusche oder Aktivitäten gibt's hier nicht. Das Sea Story liegt rund 1 km nördlich vom Matsu-Tempel entlang der Küstenstraße.

Aozhuang Haixian Cheng MEERESFRÜCHTE €€

(熬庄海鲜城) Wer ein Fan von Meeresfrüchten ist, verlässt die Stadt in nördlicher Richtung und fährt zu dieser Ansammlung von Cafés am Strand, die auf der ganzen Insel bekannt sind. Hier ist es üblich, sich einfach etwas auszusuchen und darauf zu zeigen. Aber unbedingt nach dem Preis fragen, bevor das Gericht zubereitet wird. Die Restaurants öffnen um 9.30 Uhr und schließen, wenn der letzte Gast gegangen ist. Hierher geht's auf der Hauptstraße, besser aber auf der Straße am Meer, die beim Matsu-Tempel beginnt. Der Weg dauert rund 30 Minuten.

Ausgehen

Lao Wood Coffee Rest Area CAFÉ

(老房子; Lao Fangzi; 61 Haibin Lu; Getränke ab 18 Yuan, ⌚9–2 Uhr; 📶) Der Eigentümer dieses Cafés, ein einheimischer Tänzer und Kunstmanager, hat ein altes traditionelles Steinhaus abbauen und es an der Hauptstraße von Bo'ao's wieder aufbauen lassen, um sich seinen Traum von seinem eigenen stilvollen Café zu erfüllen. Drinnen ist es voller Antiquitäten und Kunstobjekte, während sich hinten ein kleiner grüner Garten anschließt.

WELLENREITEN VOR HAINAN

Das Surfen gewinnt langsam eine Anhängerschaft in China, und Hainan ist fraglos das Zentrum der aufkommenden Szene. Während die Mehrzahl der Leute draußen auf dem Wasser immer noch Westler sind, steigt die Zahl der Chinesen, die den Sport ausprobieren, von Jahr zu Jahr. Die Bedingungen sind nicht so, dass dies hier das nächste Indonesien werden könnte, wie der Inhaber des Surfshops, Brendon Sheradon, meint, aber Surfer jeder Leistungsstufe, von Anfängern bis zu Fortgeschrittenen, finden die passenden Wellen. Als Antwort auf das zunehmende Interesse werden nun jährlich zwei Wettbewerbe in der Shimei-Bucht und in der Gegend der Sonne-und-Mond-Bucht veranstaltet (s. S. 651): das **Hainan Surf Open** im November, organisiert von Sheradons **Surfing Hainan** (冲浪海南; Chonglang Hainan; www.surfinghainan.com); und der **Hainan Classic** im Januar, gesponsert von der ASP (Association of Surfing Professionals).

Wer den Sport mal ausprobieren möchte, hat von Mai bis September in den Buchten Dadonghai und Houhai Chancen auf gute Wellen, die auch für absolute Anfänger geeignet sind (besonders in Houhai). Die Shimei-Bucht und Sonne-und-Mond-Bucht sind besonders toll von November bis Januar, aber surfen kann man das ganze Jahr über. Mit bis zu fünf Breaks ist die Gegend für alle Level geeignet. Fortgeschrittene Surfer können ihr Glück bei den Wellen am Ghost Hotel versuchen. Anders als der Süden werden die Shimei-Bucht und die Sonne-und-Mond-Bucht in den Wintermonaten etwas kühl und diesig, daher sind dünne Neoprenanzüge empfehlenswert.

Leihausrüstung und Anfängerunterricht gibt's bei **Sanya Backpackers** (www.sanyabackpackers.com), wer aber professionellen Unterricht sucht, sollte bei Surfing Hainan nachfragen, das zweisstündige Kurse für 400 Yuan und Leihausrüstung für 100 Yuan pro Tag anbietet. Es gibt auch Anzüge für 50 Yuan pro Tag zu mieten.

Praktische Informationen

Tickets für den Hochgeschwindigkeitszug gibt's bei der Yuantong International Travel Agency (64 Haibin Lu; ⏱8–22 Uhr) rund 200 m nördlich der Hauptkreuzung gegenüber einer ABC Bank. In derselben Gegend liegt auch eine Bank of China (中国银行; Zhongguo Yinhang) mit einem Geldautomaten. Ein guter Plan von Bo'ao befindet sich am unteren Rand der allgemeinen Hainan Tourism Guide Map.

An- & Weiterreise

BUS

Am östlichen Busbahnhof von Haikou nimmt man einen Bus zum Hauptbusbahnhof in Qionghai (琼海; 26 Yuan, 1½ Std., 102 km). Dann auf die Straßenseite wechseln, auf der sich das Kentucky Fried Chicken befindet, und nach der Bushaltestelle Ausschau halten, die ein Stück weiter links liegt. Mit dem Minibus 2 nach Bo'ao (4 Yuan, 30 Min., regelmäßig). Fahrgäste werden an der Hauptkreuzung in Bo'ao abgesetzt.

HOCHGESCHWINDIGKEITSZUG

Die nächste Station von Bo'ao ist Qionghai, und dort muss man sich für den Rest der Strecke ein Taxi nehmen (40 Yuan). Alternativ fahren auch die Busse 6 oder 7, die vor dem Bahnhof halten, zum Ostbahnhof von Qionghai (琼海东站); dann der Wegbeschreibung oben folgen.

Sanya 49 Yuan, 1 Std., stündl.

Haikou 41 Yuan, 1 Std., stündl.

SHIMEI-BUCHT & SONNE-UND-MOND-BUCHT 石梅湾、日月湾

Die Shimei-Bucht (Shimei Wan) und die Sonne-und-Mond-Bucht (Ri Yue Wan) sind mit die atemberaubendsten Küstenabschnitte in Hainan. Der Bau großer Urlaubshotels schreitet rasch voran, aber die Strände sind immer noch öffentlich und bieten, besonders von November bis Januar (s. Kasten S. 650), einige von Chinas besten Surfwellen. Einige Hostels und Hotels in Sanya bieten Tagesausflüge zu den Buchten an. Wer an der Ostküste mit dem Fahrrad unterwegs ist, kann bequem dorthin radeln.

Sanya 三亚

☎0898 / 685 400 EW.

Chinas bester Strandurlaubsort ist in jeder Hinsicht eine moderne Angelegenheit – was die Behauptung, dies sei das Hawaii Chinas, etwas suspekt erscheinen lässt. Wer also darauf hofft, eine zauberhafte einheimische Kultur vorzufinden, die eng mit dem Meer verbunden ist – natürlich zusätzlich zum kühlen Bier, goldenen Sandstränden und klarem, blauem, tropischen Gewässer – wird leicht enttäuscht sein. Sanya wurde einzig und allein für das Freizeitvergnügen geschaffen.

Wenngleich gewöhnlich der gesamte rund 40 km lange touristische Küstenabschnitt als Sanya bezeichnet wird, besteht die Region eigentlich aus drei verschiedenen Zonen. In der Sanya-Bucht liegen das belebte Stadtzentrum und ein langgezogener Strand mit Hotels für Einheimische und Urlauber vom Festland. In der Dadonghai-Bucht, rund 3 km südöstlich, hinter der Halbinsel Luhuitou, halten sich die meisten westlichen Reisenden auf. Tatsächlich herrscht hier inzwischen ein so steter Zustrom an russischen Urlaubern, dass fast alle Straßenschilder auf Kyrillisch und Chinesisch sind. Noch einmal 15 km weiter östlich, in der exklusiven Yalong-Bucht, ist der Strand erste Sahne, ebenso die Zeile internationaler schicker Hotelanlagen.

Der Busbahnhof befindet sich in der Sanya-Bucht an der Jiefang Lu, der wichtigsten Straße. Diese Straße wird zur Yuya Lu und führt dann zur Dadonghai-Bucht und zur Yalong-Bucht. Die Karte *Sanya Tour Guide* (6 Yuan) ist in Hostels und Hotels erhältlich. Sie ist praktisch, um einen Überblick über die Gegend zu bekommen. Die Internetseite What's On Sanya (www.whatsonsanya.com) hat aktuelle Informationen zu Veranstaltungen, Restaurants und Ausgehtipps.

Sehenswertes & Aktivitäten

Wie in einer Küstenstadt nicht anders zu erwarten, hat nahezu alles, was es in Sanya zu tun und zu sehen gibt, mit Sand, Meer, Shoppen und Nachtleben zu tun. Ein Spaziergang am Flussufer ist in den kühlen Abendstunden sehr angenehm. Banyanbäume spenden den Boulevards Schatten, gesund aussehende Mangroven säumen das Ufer und eine moderne, glitzernde Skyline bildet die Kulisse.

Zum Tauchen oder Schnorcheln sind die Monate Mai bis August, vor der Zeit der Wirbelstürme, am besten geeignet, obwohl die Einheimischen ganz ehrlich sagen, dass es im Wasser nicht viel zu sehen gibt. Surfen ist das ganze Jahr über möglich, wenn man abwechselnd die Buchten Dadonghai, Houhai oder die nahegelegene Sonne-und-Mond-Bucht aufsucht.

Sanya

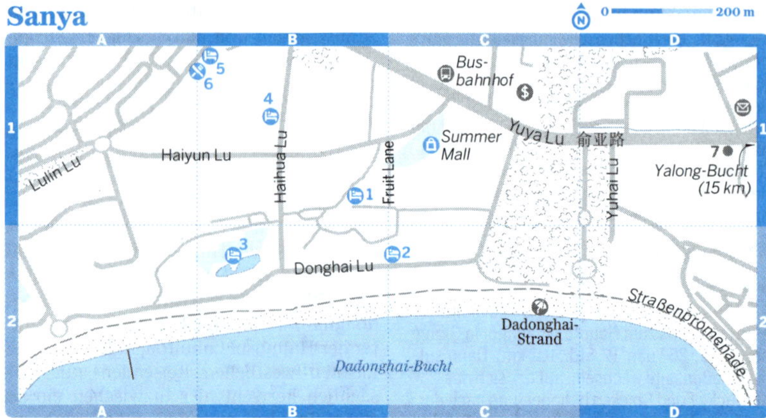

Sanya

Schlafen

1 Blue Sky International Youth Hostel B1
2 Golden Beach Villa C2
3 Resort Intime B2
4 Sanya Backpackers B1
5 Sanya Luxiang Shangwu Zhongxin B1

Essen

6 Casa Mia Italienisches Restaurant . B1

Transport

7 Flugticketbüro D1

Strände STRÄNDE

Der Sandstreifen vor dem Stadtzentrum in der **Sanya-Bucht** (三亚湾; Sanya Wan) ist der lässigste der drei Hauptstrände und der Ort, wo Leute zu sehen sind, die es sich gut gehen lassen, lachen, spielen und das Strandleben wie in früheren Zeiten genießen. In schattigen Ecken sitzen Einheimische, die musizieren, singen, konspirieren, Zeichen in den Sand schreiben usw. Es gibt eine lange Promenade für einen Bummel am kühlen Abend, und bei Ebbe kann man kilometerweit im Sand spazieren. Abends ist es toll zu beobachten, wie die Lichter auf der Phönix-Insel (dem riesigen Kreuzfahrtschiffterminal) angehen.

Die **Dadonghai-Bucht** (大东海湾; Dadonghai Wan) verfügt über einen breiteren Strand als Sanya und einen überdachten Gehweg fast entlang ihrer gesamten Länge. Die Lage in einer in einer tiefblauen Bucht mit felsigen Landzungen ist traumhaft, aber es kann voll werden, und die Menschen wirken etwas zu bemüht, hier ihren Spaß zu haben.

Für manche Leute hat die **Yalong-Bucht** (亚龙湾; Yalong Wan; Asian Dragon Bay) den besten Strand, aber bei all den frenetischen Aktivitäten ist sie wohl am wenigsten erholsam.

Sowohl die Bucht von Dadonghai als auch die von Yalong bieten eine große Auswahl an Aktivitäten, darunter auch Jetskiing, Schnorcheln oder Parasailing, aber der Unterricht ist gewöhnlich suboptimal und die diensthabenden Rettungsschwimmer sind nicht ordentlich ausgebildet und im Notfall wenig hilfreich. Für Tauchunterricht und Verleih von Ausrüstung sowie Surfen am besten bei Sanya Backpackers nachfragen.

Houhai (后海), ein halbmondförmiger Sandstrand rund 45 Minuten nordöstlich von Dadonghai, ist bei denen beliebt, die gerne vor den Massen flüchten (obwohl sie ironischerweise am südlichen Rand der Haitang-Bucht liegt. Wer das Ausmaß an Bautätigkeit dort nicht mit eigenen Augen gesehen hat, wird es nicht glauben.) Die Hotels in Sanya bringen ihre Gäste hierher zum Surfen und Tauchen, während chinesische Touristen für einen Bootsausflug nach Wuzhizhou Dao (Insel) zu diesem Anleger gebracht werden. Zu diesem Strand geht's mit Bus 28 von der Hauptstraße in Dadonghai (11 Yuan). Dort gibt's ein kleines Dorf mit vielen kleinen Restaurants und Obstständen.

Schlafen

In der Dadonghai-Bucht sind genügend Mittelklasse- und Budgetunterkünfte zu finden. Die Spitzenklassehotels liegen hinter dem Strand an der Yalong-Bucht in einem eigenen Bezirk mit von Palmen gesäumten Straßen und parkähnlichen Außenanlagen. Außerhalb der Hauptsaison sind fast überall Preisnachlässe von 30 bis 60 % zu bekommen, und selbst für Hostelbetten gelten saisonbedingte Preise, die auch nach Wochenende und Wochenmitte unterscheiden.

DADONGHAI

LP TIPP Sanya Backpackers HOSTEL €
(三亚背包度假屋; Sanya Beibao Dujia Wu; ☎8821 3963; www.sanyabackpackers.com; No 1 Type 1 Villa, Lu Ming Community, Haihua Lu, Dadonghai Bay; B 75 Yuan, DZ/2BZ 280/220 Yuan;) Das Hostel wird von einem Tauchlehrer aus Singapur und seiner entzückenden Frau geführt. Dieses blitzblanke Hostel ist persönlicher und freundlicher als die anderen der Stadt. Mit seiner Lage in einem weißen Gebäude in einer ruhigen Wohnanlage ist es auch eine Oase. Es gibt einfache Backpackergerichte, und abends kann man an der neuen Bar abhängen. Neben der Prüfung für den Open-Water-Schein und Auffrischkursen (pro Tag 500 Yuan einschließlich Mittagessen und Transport) bietet das Hostel Surfkurse und Leihausrüstung (pro Tag 380 Yuan) und einige speziell auf die Gäste zugeschnittene Ausflüge zu den Wasserfällen und Dschungelwanderungen.

Resort Intime RESORT €€€
(湘投银泰度假酒店; Xiangtou Yintai Dujia Jiudian; ☎8821 0888; www.resortintime.com; Dadonghai Bay; Zi. ab 1688 Yuan;) Beim Betreten der Lobby und im Aufzug zur Rezeption entsteht der Eindruck eines Busbahnhofs, aber das ist in der großartigen kleinen Ferienanlage am Strand auch so ziemlich das Einzige, was nachteilig ist. Das Hotelgelände ist überraschend groß und grün, am Pool gibt's einen Grill. Die Zimmer sind nicht die geräumigsten, aber die mit Meerblick liegen genau im richtigen Winkel, um die Bucht gut sehen zu können. Es gibt rauchfreie Etagen.

Blue Sky International Youth Hostel HOSTEL €
(蓝天国际青年旅舍; Lantian Guoji Qingnian Lüshe; ☎133 2209 8659; www.sanyahostel.com; 1 Lanhai Alley, Haiyun Lu, Dadonghai Bay; B 60–70 Yuan, 2BZ/DZ 190/220 Yuan;) Dieser alteingesessene Backpackertreffpunkt in Dadonghai ist etwas unpersönlich, aber bestens auf Ausländer eingerichtet. Hier wird WLAN, ein Fahrradverleih, Waschmaschinen und informative Aushänge sowie ein anständiges Restaurant (wenn es geöffnet ist) angeboten. Die Jugendherberge liegt in einer Gasse, die links, gleich hinter den Obstständen, von der Haiyun Lu abgeht.

Golden Beach Villa HOTEL €€€
(金沙滩海景度假别墅; Jin Shatan Haijing Dujia Bieshu; ☎8821 2220; www.jinshatan888.com; 21 Haihua Lu; Zi. ab 1088 Yuan;) Entgegen der Adresse liegen das Büro und die Suiten tatsächlich an der Donghai Lu und gegenüber vom Strand. Die Zimmer liegen in einem Garten, der von einer Mauer umgeben ist, direkt am Meer. Von den oberen Zimmern ist der Ausblick grandios. Auch wenn man hier immer noch ziemlich nah am Geschehen ist, ist dies ein eher ruhiger Teil von Dadonghai.

Sanya Luxiang Shangwu Zhongxin PENSION €
(三亚鹿翔商务中心; ☎8822 4771; 17 Lulin Lu; Zi. 100 Yuan;) Es gibt derartig viele schlampige Pensionen in den Hochhäusern rund um Dadonghai, dass diese Unterkunft mit ihren sauberen, modernen Zimmern in einer hellen Gartenvilla ein richtig gutes Angebot ist. Die Pension hat keinen englischen Namen, aber am Eingangstor hängt ein Schild, dass hier Zimmer zu vermieten sind.

BUCHT DER LIEBENDEN

Seitdem die Preise in Dadonghai steigen, entstehen rasch neue Hostels außerhalb der belebten Gegenden. Die meisten liegen zu weit abseits, um sie zu empfehlen, aber an der Westseite des Kaps Luhuitou liegt die Bucht der Liebenden (情人湾; Qingren Wan), ein ruhiges Fischerdorf mit einer Reihe niedriger Hostels, Open-Air-Restaurants und Pensionen, die praktisch aus dem Sand zu wachsen scheinen. In der Bucht kann man schwimmen, muss aber wegen der Muscheln Sandalen tragen.

Lover Bay Beach Cafe Hostel HOSTEL €
(情人湾沙滩度假屋; Qingren Wan Shatan Dujia Wu; ☎8883 8855; http://loverbayhostel.taobao.com; 175 Luhuitou Village; 三亚鹿回头村一组 175 号，居委会后面; B/2BZ 60/220 Yuan;

) Dieses Hostel am Strand wird von einem Inhaber aus Shanghai geführt, der Englisch spricht. Hier wird einfache Hostelkost serviert, aber man kann auch selbst in der Küche kochen. Einen Steinwurf davon entfernt liegen etliche Seafood- und chinesische Restaurants mit Sitzplätzen im Freien. Vor der ersten Anreise den Inhaber besser um eine Wegbeschreibung bitten, da das Hostel etwas versteckt liegt.

Essen

Die gesamte Küste von Dadonghai ist ein einziger Streifen von Restaurants, Bars und Cafés, von denen die meisten überteuert und nicht besonders gut sind, selbst wenn die Atmosphäre insgesamt cool, schattig und szenemäßig ist.

An der Haihua Lu liegen Restaurants, mit Sitzplätzen im Freien für Gegrilltes und Meeresfrüchte zum Abendessen, während in der Gasse zum Blue Sky Hostel günstige Läden mit Klößen und Essen vom Grill zu finden sind, auch abends.

Hong Shao Ma Tou MEERESFRÜCHTE **€€€**
(红少码头) Die schwimmenden Fischrestaurants in der Hong Shao Ma Tou sind vielleicht nicht jedermanns Geschmack, aber wer sich in einer rustikalen, lauten und geselligen Atmosphäre beim Essen wohlfühlt, fährt mit Bus 17 (1 Yuan) von der Yuya Lu in Dadonghai bis zur letzten Haltestelle. Gleich um die Ecke liegen einige Holzdschunken, die darauf warten, Gäste zu den schwimmenden Restaurants ein paar hundert Meter vor der Küste zu bringen. Hier unbedingt darauf achten, einen festen Preis für die bestellten Meeresfrüchte (in der Regel unter 100 Yuan pro Person) schon vor dem Essen zu vereinbaren.

Li Guo Canting HAINAN-KÜCHE **€€**
(利国餐厅; Wenming Lu, Sanya; 文明路; ☎8825 9099; Gerichte 20–40 Yuan; ⏰11–20.30 Uhr) Dieses etablierte einheimische Restaurant serviert ausgezeichnete Kost aus Hainan, wie Wenchang-Hühnchen (文昌鸡; *Wenchang ji;* pro *Jin* 40 Yuan, reicht für eine oder zwei Personen). Unbedingt probieren: *tieban niurou* (铁板牛肉; Rindfleisch von einer heißen Platte). Hierher nimmt man sich am besten ein Taxi, da das Lokal schwer zu finden ist.

Casa Mia Italian Restaurant ITALIENISCH **€€**
(卡萨米亚意大利餐厅; Kasa Miya Yidali Canting; 15 Lulin Lu; Hauptgerichte 48–78 Yuan;) Diese Filiale eines schon lange bestehenden Restaurants in der Bucht von Sanya serviert italienische Spitzenkost, wie Pasta, Ravioli, Pizza und Vorspeisen. Die Weinkarte ist interessant genug, um hier ein ausgedehntes Mittagessen oder einen ganzen Abend zu verbringen.

Ausgehen

Wer abends noch etwas erleben möchte, geht am besten nach Sanya und in die Dadonghai-Bucht. Die Yuya Lu ist eine Straße mit Bars und Karaokebars (KTV) in der Nähe des Flusses.

Bud CAFÉ, BAR
(早苗岩烧; Zaomiao Yanshao; www.syzaomiao.com; 11f Shengshixindi Bldg, Ecke Sanyawan Lu & Jixiang Lu, Sanya; 三亚市三亚晚路吉祥路口盛世新第大楼十一楼; Getränke ab 25 Yuan; ⏰13–1 Uhr) Mit Blick auf die Sanya-Bucht serviert das Bud Fruchtsäfte, Tee, Kaffee und alkoholische Getränke (auch leichte Mahlzeiten) auf seiner einzigartigen Dachterrasse. Der Eingang befindet sich links des Ladens mit dem Schild „Mu Wu Health Preservation Center“.

Praktische Informationen

Es gibt das volle Angebot an Internetcafés (chinesischer Ausweis erforderlich), Banken, Reisebüros, usw. sowohl in der Stadt Sanya als auch in der Bucht von Dadonghai. WLAN ist fast überall in den Restaurants und Cafés vorhanden. Die **Bank of China** (中国银行; Zhongguo Yinhang; Yuya Lu) in Dadonghai löst Reiseschecks ein und hat einen Geldautomaten.

An- & Weiterreise

Bus

Zahlreiche Busse und Minibusse mit Fahrtzielen in fast allen Teilen von Hainan verkehren ab dem **Fernbusbahnhof** (Sanya qichezhan; Jiefang Lu, Sanya).

Baoting 22 Yuan, 1½ Std., stündl.

Haikou 75 Yuan, 3½ Std., regelmäßige Verbindungen

Lingshui 18 Yuan, 1½ Std., stündl.

Wanning 30 Yuan, 2 Std., stündl.

Wuzhishan 23 Yuan, 2 Std., regelmäßige Verbindungen

Flugzeug

Sanyas **Phoenix Airport** (www.sanyaairport.com) hat internationale Flüge nach Singapur, Hongkong, Malaysia, Thailand, Taiwan und Japan sowie nach Beijing (2310 Yuan), Guangzhou (800 Yuan) und Shanghai (1890 Yuan).

Hochgeschwindigkeitszug

Tickets sind in Dadonghai beim **Flugticketverkauf** (蓝色海航空售票中心；Yuya Lu) zwei Haltestellen östlich der Summer Mall (die Haltestelle heißt Bayi Zhongxue) erhältlich. Man kann die Tickets auch (mindestens eine Woche im Voraus) bei **Apple Travel** (www.appletravel.cn/china-trains) online bestellen.

Haikou 90 Yuan, 2 Std., regelmäßig

Qionghai 49 Yuan, 1 Std., stündl.

Unterwegs vor Ort

Sanyas Phoenix Airport liegt 25 km von der Dadonghai-Bucht entfernt. Der Pendelbus 8 (5 Yuan, 1 Std.) fährt in der Yuya Lu zum Flughafen ab. Ein Taxi kostet 60 bis 70 Yuan. Der Bahnhof für den Hochgeschwindigkeitszug liegt weit außerhalb. Ab Dadonghai fährt Bus 4 (1 Yuan) dorthin, braucht aber über eine Stunde. Ein Taxi kostet 40 Yuan für eine 20-minütige Fahrt.

Busse 2 und 8 (1 Yuan, häufig) fahren vom Busbahnhof in Sanya zur Dadonghai-Bucht.

Von der Dadonghai-Bucht in die Yalong-Bucht geht's mit Bus 15 (5 Yuan).

Taxis verlangen 8 Yuan für die ersten beiden Kilometer. Die Kosten für ein Taxi von Sanya in die Dadonghai-Bucht belaufen sich auf 10–15 Yuan, und von der Dadonghai-Bucht zur Yalong-Bucht 60 Yuan.

Guangxi

BEVÖLKERUNG: 50 MIO.

Inhalt »

Guilin 658
Drachenknochen-Reisterrassen....................665
Sanjiang....................667
Yangshuo....................667
Huangyao....................674
Nanning....................675
Yangmei....................678
Beihai....................679
Weizhou....................681
Landschaft am Zuo Jiang....................682
Pingxiang....................683
Detian-Wasserfall....................683
Mingshi Tianyuan....................683
Leye....................684

Die tollsten Naturerlebnisse

- » Drachenknochen-Reisterrassen (S. 665)
- » Huangyao (S. 674)
- » Detian-Wasserfall (S. 683)
- » Chengyanger Wind- und Regenbrücke (S. 667)

Die schönsten Berge

- » Yangshuo (S. 667)
- » Xingping (S. 672)
- » Mingshi Tianyuan (S. 683)
- » Leye (S. 684)

Auf nach Guangxi!

Wer erzählt, dass er auf dem Weg nach Guangxi (广西) ist, wird neidische Blicke ernten. Die Hauptattraktion ist die beliebte Karstlandschaft in Guilin und Yangshuo, wo Reisende mit dem Fahrrad oder zu Fuß die üppigen grünen Täler erkunden können. Es ist kaum möglich, sich nicht in diese wunderschöne Provinz zu verlieben, die Leuten mit Freiluftdrang unglaublich viel zu bieten hat.

Die gewaltigen Wassermengen des Detian-Wasserfalls und die wunderschöne Wind- und Regenbrücke in Chengyang im Hochland begeistern jeden. Beim Spaziergang durch die Dörfer der hoch aufragenden Drachenknochen-Reisterrassen bekommt man einen Einblick in die ausgeprägten Traditionen von verschiedenen Minoritätengruppen wie den Zhuang, den Yao und den Dong.

Wer es weniger aktiv angehen möchte, kann die 2000 Jahre alten Felsmalereien von Hua Shan erkunden und sich vorher friedlich im Boot auf dem Zuo dorthin schippern lassen; oder an den urigen alten Siedlungen in Beihai vorbeispazieren und die herrliche, von Menschenhand geschaffene Landschaft in sich aufsaugen.

Reisezeit

Guilin

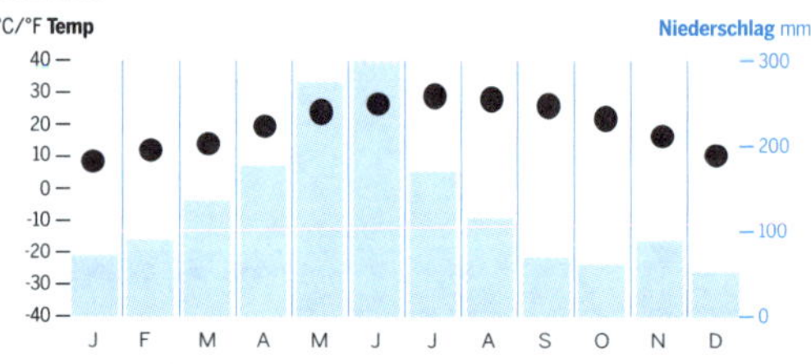

April & Mai Die Karstlandschaft in Guilin und Yangshuo nimmt ihr üppiges Grün an.

Juni–September Sommerregen lassen die Felder der Drachenknochen-Reisterrassen funkeln.

September & Oktober Die kühle Brise des Golfs von Tongking verwöhnt auf Weizhou.

Highlights

1 Radfahren am Yulong He vor der dramatischen Kalksteinszenerie von **Yangshuo** (S. 667)

2 Spektakuläre Aussichten von den **Drachenknochen-Reisterrassen** genießen (S. 665)

3 Laufen, Radfahren oder Klettern um **Xingping** (S. 672) und ein Gefühl für Yangshuo von vor etwa 15 Jahren bekommen

4 Die **Chengyanger Wind- und Regenbrücke** (S. 667) bei Sanjiang bestaunen und die Freuden an den Reisfeldern in der Umgebung erleben

5 Wasser des **Detian-Wasserfalls** (S. 683) auf der Haut spüren, bevor es nach **Mingshi Tianyuan** (S. 683) geht

6 Die tuckernde Bootsfahrt von Panlong zu den 2000 Jahre alten **Felsmalereien von Hua Shan** (S. 682) genießen

7 Die nebelbedeckten, gähnenden Kluften von **Leye** (S. 684) bestaunen

Geschichte

Im Jahr 214 v. Chr. versuchte die Armee der Qin-Dynastie, das Volk der Zhuang, das im Gebiet des heutigen Guangxi beheimatet war, in ihr neu errichtetes chinesisches Reich zu assimilieren. Während sich der Osten und Süden unterwarfen, blieben die westlichen Ausläufer zum größten Teil unter der Führung von Bergvolkhäuptlingen.

Während des 19. Jhs. kam es zu großen Stammesaufständen; der wichtigste war wohl die Taiping-Rebellion (1850–1864), die in Guiping begann und zu einem der blutigsten Bürgerkriege der Menschheitsgeschichte wurde.

Im Anschluss an den Baise-Aufstand im Jahr 1929 unter Anführung von Deng Xiaoping wurden in Guangxi kommunistische Basislager eingerichtet, die jedoch nach und nach durch die Truppen der Kuomintang zerstört wurden. Nach in größtem Maße zerstörerischen Invasionen im Zweiten Weltkrieg fiel ein Großteil von Guangxi für kurze Zeit in die Hände der Japaner.

Inzwischen stellen die Zhuang, Chinas umfangreichste ethnische Minderheit, etwa 32 % der Bevölkerung Guangxis. So erhielt die Provinz im Jahr 1955 die Bezeichnung Autonome Region Guangxi Zhuang. Neben den Zhuang, Miao und Yao ist Guangxi auch die Heimat einer beträchtlichen Anzahl von Dong.

Sprache

Reisende mit einem Grundverständnis von Mandarin *(putonghua)* werden wenige Probleme in der Sprachenvielfalt von Guangxi haben. Kantonesisch *(guangdonghua)*, in diesen Landstrichen *baihua* genannt, ist die Hauptsprache in Nanning, Chongzuo, Pingxiang und Daxin, aber die meisten Menschen verstehen dort auch die offizielle Landessprache Mandarin. Zu hören sind auch zahlreiche Minoritätensprachen wie Zhuang, Dong, Xiang, Hmong, Sui, Hakka, Jing (Vietnamesisch) und Yi.

Das Zhuang-Romanisierungssystem, das wie schlecht geschriebenes Pinyin aussieht, ist oft zu sehen, während es in der Nähe der vietnamesischen Grenze auch viele zweisprachige (chinesisch/vietnamesische) Schilder gibt.

In Guilin und Yangshuo leben viele Einheimische mit ausgezeichneten Englischkenntnissen.

PREISE

In diesem Kapitel werden die folgenden Preiskategorien verwendet:

Schlafen

€	unter 150 Yuan
€€	150 bis 400 Yuan
€€€	über 400 Yuan

Essen

€	unter 40 Yuan
€€	40 bis 100 Yuan
€€€	über 100 Yuan

Guilin 桂林

☎0773 / 826640 EW.

Egal ob man Richtung Norden ins Hochland oder in den Süden nach Yangshuo und weiter reist, man verbringt sehr wahrscheinlich ein oder zwei Nächte in Guilin. Ein Spaziergang entlang des ruhigen Li Jiang (漓江) ist eine gute Einführung in die traumhafte Landschaft von Guangxi mit seiner Karstlandschaft, die wie aus einer anderen Welt erscheint.

Da die Stadt vollständig auf den Tourismus angewiesen ist, ist sie gut verwaltet und sauber, aber man muss dafür die Menschenmassen in Kauf nehmen, und die Eintrittspreise für die meisten Sehenswürdigkeiten steigen rapide. Dank moderner Einrichtungen und einem hohen Prozentsatz an Englischsprechern unter den Einheimischen ist Guilin eine angenehme Ausgangsbasis für Kurztrips in den Rest der Provinz.

Sehenswertes

Die Sehenswürdigkeiten von Guilin liegen rund um die rauen Karstgipfel, die um die lebhafte Stadt herum verstreut sind. Dank der Preisanstiege in letzter Zeit kann man sie getrost auslassen. Beim Kauf eines Kombitickets beträgt die Ersparnis 10 bis 20 %. Ein Spaziergang entlang der Seen Rong und Shan sowie am Li-Jiang stellt eine kostenlose Alternative zu den teuren Sehenswürdigkeiten dar.

Seen & Stadtmauer SEEN, RUINE

Am nördlichen Ufer des **Rong-Sees** (榕湖; Rong Hu) befindet sich das **Südtor** (南门; Nan Men); dieser einzige erhaltene

Teil der ursprünglichen Stadtmauer aus der Song-Dynastie (城墙; *cheng qiang*) ist bei Nacht eindrucksvoll beleuchtet. In der Gegend findet stets ein reges Treiben statt, und man kann den Einheimischen bei ihren Lieblingsbeschäftigungen, Tai-Chi, Kalligraphie und Tanz, zusehen.

Etwa 1 km nördlich des Bergs des gefalteten Brokats befindet sich das **Osttor** (东镇门; Dongzhen Men), ein teilweise rekonstruierter Torweg, der von zerfallenden Abschnitten der ursprünglichen Stadtmauer flankiert wird. Die Busse 1 oder 2 halten an der Dongzhen Lu; von der Haltestelle aus geht es nach rechts die gleichnamige Straße hinunter. Eine Alternative ist der kurze Fuß- oder Radweg nördlich am Flussufer entlang, gleich östlich vom Eingang zum Berg des gefalteten Brokats.

Das Tor befindet sich am nordöstlichen Rand des **Mulong-See-Parks** (木龙湖; Mulong Hu; Eintritt 90 Yuan; ⌚9–22 Uhr), in dem eine hübsche Rekonstruktion einer Pagode aus der Song-Dynastie zu sehen ist (木龙塔; Mulong Ta). Täglich um 20 Uhr finden in dieser malerischen Umgebung Darbietungen in klassischer chinesischer Musik statt.

Zwillingspagoden der Sonne und des Mondes — PAGODE

(日月双塔; Riyue Shuang Ta; Eintritt 30 Yuan; ⌚8.30–22.30 Uhr) Die Zwillingspagoden der Sonne und des Mondes stellen eine elegante Ausschmückung der Landschaft am **Shan-See** (杉湖; Shan Hu) und einen Höhepunkt eines Spaziergangs entlang der beiden zentralen Seen Guilins dar. An den Abenden werden sie hübsch beleuchtet. Die achteckige, siebenstöckige **Mondpagode** (月塔; Yue Ta) ist durch einen Unterwassertunnel mit der 41 m hohen **Sonnenpagode** (日塔; Ri Ta) verbunden, der weltgrößten Kupferpagode und eine der wenigen Pagoden der Welt, die mit einem Aufzug ausgestattet ist.

Gipfel der Einsamen Schönheit — PARK

(独秀峰; Duxiu Feng; 1 Wangcheng; 王城 1号; Eintritt 88 Yuan; ⌚7.30–18 Uhr) Dieser berühmte Gipfel ist ein friedlicher und grüner Rückzugsort vom Stadtzentrum. Der Eintritt beinhaltet den Einlass zu einer Ming-Prinzenvilla aus dem 14. Jh. und einem Nachbau eines Prüfungssaals aus der Qing-Dynastie. Der Aufstieg auf den 152 m hohen Hügel ist ziemlich steil, lohnt sich aber dank der schönen Aussicht auf Guilin allemal. Die Busse 1 und 2 halten in der Nähe.

Park der Sieben Sterne — PARK

(七星公园; Qixing *gongyuan*; Eintritt 55 Yuan, Höhlen der Sieben Sterne 60 Yuan; ⌚Park 6–21.30 Uhr, Höhlen 8–17.30 Uhr) Der 137 ha große Park der Sieben Sterne ist eine der ersten Touristenattraktionen Chinas und ermöglicht angenehme Spaziergänge. Hier gibt es Gipfel zu erklimmen, Höhlen zu erkunden, Wiesen, die zum Picknicken einladen und sogar wilde Affen zu bestaunen; ein Ausflug am frühen Abend auf den Mondzahnberg (月牙山; Yueya Shan) ist eine gute Wahl.

Man gelangt zu Fuß, per Fahrrad oder vom Bahnhof aus mit Bus Nr. 10 oder 11 dorthin. Vom Park aus fährt der kostenlose Bus 58 zum Wellenbezwingenden Berg, zum Berg des gefalteten Brokats und zur Rohrflötenhöhle.

Noch mehr Berge — BERGE

Gleich westlich des Gipfels der Einsamen Schönheit liegt der **Wellenbezwingende Berg** (伏波山; Fubo Shan; Eintritt 25 Yuan; ⌚7–18 Uhr), der eine wunderbare Aussicht bietet und darüber hinaus die Möglichkeit, buddhistische Wandschnitzereien aus den Song- und Tang-Dynastien zu betrachten. Diese finden sich in der **Höhle der zurückgegebenen Perle** (还珠洞; Huanzhu Dong). Einen kurzen Fußmarsch weiter nördlich liegt der **Berg des gefalteten Brokats** (叠彩山; Diecai Shan; Eintritt 35 Yuan; ⌚7–18 Uhr), wo die unbestritten schönsten Blicke auf die Stadt zu erhaschen sind, außerdem finden sich hier einige restaurierte Pavillons aus der Ming-Zeit und in der **Windhöhle** (风洞; Fengdong) eine weitere schöne Ansammlung buddhistischer Skulpturen. Direkt südlich des Stadtzentrums liegt der **Hügel des Elefantenrüssels** (象鼻山; Xiangbi Shan; Eintritt 75 Yuan; ⌚7–18.30 Uhr), der sich womöglich am besten von einem der Bambusflöße (etwa 15 Yuan) auf dem Li betrachten lässt.

Aktivitäten

Eine sehr beliebte Tätigkeit in den Sommermonaten ist es, im Fluss zu schwimmen. Wem der Fluss nicht sauber genug sein sollte, der hat auch die Möglichkeit, das Außenbecken des **Sheraton** (喜来登酒店; Xilaideng Jiudian; ☎282 5588; 15 Binjiang Lu; 滨江路 15 号) zu besuchen (Eintritt 30 Yuan).

Guilin

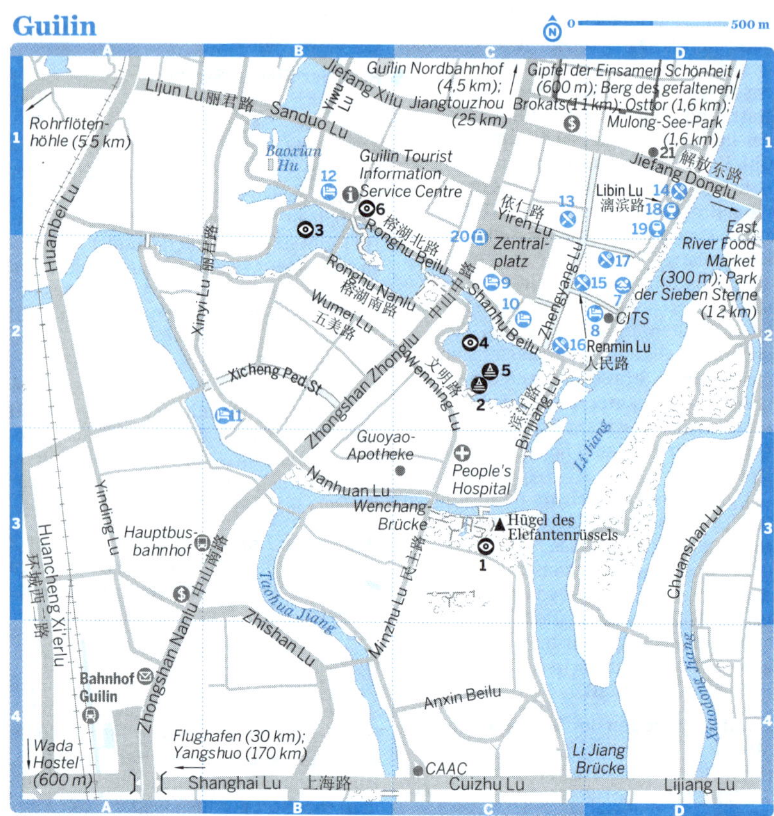

Touren

Die ausgesprochen beliebte **Li-Jiang-Tour** von Guilin nach Yangshuo dauert ungefähr 4½ Stunden und beinhaltet eine wunderbar idyllische Bootsfahrt nach Yangshuo, außerdem ein Mittagessen und eine Busfahrt zurück nach Guilin. Die Preise rangieren zwischen 350 und 450 Yuan für eine Bootsfahrt mit einem Englisch sprechenden Reiseführer oder 250 Yuan für die chinesische Version. Es wird auch eine Bootsfahrt rund um Guilin namens „Zwei Flüsse, vier Seen" (二江四湖) angeboten, bei der man eine Runde auf dem Li Jiang und den Seen der Stadt dreht. Die Preise für diese Tour betragen zwischen 80 und 180 Yuan, je nach Tageszeit (nachts ist die Fahrt teurer). China International Travel Service (S. 663) kann diese Reisen organisieren, ebenso wie so ziemlich jedes Hotel und Tourismuszentrum in Guilin.

Schlafen

Wada Hostel HOSTEL €

(瓦当旅舍; Wadang Lüshe; ☎215 4888; www.wadahostel.com; 212 Huanchengxi Yilu; 环城西一路212号; B 25–35 Yuan, DZ 110 Yuan; ❄@📶) Dieses Hostel befindet sich ein wenig außerhalb vom Stadtzentrum, aber der nützliche Bus Nr. 10 verbindet es mit den meisten Sehenswürdigkeiten. Ein Vorteil ist, dass sämtliche Busse nach Yangshuo an seinem Haupteingang halten (beim Fahrer melden). Es verfügt über eine gemütliche Bar und ein Café sowie unterschiedliche Arten von Schlafsälen mit riesigen Stockbetten. Vom Bahnhof aus führt der Weg auf der Shanghai Lu und dann in die erste Straße rechts. Hier geht es dann unter der Brücke durch und an der Kreuzung links auf die Huanchengxi Yilu. Von hier sind es noch zehn Minuten (600 m) zu Fuß; das Hostel liegt auf der linken Straßenseite.

Guilin

Sehenswertes

1 Hügel des Elefantenrüssels C3
2 Mondpagode C2
3 Rong Hu B1
4 Shan Hu C2
5 Sonnenpagode C2
6 Südtor B1

Aktivitäten, Kurse & Touren

7 Sheraton D2

Schlafen

8 Backstreet Youth Hostel D2
9 Lakeside Inn C2
10 Lijiang Waterfall Hotel C2
11 Riverside Hostel B2
12 This Old Place Hostel B1

Essen

13 Amani C1
14 Amani D1
Chongshan Mifen Dian .... (siehe 17)
15 Lao Chen Ji C2
16 Tasty Castle C2
17 Zhengzong Youzhawang D2

Ausgehen

18 G+ Cafe & Wine Bar D1
19 Little Italian D1
Steam Coffee .... (siehe 19)

Shoppen

20 Nachtmarkt C1

Transport

21 Ride Giant D1

This Old Place Hostel HOSTEL €
(老地方国际青年旅舍; Laodifang Guoji Qingnian Lüshe; ☎281 3598; www.topxingping.com; 2 Yiwu Lu; 翊武路 2 号; B 35 Yuan, DZ 120–130 Yuan, 3BZ 150 Yuan; ❄@📶) Dieses Hostel wird von den Inhabern von This Old Place in Xingping betrieben und verfügt über eine beneidenswerte Lage mit einem schönen Blick auf den Rong-See; innerhalb von zehn Minuten gelangt man zu Fuß zur Ess- und Einkaufsmeile. Die Dreibettzimmer sind mit Einzelbetten und eigenem Badezimmer ausgestattet; die normalen Zimmer sind ähnlich, aber nicht so vollgestellt. Der Gemeinschaftsbereich ist mit einer Kinoecke und einem Pooltisch ausgestattet. Man kann dort auch eine Mischung aus westlichen und chinesischen Gerichten zu Abend essen. Ein Taxi vom (Bus-)Bahnhof hierher kostet 8 bis 10 Yuan.

Backstreet Youth Hostel HOSTEL €
(后街国际青年旅舍; Houjie Qingnian Lüshe; ☎281 9936; www.guilinhostel.com; 3 Renmin Lu, Xiufeng-Distrikt; 秀峰区人民路 3 号; B 30–40 Yuan, DZ 120 Yuan; ❄@📶) Der Inhaber ist der des Wada Hostel; die Zimmer sind groß (auch die Schlafsäle) und geschmackvoll mit Holzmöbeln eingerichtet. Die Lage ist auch ausgezeichnet: Bars, Restaurants und Geschäfte liegen nur einen Katzensprung entfernt. Das Personal ist freundlich, der Gemeinschaftsbereich geräumig und es gibt Snacks.

Shangri-La Hotel HOTEL €€€
(香格里拉大酒店; Xianggelila Dajiudian; ☎269 8888; www.shangrila.com/guilin; 111 Huancheng Bei Erlu; 环城北二路 111 号; DZ ab 950 Yuan; ❄@) Wer keine Hotels im chinesischen Stil mehr sehen kann, kann in diesem Ableger von Shang nach Herzenslust sein Geld ausgeben. Sicher, es liegt etwas außerhalb, aber dank der Aussicht auf die Karstlandschaft am Li Jiang und des klassischen Service ist es trotzdem empfehlenswert.

Riverside Hostel GASTHAUS €€
(九龙商务旅游酒店; Jiulong Shangwu Lüyou Jiudian; ☎258 0215; www.guilin-hostel.com; 6 Zhumu Xiang, Nanmen Qiao; 南门桥竹木巷 6 号; EZ & DZ 100–220 Yuan; ❄@📶) Diese gemütliche Unterkunft am Fluss Taohua (桃花江) wird von Reisenden hoch gelobt (ganz besonders von Paaren). Die Mitarbeiter sind aufmerksam und die Zimmer bequem. Die Filiale **Lakeside Inn** (背包驿站; Beibao Yizhan; ☎280 6806; 1-1-2 Shanhu Beilu; 杉湖北路杉湖综合楼 1-1-2; DZ & 2BZ 180–200 Yuan, Suite 260 Yuan; ❄@📶) verfügt über lediglich drei Zimmer und ist am Shan-See gelegen. Rechtzeitiges Buchen per Telefon oder über die Website ist unerlässlich.

Lijiang Waterfall Hotel HOTEL €€€
(漓江大瀑布饭店; Lijiang Dapubu Fandian; ☎282 2881; www.waterfallguilin.com; 1 Shanhu Beilu; 杉湖北路 1 号; DZ ohne/mit Flussblick 1320/1480 Yuan; ❄@) Dieses Spitzenklassehotel verfügt über eine erstklassige Ausstattung, wunderbar hilfsbereites Personal, und insgesamt vermittelt es einen Eindruck der Erhabenheit. Einige Zimmer bieten eine atemberaubende Aussicht auf den Fluss, die Seen und den Hügel des Elefantenrüssels. Das Hotel ist stolz darauf,

den größten künstlichen Wasserfall der Welt zu beherbergen (45 m hoch), der täglich zwischen 20.30 und 20.45 Uhr eingeschaltet wird und am besten vom Zentralplatz aus zu sehen ist. Er ist zu einer Touristenattraktion geworden. Rabatte von 10 bis 40 %.

Essen

Zu den lokalen Spezialitäten gehören Reisnudeln aus Guilin (桂林米粉; Guilin mifen), Bierente (啤酒鸭; *pijiu ya*) und Guilin-Schnecken (桂林田螺; Guilin *tianluo*); die in sämtlichen Speiselokalen *erhältlichen chaoguo fan* (Tontopf-Reisgerichte, 炒锅饭; ab 6 Yuan) sind ganz hervorragend als leckere Snacks für zwischendurch geeignet.

Kantonesische und westliche Gerichte sind in der Stadt nicht unüblich. Die geschäftigste Restaurantgegend ist die zur Fußgängerzone umgewandelte Zhengyang Lu und die Gassen um sie herum, während sich auf der Nanhuan Lu, gleich östlich von der Wenchang-Brücke, einige Fischrestaurants befinden.

Chongshan Mifen Dian NUDELN €
(崇善米粉店; Yiren Lu; Gerichte ab 3–8 Yuan; ⌚18–24 Uhr) Ein äußerst beliebter Laden für Guiliner Reisnudeln mit einer günstigen und köstlichen Auswahl an Nudel- und Reisgerichten. Man bestellt vorne und geht anschließend mit seinem Zettel zum Koch. Suppe zu den Nudeln gibt's in einem Selbstbedienungstopf. Es liegt direkt neben dem Zhengzong Youzhawang, was wiederum neben dem KFC liegt.

Zhengzong Youzhawang SNACKS €
(正宗油炸王; Yiren Lu; Spieße ab 1,50 Yuan; ⌚10.30–2 Uhr) Wer spät abends noch Lust auf Scharfes bekommt – und zwar wirklich Scharfes! – der ist in diesem freundlichen Minilokal in der Nähe der Kreuzung Zhengyang Lu und Yiren Lu mit *ma la chuan* (麻辣串; scharfen Fleischspießen) gut bedient. Keine Speisekarte, die ist auch nicht nötig. Einfach deuten, zahlen und essen. Neben KFC.

Tasty Castle INTERNATIONALE KÜCHE €€
(好吃保; Binjiang Lu; Gerichte ab 20 Yuan; ⌚10–24 Uhr) Dieses Restaurant hat trotz seines Namens nichts Adeliges an sich, aber das Essen schmeckt gut. Auf der luftigen Sonnenterrasse kann man es sich gemütlich machen und aus der dicken Bilderspeisekarte alles von Sashimi über Pizza bis hin zu beliebten lokalen Gerichten auswählen. Am Anfang der Zhengyang Lu, neben der Shanhu Beilu.

Amani PIZZA €€
(阿玛尼; Amani; ☎210 6351; Binjiang Lu; Pizza ab 38 Yuan; ⌚10–1 Uhr) Die Kunden stehen hier Schlange, um die knusprig-leckere Pizza zu genießen. Die entspannte Umgebung lässt einen hier gerne die Zeit vergessen. Eine hektischere **Zweigstelle** (☎280 9351; 159 Zhengyang Lu; ⌚10–2 Uhr) gibt's in der zur Fußgängerzone umgewandelten Straße.

Lao Chen Ji NUDELN €
(老陈记; Zhengyang Lu; Gerichte 5–10 Yuan; ⌚10–24 Uhr) Hier gibt's die lokalen Nudeln in einer anderen Version: Sie werden mit Pferdefleisch serviert (马肉米粉; *maroumifen*). Wer es lieber konventionell mag, bekommt auch Rind- (牛肉; *niurou*) und Schweinefleisch (猪肉; *zhurou*).

Ausgehen & Unterhaltung

Die Guiliner Straßen sind von trendigen kleinen Cafés gesäumt, während es in der Zhengyang Lu eine kurze Reihe von Bars mit Sitzmöglichkeiten im Freien gibt. In der Binjiang Lu befinden sich einige niedliche Cafés und Bars, die meisten mit kostenlosem WLAN.

G+ Café & Weinbar BAR
(18 Binjiang Lu; Getränke ab 20 Yuan; ⌚16–1.30 Uhr; 📶) Kleine, gemütliche Bar mit einer guten Auswahl an Wein, Bier und Kaffee. Neben Amani Pizza.

Little Italian CAFÉ
(这里; Zheli; 18 Binjiang Lu; Getränke ab 20 Yuan; ⌚10–24 Uhr; 📶) Ein angenehmes Studentencafé mit tollen Kaffee- und Frühstücksspezialitäten.

Steam Coffee CAFÉ
(爱上咖啡; Aishang Kafei; 10 Binjiang Lu; Getränke ab 20 Yuan; ⌚10–24 Uhr; 📶) Eines von vielen modernen Cafés in diesem Straßenabschnitt, die alle gleich guten Kaffee anbieten.

Shoppen

Nachtmarkt MARKT
(夜市; Yeshi; Zhongshan Zhonglu; ⌚ab 19 Uhr) Auf dem Nachtmarkt von Guilin, der sich zwischen der Ronghu Beilu und der Sanduo Lu auf der Zhongshan Zhonglu erstreckt, lässt es sich gut nach Souvenirs shoppen.

Vogel- & Blumenmarkt
MARKT

(花鸟市场; Huaniao Shichang; ⏲Sa & So 8–17 Uhr) Auf diesem lokalen Flohmarkt findet man alles von Elektroartikeln über alte Magazine, Kalligrafiepinsel, Hunde und natürlich Vögel und Blumen. Bus 51 fährt hierher.

East River Food Market
MARKT

(东江市场; Dongjiang Shichang; ⏲6–20 Uhr) Dieser lebhafte unterirdische Markt, auf dem es von frischem Obst und Gemüse bis zu lebendigen Aalen einfach alles gibt, befindet sich auf dem Weg zum Park der Sieben Sterne.

Praktische Informationen

Buchläden und Kioske verkaufen einen Stadtplan von Guilin (桂林地图; Guilin Ditu) (6 Yuan). Die Niederlassungen der **Bank of China** (中国银行; Zhongguo Yinhang) auf der Zhongshan Nanlu (in der Nähe des Hauptbusbahnhofs) und der Jiefang Donglu wechseln Geld und Reiseschecks, geben Bargeld auf Kreditkartenvorlage und verfügen über rund um die Uhr funktionierende Geldautomaten.

China International Travel Service (CITS; 中国国际旅行社; Zhongguo Guoji Lüxingshe; www.guilintrav.com; Binjiang Lu) Hilfsbereite Mitarbeiter.

China Post (中国邮政; Zhongguo Youzheng; Zhongshan Beilu; ⏲8–19 Uhr) Nur 500 m nördlich vom Kreisverkehr an der Jiefang Donglu. Eine weitere praktische Filiale gibt es am Bahnhof.

Guilin Tourist Information Service Centre (桂林旅游咨询服务中心; Guilin Lüyou Zixun Fuwu Zhongxin; ☎280 0318; Südtor, Ronghu Beilu; ⏲8–22 Uhr) Diese hilfreichen Zentren finden sich über die ganze Stadt verstreut. Am Südtor am Rong-See gibt's ein gutes.

Guoyao-Apotheke (国药大药房; Guoyao *dayaofang*; 19 Nanhuan Lu; ⏲8–20 Uhr) Um die Ecke vom People's Hospital.

People's Hospital (人民医院; *renmin yiyuan*; Wenming Lu)

Büro für Öffentliche Sicherheit (PSB; 公安局; Gong'anju; ☎582 3492; 16 Shijiayan Lu; ⏲Mo–Fr 8.30–12 & 15–18 Uhr) Visaverlängerungen. Es liegt am Fluss Xiaodong und 500 m südlich vom Park der Sieben Sterne. Eine Taxifahrt aus der Innenstadt kostet etwa 18 Yuan.

An- & Weiterreise

Bus

Guilins **Hauptbusbahnhof** (客运总站; Guilin keyun zongzhan; %382 2666; Zhongshan Nanlu) liegt nördlich vom Bahnhof. Es gibt regelmäßige Busse zu den folgenden Zielorten:

Beihai 172 Yuan, 7 Std., 3-mal tgl. (8.30, 9.20 und 21 Uhr)

Guangzhou 169 Yuan, 9½ Std., 6-mal tgl.

Huangyao 60 Yuan, 5 Std., 3-mal tgl. (9.10, 13.10 und 14.20 Uhr)

Longsheng 30 Yuan, 2 Std., alle 40 Min.

Nanning 100–120 Yuan, 5 Std., alle 15 Min.

Sanjiang 33 Yuan, 4 Std., stündl.

Shenzhen 210 Yuan, 12 Std., 2-mal tgl. (18 und 21.20 Uhr)

Yangshuo 18 Yuan, 1½ Std., alle 15 Min.

Flugzeug

Flugtickets gibt es bei der chinesischen Luftfahrtbehörde **Civil Aviation Administration of China** (CAAC; 中国民航; Zhongguo Minhang; ☎3847252; Ecke Shanghai Lu & Anxin Beilu; ⏲7.30–20.30 Uhr). Zu den Flügen nach/von Guilin zählen Beijing (1470 Yuan), Chengdu (980 Yuan), Chongqing (790 Yuan), Haikou (850 Yuan), Guangzhou (890 Yuan), Hongkong (Xianggang; 1575 Yuan), Kunming (840 Yuan), Shanghai (1200 Yuan) und Xi'an (970 Yuan).

Zu den internationalen Flugzielen gehören Seoul, Korea (Hancheng; 2200 Yuan) und Osaka, Japan (Daban; 3200 Yuan).

Zug

Es fahren nicht viele Züge ab Guilin, daher bekommt man nur schwer Fahrkarten, besonders für Schlafwagenplätze. Sie sollten, wenn möglich, einige Tage im Voraus gekauft werden. Die meisten Züge fahren am Guiliner Hauptbahnhof (桂林站; Guilin *zhan*) ab, manche auch am Nordbahnhof von Guilin (桂林北站; Guilin *beizhan*), der 9 km nördlich des Stadtzentrums liegt.

Die direkten Ziele sind u. a.:

Beijing 416 Yuan, 23 Std., 4-mal tgl. (1.57, 13.05, 15.40 und 18.55 Uhr)

Chongqing 272 Yuan, 19 Std., 2-mal tgl. (12.38 und 12.58 Uhr)

Guangzhou 207 Yuan, 12 Std., 2-mal tgl. (18.28 und 21.18 Uhr)

Kunming 298 Yuan, 18½–24 Std., 3-mal tgl. (9.50, 10.09 und 15.23 Uhr)

Nanning 116 Yuan, 6 Std., regelmäßige Verbindungen

Shanghai 330 Yuan, 22 Std., 4-mal tgl. (11.58, 15, 17.13 und 19.11 Uhr)

Xi'an 375 Yuan, 27 Std., 1-mal tgl. (17.49 Uhr)

Unterwegs vor Ort

Bus

Busse mit den Nummern 51 bis 58 sind kostenlos, verkehren jedoch unregelmäßig. Normale Busse kosten 1 Yuan. Die folgenden sind am nützlichsten:

FAHRRADTOUREN IN GUANGXI

Tour durch alte Dörfer

Guilin nach Jiangtouzhou (25 km, 3 Std.) Diese entspannte Radroute führt über das Land zum 1000 Jahre alten Dorf Jiangtouzhou. Vom Westtor des Gipfel der Einsamen Schönheit aus geht's auf der Zhongshan Beilu 1 km weit nach Norden, dann links auf die Huancheng Beiyilu (环城北一路) und dann die erste Straße rechts. Es geht stets weiter Richtung Norden bis zum Verlassen des Vororts Dingjiang Zhen (定江镇); anschließend geht's ca. 15 km lang auf der Landstraße weiter. Bei der Straßengabelung rechts in Richtung Tanxia Zhen (潭下镇) abbiegen. An der Kreuzung in Tanxia Zhen schließlich geht's nach links, immer den Schildern nach Jiuwu (九屋) folgend. Jiangtouzhou kommt gleich nach Jiuwu auf der rechten Seite.

Rundfahrt am Fluss Yulong

Von Yangshuo zur Drachenbrücke und zurück (20 km Rundfahrt, 4 Std.) Auf dem Weg zur 600 Jahre alten Drachenbrücke (遇龙桥; Yulong Qiao; S. 673) vermitteln die fruchtbaren Reisfelder, Fischzuchten und Wasserbüffel entlang des wunderschönen Yulong einen guten Einblick vom ländlichen Charme dieser Region. Von Yangshuo aus geht's zunächst entlang der Pantao Lu und nach dem Bauernmarkt auf die erste Hauptstraße zur Linken. Die Straße führt rechts vorbei am Krankenhaus und dann durch das Dorf Jima (骥马). Anschließend geht sie nach einer Rechtsbiegung in einen holprigen Weg über. Dieser Weg führt direkt zur Drachenbrücke. Hinweis: Die letzten paar hundert Meter verlaufen auf einer Hauptstraße. Sobald die Brücke überquert ist, geht es 20 Minuten (etwa 8 km) lang auf einem anderen Weg nach Süden, bis dieser in eine kleine befestigte Straße übergeht, die am Flussufer endet. Mit einem Bambusfloß (5 Yuan) kann der Fluss überquert werden; anschließend am anderen Ufer der kleinen befestigten Straße nach links folgen, die wieder zurück zur Dorfstraße nach Jima führt.

Bus 2 fährt zum Hügel des Elefantenrüssels und zum Berg des gefalteten Brokats.

Bus 10 fährt vom Wada Hostel zu den (Bus-) Bahnhöfen und zum Park der Sieben Sterne.

Bus 51 startet am Bahnhof und fährt in nördlicher Richtung durch die Zhongshan Lu, den Vogel- & Blumenmarkt und darüber hinaus.

Bus 58 fährt zum Hügel des Elefantenrüssels, zum Park der Sieben Sterne, zum Wellenbezwingenden Berg, zum Berg des gefalteten Brokats und zur Rohrflötenhöhle.

Fahrrad

Guilins Sehenswürdigkeiten sind alle mit dem Rad erreichbar. Viele Hostels vermieten Fahrräder (etwa 20 Yuan pro Tag). Ordentliche Räder gibt's bei **Ride Giant** (捷安特自行车; Jie'ante Zixingche; ☎2861286; 16 Jiefang Donglu; 解放东路 16 号; ⏲9–20.30 Uhr). Ein Fahrrad zu mieten kostet 30 Yuan pro Tag, aber als Pfand werden hier 500 Yuan verlangt.

Vom/zum Flughafen

Guilins internationaler Flughafen Liangjiang (两江国际机场; Liangjiang Guoji Jichang) liegt 30 km westlich der Stadt. Zwischen 6.30 und 21 Uhr fährt jede halbe Stunde ein Shuttlebus (20 Yuan) vom CAAC-Büro zum Flughafen. Vom Flughafen aus fahren die Shuttlebusse immer passend zu den einzelnen Ankünften. Ein Taxi kostet ca. 80 Yuan (40 Min.).

Rund um Guilin

Das faszinierende 1000 Jahre alte Dorf **Jiangtouzhou** (江头洲), dessen 800 Einwohner alle Zhou (周) mit Nachnamen heißen, liegt ca. 25 km nördlich von Guilin zwischen landwirtschaftlichen Feldern. Die in den engen Kopfsteingassen umherlaufenden Hunde und Hühner und die vom Wetter gezeichneten Hofhäuser aus grauen Ziegelsteinen mit ihren riesigen Holztoren sorgen für den unverwechselbaren rustikalen Charme. Beim Annähern an das Dorf ist die uralte, unförmige **Hulong-Brücke** (护龙桥; Hulong Qiao) zu sehen; ihr gegenüber stehen einige alte Gebäude. Es geht durch eine niedrige Gasse und dann einfach immer weiter.

Man kann auch den nahe gelegenen **Jinshan Miao** (金山庙) besuchen, der etwa 1 km links ab von der Hauptstraße nach Jiangtouzhou liegt. Der Tempel selbst ist neu und sitzt eindrucksvoll auf einem großen Berg. Die Hauptattraktion hier ist es, sich ein **Ruderboot** (30 Yuan am Tag) zu mieten und damit den Fluss hinab durch ein atmosphärisches klaffendes Loch in einem Karstberg zu fahren.

Die einzigen Schlafgelegenheiten bietet das einfache **Laishanli Fanzhuang** (来山里饭庄; %0773-633 1676; 2BZ ohne/mit Klimaanlage 50/70 Yuan; ❄) an der Ecke der Hauptstraße von Jiuwu, ca. 500 m zurück vom Dorf. Hier gibt's auch etwas zu Essen.

Jiangtouzhou lässt sich von Guilin aus in zwei bis drei Stunden mit dem Fahrrad erreichen (s. Kasten S. 664). Die Alternative ist ein orangefarbener Minibus für die Strecke von der Zhongshan Beilu in der Nähe des Nordbahnhofs von Guilin nach Lingchuan (灵川; 3 Yuan, 30 Min.) mit anschließendem Umsteigen in einen Bus nach Jiuwu (九屋; 4 Yuan, 35 Min.), von wo aus es noch 15 Minuten zu Fuß bis zum Dorf sind. Die Busse fahren bis ca. 17.30 Uhr.

Drachenknochen-Reisterrassen 龙脊梯田

☎0773

Dieser Teil von Guangxi bietet spektakuläre Ausblicke auf terrassenförmige Reisfelder, deren Höhepunkt die **Drachenknochen-Reisterrassen** (Longji Titian; Erwachsene 80 Yuan) sind. Die Reisfelder ragen auf bis zu 1000 m Höhe empor und sind ein atemberaubendes Meisterwerk der Landwirtschaft auf Hügeln, die mit Minoritätendörfern gesprenkelt sind.

Die beste Besuchszeit ist nach den Sommerregenschauern, nach denen die Felder nass sind und vor Reflexionen funkeln. Kurz vor der Ernte (Oktober) werden die Felder golden, im Winter (Dezember) werden sie schneeweiß. Eine ungünstige Besuchszeit ist der Frühlingsanfang (März), wenn die Berge in Nebel gehüllt sind.

Es gibt mehrere Dörfer, die besucht werden können. **Ping'an** (平安), ein wunderschönes, 600 Jahre altes Zhuang-Dorf, ist die größte Siedlung und die beliebteste unter Touristen. Es ist am besten organisiert, aber hier ist man wahrscheinlich auch von chinesischen Touristengruppen umgeben.

Dahinter liegt **Dazhai** (大寨), ein entspanntes Yao-Dorf mit idyllischem ländlichen Charme und einem rauschenden Bach. Weiter bergauf führt der Weg zum Dorf **Tiantouzhai** (田头寨) oben auf dem Berg. Es ist ein göttlicher Ort, um die wunderbaren Aussichten auf die Terrassen, einen Sonnenaufgang oder eine sternenklare Nacht zu genießen. Der Tourismus hier gewinnt langsam an Fahrt und neue Hotels sprießen wie Pilze aus dem Boden, wobei sie sich gegenseitig an Höhe und Aussicht übertrumpfen wollen (beispielsweise ein Fünfsternehotel aus Beton auf dem Gipfel). Zum Zeitpunkt der Recherche für diese Ausgabe wurde eine Seilbahn auf den Berg gebaut. Damit entsteht eine Alternative zum anstrengenden aber lohnenswerten Fußmarsch hinauf zu den Aussichtspunkten.

Die meisten Einheimischen hier sind Zhuang oder Yao, aber es gibt in dieser Gegend auch Dong und Miao. Viele tragen ethnische Kleidung und verkaufen Postkarten und selbstgemachte Souvenirs.

Da viele der Dörfer oben auf den Bergen liegen, am besten einen Tagesrucksack mitbringen und das Gepäck im Hotel in Guilin oder in der Gepäckaufbewahrung an der Hauptkartenausgabe lassen. Ansonsten bringt einem ein Gepäckträger das Gepäck für 40 Yuan nach oben. Nirgendwo hier in der Gegend kann Geld gewechselt werden.

Aktivitäten

Zahlreiche kurze **Spaziergänge** von jedem der Dörfer aus zu einigen herrlichen Aussichtsorten mit Namen wie „Musik aus dem Paradies" sind möglich. Sie sind deutlich ausgeschildert. Wer die Terrassen wirklich kennenlernen möchte, für den gibt es tolle **Wanderrouten**, die zwischen 30 Minuten und mehreren Stunden dauern können. Die vier- bis fünfstündige Wanderung zwischen den Dörfern Dazhai und Ping'an und durch die Dörfer Tiantouzhai und Zhongliu (中六) ist sehr empfehlenswert. Die Strecke ist klar markiert, aber wer einen ortsansässigen Führer möchte, wird viel Auswahl haben. Die Kosten betragen etwa 40 Yuan.

Schlafen & Essen

Man kann in den traditionellen Holzhäusern der Minoritätendörfer übernachten (Einheimische nehmen etwa 30 bis 40 Yuan für ein einfaches Bett), aber drei davon sind besonders auf Touristen eingestellt – Dazhai, Tiantouzhai und Ping'an.

Fast alle Gästehäuser bieten Speisen an, und die meisten Gästehäuser und Restaurants haben englische Speisekarten. Unbedingt probieren: *zhutong fan* (竹筒饭; 15 Yuan), ein Reisgericht, das in großen Bambusrohren gegrillt wird.

PING'AN

LP TIPP **Longji One Hotel** HOTEL €€
(龙脊一木楼; Longji Yimulou; ☎758 3597; www.zljyl.com; Zi. 168–228 Yuan; ❄@📶) Dieses Gästehaus ist voller Charakter und mit seinen freundlichen Mitarbeitern eine tolle Wahl unter den in Ping'an verbreiteten skiresortähnlichen Sennenhäusern. Die Gänge sind mit gerahmten Bildern verziert und die Zimmer sind mit geschmackvollen modernen Sanitäranlagen und Betten ausgestattet; sie bieten freie Sicht auf die Reisterrassen.

Longji International Youth Hostel HOSTEL €
(龙脊国际青年旅舍; Longji Guojiqingnian Lüshe; ☎758 3265; B 30 Yuan, 2BZ 60–120 Yuan, 3BZ 99–160 Yuan; ❄@📶) Die Lage am Fuß des Dorfs bietet zwar keine besonders beeindruckende Aussicht, aber die privaten Zimmer sind sauber und verfügen über Flachbildfernseher. Die mit vier Betten ausgestatteten Schlafsäle sind kompakt, aber auf der großen Terrasse vor dem rauschenden Bach lässt sich wunderbar ein Bier genießen.

DAZHAI

Minority Cafe & Inn GÄSTEHAUS €
(龙脊咖啡店; Longji Kafeidian; ☎758 5605; Zi. 80 Yuan) Dieses kleine, freundliche Gästehaus mit seiner süßen Terrasse und einer englischen Speisekarte (Gerichte ab 25 Yuan) ist über dem Dorf am Weg hinauf nach Tiantouzhai gelegen. Vom Haupttor aus sind es etwa 20 Minuten (1 km) bergauf zu Fuß.

TIANTOUZHAI

Dazhai Dragon's Den Hostel HOSTEL €
(大寨青年旅舍; Dazhai Qingnian Lüshe; ☎758 5780; www.dragonsdenhostel.com; B 30–35 Yuan, Zi. 70–100 Yuan) Die erste Jugendherberge im Dorf verfügt über einen großartigen Aufenthaltsraum (gute Bibliothek, bequeme Sofas, Espresso und Bier). Die Zimmer sind in Ordnung: Die Holzwände sind dünn wie Papier und die westlichen Toiletten sind mit Vinyl überzogen. Die Schlafsäle sind günstig, da es sich dabei im Grunde um geräumige Dreibettzimmer handelt. Der Weg zum Hostel ist nicht einfach: Um dorthin zu gelangen, muss man 40 Minuten lang von Dazhai nach Tiantouzhai durch die Reisterrassen klettern. An einer anderen Jugendherberge (Mr Liao Cafe & Bar, übrigens auch eine anständige Unterkunft) rechts abbiegen und noch 150 m weit laufen.

Meijinglou GÄSTEHAUS €
(美景楼; ☎758 5678; www.meijinglou.com, auf Chinesisch; Zi. 100–120 Yuan; ❄@) Dieses sehr gute Gasthaus ist über Tiantouzhai gelegen. Die vorderen Zimmer bieten eine atemberaubende freie Sicht auf die Felder. Nach dem Dorf Tiantouzhai geht ein Pfad rechts bergauf (der linke führt nach Ping'an). Von dort sind es noch 15 Minuten zu Fuß (etwa 800 m), und das Gasthaus liegt über dem Wangjinglou Hotel. Eine Reihe Betonstufen führt zum Eingang. Es kann direkte Shuttlebusse nach/von Guilin organisieren.

ℹ An- & Weiterreise

Hotels wie **Meijinglou** (☎758 5678), **Dazhai Dragon's Den Hostel** (☎758 5780) und **Quanjing Lou** (全景楼; ☎758 5688) organisieren für ihre Gäste eine direkte Shuttleverbindung zwischen Guilin und Dazhai. Sie nehmen auch andere Fahrgäste mit, wenn noch Plätze frei sind.

Der Bus (50 Yuan, 3 Std.) fährt um 9 Uhr am Bahnhof von Guilin los. Reservierungen sind erforderlich. Die Busse fahren um 11.30 Uhr zurück nach Guilin.

Alle Hotels in Ping'an bieten einen ähnlichen Service. Der Bus (50 Yuan) fährt um 13 Uhr am Bahnhof von Guilin los und kehrt um 10 Uhr zurück. Auch hier sind Reservierungen erforderlich. Die Zeiten können sich ändern, deshalb am besten vorher anrufen.

Wer mit öffentlichen Verkehrsmitteln fahren will, begibt sich mit Bus Nr. 1 zum Busbahnhof Qintan (琴潭汽车总站) im Süden von Guilin. Von dort aus fährt ein Bus nach Longsheng (龙胜; 24–31 Yuan, 1½ Std., alle 30 Min.), aus dem man in Heping (和平) aussteigt (Fahrer bitten, dort anzuhalten). Von der Straßenkreuzung aus (oder vom Kartenschalter, der zu Fuß in drei Minuten erreicht ist) fahren Minibusse zwischen Longsheng und den Reisterrassen hin und her; sie halten dort an, um Fahrgäste nach Dazhai (8 Yuan, 45 Min., alle 30 Min., 7–18 Uhr) und Ping'an (7 Yuan, 30 Min., alle 30 Min. 7.40–17 Uhr) einsteigen zu lassen.

Busse nach Guilin (30 Yuan, 1½ Std., 6.30–18 Uhr) halten dort auch. Die Weiterfahrt nach Sanjiang erfolgt mit einem Bus vom Busbahnhof Longsheng.

Sanjiang 三江

☎0772 / 350 000 EW.

Sanjiang ist berüchtigt für seine Eintönigkeit, aber es ist ein Ausgangspunkt für die idyllischen Dong-Dörfer und die herrliche, 78 m lange **Chengyanger Wind- und Regenbrücke** (程阳桥; Chengyang Qiao; Eintritt 60 Yuan). Sie ist eine von über 100 nagellosen Brücken in der Gegend, die um die letzten Jahrhundertwende herum von den Dong (sie sind angesehene Tischler) aus Tannenstämmen hergestellt wurden. Ihre Fertigstellung dauerte zwölf Jahre, und sie ist ein Inbegriff poetischer Konstruktionskunst.

Wer eine Eintrittskarte hat, darf die Brücke zum Dorf **Maan** (马鞍) überqueren. Von dort aus sind die Wege zu den umliegenden Dörfern ausgeschildert. Diese Pfade eignen sich für wunderbare **Spaziergänge** durch Reisfelder, vorbei an historischen alten Holzgebäuden und über andere Wind- und Regenbrücken. **Fahrradtouren** sind natürlich auch möglich, wie beispielsweise die anstrengende, drei Stunden dauernde Auffahrt zum abgelegenen Gipfeldorf Gaoyou (高友; siehe Kasten S. 674).

Es gibt zahlreiche Übernachtungsmöglichkeiten unterwegs, von denen viele auch Essen anbieten, teilweise sogar mit einfachen englischen Speisekarten. Gleich nach dem Dorfeingang von Ma'an bietet **Yang's Guesthouse** (程阳客栈; Chengyang *kezhan*; ☎858 3126; Zi. 60 Yuan; @) einen Fahrradverleih (30 Yuan pro Tag), freundliches Personal, Essen und kostenloses Internet.

Die großartige Lage des **Chengyang Asi Hotels** (程阳阿思宾馆; Chengyang Asi Binguan; ☎852 3311; Zi. 100–120 Yuan) an den üppigen Reisfeldern ist kaum zu übertreffen. Vor allem natürlich die Zimmer mit Blick auf die Felder. Es geht vorbei an Yang's Guesthouse auf dem linken Pfad, bis zum Ende und dann links. 150 m weiter liegt das Hotel auf der rechten Seite nach der Helong-Brücke.

An- & Weiterreise

Die meisten Busse fahren vom und zum Ostbusbahnhof von Sanjiang (河东车站; *hedong chezhan*), bis auf die Busse zur Chengyang-Brücke, die vom Westbusbahnhof (河西车站; *hexi chezhan*) losfahren, ein zehnminütiger Fußweg (etwa 500 m oder 2 Yuan in der Rikscha) über den Fluss. Um zum Westbusbahnhof zu gelangen, geht's vom Ostbusbahnhof aus rechts, dann rechts auf die Brücke über den Fluss und nach der Brücke erneut rechts. Der Fahrkartenschalter liegt auf einem Hügel zur Linken.

Die Chengyang-Brücke erreicht man mit dem halbstündlich vom Westbusbahnhof in Sanjiang abfahrenden Bus nach Linxi (林溪) (6 Yuan, 30 Min., 7.30–17.30 Uhr). Keine Sorge, wenn der letzte Bus schon weg ist: Private Minibusse nach Linxi warten an der Hauptstraße vor dem Westbusbahnhof. Der Preis ist der gleiche wie bei den Bussen, aber sie fahren erst los, wenn sie voll sind. Wer es eilig hat, muss zwischen 40 und 50 Yuan bezahlen, um den Bus in Bewegung zu setzen.

Vom Ostbusbahnhof in Sanjiang fahren regelmäßig Busse nach Longsheng (8 Yuan, 1½ Std., 6.30–17.50 Uhr) und Guilin (45 Yuan, 3–4 Std., letzter Bus um 16.15 Uhr); viermal täglich fahren Busse nach Tongdao in Hunan (25 Yuan, 2½ Std., 7.20, 8.30, 12.35 und 13.45 Uhr).

Yangshuo 阳朔

☎0773 / 310 000 EW.

Erfahrene Reisende nach Guangxi verbringen so wenig Zeit wie möglich in Guilin und nehmen sich lieber Yangshuo zur Basis; für viele dieser Veteranen mangelt es Yangshuo jedoch auch an Authentizität – „zu viele Touristen", beschweren sie sich, und sie haben recht: Die einst friedliche Stadt ist heute eine schmuddelige, versmogte Collage aus chinesischen Reisegruppen, perplexen Westlern, Diskos, Pole-Dance-Bars, chaotischem Verkehr und dem Zement, der sämtliche angesagten Touristenorte der Welt zusammenhält: Schlepper.

Außerhalb der Stadt jedoch ist die dramatische Karstlandschaft von Yangshuo surreal und der Stoff der chinesischen Landschaftsmalerei. Bei einer Fahrt auf einem Bambusfloß oder einer Fahrradtour durch die verträumten Täler lässt sich das schnell feststellen. Es gibt hier eine Reihe gut organisierter Kurse und Aktivitäten, die einen lange über die ursprünglich geplante Aufenthaltsdauer hinaus beschäftigen. Das Reisen mit Kindern ist hier leicht. Yanghshuo ist eines der familienfreundlicheren chinesischen Reiseziele mit Englisch sprechenden Einwohnern, gut eingerichteten Hostels und Essen selbst für Pingelige.

Sehenswertes

Gipfel und Berge BERGE

Yangshuo ist von hoch aufragenden, begrünten Kalksteingipfeln umgeben. Am

Yangshuo

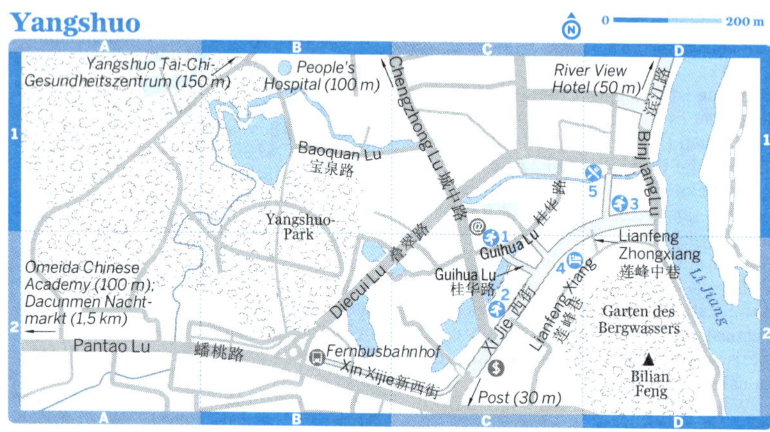

Yangshuo

Aktivitäten, Kurse & Touren

1 Bike Asia C2
2 Cloud 9 Restaurant C2
3 Insight Adventures Climb D1

Schlafen

4 Hongfu Palace Hotel C2
Magnolia Hotel .... (siehe 5)

Essen

Le Vôtre .... (siehe 4)
5 Vegetarisches Restaurant Pure Lotus D1

einfachsten erreichbar ist der **Berg des Grünen Lotus** (碧莲峰; Bilian Feng; Eintritt 30 Yuan), der die Xi Jie und den Li Jiang überblickt und innerhalb einer halben Stunde erklommen werden kann; von oben gibt's eine ausgezeichnete Aussicht. Auf ein Schild mit folgender Aufschrift achten: 山水园. Der **Yangshuo-Park** (阳朔公园; Yangshuo Gongyuan) liegt einen kurzen Fußweg westlich der Xi Jie. Dort findet man den **Berg des Mannes** (西郎山; Xilang Shan), der angeblich einem jungen Mann ähnelt, der sich vor einem schüchternen jungen Mädchen verbeugt, dem **Berg des Mädchens** (小姑山; Xiaogu Shan). Der **Berg des Drachenkopfes** (龙头山; Longtou Shan) liegt einen kurzen Fußweg nördlich des Stadtzentrums.

Aktivitäten

Yangshuo ist einer der angesagtesten Kletterorte in ganz Asien. Es gibt acht Hauptgipfel, die regelmäßig beklettert werden und bereits über 250 mit Kletterhaken ausgestattete Aufstiege (und Kletterstrecken) bieten.

Insight Adventures Climb KLETTERN
(☎881 1033; www.insight-adventures.com; 45 Xianqian Jie; ⏲9–21 Uhr) Bietet lokale Ratschläge für erfahrene Kletterer sowie komplett geführte Aufstiege mit Kletterhaken für Anfänger. Preislich geht's los bei 300 Yuan pro Person für eine halbtägige All-Inclusive-Tour. Kajakfahrten und andere Aktivitäten (ab 150 Yuan) werden auch organisiert.

Bike Asia RADFAHREN
(☎882 6521; www.bikeasia.com; 42 Guihua Lu; 桂花路 42 号; ⏲9–18 Uhr) Es gibt keinen Mangel an Fahrradverleihen (ab 15 Yuan pro Tag), aber die beste Ausstattung und die besten Tipps zu möglichen Strecken gibt's bei Bike Asia. Fahrräder kosten pro Tag 70 Yuan (Pfand 300 Yuan), einschließlich Helm und Karte. Es stehen Englisch sprechende Führer (ab 300 Yuan) zur Verfügung.

Kurse

Yangshuo ist ein idealer Ort, um seine Kenntnisse in unterschiedlichen Bereichen mit dem ein oder anderen Kurs zu erweitern.

Yangshuo Tai-Chi-Gesundheitszentrum TAI-CHI
(阳朔太极拳健康中心; Yangshuo Taijiquan Jiankang Zhongxin; ☎890 0125; www.chinasouthtaichi.com; Baoquan Lu; Unterricht pro Woche/Monat 1500/4000 Yuan; ⏲Büro 8–11.30 &

14.30–17.30 Uhr) Bietet Kurse für die Yang- und Chen-Stile des Tai-Chi. Für Schüler gibt's günstige Unterkünfte.

Omeida Chinese Academy SPRACHE
(欧美达书院; Oumeida Shuyuan; ☎881 2233; www.omeida.com.cn; Pantao Lu) Bietet von Lesern empfohlene Chinesischsprachkurse. Im Angebot sind zwei- bis 24-wöchige Unterrichtseinheiten (15 Std. pro Woche) ab 2920 Yuan, und die Schule stellt auch Englischlehrer ein.

V.E.T Project FREIWILLIGENARBEIT
(☎881 1420; www.vet-china.org) V.E.T China organisiert Freiwillige, die in und um Yangshuo Englisch unterrichten.

Cloud 9 Restaurant KOCHEN
(聚福楼; Jufulou Fandian; ☎881 3686; cloud-9restaurant03@yahoo.com; 1 Chengzhong Lu) Bietet zwei dreistündige Kurse täglich an für etwa 120 Yuan pro Person, einschließlich Marktbesuch und Mittagessen. Den zukünftigen Chefköchen werden die Rezepte überreicht, die sie zubereitet haben.

Yangshuo Cooking School KOCHEN
(www.yangshuocookingschool.com) Eine weitere klassische Kochschule, die man sich einmal ansehen sollte.

Schlafen

In Yangshuo wimmelt es von Hotels mit Englisch sprechenden Mitarbeitern, und alle bieten Internetzugang. Während es um die Xi Jie herum massenhaft Auswahl gibt, finden sich einige der besten Unterkünfte am Stadtrand von Yangshuo.

LP TIPP **Secret Garden** BOUTIQUEHOTEL €€
(旧县村老房子花园酒店; Jiuxian Cun Laofangzi Huayuanjiudian; ☎877 1932; www.yangshuosecretgarden.com; Jiuxian-Dorf; 旧县村; Zi. 388 & 488 Yuan; ❄@📶) Ein walisischer Architekt, den die Einheimischen mit dem Spitznamen „der Verrückte" bezeichnen, brachte fünf Monate damit zu, einen Pachtvertrag für eine Reihe Häuser aus der Ming-Dynastie im Dorf Jiuxian auszuhandeln. Mehrere Monate lang renovierte er sie zu einem wunderschönen Boutiquehotel – alles, um das architektonische Erbe des Dorfes zu bewahren, und er war erfolgreich: Während die Nachbarn alte Häuser abreißen und sie durch Betonmonster ersetzen, gibt diese Gebäudeansammlung ein hübsches Fotomotiv hinter den Reisfeldern her. Ein Taxi aus der Stadt kostet 40 Yuan.

Yángshuò Village Inn BOUTIQUEHOTEL €€
(听月楼; Tingyue Lou; ☎159 7736 4111; www.yangshuoguesthouse.com; Mondberg-Dorf; Yueliang Shan Licun; 月亮山历村; DZ 380–390 Yuan, Suite 500 Yuan; ❄@📶) Das Village Inn liegt gegenüber vom Mondberg (9 km südlich vom Zentrum von Yangshuo), und man ist hier stolz auf umweltfreundliche Praktiken. Die Zimmer mit lokalen, handgemachten Bambusmöbeln bieten einen rustikalen Komfort. Am besten ist das renovierte rückwärtige Bauernhaus aus Lehmziegel. Das Personal ist aufmerksam und spricht ausgezeichnetes Englisch. Auf dem Dach gibt's ein italienisches Restaurant namens Luna. Vom Busbahnhof in Yangshuo geht's mit dem Minibus nach Gaotian (高田); man sollte dem Fahrer sagen, dass man in Li Cun (历村; 5 Yuan, alle 15 Min.) aussteigen möchte. Ein Taxi von der Xi Jie kostet etwa 30 Yuan.

Yangshuo Mountain Retreat BOUTIQUEHOTEL €€€
(阳朔胜地; Yangshuo Shengdi; ☎877 7091; www.yangshuomountainretreat.com; Gaotian Zhen Fenglou Cunwei Wanggong Shanjiao; 高田镇凤楼村委王公山脚; EZ 280 Yuan, DZ & 3BZ 350–550 Yuan, Suite 550–680 Yuan; ❄@📶) Das Schwesterhotel des Yangshuo Village Inn mit Blick auf den wunderschönen Yulong He (遇龙河; Yulong He) ist ein erschwinglicher Luxus und eine bessere Option für diejenigen, die einen entspannenden Aufenthalt suchen. Ein Taxi aus der Stadt kostet 30 Yuan. Zweimal täglich fahren kostenlose Shuttlebusse zwischen den beiden Anwesen und der Stadt.

Yangshuo Outside Inn HOTEL €
(荷兰饭店; Helan Fandian; ☎881 7109; www.yangshuo-outside.com; Chaolong-Dorf, Jima; 骥马朝龙村; B/EZ 50/100 Yuan, DZ 120–200 Yuan, FZ 300–500 Yuan; ❄@) Dieses ehemalige Bauernhaus, das von einem Holländer inmitten der schönen ländlichen Umgebung als Gästehaus betrieben wird, liegt 4 km südwestlich von Yangshuo. Der gesamte Lehmziegelkomplex steckt voller rustikalem Charme, was einem einen Eindruck vom ländlichen China verschafft, ohne auf den Standard von Hygiene und Komfort verzichten zu müssen. Die modern ausgestattete Familiensuite bietet Platz für fünf. Das Personal spricht Englisch und hilft den Gästen bei der Vermittlung von Aktivitäten, inklusive Tai-Chi-Unterricht. Es liegt nahe am Yulong He;

ein Taxi hierher kostet 25 Yuan, mit dem Fahrrad sind es 20 Minuten. Auf der Website gibt es eine Wegbeschreibung sowie Reservierungsmöglichkeiten.

Magnolia Hotel HOTEL €€
(百酒店; Bai Jiudian; ☎881 9288; magnolia hotel@hotmail.com; 7 Diecui Lu; 叠翠路 7 号; 2BZ/DZ/3BZ 480/680/880 Yuan; ❄@📶) Das geschmackvoll eingerichtete Magnolia Hotel mit seinen Flachbildfernsehern, dunkler chinesischer Holzästhetik und bequemen Betten schafft es gerade so, den Lärm der umgebenden Straßen auszublenden. Die Zimmerpreise sind normalerweise um 200 bis 300 Yuan reduziert. Ruhiger sind die Zimmer, die nicht an der Xi Jie liegen. Wenn man in der Stadt unterkommen muss, ist dies eine sehr gute Wahl.

Trippers Carpe Diem HOSTEL €
(山景假日酒店; Shanjing Jiari Jiudian; ☎882 2533; www.guesthouseyangshuo.com; 35 Shibanqiaocun; 石板桥村 35 号; B/EZ 40/160 Yuan, DZ 180–300 Yuan; ❄@📶) Dieses von einer belgisch-chinesischen Familie betriebene Hostel wird von Reisenden empfohlen. Neben der Aussicht auf die Reisfelder und Karstgipfel, dem großartigen Personal und den blitzenden Zimmern betreibt das Hostel ein glutamatfreies Café mit europäischen und chinesischen Lieblingsgerichten und belgischem Bier. Es liegt außerhalb der Stadt, aber nahe genug, um hinzulaufen. Von der Xi Jie aus geht's zu Fuß 1,5 km lang am Fluss entlang (flussaufwärts). Nach 25 Minuten erreicht man das Dorf Shibanqiao. Ein Taxi von Busbahnhof kostet höchstens 20 Yuan. Das Hostel kümmert sich um den Transport, wenn man sich rechtzeitig anmeldet.

Yangshuo Culture House GÄSTEHAUS €
(阳朔文化小屋; Yangshuo Wenhua Xiaowu; ☎882 7750; www.yangshuo-study-travel.com; 110 Beisan Xiang, Chengxi Lu; 城西路北三巷 110号; DZ & 2BZ 90 Yuan; ❄@📶) Die in Kiefernholz eingerichteten Zimmer sind nichts Besonderes, aber sie sind hell und geräumig. Der Inhaber, Herr Wei, kann dabei behilflich sein, Aktivitäten und Kurse zu organisieren, aber das Beste ist, dass er jeden Tag drei kostenlose Essen serviert! Vom Busbahnhof aus läuft man etwa zehn Minuten die Chengxi Lu in westlicher Richtung entlang. Auf der rechten Seite steht ein gelbes Schild. Hier ist oft ausgebucht, deshalb besser vorher online reservieren.

River View Hotel HOTEL €€
(望江楼酒店; Wangjianglou Jiudian; ☎882 2688; www.riverview.com.cn; 11 Binjiang Lu; 滨江路 11 号; EZ 168 Yuan, DZ & 2BZ 268–388 Yuan; ❄@) Wer gerne im Zentrum unterkommt, aber den Trubel des Nachtlebens nicht braucht, für den dürfte dieses Hotel um die Ecke von der Xi Jie sein Geld wert sein. Die Balkonzimmer mit Blick auf den Li Jiang sind hell und geräumig – und schnell ausgebucht. Das Restaurant mit Bar im neuen Flügel ist ein guter Ort, um der Welt draußen zuzusehen.

Hongfu Palace Hotel HOTEL €€
(鸿福饭店; Hongfu Fandian; ☎137 3739 7888; www.yangshuohongfuhotel.com; 79 Xijie; 西街 79 号; DZ 380–480 Yuan, 2BZ/Suite 660/880 Yuan; ❄) Großartige Lage an der Xi Jie im historischen Jiangxi-Rathaus und auf gemeinsamem Grund mit Le Vôtre. Geräumige DZ, die oft auf 250 Yuan heruntergesetzt sind, blicken auf einen Innenhof im Qing-Stil. Identische Zimmer, jedoch ohne den Hofblick, gibt es schon für 170 Yuan.

Essen & Trinken

Zu den lokalen Spezialitäten gehören *pijiu yu* (啤酒鱼; Bierfisch) und *tianluoniang* (田螺酿; gefüllte Schnecken). In und um die Xi Jie findet man alles von Holzofenpizza bis zu Fast Food. Die Bars in dieser Gegend kommen und gehen wie fließendes Wasser, und der beste Ort für eine Kneipentour ist die Guihua Lu (桂花路), eine Seitenstraße der Xi Jie, in der deutsche Biergärten neben einer klassischen Café-Bar im westlichen Stil liegen.

LP TIPP **Pure Lotus Vegetarisches Restaurant** CHINESISCH, VEGETARISCH €€
(暗香蔬影素菜馆; Anxiang Shuying Sucaiguan; Diecui Lu; Gerichte 22–48 Yuan; ⏰11–22 Uhr; 🖉) Buddhistische Musik sorgt für eine wahrhaft bezaubernde Atmosphäre, in der man in der opulenten Speisekarte versinken kann. Die moderne englische Speisekarte ist mit Bildern aller Gerichte ausgestattet und das Personal spricht Englisch. Man ist hier jedoch nicht gezwungen, Musterkind zu sein: Es gibt auch Bier und Wein, falls man sein Karma nicht komplett abbauen möchte.

Luna ITALIENISCH €€
(☎139 7836 9849; Mondberg-Dorf; Yueliang Shan Licun; 月亮山历村; Gerichte ab 38 Yuan; ⏰7.30–24 Uhr) Es gibt Biosalate und eine Reihe italienischer Standardgerichte von

Pasta bis Pizza, aber was die Gäste wirklich immer und immer wieder zum Luna zieht, ist die spektakuläre Aussicht auf den Mondberg. Die zugehörige Weinkarte erinnert einen fast an zu Hause. Luna liegt auf dem Dach des Yangshuo Village Inn.

Le Vôtre FRANZÖSISCH €€
(乐德法式餐厅; Lede Fashi Canting; 79 Xijie; Gerichte ab 40 Yuan; ⌚8–24 Uhr) Die Nachahmer mögen kommen und gehen, aber das erste französische Restaurant der Stadt ist immer noch das beste. Es teilt sich sein historisches Gelände mit dem Hongfu Palace Hotel. Im Innenraum ist das Restaurant mit einer grellen Ansammlung christlicher und buddhistischer Statuen exzentrisch geschmückt und mit Portraits des Vorsitzenden Mao behängt. Der weiläufige Sitzbereich im Freien zieht oft zahlreiche Gäste an, ebenso wie die gute Speisekarte und das selbst gebraute Bier (ab 20 Yuan).

Dacunmen-Nachtmarkt MARKT €
(大村门夜市; Dacunmen Yeshi; Pantao Lu; ⌚17– open end) Dieser Nachtmarkt bietet einen kulturell sehr interessanten Einblick ins untouristische Leben von Yangshuo. Man kann den Einheimischen dabei zusehen, wie sie die besten Gewürze erschnuppern oder um ihre Schnecken handeln. Eine Warnung jedoch: Dies ist nichts für Feinfühlige! Hier finden sich exotische Geschmäcker wie Bierfisch, Hunde-Hotpot, Fischkopfsuppe, Frösche und Schnecken. Von der Xi Jie sind es 30 Minuten zu Fuß. Nach der Tankstelle an der Pantao Lu findet sich auf der linken Seite eine Feuerwache. Dahinter liegt der Nachtmarkt.

☆ Unterhaltung

Impressions Liu Sanjie DARSTELLENDE KUNST €€
(印象刘三姐; Yinxiang Liu Sanjie; ☎881 7783; Tickets 198–680 Yuan; ⌚19.30–20.30 Uhr & 21.30–22.30 Uhr) Die Regie bei der besten Show der Stadt führt Filmemacher Zhang Yimou, der auch bei der Eröffnungszeremonie der Olympiade in Beijing 2008 und gefeierten Filmen wie *Hero* Regie geführt hat. Jeden Abend begeben sich 600 Darsteller, einschließlich lokaler Fischer, auf den Li Jiang. Als Teil der Show sind zwölf umliegende Karstgipfel beleuchtet. Mit den günstigsten Karten bekommt man tolle Plätze in der ersten Reihe, aber dann muss man die rauchenden chinesischen Touristen ertragen, die während der Darbietung singen und schwatzen.

Wer im Hotel oder Hostel bucht, erhält einen kleinen Rabatt sowie Transport zum/vom Veranstaltungsort (1,5 km außerhalb der Stadt).

Shoppen

Entlang der Xi Jie gibt's zahlreiche Souvenirläden, während täglich auf der Binjiang Lu Buden aufgebaut werden. Hier findet man Seidenschals, Schmuckanhänger, Strickschuhe und viele andere Produkte. Man kann nach Herzenslust feilschen.

Praktische Informationen

Reisebüros sind in der ganzen Stadt zu finden, wobei es auch in den auf Backpacker ausgerichteten Cafés und Bars sowie in den meisten Hotels häufig gute Tipps gibt. Es lohnt sich, die Augen nach den besten Angeboten offen zu halten.

Schlepper sind ein beständiges Ärgernis in Yangshuo, aber da es hier einen höheren Prozentsatz an Englischsprechern gibt als irgendwo sonst in China, werden ihre Dienste kaum benötigt. Man sollte sie bestimmt, aber höflich abwimmeln.

Bank of China (中国银行; Zhongguo Yinhang; Xi Jie; ⌚9–17 Uhr) Fremdwährung und 24-Std-Geldautomat.

Café Too & Hostel (自游人旅店; Ziyouren Lüdian; ☎882 8342; 7 Chengzhong Lu; ⌚8–24 Uhr) Café, kostenloses Internet und eine beeindruckende Auswahl an fremdsprachigen Büchern, die man tauschen kann.

China Post (中国邮政; Zhongguo Youzheng; Pantao Lu; ⌚8–17 Uhr) Verfügt über Englisch sprechende Mitarbeiter und Telefonservice für Ferngespräche.

People's Hospital (人民医院; *renmin yiyuan*; 26 Chengzhong Lu) Es gibt hier Englisch sprechende Ärzte.

Büro für Öffentliche Sicherheit (PSB; 公安局; Gong'anju; Chengbei Lu; ⌚Sommer 8–12 & 15–18 Uhr, Winter 14.30–17.30 Uhr) Hier gibt es einige Leute, die Englisch sprechen. Ist nicht für Visumsverlängerungen zuständig. Liegt 100 m östlich vom People's Hospital.

An- & Weiterreise

Bus

Direkte Busverbindungen:

Guilin, 20 Yuan, 1 Std., alle 10–20 Min. (6.45–20.30 Uhr)

Nanning 166 Yuan, 6½ Std., 2-mal tgl. (8 und 11.30 Uhr)

Shenzhen 236 Yuan, 13 Std., 4-mal tgl. (17.30, 19, 19.30 und 21 Uhr)

Xingping 8 Yuan, 1 Std., alle 15 Min. (6.30–18 Uhr)

Yangdi 11 Yuan, 30 Min., alle 20 Min. (6.30–18 Uhr)

Der Bus von Guilin nach Huangyao hält in Yangshuo (50 Yuan, 2 Std., 1-mal tgl.) nur unregelmäßig, also vorher nachfragen.

Flugzeug

Der nächste Flughafen ist in Guilin; auf S. 663 stehen Infos zu verfügbaren Flügen. Hotels können normalerweise Taxifahrten direkt zum Flughafen organisieren (etwa 240 Yuan, 1 Std.).

Zug

Es gibt keinen Bahnhof in Yangshuo, aber Hotels und Reisebüros in der Stadt verkaufen Zugtickets für die Verbindung von Guilin nach Nanning. Die Kommission beträgt meist 50 Yuan.

 Unterwegs vor Ort

Das beste Fortbewegungsmittel ist das Fahrrad; in fast allen Hostels und von Verleihen am Straßenrand kann man eines für 15 Yuan pro Tag ausleihen. Ein Pfand von 200 Yuan ist Standard, aber natürlich auf keinen Fall den Ausweis abgeben. Hochwertigere Räder und gute Tipps zu Fahrradausflügen gibt's bei Bike Asia (s. S. 668).

Rund um Yangshuo

Die Umgebung Yangshuos lässt sich wochenlang per Fahrrad, Boot, zu Fuß oder in einer Kombination daraus erkunden. Bei einer Radtour entlang des Li Jiang (漓江) etwa findet man zahlreiche pittoreske alte Dörfchen. Klassische ländliche Szenen von sich wälzenden Wasserbüffeln und Bauern, die sich um ihre Setzlinge kümmern, werden dominiert vom atemberaubenden Hintergrund der hoch aufragenden Kalksteingipfel. Daneben gibt's eine Unzahl an anderen Aktivitäten für Frischluftfans: von Floßfahrten auf dem Li Jiang über Höhlenwanderungen bis hin zu Klettertouren hinauf auf die Karstgipfel. Die Dörfer in der Umgebung von Yangshuo, insbesondere Xingping, werden an **Markttagen** so richtig lebendig; diese finden alle drei, sechs oder neun Tage statt.

XINGPING & UMGEBUNG

Xingping (兴坪), der Ort, der auf der Rückseite der 20-Yuan-Banknoten abgebildet ist, ist über 1000 Jahre alt und beherbergt eine Reihe von historischen Wohnhäusern. Jahrelang stand es kurz davor, das „nächste" Yangshuo zu werden, aber es ist nicht wirklich schlimm, dass sich diese Prophezeiung nicht erfüllt hat, denn es ist sehr charmant – ohne die Touristenhorden.

Rund um Yangshuo

Rund um Yangshuo

Schlafen

1 Trippers Carpe Diem B2
2 Yangshuo Mountain Retreat A3
3 Yangshuo Outside Inn A3
4 Yangshuo Village Inn A3

Die Stadt selbst ist kompakt; die Altstadt rund um die Lao Jie ist besonders stimmungsvoll. Die meisten Reisenden richten hier ihre Basis ein, um die Umgebung zu erkunden, und viele bleiben länger als ursprünglich geplant.

Das an HI angegliederte **This Old Place** (老地方; Lao Difang; ☎870 2887; www.topxingping.com; 5 Rongtan Lu; B 30–40 Yuan, EZ 60 Yuan, DZ 80–190 Yuan; ❄@📶) ist eine ausgezeichnete Unterkunft mit großem Aufenthaltsraum, hilfsbereitem Personal, das Englisch spricht, und toller Pizza aus dem Holzofen. Empfehlenswert sind die Zimmer im neuen Flügel oder das Balkonzimmer 305 im alten Flügel. Die Inhaber haben die Umgebung gründlich erforscht und können ihren Gästen viele Strecken und Aktivitäten vorschlagen. Es gibt auch ein **Café** (Lao Jie), in dem leckere chinesische und westliche Gerichte angeboten werden.

Hinter Xingping geht's den Berg hinauf, an Pomelo- und Orangenhainen vorbei, zum verschlafenen alten **Fischdorf** (鱼村; Yucun). Dieses Dörfchen mit seinen historischen Gebäuden und freundlichen Einwohnern wurde in den 1990er-Jahren von Bill Clinton und seiner Familie besucht, worauf man noch heute stolz ist. Zurück nach Xingping geht's zu Fuß oder am besten mit einem Bambusfloß (100 Yuan).

Eine andere schöne Option in dieser Gegend ist der kombinierte Boots- und Fahrradausflug von Yangshuo nach Xingping und zurück (s. S. 674).

Für den herrlichen, 16 km langen **Wanderweg** zwischen Xingping und Yangdi (扬堤), der den Fluss dreimal überquert, benötigt man etwa vier bis fünf Stunden. Die „Eintrittsgebühr" kostet 16 Yuan, was zwei Fährüberfahrten beinhaltet. Die letzte Überfahrt kostet noch einmal 4 Yuan.

Per Bus (8 Yuan) geht's von Yangshuo nach Yangdi, anschließend führt ein Fußweg nach Xingping und von dort fährt ein Floß (170 Yuan) oder Bus (7 Yuan, bis 19 Uhr) zurück.

Eine Floßfahrt zwischen Xingping und Yangdi kostet 120 Yuan. Der Bus von Yangshuo nach Xingping braucht eine Stunde (7 Yuan, alle 15 Min.).

FULI 副利

Ebenfalls sehr beliebt, und viel näher an Yangshuo (etwa 9 km östlich) gelegen, ist das historische Dorf Fuli mit seinen Steinhäusern und Kopfsteinpflastergassen. Fuli ist in dieser Region berühmt für seine handgemachten Fächer, die überall zu sehen sind. Mit dem Fahrrad dauert es ca. eine Stunde, um dorthin zu gelangen. Zunächst radelt man von Yangshuo aus nach Süden, anschließend über die Brücke nach Osten zum Dorf Dutou (渡头村; Dutou Cun). Von dort aus geht's samt Rad mit der Fähre (5 Yuan) über den Fluss nach Fuli. Es gibt auch regelmäßige Busse von Yangshuo zu einer Haltestelle in Laufentfernung von Fuli (3 Yuan, 15 Min.).

YULONG HE 遇龙河

Die Landschaft um diesen kleineren, ruhigeren Fluss, der ca. 6 km südwestlich von Yangshuo liegt, ist atemberaubend. Es findet sich dort eine Reihe toller Schwimmgelegenheiten und zahllose Möglichkeiten zum Erkunden der Umgebung. Am besten einfach ein Rad mieten und loslegen.

Ein mögliches Ziel ist die **Drachenbrücke** (遇龙桥; Yulong Qiao), die sich ca. 10 km flussaufwärts befindet. Diese 600 Jahre alte steinerne Bogenbrücke gehört zu den größten in Guangxi; ihre Stufen sind wie Kraut und Rüben verteilt, und die Seiten neigen sich von ihrem hohen Alter nach innen. Es ist mit Sicherheit toll zum Schwimmen. Weitere Infos dazu, wie man mit dem Rad dorthin gelangt, stehen im Kasten auf S. 674. Eine Alternative ist der Bus nach Jinbao (金宝); gleich nach Baisha (白沙) an der Brücke aussteigen (5 Yuan, 35 Min.).

An derselben Strecke zur Drachenbrücke, etwa 9 km von Yangshuo entfernt, liegt das bukolische Dorf **Jiuxian** (旧县村; Jiuxian Cun). Die vielen *nongjia* (农家乐; Privatunterkünfte) an den Wegen zwischen den Reisfeldern servieren Mittagessen. Die meisten verfügen über englische Speisekarten mit Preisen, und die Gerichte beginnen bei 12 Yuan. Wer vom Charme des Dorfs gepackt wird, kann im Secret Garden (S. 669) übernachten.

MONDBERG 月亮山

Atemberaubende Ausblicke auf die umgebende Landschaft ergeben sich vom surrealen Kalksteingipfel des **Mondbergs** (Yueliang Shan; Eintritt 15 Yuan), der für sein mondförmiges Loch bekannt ist. Mit dem Fahrrad ist er über die Hauptstraße südlich von Yangshuo in Richtung des Flusses zu erreichen; ca. 200 m vor der Brücke geht es nach rechts. Der Mondberg liegt 8 km weit die Straße entlang auf der rechten Seite.

SHITOUCHENG 石头城

Ein Besuch dieses faszinierenden Dorfes aus der Qing-Zeit, das oben auf einem der Kalksteinhügel sitzt, ist ein ungewöhnlicher Ausflug in die Landschaft und ein toller Tagestrip für all jene, die ein Abenteuer abseits der üblichen Touristenpfade suchen. Das Dorf war einst eine Garnisonsstadt, und die alten Tore und Mauern sind größtenteils noch intakt. Von der „Neustadt" des Dorfes hinauf zur „Altstadt", wo die Mauer beginnt, ist es ein steiler 30- bis 50-minütiger Aufstieg. Oben angelangt dauert es ca. vier bis fünf Stunden, um alle vier Haupttore abzulaufen. Einheimische zeigen einem die Steinruinen für etwa 30 Yuan.

NOCH MEHR TOLLE FAHRRADTOUREN IN GUANGXI

Mit Boot und Rad durchs Li-Tal

Von Yangshuo nach Xingping und zurück (15 km Boot, 20 km Rad, halber Tag) Diese schöne Tour kombiniert eine Bootsfahrt von Yangshuo nach Xingping mit einer Radtour zurück durch dieses idyllische Tal. Das Rad kann auf dem Bambusfloß mitgenommen werden (170–250 Yuan, 1½ Std.), von dem aus man die Aussicht auf das historische Dorf Xingping genießt. Anschließend geht's nach Süden, vorbei an den Dörfern Gupi Zhai (古皮寨), Qiaotou Pu (桥头铺) und Dongxin (洞心) bis nach Fuli (福利), das 4 km östlich von Yangshuo liegt. Direkt hinter Fuli lädt man sein Rad auf eine Fähre (5 Yuan) über den Li Jiang und fährt an Dutou (渡头) vorbei zurück nach Yangshuo, wobei der Fluss erneut überkreuzt wird, diesmal jedoch auf einer Brücke.

Schweißtreibende Tour durch die Dong-Dörfer

Von der Chengyang-Brücke zum Dorf Gaoyou (16 km, 3 Std.) Diese herausfordernde Tour beginnt an der eleganten Wind- und Regenbrücke in Chengyang und endet mit einer anstrengenden, 6 km langen Auffahrt zum Bergdorf Gaoyou (高有). Von der Brücke aus geht's am Fluss entlang 10 km auf der Straße nach Linxi (林溪), vorbei an den Dörfern Pingzhai (平寨), Dongzhai (东寨), Dazhai (大寨), Pingpu (平埔) und Guangdong (冠洞). Wer nicht die Zeit oder Energie für die steile Fahrt bis Gaoyou hat, kann hier zu Mittag essen und zur Chengyang-Brücke zurückfahren (zwei bis drei Stunden lange Rundfahrt). Wer es sich und seinen Waden zutraut, biegt in der Dorfmitte rechts ab, verlässt bald die befestigte Straße und biegt nach ca. 1,5 km an einer kleinen Wind- und Regenbrücke scharf rechts ab, um die steile Auffahrt zu beginnen. Die Aussicht auf die Berge ist atemberaubend, aber selbst ohne Fotostopps sind es 1½ Stunden bis nach Gaoyou, wo gleich rechts vor dem Trommelturm das familienbetriebene **Gaoyou Guesthouse** (高有客栈; Gaoyou *kezhan*; Zi. 30 Yuan) steht. Es gibt hier Speisen (30 Yuan), aber keiner spricht Englisch. Die bequeme Abfahrt zurück nach Chengyang dauert etwa zwei Stunden.

Von Yangshuo aus fährt jeder Bus nach Guilin bis Putao (5 Yuan), von wo aus die restliche Strecke nach Shitoucheng mit dem Motorradtaxi (20 Yuan) zurückgelegt werden kann. Einer der Dorfbewohner nimmt einen bestimmt auf dem Motorrad mit zurück nach Putao. Dort einfach einen der nach Süden fahrenden Busse anhalten, um nach Yangshuo zu gelangen.

Huangyao 黄姚

☎0774

Huangyao ist eines der zauberhaftesten Dörfer Chinas; hier wurden und werden viele Filme und Fernsehserien gedreht, unter anderem Edward Nortons *Der bunte Schleier*. Dieses liebevoll bewahrte, 900 Jahre alte **Dorf** (Eintritt 100 Yuan) enthält zwei Dutzend Tempel, eine Reihe von Pavillons und Clanhallen und eine alte Bühne (古戏台; gu xitai). Der ländliche Charme zeigt sich beim Spaziergang durch die steinernen Gassen, auf denen Hunde und Hühner unterwegs sind, während die Dorfbewohner ihre Wäsche am Fluss aufhängen; die umherstreifenden Reisegruppen stören dieses Bild jedoch ein wenig. Am Fluss neben dem Dorf stehen zwei 500 Jahre alte Banyanbäume, die nach einer Wanderung durch die Straßen einen idyllischen Rastplatz darstellen.

Chance (偶然间; Ouranjian; ☎672 2046; 33 Zhongxing Jie; 中兴街 38 号; DZ 100 Yuan; ❄📶), auf der anderen Seite des Flusses ist speziell auf Backpacker ausgerichtet. Auf der linken Seite hinter den Banyanbäumen liegt das putzige **Yanimu** (一念一梦; Yinianyimeng; ☎672 2477; 66 Anle Jie; 安乐街 8 号; B 100–120 Yuan; ❄📶). Das **Happiness Inn** (幸福里; Xingfuli; ☎672 2805; 8 Yingxiu Jie; 迎秀街 8 号; B 100–130 Yuan; ❄📶) liegt an der kopfsteingepflasterten Hauptstraße und ist bei jungen chinesischen Reisenden beliebt. Sie alle sind mit Holzmöbeln ausgestattet, bieten kostenloses WLAN und einen Gemeinschaftsraum. Man muss jedoch sein eigenes Handtuch mitbringen.

Huangyao ist berühmt für sein *doufu* (豆腐; Tofu). Im Innenhof des **Guojia Day-**

uan (郭家大院; 44 An Dongjie; 安东街 44 号) gibt es köstliche *doufu niang* (豆腐酿; mit Schweinehack und Gemüse gefüllte Tofuscheiben; 20 Yuan). Im gesamten Dorf gibt es viele Restaurants. Die Schriftzeichen dafür sind: 农家乐 (nongjiale).

Es verkehren täglich zwei direkte Busse von Guilin (60 Yuan, 3 Std., 8.30 und 13.30 Uhr). Der Bus in die andere Richtung, fährt um 8.10 und 14.20 Uhr in Huangyao los, wobei die Zeiten häufig nicht so genau eingehalten werden. Das heißt, dass man eventuell einen Bus nach Hezhou (贺州; 18 Yuan, 2 Std.) nehmen und in Richtung Guilin (60–80 Yuan, 2½–4 Std., regelmäßig) umsteigen sollte. Die Busse ab Yangshuo fahren so unregelmäßig, dass man am besten am Fahrkartenschalter nachfragt (50 Yuan, 2 Std., 1-mal täglich).

Nanning 南宁

0771 / 7,1 MIO. EW.

Wie zahlreiche andere Provinzhauptstädte Chinas ist Nanning eine langweilige Standardstadt mit wenigen Sehenswürdigkeiten. Aber im Kern ist es ein recht entspannter Ort, um Energie zu tanken, bevor es nach Vietnam weitergeht bzw. nach der Ankuft aus Vietnam. Reisebüros und Hostels können innerhalb von einem bis drei Tagen Visa für Vietnam organisieren, und während der Wartezeit finden sich gerade genug Aktivitäten, um sich nicht langweilen zu müssen.

Sehenswertes & Aktivitäten

GRATIS **Provinzmuseum Guangxi** MUSEUM

(广西省博物馆; Guangxi *sheng bowuguan*; www.gxmuseum.com; Ecke Minzu Dadao & Gucheng Lu; Di–So 9–17 Uhr) Die lateinische Zhuang-Aufschrift lautet „Gvangsusaih Bouxcuengh Swcigih Bozvuzgvanj". Glücklicherweise sind die Ausstellungsstücke im Inneren des Museums mit englischen Schildern versehen, die mehr Sinn ergeben. Das ist super, denn die Ausstellungsstücke aus Keramik- und Bronzestücken, die teilweise über 200 Jahre alt sind, ist großartig.

Im grünen hinteren Garten wird die Kultur einiger Minoritäten vorgestellt: Es finden täglich Vorführungen statt, einige Beispiele von Dong- und Miao-Holzhäusern in voller Größe sind zu sehen sowie eine ohne Nägel gefertigte Wind- und Regenbrücke, die heute ein beeindruckendes Restaurant beherbergt, das Amou Meishi (S. 677).

Nanning

Schlafen

1 High-Class Hotel A1
2 Lotusland Hostel (Bahnhof) A2
3 Yongjiang Hotel B3

Essen

4 Bauernmarkt B1
5 Garküchen in der Zhongshan Lu B3
6 Xu Courtyard Restaurant B3

Medizinischer Kräutergarten Guangxi GARTEN

(广西药用植物园; Guangxi Yaoyong Zhiwuyuan; Eintritt 10 Yuan; Morgengrauen–Abenddämmerung) Der faszinierende, subtropische Garten ist der größte medizinische Kräutergarten Chinas. Hier finden sich über 4000 medizinische Pflanzen aus über 20 Ländern. Vom Chaoyang-Garten aus bedienen die Busse 22 und 81 die Strecke zum Haupteingang. Die Busse 7 und 66 verkehren vom Hauptbahnhof aus hierher. Die Busfahrt dauert zwischen 20 und 30 Minuten.

Gassen ARCHITEKTUR

Auf der östlichen Seite entlang der Linjiang Lu befinden sich kleine Gassennetzwerke. Hier sind einige der älteren, niedrigeren Häuser von Nanning zu sehen, die einen starken Kontrast zu den glänzenden Einkaufszentren an der nahe gelegenen Chaoyang Lu darstellen und eine interessante Umgebung für einen ruhigen Spaziergang bieten. Die überhandnehmende Modernisierung bringt leider mit sich, dass diese interessanten Häuser möglicherweise bald durch Wohnblocks ersetzt werden.

Brücke über den Yong SCHWIMMEN

(邕江桥; Yongjiang Qiao) Die Gegend am südwestlichen Ende der modernen Brücke über den Yong ist ganz besonders beliebt zum Schwimmen, insbesondere an Sommerabenden. Lustigerweise machen die Schwimmer manchmal ihre Wäsche direkt im Anschluss an ein Bad im Fluss – unmittelbar unter dem tosenden Verkehr auf der Brücke.

Schlafen

Um den Bahnhof herum gibt's einige Budgethotels, deren günstigste, herabgesetzte Zimmerpreise in übergroßen Zahlen in den Fenstern stehen. Die Preise beginnen bei 60 Yuan.

Lotusland Hostel (Bahnhof) HOSTEL €

(荷逸居; Heyi Ju; 243 2592; lotuslandhostel@163.com; 64 Shanghai Lu; 上海路 64 号; DZ/2BZ 50/120 Yuan; ❄@📶) Lotusland ist ein Hostelpionier in Nanning, und man sieht ihm sein relatives Alter an. Die Zimmer wirken sauber, wenn man nicht allzu genau hinsieht (beschädigte Wände, staubige Fußböden). Es gibt keine privaten Badezimmer, aber die gemeinsam genutzten blitzen regelrecht. Vom Bahnhof aus ist es in 15 Minuten zu Fuß (etwa 900 m) zu erreichen. Das Hostel bietet einen Service für Visumsanträge für Vietnam ohne Aufpreis. Vom Busbahnhof Langdong aus fahren die Busse 6 oder 213 hierher.

Lotusland Hostel (Busbahnhof Langdong) HOSTEL €

(荷逸居 琅东客运站; Heyi Ju Langdong *keyunzhan*; 677 3664; newlotuslandhostel@163.com; 155 Minzu Dadao; 民族大道 155 号; DZ/2BZ 50/100 Yuan; ❄@📶) Die neue Filiale von Lotusland am Fernbusbahnhof Langdong. Schicke Einrichtung und sauberer, da neuer.

Nanning City Hostel HOSTEL €

(南宁市青年旅舍; Nanningshi Qingniang Lüshe; 152 7771 7217; www.nanningcityhostel.bravehost.com; Apt. 102, Block 12, Ou Jing Ting Yuan Community, 63-1 Minzu Dadao; 民族大道 63-1 号阳光一百欧景庭园 E 座 12 单元 1102 号; B ab 50 Yuan, EZ ohne Bad 80 Yuan, DZ mit Bad pro Pers. 80 Yuan; ❄@📶) Dieses saubere Hostel auf der Penthousestockwerk eines Apartmentblocks vermittelt den Eindruck einer freundlichen Pension. Die Schlafsäle sind mit großen Betten ausgestattet, und einer verfügt über ein eigenes Bad. Selbstverpfleger werden sich über die gemeinsam nutzbare gut ausgestattete Küche freuen, aber jeder Bewohner muss die orangefarbenen Wände aushalten. Das Hostel ist allerdings schwer zu finden. Zunächst nach dem recht auffälligen Wohnkomplex „Sonnenschein 100" (阳光一百, Yangguang Yibai) Ausschau halten, ein orangefarbenes Gebäude mit Parkplatz und Geschäften auf der Minzu Dadao. Der Komplex 欧景庭园 (Ou Jing Ting Yuan) befindet sich dahinter auf der rechten Seite. Hier geht's durch das Tor, und nun nach Block 12 am Ende des Geländes Ausschau halten. Einfacher wird die Navigation mit der von der Website des Hostels heruntergeladenen Karte. Bus 6 vom Busbahnhof Langdong und dem Bahnhof hält auf der Minzu Dadao.

High-Class Hotel HOTEL €€

(海格拉斯大酒店; Haigelasi Dajiudian; 579 6888; 76 Zhonghua Lu; 中华路 76 号; DZ & 2BZ 388 Yuan; ❄📶) Geräumige Doppelzimmer mit makellosen Holzfußböden, schicken Möbeln und unterstützenden Matratzen sowie das hilfreiche Personal machen dieses gut präsentierte Hotel zur besten Wahl rund um den Bahnhof. Nach Rabatten kosten die Zimmer nur noch 168 Yuan (178 Yuan mit Computer). Alle Zimmer haben WLAN.

Yongjiang Hotel HOTEL €€€

(邕江宾馆; Yongjiang Binguan; 218 0888; www.yongjianghotel.com; 1 Linjiang Lu; 临江路 1 号; Standard-/Deluxe-DZ 780/980 Yuan; ❄@🏊) Wenn man es schafft, den Rabatt von 50 % zu ergattern, ist dieses einladende Fünfsternehotel mit Blick auf den Fluss (und eine unansehliche Verkehrsbrücke) die Prasserei durchaus wert. Die gesamte Anlage ist sehr schick eingerichtet (im Stil von chinesischen Hotels) und braun gehalten. Es gibt einen kleinen, nierenförmigen Außenpool.

Essen

Der perfekte Ort zum Essen ist die Zhongshan Lu, eine lebhafte Straße voller Essensbuden und kleiner Restaurants, die alle möglichen Gaumenfreuden anbieten: von Tintenfischspießen, gegrillten Austern mit Knoblauch, gerösteten Tauben, Krokodilspießen, dem berühmten *chou doufu* (臭豆腐; Stinketofu) bis hin zu *laoyoumian* (老友面; wörtlich „Alte-Freunde-Nudeln"). Das Essen der Straßenverkäufer kostet 5 bis 10 Yuan, Meeresfrüchte in Restaurants mit Sitzgelegenheiten beginnen bei 20 Yuan.

Um den Bahnhof herum liegen einige einfache Restaurants, die zum Frühstück *baozi* (包子; Dampfnudeln; 3 Yuan) oder Guilin *mifen* (桂林米粉; Guilin-Nudeln; 3,50 Yuan) anbieten. Vertrautes westliches Essen und einen Schluck Kaffee oder Bier gibt's in einem der zahlreichen Cafés und Bars im „Sonnenschein 100"-Komplex auf der Minzu Dadao. In der Gasse daneben, Shangye Jie (商业街), gibt es günstige lokale Speisen.

Näher am Bahnhof, an der Nordseite des Flusses Chaoyang, befindet sich der kleine **Bauernmarkt** (农贸市场; Nongmao Shichang; ⏲5–23 Uhr), ein weiterer ausgezeichneter Einkaufsort für frisches Obst.

LP TIPP **Amou Meishi** GUANGXI-KÜCHE €€
(阿谋美食; 21 Gucheng Lu; ⏲9–21 Uhr) Das Restaurant befindet sich an der malerischen Wind- und Regenbrücke hinter dem Provinzmuseum Guangxi und hat hinten einen wunderschönen, üppigen Garten. Die Gerichte nach Art der ethnischen Minderheiten sind so gut wie die erstklassige Lage. Wie wäre es mit dem *zhuxiang*-Fisch der Miao (苗家竹香鱼; *miaojia zhuxiangyu*; 78 Yuan)? Oder einem der anderen leckeren Gerichte wie geröstete Aubergine à la Tai (傣家茄子; *daijia qiezi*; 25 Yuan) und zerkleinerter Li-Fluss-Ente (手撕漓江鸭; *shousi lijiangya*; 38 Yuan)? Chinesische Bilderspeisekarte.

Xu Courtyard Restaurant SÜDCHINESISCH €€
(旭园; Xu Yuan; Linjiang Lu; ⏲10.30–21.30 Uhr) Dieses freundliche Restaurant liegt in einem umgewandelten Innenhof aus dem Jahr 1892. Es serviert einige fabelhafte Gerichte, darunter Schweinerippchen-Wraps mit Orangenschalengeschmack (橙皮纸包骨; *chengpi zhibaogu*; 52 Yuan), geröstete Ente nach Geheimrezept ((密制丁香鸭; mizhi dingxiangya; 42 Yuan für eine halbe Ente) und in Pflaumen marinierter *huangfeng*-Fisch (梅子黄蜂鱼; *meizi huangfengyu*; 42 Yuan). Die bebilderte Speisekarte gibt's nur in Chinesisch, aber man spricht ein wenig Englisch.

Praktische Informationen

Die nützliche Street Map of Nanning (南宁街道图; Nanning Jiedao Tu; 4 Yuan) in englischer und chinesischer Sprache wird in Buchhandlungen und Kiosken überall in der Stadt verkauft.

Bank of China (中国银行; Zhongguo Yinhang; Chaoyang Lu; ⏲Mo–Fr 9–17 Uhr) Wechselt Reiseschecks und bietet Auszahlungen auf Kreditkarten. Andere Niederlassungen der Bank of China in der Stadt haben 24-Std.-Geldautomaten, die internationale Geldkarten akzeptieren.

China International Travel Service (CITS; 中国国际旅行社; Zhongguo Guoji Lüxingshe; ☎232 3330; 76 Chaoyang Lu; ⏲7–23 Uhr) Hat einige Englisch sprechende Mitarbeiter, stellt einmonatige Visa für Vietnam aus (420 Yuan) und verkauft Busfahrkarten (150 Yuan) nach Hanoi (Henei).

China Post (中国邮政; Zhongguo Youzheng; Zhonghua Lu; ⏲8–18 Uhr) Gegenüber vom Bahnhof.

Büro für Öffentliche Sicherheit (PSB; 公安局; Gong'anju; ☎289 1260; 10 Xiuling Lu Xierli; 秀灵路西二里 10 号; ⏲Mo–Fr 9–16.30 Uhr) Etwa 2 km nördlich des Bahnhofs auf der Xiuling Lu (秀灵路).

An- & Weiterreise

Bus

Alle Fernbusbahnhöfe befinden sich unpraktischerweise in den Außenbezirken der Stadt. Der wichtigste ist der **Busbahnhof Langdong** (琅东客运站; Langdong *keyunzhan*; ☎550 8333) etwa 5 km östlich vom Stadtzentrum. Von hier aus fahren Busse so ziemlich überall hin; es kann jedoch sein, dass man bei der Ankunft an einem der anderen Busbahnhöfe herausgelassen wird. Es gibt einen Fahrkartenschalter in der Stadt auf der Chaoyang Lu in der Nähe des CAAC.

Die regelmäßigen täglichen Verbindungen sind:

Beihai 65 Yuan, 3 Std., alle 10–20 Min. (7–22.40 Uhr)

Guangzhou 160–210 Yuan, 9 Std., 12-mal tgl. (9–22.40 Uhr)

Guilin 75–128 Yuan, 4½ Std., alle 15–30 Min. (7.30–22 Uhr)

Pingxiang 68 Yuan, 2½ Std., 16-mal tgl. (7.30–20.30 Uhr)

VON NANNING NACH VIETNAM

Es gibt sechs tägliche Busse nach Hanoi (Henei, Vietnam; 150 Yuan, 7½ Std.) über den Freundschaftspass (友谊关; Youyi Guan). Zwei Busse (8 und 8.20 Uhr) fahren vom Nanning International Tourism Distribution Centre (南宁国际旅游集散中心; Nanning Guoji Luyou Jisan Zhongxin) ab und vier (8.40, 9, 10 und 13.40 Uhr) vom Busbahnhof Langdong. Ein von der CITS organisierter Bus (150 Yuan, 7.30 Uhr) startet am Nanfang Hotel (南方酒店; Nanfang Jiudian). Am Freundschaftspass muss man aussteigen und zu Fuß über die Grenze gehen, bevor man in einen anderen Bus nach Hanoi steigt. Es gibt einen Zug pro Tag vom Bahnhof Nanning nach Hanoi (1./2. Klasse 248/160 Yuan, 18.20 Uhr, 11 Std.).

Die Grenze ist zwischen 8 und 20 Uhr chinesischer Zeit geöffnet; einige Reisende haben jedoch berichtet, dass nach ca. 16.30 Uhr teilweise keine Pässe mehr gestempelt werden. China ist Vietnam eine Stunde voraus.

Hotels vor Ort sind auch eine sehr gute Informationsquelle zu vietnamesischen Visa und Grenzübergängen. Sie alle helfen dabei, Visa (kostenlos, nur für die Visa wird gezahlt) und Transport (Gebühr von 30 Yuan) zu organisieren.

Es gibt einen direkten Bus pro Tag zum Detian-Wasserfall (Detian Pubu; 50 Yuan, 3½ Std., 7.40 Uhr). Zu den anderen täglichen Reisezielen gehören Chongqing, Chengdu, Hainan, Shanghai und Hongkong (Xianggang).

Die lokalen Busse 6 und 213 (45 Min.) fahren von Chaoyang Lu und Minzu Dadao zum Busbahnhof Langdong.

Flugzeug

Zu den täglichen Direktflügen ab Nanjing gehören die Zielflughäfen Beijing (1850 Yuan), Shanghai (1550 Yuan), Xi'an (1800 Yuan), Kunming (730 Yuan), Guangzhou (650 Yuan) und Hongkong (1850 Yuan). Es gibt auch Flüge in eine Reihe anderer asiatischer Länder, einschließlich Vietnam (Yuenan; 1950 Yuan).

Die **Civil Aviation Administration of China** (CAAC; 中国民航; Zhongguo Minhang; ☎2431459; 82 Chaoyang Lu; ⌚24 Std.) verkauft Tickets. Der zweimal stündlich abfahrende Flughafenbus (20 Yuan, 40 Min., 5.30–22.30 Uhr) hält vor diesem Büro. Ein Taxi zum Flughafen kostet etwa 120 Yuan.

Zug

Einige tägliche Verbindungen:

Beihai 35 Yuan, 3 Std., 2-mal tgl. (12.55 und 13.40 Uhr)

Beijing West 276 Yuan, 27 Std., 2-mal tgl. (8 und 10.30 Uhr)

Chengdu 199 Yuan, 36½ Std., 1-mal tgl. (19.38 Uhr)

Chongqing 152 Yuan, 27 Std., 1-mal tgl. (12.50 Uhr)

Guangzhou 94–106 Yuan, 11½–14 Std., 3-mal tgl. (0.27, 5.12 und 18.50 Uhr)

Guilin 57–1183 Yuan, 4½–6½ Std., mehr als 20-mal tgl.

Shanghai 199/231 Yuan, 31/28 Std., 2-mal tgl. (6 und 9 Uhr)

Xi'an 223 Yuan, 33 Std., 1-mal tgl. (11.20 Uhr)

Zwei Züge täglich fahren nach Pingxiang (17/15 Yuan, 3½/5½ Std., 7.40/11.45 Uhr) an der vietnamesischen Grenze. Beide halten in Chongzuo (10/9 Yuan, 2/3 Std.) und Ningming (13/11 Yuan, 2½–4 Std.), aber nur der langsamere hält am Nordbahnhof von Pingxiang.

Schalter 16 im Bahnhof verkauft internationale Fahrkarten nach Hanoi.

 Unterwegs vor Ort

Die Busse 6 und 213 fahren bis etwa 23 Uhr die Chaoyang Lu und die Minzu Dadao entlang. Eine Taxifahrt vom Busbahnhof Langdong in die Innenstadt kostet etwa 35 Yuan. Taxipreise beginnen bei 7 Yuan, und eine kurze Rikschafahrt kostet 5 Yuan.

Yangmei 扬美

Eine ausschweifende und nur für Leute mit starkem Magen geeignete Busfahrt führt in die 26 km westlich von Nanning gelegene, halbwegs erhalten gebliebene **Stadt aus dem 17. Jh.** (Eintritt 10 Yuan) am Yong Jiang (邕江; Yong Jiang). Man kann locker mehrere Stunden damit verbringen, durch die Kopfsteinpflastergassen zu spazieren und die historischen Gebäude zu betrachten. Viele Teile der Stadt sind zwar modernen Renovierungsarbeiten zum Opfer gefallen, aber dennoch geht es hier gediegen zu und man kann den ein oder anderen Blick in die bröckelnden und muffigen Häuser aus der Ming- und Qing-Dynastie werfen. Zu Mittag gibt's auf einem Flussboot Essen (Gerichte ab 15 Yuan) oder bei einer der Garküchen gekaufte gebratene Fischkebab (5 Yuan) oder Nudeln (2 Yuan).

Busse fahren zwischen 8.30 und 16.30 Uhr hinter Huatian Guoji (华天国际) los, einem Bürogebäude auf der Huaqiang Lu (华强路), gleich westlich vom Hauptbahnhof Nanning (13 Yuan, 1½ Std., alle 50 Min.) und zwischen denselben Zeiten auch wieder zurück. Der letzte Bus ist immer voll, also früh anstellen.

Beihai 北海

☎0779 / 427 000 EW.

Beihai (wörtlich „Nordsee") ist unter chinesischen Touristen für seinen Silberstrand berühmt, der in Tourismusbroschüren als „Strand Nummer eins der Welt" betitelt wird (was er nicht ist). Viel charmanter jedoch ist Beihais uriges altes Viertel mit Säulenstraßen, wo ein bröckelndes architektonisches Erbe aus der Kolonialzeit der Abrissbirne entgangen ist.

Sehenswertes & Aktivitäten

Altstadt HISTORISCHES GEBIET

Die Alstadt von Beihai (老城; *laocheng*) war einst das Handelszentrum des alten Beihai, heute jedoch ist sie das verschlafene Zuhause der älteren Einwohner der Stadt. Sie erstreckt sich von der Sichuan Lu aus in Richtung Osten, und die kürzlich renovierten *qilou*-Gebäude (chinesische Säulenhäuser) aus dem 19. Jh. säumen die Straßen und Gassen.

Am besten beginnt der Erkundungsgang am westlichen Ende der Zhuhai Lu (珠海路), einer Abzweigung der Sichuan Lu, gleich vor der Brücke zur Insel Waisha. Dort steht ein kleiner weißer Bogen mit den chinesischen Schriftzeichen 升平街 (Shengping Jie), dem ehemaligen Namen dieser Straße. Die Straße wurde mittlerweile gepflastert und bietet atmosphärische, wenn auch ein wenig gekünstelte Spaziergänge.

Eines der beachtenswerten Gebäude ist das attraktive **ehemalige Postamt** (大清邮政北海分局旧址; Daqing Youzheng Beihai Fenju Jiuzhi; Ecke Zhongshan Donglu & Haiguan Lu; Eintritt 5 Yuan), das heute als einfaches Museum mit Relikten aus dem Postsystem zu Zeiten der Qing-Dynastie dient; ein weiteres ist die **Maruichi-Apotheke** (丸一药房; Wanyi Yaofang; ☎203 9169; 104 Zhuhai Lu; ⌚8.30–17.30 Uhr), ein Gebäude in Verkleidung einer Apotheke, das den Japanern in den 1930er Jahren die Durchführung von Spionageaktivitäten ermöglichte; heute ist es ein winziges Museum der Nationalen Sicherheit (keine englischen Beschreibungen).

Das **ehemalige britische Konsulatsgebäude** (英国领事馆旧址; Yingguo Lingshiguan Jiuzhi), das auf dem Grundstück einer Hochschule steht, ist ein beeindruckendes, cremefarbenes Gebäude aus dem Jahr 1885.

Silberstrand STRAND

Dies ist der Grund, weshalb die meisten chinesischen Touristen nach Beihai kommen: Der Silberstrand (银滩; *yintan*), eine lange Strecke silbrig-gelben Sands, das Wasser so là là, 8 km südlich vom Stadtzentrum. Es gibt einige Mittelklassehotels, die aussehen wie Puppenhäuser, sowie eine ganze Reihe von Restaurants, die zwar teure, aber ausgesprochen frische Meeresfrüchte- und Fischgerichte anbieten. Vom zentralen Busbahnhof aus fährt Bus 3 (1,50 Yuan) bis 22 Uhr dorthin.

Schlafen

Vor dem zentralen Busbahnhof die Sichuan Lu (四川路) überqueren, die nach Norden zur Insel Waisha (外沙岛; Waisha Dao) führt; dort finden sich die günstigsten Unterkünfte von Beihai auf der Huoshaochuang Wuxiang (火烧床五巷), einer kleinen Gasse, die von der Beibuwan Xilu abgeht und vollgestopft ist mit *zhaodaisuo* (招待所), einfachen Gästehäusern mit Doppel- und Zweibettzimmern ab 30 Yuan.

Die meisten Optionen der unteren oder mittleren Preisklasse sind von niedrigem Standard, also immer vorher anschauen.

Beihai Seahouse Hostel HOSTEL €

(北海国际青年旅舍; Beihai Guojiqingnian Lüshe; ☎221 0555; Beibuwan Lu; 北部湾路; B 50–60 Yuan, DZ 130–160 Yuan; ❄@📶) Dieses Hostel liegt zwar ungünstig (mehrere Kilometer vom Zentrum entfernt), aber das hält die Massen von chinesischen Rucksacktouristen nicht ab. Das freundliche Personal kann bei der Weiterreise behilflich sein. Die Zimmer sind sauber und unscheinbar, aber das Hostel liegt direkt an einem lokalen Strand. Bus 5 von der Beibuwan Lu (gegenüber vom zentralen Busbahnhof) nehmen, an der letzten Haltestelle (20 Min.) aussteigen und nach dem roten Gebäude Ausschau halten.

Shangri-La Hotel HOTEL €€€
(香格里拉大饭店; Xianggelila Dafandian; ☎206 2288; 33 Chating Lu; 茶亭路 33 号; DZ mit Stadt-/Seeblick ab 529/609 Yuan; ❄@≋) Beihais bestes Hotel bietet eine Spitzenausstattung, einschließlich eines Pools, Tennisplätze und einiger guter Restaurants. Die Zimmer sind allesamt geräumig und luxuriös, und das Personal kann ausgesprochen hilfsbereit sein. Das Hotel befindet sich etwa 2 km nordöstlich vom Fernbusbahnhof.

Gofar Hualian Hotel HOTEL €€
(国发花联酒店; Guofa Hualian Jiudian; ☎308 7888; Beibuwan Xilu; 北部湾西路; DZ/2BZ 258/358 Yuan; ❄@) Ein Mittelklassehotel in der Nähe des zentralen Busbahnhofs und vieler Einkaufsmöglichkeiten. Die mit braunem Teppich und dunklen Holzmöbeln ausgestatteten Zimmer sind geräumig. Doppel- und Zweibettzimmer sind bereits ab 118 und 138 Yuan erhältlich – ein gutes Angebot, wobei es guter Nerven bedarf, um den schmetternden Karaokegesang zu ertragen. Am Busbahnhof links abbiegen und 700 m weit laufen.

Essen

Auf der Insel Waisha, gleich nordöstlich der Altstadt, gibt es viele Fischrestaurants. Sie sind nicht billig – ein *jin* (600 g) Fisch kostet mindestens 70 Yuan – aber die Meeresfrüchte sind fangfrisch, und die Lage am Meer ist kaum zu übertreffen. Entlang der Sichuan Lu geht's über die Brücke auf die Insel.

Im Herzen der Altstadt siedeln sich immer mehr Cafés und Bars nach westlichem Vorbild in wunderschön renovierten Gebäuden aus dem 19. Jh. an. Die meisten liegen am westlichen Ende der Zhuhai Lu, einer Abzweigung der Sichuan Lu.

Es findet sich hier auch überall Essen von Straßenverkäufern sowie Einkaufsmöglichkeiten auf einem Nachtmarkt (夜市; yeshi) links ab von der Beibuwan Lu, etwa 700 m südwestlich vom zentralen Busbahnhof.

Old Town Café, Bar und Restaurant CAFÉ €
(老道咖啡; Laodao Kafei; ☎203 6652; 80 Zhuhai Lu; 珠海路 80 号; Gerichte ab 20 Yuan; ⌚14.30–1.30 Uhr; 📶) Serviert chinesische und westliche Gerichte, frischen Kaffee (18 Yuan) und Bier (6 Yuan) und bietet kostenloses WLAN und englischsprachiges Personal.

Praktische Informationen

China Post (中国邮政; Zhongguo Youzheng; ⌚8–18 Uhr)

Donghang Internet (东航网吧; Donghang *wangba*; Sichuan Lu; pro Std. 1,50 Yuan; ⌚24 Std.)

ICBC (中国工商银行; Zhongguo Gongshang Yinhang) Hat einen 24-Std.-Geldautomat, der internationale Karten annimmt.

Büro für Öffentliche Sicherheit (PSB; 公安局; Gong'anju; 213 Zhongshan Donglu; ⌚8–12 & 14.30–17.30 Uhr, im Sommer 15–18 Uhr) Am östlichen Ende der Altstadt, kann Visa verlängern.

An- & Weiterreise

Bus

Zu den direkten Buszielen gehören Nanning (65 Yuan, 3 Std., regelmäßig) und Guilin (180 Yuan, 7 Std., 7-mal tgl.).

Flugzeug

Es gibt tägliche Flüge nach Beijing (1950 Yuan) und Shanghai (1650 Yuan). Der Flughafen liegt 21 km nordöstlich vom Stadtzentrum.

Schiff/Fähre

Das Internationale Fährterminal (国际客运码头; *guoji keyun matou*) befindet sich an der Straße zum Silberstrand (Bus 3; 1,50 Yuan). Es fährt täglich eine Fähre (120–280 Yuan, 12 Std., 18 Uhr) nach Haikou auf Hainan Dao.

Drei teure Fähren (120–180 Yuan, 1 Std. 10 Min., 8.30, 11.15 und 16 Uhr) fahren täglich zur nahe gelegenen Vulkaninsel Weizhou. Die Fähren kehren um 9.40, 14.30 und 17.15 Uhr nach Beihai zurück. Am Wochenende fahren doppelt so viele Fähren.

Zug

Vom Bahnhof Beihai bedienen täglich zwei Züge die Strecke nach Nanning (40–60 Yuan, 3 Std.). Sie fahren um 9.24 und um 11.50 Uhr. Karten für Reiseziele ab Nanning können im **Kartenschalter des Bahnhofs** (⌚8.10–12 & 14–17 Uhr) für eine Gebühr von 5 Yuan erworben werden.

Unterwegs vor Ort

Bus

Es gibt zwei Hauptbusbahnhöfe: den für Fernstrecken (客运总站; *keyun zongzhan*) an der Beibuwan Lu (北部湾路) und einen neueren, der allerdings ungünstig liegt (北海南珠汽车站; Beihai *nanzhu qiche zhan*). Die meisten Busse lassen einen am zweiten aussteigen. Von dort aus geht's mit dem öffentlichen Bus 15 (1,50 Yuan) oder dem Taxi (25 Yuan) zur Beibuwan Lu.

Beihai

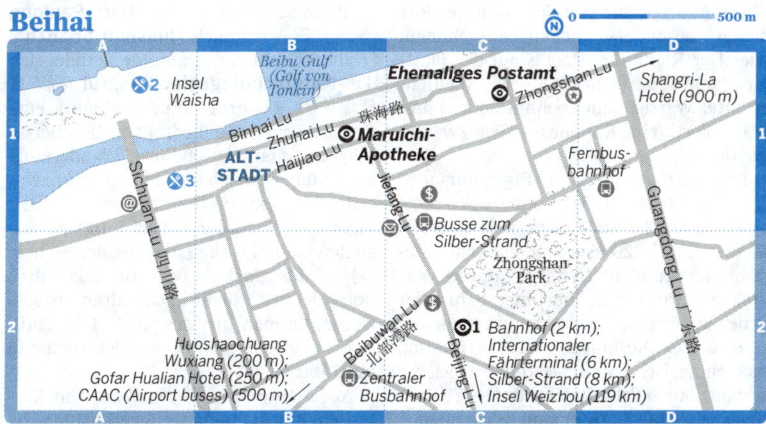

Beihai

Highlights
Ehemaliges Postamt C1
Maruichi-Apotheke B1

Sehenswertes
1 Ehemaliges Britisches Konsulat C2

Essen
2 Meeresfrüchte-Restaurants A1
3 Old Town Coffee, Bar and Restaurant A1

Bus 2 (1,50 Yuan) fährt vom zentralen Busbahnhof zum Bahnhof.

Vom/zum Flughafen

Flughafen-Shuttlebusse (10 Yuan, 30 Min.) fahren rechtzeitig zu jedem Flug vor der **Civil Aviation Administration of China** (CAAC; 中国民航; Zhongguo Minhang; ☎3033757; Beibuwan Xilu; 北部湾西路; ⊙8–22 Uhr), deren Niederlassung einige hundert Meter hinter Huoshaochuang Wuxiang liegt. Hier können auch Flugtickets gekauft werden.

Rikscha & Motorradtaxi

Es gibt dreirädrige Rikschas und Motorradtaxis. Vom zentralen Busbahnhof aus kostet es etwa 5 Yuan nach Huoshaochuang Wuxiang, 8 Yuan auf die Insel Waisha, zur Zhuhai Lu oder zum Shangri-La-Hotel, und 10 Yuan zum Bahnhof.

Insel Weizhou 涠洲岛

Die Insel **Weizhou** (Eintritt 90 Yuan) mit ihren freundlichen Fischerfamilien ist nicht von Touristen überlaufen. Die Insel liegt 124 km von Beihai entfernt und ist Chinas größte Vulkaninsel. Für diese 6,5 km lange und 6 km breite Insel sollte man sich einen Tag Zeit nehmen. Beim Bezahlen des Eintrittspreises kann eine kostenlose Karte mitgenommen werden.

Boote von Beihai docken am neuen Fähranleger im Nordwesten der Insel an. Die Hauptsiedlung **Nanwan Gang** (南湾港;) befindet sich 5 km südlich vom Pier. Das Wasser um Weizhou enthält einige der vielseitigsten Korallengemeinschaften in dieser Gegend; in Nanwan Gang werden Motorbootfahrten und Tauchmöglichkeiten angeboten.

Neben den Stränden, Höhlen, Korallen und der (nicht aktiven) Vulkanlandschaft bietet die Insel ihren Besuchern auch eine Reihe von historischen Sehenswürdigkeiten. In Nanwan Gang, dem ehemaligen vulkanischen Kern der Insel, befindet sich der **Tempel der drei alten Frauen** (三婆庙; Sanpo Miao), der der Göttin Mazu gewidmet ist. Interessanter sind die beiden von Franzosen erbauten Kirchen auf Weizhou. Die weißgetünchte **katholische Kirche** (天主堂; Tianzhu Tang) aus dem Jahr 1853 steht in Shengtang (盛塘) im Nordosten der Insel und zieht auch heute noch viele Gläubige an.

Die Karte beinhaltet auch den Eintritt zur **Landschaft am Krokodilberg** (鳄鱼山景区; Eyushan Jingqu) an der südwestlichen Spitze der Insel. Vom Eingang aus sind es 1,8 km zu Fuß bzw. mit einem Elektrowagen (20 Yuan Hin- und Rückfahrt) bis zu Trampelpfaden, über die man an die

Küste gelangt; die Aussichtspunkte dort haben besonders melodische Namen, wie „Der Klang des Meeres auf der Plattform" (eine Plattform am Meer), „Abenteuer unter Wasser" (ein Loch im Boden) und „Altes Fort" (eine Kanone aus dem Zweiten Weltkrieg).

Das an HI angegliederte **Piggybar** (猪仔吧; Zhuzaiba; ☎601 3610; http://weibo.com/piggybar, auf Chinesisch; Nanwan Gang; B 35–40 Yuan, Zi. 80–120 Yuan) hat einfache Einrichtungen und sehr simple Zimmer. Für 20 Yuan pro Tag können hier Fahrräder geliehen werden. Es steht außerdem ein zugehöriges Restaurant zur Verfügung, das chinesische und westliche Gerichte serviert. Auch **Privatunterkünfte** (农家乐; *nongjiale*; Zi. 60–80 Yuan) sind vorhanden – einfach durchfragen.

Es gibt einige gemischte (chinesisch-westliche) Cafés und Bars am östlichen Ende von Nanwan Gang, und hinter den Docks am Ende von Nanwan Gang gibt's einen Markt mit frischen Lebensmitteln. Am „Bunten Strand" (彩色滩; Caisetan) im südöstlichen Teil der Insel werden gegrillte Meeresfrüchte und gebratene Nudeln verkauft. Rikschas bringen einen zu überteuerten Fischrestaurants. Das Essen ist frisch, aber man sollte vor dem Bestellen nach den Preisen fragen.

Anreise & unterwegs vor Ort

Eine Rikscha von der Fähranlegestelle nach Nanwan Gang kostet 10 Yuan. Wer einen Tagesausflug plant, kann die Rikscha gleich für eine längere Zeit buchen (etwa 100 Yuan für 4–5 Std.). Zum Zeitpunkt der Recherche für diese Ausgabe waren die offiziellen Elektrowagen, mit denen man über die Insel fahren kann (40 Yuan pro Pers.), nicht in Betrieb.

Karten für ein Boot auf die Insel Weizhou sind am internationalen Fährterminal in Beihai erhältlich. Der Fährenzeitplan steht auf der gegenüberliegenden Seite.

Landschaft am Zuo Jiang
左江风景区

Die Chance, Weißkopflanguren in freier Wildbahn zu sehen, 170 m hohe uralte Felsmalereien zu bestaunen und auf einem kleinen Holzboot einen spektakulären Abschnitt des Zuo Jiang zu befahren, machen diese Gegend, die sich auf der Zugstrecke zwischen Nanning und Pingxiang befindet, zu einem außerordentlich lohnenswerten Reiseziel.

Ausgangspunkt ist das Dorf **Panlong** (攀龙). Es wird auch **Huashan Shanzhai** (花山山寨) genannt. Dahinter befindet sich das **Naturschutzgebiet Longrui** (陇瑞自然保护区; Longrui Ziran Baohuqu), eine Gegend voller waldbedeckter Karstberge, scheuer Affen und endloser Wandermöglichkeiten. Wer sich in die Berge aufmacht, sollte sich vorher eine Erlaubnis (许可证; *xukezheng*) von der Polizei im Dorf ausstellen lassen. Ohne einen lokalen Führer (向导; *xiangdao*) als Begleitung darf man normalerweise nicht alleine drauflos spazieren, da man hier schnell Gefahr läuft, sich zu verirren. Einige Stunden kosten in etwa 100 Yuan.

Auf dem Berg, rechts neben dem Kartenschalter, steht ein weiß getünchtes Hotel, das für 180 Yuan eine anständige Unterkunft darstellt. Das Personal ist hilfsbereit (wenig Englisch) und es gibt ein kleines Restaurant mit einer einfachen englischen Speisekarte (Gerichte ab 25 Yuan).

Der Hauptgrund für einen Besuch hier ist jedoch die einstündige (einfache) Bootsfahrt entlang der beeindruckenden Karstlandschaft zu den **Felsmalereien von Huashan** (花山岩画; Huashan *yanhua*). Diese grob gezeichneten Darstellungen der antiken Menschen und Tiere, die in roter Farbe in bis zu 172 m Höhe auf die bloßen Felswände aufgezeichnet wurden, sind fast 2000 Jahre alt. Sie sind offensichtlich das Werk der Luoyue, Vorfahren der ethnischen Minderheit der Zhuang, aber der Grund für die Existenz der Malereien ist nach wie vor ein Mysterium. Die größte gemalte Figur ist 30 m hoch. Während der Recherche für diese Ausgabe fanden Restaurierungsarbeiten statt; es kann also sein, dass Teile der Klippe durch Gerüste verstellt sind. Der Eintrittspreis (80 Yuan) beinhaltet die Bootsfahrt um 10 und 14 Uhr; außerhalb dieser Zeiten müssen 400 Yuan extra bezahlt werden, um das Boot zu mieten.

An- & Weiterreise

Um nach Panlong zu gelangen, geht's zunächst per Zug oder Bus nach Ningming (宁明). Vom Bahnhof aus geht's per Rikscha (20–40 Yuan, 30 Min.) nach Huashan Shanzhai (花山山寨). Vom Busbahnhof Ningming aus sind es 40 Minuten mit der Rikscha (30–50 Yuan).

Es fahren regelmäßig Busse von Ningming nach Pingxiang (12 Yuan, 1 Std.), Chongzuo (20 Yuan, 1½ Std.) und Nanning (65 Yuan,

3 Std.); die letzten Busse fahren jeweils um 18.30, 18 und 19.50 Uhr.

Züge nach Pingxiang fahren um 10.57 Uhr (56 Yuan, 55 Min.) und 16.44 Uhr (38 Yuan, 1 Std. 13 Min.). Züge nach Chongzuo (38/46 Yuan, 1½/1 Std.) und Nanning (72/46 Yuan, 3 Std./4 Std. 40 Min.) fahren um 9.50 Uhr (langsamer Zug) und 13.07 Uhr (schneller Zug).

Pingxiang 凭祥

☎0771 / 182 000 EW.

Guangxis Tor nach Vietnam (越南; Yuenan) ist eine bescheidene Marktstadt ohne wirkliche Touristenattraktionen. Wer hier übernachtet, wird bei einem abendlichen Spaziergang eine unvergessliche Lichtshow erleben, wenn die mit LEDs verkleideten Gebäude der Stadt wild blinken.

Vom Vordereingang des Busbahnhofs geht's rechts auf die Yingxing Lu (银兴路), wo sich eine Filiale der Bank of China (中国银行; Zhongguo Yinhang) und eine Reihe Internetcafés (网吧; *wangba*) befinden. Eine schnelle Mahlzeit bekommt, wer vom Busbahnhof aus nach links läuft, wo ein paar Nudelbars zu finden sind. Zwei Straßen vom Busbahnhof entfernt sind auf dem lokalen Markt frische Lebensmittel erhältlich.

Hinter dem Busbahnhof auf der Beida Lu (北大路) gibt's eine Reihe von Hotels mit Klimaanlage und Internet, deren Zimmer zwischen 50 und 148 Yuan kosten. Sie sind mit den Schriftzeichen 宾馆 (*binguan*) ausgeschildert.

Züge nach Ningming (56 Yuan) und Nanning (72 Yuan, 3½ Std.) fahren um 10.25 Uhr vom Bahnhof, Pingxiang Zhan (凭祥站) ab. Der Bahnhof liegt 3 km südlich vom Busbahnhof und ist per Rikscha (etwa 5 Yuan) erreichbar.

Vom Busbahnhof in Pingxiang aus fahren bis 19 Uhr regelmäßig Busse nach Ningming (12 Yuan, 1 Std.), bis 18.40 Uhr nach Chongzuo (33 Yuan, 1 Std. 20 Min.) und bis 20 Uhr nach Nanning (77 Yuan, 3 Std.).

Detian-Wasserfall 德天瀑布

☎0771

Auch wenn dies nicht die Niagarafälle sind, ist der **Detian-Wasserfall** (Detian Pubu; www.detian.com; Eintritt 80 Yuan) dennoch ein herrlicher Anblick, und er ist der größte Wasserfall Asiens und der zweitgrößte transnationale Wasserfall der Welt. Außerdem gibt's hier die Karstgipfel der Umgebung zu sehen, und die vietnamesische Grenze ist nur einen Katzensprung entfernt.

Das Wasser fällt in drei Stufen und schafft viele kleinere Wasserfälle und Becken. Schwimmen ist hier nicht erlaubt, aber auf einem Bambusfloß (20 Yuan) gelangt man direkt zum Wassernebel. Hinter den Fällen verweisen Schilder auf die 53. Grenzmarkierung. Nach einem Spießrutenlauf durch all die chinesischen Souvenirgeschäfte kommt ein Markt mit vietnamesischen Händlern, die Lebensmittel und Rauchwaren anbieten, und massenweise chinesischen Touristen, die sich vor dem verwitterten Stein fotografieren lassen, um zu beweisen, dass sie ohne Pass nach Vietnam gereist sind.

Außerhalb des Geländes bieten Gästehäuser Doppelzimmer mit Klimaanlage für etwa 70 Yuan an. Das **Detian *kezhan*** (德天客栈; ☎377 5201) ist eine angenehme Option. Hier gibt's auch einige Restaurants, die sich sehr ähnlich sind und sehr ähnliche Speisekarten vorlegen (30 Yuan pro Gericht).

Nur wer einen direkten Bus nimmt, der vom International Tourism Distribution Centre in Nanning abfährt (einfach/hin & zurück 50/90 Yuan, 3½ Std., 7.40 Uhr) und unterwegs am Busbahnhof von Langdong (8.30 Uhr) aussteigt, muss von Nanning über Daxin (大新) reisen. Ab Daxin fährt ein anderer Bus in Richtung Detian (德天; 20 Yuan, 2 Std., stündl.) weiter.

Der letzte Bus nach Daxin fährt gegen 17.30 Uhr ab. Bis 20.30 Uhr fahren regelmäßig Busse von Daxin nach Nanning (55 Yuan, 2½ Std.). Der direkte Bus vom Wasserfall nach Nanning fährt um 15.20 Uhr ab. Während der Recherchearbeiten wurde die Straße von Daxin nach Detian erneuert; sie sollte eigentlich fertiggestellt sein, bis das Buch gedruckt ist, aber eventuell muss man den Weg nach Mingshi Tianyuan antreten und von dort für 150 Yuan mit einem privaten Minibus zu den Wasserfällen fahren.

Mingshi Tianyuan 明仕田园

Mingshi Tianyuan, eine Abfolge szenischer Zhuang-Siedlungen 100 km südwestlich von Nanning, ist eine unberührte Version von Yangshuo. Das **Bergdorf Ming Shi** (明仕山庄; Mingshi Shanzhuang; ☎0771

375 5028; gxmingshi@yahoo.cn; Kanxu-Dorf; Kanxu *xiang*; 堪圩乡; DZ ab 1180 Yuan) ist ein Wahrzeichen dieser Gegend und Ferienort mit Zimmern in nachgebauten Gebäuden im Zhuang-Stil. Es sind Rabatte von 40% erhältlich.

Die beste Methode zum Erkunden der Gegend ist das Fahrrad (für Hotelgäste kostenlos, ansonsten 40 Yuan für vier Stunden). Zu den Mieträdern gehören Landkarten mit Routenvorschlägen, aber am schönsten sind wohl die Nebenstraßen mit ihren flirrenden Libellen und den herrlichen Blicken auf die Reisfelder am Fuße der aufragenden Karstgipfel. Der Urlaubsort hat seinen eigenen landschaftlich gestalteten Bereich, der 80 Yuan Eintritt kostet (für Gäste aber umsonst zugänglich ist). Außer einigen nachgebauten Zhuang-Gebäuden findet sich hier nicht viel Sehenswertes.

Diverse *nongjiale* bieten ordentliche Doppelzimmer (80 Yuan) und frische, selbstgemachte Speisen (Gerichte ab 30 Yuan). Eine dieser Privatunterkünfte liegt 100 m vor dem Eingang zum Resort. Die Leute sprechen hier kein Englisch. Das Resort betreibt auch das blitzsaubere **Ming Shi Express Business Hotel** (明仕便捷酒店; Mingshi Bianjíe Jiudian; ☎0771 375 5028; Kanxu Village; Kanxu Xiang; 堪圩乡; Zi. 180 Yuan) neben dem *nongjiale*. Im Moment wird auf der anderen Straßenseite ein neuer Hotelkomplex errichtet.

Um dorthin zu gelangen, den Bus nach Daxin (大新) nehmen und in einen stündlich fahrenden Bus (10 Yuan, 1 Std.) umsteigen. Der Bus fährt auch weiter zum Detian-Wasserfall (20 Yuan, 2 Std.). In umgekehrter Richtung wird der gleiche stündlich fahrende Bus an der Stelle angehalten, wo man ausgestiegen ist.

Leye 乐业

☎0776

Diese saubere Ortschaft am westlichen Rand der Provinz ist bemüht, sich als Ausgangsbasis für Besuche in unterirdischen Höhlen, urzeitlichen, in eingefallenen Bergen versteckten Wäldern und niedlichen kleinen Dörfern zu etablieren. Obwohl viele der Sehenswürdigkeiten ausführlich in chinesischen Reise- und Geografiemagazinen präsentiert wurden, sind die Touristenzahlen infolge der Abgelegenheit niedrig: 30 000 pro Jahr!

Sehenswertes & Aktivitäten

Die Stadt ist kompakt und eher uninteressant. Die Treppe neben der Luomei-Lotoshöhle führt hinauf auf den Berg und bietet eine fantastische Aussicht auf die Stadt und ihre Umgebung. Die meisten der unten aufgeführten Sehenswürdigkeiten lassen sich innerhalb von einem oder zwei Tagen sehen. Während unserer Recherche gab es kaum öffentliche Verkehrsmittel, deshalb ist es empfehlenswert, sich eine Rikscha für den Tag zu mieten (150–200 Yuan). „Was kostet die Rikscha pro Tag" heißt: *baoche yitian yao duo shao?* 包车一天要多少？

Geopark Leye NATURSCHUTZGEBIET
(世界地质公园; Shijie Dizhi Gongyuan; ⏲8–17 Uhr) Der Geopark enthält eine Vielzahl an Senklöchern (天坑; *tiankeng*; eingefallene Teile der Karstberge, die inzwischen Urwälder beherbergen), und zwei von ihnen sind unbedingt sehenswert. Über das erste Senkloch gelangt man in einen Wald auf dem Boden eines zweiten Senklochs, das einen beeindruckenden Blick in einen 600 m tiefen Einbruch bietet. Beide zusammen stellen einen großartigen Einblick in diese außergewöhnliche regionale Topologie dar.

Das erste Senkloch namens **Chuantong Tiankeng** (穿同天坑; Eintritt 60 Yuan) befindet sich 8 km südöstlich der Stadt. Am Gipfel einfach nach links laufen und die zweistündige Umrundung durch den gespenstisch grünen Wald genießen. Unweit vom Ausgangspunkt befindet sich eine große Höhle. An einem sonnigen Tag scheint zur Mittagszeit ein Sonnenstrahl durch ein Loch hinab in die Dunkelheit – wie bei Indiana Jones!

4 km weiter an derselben Straße befindet sich das bekannteste Senkloch der Region, **Dashiwei Tiankeng** (大石围天坑; Eintritt 98 Yuan). Vom Kartenschalter aus führt der Weg innerhalb von 25 Minuten per Elektrowagen zum eigentlichen Senkloch. Es stehen Wege zu drei Aussichtsplattformen mit atemberaubender Aussicht auf – tja, noch mehr Karstlandschaft zur Verfügung. Die Senklöcher sehen aus wie tiefe Krater eines Meteors. Zum Zeitpunkt der Recherche gab es Pläne für die Errichtung einer großen Plattform, die über den Abhang ragen soll. Es wird sogar ein Fahrstuhl in Erwägung gezogen, der die Besucher komfortabel in den Wald hinab befördert.

VON PINGXIANG NACH VIETNAM UND ZURÜCK

Die Freundschaftspass-Grenze (友谊关; Youyi Guan) befindet sich ca. 10 km südlich von Pingxiang auf der chinesischen Seite und einige Kilometer von der unbedeutenden Stadt Dong Dang auf der vietnamesischen Seite; die nächste größere vietnamesische Stadt (Liangshan; Lang Son auf Vietnamesisch) liegt 18 km vom Freundschaftspass entfernt. Die Grenze ist zwischen 8 und 20 Uhr chinesischer Zeit geöffnet (China ist eine Stunde vor Vietnam); einige Reisende haben jedoch berichtet, dass nach 16.30 Uhr teilweise keine Pässe mehr gestempelt werden.

Zum Grenzübergang führt der Weg ab Pingxiang per Motorradtaxi oder Taxi (ca. 25 Yuan). Von hier sind es zu Fuß 600 m zum vietnamesischen Grenzposten. Über Lang Son geht's mit Bus oder Zug weiter nach Hanoi, das 164 km südwestlich der Grenze liegt.

Wer über den Freundschaftspass nach China einreist, kann per Minibus zum Busbahnhof in Pingxiang fahren und von dort mit regelmäßigen Bussen zu weiteren Reisezielen. Vorsicht: Da Zugfahrkarten nach China in Hanoi ziemlich teuer sind, kaufen einige Reisende eine Karte nach Dong Dang, überqueren die Grenze zu Fuß und kaufen auf der chinesischen Seite die nächste Fahrkarte. Das ist nicht die beste Methode, denn es liegen einige Kilometer zwischen Dong Dang und dem Freundschaftspass, und man muss jemanden bezahlen, der einen auf dem Motorrad mitnimmt. Wer mit dem Zug fahren möchte, kauft am besten eine Karte von Hanoi nach Pingxiang und dann in Pingxiang eine Karte nach Nanning oder darüber hinaus.

Es gibt immer noch Berichte, dass Grenzbeamte am Freundschaftspass den Lonely Planet China beschlagnahmen. Es ist ratsam, wichtige Infos zu kopieren und den Reiseführer mit einem Umschlag zu versehen. Beim Betreten des Nordbahnhofs werden alle Taschen durchsucht. Sobald man Pingxiang hinter sich gelassen hat, sollte es keine Probleme mehr geben.

Luomei-Lotushöhle HÖHLE
(罗妹联华同; Luomei Lianhua Tong; Tongle Lu; Eintritt 25 Yuan; ⌚8.30–17.30 Uhr) Diese 970 m lange Höhle wirkt wie von einem anderen Planeten. Sie war einst ein unterirdischer Fluss und enthält heute die weltweit größte Ansammlung lotusblütenförmiger Kalksteinformationen. Angeblich sind es auch die größten mit 9,2 m Durchmesser. Da die Chinesen davon besessen sind, Steine mit lebendigen Bildern zu beschreiben, weist der Reiseführer (auf Chinesisch) auf Formationen hin, die wie ein Elefant, Papagei, Buddha etc. aussehen. Die Höhle ist nicht vollständig trocken und am Ende gibt es noch einen Teil, der eine dunkle unterirdische Höhle mit einem Fluss verbindet, der nach draußen fließt. Entweder man organisiert einen Fahrer, der einen am Ausgang abholt, oder man läuft mit dem Führer zurück zum Haupteingang. Die Höhle liegt 200 m nördlich der Bushaltestelle.

Dorf Huomai DORF
8 km südwestlich liegt das „Ökodorf" **Huomai** (火卖村; Huomai Cun). Einst wimmelte es von rustikalen Holzhäusern, heute sind es hauptsächlich kleine Restaurants und Wanderwege. Bootsfahrten in lokale Wasserhöhlen befinden sich derzeit in Planung. Der Begriff „Öko" ist zwar Marketingquatsch, aber es ist wirklich schön, in diesem urwüchsigen Dorf zu Mittag zu essen und umherzuspazieren.

Schlafen & Essen

An der Xingle Lu (兴乐路), vom Bahnhof aus für 5 Yuan per Rikscha erreichbar, gibt's Hotels. Die Zimmer kosten ab 70 Yuan, sind ordentlich und mit Klimaanlage und eigenem Bad ausgestattet. In dieser Straße verkaufen mehrere Restaurants günstige Nudelgerichte (粉; fen), aber diejenigen mit dem Schriftzeichen 狗 sollte nur betreten, wer bereit ist, Bello zu verspeisen. Von der Xingle Lu geht's für 3 Yuan bzw. zu Fuß in zehn Minuten nach Westen in die Tongle Zhonglu (同乐中路). Das ist das alte Viertel der Stadt mit Straßenverkäufern, die Obst und andere Snacks im Angebot haben. Abends gibt's hier gegrillte Spieße, *shaokao* (烧烤).

Anreise & Unterwegs vor Ort

Leye ist mitten im Niemandsland gelegen, und Busse sind die einzige Möglichkeit, in diese Gegend zu gelangen. Es verkehren vier tägliche Busse ab Nanning (135 Yuan, 6 Std.). Der Hauptbusbahnhof befindet sich am südlichen Ende der Tongle Lu (同乐路), 1 km südlich von der Innenstadt. Das beste Fortbewegungsmittel ist die Rikscha – kurze Fahrten kosten um die 5 Yuan. Es fahren regelmäßig Busse nach:

Baise (der regionale Knotenpunkt für südliche Reiseziele, beispielsweise Daxin und Guangdong) 50 Yuan, 4½ Std., regelmäßig

Nanning 135 Yuan, 6 Std. , (9.10, 10.50, 18.30 und 19 Uhr)

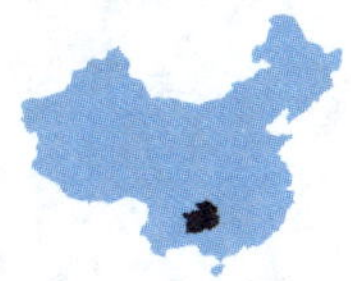

Guizhou

BEVÖLKERUNG: 36,7 MIO.

Inhalt »

Guiyang.......................689
Qingyan.......................692
Kaili.............................693
Zhenyuan.....................698
Anshun.........................702
Weining.......................707
Chishui.........................708

Die tollste Aussicht

- » Yunjiu-Tempel (S. 706)
- » Huangguoshu-Fälle (S. 705)
- » Shizhangdong-Wasserfall (S. 710)
- » Tiantaishan (S. 705)

Die schönsten historischen Städte & Dörfer

- » Zhenyuan (S. 698)
- » Yunshan (S. 706)
- » Zhaoxing (S. 697)
- » Tianlong (S. 705)

Auf nach Guizhou!

Armes Guizhou (贵州) ... Diese südwestchinesische Provinz zieht immer den Kürzeren. Ein viel zitiertes Sprichwort bezeichnet diese Provinz als einen Ort „ohne drei *li* flachen Landes, drei Tage schönen Wetters oder drei Groschen in der Tasche". Autsch. Teile von Guizhou sind sicherlich sehr arm, und der Himmel ist öfter wolkig als sonnig. Der Vorteil ist jedoch, dass Reisende viel Platz für sich haben, hier in dieser schlichtweg beeindruckenden Landschaft aus welligen Hügeln und Waldteppichen, Flüssen, die in gewaltigen Wasserfällen nach unten stürzen, und gruselig-aufregenden Karsthöhlen.

Ebenso anziehend und spannend wie die Landschaft ist das außergewöhnliche menschliche Mosaik von Guizhou. Fast 35 % der Provinzbevölkerung besteht aus über 18 ethnischen Minderheiten. Sie alle tragen zum vollen gesellschaftlichen Kalender von Guizhou bei, der mehr Volksfeste enthält als jede andere Provinz Chinas, und man wird hier von den Menschen so warm aufgenommen, dass man das Wetter darüber vergisst.

Reisezeit

Guiyang

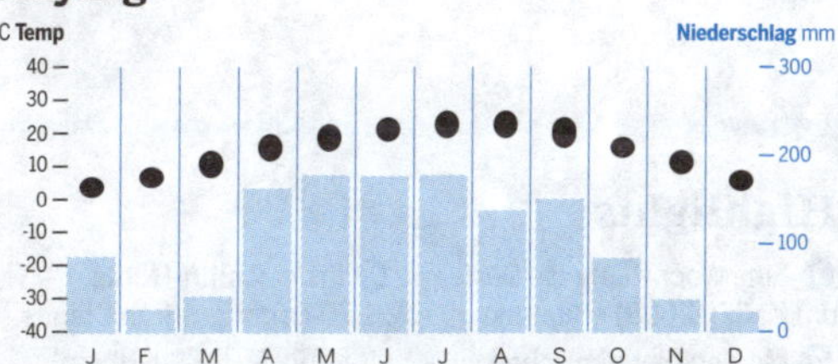

Januar Tausende seltener Vögel überwintern am Caohai-See; es ist aber bitterkalt.

Juni Ein wenig Sonnenschein macht die Dörferrundreise durch den Südosten zu einem Vergnügen.

Oktober & November In Xijiang kann man mit literweise Reiswein das Neujahrsfest der Miao feiern.

Highlights

1 Eine Woche lang die Dörfer um **Kaili** (S. 693) erkunden

2 Mit den Einheimischen eines der unzähligen **Feste** (S. 709) feiern, die jedes Jahr in Guizhou stattfinden

3 Weit abseits von den üblichen Touristenpfaden die prähistorischen Farnwälder um **Chishui** (S. 710) erkunden

4 In der **Zhijin-Höhle** (S. 704), der größten Chinas, unter die Erde gehen

5 Sich an den donnernden **Huangguoshu-Fällen** (S. 705) vom Nebel durchweichen lassen

6 Den Menschenmassen entfliehen und am abgelegenen **Caohai-See** (S. 707) den seltenen Schwarzhalskranichen nahe kommen

7 In der charmanten Altstadt von **Zhenyuan** (S. 698) die Seele baumeln lassen

Geschichte

Bereits während der Herrschaft der Han-Dynastie (206 v. Chr.–220 n. Chr.) richteten chinesische Führer eine Verwaltung in dieser Gegend ein mit dem Ziel, eine gewisse Art von Kontrolle über die Nicht-Han-Völker Guizhous auszuüben.

Erst im Japanisch-Chinesischen Krieg, als die Kuomintang Chongqing zu ihrer Kriegshauptstadt machten, begann die Entwicklung von Guizhou. Die meisten dieser Aktivitäten stoppten mit dem Ende des Zweiten Weltkriegs, und erst als die Kommunistische Partei Chinas (KPCh) mit dem Bau der Eisenbahnstrecken begannen, wurde die Industrialisierung der Gegend wieder belebt.

Trotz einer wachsenden Bergbauindustrie ist das BIP pro Kopf in Guizhou nach wie vor das niedrigste in ganz China.

Klima

Das Klima in Guizhou ist gemäßigt mit einer durchschnittlichen Jahrestemperatur von 15 °C. Die kältesten Monate sind Januar und Februar, wenn die Temperaturen auf 1 °C absinken. Es fühlt sich einfach immer feucht an, die Nebel sind schwer, und die Sonne scheint selten.

Sprache

Die Han-Majorität spricht Mandarin, wenn auch mit einem unverwechselbaren lokalen Akzent. Einige sprechen Thailändisch und Laotisch; die Miao und Yao sprechen Miao-Yao-Dialekte (Hmong-Mien).

An- & Weiterreise

BUS Guiyang und Chongqing sind durch eine Schnellstraße verbunden. Eine weitere Schnellstraße führt von Guiyang über die Huangguoshu-Wasserfälle nach Kunming. Yunnan kann auch über Weining im Westen erreicht werden. Aus südwestlicher Richtung kann man über Congjiang nach Guangxi einreisen.

Innerhalb der Provinz sind viele wichtige Sehenswürdigkeiten über akzeptable Straßen erreichbar. Die Nebenstraßen im Nordosten, Westen und Südosten sind in schlechtem Zustand.

FLUGZEUG Vom Flughafen in Guiyang erreicht man über 40 Reiseziele innerhalb Chinas, einschließlich aller großen chinesischen Städte.

ZUG Schlafwagen nach Chengdu in Sichuan, Kunming in Yunnan und Guilin sind beliebte Optionen. Guiyang wird ab 2015 über eine Hochgeschwindigkeitsstrecke mit Schnelltrasse Chengdu, Guilin, Leshan und Guangzhou verbunden. Von Huaihua in Hunan aus gelangt man von hinten nach Zhenyuan in Guizhou.

PREISE

In diesem Kapitel werden die folgenden Preiskategorien verwendet:

Schlafen

€	unter 160 Yuan
€€	160 bis 400 Yuan
€€€	über 400 Yuan

Essen

€	unter 50 Yuan
€€	50 bis 100 Yuan
€€€	über 100 Yuan

Unterwegs vor Ort

Innerhalb von Guizhou ist das Busfahren recht praktisch, aber für Kaili, Zhenyuan, den Osten der Provinz und die größeren Städte sind Fahrten mit dem Zug auch empfehlenswert. In den weiter abgelegenen westlichen Gebieten der Provinz wurden neue Schnellstraßen gebaut. Die Straßen zwischen kleineren Städten und Dörfern befinden sich jedoch immer noch im Bau – und es gibt viele Berge und Hügel, die umfahren werden müssen – also besser viel Geduld mitbringen.

ZENTRAL-GUIZHOU

Der zentrale Teil der Provinz wird von der Hauptstadt Guiyang dominiert.

Guiyang 贵阳

☎0851 / 1,2 MIO. EW.

Die Hauptstadt von Guizhou dient als Sprungbrett nach Anshun und den dortigen Sehenswürdigkeiten, zu den Huangguoshu-Fällen, nach Kaili, Zhenyuan und zu anderen Ziele in der Provinz.

Sehenswertes

Tempel Hongfu BUDDHISTISCHER TEMPEL
(弘福寺; Hongfu Si; Eintritt 2 Yuan; ⊙7–18 Uhr) Der aus dem 17. Jh. stammende buddhistische Tempel befindet sich im **Qianling-Park** (黔灵公园; Qianling Gongyuan; Eintritt 5 Yuan; ⊙24 Std.) im Norden der Stadt, fast an der Spitze des 1300 m hohen Bergs Qianling. Man kann in etwa 40 Minuten zum Tempel spazieren oder aber die **Seilbahn** (bergauf/bergab 15/20 Yuan; ⊙9–17 Uhr) nehmen. Das Kloster hat ein vegetarisches

Guiyang

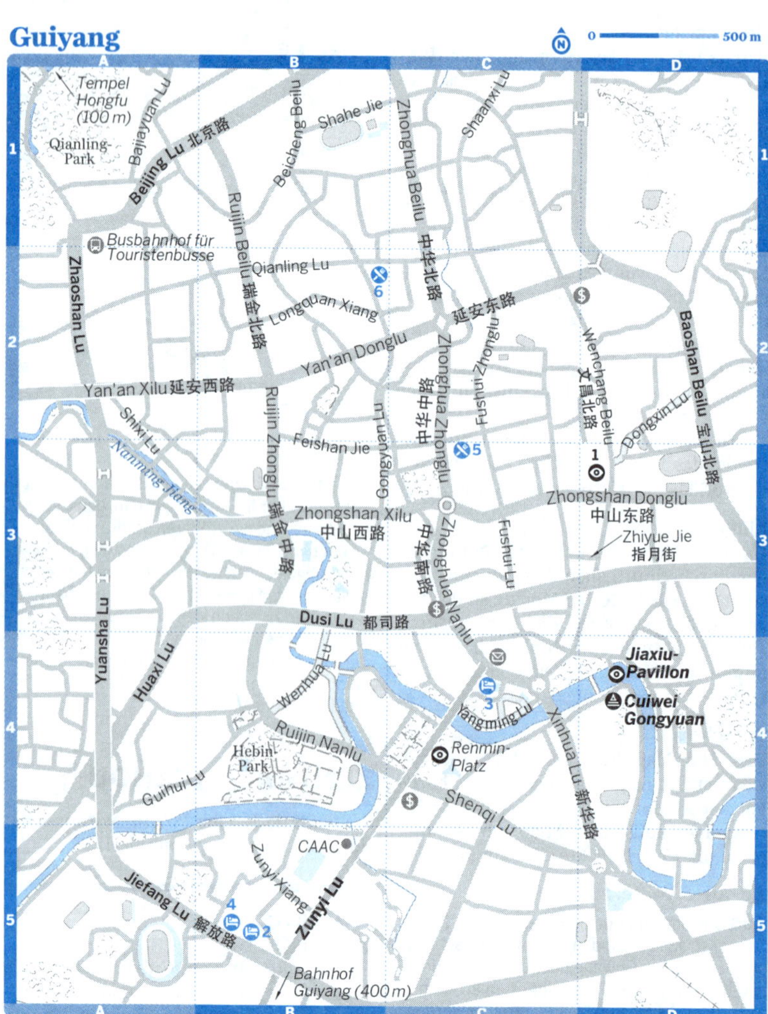

Restaurant im Hinterhof. Bus 2 fährt von der Bahnhofsgegend hierher.

Noch mehr Sehenswürdigkeiten

HISTORISCHE STÄTTEN

Es geht nördlich über den Fluss und dann nach rechts (Osten) auf die Yangming Lu; dort über einen Kreisverkehr hinab zum Fluss laufen und seinem Lauf bis zum **Jiaxiu-Pavillon** (甲秀楼; Jiaxiu Lou; Eintritt 2 Yuan; ⏲8.30–23 Uhr) mit den drei Dächern folgen – die bekannteste Sehenswürdigkeit von Guiyang.

Am gegenüberliegenden Flussufer befindet sich der beschauliche Park **Cuiwei Gongyuan** (翠微公园; Eintritt 2 Yuan; ⏲9–23 Uhr), ein ehemaliger Tempel aus der Ming-Dynastie mit sehr hübschen Pavillons und einigen ziemlich teuren Miao-Souvenirs.

Zurück über die Brücke in nördlicher Richtung entlang der Wenchang Beilu führt der Weg zu einer weiteren Spezialität aus der Ming-Zeit: dem **Wenchang-Pavillon** (文昌阁; Wenchang Ge), der zusammen mit der Stadtmauer restauriert wurde. Hier sitzen immer zahlreiche Einheimische, die sich unterhalten und Knabbereien naschen.

Guiyang

Highlights
Cuiwei Gongyuan ... D4
Jiaxiu-Pavillon ... D4

Sehenswertes
1 Wenchang-Pavillon ... D3

Schlafen
2 Hanting Express ... B5
3 Sheraton Hotel ... C4
4 Star Hotel ... B5

Essen
5 Fischrestaurant Kaili Sour ... C3
6 Siheyuan ... B2

Touren

Geführte Touren (auf Chinesisch) zu den Huangguoshu-Wasserfällen sowie zu den Longgong-Höhlen starten täglich an einem besonderen Touristenbusbahnhof (旅游客运站; *lüyou keyunzhan*) gegenüber vom Qianling-Park. Viele Hotels organisieren auch Tagesausflüge, jedoch ist das Angebot in der Nebensaison schmaler (wenn überhaupt vorhanden).

Schlafen

Hanting Express HOTEL €

(汉庭连锁酒店; Hanting Liansuo Jiudian; www.htinns.com; ☎855 1888; 188 Jiefang Lu; 解放路 188 号; DZ/Suite 219/259 Yuan; ❄@📶) Sehr kompetent geführtes und sehr sauberes Expresshotel mit ausgezeichneten Zimmern und effizienten Mitarbeitern. In der Lounge steht Gästen kostenlos Kaffee zur Verfügung, außerdem ist das Hotel mit drei Internetterminals und einem Aufzug ausgestattet. Die Zunyi Lu Richtung Norden laufen und links auf die Jiefang Lu abbiegen; das Hotel liegt am anderen Ende der Straße.

Sheraton Hotel HOTEL €€€

(喜来登贵航酒店; Xilaideng Guihang Jiudian; ☎588 8280; www.sheraton.com/guiyang; 49 Zhonghua Nanlu; 中华南路 49 号; DZ 1580 Yuan; *nais*) Dieses Hotel ragt wie ein Koloss an einer Straßenkreuzung in der Innenstadt hervor, und die Zimmer im Sheraton sind die besten, die Guiyang zu bieten hat. Riesige, bequeme Betten und ein Spa, Fitnessraum, Pool und sowohl westliche wie auch chinesische Restaurants. Rabatt bis 50 %.

Star Hotel HOTEL €

(兴瑜商务宾馆; Xingyu Shangwu Binguan; ☎595 2588; 192 Jiefang Lu; 解放路 192 号; EZ & DZ 158 Yuan; ❄@) Dieses im Obergeschoss befindliche Hotel liegt einen kurzen Fußweg nördlich vom Bahnhof und hat mittelmäßige, teilweise möblierte Zimmer. Es befindet sich westlich vom Hanting Express.

Essen

Nördlich von Bahnhof von Jiefang Lu liegt Zunyi Xiang (遵义巷), eine lebhafte und quirlige Essensstraße, deren Restaurants Hotpot sowie Gerichte aus Sichuan und Jiachangcai anbieten. Gegen 22 Uhr ist hier Kehraus.

LP TIPP **Fischrestaurant Kaili Sour** MIAO-KÜCHE €€

(老凯俚酸汤鱼; Lao Kaili Suantangyu; ☎584 3665; 55 Shengfu Lu; Hauptgerichte ab 38 Yuan; ⏲9.30–24 Uhr) Die Einheimischen kommen in Scharen, da das Restaurant die beste *suantangyu* (酸汤鱼; saure Fischsuppe) der Stadt serviert. Die Miao-Delikatesse ist das bekannteste Gericht von Guizhou; die Fische werden in Stücke zerhackt oder in einen brodelnden Hotpot geworfen. Das Gemüse wählt man selbst aus.

Siheyuan GUIZHOU-KÜCHE €

(四合院; ☎682 5419; Qianling Xilu; Hauptgerichte ab 15 Yuan; ⏲9–22 Uhr) Das Restaurant kennen alle Einheimischen (und hier lebenden Ausländer). Es ist ein lauter und labyrinthartiger Ort mit sehr leckeren typisch lokalen Gerichten. Es ist schwer zu finden: Zunächst geht's westlich entlang der Qianling Xilu, die von der Zhonghua Beilu abgeht. Das Restaurant befindet sich in einer kleinen Gasse gegenüber der protestantischen Kirche (auf der rechten Seite). Keine englische Speisekarte.

Praktische Informationen

Bank of China (Zhongguo Yinhang; nähe Ecke Dusi Lu & Zhonghua Nanlu) Hat einen Geldautomaten und bietet alle Dienste, die man braucht. Andere Niederlassungen gibt's an der Ecke Wenchang Beilu und Yan'an Donglu sowie auf der Zunyi Lu in der Nähe des Renmin-Platzes.

Büro für Öffentliche Sicherheit (PSB; 公安局; Gong'anju; ☎590 4509; Daying Lu; ⏲Mo–Fr 8.30–12 & 14.30–17 Uhr).

Internetzugang Zum Zeitpunkt der Recherche durften Ausländer die Internetcafés von Guiyang nicht benutzen.

Anreise & Unterwegs vor Ort

Bus

Der **Fernbusbahnhof Jinyang** (金阳客运站; Guiyang kechezhan) befindet sich in den westlichen Vororten auf der Jinyang Nanlu, weit entfernt vom Zentrum Guiyangs. Bus 219 (2 Yuan, 6.30–22 Uhr) fährt vom Bahnhof aus hierher. Ein Taxi kostet 40 Yuan. Die folgenden Orte (u. a.) werden angefahren:

Anshun 35 Yuan, 1½ Std., stündl. (7–22 Uhr)

Congjiang 140 Yuan, 7 Std. (9 und 11 Uhr)

Huangguoshu, 50 Yuan, 2½ Std., 8-mal tgl. (8–15 Uhr)

Kaili 60 Yuan, 2½ Std., stündl. (7–20.30 Uhr)

Weining 90 Yuan, 6 Std., 9 und 12 Uhr

Zhenyuan 100 Yuan, 5 Std., 9.10 und 14.10 Uhr

Flugzeug

Die **Civil Aviation Administration of China** (CAAC; 中国民航; Zhongguo Minhang; 264 Zunyi Lu; ⌚8.30–20.30 Uhr) liegt 1 km nördlich vom Bahnhof an der Ecke mit der Qingyun Lu.

Zu den Flugzielen gehören Beijing (1730 Yuan), Shanghai (1280 Yuan), Guangzhou (770 Yuan), Chengdu (630 Yuan), Xi'an (840 Yuan), Kunming (440 Yuan), Chongqing (620 Yuan) und Hongkong (1570 Yuan).

Der internationale Flughafen Guiyang Longdongbao liegt 10 km östlich der Stadt. Vom CAAC-Büro fahren alle 30 Minuten Busse zum Flughafen (10 Yuan, 20 Min., 8.30–18.30 Uhr). Ein Taxi vom Flughafen kostet um die 60 Yuan.

Taxi

Der Taxameter beginnt bei 10 Yuan, nachts bei 12 Yuan.

Zug

Guiyangs Bahnhof im Süden der Stadt wurde erneuert; Züge sind praktisch, um Kaili, Anshun und Zhenyuan zu erreichen. Angefahren werden (u. a.):

Chengdu Hart-/Weichschläfer 191/286 Yuan, 11–20 Std., 7-mal tgl. (0.38, 16.10, 16.30, 16.59, 17.27, 18.08 und 20.15 Uhr)

Chongqing Hart-/Weichschläfer 131/195 Yuan, 9–12 Std., 10-mal tgl. (0.38–10.47 Uhr)

Guangzhou (K66, schnellster Zug) Hart-/Weichschläfer 345/588 Yuan, 20 Std., 1-mal tgl. (15.21 Uhr)

Kaili Sitzplatz/Hartschläfer 29/83 Yuan, 3 Std., regelmäßig

Kunmeng Hart-/Weichschläfer 162/245 Yuan, 10 Std., 14-mal tgl.

Zhenyuan Sitzplatz/Hartschläfer 42/96 Yuan, 4 Std., 16-mal tgl.

Qingyan 青岩

Mit seinen verwinkelten Kopfsteinpflastergassen und der restaurierten Stadtmauer ist **Qingyan** (Eintritt 30 Yuan) ein angenehmes Kontrastprogramm zum modernen Guiyang. Dieser ehemalige Vorposten aus der Ming-Zeit, dessen Entstehung auf das Jahr 1378 zurückgeht, war einst ein Verkehrsknotenpunkt zwischen den südwestlichen Provinzen, weshalb das Dorf mit taoistischen Tempeln und buddhistischen Klöstern versetzt ist, die sich an christliche Kirchen und bedrohliche Wachttürme anlehnen.

Einige der Gebetsstätten werden noch benutzt; einen Besuch wert ist der friedliche **Tempel Yingxiang** (迎祥寺; Yingxiang Si) in einer Seitenstraße voller Wahrsager. Einen interessanten Vergleich stellen auch die minimalistische, moderne **katholische Kirche** (天主教堂; Tianzhu Jiaotang) und das nicht mehr benutzte, aber viel beeindruckendere Original aus dem 19. Jh. dar. Gegenüber der **Kirche** (基督教堂; Jidu Jiaotang), nördlich von **Dingguang-Tor** (定广门; Dingguangmen) und **Baisui Fang** (百岁坊) – einem aufwändig geschnitzten, aber neuen Tor – bietet das **Gudao *kezhan*** (古道客栈; ☎139 8540 8581; DZ 128 Yuan) einfache Zimmer.

Qingyan liegt etwa 30 km südlich von Guiyang und ist ein gutes Reiseziel für einen Tagesausflug. Vom Hebin-Busdepot aus fährt Bus 207 nach Huaxi (2 Yuan, 45 Min., alle 20 Min. ab 6.30 Uhr); an der Endhaltestelle aussteigen. Anschließend geht's mit Bus 210 (2 Yuan, 20 Min.) weiter, der einen vor dem Nordtor und dem Kartenschalter aussteigen lässt.

ÖSTLICHES GUIZHOU

In den wunderschönen, nebelverhangenen Bergen und Flusstälern östlich von Kaili leben mehr als ein Dutzend Minderheitengruppen; diese Gegend ist wahrhaftig ein seltenes Fenster auf das untypische Leben in China. Sicherlich sind einige Dörfer voll in den Tourismus eingestiegen, aber es gibt noch immer genügend Stellen hier, in denen man sich verlieren kann. Fast jede Woche finden hier quirlige Märkte und Feste statt.

Chinas größtes Miao-Dorf Xijiang und das abgelegene Dong-Dorf Zhaoxing im

Südosten sind ganz besonders beliebt. Wer ausreichend Zeit hat, kann sie unterwegs auf der Reise nach Guangxi besuchen. Außerhalb von Kaili gibt es keine Möglichkeit, Geld zu wechseln, also ausreichend Bargeld mitbringen.

Kaili 凯里

☎0855 / 153 000 EW.

Etwa 195 km ziemlich direkt östlich von Guiyang liegt Kaili. Kaili ist eine kompakte und freundliche Stadt, aber wirklich nicht viel mehr als ein Ausgangsort für Ausflüge zu den Minderheitendörfern oder für eine Reise ins Hinterland nach Guangxi oder Hunan.

Sehenswertes & Aktivitäten

Wer genug Zeit hat, sollte den **Dage-Park** (大阁公园; Dage Gongyuan; Park der Großen Pagode) oder den **Jinquanhu-Park** (金泉湖公园; Jinquahu Gongyuan) besuchen, in dem ein Trommelturm der Dong-Minderheit steht (er ist – wow! – zwei Jahrzehnte alt). Interessant ist auch das **Museum der Minderheiten** (贵州民族博物馆; Guizhou *minzu bowuguan*; Ningbo Lu; Eintritt frei; ⌚9–17 Uhr) im Süden der Stadt, das einige Kleidungsstücke und Kunstobjekte von Minderheiten ausstellt.

Die lokale Miao-Frau Wu Min, auch unter dem Namen „Louisa" bekannt, leitet äußerst empfehlenswerte **Wandertouren** in die abgelegenen Miao- und Dong-Dörfer. Sie spricht gutes Englisch und kann auch Privatunterkünfte und Unterricht in den Miao- und Dong-Sprachen sowie den lokalen Tänzen organisieren. Am besten kontaktiert man sie per E-Mail unter wuminlouisa@gmail.com.

Feste & Events

Märkte und Feste sind eine der Hauptattraktionen von Guizhou, und da um Kaili herum eine ganze Reihe von ihnen stattfinden, ist dieses verschlafene Städtchen der beste Ausgangsort für ihre Erkundung. Weitere Infos zu Festen stehen im Kasten S. 709.

Schlafen

Das gewaltige und pompöse Projekt Kaili Century City (während der Recherche noch im Bau) auf der Wenhua Beilu wird etwas enthalten, das als „Fünfsternehotel" bezeichnet wird.

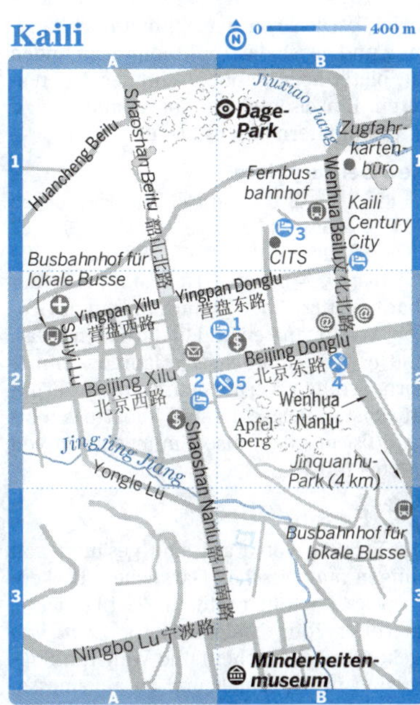

Kaili

Highlights
Dage-Park B1
Minderheitenmuseum B3

Schlafen
1 Dalian Hotel B2
2 New Century Hotel A2
3 Yingpanpo Minzu Binguan B1

Essen
4 Lixiang Mianshidian B2
5 Nachtmarkt B2

Yingpanpo Minzu Binguan HOTEL €€
(营盘坡民族宾馆; ☎382 7779; 53 Yingpan Donglu; 营盘东路 53 号; EZ 288 Yuan, 2BZ 218–288 Yuan, Suite 688–1300 Yuan; ❄) Dieses angenehme Hotel hat Zimmer in gutem Zustand und eine abgeschiedene Lage auf dem Berg. Der hübsche Garten ist mit Magnolien bepflanzt. Rabatte von 50 % sind üblich.

Dali'an Hotel HOTEL €
(达里安宾馆; Dali'an Binguan; ☎823 9688; 4 Yingpan Donglu; 营盘东路 4 号; EZ 128–138 Yuan, 2BZ 148 Yuan; ❄) Das graue Gebäude, das auf der rechten Seite bergaufwärts,

gleich östlich von der Xinhua-Buchhandlung und durch das Tor hindurch zu finden ist, bietet helle, saubere Zimmer. Die teureren Einzel- und Zweibettzimmer sind mit Computern ausgestattet.

New Century Hotel HOTEL €€
(新世纪大酒店; Xinshiji Dajiudian; ☎826 0333; 1 Shaoshan Nanlu; 韶山南路 1号; EZ 238–288 Yuan, 2BZ 348–398 Yuan, 3BZ 458 Yuan; ❄@) Dieses Hotel inmitten der Stadt verfügt über Zimmer in guten Größen, Velourtapeten und lilafarbenen Sofas, und es ist gemütlich. Die lauten Zimmer vorne sollten vermieden werden. Frühstück ist inklusive. Es sind Rabatte von bis zu 60% möglich, also Zimmerpreise von 150 bis 190 Yuan.

Essen

Die Straßen von Kaili sind gesäumt von einigen fantastischen Garküchen. Leckere Crêpes, Kartoffelpasteten, Grillgerichte, gegrillter Tofu, Nudeln, Hotpot, *shuijiao* (gekochte Teigtaschen) und Wan-Tan-Suppe sind im Übermaß und zu angemessenen Preisen zu haben. *Guotiedian* (锅贴店; Teigtaschen-Restaurants) bieten superleckere *guotie* (锅贴; gebratene Teigtaschen) und *xiaolongbao* im Shanghai-Stil; auf der Wenhua Beilu befinden sich ein paar davon, zum Beispiel direkt nördlich vom Fernbusbahnhof. Empfehlenswert ist auch der **Nachtmarkt** (夜市; *yeshi*; an der Beijing Donglu), gleich am **Guotai Hotel** (Guotai Dajiudian; 6 Beijing Donglu). Er ist immer voll mit Einheimischen und hat bis in die Morgenstunden geöffnet. Während der Arbeiten an dieser Ausgabe war er allerdings geschlossen.

Lixiang Mianshidian NUDELN €
(理想面食店; Wenhua Nanlu; Gerichte ab 5 Yuan; ⏲7.30–19.30 Uhr; E) Dieses freundliche Lokal mit seinen blauen Plastikmöbeln bietet einfache Gerichte wie Rippchensuppe (7 Yuan). Es ist praktisch für ein Frühstück oder einen Kaffee vor der Dörferrundreise. Empfehlenswert ist *bingyiner tang* (冰银耳汤; 5 Yuan), ein kühlendes und süßes Dessert (mit einem nahrhaften Pilz).

Praktische Informationen

Jeder zweite Laden in Kaili ist eine Drogerie.

Bank of China (中国银行; Zhongguo Yinhang; Shaoshan Nanlu) Diese Hauptniederlassung bietet alle Dienste und hat einen Geldautomaten. Eine zweite Niederlassung auf der Beijing Donglu wechselt auch Bares. Viele andere Geldautomaten in der Stadt nehmen ausländische Karten an.

Boyu-Internetcafé (博宇网吧; *wangba*; Wenhua Beilu; pro Std. 2 Yuan; ⏲24 Std.) Auf der Wenhua Beilu gibt's viele andere Internetcafés.

Büro für Öffentliche Sicherheit (PSB; 公安局; Gong'anju; ☎853 6113; Beijing Donglu; ⏲Mo–Fr 8.30–11.30 Uhr & 14.30–17.30 Uhr) Kümmert sich um alle Pass- und Visumsangelegenheiten.

China International Travel Service (CITS; 中国国际旅行社; Zhongguo Guoji Lüxingshe; ☎822 2506; 53 Yingpan Donglu; ⏲9–17.30 Uhr) Dieses Büro liegt hinter der Yingpan Donglu, am Yingpanpo Minzu Binguan; hier werden Interessierte mit den aktuellsten Informationen zu den Minoritätendörfern, Festen, Märkten und geführten Touren versorgt. Das Personal hier ist hilfsbereit und einzelne Mitarbeiter sprechen Englisch, Französisch und Japanisch.

Kaili People's Hospital (Kailishi Diyi Renmin Yiyuan; 28 Yingpan Xilu)

Post (中国邮政; Zhongguo Youzheng; Ecke Shaoshan Beilu & Beijing Donglu)

An- & Weiterreise

Bus

Kaili verfügt über fünf Busbahnhöfe. Der Fernbusbahnhof (长途客运站; ☎825 1025; Wenhua Beilu) auf der Wenhua Beilu fährt die meisten Reiseziele an.

Congjiang 83–98 Yuan, 5 Std., 6-mal tgl. (7–14.30 Uhr)

Guiyang 62–73 Yuan, 2½ Std., alle 20 Min. (7–20.30 Uhr)

Jinping (锦屏; nach Longli) 85 Yuan, 5 Std., 10-mal tgl. (8–16 Uhr)

Leishan 14 Yuan, 1 Std., alle 25 Min. (7–19 Uhr)

Liping 99 Yuan, 5 Std., 8-mal tgl. (7.30–15.30 Uhr)

Majiang 17,5 Yuan

Rongjiang 62–3 Yuan, 4½ Std., alle 40 Min. (7.20–18.20 Uhr)

Xijiang 13,5 Yuan, 80 Min, 5-mal tgl. (7.30, 8.50, 10.20, 13.20, 14.30 und 15 Uhr)

Zhenyuan 33–39 Yuan

Wer hier nicht das gewünschte Reiseziel findet, kann es noch am **Regionalbusbahnhof** (客运站; ☎806 3925; Shiyi Lu) an der Yingpan Lu versuchen, von wo aus täglich mehrere Busse die Strecken zu den meisten Dörfern der Umgebung bedienen, darunter Chong'an (13 Yuan, 1 Std.) und Huangping (17–25 Yuan, 1 Std., 7–16 Uhr). Es fahren von hier auch Busse nach Guiyang (50 Yuan, 2½ Std., 6–16.40 Uhr).

Nach Shiqiao (16 Yuan, 90 Min., mehrere zwischen 7 und 19 Uhr) gelangt man vom **kleinen Regionalbusbahnhof** (往石桥的公交车; *wenhua nanlu*) südlich des Fernbusbahnhofs.

Ein anderer befindet sich nördlich vom zuerst genannten **Regionalbusbahnhof**. Von diesem Regionalbusbahnhof (往麻塘、舟溪的公交车; *huancheng beilu*) fahren die Busse nach Norden, wie etwa nach Matang (und überraschenderweise auch nach Süden, z. B. nach Zhouxi).

Flugzeug

Wer am internationalen Flughafen Longdongbao von Guiyang ankommt oder abfliegt, kann einen der regelmäßig am **Flughafenbüro** (☎836 3868; 73 Jinjing Lu) abfahrenden Busse (60 Yuan, 2½ Std., 7–18 Uhr) nehmen. Dort kann man vor dem Flug außerdem einchecken und Flugtickets kaufen.

Zug

Der Bahnhof von Kaili befindet sich ein paar Kilometer nördlich der Stadt, aber die Abfahrtszeiten sind ziemlich unregelmäßig, und die Zugverbindung ist langsam (aber günstig) – mit Ausnahme der Züge nach Guiyang (14–29 Yuan, 2–3 Std.), Zhenyuan (7–15 Yuan, 1½ Std.) und Huaihua (21–42 Yuan, 4 Std.). Ein praktisches **Büro für Zugtickets** (火车票代售处; *huochepiao daishouchu*; ☎381 7920; 38 Wenhua Beilu; ⏲8.30–18.30 Uhr) liegt in der Stadt, ein weiteres (⏲8–18 Uhr) befindet sich neben der Post.

Für weitere Strecken lohnt sich ein Stopp in Guiyang, um sich eine Fahrkarte zu kaufen.

ℹ Unterwegs vor Ort

Busfahrten innerhalb von Kaili kosten 1 Yuan, und fast alle Busse vom Bahnhof fahren dieselbe Strecke ab: die Qingjiang Lu hinauf, am Fernbusbahnhof vorbei, entlang der Beijing Donglu und die Shaoshan Nanlu hinab zum Museum der Minderheiten. Bus 2 fährt zum Bahnhof.

Die Taxigrundgebühr beträgt 5 Yuan. Vom Zentrum zum Bahnhof kostet es um 10 Yuan.

Rund um Kaili

Wer einzelne Dörfer in Guangxi besuchen möchte, was stets hübsch ist, sollte etwa eine Woche dafür einplanen. Bitte beachten: Einige dieser Dörfer verlangen Eintritt. In den Dörfern um Kaili werden außergewöhnlich viele Märkte abgehalten. Das CITS in Kaili hat aktuelle Infos.

XIJIANG 西江

Xijiang (Eintritt 100 Yuan) ist in das Leigong-Gebirge eingebettet und dürfte das größte Miao-Dorf sein. Sein vollständiger chinesischer Name lautet 西江千户苗寨; Xijiang Qianhu Miaozhai – Xijiang 1000-Haushalte Miao-Dorf. Es ist bekannt für seine Stickereien und Silberschmiedearbeiten (die Miao glauben, dass Silber böse Geister vertreiben kann). Auch wenn es mittlerweile ein fester Bestandteil vieler Touristenrouten ist und die Kommerzialisierung seinen Reiz ein wenig gemindert hat, ist es dennoch nach wie vor eine herrliche Kombination aus Reisfeldern, hölzernen *diaojiaolou* (traditionelle, von Hand gefertigte Häuser) Wasserbüffeln und Nebel.

Nach der Ankunft an der Bushaltestelle am Kartenschalter sind es noch einmal 5 Yuan für den Transport zum Haupteingang. Die touristische Infrastruktur umfasst einen Platz für Darbietungen, englische Wegweiser, Souvenirläden, einen Geldautomaten, der ausländische Karten akzeptiert, und eine Post. Aber die alten Männer hocken noch immer an den Straßen und rauchen Pfeife, die Frauen waschen ihre Wäsche im Fluss, Schweine grunzen und Hühner flattern auf: Der Lebensrhythmus ist also noch immer der eines traditionellen Dorfs. Außerdem gibt's einige charmante Übernachtungsmöglichkeiten.

Wenn die Sonne mitspielt, ist Xijiang ein herrlicher Ort, der auch nach wie vor Rückszugsmöglichkeiten bietet, wenn man die Hauptpfade verlässt und sich in den oberen Teil des Dorfes begibt, auf dessen verzahnten Steinpfaden es ruhiger zugeht. Äußerst empfehlenswert zum Energietanken ist ein Spaziergang abseits des Dorfes und inmitten der umgebenden Berglandschaft auf den Pfaden, die sich durch die Reisfelder schlängeln, vorbei an Bauern und Wasserbüffeln. Eine schöne Wanderstrecke führt 50 Minuten lang an terrassenförmig angelegten (Reis-)Feldern vorbei über die Berge ins **Miao-Dorf Kaijue** (开觉苗寨; Kaijue Miaozhai) und zum **Kaijue-Wasserfall** (开觉瀑布; Kaijue Pubu) etwas dahinter.

Von hier aus gibt's eine dreitägige Trekkingtour nach **Paiyang** (排羊), ein Miao-Dorf nördlich von Xijiang. Dieser Weg führt durch einige entlegene Minderheitendörfer und üppige Landschaft. Vielleicht ist es möglich, unterwegs bei Einheimischen zu übernachten, doch sollten Reisende sich auch darauf einstellen, sich auch mal eine Nacht unter freiem Sternenhimmel ausstrecken zu müssen. Eine 27 km lange Strecke führt – größtenteils bergauf und durch eine üppige grüne Waldlandschaft – von Xijiang zum wunderschönen Leigongping; von dort geht's auf Wunsch auch weiter nach Leishan.

Viele Familien in Xijiang bieten Zimmer mit Abendessen für etwa 50 Yuan an. Ziemlich weit oben am Berg, direkt vor dem Fluss im Süden von Xijiang, liegt das **998** (☎0855-334 871; B/Zi. 25/40 Yuan) mit seiner fürstlichen Aussicht, attraktiven Zimmern und künstlerischem Flair in einem fantastischen *diaojiaolou* mit einem freundlichen, Gitarre spielenden Inhaber. Der heftige Aufstieg zum obersten Teil des Dorfs lohnt dank einer weiteren wunderbaren Aussicht vom unberührten **Guzangtoujia** (鼓藏头家; ☎136 3809 5568; 2BZ/DZ/3BZ/4BZ 80/100/100/120 Yuan), wo saubere und frische Holzzimmer ein traditionelles Gebäude gegenüber des historischen **Guzangtang** belegen. Betrieben wird es von einem alten Mann, der kein Wort Englisch spricht.

Von Kaili fahren Busse immer zur vollen Stunde zwischen 8 und 17 Uhr (13,5 Yuan, 80 Min.). Zurück nach Kaili fahren die Busse um 8, 9.30, 11, 13.30 und 15.30 Uhr. Die Alternative für Reiseziele im Süden und Osten in Richtung Guangxi sind zwölf Busse täglich nach Leishan (10 Yuan, 1½ Std., 6.30–17.40 Uhr), von wo aus man weiter südlich nach Rongjiang (榕江) fahren kann. Ein Taxi von Xijiang nach Kaili dürfte etwa 100 Yuan kosten.

LANGDE 郎德

Die großartige, erhalten gebliebene Miao-Architektur und die gepflasterten Gässchen ziehen natürlich scharenweise Busse mit Touristen an, die die aufwändigen Sing-, Tanz- und Rohrflötendarbietungen in diesem Dorf bestaunen. Aber die Kommerzialisierung kann der Einzigartigkeit der einheimischen Kultur nichts anhaben. Es gibt einen großartigen, 15 km langen Weg entlang des Bala Jiang, der durch diverse Miao-Dörfer führt.

Etwa 20 km außerhalb von Kaili fahren die Busse auf dem Weg nach Leishan an Langde (10 Yuan) vorbei. Das Dorf befindet sich etwa 2 km von der Hauptstraße entfernt. Auf dem Rückweg dann einfach an der Straße einen Bus zurück nach Kaili anhalten.

LEISHAN 雷山

Dieses Dorf wird hauptsächlich als Durchgangsort genutzt, aber man kann hier auch zum 2178 m hohen **Leigong Shan** (雷公山; Leigong-Gebirge; Eintritt 50 Yuan) aufbrechen, der einige interessante Wanderoptionen bietet, oder charmante Siedlungen besuchen wie das attraktive Miao-Dorf Wudongzhai. Andere Miao-Dörfer in der Nähe sind Paika (Paika Miaozhai), etwa 3 km südlich von Leishan gelegen, wo seit Jahrhunderten *lusheng*-Musikinstrumente aus Bambus und Schilf hergestellt werden. Hierher geht's entweder zu Fuß oder in einem Bus in Richtung Datang (3 Yuan) vom Busbahnhof in Leishan aus. Die Straße von Leishan führt weiter nach Rongjiang. Von Kaili aus bedienen zahlreiche Busse die Strecke nach Leishan (14 Yuan, 1 Std.).

SHIQIAO 石桥

Shiqiao bedeutet „Steinbrücke", und wer die hübschen Steinbrücken in diesem wunderschönen Miao-Städtchen im Südwesten von Kaili erst einmal gesehen hat, weiß, warum. Die Stadt ist berühmt für ihr handgemachtes Papier, das heute noch immer zu entdecken ist, wenn auch nicht mehr so häufig. Doch ein Besuch dieses Ortes lohnt sich auch für alle, die mit Papier nichts am Hut haben.

Von einem lokalen Busbahnhof auf der Wenhua Nanlu in Kaili, südlich vom Fernbusbahnhof, fahren Busse nach Shiqiao (16 Yuan, 2 Std.).

MATANG 麻塘

Dieses etwa 20 km von Kaili entfernte Dorf ist die Heimat der Gejia. Sie werden offiziell als Untergruppierung der Miao betrachtet, unterscheiden sich jedoch in ihren Bräuchen, ihrer Kleidung und ihrer Sprache von diesen. Sie sind als Batikkünstler bekannt, und ihre traditionelle Kleidung ist oft mit Batik- und Stickmustern versehen. Matang ist für die Touristen aufgehübscht worden – der unvermeidliche Darbietungsplatz ist da –, und die Straßenhändlerinnen hier können hartnäckig sein. Ein lohnenswerter, 30-minütiger Fußweg ab Matang führt zum Dorf Shilongzhai, das von einem weiteren Unterzweig der Miao namens Xijia bevölkert wird.

Matang liegt 2 km von der Hauptstraße entfernt, und es halten regelmäßig Busse an der Haltestelle in Richtung Chong'an (6 Yuan) und Kaili (8 Yuan). Einfach an den Straßenrand stellen und alles anhalten, was vorbeikommt.

LONGLI 隆里

Longli (Eintritt 15 Yuan) mit seiner herrlichen Einzellage inmitten von Reisfeldern an der Grenze zu Hunan ist eine ehemalige Garnisonsstadt, die von den Nachfahren von Han-Soldaten bevölkert ist, die einst hierher geschickt wurden, um das Reich vor den nervigen Miao zu schützen. Es ist eines der „Ökomuseen" (also ein echtes Dorf) der Provinz und besonders faszinierend aufgrund seiner noch bestehenden Architektur.

Der Besuch dauert nur eine Stunde: Hinein geht's durch das Osttor (Dongmeng) und über schmale Kopfsteinpflasterstraßen vorbei an größtenteils hölzernen Häusern, hübschen Innenhöfen, Pavillons, Tempeln und Stadtmauern, und die Umgebung scheint erstklassig für die Erkundung mit dem Fahrrad geeignet zu sein.

Gleich außerhalb der Altstadt liegt das **Longli Gucheng Jiudian** (隆里古城酒店; ☎0855-718 0018, 136 3855 4888; Zi. mit/ohne Bad 60/40 Yuan), das einfache Zimmer mit chinesischen Toiletten bietet.

Von Kaili aus hierher zu gelangen ist etwas schwierig, da es keinen direkten Bus gibt. Zunächst geht's mit dem Bus nach Jinping (锦屏; 85 Yuan, 5 Std., 10 Busse tgl., 8–16 Uhr); dort in einen anderen Bus nach Longli umsteigen (13 Yuan, 90 Min., ungefähr halbstündl., 7.30–17 Uhr).

BASHA 岜沙

Wer von Congjiang (从江) aus den Berg hinaufläuft, möchte schwören, dass Basha eine Filmkulisse für das Tang- oder Song-Zeitalter ist – die Männer hier tragen noch immer Kleidung aus jener Zeit, haben Dolche in ihren Gürteln stecken und rasieren ihre Köpfe – bis auf einen stilvollen Haarknoten. Wenn sie nicht auf den Feldern beschäftigt sind, jagen sie mit altmodischen Gewehren. Währenddessen laufen die Frauen in voller Miao-Montur und mit hochgedrehten Haaren umher.

Warum genau Basha in einer Zeitschleife hängen geblieben ist, stellt ein Rätsel dar, denn es liegt nur 7,5 km vom sehr modernen Congjiang entfernt. Nicht einmal die Einheimischen können erklären, weshalb ihre alten Bräuche so gut erhalten geblieben sind. Aber Basha ist keineswegs unentdeckt. Der Ort setzt sich eigentlich aus einer Ansammlung von sechs Weilern zusammen, die über ein wunderschönes Tal verstreut liegen; chinesische und englische Wegweiser führen Besucher zu den unterschiedlichen Sehenswürdigkeiten. Am besten kommt man während eines Festes hierher, selbst wenn dann mehr los ist, da die Männer ansonsten tagsüber auf dem Feld arbeiten. Aber die umgebende Landschaft ist zu jeder Zeit schlichtweg großartig. Vielleicht kann man sich auch mit den Männern für einen Jagdausflug verabreden.

Einige rudimentäre Gästehäuser im Dorf bieten Betten für 20 Yuan an, aber es gibt oft kein fließendes Wasser. Das **Gufengzhai Qingnian Lüguan** (古风寨青年旅馆; ☎138 8554 9720; EZ/DZ 80/120 Yuan; @) an der Hauptstraße hat einen schönen Hof und die Zimmer sind in Ordnung. Alternativ kann man die Nacht in Congjiang verbringen. Das **Xingyue Binguan** (星月宾馆; ☎0855-641 8598; Jiangnan Lu; 江南路; DZ 128 Yuan; ❄@📶) hat saubere, geräumige Zimmer und liegt gleich links vom Busbahnhof.

Es gibt keinen Bus nach Basha, und der Aufstieg zum Dorf ist sehr steil. Taxis in Congjiang versuchen, einem 40 Yuan für die einfache Fahrt abzuknöpfen, aber eigentlich sollten Hin- und Rückfahrt schon für 50 Yuan zu bekommen sein. Am besten den Fahrer warten lassen, denn im Dorf gibt's ansonsten nicht viele Transportmöglichkeiten.

ZHAOXING 肇兴

Zhaoxing ist wohl das vollkommenste Dong-Dorf; es ist vollgepackt mit traditionellen Holzbauten, einigen Wind- und Regenbrücken sowie fünf bemerkenswerten Trommeltürmen. Aber es ist nicht mehr das nahezu unbekannte Paradies, das es früher einmal war. Seine pure Einzigartigkeit übt eine starke Anziehungskraft aus, und die Einheimischen beschweren sich sicherlich nicht über die zunehmende Zahl an Besuchern.

Die grundlegende, beeindruckende Art von Zhaoxing hat sich nicht verändert. Ja, die Restaurants an der Hauptstraße haben englische Speisekarten – was auch gut ist, da hier Ratten (老鼠肉; *laoshu rou*) gegessen werden –, und es gibt jetzt eine Reihe von Pensionen und Gästehäusern, die Zimmer ab 50 Yuan anbieten. Aber Zhaoxing ist nach wie vor ein Bauerndorf, in dem die meisten Leute immer noch ihre Dong-Muttersprache sprechen und extrem warmherzig sind. Manchmal schwärmen Reisegruppen ein, als gäbe es kein Morgen, aber Zhaoxing ist ansonsten ein Ort, an dem Besucher gerne einige entspannte Tage verbringen.

Es gibt auch noch Dong-Dörfer in der Umgebung, die frei von Touristen sind. Wer vom Busbahnhof aus eine Stunde lang nach Westen läuft, einen steilen Berg hinauf und an einigen herrlichen Reisterrassen vorbei, landet im gleichermaßen freundlichen Dorf Jitang (基塘), das seinen eigenen Trommelturm hat. Wer Zhaoxing in die andere Richtung verlässt, gelangt nach zwei Stunden Wanderung durch die Felder nach Tang'an (堂安), einem Dorf, das so grundlegend Dong ist, dass es als lebendiges Museum bezeichnet worden ist.

Das **Wangjiang Lou Hostel** (望江楼客栈; Wangjianglou *kezhan*; ☎0855 0269; DZ/3BZ 60/80 Yuan; ❄@) ist nicht wirklich ein Hostel, sondern ein Familienbetrieb am Fluss mit netten Holzzimmern, heißen Duschen und Sitztoiletten. Die modernste Einrichtung des Dorfes ist das **Zhaoxing Binguan** (肇兴宾馆; ☎0855-613 0899; EZ & DZ 228–398 Yuan; ❄), wo die Zimmer makellos sauber sind und über winzige, glänzende Badezimmer verfügen. Reisegruppen steigen hier gerne ab, daher ist es oft ausgebucht.

Von Kaili hierher zu gelangen, ist nicht die kürzeste Reise. Zunächst geht's nach Congjiang (87 Yuan, 5 Std., 6-mal tgl. zwischen 7.10 und 14 Uhr), wo man in einen Bus nach Zhaoxing (18 Yuan, 2½ Std., 7.30 und 13 Uhr) umsteigt. Von Liping (黎平) fahren fünf Busse täglich (18 Yuan, 3½ Std., 8.20–14.50 Uhr). Eine Alternative ist ein Bus von Kaili nach Luoxiang (洛香; 5 Std.) und anschließend ein Bus (30 Min.) nach Zhaoxing.

Um Zhaoxing zu verlassen stehen zwei Morgenbusse (18 Yuan, 7.30 & 12 Uhr) nach Congjiang und zwei Busse täglich nach Sanjiang (三江) in Guangxi (35 Yuan, 4 Std., 8.30 & 11.30 Uhr) zur Auswahl. Dort kann man in einen Bus nach Guilin umsteigen. Es gibt mindestens fünf tägliche Busse nach Liping.

Zhenyuan 镇远

☎0855 / 60 000 EW.

Weit im Osten der Provinz, auf der Fahrt von Kaili nach Zhenyuan, passiert der Zug ein beeindruckendes Panorama aus hohen Gipfeln, die dicht mit Bäumen bewachsen sind. Die hübsche, am Fluss gelegene Stadt Zhenyuan liegt malerisch über dem Wuyang He (Wuyang He), eingepfercht zwischen aufragenden Klippen und Gipfeln. Der Ort ist als Garnisonsposten auf der Handelsstrecke zwischen Yunnan und Hunan bekannt. Der Trumpf von Zhenyuan ist seine vom Fluss durchquerte Altstadt, die einen Kontrast zum unattraktiven, neu errichteten Distrikt darstellt. Es gibt nicht besonders viele westliche Touristen hier, und die Altstadt ist ein herrlicher Ort, um ein paar Tage lang Tempel anzuschauen und sich von der herrlichen nächtlichen Aussicht vom Hotelfenster auf den Fluss verzaubern zu lassen.

Sehenswertes

Qinglong Dong TEMPEL

Das endlose vertikale Labyrinth aus Tempeln, Grotten, Gängen und Höhlen der **Qinglong Dong** (青龙洞; Höhle des grünen Drachen; Eintritt 60 Yuan; ⏲8–16.30 Uhr) erhebt sich am Zhongheshan (中和山) auf der anderen Seite der Zhusheng-Brücke. Nachts ist alles romantisch beleuchtet – eine göttliche Kulisse für die Stadt. Die Erkundung der Grotten dauert etwa eine Stunde: Sie ist labyrinthartig und es gibt viel zu sehen, unter anderem einige herrliche Rundblicke.

Der Bau des interessanten Komplexes wurde während der Ming-Dynastie begonnen. Seine Tempel sind den drei östlichen Religionen Buddhismus, Taoismus und Konfuzianismus gewidmet. Am hinteren Eingang zur Zhongyuan Dong (中元洞) befindet sich ein Steintisch, der angeblich vom exzentrischen Gründer des Tai-Chi verwendet wurde, Zhang Sanfeng. Das Äußere des prachtvollen **Wanshou Gong** (万寿宫) – einst das Rathaus von Jiangxi – ist noch immer mit Slogans geschmückt. Sein Inneres ist ein hervorragendes Beispiel für die *jiangnan*-Architektur mit delikaten Holzschnitzereien. Der gelassene Jadekaiser thront über allem – und hat eine herrliche Sicht – vom Yuhuang Ge aus (玉皇阁; Pavillon des Jadekaisers), seinem Pavillon am Gipfel. Vorsicht beim Umherlaufen, denn einige der Steine können extrem rutschig werden.

Zhusheng-Brücke BRÜCKE

Zhenyuans alte **Brücke** (祝圣桥; Zhusheng Qiao), eine wunderschöne und robuste Bogenbrücke mit einem dreistöckigen Pavillon, ist ein beeindruckender Anblick, der Besucher über das Wasser zur Qinglong Dong führt. Der Blick von der

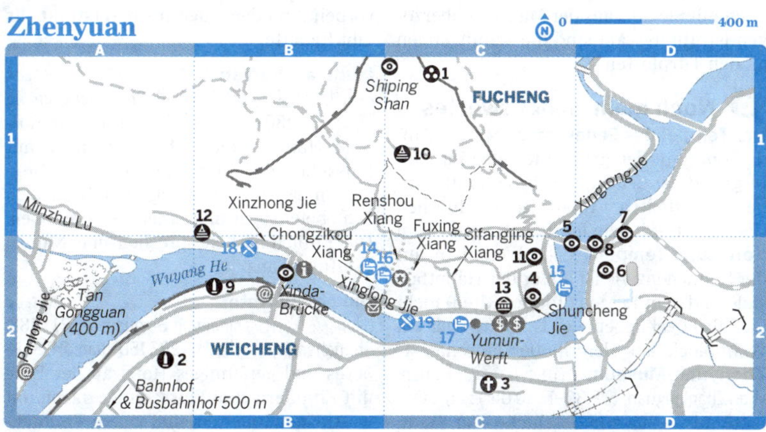

Zhenyuan

Sehenswertes

1 Große Mauer von Miaojiang C1
2 Heping Cun A2
3 Katholische Kirche C2
4 Konfuziustempel C2
5 Pavillon C2
6 Qinglong Dong Ausgang D2
7 Qinglong Dong Eingang D1
8 Qinglong Dong Ticketbüro D2
9 Stadtmauern B2
10 Tempel der vier Staatsdiener C1
11 Tempel des Feuergottes C2
12 Tempel Tianhou B1
13 Zhenyuan-Museum C2
Zhusheng-Brücke .... (siehe 8)

Schlafen

14 Bohaiyi Zhan B2
15 Daheguan Hotel C2
16 Hejia Dayuan *kezhan* B2
17 Liuhulan Jiudian C2
Yuantaichang Guminju .... (siehe 3)

Essen

18 Cola Cat B2
19 Gucheng Zhengjiao C2

Brücke auf den Fluss bei Nacht, wenn die Qinglong Dong schön beleuchtet ist, ist göttlich.

Gassen GASSEN

Vier alte und gut erhalten gebliebene **Gassen** (古巷; guxiang) führen von der Xinglong Jie aus nach Norden: Sifangjing Xiang, Fuxing Xiang, Renshou Xiang und Chongzikou Xiang. In der Sifangjing Xiang steht der **Sifangjing** (Brunnen der vier Himmelsrichtungen) mit seinen drei rotbemützten Gottheiten, die auf das Wasser blicken. Beeindruckend sind die großartig gemachten Steinstufen in dieser Gasse und die wunderbaren alten Wohnhäuser. Der kenntnisreiche Inhaber des **Fushi Minzhai** (付氏民宅; Wohnhaus der Familie Fu; Eintritt 3 Yuan) führt einen durch sein Haus und zeigt seine Antiquitäten. Die Gassen sind bei Nacht mit roten Laternen beleuchtet – ein toller Anblick!

Große Mauer von Miaojiang MAUER

Es ist ein anstrengender halbstündiger Aufstieg, vorbei am **Tempel der vier Staatsdiener** (四官殿; Siguan Din), bis zum Gipfel des **Shiping Shan** (石屏山) über der Stadt bis hin zu den Überresten dieser **Mauer** (苗疆长城; Miaojiang Changcheng; Große Mauer der Miao-Grenze; Eintritt 30 Yuan). Entweder früh aufstehen oder spät losgehen, dann kann man eventuell die Kartenkontrolleure umgehen. Die recht beachtliche Mauer verläuft wellenförmig über diverse Gipfel hinweg und bietet eine herrliche Aussicht auf die Stadt.

Tan Gongguan HISTORISCHES GEBÄUDE

Gleich nördlich der Wuyanghe-Brücke (Wuyanghe Daqiao) liegt der großartige Tan Gongguan (谭公馆), der leider geschlossen ist und nicht restauriert wird. Das Gebäude ist ein bemerkenswert solides Stück historischer Architektur, das noch mit Slogans aus der Mao-Zeit überzogen ist. Interessant sind die Schnitzereien an den Türpfosten.

Noch mehr Sehenswertes

Der **Tempel des Feuergotts** (炎帝宫; Yandi Gong) mit den grünen Klippen im Hintergrund, ist der Sitz der furchteinflößenden Gottheiten Yandi und Huoshen (Feuergott) mit dem feurigen Gesicht. Vom **Konfuzius-Tempel** (文庙; Wenmiao) auf der Shuncheng Jie ist außer der Hauptfassade und dem Li Men (Tor der Riten) nicht viel übrig geblieben – er ist heute eher ein Wohnblock aus den 1960er-Jahren. Das **Zhenyuan-Museum** (镇远展览馆; Zhenyuan Zhanlanguan; ⌚8.30–17.30 Uhr) zeigt Objekte mit Bezug zur Geschichte der Stadt. Die alten **Stadtmauern** an der Südseite des Wuyang wurden restauriert, und man kann eine ganze Weile an ihnen entlang in Richtung Bahnhof laufen. Der **Tianhou-Tempel** (天后宫; Tianhou Gong) – ein Tempel für die Göttin Tianhou – findet sich auf der Minzhu Jie westlich der Altstadt. Die einladende **katholische Kirche** (天主教堂; Tianzhu Jiaotang) südlich des Flusses lohnt einen Besuch. Nach der Kirche folgen in derselben Straße das Gelände und die Wachtürme von **Heping Cun** (和平村; ⌚8.30–17.30 Uhr), ein Hauptquartier der Kuomintang während des Kriegs gegen Japan.

Touren

Karten für die Flussfahrten (80 Yuan pro Stunde) gibt's im Büro neben dem **Yumun-Pier** (禹门码头; Yumen Matou), das durch einen dekorativen Bogen gekennzeichnet ist. Auf der gesamten Xinglong Jie reihen sich Reiseagenturen aneinander; außerdem buchen Hotels Touren für ihre Gäste.

Feste & Events

Am fünften Tag des fünften Mondmonats findet auf dem Wuyang ein **Drachenbootfestival** statt. In der Hauptsaison finden beginnen fast jeden Samstag gegen 13 Uhr **Drachenbootrennen** an der Xinda-Brücke (新大桥; Xin *daqiao*).

Schlafen

Überall in der Altstadt gibt's Zimmer, und selbst im alten Tianhou-Tempel bekommen Reisende ein Zimmer mit Blick auf das Tempeldach. Es spricht eigentlich niemand Englisch. In den südlich vom Fluss gelegenen Zimmern wird der Krach der vorbeifahrenden Züge noch verstärkt. Es gibt Rabatte.

Liuhulan Jiudian HOTEL €
(刘胡兰酒店; ☎572 0586; Shuncheng Jie; 顺城街; Zi. 180–260 Yuan; ❄@) Dieses praktische Hotel bietet mehrere Zimmer mit Flussblick, darunter ein angenehmes Doppelzimmer im Erdgeschoss mit großen Schiebefenstern und einer Terrasse oben. Die Einheimischen sprechen den Namen „Liufulan" aus.

Daheguan Hotel HOTEL €
(大河关宾馆; Daheguan Binguan; ☎571 0188; Shuncheng Jie; 顺城街; 2BZ 150 Yuan; ❄) Sauberes und geräumiges Hotel an der Ecke mit Zimmern zum Fluss, einige davon mit westlichen Toiletten, und einem Tischtennistisch.

Hejia Dayuan *kezhan* HOTEL €€
(何家大院客栈; ☎572 3770; Chongzikou Xiang; 冲子口巷 号; EZ/DZ 388/428 Yuan; ❄) Ein bisschen Komfort gibt's in diesem traditionellen Hofhotel mit seinen angenehmen Zimmern in einem hübschen alten Anwesen in einer Gasse abseits des Flusses. Rabatte von 30% sind üblich.

Bohaiyi Zhan HOTEL €
(渤海驿栈; ☎572 1636; 8 Chongzikou Xiang; 冲子口巷8号; EZ/DZ 120/128 Yuan; ❄@) Das freundliche Hotel gegenüber dem Hejia Dayuan *kezhan* auf der linken Seite des historischen Chongzikou (Chongzikou Xiang) bietet keinen bzw. kaum englischen Service (und keinen Flussblick). Die Zimmer sind einfach, aber mit Duschen (und Hocktoiletten) ausgestattet. Es ist ruhig und die Zimmerpreise sind verhandelbar.

Yuantaichang Guminju HOTEL €
(圆泰昌古民居; ☎573 4511; Shuncheng Jie; 顺城街; EZ/DZ/Suite 188/298/298 Yuan; ❄) Historischen Charme und das Aroma von *nanmu*-Holz gibt's in diesem Hotel in einem alten, umgebauten Hofhaus, das einst die Residenz der Familie Lu war. Rabatte von 30% oder mehr sind üblich.

Essen & Ausgehen

Die Hauptstraße ist voller Restaurants, von denen viele auf Touristen abzielen. Lokale Männer schwingen gewaltige Holzhämmer, um damit muchui xiangsu zu stampfen, eine Art süßer, knackiger und brüchiger Keks aus Walnüssen, Sesam, Zucker und Honig (einfach köstlich!). Einige Restaurants auf der Xinglong Jie verkau-

ABSTECHER

FANJINGSHAN

Über die Stadt Tongren im Nordosten von Guizhou geht's zum 2572 m hohen **Fanjingshan** (梵净山; 120 Yuan), den alle Fans buddhistischer Kultur sowie Naturliebhaber und Durchreisende von Zhenyuan oder Kaili nach Hunan oder Chongqing besuchen sollten. Das Naturschutzgebiet beherbergt mehr als die Hälfte der geschützten Pflanzen der Provinz und zwei Drittel seiner Tiere, darunter auch der äußerst seltene (und noch seltener sichtbare) goldene Affe (*jinsihou*).

Zum Berg gelangt man mit dem Bus (29 Yuan, stündl., erster/letzter Bus 7.30/16.30 Uhr, 90 Min.) nach Jiangkou (江口), der vom nördlichen Busbahnhof (北站; *beizhan*) um die Ecke vom Bahnhof in Tongren abfährt; es gibt auch überteuerte Angebote von Minivanfahrern, die einen für 500 Yuan hin und zurück bringen möchten. Die zusätzlichen 9,5 km von der Bushaltestelle bis zum Beginn des Aufstiegs können zu Fuß zurückgelegt werden, doch bei der Ankunft an der Haltestelle warten immer schon Minibusse, mit denen die meisten Reisenden weiterfahren (hin & zurück 20 Yuan). Anschließend gibt's eine **Seilbahn** (hin & zurück 160 Yuan), die einen in 20 Minuten auf den Berg bringt, von wo aus man dann selbst noch den Gipfel (金顶; jinding) erklimmt. So manchem mag die Seilbahn zu teuer und zu bequem erscheinen, was natürlich verständlich ist. Auf sie zu verzichten ist allerdings wirklich keine gute Idee, da der gesamte Aufstieg ein Marathon für die Beine ist.

Frühling und Herbst sind die besten Jahreszeiten für einen Besuch am Fanjingshan, aber es kann neblig werden, daher vor dem Aufbruch das Wetter prüfen; an klaren Tagen wird man mit einem spektakulären Blick belohnt. In Tongren ist das Folunbeisi Liansuo Jiudian (佛伦贝斯连锁酒店; ☎0856 691 8001; 清水大道; Qingshui Dadao; Zi. ab 279 Yuan; ❄@) ein praktisches Hotel direkt am Bahnhof. Tongren selbst ist unscheinbar, obwohl die baufällige **Altstadt** (古城区; Gucheng Qu) um die Zhongshan Lu am Jin Jiang (锦江) im Süden der Stadt interessant ist.

Von Zhenyuan aus geht's zunächst per Zug (13 Yuan) nach Yuping und von dort per Bus (26 Yuan) weiter. Andere Busse vom Busbahnhof in Tongren fahren nach Huaihua (45 Yuan, 3-mal tgl.), Kaili (80–90 Yuan, 6-mal tgl.) und Guiyang (125 Yuan, 8-mal tgl.); Bus 4 (1 Yuan) verbindet den Busbahnhof mit dem Bahnhof. Die Züge fahren von Tongren aus in Richtung Süden nach Huaihua und nach Norden nach Chongqing und Chengdu.

fen günstige Portionen gebratener *jiaozi* (gefüllte Teigtaschen). In einer oder zwei lauten Bars auf der Xinglong Jie treten lokale Bands vor einem Publikum aus größtenteils leeren Tischen auf.

Gucheng Zhengjiao TEIGTASCHEN €
(古城蒸饺; Xinglong Jie; 兴隆街; Hauptgerichte 7 Yuan; ⏲12–2 Uhr) Das einfache Restaurant am Yumun-Pier serviert *jianjiao* (gebratene Teigtaschen) und Bier.

Cola Cat EISCREME €
(可乐猫; Kele Mao; Xinzhong Jie; 新中街; Milchshakes ab 8 Yuan; ⏲9.30–24 Uhr) Diese Eisbar an der Xinzhong Jie macht leckere Milchshakes (naixi) und Eiscreme.

Praktische Informationen

Agricultural Bank of China (农业银行; Nongye Yinhang; Xinglong Jie; ⏲24 Std.) Der Geldautomat akzeptiert ausländische Karten; gegenüber vom Zhenyuan-Museum.

Büro für Öffentliche Sicherheit (PSB; 公安局; Gong'anju; Xinglong Jie) Gegenüber vom Yumun-Pier.

Industrial and Commercial Bank of China (ICBC; 工商银行; Gongshang Yinhang; Xinglong Jie; ⏲24 Std.) Der Geldautomat akzeptiert ausländische Karten.

Post (中国邮政; Xinglong Jie)

Shenzhou-Internetcafé (神舟网吧; Shenzhou *wangba*; pro Std. 3 Yuan; ⏲24 Std.) An der Südseite der Xinda-Brücke, an der Mauer.

Xinshikong-Internetcafé (新时空网吧; Xinshikong *wangba*; Panlong Jie; pro Std. 3 Yuan; ⏲24 Std.)

Zhenyuan Tourist & Information Centre (镇远旅游咨询服务中心; Zhenyuan Lüyou Zixun Fuwu Zhongxin; Xinzhong Jie; ⏲8–20 Uhr) Gute Karten von Zhenyuan. Kurze Rikschafahrten durch die Stadt (10 Yuan).

Anreise & Unterwegs vor Ort

Von Guiyang nach Zhenyuan geht's am besten per Zug. Der **Bahnhof** *(huochezhan)* liegt südlich des Flusses im Südwesten der Stadt und unweit der Wuyanghe-Brücke (Wuyanghe *daqiao*). Ein Taxi vom Bahnhof zur Altstadt kostet 4 Yuan. Von der Altstadt zum Bahnhof sind es zu Fuß gute 15 Minuten, das Ticket für die Weiterreise von Zhenyuan also am besten gleich bei der Ankunft kaufen oder das Hotelpersonal bitten, eines zu besorgen (dafür wird jedoch der Ausweis benötigt). Für eine Vermittlungsgebühr (15 Yuan) können mehr als drei Tage im Voraus Fahrkarten bei der Post gekauft werden. Von Zhenyuan aus werden u. a. folgende Orte angefahren:

Anshun 48–54 Yuan, 5½ Std., 5-mal tgl.

Guiyang 37–42 Yuan, 3¾ Std., regelmäßig

Huaihua 29 Yuan, 2½ Std., regelmäßig

Kaili 15 Yuan, 75 Min., regelmäßig

Yuping 13 Yuan, 1 Std., regelmäßig

Der **Busbahnhof** *(changtu qichezhan)* liegt gegenüber dem Bahnhof. Es gibt keine direkten Busse nach Tongren (铜仁); dafür geht's zuerst mit dem Zug nach Yuping (玉屏; 13 Yuan) und von dort per Bus weiter nach Tongren (26 Yuan). Die Busse von dort fahren folgende Ziele an:

Baojing 13 Yuan, 4-mal tgl (8.30, 12.50, 13 und 15 Uhr)

Kaili 33 Yuan, 5-mal tgl. (8, 9.30, 11, 13 und 15 Uhr)

Rund um Zhenyuan

Tiexi 铁溪

Wer alle Sehenswürdigkeiten abgehakt hat, kann sich in dieser attraktiven **Schlucht** (Eintritt 50 Yuan) eine angenehme Abwechslung von der Stadt verschaffen. Vom Hauptausgang geht's zu Fuß auf einer hübschen Strecke zu **Drachenloch** (龙潭; Longtan) und **Jiguan Ling** (鸡冠岭). Vom westlichen Ende der Zhusheng-Brücke fahren Wagen (6 Yuan, 20 Min.) zur Schlucht; los geht's, wenn ein Wagen voll ist.

Baojing 报京

Das gut erhaltene Dorf der Dong-Minderheit liegt etwa 40 km von Zhenyuan entfernt und bietet einige schöne Beispiele für *diaojiaolou*-Architektur. Das **Saatfest** (播种节; *bozhongjie*) am dritten Tag des dritten Mondkalenders ist das bekannteste Minoritätenfest von Baojing, bei dem sich Tanz- und Brautwerbungsrituale mit lebhaften Feierlichkeiten mischen. Vier Busse (13 Yuan, 8.30, 12.50, 13 und 15 Uhr) fahren täglich vom Busbahnhof in Zhenyuan nach Baojing.

WESTLICHES GUIZHOU

Vögel, Höhlen und Wasserfälle sind die Hauptattraktionen dieser Gegend. Außerhalb von Anshun gelegen sind die donnernden Huangguoshu-Fälle, Guizhous Touristenattraktion Nummer eins, während die Zhijin-Höhle zu den größten der Welt zählt. Weit im Westen bietet die Stadt Weining einen der besten Vogelbeobachtungsposten Chinas am Caohai-See, und hier gibt's auch einen Hintereingang nach Yunnan.

Anshun

0853 / 449 000 EW.

Einst war Anshun ein Zentrum des Tee- und Opiumhandels; heute ist es noch immer die kommerzielle Drehscheibe im westlichen Guizhou, und am bekanntesten für die Herstellung von Batiken, Küchenmessern und dem tödlichen Anjiu-Alkohol. Das Erbe der einst prächtigen historischen Stadt mit ihrer Stadtmauer ist größtenteils verschwunden; die Sehenswürdigkeiten in der Umgebung sind heute die wahren Magneten.

Sehenswertes

Ein bescheidenes Stück der ehemaligen Stadtmauer von Anshun (安顺城墙遗址; Anshun chengqiang yizhi) steht gegenüber vom Fenghuangshan Dajiudian auf der Tashan Donglu, wo ein aufschlussreiches Foto an der Mauer Anshun während der republikanischen Zeit zeigt, also vor der Ankunft von Beton, Straßenverbreiterung und sozialistischer Ästhetik.

Fuwen Miao TEMPEL

(府文庙; Eintritt 10 Yuan; 8.30–18 Uhr) Dieser reizende Konfuziustempel im Norden der Stadt mit seinen beeindruckend feinen Schnitzereien auf den doppelreihigen Steinsäulen vor der Haupthalle lohnt einen Besuch.

Tempel Donglin TEMPEL

(东林寺; Donglin Si; 7.30–18 Uhr) Die hier wohnenden buddhistischen Mönche empfangen Besucher herzlich in diesem Tempel, der im Jahr 1405 v. Chr. (während der Ming-Dynastie) errichtet und 1668 restauriert wurde.

Longwang Miao TEMPEL
(龙王庙; ⌚7.30–17.30 Uhr) Ein weiterer noch genutzter buddhistischer Tempel. Er liegt nahe der Zhonghua Beilu.

Schlafen

Wer sich ausreichend Chinesischkenntnisse zutraut, kann es in einem der Pensionen *(lüguan)* rund um den Bahnhof mit einem günstigen Zimmer versuchen.

Jungong Ruiqi Jiudian HOTEL €
(军供瑞琪酒店; ☎333 0666; 121 Zhonghua Nanlu; 中华南路 121 号; EZ & DZ 110–150 Yuan; ❄) Dieses günstige und bequeme Hotel, das beim Verlassen des Bahnhofs auf der rechten Seite liegt, bietet anständige Zimmer und freundliches Personal. Keine englische Beschilderung.

Xixiushan Binguan HOTEL €€
(西秀山宾馆; ☎333 7888; Fax 333 7668; 63 Zhonghua Nanlu; 中华南路 63 号; EZ/DZ 288/ 328 Yuan, Suite 388 Yuan; ❄@) Dieses Hotel unterscheidet sich auf angenehme Weise von der Konkurrenz; es ist von der Straße zurückgesetzt und hat einen Garten im hinteren Haupthof. Die Zimmer sind sehr sauber, insbesondere in Anbetracht der hohen Belegung. Einzelzimmer sind beträchtlich kleiner und mit Duschen ausgestattet. Rabatt bis 50 %.

Fenghuangshan Dajiudian HOTEL €€
(凤凰山大酒店; Golden Phoenix Mountain Hotel; ☎322 5724; 58 Tashan Donglu; 塔山东路 58 号; DZ 228–398 Yuan; ❄@) Es gibt hier viel Messing und verblassten Marmor, die Badezimmer sind beengt, und die Zimmer haben schon bessere Tage gesehen, aber das Personal ist nett. Von außen sieht das Gebäude aus wie eine Bank mit zwei Wachlöwen davor. Rabatte bis etwa 40 %.

Essen

Eine Spezialität ist *qiaoliangfen* (乔凉粉), ein scharfes Gericht aus Buchweizennudeln und eingelegten Tofu. Ein schneller Snack ist *chongchong gao* (冲冲糕), ein Kuchen aus gedämpftem Klebereis mit Sesam, Walnüssen und Wachskürbis. Garküchen an der Straße verkaufen auch Bratkartoffeln, die wie Pommes schmecken; bei den Einheimischen heißen sie *yangyi*. Das Teehaus hinter dem Wumiao ist ein ruhiger Ort für eine Tasse *cha* (ab 28 Yuan).

Mit Abstand das beste Essen wird auf dem **Nachtmarkt** (夜市; yeshi; Gufu Jie) zubereitet. Hier ist das lebhafte Zentrum von Anshun, wo die Einheimischen die zahlreichen Essenszelte und -buden überfüllen. Die Spezialität ist gegrillter Fisch *(kaoyu)*, und uigurische Köche, in Woks brutzelnde Schnecken und stolz präsentierte Schweinefüße komplettieren das Bild.

Anshun

Anshun

Highlights
Fuwen Miao A2
Longwang Miao A2
Tempel Donglin B2

Schlafen
1 Fenghuangshan Dajiudian B2
2 Jungong Ruiqi Jiudian B4
3 Xixiushan Binguan B3

Essen
4 Liuyishou Kaoyu A2
5 Nachtmarkt B2

Liuyishou Kaoyu FISCH €
(留一手烤鱼; Hongqi Lu; 红旗路; Fisch pro *jin* ab 20 Yuan; ⏲18–open end) Während der Nachtmarkt geöffnet ist, ist dieses Restaurant auf der Hongqi Lu gestopft voll, und die Gäste breiten sich bis an die Tische auf der Gufu Jie aus; der hier servierte Fisch ist aber auch wirklich lecker. Am besten geht man als Gruppe zum Abendessen, denn die Fischgerichte beginnen bei etwa drei *jin*.

 Praktische Informationen

Bank of China (中国银行; Zhongguo Yinhang; Ecke Tashan Xilu & Zhonghua Nanlu) Bietet sämtliche Dienste und hat einen Geldautomaten. Es gibt noch viele andere Geldautomaten in der Stadt.

China Travel Service (CTS; 中国旅行社; Zhongguo Lüxingshe; ☎322 4537; Tashan Donglu; ⏲Mo–Fr 9–18 Uhr) Auf ein blaues Schild mit weißen Schriftzeichen achten.

Post (中国邮政; Zhongguo Youzheng; Ecke Zhonghua Nanlu & Tashan Donglu) Neben dem Gebäude der China Telecom.

 Anreise & Unterwegs vor Ort

Vom **Busbahnhof Nord** (安顺客车北站; Anshun keyunzhan) fahren Busse (30 Yuan, 4 Std., alle 45 Min.) nach Zhijin (für die Zhijin-Höhle). Vom **Busbahnhof West** (客运西站; keyun xizhan) gibt's einige praktische Verbindungen:

Guiyang 42 Yuan, alle 20 Min. (7–19 Uhr)

Longgong-Höhlen 10 Yuan, alle 25 Min. (7.30–18 Uhr) über Shitouzhai (5 Yuan).

Yunfeng 5 Yuan, 40 Min., alle 25 Min. (7–18 Uhr)

Der **südliche Busbahnhof** (客车南站; *keche nanzhan*; ☎322 2169; Ecke Huangguoshu Dajie & Zhonghua Nanlu) fährt eine Reihe nützlicher Ziele an:

Guiyang 35 Yuan, 1½ Std., alle 20 Min. (6.50–19.10 Uhr)

Huangguoshu 15 Yuan, 1 Std., alle 20 Min (8–18 Uhr)

Kunming Schlafwagen 150 Yuan, 11 Std., 4-mal tgl. (9, 10.40, 13 und 16 Uhr)

Pingba 13 Yuan, 30 Min., alle 20 Min. (7.20–19 Uhr)

Shuicheng 55 Yuan, 3½ Std., alle 50 Min. (8–17.30 Uhr)

Weining 90 Yuan, 10 Uhr

Vom **Fernbusbahnhof Xixiu** (Xixiu *keyunzhan*) neben dem Bahnhof fahren Busse in die Provinzen im Südosten und Südwesten Chinas, außerdem stündliche Busse nach Shitouzhai (6 Yuan).

Die meisten Züge vom **Bahnhof** *(huochezhan)* in Richtung Osten halten in Guiyang (8–16 Yuan, 1½ Std., regelmäßig). Es ist immer noch sehr schwierig, hier Schlafwagenplätze für Züge zu reservieren; das sollte man besser in Guiyang erledigen. Ein Büro für Zugtickets findet sich gleich nördlich des Jungong Ruiqi Jiudian. Die folgenden Orte (u. a.) werden angefahren:

Guiyang 8–16 Yuan, 1½ Std., regelmäßig

Kaili 44 Yuan, 4 Std., 9-mal tgl.

Kunming 76–215 Yuan, 9 Std., regelmäßig

Liupanshui 24 Yuan, 2½ Std., regelmäßig

Bus 1 fährt vom Bahnhof aus die Tashan Donglu hinauf durch die Stadt. Bus 2 verkehrt zwischen dem Bahnhof und dem nördlichen Busbahnhof, Bus 6 zwischen dem Bahnhof und dem südlichen Busbahnhof. Busse kosten 1 Yuan. Die Taxigrundgebühr liegt bei 6 Yuan.

Rund um Anshun

LONGGONG-HÖHLEN 龙宫洞

Das ausgedehnte Höhlennetzwerk von **Longgong** (Longgong Dong; Drachenpalast; Eintritt 120 Yuan; ⏲8.30–17.30 Uhr) schlängelt sich durch zwanzig Berge hindurch. Es kann eine wahrhafte Kitscherfahrung werden – farbige Lichter, billige Musik, Reisegruppen – aber einige Reisende genießen es, zusammen mit ihren zurückhaltenden Reiseführern auf Ruderbooten durch die Höhlen zu gleiten.

Longgong liegt 27 km südlich von Anshun und ist ideal für einen Tagesausflug geeignet. Lokale Busse (8 Yuan, 40 Min., 5.30–18 Uhr) fahren ab 7.30 Uhr stündlich vom Busbahnhof West in Anshun los – sie heißen *longgong zhuanxianche* (龙宫专线车). In umgekehrter Richtung fahren die Busse bis ca. 17 Uhr ebenfalls stündlich.

ZHIJIN-HÖHLE 织金洞

Da sie mit ihren 10 km Länge und bis zu 150 m Höhe die größte Höhle Chinas und eine der größten weltweit ist, wird die **Zhijin-Höhle** (Zhijin Dong; Eintritt 135 Yuan; ⏲8.30–17.30 Uhr) von Touristen begeistert angenommen. Die abstrakte Landschaft aus spektakulären Formen und Spiralen, die oft kathedralenartig wirken und vom Fußboden bis zur Decke reichen, erinnert an die Landschaftsbeschreibungen in *Der Herr der Ringe*.

Karten für die Höhle, die 15 km außerhalb von Zhijin und 125 km nördlich von Anshun liegt, sind teuer, beinhalten jedoch eine obligatorische 2½-stündige Tour mit chinesischem Kommentar (mindestens zehn Teilnehmer). Die Tour deckt etwa 6 km der Höhle ab, teilweise geht's auf steilen, rutschigen Stufen nach oben, und unterwegs gibt's an den wichtigsten Punkten englische Beschreibungen. Wer außerhalb der Spitzenbesuchszeiten, die im Sommer und während der chinesischen Feiertage liegen, auf eigene Faust hierher kommt, sollte sich darauf gefasst machen, eventuell sehr lange warten zu müssen, bis sich genug Personen für eine Gruppe angesammelt haben.

Ein langer Tagesausflug ab Anshun ist gerade so möglich, aber dafür darf man den Bus um 7.25 Uhr nach Zhijin (30 Yuan, 3½ Std.) nicht verpassen, der vom Busbahnhof Nord in Anshun aus fährt. Dort angekommen, geht's mit dem Taxi (4 Yuan) weiter zur lokalen Bushaltestelle auf der Yuping Jie, wo regelmäßig Minibusse zum Höhleneingang (7 Yuan, 50 Min.) verkehren. Der Rückweg von den Höhlen wird regelmäßig von Bussen bedient. Der letzte Bus zurück nach Anshun verlässt Zhijin um 17.30 Uhr.

Vom Fernbusbahnhof in Guiyang verkehren alle 30 Minuten Busse (hin & zurück 98 Yuan, 4 Std., 6.30–17.20 Uhr) nach Zhijin.

HUANGGUOSHU-FÄLLE 黄果树大瀑布

Aus endlosen Bussen steigt eine freundliche Invasion frenetischer Touristen, die von allen Teilen Chinas hierher kommen, um die 81 m breiten und 77,8m hohen **Huangguoshu-Fälle** (Huangguoshu Dapubu; Gelbfruchtbaum-Wasserfälle; Eintritt März–Okt. 180 Yuan, Nov.–Feb. 160 Yuan; ⏲7.30–18 Uhr), zu bestaunen, Guizhous Touristenattraktion Nummer eins. Besonders zwischen Mai und Oktober sind die Fälle mit ihrer Kakophonie in der ganzen Region zu hören, während über dem darunter gelegenen **Rhinozeros-Becken** Regenbogen im Nebel schweben.

Die Kaskaden sind Teil eines 450 m² umfassenden Höhlen- und Karstkomplexes, der entdeckt wurde, als Ingenieure in den 1980er-Jahren die Gegend erforschten, um das hydroelektrische Potenzial der Region zu messen. Es gibt zwar Wege rund um die Fälle, aber das gesamte Gelände ist riesig, und die Sehenswürdigkeiten sind so weit voneinander entfernt, dass es sich lohnt, einen der **Sightseeing-Wagen** (guanguangche; 50 Yuan) zu besteigen. Sie verbinden die Hauptbereiche, darunter der **Doupotang-Wasserfall**, der **Luositan-Wasserfall**, die Landschaft **Tianxing Qiao** und die Landschaft um den **Hauptwasserfall**. Eine Tour per Taxi kostet ab dem Eingang etwa 100 Yuan bzw. 20 Yuan für die einfache Fahrt.

Hinter dem Wasserfall des Hauptbereichs kann man seinen Weg durch einen tropfenden Naturgang im Felsen der 134 m langen **Wasservorgang-Höhle** (水帘洞; Shuilian Dong) ertasten.

Der Weg unter die Erde in die gewaltigen Höhlen in der geologischen **Landschaft Tianxing Qiao** (天星桥景区; Tianxing Qiao Jingqu) ist eine recht beeindruckende Nebenshow – besonders für alle, die keine Zeit für die Longgong- oder Zhijin-Höhlen haben.

Der Bus von den Huangguoshu-Fällen zurück nach Anshun fährt an der Haltestelle für das Flussdorf **Shitouzhai** (石头寨; Eintritt 40 Yuan) vorbei, das 6 km nördlich der Fälle liegt; seine Steinhäuser und Brücken fügen sich wunderschön in die bergige Landschaft mit den Reisfeldern ein. Das Dorf, bekannt für seine Batik, die die Buyi-Frauen von Hand herstellen, lohnt einen Besuch. Von der Hauptstraße des Dorfs sind es etwa 2 km zu Fuß. Der Bus von den Longong-Höhlen fährt hier auch vorbei.

Von Guiyang können die Huangguoshu-Fälle nur knapp in einem Tag besichtigt werden, während es ab Anshun ein lockerer Tagesausflug ist. Es gibt überall im Dorf Huangguoshu Übernachtungsmöglichkeiten, aber eine Übernachtung ist nicht unbedingt notwendig.

Vom südlichen Busbahnhof in Anshun fährt alle 20 Minuten ein Bus (15 Yuan, 1 Std., 8–18 Uhr). Es gibt acht Busse täglich von Guiyang nach Huangguoshu (50 Yuan, 2½ Std., alle 30 Min. ab 8 Uhr) von Fernbusbahnhof auf der Jinyang Nanlu. Der letzte Bus fährt um 16 Uhr zurück nach Guiyang. Es fahren auch regelmäßig Busse (35 Yuan, 2 Std.) vom Bahnhof in Guiyang nach Huangguoshu.

TIANLONG & TIANTAISHAN 天龙、天台山

Die Erkundung dieses hübschen, von einem glitzernden Strom durchquerten Dorfs unweit Anshun dauert lediglich eine Stunde. **Tianlong** (Eintritt 35 Yuan) ist ein gut erhaltenes **Tunpu-Dorf** (屯堡), dessen Siedlungen von Garnisonstruppen aus der Ming-Dynastie errichtet wurden, die während der Herrschaft von Hongwu hier stationiert waren, um bei der Unterdrückung lokaler Aufstände und der Festigung der Kontrolle zu helfen. Die Soldaten kamen aus den mittleren und unteren Bereichen des Jangtse und brachten ihre Bräuche und Sprachen mit. Heute leben in Tianlong Han-Nachfahren dieser Soldaten aus dem 14. Jh., und die Frauen fallen mit ihren türkisfarbenen Oberteilen mit bestickten Säumen auf. Überall werden wunderschöne Stickereien feilgeboten (hart verhandeln), während die lokalen Frauen außergewöhnlich farbenfrohe, bestickte Schuhe in allen Größen nähen.

Neben den Trockensteinmauern und den schmalen Gassen ist das **Tianlong Xuetang** (天龙学堂), ein beeindruckendes und markantes Gebäude, der architektonische Höhepunkt des Dorfs. Der **Sanjiao-Tempel** (三教寺; Sanjiao Si) ist ein krächzender, baufälliger Schrein, der dem Taoismus, Konfuzianismus und Buddhismus gewidmet ist. Kurze *dixi*-Darbietungen – eine antike Form des lokalen Dramas – werden regelmäßig tagsüber im **Yanwutang** (演武堂) gezeigt.

Andere lokale Eigenarten sind ausgeprägte umgangssprachliche Ausdrücke: Der lokale Ausdruck für einen Dieb beispielsweise ist *yemaozi* (Nachtkatze). Unterkunft für die Nacht bieten einige *kezhan* (Gästehäuser) im Dorf für etwa 50 Yuan; eine herrliche Option für einen ländlichen Abend. Für die Fahrt nach Tianlong zunächst mit dem Bus in Richtung Pingba (平坝; 13 Yuan, 30 Min., alle 20 Min., 7.20–19 Uhr) vom südlichen Busbahnhof in Anshun fahren; von der Haltestelle aus geht's per Minivan (10–15 Yuan) weiter nach Tianlong.

20 Minuten Fußweg von Tianlong entfernt steht der beeindruckende Tempel **Wulong Si** (伍龙寺) auf dem Gipfel des **Tiantaishan** (Eintritt 25 Yuan); er erinnert ein wenig an Schloss Colditz. Nach einer erfrischenden Wanderung warten am Gipfel die zahlreichen Räume des Tempels darauf, erkundet zu werden. In einer hinteren Halle sitzt eine Figur der Guanyin geschmeidig im Licht einer flackernden Kerze; in einer anderen Halle wird eine Ausstellung zum lokalen *dixi*-Theater gezeigt. Anschließend geht's zur Dayuetai-Terrasse, um die grandiose Landschaft zu betrachten.

Auf dem Rückweg vom Tempel steht ein kleiner Schrein an einem schmalen Pfad mit einer grimmig dreinblickenden Statue einer der 18 *luohan*. Er ist so dünn, weil er so großzügig Essen an andere verteilt hat; außerdem bringt er allen Menschen Glück. Weiter unten streckt sich ein 21 m hoher und 500 Jahre alter Gingko nach oben, der mit Schleifen geschmückt ist. Andere Wege verschwinden zwischen den Bäumen.

YUNFENG BAZHAI 云峰八寨

Yunfeng Bazhai ist eine Ansammlung traditioneller Dörfer etwa 20 km nordöstlich von Anshun. Die Einführung macht das wenig interessante **Tunpu-Kulturmuseum** (屯堡文化博物馆; Tunpu *wenhua bowuguan*; Eintritt 50 Yuan; ⌚8–18 Uhr), das als Eingang zum Dorf **Yunshan** (云山) dient. Das Dorf selbst liegt am Ende eines steilen Treppenaufgangs und ist ein Juwel. Es ist behangen mit leuchtend gelben, getrockneten Maiskolben und roten Laternen, umgeben von einer Mauer mit einem Haupttor, und bietet eine herrliche Sicht auf den Yunjiu Shan (Wolken-Geier-Berg). Diese Siedlung ist ein reizvolles und ruhiges Portrait des ländlichen Guizhou. Im Zentrum des fast verlassenen Dorfs steht ein wackeliger **Tempel des Geldgottes** (Caishen Miao) gegenüber von einem alten Pavillon.

Wer hier übernachten möchte, kommt in einem der *kezhan* unter. Nicht verpassen sollte man den Spaziergang zum **Yunjiu-Tempel** (云鹫寺; Yunjiu Si) auf dem Yunjiu Shan. Hier gibt's eine der außergewöhnlichsten Aussichten in Guizhou. Man kann praktisch am gesamten Gipfel umherlaufen und hat dort einen göttlichen und unvergleichlichen Panoramablick auf die Felder und Gipfel, die bis in die Ferne reichen. Im Frühling ist die Gegend dank der blühenden, hellgelben Rapspflanzen (*youcaihua*) lebhaft farbenfroh.

Von Yunshan aus sind es zu Fuß 15 Minuten auf der Straße zum Dorf **Benzhai** (本寨), ebenfalls am Fuß des Yunjiu Shan. Benzhai mit seinen alten, verwinkelten Gässchen, hohen Mauern, geschnitzten Holzschwellen, Steinlöwen und alten Hofhäusern steckt voller Geschichte.

Nach Yunfeng Bazhai geht's per Bus (5 Yuan, 40 Min., alle 25 Min., 7–18 Uhr) vom Westbusbahnhof in Anshun. Der letzte Bus von Yunfeng Bazhai nach Anshun fährt um 18.20 Uhr ab; die Route verläuft über Benzhai. Von Tianlong aus nimmt man den Bus an der Hauptstraße von Qi-

TRADITIONELLE KLEIDUNG

Die Vielfalt an Kleidungsstücken unter den ethnischen Minderheiten von Guizhou bietet Reisenden einen täglichen Augenschmaus. Kleidung ist nicht nur reine Dekoration, sondern auch ein sozialer und ethnischer Nenner. So zeigt sie beispielsweise an, ob eine Frau verheiratet ist, ob sie Geld besitzt und über welche Web- und Stickfähigkeiten sie verfügt.

Viele Frauen in entlegenen Gebieten weben ihre Hanf- und Baumwollstoffe noch immer selbst. Einige Familien, insbesondere in Dong-Gegenden, fermentieren auch noch immer ihre eigene Indigopaste, die auf traditionellen Märkten zum Verkauf angeboten wird. Viele Frauen besuchen die Feste nicht bei Regen, da sie fürchten, dass die Farbe aus den Stoffen auslaufen könnte. Die Methoden für die Indigoherstellung werden bestens gehütet und geheim gehalten, sie sind jedoch durch die Einführung künstlicher, chemischer Farben zunehmend gefährdet.

Stickereien spielen für die Trachten der Minderheitenvölker eine wichtige Rolle, und das Sticken wird traditionell von Mutter zu Tochter weitergegeben. Zu den Designs gehören viele wichtige Symbole sowie mythologische und geschichtliche Referenzen. Vögel, Fische und zahlreiche Drachenmotive sind sehr verbreitet. Die hochwertigsten Arbeiten werden oft für Babytragen verwendet, und viele Mädchen arbeiten daran, während sie langsam ins Heiratsalter kommen. Ältere Frauen verbringen oft Hunderte Stunden damit, ihre eigenen Beerdigungstrachten zu besticken.

Die Kleidungsgewohnheiten verändern sich langsam: In größeren Städten tauschen Miao-Frauen ihre bestickten Kittel gegen gute Wollpullis aus, und ihre Kopfbedeckungen sehen verdächtig nach den rosafarbenen und gelben Handtüchern aus, die in chinesischer Massenproduktion hergestellt werden.

yanqiao (七眼桥; 4 Yuan, 20 Min.) und anschließend ein Motorrad (10 Yuan) für die zehnminütige Fahrt zum Museum und den Dörfern.

Weining 威宁

☎0857 / 57 000 EW.

Weining ist ein staubiger, zusammengestückelter Ort mit einer manischen Energie, die von den orangefarbenen Motorradrikschas, die durch die Stadt rasen, versinnbildlicht wird; die Stadt ist einer der besten Orte der Welt für das behäbige Hobby der Vogelbeobachtung. Der juwelenartige Caohai-See liegt in der Nähe des Zentrums und zieht Vogelbeobachter an, die die überwinternden Zugvögel betrachten möchten, darunter insbesondere die seltenen Schwarzhalskraniche. Weining wird aufgrund seiner Fülle an Sonnenstunden von den Chinesen auch „Sonnenstadt" genannt. Die Stadt befindet sich an einer historisch wichtigen Route zwischen Nord-Yunnan und Sichuan. Es wohnen hier viele Hui (Muslime), Miao und Yi. Alle drei oder vier Tage wird ein großer Markt abgehalten, zu dem die Menschen aus den umliegenden Minoritätendörfer in die Stadt strömen.

Sehenswertes & Aktivitäten

Caohai-See SEE

(草海湖; Caohai Hu; Seegrassee) Der Caohai-See ist Guizhous größter Hochlandsee und das wichtigste Feuchtgebiet Südchinas. In seiner Geschichte wurde er sowohl während des Großen Sprunges als auch während der Kulturrevolution trockengelegt, um mehr Ackerland zu erhalten. Da das nicht funktionierte, wurde der See im Jahr 1980 wieder aufgefüllt. In den nachfolgenden Jahren manipulierte die Regierung weiterhin den Wasserstand, worunter sowohl die lokale Umwelt als auch das Auskommen der Dorfbewohner litten. Die Regierung beauftragte daraufhin Einheimische, sich um den Schutz des Sees zu kümmern, um so beide Probleme in den Griff zu bekommen. Das 20 km² umfassende Süßwasserfeuchtbiotop ist seit dem Jahr 1992 ein nationales Naturschutzgebiet, aber es gibt nach wie vor viele Umweltprobleme.

Schwarzhalskraniche sind die Hauptattraktion, aber unter dem Rest der rund 180 geschützten Vogelarten befinden sich auch Weiß- und Schwarzstörche, Stein-, Kaiser- und Seeadler, eurasische Kraniche und Löffler. Die beste Zeit, sie zu sehen, ist von November bis März.

Es finden sich hübsche Wanderwege um einen Großteil des Sees, aber am nächsten kommt man den Vögeln in einem Kahn auf dem See. Karten werden am **Kartenschalter** (pro Boot 1/2/3 Std. 120/240/360 Yuan; ⏲8.30–17.30 Uhr) am Ende des Pfads verkauft, der zum See führt (keine Tickets bei den Schleppern kaufen, die hier überall herumstehen).

Zum See ist es von der Innenstadt Weinings ein 45-minütiger Spaziergang nach Südwesten oder eine fünfminütige Taxifahrt (5 Yuan).

Schlafen & Essen

Günstige Zimmer, für etwa 50 Yuan, in der Gegend um den Busbahnhof gibt's in den *zhaodaisuo* (Gästehäuser).

Dank der großen Bevölkerungsdichte von Hui finden sich überall in der Stadt, insbesondere rund um den Busbahnhof, muslimische Restaurants, die *yangrou fen* (Reisnudeln mit Lammfleisch) und *niurou fen* (Reisnudeln mit Rindfleisch) zubereiten. Eine lokale Spezialität sind frittierte Libellenlarven.

Heijinghe Binguan HOTEL €€
(黑颈鹤宾馆; ☎623 6888; Jianshe Donglu; EZ & DZ 188–308 Yuan; ❄@) Die Zimmer sind vollgestopft und in den Wintermonaten kalt, aber dies ist die selbsternannte beste Option hier. Trotzdem ist es besser, die Erwartungen nicht allzu hoch zu setzen. Vom Busbahnhof aus nach rechts gehen; das Hotel liegt einen Häuserblock weiter auf der linken Seite, etwas zurückgesetzt von der Straße. Es sind Rabatte von 30 % erhältlich.

Caohai Jiari Jiudian HOTEL €€
(草海假日酒店; ☎623 1881; Caohai Lu; 草海路; EZ, DZ & 3BZ pro Person 358–388 Yuan; ❄) Dieses Hotel ist direkt am Fluss gelegen, verfügt über große und bequem eingerichtete Zimmer, und das Personal ist viel besser geworden. Es ist den Preis, der verlangt wird, immer noch nicht ganz wert, aber Rabatte (von 50–60 %) machen die Situation besser.

Praktische Informationen

In Weining kann man nirgends Geld wechseln. Ein ICBC-Geldautomat an der Jianshe Donglu, in der Nähe vom Hejinghe Binguan, akzeptiert ausländische Karten, aber darauf ist nicht unbedingt Verlass. Gegenüber dem Busbahnhof, über dem Laden von China Mobile, gibt's ein **Internetcafé** (pro Std. 2 Yuan; ⏲24 Std.).

An- & Weiterreise

Weining liegt sieben Busstunden von Guiyang (90 Yuan, 9 und 12 Uhr) entfernt. Man gelangt auch vom südlichen Busbahnhof von Anshun hierher (90 Yuan, 10 Uhr). Zunächst geht's mit dem Bus nach Shuicheng (水城; 55 Yuan, 3½ Std., alle 50 Min. 8.30–17.30 Uhr), dann mit dem Bus in Richtung Weining weiter (30 Yuan, 2 Std., stündl. ab 7.50 Uhr).

Von Weining geht's zurück nach Guiyang (90 Yuan, 9, 12, 18 Uhr) oder per Bus südlich nach Xuanwei in Yunnan (50 Yuan, 5 Std., 7-mal tgl. 7.30–15.30 Uhr). Ab Weining fährt auch ein täglicher Schlafbus nach Kunming (108 Yuan, 11 Std., 17 Uhr).

Eine Alternative ist der Bus nach Zhaotong (30 Yuan, 3 Std., 8, 13 und 15.30 Uhr), von wo aus man nach Xichang im südlichen Sichuan gelangt und eine Verbindung zur Zugstrecke Kunming–Chengdu erhält.

NÖRDLICHES GUIZHOU

Hier kann es mitunter etwas wild zugehen. Nur wenige Ausländer wagen sich in die Gegend nördlich von Guiyang; wer es tut, wird feststellen, dass die bereits unverständlichen Akzente noch uriger werden und die Straßen noch holpriger, und dass ein paar *laowai* (Ausländer) den Verkehr zum Erliegen bringen können. Das weit oben an der Grenze zu Sichuan gelegene Chishui und seine umgebenden Täler mit Wasserfällen und Nationalparks sind jungfräuliches Territorium für Reisende – und unbeschreiblich schön dazu! Es ist eine hübsche und wenig bereiste Route ins südliche Sichuan.

Chishui 赤水

☎0852 / 50 000 EW.

Chishui liegt direkt an der Grenze zu Sichuan und stellte einst einen Knotenpunkt für den Salztransport dar. Vor 230 Mio. Jahren war die gesamte Gegend ein Ozean, und inzwischen ist es der Zugang zu einigen der am wenigsten besuchten Naturschönheiten im Südwesten. Vor der Stadt liegen tiefe Schluchten und Täler, die von hoch aufragenden Klippen aus rotem Sandstein – einer als Weltnaturerbe aufgeführten Landschaftsform namens Danxia – eingerahmt sind, darüber hinaus eine Vielzahl an Wasserfällen sowie Bambus- und Farnwälder, die auf die Jurazeit zurückgehen.

FEIERN MIT DEN EINHEIMISCHEN

Minderheitenfeste sind lebhafte Ereignisse, die mitunter tagelang dauern und oft Gesang, Tanz, Pferderennen und Stierkämpfe beinhalten.

Eines der größten ist das **Lusheng-Fest**, das je nach Dorf im Frühjahr oder Herbst abgehalten wird. Das *lusheng* ist ein Schilfinstrument der Miao. Andere wichtige Feste sind das **Drachenbootfest**, das **Fest der Hügelvorsprünge** und das **Fest des Geteilten Schwesterlichen Mahls**, das dem westlichen Valentinstag entspricht. Das **Neujahrsfest der Miao** wird in Kaili, Guading, Zhouxi und anderen Miao-Gegenden an den ersten vier Tagen des zehnten Mondmonats gefeiert. Das **Fruchtbarkeitsfest** wird nur alle 13 Jahre ausgetragen (das nächste steht 2016 an).

Alle Feste der Minderheiten orientieren sich am Mondkalender, daher variieren die Daten von Jahr zu Jahr. Sie variieren außerdem von Dorf zu Dorf und von Schamane zu Schamane. Beim CITS in Kaili gibt's eine Liste mit lokalen Festen.

Die Einheimischen sind zwar extrem freundlich, aber in Chishui selbst gibt's nichts Interessantes; es ist jedoch die naheliegende Basis für die Erkundung der Sehenswürdigkeiten in der Umgebung. Die Stadt liegt am östlichen Ufer des Chishui He. Wer die Hauptbrücke der Stadt (Chishui Daqiao) überquert, steht in Jiuzhi (九支) in Sichuan.

Man kann weder in Chishui noch in Jiuzhi Geld wechseln, sollte daher also genügend Bargeld mitbringen.

Schlafen

Gegenüber vom Busbahnhof auf der Renmin Donglu gibt es einfache Zimmer für 50 Yuan.

Chishui Yuan Binguan HOTEL €€
(赤水源宾馆; ☎288 7798; 18 Renmin Beilu; 人民北路 18 号; EZ & DZ 388–488 Yuan; ❄@🛜) Dieses Hotel ist das Urgestein der Stadt und eines der Lieblingshotels von Reisegruppen. Kurzer Fußweg vom Busbahnhof. Die Zimmer sind riesig und vollkommen in Ordnung, wenn auch ein wenig altmodisch. Die Badezimmer sind beträchtlich schlichter. Wenn es nicht ausgebucht ist, kann man Rabatte erwarten. 30 bis 50 % sind die Norm.

Chishui Kaiyue Binguan HOTEL €€
(赤水凯悦宾馆; ☎288 9888; West Inner Huanlu; 西内环路; EZ & DZ 398–598 Yuan; ❄@) Hier gibt's saubere Budgetzimmer mit ADSL-Anschluss. Nicht alle haben Sitztoiletten; vorher ansehen. Rabatte von 60 %.

Zhongyue Dajiudian HOTEL €€
(中悦大酒店; ☎282 3888; 22 Nanzheng Jie; 南正街 22 号; EZ & DZ 478–548 Yuan; ❄@) Die schicke Option: bequeme Zimmer, richtige Duschen und hilfreiche Mitarbeiter, wenn sie auch ein wenig Angst vor Ausländern zu haben scheinen; selbst im Sommer gibt's Rabatte (30 %).

Essen

In der Gegend um die Hebin Zhonglu, in der Nähe des Flusses Chishui, gibt's viele beliebte Restaurants. Auf der Hauptstraße, der Renmin Xilu gibt's kleine Minilokale mit Nudel- und Reisgerichten, verschiedenen Variationen von Teigtaschen und den allgegenwärtigen Schweinsfüßen. Es gibt auch Straßenstände, die Lebensmittel anbieten, und Supermärkte in der Nähe des Busbahnhofs. Auf der Renmin Beilu gibt's ein paar Lokale für Hotpot.

Praktische Informationen

An der Ecke zur Renmin Xilu in der Nähe des Busbahnhofs steht ein 24-Std.-Geldautomat, der ausländische Karten annehmen sollte, aber nicht unbedingt zuverlässig arbeitet. Es gibt ein oder zwei Internetcafés auf der Renmin Xilu und der Renmin Beilu. Die Post ist in der Nanzheng Jie.

Anreise & Unterwegs vor Ort

In Chishui gibt's zwei Busbahnhöfe. Vom *qiche keyunzhan* (汽车客运站) auf der Renmin Xilu werden die meisten Ziele in der Umgebung angefahren:

Chengdu 110 Yuan, 5 Std., 3-mal tgl. (7.50, 9.40 und 14.45 Uhr)

Chongqing (100 Yuan, 5 Std., 7-mal tgl. (6–17 Uhr)

Shizhangdong 10,50 Yuan, 1½ Std., 6-mal tgl. (7.10–16.35 Uhr)

Sidonggou 5,50 Yuan, alle 20 Min. (ab 6.30 Uhr)

Zunyi 110 Yuan, 8 Std., 2-mal tgl. (6.35 und 10.10 Uhr)

Nach Guiyang (150 Yuan, 8 Std., 6.55 und 8.50 Uhr) und Jinshagou (11,50 Yuan, 1½ Std., 9.30 und 15.55 Uhr) gelangt man vom Busbahnhof **Lüyou *chezhan*** ((旅游车站; Nan Jiao Lu) am Fluss, eine Taxifahrt von 5 Yuan von der Renmin Xilu aus. Von hier fahren auch zwei Busse täglich nach Zunyi (110 Yuan, 8 Std., 6.35 und 10.10 Uhr).

Die Taxigrundgebühr beträgt 3 Yuan.

Rund um Chishui

Es ist kaum möglich, sich eine dramatischere Landschaft vorzustellen. Die Einheimischen behaupten, dass es in dieser Gegend 4000 Wasserfälle gibt, und einige davon sind spektakulär; wohin man auch blickt, fallen sie rauschend in die Flüsse hinab, die von der Erde rot gefärbt sind (Chishui bedeutet „rotes Wasser") und sich durch üppig belaubte Täler und Schluchten schneiden. Als ob das noch nicht genug ist, gibt's hier auch riesige Wälder mit Bambus und Alsophila, gigantische Farne, die 200 Mio. Jahre alt sind und einst das Dinosaurierfutter waren.

Da die Sehenswürdigkeiten weit voneinander entfernt liegen, ist es sinnvoll, ein Taxi oder einen Minibus zu mieten, um sie alle besuchen zu können. Pro Tag dürfte das, je nach Verhandlungstalent, zwischen 200 und 400 Yuan kosten. Am vollsten und lautesten sind die Wasserfälle während der Regenzeit (Mai bis Oktober).

SHIZHANGDONG-WASSERFALL 十丈洞瀑布

Der sprühend nach unten ins Tal donnernde **Shizhangdong-Wasserfall** (Shizhangdong Pubu; Eintritt 40 Yuan; ⌚8–16 Uhr) ist mit 76 m nur etwa einen Meter kürzer als die viel bekannteren und viel stärker frequentierten Huangguoshu-Wasserfälle. Man kann 100 m entfernt von ihm stehen und wird bei der passenden Windrichtung noch immer pudelnass gesprüht.

Der Ort ist etwa 40 km von Chishui entfernt und es fahren täglich sechs Busse hierher (10,50 Yuan, 1½ Std.); die Busse fahren ab 7.10 Uhr vom Busbahnhof an der Renmin Xilu. Der Bus lässt einen im Dorf Shizhangdong heraus, von wo aus es noch ein kurzer Fußweg zum Kartenschalter ist. Von hier aus sind es 30 bis 40 Minuten zu Fuß auf einer Straße, die zum Wasserfall hinaufführt; oder man fährt auf einem Wagen hinauf (einfach/hin & zurück 10/20 Yuan). Auf der anderen Flussseite gibt es einen weiteren, angenehmeren Fußweg zum Wasserfall. Der komplette Rundweg dauert etwa drei bis vier Stunden. Während der Trockenzeit ist ein Besuch vor Mittag am besten, da ein Wasserkraftwerk flussaufwärts das Wasser danach verlangsamt. Der Wasserfall wird auch Chishui-Wasserfall (Chishui Dapubu) genannt.

Der 9 km vom Wasserfall entfernte **Nationalpark Yanziyan-Wald** (Yanziyan Guojia Senlin Gongyuan; Eintritt 25 Yuan; ⌚8–17 Uhr) ist berühmt für seine *danxia*-Formationen (rote Felsen). Ein attraktiver Wanderweg führt durch die Bäume hindurch zu einer imposanten roten *danxia*-Klippe mit einer eindrucksvollen Stufenform. Der Bus von Chishui zum Shizhangdong-Wasserfall fährt am Park vorbei.

SIDONGGOU 四洞沟

Dieses 4,5 km lange **Tal** (Eintritt 30 Yuan; ⌚8–17 Uhr) etwa 15 km außerhalb von Chishui ist von uralten Farnen überwuchert und hat einige rauschende Wasserfälle zu bieten. Zu beiden Seiten eines Flusses führen Wege entlang, und Miniwasserfälle rauschen über sie hinab; man kommt auch an vier „richtigen" Wasserfällen vorbei. Der höchste und beeindruckendste ist der letzte, der 60 m hohe **Wasserfall des weißen Drachenteichs** (Bailongtan Pubu). Das Tolle hier ist, dass man wirklich nahe an die Wasserfälle herankommt und bei einem sogar dahinter laufen kann. Der Rundweg dauert etwa drei Stunden, wobei viele Pfade von den Hauptwegen wegführen und unerschrockenen Wanderern viel Spaß bieten.

Sidonggou ist unter den Sehenswürdigkeiten von Chishui die am stärksten touristische, aber selbst im Sommer ist es hier noch nicht überfüllt. Vom Busbahnhof an Chishuis Renmin Xilu (5,50 Yuan, 30 Min.) fahren Minibusse hierher; sie treten den Rückweg an, sobald mindestens sieben Fahrgäste an Bord sind.

Busse von Chishui nach Sidonggou fahren an der Stadt **Datong** (大同) mit ihrer attraktiven und historischen Altstadt *(guzhen)* vorbei.

NATURSCHUTZGEBIET JINSHAGOU 金沙沟自然保护区

Mit Abstand am wenigsten besucht wird in dieser Gegend dieses Naturschutzgebiet

(Jinshagou Ziran Baohuqu), das eingerichtet wurde, um die Alsophila-Farne zu schützen, die hier im Überfluss wuchern. Hier befindet sich auch ein Bambuswald, auch als **Bambusmeer** (竹海; Zhuhai; Eintritt 25 Yuan; ⌚8–17 Uhr) bekannt, in dem man in Einsamkeit zwischen den Bäumen spazieren kann. Die Wege können sehr glitschig werden, wenn es feucht ist, und es gibt viele Stechmücken; unbedingt ein Abwehrmittel mitnehmen.

Um hierher zu gelangen, am Luyou Chezhan von Chishui in einen der Busse zum Dorf Jinshagou (11,50 Yuan, 1½ Std.) steigen. Dort muss mit den Einheimischen eine Motorrad- oder Minibusfahrt zum Parkeingang ausgehandelt werden, der sich noch einmal 20 Minuten entfernt befindet. Eine Fahrt kostet 30 bis 40 Yuan. Unbedingt eine Rückfahrt arrangieren, am Park stehen nur wenige Transportmöglichkeiten bereit.

ROTFELSEN-SCHLUCHT 红石野谷

Die kleinen Wasserfälle dieser bei einheimischen Touristen recht beliebten Sehenswürdigkeit sind ein lebhafter Kontrast zu den roten Sandsteinklippen der **Schlucht** (Hongshi Yegu; Eintritt 30 Yuan; ⌚8–17 Uhr), auch als Yangjiayan bekannt. Es bieten sich hier wunderbare Fotomotive, ganz besonders, wenn die Sonne scheint und die rote Erde so richtig zur Geltung kommt.

Minibusse verkehren vom Busbahnhof an der Renmin Xilu in Chishui hierher (6 Yuan, 40 Min., 5-mal tgl. 8–16.30 Uhr).

Yunnan

BEVÖLKERUNG: 46 MIO.

Inhalt »

Kunming ... 714
Rund um Kunming ... 723
Jianshui ... 726
Reisterrassen von Yuanyang ... 729
Dali ... 732
Shaxi ... 739
Lijiang ... 741
Tigersprungschlucht ... 750
Shangri-la (Zhongdian) ... 755
Tengchong ... 767
Ruili ... 771
Region Xishuangbanna ... 774
Jinghong ... 775

Die schönsten Wanderungen

» Tigersprungschlucht (S. 750)
» Nu-Jiang-Tal (S. 763)
» Minderheitendörfer von Xishuangbanna (S. 780)
» Dorf Yubeng (S. 764)
» Cang Shan (S. 737)

Die tollsten Naturerlebnisse

» Lugu-See (S. 754)
» Baishuitai (S. 761)
» Yulong Xueshan (S. 749)
» Schwalbenhöhle (S. 728)
» Kawa Karpo (S. 764)

Auf nach Yunnan!

Yunnan (云南) besitzt vielleicht von allen Provinzen Chinas die größte Vielfalt an Menschen wie auch an Landschaften. Diese außergewöhnliche Mixtur hat es zu einem der trendigsten Ziele für Chinas explodierende Inlandstourismusindustrie gemacht.

Mehr als die Hälfte der ethnischen Minderheiten Chinas lebt hier und bietet damit einen unerwarteten Einblick in die kulturelle Vielfalt des Landes. Auch die Landschaft ist unglaublich abwechslungsreich und faszinierend: der dichte, vom Mekong durchschnittene Dschungel im Süden, die wunderschönen Sonnenauf- und -untergänge über den Reisterrassen in den südöstlichen Regionen und die schneebedeckten Berge an der Grenze zu Tibet.

Von beschaulichen Dörfchen über Kurorte bis hin zu mehrtägigen Bergwanderungen und ausgezeichneten Fahrradrouten hält Yunnan für jeden Geschmack etwas bereit. Ein gut ausgebautes Verkehrsnetz erleichtert das Reisen, aber wer wirklich alles sehen will, braucht Zeit. Egal, wie viel Zeit der Reiseplan für Yunnan vorsieht – sie sollte verdoppelt werden.

Reisezeit

Kunming

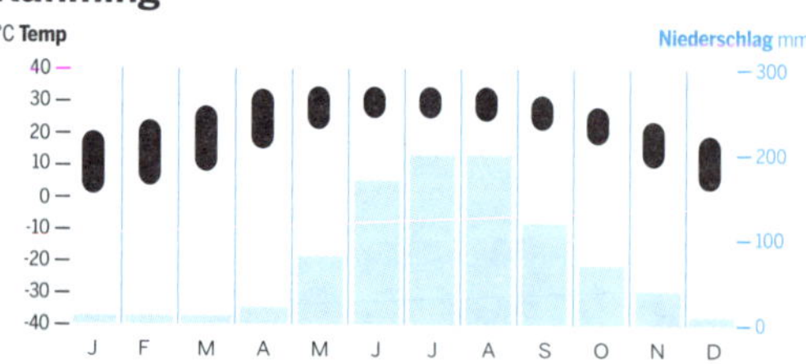

April Beim Dai-Wasserspritzfest in Xishuangbanna wird es nass.

Juli & August Ideal zur Erkundung der Berge und Gletscher um Dequin.

Dezember & Januar In Kunming, der Stadt des ewigen Frühlings, der Winterkälte entfliehen.

Highlights

1. Den Anblick der zauberhaften **Reisterrassen von Yuanyang** (S. 729) genießen
2. Eine Wanderung durch die **Tigersprungschlucht** (S. 750) unternehmen
3. Die Gipfel (und Gletscher) um **Deqin** (S. 762) bestaunen
4. Sich in den Gässchen und Tempeln von **Shangri-la** (S. 755) wie in Tibet fühlen
5. Elefanten und Dörfer in **Xishuangbanna** (S. 774)
6. In den Cafés und Bars von **Dali** (S. 732) entspannen
7. An den Ufern des atemberaubenden **Lugu-Sees** (S. 754) zur Ruhe kommen
8. Sich in **Shaxi** (S. 739), einer Oase an der ehemaligen Tee- und Pferde-Straße, in eine andere Zeit versetzt fühlen
9. Fernab aller Wanderkarten durch das **Nu-Jiang-Tal** (S. 763) streifen
10. Die klassische Architektur von **Jianshui** (S. 726) bewundern

714

Geschichte

Yunnan galt aufgrund seiner Abgelegenheit, der rauen Umgebung und vielfältigen ethnischen Strukturen einst als rückständiges, von Barbaren bewohntes Gebiet.

Die frühen Han-Kaiser regierten provisorisch über den Südwesten und eröffneten die südlichen Seidenhandelsstraßen nach Burma. Doch zwischen dem 7. Jh. und der Mitte des 13. Jhs. erlangten zwei unabhängige Königreiche, Nanzhao und Dali, die Macht und übernahmen die Handelsrouten von China nach Indien und Burma. Erst als schließlich die Mongolen die Region überrannten, wurde der Südwesten als Provinz Yunnan ins Kaiserreich integriert. Dennoch konnte es seine Stellung als isolierte Grenzregion wahren, die Südostasien näher stand als China.

Heute ist Yunnan noch immer ein strategischer Ausgangspunkt für Reisen zu Chinas Nachbarn. Trotz ihrer geografischen Isolation hat ein Großteil der Provinz in den letzten Jahren eine rasante Modernisierung durchlaufen.

Klima

Die große geomorphologische Vielfalt – 76,4 m über Normalnull in der Nähe von Vietnam bis hin zu 6740 m in der Hochebene von Tibet (durchschnittlich etwa 2000 m) – macht das Klima Yunnans besonders reizvoll. In der kalten nordwestlichen Region um Deqin und Shangri-la können im Winter –12 °C herrschen, während es im subtropischen Klima von Xishuangbanna selbst im Januar noch im T-Shirt angenehm ist.

Dali genießt ganzjährig ein Idealklima. Im Winter sinken die Temperaturen nie unter 4 °C und steigen im Sommer nie über 25 °C. In der Hauptstadt Kunming herrscht ein angenehmes Klima. Die Wintermonate sind buchstäblich frühlingshaft, und im Sommer wird es nie zu heiß.

Sprache

Die Sprachen, die in Yunnan neben Mandarin gesprochen werden, gehören zur tibetobirmanischen Sprachfamilie (z. B. die Sprache der Naxi) sowie zur sinotibetischen Familie (z. B. die Sprache der Lisu).

ℹ Anreise & Unterwegs vor Ort

BUS Es gibt Schnellstraßen von Kunming nach Dali, im Osten nach Guizhou und Guangxi, im Südwesten an Baoshan vorbei nach Ruili und an Jinghong vorbei zur Grenze nach Laos. Eine Schnellstraße von Kunming nach Hekou an der Grenze zu Vietnam und weiter nach Hanoi befindet sich ebenfalls im Bau.

FLUGZEUG Alle chinesischen Fluggesellschaften fliegen nach Kunming, und von hier aus gibt es tägliche Flugverbindungen zu den meisten Städten. Ständig kommen neue internationale Ziele hinzu, und 2012 eröffnete Kunming einen 3,6 Mrd. US$ teuren Flughafen, den viertgrößten des Landes. Auch Lijiang hat gute Anbindungen zu vielen chinesischen Städten.

SCHIFF/FÄHRE Früher gab es Fährverbindungen zwischen Jinghong im Süden und Thailand. Sicherheitsbedrohungen haben den Fährverkehr in letzter Zeit jedoch zum Erliegen gebracht.

ZUG Züge verkehren zwischen Yunnan und Guizhou, Guangxi, Sichuan und darüber hinaus. Innerhalb Yunnans wurde das Eisenbahnnetz wegen der topografischen Gegebenheiten vergleichsweise langsam ausgebaut. Es gibt eine tägliche Verbindung zwischen Dali und Lijiang, und eine Anschlussverbindung weiter nach Shangri-la befindet sich derzeit im Bau.

PREISE

In diesem Kapitel werden die folgenden Preiskategorien verwendet:

Schlafen

€	unter 160 Yuan
€€	160 bis 300 Yuan
€€€	über 300 Yuan

Essen

€	unter 20 Yuan
€€	20 bis 50 Yuan
€€€	über 50 Yuan

ZENTRALES YUNNAN

Kunming 昆明

☎0871 / 3 MIO. EW.

Kunming, wegen ihres gleichmäßigen Klimas auch „Stadt des Frühlings“ genannt, ist eine von Chinas entspanntesten und wohnlichsten Städten und ein ausgesprochen netter Ort, um ein paar Tage zu verbringen. So etwas wie Hast scheint tatsächlich nicht im Sprachgebrauch der Einwohner zu existieren. Natürlich befindet sich auch Kunming – ebenso wie andere Städte – ständig im Wandel, und viele der alten Stadtviertel mussten Einkaufszentren weichen. Doch die Stadt hat sich ihre friedliche Atmosphäre bewahrt und lockt weiterhin ganze Scharen westlicher Studenten an, die hier Chinesisch studieren möchten.

Für Kurzbesucher hält Kunming einige faszinierende Tempel und historische Gebäude bereit. Darüber hinaus gibt es ganz in der Nähe prächtige Parks und auch der legendäre Steinwald ist nur eine Tagestour entfernt.

Geschichte

Die Region um Kunming ist seit 2000 Jahren bewohnt, doch erst mit dem Zweiten Weltkrieg begann das eigentliche Wachstum. Fabriken schossen wie die Pilze empor, und auf der Flucht vor den Japanern begannen die Menschen scharenweise aus dem Osten Chinas einzuwandern. Als Endpunkt der berühmten Burmastraße, ein 1000 km langer Transportweg von Lashio in Myanmar (Burma), spielte die Stadt eine Schlüsselrolle im Japanisch-Chinesischen Krieg. Die Straße endet in der Renmin Xilu.

Nach dem Krieg fiel die Stadt wieder in ihre Isolation zurück und geriet in Vergessenheit. Doch mit der Öffnung Chinas zum Westen wurden Touristen auf die Provinz aufmerksam, und Kunming nutzte seinen Status als Tor zum restlichen Yunnan, um sich zu einer der schönsten Städte im Südwesten Chinas zu mausern.

Sehenswertes & Aktivitäten

Tempel Yuantong TEMPEL
(圆通寺; Yuantong Si; Yuantong Jie; Eintritt 6 Yuan, Parkanlage 10 Yuan; ⌚8–17.20 Uhr) Dieser Tempel ist der größte buddhistische Komplex in Kunming und ein viel besuchtes Pilgerziel. Der über 1000-jährige Tempel wurde viele Male restauriert, zuletzt während der Recherche für diesen Reiseführer. An der Rückseite kam eine neue Halle hinzu, mit einer Statue von Sakyamuni, einem Geschenk des Königs von Thailand. Links des Tempeleingangs liegt ein hervorragendes vegetarisches Restaurant (S. 720).

Jadegrüner-See-Park PARK
(翠湖公园; Cuihu *gongyuan*; Cuihu Nanlu; ⌚6–22 Uhr) Hier kann man Leute beobachten, Tai-Chi üben oder einfach nur inmitten der Einheimischen spazieren gehen. Die Straßen entlang des Parks sind von mehr oder weniger trendigen Cafés, Teehäusern und Geschäften gesäumt. Im November blickt die ganze Stadt der Rückkehr der beliebten Rotschnabel-Möwen entgegen. Der Anblick der „Schwärme“ von Menschen, die bei der Ankunft der ersten Möwe in den Park strömen, ist absolut faszinierend.

GRATIS **Provinzmuseum Yunnan** MUSEUM
(云南省博物馆; Yunnan *sheng bowuguan*; 118 Wuyi Lu; ⌚Di–So 9–16.30 Uhr) Yunnans Provinzmuseum ist in einem Gebäude aus den 1950er-Jahren angesiedelt, wurde jedoch vor Kurzem renoviert und erstrahlt in seinem Inneren inzwischen in neuem Glanz. Das Museum zeigt interessante Ausstellungsstücke aus den prähistorischen und frühen Kulturen am Dian Chi (Dian-See), doch das Highlight ist die Abteilung über die ethnischen Minderheiten Yunnans mit prächtigen ethnischen Kostümen und Musikinstrumenten.

Chuang Ku (The Loft) KUNSTGALERIE
Westlich des Stadtzentrums in einem stillgelegten Industriekomplex mit dem Namen Chuang Ku (创库艺术主题社区; The Loft) befindet sich eine Reihe kleiner Galerien und Cafés mit Ausstellungen moderner chinesischer Künstler und Fotografen. **Yuansheng Art Space** (源生坊; Yuanshengfang; ☎419 5697; 101 Xiba Lu; ⌚9–1.30 Uhr) ist eine kurzweilige Mischung aus Galerie, Bar, Restaurant und Theater mit Schwerpunkt auf den ethnischen Gruppen der Provinz. Eine Art Eckpfeiler bildet **TCG Nordica** (诺地卡; Nuodika; ☎411 4691; http://en.tcgnordica.com; 101 Xiba Lu; ⌚Mo 17–23.30 Uhr, Di–Sa 11.30–23 Uhr, So 12–16 Uhr), eine Symbiose aus einer interessanten Galerie, einer Ausstellungshalle und einem Kulturzentrum und dazu ein Restaurant mit skandinavischer und chinesischer Küche. Die englischsprachigen Betreiber der Ausstellung bieten jetzt sogar Ausflüge zu den Miao-Minderheitendörfern an. Nicht viele Taxifahrer kennen diesen Ort unter dem Namen „Loft“, darum besser die Adresse 101 Xiba Lu angeben.

Die Pagoden der Tang-Dynastie HISTORISCHE STÄTTE
Diese Pagoden südlich der Jinbi Lu verschlagen Besuchern nicht gerade den Atem, bieten aber einen sehr fotogenen Anblick. Hier treffen sich ältere Männer beim Frisör, zum Teetrinken und bei ihren endlosen Mahjong-Spielen. Rund um die **Westpagode** (西寺塔; Xisi Ta; Dongsi Jie;

Kunming

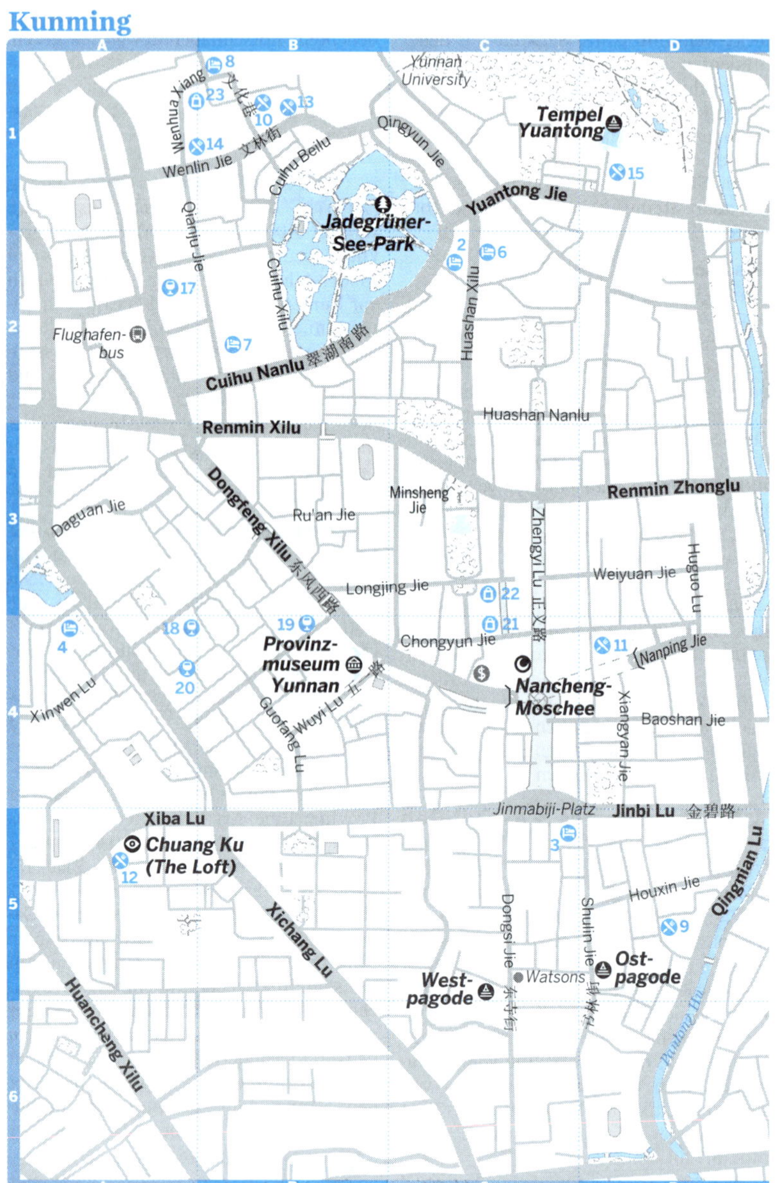

Eintritt frei; ⌚9–17 Uhr) geht's etwas lebhafter zu, und die **Ostpagode** (东寺塔; Dongsi Ta; 63 Shulin Jie; ⌚9–17 Uhr) wirkt eher wie ein neues Bauwerk. Sie wurde im 19. Jh. wiederaufgebaut, entweder nach einem muslimischen Aufstand oder nach einem Erdbeben (hier widersprechen sich ausländische und chinesische Quellen).

Nancheng-Moschee MOSCHEE
(南城清真古寺; Nancheng Qingzhen Gusi; 51 Zhengyi Lu) Die ursprünglich vor über 400 Jahren erbaute Moschee wurde im Jahr

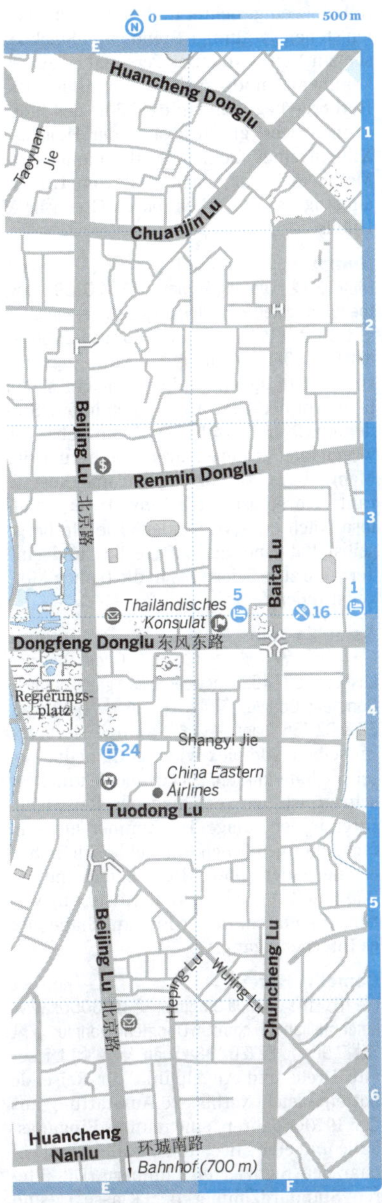

Kunming

Highlights

Chuang Ku (The Loft) ... A5
Jadegrüner-Seepark ... B1
Nancheng-Moschee ... C4
Ostpagode ... D5
Provinzmuseum Yunnan ... B4
Tempel Yuantong ... D1
Westpagode ... C5

Schlafen

1 Camellia Hotel ... F3
Camellia Youth Hostel ... (siehe 1)
2 Green Lake Hotel ... C2
3 Hump Hostel ... C5
4 Kunming Cloudland Youth Hostel ... A4
5 Kunming Hotel ... F3
6 Kunming Upland Youth Hostel ... C2
7 Kunming Youth Hostel ... B2
Lost Garden Guesthouse ... (siehe 2)
8 Yunda Binguan ... B1

Essen

9 1910 La Gare du Sud ... D5
10 As You Like ... B1
11 Carrefour-Supermarkt ... D4
12 Dehong Ruanjia Daiwei Yuan ... A5
13 Hong Dou Yuan ... B1
14 Salvador's ... A1
15 Yuquanzhai Vegetarian Restaurant ... D1
16 Zhenxing Fandian ... F3

Ausgehen

17 Halfway House ... A2
18 Kundu Nachtmarkt ... A4
19 Moondog ... B4
20 The Mask ... A4

Shoppen

21 Blumen- & Vogelmarkt ... C4
22 Fu Lii Tang ... C3
23 Mandarin Books & CDs ... A1
24 Tianfu Famous Teas ... E4

1997 abgerissen, um eine größere zu bauen. Die neue Moschee erinnert ein wenig an ein etwas kitschiges Las-Vegas-Kasino. Mehr ist vom einst so lebendigen muslimischen Viertel (2007 komplett abgerissen) leider nicht übrig.

Schlafen

Lost Garden Guesthouse BOUTIQUEPENSION €€

(一丘田园客栈; Yiqiu Tianyuan *kezhan*; ☎511 1127; www.lostgardenguesthouse.com; 7 Yiqiu Tian; 一丘田 7 号; B 40–45 Yuan, EZ 120–220 Yuan, DZ 150–220 Yuan; 📶) Inmitten weiß verklinkerter Wohnblöcke ist diese Boutiquepension im Nouveau-Dali-Dekor eine entspannende Gartenoase mit Holzmöbeln, Antiquitäten und einer extravaganten Lounge. Besonderes Extra: das Café mit überraschend guter westlicher Küche. Leider liegt auf der anderen Straßenseite eine laute Schule (nach einem rückseitigen Zimmer fragen!) und das WLAN ist unzuverlässig. Sie ist auch etwas schwierig zu finden. Erst die kleine Straße rechts neben dem Green Lake Hotel hinauf, dann in die erste Straße links abbiegen und nach dem Schild suchen, das nach links zeigt. Auf telefonische Anfrage gibt es eine Wegbeschreibung.

Green Lake Hotel HOTEL €€€
(翠湖宾馆; Cuihu Binguan; ☎515 8888; www.greenlakehotel.com; 6 Cuihu Nanlu; 翠湖南路 6 号; DZ ab 1680 Yuan;) Stolz, aber dezent thront dieser sanfte Riese der *hôtellerie*-Geschichte Kunmings direkt gegenüber dem Grüner-Jadesee-Park. Das Hotel ist auf dem modernsten Stand, geschmackvoll und mit erstklassigem Service. Schon das Panorama vom obersten Stockwerk rechtfertigt den Preis. Rabatte von 30% erhältlich.

Kunming Cloudland Youth Hostel HOSTEL €
(昆明大脚氏青年旅社; Kunming Dajiaoshi Qingnian Lushe; ☎410 3777; cloudland2005@126.com; 23 Zhuantang Lu; 篆塘路 23 号; B 30–40 Yuan, Zi. ohne/mit Bad 110/150 Yuan; @) Diese alteingesessene Jugendherberge von Kunming lockt eine stetige Schar westlicher und chinesischer Reisender an, die vor allem wegen des kenntnisreichen und freundlichen Personals kommen. Die Zimmer sind sauber und geschmackvoll eingerichtet, mit großen, gemütlichen Betten. Die Gemeinschaftsräume könnten etwas besser gepflegt sein. Die Herberge liegt in einer schwer zu entdeckenden Straße abseits der Xichang Lu. Am Zug- oder Fernbusbahnhof den Stadtbus 64 nehmen und an der Haltestelle Yunnan Daily News (云南日报社站) aussteigen.

Kunming Upland Youth Hostel HOSTEL €
(昆明倾城青年旅社; Kunming Qingcheng Qingnian Lushe; ☎337 8910; uplandhostel@gmail.com; 92 Huashan Xilu; 华山西路 92 号; B im 8BZ 35 Yuan, EZ/DZ 120/160 Yuan; @) Diese brandneue Unterkunft möchte mit schriller schwarz-roter Ein, einer schummrigen Bar und gleich mehreren Gemeinschaftsräumen beeindrucken. Die Zimmer sind mit Holz eingerichtet und in den Schlafsälen stehen geräumige Spinde und Steckdosen zur Verfügung. Das Personal ist zuvorkommend und spricht Englisch. Die Herberge liegt ganz in der Nähe des Jadegrünen Sees, gleich abseits der Huashan Xilu in einer kleinen Straße namens Da Mei Yuan Xiang, nicht weit vom Hintereingang des gut erkennbaren Green Lake Hotels.

Hump HOSTEL €
(驼峰客栈; Tuofeng *kezhan*; ☎364 0359; www.thehumphostel.com; Jinmabiji Square, Jinbi Lu; 金碧路金马碧鸡广场; B 35–40 Yuan, Zi. ohne/mit Bad 90/150 Yuan; @) Kunmings berüchtigtste Jugendherberge macht schon lange vor der Ankunft von sich hören. Studenten, Promis und Partylöwen lieben sie wegen der unmittelbaren Nähe zu jeder Menge Bars, Karaokelokalen und Restaurants. Ohrstöpsel sind sinnvoll, um schlaflose Nächte zu vermeiden. Die Herberge selbst hat eine geschäftige Bar und eine Terrasse zum Feiern bis in die frühen Morgenstunden.

Camellia Youth Hostel HOSTEL €
(茶花国际青年旅舍; Chahua Guoji Qingnian Lushe; ☎837 4638; newcamellia@gmail.com; 96 Dongfeng Donglu; 东风东路 96 号; B 40 Yuan, EZ & DZ 135 Yuan; @) Ruhige Herberge im selben Komplex wie das Camellia Hotel. Sie hat ein kleines Gartencafé und liegt sehr günstig zu verschiedenen Reiseagenturen in der Anlage. Die Zimmer sind einfach, aber gemütlich (die Schlafsäle haben eigene Bäder), obwohl die Bäder und die Wasserleitungen eine Modernisierung vertragen könnten. In der Eingangshalle gibt es Internetzugang.

Camellia Hotel HOTEL €€
(茶花宾馆; Chahua Binguan; ☎316 3000; www.kmcamelliahotel.com; 96 Dongfeng Donglu; 东风东路 96 号; EZ & DZ 388 Yuan; @) Dieser alte Dreh- und Angelpunkt für Reisende hat eine leicht verblasste Ausstattung aus den 1970er-Jahren, eine muffige Eingangshalle und eine Mischung aus alten und ein paar neu renovierten Zimmern. Die älteren Standardzimmer der Klasse C sind manchmal bereits für den Preis von 160 Yuan zu haben, während die renovierten um die 240 Yuan kosten. Es findet sich eine Reihe von Reisebüros vor Ort, die Ausflüge in Yunnan und darüber hinaus organisieren können. Rabatte von 30% sind möglich.

ÜBER-DIE-BRÜCKE-NUDELN

Das bekannteste Gericht in Yunnan sind „Across-the-Bridge-Nudeln" *(过桥米线; guoqiao mixian)*. Es besteht aus einer Schüssel mit sehr heißer Suppe (mit Huhn, Ente und Spareribs), auf der eine dünne Ölschicht schwimmt, dazu ein Teller mit Streifen rohem Schweinefleisch (in schickeren Restaurants kann dies auch Huhn oder Fisch sein), Gemüse und Ei sowie ein Schälchen Reisnudeln. Am Tisch werden alle Zutaten schnell in die Suppenschüssel gegeben, wo sie in der dampfenden Brühe dünsten. Die Preise schwanken zwischen 10 und 25 Yuan, je nach Beilagen. Die Beilagen sind unverzichtbar, denn ohne ein oder zwei Zutaten fehlt es der Suppe einfach an Würze.

Erfunden hat dieses Gericht angeblich die Ehefrau eines kaiserlichen Gelehrten. Dieser begab sich für seine Studien auf eine einsame Insel, und seine Frau ließ sich etwas einfallen, damit die Mahlzeiten, die sie ihm jeden Tag über die Brücke trug, auch warm blieben. Dieses Nudelgericht wurde sein absoluter Favorit und bekam zu Ehren der Frau, die diesen Weg jeden Tag für ihren Ehemann auf sich nahm, den Namen „Über-die-Brücke-Nudeln".

Kunming Hotel HOTEL €€€
(昆明饭店; Kunming Fandian; ☎316 2063; www.kunminghotel.com.cn; 52 Dongfeng Donglu; 东风东路 52 号; EZ & DZ 780 Yuan, Suite 1419 Yuan; ⊖❄@📶) Dieses Wahrzeichen der Stadt ist seit den 1950er-Jahren in Betrieb, hat weitreichende Renovierungen durchlaufen und bezeichnet sich als Fünfsternehotel. Es ist nicht das Ritz, aber die Mitarbeiter sind professionell und die Zimmer gemütlich. Lohnt sich besonders mit den manchmal erhältlichen Ermäßigungen von 30 %. Es gibt einen kostenlosen Shuttleservice zum Flughafen und WLAN in der Eingangshalle.

Yunda Binguan HOTEL €€
(云大宾馆; Yunnan University Hotel; ☎503 4179; Fax 503 4172; Wenhua Xiang; 文化巷; DZ & 2BZ 298–468 Yuan; ❄@) Günstig gelegen zum Knotenpunkt der Restaurants und Bars, der Wenhua Xiang und der Wenlin Jie. Die Zimmer des Yunda sind nicht überwältigend, aber ausreichend. Das Hotel ist zweigeteilt und die günstigeren Zimmer liegen im Flügel auf der Straßenseite gegenüber dem Haupteingang. Es gibt Rabatte von 40 %.

Essen

In Kunming gibt's alle köstlichen Spezialitäten Yunnans. Zu den regionalen Spezialitäten zählen *qiguoji* (汽锅鸡; mit Kräutern in einem Tontopf gedämpftes Huhn, das je nach den verwendeten Gewürzen medizinische Eigenschaften aufweist: z. B. *chongcao;* 虫草; Raupenpilz, auch Pseudoginseng), *xuanwei huotui* (宣威火腿; Yunnan-Schinken); *guoqiao mixian* (过桥米线; Über-die-Brücke-Nudeln); *rubing* (辱饼; Ziegenkäse), sowie verschiedene muslimische Gerichte mit Rind- und Hammelfleisch.

Ausländische Restaurants mit koreanischer, japanischer und thailändischer Küche liegen in der Wenhua Xiang. Für Selbstverpfleger eignet sich der **Carrefour-Supermarkt** (家乐福超级市场; Jialefu; Nanping Jie), eine Filiale der beliebten französischen Kette.

TIPP **1910 La Gare du Sud** YUNNAN-KÜCHE €€
(火车南站; Huoche Nanzhan; ☎316 9486; Gerichte ab 22 Yuan; ⊙11–21 Uhr; 📵) Hier gibt's Spezialitäten aus Yunnan in angenehmem, neokolonialem Ambiente. Das Restaurant ist sowohl bei Expats sehr beliebt – hierhin gehen ausländische Studenten mit ihren Eltern, wenn diese zu Besuch sind – als auch bei wohlhabenderen Einheimischen. Es liegt versteckt in einer Gasse an der Chongshan Lu, südlich der Jinbi Lu.

Salvador's WESTLICH €€
(萨尔瓦多咖啡馆; Sa'erwaduo Kafeiguan; 76 Wenhua Xiang; Sandwiches ab 15 Yuan, Hauptgerichte ab 25 Yuan; ⊙8–23 Uhr; 📵) Das Salvador's ist stets gut von Touristen und ausländischen Studenten besucht und inzwischen ein Toptreff in Kunming. Hier gibt's eine mexikanisch/mediterrane Speisekarte sowie ein leckeres Frühstück, hochwertigen Kaffee und eine Vielzahl Tees. Die Küche ist durchgehend geöffnet. Am Abend bietet sich die Bar an, von der

aus man die Einwohner Kunmings beim Flanieren über die Wenhua Xiang beobachten kann.

As You Like ENGLISCHE BÄCKEREI €€

(有佳面包店; Youjia mianbao dian; 5 Tianjundian Xiang, an der Wenlin Jie; Pizzas ab 30 Yuan, Salate ab 15 Yuan; ⌚Di–So 11–22.30; 📋) Winzige, aber gemütliche Bäckerei, betrieben von einem britisch-chinesischen Ehepaar. Es gibt hervorragende Pizzas, Salate und verschiedene von Hand hergestellte Brote, alles aus regionalem Bioanbau. Der Weg dorthin ist recht abenteuerlich: östlich auf der Wenlin Jie (von der Wenhua Xiang kommend), dann nach dem Dune Café die erste kleine Gasse links den Berg hinauf.

Hong Dou Yuan YUNNAN-KÜCHE €

(红豆圆; 142 Wenlin Jie; Gerichte ab 10 Yuan; ⌚11–21 Uhr) Dieses althergebrachte chinesische Esslokal mit Zigarettenkippen auf dem Fußboden, einer niedrigen Eingangstür, an der man sich den Kopf stößt, und Plastiktischdecken ist ein echter Treffpunkt der Einheimischen an der kosmopolitischen Wenlin Jie. Das Essen ist so gut, dass jeder gern wiederkommt. Unbedingt probieren: regionale Spezialitäten wie *taoza rubing* (gebratener Ziegenkäse mit Yunnan-Schinken) und *liang bai rou* (gepfeffertes, würziges Rindfleisch). Bebilderte Speisekarte.

Dehong Ruanjia Daiwei Yuan YUNNAN-KÜCHE €

(德宏阮家傣味园; ☎412 8519; 101 Xiba Lu; Gerichte ab 12 Yuan; ⌚9–21 Uhr) Dieses ausgezeichnete Restaurant im Loft-Komplex serviert authentische saure und würzige Dai-Cuisine in entspannter Atmosphäre. Empfehlenswert ist der gegrillte Fisch, und dazu ein paar Gläser Reiswein, der in riesigen Fässern gelagert wird – ein toller Anblick. Es gibt einen kleinen Außenbereich, und die Speisekarte ist bebildert.

Yuquanzhai Vegetarian Restaurant VEGETARISCH €

(玉泉斋餐厅; Yiquanzhai Canting; 22 Yuantong Jie; Gerichte ab 18 Yuan; ⌚10–21 Uhr) Beliebt bei Einheimischen, Mönchen und Expats. Die Gerichte sehen wie Fleisch aus und schmecken auch so, sind es aber nicht. Besonders köstlich ist die *Endless Buddha Force* (verschiedene Gemüse mit Tofu), doch auch die anderen Gerichte sind eine Kostprobe wert.

Zhenxing Fandian YUNNAN-KÜCHE €

(振兴饭店; Restaurant mit typischer yunnanesischer Küche; Ecke Baita Lu & Dongfeng Donglu; Gerichte ab 12 Yuan; ⌚24 Std.) Gut, um Bekanntschaft mit der Küche von Kunming zu schließen, besonders mit *guoqiao mixian*, und praktisch für späte Abendessen. Bezahlt wird vorn an der Kasse bei den griesgrämigen Damen mittleren Alters.

Ausgehen

Ausländer tummeln sich in den Bars an und um die Wenhua Xiang, während am Jinmabiji-Platz viele typisch chinesische Bars und Karaokehallen zu finden sind. Auch im Gebiet um den Kundu-Nachtmarkt gibt's viele Clubs und Bars.

The Mask BAR

(脸谱酒吧; Lianpu jiuba; 14 Kundu Nachtmarkt; ⌚ab 20 Uhr) Zwei Expats aus Australien und Italien betreiben diese beliebte Bar im Herzen des Areals um den Kundu-Nachtmarkt. Hier gibt's tolle Liveshows und Spitzen-DJs.

Halfway House BAR

(半山咖啡; Banshan Kafei; Kunshi Lu; ⌚10.30–3 Uhr) Auf mehreren Ebenen trifft sich hier ein bunter Mix aus westlichen Studenten

SHOPPEN – ALLES AUF EINMAL

Der **Blumen- & Vogelmarkt** (花鸟市场; Huaniao Shichang; Tongdao Jie), auch als *lao jie* (alte Straße) bekannt, ist in den letzten Jahren dramatisch geschrumpft und wird immer mehr von modernen Gebäuden eingeengt, die wie Pilze aus dem Boden schießen. Auch sind Blumen und Vögel nicht mehr die Hauptattraktion. Stattdessen sind die Stände rammelvoll mit Schmuck, zahllosen Kuriositäten, Krimskrams und Krempel (oft bloß unbrauchbares Gerümpel), dem ein oder anderen schönen Teppich und handgearbeiteten Kleidungsstücken sowie Unmengen von Seltsamkeiten.

Einen Block westlich der Kreuzung von Guanghua Jie mit der Fußgängerzone Zhengyi Lu liegt die **Fu Lin Tang** (福林堂), die älteste Apotheke der Stadt. Hier gibt es schon seit 1857 *sanqi* zu kaufen (Tee aus der legendären Allheilwurzel aus Yunnan, ca. 20 bis 100 Yuan pro Gramm).

und einheimischen Jugendlichen, um abzuhängen oder Karten und Würfel zu spielen. Jede Woche gibt es Livemusik. Gleich abseits der Dongfeng Xilu und nur schwer zu entdecken. Am besten nach der „Bai Hui Shang Chang“-Bushaltestelle suchen, die liegt genau gegenüber.

Moondog BAR
(月亮狗; Yueliang Gou; 138–5 Wacang Nanlu; ⌚ab 20 Uhr) Von einem chinesischen Expat betriebene Kellerbar mit ausgezeichneten Kunstevents. Hier tummeln sich Jazzfans, Künstler und Reisende.

Shoppen

Zu den typischen Produkten Yunnans gehören Marmor und Batiken aus Dali, Jade aus Ruili, Stickereien der ethnischen Minderheiten, Musikinstrumente und Waren aus geflecktem Messing.

Einige Gebrauchsgegenstände geben gute Souvenirs ab, wie die großen Bambuswasserpfeifen für den in Yunnan typischen Engelshaartabak, oder die hiesigen medizinischen Kräuter wie Yunnan-*baiyao* (weiße Medizin aus Yunnan), eine Mischung aus mehr als 100 Kräutern, die von Chinesen auf der ganzen Welt hoch geschätzt wird.

Tee aus Yunnan zu kaufen, ist absolut lohnenswert. Es gibt ihn in unterschiedlichen Varianten von schüsselförmigen Blöcken geräucherten grünen Tees namens *tuocha*, den es bereits zu Zeiten Marco Polos gab, bis hin zu blätterigem schwarzen Tee, der den besten indischen Tees in nichts nachsteht.

Tianfu Famous Teas TEE
(天福茗茶; Tianfu Mingcha; Ecke Shangyi Jie & Beijing Lu; ⌚8.30–22.30 Uhr) Hier gibt es die verschiedensten Teesorten aus Yunnan wie den berühmten Pu-Erh-Tee.

Mandarin Books & CDs BÜCHER
(五华书苑; Wuhua Shuyuan; 52 Wenhua Xiang; ⌚9.30–21.30 Uhr) Ratgeber, Romane, Zeitschriften sowie eine Auswahl an Reiseführern auf Englisch und in anderen Sprachen wie Mandarin.

Praktische Informationen

Informationen über die Stadt finden sich unter www.gokunming.com (teilweise auch Infos zum restlichen Yunnan).

Karten (8 Yuan) gibt's an Bahnhöfen, Bushaltestellen und in Hotels, doch nutzen sie ohne Chinesischkenntnisse kaum etwas.

Gefahren & Ärgernisse

Kunming ist eine der sichersten Städte Chinas, dennoch ist wie überall im Land an den Bahnhöfen für Züge und Fernbusse Vorsicht geboten. In diesen Gegenden treiben sich häufig Taschendiebe herum, und auch Nachtbusse werden gern ausgeraubt.

Geld

Außer der Bank of China haben noch einige andere Banken Geldautomaten, die internationale Karten akzeptieren.

Bank of China (中国银行; Zhongguo Yinhang; 448 Renmin Donglu; ⌚9–12 & 14–17 Uhr) Bietet alle üblichen Dienstleistungen und besitzt einen Geldautomaten. Weitere Filialen an der Dongfeng Xilu und der Huancheng Nanlu.

Internetzugang

Jedes Hotel und Café, in dem Touristen verkehren, bietet in der Regel kostenlosen Internetzugang (网吧) oder WLAN. Die zahlreichen Internetcafés der Stadt berechnen 2 bis 4 Yuan pro Stunde.

Medizinische Versorgung

Richland International Hospital (瑞奇德国际医院; Ruiqide Guoji Yiyuan; ☎574 1988; Beijing Lu) Die meisten Ärzte sind Chinesen, verfügen aber auch über Englischkenntnisse. Der allgemeine Standard ist gut und die Preise sind angemessen (eine ärztliche Beratung kostet ab 30 Yuan). Das Krankenhaus befindet sich in den unteren drei Etagen des Shangdu International Buildings, an der Verlängerung der Yanchang Xian in der Nähe der Jinxing-Überführung. Ein Taxi vom Stadtzentrum bis hierher kostet unter 20 Yuan.

Watsons (屈臣士; Qu Chen Shi; Dongsi Jie; ⌚9–22 Uhr) Westliche Kosmetik und nicht verschreibungspflichtige Medikamente. Weitere Zweigstellen in der Stadt.

Yanan Hospital (延安医院; Yan'an Yiyuan; ☎317 7499, Durchwahl 311; EG, Block 6, Renmin Donglu) Hat eine Klinik für Ausländer.

Post

Internationale Post (国际邮局; Zhongguo Youzheng; 223 Beijing Lu) Das internationale Hauptbüro verfügt über einen Postlager- und Paketdienst (3 Yuan pro Brief, Ausweis erforderlich). Ist außerdem die städtische Agentur für Express Mail Service (EMS) und Western Union. Eine weitere Filiale an der Dongfeng Donglu.

Reisebüros

Wonders of Yunnan (☎331 1690; www.wondersofyunnan.com; 488 Huangchang Dong Lu, Zi. 212) Das kleine Reisebüro bietet gut organisierte Touren durch Yunnan an. Die Reiseleiter sprechen Englisch und Niederländisch.

Touristeninformation

Reiseauskunft geben zahlreiche der beliebten Backpackerhotels sowie manche Cafés. **Beschwerde- und Ratgebertelefon für Touristen** (☎316 4961) Hier können Touristen sich beschweren.

Visaverlängerungen

Büro für Öffentliche Sicherheit (PSB; 公安局; Gong'-anju; ☎301 7878; 399 Beijing Lu; ⊙Mo–Fr 9–11:30 & 13–17 Uhr) Stellt Visaverlängerungen aus. Vom Regierungsplatz Richtung Südosten gehen bis zur Ecke Shangyi Jie und Beijing Lu. Eine weitere **Filiale** (☎571 7001; Jinxing Lu) liegt etwas abseits der Erhuan Beilu in Nord-Kunming. Erreichbar mit Bus 3, 25 oder 57.

An- & Weiterreise

Bus

Die fünf Busbahnhöfe von Kunming liegen in den Außenbezirken der Stadt.

Busse ab dem **Busbahnhof Süd** (彩云北路南客运站; Caiyun Beilu Nan *keyunzhan*):

Jianshui 81 Yuan, 3½ Std., alle 30 Min. (8–20.30 Uhr)

Jinghong 220–253 Yuan, 9–10 Std, alle 30 Min. (8.10–22.30 Uhr); ab 12.30 Uhr fahren Nachtbusse

Yuanyang 132–142 Yuan, 7 Std., 3-mal tgl. (10.20, 19.30, 20.20 Uhr)

Busse ab dem **Busbahnhof West** (马街西客运站; Majie Xi *keyunzhan*):

Baoshan 175–213 Yuan, 9 Std., stündl. (8.30–22.30 Uhr)

Chuxiong 46–53 Yuan, 2–3 Std., alle 15 Min. (8.30–17.30 Uhr)

Dali 138 Yuan, 4–5 Std., stündl. (8.50–19.20 Uhr); sowie zwei Nachtbusse, 113 Yuan, 7 Std. (21.10 und 22.10 Uhr)

Lijiang 170–190 Yuan (Standardbus), 10 Std., stündl. (8–20.30 Uhr); sowie zwei Nachtbusse, 185 Yuan, (22 und 23 Uhr); plus mehrere „Super-Express"-Busse mit breiten Sitzen und Mittagessen für 230 Yuan.

Ruili 257–273 Yuan, 12 Std., 7-mal tgl. (8.30–21 Uhr)

Shangri-la 214 Yuan, 12 Std., 1-mal tgl. (9 Uhr); sowie drei Nachtbusse, 204 Yuan (19, 20 und 21 Uhr).

Tengchong 241 Yuan, 12 Std., 1-mal tgl. (9 Uhr); sowie fünf Nachtbusse, 222 Yuan (19–21 Uhr)

Busse ab dem **Busbahnhof Ost** (白沙河东客运站; Baishahe Dong *keyunzhan*):

Hekou 141 Yuan, 8 Std., 4-mal tgl. (9.40–12.40 Uhr)

Shilin 35–40 Yuan, 2 Std., alle 30 Min. (7–12 Uhr); fährt gewöhnlich ab, sobald er voll ist.

Für den Weg zu den Busbahnhöfen am besten viel Zeit einplanen (60–90 Min.). Vom Bahnhof aus fährt Bus 154 zum Busbahnhof Süd, Bus 80 zum Busbahnhof West und Bus 60 zum Busbahnhof Ost. Ein Taxi kostet 35 bis 45 Yuan.

Flugzeug

Kunmings neuer Flughafen (2012 fertiggestellt) ist der viertgrößte Chinas und bietet Verbindungen nach/von Nordamerika, Europa und Australien. Zu den internationalen Zielen gehören asiatische Städte wie Hongkong (1550 Yuan), Vientiane (1800 Yuan), Yangon (Rangun, 2000 Yuan) und Kuala Lumpur (3088 Yuan).

China Eastern Airlines/Civil Aviation Administration of China (CAAC; Zhongguo Minhang; 28 Tuodong Lu; ⊙8.30–19.30 Uhr) verkauft Tickets für alle chinesischen Airlines, gibt aber nur für bestimmte Flüge Rabatt.

Tägliche Flüge ab Kunming:

Beijing 1820 Yuan

Chengdu 1010 Yuan

Chongqing 730 Yuan

Guangzhou 1260 Yuan

Lhasa 1960 Yuan

Shanghai 1900 Yuan

Xi'an 1280 Yuan

Ziele in Yunnan:

Baoshan 810 Yuan

Jinghong 1150 Yuan

Lijiang 940 Yuan

Mangshi/Dehong 1000 Yuan

Shangri-la 1150 Yuan

Xiaguan/Dali 760 Yuan

Zug

Zugfahrkarten sind bis zu zehn Tage im Voraus erhältlich. Ein Mittelplatz im Schlafwagen in der zweiten Klasse im schnellsten Zug kostet:

Beijing 578 Yuan

Chengdu 257 Yuan

Emeishan 234 Yuan

Guangzhou 353 Yuan

Guiyang 162 Yuan

Liupanshui 109 Yuan

Shanghai 509 Yuan

Xi'an 399 Yuan

Innerhalb Yunnans fahren täglich vier Züge nach Dali (Sitzplatz 50–65 Yuan, Schlafplatz 83–89 Yuan, 8 Std.): der K9614 (8.28 Uhr), der

GRENZÜBERGANG NACH LAOS & VIETNAM

Nach Laos

Täglich fährt ein Bus von Kunming nach Vientiane (587 Yuan). Abfahrt ist um 18 Uhr am Busbahnhof Süd und Ankunft ist 30 Stunden später. Alternativ fährt ein Bus nach Mohan an der Grenze zu Laos. Abfahrt ist um 20.30 Uhr, ein Ticket kostet 320 Yuan und die Fahrt dauert etwa 18 bis 20 Stunden.

Nach Vietnam

Außer per Flugzeug kommt man von Kunming zurzeit nur noch mit dem Bus nach Vietnam. Vom Busbahnhof Ost in Kunming fahren Busse zur Grenzstadt Hekou. 143 Yuan, Abfahrt 21.40 Uhr.

Die Einreiseformalitäten bei dieser Grenzüberquerung können ziemlich frustrierend sein (es ist sogar schon vorgekommen, dass Zollbeamte Lonely Planet Reiseführer beschlagnahmt haben, weil Taiwan darin als eigenständiges Land und nicht als Teil Chinas beschrieben wird). Am besten einfach Ruhe bewahren.

Auf der chinesischen Seite ist der **Grenzkontrollposten** theoretisch von 8 bis 23 Uhr geöffnet, doch nach 18 Uhr ist darauf nicht mehr unbedingt Verlass. Uhr umstellen nicht vergessen: In China ist es eine Stunde später als in Vietnam. Am Grenzübergang ist kein Visum erhältlich.

K9610 (10 Uhr), der K9622 (23.10 Uhr) und der K9626 (23.39 Uhr). In Reisebüros sind sie immer schon früh ausgebucht, es könnte also schwierig sein, kurzfristig einen Platz zu bekommen.

Nach Lijiang (Sitzplatz 90 Yuan, Schlafplatz 142–152 Yuan, 9 Std.) fahren zwei Nachtzüge, der K9606 (21.58 Uhr) und der K9602 (22.28 Uhr).

 Unterwegs vor Ort

Derzeit wird eine U-Bahn gebaut und die erste Linie soll 2013 eröffnet werden.

Bus

Bus 63 fährt vom Busbahnhof Ost zum Camellia Hotel und weiter zum Hauptbahnhof. Bus 2 fährt vom Bahnhof zum Regierungsplatz (Dongfeng Guangchang) und weiter am Busbahnhof West vorbei. Fahrkarten kosten zwischen 1 und 4 Yuan. Die Hauptstadtbusse haben keinen Schaffner; passendes Kleingeld sollte deshalb griffbereit sein.

Fahrrad

Die meisten Herbergen und einige Hotels vermieten Fahrräder für etwa 15 bis 20 Yuan am Tag.

Vom/zum Flughafen

Der neue Flughafen liegt 25 km nordöstlich der Stadt. Ein Flughafenbus (25 Yuan) fährt von Xiyi Binguan (西驿宾馆), ehemals Nanjiang Binguan, dorthin. Flughafenbusse fahren auch vom Bahnhof sowie vom alten Flughafen ab. 2013 soll eine U-Bahn eröffnet werden. Ein Taxi ins Stadtzentrum kostet ca. 100 Yuan.

Rund um Kunming

Es gibt einige tolle Sehenswürdigkeiten im Umkreis von 15 km um Kunming, doch die Fahrt dorthin ist lang und die meisten Sehenswürdigkeiten sind ziemlich von Touristen überlaufen (am besten unter der Woche hinfahren).

Wer nicht viel Zeit hat, sollte sich auf die beiden interessantesten beschränken, den Bambustempel (Qiongzhu Si) und Xi Shan (Westberge). Beide Sehenswürdigkeiten sind gut mit öffentlichen Verkehrsmitteln zu erreichen. Der Dian Chi (Dian-See) bietet wundervolle Möglichkeiten für Rundtouren.

BAMBUSTEMPEL 筇竹寺

Dieser besinnliche **Tempel** (Qiongzhu Si; Eintritt 10 Yuan; ⌚8–19 Uhr) aus der Tang-Dynastie ist ein Lieblingsziel für Bildhauer und alle, die sich für Tempelsammlungen interessieren. Im 19. Jh. wurde er vom sichuanesischen Meisterbildhauer Li Guangxiu und seinen Schülern restauriert und mit 500 *luohan* (Arhats – Jüngern Buddhas oder Heiligen) ausgestattet.

Li und seine Schüler müssen acht Jahre wie verrückt gearbeitet haben, denn ihnen ist eine exzentrische Meisterleistung der Bildhauerkunst gelungen: den Menschen in seiner Existenz in Perfektion festzuhalten. Die Mischung aus großartigem Realismus und verwirrendem, übertriebenem

Rund um Kunming

Rund um Kunming

Sehenswertes

1 Bambustempel A1
2 Drachentor A2
3 Nationalitätenmuseum von Yunnan B1
4 Sanqing Ge A1
5 Tempel Huating A1
6 Tempel Taihua A1

Transport

7 Busbahnhof Gayao A1

Surrealismus ist faszinierend. So finden sich hier etwa 70 kuriose, surfende Buddhas, die auf verschiedenen Reittieren – blaue Hunde, Riesenkrabben, Garnelen, Schildkröten und Einhörner – auf den Wellen reiten. Ausprobieren: Wer die *arhats* nach rechts durchzählt, bis das eigene Alter erreicht ist, findet den Arhat, der das eigene Innerste widerspiegelt. Fotografieren ist in den Tempeln verboten.

Die Skulpturen sind derart lebensecht, dass sie von Li Guangxius Zeitgenossen nicht gerade mit Wohlwollen aufgenommen wurden (da sich einige von ihnen zweifellos als Karikaturen darin erkennen konnten), und nach der Fertigstellung des Projekts verschwand er wie vom Erdboden verschluckt.

Der Tempel befindet sich etwa 12 km nordwestlich von Kunming. Bus 2 fährt von der Renmin-Straße zur Haltestelle Huang tu po (黄土坡) und dort geht's mit Bus C61 (2 Yuan, 40 Min.) weiter. Ein Taxi zum Tempel kostet etwa 60 Yuan.

DIAN CHI 滇池

Das Ufer des Dian Chi (Diansee), im Süden Kunmings gelegen, ist gesprenkelt von kleinen Siedlungen, Bauernhöfen und Fischereiunternehmen. Die Westseite ist hügelig, die Ostseite dagegen flach. Das südliche Ende des Sees, insbesondere der Südosten, ist hauptsächlich für die Industrie genutzt.

Der längliche See erstreckt sich von Nord nach Süd über 40 km und bedeckt eine Fläche von 300 km². Auf ihm fahren *fanchuan* (piratenschiffartige Dschunken mit Leinensegeln an Bambusmasten). Die Gegend um den See ist toll für landschaftlich schöne Ausflüge und Wandertouren. Von den Kämmen des Drachentors Xi Shan bietet sich ein fantastischer Blick aus der Vogelperspektive.

XI SHAN 西山

Dieser kühle, bewaldete Gebirgszug auf der Westseite des Dian Chi ist ein hervorragendes Ziel für einen Tagesausflug von Kunming ausgehend. Es gibt zahlreiche Wanderwege (einige sehr steil), besinnliche Tempel, Tore und herrliche Wälder. Lieber in der Woche herkommen; an den Wochenenden rücken die Einwohner Kunmings in Scharen an.

Der Anstieg an der Nordseite ist steil. Die Wanderung von der Bushaltestelle Gaoyao am Fuß der Berge bis zum Drachentor dauert 2½ Stunden. Die meisten Besucher fahren jedoch mit dem Bus von Gaoyao zum oberen Teil des Bergs.

Mit dem Fahrrad dauert es etwa eine Stunde vom Stadtzentrum bis hierher. Für die Rückfahrt bietet sich zur Abwechslung die Straße über die Dämme am oberen Ende des Dian Chi an.

Zu Beginn des Aufstiegs, etwa 15 km von Kunming entfernt, liegt der **Tempel Huating** (华亭寺; Huating Si; Eintritt 6 Yuan; ⌚8–18 Uhr), ein Landtempel des Nanzhao-Königreichs, der aus dem 11. Jh. stammen soll. Er ist einer der größten der Provinz mit unzähligen Hallen voller *arhats*.

Vom Tempel Huating windet sich die Straße 2 km bergauf zum **Tempel Taihua** (太华寺; Taihua Si; Eintritt 6 Yuan; ⌚8–18 Uhr) aus der Ming-Dynastie. Im Hof des Tempels stehen schöne blühende Gehölze, darunter Magnolien und Kamelien.

Sanqing Ge (三清阁), in der Nähe des Gipfels, war Landsitz eines Prinzen der Yuan-Dynastie und wurde erst später als Tempel den drei wichtigsten taoistischen Gottheiten geweiht (*sanqing* bezeichnet die höchste Ebene der taoistischen „Erleuchtung“).

Gleich in der Nähe erspart ein **Sessellift** (einfach/hin & zurück 25/40 Yuan) Wanderern das letzte Stück bis zum Gipfel. Alternativ bringt eine Touristenbahn Fahrgäste für 5 Yuan zum Drachentor.

In Gipfelnähe liegt das **Drachentor** (龙门; Long Men; Eintritt 40 Yuan). Diese Ansammlung von Grotten, Skulpturen, Gängen und Pavillons wurde zwischen 1781 und 1835 von taoistischen Mönchen und ihren Helfern aus dem Berg gehauen. Sie müssen dabei mit den Fingerspitzen an den Felsen gehangen haben.

Bus 5 (1 Yuan) fährt vom Kunming Hotel zur Endstation Liangjiahe, und von dort geht es weiter mit Bus 6 (1 Yuan) zur Bushaltestelle Gaoyao am Fuß der Berge. Alternativ fahren Minibusse (6 Yuan) von gegenüber Liangjiahe ab und setzen Fahrgäste unterwegs an verschiedenen Stellen ab.

Der Rückweg ist auch per Seilbahn (40 Yuan) zum Haigeng-Park möglich. Von dort geht's mit Bus 94 oder per Taxi die ca. 3 km bis zum Nationalitätendorf von Yunnan, gegenüber dem Nationalitätenmuseum der ethnischen Minderheiten. Dort fährt Bus 44 (1 Yuan, 40 Min.) bis zum Hauptbahnhof in Kunming.

NATIONALITÄTENMUSEUM VON YUNNAN 云南民族博物馆

An der Nordostseite des Sees liegt das **Nationalitätenmuseum von Yunnan** (Yunnan *minzu bowuguan*; www.ynnmuseum.com; Eintritt kostenlos; ⌚Di–So 9.30–16.20 Uhr), eines der größten Minderheitenmuseen in ganz China. Die Ausstellung ist zwar nicht sehr umfangreich, aber die große Kostümausstellung im Erdgeschoss ist sehenswert und sogar auf Englisch beschriftet.

Ihm gegenüber liegt das **Nationalitätendorf von Yunnan** (云南民族村; Yunnan Minzu Cun; Eintritt 90 Yuan; ⌚8.30–22 Uhr). Die Straße dorthin ist recht kitschig und soll an das alte Kunming erinnern. Im „Dorf“ führen unablässig lächelnde ethnische Minderheiten für die meist inländischen Touristengruppen Tänze auf. Das muss man nicht gesehen haben – ein Besuch in Xishuangbanna lohnt sich da mehr.

Die Busse 24 und 44 (1 Yuan) fahren vom Hauptbahnhof sowohl zum Museum als auch zum Dorf.

Shilin 石林

☎0871

Shilin (Steinerner Wald; Eintritt 175 Yuan), eine Ansammlung ebenso bizarrer wie faszinierender Karstgesteinsformationen etwa 120 km südöstlich von Kunming, ist ein wahrer Touristenmagnet. Die riesigen, grauen, von Wind und Regen zersplitterten und abgetragenen Kalksteinsäulen (die größte ist 30 m hoch) sind gleichermaßen Touristenfalle wie auch ein Wunderland der Natur. Der Legende nach entstand dieser Ort, als Unsterbliche einen Berg zertrümmerten, damit sich Liebende ungestört in das Labyrinth zurückziehen konnten.

Ja, es ist hier gerammelt voll, jeder einzelne Felsen trägt einen kitschigen, poetischen Namen, Sani-Frauen versuchen hartnäckig, ihre Waren an den Mann zu bringen, und alles ist unglaublich teuer. Doch nur etwa 2 km vom Zentrum entfernt gibt es idyllische, abgeschiedene Wanderwege, und bei Sonnenuntergang oder im Mondschein wirkt Shilin wie aus einer anderen Welt. Den Massen entgeht man am besten frühmorgens oder unter der Woche.

Shilin eignet sich gut für einen Tagesausflug von Kunming. Günstige Unterkünfte gibt es kaum. Doch wer übernachten möchte, findet im **Shilin Bishuyuan Binguan** (石林避暑园宾馆; ☎771 1088; DZ/3BZ 300/360 Yuan) ruhige Zimmer mit schönem Blick auf Shilin. Doppelzimmer lassen sich in der Regel auf um die 160 Yuan runterhandeln.

In der Nähe des Haupteingangs reihen sich ganztags geöffnete Restaurants und Snackbars aneinander. Vor dem Bestellen unbedingt die Preise kontrollieren, denn oft wird zu viel berechnet.

Wenn genügen Touristen da sind, werden Sani-Gesangs- und Tanzabende veranstaltet. Die Shows beginnen meist gegen

20 Uhr auf einer Bühne in der Nähe des kleineren Steinwalds. Manchmal gibt es zusätzliche Vorstellungen. Tagsüber finden die Darbietungen der Sani zwischen 14 und 15 Uhr statt.

Während des **Fackelfests** im Juli/August werden in einem natürlichen Amphitheater am Versteckten See südlich von Shilin Ringkämpfe, Stierkämpfe, Gesang und Tanz aufgeführt.

Busse nach Shilin (35 Yuan, 2 Std., alle 30 Min., 7–19 Uhr) fahren am Busbahnhof Ost in Kunming ab.

Heijing 黑井

☎0878

In **Heijing** (Eintritt 30 Yuan) fühlt man sich wie in der Zeit zurückversetzt. Seit Jahrhunderten ist der Ort für seine Salzproduktion bekannt und noch heute wichtiger Lieferant des „weißen Golds". Die gehobeneren Restaurants Kunmings kaufen hier, da das Salz angeblich hochwertiger ist als das aus der Massenproduktion. Heijing hat sich viel seiner alten Architektur erhalten und bietet mit seinen Toren, Tempeln und düsteren, schmalen Gässchen genug Bestaunenswertes, um hier ein oder zwei Tage zu verbringen.

Im kleinen Touristeninformationsbüro neben der ersten Brücke gibt's Informationen zu den verschiedenen Sehenswürdigkeiten.

Sehenswertes

Der Eintrittspreis, der am Haupttor (einige Kilometer vor dem Dorf) entrichtet wird, beinhaltet auch den Zutritt zur **Dalong Ci** (大龙祠; der Klan-Versammlungshalle) sowie zur **Guyan Fang** (古盐坊; einer alten Salzproduktionsanlage). Letztere zeigt einen Kurzabriss der Geschichte der Salzproduktion. Sie liegt etwa 15 Gehminuten vom Dorf entfernt in östlicher Richtung. Es gibt auch ein paar alte Salzbrunnen zu sehen, wie den **Schwarze-Kuh-Brunnen** (黑牛井; Heiniu Jing), gleich südlich des Dalong Ci.

Wer sich am Salz sattgesehen hat, kann auf einem Spaziergang durch die kleinen Gässchen die Tempel, Tore und alten Häuser bestaunen. Am Wochenende strömen Tagesausflügler aus Kunming hierher, doch unter der Woche trifft man hier nur die Einheimischen bei ihren Alltagstätigkeiten an.

Die Hügel hinter der Stadt sind toll zum **Wandern**. Ein gut erkennbarer Pfad führt zum **Feilai-Tempel** (飞来寺; Feilai Si), dann an ein paar Grabstätten auf dem Berggrat vorbei und wieder zurück zum Dorf. Die Wanderung dauert etwa zwei bis drei Stunden.

Schlafen

Wu Family Courtyard HERBERGE €€
(武家大院; Wujia Dayuan; ☎489 0358; EZ/DZ 150/220 Yuan) Die bekannteste Unterkunft der Stadt gehörte einst dem hiesigen Salzmagnaten Wu Weiyang, der im Jahr 1949 von kommunistischen Streitkräften kurzerhand hingerichtet wurde. Die einstige (inzwischen verblasste) Pracht lässt sich noch überall erkennen, doch für den Preis sollte man besser renovierte Zimmer erwarten können – es scheint sich kaum etwas verändert zu haben seit den Tagen von Herrn Wu.

Wang Family Courtyard HERBERGE €
(王家大院; Wangji Dayuan; ☎489 0506; Zi. 35 Yuan) Die günstigste Unterkunft in der Stadt (wenn nicht sogar in ganz Yunnan). Einfach und etwas heruntergekommen, aber mit schönem Blick über den Fluss.

An- & Weiterreise

Heijing ist nur schwer erreichbar. Am besten noch mit dem Nahverkehrszug Nr. 6162 (15 Yuan, 5 Std.), Abfahrt in Kunming um 7.43 Uhr und Ankunft um 13.35 Uhr. Der Zug hält ein paar Kilometer außerhalb des Dorfs, doch Pferdewagen bringen die Besucher in die Stadt. Zurück nach Kunming fährt der 6161 um 11.20 Uhr mit Ankunft um 18 Uhr.

Alternativ fahren Busse von Kunming (oder Dali) zur Hauptstadt der Region, **Chuxiong** (楚雄). Sie halten am Hauptbusbahnhof, von wo aus man per Taxi (7 Yuan) zum Busbahnhof Ost (东站) fahren und dort einen Bus nach Heijing (13 Yuan) nehmen muss, der stündlich zwischen 9 und 15.30 Uhr abfährt. Zurück fahren die Busse nach ähnlichem Zeitplan, der letzte um 14.30 Uhr.

Jianshui 建水

☎0873 / 17 400 EW.

Jianshui ist eine bezaubernde kleine Stadt mit alten Gebäuden, einem riesigen Konfuziustempel und einer von Schwalben besiedelten Höhle. Außerdem gibt's hier einige der besten Dampfkochtopf- und Grillgerichte von ganz Yunnan. Die Architektur wird ständig weiter verschönert, hat sich jedoch ihren ursprünglichen Charakter erhalten, und die Einheimischen, eine Mischung aus Han, Hui und Yi, sind ausgesprochen freundlich.

Früher hieß Jianshui noch Butou oder Badian (巴甸). Die Geschichte des Orts reicht zurück bis zur Zeit der Westlichen Jin-Dynastie, als er unter der Schutzherrschaft des Ningzhou-Königreichs stand. Anschließend wurde er von einem Herrscher zum anderen weitergereicht, bis er als Teil des Tonghai-Militärkommandos des Nanzhou-Königreichs seine Blütezeit erreichte. Die Yuan-Dynastie errichtete schließlich die Grundzüge der Stadt, die heute zu sehen ist.

Sehenswertes

Jianshui umgibt Besucher nicht nur in den altertümlichen Hintersträßchen mit klassischer Architektur. So gut wie in jeder Straße findet sich ein historisch bedeutendes traditionelles Bauwerk. Die Architektur fasziniert besonders aufgrund ihrer deutlich erkennbaren Mischung der Stile aus der Zentralchinesischen Ebene und der Region. Viele alte Gebäude wurden – trotz behördlicher Ausweisung als Kulturschatz – für andere Zwecke zweckentfremdet, und die (vergnügliche) Kunst ist es, sie auszumachen.

Das **Kombiticket** (通票; *tongpiao*) für 133 Yuan gewährt Zutritt zum Konfuziustempel, zum Garten der Familie Zhu und zur Schwalbenhöhle. Es ist an jeder dieser Sehenswürdigkeiten erhältlich.

Konfuziustempel — TEMPEL

(文庙; Wenmiao; Linan Lu; Eintritt 60 Yuan; ⌚8–18.30 Uhr) Dieser berühmte Tempel von Jianshui wurde dem Tempel in Konfuzius' Heimatstadt Qufu (Provinz Shandong) nachempfunden und 1285 fertiggestellt. Er umfasst eine Fläche von 7,5 ha und ist der drittgrößte Konfuziustempel Chinas. (Einige Einheimische versuchen, mit hochkomplizierter Mathematik zu belegen, dass er der größte ist. Jedenfalls trägt der Xue-See, an dem der Tempel liegt, das chinesische Wort für „Meer" im Namen!)

Der Tempel diente fast 750 Jahre lang als Schule und zwar so erfolgreich, dass mehr als die Hälfte der erfolgreichen Kandidaten Yunnans in der chinesischen Beamtenprüfung während dieser Zeit aus Jianshui stammten. Viele Gebäude in Jianshui tragen das Begriffszeichen *wen* für Bildung im Namen.

Garten der Familie Zhu — HISTORISCHE STÄTTE

(朱家花园; Zhujia Huayuan; Hanlin Jie; Eintritt 50 Yuan; ⌚8–20 Uhr) Diese 20 000 m² große Anlage ist ein faszinierendes Beispiel für die Ideologie der Qing-Ära, immer noch eins draufsetzen zu wollen. Sie besteht aus Ahnenhallen, Wohnhäusern, Teichen und hübschen Gärten, und der Bau dauerte 30 Jahre. (Inzwischen ist ein Teil der Anlage zu einem stimmungsvollen Gasthaus umgebaut worden. Die Zimmer im Stil der Qing-Dynastie kosten 480 Yuan.) Die Familie Zhu hat sich durch ihre Mühlen mit einem angeschlossenen Wirtshaus einen Namen gemacht. Außerdem mischte sie in allerlei anderen Aktivitäten mit, vom Zinnhandel in Gejiu bis hin zum Opiumhandel in Hongkong, und fiel schließlich dem politischen Chaos nach der Revolution von 1911 zum Opfer.

Chaoyang-Tor — HISTORISCHE STÄTTE

(朝阳楼; Chaoyang Lou) Mitten in der Stadt steht das Chaoyang-Tor, ein imposantes Bauwerk aus der Zeit der Ming-Dynastie. Es ist der Gelben Kranichpagode in Wuhan und dem Yueyang-Turm in Hunan nachempfunden und ähnelt auch dem Tor des Himmlischen Friedens in Beijing. Der Zutritt ist kostenlos. Neben einer schönen Aussicht gibt es hier ein wunderbares traditionelles Teehaus, in dem oft einheimische Musiker spielen.

Zhilin Si — KLOSTER

(指林寺) Das größte noch erhaltene Holzbauwerk in Yunnan. Dieses buddhistische Mönchskloster wurde gegen Ende der Yuan-Dynastie erbaut. Besonders auffällig sind die Konsolen zwischen den Säulen und Querbalken.

Schlafen

Huaqing Jiudian — HOTEL €€

(华清酒店; ☎766 6166; 46 Hanlin Jie; 翰林街 46 号; EZ & DZ 280–468 Yuan; ❄@) Die Zimmer in einer Art neumodischem Qing-Stil sind hübsch eingerichtet und haben gemütliche kleine Terrassen. Mit Preisnachlässen kosten die Zimmer oft nur 170 Yuan. Die angeschlossene Café-Bar nebenan ist ganz in Ordnung für einen Kaffee oder einen Drink am Abend.

Lin'an Inn — HERBERGE €

(临安客栈; Lin'an *kezhan*; ☎765 5866; 32 Hanlin Jie; 翰林街 32 号; DZ & 2BZ 198–218 Yuan; ❄@📶) Erstklassiger Standort im Herzen der Altstadt, doch der wirklich größte

Pluspunkt ist der tolle Gemeinschaftsbereich draußen, der abends ganz besonders einladend ist. Regelmäßige Rabatte (meist bis auf 160 Yuan) machen dies zu einer günstigen Unterkunft, wobei die Zimmer hier um einiges besser sind als in den üblichen Billighotels. Warme Mahlzeiten gibt's hier auch.

Jianshui Youth Hostel HOSTEL €
(建水国际青年旅舍; Jianshui Guoji Qingnian Lushe; ☎765 2451; yhajianshui@yahoo.com; 77 Yongning Jie; 永宁街 77 号; B 25 Yuan, 2BZ/3BZ 70/110 Yuan; @📶) Dieses Hostel ist ein vertrauenswürdiger Backpackertreff mit sauberen Zimmern, die sich um einen Innenhof reihen. Das Personal spricht Englisch, und für 15 Yuan pro Tag kann man Fahrräder mieten. Von der Lin'an Lu aus der Guan Di Miao Jie Richtung Süden folgen und nach 75 m weist dann ein Schild nach links.

Essen

Jianshui ist legendär für sein *qiguo* (汽锅), ein im landestypischen irdenen Dampfkochtopf zubereiteter Eintopf, oft auch mit Heilkräutern. Häufige Zutat ist die lokale Spezialität: *caoya* (草牙; Grassprossen), auch bekannt als Elefantenzahn-Graswurzel. Sie schmecken wie Bambus, kommen ausschließlich im Gebiet um Jianshui vor und sind beliebt in Suppen oder in gebratener Form zu Leber oder Schweinefleisch. Für Vegetarier gibt es Gerichte mit Tofu. Es gibt auch köstliche *liang mian*, kalte Reisnudeln mit Sesampaste und gegrillten Tofubällchen.

Außerdem gibt es da noch das herrliche **Jianshui-Barbecue** (建水烧烤; Jianshui *shaokao*): In winzigen Restaurants wird über Kohlepfannen Fleisch, Gemüse, Tofu und gelegentlich Ziegenkäse geröstet. Was könnte es schöneres geben, als gemütlich mit Freunden zusammen unter den Sternen Jianshuis ein Grillgericht zu genießen? Einen Versuch wert sind vor allem die Barbecues an der Kreuzung Hanlin Jie und Lin'an Lu.

Praktische Informationen

Internetcafés (山城网吧; *wangba*; 2,50 Yuan pro Std.; ⌚24 Std.) finden sich an der Yongning Jie, gleich südlich der Lin'an Lu, sowie an der Hanlin Jie neben dem Huaqing Jiudian. Es stehen einige Geldautomaten der ICBC in der Stadt zur Auswahl, die ausländische Karten akzeptieren.

An- & Weiterreise

Jianshui besitzt zwei Busbahnhöfe. Der Hauptbusbahnhof liegt 3 km nördlich des Chaoyang-Tors. Ziele in der näheren Umgebung werden vom zweiten, kleinen (regionalen) Busbahnhof an der Ecke Chaoyang Beilu und Beizheng Jie, einige Gehminuten entfernt in westlicher Richtung, angefahren.

Vom Hauptbusbahnhof fahren ständig Busse nach Yuanyang (30 Yuan, 2½ Std.), allerdings nur nach Nansha. Für Reisende nach Xinjie und zu den Reisterrassen gibt es täglich einen Bus (41 Yuan, 4 Std., 11.34 Uhr).

Es gibt regelmäßige Verbindungen nach Kunming (78 Yuan, alle 25 Min., 3–4 Std., 7–19.35 Uhr). Hekou wird dreimal morgens angefahren (63–75 Yuan, 5 Std., 7.26, 8.16, 10.57 Uhr). Nachtbusse nach Jinghong (177 Yuan, 12–17 Std.) fahren täglich um 13.30 und 16.30 Uhr ab.

Rund um Jianshui

SCHWALBENHÖHLE 燕子洞

Dieses Verwirrspiel aus Natur und Vogelwelt liegt auf halber Strecke zwischen Jianshui und Gejiu. Schon die Karstformationen (die größten in Asien) lohnen sich, doch das wahre Spektakel sind die Hunderttausende von Schwalben, die im Frühling und Sommer hier herumschwirren. Die **Höhle** (Yanzi Dong; Eintritt 80 Yuan; ⌚9–17 Uhr) besteht aus zwei Teilen – der oberen, trockenen und der unteren, feuchten Höhle. Die obere Höhle ist so gewaltig, dass ein dreistöckiger Pavillon und ein Baum hineinpassen. Holzgehwege verbinden die Höhlen miteinander. Durch die untere fließt der Lu auf einer Länge von ca. 8 km und zur ausführlichen Erkundung liegen „Drachenboote" bereit.

Es gibt keine direkten Busverbindungen, aber die Busse nach Mengzi, Kaiyuan oder Gejiu, die nicht über die Schnellstraße fahren, kommen an der Höhle vorbei (10 Yuan, 1 Std.).

ZWILLINGSDRACHENBRÜCKE 双龙桥

Diese Brücke (Shuanglong Qiao), die sich über dem Zusammenfluss der Flüsse Lu und Tachong spannt, befindet sich 5 km vom Westrand der Stadt entfernt. Sie gehört zu den zehn ältesten Brücken des Landes und besteht aus 17 Bögen, so vielen, dass zwei Epochen der Qing-Dynastie nötig waren, um den Bau abzuschließen. Erreichbar ist sie mit Minibus 4 vom zweiten Busbahnhof in Jianshui (2 Yuan) aus.

Dem Fahrer aber vorher unbedingt sagen, wo man aussteigen möchte, und sich von ihm die Richtung zeigen lassen. Bus 4 fährt weiter zum **Huanglong Si** (黄龙寺), einem kleinen Tempel.

Reisterrassen von Yuanyang 元阳梯田

☎0873 / 22700 EW.

Das Bild: Wabernder Nebel und Wolkenbänke, aus denen kleine Bergdörfer hervorlugen, ein unglaubliches Farbenspiel bei Sonnenauf- und -untergang, erholsame Wanderungen durch jahrhundertealte reisbepflanzte Berge, und hier und da ein paar Wasserbüffel, die die Besucher friedlich beäugen. Ja, es ist schwer, nicht ins Schwärmen zu geraten bei der Beschreibung dieser *titian* (Reisterrassen), die von den Hani im Laufe von Jahrhunderten aus den Berghängen gehauen wurden. Sie erstrecken sich über etwa 12500 ha und gehören zu den spektakulärsten Sehenswürdigkeiten Yunnans.

Yuanyang besteht aus zwei Teilen: der Neustadt Nansha und der Altstadt Xinjie. Letztere liegt eine einstündige Busfahrt entfernt auf einem nahen Berg. Je nach Karte werden beide Yuanyang genannt. Das Ziel ist allerdings Xinjie; also unbedingt darauf achten, dass man am richtigen Ort aussteigt.

XINJIE 新街

Xinjie ist etwas schmuddelig, aber dank der freundlichen Bewohner ein durchaus geeigneter Ausgangspunkt für Touren. Den Busbahnhof findet man nach kurzem Fußmarsch am Titian-Platz, dem Zentrum der Stadt.

Sehenswertes & Aktivitäten

Die Terrassen um die zahlreichen Dörfer um Xinjie herum haben ihren ganz eigenen Charakter und bieten je nach Tageslicht ganz unterschiedliche Ansichten. Zweisprachige Karten gibt es in allen Hotels der Stadt. Am faszinierendsten sind die *titian* im Winter, wenn sie mit Wasser geflutet sind und das Licht wunderschön auf ihnen glitzert.

Die eindrucksvollsten Sonnenaufgänge gibt es in **Duoyishu** (多依树), etwa 25 km von Xinjie entfernt – nicht verpassen! **Quanfuzhuang** (全福庄) ist weniger überlaufen und bietet leichten Zugang zu den Terrassen. Faszinierende Sonnenuntergänge erlebt man in **Bada** (八达) und **Mengpin** (勐品), auch unter dem Namen **Laohuzui** (老虎嘴) bekannt.

Die Kommerzialisierung hat auch vor den *titian* nicht Halt gemacht, sodass die beliebtesten Orte inzwischen Eintritt kosten. Für 60 Yuan gibt's ein Kombiticket für Duoyishu, Bada und Quanfuzhuang. Mengpin/Laohuzui kostet 30 Yuan.

Vom Busbahnhof fahren Busse zu allen Dörfern, aber es ist besser, sich selbst eine Fahrmöglichkeit zu organisieren. Eine Möglichkeit ist, sich mit anderen Reisenden zusammenzuschließen und sich die Kosten für einen Tagesausflug von Sonnenauf- bis Sonnenuntergang zu teilen. Minibusse und Motorrikschas stehen am Yunti Shunjie Dajiudian und auf der Straße westlich des Busbahnhofs bereit. In der Hauptsaison kostet ein Minibus 400 Yuan. Die weniger bequemen Motorrikschas sind für 150 bis 200 Yuan zu haben.

Es gibt auch verschiedene interessante **Märkte**. Aktuelle Programme hält das Window of Yuanyang bereit.

Schlafen & Essen

Um den Busbahnhof herum liegen viele Unterkünfte mit Zimmern zum Preis von 30 bis 100 Yuan, je nach gewünschter Ausstattung. Restaurants sind am Titian-Platz zu finden. Empfehlenswert ist das **Liu Jun Fandian** (六军饭店; Gerichte ab 12 Yuan; ⌚8–22 Uhr) an der Ecke nahe dem Busbahnhof.

Yunti Shunjie Dajiudian HOTEL €€
(云梯顺捷大酒店; ☎562 4858; Xinjie; EZ/3BZ 198/268 Yuan) Gleich neben dem Titian-Platz, nur wenige Gehminuten vom Bus-

Reisterassen von Yuanyang

bahnhof entfernt. Saubere, kompakte Zimmer. Mit Ermäßigung sind die Zimmer quasi zum Schnäppchenpreis von 100 Yuan zu haben.

Sunny Guesthouse PENSION €
(多依树阳光客栈; Duoyishu Yangguang *kezhan*; ☎159 8737 1311; sunny_guesthouse@163.com; B im 10/4BZ 30/40 Yuan, DZ 80 Yuan) Diese einfache Pension bietet zweckmäßig ausgestattete Zimmer mit Gemeinschafts-WC und -dusche. Die Mehrbettzimmer haben recht dünne Wände, aber einige der Standardzimmer bieten eine tolle Aussicht. Die Atmosphäre ist freundlich und Reisende essen zusammen am Gemeinschaftstisch. Man muss ein bisschen im Dorf der Pugaolao in Duoyishu herumlaufen, bis man es findet.

Jacky's Guesthouse PENSION €
(水云间客栈; Shui Yun Jian *kezhan*; ☎135 2973 2170; jackyguesthouse@gmail.com; DZ 160 Yuan) Diese neue Pension liegt mitten im Pugaolao-Dorf in Duoyishu. Es gibt acht Doppelzimmer mit eigenem Bad, die meisten mit tollem Ausblick auf die Terrassen, aber keine Mehrbettzimmer. Jacky spricht Englisch und bietet tägliche Wandertouren für 300 bis 400 Yuan an. Essen gibt es für 30 Yuan.

Praktische Informationen

Agricultural Bank of China (中国农业银行; Zhongguo Nongye Yinhang) Verfügt über einen Geldautomaten, der ausländische Karten akzeptiert. Einfach die Treppe am Eingang zum Yunti Shunjie Dajiudian hinabgehen und nach einigen Gehminuten liegt die Bank linker Hand.

Internetcafé (山城网吧; *wangba*; 2,50–3 Yuan pro Std.; ⏲24 Std.) Gibt's am Busbahnhof und auf dem Titian-Platz in der Nähe des Yunti Shunjie Dajiudian.

Window of Yuanyang (☎562 3627; www.windowofyuanyang.com; @) Unbedingt ansehen! Einfach die Treppe am Hauptplatz hinabgehen (im Obergeschoss eines Gebäudes zur Rechten). Die Mitarbeiter bemühen sich um eine nachhaltige ökonomische Entwicklung der lokalen Dörfer. Die ehrenamtlichen Mitarbeiter sind sehr freundlich und hilfsbereit. Außerdem gibt es hier tolle, in der Region hergestellte Gegenstände zu kaufen (vom Kaffee ganz zu schweigen!).

An- & Weiterreise

Dreimal täglich bedienen Busse die Strecke von Kunming nach Yuanyang (136 Yuan, 7 Std., 9, 16.30 und 18.30 Uhr). Rückkehr ist jeweils um 10.20, 19.30 und 20.20 Uhr. Es gibt auch Busse nach Hekou (64 Yuan, 4 Std.) um 7.30 und 10.10 Uhr.

Eine Weiterreise nach Xishuangbanna ist mit dem 7.30-Uhr-Bus nach Luchun möglich (39 Yuan, 4 Std.). Mit etwas Glück erwischt man dort den Mittagsbus nach Jiangcheng (36 Yuan, 5 Std.). Ist er schon weg, bietet sich der Bus nach Simao an. Bei Ankunft in Jiangcheng gibt es an diesem Tag keine weiteren Busse mehr, doch man kann übernachten und ab 6 Uhr am nächsten Morgen einen Bus nach Jinghong (54 Yuan, 8½ Std.) nehmen.

Alternativ nach Jianshui zurückfahren (41 Yuan, 4 Std., 6-mal tgl., 10.20–16.30 Uhr) und dort einen der beiden täglichen Nachtbusse nach Jinghong nehmen (177 Yuan, 12–17 Std., 13.30 und 16.30 Uhr).

In Xinjie fahren die Regionalbusse zum Dorf der Pugaolao in Duoyishu (ca. 20 Yuan) ab, sobald genug Fahrgäste an Bord sind.

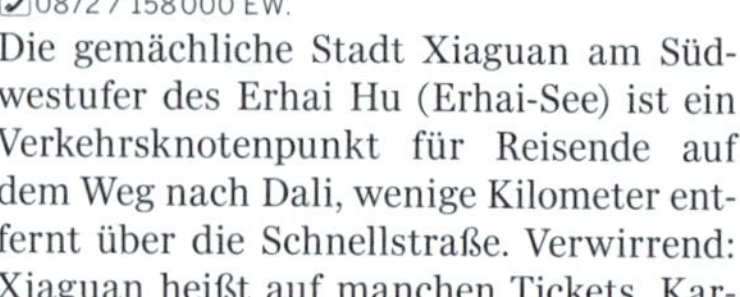

Xiaguan 下关

☎0872 / 158 000 EW.

Die gemächliche Stadt Xiaguan am Südwestufer des Erhai Hu (Erhai-See) ist ein Verkehrsknotenpunkt für Reisende auf dem Weg nach Dali, wenige Kilometer entfernt über die Schnellstraße. Verwirrend: Xiaguan heißt auf manchen Tickets, Karten und Bussen ebenfalls Dali (大理).

Ein Aufenthalt in Xiaguan lohnt sich nicht; der Ort dient lediglich zum Umsteigen in einen Bus oder Zug.

Praktische Informationen

Bank of China (Zhongguo Yinhang; Jianshe Donglu) Wechselt Geld und Reiseschecks und hat einen Geldautomaten, der alle gängigen Kreditkarten akzeptiert.

Büro für Öffentliche Sicherheit (PSB; 公安局; Gong'anju; ☎214 2149; Tai'an Lu; ⏲Mo–Fr 8–11 & 14–17 Uhr) Bearbeitet alle Visaverlängerungen für Xiaguan und Dali. Von Dali aus Bus 8 nehmen und den Fahrer bitten, an der Shi Ji Middle School (世纪中学; Shiji Zhongxue) anzuhalten.

An- & Weiterreise

BUS In Xiaguan gibt es fünf Busbahnhöfe, was für Verwirrung sorgen kann. Der Dali-Expressbusbahnhof (Kuaisu *keyunzhan*) liegt an der Nan Jian Lu. Der zweite Hauptbusbahnhof für Reisende, der Xingsheng-Busbahnhof (auch Gao Kuai *keyunzhan* genannt), liegt ein Stück weiter an derselben Straße wie der Expressbusbahnhof. Am Expressbusbahnhof rechts den Berg hinab gehen, über die große Kreuzung zur Xingsheng Lu und dann noch 100 m weiterlaufen. Der dritte für Reisende relevante Busbahnhof ist der Busbahnhof Nord (Bei Keyunzhan) an der Dali Lu, erreichbar mit Bus 8 (2 Yuan) oder mit dem Taxi für 10 Yuan.

Bei der Abreise nicht vergessen: Der einfachste Weg nach Kunming oder Lijiang ist der Bus aus der Altstadt von Dali (s. S. 736). Hier die Abfahrtzeiten vom Dali-Expressbusbahnhof (Kuaisu Keyunzhan):

Chuxiong 67 Yuan, 2½ Std., alle 30 Min. (7–18.40 Uhr)

Kunming 103–148 Yuan, 5 Std., alle 30 Min. (7.45–18 Uhr)

Liuku 72–96 Yuan, 5 Std., 6-mal tgl. (7.40–15 Uhr)

Ruili 192 Yuan, 8 Std., 2-mal tgl. (8.30 und 20.30 Uhr)

Abfahrtszeiten vom Xingsheng-Busbahnhof (Gao Kuai Keyunzhan):

Baoshan 65 Yuan, 2½ Std., alle 40 Min. (7.50–19.20 Uhr)

Jinghong 200 Yuan, 16 Std., 2-mal tgl. (9 und 11 Uhr)

Kunming 146–148 Yuan, 5 Std., alle 30 Min. (7.20–19.30 Uhr)

Lijiang 53–79 Yuan, 3 Std., 5-mal tgl. (9.20, 10, 13.30, 16.30 und 19 Uhr)

Mangshi (Luxi) 116 Yuan, 6–8 Std., 1-mal tgl. (20 Uhr)

Tengchong 128 Yuan, 6 Std., 3-mal tgl. (10, 13 und 20 Uhr)

Yunlong (Nuodeng) 42 Yuan, 3 Std., 7-mal tgl. (7.30–11.30 Uhr)

Busse ab Busbahnhof Nord (Bei Keyunzhan):

Jianchuan (nach Shaxi) 45 Yuan, 3 Std., alle 30 Min. (8–15.30 Uhr)

Shangri-la 84 Yuan, 8 Std., alle 30 Min. (6.30–12 Uhr)

Wer nach Weishan möchte, muss zum Busbahnhof Südwest (Xi Nan Keyunzhan). Busse zum Ostufer des Sees wie Shuanglang und Wase fahren am Busbahnhof Ost ab, neben dem Bahnhof.

Busse zur Altstadt von Dali (3 Yuan, 35 Min.) fahren vor dem Xingsheng-Busbahnhof ab. Bus 8 (3 Yuan, 35 Min.) fährt vom Bahnhof zum Zentrum von Xiaguan und weiter zum Westtor von Dali. Wer sichergehen möchte, sollte dem Fahrer Dali Gucheng (Altstadt von Dali) als Ziel nennen.

Fahrkarten für fast alle Ziele können in Dali gebucht werden. Das ist meist am einfachsten, erspart nämlich den Weg nach Xiaguan (auch wenn eine kleine Bearbeitungsgebühr anfällt).

FLUGZEUG Der Flughafen von Xiaguan liegt 15 km vom Stadtzentrum entfernt. Flugtickets am besten online oder in einem Reisebüro in der Altstadt von Dali kaufen. Es fahren keine öffentlichen Busse zum Flughafen. Taxis kosten 50 Yuan von Xiaguan oder 100 Yuan von Dali. Täglich fliegen drei Maschinen nach Kunming (760 Yuan) und eine bis zwei nach Xishuangbanna (990 Yuan).

ZUG Es gibt vier Züge vom Hauptbahnhof in Kunming. Abfahrt ist um 8.30, 10, 23.10 und 23.40 Uhr mit Ankunft in Xiaguan etwa sieben Stunden später. Die Züge zurück nach Kunming (Sitz-/Schlafplatz 65/89 Yuan) verlassen Xiaguan um 8.46, 10.42, 21.22 und 21.49 Uhr. Täglich fahren zwei Züge nach Lijiang (35 Yuan, 2 Std.) um 9.16 und 16.55 Uhr.

Weishan 巍山

☎0872 / 20 700 EW.

Etwa 55 km südlich von Xiaguan liegt Weishan, das Herz der von Hui und Yi bewohnten Region. Früher war es Zentrum des mächtigen Nanzhao-Königreichs, und von hier aus führte der Hui-Rebell Du Wenxiu im 19. Jh. eine Armee gegen die Qing. Heute findet man in der hübschen Kleinstadt enge Sträßchen, gesäumt von Holzhäusern, mit Trommeltürmen an strategischen Punkten und vor einer wunderschönen Hügelkulisse.

Zentrum der Stadt ist der unübersehbare **Gongchang Lou** (拱长楼; Gongchang-Turm). Südlich des Gongchang Lou steht das **Alte Menghua-Haus** (蒙化老家; Menghua Laojia; Eintritt 8 Yuan; ⌚8–21 Uhr), das besterhaltene Exemplar der stadttypischen Architektur.

Das **Linye Binguan** (林业宾馆; ☎612 0761; 24 Xi Xin Jie; 西新街 24 号; EZ & DZ 60–80 Yuan; ❄) ist nur einen Katzensprung vom Gongchang Lou entfernt und verfügt über geräumige, neu eingerichtete Zimmer. Die Motorrikschafahrt vom Busbahnhof kostet 5 Yuan. An Restaurants gibt es in der Stadt nur handtuchgroße Lokale. Die meisten liegen nördlich und südlich des Gongchang Lou. Hier gibt's eine hiesige Yi-Spezialität: gebackenen Tee. Busse nach Weishan (16 Yuan, 1½ Std.) fahren zwischen 6 und 18 Uhr vom Südbahnhof in Xiaguan ab.

Weibao Shan 巍宝山

Höchst sehenswert ist der **Weibao Shan** (Weibao-Berg; Eintritt 60 Yuan) etwa 10 km südlich von Weishan. Der Aufstieg zum etwa 2500 m hohen Gipfel ist relativ einfach. Während der Zeit der Ming- und Qing-Dynastien war er das Herzstück des chinesischen Taoismus und beherbergt einige grandiose taoistische Wandbilder. Die bedeutendsten befinden sich im **Wenchang Gong** (文昌宫; Wenchang-Palast; Nr. 3 auf der Eintrittskarte) sowie in der **Changchun-Höhle** (长春洞; Changchun Dong; Nr. 1 auf der Eintrittskarte). Vogelbeobachter haben besondere Freude an dem Berg, denn die gesamte Gegend ist Knotenpunkt einer internationalen Vogelflugroute.

Hierher fahren keine Busse. Von der Straße östlich des Gongchang Lou in Weishan bringt ein Minibus Gäste zum Berg. Die Hin- und Rückfahrt kostet 60 Yuan, weil der Fahrer vor Ort warten muss.

Dali 大理

0872 / 40 000 EW.

Dali, der ehemalige coole, für seine Bananenpfannkuchen bekannte Treff für Backpacker in Yunnan, war früher der Ort zum Abhängen. Einfach wegen seiner fantastischen Lage zwischen den Bergen und dem Erhai Hu (Erhai-See). Hier ein paar Wochen lang auszuspannen, gehörte in jedem Fall zum Yunnan-Urlaub dazu.

In den letzten zehn Jahren hat die chinesische Tourismusindustrie Dali entdeckt und dem Ort ihren Stempel aufgedrückt. Heute gibt es mehr chinesische Snack-Shops als Lokale für Bananenpfannkuchen. Trotzdem ist Dali der Touristenflut nicht unterlegen wie das nahe gelegene Lijiang, und ist noch immer ein relativ ruhiger Ort, in dem die Einheimischen ihrem Alltag nachgehen.

In der Umgebung von Dali gibt es tolle Ausflugmöglichkeiten für Fahrradtouren und Bergwanderungen über dem See, oder man kann auch einfach das tun, was Reisende schon seit Jahren tun: essen, trinken und die Seele baumeln lassen.

Geschichte

Dali liegt am Westufer des Erhai Hu in einer Höhe von 1900 m vor der Kulisse des 4000 m hohen Cang Shan (Grünes Gebirge). Den Großteil der 500-jährigen Autarkie Yunnans war Dali das Regierungs- und Verwaltungszentrum. Das historische Flair der Altstadt sucht in anderen Gegenden Chinas seinesgleichen.

Hier leben vorwiegend etwa 1,5 Mio. Bai, die die Region vermutlich vor 3000 Jahren besiedelten. Im frühen 8. Jh. schlugen sie die kaiserliche Tang-Armee zurück und gründeten das Nanzhao-Königreich, das Bestand hatte, bis um die Mitte des 13. Jhs. die Mongolenhorden einfielen.

Sehenswertes

Drei Pagoden HISTORISCHE STÄTTE
(三塔寺; San Ta Si; Erw. inkl. Tempel Chongsheng 121 Yuan; 7–19 Uhr) Das Wahrzeichen der Stadt/Region. Diese Pagoden 2 km nördlich des Nordtors gehören zu den ältesten noch erhaltenen Bauwerken im Südwesten Chinas.

Die **Qianxun-Pagode** ist die höchste der drei und erreicht mit ihren 16 Stufen eine Höhe von 70 m. Ursprünglich wurde sie Mitte des 9. Jhs. von Ingenieuren aus Xi'an errichtet. Sie wird von zwei kleineren, zehnstufigen Pagoden flankiert, beide jeweils 42 m hoch. Zwar ist der Eintritt recht teuer, zumal man gar nicht in die Pagoden hinein darf, doch der **Tempel Chongsheng** (Chongsheng Si) hinter den Pagoden ist restauriert und in ein sehenswertes Museum umgewandelt worden.

GRATIS **Dali-Museum** MUSEUM
(大理博物馆; Dali *shi bowuguan*; Fuxing Lu; 8.30–17.30 Uhr) Das Museum beherbergt eine kleine Sammlung archäologischer Exponate aus der Geschichte der Bai mit einigen sehr schönen Figurinen. Leider fehlen englische Beschreibungen.

Katholische Kirche KIRCHE
(abseits der Renmin Lu) Ebenfalls einen Besuch wert ist Dalis katholische Kirche. Sie stammt aus dem Jahr 1927 und ihre Architektur ist eine einzigartige Mischung aus Bai-Bauweise und klassischem europäischen Kirchendesign. Messe ist jeden Sonntag um 9 Uhr.

Feste & Events

Messe des Dritten Mondes KULTURFESTIVAL
Während der Messe des Dritten Mondes (Sanyue Jie), vom 15. Tag des dritten Mondmonats (gewöhnlich April) bis zum 21. Tag, gibt es Belustigungen, einen endlosen Kaufrausch sowie einen Pferdemarkt (doch hauptsächlich Belustigungen).

Fest der Drei Tempel KULTURFESTIVAL
Das Fest der Drei Tempel (Raosan Ling) wird vom 23. bis zum 25. Tag des vierten Mondmonats gefeiert (gewöhnlich Mai). Am ersten Festtag geht's vom Südtor in Dali zum Tempel des Heiligen Brunnenkopfs (Shengyuan Si) in Xizhou. Hier bleiben die Besucher bis zum Morgengrauen, tanzen und singen und begeben sich anschließend zum Tempel Jingui (Jingui Si). Am letzten Tag kehrt man wieder zurück und macht dabei am Tempel Majiuyi Halt.

Fackelfest KULTURFESTIVAL
Das Fackelfest (Huoba Jie) findet am 24. Tag des sechsten Mondmonats (gewöhnlich Juli) statt und bietet die wahrscheinlich schönsten Fotomotive in der ganzen Provinz. Brennende Fackeln werden bei Nacht an den Häusern vorbei und durch die Felder getragen. Die Einheimischen werfen Kiefernharz in die Fackeln, sodass überall kleine Explosionen zu sehen sind. Der Betreiber einer hiesigen Pension beschreibt es als „hellen Wahnsinn".

Schlafen

Es gibt jede Menge Unterkünfte in Dali, aber die beliebtesten sind während der Hochsaison im Sommer meistens schnell ausgebucht.

LP TIPP **Jade Emu** HOSTEL €
(金玉缘中澳国际青年旅舍; Jinyuyuan Zhong'ao Guoji Qingnian Lushe; ☎267 7311; http://jade-emu.com; Westtor-Viertel; 西门村; B ohne/mit Bad 25/30 Yuan, EZ & DZ 130–160 Yuan; @📶) Diese Unterkunft wird von Australiern betrieben und liegt direkt im Schatten des Cang Shan (fünf Gehminuten von der Altstadt). Sie gibt den Standard für Herbergen in Dali vor. Die Mitarbeiter sind mit den Bedürfnissen der Reisenden vertraut, und auch Details werden beachtet. Die Zimmer sind sauber und gepflegt. Hier bekommt man Bustickets und Touren zu vernünftigen Preisen. Wer hier keinen Platz findet, geht um die Ecke ins Schwesterhaus **Jade Roo**. Hier bekommen die zahlreichen Reisenden ähnliche, aber etwas günstigere Zimmer.

Five Elements HOSTEL €
(五行国际客栈; Wu Xing Guoji *kezhan*; ☎130 9985 0360; www.5elementschina.com; West Gate Village; 西门村; B 20–40 Yuan, DZ ohne/mit Bad 80/100 Yuan; @📶) Bei preisbewussten westlichen Backpackern dank niedriger Preis und netter Atmosphäre sehr beliebt. Die Zimmer sind sauber, wenn auch etwas farblos, und es gibt einen hübschen Innenhof und einen Garten, in dem der Inhaber Biogemüse anbaut. Hier kann man allerlei Touren und Dienstleistungen buchen.

Four Seasons International Youth Hostel HOSTEL €
(春夏秋冬国际青年旅舍; Chun Xia Qiu Dong Guoji Qingnian Lushe; ☎138 8725 3949; yhafs@yahoo.cn; 46 Boai Lu; 博爱路 46 号; B 30–35 Yuan, DZ 100–160 Yuan; @📶) Mitten im Herzen von Dali, nur wenige Schritte von allerlei Einrichtungen, Cafés und Restaurants entfernt. Die Zimmer sind sauber und gut gepflegt, die an der Straßenseite sind allerdings etwas laut. WLAN gibt's in der Lobby und die Zimmer haben ADSL-Anschluss.

Jim's Tibetan Hotel HOTEL €€
(吉姆和平酒店; Jimu Heping Jiudian; ☎267 7824; www.china-travel.nl; 13 Yuxiu Lu; 玉秀路 13 号; DZ 300 Yuan, 3BZ 400 Yuan; @📶) Hat die unverwechselbarsten Zimmer in Dali. Sie sind voller antiker Möbel im chinesischen Stil und ebenso stylish wie gemütlich. Auch die Bäder sind besser als anderswo. Zudem gibt es einen Garten, eine Dachterrasse, ein Restaurant und eine Bar. Und man kann hier Reisedienste und Touren buchen.

Bird Bar & Nest HOTEL €
(鸟吧鸟窝; Niaoba Niaowo; ☎266 1843; www.birdbardali.com; 22 Renmin Lu; 人民路 22 号; EZ mit Gemeinschaftsbad 80 Yuan, DZ 130–280 Yuan; @📶) Die Handvoll Zimmer, direkt in einem hübschen Garten voller Bäume und Pflanzen gelegen, locken eine bunte Mischung aus einheimischen und ausländischen Touristen ebenso an wie Expats aus Kunming auf Urlaub. Die Zimmer sind geräumig und das Personal spricht Englisch und ist sehr hilfsbereit.

Friends Guesthouse PENSION €
(大理古城三友客栈; Dali Gucheng Sanyou *kezhan*; ☎266 2888; www.friendsdali.com; 2 Wenxian Lu; 文献路 2 号; B 35 Yuan, EZ & DZ 100 Yuan; @📶) Die beste Budgetunterkunft in der Altstadt. Hier ist immer extrem viel los, aber die Mitarbeiter sind freundlich und die Räume sind sauber und gemütlich

Essen

Bai-Gerichte verwenden die heimische Flora und Fauna – und zwar auf eine Art und Weise, dass man sie manchmal gar nicht wiedererkennt! Überall in der Provinz gibt es er *kuai* (饵块), flache, geröstete Reiskuchen mit verschiedenen Belägen (oder auch ohne). *Rushan* (乳扇; „Milch-Fächer") klingt vielleicht nicht besonders appetitlich, aber diese „luftgetrocknete" Mischung aus Joghurt und Milch (in Form einer langen, flachen Platte) ist eine lokale Spezialität und wird oft zum Überbacken anderer Speisen benutzt. Nicht zu verwechseln mit *rubing* (Ziegenkäse). Dank der Nähe zum Erhai Hu gibt es hier auch

Dali

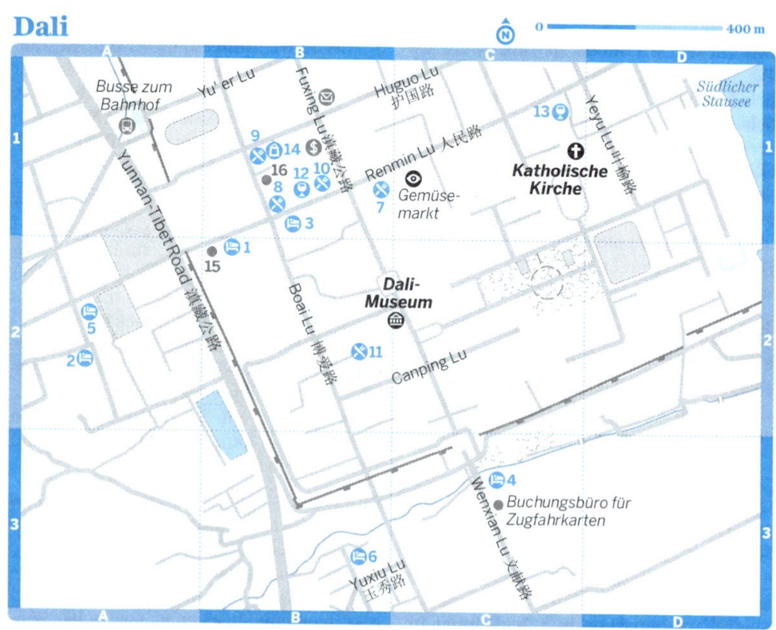

Dali

Highlights
- Dali-Museum ... C2
- Katholische Kirche ... C1

Schlafen
1. Bird Bar & Nest ... B2
2. Five Elements ... A2
3. Four Seasons International Youth Hostel ... B1
4. Friends Guesthouse ... C3
5. Jade Emu ... A2
6. Jim's Tibetan Hotel ... B3

Essen
7. Mei Zi Jing ... B1
8. Sweet Tooth ... B1
9. The Bakery No. 88 ... B1
10. The Good Panda ... B1
11. Yi Ran Tang ... B2

Ausgehen
12. Bad Monkey ... B1
13. Daliba Vodka ... C1

Shoppen
14. Mandarin Books & CDs ... B1

Praktisches
15. Climb Dali ... B2
16. Dali Bicycling Club ... B1

shaguo yu (沙锅鱼), einen Fischauflauf/-eintopf im Tontopf mit gesalzenem Karpfen aus dem Erhai Hu und – für den Bai-typischen Touch – mit Magnolienblüten verfeinert. Ebenso typisch für die Gegend: Bei Rindfleischgerichten ist das Verhältnis von Fleisch zu Fett meist 50:50.

LP TIPP **The Good Panda** YUNNAN-KÜCHE €
(妙香园; 81 Renmin Lu; Gerichte ab 6 Yuan; ⌚9–22.30 Uhr; 📋) Ein kleines und sehr beliebtes Schmuckstück in einer Touristenstraße voller Lokale im westlichen Stil. Hier gibt's tolle klassische Gerichte der Region wie glühheißes Rindfleisch *(tieban niurou)* und knusprigen Karpfen *(jianchuan ganshao yu)* sowie Gerichte aus Yunnan und Sichuan. Die englische Speisekarte ist nicht sehr ausführlich, aber ein einfacher Fingerzeig auf das gewünschte Gemüse reicht völlig aus. Von der Terrasse aus kann man prima Passanten beobachten.

LP TIPP **The Bakery No. 88** WESTLICH €€
(88 号西点店; Bashiba Hao Xidiandian; 52 Boai Lu; Gerichte ab 20 Yuan; ⏲8–22 Uhr;) Sauberer, heller, rauchfreier Ort der Ruhe mit köstlichen Sandwiches, Pastagerichten und Suppen. Alle Zutaten stammen aus der Region. Unbedingt die Brote und Kuchen kosten – dafür ist die Bäckerei berühmt.

Mei Zi Jing YUNNAN-KÜCHE €€
(梅子井; 130 Renmin Lu; Gerichte 15–40 Yuan; ⏲11–21 Uhr) Entzückend authentisches Bai-Restaurant mit drei grau gepflasterten Innenhöfen, in denen die Einheimischen in kleine Nischen gezwängt traditionelle Gerichte der Region genießen. Auf der unsinnigen Speisekarte findet man einige geheimnisvolle Gerichte (Jemand Appetit auf „Im Nähzeug gebratene Seerosen"?), aber das „geschmorte Huhn" oder die „Wildpilze" sind empfehlenswert. Liegt abseits der Renmin Lu gegenüber dem Gemüsemarkt.

Sweet Tooth CAFÉ €
(甜点屋; Tiandian Wu; 52 Boai Lu; Gerichte ab 10 Yuan; ⏲8.30–22.30 Uhr; @) Der Inhaber und Betreiber ist Profikoch und zaubert einfach unglaubliche selbstgemachte Eiscremes und Desserts. Auch der Kaffee sowie der echte englische Tee sind hervorragend. Zusätzlicher Bonus: Mit den Einnahmen aus dem Café werden Gehörlose unterstützt.

Yi Ran Tang VEGETARISCH €
(一然堂; 20 Honglong Alley; Gerichte 5 Yuan; ⏲11.30–13 & 17.30–19 Uhr;) Ein uneigennütziges, buddhistisch inspiriertes vegetarisches Buffet. Für 5 Yuan bekommt man eine Schale Reise mit verschiedenen Gerichten des Tages.

Ausgehen

Alle Restaurants im westlichen Stil sind gleichzeitig auch Bars.

Daliba Vodka BAR
(大理巴; Dali Ba; 143 Renmin Lu; ⏲ab 17.30 Uhr) Empfehlenswerte, coole Bar abseits der Hauptvergnügungsmeile. Hier gibt's nicht nur selbstgemachte aromatisierte Wodkas, sondern auch den Sichuan-Hotpot!

Bad Monkey BAR
(坏猴子; Huai Houzi; Renmin Lu; ⏲ab 9 Uhr) Im Bad Monkey herrscht ständig Highlife. Die britischen Inhaber brauen ihr eigenes Bier in den nahe gelegenen Bergen. Außerdem gibt's hier unendlich viele Spezialdrinks und regelmäßig Livemusik. Das Monkey serviert ordentliche Kneipengerichte (Burger und Shepherd's Pie) und Expats schwören auf den Sonntagsbraten (19.30 Uhr) für 45 Yuan (inkl. einem Glas Wein).

Shoppen

Dali ist berühmt für seine Baumwoll- und Seidenstoffe in blau-weißem Batikdruck.

Im Stadtzentrum reiht sich ein Bekleidungsgeschäft ans nächste. Die meisten Läden schneidern auch nach Maß; ein großer Vorteil, da die Teile von der Stange in der Regel extrem winzig sind.

Mehr oder weniger nützliche Karten (12 Yuan) verkaufen die Unterkünfte und Restaurants der Stadt sowie **Mandarin Books & CDs** (五华书苑; Wuhua Shuyuan; Huguo Lu). Dort gibt es auch Ratgeber und Romane auf Chinesisch, Englisch, Französisch und Deutsch.

Praktische Informationen

Bei Wanderungen um den Cang Shan hat es schon Berichte über Raubüberfälle auf einsame Wanderer gegeben. Im Nachtbus von Kunming kommt gern schon mal eine Tasche abhanden. Auch der Gepäckraum ist nicht absolut sicher.

Sämtliche Herbergen und zahlreiche Hotels bieten Reisedienste an, arrangieren Touren und buchen Tickets für die Weiterreise. Es gibt auch eine Reihe von Reiseagenturen und Cafés, die Busfahrkarten buchen und allerlei Touren anbieten. Das kann mitunter ziemlich teuer werden, es sei denn, es findet sich eine Gruppe zusammen.

Internetcafés finden sich an allen Hauptstraßen (2–2,50 Yuan pro Std.), doch auch alle Herbergen und Hotels verfügen über einen Internetzugang.

Bank of China (中国银行; Zhongguo Yinhang; Fuxing Lu) Wechselt Geld und Reiseschecks und hat einen Geldautomaten, der alle gängigen Kreditkarten akzeptiert.

Büro für Öffentliche Sicherheit (PSB; 公安局; Gong'anju; ☎214 2149; Dali Rd, Xiaguan; ⏲Mo–Fr 8–11 & 14–17 Uhr) In Dali sind keine Visaverlängerungen möglich. Dazu muss man nach Xiaguan fahren (Näheres zum PSB in Xiaguan auf S. 730).

China Minority Travel (china-travel.nl) Henriette, eine holländische Auswanderin, bietet eine Vielzahl von Ausflügen an, darunter Touren zu muslimischen Märkten oder Märkten der Yi-Minderheit, Touren durch die entlegenen Gebiete Yunnans und – sofern eine Genehmigung vorliegt – auch Bustouren von Shangri-la nach Lhasa. Kontaktinformationen auf der Website.

Climb Dali (20 Renmin Lu; ☎131 5064 4701; info@climbdali.com) Aktivitäten rund um Dali, wie Felsenklettern, Bergsteigen, Kajakfahrten und Raftingtouren. Es gibt eine Kletterwand und ein Pizza-/Sandwichrestaurant namens „Goodfellas". Ansprechpartner ist Adam Kritzer.

Post (中国邮政; Zhongguo Youzheng; Ecke Fuxing Lu & Huguo Lu; ⌚8–20 Uhr)

Tibet Motorcycle Adventures (☎151 8499 9452; http://tibetmoto.com) Hier kann man für 250 Yuan pro Tag Motorräder ausleihen (Sprit inklusive). Bleibt man irgendwo liegen, wird man per Auto abgeholt. Ansprechpartner ist Hendrik Heyne.

An- & Weiterreise

Die goldene Regel: Die meisten Busse, die mit Dali werben, fahren in Wirklichkeit nach Xiaguan. Von Lijiang kommend, halten die Busse Richtung Xiaguan am Ostende von Dali und lassen Fahrgäste aussteigen, bevor sie zum Busbahnhof Nord weiterfahren.

Vom Busbahnhof West in Kunming gibt's zahlreiche Busse nach Dali (103–142 Yuan, 4–5 Std. alle 20 Min., 7.30–19.30 Uhr). Wer nach Norden unterwegs ist, steigt am besten an den Straßen außerhalb des West- oder Osttors ein. Tickets am besten vorher in der Unterkunft oder beim Reisebüro kaufen und darauf achten, dass man in den richtigen Bus steigt. (Wer selbst einen Bus heranwinkt, umgeht zwar den Aufschlag, bekommt aber nicht zwangsläufig auch einen Sitzplatz.)

Ab der Altstadt (Nähe Westtor) fahren täglich drei bis vier 30-Sitzer-Busse nach Kunming (110 Yuan). Abfahrt ist um 9, 10.30, 11.30, 13.30 und 16.30 Uhr.

Von außerhalb des Westtors verkehren regelmäßig Busse nach Shaping (12 Yuan), Xizhou (10 Yuan) und zu anderen Zielen der Region.

In der Wenxian Lu 12, gleich außerhalb des Südtors (in der Nähe des Friends Guesthouse), gibt es ein offizielles Zugfahrkartenbüro.

Unterwegs vor Ort

Von Dali dauert eine Taxifahrt zum Flughafen von Xiaguan 45 Minuten und kostet etwa 100 Yuan. Zum Bahnhof von Xiaguan kostet sie 50 Yuan.

Fahrräder sind die beste Fortbewegungsmöglichkeit (pro Tag 20–40 Yuan). **Dali Bicycle Club** (41 Boai Lu; ⌚7.30–20 Uhr) bieten stabile Fahrräder und jede Menge Reisedienstleistungen.

Busse (2 Yuan, 30 Min., mit 大理 gekennzeichnet) verkehren schon ab 6.30 Uhr zwischen der Altstadt und Xiaguan. Einfach an der Schnellstraße warten und einen heranwinken. Bus 8 verkehrt ab 6.30 Uhr alle 15 Minuten zwischen Dali und Xiaguan (2 Yuan, 30 Min.) auf der Strecke zum Hauptbahnhof.

Rund um Dali

Reisende können fast jeden Tag der Woche einen **Markt** besuchen. Jeden Montag findet in **Shaping** (沙坪), etwa 30 km nördlich von Dali, ein farbenprächtiger Bai-Markt statt (Shaping Ganji). Von 10 bis 14.30 Uhr gibt es auf diesem Markt alles Mögliche zu kaufen, von Nahrungsmitteln über Kleidung bis hin zu Schmuck und Batiken aus der Region.

Es fahren regelmäßig Busse nach Shaping (12 Yuan, 1 Std.) gleich außerhalb des Westtors ab. Mit dem Fahrrad dauert es bei zügigem Tempo etwa zwei Stunden.

Es gibt auch Märkte in **Shuanglang** (双廊; Dienstag), **Shaba** (沙巴; Mittwoch), **Yousuo** (右所; Freitagmorgen, der größte in Yunnan) und **Jiangwei** (江尾; Samstag). In **Xizhou** (喜州) und **Zhoucheng** (州城) ist täglich Morgen- bzw. Nachmittagsmarkt. Alle fünf Tage findet auch in **Wase** (挖色) von 9 bis 16.30 Uhr ein beliebter Markt statt. Weil es zu wenig Boote gibt, müssen Reisende sich jetzt bis zu Xiaguans Busbahnhof Ost durchkämpfen, um nach Wase zu gelangen.

Viele Cafés und Hotels in Dali bieten Touren an oder arrangieren Ausflüge zu diesen Märkten. Ein Halbtagesausflug kostet etwa 150 Yuan.

ERHAI HU 洱海湖

Der Erhai Hu (Ohrenförmiger See) beherrscht die Atmosphäre der Gegend. Der siebtgrößte Süßwassersee Chinas liegt 1973 m über dem Meeresspiegel und bedeckt eine Fläche von 250 km². Im Gebiet um den Erhai Hu gibt es zahlreiche tolle Fahrradwege und sehenswerte Dörfer. Zu Fuß erreicht man den See von Dali in 50 Minuten, mit dem Bus in 15 Minuten; die Fahrradtour hierher dauert bergab nur zehn Minuten.

Caicun (才村) ist ein hübsches kleines Dorf östlich von Dali (1 Yuan mit Bus 2) und Bindeglied für Fähren über den See. Leider sind die kleinen Tuckerfähren inzwischen Geschichte. Sämtlicher Bootsverkehr erfolgt jetzt mit „offiziellen" Schiffen. Eine dreistündige Tour kostet 150 Yuan. Aber man kann sich auch in Cafés und Hotels durchfragen – oft bieten sich Gelegenheiten.

An der Ostseite des Sees liegt das wunderschöne Städtchen **Shuanglang** (双廊), das als Ausflugsziel immer beliebter wird.

Das Labyrinth aus gewundenen Sträßchen und traditionellen Häusern liegt auf einer kleinen Halbinsel im See. Nicht weit vor der Küste liegt die Insel **Nanzhao Fengqing Dao** (南诏风情岛). Hier gibt es Gärten, Parks, eine 17,5 m hohe Marmorstatue von Avalokiteshvara (Chenrezig), auch Guanyin genannt, sowie ein Hotel. Boote zur Insel kosten 50 Yuan inklusive Eintritt.

Es stehen mehrere Gästehäuser in der Stadt zur Auswahl. In der **Sky & Sea Lodge** (海地生活; Haidi Shenghuo; ☎0872-246 1762; www.skysealodge.org; B 30–40 Yuan, DZ 100–280 Yuan; 📶) hat man einen herrlichen Blick über den See. Es gibt hier keine Taxis, man muss also einen Fußmarsch von 10 bis 15 Minuten durchs Dorf in Kauf nehmen und die Einheimischen nach dem Weg fragen. Es gibt auch eine einfache Pension auf der Insel. Hier kosten die Betten 60 Yuan.

In der Nähe von Wase liegt das andere Highlight am Ostufer: **Putuo Dao** (普陀岛; Insel Putuo) mit dem **Kleineren Putuo-Tempel** (小普陀寺; Xiaoputuo Si) auf einer unheimlich fotogenen Felsnase.

Inzwischen führen Straßen um den See, sodass man ihn ganz (oder teilweise) mit dem Mountainbike umrunden kann. Der neue Fahrradweg von Caicun zum Hafen von Tao Yuan bietet sich für eine tolle Tagestour an (die meisten Reisenden kehren allerdings in Xizhou um). Hardcore-Fahrradfahrer fahren noch weiter und umrunden den ganzen See (insgesamt 98 km). Da es keine Boote gibt, muss man entweder übernachten oder sich auf eine extrem lange Tagestour einstellen.

CANG SHAN 苍山

Dieser wunderschöne Gebirgszug erhebt sich majestätisch über Dali und hält die schönsten Wanderrouten der Gegend bereit. Erstes Ziel der meisten Urlauber ist der **Tempel Zhonghe** (中和寺; Zhonghe Si) am Hang des **Zhonghe Shan** (中和山; Zhonghe-Berg; Eintritt 30 Yuan; ⏲8–18 Uhr). Vorsicht: Am Tempel geben sich gern Hochstapler als Mönche aus, verteilen Weihrauch und verlangen dann 200 Yuan für eine Segnung.

Der Berg lässt sich gut erwandern. Wer einigermaßen gut in Form ist, schafft den schweißtreibenden Aufstieg in zwei bis drei Stunden (allerdings hat es Meldungen über Überfälle auf Alleinreisende gegeben). Von der alten Sesselliftstation (nicht mehr in Betrieb) geht's etwa 200 m Richtung Norden zum (oft ausgetrockneten) Flussbett, dann 50 m am linken Ufer entlang und durch den Friedhof. Dann dem Zickzackpfad unter dem Lift folgen. Wer die kleine Steintreppe erreicht hat, ist so gut wie oben. Das ist nur einer von mehreren Wegen zum Tempel.

Von beiden Seiten des Tempels Zhonghe zweigt ein Pfad ab, der sich die Bergvorderseite entlangwindet. Er führt durch steile, üppige Täler und an Flüssen und Wasserfällen vorbei. Vom Tempel führt eine schöne, 11 km lange Wanderung Richtung Süden zum **Tempel Gantong** (感通寺; Gantong Si), zum **Qingbi-Strom** (清碧溪; Qingbi Xi) und/oder zum **Guanyin-Pavillon** (观音堂; Guanyin Tang). Von hier aus führt ein Weg zur Straße, von wo aus man einen Bus nach Dali erwischen kann. Der Pfad nennt sich **Jadegürtelstraße** (玉带路; Yudai Lu) und ist befestigt und gut begehbar.

Dali & Erhai Hu

Zwischen dem Qingbi und dem Tempel Gantong verkehrt auch eine **Seilbahn** (einfach/hin & zurück 50/80 Yuan).

Eine Alternative ist die neue **Seilbahn** (hin & zurück 230 Yuan) zum **Pferdewaschteich** (洗马潭; Xi Ma Tan) hoch oben in den Bergen. Hier errichtete Kublai Khan Ende des 13. Jhs. seine Basis.

Etwas Luxus auf 2950 m Höhe bietet das **Higherland Inn** (高地旅馆; Gaodi Luguan; ☎266 1599; www.higherland.com; B 30 Yuan, DZ 80–120 Yuan) in der Nähe des Tempels Zhonghe – ideal, um den Menschenmengen in Dali zu entfliehen. Der Gasthof hat eine tolle Aussicht, regelmäßige Grillabende und nur wenige Zimmer, was den Aufenthalt sehr erholsam macht.

XIZHOU 喜洲

Die Altstadt von Xizhou mit ihrer gut erhaltenen Bai-Architektur ist wunderschön. Man kann die 18 km lange Fahrt mit dem Bus vom Westtor in Dali (10 Yuan) oder per Taxi (60 Yuan) zurücklegen. Aber auch eine Fahrradtour mit einer Übernachtung in Xizhou (in der Stadt gibt's genügend Unterkünfte) ist eine gute Idee.

Die beste Unterkunft ist das **Linden Centre** (喜林苑; Xi Lin Yuan; ☎0872-245 2988; www.linden-centre.com; DZ/Suite mit Frühstück 980/1480 Yuan; @ 📶), ein traditionelles Haus im chinesischen Stil, das zu einem Boutiquehotel umgewandelt wurde und von Amerikanern betrieben wird. Es hat 14 Zimmer mit antiker Einrichtung und modernen Bädern. Von den oberen Stockwerken aus hat man eine schöne Aussicht auf die umliegenden Felder. Das Hotel bietet Führungen durch den Ort an (150 Yuan pro Pers.).

Die interessante Stadt **Zhoucheng** (州城), 7 km weiter nördlich, besitzt ebenfalls einfache Unterkünfte.

Nuodeng 诺邓

☎0872

In diesem altmodischen Dörfchen, oft als „Tausend Jahre altes“ Dorf gepriesen, finden sich die dichteste Konzentration von Bai in Yunnan sowie einige der besterhaltenen Gebäude der gesamten Provinz. Abseits der Haupttouristenrouten, hat sich Nuodeng sein traditionelles Dorfleben bewahren können: Ponys und Esel stapfen die steilen Steinplattenstraßen hinauf, vorbei an traditionellen Lehmziegelhäusern mit verschnörkelten Toren, von denen viele noch aus der Zeit der Ming- und Qing-Dynastien stammen. Früher lebte Nuodeng vom Salzhandel und gehörte zur alten Tee- und Pferdestraße von Tibet nach Burma.

Sehenswertes

Nach der Brücke am Fuß des Dorfs kommt man an einem der ursprünglichen **Salzbrunnen** vorbei, der sich in einem Holzschuppen befindet. Das Dorf liegt auf einem steilen Hügel und die gewundenen Sträßchen führen zu einem imposanten **Konfuziustempel** (孔庙; Kong Miao), der heute die Grundschule des Ortes beherbergt (an der Decke sind noch detaillierte Fresken sichtbar). Weiter bergauf liegt der malerische **Yuhuang-Pavillon** (玉皇阁; Yuhuang Ge) aus dem 16. Jh.

Zentrum des Dorflebens ist der kleine Marktplatz. Hier kann man Sonne tanken und mit den älteren Einheimischen plaudern. Es kommt oft vor, dass man beim Herumwandern zum Tee nach Hause eingeladen wird – eine Chance, die man sich nicht entgehen lassen sollte!

Auf dem Weg von Yunlong nach Nuodeng zwingen die umliegenden Hügel den **Fluss Bi** in einen Mäander, der von oben betrachtet verblüffende Ähnlichkeit mit einem Yin-Yang-Symbol, einem **Taijitu** (太极图), hat. Vom Boden aus ist dieses Naturphänomen nicht zu erkennen, man muss zu einer Aussichtsplattform auf dem nahe gelegenen Hügel. Die 7 km lange Straße zum Pavillon besteht aus endlosen Serpentinen, eine mühsame und ermüdende Wanderung. Für 20 Yuan kann man sich per Rikscha hochbringen lassen.

Schlafen & Essen

Fujia Liufangyuan HERBERGE €
(复甲留方苑; ☎552 5032; B 15 Yuan, DZ 50 Yuan; @) Schönes Bai-Gasthaus mit Innenhof und einem üppigen Bougainvilleagarten. Die Plumpsklos sind etwas primitiv, aber insgesamt ist es hier freundlich und gemütlich. Für 5 Yuan extra gibt's eine Führung durch das Privatmuseum der Inhaber mit Artefakten aus der Region. Gut essen kann man hier auch; ein Abendessen im Kreis der Familie kostet 15 Yuan.

An- & Weiterreise

Busse (42 Yuan, 3–4 Std., 6-mal tgl., 7.30–11.30 Uhr) fahren vom Fernbusbahnhof in Xiaguan zur Bezirksstadt **Yunlong** (云龙), und von dort geht's per Dreiradrikscha (15–20 Yuan) die restlichen 7 km nach Nuodeng weiter. Zurück nach Xiaguan gilt ein ähnlicher Fahrplan, und der letzte Bus fährt um 15 Uhr ab. In nördlicher Richtung fährt täglich ein Bus (33 Yuan, 5–6 Std., 8 Uhr) nach Jianchuan. Nach Liuku fahren sechs Busse (52 Yuan, 4–5 Std.) zwischen 7 und 13 Uhr. Minibusse zu diesen Zielen fahren in der Nähe des Busbahnhofs in Yunlong ab, sobald genügend Fahrgäste da sind.

Shaxi 沙溪

☎0872

Das Dörfchen Shaxi, 120 km nordwestlich von Dali, liegt in einem Zeitloch, in dem es auf Schritt und Tritt widerhallt von Pferdegetrappel und den Rufen einstiger Händler.

Früher war Shaxi ein wichtiger Knotenpunkt an einer der alten Tee- und Pferdestraßen, die sich von Yunnan bis nach Indien erstreckten. Nur drei dieser früheren Karawanenrastplätze existieren noch. Davon ist Shaxi am besten erhalten und außerdem der einzige Ort, an dem (an Freitagen) nach wie vor ein Markt stattfindet.

Wegen seiner Holzhäuser, Innenhöfe und schmalen, gewundenen Straßen gibt Shaxi inzwischen eine beliebte Kulisse für chinesische Historienfilme und Fernsehshows ab; dennoch bleibt es ein wundervoll verschlafener Ort, wo Nachtleben bedeutet, unter freiem Sternenhimmel zu sitzen und dem Quaken der Frösche in den Reisfeldern zuzuhören.

Sehenswertes

Die Sideng Jie (寺登街) biegt von der Hauptstraße ab und führt in die Altstadt. Nach 300 m bergab kommt man zum reich mit Fresken verzierten **Xingjiao Si** (兴教寺; Tempel Xingjiao), dem einzigen buddhistischen Tempel der Bai aus der Ming-Dynastie. Derzeit dient er als Ausstellungshalle für Stadtrenovierungsprojekte, er soll jedoch wieder als Tempel in Betrieb genommen werden. Auf der anderen Seite des Hofs steht der **Drei-Terrassen-Pavillon** (魁星阁; Kuixingge), dessen charakteristische **Theaterbühne** (古戏台; *guxitai*), im ländlichen China eher eine Seltenheit darstellt. Hier gibt es ein kleines Museum; den Schlüssel hat der Wachmann am Tempel. Das absolute Highlight ist jedoch der **Ouyang-Hof** (欧阳大院; Ouyang Dayuan), ein prächtiges Beispiel für volkstümliche Mehrfamilienhäuser der Bai: Nur eine Mauer umgibt drei Höfe bzw. Wohnstätten. Zur Zeit der Ming-Ära war dies ein „Fünfsternehotel" und im Obergeschoss stößt man auf außergewöhnlich schöne Holzschnitzereien. Während der Arbeit an diesem Reiseführer war der Zutritt zu den Sehenswürdigkeiten der Stadt kostenlos (was sich aber geändert haben kann).

Durch das Osttor nach draußen und fünf Minuten südlich am Fluss Hui (惠江; Hui Jiang) entlang, dann über die alte **Yijin Qiao** (玉津桥; Yujin-Brücke), lässt sich ein Stück des alten Karawanenwegs zurückverfolgen. (Man muss genau hinschauen, aber angeblich, so versichern die Einheimischen, sind noch Abdrücke von Pferdehufen im Felsgestein zu erkennen).

Ansonsten bietet sich die Gegend für Wanderungen an. In den Unterkünften gibt's Karten mit genügend Wanderrouten für mehrere Tage.

Schlafen & Essen

Einige der alten Häuser mit Innenhöfen an der Sideng Jie und drum herum wurden zu Gasthäusern der gehobenen Klasse umfunktioniert, aber es gibt auch Schlafstätten mit Betten ab 20 Yuan.

Manche dieser Herbergen sind gleichzeitig auch Cafés oder Restaurants, außerdem sind da noch die winzigen Esslokale an der örtlichen Hauptstraße.

Horsepen 46 HERBERGE €
(马圈 46 客栈; Majuan Sishiliu *kezhan*; ☎472 2299; www.horsepen46.com; 46 Sideng Jie; 寺登街 46 号; B 25 Yuan, Zi. 60–120 Yuan; @☎) Beliebte YHA-Herberge mit hübschen Zimmern unterschiedlicher Größe und Grundrisse um einen sonnigen kleinen Innenhof. Die Atmosphäre ist locker, die Reisenden entspannen bei einem guten Buch oder essen am Gemeinschaftstisch zusammen zu Abend (20 Yuan). Die Mitarbeiter sind hilfsbereit, sprechen Englisch und organisieren gern auch Wanderungen durch die Umgebung sowie Felsenkletter- oder Kajaktouren.

Tea and Horse Caravan Trail Inn HERBERGE €
(古道客栈; Gudao *kezhan*; ☎472 1051; 83 Sideng Jie; 寺登街 83 号; EZ & DZ ohne/mit Bad 50/120 Yuan) Die preiswerten Zimmer in diesem freundlichen Haus sind einfach und sauber, die teureren sind besser mit gemütlichen Betten, großen Bädern und dem Blick auf eine hübsche Gartenanlage. Es gibt Ermäßigungen von 30%.

Old Theatre Inn BOUTIQUEHERBERGE €€
(戏台会馆; Xitai Huiguan; ☎472 2296; reservations @shaxichina.com; Duanjiadeng Village; 段家登; Zi. mit Frühstück 250 Yuan; @📶) Die idyllische Herberge war vor 200 Jahren ein Theater mit angeschlossenem Gasthaus. Das Gebäude wurde liebevoll restauriert mit modernen Zimmern und einem Café, in dem das alte Flair noch zu spüren ist. Sie liegt 3 km nördlich von Shaxi, und für 20 Yuan kann man ein Fahrrad für Erkundungstouren mieten.

Karma Cafe CAFÉ €
(卡玛聚; Ka Ma Ju; Sideng Jie; Gerichte ab 12 Yuan; ⌚8–22 Uhr; 📋) Im Ambiente des alten Shaxi kann man hier nach einem langen Tag schön entspannen. Es gibt westliche Mahlzeiten sowie einige teurere chinesische und tibetische Gerichte. Tipp: Das Frühstück im westlichen Stil mit French Toast, Eiern und Joghurt.

Orange CHINESISCH €
(桔子饭店; Juzi Fandian; Xin Cheng; ⌚7–22.30 Uhr; 📋) Bei den Einheimischen sehr beliebtes Lokal in der Neustadt mit traditioneller Bai- und chinesischer Küche. Es gibt leckere Nudeln und Suppe mit Teigtaschen oder man sucht sich per Fingerzeig Gemüse aus der Kühlvitrine aus und lässt sich eine Gemüsepfanne braten.

An- & Weiterreise

Zwischen Jianchuan und Shaxi verkehren stündlich Busse (10 Yuan, 1 Std.). Sammeltaxis halten auch am Shibao Shan. Für die Weiterreise muss man zurück nach Jianchuan. Nach Dali fahren regelmäßig Busse (37 Yuan) zwischen 6.30 und 18 Uhr. Busse nach Lijiang (21 Yuan) fahren um 8, 9.30, 11.30, 13.30 und 15.30 Uhr. Nach Kunming (157 Yuan) gibt's Busse um 9.30 und 18 Uhr und nach Shangri-la (53 Yuan) um 8.30 und 9.30 Uhr.

Shibaoshan 石宝山

Ein paar Kilometer nördlich von Shaxi liegen die **Grotten des Steinschatzbergs** (石宝山石窟; Shibaoshan Shiku; Eintritt 50 Yuan; ⌚8.30–17 Uhr) mit Tempeln, einem uralten Zypressenwald sowie Wasserfällen. Ein schönes Ziel für einen Halbtagesausflug.

Von Shaxi ist es nicht weit zum **Steinglockentempel** (石钟寺; Shizhong Si). Hier sind einige der besten Felsskulpturen der

DIE TEE- UND PFERDESTRASSE

Weniger bekannt als die Seidenstraße, aber ebenso bedeutend in Bezug auf Handel und den Austausch von Gedankengut, Menschen und Religionen, ist die Tee- und Pferdestraße (茶马古道; Chamagudao), die den Südwesten Chinas via Tibet mit Indien verbindet. Im Grunde handelte es sich dabei mehr um aneinandergereihte Karawanenrouten als um eine durchgehende Straße. Sie führten auch durch Teile Sichuans, Burmas, Laos' und Nepals. Die Pfade starteten tief im Dschungel von Xishuangbanna. Dann verliefen sie weiter nach Norden, durchquerten Dali und Lijiang und die dünne Luft der Berge des Himalayas in Richtung Lhasa, Tibets Hauptstadt, um schließlich nach Süden, in Richtung Indien und Burma abzudrehen.

Obgleich archäologische Funde darauf hinweisen, dass vor Tausenden von Jahren diese Routen in Abschnitten bereits vorhanden waren, erblühte die Straße eigentlich erst in der Tang-Dynastie (618–907 n. Chr.). Wegen ihres großen Appetits auf Tee vereinbarten die Tibeter mit dem chinesischen Kaiserhof, Tee aus Yunnan gegen jene wertvollen Pferde einzutauschen, die auch die tibetischen Krieger ritten. Zur Zeit der Song-Dynastie (960–1279 n. Chr.) kamen jährlich 20 000 Pferde herunter nach China, während allein in 1661 etwa 1,5 Mio. kg Tee ihren Weg nach Tibet fanden.

Die Karawanen aus Pferden, Maultieren und Yaks transportierten auch Zucker und Salz. Buddhistische Mönche, christliche Missionare und Heere fremder Länder benutzten die Wege ebenfalls, um zwischen Burma, Indien und China hin- und herzureisen. Im 18. Jh. stellte China den Pferdehandel mit Tibet ein, und der allmähliche Niedergang der Handelsroute begann. Ihre letzten glorreichen Tage sah sie im Zweiten Weltkrieg, als sie für die Alliierten, die die Japaner in China bekämpften, eine lebenswichtige Versorgungslinie für Anlieferungen aus Indien bildete. Der anschließende Friedensvertrag und die kommunistische Machtübernahme in 1949 setzten der Ära ein Ende.

Bai in ganz Südchina zu bestaunen. Sie vermitteln Einsichten in das Leben am Hof von Nanzhao im 9. Jh. (und enthalten einige – nun ja – frivole Darstellungen weiblicher Genitalien). Der Fußmarsch zum Steinglockentempel über das **Dorf Shadeng** (沙登箐; Shadeng Qing) dauert etwa drei Stunden. Von Shaxi aus läuft man 1,5 km nach Norden, biegt am Schild (nach Shadeng Qing) links ab und läuft noch mal 1 km bis zum Fuß des Bergs. Der Weg den Berg hinauf ist leicht zu erkennen. Zwischen dem Dorf und dem Steinglockentempel gibt es verschiedene Tempel, Grotten und Felsskulpturen.

Auf der anderen Seite des Shibao Shan (12 km vom Steinglockentempel entfernt) liegt der beeindruckende **Tempel Baoxiang** (宝相寺; Baoxiang Si). Die imposante Tempelanlage aus der Zeit der Song-Dynastie ist in die Felswand hinein gebaut. Am besten erreicht man den Tempel Baoxiang mit dem Auto von Shaxi. Ein Taxi kostet 150 Yuan. Die Straße nach Baoxiang verläuft durch das Haupttor des Shibao-Shan-Parks, wo man ein Ticket kaufen muss. Vom Tor bis zum Tempel sind es 6 km. Wer von Shaxi aus zu Fuß zum Steinglockentempel läuft, umgeht das Haupttor und kann ein „inoffizielles" Ticket für ca. 25 Yuan bekommen (eventuell muss man ein bisschen handeln).

DER NORDWESTEN YUNNANS

Lijiang 丽江

0888 / 40 000 EW. (ALTSTADT)

Wie beliebt ist dieser vergessene Ort, dass er derart überlaufen ist? Lijiangs Gewirr kopfsteingepflasterter Straßen mit seinen klapprigen – oder oft auch nur klapprig aussehenden – Holzhäusern und seinen sprudelnden Wassergräben empfängt jährlich etwa 5 Mio. Besucher. In den engen Gässchen tummeln sich an den meisten Tagen derart undurchdringliche Menschenmassen, dass man meinen könnte, die fünf Millionen wären alle gleichzeitig eingetroffen.

Aber auch hier gilt die 80:20-Regel: 80 % der Touristen tummeln sich in 20 % der Örtlichkeiten. Da heißt es früh genug aufstehen, um den Menschenansammlungen öfter mal aus dem Weg zu gehen. Sobald die aber auftauchen, ist dies das Stichwort, sich ein Fahrrad zu schnappen und eins der nahe gelegenen Dörfer zu besuchen.

Die Stadt Lijiang, die seit 1997 zum Unesco-Weltkulturerbe gehört, ist zweigeteilt: Die Altstadt und die so ganz andere, moderne neue Stadt. Die meisten verbringen jedoch ihre Zeit in der Altstadt. Wer die Orientierung verliert (was den meisten passiert), schwimmt am besten gegen den Strom an und wird so zum zentral gelegenen Platz zurückfinden.

Sehenswertes

In den meisten Unterkünften erhält man gegen Zahlung einer „Schutzgebühr" von 80 Yuan freien Zutritt zum Teich des Schwarzen Drachen. Auch an einigen anderen Sehenswürdigkeiten wie dem Jadedrachen-Schneeberg wird der Zahlungsnachweis über diese Gebühr verlangt.

Altstadt HISTORISCHES GEBIET

Die Altstadt (古城) zerschneidet ein Netz arterienartiger Kanäle, die einst das Trinkwasser aus der Yuguan-Quelle zum heutigen Teich-des-Schwarzen-Drachen-Parks führten. In der Stadt sind auch heute noch mehrere Brunnen und Becken in Gebrauch (aber schwer zu finden). Dort, wo es drei Becken gab, wurden diese für die Trinkwassernutzung, zum Gemüseputzen und zum Wäschewaschen eingeteilt. Ein berühmtes Beispiel ist das **Weiße-Pferdedrachen-Becken** (白马龙潭; Baimalong Tan; 7–22 Uhr) tief im Süden der Altstadt, wo noch heute kauzige Einheimische ihr Gemüse waschen, das sie zuvor auf dem Markt gekauft haben.

Mittelpunkt der Altstadt ist der betriebsame **Alte Marktplatz** (四方街; Sifang Jie). Er war einst der Handelsplatz der Naxi, doch längst haben sich hier Stände mit kitschigen Souvenirs breitgemacht. Trotzdem ist der Blick zum Hügel und auf die umliegenden Straßen noch immer ein besonderes Erlebnis.

Der heute als eine Art Wach- und Aussichtsturm dienende **„Blick in die Vergangenheit"-Pavillon** (望古楼; Wanggu Lou; Eintritt 15 Yuan; 7–21 Uhr) hat ein einzigartiges Design mit Dutzenden von Säulen, die das vierstöckige Gebäude stützen – das Holz dafür stammt aus Wäldern mit alten Baumbeständen im Norden Yunnans.

Ein absolutes Highlight ist der **Zhongyi-Markt** (忠义市场; Zhongyi Shichang; 6–

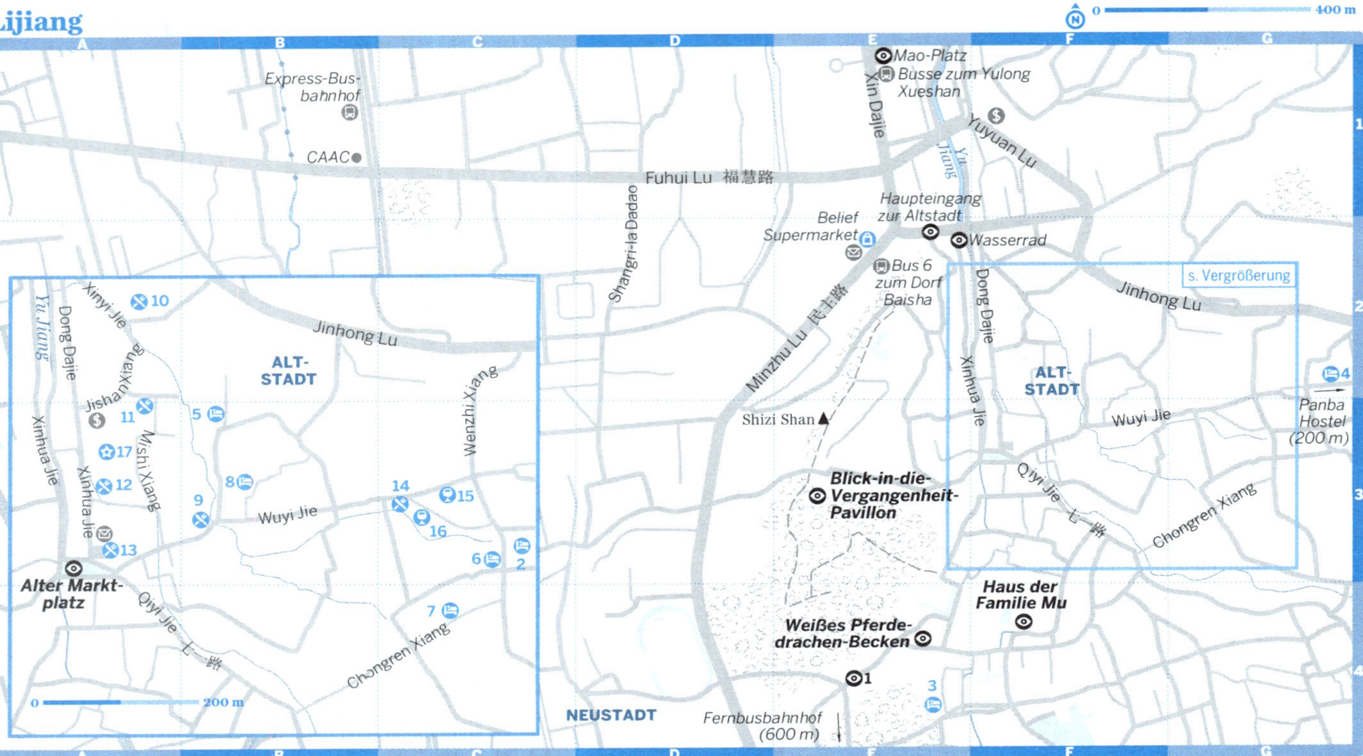
Lijiang
0
400 m
Mao-Platz
Busse zum Yulong Xueshan
Xin Dajie
Yuyuan Lu
Yu Jiang
Express-Busbahnhof
CAAC
Fuhui Lu 福慧路
Shangri-la Dadao
Haupteingang zur Altstadt
Belief Supermarket
Wasserrad
Bus 6 zum Dorf Baisha
Minzhu Lu 民主路
s. Vergrößerung
Jinhong Lu
Dong Dajie
Xinhua Jie
ALT-STADT
Wuyi Jie
Panba Hostel (200 m)
Shizi Shan
Blick-in-die-Vergangenheit-Pavillon
Qiyi Jie 七一路
Chongren Xiang
Haus der Familie Mu
Weißes Pferdedrachen-Becken
NEUSTADT
Fernbusbahnhof (600 m)
Xinyi Jie
Jishan Xiang
Mishi Xiang
Wenzhi Xiang
Alter Marktplatz
0
200 m

Lijiang

Highlights

Alter Marktplatz ... F3
Blick-in-die-Vergangenheit-Pavillon ... E3
Haus der Mu Family ... F4
Weißes-Pferdedrachen-Becken ... E4

Sehenswertes

1 Zhongyi-Markt ... E4

Schlafen

2 Blossom Hill ... C3
3 Crowne Plaza Lijiang ... E4
4 Garden Inn ... G2
5 Lijiang International Youth Hostel ... B3
6 Mama Naxi's Guesthouse 1 ... C3
7 Mama Naxi's Guesthouse 3 ... C4
8 Zen Garden Hotel ... B3

Essen

9 Ama Yi Naxi Snacks ... B3
10 Lamu's House of Tibet ... A2
11 N's Kitchen ... A3
12 Prague Coffee ... A3
13 Sakura Good Food Square ... A3
14 Tian He Canting ... C3

Ausgehen

15 Freshnam ... C3
16 Stone The Crows ... C3

Unterhaltung

17 Naxi-Orchester ... A3

17 Uhr). Hier verkaufen die Einheimischen Obst und Gemüse, Kupferartikel und Vieh. Wer das ursprüngliche Lijiang erleben möchte, wird hier fündig.

Teich-des-Schwarzen-Drachen-Park LANDSCHAFTSPARK
(黑龙潭公园; Heilongtan Gongyuan; Xin Dajie; Eintritt frei bei Vorlage des Altstadttickets zu 80 Yuan; ⌚7–20.30 Uhr) Im nördlichen Teil der Stadt befindet sich der Teich-des-Schwarzen-Drachen-Park. Der Blick zum Yulong Xueshan (Jadedrachen-Schneeberg) zählt zu den meistfotografierten Motiven Südwestchinas. Das **Forschungsinstitut Dongba** (东巴文化研究室; Dongba Wenhua Yanjiushi; ⌚Mo–Fr 8–17 Uhr) ist Teil eines renovierten Gebäudekomplexes in Hanglange. Ausgestellt werden hier Artefakte der Naxi sowie deren Schriftrollen mit einer einzigartigen, aus Piktogrammen bestehenden Schrift.

Fußwege führen zum **Xiang Shan** (Elefantenhügel) und einem baufälligen Pavillon, dann geht's über einen schwierigen Grat an einem Kommunikationszentrum vorbei und auf der anderen Seite zurück, eine schöne Morgentour. Unbedingt die Warnhinweise s. auf S. 747 beachten!

Das **Museum der Naxi-Dongba-Kultur** (纳西东巴文化博物馆; Naxi Dongba *wenhua bowuguan*; Eintritt frei; ⌚9–17 Uhr) liegt am nördlichen Parkeingang und bietet eine gut verständliche Einführung in den traditionellen Lebensstil der Naxi und ihre Religion, ausnahmslos mit gut gemachten englischen Erläuterungen.

Hinweis: Der Teich ist in den letzten Jahren wiederholt ausgetrocknet und deshalb für viele Besucher eine Enttäuschung. Lieber vor dem Besuch in der Unterkunft nachfragen, ob Wasser da ist.

Mu-Wohnsitz HISTORISCHE STÄTTE
(木氏土司府; Mushi Tusifu; Eintritt 60 Yuan; ⌚8.30–17.30 Uhr) Hier, an der Wohnstätte eines einstigen Naxi-Stammesfürsten, wurden nach dem verheerenden Erdbeben, das Lijiang 1996 heimsuchte, erhebliche Renovierungsarbeiten durchgeführt (die eher auf einen kompletten Neuaufbau hinausliefen). Die unzulänglichen Beschriftungen geben wenig Aufschluss über die Familie Mu, doch die wunderschöne Anlage ist für viele Reisende ein ausreichender Grund für einen Besuch.

Feste & Events

Fruchtbarkeitsfest KULTURFESTIVAL
Am 13. Tag des dritten Mondmonats (Ende März oder Anfang April) findet traditionell dieses Festival statt.

Fackelfest FEUER
Im Juli folgt das Fackelfest (Huoba Jie), das auch von den Bai in der Gegend von Dali und den Yi im Südwesten begangen wird. Der Ursprung dieses Festes geht auf eine Intrige im Nanzhao-Königreich zurück: Eine Frau, deren Mann vom König zum Feuertod verurteilt worden war, entkam den Annäherungsversuchen des Monarchen, indem sie selbst ihrem Mann ins Feuer folgte.

Schlafen

In der Altstadt besteht kein Mangel an Naxi-Pensionen. Es gibt weit über tausend Übernachtungsmöglichkeiten im alten Teil Lijiangs, und stetig kommen neue hinzu. Die meisten haben weniger als zehn Zimmer. In der Hochsaison (besonders in der Ferienzeit) sind die Preise doppelt so hoch (oder noch höher).

LP TIPP Blossom Hill BOUTIQUEHOTEL €€€
(花间堂客栈; Huajian Tang *kezhan*; ☎516 9709; www.blossomhillinn.com; 97 Wenzhi Xiang; 文治巷 97 号; DZ 480–580 Yuan, Suite 800 Yuan; @📶) Das liebevoll restaurierte Boutiquegasthaus passt mit seinem klassischen Dekor perfekt in die Weltkulturerbestadt. In den Zimmern finden sich handgefertigte Holzmöbel, Antiquitäten und kunstvolle Akzente wie in wassergefüllten Messingschalen schwimmende Blumen. Die großen, modernen Badezimmer mit hölzernen Wannen lassen keine Wünsche offen und in den Gemeinschaftsbereichen gibt es eine kleine Bibliothek und einen Filmraum. Gleich neben dem Gasthaus liegt ein gehobenes italienisches Restaurant.

LP TIPP Garden Inn HERBERGE €
(紫藤花园客栈; Ziteng Huayuan *kezhan*; ☎151 0887 3494; 7 Wenming Xiang, Wuyi Jie, Yishang; 义尚村五一街文明巷 7 号; B 30 Yuan, EZ & DZ 100–150 Yuan; @📶) Beliebte Backpacker-Unterkunft mit hellen, luftigen Zimmern und Blick über die Stadt. In der großen Lounge kann man westlich oder chinesisch essen und sich im sonnigen Außenbereich tagsüber mit anderen Reisenden tummeln. Das freundliche Personal spricht Englisch, es gibt eine Do-it-yourself-Wäscherei und man kann Touren buchen.

DAS GLÜCK NICHT HERAUSFORDERN

In der Stadtgeschichte Lijiangs gibt es eine nette Anekdote: Das ursprüngliche Oberhaupt der Naxi, das im Mu-Wohnsitz lebte, sträubte sich dagegen, einen Mauerring um die Altstadt ziehen zu lassen. Würde nämlich das chinesische Schriftzeichen für den Familiennamen *mu* (Holz) mit einem Kästchen umrandet, so würde sich dessen Bedeutung zu *kun* (eingezäunt, bedrängt) verändern.

Panba Guesthouse HOSTEL €
(潘巴家院青年旅舍; Panba Jiayuan Qingnian Lushe; ☎511 9077; panba.hostel@gmail.com; 63 Wenming Xiang, Wuyi Jie, Yishang; 义尚村五一街文明巷 63 号; B 35–45 Yuan, Zi. 140 Yuan; @📶) Dieses immer beliebter werdende Haus im ruhigen östlichen Teil der Wuyi Jie ist 15 Gehminuten vom Altstadtzentrum entfernt und liegt damit deutlich fernab des Touristenrummels. Die Zimmer sind ausreichend groß und haben gemeinsame Balkone und moderne Bäder. Das motivierte Personal erhält nur die besten Kritiken. Im Voraus buchen.

Zen Garden Hotel HOTEL €€€
(瑞和园酒店; Ruihe Yuan Jiudian; ☎518 9799; www.zengardenhotel.com; 36 Xingren Lane, Wuyi Jie; 五一街兴仁下段 36 号; DZ/Suite 500/1200 Yuan; @) Wie der Name vermuten lässt, ist dies ein heiter und friedvoll stimmendes Etablissement. Es wird von einer Naxi-Lehrerin geführt, deren Bruder, ein Künstler, an der Dekoration beteiligt war. Möbel und Raumgestaltung sind in den Gemeinschaftsräumen beeindruckend, die Zimmer stellen sich dagegen etwas funktioneller dar als ihr Preis suggeriert.

Mama Naxi's Guesthouse PENSION €
(古城香格韵客栈; Gucheng Xianggeyun *kezhan*; ☎510 7713; 70 Wangjia Zhuang Lane, Wuyi Jie; 五一街文化巷 70 号; B 25–30 Yuan, EZ & DZ 60–150 Yuan; @📶) Mama, ein echtes Energiebündel, betreibt zwei nebeneinander liegende Gästehäuser, Pension „1" und „3" („2" ist in Dali). Haus „3" in der Gasse Wangjia Zhuang bietet Schlafsäle sowie kleine, aber saubere Standardzimmer, darüber hinaus Gelegenheit für Kontakte und Informationsaustausch sowie billiges Essen. Es kann etwas laut werden, wenn in der Hochzeitskapelle nebenan eine Naxi-Hochzeit stattfindet. Haus „1" in der Wangjia Zhuang 78 (☎510 0700) hat keine Schlafsäle und ist etwas ruhiger.

Crowne Plaza Lijiang HOTEL €€€
(丽江和府假日酒店; Lijiang Hefu Jiari Jiudian; ☎558 8888; www.crowneplaza.cn; 276 Xianghe Lu; 祥和路 276 号; DZ ab 1438 Yuan; @📶🏊) Das beste Hotel in Lijiang. Ein magischer Ort mit hohen Decken, kleinen Gärten und fantastischem Blick auf den Jadedrachen-Berg. Zu den weiteren Annehmlichkeiten zählen zwei Restaurants (darunter auch ein brasilianischer Grill), ein Swimmingpool, ein Day-Spa und ein Spielraum für Kinder.

DIE NAXI

Lijiang war in den vergangenen 1400 Jahren die Heimat der aus 286 000 Stammesmitgliedern bestehenden Naxi (纳西; auch Nakhi oder Nahi geschrieben). Die Naxi stammen von Qiang-Stämmen tibetischer Herkunft ab und lebten bis vor Kurzem in einer matrilinearen Gesellschaftsform. Da die lokalen Herrscher stets Männer waren, handelt es sich um kein Matriarchat im strengen Sinne, Frauen hatten hier aber offensichtlich dennoch das Sagen.

Ihre Macht über die Männer bezogen die Naxi-Matriarchinnen aus flexiblen Arrangements für Liebesbeziehungen. Das *azhu*-(Freund-)System ermöglichte es einem Paar, eine Beziehung zu führen, ohne in eine gemeinsame Wohnung zu ziehen. Beide Partner lebten weiter in ihrem bisherigen Heim; der Freund verbrachte die Nächte im Haus der Freundin, kehrte aber am Tag ins Haus der Mutter zurück, wo er lebte und arbeitete. Bekam das Paar Kinder, so gehörten diese zu der Frau und sie war dafür verantwortlich, sie großzuziehen. Der Mann unterstützte sie dabei; wurde die Beziehung jedoch beendet, dann war es auch mit der Unterstützung vorbei. Kinder lebten bei ihren Müttern und niemand bemühte sich sonderlich um die Anerkennung der Vaterschaft. Frauen erbten alle Besitztümer, und Streitereien wurden von älteren Frauen geschlichtet.

Das Matriarchat hinterließ in der Sprache der Naxi starke Spuren. Substantive erhalten eine stärkere Bedeutung, wenn das Wort für „Frau" angehängt wird; umgekehrt schwächt der Zusatz des Wortes für „Mann" ihre Bedeutung ab. So bedeutet zum Beispiel das Wort für „Stein" plus „Frau" so etwas wie Felsbrocken, während „Stein" plus „Mann" eher einen Kieselstein meint.

Lijiang International Youth Hostel HOSTEL €

(丽江老谢车马店; Lijiang Laoxie Chemadian; ☎518 0124; 44 Mishi Xiang, Xinyi Jie; 新义街密士巷 44 号; B 25 Yuan, EZ & DZ 50–120 Yuan, 3BZ 150–180 Yuan; @📶) Die Schlafsäle hier sind groß (acht und zwölf Betten) und ein wenig heruntergekommen, die Zimmer sind zweckmäßig, aber es gibt einen tollen Bar- und Gemeinschaftsbereich und das Personal ist hilfsbereit.

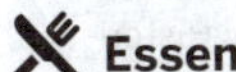

Essen

Im Bereich der Altstadt herrscht an Restaurants wahrlich kein Mangel, und fast auf jeder Karte finden sich sowohl chinesische als auch westliche Gerichte.

Die typische Spezialität des Ortes heißt *baba* – dicke Fladenbrote aus Weizen, die entweder ohne alles oder mit Fleisch, Gemüse bzw. mit süßen Füllungen serviert werden. Auf den Speisekarten werden stets verschiedene Naxi-Gerichte angeboten, darunter das berühmte Naxi-Omelette und das Naxi-Sandwich (Ziegenkäse, Tomaten und Spiegelei zwischen zwei Lagen von *baba*). Der lokal erzeugte *qing mei jiu*, ein Wein aus Pflaumen mit einer 500-jährigen Geschichte, ist ebenfalls nicht zu verachten. Er schmeckt wie ein ganz passabler, halbtrockener Sherry.

Sakura Good Food Square YUNNAN-KÜCHE €

(樱花美食广场; Yinghua Meishi Guangchang; Qiyi Jie; ⏱ab 10 Uhr) Wer einen leckeren Snack möchte, sollte auf dem Open-Air-Lebensmittelmarkt vorbeischauen. Hier gibt es allerlei appetitliche mundgerechte Leckereien, darunter viel Typisches aus Lijian. Sehr lecker sind die *naxi kao qiezi* (纳西烤茄子; nach Art der Naxi gegrillte Aubergine), die in einer bootsförmigen Kruste serviert werden, der *tu dou bing* (土豆饼; Kartoffelpfannkuchen nach Art der Naxi), und *naxi kaola chang* (纳西烤腊肠; gesalzene Grillwurst nach Naxi-Art) aus Schweinefleisch, Fett und Pfeffer. Zum Nachtisch empfiehlt sich die köstliche *naxi nuomi tuan* (纳西糯米团), eine Klebreiskugel mit Füllung aus *hongdousha* (红豆沙; roten Bohnen), *shicai* (蔬菜; Gemüse) oder *rou* (肉; Fleisch).

Ama Yi Naxi Snacks YUNNAN-KÜCHE €€

(阿妈意纳西饮食院; Amayi Naxi Yinshi Yuan; Wuyi Jie; Gerichte ab 22 Yuan; ⏱11–21.30 Uhr) Der Name wird der kleinen, aber ausgesprochen authentischen Auswahl an Blüten der Naxi-Kochkunst, die in diesem beschaulichen Innenhof gereicht werden, nicht annähernd gerecht. Ganz besonders empfehlenswert sind die fantastischen

Pilzgerichte sowie *zhutong fan*, köstlicher, in Bambusblätter gewickelter Reis. Das Lokal befindet sich am Ende einer kleinen Nebengasse der Wuyi Jie, nahe der Steinbrücke.

Lamu's House of Tibet TIBETISCH €€
(西藏屋西餐馆; Xizangwu Xicanting; 56 Xinyi Jie; Gerichte ab 20 Yuan; 7–24 Uhr;) Die freundliche Lamu zaubert bereits seit über einem Jahrzehnt ein Lächeln ins Gesicht all ihrer Gäste und herzhafte tibetische und internationale Gerichte auf den Tisch. Über eine kleine Holztreppe erreicht man die obere Ebene, von der aus man herrlich Menschen beobachten kann. Besonders empfehlenswert sind der ausgezeichnete Naxiburger, Pasta oder Steak. Es gibt auch eine schöne Auswahl an Taschenbüchern, mit denen man sich die Wartezeit vertreiben kann.

Prague Coffee WESTLICH, YUNNAN-KÜCHE €€
(布拉格咖啡; Bulage Kafei; 80 Mishi Xiang; Gerichte ab 20 Yuan; 9–23 Uhr;) Idyllisches Café im westlichen Stil mit gemütlichem kleinen Räumchen im Obergeschoss und Jazzmusik. Auch verschiedenste englische Bücher und Reiseführer stehen zum Verkauf. Es gibt ein gutes Frühstück, und es werden Pasta und Burger im westlichen Stil zubereitet, aber auch leckere chinesische, japanische und Naxi-Gerichte (auf Sonderwunsch auch das Naxi-Ziegenkäse-Sandwich) stehen auf der Speisekarte.

Tian He Canting YUNNAN-KÜCHE €
(天和餐厅; 139 Wuyi Jie; Gerichte ab 10 Yuan; 7–23 Uhr) In der Altstadt ist es schwierig, ein Lokal zu finden, das typisch für die Gegend ist und nicht auch westliche Küche anbietet, aber das Tian He trifft mit seinem Mix aus Naxi-Speisen und chinesischen Basisgerichten (z. B. Teigtaschen, Eintöpfe und *gong bao ji ding*) genau ins Schwarze.

N's Kitchen WESTLICH €€
(二楼小厨; Erlou Xiaochu; 17 Jishan Xiang, Xinyi Jie; Gerichte ab 22 Yuan; 9–21 Uhr;) Hier lohnt es sich, die steile Treppe zu erklimmen, um anschließend eines der besten Frühstücke der Stadt oder einen Monsterburger zu genießen, begleitet von einem freundlich strahlenden Willkommensgruß. Die Preise sind allerdings etwas höher als in den meisten anderen westlichen Restaurants. Man bekommt in diesem Lokal außerdem gute Reiseinformationen und Bustickets.

Ausgehen

In der Xinhua Jie, direkt neben dem Alten Marktplatz, wimmelt es von typischen chinesischen Trinkbuden.

Freshnam BAR, CAFÉ
(119 Wuyi Jie; ab 11 Uhr) Für westliche Geschmäcker bietet sich das Freshnam an, Treffpunkt der in China lebenden Ausländer. Die Mischung aus Bar und Café wird von Koreanern betrieben und es gibt jeden Abend Livemusik.

Stone the Crows BAR
(134–2 Wenzhi Xiang; ab 19 Uhr) Ein Geheimtipp ist die von Iren betriebene Bar „Stone the Crows". In ziemlich baufälligem, aber äußerst reizendem Ambiente kann man in netter Gesellschaft billig Bier trinken. Auf der Wuyi Jie nach Osten gehen, dann liegt die Bar in der Gasse vor dem Freshnam.

Unterhaltung

Naxi-Orchester MUSIK
(纳西古乐会; Naxi Guyue Hui; Naxi Music Academy; Karten 120–160 Yuan; Vorstellungen um 20 Uhr) Eine Aufführung des hiesigen Or-

NAXI-HIEROGLYPHEN

Vor über 1000 Jahren erarbeiteten die Naxi eine Schriftsprache, in der ein außergewöhnliches System von Piktogrammen zur Anwendung kam – es ist die einzige Hieroglyphenschrift, die heute noch in Gebrauch ist. Der berühmteste Naxi-Text ist die klassische Schöpfung der Dongba. Historische Ausfertigungen hiervon sowie von anderen Texten sind heute in Lijiang und in den Archiven einiger amerikanischer Universitäten zu finden. Die Dongba waren die Schamanen der Naxi und wachten als solche über das Schriftwesen. Gleichzeitig wirkten sie auch als Bindeglied zwischen den Menschen und der spirituellen Welt. Die Dongba-Religion, ein Ableger des tibetischen präbuddhistischen Bön-Glaubens, verband letztendlich Elemente des tibetischen Buddhismus, des islamischen Glaubens und des Taoismus.

Nützliche Begriffe der Naxi-Sprache sind *nuar lala* (Hallo) und *jiu bai sai* (Danke).

chesters in einem der schönen Altstadtgebäude zu besuchen, ist eine der wenigen Möglichkeiten zur abendlichen Unterhaltung in Lijiang. Nicht allein, dass alle der etwa zwei Dutzend Mitglieder Naxi sind, sondern sie spielen eine ganz bestimmte Art taoistischer Tempelmusik (bekannt als *dongjing*), die sich an keinem anderen Ort in China erhalten hat.

Angeblich sind die von ihnen aufgeführten Stücke originalgetreue Wiedergaben der Musik der Han-, der Song- und der Tang-Dynastien, die auf Originalinstrumenten gespielt werden. Xuan Ke, Lokalhistoriker von Rang, hält bei Aufführungen öfter kleine Ansprachen über die Arbeit dieses Orchesters.

ℹ Praktische Informationen

Schmale, überfüllte Gassen sind ein Paradies für Taschendiebe. Alleinreisende Frauen wurden angegriffen und ausgeraubt, als sie abends oder nachts in einsamen Gegenden des alten Lijiang unterwegs waren. Der Xiang Shan (Elefantenhügel) im Teich-des-Schwarzen-Drachen-Park (Heilongtan *gongyuan*) war mehrfach Schauplatz von Raubüberfällen.

Die besten Informationsquellen für diese Gegend sind die Cafés und Backpackerkneipen in Lijiang. In der Altstadt gibt's keine Internetcafés, doch haben alle Herbergen und Hotels Internetzugang und/oder WLAN, genauso wie praktisch alle Cafés der Stadt.

Auch Tourveranstalter gibt es in der Altstadt zuhauf, sie zielen jedoch eher auf Tourgruppen ab und berechnen oft hohe Bearbeitungsgebühren für Ticketbuchungen. Am besten bucht man Ausflüge in einer Pension wie dem Garden Inn. Ebenfalls ein guter Anlaufpunkt in der Stadt ist **Keith Lyons** (☎137 6900 1439; keithalyons@gmail.com). Er veranstaltet geführte Touren in der Gegend.

Bank of China (中国银行; Zhongguo Yinhang; Yuyuan Lu; ⌚9–17 Uhr) Diese Zweigstelle verfügt über einen Geldautomaten und hat eine sehr günstige Lage in der Altstadt. Es gibt auch noch andere Banken mit Geldautomat in der Stadt.

Büro für Öffentliche Sicherheit (PSB; 公安局; Gong'anju; ☎518 8437; 110 Taihe Jie, Xianghelicheng-Distrikt; ⌚Mo–Fr 8.30–11.30 & 14.30–17.30 Uhr) Zügige Bearbeitung von Visaverlängerungen. Liegt an der Westseite des Regierungsgebäudes. Ein Taxi vom Stadtzentrum kostet 15 Yuan.

Post (中国邮政; Zhongguo Youzheng; Minzhu Lu; ⌚8–20 Uhr) Mit Expresspost. Eine weitere Filiale der Post findet sich nördlich des Alten Marktplatzes.

ℹ An- & Weiterreise

Bus

Der **Hauptfernbusbahnhof** (客运站; *keyunzhan*) liegt im Süden der Altstadt. Dorthin fahren Bus 8 oder 11 (1 Yuan, letzterer ist schneller) ab der Minzhu Lu.

Chengdu 317 Yuan, 24 Std., 1-mal tgl. (13 Uhr)

Jianchuan 22 Yuan, 2–3 Std., 7-mal tgl. (8.20–17.15 Uhr)

Kunming 170–190 Yuan (Standardbus), 10 Std., stündl. (8–14.30 Uhr); plus zwei Nachtbusse, 185 Yuan, (Abfahrt bei beiden um 20.30 Uhr). Es gibt auch mehrere „Super-Expressbusse" mit breiten Sitzen und einem Imbiss (230 Yuan).

Lugu Hu 77 Yuan, 7 Std., 2-mal tgl. (8.30 und 9 Uhr)

Ninglang 30 Yuan, 5 Std., 14-mal tgl. (8–15.30 Uhr)

Panzhihua 100 Yuan, 8 Std., 8-mal tgl. (7.10–16 Uhr), hier Umstieg nach Chengdu.

Qiaotou 30 Yuan, 2 Std., 1-mal tgl. (7.50 Uhr); Busse von Lijiang nach Shangri-la halten ebenfalls hier.

Shangri-la 63–69 Yuan, 5 Std., stündl. (7.30–17 Uhr)

Xiaguan 53–79 Yuan, 3 Std., alle 30 Min. (7.10–18.30 Uhr)

Xishuangbanna 276–333 Yuan, 18 Std., 1-mal tgl. (7.30 Uhr)

Der **Expressbusbahnhof** (高快客运站; Gao Kuai Keyunzhan; Shangrila Dadao) im Norden der Stadt ist Ausgangspunkt vieler der obigen Busse, meist ist es jedoch bequemer, am Fernbusbahnhof einzusteigen.

Flugzeug

Lijiangs Flughafen liegt 28 km östlich der Stadt. Tickets können bei der **CAAC** (中国民航; Zhongguo Minhang; Ecke Fuhui Lu & Shangrila Dadao; ⌚8.30–21 Uhr) gebucht werden. Die meisten Altstadthotels bieten ebenfalls einen Service für Flugbuchungen.

Von Lijiang fliegen täglich zahlreiche Maschinen nach Kunming (940 Yuan) und darüber hinaus gibt's tägliche Flüge nach:

Beijing 2410 Yuan

Chengdu 880 Yuan

Chongqing 1000 Yuan

Guangzhou 1790 Yuan

Shanghai 2430 Yuan

Shenzhen 1630 Yuan

Xishuangbanna 1060 Yuan

Zug

Täglich verkehren zwei Züge, um 8.30 und 3.40 Uhr, nach Dali (35 Yuan, 2 Std.) sowie drei nach Kunming (Hartschläfer 142–152 Yuan, Weichschläfer 223–227 Yuan, 9 Std.) um 8.30, 20.50 und 21.50 Uhr. In der Hochsaison fahren zusätzliche Züge.

 Unterwegs vor Ort

Busse zum Flughafen (20 Yuan) fahren 100 Minuten vor Abflug vor dem CAAC-Büro ab.

Taxis kosten in der Neustadt mindestens 7 Yuan und dürfen nicht in die Altstadt fahren. Die meisten Herbergen vermieten Fahrräder (30 Yuan pro Tag).

Rund um Lijiang

Natürlich kann die Umgebung rund um Lijiang auch auf eigene Faust erkundet werden, doch einige Agenturen bieten Halb- oder Ganztagestouren ab 200 Yuan zzgl. Eintrittsgebühren an.

In der Umgebung von Lijiang gibt es mehrere Klöster. Sie sind tibetischen Ursprungs und gehören der Karmapa-(Rotmützen-)Sekte an. Die meisten wurden während der Kulturrevolution stark beschädigt und heute wird dort größtenteils nicht mehr praktiziert.

Das **Jadegipfelkloster** (玉峰寺; Yufeng Si; Eintritt 30 Yuan) liegt etwa 5 km hinter Baisha an einem Hang und die letzten 3 km erfordern einen steilen Aufstieg. Das 1756 erbaute Kloster ruht am Fuß des Yulong Xueshan (5500 m) und seine Hauptattraktion ist heutzutage die **Kamelie mit den 10 000 Blüten** (Wanduo Shancha). 10 000 mögen ja übertrieben sein, aber den Einheimischen zufolge treibt der Baum zwischen Februar und April mindestens 4000 Blüten. Ein Mönch, der dort während der Kulturrevolution lebte, riskierte sein Leben, indem er den Baum heimlich wässerte.

Lijiang ist auch für seine **Tempelfresken** bekannt. Die meisten wurden im 15. und 16. Jh. von Künstlern der Tibeter, der Naxi, der Bai und der Han geschaffen und viele wurden in der späteren Phase der Qing-Dynastie restauriert. Sie stellen verschiedene taoistische, chinesische und tibetisch-buddhistische Motive dar und schmücken die Innenwände der Tempel dieser Gegend. Die Kulturrevolution hinterließ aber natürlich auch hier ihre vernichtenden Spuren.

Fresken gibt es noch in Baisha und an den Innenwänden des **Dajue-Palasts** (Dajue Gong) im Dorf Longquan.

Baisha 白沙

Baisha ist ein kleines Dorf in der Ebene nördlich von Lijiang. Es liegt in der Nähe

Rund um Lijiang

mehrerer alter Tempel und zählt zu den beliebtesten Zielen für Tagesausflüge ab Lijiang, vor allem mit dem Fahrrad. Bevor Kublai Khan es seinem Reich einverleibte (Yuan-Dynastie, 1271–1368), fungierte Baisha als Hauptstadt des Naxi-Königreichs.

Die „Hauptattraktion" von Baisha ist **Dr. Ho Shi Xiu,** ein in der Kräuterheilkunde versierter Arzt, dem der Reiseautor Bruce Chatwin zu Ruhm verhalf, indem er in seiner 1986 im *New Yorker* erschienenen Geschichte einen regelrechten Mythos um den „taoistischen Arzt in den Jadedrachenbergen von Lijiang" aufbaute.

Der lebhafte und gesprächige Dr. Ho (er spricht Englisch, Deutsch und Japanisch) war während der Recherchen zu diesem Reiseführer bereits 89, behandelte aber noch immer täglich seine Patienten mit Kräutern aus den nahegelegenen Bergen und tat nichts lieber, als Reisenden die Geheimnisse einer guten Gesundheit und eines langen Lebens zu verraten.

In der Straße, wo Dr. Ho zu finden ist, gibt es einige Cafés und Restaurants wie das **Country Road Café** (Xiang Cun Lu; Gerichte ab 12 Yuan; ⏲7.30–19.30 Uhr; 📶), ein uriges Café mit westlicher, chinesischer und Naxi-Küche. Die Besitzerin, Rosey, spricht Englisch und kann Reiseauskunft geben.

Die einzige Unterkunft im Ort ist das **White Sand Inn** (百沙天净沙; Baisha Tianjing Sha; ☎531 8950; 31 San Yuan Cun Yi She; 三元村一社 31 号; B 35 Yuan, Zi. 140–180 Yuan; 📶), eine gepflegte kleine Pension. Der Besitzer spricht Englisch.

Im Ort selbst und in der Umgebung gibt es einige sehenswerte Fresken. Am schönsten sind die Wandmalereien im **Dabaoji-Palast** (大宝积宫; Dabaoji Gong; Eintritt 15 Yuan; ⏲8.30–17.30 Uhr), in der benachbarten **Liuli-Halle** (琉璃殿; Liuli Dian) und im **Dading Ge** (大定阁).

Mit dem Fahrrad erreicht man Baisha von Lijiang aus in einer Stunde. Alternativ fährt Bus 6 (1 Yuan) an der Minzhu Lu in der Nähe der Fußgängerbrücke ab. Er fährt regelmäßig nach Lijiang zurück.

Altstadt von Shuhe 東河古城

Die Altstadt von Shuhe (Shuhe Gucheng) ist ländlicher und beschaulicher als Lijiang und wird somit immer attraktiver für Reisende, die den großen Menschenansammlungen entkommen wollen. Als einstiger Stützpunkt der Tee- und Pferdestraße liegt Shuhe nur 4 km von Lijiang entfernt und ist somit ein perfektes Ziel für eine Tagestour oder eine alternative Basis, von der aus die Region erforscht werden kann.

Zwar gibt's hier wenig Sehenswertes, doch die kopfsteingepflasterten Gassen und Straßen südlich des großen Platzes sind wirklich malerisch und abends sehr viel friedlicher als die Straßen Lijiangs. Interessant ist der ursprüngliche Teil der Stadt, der sich, umschlossen von den Flüssen Jiuding und Qinglong, an die Ausläufer des Yulong Xueshan schmiegt. Der erste Teil der Stadt, erkennbar an dem großen chinesischen Tor, ist eigentlich recht neu (obwohl er alt wirkt). Er wurde Anfang dieses Jahrtausends speziell für die Touristen erbaut (dieser Bereich der Stadt ist im Besitz eines Privatunternehmens).

Das **K2 Hostel** (K2 国际青年旅舍; K2 Guoji Qingnian Lushe; ☎513 0110; www.k2yha.com; 1 Guailiu Xiang, Kangpu Lu; 康普路拐柳巷 1 号; B 25–30 Yuan, EZ & DZ 108–138 Yuan; @) hat sich hier zum Insidertipp entwickelt. Die Schlafsäle sind etwas beengt, aber es gibt einen großen Gemeinschaftsbereich und das freundliche Personal spricht Englisch. Der einfachste Weg zum K2 geht nicht durch das große Stadttor selbst, sondern durch die Straße rechts davon, die nach etwa fünf Minuten auf die Kangpu Lu trifft. Es gibt viele weitere Pensionen, Cafés und Restaurants an und in der Nähe der Renlin Jie, dem Herzen der „Altstadt" und im Umkreis des großen Platzes. Gut essen kann man im **Nomad Café** (卓尔巴; Zhuo Erba; ☎513 6627; nomad.lijiang@gmail.com; 35 Long Quan Lu; 龙泉路 35 号; Gerichte ab 20 Yuan; 📶), einem hervorragenden vegetarischen Restaurant, das von einem niederländischen Radsportler betrieben wird. Hier gibt es auch ein paar halbwegs vornehme Zimmer (85 Yuan).

Von Lijiang fahren regelmäßig Minibusse (2 Yuan) ab der Ecke Fuhui Lu und Shangri-la Dadao nach Shuhe.

Yulong Xueshan 玉龙雪山

Das Bergmassiv **Yulong Xueshan** (Jadedrachenschneeberg; Erwachsene 105 Yuan, Schutzgebühr 80 Yuan), auch bekannt als Satseto-Berg, erhebt sich auf etwa 5500 m. Sein Gipfel wurde erstmals im Jahr 1963 von einem Forscherteam aus Beijing erstiegen. Da es nur 35 km von Lijiang entfernt ist,

JOSEPH ROCK

Schon immer war Yunnan eine Fundgrube für berühmte ausländische Pflanzenjäger wie Kingdon Ward und Joseph Rock (1884–1962). Rock lebte zwischen 1922 und 1949 in Lijiang und entwickelte sich in dieser Zeit zum international maßgeblichen Experten auf dem Gebiet der Naxi-Kultur und der dortigen Pflanzenwelt.

Rock wurde in Österreich geboren. Er war ein introvertierter Autodidakt, der in Eigenregie acht Sprachen erlernte, einschließlich Sanskrit. Nachdem er weltweit als führende Autorität auf dem Gebiet der hawaiischen Flora anerkannt war, förderten das US-Landwirtschaftsministerium, die Universität Harvard und später auch der *National Geographic* (er war ihr berühmter „Mann in China") seine Reisen, mit dem Auftrag, Pflanzen für die medizinische Forschung zu sammeln. Er widmete einen Großteil seines Lebens dem Studium der Naxi-Kultur und fürchtete, diese werde von der vorherrschenden Han-Kultur ausgelöscht.

Neben 1600 Vögeln und 60 Säugetierarten verschiffte Rock mehr als 80 000 Pflanzenarten aus China, von denen zwei nach ihm benannt wurden. Seine Transportzüge erstreckten sich über eine halbe Meile; Dutzende von Dienern (darunter ein Koch, der sich auf österreichische Küche verstand), eine Karawane von Lastpferden und Hunderte von Söldnern zum Schutz gegen Räuber begleiteten ihn. Außerdem führte er eine transportable Dunkelkammer, ein goldenes Essservice und eine faltbare Badewanne mit sich.

Rock lebte außerhalb von Lijiang im Dorf Yuhu (das seinerzeit Nguluko hieß). Große Teile seines Eigentums sind in den Familienbesitz von Einheimischen übergegangen.

Joseph Rocks maßgebliches Werk ist *Ancient Nakhi Kingdom of Southwest China* (1947). Kurz vor seinem Tod wurde auch sein Naxi-Wörterbuch zur Veröffentlichung fertiggestellt.

fallen heutzutage regelmäßig Horden chinesischer Reisegruppen und Einzeltouristen über dieses Gebiet her.

Busse von Lijiang halten auf einem Parkplatz, wo es Karten für die Seilbahnen und Sessellifte gibt, die den Berg hinauffahren. Hier findet ebenfalls die Show **Impression Lijiang** (Eintritt 190–260 Yuan; ⏲tgl. 13 Uhr) statt, eine riesige Gesangs- und Tanzdarbietung. Wer zur Show möchte, muss zusätzlich die Eintrittsgebühr für den Park entrichten. Ganz in der Nähe des Parkplatzes liegt die **Almwiese des Trockenen Sees** (干海子; Ganhaizi), der ideale Ort, um den Berg zu fotografieren.

Eine Seilbahn (172 Yuan) bringt Besucher bis auf 4506 m. Von hier aus geht es zu Fuß 200 m weiter zu einem Aussichtspunkt, von wo aus sich ein Blick auf den Gletscher in der Nähe des Gipfels ergibt. Hier oben kann es recht kühl werden, also unbedingt warme Kleidung mitbringen. Der Bus zur Seilbahn kostet 20 Yuan.

Wieder zurück auf dem Parkplatz kann man einen Bus zum **Blauen Mondsee** (蓝月谷; Lanyue Gu) und zum **Weißwasserfluss** (白水河; Bai Shui He) nehmen. Ein Wanderpfad führt den Fluss entlang zum See (eine Umrundung dauert etwa 90 Minuten). Das Busticket zur Seilbahn gilt auch für den Bus zum See.

Etwa zehn Fahrminuten hinter dem Blauen Mondsee liegt die **Yakwiese** (牦牛坪; Maoniuping), von der wiederum eine Seilbahn (60 Yuan, plus 20 Yuan fürs Busticket) Reisende auf 3500 m Höhe bringt.

Im Sommer, wenn es lange Warteschlangen an der Seilbahn gibt (mit Wartezeiten von bis zu zwei Stunden), unternehmen die meisten Reisenden nur die Tour zum See und zur Yakwiese.

Minibusse (20 Yuan) fahren an der Kreuzung der Minzhu Lu und der Fuhui Lu in Lijiang ab. Zurück nach Lijiang fahren ziemlich regelmäßig Busse, aber man erkundigt sich am besten beim Fahrer, wann der letzte Bus abfährt.

Tigersprungschlucht
虎跳峡

☎0887

Vorsichtig Fuß vor Fuß setzen auf dem steinigen Pfad, um den alten Burschen auf seinem Esel vorbeizulassen; erschöpft auf einem Felsbrocken sitzen und ausruhen, den Blick nach oben gewendet zum letzten

Aufflackern des zwischen schneeigen Gipfeln schwindenden Sonnenlichts, dann abwärts zu den wenigen verbleibenden Sonnenstrahlen, die in 1000 m Entfernung auf rieselndem Gewässer tanzen; höchste Euphorie verspüren. Diese Beschreibung fasst es sehr gut zusammen: Eindrücke einer Wanderung durch die **Tigersprungschlucht** (Hutiao Xia; Eintritt 65 Yuan), die obligatorische Trekkingtour im Südwesten Chinas.

Die 16 km lange Schlucht ist eine der tiefsten der Welt, sie misst schwindelerregende 3900 m vom Wasser des Jinsha (Jinsha Jiang) bis zu den schneebedeckten Bergen des Haba Shan (Haba-Gebirges) im Westen und des Yulong Xueshan im Osten. Trotz gelegentlicher Gefahren ist diese Tour auf Schritt und Tritt ein Traum.

Eine Wanderung durch die Schlucht darf man nicht auf die leichte Schulter nehmen. Auch für Menschen mit guter Kondition ist sie körperlich anstrengend. Der Weg verengt sich und bröckelt stellenweise dahin; leicht kann man sich die Knie aufschlagen. Wenn es regnet (besonders im Juli und August), können Erdrutsche und Wasserfälle die Wege blockieren, insbesondere am unteren Weg. (Die beste Zeit, um hierherzukommen, ist Mai bis Anfang Juni, wenn die Hänge mit Pflanzen und Blumen bedeckt sind.)

Einige Menschen – darunter auch fremde Reisende – sind in der Schlucht tödlich verunglückt. Im vergangenen Jahrzehnt gab es auch Fälle, in denen Reisende auf der Wanderung überfallen wurden. Wie überall ist es auch hier in jeder Hinsicht sicherer, sich nicht alleine auf den Weg zu machen.

Infos über die Tour und das Wetter gibt's in Lijiang oder in Qiaotou in Cafés und Unterkünften. Die meisten verfügen über recht detaillierte Wanderkarten; diese sind allerdings nicht maßstabsgerecht und zuweilen überholt.

Wichtig ist es, sehr viel Wasser mitzunehmen – zwei bis drei Liter sind ideal – sowie reichlich UV-Schutz für Haut und Lippen.

Aktivitäten

Es gibt zwei Wanderwege: den oberen (alte Route) und den unteren. Letzterer folgt der neuen Straße und ist weniger empfehlenswert, da hier Touristenbusse und Wagen mit Allradantrieb entlangfahren, die mächtig Staub aufwirbeln. Die Kulisse ist überall beeindruckend, aber am oberen Weg ist sie atemberaubend. Von all der Schönheit sollte man sich jedoch nicht davon abhalten lassen, auf die Orientierungspfeile zu achten, die den Weg weisen.

Bis Bendiwan sind es sechs, bis zur Mittleren Schlucht (Tina's Guesthouse) acht, und bis zum Walnussgarten neun Stunden. Es macht mehr Spaß und ist weniger anstrengend, die Tour auf zwei Tage zu verteilen. Man kann in einer der zahlreichen Pensionen am Weg übernachten; so bleibt mehr Zeit, die überwältigenden Panoramen zu würdigen, die sich an jeder Wegbiegung bieten.

Um zum höchsten Punkt der Schlucht zu gelangen, können für 100 bis 150 Yuan Ponys gemietet werden. Ihre Eigentümer finden einen schon! Sie sind häufig im Drei-Generationen-Familienverbund unterwegs: Der Oldie sitzt hoch zu Ross und die Jüngeren trotten hinterher.

Folgende Route beginnt an **Jane's Guesthouse**: An der Schule vorbei geht's aus **Qiaotou** (桥头) heraus, dann etwa fünf Minuten weiter bis zu einer gepflasterten Straße, die nach links abbiegt; ein Pfeil weist die Richtung. Nach ca. 2,5 km auf dieser Straße beginnt die eigentliche Schluchtwanderung und die Kletterpartie. Manchmal sprechen einen hier noch Einheimische an, um sich eine zusätzliche „Gebühr" für das Sauberhalten des Wanderwegs zu erschnorren.

Der schwierigste Teil der Tour fängt hinter dem Dorf **Nuoyu** (诺余) an, wo der Pfad sich in 28 qualvollen Biegungen und Krümmungen windet, ehe er zum höchsten Punkt der Schlucht gelangt. Bei normalem Tempo dauert es fünf Stunden, sich hier durchzukämpfen und das Dorf **Yacha** (牙叉) zu erreichen. Nach **Bendiwan** (本地湾) ist die Strecke dann relativ gradlinig. Etwa 1½ Stunden danach beginnt der Abstieg zur Straße auf rutschigem, sehr schlechtem Gelände. Unbedingt genau auf den Weg achten; mit einem verstauchten Knöchel und auf einem Bein hüpfend dauert es lange, bis man unten ankommt.

Nach der Stelle, wo der Pfad bei **Tina's Guesthouse** in die Straße einmündet, ist ein 40-minütiger Abstecher zur mittleren Stromschnelle und zum **Tigersprungstein** hinunter möglich. Dort soll ein Tiger einst über den Jangtse gesprungen sein, wodurch die Schlucht ihren Namen erhielt.

Tigersprungschlucht

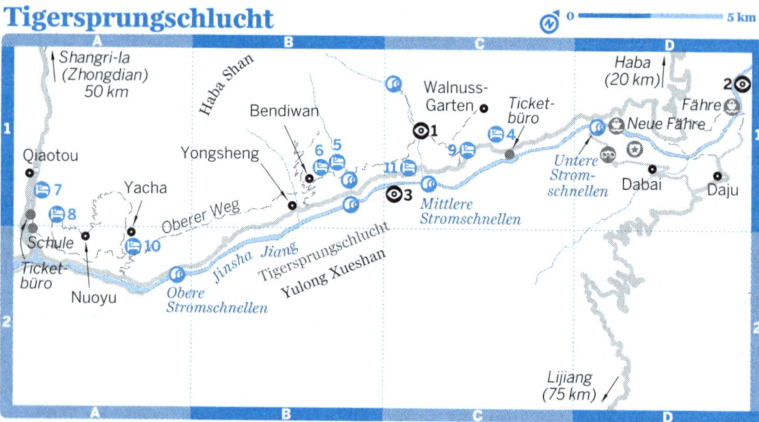

Tigersprungschlucht

Sehenswertes

1 Bambuswald ... C1
2 Pagode ... D1
3 Tigersprungschlucht ... C1

Schlafen

4 Chateau de Woody ... C1
5 Five Fingers Mountain Guesthouse ... B1
6 Halfway Guesthouse ... B1
7 Jane's Guesthouse ... A1
8 Naxi Family Guesthouse ... A1
9 Sean's Spring Guesthouse ... C1
10 Tea Horse Guesthouse ... A2
11 Tina's Guesthouse ... C1

Die Einheimischen verlangen 10 Yuan für diesen Abstieg. Am Fuße dieses irrsinnig steilen Pfads verlangen sie noch einmal 10 Yuan an einem Aussichtspunkt, doch es gibt noch einen anderen, kostenlosen. Von einem der unteren Rastplätze führt ein weiterer Pfad (10 Yuan) flussabwärts zum **Walnussgarten** (核桃园), ein Fußmarsch von einer Stunde.

Die meisten Wanderer machen bei Tina's Mittagspause und kehren dann nach Qiaotou zurück. Wer weiter zum Walnussgarten will, kann entweder am Fluss entlangwandern oder den Pfad nehmen, der an der Abzweigung hinab zu Tina's auf gleicher Höhe weiterführt, dann durch einen Bach und einen „Bambuswald" verläuft, bevor es hinab zum Walnussgarten geht. Wer übernachten möchte, ist im Walnussgarten besser aufgehoben als bei Tina's.

Man kann auch weiter bis zum Dorf **Daju** (大具) wandern, das dauert etwa zwei Stunden. Hier fahren Busse zurück nach Lijiang. Auf dem Weg überquert man einen Fluss per Fähre (20 Yuan), muss allerdings inzwischen noch weitere 105 Yuan entrichten, um die Straße von Daju nach Lijiang zu benutzen, weil sie durch den Yulong Xueshan (Jadedrachenschneeberg) führt. Daher nutzen heutzutage nur wenige diese Route.

Schlafen & Essen

QIAOTOU

Jane's Guesthouse PENSION €

(峡谷行客栈; Xiagu Xing *kezhan*; ☎880 6570; B 25 Yuan, EZ & DZ 60–100 Yuan; @🛜) An dem zweistöckigen Gebäude mit schmucken und sauberen Zimmern beginnen viele ihre Trekkingtour. Das Frühstück hier verleiht ordentlich Kraft fürs Wandern und es gibt eine Gepäckaufbewahrung (5 Yuan pro Tasche).

IN DER SCHLUCHT

Die folgende Liste der am Wanderweg befindlichen Unterkünfte (in chronologischer Reihenfolge aufgelistet) erhebt keinen Anspruch auf Vollständigkeit. Im unwahrscheinlichen Fall, dass sämtliche Zimmer belegt sein sollten, können auch einfache Zimmer in den Häusern der Einheimischen gemietet werden. Von Leuten, die auf dem rauen Boden der Schlucht schlafen mussten, ist noch nichts bekannt geworden.

Alle Pensionen haben auch Restaurants und Läden, in denen Wasser in Flaschen und Snacks verkauft werden.

Naxi Family Guesthouse PENSION €
(纳西雅阁; Naxi *kezhan*; ☎880 6928; B 30 Yuan, EZ & DZ 70–120 Yuan) Sich hier eine Übernachtung zu gönnen, statt noch einmal im Walnussgarten zu schlafen, ist eine Überlegung wert – ein unglaublich freundliches und gut geführtes Haus mit einem ansprechenden Innenhof (es gibt Biogemüse und -weine).

Tea Horse Guesthouse PENSION €
(茶马客栈; Chama *kezhan*; ☎139 8871 7292; B 30 Yuan, EZ & DZ 120–200 Yuan) Dieser etwas größere Gasthof direkt hinter dem Dorf Yacha, in dem eine famose „Naxi-Mama" sich um alles kümmert, hat sogar einen kleinen Wellness- und Massagebereich, wo schmerzende Gliedmaßen entsprechend behandelt werden können.

Halfway Guesthouse PENSION €€
(中途客栈; Zhongtu *kezhan*, Bendiwan; ☎139 8870 0522; B 30 Yuan, EZ & DZ 200 Yuan) In dem ehemaligen Haus eines Kräutersammlers und dessen Familie herrscht jetzt ein außerordentlicher Betrieb. Von allen Herbergen in der Schlucht bietet diese wahrscheinlich die einzigartigsten Panoramen; sie sind ehrfurchtgebietend. Der Blick aus dem Fenster in der Gemeinschaftstoilette ist schon allein den Preis eines Bettes wert.

Five Fingers Mountain Guesthouse
PENSION €
(五指客栈; Wuzhi *kezhan*; ☎139 8877 6286; B 30 Yuan, Zi. mit Gemeinschaftsbad 60 Yuan) In dieser rührend ursprünglichen Welt laufen Hühner frei herum und der Gast fühlt sich als Teil der Familie. Die 200 m lange Kletterpartie von der Straße zu diesem Haus gibt einem nach fünfstündigem Fußmarsch allerdings wirklich den letzten Rest.

Tina's Guesthouse PENSION €
(中峡旅店; Zhongxia Ludian; ☎820 2258; tina999@live.cn; B 30 Yuan, Zi. 120–280 Yuan) In dieser Unterkunft gibt's ein bisschen viel Beton und sie kann mit dem Charme und der Freundlichkeit der anderen Unterkünfte hier oben nicht mithalten, aber sie hat viele Betten und ist perfekt für alle, die zu ausgepowert sind, um es noch bis zum Walnussgarten zu schaffen. Die teureren Zimmer haben eine tolle Aussicht und Tina organisiert tägliche Fahrten nach Lijiang und Shangri-la.

Sean's Spring Guesthouse PENSION €€
(山泉客栈; Shanquan *kezhan*; ☎820 2223, 158 9436 7846; www.tigerleapinggorge.com; B 30 Yuan, Zi. 60–360 Yuan) Eine der alteingesessenen Pensionen am Wanderweg – und ein Ort für fröhliche und gesellige Abende. Sie wird von Sean geführt, einem echten Unikat und Namensgeber des Hauses. Es gibt eine gute Auswahl an Zimmern, einige davon jüngst renoviert, und die besten bieten einen tollen Blick auf den Yulong Xueshan.

Chateau de Woody PENSION €
(山白脸旅馆; Shanbailian Luguan; ☎139 8871 2705; B 20 Yuan, EZ & DZ 60–80 Yuan) Dieses Gasthaus vom alten Schlag ist typisch für die Gegend. Die Zimmer haben einen schönen Ausblick und moderne Bäder und sind ihr Geld wert. Im weniger attraktiven modernen Erweiterungsbau auf der anderen Straßenseite gibt's Zimmer zum selben Preis.

ℹ An- & Weiterreise

Vom Fernbusbahnhof in Lijiang fahren alle 40 Minuten Busse nach Shangri-la (7.30–17 Uhr; 2¼ Std.), die in Qiaotou halten (30 Yuan). In der Hochsaison muss unter Umständen für die gesamte Strecke bis nach Shangri-la gezahlt werden (70 Yuan).

Die meisten Reisenden kommen per Minibus (35 Yuan) zum Startpunkt des Wanderwegs; die Unterkünfte in Lijiang können diese Fahrt arrangieren. Der Minibus bringt auch zusätzliches Gepäck zur Pension der Wahl (meistens Tina's oder Jane's).

Busse aus Shangri-la, die über Qiaotou nach Lijiang zurückfahren, kommen ab etwa 10 Uhr hier durch, der letzte etwa um 17.30 Uhr. Der letzte Bus nach Shangri-la fährt ungefähr um 19 Uhr durch Qiaotou. Tina's Guesthouse organisiert ebenfalls ein bis zwei Busse täglich nach Lijiang und Shangri-la.

Zur Zeit der Recherche gab es keine Busse von Lijiang nach Baishuitai. Dagegen fahren täglich zwei Busse von Shangri-la nach Baishuitai (24 Yuan, 3 Std. 9.10 & 14 Uhr).

Von der Tigersprungschlucht nach Baishuitai

Eine abenteuerliche Extrazulage zur Schluchtwanderung ist der Weg Richtung Norden bis zum Dorf Haba (哈巴) und zu den Kalksteinterrassen von **Baishuitai** (白

水台; Eintritt 30 Yuan; S. 761). Die Tour von Qiaotou aus verlängert sich so auf insgesamt vier Tage und von Baishuitai kann man weiter nach Shangri-la reisen. Vom Walnussgarten aus über Jiangbian (江边) nach **Haba** ist es eine sieben- bis achtstündige Wanderung. Von dort bis zum Yi-Dorf **Sanba** (三坝), in der Nähe von Baishuitai, dauert es ungefähr noch einmal so lange, wenn man den Wanderwegen folgt. Es ist auch möglich, sich auf der Straße von einem Lastwagen oder Traktor mitnehmen zu lassen, aber diese Strecke ist länger und landschaftlich weniger reizvoll. Am besten ist es, im Walnussgarten einen Führer anzuheuern. Das kostet ca. 150 bis 300 Yuan pro Tag (englischsprechende Führer verlangen mehr). Für 250 Yuan pro Tag bekommt man einen Führer und ein Pferd. Die Abzweigung nach Haba liegt 6 km hinter dem Walnusshain an einem Hügel, da, wo „Welcome to Tibet Guesthouse" auf die Wand gemalt ist.

In Haba übernachten die meisten im **Haba Snow Mountain Inn** (哈巴雪山客栈; Haba Xueshan *kezhan*; ☎0887 886 6596; B 30 Yuan, DZ 100 Yuan; @). Hier gibt's ältere Schlafsäle und neuere Doppelzimmer. Der herzliche Gastgeber vermittelt auch Führungen hinauf zum **Haba-Berg** (哈巴山, Haba Shan), eine Zweitagestour, oder zum **Schwarzen See** (黑海, Hei Hai), eine Rundwanderung von neun Stunden.

Wer per Fahrzeug reisen möchte, für den gibt es täglich um 13 Uhr einen Bus von Tina's nach Sanba (45 Yuan, 3 Std.), der jedoch im Voraus gebucht werden muss. Von Sanba nach Shangri-la verkehrt ebenfalls täglich ein Bus (50 Yuan, 3 Std.) um 13 Uhr. Auch Minibusse fahren regelmäßig auf diesen Strecken, sodass man sich leicht einen heranwinken kann.

Wer die Route alleine wandern möchte, sollte eine komplette Ausrüstung und Vorräte für extreme Wetterlagen dabei haben. Vor dem Aufbruch unbedingt vor Ort informieren.

Lugu Hu 泸沽湖

☎0888

Der **See** (Eintritt 100 Yuan) erstreckt sich zu beiden Seiten der weiter entfernten Grenze zwischen Yunnan und Sichuan. Die Gegend ist immer noch ruhig und idyllisch, ein herrliches Ausflugsziel, obwohl der inländische Tourismus immer mehr zunimmt. Der Aufstieg zum 2690 m hoch gelegenen See erfolgt über eine spektakuläre Serpentinenstraße, und der erste Blick auf die 50 km² große Wasserfläche, die von üppig bewaldeten Berghängen umgeben ist, verschlägt einem den Atem.

Am Ufer liegen verstreut einige Dörfer wie **Luoshui** (洛水) das größte und am weitesten entwickelte, dort hält auch der Bus. Neben Pensionen und einigen wenigen Cafés, in denen es englische Speisekarten und westliches Essen gibt, findet man hier auch die unvermeidlichen Souvenirläden. Dennoch ist Luoshui nicht gerade eine Goldgräberstadt und die nächtliche Geräuschkulisse beschränkt sich auf das Plätschern des Sees.

Die meisten Besucher reisen schon sehr bald weiter nach **Lige** (里格), das 9 km weiter in einer kleinen Bucht am Nordwestufer des Sees liegt. Obgleich die Touristenunterkünfte hier das Landschaftsbild bestimmen, zusammen mit Restaurants, in denen köstliche, aber teure Barbecues gereicht werden, sind die Aussichtspunkte und die Nächte an diesem Ort reizvoll. Auf der Suche nach einer weniger touristischen Erfahrung bleibt nur das Dorf-Hopping um den See herum zur Sichuan-Seite. Die heißen Tipps dort lauten derzeit **Luowa** (洛瓦) und **Wuzhiluo** (五支罗).

Im Gebiet rund um den See sind verschiedene Dörfer der Tibeter, der Yi und der Mosu (eine Untergruppe der Naxi) angesiedelt. Die Mosu stellen die letzte Volksgruppe der Welt dar, die in einem Matriarchat lebt. Außerdem sind zahlreiche andere Lebensgewohnheiten der Naxi, die in Lijiang bereits seit langem verschwunden sind, bei den Mosu nach wie vor gebräuchlich.

Die besten Reisezeiten sind April bis Mai und September bis Oktober, denn dann ist das Wetter trocken und mild. In den Wintermonaten liegt meistens sehr viel Schnee.

Sehenswertes & Aktivitäten

Von Luoshui und Lige kann man mit einem Einbaum, den ein einheimischer Mosu rudert, auf den See hinausfahren – die Mosu nennen diese Kanus „Schweinetrog" *(zhucao)*. Sie fahren meist zu der größten Insel, **Liwubi Dao** (里务比岛) (einen Steinwurf von Sichuan entfernt). Die zweitgrößte Insel ist **Heiwae Dao** (黑瓦俄岛). Die Preise für die Bootsfahrten sind unterschiedlich. In einer Gruppe von sechs bis acht Personen kostet die Fahrt um die 30 Yuan pro Person.

GRATIS **Mosu Folk Custom Museum** MUSEUM
(摩俗民族博物馆; Mosu Minzu *bowuguan*; Luoshui; ⌚9–20 Uhr) Das Museum in Luoshui ist in dem traditionellen Haus einer wohlhabenden Mosu-Familie untergebracht. Der obligatorische Führer zeigt den Gästen alles und erklärt ihnen die Funktionsweise des Matriarchats. Außerdem zählt zu den Exponaten eine interessante Fotosammlung von Bildern, die Joseph Rock in den 1920er-Jahren aufgenommen hat.

Tempel Zhamei KLOSTER
(扎美寺; Zhamei Si) In diesem tibetischen Kloster, das in einem Außenbezirk von Yongning liegt, leben mindestens 20 Lamas. Der Eintritt ist frei, aber eine Spende wird erwartet. Ein privater Minivan kostet pro Person 10 Yuan für die halbstündige Fahrt, eine andere Möglichkeit wäre es, die etwa 20 km lange Strecke durch die hübsche Landschaft zu Fuß zu laufen.

Schlafen & Essen

Am Seeufer von Luoshui und Lige gibt es zahlreiche Hotels und Pensionen mit Doppelzimmern ab etwa 50 Yuan. Die meisten haben auch ein Restaurant. Hier bekommt man traditionelle Mosu-Gerichte, z. B. konserviertes Schweinefett und salzig-saurer Fisch – letzterer ist etwas schmackhafter. Wer Lust auf fantastische Grillgerichte hat, ist in Lige besser aufgehoben.

Yase Daba Luxingzhe Zhijia HOTEL €€
(雅瑟达吧旅行者之家; ☎588 1196; Lige; DZ mit Gemeinschaftsbad 100 Yuan, DZ mit eigenem Bad 240–280 Yuan; @📶) Alle Zimmer dieses Refugiums in Lige haben eine schöne Aussicht, doch der Blick aus dem 1. Stock ist überwältigend. Im Restaurant sind Lugu-Hu-Fisch (泸沽湖鱼; *lugu hu yu*) oder Bratwurst (香肠; *xiangchang*) zu empfehlen.

Husi Teahouse HOSTEL €
(湖思茶屋; Husi Chawu; ☎139 8886 1858; www.husihostel.com; Luoshui; B 30 Yuan, Zi. 88–248 Yuan; @📶) Diese Herberge in Luoshui, die Urahnin aller Backpackerunterkünfte am Lugu Hu, ist ein mehrstöckiger Komplex aus Schlafsälen und Zimmern, manche davon mit fantastischem Blick auf den See. Es gibt einen großen Gemeinschaftsraum mit Computern, Büchern und WLAN sowie ein Restaurant mit chinesischen und mittelmäßigen westlichen Gerichten. Das Personal spricht Englisch und ist hilfsbereit.

Lao Shay Youth Hostel HOSTEL €
(老谢车马店; Laoxie Chemadian; ☎588 1555; www.laoshay.com; Lige; B 30 Yuan, EZ, DZ & 3BZ 50–198 Yuan; @) Diese Jugendherberge hat einen erstklassigen Standort genau in der Ortsmitte von Lige und das Personal ist freundlich und spricht Englisch. Die besten Zimmer haben Seeblick und es gibt Fahrräder zu 30 Yuan pro Tag zu mieten.

Zhaxi Canting GRILL €€
(扎西餐厅; ☎588 1055; Lige; Mahlzeiten ab 20 Yuan) Dieses Grillrestaurant, betrieben von einem stämmigen Mosu namens Zhaxi, ist der perfekte Ort, um die hiesige Küche kennenzulernen. Vom Teeladen im Obergeschoss aus hat man einen schönen Blick auf den See, und Hong, der englischsprechende singapurische Inhaber, ist ein wahrer Quell an Informationen.

An- & Weiterreise

Ab Lijiangs Expressbusbahnhof fahren täglich zwei Direktbusse zum See (77 Yuan, 7 Std., 8.30 und 9 Uhr). Die Fahrten sind oft ausverkauft, die Tickets mindestens einen Tag im Voraus kaufen.

Die alternative Verbindung geht über Ninglang (宁蒗; 30 Yuan, 5 Std., 13 Busse pro Tag, 8–15.30 Uhr), von wo täglich ein Bus zum See abfährt (40 Yuan, 3–4 Std., 12.30 Uhr). Am Busbahnhof warten auch zahlreiche Minivans.

Um nach Lige zu kommen, empfiehlt sich der Umstieg in einen Minibus in Luoshui (15 Yuan). Trampen ist eine schnellere Alternative oder man leiht sich ein Fahrrad.

Die Direktbusse von Luoshui nach Lijiang fahren täglich um 10, 12 und 15.30 Uhr. Auch hier die Tickets mindestens einen Tag vorher kaufen. Der Bus um 15.30 Uhr kommt aus Sichuan, daher kann sich die Abfahrtszeit schon mal etwas verschieben. Es gibt außerdem zwei Busse nach Ninglang, um 10 und um 12 Uhr. Von Ninglang aus fahren zahlreiche Busse nach Lijiang.

Nach Sichuan kommt man mit dem täglichen Bus nach Xichang (西昌; 120 Yuan, 9 Std., 10.30 Uhr).

Shangri-la (Zhongdian)
香格里拉（中甸）

☎0887 / 120 000 EW.

In Shangri-la, ehemals als Zhongdian bekannt (der tibetische Name ist Gyalthang), weht bereits tibetische Luft, die angesichts der Höhe von 3200 m recht dünn ist.

Shangri-la beheimatet eines der sehenswertesten Klöster Yunnans und ist gleichzeitig die letzte Station in Yunnan für all diejenigen, welche die fünf- bis sechstägige Reise nach Chengdu durch die tibetischen Townships und das wilde Gelände des westlichen Sichuan zu unternehmen gedenken.

Bei der Ankunft am Hauptbusbahnhof hat man nicht den Eindruck, in „Shangri-la" angekommen zu sein, denn der moderne Teil der Stadt wirkt wie eine typische hässliche, mittelgroße chinesische Stadt. Erst wenn man mit dem Bus in die „Altstadt" fährt, enthüllt Shangri-la seinen ganz besonderen Charme. Zwar nimmt der Tourismus ständig zu, doch es ist noch immer ein Ort, um ein paar Tage lang mal richtig abzuschalten.

Die beste Zeit für einen Besuch ist zwischen April und Oktober. In den Wintermonaten ist die Stadt praktisch tot und Schneestürme legen den Verkehr häufig komplett lahm.

Mitte bis Ende Juni findet in der Stadt ein Pferderennen statt, das über mehrere Tage geht und von Tanz, Gesang und gutem Essen begleitet wird. In dieser Zeit können die Unterkünfte knapp werden.

Sehenswertes

Mit seinen Trekking- und Reitmöglichkeiten sowie stillen Klöstern und Dörfern bietet Shangri-la sich wunderbar für spontane Unternehmungen jenseits der vorprogrammierten Reiseroute an. Da die öffentlichen Verkehrsmittel noch mangelhaft ausgebaut sind, sind die entlegenen Punkte jedoch nur schwer im Alleingang zu erreichen.

Ganden Sumtseling Gompa KLOSTER
(松赞林寺; Songzanlin Si; Eintritt 115 Yuan; 7–19 Uhr) Die 300 Jahre alte tibetische Klosteranlage, in der etwa 600 Mönche leben, befindet sich eine Fußstunde entfernt im Norden der Stadt. Aufwändige Umbauarbeiten haben das Kloster ein wenig von seinem Charme einbüßen lassen, doch ist es nach wie vor das bedeutendste im Südwesten Chinas und definitiv einen Besuch wert. Bus 3 fährt von überall an der Changzheng Lu (1 Yuan) hierher. Am Haupttor, wo man die Tickets bekommt, fährt auch der Touristenbus zum Kloster ab. Wer nichts gegen einen Fußmarsch hat, kann die Eintrittsgebühr umgehen und links neben dem Ticketbüro den Hügel hinauflaufen, parallel zur Asphaltstraße, und hinab bis zu einem See. Das Kloster befindet sich am gegenüberliegenden Ufer (der Fußmarsch dauert etwa 30 Minuten).

Altstadt HISTORISCHES GEBIET
Nach einem Besuch im Kloster schlendern die meisten noch ein wenig durch die wunderschöne Altstadt, insbesondere im Bereich der **Marktplatzstraße** (Sifang Jie), um die sich ein Netz aus kopfsteingepflasterten Sträßchen mit renovierten Gebäuden spannt (manche finden sie cool, manche eher geschmacklos). Ebenso sind überall weiße Stupas zu sehen. Im Herzen der Altstadt thront der der **Guishan Si** (龟山寺; Guishan-Tempel), ein wiederaufgebauter Tempel, in dem eine Handvoll Mönche ihre Morgengebete sprechen. Neben dem Tempel liegt die **Zhuangjing Tong,** die größte Gebetsmühle der Welt mit 21 m Höhe und 100 000 kleinen Gebetsmühlen. Um sie anzudrehen, sind mindestens sechs Personen nötig.

Die **Thangka-Akademie von Shangri-la** (唐卡学会; Tangka Xuehui; 888 1612; www.thangkaacademy.com; 31 Jinlong Jie), auf der anderen Seite des Guishan-Tempels lohnt auf jeden Fall einen Besuch. Hier unterrichtet *thangka*-Meister Lobsang Khudup junge Mönche in Malerei und buddhistischer Philosophie. Die Akademie bietet auch Kurse für Touristen an, mit 180 Yuan pro Tag ein echtes Schnäppchen, denn Unterkunft und Verpflegung sind inbegriffen. Für 240 Yuan gibt es auch die Möglichkeit, drei Tage lang bei einer einheimischen Familie zu wohnen.

Baiji Si TEMPEL
Noch weitaus schönere Ausblicke bietet dieser wenig besuchte buddhistische Tempel mit dem hübschen Namen (百鸡寺; Tempel der 100 Hühner). Er beherbergt drei Mönche und davor laufen Dutzende von Hühnern herum. Der Weg dorthin führt über die schmalen Wege hinter Kersangs Relaisstation an dem verlassenen Tempel vorbei ein Stück bergauf, bis man ihn zur Linken liegen sieht.

Schlafen

Trotz der häufig eisigen Nachttemperaturen in Shangri-la sind viele Pensionen weder beheizt noch haben sie durchgehend heißes Wasser. Die meisten Hostels in der Stadt sind ebenfalls recht einfach ausgestattet.

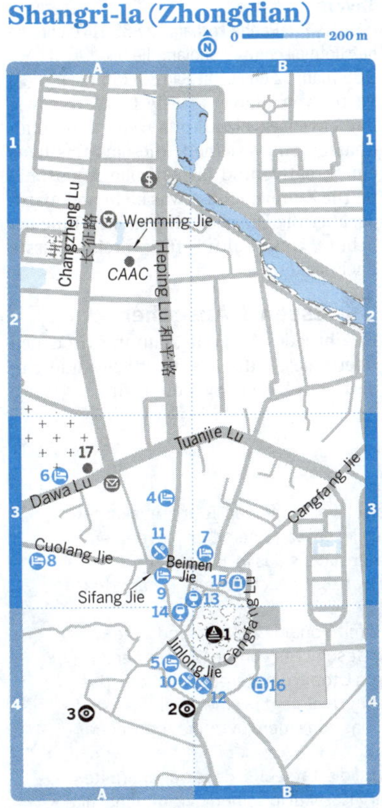

Shangri-la (Zhongdian)

Sehenswertes
1 Guishan Si B4
2 Thangka-Akademie von Shangri-la A4
3 Zhuangjin Tong A4

Schlafen
4 Dragoncloud Guesthouse A3
5 Kersang Relay Station A4
6 Kevin's Trekker Inn A3
7 Olive Bistro & Inn B3
8 Tavern A3
9 The Compass A3

Essen
10 Arro Khampa! A4
11 Somewhere Else A3
12 Tara Gallery Café & Bar B4

Ausgehen
13 Namaste B3
14 Raven A4

Shoppen
15 Dropenling B3
16 Yunnan Mountain Handicraft Center B4

Praktisches
Haiwei Trails .... (siehe 14)
17 Khampa Caravan A3

LP TIPP **Kersangs Relaisstation** HERBERGE €€
(格桑藏驿; Gesang Zang Yi; ☎822 3118; www.kersangs.com; 1 Yamenlang, Jinlong Jie; 衙门廊1号、金龙街; B 40 Yuan; Zi. ohne Bad 100 Yuan, Zi. mit Bad 140–260 Yuan; 📶) Bei westlichen Reisenden sehr beliebtes, freundliches Gasthaus, das von Tibetern betrieben wird. Die gemütlichen Zimmer haben moderne Bäder, im Hof flattern tibetische Gebetsfahnen und es gibt mehrere Filmabende in der Woche. In dem alten Holzhaus ist es wärmer als in den Betonhotels.

Dragoncloud Guesthouse PENSION €
(龙行客栈; Longxing *kezhan*; ☎828 9250; www.dragoncloud.cn; 94 Beimen Jie, Jiantang Zhen; 建塘镇北门街 94 号; B 40 Yuan, DZ 100–160 Yuan; @📶) Die um den Innenhof angelegten Schlafsäle sind groß, wenngleich rudimentär ausgestattet, die Standardzimmer warten mit modernem Badkomfort auf. Es gibt ein paar einfache, billigere Doppelzimmer. Am Kamin im Gemeinschaftsraum kann man sich herrlich aufwärmen. Hier steht auch ein Billardtisch.

Kevin's Trekker Inn PENSION €
(龙门客栈; Longmen *kezhan*; ☎822 8178; www.kevintrekkerinn.com; 138 Dawa Lu; 达娃路 138 号; B 30–50 Yuan, Zi. 120–150 Yuan; @📶) Kevin, ein Bai aus Yunnan, und seine Frau sind reizend und eine fantastische Quelle für Informationen über die Gegend. Ihre Pension hat einen gemütlichen Gemeinschaftsraum, aber die Zimmer sind ein bisschen beengt und nachts recht kalt. Sie liegt gleich abseits der Dawa Lu hinter dem Long Xiang Inn.

Olive Bistro & Inn HERBERGE €
(橄榄枝客栈; Ganlanzhi *kezhan*; ☎888 1144; www.theolive.asia; 7 Chilang Shuo; 池廊硕 7 号; B/DZ 40/120 Yuan; @📶) Dieses gemütliche Hotel bietet zwölf Zimmer und ist etwas wärmer als die anderen in der Altstadt (die Zimmer liegen im Haus, nicht um den

Innenhof herum). Es gibt Wandheizkörper und die Zimmer sind sauber und hübsch eingerichtet. Zu finden in der kleinen Gasse gegenüber dem Olive Bistro.

The Compass HERBERGE €€
(舒灯库乐; Shudeng Kule; ☎822 3638; www.thecompass.asia; 3 Chilang Gang; 池廊冈 3 号; EZ/DZ ohne Bad 120/180 Yuan, EZ/DZ mit Bad 320/380 Yuan; 📶) Bietet erstklassige zweigeschossige Suiten mit Himmelbetten, einer Kochnische und jeder Menge Platz. Die Zimmer mit Gemeinschaftsbad sollte man eher meiden, denn sie liegen neben einem Nachtclub und sind daher nachts sehr laut. Im Café (westliche und asiatische Gerichte) gibt's einen gemütlichen Kamin und mit das beste Essen in der Stadt.

Tavern HERBERGE €
(仁和客栈; Renhe *kezhan*; ☎888 1147; christinhe@hotmail.com; 47 Cuolang Jie; 措廊街 47 号; B 35 Yuan, DZ ohne/mit Bad 80/150 Yuan; @📶) Poster von Mao und Che Guevara sowie haufenweise Plastikpflanzen und Buddhastatuen verleihen diesem Gasthaus eine kreative und farbenfrohe Atmosphäre. Die Zimmer sind etwas klein und marode, aber die Duschen sind sauber. Eine beliebte Unterkunft für preisbewusste Backpacker.

Essen & Ausgehen

Es gibt jede Menge Restaurants, in denen tibetisches, indisches, westliches und chinesisches Essen angeboten wird.

SHANGRI-LA – FAKTEN & FIKTION

Zunächst hörte es sich an wie eine dieser typisch vollmundigen Tourismuskampagnen: „Shangri-la gefunden". Aber es war völlig ernst gemeint. Im November 1997 fanden „Fachleute" mit „Gewissheit" heraus, dass das in James Hiltons 1933 erschienenem Bestseller *Der Verlorene Horizont* beschriebene „Shangri-la" zweifelsfrei im Bezirk Deqin zu finden sei.

Hiltons Roman (der später von Frank Capra mit Ronald Coleman und Jane Wyatt in den Hauptrollen verfilmt wurde) erzählt die Geschichte von vier Reisenden, die, nachdem ihr Flugzeug entführt wurde, in einem Utopia der Berge notlanden, das ein 163 Jahre alter Heiliger regiert. Jenes „Shangri-la" liegt in einem schönen und fruchtbaren Tal, dem Tal des blauen Mondes, das von einem pyramidengleichen Gipfel, dem Karakul, beherrscht wird.

Die Behauptung stützt sich in erster Linie auf die Tatsache, dass der charakteristische Kawa-Karpo-Gipfel in Deqin dem Berg Karakul in seinen pyramidenartigen Umrissen sehr gleicht. Außerdem ähneln die blutroten Täler dieses Bezirks mit ihren drei parallel verlaufenden Flüssen einem Tal, das in *Der Verlorene Horizont* beschrieben wird.

Eine glaubhafte Theorie ist, Hilton habe, als er den Roman im nordwestlichen London schrieb, seine Schilderungen der Stadt Shangri-la auf Joseph Rocks Artikel über dessen Expeditionen zu entlegenen Teilen von Lijiang und Deqin gestützt, die er im *National Geographic* gelesen hatte. Hiltons erfundener Name „Shangri-la" kann aber auch bloß eine Verfälschung des Wortes Shambhala gewesen sein, das ein mystisches buddhistisches Paradies bezeichnet.

Nachdem Deqin Anspruch auf den Namen Shangri-la erhoben hatte, wimmelte es in ganz Yunnan plötzlich von rivalisierenden Wortmeldungen. Cizhong im Bezirk Wexi wies auf die Tatsache hin, dass seine katholischen Kirchen und tibetischen Klöster in schöner Eintracht im Tal nebeneinander ruhen. Inzwischen gab es auch eine ernst zu nehmende Anwartschaft seitens Daochengs, direkt hinter der Grenze in Sichuan, im Zusammenhang mit dem pyramidenähnlichen Gipfel des dortigen Berges Channa Dorje und der Tatsache, dass Rock einige Artikel über diese Region verfasst hat.

All dies war für Spötter ein gefundenes Fressen – genauso wie die daraus resultierende Infragestellung des ganzen Projekts, das zu einem Teil darin bestand, den Tourismus als Industrie zu fördern, der die inzwischen verbotene Holzgewinnung ersetzen sollte.

In seinem Kern ist Shangri-la gewiss eine Art Sinnbild oder Gleichnis. Wie sagt die nacktbadende Jane Wyatt in der Verfilmung: „Sicher gibt es im Herzen eines jeden diese Sehnsucht nach Shangri-la ..."

Tara Gallery Café & Bar TIBETISCH €€
(No 29 Old Town; Gerichte 20–60 Yuan; ⌚10–22 Uhr; 📋📶) Dieses reizende, sorgfältig gestylte Etablissement der gehobenen Klasse mit seiner üppig bepflanzten Terrasse im Obergeschoss ist Restaurant, Bar, Café und Kunstgalerie in einem. Die Speisekarte weist eine verlockende Palette von Gerichten aus Tibet, Indien und Yunnan auf; das aus sieben Gängen bestehende tibetische Menü (80 Yuan) ist ein Festschmaus. Außerdem kann man hier entspannt einen Kaffee oder einen abendlichen Drink zu sich nehmen. Die Besitzerin Utara ist ausgesprochen freundlich.

Somewhere Else WESTLICH €€
(他乡咖啡厅; Taxiang Kafei Ting; Sifeng Jie; Gerichte 16–34 Yuan; ⌚Mo–Sa 9–18 Uhr; 📋📶@) Die kanadisch-niederländischen Inhaber servieren sättigende westliche Frühstücke, Smoothies und Sandwiches. Das Café ist ein hübscher, offener Raum mit gemütlichem Kamin und perfektem Fensterblick auf die „Tanzfläche". Hier bekommt man auch nützliche Reiseinformationen und kann prima Ausflüge planen.

Arro Khampa! TIBETISCH €€
(阿若康巴; Aruo Kangba; 27 Jinlong Jie; Gerichte 35–58 Yuan; ⌚10–22 Uhr; 📋📶) Das gemütliche Restaurant gehört einem französisch-chinesischen Pärchen, doch das Essen ist tibetisch. Ganz ausgezeichnet ist das Yak, entweder gebraten oder als Currygericht, und die Momos (Teigtaschen) sind sehr lecker. Ein tibetischer Spezial-Hotpot kostet 98 Yuan.

Raven BAR
(乌鸦酒吧; Wuya Jiuba; 19 Beimen Jie; ⌚ab 10.30 Uhr) Der Besitzer des Raven ist ein Londoner. Bei ihm als Einzigem bekommt man englisches Bier (nebst gutem Kaffee und echtem englischen Tee) und gleichzeitig die entspannte Atmosphäre einer für den Ort typischen Kneipe. Man kann es sich entweder unten auf einem der Sofas gemütlich machen oder oben eine Runde Poolbillard spielen.

Namaste BAR
(南玛瑟德; Nanmasede; Yamenlang, Jinlong Jie; ⌚ab 19 Uhr) Wer diesen Nachtclub der tibetischen Einheimischen als Tourist betritt, zieht sofort alle Blicke auf sich. Hier erlebt man wild tanzende Tibeter und sogar ein buddhistischer Mönch ist schon bei einem entspannten Drink an der Bar gesehen worden. Es kann hier etwas ruppig zugehen und es hat schon Messerstechereien gegeben, also am besten stets wachsam bleiben.

Shoppen

Dropenling KUNSTHANDWERK
(卓番林; Zhuo Fang Lin; ☎823 2292; www.tibetcraft.com; 18 Cengfang Lu; 达娃路 18号) Das Angebot umfasst eine erstklassige Auswahl tibetischer Handarbeiten mit westlichem Touch wie Taschen, Kissen, Spielzeug und Ornamente.

Yunnan Mountain Handicraft Center KUNSTHANDWERK
(云南山地手工艺品中心; Yunnan Shandi Shougong Yipin Zhongxin; ☎822 7742; www.ymhfshangrila.com; 1 Jinlong Jie; 金龙街 1号) Dieses Geschäft verkauft in fairem Handel vor Ort hergestellte Produkte wie Keramik, Kleider, Schmuck, Teppiche, schwarze Keramik aus dem Dorf Nixi und vieles mehr.

Praktische Informationen

Die Höhenkrankheit ist ein wirkliches Problem hier und die meisten Besucher brauchen einige Tage, um sich zu akklimatisieren. Unbarmherzige Wetterlagen können die Stadt im Winter völlig lahmlegen, also sollte ein Besuch zwischen März und Oktober stattfinden.

In der Altstadt gibt es keine Internetcafés, aber alle Herbergen, Hotels und die meisten Cafés haben WLAN oder Internet.

Bank of China (中国银行; Zhongguo Yinhang; Heping Lu) Hat einen 24-Stunden-Geldautomaten und wechselt US-Dollar.

Haiwei Trails (www.haiweitrails.com; Raven, Beimen Jie) Wird von Ausländern betrieben und engagiert sich mit über zehnjähriger Erfahrung für nachhaltigen Lokaltourismus.

Khampa Caravan (康巴商道探险旅行社; Kangba Shangdao Tanxian Luxingshe; ☎828 8648; www.khampacaravan.com; 1. OG, Ecke Dawa Lu & Changzheng Lu; ⌚Mo–Fr 9–12 & 14–17, Sa 9–12 Uhr) Diese gut etablierte Einrichtung unter tibetischer Führung organisiert verschiedene hervorragende Kurz- oder Langzeittrips, die bisher von vielen Reisenden fast ausschließlich gute Wertungen erhalten haben. Ein Schwerpunkt sind Reisen nach Tibet. Das Unternehmen unterstützt auch eine große Anzahl nachhaltiger Entwicklungsprogramme des tibetischen Gemeinwesens. Mehr Informationen unter www.shangrilaassociation.org.

An- & Weiterreise

Hinweis: Auf manchen Flug- und Bustickets kann Shangri-la als Zhongdian angegeben sein.

Bus

Reiseziele ab Shangri-la:

Baishuitai 24 Yuan, 3 Std., 2-mal tgl. (9.10 und 14 Uhr)

Daocheng 120 Yuan, 11 Std., 1-mal tgl. (7.30 Uhr)

Deqin 53–65 Yuan, 6–7 Std., 3-mal tgl. (8.20, 9.20 und 12 Uhr)

Dongwang 50 Yuan, 7–8 Std., 1-mal tgl. (7.30 Uhr)

Kunming 205–238 Yuan, 12 Std., 4-mal tgl. (9, 17, 19 und 20 Uhr)

Lijiang 63–69 Yuan, 5 Std., stündl. (8–18 Uhr)

Xiaguan 79–90 Yuan, 7 Std., alle 30 Min. (7–12.30 Uhr, danach um 19.30 und 20 Uhr)

Xiangcheng 85 Yuan, 8 Std., 1-mal tgl. (8 Uhr)

Wer Lust hat, den Trip mit verschiedenen Bussen nach Chengdu in Sichuan zu machen, den erwartet eine mindestens drei- bis viertägige Reise mit teils extremen Höhenlagen – warme Kleidung ist hier ein Muss. Man muss beachten, dass diese Straße aus politischen Gründen jederzeit gesperrt werden kann. (Wenn der Ticketverkäufer am Bus sagt: „Kommen Sie morgen wieder!", dann ist sie ganz sicher gesperrt.)

Ist die Straße befahrbar, geht die erste Etappe bis Xiangcheng in Sichuan. Ab Xiangsheng ist Litang das nächste Reiseziel, bei sehr schlechten Straßenverhältnissen ist allerdings mit einer Übernachtung in Daocheng zu rechnen. Von Litang aus geht's weiter nach Kangding, von wo aus man sich dann weiter Richtung Westen nach Chengdu auf den Weg machen kann.

Zwischen November und März können die Straßen außerhalb von Shangri-la jederzeit wegen Schneefällen unbefahrbar sein. Eine flexible Reiseroute ist daher besonders wichtig.

Flugzeug

In der Hauptreisezeit gibt es täglich bis zu vier Flugverbindungen nach Kunming (1150 Yuan) und je einen Flug nach Chengdu (1000 Yuan) und nach Lhasa (2480 Yuan). Flüge zu anderen innerstaatlichen Zielen gehen auch hier ab, allerdings ganz und gar unregelmäßig und die Flugziele ändern sich wöchentlich. Auskunft über Flugziele sowie Tickets sind beim **CAAC** (中国民航; Zhongguo Minhang; Wenming Jie) erhältlich. Bei einer Buchung über www.elong.com muss „Diqing" als Stadtname eingegeben werden.

Zug

Derzeit wird eine Bahnverbindung von Lijiang nach Shangri-la gebaut, die 2014 fertig sein soll.

Unterwegs vor Ort

Vom/zum Busbahnhof

Vor dem Busbahnhof fährt der Stadtbus Nr. 1 (1 Yuan) zur Altstadt (古城, Gucheng). Der Busbahnhof liegt 2 km nördlich der Altstadt an der Changzheng Lu.

Vom/zum Flughafen

Der Flughafen befindet sich 5 km außerhalb der Stadt und wird manchmal als Diqing oder Deqen bezeichnet – es gibt derzeit aber keinen Flughafen in Deqin. Ein Taxi oder Minivan vom Flughafen nach Shangri-la oder zurück kostet zwischen 30 und 50 Yuan. Alternativ einfach im Hotel anrufen und wegen einer Abholung nachfragen.

Rund um Shangri-la

Nachfolgend sind nur einige wenige Beispiele aufgelistet, eine Reihe von anderen Orten – Berge, Wiesen, Weiher, *chörten* (tibetische Stupas) etc. – laden ebenfalls dazu ein, entdeckt zu werden. Wohlgemerkt werden nahezu überall hohe Eintrittspreise verlangt (insbesondere für diese nervtötenden Sessellifte) und dort, wo der Eintritt noch frei ist, wird sich das sicher bald ändern.

Etwa 7 km nordwestlich der Stadt liegt der saisonabhängige **Napa Hai** (纳帕海; Napa-See; inoffizieller Eintritt 40 Yuan), der von einer großen Wiese umgeben ist. Zwischen September und März sind hier unzählige seltene Tierarten zu beobachten, unter anderem der Schwarzhalskranich. Außerhalb dieser Zeit trocknet der See aus und dann grasen hier riesige Yak- und Rinderherden. Es ist eine schöne Radtour. Leider steht dort ein kleiner tibetischer Dorfbewohner bereit, um eine inoffizielle Eintrittsgebühr einzufordern, und bewirft einen mit Steinen, wenn man sich weigert.

Etwa 15 km südöstlich von Shangri-la liegt die **Tiansheng-Brücke** (天生桥; Tiansheng Qiao; Eintritt 20 Yuan, Thermalbad 80 Yuan; ⌚9–23 Uhr). Die einheimischen Tibeter glauben, das schwefelhaltige Wasser könne eine Vielzahl von Hauterkrankungen und andere Leiden kurieren. Es gibt ein gemeinsames Schwimmbecken für Männer und Frauen sowie eine natürliche Sauna (in einer Höhle), die nach Geschlechtern unterteilt ist. Mit dem Fahrrad braucht man etwa zwei Stunden bis hierher oder man nimmt ein Taxi (hin & zurück 100 Yuan).

Weitere 10 km hinter der heißen Quelle befindet sich der **Tempel des Großen Schatzes** (大宝寺; Dabao Si; Eintritt 5 Yuan), einer der ältesten buddhistischen Tempel in Yunnan.

SMARAGDPAGODENSEE & SHUDU HU 碧塔海、属都海

Rund 25 km östlich von Shangri-la kann der Bus nach Sanba Reisende an der Schnellstraße zum **Smaragdpagodensee** (Bita Hai; Eintritt 190 Yuan) absetzen. Der See ist auch unter dem Namen Pudacuo (普达错) bekannt, einer hochchinesischen Variante des tibetischen Namens. Er liegt am Ende eines 8 km langen Weges (mit dem Pony eine halbe Stunde). Da der Eintrittspreis übertrieben hoch ist, lohnt es sich, nach anderen Wegen Ausschau zu halten. Mit dem Fahrrad findet man sie leichter; Taxis setzen einen nur am Ticketschalter ab.

Am See werden Ausflüge mit dem Pony angeboten. Faszinierend ist es, im Sommer die komatösen Fische zu beobachten, wenn sie nach dem Genuss von Azaleenblüten minutenlang bewusstlos im See dahintreiben.

Die schockierend hohe Eintrittsgebühr gewährt allerdings auch Zutritt zum **Shudu Hu,** einem weiteren See etwa 10 km nördlich. Sein Name bedeutet im Tibetischen „Ort, an dem es Milch gibt", denn die hiesigen Weiden sind angeblich die fruchtbarsten im nordwestlichen Yunnan.

Es ist etwas kompliziert, zu den Seen zu gelangen: den Bus nach Sanba nehmen, dann an der Abzweigung aussteigen und per Anhalter weiterfahren. Für den Rückweg muss man entweder (manchmal endlos) auf einen Bus warten oder zu einem der Eingänge oder zur Hauptstraße zurücklaufen und nach einem Taxi Ausschau halten – möglicherweise ist keines da. Ein Taxi für den Rückweg, auch vom Shudu Hu, kostet um die 300 bis 400 Yuan.

BAISHUITAI 白水台

Baishuitai ist ein Plateau aus Kalksteinablagerungen 108 km südöstlich von Shangri-la. Der Weg dorthin ist von atemberaubenden Landschaften und einigen hübschen tibetischen Dörfern gesäumt. Aus gutem Grund hat es sich zum wahrscheinlich beliebtesten Schleichweg zwischen Lijiang und Shangri-la entwickelt. Die **Terrassen** (Eintritt 30 Yuan) sind wundervoll – man denke an Pamukkale in der Türkei oder Huanglong in Sichuan –, der Weg hinauf kann bei Regen allerdings sehr rutschig sein.

Einige Pensionen in den benachbarten Orten **Baidi** und **Sanba** haben Zimmer mit Betten ab 30 bis 40 Yuan.

Ab Shangri-la fährt täglich um 9.10 Uhr ein Bus nach Baishuitai (25 Yuan, 3 Std.). Wer's abenteuerlich mag, kann den ganzen Weg von Baishuitai bis zur Tigersprungschlucht (S. 753) wandern oder per Anhalter fahren. Ein Taxi von Shangri-la kostet 600 Yuan.

VON SHANGRI-LA NACH DEQIN

Von Shangri-la nach Deqin braucht man etwa sechs Stunden mit einem gemieteten Jeep. Die Strecke verkürzt sich, sobald die neue Straße fertiggestellt ist (voraussichtlich 2014). Ungefähr auf halber Strecke, 80 km hinter Shangri-la, liegt **Benzilan** (奔子栏). Entlang der Hauptstraße dieser Kleinstadt liegen verschiedene einfache Hotels, eine gute Übernachtungsmöglichkeit für Radfahrer. Etwa 22 km hinter Benzilan liegt der malerische **Dhondrupling Gompa** (东竹林寺; Dongzhulin Si), gleich neben der Hauptstraße. Hinter Benzilan steigt die Straße steil hinauf in die Berge und windet sich in endlosen Haarnadelkurven bis Deqin.

Im Winter können von Mitte Oktober bis spät im Frühjahr schwere Schneefälle die Straßen versperren, und da hier einige wirklich hohe Gebirgsketten – von teils mehr als 5000 m – überwunden werden müssen, ist es besonders wichtig, vernünftige Sachen einzupacken und für schneebedingte Notfälle vorzusorgen.

Deqin 德钦

☎0887 / 60100 EW.

Dieser Ort mit dem allerliebsten Namen Deqin (die letzte Silbe hört sich an wie zartes Klingeln) liegt in einer der wildromantischsten Landschaften Chinas. In kuschelig-wolkiger Höhe auf durchschnittlich 3550 m ruht er in der Umarmung eines der magischsten Berge Chinas, dem nahegelegenen **Kawa Karpo** (梅里雪山; der häufig auch Meili Xueshan genannt wird). Als höchster Berg in Yunnan spreizt er sich mit seinen 6740 m über die Grenze zwischen Yunnan und Tibet hinweg.

Deqin ist eine Grenzstadt und einer der letzten Außenposten Yunnans vor Tibet. Von hier aus könnte man auch Richtung Osten nach Sichuan oder Richtung Südwesten nach Myanmar (Burma) wandern. In seiner isolierten Lage wurde Diqing nie wirklich kontrolliert, bis die VBA (Volksbefreiungsarmee) sich 1957 hier etablierte.

UNTERWEGS NACH TIBET

Zur Zeit der Recherche war es möglich, auf dem Landweg von Shangri-la nach Tibet zu reisen, doch nur im Rahmen einer teuren geführten Tour. Wer versucht ist, eine Gruppentour zu umgehen und sich nach Tibet einzuschleichen, sollte lieber zweimal überlegen. Zwischen Shangri-la und Lhasa lagen im Jahr 2012 mindestens 11 Kontrollstellen. Die Gefahr ist groß, aufgegriffen, mit einer Geldstrafe belegt, festgenommen und von einem Geheimdienstmitarbeiter nach Chengdu eskortiert zu werden.

Es gibt Flüge von Shangri-la nach Lhasa, aber von anderen Städten wie Kunming oder Chengdu sind die Flüge billiger. Es ist Vorschrift, einer organisierten Reisegruppe anzugehören, die mit allen notwendigen Ausweispapieren ausgestattet ist. Mit Abstand die besten Ansprechpartner in Shangri-la für Reisen nach Tibet sind die Mitarbeiter von **Khampa Caravan** (康巴商道探险旅行社; Kangba Shangdao Tanxian Luxingshe; ☎828 8648; www.khampacaravan.com).

Mr Chen's Tour (陈先生旅游; Chenxiansheng Luyou; ☎316 6105; Room 105, Camellia Hotel, 154 Dongfeng Lu) in Kunming hat ebenfalls jahrelange Erfahrung mit der Organisation von Reisen nach Tibet. Manche sagen aber, seine Verkaufstechnik sei besser als seine Reisen.

Über 80 % der Einheimischen sind Tibeter, doch es leben noch einige andere Minderheiten hier, beispielsweise in einer der wenigen Ansiedlungen von chinesischen Muslimen, die nicht den Hui angehören. Die Stadt als solche ist völlig unattraktiv und es geht etwas rau zu, sodass die örtliche Polizei Mitternacht zum Zapfenstreich erklärt hat. Verwirrenderweise ist Deqin sowohl der Name der Stadt als auch des Bezirks und beide unterstehen der Autonomen Tibetischen Präfektur Diqing (迪庆藏族自治州).

Die meisten Leute unternehmen umgehend Wanderungen zum Feilai Si. Alle Busse und Minivans sind entlang der städtischen Hauptstraße zu finden, und der Busbahnhof ist nur ein kleines Büro in der Haarnadelkurve.

Täglich bedienen drei Busse die Strecke von Deqin nach Shangri-la (56–68 Yuan, 6–7 Std.) um 8, 9 und 12.30 Uhr. Es gibt auch einen Bus täglich nach Lijiang (258 Yuan, 10–11 Std.) um 7.30 Uhr und nach Kunming (258 Yuan, 18–19 Std.) um 11 Uhr.

Rund um Deqin

Die lange Fahrt nach Deqin ist eigentlich erst der Anfang der Reise. Der Hauptgrund, hierherzukommen, sind die Täler des Kawa Karpo. Die meisten sind nur zu Fuß zu erreichen, man sollte also mindestens drei bis vier Tage einplanen, damit sich die Reise lohnt.

Um die unten genannten Sehenswürdigkeiten besuchen zu können, muss man ein Ticket für den **Meili-Schneeberg-Nationalpark** (梅里雪山国家公园; Meili Xueshan Guo Jia Gong Yuan; 228–230 Yuan) erwerben. Davon gibt es drei verschiedene Ausführungen: Eine Variante beeinhaltet drei Aussichtspunkte und den Gletscher (228 Yuan), eine andere beeinhaltet dieselben drei Aussichtspunkte sowie das Dorf Yubeng (230 Yuan) und die dritte Version gilt für nur die drei Aussichtspunkte (150 Yuan).

Wer zum Gletscher und dem Dorf Yubeng möchte, sollte das Komplettticket kaufen und einen Zuschlag von 85 Yuan für das Dorf bezahlen. Mit einem Schüler-/Studentenausweis bekommt man eine Ermäßigung von 50 %.

FEILAI SI 飞来寺

Etwa 10 km südwestlich von Deqin liegt der kleine, aber interessante tibetische **Tempel Feilai** (Feilai Si), auf Tibetisch Naka Zhashi (oder Trashi) Gompa, der dem Geist des Kawa Karpo geweiht ist. Der Eintritt ist kostenlos, aber Spenden sind willkommen. Im Inneren des Tempels ist das Fotografieren nicht erlaubt.

Jeder kommt wegen der großartigen Panoramen – insbesondere bei Sonnenaufgang – des Meili-Xueshan-Massivs hierher, zu dem auch der 6740 m hohe Kawa Karpo (auch bekannt als Meili Xueshan oder Taizi Shan) und der südlich gelegene, noch schönere 6054 m hohe **Miacimu** (神女; auf Chinesisch Shennü) gehören, dessen Geist das weibliche Gegenstück des Kawa Karpo ist. Joseph Rock beschrieb den Miacimu als „prächtigsten Gipfel, den meine Augen jemals erblicken durften ... wie ein Traumschloss, ein Eispalast in einem Märchen". Die Einheimischen kommen hierher, um dem zornigen Geist des Berges Wacholder und Weihrauchdüfte darzubringen.

Leider spielt das Wetter oft nicht mit und hüllt die Gipfel in Nebel. Der Winter bietet die beste Kulisse für Aufnahmen bei Sonnenaufgang. Ein Ticketschalter in der Nähe der Plattform verkauft Tickets (228 Yuan) für den Feilai Si und andere Sehenswürdigkeiten.

Die „Stadt" ist im Grunde nur eine hässliche Aneinanderreihung von Betongeschäften, Hotels und Restaurants entlang der Hauptstraße. Gegenüber hat die Regierung unschönerweise eine Mauer errichtet, die den Blick auf die Berge versperrt. (200 m weiter unten an der Straße hat man den gleichen Blick).

Die meisten Backpacker übernachten im **Feeling Village Youth Hostel** (觉色滇乡国际青年旅舍; Juese Dianxiang Guoji Qingnian Lushe; ☎0887-841 6133; B 40 Yuan, DZ ohne/mit Bad 100/120 Yuan; @📶). Hier gibt es einfache, aber saubere Zimmer und einen gemütlichen Gemeinschaftsraum. Die Mitarbeiter sprechen kein Englisch, aber man kann sich hier gut mit anderen Reisenden austauschen oder Fahrgemeinschaften bilden. Die Herberge liegt etwas abseits der Hauptstraße, einfach dem Schild ganz unten im Dorf folgen, das nach rechts eine kleine Gasse hinauf weist.

Nebenan im **Mingzhu Hotel** (明珠酒店; Mingzhu Jiudian; ☎841 4688; Zi. 130–150 Yuan; @📶) sind die Zimmer besser, und einige haben einen sehr schönen Blick auf die Berge, doch nicht in allen funktionieren die Heizdecken, also besser vorher genau nachfragen.

An der Hauptstraße gibt es jede Menge Lokale mit chinesischer und westlicher Küche.

Von Deqin aus kostet ein Taxi 30 Yuan. Oder man fährt per Anhalter.

MINGYONG-GLETSCHER 明永冰川

Der 12 km lange **Mingyong-Gletscher** (Mingyong Bingchuan) stürzt sich seitlich vom Kawa Karpo herab. Mit über 13 km² ist dieser Gletscher nicht nur der am niedrigsten gelegene in China (etwa 2200 m hoch), sondern auch eine Kuriosität. Er ist ein Monsungletscher, das heißt vor allen Dingen, dass er über ein höchst vielfältiges Ökosystem verfügt: Tundra, Taiga, Laubwald und Bergwiesen.

Der Berg ist seit Jahrhunderten ein Pilgerziel. Von den tibetischen Pilgern, die heute noch kommen, umwandern ihn manche im Herbst in sieben Tagen. Wegen des dichten Nebels, der im Frühjahr und Sommer in den Bergen hängt, sind die Dörfer im Umkreis als „Himmelsdörfer" bekannt.

Der Wanderweg hoch zum Gletscher beginnt am Platz in der Ortsmitte Mingyongs. Nach 70-minütigem Aufstieg kommt man zum tibetischen **Taizi Miao** (太子庙), einem kleinen Tempel, wo es Imbiss- und Getränkebuden gibt. Nach weiteren 30 Minuten führt der Pfad zum **Lotostempel** (莲花庙; Lianhua Miao), der fantastische, von Gebetsfahnen und *chörten* gesäumte Blicke über den Gletscher bietet. Für den Aufstieg zum Gletscher gibt es auch Pferde zu mieten (150 Yuan).

Wer von Yubeng kommt, kann es von Xidang nach Mingyong zu Fuß in etwa drei Stunden schaffen, wenn er flott unterwegs ist.

Das Dorf Mingyong besteht nur aus einer Handvoll Hotels, Restaurants und Geschäften. Übernachten und essen kann man im einfachen **Renqin Hotel** (仁钦酒店; Renqin Jiudian; ☎139 8871 4330; B/DZ 20/80 Yuan; @📶).

Von Deqin fährt täglich ein Bus (15 Yuan) um 15 Uhr. Zusätzlich fahren private Minibusse nach Mingyong regelmäßig von der Brücke beim Markplatz am oberen Ende der Stadt ab (16 Yuan, 1–2 Std., 8–15 Uhr oder 16 Uhr). Die Unterkünfte können unter Umständen auch Mietwagen organisieren.

Die Straße aus Deqin führt durch die dramatische Mekong-Schlucht hinab. 6 km vor Mingyong überquert die Straße den Mekong und zweigt hier ab nach Xidang. In der Nähe befindet sich ein kleiner Tempel, der Baishulin Miao, und ein *chörten*. Hier ist ein Kontrollpunkt, an dem man sein Nationalparkticket vorweisen (oder ein neues für etwa 213 Yuan kaufen) muss.

NU-JIANG-TAL

Das 320 km lange Tal des Nu Jiang (怒江大峡谷) ist eines der bestgehüteten Geheimnisse Yunnans. Der Nu Jiang (in Myanmar

WANDERUNGEN NACH YUBENG & ZUM KAWA KARPO

Der beste Grund, nach Deqin zu kommen, ist die Gelegenheit, zum Fuß des Kawa Karpo zu wandern. Hauptziel ist das Dorf **Yubeng** (雨崩), von wo aus man Tageswanderungen zu den Bergwiesen, -seen und dem wunderschönen **Yubeng-Wasserfall** (雨崩神瀑; Yubeng Shenpu) unternehmen kann.

Die fünfstündige Wanderung nach Yubeng beginnt an der heißen Quelle von **Xidang** (西当), etwa 3 km hinter dem gleichnamigen Dorf. Die Fahrt vom Feilai Si dauert eine Stunde und 40 Minuten und ein Taxi kostet 150 Yuan. Man kann auch den ganzen Weg hierher vom Feilai Si über Landstraßen und Feldwege wandern. Eine weitere Möglichkeit ist der Minibus von Deqin nach Xidang um 15 Uhr (15 Yuan), der um 8 Uhr am nächsten Morgen zurückfährt, oder einer der privaten Minibusse, die in der Nähe der Bushaltestelle abfahren, sobald genügend Fahrgäste da sind. In Yubeng sind 5 Yuan Eintrittsgebühr fällig, aber wer die Quittung in der Unterkunft vorweist, bekommt dort 5 Yuan Ermäßigung.

Yubeng ist zweigeteilt. Man kommt zuerst nach „Ober-Yubeng", wo die meisten Pensionen zu finden sind, und etwa 1 km weiter folgt dann „Unter-Yubeng". Die **Lobsang Trekker Lodge** (藏巴乐之家; Zangbale Zhijia; ☎139 8879 7053; http://lobsangtrekkerlodge.webs.com; B/DZ 30/200 Yuan) in Ober-Yubeng ist sehr beliebt. Sie bietet Essen, gemütliche Zimmer mit modernen Bädern und gute Reiseinformationen (man spricht Englisch). In Unter-Yubeng geht es in der **Mystic Waterfall Lodge** (神瀑客栈; Shenpu *kezhan*; ☎0887-841 1082; B/DZ 25/100 Yuan) sehr freundlich zu und der Besitzer spricht Englisch.

Von Yubeng aus gibt es eine Menge Wanderrouten. Bis zum Wasserfall braucht man zu Fuß oder zu Pferde drei bis vier Stunden. Möglich ist auch eine Wanderung in südlicher Richtung zu einem märchenhaften See (er liegt so um die 4350 m hoch und ist nicht leicht zu finden, daher ist ein Führer hilfreich). Führer kosten etwa 150 Yuan pro Tag. Verpflegung (Essen und Wasser) ist in Yubeng sehr teuer, also besser in Feilai Si aufstocken.

Beim Verlassen des Dorfs zieht es Wanderer oft zum Dorf **Ninong** (尼农) am Mekong. Für die vier- bis fünfstündige Wanderung braucht man auf jeden Fall einen Führer (und einen guten Gleichgewichtssinn, denn sie ist streckenweise sehr steil). Wer mit Höhenangst zu tun hat, sollte lieber zurück nach Xidang wandern. In Ninong besteht die Möglichkeit, sich abholen zu lassen oder sich bis zu einem Taxi durchzufragen. Klappt beides nicht, können die 6 km bis Xidang auch zu Fuß zurückgelegt werden, denn hier gibt es bessere Transportmöglichkeiten.

Dann ist da noch der legendäre Kawa Karpo kora, ein zwölftägiger Pilgerrundweg am Meili Xueshan. Zur Hälfte liegt dieser jedoch im autonomen Gebiet Tibets, daher ist es ohne Passierschein nicht möglich, den Rundgang zu machen, und ein Führer ist ebenfalls ein Muss.

heißt er Saluen; sein chinesischer Name bedeutet „Tosender Fluss") ist der zweitlängste Fluss in Südostasien und einer von nur zwei ungestauten Flüssen Chinas. Die Schlucht liegt eingeschlossen zwischen dem Gaoligong-Shan-Gebirge und Myanmar im Westen, Tibet im Norden und der imposanten Bergkette des Biluo Shan im Osten. Sie beherbergt nahezu ein Viertel aller Pflanzen- und Tierarten Chinas und die Hälfte von Chinas bedrohten Arten. Im Tal lebt auch eine exotische Mischung aus Han, Nu, Lisu, Drung sowie aus tibetischen Volksgruppen, ja sogar der eine oder andere Handelsmann aus Myanmar. Das Ganze ist einfach überwältigend – alles gleichermaßen.

Hierher zu gelangen ist eine Qual. Auf der Karte sieht es aus, als sei es nur ein Steinwurf von Deqin in die nordwestliche Provinz. Von wegen. Jeglicher Verkehr kommt über die Gegend bei Baoshan herein. Dort angelangt ist es eine achtstündige Zuckelfahrt talaufwärts, man bestaunt die Landschaft, dann geht's denselben Weg wieder hinunter. Straßenbauprojekte mit Felssprengungen von Gongshan am nördlichen Talende bis Deqin sowie vom Dorf Bingzhongluo noch weiter Richtung Norden nach Tibet hinein wurden glücklicherweise bereits angekündigt. Angesichts der immensen topografischen Herausforderungen dürfte es aber noch sehr lange dauern, bis diese Pläne auch wirklich irgendwann umgesetzt werden.

Liuku 六库

☎0886 / 17 800 EW.

Liuku ist die lebhafte und wirklich schöne Hauptstadt der Präfektur. Da der Fluss Nu Jiang sie durchquert, ist sie in der Region ein Hauptverkehrsknotenpunkt, über wirklich besondere Sehenswürdigkeiten verfügt sie allerdings nicht. Etwa 5 km vor der Stadt befindet sich ein Polizeiposten, an dem Personenkontrollen durchgeführt werden.

Schlafen & Essen

An der Chuancheng Lu in der Stadtmitte gibt es zahlreiche Übernachtungsmöglichkeiten ab 80 Yuan. Die billigeren Unterkünfte sind aber meist etwas heruntergekommen und eher für chinesische Geschäftsreisende gedacht.

Am Flussufer südlich der Renmin Lu gibt es viele Restaurants, die leckeren gegrillten Fisch anbieten.

Nujiang Gerui Shangwu Jiudian HOTEL €€
(怒江格瑞商务酒店; ☎388 8885; 123 Chuancheng Lu; 穿城路 123 号; EZ & DZ 138–240 Yuan; ❄@) Eine der besseren Unterkünfte. Dieses solide Mittelklassehotel verfügt über ADSL-Internetanschluss und Frühstück ist im Preis inbegriffen. Nachts kann es etwas laut werden, wenn eine Horde spärlich bekleidete „Hostessen" an der Tür wartet, um Gäste zum Karaoke im Obergeschoss zu begrüßen. Das Hotel liegt hinter der Brücke einen Block bergauf von der Renmin Lu.

Lin Meng Binguan HOTEL €
(林萌宾馆; ☎326 6188; Renmin Lu; 人民路; EZ & DZ 80 Yuan) Dieses Hotel bietet eine preiswerte Unterkunft mit einfachen Zimmern und freundlichen jungen Mitarbeitern. Hinter der Brücke links auf die Renmin Lu abbiegen. Der Eingang liegt in einem Handyladen.

Praktische Informationen

Bank of China (中国银行; Zhongguo Yinhang) Vom Busbahnhof aus ein Stück bergauf.

Internetcafé (网吧; Wangba; pro Std. 3 Yuan) Es steht ein Internetcafé in der Nähe der Hauptfußgängerbrücke in einem kleinen Einkaufszentrum gegenüber dem Sheng Bao Lu Hotel zur Verfügung.

An- & Weiterreise

Der Busbahnhof liegt recht ungünstig südlich des Stadtkerns auf der anderen Flussseite. (Die Kosten für ein Taxi dorthin belaufen sich auf 15 Yuan.)

Baoshan 45–58 Yuan, 3–4 Std., alle 30 Min. (7.30–16 Uhr)

Bingzhongluo 85 Yuan, 9 Std., 1-mal tgl. (7 Uhr)

Fugong 44 Yuan, 4 Std., stündl. (7.20–16.40 Uhr)

Gongshan 75 Yuan, 8 Std., 4-mal tgl. (6.40, 11.30, 12.30 und 13 Uhr)

Kunming 205–255 Yuan, 11–12 Std., 6-mal tgl. (8.30, 11, 18, 19, 20 und 20.30 Uhr)

Tengchong 70 Yuan, 6 Std., 4-mal tgl. (7, 8, 10 und 11 Uhr)

Xiaguan 72–96 Yuan, 5 Std., alle 40 Min. (8–15 Uhr und 21 Uhr)

Fugong 副攻

VERKEHRSKNOTENPUNKT

Ringsum von steilen Felswänden eingeschlossen, bietet Fugong ein paar der schönsten Panoramen im ganzen Tal, auch wenn die Stadt selbst ein bisschen heruntergekommen und nicht sehr erinnerungswürdig ist. Fugong liegt ungefähr in der Mitte des Tals und ist ein guter Punkt, um die Reise zu unterbrechen, falls es schon spät geworden ist.

Das namenlose Hotel am Busbahnhof bietet annehmbare Zimmer für 100 Yuan. Auf der anderen Straßenseite liegt das etwas bessere **Fugong Binguan** (副攻宾馆; ☎349 2900; EZ & DZ 130 Yuan). Hier gibt es schicke Flachbildfernseher und ADSL-Internet (das bei der Recherche allerdings nicht funktioniert hat). Gleich neben dem Busbahnhof gibt es ein **Internetcafé** (pro Std. 3 Yuan; ⏲10–24 Uhr).

An- & Weiterreise

Zwischen 7.20 und 16.20 Uhr bedienen stündlich zwei Busse die Strecke nach Liuku (40 Yuan, 4 Std.). Wer nach Bingzhongluo will, muss warten, bis gegen 11 Uhr der Bus aus Liuku vorbeikommt. Ansonsten kann man den Bus nach Gongshan nehmen (32 Yuan, 7-mal tgl. zw. 9–17 Uhr) oder an der Straße vor dem Bahnhof nach einem Sammeltaxi fragen. Diese fahren ab 8.30 Uhr.

DER NU-JIANG-DAMM

Unter der Maßgabe, dass es weltweit eines der unschätzbarsten Ökosysteme seiner Art darstelle, ernannte die Unesco im Jahr 2003 das Tal des Nu Jiang zum Weltkulturerbe. Fast zum gleichen Zeitpunkt kündigte die chinesische Regierung den Bau von 13 Staudämmen am Nu Jiang an. Dieses Projekt sollte theoretisch mehr Strom liefern als selbst der Drei-Schluchten-Damm.

Es wurde sofort Widerstand laut. Die Unesco warnte, eine solche Maßnahme könne dafür sorgen, dass das Areal seinen Status verlöre. Mehr als 70 internationale Umweltorganisationen schlossen sich dem Protest der Unesco an. Auch das Ausmaß der lokalen Protestaktionen war enorm: Über 50 chinesische Prominente (vom Popstar bis zum milliardenschweren Geschäftsmann) sprachen sich gegen die Eindämmung aus. In einem in China seltenen Beispiel erfolgreicher Basisdemokratie rückte die Regierung daraufhin wieder von den Plänen ab. Premierminister Wen Jiabao gab weitere Studien über mögliche Auswirkungen des Stauprogramms in Auftrag. Lokale Politiker sind jedoch weiterhin stark an der Weiterverfolgung des Projekts interessiert, und die Zukunft des betroffenen Gebietes bleibt somit im höchsten Maße ungewiss.

Bingzhongluo 丙中洛

☎0886

Es lohnt sich vor allem, ins Nu-Jiang-Tal zu kommen, um dieses abgelegene und freundliche **Dorf** (Eintritt 100 Yuan, Schüler/Stud. 50 Yuan) zu besuchen. Es befindet sich in einem schönen, weitläufigen und fruchtbaren Becken, 35 km südlich von Tibet und nicht weit von Myanmar gelegen. Das Dorf ist ein idealer Ausgangspunkt für Wanderungen in die umliegenden Berge und Täler. Die besten Jahreszeiten für Reisen in diese Gegend sind das Frühjahr und der Frühherbst. Über einen Besuch im Winter sollte man besser gar nicht erst nachdenken.

Für kürzere Abstecher bietet sich ein 2 km langer Spaziergang entlang der Hauptstraße in südlicher Richtung zur eindrucksvollen „ersten Biegung" des Nu Jiang an oder ein Ausflug Richtung Norden über einen 15 km langen Wanderweg, der an einer Kirche aus dem 19. Jh. vorbei- und durch mehrere Dörfer führt. (Der Weg beginnt ein Stück bergab vom Road to Tibet Guesthouse).

Einen längeren Drei- oder Viertagestrip kann man zum Beispiel zum tibetischen Dorf **Dimaluo** (迪麻洛) und von dort aus weiter nach **Yonzhi** (永芝) unternehmen. Von Yonzhi läuft man noch mal zwei Stunden bis zur Hauptstraße, wo man sich eine Mitfahrgelegenheit nach Deqin besorgen kann. Die Wanderung ist sehr anstrengend und nur von Ende Mai bis September machbar, da der 3800 m hohe Pass bei Schnee zu schwierig ist.

Ohne einen Führer geht es nicht. Ein heißer Tipp: der tibetische Führer Alou. Er betreibt auch eine Pension, da er aber oft mit Wanderern unterwegs ist, ist es besser, sich vorher per E-Mail bei ihm anzumelden. Geführte Wanderungen kosten in der Regel um die 200 Yuan pro Tag. Entlang der Strecke nach Yonzhi liegen keinerlei Dörfer, man muss also seine komplette Verpflegung mitnehmen und schläft unterwegs in einfachen Hütten (für etwa 100 Yuan pro Tag kann man Träger mieten).

Eine teurere Option ist Peter, ein Lemao, der Führungen für 250 Yuan pro Tag anbietet. Anlaufstelle ist in diesem Fall das **Nu Jiang Baini Travel** (☎139 8853 9641; yangindali@yahoo.co.uk) an der Hauptstraße. Peter spricht Englisch und ist eine tolle Informationsquelle. Peter vermietet auch Mountainbikes für 50 Yuan am Tag.

Die meisten Hotels in der Stadt haben WLAN und in Peters Geschäft kann man für 3 Yuan pro Stunde das Internet nutzen.

Schlafen & Essen

PENSION €

(☎358 1168, 189 0886 1168; B 30 Yuan, EZ & DZ 80 Yuan; WLAN) Die meisten Backpacker verschlägt es hierher. Die Pension liegt an der Straße, die von der Hauptstraße bergab führt. Die Betten sind hart, aber die Räume sind sauber, das gemeinschaftliche Abendessen ist hervorragend und der ausgesprochen hilfsbereite Inhaber, Alou, spricht Englisch. Alou besitzt noch eine weitere einfache Pension in seinem Heimatdorf Dimaluo, ein gutes Ziel für eine Tageswanderung.

Yu Dong Binguan HOTEL €
(玉洞宾馆; ☎358 1285; EZ & DZ 80–180 Yuan; 📶) Nettes, günstiges Hotel mit freundlichem kettenrauchenden, dickbäuchigen Inhaber. Die Zimmer sind sauber und gepflegt und die zur Rückseite hin haben einen schönen Blick aufs Tal.

An- & Weiterreise

Es gibt täglich eine direkte Busverbindung von Liuku nach Bingzhongluo (85 Yuan, 9 Std., 7 Uhr). In umgekehrter Richtung ist Abfahrt um 8 Uhr gegenüber dem Yu Dong Binguan. Oder man nimmt den Bus nach Gongshan und dort einen der Linienbusse, die bis 17 oder 18 Uhr zwischen Gongshan und Bingzhongluo pendeln (10 Yuan, 1½ Std.).

Aus Gongshan fahren täglich zwischen 6.10 und 13 Uhr 10 Busse nach Liuku.

Dulong-Tal 独龙江

Als eines der abgeschiedensten Täler Chinas – es wird durch die hohe Gaoligong-Shan-Gebirgskette vom Nu-Jiang-Tal abgeriegelt und ist erst seit 1999 über Straßen zugänglich – beherbergt das Dulong-Tal die kleine Volksgruppe der Dulong, deren Frauen noch heute ihre Gesichter tätowieren. Der Fluss Dulong fließt aus China nach Myanmar, wo er schließlich in den Irrawaddy einmündet. Es gibt einen Landgasthof *(xaàn zhaodaisuo)* in der Kreisstadt **Dulongjiang**.

In das Tal fahren keine Busse. Für die strapaziöse, 96 km lange Reise nach Dulongjiang ist es am besten, in Gongshan einen Minivan zu mieten. Zur Zeit der Recherche wurde die Straße gerade ausgebaut und ist inzwischen möglicherweise besser befahrbar. Doch es gibt einen Kontrollposten an der Strecke, weswegen man in Bingzhongluo nachfragen sollte, ob Ausländer das Gebiet betreten dürfen. Im Tal angelangt, geht es größtenteils nur noch zu Fuß weiter. Bei Regen ist jegliches Vorwärtskommen schwierig und bei Schnee wird die Straße gesperrt.

REGION BAOSHAN

Die eng an Myanmar (Burma) geschmiegte und von dem wilden Nu Jiang durchschnittene Region Baoshan (保山) ist eine abwechslungsreiche Landschaft mit dichten Wäldern, ruhenden Vulkanen und Thermalquellen.

Die Stadt, welche der Region ihren Namen gibt, ist eher unspektakulär; das bezaubernde Tengchong (und Umgebung) ist der eigentliche Anziehungspunkt. In der Gegend um Tengchong leben viele ethnische Minderheiten, deren Dörfer inmitten und im Umkreis der alten Feuerberge zu finden sind.

Bereits im 4. und 5. Jh. v. Chr. (zwei Jahrhunderte bevor sich die nördlichen Routen durch Zentralasien etablierten) stellte die Gegend um Baoshan einen bedeutenden Haltepunkt an der südlichen Seidenstraße, der Sichuan-Indien-Route, dar. Bis zur Han-Dynastie befand sich diese Region nicht unter chinesischer Vorherrschaft. Im Jahr 1277 kam es zu einer großen Schlacht zwischen den 12 000 Kriegern des Kublai Khan und 60 000 burmesischen Soldaten und deren 2000 Elefanten. Die Mongolen gewannen diese Schlacht und zogen weiter, um Pagan einzunehmen.

Tengchong 腾冲

☎0875

Es gibt viel zu entdecken in diesem Landstrich, wenn man bedenkt, dass in der Nachbarschaft 20 Vulkane, viele Thermalquellen und ein großes Potenzial für Trekkingtouren schlummern. Und die Stadt selbst ist so etwas wie eine Kuriosität – einer der wenigen Orte Chinas, die zum längeren Aufenthalt einladen, obwohl ein großer Teil der alten Bausubstanz zerstört wurde. Hier gibt's Unmengen von Grünflächen (man kann geradezu die Blumen riechen!) und die Bevölkerung ist freundlich und zurückhaltend.

Sehenswertes & Aktivitäten

Von der alten Architektur ist zwar nicht mehr viel übrig, aber es gibt noch ein paar ganz passable Orte, die sich für ein absichtsloses Umherstreifen anbieten.

Märkte MARKT
In den Nebengassen der Yingjiang Xilu finden sich kleine Märkte, die den Morgen hier und da mit Farbe und Geschäftigkeit erfüllen. Wer von der Feicui Lu in die Fengshan Lu abbiegt und dann die erste Seitenstraße links nimmt, findet einen

kleinen **Markt für lokale Produkte** (产品市场; *chanpin shichang*). Weiter die Straße entlang rechts ist ein großer, überdachter **Jademarkt** (珠宝玉器交易中心; *zhubao yuqi jaioyi zhongxin*), auf dem die Schmuckverkäufer manchmal bei den feinen Schnitzarbeiten zu beobachten sind. In östlicher Richtung, auf der rechten Seite der Yingjiang Xilu, ist nochmals ein größerer **Markt für lokale Produkte.**

Dieshui-Wasserfall WASSERFALL
(叠水瀑布; Dieshui Pubu; Eintritt 30 Yuan) Der **Tempel Xianle** (仙乐寺; Xianle Si) am westlichen Stadtrand ist für ein Picknick wie geschaffen. Die Gegend bietet sich für eine Fahrradtour an, die ebenfalls mit einem Abstecher zu dem malerischen Dorf **Heshun** (和顺), 4 km außerhalb von Tengchong, verbunden werden kann.

Schlafen & Essen

Es besteht kein Mangel an Übernachtungsmöglichkeiten, man sollte aber in allen Unterkünften um den Preis handeln.

Sowohl an der Feicui Lu als auch anderswo in der ganzen Stadt gibt es viele kleine Lokale und Grillbuden. Im Zentrum nahe der Fengshan Lu öffnen abends Imbissstände.

LP TIPP **Tengchong International Youth Hostel** HOSTEL €
(腾冲国际青年旅舍; Tengchong Guoji Qingnian Lushe; ☎519 8677; 44494841@qq.com; Yuquanyuan; 玉泉园; B 40 Yuan, DZ 138–150 Yuan; ❄@📶) Gegenüber einer neu gestalteten Outdoor-Shopping-Plaza gleich abseits der Hauptstraße liegt dieses großzügige und entspannte Hostel. Die Mitarbeiter sprechen English und es gibt jede Menge Platz. Die Zimmer sind makellos, aber die Schlafsäle sind marode und ungepflegt. Die Gäste müssen ihre Betten selbst machen und die Schlafsäle sauberhalten (wir bekamen einen Wischmopp in die Hand gedrückt, als wir anmerkten, die Böden in den Schlafsälen seien dreckig!). Die Taxifahrt vom Fernbusbahnhof kostet 13 Yuan. Mit einem YHA-Mitgliedsausweis bekommt man einen kleinen Rabatt.

Xinghua Dajiudian HOTEL €€
(兴华大酒店; ☎513 2688; 7 Tuanpo Xiaoqu; 团坡小区7号; EZ & DZ 200 Yuan; ❄) Die Teppiche mit dem Tigermuster sind etwas beunruhigend, doch die Zimmer sind insgesamt komfortabel, wenn auch nur mit dem nötigen Standard ausgestattet. Die günstige Lage im Nordosten des Waldnationalparks

Tengchong

Highlights
Dieshui Wasserfall ... A1
Jademarkt ... C1

Sehenswertes
1 Markt für lokale Erzeugnisse ... B1
2 Markt für lokale Erzeugnisse ... C2
3 Tempel Xianle ... A1

Schlafen
4 Xinghua Dajiudian ... A1

Essen
5 Junge Lin Western Restaurant ... C2

Tengchong

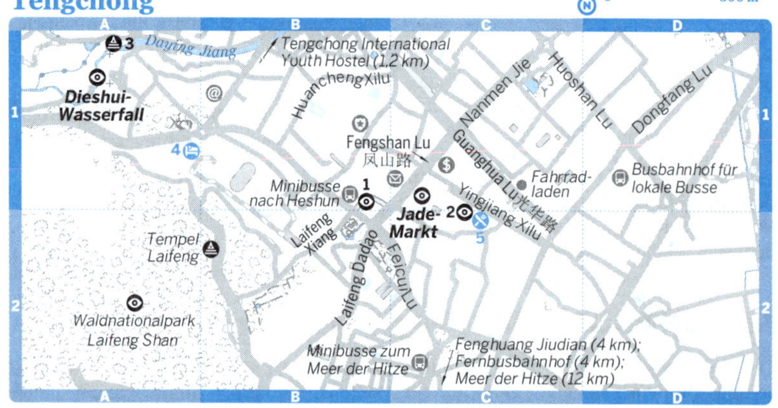

Laifeng Shan ist praktisch für Streifzüge innerhalb und außerhalb der Stadt. Es gibt kein Internet.

Junge Lin Western Restaurant

WESTLICH, THAILÄNDISCH €€

(俊格林西餐厅; Junge Lin Xi Canting; 188 Buxing Jie; Hauptgerichte ab 20 Yuan; ⏲10–23.30 Uhr; 📋) Die chinesischen Betreiber versuchen sich mehr oder weniger erfolgreich an westlichen Gerichten (Steaks, Salate, Pasta). Es werden aber auch thailändische und einfache chinesische Gerichte angeboten.

ℹ Praktische Informationen

Bank of China (中国银行; Zhongguo Yinhang; Ecke Fengshan Lu & Yingjiang Xilu) Hat einen 24-Std.-Geldautomaten und wechselt Bargeld und Reiseschecks. Es gibt noch weitere Geldautomaten in der Stadt, die ebenfalls ausländische Karten akzeptieren.

Büro für Öffentliche Sicherheit (PSB; 公安局; Gong'anju; Yingjiang Xilu; ⏲Mo–Fr 8.30–11.30 & 14.30–17.30 Uhr) Hilft bei Visaverlängerungen.

Internetcafé (网吧; wangba; 100 m nördlich der Xinghua Dajiudian; pro Std. 3 Yuan)

Post (国际邮局; Zhongguo Youzheng; Fengshan Lu) Bietet Post- und Telefonservice.

ℹ An- & Weiterreise

Bus

Der hiesige Fernbusbahnhof liegt im südlichen Teil der Stadt.

Baoshan 52 Yuan, 3 Std., alle 40 Min. (7.50–19 Uhr)

Kunming (Express) 234–248 Yuan, 11 Std., 11-mal tgl. (9–20.10 Uhr)

Lijiang (Nachtbus) 180 Yuan, 10 Std., 1-mal tgl. (20 Uhr)

Liuku 70 Yuan, 6 Std., 4-mal tgl. (8, 9, 10, 11 Uhr)

Xiaguan 128 Yuan, 6 Std., 2-mal tgl. (10.30 und 12 Uhr); (Nachtbus) 154 Yuan, 6–7 Std., 1-mal tgl. (19.30 Uhr)

Von der Regionalbusstation in Tengchong (客运站; *keyunzhan*) fahren häufig Busse zu ortsnahen Zielen ab:

Mangshi 33 Yuan, 2–3 Std., 9-mal tgl. (7.30–16.30 Uhr)

Ruili 84 Yuan, 4 Std., 9-mal tgl. (7–15.50 Uhr)

Busse zu Nahzielen im Norden von Tengchong wie Mazhan, Gudong, Ruidian, Diantan oder Zizhi kommen entweder durch die Huoshan Lu im Nordosten der Stadt oder sie fahren von dort ab. Es gibt außerdem noch eine alte Regionalbusstation an der Dongfang Lu.

Flugzeug

Der Flughafen von Tengchong liegt 12 km südlich der Stadt. Täglich geht von hier ein Flug nach Kunming (1070 Yuan).

Unterwegs vor Ort

Die Umgebung von Tengchong eignet sich hervorragend für Radtouren. Fahrräder gibt's in einem Geschäft an der Guanghua Lu oder im Tengchong International Youth Hostel zu mieten (jeweils 20 Yuan pro Tag).

Bus 2 fährt vom Stadtzentrum zum Fernbusbahnhof. Eine Taxifahrt durch die Stadt kostet 5 Yuan.

Rund um Tengchong

Es ist ein wenig knifflig, hier zu den interessanten Stätten zu gelangen. Eine Möglichkeit besteht darin, unterwegs auf einen Bus aufzuspringen und den Rest zu erwandern. Die näher gelegenen Sehenswürdigkeiten können teils auch mit dem Fahrrad erreicht werden.

Highlights in dieser Gegend sind die traditionellen Dörfer, die verstreut zwischen Tengchong und dem Yunfeng Shan (Wolkengipfelberg) liegen. Dank des relativ großzügigen Angebots an öffentlichen Verkehrsmitteln an dieser Route lässt es sich bequem auf Minibusse auf- und wieder abspringen. So kann man nach Lust und Laune auf Entdeckungsreise gehen.

HESHUN 和顺

Das Dorf **Heshun** (Eintritt 80 Yuan; ⏲8–19 Uhr) südwestlich der Stadt ist auf jeden Fall einen Besuch wert. Es war als Ort geplant, an dem sich Chinesen aus Übersee zur Ruhe setzen können. Interessant ist es aber als stilles, traditionelles chinesisches Dorf mit alten Gassen und Kopfsteinpflaster. Im Dorf gibt es ein paar großartige alte Gebäude, die der Kamera reichlich Motive bieten. Außerdem verfügt es über ein kleines **Museum** (博物馆; *bowuguan*) und eine berühmte alte **Bibliothek** (图书馆; *tushuguan*). Die Eintrittsgebühr lässt sich umgehen, indem man durch die Felder um das Dorf herumläuft. So kommt man allerdings nicht ins Museum oder in die Bibliothek, dort muss man eine Eintrittskarte vorweisen. An der Tankstelle 1,2 km vor dem Dorf aus dem Bus aussteigen, die Straße überqueren und dem Pfad am Fuß des Hügels (zur Linken) folgen.

Die ziemlich neue Herberge **Heshun International Youth Hostel** (和顺国际青年

旅舍; Tengchong Guoju Qungnian Lushe; ☎515 8398; Cunjiawan; 寸家湾; B 20 Yuan, DZ 50–100 Yuan; @) hier (neben dem großen Banyanbaum) ist ansprechend und hat einen kleinen Innenhof.

Bus 6 (der in der Nähe der Tengchong-Jugendherberge hält) fährt nach Heshun. Minibusse (3 Yuan) fahren an der Ecke Feicui Lu und Laifeng Xiang ab. Mit dem Fahrrad ist es stadtauswärts ein Leichtes, stadteinwärts allerdings eine Quälerei bergauf.

YUNFENG SHAN 云峰山

Der **Yunfeng Shan** (Wolkengipfelberg; Eintritt 60 Yuan), ein taoistischer Berg, mit einem Tempel aus dem 17. Jh. und spirituellen Zentren, liegt 47 km nördlich von Tengchong. Eine **Seilbahn** (einfach/hin & zurück 90/160 Yuan) fährt bis kurz unter den Gipfel, von wo aus 20-minütiger Marsch zum ganz oben gelegenen Tempel **Daxiong Baodian** (大雄宝殿) führt. Im Tempel **Luzu Dian** (鲁祖殿), dem zweitobersten, gibt es mittags deftiges vegetarisches Essen. Hier kann man in schmutzigen Schlafsälen übernachten (pro Pers. 20 Yuan). Der Abstieg geht schnell, kann aber schmerzhaft für die Knie sein. Zu Fuß dauert der Aufstieg auf den Berg etwa 2½ Stunden.

Zum Berg geht's von Tengchon mit dem Bus, der an der Huoshan Lu abfährt, nach Gudong (15 Yuan), von Gudong dann weiter mit einem Minibus bis zur Abzweigung (10 Yuan). Von hier aus per Anhalter oder zu Fuß über den reizvollen Weg durch das Dorf Heping (和平) und dann weiter zu den hübschen Dörfern genau am Fuß des Bergs. Vom Parkplatz aus fährt ein Golfkart (5 Yuan) zum Eingang. In Tengchong ein Fahrzeug für den Hin- und Rückweg zu mieten, kostet etwa 300 Yuan.

VULKANE

Der Bezirk Tengchong ist bekannt für seine Vulkane. Obgleich diese sich seit Jahrhunderten anständig benommen haben, lässt die seismische und geothermische Aktivität in dem Gebiet darauf schließen, dass dies nicht immer so bleiben wird. Der Vulkan, der Tengchong am nächsten liegt, ist der **Ma'an Shan** (马鞍山; Sattelberg), etwa 5 km nordwestlich, gleich südlich der Hauptstraße nach Yingjiang.

Ungefähr 22 km nach Norden beim Dorf **Mazhan** befindet sich die am leichtesten begehbare **Vulkangruppe** (Eintritt 45 Yuan). Der Hauptvulkan in der Mitte heißt **Dakong Shan** (大空山; Großer Leerer Berg), was die Sachlage einigermaßen gut wiedergibt. Links erhebt sich der schwarze Krater des **Heikong Shan** (黑空山; Schwarzer Leerer Berg). Wer sich die Stufen hochschleppt, kann den Blick auf die umliegenden (schlummernden) Lavafelder erleben.

Von der Huoshan Lu fahren häufig Minibusse nach Mazhan (5 Yuan), die Minibusse Richtung Gudong können ebenfalls benutzt werden. Von Mazhan aus sind es noch zehn Minuten zu Fuß. Ein Dreiradmotorroller zur Vulkangruppe kostet 5 Yuan. Im Gebiet selbst sind Schusters Rappen gefragt, um von einer Sehenswürdigkeit zur nächsten zu kommen, oder man fährt per Anhalter.

MEER DER HITZE 热海

Das so klangvoll benannte **Meer der Hitze** (Rehai; Eintritt 60 Yuan, Poolbenutzung 268 Yuan; ⌚8–23 Uhr) umfasst mehrere dampfende Thermalquellen, Geysire und Wasserläufe (aber kein eigentliches Meer). Das Gebiet liegt etwa 12 km südwestlich von Tengchong und ist im Grunde eine gehobene Ferienanlage mit mehreren freiliegenden Thermalquellen, einem angenehmen Warmwasser-Swimmingpool und Hallenbädern. Auch ohne den gesalzenen Eintrittspreis für die Bäder zu bezahlen, kann man über Steinpfade wandern und die geothermalen Aktivitäten bestaunen. Einige der Quellen erreichen Temperaturen von bis zu 102 °C (sie sind also zum Schwimmen nicht geeignet!)

Die Zimmer im **Yang Sheng Ge** (养生阁; ☎586 9700; EZ & DZ 1600 Yuan, Suite 3600 Yuan) sind alle mit eigenem Minithermalbad ausgestattet. Das Wasser hierfür wird eigens aus den Quellen hergeleitet. Das Hotel liegt gleich neben dem Ticketschalter.

Zum Meer der Hitze fahren Minibusse (6 Yuan), sobald genügend Fahrgäste da sind. Abfahrt ist bei der Abzweigung an der Rehai Lu im Süden von Tengchong.

PRÄFEKTUR DEHONG

Die Präfektur Dehong (德宏州; Autonome Präfektur Dehong Zhou und Jingpo) ragt tief im Westen Yunnans nach Myanmar hinein. Einst war die Region allertiefste Provinz, doch dann, mit zunehmendem Handel, kamen Touristen, die hier die lärmende Atmosphäre einer Grenzstadt erleben wollten.

Der Trend hat sich zwar ein wenig abgeschwächt, aber die meisten chinesischen Touristen reisen nach wie vor wegen der Handelswaren aus Myanmar an, die über Ruili und Wanding hereinkommen. Burmesische Jade ist ein beliebter Artikel, und zahllose andere Produkte werden über die Grenze hereingeschleust.

Die wichtigsten Minderheiten in Dehong sind die Burmesen (die normalerweise mit dem traditionellen, sarongartigen *longyi* bekleidet sind) sowie die Dai und die Jinpgo, die in Myanmar als Kachin bekannt sind, eine Minderheitengruppe, die lange in bewaffnete Auseinandersetzungen mit der Regierung Myanmars verwickelt war. Nähere Infos über Verhaltensregeln beim Besuch von Tempeln in dieser Region gibt der Kasten auf S. 783.

Ruili 瑞丽

☎0692

In den 1980er-Jahren war diese Grenzstadt als Oase des Drogen- und Edelsteinschmuggels, der Prostitution und anderer Sünden berüchtigt. In den 1990er-Jahren räumte die Regierung hier auf und heutzutage stößt man hier eher auf Ladenpassagen als auf eine Räuberspelunke. Trotzdem ist Ruili noch immer einzigartig, dank des florierenden Edelsteinmarkts, der vorwiegend von burmesischen und pakistanischen Händlern betrieben wird. Und mit seinen Palmenalleen, den Fahrradrikschas und einem schwülwarmen Klima verströmt Ruili eindeutig ein sehr lockeres südostasiatisches Flair.

Die ethnischen Minderheitendörfer in der Nähe sind ebenfalls ein guter Grund, um hierherzukommen, und es lohnt sich durchaus, ein Fahrrad auszuleihen und auf Entdeckungsreise zu gehen. Auch das nur einige Kilometer entfernte Myanmar ist ein attraktives Ziel. Zwar dürfen Einzeltouristen die Grenze nicht frei überqueren, doch wird es zusehends einfacher, Genehmigungen zum Passieren der heiklen Grenzlinie zu bekommen.

Sehenswertes

Hier geht's mehr um Atmosphäre als um reine Ästhetik. Der riesige **Markt** (市场; *shichang*) im Westen der Stadt ist einer der farbenprächtigsten und unterhaltsamsten in Yunnan, ein regelrechtes Wirrwarr an ethnischen Gruppen wie Dai, Jingpo, Han und Burmesen und auch hier und da Händler aus Bangladesch oder Pakistan. Die beste Zeit ist der Morgen, wenn die Stände noch prall gefüllt sind mit burmesischem Räucherwerk, Tofu in Bananenblättern, zweifelhaften Pharmazeutika aus Thailand sowie Textilien, um nur einige Dinge zu nennen. Auch zum schnellen Mittagessen im Vorbeigehen an einem der vielen Imbissstände eignet sich der Ort gut.

Prima Menschen beobachten kann man auf Ruilis ständig größer werdendem **Jademarkt** (珠宝街; *zhubao jie*), in jeder Hinsicht der Mittelpunkt der Stadt. Burmesische Jadeverkäufer betreiben die meisten Stände hier und lassen einen eine Weile lang vergessen, dass man noch in China ist.

Schlafen

Es gibt zahlreiche Hotels in Ruili, die jedoch im Vergleich zu anderen Städten in Yunnan etwas teurer sind. Internetzugang haben in der Regel nur gehobene Hotels.

Ruili Binguan HOTEL €€
(瑞丽宾馆; ☎410 0899; 25 Jianshe Lu; 建设路25号; EZ & DZ 220 Yuan; ❄@📶) Dieses grellbunt orange und goldfarben bemalte Hotel ist das vielleicht komfortabelste und am besten ausgestattete in der Stadt. Man muss aber unerschrocken handeln und viel lächeln, um den Preis zu drücken. Die Zimmer haben ADSL-Internetzugang und in der Lobby gibt es WLAN. Die Mitarbeiter sind freundlich und verkaufen Karten (10 Yuan) für die Stadt und das Umland.

Zhongrui Binguan HOTEL €
(中瑞宾馆; ☎410 0556; Ecke Renmin Lu & Nanmao Jie; 南卯街; EZ & DZ 320 Yuan; ❄) Zentral gelegen mit einigermaßen ordentlichen Zimmern und nur leicht fleckigen Wänden. Eine gute Option in der preisgünstigen Kategorie. Rabatte sind in der Regel immer drin, sodass man ein Zimmer meist für um die 120 Yuan bekommt.

Bashi Jiudian HOTEL €
(巴石酒店; ☎412 9088; Ecke Renmin Lu & Nanmao Jie; 南卯街; EZ & DZ 160 Yuan; ❄) Das Personal ist von der lähmend schwülen Atmosphäre der Stadt anscheinend so erledigt, dass es die meiste Zeit schläft. Man kann in diesem Hotel für 50 Yuan eins der großen Zimmer ergattern, solange man

Ruili

Ruili

Highlights
Jademarkt B1
Markt A2

Schlafen
1 Bashi Jiudian A1
2 Ruili Binguan A1
3 Zhongrui Binguan A2

Essen
4 Huafeng-Markt B2

Ausgehen
5 Bo Bo's Cold Drinks Shop A2

nichts gegen fadenscheinige Teppiche, verirrte Haarbüschel und ein insgesamt etwas vernachlässigtes Ambiente hat.

Essen & Ausgehen

Sowie der Abend hereinbricht, öffnen in der ganzen Stadt Imbissstände. Einfach der Nase nachgehen.

LP TIPP **Bo Bo's Cold Drinks Shop** CAFÉ €
(步步冷饮店; Bubu Lengyindian; Xi'nan Lu; Gerichte ab 5 Yuan; ⌚8–1 Uhr; 📋📶) Die burmesischen Kellner in diesem Lokal sind von früh bis spät im Einsatz. In ihre traditionellen *longyi* gekleidet servieren sie geschäftig fantastische Fruchtsäfte, Tee mit Milch auf burmesische Art, Eiscreme und Kuchen sowie einfache, aber schmackhafte Reis- und Nudelgerichte. Man spricht Englisch und es gibt WLAN.

Huafeng Market STRASSENMARKT €
(华丰市场; Huafeng Shichang; abseits der Jiegang Lu; ⌚ab 18 Uhr) Unter freiem Himmel findet dieser kulinarische Basar statt, der zu vollem Leben erblüht, sobald die Dunkelheit hereinbricht. Hier werden burmesische und chinesische Spezialitäten feilgeboten – darunter tolle Grillgerichte – sowie ausgefallene Leckereien aus Thailand. Alles ist gut sichtbar ausgelegt, also einfach etwas aussuchen und darauf zeigen.

Praktische Informationen

Bank of China (中国银行; Zhongguo Yinhang; Nanmao Jie) Bietet alle bankűblichen Dienstleistungen und wechselt vor einem Reiseantritt nach Myanmar Reiseschecks gegen US-Dollar. Andere Geldautomaten in der Stadt akzeptieren ebenfalls ausländische Karten. US-Dollars werden übrigens auch auf dem Jademarkt gewechselt bzw. verkauft.

Büro für Öffentliche Sicherheit (PSB; 公安局; Gong'anju; Jianshe Jie; ⌚8.30–11.30 & 14.30–17.30 Uhr)

Internetcafé (网吧; *wangba*; Ecke Nanmao Jie & Jiegang Lu; pro Std. 3 Yuan; ⌚24 Std.) Zur Zeit der Recherche hatten Ausländer keinen Zutritt zu den Internetcafés in Ruili. Wer ein WLAN-fähiges Gerät besitzt, könnte bei Bo Bo's Cold Drinks Shop mehr Glück haben.

Post (国际邮局; Zhongguo Youzheng; Ecke Mengmao Lu & Renmin Lu)

An- & Weiterreise

Zur Zeit der Recherche wurde an einer Schnellstraße von Baoshan nach Ruili gebaut, die Ruili mit Xiaguan und darüber hinaus mit Kunming verbinden wird. Beim Verlassen von Ruili verlaufen gut die ersten fünf Stunden über ältere Straßen und durch Dörfer (und Kontrollposten). Das letzte Stück bis nach Xiaguan geht dann über die Schnellstraße.

Bus

Ruili hat einen Fernbusbahnhof (长途客运站; *changtu keyunzhan*) im Zentrum und einen Busbahnhof Nord – eigentlich mehr ein Bahnhofsvorplatz – am Ende der Jiegang Lu. Der Busbahnhof Nord (汽车北站; *qiche beizhan*) ist Anlaufstelle für alle, die nach Mangshi möchten (35 Yuan, letzter Bus 18 Uhr – Abfahrt, wenn der Bus voll besetzt ist). Andere Ziele sind einfacher vom Fernbusbahnhof aus zu erreichen.

Baoshan 94 Yuan, 6–7 Std., alle 30–40 Min. (7.30–16 Uhr)

Jinghong 340 Yuan, 24–26 Std., 1-mal tgl. (10 Uhr)

Kunming 300 Yuan, 14–15 Std., 4-mal tgl. (9.30, 15, 18 und 20 Uhr)

Tengchong 65 Yuan, 4–5 Std., alle 40 Min. (6.30–12.20 Uhr)

Xiaguan 150–170 Yuan, 9–10 Std., 2-mal tgl. (9 und 20 Uhr)

Zu Nahzielen verkehren Minibusse, die gegenüber dem Hauptbusbahnhof abfahren. Sie halten auch, wenn man ihnen an der Straße zuwinkt. Ziele sind unter anderem Wanding (10 Yuan), der Grenzübergang bei Jiegao (10 Yuan) und das Dorf Nongdao (8 Yuan). Busse nach Zhangfeng (11 Yuan, 1 Std.) fahren an der Xinjian Lu ab.

Flugzeug

Tägliche Flüge aus Kunming landen auf dem Flughafen von Mangshi. Die Fahrt dorthin dauert zwei Stunden. Tickets gibt's bei **China Eastern Airlines** (东方航空公司; Dongfang Hangkong Gongsi; ☎411 1111; Renmin Lu; ⏰8.30–18 Uhr). Shuttlebusse fahren jeweils drei Stunden vor dem planmäßigen Abflug vor dem Büro ab (60 Yuan). Hier kann man auch Rückflüge buchen und bestätigen lassen (am besten möglichst früh!).

 Unterwegs vor Ort

Die interessantesten Tagestouren erfordern ein Fahrrad. Die Unterkünfte geben Auskunft darüber, wo man am besten eines ausleihen kann.

Eine Art Flatrate für Taxifahrten innerhalb der Stadt liegt bei 5 Yuan, der Betrag kann aber auch verhandelt werden. Billiger sind die Motor- und Fahrradrikschas.

Rund um Ruili

Die meisten Sehenswürdigkeiten rund um Ruili können mit dem Fahrrad erkundet werden. Umwege über die schmalen Pfade abseits der Hauptstraßen lohnen sich wegen der Minoritätendörfer. Die Menschen dort sind freundlich und es gibt viel zu fotografieren. Die *Tourism and Traffic Map of Ruili,* die es in dem Xinhua-Buchladen an der Renmin Lu zu kaufen gibt, weist die wichtigsten Straßen und Dörfer aus.

Der kürzeste Fahrradtrip ist folgender: An der Ecke nördlich der Post links abbiegen, aus der Stadt heraus und direkt in das kleine Dorf **Mengmao** hineinfahren. Dort liegen einige Shan-Tempel verstreut und der Spaß besteht darin, sie zu finden.

GOLDENE-ENTEN-PAGODE 弄安金鸭塔

Diese Pagode (Nong'an Jinya Ta) besteht aus einer reizvollen Gruppierung von Stupas. Sie befindet sich im Vorhof eines Tempels am südwestlichen Stadtrand an der Hauptstraße. Einst wurde sie errichtet, um der Ankunft eines goldfarbenen Entenpärchens zu gedenken, das der ehemals sumpfigen und unbewohnten Gegend Glück gebracht hatte.

TEMPEL

Direkt hinter der Goldenen-Enten-Pagode liegen eine Straßenkreuzung und ein kleiner Holztempel. Die Straße nach rechts (Westen) führt zu den Dörfern **Jiexiang** (姐相) und **Nongdao** (弄岛). Auf dem Weg dorthin liegen mehrere kleine Tempel, Dörfchen und Stupas. Sie sind nicht spektakulär, aber das Leben in den Dörfern ist interessant und an den Tempeln finden oft kleine Märkte statt.

Der erste größere Dai-Tempel auf der Strecke ist der **Tempel Hansha Zhuang** (喊沙奘寺; Hansha Zhuang Si), ein fein strukturiertes Holzgebäude, in dem einige Mönche leben. Er liegt ein wenig abseits der Straße, ein grünes Schild für Touristen weist an der Abzweigung die Richtung. Das umgebende Dai-Dorf ist interessant.

Ein paar Kilometer weiter liegt das **Ein Dorf, zwei Länder** (一寨两国寺; Yizhai Liangguo; Eintritt 20 Yuan; ⏰9–18 Uhr), eine einfache Touristenattraktion: Man steht hier auf der Grenze zwischen China und Myanmar. Es gibt ein paar Imbissbuden und einige ausgefallene Gags: Karen-Frauen führen ihre Messinghalsreifen vor, während ganz in der Nähe ein waghalsiger Burmese mit Alligatoren ringt.

Etwa nach weiteren 20 Minuten auf dieser Straße kommt rechts ein traditionelles Gebäude mit blau-goldenem Dach. Hier rechts abbiegen und der schmalen Asphaltstraße durch die Felder bis nach **Leizhuangxiang** (雷装相) folgen, der ältesten Stupa in Ruili, die aus der Mitte der Tang-Dynastie stammt.

GRENZÜBERGANG JIEGAO 姐告边检点

Jiegao liegt auf einem Landstreifen, der nach Myanmar hineinragt. Es ist der wichtigste Kontrollpunkt für den stetigen Strom des grenzüberschreitenden Handels und Verkehrs. Hier geht es sehr geschäftig zu, zahllose Händler tätigen in den vielen Geschäften und Outlets noch Einkäufe in letzter Minute. Touristen schlendern zur Grenze und machen Fotos vor dem großen Eingangstor. Unbedingt gesehen haben muss man Jiegao nicht, aber für Grenz-Fans ist es ganz witzig, durch die Tore nach Myanmar zu spinksen und von einer Zeit zu träumen, in denen man als Tourist einfach so hinüberreisen könnte.

GRENZÜBERTRITT NACH MYANMAR (BIRMA)

Zur Zeit der Recherche war die Grenzüberquerung bei Jiegao für Ausländer, die nicht aus China oder Myanmar stammten, nicht möglich. Die Einreise aus Kunming ist nur per Flugzeug aus Kunming möglich. Visa stellt die Botschaft in Beijing (s. S. 1118) oder das Konsulat von Myanmar (S. 1119) in Kunming aus. In Kunming kostet ein Visum 185 Yuan, die Bearbeitung dauert vier Tage und es hat eine Gültigkeit von 28 Tagen.

Die Situation ist jedoch weiterhin unklar, es lohnt sich daher, bei einem Reisebüro in Kunming nachzufragen, ob eine Grenzüberquerung auf dem Landweg möglich ist. Es gibt mehrere Agenturen im **Camellia Hotel** (茶花宾馆; Chahua Binguan; www.kmcamelliahotel.com; 96 Dongfeng Donglu), die auf Reisen nach Myanmar spezialisiert sind. Zur Zeit der Recherche flog die China Eastern Airlines täglich nach Yangon für 2000 Yuan und nach Mandalay für 2600 Yuan.

Von der Goldene-Enten-Pagode hierher geht's geradeaus und über die Myanmar-Brücke, die den Ruili Jiang überquert. Jiegao liegt etwa 7 km von Ruili entfernt.

Rote Sammeltaxis (5 Yuan) mit der Aufschrift Jiegao (姐告) fahren von früh bis spät nachts durch den Stadtkern von Ruili. Nicht zu verwechseln mit den typischen kastanienbraunen Taxis.

GOLDENE PAGODE 姐勒金塔

Wenige Kilometer östlich von Ruili an der Straße nach Wanding steht die Goldene Pagode (Jiele Jinta), ein filigranes, 200 Jahre altes Bauwerk.

REGION XISHUANGBANNA

Nördlich von Myanmar und Laos liegt die Region Xishuangbanna. Der Name ist eine phonetische Nachbildung des Thai-Begriffs *sip sawng panna* (Zwölf Reisanbaugebiete). Die Region Xishuangbanna (西双版纳), bekannter unter dem einfachen Namen Banna, wurde zum Mini-Thailand Chinas, das mit seinem sonnigen Klima, seinen Wasserfesten und seinen abenteuerlichen Dschungelwanderrouten viele Touristen anlockt.

Dennoch wirkt Xishuangbanna selten überlaufen – selbst die Hauptstadt, Jinghong, ist im Grunde nur ein grün überwucherter Ort.

Natur & Umwelt

In Xishuangbanna leben unzählige Tier- und Pflanzenarten, wenngleich jüngste wissenschaftliche Untersuchungen zu dem Ergebnis führten, dass die tropischen Regenwälder auch in Banna akut gefährdet sind. Die verbleibenden Dschungelareale beherbergen eine Handvoll Tiger sowie Leoparden und Goldstumpfnasenaffen. Die Anzahl der Elefanten hat sich seit den frühen 1980er-Jahren auf 250 verdoppelt, ist also um 100 % gestiegen. Die Regierung bietet Dorfbewohnern, deren Ernte von Elefanten niedergetrampelt wurde, oder Menschen, die sich für die Erhaltung wilder Tierarten engagieren, eine Entschädigung an. 1998 verbot die Regierung die Jagd auf wilde Tiere sowie die Weiterverarbeitung der Tierkadaver, aber Wilderei ist bekanntlich schwer zu kontrollieren.

Menschen

Etwa ein Viertel der millionenstarken Bevölkerung dieser Region sind Dai, ein weiteres Drittel sind Han-Chinesen, der Rest ist ein Gemisch aus Minderheiten wie Hani, Lisu und Yao sowie der weniger bekannten Bergvölker Aini (eine Untergruppe der Hani), Jinuo, Bulang, Lahu und Wa.

Der Autonome Bezirk Xishuangbanna der Dai, so der offizielle Name, ist in die Kreise Jinghong, Menghai und Mengla aufgegliedert.

Klima

Die Region kennt zwei Jahreszeiten: die Regen- und die Trockenzeit. Die Regenzeit liegt zwischen Juni und August, wo es nahezu jeden Tag unerbittlich schüttet. Von September bis Februar gibt es weniger Regenfälle, dafür breitet sich am späten Abend dichter Nebel aus, der sich erst um 10 Uhr oder später wieder lichtet.

Zwischen November und März liegen die Temperaturen durchschnittlich bei 19 °C. Die heißesten Monate des Jahres sind die Monate April bis September mit Durchschnittstemperaturen von 25 °C.

Feste & Events

Wenn Feste stattfinden, kann es extrem schwierig sein, für denselben Tag Flüge nach Jinghong zu bekommen. Die Hotels in Jinghong sind dann für gewöhnlich ausgebucht und kosten das Dreifache. Die meisten Leute finden letztendlich ein Zimmer in einem nahe gelegenen Dai-Dorf und pendeln. Feierlichkeiten finden überall in Xishuangbanna statt, sodass man in weiterer Entfernung zu Jinghong auch etwas in Schönes erleben kann.

Tanpa-Fest KULTURFEST

Im Februar werden Knaben zur Aufnahme in den Mönchsorden in den Tempel des Ortes entsandt.

Tan-Jing-Fest KULTURFEST

Zwischen Februar und März ehren die Feiernden die Texte Buddhas, die in den Tempeln des Ortes aufbewahrt werden.

Wasserfest KULTURFEST

Dieses Fest wird Mitte April abgehalten. Es wäscht rein vom Schmutz, dem Kummer und den Dämonen des vergangenen Jahres und begrüßt Freude und Glück des kommenden Jahres. In Jinghong findet es vom 13. bis 15. April statt, in den umliegenden Dörfern können die Termine variieren. Das Fest dauert zwar drei Tage, das Wasserspritzen selbst findet aber nur am 15. April statt. Ausländer werden bevorzugt behandelt, sie bekommen immer am meisten Wasser ab.

Fest der Geschlossenen Türen KULTURFEST

Die Periode der Feldarbeit von Juli bis Oktober ist auch die Zeit des Festes der Geschlossenen Türen (傣族关门节). In dieser Zeit sind Hochzeiten sowie alle anderen Feste verboten. Traditionsgemäß werden dann auch Männer, die 20 oder älter sind, für eine Weile als Mönch ordiniert. Die Saison endet mit dem **Fest der Offenen Türen,** bei dem sich die Menschen wieder vergnügt dem Leben zuwenden und die Ernte feiern.

Tan-Ta-Fest KULTURFEST

Dieses Fest geht über zehn Tage im Oktober oder November. Es finden Tempelzeremonien statt, von speziellen Türmen aus werden Raketen abgeschossen und es werden Heißluftballons steigen gelassen. Die Raketen, die oft Glücksamulette enthalten, explodieren hoch oben am Himmel, und wer ein solches Amulett findet, dem soll das Schicksal gewogen sein.

Jinghong 景洪

0691 / 520 000 EW.

Jinghong – die „Stadt der Morgenröte“ in der lokalen Dai-Sprache – ist die Hauptstadt des Bezirks Xishuangbanna, aber

Xishuangbanna

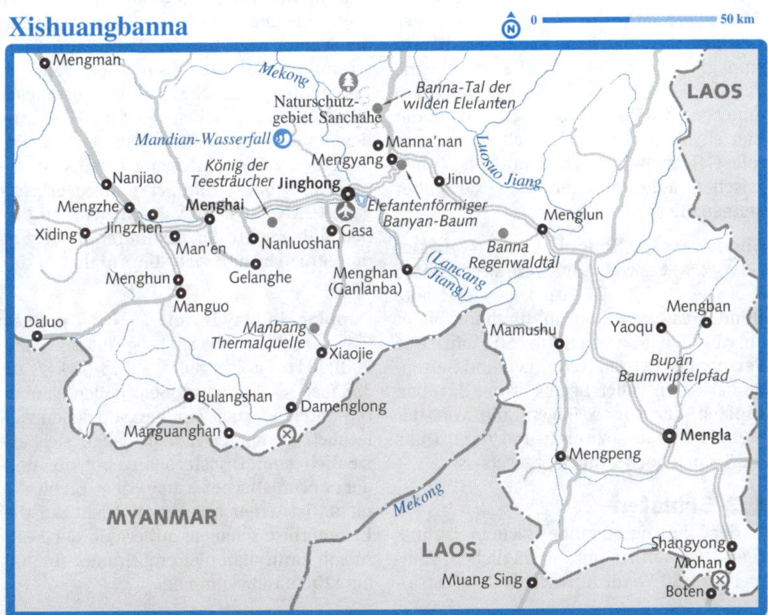

das sollte nicht allzu wörtlich genommen werden, denn eigentlich ist sie eine verschlafene Dschungelstadt am Mekong. Höhere Gebäude wachsen langsam empor, unerfahren geleitete Reisegruppen laufen in alle Richtungen (es ist herrlich, hier die Leute zu beobachten), aber noch ist diese Stadt die absolut perfekte Verkörperung des träge-gelassenen Banna.

Im Sommer, der Nebensaison also, sind sengende Hitze und ermattend hohe Luftfeuchtigkeit angesagt, die alles in dieser Stadt in ein extremes Zeitlupentempo versetzen. Wer sich vorher bereits an höhere und kühlere Klimata in Yunnan angepasst hatte, wird vermutlich häufiger ein Mittagsschläfchen halten wollen. In den Wintermonaten sind die Temperaturen hingegen perfekt.

Sehenswertes & Aktivitäten

Tropischer Blumen- & Pflanzengarten

GÄRTEN

(热带花卉园; Redai Huahuiyuan; 99 Jinghong Xilu; Eintritt 40 Yuan; ⌚7.30–18 Uhr) Der fantastische botanische Garten westlich der Stadtmitte ist eine von Jinghongs besseren Attraktionen. Der Eintrittspreis gewährt Zutritt zu einer Reihe von Gärten, in denen über 1000 verschiedene Pflanzenarten zu betrachten sind. In den äußerst reizvollen Themenbereich „Tropischer Regenwald" geht's am Eingang gleich links.

Pfauenseepark

PARK

Der künstlich angelegte See im Stadtzentrum gibt nicht viel her, aber der kleine Park (孔雀湖公园; Kongque Hu Gongyuan) daneben ist hübsch. Sonntagabends findet hier ein Englisch-Stammtisch statt – eine tolle Gelegenheit also, sich mit den Einheimischen auszutauschen oder sie näher kennenzulernen.

Blind Massage School

MASSAGE

(盲人按摩; Mangren Anmo; Ecke Mengle Dadao & Jingde Lu; ⌚8–24 Uhr) Die vielgelobte Blind Massage School in Jinghong bietet einstündige Massagen für 50 Yuan. Das Personal ist extrem freundlich und Reisende berichten voller Begeisterung darüber. Einfach der Gasse folgen, die von der Mengle Dadao abzweigt, und dann links die Treppe hoch zum Obergeschoss.

Schlafen

In der Manting Lu gibt es viele preisgünstige Unterkünfte mit erträglichen Zimmern ab 50 Yuan. Außerhalb der Festsaison werden normalerweise in der ganzen Stadt sehr gute Rabatte gewährt.

Many Trees International Youth Hostel

HOSTEL €

(曼丽翠国际青年旅舍; Manlicui Guoji Qingnian Lushe; ☎212 6210; 5 Manyun Xiang; 嘎兰中路曼允巷 5 号; B 30–35, DZ 85–95 Yuan; ❄📶) Die Schlafsäle in Jinghongs erster Jugendherberge sind eher klein, haben aber eigene Bäder. Die Doppelzimmer sind sehr preiswert. WLAN ist überall verfügbar und ein gemütlicher Gemeinschaftsbereich ist vorhanden. Die Herberge liegt am Ende einer Nebengasse der Galan Zhonglu.

Mekong River International Youth Hostel

HOSTEL €

(湄公河国际青年旅舍; Meigong He Guoji Qingnian Lushe; ☎229 8000; 6 Menglong Lu; 勐龙路 6 号景兰国际 G 幢; B 30 Yuan, DZ 128 Yuan; ❄@📶) Die Herberge verfügt über eine zentrale Lage, die großen, kargen Zimmer sind zweckmäßig. Alles ist etwas vergammelt und die Betten sind steinhart, aber ansonsten hat man hier einen guten Ausgangspunkt. Sehr beliebt bei chinesischen Backpackern, aber man spricht auch ein wenig Englisch.

North Bank Youth Hostel

HOSTEL €

(北岸青年旅舍; Bei An Qingnian Lushe; ☎221 9177; D9 Yijingwan, Jingliang Lu; 景亮路怡景湾 D9; B 35 Yuan, EZ 80 Yuan, DZ 90–130 Yuan; ❄@📶) Das Hostel liegt auf der anderen Flussseite am Nordufer des Mekong (daher der Name). Vom Stadtzentrum läuft man stramme 25 Minuten bis hierher. Wem der Fußmarsch in die Stadt nichts ausmacht, ist hier gut aufgehoben, denn die Herberge liegt in einem ruhigen Wohnkomplex. Sie hat einen großen, luftigen Gemeinschaftsbereich, saubere Zimmer und zuverlässiges WLAN. Sie ist etwas schwierig zu finden, daher sollte der Taxifahrer am besten dort anrufen und sich die Anfahrt erklären lassen.

Popular Holiday Hotel

HOTEL €€

(假日时尚酒店; Jiari Shishang Jiudian; ☎213 9001; 104 Galan Zhonglu; 嘎兰中路 104 号; DZ 358 Yuan; ❄@) Die großen, hellen, sauberen und modernen Zimmer, von denen viele auch Computer haben, heben sich erfreulich vom Dreisterneangebot ab, und der optimistische Name des Etablissements ist daher berechtigt. Nicht auf die Listenpreise schauen, außerhalb der Festsaison kann man hier ein Zimmer für 100 bis 120 Yuan bekommen.

King Land Hotel HOTEL €€€
(鲸兰大酒店; Jinglan Jiudian; ☎216 6999; www.newtgh.com; 6 Jingde Lu; 景德路 6 号; DZ 160 US$; ❄@≋) Dank der beiden riesigen Elefanten am Eingang ist das Hotel eines der unverkennbaren Wahrzeichen Jinghongs. Es hat eine super zentrale Lage, Viersternestandardzimmer und bietet zudem noch einen Swimmingpool. Zu den weiteren Annehmlichkeiten zählen das laotische Konsulat sowie ein Büro der Lao Airlines. Ermäßigungen von 60% sind möglich.

Essen

In den Dai-Restaurants entlang der Menghun Lu und in den hervorragenden Dai-Grillrestaurants diesseits und jenseits der Manting Lu verkehren auch die Einheimischen, denn hier gibt's das authentischste und schmackhafteste Essen in der ganzen Stadt (wie übrigens auch auf den Nachtmärkten, die überall aus dem Boden sprießen).

Typische Dai-Gerichte sind beispielsweise gegrillter Fisch, Aal und mit Zitronengras gegartes oder mit Erdnuss-Tomatensoße serviertes Rindfleisch. Vegetarier können geröstete Bambussprossen bestellen, die in derselben Weise zubereitet sind. Andere Spezialitäten sind frittiertes Flussmoos (schmeckt besser als es klingt und ist hervorragend zu Bier), scharfe Bambussprossensuppe und *shaokao* (in Bananenblätter gewickelte und auf dem Holzofen gegrillte Fleischspieße).

Meimei Café WESTLICH €€
(美美咖啡厅; Meimei Kafeiting; Menglong Lu; Gerichte 15–35 Yuan; ⌚8.30–1 Uhr; 📋📶) Jeder findet das Meimei irgendwann und kehrt hier ein. Es war das erste Café mit westlicher Küche vor Ort und ist mit seinen Burger- und Sandwichplatten, Pizza- und Pastatellern und seinen ausländerfreundlichen chinesischen und thailändischen Gerichten immer noch das beste. Orchid, der Eigentümer, ist eine hervorragende Quelle für Informationen über die Gegend.

WANDERN IN XISHUANGBANNA

Die Wanderrouten um Xishuangbanna waren früher mit die besten in ganz China – Einheimische luden einen zum Übernachten in ihr Haus ein und tischten Essen und *mijiu* (Reiswein) auf. Durch die steigenden Besucherzahlen hat sich dies jedoch stellenweise geändert. Sicherlich darf man nicht erwarten, automatisch hereingebeten und zum Mittagessen eingeladen zu werden, nur weil man Ausländer ist. Aber wer mit seinem Geld um sich wirft, wird früher oder später das ökonomische Gleichgewicht in der Region beeinflussen.

Wer von einem Einheimischen zu sich nach Hause eingeladen wird, der sollte versuchen, zu klären, ob dieser eine Bezahlung erwartet. Wenn nicht, kann ein kleiner Betrag (Backpackerkneipen geben Auskunft, was dabei als angemessen empfunden wird) oder ein bescheidenes Geschenk wie Kerzen, Streichhölzer, Reis usw. als Dankeschön überreicht werden – auch dann, wenn die Familie partout nichts annehmen will.

Sehr wichtig ist es, sich gut auf die Tour vorzubereiten. Das da draußen ist ein richtiger Dschungel, also sollte jemand darüber informiert werden, wo die Reise hingeht und wann sie zu Ende sein sollte. In der Regenperiode ist zum Wandern geeignetes Schuhwerk und wasserdichte Kleidung nötig. Tabletten zum Wasserreinigen, Wasser in Flaschen oder eine Wasserflasche, in der auch heißes (abgekochtes) Wasser aufbewahrt werden kann, dazu kleine Imbisse und Sonnenschutzcreme werden zu jeder Jahreszeit benötigt.

Sich einen Führer zu nehmen, ist auf jeden Fall eine Überlegung wert. Unterwegs wird wenig Hochchinesisch gesprochen, geschweige denn Englisch. Kostenpunkt für einen Führer sind etwa 250 bis 300 Yuan pro Tag.

Das **Forest Café** (☎0691 898 5122; www.forest-cafe.org) in Jinghong ist ein ausgezeichneter Startpunkt. Sarah, die Eigentümerin, hat jahrelange Erfahrung mit Trekkingführungen und wird sehr empfohlen. Auch das **Mekong Café** (湄公咖啡; Meigong Kafe; Menglong Lu) organisiert Trekkingtouren. Das nahe gelegene **Meimei Café** (☎0691 216 1221; www.meimei-cafe.com) arrangiert keine Touren, hat aber jede Menge Hefter mit detaillierten Informationen, die es einem ermöglichen, sich alleine zurechtzufinden.

Jinghong

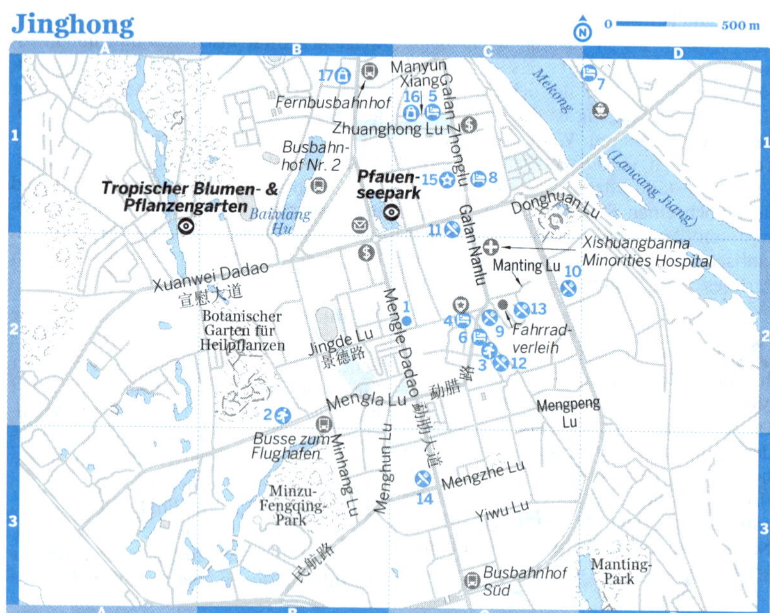

Jinghong

Highlights

Pfauenseepark B1
Tropischer Blumen- & Pflanzengarten A1

Aktivitäten, Kurse & Touren

1 Blind Massage School C2
2 Forest Café B2
3 Mekong Café C2

Schlafen

4 King Land Hotel C2
5 Many Trees International Youth Hostel C1
6 Mekong River International Youth Hostel C2
7 North Bank Youth Hostel D1
8 Popular Holiday Hotel C1

Essen

9 Banna Café C2
10 Dai-Grillrestaurant C2
11 Luo Luo Bing Wu C1
12 Meimei Café C2
13 Thai Restaurant C2
14 Wangtianshu Deli C3

Unterhaltung

15 Mengbala Naxi Arts Theatre C1

Shoppen

16 Jademarkt C1
17 Markt B1

Luo Luo Bing Wu NUDELN €
(啰啰冰屋; 96 Xuanwei Dadao; Gerichte ab 5 Yuan; ⌚7.30–22 Uhr) Betriebsames Lokal, in das die Einheimischen nur so hereinströmen. Einerseits werden sie von den preiswerten und lecker zubereiteten Nudel- und Reisgerichten, speziell auch mit gebratenem Reis angelockt, aber sie kommen auch wegen der Fruchtsäfte, Shakes und erfrischenden Desserts aus gehobeltem Eis à la Taiwan. Im hinteren Bereich kann man auch draußen sitzen.

Thai Restaurant THAILÄNDISCH €
(泰国餐厅; Taiguo Canting; Manting Lu; Hauptgerichte ab 12 Yuan; ⌚8–21.30 Uhr) Wer nicht die Tour über Land nach Südostasien macht, kann seinen Thai-Schwerpunkt getrost in dieses ganz und gar vertrauenswürdige Terrassenrestaurant verlegen. Es

ist sicherlich nicht das nobelste seiner Art hier am Ort, aber mit Sicherheit das beliebteste. Eine umfangreiche Palette an Gerichten steht Freunden der Thai-Küche zur Auswahl.

Banna Café WESTLICH €€
(版纳咖啡; Banna Kafei; 1 Manting Lu; Frühstück ab 25 Yuan; ⏲ab 7 Uhr; 📖) Einerseits ist dieses freundliche Café, das einem Akha gehört, ein toller Ort zum Frühstücken, andererseits ist die kleine Außenterrasse aber auch bestens geeignet, einen Dämmerschoppen oder Schlummertrunk zu sich zu nehmen, während draußen die Welt vorbeizieht.

Wangtianshu Deli WESTLICH €€
(望天树美食; Wangtianshu Meishi; 111 Mengzhe Lu; Gerichte 12–30 Yuan; ⏲8.30–22.30 Uhr; 📖) Ein Feinkostladen unter Schweizer Führung, wie man ihn in dieser Gegend sonst nirgendwo finden wird, mit europäischem Brot, selbstgemachtem Eis und vielen anderen Leckereien, zum Beispiel französischem Wein und Käse. Auch eine kleine, aber sehr anständige Auswahl an Steaks und Salaten ist im Angebot.

Unterhaltung

Mengbala Naxi Arts Theatre THEATER
(蒙巴拉纳西艺术宫; Mengbala Naxi Yishugong; Galan Zhonglu; Eintritt 190 Yuan; ⏲20.10 & 21.45 Uhr) Dieses Theater ist äußerst beliebt bei Reisegruppen. Es bietet abendliche Gesangs- und Tanzshows.

Shoppen

Marktfans kommen auf dem sagenhaften **Fisch- und Gemüsemarkt** auf ihre Kosten, der hinter ein paar neuen Gebäuden am Fernbusbahnhof versteckt liegt. Auf dem nicht weit davon entfernten **Jademarkt** (玉市场; Yu Shizhang; Zhuanghong Lu) bieten Burmesen und andere Südasiaten ihre Waren neben den Ständen der Einheimischen feil. Hier kann man sich nach Herzenslust die Leute anschauen und natürlich einkaufen.

Praktische Informationen

Immer mal wieder wird von Übergriffen berichtet, bei denen Reisende auf der Busfahrt von Kunming nach Jinghong erst mit Drogen betäubt und dann ausgeraubt wurden. Man sollte freundlich, aber bestimmt sein, von niemandem etwas annehmen und nie die eigenen Sachen unbeaufsichtigt lassen, wenn man für eine kurze Pause einmal den Bus verlässt.

Bank of China (中国银行; Zhongguo Yinhang; Xuanwei Dadao) Wechselt Reiseschecks und ausländische Währungen und hat einen Geldautomaten. Weitere Zweigstellen an der Galan Zhonglu und der Minhang Lu.

Büro für Öffentliche Sicherheit (PSB; 公安局; Gong'anju; 13 Jingde Lu; ⏲Mo–Fr 8–11.30 & 15–17.30 Uhr) Sehr zügige Bearbeitung von Visaverlängerungen.

Internetcafés (山城网吧; *wangba*; Manting Lu; pro Std. 3 Yuan) An der Manting Lu gibt es viele Internetcafés.

Post (国际邮局; Zhongguo Youzheng; Ecke Mengle Dadao & Xuanwei Dadao; ⏲8–20.30 Uhr) Auslandstelefongespräche sind hier möglich.

Xishuangbanna Minorities Hospital (西双版纳民族医院; Xishuangbanna Minzu Yiyuan; ☎213 0123; Galan Nanlu) In diesem Krankenhaus ist die Chance recht groß, einen englischsprachigen Ansprechpartner zu finden.

An- & Weiterreise

Bus

Der **Fernbusbahnhof** (长途客运站; *changtu keyunzhan*; Minhang Lu) ist für fernere Reiseziele der praktischere, außerdem fährt von hier täglich ein Bus nach Luang Nam Tha in Laos (78 Yuan, 7 Std., 10.40 Uhr).

Jianshui 177 Yuan, 12–17 Std., 2-mal tgl. (19 und 20 Uhr)

Kunming 220–253 Yuan, 9–10 Std., 9-mal tgl. (8–22 Uhr)

Lijiang 276–333 Yuan, 18 Std., 1-mal tgl. (21.30 Uhr)

Ruili 340 Yuan, 24–26 Std., 1-mal tgl. (9 Uhr)

Xiaguan 200 Yuan, 16 Std., 2-mal tgl. (8.30 und 10 Uhr)

Wer Xishuangbanna erkunden möchte, geht am zum Busbahnhof Nr. 2 (第二客运站; Di'er *keyunzhan*), auch bekannt als Banna-Busbahnhof.

Ganlanba 8,50 Yuan, 40 Min., alle 30 Min. (7–19 Uhr)

Menghai 15 Yuan, 45 Min., alle 20 Min. (7–19.20 Uhr)

Menghun 16 Yuan, 1½ Std., alle 20 Min. (7–18.40 Uhr)

Mengla 44 Yuan, 2½ Std., alle 30 Min. (6.30–18.20 Uhr)

Menglun 17 Yuan, 1½ Std., alle 20 Min. (7–18 Uhr)

Menyang 10 Yuan, 40 Min., halbstündl. (8–18 Uhr)

Sanchahe 15 Yuan, 1 Std., 10-mal tgl. (7.30–17 Uhr)

Simao 55 Yuan, 2 Std., alle 30 Min. (6.30–19 Uhr)

Busse nach Damenglong (客运南站; *keyun nanzhan*) verkehren vom Busbahnhof Süd aus, bei dem auch Fahrten nach Kunming auf dem Fahrplan stehen.

Wer zu den Reisterrassen von Yuanyang fahren möchte, nimmt zunächst einen Bus nach Jiangcheng (江城; 56 Yuan, 9–10 Std., 6.30 oder 9.15 Uhr), bleibt dort über Nacht und nimmt dann den Bus nach Luchun (绿春; 34 Yuan, 5 Std.). Luchun ist eine sehr freundliche Hani-Stadt mit einem guten Markt. Von dort bedient ein Bus die Strecke nach Yuanyang (34 Yuan, 4 Std.). Man kann auch einen Bus vom Hauptbahnhof nach Jianshui (18 Std.) nehmen und dort nach Yuanyang umsteigen. Diese Route ist länger, man muss aber nicht so oft umsteigen.

Flugzeug

Täglich gehen mehrere Flüge nach Kunming (1150 Yuan), aber im April (wenn das Wasserfest stattfindet) ist es sowohl für Hin- als auch für Abflüge erforderlich, mehrere Tage im Voraus zu buchen.

In der Hauptsaison stehen täglich ein oder zwei Flüge nach Dali (990 Yuan) und/oder nach Lijiang (1060 Yuan) sowie (fast) regelmäßige Flüge nach Shanghai (tgl., 2440 Yuan.) und Chengdu (3-mal wöchentl., 1400 Yuan) auf dem Flugplan. In der ganzen Stadt gibt es Reisebüros mit Ticketverkauf.

 Unterwegs vor Ort

Bus 1 (2 Yuan) fährt von einer Haltestelle an der Mengla Lu (Ecke Minhang Lu) zum Flughafen, der 5 km südlich der Stadt liegt. Ein Taxi dorthin kostet etwa 20 Yuan, in der Festivalsaison kann sich dieser Betrag verdreifachen.

Jinghong ist so klein, dass alles gut zu Fuß erreichbar ist, aber ein Fahrrad macht das Leben einfacher und kann fast in allen Unterkünften für

MINDERHEITENGRUPPEN IN XISHUANGBANNA

Die Dai (傣族) sind Hinayana-Buddhisten (im Gegensatz zu den in China mehrheitlich vertretenen Mahayana-Buddhisten), die erstmals vor 2000 Jahren das Tal des Jangtse besiedelten und dann im Zuge der mongolischen Invasion im 13. Jh. nach Süden bis hierher vertrieben wurden. Die übliche Bekleidung der Dai-Frauen besteht aus dem Strohhut oder einem Tuch, das sie sich um den Kopf winden, einer engen, kurzen Bluse in leuchtender Farbe, einem bedruckten Sarong und einem Gürtel mit silbernem Verschluss. Einige Dai-Männer lassen sich Tiermotive auf den Körper tätowieren, außerdem ist das Kauen der Betelnuss bei ihnen beliebt. Viele junge Dai lassen sich die Zähne mit Gold verblenden. Die Sprache der Dai ist mit der Sprache der Lao sowie den nördlichen Thai-Dialekten verwandt. Hier einige nützliche Dai-Ausdrücke: *douzao li* (Hallo), *yindi* (Danke) und *goihan* (Auf Wiedersehen).

Die Jinuo (基诺族), die manchmal auch Youle genannt werden, wurden offiziell im Jahre 1979 als Minderheit „entdeckt" und sind eine der kleinsten Volksgruppen mit 12 000 bis 18 000 Mitgliedern. Sie selbst nennen sich „die, die den Onkel respektieren" und stammen vermutlich von den Qiang ab. Die Frauen tragen eine weiße Haube, eine Baumwolltunika mit bunten Querstreifen und einen röhrenförmigen schwarzen Rock. Ihr Ohrschmuck folgt einer ausgeklügelten Tradition: je größer das Loch im Ohrläppchen und je mehr Blumen man hindurchstecken kann, desto schöner die Frau. Die Zähne werden zuweilen mit dem Saft des Lackbaums geschwärzt, was sowohl der Schönheit dient als auch vor Karies schützt.

Die Bulang (布朗族) leben überwiegend in den Bulang-, Xiding- und Bada-Bergen von Xishuangbanna. Dort bauen sie Baumwolle, Zuckerrohr und Pu-Erh-Tee, einen der berühmtesten Exportartikel Yunnans, an. Die Männer lassen sich dem Brauch nach an Armen, Beinen, Brust und Bauch tätowieren. Die Frauen tragen prächtigen, mit Blumen verzierten Kopfschmuck. Begeistert kauen sie die Betelnuss, und für Frauen sind schwarze Zähne ein Schönheitsideal.

Die Hani (哈尼族, in den Nachbarländern auch als Akha bekannt) sind als Teil der tibeto-burmanischen Völkergruppe eng mit den Yi verwandt und sprechen Sino-Tibetisch, verwenden beim Schreiben allerdings Han-Schriftzeichen. Am bekanntesten sind sie für ihre Flusstal-Reisterrassen, besonders am Roten Fluss zwischen Ailao und Wuliang Shan, wo sie Reis, Getreide und gelegentlich auch Mohn anbauen. Hani-Frauen (vor allem die Aini, eine Untergruppe der Hani) tragen Haarschmuck aus Perlen, Federn, Münzen und Silberringen, darunter französische (vietnamesische), burmesische und indische Münzen aus der Jahrhundertwende vom 19. zum 20. Jh.

GRENZÜBERTRITT NACH THAILAND

Vor noch nicht allzu langer Zeit konnten Reisende mit Frachtschiffen oder Fähren nach Thailand gelangen, eine Fahrt von 7 bis 15 Stunden. Doch der Schiffsverkehr auf dem Mekong wurde im Oktober 2011 eingestellt, nachdem 13 chinesische Seemänner im Zusammenhang mit Drogengeschäften auf ihren Frachtschiffen ermordet wurden. Zur Zeit der Recherche war der einzige direkte Weg nach Thailand das Flugzeug (2-mal wöchentl. nach Bangkok, Hinflug 1700–2100 Yuan). Es ist allerdings möglich, sich von einem Frachtschiff ab Guanlei (关累) mitnehmen zu lassen, etwa 75 km südöstlich von Jinghong. In den Cafés in Jinghong kann man die aktuellen Fahrpläne erfragen. Die einzige andere Möglichkeit besteht darin, erst nach Laos zu reisen und von dort aus nach Thailand.

25 bis 30 Yuan pro Tag oder im **Fahrradgeschäft** (⌚8.30–22 Uhr) an der Manting Lu gemietet werden.

Taxifahrten innerhalb der Stadt kosten generell 6 Yuan.

Rund um Jinghong

Mit der Kraft der eigenen Beine (oder einfach per Bus) Touren zu den unendlich vielen Minderheitendörfern zu unternehmen, ist hier die Hauptattraktion. So vergehen ein paar Wochen wie im Flug, doch auch für begrenzte Zeitbudgets gibt es in Xishuangbanna genügend nähere Ziele, die mit dem Bus in zwei oder drei Stunden zu erreichen sind. Um zu den entlegensten Dörfern zu gelangen, ist es oft unvermeidbar, erst zu einem größeren (und weniger interessanten) Ort zu fahren und dort zu übernachten, da nur ein Bus pro Tag – wenn überhaupt – zu den ganz kleinen Dörfer hinausfährt.

Marktfans dürfen frohlocken: Hier draußen sind sie farbig wie die Palette eines Künstlers. Die beliebtesten sind offensichtlich der Donnerstagsmarkt in Xiding, dann der in Menghun und schließlich der in Menghai.

Viele Dörfer sind mit dem Fahrrad von Jinghong aus zu erreichen. Die bekannteste Tour ist nach wie vor die Zwei- bis Dreistundenfahrt nach Menghan (Ganlanba). Der Verkehr und die Luftverschmutzung können einem unterwegs zu schaffen machen, aber um das Dorf herum ist es einzigartig schön.

Noch ein kleiner Tipp: Jeder zweite Dorfname scheint hier mit der Vorsilbe „Meng“ zu beginnen, deshalb hat es sich schon häufiger zugetragen, dass Reisende nur infolge von Kommunikationsproblemen im falschen Dorf landeten. Daher empfiehlt es sich, sich das Reiseziel in Schriftzeichen aufschreiben zu lassen und den Zettel mitzunehmen.

NATURSCHUTZGEBIET SANCHAHE 三岔河自然保护区

Dieses Naturschutzgebiet (Sanchahe Ziran Baohuqu) 48 km nördlich von Jinghong ist eines von fünf riesigen Waldreservaten im Süden Yunnans. Seine Fläche beträgt nahezu 1,5 Mio. ha. und es wird dringend empfohlen, diesen Umstand ernst zu nehmen – wer hier vom Weg abkommt, den findet niemand. Die große Masse strömt aber in **Bannas Tal der Wildelefanten** (版纳野象谷; Banna Yexianggu; Eintritt 65 Yuan), das nach den ungefähr 50 wilden Elefanten benannt ist, die im Tal leben. Die Elefanten sind sehr zurückhaltend und nur wenige Reisende haben je welche zu Gesicht bekommen. Weniger ängstlich sind die Affen, und in jedem Fall lohnt es sich, das hiesige Waldgebiet anzuschauen. Vom Haupteingang fährt eine 2 km lange **Seilbahn** (einfach/hin & zurück 50/70 Yuan) über die Baumwipfel ins Parkinnere, ein höher gelegener Fußweg führt ebenfalls dort oben entlang.

Es gibt keine Unterkünfte im Park, daher übernachtet man am besten in Jinghong. Täglich fahren zehn Busse nach Sanchahe (15 Yuan, 1½ Std., 7.30–17 Uhr).

MENGYANG 勐养

Der vielfotografierte **elefantenförmige Banyanbaum** (象形榕树; Xiangxing Rongshu) ist der Grund, warum viele nach Mengyang reisen. Mengyang liegt 34 km nordöstlich von Jinghong an der Straße nach Simao und ist gleichzeitig das Kerngebiet der Hani, der Blumenband-Dai, und der Lahu, einer der ärmsten Minderheiten der Region.

Von Mengyang nach **Jinuo** (基诺), in das Heimatgebiet der gleichnamigen Minderheit, sind es weitere 19 km Richtung Südosten.

MENGHAN (GANLANBA) 勐罕 (橄榄坝)

Noch vor wenigen Jahren war Menghan (oder Ganlanba, wie es manchmal auch genannt wird) ein idyllisches Plätzchen, das am besten mit dem Fahrrad zu erkunden war. Unglücklicherweise wurde das ehemals freundliche, liebenswerte und verschlafene Dörfchen zum Minoritäten-Themenpark umfunktioniert (der dazu noch teuer ist). Reisegruppen in Bussen, schrille Tanzdarbietungen – das Übliche. Trotzdem ist die Umgebung noch wundervoll.

Sehenswertes

Dai-Minoritätenpark HISTORISCHES DORF

(傣族园; Daizuyuan; ☎0691 250 4099; Manting Lu; Eintritt 100 Yuan) Diesen Teil der Stadt wollt einst jeder in der Region selbst erleben. Besucher kamen wegen der klassischen Tempel und der Gastfreundlichkeit der Dai-Familien, die Besucher in ihr traditionelles Heim einluden. (Heute befindet sich hier der bereits erwähnte „Themenpark".) Touristen können die Nacht im Haus eines Dorfbewohners verbringen und am zweimal täglich inszenierten „Wasserfest" teilnehmen. Wer mitspritzen möchte, muss 40 Yuan zahlen. Trotz der insgesamt künstlichen Atmosphäre fanden einige Reisende Gefallen daran.

Wunderschöne Landschaften an Flüssen und Reisfeldern sieht, wer die Stadt Richtung Süden verlässt, den Mekong mit der Fähre (2 Yuan mit Fahrrad) überquert und dann nach links (Richtung Osten) abdreht. Die letzte Fähre kehrt um 19 Uhr zurück.

Schlafen & Essen

Im Themenpark kostet das Bett bei einer Dai-Familie zwischen 40 und 60 Yuan, Essen wird extra berechnet. Die Betten bestehen aus den traditionellen Schlafmatten der Dai und sind in der Regel sehr komfortabel. In den meisten Häusern gibt es auch Duschen. Die Restaurants im Park sind teuer und zielen definitiv auf Reisegruppen ab.

An- & Weiterreise

Busse nach Menghan fahren in Jinghong am Busbahnhof Nr. 2 ab (8,50 Yuan, alle 20 Min., 7.15–19 Uhr). Vom Busbahnhof in Menghan kehren alle 20 Minuten Busse nach Jinghong (8,50 Yuan) zurück, und es fahren zwei Busse täglich nach Menglun (9,50 Yuan, 1 Std., 10 und 14 Uhr).

Den Weg von Jinghong nach Menghan kann man auch, wenn man stramm fährt, in zwei oder gemütlich in drei Stunden mit dem Fahrrad zurücklegen, wobei der Verkehr unterwegs beträchtlich sein kann.

Unterwegs vor Ort

An der Manting Lu liegen viele Fahrradgeschäfte, die Mountainbikes vermieten (20 Yuan pro Tag).

MENGLUN 勐伦

Im östlich von Menghan gelegenen Menglun lockt der **Tropische Pflanzengarten** (热带植物园; Redai Zhiwuyuan; Eintritt 80 Yuan; ⏲7.30–24 Uhr). Die Anlagen sind traumhaft und stehen bei Besuchern hoch im Kurs.

Um dorthin zu gelangen, einfach links aus dem Busbahnhof hinausgehen und danach in die erste Straße wieder links einbiegen. Folgt man dieser Straße bergab, ist auf der rechten Seite, kurz vor einer Fußgängerbrücke über den Mekong, der Ticketschalter.

Die besten Aussichten auf ein sauberes Bett verheißt das **Chunlin Binguan** (春林宾馆; ☎0691 871 5681; DZ 60 Yuan) neben dem Eingang zum Pflanzengarten.

Von Busbahnhof Nr. 2 in Jinghong fahren Busse nach Menglun (16 Yuan, 90 Min., alle 20 Min., 6.30–18.20 Uhr). Wahlweise kann ein Besuch in Menglun mit einem Tagestrip nach Menghan kombiniert werden.

Von Menglun fahren Busse nach Mengla (24 Yuan, 2½ Std., alle 20 Min., 8–18 Uhr) und nach Jinghong (16 Yuan, 75 Min., alle 20 Min., 6.30–19 Uhr).

MENGLA 勐腊

Mengla ist die erste bzw. letzte große Stadt auf dem Weg nach/von Laos. Es gibt ein paar palmengesäumte Straßen und einige grell orangefarbene Gebäude, die die hiesige Architektur widerspiegeln sollen, aber optisch nicht viel hergeben. Je nach Zustand des Busses, Verkehrsaufkommen und Ankunftszeit sitzt man unter Umständen für eine Nacht hier fest (bis zur Grenze sind's noch mal 45 km). Als Unterkunft bietet sich das **Jinqiao Dajiudian** an (金桥大酒店; ☎0691 812 4946; DZ 60–100 Yuan, 3BZ 90 Yuan; ❄), das günstig zum Busbahnhof Nord liegt (nur den Hügel rauf).

In Mengla stehen zwei Busbahnhöfe zur Auswahl. Vom Fernbusbahnhof im Norden fahren Busse nach Kunming (287 Yuan, 2- bis 3-mal tgl., 8.30–11.30 Uhr). Busbahnhof Nr. 2 befindet sich im südlichen Teil der Stadt.

Verbindungen ab Busbahnhof Nr. 2:

Jinghong 44 Yuan, alle 30 Min. (6.30–18.30 Uhr)

Menglun 20–25 Yuan, alle 20 Min. (6.40–19.30 Uhr)

Mohan 15 Yuan, alle 20 Min. (8–18 Uhr)

DAMENGLONG 大勐龙

Damenglong (auf Bussen stehen nur die beiden letzten Schriftzeichen für „Menglong") ist eine raubeinige Stadt, in deren staubigen Straßen die Menschen schläfrig herumhängen. Es finden sich noch ein paar recht sehenswerte Pagoden, doch in erster Linie geht es darum, zu Fuß oder mit dem Fahrrad durch eine endlose Zahl von Dörfern zu ziehen (wer ein Fahrrad mieten möchte, sollte sich im Hua Jie Binguan erkundigen).

Etwa 55 km südlich von Jinghong und nur wenige Kilometer zur Grenze von Myanmar soll beim dortigen Grenzübergang (für Ausländer nicht passierbar) später einmal der Durchgang für die geplante Autobahn entstehen, die Thailand, Myanmar und China miteinander verbinden wird. Falls diese jemals gebaut wird, wird sie definitiv neuen Schwung in die Gegend bringen.

Sehenswertes

Weiße Bambussprossenpagode PAGODE

(曼飞龙塔; Manfeilong Ta; Eintritt 10 Yuan) Die im Jahr 1204 errichtete Pagode ist von dichtem Dschungel umgeben (Vorsicht, Schlangen!) und Damenglongs bedeutendste Sehenswürdigkeit. Der Legende nach wurde der buddhistische Pagodentempel an der Stelle erbaut, an der Sakyamuni Buddha, als er einst nach Xishuangbanna kam, seinen geheiligten Fußabdruck hinterließ. Wer sich dafür interessiert, findet den historischen Abdruck in einer Nische unter einer der neun Stupas. In den letzten Jahren wurde der Tempel umfassend renoviert.

Wer die Gegend Ende Oktober oder Anfang November bereist, kann sich nach dem Datum des **Tan-Ta-Festes** erkundigen. In dieser Zeit versammeln sich nämlich Hunderte von Einheimischen in der Weißen Bambussprossenpagode und feiern ein Fest mit Tanz, Feuerwerkskörpern, Papierballons und dergleichen mehr.

Die Pagode ist leicht zu finden: Auf der Hauptstraße 2 km zurück in Richtung Jinghong bis zu einem kleinen Dorf wandern, in dem linker Hand ein Tempel steht. Von hier aus geht ein Pfad den Hang hinauf, zu Fuß sind es etwa 20 Minuten. Meistens ist niemand da, der die Eintrittsgebühr kassiert. Eine Motorrikscha von Damenglong kostet 10 Yuan.

GRATIS **Schwarze Pagode** PAGODE

Neben dem Dai-Kloster genau oberhalb des Zentrums verläuft ein steiler Pfad, der zur buddhistischen Schwarzen Pagode (黑塔; Hei Ta) hinaufführt– schon zu sehen, wenn man in die Stadt hineinfährt. Die Pagode selbst ist jedoch nicht schwarz, sondern golden. Ein Spaziergang hinauf und eine kleine Plauderei mit den fünf jungen Mönchen, die dort wohnen, lohnt sich weniger wegen des Tempels selbst, sondern wegen des schönen Blicks auf Damenglong und die Landschaft in der Umgebung.

Schlafen & Essen

Hua Jie Binguan HOTEL €

(华杰宾馆; ☎0691 274 2588; DZ 60 Yuan) Noch die beste Wahl am Ort, wenngleich nicht sehr einnehmend. Den Busbahnhof

VERHALTENSREGELN IN DAI-TEMPELN

Rund um einen Dai-Tempel gelten die gleichen Regeln wie anderswo auch: angemessene Kleidung tragen (keine ärmellosen Oberteile oder Shorts), die Schuhe vor dem Betreten ausziehen und nicht ohne Erlaubnis Mönche oder das Innere eines Tempels fotografieren. Wer ein paar Bilder macht, sollte etwas spenden; doch auch wer keine macht, sollte eine Spende in Erwägung ziehen – anders als in Thailand werden Buddhisten hier nicht von der Regierung unterstützt. Es gilt als höflich, Mönche mit dem „wai" zu grüßen (in Höhe des Oberkörpers aneinander gelegte Hände). Außerdem gilt: Niemals jemandem über den Kopf streichen, sich nicht höher aufrichten als eine Buddhafigur und nicht mit dem Fuß auf jemanden zeigen. (Letzteres gilt auch für alle weltlichen Gebäude. In einem Dai-Haushalt gehört es zum guten Ton, mit den Fußspitzen in Richtung Tür zu schlafen.)

rechts verlassen, dann links den Hang hinauf. Das Hotel liegt linker Hand, etwas zurückgesetzt von der Straße.

Über die Stadt verteilt gibt es mehrere einfache Dai-Grilllokale. Die in der Nähe der Schwarzen Pagode sind einen Versuch wert.

An- & Weiterreise

Busse nach Damenglong (17 Yuan, 90 Min., alle 15 Min., 6.30–18.30 Uhr) fahren in Jinghong vom Busbahnhof Süd ab. Nicht vergessen: Das Schriftzeichen für „Da" wird häufig weggelassen. Die Busse für die Rückfahrt folgen demselben Zeitplan.

MENGHAI 勐海

Diese moderne Stadt ist ein weiterer möglicher Ausgangspunkt, um das Landleben zu erkunden, allerdings ist Menghai nicht ganz so schön wie Jinghong. Mit dem Fahrrad sind die im Norden liegenden interessanteren Pagoden und Dörfer gut zu erreichen.

Wer durch Menghai kommt, sollte sich unbedingt auch den großen **Bauernmarkt** ansehen, der täglich zahlreiche der im Umkreis lebenden Bergvölker anzieht. Um ihn zu finden, braucht man nur den Menschen zu folgen, die bereits frühmorgens dorthin strömen.

Vom Busbahnhof Nr. 2 in Jinghong bedienen Busse die Strecke nach Menghai (15 Yuan, 45 Min., alle 20 Min., 7–19.20 Uhr). Sie fahren auch etwa im 20-Minuten-Takt wieder zurück.

MENGHUN 勐混

In dem ruhigen, etwa 26 km südwestlich von Menghai gelegenen Dörfchen findet ein bunter **Sonntagsmarkt** statt. Etwa um 7 Uhr morgens beginnt ein reges Treiben, das bis in die Mittagsstunden anhält. Allein schon der Schwall an Mitgliedern der Bergvölker, deren Frauen verrückte Leggings, Kopfbedeckungen, Ohrringe und Armbänder tragen, macht diesen Ausflug zu einem Erlebnis. Manche Reisende finden das toll, andere wiederum beklagen die „Überfremdung" der Einheimischen.

Es finden sich hier zwar einige Gästehäuser, aber sie sind allesamt nicht besonders bemerkenswert. Für 50 Yuan gibt's ein nicht klimatisiertes Doppelzimmer mit Bad und TV.

Busse auf der Strecke von Jinghong nach Menghun (16 Yuan, 90 Min., alle 20 Min., 7–18.40 Uhr) verkehren am Busbahnhof Nr. 2 ab.

Von Menghun bedienen regelmäßige Minibusse die Strecke nach Menghai (6 Yuan, 1 Std.), Xiding (12 Yuan, 1½ Std., 7.10 und 16 Uhr) sowie den ganzen Tag über nach Jinghong.

XIDING 西定

Dieses verschlafene Nest in den Bergen erwacht jeden Donnerstag dank seines wöchentlich stattfindenden **Marktes** (7–11 Uhr), der einer der besten in dieser Gegend sein soll, zu vollem Leben. An anderen Tagen wirkt Xiding mehr oder weniger verlassen. Wer den Markt zum interes-

GRENZÜBERTRITT NACH LAOS

Visa für Laos sind ad hoc an der Grenze erhältlich. Der Preis hängt von der Nationalität des Antragsstellers ab (in der Regel zwischen 35 und 40 US$). Es gibt sie auch im **Laotischen Konsulat** (8.30–11.30 & 13.30–16 Uhr), das sich im Erdgeschoss des King Land Hotel Jinghong befindet.

An der **Chinesischen Grenzstation** (0691 812 2684; 8–17.30 Uhr) wird die Geduld auf keine allzu harte Probe gestellt. Nicht vergessen: In Laos ist es eine Stunde früher als in China.

Von Jinghong fährt täglich ein Bus (78 Yuan, 7 Std., 10.40 Uhr) nach Luang Nam Tha in Laos. Ebenso wie der Bus von Kunming nach Vientiane (der bei ausreichend Fahrgästen um 17 Uhr in Kunming abfährt; 486 Yuan), hält er in Mengla, aber ein Sitzplatz ist nicht garantiert.

Eine sogenannte „Gebühr" für den Grenzübertritt gibt es nicht, auch wenn jemand etwas anderes sagt. Sobald der Stempel im Pass ist (alle Stempel noch mal gegenchecken!), ist der Weg frei, um sich auf einem Traktor oder LKW für etwa 5 Yuan 3 km ins Landesinnere von Laos mitnehmen zu lassen. Wofür man sich auch entscheidet, es ist das Beste, früh zu starten, in der Hoffnung, dass hier wie drüben dann alles glatt geht. Pensionen sind beidseitig der Grenze zu finden und Geld wird üblicherweise in Laos gewechselt.

santesten Zeitpunkt erleben möchte, reist besser am Vorabend an. Im neu gebauten Busbahnhof befindet sich eine kleine Herberge mit Vier- und Sechsbettzimmern für 50 Yuan pro Person.

Über öffentliche Verkehrsmittel ist Xiding mit einem der zwei Direktbusse von Menghai (15 Yuan, 10.40 und 15.30 Uhr) zu erreichen. Der Bus zurück nach Menghai fährt um 8 und 12.10 Uhr. Außerdem fahren täglich zwei Busse von Xiding nach Menghun (11 Yuan, 7.20 und 13 Uhr). Wer seinen Bus verpasst, hat noch die Möglichkeit, ein Motorradtaxi (30 Yuan) zu nehmen, eine sensationelle bis haarsträubende Erfahrung.

JINGZHEN 景真

Im Dorf Jingzhen, das etwa 14 km westlich von Menghai gelegen ist, befindet sich der **Achteckige Pavillon** (八角亭; Bajiao Ting; Eintritt 10 Yuan; ⌚8–18 Uhr) aus dem Jahr 1701. Der Originalbau wurde während der Kulturrevolution schwer beschädigt, im Jahr 1978 aber wieder instand gesetzt. Die kunstvollen Dekorationen sind sehr beeindruckend. Auch eine Klosterschule befindet sich im Tempel. Die Wandmalereien stellen Szenen aus dem Jataka dar, der Lebensgeschichte Buddhas.

Vom Busbahnhof in Menghai fahren häufig Minibusse ab, die in Jingzhen halten (6–8 Yuan, 30 Min.).

Sichuan

BEVÖLKERUNG: 84 MIO.

Inhalt »

Chengdu ... 790
Emei Shan ... 805
Leshan ... 809
Langzhong ... 812
Zigong ... 814
Bambusmeer ... 816
Kangding (Dartsendo) .. 818
Danba (Rongtrak) ... 821
Sichuan-Tibet-Fernstraße ... 822
Songpan ... 833
Nationalpark Jiuzhaigou ... 837

Die tollsten Wanderungen

- » Naturpark Yading (S. 834)
- » Kangding (S. 818)
- » Tagong (S. 823)
- » Naturpark Jiuzhaigou (S. 837)
- » Emei Shan (S. 805)
- » Bambusmeer (S. 816)

Interessante Geschichte & Kultur

- » Chengdu (S. 790)
- » Zigong (S. 813)
- » Langzhong (S. 812)
- » Ganzi (S. 824)
- » Danba (S. 821)

Auf nach Sichuan!

Wie die Vorstellungen des *bianlian* („Maskenwechseln"), das hier seinen Ursprung hat, so zeigt auch Sichuan (四川) selbst viele Gesichter. Die Hauptstadt Chengdu verkörpert das Antlitz des modernen Chinas, doch das traditionellere Gegenbild ist nur eine kurze Reise entfernt. In der ländlichen Umgebung liegen verstreut alte Dörfer und Teehäuser, während auf nebelverhangenen Bergen hölzerne Klöster im Wind knarren. In Zentralchina ist auch der Große Panda zuhause – wohl das berühmteste Gesicht Chinas.

Im Norden präsentiert sich die chinesische Provinz als eine Region mit alpinen Tälern und bewaldeten Bergen, mit blaugrünen Seen und wunderbaren Wanderpfaden. Das Wandern wird weiter im Westen zu einer besonders eindrucksvollen Erfahrung, da Sichuan hier fantastische Einblicke ins tibetische Kulturland bietet. Da ist Kham, eine der drei traditionellen Provinzen des alten Tibets; eine offene Landschaft mit Hochlandsteppen und Gletscherbergen, wo Tibets Kultur noch lebendig ist und wo den Wanderer die anspruchsvollsten, aber auch unvergesslichsten Erlebnisse erwarten.

Reisezeit

Chengdu

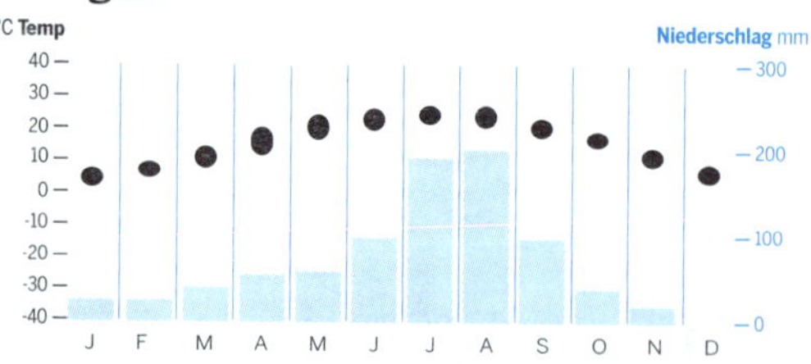

März–Mai Hauptreisezeit für Chengdu. Nicht zu feucht; noch keine Sommerregen; Pfirsichblüte.

Juli & August Gute Reisezeit für die tibetischen Gebiete – es ist warm, und es gibt viele Reiterfeste.

Juni–Oktober Auf nach Norden zu blauen Seen, warmen Campingplätzen und schönen Herbstwäldern.

PREISE

In diesem Kapitel werden die folgenden Preiskategorien verwendet:

Schlafen

€	weniger als 200 Yuan
€€	200 bis 600 Yuan
€€€	mehr als 600 Yuan

Essen

€	weniger als 30 Yuan
€€	30 bis 50 Yuan
€€€	mehr als 50 Yuan

Geschichte

Sichuans Frühgeschichte war turbulent. Die Region beherbergte mehrere eigenständige Königreiche, die immer wieder mit der Zentralgewalt im Clinch lagen. Schließlich wurde sie erobert und befriedet und im 3. Jh. v. Chr. zum Zentrum des Qin-Reiches gemacht. Hier herrschte auch das Königreich Shu (nach dem die Provinz heute noch genannt wird) als unabhängiger Staat in der Zeit der Drei Reiche (220–80 n. Chr.).

In der Zeit der Kämpfenden Reiche (475–221 v. Chr.) gelang es dem berühmten Gouverneur und Ingenieur Li Bing, den zerstörerischen Fluss Min (岷江; Min Jiang) in der Chuanxi-Ebene mit einem revolutionären Wasserbauprojekt zu bändigen. Die Bewässerungsanlage Dujiangyan (S. 803) versorgt noch heute Chengdu mit Wasser und schützt immer noch, 2200 Jahre nach ihrem Bau, die Menschen vor Überflutungen! Das ist einer der Gründe, warum dieser Teil Chinas so fruchtbar ist.

Ein anderer, neuerer Faktor waren die Bemühungen von Zhao Ziyang, 1975 Gouverneur von Sichuan und der Erste Sekretär der Kommunistischen Partei der Provinz. Nach den tragischen Fehlern während des Großen Sprungs, als schätzungsweise ein Zehntel der Bevölkerung Sichuans verhungerte, wurde Ziyang die treibende Kraft hinter den marktwirtschaftlich orientierten Reformen, durch die Sichuan wieder auf Chinas Landkarte erschien. Sein „Verantwortungssystem", bei dem Bauern Land zugewiesen wurde mit der Maßgabe, dass ein Teil der Ernte an den Staat verkauft werden musste, war so erfolgreich, dass es zum nationalen Vorbild erhoben wurde. Das fruchtbare Land produziert noch immer 10 % von Chinas Getreide, Sojabohnen, Schweinefleisch und anderen landwirtschaftlichen Produkten.

Eine Tragödie traf die Region am 12. Mai 2008, als ein katastrophales Erdbeben der Stärke 7,9 auf der Richterskala die Zentralregion der Provinz erschütterte. Einigen Quellen zufolge kamen dabei 88 000 Menschen um, viele davon Schulkinder, und es gab Millionen von Verletzten und Obdachlosen.

Die Bemühungen um den Wiederaufbau in einer so entlegenen, gebirgigen Region brauchten Jahre. Die Schnellstraße, die Chengdu mit dem touristischen Jiuzhaigou verbindet, wurde erst nach vier Jahren wieder eröffnet, aber wer heute mit dem Bus auf dieser Route fährt, wird sehen, dass in diesem Gebiet zahlreiche brandneue Städte und Dörfer entstanden sind.

Sprache

Sichuanesisch ist ein Mandarin-Dialekt, aber seine Aussprache ist so anders, dass es für alle, die Hochchinesisch sprechen, oft schwer zu verstehen ist. Zwei Wörter, die Besucher oft hören werden, sind *yaode* (gesprochen „jau-dei", was „ja" oder „ok" bedeutet) und *meide* (gesprochen „mei-dei", was „nein" bedeutet).

Außer Mandarin gehören die anderen Sprachen in Sichuan der tibetobirmanischen Sprachfamilie an und werden von den Tibetern und den Yi gesprochen.

Praktische Informationen

Zur Zeit unserer Recherche befolgten fast alle Internetcafés (网吧; *wangba*) in der Provinz Sichuan eine ärgerliche neue Regelung, derzufolge sie einen chinesischen Personalausweis durchziehen müssen, bevor sie Kunden erlauben, das Internet zu nutzen, wodurch alle Ausländer sicher ausgeschlossen sind. Wir haben dennoch in diesem Kapitel und auf den Karten ein paar Internetcafés aufgeführt für den Fall, dass die Vorschrift bis zum Reisebeginn aufgehoben wird. Man kann es mit: *neng shangwang ma?* (Kann ich ins Internet gehen?) versuchen, sollte sich aber darauf gefasst machen, dass es vielleicht nicht klappt.

Achtung: Die meisten Hotels und Hostels in diesem Kapitel bieten irgendeine Form des Internetzgangs.

Highlights

1 Mit Tibetern um den beeindruckenden heiligen Berg im **Naturpark Yading** pilgern (S. 834)

2 In einem Kloster an den üppig bewaldten Hängen des **Emei Shan** schlafen (S. 805)

3 Chinas niedlichster Nationalikone Auge in Auge in Chengdus **Pandazuchtstation** gegenüberstehen (S. 790)

4 Im Rahmen des neuen Ökotourismus-Programms in alpinen Tälern im **Nationalpark Jiuzhaigou** (S. 837) campen

5 Tibetischen Nomaden in der herrlichen Hochlandsteppe um **Tagong** begegnen (S. 823)

6 Sich in **Leshan** (S. 809) neben den Zehennägeln einer der größten Buddhastatuen der Welt wie ein Lilliputaner fühlen

7 Alte Salzbergwerke, Dinosaurierfossilien und einige der besten Teehäuser in China in der hübschen Uferstadt **Zigong** (S. 813) besichtigen

8 Vom ruhigen Dorf **Songpan** (S. 833) aus Pferdetrekkingtouren in die Wälder und Berge unternehmen

9 In einem Hofhaus aus der Qing-Dynastie verweilen und durch die Gassen der Altstadt von **Langzhong** (S. 812) bummeln

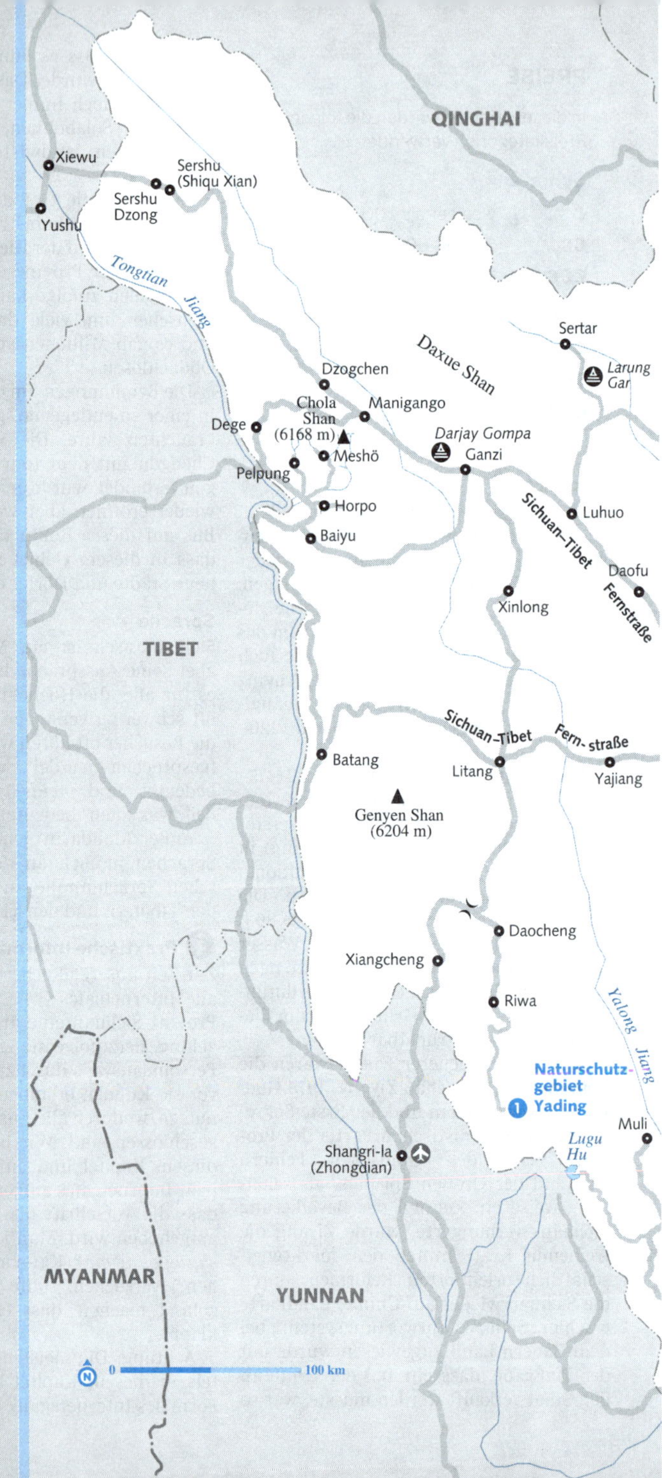

GANSU
Langmusi
Zöige
Nationalpark Jiuzhaigou 4
Nanping
Nationalpark Huanglong
Aba
Hongyuan
Chuanzhusi
Jiuhuang Flughafen
8 Songpan
Qionglai Shan
Xuebao Shan (5588 m)
Pingwu
Guangyuan
Zhaohua
Ma'erkang
Bazhong
Jiangyou
Naturschutzgebiet Wolong
Maoxian
Wenchuan
Langzhong 9
Mianyang
Siguniang Shan (6250 m)
Deyang
Sichuan-Becken
Wolong
Sanxingdui
Guanghan
Danba
Qingcheng Shan
Nanchong
3 CHENGDU
Bamei
Xinjin
Suining
5 Tagong
Pingle
Bifengxia
Anyue
Kangding (Dardo)
Meishan
Xinduqiao
Hechuan
Ya'an
Hongya
Shiyang
Chengdu Autobahn
Lui Jiang
Emei
Dazu
CHONGQING
Gongga Shan (7556 m)
Emei Shan 2
6 Leshan
Neijiang
Zigong 7
Shimian
Wusihe
Ebian
CHONGQING
Songji
Tuowu
Luzhou
Yibin
Changning
Chishui
Gongxian
Bambusmeer
Meigu
Luobiao
Zhaojue
Xichang
Butuo
Weixin
Yanyuan
Luoji Shan (4358 m)
Puge
Jinsha Jiang
GUIZHOU
Panzhihua (Jinjiang)

An- & Weiterreise

BUS Schnelle Autobahnen im östlichen und südlichen Sichuan machen Busfahrten von Chengdu zu vielen Zielen bequem möglich.

Fahrten von Chengdu nach Norden oder zu Zielen westlich von Kangding sind allerdings etwas anderes. Der Straßenzustand und das Wetter werden schnell schlechter, und Erdrutsche, die Straßen blockieren, sind keine Seltenheit. Die Landschaft ist allerdings atemberaubend schön.

FLUGZEUG Chengdus Flughafen ist der größte in Südwestchina. Zu den anderen kleineren Flughäfen in Sichuan, die für Touristen nützlich sind, zählen Jiuzhaigou im Norden und Kangding im Westen.

ZUG Chengdu ist der wichtigste Bahnknotenpunkt in Chinas Südwesten, mit Zügen zu praktisch allen Zielen, darunter auch Lhasa.

ZENTRALSICHUAN

Die meisten Reisenden starten ihre Sichuan-Unternehmungen in der modernen, doch ruhigen Provinzhauptstadt Chengdu. Sie ist zugleich ein idealer Ausgangspunkt für Ausflüge zu den Hauptsehenswürdigkeiten der Region. Das ganze Gebiet ist voller malerischer, alter Städte und Dörfer. Saftig grüne, bewaldete Berge laden zu großartigen Wanderungen ein, vor allem auf dem Emei Shan. Im nahen Leshan steht die größte Buddhastatue der Welt, und dann sind da natürlich noch die Pandas; in der freien Wildbahn trifft man sie praktisch nicht mehr an, aber in einigen hervorragenden Schutzgebieten sind sie noch zu erleben.

Chengdu 成都

☎028 / 4,1 MIO EW.

Auf den ersten Blick macht Chengdu wenig Eindruck: Es ist flach, mit keinen auffallenden landschaftlichen Merkmalen; die meiste Zeit des Jahres ist der Himmel grau und diesig, und der Verkehr ist nervtötend. Dennoch ist jeder irgendwie zufrieden. Vielleicht liegt das an den schönen Teehäusern in den vielen Parks und an den Tempeln der Stadt. Möglicherweise auch am berühmten Essen oder angenehmen Nachtleben. Natürlich könnten es auch einfach nur die Pandas sein. Wer weiß? Also am besten selbst herausfinden. Chengdu ist der Verkehrsknotenpunkt für die ganze Region, daher kommen die meisten Reisenden während ihrer Streifzüge durch Chinas Südwesten mindestens einmal durch diese moderne, schnell wachsende und doch irgendwie erstaunlich gelassene Stadt.

Geschichte

Chengdu erlebte seit der Gründung im Jahr 316 v. Chr. den Aufstieg und Fall fast eines Dutzends unabhängiger Königreiche oder Dynastien; reiche landwirtschaftliche Erträge sowie die zentrale Lage waren ausschlaggebend für seine politische Macht. Doch während seiner gesamten Geschichte war Chengdu ebenso ein kulturelles Zentrum – nicht von ungefähr setzte der Dichter der Tang-Dynastie, Du Fu, seine Pinselstriche hier.

In der Qin-Dynastie (221–206 v. Chr.) wurden zwei Mauern gebaut, um zwei benachbarte Stadtteile zu schaffen, die beide nördlich des Brokatflusses (锦江; Jin Jiang) lagen. Leider ist nichts erhalten geblieben, nachdem der Rebellenführer Zhang Xianzhong 1644 die Stadt eroberte. Er machte sie dem Erdboden gleich, ermordete die meisten Bewohner und gründete dann sein eigenes Königreich.

Es ist auch keine Spur von dem einst riesigen Kaiserpalast geblieben, der in der Ming-Dynastie (1368–1644) dort errichtet wurde, wo heute auf dem Tianfu-Platz die Maostatue steht. Er bedeckte eine Fläche von 380 000 m², war also mehr als halb so groß wie die Verbotene Stadt in Beijing, und nahm ein Fünftel des damaligen Stadtgebiets von Chengdu ein. Während der Kulturrevolution wurde er aber zerstört, und das letzte seiner prächtigen Tore verschwand schließlich 1979.

Die Stadt ist heute durch den Brokatfluss geteilt, der an die während der Östlichen Han-Dynastie (25–220 n. Chr.) blühende Brokatweberei erinnert; von Chengdu aus gelangten Karawanen über die südliche Seidenstraße in die damals bekannte Welt.

Während der Tang-Dynastie (618–907 n. Chr.) war die Stadt ein Eckpfeiler der chinesischen Gesellschaft geworden. 300 Jahre später, während der Song-Dynastie, gab Chengdu das erste Papiergeld der Welt heraus.

Sehenswertes

Pandazuchtstation NATURRESERVAT
(大熊猫繁育基地; Daxiongmao Fanyu Jidi; www.panda.org.cn; Eintritt Erw./Stud. 58/

28 Yuan; ⌚8–18 Uhr) Das Reservat, 18 km nördlich des Stadtzentrums gelegen, ist eine von Chengdus beliebtesten Touristenattraktionen und die einfachste Möglichkeit, einen Blick auf Sichuans berühmteste Bewohner außerhalb eines Zoos zu erhaschen. Die Gehege hier sind groß und in gutem Zustand.

In der Zuchtanstalt, in der etwa 50 Große und Kleine Pandas leben, geht es darum, die sexuell wenig aktiven Tiere zur Paarung zu bewegen; März bis Mai ist die Paarungszeit für Pandas (kleiner Tipp!). Wer im Herbst kommt, hat die Chance, winzige Neugeborene in der Babystation zu sehen.

Die beste Besuchszeit ist am Morgen, wenn die Pandas am aktivsten sind. Die Fütterung findet gegen 9.30 Uhr statt, wenngleich man Pandas auch nachmittags beim Fressen beobachten kann. Am Tage schlafen sie meist, insbesondere im Hochsommer, wenn sie sich manchmal auch in ihre (klimatisierten) Wohnquartiere zurückziehen.

Der Bus 60 (2 Yuan, 1 Std., häufig 7–20 Uhr), ein kleiner hölzerner Touristenbus, fährt vor dem Traffic Inn ab und bis zur Haltestelle Shulong Lu Longqing Lukou (蜀龙路龙青路口), von wo die Pandazuchtstation nur 400 m zu Fuß entfernt ist (ein Stückchen zurück und dann nach rechts). Vom Nordbahnhof fährt aber auch Bus 69 (2 Yuan, 20 Min., 6–20 Uhr) zum Busbahnhof Zhaojue Si (昭觉寺公交站; Zhaojue Si Gongjiaozhan), von wo aus Bus 87 (2 Yuan, 20 Min., 6.30–20.30 Uhr) bis zum Eingang der Pandazuchtstation fährt. Auch alle Jugendherbergen bieten Fahrten hierher an.

Kloster Wenshu BUDDHISTISCHER TEMPEL

(文殊院; Wenshu Yuan; Renmin Zhonglu; Eintritt 5 Yuan; ⌚6–21 Uhr) Dieses Kloster aus der Tang-Dynastie ist Wenshu (Manjushri), dem Bodhisattva der Weisheit, gewidmet und Chengdus größtes und am besten erhaltenes buddhistisches Tempelkloster. Die Luft ist schwer von Weihrauch, ein leiser Singsang ist zu hören, und trotz der vielen Besuchergruppen herrscht eine Atmosphäre von Heiterkeit und Einsamkeit. Das hervorragende **vegetarische Restaurant** (文殊院素宴厅; Wenshuyuan Suyan Ting; Gerichte 8–48 Yuan; ⌚10.30–20.30 Uhr) des Klosters hat eine englische Speisekarte, ein paar Tische im Garten und nebenan ein stimmungsvolles Teehaus.

Außerhalb des Klosters erstreckt sich eines von Chengdus drei wiederaufgebauten „alten" Vierteln, wo die engen Straßen gesäumt sind von Teehäusern, Imbissständen und Geschäften. Touristisch, ja, aber ein kurzer Bummel macht Spaß.

Jinsha-Museum MUSEUM

(金沙遗址博物馆) Jinsha *yizhi bowuguan*; www.jinshasitemuseum.com; 227 Qingyang Dadao; 青羊达到 227 号; Eintritt 80 Yuan; ⌚8–18 Uhr) Im Jahr 2001 machten Archäologen in Chengdus westlichen Vororten eine historische Entdeckung – sie gruben eine umfangreiche Fundstelle mit den Überresten des 3000 Jahre alten Königreichs Shu aus. Heute steht dort das hervorragende Jinsha-Museum.

Diese ausgedehnte Anlage umfasst ein Gebäude, in dem der Ausgrabungsort selbst vorgestellt wird, sowie ein anderes, in dem viele der Objekte, die hier ausgegraben wurden, auf wunderschöne Weise präsentiert sind. Wie bei den früheren Entdeckungen in Sanxingdui gehören zu den mehr als 6000 Fundstücken, die von 1200 bis 600 v. Chr. datiert werden, funktionale und dekorative Objekte, von Töpferwaren und Werkzeugen bis hin zu Artefakten aus Jade, Steinschnitzereien und hauchdünnen Goldmasken. Auch eine große Anzahl von Elefantenstoßzähnen wurde hier geborgen.

Bus 82 fährt vom nahen Busbahnhof Xinnanmen ab und am Tempel Wuhou sowie am Tempel der Grünen Ziegen vorbei. Wenn die U-Bahnlinie 2 fertig ist, wird sie auch dorthin fahren.

Grab des Wang Jian MAUSOLEUM

(王建墓; Wangjian Mu; 10 Yongling Lu; 永陵路 10 号; Eintritt 20 Yuan; ⌚8–18 Uhr) Das etwas gruselige Gewölbe, das bisher einzige in China freigelegte Mausoleum mit einer überirdischen Grabkammer, wurde für Wang Jian (847–918) gebaut, einem General, der nach dem Ende der Tang-Dynastie im Jahr 907 n. Chr. an die Macht kam und Kaiser des Shu-Reiches wurde. Der Sarkophag selbst ist mit Reliefs von 24 Musikanten, die allesamt unterschiedliche Instrumente spielen, geschmückt und gilt als besterhaltenes Zeugnis einer Musikgruppe aus der Tang-Dynastie. Die Statue von Wang Jian, die sich im hinteren Teil der Grabkammer befindet, wird für das einzige lebensnahe Bildnis eines altchinesischen Königs gehalten. Bus 54 verkehrt vom Nordbahnhof dorthin.

Chengdu

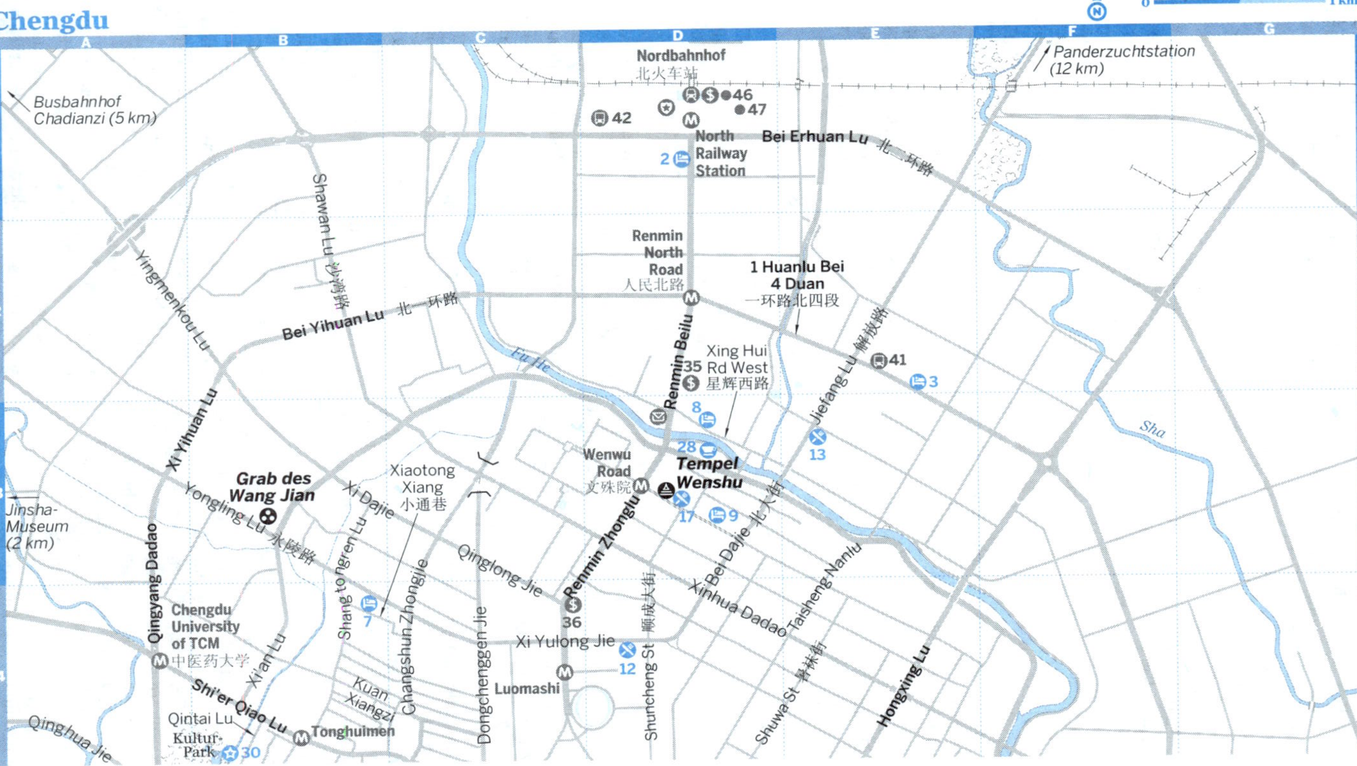
0
1 km
Busbahnhof Chadianzi (5 km)
Panderzuchtstation (12 km)
Jinsha-Museum (2 km)
Nordbahnhof
北火车站
North Railway Station
Bei Erhuan Lu 北二环路
Renmin North Road
人民北路
1 Huanlu Bei 4 Duan
一环路北四段
Shawan Lu 沙湾路
Yingmenkou Lu
Bei Yihuan Lu 北一环路
Fu He
Renmin Beilu
Xing Hui Rd West
星辉西路
Jiefang Lu 解放路
Sha
Xi Yihuan Lu
Grab des Wang Jian
Yongling Lu 永陵路
Xi Dajie
Xiaotong Xiang
小通巷
Wenwu Road
文殊院
Tempel Wenshu
Renmin Zhonglu
Qinglong Jie
Bei Dajie 北大街
Xinhua Dadao
Taisheng Nanlu
Qingyang Dadao
Chengdu University of TCM
中医药大学
Shang tongren Lu
Changshun Zhongjie
Dongchenggen Jie
Xi Yulong Jie
Shuncheng St 顺成大街
Shuwa St 署袜街
Hongxing Lu
Xi'an Lu
Shi'er Qiao Lu
Kuan Xiangzi
Luomashi
Tonghuimen
Qintai Lu
Kultur-Park
Qinghua Jie
2
3
7
8
9
12
13
17
28
30
35
36
41
42
46
47

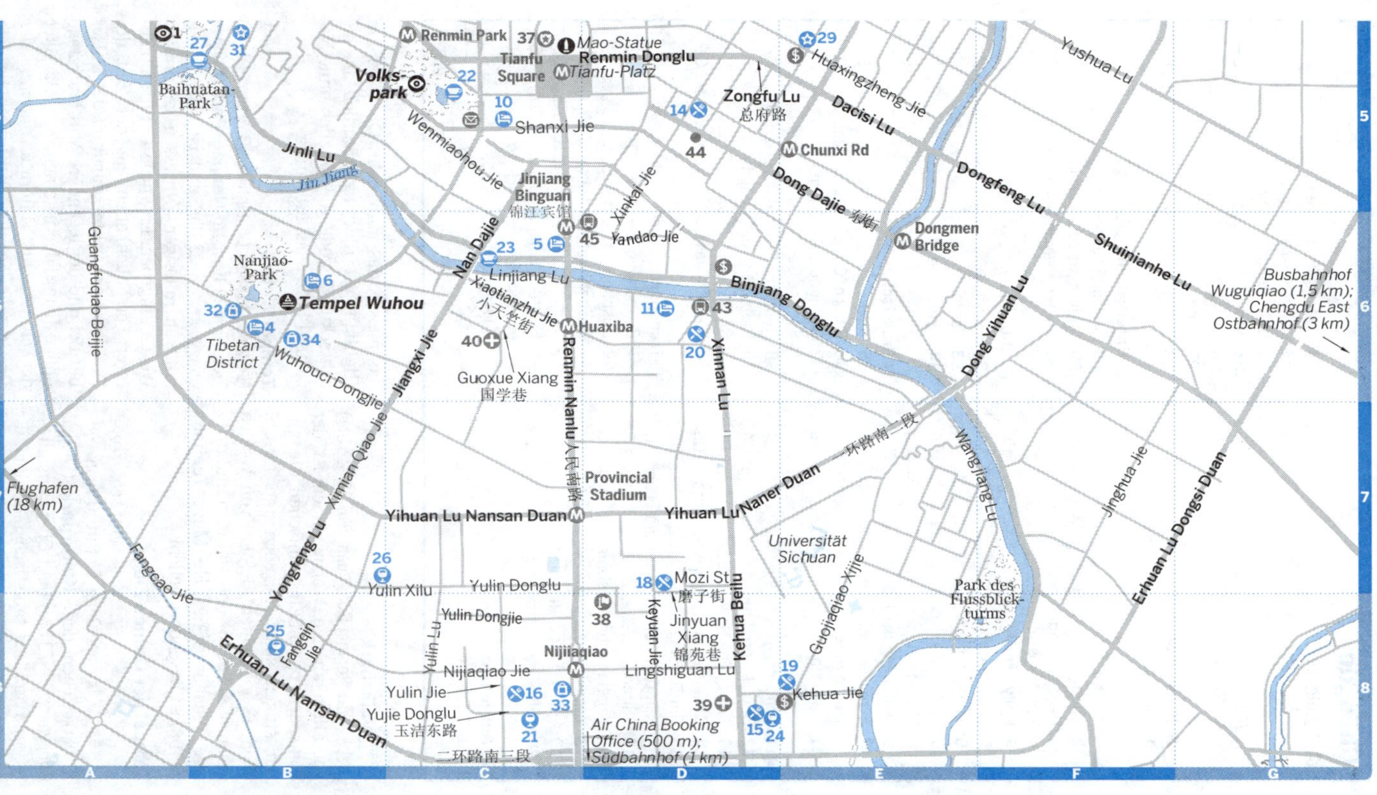
Renmin Park
Mao-Statue
Renmin Donglu
Tianfu Square
Tianfu-Platz
Volkspark
Baihuatan-Park
Huaxingzheng Jie
Zongfu Lu
总府路
Dacisi Lu
Yushua Lu
Shanxi Jie
Chunxi Rd
Wenmiaohou Jie
Jinli Lu
Jin Jiang
Jinjiang Binguan
锦江宾馆
Xinkai Jie
Dong Dajie 东大街
Dongfeng Lu
Dongmen Bridge
Yandao Jie
Shuinianhe Lu
Guangfuqiao Beijie
Nanjiao-Park
Nan Dajie
Linjiang Lu
Binjiang Donglu
Busbahnhof Wuguiqiao (1,5 km); Chengdu East Ostbahnhof (3 km)
Tempel Wuhou
Xiaotianzhu Jie
小天竺街
Huaxiba
Xinnan Lu
Tibetan District
Wuhouci Dongjie
Jiangxi Jie
Guoxue Xiang
国学巷
Dong Yihuan Lu
Renmin Nanlu 人民南路
一环路南二段
Ximian Qiao Jie
Wangjiang Lu
Jinghua Jie
Flughafen (18 km)
Provincial Stadium
Yihuan Lu Nansan Duan
Yihuan Lu Naner Duan
Erhuan Lu Dongsi Duan
Fangcao Jie
Yongfeng Lu
Universität Sichuan
Yulin Xilu
Yulin Donglu
Mozi St
磨子街
Park des Flussblickturms
Yulin Dongjie
Jinyuan Xiang
锦苑巷
Kehua Beilu
Keyuan Jie
Guojiaqiao Xijie
Fangqin Jie
Yulin Lu
Erhuan Lu Nansan Duan
Nijiaqiao
Nijiaqiao Jie
Lingshiguan Lu
Kehua Jie
Yulin Jie
Yujie Donglu
玉洁东路
Air China Booking Office (500 m); Südbahnhof (1 km)
二环路南三段

Chengdu

Highlights

Grab von Wang Jian B3
Tempel Wenshu D3
Tempel Wuhou B6
Volkspark C5

Sehenswertes

1 Tempel der Grünen Ziegen A5

Schlafen

2 Chengde Grand Hotel D1
3 Hello Chengdu International Youth Hostel E2
4 Holly's Hostel B6
5 Jinjiang Hotel C6
6 Jinli Hotel B6
7 Loft B4
8 Mix Hostel D3
9 Old Chengdu Club D3
10 Sam's Guesthouse C5
Traffic Hotel .... (siehe 11)
11 Traffic Inn D6

Essen

12 Chen Mapo Doufu D4
13 Chongqing Baye E3
14 Chuanchuanxiang Restaurants D5
15 Hui Zhi Feng D8
Kampa Tibetan Restaurant .. (siehe 4)
16 Sultan C8
17 Vegetarisches Restaurant D3
18 Yangyang Canguan D7
19 Yulin Chuanchuan Xiang E8
20 Yulin Chuanchuan Xiang D6

Ausgehen

21 Bookworm C8
22 He Ming Teahouse C5
23 Lao Nanmen Teahouse C6
24 Le Café Panam(e) D8
25 New Little Bar B8
26 Old Little Bar B7
27 Sanhua Lou B5
28 Tonghu Teahouse D3

Unterhaltung

29 Jinjiang Theatre E5
30 Shufeng Yayun Teahouse B4
31 Shufeng Yayun Teahouse B5

Shoppen

32 Sanfo B6
33 Sanfo C8
34 Tibetische Läden B6

Praktisches

35 Bank D2
36 Bank of China C4
37 Chengdu Entry & Exit Service Centre C5
38 Deutsche Botschaft D8
39 Global Doctor Chengdu Clinic D8
40 West China Hospital SCU C6

Transport

41 Busbahnhof Beimen E2
42 Busbahnhof Nord D1
43 Busbahnhof Xinnanmen D6
44 China Southern Airlines D5
45 Flughafenshuttlebus D6
46 Intercity-Zugfahrkartenbüro D1
47 Zugfahrkartenbüro D1

GRATIS **Volkspark** PARK

(人民公园; Renmin Gongyuan; ⏲6.30–22 Uhr) Vor allem an den Wochenenden ist der Volkspark voll von Einheimischen, die tanzen, singen, spazierengehen und Tai-Chi üben. Es gibt einen kleinen, von Weiden gesäumten See für Bootsfahrten und mehrere Teehäuser: das **He Míng Teahaus** (S. 798) ist besonders beliebt.

Tempel der Grünen Ziegen TAOISTISCHER TEMPEL

(青羊宫; Qingyang Gong; Eintritt 10 Yuan; ⏲8–18 Uhr) Neben dem **Kulturpark** (Wenhua Gongyuan; ⏲7–22 Uhr) liegt Chengdus ältester und größter taoistischer Tempel. Er stammt aus der Zhou-Dynastie, obwohl das meiste, das man sieht, Qing ist. Ein Highlight ist die ungewöhnlich flache, achteckige Pagode, die gänzlich ohne Nägel und Bolzen gebaut wurde.

Tempel Wuhou TEMPEL

(武侯祠; Wuhou Ci; Eintritt 60 Yuan; ⏲8–18) Der Tempel liegt im **Nanjiao-Park** (Nanjiao Gongyuan; ⏲6–22 Uhr) und ist von Gärten mit von moosigen Zypressen gesäumten Wegen umgeben. Er wurde zu Ehren mehrerer Persönlichkeiten aus der Zeit der Drei Reiche errichtet, darunter der Kaiser Liu Bei und der legendäre Militärstratege Zhuge Liang, der in einem der Klassiker der chinesischen Literatur, *Roman der Drei Reiche (San Guo Yanyi)*, unsterblich gemacht wurde. Östlich des Tempels befindet sich **Jinli Gujie** (锦里古街), einer von Chengdus drei rekonstruierten, auf alt gemachten Bezirken voller billiger Souvenirläden und Imbissbuden.

Schlafen

LP TIPP Hello Chengdu International Youth Hostel JUGENDHERBERGE €
(老沈青年旅舍; Laoshen Qingnian Lushe; ☎8196 7573, 8335 5322; www.gogosc.com; 211 Huanlu Bei 4 Duan; 一环路北四段 211 号; B ab 40 Yuan, EZ ohne/mit Bad 90/135 Yuan, DZ ab 170 Yuan;) Das ehemalige Sim's Cozy Garden Hostel war früher eine der besten Jugendherbergen in China, zumindest in Chengdu, hat aber etwas in der Qualität nachgelassen, seit die legendären Besitzer Sim und Maki verkauft haben. Es ist immer noch ein super Hostel, das von zwei Gartenhöfen umgeben ist, was ideal ist, wenn man Kinder im Schlepptau hat. Die Zimmer sind einfach, aber sauber, und die Einrichtungen bieten alles, was von einer erstklassigen Jugendherberge erwartet wird: Mieträder (10–15 Yuan), WLAN, ein nettes Café, DVD-Verleih und gute Reiseberatung. Erreichbar mit Bus 28 vom Busbahnhof Xinnanmen oder mit Bus 34 vom Nordbahnhof. Die Haltestelle zum Aussteigen heißt Yihuan Lu Beisiduan (一环路北四段).

LP TIPP Mix Hostel HOSTEL €
(驴友记青年旅舍; Luyouji Qingnian Lushe; ☎8322 2271; www.mixhostel.com; 23 Xinghui Rd West; 星辉西路 23 号; B/EZ/DZ ab 35/88/98 Yuan;) Das Mix ist gemütlicher als alle anderen Hostels in Chengdu. Es liegt versteckt hinter einem von Bambus umstandenen Eingangsbereich und strömt eine wunderbar ruhige Atmosphäre aus, was es zu einer ruhigeren Bleibe macht als ein Hostel, in dem die ganze Nacht Party gemacht wird; eine Stimmung, die auch noch in den ruhigen Teehäusern am nahen Flussufer herrscht. Es liegt zwar nicht besonders zentral, dafür aber nur einen kurzen Fußweg von der U-Bahn entfernt, sodass die Stadtmitte leicht zu erreichen ist. Es gibt ein Café, WLAN (nur in der Lobby), Mieträder (10 Yuan) und verlässliche Reiseberatung.

Traffic Inn HOSTEL €
(交通青年旅舍; Jiaotong Qingnian Lushe; ☎8545 0470; www.trafficinnhostel.com; 6 Linjiang Zhonglu; 临江中路 6 号; B 45 Yuan, Zi. ohne/mit Bad 110/180 Yuan;) Die Zimmer ohne eigenes Bad sind die preisgünstigsten, mit gebeizten Holzmöbeln, Fliesenboden und jeder Menge Platz. Die mit Mosaiken gekachelten Gemeinschaftsbäder sind blitzblank. Schlafsäle und Zimmer mit eigenem Bad befinden sich im benachbarten **Traffic Hotel** (交通酒店; Jiaotong Jiudian; ☎8545 1017), ein chinesisches Budgethotel guter Qualität, das viele eigene Zimmer hat – ebenfalls supersauber, aber weniger typisch –, die für 120 Yuan (Doppelbett) oder 50 Yuan (ventilatorgekühlte Einzelzimmer) nach Ermäßigung zu haben sind. In allen Zimmern gibt es eine gute WLAN-Verbindung, das Personal ist hilfsbereit und die Lage in der Nähe des Busbahnhofs Xinnanmen ist äußerst günstig für Tagesausflüge. Mieträder kosten 30 Yuan

Jinli Hotel HOTEL €€
(锦里客栈; Jinli *kezhan*; ☎6631 1335; 231 Wuhouci Dajie; 武侯祠大街231号; EZ/DZ 480/560 Yuan,) Wen der Touristenrummel auf der Jinli-Einkaufsstraße beim Tempel Wuhou nicht stört, für den ist diese anspruchsvolle Herberge, abseits der Wuhouci Dajie und auf zwei Gebäude mit Haushöfen verteilt, eine höchst angenehme Bleibe. In den Zimmern mischt sich traditionelles chinesisches Holzmobiliar mit modernen Beigaben wie flauschigen, weißen Daunenbetten und Breitwandfernsehen. Rabatte liegen bei 40%.

Jinjiang Hotel HOTEL €€€
(锦江宾馆; Jinjiang Binguan; ☎8550 6050; www.jjhotel.com; 80 Renmin Nanlu; 人民南路二段80号; Zi. ab 1700 Yuan, mit Rabatt 1119 Yuan;) Das Jinjiang war Sichuans allererstes Fünfsternehotel, und bis in die späten 1970er-Jahre war das neunstöckige Gebäude das höchste in Chengdu. Heutzutage gibt es mehr Luxushotels in der Stadt, aber dieses bewahrt sich einen gewissen Charme, den die größeren internationalen Hotelketten nicht haben. Gäste werden in der Lobby von einem Streicherquartett begrüßt, und das Personal ist sowohl höflich als auch gut ausstaffiert, vor allem die rot-uniformierten Hotelpagen.

Loft HOSTEL €€
(四号工厂青年旅馆; Sihao Gongchang Qingnian Lüguan; ☎8626 5770; www.lofthostel.com; 4 Shangtongren Lu, Xiaotong Xiang; 小通巷上同仁路 4 号; B/EZ/DZ/3BZ 50/120/220/

300 Yuan; ❄@📶) Ein Mix aus schickem Boutiquehotel und städtischer Jugendherberge, untergebracht in einer trendig umgebauten Druckerei. Loft ist ein Hotel für Erwachsene, mit einem schönen Café und einer künstlerischen Atmosphäre – Ziegelsteinwände, schwarz gekachelte Bäder, ein mit Sand bedeckter Innenhof. Kostenloses Internet, Mieträder und eine solide Reiseberatung gibt' auch.

Holly's Hostel HOSTEL €€
(九龙鼎青年客栈; Jiulongding Qingnian *kezhan*; ☎8554 8131; hollyhostelcn@yahoo.com; 246 Wuhouci Dajie; 武侯祠大街 246 号; B 35–50 Yuan, DZ 260 Yuan & 280 Yuan, ermäßigt 120 Yuan & 160 Yuan; ❄@📶) Als Vorbereitung auf die Weiterreise nach Westen empfiehlt sich eine Unterkunft in Chengdus kleiner tibetischer Gemeinde, die in diesem Distrikt konzentriert ist. Holly's ist ein nettes und freundliches Hostel, das überall WLAN, Mieträder (20 Yuan) und ein nettes Dachcafé bietet.

Sam's Guesthouse HOSTEL €
(山姆客栈; Shanmu *kezhan*; ☎8611 8322; www.hostelchengdu.com; 130 Shanxi Jie; 陕西街 130 号; B/Zi. 60/160 Yuan; ❄@📶) Die Stimmung ist hier nicht so reiselustig wie in anderen Hostels, aber die Attraktion, neben der zentralen Lage, sind hier die Zimmer in dem schönen, 300 Jahren alten **Zunfthaus von Shanxi** (陕西会馆; Shanxi Huiguan), in dessen Innenhof auch das ganz schön teure, aber herrliche **Teehaus von Shanxi** (Tee ab 40 Yuan; ⌚24 Std.) steht. Die Zimmer sind altmodisch, aber geräumig und mit kostenlosem WLAN ausgestattet. Die Rezeption befindet sich in einem Büro an der Hauptstraße. Mieträder kosten 15 Yuan.

Old Chengdu Club HOTEL €€€
(成都会馆; Chengdu Huiguan; ☎8695 6688; www.oldchengduclub.com.cn; 28 Wuyuegong Jie; 五岳宫街 28 号; Zi. ab 1000 Yuan; ❄@📶) Dieser exklusive und luxuriöse Mitgliedsclub vor dem Kloster Wenshu vermietet sein rund ein Dutzend Zimmer auch an Gäste, ist aber insbesondere auf heimische Touristen eingestellt, weswegen die Englischkenntnisse erstaunlich schlecht sind. Zu der Anlage gehören mehrere Gebäude mit Innenhöfen im Stil der Ming-Dynastie (sie sind aber nicht wirklich alt), und die Zimmer sind mit schönen chinesischen Möbeln und Kunstgegenständen angefüllt. Gäste haben Zugang zu sämtlichen Clubeinrichtungen, darunter vier Restaurants (chinesisch, japanisch, koreanisch und westlich), eine Weinbar und ein sehr schöner Innenpool. Es sind Reservierungen erforderlich.

Chengdu Grand Hotel HOTEL €€
(成都大酒店; Chengdu Dajiudian; ☎8317 3888; 29 North Renmin; 人民北路二段29号; DZ & 2BZ 400–580 Yuan, ermäßigt 240–280 Yuan; ❄@) Dieses 23-stöckige chinesische Hotel alter Schule mit ordentlichen Zimmern mit Internet ist eine gute Wahl, wenn die Nähe zum Bahnhof gewünscht wird.

Essen

Eine besonders beliebte Chengdu-Spezialität ist **chuanchuan xiang,** die Spießchenversion des berühmten Chongqing-Feuertopfs *(huoguo)*, und genauso scharf gewürzt. *Chuanchuotouan xiang* ist ein sehr typisches Chengdu-Gericht, und es gibt überall in der Stadt Restaurants, darunter auch ein paar im Taschenformat an der Straße Shuwa (暑袜街; Shuwa Jie).

Mehrere Klöster, darunter auch das Kloster Wenshu und der Tempel der Grünen Ziegen, haben vegetarische Restaurants (Gerichte 7 bis 20 Yuan), die meist nur mittags geöffnet haben.

LP TIPP **Yulin Chuanchuan Xiang** HOTPOT €€
(玉林串串香; 2–3 Kehua Jie; 科华街 2–3 号; Töpfe 20–25 Yuan, Spießchen kurz/lang 0,20/1,50 Yuan; ⌚10–2 Uhr) *chuanchuan xiang* ist Chengdus Variante des Feuertopfs, und diese belebte, nach vorn offene Filiale der beliebten Yulin-Kette wimmelt am Abend von hungrigen Studenten der nahen Sichuan-Universität. Als Erstes wählt man die Brühe, in der man seine Spießchen kochen möchte: entweder *hong guo* (红锅; scharf; 20 Yuan) oder *Yuanyang guo* (鸳鸯锅; Topf in mittelscharfe und scharfe Suppengrundlage geteilt; 25 Yuan). Dann holt man sich Spießchen aus einem Nebenraum und kocht sie am Tisch. Die Bedienung zählt am Ende des Mahls zusammen, wie viele Spießchen man gegessen hat. Die Knoblauch- und die Chilisauce kosten 3 Yuan extra. Eine andere, etwas kleinere Filiale befindet sich in der Nähe der Jugendherberge Traffic Inn und ist ebenso gut.

Yangyang Canguan SICHUAN-KÜCHE €
(杨杨餐馆; 32 Jinyuan Xiang; 锦苑巷 32 号; Gerichte 15–40 Yuan; ⌚11.30–14 Uhr & 17–21

Uhr; 📋) Sauberes, gemütliches Restaurant, in dem qualitativ gute, preiswerte Sichuan-Küche auf den Tisch kommt. Die chinesische Speisekarte *(zhongwen caidan)* enthält Fotos, die englische Karte *(yinggwen caidan)* hat dagegen weder Preise noch Fotos, sodass nur beide Karten in Kombination hilfreich sind.

Chen Mapo Doufu SICHUAN-KÜCHE €€

(陈麻婆豆腐; OG, 197 Xi Yulong Jie; Hauptgerichte 20–50 Yuan; ⌚11.30–14.30 Uhr & 17.30–21 Uhr) In dieser feudalen Filiale der berühmten Kette werden ganz hervorragende *mapo doufu* (klein/groß 12/20 Yuan) zubereitet – weicher, frischer Tofu mit einer feurigen Sauce aus Knoblauch, Hackfleisch, gesalzenen Sojabohnen, Chiliöl und Sichuanpfeffer. Dies ist eine der berühmtesten Speisen Sichuans und die Spezialität des Restaurants. Die Speisekarte ist bebildert.

Chongqing Baye CHINESISCH €€€

(重庆巴爷; OG, Ecke Jiefang Lu & Zhangjia Xiang; 解放路二段张家巷口，二楼; Hauptgerichte 12–25 Yuan, Feuertöpfe 38–128 Yuan; ⌚9–23 Uhr) Spezialisiert auf *ganguo* (干锅, wörtlich übersetzt „Trockentopf"), ein köstliches, scharf schmeckendes Gericht. Die beliebtesten Zubereitungsarten sind *chaoji huanla xia* (超级欢辣虾; Garnelen), *zhusun jibao* (竹笋鸡煲; Huhn und Bambussprossen), *xiangla paigu* (香辣排骨; Schweinerippen) und *xiangla yachun* (香辣鸭唇; Entenschnabel). Töpfe kosten 78, 98 oder 128 Yuan. Mit Reis (米饭; *mifan*) reicht ein 78-Yuan-Topf für zwei bis drei Personen. Es werden auch nicht scharfe Varianten (清的; *qingde;* 68 Yuan) angeboten, die in einer duftenden Brühe serviert werden, und wer solo isst, kann den Topf für eine Person bestellen (单人的; *danrende;* 38 Yuan). Die Speisekarte, die nur in Chinesisch vorliegt, enthält auch die üblichen Sichuan-Gerichte. Zum Dessert die *mijiu tangyuan* (米酒汤圆; süße, klebrige Reisbällchen; 10 Yuan) probieren. Kein Schild in Englisch.

Kampa Tibetan Restaurant TIBETISCH €

(康巴藏餐; Kangba Zangcan; hinter 246 Wuhouci Dajie; 武侯词大街 246 号附 18; Gerichte 10–30 Yuan; ⌚8–23 Uhr; 📋) Kleines, freundliches, von Tibetern geführtes Restaurant neben dem Holly's Hostel. Hier werden schmackhafte tibetische Klassiker wie *tsampa* (Brei aus gerösteter Gerste), *thukpa* (Nudeln in einer Suppenbrühe), *momo* (tibetische Teigtaschen) und Buttertee serviert. Englische Speisekarte.

TOP 5: SICHUANKÜCHE

- » *Gongbao jiding* (宫爆鸡丁; pikantes Hühnchen mit Erdnüssen)
- » *Ganbian sijidiu* (干煸四季豆; trocken gebratene grüne Bohnen)
- » *Mapo doufu* (麻婆豆腐 Tofu nach Art der pockennarbigen Alten)
- » *Shuizhu yu* (水煮鱼; gekochter Fisch in scharfer Soße)
- » *Huiguo rou* (回锅肉; gekochtes und trocken gebratenes Schweinefleisch mit salziger und scharfer Soße)

Sultan NAHÖSTLICH €€

(苏坦; Sutan; 1 Yulin Nanjie, Dushi Jin'an Bldg; 玉林南街 1 号; Hauptgerichte 30–70 Yuan; ⌚11–23 Uhr; 📶📋) Freundliches, ungezwungenes nahöstliches Restaurant, das Lammkebabs, Hummus, warmen Fladen und hausgemachten Joghurt serviert. Dort kann man es sich bei dunklem türkischen Kaffee gemütlich machen (30 Yuan; es wird kostenloses WLAN angeboten), draußen im sonnigen Innenhof sitzen oder in einem mit Kissen vollgestopften Raum liegen und eine *sheesha*-Pfeife mit Fruchtgeschmack rauchen (50 Yuan). Der Eingang liegt an einer Seitenstraße, die von der Yulin Nanjie abgeht.

Tonghu Teahouse SICHUAN-KÜCHE €

(铜壶茶园; Tonghu Chayuan; 5 Da'anxi Binhe Lu; 大安西滨河路; Hauptgerichte 12–32 Yuan; ⌚12–14 & 18–24 Uhr) Dieses reizende Teehaus am Flussufer bietet auch Mittag- und Abendessen. Sichuanische Standardkost (einschließlich unserer Top 5 Sichuan-Gerichte) plus *yuxiang qiezi* (鱼香茄子; süß und scharf gewürzte Aubergine; 12 Yuan) und ein leckeres Fischgericht mit Namen *ruandu yu* (软渡鱼; 48 Yuan).

Hui Zhi Feng GRILL €€

(惠之凤; Blue Caribbean Plaza, Ecke Kehua Beilu & Kehua Jie; 科华北路 143 号蓝色加勒比广场; Hauptgerichte 10–30 Yuan; ⌚11–24 Uhr; 📋) Chengdus Antwort auf Teppan-Yaki und ideal, um vor den Drinks auf der Kehua Jie etwas Handfestes in den Magen zu bekommen. Es gibt Tische draußen, aber mehr Spaß macht es, drinnen an einer riesigen, hufeisenförmigen Herdplatte zu sitzen und dem Koch dabei zuzusehen, wie er die bestellten Speisen zubereitet. Ein Teil der Speisekarte ist ins Englische übersetzt, aber unser Lieblingsgericht – die mit Speck ummantelten Pilze (培根卷; *peigen juan;* 25 Yuan) – sind nicht in der englische Fassung enthalten ist. Zwei Gerichte pro Person sind meist ausreichend.

Ausgehen

Nirgendwo sonst in China kann man die Teekultur besser erleben als in Sichuan. Die Kunst der Teezubereitung hat eine 3000 Jahre alte Tradition, und Sichuans Teehäuser dienten lange als soziale Treffpunkte. Sie waren die Orte – und sind es noch heute –, wo man plauderte, Karten spielte, Opernaufführungen ansah, sich die Haare schneiden und sogar das Ohrenschmalz entfernen ließ! Heute gibt's überall in Chengdu überfüllte Teehäuser, insbesondere in den Parks und Tempelanlagen der Stadt. Ein paar sehr nette liegen an den Ufern des Flusses. Tee wird generell pro Tasse (10–20 Yuan) bestellt und so häufig nachgegossen, wie man will. Auf unserer Teekarte sind zur Orientierung Teesorten aufgeführt.

Es gibt hier außerdem ausreichend Bars und Cafés. Über die neuesten Trends in Chengdus Nachtleben informieren die Expat-Magazine: *Chengdoo* (www.gocheng doo.com/en) oder *More Chengdu* (www.morechengdu.com).

He Ming Teahouse TEEHAUS
(鹤鸣茶馆; Heming Chaguan; Volkspark; Tee 10–25 Yuan; ⌚7–21 Uhr) Das stets gut besuchte, aber nie überfüllte Teehaus gehört zu den gemütlichsten und beliebtesten Treffpunkten Chengdus, um den Nachmittag bei einer bodenlosenTasse Blütentee zu verbringen. Die Teekarte ist auf Englisch. Ohrenputzen (20 Yuan) auf Wunsch.

Tonghu Teahouse TEEHAUS
(铜壶茶园; Tonghu Chayuan; 5 Da'anxi Binhe Lu; 大安西滨河路; Tee pro Tasse 10–15 Yuan; ⌚9–24 Uhr) Geruhsames Teehaus am Fluss mit Tischen im Freien und Blick auf ein rauschendes Wehr. Unsere Teekarte ist eine Hilfe bei der Bestellung der Teesorten. Auch Bier ist zu haben.

Old Little Bar BAR
(小酒馆 （玉林店);); Xiao Jiuguan (Yalin Dian); 55 Yulin Xilu; 玉林西路 55 号; Bier ab 10 Yuan; ⌚18–2 Uhr) Wie verlautet, ist diese angesagteste Rockbar Chengdus von Chinas Rocklegende Cui Jian gegründet worden. Es gibt keine Livekonzerte mehr – die gibt's dafür in der New Little Bar –, hier ist es aber immer noch cool, vor allem, wenn man mit musikliebenden Einheimischen rumhängen möchte.

New Little Bar LIVEMUSIK
(小酒馆 （芳沁店); Xiao Jiuguan (Fangqin Dian); ☎8515 8790; Fangqin Jie, hinter 47 Yongfeng Lu; 永丰路 47 号芳沁街; Bier ab 10 Yuan; ⌚18–2 Uhr) Diese kleine pubähnliche Kneipe ist *der* Ort in Chengdu, an dem einheimische Bands live auftreten. Die Bands spielen jeden Freitag und Sonnabend, gelegentlich auch an Wochentagen, in der Regel ab 20 Uhr. Bei Livemusik werden ungefähr 30 Yuan pro Person verlangt, abhängig davon, wer spielt. Im Expat-Magazine *Chengdoo* werden die monatlichen Auftritte veröffentlicht.

Bookworm CAFE
(老书虫; Lao Shichong; ☎8552 0177; www.chengdubookworm.com; 2–7 Yujie Donglu, 28 Renmin Nanlu; 人民南路 28 号、玉洁东路 2–7 号; ⌚9–1 Uhr) In dieser hervorragenden Kombination aus Buchladen und Café mit Filialen in Beijing und Suzhou kann in friedlicher Atmosphäre ein Drink oder Kaffee (ab 20 Yuan) genossen werden. Hier gibt's auch anständige westliche Gerichte (Hauptgerichte 30–70 Yuan; geöffnet 9–23 Uhr). Bücher können in der umfangreichen Buchhandlung gekauft oder geliehen werden, und oft finden hier Autorenlesungen und andere Events statt. Das Programm steht auf der Website.

Lao Nanmen Teahouse TEEHAUS
(老南门茶苑; Lao Nanmen Chayuan; Binjiang Xi Lu; 滨江西路; Tee pro Tasse 10–20 Yuan; ⌚9–19 Uhr) Der kleine, aber beliebte Teegarten am Fluss, der in den Sommermonaten bis 23 Uhr geöffnet hat, ist bei den Einheimischen sehr beliebt. Er liegt neben einem rauschenden Wehr und serviert alle bekannten Teesorten. Keine englische Karte, aber unsere Teekarte (S. 799) bietet eine Orientierungshilfe.

Sanhua Lou TEEHAUS
(散花楼; Binjiang Xi Lu; 1 Qingyang Zhengjie; 青羊正街 1 号; Tee pro Tasse 10–20 Yuan; ⌚7–23 Uhr) Das außergewöhnlich hübsche Teehaus in einer wieder aufgebauten, aber ausgesprochen schönen, vierstöckigen Pagode blickt auf den Fluss und den Park Baihuatan, wo noch weitere Teehäuser zu finden sind.

TEEKARTE

NAME	AUSSPRACHE	ÜBERSETZUNG	SORTE	HERKUNFT
普洱	*pu'er*	–	Grün (nach-vergoren)	Yunnan (Bezirk Pu'er)
铁观音	*tie guanyin*	Eiserner Buddha	Oolong	Fujian
苦荞茶	*kuqiao cha*	Buchweizen	Kraut	Yunnan
菊花	*juhua*	Chrysantheme	Blüte	Aus ganz China
花毛峰	*huamaofeng*	Jasmin	Blüte	Sichuan
竹叶青	*zhuyeqing*	Bambusblatt	Grün	Sichuan (Emei Shan)

Le Cafe Panam(e) BAR
(巴黎酒吧; Bali Jiuba; OG, Blue Caribbean Plaza, Ecke Kehua Beilu & Kehua Jie; 科华北路 143号 蓝色加勒比广场 2层; Biere ab 10 Yuan; ⏲17–4 Uhr) Die ursprünglich von Franzosen geführte und superschicke Bar Panam(e) steht heute unter chinesischer Leitung und ist inzwischen bei Einheimischen beliebter als bei westlichen Expats. Aber nach wie vor ist sie eine der coolsten Nachtlokale an der Blue Caribbean Plaza und in der Umgebung.

☆ Unterhaltung

Chengdu ist die Heimat der Sichuanoper, die auf eine über 250 Jahre lange Tradition zurückblickt. Sie ist völlig anders als die Oper der westlichen Welt; zu vielen Aufführungen gehören Slapstick, markerschütterndes Singen, als Frauen verkleidete Männer, akrobatische Darbietungen und sogar Feuerschlucker. Ein Highlight ist das „Maskenwechseln" (变脸; *bianlian*), bei dem die Darsteller wie durch Zauberhand und in Windeseile ihre Masken tauschen.

Shufeng Yayun Teahouse SICHUANOPER
(蜀风雅韵; Shufeng Yayun; ☎8776 4530; www.shufengyayun.com; Kulturpark; Eintrittskarten 150–260 Yuan) Dieses berühmte, 100 Jahre alte Theater mit Teehaus hat heute zwei Stätten: Die größte, beste und billigste liegt im Kulturpark und bringt hervorragende Shows auf die Bühne, zu denen Musik, Puppenspiel, Komödie, Sichuanoper und das in der Provinz berühmte Maskenwechseln gehören. Die Vorstellungen finden allabendlich von 20 bis 21.30 Uhr statt. Wer schon um 19.30 Uhr kommt, kann den Schauspielern beim Schminken zusehen. Kinder können sich sogar ihr Gesicht anmalen lassen (ab 150 Yuan). Vorführungen sehr ähnlicher Art finden zur gleichen Zeit in dem etwas kleineren, neueren Gebäude vor dem Osttor des Parks statt, wo Touristen manchmal gesagt wird, dass das Theater im Park geschlossen sei.

Jinjiang Theatre SICHUANOPER
(锦江剧场; Jinjiang Juchang; ☎8662 0019; 54 Huaxingzheng Jie; 华兴正街 54 号; Eintrittskarten 180–480 Yuan; ⏲8–21.10 Uhr) Ähnliche gemischte Vorstellungen werden täglich in diesem angesehenen Opernhaus geboten. Im benachbarten **Yuelai Teahouse** (悦来茶楼; Yuelai Chalou; Tee 8–20 Yuan; ⏲8.30–18 Uhr), einem bei Einheimischen beliebten Treffpunkt, finden jeden Samstag von 14 bis 16.30 Uhr auf der kleinen Bühne herrlich zwanglose Darbietungen statt. Karten für die Teehausvorführungen kosten zwischen 20 und 35 Yuan.

Shoppen

Es gibt überall Schickimicki-**Einkaufszentren,** aber die größte Dichte findet sich in der teilweise als Fußgängerzone gestalteten Gegend um den Tianfu-Platz zwischen der Zongfu Lu und der Dong Dajie.

Südöstlich des Wuhou-Tempels liegt ein kleines **tibetisches Viertel.** Das ist weniger an der Architektur als an den Gebetsfahnen, bunten Tüchern, Perlen und Messingwaren zu erkennen, die hier verkauft werden. Ein Bummel ist hier lohnend.

Freizeitkleidung und -ausrüstung werden in Chengdu viel gekauft, da viele Leute auf dem Weg nach Tibet oder in die westlichen Berge sind. Die Qualität ist unterschiedlich, und es gibt jede Menge Fakes.

Sanfo FREIZEITKLEIDUNG UND -AUSRÜSTUNG
(三夫户外; Sanfu Huwai; 243 Wuhouci Dajie; 武侯祠大街 243 号; ⏲10–21.30 Uhr) Campingausrüstung und Kleidung von guter Qualität. Es gibt ein Zweiggeschäft (32 Renmin Nanlu; 人民南路 32 号) am U-Bahnhof Nijiaqiao.

Praktische Informationen

Geld

Die meisten Geldautomaten nehmen ausländische Karten an. Einige bequem erreichbare haben wir auf der Karte eingezeichnet.

Bank of China (中国银行; Zhongguo Yinhang; 35 Renmin Zhonglu, 2. Section; 人民中路二段 35号; ⊙Mo–Fr 8.30–17.30 Uhr, Sa, So 8.30–17 Uhr) Wechselt Geld und Reiseschecks und gibt Bargeld auf Kreditkarten.

Internetzugang

Alle Hotels und Cafés, die hier beschrieben sind, bieten Internetzugang für Laptops. Die meisten Jugendherbergen und einige der Spitzenklassehotels haben zudem Computerterminals für Gäste. Internetcafés (网吧; *wangba*) gibt's in rauen Mengen, aber bei den meisten muss vor der Benutzung ein chinesischer Personalausweis durchgezogen werden. Das Internetcafé im OG des Busbahnhofs Xinnanmen verzichtet manchmal darauf.

Medizinische Versorgung

Global Doctor Chengdu Clinic (环球医生成都诊所; Huanqiu Yisheng Chengdu Zhensuo; ☎8528 3660, 24-stündige Helpline 139 8225 6966; OG, 9–11 Lippo Tower Bldg, 62 Kehua Beilu; 科华北路 62 号力宝大夏 2 层 9–11 号; ⊙Mo–Fr 8.30–12 & 1.30–18 Uhr) Englisch sprechende Ärzte und eine englischsprachige 24-stündige Helpline. Eine Konsultation kostet 600 Yuan. Termine außerhalb der Sprechstunden kosten 1000 Yuan.

West China Hospital SCU (四川大学华西医院; Sichuan Daxue Huaxi Yiyuan; ☎8542 2777; 37 Guoxue Xiang; 国学巷 37 号) Das Huaxi-Krankenhaus ist Chengdus größtes und wird von Expats gut beurteilt. Ausländer sollten sich an das **Jinka Yiyuan** (金卡医院), eine Abteilung im **Inpatient Building No 4** (第四住院大楼; disi zhuyuan dalou) – zur Rechten, wenn man in das Klinikum kommt – wenden, wo die meisten Ärzte und ein Teil des Personals Englisch sprechen.

Reisebüros

Am besten die Unmengen chinesischer Reisebüros links liegen lassen und sich direkt an den Reiseschalter in einer der zahlreichen hervorragenden Jugendherbergen in Chengdu wenden. Man kann hier alles buchen, von Besuchen in der Pandazuchtstation bis hin zu vierwöchigen Touren durch Tibet.

Visa

Chengdu Entry & Exit Service Centre (成都市出入境接待中心; Chengdushi Churujing Jirdai Zhongxin; ☎8640 7067; 2 Renmin Xilu; 人民西路 2 号; ⊙Mo–Fr 9–12 & 13.30–17 Uhr) Büro für Ausländer im 2. Stock; verlängert Visa innerhalb von fünf Arbeitstagen. Nördlich des Tianfu-Platzes.

An- & Weiterreise

Bus

Der wichtigste Busbahnhof für Touristen ist Xinnanmen (新南门), offiziell heißt er Tourism Passenger Transport Centre. Zwei weitere, die ebenfalls nützlich sind, sind Chadianzi (茶店子) und Beimen (北门). Allerdings kann es passieren, dass man bei der Ankunft in Chengdu an anderen Busbahnhöfen abgesetzt wird. Wer am Busbahnhof Shiyangchang (石羊场公交站; Shiyangchang gongjiaozhan) aussteigen muss, kann man mit dem Stadtbus 28 (2 Yuan) zum Busbahnhof Xinnanmen, zum Busbahnhof Beimen (zum Hello Chengdu International Youth Hostel) oder zum Nordbahnhof weiterfahren.

Zu den Zielen vom Xinnanmen gehören die folgenden

Bambusmeer 118 Yuan, 5 Std., 2-mal tgl. (9.10 und 15.30 Uhr)

Danba 133 Yuan, 9 Std., 1-mal tgl. (6.30 Uhr*)

Emei Shan 43 Yuan, 2½ Std., alle 20 Min. (7.20–19.20 Uhr)

Hongya (nach Liu Jiang) 41 Yuan, 2 Std., alle 45 Min. (7.40–17 Uhr)

Jiuzhaigōu 145 bis 222 Yuan, 10 Std., 2-mal tgl. (7.43 & 8.30 Uhr**)

Kangding 123 bis 133 Yuan, 7 Std., stündl. (7.10–14.10 Uhr)

Leshan 47 Yuan, 2 Std., alle 20 Min. (7.30–16 Uhr)

Pingle 30 Yuan, 2 Std., alle 30 Min. (7.30–16 Uhr)

Sanxingdui 16 Uhr, 2 Std., 1-mal tgl. (8.30 Uhr)

Ya'an (nach Bifengxia) 50 Yuan, 2 Std., alle 30 Min. (7.30–19.30 Uhr)

* Dieser Bus fährt über Danba und Bamei nach Daofu. Man muss eine Fahrkarte nach Bamei kaufen (153 Yuan) und bittet dann den Fahrer freundlich um 20 Yuan Erstattung, weil man ja schon in Danba aussteigen will.

** Zusätzliche Morgenbusse fahren im Juli und August. Achtung: Alle Busse nach Jiuzhaigou fahren über Songpan (8 Std.), aber es fällt der ganze Fahrpreis an, auch wenn man in Songpan aussteigt.

Nachstehend einige der Zielorte von Chadianzi aus:

Jiuzhaigou 120–170 Yuan, 9 Std., 3-mal tgl. (7.20, 8 und 9 Uhr)

Songpan 95 Yuan, 7 Std., 2-mal tgl. (6.30 und 8.30 Uhr)

Zu den Zielen, die von Beimen aus angefahren werden, gehören die folgenden:

Langzhong 98 Yuan, 5 Std., alle 40 Min. (6.30–18.30 Uhr)

Yibin 94–107 Yuan, 4 Std., stündl. (7.20–18.30 Uhr)

Zigong 81 Yuan, 3 Std., stündl. (7–20 Uhr)

Flugzeug

Man kann von Chengdu zu fast allen größeren Städten Chinas fliegen, und internationale Flüge gibt es nach Bangkok, Kuala Lumpur, Singapur, Los Angeles, Vancouver, London, Amsterdam, Sydney, Melbourne, New Delhi, Bangalore und Seoul.

Viele Traveller fliegen von hier aus nach Lhasa. Wer nicht viel Zeit zur Verfügung hat, dafür aber das nötige Kleingeld, kann auch zu kleineren Zielorten in Sichuan, wie Kangding oder Jiuzhaigou, fliegen.

Die besten Websites für billige Flüge sind www.elong.com, www.ctrip.com und www.travelzen.com.

Wenn aus irgendeinem Grund die Onlinebuchung nicht funktionieren sollte, kann man es in folgenden Fluglinienbüros versuchen:

Air China Chengdu Booking Office (国航世界中心; Guohang Shijie Zhongxin; ☎landesweite Buchungen 95583; 1 Hangkong Lu; 人民南路 4 段航空路 1 号; ⊙8.30–17.30 Uhr) An der U-Bahnstation Tongzilin, Linie 1; in der Nähe der Renmin Nanlu.

China Southern Airlines (中国南方航空; Zhongguo Nanfang Hangkong; ☎8666 3618; 278 Shangdong Dajie; ⊙8.30–17.30 Uhr)

Zug

Die beiden Hauptbahnhöfe Chengdus sind der **Chengdu Nordbahnhof** (火车北站; *huoche beizhan*) und der neuerere **Chengdu Ostbahnhof** (火车东站; *huoche dongzhan*), die beide U-Bahnstationen haben. Das Fahrkartenbüro von Chengdus Nordbahnhof befindet sich in einem separaten Gebäude zur Rechten, wenn man auf den Bahnhof zugeht. Fahrkarten für Hochgeschwindigkeitszüge nach Chongqing und Qingcheng Shan sind am **Fahrkartenschalter für Intercity-Züge** (城际列车售票处; *chengji lieche shoupiaochu*) daneben erhältlich. Die neue Hochgeschwindigkeitsstrecke nach Leshan könnte schon offen sein, wenn dieses Buch vorliegt.

Hotels und Hostels können Fahrkarten gegen eine kleine Gebühr buchen.

Zu den Zielorten vom Ostbahnhof gehören Wuhan (313 Yuan, 16 Std.) und Guilin (194 Yuan, 25 Std.), eine Hochgeschwindigkeitsverbindung nach Shanghai soll bald kommen.

Einige vom Nordbahnhof aus erreichbare Zielorte:

Beijing West Schlafwagen 401/439/391/458 Yuan, 29/27/31/30 Std., 4-mal tgl. (9.50, 19.54, 22.30 und 23.59 Uhr)

Chongqing 2./1. Klasse 98/117 Yuan, 2 Std., stündl. (8–19 Uhr)

Emei Shan Sitzplatz 24 Yuan, 2½ Std., 9-mal tgl. (10–20 Uhr)

Kunming Schlafwagen 240 Yuan, 19–24 Std., 6-mal tgl. (8.40–19.20 Uhr)

Lhasa Schlafwagen 671 Yuan, 44 Std., 1-mal tgl. (20.55 Uhr)

Xi'an Sitzplatz/Schlafwagen 113/195 Yuan, 13–17 Std., 10-mal tgl. (9.50–22.30 Uhr)

Xining West Schlafwagen 290 Yuan, 24/20 Std., 2-mal tgl. (0.01 und 20.55 Uhr)

Yibin Sitzplatz/Schlafwagen 51/97 Yuan, 6–8 Std., 7-mal tgl. (8.31–23.48 Uhr)

Zigong Sitzplatz /Schlafwagen 20–41 Yuan, 4½–6 Std., 7-mal tgl. (8.31–23.10 Uhr)

Unterwegs vor Ort

Bus

Wer sich im Gewirr der Busstrecken zurechtfindet, kann in Chengdu fast überallhin mit dem Bus kommen. Haltestellen sind auf Chinesisch und Englisch beschriftet, und an den meisten hängen die Streckenpläne der Busse, die dort halten. Die Fahrpreise im Stadtgebiet betragen meist 2 Yuan.

Nützliche Strecken:

Bus 16 Nordbahnhof–Renmin Lu–Südbahnhof

Bus 1 Stadtzentrum–Tempel Wuhou

Bus 81 Maostatue–Tempel der Grünen Ziegen

Bus 28 Busbahnhof Shiyangchang–Busbahnhof Xinnanmen–Busbahnhof Beimen–Nordbahnhof

Bus 82 Busbahnhof Chadianzi–Jinsha-Museum–Tempel Wuhou–Busbahnhof Xinnanmen

Bus 69 Busbahnhof am Nordbahnhof–Busbahnhof Zhaojue Si

Tourist Bus 87 Busbahnhof Zhaojue Si–Pandazuchtstation

Tourist Bus 60 Traffic Inn– Pandazuchtstation

Fahrrad

Chengdu ist schön flach, obwohl der dichte Verkehr zu einer Belastung für Radfahrer werden kann. Jugendherbergen vermieten Fahrräder für rund 15 bis 30 Yuan pro Tag. Unbedingt ein Schloss benutzen.

Vom/zum Flughafen

Der Flughafen Shuangliu liegt 18 km westlich der Stadt. Bus 303 (10 Yuan, 45 Min., 6–22 Uhr) ist ein Flughafenbus (机场大巴; Jichang Daba), der zu den Flugzeiten verkehrt und von der Yandao Jie (盐道街) zum Flughafen fährt. Bus 300 fährt langsamer zwischen dem Flughafen und dem Nordbahnhof; er fährt die ganze Renmin Lu entlang, hält aber unterwegs an jeder Bushaltestelle.

Ein Taxi vom Flughafen in die Stadtmitte kostet zwischen 50 und 70 Yuan, je nachdem, wie dicht der Verkehr ist. Die meisten Pensionen bieten einen Abholdienst vom Flughafen für wenig mehr als den Taxipreis.

Taxi

Taxis kosten 8 oder 9 Yuan für die ersten 2 km, danach 1,90 Yuan pro Kilometer.

U-Bahn

Linie 1 verbindet den Nord- und den Südbahnhof und verläuft unter der Renmin Lu. Die von Osten nach Westen verlaufende Linie 2 verbindet den Chengdu Ostbahnhof mit der Innenstadt, trifft am Tianfu-Platz auf die Linie 1, bevor sie weiter nach Westen zum Busbahnhof Chadianzi fährt. Linie 3, die zur Pandazuchtstation fahren wird, und Linie 4 zum Chengdu Westbahnhof sollen 2015 fertig gestellt sein. Fahrten kosten zwischen 2 und 4 Yuan. Schilder, Karten und Fahrkartenautomaten sind zweisprachig.

Rund um Chengdu

SANXINGDUI-MUSEUM 三星堆

Die im **Sanxingdui-Museum** (Sanxingdui *bowuguan*; Eintritt 82 Yuan, Audioguide 10 Yuan; ⌚8.30–18 Uhr, letzter Einlass 17 Uhr) ausgestellten Fundstücke halten manche chinesische Archäologen für bedeutender als die Terrakotta-Armee in Xi'an.

Im 20. Jh. fanden Bauern in der Gegend der Stadt Guanghan, 40 km nördlich von Chengdu, immer wieder Keramikscherben sowie andere schmutzverkrustete Überreste. Doch Krieg, Geldmangel und andere Geschehnisse sorgten dafür, dass diese Funde nie wirklich ernst genommen wurden. Schließlich, im Jahr 1986, begannen Archäologen mit umfassenden Ausgrabungsarbeiten und machten eine erstaunliche Entdeckung: Sie legten eine bedeutende Fundstätte aus dem Königreich Shu frei, das als die Wiege der chinesischen Kultur am Oberlauf des Jangtse (Chang Jiang) gilt.

Das Museum beherbergt Unmengen wertvoller Artefakte aus dieser Periode, aber die Stars seiner Sammlungen sind Dutzende und Aberdutzende von Bronzemasken – derart kunstvoll gearbeitet, dass sie auch in einer modernen Kunstgalerie nicht fehl am Platz wären, und doch sind sie vor mehr als 4000 Jahren angefertigt worden.

Ein Bus fährt morgens (14 Yuan, 2 Std., 8.30 Uhr) direkt von Chengdus Busbahnhof Xinnanmen hierher. Sonst fahren reguläre Busse von Chengdus Bahnhof Zhaojue nach Guanghan (16 Yuan, 45 Min., 7–20 Uhr), von wo man für die restlichen 10 km zur Fundstätte den örtlichen Bus 6 (1,50 Yuan; 20 Min.) nehmen kann. Der direkte Bus für die Rückfahrt nach Chengdu fährt um 16.10 Uhr ab, er fährt aber nur bis zum Bahnhof Zhaojue Si.

QINGCHENG SHAN 青城山

Der von tropfnassen Wäldern bedeckte, üppiggrüne heilige Berg **Qingcheng Shan** (Berg der Grünen Stadt; Eintritt 90 Yuan) ist seit über 2000 Jahren ein taoistischer Zufluchtsort. Seine wunderschönen Wanderwege sind von Gingkos, Pflaumenbäumen und Palmen gesäumt, und seine Hänge voller Grotten, Pavillons und herrlichen, jahrhundertealten hölzernen Tempeln, von denen einige Übernachtungsmöglichkeiten bieten

Das Wetter ist hier generell besser als am Emei Shan, sodass die Aussicht vermutlich weniger von Nebel getrübt ist, und mit einer Gipfelhöhe von 1600 m ist er auch viel leichter zu besteigen: vier Stunden für Auf- und Abstieg. Auf der Rückseite der Eintrittskarte ist eine genaue Karte der Wanderwege, und die Wegschilder sind in Englisch.

Wer hier übernachten will, ist in zwei oder drei Tempeln auf dem Berg willkommen, darunter der berühmte **Tempel Shangqing** (Shangqing Gong; DZ mit Bad 180–280 Yuan), ein Nachbau aus der Qing-Dynastie des ursprünglichen, im Wald in Gipfelnähe errichteten Jin-Dynastie-Tempels; er hat ein Restaurant (Gerichte 15–25 Yuan) und ein Teehaus (Tee ab 5 Yuan). Die billigsten Zimmer (40–100 Yuan) sind eigentlich für Pilger reserviert, aber vielleicht bekommt man eins, wenn man ganz lieb fragt.

Imbissstände gibt's reichlich entlang der Wanderwege.

Aufgrund der neuen Verbindung mit dem Hochgeschwindigkeitszug ist der Berg nun noch beliebter bei Tagesausflüglern aus Chengdu, die sich auf einigen Wanderwegen geradezu drängeln, vor allem auf denen nahe dem Eingang und Ausgang zur Seilbahn (einfach/hin & zurück

35/60 Yuan). Einige Reisende machen sich lieber auf den Weg zum **Houshan** (后山; Hinterer Berg), eine ruhigere, weniger von Touristen überlaufene Gegend etwa 15 km nordwestlich vom Qingcheng Shan. Es gibt hier über 20 km Wanderwege – für eine Wanderung zum Gipfel, wo der **Tempel Baiyun** (白云寺; Baiyun Si) steht, muss man mit etwa sechs Stunden rechnen; halb so lange, wenn man die Seilbahnen benutzt (30 Yuan). In Gipfelnähe befindet sich das **Alte Dorf Baiyun** (白云古寨; Baiyun Guzhai), wo einfache Pensionen (客栈; *kezhan*) Unterkunft bieten. Auch das **Dorf Youyi** (又一村; Youyi Cun), auf halber Strecke bergauf, hat ein paar Pensionen. Es gibt Massen von Teehäusern und Restaurants am Haupttor. Busse nach Houshan (10 Yuan, 25 Min.) fahren vom Bahnhof Qingcheng Shan ab, wenn sie voll besetzt sind. Sie kommen unterwegs am Haupttor des Qingcheng Shan vorbei, halten aber nicht, um Fahrgäste mitzunehmen, wenn keine Sitze frei sind.

Zum Qingcheng Shan nimmt man den Hochgeschwindigkeitszug von Chengdus Nordbahnhof (15 Yuan, 50 Min., 7–20 Uhr, letzter Zug zurück um 20.30 Uhr). Bus 101 (2 Yuan, 5 Min.) verkehrt zwischen Bahnhof und Berg.

Es ist auch möglich, eine Haltestation vor dem Qingcheng Shan auszusteigen und sich die **Bewässerungsanlage Dujiangyan** (都江堰水利工程; Dujiangyan Shuili Gongcheng; Eintritt 90 Yuan; ⌚8–18 Uhr) anzusehen; Bus 4 fährt dorthin (2 Yuan, 20 Min., letzte Haltestelle). Die Anlage wurde im 3. Jh. v. Chr. gebaut, um den schnellströmenden Fluss Min zu zähmen, und ist heute eine Unesco-Welterbestätte, die in landschaftlich herrlicher Umgebung mit bewaldeten Bergen, alten Tempeln, Bergpagoden und, natürlich, schäumenden Flüssen liegt. Rechts vom Eingangstor ist ein Touristenzentrum, wo eine Karte und ein maßstabsgerechtes Modell der Region zu sehen sind. Außerdem hat die dekorative **Südbrücke** (南桥; Nan Qiao) auf beiden Seiten Teehäuser und Restaurants.

Von hier kann man Bus 101 zum Qingcheng Shan (2,50 Yuan, 40 Min., letzte Haltestelle) nehmen.

PANDAZUCHTSTATION BIFENGXIA
碧峰峡大熊猫基地

Es bringt immer Spaß, Pandas zu sehen, natürlich, aber das Highlight eines Ausflugs hierher ist die märchenhaft schöne zweistündige Wanderung durch eine tiefe, bewaldete Flussschlucht, um zur **Bifengxia-Pandazuchtstation** (Bifengxia Daxiongmao Jidi; Eintritt 118 Yuan; ⌚8.30–11.30 & 13.30–16.30 Uhr) zu gelangen.

Die im Jahr 2003 unter der Leitung der Forschungsstation für Pandabären in Wolong eingerichtete Station war ursprünglich mehr auf Forschung als auf Tourismus ausgerichtet. Nachdem jedoch der Wolong-Nationalpark bei dem Erdbeben 2008 schwer beschädigt wurde, brachte man alle seiner überlebenden Pandas nach Bifengxia; damit begann ein Massenansturm von Touristen auf das Reservat. Heute leben hier mehr als 80 Pandas, das ist die weltweit größte Ansammlung dieser Tiere in Gefangenschaft. Zur Zeit unserer Recherche bestand der Plan, einige der Pandas nach Wolong zurückzubringen, wenn es irgendwann 2014 wiederaufgebaut sein würde.

Das Bifengxia-Gebiet ist sehr weit ausgedehnt und überspannt eine tiefe Schlucht mit Flüssen, Wasserfällen und meist toller Waldlandschaft. Das **Pandazentrum** (☎0835 231 8145) befindet sich vom Eingang aus auf der anderen Seite des Parks (es gibt auch einen Zoo, den man aber getrost ignorieren kann). Der Fahrkartenschalter befindet sich in dem Gebäude mit der Aufschrift „Deep Ecological Paradise of Bifeng Gorge“ auf dem Hauptparkplatz, wo die Minibusse ihre Fahrgäste aussteigen lassen. Im **Büro der Touristeninformation** liegt kostenloses Kartenmaterial aus. Auch die Gepäckaufbewahrung ist kostenlos.

Die Strecke zum 3 km vom Ticketbüro entfernten Pandazentrum bedient ein kostenloser Shuttlebus. Aber es wäre ein Fehler, sich die Wanderung auf dieser Strecke entgehen zu lassen. Vom Ticketbüro nach links wenden, dann den kostenlosen Lift (请云梯; *qingyunti*) 50 Stockwerke bis zum Fuß der Schlucht nehmen. Dann geradeaus marschieren, um den Bus zu erwischen, oder über die Brücke gehen, um die zweistündige Wanderung durch die Schlucht und auf der anderen Seite hoch zur Pandastation zu beginnen. Die Gegend ist ideal für ein Picknick, aber es gibt unterwegs auch genug Nudel- und Imbissstände, sodass kein Proviant mitgebracht werden muss.

Noch mehr laufen muss man im Pandazentrum selbst, wo die Pandas in recht ordentlichen Gehegen, die denen in Chengdus Pandazuchtstation ähneln, gehalten werden. Es gibt auch einen schnuckeligen „Pandakindergarten".

Bifengxia ist ein Tagesausflug von Chengdu, aber es gibt auch viele Übernachtungsmöglichkeiten. Die beste von allen, **Xiaoxitian Minlucun** (小西天民旅村; ☎135 5155 6417; 2BZ/3BZ/4BZ 80/100/120 Yuan; ❄📶), wird am Ende der zweistündigen Wanderung erreicht, kurz vor der Pandastation, und hat einfache Zimmer, die um einen Hof herum liegen. Eine Handvoll weiterer Pensionen, Teehäuser und Restaurants sind am Eingang zur Pandastation gelegen.

An- & Weiterreise

Hierher geht's über die Stadt Ya'an. Busse aus Chengdu enden an Ya'ans Busbahnhof Ximen (西门车站; *ximen chezhan*), doch man muss kurz davor aussteigen, am **Bahnhof für Touristenbusse** (旅游车站; *luyou chezhan*); hier stehen Minibusse (5 Yuan), die Fahrgäste die letzten 18 km zur Pandastation bringen. Der letzte Bus zurück nach Chengdu fährt vom Bahnhof für Touristenbusse um 18.30 Uhr ab. Von Ya'an aus ist es möglich, zu mehreren anderen Zielen zu fahren, ohne nach Chengdu zurück zu müssen.

Busse von Ya'ans Busbahnhof Ximen:

Emei (Stadt) 50 Yuan, 2½ Std., 4-mal tgl. (8.15, 10, 12.10, 14 Uhr)

Kangding 73 Yuan, 4½ Std., 5-mal tgl. (8–14.30 Uhr)

Leshan 55 Yuan, 2½ Std., 6-mal tgl. (8.35–16.30 Uhr)

Eine Fahrradrikscha zwischen den beiden Busbahnhöfen von Ya'an kostet 8 Yuan.

PINGLE 平乐

Dieses alte Dorf an einem Flussufer, ein beliebtes Motiv für chinesische Kunststudenten, war ursprünglich vor 2000 Jahren eine Zwischenstation auf der südlichen Seidenstraße. Modernes Leben macht sich hier breit, ebenso wie die Verkäufer von Touristentinnef (und Wasserpistolen!), aber es ist genug von dem alten Dorfleben geblieben, um von Chengdu aus einen schönen Ganztagesausflug zu unternehmen, und Paddeln auf dem Fluss bringt hier viel Spaß.

Viele hölzerne Gebäude der **Altstadt** (古镇; *guzhen*) sind erst kürzlich wieder aufgebaut worden, aber einige stammen noch aus den Ming- und Qing-Dynastien. In einigen wohnen noch Einheimische, aber immer mehr werden in kleine Pensionen und Restaurants umgebaut, da die Touristenzahlen steigen. Die ehrwürdigsten Bewohner der Stadt sind allerdings ihre Banyanbäume, von denen ein Dutzend älter als 1000 Jahre ist. Versäumen sollte man nicht den schönsten der alten steinernen Durchgänge, das Fuhui-Wassertor (福惠街水门; Fuhui Jie Shuimen), das zu einem Uferweg hinunterführt, wo man in gemütlichen Bambusstühlen Tee trinken kann (15–30 Yuan).

Auch auf der anderen Seite des Flusses gibt es zahlreiche Teehäuser; dort bietet sich ein schöner Spaziergang landeinwärts in der untouristischen bäuerlichen Umgebung an.

Auf beiden Seiten des Flusses finden sich eine Reihe kleiner Pensionen – zu erkennen an Schildern wie 客栈 (*kezhan;* Gasthaus) oder 住宿 (*zhusu;* Zimmer) –, obwohl für die meisten Besucher einen Tagesausflug ausreichen sollte. **Gubu *kezhan*** (古埠客栈; ☎153 9764 0708; 32 Changqing Jie; 长庆街 32 号; Zi. 198 & 238 Yuan, ermäßigt auf 80 & 100 Yuan) bietet nette, kleine Zimmer mit Blick auf den Fluss; nach links gehen, wenn man den Fluss erreicht. Nudelstände (am Schriftzeichen 面; *mian* zu erkennen) und kleine Restaurants sind an jeder Ecke zu finden. Manche bieten Speisekarten mit Fotos.

Busse nach Pingle halten meist zum ersten Mal in der kleinen Stadt Qienglai (邛崃), rund 15 Minuten vor Pingle. Hier nicht aus Versehen aussteigen. In Pingle aus dem Busbahnhof heraus und nach rechts zum Fluss gehen. Busse, die von Pingle zum Busbahnhof Xinnanmen in Chengdu zurückfahren, starten um 9.30, 12, 13, 14, 15, 16, 16.30 und 17.30 Uhr.

LIU JIANG 柳江

Die wunderschöne Landschaft ist die Hauptattraktion dieses verträumten Dorfes, das versteckt im zentralen ländlichen Sichuan liegt. Die malerische **Altstadt** (古镇; *guzhen*) erstreckt sich mit ihren schmalen Gassen, Holzhäusern mit Wohnhof und alten Banyanbäumen beiderseits des Flusses Yangcun (杨村河; Yangcun He). Nach kürzlich durchgeführten Renovierungsarbeiten ist diese Kulisse fast schon zu perfekt (wirklich alte Gebäude sind hier nur schwer zu entdecken, obwohl es immer noch ein paar gibt), und an Wochenenden wimmelt es hier von Touristen, die alle nach dem ländlichen Zauber dürsten. Dennoch lohnt es sich, hier entspannt zu Mittag zu essen, in einem Teehaus einzukehren oder im Fluss zu baden. Wer übernachten möchte, für den hat das nette **Wangjiang *kezhan*** (望江客栈; ☎139 0903 6203; 38 Liujiang Jie; 柳江街 38 号; Zi. 60–80 Yuan) knarrende Holzfußböden und schlichte, aber saubere Zimmer mit Gemeinschaftsbädern und Aussicht auf den Fluss. Auf einer schönen Terrasse mit Blick auf den Fluss gibt es Tee (10–20 Yuan) und Essen nach Sichuan-Art (Hauptgerichte 12–40 Yuan).

In der Umgebung gibt's hervorragende Wandermöglichkeiten. Holzschilder in der Altstadt zeigen Karten mit Wanderwegen (nur auf Chinesisch). Ein schöner Weg führt 3,5 km bergauf nach Houjia Shanzhai (侯家山寨). Der Weg beginnt an der anderen Seite des Flusses, wo der Bus normalerweise Fahrgäste absetzt, und am anderen Ende der Altstadt, wo ein Holztor mit den Schriftzeichen 寨山家侯 steht. Ist man erstmal dort angekommen, geht's weiter auf der Straße, immer den Schildern nach, vorbei an weidenden Kühen, pflügenden Bauern, Reisterrassen, Bambushainen und kleinen Teepflanzungen. An der Straße, die ganz weit oben liegt, befindet sich das **Tiaowang Wawu** (眺望瓦屋; ☎130 8838 1221; Zi. 80 Yuan, Gerichte ab 5 Yuan), ein großes renoviertes Holzgebäude mit Wohnhof und einfachen Doppelzimmern, freundlichen Besitzern und herrlicher Aussicht. Hier gibt's eine Schüssel mit Nudelsuppe (面; *mian*) oder ein Reisgericht (饭; *fan*), das jeden Tag frisch gekocht wird.

Nach Liu Jiang fährt ein Bus vom Busbahnhof Xinnanmen nach Hongya (洪雅), wo man nach Liu Jiang (9 Yuan, 1 Std., alle 15 Min. bis 17.30 Uhr) umsteigen muss. Der letzte Bus fährt um 17.30 Uhr von Hongya nach Chengdu. Es gibt auch reguläre Busse von Hongya nach Emei Shan, Leshan und Ya'an

Emei Shan 峨眉山

☎0833

Der wuchtige **Emei Shan** (Erw./Stud. 150/80 Yuan), ein kühler, dunstiger Zufluchtsort vor der schwülen Hitze des Sichuanbeckens, ist einer von Chinas vier berühmtesten buddhistischen Bergen (die anderen sind der Putuoshan, der Wutai Shan und der Jiuhua Shan). Hier gibt's eine üppig bewaldete Berglandschaft, halb verfallene Holztempel und Affen, die Wegzoll verlangen. Wunderbare Übernachtungsmöglichkeiten bieten sich in einem der vielen Klöster an den Berghängen.

Von den ursprünglichen Tempelanlagen am Emei Shan ist wenig geblieben. Der prachtvolle Tempel Jinding (Jinding Si) mit seinem mit tibetischen Sprüchen gravierten Dach wurde zum Beispiel ein Opfer der Flammen. Andere Tempel erlitten das gleiche Schicksal, und alle wurden unterschiedlich stark im Krieg mit den Japanern und in der Kulturrevolution geplündert. Einige haben aber doch ein paar Jahre überstanden, wie der Tempel Wannian, der älteste von allen, der immerhin respektable 1100 Jahre zählt.

Die Massen von Pilgern, Straßenhändlern und vor allem Touristen in der Hochsaison stören die Ruhe sehr, aber sie drängeln sich eher in der Nähe der Seilbahnen und der größeren Tempel. Fernab von ihnen kann man auf den mit Tannen, Pinien und Zedern gesäumten Wegen beschauliche Wanderungen unternehmen. Steile Klippen, wolkennahe Abhänge, Schmetterlinge und Azaleen schaffen ein wunderschönes Naturreservat, und der Berg findet sich neben Leshan, Jiuzhaigou und Dujiangyan auf der Unesco-Liste der Welterbestätten in Sichuan.

Reisezeit

Die schönste Zeit für einen Besuch ist Mai bis Oktober. Nationale Feiertage, wenn die Besucherzahlen Rekordhöhen erreichen, sind tunlichst zu vermeiden. Juli und August sind ebenfalls sehr belebt.

Der Schneefall beginnt im Allgemeinen etwa im November an den oberen Hängen. Im Winter kann man Eisensohlen mit Spikes ausleihen, um mit Eis und Schnee fertig zu werden.

Einige Durchschnittstemperaturen:

	JANUAR	APRIL	JULI	OKTOBER
Emei (Stadt)	7°C	21°C	26°C	17°C
Gipfel	6°C	3°C	12°C	-1°C

Sehenwertes

Tempel Baoguo BUDDHISTISCHES KLOSTER
(报国寺; Baoguo Si; Tempel zur Vergeltung staatlicher Wohltaten; Eintritt 8 Yuan) Der im 16. Jh. erbaute Tempel (550 m) besitzt

wunderschöne Gärten mit seltenen Pflanzen und einen 3,5 m hohen Porzellanbuddha, der im Jahr 1415 angefertigt wurde; er steht in der nahen Sutra-Bibliothek. Hierfür wird keine Eintrittskarte für den Emei Shan benötigt.

Qingyin-Pavillon TEMPEL
(清音阁; Qingyin Ge) Dieser Tempel (710 m) wird nach dem Klang des Felsen umspülenden Wassers „Tempel des Klaren Quellgesangs" genannt und steht auf einer Insel mitten in einem schnellströmenden Fluss. In einem der kleinen Pavillons kann man sich ausruhen und der „Musik" der Natur lauschen.

Ökologische Affen-Zone NATURSCHUTZGEBIET
Zwischen dem Qingyin-Pavillon und Hongchun Ping (Terrasse bei den Alten Bäumen) liegt die Gegend, in der die meisten Wanderer erstmals den berüchtigten Affen des Berges begegnen. Obwohl die Gegend das Etikett „ökologisch" trägt, füttern Wärter hier die Affen und vertreiben sie mit Stöcken und Schleudern, wenn sie zu angriffslustig werden.

Tempel Wannian KLOSTER
(万年寺; Wannian Si; Tempel der Ewigkeit; Eintritt 10 Yuan) Der im 9. Jh. wiederaufgebaute Tempel Wannian (1020 m) ist der einzige erhaltene Emei-Tempel. Er ist dem Mann auf dem weißen Elefanten, dem Bodhisattva Puxian (auch als Samantabhadra bekannt), geweiht, der als Herr der Wahrheit und Beschützer des Berges gilt. Die 8,5 m hohe, in Kupfer und Bronze gegossene **Statue** stammt aus dem Jahr 980 n. Chr. und wiegt schätzungsweise 62 000 kg. Wem es gelingt, über die Hinterhand des Elefanten zu streichen, dem wird Glück verheißen. Die Statue befindet sich in der **Ziegelhalle**, einem balkenlosen Bauwerk mit kleinen Stupas und dem einzigen Gebäude, das im Jahr 1945 einen zerstörerischen Brand schadlos überstand.

Elefantenbad KLOSTER
(洗象池; Xixiang Chi) Der Legende nach ist das Elefantenbad (2070 m) der Ort, wo Puxian seinen Elefanten gründlich schrubbte, aber heute ist von einem Teich nicht mehr viel zu sehen. Da sich hier die beiden Hauptrouten vereinigen, ist der Tempel manchmal mit Pilgern überfüllt.

Tempel Jinding TEMPEL
(金顶寺; Jinding Si; Tempel des Goldenen Gipfels) Der prächtige Tempel Jinding befindet sich auf dem Goldenen Gipfel (Jin Ding; 3077 m), der als der höchste Punkt des Berges gilt. Der mit glasierten Ziegeln gedeckte und von weißen Marmorbalustraden umgebene Tempel ist ein moderner Neubau, aber ungemein beeindruckend. Vor dem Tempel erhebt sich die unübersehbare goldenen Statue des **multidimensionalen Samantabhadra** (十方普贤; Shifang Puxian), die dem Bergbeschützer Puxian geweiht ist und erst im Jahr 2006 aufgestellt wurde.

Der höchste Punkt des Berges (3099 m) ist jedoch der **Wanfo Ding** (Gipfel der 10 000 Buddhas), der allerdings für Besucher bereits seit Jahren nicht mehr zugänglich ist.

Tempelkloster Fuhu KLOSTER
(伏虎寺; Fuhu Si; Tempel des Geduckten Tigers; Eintritt 6 Yuan) Etwa 1 km vom Tempel Baoguo entfernt liegt das Tempelkoster Fuhu (630 m) verborgen im Wald. Im Inneren des religiösen Baus befindet sich eine beeindruckende 7 m hohe Kupferpagode, die mit buddhistischen Bildern und Inschriften verziert ist.

Tempel Xianfeng KLOSTER
(仙峰寺; Xianfeng Si; Tempel des Gipfels der Unsterblichen) Etwas abseits der vielbegangenen Pfade ist dieses gut geführte Kloster (1752 m) vor zerklüfteten Klippen gelegen und wird von einer fantastischen Landschaft eingerahmt.

Schlafen

AUF DEM BERG

Fast alle Tempel auf dem Berg (mit Ausnahme des Tempels Jinding auf dem Gipfel) bieten billige Unterkünfte im Schlafsaalstil mit Gemeinschaftsbädern, allerdings in der Regel ohne Duschen. Manche Herbergen verfügen auch über pensionsähnliche Zimmer, manchmal mit eigenem Bad.

Tempel Xianfeng TEMPEL €
(仙峰寺; Xianfeng Si; B & 2BZ ohne Bad 30–260 Yuan, 2BZ mit Bad 280 Yuan) Dieser abgelegene Tempel in schöner Waldlage mit zerklüfteten Klippen im Hintergrund liegt um einen großen, schattigen vorderen Hof herum und hat eine friedliche Atmosphäre. Es gibt eine gute Auswahl an Zimmern, von Schlafsälen bis zu teureren Doppelzimmern mit Duschen. Ungefähre Wanderzeit vom Tal/Gipfel beträgt sechs/vier Stunden.

Emei Shan

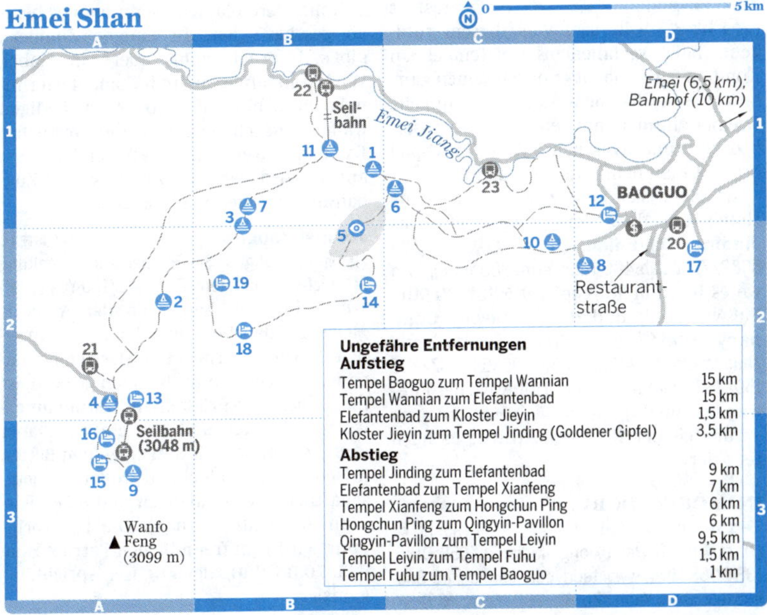

Emei Shan

Sehenswertes

1 Bailongdong B1
2 Elefantenbad A2
3 Huayan Ding B1
4 Kloster Jieyin A2
5 Ökologische Affenzone B2
6 Qingyin-Pavillon C1
7 Tempel Chu B1
8 Tempel Fuhu D2
9 Tempel Jinding (Goldener Gipfel) .. A3
10 Tempel Leiyin C2
11 Tempel Wannian B1

Schlafen

12 Tempel Baoguo D1
13 Cableway Company Hotel A2
14 Hongchun Ping (Terrasse bei den Alten Bäumen) B2
15 Jinding Dajiudian A3
16 Taizi Ping A3
17 Teddy Bear Hotel D2
18 Tempel Xianfeng B2
19 Tempel Yuxian B2

Transport

20 Busbahnhof Baoguo D2
21 Busbahnhof Leidongping A2
22 Busbahnhof Wannian B1
23 Busbahnhof Wuxiangang C1

Tempel Yuxian KLOSTER €
(遇仙寺; Yuxian Si; B/2BZ ab 30/80 Yuan) Von der Landschaft her ist dies eine der schönsten Unterkünfte – die Aussicht in 1680 m Höhe ist einfach atemberaubend. Wenn man bedenkt, wie klein der Tempel ist, ist die große Auswahl an Zimmern überraschend. Sie reichen von einfachen Schlafsälen bis zu Doppelzimmern. Das Kloster liegt sehr weit abseits, sodass es etwas unheimlich sein könnte, dort alleine zu übernachten. Vom Tal/Gipfel braucht man sieben/drei Stunden.

Hongchun Ping KLOSTER €
(洪椿坪; B 30–40 Yuan, 2BZ 45–80 Yuan) Möglicherweise ist dies der tollste aller Tempel mit Unterkünften, die hier zu finden sind; er verfügt auch über einen schönen Innenhof, der zum Verweilen einlädt. Die Zimmer sind einfach, aber ordentlich. Vom Tal/Gipfel braucht man etwa drei/sieben Stunden.

Taizi Ping KLOSTER €

(太子坪; B 30–40 Yuan) Was diesem ruhigem, halb verfallenem Holztempel an Komfort fehlt, macht er durch seinen ganz besonderen Charme wett. Extrem einfache Dreibettzimmer mit einem Kaltwasserbecken zum Waschen. Vom Tal/Gipfel braucht man neun/eine Stunde(n).

Es haben sich auch zwei ganz normale Hotels auf dem Berg angesiedelt: Das **Jinding Dajiudian** (金顶大酒店; ☎509 8088/77; Zi. ab 480 Yuan, erm. 380 Yuan), von wo es bis zum Tal/Gipfel 9½ Std./30 Min. Fußweg sind; und das **Cableway Company Hotel** (索道公司招待所; Suodao Gongsi Zhaodaisuo; ☎155 2030 0955; 3BZ/2BZ 150/260 Yuan) in 2540 m Höhe, wo der Fußweg bis um Tal/Gipfel 8½/1½ Std. dauert – zur Zeit der Recherche wurde es noch renoviert.

IN BAOGUO (DORF)

Teddy Bear Hotel HOSTEL €€

(玩具熊酒店; Wanjuxiong Jiudian; ☎559 0135, 138 9068 1961; www.teddybear.com.cn; 43 Baoguo Lu; B 35 Yuan, Zi. 80–260 Yuan; ❄@📶) Dieser Backpackertreff hat tadellose Zimmer und Englisch sprechendes Personal. Die Gepäckaufbewahrung ist kostenlos, ebenso wie Wanderstöcke und Karten mit den Bergwanderwegen, und man kann sich massieren lassen, wenn man es bergab geschafft hat. In einigen Zimmern gibt's Internetzugang über ein Kabel, WLAN in anderen und Computerterminals im Lobby-Café, wo es anständigen Kaffee plus chinesisches und westliches Essen gibt. Wer vorher Andy, den Manager, anruft, wird kostenlos vom Bus- oder Zugbahnhof in Emei (Stadt) abgeholt .

Tempel Baoguo KLOSTER €

(报国寺; Baoguo Si; Tempel zur Vergeltung staatlicher Wohltaten; B/Zi. 40/120 Yuan; ❄) Wer keine Zeit hat, nach der Ankunft gleich auf den Berg zu gehen, kann in einem Kloster übernachten. Der Tempel Baoguo, versteckt hinter Bäumen gelegen, ist hier eines der größten und stimmungsvollsten Klöster und hat einfache, aber saubere Zimmer mit drei einzelnen Betten in jedem. Es gibt einen großen gemeinschaftlichen Duschbereich und einen Essraum (Gerichte 15 Yuan). Die Unterbringung wird vom freundlichen Patrick Yang (☎1370813 1210), der Englisch spricht, organisiert.

Essen

Auf dem Berg haben die meisten Tempel kleine Speiseräume, aber es ist niemals sehr weit zu einem der vielen Imbissstände

WANDERWEGE AM EMEI SHAN

Es gibt zahlreiche Möglichkeiten, den Emei Shan zu besteigen, mit verschiedenen Kombinationen von Bussen, Seilbahnen, Wanderwegen und Klosteraufenthalten. Hier sind vier beliebte Varianten. Achtung: Die geschätzten Wanderzeiten schließen keine Pausen ein, die aber sicherlich nötig sind.

» **Ein Tag** Mit Bussen und Seilbahnen; in einen Bus zum Tempel Wannian einsteigen (45 Min.), dann den Gipfel (4 Std.) mit Hilfe beider Seilbahnen erklimmen, hinunter zum Busbahnhof Leidongping (1½ Std.) wandern und den Bus zurück zum Dorf Baoguo nehment (90 Min.).

» **Zwei Tage** Den Bus zum Wannian-Busbahnhof (45 Min.) nehmen, am Chu-Tempel vorbei zum Gipfel (5–6 Std.) wandern. Auf dem Weg nach unten wendet man sich ein kurzes Stück am Elefantenbad vorbei nach rechts und geht den landschaftlich schöneren Weg, vorbei am Tempel Xianfeng, zurück zum Wannian-Busbahnhof (8 Std.).

» **Zwei Tage** Mit dem Bus nach Leidongping (1 ½ Std.) fahren, dann zum Gipfel (1–2 Std.) laufen; den langen Abstieg zum Dorf Baoguo (10 Std.) mit einer Übernachtung im Kloster beginnen.

» **Drei Tage** Den Bus ganz sausen lassen und sich für den Auf- und Abstieg zu Fuß (ungefähr 20 Std. insgesamt) entscheiden. Damit die Strecke abwechslungsreicher ist, geht's auf dem Hinweg über den Tempel Wannian und auf dem Rückweg über den Tempel Xianfeng. Wer mit dem Rückweg begonnen hat, kann sich schon mal mental auf mindestens drei bis vier Tage Muskelkater in den Beinen gefasst machen.

entlang der Wanderwege. Die meisten verkaufen einfache Nudel- (面; *mian*) oder Reisgerichte (饭; *fan*) sowie Fertignudeln (方便面; *fangbian mian*), Tee und Snacks.

Im Dorf Baogao gibt es reichlich Restaurants und Supermärkte. Die Haochi Jie (好吃街; Essensstraße) ist voller Esslokale, von denen viele Sitzmöglichkeiten im Freien haben. Auf den Speisekarte stehen verschiedene sichuanesische Gerichte (15–40 Yuan), teilweise gibt es englische Übersetzungen.

Praktische Informationen

Agricultural Bank of China (农业银行; Nongye Yinhang; ⌚9–17 Uhr) Hat einen Devisenschalter und ausländerfreundliche Geldautomaten. Der Geldautomat am Baoguo-Busbahnhof akzeptiert ebenfalls ausländische Karten.

Internet Die meisten Unterkünfte im Dorf Baoguo haben Internetzugang für Gäste, aber die nächsten Internetcafés (网吧; *wangba*) sind 2 km bergab in Richtung Emei-Stadt zu finden.

An- & Weiterreise

Die Stadt Emei (峨眉山市; Emei Shan Shi) liegt 6,5 km östlich vom Berg Emei Shan und ist der Verkehrsknotenpunkt für den Berg. Fast alle Busse zum Emei Shan enden hier – am Emei-Shan-Besucherzentrum (峨眉山客运中心; Emei Shan keyun zhongxin) direkt gegenüber dem Bahnhof von Emei (峨眉火车站; Emei Huochezhan). Hier kostet ein Taxi zum Dorf Baoguo 20 Yuan. Oder man nimmt den örtlichen Bus 1 (1 Yuan) zur Bushaltestelle Penshui Chi (喷水池) und steigt dort in Bus 5 (1,50 Yuan) auf der anderen Seite des Platzes nach Baoguo (报国).

Zu beachten ist, dass es zwar nicht möglich ist, von den meisten Langstreckenzielen direkt nach Baoguo zu reisen, dass aber einige Langstreckenbusse von Baoguo abfahren.

Busse vom Busbahnhof Baoguo fahren u. a. nach:

Chengdu 50 Yuan, 2½ Std., verkehrt häufig (8–18 Uhr)

Chongqing 130 Yuan, 6 Std., 2-mal tgl. (6.40 & 11 Uhr)

Leshan 11 Yuan, 45 Min., alle 30 Min. (8–17.30 Uhr)

Yibin 86 Yuan, 6 Std., 1-mal tgl. (6.50 Uhr)

Busse vom Emei-Shan-Besucherzentrum fahren u.a. nach:

Kangding 120 Yuan, 7 Std., 1-mal tgl. (9.50 Uhr)

Ya'an 51 Yuan, 3 Std., 4-mal tgl. (7.45, 9.30, 12.30 & 14.20 Uhr)

Zigong 51 Yuan, 3 Std., verkehrt häufig (7.40–17.10 Uhr)

Zug

Chengdu Sitzplatz 24 Yuan, 2½ Std., 5-mal tgl. (6.01–10.31 Uhr, dann 21.16 Uhr)

Kunming Schlafwagen 216 Yuan, 17 Std., 4-mal tgl. (15.42, 16.57, 17.16 und 21.47 Uhr)

Xi'an Schlafwagen 234 Yuan, 19 ½ Std., 1-mal tgl. (10.31 Uhr)

Unterwegs vor Ort

Baoguo (报国) ist der Zugang zum Berg. Busse fahren vom Busbahnhof des Dorfes zu drei Busbahnhöfen am Berg: **Wuxiangang** (五显冈; 20 Min.), etwa 20 Minuten zu Fuß unterhalb des Qingyin-Pavillons; **Wannian** (万年; 1 Std.), unterhalb des Tempels Wannian; und **Leidongping** (雷洞坪; 2 Std.), ein paar Minuten zu Fuß von der Jingding-Seilbahn

Es gibt zwei Arten von Fahrkarten. Beide sind für die Hin- und Rückfahrt. Das 40-Yuan-Ticket ist für die beiden unteren Busbahnhöfe. Das 90-Yuan-Ticket ist für Leidongping. Wer über ein anderen Busbahnhof zurückfährt, muss vielleicht einen kleinen Zuschlag zahlen.

Busse verkehren häufig von ungefähr 6 Uhr bis 17 Uhr (7–16 Uhr im Winter). Die letzten Busse den Berg hinunter fahren um 18 Uhr (17 Uhr im Winter) ab.

Leshan 乐山

☎0833 156 000 EW.

Mit Fingernägeln, die größer sind als ein normaler Sterblicher, zieht der gewaltigste Buddha der Welt zahlreiche Touristen in diese ruhige, an einem Flusslauf gelegene Stadt. Dieser Koloss ist ein geeignetes Ziel für einen leichten Tagesausflug von Chengdu oder einen angenehmen Zwischenstopp auf dem Weg von und zum Emei Shan.

Sehenswertes

Großer Buddha BUDDHISTISCH

(大佛; Dafo; Erw. 90 Yuan; ⌚April–Anfang Okt. 7.30–18.30 Uhr, Anfang Okt.-März 8–17.30 Uhr) Leshans allergrößter Stolz ist der heitere, 1200 Jahre alte Große Buddha, der in eine Felswand über dem Zusammenfluss der Flüsse Dadu (大渡河; Dadu He) und Min geschlagen ist. Mit 71 m Höhe ist er wirklich riesig. Seine Ohren sind 7 m lang, seine Schultern überspannen 28 m, und jeder seiner Zehen ist 8,5 m lang.

Ein buddhistischer Mönch namens Haitong begann 713 n. Chr. mit dem Bau in der Hoffnung, dass der Buddha die unberechenbare Strömung des Flusses besänftigen und Schiffer vor den tödlichen Untiefen beschützen würde. Das Vorhaben

Leshan

Highlights

Großer Buddha B3

Sehenswertes

1 Mahaoya-Felsgräbermuseum B4
2 Tempel Wuyou B4
3 Themenpark zum Östlichen Buddhismus B4

Schlafen

4 Jiazhou Hotel A2
5 Jintaoyuan Dajiudian B3

Essen

6 Xiaogogzui Baba B3
7 Yang's Restaurant A2

Ausgehen

8 Teehäuser B2

Praktisches

9 People's Hospital A2

Transport

10 Leshan-Anleger B3

wurde erst 90 Jahre nach Haitongs Tod vollendet, aber das Wasser des Flusses beruhigte sich tatsächlich. Die Einheimischen sind überzeugt, dass dies dem Großen Buddha zu verdanken ist. Skeptiker führen es eher auf die lang andauernden Bauarbeiten zurück, bei denen die Flusstiefen mit Bauschutt aufgefüllt wurden.

Im Inneren des Körpers befindet sich, von außen nicht sichtbar, ein Wasserdrainagesystem, das die weitere Verwitterung verhindern soll, obwohl man Dafo langsam sein Alter ansieht und die Bodenerosion ein weiteres Problem ist.

Um die Größe des Buddhas richtig erfassen zu können, sollte man sich seinen Kopf aus der Nähe ansehen, dann die steile, gewundene Treppe hinabsteigen, um unten zu sehen, wie winzig man selber ist. An Wochenenden und Feiertagen kommen so viele Besucher, dass es auf der Treppe zu Staus kommt.

Der Eintritt zum Buddha umfasst auch den Zugang zu mehreren Grotten und Tempeln auf dem Gelände und zum **Mahaoya-Felsgräbermuseum** (麻浩崖墓博物馆; Mahaoyamu *bowuguan*), das eine bescheidene Sammlung von Gräbern und Grabbeigaben aus der Östlichen Han-Dynastie (25–220 n. Chr.) besitzt.

Ebenfalls im Eintrittspreis inbegriffen ist der **Tempel Wuyou** (乌尤寺; Wuyou Si), der wie der Große Buddha aus der Tang-Dynastie stammt und Ming- und Qing-Renovierungen aufweist. Das Kloster enthält auch Kalligrafien, Malereien und Kunstobjekte, aber das Highlight ist eine Halle mit 1000 Terrakotta-*arhats* (buddhistische Himmelswesen, ähnlich Engeln), die eine unglaubliche Vielfalt an Haltungen und Gesichtsausdrücken zeigen – keine zwei gleichen sich. In der im Jahr 1909 erbauten ***luohan*-Halle**, wo die *arhats* stehen, befindet sich auch eine fantastische Statue von **Avalokiteshvara**, wie die Göttin der Barmherzigkeit auf Sanskrit heißt (Guanyin auf Chinesisch).

Eine Sehenswürdigkeit auf dem Gelände, für die man ein separates Ticket braucht, ist der erst kürzlich gebaute **Themenpark zum Östlichen Buddhismus** (东

方佛都; Dongfang Fodu; Eintritt 70 Yuan). Er beherbergt 3000 Buddhastatuen und -figurinen aus ganz Asien, darunter ein 170 m langer, liegender Buddha, angeblich der längste der Welt.

Bus 13 (1 Yuan) fährt vom Busbahnhof Xiaoba ab und durch das Stadtzentrum, bevor er den Fluss überquert und zum Gelände des Großen Buddhas und zum Tempel Wuyou fährt. Man kann auch zu Fuß hinlaufen und kommt unterwegs an zahlreichen Teehäusern vorbei.

Geführte Touren

Ausflugsboote (游船; youchuan; 30-min.-Rundfahrten 70 Yuan; ⏲7.30–18.30 Uhr) legen regelmäßig vom Leshan-Anleger (乐山港; Leshan gang) ab und fahren an den Klippen vorbei, damit man den Großen Buddha sehen kann (sie halten sich etwa zehn Minuten davor auf). Sie bieten auch den Blick auf zwei Wächterfiguren in der Felswand, die nur vom Wasser aus sichtbar sind.

Der nette **Mr. Yang** (☎159 8438 2528; richardyangmin@yahoo.com.cn; Yang's Restaurant, 2f 186 Baita Jie) führt seit den 1970er-Jahren ausländische Touristen durch Leshan. Er arrangiert eine Stadtführung als Halbtagestour, zu der eine Kalligrafievorführung, eine Altstadtbesichtigung und ein Besuch bei einer einheimischen Familie gehören. Er verlangt 200 Yuan pro Person. Der Preis beinhaltet den Transport, das Mittagessen und seine Dienste als englischsprachiger Guide

Schlafen

Jiazhou Hotel HOTEL €€
(嘉州宾馆; Jiazhou Binguan; ☎213 9888; 85 Baita Jie; 白塔街85号; Zi. mit Frühstück ab 360 Yuan; ❄@) Die Zimmer sind nicht so toll, wie der Anblick der Lobby vermuten lässt, doch ist diese Herberge anspruchsvoller als die meisten anderen und steht für einen angenehmen Aufenthalt. Zimmer ab dem 2. Stock haben Internetanschluss für Laptops, und viele Zimmer, sogar einige der billigsten, blicken auf den Fluss. Standarddoppelzimmer kosten oft nur 220 Yuan.

Jintaoyuan Dajiudian HOTEL €€
(金桃源大酒店; ☎210 7666; 136 Binjiang Lu; 滨江路南段 136 号; DZ ab 456 Yuan, erm. 160 Yuan; ❄@) Das Hotel ist hübsch, sauber und nahe am Fluss gelegen. Es gibt einen Internetanschluss für Laptops. Kein englisches Schild, aber das Wort „Hotel" steht auf dem chinesischen Schild.

Essen

Xiaogongzui Baba SICHUAN-KÜCHE €
(肖公嘴坝吧; Binhe Lu; 滨河路; Hauptgerichte ab 25 Yuan; ⏲9–24 Uhr; 📵) Eines von mehreren Cafè-Restaurants mit Sitzplätzen auf einer Terrasse am Flussufer (von der Straße die Treppen hinuntergehen). Ideal für einen Tee (ab 10 Yuan) oder frischen Kaffee (ab 25 Yuan) am Tage oder ein abendliches Bierchen am Fluss (ab 8 Yuan). Das Restaurant ist ab 11 Uhr bis 14 Uhr und von 18 Uhr bis 23 Uhr geöffnet und serviert Grillspießchen sowie sichuanesische Hauptgerichte.

Yang's Restaurant SICHUAN-KÜCHE €
(杨家餐厅; Yangjia Canting; 2f 186 Baita Jie; 白塔街 186 号 2 层; Gerichte 15–30 Yuan; ⏲18–21 Uhr; 📵) Der Leshan-Veteran Mr. Yang führt dieses kleine Restaurant im Wohnzimmer seines Hauses. Er serviert einfache, aber gut schmeckende ortsübliche Gerichte, und manchmal unterhält er die Gäste mit Geschichten aus seinem Leben.

Praktische Informationen

Bank of China (中国银行; Zhongguo Yinhang; 16 Renmin Nanlu)
Erfüllt alle Geldwechselwünsche.

China Post (中国邮政; Zhongguo Youzheng; 62 Yutang Jie)

Internetcafé (网吧; *wangba*; pro Std. 2 Yuan; ⏲24 Std.) Gegenüber von Yang's Restaurant; im OG.

People's Hospital (人民医院; Renmin Yiyuan; ☎211 9310, Notdienst 211 9328; 222 Baita Jie) Hat ein paar Ärzte, die Englisch sprechen. Mehrere Apotheken im Eingangsbereich.

Büro für Öffentliche Sicherheit (PSB; 省公安厅外事科; Gong'anju; ☎518 2555; 148 Fenghuang Lu Zhongduan; 凤凰路中段 148 号; ⏲Mo–Fr 9–12 & 13–17 Uhr) Visaverlängerungen dauern fünf Tage. Bus 6 (1 Yuan) fährt von der Stadtmitte dorthin.

Anreise & Unterwegs vor Ort

Bus

In Leshan gibt es drei Haupbusbahnhöfe. Busse von Chengdus Bahnhof Xinnanmen kommen gewöhnlich am Busbahnhof Xiaoba (肖坝车站; Xiaoba chezhan) an, aber der zentrale Busbahnhof (乐山客运中心车站; Leshan *keyun zhongxin chezhan*) ist größer und hat häufigere Abfahrten zu mehr Zielen. Man kann aber auch

SICHUAN LESHAN

am Busbahnhof Lianyun (联运车站; Lianyun chezhan) ankommen. Achtung: Für alle, die nach Emei Shan fahren wollen, ist der Busbahnhof Xiaoba besser, da Busse von dort direkt bis nach Baoguo (11 Yuan, 45 Min., alle 30 Min., 7.30–17 Uhr) fahren. Busse vom zentralen Busbahnhof fahren nach:

Chengdu 49–51 Yuan, 2 Std., alle 20 Min. (7.10–17.10 Uhr)

Chongqing 110–132 Yuan, 6 Std., stündl. (7.10–17.10 Uhr)

Emei (Stadt) 8 Yuan, 30 Min., alle 15 Min. (7–18.30 Uhr)

Kangding 119 Yuan, 7 Std., 1-mal tgl. (9.30 Uhr)

Ya'an 54 Yuan, 2½ Std., 6-mal tgl. (9–16.40 Uhr)

Zigong 42 Yuan, 3 Std., stündl. (8.30–17.10 Uhr)

Örtliche Busse kosten 1 Yuan. Ein paar nützliche Strecken:

Bus 1 Busbahnhof Xiaoba–Hotel Jiazhou–Stadtmitte–Busbahnhof Lianyun

Bus 6 Busbahnhof Xiaob –Stadtmitte–PSB

Bus 13 Busbahnhof Xiaoba –Stadtmitte–Großer Buddhatempel Wuyou

Bus 9 Zentraler Busbahnhof–Stadtmitte–Leshan-Anleger

Zug

Die neue 37-Minuten-Hochgeschwindigkeitsstrecke von Chengdu nach Leshan ist vielleicht fertig, wenn dieses Buch vorliegt.

Langzhong 阆中

☎0817 / 112 000 EW.

Soweit das Auge reicht, schwarzglasierte Dächer mit Traufrinnen über den engsten aller Gassen; von kleinen Läden gesäumte Straßen mit Steinpflaster; Tempel auf dunstigen Hügeln über einem Fluss. Wer den schnell vergänglichen Relikten des „alten China" auf der Spur ist, sollte mit dem Bus in die Stadt Langzhong fahren. Langzhong war unter der Qing-Dynastie 17 Jahre lang Sichuans Hauptstadt und ist heute der Ort, der die größte Ansammlung noch erhaltener altchinesische Architektur in dieser Provinz bietet.

Sehenswertes

Der beste Ausgangspunkt ist hier die **Altstadt** (古镇; *guzhen*). Die meisten Attraktionen sind mit Übersichtsschildern in englischer Sprache versehen, doch in den Innenräumen finden sich so gut wie keine englischen Beschriftungen. Viele Besucher lassen sich einfach nur durch die Straßen treiben und bestaunen die Architektur – eine Mischung aus nordchinesischen viereckigen Hofhäusern und südchinesischem Gartenstil.

Auf der anderen Flussseite im Süden der Altstadt gibt's viel zu entdecken. Am Fuß eines Berges und zwischen anderen buddhistischen Statuen und Höhlen sitzt der ernst blickende **Große Buddha** (大佛寺; Dafo Si). Von der Altstadt zum Fluss gehen, nach links wenden und weiter an der zweiten Straßenbrücke vorbeigehen. Dann den Fluss auf einem kleinen Fahrgastboot (2 Yuan) überqueren.

Einen Blick aus der Vogelperspektive über die Dächer und Straßen der Stadt bieten drei Türme: **Huaguang Lou** (华光楼; Dadong Jie; Eintritt 15 Yuan), gleich hinter dem Feng-Shui-Museum und 1867 wiederaufgebaut, **Zhongtian Lou** (中天楼; Wumiao Jie; Eintritt 10 Yuan), ein 2006 wiederaufgebauter Turm auf dem Weg zum Tempel Zhang Fei, oder das **Südtor** (南门楼; Nanmen Lou; Eintritt frei), wiederaufgebaut 2010 und an der Nan Jie, einer parallel zur Dadong Jie verlaufenden Straße, gelegen.

Mit einem Kombiticket von 80 Yuan kommt man auf die Türme und in die drei nachgenannten Attraktionen.

Tempel Zhan Fei TEMPEL

(张飞庙; Zhangfei Miao; Xi Jie; Eintritt 40 Yuan) Dieser Tempel ist das Grab und der Schrein des hier geborenen Zhang Fei, eines angesehenen Generals im Königreich Shu, der das Reich von diesem Ort aus verwaltete. Der Tempel befindet sich an der Xi Jie (西街), einer Verlängerung der Wumiao Jie (武庙街).

Feng-Shui-Museum MUSEUM

(风水馆; Fengshui Guan; Dadong Jie; Eintritt 20 Yuan) Dieses Museum zeigt ein Modell der Stadt, an dem ihre Gestaltung nach den Prinzipien des Feng-Shui verdeutlicht wird. Manchmal steht hier den Besuchern ein hilfsbereiter, Englisch sprechender Führer zur Seite. Das Museum liegt gleich neben dem Tianyi Youth Hotel an der Dadong Jie (大东街), und der Eintritt ist für Hotelgäste frei.

Gong Yuan HISTORISCHE STÄTTE

(贡院; Xuedao Jie; Eintritt 35 Yuan) Gehört zu den besterhaltenen kaiserlichen Prüfungssälen in China. An der Xuedao Jie (学道街), die parallel zur Wumiao Jie, einen Block weiter nördlich, verläuft.

Schlafen

Es gibt Dutzende von renovierten Pensionen in Hofhäusern; auf den Schildern steht 客栈 (*kezhan;* Pension) oder 住宿 (*zhusu;* Zimmer).

Tianyi Youth Hotel PENSION €
(天一青年旅舍; Tianyi Qingnian Lüshe; ☎622 5501; 100 Dadong Jie; 大东街100号; DZ/2BZ ohne Bad 90–138 Yuan, mit Bad 288 Yuan; @) Wer seine Kenntnisse in Geomantik verbessern möchte, sollte in diesem sehr schönen Hofhaus neben dem Feng-Shui-Museum absteigen. Jedes der stilvollen Doppelzimmer (meist auf 135 Yuan ermäßigt) ist von einem Feng-Shui-Element geprägt: Erde, Holz, Feuer, Metall oder Wasser. Die Zweibett- und Doppelzimmer mit Gemeinschaftsbad sind einfacher, aber ebenfalls frisch und sauber, mit viel Naturholz.

Ancient Hotel HOFHAUSHOTEL €€
(杜家客栈; Dujia *kezhan*; ☎622 4436; 63 Xiaxin Jie; 下新街 63 号; Zi. ab 480 Yuan, mit Rabatt 160 Yuan; ❄@) Ein großes, hölzernes Gebäude mit mehreren Innenhöfen in der Nähe des Museums für Wasserkultur. Die schönsten Zimmer liegen rund um einen hinteren Hof mit einer Freilichtbühne (Aufführungen von 20 Uhr bis 22 Uhr) und sind für 280 Yuan zu haben. Kurz vor dem Turm Huaguang Lou von der Dadong Jie nach rechts abbiegen.

Li Family Courtyard HOFHAUSHOTEL €€
(李家大院; Lijia Dayuan; ☎623 6500; 47 Wumiao Jie; 武庙街 47 号; Zi. ab 368 Yuan, mit Rabatt 128 Yuan) Einst bot dieses Hotel eine ganz besonders schöne Unterkunft, aber zum Zeitpunkt der Recherche war es wegen einer gründlichen Renovierung geschlossen.

Essen

Ein berühmtes lokales Gericht ist *zhangfei niurou* (张飞牛肉; eingemachtes Wasserbüffelfleisch; ab 20 Yuan pro Päckchen), das ein leckerer Snack für Busreisende ist.

Mingzhou Yinshi NUDELSUPPE €
(名州饮食; 6 Shanghua Jie; 上华街 6 号; Nudelsuppe 5–7 Yuan; ⌚8.30–22 Uhr) Das kleine, freundliche Nudellokal wird von Grace, einer ansässigen Englischlehrerin, und ihrem Ehemann geführt. Keine englische Speisekarte, aber Grace spricht gut englisch. Wenn sie gerade im Unterricht ist, bietet es sich an, einfach das immer lecker schmeckende *niurou mian* (牛肉面; Rindfleischnudeln; 5–7 Yuan) zu bestellen. Shanghua Jie ist eine Verlängerunge der Dadong Jie, und das Lokal liegt ein Stückchen hinter dem Turm Huaguang Lou.

Unterhaltung

Nordsichuanesisches Schattenpuppenspiel THEATER
(川北皮影; Chuanbei Piying; ☎623 8668; 67–69 Wumiao Jie; 武庙街67—69号; Eintritt 20 Yuan; ⌚20–22 Uhr) Formlose, aber unterhaltsame 20-minütige Vorstellungen des nordsichuanesischen Schattenpuppenspiels werden in dem kleinen offenen Innenhof gezeigt. Das Gebäude liegt ein paar Türen hinter dem Li Family Courtyard.

Praktische Informationen

Geldautomat der Bank of China (Ecke Dadong Jie & Neidong Jie) Am oberen Ende der Dadong Jie; nimmt ausländische Karten an.

Internetcafé (网吧; *wangba*; pro Std. 3 Yuan; ⌚8–24 Uhr) An der von der Bailishu Jie (百里树街) abgehenden Maojia Xiang (毛家巷), eine Straße gleich außerhalb der Altstadt, die parallel zur Dadong Jie verläuft.

Stadtpläne (地图; ditu; 5 Yuan) sind in einigen Läden in der Altstadt oder in einigen Sehenswürdigkeiten erhältlich. Mehrsprachige Schilder und Lagepläne stehen überall in den Straßen der Altstadt.

An- & Weiterreise

Busse von Chengdus Busbahnhof Beimen kommen am keyun zhongxin qichezhan (客运中心汽车站) an, dem Hauptbusbahnhof hier, der auch Chongqing bedient (105 Yuan, 5 Std., 7.20, 8.40, 9.40, 10.50 und 14 Uhr). Busse zurück nach Chengdu (98 Yuan, 4 Std.) verkehren regelmäßig zwischen 6.40 Uhr und 17.30 Uhr.

Langzhong hat auch einen kleineren Busbahnhof, Bashijiu Dui (89队), von wo aus Busse nach Guangyuan verkehren (56 Yuan, 3 Std., 8, 9, 12 und 14 Uhr), wo wiederum Züge Richtung Norden nach Xi'an oder Busse Richtung Westen nach Jiuzhaigou (s. Kasten S. 817) fahren. Ein örtlicher Bus, nur mit 89队 (*Bashijiu Dui;* 2 Yuan, 20 Min.) beschildert, verbindet die beiden Bahnhöfe und fährt durch die Altstadt (am Huaguang Lou halten lassen, dann hinauf zum Turm und von dort in die Dadong Jie gehen).

Vom kleineren Busbahnhof geht es am besten zu Fuß in die Altstadt. Vor dem Bahnhof nach links wenden, dann nach ein paar Häuserblocks nach rechts bis zur Tianshanggong Jie (天上宫街) und weiter geradeaus. Die Dadong Jie liegt dann links. Zur Wumiao Jie geht's weiter geradeaus.

SÜDSICHUAN

Das feuchtwarme südliche Sichuan ist nicht oft auf dem Radarschirm von Touristen und spricht eher diejenigen an, die es gern etwas unkonventionell mögen. Zu den skurrilen Sehenswürdigkeiten gehören Dinosaurierfossilien, alte, an Klippen hängende Särge und ein Bambuswald. Hier befinden sich auch die allerbesten Teehäuser Chinas.

Zigong 自贡

0813 / 693 000 EW.

Diese interessante, nur selten besuchte Uferstadt war seit fast 2000 Jahren ein bedeutendes Zentrum der chinesischen Salzgewinnung. Überreste dieser Industrie gehören zur Liste unkonventioneller Sehenswürdigkeiten, die die tiefste Salzbohrung der Welt und auch Asiens erstes Dinosauriermuseum umfasst. Zigong ist zudem der unumstrittene König der Sichuan-Teehäuser. Es gibt also eine Menge, womit man sich die Zeit vertreiben kann, wenn man einen Tag hier verbringen will.

Sehenswertes

Salzmuseum Zigong MUSEUM
(盐业历史博物馆; Yanye *lishi bowuguan*; 89 Dongxing Si; 东兴寺89号; Eintritt 22 Yuan; 8.30–17 Uhr) Dieses faszinierende Museum, in einem schönen, 270 Jahre alten Zunfthaus untergebracht, ist der Salzindustrie der Region gewidmet und veranschaulicht die Geschichte in hervorragender Weise mit alten Fotografien, guten englischen Beschriftungen und einer kleinen Sammlung von Exponaten. Das von Salzkaufleuten aus Shaanxi 1736 erbaute Gebäude selbst aber droht, mit seinen tollen Steinhöfen, kunstvollen Holzschnitzereien und wunderbar geschwungenen Erkern, dem Museum die Schau zu stehlen.

Um von den Hotels hierherzukommen, geht's die Steigung hinunter und nach links weiter zur Jiefang Lu (解放路). Das Museum kommt dann nach etwa 500 m rechter Hand in Sicht.

Shenhai-Salzbrunnen SALZBRUNNEN
(燊海井; Shenhai Jing; 510 1721; 289 Da'an Jie; 大安街289号; Eintritt 20 Yuan; 8.30–17 Uhr) Diese 1001 m tiefe artesische Salzbohrung war die tiefste Bohrung der Welt, als sie 1835 niedergebracht wurde und sie ist immer noch die tiefste Salzbohrung, die je mit der traditionellen Technik der Schlagbohrung durchgeführt wurde.

Viele der Originalteile, wie beispielsweise der 20 m hohe hölzerne Bohrturm, der über dem kleinen Bohrloch mit nur 20 cm Durchmesser aufragt, sind noch intakt, und aus der Bohrung wird immer noch Salz gefördert, wenn auch in weit geringeren Mengen als früher. Neun Salzkessel sind derzeit noch in Betrieb, und Besucher können zusehen, wie das Salz blubbernd eingekocht wird, direkt neben Reihen von einen halben Meter hohen fertigen Salzblöcken.

Hervorragend recherchierte Texte in englischer Sprache erklären, wie Bambus einst zu Salzpfeifen verarbeitet wurde, wie Büffel die schwere Winde drehten (heute wird ein Elektromotor verwendet) und Tofu der Sole beigegeben wurde, um Unreinheiten zu entfernen.

Die Busse 5 und 35 (1 Yuan, 10 Min.) fahren gegenüber vom Rongguang Business Hotel ab. Bus 5 endet hier, Bus 35 fährt weiter zum Dinosauriermuseum.

Dinosauriermuseum Museum MUSEUM
(恐龙馆; Konglong Guan; 580 1235; 238 Dashan Pu, Da'an District; 大安区大山铺238号; Eintritt 42 Yuan; 8.30–17 Uhr) Dieses Museum, errichtet auf der Ausgrabungsstätte, in der sich eine der weltweit größten Anhäufungen von Dinosaurierfossilien befindet, hat eine schöne Sammlung von wieder zusammengesetzten Skeletten sowie halb im Boden steckenden Dinosaurierknochen, die in situ gelassen wurden, damit Besucher sich ein Bild machen können.

Die ersten Dinosaurierfossilien wurden hier 1972 entdeckt, und ihre Menge verblüffte die Archäologen zunächst. Heute geht man davon aus, dass die Skelette auch von anderen Stätten in der Region stammen und durch riesige Überflutungen hier en masse abgelagert wurden.

Bus 35 (1 Yuan, 30 Min.) fährt gegenüber vom Rongguang Business Hotel ab.

Schlafen

Rongguang Business Hotel HOTEL €€
(容光商务酒店; Rongguang Shangwu Jiudian; 211 9999; 25 Ziyou Lu; 自由路25号; Zi. inkl. Frühstück ab 388 Yuan, erm. 120 Yuan; @) Geräumige, sehr gute Zimmer mit freundlichem Personal, Internetzugang für Laptops und kostenlos zu nutzende Computer sowie ein kostenloses Frühstücksbuffet zeichnen dieses Hotel aus. Kleinere Dop-

pelzimmer sind für 100 Yuan zu haben. Hierher geht's mit den Bussen 1 und 35 von Busbahnhof aus oder mit dem Bus 34 vom Bahnhof aus.

Xiongfei Holiday Hotel HOTEL €€€
(雄飞假日酒店; Xiongfei Jiari Jiudian; ☎211 8888; 193 Jiefang Lu; 解放路193号; Zi. mit Frühstück ab 860 Yuan, mit Rabatt 389 Yuan; ❄@) Etwas mehr Klasse gibt's in der Edelherberge ein paar Häuser nach dem Rongguang Business Hotel.

Essen & Ausgehen

Die Abende werden hier mit *shaokao* (烧烤; Grillspießchen) gestaltet. Die Stände reichen in der Gegend des Rongguang Business Hotels und auch sonstwo in der Stadt bis auf die Bürgersteige. Ein besonders empfehlenswerter Stand öffnet vor der Bank of China gegen 20 Uhr (Spießchen 1–4 Yuan). Die Einheimischen von Zigong lieben ihr Kaninchenfleisch (兔肉; *tuzi rou*) und die Spießchen, die angeboten werden, enthalten natürlich auch Kaninchen.

Wer etwas Abwechslung von der eher feurigen Sichuanküche haben möchte, kann in das kleine Teigtaschenrestaurant oberhalb vom Rongguang Business Hotel gehen, das köstliche, im Tianjin-Stil gekochte *xiaolong bao* (小龙包; gedämpfte Teigtaschen; 6 Yuan pro Korb) und *xifan* (稀饭; Reisbrei; 1 Yuan) zubereitet und von 6.30 Uhr bis 20 Uhr geöffnet ist. An den Stapeln von Bambuskörben zu erkennen.

LP TIPP **Huanhou Palace** TEEHAUS €
(桓侯宫; Huanhou Gong; Zhonghua Lu; 中华路; Tee 4–8 Yuan; ⏲7–21 Uhr) Dieses tolle Teehaus ist in einem 1868 errichteten Fleischerzunfthaus untergebracht. Seine eindrucksvolle Steinfassade führt in einen bezaubernden, von Bäumen beschatteten offenen Hof, in dem sich eine alte Steinbühne befindet und der auf allen Seiten von den wunderschön geschnitzten Holzarbeiten des früheren Zunfthauses eingerahmt ist. Es liegt auf der linken Seite, wenn man von den oben aufgeführten Hotels zum Salzmuseum geht.

LP TIPP **Tempel Wangye** TEEHAUS €
(王爷庙; Wangye Miao; Binjiang Lu; 滨江路; Tee 5–15 Yuan; ⏲8.30–23 Uhr) Dieses Teehaus in den ockerfarbenen Mauern eines 100-jährigen Tempels gehört ebenfalls zu den coolsten in ganz Sichuan. Es ist hoch über dem Fluss Fuxi (釜溪河; Fuxi He) gelegen und steht dem noch heute bewohnten **Tempel Fazang** (法藏寺; Fazang Si) gegenüber. Beide waren errichtet worden, um für Lastkähne, die Salz stromabwärts transportierten, die Durchfahrt zu sichern. Heute lassen es sich hier die Einheimischen gut gehen, trinken Tee, spielen Karten und genießen den Blick auf den Fluss. Von den Hotels geht's hinunter zum Fluss, dann weiter nach links und ungefähr 750 m am Fluss entlang.

Praktische Informationen

Bank of China (中国银行; Zhongguo Yinhang; Ziyou Lu) Für Ausländer bedienungsfreundlicher Geldautomat neben dem Rongguang Business Hotel.

Internetcafé (网吧; *wangba*; pro Std. 2 Yuan; ⏲24 Std.) In einer Gasse neben der Bank.

Anreise & Unterwegs vor Ort

Bus

Zu den Zielorten gehören:

Chengdu 79 Yuan, 3½ Std., alle 45 Min. (6.30–20.30 Uhr)

Chongqing 75 Yuan, 3½ Std., alle 45 Min. (6.40–20.30 Uhr)

Dazu 52 Yuan, 3 Std., 2-mal tgl. (8.30 und 14.50 Uhr)

Emei Shan 50 Yuan, 3½ Std., stündl. (6.10–14.30 Uhr)

Leshan 43 Yuan, 3 Std., stündl. (6.30–17 Uhr)

Yibin 27 Yuan, 1 Std, alle 30 Min. (7.30–19 Uhr)

STADTBUSSE Um zu den genannten Hotels zu kommen, geht's nach dem Verlassen des Busbahnhofs nach rechts; nach 200 m kommt die erste Bushaltestelle. Mit Bus 1 oder 35 (1 Yuan) über fünf oder sechs Haltestellen bis zur Haltestelle Shizi Kou (十字口) fahren. Die Hotels befinden sich kurz nach der Haltestelle ein Stückchen bergab und auf der anderen Straßenseite. Vom Bahnhof fahren die Busse 34 und 37 (1 Yuan) bis zur Haltestelle Binjiang Lu (滨江路). Von hier geht's 200 m zurück und dann nach links die Ziyou Lu hinauf.

Zug

Chengdu Sitzplatz 41 Yuan, 5 Std., 6-mal tgl. (4.52–10 Uhr)

Chongqing Sitzplatz 51/29 Yuan, 7 Std., 2-mal tgl. (9.11/14.59 Uhr)

Kunming Schlafwagen 208 Yuan, 16–18 Std., 3-mal tgl. (13.58, 14.11 & 19.55 Uhr)

Yibin Sitzplatz 7–13 Yuan, 1½–2½ Std., 9-mal tgl. (8.42–21.43 Uhr)

Yibin 宜宾

Gelegen am Zusammenfluss der Flüsse Min und Jinsha, die sich zum mächtigen Strom Jangtse vereinen, war Yibin die ganze Geschichte hindurch eine Stadt von großer strategischer Bedeutung. Heute ist es eine relativ moderne, mittelgroße Stadt und ein Verkehrsknotenpunkt für Ausflüge zum Bambusmeer und zu den Hängenden Särgen .

Vor dem Jingmao Hotel nach rechts und dann wieder nach rechts gehen, um zum **Zusammenfluss** der beiden Flüsse zu kommen, den man durch das wieder aufgebaute **Shui Dong Men** (水东门; Ostwassertor), auf dem sich ein Teehaus befindet, erreicht. Weiter unten und dann nach rechts steht ein wirklich altes **Stadttor,** plus Reste der originalen **alten Stadtmauer,** von wo aus es zu einem modernen öffentlichen Platz geht, wo Einheimische abends tanzen. Vom Platz aufwärts gibt's noch mehr Reste der Stadtmauer sowie die **Guanying Jie** (冠英街), eine Straße mit Hofhäusern aus der Qing-Dynastie.

Das preiswerte **Jingmao Hotel** (经贸宾馆; Jingmao Binguan; ☎0831-513 7222; 108 Minzhu Lu; 民主路 108 号; 2BZ 140–260 Yuan; ❄@) gibt 10% bis 20% Rabatt, und es hat Internetzugang für Laptops oder Zimmer mit Computern für zusätzliche 20 Yuan. Im Obergeschoss des Gebäudes neben dem Jingmao Hotel befindet sich ein **Internetcafé** (pro Std. 2 Yuan; ⏲24 Std.). Ausländerfreundliche **Geldautomaten** gibt's an der Bushaltestelle Xufu Shangcheng.

Auf dem belebten **Nachtmarkt** (东街; Dong Jie) werden an Ständen *diandian maocai* (点点冒菜; in würziger Soße gekochte Spießchen) verkauft. Aus dem Hotel kommend nach links wenden, dann liegt die Dong Jie zur Linken. Tagsüber schmeckt *ranmian* (燃面), ein köstliches Gericht mit gebratenen Nudeln und äußerst beliebt bei Einheimischen.

ℹ Anreise & Unterwegs vor Ort

Bus

Die meisten Reisenden kommen im neuen Busbahnhof Gaoke (高客站; Gaoke zhan) an. Von dort fährt Bus 4 (1–2 Yuan, 15 Min.) in die Stadt; an der Bushaltestelle Xufu Shangcheng (叙府商城) an der Renmin Lu (人民路) aussteigen. An der Ampel geht's nach rechts, dann liegt das Jingmao Hotel zur Linken.

Bus 4 fährt weiter zum Busbahnhof Nanke (南客站; Nanke zhan), wo die Busse zum Bambusmeer (竹海; Zhuhai; 22 Yuan, 1½ Std., 9.30, 10 und 16.30 Uhr) und zu den Hängenden Gärten in Luobiao (洛表; 32 Yuan, 3 Std., 14.05 Uhr) abfahren. Wer die direkten Busse zum Bambusmeer verpasst, fährt über Changning (长宁, 16 Yuan, 1 Std., alle 15 Min., 7–19.30 Uhr). Die Alternative zum direkten Bus nach Luobiao ist die Fahrt über Gongxian (珙县, 17 Yuan, 1 Std., alle 20 Min., 6–19 Uhr).

Die Hängenden Särge können auch vom Bambusmeer aus besucht werden, da Busse von Changning nach Gongxian fahren.

Busse vom Busbahnhof Gaoke fahren u.a. folgende Ziele an: :

Chengdu 107 Yuan, 4 Std., verkehrt häufig (7.20–19 Uhr)

Chongqing 110 Yuan, 4 Std., verkehrt häufig (7.10–19 Uhr)

Emei Shan 72 Yuan, 4½ Std., 2-mal tgl. (12.10 und 13.10 Uhr)

Leshan 61 Yuan, 4 Std., stündl. (8.20–17.30 Uhr)

Zigong 25 Yuan, 1 Std., verkehrt häufig (7.30–19 Uhr)

Zug

Bus 11 (1 Yuan) verbindet den Bahnhof mit dem Busbahnhof Gaoke fährt am Ende der Renmin Lu vorbei. Die Züge, die vom Bahnhof Yibin (火车站; *huoche zhan*) abfahren, sind u.a. folgende:

Chengdu Sitzplatz 51 Yuan, 6½ bis 7½ Std., 3-mal tgl. (6.02, 8.08 und 8.30 Uhr)

Kunming Schlafwagen 195 Yuan, 15 bis 16 Std., 3-mal tgl. (4.02, 16.09 und 21.25 Uhr)

Zngong Sitzplatz 7–13 Yuan, 1½ Std., 7-mal tgl. (6.02–15.39 Uhr)

Bambusmeer 蜀南竹海

Ein Wald mit schwankenden Bambuspflanzen, gut markierte Wanderpfade und eine Handvoll schöner Seen und Wasserfälle machen Südsichuans Bambusmeer oder **Shunan Zhuhai** (Erwachsene 112 Yuan) zu einem lohnenden Umweg für alle, die auf dem Weg nach Süden sind.

Es gibt mehr als 30 Bambusarten in diesem 120 km² großen Nationalpark, und die Landschaft ist so fantastisch, dass sie bereits zahlreiche TV- und Filmregisseure angezogen hat.

Die Dörfer Wanling (万岭), in der Nähe des Westtors, und Wanli (万里), in der Nähe des Osttors, sind die beiden größten Siedlungen im Parkinnern und für die Suche nach einer Bleibe am besten geeignet.

DER WEG NACH XI'AN

Für alle, die auf dem Weg von Jiuzhaigou nach Xi'an sind, führt der direkteste Weg dorthin über die mittelgroße Stadt **Guangyuan** (广元), die an der Haupteisenbahnlinie Chengdu-Xian liegt.

Chinas einzige Kaiserin, Wu Zetian, wurde während der Tang-Dynastie in Guangyuan geboren und wird zwischen all den Tempeln, Pavillons und rund 1000 Statuen an den Hängen um den **Tempel Huangze** (皇泽寺; Huangze Si; Eintritt 50 Yuan) herum verehrt.

Der Bahnhof und der Fernbusbahnhof liegen nebeneinander. Wer übernachten muss, findet im **Tianzhao Hotel** (天曌马瑞卡酒店; Tianzhao Maruika Jiudian; ☎0839 366 8888; 212 Jinlun Nanlu; 金轮南路 212 号; Zi. ab 168 Yuan @) sehr hübsche Zimmer. Vor dem Bahnhof nach rechts gehen, dann liegt es zur Rechten. Zum Tempel Huangze geht's am Hotel vorbei 750 m weiter .

Ausgewählte Busse von Guangyuan aus:

Chengdu 140 Yuan, 4 Std., 1-mal tgl. (9 Uhr*)
Xi'an 142 Yuan, 6 Std., 2-mal tgl. (10 Uhr und 13.30 Uhr)
Langzhong 56 Yuan, 3 Std., alle 2 Std. (6–16.50 Uhr)
Jiuzhaigou 88 Yuan, 8½ Std., 2-mal tgl. (6 Uhr und 16.10 Uhr)
* häufiger fahren Busse nach Chengdu von Guangyuans Busbahnhof South Hill ab (南山站; *nanshan zhan*)

Ausgewählte Züge ab Guangyuan:

Chengdu Sitzplatz 47 Yuan, 5 Std., 22-mal tgl.
Xi'an Sitzplatz 76 Yuan, 10 Std., 10-mal tgl. (14.41–3.43 Uhr)

Beide bieten Wandermöglichkeiten in ihrer näheren Umgebung; es ist aber auch möglich, von einem zum anderen wandern. Die ganze Strecke ist auf der Straße rund 11 km weit, da sich aber mehrere kleine Umwege zu landschaftlich schönen Stellen lohnen, wird wahrscheinlich wesentlich weiter gewandert. Hierfür ist mindestens ein halber Tag einzuplanen. Zwei mögliche Fahrten mit der Seilbahn (索道; *suodao*) können die Wanderstrecke erheblich abkürzen und sind außerdem eine prima Gelegenheit, den Wald aus einer anderen Perspektive zu sehen.

Von Wanling braucht man etwa 20 Minuten bis zur **Guanguang-Seilbahn** (观光索道; Guanguang Suodao, einfach/hin & zurück 30/40 Yuan; 25 Min.; ⏲8–17 Uhr), die über herrliche Bambuswälder schwebt. Es gibt einen schönen, einstündigen Weg am Fluss entlang (mit vielen Paddelmöglichkeiten), der sich gleich hinter dem Eingang zur Seilbahn durch den Wald schlängelt. Wer die Seilbahnfahrt gemacht hat, geht am Eingang nach rechts zur **Daxiagu-Seilbahn** (大峡谷索道; Daxiagu Suodao; einfach/hin & zurück 20/30 Yuan; ⏲8.30–17.30 Uhr); die Fahrt führt über eine tiefe Schlucht und in eine andere landschaftlich schöne Gegend mit Wanderwegen, von denen einige an zwei Seen vorbeiführen. Wer dieses Gebiet verlässt, kommt zur Sanhe Jie (三合界), einer Kreuzung, wo es Unterkünfte gibt. Hier geht's nach rechts weiter für die letzten 30 Minuten bis zum Dorf Wanli.

Zwei Wasserfälle bei Wanli lohnen sich anzusehen. Um zu den **Regenbogenfällen** (七彩飞瀑; Qicai Feipu) zu gelangen, geht's entweder am See beim Dorf entlang oder davor rechts und ungefähr 1 km auf der Straße bis zu dem ausgeschilderten Haupttor. An diesen Fällen vorbei kommt man weiter unten zu den **Goldenen Drachenfällen** (金龙瀑布; Jinlong Pubu). Das ist alles nicht auf den Touristenkarten eingezeichnet und schön ruhig; allerdings verlangt manchmal ein geschäftstüchtiger alter Mann 10 Yuan, damit er einen durchlässt. Auf dem Rückweg kann man durch einen wunderbar stillen Bambuswald zur Hauptstraße hochklettern.

Entlang des Weges gibt es zahlreiche Pensionen und Hotels. In Wanling bietet sich **Chengbinlou Jiudian** (承宾楼酒店; ☎0831-498 0104; EZ/2BZ 180/200 Yuan, mit

Rabatt 100/120 Yuan) als Bleibe an. Einige Zimmer sind mit WLAN ausgestattet. Wanli ist kleiner, hat aber auch viele Übernachtungsmöglichkeiten zu bieten. Wer es etwas ruhiger haben möchte, sollte 1 km weiterwandern bis zum **Zhuyun Shanzhuang** (竹韵山庄; ☎497 9001, 138 9092 5673; Zi. ab 360 Yuan) gegenüber dem Haupttor zu den Regenbogenfällen. Blitzsaubere Zimmer mit eigenem Bad kosteten zum Zeitpunkt der Recherche 80 Yuan, 100 bis 200 Yuan an Wochenenden.

In allen Pensionen und Hotels gibt's etwas zu essen. Meist ist das Essen auch recht gut, wenn auch teurer als außerhalb des Parks. Eine Alternative ist eines der vielen billigen Nudelrestaurants in Wanling oder Wanli. Yibins Spezialität *ranmian* (然面) ist ebenso beliebt wie *zhusun mian* (竹荪面; Nudeln mit einer Pilzart, die Bambus ähnelt).

Anreise & Unterwegs vor Ort

Auf der Rückseite der Eintrittskarte ist eine Karte, und auch im Park liegen Karten aus, aber die benutzerfreundlichsten und genauesten Karten sind die auf den hölzernen Schildern, die überall im Park stehen. Am besten ein Foto von einer Karte machen und sich dann danach richten. Auch alle Hauptsehenswürdigkeiten sind beschildert.

Wer nicht laufen möchte, kann mit einem Motorradtaxi von einem Dorf zum anderen fahren (ungefähr 50 Yuan, 45 Min.).

Bus

Busse, die in den Park fahren, halten am Westtor. Dort haben Fahrgäste die Möglichkeit, auszusteigen und Eintrittskarten zu kaufen, bevor sie nach Wanling weiterfahren und in Wanli umkehren.

Es gibt zwei direkte Busse von Wanli zurück nach Yibin (22 Yuan, 2 Std., 7 und 13 Uhr). Beide kommen durch Wanling (30 Min.) und setzen Fahrgäste, wenn sie darum bitten, an der Abzweigung nach Changning (1 Std.) ab, wo man nach Gongxian umsteigen kann, um zu den Hängenden Särgen zu kommen. Kleinere örtliche Busse verkehren regelmäßig zwischen Wanling und Changning (5 Yuan, 6–19 Uhr).

WESTSICHUAN

Im Westen von Chengdu wird grüner Tee zu Buttertee, Hügel verwandeln sich in hohe, zerklüftete Schneegipfel und *ni hao!* heißt jetzt *tashi-delek!* – fast wie in Tibet.

Dieser Teil Sichuans nimmt ein großes Stück von dem ein, was Tibeter Kham (auf Chinesisch 康巴; Kangba) nennen, eine der drei traditionellen Provinzen des alten Tibet, und ist die Heimat der Khampas, einer tibetischen ethnischen Gruppe, die als wilde Krieger bekannt waren.

Westsichuan erlebt pro Jahr bis zu 200 frostkalte Tage, aber die Sommer können tagsüber glühend heiß sein. In der großen Höhe drohen besonders schlimme Sonnenbrände und Höhenkrankheit.

Kangding (Dardo) 康定

☎0836 / 82 000 EW.

Aus der Gegend von Chengdu kommend, gibt es zwei Haupteingangstore ins tibetische Sichuan. Eines ist Danba, aber bei weitem beliebter ist Kangding, und für zahlreiche Reisende ist dies ihre erste Begegnung mit der tibetischen Welt .

Die Stadt war lange Zeit ein Zentrum für den Handel zwischen chinesischen und tibetischen Kulturen, und so finden sich hier Elemente von beiden.

Das in einem steilwandigen Tal am Zusammenfluss der schnell fließenden Ströme Zheduo und Yala (im Tibetischen als Dar und Tse bezeichnet) eingeschlossene und vom mächtigen Gongga Shan (7556 m) überragte Kangding ist in ganz China durch ein Liebeslied berühmt geworden, zu dem die reizvolle Landschaft der Stadtumgebung den Dichter inspirierte

Sehenswertes & Aktivitäten

Klöster KLÖSTER

Kangding hat vier Hauptklöster. Der **Tempel Anjue** (安觉寺; Anjue Si; Ngachu Gompa auf Tibetisch) stammt von 1652, wurde seither jedoch umfangreich restauriert.

Der **Tempel Nanwu** (南无寺; Nanwu Si) gehört dem Orden der Gelugpa (Gelbmützen) des tibetischen Buddhismus an und ist das aktivste Kloster der Gegend. Die Hauptstraße Richtung Süden hinuntergehen, über den Fluss und 200 m weiter, bis rechts ein rostiges altes Schild für das Kloster (in traditionellen chinesischen Schriftzeichen: 南無寺) in Sicht kommt.

In der Nähe, etwa 100 m weiter auf der Hauptstraße, liegt der **Tempel Jingang** (金刚寺; Jingang Si), ein 400 Jahre altes Nyingma-Kloster, das um einen rasenbewachsenen Hof gebaut ist. Beim Schild für das Knapsack Inn rechts abbiegen.

Das vierte Kloster in dieser Gegend, der **Tempel Paoma** (跑马寺; Paoma Si; Eintritt 50 Yuan), liegt auf halben Wege hinauf zum **Paoma Shan**.

Wandern WANDERN

Drei kleine Berge ragen über Kangding auf und laden zu schönen Tageswanderungen ein. Am berühmtesten und am leichtesten zu besteigen ist der **Paoma Shan** (跑马山), auf den man entweder läuft oder mit der **Seilbahn** (索道; *suodao*; einfache Fahrt/hin & zurück 20/30 Yuan) bis zur halben Höhe fährt, um einen fantastischen Blick auf die Stadt und die umgebenden Berge und Täler zu genießen. Der gestufte Weg zum Tempel Paoma führt an Unmengen von Gebetsfahnen vorbei. Wer weitergehen will, muss 10 Yuan blechen, kann aber auch ohne zu zahlen ein kleines Stück weiter nach Norden gehen und auf einem anderen Pfad absteigen.

Natürlicher (hier gibt's keine Betonstufen!) und gratis ist der **Jiulian Shan** (九连山), der Berg, auf den es hinter dem Gästehaus Zhilam geht. Ein zweistündiger Aufstieg endet auf einer kleinen grasbewachsenen Hochebene (ideal für Picknicks), wo manchmal Pferde und Yaks grasen.

Der **Guada Shan** (郭达山) ragt hoch über das östliche Ende der Stadt; Auf- und Abstieg dauern einen ganzen Tag. Von oben sind die vereisten Gipfel des Gonga Shan auszumachen. Beim Personal des Zhilam Hostel erkundigen, wie der Wanderweg zu finden ist.

Der Ausgangspunkt für den fünf bis sieben Tage dauernden Pilgerrundgang um den heiligen **Gongga Shan** (贡嘎山) ist nur eine halbe Stunde Autofahrt von Kangding entfernt. Das Personal im Zhilam kann Auskunft geben, wie die Wanderung auf eigene Faust unternommen werden kann, und die erforderliche Campingausrüstung zur Verfügung stellen, doch wir empfehlen, für diesen Treck einen Führer zu nehmen. Zhilam kann den Kontakt zu einem der besten tibetischen Guides in diesem Gebiet herstellen. Er spricht zwar kein Englisch, ist aber gewohnt, ausländische Trekker auf dem Rundgang zu führen. Er berechnet 220 Yuan pro Tag.

Feste & Events

Kangdings größtes jährliches Fest, das **Fest des Rundgangs um den Berg** (Zhuanshanjie), findet auf dem Paoma Shan am achten Tag des vierten Mondmonats zum Gedenken an die Geburt des historischen Buddhas Sakyamuni statt. Weißblaue tibetische Zelte bedecken während der Feierlichkeiten die Berghänge, Ringkämpfe und Pferderennen unterhalten Besucher aus ganz Westsichuan.

Schlafen

LP TIPP **Zhilam Hostel** HOSTEL €

(汇道客栈; Huidao *kezhan*; ☎283 1100; www.zhilamhostel.com; Bai Tukan Cun; 白土坎村; B/Zi. ab 35/160 Yuan; @ 📶) Das fabelhafte, familienfreundliche Hostel am Hang steht unter der Leitung eines entgegenkommenden amerikanischen Paares mit zwei kleinen Kindern; dieses Hostel ist eine hervorragende Basis während eines Aufenthalts in Kangding, bietet gute westliche Küche, gibt verlässliche Reiseauskünfte und verleiht Campingausrüstung. Hierher führt ein zehnminütiger ansteigender Fußmarsch am Yongzhu Hotel vorbei.

Yongzhu Hotel GÄSTEHAUS €

(拥珠驿栈; Yongzhu Yizhan; ☎283 2381, 159 8373 8188; B/Zi. 35/120 Yuan) Die kleine, freundliche Unterkunft in einer Seitengasse neben dem Kangding Hotel bietet komfortable, ordentliche, mit bunten tibetischen Möbeln eingerichtete Zimmer, die um ein Atrium herum liegen. Hier sind alle Zimmer mit beheizbaren Bettdecken ausgestattet, und es gibt rund um die Uhr heißes Wasser .

Kangding Hotel HOTEL €€

(康定宾馆; Kangding Binguan; ☎283 2077; 25 Guangming Lu; 光明路25号; Zi. mit Frühstück ab 480 Yuan; ❄ @) Etwas komfortabler ist dieses Mittelklassehotel gleich neben dem Tempel Angue. Seine Standarddoppelzimmer waren zum Zeitpunkt der Recherche für 238 Yuan zu haben.

Essen & Ausgehen

An milden Abenden werden **Grillstände** an der Nordostecke des Volksplatzes aufgestellt.

LP TIPP **Malaya Tibetan Restaurant** TIBETISCH €€

(玛拉亚藏餐; Malaya Zangcan; Yanhe Donglu; 沿河东路; Gerichte ab 15 Yuan; ⏲9.30–24 Uhr; 📋) Freundliches, tibetisch geführtes Restaurant mit Teehaus, in dem typisch tibetische Gerichte und Massen von Buttertee serviert werden. Die Speisekarte ist auf Englisch, wärmstens zu empfehlen ist der

Kangding (Dardo)

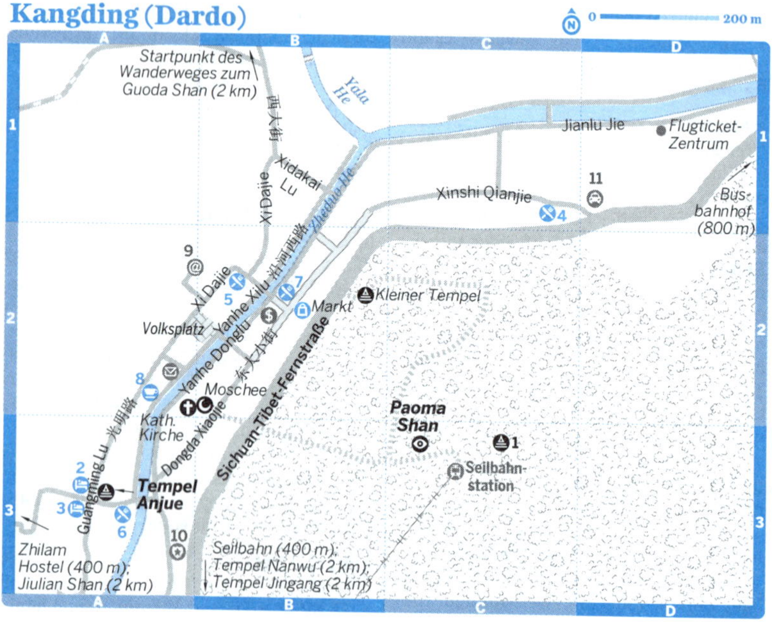

Yakfleischburger (ein Fleischeintopf mit Fladenbrot drauf) oder das gut sättigende Curry (Rindfleisch und Kartoffeln auf Reis). Im 6. Stockwerk über dem kaum zu verfehlenden Schnellimbiss Dico's. Ähnlich typisches Essen und eine ähnliche Atmosphäre gibt's im etwas teureren A'Re Tibetan Restaurant.

Mage Mian NUDELSUPPE €
(麻哥面; Nudelsuppe 5–10 Yuan; ⏲24 Std.) Die beste Nudelsuppe in Kangding. Unbedingt probieren: Mage-Nudeln (麻哥面; *ma'ge mian*) mit einer pikanten Hackfleischsauce und frisch gekocht in kleinen (一两; *yiliang;* 5 Yuan), mittelgroßen (二两; *er liang;* 8 Yuan) oder großen (三两; *sanliang;* 10 Yuan) Schüsseln serviert.

Tibetan Culture Dew TEEHAUS
(西藏雨; Xizang Yu; Yanhe Xilu; 沿河西路; ⏲11–24 Uhr) In diesem schönen Teehaus mit einer rustikalen, üppig mit tibetischen Gebetsfahnen geschmückten Haus aus Holz und Stein kann man gemütlich bei den Buttertee schlürfenden Einheimischen sitzen.

☆ Unterhaltung

Gegen 19 Uhr gibt's nur einen Ort, wohin man gehen kann. Jeden Abend kommen Dutzende, wenn nicht Hunderte Einheimische auf den Volksplatz, um an einem der größten gemeinsamen Formationstänze, die wir je gesehen haben, teilzunehmen.

Praktische Informationen

Geldautomat (自动柜员机; Zidong Guiyuan Ji; Yanhe Donglu) Geldautomat der China Construction Bank. Einer der wenigen in der Stadt, der auch ausländische Karten annimmt.

Liaoliao Internetcafé (聊聊网吧; Liaoliao *wangba*; pro Std. 5 Yuan; ⏲24 Std.) Wenn man die Angestellten nett anlächelt, kann man sich mit ihrem chinesischen Personalausweis registrieren.

Büro für Öffentliche Sicherheit (PSB; 公安局; Gong'anju; ☎281 1415; Dongda Xiaojie; ⏲8.30–12 & 14.30–17.30 Uhr) Visaverlängerung innerhalb von drei Arbeitstagen. Nur erstmalige Verlängerungen.

An- & Weiterreise

Bus

Der Busbahnhof ist zehn Minuten zu Fuß vom Zentrum entfernt (Taxi 7 Yuan). Minibusse zu allen im Folgenden aufgeführten Zielen fahren vor dem Busbahnhof ab. Busse nach Tagong (50–80 Yuan) und Ganzi (rund 200 Yuan) fahren vom Xinshi Qianjie ab. Folgende Begriffe sind hilfreich: eigenes Fahr-

Kangding (Dardo)

Highlights

Paoma Shan C3
Tempel Anjue A3

Sehenswertes

1 Tempel Paoma C3

Schlafen

2 Kangding Hotel A3
3 Yongzhu Hotel A3

Essen

4 A'Re Tibetan Restaurant C1
5 Grillstände B2
6 Mage Mian A3
7 Malaya Tibetan Restaurant B2

Ausgehen

8 Tibetan Culture Dew A2

Praktisches

9 Liaoliao-Internetcafé A2
10 PSB A3

Transport

11 Minibusse nach Tagong D1

zeug – *baoche* (包车); nur einen Platz/ mit anderen teilen – *pinche* (拼车).

Batang 14,50 Yuan, 12 Std., 1-mal tgl. (6 Uhr)

Chengdu 120–140 Yuan, 8 Std., stündl. (6–16 Uhr)

Danba 44,50 Yuan, 3 Std., 2-mal tgl. (7.30 und 15.30 Uhr)

Daochang 135 Yuan, 12 Std., 1-mal tgl. (6 Uhr)

Dege 180 Yuan, 16 Std., 1-mal tgl. (6 Uhr)

Emei Shan 115 Yuan, 7 Std., 1-mal tgl. (6.30 Uhr)

Ganzi 113 Yuan, 11 Std., 1-mal tgl. (6 Uhr)

Leshan 113 Yuan, 7 Std., 1-mal tgl. (7 Uhr)

Litang 90 Yuan, 8 Std., 1-mal tgl. (6 Uhr)

Ya'an 72 Yuan, 4½ Std., stündl. (6–16 Uhr)

Flugzeug

Der Kangding Airport liegt 43 km westlich der Stadt und bietet tägliche Flüge nach Chengdu (1180 Yuan, 8.55 Uhr) und dreimal wöchentlich Flüge nach Chongqing (1150 Yuan, 8.50 Uhr Di, Do & Sa). Die Tickets online oder vom **Flugticketzentrum** (机场售票中心; Jichang Shoupiao Zhongxin; ☎287 1111; 28 Jianlu Jie; 箭炉街28号; ⏲8.30–17.30 Uhr) kaufen. Rabatte senken die Preis auf ungefähr 850 Yuan und 1000 Yuan. Der Flughafenbus (27 Yuan) fährt um 6.20 Uhr vor dem Ticketzentrum ab.

Danba (Rongtrak) 丹巴

☎0836 / 58 200 EW.

Diese freundliche Stadt, in einem tiefen Bergtal gelegen über dem Zusammenfluss von drei Flüssen, ist eine angenehme Alternative zu Kangding als Tor in das tibetische Sichuan.

Die Stadt selbst ist dunstig und nicht weiter sehenswert, aber in den Bergen in Danbas Umgebung sind schöne alte Wachttürme und malerische tibetische Dörfer zu besichtigen, von denen einige Übernachtungsmöglichkeiten bei Gastfamilien anbieten.

Sehenswertes

Qiang-Wachttürme HISTORISCHE STÄTTE

Diese alten Steintürme (羌族碉楼; Qiangzu diaolou), die wie Fremdlinge, zwischen Wohnhäusern an den Hängen über dem Fluss Dadu stehen, wurden vom Volk der Qiang vor 700 bis 1200 Jahren errichtet. Die Türme ragen 20 bis 60 m in die Höhe und wurden als Orte der Andacht sowie zur Lagerung von wertvollen Gütern und zum Signalgeben bei eventuellen Angriffen genutzt. Sie wurden mit mehreren hölzernen Stockwerken, die heute verfallen sind, und Eingängen, die mehrere Meter über Bodenhöhe lagen, gebaut. Eine unternehmerische Familie in **Suopo** (梭坡), dem Danba am nächsten gelegenen Dorf mit Wachttürmen, hat die hölzernen Stockwerke des Turms, der ihrem Zuhause am nächsten liegt, wieder aufgebaut. Sie erlauben Besuchern von ihrem Dach aus dort hineinzuklettern – gegen eine kleine Gebühr, versteht sich (15 Yuan). Man braucht nicht lange zu suchen, denn sie selbst oder „Freunde" der Familie sprechen Fremde an.

Um nach Suopo zu kommen, geht man am Zhaxi Zhuokang Backpackers Hostel nach links und dann etwa 30 Minuten am Fluss entlang. Dann den Pfad neben der kleinen Polizeistation hinuntersteigen, über die Hängebrücke gehen und zum Dorf hochlaufen. Auf der linken Seite sind bei den ersten Häusern des Dorfes Steinstufen; sie führen zum nächstgelegenen Turm.

Tibetische Dörfer DÖRFER

Es findet sich eine Reihe hübscher tibetischer Dörfer (藏寨; Zangzhai) in den umgebenden Bergen, aber Danbas größter Stolz gilt **Jiaju** (甲居; Eintritt 30 Yuan), 7 km nordwestlich der Stadt gelegen und über einer Serpentinenstraße thronend, die sich eine steile Flussschlucht hochwindet. Mit seinen Obstbäumen, reizvollen tibetischen Steinhäusern und der ruhigen Lage lockt Jiaju häufig Reisende für ein oder zwei Tage an.

Eines von vielen Steinhäusern, die in eine Art Gasthaus umgebaut wurden, ist das exzellente **Liangke Shu** (两棵树; ☎880 7199, 135 6868 5278; B inkl. Mahlzeiten 60 Yuan), mit einfachen Schlafsälen, traditionellem tibetischen Mobiliar, einem schönen Hof in der Mitte und einer herrlichen Aussicht. Der Besitzer kann Ausflüge in die fantastische ländliche Umgebung organisieren. Um hierher zu kommen, steigt man am Bamei-Ende von Danba in einen Sammelminivan (5 Yuan). Ein Taxi kostet 40 Yuan für eine einfache Fahrt.

Ein anderes beliebtes Dorf mit Gastfamilien ist **Zhonglu** (中路; Eintritt 20 Yuan), 13 km von der Stadt entfernt; es ist nur mit dem Taxi zu erreichen (80 Yuan).

Schlafen

Zhaxi Zhuokang Backpackers Hostel HOTEL €

(扎西卓康青年旅舍; Zhaxi Zhuokang Qingnian Lushe; ☎352 1806; 35 Sanchahe Nanlu; 三岔河南路 35 号; B 25 Yuan, 2BZ ohne/mit Bad 60/80 Yuan; @📶) Es ist zwar eher ein Hotel als ein Hostel, hat aber eine für Reisende ideale zentrale Lage in Danba. Die Zimmer sind nur Durchschnitt, aber die Begrüßung ist freundlich und überall gibt's freien Internetzugang und WLAN. Es ist in 25 Minuten zu Fuß vom Busbahnhof (zum Fluss runter, nach rechts wenden und dann weiter) oder mit einem Taxi für 5 Yuan zu erreichen.

VIEL BARGELD MITBRINGEN

Zur Zeit der Recherche war es nirgendwo in Sichuan (außer in Kangding) möglich, Geld oder Reiseschecks einzuwechseln, Bargeld über Kreditkarten zu bekommen oder mit Karten ausländischer Banken Geldautomaten zu benutzen. Die meisten anderen Städte haben eine Zweigstelle der Agricultural Bank of China, doch trotz der Visakartenschilder nehmen die Geldautomaten an dieser Zweigstellen selten ausländische Karten an.

Essen & Augehen

Kleine Restaurants am Busbahnhof öffnen früh und bieten Frühstücksnudeln (面; *mian*) oder Teigtaschen (小龙包子; *xiaolong baozi*) an.

Wanglao Wu SICHUAN €€

(王老五; Gerichte 20–50 Yuan; ⏲12–21 Uhr) Das gegenüber dem Zhaxi Zhuokang Backpackers Hostel gelegene sichuanesische Restaurant im Obergeschoss tischt die üblichen Sichuan-Favoriten (S. 797) auf und dazu einige hervorragende Gerichte mit gepökeltem Schweinefleisch. Lecker schmeckt das gepökelte Schweinefleisch mit grünen Chilischoten (腊肉青椒; *larou qingjiao*; 30 Yuan). Speisekarte mit Fotos.

Base Camp of Photographer Cafe CAFÉ

(大本宫咖啡; Dabengong Kafei; gegenüber dem Busbahnhof; 车站对面; ⏲13–23 Uhr; @📶) Frischer Kaffee (25 Yuan), chinesischer Tee (ab 10 Yuan), Internet, WLAN und bodenhohe Fenster, durch die sich eine Aussicht auf den Fluss bietet, die vermutlich kein anderes Café in der Stadtmitte überbieten kann. Vor dem Busbahnhof nach rechts wenden und nach dem großen, gemalten englischen Schild zur Linken Ausschau halten.

An- & Weiterreise

Nach Tagong in einen Minibus über Bamei (60 Yuan, 3 Std.) am westlichen Ende der Stadt steigen (40 Yuan, 2 Std.). Die Zielorte der Busse sind u.a.:

Chengdu 146,50 Yuan, 9 Std., 3-mal tgl. (6.15, 6.20 und 6.30 Uhr)

Ganzi 100,50 Yuan, 9 Std., 1-mal tgl. (6.30 Uhr)

Kangding 46,50 Yuan, 5 Std., 2-mal tgl. (6.30 und 15 Uhr)

Ma'erkang 46 Yuan, 6 Std., 1-mal tgl. (7.30 Uhr)

Sichuan-Tibet-Fernstraße (Nordroute)

Die legendäre Sichuan-Tibet-Fernstraße teilt sich gleich westlich von Kangding. Die Nordroute ist etwa 300 km länger als die Südroute und generell weniger befahren. Sie führt durch atemberaubend schöne Hochlandgrassteppen und traditionelle tibetische Gemeinden mit ihren entlegenen Klöstern und Motorrad fahrenden Yakhirten.

Nach der Überquerung des Chola-Gebirges über den höchsten Pass (5050 m) auf dieser Seite von Lhasa kommt man nach Dege und zur Grenze des AGT (Autonomes Gebiet Tibet) bzw. Tibets. Auf dieser Route geht es auch nach Norden in die Provinz Qinghai über Sershu, und es ist möglich, zwischen Ganzi und Litang über Xinlong zu reisen.

Unbedingt warme Kleidung mitbringen; selbst mitten im Sommer kann es in größerer Höhe sehr kalt werden. Nicht vergessen: Busse verkehren sehr unregelmäßig – Eile ist hier fehl am Platz.

TAGONG (LHAGANG) 塔公

☎0836 / 8000 EW.

Die kleine tibetische Ortschaft Tagong und die wunderschöne Steppenlandschaft in ihrer Umgebung bieten viele Gründe zum Verweilen. Neben einem bedeutenden Kloster und einem faszinierenden nahen Nonnenkloster gibt es Trekkingtouren mit Pferden, Wanderungen und Aufenthalte bei tibetischen Gastfamilien.

Wer aus tieferen Lagen im Osten kommt, braucht Zeit, sich an die Höhe zu gewöhnen.

Sehenswertes

Kloster Tagong BUDDHISTISCHES KLOSTER

(塔公寺; Tagong Si; Eintritt 20 Yuan) Als die Prinzessin Wencheng, die chinesische Braut des tibetischen Königs Songtsen Gampo, im 7. Jh. auf dem Weg nach Lhasa war, fiel nach der Legende eine kostbare Statue des Jowo Sakyamuni Buddha von einem der Wagen ihres Gefolges. Eine Nachbildung der Statue wurde dort, wo sie gelandet war, geschnitzt und ein Tempel um sie herum errichtet. Die Statue steht hier in der rechts liegenden Halle. Das Original, das am meisten verehrte Buddhabildnis in ganz Tibet, steht im Tempel Jokhang in Lhasa.

Zu bewundern ist auch der herrliche 1000-armige Chenrezig (Avalokiteshvara) in der Halle zur Linken. Und nicht die eindrucksvolle Sammlung von über 100 *chörten* (tibetische Stupas) hinter dem Kloster auslassen!

Aktivitäten

Reiten (pro Pers./Tag 250 Yuan) und geführte **Grassteppenwanderungen** (pro Pers./Tag 200 Yuan) können im Khampa Cafe & Arts Centre organisiert werden. Mahlzeiten und Unterkunft kosten zusätzlich 60 Yuan pro Person. Alle, die allein über die Grassteppe wandern wollen, können sich dort die Richtung zeigen lassen. Beliebt ist die zweistündige Wanderung zum **Heping Fahui** (和平法会), dem größten Nonnenkloster in der Region.

Das Khampa Café verleiht auch Campingausrüstung (Zelt pro Tag 30 Yuan), Mountainbikes (pro Tag 40 Yuan) und Motorräder (130 Yuan).

Feste

Wie viele Orte in diesem Teil des tibetischen Sichuans veranstaltet auch Tagong jährlich im fünften Mondmonat (meist Anfang Juli) ein **Reiterfest** *(saimahui)*.

Schlafen & Essen

Die drei beliebtesten Unterkünfte liegen alle an einer Seite des Hauptplatzes vor dem Kloster Tagong, zur Linken, wenn man das Kloster vor sich hat. Alle Verkehrsmittel setzen ihre Fahrgäste an diesem Platz ab.

Angela im Khampa Café & Arts Centre kann den Aufenthalt bei **tibetischen Gastfamilien** (pro Pers./Nacht 60 Yuan) in der Grassteppe organisieren.

LP TIPP **Khampa Café & Arts Centre** PENSION €€

(☎136 8449 3301; http://definitelynomadic.com; Zi. 160 Yuan) Die von Angela, einer superhilfsbereiten Amerikanerin, und ihrem tibetischen Ehemann Djarga geführte Pension ist die angenehmste Bleibe in Tagong. Es gibt keine Einzelbäder, aber die Zimmer sind groß, hell und außergewöhnlich sauber. Das **Café** (Gerichte 10–30 Yuan; ⊙8.30–23 Uhr) im oberen Stock ist zudem das beliebteste Lokal im Dorf, wo auch Infos über Wandern, Camping und Ähnliches zu bekommen sind. WLAN (pro Std. 10 Yuan, verfügbar 8.30–15.30 Uhr) ist über ein Modem, das vom Personal bereitgestellt wird, zugänglich.

LP TIPP **Jya Drolma and Gayla's Guesthouse** PENSION €

(☎266 6056; B 25 Yuan, DZ ohne Bad 50 Yuan) Die Zimmer – und die Schlafsäle – sind ein wahrer Farbenrausch aus Gold-, Rot- und Blautönen, mit kunstvoll ausgemalten Decken und Wänden. Auf jedem Flur gibt's Gemeinschaftstoiletten und eine Dusche mit durchgehend heißem Wasser. Englisch wird zwar nicht gesprochen, aber der Empfang ist sehr freundlich.

Snowland Guesthouse PENSION €

(雪城旅社; Xuecheng Lushe; ☎286 6098; tagong sally@yahoo.com; B ab 15 Yuan, EZ/DZ

60/80 Yuan) Diese seit Langem bewährte Backpackerbleibe bietet Budgetreisenden eine besonders günstige Übernachtungsmöglichkeit. Die Zimmer sind viel schlichter als die im Khampa und haben weniger Charakter als die im Gayla's, sie sind aber immer noch okay. Sally, die das Gästehaus führt, spricht etwas Englisch. Das angeschlossene **Sally's Kham Restaurant** (Gerichte 10–20 Yuan; ⏲8–22 Uhr) bietet eine schöne Auswahl an einfachen, preisgünstigen tibetischen, chinesischen und westlichen Gerichten sowie Buttertee und Bier auf der Karte.

An- & Weiterreise

Ein Bus von Ganzi nach Kangding (40 Yuan, 2 Std.) fährt ungefähr um 7.30 Uhr am Kloster Tagong vorbei, ist aber meist voll besetzt. Als Alternative kann man sich mit anderen zusammentun und einen Minivan (50–80 Yuan) nehmen. Zu bedenken ist dabei, dass es möglicherweise schwierig werden kann, nach etwa 10 Uhr noch Mitfahrer zu finden.

Um nach Litang zu kommen, in den Kangding-Bus einsteigen oder mit anderen einen Minivan nach Xinduqiao (新都桥; 20–40 Yuan, 1 Std.) nehmen, wo man den Kangding–Litang–Bus (64 Yuan, 7 Std.), der etwa gegen 9 Uhr vorbeikommt, oder einen Minivan (80–100 Yuan) anhalten kann.

Nach Danba einen Minivan nach Bamei (八美; 20 Yuan, 1 Std.) nehmen und dann in einen anderen Minivan (30 Yuan, 2 Std.) umsteigen.

Nach Ganzi (80 Yuan, 8 Std.) kann man versuchen, einen Platz im Bus von Kangding zu ergattern, der hier zwischen 9 Uhr und 10 Uhr durchfährt, oder mit anderen einen Minivan organisieren (100–150 Yuan).

GANZI (GARZE) 甘孜

☎0836 / 61400 EW.

Diese staubige, aber lebendige Marktstadt in einem malerischen, von schneebedeckten Bergen umgebenen Tal ist die Hauptstadt der Autonomen Tibetischen Präfektur Ganzi und überwiegend von Tibetern bewohnt. Es lohnt sich, ein paar Tage zu bleiben und die schöne Landschaft mit ihren tibetischen Dörfern und großen Klöstern zu erwandern. Es gibt reichlich Fotomotive.

Sehenswertes & Aktivitäten

Tempel Ganzi TEMPEL

(甘孜寺; Ganzi Si; Garze Gompa auf Tibetisch; Eintritt 15 Yuan) Im Norden des tibetischen Viertels steht das größte Kloster der Region, das über 500 Jahre alt ist und vor lauter Gold nur so blitzt. In die Wände der Haupthalle sind Hunderte kleiner goldener Sakyamunis eingelassen. In einer kleineren Halle westlich der Haupthalle steht eine ehrfurchtgebietende Statue von Jampa (Maitreya oder Zukünftiger Buddha), gekleidet in eine gewaltige Seidenrobe. Der Blick auf die Berge ist von hier aus fantastisch.

Das Kloster ist vom Busbahnhof in 25 bis 35 Minuten zu Fuß zu erreichen. Vor dem Bahnhof nach links und dann weitergehen.

Heiße Quellen HEISSE QUELLEN

(温泉; wenquan; pro Zi. 10 Yuan; ⏲8–24 Uhr) Ganzis heiße Quellen , ideal nach einem Wandertag in den Bergen der Umgebung, liegen nur ein kurzes Stück Fußweg hinter der Abzweigung zum Hotel Himalaya. Wenn die Straße Xinqu Lu (新区路) links in Sicht kommt, rechts die gegenüberliegende Allee hinuntergehen, bis starker Schwefelgeruch in der Luft hängt. Jedes Zimmer hat einen eigenen Badezuber. Handtücher (浴巾; yujin) können gestellt werden.

Schlafen & Essen

Hotel Himalaya HOTEL €

(喜马拉雅宾馆; Ximalaya Binguan; ☎752 1878; Dongda Jie; 东大街; Zi. 150 Yuan) Dieses Hotel, das von einem Mann aus Ganzi geführt wird, der in Deutschland Medizin studiert hat und Englisch spricht, ist das komfortabelste und sauberste vor Ort. Die Zimmer sind groß, hell und haben ein eigenes Bad mit Sitztoilette und Warmwasserdusche. Vor dem Busbahnhof nach links wenden, dann die erste rechts die Chuanzang Lu hochgehen. Das Dongda Jie liegt nach ein paar hundert Metern zur Linken.

Hong Fu Guesthouse GÄSTEHAUS €

(鸿福旅馆; Hongfu Lüguan; ☎752 5330; Chuanzang Lu; 川藏路; Zi. 40 Yuan) Diese Herberge ist nicht annähernd so komfortabel wie das Himalaya, aber man muss sie einfach mögen. Hong Fu ist tibetisch geführt und in einem traditionellen tibetischen Holzgebäude untergebracht. Es hat sehr einfache, aber saubere Doppelzimmer, die für 20 Yuan pro Bett zu haben sind. Nur Gemeinschaftstoiletten und keine Duschen, aber bis zu den heißen Quellen ist es nicht weit, wie die Besitzer sagen, und sie kosten nur 10 Yuan. Vom Busbahnhof nach links gehen, dann in erste Straße links einbiegen, bis zur Rechten ein Wegweiser zum

ABSTECHER

SICHUANS GEHEIMNISVOLLE HÄNGENDE SÄRGE

Reisende, die nach etwas suchen, das außerhalb der ausgetretenen Pfade liegt, könnten erwägen, in die entlegene Ecke Südostsichuans zu reisen, wo sich eine der ungewöhnlichsten und mysteriösten Sehenswürdigkeit der Provinz befindet: die Hängenden Särge des alten Bo-Volkes. Die Ursprünge und das spätere Verschwinden der Bo stellt die Archäologen noch immer vor Rätsel. Es wird angenommen, dass sie vielleicht entfernt mit den Tujia verwandt sind, die noch heute im Gebiet der Drei Schluchten verstreut leben, vor allem im südwestlichen Hubei und nordwestlichen Hunan. Doch beinahe alles, was über die Bo bekannt ist, stammt von den Fundstätten ihrer Särge, die noch heute auf Holzgestellen ruhen, die vor ungefähr 1000 Jahren in Felswände gehämmert wurden.

Von einfachen Zeichnungen, die an einigen der Felswände gefunden wurden, wissen wir zum Beispiel, dass die Bo gute Reiter mit einer streng gegliederten Gesellschaft waren. Erwachsenenskelette, die gefunden wurden, haben auch gezeigt, dass die Bo sich noch zu Lebzeiten die Zähne ausschlugen, wobei der Sinn dieses Brauchs noch unbekannt ist.

Hängende Särge gibt es an mehreren Stellen in diesem Teil Chinas, aber in **Luobiao** (洛表) kommen die **Hängenden Särge** (悬棺; xuanguan; Eintritt 20 Yuan; ⌚8–18 Uhr) in größerer Zahl als anderswo vor und sind auch relativ gut zu erreichen. Es gab hier einmal mehr als 300 Särge, aber ungefähr ein Drittel davon ist zu Boden gefallen, weil ihre Stützen allmählich verrottet waren.

Gleich hinter dem Eingang zu dem Gelände befindet sich ein interessantes kleines, kostenloses Museum mit alten Fotos, Grabbeigaben und einem Sarg (mit einem Skelett drinnen!). Ungefähr 100 m weiter steht eine große Ansammlung von Särgen mit einer Treppe, damit sie von oben betrachtet werden können. Hier kann man auch in eine riesige Höhle hochklettern. Etwa 2 km weiter gibt's eine weitere eindrucksvolle Sargsammlung.

Die Einheimischen sagen, dass die Stätte am besten ganz früh am Morgen zu fotografieren ist, wenn die Sonne gegenüber den Felswänden aufgeht. Es ist also durchaus eine Überlegung wert, am Abend vorher anzureisen und dort zu übernachten. **Boxianju Binguan** (僰仙居宾馆; ☎0831-441 0169; Zi. mit/ohne Computer 60/80 Yuan; ❄@), zwei Häuser hinter dem Busbahnhof, ist freundlich und preiswert. Die Särge sind die einzige touristische Sehenswürdigkeit in Luobiao, doch wer noch Zeit übrig hat, kann sie für Spaziergänge in die sehr schöne Umgebung nutzen.

An- & Weiterreise

Einer der Gründe, warum diese Sehenswürdigkeit so selten besucht wird, ist die ziemlich mühsame Anreise. Erster Anlaufpunkt ist die düstere Bergbaustadt Gongxian (珙县), die mit Bussen entweder von Yibin oder Changning (10,50 Yuan, 1 Std., häufig 6.20–18.20 Uhr) vom Bambusmeer aus erreicht werden kann. In Gongxian in einen Bus nach Luobiao (20 Yuan, 2½ Std., alle 20 Min. 5.50–17.10 Uhr) einsteigen, von dort aus geht's entweder zu Fuß weiter (40 Min.; die rechte Abzweigung nehmen) oder mit einem Motorradtaxi (5 Yuan) bis zum Eingang. Der letzte Bus zurück nach Gongxian fährt um 17.20 Uhr ab.

Für die Weiterfahrt in die Provinz Guizhou gibt's fahrplanmäßige Busse nach Luzhou (泸州; 37,50 Yuan, 6–16.40 Uhr), wo man nach Chishui (赤水) umsteigen kann. In die Provinz Yunnan fahren Busse von Gongxian nach Weixin (威信; 50 Yuan, 6.20 und 13.05 Uhr), dann weiter nach Kunming.

Ausgewählte Busse von Gongxian:

Chengdu 106 Yuan, 5 Std., stündl. (7–19 Uhr)

Chongqing 110 Yuan, 5 Std., stündl. (7.30–14.30 Uhr)

Yibin 17 Yuan, 1 Std., alle 15 Min. (6–18.15 Uhr)

Long Da Guesthouse (gleiche Preise; nicht so gut) in Sicht kommt. Bis dahin laufen, dann liegt das Hong Fu gleich links.

Jintaiyang Binguan HOTEL €
(金太阳宾馆; ☎752 2444; Chuanzang Lu; 川藏路; Zi. 150 Yuan, mit Rabatt 100 Yuan; 📶) Wer WLAN braucht, ist in diesem Mittelklassehotel genau richtig. Aus dem Busbahnhof links, die erste rechts und dann links durch einen Torbogen. Keine englischen Schilder.

LP TIPP **Tibetan Restaurant** TIBETISCH €
(印度藏餐; Yindu Zangcan; OG, nahe Chuanzang Lu; 川藏路后边; Gerichte 10–35 Yuan; ⏲6–23 Uhr; 📄) Kleines, freundliches tibetisches Teehaus, das außerdem eine exzellente tibetische Küche serviert. Hat eine gut übersetzte englische Speisekarte mit einigen Fotos. Vom Busbahnhof aus nach links, dann die erste links und dann dem Schild unter dem Torbogen zu einem kleinen Platz folgen. An der gegenüberliegenden Ecke nach Treppen suchen, die in das Obergeschoss führen.

Praktische Informationen

Vor dem Busbahnhof nach links und in die zweite Straße rechts gehen; dort ist ein **Internetcafé** (网吧; *wangba*; pro Std. 4 Yuan; ⏲24 St.) im Obergeschoss.

An- & Weiterreise

Minivans warten vor dem Busbahnhof. Zielorte und ungefähre Preis sind u.a.:

Dege 100 Yuan, 6–7 Std.

Litang 100 Yuan, 6–7 Std.

Manigange 50 Yuan, 2–3 Std.

Xinlong 30 Yuan, 2–3 Std.

Fahrplanmäßige Busse fahren zu folgenden Zielorten:

Chengdu 226 Yuan, 18 Std., 1-mal tgl. (6 Uhr)

Danba 101 Yuan, 9 Std., 1-mal tgl. (6.30 Uhr)

Kangding 117 Yuan und 129 Yuan, 11 Std., 2-mal tgl. (beide um 6.30 Uhr)

Sershu 102 Yuan, 6 Std., 1-mal tgl. (6.30 Uhr)

MANIGANGE (MANIGANGO) 马尼干戈

☎0836

Viel ist nicht los in diesem staubigen, aus nur zwei Straßen bestehenden Städtchen zwischen Ganzi und Dege. Die Berge in der Umgebung bieten aber wunderschöne Wandermöglichkeiten, und ganz in der Nähe lockt der zauberhafte türkise See Yilhun Lha-tso. Auch das große Kloster Dzogchen Gompa liegt nicht allzu weit entfernt an der nordwärts verlaufenden Straße nach Yushu.

Schlafen & Essen

LP TIPP **Fenglingda *kezhan*** PENSION €
(风陵渡客栈; ☎150 0248 8791; B 20 Yuan; 📶) Die gemütliche, einladende Pension wird von Lorna, einer freundlichen jungen Frau, die etwas Englisch spricht, geführt. Es gibt nur wenige Zimmer: ein paar Schlafsaalbetten und ein paar private Zimmer, aber der Preis ist der gleiche; 20 Yuan pro Person. Keine Duschen, aber auf Wunsch bekommt man einen Eimer heißes Wasser, und Toiletten sind gemeinschaftlich zu nutzen, aber sauber. Abends gibt's WLAN und eine nette Urlaubsstimmung, die den jungen chinesischen Backpackern zu verdanken ist, die hier gern übernachten. Es liegt 200 m hinter dem Manigange Pani Hotel auf der linken Seite. Zu erkennen am englischen „Guesthouse"-Schild.

Manigange Pani Hotel HOTEL €
(马尼干戈怕尼酒店; Manigange Pani Jiudian; B 25 Yuan, 2BZ ohne/mit Bad 80/160 Yuan) Das recht gute Hotel ist der Mittelpunkt der Stadt, sein Parkplatz wird als inoffizieller Busbahnhof benutzt und sein Restaurant mit Buffetessen ist der beliebteste Mittagsstopp für vorbeifahrende Autofahrer. Was das Übernachten angeht, gibt's Unterkünfte für jeden Geschmack, von schmutzig-billigen Fünfbettschlafsälen bis zu recht ordentlichen Doppelzimmern mit eigenem Bad und Heißwasser (nur abends), die, wenn nicht viel los ist, für 130 Yuan zu haben sind. Das **Restaurant** (Gemüse-/Fleischgerichte 15/20 Yuan; ⏲7–23 Uhr) hat ein Buffet mit Selbstbedienung. Bestellen ist einfach: nur draufzeigen.

Gaoyuan Jiyang Zangcan TIBETISCHES TEEHAUS €
(高原吉祥藏餐; Gerichte ab 10 Yuan; ⏲8–22 Uhr) Winziges tibetisches Teehaus, geführt von einer freundlichen Frau, die einst nach Indien wanderte, um den Dalai Lama zu treffen (25 Tage, wer's wissen will). Sie zaubert wärmende Becher Buttertee sowie *tsampa, thukpa* und Rindfleischsuppe (牛肉汤; *niurou tang*). Gegenüber dem Fenglingdu *kezhan*.

Praktische Informationen

Ein **Internetcafé** (网吧; *wangba*; pro Std. 5 Yuan; ⏲12–23 Uhr) befindet sich 100 m weiter gegenüber dem Manigange Pani Hotel.

NICHT VERSÄUMEN

DAS TALAM KHANG GUESTHOUSE

Wer es leid ist, seine Zeit in staubigen Marktstädten zu verbringen und die umwerfend schöne Landschaft immer nur durch die Fenster eines Busses zu sehen, wird vom **Talam Khang Guesthouse** (大金寺旅馆; Dajin Si Lüguan; Camping/B/DZ/2BZ 30/40/100/200 Yuan) begeistert sein.

Zehn Minuten Fußweg vom **Darjay Gompa** (gesprochen *dah-jee gompa*), einem der größten und angesehensten Klöster der Gegend, entfernt, befindet sich der kleine Tempel Dala Gong, in dem drei freundliche Mönche wohnen, die Gäste einladen, mit ihnen ihr aus Lehmziegeln und Holzbalken erbautes Heim zu teilen. Es liegt in einer gigantischen Landschaftskulisse – schneebedeckte Berge zur einen Seite, hügelige Grassteppe und ein Fluss zur anderen. Wer aufs Dach klettert, kann einen 360-Grad-Blick genießen und schon mal die nächste Wanderung zu nahen Dörfern, Klöstern oder Bergen planen.

Die Schlafsäle sind im Tempelgebäude selbst untergebracht, neben den Zellen der Mönche. Sie sind sehr einfach, aber charaktervoll. Zweibett- und Doppelzimmer, mit Waschbecken, aber ohne Heißwasser, befinden sich in zwei kleinen modernen Gebäuden zu beiden Seiten des Innenhofes, wo auch Platz ist, um Zelte aufzustellen.

Dass es kein heißes Wasser gibt, braucht einen nicht zu kümmern, denn es gibt die kostenlos zugänglichen **heißen Quellen** (温泉; wenquan), nur fünf Minuten zu Fuß auf der anderen Seite des Flusses. Die Einheimischen nutzen sie, um sich, ihre Kinder, ihre Kleidung und manchmal auch ihre Motorräder zu waschen, aber es ist genug Platz dort, also nichts wie hinein!

Für nur 50 Yuan pro Person bekommt man drei einfache Mahlzeiten täglich um 8.30, 13 und 19 Uhr. Es gibt auch einen kleinen **Laden** (⌚8–21 Uhr) an der Hauptstraße vor dem Kloster, in dem es Drinks, Snacks und Fertignudeln zu kaufen gibt.

Um das Gästehaus vom Darjay Gompa aus zu erreichen, geht man zehn Minuten auf dem einzigen Pfad, der am Hintereingang des Klosters beginnt.

Darjay Gompa liegt etwa 30 km westlich von Ganzi an der Straße Derge. Die Kosten für eine Fahrt dorthin im Minivan balaufen sich auf 30 Yuan; mindestens 50 Yuan im privaten Taxi. Eifrige Wanderer könnten erwägen, zu Fuß dorthin zu laufen, aber dafür brauchen sie einen ganzen Tag. Bis nach **Beri Gompa**, einem hübschen, 8 km westlich von Ganzi gelegenen Kloster mit goldenem Dach wandern und dann weiter. Trampen ist eine weitere Möglichkeit.

ℹ An- & Weiterreise

Ein täglicher Bus nach Dege (50 Yuan, 3–4 Std.) kommt gegen 11 Uhr durch Manigango, ist aber oft voll. In der anderen Richtung sind meist ein paar Sitze in dem Bus nach Ganzi (35 Yuan, 3–4 Std.) frei, der zwischen 9 und 10 Uhr durchfährt. Beide können am Manigange Pani Hotel angehalten werden. Ein Bus von Ganzi, der in Richtung Sershu (80 Yuan, 7 Std.) fährt, kommt gegen 8.30 Uhr an der Kreuzung vorbei.

Viele Minibusse stehen vor dem Manigange Pani Hotel und warten auf Fahrgäste, die keinen Bus bekommen haben.

XINLU HAI (YILHUN LHA-TSO) 新路海

Das fantastisch türkisfarbene Wasser des heiligen **Bergsees** (Eintritt 20 Yuan), 13 km südwestlich von Manigango, ist der Hauptgrund, warum viele Reisende in diese Gegend kommen.

Der wunderschöne See ist von *chörten* und Dutzenden von Felsmalereien umgeben und von schneebedeckten Bergen umrahmt. Man kann ein bis zwei Stunden am linken (östlichen) Ufer des Sees wandern und den Blick auf den nahen Gletscher genießen.

Die Gegend ist auch ideal zum Campen – einige Reisende haben hier sogar in Höhlen geschlafen, nur muss man sich dann ganz selbst versorgen. Mönche aus den Klöstern der Umgebung zelten hier manchmal im Sommer in farbenprächtigen tibetischen Nomadenzelten.

Um hierher zu kommen, ergattert man sich entweder einen Platz in einem nach Dege fahrenden Minibus (20 Yuan), fährt per Anhalter oder wandert; vor dem Manigange Pani Hotel nach links wenden und immer weiterwandern. Der See ist von der

Hauptstraße aus in fünf Minuten zu Fuß auf einem ausgeschilderten Weg zu erreichen. Es stehen Motorräder (20 Yuan) bereit, um Touristen nach Manigango zurückzubringen.

DEGE (DERGE) 德格

☎0836 / 58600 EW.

Die holprigen Busfahrten werden nun noch holpriger. Dege ist vom Rest des westlichen Sichuans durch das hochaufragende Chola-Gebirge (6168 m) abgeschnitten, und um von Osten her hierher zu kommen, muss wahrscheinlich eine höchst unbequeme, etwas beängstigende dreistündige Minibus-Tour auf einer unbefestigten Straße, die über den 5050 m hohen Tro-La-Pass führt, in Kauf genommen werden. Hier werfen im Bus sitzende Tibeter buntes Gebetspapier aus dem Fenster und singen etwas, von dem man nur hoffen kann, dass es der Sicherheit förderlich ist.

Wer sich nicht die erforderlichen Papiere für die Einreise in die selten bereiste Präfektur Chamdo im eigentlichen Tibet besorgen konnte, für den ist der Hauptgrund, diese anstrengende Tour zu unternehmen, die Besichtigung von Deges berühmter Klosterdruckerei, eine der Hauptattraktionen der Gegend.

Sehenswertes

Druckerei & Kloster Bakong KLOSTER

(德格印经院; Dege Yinjingyuan; www.degeparkhang.org; Eintritt 50 Yuan; ⏲8.30–12 & 14–18.30 Uhr) In diesem beeindruckenden Klostergebäude aus dem 18. Jh. befindet sich eine der Hauptattraktionen Westsichuans: Eine hochinteressante Druckerei, die noch heute mit traditionellen Holzblöcken druckt und erstaunliche 70 % von Tibets literarischem Erbe beherbergt.

Hier sind über 217000 geschnitzte Druckstöcke tibetischer Schriften aller Orden des tibetischen Buddhismus, darunter der Bön, aufbewahrt. Zu den Texten gehören alte Werke über Astronomie, Geografie, Musik, Medizin und buddhistische Klassiker, darunter zwei der bedeutendsten tibetischen Sutren. Eine Geschichte des indischen Buddhismus, die 555 Druckstockplatten umfasst, ist weltweit die einzige erhaltene Kopie (geschrieben in Hindi, Sanskrit und Tibetisch).

Im Kloster stellen Dutzende Arbeiter täglich von Hand mehr als 2500 Drucke her, dabei fliegen Tinte, Papier und Blöcke geradezu mit Lichtgeschwindigkeit durch die Hände der Arbeiter. In einem Nebenraum sitzen ein paar ältere Drucker, die größere und schwierigere Drucke von tibetischen Göttern auf Papier oder farbigem Stoff herstellen.

Auch Lagerräume, Papierschneideräume und die Haupthalle des Klosters können besichtigt werden. Die Haupthalle wird von der Wächtergöttin Drölma (Tara) vor Feuer und Erdbeben geschützt. In den beiden Kapellen im Erdgeschoss sind ein paar schöne Wandmalereien zu betrachten; eine Taschenlampe mitbringen.

Fotografieren ist in den Lagerräumen und der Haupthalle nicht erlaubt, aber die Arbeiter freuten sich, als wir Schnappschüsse von ihnen machten, wie sie eifrig arbeiteten, um ihre Quoten zu erfüllen. Der Weg zum Kloster führt vor dem Busbahnhof nach rechts, dann links über die Brücke und anschließend geht's immer weiter bergauf.

Andere Klöster KLÖSTER

Wer die Straße an der Druckerei vorbei bergauf weitergeht, kommt zu dem riesigen, kürzlich renovierten, 1000 Jahre alten **Kloster Gonchen**. Hoch oben in den Bergen im Süden und Osten von Dege liegen noch weitere Klöster, darunter **Pelpung Gompa**, **Dzongsar Gompa** und **Pewar Gompa**.

Schlafen & Essen

Hexie Hotel HOTEL €

(和谐旅馆; Hexie Lüguan; ☎822 6111; Chamashang Jie; 茶马上街; B/DZ 40/80 Yuan; 📶) Ein freundliches, tibetisch geführtes Hotel mit heimeliger Atmosphäre. Es verfügt über geräumige, mit Teppich ausgelegte Zimmer, die mit Kleiderständer, Thermoskanne, Tisch und Stühlen aus Kieferholz ausgestattet sind, und die bequemen Betten haben saubere Laken und warme, flauschige Daunendecken. Es gibt sogar WLAN! Bäder sind gemeinschaftlich zu nutzen, die Duschen haben aber 24 Stunden lang Heißwasser. Vor dem Busbahnhof nach links wenden, dann liegt es nach ein paar hundert Metern zur Linken.

Golden Yak Hotel HOTEL €

(金牦牛酒店; Jinmaoniu Jiudian; ☎822 5188; neben dem Busbahnhof; 车站旁边; Zi. 180 Yuan, mit Rabatt 80 Yuan) Das verkehrsgünstig gleich am Busbahnhof gelegene Golden Yak hat große, komfortable Zweibett- und Doppelzimmer mit eigenem Bad. Zu beachten ist: Die Duschen sind solarbeheizt, deshalb ist bei schlechtem Wetter das Wasser kalt.

Kangba Zangcan TIBETISCH €
(康巴藏餐; Chamashang Jie; 茶马上街; Gerichte 10–20 Yuan; ⌚12–24 Uhr) Tibetisches Teehaus, in dem tibetische Speisen sowie Tee und Bier serviert werden. Es gibt keine Speisekarte, aber hier ein paar Beispiele von dem, was geboten wird: Yakpastete (牛肉饼; *niurou bing;* 20 Yuan), Yakfleisch-*momos* (1 Yuan pro Teigtasche), *thukpa* (12 Yuan), *tsampa* (5 Yuan), Buttertee (10 Yuan) und tibetischer Joghurt (5 Yuan). Kein englisches Schild. Keine Englischkenntnisse. Vor dem Busbahnhof nach links wenden, dann liegt es auf der rechten Seite; im OG.

Mehrere kleine Restaurants und **Nudelläden** finden sich in der Nähe des Busbahnhofs.

Praktische Informationion

Um zum **Internetcafé** (网吧; wangba; pro Std. 3 Yuan; ⌚8.30–24 Uhr) zu kommen, vor dem Busbahnhof nach rechts, links über die Brücke und die Treppe zur Rechten runtergehen. Der Eingang ist gleich neben dem Poolraum.

An- & Weiterreise

Es gibt nur einen täglichen Bus Richtung Osten. Er verlässt den Ort um 7 Uhr, fährt nach Kangding (183 Yuan, Ankunft am nächsten Tag) über Manigango (41 Yuan, 3 Std.), Ganzi (68 Yuan, 6 Std.) und Luhuo, wo er die Nacht über stehen bleibt. Eine Alternative sind Minibusse.

Ausländer dürfen nicht mit öffentlichen Transportmitteln von hier aus Richtung Westen nach Tibet hineinfahren.

SHIQU (SERSHU) 石渠

0836 / 60 000 EW.

Es gibt zwei Orte mit dem Namen Shiqu (tibetisch Sershu): die traditionsreiche Klosterstadt Sershu Dzong im Westen und die vage moderne Bezirksstadt Sershu (Shiqa Xian), 30 km östlich gelegen, die mehr Übernachtsmöglichkeiten und Verkehrsverbindungen bietet.

Wer auf dem Weg von Manigango nach Yushu in Qinghai ist, wird eher Shiqu Yian ansteuern. Das gigantische Kloster Sershu Dzong und sein durch und durch tibetisch geprägtes Dorf sind aber um einiges interessanter.

Das Dorf beherbergt Hunderte von Mönchen und hat zwei Versammlungshallen, eine Maitreya-Kapelle, mehrere moderne Kapellen und eine *shedra* mit einer *kora* (rituelle Umwanderung), die das Ganze umrundet. Die westlich von hier nach Qinghai führende Straße windet sich durch klassisches Yak- und Nomadenland, vorbei an mehreren langen *mani*-(Gebets-) Mauern und im Sommer an Dutzenden schwarzen Yakhaarzelten.

Schlafen & Essen

In Sershu Dzong kann man gut im **Klostergästehaus** (色须寺刚京饭店; *sexu si gangjing fandian*; B 10–20 Yuan, 2BZ pro Bett 40–50 Yuan) unterkommen. Es gibt auch zahlreiche kleine Restaurants – Nudellokale sowie tibetische Teehäuser – an und in der Nähe der Hauptstraße.

Gesà'er Jiudian PENSION €
(格萨尔酒店; 2BZ/3BZ pro Bett 20 Yuan, DZ 50 Yuan) In Shiqu Xian hat dieses tibetisch geführte Haus annehmbare Zimmer zu günstigen Preisen, obwohl das Gemeinschaftsbad nicht mehr ist als eine Reihe von Toilettengruben. Wer aus der Richtung Manigango kommt, nimmt die erste Straße links hinter der Post und geht in das große grüne Gebäude. Der Empfang ist im OG, wo sich auch ein sehr beliebtes tibetisches Restaurant befindet.

Shangdeenyma Hotel HOTEL €€
(香德尼玛大酒店; Xiangdenima Dajiudian; 862 2888; 2BZ/DZ/3BZ 242/246/288 Yuan) In Shiqu Xian ist dies möglicherweise die einzige Herberge mit Duschen. Sie ist in einem imposanten, im tibetischen Stil erbauten Gebäude untergebracht, das etwas zurückversetzt an der Hauptstraße liegt. Die billigeren Dreibett- und Zweibettzimmer haben Gemeinschaftsbäder und kosten 180 Yuan. Die Standarddoppelzimmer mit eigenem Bad bekommt man für 200 Yuan. Erst nachsehen, ob das heiße Wasser funktioniert, bevor man für ein Zimmer bezahlt.

Tibetisches Restaurant TIBETISCH $
(Gerichte 8–35 Yuan; ⌚10–23 Uhr) Am gemütlichsten lassen sich *momo*, *tsampa* und Buttertee in Gesa'er Jiudians farbenprächtigen tibetischen Restaurant genießen.

An- & Weiterreise

Am kleinen Busbahnhof am östlichen Ende von Shiqu Xian fährt um 7 Uhr ein Bus nach Ganzi (99 Yuan, 8 Std.) über Manigango (77 Yuan, 4 Std.) ab.

Der Bus nach Yushu (40 Yuan, 5 Std., 8 Uhr) fährt vom noch kleineren Busbahnhof am westlichen Ortsende ab.

TIBETISCH ESSEN

DEUTSCH	TIBETISCHE AUSSPRACHE	TIBETISCHE SCHREIBWEISE	CHINESISCHE AUSSPRACHE	CHINESISCHE SCHREIBWEISE
Buttertee	*bo-cha*	བོད་ཇ།	*suyou cha*	酥油茶
Nudelsuppe	*thuk-pa*	ཐུག་པ།	*zàngmiàn*	藏面
Eintopf mit Reis, Kartoffeln und Yakfleisch	*shemdre*	ཤ་འབྲས།	*gali niurou fan*	咖喱牛肉饭
Geröstete Gerste	*tsampa*	རྩམ་པ།	*zanba*	糌粑
Tibetischer Joghurt	*sho*	ཞོ།	*suannai*	酸奶
Mit Yakfleisch gefüllte Teigtaschen	*sha-momo*	ཤ་མོག་མོག	*niurou baozi*	牛肉包子
Mit Gemüse gefüllte Teigtaschen	*tse-momo*	ཚལ་མོག་མོག	*sucai baozi*	素菜包子

Die nach Yushu fahrenden Busse lassen Fahrgäste in Sershu Dzong aussteigen. Eine Alternative wäre eine Mitfahrt für 20 Yuan im Sammelminivan.

Manchmal halten Busse hier und in Sershu Dzong auf der Durchfahrt zwischen Ganzi und Yushu, aber ihre Ankunftszeiten sind unregelmäßig und manchmal kommen sie gar nicht.

Sichuan-Tibet-Fernstraße (Südroute)

Die Reise führt hier durch weite Graslandsteppen, auf der verstreut tibetische Holzhäuser liegen und Yaks friedlich grasen, überragt von majestätischen Gipfeln. Die Fahrt auf dieser 2140 km langen Strecke ist zwar etwas leichter als auf der Nordroute, aber immer noch nichts für zaghafte Gemüter; der Zustand der Straßen kann ziemlich schlecht sein, und die große Höhe fällt hier ebenso ins Gewicht wie weiter nördlich. Aber die Strecke Kangding–Litang–Xiangcheng–Shangri-la ist heute eine beliebte Route in die Provinz Yunnan.

Wie überall im Westen Sichuans ist warme Kleidung ein Muss, und Anzeichen von Höhenkrankheit sollten unbedingt ernst genommen werden.

LITANG (LITHANG) 理塘

☎0836 / 51300 EW.

Litang erhebt Anspruch darauf, die höchstgelegene Stadt der Welt zu sein. Das ist sie nicht. Diesen Rang halten Wenquan in der Provinz Qinghai und La Rinconada in Peru, die beide in 5100 m Höhe liegen, wo das Luftholen schwer fällt. Aber auch mit der schwindelerregenden Höhe von 4014 m ist Litang extrem hoch gelegen.

Die Landschaft hier ist atemberaubend schön, und es gibt großartige Möglichkeiten, sich auf den Weg zu machen und sie zu genießen – ob zu Pferde, per Motorrad oder einfach per Anhalter –, sodass man hier gut und gern ein paar Tage zubringen kann.

Litang ist berühmt als Geburtsort des siebten und des zehnten Dalai Lama, aber am eindrucksvollsten ist hier Chöde Gompa, das größte Kloster der Stadt.

Sehenswertes & Aktivitäten

Chöde Gompa KLOSTER

(长青春科尔寺; Changqingchun Ke'er Si) Am nördlichsten Ende der Stadt liegt das große Chöde Gompa, ein tibetisches, für den dritten Dalai Lama erbautes Kloster. Im Innern steht eine Statue von Sakyamuni, die von Lhasa hierher getragen worden sein soll. Nicht versäumen, auf das Dach der am weitesten rechts stehenden der drei Hallen zu steigen, um den herrlichen Blick auf die tibetischen Wohnhäuser, die an dem zum Kloster hinaufführenden Weg liegen, sowie die Graslandschaft und Berge dahinter zu genießen. Mönche steigen jeden Tag hier hoch, um die Langhörner des Tempels zu blasen. Hierher geht's an der Post vorbei, am Ende der Straße nach links und dann in die erste Straßen rechts einbiegen.

Baita Gongyuan CHÖRTEN

Gläubige umrunden ohne Unterlass den Baita Gongyuan (白塔公园), murmeln dabei Mantras und drehen Gebetsräder. Wer

Lust hat, kann sich zu den Einheimischen im Park der Anlage gesellen. Am Busbahnhof nach links wenden und dann geradeaus weitergehen.

Wer dann am Baita Gongyuan weitergeht, kommt an **heißen Quellen** *wenquan*; Eintritt 15 Yuan) 4 km westlich vom Zentrum vorbei.

Outdooraktivitätten OUTDOORAKTIVITÄTEN

Gelegenheiten zum Wandern gibt's reichlich. Die Berglandschaft hinter dem Kloster ist eine schöne Möglichkeit. Eine andere ist die zweitägige *kora* rund um Zaga Sheshan (扎嘎神山), einen heiligen Berg, der nach dreistündiger Wanderung Richtung Süden zu erreichen ist. Ein Zelt ist erforderlich. Weitere Auskünfte erteilt Mr. Zheng im Restaurant Tian. Das Potala Inn kann inzwischen beim Organisieren von Pferdetrekking behilflich sein.

In Litang gibt es gleich hinter dem Kloster einen Ort für Himmelsbestattungen. Wer einer Himmelsbestattung beiwohnt, sollte aufmerksam zusehen und die Zeremonie sowie ihre Teilnehmer mit größter Achtung behandeln. Weitere Einzelheiten kann man von Mr. Zheng im Restaurant Tian erfahren.

Feste & Events

Eines der größten und farbenprächtigsten tibetischen Feste, das Reiterfest von Litang, ist ein jährlich stattfindendes Ereignis, zu dem Pferderennen, Schaureiten, Tanzwettbewerbe sowie eine Ausstellung mit Kunsthandwerk gehören. Es beginnt in der Regel am 1. August und dauert mehrere Tage.

Schlafen

Potala Inn HOSTEL €

(布达拉大酒店; Budala Dajiudian; ☎532 2533, 135 5198 9029; B/DZ 35/320 Yuan, 3BZ ohne Bad 150 Yuan; @📶) Dieses große, von einer warmherzigen, Englisch sprechenden Tibeterin namens Medok geführte Hostel bietet eine sehr gemischte Auswahl an Zimmern. Sie reicht von einfachen Schlafsälen mit Kojen bis zu im tibetischen Stil eingerichteten Doppelzimmern mit eigenem Bad. Hier werden Wanderungen, Pferdetrekking und Besuche bei Himmelsbestattungen geboten, und es gibt freies Internet und WLAN in der Lobby. Die Kehrseite sind die schlecht durchdachten Gemeinschaftstoiletten, die immer dann nicht funktionieren, wenn jemand die einzige Gemeinschaftsdusche benutzt. Vor dem Busbahnhof nach links wenden, dann liegt es auf der rechten Seite, zurückversetzt von der Hauptstraße.

Litang International Youth Guesthouse HOTEL €€

(理塘国际青年酒店; Litang Guoji Qingnian Jiudian; ☎532 4666) Diese zur Zeit der Recherche gerade neu eröffnete Herberge hat saubere Doppel- und Zweibettzimmer mit eigenem Bad, die für 160 Yuan zu haben waren, weil das Warmwasser noch angeschlossen werden musste, aber wahrscheinlich 200 Yuan bis 300 Yuan kosten werden, sobald alles fertig ist. Die nächste rechts nach der Abbiegung zur Potala Inn.

Night of Grassland PENSION €€

(草原之夜; Caoyuan Zhiye; ☎532 2655, 189 9047 3777; 2BZ 200–260 Yuan; 📶) Hübsche Doppelzimmer mit zwei Einzelbetten, mit WLAN und eigenem Bad, um einen Hofgarten gelegen. Beliebt bei Überlandreisenden auf Geländewagentour, daher lieber vorher anrufen (wenn auch kaum Englisch gesprochen wird). Vor dem Busbahnhof nach links gehen, dann links nach der Abbiegung zum Potala Inn. Auf Englisch ausgeschildert.

Essen

LP TIPP **Tian Restaurant** CHINESISCH, WESTLICH €

(天天饭食; Tiantian Fanshi; ☎135 4146 7941; 108 Xingfu Donglu; 幸福东路 108 号; Hauptgerichte 10–30 Yuan; ⊙9–23 Uhr ; 📋) Seit Langem bewährte Backpackeroase, geführt von dem stets freundlichen, Englisch sprechenden Koch Mr. Zheng. Das Essen ist eine gute Mischung aus chinesischer, tibetischer und westlicher Küche; es gibt auch Kaffee und eine verlässliche Reiseberatung. Vor dem Busbahnhof nach links und dann liegt es auf der linken Seite.

Tibetan Special Dishes TIBETISCH €

(藏人家特餐; Zangrenjia Tecan; Xingfu Donglu; 幸福东路; Hauptgerichte ab 15 Yuan; ⊙8–22 Uhr; 📋) Authentischere tibetische Küche gibt's in diesem einfachen, von einem freundlichen Mann aus Tagong geführten Lokal. Er spricht kein Englisch, hat aber eine englische Speisekarte. Es liegt zwischen dem Busbahnhof und dem Restaurant Tian zur Linken.

Praktische Informationen

China Post (中国邮政; Zhongguo Youzheng; Tuanjie Lu; ⊙9–11.30 & 14–17.30 Uhr) Vor dem Busbahnhof nach links, dann am Kreisverkehr rechts.

Internetcafé (网吧; *wangba*; Tuanjie Lu; pro Std. 5 Yuan; ⌚8.30–24 Uhr) Neben der Post.

An- & Weiterreise

Es ist in der Regel einfach, Busfahrkarten für Kangding oder Xinduqiao zu bekommen, aber die anderen Busse sind Durchgangsbusse, die oft schon voll besetzt sind, wenn sie in Litang ankommen. Minivans (ca. 10 bis 20 Yuan teurer als Busse) stehen vor dem Busbahnhof und warten auf Fahrgäste. Am schnellsten kommt man nach Norden bis Ganzi (110 Yuan; rund 5 Std.), wenn man einen Minivan über Xinlong nimmt. Auf dieser Route fahren keine öffentlichen Busse.

Öffentliche Busse:

Batang 63 Yuan, 3½ Std., 1-mal tgl. (etwa 15 Uhr)

Daocheng 48 Yuan, 4 Std., 1-mal tgl. (etwa 13.30 Uhr)

Kangding 87 Yuan, 8 Std., 1-mal tgl. (6.30 Uhr)

Xiangcheng 65 Yuan, 5 Std., 1-mal tgl. (etwa 13.30 Uhr)

Xinduqiao 63 Yuan, 6 Std., 1-mal tgl. (6.30 Uhr)

DAOCHENG (DABPA) 稻城

☎0836

Obwohl das Zentrum dieser kleinen Stadt heute ziemlich modern ist, strahlt Daocheng immer noch viel ländlichen Charme aus und ist ein idealer Ausgangspunkt für die Erkundung des herrlichen Naturparks Yading. Selbst wenn man Yading nicht besucht, lohnt es sich, hier ein paar Tage Ruhepause einzulegen und in den Bergen und Gerstenfeldern der Umgebung, in der ein paar tibetische Klöster liegen, zu wandern oder Rad zu fahren.

Schlafen

Freedom Inn Youth Hostel HOSTEL €

(自由驿; Ziyouyi; ☎189 9047 6036, 130 5645 2058; www.inoat.com; B/2BZ/3BZ 25/60/80 Yuan; 📶) Dexi Jie (德西街), die ruhige Gasse direkt gegenüber vom Here Café, eignet sich am besten als Standort. Drei Hostels kommen hier insbesondere in Frage. Besonders empfehlenswert ist das Freedom Inn: Es wird von der gleichen freundlichen Crew geführt, die auch das Here Café managt. Große, saubere Zimmer mit eigenem Bad sind ihr Geld absolut wert, dazu gibt's WLAN sowie einen schönen Gartenhof. Die zweite rechts von der Dexi Jie abgehend.

Ebenfalls zu empfehlen sind das **Yading Backpackers Hostel** (亚丁人社区; Yading Ren Shequ; ☎135 0829 5808; www.yading.net; B/DZ 30/120 Yuan; @📶), bei dem kleine Zimmer rund um den Innenhof eines sehr schönen tibetischen Blockhauses liegen (erste rechts von der Dexi Jie abgehend), und das **De Ji Zang Jia Hostel** (德吉藏家客栈; Deji Zangjia *kezhan*; ☎133 3079 0114, 150 7086 9707; B/DZ 25/90 Yuan; @📶), ähnlich wie das Yading Backpackers (links, Dexi Jie Nr. 3).

Essen

LP TIPP Here Café CAFÉ €

(高原反映咖啡馆; Gaoyuan Fanying Kafeiguan; ☎572 8667; Hauptgerichte 15–30 Yuan; ⌚9–24 Uhr; 📶) Dieses wunderbar rustikale Café in einem tibetischen Blockhaus ist Treffpunkt aller Reisender in Daocheng. Der Kaffee (ab 25 Yuan) ist hier toll, es gibt viel Bier (ab 15 Yuan) und eine kleine Auswahl an leckeren Speisen. Das WLAN ist kostenlos. Der Manager spricht ein bisschen Englisch, das übrige Personal sogar etwas mehr. Alle sind freundlich und geben gern Ratschläge, wie man am besten die Umgebung, darunter der Naturpark Yading, besichtigen kann. Das Café liegt am Osteingang links, 100 m vor dem Busbahnhof.

Praktische Informationen

Fahrräder (pro Tag 15 Yuan) sind einem Laden auf der rechten Seite der Dexi Jie, der Gasse gegenüber vom Here Café, zu mieten. Auf einem Schild steht 自行车出租行 (*zixingche chuzu hang*; Fahrradverleih).

An- & Weiterreise

Zwei Busse fahren täglich um 6 Uhr ab. Einer fährt nach Chengdu (245 Yuan, 20 Std.), über Litang (3 Std.) und Kangding (135 Yuan, 10 Std.). Der andere fährt Richtung Südwesten nach Shangri-la (Zhongdian; 114 Yuan, 10 Std.) in der Provinz Yunnan, über Xiangcheng (3 Std.). Fahrkarten kann man ab 14 Uhr am Vortag kaufen, nur die nach Litang oder Xiangcheng gibt es erst am Morgen, wenn der Bus abfährt. Minivans (pro Pers. 60 Yuan) sind für diese beiden Zielorte üblicher.

Minivans stellen die einzige Möglichkeit dar, zum Naturpark Yading zu kommen (50 Yuan, 3 Std.).

XIANGCHENG (CHAKTRENG) 乡城

☎0836

Wer seine Reise in die oder aus der Provinz Yunnan unterbrechen will, für den ist die-

SCHLECHTE STRASSEN

Die Straßen in Westsichuan gelten generell als schlecht, aber zur Zeit der Recherche befanden sie sich mitten in einem umfangreichen, über drei Jahre geplanten Programm zur Erneuerung des Straßenbelags, sodass sie streckenweise nur noch ein Schlammbad waren. Die Fahrzeiten waren daher manchmal doppelt so lang wie geplant und nach schweren Regenfällen waren manche Abschnitte überhaupt nicht mehr passierbar. Die Straßenbauarbeiten sollen 2014 (angeblich) beendet sein. Bis dahin ist es ratsam, sich nach neuesten Infos über Reisezeiten in Hostels der Gegend zu erkundigen. Die von uns angeführten Zeitangaben stammen aus der Zeit, bevor mit der Belagerneuerung begonnen wurde.

se kleine, aber moderne Stadt ein angenehmer Stopp. Es gibt ein hübsches **Kloster** (Eintritt 15 Yuan) am oberen Ende der Stadt, das eine schöne Aussicht bietet.

Das freundliche **Seven Lake Hotel** (七湖宾馆; Qihu Binguan; ☎582 5059; 2BZ ohne/mit Bad 40/70 Yuan; 📶), gleich oberhalb des Busbahnhofs zur Linken, hat einfache, aber preisgünstige Zimmer und im oberen Stock ein Teehaus sowie eine Bar mit WLAN.

Weiter oben wartet auf der rechten Seite, kurz vor dem Stadtplatz, das **Jiaozi Dian** (饺子店; Gerichte ab 7 Yuan; ⌚7.30–19.30 Uhr) mit gekochten Teigtaschen (水饺; *shuijiao;* pro *jin* (500 g; 26 Yuan) auf; ein halber *jin* (*ban jin*) ist reichlich, aber das wird noch getoppt von einer Mordsportion *gan banmian* (干拌面; Hackfleisch mit Trockennudeln; 7–9 Yuan).

An- & Weiterreise

Zwei Busse fahren täglich um 6 Uhr ab. Einer fährt Richtung Süden nach Shangri-la (Zhongdian; 85 Yuan, 8 Std.). Der andere hat Kangding (151,50 Yuan, 12 Std.) zum Ziel, aber Achtung: In diesem Bus werden keine Fahrkarten nach Litang verkauft, obwohl es auf dem Weg liegt. Dorthin geht's nur mit dem Sammelminivan (80 Yuan, 4–5 Std.). Ein Sammelminivan nach Daocheng (3 Std.) kostet rund 60 Yuan.

NORDSICHUAN

Die meisten Reisenden lernen die alpinen Waldteppiche, endlosen Weideflächen, Eisseen und schneebedeckten Berge Nordsichuans beim Wandern oder sogar Zelten in dem herrlichen Naturpark Jiuzhaigou oder beim Pferdetrekking in der Gegend von Songpan kennen. Von hier aus geht's auch Richtung Norden nach Gansu, Shaanxi oder sogar Qinghai oder über Danba ins westliche Sichuan.

Songpan 松潘

☎0837 / 71650 EW.

Trekkingtouren mit Pferden in den Wäldern und Bergen sind die Hauptattraktion in diesem ruhigen historischen Städtchen, aber auch wandern lässt es sich hier gut. Da es viele Backpacker hierherzieht, kann man sich in Songpan gut auf den neuesten Stand der Reisestorys bringen.

Zu beachten ist, dass Songpan in den Wintermonaten (Dezember bis März) fast völlig zum Stillstand kommt. Viele Pensionen und Restaurants, darunter Emma's Kitchen, sind dann geschlossen. Trekkingtouren zu Pferd sind allerdings auch dann möglich.

Sehenswertes

Songpans teilweise neuerbaute **Stadtmauer** mag kaum zehn Jahre alt sein, aber seine **alten Stadttore** sind Orignalbauten aus der Ming-Dynastie vor rund 600 Jahren. Zu beachten sind die Pferderitzungen am Fuß der beiden Südtore, halb verschluckt vom ständig steigenden Niveau der Straße. Der einzige original erhaltene Teil der **alten Mauer** befindet sich beim neugebauten Westtor, das am Hang liegt und auf die Stadt blickt.

Zwei **überdachte Holzbrücken** (古松桥; Gusong Qiao), deren Fundamente tatsächlich noch alt sind, überspannen den Fluss Min. Am Westufer des Flusses steht der **Guanyin Ge** (观音阁), ein kleiner Tempel nahe dem Anfang eines bergauf führenden Pfades, von dem aus sich ein guter Blick über Songpan bietet.

Aktivitäten

Pferdetrekking

Eine der beliebtesten Möglichkeiten, die idyllischen Bergwälder und herrlich smaragdgrünen Seen in Songpans Umgebung

ABSTECHER

NATURPARK YADING

Der traumhaft schöne **Naturpark Yading** (亚丁风景区; Yading Fengjingqu; Eintritt 150 Yuan) liegt inmitten von drei schneebedeckten heiligen Bergen, die eine Trinität um bewaldete Täler, wunderbar klare Flüsse und von Gletschern gespeiste Seen bilden. Das ist einfach eine von Chinas schönsten Landschaften, aber zugleich auch eine seit 800 Jahren von dort lebenden Tibetern hoch verehrte Region. Für sie repräsentiert jeder der drei Gipfel, deren tibetische Namen „Weisheit", „Kraft" und „Mitgefühl" bedeuten, Bodhisattvas, und die Teilnahme an der 30 km langen, zwölfstündigen *kora* (rituelle Umwanderung) buddhistischer Pilger um den höchsten Gipfel kann ein tief ergreifendes Erlebnis sein.

Die drei Berge – Chenresig, Chana Dorje und Jampelyang – sind alle rund 6000 m hoch, und selbst die Wanderpfade liegen in etwa 4000 m Höhe, also muss sich jeder, der zu einem Treck aufbricht, erst richtig akklimatisiert haben.

Die *kora* führt um den 6032 m hohen **Chenresig** (仙乃日; Xiannairi), den höchsten der drei Gipfel, und dauert rund zwölf Stunden (tibetische Pilger schaffen es in weniger als acht Stunden). Um einen sehr langen Wandertag zu vermeiden, empfehlen wir, ungefähr nach der Hälfte des Rundgangs zu zelten, allerdings muss man die gesamte Ausrüstung und den Proviant selbst mitbringen. Der Pfad ist leicht zu gehen, solange man den Berg zur Rechten hat und immer rechts abbiegt, wenn es mehrere Möglichkeiten gibt.

Wer keine Zeit oder keine Energie für die ganze *kora* hat, kann kürzere Wanderungen im Reservat unternehmen. Auch kurze Pferderitte sind möglich, und es stehen Elektrokarren bereit, die Besucher zum Luorong-Grasland hoch- und wieder zurückbringen.

Der Haupteingang liegt in der kleinen Ansiedlung **Longlong Ba** (龙龙坝). Von hier kann man zu dem 800 Jahre alten **Kloster Changgu** (中古寺; Zhonggu Si; 3 km, 1 Std.) wandern, dann zum **Luorong-Grasland** (洛绒牛场; Luorong Niuchang; 6 km, 2 Std.), von wo aus sich ein herrlicher Ausblick auf alle drei Berggipfel bietet und bis wohin die meisten einheimischen Touristen gehen. Von hier kann's weitergehen zum **Milchsee** (牛奶海; Niunai Hai; 5 km, 3 Std.), der etwa 30 Minuten Fußweg vom hinreißend schönen **Fünffarbensee** (五色海; Wuse Hai) entfernt ist und ungefähr auf halber Strecke um den Berg liegt.

Die besten Besuchszeiten für das Reservat sind Mai bis Juni und September bis Anfang Oktober.

An- & Weiterreise

Ein Sammelminivan (pro Pers. 50 Yuan, 3 Std.) von **Daocheng** zum Eingang in Longlong Ba nehmen.

Die Eintrittskarten für das Reservat werden 35 km vor Longlong Ba in der kleinen Ortschaft **Riwa** (日瓦) gekauft. Der Fahrer weiß das und hält unterwegs. 3 km vor Longlong Ba liegt das **Dorf Yading** (亚丁村; Yading Cun), wo es mehrere einfache Unterkünfte für diejenigen gibt, die früh aufstehen und an der *kora* teilnehmen wollen. Manchmal gibt's einen kostenlosen Shuttlebus von Dorf Yading nach **Longlong Ba**, aber wer nicht vorhat, im Dorf Yading zu bleiben, bittet den Fahrer, von Daocheng ganz bis nach Longlong Ba durchzufahren.

kennenzulernen, ist die Teilnahme an einer Pferdetrekkingtour. Unter der Leitung von Fremdenführern reitet man auf einem nicht allzu großen, ausgesprochen zahmen Pferd durch unberührte Täler und Wälder. Für zahlreiche Urlauber ist dieses Erlebnis eines der Highlights auf ihrer Reise durch diese Region.

Shunjiang Horse Treks (顺江旅游马队; Shunjiang Lüyou Madui; ☎880 9118) organisiert seit Jahren Pferdeausritte für ausländische Touristen (trotz ziemlich mieser Englischkenntnisse). Angeboten wird alles von ein- bis 14-tägigen Trecks und Trips, die ganz nach Wunsch arrangiert werden können.

Eine der bliebtesten Touren ist der drei- oder viertägige Treck zum **Eisberg** (雪玉顶; Xueyuding), ein fantastischer Ritt durch eine unberührte Landschaft.

Die Kosten belaufen sich auf 200 bis 230 Yuan pro Person pro Tag, alles inklusive. Die Führer kümmern sich um alles: Wer nicht will, braucht keinen Zeltpflock oder Kochtopf anzurühren. Die einzigen zusätzlichen Kosten sind anfallende Eintrittsgebühren zu Sehenswürdigkeiten oder Nationalparks, aber das wird einem vor Beginn der Tour mitgeteilt.

Die meisten Reisenden scheinen mit dem Service zufrieden zu sein, aber gelegentlich hören wir von etwas lustlosen Guides, die wenig Sinn für die Belange der Umwelt haben. Eine Alternative wäre der weniger bekannte, aber gut geführte **Qiqile Madui** (骑奇乐马队; ☎723 4138, 135 6879 2936; Pers./Tag 200 Yuan), allerdings ist man dort weniger an den Umgang mit ausländischen Touristen gewöhnt.

Wandern WANDERN

Die Berglandschaft der Umgebung lädt zum Wandern ein. Eine Möglichkeit ist es, zum einzigen erhaltenen Teil der ursprünglichen Stadtmauer nahe dem **Westtor** hinaufzuwandern. Dieser Weg nimmt etwa eine Stunde in Anspruch. Es gibt insgesamt drei Wege, die bergauf führen, und das bedeutet, dass auch ein Rundtrip möglich ist. Ein Weg beginnt neben dem Fluss nördlich vom Nordtor. Ein anderer führt von der Post bergauf, und ein dritter startet beim Tempel Guanyin. Möglich ist es außerdem, ungefähr zwei Stunden zum **Kloster Shangniba** (上泥巴寺庙; Shangniba Simiao) in den östlichen Bergen zu wandern. Weitere Auskünfte im Emma's Kitchen erfragen.

Schlafen

Shunjiang Guesthouse PENSION €

(顺江自助旅馆; Shunjiang Zizha Lüguan; ☎723 1064; Shunjiang Beilu; 顺江北路; B 25 Yuan, 2BZ & DZ 80 Yuan) Die Besitzer von Shunjiang Horse Treks führen die einfache Pension mit recht anständigen, rund um einen offenen Hof gelegenen Zimmern. Bei kaltem Wetter kann es frostig sein, aber die Badezimmer haben Heizstrahler und rund um die Uhr heißes Wasser, und die Betten sind mit elektrischen Heizdecken ausgestattet.

Songpan

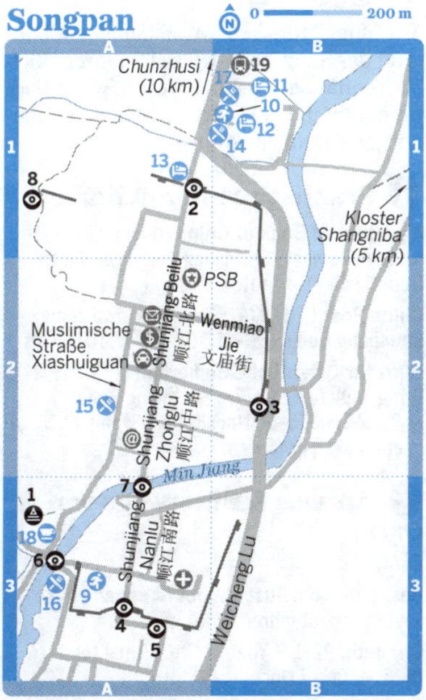

Songpan

Sehenswertes

1 Guanyin Ge ... A3
2 Nordtor ... A1
3 Osttor ... B2
4 Südtor ... A3
5 Südtor ... A3
6 Überdachte Holzbrücke ... A3
7 Überdachte Holzbrücke ... A3
8 Westtor ... A1

Aktivitäten, Kurse & Touren

9 Qiqile Madui ... A3
10 Shunjiang Horse Treks ... B1

Schlafen

11 Old House Hotel ... B1
12 Shunjiang Guesthouse ... B1
13 Sun River International Hotel ... A1

Essen

14 Emma's Kitchen ... B1
15 Muslimische Restaurants ... A2
16 Shengdi Zangjiale ... A3
17 Song in the Mountain ... B1

Ausgehen

18 Teehäuser ... A3

Transport

19 Busbahnhof ... B1

Tendenziell verdoppeln sich die Preise in den Sommerferien.

Old House Hotel PENSION €
(古韵客栈; Guyun *kezhan*; ☎172 31368; Shunjiang Beilu; 顺江北路; B/EZ/2BZ 30/80/100 Yuan; @📶) Der beim Busbahnhof gelegene, attraktive dreistöckige Holzbau bietet kleine, aber saubere Zimmer um einen Innenhof. Englisch sprechendes Personal, 24 Stunden Heißwasser und WLAN. Auch hier verdoppeln sich die Preise tendenziell in den Sommerferien.

Sun River International Hotel HOTEL €€
(太阳河国际大酒店; Taiyanghe Guoji Dajiudian; ☎723 5000; Shunjiang Beilu; 顺江北路; DZ/2BZ 600/680 Yuan, mit Rabatt 200/280Yuan; 📶) Schummerige Korridore führen in ordentliche Zimmer der Mittelklasse.

Essen

Wer sehen will, wo Songpans große Gemeinde der Hui-Muslime ihre Nudeln kauft, geht in die **muslimische Straße Xiashuiguan** (下水盥清真街), wo es mehrere kleine **muslimische Restaurants** (Gerichte 10–15 Yuan; ⌚8–21.30 Uhr) mit englischen Schildern, aber keinen englischen Speisekarten gibt. Typische Speisen sind u.a. *Lanzhou lamian* (兰州拉面; handgezogene Lanzhu-Nudeln), *gan banmian* (干拌面; Trockennudeln mit Hackfleisch), *daoxiao mian* (刀削面; mit dem Messer geschnittene Nudeln) und *yangza tang* (羊杂汤; Suppe mit Schafinnereien).

TIBETS VERBOTENE ZONEN

Zur Zeit der Recherche war es für Ausländer verboten, auf dem Landweg von Sichuan nach Tibet einzureisen, weil Tibets östlichste Präfektur Chamdo, die an Sichuan grenzt, vollkommen „off limits" war. Ebenso war die Präfektur Aba in Nordsichuan lange Zeit gesperrt. Im März (in dem einige politisch heikle Jahrestage liegen) und meist auch im April ist Tibet oft für Ausländer ganz geschlossen. Diese vorübergehende Grenzschließung hat sich in den letzten Jahren auch auf Sichuans Präfektur Ganzi erstreckt. Auf den China- und Tibetseiten im Online-Forum von Lonely Planet, **Thorn Tree** (www.lonelyplanet.com/thorntree) über den neuesten Stand informieren.

LP TIPP **Emma's Kitchen** CAFÉ, RESTAURANT €€
(小欧洲西餐厅; Xiao Ouzhou Xicanting; Shunjiang Beilu; ☎723 1088, 131 0837 2888, emmachina@hotmail.com; Hauptgerichte 15–50 Yuan; ⌚ab 8 Uhr; @📋)

Songpans beliebtester Ausländertreffpunkt ist dieses ruhige Café, in dem frischer Kaffee, Pizza und andere westliche Kost neben chinesischen Gerichten serviert werden. Emma ist enorm hilfsbereit und kann fast alles, vom Wäschewaschen über Bahnfahrkarten bis hin zu Lunchpaketen für den Reitausflug organisieren. Es gibt auch Internet (pro Std. 6 Yuan) und es ist möglich, CDs zu brennen (pro Scheibe 15 Yuan). Zur Zeit der Recherche plante Emma den Ausbau des hinteren Teils des Cafés zu Gästezimmern. Per E-Mail nach dem neuesten Stand erkundigen.

Ein paar Türen weiter hat das **Song in the Mountain Restaurant**, geführt von der hilfsbereiten Sarah Yang, eine ähnliche Speisekarte (ohne frischen Kaffee) mit etwas niedrigeren Preisen.

Shengdi Zangjiale TIBETISCH €
(圣地藏家乐; Hauptgerichte 10–35 Yuan; ⌚7–21 Uhr; 📋) Eine recht gute Auswahl an tibetischen Speisen, serviert in traditionellen Zelten oder an Tischen in einem von Bäumen beschatteten Garten am Fluss.

Ausgehen

Am Fluss Min (岷江; Min Jiang) am Südrand der Stadt befinden sich mehrere kleine **Teehäuser** (Tee 5–10 Yuan; ⌚8–18 Uhr), wo man mit den Einheimischen den Nachmittag vertrödeln kann

Praktische Informationen

Agricultural Bank of China (中国农业银行; Nongye Yinhang; Shunjiang Beilu) Ausländerfreundlicher Geldautomat.

China Post (中国邮政; Zhongguo Youzheng; Shunjiang Beilu; ⌚9–11.30 & 14–17.30 Uhr)

Büro für Öffentliche Sicherheit (PSB; 公安局; Gong'anju; ☎723 3778; Shunjiang Beilu; ⌚8.30–12 & 15–18 Uhr) Kann gewöhnlich Visa in einem Tag erneuern.

Anreise & Unterwegs vor Ort

Bus

Busse, die vom **Busbahnhof Songpan** (客运站; keyunzhan) abfahren, sind u.a.:

Chengdu 92–121 Yuan, 8 Std., 3-mal tgl. (6, 6.30 und 7 Uhr)

ABSTECHER

NATIONALPARK HUANGLONG

Ein Ausflug in den **Nationalpark Huanglong** (黄龙景区; Huanglong Jingqu; www.huanglong.com; Tal des Gelben Drachen; Erw. 200 Yuan; ⌚7–18 Uhr) ist im Wesentlichen eine sehr teure, dreistündige Wanderung auf und ab in einem kleinen Tal. Das Tal ist allerdings fantastisch, und seine terrassenförmig liegenden Teiche, deren farbige Kalksteine blau, türkis, gelb und grün schimmern, sind einzigartig. Wer also das Geld übrig hat – dieser Ausflug lohnt sich unbedingt. Die Gegend ist zudem ideal zum Picknicken. Die beste Zeit, um hierher zu kommen, ist zwischen Mai und Oktober und vorzugsweise im Juli und August.

Am Parkeingang befindet sich ein modernes **Besucherzentrum** mit Restaurant, Teehaus und kostenloser Gepäckaufbewahrung. Auch eine kostenlose Broschüre in englischer Sprache mit einer Karte des Parks liegt hier aus. Es gibt mehrere teure Hotels für Reisegruppen am Eingang, aber die meisten Touristen machen einen Tagesausflug von Songpan oder Jiuzhaigou aus.

Es ist relativ einfach, von einem Bus oder einem Minivan von hier aus nach Jiuzhaigou mitgenommen zu werden. Wer nach Songpan will, muss wohl eine Mitfahrgelegenheit nach Chuanzhu Si (川主寺; 25 Yuan, 1 Std.) suchen, von wo aus es dann mit einem Sammeltaxi nach Songpan weitergehen kann (10 Yuan). Achtung: Es gibt einen Flughafenbus nach Jiuzhaigou (100 Yuan), der hier lange genug hält, um Fahrgästen Zeit für eine Parktour zu geben.

Jiuzhaigou 32 Yuan, 2½ Std., 2-mal tgl. (9 und 13 Uhr)

Ma'erkang 105–120 Yuan, 7 Std., 1-mal tgl. (6.20 Uhr)

Nationalpark Huanglang 28 Yuan, 2 Std., 2-mal tgl. (6 und 14 Uhr)

Zöigě 46 Yuan, 3 Std., 2-mal tgl. (10 und 14.30 Uhr)

Flugzeug

Im Kapitel Juizhaigou (S. 841) stehen Informationen über Flüge in diese Gegend. Es gibt keine öffentlichen Verkehrsmittel zwischen Songpan und dem Flughafen. Ein Taxi kostet um die 100 Yuan.

Nationalpark Jiuzhaigou 九寨沟风景名胜区

☎0837 / 62 000 EW.

Diese phänomenale Unesco-Welterbestätte Nationalpark Jiuzhaigou (Jiuzhaigou Fengjing Mingshengqu; Nationalpark Neun-Dörfer-Tal; www.jiuzhai.com; Eintritt Mai–Mitte Nov. 220 Yuan, Mitte Nov.–Apr. 80 Yuan, Shuttlebus 90 Yuan; ⌚7–18 Uhr) ist eine der Hauptattraktionen Sichuans. Mehr als 2 Mio. Menschen besuchen jedes Jahr diesen traumhaft schönen Park, um seine berühmten tiefblauen Seen, seine rauschenden Wasserfälle und seine sattgrünen Bäume vor schneebedeckten Bergketten zu bestaunen.

Dazu kommen noch kilometerlange, sorgsam gepflegte Plankenwege und Ökotourismus-Campingausflüge, und schon ist man dem Zauber Jiuzhaigous voll und ganz erlegen.

Die beste Zeit für einen Besuch des Parks ist von September bis November, wenn der Himmel meist klar ist, und (vor allem im Oktober) leuchtende Herbstfarben mit den türkisfarbenen Seen kontrastieren. Im Sommer ist am meisten los, aber es regnet auch viel. Im Frühling kann es kalt, aber auch schon angenehm sein, und im Winter, wenn man auf eisige Temperaturen eingestellt ist, machen eisüberzogene Baumgestalten und zu Eis erstarrte Wasserfälle (und dazu niedrigere Preise) die Kälte wett.

In der Hochsaison belaufen sich die Kosten für Eintrittskarten für Studenten und über 60-Jährige auf 110 Yuan. Über 70-Jährige und Kinder unter sechs Jahren können kostenlos hinein.

Jiuzhaigou bedeutet wörtlich „Neun-Dörfer-Tal" und bezieht sich auf die neun tibetischen Dörfer dieser Gegend. Einer Legende zufolge entstand Jiuzhaigou, als ein eifersüchtiger Teufel dafür sorgte, dass die Göttin Wunosemo ihren Zauberspiegel fallen ließ, der ein Geschenk ihres Liebsten, des Gottes Dage, war. Der Spiegel fiel zu Boden und zersprang in 118 türkis schimmernde Seen.

Jiuzhaigou

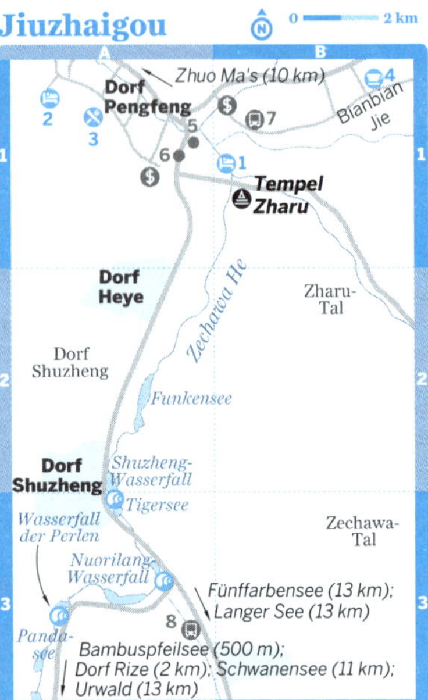

Jiuzhaigou

Highlights
Tempel Zharu ... B1

Schlafen
1 Jiuzhaigou Grand Hotel ... B1
2 Uncle Jiang's Family Guesthouse ... A1

Essen
3 Abu Luzi ... A1

Ausgehen
4 Star Café ... B1

Praktisches
5 Besucherzentrum & Tickets ... A1
6 Parkeingang ... A1

Transport
7 Busbahnhof ... B1
8 Busbahnhof Nuorilang ... A3

Sehenswertes

Seen & Wasserfälle SEEN

Die Hauptstraße verläuft am Zechawa (Zechawa He) entlang durch das Shuzeng-Tal, vorbei am Dorf Heye (Heye Cun) zum **Funkensee** (火花海; Huohua Hai). Dies ist der erste von mehreren Seen, die vom **Shuzheng-Wasserfall** (树正瀑布; Shuzheng Pubu) gespeist werden.

Ein Wanderweg beginnt nördlich des Funkensees und verläuft am Ostufer des Flusses hoch zum **Nuorilang-Wasserfall** (诺日朗瀑布; Nuorilang Pubu). Hier gabelt sich die Straße. Die östliche Straße führt zum **Langen See** (长海; Chang Hai) und **Fünffarbensee** (五彩池; Wucai Chi) und die westliche Straße zum **Schwanensee** (天鹤海; Tian'e Hai). Die westliche Route hat mehr Attraktionen zu bieten. Die meisten sind auf einem ruhigen Waldpfad zu erreichen, der vom **Spiegelsee** (镜海; Jinghai) zum **Pandasee** (熊猫海; Xiongmao Hai) führt. Die Aussicht, vor allem auf den **Wasserfall der Perlen** (珍珠滩瀑布; Zhenzhutan Pubu), ist von diesem Pfad aus besonders schön.

Die östliche Route sollte im Bus zurückgelegt werden, weil die schmale Straße stark befahren ist und es weniger zu sehen gibt. Dennoch lohnt es sich, die beiden Seen an ihrem Ende, den Langen See und den Fünffarbensee, zu besuchen.

Vom Parkeingang zum Nuorilang-Wasserfall sind es ungefähr 14 km. Nach weiteren 17,5 km auf der westlichen Straße kommt man zum Schwanensee und nach noch ein paar Kilometern zum **Urwald**, der am Ende der Straße liegt. Auf der östlichen Straße sind es vom Nuorilang-Wasserfall zum Langem See rund 18 km.

Tempel Zharu TEMPEL

Die erste offizielle Sehenswürdigkeit im Park selbst ist der tibetische Tempel Zharu (扎如寺; Zharu Si; Zaru Gompa auf Tibetisch) im Zharu-Tal. Der Bus hält hier nicht, aber es ist nur ein kurzer Fußweg vom Kartenschalter aus; an der ersten Abzweigung von der Hauptstraße nach links wenden.

Aktivitäten

Im Rahmen des **Ökotourismus-Programms** (773 7811; ecotourism@jiuzhai.com; Besucherzentrum; 1-/2-/3-Tageswanderungen 560/1360/1960 Yuan) können Besucher nun im östlich vom Haupttouristental gelegenen Zharu-Tal wandern und sogar zelten. Das ist in China höchst selten, und da die Besucherzahlen streng begrenzt sind, ist es ratsam, vorher eine E-Mail zu schreiben oder anzurufen, vor allem, wenn Zelten geplant ist. Die Preise schließen Englisch sprechende Führer, sämtliche Campingausrüstung und die Hauptmahlzeiten ein (Obst und Snacks können auch selbst mitgebracht werden), aber nicht den Parkeintritt. Zu den mehrtägigen Wandertouren gehört Zeit für einen Besuch des Hauptparks ohne Führer nach Abschluss der Wanderung. Weitere Einzelheiten sind auf der Website des Parks zu finden oder im Besucherzentrum (游客中心; youke zhongxin) zu erfragen.

Für alle, die lieber allein unterwegs sind, finden sich überall in dieser Gegend fantastische Gelegenheiten zum **Wandern**. Allerdings muss man sich vom Nationalpark selbst fernhalten. Eine herrliche Wandermöglichkeit bietet sich in den Bergen in der Nähe von Zhuo Mas Privatunterkunft; Zhuo Ma kann sagen, wo es schön ist. Sie arrangiert auch kurze **Pferderitte** (2 Std.; 180 Yuan) vom Dorf aus und hilft bei **tibetischen Kochkursen** (2–3 Std.; pro Pers.inkl. Mahlzeit 150 Yuan) im Restaurant Abu Luzi.

Schlafen

Es gibt eine fast unbegrenzte Zahl von Hotels um das Dorf Penfeng (彭丰村; Pengfeng Cun), sodass es kein Problem ist, falls die hier genannten Unterkünfte voll sein sollten. Übernachtungen im Park sind nicht erlaubt.

LP TIPP Zhuo Ma's PENSION €

(卓玛; Zhuoma; ☎135 6878 3012; www.zhuomajiuzhaigou.hostel.com; pro Pers. 180 Yuan) Diese absolut tibetische Privatunterkunft ist eine schön dekorierte Holzhütte in einem winzigen Dorf, das vom Hauptpark aus etwa 10 km talaufwärts gelegen ist. Die wunderbare Gastfamilie hat sechs einfache Zimmer zu bieten. Die unglaublich nette Zhuo Ma spricht etwas Englisch und begrüßt ausländische Gäste besonders herzlich. Ihre Mutter *(amma)* ist die Chefin und bereitet die Mahlzeiten zu. Es gibt ein Gemeinschaftsbad mit Dusche, und in den Preisen sind drei Mahlzeiten täglich sowie das Abholen vom Busbahnhof (das sonst etwa 50 Yuan kostet) eingeschlossen.

Wer von Songpan kommt, kann den Fahrer bitten, ihn an der Hauptstraße im Dorf Shansi (山四寨; Shansi Zhai) abzusetzen. Von hier aus geht's in 15 Minuten zu Fuß auf einem Sandweg zu Zhuo Ma's.

Uncle Jiang's Family Guesthouse HOSTEL €

(九寨人家青年旅舍; Jiuzhai Renjia Qingnian Lüshe; ☎777 4455; www.jzrjhostel.com; Pengfeng Village; 彭丰村; Pengfeng Cun; B/DZ 30/80 Yuan; @📶) Es gibt fünf oder sechs ganz normale, nur 100 m voneinander entfernte Jugendherbergen im Dorf Pengfeng. Diese liegt am weitesten vom Parkeingang entfernt, hat aber die beste Hostelatmosphäre, mit freundlichem Personal und einem anständigen Café-Restaurant in der Lobby. Von Juli bis Oktober ist mit einem Anstieg der Preise auf 100/180 Yuan zu rechnen.

Jiuzhaigou Grand Hotel HOTEL €€€

(九寨沟贵宾楼饭店; Jiuzhaigou Guibinlou Fandian; ☎773 9066, 773 5555; Zi. mit Frühstück ab 696 Yuan, mit Rabatt 200 Yuan) Das Hotel

„ANLEITUNG" FÜR JIUZHAIGOU

» **Früh losfahren** Möglichst früh nach der Parköffnung um 7 Uhr ankommen. Dann hat man nicht nur mehr Zeit, sondern auch einen Vorsprung vor den länger schlafenden Gruppenreisenden.

» **Erst nach oben** Da die schönsten Ausblicke in den höheren Lagen des Parks zu finden sind, zuerst die Highlights anschauen – mit dem Hop-on-Hop-off-Bus hochfahren und dann nach unten gehen oder fahren. Als erstes Ziel den Langen See oder Schwanensee anpeilen, dann zur Nuorilang-Gabelung hinunterwandern, dort die andere Abzweigung hochgehen. Später am Tag geht's zu den Seen zwischen Nuorilang und dem Parkeingang.

» **Aus dem Bus aussteigen** Wanderpfade durchziehen den ganzen Park, und wer zu Fuß geht, meidet die Massen. Die Wanderpfade verlaufen meist von der Straße aus gesehen auf der anderen Seite der Seen, sodass es dort friedlicher und auch ruhiger zugeht.

» **Ein Lunchpaket mitnehmen** Im Park selbst gibt es nur wenige Restaurants, und die sind teuer. Wer sich Proviant mitbringt, kann abseits der Besucherscharen Picknick machen.

DIE STRASSE NACH GANSU

Wer nach Norden in die Provinz Gansu will, muss von Songpan aus mehrmals umsteigen. Erste Bushaltestelle ist **Zöige** (若尔盖; Ruo'ergai), eine kleine, staubige tibetische Stadt inmitten der Hochlandsteppe und mit der Atmosphäre einer Grenzstadt. Im Spätsommer erblüht das Grasland zu Leben und ist von Wildblumen übersät; dann ist es möglich, Pferdetrekkingtouren zu unternehmen, auch wenn die Angebote nicht so gut sind wie in Songpan und Englischkenntnisse bei den Organisatoren der Touren praktisch nicht vorhanden sind.

Shuguang Binguan (曙光宾馆; ☎0837-229 2988; 2BZ 100 Yuan) bietet ordentliche Zimmer mit eigenem Bad. Vor dem Busbahnhof nach links wenden und 100 m weiterlaufen. Diese Straße (Shuguang Jie) ist auch von vielen Esslokalen gesäumt.

Zöige-Busse fahren nach Songpan (42 Yuan, 3 Std., 10 und 14 Uhr) und Langmusi (21 Yuan, 2 Std., 14.30 Uhr), eine zauberhafte Klosterstadt, die sich beiderseits der Grenze zwischen Sichuan und Gansu erstreckt und in der es Verkehrsmittel für die Weiterfahrt nach Lanzhou gibt.

Immer daran denken, dass die Höhe hier extrem ist (Zöige liegt in einer Höhe von 3500 m) und die Temperaturen oft auf sehr unangenehme Werte absinken. In den Wintermonaten macht Schnee die Straßen häufig unpassierbar, sodass Busse nur sporadisch verkehren.

neben dem Eingangstor zum Park ist unschlagbar nobel. Die Zimmer selbst entsprechen durchschnttlicher Mittelklasse, aber sie sind groß und viele blicken entweder auf die Berge oder auf den Fluss, der am Hotel vorbeifließt. Von Juli bis Oktober muss man mit mindestens 480 Yuan pro Zimmer rechnen.

Essen & Ausgehen

Das Dorf Pengfeng ist voller billiger sichuanischer Restaurants. Ein paar Restaurants gibt's auch an der schönen Uferpromenade Bianbian Jie. Im Park selbst sind Snacks und Getränke ganz schön teuer. Ansonsten gibt's ein Restaurant (ebenfalls teuer) an der Abzweigung nach Nuorilang.

LP TIPP Abu Luzi TIBETISCH €€
(阿布氇孜; Abu Luzi Fengqing Zangcanba; ☎139 9042 1118, 135 6878 3012; www.abuluzi.com; Pengfeng Village; 彭丰村; Pengfeng Cun; Gerichte ab 35 Yuan; ⏲11–23 Uhr; 📋) Dieses Restaurant, das tibetischste in Jiuzhaigou und von der Familie hinter Zhuo Mas Privatunterkunft geführt – Zhuo Mas Bruder ist ausgebildeter Koch –, hat eine umfangreiche Speisekarte mit köstlichen tibetischen Gerichten. Hier finden auch **tibetische Kochkurse** (150 Yuan) statt.

Star Café CAFÉ €
(太白楼; Taibai Lou; ☎773 9839; 23 Bianbian Jie; 边边街 23 号; Hauptgerichte 20–45 Yuan; ⏲11.30–24 Uhr; 📶📋) Das Star Café ist das coolste Lokal vor Ort und bietet frischen Kaffee (ab 20 Yuan), Bier (ab 15 Yuan) und Wein sowie eine ordentliche Auswahl an internationalen Gerichten (20–45 Yuan). Es gibt außerdem WLAN und eine Terrasse am Fluss.

Praktische Informationen

Am Parkeingang befindet sich ein **Geldautomat** (自动柜员机; Zidong Guiyuan), der ausländische Karten akzeptiert, ebenso wie die China Construction Bank (in der Nähe des Busbahnhofs gelegen) und die Agricultural Bank of China (im Dorf Pengfeng), die auch Bargeld wechseln. Es gibt einige **Internetcafés** (网吧; *wangba*) im Dorf Pengfeng.

Der Park hat eine ausgezeichnete englischsprachige Website unter www.jiuzhai.com. Im Besucherzentrum am Parkeingang werden ebenfalls praktische Informationen gegeben.

Anreise & Unterwegs vor Ort

Bus

Zu den Bussen, die vom **Busbahnhof Jiuzhaigou** (汽车站; qichezhan) abfahren, gehören die nachstehend aufgeführten. Zu beachten ist, dass man nach Westsichuan über Me'erkangu Danba fahren kann und nicht nach Chengdu fahren muss.

Chengdu 145–220 Yuan, 10 Std., 4-mal tgl. (6, 7, 7.30 und 8 Uhr)

Chongqing 200 Yuan, 12 Std., 1-mal tgl. (7.30 Uhr)

Guangyuan 88 Yuan, 8 Std., 1-mal tgl. (6.30 Uhr)

Lanzhou 237 Yuan, 11 Std., 2-mal tgl. (7 Uhr)

Ma'erkang 150 Yuan, 9 Std., 1-mal tgl. (8 Uhr)

Nationalpark Huanglong 45 Yuan, 3 Std., 2-mal tgl. (7 und 7.30 Uhr)

Songpan 33 Yuan, 2 Std., 1-mal tgl. (7.30 Uhr)

Flugzeug

Über ein Dutzend tägliche Flüge verbinden Chengdu mit dem Flughafen Jiuzhaigou (offiziell Jiuhuang Airport genannt). Andere Direktflüge bedienen die Strecken nach Beijing, Shanghai, Hangzhou, Chongqing, Kunming und Xi'an.

Busse nach Jiuzhaigou (45 Yuan, 1½ Std.) warten auf ankommende Flüge. Die Kosten für ein Taxi vom Flughafen belaufen sich auf rund 200 Yuan.

Es gibt darüber hinaus einen Flughafenbus, der am Nationalpark Huanglong hält. Der Bus wartet lange genug, damit Fahrgäste in Ruhe den Park besichtigen können. Im Anschluss fährt er dann nach Juizhaigou weiter(100 Yuan).

KOKOROIMAGES.COM / GETTY IMAGES ©

1. Tiananmen-Platz, Beijing (S. 61)
Der Tiananmen-Platz, das symbolische Zentrum des chinesischen Universums, ist der größte öffentliche Platz der Welt.

2. Yuyuan-Gärten, Shanghai (S. 202)
Ein bezauberndes Beispiel für die Gartenkunst der Ming-Dynastie.

3. Chinesische Oper (S. 107)
Die bunte Mischung aus Gesang, Mimik, Tanz und Akrobatik der chinesischen Oper zeigt die Huguang-Gildehalle in Beijing, .

4. Bambusmeer, Sichuan (S. 816)
Ein Nationalpark mit Wanderwegen und Wasserfällen.

CHINAFACE / GETTY IMAGES ©

TOP PHOTO CORPORATION / ALAMY ©

3

JIANYING YIP / GETTY IMAGES ©

1. Reisterrassen, Guangxi (S. 665)
Die Reisterrassen um Guilin bieten hervorragende Wandermöglichkeiten in einer archetypischen chinesischen Landschaft.

2. Golden Summit, Emei Shan (S. 805)
Der Goldene Gipfel ist der höchste Punkt auf dem Emei, einem der vier heiligen buddhistischen Berge Chinas.

3. Lamakloster, Beijing (S. 69)
Gläubige verbrennen in Beijings unübersehbaren Lamakloster zum chinesischen Neujahrsfest Weihrauch.

KEREN SU / GETTY IMAGES ©

1. Großer Buddha, Leshan (S. 809)
Der 71 m hohe und 1200 Jahre alte Große Buddha ist aus der Felswand über dem Fluss Dadu gehauen.

2. Jademarkt, Hongkong (S. 538)
Rund 450 Stände verkaufen in Kowloon alle Varietäten und Farben von Jade, da sollte man Nephrit von Jadeit unterscheiden können.

3. Die ethnische Minderheit der Zhuang, Guangxi (S. 656)
Die Zhuang, Chinas größte ethnische Minderheit, stellen 32 % von Guangxis Bevölkerung.

1

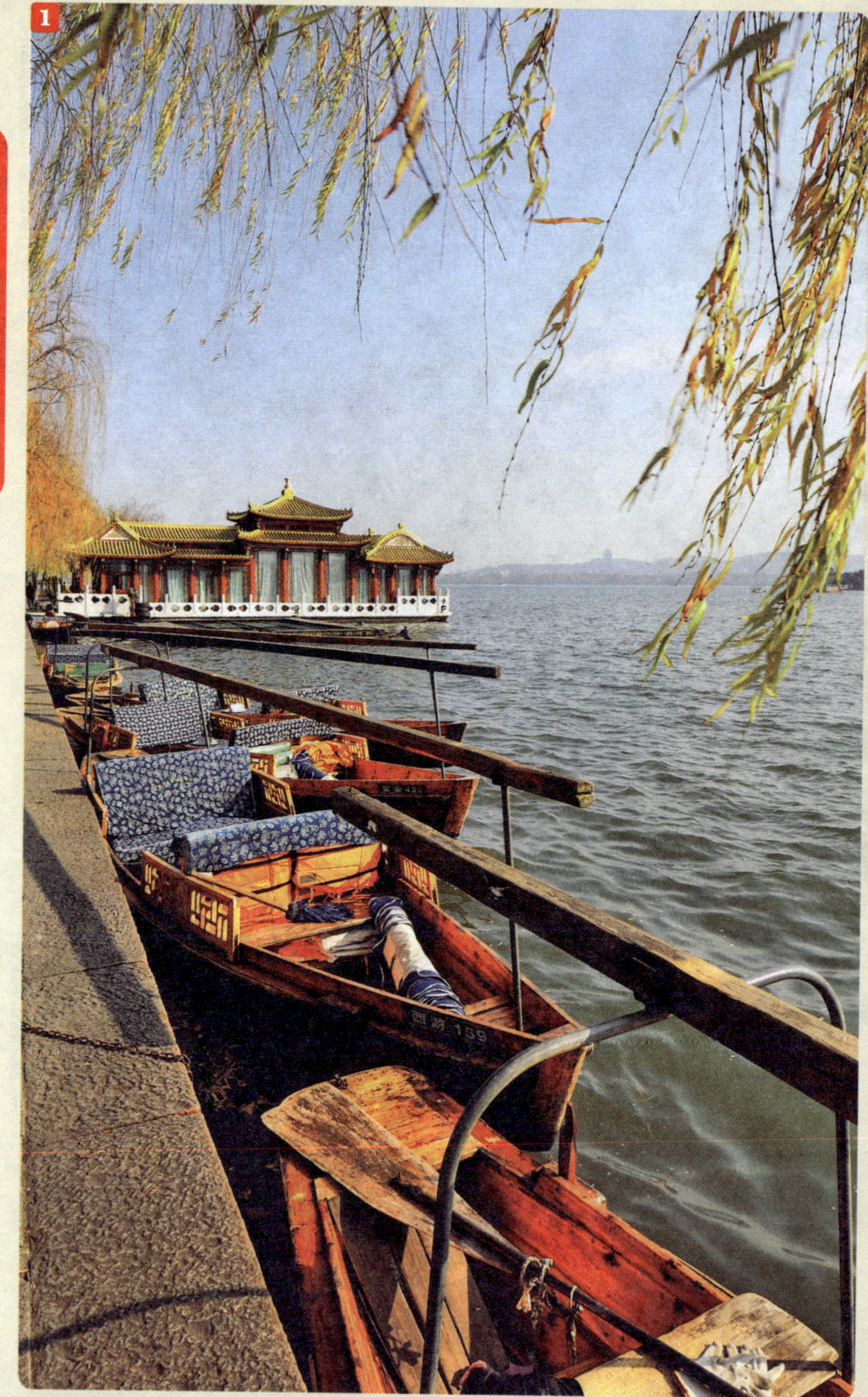

KEREN SU / GETTY IMAGES ©

JOHN W BANAGAN / GETTY IMAGES ©

1. Westsee, Zhejiang (S. 275)
Der Westsee, klassische Schönheit in China, ist von Weiden, Pflaumen- und Pfirsichbäumen gesäumt und von Halbmondbrücken überspannt.

2. Pandababy, Sichuan (S. 790)
Sichuans Hauptstadt Chengdu ist die Heimat von Chinas Nationalikone in der Pandazuchtstation.

3. Lijiang, Yunnan (S. 741)
Die Unesco-Welterbestätte Lijiang ist ein Gewirr aus kopfsteingepflasterten Gassen, Holzhäusern und plätschernden Kanälen.

Chongqing

BEVÖLKERUNG: 28 MIO./ STADTBEVÖLKERUNG: 7 MIO.

Inhalt »

Chongqing-Stadt 852
Bhuddistische Grotten in Dazu 863
Zhongshan 865
Laitan 866
Songji 866

Interessante Geschichte

- » Buddhistische Höhlen in Dazu (S. 863)
- » Festung Fischerstadt (S. 865)
- » Chongqings Stadttore (S. 853)

Die schönsten Landschaften

- » Drei Schluchten (S. 868)
- » Festung Fischerstadt (S. 865)
- » Zhongshan (S. 865)

Auf nach Chongqing!

Die Gemeinde Chongqing (重庆), beherrscht von ihrer Hauptstadt, ist eine relativ neue Schöpfung, die sich in den 1990er-Jahren von der Provinz Sichuan abgespalten hat. Doch das Gebiet, das sie heute bedeckt, hat in der chinesischen Geschichte einebedeutende Rolle gespielt und ist noch heute eine Region von fantastischer Naturschönheit.

Dank dem mächtigen Jangtse (Chang Jiang), der sich hier kraftvoll seinen Weg bahnt, war diese Gegend, auf deren schlammigen Gewässern manch berühmte Schlacht geschlagen wurde, einst von militärisch-strategischer Bedeutung; die Wassermassen sprudeln hier so anhaltend kräftig, dass sie eines der größten Naturwunder Chinas schufen, die atemberaubend schönen Drei Schluchten.

Auch Menschen haben ihre unauslöschlichen Spuren hinterlassen, mit einer Fülle von alten buddhistischen Skulpturen, mit Dutzenden scheinbar aus der Zeit gefallenen Dörfern und, natürlich, der Megalopole Chongqing; eine der am schnellsten wachsenden und verlockendsten Städte in ganz China.

Reisezeiten

Chongqing

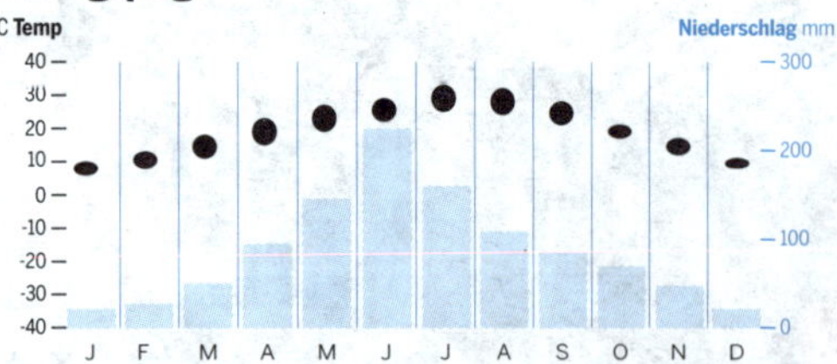

April & Mai Der Winter ist vorbei; die Hitze des Sommers kommt, aber noch ist es regnerisch.

Juli & August Temperaturen steigen über 40 °C und die Stadt Chongqing gleicht einem Dampfbad.

September & Oktober Wie im Frühling: erträgliche Temperaturen, gut zur Erkundung des Umlands.

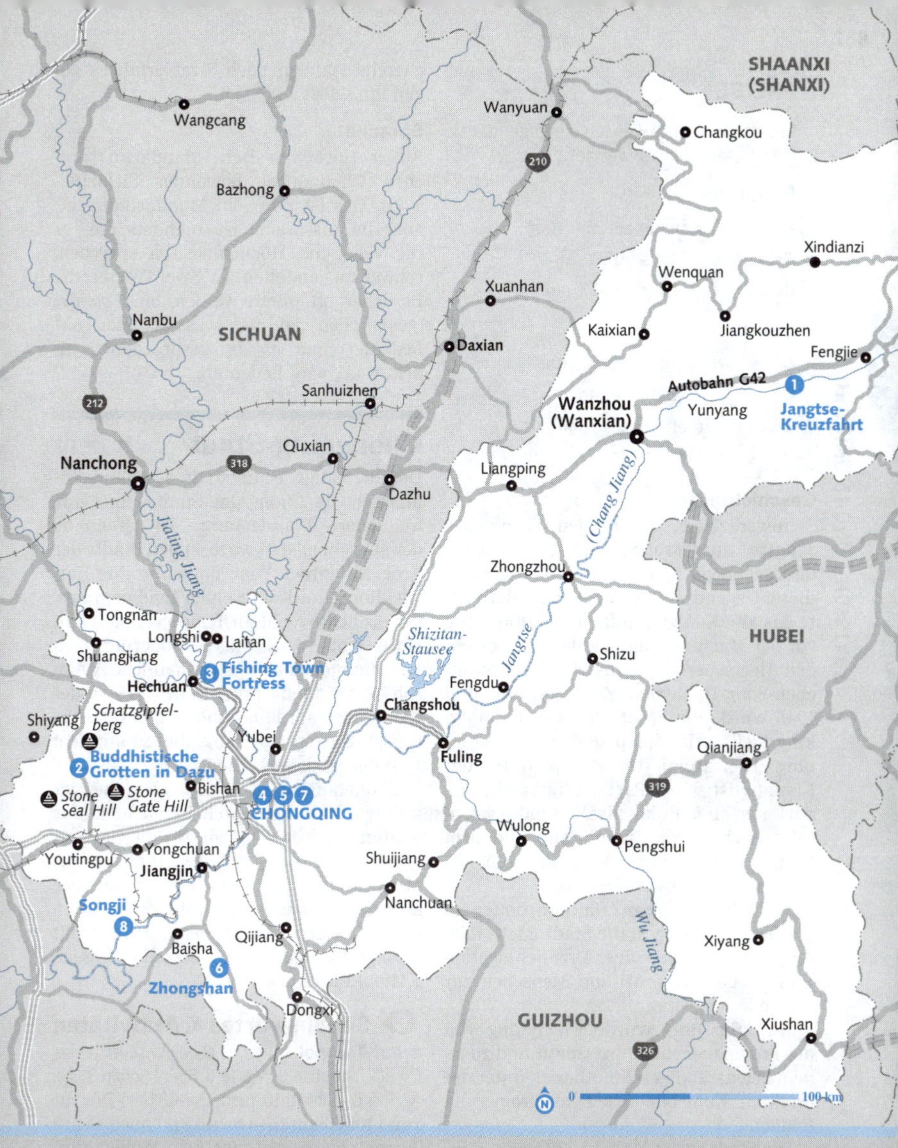

Highlights

1 Auf einer **Jangtse-Kreuzfahrt** (S. 868) durch die atemberaubend schönen Drei Schluchten ein paar Gänge runterschalten

2 Die steinernen antiken Bildwerke der **buddhistischen Grotten in Dazu** (S. 863) bewundern

3 Die Ruinen der **Festung Fischer-Stadt** (S. 865), einem der berühmtesten Schlachtfelder Chinas, erkunden

4 Den schärfsten **Hotpot** (S. 859) der Welt in Yefu Huoguo auftischen lassen

5 Einen Stuhl heranziehen und in *shaokao*, Chongqings einfachen **Straßengrilllokale** (S. 858), schwelgen

6 Traditionsreiche hölzerne Pfahlbauten im alten Flussdorf **Zhongshan** (S. 865) besuchen

7 Die letzten Überreste von **Chongqings alter Stadtmauer** (S. 853) erkunden

8 Im Ming-Dynastie-Dorf **Songji** (S. 866) über Kopfsteinpflaster bummeln oder in einem Teehaus ausruhen

PREISE

In diesem Kapitel werden die folgenden Preiskategorien verwendet:

Schlafen

€	weniger als 200 Yuan
€€	200 bis 500 Yuan
€€€	mehr als 500 Yuan

Essen

€	weniger als 40 Yuan
€€	40 bis 80 Yuan
€€€	mehr als 80 Yuan

Geschichte

Steinwerkzeuge, die in den Tälern des Jangtse ausgegraben wurden, zeigten, dass schon vor 2 Mio. Jahren Menschen in dieser Gegend lebten. Von hier aus herrschte das alte Königreich Ba über 2000 Jahre vor der Machtübernahme der nachfolgenden Herrscher der Qin-, Sui- und Südlichen-Song-Dynastien. Zwischen 1938 und 1945 wurde die Stadt (die früher Chungking hieß) Kriegshauptstadt der Kuomintang. Hier fungierten die Vertreter der Kommunistischen Partei Chinas (KPCh), darunter Zhou Enlai, als „Verbindungsleute" zwischen der Kuomintang und dem Hauptquartier der Kommunisten in Yan'an in der Provinz Shaanxi.

Flüchtlinge aus ganz China strömten im Zweiten Weltkrieg in die Stadt. Mehr folgten, als der Bau des Drei-Schluchten-Damms über eine Million Menschen zur Umsiedlung zwang.

Im Jahr 1997 wurde Chongqing von der Provinz Sichuan abgetrennt und zu einem eigenständigen Stadtbezirk unter der direkten Kontrolle der Zentralregierung erklärt.

Die Stadt geriet im Jahr 2012 wegen ihrer Rolle in einem der größten Politskandale Chinas in den Fokus des Interesses, als Gu Kailai, die Frau des Chefs der Kommunistischen Partei Chongqings, Bo Xilai, wegen Mordes an dem britischen Geschäftsmann Neil Heywood verurteilt wurde. Anschuldigungen wegen Korruption, Erpressung und sogar Spionage umgaben den Fall. Bo verlor sein Amt und wurde anschließend aus der Kommunistischen Partei ausgeschlossen; zur Zeit der Recherche standen noch Strafverfahren gegen ihn selbst aus.

Sprache

Außer Hochchinesisch (Mandarin) sprechen Chongqings Bewohner Sichuanesisch. Das ist zwar ein Mandarindialekt, aber die Aussprache ist so anders, dass es für viele, die Hochchinesisch sprechen, schwer zu verstehen ist. Zwei Wörter, die Besucher oft hören werden, sind *yaodei* (gesprochen „jau-dei", was „ja" oder „ok" bedeutet) und *meide* (gesprochen „mei-dei", was „nein" bedeutet).

Chongqing-Stadt 重庆市

Die ehemalige Hauptstadt des alten Königreichs Ba, Chongqing-Stadt – einst eine ummauerte Flussfestung – ist heute eine der am schnellsten wachsenden Städte der Erde. Milliarden Yuan flossen in ihre Entwicklung und lösten einen Bauboom aus, der bis heute nicht an Tempo verloren hat. Doch trotz wuchernder moderner Entwicklung hält sich die beschauliche Atmosphäre des alten Chinas in der Gegend der Kaianlagen am Fluss und in den faszinierenden Gassen am Hang, die sie mit dem Rest der Stadt verbinden.

Chongqing wird häufig als eine der größten Städte der Welt bezeichnet. Das stimmt so nicht. Die Zahl für die Gesamtbevölkerung des Verwaltungsbezirks grenzt zwar schon an die 30 Mio., aber sie setzt sich aus einer Vielzahl von Städten und Dörfern zusammen. Die Stadt Chongqing selbst hat derzeit lediglich 7 Mio. Einwohner.

Sehenswertes & Aktivitäten

***arhat*-Tempel** BUDDHISTISCHER TEMPEL

(罗汉寺; Luohan Si; Karte S. 854; Luohan Si Jie; 罗汉寺街; Eintritt 10 Yuan; ⌚8–18 Uhr) Der vor rund 1000 Jahren erbaute und noch aktive Tempel ist heute zwischen Wolkenkratzern eingezwängt. Bemerkenswert ist eine Art Korridor, flankiert von kunstvollen Steinschnitzereien, doch die Hauptattraktion ist hier die ***arhat*-Halle** (罗汉堂; *luohan tang*), gleich rechts hinterm Korridor, die 500 Terrakotta-*arhats* enthält (*arhats* sind im Buddhismus diejenigen, die Erleuchtung erlangt haben und bei ihrem Tod ins Nirwana übergehen). Zwischen dem Korridor mit den Steinbildnissen und dem eigentlichen Tempel befindet sich ein relativ preiswertes **vegetarisches Restaurant** (Gerichte 12–35 Yuan; ⏲10–17 Uhr) mit einer Foto-Speisekarte.

Huguang-Gildenhalle MUSEUM
(湖广会馆; Huguang Huiguan; Karte S.854; ☎6393 0287; Dongshuimen Zhengjie; 东水门正街; Eintritt 30 Yuan; ⏲9–18 Uhr, Tickets bis 17 Uhr) Man kann Stunden in den schön restaurierten Gebäuden dieses herrlichen Museumskomplexes verbringen. Er diente einst als ein Gemeindehauptquartier für Zuwanderer aus den Provinzen Hu (Hunan und Hubei) und Guang (Guangdong und Guangxi), die vor mehreren Jahrhunderten nach Chongqing kamen. Es gibt mit Kunstwerken und Mobiliar angefüllte Räume, einen **Tempel,** ein **Teehaus** und mehrere Bühnen für chinesische **Opernaufführungen.** Kostenlose Proben von Yueju (einem Opernstil aus der Provinz Zhejiang) und Jingju (Beijinger Oper) werden jeden Donnerstag und Samstag, meist zwischen 15 Uhr und 18 Uhr, geboten.

Alte Stadttore RUINEN
(古城门; Guchengmen) Leider sind nur Fragmente von Chongqings einst prachtvoller Ming-Dynastie-Stadtmauer geblieben, die sich 8 km um die Halbinsel Jiefangbei erstreckte und die stellenweise über 30 m hoch war. Von den 17 Toren, die die Mauer unterbrachen, bevor 1927 mit ihrem Abriss begonnen wurde, stehen noch zwei. Das schöne, moosbewachsene **Dongshui Men** (东水门; Karte S.854) liegt an einem Weg neben dem Yangtze River Hostel. Größer und teilweise restauriert ist das **Tongyuan Men** (通远门; Karte S.854), einen kurzen Fußweg vom Exit 1 der U-Bahnstation Qixinggang entfernt. An beiden Orten kann man ein Stückchen spazierengehen. Wer sich ein Bild davon machen möchte, wie die Mauer einst die Altstadt umgab, kann sich die geschnitzte Karte vom alten Chongqing auf dem öffentlichen Platz beim Chaotianmen (Karte S.854), selbst früher ein Stadttor, ansehen.

Altstadt Ciqikou ALTSTADT
(磁器口古镇; Ciqikou Guzhen; außerhalb Karte S.853; Ⓜ Ciqikou) Die Gelegenheit, einen Blick in Chongqings Vergangenheit zu werfen, macht einen Besuch in diesem Stadtteil am Fluss Jialing westlich vom Zentrum lohnenswert. Die meisten Gebäude, von denen viele aus der späten Ming-Dynastie stammen, sind für Touristen restauriert worden. Auf der Hauptstraße herrscht eine Stimmung wie im Karneval, vor allem an Wochenenden, aber abseits der Hauptstraße hat sich die dörfliche Atmosphäre gehalten. Beim Bummel vorbei

Chongqing-Stadt

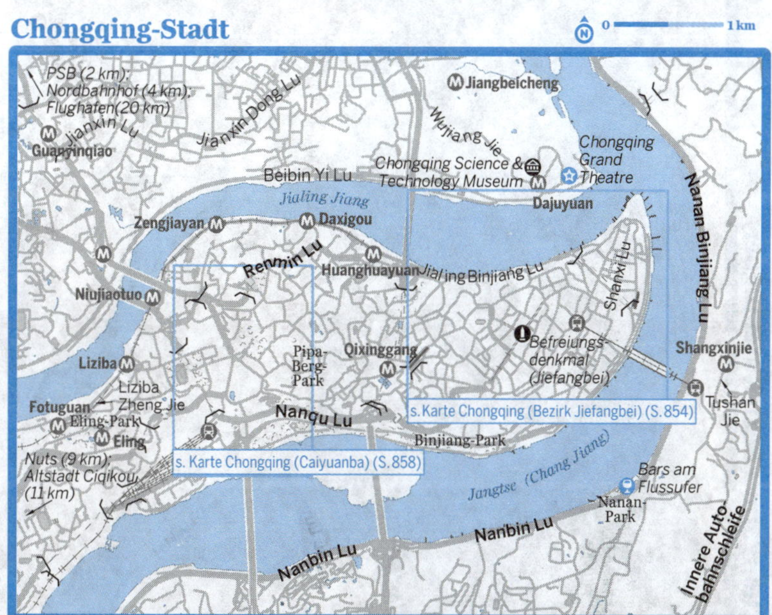

Chongqing (Bezirk Jiefangbei)

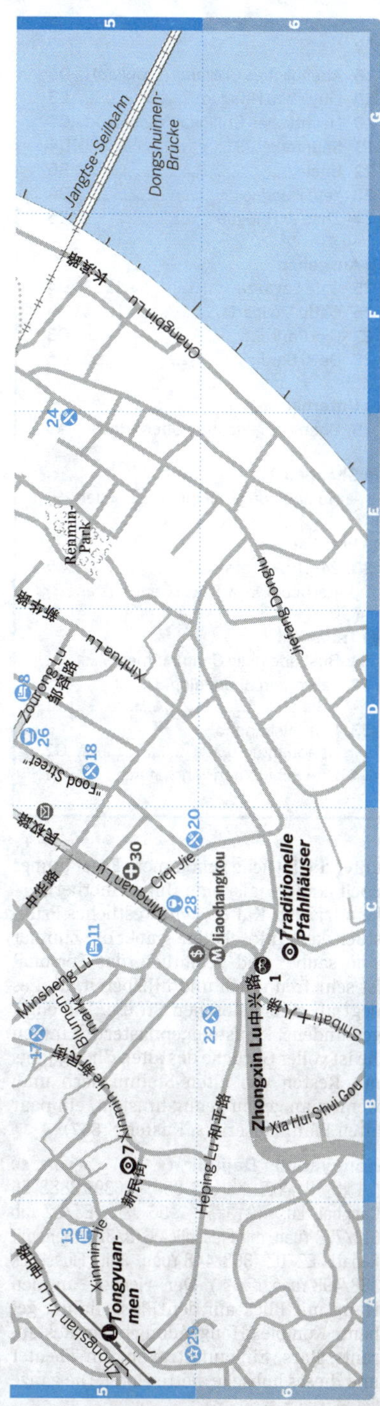

an Wohnhäusern und winzigen Läden kann man sich im Gewirr der Gassen leicht verirren. Auch essen lässt es sich gut hier, sowohl in den schmalen Straßen als auch mit Blick auf dem Fluss.

Es lohnt sich auch ein Besuch im **Baolun Si** (宝轮寺; Eintritt 5 Yuan; ⏲7–18 Uhr), einem der wenigen Tempel von Ciqikou, die noch stehen. Seine Haupthalle ist über 1000 Jahre alt. Die ruhige Gasse, in welcher der Tempel steht, Heng Jie (横街), lädt zum gemütlichen Bummeln ein; sie bietet eine Reihe netter Cafés mit WLAN und frischem Kaffee.

Ciqikou hat seine eigene U-Bahnstation an der Linie 1.

Jangtse-Seilbahn SEILBAHN
(长江索道; Changjiang suodao; Karte S. 854; einfache Fahrt 5 Yuan; ⏲7–22 Uhr) Bei einer Fahrt mit der quietschenden, altersschwachen Jangtse-Seilbahn klopft einem zwar das Herz, aber man hat einen wunderbaren Blick aus der Vogelperspektive auf das trübe Wasser der Flüsse und das Stadtpanorama dahinter. Die Jangtse-Fahrt endet in der Nähe der Bar-und-Restaurant-Meile an der Nan'an Binjiang Lu (S. 860). Der Seilbahnausgang ist neben Exit 5 der Station Xiaoshizi der Linie 1.

GRATIS **Drei-Schluchten-Museum** MUSEUM
(三峡博物馆; Sanxia *bowuguan*; Karte S. 858; 236 Renmin Lu; ⏲9–16 Uhr) Dieses gepflegte Museum zeigt die Siedlungsgeschichte der Region um Chongqing. Im Erdgeschoss ist eine Ausstellung über die Drei Schluchten mit einem Modell des Staudamms zu sehen; sie informiert auch über die Minderheitenkulturen im Südwesten Chinas anhand von Trachten und Handwerk. Einige Exponate sind besser beschriftet als andere, aber alle Artefakte sind durchweg gut präsentiert. Erreichbar mit der U-Bahnlinie 2 bis zur Station Zengjiayan, Exit A.

Schlafen

Wer richtig Geld ausgeben will, kann das im **Marriott** (www.marriott.com) und im **Intercontinental** (www.ichotelsgroup.com/intercontinental) tun, die beide zentral gelegen sind.

LP TIPP **Yangtze River Hostel** HOSTEL €
(玺院青年旅舍; Xiyuan Qingnian Lushe; Karte S. 854; ☎6310 4270; www.chongqinghostels.com; 80 Changbing Lu; 朝天门长滨路 80 号; B/EZ/DZ ab 40/90/160 Yuan; ❄@📶) Dieses

Chongqing (Bezirk Jiefangbei)

Highlights
- *arhat*-Tempel ... E3
- Dongshuimen ... G4
- Huguang-Gildenhalle ... F4
- Jangtse-Seilbahn ... E4
- Tongyuanmen ... A5
- Traditionelle Pfahlhäuser ... C6

Sehenswertes
- 1 Achtzehn-Stufen-Pfad (Aussichtsplattform) ... C6
- 2 Chaotiangong (Ausflugsboot) ... G1
- 3 Chaotianmen (Ausflugsboot) ... G1
- 4 Chaotianmen-Platz ... G1
- 5 Jinbi Huanggong (Ausflugsboot) ... G1
- 6 Man Jiang Hong (Ausflugsboot) ... G1
- 7 Traditionelle Pfahlhäuser ... B5

Schlafen
- 8 Harbour Plaza ... D5
- 9 Hongyadong Dajiudian ... D3
- 10 Intercontinental ... D4
- 11 JW Marriott ... C5
- 12 Sunrise Mingqing Hostel ... F4
- 13 Urban Trails Youth Hostel ... A5
- 14 Xinhua Hotel ... C4
- 15 Yangtze River Hostel ... G3

Essen
- 16 Abendliches Grilllokal *(shaokao)* ... F4
- 17 Abendliches Grilllokal *(shaokao)* ... B5
- 18 Abendliches Grilllokal *(shaokao)* ... D5
- 19 Liuyishou Huoguo ... E3
- 20 Nächtliches Grilllokal *(shaokao)* ... C5
- 21 Shunfeng 123 ... D4
- 22 Uncle ... B6
- 23 Yefu Huoguo ... B4
- 24 Zhao'er Huoguo ... E5

Ausgehen
- 25 Cafe Lavazza ... D4
- 26 Caffe Molinari ... D5
- 27 Cici Park ... C3
- 28 De Yi Shi Jie ... C5

Unterhaltung
- 29 Chongqing Sichuan Opera House ... A5

Shoppen
- Hongyadong Dajiudian ... (siehe 9)

Praktisches
- 30 24-Std. -Apotheke ... C5
- Harbour Plaza Travel Centre (siehe 8)

Transport
- 31 Bushaltestelle Chaotianmen ... G1
- 32 Fährhafen Chongqing, Ticketschalter ... F1
- 33 Fernbusbahnhof Chaotianmen ... G2
- 34 Drei Schluchten Fährhafen ... F1

freundliche, gut geführte Hostel, das auf den Jangtse blickt und hinten an die noch stehende Reste der alten Stadtmauer Chongqings grenzt, ist eine gute Wahl, wenn es einem nichts ausmacht, Treppen zu steigen, um in die Stadt zu kommen. Die Zimmer sind hell und sauber, und es gibt Schlafsäle nur für Frauen. Es gibt einen Pooltisch und ein Restaurant mit Café sowie ein weiteres Café eine Treppe höher. Die Mitarbeiter geben hier verlässliche Reisetipps, ohne einem etwas aufzudrängen, sodass man hier gut seine Flusskreuzfahrten auf dem Jangtse buchen kann.

Urban Trails Youth Hostel HOSTEL €
(玺院解放碑青年旅舍; Xiyuan Jiefangbei Qingnian Lüshe; Karte S. 854; ☎6303 3925; 115 Xinmin Jie; 新民街 115 号; B/EZ/DZ ab 35/90/140 Yuan, 2BZ 140 Yuan; ❄@📶) Das schlichte weißgekachelte Budgethotel wurde erst kürzlich in eine Jugendherberge umgewandelt und vom Yangtze River Hostel unter die Fittiche genommen. Es ist immer noch anders als eine Jugendherberge – kein frischer Kaffee, kein westliches Frühstück, kein Infoschalter –, aber die Zimmer sind sauber und gemütlich, das Personal ist sehr freundlich und hilfsbereit, und es liegt an einer hübschen Straße. Die enge, gewundene, kopfsteingepflasterte Xinmen Jie ist voller Gerüche des alten Chongqings mit Resten von alten Steinmauern und, wenn man genau genug hinsieht, ein paar alten Pfahlhäusern (s. Kasten S. 857).

Hongyadong Dajiudian HOTEL €€
(洪崖洞大酒店; Karte S. 854; ☎6399 2888; 56 Cangbai Lu; 沧白路 56 号; EZ/DZ ab 618/778 Yuan, mit Flussblick 678/878 Yuan, mit Rabatt EZ/DZ 368/448 Yuan, mit Flussblick 388/498 Yuan; ❄@) Der riesige, an den Hang mit Blick auf den Fluss Jialing gebaute Komplex Hongyadong bietet Restaurants, Bars, Einkaufsstraßen, ein Theater und dieses hübsche, nette Hotel. Die ganze

Anlage ist neu, und die Zimmer sind sauber und modern. Das Gebäude ist aber im Stil der einst überall in Chongqing verbreiteten Pfahlhäuser gebaut, was manche etwas kitschig finden. Doch der Blick auf den Fluss ist grandios.

Harbour Plaza HOTEL €€€

(重庆海逸酒店; Chongqing Haiyi Jiudian; Karte S. 854; ☎6370 0888; www.harbour-plaza.com/hpcq; Wuyi Lu; 五一路; Zi. ab 1300 Yuan, erm. auf 618 Yuan; ❄@≋) Die Zimmer sind geräumig und elegant und mit Breitwand-TV, Kühlschrank, Safe und Internetverbindung (80 Yuan pro Tag) ausgestattet. Andererseits haben die an sich ordentlichen Bäder nur eine sehr kleine Wanne, die auch als Dusche fungiert. Am Informationsschalter im zweiten Stock ist man bei Jangtse-Kreuzfahrten behilflich.

Sunrise Mingqing Hostel HOFHAUSHOTEL €

(尚悦明清客栈; Shangyue Mingqing *kezhan*; Karte S. 854; ☎6393 1579; www.srising.com; 23 Xiahong Xuexiang (Stufen von 26 Jiefang Donglu nach unten); 下洪学巷 23 号 (解放东路 26 中对面); B/DZ ab 69/239 Yuan, erm. 49/159 Yuan; ❄@) Dem gegenüber der Westmauer der Huguang-Gildenhalle gelegenen, kürzlich renovierten Hotel fehlt zwar die Atmosphäre einer Jugendherberge (wahrscheinlich, weil es weder ein Restaurant noch ein Cafè oder eine Bar gibt), es ist aber dennoch eine tolle Herberge. Die Zimmer sind sehr schön mit Möbeln aus dunklem Holz eingerichtet und mit hübschen Badezimmern ausgestattet. Schon der Weg hierher über die steile, von der Jiefang Donglu abgehende Gasse abwärts macht Freude. Die Umgebung mit der herrlichen Altstadtstimmung ist jedoch für den Abriss vorgesehen, sodass sie vielleicht schon einer Baustelle gleicht, wenn unsere Leser dorthin kommen.

Perfect Time Youth Hostel HOSTEL €

(纯真年代青年旅舍; Chunzhen Niandai Qingnian Lüshe; ☎6547 7008; www.hostelchongqing.com; 2 Zhong Jie, Ciqikou; 磁器口正街 2 号; B/EZ/2BZ 35/80/160 Yuan; ❄@) Wer den Zauber von Ciqikou lieber mag als das Stadtzentrum, findet in diesem gastfreundlichen Hostel hilfsbereites Personal und eine schöne Caféterrasse zum Fluss hin. Am Ende der Haupttouristenmeile.

Xinhua Hotel HOTEL €€

(新华酒店; Xinhua Jiudian; Karte S. 854; ☎6355 7777; 9 Qingnian Lu; 青年路 9 号; 2BZ ab 828 Yuan, mit Rabatt 398 Yuan; ❄@) Elegantes, schummrig beleuchtetes Interieur mit geräumigen, gut ausgestatteten Zimmern (TV, Kühlschrank, Safe) und recht großen Bädern mit separater Dusche und Badewanne. Einen Steinwurf entfernt vom Befreiungsdenkmal, also so zentral wie irgend möglich.

Essen

In Chongqing dreht sich alles um den **Hotpot** (火锅; *huoguo*), zu deutsch Feuertopf: Ein Gericht, bei dem in einem Topf eine mit scharfem *lajiao* (辣椒; *Chili*) und feurigem *huajiao* (花椒; Sichuanpfeffer) gewürzte Brühe am Kochen gehalten wird, während köstliche frische Zutaten wie Gemüse und Tofu sowie alle Arten von Fisch, Meeresfrüchten und Fleisch hineinge-

CHONGQINGS PFAHLHÄUSER

Die einst die Silhouette Chongqings prägenden Pfahlhäuser (吊脚楼; *diaojiao lou*) waren in vieler Hinsicht die Vorgänger der modernen Wolkenkratzer; aus Platzmangel dehnten sie sich vertikal anstatt horizontal aus. Ihre Anlage diente auch dazu, Familienverbände trotz des unebenen Terrains im hügeligen Chongqing zusammenzuhalten. Sie wurden auf einem Gerüst aus Bambus oder Tannenholz errichtet, das in Löchern befestigt war, die in die Berghänge gebohrt wurden; ihre dünnen Mauern waren mit Stroh ausgestopft und mit Lehm überzogen, was in einer Stadt, in der es im Sommer drückend heiß ist, für einen kühlenden Luftzug sorgte.

Die Modernisierung hat Pfahlhäuser zu einem Symbol für Armut gemacht, und darum sind im Stadtzenrum fast alle verschwunden. Eine schöne Ausnahme bildet das hohe, wackelig wirkende Pfahlhaus, das von oben auf der Aussichtsplattform des 18-Stufen-Pfads (Karte S. 854) zur Linken zu sehen ist. Zwei kleine Pfahlhäuser stehen auch an der Xinmin Jie, nicht weit vom Urban Trails Youth Hostel, und viele Pfahlhäuser sind in den Dörfern rund um Chongqing erhalten geblieben, mit einigen schönen Beispielen in den Gassen von Songji und vor allem am Fluss in Zhongshan.

Chongqing (Caiyuanba)

CHONGQING CHONGQING-STADT

Chongqing (Caiyuanba)

Sehenswertes

1 Drei-Schluchten-Museum A1

Essen

2 Made in Kitchen A1

Praktisches

3 Global Doctor Chongqing Clinic......A2

Transport

4 Alter Busbahnhof Caiyuanba A3
5 Busbahnhof Caiyuanba A3
6 Eingang mit Aufzug A3
7 Flughafenbus.....................................A1

tunkt werden. Dieses Gericht wird am besten im Kreis von Freunden genossen. Hotpot-Restaurants gehören aus diesem Grund zu den lebhaftesten überhaupt. Aber den Hotpot nicht unterschätzen – dieser Teil Chinas ist bekannt für scharf gewürzte Speisen, und am schärfsten gewürzt ist Hotpot.

Wie scharf es sein darf, kann jeder selbst entscheiden – *bu la* (不辣; nicht gewürzt – das heißt in Chongqing aber immer noch kräftig gewürzt), *wei la* (微辣; mild gewürzt), *zhong la* (中辣; mittelscharf gewürzt), *zui la* (最辣; sehr scharf gewürzt) und *jia ma jia la* (加嘛加辣; extrascharf gewürzt).

Probieren sollte man in Chongqing auch *shaokao* (烧烤; Fleischspießchen), die der perfekte Imbiss am Straßenstand sind; einfach mit dem Finger auf das Gewünschte zeigen: Spießchen auswählen, rüberreichen und warten, bis sie gewürzt und gegrillt zurückkommen. Als Beilagen stehen u.a. zur Auswahl *doufu pi* (豆腐皮; Tofuhaut), *xiao mantou* (小馒头; Minidampfbrote), *niangao* (年糕; klebriger Reiskuchen), *qiezi* (茄子; Aubergine) und *jiucai* (韭菜; Lauch).

Auf der Karte sind einige unserer beliebtesten *shaokao*- Lokale eingezeichnet, aber es gibt sie überall in der Stadt. Die meisten *shaokao*-Lokale in Chongqing tischen auch Schüsseln mit Schweinehirn (脑花; *naohua*) als Beilage auf. Na, wer traut sich?

Nudeln sind ein weiteres Standardgericht in Chongqing. S. Kasten S. 860.

LP TIPP **Shunfeng 123** SICHUAN-KÜCHE €€
(顺风 123; Shunfeng Yao Er San; Karte S. 854; Dabuhui-Einkaufszentrum, West Bldg, 2. OG, Jiefangbei; 大部会西楼商厦三楼; Gerichte 10–50 Yuan; ⏲10–21 Uhr). Sichuanesische Küche bester Qualität, bei der einem das Wasser im Mund zusammenläuft und ein paar pan-asiatische Gerichte dazu gibt es in der Jiefangbei-Filiale eines der Spitzenrestaurants Chongqings, das sein Geld wert ist. Alles schmeckt hier gut, aber wir mochten vor allem *jiaowang chanzui tu* (椒王馋嘴兔; Kaninchen und Paprika; 38 Yuan) und *shanhu xia* (珊瑚虾; Scherengarnelen; 36 Yuan) und als Nachtisch *mizhi chashao su* (秘制叉烧酥; fleischgefüllte Pasteten nach Geheimrezept; je 3 Yuan). Hierher geht's mit einem Fahrstuhl von der Bayi Lu (八一路) aus. Fotospeisekarte.

Zhao'er Huoguo HOTPOT €
(赵二火锅; Karte S. 854; 128 Jiefang Donglu, 2. OG; 解放东路 128 号世纪龙门大夏三楼; Saucen zum Einstippen der Zutaten 4–20 Yuan; ⏲11.30–14 & 17.30–21 Uhr) Es heißt, wenn man nur einen Hotpot in Chongqing probiert, muss es der im Zhao'er sein. Das Restaurant wird zu Recht gepriesen. Zur Auswahl stehen verschiedene Töpfe: Der neunteilige Topf (九宫锅; *jiugang guo*) ermöglicht es, dass die verschiedenen Zutaten getrennt werden können (ideal, wenn

jemand Vegetarier ist), die Brühe aber wird gemeinsam gegessen; der in der Mitte geteilte *Yuanyang guo* (鸳鸯锅), der 28 Yuan extra kostet, ist in einer Hälfte mit klarer, milder Brühe und in der anderen mit scharfer Brühe gefüllt. Möglicherweise wird man gefragt, ob man die Brühe gewürzt (红的; *hengde*) oder klar (青的; *qingde*), also ungewürzt, wünscht. Wer die gewürzte Brühe haben möchte, muss angeben, wie stark sie gewürzt sein soll: mild (微辣; *wei la*), mittel (中辣; *zhong la*) oder stark gewürzt (特辣; *te la*). Wir empfehlen dringend, sich für mild zu entscheiden! Neben all den üblichen rohen Hotpot-Zutaten (s. Kasten S. 859) ist hier die Spezialität frische Lammkutteln (鲜毛肚; *xian maodu*). Auch der Wasserspinat (空心菜; *kongxin cai*) ist ausnehmend gut. Kein englisches Schild, keine englische Karte.

Yefu Huoguo HOTPOT €

(夜富火锅; Karte S.854; Beiqu Lu, 15 Linjiangmen; 临江门 15 号北区路; Zutaten 3–15 Yuan; ⌚9–4 Uhr) Die Stühle sind aus Plastik, und wer es mit der Hygiene sehr genau nimmt, sucht sich vielleicht lieber ein anderes Lokal, aber wer wirklich Feuertopf mag – willkommen im Himmel! Das Lokal ist weithin als heißester Hotpot der Welt bekannt. Die Köche geben natürlich jede Menge Chili hinein, aber was sie hier mehr verwenden als anderswo sind Sichuan-Pfefferkörner; wahrscheinlich brummt einem der Schädel, wenn man geht. Wer nicht so hart gesotten ist, sollte auf „*wei la*" (微辣; mild gewürzt) bestehen, obschon auch das sehr scharf ist. Das köstliche *xianzha surou* (现炸酥肉; frittiertes Schweinefleisch) ist fertig zubereitet. Alles andere muss in die Suppe eingetaucht und am Tisch gekocht werden. Vom U-Bahnhof Linjiangmen (临江门) geht's auf die Beiqu Lu, weiter auf der Straße nach rechts, links und dann liegt es zur Linken über einer kleinen Treppe (blaues Schild).

Uncle KANTON €

(表叔; Biao Shu; Karte S.854; Riyueguang Zhongxin Sq, 89 Minquan Lu; 民权路 89 号日月光中心广场; Hauptgerichte 20–40 Yuan; ⌚11–23 Uhr; 📋) Wer eine Erholung von Chongqings feurigen Chilis braucht, für den ist das Restaurant der Guangzhou-Kette richtig, das den in Hongkong üblichen Teehäusern mit Küche nachempfunden ist. Es ist jung, freundlich, hell und serviert eine gute Auswahl an schmackhaften kantonesischen Gerichten – jede Menge Suppen sowie Nudel- und Reisspeisen. Die Portionen sind eher deftig, und das bedeutet, dass die meisten Gerichte eine vollständige Mahlzeit darstellen. Es liegt hinter einem öffentlichen Platz, unter dem riesigen TV-Schirm. Englische Speisekarte.

Made in Kitchen CHINESISCH-WESTLICH €€€

(厨房制造; Chufang Zhizao; Karte S.858; ☎6363 6228; Drei-Schluchten-Museum, 236 Renmin Lu; 人民路 236 号三峡博物馆; Gerichte 30–130 Yuan; ⌚11–22.30 Uhr; 📋) Feines Dinieren mit tadellosem Service und einer fantastischen Speisekarte, einschließlich eines exzellenten Steaks und einer ordentlichen Auswahl an Importweinen (ab 200 Yuan). Es bietet eine panasiatische sowie eine westliche Speisekarte und befindet sich unterhalb des Drei-Schluchten-Museums; der Eingang ist unten auf der linken Seite, wenn man dem Museum

HOTPOT-SPEISEKARTE

Die besten Hotpot-Restaurants sind ganz und gar Sache der Einheimischen, darum wird man eine englischsprachige Speisekarte ebenso wenig finden wie man Hotpot ohne tropfende Nase essen kann. Wie bei vielen Gerichten in Chongqing wird beim Bestellen zuerst angegeben, wie scharf der Hotpot sein soll (s. S.857). Dann folgt eine Checkliste mit den rohen Zutaten, die später im Topf gekocht werden. Hier ein paar unserer Favoriten, nach denen man auf der Speisekarte suchen kann:

» *yangrou juan* (羊肉卷; hauchdünne Lammfleischscheiben)
» *fei niurou* (肥牛肉; Rindfleischscheiben)
» *xian maodu* (鲜毛肚; frische Kutteln, meist vom Lamm)
» *xian yachang* (鲜鸭肠; Streifen von Enteninnereien)
» *lao daufu* (老豆腐; Tofuscheiben)
» *ou pian* (藕片; Lotoswurzelscheiben)
» *xian huanghua* (鲜黄花; Chrysanthemenstängel)
» *tu dou* (土豆; Kartoffelscheiben)
» *bai cai* (百菜; Kohlblätter)
» *mu'er* (木耳; Pilze)
» *kongxin cai;* (空心菜; Wasserspinat)

CHONGQING-NUDELN

Chongqinger mögen Nudeln ganz besonders gern, und überall in der Region gibt's Nudellokale. Sie führen selten englische Speisekarten oder Schilder – einfach Ausschau halten nach dem Zeichen 面 (*mian;* Nudeln) und dann hinein.

Zu den Spezialitäten gehören *xiaomian* (小面) – oder *mala xiaomian* (麻辣小面) – , die zum Frühstück gegessen werden, obwohl sie scharf gewürzt sind, und *liangmian* (凉面), die köstlich schmecken, obwohl sie kalt serviert werden. Nudeln werden in Chongqing per *liang* (两; 50 g) verkauft. Zwei-*liang*-(二两; *er liang*) oder drei-*liang*-(三两; *san liang*)Portionen sind am üblichsten. Pro Schüssel zwischen 5 Yuan und 10 Yuan. Merken: *wa neng chi lade* (Ich mag mein Essen gewürzt); *bu yao tai la* (Nicht zu scharf, bitte!).

Nudelkarte

麻辣小面; *mala xiaomian;* scharf gewürzte Nudeln

凉面; *liangmian;* kalte Nudeln

牛肉面; *niurou mian;* Rindfleischnudeln

鸡蛋面; *jidan mian;* Eiernudeln

酸辣粉; *suanla fen;* würzige Glasnudeln

肥肠面; *feichang mian;* Nudeln mit Schweinekutteln

gegenüber steht. U-Bahn-Linie 2 zur Station Zengjiayan, Exit A.

Liuyishou Huoguo HOTPOT €
(刘一手火锅; Karte S. 854; 46 Cangbai Lu, 2. OG; 沧白路 46 号南国丽景大夏 3 楼; Saucen zum Einstippen der Zutaten 6–20 Yuan; ⌚10–24 Uhr) Der Hotpot ist hier recht gut und die Stimmung gesellig, aber die eigentliche Attraktion ist die Aussicht; beim Dinner mit Chongqings Spezialität wandert der Blick über den Fluss Jialing. In Spitzenzeiten wird es schwierig, einen Tisch mit Flussblick zu bekommen, deshalb lieber früher oder später kommen. Den Fahrstuhl rechts vom Motel 168 nehmen. Kein Englisch.

Ausgehen & Unterhaltung

Außer den unten genannten Lokalen gibt's Cafés und Bars im Hotelkomplex Hongyadong (S. 856) mit Blick auf den Jialing sowie mehrere Bars am Ufer (酒吧; *jiuba;* Karte S. 854), Cafés und Restaurants in der Nan'an Binjiang Lu (南岸滨江路); mit der Seilbahn über den Jangtse, dann zum Fluss gehen und nach links wenden. Von dort 15 Minuten zu Fuß am Fluss entlang gehen oder in irgendeinen Bus bis zur nächsten Haltestelle steigen. Die Seilbahn verkehrt nach 22 Uhr nicht mehr.

De Yi Shi Jie (得以世界; Karte S. 854) ist ein öffentlicher Platz, umgeben von billigen Bars, Karaokekneipen und den größten Nachtclubs der Stadt.

Traditionelle **Teehäuser** gibt's in der Altstadt Ciqikou (S. 853), zu erkennen an Schildern mit den Zeichen 茶园 (*chayuan;* Teegarten).

LP TIPP **Cici Park** BAR
(西西公园; Karte S. 854; Xixi Gongyuan; 2 Linjiang Lu; 临江路 2 号; Bier ab 15 Yuan; ⌚19–4 Uhr) Cici ist die coolste Bar in Chongqing, hat Musik zum Chillen und ist loungig eingerichtet, auch mit Sitzgelegenheiten auf dem Platz davor. Die Bierpreise sind erschwinglich, Mixgetränke beginnen bei 25 Yuan, und es gibt einen lokalen Pflaumenwein (梅子酒; *meizi jiu*; 10 Yuan), der in einer niedlichen Flasche mit passendem Glas serviert wird. Liegt an einem großen, offenen Platz auf dem Dach eines kleinen Einkaufskomplexes, dessen Vorderseite dem längst verschwundenen dekorativen Torbogen Linjiang Pai (临江牌) nachgestaltet ist.

Nuts LIVEMUSIK
(坚果; Jianguo Julebu; außerhalb der Karte S. 853; www.douban. com/host/nutsclub, auf Chinesisch; Shazhong Lu, Bezirk Shapngba; 沙坪坝区沙中路; Bier ab 5 Yuan; ⌚20–2 Uhr) Dieser winzige Club ist der beste, um einheimische Bands live zu erleben. Er liegt direkt bei der Universität von Chongqing und ist daher immer gut besucht. Livemusik gibt's meist nur an Wochenenden, von 20 Uhr bis 22 Uhr, und kostet 30 Yuan Eintritt. Zu anderen Zeiten kommen DJs. Von der U-Bahnstation Shapingba zu Fuß zu erreichen; geradeaus auf der Hanyu Lu (汉榆路), dann links die Shazhong Lu (沙中路) hinunter; 20 Minuten.

Caffe Molinari CAFÉ
(魔力咖啡; Moli Kafei; Karte S. 853; Ecke Food St & Zourong Lu; 邹容路好吃街; Espresso 18 Yuan, Eis 16 Yuan; ⌚9.30–23.30 Uhr) Ein

baumbeschattetes Terrassencafé am Straßenrand, das ein bisschen vom Flair eines italienischen Eisladens ins Zentrum von Chongqings modernem Einkaufsdistrikt bringt. Das **Café Lavazza** (Karte S. 854) auf der anderen Seite der Zourong Lu bietet Ähnliches zu ähnlichen Preisen.

Chongqing Sichuan Opera House
THEATER
(重庆市川剧院; Chongqingshi Chuanjuyuan; Karte S. 854; ☎6371 0153; 76 Jintang Jie; 金汤街76号; Eintrittskarten 15–20 Yuan) Hier findet jeden Samstagnachmittag eine 2½-stündige Aufführung der Sichuanoper statt.

Shoppen

Renommierte Markennamen sind in den glitzernden Einkaufszentren am Befreiungsdenkmal (解放碑; Jiefangbei; Karte S. 854) zu finden. Souvenirs gibt's im touristischen 2. Stock des **Hongyadong** (56 Cangbai Lu; 沧白路 56号), unter dem Hotel gleichen Namens oder auch in der Altstadt Ciqikou (S. 853).

Praktische Informationen

Büro für Öffentliche Sicherheit

PSB (公安局; Gong'anju; außerhalb der Karte S. 853; ☎6396 1994; 555 Huanglong Lu; 黄龙路555号; ⏰9–12 & 13–17 Uhr) Verlängert Visa. Zugang an der Ziwei Zhilu (紫薇支路). U-Bahnlinie 3 bis Tangjia Yanzi (唐家院子) nehmen. Zum Exit 2 gehen, die Treppe hoch, nach links wenden, dann in die erste rechts, dort weitergehen, bis das große Gebäude mit Flaggen zur Rechten in Sicht kommt (10 Min.).

Geld

Geldautomaten gibt's überall, und die meisten akzeptieren ausländische Karten. Einige sind auf unserer Karte vermerkt.

HSBC (汇丰银行; Huifeng Yinhang; Karte S. 854; Minquan Lu; 民权路; ⏰ Mo–Fr 9–17 Uhr) Nur klein, wechselt aber Geld.

ICBC (Industrial & Commercial Bank of China; 工商银行; Gongshang Yinhang; Karte S. 854; 解放碑民族路; ⏰9–18 Uhr) An der Minzu Lu neben dem Befreiungsdenkmal. Hat einen kundenfreundlichen Geldwechselservice.

Internetzugang

Internetcafés gibt's überall in der Stadt, darunter drei oder vier am Bahnhof Caiyuanba. Nach den Zeichen 网吧 *(wangba)* Ausschau halten.

Huihui *wangba* (辉辉网吧; Karte S. 854; EG, 20–40 Zhonghua Xiang; 中华巷 20–40 号 1层; pro Std. 3 Yuan; ⏰24 Std.)

Medizinische Versorgung

24-Std.-Apotheke (药店; Yaodian; Karte S. 854; 63 Minquan Lu; 民权路 63 号; ⏰24 Std.) Westliche Medizin, Erdgeschoss, chinesische Medizin, Obergeschoss.

Global Doctor Chongqing Clinic (环球医生重庆诊所; Huanqiu Yisheng Chongqing Zhensuo; Karte S. 858; ☎8903 8837; Suite 701, 6. OG, Office Tower, Hilton Hotel, 139 Zhongshan Sanlu; 中山三路 139 号希尔顿酒

KREUZFAHRTEN DURCH DIE STADT

Chongqing zeigt seine beste Seite vom Wasser aus, insbesondere nachts, wenn die grellen Neonreklamen leuchten. Die sogenannten **Zwei-Flüsse-Kreuzfahrten** (两江游船; *liangjiang youchuan*) dauern etwa zwei Stunden. Die Schiffe legen jeden Nachmittag (14–15 Uhr) und Abend (19–20 Uhr) vom Chaotianmen-Dock (Karte S. 854) ab; sie bieten auf unterhaltsame Art einen ganz anderen Blick auf diese einzigartige Metropole. Mehrere Schiffe bieten den gleichen Service. Der Preisunterschied erklärt sich durch die Qualität und das Alter der Schiffe. Die vier unten aufgeführten Schiffe waren zur Zeit der Recherche am beliebtesten. Obwohl es jeden Tag Kreuzfahrten gibt, sind nicht alle Schiffe täglich im Einsatz. Die Schiffe haben keine englischen Schilder, und an Bord wird nur sehr wenig Englisch gesprochen. Man kann an Bord essen, aber die Speisekarten sind nur auf Chinesisch, und die Mahlzeiten sind ziemlich teuer (Gerichte 30–80 Yuan). Die unten aufgeführten Preise gelten für Abendkreuzfahrten, die viel beliebter (und auch lohnender) sind. Karten für Kreuzfahrten am Nachmittag sind schon für 25 bis 35 Yuan erhältlich. Die Tickets am Ende des Anlegers, der zum entsprechenden Schiff führt, kaufen.

Kreuzfahrtschiffe

Chaotiangong 朝天宫 (128 Yuan), **Chaotianmen** 朝天门 (148 Yuan), **Jinbi Huanggong** 金碧皇宫 (138 Yuan), **Man Jiang Hong** 满江红 (88 Yuan)

店商务楼 7层 701室; ⏰ Mo–Fr 9–17 Uhr) Ein 24-Stunden-Bereitschaftsdienst ist unter der allgemeinen Kliniknummer erreichbar.

Post & Telefon

Post (中国邮政; Zhongguo Youzheng; Minquan Lu; 民权路; Karte S. 854; ⏰9–19 Uhr) Im Laden von China Mobile im selben Gebäude (geöffnet von 9–21 Uhr) kann man sein chinesisches Handy aufladen und SIM-Karten kaufen.

Reisebüros

Das Yangtze River Hostel (S. 855) kann Touren aller Art (darunter Drei-Schluchten-Kreuzfahrten) arrangieren und hat besser Englisch sprechende Mitarbeiter als die Reisebüros und Ticketschalter in der ganzen Stadt. Sie berechnen eine kleine Gebühr.

Harbour Plaza Travel Centre (海逸旅游中心; Haiyi Lüyou Zhongxin; Karte S. 854; ☎6370 5664; 2. OG, Harbour Plaza, Wuyi Lu; ⏰8–20 Uhr) Personal ist hier hilfsbereit, spricht ziemlich gutes Englisch und kann Flugtickets besorgen sowie Drei-Schluchten-Touren arrangieren.

An- & Weiterreise

Bus

Chongqing hat mehrere Fernbusbahnhöfe, aber die meisten Busse verkehren vom Busbahnhof Caiyuanba (菜园坝汽车站; Caiyuanba *qichezhan*; Karte S. 858) neben dem (alten) Hauptbahnhof. Reiseziele sind u. a.:

Chengdu 成都 (in Sichuan) 104–114 Yuan, 4 Std., stündl. (8–18.50 Uhr)

Chishui 赤水 (in Guizhou) 66 –72 Yuan, 4½ Std., 4-mal tgl. (8.40, 12.30, 15.20 und 18.30 Uhr)

Dazu 大足 55 Yuan 2½ Std., stündl. (7–21 Uhr)

Hechuan 合川 30 Yuan, 90 Min., alle 30 Min. (6.30–20.30 Uhr)

Jiangjin 江津 25 Yuan, 70 Min., alle 30 Min. (6.20–20 Uhr); fährt vom alten Bahnhof Caiyuanba (Karte S. 858) ab.

Songji 松溉 43 Yuan, 2 Std., 1-mal tgl. (13.20 Uhr)

Wanzhou 万州 114 Yuan, 3½ Std., stündl. (8–18.15 Uhr)

Yibin 宜宾 (in Sichuan) 90–99 Yuan, 3–4 Std., stündl. (6.35–20.30 Uhr)

Yongchuan 永川 36 Yuan, 90 Min., alle 20 Min. (6.30–21.30 Uhr)

Busse nach Fengjie (163 Yuan, 5 Std., 4-mal tgl., 8.30, 11.30, 15.30 und 19 Uhr), wo das Tragflächenboot oder die Fähre zu den Drei Schluchten erreichbar sind, fahren vom Busbahnhof Longtousi (龙头寺汽车站; Longtousi *qichezhan*) ab, der an der U-Bahnlinie 3 (Stationsname: 龙头寺; Longtousi) liegt.

Flugzeug

Chongqings Flughafen Jiangbei (重庆江北飞机场) liegt 25 km nördlich des Stadtzentrums und ist mit dem U-Bahnnetz verbunden. Wie immer sind Onlinebuchungen am einfachsten. In Frage kommen www.elong.com oder www.ctrip.com. Sonst sind Tickets im **Chongqing Civil Aviation Ticket Centre** (重庆机场机票销售中心; Chongqing Jichang Jipiao Xiaoshou Zhongxin; Karte S. 855; ☎6385 1105; 161 Zhongshan San Lu; 中山三路161号; ⏰8.30–20 Uhr) zu bekommen. Etwas Englischkenntnisse. Wegen der Hochgeschwindigkeitsverbindung gibt es keine Flüge mehr zwischen Chongqing und Chengdu. Direkte Flüge sind u. a.:

Beijing 1120 Yuan, 2½ Std.

Kunming 550 Yuan, 70 Min.

Shanghai 920 Yuan, 2½ Std.

Xi'an 470 Yuan, 90 Min.

Wuhan 500 Yuan, 90 Min.

Schiff/Fähre

Chongqing ist der Ausgangspunkt für die ungemein beliebten Kreuzfahrten auf dem Jangtse durch die herrlichen Drei Schluchten. Alle Einzelheiten auf S. 868.

Zug

Neue, schnellere Züge, darunter der D-Klasse-Hochgeschwindigkeitszug von und nach Chengdu, benutzen Chongqings neuen Nordbahnhof (重庆北站; Chongqing *beizhan*; außerhalb der Karte S. 853), aber einige andere, wie der Zug nach **Kunming,** benutzen den älteren Bahnhof Caiyuanba (菜园坝; Karte S. 858).

Fahrtziele sind u. a.:

Beijing West 北京西 Hartschläfer 391 Yuan, 23–31 Std., 5-mal tgl. (9.45, 11.21, 13.41, 20.32 und 23.50 Uhr)

Chengdu Ost 成都东 Hartsitzer 98 Yuan, 2–2½ Std., 12-mal tgl. (8–21.27 Uhr)

Guilin 桂林 Hartschläfer 164 Yuan, 20 Std., 1-mal tgl. (20.43 Uhr)

Kunming 昆明 Hartschläfer 246 Yuan, 19 Std., 2-mal tgl. (9.10 und 14.11 Uhr)

Lhasa 拉萨 Hartschläfer 712 Yuan, 45 Std., jeden zweiten Tag (20.11 Uhr)

Shanghai 上海 Hartschläfer 428 Yuan, 28 Std., 2-mal tgl. (7.46 und 15.19 Uhr)

Xi'an 西安 Hartschläfer 179 Yuan, 10–11 Std., 5-mal tgl. (9.16, 11.02, 11.48, 17.35 und 20.11Uhr)

Unterwegs vor Ort

Bus

Örtliche Buspreise betragen 1 Yuan oder 2 Yuan. Nützliche Strecken:

DIE ZÄHESTEN TRÄGER IN CHINA

Seit die ersten Chongqinger nicht daran denken mochten, ihre Wassereimer vom Fluss hoch zu ihren Hanghäusern selbst zu tragen, gibt es eine besondere Art von Trägern: Träger, die mehr als ihr Körpergewicht zu heben vermögen und diese Last den ganzen Tag lang bergauf und bergab schleppen können; Träger, die keinen Karren wie in anderen Städten oder ein Fahrrad oder eine Rikscha zu Hilfe nehmen können, sondern zu Fuß arbeiten und dabei auf die einfachsten Hilfsmittel angewiesen sind: eine Bambusstange oder „Bangbang" und ein Seil.

Die als Bangbang-Armee bekannten Träger haben die Lasten der Stadt seit Jahrhunderten auf ihren Schultern getragen, aber ihre Zahl explodierte geradezu in den 1990er-Jahren, als die Regierung begann, Millionen, die entlang des Jangtse lebten, umzusiedeln. Viele kamen mit wenig Bildung und Kenntnissen und reihten sich bald in das 100 000 Mann starke Heer der Träger ein. Die Bangbang-Träger arbeiten ohne geregelte Arbeitsbedingungen und sind arm; sie verdienen rund 30 Yuan pro Tag mit ihrer Arbeit in einer von Chinas heißesten, hügeligsten Städten, in der sie Lasten bergauf und bergab schleppen. Wenn man bedenkt, wie viel Gelder in den letzten Jahren in die Stadt gepumpt wurden (ein Blick über den Fluss am Grand Theatre genügt), überrascht es vielleicht, dass dieser uralte Beruf immer noch ausgeübt wird. Aber noch ist die Bangbang-Armee ein gewohnter Anblick in den von engen Gassen durchzogenen Vierteln, die diese schnell moderner werdende Stadt mit ihren alten Docks verbinden.

Bus 105 Nordbahnhof–Linjiangmen (beim Befreiungsdenkmal)

Bus 120 Chaotianmen–Bahnhof Caiyuanba

Bus 141 Nordbahnhof –Chaotianmen

Bus 419 Nordbahnhof–Bahnhof Caiyuanba

Bus 461 Chaotianmen –Zhongshan Sanlu (für Flughafenbus)

Bus 462 Zhongshan Sanlu (Flughafenbus)–Befreiungsdenkmal

Vom/Zum Flughafen

Die U-Bahnlinie 3 fährt vom Flughafen (机场; *jichang*) in die Stadt (6 Yuan, 45 Min., 6.22–22.30 Uhr). Achtung: Die U-Bahn wird am Flughafen als „Light Rail" (Stadtbahn; 轻轨; *qinggui*) ausgeschildert.

Der **Flughafenbus** (机场大巴; *jichang daba*; 15 Yuan, 45 Min.) holt Fahrgäste von allen ankommenden Flügen ab und bringt sie über mehrere Haltestellen im Norden der Stadt bis zur Meizhuanxiao Jie (美专校街), einer kleinen, von der Zhongshan Sanlu (中山三路) abgehenden Straße. Bus 461 fährt von der Zhongshan Sanlu zum Chaotianmen (朝天门). Zur U-Bahn geht's links zur Zhongshan Sanlu und dann geradeaus über den großen Kreisverkehr. Der Bahnhof Niujiaotuo (牛角沱) liegt zur Linken.

Busse zum Flughafen verkehren von 6 Uhr bis 20 Uhr.

Ein Taxi kostet rund 50 Yuan.

Taxi

Taxigebühren beginnen bei 5 Yuan. Ein Taxi von Jiefengbei zum Nuts Club kostet ungefähr 35 Yuan. Zum Flughafen werden ca. 50 Yuan berechnet.

U-Bahn

Chongqings teils unterirdisch, teils überirdisch verlaufendes **U-Bahnnetz** (轨道; *guidao*; pro Fahrt 2–6 Yuan, ungefähr 6.30–22.30 Uhr) verbindet die Halbinsel Jiefangbei mit Teilen der Stadt, darunter dem Flughafen und den beiden Bahnhöfen. Die Hinweisschilder sind zweisprachig, die U-Bahn-Karte ist aber leider nur auf Chinesisch und daher wenig hilfreich.

Die U-Bahnstation für den Bahnhof Caiyuanba heißt Lianglukou (两路口) und ist über eine der längsten Rolltreppen (大扶梯; *da futi;* 2 Yuan) der Welt erreichbar.

Buddhistische Grotten in Dazu 大足石窟

Die fantastischen Felsskulpturen von Dazu (Dazu Shiku) sind eine Unesco-Weltkulturerbestätte und eine von Chinas vier großen Stätten mit buddhistischen Steinschnitzereien, neben denen in Dunhuang, Luoyang und Datong. Die Dazu-Skulpturen sind die jüngsten der vier, aber die Kunstwerke sind möglicherweise die besten.

An ungefähr 40 Stätten sind Tausende von Skulpturen und Statuen (mit buddhistischen, taoistischen und konfuzianischen Einflüssen) in den Fels gehauen, die zum Teil in der der Tang-Dynastie (9. Jh.) entstanden und bis hin zur Song-Dynastie

(13. Jh.) datieren. Die wichtigsten Gruppierungen befinden sich am Schatzgipfelberg und am Nordberg.

Sehenswertes

Schatzgipfelberg FELSSKULPTUREN
(宝顶山; Baoding Shan; Eintritt 135 Yuan, Kombiticket inkl. Nordberg 170 Yuan; ⌚8.30–18 Uhr) Von all den schönen Skulpturen an dieser Stätte ist das Glanzstück ein 31 m langer, 5 m hoher liegender, ins Nirwana eingegangener Buddha, dessen Rumpf in der Felswand verschwindet. Neben dem Buddha steht eine schützend von einem Tempel umgebene, komplett vergoldete Avalokiteshvara (oder Guanyin, die Göttin der Barmherzigkeit), die zur Zeit der Recherche restauriert wurde. Ihre 1007 Arme sind fächerartig ausgebreitet und recken sich zum Himmel. Jede Hand hat ein Auge, das Symbol von Weisheit. Vermutlich wurden diese Skulpturen in rund 70 Jahren, zwischen 1174 und 1252, geschaffen.

Der Schatzgipfelberg unterscheidet sich von anderen Grottenstätten dadurch, dass er die natürlichen Gegebenheiten des Terrains berücksichtigt - beispielsweise nutzt eine Skulptur neben dem liegenden Buddha eine unterirdische Quelle.

Die Stätte liegt rund 15 km nördlich der Stadt Dazu und ist mit Shuttlebussen (3 Yuan, 20 Min., bis 19 Uhr), die von Dongguanzhan abfahren, erreichbar. Dazu hat zwei Busbahnhöfe; einen alten und einen neuen. Busse aus Chongqing setzen Fahrgäste an Dazus altem Busbahnhof ab (老站; *laozhan*). Busse aus Chengdu setzen Fahrgäste an Dazus neuem Busbahnhof (新站; *xinzhan*) ab. Von beiden kommt man entweder mit Bus 101 (1 Yuan) oder mit einer Fahrradrikscha für 10 Yuan zur Bushaltestelle Dongguanzhan.

An der Stätte angekommen, sind es zehn Minuten zu Fuß von dort, wo der Bus einen abgesetzt hat, an zahlreichen Restaurants, Gästehäusern und Souvenirläden vorbei bis zum Eingang zu den Skulpturen. Busse vom Schatzgipfelberg zurück verkehren bis 18 Uhr.

Nordberg FELSSKULPTUREN
(北山; Bei Shan; Eintritt 90 Yuan, Kombiticket mit Schatzberggipfel 170 Yuan; ⌚8.30–18 Uhr) Diese Stätte, ursprünglich ein Militärlager, enthält einige der ältesten Skulpturen der Region. In den dunklen Nischen befinden sich Hunderte von Bildwerken. Ihre Anzahl ist zwar kleiner als am Schatzberggipfel, und manche sind in einem schlechten Zustand, aber ein Besuch ist dennoch lohnenswert.

Der schöne, bewaldete Nordberg ist von der Ortschaft Dazu aus in etwa 30 Minuten zu Fuß – über viele Stufen – zu erreichen; vor dem Busbahnhof nach links wenden und immer mal wieder nach dem Weg fragen. Mit dem Taxi kostet es 15 Yuan.

Südhügel FELSSKULPTUREN
(南山; Nan Shan; Eintritt 5 Yuan; ⌚8.30–18 Uhr) Diese etwas bescheidenere Stätte hat eigentlich nur eine Gruppe von Steinskulpturen, ist aber eine nette Vorspeise, die den Appetit anregt, bevor man das Hauptgericht am Nordberg und Schatzgipfelhügel angeht. Liegt hinter dem alten Busbahnhof und ist in etwa 15 Minuten zu Fuß erreichbar. Im Taxi kostet es 10 Yuan.

Andere Sehenswürdigkeiten FELSSKULPTUREN
Wer ein besonderes Interesse an buddhistischen Felsskulpturen hat, könnte versuchen, zu den so gut wie nie besuchten Skulpturen am **Steintorberg** (石门山; Shimen Shan), 19 km südöstlich von Dazu gelegen, oder denen am **Steinsiegelberg** (石篆山; Shizhuan Shan), 20 km südwestlich der Stadt, zu kommen. Hierhin fahren nur Taxis. Wahre Abenteurer könnten in einen Bus zum winzigen Ort Shiyang (石羊) steigen; Shiyang liegt gleich hinter der Grenze in der Provinz Sichuan, hat eine selten besuchte Sammlung von buddhistischen Felsskulpturen aus der Song-Dynastie und ist so untouristisch wie irgend möglich. Busse nach Shiyang fahren von Dazus altem Busbahnhof ab. Nach der Ankunft zur **Pilu Dong** (毗盧洞; Buddha-Vaironcana-Grotte) durchfragen; sie ist zu Fuß erreichbar. Von Shiyang kann man mit dem Bus nach Chengdu weiterfahren.

Schlafen

Das an das **Restaurant Jinfuyuan** (金福源酒店; Jinfuyuan Jiudian; ☎4372 4666; Zi. 80–100 Yuan) angeschlossene Hotel ist rund 50 m von Dazus altem Bahnhof (nach links gehen) entfernt und ein günstiger Ausgangspunkt für die abenteuerliche Suche nach Felsskulpturen.

An- & Weiterreise

Busse von Dazus altem Bahnhof:

Chongqing 55 Yuan, 2½ Std., alle 30 Min. (6.30–18 Uhr)

ABSTECHER

FESTUNG FISCHERSTADT

Die in ganz China als eines der großen Schlachtfelder der Antike berühmte, 700 Jahre alte **Festung Fischerstadt** (钓鱼城; Diaoyu Cheng; Eintritt 60 Yuan) ist auf drei Seiten von rauschenden Flüssen umflossen und auf einem 300 m hohen Berg gelegen. Dies war die letzte Stellung der Südlichen Song-Dynastie, und sie erlangte im 13. Jh. Ruhm, weil sie den mächtigen mongolischen Armeen unfassbare 36 Jahre lang, in denen hier schätzungsweise 200 Schlachten geschlagen wurden, standhielt. Der mongolische Heerführer Mongke Khan wurde in einer davon getötet, was die mongolischen Heerscharen zwang, sich zurückzuziehen, und sie letztendlich daran hinderte, ihren geplanten Eroberungszug in Richtung Afrika fortzusetzen.

Die Festung war durch eine 8 km lange, 30 m hohe doppelte Mauer, die durch acht Tortürme unterbrochen war, geschützt. Ein großer Teil der äußeren Mauer und alle Haupttore stehen noch heute; einige sind teilweise restauriert, andere dem Verfall preisgegeben. Es gibt hier so gut wie keine Einkaufsmöglichkeiten (Picknick mitbringen), aber es lohnt sich, das friedliche und interessante Areal in Ruhe zu durchwandern; schmale Steinpfade führen durch den Wald, an buddhistischen Felsschnitzereien, Grabsteinen, Bambushainen, Teichen, Grotten, der Mauer und ihren Toren sowie einigen herrlichen Aussichtspunkten vorbei. Auf der Rückseite der Eintrittskarte ist eine Karte verzeichnet. Zu den Sehenswürdigkeiten, die man nicht verfehlen sollte, gehören der 11 m lange, 1000 Jahre alte **Schlafende Buddha** (卧佛; Wofo), der in eine überhängende Klippe gemeißelt ist, der **Tempel Huguo** (护国寺; Huguo Si), der aus der Tang-Dynastie stammt, und die **Kaiserliche Höhle** (黄洞; Huangdong), ein alter Entwässerungskanal mit Stufen, die zu ihm hinunterführen, dicht an der Außenseite der Festungsmauer.

Zur Festung geht's mit dem Bus von Chongqing nach Hechuan, dort weiter mit dem örtlichen Bus 111 (aus dem Busbahnhof von Hechuan gehen, die Straße überqueren und nach links wenden) nach Diaoyucheng (2,50 Yuan, 40 Min.), das die letzte Haltestelle ist. Möglicherweise wird man am Stadtrand in einen anderen Bus 111 verfrachtet. Der letzte Bus nach Chongqing verlässt Hechuan um 18 Uhr.

Shiyang 10 Yuan, 1 Std., alle 40 Min. (7.20–17.40 Uhr)
Yongchuan (nach Songji) 22 Yuan, 90 Min., alle 45 Min. (7.10–17.40 Uhr)
Busse von Dazus neuem Bahnhof:
Chengdu 94–106 Yuan, 4 Std., 4-mal tgl. (7.15, 8.55, 9.50 und 14 Uhr)
Hechuan (nach Laitan) 20–25 Yuan, 2½ Std., 4-mal tgl. (7.50, 11.20, 14 und 17.10 Uhr)
Leshan 106 Yuan, 4½ Std., 1-mal tgl. (7.20 Uhr)
Zigong 54 Yuan, 3½ Std., 2-mal tgl. (8 und 13.30 Uhr)

Zhongshan 中山

Chongqings einst allgegenwärtigen, in Pfahlbauweise errichteten Häuser sind heute im Verschwinden begriffen, aber wer in dieses hübsche Flussdorf kommt, kann noch viele davon bestaunen. Die Altstadt (古镇; guzhen) ist im Wesentlichen eine lange Straße mit Holzhäusern, die auf Pfählen am Flussufer stehen. Wer zum Fluss hinuntergeht, kann die Konstruktion der Pfahlbauten von unten betrachten. Auch von der anderen Seite des Flusses ist dies möglich.

Viele Bewohner dieser alten Häuser haben ihre nach vorn liegenden Wohnzimmer zu Läden gemacht. Während einige mit Souvenirs handeln, verkaufen andere regionale Produkte wie Chilisauce oder Krüge mit Reiswein. Beliebte Snacks sind Würfel aus geräuchertem Tofu (烟熏豆腐; *yanxun doufu;* 1 Yuan) und süße, mit gemahlenen Nüssen gefüllte Reiskuchen.

Über dem Fluss gibt's mehrere Restaurants (Gerichte 10–60 Yuan) und Teehäuser. Sogar eine kleine Bar ist dabei (in Nr. 63), und es gibt mindestens ein halbes Dutzend Pensionen (Zimmer 30–80 Yuan); zu erkennen an den Zeichen 住宿 (*zhusu;* Zimmer). Die meisten sind klein, aber sauber und haben eine Gemeinschaftsdusche. Einige Zimmer haben einen tollen Blick auf den Fluss. Wem die Wahl schwer fällt, könnte es mit der von Frau Zhao geführten

Pension – **Zhao Shike** (赵世客; ☎138 8320 9407; Zi. 30–60 Yuan) versuchen. Frau Zhao spricht kein Englich, ist aber überaus freundlich. Ein paar Türen weiter wird im **Yi Xian Lou** (逸仙楼; Gerichte 5–50 Yuan) gutes Essen aufgetischt (keine englische Speisekarte). Empfehlenswert sind *guzhen laolarou* (古镇老腊肉; Schweinrippchen mit grünen Chilis; 30 Yuan), *heshui doufu* (河水豆腐; Flusswassertofu; 5 Yuan) und *ye cai* (野菜; eine Spinatart, die hier in den Bergen angebaut wird; wörtlich „wildes Gemüse"; 10 Yuan).

Um von Chongqing hierherzukommen, steigt man in Jiangjin (江津) um, von wo aus Busse nach Zhongshan (12 Yuan, 2 Std., ungefähr alle 30 Min., 5.30–16.45 Uhr) verkehren. Der letzte Bus zurück nach Jiangjin fährt um 16.20 Uhr ab. Der letzte Bus von Jiangjin zurück nach Chongqing startet um 19 Uhr. Man kann auch nach Süden in die Provinz Guizhou von Jiangjin über Zunyi (遵义; 110 Yuan, 3½ Std., 8.35 und 14.35 Uhr) oder nach Norden zu den Grotten in Dazu (大足; 53 Yuan, 2 Std., 11.30 und 14.10 Uhr) fahren.

Laitan

Die Hauptattraktion dieser alten, ummauerten Stadt über dem Fluss Qu ist ein hoher, in eine Felswand geschlagener und von mehr als 1000 Ministatuen umgebener **Buddha** (二佛寺; Erfo Si; Eintritt 20 Yuan). Der Buddha stammt aus dem 12. oder 13. Jh. Mit ungefähr 14 m Höhe verblasst er zwar im Vergleich zum riesigen Buddha in Leshan, ist aber immer noch ziemlich beeindruckend – und dafür auch wesentlich weniger besucht.

Ein kleines Stück vom Buddha entfernt liegt der **Tempel** (Eintritt 5 Yuan) des Dorfes, der noch in Betrieb ist.

Die Zeit sollte reichen, sich in dem Dorf, das über 1000 Jahre alt ist, etwas umzusehen und seine kleinen Läden und Lokale zu erkunden. Laitans *mijiu* (米酒; Reiswein) ist eine lokale Spezialität.

Obwohl Laitan von Chongqing aus in einem Tagesausflug besucht werden kann, möchte manch einer vielleicht gern innerhalb der Stadtmauern in dem netten **Huilong kezhan** (回笼客栈; ☎023-4256 1999; Zi. 128 Yuan) übernachten. Es ist nichts Besonderes an dieser Pension selbst (obwohl sie auch sauber und ordentlich ist), aber der Aufenthalt hier gibt einem die Möglichkeit, die untouristische Seite dieses alten Dorfes kennenzulernen, wenn die Tagesausflügler abgezogen sind.

Von Chongqing aus in Hechuan umsteigen. Aussteigen am Busbahnhof im Stadtzentrum, der *keyun zongzhan* (客运总站) heißt. Vor diesem Bahnhof nach rechts gehen und mit dem örtlichen Bus 202 (1 Yuan) zum größeren Busbahnhof am Stadtrand fahren, der *keyun zhongxin zhan* (客运中心站) heißt; es ist die letzte Haltestelle. Von dort verkehren drei Direktbusse nach Laitan (10 Yuan, 50 Min., 10.10, 13.35 und 16.10 Uhr) sowie ein regulärer Bus nach Longshi (9,50 Yuan, 45 Min.). Von Longshi fahren Minibusse (2 Yuan, 5 Min.) nach Laitan vor dem Busbahnhof ab.

Die letzten Busse von Hechuan zurück nach Chongqing fahren um 18 Uhr (von *keyun zongzhan*) und um 18.30 Uhr (von *keyun zhongxin zhan*) ab.

Songji

Die kopfsteingepflasterten Straßen mit Tempeln, Teehäusern, alten Toren und einigen schönen Häusern mit Innenhof sind ideal für zielloses Bummeln in diesem noch immer bewohnten Dorf aus der Ming-Dynastie an den Ufern des Jangtse.

Wer etwas Besonderes sehen will, geht zum **Anwesen der Familie Chen** (陈家大院; Chen Jia Dayuan; Eintritt 2 Yuan), dem historischen Heim der prominentesten Familie des Dorfes. Die ausgedehnte Anlage umfasste einst mehr als 100 Zimmer. Was von dem Anwesen übrig ist, ist viel kleiner, doch an seinen Wänden hängen dicht an dicht Familienfotos und Erinnerungsstücke. Die Schauspielerin Joan Chen (Bernardo Bertoluccis *Der letzte Kaiser* und Ang Lees *Gefahr und Begierde*) ist das außerhalb Chinas bekannteste Familienmitglied.

An einem Steilufer, ungefähr 20 Minuten zu Fuß von der Altstadt entfernt, liegt der **Tempel Dongyu** (东狱庙; Dongyu Miao), in dem ein 9,5 m hoher Buddha steht und ein paar gruselige Dioramen verschiedene Höllenqualen (Pfählen, Verbrühen, Zungeausreißen) beschreiben.

Songshan Binguan (松山宾馆; ☎023-4954 6078; Zi. ab 80 Yuan; ❄) hat nette, saubere Doppelzimmer, davon einige mit Blick auf den Fluss. Das nahe **Guzhen Jiu-**

dawan (古镇九大碗; Gerichte 15–30 Yuan; ⌚9–20 Uhr) ist ein schön renoviertes, altes Hofhaus, das in ein Restaurant mit Teehaus umfunktioniert wurde. Hier gibt's eine gute Auswahl an chinesischen Tees sowie eine preisgünstige Karte mit meist sichuanesischen Speisen. Bei der Orientierung in den Sträßchen kann ein Foto der großen, zweisprachigen Karte helfen, die sich auf einer Holztafel am Eingang zur Altstadt (古镇; *guzhen*) befindet, dort, wo man nach dem Aussteigen aus dem Bus zum Fluss hinuntergeht.

Es gibt einen direkten Bus von Chongqing (43 Yuan, 2 Std., 13.20 Uhr). Sonst in einen Bus nach Yongchuan steigen, von wo aus Minibusse nach Songji (9 Yuan, 70 Min.) alle 20 Minuten abfahren. Der letzte Bus zurück nach Yongchuan verlässt Songji etwa um 17.30 Uhr. Der letzte Bus von Yongchuan nach Chongqing fährt um 18.50 Uhr ab.

Kreuzfahrt auf dem Jangtse

Inhalt »

Die Drei Schluchten......868
Von Chongqing nach Wanzhou......870
Von Wanzhou nach Yichang......870
Luxuskreuzfahrten......872
Touristenboote......872
Passagierschiffe......872
Tragflügelboote......873

Reisen bedeutet in China oft eine landgebundene und sitzende Erfahrung mit endlos langen Busfahrten, kolossalen Schnellstraßen, ständigen Verkehrsstaus, staubigen Bergstraßen, Marathon-Zugfahrten und täglichen, über unglaublich große Entfernungen gewonnenen Siegen. Deshalb genießt die Jangtse-Kreuzfahrt – auf Chinas längstem und landschaftlich eindrucksvollstem Fluss – den besonderen Ruf eines Trips, bei dem das Ziel eigentlich gänzlich unwichtig ist, verglichen mit dem grandiosen Schauspiel der Reise. Es ist eine Gelegenheit, den Reiseplan auf Eis zu legen, den Hut an den Haken zu hängen und ein beeindruckendes Panorama in aller Ruhe vorbeigleiten zu sehen.

Reisezeit

Dezember–März Die Nebensaison; Fahrpreise sind niedriger und die Reise ist ruhiger.

April & Mai Das beste Wetter, aber die höchsten Preise und lärmendsten Menschenmassen.

Oktober & November Kühleres Wetter, aber die Massen sind zurück.

Die Drei Schluchten

Wenige Flusspanoramen sind so viel bestaunt worden wie die Drei Schluchten (三峡; Sanxia). Weit gereiste Poeten und Gelehrte der Tang-Dynastie haben bei ihrem Anblick weiche Knie bekommen. Redegewandten Kaisern und hartgesottenen VIPs der Kommunistischen Partei hat es die Sprache verschlagen. Scharen von Touristen haben ihren Weg von Chongqing nach Yichang in Megapixel gebannt. Solange viele Bootsleute des Jangtse zurückdenken können, gehörten die Drei Schluchten zum berühmten Triumvirat einer China-Tour, dicht gefolgt von den Terrakotta-Kriegern und der Großen Mauer.

Dennoch bekommen die Schluchten heutzutage eine gemischte Presse. Einige Reisende sind tatsächlich völlig von den Socken; andere kommen in Yichang an, kratzen sich am Kopf und fragen sich, was das alles überhaupt

KURZINFOS

- Der Drei-Schluchten-Damm ist der weltweit größte, künstliche Generator für elektrischen Strom aus einer erneuerbaren Quelle.
- Der Drei-Schluchten-Damm soll Erdbeben der Stärke 7 auf der Richterskala standhalten.
- Pläne für den Drei-Schluchten-Damm stammen aus dem Jahr 1919, als Sun Yatsen (Sun Zhongshan) dessen gewaltiges Potenzial für die Energiegewinnung erkannte.
- Der Jangtse lagert jährlich mehr als 500 Mio. Tonnen Schlamm im Stausee hinter dem Damm ab.
- Der Jangtse hat Hunderte katastrophaler Überflutungen verursacht, darunter das verheerende Hochwasser von 1931, das geschätzte 145 000 Menschenleben forderte.

soll. Die landschaftliche Schönheit der Strecke ist sicherlich viel eindrucksvoller als die historischen Sehenswürdigkeiten, die oft vollgestopft sind mit historischen Anspielungen, die sich nur chinesischen Geistern erschließen; Tempel und Ähnliches entlang der Strecke können überfüllt sein, während die gleichförmigen, am Fluss gelegenen Städte und Siedlungen eher modern als nett historisch aussehen. Für manche kann die wilde Natur der Schluchten auf Dauer eintönig werden, insbesondere die extrem lange Xiling-Schlucht (Xiling Xia). Der hinter dem Drei-Schluchten-Damm gebaute Stausee – eine Wasserfläche mit einer Länge von 600 Kilometern, was der Strecke zwischen Hamburg und München entspricht – hat seinen Tribut gefordert, da heute viel mehr Land überflutet ist.

Aber wer nicht hinter jeder Biegung des Flusses größte Highlights erwartet, für den ist die Reise flussabwärts ein anregendes und erholsames Abenteuer, nicht zuletzt wegen der ständig wechselnden Geschwindigkeit und Perspektive.

Der Fluss

Die Reise führt zuallererst auf Chinas mächtigsten – und der Welt drittlängsten – Fluss, den 6300 km langen Jangtse (长江; Chang Jiang). Er entspringt als Gebirgsbach des Tanggula Shan im südwestlichen Qinghai, bevor er von Tibet weiterfließend auf seinem Weg durch sieben chinesische Provinzen die Wassermassen von Hunderten von Nebenflüssen aufnimmt, um schließlich nördlich von Shanghai machtvoll im Ostchinesischen Meer zu münden.

Die Auswirkungen des Drei-Schluchten-Damms

Die steilen Schluchten, über Äonen von den reißenden Wassermassen geformt, sind der berühmteste Abschnitt des Jangtse-Flusslaufs. Doch der Bau des umstrittenen und rekordbrechenden Drei-Schluchten-Damms (三峡大坝; Sanxia Daba) hat die Schluchten in so viel Ungewissheit gehüllt wie ihre berühmten Nebel: Wurden die Schluchten ihrer eindrucksvollen Wirkung beraubt oder kann das steigende Wasser ihnen nichts anhaben?

Kurz gesagt, die Schluchten sind zweifellos von den steigenden Fluten verändert worden. Die Gipfel sind nicht mehr so hochragend wie einst, und die gefluteten Schluchten, durch die Boote fahren, sind nicht mehr so eng und steil. Das zeigt sich eher erfahrenen Bootsleuten oder Wiederholungs-Schiffsreisenden. Für Erstbesucher sind die Schluchten immer noch ein beeindruckendes Erlebnis.

DIE STRECKE

Die Schluchten – Qutang, Wu und Xiling –, nach der Legende das Werk des Großen Yu, eines legendären Architekten des Flusses, beginnen östlich von Fengjie in der Provinz Chongqing und laufen nach rund 200 km westlich von Yichang in der Provinz Hubei aus. Die Hauptstrecke für eine Kreuzfahrt auf dem Jangtse liegt daher zwischen den Städten Chongqing und Yichang .

Die Strecke ist in beiden Richtungen befahrbar, aber die meisten Fahrgäste reisen von Chongqing aus flussabwärts.

Jangtse (Chang Jiang)

Beim Kauf eines Tickets in einem Reisebüro nicht für die Sehenswürdigkeiten auf der Strecke pauschal bezahlen, denn vermutlich will man nicht alle besichtigen, und die Eintrittspreise sind manchmal gesalzen. Das einzige Ticket, das es sich im Voraus zu kaufen lohnt, ist das für die beliebte Tour in die Drei kleinen Schluchten, die oft ausgebucht ist (s. S. 871).

Von Chongqing nach Wanzhou 重庆-万州

Anfangs zieht sich die Strecke noch hin und ist kaum bemerkenswert, obwohl der triste Anblick von Fabriken allmählich einer attraktiven Terrassenlandschaft und gelegentlich einer kleinen Stadt weicht.

Vorbei an der überfluteten Stadt Fuling (涪陵) legt das Schiff erstmals in **Fengdu** (丰都), 170 km von Chongqing entfernt, an. Der seit Langem als Geisterstadt (鬼城; Guicheng) bezeichnete Ort ist genau das: Er ging 2009 in den Fluten unter, und seine Bewohner mussten auf die andere Seite des Flusses ziehen. Hier werden die Massen ausgeschifft, die zum **Ming Shan** (名山; Eintritt 60 Yuan; Seilbahn 20 Yuan) mit seinen vielen Tempelanlagen, die alle auf Geister fokussiert sind, hochsteigen wollen.

Nach einer gemächlichen Fahrt durch den Kreis Zhongzhou legt das Schiff nach rund drei Stunden in **Shibaozhai** (石宝寨; Felsenschatzfestung; Eintritt 80 Yuan; ⌚8–16 Uhr) am Nordufer des Flusses an. Eine zwölfstöckige, 56 m hohe hölzerne Pagode, erbaut auf einem großen, von Flusswasser umspülten Felsen, stammt aus der Regierungszeit des Qing-Kaisers Kangxi (1662–1722). Manche Schiffe halten hier, um den Passagieren eine Besichtigung des Turmes und seiner Innenräume zu ermöglichen.

Die meisten Vormittagsschiffe machen über Nacht in dem teilweise überfluteten **Wanzhou** (万州; auch Wanxian genannt) fest. Reisende, die schnell von A nach B kommen, aber die Schluchten mitnehmen wollen, können die Strecke von Chongqing nach Wanzhou durch eine dreistündige Busfahrt überbrücken und dann entweder ein Tragflügelboot oder ein Passagierschiff am Wanzhou-Anleger nehmen.

Von Wanzhou nach Yichang 万州-宜昌

Bald nach dem Ablegen von Wanzhou kommt der versetzte **Tempel Zhang Fei** (张飞庙; Zhangfei Miao; Eintritt 20 Yuan) in Sicht, wo ein kurzer Landgang möglich ist.

Yunyang (云阳), eine moderne Stadt am Nordufer des Flusses, ist typisch für viele nüchterne Neusiedlungen. Die Schiffe fahren an zerklüfteten Inseln vorbei, einige mit einem bunten Teppich von Feldern bedeckt, und entlang an Flussufern, an deren Hängen sich Terrassenfelder wie grüne Bänder hochziehen.

Die alte Stadt **Fengjie** (奉节), Hauptstadt des Staates Kui während der „Frühlings- und Herbstperiode" (722–481 v.Chr.) und der Zeit der Streitenden Reiche (475–221 v.Chr.), blickt über die Qutang-Schlucht, die erste der drei Schluchten. Die Stadt – wo die meisten Schiffe und Tragflügelboote anlegen – ist auch der Zugang zu der halbversunkenen **Stadt des Weißen Kaisers** (白帝城; Baidicheng; Eintritt 50 Yuan), wo der Shu-Kaiser Liu Bei seinen Sohn und sein Reich Zhu Geliang anvertraute, wie im *Roman der Drei Reiche* geschildert.

Die **Qutang-Schlucht** (瞿塘峡; Qutang Xia), auch Kui-Schlucht (夔峡; Kui Xia) genannt, schiebt sich dramatisch ins Blickfeld, mit steil zu beiden Seiten abfallenden Bergwänden, aus denen bizarre Klippen ragen. Die kürzeste und engste der drei Schluchten ist nur 8 km lang und endet fast ebenso abrupt wie sie beginnt, aber viele halten sie für die schönste. Die Schlucht bietet einen schwindelerregenden Blick auf mächtige Gesteinsschichten und Felsformationen, wenn auch das steigende Wasser der Schlucht einiges von ihrer Kraft geraubt hat. Am Nordufer liegt die **Blasebalgschlucht** (风箱峡; Fengxiang Xia), wo neun Särge entdeckt wurden, die vermutlich von einem alten Stamm dorthin gebracht wurden.

Nach der Qutang-Schlucht geht das Terrain in einen 20 km breiten Streifen tiefliegendes Land über, bevor die Schiffe in der Kleinstadt **Wushan** (巫山) anlegen, die hoch über dem Fluss liegt. Zahlreiche Schiffe legen in Wushan eine Pause von fünf bis sechs Stunden ein, damit Passagiere auf kleinere Boote umsteigen und Ausflüge auf dem Fluss Daning (大宁河; Daning He) zu den **Drei kleinen Schluchten** (小三峡; Xiao Sanxia; Tickets 150–200 Yuan) unternehmen können. Die Landschaft ist einfach herrlich, und manche Reisende beteuern, dass die engen Schluchten noch eindrucksvoller sind als ihre größeren Namensvettern.

Auf dem Jangtse schippern die Boote gemächlich von Wushan in die vorletzte Schlucht, die Wu-Schlucht, unter einer grellroten Brücke hindurch. Einige der bebauten Felder an den Hängen über dem Fluss nehmen hier eine fast bedrohliche Schräglage ein.

Die **Wu-Schlucht** (巫峡; Wu Xia) – die Hexenschlucht – ist schlichtweg sensationell, in Grün gehüllt und von dichtem Buschwerk überwuchert. Ihre Klippen verschwinden häufig in ätherischen Nebelschichten. Die über 40 km langen Felswände werden am Nordufer von schroffen, gezackten Gipfeln überragt. Insgesamt zwölf Gipfel drängen sich auf beiden Seiten, darunter der **Feengipfel** (神女峰; Shennü Feng) und der **Gipfel der Unsterblichen** (集仙峰; Jixian Feng). Glück hat, wer den Sonnenaufgang über dem Feengipfel beobachten kann.

Die Schiffe verlassen die Wu-Schlucht und fahren in östlicher Richtung weiter in die Provinz Hubei, vorbei an der Mündung des **Shennong-Stroms** (神农溪; Shennong Xi) und der Stadt Badong (巴东) am südlichen Ufer, bevor sie nach rund 45 km die letzte der drei Schluchten erreichen.

Mit 80 km Länge ist die **Xiling-Schlucht** (西陵峡; Xiling Xia) die längste und wohl am wenigsten eindrucksvolle Schlucht; ganze Abschnitte der Schlucht

DIE BESTEN LUXUSKREUZFAHRTEN

Viking River Cruises (www.vikingrivercruises.com) Sehr luxuriöse Kreuzfahrt, mit fünftägiger Fahrt von Chongqing nach Wuhan im Rahmen einer zwölftägigen China-Reise; Komplettprogramm ab etwa 2345 €.

Century Cruises (www.centuryrivercruises.com) Nimmt für sich in Anspruch, die luxuriösesten Kreuzfahrten auf dem Jangtse zu bieten. Die Schiffe sind neu, der Service ist erstklassing und die Einrichtungen sind Spitze. Über Harbour Plaza Travel Centre (S.862) gebuchte Tickets für die Strecke von Chongqing nach Yichang beginnen bei 3150 Yuan.

Victoria Cruises (www.victoriacruises.com) Komfortable vier- oder fünftägige Flussfahrten zwischen Chongqing und Yichang. Ältere Schiffe als Century, hat aber auch hervorragende Englisch sprechende Führer. Ab 2950 Yuan, über Harbour Plaza Travel Centre (S.862).

im Westen sind überflutet. Man sieht langsam fahrende Frachtschiffe, darunter lange, mit Kohle beladene Lastkähne, die flussabwärts nach Shanghai unterwegs sind. Die Schlucht war einst wegen ihrer gefährlichen Stromschnellen berüchtigt, und Schiffe schlugen auf verborgenen Sandbänken und Riffen leck. Sie ist aber seit Langem gezähmt, wenn auch der Schiffsverkehr langsamer wird, sobald Nebel die Sicht behindert.

Außer einigen hochpreisigen Luxusschiffen fahren die meisten Kreuzfahrtschiffe nicht mehr durch den monumentalen **Drei-Schluchten-Staudamm**. Die Passagierfähren und Tragflächenboote beenden (oder beginnen) ihre Fahrt meist im **Hafen Taiping** (太平溪港; Taipingxi Gang), vom Stausee flussaufwärts gelegen. Hier warten zwei Arten von Shuttlebussen, um die Passagiere nach Yichang zu bringen (1 Std.). Einer ist kostenlos und fährt zum alten Fährhafen (老码头; *lao matou*) im Stadtzentrum. Der andere kostet 10 Yuan und bringt die Passagiere zum Ostbahnhof von Yichang (火车东站; *huoche dongzhan*). Normale Touristenboote benutzen meist den **Hafen Maoping** (茅坪港; Maoping Gang), von wo aus zumindest der Staudamm zu sehen ist und der ebenfalls durch Shuttlebusse mit Yichan verbunden ist.

SCHIFFE

Es gibt vier Kategorien von Schiffen: Luxusschiffe, Touristenboote, Passagierschiffe und Tragflächenboote.

Luxuskreuzfahrten 豪华游轮

Die luxuriöseste Passage bieten die nach internationalem Standard eingerichteten Kreuzfahrtschiffe *(haohua youlun)*, wo allerhöchster Komfort und zahlreiche Gelegenheiten für beste Aussichtsmöglichkeiten zu einem entspannten Tagesablauf gehören. Die Trips beginnen meist am frühen Abend in Chongqing und schließen Landausflüge zu allen wichtigen Sehenswürdigkeiten (Drei-Schluchten-Damm, Kleine drei Schluchten usw.) ein. Dabei bleibt ausreichend Zeit, die Attraktionen (oft halb so interessant wie die Landschaft) zu besichtigen. Die Kabinen sind mit Klimaanlage, TV (möglicherweise Satelliten-TV), Kühlschrank/Minibar und oft mehr ausgestattet. Diese Schiffe sind speziell für westliche Touristen gedacht und ideal für Reisende mit Zeit, Geld und minimalen Chinesischkenntnissen. Durchschnittlich dauern solche Kreuzfahrten drei Nächte und drei bis vier Tage.

Touristenschiffe 普通游轮

Normale Touristenschiffe *(putong youlun)* legen gewöhnlich gegen 21 Uhr von Chongqing ab und sind knapp 40 Stunden bis nach Yichang unterwegs (drei Übernachtungen an Bord inbegriffen). Einige Schiffe halten an allen Sehenswürdigkeiten, andere halten nur an vereinzelten (oder auch gar keinen). Sie sind weniger professionell als die Luxuskreuzfahrtschiffe und mehr auf einheimische Reisende eingestellt (es gibt chinesisches Essen und es wird wenig Englisch gesprochen). Die Kabinen sind in allen Klassen recht einfach, aber mit Klimaanlage und TV ausgestattet, und sie haben meist ein eigenes Bad mit Dusche. Im Angebot sind Pauschalreisen, bei denen man erst mit dem Bus von Chongqing nach Wanzhou fährt und dort für die restliche Tour an Bord eines Schiffes geht. Dadurch verkürzt sich die Reisedauer um eine Nacht.

Theoretisch ist es möglich, das Ticket am Reisetag zu kaufen, aber es ist sicherer, ein oder zwei Tage früher zu buchen. Die Fahrpreise sind zwar ähnlich, egal, ob das Ticket in einem Reisebüro oder direkt in der Fahrkartenhalle gekauft wird, aber es lohnt sich, vor dem Kauf die Preise zu vergleichen. Wer ein Ticket über einen Agenten kauft, sollte sich genau erkundigen, was im Preis enthalten ist.

Spezialklasse (特等; *tedeng*) 1750 Yuan, Zweibettkabine

1. Klasse (一等; *yideng*) 950 Yuan, Zweibettkabine

2. Klasse (二等; *erdeng*) 610–630 Yuan, Vierbettkabine

3. Klasse (三等; *sandeng*) 510–530 Yuan, Sechsbettkabine

Passagierschiffe 客船

Normale Passagierschiffe *(ke chuan)* sind zwar billig, können aber auch enttäuschend sein, weil man durch zwei der Schluchten mitten in der Nacht fährt. Die Schiffe legen zwar häufig, aber jedesmal nur kurz an, und sie fahren an den touristischen Sehenswürdigkeiten vorbei. Die Fahrt zwischen Chongqing und Yichang dauert ungefähr 36 Stunden; zwischen Fengjie und Yichang rund zwölf Stunden. Die Gemeinschaftstoiletten sind bereits nach kurzer Zeit dreckig. Es gibt keine Duschen, aber Waschbecken und Stromsteckdosen in den Doppelkabinen (sowie TV-Geräte, die meist nicht funktionieren). Mahlzeiten an Bord sind in Ordnung und billig (10 Yuan pro Mahlzeit!), aber es gibt keine Auswahl, also besser etwas zu essen und zu trinken mitbringen, falls das Angebot nicht gefällt.

In Richtung Osten fahrende Schiffe legen in Chongqing um 22 Uhr und in Fengjie um 18 Uhr ab. Für Schiffsreisen Richtung Westen fahren die Shuttlebusse, die Anschluss an die Schiffe haben, am alten Fährhafen von Yichang um 16.30 und um 20 Uhr ab, wobei der 20-Uhr-Bus nur bis Fengjie fährt.

Tickets können gewöhnlich am Reisetag gekauft werden. Fahrpreise für Chongqing nach Yichang:

1. Klasse (一等; *yideng*) 830 Yuan, Doppelkabine

2. Klasse (二等; erdeng) 540–560 Yuan, Doppelkabine

3. Klasse (三等; *sandeng*) 440–460 Yuan, Vier- bis Sechsbettenschlafsaal

4. Klasse (四等; *sideng*) 300–330 Yuan, Achtbettenschlafraum

Fahrpreise für Fengjie nach Yichang:

1. Klasse 343 Yuan

2. Klasse 212 Yuan

3. Klasse 147 Yuan

4. Klasse 119 Yuan

Tragflügelboote 快艇

Jangtse-Tragflügelboote *(kuai ting)* sind im Aussterben begriffen. Heute werden nur noch drei pro Tag angeboten, und sie verkehren nur zwischen Fengjie und Yichang. Fahrplanmäßige Busse verbinden jedoch Fengjie mit Chongqing (165 Yuan, 5 Std., 7–18.30 Uhr), sodass dies immer noch eine schnelle und einigermaßen bequeme Art ist, die Drei Schluchten zu sehen.

Tragflügelboote sind Passagierschiffe und nicht auf Touristen eingestellt, darum gibt es keine Außendeckplätze. Die Sicht ist okay (wenn auch nur durch Plexiglasfenster), und wer sich an die Tür stellt, kann alles gut sehen. Es gibt Speisen und Getränke an Bord, aber das Essen ist nicht toll. Tragflügelboote halten regelmäßig, aber nur sehr kurz in Uferstädten, damit Passagiere an Bord oder von Bord gehen können.

Zur Zeit der Recherche waren die Abfahrzeiten und die Preise für Fahrkarten, gekauft im offiziellen Fahrkartenbüro des jeweiligen Hafens, wie folgt (zu beachten ist, dass die Abfahrzeiten die kostenlosen Shuttlebusse betreffen, die von Yichangs altem Hafen abfahren, bevor sie Anschluss an die Tragflügelboote haben, die von einem neueren, 45 km stromaufwärts gelegenen Hafen ablegen.):

Von Yichang nach Fengjie 240 Yuan, 4–5 Std. (7.20, 9.50 und 13.20 Uhr)

Von Fengjie nach Yichang 230 Yuan, 4–5 Std. (8.30, 11 und 14 Uhr)

Wer in Fengjie hängen bleibt, kann im **Fenggang Binguan** (奉港宾馆; ☎023-5683 4333; Zi. ab 80 Yuan), das in der Nähe des Fährhafens liegt, übernachten; es hat große, saubere Zimmer, einige davon mit Blick auf den Fluss. Geführt von einer freundlichen Familie, die aber nicht Englisch spricht; keine englischen Schilder.

TICKETS

In Chongqing oder Yichang können die meisten Hotels, Hostels und Reisebüros eine Kreuzfahrt auf einem Luxusschiff oder einem normalen Touristenschiff verkaufen. In beiden Städten müssen Tickets für Passagierfähren in den Fahrkartenhallen am Fährhafen gekauft werden, die auch Tickets für normale Touristenboote verkaufen. Für das Tragflügelboot können Tickets für die Fahrt in westlicher Richtung in Yichang im Drei-Schluchten-Touristenzentrum im alten Fährhafen gekauft werden. Tickets für Fahrten in Richtung Osten müssen in der Fahrkartenhalle in Fengjie, wo das Tragflächenboot seine Fahrt beginnt, gekauft werden. Tickets sind nicht mehr in Chongqing erhältlich.

Der Preis des Tickets schließt die einstündige Shuttlebusfahrt zum/vom alten Fährhafen im Zentrum von Yichang von/

zu einem der zwei neueren, rund 45 km stromaufwärts gelegenen Fährhäfen ein, an dem inzwischen fast alle Schiffe ab- oder anlegen.

Chongqing

Harbour Plaza Travel Centre Spezialisiert auf Luxuskreuzfahrten, verkauft aber auch normale Touristenboottickets. Das Personal ist freundlich und spricht recht gut Englisch. S. S. 862.

Yangtze River Hostel Verkauft meist Fahrkarten für die normalen Touristenboote, kann aber auch Luxuskreuzfahrten arrangieren. Hervorragende Englischkenntnisse. S. S. 855.

Fahrkartenhalle Fährhafen Chongqing (重庆港售票大厅; Chongqinggang Shoupiao Dating; Karte S. 72; ⏲7–22 Uhr) Am billigsten für den Kauf von normalen Touristenboottickets. Kein Englisch.

Yichang

China International Travel Service (CITS; 中国国际旅行社; Zhongguo Guoji Lüxingshe; ☎0717-625 3088; Yunji Lu; ⏲8.30–17.30 Uhr) Luxuskreuzfahrten nach Chongqing (ab 2800 Yuan), Tickets für Touristenboote nach Chongqing (930–1200 Yuan) und für Tragflächenboote nach Fengjie (450 Yuan). Etwas Englisch. Es liegt 500 m vom Yiling-Hotel entfernt, wenn man vom Fluss weggeht. Am Yichang Hotel nach rechts wenden, dann in die erste links und dort liegt es nach 500 m zur Linken.

Drei-Schluchten-Touristenzentrum (三峡游客中心; Sanxia Youke Zhongxin; ☎0717-622 2143; Yanjiang Dadao; 沿江大道; ⏲7–20 Uhr) Provisionsfrei, daher billiger als CITS. Verkauft Tickets für Tragflächenboote nach Fengjie (240 Yuan) sowie für Passagierfähren zu Zielen zwischen Yichang und Chongqing. Englisch wird kaum gesprochen, aber die Mitarbeiter sind jung und hilfsbereit. In das moderne Touristenzentrum (keine englischen Schilder) treten und zu den Fahrkartenschaltern hinten rechts im Gebäude gehen.

Yangtze River International Travel (宜昌长江国际旅行社; Yichang Changjiang Guoji Lüxingshe; ☎0717-692 1808; ⏲7–20 Uhr) Etwas billiger als CITS, was Tickets for normale Touristenschiffe nach Chongqing (ab 880 Yuan) angeht. Die Agentur bietet auch Luxuskreuzfahrten an. Das Büro efindet sich im Drei-Schluchten-Touristenzentrum, hat aber einen eigenen Schalter neben den Fahrkartenschaltern für Passagierschiffe.

Fengjie

Fahrkartenschalter Fährhafen Fengjie (奉节港售票厅; Fengjie Gang Shoupiaoting; Karte S. 72) Verkauft Fahrkarten für Passagierfähren in beide Richtungen sowie für Tragflächenboote nach Yichang (230 Yuan). Besser nicht einplanen, hier auf Touristenschiffen an Bord gehen zu können, weil die Fahrkarten gewöhnlich in Chongqing oder Yichang ausverkauft sind.

Wuhan

Pathfinder Youth Hostel Verkauft Fahrkarten für Fahrten von Yichang in Richtung Westen, die den Bus von Wuhan nach Yichang einschließen. Siehe S. 471.

Xinjiang

BEVÖLKERUNG: 21,5 MIO.

Inhalt »

Ürümqi 878
Turpan 884
Hami (Kumul) 888
Kashgar 891
Karakorum Highway 898
Yarkand 901
Hotan 902
Cherchen 905
Bu'erjin 907
Naturschutzgebiet Kanas-See 907
Yining 909

Die schönsten Basare

» Sonntagsmarkt, Hotan (S. 902)

» Viehmarkt, Kashgar (S. 891)

» Sonntagsbasar, Kuqa (S. 889)

» Sonntagsmarkt, Yarkand (S. 901)

Abseits der Touristenpfade

» Shipton's Arch (S. 893)

» Treck von Hemu zum Kanas-See (S. 908)

» Wanderung um den Muztagh Ata (S. 898)

» Ruinenstadt Subashi (S. 890)

Auf nach Xinjiang!

Das alte chinesische Sprichwort „Der Himmel ist hoch und der Kaiser weit weg" könnte auch auf Xinjiang (新疆) zutreffen, Chinas entlegene und unruhige westliche Grenze. Xinjian und das ferne Beijing sind schon seit undenklichen Zeiten im Clinch, aber gerade die kulturellen Unterschiede sind es, die diese Provinz für Reisende so attraktiv machen. Die zentralasiatische Kultur ist in diesem Heimatland der Uiguren sehr lebendig, vom unwiderstehlichen Duft der Teehaus-Kebabs bis zum hallenden Gebetsruf von der nahen Moschee. Für Reisende auf der Seidenstraße gibt es viel zu erleben, wie die Ruinen von Wüstenstädten, Kameltrecks, das rege Treiben in Basaren und ein faszinierendes Völkergemisch. Überwältigend schön sind auch die Landschaften, die von der glühendheißen Sandwüste Taklamakan zu den kühlen Wäldern und Seen des Tian Shan (Himmelsgebirge) reichen. Eine Reise ins chinesische Turkestan ist vor allem eine Reise in die Vergangenheit, auf Wüstenpfaden, die jahrhundertelang die Fernstraßen des asiatischen Kontinents waren.

Reisezeit

Ürümqi

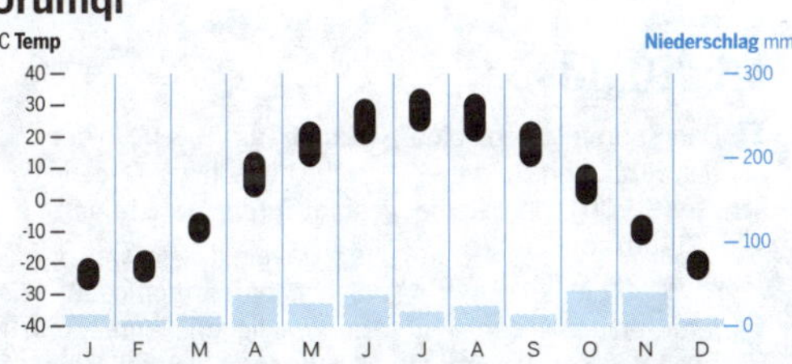

März Nauryz-(Neujahrs-)Feste in den Dörfern Kasachstans und Kirgisiens.

August Die Weinlese wird in Turpan gefeiert.

September Herbstfärbung am Kanas-See und in Hemu.

Geschichte

Gegen Ende des 2. Jhs. v. Chr. hatte die expandierende Han-Dynastie ihre Grenzen weiter nach Westen vorgeschoben, dorthin, wo heute Xinjiang liegt. Militärische Garnisonen schützten die eben entstandenen Handelsrouten, auf denen Seide aus dem Reich floss als Bezahlung für die kräftigen Ferghana-Pferde, die zur Abwehr der Nomadeneinfälle im Norden gebraucht wurden. Die Herrschaft der chinesischen Kaiser war im Lauf der Jahrhunderte mal

Highlights

1 Den Spuren Marco Polos auf der **südlichen Seidenstraße** (S. 900), einer Reihe alter Städte am Rande der Taklamakan-Wüste, folgen

2 Inmitten der wilden Bergwelt des **Karakorum Highways** (S. 898) in einer Jurte übernachten und einer Tadschikenhochzeit beiwohnen

3 Die alten Ruinenstädte **Jiaohe** (S. 887) und **Gaochang** (S. 887) in der Nähe der ruhigen Oasenstadt Turpan besichtigen

4 Um ein dickschwänziges Schaf auf dem zeitlosen sonntäglichen Viehmarkt in **Kashgar** (S. 891) feilschen

5 Zu Fuß oder zu Pferd über das spektakuläre Altaigebirge von Hemu zum **Naturschutzgebiet Kanas-See** (S. 907) trekken

6 In **Hotan** (S. 902) die Geschichte der zentralasiatischen Seide kennenlernen, vom in einer Seidenwerkstatt gesponnenen Kokonfaden bis zum Kauf von Atlasstoffen in den Basaren

7 An der nördlichen Seidenstraße in **Kuqa** (S. 889) verweilen, wegen des authentischen Basars und der nahegelegenen buddhistischen Ruinen

PREISE

In diesem Kapitel werden folgende Preiskategorien verwendet:

Schlafen

€	weniger als 170Yuan
€€	170 bis 280 Yuan
€€€	mehr als 280 Yuan

Essen

€	weniger als 20 Yuan
€€	20 bis 35 Yuan
€€€	mehr als 35 Yuan

stärker, mal schwächer, verfiel nach dem Untergang der Han und behauptete sich wieder unter den Tang im 7. Jh., obwohl die zentrale Kontrolle eher schwach war. Ein uigurisches Königreich um Khocho als Mittelpunkt erstarkte im 8. Jh. und überwachte die Wandlung des zentralasiatischen Volkes von Nomaden zu Bauern und von Manichäern zu Buddhisten.

Während der Herrschaft der Karachniden vom 10. bis 12. Jh. setzte sich der Islam in Xinjiang fest. Im Jahr 1219 wurden Yili (Ili), Hotan und Kashgar von den Mongolen erobert, und ihre verschiedenen Nachfolger beherrschten ganz Zentralasien bis zur Mitte des 18. Jhs., als die Mandschu-Armee in Kashgar einmarschierte.

Im Jahr 1865 eroberte der militärische Befehlshaber von Kokand, Jakub Bek, Kashgarien, gründete ein kurzlebiges unabhängiges Turkestan und nahm diplomatische Kontakte zu Großbritannien und Russland auf. Die Mandschu-Armee rückte später erneut ein, und zwei Jahrzehnte danach wurde Kashgarien formell Teil von Chinas neu geschaffener Provinz Xinjiang (Neue Grenze). Mit dem Sturz der Qing-Dynastie 1911 geriet Xinjiang unter die chaotische und gewalttätige Herrschaft mehrerer aufeinanderfolgender muslimischer und chinesischer Kriegsherren, bei denen die Kuomintang (die Nationalistische Partei) wenig ausrichten konnte. In den 1930er- und 1940er-Jahren kam es zu zwei Versuchen in Kashgar bzw. Ili, einen unabhängigen Staat Ostturkistan zu schaffen, aber beide waren kurzlebig.

Seit 1949 ist es Chinas wichtigstes gesellschaftliches Ziel in Xinjiang, ethnischen Separatismus zu unterdrücken und gleichzeitig die Region mit Han-Siedlern zu überfluten. Einst stellten die Uiguren 90% der Bevölkerung von Xinjiang, heute sind es weniger als 50%. Chinas Kampagne zur „Entwicklung des Westens" hat die Ölvorkommen der Region genutzt, um die lokale Wirtschaft anzukurbeln, aber die steigende Zahl von Han-Siedlern hat die ethnischen Spannungen nur noch verschärft. Im Jahr 2008 erschütterten Straßenproteste und Bombenattentate die Provinz und 2009 führte Gewalt zwischen Han- und Uiguren-Zivilisten im Stadtzentrum von Ürümqi zu rund 200 Toten und 1700 Verletzten, chinesischen Polizeiberichten zufolge. Ganz Xinjiang wurde 2009 unter ein Quasi-Kriegsrecht gestellt und Tausende Uiguren festgenommen; zu den Maßnahmen gehörte eine zehnmonatige Abschaltung des Internets.

Bis heute sind die Uiguren- und Han-Gemeinden in den meisten Städten Xinjiangs praktisch getrennt. So lange wirtschaftliche Marginalisierung, kulturelle Beschränkungen und ethnische Diskriminierung die uigurischen Ressentiments schüren, wird es wohl immer wieder zu vereinzelten Vorkommnissen politischer Gewalt in der unruhigen Provinz kommen.

Klima

Xinjiangs Klima ist voller Extreme. Turpan ist der heißeste Ort im Land – bis zu 47 °C im Sommer (Juni bis August), allerdings sind auch das Tarim- und das Jungar-Becken nicht viel kühler. So abschreckend die Hitze auch sein mag, das Frühjahr (April und Mai) ist keine besonders gute Zeit für einen Besuch, weil dann häufig Sandstürme und Staubwolken die Landschaft verhüllen. Im Winter (November bis März) fällt das Quecksilber in der gesamten Provinz unter 0 °C, wenn auch März eine gute Zeit ist, um ein paar Feste mitzuerleben. Ende Mai bis Juni und September bis Oktober (insbesondere) sind die besten Zeiten für einen Besuch.

Sprache

Uigurisch, die traditionelle Lingua franca Xinjiangs, gehört zur türkischen Sprachfamilie und ähnelt anderen regionalen Sprachen, wie Usbekisch, Kasachisch und Kirgisisch. Eine Ausnahme ist Tadschikisch, das mit dem Persischen verwandt ist.

Die Han-Chinesen in Xinjiang sprechen kein Uigurisch. Umgekehrt können oder wollen viele Uiguren kein Mandarin sprechen. Heute ist in uigurischsprachigen Schulen Mandarin Pflichtfach (nicht andersherum), an Universitäten wird Mandarin gesprochen, offiziell, um den Uiguren wirtschaftliche Chancen zu geben. Aber der Widerstand gegen eine Sinifizierung ist beharrlich, aus Sorge, die uigurische Kultur und Tradition könnten untergehen.

An- & Weiterreise

Zwischen Xinjiang und den meisten chinesischen Städten, Zentralasien sowie weiter entfernten Städten, darunter Moskau und Teheran, bestehen Flugverbindungen; Einzelheiten s. S. 888.

Es existieren Grenzübergänge für den Überlandverkehr mit Pakistan (Khunjerab-Pass), Kirgisien (die Pässe Irkeshtam und Torugart) und Kasachstan (Korgas, Alashankou, Tacheng und Jimunai). Der Qolma-Pass nach Tadschikistan wird womöglich in den nächsten Jahren für Ausländer geöffnet. Alle Grenzen werden mit dem Bus überquert, mit Ausnahme von Alashankou, Chinas einziger Bahnverbindung nach Zentralasien.

Die Rückreise nach China tritt man am besten mit dem Zug an, der an der Seidenstraße entlang durch Gansu fährt. Unwegsamere Routen führen über die Gebirgsstraßen von Charklik nach Qinghai und von Karghilik nach Ali (Tibet).

Unterwegs vor Ort

Die Bahnlinie von Gansu gabelt sich bei Turpan; eine Strecke führt nach Westen durch Ürümqi nach Yining und Kasachstan und die andere in Richtung Südwesten nach Kashgar und Hotan.

Die Entfernungen sind groß in Xinjiang, und Busse sind oft mit Schlafkojen ausgestattet. Zur Unterhaltung an Bord werden in voller Lautstärke Kung-Fu-Filmmarathons geboten. Sammeltaxis fahren auf vielen der Busstrecken, brauchen nur halb so lange und kosten doppelt so viel wie Busse. Sie fahren nur los, wenn sie voll besetzt sind.

Wer in der Provinz fliegt, kann viel Zeit sparen, und die Tickets sind oft bis auf 60 % ermäßigt. Manchmal werden Flüge wegen Passagiermangels oder schlechten Wetters gestrichen.

ZENTRAL-XINJIANG

Ürümqi 乌鲁木齐

☎0991 / 1,7 MIO. EW.

Ürümqis beinahe 2 Mio. Einwohner leben in einer Stadt, die sich über 20 km quer durch eine fruchtbare Ebene im Schatten des Tian Shan ausdehnt. Weit in die Höhe ragende Apartmentblöcke und Wohnsilos bilden eine moderne Skyline, die jeden Gedanken daran, vielleicht Kamelkarawanen oder alte Karawansereien zu sichten, schon bald zunichte macht.

Als rasch wachsendes zentralasiatisches Zentrum macht die Stadt Geschäfte mit Kaufleuten von Beijing bis Baku und beherbergt eine exotische Mischung von Menschen, darunter stämmige kasachische und russische „biznezmen" aus der früheren Sowjetunion. Kyrillische Schilder und duftende Kebabbuden schaffen ein zentralasiatisches Flair, obwohl in Wirklichkeit über 75 % der Einwohner Ürümqis Han-Chinesen sind.

Ürümqi ist keine historisch gewachsene Stadt, aber das Provinzmuseum ist hervorragend, und es gibt interessante Uigurenviertel. Wer hier hängen bleibt und auf ein Visum für Kasachstan oder Kirgisien warten muss, kann einen Trip zum Tian Chi und nach Turpan in Erwägung ziehen.

Sehenswertes & Aktivitäten

LP TIPP **Museum der Autonomen Region Xinjiang** MUSEUM
(新疆自治区博物馆; Xinjiang Zizhiqu *bowuguan*; 132 Xibei Lu; Eintritt frei; ⏲Di–So 10–18 Uhr) Xinjiangs gewaltiges Provinzmuseum ist ein Muss für Seidenstraßenfans. Das Highlight ist die lokal berühmte „Schönheit von Loulan", eine der 3800 Jahre alten, in der Wüste mumifizierten Leichna-

WIE SPÄT IST ES?

Wer in Xinjiang eine Verabredung trifft, macht nicht einfach eine Uhrzeit aus, sondern fragt auch: „Welche Zeit?" In ganz China gilt offiziell die Beijing-Zeit (*Beijing shijian*). Xinjiang aber, das mehrere Zeitzonen von Beijing entfernt ist, hat zwei verschiedene Uhrzeiten: Während die Chinesen sich nach der offiziellen Beijing-Zeit richten, stellen die Einheimischen ihre Uhren nach der inoffiziellen Xinjiang-Zeit (*Xinjiang shijian*), die zwei Stunden von der Beijing-Zeit abweicht. 9 Uhr Beijing-Zeit ist 7 Uhr Xinjiang-Zeit. Fast alle regierungseigenen Dienste, wie Bank, Post, Busbahnhof und Fluglinien, richten sich nach der Beijing-Zeit und sind im Allgemeinen von 10 bis 13.30 Uhr und von 16 bis 20 Uhr geöffnet, um den Zeitunterschied auszugleichen. Wenn nicht anders vermerkt, nehmen wir in diesem Buch die Beijing-Zeit.

me indogermanischer Herkunft, die in den 1990er-Jahren Unabhängigkeitssymbole der Uiguren wurden. Zu den anderen Exponaten zählen einige beeindruckend schöne Seidenstoffe und Skulpturen aus Astana sowie eine Einführung in alle Minderheiten der Provinz. Eine kostenlose englischsprachige Audiotour wird nach Hinterlegung von 100 Yuan ausgegeben. An der Hongshan-Kreuzung mit Bus 7 oder 912 vier Haltestellen fahren und den Busfahrer dann bitten, vor dem Museum *(bowuguan)* zu halten.

Erdaoqiao-Markt BASAR

(二道桥市场; Erdaoqiao Shichang; Jiefang Nanlu) Der Erdaoqiao-Markt und der nahegelegene Internationale Basar (Guoji Dabazha) sind in den letzten Jahren „saniert" worden und heute mehr auf chinesische Touristengruppen als auf uigurische Händler eingestellt. Im Basar steht eine Nachbildung des Kalon-Minaretts von Buchara in Usbekistan (allerdings hat das Original aus dem 12. Jh. keinen Fahrstuhl im Innern). Wegen der uigurischen Märkte und der Imbisbuden lohnt es sich, durch die Straßen der Umgebung zu bummeln.

Hongshan-Park PARK

(红山公园; Hongshan Gongyuan; Eintritt 10 Yuan; ⏲früh–spät) Eher ein Vergnügungspark, aber mit guter Aussicht auf die Stadt, insbesondere von der aus dem 18. Jh. stammenden, auf einem Hügel stehenden Pagode aus. Der südliche Haupteingang liegt nördlich der Xidaqiao-Kreuzung.

Volkspark PARK

(人民公园; Renmin Gongyuan; Eintritt 5 Yuan; ⏲7.30–spät) Eine grüne Oase mit einem Nord- und einem Südeingang.

Schlafen

Maitian International Youth Hostel HOSTEL €

(麦田国际青年旅舍; Maitian Guoji Qingnian Lüshe; ☎459 1488; www.xjmaitian.com; 726 Youhao Nanlu; 友好南路 726 号; B 45–60 Yuan, Zi. 150 Yuan; @📶) Das am Ostende der Parkson Shopping Mall relativ zentral gelegene Maitian bietet einfache Doppelzimmer und Schlafsäle, einige mit eigenem Bad ausgestattet, und dazu einen netten Aufenthaltsraum mit Bar. Die Gemeinschaftsbäder sind zwar meistens ziemlich schmuddelig, aber die Zimmer selbst werden regelmäßig gereinigt. In den Sommermonaten besser im Voraus buchen. Die Zimmer werden von November bis Mitte April mit Rabatt abgegeben.

Silver Birches International Youth Hostel HOSTEL €

(白桦林国际青年旅舍; Baihualin Guoji Qingnian Lüshe; ☎488 1428; www.yhaxinjiang.com; 186 Nanhu Nanlu; 南湖南路 186 号; B 40–60 Yuan, 2BZ 160 Yuan; @📶) Das Englisch sprechende Personal ist sehr entgegenkommend und kann bei der Organisation von Trips und Weiterfahrt helfen. Das Hostel liegt etwas außerhalb des Zentrums, aber dafür sind die Zimmer modern und die Lage in der Nähe eines Parks ist ruhig. In Bus 104 an der Renmin Guangchang oder in Bus 537 am Bahnhof steigen und am Südlichen-See-Platz (Nanhu Guangchang) aussteigen.

Pea Fowl Mansions HOTEL €€

(孔雀大厦; Kongque Dasha; ☎452 2988; 489 Youhao Nanlu; 友好南路 489 号; 2BZ ab 260 Yuan; ❄) Wen abblätternde Farbe, lose Tapete und dreckige Korridore nicht stören, für den macht die unwiderstehlich günstige Lage das Hotel zu einer annehmbaren Wahl. Rabatte von 40 % sind in der Regel drin. Es liegt an der Hongshan-Kreuzung, wo die Flughafenbusse Fahrgäste absetzen.

Yema International Business Clubhouse HOTEL €€€

(Yema Guoji Shangwu Huiguan; 野马国际商务会馆; ☎768 8888; 158 Kunming Lu; 昆明路 158 号; DZ inkl. Frühstück 318–698 Yuan; ❄@📶) Dieses sehr elegante und erstaunlich stilvolle Hotel beherbergt eine Kunstgalerie, eine Weinbar und ein Restaurant, die chinesisches Design mit urbanem Schick mischen. Es hat nach hinten raus sogar einen eigenen Zoo mit seltenen Tieren wie Przewalski-Pferden (in Zentralasien heimische Wildpferde). Es stehen verschiedene Zimmerarten zur Auswahl, von weniger teuren, im japanischen Stil eingerichteten Doppelzimmern bis zu größeren Zimmern im Hauptturm. Das Hotel liegt im Norden der Stadt in der Nähe der kasachischen Botschaft.

Super 8 HOTEL €€

(速 8 酒店; Suba Jiudian; ☎559 0666; www.super8.com.cn; 140 Gongyuan Beijie; 公园北街 140 号; DZ 268–308 Yuan; ❄📶) Das ruhige, hinter dem Volkspark gelegene Hotel ist das beste der billigen Kettenhotels und mit seinen supersauberen Zimmern, modernen Badezimmern und dazu im Preis

Ürümqi

0 500 m
Yema International Business Clubhouse; Kasachisches Konsulate (5 km)
Kelamayi Xilu
Flughafen (13 km)
Xibei Lu
Museum der autonomen Region Xinjiang
Nanhu Nanlu
6
10
Südlicher Seepark(Nanhu Guangchang)
Hetan Gonglu
Kirgisches Konsulat
Xihong Lu
Xinmin Lu
Youhao Nanlu
友好南路
Binhe Nanlu
Nanliangpo Lu
2
Hong Shan
18
China Southern
5
15
Parkson Shopping Mall
4
14
Hongshan Lu
Western International Travel Service
Hongshan-Kreuzung
Youhao Nanlu
Xidaqiao-Kreuzung
Guangming Lu 光明路
Nord-tor (Bei Men)
Busse zum Tian Chi
SHAYIBAK
Yangzijiang Lu
11
Xinhua Beilu
Jianshe Lu
Laiyuan Hotel
8
Jiefang Beilu
Wenhuagong Lu
公园北街
7
3
Minzhu Lu 民主路
Buchungs-büro für Zugfahrkarten
Heping Kanal
17
Zhongshan Lu
Haupt-busbahnhof
Ürümqi Internationaler Busbahnhof
Gongyuan Beijie
Hongqi Lu
Wenhua Lu
CITS
Heilongjiang Lu 黑龙江路
Südtor (Nan Men)
16
Wuyi Lu 五一路
13
Mashi Xiang
Xinhua Narlu
Qitai Lu 奇台路
12
Changjiang Lu 长江路
Huanghe Lu 黄河路
Hetian Jie 和田街
Hetan Dongyijie
Hetan Gonglu
Longchuan Jie 龙泉街
Jiefang Lu
Heping Nanlu 和平南路
Buchungsbüro für internationale Zugfahrten
Qiantangjiang Lu
9
Busbahnhof Süd (2,5 km)
1
Bahnhof Ürümqi

Ürümqi

Highlights
Museum der autonomen Region Xinjiang A2

Sehenswertes
1 Erdaoqiao-Markt D7
2 Hongshan-Park C3
3 Volkspark C5

Schlafen
4 Maitian International Youth Hostel B4
5 Pea Fowl Mansions B4
6 Silver Birches International Youth Hostel D1
7 Super 8 ..... B5

Essen
8 Aroma D5
9 Carrefour D7
10 Carrefour D2
11 Fubar C4
12 May Flower B6
13 Texas Cafe D6
14 The Vine Cafe C4
15 Tianfu Zhengcai B4
16 Wuyi Nachtmarkt B6

Shoppen
17 Foreign Languages Bookshop C5
18 Outdoor Gear B4

inbegriffenem Frühstück im chinesischen Stil sein Geld wert.

Essen & Ausgehen

LP TIPP **May Flower** UIGHURISCH €€€
(五月花; Wuyuehua; Ecke Wuyi Lu & Hetian Jie; Gerichte 25–55 Yuan; ⌚11–24 Uhr) Von der köstlichen uigurischen Küche bis zu der angenehmen Innenhofatmosphäre ist das Mayflower ein Fest für die Sinne. Probieren sollte man die Spezialität *polo* (Reispilaw; *zhuafan*), dazu ein paar Kebabspieße und ein Glas Granatapfelsaft, dann zurücklehnen und traditionelle Livemusik hören (ab 20 Uhr).

Aroma MALTESISCH €€€
(啊诺玛西餐厅; A'nuoma Xicanting; 196 Jianshe Lu; Gerichte 40–100 Yuan; ⌚12–24 Uhr; 📋) Ein maltesischer Küchenchef, der irgendwie in Ürümqi landete, führt dieses gemütliche und warme Bistro. Gerichte, wie Pizza, Pasta und Risotto sind Favoriten, aber auch das deftige Steak ist zu empfehlen. Die meisten Zutaten sind entweder selbst angebaut oder selbst gemacht. Es liegt gegenüber dem Laiyuan Hotel.

The Vine Cafe CAFE €€
(德蔓咖啡; Deman Kafei; ☎230 4831; 19. OG, Times Square Apartments, Xidaqiao; 西大桥时代广场公寓楼 20 层; Kaffee 15–25 Yuan, Gerichte 25–60 Yuan; ⌚Di–So 13.30–22.30 Uhr; 🚭📋) Dieses edle, von der freundlichen Arlette aus Curaçao geführte Café bietet westindische Cuisine in einer Kaffeehausatmosphäre. Die Gerichte sind angenehm gewürzt und duften herrlich, und der Käsekuchen ist einfach zum Darniederknien, aber die Portionen sind eher ein Snack als eine vollständige Mahlzeit. Das neue Domizil in einem Bürohaus ist langweilig, deswegen lieber vorher anrufen, für den Fall, dass es wieder umgezogen ist. Das Café liegt in einer Seitenstraße auf der linken Seite.

Tianfu Zhengcai SHANGHAI-KÜCHE €
(天府蒸菜; ☎459 5913; 17 Lanxiuyuan Xijie; 揽秀园西街; Hauptgerichte 15–40 Yuan) Die gemütliche und freundliche Kneipe nordwestlich der Hongshan-Kreuzung serviert gut schmeckende chinesische Gerichte. Zu empfehlen sind die im Shanghai-Stil geschmorten Fleischbällchen (*hongshao shizi tou;* 红烧狮子头) oder Tigerhautpaprika mit gedämpften Auberginen (*hupi lazi shaoqiezi;* 虎皮辣子烧茄子). Das Lokal befindet sich am Ende einer Gasse hinter dem Bingtuan-Hotel.

Fubar PUB €€€
(福吧; Fuba; 40 Gongyuan Beijie; Bier 25 Yuan, Hauptgerichte 35–65 Yuan; ⌚11–2 Uhr; 📶📋) Fubar wird von einem irischen Expat geführt, der gern Bier für verdreckte Seidenstraßenreisende zapft. Die Speisekarte ist mit klassischem Kneipenfutter bestückt: leckere Pizzas, Burger und Importbier in Flaschen (35–50 Yuan). Junge ausländische Lehrer und Mitarbeiter von Freiwilligenorganisationen treffen sich hier, also wird man hier mit zahlreichen Insiderinformationen über Aktivitäten rund um Ürümqi versorgt. Das Pub liegt in einer Straße mit Bars und Clubs, wo man die Nacht durchmachen kann.

Texas Cafe TEX-MEX €€€

(德克萨斯西餐厅; Dekesasi Xicanting; www.texascafe.weebly.com; 55 Mashi Xiang; Gerichte 35–70 Yuan; ⊙13–23 Uhr, Di geschl.; 🄼) In diesem im texanischen Stil eingerichteten Lokal kommt tolle Tex-Mex-Küche auf den Tisch, wie Nachos, Fajitas, Burritos und Steaks. Es liegt verborgen in einer kleinen Gasse mit Weinlokalen, also standhaft bleiben. Der Besitzer ist ein geborener Texaner, alles ist also authentisch texanisch.

Wuyi-Nachtmarkt SNACKS €

(五一夜市; Wuyi Yeshi; Wuyi Lu; ⊙20–23 Uhr) Auf diesem belebten Nachtmarkt lohnt sich wegen der Kebabspieße und handgezogenen Nudeln ein ausgiebiger Bummel. Bus 51, der von der Hongshan-Kreuzung zum Busbahnhof Süd fährt, hält an seinem Eingang in der Changjiang Lu.

Carrefour SUPERMARKT €

(加乐福; Jialefu) Die Filialen dieser französischen Supermarktkette, vor allem auf dem Erdaoqiao-Markt und im nahen Silver Birches International Youth Hostel, sind eine gute Adresse für frische Produkte, und in beiden gibt's hervorragende Cafeterias.

Einkaufen

Foreign Languages Bookshop BÜCHER

(外文书店; Waiwen Shudian; Xinhua Beilu; ⊙10.30–20 Uhr) Befindet sich gleich südlich der Minzhu Lu.

Outdoor Gear FREIZEITAUSRÜSTUNG

(山泽户外用品; Shanze Huwai Yongpin; 70 Youhao Nanlu) Verkauft Zelte, Schlafsäcke, Kochöfen und Gaskartuschen. Vermietet auch Schlafsäcke und Zelte.

Praktische Informationen

Bank of China (中国银行; Zhongguo Yinhang; Ecke Jiefang Beilu & Dongfeng Lu; ⊙Mo–Fr 10.00–18.30, Sa & So 11–15.30 Uhr) Kann die meisten finanziellen Vorgänge erledigen und verfügt über einen Geldautomaten (auch an Zweigstellen).

Büro für Öffentliche Sicherheit (PSB; 公安局; Gong'anju; ☎281 0452, App. 3456; Kelamayi Donglu; ⊙Mo–Fr 10–13.30 & 16–18 Uhr) Wenig Ärger beim Verlängern von Visa.

China International Travel Service (CITS; 中国国际旅行社; Zhonggua Guaji Lüxingshe; ☎282 1428; www.xinjiangtour.com; 33 Renmin Lu; ⊙Mo–Fr 10–19.30 Uhr) Dieses Büro veranstaltet Standardtouren durch die Provinz und kann einen Fahrer sowie einen Englisch sprechenden Führer stellen.

Green-Power-Internetcafé (绿色动力网吧; Lüse Dongli *wangba*; 190 Wuyi Lu; pro Std. 4 Yuan; ⊙24 Std.)

Post (中国邮政; Zhongguo Youzheng; Hongshan-Kreuzung; ⊙10–22 Uhr)

Western International Travel Service (大西部国际旅行社; Daxibu Guoji Lüxingshe; ☎885 0256; Bogeda Binguan, 253 Guangming Lu) Diese Agentur hat die besten Preise der Gegend für Ausflüge zum Kanas-See.

An- & Weiterreise

Bus

Zwei Fernbusbahnhöfe in Ürümqi bedienen nördliche und südliche Reiseziele. Vom **Hauptbusbahnhof** (碾子沟长途汽车站; *nianzigou changtu qichezhan*; Heilongjiang Lu) fahren Nachtbusse zu den folgenden Zielorten:

Bu'erjin 150–160 Yuan, 13 Std., 2-mal tgl. (11.15 und 20.10 Uhr)

Hami 119–139 Yuan, 1-mal tgl. (20.30 Uhr)

Yining 160–170 Yuan, 11–14 Std., fast stündl. (9–21 Uhr)

Bus 2 verkehrt vom Bahnhof nach Hongshan und kommt unterwegs an der Heilongjiang Lu vorbei.

Vom **südlichen Busbahnhof** *(nanjiao keyunzhan)* verkehren häufig Busse zu folgenden Zielorten:

Hotan 370–390 Yuan, 20 Std., quer durch die Taklamakan-Wüste.

Kashgar 253–264 Yuan, 24 Std.

Kuqa 140 Yuan (230–280 Yuan Schlafkoje), 10–14 Std.

Turpan 36–45 Yuan, 2½ Std., alle 20 Min.

Es gibt einen 1-mal tgl. fahrenden Bus nach Cherchen (280–300 Yuan, 16 Std.) an der südlichen Seidenstraße, der um 19 Uhr abfährt. Ein Platz in einem Privatauto nach Turpan kostet 85 Yuan, die Fahrt dauert rund zwei Stunden.

BRT-Bus 2 verkehrt zwischen Xidaqiao und dem Südbusbahnhof, Bus 51 oder 7 fährt von der Hongshan-Kreuzung dorthin, und Bus 104 kommt vom Südlichen-See-Platz dorthin.

Flugzeug

Internationale Flüge führen nach Almaty (Kasachstan), Bishkek und Osh (Kirgisien), Baku (Aserbeidschan), Istanbul (Türkei), Islamabad (Pakistan), Moskau (Russland), Duschanbe (Tadschikistan), Taschkent (Usbekistan), Chowd (Mongolei) und Teheran (Iran). Einige sind Saisonflüge, und viele werden ohne Vorankündigung gestrichen.

Nach Ürümqi kommt man von fast allen Orten in China. Zu den Zielen innerhalb Xinjiangs zählen Altay (Aletai), Hotan (Hetian), Kashgar (Kashi), Kuqa (Kuche), Tacheng und Yining. **China Southern** (南方航空收票处; Nanfang Hangkong *shoupiaochu*; ☎95539; 576 Youhao Nanlu) bietet die meisten Flüge nach Xinjiang und Umgebung und betreibt ein zentrales Buchungsbüro im Southern Airlines Pearl International Hotel.

Zug

Im **Buchungsbüro für Zugfahrkarten** (*huoche shoupiaochu*; 225 Jianshe Lu, neben dem Laiyuan Hotel; Gebühr 5 Yuan; ⏲8.30–22 Uhr) im Stadtzentrum sind die Schlangen viel kürzer als im südlichen Hauptbahnhof. Zielorte (Hart-/Weichschläfer):

Beijing (T70) 652/1006 Yuan, 42 Std., 1-mal tgl. (20.03 Uhr)

Chengdu (K454) 552/854 Yuan, 49 Std., 1-mal tgl. (14.05 Uhr)

Dunhuang (K728) 240/374 Yuan, 15 Std. (19.51 Uhr)

Hami (K9782) 149/224 Yuan, 7 1/4 Std. (23.56 Uhr)

Kashgar (K9786) 345/529 Yuan, 26 Std. (9.50 Uhr)

Kuqa (5806) 126/200 Yuan, 16 Std., 1-mal tgl. (22.10 Uhr)

Lanzhou (T296) 390/600 Yuan, 21 Std. (14.54 Uhr); eine von vielen Möglichkeiten.

Shanghai (T54) 699/1079 Yuan, 44 Std. (17.20 Uhr)

Xi'an (1044) 287/494 Yuan, 34 Std. (23.46 Uhr)

Yining (5815) 151/234 Yuan, 11 Std. (21.10 Uhr)

Yining (K9789) 157/245 Yuan, 10½ Std. (22.54 Uhr)

Unterwegs vor Ort

Der Flughafen befindet sich 16 km nordwestlich vom Zentrum; ein Taxi kostet rund 40 Yuan. Ein Flughafenbus (10 Yuan) fährt durch die Stadt Richtung Süden über die Hongshan-Kreuzung zum Bahnhof; Abfahrt, wenn er voll besetzt ist. Im Stadtzentrum fährt ein Flughafenbus (10 Yuan, kostenlos für Passagiere von China Southern) vom Southern Airlines Pearl International Hotel jeweils zur vollen Stunde von 6 Uhr bis 22 Uhr. Zehn Minuten vor Abfahrt da sein, um einen Sitzplatz zu bekommen.

Die schnellsten und nützlichsten Busse sind die BRT-(Bus Rapid Transit)-Expressbusse, die den Verkehr auf eigenen Busspuren umgehen. BRT 1 verkehrt vom Bahnhof zur Hongshan-Kreuzung und dann Richtung Norden zur Beijing Nanlu. BRT 3 verkehrt vom südlichen Busbahnhof die Jiefang Lu hoch zur Hongshan-Kreuzung und dann ebenfalls nach Norden. Die Fahrt kosten pauschal 1 Yuan. Siehe www.chinabrt.org wegen einer Streckenkarte.

Andere nützliche Busse (1 Yuan) sind Bus 7, der auf der Xinhua Lu vom südlichen Busbahnhof bis zu den Kreuzungen Xidaqiao und Hongshan fahren, und Bus 52 vom Bahnhof zur Hongshan-Kreuzung.

GRENZÜBERGÄNGE NACH KASACHSTAN

Wer über ein Visum für Kasachstan verfügt, kann nach Almaty (obere/untere Koje 440/460 Yuan, 24 Std.) in Kasachstan mit dem täglichen 19-Uhr-Busreisen, der vom **Internationalen Busbahnhof Ürümqi** (☎587 8637; 乌鲁木齐国际运输汽车站; Wulumuqi *guoji yunshu qichezhan*) hinter dem Hauptbusbahnhof abfährt. Mit Verspätungen von mehreren Stunden an den Zollposten in Korgas ist zu rechnen. Länger, aber angenehmer ist der Trip, wenn die Reise in Yining unterbrochen wird.

Züge verlassen zurzeit Ürümqi zweimal wöchentlich mit Ziel Almaty in Kasachstan (K9795, über Alashankou), montags und samstags um Mitternacht. Die Reise dauert endlose 32 Stunden, wovon sechs beim chinesischen und kasachischen Zoll verbracht werden. Tickets kosten 919–948 Yuan und können nur in der Lobby des Xiangyou Jiudian (neben dem Bahnhof) im **Buchungsbüro** (往阿拉木图火车票售票处; *wang alamutu huochepiao shoupiaochu*; ⏲ Sa, Mo, Mi & Do 10–13 & 15.30–18 Uhr) gekauft werden. Es gibt auch montags einen Bus (9797) in die kasachische Hauptstadt Astana. Eine andere Möglichkeit ist es, in den Regionalzug 5802 nach Alashankou (12 Std., Hart-/Weichschläfer 123/187 Yuan) zu steigen, der in Ürümqi um 22.05 abfährt, und den Weitertransport dann an der Grenze selbst in die Hand zu nehmen.

Zurzeit der Recherche konnte man ein 30-Tage-Touristenvisum im kasachischen Konsulat in Ürümqi (s. S. 1119) bekommen. Ein Visum wird innerhalb von fünf Tagen ausgestellt, es kostet 140 Yuan (zu zahlen bei der örtlichen China Construction Bank), und man braucht ein Passfoto sowie eine Kopie des Passes und des China-Visums. Im Visum wird meist das Einreisedatum nach Kasachstan festgelegt. Um zum Konsulat zu kommen, in Bus 52 oder BRT 1 von der Hongshan-Kreuzung zur Haltestelle Jingguan Xueyuan (经管学院) steigen.

Tian Chi 天池

In 2000 m Höhe liegt im Tian-Shan-Gebirge der **Tian Chi** (Himmelssee; Eintritt 170 Yuan), ein kleiner, langer, stahlblauer See vor der Kulisse des 5445 m hohen Göttlichen Gipfels (Bogeda Feng). An den mit Fichten bewachsenen Hängen, die an die Schweiz erinnern, sind verstreut kasachische Jurten und Unmengen von Schafen zu sehen. Einst war dies das in Vikram Seths wunderbarem Reisebericht *From Heaven Lake* beschriebene Paradies, heute wird es aber zu sehr hochgejubelt; Hunderte von einheimischen Tagesausflüglern übertönen fast die Musik von *We Are the World*, die aus den Stämmen von Plastikbäumen dröhnt. Das Hinterland ist teilweise immer noch reizvoll, doch bedarf es heute einiger Anstrengung, um ein bedeutungsvolles Erlebnis zu haben.

Eine Möglichkeit, den Horden zu entkommen, sind Pferdetrekkingtouren, die eine berauschende Aussicht auf das Tian-Shan-Gebirge bieten. Pferdeführer sprechen einen an, sobald man am See angekommen ist, oder organsieren einen Treck zu den Jurtecamps. Vom Hauptaussichtspunkt abgehende, ausgeschilderte Wanderwege führen weiter ins Gebirge hinein, darunter 9,3 km zum Mawei Shan (Pferdeschwanz-Berg), der auch über die Straße erreichbar ist. Ein Rundweg führt in ungefähr vier Stunden um den See, doch auf der anstrengenden Westseite geht es manchmal ganz schön auf und ab. Sowohl am Ost- als auch am Westufer sind Tempel zu besichtigen. Unabhängig von den in Ürümqi herrschenden Temperaturen unbedingt warme Kleidung und Regenzeug mitnehmen, da das Wetter leicht umschlagen kann.

Ende Mai schlagen Kasachen um den See herum jede Menge Zelte für Touristen auf (100 Yuan pro Pers. mit drei Mahlzeiten); **Rashit** (☎138 9964 1550; www.rashityurt.com) ist der bekannteste Wirt für Backpacker. Camping ist hier auch erlaubt. Am besten Essen und Getränke mitbringen, da es hier nicht viel gibt. Die Jurtenbesitzer wollen manchmal einen Pass sehen, also mitbringen.

Touristenbusse zum Parkplatz des Tian Chi fahren in Ürümqi gegen 9 Uhr vom Nordtor des Volksparks ab, sodass man ungefähr drei Stunden am See verbringen kann. Die meisten halten vor den größeren Hotels, um Fahrgäste mitzunehmen, bevor sie die Stadt verlassen. In der Nebensaison kann es vorkommen, dass keine Busse fahren. Die Hin- und Rückfahrt kostet 40 Yuan, und eine Fahrt dauert etwa 2½ Std. Am Fahrkartenbüro steigen alle in einen Bus, der zu einem Parkplatz kurz vor dem See fährt.

Turpan 吐鲁番

☎ 0995 / 57 900 EW.

Turpan (Tulufan) ist Chinas Death Valley. Mit 154 m unter dem Meeresspiegel ist Turpan die zweittiefste Stelle der Welt und der heißeste Ort in China. In den Monaten Juli und August steigen die Temperaturen auf über 40° C und lassen die einheimische Bevölkerung und die Touristen in Apathie versinken.

Trotz der Hitze machen das Grundwasser und der fruchtbare Boden die Turpan-Senke zu einer wahren Oase in der Wüste, wovon die nahen, jahrhundertealten Überreste alter Städte, kaiserlicher Garnisonen und buddhistischer Höhlen zeugen.

Die Stadt Turpan selbst ist eine ziemlich neue Kreation, hat aber eine extrem ruhige Atmosphäre. Die meiste Zeit wird man sicherlich damit verbringen, die umliegenden Sehenswürdigkeit zu besuchen. Sich dann nach einem Tag voller Besichtigungen an einem warmen Sommerabend bei einem kühlen Xinjiang-Bier unter rankendem Wein zu erholen, gehört zu den Freuden einer Reise durch diese Provinz.

Sehenswertes

Emin-Minarett MINARETT
(额敏塔; Emin Ta; Eintritt 30 Yuan; früh–spät)
Emin Hoja, ein Turpaner General, stiftete 1777 dieses prächtige, im afghanischen Stil errichtete Bauwerk. Es wird nach Emins Sohn Suleiman auch Sugong Ta genannt. Das in seiner Form einem Bowlingkegel gleichende Minarett ist mit einem Dutzend Lehmziegelmotiven, darunter Blumen und Wellen, geschmückt. Das Minarett selbst kann nicht bestiegen werden, deshalb sind viele Reisende damit zufrieden, ein Foto vom Eingang aus zu machen, ohne den Eintritt bezahlen zu müssen.

Es lohnt sich, die 3 km zu Fuß oder mit dem Rad herzukommen; die baumgesäumten Straßen bieten einen geschichtsträchtigen – und interessanten – Blick in das „alte“ Turpan. Wenn es zu heiß ist, in den

Turpan

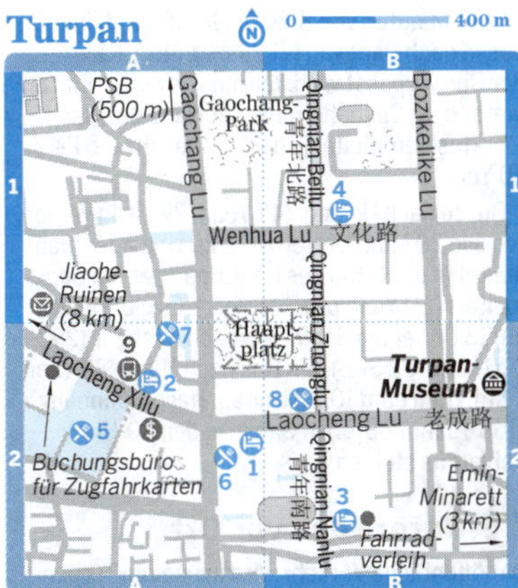

Turpan

Highlights

Turpan-Museum B2

Schlafen

1 Tianhe Binguan A2
2 Transportation Hotel A2
3 Tulufan Binguan B2
4 Xizhou Dajiudian B1

Essen

5 Basar A2
6 Hanzada Restaurant A2
John's Information Café.... (siehe 3)
7 Nachtmarkt A2
8 Restaurants B2

Transport

9 Fernbusbahnhof A2

nach Osten fahrenden Bus 6 an der Ecke Gaochang Lu und Laocheng Lu steigen und die letzten 500 m zu Fuß gehen.

GRATIS **Turpan-Museum** MUSEUM
(吐鲁番博物馆; Tulufan *bowuguan*; Laocheng Lu; Di–So 10.30–18.30 Uhr) Xinjiangs zweitgrößtes Museum beherbergt eine reich bestückte Sammlung von Relikten, die an archäologischen Stätten im Turpan-Becken geborgen wurden, und es gibt auch Dinosaurierfossilien sowie mehrere in der Gegend gefundene Mumien. Es lohnt sich, kurz reinzuschauen, bevor ein Ausflug gebucht wird; die Fotos von nahegelegenen Stätten können bei der Entscheidung helfen, welche man sich ansehen möchte.

Schlafen

Tulufan Binguan HOTEL €
(吐鲁番宾馆; 856 8888; tlfbg@126.com; 2 Qingnian Nanlu; 青年南路 2 号; B 50 Yuan, DZ mit Frühstück 160–200 Yuan;) Das weißgekachelte Äußere des Turpan-Hotels alter Schule ist wenig ansprechend, aber das wird besser, sobald man die im Stil arabischer Nächte gestaltete Lobby betritt. Die Dreibettzimmer im Souterrain sind muffig, aber kühl und haben eine Dusche. Die teureren Doppelzimmer sind sauberer und neuer als die altmodischen billigeren Zimmer. Fahrradverleih und Internetzugang sind Zugaben, das Schwimmbad aber ist trockener als die Taklamakan-Wüste.

Tianhe Binguan HOTEL €€
(天河宾馆; 862 6999; 969 Laocheng Lu; DZ 188 Yuan;) Die geräumigen, modernen und sauberen Zimmer sind mit einem Computer ausgestattet, was sie ohne Zweifel zu den mit dem besten Preis-Leistungs-Verhältnis in der ganzen Stadt macht; allerdings bedarf es vielleicht einiger Überzeugungsarbeit, um als Ausländer überhaupt aufgenommen zu werden. Rabatte von 20 % sind Standard.

Transportation Hotel HOTEL €€
(交通宾馆; Jiaotong Binguan; 625 8688; 230 Laocheng Xilu; 老城西路 230 号; 2BZ 480 Yuan;) Kleine komfortable und moderne Zimmer machen das Hotel zu einer angenehmen Bleibe in der Nähe des Busbahnhofs. In den Preisen ist das Frühstück inbegriffen. Rabatte von 60 % sind Standard.

Xizhou Dajiudian HOTEL €€€
(西州大酒店; 855 4000; 8 Qingnian Beilu; 青年北路 8 号; 2BZ mit Frühstück 460 Yuan;) Saubere und gastfreundliche Option mit einer rosa-weißen Fassade. Einige Zimmer sind mit einem internetfähigen Computer ausgestattet. Rabatte von 20 %.

Essen

Es gibt mehrere uigurische Essensstände hinter dem **Basar** gegenüber dem Busbahnhof. In den Restaurants, die ihre Tische unter den Weinspalieren an der **Qingnian Lu** aufstellen, lässt sich ein kühler Drink und eine Schüssel *laghman* (handgezogenen Nudeln; 15 Yuan) genießen.

Nachtmarkt MARKT €
(夜市; yeshi; Gaochang Lu; Gerichte ab 10 Yuan; 19–24 Uhr) Bei Einbruch der Dämmerung machen Dutzende von Ständen an den

Brunnen im Westen des zentralen Hauptplatzes auf. Man schnappt sich ein kühles Bier und wählt zwischen gebratenem Fisch, *shaguo* (Tontopfgericht), Ziegenfußsuppe und mit Kreuzkümmel gewürzten Kebabs.

Hanzada Restaurant UIGURISCH €€
(韩扎达豪华餐厅; Hanzada Haohua Canting; Gaochang Lu; Hauptgerichte 15–40 Yuan) Bei den Einheimischen wegen seines üppigen zentralasiatischen Dekors (beispielsweise bemalter Alabaster und glitzernd bunte Kronleuchter) und Sitznischen beliebt. Die Speisekarte mit Bildern hilft bei der Wahl zwischen Nudelgerichten und *polo* und *dapanji* (würziges Huhn, Kartoffeln und Paprika im traditionellen Hui-Stil), die alle exzellent sind.

John's Information Café INTERNATIONAL €
(☎150 2626 8966; Qingnian Nanlu; Gerichte ab 12 Yuan; ⏰7–22 Uhr, Mai–Okt.; @📄) Dieses Backpackerrefugium befindet sich im ruhigen Innenhof des Tulufan Binguan. Hier werden westliche und chinesische Gerichte serviert, und der Eisbecher ist in Turpans drückender Hitze ein Knüller. Reiseinformationen sind hier allerdings kaum zu bekommen.

Praktische Informationen

Bank of China (中国银行; Zhongguo Yinhang; Laocheng Lu; ⏰9.30–12.30 & 16.30–19.30 Uhr) Wechselt Geld und Reiseschecks.

Büro für Öffentliche Sicherheit (PSB;公安局; Gong'anju; Gaochang Lu) Nördlich des Stadtzentrums; verweist Ausländer meist an die Hauptstadt.

Internetcafé (网吧; *wangba*; 2 Qingnian Nanlu; pro Std. 10 Yuan) Die Lobby des Tulufan Binguan ist einer der wenigen Orte in der Stadt, wo Ausländer ins Internet gehen können.

Post (中国邮政; Zhongguo Youzheng; Laocheng Lu; ⏰10–20 Uhr) Westlich der Bank of China.

An- & Weiterreise

Der nächste Bahnhof ist Daheyan (大河沿), 54 km nördlich von Turpan gelegen. Fahrkarten sind in Turpan im **Buchungsbüro für Zugfahrkarten** (火车售票处; *huoche shoupiaochu*; Laocheng Xilu; Gebühr 5 Yuan; ⏰9–13, 15.30–20 Uhr), das in einem Büro von China Mobile liegt, erhältlich. Der schnellste Zug nach Kashgar (320/490 Yuan, 23 Std.) ist der K9786, der um Mitternacht abfährt.

Vom **Fernbusbahnhof** (长途汽车站; *changtu qichezhan*; Laocheng Lu) verkehren ungefähr alle 30 Minuten von 8.30 bis 19.30 Uhr Minibusse nach Daheyan (11 Yuan, 1 Std.). Falls der Bus verpasst wird, fahren von einem Platz hinter dem Busbahnhof in der Nähe des Nachtmarktes Sammeltaxis nach Daheyan (pro Pers. 20 Yuan).

Busse nach Ürümqi (45 Yuan, 2½ Std.) verkehren alle 20 Minuten von 8 bis 20 Uhr, oder man nimmt in der Nähe des Nachtmarktes ein Sammeltaxi (80 Yuan pro Sitzplatz). Es gibt täglich um 15 Uhr einen Schlafbus nach Kashgar (292–320 Yuan, 22 Std.). Ein Bus nach Hami (89 Yuan, 7 Std.) fährt um 10.30 Uhr ab. Nach Dunhuang (160 Yuan, 12 Std.) in Gansu in den 20-Uhr-Schlafbus steigen.

Unterwegs vor Ort

Der öffentliche Verkehr wird in und um Turpan mit dem Taxi, Minibus oder Fahrrad bewältigt. Fahrräder (ungefähr 5 Yuan pro Std.) – gibt's in John's Information Café – sind für die Stadt und das Emin-Minarett geeignet.

Rund um Turpan

Manche der Sehenswürdigkeiten in Turpans Umgebung sind faszinierernd, andere eine Zeitverschwendung. An Turpans Fernbusbahnhof gibt's Busse, die zu einigen dieser Stätten fahren, aber damit gewinnt man nicht viel. Die einfachste Art, sie zu besichtigen, ist eine geführte Tagestour – keine Sorge, einheimische Fahrer sprechen Touristen von selbst an. Mehrere Reisende konnten den Englisch sprechenden **Tahir** (☎150 2626 1388; tahirtour8@yahoo.com) empfehlen. Für vier Teilnehmer kostet eine solche Tour zwischen 60 und 70 Yuan pro Person. Da man den ganzen Tag unterwegs ist, sollte man die Wüstensonne nicht unterschätzen. Zum Überleben gehören daher unbedingt eine Wasserflasche, ein Sonnenschutzmitel, eine Sonnenbrille und ein Hut.

An den **Astana-Gräbern** (阿斯塔那古墓区; Asitana Gumuqu; Eintritt 20 Yuan) kann man getrost vorbeifahren, da die interessantesten Fundstücke dieses kaiserlichen Friedhofs in Museen in Ürümqi und Turpan zu finden sind. Einige Busse legen zum Mittagessen einen Halt im **Traubental** (葡萄沟; Putao Gou; Eintritt 60 Yuan) ein, aber es gibt überall in Turpans Umgebung Weinstöcke, wo es nirgends Eintritt kostet.

Andere weniger beeindruckende Zugaben sind eine Tour zu einem **Kares** (坎儿井; kan'erjing; Eintritt 40 Yuan), einem Museum, das dem einzigartigen, für Zentralasien typischen unterirdischen Bewässerungssystem gewidmet ist, und zum **Aydingkul-See** (艾丁湖; Aiding Hu; Eintritt 10 Yuan), dem zweitniedrigsten See der Welt. Er ist aber eher eine ausgetrocknete, salzverkrustete Fläche als ein See.

Um die Höhlen von Bäzäklik und um Tuyoq erheben sich die **Flammenberge** (Huoyan Shan; Eintritt 40 Yuan), deren mittägliches Erscheinungsbild zu Recht mit vielfarbigen Feuerzungen verglichen wird. Die Flammenberge wurden in dem chinesischen Klassiker *Die Reise nach Westen*, als Sun Wukong (der Affenkönig) mit Hilfe seines Zauberfächers die lodernden Flammen löschte, unsterblich gemacht. Eine Eintrittsgebühr zu zahlen ist überflüssig, da die Berge, von Hami oder Gaochang kommend, überall von der Straße aus zu sehen sind.

RUINENSTADT JIAOHE 交河故城

Die auch Yarkhoto genannte Ruinenstadt **Jiaohe** (Eintritt 40 Yuan) wurde während der Han-Dynastie von den Chinesen als Garnisonsstadt errichtet. Es ist eine der größten (6500 Einwohner), ältesten (1600 Jahre) und besterhaltenen antiken Städte der Welt, die mehr durch ihre Ausmaße als durch Details beeindruckt. Einen Überblick der Stätte bekommt man am zentralen Gouverneurssitz, dann geht's weiter auf der Hauptstraße an einem großen Kloster vorbei zu einer 10 m hohen Pagode, die von 100 kleineren Pagodensockeln umgeben ist.

Die Ruinen liegen 8 km westlich von Turpan. Mit Bus 101 (1 Yuan) zu seiner Endstation an der Kreuzung Xincheng (新城) und dann weiter mit dem Kleinbus (4 Yuan) zu den Ruinen (Jiaohe Gucheng) fahren. Man kann auch von Turpan aus hierher radeln.

TUYOQ 吐峪沟

Das in einem von den Flammenbergen umgebenen, grünen Tal gelegene, aus Lehm erbaute Dorf **Tuyoq** (Tuyugou; Eintritt 30 Yuan) gewährt Einblick in die „traditionelle" Lebensweise und Architekur der Uiguren (traditionell, wenn man von der Eintrittsgebühr und dem Eingangstor absieht). Tuyoq ist seit Jahrhunderten ein Pilgerort für Muslime, und unter Gläubigen gilt, dass sieben Reisen hierher einer Reise nach Mekka gleichkommen. Am Berghang über dem Dorf (in der Nähe der Straße) liegt das *mazar* oder **Grabmal** (Eintritt 20 Yuan), das den Leichnam des ersten Uiguren, der zum Islam übergetreten ist, enthalten soll und noch immer ein Wallfahrtsziel ist. Die Stadt auf keinen Fall verlassen, ohne vorher den regional erzeugten Maulbeersaft oder die getrockneten Beeren (10 Yuan pro Flasche) zu probieren, die es ganz in der Nähe des Grabeingangs zu kaufen gibt.

Oberhalb des Tals liegen mehrere buddhistische Grotten aus dem 3. Jh. n. Chr. (damit die ältesten entdeckten buddhistischen Grotten in Xinjang), sie waren aber zur Zeit der Recherche geschlossen.

Tuyoq wird oft auf einer Tour zu den Flammenbergen und den Höhlen von Bäzäklik ins Programm genommen.

RUINENSTADT GAOCHANG (KHOCHO) 高昌故城

Ursprünglich im 1. Jh. v. Chr. erbaut, stieg **Gaochang** (Eintritt 40 Yuan) im 7. Jh. während der Tang-Dynastie zur Macht auf. Der auch unter dem Namen Khocho oder manchmal Kharakhoja bekannte Ort wurde 850 n. Chr. uigurische Hauptstadt und war eine bedeutende Zwischenstation auf der Seidenstraße, bis er im 14. Jh. in Schutt und Asche gelegt wurde. Hier wurden Schriften in klassischem Uigurisch, Sanskrit, Chinesisch und Tibetisch sowie Überreste einer Nestorianischen Kirche und einer bedeutenden Manichäergemeinde – einer dualistischen persischen Religion, die Gestalten aus dem Christentum, dem Buddhismus und dem Hinduismus entlieh – ausgegraben.

Obwohl die einst 12 m dicken Lehmziegelmauern noch gut erkennbar sind, ist heute kaum etwas anderes stehengeblieben als ein großes buddhistisches Kloster im Südwesten. Im Norden liegt neben einer Lehmpagode ein zweistöckiger Bau (halb unterirdisch), vermutlich der antike Palast.

HÖHLEN VON BÄZÄKLIK 柏孜克里克千佛洞

Dieser **Komplex von Höhlentempeln** (Bozikelike Qianfo Dong; Eintritt 20 Yuan) hat eine schöne Lage und eine interessante Geschichte, obwohl die Höhlen im Großen und Ganzen leer sind. Die Stätte ist berühmt, weil viele der charakteristischen Wandbilder 1905 von deutschen Archäologen aus dem Fels geschnitten wurden. Bäzäklik oder Bezeklik heißt auf Uigurisch „Ort der Malereien".

Hami (Kumul) 哈密

☎ 0902 / 365 000 EW.

Hami, berühmt für seine köstlich süßen Melonen, war eine wichtige Station für Reisende der Antike an der Seidenstraße. Marco Polo beschrieb einen möglichen Grund: Dort war es nämlich Sitte, dass die Einheimischen die Männer der durchziehenden Karawanen einluden, die Nacht mit ihren Frauen zu verbringen. Heute gibt es solche Traditionen nicht mehr, doch Hami lohnt immer noch einen Stopp. Es gibt genug zu sehen, um einen ganzen Tag dort zu verbringen, und die Stadt liegt zudem auf halber Strecke zwischen Turpan und Dunhuang.

Eine **Bank of China** (中国银行; Zhongguo Yinhang; Guangchang Beilu) befindet sich gleich nördlich des Hauptplatzes (Shidai Guangchang).

Sehenswertes

Alle vier der folgenden Sehenswürdigkeiten liegen beieinander, in der Nähe des Hauptbusbahnhofs und 5 km südlich des Bahnhofs; ein Taxi zwischen den beiden kostet rund 10 Yuan.

Mausoleum der Hami-Könige GRÄBER
(哈密王陵; Hami Wangling; Huancheng Lu; Eintritt 40 Yuan; ⌚9.30–19.30 Uhr) Hauptsehenswürdigkeit in Hami. Die Grabanlage enthält neun Generationen von Hami-Königen, die das Gebiet zwischen 1697 und 1930 regierten. Das mit türkisfarbenen Fliesen verkleidete Hauptgrab ist das des siebten Königs, Muhammed Bixir, dessen Familienmitglieder und Minister in mongolisch gestalteten Bauten daneben liegen.

GRATIS **Hami-Museum** MUSEUM
(哈密博物馆; Hami *bowuguan*; Huancheng Lu; ⌚9.30–12 & 16–19.30 Uhr; ⌚Di–So) Gegenüber dem Mausoleum der Hami-Könige sind in diesem nur wenig interessanten Museum Mumien und Dinosaurier der Region zu sehen, darunter ein cooles versteinertes Nest mit Dinosauriereiern.

Muqam-Lehrzentrum Kumul MUSEUM
(哈密木卡姆传承中心; Hami Mukamu Chuancheng Zhongxin; Eintritt 15 Yuan; ⌚9–13 & 16–19 Uhr) Das auffällige Gebäude ist der *muqam*, der klassischen Form der uigurischen Musik, gewidmet. Gruppen von vier oder mehr Personen werden meist zu einem kurzen Konzert eingeladen (25 Yuan).

Wohnhaus der Hami-Könige HISTORISCHE STÄTTE
(哈密回王府; Hami Huiwang Fu; Eintritt 40 Yuan; ⌚9–20 Uhr) Gegenüber vom Lehrzentrum steht eine schäbige Rekonstruktion eines ehemaligen Palastes, der bei dem muslimischen Aufstand in den 1930er-Jahren zerstört wurde. Er ist sein Eintrittsgeld nicht wert.

Schlafen & Essen

Jiangnan Binguan HOTEL €
(江南宾馆; ☎231 2112; Qianjin Xilu; DZ 120 Yuan) Das billigste der rund ein Dutzend annehmbarer Hotels in Bahnhofsnähe. Die schlichten, aber sauberen Zimmer machen es zur besten Budgetunterkunft.

Jiuchongtian Binguan HOTEL €€
(九重天宾馆; ☎231 5656; 4 Tianshan Beilu; DZ 188–208 Yuan; ❄@) Definitiv eine Steigerung, mit sauberen und frischen Zimmern, einige mit Computer. Mit dem Bahnhof im Rücken sind es nur 50 m geradeaus auf der rechten Seite.

An- & Weiterreise

Fernbusse fahren von dem 200 m östlich vom Mausoleum der Hami-Könige gelegenen südlichen Busbahnhof *(nanjiao keyunzhan)* ab. Außer den unten aufgeführten Bussen gibt es auch Sammeltaxis nach Turpan (300 Yuan) und Ürümqi (400 Yuan) und ein Dutzend täglicher Züge sowie tägliche Flüge nach Ürümqi (1180 Yuan).

Dunhuang 85 Yuan, 9 Uhr

Jiuquan 130 Yuan, 9 Uhr

Turpan 89 Yuan, 6 Std., 10 Uhr

Ürümqi 125–140 Yuan, 9 Std.; 11, 13 und 20 Uhr

Der örtliche Bus Nr. 3 verkehrt vom Bahnhof zum südlichen Busbahnhof und Museum über den zentralen Busbahnhof.

Rund um Hami

BARKOL-SEE 巴里坤湖

Wenn die Sommerhitze in Hami unerträglich wird, empfiehlt sich ein Tagesausflug in die kühlere Gegend des Barkol-Sees (巴里坤湖; Balikun Hu) an der Nordseite des Tian-Shan-Massivs. Hier bauen kasachische Hirten im Sommer ihre Jurten auf und bieten Pferderitte für 10 Yuan pro Stunde an.

Um zu den Jurten zu kommen, erst in einen Bus an Hamis **Busbahnhof** (中心

车站; *zhongxin chezhan*; Ecke Jianguo Beilu & Guangchang Beilu) nach Balikun-Stadt (25 Yuan, 3 Std., stündl., 8.30–17.30 Uhr) steigen. Von Balikun sind es noch 16 km bis zu den Jurten. Ein Taxi hin und zurück kostet ab 50 Yuan.

Auf der Straße von Hami unbedingt auf die Überreste von antiken Wachtürmen achten, die halbverfallen am Wegesrand stehen.

Kuqa 库车

☎ 0997 / 77 000 EW.

Als Teil eines hervorragenden Reisewegs, der mit Kashgar und Hotan ein Dreieck bildet, ist Kuqa (Kuche) wegen seiner interessanten Basare und der Ausflüge zu den Wüstenruinen der Umgebung ein paar Tage Aufenthalt wert.

Der einst blühende Stadtstaat, damals Qiuci genannt, stellte ein bedeutendes Zentrum des Buddhismus dar und war darüber hinaus im China der Tang-Ära berühmt für seine Musik und seine Tänzer. Hier wurde Kumarajiva (344–413 n. Chr.), der erste bedeutende Übersetzer buddhistischer Sutren aus dem Sanskrit ins Chinesische, als Sohn eines indischen Vaters und einer Kuqaer Prinzessin geboren, bevor er später ins zentrale China ging, wo er Übersetzungen buddhistischer Schriften verfasste. Als der im 7 Jh. lebende Mönch Xuanzang im nahen Subashi Station machte, notierte er, dass zwei 30 m hohe Buddhastatuen Kuqas Westtor flankierten und dass in den nahegelegenen Klöstern mehr als 5000 Mönche lebten.

Der Busbahnhof liegt im Osten der Stadt in der Tianshan Lu, und der Bahnhof befindet sich 5 km weiter südöstlich.

Sehenswertes

Qiuci-Palast — MUSEUM

(库车王府; Kuche Wangfu; Linjilu Jie; 林基路街; Eintritt 55 Yuan; ⌚9–20.30 Uhr) In der Altstadt, 3,5 km westlich des Zentrums, liegt der restaurierte (d.h. neu aufgebaute) Qiuci-Palast, der bis Anfang des 20. Jhs. die Residenz der Könige von Qiuci war. Das Museum besitzt eine umfangreiche Sammlung von buddhistischen Fresken, von denen einige aus den nahen Höhlentempeln Kumtura und Simsim stammen, und es gibt menschliche Überreste aus den Wüstenruinen der Umgebung. Hinter dem Museum werden in der Vorfahrenhalle die Geschichte der Könige von Qiuci und Fotos vom Leben des letzten Königs, Dawud Mahsut, heute ein älterer, lokaler Parteifunktionär, gezeigt.

Bus 3 in der Tianshan Lu nehmen und aussteigen, wenn die Straße in die Linjilu Jie einbiegt.

Sonntagsbasar — BASAR

Jeden Sonntag findet ein großer **Basar** (老成巴扎; Laocheng Baza) ungefähr 2,5 km westlich der modernen Stadt bei einer Brücke über den Fluss Kuqa in der Renmin Lu statt. Er kommt nicht ganz mit Kashgars mit, aber dafür gibt's hier keine Touristenbusse. Auch ein kleiner Viehmarkt findet hier freitags statt.

Die hübsche, nahe gelegene **Rasta-Moschee** (热斯坦清真寺; Resitan Qingzhen Si) zieht am Freitagmittag Scharen von Gläubigen an. Nördlich von hier, quer durch die Altstadt, geht's zur großen, aber weniger belebten **Großen Moschee** (清真大寺; Qingzhen Dasi; Eintritt 15 Yuan), die 1931 auf dem Gelände einer Vorgängerin aus dem 16. Jh erbaut wurde.

Von der Neustadt fahren die Busse 1 oder 3 von der Tianshan Lu dorthin.

Maulana Ashiddin Mazar — GRABMAL

(默拉纳额什丁麻扎; Molana Eshiding Maza) Diese zeitlose, mit grünen Fliesen verkleidete Moschee, zugleich Grabmal eines arabischen Missionars aus dem 13. Jh., ist von unzähligen Gräbern umgeben, und zur Zeit das mittäglichen Freitagsgebet drängen sich hier die Gläubigen. Es sind zehn Minuten zu Fuß von der Kuche Binguan entlang der von Maulbeerbäumen gesäumten Wenhua Lu.

Zehn Minuten zu Fuß vom Mazar entfernt, an der Kreuzung von Tianshan Xilu und Wenhua Lu, befindet sich die extrem verfallene **Ruinenstadt Qiuci** (龟兹故城; Qiuci Gucheng).

Schlafen & Essen

Jiaotong Binguan — HOTEL €

(交通宾馆; Traffic Hotel; ☎712 2682; 194 Tianshan Lu; 天山路 194 号; DZ mit/ohne Bad ab 120/80 Yuan; ❄) Diese in der Nähe des Busbahnhofs gelegene Herberge bietet mehrere annehmbare Zimmer, von passablen Budgetdoppelzimmern mit Gemeinschaftstoilette und -duschen bis hin zu geräumigen Doppelzimmern mit gefliestem Fußboden (160 Yuan). Heißwasser fließt erst nach 21 Uhr.

Kuche Binguan HOTEL €€
(库车宾馆; ☎712 2901; 17 Jiefang Beilu; altes/neues Gebäude 2BZ 180/280 Yuan; ❄) Kuqas Haupthotel hat helle Zimmer mit Plüschteppichen im neuen Gebäude und schäbigere, aber akzeptable Zimmer in dem ruhigen alten Gebäude. Das Frühstück ist im Preis inbegriffen. Das Hotel liegt in Zentrumsnähe. Hier ein Taxi nehmen.

LP TIPP **Uchar-Darvaza-Basar** MARKT €
(乌恰农货市场; Wuqia Nonghuo Shichang) Das beste uigurische Essen gibt's in dieser Essmeile an der Kreuzung von Tianshan Zhonglu und Youyi Lu. Kebabs, Nudeln und *samsas* (gebackene, mit Hammelfleisch gefüllte Teigtaschen) werden heiß und frisch serviert; besonders lecker sind die Hühnchenkebabs mit dem lokalen, sombrerogroßen Nan-Brot. Einige Stände machen schon ab 21 Uhr dicht, andere öffnen erst ab 22 Uhr.

Praktische Informationen

Bank of China (中国银行; Zhongguo Yinhang; 25 Tianshan Donglu; ⏲ Mo–Fr 9.30–18.30 Uhr) Östlich von der Stadtmitte, mit Geldautomat. Reiseschecks werden nicht akzeptiert.

Xinxin *wangba* (新新网吧; Ecke Wenhua Lu & Youyi Lu; pro Std. 3 Yuan; ⏲24 Std.)

An- & Weiterreise

BUS Der Busbahnhof hat mehrere Schlafbusse nach Ürümqi (207–262 Yuan, 12 Std.). Wer nach Kashgar (150 Yuan, 16 Std.) will, muss auf einen Nachtbus aus Ürümqi warten und hoffen, dass noch Liegesitze frei sind. Es gibt stündliche Verbindungen nach Aksu (50 Yuan, 4 Std.), wo man nach Kashgar umsteigen kann. Zwei Nachtbusse nach Hotan (180–190 Yuan, 8 Std.) fahren um 12 Uhr und um 16 Uhr ab.

FLUGZEUG Der neue Flughafen, 35 km westlich der Stadt gelegen, hat täglich Flüge nach Ürümqi (1120 Yuan). Ein Taxi dorthin kostet 30 Yuan.

ZUG Der Bahnhof befindet sich südöstlich vom Zentrum am Ende der Buslinie Nr. 6. Ein Taxi dorthin kostet 10 Yuan. Der schnelle K9787 nach Kashgar (Hart-/Weichschläfer 183/276 Yuan) fährt mitten in der Nacht um 2.20 Uhr ab. Zeitlich günstigere Züge nach Ürümqi (harter Sitz/Schläfer 116/200 Yuan) sind u. a. der 5808 um 18.43 Uhr und der schnelle K9788 um 23.52 Uhr (Weichschläfer 326 Yuan).

Unterwegs vor Ort

Taxifahrten kosten pro Fahrt einheitlich 5 Yuan. Motorrikschas, Traktoren und Eselskarren etwa die Hälfte.

Rund um Kuqa

TAUSEND-BHUDDA-HÖHLEN VON KIZIL 克孜尔千佛洞

75 km nordwestlich von Kuqa liegen die Tausend-Buddha-Höhlen (Kezi'er Qianfo Dong; Eintritt 55 Yuan; ⏲bei Tageslicht), mit Wandmalereien, die bis ins 3. Jh. zurückdatieren. Eine Stäte, die für die Entwicklung serindischer buddhistischer Kunst sehr wichtig war. Kizil ist eindeutig von zentralasiatischer Kunst beeinflusst und könnte seinerseits die weiter östlich gelegenen Höhlen wie die Mogao-Höhlen in Dunhuang inspiriert haben.

Von den über 230 Höhlen sind nur sechs für das Publikum geöffnet, und das auch nur zu beliebigen Zeiten, und nur ein paar haben wirklich Wandmalereien. Mehrere Höhlen räumte der deutsche Archäologe Albert von Le Coq aus, während andere von Muslimen und den Roten Garden stark beschädigt wurden. Wer noch Zeit übrig hat, kann durch das Wüstental zur Quelle Qianlei Quan (千泪泉) wandern.

Ein Taxi von Kuqa hin und zurück kostet rund 200 Yuan und braucht für jede Strecke 90 Minuten. Je einen Halt in Subashi und am 13,5 m hohen **Wachturm** (烽火台; fenghuotai; Eintritt 15 Yuan) aus der Han-Dynastie in Kizilgah für nur 240 Yuan dazurechnen.

RUINEN VON SUBASHI 苏巴什故城

Die beste der Ruinenstädte in Kuqas Umgebung ist **Subashi** (Eintritt 25 Yuan; ⏲bei Tageslicht), ein buddhistischer Komplex, der vom 3. bis zum 13. Jh. in Blüte stand. Die meisten Besucher sehen sich den westlichen Komplex mit dem großen, zentralen *vihara* (Kloster) und zwei großen Pagoden an. Ein Abenteuer ist die Wanderung über den Fluss Kuqa zum eindrucksvollen, aber selten besuchten östlichen Komplex (Eintritt 25 Yuan). Ein Taxi hin und zurück nach Subashi, 23 km nordwestlich von Kuqa gelegen, kostet rund 60 Yuan; die Wartezeit für die Besichtigung der östlichen Ruinen wird extra berechnet.

SÜDWEST-XINJIANG – KASHGARIEN

Kashgarien, der wohlklingende, historische Name für das westliche Tarimbecken, ist das Kernland der Uiguren. Es besteht aus einem Ring von mit Pappeln bestandenen Oasen und war ein wichtiger Knotenpunkt der Seidenstraße. Hier sprüht das Leben seit mehr als 2000 Jahren, mit wöchentlichen Basaren, die noch heute der Lebensmittelpunkt sind.

Kashgar 喀什

0998 / 350 000 EW.

Eingeschlossen in der westlichsten Ecke Chinas, physisch näher an Teheran und Damaskus als an Beijing, war Kashgar (Kashi) über zwei Jahrtausende lang das Epizentrum des regionalen Handels und kulturellen Austauschs.

In den letzten Jahren ist die Moderne wie ein Sandsturm durch Kashgar gefegt. Die Straßen, Eisenbahnlinien und Flugzeuge, die heute die Stadt mit dem Rest Chinas verbinden, haben Wellen von Han-Migranten hereingeschwemmt, und weite Bereiche der Altstadt sind im Namen des wirtschaftlichen „Fortschritts" dem Bulldozer zum Opfer gefallen.

Doch auch angesichts dieser Veränderungen lebt der Geist von Kashgar weiter. Uigurische Handwerker und Kunsthandwerker hämmern und meißeln noch immer in den Seitengässchen, Händler preisen ihre Waren in den turbulenten Basaren lärmend an, und Eselskarren fahren immer noch gemächlich durch die Vororte. Der sonntägliche Viehmarkt ist richtig toll, egal, wie viele Ausflugsbusse anrollen.

Das alles sollte man ein paar Tage erleben, Kebabs essen, mit den einheimischen Teppichverkäufern plaudern und dabei die Reise entlang der südlichen Seidenstraße nach Hotan über den Torugart- oder den Irkeshtam-Pass nach Kirgisien oder südwärts auf dem sensationellen Karakorum Highway nach Pakistan planen.

Sehenwertes

Großer (Sonntags-) Basar BASAR

(大巴扎; Dabazha; Yengi Bazaar; Aizirete Lu; 艾孜热特路; tgl.) Kashgars Hauptbasar ist jeden Tag geöffnet, aber an Sonntagen besonders belebt. Man schiebt sich vorsichtig durch das Gedränge am Eingang und lässt sich von seinen fünf Sinnen durch den Markt leiten; der scharfe Geruch von Kreuzkümmel, der Anblick von Skorpionen in einem Glas, der Klang von *muqam*-Musik aus blechernen Radios, der Geschmack von heißen *samsas* (gebackene, mit Hammelfleisch gefüllte Teigtaschen) und das Gefühl von weichen Schaffellkappen, das alles ist verführerisch und definitiv überwältigend. Ein Bereich an der Nordseite des Marktes enthält alles, was für ausländische Besucher interessant ist, also den Gewürzmarkt, Musikinstrumente, Pelzmützen, kitschige Souvenirs und Teppiche. Ein Taxi zum Markt kostet 5 Yuan.

Viehmarkt am Sonntag BASAR

(动物市场; Dongwu Shichang; Mal Bazaar; So 8–18 Uhr) Kein Besuch in Kashgar ist vollständig ohne einen Gang zum Viehmarkt. Da er nur einmal wöchentlich stattfindet, muss gut geplant werden. Der Tag beginnt damit, dass uigurische Bauern und Hirten aus umliegenden Dörfern in die Stadt kommen. Bis zur Mittagszeit sind alle für den Verkauf vorgesehenen Schafe, Kamele, Pferde, Kühe und Esel aus einem Umkreis von 50 km durch die Basartore getrieben worden. Geschäfte zwischen den alten Händlern werden schnell und ziemlich turbulent abgeschlossen; die Tiere werden sorgfältig begutachtet, und gefeilscht wird mit viel Lärm und mit Fingergesten. Glückliche Käufer stopfen dann die Schafe hinten in ein Taxi oder auf einen Lastwagen und tuckern davon. Es ist staubig, stinkig, brechend voll und total wundervoll. Auf den Ruf *Boish-boish!* („Platz da!") achten, um nicht von einem Karren mit einer Ladung Dickschwanzschafe umgefahren zu werden.

Im Jahr 2012 wurde der Markt in den nordwestlichen Vororte verlegt. Ein Taxi dorthin kostet 15 Yuan; am besten bezahlt man es, damit es wartet, bis man zurückkommt. Als Alternative fährt Bus Nr. 8 zum Volkskrankenhaus und weiter geht's mit einer Motorrikscha (2 Yuan). Touristenbusse kommen meist am Morgen an, deshalb ist es besser, erst nachmittags dorthinzugehen. Ein paar einfache Stände bieten für Hungrige heiße *samsas* an.

Wer den Sonntagsmarkt verpasst, braucht nicht zu verzweifeln: Es gibt viele andere Märkte in Xinjiang, die besucht werden können. Ziele wären der Sonntagsmarkt in Hotan oder Kuqa, der Montagsmarkt in Upal oder Dienstagsmarkt in Charbagh.

Altstadt ALTSTADT

Zu beiden Seiten der Jiefang Lu erstrecken sich Gassen, die von uigurischen Werkstätten und Lehmhäusern wie aus einem Bilderbuch des frühen 20. Jhs. gesäumt sind.

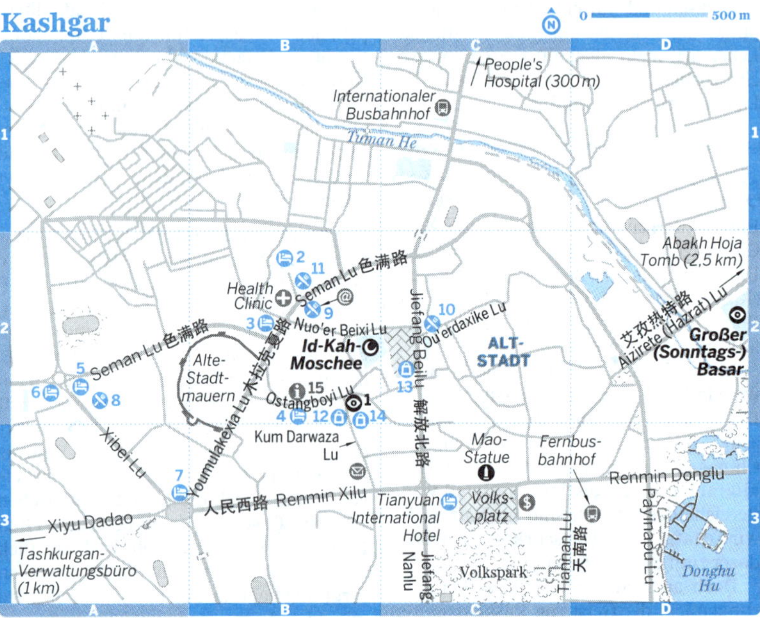

Kashgar

Highlights
Großer (Sonntags-)Basar ... D2
Id-Kah-Moschee ... B2

Sehenswertes
1 Ostangboyi-Teehaus ... B2

Schlafen
2 Chini Bagh Hotel ... B2
3 Eden Hotel ... B2
4 Kashgar Old Town Youth Hostel ... B2
5 Sahar Hotel ... A2
6 Seman Binguan ... A2
7 Yambu Hotel ... A3

Essen
8 Altun Orda ... A2
John's Café ... (siehe 6)
9 Karakorum Café ... B2
10 Nachtmarkt ... C2
11 Pakistan Café ... B2

Shoppen
12 Ahmed Carpet Shop ... B2
13 Ilhas Supermarket ... C2
14 Uighur Musical Instrument Factory ... B2

Praktisches
15 Kashgar Guide ... B2
Old Road Tours ... (siehe 6)
Uighur Tours ... (siehe 2)

Die Häuser sind zwischen 50 und 500 Jahre alt, und die Wege schlängeln sich durch Viertel, in denen Kashagaris seit Jahrhunderten leben und arbeiten. Es bereitet eine Menge Vergnügen, hier zu bummeln, durch Tore zu spähen, mit Einheimischen zu plaudern und den Handwerkern dabei zuzuschauen, wie sie auf Zinn schlagen und Kupfer hämmern.

Bedauerlicherweise hat die chinesische Regierung wenig Interesse für die Altstadt gezeigt und sie in den vergangenen zwei Jahrzehnten Häuserblock für Häuserblock planiert. Während unseres kurzen Aufenthaltes sahen wir, wie Dutzende von Häusern von Bulldozern abgerissen wurden.

Die schrumpfenden Inseln mit Altstadthäusern, die noch stehen geblieben sind,

sind allerdings schwer zu finden. In den Straßen südöstlich des Nachtmarktes oder bei den Handwerkerständen in der Straße Kum Darwaza nördlich der Post wird man fündig. Das in der Nähe gelegene **Ostangboyi-Teehaus** an der Hauptkreuzung ist eines der letzten traditionellen Teehäuser in der Stadt.

Das Wohngebiet nördlich des Donghu-Parks am Riesenrad meiden, denn es ist zu einer Touristenfalle geworden und verlangt Eintrittsgelder.

Am Ostende der Seman Lu befindet sich noch ein 10 m hoher Abschnitt der **Altstadtmauern**, die mindestens 500 Jahre alt sind.

Id-Kah-Moschee

MOSCHEE

(艾提尕尔清真寺; Ai Tiga'er Qingzhen Si; Id Kah Sq; Eintritt 20 Yuan) Die mit gelben Fliesen verkleidete Id-Kah-Moschee, die 1442 erbaut wurde, ist das geistige und physische Herz der Stadt. Die Höfe und Gärten des riesigen Baus fassen bis zu 20 000 Menschen beim jährlichen Qurban-Baiyram-Opferfest (auch als Eid oder Id bezeichnet), das in den nächsten Jahren in den September oder Oktober fällt.

Nichtmuslime dürfen hinein, aber nicht während der Gebetszeiten. Ordentlich anziehen, einschließlich Kopftuch für Frauen. Bevor man den mit Teppichen ausgelegten Raum betritt, zieht man die Schuhe aus und verhält sich beim Fotografieren diskret.

An den Ständen vor der Moschee ist es möglich, einen gestreiften *khalat* (Umhang) oder traditionelle uigurische *doppi* (Käppchen) zu kaufen.

Abakh-Hoja-Grabmal

GRABMAL

(香妃墓; Xiangfeimu; Abakh Hoja Maziri; Eintritt 30 Yuan; ⏲bei Tageslicht) Am Nordostrand der Stadt liegt das Abakh-Hoja-Grabmal (1640), mit bunten, glasierten Fliesen bedeckt und von den Uiguren vor allem als Ruhestätte von Abakh Hoja, einem berühmten Sufisten und politischen Führer des 17. Jhs., verehrt. Angeblich liegt hier neben anderen Toten auch Iparhan, seine Enkeltochter. Den Chinesen unter dem Namen Xiang Fei (Duftende Konkubine) bekannt, war sie entweder die heimwehkranke Konkubine des Kaisers Qianlong und damit ein Symbol für nationale Einheit (die chinesische Version) oder eine uigurische Widerstandsfkämpferin, die gefangen genommen und nach Beijing gebracht wurde, wo sie an gebrochenem Herzen starb (uigurische Version). Die reich geschmückten Säulen der getrennten Winter-, Sommer- und Freitagsmoscheen nicht versäumen. Mit Bus 20 vom Volksplatz nach Osten bis zur letzten Haltestelle fahren, dann 500 m zu Fuß weitergehen. Ein Taxi kostet 10 Yuan.

Shipton's Arch (Tushuk Tagh)

GESTEINSBOGEN

Dieser natürliche Gesteinsbogen (der uigurische Name bedeutet „Berg mit einem Loch“) ist der wohl höchste der Welt. Als erster Westler beschrieb ihn der britische Bergsteiger und letzte britische Generalkonsul in Kashgar, Eric Shipton, bei seinem Besuch in der Region im Jahr 1947. Spätere Expeditionen versuchten vergeblich, den Bogen zu finden, bis ein Team von *National Geographic* den Bogen im Jahr 2000 wiederentdeckte. Zu dem 80 km nordwestlich von Kashgar gelegenen Bogen ist es ein halbtägiger Ausflug, zu dem eine einstündige Autofahrt zum Irkeshtam-Pass gehört, gefolgt von 20 km auf einer unbefestigen Piste (wird zur Zeit asphaltiert), und dann eine 30-minütige Wanderung, die zeitweise über kleine Leitern durch die engsten Stellen der Schlucht führt. In Kashgar ansässige Tourbüros organisieren Tagesausflüge mit Führer für 800 bis 1000 Yuan pro Auto. Es hieß, dass eine Eintrittsgebühr in Höhe von 30 Yuan erhoben werden soll. Stabiles Schuhwerk, warme Kleidung, Snacks und Wasser mitbringen.

Mor-Pagode

RUINEN

(莫尔佛塔; Mu'er Fota; Eintrtt 15 Yuan; ⏲bei Tageslicht) Eine 45 km lange Holperfahrt in nordöstlicher Richtung endet bei den Ruinen von Ha Noi, einer im 7. Jh. erbauten und im 12. Jh. aufgegebenen Stadt aus der Tang-Dynastie. Außer einem rätselhaften pyramidenartigen Bau und der beeindruckend hohen, vierstufigen Mor-Pagode ist wenig geblieben. Eine Hin- und Rückfahrt im Taxi, einschließlich Wartezeit, kostet 100 Yuan bis 150 Yuan.

Geführte Touren

Uighur Tour, Old Road Tours und Kashgar Guide organisieren interessante viertägige Wanderungen um den Muztagh Ata, Übernachtungen in Zelten, Jurten oder Dörfern sowie Kameltouren mit Übernachtung in die Dünen am Rande der Taklamahan rund um den Davakul-See oder Yarkand (s. das Kapitel Praktische Informationen S. 895). Eine wirkliche Herausforderung wäre Radfahren auf dem Karakorum Highway.

Schlafen

Unterkünfte sind in den Tagen vor dem Sonntagsmarkt schwierig zu finden.

Eden Hotel HOTEL €€
(海尔巴格大饭店; Haierbage Dafandian; ☎266 4444; www.xjeden.com; 148 Seman Lu; DZ 198–218 Yuan ❄@) Mit ruhigen Zimmer und einer exzellenten Lage (in der Nähe vom Chini Bagh) bietet das Mittelklassehotel das beste Preis-Leistungs-Verhältnis in der Stadt. Das Personal spricht Englisch, und es gibt ein sehr gutes angeschlossenes türkisches Restaurant. Im Preis inbegriffen ist ein gutes Frühstück.

Chini Bagh Hotel HOTEL €€
(其尼瓦克宾馆; Qiniwake Binguan; ☎298 2103; 144 Seman Lu; B 70 Yuan, 2BZ 180–280 Yuan; ❄@) Das Chini Bagh, in William Dalrymples Reiseroman *In Xanadu* unsterblich gemacht, liegt auf dem Gelände des ehemaligen britischen Konsulats (1901–1951). Mehrere Gebäude mit einer großen Auswahl an Zimmern, von Dreibettzimmern bis zu einem neuen Fünfsternekomplex. Die besten Standardzimmer liegen im Hauptgebäude, aber die Renovierung aller Zimmer ist geplant. Die zentrale Lage ist günstig für die Altstadt. Ins chinesische Restaurant hinter dem Nordblock gehen, von wo aus das alte Konsulatsgebäude zu sehen ist.

Seman Binguan HOTEL €
(色满宾馆; ☎258 2129; 337 Seman Lu; 2BZ ohne Bad 60 Yuan, 2BZ 150–220 Yuan; @) Ein labyrinthartiger Komplex mit unzähligen Zimmern. Die billigsten Doppelzimmer sind gerade noch akzeptabel, aber die Gemeinschaftstoiletten und -duschen könnten mal gereinigt werden. Teurere (aber protzige) Zimmer mit eigenem Bad liegen neben dem ehemaligen russischen Konsulat hinter dem Gebäude. Das Personal ist sehr freundlich und hilfsbereit.

Kashgar Old Town Youth Hostel HOSTEL €
(喀什老城青年旅舍; Kashi Laocheng Qingnian Lüshe; ☎282 3262; www.pamirinn.com; 233 Ostangboyi Lu; 吾斯塘博依路 233 号; B 35 Yuan, Zi. ohne Bad 90 Yuan; @ WLAN) Diese in der Altstadt verborgene, stimmungsvolle Herberge liegt um einen Innenhof herum, wo Globetrotter in der Nachmittagssonne auf *shydraks* (kirgischen Filzteppichen) sitzen und Reiseerfahrungen austauschen. Die Zimmer sind kahl, die Toiletten einfach und die Betten steinhart, aber das Personal spricht Englisch, die Wäsche wird preiswert gewaschen und der Internetzugang ist kostenlos.

Maitian Youth Hostel HOSTEL €
(麦田国际青年旅舍; Maitian Guoji Qingnian Lüshe; ☎262 0595; www.yhaks.com; Renmin Donglu Nan 1 Xiang; 人民东路南一巷; B 35–45 Yuan, 2BZ mit Bad 80 Yuan; WLAN) Dieses östlich des Ostsees (Donghu) gelegene Hostel ist neu und modern und bei chinesischen Backpackern beliebt, aber ungünstig im modernen Teil der Stadt gelegen. Bus 28 fährt von der Id-Kah-Moschee und dem Bahnhof dorthin; auf der Ostseite der Brücke aussteigen, dann 300 m die Staße mit dem Namen Renmin Donglu Nan 1 Xiang hinuntergehen.

Yambu Hotel HOTEL €€
(金座大饭店; Jinzuo Dafandian; ☎258 8888; 198 Renmin Xilu; DZ 588 Yuan; ❄@) Ein guter Tipp für einen erschwinglichen, modernen und geräumigen Mittelklassekomfort (meist gibt's auf die Zimmerpreise 60 % Rabatt), aber da die Qualität unterschiedlich ist, vorher ansehen. Wie immer sind die Zimmer nach hinten am ruhigsten.

Sahar Hotel BUDGETHOTEL €
(色哈尔宾馆; Seha'er Binguan; ☎258 1122; 348 Seman Lu; DZ 70–80 Yuan) Ein durchaus freundliches, aber leider etwas schäbiges Hotel, dessen Kunden meist pakistanische, tadschikische und uigurische Händler sind. Das Hotel bietet mit die billigsten Zimmer mit eigenem Bad, die für Ausländer verfügbar sind, auch wenn sie ziemlich schlicht sind. Die Zimmer im 2. Stock sind die besten.

Essen

Kashgar ist einer der besten Orte in Xinjiang, um das volle Programm der uigurischen Küche kennenzulernen.

LP TIPP **Nachtmarkt** MARKT €
(夜市; yeshi; Ou'erdaxike Lu; Gerichte ab 10 Yuan; ⏲20–24 Uhr, Xinjiang-Zeit) Der von der Id-Kah-Moschee über die Jiefang Beilu erreichbare Nachtmarkt ist bestens geeignet, die lokale Küche zu probieren. Zu den leckeren Speisen gehören gebratener Fisch, Kichererbsen, *hoshan* genannte, ge-

bratene Teigtaschen und brodelnde Töpfe mit Ziegenkopfsuppe. Zum krönenden Abschluss empfiehlt sich ein Glas herber Granatapfelsaft oder frisch gemachtes Eis mit Vanillegeschmack.

Karakorum Café CAFÉ €€

(87 Seman Lu; Hauptgerichte 20–48 Yuan; ⏲9–23.30 Uhr; 📶🍴) Schickes, aber etwas steriles Café, in dem westliches Frühstück, Sandwiches, Desserts und Kaffee (10–28 Yuan) in einer Oase himmlischer Ruhe serviert werden. Die Toilette könnte einen Preis als die sauberste in ganz Xinjiang gewinnen.

Altun Orda UIGURISCH €€

(金噢尔达食菜; Jin'ao'erda Shicai; Xibei Lu; Gerichte ab 25 Yuan) Altun Orda, ideal für ein festliches Essen oder das Abschiedsessen von Kashgar, ist ein pompös dekoriertes uigurisches Restaurant, das berühmt ist für seinen Hammelbraten (78 Yuan), *ghosh nan* (Fleischpastete) und *mirizlig samsa* (Gebäck mit Rosinen und Walnüssen). Überall in Xinjiang gibt's Filialen.

Pakistan Café PAKISTANISCH €

(Seman Lu; Hauptgerichte 10–14 Yuan) Dieses einfache, familiengeführte Lokal außerhalb des Hotels Chini Bagh ist gemütlich und ideal, um mit dem faszinierenden Gästemix aus Afghanen, Tadschiken und Pakistani bei einer Tasse milchigem Masala *chai* ins Gespräch zu kommen. Zu essen gibt es, was gerade auf dem Herd steht, aber meist gehört dazu *keema* (Lammhack), *chapatis* (ungesäuertes Brot), Hammelcurry und *dal* (Linsencurry). Das nahe Shwarma Restaurant bietet ein paar Häuser weiter ähnliche Kost.

John's Café INTERNATIONAL €€

(约翰中西餐厅; Yuehan Zhongxi Canting; www.johncafe.net; 337 Seman Lu; Hauptgerichte ab 20 Yuan; ⏲Mai–Okt.; 🍴) Im Hof des Seman Binguan befindet sich dieses beliebte Backpackerlokal, in dem westliche (ziemlich teure) und chinesische (billigere) Gerichte angeboten werden. Das Management kann auch Ausflüge in die Umgebung organisieren.

Shoppen

Wer ernsthaft vorhat, etwas zu kaufen, sollte in die Altstadt gehen und bereit sein zu feilschen. Die Kum Darwaza Lu ist der beste Ausgangspunkt, es sei denn, die angekündigte Sanierung verändert das Viertel. Der Große Basar hat eine ziemlich gute Auswahl, aber die Preise sind dort in der Regel höher. Kappen, Teegeschirr, Kupfer- und Messingwaren, Kebabspieße sowie uigurische Messer gehören zu den besten Souvenirs.

Großer (Sonntags-) Basar MARKT

(大巴扎; Dabazha; Aizirete Lu; ⏲tgl.) Die meisten Teppichhändler legen ihre Ware im Pavillon des Sonntagsmarktes aus. Die Teppiche sind hier aus allem hergestellt, von Seide bis Synthetik, und traditionelle Muster zu finden könnte schwierig werden. Die farbenprächtigen *shyrdaks,* kirgisische Filzteppiche, sind ein guter Kauf; ein großer sollte aber nicht mehr als 450 Yuan kosten. Beim Kauf ist Vorsicht geboten.

Ahmed Carpet Shop TEPPICHE

(☎283 1557; 49 Kum Darwaza Lu) Ahmed und sein Sohn führen diesen Teppichladen in der Altstadt, der eine gute Auswahl an antiken und neuen Teppichen, *gilims* und *shyrdaks* aus ganz Zentralasien im Angebot hat.

Uighur Musical Instrument Factory
MUSIKINSTRUMENTE

(272 Kum Darwaza Lu) Hier werden langhalsige Saiteninstrumente feilgeboten, deren Skala von Souvenirs bis zu Sammlerstücken reicht. Falls traditionelle Konzerte anstehen, weiß der Besitzer Mohammed, wo sie stattfinden. Es gibt mehrere Läden mit dem gleichen Namen an der gleichen Straße.

Ilhas Supermarket SUPERMARKT

(伊合拉斯超市; Yihelasi Chaoshi; ⏲10–24 Uhr; Jiefang Beilu) Eine hervorragende Auswahl an türkischen und zentralasiatischen Waren unter der Id-Kah-Plaza.

Praktische Informationen

Reisenden sind auf dem Sonntagsmarkt Geld oder Pässe von Taschendieben geklaut worden, also: Alles gut wegstecken.

Kashgar ist die konservativste Ecke Xinjiangs und der einzige Ort, wo Frauengesichter hinter Kopftüchern oder Schleiern verborgen sind. Einige Ausländerinnen, die allein in den Straßen unterwegs waren, sind sexuell belästigt worden. Touristinnen sollten sich daher so kleiden, wie es in allen muslimischen Ländern angebracht ist, nämlich Arme und Beine bedecken.

Büro für Öffentliche Sicherheit

PSB (公安局; Gong'anju; 111 Youmulakexia Lu; ⏲9.30–13.30 & 16–20 Uhr) Das Büro bietet

UIGURISCHE KÜCHE

Die uigurische Küche kennt all die bewährten zentralasiatischen Gerichte wie Kebabs, *polo* (Pilawreis) und *chuchura* (Teigtaschen), hat aber vom chinesischen Einfluss profitiert und ist zu einer der kulinarisch erfreulichsten regionalen Küchen Zentralasiens geworden.

Uiguren sind stolz auf endlos viele Arten von *laghman* (handgezogene Nudeln; *lamian* auf Chinesisch), obwohl sie fast immer mit Hammel, Paprika, Tomaten, Auberginen und frischem Knoblauch zubereitet werden. *Suoman* sind mit Tomaten, Paprika, Knoblauch und Fleisch gebratene Teigquadrate, *suoman gushsiz* ist die vegetarische Variante. *Suoman* kann ziemlich scharf gewürzt sein; wer eine mildere Version vorzieht, bestellt *lazasiz* (ohne Paprika).

Kebabs sind ein weiteres Hauptgericht und meist von viel besserer Qualität als die miesen *shashlyk* der zentralasiatischen Republiken. *Jiger*-(Leber-)Kebabs sind die fettarme Version. *Tonor*-Kebabs sind größer und werden in einem Ofen im *tonor*-(*tandoori*)-Stil geschmort. Wahre Kebabkenner bestellen *kovurgah kebab* oder *bel kebab*, die aus Rippen- bzw. Bauchfleisch bereitet werden. Die meisten werden mit *zir* (Kreuzkümmel) gewürzt.

Nan (Brot) ist ein Hauptnahrungsmittel und unwiderstehlich, vor allem, wenn sie frisch aus dem Ofen kommen und mit Mohn, Sesam oder Fenchelsamen bestreut werden. Sie schmecken lecker zu einer Runde Kebabs, insbesondere die hotanesische Variante, die über 60 cm Durchmesser hat. Die meisten uigurischen Restaurants servieren kleine Becher mit köstlichem *ketik* (Joghurt) zu den Gerichten.

Weitere Snacks sind *serik ash* (gelbe, fleischlose Nudeln), *nokot* (Kichererbsen), *pintang* (Fleisch und Gemüsesuppe) und *gang pan* (Reis mit Gemüse und Fleisch). Die meisten Reisenden gehen verständlicherweise *opke* aus dem Weg, einer Suppe aus wabbelnden Ziegenköpfen und gefüllten Darmschlingen.

Samsas (gebackene, mit Hammelfleisch gefüllte Teigtaschen) gibt's überall, aber das Fleisch-Fett-Verhältnis ist höchst unterschiedlich. In Hotan und Kashgar werden große, *daman* oder *gosh girde genannte* Fleischpasteten gegessen.

Zum Dessert schmeckt *morozhenoe* (in geeisten Holzfässern verbuttertes Vanilleeis, auch *chiker koimak* genannt), *matang* (Walnussfrüchtebrot), *kharsen meghriz* (frittierte Teigbällchen, gefüllt mit Zucker, Rosinen und Walnüssen) oder *dogh* (manchmal auch *doghap genannt*; eine köstliche Mischung aus geschabtem Eis, Sirup, Joghurt und Eiswasser). Wie bei allen geeisten Speisen ist beim Verzehr Vorsicht geboten. *Tangzaza* sind Dreiecke aus Klebreis, in mit Sirup bestrichene Blätter gewickelt. Noch hungrig?

Für Naschkatzen gibt's Karren, die *matang* (Walnussfrüchtebrot) verkaufen, und *sokmak*, eine köstliche Pastete aus Walnüssen, Rosinen, Mandeln und Zucker, die in 500-g-Gläsern an Honig- und Nussständen verkauft wird. Es ist okay, um eine kostenlose Kostprobe zu bitten.

Xinjiang ist zu Recht berühmt für seine Früchte, ob es nun *uruk* (Aprikosen), *uzum* (Weintrauben), *tawuz* (Wassermelone), *khoghun* (süße Melone) oder *yimish* (Rosinen) sind. Die besten Trauben kommen aus Turpan, die süßesten Melonen aus Hami. Auf den Märkten gibt's all dies von Juli bis September in rauen Mengen.

Zu den Mahlzeiten wird *kok chai* (grüner Tee) getrunken, oft gewürzt mit Muskat und Rosenblättern. Das einzige trinkbare Bier in der Gegend ist das Xinjiang Black Beer, ein dunkles Lagerbier in Flaschen.

Visaverlängerungen dauern drei bis vier Tage, abhängig vom politischen Klima.

Geld

Bank of China (中国银行; Zhongguo Yinhang; Volksplatz; ⌚9.30–13.30 & 16–19Uhr) Tauscht Reiseschecks und Bargeld um und verfügt über einen rund um die Uhr geöffneten Geldautomaten. Man kann auch am Devisenschalter Yuan in US-Dollar zurücktauschen, wenn Umtauschquittungen vorhanden sind; das ist vor allem dann von Vorteil, wenn man nach Tashkurgan unterwegs ist, wo die Banköffnungszeiten unregelmäßig sind.

Internetzugang

Effendi Internetcafé (阿凡提网吧; Afanti *wangba*; 87 Seman Lu; pro Std. 3 Yuan; ⏲24 Std.) Über dem Karakorum-Café.

Medizinische Versorgung

Health Clinic (诊所; zhensuo; Seman Lu) Das Hotel Chini Bagh kann den Kontakt zu dieser englischsprachigen Klinik herstellen.

People's Hospital (人民医院; Renmin Yiyuan; Jiefang Beilu) Nördlich des Flusses.

Post

China Post (中国邮政; Zhongguo Youzheng; 40 Renmin Xilu; ⏲9.30–20 Uhr) Im 1. Stock werden Briefe und Pakete für das Ausland angenommen.

Reisebüros

Ablimit 'Elvis' Ghopar (☎138 9913 6195; elvisablimit@yahoo.com) Der Englisch sprechende uigurische Teppichhändler Elvis organisiert Kulturführungen durch die Stadt, mit Schwerpunkt auf uigurischer klassischer Musik und dem Teppichmarkt von Kashgar. Er ist im Saqiya-Teehaus nahe der Id-Gah-Moschee zu finden.

Kashgar Guide (☎295 1029; www.kashgarguide.com, www.xinjiangtravel.com; 407 Ostangboyi Lu) Vom Imam Husan geführt, gegenüber dem Kashgar Old Town Youth Hostel. Das Büro organisiert Transport und Ausflüge und kann Kontakte zu anderen Budgetbewussten zwecks Kostenteilung herstellen.

Old Road Tours (☎220 4012, 138 9913 2103; www.oldroadtours.com; 337 Seman Lu) Eines der besten Unternehmen für Touren, unter Leitung von Abdul Wahab und von der Seman Binguan aus operierend.

Uighur Tours (☎298 1073; www.kashgartours.com; 144 Seman Lu) Ali Tash leitet diese empfohlene Agentur im Chini Bagh Hotel.

Waschsalon

Angel Dry Cleaners (天使干洗店; Tianshi Ganxidian; Seman Lu; ⏲10–23.30 Uhr) Wäscheservice etwas nördlich des Hotels Chini Bagh.

ℹ An- & Weiterreise

Beim Ticketkauf in Kashgar unbedingt prüfen, für welche Zeit: (s. S. 878) das Ticket ausgestellt ist. Es sollte die Beijing-Zeit sein, aber das ist nicht immer der Fall.

BUS Regionalbusse benutzen den **Fernbusbahnhof** (地区客运站; *diqu keyunzhan*; Tiannan Lu). Es gibt sechs Busse nach Hotan (92–128 Yuan, 7–10 Std.) zwischen 9 und 21 Uhr, aber es ist angenehmer, in Yengisar (13 Yuan, 1½ Std.), Yarkand (32–40 Yuan, 3 Std.) oder Karghilik (41–54 Yuan, 4 Std.) einen Zwischenaufenthalt einzulegen. Busse in diese Städte verkehren mindestens stündlich. Schnellere Sammeltaxis fahren auch zu all diesen Orten, nehmen aber den doppelten Busfahrpreis; ein Fahrkartenbüro gleich hinter dem Eingang verkauft Tickets.

Schlafbusse nach Ürümqi (265–285 Yuan, 22 Std.) fahren vom **internationalen Busbahnhof** alle 45 Minuten zwischen 10 und 20.30 Uhr ab. Es gibt auch Schlafbusse nach Kuqa (157–172 Yuan, 12 Std.) alle zwei Stunden zwischen 12 und 20 Uhr.

FLUGZEUG Ein Dutzend Flüge starten täglich nach Ürümqi (1800 Yuan). Ein günstiger **Flugticket-Schalter** (Xinjiang Jichang Jituan Jipiao Daishouchu; ☎296 6666; 8 Renmin Donglu) befindet sich im Tianyuan International Hotel.

ZUG Tägliche Züge nach Ürümqi fahren um 8.18 Uhr und 14.44 Uhr ab (Zug 9788) und brauchen 32 bzw. 24 Std. Schlafwagentickets für den schnelleren Zug kosten 345/529 Yuan. Zug 5826 von Ürümqi fährt um 10.30 Uhr weiter nach Hotan (10 Std.) und hält unterwegs in Yengisar (2 Std.), Yarkand (4 Std.) und Karghilik (5½ Std.). Tickets gibt's beim **Buchungsbüro für Bahnfahrkarten** (*huoche shoupiaochu*; Tiannan Lu; Gebühr 5 Yuan; ⏲9.30–13 & 15–20 Uhr) im Fernbusbahnhof.

ℹ Unterwegs vor Ort

BUS Nützliche Buslinien sind Bus 2 (von der Jiefang Lu Richtung Norden zum internationalen Busbahnhof und zum Flughafen), Bus 9 (vom internationalen Busbahnhof zum Chini Bagh Hotel und zum Seman Binguan), Bus 20 (China Post zum Abakh-Hoja-Grabmal) und Bus 28 (Id-Kah-Moschee zum Bahnhof). Die Fahrkarte kostet 1 Yuan.

FAHRRAD Mountainbikes können gelegentlich im Chini Bagh Hotel für 50 Yuan pro Tag gemietet werden. Der **Giant Bike Shop** (捷安特自行车; Jie'ante Zixingche; ☎640 1616; 37 Jiangkang Lu) vermietet ebenfalls Räder für 50 Yuan am Tag. Der Laden befindet sich 1,5 km südlich der Stadt gegenüber dem Three Fortune Hotel (三运宾馆; Sanyun Binguan).

VOM/ZUM FLUGHAFEN Der Flughafen liegt 13 km nordöstlich der Stadtmitte. Ein Shuttlebus (10 Yuan) kommt zu allen ankommenden Flügen. Dem Fahrer einfach das Ziel in der Stadt nennen. Ein Taxi sollte 15 Yuan kosten, doch die Fahrer verlangen oft das Doppelte. Bus 2 fährt vom Volksplatz und der Id-Kah-Moschee direkt zum Flughafen.

TAXI Taxis fahren mit Taxametern und berechnen als Grundpreis 5 Yuan. Nirgendwo in der Stadt sollte Taxifahren mehr als 14 Yuan kosten.

Karakorum Highway

中巴公路

Der Karakorum Highway (KKH; Zhongba Gonglu) über den Khunjerab-Pass (4800 m) ist eine der spektakulärsten Straßen der Welt und Chinas Eingangstor nach Pakistan. Jahrhundertelang benutzten Karawanen, die auf der Seidenstraße zogen, diese Route. Khunjerab bedeutet „Tal des Blutes“ – einheimische Banditen machten sich das unwegsame Gelände zunutze, um Kaufleute zu ermorden und Karawanen auszuplündern.

Die Infrastruktur entlang der Strecke wird laufend verbessert, aber warme Kleidung, Essen und Getränke gehören mit in den Bus – ist das Gepäck erst einmal auf dem Busdach verstaut, kommt man während der Fahrt nicht mehr ran. Immer im Voraus über den Zustand des Highways informieren.

Im Jahr 2010 blockierte ein schwerer Erdrutsch auf der pakistanischen Seite einen Fluss und schuf einen neuen, 20 km langen See, der den Highway unter Wasser setzte und eine Katastrophe für die Bewohner des Hunza-Tals war – und Reisenden massiv Kopfschmerzen bereitete. Auf Lonely Planets **Thorn Tree** (www.lonelyplanet.com/thorntree) über Updates informieren.

Auch wenn keine Weiterreise nach Pakistan geplant ist, lohnt sich eine Fahrt auf dem Highway wenigstens bis nach Tashkurgan. Möglich ist ein Tagesausflug zum Karakul-See und zurück, aber viel besser ist es, ein oder zwei Nächte in dieser atemberaubend schönen Bergwelt zu verbringen. Manche Reisende mieten sich Räder in Kashgar, lassen sich bis Tashkurgan per Anhalter mitnehmen und radeln dann in einer aufregenden dreitätigen -Fahrt zurück.

In Zeiten politischer Spannung brauchen Ausländer eine Genehmigung von einem Reisebüro, um durch den Checkpoint in Ghez zu kommen. Das war im Jahr 2011 so, aber nicht 2012, also vorher besser bei einem Reisebüro in Kashgar informieren.

VON KASHGAR NACH TASHKURGAN

Die Tour auf dem KKH nach Tashkurgan ist ein Highlight in Kashgarien. Die Reise beginnt mit einer einstündigen Fahrt durch die Kashgar-Oase bis nach **Upal** (Wupa'er auf Chinesisch), wo die meisten Fahrzeuge eine Frühstückspause einlegen, vor allem montags, wenn ein interessanter Wochenmarkt stattfindet. Das restaurierte **Mausoleum des Mahmud Kashgari** (Eintritt 30 Yuan), eines beliebten lokalen Gelehrten, Reisenden und Schriftstellers aus dem 11. Jh., ist ein mögliches Ausflugsziel, wenn auch nicht unbedingt ein Highlight. Es liegt ca. 2,5 km vom Markt entfernt am Rande des Upal-Berges.

Nach zweistündiger Fahrt von Kashgar kommt die Schlucht des Flusses Ghez (Ghez Darya auf Uigurisch) mit seinen schroffen, weinroten Sandsteinwänden. Ghez selbst ist ein wichtiger Kontrollpunkt; das Fotografieren von Soldaten oder Gebäuden ist streng verboten. Am oberen Ende der Schlucht, 3½ Stunden über der Ebene, öffnet sich ein wunderschönes weites Feuchtplateau, das von Sandbergen, die zum Sarikol Pamir gehören, eingefasst ist und von Einheimischen Kumtagh (Sandberg) genannt wird.

Bald erhebt sich das Kongur-Massiv (Gongge'er Shan; 7719 m) auf der linken Seite der Straße, gefolgt von dem vereisten Muztagh Ata (Mushitage Shan; 7546 m). Der Halt, von dem sich die Aussicht am besten genießen lässt, ist der 194 km von Kashgar entfernte **Karakul-See**, in dessen klarem Wasser sich die schneebedeckten Gipfel spiegeln. Von hier kann man in die Berge oder um den See herum wandern. Kashgar Guide und Old Road Tours (S. 897) können fünftägige Trekkingtouren um den See zum Dorf Subash oder zum Basiscamp des Muztagh Ata (4500 m) organisieren, auf denen unterwegs in Zelten, Dörfern und kirgisischen Jurten übernachtet wird. Zum Treck (50–70 US$ pro Tag) gehören Verpflegung, Genehmigungen, Führer und sogar ein Kamel, das die Ausrüstung schleppt. Zu vermeiden ist das umzäunte Touristenzentrum, das 50 Yuan Eintritt kostet; das Restaurant (Hauptgerichte 40–80 Yuan), die offiziellen Jurtenunterkünfte (50 Yuan) und die auf Tourismus getrimmten Pferderitte (50 Yuan). Authentischere Unterkunft gibt's am Südende des Sees.

Die Straße verläuft hoch zu einem Pass, der eine herrliche Aussicht bietet, und windet sich dann in Serpentinen durch Hochgebirgsweiden mit grasenden Kamelen und Yaks, bevor es an der Abzweigung

GRENZÜBERGÄNGE NACH KIRGISIEN, PAKISTAN & TADSCHIKISTAN

Nach Kirgisien

Es gibt zwei Pässe nach Kirgisien: den Torugart-Pass, der nach Bishkek führt, und den Irkeshtam-Pass, der nach Osh geht. Nach Osh (570 Yuan, 2 Tage) fährt ein Schlafbus, der Kashgars **internationalen Busbahnhof** (国际汽车站; *guoji qichezhan*; Jiefang Beilu) montags (und am Donnerstag, falls Bedarf besteht) um 9 Uhr verlässt. Eine andere Möglichkeit wäre, ein Sammeltaxi vom Bahnhof nach Uluk Chat (30 Yuan pro Sitz) zu nehmen und dort umzusteigen. Ein Mietauto nach Irkeshtam kostet über eine Agentur rund 700 Yuan. Der Straßenbau im Jahr 2012 sollte den Trip beschleunigt haben.

Die Überquerung des Torugart verläuft bürokratischer, sodass man die Hilfe eines Reisbüros in Anspruch nehmen muss; siehe S. 897. Ein Weitertransport auf kirgisischer Seite muss vorher arrangiert werden, etwa von den Reisebüros mit ihren Kontakten in Naryn oder Bishkek. Die Preise für einen chinesischen Geländewagen, der einen am Torugart-Pass abholt/absetzt, betragen durchschnittlich 225 US$, eingeschlossen sind Transport, Führer und Genehmigungen (mindestens zwei Tage Bearbeitungszeit). Ein Auto/Minibus für die ganze Strecke nach Naryn kostet 240/490 US$ für bis zu drei/sechs Personen. Die Fahrzeuge brauchen für die Fahrt zur Grenze eine Sondergenehmigung. Die Grenze ist im Prinzip das ganze Jahr über offen, aber an Wochenenden geschlossen.

Kirgisische Visa gibt's im Konsulat in Ürümqi (s. S. 1119). Visagebühren hängen von der Dauer der Bearbeitung ab (vom gleichen Tag bis zu einer Woche). Ein Passfoto und eine Kopie des Passes und des Visums mitbringen und früh dort sein, denn das Konsulat ist täglich nur zwei Stunden geöffnet. Die Visumgebühr ist bei einer nahen Filiale der Bank of China zu zahlen.

Nach Pakistan

Busse nach/von Sost (370 Yuan, 2 Tage) in Pakistan fahren täglich um 12 Uhr von Kashgars **internationalem Busbahnhof** (国际汽车站; *guoji qichezhan*; Jiefang Beilu) ab. Wenn weniger als zehn Fahrgäste kommen, fährt der Bus vielleicht erst am nächsten Tag. Auf der 500 km langen Strecke wird nachts in Tashkurgan gehalten, wo die Zollabfertigung stattfindet. Ist man schon in Tashkurgan, beträgt der Fahrpreis nach Sost 225 Yuan. Man kann auch ein Auto von einem der Touranbieter in Kashgar mieten.

Nach Tadschikistan

Der 4362 m hohe Qolma-/Kulma-Pass, der Kashgar mit Murghab (über Tashkurgan) verbindet, wurde 2004 für Händler der Region eröffnet. 2012 war er immer noch für Ausländer geschlossen, obwohl erneut über die Öffnung des Passes als uneingeschränkter internationaler Übergang nachgedacht wird.

zum Qolma-Pas (zur Zeit für Ausländer geschlossen) vorbeigeht. Die letzte größere Stadt auf der chinesischen Seite ist **Tashkurgan** in 3600 m Höhe. Hier kann man leicht ein paar Stunden damit verbringen, durch die Straßen zu bummeln und das kleine Museum im **Volkskulturzentrum** (Eintritt 30 Yuan; ⌚10–17 Uhr) an der zentralen Kreuzung (durch die Adlerstatue markiert) zu besuchen.

Außerhalb der Stadt befindet sich in Flussnähe die **Tashkurgan-Festung** (石头城; Shitoucheng, Eintritt 30 Yuan), deren 1400 Jahre alte steinerne (tash) Befestigungen (kurgan) der Stadt den Namen geben. In den Ruinen wurden Szenen für den Film *Drachenläufer* gedreht. Das sumpfige Tal, das darunter liegt, ist in den Sommermonaten von tadschikischen Jurten übersät und bietet herrliche Ausblicke zurück auf die Festung.

Manche Reisende machen sich auf den Weg zum Khunjerab-Pass, um die heutige Grenze zu fotografieren. Man braucht eine Grenzübertrittsgenehmigung (erhältlich in Kashgar) und einen Führer, beides kann von den meisten Agenturen organisiert werden.

Offiziell wird die Grenze vom 1. Mai bis zum 31. Oktober täglich geöffnet. Die Grenze kann aber auch früher öffnen oder später schließen, das hängt ganz von den Bedingungen am Khunjerab-Pass ab. Die chinesischen Zoll- und Einreiseformalitäten werden in Tashkurgan (3 km die Straße nach Pakistan hinunter) erledigt. Dann sind es noch 126 km bis zum letzten Grenzposten am Khunjerab-Pass, der heutigen Grenze, wo die Papiere noch einmal geprüft werden, bevor es nach Pakistan weitergeht. Ende 2011 gab es pakistanische Visa für Touristen nicht mehr bei der Ankunft (und Visa sind in Beijing schwer zu bekommen), deshalb ist es sicherer, in China mit einem im Heimatland ausgestellten Visum einzureisen. Über die aktuelle Situation informieren, da sich dies ändern kann.

Schlafen

Jiaotong Binguan HOTEL €
(交通宾馆; ☎0998-342 1192; B 50 Yuan, DZ 140–160 Yuan) Das Busbahnhofhotel bietet saubere und moderne Doppelzimmer und Schlafsäle mit einfachen Gemeinschaftsbädern. Busreisende, die durch Sost kommen, übernachten in den meisten Fällen hier.

Crown Inn HOTEL €€€
(皇冠大酒店; Huangguan Dajiudian; ☎0998-342 2888; www.crowninntashkorgan.com; 1 Pami'er Lu; DZ mit Frühstück 580 Yuan; @☜) Das vornehme, von Singapurern geführte Hotel bietet komfortable, helle Zimmer und ein gutes Restaurant (Hauptgerichte 48–108 Yuan).

An- & Weiterreise

Von Kashgar fahren täglich Busse nach Tashkurgan um 10, 11 und 12 Uhr vom Fernbusbahnhof (51 Yuan, 6 Std.) ab. Sammeltaxis fahren auch vom städtischen **Verwaltungsbüro Tashkurgan** (塔什库尔干办事处; Tashiku'ergan Banshichu; 166 Xiyu Dadao Lu; 西域大道 166 号) im Westen der Stadt ab.

Drei Busse fahren zwischen 8.30 Uhr und 10 Uhr von Tashkurgan nach Kashgar (51 Yuan); verpasst man sie, kostet ein Sammeltaxi pro Person 100 Yuan. Der Bus nach Sost (250 Yuan) verlässt Tashkurgan um 10 Uhr.

Von Kashgar sind es 118 km zum Checkpoint Ghez, 194 km zum Karakul-See, 283 km nach Tashkurgan und 380 km bis zur pakistanischen Grenze.

Ein Auto zum Karakul-See und zurück kostet über ein Reisebüro in Kashgar rund 800 Yuan.

SÜDLICHE SEIDENSTRASSE

Die Seidenstraße östlich von Kashgar teilt sich vor der Taklamakan, der zweitgrößten Sandwüste der Welt. Die nördliche Route folgt dem Verlauf der modernen Straße und Eisenbahnlinie nach Kuqa und Turpan. Die südliche Straße verläuft in einem Bogen zwischen Wüstensand und den hoch aufragenden Pamir- und Kunlun-Gebirgsketten.

Es ergeben sich hier keine spektakulären Ausblicke, aber die Reise führt so weit wie möglich in uigurisches Kernland. Die südlichen Städte können auf einem mehrtägigen Ausflug von Kashgar aus besucht werden, bevor die Taklamakan-Wüste in Richtung Ürümqi durchquert wird, oder als Teil einer Route, die durchs Hintertürchen nach Tibet oder Qinghai führt.

Wunderbar detaillierte, aber etwas veraltete Informationen über die südliche Seidenstraße gibt's auf www.centralasiatraveler.com.

Yengisar

Die kleine Stadt Yengisar (Yingjisha) ist ein Zentrum der Messerherstellung. Weniger bekannt, aber auch heikler ist die Tatsache, dass sie der Geburtsort der uigurischen Ikone des Nationalismus ist, Isa Yusuf Alptekin (1901–95), Führer der Ersten Republik Ostturkestan in Kashgar, der im Exil in Istanbul starb.

Hier finden sich Dutzende von Messerläden, die meisten säumen den Highway; nach den „Messerfabriken" (小刀厂; *xiaodaochang* auf Chinesisch; *pichak chilik karakhana* auf Uigurisch) fragen. Mit

SEIDE

Die Preise für *atlas* sind höchst unterschiedlich und hängen davon ab, ob der Stoff reine Seide oder ein Satingemisch ist, ob er von Hand (grober) oder maschinell (weicher und glänzender, aber nicht so schön) gefertigt ist und ob natürliche oder chemischen Farben verwendet wurden. Ein 6 m langes Stück reine Seide kostet bis zu 500 Yuan, echte Seidenschals um 100 Yuan bis 180 Yuan.

einfachsten Werkzeugen fertigt jeder Arbeiter die Klinge, den Griff und die Einlegearbeiten selbst. Um vom Hauptbusbahnhof zu den 3 km entfernten Messerläden zu gelangen, in ein Taxi (5 Yuan) steigen. Die Taxistände liegen direkt an der Hauptstraße, sodass man auch auf dem Weg nach Yarkand daran vorbeikommt. Achtung: Messer sind bei der Gepäckkontrolle am Flughafen verboten, müssen also per Post nach Hause geschickt werden.

Busse fahren auf ihrem Weg nach Yarkand (28 Yuan, 1½ Std.) und Kashgar (13 Yuan, 1½ Std.) regelmäßig durch die Stadt.

Yarkand 莎车

Yarkand (Shache) liegt am Ende einer bedeutenden Handelsroute, die von Britisch-Indien von Leh aus über den Karakorum-Pass führte und über Jahrhunderte hinweg eine wichtige Karawanenstadt und ein regionales Zentrum für den Handel mit Kaschmirwolle war. Ein Besuch in der traditionellen und konservativen Stadt ist sehr lohnenswert.

Das moderne Yarkand ist in eine chinesische Neustadt und eine uigurische Altstadt im Osten geteilt. Vom Busbahnhof geht's nach rechts zur Hauptstraße. Dort angekommen, wieder nach rechts wenden und einen der öffentlichen Busse anhalten, die am Shache Binguan, 1 km östlich vom Busbahnhof, vorbeifahren; bis zur Altstadt und zur Altun-Moschee ist es noch 1 km.

Sehenswertes

Komplex der Altun-Moschee MOSCHEE, FRIEDHOF

(阿勒屯清真寺; Aletun Qingzhen Si) Yarkands Hauptattraktionen liegen alle rund um die hübsche, zentrale Moschee aus dem 18. Jh. Neben der Moschee auf dem modernen Platz befindet sich das **Mausoleum von Ammanisahan** (Eintritt 15 Yuan), errichtet zum Gedenken an eine uigurische Königin und Musikerin aus dem 16. Jh., berühmt für ihre Sammlung uigurischer *muqam*-Musik.

Hinter dem Mausoleum befindet sich das zentrale ***mazar*** (Grabmal) ihres Ehemannes Sultan Sayid Khan, dem Begründer der Herrscherdynastie von Yarkand (1514–1682). Auf dem umgebenden Friedhof sind mehrere eindrucksvolle Schreine zu sehen, mit weißen Fahnen auf den Gräbern von *pir* (heiligen Männern). Gewöhnlich beten hier Gruppen von betagten Uiguren.

Altstadt STADTVIERTEL

Die Altstadt im Osten der Altun-Moschee lohnt einen Spaziergang; Handwerker stellen hier noch heute mit Kugelhammer und Schleifstein ihre Waren her, und einige Werkstätten produzieren Mengen von traditionellen uigurischen Instrumenten. Um dorthin zu kommen, den unbefestigten Weg südlich des Altun-Platzes in Richtung Osten gehen und immer weiter. Nach einer Weile kommt man auf die Laocheng Lu und kann in Richtung Westen in die Neustadt zurückkehren.

Yarkand veranstaltet einen **Sonntagsmarkt** einen Häuserblock nördlich der Altun-Moschee, doch dieser ist beträchtlich kleiner als die Märkte in Kashgar oder Hotan.

Schlafen & Essen

Es gibt mehrere gute Restaurants am Altun-Platz, darunter das Restaurant Altun Handan mit traditioneller uigurischer Küche und Eintrichtung.

Xinsheng Binguan HOTEL €€

(新盛宾馆; ☎852 7555; 4 Xincheng Lu; 新城路4号; 2BZ 180 Yuan; @📶) Dieses Hotel hat saubere und moderne Zimmer mit Internetkabeln in den Zimmern und ist daher eine gute Wahl. Das Frühstück ist in den Preisen inbegriffen. Es liegt an der Hauptstraße, direkt neben den Toren des Shache Binguan.

Subhi Altun Hotel HOTEL €

(苏碧怡阿勒屯宾馆; Subiyi Aletun Binguan; ☎851 2222; Ecke A'letun Lu & Laocheng Lu; 阿勒屯路和老城路的十字路口; 2BZ/3BZ 138/238 Yuan) Dieses uigurische Hotel bietet saubere Zimmer, nicht ganz perfekt, aber dafür verfügt es über eine ideale Lage gegenüber dem Komplex der Altun-Moschee. Unverheiratete Paare und Alkohol sind verpönt.

Altun Kasir Restaurant UIGURISCH €

(金宫美食; Jingong Meishi; Xincheng Lu; Hauptgerichte 12–25 Yuan) Ein freundliches und angenehmes Lokal, in fünf Minuten zu Fuß vom Subhi Altun Hotel aus nach Westen zu erreichen und mit einer Reihe grüner Büsche davor. Die Speisekarte mit Bildern macht das Leben einfacher.

An- & Weiterreise

Busse fahren alle halbe Stunde nach Kashgar (40 Yuan, 3 Std.), Yengisar (28 Yuan, 1½ Std.) und Karghilik (12 Yuan, 1½ Std.). Drei Busse verkehren täglich über die Expressstraße nach Hotan (58 Yuan, 5 Std.) und sechs fahren nach Ürümqi (310–340 Yuan, 25 Std.). Schnellere Sammeltaxis fahren, wenn voll besetzt, auch nach Kashgar (60 Yuan), Yengisar (40 Yuan) und Karghilik (25 Yuan).

Karghilik 叶城

Karghilik (Yecheng) ist für Reisende als Sprungbrett zur fantastisch entlegenen 219, der Xinjiang-Tibet-Fernstraße, die nach Ngari (Ali) in äußersten Westen Tibets führt, von Bedeutung.

Die Hauptattraktion ist die **Freitagsmoschee** (Jama Masjid) aus dem 15. Jh. und die von Lehmziegelmauern eingefassten Seitenstraßen der Altstadt.

Die Stadt **Charbagh,** zehn Minuten Autofahrt in Richtung Yarkand, hat dienstags einen großen Markt.

Schlafen & Essen

Das paranoide PSB geht davon aus, dass alle Ausländer sich heimlich nach Tibet einschleichen wollen, genehmigt daher nur den Aufenthalt in einem der folgenden Hotels.

Es gibt gut besuchte uigurische Esslokale vor der Freitagsmoschee und ganztätig geöffnete Garküchen gegenüber dem Busbahnhof.

Jiaotong Binguan HOTEL €
(交通宾馆; ☎728 5540; 1 Jiaotong Lu; Zi. 120–150 Yuan; ❄) Das Traffic Hotel hat ein ruhiges Hinterhaus mit recht sauberen Zimmern mit eigenem Bad und ein vorderes Gebäude mit viel schlimmeren Zimmern mit Gemeinschaftsbad (80–100 Yuan).

Qiaogelifeng Dengshan Binguan HOTEL €€
(乔戈里峰登山宾馆; ☎748 5000; 9180 Linggongli; 零公里 9180 号; Z. 130–190 Yuan; ❄📶) Das „K2 Hotel“ ist die bessere Unterkunft, aber die Lage ist nicht toll, wenn man auf der Durchreise ist. In Bus 2 vor dem Busbahnhof steigen oder für 10 Yuan ein Taxi nehmen. 6 km vom Busbahnhof entfernt.

An- & Weiterreise

Busse nach Yarkand (10 Yuan) und Kashgar (34 Yuan, 4 Std.) verkehren alle halbe Stunde bis 20.30 Uhr. Alle zwei Stunden bis 20.30 Uhr fährt ein Bus nach Hotan (34 Yuan, 5 Std.), die Alternative ist ein schnelleres Sammeltaxi für 85 Yuan pro Sitz.

Die neu asphaltierte, 1100 km lange Straße nach Ali in Westtibet zweigt 6 km östlich von Karghilik von der Hauptstraße Kashgar–Hotan ab. Die einzige Möglichkeit, (legal) auf dem Highway zu fahren, ist eine Landcruisertour, die mit einem Agenten in Lhasa zu organisieren ist. Einzelheiten stehen im Lonely Planet *Tibet*-Führer.

Hotan 和田

☎ 0903 / 130 000 EW.

Hotan gilt seit Langem als Epizentrum des Jadehandels in Zentralasien und China. Jadeartefakte, die hier ausgegraben wurden, stammen aus der Zeit um 5000 v. Chr., und man nimmt an, dass Hotan (Hetian; auch als Khotan bekannt) chinesische Händler schon auf der Jadestraße anzog, bevor sie nach Westen vordrangen, um die Seidenstraße zu erschließen. Im 5. Jh. n. Chr. lernten die Hotanesen auch als Erste das Geheimnis der chinesischen Seidenherstellung kennen und wurden später die führenden Teppichweber der Region.

Hunderte von Läden überall in der Stadt bieten auch heute noch eine riesige Auswahl an lokaler Jade an. In vergangener Zeit suchten Männer im Mondlicht mit nackten Füßen im Geröll des Flusses nach Jade; heute wird Jade industriell mit mechanischen Baggern gefördert.

Heute ist Hotan weitgehend eine chinesische Stadt, weist aber immer noch einige faszinierende alte Viertel und Märkte auf und hat sich eine kulturelle Eigenständigkeit bewahrt, die in Kashgar immer schwerer zu finden ist. Die Architektur ist zwar nicht so kunstvoll wie in Kashgar, aber Hotan wirkt echter. Wofür sich die 500 km lange, anstrengende Reise ab Kashgar aber wirklich lohnt, ist der fantastische Sonntagsmarkt, der größte und am wenigsten besuchte in ganz Xinjiang.

Die Beijing Xilu ist die wichtigste Ost-West-Achse und führt am großen Hauptplatz (Tuanjie Guangchang) vorbei, auf dem eine paternalistische Maostatue auf einen kleinen uigurischen Handwerker herabblickt.

Sehenswertes

Sonntagsmarkt MARKT
(星期天市场) Hotans bekannteste Attraktion ist der wöchentliche Sonntagsmarkt. Der überdachte Markt ist jeden Tag der

Hotan

Woche belebt, nimmt aber an Sonntagen den nordöstlichen Teil der Stadt ein und erreicht zwischen 12 und 14 Uhr Xinjiang-Zeit seinen Höhepunkt. Die besten Anlaufstellen sind der *doppi*-(Kappen)-Basar, der farbenprächtige *atlas*-(batikähnlich gefärbte, handgewebte)-Seidenstoffbasar rechts vom Haupteingang und der *gilim*-(Teppich)-Basar auf der anderen Straßenseite. Auf der nahen Juma Lu (加买路) lohnt sich ein Bummel wegen der traditionellen Medizin- und Gewürzläden.

Der kleine, aber authenthische sonntägliche Viehbasar findet ungefähr 2 km weiter östlich in der Nähe des Jadedrachen-Kashgar-Flusses in der Donghuan Beilu statt; in Bus 10, 5 oder 101 bis zur Kreuzung fahren, dann 500 m nach Norden weitergehen.

GRATIS **Teppichfabrik** HANDWERKSZENTRUM
(地毯厂; *ditan chang*; ⏲10–19 Uhr) Am Ostufer des Jadedrachen-Kashgar-Flusses steht diese große Fabrik (*gillam karakhana* auf Uigurisch). Sie ist vor allem auf Gruppen eingestellt, man kann sich aber während der Öffnungszeiten in den verschiedenen Hallen umsehen. Bis zu zehn Weber brauchen 20 Tage, um einen Quadratmeter Wollteppich fertigzustellen. In Bus 5 vor dem Hotan-Busbahnhof steigen und an der letzten Haltestelle aussteigen.

Seidenwerkstatt HANDWERKSZENTRUM
(丝绸手工工艺; sichou shougong gongyi; ⏲10–19.30 Uhr) An der Teppichfabrik vorbei geht's zu der kleinen, im Nordosten von Hotan gelegenen Stadt Jiya (吉亚乡), einem traditionellen Zentrum der Seidenherstellung. Besucher können in der kürzlich restaurierten Werkstatt (*atlas karakhana* auf Uigurisch) zusehen, wie Seide aus Seidenkokons gesponnen, dann gefärbt und verwebt wird, alles mit traditionellen Methoden. Die Fahrt hin und zurück im Taxi, die Teppichfabrik eingeschlossen, kostet 80 Yuan. Busse fahren häufig in Hotans Ostbusbahnhof nach Jiya (2 Yuan) ab .

Hotan

Highlights
Sonntagsmarkt ... D1

Sehenswertes
1 Kulturmuseum Hotan ... A1

Schlafen
2 Jiaotong Binguan ... C1
3 Tarim Hotel ... B2
4 Yudu Dajiudian ... B2

Essen
5 Arom Restaurant ... B1
6 Marco's Dream Café ... C2
7 Uighurischer Nachtmarkt ... C2

Mazar Imam Asim GRABMAL
Ein paar Kilometer hinter Jiya liegt die Grabanlage Imam Asim (Grab der vier Imane). Sie ist ein viel besuchter Pilgerort, vor allem im Monat Mai, und mit einiger Wahrscheinlichkeit beten und singen dann Gruppen von Uiguren vor dem Schrein, der allmählich vom Sand der Wüste Taklamakan begraben wird. Der beste Tag für einen Besuch ist Donnerstag,

wenn rund 2 km vor dem Grabmal am Straßenrand ein Pilgermarkt abgehalten wird. Busse fahren von Hotans Ostbusbahnhof direkt dorthin. Sonst setzen nach Jiya fahrende Busse Fahrgäste 3 km davor ab, von wo aus es mit einer Motorrikscha weitergehen kann.

GRATIS **Hotan-Kulturmuseum** MUSEUM
(和田博物馆; Hetian *bowuguan*; Beijing Xilu; ⏰9.45–13 & 16–19.30 Uhr, Mi geschl.) Im Westen des Zentrums liegt das regionale Museum. Die Hauptattraktionen sind ein fein bemalter Holzsarg und zwei 1500 Jahre alte indoeuropäische Mumien, die auf dem nahen Iman-Musa-Kazim-Friedhof ausgegraben wurden. Es gibt auch ein paar faszinierende Fundstücke aus den antiken Niya, darunter eine große Holzsäule, ein 2000 Jahre alter Bogen mit Pfeil sowie hölzerne Inschrifttafeln mit indisch beeinflusster Kharoshthi-Schrift. Die Busse 2 oder 6 fahren vom Zentrum dorthin (Bus 6 fährt vom Basar ab).

Ruinen von Melikawat ARCHÄOLOGISCHE STÄTTE
(玛利克瓦特古城; Malikewate Gucheng; Eintritt 10 Yuan) Die Wüsten um Hotan sind übersät mit den kaum sichtbaren Ruinen verlassener Städte. Am interessantesten sind die von Melikawat, einer 25 km südlich der Stadt gelegenen Siedlung aus der Tang-Dynastie mit winderodierten Mauern, buddhistischen Stupas und den Überresten von Töpferöfen. Manche Wissenschaftler gehen davon aus, dass Melikawat die Hauptstadt des Staates Yutian war (206 v. Chr. bis 907 n. Chr.), einer indoeuropäischen Zivilisation, die ihre Blütezeit während der Hochzeit der Seidenstraße erlebte. Ein Taxi nach Melikawat kostet etwa 100 Yuan.

Rawaq-Pagode ARCHÄOLOGISCHE STÄTTE
Die 9 m hohe Rawaq-Pagode ist eine schöne Sehenswürdigkeit, etwa 50 km nördlich von Hotan, nach 8 km vom Cross-Desert-Highway ab. Das Ticket (200–450 Yuan) muss man vor dem Besuch kaufen. Die **Kulturbehörde** (Wenhuaju; ☎0903-618 2018) im Hotan-Museum wegen Infos zu dieser und zu anderen spezialisierten archäologischen Stätten kontaktieren.

Schlafen

Tarim Hotel HOTEL €€
(塔里木大饭店; Talimu Dafandian; ☎206 7777; 135 Aqiale Xilu; 阿恰勒西路 135 号; DZ 198 Yuan; ❄@) Neues Viersternehotel mit frischen, modernen Zimmern, einige mit Computer (20 Yuan zusätzlich), dass das beste Preis-Leistungs-Verhältnis im Mittelklassebereich bietet. Es liegt einen Häuserblock südwestlich vom Hauptplatz.

Yuda Dujiudian HOTEL €€
(玉都大酒店; ☎202 3456; 11 Guangchang Lu; 广场路 11 号; 2BZ 238 Yuan) Das Dreisternehotel „Jade-Stadt" hat geräumige und moderne Zimmer und liegt günstig an der Westseite des Hauptplatzes. Flugtickets sind in der Lobby erhältlich.

Jiaotong Binguan HOTEL €
(交通宾馆; ☎203 2700; Taibei Xilu; 台北西路; DZ mit/ohne Bad 160/100 Yuan; ❄) Das Busbahnhofhotel ist heruntergekommen und überteuert, aber die einzige wirkliche Budgetoption. Die Gemeinschaftsbäder sind grausig, daher wenn schon, dann Zimmer mit eigenem Bad nehmen oder ohne Bad auskommen.

Essen

Uigurischer Nachtmarkt MARKT €
(维族人夜市; Weizuren Yeshi; Guangchang Donglu; ⏰19–24 Uhr) An der Südostecke das Platzes; ein gutes Lokal für so leckere Gerichte wie *onur kebab* (gebratenes Schaf) und *chuchvara* (Fleischteigtaschen in Brühe), und als Nachtisch *tangzaza* (Klebreis mit Sirup und Joghurt).

Marco's Dream Cafe CAFÉ €
(马克驿站; Make Yizhan; www.marcodreamcafe.blogspot.com; 57 Youyi Lu; Hauptgerichte 18–30 Yuan; ⏰ Di–So 13.30–21.30 Uhr; 📋) Dieses malaysisch geführte Restaurant hat eine schöne Auswahl an südostasiatischen Gerichten, darunter Curryhuhn, dazu Kuchen und Kaffee (6–10 Yuan), auf der Speisekarte. Die freundlichen, Englisch sprechenden Besitzer können hervorragende Reisetipps geben.

Arom Restaurant UIGURISCH €
(Ecke Tanaiyi Beilu & Nawage Lu; Hauptgerichte 14 Yuan) Einheimische empfehlen dieses Lokal wegen des besten *polo* in der Stadt, saftig und feucht mit köstlichem Joghurt serviert. Sonst zur Filiale auf der gegenüberliegenden Straßenseite gehen, wo es preiswerte Tagesgerichte (15 Yuan) gibt.

Praktische Informationen

Bank of China (中国银行; Zhongguo Yinhang; Ecke Urumqi Nanlu & Aqiale Lu; ⏰ Mo–Fr 9.30–

13.30 & 16–20 Uhr) Wechselt Reiseschecks ein, im Südwesten der Stadt.

Büro für Öffentliche Sicherheit (PSB; 公安局; Gong'anju; 691 Yingbin Lu; ⌚ Mo–Fr 10–13 & 16.30–19.30 Uhr) Kann Visa an einem Tag verlängern. Mit Bus 3 zu dessen Endstation an der Ecke Yingbin Lu und Tunken Lu in den südlichen Vororten fahren.

China Construction Bank (中国建设银行; Zhongguo Jianshe Yinhang; Ecke Beijing Lu & Youyi Lu; ⌚ Mo–Fr 9.30–13 & 16–18.30 Uhr) Hat Geldautomaten, die ausländische Karten annehmen.

China International Travel Service (CITS; 中国国际旅行社; Zhongguo Guoji Lüxingshe; ☎251 6090; 3F, 23 Tunken Lu) Südlich der Urumqi Nanlu abgehend. Kann Touren zu einer Seidenweberei sowie kostspielige Ausflüge zu den Ruinen in Yotkan und Melikawat organisieren.

Informationszentrum für Reisen auf der südlichen Seidenstraße (☎137 7929 1939; www.southernsilkroadtour.com; treklab@gmail.com; Wulumuqi Nanlu) Der einheimische Guide Kurbanjan führt private Touren entlang der südlichen Seidenstraße vom Hetian Binguan aus durch.

ℹ An- & Weiterreise

BUS & Auto Es gibt zwei Busbahnhöfe in Hotan. Die meisten Busse fahren vom Hauptbahnhof an der Taipei Xilu ab, von wo es neun Busse nach Kashgar (128 Yuan, 7–10 Std.) gibt, die von 9.30 bis 22 Uhr fahren. Die Busse halten auch in Karghilik (52 Yuan, 5 Std.) und Yarkand (71 Yuan, 6 Std.).

Busse nach Ürümqi (257–387 Yuan, 25 Std.) fahren quer durch die Wüste auf einem der beiden Cross-Desert-Highways. Ein täglicher Bus nach Kuqa (168–185 Yuan, 8 Std.) fährt um 14 Uhr und 20 Uhr ab.

Sammeltaxis fahren auch nach Karghilik (90 Yuan), Yarkand (120 Yuan) und Kashgar (200 Yuan).

Für die Weiterfahrt Richtung Osten auf der Seidenstraße zum 2 km östlich der Ortsmitte gelegenen Ostbusbahnhof (东郊客运站; *dongjiao keyunzhan*) gehen. Ein Bus (mal ein Schlafbus, manchmal ein normaler Bus) fährt um 10.30 Uhr nach Cherchen (124–160 Yuan, 10 Std.), und alle zwei Stunden fahren Busse nach Niya (63 Yuan, 4 Std.).

FLUGZEUG Es gibt ein Dutzend Flüge täglich zwischen Hotan und Ürümqi (1680 Yuan). Der Flughafen liegt 10 km südwestlich der Stadt; ein Taxi dorthin kostet 20 Yuan.

ZUG Die Eisenbahnlinie von Kashgar erreichte 2011 Hotan. Ein einziger täglicher Zug fährt um 10.20 Uhr nach Ürümqi (Hart-/Weichschläfer 241/390 Yuan, 36 Std.) über Kashgar (harter Sitz 34 Yuan, 9 Std.).

ℹ Unterwegs vor Ort

Bus 101 fährt vom Hauptbusbahnhof an der Taibei Xilu am Sonntagsmarkt vorbei zum 1 km entfernten Ostbusbahnhof. Die Kosten für ein Taxi mit Taxameter belaufen sich auf etwa 8 Yuan in der Stadt; mit 15 Yuan zum Bahnhof und 30 Yuan zum Flughafen rechnen.

Cherchen 且末

☎ 0996 / 60000 EW.

Der nächste Halt auf der südlichen Seidenstraße ist Cherchen (Qiemo), 580 km von den Ortschaften Keriya (于田; Yutian) und Niya (民丰; Minfeng) entfernt. Die Straße verläuft anfangs durch das hochragende Kunlun-Gebirge, das die Grenze zu Tibet im Süden bildet, bevor es schließlich die letzten 300 km durch eindrucksvolle Sanddünen und dann steinige Wüste nach Cherchen geht.

Vom Busbahnhof Cherchen rechts (Richtung Norden) auf der Aita Lu bis zur ersten Verkehrsampel in der Wenhua Lu gehen: geradeaus zum Hongzao Shangwu Binguan und zum Museum weitergehen. Am nächsten Häuserblock in der Sichou Lu (Seidenstraße!) zum Kunyu Binguan abbiegen. Ein Taxi/eine Rikscha zu den Hotels kosten 10/3 Yuan.

Um die wichtigsten Sehenswürdigkeiten außerhalb von Cherchen zu besichtigen, erst zum Cherchen-Museum gehen, da man einen Führer mitnehmen muss, der die Türen aufschließt. Führer können helfen, ein Taxi zu besorgen.

Sehenswertes

GRATIS **Cherchen-Museum** MUSEUM
(且末县博物馆; Qiemo *xian bowuguan*; ⌚9.30–13.30, 16–19.30 Uhr) Reste von Cherchens Hauptsehenswürdigkeiten werden in diesem neuen regionalen Museum gezeigt, neben Ausstellungsstücken, die von Yetis aus dem Altun-Tagh-Gebirge zu den Reisen des Entdeckers Sven Hedin reichen. Es liegt im Nordwesten der Stadt am neuen Regierungsplatz.

Toghraklek-Villa HISTORISCHES GEBÄUDE
(托乎拉克庄园; Tuohulake Zhuangyuan; Eintritt 20 Yuan) Cherchens Hauptsehenswürdigkeit ist dieses wunderschöne Beispiel für kashgarische Architektur aus dem frühen 20. Jh., das im Jahr 1911 für einen lokalen Warlord gebaut wurde. Es liegt 2,5 km westlich der Stadt.

Zaghunluq-Gräber GRABSTÄTTE

(扎滚鲁克古墓群景点; Zagunluke Gumuqun Jingdian; Eintritt 30 Yuan) Diese 2600 Jahre alten Gräber enthalten etwa ein Dutzend natürlich erhaltener Mumien, die noch Fetzen farbenprächtiger Kleidung aufweisen. Die Stätte befindet sich weitere 4 km westlich der Toghraklek-Villa am Rande der Wüste. Die Kosten für Taxifahrten zu beiden Stätten liegen bei jeweils etwa 50 Yuan.

Schlafen

Hongzao Shangwu Binguan HOTEL €

(红枣商务宾馆; ☎761 1888; Aita Lu; 埃塔路; Zi. 138–158 Yuan; ❄@) Saubere, frische und geräumige Zimmer machen dies zum Hotel mit dem besten Preis-Leistungs-Verhältnis, obwohl manche Bäder sauberer sind als andere. Die teureren Zimmer sind mit Computern ausgestattet. Es liegt neben dem Basar.

Jiaotong Binguan HOTEL €

(交通宾馆; ☎762 7088; DZ mit/ohne Bad 100/60 Yuan; ❄@) Wer nur auf der Durchfahrt hier übernachten will, findet in dem Busbahnhofhotel kleine, aber annehmbare Zimmer, die besten mit Computer (20 Yuan zusätzlich).

Yudu Binguan HOTEL €€€

(玉都宾馆; ☎762 5150; altes/neues Gebäude DZ mit Frühstück 150/488 Yuan) Parteikader genießen den Aufenthalt in diesem der Regierung gehörenden Hotel neben dem Flughafen (zur Zeit ist es allerdings außer Betrieb). Es gibt ein Viersternehauptgebäude und ein deutlich billigeres aber auch heruntergekommenes, altes Gebäude, beide auf weitläufigem und ruhigem Gelände.

Kunyu Binguan HOTEL €

(昆玉宾馆; ☎762 6555; Tuanjie Beilu; DZ 120–140 Yuan) Ordentliches Hotel in der Nähe des zentralen Stadtplatzes.

An- & Weiterreise

Es gibt einen Schlafbus um 19 Uhr nach Ürümqi (280–300 Yuan, 16 Std.) und um 10 Uhr und 19 Uhr je einen Bus nach Korla (170 Yuan, 6 Std.); beide fahren über den Cross-Desert-Highway. Der Bus nach Hotan (127–177 Yuan, 10 Std.) fährt um 10 Uhr ab und ist normalerweise ein Schlafbus. Ein täglicher 10-Uhr-Bus (61 Yuan, 4 Std.) fährt 350 km weiter nach Osten bis Charklik.

Charklik 若羌

Charklik (Ruoqiang; nicht mit Karghilik weiter westlich verwechseln) ist eine seelenlose, moderne chinesische Stadt, aber in seiner Umgebung befinden sich eine ganze Reihe sehenswerter antiker Ruinenstädte. Die berühmteste ist das entlegene **Loulan** (楼兰), etwa 260 km nordöstlich von Charklik gelegen, aber für Besichtigungen ist es wahrscheinlich unumgänglich, sich einer sehr teuren Gruppenreise anzuschließen, da die Genehmigungen Tausende von Dollar kosten können. Die verfallene Festung und Stupa **Miran** (米兰) ist näher dran und befindet sich nur 7 km südöstlich der modernen Stadt Miran (85 km nordwestlich von Charklik). Das ist auch billiger – Gruppengenehmigungen kosten rund 400–500 Yuan. Das CITS (www.xinjiangtour.com) in Ürümqi wegen Hilfe beim Papierkram kontaktieren.

Für all diejenigen, die in der Stadt hängen bleiben, ist das **Yinhai Binguan** (银海宾馆; ☎0996-710 5018; Shengli Lu; DZ 120 Yuan; ❄) eine saubere und preiswerte Option, 100 m südlich des Busbahnhofs gelegen.

Von Charklik kann man den Bogen durch die Taklamakan vollenden, indem man in einen Bus nach Korla (94 Yuan, 6 Std., alle 2 Std.) steigt. Es ist auch möglich, Richtung Osten nach Golmud in Qinghai (230 Yuan, 12 Std.) in einem täglichen 18-Uhr-Schlafbus weiterzufahren. Wenn das aus irgendeindem Grund nicht möglich ist, muss man den täglichen Bus nehmen, der die Strecke nach Yitunbulake/Shimiankuang (96 Yuan, 10 Uhr) bedient. und dann für die kurze Strecke nach Huatugou umsteigen, um einen der beiden täglichen Busse nach Golmud (104 Yuan, 6 Std.) zu erreichen.

NORD-XINJIANG

Die fruchtbare Region mit dichten immergrünen Wäldern, reißenden Flüssen und isolierten Gebirgsketten ist historisch die Heimat nomadisierender Hirten. Bis in die 1990er-Jahre hinein war sie aufgrund ihrer Nähe zu den heiklen russischen, mongolischen und kasachischen Grenzen für ausländische Reisende gesperrt.

Bu'erjin 布尔津

☎ 0906 / 60 000 EW.

Bu'erjin, 620 km nördlich von Ürümqi gelegen, markiert das Ende des wüstenähnlichen Jungar-Beckens und den Beginn der saftiggrünen subsibirischen Birkenwälder und Gebirge im Norden. Die Bevölkerung der Stadt ist überwiegend kasachisch, aber es leben hier auch Russen, Han, Uiguren und Tuwiner.

Wer etwas Zeit übrig hat, kann zum Fluss Erqis (Irtysch) am südlichen Stadtrand gehen, wo Dutzende von steinernen *balbals* (turkische Grabstelen) das Flussufer säumen. Von hier fließt der Fluss in den Arktischen Ozean; der einzige größere Fluss in China, der das tut. Im Sommer treten in der Dämmerung Schwärme stechender Insekten auf, also reichlich Insektenschutzmittel mitnehmen.

Schlafen & Essen

Die Hotelpreise schießen zwischen Juli und September in die Höhe und werden zu anderen Zeiten um bis zu 70 % ermäßigt.

Shenxian Wan Dajiudian HOTEL €
(神仙湾大酒店; ☎652 1325; 5 Shenhu Lu; 神湖路 5号; 2BZ 140 Yuan) Das „Hotel Unsterbliche Bucht" hat saubere Zimmer und tüchtiges Personal, das auch bereit ist, über den Preis zu verhandeln. Vom Busbahnhof nach links und dann an der ersten Kreuzung nach rechts gehen. Es liegt etwa 200 m weiter an der linken Seite.

Burqin Tourist Hotel HOTEL €€€
(布尔津旅游宾馆; Bu'erjin Lüvyou Binguan; ☎651 0099; 4 Wolongwan Xilu; 卧龙湾西路 4号; DZ ab 488 Yuan; ⊙Mai–Nov.) Großes, zuverlässiges Hotel mit Zwei-, Drei- und Vier-sternehäusern. Die Zimmer werden in der Regel mit einem Rabatt von bis zu 65 % abgegeben.

Jian'an Binguan HOTEL €
(建 '安宾馆; ☎652 0688; Wenming Lu; 文明路; DZ 120–200 Yuan) Dieses Billighaus gegenüber dem Busbahnhof hat zwar keine offizielle Genehmigung, nimmt aber dennoch gerne Ausländer auf, was es zur besten Budgetunterkunft in der Stadt macht. Die drei Flügel bieten Zimmer verschiedener Qualität.

Nachtmarkt MARKT €
(河提夜市; Heti Yeshi; Hebin Lu; Hauptgerichte ab 10 Yuan; ⊙19 –24 Uhr) Der auf gegrillten Fisch, frischen Joghurt und *kvas* (einem in Russland beliebten Hefegebräu) spezialisierte Nachtmarkt am Fluss lädt ein zu gemütlichem, stimmungsvollem Essen. Auf der Youyifeng Lu nach Süden laufen und weiter, bis die Einbahnstraße endet: Er liegt auf der rechten Seite. Ein zweiter Nachtmarkt befindet sich in der Gasse (Meishi Jie) gegenüber dem Volkskrankenhaus (人民医院; Renmin Yiyuan) zwischen der Youyifeng Lu und der Kanasi Lu.

Praktische Informationen

Büro für Öffentliche Sicherheit (PSB; 公安局; Gong'anju; Ecke Yueliangwan Lu & Youyifeng Lu)

Industrial & Commercial Bank of China (ICBC; Zhongguo Gongshang Yinhang; Huancheng Nanlu; ⊙10–13.30 & 16–18.30 Uhr) Konnte zur Zeit der Recherche kein Geld wechseln, plant es aber für die Zukunft.

Tianhe *wangba* (天和网吧; Meishi Jie; ⊙ 9–24 Uhr; pro Std. 3 Yuan) Internetcafé an der Westseite des kleineren Nachtmarktes.

An- & Weiterreise

BUS Es gibt sowohl Tages- (148 Yuan, 10 Std.) als auch Nachtbusse (170–180 Yuan, 12 Std.) nach Ürümqi. Stündlich fahren zwischen 10 Uhr und 19 Uhr Busse nach Altay (Aletai; 20–24 Yuan, 1½ Std.). Sechs Busse pro Tag fahren nach Jimunai (20 Yuan, 2 Std.) an der Grenze zu Kasachstan.

FLUGZEUG Das nahe gelegene Altay hat einen Flughafen mit ganzjährig täglichen Flügen nach/von Ürümqi (1180 Yuan).

SAMMELTAXI Schnellere Sammeltaxis fahren vor dem Busbahnhof nach Ürümqi (250 Yuan pro Sitz) und Altay (40 Yuan) ab.

ZUG Der Nachtzug K9791 verlässt um 20 Uhr Ürümqi und fährt nach Beitun (北屯; 12½ Std.; 183/276 Yuan). Von dort gibt es eine begrenzte Anzahl von Sammeltaxis für die 90 km lange Strecke nach Bu'erjin (40 Yuan), oder man nimmt Bus Nr. 1 zum Busbahnhof von Beitun (10 Yuan) und steigt dort um. Die Fahrkarte für die Hin- und Rückfahrt sollte im Voraus gekauft werden, da es zur Zeit kein Fahrkartenbüro in Bu'erjin gibt.

Naturschutzgebiet Kanas-See 哈纳斯湖自然保护区

Der atemberaubend schöne Kanas-See ist ein langgestrecktes Gewässer in den südlichen Ausläufern des Ökosystems der sibirischen Taiga zwischen der Mongolei, Russland und Kasachstan. Die meisten einheimischen Bewohner sind Kasachen oder Tuwiner. Chinesische Touristen (und gelegentlich Ausländer) fallen im Sommer wie die Heuschrecken ein, aber mit etwas Anstrengung ist es möglich, den Massen zu entgehen. Viele hoffen auf eine Begegnung mit dem Ungeheuer vom Kanas-See, Chinas Nessie, von dem man Kindern am Jurtenfeuer gruselige Geschichten erzählt. Es taucht etwa alle zwei Jahre auf und lockt Scharen von Journalisten und Neugierigen hierher.

Das ganze Gebiet ist nur von Mitte Mai bis Mitte Oktober zugänglich, da Eis und Schnee den Verkehr für den Rest des Jahres erschweren. Die herrliche Herbstfärbung erreicht Mitte September ihren Höhepunkt.

Sehenswertes & Aktivitäten

Ungefähr 160 km hinter Bu'erjin endet die Straße in Jiadengyu, das eigentlich nur eine Ansammlung von Hotels in der Nähe des Eingangs zum **Naturschutzgebiet Kanas-See** (Hanasi Hu Ziran Baohuqu; Erw./Stud. 150/120 Yuan) ist. Ein Ticket kaufen und in einen Touristenbus (pro Pers. 80 Yuan, unbegrenzte Fahrten) steigen, der Fahrgäste 16 km die Schlucht hinauf zu einer Touristenbasis bringt. Die Fahrt umfasst drei Fotostops unterwegs, darunter die Bucht des Liegenden Drachen (卧龙湾; Wolong Wan), die Halbmondbucht (月亮湾; Yueliang Wan) und die Unsterbliche Bucht (神仙湾; Shenxian Wan).

An der Touristenbasis in einen anderen Bus einsteigen, mit dem die letzten 2 km bis zum Kanas-See bewältigt werden. Das alte Dorf Tuva erstreckt sich gleich hinter der Touristenbasis entlang der Straße. (Das neue Dorf Tuva liegt 2 km westlich auf der anderen Seite des Flusses.) Vom letzten Halt sind es fünf Minuten zu Fuß zum See. Am Seeufer kann man eine Fahrt mit dem Schnellboot (120 Yuan, 40 Min.) den halben See hinauf buchen. Ein Holzsteg am Ufer führt 4,5 km hoch zu einem Aussichtspunkt. Es ist auch möglich, vom Anleger aus am Fluss entlangzugehen. Die Endstation des Busses ist zugleich der Ausgangspunkt für Wildwasserfahrten (200 Yuan, 40 Min.), die bis Mitte August durchgeführt werden.

Ein großartiger Wandertag hat den **Guanyu-Pavillon** (观鱼亭; Guanyu Ting; 2030 m) zum Ziel. Es ist ein langer, gemächlicher Spaziergang vom Dorf bergauf; vom Aussichtspunkt bietet sich ein herrlicher Blick auf den See und die umliegende Grassteppe. Man kann den Pavillon auch zu Pferd erreichen – Pferdebesitzer im Dorf bieten den Ausflug für 150 Yuan (plus noch einmal 150 Yuan für den Führer) an. Am bequemsten geht's vom neuen Dorf Tuva mit dem Bus (30 Yuan einfache Fahrt) hoch. Der Bus fährt fast bis nach oben, von dort sind es noch 1066 Stufen (20 Min.) zum Pavillon.

Die Eintrittskarte und die Busfahrkarte gelten für zwei Tage. Ist man erst einmal in dem Park, kontrolliert niemand die Eintrittskarten, sodass man solange bleiben kann, wie man will, und den Busverkehr zwischen dem Dorf und dem See jederzeit nutzen kann.

Eine abenteuerlichere Route in das Reservat ist eine zweitägige Pferdetrekkingtour vom 70 km südöstlich vom Kanas-See gelegenen Tal **Hemu** (禾木; Stud./Erw. 48/60 Yuan plus 100 Yuan Busfahrt) über Karakol (Schwarzer See oder Hei Hu). Es ist nicht ganz billig: Ein Führer kostet 200 Yuan pro Tag, die Pferdemiete beträgt 150 Yuan pro Tag, und vielleicht muss man auch noch für das Pferd des Führers zahlen. Wer Geld sparen will, geht zu Fuß. Von Hemu aus sind es sieben bis zehn Stunden Wanderung nach Karakol, wo kasachische Jurten zwischen Juni und Oktober Übernachtungsmöglichkeiten bieten. Nach einer Nacht am See geht's am Südufer entlang und dann sechs bis sieben Stunden in Richtung Westen bis in das alte Dorf Tuva. Am zweiten Tag ist unterwegs kaum Wasser zu finden, also am Schwarzen See genügend bunkern, bevor es losgeht. Auf diesem Weg spart man die Buskosten, aber wenn man Pech hat, kommt jemand und verlangt Eintrittskarten.

Hemu ist mit dem Bus von Bu'erjin aus zu erreichen, aber schneller geht's mit einem Sammeltaxi; vergewissern, dass es den ganzen Weg bis zum Dorf fährt und nicht nur bis zum 20 km davor gelegenen Tor, wo die Eintrittsgebühr gezahlt wird. Die Straße nach Hemu wurde 2012 ausgebessert. Auch ein Bus (200 Yuan) steht am Haupttor des Kanas-Sees in Jiadengyu bereit; der Preis schließt die Eintrittskarte für Hemu ein.

Geführte Touren

Ein viertägiger Ausflug von Ürümqi aus mit dem Western International Travel Service (S.882) ist sehr empfehlenswert. Für 700 Yuan gibt's einen klimatisierten Minibus (10 Std.), zwei Übernachtungen in Bu'erjin, eine Eintrittskarte für den Park und eine Übernachtung am See. Dieser Dienst betreibt übrigens auch einige der Anlagen und Aktivitäten im Park, darunter Rafting und Bootsausflüge .

Schlafen & Essen

Am besten übernachtet man bei einer Familie im alten oder im neuen Dorf Tuva. Übernachtungsmöglichkeiten gibt es in mehreren Häusern, aber keines hat Schilder, also herumfragen. Diese Unterkünfte sind einfach, meist nur ein freies Schlafzimmer. Man zahlt je nach Saison zwischen 50 Yuan und 100 Yuan für ein Bett, plus etwa 20 bis 30 Yuan pro Mahlzeit.

Eine andere Möglichkeit ist die Pension des Tuwiners **Banzan** (135 6518 7064), der etwa 200 m hinter der Schule (学校; *xuexiao*) im alten Dorf Tuva nahe der Hauptstraße etwa 2 km vor dem See wohnt. In Banzans Familie sind alle Künstler, weshalb Gäste möglicherweise traditionelle Gesänge und Tänze miterleben können. Nach dem verblichenen grünen Schild mit dem Bild eines Flöte spielenden Mannes Ausschau halten.

In dem neuen Dorf auf der anderen Seite des Flusses nach **Hadala Beka** (137 7905 4663) fragen, der eine Pension mit drei Zimmern besitzt. Will man sie selbst finden, geht man ins neue Dorf, läuft die Hauptstraße hinunter und hält nach den großen Solarzellen zur Linken Ausschau. Die Pension liegt bei den Solarzellen auf der gegenüberliegenden Seite.

Wer fließendes Wasser und Toilette mit Wasserspülung wünscht, für den gibt's an der Touristenbasis viele Hotels. Empfehlenswert ist das **Lanhu Binguan** (Hotel zum Blauen See; 蓝湖宾馆; 0906-632 6008; Zi. 200–480 Yuan) in einem jurtenförmigen Gebäude in der Nähe des Busparkplatzes.

Was es im Reservat zu essen gibt, ist teuer und eintönig; eigene Verpflegung mitbringen.

In Hemu empfiehlt es sich, im **AHA International Youth Hostel** (阿哈国际青年旅社; 0991-886 8118; www.yhakanas.com; B 60 Yuan, DZ 120 Yuan) zu übernachten, einer Jugendherberge im rustikalen Holzhüttenstil und eine bequeme Ausgangsbasis für die Erkundung des Dorfes und der nahen Berge.

An- & Weiterreise

Siehe auch den Abschnitt „Geführte Touren".

BUS Es gibt keinen öffentlichen Busverkehr zum Haupttor in Jiadengyu, aber zwei Busse pro Tag fahren um 10 Uhr und um 16 Uhr nach Hemu (50 Yuan, 4 Std.). Sie starten vor dem Busbahnhof in Bu'erjin bzw. vor der Dorfschule in Hema.

FLUGZEUG Der 50 km vom Reservat entfernte Flughafen Kanas hat Flüge nach und von Ürümqi (1460 Yuan, 1 Std.) nur im Juli und August. Ein Shuttlebus (40 Yuan) kommt zu allen ankommenden Flügen.

TAXI Sammeltaxis nach Jiadengyu von Bu'erjin kosten pro Person 80 Yuan, aber vor Juni kann es schwierig sein, Mitfahrer zu finden. Nach Hema kostet es das Gleiche. Taxifahrer sprechen Reisende am Busbahnhof von Bu'erjin an.

Yining 伊宁

0999 / 300 000 EW.

Das an der historischen Grenze zwischen dem chinesischen und dem russischen Reich gelegene Yining (Yili oder Gulja) war oft Opfer eines Tauziehens zwischen beiden Seiten. Die Stadt war zwischen den Jahren 1872 und 1881 von russischen Truppen besetzt, und noch 1962 kam es zu schweren chinesisch-sowjetischen Zusammenstößen am Fluss Ili (Yili He). Es gibt hier kaum etwas, was unbedingt sehenswert ist, aber es ist ein angenehmer, untouristischer Stopp auf dem Weg zum Sayram-See oder nach Kasachstan.

Der Busbahnhof liegt 3 km vom Zentrum entfernt am nordwestlichen Ende der Jiefang Lu, der Hauptdurchfahrtsstraße durch die Stadt. Ein **Internetcafé** (绿色心情网吧; 24 Std.) befindet sich an der Südseite des Volksplatzes.

Sehenswertes

Der Mittelpunkt der Stadt ist der **Volksplatz** (Renmin Guangchang), ein beliebter Ort zum Drachensteigenlassen. An der Südseite säumen Eis-, Obst- und Kebabstände den Weg.

Von der Südwestecke des Platzes führt der Weg nach Süden in die uigurischen Altstadt, vorbei an der 260 Jahre alten **Shanxi-Moschee** (陕西大寺) und Werkstätten, in denen traditionelle uigurische Lederstiefel hergestellt werden. Die **usbekische Masjid** (usbekische Moschee) ansehen, dann durch Seitenstraßen nach Westen zur Jiefang Nanlu und der modernen, im Saudi-Stil errichteten **Baytullah-Moschee** gehen.

MAUSOLEUM TUGHLUK TIMUR KHAN

Interessierte an mittelalterlicher Geschichte und an der timuridischen Architektur werden gern einen halbtägigen Umweg von Yining zu diesem schlichten **Grab** (吐虎鲁克铁木尔汗麻扎; *tuhuluke tiemuerhan maza*; Eintritt 15 Yuan) machen. Tughluk war im 14. Jh. Khan der östlichen Tschagatai (oder Moghulistan), einem Ableger des mongolischen Reiches um die Stadt Almaliq, die selbst einmal ein bedeutendes, mittelalterliches, zentralasiatisches Handelszentrum war. Das Grab ist mit einem feinen Netz blauer Majolikaziegel und geritzter Terrakotta bedeckt, was an Gräber aus Samarkand erinnert. Von Almaniq ist nichts geblieben.

Um hierher zu kommen, vor dem Busbahnhof von Yining in einen Minibus oder ein Sammeltaxi nach Qingshuihe (清水河) steigen, dann ein paar hundert Meter zum Sammeltaxi Nr. 61 für den kurzen Transfer nach Liushiyi Tuan (六十一团; 10 Yuan pro Sitz) gehen. Das Grab ist bequem auf dem Weg zur kasachischen Grenze in Korgas zu besichtigen.

Schlafen & Essen

Yili Binguan HOTEL €€
(伊犁宾馆; ☎802 3799; 8 Yingbin Lu; 迎宾路 8; 2BZ 160–388 Yuan; ❄) Yilis früheres sowjetisches Konsulat ist voller Charakter und superruhig, falls nicht von einer Gruppe Reisschnaps schlürfender Parteifunktionäre ausgebucht. Am Eingang wird man von einer Büste Lenins begrüßt, hinter der sich ein Wald voller zirpender Vögel und russischer Datschas aus den 1950er-Jahren erstreckt. Der Zixiangge Coffee Club, gleich hinter dem Eingangstor, bietet raffiniertes Essen im westlichen Stil (Hauptgerichte 50–100 Yuan) und ruhigen Internetzugang.

V8 Shangwu Jiudian HOTEL €
(V8 商务酒店; ☎819 8555; Jiefang Lu; DZ 128–148 Yuan; ❄@) Das neue Busbahnhofhotel bietet makellos saubere Zimmer, die ihr Geld wert sind – mit Flachbildschirm-TV, internetfähigen Computern und goldfarbenen Teppichen. Es ist zu hoffen, dass das Management das Hotel in gutem Zustand hält und die Preise nicht erhöht, sobald es beliebt wird.

Chaishi Kuaican UIGURISCH €
(柴氏快餐; Yingbin Lu; Hauptgerichte 8–15 Yuan) Wer einmal in dieser Cafeteria vor dem Yili Binguan war, kommt immer wieder gerne. Die *laghman* und die Nudeln mit Ei und Tomate sind hervorragend, ebenso die verschiedenen Tagesgerichte, die in einem hölzernen Reiskorb (木桶饭; *mutongfan*) serviert werden. Dazu wird ein Glas russischer Kvass (格瓦斯; *gewasi*) getrunken, ein gegorenes, leicht alkoholisches Getränk, das aus Brot hergestellt wird.

Restaurants am Fluss UIGURISCH €
Im Süden der Stadt gibt's ein paar Open-Air-Restaurants, wo sich bei einer Flasche Kvass mit Honiggeschmack der vorbeiströmende mächtige Fluss Ili (Ili Daria in Uigurisch, Yili He in Chinesisch) betrachten lässt. Um dorthin zu kommen, in Bus 2 einsteigen, an der letzten Haltestelle aussteigen und über die Brücke gehen.

An- & Weiterreise

Vom **Hauptbusbahnhof** *(zhou keyunzhan)* fahren Busse nach Ürümqi (150–180 Yuan, 9–12 Std.) und Bole (53 Yuan, 4 Std., stündl.) und Schlafbusse nach Korla (200–220 Yuan, 18 Std.). Busse fahren auch alle 30 Minuten zur kasachischen Grenze in Korgas (20 Yuan, 90 Min.). Die Busse 1, 101 und 12 verkehren zwischen Stadtmitte und Busbahnhof.

Nach Almaty (250 Yuan, 12 Std.) fahren Busse um 7.30 Uhr von einem wenig einladenden Parkplatz an der Yingayati Lu, östlich des Renmin-Platzes, ab. Die Fahrkarte einen Tag vorher kaufen und mit stundenlanger Wartezeit beim Zoll rechnen. Man braucht ein Visum für Kasachstan.

Zweimal täglich fahren Züge nach Ürümqi (11 Std.), der 5816 (Hart-/Weichschläfer 151/234 Yuan) um 19.42 Uhr und der K9790 (Hart-/Weichschläfer 162/245 Yuan) um 21.50 Uhr. Der Bahnhof liegt 8 km nordwestlich von Stadtzentrum; dorthin die Busse 10, 16, 201 und 401 oder ein Taxi für 15 Yuan nehmen. Ein nützliches **Büro für Bahnfahrkarten** (⏲8.30–17.30 & 18–20 Uhr; Gebühr 5 Yuan) befindet sich an der Shengli Beilu, einen Häuserblock nördlich der Ostseite des Volksplatzes.

Es gibt mehrere Flüge täglich nach Ürümqi (1320 Yuan); Tickets sind bei der **Xinjiang Airport Group** (☎803 1888) erhältlich, die ihr Büro am Eingang des Yili Binguan hat. Der Flughafen liegt 5 km nördlich der Stadt (Taxi 10 Yuan).

Sayram-See 塞里木湖

Der große Sayram-See (Sailimu Hu), 120 km nördlich von Yining und 90 km westlich von Bole gelegen, ist ein idealer Ort, um einen Eindruck vom Tian-Shan-Massivs (Tengri Tagh auf Kasachisch) zu bekommen. Der See ist im Juni und Juli besonders farbenprächtig, wenn die alpinen Pflanzen in voller Blüte stehen.

Es gibt zwar in der Gegend etwas Verpflegung zu kaufen, aber die Auswahl ist teuer und begrenzt, deshalb besser alles mitnehmen. Im Hochsommer stehen kasachische Jurten (ungefähr 40 Yuan pro Nacht, einschließlich drei Mahlzeiten) rund um den See, in denen Gäste schlafen können. Der Zugang zum See kostet 40 Yuan.

Mit dem Bus ist der Sayram-See von Bole aus in zwei Stunden oder von Yining aus in drei Stunden zu erreichen; jeder der zwischen den beiden Städten verkehrenden Busse kann Fahrgäste am See absetzen. Gewöhnlich halten sie an der südwestlichen Ecke, wo im Sommer Pferde und Jurtenunterkünfte vermietet werden. Von Yining kommend, ist der letzte Abschnitt der Straße eine spektakuläre Folge von Brücken und Tunneln.

Gansu

BEVÖLKERUNG: 26,4 MIO.

Inhalt »

Lanzhou 914
Xiahe 920
Hezuo 926
Langmusi 927
Wuwei 929
Zhangye 931
Mati Si 932
Jiayuguan & Umgebung 933
Dunhuang 936
Tianshui 944
Pingliang 947

Die tollsten Landschaften

» Yadan Nationalpark (S. 944)

» Singende Sanddünen (S. 942)

» Straße nach Bingling Si (S. 918)

» Ganjia-Steppe (S. 925)

» Langmusi (S. 927)

Die schönsten buddhistischen Stätten

» Mogao-Grotten (S. 940)

» Schlafender Buddha von Zhangye (S. 931)

» Yulin-Grotten (S. 944)

» Kloster Labrang (S. 921)

» Milarepa Palast (S. 926)

Auf nach Gansu!

Wer Gansu hört, denkt meist sofort an die Seidenstraße. Die langgestreckte Provinz erstreckt sich von Ost nach West entlang des Hexi-Korridors, jener Passage, über die Waren von China nach Zentralasien gelangten. An diesen jahrhundertealten Handelsweg erinnern buddhistische Statuen, Wachttürme, Festungen, große Teile der Großen Mauer und die zugehörigen alten Handelsstädte.

Gansu (甘肃) bietet eine reiche Kultur und unterschiedlichste Landschaften. Geschichtsinteressierte stöbern in den Überlieferungen über die Seidenstraße, Kunstbegeisterte bestaunen die buddhistischen Gemälde und Skulpturen, während Abenteurer zu den Gletschern, wandern, auf Kamelen die Wüste durchqueren und den Pfaden der tibetischen Nomaden folgen. Auch die ethnische Vielfalt ist beeindruckend, in Linxia leben die Hui-Moslems so, als sei die Seidenstraße noch voll in Betrieb; in Xiahe und Langmusi erinnert sehr viel an Tibet; das bunte Völkergemisch wird noch ergänzt durch verschiedene Minoritätengruppen wie die Bao'an und die Dongxiang.

Reisezeit

Lanzhou

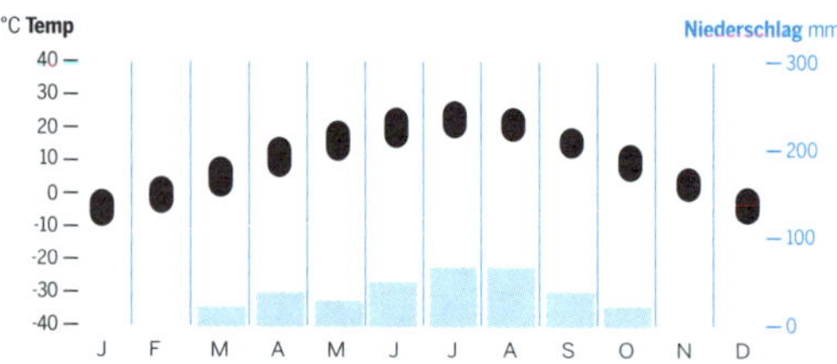

Februar & März Tibetische Pilger feiern das großartige Monlam-Fest in Xiahe.

April & Mai Noch vor der großen Sommerhitze.

September & Oktober Herbstfarben, blauer Himmel und kühle Temperaturen im Norden Gansus.

Geschichte
Zwar hatte sich die Qin-Dynastie in das östliche Gansu ausgedehnt, aber der erste große Schritt nach Westen entlang des Hexi-Korridors erfolgte während der Han-Dynastie. Der kaiserliche Gesandte Chang Ch'ien sollte neue Handelspartner suchen und kehrte mit detaillierten Berichten über Zentralasien und der Route zurück, die die berühmte Seidenstraße werden sollte. Die Han erweiterten die Große Mauer durch den Hexi-Korridor und damit

Highlights

1. Die beeindruckenden **Mogao-Grotten** (S. 940) unter die Lupe nehmen
2. Die berühmten Buddhatempel in den Steilwänden am Pferdehuf-Kloster **Mati Si** erkunden und dort entspannen (S. 932)
3. Unter dem unendlichen Sternenhimmel bei den **Singenden Sanddünen** (S. 942) bei Dunhuang campen
4. Tibetisches Leben am *kora* des **Klosters Labrang** (S. 921) in Xiahe erleben
5. Durch fantastische Landschaften um **Langmusi** (S. 927) wandern
6. Auge in Auge mit dem riesigen **Schlafenden Buddha** (S. 931) von Zhangye stehen
7. Sandige Winde der Wüste Gobi auf den Wällen der Festung von **Jiayuguan** (S. 933) in Jiayuguan spüren
8. Durch die faszinierende terrassierte Landschaft Ride nach **Bingling Si** (S. 918) fahren
9. In einem ausgetrockneten Wüstensee spazieren gehen und spektakuläre Landschaftsformen im **Nationalpark Yadan** (S. 944) bewundern

auch ihr Reich. Mit zunehmendem Handel entlang der Seidenstraße wuchsen auch die kleinen Stationen an dieser Route zu großen und kleinen Städten, die heute die wichtigen Zentren von Gansu sind. Die Händlerströme aus dem Osten und Westen hinterließen äußerst vielfältige Spuren, die noch heute in Gansu sichtbar sind. Die buddhistischen Grotten in Mogao, Maiji Shan und anderen Orten zeugen von der Blütezeit der religiösen und künstlerischen Schulen an der Seidenstraße.

Der Kulturmix in Gansu führte bisweilen auch zu ernsthaften Spannungen, deren Höhepunkt Aufstände der Moslems zwischen den Jahren 1862 und 1877 waren. Bei diesen Auseinandersetzungen starben Millionen, und danach gab es fast keine Moslems mehr in Gansu. Spannungen zwischen den Ethnien bestehen jedoch auch heute noch, wie die Demonstrationen für Tibet 2008 in Xiahe zeigten.

Trotz der weiten Entfernung zu den Investitionsbanken und großen Produktionsstätten an der chinesischen Ostküste, ist Gansu keine arme Provinz. Das Bruttoinlandsprodukt steigt in stärkerem Maße als der bereits ziemlich hohe Durchschnitt des ganzen Landes, und große Investitionen in saubere Energie treiben die Veränderung sowohl der Natur als auch der Städte voran.

Klima

In Gansu regnet es außer in den südlichen Landesteilen selten, und besonders im Frühjahr gibt es viele Staubstürme. Daher sollten ein Gesichtsschutz und durchaus auch antibiotische Augentropfen im Gepäck nicht fehlen. Die Winter sind von November bis März recht frisch. Im Sommer können die Temperaturen in den Wüstenregionen auf über 40°C steigen.

Sprache

In Gansu gibt es regionale Dialekte des Chinesischen, die meist dem Gansuhua (Teil der nordwestlichen Lanyin-Mandarin-Sprachfamilie) zugeordnet werden. An den Grenzen zu Qinghai und Sichuan gibt es einen großen tibetischen Bevölkerungsanteil, der den tibetischen Amdo-Dialekt spricht.

Anreise & Unterwegs vor Ort

Von Lanzhou gibt es Flüge in den Rest des Landes, andere Flughäfen – wie Dunhuang und Jiayuguan – bieten nur eine Handvoll Flüge in die größeren Städte, im Winter ist der Flugbetrieb eingeschränkt.

Mit dem Zug oder Bus sind die Sehenswürdigkeiten der Seidenstraße dieser Provinz am besten zu erreichen. Im südlichen Gansu sind Reisende weitestgehend auf die manchmal furchtbar langsamen Busse angewiesen.

PREISE

In diesem Kapitel werden die folgenden Preiskategorien verwendet:

Schlafen

€	unter 150 Yuan
€€	150 Yuan bis 500 Yuan
€€€	über 500 Yuan

Essen

€	unter 30 Yuan
€€	30 Yuan bis 80 Yuan
€€€	über 80 Yuan

LANZHOU & SÜDLICHES GANSU

Lanzhou ist ein Verkehrsknotenpunkt, von dem aus die meisten Besucher ihre Weiterreise planen. Die von Tibetern bewohnten Gebiete um Xiahe und Langmusi bieten sich als gute Zwischenstopps auf dem Weg von oder nach Sichuan an.

Lanzhou

0931 / 2,17 MIO. EW.

Die langgezogene Hauptstadt von Gansu liegt fast in der geografischen Mitte Chinas, entsprechend markiert sie oft die Halbzeit einer Reise durch China. Die Lage am Gelben Fluss (Huang He) und zwischen rivalisierenden chinesischen und zentralasiatischen Reichen war von strategischer Bedeutung und somit wechselten die Herrscher in Lanzhou häufig. Aufgrund der Kessellage zwischen Bergen ist die Luft im modernen Lanzhou oft schlecht, und eine graue Sonne scheint kraftlos über der dunstigen Stadt.

Die Stadt erstreckt sich wenig elegant mit Betonbauten in östlichem und westlichem Stil 20 km entlang des Südufers des Gelben Flusses. Es gibt ein paar schöne Stadtviertel im Nordwesten und eine schöne Uferpromenade. Aber die meisten Reisenden halten sich um den Bahnhof auf, wo zahlreiche Hotels und Restaurants zu finden sind.

Sehenswertes

GRATIS **Provinzmuseum Gansu** MUSEUM
(甘肃省博物馆; Gansu *sheng bowuguan*; Xijin Xilu; Di-So 9–17 Uhr) Dieses erfrischende Museum besitzt eine beeindruckende Sammlung von Kunstwerken im Zusammenhang mit der Seidenstraße, darunter Holztafeln mit Inschriften, mit denen während der Han-Dynastie Nachrichten entlang der Seidenstraße übermittel wurden. Das anmutige Bronzepferd aus der frühen Han-Zeit (25 v. Chr.-220 n. Chr.), das auf dem Rücken einer Schwalbe galoppiert, ist bekannt als das Fliegende Pferd von Wuwei. Es wurde in Leitai ausgegraben und wird im Nordwesten Chinas häufig reproduziert. Weitere Exponate sind persische Münzen, einige hübsche Bodhisattva-Statuen aus Tiantishan und eine Sammlung von Dinosaurierskeletten. Zu erreichen ist das Museum mit der Buslinie 1 ab dem Bahnhof.

GRATIS **Tempel der weißen Pagode** BUDDHISTISCHER TEMPEL
(白塔寺; Baita Si) Dieser Tempel, ursprünglich während der Yuan-Dynastie (1206–1368) erbaut, steht im **Park der weißen Pagode** (白塔山; Baita Shan; 6.30–20.30 Uhr) fast auf dessen höchstem Punkt. Der Park mit vielen nachgebauten traditionellen Pavillons, Höfen und Tempeln steigt vom baumlosen Nordufer des Gelben Flusses steil nach oben an. Ein Zugangstor ist an der Nordseite der Zhongshan-Brücke; oder man nimmt die **Zahnradbahn** (Bergfahrt/Talfahrt/Berg- u. Talfahrt 35/25/45 Yuan) auf der Südseite, ein paar Häuserblocks nach Osten. Die Buslinie 34 ab dem Bahnhof hält in der Nähe der Talstation der Zahnradbahn.

Tempel der weißen Wolke TAOISTISCHER TEMPEL
(白云观; Baiyun Guan; Binhe Zhonglu; 7–17.30 Uhr) Dieser weitgehend wiederaufgebaute taoistische Tempel aus der Qing-Dynastie ist eine Oase ehrfürchtiger Ruhe im Herzen der Stadt.

Wasserräder WASSERRÄDER
(水车园; Shuiche Yuan; Eintritt 6 Yuan; 8–18.30 Uhr) Diese großen Holzaufbauten sind Nachbauten der Bewässerungsräder, die früher entlang des Gelben Flusses standen. Ein paar Kilometer weiter östlich steht ein weiteres Dutzend solcher **Wasserräder** (兰州水车博览园; Lanzhou Shuiche Bolan Yuan; Eintritt 10 Yuan; 8–22 Uhr).

Schlafen

Die meisten Budgetunterkünfte in der Nähe des Bahnhofs nehmen keine Ausländer auf (oder sind zu schlecht, um sie zu empfehlen). In der gesamten Stadt sind sogar zahlreiche Hotels der Mittelklasse tabu, darunter auch einige von größeren Hotelketten.

Hualian Binguan HOTEL €€
(华联宾馆; 499 2000; www.lzhlbg.com; 7–9 Tianshui Nanlu; 天水南路 7–9 号; DZ/2BZ 319/399 Yuan;) Dieses 360-Zimmer-Monster bietet komfortable, renovierte Zimmer mit schnellem Internet, ein Restaurant und eine große Lobby mit einem Reisebüro. Die Mitarbeiter sind freundlich; Nachteil ist der Verkehrslärm in den unteren Zimmern. Das Hotel steht direkt gegenüber dem Bahnhof; auf dem englischsprachigen Schild steht 'Lanzhou Mansions'. Rabatte bis zu 50 % sind möglich.

JJ Sun Hotel HOTEL €€€
(锦江阳光酒店; Jinjiang Yangguang Jiudian; 880 5511; www.jjsunhotel.com; 589 Donggang Xilu; 东岗西路 589 号; 2BZ/DZ 800/900 Yuan;) Dieses gute Viersternehotel bietet gepflegte, geräumige und erschwingliche Zimmer. Ein angenehmes holzverkleidetes Restaurant befindet sich im 2. Stock. Rabatte von 40 % sind üblich.

Lanzhou Huar Youth Hostel HOSTEL €
(兰州花儿国际青年旅舍; Lanzhou Hua'er Guoji Qingnian Lushe'; 9925 9808; Zone D, Lanzhou Creative Industry Park, 704 Duan Jia Tan Lu; 兰州市城关区段家滩路 704 号兰州文化创意产业园 D 区; B/DZ ohne Bad 35/135 Yuan;) Dieses freundliche Hotel steht in einem Areal mit Lagerhäusern, aus dem sich langsam ein Kreativpark entwickelt. Es gibt dort große Mehrbettzimmer und Doppelzimmer. Die nicht getrennten Waschräume sind tip-top, es gibt eine Waschmaschine, WLAN und einen offenen Loftbereich. Hier kann man sich aufhalten und andere Traveller kennenlernen. Die Mitarbeiter helfen, wenn man zum Bus möchte, denn man muss umsteigen. Ein Taxi vom Bahnhof kostet 10 Yuan.

Lanzhou

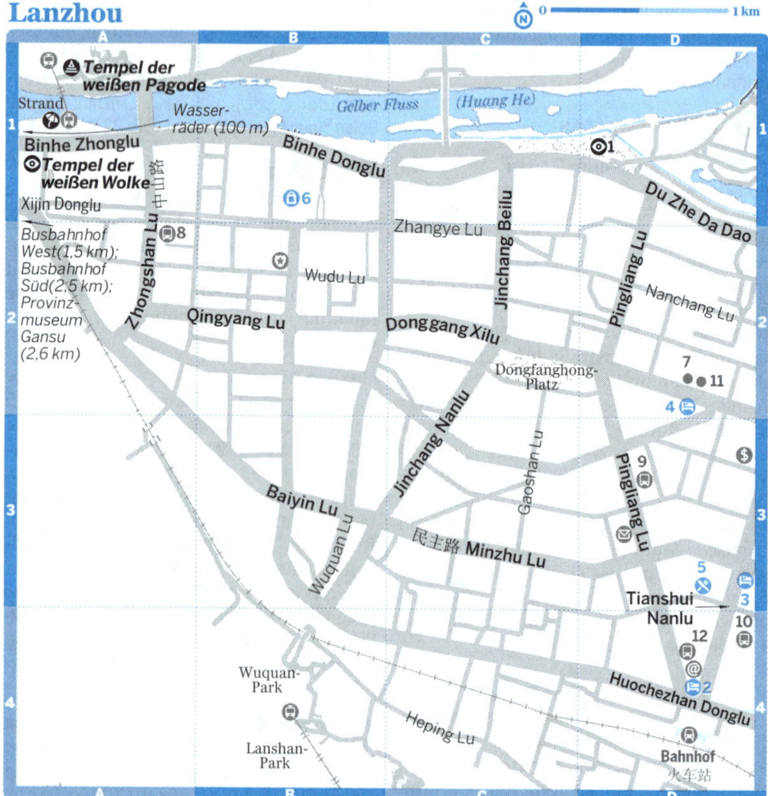

Jinjiang Inn HOTEL €€
(锦江之星; Jinjiang Zhixing; ☎861 7333; Tianshui Nanlu; 天水路; 2BZ 219–289 Yuan; ❄@) Nettes und sauberes Business-Hotel etwa 1 km nördlich des Bahnhofs mit schlichten, kompakten und sauberen Zimmern und einem flotten Service. Keine Rabatte, aber dafür ein sehr gutes Preis-Leistungs-Verhältnis.

Essen

Lanzhou ist im ganzen Land berühmt für seine *niuroumian* (牛肉面), eine scharfe Rindfleischnudelsuppe, die manchen nach Luft ringen lässt. Zwei nützliche Sätze sind „*jia rou*" (加肉; bitte mehr Fleisch) und „*buyao lajiao*" (不要辣椒; bitte ohne Chili). Die Suppe wird mehrfach auf der Tianshui Nanlu angeboten, dorthin geht's vom Bahnhof aus die Straße hoch. Hier gibt es auch viele Restaurants, die die typischen Klöße und Nudelgerichte servieren. Die meisten Restaurants haben Speisekarten mit Bildern.

Nengrenju HOTPOT €€
(能仁聚; 216 Tianshui Lu; Hotpot ab 20 Yuan; ⏲11–22 Uhr; 📋) Vom schmackhaften Lammtopf nach traditioneller Beijing-Art *shuan yangrou* (涮羊肉) kostet ein Teller Brühe 20 Yuan, danach kann es Lammfleisch in Streifen (30 Yuan), Gemüse (10 Yuan) und andere Gerichte geben. Für eine Person sollten mindestens 50 Yuan eingeplant werden. Das Restaurant ist etwa 100m von der Kreuzung mit der Minzhu Lu entfernt.

Hezheng Lu Nachtmarkt MARKT €
(和政路夜市场入口; Hezheng Lu Yeshichang Rukou) Dieser geschäftige, etwas in die Jahre gekommene Markt erstreckt sich von der Tianshui Lu zur Pingliang Lu und bietet Kostproben aller Leckereien des Nordwestens. Der Mix aus Ständen von Hui-

Lanzhou

Highlights
Tempel der weißen Pagode A1
Tempel der weißen Wolke A1

Sehenswertes
1 Wasserräder D1

Schlafen
2 Hualian Binguan D4
3 Junjiang Inn D3
4 JJ Sun Hotel D2

Essen
5 Eingang zum Hezheng Lu Nachtmarkt D3

Shoppen
6 Chenghuang Miao B1

Praktisches
7 Buchungsbüro für Flugtickets Gansu D2

Transport
8 Bus 111 zum Busbahnhof Süd A2
9 Busbahnhof Ost D3
10 Busbahnhof Tianshui D4
11 China Eastern Airlines D2
12 Haupt-Fernbusbahnhof D4

und Han-Chinesen sowie Uighuren bieten alles erdenkliche von Ziegenkopfsuppe bis gedämpften Schnecken, *roujiabing* (肉夹饼; Hammelfleisch in Fladenbrot), Lamm mit Kreuzkümmel, *dapanji* (大盘鸡; großer Teller mit würzigem Hähnchen, Nudeln und Kartoffeln), Spezialitäten aus Sichuan, Klöße, Spareribs, Nudeln und vieles mehr.

Shoppen

LP TIPP **Chenghuang Miao** ANTIQUITÄTEN
(城隍庙; City God Temple; 202 Zhangye Lu) So manche alte Philosophen wären wohl nicht begeistert, aber dieser staatliche taoistische Tempel wurde zu einem der besten Einkaufszentren in Lanzhou umgebaut. Dort gibt es alles, vom Mao-Kitsch bis zu Kalligraphien, Teeservicen, exotischen Steinen und wirklich sehr schönen Töpferwaren, Holzarbeiten und Antiquitäten. Der Tempel steht etwas zurückgesetzt auf der Nordseite der Zhangye Lu (eine reine Fußgängerzone) etwa 500 m östlich der Zhongshan Lu.

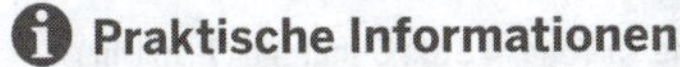

Praktische Informationen

Bank of China (中国银行; Zhongguo Yinhang; Tianshui Lu; ⏲Mo–Fr 8.30–12 & 14.30–17.30 Uhr) Es gibt dort einen Geldautomaten, Reiseschecks werden im 1. OG gewechselt.

Internetcafé (网吧; *wangba*; 3 Yuan pro Std.; ⏲24 Std.) Im 1. OG, rechts neben Hualian Binguan.

Büro für Öffentliche Sicherheit (PSB; 公安局; Gong'anju; ☎871 8610; 482 Wudu Lu; ⏲ Mo–Fr 8.30–11.30 & 14.30–17.30 Uhr) Das Büro für ausländische Angelegenheiten befindet sich im 1. OG. Visaverlängerungen nehmen mehrere Tage in Anspruch, unbedingt ein Foto mitbringen.

Western Travel Agency (西部旅行社; Xibu Luxingshe; ☎882 0529; 486 Donggang Xilu) Im 1. OG des Westflügels des Lanzhou Fandian an der Ecke Donggang Xilu und Tianshui Nanlu. Das Büro bietet Touren durch Lanzhou und bis Xiahe an, auch das Buchen von Fahrkarten ist möglich.

An- & Weiterreise

Bus

In Lanzhou gibt es mehrere Busbahnhöfe, von allen fahren Busse nach Xining. Der **Haupt-Fernbusbahnhof** (长途车站; changtu chezhan; Pingliang Lu) ist jetzt nur noch ein Büro, in dem man Fahrkarten kaufen kann, davor fährt 30 Minuten vor Abfahrt ein Shuttlebus zum **Busbahnhof Ost** (汽车东站; qiche dongzhan; Pingliang Lu). Die meisten Busse nach Lanzhou haben ihre Endstation am Busbahnhof Ost; wer einfach im Übernachtbus nach Zhangye oder Jiayuguan reisen möchte, kauft sein Ticket direkt an diesem Busbahnhof.

Ein neuer Busbahnhof wurde kürzlich 150 m östlich vom Bahnhof an der Huochezhan Donglu eröffnet. Angeboten werden dort die gleichen Routen wie am Haupt-Fernbusbahnhof und am Busbahnhof Ost.

Reisen in den Süden von Gansu fahren am **Busbahnhof Süd** (汽车南站; *qiche nanzhan*; Langongping Lu) ab.

Vom Haupt-Fernbusbahnhof fahren folgende Linien ab:

Pingliang 119 Yuan, 5 Std., stündl. (7–18 Uhr)

Tianshui 75,50 Yuan, 4 Std., alle 30 Min. (7–18 Uhr)

ABSTECHER

DIE BUDDHAGROTTEN & KARTOFFELTERRASSEN VON BINGLING SI

Aufgrund der schlechten Zugänglichkeit ist **Bingling Si** (炳灵寺; Eintritt 50 Yuan) eine der wenigen buddhistischen Grotten in China, die das stürmische 20. Jh. unbeschadet überstanden haben. Das ist ein großer Glücksfall, denn über einen Zeitraum von 1600 Jahren schlugen hier Bildhauer an Seilen hängend 183 Nischen und Skulpturen aus dem porösen Fels entlang der beeindruckenden Wände des Canyon. Heute sind die Felswände durch das Wasser des Liujiaxia Stausees am Gelben Fluss abgetrennt und eingefasst von einem Ring atemberaubender Felszitadellen. Die Kunst in den Grotten hält zwar keinem Vergleich mit Dunhuang stand, aber die gesamte Anlage und die wunderbare terrassierte Landschaft auf dem Weg machen Bingling Si zu einer unvergesslichen Tagestour von Lanzhou aus.

Wie bei anderen Grotten entlang der Seidenstraße spendeten reiche Gönner, häufig Händler auf dem Weg nach Westen, für den Weiterbau von Bingling Si, das seinen Höhepunkt während der prosperierenden Tang-Dynastie erlebte. Der Star in den Grotten ist die 27 m hohe sitzende **Maitreya-Statue,** des Buddhas der Zukunft, aber auch einige der kleineren Statuen, Bodhisattvas mit wiegenden Hüften und Wächter, bei denen der indische Einfluss erkennbar ist, sind sehr schön.

Wer bereits zur Maitreya-Grotte hochgelaufen ist, kann noch 2,5 km dranhängen und den beeindruckenden Canyon weiter hinauflaufen zu einem kleinen **tibetischen Kloster**. Manchmal fahren auch Jeeps auf dieser Strecke.

Bingling Si ist von Lanzhou aus als Tagesausflug erreichbar und es liegt auf dem Weg nach Linxia. Zu den Grotten nimmt man von Liujiaxia aus entweder ein Boot oder ein Taxi. Vom Busbahnhof West in Lanzhou fahren häufig Busse (19,50 Yuan, 2½ Std.) nach Liujiaxia, von der Haltestelle ist es nur ein kurzes Stück bis zum Fahrkartenhäuschen für die Boote (Haltestelle 1 km vor Liujiaxia). Oder man steigt in der Stadt am Hauptbusbahnhof aus und mietet von dort ein Taxi. Am besten ist es, mit dem ersten Bus in Lanzhou zu starten (erste Fahrt um 7 Uhr), um wieder gut zurückzukommen. Der letzte Bus zurück nach Lanzhou fährt um 18.30 Uhr.

Der gängige Tarif für ein Schnellboot mit Verdeck (bis zu 8 Sitzplätze) ist 700 Yuan für eine einstündige Fahrt. Beim Fahrkartenschalter werden die Reisenden geschickt gruppiert, sodass der Einzelfahrpreis dann etwa 100 Yuan pro Person beträgt.

Es mag überraschen, aber die schönere Route ist die Anfahrt mit dem Taxi (250 Yuan hin und zurück). Von Liujiaxia aus führt die Straße in die zerklüftete Berglandschaft über dem Stausee. 90 Minuten lang geht die Fahrt in Serpentinen bergauf und bergab durch eine märchenhafte Landschaft mit Terrassen soweit das Auge reicht, auf denen an jedem Hang, auf jedem Hügel, auf jedem Felsvorsprung und in jeder Schlucht Kartoffeln angebaut werden. Die letzte Abfahrt zum grünblauen Stausee zwischen den Felsen ist grandios.

Wer nach dem Besuch der Grotten nach Linxia weiterfahren möchte, kann einen der zahlreichen Busse, die am Bahnhof von Liujiaxia abfahren, nehmen.

Wuwei 62,50 Yuan, 4 Std., 1-mal tgl. (8.50 Uhr)

Xining 59 Yuan, 3 Std., alle 30 Min. (7.10–20.10 Uhr)

Yinchuan 124 Yuan, 6 Std., 7-mal tgl. (7–20 Uhr)

Folgende Linien fahren vom Busbahnhof Süd:

Hezuo 74 Yuan, 4 Std., alle 20 Min. (8–17 Uhr)

Langmusi 117 Yuan, 8 Std., 2-mal tgl. (8.40 und 9.40 Uhr)

Linxia 35 Yuan, 3 Std., alle 30 Min. (7–19 Uhr)

Xiahe 75 Yuan, 4 Std., 5-mal tgl. (7–15 Uhr)

Vom **Busbahnhof West** (汽车西站; qiche xizhan; Xijin Xilu) fahren zahlreiche Busse nach Liujiaxia (19,50 Yuan, 2½ Std., 7–18 Uhr) und auch Richtung Bingling Si.

Etwas versteckt abseits der Hauptstraße ist der **Busbahnhof Tianshui** (天水汽车站; Tianshui Qichezhan; Tianshui Lu) mit Verbindungen ins östliche Gansu wie etwa Luomen (55 Yuan, 4 Std., stündl.). Am besten findet man den Bahnhof, wenn man ein großes WC-Schild sucht und rechts in eine schmale Allee einbiegt.

Flugzeug

Städteverbindungen gibt es von Lanzhou nach Beijing (1340 Yuan), Dunhuang (1380 Yuan), Jiayuguan (1080 Yuan), Kunming (1410 Yuan), Shanghai (1750 Yuan) und Xi'an (600 Yuan).

Gansu Airport Booking Office (甘肃机场售票中心; Gansu Jichang Shoupiao Zhongxin; ☎888 9666; 616 Donggang Xilu; ⏰8.30–18 Uhr) Können alle Flugtickets zu vergünstigten Preisen buchen.

Zug

Lanzhou ist ein Knotenpunkt für Züge nach und von Westchina. Im Sommer möglichst die Tickets für die Weiterfahrt ein paar Tage im Voraus kaufen, um sicher einen Schlafplatz zu bekommen. Xining ist besser mit dem Bus zu erreichen, da dieser häufiger fährt und der Bahnhof von Xining mittlerweile außerhalb der Stadt liegt. Nach Dunhuang sollte man einen Zug direkt in die Stadt nehmen und nicht nach Liuyuan, das 180 km entfernt liegt. Weitere Infos zu den Zügen nach Lhasa stehen auf S. 1011.

Hier die häufigsten Zugverbindungen:

Dunhuang Hart-/Weichschläfer 246/383 Yuan, 13 Std. (2-mal tgl. direkt nach Dunhuang um 5.50 und 19.10 Uhr; die anderen Züge fahren nach Liuyuan)

Jiayuguan Hart-/Weichsitzer 103/160 Yuan, 7–8 Std.; Hart-/Weichschläfer 179/275 Yuan, 11 Std.

Ürümqi Hart-/Weichschläfer 365/574 Yuan, 24 Std.

Wuwei Hart-/Weichsitzer 44/72 Yuan, 3½ Std.

Xi'an Hart-/Weichschläfer 164/252 Yuan, 9 Std.

Zhangye Hart-/Weichsitzer 76/119 Yuan, 5–6 Std.

Unterwegs vor Ort

Auch die Straßen in Lanzhou sind mittlerweile voller Autos und Staus sind an der Tagesordnung. Wer unterwegs sein möchte, sollte entsprechend viel Zeit einplanen, insbesondere wenn morgens ein Bus oder Zug erreicht werden muss. Der Flughafen liegt 70 km nördlich der Stadt. Flughafenbusse fahren stündlich von 5–19 Uhr vor dem Büro der **China Eastern Airlines** (东方航空公司; Dongfang Hangkong Gongsi; 586 Donggang Xilu). Die Fahrt kostet 30 Yuan und dauert 60 Minuten. Ein Taxi kostet etwa 150 Yuan, wobei an der Abfahrtstelle des Flughafenbusses oft auch ein Gemeinschaftstaxi zu finden ist.

Nützliche Buslinien:

Linie 1 und 6 Vom Bahnhof zum Busbahnhof West über Xiguan Shizi.

Linie 111 Von der Zhongshan Lu (Haltestelle Xiguan Shizi; 去汽车南站的 111 路公交车) zum Busbahnhof Süd.

Linie 7 und 10 Verkehrt vom Bahnhof entlang der Tianshui Nanlu und dann nach Westen oder Osten.

Die Fahrt im Bus kostet 1 Yuan; Taxis kosten 7 Yuan für die ersten 3 km. Ein Taxi vom Bahnhof zum Busbahnhof Süd kostet 15 Yuan.

Linxia 临夏

VERKEHRSKNOTENPUNKT

☎0930 / 198 600 EW.

Das China der Han läuft hier aus, und ein Übergangsbereich beginnt in dieser deutlich erkennbaren Hochburg des chinesischen Islams. Linxia ist eigentlich kein lohnenswertes Ziel, aber für viele Reisende ist es der Start- oder Endpunkt der Reise nach Xiahe.

Schlafen & Essen

Wenn man aus dem Busbahnhof auf die Jiefang Lu läuft, sieht man gleich auf beiden Straßenseiten kleine Nudelrestaurants und schlichte Budgethotels, in denen ein Zimmer ohne Bad zwischen 68 Yuan und 88 Yuan und ein Zimmer mit Bad zwischen 158 Yuan und 188 Yuan kostet.

Etwa 1 km nördlich des Bahnhofs (am Ausgang rechts abbiegen) auf der Westseite (links) des Zhongxin Guangchang (中心广场; Hauptplatz) ist ein Nachtmarkt mit vielen Ständen, an denen es Lammkebab (1 Yuan pro Stück) und *sha guo* (砂锅; kleiner Eintopf; 10 Yuan) gibt.

Jinhe Binguan HOTEL €

(锦河宾馆; ☎631 1301; Qian He Yanlu; 2BZ ohne/mit Bad 88/168 Yuan; ❄@) In diesem alkoholfreien Hotel glänzen die Zimmer mit einem entspannten modernen Design, nur die Flecken auf dem Teppich schmälern den positiven Gesamteindruck. Vom Ausgang des Busbahnhofs Süd einfach nach rechts 300 m zur ersten großen Kreuzung laufen, diese überqueren und dann nach links in die Qian He Yanlu einbiegen. Nach etwa 50 m kommt das Hotel.

Information

Bank of China (中国银行; Zhongguo Yinhang; Jiefang Lu; ⏰ Mo–Fr 8.30.17 Uhr) Befindet sich 400 m die Jiefang Lu hinauf, wenn man am Ausgang des Busbahnhofs Süd rechts abbiegt. Der Geldautomat ist 24 Stunden zugänglich, und es können auch Reiseschecks umgetauscht werden.

MINDERHEITEN RUND UM LINXIA

Verteilt über einen Bergrücken hoch über Linxia leben in der kleinen Marktstadt **Suonanba** (锁南坝; 12 000 Einwohner) sowohl Hui- als auch Dongxiang-Minderheiten; in den Straßen der Stadt ist viel los, die Einheimischen kaufen und verkaufen ihre Waren und ab und zu treiben Hirten ihre Schafherden durch.

Ein anderer Name der Stadt ist Dongxiang (东乡) nach dem Umland. Die Menschen in Dongxiang sprechen eine altaische Sprache und gelten als Nachkommen von Einwanderern aus Zentralasien aus dem 13. Jh., die nach Kublai Khans Eroberung des mittleren Ostens nach China gedrängt wurden.

Dahejia (大河家; 4500 Einwohner) bietet mit großartigen Aussichten über den Gelben Fluss, hoch aufragenden Steilufern und (im Sommer) üppig grünen Terrassen eine unvorstellbare Farbenvielfalt. In der Umgebug der Stadt leben nicht wenige Bao'an (保安族), Moslems, die eine mongolische Sprache sprechen. Berühmt sind die Bao'an für ihre Messerherstellung, kulturell haben sie die gleichen Wurzeln wie die Hui und Dongxiang. Ihre mongolische Herkunft zeigt sich bei den Festivals im Sommer mit Ringkämpfen und Pferdeschauen.

Nach Suonanba fahren häufig Minibusse (7 Yuan, 1 Std.) am Busbahnhof Ost in Linxia ab. Die schöne Fahrt führt durch terrassierte Felder.

Es bietet sich an, Dahejia auf der Fahrt von Linxia nach Xining zu besuchen. Die meisten Busse, die auf dieser Strecke verkehren, halten dort. Von Linxia aus fährt häufig ein Minibus (25 Yuan, 3 Std.) ab dem Bahnhof *chengjiao qiche zhan* (城郊汽車站) am Rand der Stadt.

An- & Weiterreise

Linxia hat drei Fernbusbahnhöfe: Süd *(nanzhan)*, West *(xizhan)* und Ost *(dongzhan)*. Manchmal muss man am Busbahnhof West aussteigen, aber sonst ist er nicht wichtig. Die Buslinie 6 verbindet die Busbahnhöfe Süd und West; ein Taxi kostet 5 Yuan.

Ab dem Busbahnhof Ost bedienen Busse die Strecken nach:

Dongxiang 7 Yuan, 1 Std., häufig

Liujiaxia 16 Yuan, 3 Std., häufig

Ab dem Busbahnhof Süd fahren Busse nach:

Hezuo 30 Yuan, 2 Std., alle 30 Min.

Lanzhou 34 Yuan, 3 Std., alle 20 Min.

Xiahe 31 Yuan, 2½ Std., alle 30 Min. (6.30–17 Uhr)

Xining 64 Yuan, 8 Std., 1-mal tgl. (6 Uhr)

Eine interessante Route ist die Fahrt zum Naturreservat Mengda in Qinghai. Am schnellsten geht's dorthin, wenn man den Bus nach Dahejia (siehe Kasten unten) nimmt und dann ein Taxi für die letzten 15 km mietet.

Wer gemütlich nach Qinghai fahren möchte, nimmt die Busse nach Xunhua (50 Yuan, 3½ Std., 8–15.30 Uhr); sie verkehren stündlich oder alle zwei Stunden von einem Hof hinter dem Hotel Tianhe Fandian (天河饭店). Um dorthin zu gelangen, vom Busbahnhof Süd (nach dem Ausgang rechts) 300 m zur ersten Kreuzung laufen, dort rechts abbiegen und 350 m zu dem Hotel laufen. Von Xunhua gibt es Busverbindungen nach Xining und Tongren.

Xiahe 夏河

☎0941 / 70 000 EW.

Die verführerisch schöne Klosterstadt Xiahe zieht ganz unterschiedliche Besucher an: Studenten mit ihren großen Rucksäcken, fleißige Wanderer, kahlgeschorene Nomaden in ihrem bunten Sonntagsstaat, Reisegruppen mit kamerabehangenen Touristen und staubige Wanderbettler. Die meisten Besucher sind Tibeter vom Land, die zum Beten kommen und in ihrer typischen Gebetshaltung spirituelle Erfüllung in dem heiligen Kloster Labrang (Labuleng Si) suchen.

Das in einem schönen Bergtal auf 2920 m Höhe gelegene Xiahe hat einen ganz eigenen Rhythmus, und die Besucher nehmen schnell dessen fließende Stimmungen auf. Mit der aufgehenden Sonne machen sich die Pilger auf den 3 km langen Pilgerpfad *kora*, der um das Kloster führt. Mönche in ihren roten Kutten drängen in die Tempel zu den morgendlichen Gebetsgesängen. Schnell reißt einen dieser Strom des Lebens mit, aber am schönsten ist es, in seiner ganz eigenen Geschwindigkeit in der Stadt und auf den wunderschönen Wegen in den umliegenden Bergen unterwegs zu sein.

Das Gebiet um Xiahe gehörte lange Zeit zur tibetischen Region Amdo. Es ist ein ei-

Xiahe

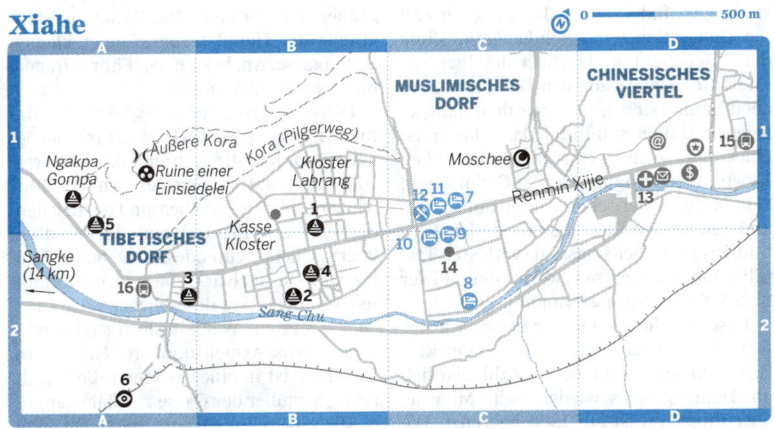

Xiahe

Sehenswertes

1 Barkhang B1
2 Dewatsang-Kapelle B2
3 Gongtang-Chörten A2
4 Hayagriva-Halle B2
5 Nonnenkloster A1
6 Thangka-Aussichtsterrasse A2

Schlafen

7 Labrang Baoma Hotel C1
8 Labrang Red Rock International Hostel C2
9 Overseas Tibetan Hotel C2
10 Tara Guesthouse C2
11 White Stupa Hotel C1

Essen

Cesar Restaurant .... (siehe 12)
Everest Cafe .... (siehe 9)
12 Nomad Restaurant C1

Praktisches

13 Deshengtang-Apotheke D1
14 OT Travels & Tours C2

Transport

15 Busbahnhof D1
16 Busse nach Dajiutan A2

gener Mikrokosmos im Südwesten von Gansu; hier sind die drei wichtigsten ethnischen Gruppen des Gebiets zu finden: etwa 50 % Tibeter, 40 % Han und 10 % Hui. Das Kloster Labrang steht genau zwischen dem östlichen Stadtteil von Xiahe, in dem hauptsächlich Han- und Hui-Chinesen leben, und dem eher heruntergekommenen tibetischen Dorf im Westen.

Trotz der scheinbaren Ruhe in Xiahe ist das Zusammenleben dieser ethnischen Gruppen nicht immer friedlich. Die Tibeter fühlen sich eng verbunden mit ihren Landsleuten im Hochland, und Demonstrationen in der Folge der Aufstände in Lhasa 2008 führten dazu, dass die Gegend fast zwei Jahre lang gesperrt war.

Sehenswertes

Kloster Labrang KLOSTER

(拉卜楞寺; Labuleng Si; Eintritt 40 Yuan) Mit seinen pausenlos quietschenden Gebetsmühlen (auf einem Weg von 3 km), Falken, die am Himmel ihre Kreise ziehen, und dem tiefen Klang der tibetischen Trompeten, deren Echo von den Bergen widerhallt, ist Labrang der Archetypus eines Klosters.

Neben Kapellen, Unterkünften, Tempelhallen mit goldenen Dächern und Wohnräumen der Mönche gibt es in Labrang auch sechs *tratsang* (Klosterschulen), die sich mit esoterischem Buddhismus, Theologie, Medizin, Astrologie und Recht befassen. Viele der Kapellenräume erstrahlen im Glanz der Yakbutter-Lampen, deren stark riechender Brennstoff aus riesigen Fässern geschöpft wird. Gerade wer nicht nach Tibet reist, bekommt hier einen guten Eindruck von der esoterischen Mystik dieses tiefen Glaubens, der diesen heiligen Ort prägt und mit dem er untrennbar verbunden ist.

Das Kloster Labrang wurde 1709 von Ngagong Tsunde (E'angzongzhe auf Chinesisch) gegründet, einem Jamyang der ersten Generation (eine Reinkarnationslinie der Rinpoches oder lebender Buddhas, die an dritter Stelle nach den Dalai und Panchen Lamas stehen), der aus dem nahegelegenen Ganjia stammte. Das Kloster ist eines der sechs wichtigsten tibetischen Klöster des Gelugpa-Ordens (Gelbmützen, Schule des Tibetischen Buddhismus). Die anderen großen Klöster sind Ganden, Sera und Drepung bei Lhasa, das Kloster Tashilhunpo in Shigatse und Kumbum (Ta'er Si; S. 987) bei Xining, Qinghai.

In seiner Hochzeit lebten in dem Kloster fast 4000 Mönche, aber während der Kulturrevolution nahm deren Zahl deutlich ab. Heute gibt es wieder mehr Mönche, aber ihre Zahl ist auf 1800 begrenzt. Die meisten kommen aus Qinghai, Gansu, Sichuan und der Inneren Mongolei.

Hauptgebäude

Die Innenräume der Hauptgebäude können nur mit einer Führung besichtigt werden, die im Allgemeinen auch das medizinische Institut, den Tempel Manjushri, den Tempel Serkung (Goldener Tempel) und die Hauptgebetshalle (Große Sutra Halle) sowie das Museum mit Reliquien und Yakbutter-Skulpturen mit einschließt. Englische **Führungen** (40 Yuan pro Person) durch das Kloster beginnen an der Kasse (售票处; *shoupiaochu*) etwa um 10.15 Uhr und um 15.15 Uhr; wenn möglich, die Vormittagsführung nehmen, bei der es mehr sehen gibt. Eine andere Möglichkeit ist, sich einer chinesischen Führung anzuschließen. Noch besser ist es, zwischen 6 und 7 Uhr morgens zu kommen und sich unter die Mönche zu mischen. In der Abenddämmerung hallen am Berg die kehligen Klänge der Sutras wider, die hinter den Holztüren gesungen werden.

Weitere Gebäude

Der Rest des Klosters kann auf der *kora* (s. Kasten, S. 923) zu Fuß erkundet werden. Obwohl viele Tempelhallen mit einem Vorhängeschloss abgeschlossen sind, gibt's doch ein paar kleinere Kapellen zu besichtigen, wobei auch nie klar ist, wann sie aus unerfindlichen Gründen geschlossen sind. Für manche wird Eintritt verlangt, aber wenn niemand an der Kasse sitzt, geht's einfach hineinzugehen.

Drei Geschosse hoch ist die **Barkhang** (Eintritt 10 Yuan), die traditionelle Druckpresse des Klosters mit über 20 000 Holzdruckstöcken. Der Besuch lohnt sich, fotografieren ist erlaubt. Die Barkhang steht abseits der Hauptstraße in einer kleinen Seitengasse. Am besten den Führer fragen, bis wann sie geöffnet ist.

Die **Hayagriva-Halle** (马头明王殿; Matou Mingwang Dian; Halle des pferdeköpfigen Buddha), die während der Kulturrevolution zerstört wurde, wurde 2007 wieder eröffnet. Zu sehen sind darin lebendige und strahlende Wandbilder und ein überraschend wütendes, 12 m hohes Bildnis von Hayagriva – einer zornentbrannten Manifestation des üblicherweise friedvoll gezeigten Avalokiteshvara (Guanyin) – mit sechs Armen und drei Gesichtern. Die Halle ist in einer Seitenstraße fast direkt gegenüber der Gasse zur Barkhang.

Mit einem Innenraum voller Wandbilder, der von Yakbutter-Lampen und unzähligen Glühbirnen hell erleuchtet wird, war und ist die 31 m hohe **Gongtang Chörten** (贡唐宝塔; Gongtang Baota; Eintritt 20 Yuan) das Besucherhighlight. Vom Dach bietet sich ein großartiger Blick auf die Landschaft voller rot gekleideter Mönche. Im rückwärtigen Bereich der Stupa ist ein **Schlafender Buddha** (卧佛; Wofo), der Sakyamuni an der Schwelle zum Nirvana darstellt. Sowohl in die Stupa als auch in die Kapelle gelangt man durch Tore, die zum Fluss ausgerichtet sind. Auf dem Weg entlang der *kora* kommt man an ihnen vorbei.

Die **Dewatsang-Kapelle** (德哇仓文殊佛殿; Dewacang Wenshu Fodian; Eintritt 10 Yuan) aus dem Jahr 1814 hat vier Stockwerke, darin sind eine riesige, 12 m hohe Statue von Manjushri (Wenshu) und Tausende von Buddhas, die in Schränken an den Wänden aufbewahrt werden.

Der Zutritt zum restlichen Bereich des Klostergeländes ist frei, und man kann ohne Weiteres mehrere Stunden darin herumlaufen und die Atmosphäre in diesem endlosen Labyrinth aus Lehmwänden in sich aufsaugen. Auf Tibetisch grüßt man in dem örtlichen Amdo-Dialekt *„Cho day mo?"* (Wie geht's?) – damit ist das Eis sofort gebrochen.

Der beste morgendliche Blick auf das Kloster bietet sich von der **Thangka-Aussichtsterrasse**, einem beliebten Picknickplatz, oder von den bewaldeten Hügeln südlich der Stadt.

Nonnenkloster BUDDHISTISCH

Das Nonnenkloster (尼姑庵; *ani gompa* auf Tibetisch, *nigu'an* auf Chinesisch)

UNTERWEGS WIE EIN TIBETER

Auf der 3 km langen *kora* (Pilgerpfad) um das Kloster Labrang erfasst man vielleicht am besten dessen Anlage, Größe und Bedeutung. Der Pfad wird gesäumt von langen Reihen quietschender Gebetsmühlen, weiß verputzten *chörten* (tibetische Stupas) und Kapitellen. Die *kora* führt am Gongtang Chörten und der Dewatsang-Kapelle vorbei. Tibetische Pilger mit Gebetsketten in der Hand und Sonnenhüten, alte Menschen, Mütter mit Kindern, arme Nomaden und andere gehen im Uhrzeigersinn meditierend diesen Pfad (genannt *zhuanjingdao auf Chinesisch*, „Weg der drehenden Schrift") und drehen im Vorbeigehen die Gebetsmühlen. Interessant sind auch die winzigen Mediationszellen am Nordhang.

Wer eine kleine Wanderung unternehmen möchte, geht den anstrengenderen äußeren *kora*-Pfad, für den man etwa eine Stunde braucht und der hoch über dem Kloster verläuft. Der Pfad beginnt hinter dem westlichen Ende des Klosters und etwa ein Häuserblock im tibetischen Dorf, dort steht auch rechts ein großes Schild (zwar nur auf Tibetisch, aber es ist das einzige Schild). Man folgt dem ansteigenden Weg zum Bergrücken und dem steilen Bergpfad vorbei an vielen Gebetsfahnen und den Ruinen einer Einsiedelei. Der Blick auf das Kloster wird im Verlauf des Wegs immer besser. Am Ende des Bergrückens führt ein steiler Pfad zurück in die Stadt.

steht auf einem Hügel über dem tibetischen Teil der Stadt. Die obere *kora* beginnt direkt links daneben.

Geführte Touren

Lohsang von OT Travels & Tours und die Mitarbeiter des Tara Guesthouse bieten hervorragende Infos und Touren in die Umgebung.

Feste & Events

Feste sind ein zentraler Bestandteil des Kalenders sowohl für die gläubigen Mönche als auch für die Nomaden, die in ihren bunten Kleidern von der Steppe in die Stadt strömen. Die Tibeter haben einen Mondkalender, und damit sind die Daten der einzelnen Feste von Jahr zu Jahr unterschiedlich.

Monlam-Fest (Großes Gebetsfest) BUDDHISTISCH

Das Fest beginnt drei Tage nach dem tibetischen Neujahr, das in der Regel im Februar oder in den ersten Märztagen ist. Am Morgen des 13. Tages des Festes tragen über 100 Mönche eine riesige *thangka* (heiliges Bild auf Stoff), die Buddha zeigt, über 30 m auf 20 m groß ist und auf dem Hügel gegenüber dem Kloster entrollt wird. Begleitet wird das Ereignis von beeindruckenden Prozessionen und Gebetsversammlungen.

Am 14. Tag werden den ganzen Tag über Cham-Tänze von 35 Tänzern mit Masken, darunter Yama, der Herr des Todes, in der Hauptrolle, aufgeführt. Am 15. Tag werden abends Yakbutterlampen und -skulpturen gezeigt. Am 16. Tag wird die Maitreya-Statue in einer Prozession um das Kloster getragen.

Im zweiten Monat (in der Regel mit Beginn im März oder Anfang April) finden am 7. Tag mehrere interessante Feste statt mit einer Prozession mit den Reliquien des Klosters.

Schlafen

Overseas Tibetan Hotel HOTEL €

(华侨饭店; Huaqiao Fandian; ☎712 2642; www.overseastibetanhotel.com; 77 Renmin Xijie; 人民西街 77 号; B/DZ 50/200–300 Yuan; @📶) Geschäftiges Hotel, gut geführt von dem quirligen Energiebündel Lohsang, einem liebenswerten Tibeter mit fehlerfreiem Englisch, der bei den Jesuiten zur Schule gegangen ist und fast jeden Morgen die *kora* läuft. Im Winter 2012 wurde das Gästehaus vollständig renoviert und eine Solaranlage auf das Dach gebaut, so dass man nun rund um die Uhr warm duschen kann. In der Lobby gibt es Internet (5 Yuan), hier ist auch das Everest Cafe (mit freiem WLAN), man kann Fahrräder mieten (20 Yuan pro Tag), und es gibt eine Wäscherei sowie ein Reisebüro.

Labrang Red Rock International Hostel JUGENDHERBERGE €

(拉卜楞红石国际青年旅馆; Labuleng Hongshi Guoji Qingnian Luguan; ☎712 3698; 253 Yagetang; 雅鸽塘 253 号; B im 8-/4-Bettzimmer

40/45 Yuan, DZ 120 Yuan; @) Das tibetisch gestaltete, sehr ruhige Hostel bietet lackierte Kiefernholzwände in den Zimmern, mit Sonnenwärme erhitztes Duschwasser, Internet, ein Restaurant und eine Bar sowie einen schönen *thangka*-Bild. Die Doppelzimmer sind sauber und geräumig. Wer einen JH-Ausweis hat, bekommt Rabatt. Am Tara-Guesthouse vorbeilaufen, links abbiegen und dann wieder links in die letzte Straße vor dem Fluss einbiegen.

Tara Guesthouse GÄSTEHAUS €

(卓玛旅社; Zhuoma Lushe; ☎712 1274; 268 Yagetang; 雅鸽塘 268 号; B 15 Yuan, EZ/2BZ ohne Bad 30–40/60–100 Yuan, DZ mit Bad 180 Yuan;) Diese Budgetunterkunft gibt es schon lange, sie wird von Mönchen aus Sichuan betrieben und hat einfache Mehrbettzimmer, kleine, komfortable *kang*-Zimmer (Gemeinschaftsdusche, kein Telefon) und größere Doppelzimmer mit Bad. Die Zimmer im Erdgeschoss liegen um einen Innenhof, die Zimmer in den oberen Geschossen haben helle Sitzbereiche. In dem dazugehörigen Restaurant gibt es die besten *momo* (tibetische Klöße; 15 Yuan) der ganzen Stadt. Die Leute an der Rezeption sprechen Englisch.

Labrang Baoma Hotel HOTEL €€

(拉卜楞宝马宾馆; Labuleng Baoma Binguan; ☎712 1078; www.labranghotel.com; 77 Renmin Xijie; 人民西街 77 号; B in 5BZ 35 Yuan, Zi ab 480 Yuan; @) Angenehmes, sehr buntes Hotel mit freundlichen Mitarbeitern, schönem Innenhof in tibetischem Stil und komfortablen Doppelzimmern mit Bad. Rabatte von 50 % sind üblich.

White Stupa Hotel HOTEL €€

(曲登嘎布宾馆; Qudeng Gabu Binguan; ☎712 2866; Renmin Xijie; 人民西街; DZ/2BZ 168/288 Yuan; @) Direkt gegenüber vom Overseas Tibetan Hotel steht dieses freundliche Hotel mit sauberen, hellen Zimmern mit Bad und schnellem Internet. Rabatte von 20 % sind möglich.

Essen & Ausgehen

Wer nicht nach Tibet fährt, findet in Xiahe die Gelegenheit, die Küche des Schneelandes kennenzulernen, so zum Beispiel *momo, tsampa* (Porridge aus geröstetem Gerstenmehl), Yakmilch-Joghurt oder wärmendes örtliches Feuerwasser. Die meisten Hotels und Gästehäuser haben auch ein eigenes Restaurant, und in fast jedem Obergeschoss entlang der Hauptstraße gibt es ein Restaurant, das oft auch eine englische Speisekarte bereithält.

LP TIPP **Gesar Restaurant** TIBETISCH €

(Gerichte 8–35 Yuan;) Dieses einfache familiengeführte Restaurant über dem Nomad Restaurant bietet viele schmackhafte Gerichte mit sehr frischen Zutaten (der Joghurt schmeckt dort am besten). Es gibt sehr viele vegetarische Gerichte und Eintöpfe, außerdem traditionelle tibetische Gerichte wie *momo, tsampa* und Röstbrot sowie eine ansehnliche Frühstückskarte nach westlichem Geschmack.

Nomad Restaurant TIBETISCH €€

(牧民齐全饭庄; Mumin Qiquan Fanzhuang; Gerichte 5–35 Yuan;) Das einfache Gasthaus im dritten Stock bietet einen tollen Blick auf das Kloster und den *kora*-Pilgerpfad. Am besten beginnt man mit einer heißen Yakmilch und macht weiter mit gekochtem Yakfleisch (58 Yuan), einer Schale *tsampa und* einem Teller *momo* und trinkt zum Abschluss einen kräftigen Schluck Gerstenbrand der Nomaden. Elemente eines westlichen Frühstücks, wie Frucht-Shakes, und viele chinesische Gerichte runden die Speisekarte ab.

Everest Cafe CAFÉ €

(77 Renmin Xijie; 人民西街 77 号; Gerichte 15–40 Yuan; ab 7 Uhr;) Direkt neben dem Overseas Tibetan Hotel, sehr beliebt sind dort das westliche Frühstücksangebot (25 Yuan), die Mittagessen oder das abendliche Bier.

Shoppen

Xiahe bietet eine wunderbare Gelegenheit, tibetische Handarbeiten zu kaufen. Wie wäre es also mit einem Cowboy-Hut oder einem tibetischen Filzhut, einer *chuba* (tibetischer Umhang), Wachholder-Räucherstäbchen, flauschigen gelben Mönchsmützen, Mönchsstiefeln, Gebetsfahnen oder bestickter Seide, *thangka,* tibetischen Zelten oder einer silbernen Teekanne? Im oberen Teil der Hauptstraße vor den Klostermauern reiht sich eine Verkaufsbude an die nächste, und einige Kunstläden mit Bildern befinden sich entlang des unteren *kora*-Pilgerpfads am Fluss.

Praktische Informationen

Freies WLAN gibt es zunehmend in den Restaurants und im Overseas Tibetan Hotel stehen Computer in der Lobby (5 Yuan pro Std.). In den

Internetcafés in der Stadt wird ein chinesischer Zugang benötigt, wobei das Personal manchmal seinen eigenen Zugang zur Verfügung stellt. Fragen kann man im **Internetcafé** (网吧; *wangba*; 3 Yuan pro Std.) in der hinteren linken Ecke des modernen Platzes gegenüber dem Postamt.

China Post (中国邮政; Zhongguo Youzheng; ⌚8–18 Uhr)

Deshengtang Pharmacy (德盛堂药店; Deshengtang Yaodian) Apotheke mit westlicher, chinesischer und tibetischer Medizin, direkt westlich des Postamts.

Industrial & Commercial Bank of China (ICBC; 工商银行; Gongshang Yinhang) Es gibt dort einen Geldautomaten, und man wechselt US$, aber keine Reiseschecks.

OT Travels & Tours (☎1390 9419 888; amdolosang@hotmail.com) Dieses zuverlässige Reisebüro im Overseas Tibetan Hotel kann Autos und Führer zu Sehenswürdigkeiten in der Umgebung vermitteln oder auch Fahrten von Lanzhou, Xining und Chengdu nach Xiahe organisieren.

An- & Weiterreise

Xiahe hat keinen Flughafen, Züge fahren dort keine, aber es gibt regelmäßige Buslinien. Die meisten Reisenden fahren entweder nach Lanzhou oder Sichuan; eine weniger befahrene Straße führt über die Berge nach Tongren in Qinghai.

Die folgenden Buslinien fahren in Xiahe ab:

Hezuo 14,50 Yuan, 1 Std., alle 30 Min. (6.30–17.30 Uhr)

Langmusi 72 Yuan, 4 Std., 1-mal tgl. (7.40 Uhr)

Lanzhou 75 Yuan, 4 Std., 4-mal tgl. (6.30, 7.30, 8.30 und 14.30 Uhr)

Linxia 31 Yuan, 2 Std., alle 30 Min. (6–17.30 Uhr)

Tongren 31 Yuan, 2½ Std., 1-mal tgl. (7.30 Uhr)

Xining 78 Yuan, 7 Std., 1-mal tgl. (6.10 Uhr)

Wer keine Fahrkarte für den Direktbus nach/von Lanzhou bekommt, nimmt den Bus nach Linxia oder Hezuo und steigt dort um. Wichtig für Reisende nach Xining: Busse dorthin fahren alle 40 Minuten ab Tongren.

Unterwegs vor Ort

Die meisten Hotels und Restaurants verleihen Fahrräder für 20 Yuan pro Tag. Taxis kosten 1 bis 2 Yuan pro Platz für eine kurze Fahrt in der Stadt sowie zum Busbahnhof oder zum Kloster.

Rund um Xiahe

SANGKE-STEPPE 桑科草原

Um das Dorf **Sangke** (桑科), 14 km von Xiahe entfernt, erstreckt sich eine weite Steppe, auf der Tibeter ihre Yakherden weiden lassen. Der Ausflug lohnt sich auf jeden Fall, auch wenn moderne Zeiten aus dem Gebiet so etwas wie einen kleinen Zirkus gemacht haben mit allem, was dazugehört: Ausritte zu Pferde und Jurten für die Touristen. Aber man kann auch in den nahegelegenen Bergen wandern oder noch weiter zu den entfernteren und ursprünglicheren Weideflächen in Richtung Amchog fahren. Mit dem Fahrrad dauert die Fahrt nach Sangke etwa eine Stunde, ein Taxi hin und zurück kostet 50 Yuan. Am schönsten ist die Steppe in den Sommermonaten.

GANJIA-STEPPE 甘加草原

Die Ganjia-Steppe (Ganjia Caoyuan), 34 km von Xiahe entfernt, ist nicht ganz so schön wie die Sangke-Steppe, dafür gibt es dort mehr zu entdecken. Von Xiahe führt eine holprige Straße über den Naren-Ka-Pass und dann schnell bergab in eine weite Steppe, in der Schafherden weiden und die von einem grandiosen Bergpanorama eingefasst ist. Hinter dem Dorf Ganjia Xian steigt eine Nebenstraße 12 km nach **Nekhang** (白石崖溶洞; Baishi Ya Rong dong; Eintritt 20 Yuan) hinauf, einem Höhlenkomplex, in dem Pilger mit Seilen und Leitern in zwei heilige Grotten absteigen. Ein niederländischer Tourist stürzte im Jahr 2006 in den Tod, daher sollte man diesen Ort eher meiden.

Nur ein Stück oberhalb dieser Grotten ist **Trakkar Gompa** (白石崖寺; Baishiya Si; Eintritt 15 Yuan), ein Kloster mit 90 Mönchen direkt vor senkrecht aufragenden Felsformationen. Von Trakkar ist es eine kurze Fahrt zu dem 2000 Jahre alten Dorf der Han-Dynastie **Bajiao** (八角; Karnang auf Tibetisch; Eintritt 10 Yuan). Die bemerkenswerte 12-seitige Mauer schützt heute immer noch ein kleines Dorf. Von hier sind es nur 5 km Umweg zur renovierten **Tseway Gompa** (佐海寺; Zuohai Si; Eintritt 20 Yuan), eines der wenigen Bön-Klöster in Gansu. Immer daran denken: Die heiligen Stätten der Bön sollten immer gegen den Uhrzeigersinn umrundet werden. Von dem Bergrücken hinter dem Kloster bietet sich ein großartiger Blick auf Bajiao.

Ein vier- bis fünfstündiger Ausflug in die Ganjia-Steppe kostet etwa 180 Yuan für ein Taxi von Xiahe. Wer einen englischsprachigen Fahrer und Führer möchte (was einen Aufpreis kostet), wendet sich an OT Travels & Tours.

Wandern

Es ist auch möglich, mehrere Tage von der Ganjia-Steppe zu dem 4636 m hoch gelegenen **Dalijia Shan** (达里加山; Dalijia Mountain) zu wandern; für eine solche Trekking-Tour ist jedoch eine gute Ausrüstung nötig. Der Sommer ist die beste Jahreszeit für diese Tour, da die Tage länger sind und es relativ warm ist. Es werden auch Touren zu mehreren tibetischen Dörfern und auch in der Umgebung des tibetischen Dorfes **Daowei** (道帏藏族乡; Daowei Zangzu Xiang; auch Guru) angeboten.

OT Travels & Tours in Xiahe (siehe S. 925) informieren über diese und weitere Touren und organisieren ein Auto für vier Personen für 350 Yuan sowie einem englischsprachigen Führer (für weitere 350 Yuan); sie bieten auch spannende Campingausflüge mit Übernachtung in der Steppe an.

Hezuo 合作

☎0941 / 76 000 EW.

Hezuo, die boomende Regionalhauptstadt der Präfektur Gannan (甘南), ist ein Durchfahrtsort für Reisende, die auf der großartigen Überlandroute zwischen den Provinzen Gansu und Sichuan unterwegs sind. In der Stadt gibt es den unglaublichen Milarepa-Palast zu sehen, ein bezaubernder tibetischer Tempel mit spektakulären neun Geschossen.

Hezuo ist eine recht kompakte Stadt mit einem großen Platz (文化广场; Wenhua Guangchang) etwa auf halbem Weg zwischen den beiden Busbahnhöfen. Um den Platz sind Banken mit Geldautomaten. In der Regel kostet eine Taxifahrt in der Stadt 2 Yuan.

Sehenswertes

Milarepa-Palast BUDDHISTISCHER TEMPEL

(九层佛阁; Sekhar Gutok; Jiuceng Foge; Eintritt 20 Yuan; ⏲7–18 Uhr) Etwa 2 km vom Busbahnhof entlang der Hauptstraße in Richtung Xiahe erhebt sich hoch aufragend der tibetische Tempel in einem Ring aus Gebetsmühlen. Das rotbraune Gebäude ist sehr ungewöhnlich in der tibetischen Welt, da unterschiedliche spirituelle Führer unterschiedlicher Glaubensgruppen auf den einzelnen Stockwerken verehrt werden. Die Halle im Erdgeschoss bietet ein beeindruckendes Schauspiel unzähliger Bodhisattvas, buddhistischer Statuen sowie himmlischer Figuren im schummrigen Licht der Yakbutter-Lampen. Im Obergeschoss fasziniert eine Ausstellung über Lamas und lebende Buddhas. Weitere Gottheiten gibt es im dritten Geschoss. Eine fast gruselige Reihe furchterregender, blauer und türkisfarbener tantrischer Bilder wartet im fünften Stock. Noch weiter oben im 7. Geschoss warten Bilder von Sakyamuni und Guanyin sowie ein Blick auf die Berge und die Stadt. Das Hauptkloster der Stadt, **Tso Gompa** (Eintritt frei; ⏲8–18 Uhr), steht nebenan. Ein Taxi vom zentralen Hauptbusbahnhof hierher kostet 2 bis 3 Yuan.

Schlafen & Essen

Es gibt Restaurants um den großen Platz und auch an den Busbahnhöfen. In der Straße gegenüber dem Eingang zum Hauptbahnhof ist ein **muslimisches Restaurant** (Gerichte 4–10 Yuan) mit einer bebilderten Speisekarte draußen. Empfehlenswert ist das *ganbanmian* (干板面; 10 Yuan), eine Art Spaghetti bolognese mit selbstgemachten Nudeln.

Da Xiahe nur eine Stunde entfernt in Richtung Norden liegt, gibt es kaum einen Grund, hier zu übernachten, und die günstigen Hotels nehmen nur ungern Ausländer auf. Wer trotzdem dort hängenbleibt, das **Gannan Fandian** (甘南饭店; ☎821 4733; Maqu Xilu; 玛曲西路; 2BZ 180–260 Yuan, Rabatt bis 20 %; ❄@) hat anständige saubere und helle Doppelzimmer mit Dusche und Internet; es steht in der Südwestecke des zentralen Platzes.

An- & Weiterreise

In Hezuo kommen Busse aus Zöige (Ruo'ergai), in Sichuan, sowie Langmusi und Xiahe an. Direkt vor dem zentralen Busbahnhof gibt es ein Büro für Zugfahrkarten (obwohl hier keine Züge durchfahren).

Vom zentralen Hauptbusbahnhof (长途汽车站; *changtu qichezhan*) fahren Busse nach:

Lanzhou 74 Yuan, 4 Std., alle 30 Min.

Linxia 30 Yuan, 1½ Std., alle 30 Min.

Xiahe 14,50 Yuan, 1½ Std., alle 30 Min.

Vom Busbahnhof Süd (汽车南站; *qiche nan zhan*) fahren Busse nach:

Langmusi 33 bis 50 Yuan, 3 Std., 3-mal tgl. (7, 10.20 und 12.20 Uhr)

Zöige 78 Yuan, 3½ Std., 1-mal tgl. (7.30 Uhr)

Ein Taxi von einem Busbahnhof zum anderen kostet 2 Yuan pro Person, mit dem Bus, Linie 1, kostet es 1 Yuan.

Langmusi 郎木寺

☎0941 / 3000 EW.

Langmusi (Taktsang Lhamo auf Tibetisch) liegt auf der Grenze zwischen Sichuan und Gansu; es ist ein alpines amdo-tibetisches Dorf, das expandiert und zunehmend moderner wird; es liegt zwischen steilen grünen Wiesen, Wäldern aus schlanken Kiefern, die an den Himmel heranzureichen scheinen, zerfallenden Stupas, Bergen von mani-Steinen und schneebedeckten Gipfeln. Langmusi ist ein lieblicher Ort, feuchter als in den tieferen Lagen, mit vielen roten und weißen Klostergebäuden, wehenden Gebetsfahnen und dem hypnotisierenden Klang der Mönchsgesänge in der Dämmerung.

Der Weiße Drachenfluss (白龙江; Bailong Jiang) teilt die Stadt, und die Sichuan-Seite ist schnell der schönere Ortsteil geworden. Aus dem Bus auf der heruntergekommenen Hauptstraße aussteigen, die Straße drei Häuserblock weiterlaufen und dann links abbiegen. Die gut gepflasterte Straße führt hinauf zum Kloster Kerti, und rechts und links sind mehrere Hostels, Hotels und Restaurants.

Sehenswertes

Kerti Gompa KLOSTER

(格尔底寺; Geerdi Si; Eintritt 3 Tage gültig, 30 Yuan) Auf der Sichuan-Seite des Flusses erhebt sich dieses tibetische Kloster, das auch das Sichuan-Kloster genannt wird. Es wurde 1413 erbaut und wird von etwa 700 Mönchen bewohnt. Es besteht aus fünf Tempeln und Schulen. Nur einen kurzen Spaziergang vom Kloster entfernt stehen kleine Pavillons, die über einem Bach errichtet wurden; das Wasser treibt rund um die Uhr Gebetsmühlen in den Pavillons an (die höchste Heiligkeit). Direkt gegenüber dem Eingang ist ein kleines **muslimisches Dorf der Hui** mit gelben Häusern und einer zentralen Moschee. Am besten besichtigt man das Kloster morgens (7–8 Uhr und 10.30–13 Uhr) und am späten Nachmittag (18 bis 20 Uhr).

Serti Gompa KLOSTER

(赛赤寺; Saichi Si; Eintritt 30 Yuan) Auf der Gansu-Seite weiter oben steht das kleinere tibetische Kloster mit seinen Hallen mit goldenen und silbernen Dächern. Das Kloster entstand 1748 und wird Gansu-Kloster genannt. Die besten Zeiten für eine Besichtigung sind morgens (7–8 Uhr und 10.30–13 Uhr) und am späten Nachmittag (18–20 Uhr). Den ganzen Tag über lässt sich hier oben der wunderbare Ausblick genießen.

Aktivitäten

Wandern

Es gibt vielfältige Wandermöglichkeiten in fast alle Richtungen. Informationen zu Wanderführern für ein- oder mehrtätige Touren auch auf den **Huagaishen Shan** (华盖神山; 4200 m) gibt es bei den Organisatoren von Pferdtouren auf der nächsten Seite.

Südwestlich vom Kerti Gompa ist die **Namo-Schlucht** (纳摩大峡谷; Namo Daxiagu), Ziel für eine großartige zwei- bis dreistündige Wanderung (hin und zurück). In der Schlucht gibt's mehrere heilige Grotten, eine ist der tibetischen Göttin Palden Lhamo geweiht, eine andere wird **Märchenhöhle** (仙女洞; Xiannu Dong) genannt, davon abgeleitet ist auch der tibetische Name der Stadt (*langmu* bedeutet Märchen). Man überquert baufällige Brücken über wilden Bächen, wandert an Türmen von Mani-Steinen und vielen Gebetsfahnen vorbei und gelangt in eine großartige Klamm. Nach etwa 30 Minuten Klettern über Felsen erreicht man eine grüne Ebene, die von hoch aufragenden Gipfeln umgeben ist.

Ein weiterer beliebter Wanderweg führt am Weißen Drachenfluss entlang zur **Quelle des Flusses** (白龙江源头; Bailong Jiang Yuantou), wo chinesische Wanderer nach *chongcao* (虫草), einer in der chinesischen Medizin beliebten Pflanze, suchen.

Eine schöne Strecke führt über die Anhöhen auf einer schmalen gepflasterten Straße von der Stupa von Serti Gompa zu dem kleinen Dorf **Jikehe Cun** (吉科合村). Diese Wanderung lässt sich auch so variieren, dass sie an der Quelle des Weißen Flusses vorbeiführt. Beim Erreichen des Dorfes einfach dem Weg folgen und dann einen unbefestigten Pfad wieder hinunter ins Tal gehen. Aufpassen sollte man wegen der Hunde dort.

Wegen des grandiosen Blicks auf Xiahe lohnt sich die Wanderung zum hahnenkammähnlichen **Red Stone Mountain** (红石崖; Hongshi Ya). Der Weg beginnt an der Stelle, wo man von der Kreuzung, an der man aus dem Bus aussteigt, aus Langmusi herausläuft und die nächste Straße rechts abbiegt.

Pferdetouren

Die Bergpfade um Langmusi eignen sich hervorragend für Pferdetouren. Bei zwei Anbietern kann man sehr ähnliche ein- bis viertägige Touren mit Übernachtung im Nomadenzelt und der Option , einen der nahegelegenen Berggipfel zu besteigen, buchen. **Langmusi Tibetan Horse Trekking** (☎667 1504; www.langmusi.net), gegenüber vom Black Tent Cafe, ist der ältere Anbieter. Ein Pferd pro Tag kostet 260 Yuan, 200 Yuan bei zwei oder mehr. Wer eine Tour bucht, bekommt einen Führer, Essen und Schlafsack sowie außerdem ein Informationspaket über die Kultur der Nomaden.

Wind Horse Trekking (郎木寺白戊马队; ☎151 0944 1588), gegenüber dem Büro der China Telecom auf der Hauptstraße, bietet ähnliche Touren ab 180 Yuan pro Tag an (den eigenen Schlafsack mitbringen).

Beide Anbieter haben freundliche, Englisch sprechende Mitarbeiter und bieten umfassende Informationen.

Fahrradtouren

Die vielen, relativ wenig befahrenen Straßen und unzähligen Pisten in den Bergen um Langmusi sind wie gemacht für Fahrradtouren. Mögliche Ziele sind der Red Stone Mountain und die Quelle des Weißen Drachen Flusses, aber auch zwei beliebte Seen, die beide etwa 40 km und damit etwas weiter von der Stadt entfernt sind. Details bei Langmusi Tibetan Horse Trekking, wo auch **Fahrräder gemietet** (60–80 Yuan pro Tag) werden können.

Feste & Events

Wer Ende Juli in dem Gebiet ist, sollte nach Maqu (玛曲) zu den **jährlichen Pferderennen**. Das genaue Datum ändert sich jedes Jahr, im Langmusi Binguan Hotel gibt's nähere Auskunft über das Rennen und den genauen Termin. Maqu ist 67 km westlich von Langmusi. In den Cafés und Hotels von Langmusi können Fahrten dorthin organisiert werden.

Schlafen

Jia Zhou Guesthouse HOSTEL €

(假周旅馆; Jiazhou Luguan; ☎138 9396 8011; jiazhouguesthouse.wordpress.com; B/DZ/2BZ ohne Bad 30/60/80 Yuan; 📶) Das Budgethotel mit seiner Wild-West-Holzverkleidung außen, tibetisch gestalteten Innenräumen und englisch sprechenden Mitarbeiten steht an der Straße zum Kloster Kerti Gompa. Die Zimmer sind klein, aber sauber und haben einen Balkon zur Straße. Zu dem Hotel gehört auch ein Restaurant und eine Bar mit Außenbereich und WLAN.

Langmusi Hotel HOTEL €€€

(朗木寺大酒店; Langmusi Da Jiudian; ☎667 1555; langmusihotel@yahoo.com.cn; DZ 666–699 Yuan, 3BZ 700 Yuan, Rabatt bis 70 %) Dieses freundliche, viergeschossige Hotel ist das beste Hotel in Langmusi und bietet angenehme, saubere und geräumige Standard- oder tibetisch gestaltete Zimmer. Es befindet sich an der Straße zum Kloster Kerti Gompa direkt gegenüber dem Kartenhäuschen.

Yong Zhong Hotel HOTEL €€

(永忠賓館; Yongzhong Binguan; ☎667 1032; 2BZ 180–220 Yuan; ❄@) Auf der Sichuan-Seite der Stadt, etwas unterhalb von Kerti Gompa, steht dieses angenehme familiengeführte Hotel mit kleinen, hellen, modernen Zimmern, alle mit einer Klimaanlage und warmem Wasser rund um die Uhr. Ein Computer mit Internetanschluss in dem Geschäft im Eingangsbereich kann kostenfrei genutzt werden. Rabatte bis 30 % sind möglich.

Langmusi Binguan HOTEL €

(郎木寺宾馆; ☎667 1086; tibetanyakboy@yahoo.co.uk; B 30 Yuan, DZ/2BZ mit Dusche 160–180 Yuan, Rabatt bis 30 %) In der Straße, in der der Bus hält, ein Stück weiter, steht dieses freundliche Hotel mit Englisch sprechenden Mitarbeitern, das einfache Dreibettzimmer und saubere Zimmer mit Bad bietet, denen allerdings mittlerweile ihr Alter anzusehen ist.

Nomads Youth Hostel HOSTEL €

(旅朋青年旅社; Lupeng Qingnian Lushe; ☎667 1460; B/2BZ 30/60–80 Yuan; @📶) Diese Herberge ist beliebt bei chinesischen Rucksackreisenden; es ist ein freundliches Hostel an der Hauptstraße mit etwas heruntergekommenen und sehr schlichten Mehrbettzimmern und Doppelzimmern. Bad und WC befinden sich auf der Etage. Es gibt ein heimeliges Foyer und eine Bar. Man organisiert hier auch Touren.

Essen

Speisekarten auf Englisch sind üblich in dieser Stadt, und praktisch jedes Hotel und Hostel, in das Rucksackreisende gehen, hat ein Restaurant oder eine Bar, in der westliches, tibetisches und chinesisches Essen angeboten wird. Auf der Sichuan-Seite der Stadt gibt es ein Dutzend nette kleine Restaurants mit typischen Gerichten aus Sichuan, Yunnan und Tibet. Günstige Nudelgerichte gibt es in muslimischen Restaurants gegenüber dem Eingang zu Kerti Gompa.

Talo Restaurant TIBETISCH, FRÜHSTÜCK €€
(达老餐厅; Dalao Canting; Gerichte 10–38 Yuan; ⏲7.30–21 Uhr; 📶📵) Das tibetische Restaurant im Oberschoss, dekoriert mit Yakschädeln, Gebetsfahnen und *thangka*, bietet Frühstücksvariationen (Gerichte 4 bis 12 Yuan), unter anderem mit Pancakes, Apfelringen und Omelettes sowie viele tibetische und chinesische Spezialitäten.

LP TIPP **Black Tent Cafe** TIBETISCH, CAFÉ €€
(黑帐蓬咖啡; Hei Zhanpeng Kafei; Gerichte 25–50 Yuan; ⏲8–22 Uhr; 📶📵) Toller Service, super gestaltete tibetische Innenräume, Dachgarten und eine kleine, aber feine Speisekarte mit westlichen und tibetischen Gerichten, dies sind nur ein paar der Highlights des Cafés im Obergeschoss, das von den Leuten von Langmusi Tibetan Horse Trekking betrieben wird. Der einzige Nachteil ist der Preis des Bieres: 12 Yuan für eine kleine Dose! Zum Café geht's die Straße an der Kreuzung, an der der Bus hält, eine Weile nach oben.

Praktische Informationen

Es gibt keine Möglichkeit, im Ort Geld zu wechseln, und es gibt auch keinen Geldautomaten, der ausländische Karten annimmt. WLAN gibt es bei den meisten Hostels und Cafés. Die **PSB** (公安局; Gonganju) ist etwas unterhalb vom Langmusi Hotel.

An- & Weiterreise

Täglich verkehrt nur ein Bus um 7 Uhr nach Zöige (Ruo'ergai; 28 Yuan, 2½ Std.), der rechtzeitig dort ankommt, dass es möglich ist, nach Songpan umzusteigen. Drei Mal täglich fahren Busse nach Hezuo (38 Yuan, 3 Std.), die um 6.30, 7.20 und um 12 Uhr abfahren. Täglich fährt um 14 Uhr ein Bus nach Xiahe (72 Yuan). Wichtig: Es fährt zwar täglich ein Bus von Lanzhou nach Langmusi, jedoch nicht zurück. Der aktuelle Fahrplan steht unter www.langmusi.net.

HEXI-KORRIDOR

Zwischen den Gebirgszügen des Qilian Shan im Süden und Mazong (Pferdemähne) und Longshou (Drachenkopf) im Norden war der schmale Streifen, der Hexi-Korridor (河西走廊; Hexi Zoulang), um den sich die Provinz gebildet hat, die einzige Westpassage, die in das Reich der Mitte und wieder herausführte.

Wuwei 武威

☎0935 / 509 000 EW.

Wuwei ist das strategische Ostende des Hexi-Korridors. Von hier aus starteten vor 2000 Jahren die Kaiser von China ihre Expeditionen in den unbekannten Westen, die sie nach Jiayuguan und weit darüber hinaus führten. Tempel, Gräber und traditionelle Tore sind Zeichen für Wuweis Vergangenheit an der Seidenstraße, heute ist daraus eine sich schnell entwickelnde moderne Stadt geworden mit einigen schönen Plätzen und Fußgängerzonen.

Wuwei ist recht kompakt, und außer dem Tempel Haizang lassen sich alle Sehenswürdigkeiten an einem Nachmittag ablaufen. Die meisten Besucher übernachten im südlichen Teil der Stadt in der Nähe des wieder aufgebauten Südtors (南门). Der Hauptplatz der Stadt, Wenhua Guangchang (文化广场; Kulturplatz), ist etwa 1 km nördlich des Tors an der Bei Dajie. Eine Fußgängerzone verläuft westlich des Platzes.

Sehenswertes

Die folgenden Sehenswürdigkeiten sind in der Reihenfolge aufgeschrieben, in der sie erreicht werden, wenn die Tour am Südtor beginnt.

Konfuziustempel TEMPEL
(文庙; Wenmiao; Eintritt 30 Yuan; ⏲8–18 Uhr) Der Tempel aus der Ming-Zeit besteht aus dem konfuzianischen Tempel und den Bereichen der Wenchang Halle. Beide sind sehr schöne Beispiele der traditionellen Architektur; bemerkenswert ist das große hölzerne **Lingxing Tor** des Tempels. Außerdem gibt es dort einen ruhigen Park und Pavillons mit Stelen. Auf der wichtigsten Stele ist die ausgestorbene Xixia-Sprache auf der einen Seite eingemeißelt und auf der anderen die chinesische Übersetzung; wie der Rosettastein ermöglichte diese Stele den Forschern, die zuvor nicht lesbaren Texte in Xixia zu verstehen. Die Stele befindet sich in einem kleinen **Museum** (⏲8.30–18 Uhr) auf der linken Seite des Platzes, wenn man den Tempel verlässt; die Eintrittskarte für den Konfuziustempel gilt auch hier als Eintrittskarte. Zum

Tempel geht's vom Südtor aus entlang der schönen Mingqing Fanggu Wenhua Jie zu dem Platz an deren Ende (etwa 600 m).

Kumarajiva-Pagode BUDDHISTISCHE PAGODE
(罗什寺塔; Luoshisi Ta) 400 m nördlich der Wenhua Guangchang abseits der Bei Dajie steht diese Pagode; es ist eine Mauerwerkskonstruktion aus dem Jahr 488. Sie ist dem großen Übersetzer der buddhistischen Sutras gewidmet, dessen Zunge unter der Pagode bestattet wurde. Die Pagode war bei dem großen Erdbeben 1927 eingestürzt, aber danach wieder aufgebaut worden. Pilger umrunden die Pagode im Uhrzeigersinn.

Leitai Si HISTORISCHE STÄTTE
(雷台寺; Lei Tai Dong Lu; Eintritt 45 Yuan; ⌚8–18 Uhr) Der Stolz der Stadt ist das **Fliegende Pferd von Wuwei** (飞马), eine Bronzestatue, die 1969 hier ausgegraben wurde und seither das inoffizielle Symbol von Gansu ist. Man fand sie in einem verborgenen Grab unter dem Tempel, der auf einer steilen Erdplattform errichtet wurde. Die Besichtigung des 2000 Jahre alten Grabes ist aufregend, innen gibt es aber nicht viel zu sehen. Das Fliegende Pferd ist im Provinzmuseum in Gansu (S. 915) ausgestellt.

Die historische Stätte liegt 1,2 km nördlich der Wenhua Guangchang. An der Lei Tai Dong Lu rechts abbiegen. Wichtig: Man braucht einen Pass, um auf das Gelände mit dem Grab gelassen zu werden.

Haizang Temple BUDDHISTISCH
(海藏寺; Haizang Si; Eintritt 10 Yuan; ⌚6–18 Uhr) Eine kurze Busfahrt mit der Linie 5 (2 Yuan) oder einem Taxi (15 bis 20 Yuan) bringt einen vor die Stadt zum Eingang eines etwas heruntergekommenen **Parks** (Eintritt 2 Yuan), an dessen rückwärtigem Ende sich der Tempel, ein faszinierendes aktives Kloster, befindet. In der **Halle der drei Weisen** (Sansheng Dian) steht eine „hermaphroditische Guanyin" (im hinteren Teil des Tempels). Der erhöht stehende **Wuliang-Palast** (Wuliang Dian) aus der Zeit der Ming-Dynastie diente einst zur Aufbewahrung von Sutras, heute befindet sich darin ein liegender Buddha in einer Glasvitrine. Neben der altehrwürdigen Ständer-Balken-Konstruktion (sehenswert sind die verblassten Holzschnitzereien und Bilder auf den Hauptstützen) fasziniert der kleine Pavillon rechts vom Eingang mit einer **Quelle**, deren „magisches Wasser" (神水; *shenshui*) durch unterirdische Ströme mit einem Heiligen See (圣湖; Shenghu) im Potala-Palast in Lhasa verbunden sein soll. Das Wasser soll eine Vielzahl von Krankheiten heilen.

Schlafen & Essen

Am besten übernachtet man in der Nähe des Südtors. Die attraktive Mingqing Fanggu Wenhua Jie verläuft von dem Tor nach Osten und entlang der Straße gibt es viele Restaurants, Cafés und ein oder zwei KTV.

Zi Yun Ge Hotel HOTEL €€
(紫云阁酒店; Ziyunge Jiudian; ☎225 3888; Mingqing Fanggu Wenhua Jie; 明清仿古文化街; EZ/DZ/3BZ 198/280/218 Yuan; ❄@) Genau östlich des Südtors steht dieses hervorragende Hotel mit hellen, komfortablen und geräumigen Zimmern mit Dusche und neuer Ausstattung. Mit Verhandlungsgeschick kann ein Standard-Doppelzimmer auch mal nur 140 Yuan kosten.

Wuwei Nanchengmen Binguan HOTEL €
(武威南城门宾馆; ☎231 9999; 62 Nan Dajie; 3BZ ohne Bad 108 Yuan, DZ/2BZ mit Bad 138/158 Yuan; @) Fast direkt an der Nordwestseite des Südtores steht dieses freundliche Hotel mit kleinen sauberen Zimmern und unverhältnismäßig geräumigen Bädern. Der Hoteleingang ist an einer kurzen Allee. Rabatte von 15 % bis 20 % sind in der Regel möglich.

Wangjia Jiaozi Guan KLÖSSE €
(王家饺子馆; Wenmiao Guangchang; Klöße 12–24 Yuan; ⌚6.30–22.30 Uhr) Auf dem Platz gegenüber dem Konfuzius-Tempel ist dieses Restaurant mit großem Klöße-Angebot und einer bebilderten Speisekarte. Besonders lecker ist eine Portion *guotie* (锅贴; frittierte Klöße).

Praktische Informationen

Eine **Bank of China** (中国银行; Zhongguo Yinhang) ist am Westende der Fußgängerzone (步行商业街; Buxing Shangye Jie), hier kann man Geld wechseln. Eine weitere Geschäftsstelle mit einem 24-Stunden-Geldautomaten ist hinter dem Zi Yun Ge Hotel. Für die Internetcafés in Wuwei wird ein chinesischer Zugang benötigt.

Anreise & Unterwegs vor Ort

Bus

Expressbusse fahren vom Fernbusbahnhof (长途汽车站) 1,5 km südwestlich der Wenhua Guangchang nach:

Jiayuguan 96 Yuan, 7 Std., 2-mal tgl. (7.30 und 9.30 Uhr)

Lanzhou 65 Yuan, 4 Std., alle 30 Min. (7–18 Uhr)

Zhangye 58 Yuan, 4 Std., alle 30 Min. (7.30–18 Uhr)

Zug

Der Bahnhof ist 3,5 km südwestlich der Wenhua Guangchang und mit dieser über die Buslinien 1 und 2 (1 Yuan) verbunden. Ein Taxi kostet mindestens 4 Yuan, für die meisten Fahrten durch die Stadt müssen zwischen 4 und 7 Yuan gezahlt werden. Regelmäßig fahren Züge nach:

Dunhuang Hart-/Weichschläfer 195/302 Yuan, 10 Std. (2 pro Tag direkt nach Dunhuang um 21.21 und 22.46 Uhr; bei anderen Zügen muss man in Liuyuan umsteigen)

Jiayuguan Hart-/Weichsitzer 70/108 Yuan, 5 bis 6 Std.

Lanzhou Hart-/Weichsitzer 47/72 Yuan, 3½ Std.

Zhangye Hart-/Weichsitzer 41/61 Yuan, 3 Std.

Zhangye 张掖

☎0936 / 260 000 EW.

Für die meisten Reisenden ist diese mittelgroße Stadt an der Seidenstraße das Standquartier für die Tour zu den einzigartigen Klippentempeln im nahegelegenen Mati Si. Es sollte auch mindestens ein Nachmittag für die Stadt eingeplant werden. Verborgen in einem der besterhaltenen Holztempeln Chinas gibt es einen riesigen Buddha, den man unbedingt anschauen sollte.

Die für die Touristen wichtigste Straße durch die Stadt teilt sich in die Xi (West) Dajie und Dong (Ost) Dajie, je nach Richtung, in der sie vom Trommelturm wegführt. Die Jianfu Jie kreuzt die Xi Dajie ein paar Häuserblocks vom Trommelturm entfernt und führt nach Norden zu einer Reihe schöner Restaurants und nach Süden zum Großen Buddhatempel und zur Hölzernen Pagode.

Sehenswertes

Großer Buddhatempel BUDDHISTISCHER TEMPEL

(大佛寺; Dafo Si; Eintritt 41 Yuan; ⏲8–18 Uhr) Der gewaltige buddhistische Tempel stammt ursprünglich aus dem Jahr 1098 (westliche Xia-Dynastie), darin befindet sich ein beeindruckender 35 m langer schlafender Buddha – Chinas größter Buddha dieser Art – umgeben von verfallenden Lehm-*arhats* (Buddhisten, die zur Erleuchtung gelangt sind) und Wandbildern aus der Qing-Dynastie. Bis in die 1960er-Jahre konnten kleine Kinder in den riesigen Buddha klettern und in seinem Bauch spielen.

Neben der Statue sind auch die Haupthalle und die Holzarbeiten der Türen und der exquisiten Träger der Dachvorsprünge sehenswert. Dieser Bau ist eine der wenigen Holzbauten aus dieser Zeit, die es noch in China gibt, und viele traditionelle Symbole lassen sich dort studieren. Es gibt noch eine Menge weitere Tempel und Hallen zu sehen sowie eine beeindruckende weiße **Lehm-Stupa** (土塔; *tu ta*) aus der Ming-Dynastie, während der dieser weitläufige Tempelkomplex Hongren-Temple (弘仁寺; Hongren Si) genannt wurde.

Der Tempel ist neben der Jianfu Jie gegenüber einem großen Platz. Von der Xi Dajie geht's etwa 1 km nach Süden.

Holz-Pagode BUDDHISTISCHE PAGODE

(木塔; Muta Jianfu Jie; Eintritt 5 Yuan; ⏲8–12 & 14.30–18 Uhr) Auf dem Hauptplatz der Stadt steht dieser Bau aus Ziegeln und Holz. Ursprünglich stammt er aus dem Jahr 528, aber das derzeitige Gebäude ist ein Nachbau aus dem Jahr 1926.

Schlafen & Essen

300 m westlich des Trommelturms verläuft die Mingqing Jie (明清街), an der Häuser im Qing-Dynastie-Stil und dutzende saubere, freundliche Restaurants mit bebilderten Speisekarten zu finden sind. Es gibt auch einen **Food Court** auf der nordöstlichen Seite des Trommelturms neben der China Construction Bank.

Ganzhou Hotel HOTEL €€

(甘州宾馆; Ganzhou Binguan; ☎888 8822; 373 Nan Dajie; DZ & 2BZ 399 Yuan; ❄@) Ein solides, ganz normales Mittelklassehotel mit hellen, modernen Zimmern, höflichen Mitarbeiten und einer guten Lage etwa 150 m vom Trommelturm entfernt. Rabatte von bis zu 50 % überzeugen vollends, denn die in der Regel nicht ganz so sauberen und in die Jahre gekommenen anderen Unterkünfte der Stadt verlangen nur geringfügig weniger.

Huayi Binguan HOTEL €

(华谊宾馆; ☎824 2118; Dong Dajie; DZ ohne Bad 40 Yuan, DZ/2BZ 90/98 Yuan; ❄@) Die Preise für die Zimmer sind nicht besonders hoch und wären auch nicht mehr wert, aber dieses Budgethotel ist dennoch erstaunlich sauber und ordentlich und den Zimmer ist ihr Alter nur ein wenig anzusehen. WLAN auf dem Zimmer ist definitiv ein Plus und auch die Lage direkt östlich vom Trommelturm.

Praktische Informationen

Es gibt ein **Internetcafé** (网吧; *wangba*; Obergeschoss; 3 Yuan pro Stunde) an der Südwestecke der Kreuzung am Trommelturm. Die **Bank of China** (中国银行; Zhongguo Yinhang) an der Dong Dajie kann Reiseschecks einlösen und bietet einen 24-Stunden-Geldautomaten.

Anreise & Unterwegs vor Ort

Bus

In der Stadt gibt es drei Busbahnhöfe, im Süden, Osten und Westen. Vom Busbahnhof West *(xiguan zhan)* verkehren die meisten Busse. Neben den unten genannten, fahren auch Busse nach Xining und Golmud.

Dunhuang 180 Yuan, 12 Std., 1-mal tgl. (18.30 Uhr)

Jiayuguan 50,50 Yuan, 4 Std., stündl. (9.30–17.10 Uhr)

Lanzhou 128 Yuan, 8 Std., stündl. (7–13.30 Uhr, danach mit Schlafsitzen)

Wuwei 56 Yuan, 4 Std., alle 30 Min. (7.20–17 Uhr)

ABSTECHER

DIE REGENBOGENFELSEN VON ZHANGYE

Die mehrfarbigen Felsenformationen, die in China unter den Namen **Danxia-Felsen** (张掖丹霞; Zhangye Danxia) bekannt sind, bekamen mehr öffentliche Aufmerksamkeit, nachdem die sechs bekannten Felsformationen im Süden Unesco-Weltkulturerbe wurden. Wenn man ein Taxi mietet, um nach Mati Si zu fahren, lohnt sich der Abstecher zu den spektakulär bunten Felsen von Zhangye. Die wie in einem Regenbogen angeordnete Farbepalette und die gewaltigen Formationen sind beeindruckend.

Ein Taxi von Zhangye nach Mati Si und zu den Felsen kostet etwa 200 Yuan.

Zug

Das **Büro für Zugtickets** (12 Oushi Jie; 欧式街 12 号; ⏲8–18 Uhr) ist in der Nähe einer Marco-Polo-Statue (der große Entdecker lebte ein Jahr in der Stadt). Am Trommelturm nach Westen gehen und rechts (nach Norden) in die Oushi Jie einbiegen.

Dunhuang Hart-/Weichschläfer 145/223 Yuan, 7½ Std. (2-mal tgl. um 0.19 und 2.04 Uhr; alle Züge am Tag fahren nach Liuyuan)

Jiayuguan Hart-/Weichsitzer 38/57 Yuan, 2 oder 3 Std.

Lanzhou Hart-/Weichsitzer 76/119 Yuan, 6 bis 7 Std.

Ein Taxi zum/vom Bahnhof kostet 10 Yuan, die Buslinie 1 kostet 1 Yuan. Der Bahnhof liegt 7 km nordöstlich des Stadtzentrums. Fahrten von einem Busbahnhof zu den Hotels kosten 4 bis 5 Yuan. Buslinie 4 fährt von der Dong oder Xi Dajie zum Busbahnhof West.

Mati Si 马蹄寺

Eingeschlagen in die steilen Hänge der Ausläufer des Bergmassivs von Qilian (Qilian Shan) sind die historischen buddhistischen Grotten von Mati Si nicht weit entfernt von den hektischen kleinen Städten entlang des Hexi-Korridors gelegen. Die Hügel der Umgebung sind ein wunderbares Wandergebiet, zwischen Mai und September sind in den Ortschaften dort einfache Übernachtungsmöglichkeiten und Restaurants zu finden. Im Juli erstrahlen die Bergtäler in einem Meer aus blauen Blumen.

Sehenswertes & Aktivitäten

Reiten ist hier die große Attraktion. Der Preis für einen vierstündigen Ausritt liegt bei 200 Yuan. Wichtig: Der Eintritt in den Bereich des Dorfes und der Grotte kostet 20 Yuan.

Mati Si GROTTEN, BUDDHISTISCH

(马蹄寺) Mati Si bedeutet übersetzt Pferdehuf-Kloster, der Name leitet sich von einer Legende ab, wonach ein himmlisches Pferd einen Hufabdruck in der Grotte hinterlassen hat. Zwischen dem 5. und dem 14. Jh. entstanden die Grotten voller Steinmetzarbeiten und die Tempel und Mediationsräume in den Sandsteinhängen auf ähnlich wundersame Weise. Zu den Grotten führt der Weg über gewundene Treppen, Vorsprünge, enge Passagen und Plattformen, auf denen einem schwindelig werden kann.

Die Grotten liegen nicht an einem Weg, sondern in unterschiedlichen Bereichen. Die am besten zugänglichen sind die **Tausend-Buddhas-Grotten** (千佛洞石窟; Qian Fo Dong Shiku; Eintritt 35 Yuan) direkt nach dem Eingangtor zum Gelände. In diesem Komplex ist der Puguang-Tempel mit dem Hufabdruck. Die **Mati-Si-Nord-Grotten** (马蹄寺北洞; Matisi Bei Dong; Eintritt 35 Yuan) sind direkt über dem Dorf (2 km die Straße zu den Tausend-Buddhas-Grotten hinauf). Weitere Grotten verteilen sich über die Hänge ebenso wie normale Höhlen, in denen früher die Menschen dieser Gegend wohnten.

Vor Mai und nach September kann es sein, dass einzelne oder alle Grotten nicht zugänglich sind.

Wandern

Es gibt einige schöne Tageswanderungen um Mati Si, wie etwa den fünfstündigen Rundweg durch einen Kiefernwald und über Geröllhalden zum **Linsong-Wasserfall** (临松瀑布; Linsong Pubu) und auf dem Rückweg vorbei am **vom Schwert geteilten Stein** (剑劈石; Jianpishi). Ein unübertroffenes Panorama bietet sich nach dem Aufstieg in einer Felsspalte zum Bergrücken gegenüber der weißen Chörten direkt über dem Dorf Sanshisantian Shiku (三十三天石窟).

Schlafen & Essen

Wer eine Campingausrüstung hat, kann auch Mehrtagestouren unternehmen. In dem kleinen Dorf gibt es auch einige einfache Gästehäuser. Am besten ruft man **Mr Hua** (☎130 859 2081; 2BZ 60 Yuan), um einen Platz in einer sympathischen, familiengeführten Unterkunft zu buchen und die Fahrt von Mati He zu organisieren. Einfache Mahlzeiten gibt es in mehreren Dorfrestaurants, oder man läuft über die Felder in Richtung Berge zu einem der großen komfortablen Zeltdörfer im tibetischen Stil (hier gibt es auch Buttermilchtee und *tsampa*).

An- & Weiterreise

Busse fahren halbstündlich vom Busbahnhof Süd in Zhangye zu dem Dorf an der Straßenkreuzung Mati He (马蹄河; 9,50 Yuan, 1½ Std., 6.40–17.40 Uhr), von hier fahren Minibusse oder Taxis (30 Yuan) die restlichen 7 km.

Direkte Busverbindungen nach Mati Si verkehren um 7.35, 8.25 und 9.15 Uhr von Mai bis September. Der letzte Bus zurück nach Mati He oder auch nach Zhangye fährt vor 17 Uhr. Die genaue Zeit muss man vor Ort erfragen.

Ein Taxi von Zhangye kostet für eine Strecke etwa 80 Yuan.

Jiayuguan & Umgebung
嘉峪关

☎0937 / 170 000 EW.

Wer nach Jiayuguan möchte, fährt zunächst durch die wenig einladende Landschaft von Nordgansu. Es ist eine passende Umgebung, denn in Jiayuguan ist das symbolische Ende der Großen Mauer, das westliche Tor zum eigentlichen China, und, für die Chinesen der Kaiserzeit, der Beginn vom Ende der Welt. Eine Festung von 1372 aus der Zeit der Ming-Dynastie ist einer der markanten Punkte der Seidenstraße, und Jiayuguan wurde bald der „Mund Chinas" und der schmale Hexi-Korridor, der zurück zum *neidi* (Landesinneren) führte, der „Hals" genannt.

Es braucht viel Fantasie, um sich die Seidenstraße hier vorzustellen, da das moderne Jiayuguan eine Stadt mit geraden Straßen und identischen Häuserblocks ist, die aussehen, als seien sie aus Nordkorea hierhergeflogen und abgesetzt worden. Aber die Festung Jiayuguan taucht in vielen Erzählungen der Seidenstraße auf und ist daher auf jeden Fall einen Besuch wert.

Sehenswertes

Mit Ausnahme der Wie-Jin-Gräber erlaubt die Eintrittskarte zur Festung Jiayuguan auch den Besuch aller anderen Sehenswürdigkeiten. Ein Taxi zu allen Sehenswürdigkeiten (einschließlich der Wie-Jin-Gräber), die alle außerhalb der Stadt sind, kostet etwa 200 Yuan für einen halben Tag. Werden nur die in der Eintrittskarte enthaltenen Sehenswürdigkeiten angefahren, kostet das Taxi 100 bis 150 Yuan – je nach dem, wie lange die Besichtigungen dauern.

Festung Jiayuguan FESTUNG
(嘉峪关城楼; Jiayuguan Chenglou; Eintritt 100 Yuan; ⌚8–18 Uhr) Die Festung ist eines der typischen Motive für Westchina; sie bewacht den Pass zwischen den schneebedeckten Gipfeln des Qilian Shan und dem Hei Shan (Schwarzer Berg) des Mazong-Shan-Gebirges.

Erbaut wurde die Festung 1372 und erhielt den Namen „Unbezwingbare Engstelle unter dem Himmel". Zwar kontrollierten die Chinesen häufig auch Gebiete

Jiayuguan

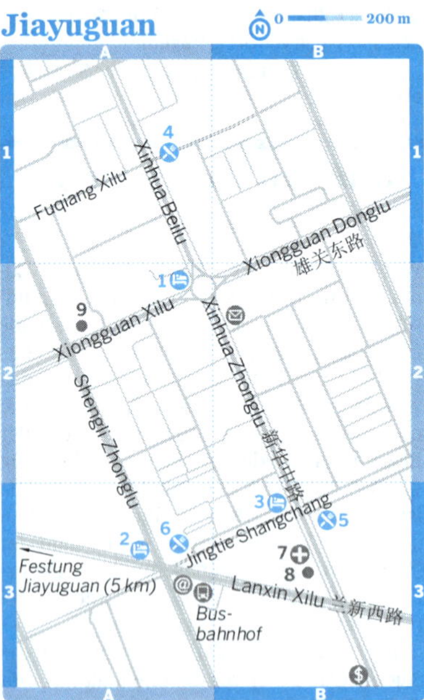

Jiayuguan

Schlafen
1 Jiayuguan Binguan A2
2 Jinye Binguan A3
3 Liangshiju Zhaodaisuo B3

Essen
4 Eingang Fuqiang-Markt A1
5 Jingtie Xiaochicheng B3
6 Yuan Zhong Yuan A3

Praktisches
7 People's No 1 Hospital B3

Transport
8 Buchungsbüro für Zugfahrkarten .. B3
9 Fahrradverleih A2

weit jenseits des Gebiets von Jiayuguan, aber dennoch war diese Festung die äußerste große Bastion des kaiserlichen Chinas – das Ende der „zivilisierten Welt", und jenseits davon gab es nur die Dämonen der Wüste und die Armeen der Barbaren Zentralasiens.

Am Ostrand der Festung liegt das **Tor der Erleuchtung** (光化楼; Guanghua Lou) und im Westen das **Tor der Versöhnung** (柔远楼; Rouyuan Lou), durch das verbannte Dichter, Minister, Kriminelle und Soldaten in die Vergessenheit geschickt wurden. Beide Tore stammen aus dem Jahr 1506 und haben 17 m hohe Türme mit nach oben geschwungenen Dachvorsprüngen und Doppeltoren, in denen angreifende Soldaten festgesetzt werden konnten. Auf der Innenseite führen für Pferde begehbare Rampen auf die Mauerkrone der inneren Befestigung. Auf der Westseite des Tores der Erleuchtung finden sich verblasste **Lobeshymnen** auf den großen Vorsitzenden Mao, die von den Wüstenwinden immer weiter abgerieben werden. Ein weiteres umfangreiches Zitat von Mao sticht an der Südwand des **Wenchang-Pavillons** (文昌阁; Wenchang Ge) ins Auge.

Vor dem Eingangstor befindet sich das hervorragende **Jiayuguan-Museum für die Große Mauer** (⏲8.30–18 Uhr) mit Fotos, Kunstwerken, Karten und Exponaten zur Seidenstraße sowie Modellen der Festung und der Großen Mauer.

Hängende Mauer HISTORISCHE STÄTTE

(悬壁长城; Xuanbi Changcheng) Dieser Teil der Mauer verläuft nördlich von Jiayuguan und soll 1539 errichtet worden sein, wobei die heutige Rekonstruktion aus dem Jahr 1987 stammt. Der Weg hinaus ist recht anstrengend, aber oben bietet sich ein toller Blick in die Wüste und auf die leuchtenden schneebedeckten Gipfel in der Ferne. Die Mauer ist etwa 9 km nördlich der Festung.

Erster Signalturm der Großen Mauer HISTORISCHE STÄTTE

(长城第一墩; Changcheng Diyi Dun) Auf einem 56 m hohen Ufersteilhang über dem Fluss Taolai südlich von Jiayuguan stehen die Überreste der Plattform eines Signalturms. Es gibt nicht viel zu sehen (das Ganze wirkt eher wie ein leicht geformter Lehmhaufen), aber der Blick über den Fluss und in die Schlucht ist beeindruckend, und man kann an den Überresten der Großen Mauer aus der Zeit der Ming-Dynastie entlanglaufen. Meist lassen die Fahrer ihre Gäste zunächst bei einer **Höhle mit Aussichtsplattform** (die „unterirdisches Tal" genannt wird und eine Plattform aus Glas besitzt, die in den Canyon hinausreicht) etwa 150 m entfernt von der Plattform des Signalturms aussteigen.

Wie-Jin-Gräber GRABSTÄTTE

(新城魏晋墓; Xincheng Weijinmu; Eintritt 31 Yuan; ⏲8.30–19.30 Uhr) Diese Gräber

ABSTECHER

GLETSCHER DES 1. JULI

Etwa 90 km südwestlich von Jiayuguan befindet sich dieser **Gletscher** (七一冰川; Qiyi Bingchuan; Eintritt 101 Yuan) 4300 m hoch in den Bergen des Qilian Shan. Während der Gletscher im Sommer eine wunderbar erholsame Abkühlung von der Hitze der Wüste im Tiefland bietet, kann es dort oben im Frühjahr oder Herbst kalt und ungemütlich werden.

An dem Büro, in dem die Eintrittskarten verkauft werden, beginnt der 5 km lange Wanderweg. Erst gibt es noch etwas Grün, aber dann führt der Weg entlang der felsigen Endmoräne des Gletschers. Der Blick in alle Himmelsrichtungen ist grandios. Nach drei bis vier Stunden erreicht man den Gletscher, kann die eisige Spitze hinaufklettern, ein paar Fotos machen und dann wieder absteigen. Wichtig: Das Schild am Büro gibt zwar für diesen Standort eine Höhe von 3800 m an, aber dabei hat man sich um mindestens 500 m verrechnet. Wer von Jiayuguan (auf 1500 m) kommt, sollte also kaum Probleme mit dieser Höhe haben.

Eine Möglichkeit, zum Gletscher zu gelangen, ist der Zug in die Eisenerzstadt **Jingtieshan** (镜铁山; Fahrkarten 4,50 Yuan), der vom Bahnhof in Jiayuguan um 7 Uhr abfährt. Es ist eine schöne 2½-stündige Fahrt, die einen tiefen Flusscanyon hinaufführt; vom Bahnhof gibt es meist einen Minibus, der die Besucher die letzten 20 km zum Büro für die Eintrittskarten zum Gletscher bringt. Mit einigem Verhandlungsgeschicktwird man auch in einem Lastwagen mitgenommen. Für einen Weg müssen aber auf jeden Fall mindestens 50 Yuan eingeplant werden, mehr wird es, wenn keine anderen Besucher dabei sind.

Der Zug zurück nach Jiayuguan fährt in Jingtieshan um 17 Uhr ab, so dass die Zeit für diesen Tagesausflug locker ausreicht. Wer mit anderen unterwegs ist, kann sich überlegen, in Jiayuguan ein Taxi (600 bis 800 Yuan) zu mieten. Auf jeden Fall muss an Essen, Wasser sowie warme und regenfeste Kleidung gedacht werden.

stammen ungefähr aus der Zeit von 220–420 n. Chr. (Wie- und Westliche Jin-Periode). Zu sehen sind darin außergewöhnlich gut erhaltene Wandbilder (manche von ihnen laienhaft überarbeitet) mit Szenen aus dem alltäglichen Leben, von der Teezubereitung bis zum Pflücken von Maulbeeren für die Herstellung von Seide. Es gibt Tausende von Gräbern in der Wüste 20 km östlich von Jiayuguan, aber nur eines ist derzeit für Besucher geöffnet; es ist das Grab eines Ehepaares. Das kleine **Museum** lohnt ebenfalls einen Besuch. Ein Taxi hierher kostet etwa 70 Yuan, für ein bisschen mehr (100 Yuan) kann man sich auch **Yemawan Bao Yizhi** (野麻湾堡遗址) anschauen, eine von einer Mauer umschlossenen Ruinenstadt. Ganz in der Nähe finden sich auch nicht restaurierte Teile der Großen Mauer in den Feldern, die kostenlos besichtigt werden können.

Schlafen

Kanghui Hotel HOTEL €€

(康辉宾馆; Kanghui Binguan; ☎620 3456; www.jygcct.com; 2BZ/3BZ 208/288 Yuan; ❄@) Breite Fenster, hohe Decken und ausgesprochen geräumige Zimmer (und Bäder) sind die Highlights dieses gepflegten Geschäftshotels im Stadtzentrum. Das Hotel wurde bei Drucklegung dieser Ausgabe gerade renoviert, die Preise werden danach wohl anziehen. Rabatte von 30% sind üblich.

Jinye Binguan HOTEL €

(金叶宾馆; ☎620 1333; 12 Lanxin Xilu; 兰新西路 12 号; DZ/3BZ ohne Dusche 100/180 Yuan, 2BZ/3BZ 200 Yuan; ❄@) Die Zimmer mit Bad sind etwas eng, aber insgesamt ist das Preis-Leistungs-Verhältnis bei diesem Hotel gut; die Lage beim Busbahnhof ist praktisch. Die günstigsten Zimmer sind etwas schmuddelig, und auch die Gemeinschaftsduschen könnten sauberer sein. Rabatte bis 40% sind möglich.

Jiayuguan Binguan HOTEL €€€

(嘉峪关宾馆; ☎620 1588; 1 Xinhua Beilu; 新华北路 1 号; DZ/2BZ ab 669/768 Yuan; ❄@) Die Einrichtung der Zimmer ist Standard aus dem Einrichtungskatalog für moderne Dreisternehotels inklusive Computer mit Breitband-Internet. Darüber hinaus verfügt das Hotel über ein Restaurant mit westlichen Speisen, einen Spa-Bereich und Eintrittskartenverkauf, alle Mitarbeiter sind sehr aufmerksam. Rabatte von 30% bis 40% sind üblich.

Liangshiju Zhaodaisuo GÄSTEHAUS €
(粮食局招待所; ☎682 1544; 2. Stock, 24 Xinhua Zhonglu; EZ/2BZ/3BZ ohne Dusche 45/58/60 Yuan, 2BZ 78 Yuan) Das saubere und gut geführte Gästehaus liegt zentral und bietet ein gutes Preis-Leistungs-Verhältnis.

Essen

Für das Frühstück am besten nach kleinen Geschäften suchen oder fragen, in denen es *baozi* (包子; Brötchen gefüllt mit gedünstetem Fleisch oder Gemüse) und *doujiang* (豆浆; Sojamilch) gibt.

LP TIPP **Yuan Zhong Yuan Restaurant** SICHUAN €€
(苑中苑酒店; Yuanzhongyuan Jiudian; Jingtie Shangchang; Gerichte 12–48 Yuan; ⏲9–21 Uhr) Dieses angenehme Sichuan-Restaurant liegt direkt gegenüber dem Busbahnhof auf der anderen Seite eines kleinen Parks und ist perfekt für einen netten Abend. Empfehlenswert für ein leckeres Abendessen sind Gerichte wie *gongbao jiding* (宫保鸡丁; gut gewürztes Hähnchen mit Erdnüssen), *tieban doufu* (铁板豆腐; frittierter Tofu) oder *yuxiang rousi* (鱼香肉丝; kurzgebratenes Schweinefleisch und Gemüsestreifen).

Fuqiang Market MARKT €
(富强市场; Fuqiang Shichang) Ein schnelles, warmes Abendessen gibt es an mehreren Essensständen auf diesem Markt auf der Nordseite des Kreisels, besonders gut ist das gegrillte Lammfleisch mit einem guten Bier.

Jingtie Xiaochicheng MARKT €
(镜铁小吃城; Jingtie Market; ⏲10–22 Uhr) Auf diesem geschäftigen Markt in einer Seitenstraße zur Xinhua Zhonglu gibt es reichlich Lammkebabs, *roujiamo* (肉夹馍), Wonton-Suppen, Klöße, Bratente und weitere Speisen.

Praktische Informationen

Bank of China (中国银行; Zhongguo Yinhang) Südlich der Lanxin-Xilu-Kreuzung auf der Xinhua Zhonglu, es gibt dort einen Geldautomaten und man wechselt auch Geld. Ein **Internetcafé** (网络; wangba; 3 Yuan pro Std.; ⏲24 Std.) ist neben dem Busbahnhof.

An- & Weiterreise

In Jiayuguan gibt es einen Flughafen mit Flügen nach Beijing, Shanghai und Lanzhou, aber die meisten reisen mit dem Bus oder Zug an.

Bus

In Jiayuguans Busbahnhof (汽车站; qichezhan) ist es auch möglich, Billard zu spielen; er befindet sich an einer belebten Kreuzung an der Lanxin Xilu neben den wichtigsten Budgethotels.

Dunhuang 73 Yuan, 5 Std., 4-mal tgl. (9–14.30 Uhr)

Lanzhou 160 Yuan, 12 Std., 3-mal tgl. mit Schlafsitzen

Wuwei 95 Yuan, 7 Std., 5-mal tgl. (zwei morgens, drei nachmittags)

Zhangye 50 Yuan, 4 Std., stündl. (6.40–16.20 Uhr)

Zug

Die meisten Züge nach Dunhuang halten in Liuyuan (180 km entfernt). Es gibt wenige Direktverbindungen, und sie fahren nicht nach einem geregelten Fahrplan.

Lanzhou Hart-/Weichsitzer 103/160 Yuan, 7 bis 8 Std.; Hart-/Weichschläfer 179/275 Yuan, 9 Std.

Ürümqi Hart-/Weichschläfer 246/384 Yuan, 15 Std.

Zhangye Hart-/Weichsitzer 38/57 Yuan, 2 bis 3 Std.

Fahrkarten sind beim **Zugfahrkartenbüro** (火车站售票处; huochezhan shoupiaochu; 28 Xinhua Zhonglu; Mo-Fr ⏲8–12 & 13–16 Uhr, Sa & So bis 15.30 Uhr) in der Nähe des **People's No 1 Hospital** (第一人民医院; Diyi Renmin Yiyuan; Xinhua Zhonglu) neben der China Construction Bank erhältlich. Wichtig: Fahrkarten nach Jingtieshan (zum Gletscher des 1. Juli) gibt es dort nicht zu kaufen, sie sind direkt am Bahnhof erhältlich.

Der Bahnhof von Jiayuguan (火车站) liegt südwestlich des Stadtzentrums. Die Buslinie 1 fährt von der Xinhua Zhonglu hierher (1 Yuan). Ein Taxi kostet weniger als 10 Yuan.

Unterwegs vor Ort

Beim Jiugang Binguan West Building kann man Fahrräder (出租自行车; chuzu zixingche) für 30 Yuan am Tag von 9.30 Uhr an mieten (Pfand 400 Yuan). Die Buslinie 1 (1 Yuan) fährt vom Bahnhof zum Busbahnhof. Ein Taxi zum Flughafen (25 Minuten) kostet 50 Yuan.

Dunhuang 敦煌

☎0937 / 187 000 EW.

Die fruchtbare Oase Dunhuang war lange Zeit eine Zuflucht für müde Reisende auf der Seidenstraße. Die meisten Besucher blieben nur, um ihre Kamele zu wechseln und zu essen; manche dagegen ließen sich dort nieder und bauten die Befestigungen, Türme und wunderbaren Höhlentempel, die heute über die Umgebung verteilt sind. Diese besonderen Orte sowie die gewaltigen Sanddünen und die Wüstenlandschaft machen Dunhuang zu einem wunderbaren Ziel.

Trotz seiner Abgeschiedenheit gehört das Pro-Kopf-Einkommen in Dunhuang zu den höchsten in China, was den Investitionen der jüngeren Zeit in die Gewinnung von Energie aus Wind und Sonne zu verdanken ist (siehe Kasten, S. 943). Dunhuang ist heute eine ganz und gar moderne Stadt, aber sie hat immer noch ihr eigenes Flair. Die sauberen Straßen sind von Bäumen gesäumt, der Verkehr bewegt sich langsam, es gibt quirlige Märkte, Budgethotels, Cafés und Souvenirgeschäfte, und so bietet sie auch heute noch viel für müde Reisende.

Sehenswertes

Dunhuang ist relativ klein und eine wunderbare Fußgängerstadt mit breiten Gehwegen und vielen schmalen Gassen voller Leben, die an einem Platz oder auf einem Markt enden. Auf jeden Fall sollte man auch zum Fluss hinuntergehen und testen, ob man den Mut besitzt, auf die Plattform in der Mitte des Flusses zu gehen.

GRATIS **Dunhuang-Museum** MUSEUM
(敦煌博物馆; Dunhuang *bowuguan*; Mingshan Lu; ⌚8–18.30 Uhr) Außerhalb der Stadt an der Straße zu den Dünen steht dieses neu eröffnete Museum mit vielen Kunstwerken aus dem Gebiet von Dunhuang (aus prähistorischer Zeit bis zur Qing-Dynastie). Die Hallen sind als Grotten gestaltet. Zu Fuß läuft man in 15 Minuten von der Innenstadt zum Museum. Für den Besuch wird der Pass benötigt.

Schlafen

Der Konkurrenzkampf unter den Hotels in Dunhuang ist groß, außerhalb der Sommermonate sollten erhebliche Preisnachlässe (50 % oder mehr) möglich sein.

Es gibt ein gutes Dutzend kleinerer Businesshotels an der Mingshan und Yangguan Zhonglu. Außerhalb der Saison liegen die Preise bei 200 Yuan und im Hochsommer bei 300 bis 400 Yuan.

Dunhuang

Dunhuang

Schlafen
1 Charley Johng's Hostel ... B2
2 Dunhuang Legend Hotel ... A1
3 Feitian Binguan ... A2
4 Gongyi Meishu Zhaodaisuo ... A1

Essen
5 Bu Ji Lu Rou Huang Mianguan ... B2
6 Charley Johng's Café ... A2
7 Oasis Cafe ... B2
8 Shazhou Nachtmarkt ... B1

Unterhaltung
9 Dunhuang Theatre ... A1

Praktisches
Feitian Travel Service ... (siehe 3)

Transport
10 Buchungsbüro für Flugtickets ... B1
13 Buchungsbüro für Zugfahrkarten .. B1
12 Buchungsbüro für Zugfahrkarten .. B2
13 Minibus-Haltestelle ... A2

LP TIPP **Charley Johng's Hostel** HOSTEL €
(梦驼铃青年旅舍; Meng Tuoling Qingnian Lushe; ☎138 9376 3029; dhzhzh@163.com; 3. Stock, 11 Qingcheng; 情城 11 号楼 3 楼; B/DZ 35/120 Yuan; @☎) Das jüngste Hostel im Angebot von Charley Johng für Rucksackreisende, gut geführt, guter Standort und gut organisiert im Bereich des Nachtmarkts hinter der Moschee. Rezeption und Zimmer sind im dritten Stock (so entgeht man den Düften des Marktes), es gibt einen großen Innenhof, Waschmöglichkeiten und

englische Reiseinformationen Die Mehrbettzimmer sind sauber und bieten die nötige Grundausstattung; die Doppelzimmer sind geräumig mit eigener kräftiger Dusche. Das Hostel ist am Ende einer kleinen Gasse, daher besser zunächst in Charley Johngs Cafe nach der Richtung fragen.

Silk Road Dunhuang Hotel HOTEL €€€
(敦煌山庄; Dunhuang Shanzhuang; ☎888 2088; www.dunhuangresort.com; Dunyue Lu; 敦月路; B 80 Yuan, DZ 350–1200 Yuan; ❄@📶) Etwa 2 km von der Singenden Sanddüne entfernt steht dieses Viersternehotel im Stil eines Ferienresorts, geschmackvoll eingerichtet mit Teppichen aus Zentralasien, einem kühlen Steinboden und chinesischen Antiquitäten. Vierbettzimmer gibt's in dem Studentengebäude im rückwärtigen Bereich und die günstigeren Doppelzimmer (mit Bad) in den Business-Bereichen. In dem Dachrestaurant des Hotels sitzt man einfach wunderbar. Ein Taxi aus der Stadt kostet 10 Yuan, der Minibus Linie 3 1 Yuan. Außerhalb der Saison gibt es Rabatte von 20% bis 40%.

Dune Guesthouse HOSTEL €
(月泉山庄青年旅舍; Yuequan Shanzhuang Qingnian Lushe; ☎138 9376 3029; dhzhzh@163.com; B 30 Yuan, Zi. mit gemeinsamem Bad 100 Yuan) Fast direkt am Fuß der Singenden Sanddüne inmitten von blühenden Gärten und Weinstöcken steht dieses wunderbar gelegene, entspannte Hostel für Rucksackreisende. Die einzelnen Häuser stehen zwischen Obstbäumen, die Doppelzimmer und Mehrbettzimmer gruppieren sich um den zentralen Hof. Alle Zimmer teilen sich Duschen und Toiletten (die schon etwas sauberer sein könnten). Ein Taxi hierher kostet 15 Yuan, oder man fährt mit dem Minibus Linie 3 bis zur Endstation, läuft ein kleines Stück nach Norden (zurück in Richtung Stadt), biegt die erste Straße nach links auf die andere Straßenseite vorbei an Weingärten und folgt der Beschilderung. Das Gästehaus wird von den Leuten von Charley Johng's Cafe betrieben, am besten fragt man dort nach näheren Informationen.

Dunhuang Legend Hotel HOTEL €€€
(敦煌飞天大酒店; Dunhuang Feitian Dajiudian; ☎885 3888; www.dhlegendhotel.com; Mingshan Lu; 鸣山路; DZ & 2BZ ab 888 Yuan; ❄@) Die Zimmer in diesem typisch chinesischen Viersternehotel (wenn man nachrechnen würde, wären es sicherlich weniger) sind geräumig und gut möbliert. Im Sommer ist das Preis-Leistungs-Verhältnis gut, da das Zimmer mit Rabatt etwa 500 Yuan kostet und andere schlichter ausgestatteten Zweisternehotels in der Stadt nicht viel weniger verlangen.

Gongyi Meishu Zhaodaisuo GÄSTEHAUS €
(工艺美术招待所; ☎884 0919; Yangguan Zhonglu; 阳关中路; EZ & 2BZ ohne Bad 80 Yuan) Dieses sehr einfache Gästehaus steht in einem Innenhof gegenüber der China Life Insurance Company. Wenn man in den Hof geht, ist links das blaue Schild mit roten Buchstaben zu sehen. Die Zimmer sind im 3. Stock und kosten außerhalb der Saison 50 Yuan. Wichtig: Das Gästehaus hat Bäder, aber keine Duschen.

Mogao Hotel HOTEL €€
(莫高宾馆; Mogao Binguan; ☎885 1777; 12 Mingshan Lu; 鸣山路 12 号; DZ/2BZ ab 308/428 Yuan; ❄@📶) Die Lage mitten in der Stadt ist hervorragend, Restaurants und Geschäfte sind in der Nähe. Wer alleine reist und ein eigenes Zimmer möchte, ist hier gut aufgehoben. Im Zimmer gibt es Breitbandinternet, in der Lobby WLAN. Außerhalb der Saison kostet ein kleines Doppelzimmer etwa 188 Yuan.

Feitian Binguan HOTEL €€
(飞天宾馆; ☎882 2337; www.fttravel.cn; 22 Mingshan Lu; 鸣山路 22 号; DZ/2BZ 428/458 Yuan; ❄@) Dieses Zweisternehotel gibt es schon lange; es steht in einer der Hauptstraßen von Dunhuang. Die Zimmer sind klein, aber ordentlich und hell.

Essen

Dunhuang ist voller Restaurants, viele bieten englische Speisekarten oder Bilderspeisekarten. *Niuro mian* (牛肉面; Nudeln mit Rindfleisch) gibt es in vielen Restaurants auf der Xiyu Lu.

Cafés in der Stadt für Reisende aus dem Westen bieten Gerichte von 10 bis 20 Yuan, dazu Internetzugang und die Gelegenheit, Fahrräder zu mieten und sich mit anderen Travellern auszutauschen.

Shazhou Nachtmarkt STRASSENMARKT €€
(沙洲夜市; Shazhou Yeshi; ⏲Vormittag-Nacht) Der Straßenmarkt erstreckt von der Yangguan Lu südlich zur Xiyu Lu, man kann dort essen und Leute treffen. Abseits der Yanguang Lu sind Dutzende gut organisierter Stände, bei denen englische Schilder erklären, was dort verkauft wird. So gibt es dort Sichuan- und koreanische Nu-

deln, Klöße, Eintöpfe, *roujiamo* (肉夹馍) und Lanzhou-Nudeln. Besonders lecker ist ein erfrischendes Glas *xingpishui* (杏皮水; Aprikosensaft; 5 Yuan).

Abends kann man auch draußen bei Musik sitzen, und es wird Lammbraten auf der Platte oder vom Spieß serviert. Zusammen mit den Lokalen an der Fanggu Shangye Yitao Jie ist dies der teuerste Ort, um Grillfleisch zu essen. Günstiger wird es in den Gassen, die nach Osten abzweigen. Der gleiche Lammspieß, der auf der Hauptstraße 8 Yuan kostet, ist hier für 3 bis 5 Yuan zu haben.

LP TIPP Zhaixing Ge

CHINESISCH, INTERNATIONAL €€

(摘星阁; Silk Road Dunhuang Hotel; Dunyue Lu; Gerichte 18–38 Yuan; ⏲7–13 & 16.30–24 Uhr; ▣) Das Restaurant gehört zum Silk Road Dunhuang Hotel, die Lage auf dem Dach ist wunderbar für ein Essen (das Frühstücksbuffet im westlichen Stil wird von Reisenden sehr geschätzt); auch das Glas am Abend mit Blick auf den Sonnenuntergang über den goldenen Sanddünen ist ein Traum. Die Preise für das Essen sind angemessen und nicht viel teurer als in anderen Restaurants der Stadt. Sehr lecker ist das Uighuren-Brot oder die überraschend knusprige Pizza.

Bu Ji Lu Rou Huang Mianguan

ESELFLEISCH €€

(卜记驴肉黄面馆; Shazhou Nanlu; Gerichte 12–38 Yuan, Menüs ab 35 Yuan; ⏲10–22 Uhr) Eselfleisch mit gelben Nudeln ist eine Spezialität der Gegend, und in diesem beliebten Restaurant kann man es probieren. Man fühlt sich zwar wie in einem Speisesaal, aber die Preise für ein oder zwei Personen sind in Ordnung. Eselfleisch schmeckt wie Roastbeef, wer sich nicht auskennt, bekommt ein Menü mit Nudeln und Tofu.

Charley Johng's Cafe

FRÜHSTÜCK, CHINESISCH €

(风味餐館; Fengwei Canguan; Mingshan Lu; Gerichte 6–20 Yuan; ⏲8.30–22 Uhr; ▣) Leckeres Frühstück im westlichen Stil mit Rührei, Müsli mit Joghurt und Pancakes, den ganzen Tag über à la Carte oder als Frühstücksmenü. Es gibt auch Sandwiches, viele chinesische Gerichte aus dem Wok und Klöße.

Ausgehen

In der Gasse hinter Charley Johng's Hostel findet sich eine Reihe trendiger Cafés mit bequemen Sesseln und freiem WLAN, die am Abend zur Bar umfunktioniert werden. In den Sommermonaten gibt es im Silk Road Dunhuang Hotel einen **Biergarten** am Eingang zum dem Areal, und von der tollen Dachterrasse **Zhaixing Ge** (⏲16.30–24 Uhr) bietet sich ein atemberaubender Blick über die Wüste, der sich bei einem Glas Bier oder Rotwein aus der Gegend genießen lässt.

Oasis Cafe

CAFÉ

(绿洲咖啡館; Lûzhou Kafeiguan; Fanggu Shangye Yitiao Jie; ⏲ Di-So 14–23 Uhr; ▣▣) Definitiv die besten Smoothies und Milkshakes (Heidelbeer, Pfirsich, Kiwi und andere; 14 Yuan) in Nordwestchina und auch prima Kaffee. Außerdem gibt es hervorragende selbstgemachte Hamburger und Pizza. Das Café, von einem Mann aus Oklahoma geführt, bietet eine chillige Atmosphäre zum Entspannen.

☆ Unterhaltung

Abends werden häufig Opern oder andere Musikstücke auf dem Platz hinter Charley Johng's Hostel aufgeführt. Wer mit Kindern unterwegs ist, sollte hierher gehen, da es hier auch einen kostenlosen Spielplatz gibt.

Dunhuang Goddess (敦煌神女; Dunhuang Shennu; Eintritt 220 Yuan; ⏲20.30Uhr) ist eine 80-minütige Akrobatikshow; inszeniert werden Geschichten von den Wandbildern in den Grotten Mogao. Die Aufführung findet im **Dunhuang Theatre** (敦煌大剧院; Dunhuang Dajuyuan) statt; es gibt englische Untertitel.

ℹ Praktische Informationen

In jedem der westlich geprägten Cafés gibt's Infos für Touristen, etwa zu Kamelausritten oder mehrtätigen Campingausflügen. WLAN ist in den Cafés meist verfügbar, Breitbandinternet gibt's in den Hotelzimmern und im **Internetcafé** (网吧; *wangba*; cnr Mingshan Lu & Xiyu Lu; 4 Yuan pro Std.; ⏲24 Std).

Bank of China (中国银行; Zhongguo Yinhang; Yangguan Zhonglu; ⏲Mo-Fr 8–12 & 14–18 Uhr) Hat einen 24 Std. zugänglichen Geldautomaten und wechselt Reiseschecks.

Büro für öffentliche Sicherheit (PSB; 公安局; Gong'anju; ☎886 2071; Yangguan Zhonglu; ⏲Mo-Fr 8–12 & 15–18.30 Uhr) Verlängerung des Visums dauert zwei Tage.

Feitian Travel Service (飞天旅行社; Feitian Luxingshe; ☎138 3070 6288, 885 2318; Feitian Binguan, Mingshan Lu) Organisiert Bustouren nach Mogao, Touren in die Umgebung und vermietet Autos.

 An- & Weiterreise

Bus

Dunhuangs neuer Busbahnhof (汽车站; *qichezhan*) ist an der Sanwei Lu (zu Fuß fünf Minuten in die Innenstadt) und bietet Busverbindungen nach:

Golmud 99 Yuan, 9 Std., 2-mal tgl. (9 und 19.30 Uhr)

Jiayuguan 72 Yuan, 5 Std., 3-mal tgl. (10.10, 10.45 und 24.50 Uhr)

Lanzhou 226 Yuan, 17 Std., 3-mal tgl. (11, 15 und 17 Uhr), alle mit Schlafsitzen

Liuyuan (柳园) 20 Yuan, 8-mal tgl. (7.30–18.30 Uhr)

Ürümqi 198 Yuan, 14 Std., 1-mal tgl. (19 Uhr), Schlafsitze. Hält manchmal in Turpan.

Flugzeug

Von November bis März gibt es nur Flüge von/nach Lanzhou und Xi'an, in den übrigen Monaten werden auch regelmäßige Verbindungen von/nach Beijing (1880 Yuan), Lanzhou (1380 Yuan), Shanghai (2460 Yuan), Ürümqi (710 Yuan) und Xi'an (1680 Yuan) angeboten.

Buchungen im **Air Ticket Office** (⏲8.30–18.30 Uhr) in der Lobby des Youzheng Binguan Hotel (邮政宾馆), westlich der China Post.

Zug

Dunhuang Bahnhof liegt 10 km östlich der Stadt, aber für manche Strecken, wie etwa nach Beijing West und Ürümqi, muss man vom Bahnhof in Liuyuan, der ganze 180 km entfernt ist, abfahren.

Lanzhou Hart-/Weichschläfer 246/383 Yuan, 14 Std. (2-mal tgl um 9.32 und 18.58 Uhr; weitere Züge fahren am Bahnhof in Liuyuan ab)

Turpan (ab Bahnhof in Liuyuan) Hart-/Weichschläfer 164/252 Yuan, 8 bis 9 Std.

Ürümqi (ab Bahnhof in Liuyuan) Hart-/Weichschläfer 195/302 Yuan, 11 Std.

Fahrkarten nach Lanzhou gibt es im **Train Booking Office** (火车票发售点; huoche piao Fashou dian; ⏲8–12 & 13–16 Uhr) hinter der Moschee, Fahrkarten nach Ürümqi im **Train Booking Office** (铁路售票处; *tielu shoupiaochu*; ⏲8.30–20 Uhr) auf der Yangguan Lu. Beide verlangen eine Bearbeitungsgebühr von 5 Yuan.

 Unterwegs vor Ort

Der Flughafen von Dunhuang liegt 13 km östlich der Stadt; Taxis kosten 25 Yuan. Der Bahnhof steht an derselben Straße wie der Flughafen, und die Preise für die Fahrt dorthin sind ähnlich. Die Buslinie 1 fährt zwischen 7.30 und 21 Uhr von der Mingshan Lu zum Bahnhof.

Wer zum Bahnhof in Liuyuan möchte (für Züge nach Ürümqi), nimmt einen Bus oder ein Gemeinschaftstaxi (45 Yuan pro Person), die vor dem Busbahnhof an der Sanwei Lu abfahren. Man braucht mindestens drei Stunden zum Bahnhof in Liuyuan (inklusive Wartezeit, bis das Taxi voll ist).

Eine Taxifahrt durch die Stadt kostet ab 5 Yuan.

In den Touristen-Cafés gibt es Fahrräder für 5 Yuan pro Stunde zu mieten. Es ist durchaus möglich, zu einigen der entfernteren Sehenswürdigkeiten mit den Fahrrad zu fahren, aber im Hochsommer kann das recht anstrengend werden.

Rund um Dunhuang

Die meisten Leute besichtigen die Mogao-Grotten am Vormittag und dann die Sanddünen von Mingsha Shan am späten Nachmittag. Wichtig: Im Sommer kann es in der Wüste über 40°C warm werden, man sollte daher immer Wasser, einen Sonnenhut und eine leichte Mahlzeit dabei haben.

MOGAO-GROTTEN 莫高窟

Die Mogao-Grotten (Mogao Ku) sind, um es auf den Punkt zu bringen, eine der weltgrößten Ansammlungen buddhistischer Kunst und eine bemerkenswerte Sehenswürdigkeit. In ihrer Blütezeit gab es hier 18 Klöster, über 1400 Mönche und Nonnen sowie unzählige Künstler, Übersetzer und Kalligrafen. Reiche Händler und wichtige Amtsträger waren die Hauptgeldgeber für den Ausbau neuer Grotten, da die Karawanen lange Umwege über Mogao machten, um dort zu beten oder für eine sichere Reise durch das gefährliche Ödland im Westen zu danken. Als Entstehungsjahr der ersten Grotte wird das Jahr 366 n.Chr. genannt.

Nach dem Zusammenbruch der Yuan-Dynastie wurden die Grotten nicht mehr genutzt und gerieten in Vergessenheit, bis sie im frühen 20. Jh. von einer Reihe ausländischer Forscher „wiederentdeckt" wurden (siehe Kasten oben).

Der Zugang zu den **Grotten** (Vor-/Hauptsaison 100/180 Yuan; ⏲Mai-Okt. 8.15–18 Uhr, Nov.-April 9.15–17.30 Uhr, Eintrittskarten bis 1 Std. vor Schließung) wird streng kontrolliert – es ist unmöglich, sie auf eigene Faust zu besichtigen. Mit der allgemeinen Eintrittskarte nimmt man an einer zweistündigen Tour teil (am Anfang großes Interesse zeigen, da der Führer die Tour

PLÜNDERER AUF DER SEIDENSTRASSE

Im Jahr 1900 entdeckte der selbsternannte Wächter der Mogao-Grotten, Wang Yuanlu, eine verborgene Bibliothek mit Zehntausenden von einwandfrei erhaltenen Manuskripten und Gemälden, die auf das Jahr 406 n. Chr zurückgeht.

Allein die schiere Menge dieses Fundes ist kaum vorstellbar; in einem winzigen Raum verstaut waren Texte in seltsamen zentralasiatischen Sprachen, Militärberichte, Notenblätter, Rezepturen, konfuzianische und taoistische Schriften sowie buddhistische Sutras, kopiert von den bekanntesten chinesischen Kalligrafen – und insbesondere das älteste gedruckte Buch überhaupt, die Diamant-Sutra von 868 n. Chr. Man hatte, kurz gesagt, einen unermesslichen Schatz von Originalquellen über die chinesische, zentralasiatische und buddhistische Geschichte gefunden.

Die Nachricht von dem Fund verbreitete sich schnell und Wang Yuanlu, der nun plötzlich der bekannteste Mensch der Stadt war, wurde unter anderem von den rivalisierenden Archäologen Auriel Stein und Paul Pelliot umworben. Schließlich gab Wang Yuanlu dem Druck nach, seinen Schatz zu verkaufen, und trennte sich von einem großen Teil seines wertvollen Fundes. In dieser Zeit verkaufte er fast 20 000 Manuskripte von unschätzbarem Wert aus der Grotte für die lächerliche Summe von 220 englischen Pfund nach Europa.

Noch heute sind chinesische Intellektuelle verbittert über diesen „Diebstahl" aus den Grotten und werfen Stein, Pelliot und anderen „ausländischen Teufeln" vor, sich mit einem nationalen Schatz davongemacht zu haben. Die Fürsprecher der Forscher betonen, hätte man sich nicht um die Funde gekümmert, wären sie wohl während des Bürgerkriegs oder der Kulturrevolution verloren gegangen.

dann möglicherweise verlängert), die etwa zehn Grotten umfasst, darunter auch die sogenannte Bibliotheksgrotte (Grotte 17) sowie die daran angeschlossene Ausstellung mit seltenen Fragmenten von Manuskripten in klassischem Uigurisch und Manichäisch. Führer, die über hervorragende Englischkenntnisse verfügen, stehen um 9, 12 und 14 Uhr zur Verfügung (im Eintrittspreis inbegriffen), darüber hinaus sind im Allgemeinen auch Führungen in anderen Sprachen möglich.

Von den 492 Grotten sind immer andere 20 geöffnet, somit können keine Empfehlungen gegeben werden. Aber bei jeder Führung sind die zwei **großen Buddhas** zu sehen, die 34,5 m beziehungsweise 26 m groß sind. Es ist darüber hinaus möglich, ein paar weniger besuchte Grotten für 100 bis 500 Yuan pro Grotte anzuschauen. Wichtig: In manchen Grotten überdecken spätere Fresken die Wandbilder aus früherer Zeit.

Fotografieren ist innerhalb des eingezäunten Bereichs der Grotten streng verboten. Wenn es regnet, schneit oder stürmt, sind die Grotten geschlossen.

Nach der Führung lohnt es sich, das **Dunhuang Research Centre** anzuschauen, in dem acht weitere Grotten, die jeweils für eine eigene Bauperiode stehen, minutiös mit ausgewählten Wandbildern nachgebaut wurden. Der 15-minütige Videofilm über die Bilder in Grotte 254 ist sehenswert.

Wer sich besonders für diese Sehenswürdigkeit interessiert, findet beim **International Dunhuang Project** (http://idp.bl.uk) eine Online-Datenbank mit den digitalisierten Manuskripten aus der Bibliotheksgrotte von Mogao.

Sehenswertes

Nördliche Wei-, Westliche Wei- & Nördliche Zhou-Grotte

GROTTEN, BUDDHISTISCH

Die frühesten buddhistischen Grotten sind im Stil und in der Ikonografie eindeutig indisch geprägt. In allen gibt es einen Mittelpfeiler, der einen Stupa darstellt (und symbolisch die Asche von Buddha enthält) und um den die Gläubigen während des Gebets herumlaufen. Die Farben wurde aus Malachit (Grün), Zinnober (Rot) und Lapislazuli (Blau) gewonnen, wertvolle aus Zentralasien eingeführte Mineralien.

Charakteristisch für die Kunst dieser Periode ist der Versuch, die Spiritualität derer, welche die materielle Welt durch ihre Askese überwunden haben, eindrucksvoll darzustellen. Die Wei-Statuen sind schlanke, ätherische Figuren mit fein herausgemeißelten Zügen und vergleichsweise großen Köpfen. Die Nördlichen Zhou-Figuren besitzen gespenstisch weiße Augen. Nicht täuschen lassen darf man sich von den dicken, schwarzen modern wirkenden Pinselstrichen – sie entstehen durch die Oxidation des Bleis in der Farbe und stammen nicht etwa von einem Vorgänger von Picasso.

Sui-Grotten GROTTEN, BUDDHISTISCH

Die Sui-Dynastie (581–618 n. Chr.) fand ihren Anfang, als ein General chinesischer oder Tuoba-chinesischer Abstammung den Thron der Nördlichen Zhou-Dynastie einnahm und im Zuge dessen Nord- und Südchina zum ersten Mal nach 360 Jahren wieder vereinte.

Die Sui-Dynastie bestand nur kurze Zeit und bildete den Übergang zwischen der Wei- und der Tang-Periode. Gut sichtbar wird das in den Sui-Grotten: Die eleganten geschwungenen indischen Linien der Buddha- und Bodhisattva-Figuren wandeln sich zu dem strengeren Stil der chinesischen Bildhauerei.

Tang-Grotten GROTTEN, BUDDHISTISCH

Unter der Herrschaft der Tang (618–907 n. Chr.) erweiterte China seine Grenzen nach Westen bis zum Balchaschsee im heutigen Kasachstan. Der Handel weitete sich aus, und ausländische Händler und Menschen unterschiedlicher Religionen strömten nach Chang'an, der Hauptstadt der Tang.

Es war Mogaos Blütezeit. Die Techniken der Malerei und Bildhauerei wurden verfeinert, und es gab einige wichtige Entwicklungsschritte in der Gestaltung, darunter der Wechsel des Geschlechts (von männlich zu weiblich) von Guanyin und der fliegenden *apsaras*. Die schönen Wandbilder, die das buddhistische westliche Paradies darstellen, bieten seltene Einblicke in das höfische Leben, die Musik, Kleidung und Architektur der Tang-Dynastie in China.

Etwa 230 Grotten wurden während der Tang-Dynastie geschaffen, darunter zwei Grotten mit riesigen, sitzenden Buddha-Figuren. Die Statue von Maitreya in Grotte Nr. 96, die ursprünglich der Witterung ausgesetzt war, ist mit einer beeindruckenden Höhe von 34,5 m der drittgrößte Buddha der Welt (sie soll die Kaiserin Wu Zetian darstellen, die den Buddhismus einsetzte, um ihre Macht zu festigen). Die Buddhas wurden mit Hilfe eines Gerüsts von oben nach unten gearbeitet, die Ankerlöcher sind immer noch sichtbar.

Grotten nach der Tang-Dynastie

GROTTEN, BUDDHISTISCH

Nach der Tang-Dynastie ging es mit der Wirtschaft um Dunhuang bergab, und die für die Gemälde der Tang-Periode typische aufwendige Gestaltung und die Ausdruckskraft wurden ersetzt durch einfachere Maltechniken und weniger plastische Figuren. Das geheimnisvolle Westliche Xia-Königreich, das große Teile Gansus von 983 bis 1227 kontrollierte, nahm eine Reihe von Erweiterungen an den Grotten vor und sorgte für erste tibetische Einflüsse.

An- & Weiterreise

Die Mogao-Grotten liegen 25 km (30 Minuten) südöstlich von Dunhuang. Der erste grüne Bus (einfach 8 Yuan) fährt um 8 bzw. 9 Uhr (und manchmal auch je nach Saison zu anderen Zeiten, Auskünfte hierzu in den westlich ausgerichteten Cafés) an der Kreuzung gegenüber vom Dunhuang Hotel ab. Die Busse kehren um 12, 14 und 16 Uhr zurück. Eine Taxifahrt hin und zurück kostet zwischen 100 und 150 Yuan für einen Tag, man findet aber in der Regel auch ein Taxi, das einen für 40 von den Grotten zurück nach Dunhuang bringt.

Es ist auch möglich, mit dem Fahrrad zu den Grotten zu fahren, aber die Hälfte der Strecke führt durch absolute Wüste, was im Sommer sehr anstrengend ist.

SINGENDE SANDDÜNEN & MONDSICHELSEE 鸣沙山、月牙泉

Sechs Kilometer südlich von Dunhuang bei den **Singenden Sanddünen** (Mingsha Shan; Eintritt 120 Yuan; ⌚6–21 Uhr) trifft die Wüste in höchst spektakulärer Form auf die Oase. Hier versteht man sofort, wie Dunhuang zu seinem Beinahmen „Shazhou" (Sandstadt) gekommen ist. Der Anstieg auf die Dünen – der höchste Gipfel liegt bei 1715 m – ist schweißtreibend, aber der Blick über die Sandwellen der Wüste und grünen Pappeln ist atemberaubend. Es wird dringend dazu geraten, die hellen orangefarbenen Schutzüberzüge für die Schuhe auszuleihen (防沙靴; *fangshaxue;* 10 Yuan), sonst müssen später die Schuhe ausgeleert werden.

Am Fuß der riesigen Dünen liegt ein berühmter, aber nicht wirklich beeindruckender See, der **Mondsichelsee** (Yueyaquan). An den Dünen hat sich im Laufe

DER LANGE WEG ZU EINEM SAUBEREREN CHINA

Wer nicht die gesamte Fahrt von Jiayuguan nach Dunhuang verschläft, wird sowohl von den Windturbinen als auch von der gewaltigen Wüstenlandschaft beeindruckt sein. 2011 standen im windigen Nordteil der Region fast zwei Dutzend Energiefarmen und 5000 einzelne Windturbinen, deren Zahl beständig wächst. Im Wirtschaftszentrum Jiuquan (südöstlich von Jiayuguan) werden in vielen Betrieben jährlich mehrere Tausend dieser Anlagen gebaut.

War Gansu einst die Wiege von Chinas Erdölindustrie, so experimentiert man dort seit 1996 mit Windenergie. In den ersten zehn Jahren überstieg die Kapazität der Anlagen kaum 100MW (1GW ist die Kapazität eines großen Kohle- oder Atomkraftwerks). Dann verkündete die chinesische Regierung 2005, dass sie saubere Energie massiv fördern wolle (was zum Teil in der schnell steigenden Umweltverschmutzung begründet lag), und versprach 700 Milliarden US$ für die Entwicklung in den nächsten zehn Jahren. 2020, so hieß es aus Beijing, sollen 15 % der Energie des Landes durch Wind, Sonne, Biomasse und Wasser erzeugt werden.

2007 genehmigte die Nationale Entwicklungs- und Reformkommission den Bau eines 10 GW Windparks in Gansu. Ähnlich große Windparks wurden damals auch in Xinjiang, der Inneren Mongolei, Jilin und Hebei genehmigt, und vor Kurzem begannen die Arbeiten an Offshore-Windparks in Jiangsu und Shandong sowie an Slow-Windparks im Süden von China. Über Nacht war ein neuer Industriezweig geboren, und 2011 hatte die Produktion landesweit bereits 62 GW erreicht und wächst um 20 GW pro Jahr!

Die Geschwindigkeit der Veränderung ist atemberaubend. Von 2006 bis 2010 verzeichnete die Windenergieindustrie dreistellige Wachstumsraten; gab es anfangs sechs Unternehmen, die grüne Energie erzeugten, sind es jetzt bereits über 100. Aber der schnelle Fortschritt brachte auch Probleme mit sich. Beispielsweise wurde weitaus mehr Energie erzeugt, als das nationale Stromnetz aufnehmen konnte. Ein ernsthaftes Problem waren auch Aufbauten von Turbinen, die nicht der Norm entsprachen, schlechte Qualität der Bauteile und nicht funktionierende Geräte. 2012 erklärte der Premierminister Wen Jiabao, dass die Regierung einen klaren Kurs für die bisher „blinde" Expansion des Industriezweigs vorgeben müsse und mehr Gesamtplanung notwendig sei.

Nach dem aktuellen Windenergie-Entwicklungsplan Chinas sollen pro Jahr 15 GW neu ans Netz gehen. Um dies zu ermöglichen, sollen in die Erweiterung und Modernisierung von Chinas Netzen 590 Milliarden US$ investiert werden.

China ist entschlossen, Weltführer bei der Gewinnung grüner Energie zu werden, aber noch über Jahrzehnte werden Kohlekraftwerke, die die Umwelt stark belasten, den größten Teil des Stroms des Landes produzieren. Die Kohlegewinnung wird daher wahrscheinlich von 3,2 auf 4 Milliarden Tonnen bis 2020 steigen, um eine Zuwachs von 1000 GW zu schaffen (was derzeit die Gesamtkapazität der USA darstellt).

Langfristige Prognosen sagen der Windenergie einen 30-prozentigen Anteil an allen neuen Kapazitätserweiterungen nach 2020 voraus und ein Drittel der gesamten Kapazität bis 2050. Wird diese Entwicklung in der gleichen Weise bei der Sonnen-, Wasser- und Atomenergie vorangetrieben, wird die Stromproduktion in China eines Tages zu den saubersten auf der ganzen Welt gehören.

der Zeit ein echter Touristenrummel mit allerlei Attraktionen entwickelt; es werden Kamelausritte (80 Yuan pro Person) sowie Dünen-Buggy-Fahrten angeboten, und es finden sich Gelegenheiten zum Dünensurfen (Sandrodeln), Gleitschirmfliegen (Absprung von den Dünen mit einem Gleitschirm auf dem Rücken) und sogar Fliegen mit einem Ultraleichtflugzeug. Wer in Ruhe die Dünen genießen möchte, kann dies nur ein paar Schritte abseits dieser Attraktionen tun.

Mit dem Fahrrad fährt man in etwa 20 Minuten zu den Dünen. Minibus 3 (1 Yuan) zwischen Dunhuang und den Dünen fährt zwischen 7.30 und 21 Uhr, Abfahrt ist an der Mingshan Lu. Ein Taxi kostet einfach 15 Yuan.

Westliche Cafés in Dunhuang bieten zweitägige Kamelausritte zu den Dünen an; Charley Johng's berechnet 400 Yuan pro Person für den Kamelausritt und eine Übernachtung im Zelt. Angeboten werden auch 5- bis 8-tägige Exkursionen zum Jadetorpass, nach Liuyuan und sogar bis Lop Nor in der Xinjiang-Wüste.

NATIONALPARK YADAN & JADETORPASS 雅丹国家地质公园、玉门关

Die eigenwillige ausgewaschene Landschaft des **Nationalparks Yadan** (Yadan Guojia Dizhi Gongyuan; mit Tour 80 Yuan) liegt 180 km nordwestlich von Dunhuang in der Mitte der unendlichen Weiten der Wüste Gobi. Es ist das Becken eines ehemaligen Sees, das seit 12 000 Jahren in spektakulärer Form erodiert. Die außergewöhnlichen Steinformationen bildeten auch die Kulisse für die letzten Szenen von Zhang Yimous Film *Hero*. Die Wüstenlandschaft besitzt eine ganz eigene Dramatik. Die Fahrt dorthin ist nur in einer Gruppe im Minibus möglich, es gibt somit nur wenige Möglichkeiten, alles auf eigene Faust zu erkunden.

Die Fahrt nach Yadan führt vorbei am **Jadetorpass** (Yumen Guan; Eintritt 40 Yuan), 102 km von Dunhuang entfernt – dort muss eine Eintrittskarte gekauft werden. Sowohl die Festung hier als auch diejenige am **Südpass** (阳关; Yang Guan), 78 km westlich von Dunhuang, waren ursprünglich Stützpunkte des Militärs und Teil einer Reihe von Signaltürmen der Han-Dynastie, die sich bis zu der Garnisonsstadt Loula'n in Xinjiang erstrecken. Für die Karawanen auf dem Weg nach Westen war das Jadetor der Anfangspunkt der Nordroute nach Turpan, während am Südpass die Südroute durch Miran begann. Das Jadetor leitet seinen Namen von dem wichtigen Handel mit khotanesischer Jade ab.

Im Eintrittsgeld enthalten ist der Besuch eines kleinen Museums (mit Fragmenten aus echter Seidenstraßen-Seide), eines nahe gelegenen Stückes der Großen Mauer aus der Han-Dynastie, das im Jahr 101 v. Chr. errichtet wurde und aufgrund seines Alters und seiner unrestaurierten Authentizität beeindruckend ist, sowie der Ruinen der Stadtmauer von **Hecang Cheng**, das 15 km entfernt an einer Nebenstraße liegt.

Am besten fährt man hierher mit einer der beiden täglich angebotenen **Minibus-Touren** (pro Person für die Abfahrt um 7 Uhr 76 Yuan, für die Abfahrt um 14 Uhr 86 Yuan), die man in Charley Johng's Cafe oder Hostel buchen kann. Zu der 10- bis 12-stündigen Tour gehört ein Stopp am Jadetorpass und an den **Westlichen Tausend-Buddha-Grotten** (西千佛洞; Xi Qianfo Dong; Eintritt 20 Yuan; ⏲8.30–18.30 Uhr), die sich 35 km westlich von Dunhuang befinden und 16 in den Steilhängen der Schlucht von Dang He verborgene Grotten aus der Zeit von der Nördlichen Wei Dynastie bis zur Tang Dynastie umfassen.

YULIN-GROTTEN 榆林窟

Etwa 180 km südlich von Dunhuang liegen sich die über 40 **Grotten** (Yulin Ku; Eintritt 45 Yuan, ⏲9–17 Uhr, Eintrittskarten werden bis 1 Std. vor Schließung verkauft) der Yulin-Grotten an den beiden Seiten eines engen Canyons gegenüber. Die Kunst im Inneren deckt eine Zeitspanne von 1500 Jahren ab, von der Nördlichen Wie-Dynastie bis zur Qing-Dynastie. In vielen ist deutlich ein tibetischer Einfluss zu erkennen.

Während die Kunstwerke in den Mogao-Grotten als höherwertig angesehen wird, sind die Fresken hier besser erhalten; hier gibt es nur wenig Oxidation und kaum eine Verdickung der Linien, was typisch für Mogao ist. Interessant sind auch die ursprünglich in den Stein gemeißelten internen Tunnel, die früher die Grotten verbanden.

Hierher gelangt man nur mit einem für einen halben Tag gemieteten Minivan (400 Yuan). Führer, die hervorragend Englisch sprechen, sind vor Ort und kosten 15 Yuan.

ÖSTLICHES GANSU

Die meisten Reisenden sehen das östliche Gansu auf der Fahrt zwischen Lanzhou und Xi'an nur durch die Fenster des Zuges. Das ist schade, denn in dem Gebiet sind einige Highlights der Seidenstraße am Maiji Shan durchaus einen Zwischenstopp wert.

Tianshui 天水

☎0938 / 450 000 EW.

Die großartigen buddhistischen Grotten im nahegelegenen Maiji Shan bei Tianshui locken einen beständigen Besucherstrom in diese sonst sehr provinzielle

Stadt. Oder sind es nicht eher zwei Städte? Das moderne Tianshui ist in zwei deutlich getrennte Distrikte mit 15 km Abstand unterteilt: die sich stark ausbreitende Siedlung um den Kopfbahnhof, bekannt als Maiji Qu (麦积区; früher Beidao) und das zentrale Gewerbegebiet im Westen, bekannt als Qinzhou Qu (秦州区), wo auch die Busreisenden ankommen. Die beiden Bereiche sind durch eine lange Stadtautobahn verbunden, die durch eine hügelige Passage führt.

Maiji Shan liegt 35 km südlich vom Bahnhof.

Sehenswertes

Die Hauptattraktion von Tianshui sind die Grotten am Maiji Shan. In Laufentfernung vom Tianshui Dajiudian Hotel sind zwei Tempel, die man sich zum Zeitvertreib anschauen kann.

Tempel Fuxi BUDDHISTISCHER TEMPLE
(伏羲庙; Fuxi Miao; off Jiefang Lu, Qincheng; Eintritt 30 Yuan; ⌚8–18 Uhr) Dieser Tempel aus der Zeit der Ming-Dynastie wurde im Jahr 1483 errichtet und nahm bei dem Erdbeben in Sichuan im Jahr 2008 großen Schaden. Die Haupthalle ist eine großartige Ständer-Balken-Konstruktion mit aufwendigen Türplatten aus Holzgittern: Bei genauerer Betrachtung finden sich interessante traditionelle Symbole, wie Fledermäuse, Drachen, Pfingstrosen, Kraniche und Stastikas. An der Decke sind leuchtende Originalgemälde der 64 Hexagramme (Kombinationen der achte Trigramme, die im I Ching verwendet werden).

Tempel Yuquan TAOISTISCHER TEMPEL
(玉泉观; Yuquan Guan; Renmin Xilu, Qincheng; Erw./Stud. 20/10 Yuan; ⌚8–18 Uhr) Dieser taoistische Tempel, der sich entlang des Berges über Qincheng entlangzieht, ist seit der Tang-Dynastie ein Ort der Verehrung. Die meisten Gebäude sind in den vergangenen Jahrzehnten restauriert worden, aber es ist immer noch ein angenehmer, grüner und weitläufiger Schrein mit vielen uralten Zypressen.

Schlafen

In Tianshui gibt es viele Unterkünfte in beiden Teilen der Stadt.

QINZHOU QU

Tianshui Dajiudian HOTEL €
(天水大酒店; ☎828 9999; 1 Qinzhou Dazhong Nanlu; 秦州大众南路 1 号) Dieses beliebte Hotel ist eine solide Wahl im Distrikt Qinzhou Qu. Der Bus nach Maiji Shan fährt nur 200 m südlich davon ab und es gibt viele Restaurants. Standardzimmer mit Bad und Zimmer mit Gemeinschaftsbad sind ähnlich sauber, gleich groß und mit gleicher Ausstattung. Rabatte bis 40 % sind üblich.

MAIJI QU

New Leaf Inn HOTEL €
(辛叶酒店; Xin Ye Jiudian; ☎261 8808; Longchang Lu; 陇昌路; DZ & 2BZ 138 Yuan; ❄@) Dieses kleine Businesshotel hat saubere helle Zimmer im IKEA-Stil möbliert. Das Hotel befindet sich etwa 200 m östlich (links beim Herausgehen) des Bahnhofs jenseits der Longchang Lu.

Wanhui Zhaodaisuo GÄSTEHAUS €
(万汇招待所; ☎492 7976; Longchang Lu; 陇昌路; EZ & DZ ohne Bad 40 Yuan, 2BZ 90 Yuan) Dieses brauchbare Gästehaus steht etwa 100 m westlich (rechts beim Herausgehen) des Bahnhofs. Zur Orientierung am besten nach dem China Post Office suchen und ein paar Häuser weiter gehen. Die Rezeption ist im dritten Stock.

Essen

Tianshui ist berühmt für seine *mianpi* (面皮)-Nudeln, die überall angeboten werden. In Qinzhou sind zahlreiche kleine Restaurants mit guten Eintöpfen, Sichuan-Spezialitäten und Nudelgerichten sowie Obst- und Nüsse-Stände um den Tianshui Dajiudian.

Schmackhaftes *roujiamo* (肉夹馍) und viele andere leckere Snacks gibt's in Maiji Qu in der Erma Lu, ein Fußgängerbereich und eine Geschäftspassage direkt südlich vom Bahnhof.

Auf keinen Fall das **Beidao Qingzhen Laozihao Niurou Mianguan** (北道清真老字号牛肉面馆; Erma Lu; Gerichte 4–12 Yuan; ⌚24 Std.) verpassen. Tickets werden am Kiosk vor dem Laden verkauft, die Nudeln mit Rindfleisch *(niuroumian)* und Fladenbrot *(shaobing)* werden dann am Küchenfenster abgeholt. Die köstlichen Nudeln sind gewürzt mit scharlachrotem Chiliöl, und als Beilagen stehen gut gewürztes Kraut, Gurken und anderes Gemüse zur Auswahl – einfach auf das deuten, was man gerne hätte.

Es gibt kein Schild auf Englisch, aber das Lokal liegt schräg gegenüber einer Niederlassung der ICBC-Bank.

Praktische Informationen

Es gibt eine **Bank of China** (中国银行; Zhongguo Yinhang) mit einem 24-Stunden betriebenen Geldautomaten drei Häuserblocks südlich des Bahnhofs, fast am Fluss. Ein **Internetcafé** (网吧; *wangba*; pro Std. 2,50 Yuan; ⌚24 Std.) ist im 2. Stock zum Wanhui Zhaodaisuo in Maiji Qu.

An- & Weiterreise

Bus

Busse vom Fernbusbahnhof in Qinzhou fahren nach:

Gangu 15 Yuan, 90 Minuten, alle 15 Minuten

Huixian 35 Yuan, 3 Std., stündl. (7.20–18 Uhr)

Lanzhou 74 Yuan, 4 Std., alle 20 Minuten (7.20–19 Uhr)

Linxia 99 Yuan, 7 Std., 1-mal tgl. (6.30 Uhr)

Luomen 25 Yuan, 2 Std., 3-mal tgl. (7, 11 und 14.30 Uhr)

Pingliang 65 Yuan, 5 Std., stündl. (7–15 Uhr)

Zug

Tianshui liegt an der Bahnlinie Xi'an–Lanzhou; täglich fahren Dutzende von Zügen in beide Richtungen.

Lanzhou Hart-/Weichsitzer 52/81 Yuan, 4 Std.

Xi'an Hart-/Weichsitzer 51/78 Yuan, 5 Std.

Unterwegs vor Ort

Taxis fahren Passagiere zwischen Qinzhou (sowohl vom Busbahnhof in der Stadt 200 m südlich des Tianshui Dajiudian als auch vom Fernbusbahnhof) zum Bahnhof in Maiji Qu. Die Kosten liegen bei 10 Yuan pro Person (40 Yuan für das ganze Taxi). Die Alternative sind die deutlich langsameren Busse der Linie 1 oder 6 (3 Yuan, 40 Minuten).

Rund um Tianshui

MAIJI SHAN 麦积山

Zwischen den zerklüfteten und üppig grünen Bergen südöstlich von Tianshui gehören die faszinierenden Grotten von Maiji Shan (Heuhaufenberg) zu Chinas berühmtesten buddhistischen Felsen-Bildhauerarbeiten.

Sehenswertes

Maiji Shan GROTTEN

(Eintritt 70 Yuan; ⌚8–18 Uhr) In die Felsenwände sind Nischen und Statuen gehauen, die hauptsächlich in der Nördlichen Wei- und der Zhou-Dynastie (386–581 n. Chr.) entstanden sind, später wurden noch Erweiterungen hinzugefügt. Über schwindelerregende Stege und steile Wendeltreppen an den Felswänden gelangt man ganz nah zu den Kunstwerken. Im Kreis der kaum zu übersehenden Dreiergruppe aus Buddha und Bodhisattvas der Sui-Dynastie befindet sich die größte Statue an dem Berg: Das zentrale Buddha-Bildnis ragt 15,7 m hoch. Als die Statue vor 30 Jahren sorgfältig restauriert wurde, kam eine Handschrift der *Sutra vom Goldenen Licht* im Anhänger des Buddhas zum Vorschein.

Es ist nicht genau bekannt, wie die Künstler so weit oben arbeiten konnten; nach einer Theorie schichteten sie Holzblöcke turmartig bis zur Spitze des Berges aufeinander und arbeiteten von oben nach unten, wobei sie die Hilfskonstruktion immer weiter abtrugen.

An vielen Statuen haftet noch eine beachtliche Menge Farbpigmente; viele dieser Statuen sind aus Lehm und nicht aus dem Fels gehauen; um sie durch das engmaschige Drahtgeflecht genau anzuschauen, muss man die Treppen hochsteigen. In viele Grotten dringt kein Tageslicht ein, sodass die Bodhisattvas im Halbdunkel hocken und die Fresken kaum erkennbar sind. Vieles ist jedoch gut sichtbar, und die meisten der beeindruckenderen Skulpturen zieren die oberen Wege, insbesondere bei Grotte 4. Einige der Statuen wurden beim Erdbeben in Sichuan 2008 leicht beschädigt, sind aber mittlerweile wieder restauriert.

Der Besuch wird abgerundet mit einem gemütlichen Rundgang an den Ständen der Straßenhändler und den Essensständen, die köstliche würzige kalte Nudelgerichte sowie Tees und Softdrinks im Angebot haben.

Die Kosten für einen Englisch sprechenden Führer belaufen sich auf 70 Yuan für einen Tag. Für einen Aufpreis von 500 Yuan pro Gruppe können auch solche Grotten besichtigt werden, die normalerweise für die Öffentlichkeit geschlossen sind (z. B. Grotte 133).

Die Eintrittskarte gilt auch für das **Kloster Ruiying** (瑞应寺; Ruiying Si) am Fuß des Berges, das als kleines Museum mit ausgewählten Statuen dient. Dem Kloster gegenüber beginnt ein Wanderweg zu einem **Botanischen Garten** (*zhiwuyuan*; freier Zutritt mit Eintrittskarte), der auch eine Abkürzung durch den Wald zum Eingangstor ist.

Es ist auch möglich, den **Xiangji Shan** (香积山) zu besteigen. Wenn man zurück zu dem Bereich mit den Ständen geht und nach einem Schild in eine Nebenstraße links schaut, findet man den Einstieg zum Wanderweg.

Schlafen

Es gibt mehrere Übernachtungsmöglichkeiten, darunter Hütten im Botanischen Garten im **Hotel Arboretum** (植物园山庄; Zhiwuyuan Shanzhuang; ☎223 1025; zwyszhotel@126.com; Hütte 386 Yuan) und einfache **Gästehäuser** (40 bis 50 Yuan) im Dorf etwa 1 km vor dem Eingangstor. Wenn man in das Dorf kommt, weiß gleich jeder, wonach man sucht.

An- & Weiterreise

Der Grüne Bus Linie 34 (5 Yuan, 40 Minuten) fährt alle 10 Minuten vor dem Bahnhof in Tianshui ab. Der erste Bus fährt um 6 Uhr und letzte kehrt gegen 18 Uhr zurück. Man kann an der Kreuzung 5 km vor den Grotten aussteigen; von hier kostet ein Taxi zum Kassenhäuschen 5 Yuan pro Platz.

Buslinie 5 fährt am Busterminal direkt südlich des Tianshui Dajiudian in Qinzhou um 8.30 Uhr ab und kehrt um 14.30 Uhr zurück. Taxis warten auf Passagiere (30 Yuan pro Person) an denselben Orten fast den ganzen Morgen.

Vom Kassenhäuschen in Maiji Shan kann man die letzten 2 bis 3 km zu den Grotten zu Fuß gehen oder einen **Tour-Buggy** (guangguan che; hin und zurück 15 Yuan) nehmen.

Pingliang 平凉

☎0933 / 106800 EW.

Pingliang ist eine boomende chinesische Stadt mittlerer Größe; sie bietet sich als günstig gelegene Ausgangsbasis für die Besichtigung des nahegelegenen heiligen Berges Kongtong Shan an. Der Bahnhof liegt im Nordosten der Stadt und der Hauptbusbahnhof weit im Westen. Xi Dajie ist die Hauptstraße, und dort findet man auch die Hotels, Restaurants und Banken.

Sehenswertes

Kongtong Shan TEMPEL

(崆峒山; Eintritt 120 Yuan; ⌚7–17 Uhr) Kongtong Shan ist einer der 12 Hauptgipfel des taoistischen Universums. Erstmalig erwähnt wurde er von dem Philosophen Zhuangzi (399–295 v. Chr.), und zu den illustren Besuchern zählte kein Geringerer als der Gelbe Kaiser. Zahlreiche Bergpfade führen vorbei an Dutzenden malerischer (wenn auch vollständig restaurierter) Tempel hinauf zum Gipfel auf über 2100 m. Für Wanderausflüge ist der Berg wunderbar geeignet, wer aber nach echten historischen Kunstschätzen oder einer entsprechenden Stimmung sucht, wird enttäuscht sein.

Vom Besucherzentrum am Nordtor (zur besseren Orientierung eine kostenlose Karte mitnehmen) bedient ein Bus die Strecke nach **Zhongtai** (32 Yuan) oder **Xiangshan** (48 Yuan), beides relativ kleine Bergareale für Besucher mit Wegen zu Plätzen mit herrlicher Aussicht und schönen Tempeln.

Kongtong Shan befindet sich 11 km westlich von Pingliang. Ein Taxi kostet 20 Yuan, oder man nimmt den Bus Linie 16 (1 Yuan) an der Xi Dajie und steigt an der Kongtong Dadao in die Buslinie 13 (2 Yuan) um. Die Buslinie 13 hält zum Aussteigen direkt rechts neben dem Hauptbesucherzentrum und fährt dann weiter zum Osttor. Am Ende des Besuchs ist es sinnvoll, von Zhongtai zum Osttor zu laufen und dort den Bus 13 zurück in die Stadt zu nehmen.

Schlafen & Essen

Direkt um die Ecke vom Hongyun Binguan befindet sich der Sizhong-Straßenmarkt (Sizhong Xiang shichang). Es gibt hier viele Restaurants und Essensstände mit Nudeln, würzigen Eintöpfen, Grillfleisch sowie frischem Obst.

Hongyun Binguan HOTEL €

(鸿运宾馆; ☎822 6399; Xi Dajie; 西大街; DZ/2BZ ohne Bad 128/158 Yuan, 2BZ 188 Yuan; ❄@) Das Hotel besitzt eine angenehme Gästehausatmosphäre, und es bietet überraschend schöne Zimmer, die über eine sehr enge Treppe erreicht werden. In allen Zimmern gibt es Computer und Breitbandinternet, und Rabatte bis zu 30 % sind möglich.

Pingliang Binguan HOTEL €€€

(平凉宾馆; ☎821 9485; Xi Dajie; 西大街; 2BZ 588 Yuan; ❄@) Das beste Hotel der Stadt liegt etwas abseits der Hauptstraße in einem großen Gebäudekomplex. Rabatte bis 40 % sind möglich.

An- & Weiterreise

Bus

Die folgenden Linien fahren am Hauptbusbahnhof von Pingliang im Westen der Stadt an der Lai Yuan Lu ab:

Guyuan 24 Yuan, 1½ Std., häufig

Lanzhou 105 Yuan, 5 Std., stündl. (6.30–17.30 Uhr)

Tianshui 65 Yuan, 7 Std., 1-mal tgl. (9 Uhr)

Xi'an 88 Yuan, 6 Std., alle 40 Minuten (6.20–18 Uhr)

Nach Tianshui fahren häufiger Busse vom Ostbusbahnhof *(qiche dongzhan)* ab.

Zug

Am besten ist es, mit dem Bus nach Xi'an zu fahren, da die Züge zu sehr ungünstigen Zeiten ankommen und abfahren. Es gibt einen Schlafwagenzug täglich nach Lanzhou (Hart-/Weichschläfer 97/151 Yuan, 11 Std.), der um 21.18 Uhr abfährt.

Der Bus der Linie 1 (2 Yuan) fährt vom Bahnhof zur Xi Dajie. Ein Taxi kostet 10 Yuan. Von der Xi Dajie zum Busbahnhof kostet es 4 Yuan, eine Alternative ist der Bus der Linie 16 (1 Yuan).

Ningxia

BEVÖLKERUNG: 6,4 MIO.

Inhalt »

Yinchuan........................ 951
Zhongwei 957
Guyuan........................... 960

Die schönsten historischen Stätten

» Gräber der westlichen Xia-Dynastie (S. 954)
» Felszeichnungen in Helan Shan (S. 955)
» Xumi Shan (S. 960)
» Shui Dong Gou (S. 956)

Die sehenswertesten Tempel

» Qingzhen Da Si (S. 959)
» Gao-Tempel (S. 957)
» Guangzong Si (S. 957)
» Yanfu Si (S. 956)

Auf nach Ningxia!

Ningxia (宁夏) ist eine raue Landschaft aus staubigen Ebenen und öden Bergen, die vom Gelben Fluss (Huang He) in zwei Teile geteilt wird. Der Anblick erinnert an Früchte des Zorns. Außerhalb der Städte scheint die Zeit stehen geblieben zu sein. Die Bauern bestellen hier die gelbe Erde, so wie es schon ihre Vorfahren seit jeher tun.

Dennoch war Ningxia einst die Grenze zwischen den Kaiserreichen der Mongolen und der Han-Chinesen. Es gibt hier Unmengen an historischen Stätten: selten besuchte buddhistische Statuen, königliche Gräber längst vergangener Dynastien sowie uralte Felszeichnungen, die schon lange vor den Kaisern da waren. Als Heimat der ethnischen Minderheit der moslemischen Hui ist ist Ningxia auch kulturell einzigartig.

Außerdem gibt's hier die Möglichkeit, unter dem Wüstenhimmel zu zelten oder den Gelben Fluss auf einem traditionellen Floß hinunterzufahren. Vor allem aber liegt diese Region fern der Touristenströme.

Reisezeit

Yinchuan

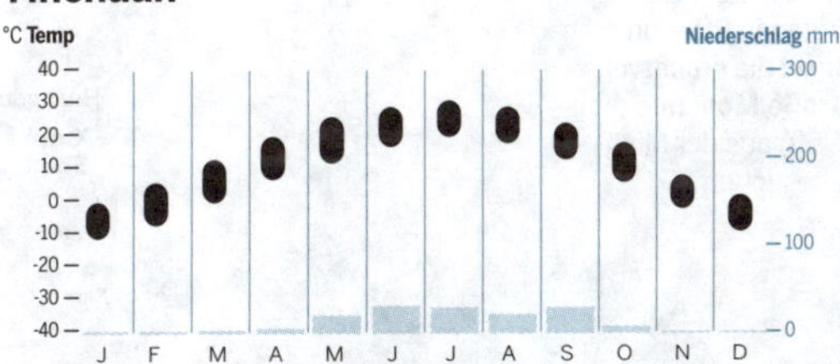

August Das Wolfbeerenfest wird jährlich in Zhongning gefeiert (östlich von Zhongwei).

Oktober Es wird kühler und Zeit, in der wenig besuchten Tengger-Wüste Lawrence von Arabien zu spielen.

November Das Fest des Gelben Flusses in Yinchuan lockt mit Konzerten und Folkloretänzen.

Highlights

1 Die kaiserlichen **Gräber der westlichen Xia-Dynastie** (S. 954) außerhalb von Yinchuan besichtigen, eine der wenigen Stätten mit Überresten dieser längst verschwundenen Kultur

2 Den Gelben Fluss per Floß hinabfahren oder auf dem Wüstenspielplatz von **Shapotou** (S. 958) die Sanddünen runterrutschen

3 Die wenig besuchten buddhistischen Grotten mit Hunderten von Statuen in **Xumi Shan** (S. 960) erkunden

4 Die einzigartigen Felszeichnungen bei **Helan Shan** (S. 955) anschauen, die Tausende von Jahren alt sind

5 Auf ein Kamel umsteigen und für eine Nacht in die **Tengger-Wüste** (S. 960) ziehen

6 Die mongolische Kultur an einsamen Stätten rund um **Bayanhot** (S. 956), **Guangzong Si** (S. 857) und **Yanfu Si** (S. 956) erkunden

7 Abseits der ausgetretenen Pfade in Tongxin die prachtvolle **Große Moschee** (S. 959) aus der Ming-Ära besuchen

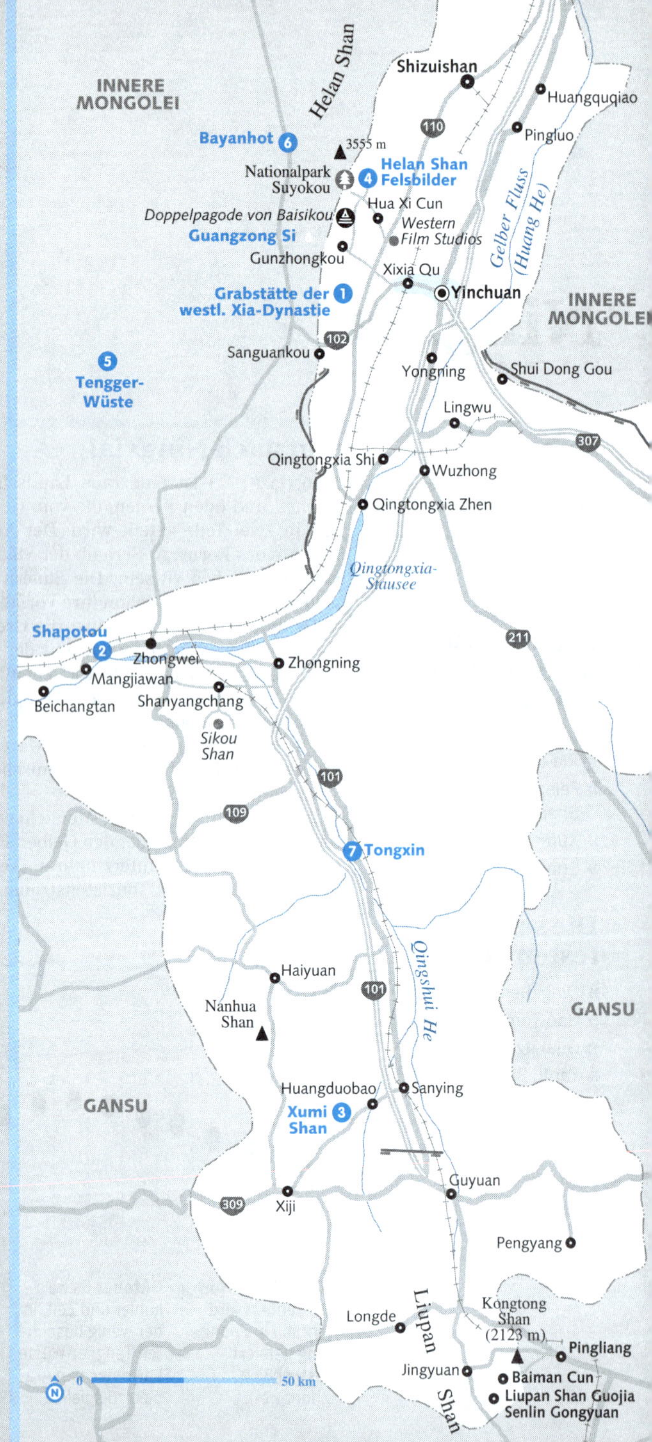

Geschichte

Ningxia war seit der Qin-Dynastie immer schon eine Randerscheinung des chinesischen Reichs, aber im 10. Jh. stand es plötzlich im Rampenlicht, als das Volk der Tangut das Reich Xixia (Westliches Xia) gegen den Willen der Song ausrief. Das Reich umfasste das heutige Gansu, Ningxia, Shaanxi und die westliche Innere Mongolei, aber es brach rasch zusammen, als es sich der mongolischen Macht gegenübersah.

Der Rückzug der Mongolen im 14. Jh. hinterließ eine Lücke, die schnell sowohl von muslimischen Händlern aus dem Westen als auch von chinesischen Bauern aus dem Osten geschlossen wurde. Zwischen den beiden Völkern kam es in Ningxia immer wieder zu Spannungen, da es in die große muslimische Rebellion verwickelt wurde, die in der Mitte des 19. Jhs. den Nordwesten Chinas erschütterte.

Ningxia, das einst zu Gansu gehörte, ist die kleinste chinesische Provinz. Eigentlich handelt es sich hier jedoch mehr um die autonome Region der muslimischen Hui-Minderheit, die ein Drittel der Bevölkerung stellt, als um eine offizielle Provinz. Dies ist nach wie vor eine der ärmsten Gegenden Chinas. Der fruchtbarere von den Han-Chinesen beherrschte Norden ist deutlich besser gestellt als der sonnenverbrannte, dünn besiedelte Süden.

Klima

Als Teil einer Lösshochebene besteht Ningxia hauptsächlich aus trockenen Gebirgszügen und Hochland. Im Sommer sind die Temperaturen tagsüber sehr hoch, und an Niederschläge erinnern sich die Bewohner dunkel. Die Winter sind lang und oft eiskalt, das Frühjahr ist jedoch angenehm, wenn auch stürmisch.

PREISE

In diesem Kapitel werden die folgenden Preiskategorien verwendet:

Schlafen

€	unter 250 Yuan
€€	250–400 Yuan
€€€	über 400 Yuan

Essen

€	unter 30 Yuan
€€	30–50 Yuan
€€€	über 50 Yuan

Sprache

Ningxias Dialekt wird zusammen mit den nordwestlichen Dialekten von Gansu und Qinghai unter dem sprachwissenschaftlichen Oberbegriff „Lanyin-Mandarin" zusammengefasst.

An- & Weiterreise

Ningxias Hauptstadt Yinchuan hat den einzigen brauchbaren Flughafen. Aber Ningxia ist so klein, dass es in wenigen Stunden durchquert werden kann. Die Busse fahren überall hin, wenn auch manchmal langsam. Zwischen den großen Städten verkehren Züge.

Yinchuan 银川

0951 / 510 379 EW.

In der sonnengegerbten Landschaft Ningxias ist es Yinchuan dennoch gelungen zu gedeihen. Die Gründerväter der Tangut wählten diese Fleck weise für ihre Hauptstadt aus. Sie errichteten die Stadt zwischen einer Wasserquelle (dem Gelben Fluss) und einer natürlichen Barriere gegen die Wüste Gobi (das Gebirge Helan Shan).

Das moderne Yinchuan ist vorwiegend von Han bevölkert, obwohl die zahlreichen Moscheen seinen Status als Hauptstadt der Hui-Heimat verraten. Die interessantesten Sehenswürdigkeiten jedoch, die Gräber der Westlichen Xia-Kultur und Helan Shan im Westen der Stadt, sind deutlich älter als die Han und Hui. Yinchuan ist auch ein gutes Sprungbrett für längere Ausflüge in die westliche Innere Mongolei.

Sehenswertes

Yinchuan ist in drei Teile unterteilt. Xixia Qu (西夏区; Neustadt), der neue industrialisierte Teil, liegt am westlichen Stadtrand. Jinfeng Qu (金凤区) ist der Stadtteil im Zentrum (der Bahnhof liegt am westlichen Rand von Jinfeng). Xingqing Qu (兴庆区; Altstadt) liegt 12 km östlich des Bahnhofs und hat die meisten Sehenswürdigkeiten und Hotels der Stadt.

GRATIS **Ningxia-Museum** MUSEUM

(宁夏博物馆; Ningxia *bowuguan*; Renmin Guangchang; Di–So 9–17 Uhr) Dieses höhlenartige Museum befindet sich genau zwischen der Altstadt und der Neustadt. Das gut ausgestattete Museum enthält eine umfangreiche Sammlung zu den Felszeichnungen und Töpferwaren aus der Zeit der Seidenstraße und alte Korane sowie den obligatorischen Saal mit kommunistischer Propaganda und witzigen Mao-Andenken. Dies ist ein guter Einstieg für alle, die etwas über die Hui-Kultur lernen möchten. Bus 102 kommt auf seiner Strecke in der Nähe vorbei.

Chengtiansi Ta PAGODE

(承天寺塔; Jinning Nanjie; Eintritt 18 Yuan; ⌚9–17 Uhr) Diese eindrucksvollste Sehenswürdigkeit in der Altstadt bietet einen 360-Grad-Ausblick über Yinchuan. Dafür sind allerdings 13 steile Treppenstaffeln zu erklimmen. Die Pagode ist auch unter dem Namen Xi Ta (西塔; Westpagode) bekannt. Sie hat ein Alter von fast 1000 Jahren. Ursprünglich war sie von der westlichen Xia-Dynastie erbaut worden, seitdem wurde das Bauwerk allerdings schon einige Male verändert.

Haibao Ta PAGODE

(海宝塔; Minzu Beijie; Eintritt 10 Yuan; ⌚9–17 Uhr) Diese Pagode aus dem 5. Jh. steht auf dem Gelände eines gut erhaltenen Klosters. Die neunstöckige Pagode, auch als Bei Ta (北塔; Nordpagode) bekannt, stürzte im Jahr 1739 bei einem Erdbeben ein und wurde 1771 im ursprünglichen Zustand wieder aufgebaut. Der Turm ist für Besucher gesperrt. Hierher geht's mit dem Minibus 20 in nördlicher Richtung auf der Jinning Beijie. Es sind fünf Haltestellen bis nach Beita Lukou (北塔路口) und dann noch 15 Minuten Fußweg weiter Richtung Norden.

Schlafen

Es herrscht kein Mangel an Unterkünften in der Altstadt, aber die meisten Unterkünfte sind langweilige Kettenhotels und überteuerte Zwei- und Dreisternehäuser der alten Schule. Es gibt auch keine Hostels in Yinchuan (oder anderswo in Ningxia). Wer bereit ist, etwas tiefer in die Tasche zu greifen, bekommt bei den Hotels eine deutlich bessere Qualität.

Carnation Chain Hotel HOTEL €

(康乃馨连锁酒店; Kangnaixin Liansuo Jiudian; ☎602 0788; 16 Yuhuange Nanjie; 玉皇阁南街 16 号; DZ 248–278 Yuan, Preisnachlässe von 30 %; ❄@) Mit den fröhlich-bunten gelben Wänden, dem herzlichen Personal und den kompakten und sauberen modernen Zimmern ist dies die beste Adresse in der Altstadt. Sämtliche Zimmer sind mit einem Computer ausgestattet, die teureren bieten sogar herzförmige Betten für Romantiker. Selbst in der Hochsaison sind Preisnachlässe zu bekommen, dann sinkt der Preis unter 200 Yuan.

Ningfeng Binguan HOTEL €€€

(宁丰宾馆; ☎609 0222; www.ningfenghotel.com; 6 Jiefang Dongjie; 解放东街 6 号; DZ 688 Yuan, Preisnachlässe von 20 %; ❄@) Eine gute Wahl. Das Hotel ist ebenso komfortabel wie viele teure Hotels in Yinchuan und doch besser gelegen. Die Zimmer sind groß und gut organisiert, und die Badezimmer sind schön und modern. Es gibt ein chinesisches Restaurant im Haus und einige der hilfsbereiten Mitarbeiter sprechen etwas Englisch.

Kempinski Hotel HOTEL €€€

(凯宾斯基饭店; Kaibinsiji Fandian; ☎516 5888; www.kempinski.com/yinchuan; 160 Beijing Zhonglu; 北京中路 160 号; DZ 1786 Yuan, Preisnachlässe von 10 %; ⊖❄@📶🏊) Yinchuans Luxusoption hat alle Extras: riesige, bequeme Betten, edle Badezimmer, effizientes Personal, einen Pool, Wellnessbereich und ein auf Deutsch getrimmtes Restaurant, das ausgezeichnetes, wenn auch teures Bier hat. Außerhalb der Hochsaison im Sommer dürfte ein größerer Preisnachlass drin sein (dann empfiehlt sich jedoch, im Voraus zu reservieren).

Jinjiang Inn HOTEL €€

(锦江之星旅馆; Jinjiang Zhixing Lüguan; ☎602 9966; www.jinjianginns.com; 15 Gulou Beijie; 鼓楼北街 15 号; DZ 269 Yuan; ❄@📶) Dieses zuverlässige Kettenhotel hat tadellose Zimmer, kostenlosen Breitbandzugang (WLAN in der Lobby) und liegt toll gleich nördlich des Trommelturms.

Hao Jia Fandian HOTEL €€

(豪珈饭店; ☎385 8998; 192 Liqun Dongjie; 利群东街 192 号; DZ & 2BZ 398 Yuan, Preisnachlässe von 50 %; ❄@) Das Hotel wirkt zwar etwas finster, aber die Zimmer selbst sind groß genug und haben annehmbare Badezimmer. Die großzügigen Preisnachlässe machen es zu einem guten Tipp.

Essen & Ausgehen

Wie auch überall sonst im Nordwesten Chinas sind Nudeln hier das Hauptnahrungsmittel. Jedes Restaurant serviert sie und vielerorts in Ningxia sind sie das Einzige, was sich an Essen findet.

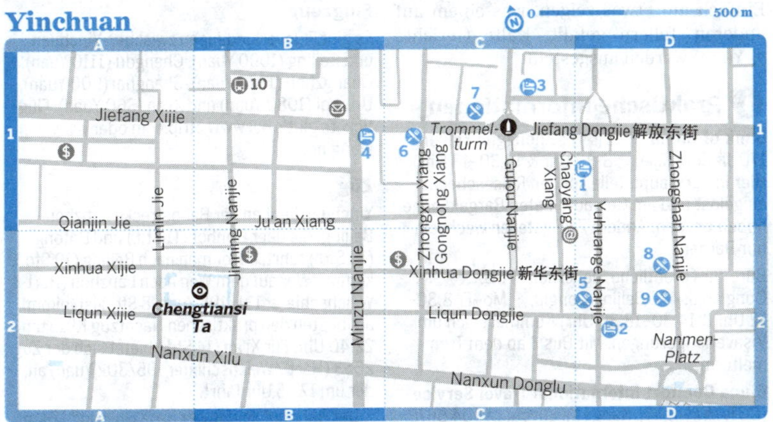

LP TIPP Xianhe Lou CHINESISCH €
(仙鹤楼; 204 Xinhua Dongjie; Gerichte ab 10 Yuan; 24 Std.) In diesem Restaurant, das zu einem Wahrzeichen geworden ist, kann man gar nichts falsch machen. Das Restaurant ist rund um die Uhr geöffnet und bietet für alle etwas. Wer einen prall gefüllten Geldbeutel dabei hat, kann sich eines der teureren Fischgerichte oder die großartigen *kaoyangpai* (烤羊排; Grillrippchen) gönnen; eine riesige Portion Rindfleischnudeln gibt's dagegen für nur 10 Yuan. Kalte Gerichte sind ausgestellt. Ebenso ist die Produktionsstraße für *shuijiao* (gekochte Klöße, die ein wenig an Ravioli erinnern) zu sehen. Die Klöße sind eine Spezialität des Hauses. Sie werden pro *jin verkauft*. Aber auch ein halbes *jin* (18 Yuan) ist normalerweise ausreichend für zwei Personen. Es gibt eine kleinere **Filiale**, die um 22 Uhr schließt. Sie liegt auf der Zhongshan Nanjie gleich um die Ecke. Die Speisekarte ist bebildert.

Da Ma Jiaozi Guan TEIGTASCHEN €
(大妈饺子馆; 32 Jiefang Dongjie; Klöße ab 15 Yuan; 11–22.30 Uhr) Beliebtes Lokal für chinesische Teigtaschen. Sie werden pro *jin* verkauft, aber man kann auch ein halbes *jin* bestellen. Es gibt verschiedene Varianten mit Rind, Lamm und vegetarischer Füllung. Außerdem gibt's auch viele kalte Gerichte, Suppen, Fleisch- und Fischgerichte sowie die unvermeidliche Nudelkarte. Die Speisekarte ist bebildert.

Bai Gong DIM SUM €€
(白宫; 82 Yuhuange Nanjie; *dim sum* ab 15 Yuan; 24 Std.) Die Kellner hier schieben Servierwagen umher, auf denen sich alle Arten von köstlichen gedämpften Klößen stapeln, dazu noch einige exotische Knabbereien wie pikant gewürzte Hühnerkrallen. Das Bai Gong bietet eine gute Auswahl für Alleinreisende, auch wenn man möglicherweise mehrmals nachbestellen muss, um wirklich satt zu werden. Zahlreiche teurere Gerichte können auch von der bebilderten Speisekarte bestellt werden.

Yinchuan

Top Sights

Chengtiansi Ta ... B2

Schlafen

1 Carnation Chain Hotel ... D1
2 Hao Jia Fandian ... D2
3 Jinjiang Inn ... C1
4 Ningfeng Binguan ... B1

Essen

5 Bai Gong ... D2
6 Da Ma Jiaozi Guan ... C1
7 Hong Yuan Shuai ... C1
8 Xianhe Lou ... D2
9 Xianhe Lou ... D2

Transport

10 Minibus 20 ... B1

Hong Yuan Shuai NUDELN €
(红元帅; 75 Jiefang Dongjie; Nudeln ab 11 Yuan; 7–21 Uhr) In diesem betriebsamen Lokal ergibt man sich seinem Schicksal und schlürft gemeinsam mit Horden Einheimischer leckere Nudeln aus großen Schalen.

Einfach auf etwas zeigen, was einem auf anderen Tellern gefällt. Kalte Gerichte (4 Yuan) werden ausgestellt.

 Praktische Informationen

Bank of China (中国银行; Zhongguo Yinhang; 170 Jiefang Xijie; ⌚8–12 Uhr & 14.30–18 Uhr) Hier in der Hauptstelle können Reiseschecks eingelöst und am Geldautomaten Bargeld abgehoben werden. Andere Zweigstellen wechseln nur Bargeld.

Büro für Öffentliche Sicherheit (PSB; 公安局; Gong'anju; 472 Beijing Donglu; ⌚Mo–Fr 8.30–12 Uhr & 14.30–18.30 Uhr) Kümmert sich um Visaverlängerungen. Mit Bus 3 ab dem Trommelturm.

China Comfort International Travel Service (CCT; 康辉旅游; Kang Hui Lüyou; ☎504 5678; www.chinasilkroadtour.com; 317 Jiefang Xijie; ⌚Mo–Fr 8.30–12 Uhr & 14.30–18 Uhr) Das Reisebüro organisiert Ausflüge in die Wüste sowie Rafting und besorgt die Einreiseerlaubnis für Ejina Qi.

Internetcafé (网吧; *wangba*; Chaoyang Xiang; pro Std. 3 Yuan; ⌚24 Std.) Auf der linken Straßenseite, wenn man von der Jiefang Dongjie nach Süden läuft. Befindet sich im 1. OG.

Post (中国邮政; Zhongguo Youzheng; Ecke Jiefang Xijie & Minzu Beijie)

 An- & Weiterreise

Bus

Der Busbahnhof (南门汽车站; *nanmen qichezhan*) liegt 5 km südlich des Nanmen-Platzes an der Straße nach Zhongwei.

Die Abfahrtzeiten der wichtigsten Busse vom Fernbusbahnhof sind wie folgt:

Bayanhot 30 Yuan, 2–3 Std., halbstündl. (6.30–18 Uhr)

Guyuan (Express) 90 Yuan, 4–5 Std., halbstündl. (7.30–18 Uhr)

Lanzhou 140 Yuan, 6 Std., 2-mal tgl. (7.20 und 15.40 Uhr)

Xi'an 181 Yuan, 8–10 Std., 5-mal tgl. (8.30–18.30 Uhr)

Yan'an 136 Yuan, 8–9 Std., 5-mal tgl. (8–17.30 Uhr)

Zhongwei (Express) 53 Yuan, 2–3 Std., stündl. (8–17.30 Uhr)

Wer in die Innere Mongolei im Norden weiterfahren möchte, muss sich zum nördlichen Busbahnhof begeben (北门车站; beimen chezhan). Bus 316 (1 Yuan) pendelt zwischen dem nördlichen und dem Hauptbusbahnhof.

Die Expressbusse (*kuaike*) nach Zhongwei und Guyuan sind deutlich schneller als die langsameren Stadtbusse, die unterwegs in jedem Dorf halten.

Flugzeug

Es gibt Flugverbindungen zwischen Yinchuan und Beijing (1090 Yuan), Chengdu (1110 Yuan), Guangzhou (1320 Yuan), Shanghai (900 Yuan), Ürümqi (1080 Yuan) und Xi'an (360 Yuan). Flugtickets gibt's bei www.ctrip.com oder www.elong.net.

Zug

Yinchuan liegt an der Bahnstrecke Lanzhou–Beijing, die über Hohhot (11 Std.) und Datong (13 Std.) führt, bevor man nach Beijing (19 Std.) kommt. Wer auf dem Weg nach Lanzhou (Hart-/Weichschläfer 131/195 Yuan, 8 Std.) ist, nimmt am besten den praktischen Nachtzug K915 um 22.40 Uhr. Für Xi'an (14 Std.) bietet sich der Zug 2653 (Hart-/Weichschläfer 195/302 Yuan) an, der um 17.06 Uhr fährt.

Der Bahnhof liegt in der Xixia Qu, rund 12 km westlich des Zentrums der Altstadt. Die Tickets für Nachtzüge müssen lange genug im Voraus gebucht werden.

 Unterwegs vor Ort

Der Flughafen liegt 25 km von der Altstadtmitte entfernt. Die Busse (15 Yuan) dorthin fahren gegenüber vom Büro der Civil Aviation Administration of China (CAAC) in der Changcheng Donglu, gleich südlich des Nanmen-Platzes ab. Ein Taxi zu/vom Flughafen kostet rund 50 Yuan.

Zwischen 6 und 23.30 Uhr fährt Bus 1 (1 Yuan) vom Fernbusbahnhof zum Nanmen-Platz in der Altstadt, entlang der Jiefang Jie und dann weiter zum Bahnhof in Xixia Qu. Die Fahrt dauert mindestens 40 bis 50 Minuten. Die Taxigrundgebühr beträgt 7 Yuan für die ersten drei Kilometer. Eine Taxifahrt zwischen dem Bahnhof und der Altstadt kostet 20–30 Yuan.

Rund um Yinchuan

GRÄBER DER WESTLICHEN XIA-DYNASTIE 西夏王陵

Die **Gräber der westlichen Xia-Dynastie** (Xixia Wangling; Eintritt 60 Yuan; ⌚8–19 Uhr), die wie riesige Bienenstöcke aussehen, sind Ningxias berühmteste Sehenswürdigkeit. Die ersten Gräber wurden vor einem Jahrtausend von Li Yuanhao, dem Gründer der westlichen Xia-Dynastie angelegt. Es gibt neun Gräber der Kaiserfamilie und dazu noch 200 unbedeutendere Gräber auf einer Fläche von 50 km². Zu sehen ist das Grab von Li Yuanhao, ein 23 m hohes Grab, das ursprünglich als eine achteckige, siebenstöckige Pagode erbaut worden war. Erhalten ist jedoch nur noch der große irdene Kern. Besuchergenehmigungen, die normalerweise von den

DIE HUI

Die Hui (回族) sind die vielleicht ungewöhnlichlichste Minderheitengruppen des Landes. Sie sind die einzige Bevölkerungsgruppe, die aufgrund ihres Glaubens als Volk betrachtet wird. Die Hui haben keine eigene Sprache, sie sprechen nur Mandarin. Sie leben über fast alle Provinzen des Landes verteilt und fast 80 % der rund 10 Mio. Hui leben außerhalb der ihnen zugeteilten autonomen Region.

Ihre Ursprünge liegen über 1000 Jahre zurück in der Zeit der Seidenstraße, als der Handel zwischen China und dem Nahen Osten und Zentralasien blühte. Arabische Händler heirateten damals einheimische Frauen. Heutzutage jedoch sind die meisten Hui aufgrund ihrer Gesichtszüge nicht mehr von den Han-Chinesen zu unterscheiden; der wesentliche Unterschied besteht im islamischen Glauben.

Die meisten männlichen Hui tragen weiße Kappen, während viele Frauen Kopftücher tragen. Die gebildeteren können Arabisch lesen und sprechen, da sie den Koran im Original studiert haben. Für viele junge Hui ist das Erlernen der arabischen Sprache der Weg zu einem begehrten Job als Übersetzer für die chinesischen Unternehmen an der Ostküste, die Geschäfte mit dem Nahen Osten machen.

Obwohl die Hui überall in China zu finden sind, sind sie in den nordwestlichen Provinzen Gansu, Ningxia und Shaanxi am zahlreichsten. Aufgrund ihrer Ursprünge als Händler und Karawanenführer sind viele Hui heute noch in kleinen Unternehmen, vor allem in der Gastronomie, tätig.

örtlichen Reiseveranstaltern vermittelt werden, werden für die anderen Gräber in der Gegend benötigt.

Die Beispiele der buddhistischen Kunst in dem interessanten **Museum** (⌚8–17.30 Uhr) bieten einen seltenen Einblick in die Kultur der kurzlebigen westlichen Xia-Dynastie und lassen eindeutig künstlerische Einflüsse aus dem benachbarten Tibet und Zentralasien erkennen. Dort stehen auch viele faszinierende Artefakte, die aus dem Grab von Li Yuanhao geborgen wurden.

Die Grabstätten befindet sich 33 km westlich von Yinchuan. Die Hin- und Rückfahrt mit dem Taxi kostet (einschließlich Wartezeit) rund 150 Yuan. Alternativ Bus 2 bis zur Endhaltestelle in Xixia Qu nehmen und dann von dort aus etwas günstiger mit dem Taxi weiterfahren (25 Yuan pro Strecke). Wer auf dem Weg nach Bayanhot ist, für den liegen die Gräber an der Strecke.

HELAN SHAN 贺兰山

Die zerklüfteten Gipfel des Helan Shan waren über lange Zeit hinweg eine wirksame Barriere sowohl gegen die eindringenden Nomaden als auch gegen den schneidenden Wind aus der Wüste Gobi. Dies war die bevorzugte Grabstätte der Monarchen von Xixia. Die Ausläufer der Berge sind heute mit Gräbern und Ehrentempeln übersät.

Sehenswertes

Felszeichnungen ARCHÄOLOGISCHE STÄTTE
(贺兰山岩画; Helanshan Yanhua; Eintritt 70 Yuan; ⌚8–18.30 Uhr) Die bei Weitem bedeutungsvollste Sehenswürdigkeit hier sind die uralten Felszeichnungen, deren Alter auf 10 000 Jahre geschätzt wird. Es gibt über 2000 Piktogramme, die Tiere, Jagdszenen und Gesichter zeigen, darunter sogar eines (wie die einheimischen Führer gerne behaupten) von einem Außerirdischen. Dies sind die letzten Überreste der frühen Nomadenstämme, die in den Steppen nördlich von China lebten.

Im Ticketpreis sind der Eintritt für das weltweit einzige **Museum**, das alten Felszeichnungen gewidmet ist, und eine Fahrt mit einem Golfwagen zu dem Tal, in dem sich die Felszeichnungen befinden, enthalten. Das Bildnis eines Sonnengottes, der wie ein Rastafari aussieht, sollte man sich nicht entgehen lassen (dafür seitlich am Hügel die Treppen hinaufsteigen).

Zwei Pagoden von Baisikou PAGODE
(拜寺口双塔; Baisikou Shuangta; Eintritt 10 Yuan; ⌚8–18.30 Uhr) Rund 10 km westlich der Felszeichnungen liegen die zwei Pagoden von Baisikou. Die Pagoden dürfen nicht bestiegen werden, aber sie sind ein eindrucksvoller Anblick vor der Kulissen der kahlen Berge: 13 und 14 Stockwerke hoch und mit fein gearbeiteten Tierantlitzen und Buddha-Statuen geschmückt.

Waldnationalpark Suyukou PARK
(苏峪口国家森林公园; Suyukou Guojia Senlin Gongyuan; Eintritt 60 Yuan; ⊙7–17 Uhr) Auf halber Strecke zwischen den Pagoden und den Felszeichnungen liegt der Waldnationalpark Suyukou. Dies ist eine gute Gegend, um die Berge zu erkunden. Man kann die Wanderwege vom Parkplatz aus hochlaufen oder mit der Seilbahn (hoch/runter 50/30 Yuan) direkt zu den kühlen, mit Kiefern bestandenen Hügeln hinauffahren.

Western Film Studios DREHORT
(镇北堡西部影城; Zhenbeibao Xibu Yingcheng; Eintritt 80 Yuan; ⊙8–18 Uhr) Auf dem Weg zurück nach Yinchuan können Filmfans bei den Western Film Studios Station machen, wo der berühmte chinesische Streifen *Red Sorghum*, neben zahllosen weiteren Filmen und TV-Shows, gedreht wurde. Dies ist ein äußerst beliebtes Ausflugsziel chinesischer Reisegruppen, vor denen es im Sommer nur so wimmelt. Es macht Spaß, die nachgebaute Festung und die Nachbildungen der alten Ming- und Qing-Straßen anzuschauen.

ℹ An- & Weiterreise

Die einzige Möglichkeit, sich die verschiedenen Stätten im Gebiet Helan Shan anzuschauen, ist ein Taxi. Am günstigsten ist es, mit dem Bus 17 vom Bahnhof Yinchuan zu den Western Film Studios (5 Yuan) zu fahren und dann von dort ein Taxi zu nehmen (100 Yuan). Wer möchte, kann sich auch am Bahnhof einen Minibus für 200 Yuan mieten und sich die gesamte Runde kutschieren lassen. Wenn auch ein Besuch der Gräber der westlichen Xia-Dynastie gewünscht wird, kommt das Taxi auf rund 300 Yuan.

SHUI DONG GOU 水洞沟

Die archäologische Stätte von **Shui Dong Gou** (Eintritt 60 Yuan, 130 Yuan für ein Kombiticket; ⊙8–18 Uhr), 25 km östlich von Yinchuan, liegt direkt an der Grenze zur Inneren Mongolei. Hier hat sich eine Art Abenteuer-Themenpark entwickelt. Die Stätte teilt sich in zwei Teile. Zum einen gibt's ein Museum, das an die Behausung von Jabba dem Hutten erinnert und Überreste aus der Altsteinzeit enthält, die erstmals im Jahr 1923 entdeckt wurden.

Der zweite Teil ist per Golfwagen erreichbar. Zu sehen ist ein nicht restaurierter Teil der Großen Mauer aus der Ming-Dynastie. Danach geht's weiter zu Fuß, mit dem Boot, Esel oder Kamel zu einer Festung mit einem aufwändigen unterirdischen Tunnelsystem, das früher von chinesischen Soldaten zur Verteidigung der Großen Mauer genutzt wurde. Die restaurierten Tunnel enthalten alles bis hin zu Falltüren, Irrgängen und Sprengfallen.

Der Haken ist, dass der Eintrittspreis für Shui Dong Gou nur das Betreten der Stätte an sich gestattet. Alles andere – das Museum, Fort und alle Transportmittel – kosten extra, so dass der Ausflug unterm Strich recht teuer wird. Wer nicht unbedingt die 8 km rund um die Anlage laufen möchte, kauft am besten das Kombiticket (通票; *tongpiao*) für 130 Yuan.

Täglich fahren fünf Busse an Shui Dong Gou (10 Yuan) ab dem Hauptbusbahnhof von Yinchuan vorbei. Die erste Abfahrt ist um 8.20 Uhr. Auf dem Rückweg stellt man sich einfach an die Straße und hält irgendeinen Bus mit Fahrtziel Yinchuan an.

BAYANHOT 阿拉善左旗

Bayanhot (das von den Chinesen Alashan Zuoqi genannt wird) liegt nicht wirklich in Ningxia, sondern jenseits der Grenze in der Inneren Mongolei. Aber der einfachste Weg nach Bayanhot führt über Yinchuan und ein Besuch hier vermittelt einen guten Eindruck von der mongolischen Kultur, aber auch von den endlosen Wüsten und dem hohen blauen Himmel des äußersten Westens der Inneren Mongolei.

Die ursprünglich mongolische Stadt lag rund um den kleinen Tempel **Yanfu Si** (延福寺; Eintritt 5 Yuan; ⊙8–12 Uhr & 15–18 Uhr) aus dem 18. Jh. Der im Jahr 1742 fertiggestellte Tempel hatte einst 200 Lamas, heute leben hier nur noch 30 Personen.

Nebenan befindet sich das örtliche Museum **Alashan *bowuguan*** (阿拉善博物馆; Eintritt 40 Yuan; ⊙9–17.30 Uhr). Dies ist das ehemalige Zuhause des hiesigen Prinzen, Alashan Qin Wang. Die gut restaurierte Anlage aus der Qing-Ära mit Gebäuden und Innenhöfen zeigt Fotos des letzten Prinzen (1903–68) und seiner Familie sowie einige persönlichen Habseligkeiten.

Bayanhot heißt „reiche Stadt" auf Mongolisch und hier blüht der Jadehandel. Zahlreiche Läden verkaufen den Edelstein und es gibt einen kleinen Markt vor dem Museum. Wer kaufen will, sollte hart verhandeln.

Es verkehren zahlreiche Busse zwischen dem Hauptbusbahnhof von Yinchuan und Bayanhot (30 Yuan, 2–3 Std.) in der Zeit von 6.30 bis 18 Uhr. Wer von Bayanhot aus weiter westlich in die Innere Mongolei vordringen möchte, findet zwei Busse täglich nach Ejina Qi (104 Yuan, 8 Std.) um 8 Uhr und 8.20 Uhr. Um 7.10 Uhr fährt täglich ein Bus nach Alashan Youqi (121 Yuan, 6 Std.). Hinweis: Wer nach Ejina Qi reisen möchte, braucht eine Genehmigung, die in einem Reisebüro in Yinchuan erhältlich ist.

RUND UM BAYANHOT

Guangzong Si (广宗寺; Eintritt 80 Yuan; ⌚8–18 Uhr) ist eine große Klosteranlage 38 km südlich von Bayanhot, die einst eines der größten Klöster in der Inneren Mongolei war. Es liegt sehr schön in den Bergen. Zu seiner Blütezeit lebten hier 2000 Mönche. Das Kloster war so wichtig, dass die Hauptgebetshalle, Gandan Danjaling Sum, die Überreste des sechsten Dalai Lama im goldenen Stupa mitten im Raum beherbergt.

Tragischerweise wurde das Kloster während der Kulturrevolution zerstört. Ein Foto aus dem Jahr 1957 in der Hauptgebetshalle lässt erahnen, wie groß es früher war. Die Tempel wurden seitdem wieder aufgebaut, aber in den letzten paar Jahren wurden auch ein Hotel, ein Jurtenrestaurant und eine äußerst kitschige Einkaufsstraße hinzugefügt, um einheimische Reisegruppen in diesen Tempel zu locken.

Es gibt gute Wanderwege in den Bergen hinter der Anlage. Wer den Weg rechts vom Haupttempel nimmt und etwa eine Stunde weiterläuft, gelangt zu einem grasbewachsenen Plateau mit toller Aussicht.

Ein Taxi von Bayanhot zum Kloster und dann zurück zur Straße (wo man einen Bus nach Yinchuan stoppen kann) kostet 120 Yuan. Auf dem Weg zurück nach Yinchuan geht's an den bröckelnden, aber immer noch mächtigen Überresten der Großen Mauer bei **Sanguankou** (三关口) vorbei. Einige Segmente sind 10 m hoch und 3 m breit.

Zongwei 中卫

☎0955 / 1 MIO. EW.

Mit seinen breiten Straßen und der entspannten Atmosphäre gewinnt Zhongwei problemlos den Preis für die schönste und freundlichste Stadt in Ningxia. Dies ist der ideale Ausgangspunkt für einen Ausflug auf dem Gelben Fluss oder noch weiter in die Tengger-Wüste (Tenggeli Shamo).

Zhongwei

Sehenswertes
1 Tempel Gao ... A1

Schlafen
2 Fengmao Yuan Jiudian ... B1
3 Zhonghui Shangwu Binguan ... B1
4 Zhongwei Dajiudian ... B1

Essen
5 Hong Yun Lai Han Canting ... A1
6 Nachtmarkt ... A2

Sehenswertes

Gao-Tempel TEMPEL
(高庙; Gao Miao; Gulou Beijie; Eintritt 30 Yuan; ⌚7.30–19 Uhr) Dies ist einer der außergewöhnlichsten Tempel Chinas. Dieser vielseitige Schrein hat im Laufe der Zeit dem Buddhismus, Konfuzianismus und Taoismus gedient. Es ist immer noch eine Mischung verschiedener Architekturstile, aber die wiederbelebten buddhistischen Gottheiten haben die früheren taoistischen und konfuzianischen verdrängt.

Eine Kuriosität ist hier der ehemalige **Bombenschutzkeller,** der während der Kulturrevolution unter dem Tempel angelegt und später in ein buddhistisches Gruselkabinett umgewandelt wurde. Die schaurigen, schwach erleuchteten Tunnel enthalten zahllose Szenen: Den Verdammten werden etwa die Zungen abgeschnitten, sie werden zerstückelt oder in das Höllenfeuer gestoßen, ihre Schreie sind überall zu hören. Echt sehenswert.

Schlafen

Einige Hotels in Zhongwei vermieten nicht an Ausländer.

Zhongwei Dajiǔdian HOTEL €€
(中卫大酒店; ☎702 5555; 66 Gulou Beijie; 鼓楼北街 66号; DZ & 2BZ 368 Yuan; ❄@) Große, überraschend komfortable Zimmer mit Betten in ordentlicher Größe und modernen Duschen werden hier geboten. Außerhalb der Hochsaison sind normalerweise Preisnachlässe erhältlich.

Zhonghui Shangwu Binguan HOTEL €
(中辉商务宾馆; ☎701 0808; 61 Changcheng Dongjie; 长城东街 61号; DZ & 2BZ 98–148 Yuan; ❄@) Die Zimmer sind schon etwas verschlissen und könnten sauberer sein, aber der Preis ist super, das Personal zuvorkommend und die Lage sehr praktisch. In den teureren Zimmern stehen Computer, in den billigen gibt's keine Klimaanlage.

Fengmao Yuan Jiudian HOTEL €€
(丰茂源酒店; ☎709 1555; 65 Changcheng Dongjie; 长城东街 65号; 2BZ 298 Yuan, Preisnachlässe von 25 %; ❄@) Ein Standardhotel mit zwei Sternen, aber die Zimmer sind groß genug und sauber.

Essen & Ausgehen

An Sommerabenden weist der erleuchtete Trommelturm den Weg. Die Einheimischen essen und trinken im Freien an zahlreichen Orten im Stadtzentrum.

Nachtmarkt MARKT €
(夜市; Yeshi; abseits der Xinglong Beijie; Gerichte 7–20 Yuan) Der Nachtmarkt erinnert mit seinen flammenden Woks und Grills an Dantes Inferno. Er besteht aus zahllosen Ständen in den Gassen, die links von der Xinglong Beijie (die voller Bars im chinesischen Stil ist) verlaufen. Billiges Essen gibt's hier tonnenweise. Zwei der beliebtesten Gerichte sind *roujiamo* (肉夹馍; gebratenes Schweine- oder Rindfleisch in Brot, manchmal mit grünem Paprika und Kreuzkümmel) und *shaguo* (砂锅; Mini-Hotpot).

Hong Yun Lai Han Canting CHINESISCH €
(鸿运来汉餐厅; 52 Changcheng Xijie; Gerichte ab 14 Yuan; ⌚9–21.30 Uhr) Ein ordentliches Restaurant, das nordchinesische Klassiker gut zubereitet, dazu werden Gerichte aus dem Tontopf und die unvermeidlichen Nudelgerichte angeboten. Kleine Speisekarte mit Bildern.

Praktische Informationen

Bank of China (中国银行; Zhongguo Yinhang; Ecke Gulou Beijie & Gulou Dongjie; ⌚9–17 Uhr) Nur eine von vielen Banken in der ganzen Stadt.

Büro für Öffentliche Sicherheit (PSB; 公安局; Gong'anju; ☎706 0597; Silou Dong Nanjie; ⌚8.30–12 Uhr & 14.30–17 Uhr) Rund 4 km südlich des Trommelturms.

Internetcafé (网吧; *wangba*; 121 Changcheng Dongjie; pro Std. 2,50 Yuan; ⌚9–1 Uhr) Rund 200 m östlich der Fengmao Yuan Jiudian (S. 958).

Ningxia Desert Travel Service (宁夏沙漠旅行社; Ningxia Shamo Lüxingshe; ☎702 7776, 186 0955 9777; www.nxdesert.com) Ein etwas teurerer, aber professioneller Veranstalter für Kamel- und Raftingausflüge (siehe S. 960). Am besten an den Englisch sprechenden Manager Billy wenden.

Post (中国邮政; Zhongguo Youzheng; Gulou Xijie)

An- & Weiterreise

Bus

Der Fernbusbahnhof (长途汽车站; *changtu qichezhan)* liegt 2,5 km östlich des Trommelturms an der Südseite der Gulou Dongjie. Dorthin geht's mit Bus 1 oder per Taxi (4 Yuan). Es gibt zahlreiche Busse nach Yinchuan (53 Yuan, 3 Std.) die zwischen 6.30 und 18 Uhr halbstündlich abfahren. Fünf Busse täglich fahren ab 9 Uhr nach Tongxin (26 Yuan, 2½ Std.) und täglich zwei Expressbusse nach Guyuan (70 Yuan, 4 Std., 10 und 14.30 Uhr).

Die Busse nach to Xi'an (180 Yuan, 8 Std., 18 Uhr) fahren jeden zweiten Tag vor dem Bahnhof ab. Es gibt auch täglich einen Nachtbus nach Lanzhou (80 Yuan, 4 Std.), der um 22 Uhr am Trommelturm startet.

Zug

Yinchuan wird in 2½ Std erreicht (25 Yuan). Die Reise nach Lanzhou dauert 5 Std. (Hart-/Weichschläfer 47/101 Yuan) und nach Xi'an 12 Stunden (Hart-/Weichschläfer 170/254 Yuan). Wer nach Guyuan (33 Yuan, 3½ Std.) unterwegs ist, nimmt den Zug nach Xi'an.

Rund um Zhongwei

SHAPOTOU 沙坡头

Der Wüstenspielplatz von **Shapotou** (Eintritt 90 Yuan; ⌚7.30–18.30 Uhr), 17 km westlich von Zhongwei, befindet sich am Rand der Tengger-Wüste, an dem Punkt, an dem die Wüstendünen, der Gelbe Fluss und das saftige Farmland zusammentreffen. Mittelpunkt des Ganzen ist das Shapotou Desert Research Centre, das 1956 gegründet wurde, um das immer vordringlichere Problem der Wüstenausbreitung in Chinas Nordwesten in den Griff zu bekommen.

Inzwischen ist Shapotou jedoch fast ein Vergnügungspark. Hier gibt's via Hängegleiter (100 Yuan) oder Zipline (80 Yuan) an einem Drahtseil über den Gelben Fluss. Auch eine Fahrt mit einem Sandschlitten (30 Yuan) und Bungeespringen (160 Yuan) sind möglich.

Dies ist auch ein guter Ort für eine Floßfahrt auf dem rauschenden Gelben Fluss. Jahrhundertelang war das traditionelle Transportmittel auf dem Gelben Fluss das *yangpi fazi* (Lederfloß), das aus Schafs- oder Rinderhäuten gefertigt wurde, die in Öl und Lauge gegerbt und dann aufgeblasen werden. In Shapotou kann man mit einem Motorboot flussaufwärts sausen und dann auf dem traditionellen Floß zurückkommen. Die Preise liegen zwischen 80 und 240 Yuan, je nachdem, wie weit man fährt. Den Boots-/Floßausflug kann auch mit einem Kamelritt (110 Yuan) kombiniert werden.

Shapo Shanzhuang (沙坡山庄; ☎0955-768 9073; Zi. 268 Yuan; ⏲April–Okt.) ist ein einfaches, aber komfortables Hotel in der Nähe der Dünen. Hier gibt's auch was zu essen.

Busse (4 Yuan) bedienen die Strecke zwischen Zhongwei und Shapotou von 7.30 bis 18.30 Uhr. Man kann sie auf der Changcheng Xijie ca. 200 m hinter dem Gao-Tempel auf der anderen Straßenseite erwischen. Die Kosten für ein Taxi belaufen sich auf 30/50 Yuan für eine Strecke/Hin- und Rückfahrt.

ABSTECHER

TONGXIN

Südlich von Zhongwei weichen die von den Han-Chinesen beherrschten Städte von Nord-Ningxia dem Heimatland der Hui. Hier ist Ningxia wirklich ländlich, der Ausflug führt durch Dörfer mit Lehmhäusern, in denen die Minarette der zahlreichen Moscheen die endlosen Maisfelder überragen.

Von allen Moscheen in Ningxia ist die **Qingzhen Da Si** (Große Moschee; freier Eintritt) in Tongxin die interessanteste. Sie stammt aus dem 14. Jh. Obwohl die gegenwärtige Moschee 1573 erbaut und 1791 renoviert wurde, ist dies die einzige von Ningxias rund 1000 Moscheen, die die Unruhen der Kulturrevolution überlebte. Daher ist sie ein fast perfektes Beispiel für die Tempelarchitektur der Ming- und Qing-Ära. Nur wer nahe genug davor steht, um die Halbmonde oben auf den Pagodendächern zu erkennen, bemerkt, dass dies eine Moschee ist. Die Anlage ist von hohen Ziegelsteinmauern umgeben. Steintreppen führen zu einem Innenhof hinauf, wo die Gebetshalle von aufwändigen Holzschnitzereien flankiert wird.

Dass die Moschee das Wüten der Roten Garden überlebte, liegt nur an der tadellosen revolutionären Vergangenheit von Tongxin. Mao Zedong selbst besuchte Qingzhen Da Si, als er auf dem Langen Marsch im Juni 1936 hier vorbei kam. Tongxin war auch der Schauplatz einer der letzten Kämpfe zwischen der Roten Armee und den nationalistischen Kräften im September 1949. Gleich südlich der Moschee liegt ein Museum, das an diese Ereignisse erinnert. Zum Zeitpunkt der Recherche war es allerdings geschlossen.

Es überrascht nicht, dass der Islam in Tongxin allgegenwärtig ist. Es sind immer Studenten in der Moschee, die zum Imam ausgebildet werden und sie begrüßen Besucher mit *salaam alaikum* und führen sie gerne herum. Tongxin ist auch einer der wenigen Ort Chinas, ausgenommen vom südlichen Xinjiang, wo verschleierte Frauen zu sehen sind, die von Kopf bis Fuß in Schwarz gehen.

Qingzhen Da Si liegt im südlichen Teil der Stadt. Hierher geht's mit einem Taxi vom Bahnhof in der Jingping Jie, das 5 Yuan kostet. Es verkehren zahlreiche Expressbusse zwischen Tongxin und Yinchuan (52 Yuan, 3 Std.), so dass ein langer Tagesausflug möglich ist. Der letzte Bus zurück nach Yinchuan fährt um 16 Uhr ab. Der Ausflug funktioniert auch von Zhongwei (26 Yuan, 2½ Std.) aus oder man legt einen Stopp auf der Reise in Richtung Süden nach Guyuan (26 Yuan, 2 Std.) ein. Wer hier strandet, probiert es im **Hui Chun Binguan** (☎0953-803 1888; DZ 138 Yuan; ❄) gegenüber vom Busbahnhof.

TENGGER-WÜSTE 腾格里沙漠

Wer immer schon mal Lawrence von Arabien spielen wollte, sollte unbedingt einen Ausflug in die Tengger-Wüste machen: eine mystische Landschaft aus Wanderdünen, in der immer wieder mal eine Kamelherde anzutreffen ist. Shapotou liegt am südlichen Rand, aber es lohnt sich auf jeden Fall, weiter in die Wüste vorzudringen, um den Massen zu entgehen. Die Sonne brennt hier draußen ganz schön, daher sind ein Hut, eine Sonnenbrille und viel Wasser unabdingbar. Nachts ist es kühl, deshalb sollte man sich etwas Warmes zum Überziehen mitbringen.

Der Ningxia Desert Travel Service in Zhongwei (siehe S. 958) organisiert Kameltreks durch die Wüste mit Übernachtung samt einem Besuch der Großen Mauer mit dem Auto für 500 Yuan pro Person/Tag für eine Gruppe von vier Personen. Im Preis inbegriffen sind der Transport, das Essen und der Führer. Man kann den Führer bitten, einen Sandschlitten für eine Runde Sandsurfen bei Sonnenuntergang mitzubringen. Ein kühles Bier am Lagerfeuer unter dem Sternenhimmel macht das Glück dann vollkommen. Der Wüstentrek lässt sich mit einer Floßfahrt auf dem Gelben Fluss kombinieren.

Guyuan & Umgebung 固原

☎0954

Guyuan ist eine wachsende, aber immer noch kleine und sehr junge Stadt. Es ist eine gute Ausgangsbasis für Erkundungen des wenig besuchten Südens von Ningxia. Hierher kommen nur noch wenige Ausländer, dementsprechend fällt man unter den Einheimischen auf, die vorwiegend zu den Hui gehören. Unbedingt Bargeld mitbringen, nur sehr wenige Geldautomaten in diesem Teil des Landes akzeptieren ausländische Karten.

Sehenswertes & Aktivitäten

Xumi Shan GROTTEN

(须弥山; Eintritt 50 Yuan; ⏲8–18.30 Uhr) Diese buddhistischen Grotten (Xumi ist die chinesische Transliteration des Sanskrit-Wortes *sumeru,* ein buddhistisches Paradies) rund 50 km nordwestlich von Guyuan sind der Ort im Süden von Ningxia, den man gesehen haben muss.

In die fünf Sandsteinhügel wurden 132 Grotten geschnitten, die über 300 buddhistische Statuen enthalten, die über 1400 Jahre alt sind und aus den Dynastien der Nördlichen Wei, Sui und Tang stammen. Grotte 5 enthält die größte Statue, einen riesigen stehenden Maitreya (zukünftigen Buddha), der 20,6 m misst. Weiter oben sind die besten Statuen in den Tempeln Yuanguang (Grotten 45 und 46; 6. Jh.) und Xiangguo (Grotte 51; 7. Jh.) verborgen, wo man das Innere besichtigen und die Kunstwerke aus nächster Nähe betrachten kann – erstaunlicherweise ist bei mehreren Statuen die Farbe immer noch teilweise erkennbar.

Zu den Grotten geht's mit dem Bus von Guyuan nach Sanying (三营; 7 Yuan, 1 Std.). Sie fahren in der Wenhua Xilu bei den beiden großen Krankenhäusern gegenüber vom Nachtmarkt ab. In Sanying muss dann ein Taxi für die 40 km hin und zurück nach Xumi Shan gemietet werden (100 Yuan einschließlich Wartezeit).

Liupan Shan Guojia Senlin Gongyuan PARK

(六盘山国家森林公园; Liupan Mountain National Forest Park; Eintritt 65 Yuan; ⏲7–17 Uhr) Wer auf den Spuren von Dschingis Khan wandelt, wird ein weiteres Highlight des südlichen Ningxia besuchen wollen: Liupan Shan, wo der Held angeblich 1227 gestorben ist. Der Legende nach wurde er krank und kam hierher wegen der Heilkräuter, die es nur in dieser Gegend gab. Er verstarb angeblich am Hang dieses Berges (auch wenn einiges dagegen spricht).

Der Berg ist heute ein Naturschutzgebiet. Ein Wanderweg führt 3 km durch ein Seitental zu einem Wasserfall. Rund 5 km weiter das Haupttal hinauf ist eine Lichtung mit einigen Steintrögen und Tischen, die angeblich von den Mongolen während ihres Aufenthalts benutzt wurden.

Hierher geht's mit einem Bus vom Hauptbusbahnhof in Guyuan mit Fahrtziel Jingyuan (泾源; 16 Yuan, 1 Std.). Für die letzten 18 km zum Naturschutzgebiet kann man ein Taxi nehmen (80 Yuan hin & zurück). Ein Taxi zurück nach Guyuan kostet 200 Yuan.

Guyuan-Museum MUSEUM

(固原博物馆; Guyuan *bowuguan*; Xicheng Jie; ⏲Di–So 9–16.30 Uhr) Für einen so entlegenen Ort ist das Museum von Guyuan ziemlich gut. Zu den Exponaten zählen Artefakte aus dem Neolithikum, Tangut-Keramik und einige schöne Figuren aus der Dynastie der nördlichen Wei. Die englischen Beschriftungen sind auch ganz gut.

Schlafen & Essen

Delong Business Hotel HOTEL €€
(德龙商务酒店; Delong Shangwu Jiudian; ☎286 3918; Wenhua Xilu; 文化西路; 2BZ 260 Yuan, Preisnachlässe von 40 %; ❄@) Freundliches, hilfsbereites Personal und Zimmer von guter Größe mit modernen Badezimmern machen dieses Hotel zur ersten Wahl unter den Hotels an der Wenhua Xilu.

Liupanshan Binguan HOTEL €
(六盘山宾馆; ☎202 1666; 77 Zhongshan Nanjie; 中山南街 77 号; DZ & 2BZ 196 Yuan, Preisnachlässe von 30 %; ❄@) Die Zimmer in diesem schon lange bestehenden Hotel sind in die Jahre gekommen, aber sie sind ruhig. Das Hotel ist immer noch ein ganz guter Ausgangspunkt für Touren. Ausländer werden im rückwärtigen Anbau einquartiert, wo sich auch das Restaurant befindet.

Nachtmarkt MARKT €
Diese Gasse aus Essenständen (小吃城; Xiaochi Cheng) ist auch noch spät abends in Betrieb und auf köstlichen Mini-Hotpot (砂锅) sowie auf *shaokao* (Gegrilltes) und Nudeln spezialisiert. Die Gerichte fangen bei 11 Yuan an und werden ausgestellt, so dass man direkt auswählen kann. Der Markt liegt am Ende eines Arkadengangs, der von der Wenhua Xilu abzweigt, und direkt gegenüber von den beiden großen Krankenhäusern.

An- & Weiterreise

Guyuan liegt an der Bahnstrecke Zhongwei–Baoji. Es gibt Züge nach Xi'an (Hart-/Weichschläfer 118/175 Yuan, 8 Std.), Yinchuan (Hart-/Weichschläfer 54/108 Yuan, 6 Std.) und Lanzhou (Hartschläfer 92 Yuan, 9½ Std.), aber Fahrkarten für Schlafwagen sind kaum zu bekommen und die meisten Züge fahren nachts ab. Zum Bahnhof geht's mit Bus 1 oder per Taxi (5 Yuan).

Busse ab dem Fernbusbahnhof:

Lanzhou 95 Yuan, 9 Std., 1-mal tgl. (8 Uhr)

Tianshui 65 Yuan, 7 Std., 1-mal tgl. (6.30 Uhr)

Tongxin 26 Yuan, 2½ Std., stündl. (9.45–16.40 Uhr)

Xi'an 101 Yuan, 7 Std., stündl. (7–13.30 Uhr)

Yinchuan 90 Yuan, 4 Std., halbstündl. (7–18.10 Uhr)

Zhongwei 70 Yuan, 2-mal tgl. (10.10 Uhr und 15.00 Uhr)

Innere Mongolei

BEVÖLKERUNG: 24,9 MIO.

Inhalt »

Hohhot 965
Shangdu (Xanadu) 969
Baotou 970
Dschingis-Khan-Mausoleum 971
Höhlentempel 973
Hailaer 973
Manzhouli 976

Die tollsten Naturwunder

» Grasebene Hulunbei'er (S. 973)
» Badain-Jaran-Wüste (S. 972)
» Waldnationalpark A'ershan (S. 976)
» Hulun Hu (S. 977)

Die schönsten Tempel

» Höhlentempel (S. 973)
» Lamakloster Wudang (S. 971)
» Wuta-Pagode (S. 965)
» Kloster Ganjur (S. 976)

Auf in die Innere Mongolei!

Mongolei. Dieses Wort beschwört Assoziationen von umherstreifenden Hirten, dem Hufgetrappel stolzer Pferde und dem großen Dschingis Khan herauf. Im 13. Jh. eroberten die Mongolen die Hälfte der damals bekannten Welt. Ihr Reich existiert nicht mehr, doch nach wie vor zieht es Besucher in dieses verzauberte, sagenumwobene Land.

Wer sich in die Region nördlich der Chinesischen Mauer aufmacht, rechnet beinahe damit, dass jeden Moment eine Horde mongolischer Reiter vorbeigaloppiert. Tatsächlich sieht die Innere Mongolei (内蒙古; Nei Menggu) anders aus. Der industrialisierte Süden der Provinz zählt die meisten Besucher und gehört im Prinzip vollständig zum modernen Wirtschaftswunder China. Die Mongolei aus der Vorstellung existiert noch abseits der touristischen Pfade, zwischen den Sanddünen der Badain-Jaran-Wüste oder auf den Grasebenen von Hailaer. Es ist nicht ganz leicht, in diese Gebiete vorzudringen. Doch wer den Aufwand auf sich nimmt, wird belohnt mit einer spektakulären Landschaft und der Gastfreundschaft ihrer Bewohner.

Reisezeit

Hohhot

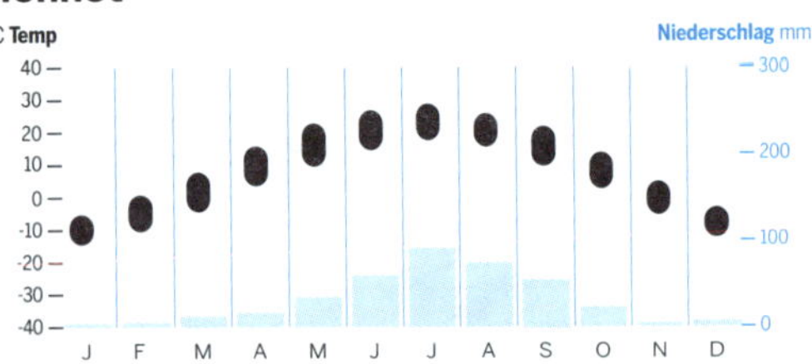

Juli In Hohhot und anderen Regionen findet das alljährliche Naadam-Festival statt.

August & September Beste Zeit, um die Grassteppen zu sehen und mongolische Pferden zu reiten.

Oktober In Ejina Qi wechseln die Blätter der Pappeln ihre Farbe.

Highlights

1. Sich in den Sattel schwingen und durch die Grasebenen bei **Hailaer** (S. 973) reiten
2. Zwischen den uralten Mauern von **Shangdu** (Xanadu; S. 969) umherstreifen und die vergangene Pracht von Kublai Khans Sommerpalast auf sich wirken lassen
3. Durch die Wüste ziehen und in die Berge hinauf zu dem legendären **Höhlentempel** (S. 973) wandern
4. Auf dem Rücken eines Kamels quer durch die Dünen der **Badain-Jaran-Wüste** (S. 972) reiten
5. Sich in dem einzigartigen Dorf **Shi Wei** (S. 975) nahe der Grenze unter die chinesisch sprechende russische Bevölkerung mischen
6. Dem Gesang mongolischer Mönche in den farbenfrohen Klöstern in **Da Zhao** (S. 965) und **Xilitu Zhao** (S. 965) in Hohhot lauschen

Geschichte

Die Nomadenstämme aus den nördlichen Steppen stehen seit jeher derart mit den chinesischen Bauern in Konflikt, dass der Bau der Chinesischen Mauer ihnen Einhalt gebieten sollte. Für die Mongolen erwies sie sich jedoch nicht als sonderlich ernstzunehmende Hürde.

Dschingis Khan und sein Enkel Kublai zogen im 13. Jh. mit lautem Getöse durch das Gebiet. Nachdem ihnen die Unterwerfung des Südens von China 1279 gelang, wurde Kublai Khan erster Kaiser der Yuan-Dynastie. Als das mongolische Reich jedoch Ende des 14. Jhs. zerbrach, zerfiel das mongolische Volk erneut in unorganisierte, umherstreifende Stämme. Erst im 18. Jh. gelang es den Qing-Kaisern schließlich, die Region doch noch unter ihre Kontrolle zu bringen. Sie verfolgten eine Strategie der Teilung und Eroberung. Auf diese Weise entstand eine „Innere" und eine „Äußere" Mongolei. Die Qing erlaubten Han-Bauern, sich in der Inneren Mongolei niederzulassen. Daraufhin besiedelten zahllose Menschen die Region, um das Land zu bestellen. Der Äußeren Mongolei blieb dieses Schicksal erspart. Sie wurde im Jahr 1921 mit Unterstützung Russlands unabhängig.

Heute machen die Mongolen nur noch 15 % der Bevölkerung dieser Region aus. Ein großer Teil der restlichen 85 % sind Han-Chinesen, doch es finden sich auch vereinzelte Hui, Mandschu, Dahuren und Ewenken.

In den vergangenen Jahren erlebte die Innere Mongolei einen wahren Wirtschaftsboom aufgrund der florierenden Kohleindustrie und der Förderung seltener Erdmineralien, doch die Umwelt leidet erheblich unter dieser Entwicklung. Die Kohlebergwerke haben erschreckend große Flächen wertvollen Weidelands verschlungen, und die fortschreitende Desertifikation ist der Hauptgrund, weshalb Beijing jedes Jahr im Frühling von Sandstürmen heimgesucht wird. Nur die Region ganz im Norden ist von der Schwerindustrie verschont geblieben. Dort sind die wichtigsten Industriezweige Viehzucht und Tourismus.

Klima

Von November bis März muss in der mongolischen Ebene mit sibirischen Schneestürmen und kalten Luftströmungen gerechnet werden. Von Juni bis August sind die Temperaturen angenehm, nur im Westen herrscht tagsüber eine extreme Gluthitze. Die beste Reisezeit liegt zwischen Juli und September. Das gilt vor allem für die Grasebenen, die nur in den Sommermonaten grün sind. Unbedingt einpacken: warme, winddichte Kleidung, denn auch im Hochsommer weht häufig ein starker Wind, und das Quecksilber kann abends auf unter 10 °C fallen.

PREISE

In diesem Kapitel werden die folgenden Preiskategorien verwendet:

Schlafen

€	weniger als 250 Yuan
€€	250 bis 400 Yuan
€€€	mehr als 400 Yuan

Essen

€	weniger als 30 Yuan
€€	30 bis 50 Yuan
€€€	mehr als 50 Yuan

Sprache

Die mongolische Sprache gehört zur Altaischen Sprachfamilie, die außerdem die zentralasiatischen Turksprachen und das mittlerweile nicht mehr gesprochene Mandschurisch umfasst. Wenngleich mongolische Schriftzeichen (es wird von links nach rechts geschrieben) vielerorts die Straßenschilder zieren, wird dennoch fast ausschließlich das offizielle Mandarin gesprochen.

ℹ An- & Weiterreise

Die Innere Mongolei grenzt an die Mongolei und Russland. Grenzübergänge befinden sich bei Erenhot (Mongolei) und Manzhouli (Russland). Ersteres ist ein Haltepunkt der Transmongolischen Eisenbahn, Letzteres eine Station der Transmandschurischen Eisenbahn. Wer in die Mongolei reisen möchte (und ein entsprechendes Visum hat), hat auch die Möglichkeit, mit dem Regionalzug bis Erenhot zu fahren, die Grenze zu überqueren und dann einen Regionalzug nach Ulan-Bator zu nehmen. Flugverbindungen bestehen zwischen Hohhot und Ulan-Bator sowie zwischen Hailaer und Choibalsan (östliche Mongolei).

Hohhot 呼和浩特

☎0471 / 817 529 EW.

Die Hauptstadt der Inneren Mongolei ist eine zunehmend wohlhabende Stadt. Sie wurde im 16. Jh. von Altan Khan gegründet. Hohhot (auf Mandarin Huhehaote) bedeutet auf Mongolisch „Blaue Stadt". Der Name bezieht sich auf den weiten blauen Himmel, der sich über der Graslandschaft erstreckt. Die Straßen werden von Bäumen gesäumt, was einen ausgesprochen hübschen Anblick bereitet. Bevor es ins Hinterland geht, können hier ein oder zwei Tage damit verbracht werden, die interessanten Tempel und Pagoden der Stadt zu besichtigen.

Sehenswertes

Wuta-Pagode PAGODE

(五塔寺; Wuta Sì; Wutasi Houjie; Eintritt 35 Yuan; 8–17.30 Uhr) Diese auffällige, fünfstufige Pagode mit indischen Elementen stammt aus dem Jahr 1732. Berühmt ist sie für die mongolische Sternkarte an der Rückseite, dabei ist die Diamant-Sutra (auf Sanskrit, Tibetisch und Mongolisch), welche das Fundament des Bauwerks ziert, in weitaus besserem Zustand. Zur Pagode fährt die Buslinie 1.

Da Zhao KLOSTER

(大召; Danan Jie; Eintritt 35 Yuan; 8–19 Uhr) Da Zhao ist ein großes, gut erhaltenes Lamakloster. Es wird unverändert als Tempel genutzt. In der heiligen Hauptgebetshalle trifft man gewöhnlich um 9 Uhr mongolische Mönche beim Beten oder Singen an.

Xilitu Zhao KLOSTER

(席力图召; Danan Jie; Eintritt 30 Yuan; 7.30–18.30 Uhr) Auf der anderen Seite des größten Boulevards ist dieses einfachere Kloster zu finden, der angeblich favorisierte Aufenthaltsort des 11. lebenden Buddhas von Hohhot (in Wirklichkeit arbeitet er woanders). Die Mönche singen um 9 und 15 Uhr.

GRATIS **Museum der Inneren Mongolei** MUSEUM

(内蒙古博物院; Nei Menggu Bowuyuan; Xinhua Dongdajie; Di–So 9–17.30 Uhr) Das riesige Museum mit dem Schrägdach soll an die weitläufige mongolische Steppe erinnern. Als eines der besseren provinziellen Museen wird von Dinosauriern, über Dschingis Khan bis hin zu Raketen aus dem Weltraumzeitalter alles erdenkliche ausgestellt. Entweder an der Xinhua Dajie in den Bus 3 steigen oder 14 Yuan für ein Taxi investieren.

Große Moschee MOSCHEE

(清真大寺; Qingzhen Dasi; 28 Tongdao Beilu) Die Große Moschee im chinesischen Stil befindet sich nördlich der Altstadt. Sie wurde zu Zeiten der Qing-Dynastie errichtet und später weiter ausgebaut. Besucher können sich umschauen, dürfen aber die Gebetshalle nicht betreten.

Guanyin Si TEMPEL

(观音寺) Unweit des Klosters Da Zhao am Ende einer restaurierten Einkaufsstraße aus der Qing-Ära befindet sich der weitläufige neue Tempelkomplex Guanyin Si mit einer übergroßen Stupa (佛塔), um die die Einheimischen während des Gebets herumgehen.

Feste & Events

Naadam SPORTFESTIVAL

Das Sommerfest Naadam dauert eine Woche. Traditionelle mongolische Sportarten stehen auf dem Programm: Bogenschießen, Ringen, Pferderennen etc. Das Festival findet im Juli in Gegentala statt und ist besonders bei mongolischen Busgruppen sehr beliebt.

Schlafen

LP TIPP **Anda Guesthouse** PENSION €

(安达旅馆; Anda Luguan; ☎691 8039, 159 475 19807; andaguesthouse@hotmail.com; Qiao Kao Xijie; 桥靠西街; B/DZ 60/180 Yuan; @) Inzwischen ist dieses Gästehaus die erste Adresse bei Backpackern, was zum einen an der gemütlichen Atmosphäre liegt, zum anderen an den freundlichen, mongolischen Mitarbeitern, die allesamt Englisch sprechen. Es werden kleinere Mehrbettzimmer und geräumige, helle Doppelzimmer angeboten. Die Bäder der Mehrbettzimmer könnten etwas sauberer sein, dafür gibt's einen kleinen Aufenthaltsraum, eine Küche und einen hübschen Hof. Das Personal ist stets darum bemüht, den Gästen die mongolische Kultur näher zu bringen. So werden organisierte Ausflüge in die Grasebenen angeboten, in die Kubuqi-Wüste oder zur Großen Mauer. Die Pension ist recht schwer zu finden; am besten dort anrufen und sich einfach am Bahnhof abholen lassen. Wer sich selbst

Hohhot

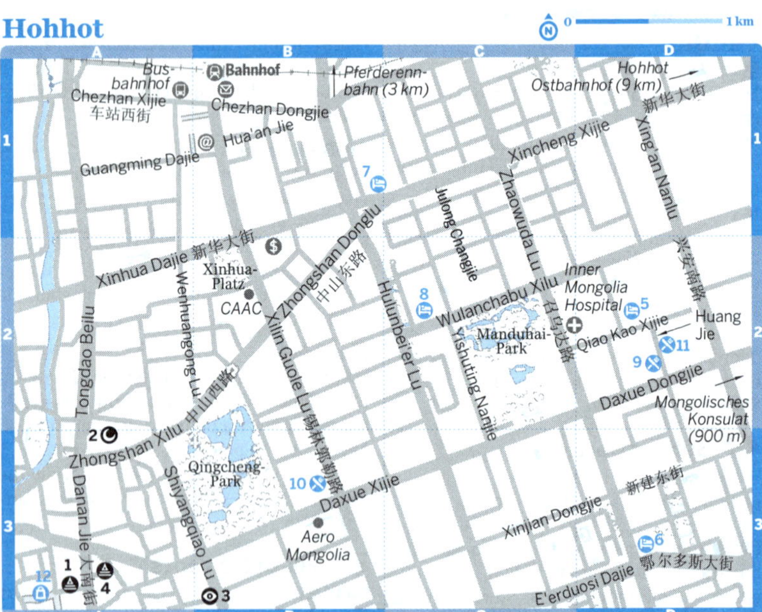

auf die Suche begeben möchte, fährt zunächst mit Buslinie 2, 37 oder 61 zum Inner Mongolia Hospital (内蒙古医院大楼 A 座; Nei Menggu Yiyuan Dalou A zuo) und folgt dann der Qiao Kao Xijie sechs Minuten Richtung Westen. Das Gästehaus befindet sich an einer unbeschilderten Gasse, fast gegenüber des nördlichen Endes von Huang Jie. Nach dem blauen Schild Ausschau halten.

Binyue International Hostel JUGENDHERBERGE €
(宾悦国际青年旅舍; Binyue Guoji Qingnian Lushe; ☎660 5588; Fax 431 0808; 52 Zhaowuda Lu; 昭乌达路 52 号; B 60 Yuan, DZ & 2BZ 180–200 Yuan; ❄@) Das Hostel erinnert eher an ein altmodisches Hotel als an eine Jugendherberge, denn der Service für Reisende ist wirklich sensationell. Die Doppel- und Zweibettzimmer sind allesamt komfortabel und das Preis-Leistungs-Verhältnis stimmt. Manche der Mehrbettzimmer verfügen über ein eigenes Bad und Internetzugang, dafür sind die Matratzen allerdings hart wie Bretter. Am Bahnhof in Bus 34 steigen und Richtung Südosten zur Normal University (师范大学; Shifan Daxue) fahren. Die Jugendherberge befindet sich gleich hinter dem großen gleichnamigen Hotel.

Nei Menggu Fandian HOTEL €€€
(内蒙古饭店; Inner Mongolia Hotel; ☎693 8888; www.nmghotel.com; Wulanchabu Xilu; 乌兰察布西路; DZ 660–1480 Yuan; ❄@📶🏊) Trotz luxuriöser Hotelketten aus dem Westen ist das 14-stöckige Hochhaus eine der schönsten Unterkünfte in ganz Hohhot. Die Zimmer mit großen, gemütlichen Betten wurden erst kürzlich renoviert, und es gibt einen Pool und ein Gesundheitszentrum. Im Hinterhof wird in Betonjurten gut zubereitetes mongolisches Essen serviert. Ein paar Angestellte sprechen Englisch. In der Nebensaison sind die Preise erheblich günstiger.

Jinjiang Inn HOTEL €
(锦江之星旅馆; Jinjiang Zhixing Luguan; ☎666 8111; www.jinjianginns.com; 61 Xinhua Dajie; 新华大街 61 号; DZ 249 Yuan; ❄@) Gehört zu einer Hotelkette und wird sehr effizient geführt. Die Zimmer sind makellos sauber, wenn auch etwas nichtssagend, dafür mit Internetzugang.

Essen

Der wichtigste mongolische Beitrag zur chinesischen Küche ist *huoguo* (火锅; Hotpot), eine feinere Version, so heißt es, des traditionellen Eintopfs, den Soldaten einst in ihren Helmen zubereiteten: Hammel-

Hohhot

Sehenswertes
1 Da Zhao ... A3
2 Große Moschee ... A3
3 Wuta-Pagode ... B3
4 Xilitu Zhao ... A3

Schlafen
5 Anda Guesthouse ... D2
6 Binyue International Hostel ... D3
7 Jinjiang Inn ... B1
8 Nei Menggu Fandian ... C2

Essen
9 Wuzhumuqin Naichaguan Si Fendian ... D2
10 Xiaofeiyang Huoguocheng ... B3
11 Xinjiang Hongliu Zhuangyuan ... D2

Shoppen
12 Souvenirläden ... A3

fleisch (羊肉; *yangrou*), Nudeln (面; *mian*), Tofu (豆腐; *doufu*), Pilze (蘑菇; *mogu*) und weiteres Gemüse werden zusammen im Topf gegart.

Ein paar exzellente mongolische und chinesische Restaurants säumen die Huang Jie (Gelbe Straße; 黄街), wo sich ungefähr 40 kleine Lokale befinden. Das Anda Guesthouse (S. 965) weiß, wo die angesagtesten mongolischen Musikkneipen und Bars zu finden sind.

LP TIPP Wuzhumuin Naichaguan Si Fendian

MONGOLISCH €

(乌珠穆沁奶茶馆四分店; Wuzhumuqin-Teerestaurant, 4. Filiale; Huang Jie; Gerichte ab 25 Yuan; 7 Uhr bis Mitternacht) Was in diesem kleinen Restaurant serviert wird, ist als mongolisches Soul Food zu beschreiben. Auf der Speisekarte stehen *jiaozi* (Klößchen; 蒙古饺子), *makhtei shul* (Fleischsuppe; 肉汤) und *suutei tsai* (salziger Milchtee; 奶茶), aber auch ganze Lammkeulen und Rindfleisch (die vom *jin serviert werden*). Über dem Eingang hängt ein großes gelbblaues Schild.

Xiaofeiyang Huoguocheng

MONGOLISCHER HOTPOT €€€

(小肥羊火锅城; „Eintopf mit kleinem fetten Schaf"-Stadt; Xilin Guole Lu; für 2 Personen ab 60 Yuan; 11–1.30 Uhr;) Eine Filiale einer großen, verlässlichen Kette mit Hauptsitz in der Inneren Mongolei. Xiaofeiyang Huoguocheng ist der berühmteste kulinarische Exportschlager. In angenehmer Atmosphäre lässt sich hier erstklassiges Lamm- und Rindfleisch und eine große Auswahl an frischem Gemüse und Pilzen genießen.

Xinjiang Hongliu Zhuangyuan

XINJIANG-KÜCHE €€

(新疆红柳庄园; Huang Jie; Gerichte ab 35 Yuan; 11.30–2 Uhr) Der Außenbereich dieses Restaurants ist bis spät in die Nacht gut gefüllt, während der riesige Grill vor sich hin raucht. Die Spezialität des Hauses ist die uigurische Küche aus der Provinz Xinjiang ganz im Westen. Besonders zu empfehlen sind die saftigen Lammkebabs (7 Yuan), die kein Vergleich sind zu den fettigen und spärlich gefüllten Kebabs, die auf der Straße verkauft werden. Preislich liegt das Restaurant höher als andere uigurische Lokale, dafür ist das Essen authentisch und lecker. Eine bebilderte Speisekarte erleichtert die Wahl.

Einkaufen

Souvenirläden

SOUVENIRS

(表记店铺; Biaoji Dianpu) Westlich des Klosters Da Zhao reihen sich in dieser Originalstraße aus der Qing-Ära ein Andenkenladen an den nächsten, die allesamt unechte mongolische Ramschsouvenirs aus Jade, Buddhastatuen und Mao-Memorabilia verkaufen. Südlich des Da Zhao befindet sich eine kitschige Einkaufsstraße unter freiem Himmel, die wie ein *hutong* (schmale Gasse) aufgemacht ist. Während der Entstehung dieser Ausgabe wurde sie erweitert und ist mittlerweile ein Anziehungspunkt für Touristengruppen.

Praktische Informationen

Bank of China (中国银行; Zhongguo Yinhang; Xinhua Dajie) Der Geldautomat ist rund um die Uhr in Betrieb.

Büro für öffentliche Sicherheit (PSB; 公安局; Gong'anju; Chilechuan Dajie; Mo–Fr 8.30–12 Uhr & 14.30–17 Uhr) Das Büro für auswärtige Angelegenheiten ist die richtige Anlaufstelle für Visaverlängerungen u. Ä. Es befindet sich links des Hauptgebäudes, außerhalb des abgeschlossenen Geländes.

Internetcafé (网吧; *wangba*; Xilin Guole Lu; pro Std. 4 Yuan; 24 Std.) Großes Internetcafé 200 m südlich des Bahnhofs.

Post (中国邮政; Zhongguo Youzheng; Chezhan Dongjie) Nach Verlassen des Bahnhofs links halten.

EINREISE IN DIE MONGOLEI

Zwischen Hohhot und der mongolischen Hauptstadt Ulan-Bator verkehren pro Woche zwei Direktzüge (Mo & Fr um 10.05 Uhr; Hart-/Weichschläfer 970/1480 Yuan). Diese Züge halten unterwegs in Erenhot (二连浩特; Erlianhaote; Hart-/Weichschläfer 36/82 Yuan, 8 Std.) an der mongolischen Grenze. Auf chinesischen Zugfahrplänen wird Erenhot als Erlian (二连) bezeichnet.

Täglich fahren zwischen 8 und 13.30 Uhr fünf Busse nach Erenhot (89 Yuan, 6 Std.). Dort kann die Grenze mit einem Jeep überquert werden (ca. 50 Yuan), dann geht's weiter mit dem Regionalzug nach Ulan-Bator (Abfahrt tgl. um 17.50 Uhr).

Aero Mongolia (空蒙古; Kong Menggu; ☎138 4818 7711; www.aeromongolia.mn; 36 Daxue Xiji) fliegt montags, mittwochs und freitags von Hohhot in die Mongolei (1445 Yuan). Im Winter gilt ein anderer Flugplan. Das Büro befindet sich im Xuefu-Kangdu-Gebäude, Turm A, Zi. 806 (学府康都A座806号).

Wer ein Visum benötigt, muss das **Mongolische Konsulat** (蒙古领事馆; Menggu Lingshiguan; 5 Dongying Nanjie; 东影南街 5 号; ⊙Mo, Di & Do 8.30–12.30 Uhr) aufsuchen. Die meisten Reisenden erhalten ein 30-Tage-Visum, manche Visa sind aber auch nur 21 Tage gültig. Das Visum kostet 260 Yuan; die Bearbeitungszeit liegt bei vier Tagen. Ein Express-Visum für 495 Yuan kann am nächsten Tag abgeholt werden. Wer zum Konsulat möchte, muss auf der Daxue Dongjie nach Osten gehen und links in die Dongying Nanjie einbiegen, wo sich nach 200 m links das Konsulatsgebäude befindet.

Auch in **Erenhot** (Menggu Lingshi; ⊙Mo-Fr 8.30–16.30 Uhr) befindet sich ein Konsulat. Vom Busbahnhof kommend geht's einen halben Block nach Westen bis zur T-Kreuzung und dort links. Auf dieser Straße (Youyi Beilu) geht's dann 10 Min. nach Norden, bis die rot-blau-gelbe mongolische Flagge auf der linken Seite zu sehen ist. Ein 30-Tage-Express-Visum für 495 Yuan kann am nächsten Tag abgeholt werden.

An- & Weiterreise

Bus

Der Busbahnhof in Hohhot (长途汽车站; *changtu qichezhan*) befindet sich direkt neben dem Bahnhofsgebäude.

Baotou 40 Yuan, 2 Std., alle 30 Min. (6.40–19.30 Uhr)

Beijing 150 Yuan, 6–8 Std., 15-mal tgl. (7.25–21 Uhr)

Datong 80 Yuan, 4 Std., stündl. (6.30–19.20 Uhr)

Dongsheng 63 Yuan, 3 Std., alle 30 Min. (6.30–19.20 Uhr)

Flugzeug

Es stehen tägliche Flugverbindungen nach Beijing (500 Yuan), Xi'an (830 Yuan), Hailaer (1000 Yuan), Manzhouli (860 Yuan), Chifeng (780 Yuan), Xilinhot (400 Yuan) und Shanghai (1350 Yuan) zur Auswahl. Flüge können auf www.elong.net oder www.ctrip.com gebucht werden. Im Winter sind die Dienste eingeschränkt!

Zug

Mit Expresszügen können folgende Städte erreicht werden:

Baotou 25 Yuan, 2 Std., 16-mal tgl.

Beijing Hart-/Weichschläfer 170/254 Yuan, 10 Std., 13-mal tgl.

Datong Hart-/Weichschläfer 39/93 Yuan, 4 Std., 10-mal tgl.

Xilinhot Hart-/Weichschläfer 170/254 Yuan, 11 Std., 1-mal tgl.

Yinchuan Hart-/Weichschläfer 175/264 Yuan, 10 Std., 6-mal tgl.

In den Monaten Juli und August kann es manchmal ziemlich schwierig werden, an Tickets für Liegeplätze zu kommen. In verschiedenen Hotels können Fahrkarten für den Schlafwagen gegen eine Gebühr von 30 Yuan gebucht werden.

Unterwegs vor Ort

Nützliche Buslinien sind die 1 (vom Bahnhof via Zhongshan Xilu in die Altstadt), die 33 (vom Bahnhof auf der Xinhua Dajie nach Osten) und die 5 (folgt der gesamten Xilin Guole Lu). Eine Fahrkarte kostet 1 Yuan.

Der Flughafen von Hohhot befindet sich etwa 15 km östlich der Stadt. Der Flughafenbus (10 Yuan) fährt am Büro der **Civil Aviation Administration of China** (CAAC; 中国民航; Zhongguo Minhang; ☎696 4103; Xilin Guole Lu) ab. Eine Taxifahrt (Standgebühr 6 Yuan) kostet 35 Yuan.

Rund um Hohhot

7 km östlich des Flughafens, ungefähr 22 km von Hohhot entfernt, erhebt sich inmitten der Felder die **Bai Ta** (白塔; Weiße Pagode; Eintritt 35 Yuan). Der siebenstöckige, oktogonale Turm wurde zur Zeit der Liao-Dynastie erbaut. Eine steile Treppe führt ganz oben zu dem kleinen Schrein. Weil es kaum Touristen dorthin verschlägt, haben Besucher den Ort meist ganz für sich. Eine Taxifahrt kostet 60 bis 70 Yuan (hin & zurück).

Etwa 110 km nördlich von Hohhot erstreckt sich die weite Graslandschaft **Xilamuren** (Xilamuren), mit Dutzenden von Jurtensiedlungen, die in erster Linie chinesische Touristen ansprechen sollen. Leider haben Abbauaktivitäten in der Nähe dazu beigetragen, dass die Infrastruktur immer schneller erweitert wird – wer auf der Suche nach „wahrer Wildnis" ist, wird enttäuscht sein. Ein Besuch in Xilamuren lohnt sich für alle, die eine Runde reiten möchten; den traditionellen Mongolen-Alltag wird man hier jedoch nicht kennenlernen.

Wer keine Lust auf die typischen Touristensiedlungen in Xilamuren hat, sollte über das Anda Guesthouse (S. 965) in Hohhot den Kontakt zu einer einheimischen Familie herstellen, die Zimmer vermietet. Tagesausflüge kosten ab 290 Yuan aufwärts (eine Mahlzeit inkl.) oder 390 Yuan für eine Tour mit Übernachtung und drei Mahlzeiten. Reiten kostet um die 90 Yuan pro Stunde.

Weitere Jurtensiedlungen befinden sich in **Gegentala** und **Huitengxile**. Sie sind 2½ Stunden von Hohhot entfernt, jedoch noch touristischer als Xilamuren und eine beliebte Anlaufstelle für mongolische Reisegruppen.

Shangdu (Xanadu) 上都

Dies war die letzte Station Marco Polos. Mit Dichter Samuel Taylor Coleridge setzte sich die Vorstellung von Xanadu als dem ultimativen Lustschloss in den Köpfen der Bewohner des Westens fest.

Heutzutage ist von Xanadu bzw. **Shangdu** (元上都遗 址; Yuan Shangdu Yizhi; Eintritt 30 Yuan; ⏲8–18 Uhr) kaum mehr übrig als eine weitläufige Prärie mit den gerade noch auszumachenden Überresten der einst gewaltigen Mauern. Doch früher einmal war Shangdu zweifellos einer der schönsten Orte der Welt.

Kaiser Kublai Khan, der Enkel Dschingis Khans, wollte hier die Sommermonate verbringen. Der Bau der Stadt begann im Jahr 1252 und war vier Jahre später abgeschlossen. Sie hatte nur vergleichsweise kurz Bestand: Bereits im Jahr 1369 wurde sie von Ming-Streitkräften überrannt. Im Juni 2012 wurde Shangdu in die Liste der Unesco-Weltkulturerbestätten aufgenommen. Früher setzte es sich aus drei verschiedenen Städten zusammen: einer äußeren Stadt, einer kaiserlichen Stadt und einer Palaststadt. Sichtbar sind heute nur die äußeren und inneren Stadtmauern. Von der Ticket-Jurte aus sind es rund 1,5 km bis zu den äußeren Mauern. Golfbuggys legen die komplette Strecke zurück (10 Yuan). Hat man die äußeren Mauern passiert, sind es noch 500 m bis zum inneren Festungswall.

Wege durch die mit Wildblumen bedeckten Grasebenen, die heute über der Stadt liegen, laden zu hübschen Spaziergängen ein und regen zum Nachdenken über die Launen der Geschichte an.

Obwohl westliche Besucher bei Shangdu an ein weit entferntes Wunderwerk denken, ist es in Wahrheit gar nicht so abgelegen (275 km nordwestlich von Beijing). Der Grund, warum die Stätte so entrückt wirkt, liegt an den leeren Prärieweiten, von denen sie umgeben ist, und an der recht aufwändigen Anreise.

Von Hohhot kommend gibt es verschiedene Züge, die nach Sanggen Dalai (桑根达来) fahren (Fahrzeit 8 Std.). Die angenehmste Option ist der K502-Zug (Hartsitzer/Weichschläfer 73/137 Yuan, der täglich um 11.15 Uhr vom Ostbahnhof in Hohhot losfährt. In Sanggen Dalai geht's weiter mit einem Gemeinschaftstaxi (40 Yuan pro Person) in die 80 km südlich gelegene Kleinstadt Lanqi (蓝旗). Von dort sind es noch etwa 20 km Holperfahrt mit dem Taxi bis Shangdu (150 Yuan hin & zurück). Wenn's nach Hohhot gehen soll: Um 10.20 Uhr fährt der Zug K1814 von Sanggen Dalai ab.

Ein Besuch des **Xanadu-Museums** (上都博物馆; Shangdu *bowuguan*; Eintritt 20 Yuan; ⏲Di-So 8–15 Uhr) in Lanqi lohnt sich vor allem wegen der Nachbildungen, die vermitteln, dass Shangdu ein wahrhaft ambitioniertes Unterfangen gewesen war. Daneben gibt es erhaltene Überreste wie beispielsweise Keramiken und Statuen zu bewundern.

Shangdus neu erlangter Status als Weltkulturerbe hat die Hotelpreise in Lanqi dramatisch in die Höhe getrieben (außerhalb der Hochsaison gibt es dagegen sensationelle Angebote). Das **Jiadi Shangwu Binguan** (佳帝商务宾馆; Shangdu Dajie; 上都大街; DZ 200 Yuan) ist noch die beste Wahl unter den günstigeren Unterkünften. Auf der Shangdu Dajie gelegen, sind ganz in der Nähe auch Restaurants und eine Zweigstelle der ICBC-Bank anzutreffen. Der Bankautomat akzeptiert auch ausländische Karten.

Baotou 包头

VERKEHRSKNOTENPUNKT

Baotou erstreckt sich über eine mehr als 20 km lange, staubige Landschaft. Ein Großteil ist industrialisiert und verschmutzt. Wer allerdings das Lamakloster Wudang und das Dschingis-Kahn-Mausoleum oder den Höhlentempel weiter im Westen besuchen will, kommt um eine Übernachtung hier nicht herum.

Baotou ist in östliche und westliche Abschnitte unterteilt. Die meisten Reisenden übernachten im Ostteil der Stadt (*donghe*). Wer mit dem Zug kommt, sollte darauf achten, am Ostbahnhof Baotou (Baotou *dongzhan*) auszusteigen und nicht am Westbahnhof.

Schlafen & Essen

Auf der Nanmenwai Dajie befinden sich zahlreiche Hotels mit Übernachtungspreisen von rund 100 Yuan pro Nacht, Restaurants, Banken und Internetcafés sind in Laufnähe des Ostbahnhofs Baotou und nur eine kurze Taxifahrt (6 Yuan) vom östlichen Busbahnhof entfernt.

Xihu Fandian HOTEL €€
(Westsee-Hotel; ☎414 4444; 10 Nanmenwai Dajie; 南门外大街 10 号; DZ 288 Yuan; ❄@) Ein gutes Mittelklassehotel mit sauberen, gemütlichen Zimmern und modernem Bad, nur fünf Laufminuten vom Ostbahnhof entfernt. Die Übernachtungspreise liegen meist noch 30–40 % unter dem angegebenen Preis. Direkt gegenüber befindet sich ein Internetcafé.

An- & Weiterreise

Bus

Die Buslinie 17 (1 Yuan) verkehrt zwischen dem Ostbahnhof Baotou (东和汽车站; *donghe qichezhan*) und Nanmenwai Dajie.

Dongsheng 34 Yuan, 2 Std., alle 30 Min. (6.30–18.30 Uhr)

Hohhot 40 Yuan, 3 Std., alle 30 Min. (6.30–19.30 Uhr)

INSIDERWISSEN

ZHAMSU: EIN LEBEN IN DER STEPPE

Der Mongole Zhamsu, der heute 50 Jahre alt ist, verbrachte sein ganzes Leben in den Grassteppen von Xilamuren (S. 969).

Wie sind Sie aufgewachsen? Meine Eltern waren Nomadenhirten. Wir lebten in einer *ger* (Jurte). Wir besaßen mehr als 300 Schafe, zehn Kühe und zehn Pferde. Mit sieben Jahren begann ich, bei der Hirtenarbeit zu helfen. Es war ein hartes Leben, aber dafür sehr einfach.

Wie sehr haben sich die Grassteppen verändert? Es leben dort heute mehr Menschen und weniger Tiere. Die Regierung hat die Herdenhaltung in unserer Gegend zum Schutz der Grasebenen bis 2016 verboten. Deshalb lebe ich jetzt in einem Haus und unsere *ger* wird von Touristen gebucht. Ich habe immer noch 20 Schafe, die wir für die Gäste schlachten, und ein paar Pferde für Ausritte.

Gibt es in der Inneren Mongolei noch eine lebendige Kultur? Nicht wirklich. Immer weniger Kinder sprechen Mongolisch und viele junge Menschen wandern ab in die Städte. Sie sprechen Mandarin und übernehmen die chinesische Kultur, weil sie glauben, dass sie damit ein besseres Leben führen können. Echte mongolische Traditionen erlebt man nur noch in den Grasebenen.

Werden Sie jemals in die Stadt ziehen? Nein, ich wüsste nicht, wie ich dort überleben sollte. Ich fühle mich wohl in den Steppen. Ich habe die letzten 50 Jahre jeden Tag mit Tieren verbracht. Ich kann mir ein Leben ohne sie gar nicht vorstellen.

Yan'an (Shaanxi) 174 Yuan, 8 Std., 1-mal tgl. (11.50 Uhr)

Yulin (Shaanxi) 92 Yuan, 5 Std., 8-mal tgl. (6.30–16.30 Uhr)

Flugzeug

Es gibt Verbindungen zwischen Baotou und Beijing (590 Yuan). Flüge können über www.elong.net gebucht werden.

Der Flughafen befindet sich 2 km südlich vom Ostbahnhof Baotou. Eine Taxifahrt zum Flughafen kostet 15 Yuan; 30 Yuan vom Flughafen in die Stadt.

Zug

Die häufig zwischen Hohhot und Baotou verkehrenden Züge (25 Yuan, 2 Std.) halten sowohl am Ost- als auch am Westbahnhof.

Beijing Hart-/Weichschläfer 175/264 Yuan, 10–13 Std., 11-mal tgl.

Lanzhou Hart-/Weichschläfer 231/352 Yuan, 16 Std., 3-mal tgl.

Taiyuan Hart-/Weichschläfer 175/264 Yuan, 10 Std., 3-mal tgl.

Yinchuan Hart-/Weichschläfer 137/205 Yuan, 7 Std., 6-mal tgl.

Lamakloster Wudang 五当召

Dieses **Kloster** (Wudang Zhao; Eintritt 60 Yuan; ⏲8–18.30 Uhr) befindet sich an der Pilgerroute von Tibet in die Äußere Mongolei und hat seit seiner Gründung im Jahr 1749 schon unzählige Wallfahrer willkommen geheißen. Zu seiner Blütezeit war es das größte Kloster der Inneren Mongolei. Hier lebten 1200 Mönche der Gelugpa-Schule, einer Schule des tibetischen Buddhismus. Mittlerweile ist die Anzahl der Mönche auf etwa 50 geschrumpft. Doch die zahlreichen umliegenden Klostergebäude, die heute von Einheimischen bewohnt werden, erinnern daran, welche Bedeutung Wudang früher einmal hatte. Als dieser Band entstand, wurde der Bereich rund um das Kloster renoviert, was auf einen baldigen Ansturm mongolischer Touristengruppen hindeutet.

Das Kloster befindet sich 67 km nordöstlich von Baotou. Bus 7 (10 Yuan, 1 Std.) fährt bis ins 40 km von Baotou entfernte Shiguai (石拐) (Abfahrt am Busparkplatz vor dem Ostbahnhof Baotou). Von Shiguai aus geht's mit dem Taxi weiter bis zum Kloster (hin & zurück 80 Yuan). Der letzte Bus zurück nach Baotou fährt in Shiguai um 18 Uhr ab.

DSCHINGIS KHANS GRAB

Der große Dschingis Khan bestand darauf, dass seine letzte Ruhestätte unbedingt geheim gehalten werden sollte. Der Legende nach wurden die Sklaven, die sein Grabmal errichteten, anschließend von Soldaten brutal umgebracht. Danach wurden auch diese getötet, damit auch garantiert keiner wusste, wo sich das Grab befand. Archäologen, die heute nach Dschingis Khans letzter Ruhestätte suchen, sind zusätzlich verunsichert durch einen angeblichen Fluch, dem schon so mancher zum Opfer gefallen sein soll. Die meisten Historiker gehen davon aus, dass Dschingis' Leichnam nach seinem Tod (wo er starb, ist nicht bekannt) 1227 in die Mongolei zurückgebracht und dort nahe seiner Geburtsstätte in Khentii Aimag unweit des Onon-Flusses beigesetzt wurde.

Dschingis-Khan-Mausoleum 成吉思汗陵园

130 km südlich von Baotou, mitten im Nirgendwo, befindet sich das sehenswerte **Dschingis-Khan-Mausoleum** (Chengji Sihan Lingyuan; Eintritt 110 Yuan; ⏲7–17.30 Uhr), Chinas Tribut an den großen mongolischen Kriegsherrn.

Das Wichtigste vorweg: Der gute alte Dschingis wurde nicht an diesem Ort begraben, insofern ist der Namenszusatz „Mausoleum" wirklich irreführend. Die historische Bewandtnis dieses Ortes geht auf die alte mongolische Tradition zurück, persönliche Gegenstände aus Dschingis Khans Besitz zu verehren, darunter seinen Sattel, seinen Bogen u. Ä. Kublai Khan begründete diesen Kult und übertrug dem mongolischen Darhat-Clan die Verantwortung für die Gegenstände. Die Darhat-Ältesten bewahrten sie in acht weißen Zelten auf, deren Standort in Kriegszeiten wechseln konnte.

Anfang der 1950er-Jahre beschloss die neue kommunistische Regierung Chinas, eine dauerhafte „Bleibe" für die Relikte einzurichten. So entstand das Bauwerk mit den drei Kuppeln in Ejin Horo. Zu diesem Zeitpunkt war allerdings ein Großteil von Khans Überresten gestohlen worden

ABSTECHER

DER ÄUSSERSTE WESTEN DER INNEREN MONGOLEI

Die goldenen Wüsten, schimmernden Seen und Ruinenstädte im Westen der Inneren Mongolei bieten fantastische Abenteuerrouten abseits ausgetretener Pfade. Ein wenig logistische Unterstützung ist dazu allerdings nötig.

Ein mögliches Ziel ist **Khara Khoto** (Schwarze Stadt; auf Chin. Heicheng, 黑城; Eintritt 10 Yuan; ⏲8–19 Uhr), eine verfallene Tangut-Stadt (erb. 1032), die 1226 von Dschingis Khan unterworfen wurde (seine letzte große Schlacht). Khara Khoto florierte auch unter mongolischer Herrschaft, doch 1372 schnitt ein Ming-Bataillon die Stadt von der Wasserversorgung ab, und alle Bewohner starben. 600 Jahre und zahllose Sandstürme später war die Stadt fast vollständig begraben, doch dann wurde sie von dem russischen Forscher P. K. Kozlov freigelegt und kartografiert. Er barg Hunderte von Texten aus der Tangut-Ära; sie werden im Institut für Orientalische Manuskripte in St. Petersburg aufbewahrt. Etwa 25 km südöstlich von Ejina Qi (额济纳旗) gelegen, sind die eigentlichen Highlights die abgeschiedene Lage der Stätte und die herrlich unberührte Natur ringsum. Die schönste Reisezeit ist zwischen Ende September und Anfang Oktober, wenn die Blätter der Pappeln sich verfärben, aber Achtung: Zu dieser Zeit ist jedes Hotel in Ejina Qi ausgebucht.

Die zweite Attraktion dieser Region ist die abgeschiedene, aber beeindruckende **Badain-Jaran-Wüste** (巴丹吉林沙漠; Badanjilin Shamo), eine geheimnisvolle Landschaft voller Wüstenseen, buddhistischer Tempel und hoch aufragender Dünen. Die Dünen gehören mit über 380 m zu den höchsten weltweit – so hoch wie das Empire State Building! Die nächstgelegene Stadt ist Alashan Youqi (阿拉善右旗), eine 30-minütige Fahrt von den Dünen entfernt. In der Stadt organisiert der **Badanjilin Travel Service** (☎0483-602 1618; 0483-602 6555; www.badanjilin.cn) Kameltouren (80 bis 120 Yuan pro Std.) und Jeepfahrten für ca. 1000 Yuan pro Tag mit englischsprachigen Führern. Der Reisedienst organisiert auch die Autofahrt von Khara Khoto (1600 Yuan; hin und zurück). **Navo Tours** (☎028-8611 7722; www.navo-tour.com) mit Sitz in Chengdu organisiert fünftägige Ausflüge (davon drei Tage in die Wüste) von Lanzhou mit englischsprachigen Führern für 9800 Yuan pro Person.

Diese Zone ist stark militarisiert (Chinas Space City befindet sich ganz in der Nähe). Für die Straße zwischen Jiuquan und Ejina Qi, für Khara Koto selbst und die Badain-Jaran-Wüste werden Passierscheine benötigt. Um die erforderlichen Genehmigungen zu besorgen, brauchen die Tourveranstalter mindestens drei Tage.

Die nächst gelegenen Zugverbindungen bieten Jiuquan und Zhangye in der Provinz Gansu. Generell verkehren aber kaum öffentliche Verkehrsmittel zwischen Gansu und der Inneren Mongolei. Täglich fährt ein Bus von Alashan Youqi nach Shandan Xian (山丹县), eine weit bessere Verkehrsanbindung hat man allerdings von anderen Städten in der Inneren Mongolei aus, wie beispielsweise Bayanhot. Jeden Tag fahren Busse von Bayanhot nach Ejina Qi und Alashan Youqi.

oder verloren gegangen (bei den ausgestellten Sätteln, Bogen und anderen Gegenständen handelt es sich um Nachbildungen). Doch selbst heute behaupten viele der Wächter auf dem Gelände, Nachfahren der Darhat zu sein.

Das Mausoleum, das bei Einheimischen Chengling (成陵) heißt, befindet sich 25 km südlich von Ejin Horo Qi (伊金霍洛旗; Yijin Huoluo Qi), was kurz „Yi Qi" genannt wird.

Von dort fährt ein Bus (12 Yuan, 30 Min.), der bei einem kleinen Touristendorf mit einer Handvoll Geschäfte und Hotels hält. Dann in ein Taxi steigen, das die letzten 5 km bis zum Mausoleum zurücklegt (15 Yuan).

In Baotou gibt es zweimal täglich eine Busverbindung nach Ejin Horo Qi (42 Yuan, 6.10 und 8.30 Uhr). Ansonsten fahren von 6.30 bis 18.30 Uhr alle dreißig Minuten Busse nach Dongsheng (auch unter dem mongolischen Namen Ordos bekannt), wo es regelmäßig Busverbindungen nach Ejin Horo Qi gibt (12 Yuan, 1 Std.). Von Hohhot kommend, fährt von 6.30 bis 19.20 Uhr etwa alle 40 Minuten ein Bus nach Dongshen (63 Yuan, 4 Std.).

Für den Rückweg: Mit dem Taxi zum Highway fahren und dort einen beliebigen Bus nach Dongsheng anhalten. Sie fahren regelmäßig bis etwa 17 Uhr.

Höhlentempel 阿桂庙

Der abgeschiedene **Höhlentempel** (Agui Miao; Eintritt frei; ⌚7–18 Uhr) wird nur selten besucht, dabei ist es eines der ältesten Klöster der Inneren Mongolei. Die Fahrt führt durch wilde, abgelegene Anbaugebiete, die in eine Halbwüste übergehen, wo Kamelherden umherwandern. Die letzten 6 km geht's über einen Engpass in den Langshan-Bergen.

Benannt wurde der Tempel nach zwei Höhlen, zu denen man hochklettern kann. Mit seinem Bau wurde Mitte des 17. Jhs. begonnen. Im Jahr 1831 wurde er dann von dem berühmten Mönch Danzan Ravjaa aus der Äußeren Mongolei erweitert. Die Anlage wurden im Zuge der Kulturrevolution zerstört, ist inzwischen jedoch wieder aufgebaut worden. Zur Zeit der Recherche wurden weitere Renovierungen vorgenommen.

Ein absolutes Highlight ist das größte Heiligtum des Tempels: eine Statue des Padmasambhava in der Haupthalle. Angeblich wurde sie von Padmasambhava selbst erschaffen. Rund 20 Mönche leben hier. Meistens begleitet einer von ihnen Besucher durch die Höhlentempel (und bietet ihnen Hammelsuppe an, wenn sie zur Mittagszeit ankommen).

Das Kloster liegt 90 km von der Stadt Dengkou (磴口) entfernt und kann ausschließlich mit dem Taxi erreicht werden (250 Yuan inkl. Wartezeit). Die Fahrt dauert 90 Minuten.

Die beste Möglichkeit ist es, einen Bus von Baotou in die kleine Stadt Linhe (临河) zu nehmen (75 Yuan, 4 Std.) und dort in einen der regelmäßigen Busse nach Dengkou umzusteigen (17 Yuan, 1 Std., ab 6.30 Uhr). Zurück in Linhe bedienen von 7 bis 15.10 Uhr stündlich Busse die Strecke nach Yinchuan im nahegelegenen Ningxia (90 Yuan, 4 Std.).

Hailaer 海拉尔

☎0470 / 240 369 EW.

Hailaer ist die größte Stadt im nördlichen Ausläufer der Inneren Mongolei und ein hektischer, unspektakulärer Ort. Umgeben ist er jedoch von der Hulunbei'er-Grasebene, einer riesigen Prärie, die gleich außerhalb der Stadt beginnt und sich scheinbar unendlich nach Norden Richtung russische und mongolische Grenzen erstreckt. Im Juli und August ist das Grasland besonders üppig und bietet einen fantastischen Anblick. In der Inneren Mongolei ist der Ort die beste Adresse für einen Ausritt.

Rund um Hailaer stehen mehrere Jurtensiedlungen für Touristen. Dort gibt es überall Gelegenheit zu essen, traditionelle Musik zu hören und manchmal auch zu übernachten. Zwar sind dies keine authentischen mongolischen Wohnorte, dennoch erhalten Besucher einen interessanten Einblick in die mongolische Kultur. Außerdem ist die Lage inmitten der offenen, weiten Prärien umwerfend schön. Wer den typischen (rustikaleren) Alltag der Menschen kennenlernen möchte, kann bei einheimischen Familien unterkommen. So ein Besuch ist natürlich einfacher für alle, die ein wenig Hochchinesisch oder Mongolisch sprechen.

Der größte Platz befindet sich an der Zhongyang Dajie, unweit der Xingan Lu. Hotels und weitere touristische Einrichtungen sind in der Nähe des Hauptplatzes angesiedelt. Einige mongolische Souvenirläden säumen die Fußgängerstraße Buxing Jie. Wer sich mit den Besitzern unterhält, hat schon den ersten Schritt in die mongolische Gemeinde getan. Gleich hinter der Buxing Jie befindet sich eine meist menschenleere, traurige Nachbildung eines *hutong* aus der Qing-Ära, die 2010 fertiggestellt wurde.

Sehenswertes

GRATIS **Ewenken-Museum** MUSEUM

(鄂温克博物馆; Ewenke *bowuguan*; ⌚8.30–12 Uhr & 14.30–17.30 Uhr) Noch etwa 20 000 Ewenken leben im Norden der Inneren Mongolei, die meisten in der Grasebene Hulunbei'er rund um Heilaer. Dieses moderne Museum bringt ihre Geschichte und Kultur näher. Die Ewenken sind traditionell Hirten, Jäger und Bauern und zählen zu den wenigen chinesischen Völkern, die Rentiere züchten.

Das Museum befindet sich im Südosten der Stadt an der Straße zur Bayan-Huxu-Prärie. Bus 3 (1 Yuan) fährt vom Hauptplatz aus dorthin, ein Taxi kostet 30 bis 40 Yuan (hin & zurück). Da das Museum auf der Strecke zur Bayan-Huxu-Grasebene liegt, bietet sich ein Zwischenstopp beim Verlassen der Stadt an.

Unterirdische Festung FESTUNG
(海拉尔要塞遗址; Hailaer Yaosai Yizhi; Eintritt 60 Yuan; ⌚8.30–18 Uhr) Mitte der 1930er-Jahre, als die Japaner die Mandschurei besetzt hatten, entstand dieses Netzwerk aus Tunneln nördlich von Hailaer. Heutzutage beherbergt die Stätte ein Museum, ein Denkmal sowie alte Panzer und Artilleriegeschosse zum Herumklettern. In den kalten, unheimlichen Gängen bietet sich die Gelegenheit, einen Blick auf die „Unterkünfte" der Soldaten und das einstige Krankenhaus zu werfen.

Die Stätte befindet sich 4 km nordwestlich des Bahnhofs. Die Besichtigung nimmt etwa eine Stunde in Anspruch. Mit einem Taxi geht's vom Stadtzentrum zu dem unterirdischen Labyrinth (hin & zurück 20 Yuan). Wer das Taxi warten lassen will, zahlt für die Hin- und Rückfahrt 100 Yuan. Die Buslinie 2 verkehrt zwischen Festung und Stadtzentrum, wobei es danach immer noch 1,6 Kilometer Fußmarsch bergauf sind. Da die Tunnelanlage sich an der Straße nach Jinzhanghan befindet, kann der Busfahrer ja vielleicht unterwegs kurz anhalten.

Feste & Events

Naadam SPORT
Das Naadam (Sportfest) von Hailaer wird jedes Jahr im Juli auf der Grasebene nördlich der Stadt abgehalten. Im Rahmen der Festivitäten finden Ringerwettbewerbe, Bogenschießen und Pferderennen statt. Während des Fests wird die Stadt von Tourgruppen heimgesucht, die die Zimmersuche extrem erschweren und bewirken, dass Übernachtungen doppelt so viel (oder mehr) kosten.

Schlafen & Essen

In Hailaer sind die Hotels unscheinbar und überteuert. Wer sich mit zellenartigen Zimmerchen ohne Fenster für 60 bis 80 Yuan zufrieden geben will, wird in der Gasse direkt gegenüber dem Eingang des Busfernbahnhofs auf der anderen Straßenseite fündig.

An Sommerabenden wird auf der Buxing Jie und den umliegenden Gassen gegrillt (*shaokao*). Eine gute Gelegenheit, sich ein Bier zu genehmigen und mit Eiheimischen ins Gespräch zu kommen.

Tianxin Room Two HOTEL $
(天信客房二部; Tianxin Kefang Erbu; ☎835 3675; 7 Tianxin Xiaoqu; 天信小区 7 号; DZ 220 Yuan; ❄@) Der Anbau an das teurere Tianxin Business Hotel (天信商务酒店; Tianxin Shangwu Jiudian) verfügt über saubere, große Zimmer mit modernem Bad, wobei das Personal öfter mal schlechte Laune hat und das Hotel an sich recht schäbig ist. Die Lage ist praktisch zentral: in einer kleinen Seitenstraße, 100 m südlich des großen Kreisverkehrs, nahe der Buxing Jie. Der Taxifahrer soll zum Tianxin Business Hotel fahren; von dort sind es noch 50 m Richtung Süden.

Bei'er Dajiudian HOTEL €€
(贝尔大酒店; Bei'er Hotel; ☎835 8455; 36 Zhongyang Dajie; 中央大街 36 号; DZ 300–480 Yuan; ❄@) Diese angenehme Mittelklasseunterkunft verfügt über eine große, einladende Lobby. Besonders in den Monaten Juli und August ist es besser, im Voraus zu buchen.

Jinchuan Douhuazhuang HOTPOT €€€
(金川豆花庄; ☎834 6555; Xi Dajie; 2 Personen ab 75 Yuan; ⌚10–23 Uhr) Bei den Einheimischen ist dieses Hotpot-Restaurant besonders beliebt. Zur Auswahl stehen zahlreiche Fleisch-, Fisch- und Gemüsesorten, bei der Schärfe der Brühe kann der Gast ebenfalls selbst entscheiden. Es gibt weder eine internationale noch eine bebilderte Speisekarte, doch die freundlichen Bedienungen helfen gerne weiter. Das Restaurant befindet sich an der Ecke Xi Dajie und Bei Xiejie, nahe Zhongyang Dajie.

Moongun Choloo MONGOLISCH €
(Tianxin Xiaoqu; Teigklöße ab 20 Yuan; ⌚7–21 Uhr) Dieses typisch mongolische Café befindet sich in einer Seitenstraße der Buxing Jie (um die Ecke des Tianxin Room Two). Serviert werden frischer Joghurt, *buuz* (Teigklöße) und *airag* (vergorene Stutenmilch). Das Lokal wird von Burjaten besucht.

Praktische Informationen

Bank of China (中国银行; Zhongguo Yinhang; Xingan Donglu an der Zhongyang Dajie) Neben dem Bei'er Dajiudian im Stadtzentrum.

Büro für öffentliche Sicherheit (PSB; 公安局; Gong'anju; Alihe Lu) Gegenüber des CITS im Hedong-Distrikts östlich des Flusses.

Internetcafé (网吧; *wangba*; Erdgeschoss, Ecke Zhongyang Dajie und Xingan Xilu;

3 Yuan pro Std.) Schräg gegenüber vom Bei'er Dajiudian.

Post (中国邮政; Ecke Zhongguo Youzheng und Zhongyang Dajie an der Yueju Xilu) Die Filiale hat einen Postschalter und öffentliche Telefone.

An- & Weiterreise

Ein kleiner örtlicher Flughafen bietet tägliche Direktflüge von Hailaer nach Beijing (1150 Yuan, 2 Std.) und Hohhot (1000 Yuan, 2¼ Std.). Buchung über www.elong.net oder www.ctrip.com.

EZ Nis (☎130 3041 2081; www.eznisairways.com), eine mongolische Fluggesellschaft, fliegt 2- bis 3-mal die Woche in die Mongolei, nach Choibalsan (680 Yuan) und Ulan-Bator (1458 Yuan). Wer nach Ulan-Bator reisen möchte, kann das Ticket einfach online buchen. Wer allerdings in Choibalsan einen Zwischenstopp einlegen will, braucht eine Sondergenehmigung von der mongolischen Einwanderungsbehörde. EZ Nis kümmert sich darum, braucht allerdings zwei Tage (E-Mail an das Büro in Ulan-Bator schicken).

Am **Fernbusbahnhof** (长途汽车站; Changtu *qichezhan*; Jiaxinzi Lu, unweit Chezhan Jie) fahren zwischen 7.30 und 18 Uhr Busse nach Manzhouli (41 Yuan, 3 Std.).

Dieser Ort kann aber auch mit dem Zug erreicht werden (mehrmals tgl.; 29 Yuan, 2–3 Std.). Tägliche Verbindungen bestehen zwischen Hailaer und Harbin (Hart-/Weichschläfer 125/192 Yuan, 11 Std.), Qiqiha'er (137/205 Yuan, 8 Std.) und Beijing (418/642 Yuan, 29 Std.).

Der Bahnhof befindet sich im Nordwesten der Stadt. Ein Taxi zu den Hotels im Zentrum kostet 12 Yuan.

Unterwegs vor Ort

Ein Flughafenbus steht nicht zur Verfügung. Die Kosten für eine Taxifahrt zum Flughafen belaufen sich auf etwa 30 Yuan. Achtung: Taxifahrer (oder besser: Taxihaie!) lauern auf frisch gelandete Touristen und knöpfen ihnen gleich das Doppelte ab. Bus 7 fährt vom Bahnhof am Busbahnhof vorbei zum Bei'er-Hotel. Bus 1 verbindet Hedong mit dem Bahnhof. Eine Taxifahrt kostet mindestens 6 Yuan.

Rund um Hailaer

STEPPE VON JINZHANGHAN 金帐汗草原

Entlang eines gewundenen Flusslaufs etwa 40 km nördlich von Hailaer erstreckt sich ein **Grassteppencamp** (Jinzhanghan Caoyuan; ☎133 2700 0919; ⏲Juni-Anfang Okt.) für Touristen. Es bietet eine fantastische Lage. Es ist locker möglichg, eine Stunde damit zuzubringen, sich bei einer Tasse Tee mit Milch umzusehen, oder den Tag mit einem Ausritt zu verbringen (200 Yuan pro Std.) bzw. wandern gehen. Wer mag, kann auch abends zum Abendessen herkommen oder Gesangs- oder Tanzvorführungen miterleben.

Es besteht die Möglichkeit, in einer der **Jurten** (100 Yuan pro Person) zu übernachten. Es gibt keine „westlichen" sanitären Einrichtungen, aber dafür ein Toilettenhäuschen. Taxis bringen Besucher von Hailaer hierhin (hin und zurück ca. 300 Yuan).

Etwa 2 km vor der Hauptsiedlung passiert man eine Reihe nicht gekennzeichneter familienbetriebener Camps. Diese sind vielleicht nicht ganz so organisiert, aber dafür sind die Preise für Essen, Unterkunft und Pferde um die Hälfte günstiger als in Jinzhanghan.

DIE UNTERSCHIEDLICHEN NAMEN FÜR JURTE

Das Wort „Jurte", die allgemeine Bezeichnung für typisch mongolische Zelte, stammt aus dem Türkischen. Das mongolische Wort ist *ger*, und die Chinesen nennen die Zelte *menggu bao* – was wörtlich übersetzt „mongolische Brötchen" bedeutet. Dies mag an den weißen Wänden und den kegelförmigen Spitzen liegen, die wie gedämpfte Brötchen aussehen.

SHI WEI 室韦

Dieses kleine Dorf im russischen Stil besteht aus Blockhütten und holprigen Straßen am Fluss Eerguna, der die Grenze zu Russland darstellt. Shi Wie liegt mitten in der Grassteppe. Nördlich von Hailaer gibt es ein paar feste Siedlungen, nur wenige Jurten von Hirten, die ihre Schafe und Kühe hüten, und mongolische Ponys. Je näher die Grenze rückt, desto bewaldeter wird die hügelige Prärie mit dünnen weißen Kiefernbäumen.

Shi Wei ist mittlerweile eine mongolische Touristenattraktion, obwohl kaum Ausländer es bis hier hoch schaffen. Dennoch macht es Spaß, am Flussufer entlang zu spazieren (bei 40 Yuan pro 30 Minuten ist ein Ausritt heutzutage genauso günstig wie in der Inneren Mongolei) und das russische Dorf auf der anderen Seite des Flusses zu betrachten.

Einige Einheimische sehen wirklich exotisch aus – seit Jahrzehnten heiraten Russen und Chinesen untereinander. Ein Großteil der Bevölkerung weist gemischte chinesisch-russische Züge auf, doch ein paar Leute sehen wie „echte" Russen aus. Viele Familien haben ihre Wohnhäuser in Pensionen und/oder Restaurants umfunktioniert. Während manche 200 Yuan oder mehr verlangen, sind in Privathaushalten immer noch Zimmer für 50 bis 100 Yuan zu bekommen. **Natascha** (☎130 8851 4335) bietet saubere Zimmer für 50 Yuan in einem separatem Anbau hinter ihrem Haus direkt an der Hauptstraße. Sie und ihr Mann zeigen Gästen Familienalben, die deutlich machen, wie sich Russen und Chinesen über Generationen hinweg vermischt haben.

Um von Hailaer nach Shi Wei zu kommen, geht's erst nach Labudalin (拉布达林; 36 Yuan, 2 Std.); von 6.30 bis 17.30 Uhr fahren alle 30 Minuten Busse. In Labudalin (manchmal auch Eerguna) bestehen täglich zwei Busverbindungen nach Shi Wei (35 Yuan, 3 Std.). Abfahrt ist um 9.30 und 15.30 Uhr. Die Busse fahren um 8.30 und 9 Uhr nach Labudalin zurück. Eine Taxifahrt von Labudalin nach Shi Wei und zurück kostet 300 Yuan.

SÜDLICH VON HAILAER

Die Straße südlich von Hailaer führt in das 170 km weiter südwestlich gelegene **Dongqi** (东旗), auf Mongolisch Zuun Khoshuu. Hier wird man vielleicht den einen oder anderen staubverkrusteten mongolischen Händler erspähen – der Ort liegt gerade mal 25 km nördlich der Grenze. Dongqi ist auf Karten übrigens als Xinba'er Hu Zuoqi (新巴尔虎左旗) eingezeichnet.

Etwa 18 km nordwestlich von Dongqi liegt das kürzlich renovierte **Kloster Ganjur** (甘珠尔). Es wurde 1771 gegründet und war einst das größte im Hulunbuir-Banner (banner ist ein administrativer Begriff aus der Qing-Ära, bedeutet in etwa Grafschaft). Heute leben noch 13 Mönche in dem malerisch gelegenen Gemäuer. Eine einfache **Jurtensiedlung** (蒙古包宿营; menggubao suying; 100 Yuan pro Nacht) befindet sich nahe dem Tor zum Kloster.

Westlich des Klosters führt die Straße etwa 105 km durch eine weitläufige Steppe (vorbei an vereinzelten Hirtenfamilien mit ihren Jurten) nach **Xiqi** (西旗), auf Mongolisch Baruun Khoshuu. In der kleinen Stadt leben vor allem Barga, ein Mongolenstamm. Ein holpriger Weg führt nach 23 km zum Ufer des Dalai Hu. An einem Strand mit Namen **Huangjin Hai'an** (黄金海岸) stehen weitere Jurtenlager. Ausländer benötigen eine Genehmigung, um Xiqi besuchen zu dürfen; auf Karten ist Xiqi eingezeichnet als Xinba'er Hu Youqi (新巴尔虎右旗).

Von 7 bis 17.30 Uhr fahren alle 50 Minuten Busse von Hailaer nach Dongqi (30 Yuan, 3 Std.). Die Strecke zwischen Dongqi nach Xiqi legt man am besten mit dem Taxi zurück, um unterwegs am See, dem Kloster und den Jurten halten zu können. Die Fahrt von Ort zu Ort kostet 100 Yuan, ein Ausflug zum See weitere 100 Yuan.

Wer Richtung Osten unterwegs ist, kann über die Nebenstraßen von Dongqi nach A'ershan gelangen. Ein Bus (43 Yuan, 3 Std.) fährt um 8.10 Uhr; eine andere Möglichkeit ist ein direkter Bus von Hailaer aus (81 Yuan, 5 Std.), der um 6.30 oder 8.40 dort abfährt. Die Hügel rund um A'ershan (阿尔山) laden zum Wandern ein. In der Stadt kann ein Taxi organisiert werden (400 Yuan hin und zurück) für einen Ausflug in den wunderschönen **Waldnationalpark A'ershan** (阿尔山国家森林公园; A'ershan Guojia Selin Gongyuan; Eintritt Mai-Okt. 180°Yuan; Nov.-April 150°Yuan). A'ershan liegt 190 km südöstlich von Dongqi und 370 km von Hailaer entfernt. Es besteht eine Zugverbindung nach Ulanhot (Wulanhaote).

Manzhouli 满洲里

☎0470 / 57 316 EW.

Die Transsibirische Eisenbahn führt durch diese Grenzstadt mit der entspannten Atmosphäre und den pastellfarbenen Gebäuden. Manzhouli floriert – überall gibt es Geschäfte, Hotels und Restaurants, die auf russische Touristen zugeschnitten sind. Wer nicht gerade asiatisch aussieht, wird von Ladenbesitzern höchstwahrscheinlich auf Russisch angesprochen. Manzhouli wird in rasantem Tempo modernisiert, doch entlang der Yidao Jie stehen noch ein paar russische Blockhäuser.

Die Stadt ist klein genug, um zu Fuß erkundet zu werden. Vom Bahnhof ins Zentrum sind es zehn Gehminuten. Nach Verlassen des Bahnhofs rechts halten und dann noch mal nach rechts, um die Fußgängerbrücke zu überqueren. Auf der anderen Seite befindet sich in der Nähe die Straßenkreuzung der Yidao Jie und Zhongsu Lu.

Sehenswertes

Neben den russischen Händlern stellt der **Hulun Hu** (呼伦湖; Eintritt 30 Yuan), einer der größten Seen des Landes, die Hauptattraktion von Manzhouli dar. Auf Mongolisch wird er als Dalai Nuur (Ozeansee) bezeichnet. Es ist absolut verblüffend, dass sich ein derart großes Binnengewässer inmitten der Grassteppe erstreckt! Es gibt die Möglichkeit, mit dem Pferd auszureiten (100 Yuan für 30 Minuten) oder ein Quadbike zu mieten (100 Yuan für 20 Minuten), mit dem Boot über den See zu schippern (10 Yuan für 20 Minuten) oder einfach am hügeligen Seeufer spazieren zu gehen. Der einzige Weg, ins 39 km südöstlich von Manzhouli gelegene Hulun Hu zu gelangen, ist mit dem Taxi (hin & zurück etwa 200 Yuan).

Auf halber Strecke zwischen Stadt und russischer Grenze befindet sich ein merkwürdiger **Park** mit lauter riesigen russischen *Matrjoschka-Puppen*, von denen viele so aussehen wie berühmte Persönlichkeiten, von Albert Einstein bis Michael Jordan. Die größte Puppe beherbergt ein typisch russisches Restaurant. Neben dem Park ist ein **Museum** für russische Kunst.

Schlafen

In der Stadt gibt es eine riesige Auswahl an Hotels und Pensionen, die alle in Laufweite voneinander entfernt liegen. Die Beschilderung ist in russischer Sprache – гостиница (gastinitsa) ist das russische Wort für Hotel. Auch Restaurants (*pectopah*) gibt's en masse. Am besten schaut man sich einfach erst mal ein bisschen um.

LP TIPP **Fengzeyuan Lüdian** PENSION €
(丰泽源旅店; ☎225 4099, 139 4709 3443; Yidao Jie; 一道街; 2BZ 200 Yuan; @) Die restaurierte russische Blockhütte (in Gelb und Grün gestrichen) beherbergt eine nette und für Manzhouli günstige Pension mit großen, sauberen Zimmern. Nach der Fußgängerbrücke (aus Richtung Bahnhof kommend) ist es das erste Gebäude vor einem, neben der Statue von Zhou Enlai. Achtung: Das Fengzeyuan wird oft mit dem nahe gelegenen Jixiang Lüguan verwechselt, das jedoch näher an der Straße liegt und teurer ist.

GRENZÜBERGANG NACH RUSSLAND

Achtmal täglich zwischen 7.40 und 13.30 Uhr fahren Busse nach Zabaikalsk (72 Yuan) über die russische Grenze. Sie sind aber oft sehr viel langsamer unterwegs als Privatautos – das liegt daran, dass die chinesischen Händler im Bus ewig brauchen, um durch den Zoll zu kommen. In Manzhouli also am besten russische Händler um eine Mitfahrgelegenheit bitten (Russen werden an der Grenze schneller abgefertigt). Ansonsten einfach ein Taxi zur 9 km entfernten Grenze (40 Yuan) nehmen und sich dort von einem russischen Fahrer mitnehmen lassen.

Shangri-La HOTEL €€€
(香格里拉大酒店; Xianggelila; ☎396 8888; 99 Liudao Jie; 六道街 99 号; DZ 1388 Yuan, Suite 4588 Yuan; @) An kaum etwas lässt sich der Boom in Manzhouli deutlicher erkennen als an diesem neuen Ableger der Kette Shangri-La. Es gehört sicher zu den abgelegendsten Hotelfilalen Chinas, wenn nicht ganz Asiens. Es richtet sich an Besucher von der anderen Seite der Grenze und an Geschäftsleute aus der Umgebung. Es gibt chinesische und russische Restaurants, in denen effiziente, freundliche Bedienungen beim Anblick ausländischer Gäste schnell jemand herbeiholen, der Englisch spricht. Von den sehr gemütlichen Zimmern bietet sich ein Blick in die umliegenden Grasebenen, und es gibt auch einen Swimmingpool und ein Spa.

Chenglin Binguan HOTEL €€
(城林宾馆; ☎623 8866; Sidao Jie; 四道街; 2BZ & DZ 280 Yuan; @) Eine solide Mittelklasseoption mit geräumigen Zimmern, die mit Computern ausgestattet sind. Das Chenglin befindet sich einen Block östlich des Platzes an der Ecke Sidao Jie und Haiguan.

Essen

Barguuzin BURJATEN €
(巴图敖其尔; Batu Aoqi'er; ☎622 0121; Ecke Erdao Jie & Zhongsu Lu; Gerichte ab 18 Yuan; ⌚6.30 Uhr-Mitternacht) Wird von Burjaten

betrieben und bietet sowohl mongolische als auch russische Küche. Eine schöne Auswahl an Salaten und Suppen wird hier ebenfalls zubereitet. Das Restaurant erstreckt sich über zwei Stockwerke, eines davon befindet sich im Untergeschoss: Nach dem blauen Schild an der Erdao Jie Ausschau halten. Eine bebilderte Speisekarte ist vorhanden.

Praktische Informationen

Bank of China (中国银行; Zhongguo Yinhang; Yidao Jie) Bei der Kreuzung mit der Haiguan Lu.

Büro für Öffentliche Sicherheit (PSB; 公安局; Gong'anju; Ecke Sandao Jie & Shulin Lu)

China International Travel Service (CITS; 中国国际旅行社; Zhongguo Guoji Lüxingshe; ☎622 8319; 35 Erdao Jie; ⌚Mo-Fr 8–11.30 & 14–16 Uhr) Im Obergeschoss des Guoji Fandian (International Hotel). Hier gibt's Zugtickets für Fahrten innerhalb Chinas.

Internetcafé (网吧; *wangba*; Yidao Jie; 3 Yuan pro Std.; ⌚24 Std.) Etwa 50 m östlich der Jixiang Luguan.

Post (中国邮政; Zhongguo Youzheng; Ecke Haiguan Jie & Sidao Jie) Post und Telefon.

An- & Weiterreise

Am Stadtrand befindet sich ein kleiner Flughafen. Die Taxifahrt dorthin dauert 15 Minuten (40 Yuan). Täglich heben Flieger nach Beijing (1560 Yuan, 2¼ Std.) und im Sommer auch nach Hohhot (860 Yuan, 2½ Std.) ab.

Es verkehren Züge von Hailaer (26 Yuan, 3–3½ Std.), Ha'erbin (Hart-/Weichschläfer 222/338 Yuan, 12–16 Std.) oder Qiqiha'er (Hart-/Weichschläfer 175/264 Yuan, 11 Std) nach Manzhouli.

Nach Hailaer (41 Yuan, 3 Std., 7–17.30 Uhr) fahren zwölf Busse pro Tag am Fernbusbahnhof an der Wudao Jie ab.

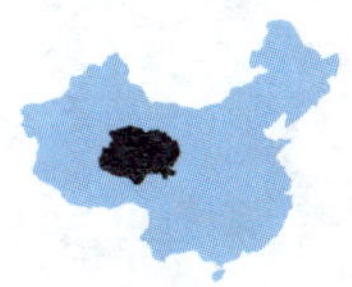

Qinghai

BEVÖLKERUNG: 5.6 MIO.

Inhalt »

Xining 981
Tongren (Repkong) 988
Guide 991
Yushu (Jyekundo) 993
Golmud 996

Die schönsten Klöster & Tempel

- » Kloster Kumbum (S. 987)
- » Youning Si (S. 988)
- » Rongwo Gonchen Gompa (S. 989)
- » Tempel der Prinzessin Wencheng (S. 995)

Herrliche Natur

- » Amnye Machen (S. 990)
- » Naturschutzgebiet Mengda (S. 991)
- » Zaling-See (S. 992)
- » Kreis Nangchen (S. 995)

Auf nach Qinghai!

Qinghai (青海) ist voll karger Schönheit, groß wie eine ganzes Land und umfasst einen Großteil des nordöstlichen tibetischen Hochlands. Für die Tibeter gehört Qinghai nicht zu China, sondern ist eine der drei traditionellen Provinzen des alten Tibet und trägt den Namen Amdo. Hier zeigt sich tatsächlich eher tibetischer als chinesischer Alltag. Es gibt unzählige Klöster und jede Menge Yaks, und Nomaden schlagen ihre Zelte in den Hochebenen auf.

Das urtümliche Qinghai, chinesisch für „blaues Meer", ist das klassische Ziel für alle, die gern abseits ausgetretener Pfade unterwegs sind. Oft überkommt einen das Gefühl, sich am Ende der Welt zu befinden. Die Provinz zu bereisen ist umständlich und unbequem, und es ist möglich, tagelang keinem anderen Touristen zu begegnen. Wer die langen Busfahrten, das kalte Klima und große Höhe in Kauf nimmt, wird jedoch wunderbare Momente der Stille und Einsamkeit erleben, herrliche Aussichten auf Hochplateaus mitten im Nirgendwo genießen und zu ein paar Dörfern ethnischer Minderheiten vordringen.

Reisezeit

Xining

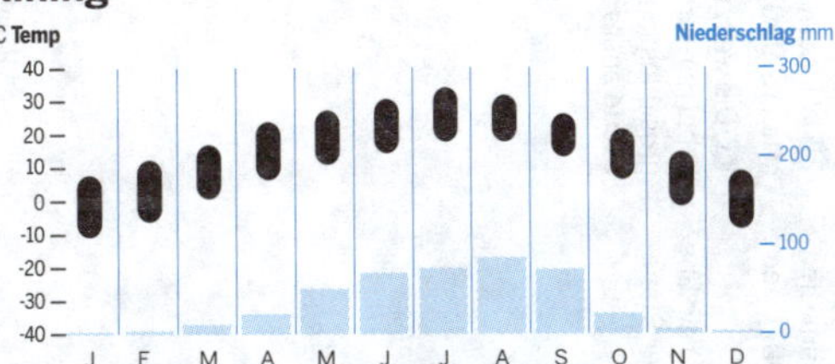

Januar & Februar Tibetisches Neujahr (Losar) mit Pilgern und Festlichkeiten in den Klöstern.

Juli–September Grüne Grasebenen, auf denen allenthalben Nomadenzelte zu erspähen sind.

September Die sicherste und angenehmste Zeit für Wanderungen am Berg Amnye Machen.

Highlights

1 Vögel beobachten am Ufer des **Qinghai-See** (S. 987), dem größten See in China.

2 In **Tongren** (S. 988) ein tibetisches *thangka* von der Staffelei kaufen.

3 Wandern am **Amnye Machen** (S. 990), in Osttibet.

4 Die weltgrößte Gebetsmühle bei der von einer Stadtmauer umschlossenen Altstadt von **Guide** anstoßen (S. 991).

5 Eine Wanderung in den Hügeln um den **Tempel der Prinzessin Wencheng** (S. 995) unternehmen.

6 Mit Pilgern und Mönchen das **Kloster Kumbum** (S. 987), eines der sechs großen Klöster der tibetischen Welt erleben.

7 Über das Qinghai–Tibet-Plateau zur **Quelle des Gelben Flusses** wandern (S. 987)

8 Ab Xining oder Goldmud mit der **Qinghai-Tibet-Bahn** (S. 986) auf einer der großartigsten Eisenbahnstrecken der Welt nach Lhasa fahren.

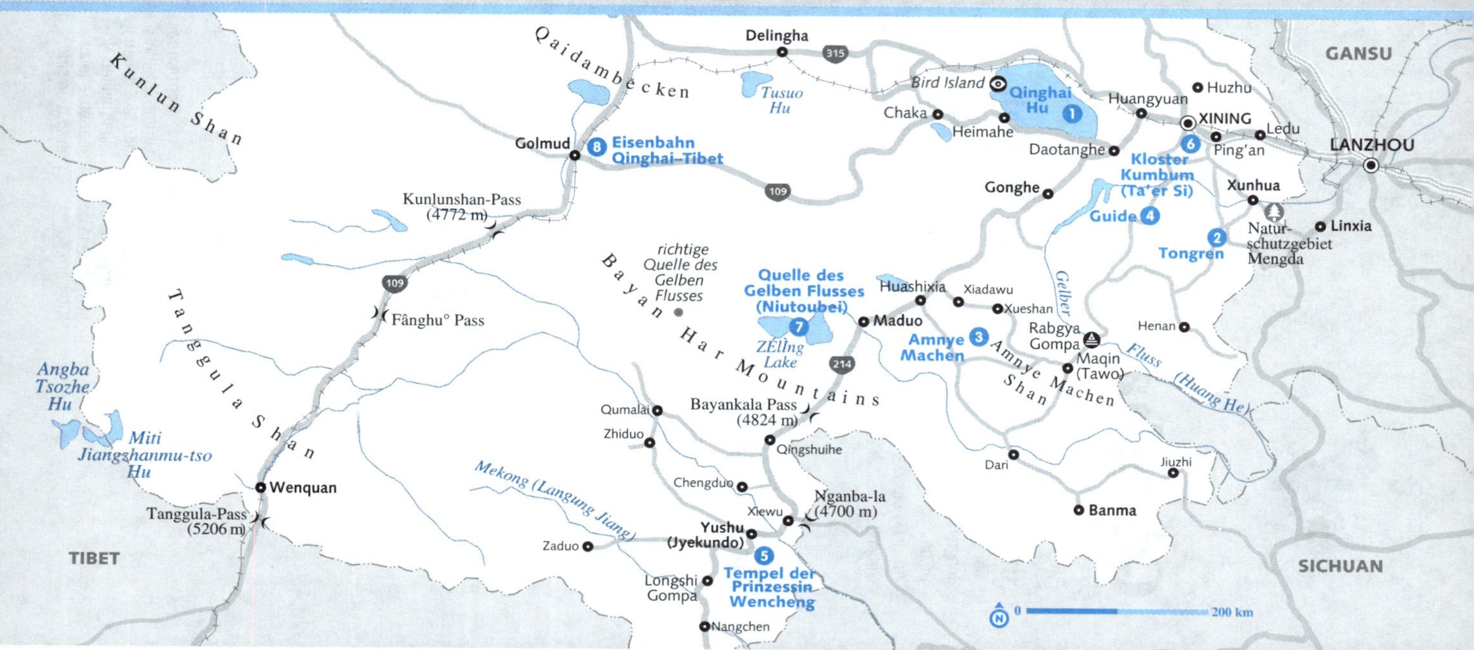

Geschichte

Die nördliche Seidenstraße führte durch Qinghai. 121 v.Chr. richtete die Han-Dynastie eine Militärbasis unweit des heutigen Xining ein, um den tibetischen Angriffen auf die Handelskarawanen Einhalt zu gebieten.

Während der Yarlung-Ära, einer Zeit, in der Tibet sehr viel Macht und Einfluss gewann, wurde Qinghai direkt von Lhasa aus kontrolliert. Nach dem Untergang dieser Dynastie im Jahr 842 füllten lokale Herrscher das Machtvakuum. Einige davon agierten nominal als Vasallen der Herrscher der Song-Dynastie.

Im 13. Jh. gehörte ganz Qinghai zu Dschingis Khans Yuan-Reich. In dieser Zeit ließen sich Tu in der Gegend um Huzhu nieder. Etwa ein Jahrhundert später kamen die Salar-Muslime nach Xunhua.

Nach dem Fall der Yuan-Dynastie rangen die lokalen mongolischen Herrscher und die Dalai Lamas in Lhasa um die Macht. Die Qing-Kaiser brachten die Region vollständig unter chinesische Kontrolle und verliehen ihr den Status einer Präfektur; die Grenzen haben sich seither kaum verändert. Wie schon in der Vergangenheit lag die Verwaltung der Ländereien allerdings in den Händen lokaler Eliten.

Qinghai wurde 1929 (also während der Republikzeit) offiziell zur chinesischen Provinz erklärt, dabei schwang zu diesem Zeitpunkt de facto der muslimische Ma-Clan das Zepter. Qinghai wurde mit Gründung der Volksrepublik China 1949 erneut zur Provinz ernannt.

Ende der 1950er-Jahre wurde ein Gebiet nahe dem Qinghai-See (Qinghai Hu) zum chinesischen Zentrum für Nuklearwaffenforschung. In den folgenden 40 Jahren wurden auf einer geheimen Basis, der Qinghai-Mine, mindestens 30 Tests durchgeführt.

Im April 2010 verwüstete ein Erdbeben der Stärke 7,1 Yushu, eine tibetische Stadt im Südwesten von Qinghai. Tausende von Menschen starben, manche sprechen gar von Zehntausenden – doch der Wiederaufbau geht schnell voran.

Sprache

Ein Großteil der Bewohner von Qinghai spricht einen nordwestchinesischen Dialekt ähnlich dem, der in Gansu gesprochen wird. Die meisten hiesigen Tibeter sprechen den Amdo-Dialekt. Fast überall wird Hochchinesisch verstanden.

PREISE

In diesem Kapitel werden die folgenden Preiskategorien verwendet:

Schlafen

€	weniger als 150 Yuan
€€	150 bis 300 Yuan
€€€	mehr als 300 Yuan

Essen

€	weniger als 30 Yuan
€€	30 bis 50 Yuan
€€€	mehr als 50 Yuan

Anreise & Unterwegs vor Ort

Die meisten Reisenden fahren erst mal mit dem Zug nach Xining in Qinghai. Jenseits der Stadt ist das Schienennetz weniger gut ausgebaut, sodass man mit Bussen vorlieb nehmen muss. In abgeschiedenen Gegenden sind die Transportmöglichkeiten oft auf private Pkw (mieten oder per Anhalter fahren) beschränkt. Kaum befahrene Überlandrouten führen gen Süden nach Sichuan (Aba oder Shiqu) und von Golmud aus gen Norden nach Gansu oder Xinjiang. Die Routen nach Tibet sind noch entlegener, dürfen aber von Ausländern häufig nicht genutzt werden.

Xining 西宁

0971 / 1,2 MIO. EW.

Am östlichen Ausläufer des tibetischen Hochlands liegt diese lebendige Provinzhauptstadt. Sie eignet sich hervorragend als Ausgangspunkt für Ausflüge zu den umliegenden Sehenswürdigkeiten und in die abgeschiedeneren Gegenden von Qinghai und darüber hinaus. Das Essen und die Unterkünfte sind gut, die Luft ist klar, und die Bevölkerung setzt sich aus Hui, Salaren und Uiguren (Muslime) sowie Tibetern und Han-Chinesen zusammen.

Sehenswertes

Tibetisches Kulturmuseum MUSEUM
(藏文化博物馆; Zang *wenhua bowuguan*; Eintritt 60 Yuan; 9.30–17 Uhr) Dieser ungewöhnliche Ort war früher als Tibetisches Medizinmuseum bekannt. Nach wie vor steht hier die traditionelle tibetische Heilkunde im Mittelpunkt. Zu den interessan-

Xining

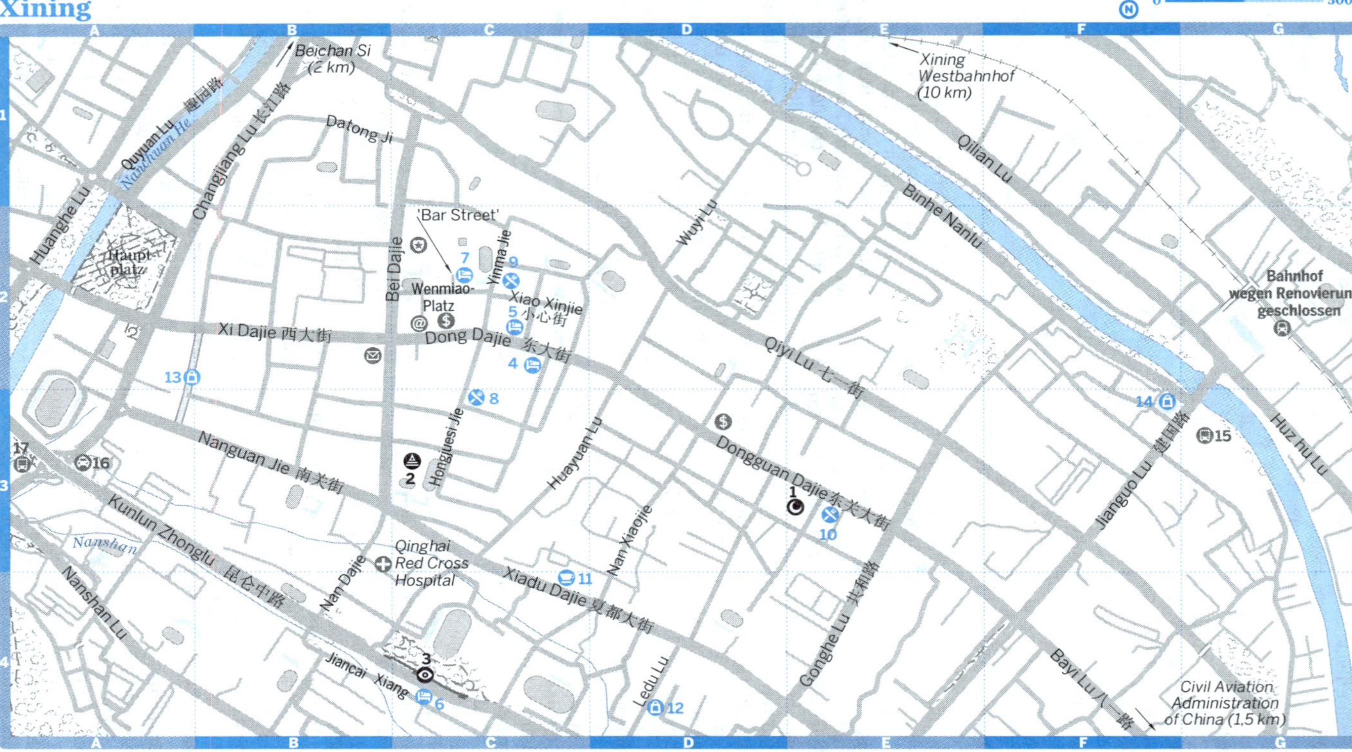
0
500 m
Beichan Si (2 km)
Xining Westbahnhof (10 km)
Quyuan Lu 趣园路
Nanchuan He
Changjiang Lu 长江路
Datong Ji
Huanghe Lu
Haupt-platz
'Bar Street'
Bei Dajie
Yinma Jie
Wenmiao-Platz
Xiao Xinjie 小心街
Xi Dajie 西大街
Dong Dajie 东大街
Hongjuesi Jie
Nanguan Jie 南关街
Kunlun Zhonglu 昆仑中路
Nanshan
Nanshan Lu
Nan Dajie
Qinghai Red Cross Hospital
Jiancai Xiang
Xiadu Dajie 夏都大街
Huayuan Lu
Nan Xiaojie
Ledu Lu
Wuyi Lu
Qiyi Lu 七一街
Dongguan Dajie 东关大街
Gonghe Lu 共和路
Qilian Lu
Binhe Nanlu
Jianguo Lu 建国路
Huzhu Lu
Bayi Lu 八一路
Bahnhof wegen Renovierung geschlossen
Civil Aviation Administration of China (1,5 km)
1
2
3
4
5
6
7
8
9
10
11
12
13
14
15
16
17
A
B
C
D
E
F
G

Xining

Sehenswertes
1 Goldener Stupa-Tempel ... C3
2 Große Moschee ... E3
3 Stadtmauer ... C4

Schlafen
4 Cheng Lin Hotel ... C2
5 Jinjiang Inn ... C2
6 Lete Youth Hostel ... C4
7 Sunshine Pagoda International Youth Hostel ... C2

Essen
Black Tent ... (siehe 7)
8 Mo Jia Jie Market ... C3
9 Qinghai Tu Huoguo ... C2
10 Zhenya Niurou Mian ... E3

Ausgehen
11 Greenhouse ... C4

Shoppen
12 Amdo Café ... D4
13 Shuijing-Xiang-Markt ... A2
14 Tibetischer Markt ... F3

Praktisches
Snow Lion Tours ... (siehe 4)
Tibetan Connections ... (siehe 6)

Transport
15 Busbahnhof Xining ... G3
16 Sammeltaxis nach Guide ... A3
17 Taxis zum Kloster Kumbum ... A3

ten Exponaten zählen medizinische Instrumente, Beutel, Schriftrollen und ein sehr großes Sand-Mandala (im Astronomiebereich). Das wahre Highlight ist allerdings das mit 618 m längste *thangka*-Rollbild (heilige tibetische Kunst) der Welt, auf dem so ziemlich die gesamte tibetische Geschichte verewigt ist. Es wurde im Jahr 1997 fertiggestellt, ist also alles andere als alt, doch die Dimensionen sind einfach kaum zu erfassen. Vier Jahre lang arbeiteten 400 Künstler an dem Werk, das in einem relativ kleinen Raum fantastisch in Szene gesetzt wird. Das Museum ist vom Westtor aus mit Bus 34 (1 Yuan) zu erreichen. Auch Bus 1 hält in der Nähe. Die Taxifahrt ab dem Zentrum kostet rund 15 Yuan.

Beichan Si — TEMPEL

(北禅寺; ⌚8–16 Uhr) Der Haupttempel am Fuße des kargen Hangs ist nichts Besonderes, doch wer den steilen Aufstieg in Angriff nimmt, erreicht auf halber Strecke sehenswerte Höhlentempel und Schreine, die 1700 Jahre alt sein sollen. Ganz oben erhebt sich eine Pagode, und der Blick auf die Stadt ist top. Ist man unter den Eisenbahnschienen hindurchgegangen, hält man sich links und folgt der Straße bis zum Tempeleingang. Alternativ kostet ein Taxi 6 Yuan.

GRATIS Qinghai Provinzmuseum — MUSEUM

(青海省博物馆; Qinghai *sheng bowuguan*; Xining Sq, 58 Xiguan Dajie; 新宁广场西关大街 58 号; ⌚Mo.-Sa. 9–16.30 Uhr) Ist zwar in den letzten Jahren verkleinert worden, wartet aber immer noch mit ein paar netten Ausgrabungsgegenständen aus der Gegend auf. Sehenswert ist auch die Ausstellung tibetischer Teppiche. Bus 1 fährt zum Museum, oder ab der Dongguan Dajie die Linie 22.

Große Moschee — MOSCHEE

(清真大寺; Qingzhen Dasi; 25 Dongguan Dajie; Eintritt 15 Yuan; ⌚7–20 Uhr) Etwa ein Drittel der Bewohner von Xining sind muslimischen Glaubens. Es gibt daher mehr als 80 Moscheen in der Stadt, aber diese hier ist gewissermaßen die Moschee. Tatsächlich ist sie sogar eine der größten in ganz China. Freitagmittags versammeln sich hier regelmäßig 50 000 Gläubige zum Gebet. Während des Fastenmonats Ramadan kommen bis zu 300 000 in die Moschee. Das Gebäude wurde im späten 14. Jh. erbaut und ist zwischenzeitlich restauriert worden. Ein Besuch bei Dunkelheit, wenn das gesamte Gebäude mit hellem Neonlicht erleuchtet ist, lohnt sich. Die Gebetshalle ist Muslimen vorbehalten, Andersgläubige dürfen aber auf dem Gelände umherstreifen.

GRATIS Goldener Stupa Tempel — TEMPEL

(金塔寺; Jinta Si; 19 Hongjuesi Jie; 宏觉寺街 19 号; ⌚8–16 Uhr) Der kleine buddhistische Tempel ist nach einem längst zerstörten goldenen *chörten* (tibetischer Stupa) benannt. Er wird von Mönchen des Klosters Kumbum gerne als Rückzugsort zum Lernen genutzt.

ALLES BELEGT

Es mag überraschen, aber in den Sommermonaten in Xining ein Hotelzimmer zu finden, kann insbesondere für Ausländer schwierig werden, da es relativ wenig Hotels für Ausländer gibt. Daher sollte das Zimmer oder Bett möglichst frühzeitig gebucht werden, am besten eine Woche vorher.

Stadtmauer RUINE
(城墙; Chengqiang; Kunlun Zhonglu; 昆仑中路) Ein oder zwei isolierte Abschnitte der alten Stadtmauer von Xining sind noch erhalten. Am besten zu erreichen ist der kleine Mauerabschnitt auf der Kunlun Zhonglu.

Schlafen

Lete Youth Hostel HOSTEL €€
(理体青年旅舍; Liti Qingnian Lüshe; ☎820 2080; www.xnlete.com; 16. OG, Gebäude Nr. 5, International Village Apartments, 2–32 Jiancai Xiang; 建材巷国际村公寓 5 号楼 16 层; B 30–35 Yuan, DZ ohne/mit Bad 120/180 Yuan; @) Das nette, moderne Hostel verfügt über das größte Maß an Backpackerflair von den Unterkünften in Xining. Dies ist ein guter Ort, um Informationen über Qinghai und die Weiterreise nach Tibet zu sammeln. Das Hostel erstreckt sich über mehrere Etagen und ist mit einer Café-Bar, TVs mit großen Bildschirmen, Waschmaschinen, einer Küche und einer kleinen Terrasse ausgestattet, auf der man im Sommer schlafen kann (35 Yuan). Die Zimmer sind sauber, hell und geräumig, aber die Gemeinschaftsbäder beginnen, an den Rändern zu bröckeln. Die Angestellten sprechen gut Englisch. Zwei Stockwerke höher ist eine Reiseagentur untergebracht, Tibetan Connection.

Sunshine Pagoda International Youth Hostel HOSTEL €
(塔顶阳光国际青年旅舍; Tading Yangguang Guoji Qingnian Lüshe; ☎821 5571; www.tdyg-inn.com; 2. OG, Wenmiao Sq, off Wenhua Jie; 文华街文庙广场 3 层; B/EZ/DZ 50/105/120 Yuan; @) In diesem Hostel sind mehr Chinesen anzutreffen als Reisende aus dem Westen. Wer gern ausgeht, wird sich im Sunshine wohl fühlen, denn es liegt „mitten drin". Die Zimmer sind einfach, aber ordentlich, und es gibt außerdem eine gemütliche Café-Ecke.

Qinghai Sangzhu Youth Hostel HOSTEL €€
(青海桑珠国际青年旅舍; Qinghai Sangzhu Guoji Qingnian Lûshe; ☎359 4118; www.qhhostel.com; 94 Huzhu Zhonglu; 互助中路 94 号; B 40–55 Yuan, DZ 218 Yuan, 3BZ 240 Yuan; @) Dieses geräumige Hostel besitzt eine große Lounge voller tibetischer Kunstwerke und saubere Zimmer mit angenehmen Betten. Die Mitarbeiter sprechen Englisch, und an den Wänden hängen zahlreiche nützliche Informationen für Reisende. Nachteil dieser Unterkunft ist der Standort, das Hotel liegt ein paar Kilometer vom Stadtzentrum entfernt. Daher muss man zu allen Zielen mit dem Bus oder Taxi fahren. Am besten sind die Buslinie 32 und 33 an der Dong Dajie Richtung Osten. Wenn der Bus auf die Huzhu Lu abbiegt, sind es noch zwei Stationen (etwa 2 km die Straße entlang).

Cheng Lin Hotel HOTEL €€
(成林大厦; Chenglin Dasha; ☎491 1199; Dong Dajie; 东大街; 2BZ/DZ 260/280 Yuan; ❄) Die geräumigen, schön aufgemachten Zimmer mit eigenen Duschen warten mit Möbeln aus dunklem Holz, TVs und Wasserkochern auf. Es gibt Rabatte – gutes Preis-Leistungs-Verhältnis! In den Zimmern gibt's keinen Internetzugang, aber im 2. OG befindet sich ein Internetcafé (pro Std. 2–4 Yuan). Es wird wenig Englisch gesprochen.

Jinjiang Inn HOTEL €€€
(Jinjiang Zhixing; 锦江之星; ☎492 5666; www.jinjianginns.com; Dongda Jie; 东大街; DZ mit Frühstück 329 Yuan; ❄@) Dieses zuverlässige Haus einer Hotelkette ist mitten in der Stadt und hat saubere Zimmer sowie zuvorkommendes Personal. Im Sommer unbedingt frühzeitig buchen.

Essen

In Xining gibt's jede Menge leckeres Essen. Günstige tibetische Küche wird z.B. im tibetischen Viertel rund um den Bahnhof angeboten. Muslimische Gerichte gibt's auf der Dongguan Dajie, unweit der Großen Moschee, oder am nördlichen Abschnitt der Nan Xiaojie.

Soll es nur eine Kleinigkeit sein, sind die günstigen Grillimbisse (烧烤; *shaokao*) an der Xiao Xinjie zu empfehlen, die bis tief in die Nacht geöffnet haben, oder der **Mo-Jia-Jie-Markt** (墨家街市场; Mojiajia Shichang) auf dem eine lokale Spezialität zu haben ist: *niang pi* (酿皮; würzige kalte Nudeln; 4 Yuan).

Black Tent TIBETISCH €€

(黑帐房藏餐吧; Heizhangfang Zangcanba; 2. OG; 18 Wenmiao Sq, 文庙广场 18 号 3 层; Gericht 15–40 Yuan; ⏲10–22 Uhr; ▣) Hier werden ein einige nepalesische Gerichte und authentische tibetische Leckereien serviert wie *tsampa* (geröstete Gerste; 18 Yuan), *momo* (Klöße; 22 Yuan) und Yakbutter-Joghurt (12 Yuan). Darüber hinaus kann Yakbutter-Tee (24 Yuan pro Kanne) und der beliebteste einheimische Fusel bestellt werden: Gerstenwein (青稞酒; qingke jiu).

Qinghai Tu Huoguo HOTPOT €€€

(青海土火锅; 31 Yinma Jie; Hotpot 58/78/98 Yuan; ⏲11–22 Uhr) Anders als bei der superscharfen Variante aus Chongqing verbrennen einem beim Genuss dieser köstlichen „chililosen" Eintopfvariante aus Qinghai nicht Lippen und Mundhöhle. Die Eintöpfe werden in drei unterschiedlichen Größen in hübschen Kupfertöpfen serviert und bestehen aus zehn verschiedenen Zutaten; wer in der Lage ist, die chinesische Karte zu lesen, kann nach Geschmack noch mehr hinzubestellen. An dem hauseigenen Hotpot für 58 Yuan können sich zwei bis drei Personen satt essen. Saucen zum Tunken – entweder *xiangla*. (香辣; Chili) oder *suanni* (蒜泥; Knoblauch) – kosten 2 Yuan zusätzlich.

Zhenya Niurou Mian MUSLIMISCH €

(震亚牛肉面; 24 Dongguan Dajie; Nudeln 5/6,50 Yuan; ⏲9–22 Uhr) In diesem gut besuchten Laden an der Großen Moschee schmaust die hiesige muslimische Gemeinde. Falls es eine Speisekarte gäbe, stünden darauf genau zwei Gerichte: *niurou mian* (牛肉面; Nudeln mit Rindfleisch; 5 Yuan) und *gan banmian* (干拌面; Nudeln mit Hackfleisch; 6,50 Yuan). *Suan tang* (酸汤; eine kleine, scharfe Suppe) gibt's gratis dazu.

Ausgehen

Wer auf grelle Bars mit Neonlicht, Sitznischen, spärlich bekleideten Kellnerinnen und laute Musik steht, sollte die so genannte **Barstraße** (酒吧街; *jiu ba jie*; Bier ab 6 Yuan) von Xining aufsuchen; es handelt sich um drei Etagen angefüllt mit Bars, Cafés und Restaurants rund um den Wenmiao Platz (文庙广场; Wenmiao Guangchang) bei der Wenhua Jie. Wer lieber einen ruhigeren Abend verbringen möchte, findet auf der Xiadu Dajie ein Dutzend netter Cafés.

Greenhouse CAFÉ

(古林房咖啡; Gulinfang Kafei; 222–22 Xiadu Dajie; 夏都大街 222–22 号; Kaffee ab 13 Yuan; ⏲8–22.30 Uhr; ᯤ) Im rustikalen Holzdekorambiente gibt's Smoothies und den besten Kaffee der Stadt.

Shoppen

Auf dem belebten tibetischen Markt (西藏市场; Xizang Guangchang) beim Bahnhof werden traditionelle Stoffe und Kleidungsstücke an unzähligen Ständen feilgeboten.

Amdo Cafe KUNSTHANDWERK

(安多咖啡屋; Anduo Kafeiwu; ☎821 3127; 19 Ledu Lu; ⏲Mo.-Sa. 9–20 Uhr; ᯤ) Die wunderschönen tibetischen Souvenirs, die hier angeboten werden, sind von Hand gefertigt (ab 20 Yuan). Der Erlös geht an die einheimischen Künstlerinnen. Auch der Kaffee schmeckt ganz gut (ab 10 Yuan).

Shuijing Xiang Markt SOUVENIRS

(水井巷商场; Shuijing Xiang Shangchang; ⏲9–18 Uhr) Der gut besuchte Markt erstreckt sich zwischen der Xi Dajie und der Nanguan Jie.

Praktische Informationen

Bank of China (中国银行; Zhongguo Yinhang; ⏲Mo.-Fr. 9–17, Sa. & So. 10–16 Uhr) Filialen der Bank befinden sich auf der Dongguan Dajie, der Dong Dajie und neben dem CAAC auf der Bayi Lu. Sie wechseln Geld und Reiseschecks, und die Geldautomaten können auch von Ausländern problemlos bedient werden.

Büro für Öffentliche Sicherheit (PSB; 公安局; Gong'anju; 35 Bei Dajie; ⏲Mo.-Fr. 8.30–11.30 & 14.30–17.30 Uhr) Für Visaverlängerungen.

Post (中国邮政; Zhongguo Youzheng; Ecke Xi Dajie & Nan Dajie; ⏲8.30–18 Uhr)

Qinghai Red Cross Hospital (青海红十字医院; Qinghai Hongshizi Yiyuan; ☎824 7545; Nan Dajie) Einige Ärzte sprechen Englisch. Die Ambulanz (门诊部; *menzhen bu*) bietet eine 24-Stunden-Apotheke (药店; *yaodian*).

Snow Lion Tours (☎816 3350; www.snowliontours.com; Cheng Lin Mansion, Büro 1212, 7 Dongdajie Lu) Wird von einem erfahrenen Tibeter geführt, der Englisch spricht. Er organisiert Wanderungen, Übernachtungen bei Nomaden und Reisegenehmigungen für Tibet. Das Büro ist im selben Gebäude wie das Cheng Lin Hotel.

Tiantangniao Internet (天堂鸟网络; Tiantangniao *wangluo*; Dong Dajie; pro Std. 2–3,50 Yuan; ⏲24 Std.) 1. und 2. OG.

Tibetan Connections (☎820 3271; www.tibetanconnections.com; Jian Cai Xiang, 17. OG,

WETTLAUF UM ZUGTICKETS

Wer Zugfahrkarten beim großen **Postamt** (中国邮政; Zhongguo Youzheng; cnr Xi Dajie & Nan Dajie; ⌚8.30–18 Uhr) im 1. OG kauft, spart sich den weiten Weg zum Bahnhof . Im Sommer gilt es zu bedenken, dass die Fahrkarten zu den meisten Zielen sofort ausverkauft sind. Einzig bei den Reisebüros sind noch welche zu bekommen (sie beziehen diese Tickets dann über irgendwelche mafiösen Organisationen).

International Village Bldg 5) Auf dem Programm dieser von Tibetern geführten Agentur stehen Wandertouren, Übernachtungen in Zelten und Kulturtrips in Qinghai. Außerdem werden Zugtickets nach Lhasa und Genehmigungen für Tibet verkauft. Tibetan Connections liegt über dem Lete Youth Hostel.

An- & Weiterreise

Bus

Reiseziele ab dem Busbahnhof Xining (车站; chezhan):

Banma 173 Yuan, 15 Std., 1-mal tgl. (16 Uhr)

Golmud 160 Yuan, 12 Std., 3-mal tgl. (14, 17 und 18 Uhr)

Huashixia 107 Yuan, 10 Std., 6-mal tgl.

Lanzhou 59 Yuan, 3 Std., alle 30 Min. (7.20–18 Uhr)

Maqin (Tawo) 126 Yuan, 12 Std., 8-mal tgl. (die Verbindungen um 10.30, 11.30 und 12.30 Uhr sind Expressbusse)

Tongren 34 Yuan, 4 Std., alle 30 Min. (7.30–17 Uhr)

Xiahe 78 Yuan, 6 Std., 1-mal tgl. (7.15 Uhr)

Xunhua 32 Yuan, 5 Std., alle 30 Min. (7.20–16.50 Uhr)

Yushu Schlafbus 206 Yuan, 16–17 Std., 6-mal tgl.

Zhangye 102 Yuan, 5 Std., 1-mal tgl. (8 Uhr). Außerdem gibt es langsamere Busse (75 Yuan), die 7 Std. brauchen und um 7, 9, 12.15 und 18.30 Uhr abfahren.

Flugzeug

Flüge gehen nach Beijing (1600 Yuan), Chengdu (990 Yuan), Shanghai (1860 Yuan), Yushu (1390 Yuan), Golmud (1420 Yuan, täglich) und Xi'an (660 Yuan). Es gibt keine direkten Flugverbindungen nach Lhasa. Die Umsteigeverbindungen gehen via Chengdu.

Die **Civil Aviation Administration of China** (CAAC; 中国民航; Zhongguo Minhang; ☎813 3333; 32 Bayi Xilu; ⌚8.30–17.30 Uhr) unterhält ein Büro mit Buchungsservice im Osten der Stadt.

Minibus & Gemeinschaftstaxi

Minibusse fahren zu einigen der Ziele, die man auch mit dem Bus erreichen kann. Sie fahren erst, wenn alle Plätze besetzt sind, daher mit Wartezeiten rechnen. Aber wenn sie dann fahren, sind sie schneller als der Bus. Die Minibusse fahren in der Regel zwischen 8 und 14 Uhr ab.

Golmud 175 Yuan, 10 Std., Abfahrt gegenüber vom Busbahnhof

Guide 50 Yuan, 2½ Std., Abfahrt auf der Nordseite der Kreuzung auf der Kunlun Zhonglu (bei der Brücke)

Maqin (Tawo) 175 Yuan, 10 Std., Abfahrt gegenüber vom Busbahnhof

Tongren 60 Yuan, 2½ Std., Abfahrt an der Ecke Bayi Lu und Delingha Lu

Zug

Als dieser Reiseführer geschrieben wurde, war der Bahnhof von Xining (火车站; huoche zhan) wegen Renovierungsarbeiten geschlossen. Die Wiedereröffnung ist für 2013 oder 2014 geplant. Solange der Bahnhof geschlossen ist, verkehren die Züge am etwa 10 km westlich der Innenstadt gelegenen Westbahnhof (西火车站; xi huoche zhan).

Züge nach Lhasa halten vor dem mittlerweile weltberühmten Qinghai-Tibet-Bahn-Abschnitt in Xining (Hart-/Weichschläfer 504/796 Yuan, 24 Std., 8-mal tgl. von 15.04–22 Uhr), die Stadt ist aber außerdem Ausgangspunkt des K9801 (15.04 Uhr), für den entsprechend leichter Fahrkarten zu bekommen sind. Es ist selbstverständlich dringend erforderlich, sich vorab um die nötigen Dokumente für Tibet zu kümmern. Auch folgende Ziele können von Xining erreicht werden:

Beijing Schlafwagen 416 Yuan, 22–24 Std., 2-mal tgl. (12.20 und 15.40 Uhr)

Chengdu Schlafwagen 300 Yuan, 25 und 20½ Std., 2 mal tgl. (9.20 und 9.35 Uhr)

Golmud Sitzplatz/Schlafwagen 111/202 Yuan, 9½ Std., 10-mal tgl. (15.04–22 Uhr)

Lanzhou Sitzplatz/Schlafwagen 38/89 Yuan, 2½ Std., 11-mal tgl. (8–22.20 Uhr)

Xi'an Sitzplatz/Schlafwagen 120/216 Yuan, 10½-12½ Std., 7-mal tgl. (5.49–22.15 Uhr)

Unterwegs vor Ort

Der Flughafen liegt 27 km östlich der Stadt. Pendelbusse (21 Yuan, 30 Min.) fahren zwei Stunden vor Abflug am CAAC-Büro auf der Bayi Lu ab. Vom Flughafen kommend fährt dieser Bus auf der Qiyi Lu in die Stadt und endet nahe dem Hauptplatz.

Die Buslinie 2 (1 Yuan) fährt vom Busbahnhof entlang der Dongguan Dajie zum Hauptplatz und dann weiter Richtung Norden zum Westbahnhof, die Fahrt dauert 40 Minuten. Im Taxi zahlt man 6 Yuan für die ersten 3 km und danach 1,20 Yuan pro Kilometer.

Rund um Xining

KLOSTER KUMBUM (TA'ER SI) 塔尔寺

Das **Kloster Kumbum** (Ta'er Si; Eintritt 80 Yuan; ⏲8.30–18 Uhr), eines der ganz großen Klöster der Gelugpa-Schule („Gelber Hut"), einer Untergruppe des Tibetischen Buddhismus, liegt in der kleinen Stadt Huangzhong (湟中), 26 km südlich von Xining. Es wurde 1577 auf geheiligtem Boden errichtet – dem Geburtsort von Tsongkhapa, dem Begründer der Gelupga-Schule.

Nach wie vor leben Hunderte von Mönchen hier. Obwohl das Kloster von besonderer historischer Bedeutung ist, hat es weniger Flair als andere Klöster in Amdo – wahrscheinlich, weil es für diesen Teil von Qinghai vergleichsweise touristisch ist. Dennoch: Die Schmuckelemente und die Architektur sind beeindruckend.

Neun Tempel sind zugänglich, von denen keiner dem anderen gleicht. Am bedeutendsten ist die **Große Halle der goldenen Kacheln** (大金瓦殿; Dajinwa Dian), in der ein 11 m hoher *chörten* Tsongkhapas Geburtsort markiert. Pilger ziehen ihre Kreise um das Gebäude und vor dem Eingang. Sehenswert ist auch der **Yakbutter Schriftentempel** (酥油画馆; Suyouhua Guan), in dem Skulpturen aus Yakbutter zu sehen sind; sie stellen Menschen, Tiere oder Landschaften dar.

Gemeinschaftstaxis (拼车; *pinche;* 15 Yuan pro Platz, 30 Minuten) starten an der Südwestecke (und Südostecke) der Kunlun Bridge (昆仑桥) und bedienen die Strecke nach Huangzhong (湟中). Außerdem hält ein langsamer Bus (3 Yuan, 50 Minuten) zum Kloster an dieser Kreuzung – er hat keine Nummer, auf dem Schild an der Windschutzscheibe steht: 塔尔寺一藏

VÖGEL BEOBACHTEN AM QINGHAI-SEE

Der größte See Chinas, der Qinghai-See (青海湖; Qinghai Hu; Kokonor-See; 3600 m über NN), hat sich zu einem sehr touristischen Ort entwickelt, der von großen Reisegruppen geradezu überrannt wird. Doch nach wie vor können passionierte Vogelfans hier auf ihre Kosten kommen.

Die **Vogelinsel** (鸟岛; Niao Dao; Eintritt 115 Yuan) an der Westseite des Sees ist etwa 300 km von Xining entfernt. Die beste Zeit für einen Besuch ist von März bis Anfang Juni. Eigentlich ist die „Insel" mittlerweile eine Halbinsel, die von Tausenden von Wildgänsen, Möwen, Kormoranen, Strandläufern, den sehr seltenen Schwarzhalskranichen und anderen Vogelarten als Brutstätte genutzt wird. Besonders interessant sind die Streifengänse, die den Himalaya überqueren, um den Winter in den Ebenen Indiens zu verbringen. Sie fliegen in einer Höhe von bis zu 10 000 m.

Sämtliche Reiseagenturen in Xining bieten Touren zum Qinghai-See an. Bei unseren Recherchen vor Ort hatte Tibetan Connections beispielsweise eine zweitägige Campingtour für 700 Yuan (nur für den Transport) im Programm. Viel günstiger ist es, mit ein paar anderen Reisenden einen Minibus zu organisieren oder ein Taxi in Xining anzuheuern.

Die nächstgelegene Unterkunft ist **Niao Dao Binguan** (鸟岛宾馆; ☎0970-865 5098; Zi. mit Frühstück ab 380 Yuan). Wer dort unterkommt, ist immer noch 16 km von der Vogelinsel entfernt, es sollte aber kein Problem sein, ein Taxi zu organisieren (hin & zurück 50 Yuan). Eine Alternative ist Zelten.

Ein neues Hotel in der Gegend, das gerne auch Rucksackreisende aufnimmt, ist das **Muming Zhijia International Youth Hostel** (牧民之家国际青年旅舍; Mùmin Zhijia Guoji Qingnian Lushe; ☎0974-851 9511; muminzhijiahostel@163.com; B 40–55 Yuan; @🛜), eine gemütliche Pension mit Blick auf den See, Betten im *kang*-Stil und Mietfahrrädern (60 bis 70 Yuan). Wasser gibt es nur sporadisch. Wer sein eigenes Zelt dabei hat, kann es hier für 5 Yuan aufstellen. Um von Xining hierher zu gelangen, einen Bus nach Hatu nehmen (哈图; 31 Yuan, 3 Std.) und den Fahrer bitten, einen bei der An-Zhi-Farm (安置农场; Anzhi Nongchang) aussteigen zu lassen.

文化路一西宁. Ein Expressbus (5,40 Yuan, alle 20 Minuten) fährt auch von einem Busbahnhof für Nahverkehrsbusse (西宁路客运站; *xining lu keyunzhan*) direkt nördlich des Xining-Platzes (beim Qinghai-Provinzmuseum) ab. Zu diesem Busbahnhof gelangt man mit Buslinie 25 von der Dong Dajie.

YOUNING SI 佑宁寺

Bei Tibetern ist dieses weitläufige Hügelkloster aus dem 17. Jh. im autonomen Kreis Huzhu Tuzu (互助土族) wohlbekannt, doch es verschlägt kaum Touristen dorthin. Dabei gilt es als eine der schönsten Anlagen der Gelugpa-Schule.

Aufgrund der berühmten Akademien für Medizin und Astrologie, der hiesigen Gelehrten und lebenden Buddhas (*tulku*) war Youning Si (Rgolung auf Tibetisch) maßgeblich an der Konsolidierung der Vormachtstellung der Gelugpa in Amdo beteiligt. Das Kloster wurde von dem 4. Dalai Lama aus der Mongolei gegründet und mauserte sich schrittweise zu einem religiösen Zentrum der hiesigen Tu (sie sind entfernt mit den Mongolen verwandt). Zu Hochzeiten lebten mehr als 7000 Mönche auf dem Gelände. Heute ist die Zahl auf unter 200 geschrumpft; sie alle gehören den Tu an.

Das Kloster befindet sich am Rande eines bewaldeten Tals. Man wird sich fragen, wie die diversen Kapellen an die Felswände gebaut wurden. Das hübsche Terrain zu erkunden nimmt ein paar Stunden in Anspruch.

Am besten ist es, zunächst mit dem Bus nach Ping'an (5 Yuan, 1 Std., 6-mal pro Std.) zu fahren und sich dann in ein Taxi (einfach/hin & zurück 50/90 Yuan, 30 Min.) zu setzen. Es bestehen zwar Busverbindungen zwischen Ping'an und dem Kloster, doch man muss sich auf lange Wartezeiten einstellen: Erst geht's Richtung Huzhu (互助). An der Abzweigung nach Youning Si (Youning Si lukou) aussteigen und dort einen Bus zum Kloster anhalten. Das Kloster liegt etwa 25 km nördlich von Ping'an.

GEBURTSORT DES 14. DALAI LAMA 达赖故居

Etwa 30 km südöstlich von Ping'an befindet sich das abgeschiedene, verschlafene Dorf Taktser (红崖村; Hongya Cun). Es wird von schneebedeckten Gipfeln umringt und ist der Geburtsort des 14. Dalai Lama (Dalai guju). Das Geburtshaus darf nur in politisch ruhigen Zeiten betreten werden. In den letzten Jahren blieb es zudem im März und April für Touristen geschlossen, da ein paar wichtige Ereignisse in diese Monate fallen.

Wer eingelassen wird, kann den Raum besichtigen, in dem Seine Heiligkeit das Licht der Welt erblickte, (dort befindet sich ein goldener *chörten*) und eine restaurierte Kapelle, in der sein Bett und Thron stehen. In einem Nebenzimmer sind alte Familienfotos, auf denen auch die Eltern und Geschwister zu sehen sind, ausgestellt.

Der Dalai Lama war im Jahr 1955 zum letzten Mal an diesem Ort, auf dem Weg zu einem Treffen mit Mao in Beijing. Der vorherige 13. Dalai Lama legte hier einen kurzen Zwischenstopp ein, als er unterwegs nach Labrang war, und verkündete seine eigene Reinkarnation. Das Geburtshaus (Nr. 055) ist an dem großen Holztor mit den *katags* (weiße Zeremonienschals) zu erkennen.

Mit dem Bus bis Ping'an (5 Yuan, 1 Std.) fahren und von dort aus mit dem Taxi (hin & zurück 150 Yuan; 50 Min.).

Tongren (Repkong) 同仁

☎0973

Schon seit mehreren Jahrhunderten sind die Dörfer außerhalb der Klosterstadt Tongren (Repkong auf Tibetisch) dafür bekannt, dass dort mit die schönsten thangkas und bemalten Statuen der tibetischen Welt hergestellt werden. Sie sind tatsächlich so berühmt, dass eine Schule der tibetischen Kunst nach Tongren benannt wurde. Wer das Kloster Wutun Si besucht, hat die Möglichkeit, die Künstler bei der Arbeit zu erleben und das eine oder andere Bild sozusagen direkt von der Staffelei weg zu kaufen.

Tongren liegt an den Hängen des breiten, fruchtbaren Tals des Gu-chu. Die lokale Bevölkerung setzt sich aus Tibetern und Tu zusammen. Das Tal und die umliegenden Hügel können problemlos zu Fuß erkundet werden.

Von der großen Kreuzung bei der Repkong-Brücke (热贡桥; Regong Qiao) sind alle touristisch relevanten Ziele in der Stadt zu Fuß erreichbar. Steht man mit dem Rücken zur Brücke, nimmt man die erste Straße zur Rechten, um zum Busbahnhof zu kommen (50 m), die zweite

Straße rechts führt zum Tongren Holiday Hotel (500 m), geradeaus geht's zur Zhongshan Lu und links zum Rongwo Gonchen Gompa (750 m).

Sehenswertes

Rongwo Gonchen Gompa KLOSTER

(隆务寺; Longwu Si; Dehelong Nanlu; 德合隆南路; Eintritt 50 Yuan) Das Hauptkloster von Tongren ist ein riesiges, weitläufiges Labyrinth aus renovierten Kapellen und Mönchsunterkünften aus dem Jahre 1301. Es lohnt sich, das Gelände zu besichtigen. Dafür braucht man ein bis zwei Stunden. Im Eintrittspreis ist der Zugang zu sechs Haupthallen inbegriffen, vielleicht darf man aber auch noch weitere Räume ansehen. Im Kloster leben mehr als 500 Mönche. Dutzende von ihnen versammeln sich jeden Tag im Hof vor der Halle des Bodhisattva Manjusri, um lebhafte Debatten zu führen, begleitet vom Klatschen vieler Hände. Gleich hinter dem Haupttor steht eine Holztafel mit einer englischen Karte.

Wutun Si KLOSTER

Wer sich für tibetische Kunst interessiert, sollte einen Abstecher in das Dorf Sengeshong, 6 km von Tongren entfernt, machen. Dort befinden sich zwei Klöster, die unter dem Namen **Wutun Si** (吾屯寺), zusammengefasst werden: das **Obere (Yango) Kloster** (上寺; Shang Si; Eintritt 30 Yuan) – es liegt der Stadt am nächsten – und das **Untere (Mango) Kloster** (下寺; Xia Si; Eintritt 30 Yuan). Die Mönche zeigen Besuchern die jeweils zugänglichen Kapellen und führen sie anschließend zu einem Verkaufsraum oder einer Werkstatt. Die Künstler vor Ort sind keine Amateure. Sie erhalten sogar Aufträge aus Lhasa, und ihre Werke sind nicht billig. Das Kunsthandwerk aus dem Oberen Kloster ist von ausgezeichneter Qualität. Für ein winziges thangka muss man Hunderte, für eins in Posterformat Tausende und für die ganz großen Versionen sogar Hunderttausende Renminbi hinblättern. Es dauert allerdings auch mindestens einen Monat, ein thangka in DIN-A-4-Größe fertigzustellen. An den Riesenformaten arbeiten zwei Künstler gleichzeitig bis zu einem Jahr. Direkt vor dem Unteren Kloster gibt es weitere Verkaufsräume. Dort sind ebenfalls durchaus hochwertige Arbeiten zu günstigeren Preisen zu haben (ab 300 Yuan).

Das Untere Kloster ist an den acht großen *chörten* zu erkennen. Man sollte unbedingt einen Blick auf den 100 Jahre alten Jampa Lhakhang (Tempel Jampa) und die neuen Kapellen für Chenresig und Tsongkhapa werfen.

Das Obere Kloster umfasst einen massiven, modernen *chörten* sowie die alte *dukhang* (Versammlungshalle) und die neue Kapelle, die Maitreya (Shampa im Amdo-Dialekt) geweiht ist. Die Wandmalereien, geschaffen von lokalen Künstlern, sind fantastisch.

Vor dem Fahrkartenverkauf am Busbahnhof in Tongren fahren Minibusse (2 Yuan pro Platz) ab der Kreuzung zu Kloster hinauf. Der Spaziergang zurück ist nett.

Gomar Gompa KLOSTER

(郭麻日寺; Guomari Si; Eintritt 10 Yuan) Vom Wutun Si aus gesehen auf der anderen Seite des Gu-Chu-Tals erhebt sich das geheimnisvolle Gomar Gompa. Das 400 Jahre alte, hübsche Kloster erinnert an ein mittelalterliches Dorf mit Stadtmauer. Die 130 hier ansässigen Mönche leben in von weißgetünchten Lehmhäusern um einzelne Höfe. Ein paar Tempel sind der Öffentlichkeit zugänglich. Der *chörten* vor dem Klostereingang stammt aus den 1980er-Jahren und ist der größte in ganz Amdo. Man kann ihn erklimmen, darf aber nicht vergessen, im Uhrzeigersinn zu laufen. Oben hängen Fotos vom 14. Dalai Lama.

Um dorthin zu kommen, geht's nach dem westlichsten der acht *chörten* außerhalb des Unteren Klosters des Wutun Si links in eine Seitenstraße. An deren Ende (nach 1 km; den Fluss überqueren) geht's

ÜBERNACHTEN IN TONGREN

Im Nordteil von Tongren (der neueren chinesischen Seite) gibt es mehrere Hotels, aber nur in einem dürfen Ausländer übernachten, nämlich im Tongren Holiday Hotel. Im eher heruntergekommenen Südteil der Stadt, der näher am Kloster liegt, gibt es viele von Tibetern geführte Hotels auch für Ausländer (wobei es auch einige gibt, die Ausländer aufnehmen, ohne deren Daten aus dem Pass aufzunehmen) Wer sich nicht ganz sicher ist, geht einfach die Hauptstraße zum Kloster entlang und fragt bei ein paar Hotels auf dem Weg nach.

WANDERUNGEN AUF DEM HEILIGEN AMNYE MACHEN

Der Machen Kangri (6282 m) oder **Amnye Machen** (阿尼玛卿山; Animaqing Shan) ist der heiligste Berg von Amdo und das osttibetische Äquivalent zum Kailash im Westen Tibets. Tibetische Pilger unternehmen wochenlange Wallfahrten, um den Gipfel zu umrunden. Sie glauben, dass dort die Schutzgottheit Machen Pomra zu Hause ist. Die religiöse Bedeutsamkeit und die unberührte Gebirgslandschaft machen den heiligen Rundweg zu einem herrlich abenteuerlichen Wanderziel.

Für den gesamten Rundweg braucht man etwa 11 Tage (inklusive Fahrt von/nach Xining). Die meisten Touristen legen aber nur die Hälfte der Strecke zurück. Entlang der Wanderroute stehen mehrere Klöster.

Fast der gesamte Weg liegt über 4000 m, und der höchste Pass klettert auf 4600 m. Entsprechend ist es unerlässlich, sich vor dem Start ausreichend zu akklimatisieren, indem man ein oder zwei Nächte im nahe gelegenen Maqin (Tawo; 3760 m) bleibt. Ein schöner Ausflug führt zum 70 km nördlich der Stadt gelegenen **Rabgya Gompa** (拉加寺; Lajia Si), einem wichtigen Tempel des tibetischen Klosters Sera. Die besten Wandermonate sind von Mai bis Oktober. Zu Beginn und zum Ende der Saison hin muss allerdings mit Schneefällen gerechnet werden.

Die meisten Wanderer schließen sich einer Tour an. Auf S. 986 finden sich Reiseagenturen, die solche Touren auch mit Englisch sprechenden tibetischen Führern organisieren. Kostenpunkt: um die 140 US$ pro Person und Tag (alles inkl.).

Wer diese Tour auf eigene Faust unternehmen will, fährt mit dem Bus nach Huashixia (花石峡) und dann als Anhalter nach Xiadawu (下大吾) oder mietet ein Fahrzeug für 300 bis 400 Yuan. In Xiadawu beginnt die *kora* (Pilgerpfad) bei Guru Gompa (格日寺; Geri Si), und ab da folgt man der Straße nach Osten. Nach drei Tagen wird die Straße bei Xueshan (雪山) schmaler, von diesem Ort kann man nach Maqin (Tawo) trampen. Wer dem Weg nach Xueshan weiter folgen möchte, muss vor Ort fragen, wie der Fußweg der *kora* weitergeht. In Xiadawu kostet ein Führer 120 bis 150 Yuan pro Tag und noch einmal so viel für ein Lastpferd oder Yak.

rechts auf eine Hauptstraße, dann weiter auf einem Pfad zu dem riesigen *chörten*. Weiter das Tal hinauf liegt **Gasar Gompa,** zu erkennen an den acht charakteristischen *chörten*. Wichtig: Frauen ist der Besuch von Gomar Gompa und Gasar Gompa nicht gestattet.

Schlafen & Essen

Regong Siheji Binguan HOTEL €€
(热贡四合吉宾馆; ☎879 7988; 14 Dehelong Nanlu; 德合隆南路 14 号; DZ ab 160 Yuan) Dieses gut gelegene Hotel an der Hauptstraße ist etwa 200 m vom Kloster entfernt. Von der bunten Lobby führen goldene Gänge zu hellen und sauberen Räumen mit Flat-Screen-Fernsehern und gepflegten Bädern.

Heping Binguan HOTEL €
(和平宾馆; ☎872 4188; Maixiu Lu; 麦秀路; DZ ab 120 Yuan) Das Hotel bietet große saubere Zimmer mit Blick auf einen Parkplatz. Das Preis-Leistungs-Verhältnis ist gut, und meist lässt sich der Preis auf 100 Yuan herunterhandeln. Von der Brücke auf der Hauptstraße Richtung Kloster laufen, an der ersten Straße rechts abbiegen. Das Hotel befindet sich an dieser Straße auf der linken Seite.

Tongren Holiday Hotel HOTEL €€
(同仁假日宾馆; Tongren Jiari Binguan; ☎872 8277; Dehelong Beilu; 德合隆北路; DZ & 2BZ ab 198 Yuan) Dieses moderne Hotel bietet relativ saubere und geräumige Zimmer, aber die Preise sind überzogen und die Mitarbeiter lassen nicht mit sich handeln, es sei denn es ist Nebensaison. Ein Internetcafé ist im Haus. Das Hotel steht am Hauptplatz im Nordteil der Stadt.

LP TIPP **Homely Teahouse** TIBETAN €
(温馨茶艺; Wenxin Chayi; Dehelong Nanlu; Gerichte 8–14 Yuan; ⏲8–24 Uhr; 📋) In diesem authentischen tibetischen Restaurant mit einem Yakschädel an der Wand und Plastikblumen überall gibt es *momo,* Joghurt und Nudelsuppe sowie verschiedene Biere und Teesorten. Es befindet sich in einem zweistöckigen holzverkleideten Haus mit tollem Blick in das Tal fast am Ende der Hauptstraße vor dem Kloster.

Praktische Informationen

China Construction Bank Geldautomat (建设银行; Jianshe Yinhang; Zhongshan Lu; 中山路) Akzeptiert ausländische Karten.

Internetcafé (网吧; *wangba*; pro Std. 3 Yuan; ⌚24Std.) Im Gebäude der China Telecom etwa 150 m westlich der Brücke auf der Nordseite der Straße (beim Telecom Hotel).

Anreise & Unterwegs vor Ort

Die Straße, die aus Xining hinausführt, ist traumhaft schön. Sie folgt einem Nebenarm des Gelben Flusses durch tiefe Schluchten. Der Weg nach Xiahe ist sogar noch schöner: Er durchschneidet eine Landschaft aus roten Felsen und passiert das beeindruckende Gartse Gompa. Dort steigen tibetische Hirten in den Bus und verkaufen frischen Joghurt. Wer nach Xiahe and Linxia fahren möchte, sollte versuchen, sein Ticket einen Tag vor der Fahrt zu kaufen. Schnellere Gemeinschaftstaxis nach Xiahe (50 Yuan) und Xining (60 Yuan) warten an der Kreuzung an der Brücke

Vom Busbahnhof Tongren aus können folgende Ziele erreicht werden:

Linxia 38 Yuan, 3 Std., 1-mal tgl. (8 Uhr)

Xiahe 26 Yuan, 3 Std., 1-mal tgl. (8 Uhr)

Xining 34 Yuan, 4 Std., alle 40 Min. (7–16.20 Uhr)

Xunhua 16 Yuan, 2 Std., 4-mal tgl. (9.30, 11, 13 und 15Uhr)

Rund um Tongren

Als Tagesausflugsziel ab Tongren bietet sich **Xunhua** (循化) an, eine nette Stadt im Autonomen Kreis Xunhua Salar, ca. 75 km nordöstlich von Tongren. Die muslimischen Salar stammen ursprünglich aus Samarkand und sprechen eine Turksprache. Die Region (und die lokaltypische Küche) hat ein zentralasiatisches Flair.

Etwa 30 km von Xunhua entfernt erstreckt sich der Himmelssee (Tian Chi) im **Naturschutzgebiet Mengda** (孟达国家自然保护区; Mengda Guojia Ziran Baohuqu; Eintritt 90 Yuan; ⌚7–18 Uhr). Der winzige See ist sowohl den Salar als auch den tibetischen Buddhisten heilig und deshalb von großer Bedeutung für die Region. Es gibt viele malerischere Seen in Qinghai, doch bereits die Fahrt dorthin lohnt sich: Die Straße folgt dem Lauf des kupferfarben-grün funkelnden Gelben Flusses, der sich einen Weg durch eine beeindruckende Schlucht aus rostroten Felsen gebahnt hat. Fast jede Biegung bietet sich für ein Foto an.

Am Haupteingang des Naturschutzgebietes kann man sich auf ein Pferd schwingen (50 Yuan, 30 Min.) und zum See reiten oder mit einem gasbetriebenen Buggy (kostenlos) zu einem kleinen Parkplatz fahren; das letzte Stück bis zum Ufer geht's dann zu Fuß weiter.

Vorm Busbahnhof von Xunhua muss ein Taxifahrer für einen Ausflug ins Naturschutzgebiet angeheuert werden. Die Fahrt kostet mindestens 120 Yuan hin & zurück, inkl. der Wartezeiten. Gegenüber vom Busterminal gibt es eine Reihe von Nudelrestaurants. *Mian paan* (面片; viereckige Nudeln; 5 Yuan) sind die lokale Spezialität. Wer über Nacht bleiben muss, könnte das **Jiaotong Binguan** (交通宾馆; ☎0972-881 2615; DZ/2BZ 160/240 Yuan), neben dem Busbahnhof ansteuern. Die Zimmer sind komfortabel und manchmal für unter 100 Yuan zu haben.

Täglich fahren vier Busse zurück nach Tongren (16 Yuan, 2½ Std., 9, 11, 13 und 14 Uhr), fünf gehen nach Linxia (30 Yuan, 3 Std., 7.30, 8.40, 9.50, 12 und 14.30 Uhr) und Verbindungen nach Xining bestehen alle 30 Minuten (32 Yuan, 3½ Std., 7 bis 16 Uhr). Gemeinschaftstaxis nach Xining (50 Yuan, 2½ Std.) warten vor dem Busbahnhof.

Guide 贵德

☎0974

Auf seinem Weg vom tibetischen Hochplateau hinunter macht der Gelbe Fluss (黄河; Huang He) eine Reihe scharfer Biegungen und fließt dann kraftvoll am historischen Guide vorbei. Bei Sonnenuntergang mit einem Bier am Ufer sitzen – das ist eine tolle Art, den Tag ausklingen zu lassen. Ein Großteil der Altstadt (古城; *gucheng*) ist von verwitterten, 10 m hohen Lehmmauern umgeben. Die Stadt lädt zu einem gemütlichen Spaziergang ein und eignet sich gut als Basis. Aber vieles beginnt sich zu ändern. Im Jahr 2011 riss die Regierung einen Großteil der Gebäude in der Altstadt ab, um hier eine große Touristenattraktion entstehen zu lassen, zu der auch ein Fünfsternehotel und ein Golfplatz gehören soll. Wer kann, sollte sich die Stadt bald anschauen, bevor die Massen kommen.

DIE QUELLE DES GELBEN FLUSSES

Lust auf einen Abenteuer-Trip in eine entlegene Ecke von Qinghai und auf die Möglichkeit, eine traumhafte Hochlandszenerie zu erleben? Dann ist der **Zaling-See** (扎陵湖; Zaling Hu) genau das Richtige. Dort befindet sich der Ursprung des wohl am meisten verehrten chinesischen Stroms, des Gelben Flusses (黄河源头; Huanghe Yuantou).

Die Landschaft rund um die beiden Seen vor Ort und auf dem Weg dorthin ist umwerfend schön. Man sieht Füchse, Murmeltiere, Adler, Antilopen und, natürlich, Unmengen von Yaks. Übernachtungsmöglichkeiten oder Restaurants gibt's keine, deshalb besuchen die meisten Reisenden den See im Rahmen eines Tagesausflugs von dem kleinen Städtchen Maduo (玛多) aus. Im Sommer besteht die Möglichkeit, im Zelt zu übernachten, man muss jedoch genug Proviant und die gesamte Ausrüstung mitbringen.

Nicht vergessen: Die Gegend um Maduo (4260m) liegt über 4000 m. Die Höhenkrankheit stellt deshalb ein ernstzunehmendes Problem dar. Es ist besser, von Yushu (3680m) statt von Xining (2275m) aus anzureisen, damit der Höhenunterschied weniger extrem ist .

In Maduo ist es einfach, einen Geländewagen zu organisieren, um zum See und zurück zu fahren (800 Yuan pro Wagen; 3 Std. pro Strecke). Links vom Busbahnhof in Maduo wartet das **Liangyou Bingusn** (粮油宾馆; ☎0975-834 5048; Zi. 180–298 Yuan; @) mit sauberen, einfachen Zimmern und Gemeinschaftsbädern.

Übrigens: Das, was gemeinhin als Quelle des Gelben Stroms bezeichnet wird und mit einer Steintafel markiert ist, ist tatsächlich nur die am einfachsten zugängliche von mehreren Quellen. Die Einheimischen nennen sie *niutoubei* (牛头碑). Wer zu der schwer erreichbaren „echten" Quelle gelangen möchte, muss eine zweitägige Exkursion ab Maduo unternehmen (Übernachtung im Jeep), die um die 3000 Yuan pro Wagen kostet – vorausgesetzt, es findet sich ein Fahrer.

Der Bus von Maduo zurück nach Xining fährt um 7.30 Uhr.

Sehenswertes & Aktivitäten

Tempel des Jadekaisers TEMPEL

(玉皇阁; Yuhuang Ge; Eintritt 60 Yuan; ⌚8.30–18 Uhr) Dieser kleine Tempelkomplex aus dem Jahr 1592 ist Hauptattraktion in der Altstadt. Auf dem Gelände stehen eine dreistöckige Pagode, von der sich oben eine tolle Aussicht bietet, und ein Konfuziustempel (文庙; Wen Miao).

Kreismuseum Guide MUSEUM

(Eintritt im Tempelticket inbegriffen; ⌚8.30–18 Uhr) Auf dem Platz neben dem Tempel befindet sich das kleine Museum mit ein paar interessanten Ming- und Qing-Kunstwerken, die in der Gegend gefunden wurden. Leider fehlen Erklärungen auf Englisch. Bei dem Museum gibt es einen kleinen Laden, der Fahrräder für 8 Yuan pro Stunde vermietet.

Tibetische Gebetmühle RELIGION

(中华福运轮; Zhonghúa Fúyùnlún) Hinter der Altstadt führt ein unbefestigter Weg zum Gelben Fluss und einer großen Hängebrücke hinunter. An der Brücke links abbiegen und etwa 1,2 km zu einer gewaltigen neuen vergoldeten tibetischen Gebetsmühle laufen, die mit Hilfe des Wassers aus dem Gelben Fluss gedreht wird. Die Gebetsmühle ist 27 m hoch, hat einen Durchmesser von 10 m und wiegt 200 Tonnen, was ihr einen Eintrag im *Guinnessbuch der Rekorde* als die größte Gebetsmühle der Welt einbrachte. In dem Rad sind 200 Bücher des Kangyur und im Sockel befindet sich eine große Gebetshalle. Neben der Gebetsmühle befindet sich ein Museum mit tibetischer Kunst und Kunsthandwerk.

Weitere 2 km flussaufwärts steht ein riesiges, erst vor kurzem errichtetes **Wasserrad** (水车; *shuiche*) aus Holz neben dem befestigten Ufer.

Thermalquellen THERMALQUELLEN

(温泉; wenquan) Wer nach dem Spaziergang Lust auf Entspannung pur hat, kann mit dem Taxi (15–20 Yuan pro Strecke) zu den Thermalquellen von Guide fahren. Sie sind als *reshui gou* (热水沟), bekannt und 13 km von der Stadt entfernt.; unterwegs passiert man eine beeindruckend karge Landschaft. Zusammen mit den hiesigen

Tibetern kann man das Bad in den Thermalquellen genießen. Es gibt hier außerdem eine Reihe von Gasthäusern, die für eine Gebühr von 20 Yuan Zugang zu den Quellen bieten.

Schlafen & Essen

Die alten ländlich-rustikalen Gasthöfe (农家院; *nongjia Yuan*) in Guide wurden auf Anweisung der Regierung abgerissen, und wahrscheinlich werden in den nächsten Jahren neue Hotels und Gasthäuser in der Altstadt errichtet werden.

Youzheng Binguan HOTEL €€
(邮政宾馆; ☎855 0601; Zi. Yuan 180) Dieses angenehme Hotel befindet sich direkt vor dem Haupttor zur Altstadt. Es bietet warmes Wasser rund um die Uhr und bequeme Betten.

Qing Xiang Yuan Farmhouse HOTEL €
(清香源农庄; Qingxiangyuan Nongzhuang; ☎855 4271; B pro Person 30 Yuan; Gerichte 10–60 Yuan) Dieses Hotel-Restaurant hat einige seiner Speiseräume in Schlafzimmer umgewandelt. Es befindet sich direkt hinter der Stadtmauer der Altstadt an der Ecke der Straße zum Fluss. Der große Esstisch im Zimmer wirkt etwas ungewöhnlich, so als würde gleich eine ganze Gruppe zum Essen kommen.

Khawa Chain Tibetan Restaurant TIBETISCH €
(卡哇坚藏餐; *kawajian zangcan*; Gerichte 10–60 Yuan) In diesem Restaurant im tibetischen Stil, das sich an der Hauptstraße der Altstadt befindet, stehen *momo*, herzhafte Suppe und lecker gebratenes Fleisch auf der Speisekarte.

Praktische Informationen

Es gibt Internetcafés (网吧; *wangba*) auf der Yingbingo Xilu und Bei Dajie.

China-Construction-Bank-Geldautomat (建设银行; Jianshe Yinhang; 14 Yingbin Xilu; 迎宾西路) Nimmt ausländische Karten an. Vom Busbahnhof geht's nach links und dann immer geradeaus.

Anreise & Unterwegs vor Ort

Die Altstadt ist 1,5 km vom Busbahnhof entfernt. Nach Verlassen des Busterminals auf der Yingbing Xilu links halten, dann links in die Xi Jie einbiegen, und zuletzt geht's noch mal links in die Bei Dajie. Die Altstadt liegt dann direkt vor einem. Auf den Straßen von Guide sind dreirädrige motorisierte Rikschas unterwegs. Die meisten Kurzstrecken kosten 5 Yuan.

Regelmäßig fahren Busse nach Xining (25 Yuan, 3½ Std., 7.30–17.45 Uhr). Ein Bus nach Maqin (Tawo; 87 Yuan) fährt um 9 Uhr an jedem geradzahligen Tag.

Yushu (Jyekundo) 玉树

☎0976 / 28 000 EW.

Bis Anfang 2010 hatte es den Eindruck, als würden sich Yushu (Jyekundo ist der Name der Stadt, während Yushu der Name der Präfektur ist) und Umgebung zu den angesagtesten Abenteuer-Reisezielen in Qinghai entwickeln. Yushu ist eine abgelegene Gegend, und die Tibeter dort führen ein

KLÖSTER RUND UM YUSHU

In der hübschen Gegend, durch die sich die Straße zwischen Yushu und Xiawu zieht, liegen einige Klöster. Das Gelände eignet sich gut zum Wandern. Sehenswert ist beispielsweise der **Sebda Gompa** (赛巴寺; Saiba Si), etwa 15 km von Yushu entfernt. Die Hauptversammlungshalle ist bereits beeindruckend, aber noch toller ist die neue Kapelle mit der 18 m hohen Statue von Guru Rinpoche. Zu beiden Seiten stehen kleinere Darstellungen seiner unterschiedlichen Erscheinungsformen. Das angrenzende **ethnografische Museum** (Eintritt 10 Yuan) beherbergt ein paar außergewöhnliche Exponate wie Trachten, Schwerter und ausgestopfte Tiere. Wer ein bisschen Zeit mitbringt, kann die Ruinen des alten Klosters auf dem Grat hinter dem gompa erkunden oder im Tal gegenüber wandern.

Im Dorf Xiewu an der Abzweigung nach Shiqu steht die Sakyapa-Schule **Drogon Gompa** (歇武寺; Xiewu Si). Auf dem Hügel erhebt sich die gönkhang (Beschützerkapelle). Zähne fletschende ausgestopfte Wölfe und Tantra-Masken zieren das Bauwerk. Frauen ist der Zutritt untersagt.

Minibusse fahren auf der Strecke zwischen Yushu und Xiewu. Von dort geht's weiter nach Shiqu.

hartes Leben. Es finden sich dort Dutzende beeindruckender Klöster, berühmter Pilgerstätten und grandiose bewaldete Täler, die förmlich danach schrien, erforscht zu werden. Doch dann änderte ein Erdbeben der Stärke 7,1 alles: Am 14. April 2010 verwüstete es die Stadt und tötete offiziellen Berichten zufolge 2698 Menschen (manche vermuten jedoch, dass sich die tatsächliche Zahl der Opfer in der Region um 20 000 beläuft).

Nach dem Erdbeben wurden die meisten Gebäude in Jyekundo abgerissen und unzählige Bauarbeiter kamen, um die Stadt wieder aufzubauen. Die Einwohner der Gegend wurden in Zelten, die die Regierung aufstellte, untergebracht, und alles wirkte wie ein (sehr staubiges, lautes) Flüchtlingslager. Es gibt viele einfache Restaurants, aber weitere, für Reisende notwendige Einrichtungen wie Hotels, Banken oder Internetcafés sind kaum vorhanden.

Der Wiederaufbau geht zwar recht zügig voran, trotzdem ist es empfehlenswert, Yushu erst dann wieder zu besuchen, wenn der Wiederaufbau weitgehend abgeschlossen ist, was wohl 2014 der Fall sein könnte (wer sicher gehen möchte, sollte besser von 2015 ausgehen). Am besten erkundigt man sich vor dem Besuch nach dem aktuellen Status quo, entweder in den Hostels in Xining oder im Thorn-Tree-Forum von Lonely Planet (www.lonelyplanet.com/thorntree).

Sehenswertes & Aktivitäten

Kloster Jyekundo Dondrubling KLOSTER

(Jiegu Si) Das Kloster Jyekundo Dondrubling wurde 1398 erbaut und bei dem Erdbeben stark beschädigt (die Hauptgebetshalle wurde vollständig zerstört, und mehrere Mönche kamen ums Leben). Als dieser Reiseführer geschrieben wurde, war der Wiederaufbau gerade voll im Gange. Leider verwendet man Beton und weitere moderne Baumaterialien. Der Abschluss der Bauarbeiten ist wohl erst in ein paar Jahren zu erwarten. Die Lage des Klosters auf einem Berggrat über der Stadt ist großartig. Von der Stadt aus kann man an der stimmungsvollen **mani lhakhang** (Kapelle mit einer großen Gebetsmühle) vorbei dorthin laufen.

Hauptplatz PLATZ

(格萨广场; Gesa Guangchang) Auf Yushus Hauptplatz befindet sich eine große Statue von Gesar, König von Ling, einem hochverehrten tibetischen Krieger/Gott, an dessen Heldentaten in dem längsten Epos der Welt mit dem Titel „Gesar" erinnert wird. Als dieser Reiseführer geschrieben wurde, fanden umfassende Baumaßnahmen auf dem Platz statt, und die Statue war ausgelagert.

Feste & Events

Yushus spektakuläres dreitägiges **Pferdefestival** (25 bis 28 Juli) hat seit dem Erdbeben nicht mehr stattgefunden. Wer dorthin reisen möchte, sollte sich daher rechtzeitig nach dem aktuellen Stand der Dinge erkundigen.

Schlafen & Essen

Das Erdbeben hat nahezu alle Hotels in Yushu zerstört, und diejenigen, die seither entstanden sind, sind entweder in Provisorien und/oder Bordellen untergebracht. Möglicherweise hat sich die Situation zwischenzeitlich geändert, die meisten Taxifahrer werden Übernachtungsplätze kennen. In der Stadt gibt es Hunderte von Restaurants, die meist in Zelten untergebracht sind.

San Jiang Yuan International Hotel HOTEL €€

(三江源国际大酒店; San Jiang Yuan Guoji Dajiǔdian; ☎189 0976 1988, 139 9736 8378; DZ ohne/mit Bad 180/240 Yuan) Das Übergangsgebäude aus weißem Blech steht am Stadtrand an der Straße nach Xinzhai (新寨). Obwohl alles nur temporär ist, haben die Zimmer Fernsehen und fließendes (kaltes) Wasser. Zu dem Hotel gehört auch ein Restaurant.

An- & Weiterreise

Bus

Es gibt einen Übergangsbusbahnhof 10 km vor Jyekundo an der Straße durch das Dorf Xinzhai. Täglich fahren Busse nach Xining (206 Yuan, 6-mal tgl., 17 Std.). Er macht an verschiedenen Orten Halt, so beispielsweise auch in Maduo (70 Yuan). Von einem zweiten Busbahnhof aus gibt es täglich eine Verbindung nach Chengdu (450 Yuan, 29 Std.), Abfahrt 9.30 Uhr, und ebenfalls täglich fährt ein Bus nach Shiqu (Sershu; 40 Yuan) um 8 Uhr; dieser Busbahnhof ist etwa 1 km hinter dem Dorf Xinzhai.

Neben den Übergangsbusbahnhöfen gibt es zwei Stände in der Stadt für Minibusse, die auch auf Fernstrecken fahren. Einer ist an der Hauptstraße durch die Stadt, direkt vor dem neuen Krankenhaus. Von hier fahren Minibusse nach Nangchen (60 Yuan, 4–5 Std.) und Xining

(230 Yuan, 14 Std.), sie fahren los, wenn alle Plätze besetzt sind.

Vom zweiten Minibus-Stand fahren die Fahrzeuge, sobald sie voll sind, nach Ganzi (180 Yuan, 13 Std.) und Kangding (330 Yuan, 20 Std.), die beide in Sichuan liegen. Man gelangt zu diesem Stand, wenn man die Hauptstraße nach Norden läuft bis zu einer T-Kreuzung läuft und dann rechts abbiegt. Nach etwa 400 m auf dieser Straße erreicht man den Minibus-Stand.

Wichtig: Die Standorte der Busbahnhöfe liegen nur übergangsweise an dem jeweiligen Ort und können zwischenzeitlich verlagert worden sein.

Flugzeug

Der Flughafen Yushu Batang liegt 25 km südlich der Stadt. Täglich gibt es zwei Flüge nach Xining (1390 Yuan) und einer Anschlussmöglichkeit nach Xi'an.

ℹ Unterwegs vor Ort

Zwischen Yushu und dem Dorf Xinzhai verkehrt ein Bus (1 Yuan), aber er fährt anscheinend nur ein oder zwei Mal pro Stunde. Minibusse (10 Yuan) fahren vom Busbahnhof ins Stadtzentrum, dann wenn alle Plätze belegt sind. Taxis gibt es überall in der Stadt, und die Fahrpreise beginnen bei 10 Yuan und steigen steil an, wenn man zu einem Ziel außerhalb der Stadt möchte. Ein Taxi zum Flughafen kostet 50 Yuan.

Rund um Yushu

SENG-ZE-GYANAK-MANI-MAUER 嘛尼石城

Gleich außerhalb von Yushu, an der Straße nach Xiewu, steht die wahrscheinlich größte *mani*-Mauer der Welt, die Seng-ze-Gyanak-Mani-Mauer (Mani Shicheng). *Mani*-Mauern sind aufeinandergetürmte Steine, die mit buddhistischen Mantras verziert sind (in den Stein gemeißelt oder aufgemalt). Die Seng-ze-Gyanak-Mani-Mauer stammt aus dem Jahre 1715 und soll mittlerweile aus 2 Mrd. Mantras bestehen, die auf einer Hunderte von Quadratmetern großen Fläche aufeinandergelegt werden. Die faszinierende Sehenswürdigkeit gewinnt mit jedem Mal an Anziehungskraft, wenn man sie gemeinsam mit den Pilgern umrundet, Dutzende von Gebetsmühlen dreht und sich zwischen den Steinen zurückzieht, um einen Moment der Ruhe zu genießen.

Auch die Seng-ze-Gyanak-Mani-Mauer hat unter dem großen Erdbeben gelitten und wird derzeit wieder aufgebaut. Trotz der Arbeiten daran ist sie nach wie vor eine beliebte Pilgerstätte, deren Besusch sich lohnt. Die Mauer ist 3 km östlich von Yushu im Dorf Xinzhai.

TEMPEL DER PRINZESSIN WENCHENG 文成公主庙

In den Geschichtsbüchern heißt es, dass die chinesische Prinzessin Wencheng aus der Tang-Dynastie ihren Ehemann, den tibetischen König Songtsen Gampo, im 7. Jh. davon überzeugte, zum Buddhismus zu konvertieren. In einem Tal 20 km südlich von Yushu steht ein berühmter Tempel (der Wencheng Gongzhu Miao) an der Stelle, an der die Prinzessin und vielleicht auch ihr Mann auf dem Weg von Xi'an nach Lhasa einen Monat Halt machte(n). Im Andachtsraum befindet sich ein Steinrelief des Meditations-Buddhas Vairocana (Nampa Namse auf Tibetisch), der die Urweisheit repräsentiert; es soll aus dem 8. Jh. stammen. Linker Hand steht eine Statue von König Songtsen Gampo.

Der kleine Tempel hat das Yushu-Erdbeben ohne größere Schäden überstanden. Er ist schnell besichtigt; anschließend laden die umliegenden Hügel zu einer Entdeckungstour ein. Die Hänge sind von Netzen aus blauen, roten, gelben, weißen und rosafarbenen Gebetsflaggen überzogen; sie überspannen die Schlucht und scheinen überhaupt jedes freie Fleckchen Land zu schmücken. Sie bieten einen umwerfenden Anblick.

Ein steiler Pfad (ein beliebter kora-Pfad für buddhistische Pilger) beginnt hinter den acht *chörten* links des Tempels. Am Ende des Pfads erstreckt sich ein grasbewachsenes Tal mit schönen Wanderwegen und tollen Ausblicken.

Ein Taxi von Yushu hierher kostet etwa 60 Yuan. Der Tempel ist etwas abseits der Straße zum Flughafen, so dass man auf dem Weg dorthin kurz anhalten kann.

NANGCHEN 囊谦

☎0976 / HÖHE 3680 M

Der Kreis Nangchen (Nangqian) ist sehr malerisch. Das ehemalige tibetische Königreich ist die Endstation für die meisten Reisenden. Weiter südlich verläuft die Grenze zwischen Qinghai und Tibet und es führen Straßen nach Riwoche und Chamdo, aber jeder Versuch, hier ohne die notwendigen Genehmigungen (sowie Führer und Fahrer) unterwegs zu sein, kann zu großen Schwierigkeiten führen.

Sehenswertes

Viele machen diesen kleinen Abstecher und fahren von Yushu in die kleine Kreishauptstadt Sharda (3550 m). Vier Klöster sind auf die Stadt verteilt. Auf einem Hügel über der Stadt schwebend thront **Sajiya Gompa** (萨迦寺; Sajia Si) wie ein altes Gutshaus. Wenn man den Hang hinter der *gompa* noch weiter nach oben läuft, ergibt sich ein fantastischer Blick über das Tal. Im Stadtzentrum befindet sich **Jiaba Gompa** (加巴寺; Jiaba Si), hierher kommen junge und alte Tibeter jeden Morgen, um die Gebetsmühlen zu drehen und um den Tempel zu laufen.

Ein schöner Ausflug ist die Fahrt auf einen buckeligen Straße zu der 70 km südlich der Stadt gelegenen beeindruckenden **Gar Gompa** (尕尔寺; Ga'er Si) auf einem Berggrat im Wald. Hier gibt es zahlreiche Tiere zu sehen, darunter auch Blauschafe und Affen. Ganz besonders für Vogelliebhaber ist diese Gegend einen Ausflug wert. Ein Taxi von Sharda und zurück kostet etwa 500 Yuan.

Schlafen & Essen

Kangba Jiudian HOTEL €€
(康巴酒店; ☎187 0976 1333; Xingfu Lu; DZ ohne/mit Bad 180/288 Yuan;) Die Lobby ist schön hell, die Doppelzimmer sind angenehm, und in der Regel ist es möglich, die Preise auf 150/200 Yuan herunterzuhandeln. Die Gemeinschaftsbäder sind ziemlich schlecht, daher ist es besser ein Zimmer mit Bad zu nehmen (wobei in beiden Fällen fließendes Wasser nicht immer vorhanden ist). Die Mitarbeiter in diesem Hotel beherrschen ein paar Brocken Englisch, WLAN ist in der Lobby vorhanden. Auf dem Schild steht „Khampa Teahouse and Restaurant".

Nang Qian Binguan HOTEL €
(囊谦宾馆; ☎887 3333; Xingfu Lu; Zi. 80 Yuan) Dieses ziemlich schäbige Hotel bietet schmuddelige Zimmer ohne Bad. Es gibt zwar auch Zimmer mit Bad, aber diese stehen wohl nur ausgewählten Gästen zur Verfügung.

Niu Rou Mian Dawang NUDELN €
(牛肉面大王; Xingfu Lu; Gerichte 10–20 Yuan; ⏲8–22 Uhr) Ein beliebtes Restaurant für Nudelgerichte. Unbedingt zha jiang mian (炸酱面) probieren, eine Art Spaghetti mit Fleischsoße. Es ist nur wenige Häuser vom Kangba Jiudian entfernt.

Praktische Informationen

Agricultural Bank of China (农业银行; Nongye Yinhang; Xingfu Lu) Bei der Hauptkreuzung, aber hier funktionieren nicht alle ausländischen Karten; daher kann man sich hier nicht darauf verlassen, am Geldautomaten Bargeld ziehen zu können.

Führer Ein hilfreicher tibetischer Führer vor Ort ist der Englisch sprechende **Namdrak** (☎153 0976 1019; namdraktsaka@yahoo.com), der Touren zu den Sehenswürdigkeiten und zum Gar Gompa organisiert.

Internetcafé Cafés (网吧; *wangba*) sind auf der Xingfu Lu, dorthin geht's über die Straße an der Bank (gegenüber vom Kangba Jiudian). WLAN gibt es auch im Kangba Jiudian.

An- & Weiterreise

Bus & Taxi

Vom Busbahnhof an der Hauptstraße fährt täglich ein Bus nach Xining (264 Yuan, 20 bis 24 Std.), der um 10 Uhr abfährt. Die Buchung sollte mindestens einen Tag im Voraus erfolgen.

Nach Yushu (60 Yuan, 3 bis 4 Std.) fahren die meisten Einheimischen in Gemeinschaftstaxis, die auf der Hauptstraße bei den Hotels stehen. An vielen Straßen gab es zum Zeitpunkt, als dieser Führer geschrieben wurde, umfassende Bauarbeiten.

Golmud

VERKEHRSKNOTENPUNKT

Drei Jahrzehnte lang war **Golmud** (格尔木; Geermu) eine zuverlässige Station für Reisende, bevor sie sich nach Lhasa aufmachten. Verdreckte Rucksackreisende hingen am Lkw-Sammelpunkt herum und versuchten, eine Mitfahrgelegenheit zum „Dach der Welt" zu ergattern. Aber seit die Bahnstrecke Qinghai–Tibet fertig ist, ist diese einsame Stadt im Hinterland ziemlich unwichtig geworden, da die meisten Tibet-Reisenden an einem anderen Ort in den Zug steigen und durch die Stadt durchrauschen. Heute halten sich meist nur noch Reisende dort auf, die von Lhasa nach Dunhuang (in Gansu) oder Huatugou (auf dem Weg nach Xinjiang) oder umgekehrt fahren wollen.

Wer hier strandet und übernachten muss, kann es im zentral gelegenen **Dongfang Binguan** (东方宾馆; ☎0979-841 0011; Zi. 178–218 Yuan) versuchen, das saubere, wenn auch kaum bemerkenswerte Standardzimmer mit ADSL-Kabelanschluss für diejenigen mit Laptop bietet. In den teureren Zimmern steht ein Computer.

Sowohl auf der Bayi Lu und der Kunlun Lu gibt es viele Restaurants. Um den Bahnhof sind muslimische Restaurants, in denen es *ganban mian* (干拌面; spaghettiartige Nudeln mit Fleischsoße; 6 Yuan) oder *niurou mian* (牛肉面; Nudeln mit Fleisch; 5 Yuan) gibt.

An & Weiterreise

Wichtig: Wer nach Dunhuang weiterreisen möchte, benötigt eine besondere Genehmigung (旅行证; *luxing zheng;* 50 Yuan), bevor er in den Bus einsteigt. Die Genehmigungen stellt das **Büro für öffentliche Sicherheit** (PSB; 公安局; Gong'anju; 6 Chaidamu Lu; Mo.-Fr. 8–12 Uhr & 14.30–17 Uhr) aus. Das PSB kann auch Visa verlängern. Es gab auch Berichte, wonach das PSB Touristen nur eine Nacht in Golmud zu bleiben erlaubt hat.

Täglich fahren zwei Busse nach Dunhuang (102 Yuan, 7 bis 8 Std., 9 und 18 Uhr) vom **Hauptbusbahnhof** (0979–845 3688) ab. Der Abendbus ist ein Bus mit Schlafsitzen. Ebenso fahren täglich zwei Busse nach Huatugou (104 Yuan, 6 Std., 10 und 12 Uhr), auch hier ist der zweite Bus ein Bus mit Schlafsitzen. Von Huatugou aus sind dann Busse nach Charklik (Ruoqiang) in Xinjiang zu erreichen. Nach Xining fahren drei Busse (160 Yuan, 12 bis 14 Std., 16, 17 und 19 Uhr). Es gibt auch einen Bus mit Schlafsitzen nach Charklik (Ruoqiang) (224 Yuan, 10 Std., 13 Uhr).

Züge nach Lhasa (368 Yuan, 15 Std., 7-mal tgl.) sind in der Regel am späten Abend oder in der Nacht in Golmud; wer im Zug mitfahren möchte, benötigt die Reisegenehmigung für Tibet. Weitere Fahrziele sind Xining (191 Yuan, 10 Std., 10-mal tgl.) und Lanzhou (242 Yuan, 12 Std., 6-mal tgl.).

Tibet

BEVÖLKERUNG: 3 MIO.

Inhalt »

Lhasa 1002
Rund um Lhasa 1012
Die Straße der Freundschaft 1014
Westtibet 1021

Die schönsten Klöster

- Drepung (S. 1004)
- Ganden (S. 1012)
- Samye (S. 1013)
- Sakya (S. 1018)

Die tollsten Panoramen

- Nordseite des Mount Everest vom Kloster Rongphu (S. 1019)
- Nam-tso von Tashi Dor (S. 1012)
- Yamdrok-tso vom Kamba-la (S. 1014)
- Samye Monastery von Hepo Ri (S. 1013)

Auf nach Tibet!

Seit Jahrhunderten fasziniert Tibet spirituelle Sucher, Bergabenteurer und Reisende. Auch den Reisenden von heute verspricht das „Dach der Welt" atemberaubende Hochlandpanoramen, ehrfurchtgebietende Klosteranlagen, großartige Fahrten und die einzigartige Kultur des Himalaya, die auch nach einem halben Jahrhundert der Unterdrückung und Repressionen lebendig geblieben ist. Wer durch Tibet reist wird in der Begegnung mit rot gewandeten Mönchen und wild aussehenden Pilgern feststellen, dass die Farben, die Fröhlichkeit und die religiöse Hingabe der sympathischen Tibeter ebenso zu den großen Highlights gehören wie die großen Sehenswürdigkeiten.

Tibet wandelt sich schnell, und fast jeden Monat scheint ein neues ehrgeiziges Bau- und Straßenprojekt begonnen zu werden. Darüber hinaus führten die politischen Spannungen der letzten Jahre zu strengen Reiseauflagen für Ausländer, die in der gesamten autonomen Region gelten. Aber dennoch gibt es auch noch die Magie des alten Tibet – Reisende müssen sich heute nur etwas mehr anstrengen als früher, um sie zu finden.

Reisezeit

Lhasa

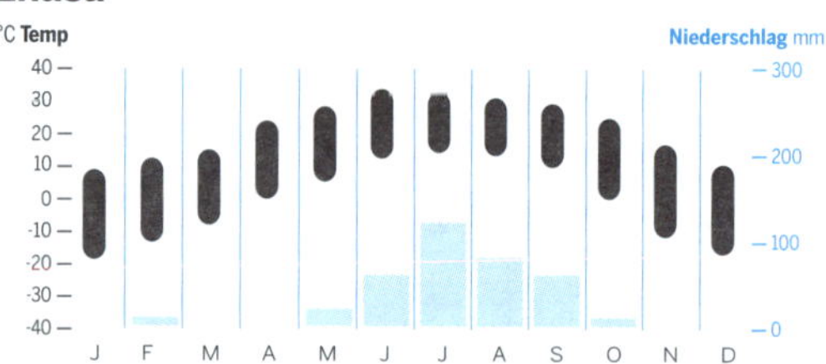

März Reisegenehmigungen sind schwer zu bekommen, und viel ist geschlossen – besser meiden.

Mai–September Hochsaison: warmes Wetter, etwas Regen im Juli / Aug., gut zum Wandern.

April & Mitte Oktober–November Gute Reisezeit mit weniger Massenandrang und warmen Tagen.

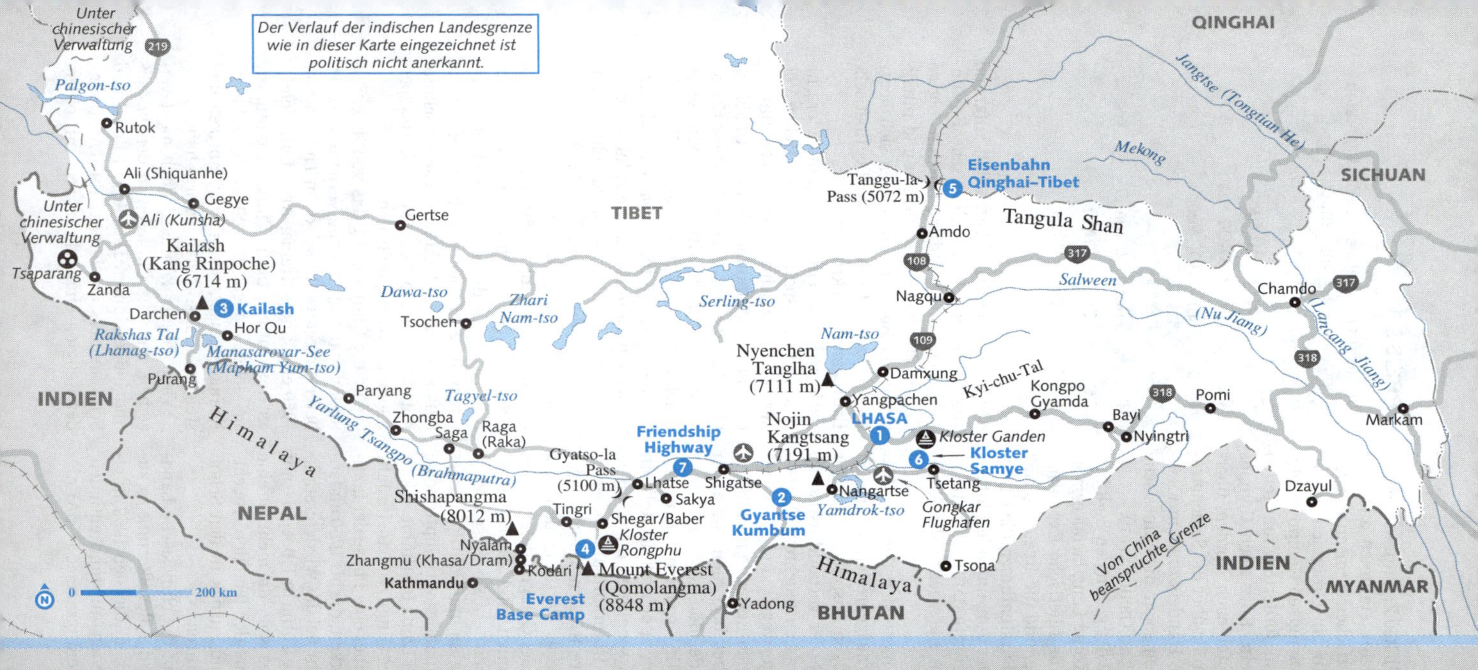

Highlights

1 Die heilige Stadt **Lhasa** (S.1002) erleben

2 Die großartigen Wandgemälde in den 108 Kapellen des **Gyantse Kumbum** (S.1015), bestaunen

3 Sich von den Sünden auf dem Pilgerpfad um den heiligen Berg **Kailash** (S.1021) befreien

4 In einem Zelt oder im Gästehaus eines Klosters aufwachen und das **Everest Basislager** erblicken (S.1019)

5 Mit der am höchsten gelegenen Eisenbahn der Welt, der **Qinghai–Tibet-Bahn** (S.1011), über das Dach der Welt nach Lhasa fahren

6 Kapellen und Stupas, die wie Mandalas geformt sind, im **Kloster Samye** (S.1013), Tibets erstem Kloster, erkunden

7 Mit einem gemieteten Wagen eine Woche lang auf der **Straße der Freundschaft** (S.1014) von Lhasa nach Kathmandu fahren, eine der großartigsten Strecken in Asien

Geschichte

Die ersten schriftlichen Zeugnisse über die tibetische Geschichte stammen aus dem 7. Jh., als die tibetischen Armeen mit Eroberungszügen für ein Großreich begannen. Unter König Songtsen Gampo besetzten sie Nepal und forderten von Teilen Yunnans Tribut ein. Kurz nach Gampos Tod zogen sie weiter nach Norden, übernahmen die Kontrolle über die Seidenstraße und das große Handelszentrum Kashgar und plünderten sogar die chinesische Kaiserstadt Chang'an (heute Xi'an).

Als im Jahr 842 der gegen den Buddhismus eingestellte König Langdarma ermordet wurde, fand die tibetische Expansion ein abruptes Ende, und die Region zerfiel in eigenständige Fürstentümer, die einander befehdeten. Der zunehmende Einfluss des Buddhismus sorgte dafür, dass die tibetischen Armeen nie wieder ihr Hochland verließen.

Bis zum 7. Jh. hatte sich der Buddhismus in ganz Tibet ausgebreitet, wenn auch in einer einzigartigen Ausprägung, in der zahlreiche Rituale der vorbuddhistischen Bön-Religion Tibets auftauchten. Die Gebetsfahnen, Pilgerwege und heiligen Landschaften, denen Reisende noch heute im modernen Tibet begegnen, stammen ursprünglich aus der Bön-Religion.

Ab dem 13. Jh. spielten politische Machtkämpfe eine zunehmende Rolle in der Religion. 1641 schalteten die Gelugpa (Gelbmützen) mit Unterstützung mongolischer Truppen ihre Rivalen, die Sakyapa, aus. Während dieses Partisanenkampfes nahm der Führer der Gelugpa den von den Mongolen verliehenen Titel „Dalai Lama" (Ozean der Weisheit) an. Ab diesem Zeitpunkt waren Religion und Politik in Tibet unauflösbar miteinander verknüpft; beide wurden vom Dalai Lama bestimmt.

Mit dem Fall der Qing-Dynastie im Jahr 1911 begann für Tibet eine Phase der faktischen Unabhängigkeit, die bis 1950 andauerte. In diesem Jahr fiel das wiedererstarkte kommunistische China in Tibet ein – mit der Begründung, es wolle die mehr als eine Million Tibeter aus der feudalen Knechtschaft befreien und zurück in den Schoß des Vaterlandes führen.

Als Reaktion auf die chinesische Landreform kam es in der Bevölkerung zu zunehmenden Unruhen, die sich 1959 in einem ausgewachsenen Aufstand entluden, den die Volksbefreiungsarmee (VBA) niederschlug. Der Dalai Lama floh aufgrund von Gerüchten über chinesische Entführungspläne nach Indien. Dorthin folgten ihm 80 000 von Tibets besten und intelligentesten Bürgern, aus denen sich heute im indischen Dharamsala die tibetische Exilregierung rekrutiert.

Heute hat sich der Dalai Lama, der Chinas Migrationspolitik als „kulturellen Völkermord" bezeichnet, damit abgefunden, eher nach Autonomie als nach Unabhängigkeit zu streben, doch selbst dieses Zugeständnis hat nicht wirklich Ergebnisse gebracht. Es scheint so, als wollten die Chinesen seinen Tod abwarten und dann versuchen, Einfluss auf die zukünftige Politik seiner Reinkarnation zu nehmen. Für seinen unermüdlichen Einsatz für eine gewaltfreie Lösung des Tibetproblems erhielt der Dalai Lama 1989 den Friedensnobelpreis, doch trotz der weltweiten Sympathie für die Sache der Tibeter, sind nur wenige Länder gewillt, dieses Thema aufzugreifen und damit neue Geschäfte mit der aufstrebenden Wirtschaftssupermacht China zu gefährden.

Für die Chinesen ist das von ihnen als undankbar empfundene Verhalten der Tibeter ein echtes Rätsel, denn Tibet war bis 1950 ein Land extremer Armut und feudaler Ausbeutung, in die Chinesen dann, wie sie selbst sagen, für Straßen, Schulen, Krankenhäuser, Flughäfen, Fabriken und steigende Einkommen gesorgt haben.

Viele Tibeter können jedoch nicht verzeihen, dass die Chinesen in den 1950er- und 1960er-Jahren Hunderte Klöster und Schreine zerstört haben, ihre Ausübung der Religion eingeschränkten, mit einem

PREISE

In diesem Kapitel werden die folgenden Preiskategorien verwendet:

Schlafen

€	unter 180 Yuan
€€	180 bis 400 Yuan
€€€	über 400 Yuan

Essen

€	unter 30 Yuan
€€	30 bis 80 Yuan
€€€	über 80 Yuan

großen Militäraufgebot präsent sind, das Land wirtschaftlich ausbeuten und sie in ihrem eigenen Land zu Menschen zweiter Klasse degradiert haben. Im Frühjahr 2008 brach sich die schwelende Unzufriedenheit in Aufständen und Demonstrationen Bahn, als in Lhasa Straßenschlachten geführt wurden und die Proteste sich auf weitere tibetische Gebiete in den Provinzen Gansu, Sichuan und Qinghai ausweiteten. Die chinesische Antwort darauf war vorhersehbar: Festnahmen, Inhaftierungen und eine erhöhte Polizeipräsenz in vielen Klöstern. Die wachsende Verzweiflung vieler Tibeter führte zu einer Flut von Selbstverbrennungen von Tibetern in der Region, darunter auch zwei auf dem Barkhor Pilgerpfad in Lhasa im Jahr 2012. Auch als dieser Führer geschrieben wurde, patrouillierten bewaffnete Polizisten mit Feuerlöschern fast durch die gesamte Altstadt von Lhasa.

Mit chinesischer Zuwanderung und aggressiver Modernisierung setzt die chinesische Regierung darauf, dass wirtschaftliche Fortschritte die religiösen und politischen Bestrebungen der Tibeter in den Hintergrund treten lassen. Diese Strategie war bislang in anderen Teilen Chinas erfolgreich. Ob sie in Tibet funktionieren wird, bleibt abzuwarten.

Klima

Der größte Teil Tibets erstreckt sich auf einer Wüstenhochebene über 4000 m. In den Sommermonaten, von Juni bis September, sind die Tage warm, sonnig und im Allgemeinen trocken. Nach Einbruch der Dunkelheit fallen die Temperaturen allerdings sehr rasch. Über 4000 m ist es nachts immer kalt und es kann auch Frost geben. Aber da der Himalaya im Regenschatten liegt, gibt es dort überraschend wenig Schnee im „Schneeland" . Da das Sonnenlicht in diesen Höhen sehr stark ist, dürfen Vorratspackungen an Sonnencreme und Lippenstift mit hohem Lichtschutzfaktor im Reisegepäck auf keinen Fall fehlen.

Sprache

In den Städten sprechen die meisten Tibeter neben ihrer Muttersprache auch Mandarin. Auch in den ländlicheren Gegenden kann man sich in den meisten Restaurants und Hotels mit Grundkenntnissen in Mandarin verständlich machen, da diese gewöhnlich von Han- oder Hui-Chinesen betrieben werden, die Mandarin sprechen. Doch abgesehen davon sind die meisten Tibeter sehr erfreut, wenn Besucher aus der Fremde zumindest auf Tibetisch grüßen können. Es lohnt sich also, ein paar Sätze Tibetisch zu lernen (s. S. 1165).

ℹ An- & Weiterreise

DIE ROUTE ÜBER NEPAL Die 865 km lange Straße, die Lhasa mit Kathmandu verbindet, wird als „Straße der Freundschaft: bezeichnet. Die einzige Fortbewegungsmöglichkeit für längere Strecken ist derzeit für Ausländer ein Mietfahrzeug.

Reisende von Nepal nach Lhasa lassen sich Fahrt und Reisegenehmigungen in der Regel von Reisebüros in Kathmandu arrangieren. Bei der Auswahl des Reisebüros ist jedoch Vorsicht geboten – der Löwenanteil der Beschwerden über Fahrten nach Tibet bezieht sich auf von Kathmandu aus organisierte Reisen. Am beliebtesten sind Sieben-Tage-Touren quer durchs Land, die zwei bis drei Mal die Woche angeboten werden. Buchungen sind ab 350 US$ – plus Visagebühren und Kosten für den Rückflug (ca. 440 US$) – möglich. Es gibt auch die Möglichkeit, beide Wege zu fliegen, Flugzeuge zwischen Kathmandu und Lhasa verkehren vier Mal pro Woche.

Ganz egal, was das Reisebüro verspricht, in den allermeisten Fällen fahren bei solchen Reisen auch Reisende anderer Anbieter mit. Die Unterbringungen sind sehr einfach. Die meisten Reisebüros, die in Thamel werben, sind lediglich Vermittler und nicht Organisatoren der Reisen und zucken dann auch nur mit den Schultern, wenn es Beschwerden gibt. Zu den besseren Reisebüros in Kathmandu gehören:

Ecotrek (☎01-4424112; www.ecotrek.com.np, www.ecotreknepal.com; Thamel)

Explore Nepal Richa Tours & Travel (☎01-4423064; 1. OG, Namche Bazaar Bldg, Tri Devi Marg; Thamel)

Green Hill Tours (☎01-4700803; Thamel)

Royal Mount Trekking (☎01-4241452; www.royaltibet.com; Durbar Marg)

Tashi Delek Nepal Treks & Expeditions (☎01-4410746; www.tashidelektreks.com.np; Thamel)

Was auch immer geplant ist: Wer aus Richtung Nepal kommt, darf den plötzlichen steilen Anstieg auf keinen Fall unterschätzen; die Höhenkrankheit tritt sehr häufig auf. Wer Kathmandu verlassen hat, sollte auf jeden Fall einige Tage abwarten, bevor er das Everest-Basislager besucht. Auf dem Weg nach Nepal empfiehlt sich die Buchung eines Geländewagens als Teil der Tibetreise.

DIE ROUTE ÜBER QINGHAI Mittlerweile verbindet eine Eisenbahnstrecke Lhasa und Qinghai, sodass man sich die lange Reise mit dem Nachtbus von Golmud aus nicht mehr antun muss. Nicht vergessen: Es ist deutlich schwerer, Zugfahrkarten nach Lhasa zu bekommen als von Lhasa; es ist also sinnvoll, nach Lhasa zu fliegen und von dort aus mit dem Zug weiterzureisen.

ANDERE STRECKEN Zwischen Lhasa und den Provinzen Sichuan, Yunnan oder Xinjiang verlaufen einige der wildesten, höchstgelegenen und abgelegensten Strecken der Welt. Generell ist es möglich, über diese Routen nach Tibet ein- bzw. aus Tibet auszureisen, wenn man mit einer teuren, organisierten Tour und den entsprechenden Genehmigungen reist. Im Jahr 2012 waren allerdings für Strecken durch Osttibet keine Genehmigungen zu bekommen, aber dies könnte sich bald wieder ändern.

Unterwegs vor Ort

Heute ist es üblich, dass ausländische Reisende Tibet auf organisierten Geländewagentouren kennenlernen. Das Reisen mit öffentlichen Verkehrsmitteln ist Ausländern außerhalb Lhasas verboten, und für gewöhnlich wird einem noch nicht einmal eine Fahrkarte für einen Bus verkauft.

Radfahren ist zwar erlaubt – aber derzeit sehr teuer, denn für einen Fahrer und ein Fahrzeug zu zahlen ist für alle Pflicht, selbst wenn dieses Fahrzeug gar nicht genutzt wird! Erfahrenen Fahrradfahrern sei dennoch der Trip von Lhasa nach Kathmandu empfohlen – es ist eine der schönsten Strecken der Welt.

Lhasa ལྷ་ས་ 拉萨

089 / 400 000 EW. / HÖHE: 3650 M

Lhasa ist traditionell das politische und spirituelle Zentrum der tibetischen Welt. Den von chinesischer Seite ausgeführten blindwütigen Modernisierungen zum Trotz hat Tibets vormodernes heiliges Erbe hier überlebt: der großartige Potala-Palast, einst Sitz des Dalai Lama, der altehrwürdige Tempel Jokhang, der erste und heiligste Tempel Tibets, die großen Klosteranlagen Sera, Drepung und Ganden und die zahllosen kleineren Tempel, Mönchsklausen, Höhlen, heiligen Felsen, Pilgerpfade und mit Gebetsfahnen bedeckten Hügel.

Heutzutage ist Lhasa gutes Reiseziel. Es stehen Dutzende guter Budget- und Mittelklassehotels und eine Menge ausgezeichneter, günstiger Restaurants zur Auswahl. Die Zahl der Englischkundigen ist zwar begrenzt, aber in den bekannteren Hotels, Restaurants, Cafés und Reisebüros gestaltet sich die Verständigung problemlos. Zudem ist Lhasa derzeit der einzige Ort in Tibet, an dem man auch ohne Führer auf Erkundungstour gehen kann, und es ist günstiger als der Rest von Tibet, weil kein Fahrzeug gemietet werden muss.

Lhasa ist deutlich in zwei Teile geteilt: Einen ausufernden chinesischen Teil im Westen und die sehr viel kleinere, jedoch viel interessantere tibetische Altstadt im Osten entlang der Barkhor-Straße. Hier gibt es die besten Unterkünfte, wobei jedoch zum Zeitpunkt der Arbeit an diesem Reiseführer strenge Militärpatrouillen, Überfallkommandos und Zivilpolizei entlang der Barkhor die Atmosphäre in der Altstadt sehr verdüsterten.

Sehenswertes & Aktivitäten

Neben den hier aufgeführten wichtigsten Sehenswürdigkeiten und Aktivitäten gibt es in der Altstadt Lhasas auch in den Nebenstraßen Tempel, Handwerksläden und ein interessantes muslimisches Viertel zu entdecken.

LP TIPP **Barkhor** PILGERPFAD

(བར་འཁོར; 八廓; Bakuo; Karte S. 1006) Keiner kann sich der wundersamen Menschenwoge, die sich in der Barkhor ergießt, entziehen. Der Pilgerpfad (*kora*) windet sich im Uhrzeigersinn rund um den Tempel Jokhang und besitzt eine unleugbare spirituelle Zentrifugalkraft. Wer sich ihm auf mehr als 50 m nähert, gerät in seinen Sog und wird glücklich und zufrieden eine Runde nach der anderen drehen! Die Pilgermenge ist faszinierend: Da stolzieren Khampas aus Osttibet mit geflochtenem Haar, weiten *chubas* (Umhängen) und verzierten Dolchen; Amdowa-Nomaden aus dem Nordosten tragen zerlumpte Schafshäute, ihre Frauen beeindrucken durch kunstvoll geflochtene Zöpfe und korallenroten Kopfschmuck. Es ist der perfekte Ausgangsort für die Erkundung Lhasas – und der Ort, zu dem es einen zieht, bevor man die Stadt wieder verlässt.

Nur wenig abseits des Pilgerwegs gibt es eine Reihe kleinerer Tempel, deren Besichtigung sich lohnt. Auf der Nordseite geht's auf der Straße nach Süden zum **Kloster Meru Nyingba,** ein bezaubernder Ort, der normalerweise voller Pilger ist. Auf dem Rückweg zum Pilgerweg bietet sich ein Besuch des **Jampa Lhakhang** mit seinen orangefarbenen Mauern und einer riesigen, zwei Stockwerke hohen Statue von Maitreya (Jampa auf Tibetisch) an.

Lhasa

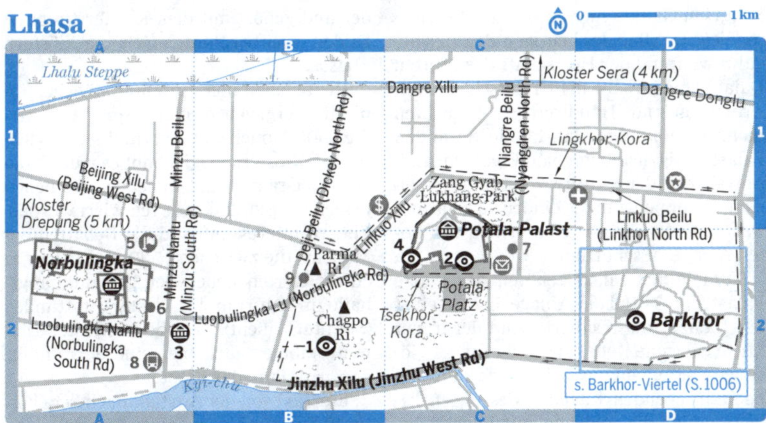

Jokhang-Tempel

LP TIPP **Jokhang-Tempel** TEMPEL

(ཇོ་ཁང་; 大昭寺; Dazhao Si; Karte S. 1006; Eintritt 85 Yuan; ⏲9–13 Uhr, 14–18 Uhr) Der 1300 Jahre alte Jokhang-Tempel ist das spirituelle Herz Tibets: Das beständige Kommen und Gehen von Pilgern, die sich vor dem Tempel niederwerfen, zeigt, dass Zeit für diesen Tempel bedeutungslos ist.

Der Jokhang-Tempel wurde als Schrein für ein Abbild Buddhas gebaut, das die nepalesische Frau von König Songtsen Gampo mitgebracht hatte. Doch seinen Namen (Jokhang bedeutet „Kapelle des Jowo") und seine spirituelle Macht verdankt er der Gabe einer anderen Frau des Königs, der chinesischen Prinzessin Wencheng. Sie brachte eine goldene Statue mit, die Buddha als Jowa Sakyamuni darstellt und verehrt wird wie keine andere Buddha-Darstellung in Tibet.

Die allerbeste Zeit für einen Besuch des zweistöckigen Tempels sind die Morgenstunden, auch wenn man sich dann durch Massen von Yakbutter opfernden Pilgern drängen muss. Am Nachmittag ist es zwar auch möglich, den Tempel zu besuchen, aber die Kapellen im oberen Stockwerk sind dann geschlossen und es sind keine Pilger da.

Potala-Palast

LP TIPP **Potala-Palast** PALAST

(པོ་ཏ་; 布达拉宫; Budala Gong; Karte S. 1003; Eintritt Mai–Okt. 200 Yuan, Nov.–Apr. 100 Yuan; hvor dem 1. Mai 9.30–15 Uhr, nach dem 1. Mai 9–15.30 Uhr, die inneren Gebetsräume schließen um 16.30 Uhr) Der wundervolle Potala-Palast, ehemals Sitz der tibetischen Regierung und Winterresidenz der Dalai Lamas, ist Lhasas markantestes Wahrzeichen. Der erste Blick auf seine hoch aufragenden, braun-weißen festungsgleichen Mauern bleibt dem Betrachter noch lange im Gedächtnis.

Selbst nach modernen Maßstäben ist der Palast, der mit seinen 13 Stockwerken und über 1000 Räumen über dem 130 m hohen Marpo Ri (Roter Hügel) aufragt, ein architektonisches Wunder. In den Räumen mischen sich Pilger und Touristen und bestaunen die Tausenden Statuen und Stupas in den sagenhaften Kapellen und Gebetsräumen.

Die erste belegte Bebauung dieses Ortes geht auf das 7. Jh. zurück, als der König

Lhasa

Highlights

Barkhor ... D2
Norbulingka ... A2
Potala-Palast ... C2

Sehenswertes

1 Chagpo Ri Felsskulpturen ... B2
2 Südeingang Potala ... C2
3 Tibetisches Museum ... A2
4 Ticketbüro Potala ... C2

Praktisches

5 Nepalesisches Konsulat ... A2
6 Ticketbüro Norbulingka ... A2

Transport

7 CAAC ... C2
8 (Haupt-)Busbahnhof West ... A2
9 Zugfahrkartenbüro (Stadt) ... B2

Songtsen Gampo hier einen Palast errichten ließ. Der Bau des heutigen Palastes begann während der Herrschaft des fünften Dalai Lama im Jahr 1645. Heerscharen von Arbeitern und Handwerkern brauchten mehr als ein halbes Jahrhundert, um den Palast fertigzustellen. Zhou Enlai entsandte während der Kulturrevolution seine eigenen Truppen, um die eindrucksvolle und wertvolle Anlage vor Übergriffen der Roten Armee zu schützen.

Zum Potala-Palast gehören der Weiße Palast, der Ostteil der Anlage, in dem einst der Dalai Lama residierte, und der in der Mitte gelegene Rote Palast, der für religiöse Zwecke genutzt wird. Zu den absolut beeindruckenden Kapellen des Roten Palasts zählen die goldenen, mit Juwelen besetzten Grab-chörten (tibetische Stupa) von mehreren früheren Dalai Lamas. In den Räumen des 13. und 14. Dalai Lama im Weißen Palast gewinnt man einen persönlicheren Eindruck vom Leben im Palast. Doch jenseits der eindrucksvollen Architektur und Geschichte ist spürbar, dass der Palast im Wesentlichen eine leere Hülle ist, dessen wichtigster Bewohner, der Dalai Lama, fehlt – ein monumentales Denkmal vergangener Zeiten.

Für den Potala-Palast gibt es nur eine beschränkte Zahl an Eintrittskarten, das bedeutet: Einen Tag vor dem geplanten Besuch nimmt der persönliche Führer die Pässe der Leute in seiner Gruppe und reserviert einen genauen Zeitpunkt für den Besuch am nächsten Tag. An diesem Tag sollte man eine halbe Stunde vor der auf dem Beleg angegebenen Zeit am Südeingang (Reisegruppen am Südosteingang) erscheinen.

Nach einer Sicherheitskontrolle folgt man den anderen Besuchern die Stufen hinauf in den Palast. Auf halbem Wege kommt dann das eigentliche Kassenhäuschen. Wichtig: Wer nach der auf dem Beleg angegebenen Zeit dort ankommt oder seinen Beleg vergessen hat, bekommt unter Umständen keine Eintrittskarte. In den Kapellen ist Fotografieren verboten. Nach Verlassen des Potala-Palasts auf der Nordseite ist es möglich, einen Teil der Potala *kora* zu laufen.

Kloster Sera KLOSTER

(སེ་ར་དགོན་པ་; 色拉寺; Sela Si; Eintritt 55 Yuan; ⏲9–17 Uhr) Das ungefähr 5 km nördlich von Lhasa gelegene Kloster wurde 1419 von einem Schüler Tsongkhapas gegründet und gehört mit dem Kloster Drepung zu den zwei berühmten Gelugpa-Klöstern Lhasas.

Heute leben hier etwa 600 Mönche, wenig im Vergleich zu den ursprünglich um die 5000 Mönche. In den rund sechs wichtigsten Klosterkollegien gibt es wunderbare Gebetsräume und Kapellen, von denen jedoch viele 2012 gerade renoviert wurden. Ebenso interessant sind die Debatten der Mönche, die zwischen 15.30 und 17 Uhr in einem Garten neben der Versammlungshalle im Zentrum des Klosters stattfinden (Sonntags nicht). Wie beim Kloster Drepung gibt es auch hier eine einstündige *kora* rund um das Kloster.

Ein Taxi von der Altstadt nach Sera kostet 10 Yuan, mit dem Fahrrad braucht man aus Lhasa etwa 30 Minuten. Pro Kapelle kostet das Fotografieren eine Gebühr von 15 bis 30 Yuan und für Videoaufnahmen 850 Yuan.

Vom Kloster Sera aus geht's mit dem Taxi oder zu Fuß (ca. 1 Std.) nordwestlich zu dem weniger besuchten **Kloster Pabonka**. Dieses im 7. Jh. von König Songtsen Gampo errichtete Heiligtum gehört zu den ältesten buddhistischen Gebäuden in der Region um Lhasa.

Kloster Drepung KLOSTER

(འབྲས་སྤུངས་; 哲蚌寺; Zhebang Si; Eintritt 50 Yuan; ⏲9.30–17.30 Uhr) Eine eineinhalbstündige *kora* um dieses Kloster aus dem 15. Jh. 8 km westlich der Altstadt gehört zu den Höhepunkten einer Tibetreise. Zusammen mit den Klöstern Sera und Ganden bildete Drepung einst eine der „drei Säulen" des tibetischen Staates. Das Kloster, das zu seiner Blütezeit 7000 Mönche beherbergte, soll angeblich das größte Kloster der Welt sein. Drepung bedeutet „Reishaufen", eine Anspielung auf die weißen Gebäude, die den Hügel übersäen.

Immer wieder verwüsteten Truppen der Tsang- und der Mongolenkönige das Kloster, die Truppen der Roten Armee hingegen ließen den Ort während der Kulturrevolution seltsamerweise mehr oder weniger in Frieden. Mittlerweile wurde das Klosterdorf mit gemeinsamen Anstrengungen erneut aufgebaut, ähnelt nun wieder seinem ehemaligen stolzen Selbst und beherbergt um die 600 Mönche. Zur Mittagszeit ist es möglich, die Novizen zu beobachten, die große Gefäße mit *tsampa* und Yakbuttertee bringen. In den Nachmittagsstunden finden in den Gärten hinter dem Kloster auch häufig die typisch tibetischen lebhaften Religionsdebatten mit viel Gestikulieren und Klatschen statt. Der Weg zum Kloster ist nicht zu verfehlen: einfach einer der vielen Pilgergruppen folgen.

Zum nahegelegenen **Kloster Nechung** (Eintritt 10 Yuan; ⌚8.30–17 Uhr) geht's 10 Minuten den Berg hinunter. Es beherbergte einst das tibetische Staatsorakel, sehenswert sind die gruseligen Wandbilder.

Die Buslinien 18 und 25 (2 Yuan) fahren von der Beijing Donglu bis unterhalb des Drepung-Hügels, von dort fährt ein Bus (1 Yuan) zum Kloster. Ein Taxi von der Barkhor kostet 30 Yuan. Manchmal muss für das Fotografieren 10 bis 20 Yuan pro Kapelle bezahlt werden.

Chagpo Ri Steinreliefs HISTORISCHE STÄTTE
(Map S.1003; Deji Zhonglu; Eintritt 10 Yuan; ⌚Sonnenaufgang-Sonnenuntergang) Den gesamten Tag über werfen sich Pilger vor diesen Felsbrocken und deren Hunderten von bemalten zum Teil tausend Jahre alten Steinreliefs nieder. Ganz in der Nähe gibt es Steinmetze, die eine riesige *chörten* aus vor Ort bearbeiteten *mani* (Gebets-) Steinen gebaut haben. Es lohnt sich, diesen wenig bekannten Ort zu besuchen. Die Reliefs sind auf der Südseite der Chagpo Ri, südwestlich des Potala-Palasts.

Norbulingka PALAST
(ནོར་བུ་གླིང་ཀ་; 罗布林卡; Luobulinka; Karte S.1003; Minzu Lu; Eintritt 60 Yuan; ⌚9–18 Uhr) Ungefähr 3 km westlich vom Potala-Palast befindet sich die einstige Sommerresidenz des Dalai Lama, Norbulingka. In dem hübschen Park befinden sich mehrere Paläste und Kapellen. Besonders bemerkenswert ist der vom derzeitigen, dem 14., Dalai Lama erbaute Neue Sommerpalast (Takten Migyü Podrang). Ob der Besuch das Eintrittsgeld wert ist, muss jeder selbst entscheiden.

GRATIS **Tibetisches Museum** MUSEUM
(འགྲེམས་སྟོན་ཁང་; 西藏博物馆; Xizang *bowuguan*; Karte S.1003; Minzu Nanlu; ⌚Di-So 10–17.30 Uhr) Wem es gelingt, die chinesische Propaganda herauszufiltern, der kann im Museum Interessantes entdecken. Die vielen Ausstellungsräume decken alles vom Waffen bis zu Musikinstrumenten ab und zeigen auch schöne alte *thangkas* (heilige tibetische Gemälde). Besonders beachtenswert ist die goldene Urne aus dem 18. Jh. (Ausstellungsstück Nr. 310), mit deren Hilfe die Chinesen ihre Version des Panchen Lama erkannten. Ein Walkman mit einer hilfreichen Audioführung kostet 20 Yuan Leihgebühr. Fotografieren ist erlaubt.

Tenzin Blind Massage Centre MASSAGE
(Karte S.1006; ☎634 7591; Zangyiyuan Lu; ⌚10–23 Uhr) Es gibt keine bessere Erholungsmöglichkeit nach einer langen Reise als eine chinesische oder tibetische Ölmassage (80 bis 100 Yuan) von Absolventen der beeindruckenden Massageschule von Braille Without Borders (www.braillewithoutborders.org).

Feste & Events

Die tibetischen Feste werden nach dem tibetischen Mondkalender gefeiert, der dem im Westen gebräuchlichen gregorianischen Kalender um mindestens einen Monat hinterherhinkt. Nachfolgend eine kleine Auswahl der wichtigsten Feste in Lhasa: Die meisten dieser Feste werden auch an anderen Orten in Tibet gefeiert.

Losar Fest RELIGIÖSES FEST
Das Fest findet im ersten Monat des Mondkalenders (Februar) statt; es gibt Aufführungen tibetischer Opern und Gebetsfeiern im Jokhang-Tempel sowie im Kloster Nechung. Die Straßen sind voller Tibeter im Festtagsgewand.

Saga Dawa RELIGIÖSES FEST
Am 15. Tag (Vollmond) des vierten Mondmonats (Mai/Juni) sind Massen von Pilgern auf dem Lingkhor-Pilgerweg.

Buddha-Fest RELIGIÖSES FEST
In der zweiten Woche des fünften Mondmonats (Juni) füllen sich die Parks in Lhasa, allen voran der Norbulingka-Park, mit Picknickern.

Drepung Fest RELIGIÖSES FEST
Das Fest beginnt in der Morgendämmerung des 30. Tages des sechsten Mondmonats (Juli): Am Kloster Drepung wird ein riesiges *thangka* aufgehängt. Im Haupthof gibt es Opernaufführungen von Lamas und Mönchen.

Shötun Fest RELIGIÖSES FEST
In der ersten Woche des siebenten Mondmonats (August) wird ein riesiges *thangka* vor dem Kloster Drepung enthüllt, dann geht's hinunter zum Kloster Sera und dem Norbulingka-Park zur Aufführung tibetischer Opern (*lhamo*) und für ausgedehnte Picknicks.

Barkhor-Viertel

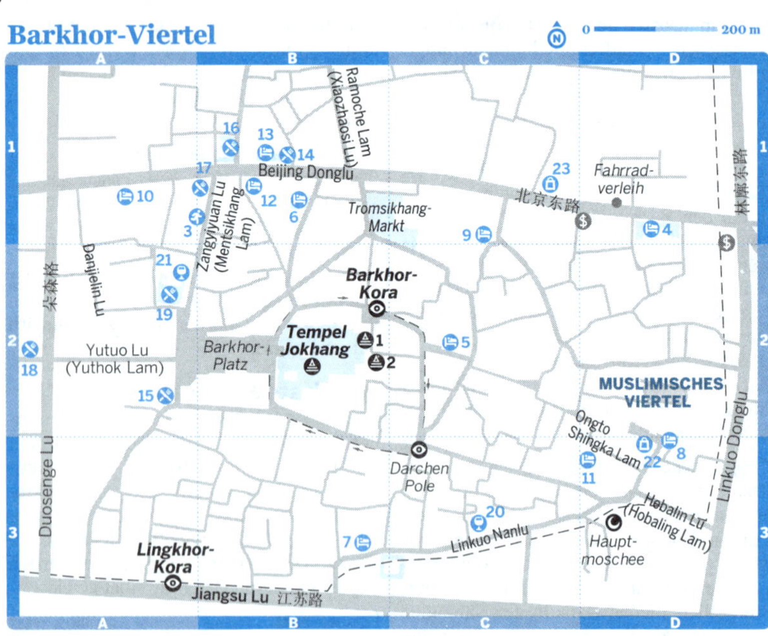

Barkhor-Viertel

Highlights

Barkhor-Kora B2
Lingkhor-Kora A3
Tempel Jokhang B2

Sehenswertes

1 Jampa Lhakhang B2
2 Kloster Meru Nyingba B2

Aktivitäten, Kurse & Touren

3 Tenzin Blind Massage Centre A1

Schlafen

4 Banak Shol Hotel D1
5 Barkhor Namchen House C2
6 Dhood Gu Hotel B1
7 Gorkha Hotel B3
8 Heritage Hotel D3
9 House of Shambhala C1
10 Kyichu Hotel A1
11 Rama Kharpo D3
12 Yabshi Phunkhang B1
13 Yak Hotel B1

Essen

14 Dunya Restaurant B1
15 New Mandala Restaurant A2
16 Pentoc Tibetan Restaurant B1
17 Tashi I B1
18 Tibet Steak House A2
19 Woeser Zedroe Tibetan Restaurant A2

Ausgehen

20 Ani Sangkhung Nunnery Teahouse C3
Dunya Bar ..... (siehe 14)
21 Summit Café A2

Shoppen

22 Dropenling D3
23 Outlook Outdoor Equipment C1

Palden Lhamo-Fest RELIGIÖSES FEST

Am 15. Tag des zehnten Mondmonats (November) wird Palden Lhamo, die Schutzgottheit des Jokhang-Tempels, in einer Prozession den Barkhor-Pilgerweg entlanggetragen.

Tsongkhapa Festival RELIGIÖSES FEST

Am Jahrestag seines Todes, das ist der 25. Tag des zehnten Mondmonats (Dezember), wird der Gründer des Gelugpa-Ordens verehrt. In den Klöstern Ganden, Sera und Drepung finden zu diesem Anlass feierliche Prozessionen und Mönchstänze statt.

Schlafen

In Lhasa gibt es eine große Auswahl an Unterkünften für jeden Geldbeutel. Die Preise sind abhängig von der Zahl der Besucher, aber erreichen im Allgemeinen ihren Höchststand im Juli und August, zu anderen Zeiten sind meist Rabatte von mindestens 20 % möglich. In den nächsten Jahren sollen in Lhasa eine Reihe von edleren Hotels entstehen, darunter auch ein Intercontinental und Shangri-La-Hotels.

LP TIPP **Kyichu Hotel** HOTEL €€

(吉曲饭店; Jiqu Fandian; Karte S. 1006; ☎633 1541; www.kyichuhotel.com; 149/18 Beijing Donglu; Standard-/Deluxe-Zi 380/500 Yuan; ❄@📶) Wer öfters nach Tibet kommt, weiß das gut geführte Kyichu Hotel zu schätzen. Die Zimmer sind modern und behaglich mit tibetischen Teppichen eingerichtet, aber wirklich überzeugende Pluspunkte sind der exzellente Service und der beschauliche Innenhof mit Garten (mit WLAN und Espresso). Die hinteren Zimmer mit Gartenblick sind am ruhigsten. Eine Reservierung ist dringend erforderlich, im Winter sind Rabatte möglich. Kreditkarten werden akzeptiert..

Yak Hotel HOTEL €€

(亚宾馆; Ya Binguan; Karte S. 1006; ☎630 0008; 100 Beijing Donglu; B 50 Yuan, DZ 450–650 Yuan, VIP-Zi 880 Yuan; ❄@📶) Das ehemals klassische Backpacker-Hotel ist mittlerweile in die Mittelklasse aufgestiegen. Es gehört aber immer noch zu Lhasas beliebtesten Hotels, in dem vor allem französische und niederländische Reisegruppen übernachten. Das beste Preis-Leistungs-Verhältnis bieten die im tibetischen Stil gestalteten Zimmer im rückwärtigen Bereich, die mit Rabatt in der Regel 300 Yuan kosten. Die Deluxe-Zimmer zur Straße sind größer, aber lauter. Eine Reservierung wird empfohlen. Inklusive ist das exzellente Frühstück im obersten Stockwerk.

Rama Kharpo HOTEL €

(热玛嘎布宾馆; Rema Gabu Binguan; Karte S. 1006; ☎634 6963; www.lhasabarkhor.com; 5 Ongto Shingka Lam; B 40–50 Yuan, DZ/3BZ 160/220 Yuan; ❄📶) Dieses in der Altstadt gelegene Hotel in der Nähe des muslimischen Viertels ist nicht einfach zu finden. Die Mehrbettzimmer ebenso wie die Zimmer mit Bad sind angenehm, und das dunkle, aber gemütliche Cafe, in dem Bier und einfache Speisen gereicht werden, ein beliebter Treffpunkt. Das Frühstück ist im Preis inklusive. Das Hotel ist eine beliebte Budget-Unterkunft.

Banak Shol HOTEL €

(八郎学宾馆; Balangxue Binguan; Karte S. 1006; ☎632 3829; 8 Beijing Donglu; B 50 Yuan, DZ 120–150 Yuan) Dieser Klassiker in Lhasa, der 2012 renoviert wurde, ist nun wieder eine gute Budget-Option. Die sauberen, frischen, geräumigen und mit Teppich ausgelegten Zimmer mit zwei bis fünf Betten bieten eine prima Preis-Leistungs-Verhältnis (die nicht renovierten Zimmer sind weniger angenehm) und der neue Duschbereich ist blitzblank sauber. Die in die Jahre gekommenen Zimmer mit Bad stehen 2013 zur Renovierung an.

Dhood Gu Hotel HOTEL €€

(敦固宾馆; Dungu Binguan; Karte S. 1006; ☎632 2555; www.dhodgu-hotel.com; 19 Shasarsu Lu; 冲赛康夏莎苏 19 号; EZ/DZ/Suite inkl. Frühstück 450/530/650 Yuan; @📶) Auch

NICHT VERSÄUMEN

LHASAS PILGERWEGE

Empfehlenswert ist ein Gang auf den vier wichtigsten Pilgerwegen *(kora)* in Lhasa, besonders während des Saga-Dawa-Fests, wenn die Grenze zwischen Pilgern und Touristen verschwimmt. Nicht vergessen: Immer im Uhrzeigersinn gehen.

» **Nangkhor** Umkreist den inneren Bezirk des Jokhang-Tempels.

» **Barkhor** Verläuft entlang der Außenbereiche des Jokhang-Tempels.

» **Lingkhor** Die Runde auf dem 8 km langen Weg kann an jedem Punkt begonnen werden, aber die spannendste Strecke ist die von der südöstlichen Altstadt hin zum Potala-Palast.

» **Potala Kora (Tsekhor)** Rund um den Potala-Palast finden sich fast ohne Unterbrechung Gebetsmühlen, *chörten* (tibetische Stupa), Wandmalereien und Kapellen. Empfehlenswert ist eine Pause mit süßem Tee in einem zauberhaften Teehaus an der Strecke neben den drei weißen Chörten an der Nordwestecke.

BESUCH VON KLÖSTERN UND TEMPELN

Die meisten Klöster und Tempel heißen Fremde herzlich willkommen. Wer die folgenden Benimmregeln befolgt, trägt dazu bei, dieses Vertrauensverhältnis aufrechtzuerhalten:

» Klöster, Kapellen und andere religiöse Bauten immer im Uhrzeigersinn umrunden , sodass Schreine und *chörten* (tibetische Stupas) in Laufrichtung rechts liegen.

» Nichts, was auf den Altären liegt, berühren oder wegnehmen, gleiches gilt für Gebetsfahnen oder *mani* (Gebetssteine).

» Während einer Andacht nicht fotografieren. Ansonsten ist Fotografieren in Ordnung, aber erst, wenn vorher um Erlaubnis gefragt wurde. Nachfragen ist besonders wichtig, wenn mit Blitz fotografiert wird. In den größeren Klöstern wird für das Fotografieren eine Gebühr erhoben, aber manche Mönche erlauben auch kostenlos ein Foto auf die Schnelle. Wenn die Mönche das Fotografieren verbieten, ist das kein Grund, wütend zu werden – wer weiß, welche Gründe sie haben und welchem Druck sie ausgesetzt sind.

» Shorts und Miniröcke haben in Klöstern nichts zu suchen, beim Betreten von Kapellen Kopfbedeckungen abnehmen

» Rauchen ist in Klöstern untersagt.

» Als Klosterführer immer einen Tibeter wählen, denn die chinesischen Reiseführer wissen allesamt nur wenig über den Tibetischen Buddhismus oder die Geschichte der Klöster.

» Frauen dürfen die Schutzkapellen *(gönkhang)* grundsätzlich nicht betreten.

wenn das Personal in diesem von Nepalesen geführten Dreisternehotel ein wenig kühl ist: Diese Unterkunft in der Altstadt mit ihrem prunkvollen Dekor nach tibetischer Art ist großartig, wenn auch ein wenig klein. Die Preise (mit Frühstück) sind ohne den Standardrabatt von 25% überhöht. Von der Bar im Dach bietet sich ein toller Blick auf den Potala-Palast.

House of Shambhala LUXUSHOTEL €€€
(香巴拉府; Xiangbala Fu; Karte S.1006; ☎632 6533; www.shambhalaserai.com; 7 Jiri Erxiang; 吉日二巷 7 号; DZ inkl Frühstück 675–900 Yuan; @📶) Die Suche nach Lhasas bestem Luxushotel ist gar nicht so einfach, aber sobald man in der Altstadt die senfgelbe Außenfassade und die eindrucksvollen Holztüren entdeckt hat, weiß man, dass man es gefunden hat. Die zehn Zimmer im Hotel sind in abgefahrenem tibetischem Stil eingerichtet, mit Unmengen von Holz, Stein, Seide und antiken Möbeln; die Zimmer im Obergeschoss sind die besten. Wer von der Dachterrasse aus über die Viertel der Altstadt blickt, fühlt sich in die Vergangenheit zurückversetzt. Ein Nebengebäude mit 16 Zimmern, der Shambhala-Palast, liegt noch tiefer in der Altstadt verborgen und ist günstiger mit Zimmerpreisen von 350 bis 500 Yuan.

Barkhor Namchen House GÄSTEHAUS €
(八廓龙乾家庭旅馆; Bakuo Longqian Jiating Lüguan; Karte S.1006; ☎679 0125; www.tibetnamchen.com;B/DZ 35/85 Yuan; @📶) Diese kleine Hinterhof-Pension in tibetischem Stil ist die richtige Wahl für den kleinen Geldbeutel. Die in der Altstadt gelegene Unterkunft ist geradezu perfekt: Das Personal ist stets freundlich, und die Badezimmer im asiatischen Stil ebenso wie die warmen Gemeinschaftsduschen sind hinreichend sauber. Die Zimmer sind recht klein, und manche haben nur wenig Tageslicht (nach einem Zimmer im oberen Stockwerk fragen), aber von dem schönen Aufenthaltsraum im Dach bietet sich ein toller Ausblick.

Gorkha Hotel HOTEL €€
(郭尔喀饭店; Guo'erka Fandian; Karte S.1006; ☎627 1992; 45 Linkuo Nanlu; 林廓南路 45 号; Zi/Suite 380/450 Yuan; @) Hier war in den 1950ern das nepalesische Konsulat untergebracht. Das nepalesisch-tibetische Gebäude punktet heute noch mit traditioneller Architektur. Die Zimmer sind recht unterschiedlich, daher besser mehrere ansehen. Die Suiten sind perfekt für Familien. Das Haus liegt im Süden der Altstadt in der Nähe mehrerer hübscher alter Tempel. Die Preise sind etwas überteuert.

Heritage Hotel HOTEL €€
(古艺酒店; Guyi Jiudian; Karte S. 1006; ☎691 1333; 11 Chaktsalgang Lu; DZ 300–360 Yuan; ❄📶) Hübsche, modisch eingerichtete Zimmer in der Altstadt, die Mitarbeiter sind hilfsbereit, mit eigenem gutem nepalesischem Restaurant.

Essen

Grundnahrungsmittel in Tibet sind *tsampa* (ein Brei aus geröstetem Gerstenmehl) und *bö cha* (Yakbuttertee). Die Tibeter formen aus diesen beiden Zutaten in der Hand kleine Bällchen, *momos*, die sie mit Gemüse oder Yakfleisch füllen. Ein weiteres Standardgericht ist *thugpa* (Nudeln mit Fleisch). Zur Abwechslung gibt's auch mal *thanthuk* (gebratene Teigtaschen) oder *shemdre* (Reis und Kartoffeln mit einem Yakfleischcurry). Mehr über chinesisch-tibetische Speisekarten auf S. 830.

In Lhasa finden sich zahlreiche Restaurants, die eine große Auswahl an exzellenten nepalesischen, chinesischen, tibetischen und westlichen Gerichten anbieten. Wenn nicht anders vermerkt, gibt es in allen hier aufgelisteten Restaurants Frühstück, Mittagessen und Abendessen.

LP TIPP **New Mandala Restaurant** NEPALESISCH €€
(新满斋餐厅; Xinmanzhai Canting; Karte S. 1006; Zangyiyuan Lu; Gericht 20–35 Yuan; 📋) Die nepalesischen Gerichte hier sind hervorragend und auf dem Dach lässt sich bei einem kühle Lhasa-Bier die Aussicht über Barkhor genießen. Auf der Speisekarte stehen westliche, nepalesische und chinesische Gerichte.

Tashi I INTERNATIONAL €
(Karte S. 1006; cnr Zangyiyuan Lu & Beijing Donglu; Gericht 10–25 Yuan; ⌚8–22 Uhr; 📋) In diesem einfachen alten Gasthaus fühlt man sich in die tibetische Vergangenheit zurückversetzt. Es ist genau der richtige Ort zum Abhängen. Die frisch überarbeitete Speisekarte bietet vor allem ein tolles Frühstück und prima Gemüsegerichte. Besonders lecker ist hier *bobi* (ungesäuertes Brot nach Ciabatta-Art), das mit gewürztem Frischkäse und gebratenem Gemüse oder Fleisch serviert wird.

Tibet Steak House INTERNATIONAL €€
(西藏牛排餐厅; Xizang Niupai Canting; Karte S. 1006; Yuthok Lu; Gericht 15–45 Yuan; ⌚8–22 Uhr; 📋) Dieses gut geführte Restaurant bietet hervorragende internationale und nepalesische Küche in einer modernen und frischen Umgebung. Die indischen Gerichte sind ganz besonders gut (empfehlenswert ist die Hühner-Butter-Masala). Das Steak House wird geführt vom ehemaligen Snowlands Restaurant, lange Zeit das angesagteste Restaurant in Lhasa, das eine Neueröffnung an der Zangyiyuan Lu plant.

Woeser Zedroe Tibetan Restaurant TIBETISCH €
(光明泽缀藏餐馆; Guangming Zezhui Zangcanguan; Karte S. 1006; Zangyiyuan Lu; Hauptgericht 10–30 Yuan; ⌚Mittag- & Abendessen; 📋) Hier treffen sich tibetische Pilger und Einheimische nach einem Besuch des Jokhang-Tempels. Das Restaurant mit den angenehmen traditionellen Sitzgelegenheiten ist der perfekte Ort, um die tibetischen Vibes zu spüren. Eine Mittagspause hier ist ein Muss. Empfehlenswert sind die *momos*, vor allem die mit Yakfleisch oder Käse gefüllten.

Pentoc Tibetan Restaurant TIBETISCH €
(Karte S. 1006; Gericht 10–20 Yuan; 📋) Wer auf der Suche nach einem authentischen tibetischen Restaurant ist, der fühlt sich bei Pentoc, der dieses lokaltypische Teehaus-Restaurant führt, wohl. Der Wirt spricht ein charmantes Englisch. Hier kann man hausgemachte landestypische Gerichte wie *momos, thugpa, shemdre* (Reis, Kartoffeln und Yakfleisch) mit Buttertee und *chang* (Gerstenbier) probieren. Es liegt nach 20 m links in einer kleinen Gasse, die von der Beijing Donglu abzweigt.

Dunya INTERNATIONAL €€
(Karte S. 1006; ☎633 3374; www.dunyarestaurant.com; 100 Beijing Donglu; Gericht 45–65 Yuan; 📋) Dieses von Ausländern betriebene Lokal mit seinem klassischen Dekor, der großen Auswahl an Gerichten und spannenden, an die indonesische Küche angelehnten Spezialitäten ist bei Reisenden beliebt, die Sehnsucht nach Vertrautem haben. Die Sandwiches, Yak-Burger und Pizzen sind alle gut.

Ausgehen

Die Tibeter trinken Unmengen von *chang* (ein würziges, alkoholisches Getränk aus fermentierter Gerste) und *bö cha*. Ein weiteres beliebtes Getränk ist *cha ngamo* (gesüßter Tee mit Milch). In der gesamten Altstadt sind überall tibetische Mini-Teehäuser zu finden.

LP TIPP Ani Sangkhung Nunnery Teahouse TEEHAUS
(Karte S.1006; 29 Linkuo Nanlu; Tee 2–8 Yuan; 8–17 Uhr) Pause beim Erkunden der Altstadt gefällig? Dann nichts wie ab zu diesem wuseligen Teehaus im Hof von Lhasas wichtigstem (und auch politisch aktivsten) Nonnenkloster. Location und Atmosphäre sind fantastisch.

Summit Cafe CAFE
(顶峰咖啡店; Dingfeng Kafeidian; Karte S.1006; Kaffee 17–27 Yuan; 7.30–22 Uhr;) An der Zangyiyuan Lu im Innenhof des Shangbala Hotels gibt's den besten Espresso. Man sitzt super gemütlich mit WLAN, ausgezeichnetem Kaffee und großartigen Desserts.

Dunya Bar BAR
(Karte S.1006; www.dunyarestaurant.com; 100 Beijing Donglu; Flaschenbier 15 Yuan; Mittag-Mitternacht;) Diese noble Bar mit Balkon liegt über dem gleichnamigen Restaurant. Hier können Sportereignisse auf dem Bildschirm verfolgt werden.

Shoppen

Auf der Suche nach Gebetsmühlen, *thangkas*, Sonnenhüten oder Importmüsli? In Lhasa kein Problem! Entlang der Barkhor-Straße gibt es viele Geschäfte für Spirituelles als Souvenir oder für Pilger, angeboten werden Gebetsfahnen, Amulette, Türkisschmuck. Tibetische Stiefel, Cowboy-Hüte, Yakbutter- und Wachholderweihrauch. Fast alles, was dort angeboten wird, ist in Nepal hergestellte Massenware. Nicht vergessen: Feilschen, feilschen und nochmal feilschen.

Dropenling KUNSTHANDWERK
(Karte S.1006; 633 0898; www.tibetcraft.com; 11 Chaktsalgang Lu; 10–19 Uhr) Der Weg durch die tibetische Altstadt führt zu diesem tollen Laden, der gegründet würde, um das einheimische Kunsthandwerk angesichts der nepalesischen und chinesischen Importe zu stärken. Qualität und Preise sind hoch. Der Laden ist nicht einfach zu finden, doch in der Nähe gibt es Hinweisschilder. Man kann den Handwerkern im Hof bei der Arbeit zusehen oder an einer zweistündigen Tour (30 Yuan) durch die Werkstätten in der Altstadt teilnehmen. Ein Ausstellungsraum als Außenstelle soll am Zugang zum Barkhor-Platz eröffnet werden.

Outlook Outdoor Equipment OUTDOORAUSRÜSTUNG
(Kan Fengyun Bianhuan Yuanjing; Karte S.1006; 634 5589; 11 Beijing Donglu) Der beste der zahlreichen Läden vor Ort. Hier gibt es in China hergestellte Jacken aus Gore-Tex, Fleece-Jacken, Schlafsäcke, Öfen, Zelte und Matten. Außerdem kann hier Ausrüstung ausgeliehen werden.

Information

Büro für öffentliche Sicherheit

Lhasa City PSB (PSB; 拉萨市公安局; Lasa Shi Gong'anju; Karte S.1003; 624 8154; 17 Linkuo Beilu; Mo.-Fr. 9–12.30 Uhr & 15.30–18 Uhr) Verlängerungen des Visums sind hier nur schwer zu erhalten, wenn möglich sollte man dies woanders machen. Sollte es doch möglich sein, erhält man die Verlängerung nur ein oder zwei Tage vor Ablauf des Visums und auch nur, wenn man auf einer Rundreise ist.

Geld

Bank of China (中国银行; Zhongguo Yinhang; Karte S.1003; Linkuo Xilu; Mo.-Sa. 9–18 Uhr, So. 10.30–16 Uhr) Hier ist es möglich, mit der Kreditkarte Geld abzuheben, Überweisungen vorzunehmen und Geld zu wechseln. Außerdem gibt es einen 24-Stunden-Bankautomaten.

Bank of China (Filiale) (中国银行; Zhongguo Yinhang; Karte S.1006; Beijing Donglu; Mo.-Fr. 10–16.30, Sa. & So. 11–15.30 Uhr) In der günstig zwischen dem Banak Shol und dem Kirey Hotel gelegenen Bank kann man Geld wechseln und Reiseschecks einlösen, außerdem gibt's dort einen Geldautomaten.

Internetzugang

Das Summit Cafe sowie die Hotels Rama Kharpo und Kyichu bieten für ihre Gäste praktisches WLAN an. Es gibt eine Reihe von Internetcafés an der Beijing Donglu in der Nähe des Banak Shol Hotels.

Konsulate

Nepalesisches Generalkonsulat (尼泊尔领事馆; Nibo'er Lingshiguan; Karte S.1003; 0891–681 3965; www.nepalembassy.org.cn; 13 Luobulingka Beilu; Mo.-Fr. 10–12 Uhr) Stellt innerhalb von 24 Stunden Visas aus. Die derzeitige Gebühr beträgt für ein 15-/30-/90-Tage-Visum 175/280/700 Yuan. Wichtig ist es, ein Foto mitzubringen. Chinesische Touristen müssen ihr Visum hier beantragen, für Ausländer ist es leichter, ein Visum direkt in der nepalesischen Grenzstadt Kodari zu erhalten.

Medizinische Versorgung

120 Emergency Centre (急救中心; Jijiu Zhongxin; Karte S.1003; 633 2462; 16 Lingk-

DIE HÖCHSTE BAHNSTRECKE DER WELT

Seit ihrer Inbetriebnahme 2006 ist die Qinghai–Tibet-Bahn die höchstgelegene Eisenbahnstrecke der Welt. Der höchste Punkt ist der 5072 m hohe Tanggu-la-Pass, und 80 % der Strecke von Golmud nach Lhasa liegen über 4000 m. Damit ist diese Strecke ein Meisterwerk der Ingenieurkunst. Die 160 km lange Eisenbahnlinie mit ihren Brücken und Hochtrassen führt durch Permafrostzonen. Für die Sommermonate wurden Kühlrohre installiert, damit der sumpfige Boden gefroren bleibt. Die Kosten? Eindrucksvolle 4.1 Mrd. US$. Dieser Betrag wird sicherlich noch eindrucksvoller, denn die geplante Fortführung der Strecke bis nach Shigatse ist bereits im Bau. Die Chinesen sind zu Recht stolz auf dieses Wunder der Ingenieurskunst, aber viele Tibeter sind sich da nicht so sicher. Die Eisenbahn bringt billige (in China hergestellte) Waren und mehr wirtschaftliches Wachstum in die Autonome Region Tibet (TAR), aber durch sie wandern auch immer mehr Han-Chinesen zu, etwa eine Million Passagiere kommen so jedes Jahr nach Lhasa. Eines schafft die Bahn auf jeden Fall: Tibet wird noch fester an China angebunden.

Als dieser Reiseführer geschrieben wurde, mussten ausländische Reisende ihre TTB-(Tibet Tourism Bureau)-Genehmigung vorlegen, um eine Fahrkarte kaufen zu können. Für alle Passagiere gibt es eine eigene Sauerstoffversorgung, wobei in die Abteile derzeit nicht generell Sauerstoff eingespeist wird. In Weichschläfer-Kojen gibt es Fernseher, und über Lautsprecher in den Abteilen wird gelegentlich auf Sehenswürdigkeiten hingewiesen. Die Fahrpläne sind so gestaltet, dass man bei Tageslicht die schönsten Panoramen genießen kann.

Die Abfahrtszeiten des Zuges und die Fahrpreise nach Lhasa (Hartsitzer/Hartschläfter/Weichschläfer) von den folgenden Städten sind unten aufgelistet, können sich jedoch ändern. Wichtig: Im Juli und August kann es sehr schwer sein, Fahrkarten zu bekommen und viele Agenturen verlangen einen Aufschlag von etwa 200 Yuan für ein Ticket nach Lhasa. Unter www.chinatibettrain.com stehen die aktuellen Fahrpläne. Die Züge fahren, sofern nicht anders vermerkt, täglich:

Beijing West (T27), 389/767/1216 Yuan, 44 Std., Abfahrt 20.09 Uhr

Chengdu (T22/23), 331/671/1065 Yuan, 44 Std., jeden zweiten Tag, 21 Uhr

Chongqing (T222/3), 355/754/1168 Yuan, 44 Std., jeden zweiten Tag, 19.55 Uhr

Guangzhou (T264/5), 451/869/1472 Yuan, 56 Std., 12.19 Uhr (umsteigen in Xining)

Lanzhou (K917), 242/524/825 Yuan, 27 Std., 12.13 Uhr

Shanghai (T164/5), 406/797/1266 Yuan, 48 Std., 19.52 Uhr

Xining (K917, K9803), 226/495/783 Yuan, 27 Std., 11.50 Uhr

hor Beilu) Teil des People's Hospital. Eine Behandlungsberatung kostet etwa 150 Yuan.

Military Hospital (西藏军区总医院; Xizang Junqu Zongyiyuan; ☎625 3120; Niangre Beilu) Am besten für Notfälle.

Post

China Post (中国邮政; Zhongguo Youzheng; Karte S. 1003; Beijing Donglu; ⏲9–20 Uhr) Östlich vom Potala-Palast.

An- & Weiterreise

Bus

Ausländer dürfen zurzeit nicht mit öffentlichen Verkehrsmitteln durch Tibet reisen, aus diesem Grund können ausländische Reisende am Busbahnhof auch keine Fahrkarten kaufen. Falls sich das ändert: Vom Fernbusbahnhof aus fahren Busse nach Shigatse, Gyantse und auch noch weiter.

Flugzeug

Generell lassen sich Flüge nach Lhasa online buchen (auf www.expedia.com, www.ctrip.com und www.elong.net). Die meisten Fluglinien verkaufen jedoch kein Ticket nach Lhasa ohne eine TTB-Genehmigung, örtliche Reisebüros dagegen tun es.

Lhasa zu verlassen ist da schon einfacher, denn das Kaufen und Umbuchen von Tickets geht problemlos bei der **Civil Aviation Administration of China** (CAAC; 中国民航; Zhongguo Minhang; Karte S. 1003; ☎682 5430; 1 Niangre Lu; ⏲9–19 Uhr). Kreditkarten werden nicht akzeptiert. Es gibt Flüge zu allen größeren

Flughäfen in China. Oft gibt es auf die Tickets nach Chengdu und Chongqing Preisnachlässe bis zu 30 %.

Zwischen Lhasa und den folgenden Städten gibt es Flugverbindungen:

Ali 2600 Yuan, 3-mal wöchentl.

Beijing 2630 Yuan, tgl.

Chengdu 1700 Yuan, 10 tgl.

Chongqing 1830 Yuan, tgl.

Guangzhou (via Chongqing) 2700 Yuan, tgl.

Kathmandu 3076 Yuan (379 US$ von Kathmandu), 3-mal wöchentl.

Kunming (via Zhongdian) 2160 Yuan, tgl.

Shanghai Pudong (via Xi'an) 2960 Yuan, tgl.

Xi'an 1850 Yuan, 4-mal wöchentl.

Xining 1810 Yuan, 6-mal wöchentl.

Zhongdian 1580 Yuan, 7-mal wöchentl. (nur im Sommer)

Zug

Zugfahrkarten kann man zehn Tage vor Reiseantritt am **Fahrkartenschalter im Bahnhof** (⌚7–22 Uhr) im Südwesten von Lhasa oder am zentralen **Fahrkartenschaler in der Stadt** (火车票代售处; *huochepiao daishouchu*; Karte S. 1003; Deji Zhonglu; ⌚8–17.30 Uhr) kaufen. Die Züge kommen abends in Lhasa an. Die Abfahrtszeiten von Lhasa sind unten genannt. Alle Züge fahren, sofern nicht anders vermerkt, täglich.

Beijing West (T28), 42 Std., 13.45 Uhr

Chengdu (T24), 44 Std., jeden zweiten Tag, 7.57 Uhr

Chongqing (T224), 45 Std., jeden zweiten Tag, 12.45 Uhr

Guangzhou (T266), 58 Std., 12.05 Uhr

Lanzhou (K918), 26 Std., 8.20 Uhr

Shanghai (T166), 48 Std., 11.25 Uhr

Xining (K918, K9802), 23 Std., 8.20 Uhr

Unterwegs vor Ort

Bus

Busse (2 Yuan) verkehren regelmäßig zwischen der Beijing Donglu und dem Westen Lhasas.

Fahrrad

Ist man erst einmal akklimatisiert, dann ist ein Leihfahrrad ein gutes Transportmittel, um Lhasa zu erkunden. Gegenüber dem Banak Shol Hotel gibt es mehrere Fahrradverleihe (5 Yuan pro Std.).

Vom/zum Flughafen

Der Flughafen Gongkar liegt 65 km südlich von Lhasa. Bei geführten Touren gehört das Abholen vom Flughafen durch den Reiseführer in der Regel zum Service.

Flughafenbusse (25 Yuan, 75 Min.) fahren 10-mal täglich zwischen 7.30 und 13.30 Uhr vor dem CAAC-Gebäude ab. Die Busfahrt kostet nichts, wenn man sein Flugticket im CAAC-Büro gekauft hat.

Ein Taxi zum Flughafen kostet zwischen 150 und 200 Yuan.

Taxi

Innerhalb der Stadt haben die Taxis einen Einheitspreis von 10 Yuan. Die meisten chinesischen Fahrer kennen nicht einmal die tibetischen Namen der wichtigsten Sehenswürdigkeiten. Ein kurzer Trip mit der Fahrradrikscha sollte nicht mehr als 5 Yuan kosten, allerdings muss man vor der Abfahrt ziemlich verhandeln.

Rund um Lhasa

KLOSTER GANDEN དགའ་ལྡན་ 甘丹寺

Das ungefähr 40 km östlich von Lhasa gelegene Kloster (Gandan Si; Eintritt 45 Yuan; ⌚Sonnenauf- bis Sonnenuntergang) wurde im Jahr 1417 von Tsongkhapa gegründet. Es war das erste Gelugpa-Kloster und ist auch heute noch Herz und Seele des Ordens. Wenn die Zeit knapp ist, dann sollte bei der Auswahl der Sehenswürdigkeiten außerhalb Lhasas die Wahl auf dieses Kloster fallen. Zwei koras bieten ehrfurchtgebietende Aussichten über das Tal mit den verschlungenen Wassern des Flusses Kyi, und es gibt kaum einen Ort, an dem man mehr Pilger treffen kann.

Gut 400 Mönche sind seit der Zerstörung des Klosters während der Kulturrevolution zurückgekehrt, und seit einiger Zeit gibt es groß angelegte Wiederaufbauarbeiten. Die Polizeipräsenz ist stark. Die Gebühren für das Fotografieren betragen pro Kapelle 20 Yuan, die Gebühr für Videoaufnahmen liegt bei 1500 Yuan.

Gegen 6 Uhr fahren Pilgerbusse zum Kloster Ganden (35 Yuan, hin und zurück) an der Ecke Yuthok Lam und Duosenge Lu ab und kehren gegen 13.30 Uhr zurück. Touristen können diese Busse in Begleitung ihrer Reiseführer manchmal benutzen.

NAM-TSO གནམ་མཚོ་ 纳木错

Die heiligen Wasser des **Nam-tso** (Namucuo; Erw. 120 Yuan) schimmern in fast transzendentem Türkis. Der See ist gerahmt von langen Bändern mit Gebetsfahnen und schneebedeckten Berggipfeln. Geografisch gehört der riesige See zum Chang-

HÖHENKRANKHEIT

Mit der Höhenkrankheit (oder Acute Mountain Sickness, AMS) ist nicht zu spaßen. Es kommt häufig vor, dass die netten Weggefährten, die man unterwegs nach Lhasa kennengelernt hat, am nächsten Tag den Rückzug antreten, weil ihnen wegen des Höhenunterschiedes hundeübel ist (oder schlimmer). Medikamente wie Diamox sind sicherlich hilfreich, aber das Beste ist, den Körper nicht zu überfordern und den Aufstieg langsam und nach und nach anzugehen.

Die meisten Menschen haben leichte Symptome (Kopfschmerzen, Kurzatmigkeit) nach ihrer Landung in Lhasa (3600 m), zumindest, wenn sie es in den ersten Tagen langsam angehen lassen. Entscheidend ist es, nur langsam aufzusteigen (empfehlenswert sind 300 bis 500 Höhenmeter pro Tag). Bevor man in höher gelegene Regionen wie zum Nam-tso oder nach Westtibet vorstößt, sollte man eine Woche in und um Lhasa verbringen. Von einer direkten Reise von Kathmandu (1300 m) zum Everest-Basislager (5150 m) darf nicht einmal geträumt werden. Man sollte mindestens zwei oder drei Nächte in Orten wie Nyalam (3750m) und Tingri (4250m) pausieren.

Wer sich wegen der AMS Sorgen macht, der sollte vor der Reise nach Lhasa einige Zeit in höheren Regionen in West-Sichuan oder Nepal verbringen.

Weitere Informationen auf S. 1154.

tang-Plateau; im Norden grenzt er an die Tangula-Shan-Kette, im Südosten an den 7111 m hohen Gipfel Nyenchen Tanglha. Das Panorama ist ebenso atemberaubend wie die Höhe: Mit 4730 m liegt der See 1100 m über Lhasa – die Reise hierher sollte man also langsam angehen lassen. Eine Woche Aufenthalt in Lhasa ist das Minimum, um akute Höhenkrankheit (AMS; Acute Moutain Sickness) zu vermeiden.

Die meisten Besucher des Sees sind auf dem Weg zum Kloster Tashi Do an der südöstlichen Ecke des Gewässers. Es gibt eine Reihe schöner Wanderwege hinauf zu den Zwillingsgipfeln sowie eine eher kurze, aber von zahlreichen Pilgern begangene *kora*. Zwischen April und Oktober bieten eine Handvoll **Gästehäuser** (DZ 80–180 Yuan, 4BZ 200 Yuan) in nüchternen Blechhütten Unterkunft und Verpflegung. Am besten sind noch das Holy Lake Namtso Guesthouse und das Sheep Hotel. Man erhält ein Nachtlager, aber die Nächte hier können sehr kalt sein. Die Toiletten sind ärmlich, fließendes Wasser gibt es nicht – ein idealer Nährboden für Durchfallerkrankungen.

Nam-tso liegt 195 km nördlich von Lhasa – die vierstündige Fahrt führt über den 5190 m hohen Largen-la (*la* bedeutet „Pass"). Ein Besuch mit Übernachtung ist besser als ein reiner Tagesausflug. Obwohl es mittlerweile auch wieder Individualreisende gibt, fahren keine öffentlichen Verkehrsmittel zu dem See.

KLOSTER SAMYE བསམ་ཡས་དགོན་པ་ 桑耶寺

Das erste Kloster Tibets, das **Kloster Samye** (Sangye Si; Eintritt 40 Yuan; ⌚7.30–18 Uhr), befindet sich etwa 170 km südöstlich von Lhasa an den Sanddünen am Nordufer des Yarlung Tsangpo (Brahmaputra). Das im Jahr 775 von König Trisong Detsen gegründete Kloster Samye ist nicht nur wegen seiner entscheidenden Rolle bei der Einführung des Buddhismus in Tibet berühmt, sondern auch wegen seines Mandala-förmigen Grundrisses: Die Haupthalle (Ütse), stellt den Berg Meru, das Zentrum des Universums, dar, die äußeren Tempel symbolisieren die Ozeane, Kontinente, Subkontinente und weitere Elemente der buddhistischen Kosmologie.

Direkt vor der Klostermauer an der Nordostecke befindet sich das **Gästehaus des Klosters** (桑耶寺宾馆; Sangye Si Binguan; ☎0891-783 6666; 3BZ ohne Bad 120 Yuan, DZ mit Bad 180 Yuan) mit den besten Zimmern mit Bad in der Stadt und sauberen, frischen Dreibettzimmern ohne Dusche.

Gute chinesische und tibetische Gerichte, Bananenpfannkuchen und Milchtee in tibetischer Atmosphäre bietet das **Friendship Snowland Restaurant** (☎136-1893 2819; Gericht 14–40 Yuan; ⌚8–24 Uhr) vor dem Osttor. Über dem Restaurant sind Schlafsäle (50 Yuan) mit echten (keine Schaumstoff-) Matratzen. Es gibt mehrere Unterkünfte in der Nähe, darunter das nette Dawa-Gästehaus (达瓦家庭旅馆; Dawa Jiating Luguan; ☎799 5171; B 30 Yuan).

Wer ohnehin unterwegs zum Everest-Basislager oder zur nepalesischen Grenze ist, den kostet ein Abstecher zum Kloster Samye lediglich einen weiteren Reisetag. Unter Umständen ist ein kurzer Umweg über das nahegelegene Tsetang (泽当; Zedang) notwendig, damit der Reiseführer die benötigten Reisegenehmigungen besorgen kann. Eine gute Strecke ist die Straße nach Samye über Tsetang und dann über die etwas abgelegene Straße am Nordufer und das interessante Kloster Dorje Drak zurückzufahren.

Straße der Freundschaft

Die 865 km lange Strecke zwischen Kathmandu und Lhasa, bekannt als „Straße der Freundschaft", gehört zweifellos zu den beeindruckendsten Überlandrouten der Welt. Sie ist überwältigend schön, manchmal nervenaufreibend und manchmal schwindelerregend (der höchste Punkt ist der Gyatso-Pass auf 5100 m Höhe). Diese großartige Straße in Tibet führt zu den magischsten Zielen auf dem Hochplateau. Der Einfachheit halber wird in diesem Kapitel auch die Nebenstrecke von Lhasa nach Shigatse über den Yamdrok-tso-See und den Gyantse-Pass vorgestellt. Diese Strecke wählen die meisten auf ihrer Reise von der einen Stadt zur anderen - sie ist mit Sicherheit landschaftlich schöner und bietet mehr Attraktionen.

YAMDROK-TSO ཡར་འབྲོག་གཡུ་མཚོ་ 羊卓雍错

Auf der direkten Verbindung von Gyantse nach Lhasa erblickt man vom höchsten Punkt des Kamba-Passes (4794m) aus wahrscheinlich zum ersten Mal den gewundenen **Yamdrok-tso** (Yangzhuo Yongcuo; Eintritt 40 Yuan). Der See liegt mehrere hundert Meter unterhalb der Straße und strahlt bei klarem Wetter in einem märchenhaften Türkisblau. Weit im Nordwesten ragt imposant das riesige Nojin-Kangtsang-Massiv (7191 m) auf.

Auf dem Weg liegt der Ort **Nangartse**, der sich für eine Pause mit Mittagessen lohnt, es gibt die beliebten Buffets (35 bis 40 Yuan) in den Restaurants Lhasa und Yak, die meisten Reisenden übernachten in Gyantse. 20 Fahrminuten oder einen zweistündigen Fußweg von Nangartse entfernt liegt das **Kloster Samding** (Eintritt 20 Yuan), ein zauberhafter Ort mit Blick auf die Landschaft und den See.

Der Weg von Nangartse nach Gyantse führt über den 4960 m hohen Karo-Pass. Hier, neben einem beliebten **Aussichtspunkt** (Eintritt 50 Yuan) und den vergletscherten Nebengipfeln, fand während der Invasion von Younghusband in den Jahren 1903/04 die höchstgelegene Schlacht in der Geschichte des Britischen Kolonialreichs statt. Wer sich den lächerlichen „Eintritt" sparen möchte, kann etwas unterhalb des Passes anhalten.

GYANTSE རྒྱལ་རྩེ་ 江孜

☎0892 / HÖHE: 3980 M

In Gyantse (Jiangzi) steht der monumentale neunstöckige *chörten*, der lange als eines der architektonischen Wunder Tibets galt. Einst war die Stadt Zentrum des über den Himalaya gehenden blühenden Handels mit Holz- und Wolle. Die Teppiche aus Gyantse galten als die besten Tibets. Heute gehört Gyantse zu den tibetischen Orten, die am wenigsten von China beeinflusst sind. Beim Schlendern durch die Gässchen um das Kloster öffnet sich dem Besucher ein seltenes Bild traditionellen tibetischen Stadtlebens.

Sehenswertes & Aktivitäten

In Gyangtse findet vom 20. bis 26. Juli das große Fest mit Pferdrennen und Bogenschießen statt, bei denen es auch die beliebten traditionellen tibetischen Spiele wie Felsstemmen, Yakrennen und Tauziehen zu sehen gibt.

Kloster Pelkhor Chöde KLOSTER

(白居寺; Baijusi; Eintritt 60 Yuan; ⏲9–19Uhr, manche Kapellen sind zwischen 13 und 15 Uhr geschlossen) Einst gehörten 15 Klöster dreier unterschiedlicher tibetisch-buddhistischer

NICHT VERSÄUMEN

GYANTSE KUMBUM

Beim Aufenthalt in Gyantse darf ein Besuch des eindrucksvollen Gyantse Kumbum (wörtlich „100 000-Bilder-Stupa") nicht fehlen. Es handelt sich dabei um den größten chörten (tibetische Stupa) in Tibet. Darin windet sich ein Pilgerweg nach oben, der durch 108 Kapellen führt, die alle mit meisterhaften, originalen Wandgemälden ausgestattet sind. Um die Details der Gemälde zu sehen: Taschenlampe mitbringen!

WANDERUNG VON GANDEN NACH SAMYE

Die vier- bis fünftägige Wanderung vom Kloster Ganden zum Kloster Samye gehört zu den beliebtesten Wandertouren in Tibet. Der Weg, der die beiden wichtigsten Klöster Tibets verbindet, führt durch 80 km Wildnis. Er beginnt 50 km von Lhasa entfernt und führt über die Hochpässe Shuga (5250 m) und Chitu (5100 m). Der von subalpinen Seen, Zwergwäldern und Wiesen gesäumte Weg verläuft also in enormer Höhe und darf nicht unterschätzt werden.

Was die Reisegenehmigungen für Wandern anbelangt, so gelten die gleichen Bestimmungen wie für normale Reisen innerhalb Tibets. Manche Reisebüros können spontan eine Wandertour organisieren (z. B. ein Pferd oder Yak mieten und Verpflegung besorgen), solange man einen Reiseführer nimmt und den Transport von und zur Strecke organisiert; bei anderen Reisebüros muss man eine Komplettreise buchen. **Wind Horse Adventure** (☎0891-683 3009; www.windhorsetibet.com; Lhasa) gehört zu den professionellsten Organisatoren von Touren in Lhasa, ist aber auch nicht der billigste Anbieter. Für weitere Informationen zu dieser Tour und anderen Touren in die Region vom Mount Everest, Tsurphu und Shalu siehe das Kapitel Trekking im Lonely Planet *Tibet* (nur auf Englisch).

Orden zu dem 1418 gegründeten Klosterkomplex mit den hohen roten Mauern. Die noch erhaltene Versammlungshalle (wenn man den Komplex betritt immer geradeaus) mit ihren schönen Wandgemälden und Statuen im Schein der Butterlampen ist einen längeren Besuch wert. Direkt neben der Versammlungshalle liegt der spektakuläre **Gyantse Kumbum** aus dem 15. Jh.

Gyantse Dzong FESTUNG
(☎817 2116; Eintritt 40 Yuan; ⏲8.30–20.30 Uhr) Die Festung Gyantse Dzong thront auf einem schmalen Felsen über Gyantse. Von hier aus bietet sich ein ausgezeichneter Blick auf das Kloster Pelkhor Chöde und das umliegende Tal. Die Festung wurde im Jahr 1904 von den Briten bei ihrem Einmarsch in Tibet eingenommen. Bei den Renovierungsarbeiten 2012 wurden die antiimperialistischen Darstellungen erneuert. Betreten wird die Festung durch das Tor nördlich der Hauptkreuzung, oder auf der Rückseite.

Schlafen

Gyantse ist ein beliebter Halt bei Geländewagentouren. Auf der von Nord nach Süd führenden Yingxiong Nanlu gibt es eine vernünftige Auswahl an Unterkünften und Restaurants.

LP TIPP **Yeti Hotel** HOTEL €€
(雅迪花园酒店; Yadi Huayuan Fandian; ☎817 5555; www.yetihoteltibet.com; 11 Weiguo Lu; DZ mit Frühstück 520 Yuan; @ᯤ) Das renovierte Yeti ist ein hervorragendes Mittelklassehotel mit warmem Wasser rund um die Uhr, sauberen Zimmern mit Teppichboden, zuverlässigem WLAN und einem angenehmem Restaurant in der Lobby, in dem es alles vom Yaksteak bis zu Pizza gibt. Rabatte bis 50 % sind möglich.

Jianzang Hotel HOTEL €€
(建藏饭店; Jianzang Fandian; ☎817 3720; jianzanghotel@yahoo.com.cn; 14 Yingxiong Nanlu; 英雄南路 14 号; 4BZ pro Bett 50 Yuan, DZ 260–380 Yuan) Das bei Geländewagentouristen beliebte Hotel hat kleine, aber moderne Zimmer mit Bad und im Neubau gibt es warmes Wasser rund um die Uhr (in den 4-Bettzimmern nicht immer). Im tibetischen Restaurant im Obergeschoss kann man vernünftig frühstücken oder einfach eine Tasse Tee trinken. Der Manager wurde in der BBC-Dokumentation *A Year in Tibet vorgestellt*.

Essen

Yak Restaurant INTERNATIONAL €€
(亚美食餐厅; Ya Meishi Canting; Yingxiong Nanlu; Hauptgericht 15–35 Yuan; ⏲7–23 Uhr; 📋) Im Yak werden Backpacker mit Leckereien wie Arme Ritter, Yakburgern, Pfannengerichten und westlichem Frühstück verwöhnt. Die Wirtin ist stolz auf ihre französische Küche, es lohnt sich also, Yak-Leberpastete oder Yak-Gulasch mit Rotwein zu probieren.

Tashi Restaurant NEPALESISCH €€
(扎西餐厅; Zhaxi Canting; Yingxiong Nanlu; Hauptgerichte 20–40 Yuan; ⏲7.30–23 Uhr; 📋) In diesem Restaurant, das von Nepalesen

geführt wird, gibt es das beste indische Curry, aber auch das übliche westliche Frühstück sowie italienische und chinesische Gerichte. Die Deko ist tibetisch, aber die Bollywood-Filme und nepalesische Musik zaubern die Atmosphäre des indischen Subkontinents herbei.

Gyantse Kitchen TIBETISCH €€
(江孜厨房; Jiangzi Chufang; Shanghai Zhonglu; Gerichte 15–40 Yuan; ⌚7–24 Uhr; 📋) In diesem bei Einheimischen beliebten Restaurant gibt es die üblichen Spezialitäten, aber auch eine besondere Speisekarte mit tibetischen Gerichten (Tipp: Man spart Geld, wenn man von der Speisekarte in chinesischer Sprache bestellt). Das Restaurant ist gegenüber vom großen Gyantse Hotel. Der freundliche tibetische Eigentümer spendet einen Teil seiner Einnahmen armen Familien in Gyantse.

An- & Weiterreise

Gyantse ist meist ein Zwischenstopp auf Reisen zur nepalesischen Grenze, dem Mount Everest oder dem weiter westlich gelegenen Mount Kailash. Falls sich die Bestimmungen zu den Reisegenehmigungen ändern, stehen auch Ausländern zahlreiche Minibusse (1½ Std.) und Taxis (1 Std.) für die 90 km lange Strecke zwischen Shigatse und Gyantse zur Verfügung.

SHIGATSE གཞིས་ཀ་རྩེ 日喀则

☎0892 / 80 000 EW. / HÖHE: 3850 M

Shigatse (Rikaze) ist die zweitgrößte Stadt Tibets. Wie Lhasa besitzt sie zwei Gesichter: ein tibetisches und ein chinesisches. Der tibetische Teil erstreckt sich nordöstlich der hochaufragenden Mauern des Klosters Tashilhunpo; er ist voller weiß verputzter Gebäude, staubiger Gassen und Pilgern mit Gebetsmühlen. Der moderne chinesische Teil besitzt den Charme eines Einkaufszentrums, hier gibt es jedoch die meisten Restaurants und Hotels sowie alle anderen Institutionen. Shigatse besitzt einen neuen Flughafen, und bis 2014 soll auch die Eisenbahnlinie dorthin fertig sein, so dass die Stadt in Zukunft sicherlich noch weiter wachsen wird.

Geschichte

Shigatse, die traditionelle Hauptstadt der zentralen Tsangregion, hat lange Zeit mit Lhasa um die politische Herrschaft im Land gewetteifert. Die Tsang-Könige und später die Gouverneure übten ihre Regierungsgeschäfte von den beeindruckenden Höhen des (kürzlich wiederaufgebauten) Shigatse Dzong aus. Als die Mongolen begannen, den Gelugpa-Orden zu unterstützen, wurde Shigatse der Sitz der Panchen Lamas, den zweithöchsten Lamas in Tibet. Deren Zentrum ist und bleibt das Kloster Tashilhunpo.

Sehenswertes

Kloster Tashilhunpo KLOSTER
(བཀྲ་ཤིས་ལྷུན་པོ་དགོན་; 扎什伦布寺; Zhashilunbu Si; Eintritt 80 Yuan; ⌚9–19Uhr) Das Kloster ist der Sitz des Panchen Lama und eines der sechs wichtigsten Gelugpa-Zentren der tibetischen Kultur (neben den Klöstern Drepung, Sera und Ganden in Lhasa sowie den Klöstern Kumbum und Labrang in den Provinzen Qinghai bzw. Gansu). Es wurde 1447 von einem Neffen Tsongkhapas erbaut und ist so groß wie ein kleines Dorf – man braucht mindestens einen halben Tag, um es zu erkunden.

Das Kloster ist berühmt für die opulenten Gräber des 4. und 10. Panchen Lama und vor allem für die faszinierende Statue des Jampa (Maitreya) Buddha (mit beinahe 27 m Höhe die größte vergoldete Statue der Welt) im Tempel des Maitreya, Die Statue besteht aus 85 kg Gold und Massen von Juwelen.

Eine einstündige *kora* beginnt vor der Südwestecke der äußeren Mauer, und auf dem Weg hinauf bieten sich wunderbare Blicke auf das Kloster und die Stadt. Man kann danach in die Fußgängerzone absteigen oder zur an den Potala-Palast erinnernden Festung Shigatse Dzong weiterlaufen. Das vor Kurzem wieder errichtete Gebäude steht derzeit leer, soll aber ein Museum oder eine Galerie werden.

Schlafen

Gang Gyan Orchard Hotel HOTEL €€
(日喀则刚坚宾馆; Rikaze Gangjian Binguan; ☎882 0777; 77 Zhufeng Lu; B 50 Yuan, DZ mit Bad 180 Yuan) Dieses Hotel, direkt neben einer Produktionsstätte für traditionelle Teppiche und gerade einmal 100 m vom Kloster Tashilhunpo entfernt gelegen, ist nicht zu toppen. Die Zimmer sind groß und komfortabel, wobei die Zimmer zum Innenhof deutlich ruhiger sind als die zur lauten Straße. Die Gemeinschaftsbäder sind sauber, aber warmes Wasser gibt es nicht immer.

Tenzin Hotel HOTEL €
(旦增宾馆; Danzeng Binguan; ☎882 2018; 8 Bangjiakong Lu; 帮加孔路 8 号; B 40 Yuan, DZ mit/ohne Bad 160/120 Yuan; ❄) Schon seit langem ist dieses Hotel bei Reisenden sehr

Shigatse

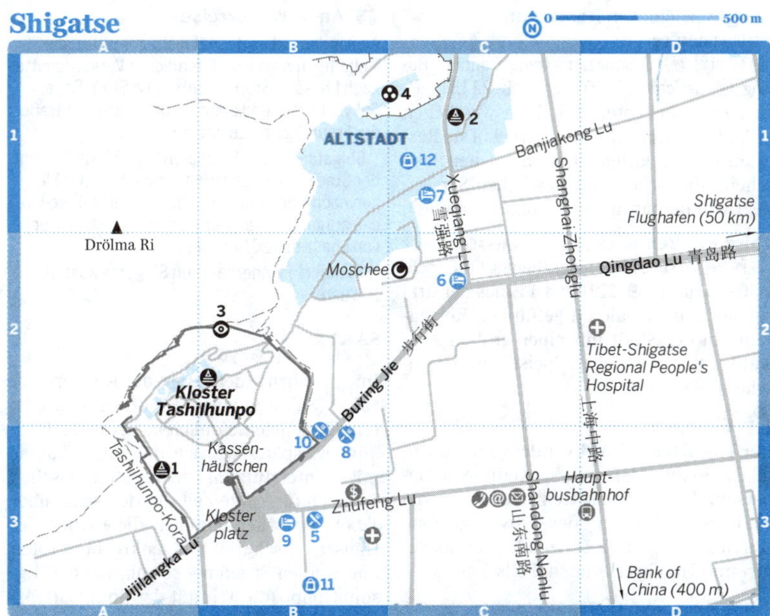

beliebt. Im Innenhof ist es manchmal etwas laut, aber die passablen Zimmer, die Lage in der Altstadt und der Blick vom Restaurant entschädigen für alles. In den Gemeinschaftsbädern gibt es meist warmes Wasser rund um die Uhr. Das Restaurant ist schön, aber nur von Juni bis August geöffnet.

Tashi Chotar Hotel HOTEL €€€
(扎西曲塔大酒店; Zhaxi Quta Dajiudian; ☎883 0111; www.zxqthotel.com; 2 Xueqiang Lu; DZ/3BZ 480/680 Yuan; ❄@) Das neue, komfortable Viersternehotel im tibetischen Stil bietet WLAN, schöne moderne Bäder und eine gute Lage. Einzelne Zimmer sind mit einem PC ausgestattet. Im Preis ist das Frühstück inbegriffen.

Essen

LP TIPP **Tibet Family Restaurant** TIBETISCH €
(丰盛餐厅; Fēngsheng Canting; Phuntsho Serzikhang; Gerichte 8–20 Yuan; ⌚8–22 Uhr; 📋) In diesem Restaurant im Stil eines tibetischen Teehauses gibt es hervorragendes Essen, man sitzt auch sehr schön in einem Außenbereich und in einer freundlichen Atmosphäre. Am Ende der *kora* um das Kloster gelegen, ist dies auch ein wunderbarer Ort, um die Menschen zu beobachten. Zu Auswahl stehen beispielsweise einfache Gemüsegerichte aus frischen Zutaten oder auch abenteuerliche Gerichte aus Yakfleisch, und alles in einem guten Preis-Leistungs-Verhältnis.

Shigatse

Highlights
Kloster Tashilhunpo B2

Sehenswertes
1 Chörten A3
2 Mani Lhakhang C1
3 Mauer des Thangka-Festes B2
4 Shigatse Dzong C1

Schlafen
5 Gang Gyan Orchard Hotel B3
6 Tashi Chotar Hotel C2
7 Tenzin Hotel C1

Essen
8 Songtsen Tibetan Restaurant B3
9 Third Eye Restaurant B3
10 Tibet Family Restaurant B3

Shoppen
11 Tibet Gang Gyen Carpet Factory B3
12 Tibetischer Markt C1

Songtsen Tibetan Restaurant

INTERNATIONAL €€

(松赞西藏餐厅; Songzan Xizang Canting; Buxing Jie; Gerichte 20–40 Yuan; ⏲8–22 Uhr; 🗐) In diesem beliebten Lokal im westlichen Stil gibt es herzhaftes Frühstück. Das Restaurant mit guten indischen, nepalesischen, tibetischen und westlichen Speisen liegt wunderbar in einer Fußgängerzone.

Third Eye Restaurant

NEPALESISCH €€

(雪莲餐厅; Xuelian Canting; Zhufeng Lu; Gerichte 10–30 Yuan; ⏲9–22 Uhr; 🗐) Eines der drei soliden, von Nepalesen geführten Restaurants in der Stadt mit einer großen Auswahl guter westlicher Speisen und indischer Currys.

Shoppen

Der **Tibetische Markt** vor dem Tenzin Hotel ist ein guter Ort, um Souvenirs wie Gebetsmühlen, Gebetsketten oder *thangkas* zu kaufen. Auch in der Fußgängerzone (Buxing Jie) gibt es Dutzende von Souvenir- und Handwerksläden. Feilschen!

Tibet Gang Gyen Carpet Factory

TEPPICHE

(西藏刚坚地毯厂; Xizang Gangjian Ditan Chang; www.tibetgang-gyencarpet.com; 9 Zhufeng Lu; ⏲Mo.-Sa. 9–13 & 15–19 Uhr) In diesem tibetisch-französischen Joint-Venture werden verarmte Frauen angestellt und angelernt, qualitativ hochwertige Teppiche aus 100 % tibetischer Wolle zu weben. In den Geschäftsräumen kann man zusehen, wie die Teppiche entstehen. Die Ware wird weltweit versandt.

Praktische Informationen

Telefonieren ist am billigsten in den zahlreichen privaten Telefonhäuschen in der Stadt.

Bank of China (中国银行; Zhongguo Yinhang; Shanghai Zhonglu; ⏲Mo.-Sa. 9–18 Uhr, So. 10–16 Uhr) Wechselt Reiseschecks und Bargeld rund um die Uhr am Geldautomaten. Eine angenehmere Filiale gibt es an der Zhufeng Lu, hier wird Bargeld gewechselt und es gibt einen Geldautomaten.

China Post (中国邮政; Zhongguo Youzheng; cnr Shandong Lu & Zhufeng Lu; ⏲9–18.30 Uhr)

Da M ayi Internetcafé (大蚂蚁网吧; Da Mayi *wangba*; Zhufeng Lu; 5 Yuan pro Std.; ⏲24Std.) Obergeschoss, neben China Telecom.

Public Security Bureau (PSB; 公安局; Gong'anju; Qingdao Lu; ⏲Mo.-Fr. 9.30–12.30 Uhr & 15.30–18.30 Uhr, Sa. & So. 10.30–13.30 Uhr) Es kann sein, dass Gruppenreisende in Richtung Westtibet warten müssen, damit ihr Reiseführer hier die Genehmigungen besorgen oder unterschreiben kann.

An- & Weiterreise

Ausländern ist es derzeit nicht gestattet, die vielfältigen Angebote öffentlicher Verkehrsmittel nach Lhasa (5 Std.), Gyantse (1½ Std.), Saga, Sakya, Lhatse und anderen Orten an der Straße der Freundschaft zu nutzen.

Shigatses neuer Flughafen liegt 50 km östlich der Stadt, der Flugbetrieb wurde 2012 mit Flügen nach Chĕngdu (1910 Yuan) zwei Mal pro Woche aufgenommen. Der Ausbau der Bahnstrecke von Lhasa soll 2014 fertig sein.

Taxifahrten innerhalb von Shigatse kosten 10 Yuan.

SAKYA

ས་སྐྱ 萨迦

☎0892 / HÖHE: 4280 M

Im 13. Jahrhundert stieg die Klosterstadt Sakya (Sajia) zu einem wichtigen Zentrum religiöser Gelehrsamkeit auf. Nur ein Jahrhundert später wurden die Sakya Lamas mit Unterstützung der mongolischen Truppen für kurze Zeit die Herrscher über Tibet. Noch heute stehen die Farben der Häuser – Aschgrau mit senkrechten roten und weißen Streifen – sowohl für die Rigsum Gonpo (die Trinität der Bodhisattvas) als auch für die Sakya-Schule. Das großartige, besinnliche Kloster, die vielen Pilger und das noch sehr traditionelle Dorf machen den Besuch in Sakya zu einem echten Höhepunkt der Reise, und es lohnt sich, in dem Ort zu übernachten.

Sehenswertes

Kloster Sakya

KLOSTER

(Eintritt 45 Yuan; ⏲9–18 Uhr) Der Hauptteil des 1268 errichteten Klosters Sakya ist ein massiver, festungsähnlicher Komplex mit hohen Verteidigungsmauern. Die schwach beleuchtete Versammlungshalle strahlt eine Heiligkeit aus, mit der sich kaum ein anderes Kloster messen kann. Darin befindet sich auch eine von Tibets größten Bibliotheken (zusätzlicher Eintritt 10 Yuan). Der Nordteil des Klosters auf der anderen Seite des Flusses Trum ist fast vollständig zur malerischen Ruine zerfallen. Allerdings sind Renovierungsarbeiten im Gange. Auch lohnt es sich, die *kora* zu gehen.

Schlafen & Essen

Manasarovar Sakya Hotel

HOTEL €€

(神湖萨迦宾馆; Shenhu Ssjis Bingusn; ☎824 2222; Gesang Zhonglu; B/DZ/3BZ 30/280/380 Yuan) Die Zimmer im besten Hotel der Stadt sind gemischt – beste Wahl sind wohl die mit Blick auf die Straße. Durch die dicken Wände ist das Hotel eher kalt und dunkel, aber die Zimmer sind recht gemütlich, warmes Wasser gibt es von 7 bis 22 Uhr. Die Schlafsäle mit sechs Betten sind in Ordnung, einer hat ein Bad. Der Blick von der Dachterrasse des Hotels ist beeindruckend, die Atmosphäre im Restaurant eher nüchtern, aber die westlichen Gerichte sind gut. Für die Übernachtung gibt es Rabatte von 20–30 %.

Sakya Lowa Family Hotel GÄSTEHAUS €
(萨迦镇鲁娃家庭旅馆; Sajia Zhen Luwa Jiating Lüguan; ☎824 2156; 35 Baogang Beilu; pro Person 50–60 Yuan) Das Lowa ist ein gemütlicher Familienbetrieb mit einfachen, aber sauberen Zimmern um einen Innenhof. Die Wände sind in strahlenden Farben gestrichen und mit traditionellen Motiven verziert. Es gibt keine Duschen und nur Plumsklos für alle. Das Gästehaus steht an der Straße zum Nordkloster, um die Ecke nach dem Manasarovar Sakya Hotel.

Sakya Monastery Restaurant TIBETISCH €
(萨迦寺餐厅; Sajia Si Canting; Gerichte 7–15 Yuan; ⌚8–21 Uhr) Dieses Klosterrestaurant mit viel Atmosphäre ist immer voller Pilger, die die köstlichen *momos* und ihr Glas dampfenden *cha ngamo* genießen.

ℹ An- & Weiterreise

Sakya liegt 25 km abseits der Straße der Freundschaft. Die meisten Übernachtungsgäste in Sakya sind auf der Durchreise ins Mount-Everest-Gebiet. Zwischen Shigatse und Sakya verkehrt ein Minibus am Tag.

KLOSTER RONGPHU & EVEREST-BASISLAGER

རྫོང་ཕུ་ཆོས་སྡེ་དང་ ཇོ་མོ་གླང་མའི་ཀླུང་ཐང་སྟོད།
绒布寺、珠峰

Auf der Fahrt zur nepalesischen Grenze oder während einer Fünf-Tage-Tour von Lhasa aus machen viele Reisende einen Abstecher zum legendären **Everest-Basislager** (5150 m). Mit etwas Glück hat man von hier aus die beste Aussicht auf ein Gletschertal bis hin zu der senkrechten Nordwand des Everest – beeindruckender als alles, was von Nepal aus zu sehen ist. Bei den Einheimischen heißt der Everest Chomolungma (oder Qomolangma), auf Chinesisch Zhufeng. Da das Basislager gerne für politische Demonstrationen genutzt wird, ist die Präsenz des chinesischen Militärs sehr groß hier oben.

Privatfahrzeuge können auf einer Schotterstraße zum **Kloster Rongphu** (Eintritt 25 Yuan) auf 5000 m Höhe, dem wohl höchstgelegenen Kloster der Welt, fahren und dann nur ein paar Kilometer weiter zu einer Ansammlung etwas heruntergekommener Nomadenzelte in der Nähe einer kleinen chinesischen Poststation (dem höchsten Postamt der Welt). Von hier aus führt eine gewundene, unbefestigte Straße zum Basislager. Zu Fuß dauert der Weg eine Stunde (nur empfohlen, wenn man nicht an der Höhenkrankheit leidet), die Fahrt mit dem Shuttle-Bus kostet 25 Yuan. Touristen dürfen die Expeditionszelte des eigentlichen Basislagers nicht anschauen.

Restaurants und Unterkünfte sind hier oben sehr begrenzt, aber der Handyempfang ist hervorragend! Das freundliche **Monastery Guesthouse** (B 40 Yuan, 2BZ ohne Bad 160–200 Yuan) in Rongphu bietet einfache Zimmer, aber ein gemütliches Restaurant mit Blick auf den Mount Everest. Das hässliche Zweisternehotel ist absolut überteuert. Möglich ist auch die Übernachtung in einem der **Nomadenzelte** (60 Yuan pro Person), die im Umfeld von 5 km vor dem Basislager in kleinen Gruppen stehen. In den Zelten ist es erstaunlich warm und gemütlich (die Yakdung-Öfen heizen wirklich fantastisch!), trotzdem schadet es nichts, einen Schlafsack dabeizuhaben. Hier gibt es einfache Mahlzeiten (20 bis 25 Yuan) und sogar Dosenbier; aber die Toiletten sind ein Graus. Das Gepäck sollte im Auto bleiben.

Das Basislager liegt ungefähr 90 km jenseits der Straße der Freundschaft an einer Schotterpiste über den Pang-la (Pass) auf 5050 m Höhe. Bevor man das Gebiet betritt, muss man in **Baber** (白坝; Baiba oder Neu Tingri; 4250 m) – bzw. Alt-Tingri, wenn man von Nepal kommt – den Eintritt für den Qomolangma National Park bezahlen: 400 Yuan pro Fahrzeug zzgl. 180 Yuan pro Passagier. Mit dem Reisebüro ist vorab zu klären, ob sowohl für das Fahrzeug als auch für den Reiseführer (180 Yuan) der Eintritt übernommen werden muss.

Wer eine Nacht in Baber verbringen muss, für den ist das **Kangjong/Snowland Hotel** (雪域宾馆; Xueyu Binguan; ☎136 3892 5738; B 40 Yuan, DZ mit Bad 180–200 Yuan; @) mit modernen Zimmern eine von mehreren guten Möglichkeiten. Im dazugehörigen **Restaurant** (Gericht 25–40 Yuan) im tibetischen Stil werden leckere Mahlzeiten serviert. Ein gemütliches Plätzchen, um mit einer Thermoskanne voll süßem Tee abzuchillen. Das Hotel liegt im Stadtzentrum am Abzweig nach Shegar.

Wer vom Everest zur nepalesischen Grenze fährt, kann die unbefestigte Straße nach Tingri über das Dorf Zombuk und den Lamna-Pass als praktische Abkürzung nutzen.

VON TINGRI NACH ZHANGMU

དིང་རི་ འགྲམ་ 樟木 定日

Die Altstadt von **Tingri** (Dingri; 4250 m) ist ein Wirrwarr aus Lehmziegelhäuschen, der sich heute einen Kilometer entlang der Straße der Freundschaft entlangzieht. Der Blick über die weite Ebene auf die hochaufragenden Gipfel des Mount Everests (8848 m) und des Cho Oyu (8153 m) macht die Fernfahreratmosphäre wett.

Von **Tingri Dzong** ist nichts geblieben, als die Ruinen, die vom Hügel aus auf die Stadt hinabblicken. Die Festung wurde im späten 18. Jh. bei einer nepalesischen Invasion zerstört – ein Schicksal, das sie mit zahlreichen weiteren Ruinen in der Ebene zwischen Shegar und Nyalam teilt.

Auf der meistbenutzten Strecke zwischen den beiden Städten gibt's mehrere tibetische Gasthäuser und Restaurants, darunter das **Tingri Snowland Hotel** (定日雪域饭店; Dingri Xueyu Fandian; ☎152 0802 7313; B/DZ/3BZ 30/80/105 Yuan) weit im Westen. Die Zimmer sind schlicht und sauber mit einfachen Gemeinschaftsduschen mit warmem Wasser (10 Yuan). Ebenfalls gut ist das neue Hotel im Zentrum **Hehu Binguan** (合呼宾馆; ☎136 4892 2335; B 30–50 Yuan, DZ mit Bad 260 Yuan), die Matratzen in den recht günstigen Mehrbettzimmern sind gut und es gibt auch einige Zimmer mit Teppichboden und Bad und sowie Toiletten, jedoch kein warmes Wasser.

Von Tingri zum an der nepalesischen Grenze gelegenen Zhangmu sind es weniger als 200 km – eine gemütliche Fahrt von einem halben Tag. Wer die Strecke entgegengesetzt fährt, sollte die Fahrt auf zwei Tage verteilen, um sich Zeit für die Akklimatisierung zu geben. Der höchste Punkt der Pflasterstraße ist der Tong-Pass (4950 m) 95 km vor Tingri. Von hier aus sieht man vor sich die 8000er-Gipfel des Himalaya.

Das Straßendorf Nyalam (Nielamu) liegt etwa 30 km von der nepalesischen Grenze entfernt und ist der übliche Übernachtungsort bei Geländewagentouren aus Nepal. Wie alle anderen Hotels des Ortes ist auch das neue **Snowlands Hotel** (雪域宾馆; Xueyu Binguan; ☎0892-827 2777; Zi ohne Bad 280 Yuan) deutlich überteuert, aber die Zimmer hier sind die besten in der Stadt und in den Gemeinschaftsbädern den Gang hinunter gibt es warmes Wasser. Im Preis inklusive ist das Frühstück. Manchmal ist das Hotel ausgebucht, weil indische Reisegruppen aus Kailash zurückkehren.

Hinter Nyalam fällt die Straße steil in eine tiefe, üppig bewaldete Schlucht (Bäume!) ab, die von eindrucksvollen Wasserfällen gesäumt wird, von denen viele Hunderte von Metern hoch sind. Beim Abstieg zum indischen Subkontinent spürt man, wie die Luft dicker wird.

ZHANGMU

འགྲམ་ 樟木

☎0892 / HÖHE: 2250 M

Die wuselige Grenzstadt Zhangmu (auf Nepalesisch Khasa, auf Tibetisch Dram) klebt an den bewaldeten Hängen über den gewundenen letzten Kilometern der Straße der Freundschaft. Der Duft von Curry und Räucherstäbchen hängt in der Luft, und das Quietschen bremsender LKW wird immer wieder vom Rauschen der schnell strömenden Flüsse in der Stadt durchbrochen. Nach der Zeit auf der dürren Hochebene empfinden manche dies als Fest der Sinne, andere als unwillkommene Störung der meditativen Stimmung der vorangegangenen Wochen.

Schlafen & Essen

Caiyuan Binguan HOTEL €€

(财缘宾馆; ☎874 5888; DZ 360 Yuan; ❄) Normale Land-Cruiser-Gruppen mögen dieses moderne, neue Hotel, weil es saubere, qualitätsvolle Zimmer mit Bad und passablem Frühstück bietet, allerdings ist es auch etwas überteuert. Warmes Wasser gibt's am Abend.

Lucien Sunny Youth Hostel HOSTEL €

(路晟阳光青年旅舍; Lusheng Yangguang Qingnian Lûshe; ☎874 2299; 49 Yingbin Lu; B 35–45 Yuan, DZ 150–170 Yuan) Das beste Preis-Leistungs-Verhältnis in der Stadt bietet diese freundliche chinesische Jugendherberge. Die Doppelzimmer sind sauber und hell mit kuscheligen Bettdecken und Duschen mit Steinboden. Die Mehrbettzimmer dagegen sind eher dunkel und nicht so gut, und im Badbereich gibt es nur Vorhänge als Abtrennungen.

Sherpa Hotel HOTEL €€

(夏尔巴酒店; Xia'erba Jiudian; ☎874 2098; B mit/ohne Bad 230/120 Yuan) Die pinkfarbenen Zimmer in dem netten Hotel sind sauber (wenn auch etwas klein) und meistens gibt es sogar Warmwasser. Die Zimmer nach hinten zum Tal sind sehr ruhig und bieten einen spektakulären Blick. Die nepalesischen Currygerichte in dem Restaurant sind die besten in der Stadt (Gerichte 15 bis 40 Yuan).

Praktische Informationen

Bank of China (中国银行; Zhongguo Yinhang; Mo.-Fr. 9.30–13 Uhr & 15.30–18 Uhr, Sa. & So. 10.30–15 Uhr) Wechselt Bargeld und Reiseschecks in Yuan sowie Yuan in US-Dollar, Euro oder britische Pfund. Nepalesische Rupien werden nicht gehandelt, hierfür muss man zu Geldwechseln in der Stadt gehen.

Westtibet

In Tibets „Wildem Westen", den die Tibeter Ngari nennen, leben nur wenige Menschen. Allerdings stellt er einen Magneten für Unmengen von Pilgern der drei großen Religionen (Buddhismus, Hinduismus und Jainismus) dar. Angezogen werden sie von den beiden spirituellen Kraftorten, dem Kailash-Berg und dem Manasarovar-See. Diese beiden Orte zählen zu den abgelegensten und sagenumwobensten Reisezielen der Welt.

Ngari ist ein weites und ödes Gebiet, das von Salzseen beherrscht wird. Die Landschaft mit ihren Marswüsten, Grassteppen und schneebedeckten Bergen ist faszinierend, aber auch sehr abgeschieden. Manchmal fährt man einen halben Tag lang, bevor man auf ein paar Zelte und eine Herde Yaks stößt – die einzigen Zeugen menschlicher Existenz. Seit kürzlich die südliche Straße nach Kailash befestigt wurde, ist die einwöchige Fahrt von Lhasa deutlich komfortabler, und es ist sogar möglich, von Ali zurückzufliegen.

Warme Kleider sind in dieser Region ein Muss – auch im Sommer; ein Schlafsack wird wärmstens empfohlen. Für die dreitägige *kora* rund um den Kailash muss nicht unbedingt ein Zelt eingepackt werden, aber für alle, denen es möglich ist, eines im Reisegepäck unterzubringen, bedeutet das ein Plus an Flexibilität und Komfort.

Die Unterkünfte auf der Strecke reichen von einfachen Gasthäusern bis hin zu gemütlichen Hotels. Zimmer mit Bad sind selten, aber in den meisten Städten gibt's mindestens ein öffentliches Badehaus. Auch Supermärkte mit gutem Angebot, Internetcafés und chinesische Restaurants gibt es mittlerweile in fast allen Städten. Trotzdem ist es extrem hilfreich, ein paar Vorräte wie Erdnüsse, Schokoriegel o. Ä. dabei zu haben.

Die einzige Möglichkeit, in Ngari Geld zu wechseln, besteht in Ali. Das Wechseln von Bargeld in Form von US$ ist sehr viel einfacher als das Einlösen von Reiseschecks. Also am besten für den Aufenthalt das notwendige Bargeld schon mitbringen.

Reisezeit

Mai, Juni und die Zeit von Mitte September bis Anfang Oktober sind sicher die besten Zeiten für eine Reise in die Region. In den Sommermonaten Juli und August kann es stellenweise sehr stark regnen. In der Zeit von Ende Oktober/Anfang November bis Anfang April ist der Drölma-Pass auf der Kailash-kora wegen des Schnees in der Regel unpassierbar. Während des Saga-Dawa-Fests im Mai oder Juni, kommen jedes Jahr Hunderte Pilger und Touristen zu diesem Berg.

Reisegenehmigungen

Um Ngari zu bereisen, sind eine ganze Handvoll Reisegenehmigungen notwendig: eine TTB-Genehmigung, eine Reisegenehmigung für Ausländer, eine Militärgenehmigung, eine Genehmigung des Außenministeriums usw. Das Reisebüro, das die Geländewagentour organisiert, braucht etwa zwei Wochen, bis es alle Genehmigungen hat.

An- & Weiterreise

Eine Geländewagentour zum Kailash dauert mindestens 14 Tage. Dazu müssen noch drei Tage gerechnet werden, um das Königreich von Guge bei Tsaparang zu erkunden. Eine gute Möglichkeit ist die Ausfahrt bei Zhangmu zu nehmen und den Abzweig von Saga aus über den Peiku-See zur Straße der Freundschaft zu fahren. Nähere Informationen über den längeren Rückweg über die abgelegenere nördliche Nationalstraße finden sich im Lonely Planet Tibet (nur auf Englisch).

VON LHATSE NACH KAILASH

Von Lhasa aus nehmen die meisten Reisenden die schnellere, direkte südliche Route nach Ngari. Es ist eine zwei- bis dreitägig Tour auf der befestigten Straße der Freundschaft nach **Lhatse** (拉孜; Lazi), einer Stadt mit einer Reihe von

REISEBESCHRÄNKUNGEN FÜR TIBET

Eigentlich ist das unruhige Tibet ein Teil von China, andererseits ist es in vielerlei Hinsicht anders. Die Reisebestimmungen sind hier um einiges strenger als im übrigen Teil des Landes. Reisende brauchen derzeit eine organisierte Tour, um einen Ort in der Autonomen Region Tibet (TAR) besuchen zu dürfen.

Offiziell dient dies dem Schutz der Reisenden, tatsächlich liegt es aber eher daran, dass Ausländer häufig mit den tibetischen Forderungen sympathisieren und über politische Spannungen berichten. Wer tibetisches Gebiet zu Fuß oder mit öffentlichen Verkehrsmitteln erkunden möchte, sollte daher besser in die tibetischen Gebiete von Sichuan und Qinghai fahren.

Die Reisebestimmungen für Tibet sind ebenso wie die Infrastruktur für Reisen im Land einem ständigen, raschen Wandel unterworfen.

Die aktuellen Bestimmungen müssen im Vorfeld mit den Reiseunternehmen besprochen werden, darüber hinaus empfiehlt sich ein Blick in den entsprechenden Tibet-Teil des **Lonely Planet Thorn Tree** (http://thorntreelonelyplanet.com). Tibet kann ohne Vorwarnung für Ausländer gesperrt werden, wie es 2012 für einige Monate der Fall war.

Folgende Bestimmungen galten zum Zeitpunkt der Drucklegung:

Ausländer benötigen für die Einreise nach Tibet eine Genehmigung des Tibet Tourism Bureau (TTB; Tibetisches Reisebüro) sowie eine spezielle Reisegenehmigung für Ausländer (sowie eine Reihe weiterer Genehmigungen), wenn sie außerhalb Lhasas reisen wollen.

Um diese Genehmigungen zu erhalten, heißt es vorbuchen: Der Reiseweg, ein Führer für die gesamte Dauer des Aufenthalts und die Fahrten außerhalb von Lhasa müssen alle von einem Reisebüro organisiert werden und feststehen, bevor die Reise nach Tibet losgehen kann.

» Im Jahr 2012 trat eine neue Bestimmung in Kraft, nach der eine Reisegruppe mindestens aus fünf Personen derselben Nationalität bestehen muss, was es für Individualreisende etwas schwieriger macht, sich zu einer Gruppe zusammenzufinden. Tibetische Reisebüros können manchmal den Reisenden helfen, Ausnahmen für diese Bestimmungen zu erwirken. Lonely Planet Thorn Tree bietet eine eigene Seite, auf der Reisende zusammenfinden können. Vielleicht werden diese Bestimmungen 2013 etwas gelockert.

» Die Genehmigung des Tibetischen Reisebüros muss bei Bahn- oder Flugreisen nach Lhasa vorgelegt werden. Im Flugzeug wird die Vorlage des Originals verlangt, welches per Post vom Reisebüro an eine Adresse in China (meist das jeweilige Hotel oder Hostel) geschickt wird. Für den Zug reicht derzeit ein Ausdruck bzw. eine Kopie.

» Fahrten innerhalb der Präfektur Lhasa müssen normalerweise nicht im Voraus werden, doch für den Besuch der wichtigsten Klöster muss unbedingt ein Füher engagiert werden.

» Für Fahrten außerhalb von Lhasa muss man einen Mietwagen (in der Regel einen Geländewagen) vorbuchen. Außerhalb von Lhasa ist es nicht erlaubt, alleine zu reisen oder öffentliche Verkehrsmittel zu benutzen.

» Die meisten Reisebüros berechnen etwa 600 Yuan für eine Reisegenehmigung, 250 Yuan pro Tag für einen Führer und zwischen 80 und 150 US$ pro Tag für einen Geländewagen (nicht pro Person). Viele Reisebüros gestatten es, die Unterkünfte selbst zu buchen.

Unterkünften, darunter das freundliche **Lhatse Tibetan Farmers Hotel** (拉孜农民旅馆; Lazi Nongmín Lǚguan; ☎832 2333; B 30 Yuan, DZ mit Bad 120–150 Yuan) mit neuen Zimmer mit Bad im rückwärtigen Bereich und einem gemütlichen Restaurant im tibetischen Stil.

Direkt hinter Lhatse biegt man dann von der Straße der Freundschaft ab und fährt auf der Nationalstraße 219 auf einer

» Die Reisebüros können die Reisegenehmigungen erst 15 Tage vor der Abreise beantragen, so dass es meist sehr knapp wird, bis man sie tatsächlich erhält. Dadurch wird natürlich auch die Buchung eines Flugs oder der Bahnfahrt deutlich komplizierter, daher ist es empfehlenswert, sofern möglich, immer ein Ticket mit Rückgabemöglichkeit zu buchen.

» Die Einreise von Nepal nach Tibet hat seine eigenen Tücken, denn Ausländer können nur mit einem Gruppenvisum (ein gesondertes Dokument) einreisen. Dieses Visum ist nur zwei oder drei Wochen gültig und kann praktisch nicht verlängert werden. Bestehende Visa für China im Pass werden gelöscht. Ein Gruppenvisum kostet in Kathmandu 58 US$ und braucht 10 Tage Bearbeitungszeit. Der Express-Service kostet 118 US$.

Die hier genannten Reiseunternehmen können Reisen und Reisegenehmigungen für Tibet organisieren und sind die Arbeit mit Individualreisenden gewohnt. Auf www.tibetgreenmap.com finden sich noch weitere Reiseunternehmen.

Lhasa

» **Namchen Tours** (☎634 5009; www.tibetnamchen.com) Zu finden im Barkhor Namchen House in der Altstadt von Lhasa. Nach Doko fragen.

» **Shigatse Travels** (☎633 0489; www.shigatsetravels.com; Yak Hotel, 100 Beijing Donglu) Exklusivere Reisen.

» **Spinn Cafe** (☎136 5952 3997; www.cafespinn.com; 135 Beijing Donglu) Klare und transparente Abwicklung, nach Kong fragen.

» **Tibet Highland Tours** (☎691 2080, 189 0899 0100; www.tibethighlandtours.com; tibetanintibet@yahoo.cn; Zangyiyuan Lu) Nach Tenzin fragen.

Andere Städte in China

» **Leo Hostel** (☎10-8660 8923; www.leohostel.com; 52 Dazhalan Xijie, Qianmen, Beijing) Siehe S. 96.

» **Mix Hostel** (☎028-8322 2271; www.mixhostel.com/tibet.htm; 23 Renjiawan, Xinghui Xilu, Chengdu) Siehe S. 795.

» **Hello Chengdu International Youth Hostel** (☎8196 7573, 8335 5322; www.gogosc.com) Beliebtes Reisebüro und Hostel (S. 795) in Chengdu.

» **Snow Lion Tours** (☎971-816 3350, 134 3932 9243; www.snowliontours.com; Office 1212, Chenglin Mansion, 7 Dongdajie Lu, Xining) Nach Wangden Tsering fragen.

» **Tibetan Connections** (☎135 1973 7734; www.tibetanconnections.com; 16. Etage, Gebäude Nr. 5, International Village Apartments, 2–32 Jiancai Xiang, Xining) Empfehlenswert.

» **Wind Horse Adventure Tours** (☎971-636 3008; www.windhorseadventuretours.com; Qinghai International Business Centre, 12. Etage, 27 Kunlun Zhonglu, Xining) Nach Tashi Phuntsok fragen. Arbeitet mit Tibetan Connections zusammen.

Um Überlandreisen von Yunnan aus zu organisieren, bieten sich folgende Unternehmen an: **Khampa Caravan** (www.khampacaravan.com), S. 759, und **Haiwei Trails** (www.haiweitrails.com), S. 759, in Zhongdian sowie **China Minority Travel** (www.china-travel.nl) in Dali, S. 735.

Im Kapitel Reiserouten stehen Alternativen für einen genehmigungsfreien Besuch tibetischer Regionen in Qinghai und Sichuan.

meist befestigten Straße zum dem Dörfchen **Raga**, in dessen direkter Nähe die weniger befahrene nördliche Route nach Norden abzweigt. In Raga gibt es einfache **Gasthäuser** (B 30 Yuan), aber die meisten Gruppen fahren weiter in Richtung Westen bis in die 60 km entfernte größere Militärstadt **Saga** (萨噶). Hier gibt es Internetcafés und öffentliche Duschen mit Warmwasser. Das **Saga Binguan** (萨噶宾

馆; ☎0892-820 2888; DZ mit Bad 360–420 Yuan; ❄@) liegt in der Stadt an der Straßenkreuzung und verfügt über westliche Badezimmer und Warmwasserduschen. Tibetische Gasthäuser wie das gemütliche **Bo Tie The Clan Hotel** (Bodo Dronkhang; 博扎家族旅馆; Bozha Jiazu Lüguan; B 30 Yuan) liegen zehn Gehminuten (800 m) nördlich des Zentrums.

Es ist möglich, von Saga mit einer langen Tagesfahrt (490 km) nach Darchen zu kommen, wobei aber zahlreiche Gruppen sich für diese schöne Fahrt zwei Tage Zeit nehmen. Für die Akklimatisierung ist das sehr hilfreich. Hinter Lhatse liegt die Strecke nie unter 4000 m.

Im verdreckten **Paryang** (帕羊; Payang) befindet sich das bei indischen Pilgern besonders beliebte **Shishapangma Hotel** (希夏邦马宾馆; Xixiabangma Binguan; B/DZ pro Bett 40/100 Yuan). Das zentral gelegene **Tashi Hotel** (扎西旅馆; Zhaxi Lüguan; B 30 Yuan) im tibetischen Stil ist kleiner und einfacher. Zwischen Paryang und Darchen liegen 245 km.

KAILASH གངས་རིན་པོ་ཆེ 冈仁波斋峰

Die riesige Pyramide des im Tibetischen auch als Kang Rinpoche oder „Schneejuwel" bezeichneten Berges Kailash (Gang Renbozhai Feng; 6714 m) beherrscht unübersehbar die Landschaft. Für Buddhisten ist der Kailash Wohnsitz von Demchok, einer grimmigen Erscheinungsform von Buddah Sakyamuni. Für Hindus ist der Berg die Heimstatt Shivas, dem Zerstörer und Erneuerer.

Es ist durchaus nachvollziehbar, warum der heilige Berg Kailash bereits vor sehr langer Zeit ins Reich der Mythen einging. Um einiges erstaunlicher ist es jedoch, dass sich auf dem Berg die Quelle der vier wichtigsten Flüsse Asiens befinden soll – und noch erstaunlicher ist, dass diese Legenden mehr oder weniger der Wahrheit entsprechen. Tatsächlich ist nämlich das Einzugsgebiet um den Kailash und den See Manasarovar das Quellgebiet des Karnali (einem der wichtigsten Zuflüsse des Ganges), des Brahmaputra, des Indus und des Sutlej. Ein Besuch des Kailash versetzt seine Besucher demnach geradewegs in das geografische und spirituelle Zentrum der Welt.

Aktivitäten

Zahlreichen Pilgern reicht es bereits, einfach einen Blick auf die Südwand des Kailash zu werfen (deren Maserung einer Swastika, dem buddhistischen und hinduistischen Symbol für spirituelle Stärke, ähnelt). Doch für die tibetischen Pilger und den größten Teil der ausländischen Reisenden ist die vollständige *kora* um den Berg das Ziel.

Die *kora* beginnt im schmuddeligen **Darchen** (塔尔钦; Ta'erqin; 4560 m) und dauert (im Schnitt) drei Tage (die meisten Tibeter umrunden den Berg allerdings an einem einzigen 15-Stunden-Tag). Die *kora*

CHINAS ENTLEGENSTE STRASSE

Die 1100 km lange Nationalstraße 219 zwischen Ngari (Ali) in Westtibet und Karghilik (Yecheng) in Xinjiang durchquert die wahrscheinlich entlegenste Bergregion der Welt. Die Straße ist so abgelegen, dass Indien in den ausgehenden 1950er-Jahren ein ganzes Jahr brauchte, bis es merkte, dass China durch dieses Gebiet, das sie als ihr Territorium ansahen (!) gebaut hatte, was im Jahr 1962 zu einem Krieg zwischen den beiden großen Staaten führte. Die gute Nachricht für Reisende ist, dass die Befestigung dieser legendären Straße 2012 schließlich fertiggestellt wurde, was die Fahrt deutlich angenehmer macht und wodurch die Straße auch eine tolle Fahrradroute werden könnte.

Für die Fahrt sollten auf jeden Fall drei Tage eingeplant werden. Übernachtungen sind in Gasthäusern in Domar, Sanshili Yingfang und Yecheng möglich. Zu den Sehenswürdigkeiten auf der Strecke gehören das Kloster in Alt-Rutok, die türkisblauen Gewässer des Pangong-tso, der nach Ladakh strömt, die absolute Leere der Aksai-Chin und die seltenen Blicke auf das zerklüftete Kunlun-Gebirge. Auch hierfür gelten alle üblichen Reisebeschränkungen für Reisen in Tibet, daher muss man einen Geländewagen, eine Führer und Reisegenehmigungen in einem Reisebüro in Lhasa (oder Kashgar) organisieren. Es empfiehlt sich, die Reise von Tibet aus zu starten, da der schnelle Anstieg von Karghilik (1230 m) aus besonders gefährlich ist, wenn man nicht akklimatisiert ist.

GRENZÜBERGANG NACH NEPAL

Nach der Passkontrolle in Zhangmu fährt man mit seinem Geländewagen 8 km in Serpentinen nach unten zur **Chinesischen Einreisebehörde** (⌚10–17 Uhr, manchmal geschlossen zwischen 13.30–15.30 Uhr) an der Brücke der Freundschaft und dem nepalesischen Grenzposten in Kodari. Wenn man aus irgendeinem Grund kein Auto mehr hat, fahren orange und blaue Taxis diese Strecke für 10 Yuan pro Person.

Bei der **Nepalesischen Einreisebehörde** (⌚8.30–16 Uhr) in Kodari kann man zum gleichen Preis wie in Lhasa (25/40/100 US$ oder die entsprechende Summe in Rupien für ein 15-/30-/90-Tage-Visum) ein Visum erhalten. Wer kein Passfoto hat, muss zusätzlich 5 US$ zahlen. Die nepalesische Zeit liegt 2¼ Stunden hinter der chinesischen Zeit.

Täglich fahren vier Busse nach Kathmandu (230–350 Rupien, 4½ Std.) – der letzte Bus um 13.30 Uhr ist ein Expressbus – oder man nimmt einen Bus nach Barabise (75–125 Rupien, 3 Std., letzter Bus um 17 Uhr) und steigt um. Die angenehmere Variante ist, gemeinsam mit anderen Reisenden eine Privatfahrt zu organisieren (3000 Rupien pro Auto oder 800 Rupien pro Platz, 4–5 Std.). Nach 17 Uhr wird es schwer, einen Fahrer zu finden.

Weitere Infos gibt es unter shop.lonelyplanet.com. Hier besteht die Möglichkeit, kostenpflichtig eine PDF des Kapitels über Kathmandu aus dem Lonely Planet *Nepal* herunterzuladen.

führt nicht zum höchsten Punkt, sondern umrundet den zentralen Gipfel. Der höchste Punkt der *kora* ist mit 5630 m der Drölma-Pass, insgesamt verläuft der Pilgerweg nie unter 4600 m.

Am ersten Tag ist der 20 km lange Weg (6–7 Std.) von Darchen zum Kloster Dirapuk zurückzulegen. Die Steigung ist minimal, sodass ausreichend Muße bleibt, die überirdisch anmutende Landschaft des Lha-chu-Tals zu genießen. Der zweite Tag ist der anstrengendste, denn da heißt es zum Drölma-Pass aufsteigen und dann wieder steil hinunter in das Lham-chu-Khir-Tal und zum Kloster Zutul-puk. Für die 18 km lange Strecke sollten etwa acht Stunden eingeplant werden. Am letzten Tag geht's dann einen einfachen, 14 km langen Weg (3 Std.) zurück nach Darchen. Trainierte Wanderer können die *kora* in zwei Tagen laufen.

Für eine gesunde, trainierte und akklimatisierte Person sollte diese Dreitageswanderung kein Problem sein, allerdings gehört ausreichend warme und wasserfeste Kleidung und Ausrüstung ins Gepäck. In Darchen gibt's einheimische Führer und Träger, die einen Tageslohn von 120 Yuan verlangen. Größere Gruppen mieten oft Yaks als Träger für die umfangreichen Vorräte.

Interessierte müssen sich üblicherweise beim **Büro für Öffentliche Sicherheit** (PSB; 公安局; Gong'anju) in Darchen melden und eine 200 Yuan hohe Gebühr für einen Besuch des Kailash und des Manasarovar-Sees zahlen.

Schlafen & Essen

Am Ende jeden Tages finden die Wanderer auf der kora Unterkunft (40–60 Yuan) in den Klöstern oder den nahegelegenen Gasthäusern. In den Monaten Juli und August und während des beliebten Saga-Dawa-Fests ist es aber empfehlenswert, ein eigenes Zelt mitzubringen. In den Nomadenzelten entlang des Weges gibt es Instantnudeln, Tee und Bier, es empfiehlt sich jedoch, Snacks und heiße Getränke selbst mitzubringen.

Die meisten Reisenden verbringen vor der kora eine Nacht in Darchen. In den Gasthäusern dort stehen einfache Unterkünfte zur Auswahl (es gibt kein fließendes Wasser und Plumpsklos außerhalb des Hauses). Es gibt auch ein paar Supermärkte und eine öffentliche Dusche im Ort – und mittlerweile vielleicht sogar Internetzugang.

Das **Pilgrim Hotel** (朝圣宾馆; Chaosheng Bingusn; B 60 Yuan) spendet einen Teil seiner Einkünfte den Klöstern vor Ort und im **Lhasa Holyland Guesthouse** (拉萨圣地康桑旅馆; Lasa Shengdi Kangsang Lüguan; ☎139-8907 0818; DZ 80–120 Yuan) befindet sich auch das örtliche PSB.

Darchen Aid the Poor Programme Hotel (塔尔青利民扶贫宾馆; Ta'erqing Limin Fu-

ABSTECHER

DAS UNTERGEGANGENE KÖNIGREICH GUGE

Ein lohnenswerter Abstecher von Darchen ist eine Fahrt zu den surreal anmutenden Ruinen des Königreiches Guge bei **Tsaparang** (Eintritt 200 Yuan). Die Ruinen, die wie Bienenwaben aus den kargen Hügeln aufragen, waren einst das Zentrum von Tibets blühendstem Königsreich. Es macht einen Riesenspaß, die Tunnel und Höhlen zu erkunden, und die Kapellen sind wunderbare Beispiele der von Kaschmir beeinflussten Wandmalerei. Ein Ausflug hierher kostet drei Tage – aber die ist er mit seiner außergewöhnlichen Ruinenlandschaft, einem der weniger bekannten Wunder Asiens, auch wert.

Von Darchen aus benötigt man eine Tagesreise bis nach **Zanda** (札达; Zhada), der Tsaparang nächstgelegenen Stadt (18 km), die auch das sehenswerte Kloster Thöling beherbergt.

pin Binguan; Hauptgerichte 10–25 Yuan) ist ein gemütliches Restaurant, das im tibetischen Stil gehalten ist, und es wird schnell zum Lieblingsrestaurant; die Zimmer sind auch ordentlich.

MANASAROVAR-SEE མ་ཕམ་གཡུ་མཚོ་ 玛旁雄错

Im Anschluss an die *kora* zieht es die meisten Pilger zum Manasarovar-See (Mapang Xiongcuo) beziehungsweise Mapham Yum-tso (Unbesiegter See), um dort zu verweilen und über das wunderbar saphirblaue Wasser auf die vollkommene Kulisse aus schneebedeckten Bergen zu blicken. Kein See in Tibet wird so sehr verehrt wie dieser, der von einer eigenen, fünf Tage dauernden *kora* umrundet wird, die über einen mit Jeep befahrbaren Weg erreicht werden kann.

Das hübsche **Dorf Chiu** in Sichtweite des Klosters Chiu überblickt das Nordwestufer des Sees. Hier stehen ein halbes Dutzend gleich aussehender, freundlicher **Gasthäuser** (B 50 Yuan) zur Auswahl, manche davon sind direkt am Wasser gelegen; es werden dort in der Regel einfache Mahlzeiten angeboten.

China verstehen

CHINA AKTUELL **1028**

Die soziale Ungleichheit ist in China extrem stark ausgeprägt. Die städtische Mittelklasse wächst schnell, doch ein Großteil der Bevölkerung lebt weiterhin in ärmlichen Verhältnissen auf dem Lande.

GESCHICHTE **1032**

China war und ist nahezu ununterbrochen von internen bzw. internationalen Konflikten gezeichnet.

BEVÖLKERUNG **1057**

Die Chinesen sind ein außergewöhnlich stolzes Volk: stolz auf ihre Zivilisation und Geschichte, ihre Schriftzeichen, ihre Erfindungen und Errungenschaften.

RELIGION & GLAUBE **1062**

Die Chinesen sind in Glaubensfragen ausgesprochen tolerant. Zwar können die Religionen klar voneinander abgegrenzt werden, doch zuweilen verschwimmen die Grenzen zwischen Buddhismus, Taoismus und Konfuzianismus.

CHINESISCHE KÜCHE **1071**

Das Essen spielt eine zentrale Rolle innerhalb der Gesellschaft für die nationale Psyche.

KUNST & ARCHITEKTUR **1085**

China hütet eines der vielseitigsten Kultur- und Kunsterbe weltweit.

CHINA'S LANDSCHAFTEN **1101**

In China liegen die höchste Gebirgskette der Welt, eine der heißesten Wüsten des Planeten und ein beeindruckendes Netz aus Wasserwegen.

CHINESISCHE KAMPFKUNST **1113**

Die chinesische Kampfkunst basiert auf religiösen und philosophischen Wertvorstellungen – und vielleicht auch auf einem Hauch Magie.

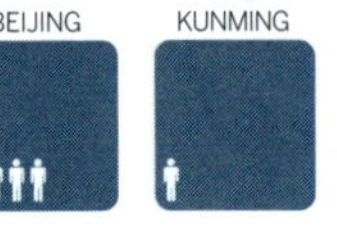

China aktuell

China, die Supermacht?

Seit Jahrzehnten staunt die Welt über Chinas kometenhaften Aufstieg. Ein Blick auf die Statistiken macht deutlich, dass dieses Land eine aufstrebende Supermacht darstellt, und dieser Eindruck verstärkt sich noch vor dem Hintergrund, dass der Westen von Sparmaßnahmen, hoher Arbeitslosigkeit und Rettungspaketen geradezu gelähmt ist. Bücher wie *When China Rules the World* von Martin Jacques (bisher nur auf Englisch) verkünden triumphierend den Beginn einer neuen Weltordnung. Wie zum Beweis überholte China im Jahr 2011 Japan und wurde die zweitgrößte Wirtschaftsmacht der Welt mit einem Bruttoinlandsprodukt nach Kaufkraftparität von schwindelerregenden 11,4 Billionen US$.

China saugt geradezu die Anteile wichtiger westlicher Unternehmen auf, sichert sich fleißig Ressourcen in Afrika und greift mit einem ehrgeizigen Weltraumprogramm nach den Sternen. Das Schienennetz wird kontinuierlich und in Höchstgeschwindigkeit ausgebaut, um mit den wirtschaftlichen Entwicklungen Schritt zu halten. Im Jahr 2010 überholte China die USA als der weltgrößte Energieverbraucher.

Bei nüchterner Betrachtung sieht sich China jedoch noch als Entwicklungsland. Was dem Land enorme noch ungenutzte Macht verleiht, sind seine Größe und die Bevölkerungszahlen, aber gerade diese Dimensionen behindern ein gleichmäßig verteiltes Wachstum und schaffen Komplikationen. Die Entwicklung geht nur schleppend und bruchstückhaft voran: Die Skyline von Pudong ist beeindruckend, aber Chinas pro-Kopf-BIP stellt das Land praktisch auf eine Stufe mit Osttimor, einem der ärmsten Länder Asiens.

Diejenigen, die gerne auf die Bedrohungen verweisen, und auch Chinas Nachbarstaaten sehen in dem Land eine heranwachsende mi-

» Bevölkerung: 1,34 Mrd.

» BIP (Kaufkraftparität): 11,44 Bio. US$

» BIP (pro Kopf): 8500 US$

» Erwerbstätige Bevölkerung: 795,5 Mio.

» Arbeitslosigkeit: 6,5%

» Höchste Erhebung: Mount Everest (8848 m)

» Jährl. Alkoholkonsum (pro Kopf): 5,2 l

Top-Bücher

Dreaming in Chinese (Deborah Fallows) Kenntnisreiche Beobachtungen von einer, die unter Chinesen lebte und Mandarin in China lernte (bisher nur auf Englisch).

Die Vergewaltigung von Nanking (Iris Chang) In diesem Buch wird die in China tief verwurzelte Ambivalenz im Verhältnis zum Nachbarn Japan beleuchtet.

Tagebuch eines Verrückten (Lu Xun) Erstaunliche Erzählungen aus der Feder des Vaters des modernen chinesischen Romans.

Religionszugehörigkeit
(% der Bevölkerung)

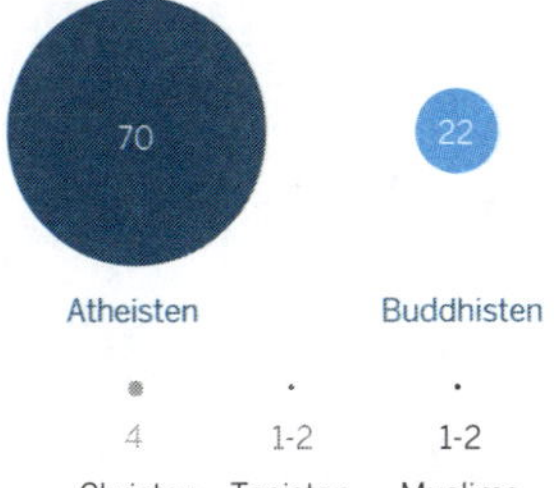

Wenn in China 100 Menschen leben würden

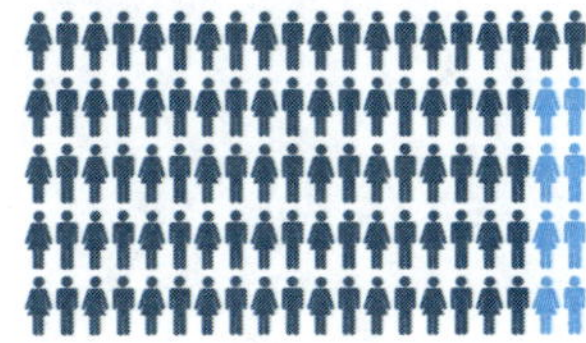

wären 92 Han-Chinesen
wären 8 Angehörige einer ethnischen Minderheit wie Zhuang, Manchu, Uiguren usw.

litärische Supermacht. Der schnell wachsende Militärhaushalt Chinas erreichte im Jahr 2012 die Höhe von 100 Mrd. US$, dieser erscheint aber noch bescheiden gegenüber den gewaltigen Verteidigungsausgaben der USA in Höhe von 740 Mrd. US$. Tatsächlich übersteigen die Ausgaben für die innere Sicherheit in China (111 Mrd. US$) die Ausgaben für die Verteidigung, was dazu führt, dass man die Bedrohungen von innen als gefährlicher bewertet als die Bedrohungen von außen.

Herausforderungen

Nur der Himmel bildet für China eine Grenze, meinen viele Experten. Pessimisten machen bereits erste Anzeichen einer Katerstimmung aus, da die Exporte zurückgehen, Überkapazitäten steigen und der Immobilienmarkt ins Wanken gerät. Gemäßigtere Wirtschaftsexperten erkennen eher eine Stabilisierung und Anpassung der Wachstumsraten auf niedrigerem Niveau – die allerdings immer noch kräftig sind im Vergleich zum Westen. Aber unabhängig davon, welches Szenario tatsächlich eintreten wird, steht China vor vielfältigen Herausforderungen.

Die Ungleichheit ist in China so groß wie in kaum einem anderen Land der Erde. Nach Informationen der *Bloomberg Businessweek* beträgt das mehr oder weniger offizielle Einkommen von 10 % der reichsten Chinesen das 65-Fache vom Einkommen der ärmsten 10 %.

Die Mittelklasse in den Städten wächst schnell, aber der größte Teil des Reichtums gehört wenigen Plutokraten. Die Familie des Staatspräsidenten Xi Jinping bringt es auf ein Vermögen von Hunderten Millionen US-Dollar, und die Familie des scheidenden Wen Jiabao soll gar ein Vermögen von 2,7 Mrd. US$ angehäuft haben, wie der überraschte Leser einem Bericht der *New York Times* entnehmen kann.

Top-Filme

Still Life (Jia Zhangke; 2005, OmU) Düsteres, eindringliches Porträt einer Familie, die durch den Bau des Drei-Schluchten-Damms zerstört wird.

Rote Laterne (Zhang Yimou; 1991) Hervorragend inszenierte Tragödie eines Filmemachers der Fünften Generation.

In the Mood for Love (Wong Kar-Wai; 2000, OmU) Verführerisch-romantischer, langsamer, ikonenhafter Film, der in Hongkong spielt.

Die Verwandten des in Ungnade gefallenen Parteichefs von Chongqing, Bo Xilai – der 2012 wegen Korruptionsvorwürfen aus der Kommunistischen Partei und aus dem engsten Führungszirkel ausgeschlossen wurde – kamen immerhin auf ein Vermögen von mehr als 160 Mio. US$. Da auch in China das Lohnniveau steigt, sind die Tage von unendlich billigen Arbeitskräften auch hier gezählt. Mehr Geld in den Taschen der Arbeiter stimuliert die Nachfrage im Inland, die China dringend benötigt, um seine Abhängigkeit vom Export zu verringern und ein nachhaltigeres Wirtschaftssystem aufzubauen. Die Chinesen zu mehr Konsum zu ermuntern, ist jedoch auch eine zweischneidige Sache, da viele einen großen Teil ihres Einkommens lieber sparen, weil es keine ausreichenden sozialen Sicherungssysteme gibt.

Die Ära von Hu Jintao endete 2012, und China ist bereit für einen Führungswechsel mit Xi Jinping als Nachfolger im Amt des Generalsekretärs der Kommunistischen Partei und Präsidenten. Manche sehen in Xi Jinping einen möglichen Reformer, der sich den großen Herausforderungen Chinas stellen wird; für andere ist er ein eher vorsichtiger Mann, und sie sagen eine Amtszeit voraus, in der eher das Vorhandene geschützt und der Status Quo aufrechterhalten wird.

Abweichende Meinungen & Nationalismus

In der Regierungszeit Hu Jintaos wurden keine Mühen gescheut, „Harmonie“ in der Gesellschaft als oberstes Ziel und als Teil der chinesischen Strategie eines „friedvollen Aufstiegs“ hervorzuheben. Dabei überrascht es kaum, dass diese Strategie in eine Phase großer sozialer Spannungen fiel.

In ihrem Streben nach Harmonie wurde die Regierung in Beijing immer weniger tolerant gegenüber abweichenden Meinungen. Rechts-

Etikette

» Ein chinesischer Gastgeber darf niemals und unter keinen Umständen vom Bezahlen der Rechnung abgehalten werden.

» Vor dem Betreten eines chinesischen Wohnhauses die Schuhe ausziehen (oder es zumindest anbieten).

» Niemals eine Uhr verschenken, da dies Unglück verheißt.

anwälte, Menschenrechtler und Aktivisten der Demokratiebewegung, die versuchen, den Widerstand gegen die Regierung zu organisieren, stehen regelmäßig wegen der Gefährdung der nationalen Sicherheit vor Gericht. Beijing reagierte wütend auf die Verleihung des Friedensnobelpreises an Liu Xiaobo 2010, nachdem er zu elf Jahren Gefängnis verurteilt worden war. Sein Vergehen war die Charta 08, ein Manifest, das von hunderten chinesischen Intellektuellen und Menschenrechtlern unterzeichnet war und zu mehr demokratischen Reformen in der Politik aufrief.

Der bekannte Künstler Ai Weiwei hat sich zu einem weiteren Dorn im Auge der Regierung entwickelt. Ai Weiwei wurde 2011 inhaftiert und wegen Steuerhinterziehung angeklagt. Für den Künstler ist die Anklage politisch motiviert, und er hat, bislang erfolglos, Einspruch dagegen erhoben.

Um im Land selbst Unterstützung zu finden und Kritik aus dem Ausland zu zerstreuen, hat die Kommunistische Partei lange Zeit ein starkes nationalistisches Denken gefördert, das sich mit großer Heftigkeit Bahn brechen kann. Die gewaltsamen Proteste wegen der ungeklärten Eigentumsverhältnisse der Diaoyu-Inseln 2012 zeigten, wie tief anti-japanische Ressentiments in China sitzen, und ein solcher Volkszorn lässt sich oft nur schwer kontrollieren, wenn er erst einmal entbrannt ist.

China setzt alles daran, wieder die Bedeutung zu erlangen, die es in seiner Geschichte lange Zeit innehatte, und man ist überzeugt, dass das Land jetzt soweit ist. Allen Bestrebungen, sei es seitens des Westens oder Japans, China daran zu hindern, eine zentrale Rolle in der Welt zu übernehmen, muss das Land deshalb entschieden entgegentreten.

Irrglaube oder Tatsache?

» Die Chinesen arbeiten hart? Das stimmt – freundlich lächelnde Angestellte sind am Ticketschalter am Bahnhof allerdings eine Seltenheit.

» Alle Chinesen sind Kommunisten? Falsch. Einige sind es, viele jedoch nicht.

» Die Chinesische Mauer ist vom All aus zu sehen? Falsch. Eher wären die Autobahnen zu sehen, weil sie viel breiter sind.

» Glückskekse stammen aus China? Falsch. Ursprünglich stammen sie aus Japan und wurden dann in den USA sehr beliebt, in China gibt es sie nicht.

Geschichte

Die Geschichte Chinas vermittelt möglicherweise ein eher trügerisches Bild langer friedlicher Phasen, die regelmäßig durchbrochen wurden von Zerfall, inneren Spaltungen oder Angriffen von außen. Tatsächlich steckte China fast Zeit seines Bestehens in internen wie externen Konflikten. Obwohl sich Form und Grenzen Chinas durchgehend vergrößert haben – von den Anfängen am Gelben Fluss (Huang He) bis hin zu dem gewaltigen Subkontinent heute –, so zieht sich doch ein unaufhörlicher roter Geschichtsfaden von den frühesten Wurzeln durch bis zur Hochblüte der chinesischen Zivilisation. Die modernen Chinesen sind noch immer stark mit ihren Vorfahren vor 5000 oder 6000 Jahren verbunden, ein Umstand, der zur langlebigsten komplexen Zivilisation der Welt geführt hat.

Ban Zhao war die berühmteste Gelehrte im frühen China. Ihr Werk Vorsichtsmaßregeln für junge Frauen aus dem späten 1. Jh. befürwortet Keuschheit und Sittsamkeit als bevorzugte Qualitäten einer Frau.

Von Orakelknochen bis Konfuzius

Die Existenz der Shang-Dynastie, der ersten „chinesischen" Dynastie, wurde lange Zeit angezweifelt. Archäologische Beweise – mit rätselhaften Kratzspuren übersäte Rinderknochen und Schildkrötenpanzer in Henan, die ein Wissenschaftler als frühe Form chinesischer Schriftzeichen deutete – stellten den Beweis dafür an, dass sich um 1766 v. Chr. in Zentralchina eine Gesellschaft namens Shang entwickelte. Ihr Herrschaftsgebiet von etwa 200 km^2 war winzig, doch chinesische Historiker sind der Meinung, dass die Shang Chinas erste Dynastie bildeten. Die Schriften, die die Dynastie auf „Orakelknochen" hinterließ, bringen sie mit der heutigen Zivilisation Chinas in Verbindung.

Zwischen den Jahren 1050 und 1045 v. Chr. wurde das Gebiet der Shang von dem benachbarten Volksstamm der Zhou eingenommen. Zhou war einer der vielen Staaten, die während der folgenden Jahrhunderte um die Macht kämpften, doch aus den Entwicklungen dieser Zeit entstanden einige der wichtigsten Quellen chinesischer Kul-

ZEITLEISTE

ca. 4000 v. Chr.

Archäologische Hinweise für erste Siedlungen am Gelben Fluss (Huang He). Noch heute ist der Fluss ein wichtiger kultureller Bezugspunkt für die Chinesen.

ca. 1700 v. Chr.

Kunsthandwerker der Shang-Dynastie beherrschen die Herstellung von Bronzewaren. Ritualgefäße gehörten zu den ersten Massenprodukten in der Geschichte.

ca. 600 v. Chr.

Laotse (Laozi), Gründer des Taoismus, wird geboren. Die Volksreligion existierte später neben anderen Richtungen wie dem Buddhismus, was den nicht-exklusiven Charakter des chinesischen Glaubens widerspiegelt.

tur, die bis in die Gegenwart überdauert haben. Im ersten Jahrtausend v. Chr. waren kriegerische Auseinandersetzungen an der Tagesordnung, vor allem während der sogenannten „Zeit der Frühlings- und Herbstannalen“ (722–481 v. Chr.) und der „Zeit der Streitenden Reiche“ (475–221 v. Chr.).

Im 5. Jh. v. Chr. durchlebte China viele Kriege, aber auch eine intellektuelle Blütezeit, ähnlich wie zur selben Zeit das alte Griechenland. Aus diesem Chaos entsprang die Gedankenwelt von Konfuzius (551–479 v. Chr.), dessen philosophisches und ethisches System die chinesische Kultur über 2500 Jahre lang prägte (siehe S. 167). Als Wanderlehrer lehrte Konfuzius über persönliches Verhalten und Staatskunst. Er plädierte für eine geordnete und tugendhafte Gesellschaft, die Hierarchien gehorcht. Konfuzius' Wunsch nach einer geordneten und anständigen Welt war allerdings weit entfernt von den kriegerischen Zeiten, in denen er lebte.

Die frühen Reiche

Die Zeit der Streitenden Reiche endete im Jahr 221 v. Chr. mit einem Paukenschlag: Das Königreich Qin eroberte andere Staaten in Zentralchina, und Qin Shihuangdi ernannte sich selbst zum Kaiser. Er war der erste Herrscher über das chinesische Kaiserreich, das bis 1912 Bestand hatte. Spätere Historiker beschrieben Qin Shihuangdi als außerordentlich grausam und tyrannisch, was angesichts der nachfolgenden Han-Dynastie (206 v. Chr.–220 n. Chr.), die viele der nur kurz andauernden Regierungsmethoden Qins übernahmen, etwas fragwürdig erscheint.

Funde aus Han-Grabmälern lassen vermuten, dass ein Gemüse- und Fleischeintopf sehr beliebt war, und auch Geschmacksverstärker wie Sojasauce und Honig verwendet wurden.

Qin Shihuangdi ließ gewaltige Bauprojekte durchführen. So errichteten rund 300 000 Männer Mauern, die man in Einfriedungen einband und aus denen später die Chinesische Mauer wurde. Als Fundament für einen zusammenhängenden Staat führte er nicht nur eine einheitliche Währung und gleiche Maßeinheiten, sondern auch eine gemeinsame Schriftsprache ein. Dann setzte ein Bauer namens Liu Bang (256–195 BC) einen Trend, der in der Geschichte Chinas immer wiederkehren sollte: Er wagte den Aufstand, eroberte China und gründete die Han-Dynastie. Diese Dynastie war derart bedeutsam, dass die Bezeichnung Han (汉; 漢) noch heute für moralisch gesinnte Chinesen verwendet wird. Kaiser Wu (140–87 v. Chr.) erhob Konfuzius' Normen zur Staatsideologie und zentralisierte damit seine Macht. Indem er Verdienst und Ordnung gleichermaßen förderte, experimentierte er als erster Herrscher mit Eingangsprüfungen für eine Beamtenlaufbahn. Seine Dynastie plagten jedoch wirtschaftliche Sorgen, da die Kontrolle der Grundbesitzer über immer mehr Land zunahm. Tatsächlich erwies sich das Thema Landbesitz bereits seit jeher als

ca. 551 v. Chr.

Konfuzius wird geboren. Seine in den Analekten gesammelten Gedanken einer ethischen, geordneten Gesellschaft, die sich über Hierarchie und Selbstentwicklung definiert, prägen die Kultur Chinas bis ins frühe 20. Jh.

KRZYSZTOF DYDYNSKI / GETTY IMAGES ©

» Konfuzius-Statue

214 v. Chr.

Kaiser Qin verpflichtet Tausende Arbeiter, die Stadtmauern zu einer Großen Mauer aus gestampftem Lehm zu vereinen. Die steinummantelte Bastei geht auf die Zeit der Ming-Dynastie zurück.

ca. 100 v. Chr.

Über die China und den Nahen Osten verbindende Seidenstraße werden chinesische Güter sogar bis ins ferne Rom exportiert.

ALTE IKONEN

Manche der berühmtesten Sehenswürdigkeiten sind schon so alt wie China selbst, andere stammen aus der Kaiserzeit.

Die Terrakotta-Armee (S.406) Stille und eindrucksvolle Abgesandte aus den Anfängen des chinesischen Kaiserreichs.

Die Chinesische Mauer (S.120) Sie schlängelt sich durch den Norden Chinas über Berg und Tal, oftmals nur noch als Ruine.

Die Verbotene Stadt (S.55) Prunkvolle und privilegierte Bastion der Ming- und Qing-Kaiser im Herzen von Beijing.

Mogao-Grotten (S.940) Die Grotten beherbergen Chinas prächtigste Sammlung buddhistischer Kunst.

problematischer Dauerbrenner in der Geschichte Chinas. Finanzielle Probleme und die Unfähigkeit, Kontrolle über ein immer größer werdendes Reich auszuüben, führten schließlich zum Zusammenbruch und Zerfall der Han-Dynastie. Der Aufstand der Taoisten, besser bekannt unter der Bezeichnung Gelbe Turbane, ist nur ein Beispiel für die sozialen Unruhen, die auch in späteren Dynastien immer wieder aufflammen würden.

Der Handel entlang der Seidenstraße zeigte, dass China in seinem Verhältnis zu den Nachbarvölkern eine eurasische Macht darbot. Zum Norden hin stellten die Xiongnu (benannt nach verschiedenen Nomadenstämmen in Zentralasien) die größte Gefahr für China dar. Diplomatische Verbindungen wurden auch mit zentralasiatischen Stämmen eingegangen, und der große chinesische Entdecker Zhang Qian verschaffte dem Kaiserhof Informationen über möglichen Handel und Allianzen in Nordindien. Zur selben Zeit breitete sich der Einfluss der Chinesen auch in Gebieten des heutigen Vietnams und Koreas aus.

Einheit und Teilung

Zwischen dem frühen 3. Jh. und dem späten 6. Jh. erlebte das nördliche China mehrere Thronfolgen rivalisierender Königreiche, während die Kluft zwischen Nord und Süd immer größer wurde. Von Kriegen zerrissen, wurde der Norden von nicht-chinesischen Mächten beherrscht, am erfolgreichsten von der von Tuoba gegründeten Nördlichen Wei-Dynastie (386–534). Dieses Volk war stark buddhistisch geprägt und hinterließ Chinas mitunter schönste buddhistische Kunst, darunter auch die berühmten Grotten außerhalb von Dunhuang (S.940). Es folgte die Machtübernahme rivalisierender Regime, bis ein

ca. 100 v. Chr.

Der Buddhismus kommt aus Indien nach China. Das Religionssystem wird völlig an die chinesische Kultur angepasst und ist heute in China mächtiger als in seinem Ursprungsland.

755–763 n. Chr.

An Lushan lehnt sich gegen den Tang-König auf. Der Aufstand scheitert, dennoch erhalten die Führer in den Provinzen militärische und finanzielle Macht – ein sich wiederholendes Problem in der chinesischen Geschichte.

874

Der Aufstand des Huang Chao stürzt das Tang-Reich ins Chaos und führt schließlich zum Sturz der Hauptstadt im Jahr 907.

ca. 1000

Große vorindustrielle Erfindungen – Papier, Druck, Schießpulver, Kompass – kommen in China zum Einsatz. Die Wirtschaft wird kommerzialisiert und ein landesweites Marktsystem geschaffen.

Adliger namens Yang Jian (gestorben 604) China unter der nur kurz herrschenden Sui-Dynastie (581–618) vereinte. Durch den Bau des Kaiserkanals trug sein Sohn Sui Yangdi maßgeblich zur Einigung von Norden und Süden bei. Später wurde der Kanal ausgeweitet und blieb bis ins späte 19. Jh. die wichtigste Kommunikationsroute des Reiches zwischen Norden und Süden. Nach drei feindlichen Angriffen auf koreanischem Boden, die mit desaströsen militärischen Rückschlägen endeten, ging das Volk gegen Sui Yangdi auf die Straße. 618 wurde er von einem seiner hohen Beamten ermordet.

Die Tang-Dynastie: China blickt nach Westen

Während der Tang-Dynastie (618–907) blickte China nach außen und öffnete sich der Kultur seiner Nachbarn – Eheschließungen mit Menschen aus Zentralasien oder das Tragen indisch geprägter Kleidung gehörten zum kosmopolitischen Schwung dieser Zeit. Fremde Nationen strömten über die Seidenstraße ins Land. Die Chinesen erinnern sich fast nostalgisch an die kulturelle Blütezeit während der Tang-Dynastie. Chinesenviertel überall auf der Welt heißen heute noch Tangrenjie (Straßen der Tang). Die Werke der Tang-Dichter und Bildhauer zählen bis heute zu Chinas besten, und das Gesetzbuch der Dynastie wurde im gesamten ostasiatischen Raum zum Regelwerk.

Die Tang-Dynastie wurde vom Sui-General Li Yuan gegründet, dessen Erfolge sein Sohn Taizong (626–49) weiter ausbaute. Chang'an (heute Xi'an) wurde zur schillerndsten Hauptstadt der Welt mit einer Million Einwohner, einem eigenen Multi-Kulti-Viertel, einem Markt, wo sich Händler aus dem fernen Persien unter einheimische mischten, und einer imposanten Stadtmauer, die irgendwann 83 km² umschloss. Mit rund 90 Tempeln, die im Jahr 722 in der Stadt verzeichnet wurden, war sie beispielhaft für die Hingabe der Tang zum Buddhismus. Dennoch ließ ihre Toleranz sogar die Übernahme fremder Kulturen und anderer Glaubensrichtungen zu, u.a. das Nestorianische Christentum, den Manichäismus, den Islam, das Judentum und den Zoroastrianismus.

Taizongs Thron wurde von einer ganz besonderen Person beerbt: von Chinas einziger alleinherrschenden Kaiserin Wu Zetian (690–705). Unter ihrer Herrschaft war das Reich am größten; es erstreckte sich weit nach Norden über die Große Mauer hinaus und westlich nach Zentralasien. Wu Zetian förderte den Buddhismus, was ihre konfuzianisch geprägten Minister allerdings nur wenig guthießen. 705 musste sie zu Gunsten von Xuanzong abdanken, auf den eine der größten Katastrophen in der Geschichte der Tang-Dynastie wartete: Der Aufstand des An Lushan.

TERRACOTTA ARMEE

Bisher wurden in der Nähe von Xi'an an die 7000 Soldaten der berühmten Terrakotta-Armee entdeckt. Das große Grabmal des ersten Kaisers wurde noch nicht freigelegt; allerdings soll es bereits kurz nach seiner Erbauung geplündert worden sein.

1215

Dschingis Khan erobert Beijing und rückt damit der Gründung eines großen eurasischen Reichs unter mongolischer Herrschaft näher. Doch die Mongolen übernehmen sich und scheitern an schlechter Regierungsführung.

1286

Der Große Kanal wird bis nach Beijing erweitert. Nach und nach wird der Kanal zur Haupttransportroute zwischen Nord- und Südchina für Getreide, Salz und andere wichtige Handelswaren.

1298–99

Marco Polo schreibt seinen berühmten Reisebericht über China. Ungereimtheiten in seiner Erzählung lassen Wissenschaftler daran zweifeln, ob er überhaupt jemals in China war.

1368

Zhu Yuanzhang gründet die Ming-Dynastie und will der Bevölkerung eine starre konfuzianische Gesellschaftsordnung aufzwingen. Doch China ist für das Gesetz bereits zu kommerzialisiert.

KONFUZIUSTEMPEL 文庙

Meistens handelt es sich bei Konfuziustempeln *(wenmiao)* um passive und vernachlässigte Heiligtümer. Doch genau das macht ihren Reiz aus: Die Tempel sind friedlich, ohne jede Hektik und oft sehr still.

Konfuziustempel, Qufu (S.168) In Qufu, Konfuzius' Geburtsort, steht die Mutter aller Patriarchen-Tempel.

Konfuziustempel, Beijing (S.71) Chinas zweitgrößter Konfuziustempel ist zugleich eine friedliche Oase in Beijing.

Konfuziustempel, Jianshui (S.727) Einheimische beharren darauf, dies sei Chinas größter Tempel.

Konfuziustempel, Pingyao (S.385) In einer der prächtigsten Altstädte Chinas gehört das älteste Gebäude in Pingyao zur Tempelanlage.

Konfuziustempel, Xingcheng (S.338) Der Tempel im Nordosten Chinas soll der älteste des Landes sein.

Die Gesichtszüge der größten Buddhastatue im Tempel der Ahnenverehrung in den Longmen-Grotten außerhalb von Luoyang sollen der Tang-Kaiserin Wu Zetian ähneln, einer berühmten gläubigen Buddhistin.

Xuanzong ernannte Minderheiten aus Grenzregionen als Generäle, weil er glaubte, sie wären so weit vom politischen und gesellschaftlichen Geschehen entfernt, dass erst gar keine aufständischen Gedanken aufkommen würden. Trotzdem war es An Lushan, ein General sogdisch-türkischer Abstammung, der seine Stellung als Kommandant im Norden Chinas dazu nutzte, nach imperialer Macht zu greifen. Die Kämpfe dauerten von 755 bis 763 an, und wenngleich An Lushan besiegt wurde, verloren die Tang die Kontrolle über China. Weil sie gewaltige Summen für Militär und Steuereintreibung an kleine provinzielle Anführer zur Niederschlagung der Rebellen zahlten, brachten sie sich selbst um die eigene Macht. Das Verhältnis zwischen Regierung und Provinzen war danach nie mehr dasselbe. Während die Regierung vor dem Aufstand noch wusste, wem welches Land im Reich gehörte, war die Kontrolle der zentralen Regierung nach 755 dauerhaft geschwächt. Selbst heute ist dieses Dilemma immer noch nicht vollständig gelöst.

Im letzten Jahrhundert ihrer Herrschaft legten die Tang ihre Offenheit schließlich ab und wandten sich intensiv den Lehren von Konfuzius zu. Zwischen den Jahren 842 und 845 ließ Kaiser Wuzong den Buddhismus gänzlich verbieten. Das Verbot wurde später zwar eingeschränkt, doch der Buddhismus war danach nie wieder so stark und angesehen wie vorher. Der Untergang der Tang-Dynastie ging einher mit kaiserlicher Schwäche, wachsendem allgemeinen Unmut, Aufständen und Chaos.

1406

Yongle beginnt mit dem Bau der Verbotenen Stadt. Neben einem Großteil der Großen Mauer zeigt dieser 800 Gebäude große Komplex den Stil und die Größe spätimperialer Architektur.

1557

Die Portugiesen gründen einen dauerhaften Handelsstützpunkt in Macau. Von diesem ersten europäischen Außenposten geht bis Mitte des 19. Jhs. die imperialistische Herrschaft über China aus.

ca. 1600

Chinas Herrschaft als weltgrößte Wirtschaftsmacht bröckelt. Ab 1800 sind die europäischen Wirtschaftsnationen durch die Industrialisierung klar überlegen.

1644

Beijing fällt an den aufständischen Bauern Li Zicheng, und der letzte Ming-Kaiser Chongzhen erhängt sich im Jingshan-Park; die Qing-Dynastie wird gegründet.

Die Song-Dynastie: Konflikt & Reichtum

Nach dem Sturz der Tang-Dynastie war die Zeit der Fünf Dynastien und Zehn Reiche bis zur Gründung der Nördlichen Song-Dynastie (960–1127) bestimmt durch Zerfall. Die Song standen im ständigen Zwist mit ihren Nachbarn im Norden. Die Nördliche Song-Dynastie war kein sehr großes Reich und koexistierte mit der nicht-chinesischen Liao-Dynastie (die über einen Streifen chinesischer Territorien südlich der Großen Mauer herrschte, wo heute die nördliche Grenze Chinas verläuft) und weniger friedlich mit der Xia-Dynastie im Westen, eine weitere nicht-chinesische Macht, die großen Druck auf die Provinzen im Nordwesten ausübte. 1126 verloren die Song ihre Hauptstadt Kaifeng an ein drittes, nicht-chinesisches Volk, die Dschurdschen, die zuvor noch Verbündete gegen die Liao gewesen waren. Die Song-Dynastie wurde während der Herrschaft der Südlichen Song (1127–1279) aus ihrer südlichen Hauptstadt Hangzhou vertrieben, dennoch war es eine Zeit der Hochkultur und des wirtschaftlichen Reichtums.

Ein chinesischer Holztafeldruck des *Diamant-Sutra* aus dem Jahr 868 ist das erste zu datierende gedruckte Buch. Heute ist es in der British Library ausgestellt. Auf der Website der Bibliothek kann man sich durch die Seiten des Sutra durchklicken.

Während der Song-Dynastie wurde das System der chinesischen Beamtenprüfung erfolgreich realisiert. Im Mittelalter, als in fast ganz Europa brutale Gewalt über Machtfragen entschied, mussten junge Chinesen Prüfungen über konfuzianische Klassiker ablegen. Wer bestand, erhielt das Amt – die meisten aber fielen durch. Das System bevorzugte besonders die Reichen, führte jedoch zu einer erstaunlichen Rationalisierung von Macht und hatte über Jahrhunderte Bestand. Die klassischen Texte, die für die Prüfungen gelesen werden

RUINEN

Während viele von Chinas historischen Artefakten zunehmend verfallen, sind manche Überreste absolut sehenswert:

Die Ruinen der Kirche Sao Paolo in Macau (S. 575) Chinas wahrscheinlich schönste architektonische Überreste.

Der Jiankou-Abschnitt der Großen Mauer (S. 123) Kein anderer Teil der Chinesischen Mauer beherrscht den dramatischen Ruinen-Look so eindrucksvoll.

Ruinen des großen Brunnen (S. 89) Grandioses Bauwerk im Sommerpalast, nach den Entwürfen eines Jesuitenpaters.

Xanadu (S. 969) Man braucht schon eine lebhafte Fantasie, um sich das Lustschloss Kublai Khans vorstellen zu können.

Ruinenpark der Stadtmauer (S. 58, 68): Beijings letzter Abschnitt der Stadtmauer aus der Ming-Zeit.

1689

Der Vertrag von Nerchinsk wird unterzeichnet. Darin wird die Grenze zwischen China und Russland festgelegt: Es ist das erste moderne Grenzabkommen in der Geschichte Chinas und hat am längsten Bestand.

1793

Der britische Diplomat Lord Macartney reist nach Beijing, um britische Industrieprodukte vorzustellen. Kaiser Qianlong teilt ihm mit, dass China keine Verwendung für seine Produkte habe.

1794–1798

Unter Qianlong führt eine strenge Zensur zur „Literarischen Inquisition". Mehr als 2000 Bücher werden vernichtet. Ihre Verfasser und deren Angehörige werden verstoßen oder sogar ermordet.

1823

Die Briten tauschen rund 7000 Opiumkisten jährlich – bei ca. 70 kg Opium pro Kiste reicht der Vorrat für eine Million Süchtige. 1773 waren es nur 1000 Kisten gewesen.

mussten, waren wichtig für die Vermittlung chinesischen Kulturguts, obwohl sich das starre System in späteren Jahrhunderten nicht an soziale und intellektuelle Veränderungen anpassen konnte.

Chinas Wirtschaft boomte zur Zeit der Song-Dynastie, weil Ertragsernten und Kunsthandwerksprodukte für die Wirtschaft zunehmend wichtiger wurden. Es entstand ein chinaweiter Markt, der während der Ming- und der Qing-Dynastie noch stärker werden sollte. Auch die Kunst und die Wissenschaft florierten unter den Song, mit intellektuellen und technischen Fortschritten in unterschiedlichsten Bereichen. Kaifeng wurde zu einem bedeutenden Zentrum für Politik, Kultur und Handel.

Weil Kaiser Kangxi seine Kenntnisse klassischer chinesischer Kultur unter Beweis stellen wollte, ließ er eine große Enzyklopädie zusammenstellen, die noch heute von Wissenschaftlern gelesen wird.

Die eigenartige Tradition des Fußbindens kam vermutlich während der Song-Dynastie auf. Noch ist unbekannt, wie es tatsächlich zu diesem Brauch kam, Mädchen die Füße mit Stoff zu verbinden, damit diese nicht größer wurden als eine Faust. Während der darauffolgenden Jahrhunderte gehörte es jedoch in der chinesischen Gesellschaft zum guten Ton.

Von den Mongolen zur Ming-Dynastie

Der Sturz der Song ließ Chinas Lage in Eurasien und die wachsenden Gefahren von außen noch deutlicher werden. Dschingis Khan (1167–1227) war auf dem Vormarsch und schielte neugierig nach China. Im Jahr 1215 eroberte er Beijing, legte die Stadt in Schutt und Asche, um sie anschließend neu aufzubauen. 1276 nahmen seine Nachfolger Hangzhou ein, die Hauptstadt der Südlichen Song. Der Hof ergriff sofort die Flucht, 1279 war auch der letzte Widerstand der Südlichen Song gebrochen. Kublai Khan, ein Enkel Dschingis Khans, herrschte nun als Kaiser der Yuan-Dynastie über ganz China. Unter ihm wurde die gesamte Bevölkerung in die Kategorien Han, Mongole und Ausländer unterteilt. Die höchsten administrativen Posten waren den Mongolen vorbehalten, obwohl das Prüfungssystem für Beamte im Jahr 1315 neu auflebte, was allerdings die Rolle der regionalen Grundbesitzer unerwartet stärkte: Da Chinas Elite in der Bürokratie nicht aufsteigen konnte, beschloss sie, sich stattdessen intensiver um ihre Ländereien zu kümmern. Neu war auch der Einsatz von Papiergeld; allerdings waren bald so viele Scheine im Umlauf, dass China eine Inflation drohte.

Nachdem zwei nestorianische Mönche 550 n. Chr. Seidenraupen aus China geschmuggelt hatten, wurde auch außerhalb des Landes bekannt, wie Seide hergestellt wird.

Die Mongolen erwiesen sich letztendlich als weniger regierungs- denn kriegstauglich. Nach nur einem Jahrhundert beugte sich das Reich den Rebellen und wurde vernichtend geschlagen. Als Ming-Kaiser Hongwu ernannte Zhu Yuanzhang Nanking zur Hauptstadt. Doch Anfang des 15. Jh. begann man bei Hof, sich wieder nach Beijing zu orientieren, wo Kaiser Yongle (der von 1403–24 regierte) ein gigan-

1839

Qing-Beamter Lin Zexu verlangt von britischen Händlern in Guangzhou die Abgabe von über 20 000 Kisten Opium. Aus Rache provozieren die Briten den Ersten Opiumkrieg.

1842

Der Vertrag von Nanjing beendet den Ersten Opiumkrieg. China muss Hongkong den Briten überlassen und fünf chinesische Häfen für den Außenhandel öffnen.

» Victoria Harbour, Hongkong

KRIEG UMS OPIUM

Obwohl der Handel mit Opium Ende des 18. Jhs. per kaiserliches Dekret verboten wurde, sorgte die *cohong*-Gilde der kleinen Kaufleute in Guangzhou dafür, dass der Handel weiterging und beide Seiten reich verdienten. Als die British East India Company 1834 ihr Monopol auf dem chinesischen Markt verlor, stieg die Einfuhr von Opium auf 40 000 Kisten pro Jahr.

1839 schickte die Qing-Regierung den kaiserlichen Sonderbeauftragten Lin Zexu, um dem Opiumhandel ein für alle mal ein Ende zu setzen. In Guangzhou konnte Lin die Briten erfolgreich von der Einfuhr abhalten, während er in Humen das „foreign mud" (den ausländischen Dreck) öffentlich verbrannte. Wutentbrannt schickten die Briten ein 4000-köpfiges Expeditionskorps der Royal Navy, um eine Entschädigung einzufordern und für sich bessere Handelsregelungen zu sichern.

Der Erste Opiumkrieg begann im Juni 1840, als britische Streitkräfte Guangzhou belagerten und die Chinesen zwangen, fünf Häfen an die Briten abzutreten. Als die Chinesen die strategisch wichtige Stadt Nanking zu verlieren drohten, blieb ihnen keine andere Wahl, als die im ungleichen Vertrag von Nanking festgelegten Bedingungen der Briten zu akzeptieren.

Der Vertrag sah einen freien Handel und die Öffnung der „Vertragshäfen" für britische Anwohner und ausländische Kaufleute vor, befreite britische Bürger von der gesamten chinesischen Gesetzgebung und übertrug Großbritannien das „ewige Besitzrecht" an der Insel Hongkong. Der Vertrag, der im August 1842 unterzeichnet wurde, wurde zum prägenden Fundament für die ungleiche Beziehung zwischen China und dem Westen für die nächsten 50 Jahre.

tisches Bauprojekt anschob: den Bau der Verbotenen Stadt und die Grundrissplanung der Stadt, wie sie heute noch existiert.

Die Ming versuchten zwar, eine traditionelle soziale Struktur einzuführen, wonach die Menschen an den Beruf ihrer Vorfahren gebunden waren, doch es war auch eine Zeit großen kommerziellen Wachstums und sozialer Veränderungen. Frauen unterlagen strengeren gesellschaftlichen Normen (z. B. war es verpönt, wenn eine Witwe erneut heiratete), dafür konnten immer mehr Frauen lesen und schreiben. Durch den Holztafeldruck erschienen mehr Bücher, und der erste Roman wurde veröffentlicht.

Kaiser Yongle, der seinen Neffen vom Thron gestürzt hatte, war sehr daran interessiert, seine eigene Legitimität zu stärken. Er ließ eine Flotte bauen und beauftragte 1405 die erste von sieben großen Expeditionen. Unter dem Kommando des Eunuchen und Generals Zheng He (1371–1433) bestand die Flotte aus über 60 großen und 255 kleineren Schiffen mit einer fast 28 000 Mann starken Besatzung. Die

1856

Hong Xiuquan hält sich für den jüngeren Bruder von Jesus und provoziert den Taiping-Aufstand. Mit Aufständen von Nian-Rebellen und Muslimen wird die Macht der Qing stark geschwächt.

1882

Shanghai wird von der von Briten gegründeten Shanghai Electric Company elektrifiziert; das erste Elektrizitätswerk produziert 654 kW. Der Bund wird ab dem folgenden Jahr elektrisch beleuchtet.

GREG ELMS / GETTY IMAGES ©

» The Bund, Shanghai

1898

Kaiser Guangxu bewilligt größere Reformen, darunter neue Rechte für Frauen. Der Plan wird von Kaiserwitwe Cixi ausgebremst, die viele Reformer verhaften und hinrichten lässt.

AUSLÄNDISCHE KONZESSIONEN & KOLONIEN

Chinas Küste ist gespickt mit charmanten ausländischen Konzessionen, die einen Eindruck von den Prachtbauten des 19. und frühen 20. Jhs. vermitteln.

Shanghai, Französische Konzession (S. 202) Shanghais eleganteste Konzession geht klar an die Franzosen.

Xiamen, Gulang Yu (S. 304) Durch und durch charmante koloniale Überreste, wunderschön auf einer Insel gelegen.

Qingdao (S. 173) Hier kann man über Kopfsteinpflasterstraßen und an teutonischen Bauten vorbei durch das Deutsche Viertel schlendern.

Hong Kong (S. 521) Herausragendes ex-koloniales Prestigeobjekt an der Guangdong-Küste.

Macau (S. 573) Unvergesslicher Mix aus kantonesischen und portugiesischen Einflüssen.

Insel Shamian (S. 604) luxussanierte, „mit Sand bedeckte" Insel (wie Shamian wörtlich heißt) mit viel Grün, hübschen Straßen und Gebäuden.

vierte und fünfte Expedition starteten 1413 bzw. 1417 und führten bis in den heutigen Nahen Osten. Die größte Errungenschaft der Expeditionsreisen war, Zeugnisse fremder Kulturen in die Hauptstadt zu bringen, darunter auch zwei Botschaften aus Ägypten. Letztlich führten die Expeditionen aber in eine Sackgasse. Sie dienten vor allem Yongles Eitelkeit, seinen Vater zu übertrumpfen. Eroberungen anderer Länder oder die Gründung eines beständigen Handelsnetzes waren nebensächlich. Die Kaiser nach Yongle hatten jedoch kaum noch Interesse, die Reisen fortzuführen, worauf China seine maritimen Entdeckungsreisen schnell einstellte.

Die Große Mauer wurde erneuert und mit Ziegeln verkleidet. Ankommende Schiffe aus Europa prophezeiten eine Bedrohung aus Übersee, die aus ganz unterschiedlichen Richtungen kam. Auf die Händler folgten schnell die Missionare und die Jesuiten, allen voran der große Matteo Ricci. Sie arbeiteten sich vor bis ins Landesinnere und verschafften sich eine Präsenz bei Hofe. Nach einer Weile sprach Ricci fließend Chinesisch und zerbrach sich jahrelang den Kopf darüber, wie er einer konfuzianisch geprägten Gesellschaft mit völlig anders gearteten Normen christliche Grundsätze schmackhaft machen sollte. Durch die Anwesenheit der Portugiesen konnte China mit der Neuen Welt Handel treiben, die sich im 16. Jh. aufgetan hatte. Neue Anbauprodukte wie Kartoffeln, Baumwolle und Tabak regten den wirtschaftlichen Auftrieb im Land weiter an. Oft führten Händler ei-

1898

Die New Territories in Hongkong, nördlich von Kowloon, werden für 99 Jahre an die Briten verpachtet. 1997 wird Hongkong an China zurückgegeben.

1900

Die Hanlin-Akademie in Beijing – Zentrum für chinesische Bildung und Literatur – gerät während des Boxer-Aufstands in Brand. Die wertvolle Büchersammlung wird komplett zerstört.

1904–05

Der Russisch-Japanische Krieg wird ausschließlich auf chinesischem Boden ausgefochten. Japan gewinnt und ist damit das erste asiatische Land, das eine europäische Macht besiegt.

1905

Wichtige Reformen gegen Ende der Qing-Dynastie, darunter die Abschaffung der 1000 Jahre alten Beamtenprüfung über konfuzianische Klassiker.

nen opulenten Lebensstil – sie bauten die feinsten Privatgärten (wie in Suzhou) und kauften edle Blumen und Früchte.

Letztlich wurde die Ming-Dynastie von internen Machtkämpfen untergraben. Dazu kamen Naturkatastrophen wie Dürre und Hungersnot, gepaart mit einer Bedrohung aus dem Norden. Die Mandschu ein nomadisches Kriegervolk, nutzten die Unruhen in China zum Angriff.

Die Qing: Niedergang der Dynastien

Nachdem die Mandschu einen kleineren Teil Chinas erobert und Ordnung ins Chaos gebracht hatten, nannten sie ihre neue Dynastie Qing (1644–1911). Als sie sich in der (nun abgefackelten) Verbotenen Stadt niederließen, wurde den Mandschu klar, dass sie ihr Nomadenleben an die landwirtschaftlich geprägte Zivilisation Chinas anpassen mussten. Gefahren aus Zentralasien wurden einfach ausgemerzt, indem die Mandschurei, Heimat der Qing, und das Land der Mongolen, die ihnen untergeben waren, ins Reich eingegliedert wurden. Wie die Mongolen vor ihnen herrschten die Mandschu über ein Volk, dessen Regierung sie zwar besiegt hatten, dessen kulturelle Macht aber sehr viel größer war. Dadurch ergab sich ein großer Widerspruch: einerseits setzten Qing-Herrscher alles daran, hohe Beamte und kulturelle Größen als Verbündete zu gewinnen, indem sie der traditionellen chinesischen Kultur mit Vertrautheit und Respekt entgegentraten. Andererseits legten die Mandschu-Herrscher großen Wert darauf, ihre Herkunft nicht zu verleugnen. Sie führten strikte Regeln ein, um Han und Mandschu gesellschaftlich voneinander zu trennen, und versuchten, meist vergeblich, eine Kultur aufrecht zu erhalten, die die Mandschu an ihre Vergangenheit als Nomadenkrieger erinnern sollte. Am besten erging es den Qing unter den drei Kaisern Kangxi, Yongzheng und Qianlong, die für insgesamt 135 Jahre regierten.

Ein Großteil der heutigen Landkarte Chinas geht auf die Qing-Dynastie zurück. Durch territoriale Expansion und Expeditionen nach Zentralasien weiteten sich die Macht und Kultur der Chinesen weiter aus denn je. Die Gebietserweiterung im 18. Jh. wurde angefacht durch wirtschaftliche und soziale Veränderungen. Im 15. Jh. entdeckten die Europäer die Neue Welt, wodurch ein neuer Weltmarkt für amerikanische Anbauprodukte wie Süßkartoffeln und Peperoni entstand. Nun war es möglich, kargere Gegenden zu bebauen, in denen kein Weizen oder Reis gedieh. Im 18. Jh. verdoppelte sich Chinas Bevölkerung von 150 Mio. auf 300 Mio. Menschen.

Inzwischen sind Historiker davon überzeugt, dass China im 18. Jh. zu den modernsten Wirtschaftsnationen der Welt gehörte. Die Auswirkungen des Imperialismus ließen China erstmals abrutschen; doch der Verfall kündigte sich schon lange vor den Opiumkriegen in

EISENBAHN

Die Wusung-Bahn war die erste Eisenbahnstrecke in China, die nach ihrer Einweihung im Jahr 1876 zwischen Shanghai und Wusong verlief. Knapp ein Jahr später wurden die Schienen allerdings wieder herausgerissen und nach Taiwan gebracht.

1908

Der zweijährige Puyi besteigt als letzter Kaiser von China den Thron. Eliten und neue soziale Schichten (z. B. Geschäftsleute) sind gegen die Dynastie. Die Tage des Kaiserreichs sind gezählt.

1911

Die Revolution breitet sich in ganz China aus. Provinzregierungen verweigern dem Kaiser ihre Hilfe und unterstützen stattdessen eine Republik mit Sun Yatsen als Präsident (der zu der Zeit in den USA Gelder sammelt).

1912

Yuan Shikai, Führer von Chinas mächtigster Armee, sucht den Kaiserlichen Qing-Hof auf und verkündet: Das Spiel ist aus. Am 12. Februar dankt der letzte Kaiser, der sechsjährige Puyi, ab.

1915

Mit seinen „21 Forderungen" gewinnt Japan in Teilen Chinas massive politische, Wirtschafts- und Handelsrechte. Europa ist abgelenkt vom Ersten Weltkrieg.

den 1840er-Jahren an. Um es einfach auszudrücken: Während China geografisch immer größer wurde, hinkte der Staat hinterher. Chinas Dynastie scheiterte daran, sich regierungstechnisch an das Riesenreich anzupassen, um mit der neuen Realität eines größeren Chinas fertig zu werden.

Im 18. Jh. entwickelten die Chinesen eine erste Art Impfstoff gegen Pocken, der nicht gespritzt, sondern Patienten als Serum durch die Nasenlöcher gepustet wurde.

Krieg & Reform

Der größte Schlag für die Mandschu war keiner der beiden Opiumkriege, sondern der noch viel zerstörerische Taiping-Aufstand gegen die Qing (1850–64), der zum Teil durch ein fremdes, christliches Credo geschürt wurde. Hakka-Anführer Hong Xiuquan gründete das Himmlische Reich des Großen Friedens (Taiping Tianguo), ließ Opium verbieten, führte eine strikte Geschlechtertrennung ein, unternahm Schritte, um Besitztümer umzuverteilen und war vor allem vehement gegen die Mandschu. Die Qing konnten schließlich doch die Taiping-Hauptstadt Nanking zurückerobern, doch über 20 Mio. Chinesen mussten bei der Rebellion ihr Leben lassen.

Dann überschlugen sich die Ereignisse, die zum Untergang der Dynastie führten. Die Überfälle ausländischer Imperialisten gingen weiter, und Chinas Küstenstädte fielen eine nach der anderen in die Hände westlicher Mächte: Shanghai, Qingdao, Tianjin, Gulang Yu, Shantou, Yantai, Weihai, Ningbo und Beihai. Sie alle wurden entweder zu Halbkolonien oder ausländischen Konzessionen gemacht. Hongkong wurde britische Kronkolonie und Macau von den Portugiesen verwaltet. Versuche, zu neuer Stärke zurückzufinden – u.a. durch die Rüstungsindustrie und die Produktion westlicher Kriegstechnologie – wurden durch den ersten Japanisch-Chinesischen Krieg von 1894–95 brutal zunichte gemacht. Auslöser war ein Streit um die politische Kontrolle über Korea, der mit einer erniedrigenden Vernichtung der neuen Flotte der Qing endete. So verlor China nicht nur in Korea an Einfluss, Taiwan wurde auch noch japanische Kolonie.

Pingpong (*pingpangqiu*) ist heute in China Volkssport (*guoqiu*); erfunden wurde er aber von den Briten Ende des 19. Jahrhunderts unter der Bezeichnung Wiff Waff als Gesellschaftsspiel nach dem Abendessen. Die Bälle waren u.a. aus Champagnerkorken.

Japan selbst bot ein eindrucksvolles Beispiel asiatischer Reformfreudigkeit. Genervt von den immer größeren Eingriffen von außen, stürzten Japans Herrscher 1868 das Jahrhunderte alte System der Shogune, die die ausführenden Regenten des Kaisers waren. Eine totale Modernisierung, darunter eine neue Armee und Verfassung, ein neues Bildungssystem und Schienennetz gab den Reformern in China jede Menge Stoff zum Nachdenken.

Einer der mutigsten Reformvorschläge, der sich stark am japanischen Modell orientierte, war ein Programm, das 1898 von Reformern angeschoben wurde, darunter auch der politische Denker Kang Youwei (1858–1927). Im September des Jahres 1898 kamen die Reformabsichten jedoch jäh zum Erliegen, als Kaiserinwitwe Cixi aus Angst vor

1916

Yuan Shikai will sich selbst zum Kaiser ernennen. Er wird zurückgedrängt, bleibt aber Präsident. Im Jahr darauf stirbt er an Nierenversagen. China wird aufgeteilt und von rivalisierenden Militaristen regiert.

1919

Eine vermehrte Orientierung an westlichen Werten äußert sich zunehmend in Protesten, insbesondere der Studenten und Intellektuellen. Die sogenannte Bewegung des 4. Mai gild als die erste politische Massenbewegung.

1921

Es kommt zur Gründung der Kommunistischen Partei Chinas (KPCh), zu deren Gründungsmitgliedern Mao Zedong zählt.

1925

Am 30. Mai schießen ausländisch kontrollierte Polizeikräfte auf streikende Fabrikarbeiter in Shanghai. Entbrannter Nationalismus macht der Kuomintang-Partei Hoffnungen, die sich jetzt in Guangzhou neu gruppiert.

ALTE STÄDTE & DÖRFER 古镇

Für einen Eindruck vom alten China lohnt sich ein Ausflug in diese alten Ortschaften (guzhen):

Pingyao (S. 383) Besterhaltene alte Stadt Chinas mit intakter Stadtmauer.

Fenghuang (S. 516) Idyllisch am Fluss gelegen, mit Pagoden und Tempeln, überdachten Brücken und einer alten Stadtmauer

Hongcun (S. 425) Wunderschönes Huizhou-Dorf, eingebettet in die herrliche Landschaft in Südanhui.

Tianluokeng *tulou*-Gruppe (S. 310) Eine Übernachtung in den fotogenen Hakka-Rundhäuser.

Shaxi (S. 739) Raus aus dem modernen China über Yunnans alte Tee-& Pferdestraße.

Zhenyuan (S. 698) In Guizhou durch die uralten Seitengassen schlendern und die Tempel und Turmspitzen bewundern.

einem Staatsstreich den Kaiser unter Hausarrest stellte und gleich mehrere Reformbefürworter aus dem Weg räumte. Zwei Jahre später traf Cixi eine Entscheidung, die das Schicksal der Qing besiegelte. Im Jahr 1900 wurde der Norden Chinas von einer Gruppe aufständischer Bauern angegriffen, deren Kampfkünste ihnen die Bezeichnung „Boxer" einbrachten. Sie wollten zum einen die Ausländer aus dem Land vertreiben und jeden zum christlichen Glauben übergetretenen Chinesen ausmerzen. Im Juni traf die Dynastie die fatale Fehlentscheidung, die Boxer bei ihrem Vorhaben zu unterstützen. Schließlich drängte eine multinationale ausländische Armee nach China und schlug die Aufständischen nieder, die das Gesandtschaftsviertel in Beijing besetzt hielten. Daraufhin verlangten die imperialistischen Mächte von den Qing beträchtliche Entschädigungsleistungen. Im Jahr 1902 reagierte die Dynastie mit der Einführung der Xinzheng („neue Politik")-Reformen. Zwar sind diese Reformen in China schon fast vergessen, doch selbst für heutige Verhältnisse wirkten sie erstaunlich progressiv.

Die Pagode des Songyue-Tempels auf dem Song Shan in der Provinz Henan stammt aus dem frühen 6. Jh. und ist damit ist die älteste Ziegelpagode Chinas.

Der kantonesische Revolutionsführer Sun Yatsen (1866–1925) ist eine der wenigen zeitgenössischen Persönlichkeiten, die in China und Taiwan gleichermaßen immer noch respektiert werden. Sun unternahm mit seinem chinesischen Revolutionsbund Ende des 19. Jhs. mehrere Versuche, die Qing-Dynastie zu schwächen. Er sammelte Geld und Unterstützung bei zahlreichen Gruppen: den Auslandschinesen, der neu aufkommenden Mittelschicht und den traditionellen

1926

Nordfeldzug: Kuomintang und Kommunisten schließen sich nach Anraten der Sowjets zusammen, um China gewaltsam unter einer Kuomintang-Regierung zu vereinen.

1927

Kuomintangführer Chiang Kaishek wendet sich gegen die Kommunisten in Shanghai und Guangzhou. Er lässt Tausende töten und zwingt die Kommunisten, auf eine ländlich-basierte Strategie auszuweichen.

1930er-Jahre

Shanghai ist die fünftgrößte Stadt der Welt (und größte Stadt im Fernen Osten) mit 4 Mio. Einwohnern.

1930

Chiangs Kuomintang-Regierung erzielt eine „Tarifautonomie": zum ersten Mal seit fast 90 Jahren darf China Importgüter wieder besteuern, was für stabile Staatsfinanzen essenziell ist.

Geheimbünden. Yatsens eigene Versuche, die Qing zu stürzen, scheiterten zwar, doch sein Ruf als patriotischer Held, der sich für eine moderne Volksrepublik einsetzt, brachte ihm bei aufstrebenden chinesischen Mittelschicht-Eliten hohes Ansehen ein. Dafür wurde er von der militärischen Führung verachtet.

Das Ende der Qing-Herrschaft kam schnell. Im gesamten Südwesten Chinas wurde der Unmut gegen die Dynastie lauter, als bekannt wurde, dass die regionalen Schienenrechte an Ausländer verkauft wurden. Ein Aufstand in Wuhan im Oktober des Jahres 1911 wurde früh entdeckt, sodass die Rebellen in der Stadt das Kommando übernahmen und eilig ihre Unabhängigkeit von der Qing-Dynastie ausriefen. Innerhalb von Tagen und Wochen taten die meisten Provinzen Chinas es ihnen gleich. Provinzversammlungen überall im Land sprachen sich für eine Republik aus und schlugen Sun Yatsen (der sich zu dieser Zeit nicht einmal in China aufhielt) als Präsidentschaftskandidaten vor.

EUNUCHEN

Unter den Tang erlangten die Eunuchen erstmals mehr Macht. Obwohl viele aus ethnischen Minderheiten stammten, wurden sie für Posten im Kaiserlichen Palast in die Hauptstadt geholt. In vielen Dynastien hatten sie großen Einfluss.

Die Republik: Wackelig & Ideenreich

Auf dem Festland hielt sich die Republik China (1912–1949) keine 40 Jahre und gilt noch heute als dunkles Kapitel in der modernen Geschichte Chinas. Damals wurde das Land bedroht „durch Imperialisten von außen und Kriegsherren von innen“, wie viele es formulierten. Dennoch gab es genügend Raum für neue Ideen und Kultur. Freie Meinungsäußerung und kulturelles Schaffen wurden während der Zeit der Republik um einiges mehr gefördert als in jeder nachfolgenden Ära in der Geschichte Chinas. Trotzdem ereigneten sich immer wieder Katastrophen, die denen in der fast zeitgleichen Weimarer Republik in Deutschland in nichts nachstanden.

Sun Yatsen kehrte nur für eine kurze Amtszeit als Präsident nach China zurück. Sein Nachfolger wurde der Militärführer Yuan Shikai. 1912 hielt China zum ersten Mal Parlamentswahlen ab. Suns neu gegründete Partei Kuomintang (Guomindang; Nationalisten, wörtlich übersetzt „Partei des nationalen Volkes“) ging als stärkste Gruppierung hervor. Die parlamentarische Demokratie hielt nicht lange an, weil die Kuomintang von Yuan verboten wurde und Sun ins Exil nach Japan fliehen musste. Nach Yuans Tod im Jahr 1916 unterteilte sich das Land in rivalisierende Regionen, die von militaristischen Kriegsherren regiert wurden. Angeblich kontrollierte die „nationale“ Regierung in Beijing nur Teile im Norden und Osten Chinas und hatte über den Rest des Landes keinerlei Handhabe. In Wahrheit kontrollierten auch die ausländischen Mächte weiterhin fast die gesamte Lage Chinas im In- und Ausland. Großbritannien, Frankreich, die USA und

1931

Japan greift die Mandschurei (Nordostchina) an und provoziert damit eine internationale Krise. Chiang muss sich Strategien gegen die Japaner und gegen die Kommunisten überlegen.

LONELY PLANET / GETTY IMAGES ©

» Skulptur „Krieg des Widerstands“ gegen Japan

1932

Im Februar/März kommt es auf Shanghais Straßen zu blutigen Kämpfen. Der Konflikt zwischen den beiden Großmächten Ostasiens, China und Japan, steht kurz bevor.

GESCHICHTSBÜCHER

- *Geschichte Chinas: Von 1800 bis zur Gegenwart* (Thoralf Klein; 2009). Umfassende und informative Einführung in die Geschichte des modernen China, mit Kapiteln über die Besonderheiten von Politik, Kultur und Gesellschaft.
- *China: Eine Weltmacht kehrt zurück* (Konrad Seitz; 2002). Das Buch des ehemaligen deutschen Botschafters in China befasst sich mit der historischen Entwicklung Chinas und den wirtschaftlichen und politischen Trends der letzten 20 Jahre.
- *Nachbar China* (Helmut Schmidt; 2007). Der Ex-Bundeskanzler im Gespräch mit dem Beijing-Korrespondenten der Wirtschaftswoche, Frank Sieren. Liest sich spannend und ist aktuell.

andere westliche Staaten wollten ihre Extraterritorialitätsrechte und Zollkontrolle nur ungern aufgeben.

Shanghai verkörperte den Widerspruch chinesischer Modernität am meisten. Anfang des 20. Jhs. galt die Stadt nicht nur in China als Wundermetropole, sondern in der gesamten Welt: Es gab Wolkenkratzer, Wohnhäuser im Art-déco-Stil, Neonlichter und exzentrisch gekleidete Frauen (und Männer). Die Atmosphäre war quirlig, die Menschen kommerziell und liberal eingestellt. Der Rassismus, den der Imperialismus mit sich brachte, war überall spürbar: Europäer und Chinesen blieben weitestgehend für sich. Doch auch der Glamour des modernen Lebens war unbestreitbar. Aus den ländlichen Gegenden strömten die Arbeiter zum Geldverdienen in die Stadt. Chinesische Intellektuelle kleideten sich französisch, britische Architekten bauten neue Häuser, und Kinos zeigten Filme aus Amerika. Vor dem Ersten Weltkrieg lebten in Shanghai mehr Millionäre als irgendwo sonst in China, doch die Ungleichheit und das Elend inspirierten auch den ersten Parteitag der Kommunistischen Partei Chinas (KPCh).

Die Militärregierung, die 1917 in Beijing an der Macht war, stellte 96 000 Chinesen, die an der Westfront in Europa dienten – nicht als Soldaten, sondern zum Ausheben von Schützengräben und für andere schwere körperliche Arbeiten. Diese Beteiligung am Ersten Weltkrieg führte zu den wichtigsten Ereignissen in der modernen Geschichte Chinas: den Studentenprotesten am 4. Mai 1919.

Das Doppelspiel von Seiten der westlichen Alliierten und chinesischer Politiker, die geheime Abkommen mit Japan schlossen, überraschte chinesische Diplomaten bei der Pariser Friedenskonferenz 1919. Deutschland war geschlagen, doch seine chinesischen Territorien – z. B. Qingdao – gingen nicht an China zurück, sondern an Japan. Fünf Tage später, am 4. Mai 1919, fanden sich 3000 Studenten in der

1935

Bei der Konferenz in Zunyi beginnt Mao Zedongs Aufstieg zur Macht. Sie wird während des Langen Marschs nach Nordwesten abgehalten, auf der Flucht vor den Kuomintang.

1937

Am 7. Juli treffen Japaner und Chinesen in Wanping bei Beijing aufeinander. Damit beginnt ein Konflikt, den die Chinesen als „Krieg des Widerstands" bezeichnen und der erst 1945 endet.

1937

Bei einem als Blutiger Samstag bekannten Ereignis fallen am 14. August erstmals Bomben auf die ausländischen Niederlassungen in Shanghai. Es sterben mehr als 2000 Menschen.

1938

Der ehemalige Premierminister Wang Jingwei läuft zu Japan über. Später führt er eine „wiederhergestellte" Kuomintang-Regierung unter strenger Kontrolle Japans ein.

HISTORISCH WICHTIGE STÄDTE

Chinas Städte haben den Aufstieg und Fall ganzer Dynastien miterlebt. Heute bieten sie eine Fülle dynastischer Spuren und uralter Artefakte.

Beijing (S. 50) Geschichte, Tradition und kaiserliche Pracht, und die Großen Mauer oben drauf.

Xi'an (S. 396) Im Prototyp der chinesischen Altstädte sind die noch intakte Stadtmauer aus Zeiten der Ming-Dynastie und die Terracotta-Krieger am Stadtrand zu bewundern.

Hangzhou (S. 273) Chinas vielleicht charmanteste Stadt bietet jede Menge Geschichte.

Nanjing (S. 243) Eindrucksvolle Stadtmauer und imposante Überreste aus der Kaiserzeit der Ming-Dynastie.

Beijinger Innenstadt vor dem Tor des Himmlischen Friedens ein und marschierten zum Haus eines chinesischen Ministers, der zu Japan enge Kontakte unterhielt. Die Demonstranten brachen in das Haus ein und hinterließen einen Trümmerhaufen. Binnen weniger Stunden wurde diese Aktion zur Legende.

Die Studentenrevolte wurde zum Symbol eines weitaus größeren Wandels in der chinesischen Gesellschaft und Politik. Die Bewegung des 4. Mai, wie man sie später nannte, wurde mit einer neuen Kultur in Verbindung gebracht, die auf den elektrisierenden Ideen von Wissenschaft und Demokratie aufbaute. In der Literatur attackierte eine Autorengeneration des 4. Mai den Konfuzianismus, den sie für die aktuelle Krise Chinas verantwortlich machte. Darüber hinaus ergründeten sie neue Fragen der Sexualität und der Selbstfindung. Die Kommunistische Partei Chinas, die später den größten Bauernaufstand der Welt anführte, entstand während der intellektuellen Unruhen der Bewegung. Viele Gründungsmitglieder arbeiteten an der Universität Peking, darunter Chen Duxiu (Dekan der Geisteswissenschaften), Li Dazhao (Leiter der Bibliothek) und der junge Mao Zedong, ein kleiner Bibliotheksassistent.

Chiangs Bewegung „Neues Leben" und die Ideologien der Kommunistischen Partei Chinas waren Versuche, die Gesellschaft durch Erneuerung des Einzelnen zu mobilisieren. Der Klassenkrieg wurde allerdings nur von den Kommunisten befürwortet.

Nordfeldzug

Nachdem Sun Yatsen jahrelang vergeblich versucht hatte, internationale Unterstützung für seine Sache zu bekommen, fand er im neu gegründeten Sowjetrussland einen Verbündeten. Die Sowjets wollten aber, dass sich die noch unerfahrene KPCh mit der etablierten und großen Kuomintang-Partei zusammentat. Für Sun Yatsen hatte dieses Bündnis Vorteile: Die Sowjets würden ihnen in politischen Angelegenheiten etwas beibringen und militärische Hilfe und Geld zur Ver-

1939

Am 3. und 4. Mai zerstören japanische Flächenbombardements Chinas Übergangshauptstadt Chongqing. Von 1938 bis 1943 ist Chongqing eine der meistbombardierten Städte der Welt.

1941

Rund um den Stützpunkt Yan'an (Shaanxi) wird von der Kommunistischen Partei mit „Säuberungen" begonnen; die Partei wird zur Ideologie umgemodelt, die zum Großteil von Mao Zedong stammt.

1943

Chiang Kaishek handelt mit den Alliierten aus, dass die imperialen Privilegien des Westens bei einem Sieg gegen Japan für immer erlöschen. Das Ende der Imperialisten aus dem Westen beginnt.

1946

Die Kommunisten und die Kuomintang scheitern an der Gründung einer Koalitionsregierung, China versinkt erneut im Bürgerkrieg. Die Kommunisten verdanken ihren Sieg der besseren Organisation, Moral und Ideologie.

fügung stellen. Von ihrem revolutionären Stützpunkt Guangzhou aus bereiteten sich die Kuomintang und die KPCh ab 1923 auf ihre Mission vor, ein vereintes China zu schaffen.

Als Sun 1925 an Krebs starb, ging der parteiinterne Machtkampf um die Nachfolge einher mit einem Gefühl der Fremdenfeindlichkeit, das nach den Ereignissen in Shanghai vom 30. Mai verstärkt aufgekommen war, als 13 demonstrierende Arbeiter von britischen Polizisten getötet worden waren. Auf Anraten der Sowjets bereiteten sich die Kuomintang und die KPCh 1926 auf ihren „Nordfeldzug" gegen das Kriegsherren-Regime vor, der China endlich friedlich vereinen sollte. In den Jahren 1926–27 drang die von den Sowjets ausgebildete Nationale Revolutionsarmee langsam nach Norden vor, indem sie den Gegner bekämpften, bestachen oder schlichtweg überredeten, der Kuomintang die Kontrolle zu überlassen. Als mächtigster Mann des Militärs erwies sich ein Politiker aus Zhejiang namens Chiang Kaishek (1887–1975), der in Moskau militärisch ausgebildet worden war. Chiang bahnte sich seinen Weg, bis er endlich den großen Coup landete: die Eroberung Shanghais im März 1927. Auf seine kommunistischen Verbündeten wartete jedoch eine grausame Überraschung: Chiang war von den sowjetischen Beratern wenig beeindruckt; vielmehr war er überzeugt, dass sie die Kuomintang nur als Vehikel zur Machtübernahme benutzten um anschließend Alleinherrscher zu werden. Dem kam Chiang zuvor und organisierte mit Soldaten und lokalen Schlägerbanden einen Blitzangriff. Er trieb KPCh-Aktivisten und Gewerkschaftsführer in Shanghai zusammen und brachte Tausende von ihnen um.

Der packende Krimi *Midnight in Peking* (2012) von Paul French handelt vom Tod der Britin Pamela Werner, die 1937 in Peking ermordet wurde.

Die Macht der Kuomintang

1928 kam Chiang Kaisheks Kuomintang-Regierung offiziell an die Macht, durch eine Mischung aus militärischer Gewalt und Unterstützung aus der Bevölkerung. Politische Dissidenten wurden mit grausamer Schonungslosigkeit unterdrückt. Allerdings hatte Chiangs korrupte Regierung große Industrialisierungspläne, wodurch sich Chinas Infrastruktur stark verbesserte und die „ungleichen Verträge", wie viele Chinesen die Abkommen mit westlichen Mächten nannten, erfolgreich neu verhandelt wurden. In den ersten beiden Jahren verdoppelten die Kuomintang die Länge der chinesischen Autobahnen und erhöhten die Anzahl der Ingenieurstudenten. Doch die Regierung kontrollierte nie wirklich mehr als ein paar (sehr wichtige) Provinzen im Osten, und so blieb China stark geteilt. Fast der gesamte Westen wurde von regionalen Militaristen beherrscht, 1931 griff Japan an und besetzte die Mandschurei; und die Kommunisten wagten im Nordwesten den Neuanfang.

Reiche und privilegierte Chinesen verwendeten Toilettenpapier bereits im 6. Jh.

1949

Aufgrund der Hyperinflation ist ein US-Dollar 6 Mio. chinesische Dollar wert. Kommunistische Truppen erobern Shanghai.

» Mao Zedong, Beijing

1949

Am 1. Oktober verkündet Mao Zedong am Tor des Himmlischen Friedens in Beijing die Gründung der Volksrepublik China mit den Worten: „Das chinesische Volk ist aufgestanden."

1950

China kämpft im Koreakrieg, wodurch Mao sein Regime mit inspirierenden (bzw. einschüchternden) Massenkundgebungen festigen kann.

Im Jahr 1934 brachte Chiang Kaishek sein ideologisches Gegenargument zum Kommunismus vor: die Bewegung „Neues Leben". Gedacht war das Ganze als eine Art spirituelle Erneuerung des Landes, mit einer moderneren Version traditioneller konfuzianischer Werte, wie Anstand, Rechtschaffenheit und Loyalität. Die Bewegung verlangte, dass die „erneuerten" Bürger bescheidene, aber saubere Kleidung tragen mussten, nunmehr ausschließlich Produkte aus China statt Luxusgüter aus dem Ausland kaufen durften und sich hygienisch zu benehmen hatten. Doch Chiangs Ideologie setzte sich nie wirklich durch. Vor dem Hintergrund einer gewaltigen Agrar- und Finanzkrise kamen die Kleidervorschriften und Verhaltensregeln beim Volk alles andere als gut an.

Der Drache (*lóng*) stand lange Zeit für den Kaiser und für Männlichkeit, während der Phoenix (*fènghuáng*) ein Symbol für die Kaiserin und für Weiblichkeit war.

Für die Landbevölkerung, die in China 80 % ausmachte, brachten die neuen Richtlinien keine große Veränderung. Es wurden zwar ein paar Reformen eingeführt, darunter auch die Gründung ländlicher Kooperativen, doch die hatten kaum Auswirkungen. Außerdem schaffte die Partei es nicht, Steuern auf ehrliche und transparente Weise einzuziehen.

Der lange Marsch

Die Kommunisten waren nicht stehengeblieben, und nach Chiangs Verrat floh der Rest der KP aufs Land. Ein wichtiges Zentrum ihrer Aktivitäten war die kommunistische Hochburg in der verarmten Provinz Jiangxi, wo die Partei verschiedene Regierungssysteme ausprobieren konnte, die ihnen später zur Macht verhelfen würden. 1934 wurde die Position der KPCh in Jiangxi durch Chiangs zuvor noch wirkungslose „Säuberungskampagnen" unhaltbar, da die Rote Armee zunehmend von nationalistischen Truppen einkesselt wurde. So machte sich die KPCh auf ihren Langen Marsch von über 6400 km. Von ursprünglich 80 000 Kommunisten, die es am Anfang noch waren, erreichten schließlich 4000 Mann erschöpft die Provinz Shaanxi im Nordwesten des Landes; sie waren somit den Fängen der Kuomintang entkommen. Chiang konnte allerdings immer noch binnen weniger Monate angreifen und sie vernichten.

Chiang Kaisheks Kriegspolitik rettete die KPCh vor dem Untergang. Der Unmut in der Bevölkerung über Chiangs scheinbaren Unwillen, gegen die Japaner zu kämpfen, wuchs. Diese Wahrnehmung war jedoch nicht ganz fair. Die Kuomintang hatten sehr wohl wichtige Regimenter der Armee mit deutscher Hilfe neu ausgebildet und ab dem Jahr 1931 eine Kriegswirtschaft geplant, angespornt durch die Invasion der Japaner in die Mandschurei. Im Dezember 1936 spitzten sich die Ereignisse jedoch zu, als Chiang vom chinesischen Militärführer der Mandschurei (General Zhang Xueliang) und der KPCh ent-

1957

Die „Hundert-Blumen-Bewegung" bringt eine kurze Phase der Liberalisierung. Trotzdem greift Mao bei Regimekritikern hart durch; Tausende Dissidenten müssen ins Gefängnis oder ins Exil.

1958

Zweite Quemoy-Krise. Maos Regierung feuert unter taiwanischer Aufsicht Raketen nahe den Inseln ab, um eine Annäherung der USA und Sowjetunion im Kalten Krieg zu verhindern.

1962

Der Große Sprung löst eine landesweite Hungersnot aus. Politbüro-Mitglieder Liu Shaoqi und Deng Xiaoping führen eingeschränkte Marktreformen wieder ein, wofür sie während der Kulturrevolution verurteilt werden.

1966

Ausbruch der Kulturrevolution; die Roten Garden demonstrieren in ganz China. Die Bewegung will die Gesellschaft mit den Mitteln von Gewalt verändern.

führt wurde. Als Bedingung für seine Freilassung musste Chiang einer zweiten Einheitsfront zustimmen: Die Kuomintang und die Kommunisten sollten ihre Differenzen beilegen und gemeinsam gegen Japan in den Krieg ziehen.

Der Krieg & die Kuomintang

Dass China im Zweiten Weltkrieg eine ziemlich große Rolle spielte, wird im Westen oft übersehen bzw. vergessen. Als Japan 1937 in China einfiel, wurde mit der Bevölkerung brutal umgegangen. Das berüchtigte Massaker von Nanjing (s. S. 246) war nur eines von vielen Kriegsverbrechen, welche die japanische Armee auf ihrem Eroberungszug durch den Osten beging. Die chinesische Regierung musste vom Exil im äußersten Hinterland im Südwesten aus agieren, da die stärksten und bestentwickelten Gebiete entlang der Ostküste bereits von den Japanern besetzt waren.

In China wird heute anerkannt, dass sowohl die Kuomintang als auch die Kommunisten zur Niederschlagung Japans entscheidend beigetragen haben. Damals galt nicht Mao, sondern Chiang als international anerkannter Führer Chinas, und obwohl seine Regierung so manche gravierende Fehler gemacht hatte, konnte er den Widerstand bis zum Schluss aufrechterhalten. Seine Regierung wurde jedoch zunehmend in die Ecke gedrängt, nachdem sie sich in die Provinz Sichuan zurückgezogen hatte. Chongqing wurde zur Übergangshauptstadt, und obwohl die Stadt vor Landangriffen der Japaner sicher war, wurde sie dennoch mit am heftigsten bombardiert. Ab 1940 waren die Nachschublinien abgeschnitten, weil die Briten durch massiven Druck der Japaner die Straße nach Burma sperrten. Das französische Vichy-Regime sperrte die Verbindungsstraßen nach Vietnam. Obwohl die USA und Großbritannien China nach den Angriffen auf Pearl Harbor am 7. Dezember 1941 als Verbündeten gegen Japan gewannen, wurde China aufgrund der Alliierten-Doktrin „Europe First" immer nur als zweitrangiger Kriegsschauplatz gesehen. Chiang Kaisheks Führungsqualitäten und Korruptionsskandale wurden heftig kritisiert, und obwohl die Anschuldigungen berechtigt waren, wäre der Krieg der Alliierten im Pazifik ohne die Truppen der chinesischen Kuomintang (wodurch eine Million japanische Soldaten acht Jahre in China festsaßen) weitaus schwieriger gewesen. Die Kommunisten wurden als Guerillakämpfer eingesetzt, kämpften jedoch sehr viel weniger als die Kuomintang.

Die wahren Gewinner des Zweiten Weltkriegs waren die Kommunisten. Im Norden und Osten Chinas führten sie entscheidende Guerillakriege gegen die Japaner, doch die massivsten Veränderungen ereigneten sich in der trostlosen, staubigen Hügellandschaft rund um

Ding Lings Roman *Sonne über dem Sanggan* (1948) beschreibt die Gewalt, aber auch die Freuden Anfang der 1950er-Jahre zur Zeit der Landreform

1972

US-Präsident Richard Nixon besucht China als Zeichen der Annäherung im Kalten Krieg; beide Länder beginnen vollwertige diplomatische Beziehungen.

1973

Deng Xiaoping kehrt als Vize-Premier an die Macht zurück. Die Modernisierungsfraktion der Partei streitet mit der Viererbande, die sich für eine Weiterführung der Kulturrevolution ausspricht.

1975

Chiang Kaishek, der Führer der Nationalchinesen, stirbt im Exil auf Taiwan. Er hatte nie die Hoffnung aufgegeben, auf das Festland zurückzukehren.

1976

Mao Zedong stirbt mit 83 Jahren. Die Viererbande wird von Maos Nachfolger verhaftet und vor Gericht gestellt, wo sie für ihre Gräueltaten während der Kulturrevolution angeklagt werden.

SPRÜCHEKLOPFER

Im kommunistischen China waren politische Parolen immer schon eines der ersten Mittel, zu denen im Propagandaministerium gegriffen wurde. Die kommunistischen Slogans waren schlagkräftig, bieder, systematisch und formelhaft für die breite Masse verständlich formuliert. Meist prangten sie in zinnoberroten Lettern auf Wänden, Bannern oder Postern. Die Sprache war einfach und direkt, was den Leuten gefiel. Weil in den chinesischen Schulen vor allem auswendig gelernt wurde, wirkten die Parolen sehr autoritär und waren leicht zu merken. Durch ihre Allgegenwärtigkeit wurde der Eindruck des wachsamen kommunistischen Staates besonders verstärkt. Während der Kulturrevolution nahmen Gewalt und Einschüchterung zu. In ganz China sind noch heute Parolen von damals zu lesen, so auch hier (auch wenn viele unter Putz oder Zement begraben oder entfernt wurden):

» Nanjiecun (S. 448): buchstäblich überall

» Chuandixia (S. 117): an Hauswänden im Dorf

» 798 Art District, Beijing (S. 81): im gesamten Distrikt

» Hua'e Lou (S. 635): Hakka-Rundhaus im östlichen Guangdong

» Festung Jiayuguan (S. 933): in gelben Lettern und als geisterhafte Schatten an Gebäuden und Wänden

Yan'an, der größten Hochburg der KPCh. Die Entwicklungen in Yan'an festigten einen Großteil ihrer Politik: Eine Agrarreform mit einer Landumverteilung an die Bauern, niedrigere Steuern, eine Selbstversorgungswirtschaft, eine ideologisch geprägte Umerziehung und vor allem der militärischen Armee der KPCh, die Rote Armee (heute Volksbefreiungsarmee). Als der Krieg gegen Japan endete, hatten die Kommunisten ihre Gebiete massiv ausgeweitet, mit 900 000 Soldaten in der Roten Armee und einem neuen Rekordhoch von 1,2 Mio. Parteimitgliedern.

Vor allem aber hatte der Krieg gegen Japan dazu beigetragen, die Kommunisten vor dem Abgrund zu retten, in den sie nach Ende des Langen Marsches zu stürzen drohten. 1946 kämpften die Kuomintang und die Kommunisten in einem Bürgerkrieg um die Macht, den die KPCh nach drei Jahren für sich entschied. Am 1. Oktober 1949 rief Mao in Beijing die Volksrepublik China aus.

Chiang Kaishek flüchtete sich auf die Insel Formosa (Taiwan), die China nach dem Zweiten Weltkrieg von Japan zurückerhalten hatte. Chinas Goldreserven und die Überreste seiner Luftwaffe und Marine nahm er mit, gründete die Republik China und nannte die neue Hauptstadt Taipeh (台北, Taibei).

1980

Die Ein-Kind-Regelung wird eingeführt. Der Staat will damit die Bevölkerungszahl senken, kontrolliert aber gleichzeitig die persönliche Freiheit von Frauen auf nie dagewesene Weise.

1987

Der letzte Kaiser wird in der Verbotenen Stadt gedreht, erhält den Oscar als bester Film und macht Chinas neue Offenheit gegenüber dem Ausland deutlich.

1988

Die Skandal-Serie Heshang, die sich mit der Diktatur und Maos Herrschaft auseinandersetzt, wird im nationalen Fernsehen ausgestrahlt. Nach 1989 ist die Serie in China verboten.

1989

Hunderte Zivilisten werden von chinesischen Truppen in den Straßen rund um den Tiananmen-Platz getötet. Offiziell gibt es keine neue Einschätzung, doch Gerüchten zufolge ist die Partei intern zerstritten.

China unter Mao Zedong

China unter Mao wollte vor allem eins: ideologische Kontrolle über sein Volk ausüben. Im „Neuen China" sollten alle Bürger, selbst Bauern in den hintersten Ecken des Landes, ihren Beitrag zur neuen Gesellschaft und Politik leisten. Zum ersten Mal seit dem 19. Jh. war das Land unter einer starken zentralen Regierung vereint, dank Maos erfolgreicher Truppen und politischen Taktierens.

Fast sämtliche Einflüsse und Ausländer aus dem Westen wurden rasch aus dem Land verbannt. Die USA weigerte sich, den neuen Staat anzuerkennen, und China beschloss noch vor Beginn des Kalten Krieges, „sich auf eine Seite zu lehnen", wie Mao es ausdrückte, nämlich in die Nähe der Sowjets. In den 1950er-Jahren war der Einfluss der UdSSR auf die Politik und Kultur Chinas am größten; gleichzeitig kam es jedoch zu immer größeren Spannungen zwischen den beiden Staaten, die angefacht wurden durch Chruschtschows „Entstalinisierung" (was Mao als Kritik an seinem eigenen Personenkult verstand). Die Differenzen zwischen China und der Sowjetunion wurden weiter verschlimmert, als die Sowjets China jede technische Hilfe entzogen. 1969 erreichte die Krise ihren Höhepunkt als es zu heftigen Grenzkonflikten kam, woraufhin das Verhältnis bis in die 1980er-Jahre distanziert blieb.

Nach diesen Erfahrungen war Mao überzeugt, dass die Beziehung zwischen Landbesitzern und ihren Pächtern, Unternehmern und ihren Arbeitern nur gewaltsam aufgerüttelt werden konnte – und das in einem China, das immer noch stark traditionell verwurzelt war. Im ersten Regimejahr wurde rund 40 % Land an mittellose Bauern umverteilt. Gleichzeitig wurden bis zu eine Million „Landbesitzer" systematisch verfolgt und umgebracht. Bei vielen Chinesen war die Freude über die Befreiung echt, doch ebenso echt war die Grausamkeit des Regimes in den frühen 1950er-Jahren.

Als die politischen Beziehungen zu den Sowjets Mitte der 1950er-Jahre zum Erliegen kamen, dachten die Führer der KPCh erstmals über wirtschaftliche Unabhängigkeit nach. Mao, der bei Kollegen im Politbüro Unterstützung fand, machte den Vorschlag des sogenannten Großen Sprungs (Dayuejin). Dahinter steckte ein höchst ambitionierter Plan, mit Hilfe einer sozialistisch geprägten Planwirtschaft die Herstellung von Stahl, Kohle und Elektrizität anzukurbeln. Die Landwirtschaft erreichte ein nie dagewesenes Maß an Kollektivierung. Familienstrukturen wurden mit der Einführung von gemeinsamen Speisesälen aufgebrochen: Die Menschen sollten sich satt essen, da die neuen Anbaumethoden über Jahre hinaus genug für alle bereitstellen würden.

Mao Zedong war eine der spannendsten Figuren des 20. Jhs. Jung Changs und Jon Hallidays Biografie Mao: *Das Leben eines Mannes, das Schicksal eines Volkes* (2007) liefert eine völlig neue Sicht auf den „großen Steuermann" Chinas.

1992

Im Konflikt um den 17. Karmapa, für den es zwei Anwärter gibt, kommt es zur offiziellen Inthronisierung von Urgyen Trinley Dorje. Nach wie vor zählt auch der zweite Kandidat, Thaye Dorje, zahlreiche Unterstützer.

1993

China unterliegt bei der Bewerbung um die Olympischen Spiele 2000 gegen Australien. Diese Ablehnung wurde von Chinesen aller Schichten als Demütigung empfunden.

1997

Hongkong geht zurück an die Volksrepublik China. Die Angst, China könnte sich in Regierungsangelegenheiten einmischen, bestätigt sich nicht. Politisch wird jedoch mehr auf Beijing geachtet.

1999

Als im Kosovo-Krieg NATO-Flugzeuge die chinesische Botschaft in Belgrad bombardieren, finden in Beijing Demonstrationen nationalistisch gesinnter Chinesen statt.

Der Große Sprung war ein verheerender Misserfolg. Mangelnder wirtschaftlicher Realismus löste eine gigantische Hungersnot aus und forderte mindestens 20 Mio. Tote. Der Historiker Frank Dikötter geht in seinem Buch Mao's Great Famine (2010) sogar von 45 Millionen Toten aus. Doch die Rückkehr zu einer eingeschränkten Marktwirtschaft im Jahr 1962, nach Ende des Sprungs, konnte Maos Begeisterung für eine radikale Erneuerung nicht schmälern. Dies führte zur letzten und radikalsten Kampagne, die charakteristisch war für Maos China: die Kulturrevolution von 1966 bis 1976.

Kulturrevolution

Mao war zunehmend besorgt, dass sich China nach dem Großen Sprung zum Ökonomismus entwickelte – mit einer wohlgefälligen Zufriedenheit und einem höheren Lebensstandard, der den Revolutionswillen der Leute abstumpfen ließ. Besonders große Sorgen machte sich Mao über die junge Generation, die mit diesem abgeschwächten Revolutionsgeist aufwachsen würde. Mao hielt daher eine ideologische Erneuerungskampagne für notwendig, die gegen seine eigene Partei gerichtet sein würde.

Während der Kulturrevolution wurden rund 2,2 Mrd. Mao-Abzeichen hergestellt. Das Buch *Mao Zedong* (2010) von Felix Wemheuer informiert über die Geschichte, Zhang Yimous Film *Leben!* (1994) greift die Emotionen der Zeit auf.

Mao war noch immer der mächtigste Mann der KPCh und nutzte sein Ansehen, um eigene Kollegen zu untergraben. Im Sommer des Jahres 1966 hingen plötzlich an wichtigen Orten wie der Peking-Universität Poster bzw. Wandzeitungen in großen, handgeschriebenen Buchstaben, auf denen gefordert wurde, Personen wie Liu Shaoqi (Präsident der Volksrepublik China) und Deng Xiaoping (Mitglied des Politbüros) zu verurteilen, weil sie die „kapitalistische Straße begehen". Mit einem Mal verschwanden hochrangige Politiker von der Bildfläche und wurden von kleinen Unbekannten ersetzt, wie Maos Frau Jiang Qing und Verbündeten, die später als „Viererbande" bekannt wurden. Währenddessen gestaltete sich der Personenkult um Mao allumfassend. Eine Million Jugendliche, die Roten Garden, versammelten sich auf dem Platz des Himmlischen Friedens, um Mao sprechen zu hören. Poster und Bilder von Mao waren allgegenwärtig. Die Roten Garden machten aus ihren grausamen Methoden keinen Hehl. Die gesamte Gesellschaft wurde von ihren brutalen Gewaltaktionen getroffen: Lehrer, Intellektuelle und Landbesitzer wurden zu Tausenden ermordet.

Die von Mao initiierte und unterstützte Kulturrevolution war auch bei vielen jungen Menschen (für die weniger auf dem Spiel stand) überaus beliebt. Und dennoch: Polizeibehörden gab es nicht mehr, kreatives Handeln kam völlig zum Erliegen, und akademische Forschungen fanden nicht mehr statt.

2001

China wird Mitglied der Welthandelsorganisation; das Land hat nun Einfluss auf globalen Handel und Finanzen.

2003

In der Provinz Guangdong bricht die SARS-Epidemie aus, an der weltweit mehr als 8000 Menschen erkranken, von denen 774 sterben.

» Transrapid, Shanghai (S. 238)

Die Kulturrevolution war zum Scheitern verurteilt. Besorgt über den Anstieg der Gewalt, vertrieb die Armee die Rote Garde 1969 von der Straße. Anfang der 1970er-Jahre näherten sich die USA und China erstaunlicherweise wieder an. Während sich die USA verzweifelt aus dem Dilemma des Vietnamkrieges zu befreien versuchte, hatte China panische Angst vor einem Angriff der mittlerweile feindlich gesinnten Sowjetunion. Durch geheime diplomatische Manöver kam US-Präsident Richard Nixon schließlich 1972 für einen offiziellen Staatsbesuch nach China; daraufhin begann China sich erneut dem Westen zu öffnen. Allmählich flachte die Kulturrevolution wieder ab, doch ihr brutales Vermächtnis ist heute noch spürbar. Viele derer, die sich der Morde und Gewalttaten schuldig gemacht hatten, wurden ohne große Bestrafung wieder in die Gesellschaft integriert, während die heutige Kommunistische Partei Chinas offene Analysen und Diskussionen über „das Jahrzehnt des Chaos" zu verhindern versucht.

Anfang des 20. Jhs. begann sich das Leben der Chinesen drastisch zu verändern: *Verborgene Stimmen* (2005) von Xinran gibt die Schicksale chinesischer Frauen auf beeindruckende Weise wieder, *Warten* (2000) von Ha Jin ist eine Liebesgeschichte während der Zeit der Kulturrevolution.

Reform

Nach Maos Tod im Jahr 1976 trat der kaum bekannte Hua Guofeng (1921–2008) als neuer Vorsitzender der KPCh die Nachfolge an. Nach zwei Jahren wurde Hua vom größten Überlebenskünstler der chinesischen Politik des 20. Jahrhunderts, Deng Xiaoping, ins Aus manövriert. Deng war während der Kulturrevolution gleich zweimal im Zuge von Säuberungen kaltgestellt worden, doch nach Maos Tod schaffte er es mit einem radikalen Programm an die Spitze der KPCh. Vor allem war sich Deng der Tatsache bewusst, dass China durch die Kulturrevolution wirtschaftlich dramatisch geschwächt worden war. Deng wählte eine Parole, die ursprünglich von Maos pragmatischem Premierminister Zhou Enlai stammte: die „Vier Modernisierungen". Die Partei sollte China in vier unterschiedlichen Bereichen auf den richtigen Weg bringen: Landwirtschaft, Industrie, Wissenschaft/Technik und Verteidigung.

Damit diese Politik auch aufging, fielen viele von Maos alten Thesen unter den Tisch. Der erste symbolkräftige Schritt der „Reformzeit" (wie die Zeit nach 1978 genannt wird) war die Auflösung landwirtschaftlichen Kollektive. Bauern durften nun einen Teil ihrer Erträge auf dem freien Markt verkaufen. Auch in städtischen und ländlichen Gegenden wurden die Menschen ermutigt, kleine Unternehmen zu gründen. „Reich zu werden ist ruhmreich", erklärte Deng und „es macht nichts, wenn manche Gegenden zuerst reich werden." Deng ernannte vier Regionen an Chinas Küsten zu Sonderwirtschaftszonen, die für ausländische Investoren besonders attraktiv sein sollten.

Anders als in der Wirtschaft wurden die Zügel in der Politik sehr viel strammer gehalten. Während Deng das bisschen Verunreinigung

2004

Die weltweit erste kommerziell geführte Magnetschwebebahn rauscht mit bis zu 431 km/h durch den Pudong-Bezirk in Shanghai.

2006

Der Drei-Schluchten-Damm wird fertiggestellt. Bedeutende Teile der Landschaft im Westen Chinas gehen im Wasser unter, dafür gewinnt China Energie für den Wirtschaftsboom.

2008

Beijing ist Austragungsort der Olympischen Spiele und der Paralympics 2008. Die Spiele verlaufen reibungslos und gelten als großer Erfolg zur Aufpolierung von Chinas Image im Ausland.

2008

In Lhasa kommt es zu blutigen Aufständen, und die unruhige Region rückt erneut ins Rampenlicht. Die Proteste breiten sich auf andere tibetische Gebiete in den Provinzen Gansu, Sichuan und Qinghai aus.

ideologischer Werte kaum als Störung zu empfinden schien, waren andere Führungsmitglieder besorgt über den Materialismus der Reformzeit. Sie unterstützten „Kampagnen gegen die geistige Verschmutzung", in denen die Einflüsse der kapitalistischen Welt stark verurteilt wurden. Das änderte jedoch nichts daran, dass sich insgesamt alles zu einer freieren, marktwirtschaftlich orientierten Gesellschaft hin entwickelte.

Mit den neuen Freiheiten für die urbanen Mittelschichten wuchs das Verlangen nach mehr. In den Jahren 1985–86 demonstrierten Studenten für eine weitere Öffnung der Partei; im Jahr 1987 musste der (eigentlich recht liberale) Premierminister Hu Yaobang den Hut ziehen und die Verantwortung dafür tragen, dass unter ihm die sozialen Mächte außer Kontrolle geraten waren. Seinen Posten als Generalsekretär übernahm Zhao Ziyang, der zwar für eine konservativere Politik stand, dafür aber ein wirtschaftlicher Reformer war. Als Hu Yaobang im April des Jahres 1989 starb, nahmen Studenten in ganz China seinen Tod zum Anlass, zu Protesten gegen die KPCh und ihre anhaltende Bedeutung im öffentlichen Leben aufzurufen. An der Universität von Beijing, der Brutstätte der Demonstrationen vom 4. Mai 1919, sprachen sich Studenten für die Notwendigkeit aus, „Wissenschaft und Demokratie", jene beiden Schlagworte der Modernisierung von vor 80 Jahren, neu aufleben zu lassen.

1960 zogen die Sowjets ihre Hilfe für die Volksrepublik China zurück und hinterließen bei Nanjing eine halbfertige Brücke über den Jangtse. Für chinesische Ingenieure war es eine Sache des Stolzes, die Brücke ohne ausländische Hilfe fertigzustellen.

Im Frühling des Jahres 1989 wurde der Tiananmen-Platz Schauplatz einer nie dagewesenen Demonstration. Auf ihrem Höhepunkt versammelten sich fast eine Million chinesischer Arbeiter und Studenten in einer seltenen klassenübergreifenden Verbrüderung vor dem Tor des Himmlischen Friedens. Für die KPCh war es höchst peinlich, dass die Ereignisse überall auf der Welt im Fernsehen zu sehen waren. Im Juni 1989 kamen nur noch ein paar Tausend auf den Platz, doch die machten keinerlei Anzeichen, klein beizugeben. Schließlich wurde der Ausnahmezustand verhängt, worauf in der Nacht vom 3. auf den 4. Juni der Platz mit Panzern geräumt wurde. Die Zahl der Toten in Beijing wurde nie offiziell bestätigt, wahrscheinlich aber waren es Hunderte oder sogar mehr. Hunderte Menschen, die man mit der Bewegung in Verbindung brachte, wurden ins Gefängnis gesteckt, unter Arrest gestellt oder mussten in den Westen fliehen.

Drei Jahre lang rührte sich in der Politik Chinas fast nichts mehr, bis sich Deng, der Mann, der die Panzer angeordnet hatte, im Jahr 1992 zu einer letzten großen öffentlichen Geste entschied. In diesem Jahr unternahm er seine „Reise in den Süden" oder *nanxun*, wie chinesische Politiker es nannten. Mit seinem Besuch der Stadt Shenzhen machte Deng seine Absicht deutlich, dass er seine Wirtschaftsreform auch weiter voranbringen würde. Die massiven Wachstumsraten, die

2008

Die Provinz Sichuan wird von einem gewaltigen Erdbeben der Stärke 8.0 heimgesucht. 87 000 Menschen sterben oder bleiben vermisst, Millionen werden überdachlos.

2009

Chinas Wirtschaft wächst jährlich um etwa 7 %, die Regierung warnt davor, dass ein Einbruch des Wachstums Anlass zu sozialen Spannungen geben könnte. Die weltweite Rezession trifft China mit voller Wucht.

2009

Das Shanghai World Financial Center wird eröffnet. Mit 492 m ist es das höchste Gebäude Chinas und das dritthöchste der Welt.

2009

In Ürümqi sterben im Juli Hunderte von Menschen bei Ausschreitungen, als Uiguren und Han-Chinesen aufeinander losgehen. Beijing schickt Soldaten in die gesamte Region und verhängt eine 10-monatige Internetsperre.

GESCHICHTSMUSEEN

» Hongkong Museum of History (S. 536) eines der besten Museen der ehemaligen britischen Kronkolonie – bunt erzählt mit fantasievollen Exponaten.

» Shanghai History Museum (S. 208) exzellente Chronik über Shanghais Entwicklung, wie aus dem kleinen Suzhou die Hure des Orients wurde, und mehr.

» Macau-Museum (S. 575) die faszinierende Geschichte der ehemaligen portugiesischen Kronkolonie wird hier eindrucksvoll zum Leben erweckt.

» Geschichtsmuseum in Xi'an (S. 399) lehrreiche Chronik über das alte Chang'an.

die chinesische Wirtschaft seitdem verzeichnet, sprechen jedenfalls für seine Entscheidung. Deng fällte auch noch eine andere wichtige Entscheidung: 1989 ernannte er Jiang Zemin – Shanghais Bürgermeister, der die Demonstrationen in seiner Stadt friedlich gelöst hatte, was im Vergleich dazu die Behörden in Beijing nicht geschafft hatten – zum Generalsekretär der Partei und machte ihn damit zum Kandidaten für seine Nachfolge.

China im 21. Jahrhundert

Seit 2002 bemühen sich Präsident Hu Jintao und Premierminister Wen Jiabao, die zunehmende regionale Ungleichheit und die Armut in der Landbevölkerung zu bekämpfen. Chinas ungleiche Entwicklung setzte sich jedoch trotz eines Mammutprojekts zur Entwicklung der Regionen im Westen und als Ausgleich zu den boomenden Städten an den Ost- und Südküsten fort. 2009 stieg das Pro-Kopf-Bruttoinlandsprodukt in den westlichen Regionen dank einer Finanzspritze von 325 Milliarden US-Dollar dramatisch an, doch eine gewaltige Kluft zwischen Arm und Reich ist geblieben, und mit ihr beträchtliche Umweltprobleme – von Verwüstung bis hin zu Wasserknappheit und Bodenerosion.

Die Absichten für politische Reformen gerieten erst einmal wieder ins Hintertreffen, weil das wirtschaftliche Wachstum im Land vielen Menschen Reichtum brachte (wenngleich andere leer ausgingen). Die Immobilienpreise – insbesondere in den reichen Küstenprovinzen im Osten – explodierten, Export und Wirtschaftsinvestitionen boomten. Das erste Jahrzehnt des 21. Jh. bescherte manchen unvorstellbaren Reichtum – die Zahl der Dollar-Milliardäre verdoppelte sich innerhalb von zwei Jahren – so dass die rasant steigenden Immobilienpreise für die weniger Glücklichen unerschwinglich wurden. Gleichzeitig wurden die Städte von einer unvergleichbaren Flut an Gastarbeitern heimgesucht.

2010

Ein gewaltiges Erdbeben der Stärke 7,1 in der Region Qinghai ganz im Westen verwüstet die abgelegene Stadt Yushu im April; Tausende sterben.

2011

Im Juli kollidieren bei Wenzhou in der Provinz Zhejiang zwei Hochgeschwindigkeitszüge. Es ist Chinas erster verheerender High-Speed-Crash, bei dem 40 Menschen sterben.

2012

Nach den schwersten Regenfällen seit 60 Jahren kommt es in Beijing im Sommer zu gewaltigen Überschwemmungen. 77 Menschen sterben in den Fluten, 65 000 werden evakuiert.

2013

Xi Jinping, Chef der Kommunistischen Partei, wird neuer Präsident Chinas und damit Regent über ein 1,3 Mrd. Menschen starkes Volk.

Auf die westlich geprägte Banken- und Wirtschaftkrise von 2007 reagierte China zwischen 2008 und 2009 mit einem Konjunkturpaket über 586 Milliarden Dollar. Es entstanden immer mehr neue Gebäude und Infrastruktur , die China vor den schlimmsten Auswirkungen der Krise schützte, während der Export aufgrund der schlechten Auftragslage zu schwächeln begann. Es folgten Sanktionen zum Kauf von Zweitimmobilien, um Spekulanten vom Markt zu vertreiben und die Preiserhöhung zu zügeln. Zum Teil ging dieser Plan sogar auf, doch Millionen neu gebauter Wohnungen in ganz China – die von Investoren, die mit dem Preisanstieg zufrieden waren, gekauft worden waren – blieben leer. So entstanden ganze Geisterstädte wie Ordos in der Inneren Mongolei, die im Zuge des Kohlebooms gebaut wurden.

Trotz ehrgeiziger Absichten (das Transrapid-Schienennetz wurde massiv ausgebaut; mit dem Raumfahrtprogramm setzte sich China hohe Ziele; es entstanden einige der höchsten Gebäude der Welt), blieb Chinas Wirtschaft im Kern unausgewogen. Während China sich auf die Exportindustrie und großen Investitionsprojekte stürzte, wären die nationalen Bedürfnisse für ein langfristiges Wachstum und als Schutz vor Weltwirtschaftskrisen wichtiger gewesen. Einige Analysten spürten auch, dass das geleistete Konjunkturpaket zu noch mehr Überkapazität und Überinvestitionen in der chinesischen Wirtschaft führte. Seit 2011 ist China vor Japan die zweitgrößte Wirtschaftsmacht der Welt.

Als ständiges Mitglied im UN-Sicherheitsrat und durch sein Streben nach wirtschaftlichem und diplomatischem Einfluss in Afrika und Südamerika spielt China international eine mächtige Rolle. Eine noch bedeutendere Rolle in internationalen Angelegenheiten will das Land allerdings nur ungern einnehmen. Chinas Haltung, neutral, dafür sachlich sein zu wollen, wird auf die Probe gestellt: Angesichts der Krisen, wie die stets brisante Lage in Nordkorea, die Atompläne des Iran, der Konflikt in Syrien und der Streit um die Mineralressourcen in Afrika und Energiequellen überall auf der Welt muss sich China genau entscheiden, auf wessen Seite es steht.

Das Verhältnis zu den Nachbarstaaten ist deutlich gereizter, seitdem China an Statur gewonnen hat und territoriale Streitigkeiten mit Indien, Japan, den Philippinen und Vietnam immer häufiger auf der Tagesordnung stehen.

ROTES KORNFELD

Die neue Freiheit der 1980er-Jahre belebte auch die chinesische Filmindustrie. Das Regiedebüt von Zhang Yimou, *Rotes Kornfeld*, wurde 1988 auf der Berlinale mit dem Goldenen Bären ausgezeichnet.

Bevölkerung

Wenngleich rund jeder fünfte Mensch auf der Erde in China lebt und dieses Land damit mit Abstand die bevölkerungsreichste Nation der Welt darstellt, gilt China als weitgehend homogenes Land (zumindest aus westlicher Sicht). Das könnte daran liegen, dass die größte ethnische Gruppe im Land, die Han-Chinesen, über neun Zehntel der Bevölkerung stellen. Wer sich aber die Mühe macht, größere Teile des Landes zu entdecken, wird dabei nicht nur auf die Vielfalt der chinesischen Küche und ein nahezu babylonisches Sprachenwirrwarr stoßen, sondern auch auf eine bunte Mischung unterschiedlichster Volksgruppen.

Ethnische Verteilung

Han-Chinesen

Die Han-Chinesen (Han zu) – das vorherrschende Volk unter den 56 ethnischen Gruppen Chinas – stellen mit 92 % den Löwenanteil von Chinas Bevölkerung. Die Schriftzeichen, bildende Künste, Kalligrafie, Geschichte, Literatur, Sprache und Politik Chinas werden vor allem mit der Han-Kultur verbunden.

Die Han sind in ganz China vertreten, besonders stark jedoch am Gelben Fluss, am Jangtse und am Perlfluss-Becken. Die Han-Chinesen, die sich nach der Han-Dynastie benannt haben, sind selbst nicht besonders homogen. Lange Zeit wurde China von altaischen (türkischen, tungusischen oder mongolischen) Angreifern regiert, u.a. von den Mongolen während der Yuan-Dynastie, von den Mandschu während der lange währenden Qing-Dynastie, aber auch zur Zeit der Jin- und der Liao-Dynastien.

Den Chinesen im Norden des Landes ist der altaische Einfluss noch deutlicher anzusehen: Sie sind größer und breiter gebaut und haben eine rundere Gesichtsform. Die Han-Chinesen im Süden hingegen, die mehr dem südostasiatischen Typus entsprechen, sind schmächtiger und dünner. Die Chinesen aus Shanghai sehen mit ihren runderen Gesichtern südlicher aus, während Chinesen aus Beijing eher typisch nordchinesisch wirken. Durch die massive Abwanderung der Landbevölkerung in die Großstädte und immer häufigeren Eheschließungen zwischen Chinesen aus unterschiedlichen Teilen des Landes, ist es wahrscheinlich, dass die äußerlichen Unterschiede mit der Zeit weniger werden.

Han-Chinesen sprechen eine erstaunlich große Zahl an völlig unterschiedlichen Dialekten, weshalb in China häufig ein ziemlich großes Sprachenwirrwarr herrscht. Das gesprochene Mandarin (Hanyu – oder „Die Sprache der Han"), das „Hochchinesisch", sorgt jedoch zunehmend für Ordnung, während sämtliche Dialekte für das Schriftchinesisch die gleichen Schriftzeichen (Hanzi – oder „Zeichen der Han") verwenden.

Die Naxi erfanden vor über 1000 Jahren eine Schriftsprache mit einem komplizierten System aus Piktogrammen – die einzige Hieroglyphenschrift, die es heute noch gibt.

Farwest China (www.farwestchina.com, auf Englisch) ist eine sehr lesenswerte Website mit Blog über die Menschen, die Kultur und die Landschaften von Xinjiang im Nordwesten Chinas.

Ethnische Verteilung

Ein Blick auf die chinesische Landkarte zeigt, dass die Kerngebiete der Han-Bevölkerung nur einen zentralen Bruchteil der gewaltigen Ausdehnung des modernen Chinas ausmachen. Geschichtlich gesehen sind die gigantisch großen Regionen Tibet, Qinghai, Xinjiang, die Innere Mongolei und die drei Provinzen im Nordosten (Mandschurei – Heilongjiang, Jilin und Liaoning) alle keine Han-Regionen, und das hat sich auch bis heute kaum geändert.

Viele dieser Regionen werden von den restlichen acht Prozent der Bevölkerung bewohnt, nämlich von Chinas 55 anderen ethnischen Minderheiten, die unter dem Sammelbegriff *shaoshu minzu* (少数民族; nationale Minderheiten) zusammengefasst werden. Die größten ethnischen Gruppen in China sind: Zhuang (壮族), Mandschuren (满族; Manzu), Miao (苗族), Uiguren (维吾尔族; Weiwu'er zu), Yi (彝族), Tujia (土家 族), Tibeter (藏族; Zang zu), Hui (回族), Mongolen (蒙古族; Menggu zu), Buyi (布依族), Dong (侗族), Yao (瑶族), Koreaner (朝鲜族; Chaoxian zu), Bai (白族), Hani (哈尼族), Li (黎族), Kasachen (哈萨克族; Hasake zu) und Dai (傣族). Die Bevölkerungszahlen dieser Gruppierungen klaffen weit auseinander, von der relativ großen Minderheit der Zhuang in Guangxi zu den wenigen Menba (门巴族) in Tibet. Die Zuordnung der ethnischen Gruppen kann sich bisweilen auch ändern: So waren die für ihre Rundhäuser bekannten Hakka (客家; Kejia) früher eine eigenständige Minderheit, gelten heute aber als den Han-Chinesen zugehörig.

Oft ballen sich Chinas Minderheiten entlang der Grenzregionen, im Nordwesten, Westen, Südwesten, Norden und Nordosten Chinas, sind aber auch im Rest des Landes vertreten. Einige Völker beschränken sich nur auf eine einzige Region (z.B. die Hani in Yunnan); wohingegen andere, z.B. die muslimischen Hui (S. 951), in ganz China anzutreffen sind.

Allein in der fruchtbaren Provinz Yunnan im südwestlichen Zipfel Chinas, zwischen Tibet, Myanmar (Burma), Vietnam und Laos, leben über 20 ethnische Minderheiten, was die Region zu einer der ethnisch vielfältigsten Gegenden des Landes macht. Die Ausführungen in diesem Kapitel verschaffen einen ersten Überblick über die regionalen Minderheiten-Gruppen.

MILLIARDÄRE

Fast jede dritte Armbanduhr der Marke Omega wird in China verkauft, während das Land gleich nach den USA die höchste Zahl an Dollar-Milliardären aufweist.

Die chinesische Mentalität

Ganz im Sinne der konfuzianischen Prinzipien sind die Chinesen aufmerksam und diskret, feinsinnig aber auch sehr pragmatisch. Sie sind konservativ und eher introvertiert und bevorzugen meist dunkle statt bunte und auffällige Kleidung. Durch ihre Körpersprache wirken sie meist reserviert und unaufdringlich, dafür aber sehr aufmerksam.

Die Chinesen sind auf ihre Art wunderbar und zugleich rätselhaft widersprüchlich. Erst bieten sie einer älteren Person einen Sitzplatz im Bus an oder erklären jemandem den Weg, um im nächsten Mo-

DEMOGRAFISCHE DATEN

- Bevölkerung: 1,34 Mrd.
- Geburtenrate: 12,31 Geburten auf 1000 Menschen
- Anteil der Menschen über 65 Jahre: 8,9%
- Verstädterungsgrad: 2,3%
- Geschlechterverhältnis (der unter 15-Jährigen): 1,17 (Jungen gegenüber Mädchen)
- Lebenserwartung: 74,8 Jahre

ment völlig zu ignorieren, wenn eine alte Frau von einem Motorrad angefahren wird.

Chinesen sind besonders fleißig. Sie sind an Arbeitszeiten gewöhnt, die anderswo für Aufruhr unter den Arbeitnehmern sorgen würden. Zwar waren die Chinesen immer schon ein hart arbeitendes Volk, doch heute ist der Arbeitswahn darüber hinaus eine Reaktion auf die fehlende soziale Sicherheit und auf die Angst angesichts wirtschaftlicher und politischer Ungewissheit. Chinesen legen einen beeindruckenden Großteil ihrer Einkünfte auf die hohe Kante, was ihre Vorsicht und Voraussicht unterstreicht. Doch trotz ihrer Zurückhaltung können sie erstaunlich verschwenderisch sein, wenn es darum geht, das Gesicht zu wahren: Ganze Essensberge bleiben oft auf Restauranttischen liegen, vor allem dann, wenn wichtige Gäste anwesend sind, sind Chinesen überaus großzügig. Es sollte sich also niemand wundern, von einem Chinesen, den er oder sie gerade erst im Zug kennengelernt hat, zum Essen in den Speisewagen eingeladen zu werden. Die Rechnung wird der Bedienung blitzschnell aus den Händen gerissen und jeder Versuch, doch für das eigene Essen zu bezahlen, wird vehement abgewehrt.

Die Chinesen sind zudem ein außergewöhnlich würdevolles Volk. Sie sind stolz auf ihre Gesellschaft und ihre Geschichte, ihre Schriftsprache und ihre Erfindungen und Leistungen. Hin und wieder kann dieser Stolz leicht überheblich rüberkommen, was aber nur an mangelndem Selbstvertrauen liegt. Ein Chinese kann zum Beispiel sehr zufrieden über Chinas neu gewonnenen Machtstatus in der Welt sein, windet sich aber beim Thema Lebensmittelsicherheit.

Das Wesen moderner Chinesen ist geprägt von den politischen Zuständen im Land. Während Chinesen immer schon reserviert und misstrauisch waren, wirken sie heute fast noch zurückhaltender.

Beim Umgehen von umstrittenen, innenpolitischen Themen denken Festland-Chinesen gerne mal besonders kompliziert, auch wenn sie sonst für ihre Direktheit bekannt sind.

Frauen in China

Gleichheit & Emanzipation

Parteichef Mao hat einst gesagt: „Der Himmel besteht zur Hälfte aus Frauen". Als Liu Yang als erste Astronautin ins All flog, erhielten seine Worte eine ganze neue Bedeutung.

Frauen im heutigen China gelten offiziell als vollkommen gleichberechtigt. Die Realität sieht jedoch, genau wie in den meisten Ländern, in denen sexuelle Gleichberechtigung deklariert wird, völlig anders aus. Chinesinnen sind in der Politik nur schwach vertreten und die Kommunistische Partei Chinas ist immer noch weitgehend patriarchalisch. Bedeutende politische Führer aus den Anfängen der KPCh waren Männer, und alle einflussreichen Ränge der Partei sind nach wie vor von Männern besetzt. Unter den großen Wissenschaftlern, die es im Science and Technology Museum in Shanghai auf die lange Fotowand geschafft haben, sind nur eine Handvoll Frauen.

Nach 1949 versuchte die Kommunistische Partei, die alten Bräuche abzuschaffen und die Frauen den Männern gleichzustellen. Arrangierte Ehen wurden abgeschafft und die Frauen darin bestärkt, sich ausbilden zu lassen und in den Arbeitsdienst zu treten. Frauen durften bei einer Eheschließung ihren Mädchennamen behalten und ihren Besitz ihren Kindern vererben. In ihrem Streben nach Gleichberechtigung hatte es jedoch den Anschein, als wollte die Kommunistische Partei die Rolle der Frau auf die einer geschlechtsneutralen Arbeiterin/Mutter/Bäuerin reduzieren.

MANDCHURISCH

Obwohl die Mandschu während der Qing-Dynastie (1644–1911) über China herrschten, leben heute nur noch knapp 50 Manchu-Muttersprachler.

CHINAS EIN-KIND-POLITIK

Die' Ein-Kind-Politik (was keine wirklich zutreffende Bezeichnung ist) trat 1979 in Kraft, weil die Bevölkerung Chinas bis zum Jahr 2000 nicht über eine Milliarde ansteigen sollte. Neusten Regierungsschätzungen zufolge wird die Einwohnerzahl im Jahr 2033 einen Höchststand von 1,5 Mrd. erreichen. Ursprünglich wurde die Regelung strikt umgesetzt, musste aber nach Aufständen der ländlichen Bevölkerung abgemildert werden. Nichtsdestotrotz ist die Landbevölkerung nicht mehr gut auf lokale Funktionäre zu sprechen.

Alle Minderheiten, die nicht zu den Han-Chinesen gehören, sind von der Ein-Kind-Politik ausgenommen. Han-Chinesen mit einem Kind, bei denen beide Elternteile Einzelkinder waren, dürfen ein zweites Kind bekommen. Familien auf dem Land dürfen inzwischen zwei Kinder bekommen, wenn das erste ein Mädchen ist, wobei manche auch drei, vier oder mehr Kinder haben. Für jedes weitere Kind wird oft eine Strafgebühr fällig, und Familien müssen die Kosten für eine Ausbildung ohne staatliche Unterstützung selbst tragen. Offiziell sind Abtreibung und Sterilisierung gesetzlich verboten, trotzdem werden immer wieder gegenteilige Vorwürfe laut, weil Funktionäre ein Bevölkerungsziel einzuhalten versuchen.

Familien, die sich an die Ein-Kind-Politik halten, setzen oft alles daran, dass das Kind ein Junge wird. In manchen Teilen Chinas führt dies zu einem problematischen Ungleichgewicht der Geschlechter – 2010 wurden 118 Jungen auf 100 Mädchen geboren. In manchen Provinzen ist das Ungleichgewicht noch größer. Bis 2020 könnten über 35 Mio. heiratswillige Männer Schwierigkeiten haben, eine Frau zu finden.

Eine weitere Folge dieser Politik ist eine schnell alternde Gesellschaft. Bis 2040 wird ein Drittel der Bevölkerung über 60 Jahre alt sein.

Weil chinesische Frauen im Ausland ein zweites Kind haben dürfen, bringen immer mehr Festland-Chinesinnen ihr Kind in Hongkong zur Welt (wo das Kind auch gleich Hongkong-Chinese werden kann). Die Regierung von Hongkong bemüht sich derzeit, dieses Phänomen des „Geburten-Tourismus" mit Hilfe neuer Gesetze einzudämmen. Laut Regierungszahlen stammten die Eltern von 50% der 2010 in Hongkong geborenen Kinder aus Festland-China.

Seit ein paar Jahren werden erste Signale wahrgenommen, dass die Ein-Kind-Politik in manchen Provinzen und einigen Städten möglicherweise gelockert bzw. überarbeitet werden könnte.

Chinesinnen heute

In China gibt es fast 90 Städte mit fünf bis zehn Millionen Einwohnern und über 170 Städte mit ein bis fünf Millionen Einwohnern.

Gut ausgebildete, erfolgreiche Chinesinnen sind in der Öffentlichkeit zwar überaus präsent, doch die relativ schlechten Karrierechancen für Frauen in den meisten Bereichen deuten auch an, dass sich die Schräglage auf dem Arbeitsmarkt nicht geändert hat.

Aufgrund des heute verbesserten Status der Frauen in der Gesellschaft heiraten mehr Frauen erst mit Ende 20 oder Anfang 30 und konzentrieren sich stattdessen auf Ausbildung und Karriere. Auch der rasante Anstieg der Immobilienpreise ist mit ein Grund, warum Frauen immer später heiraten und Kinder bekommen. Vorehelicher Sex und uneheliche Lebensgemeinschaften werden in größeren Städten immer gängiger und verlieren langsam aber sicher die Stigmatisierung von früher.

Es gibt Chinesinnen, die sich vehement für den Schutz der Frauenrechte in China einsetzen und dafür weltweit Aufmerksamkeit erregen. 2010 ging der Simone de Beauvoir Preis für die Freiheit der Frauen an die chinesische Anwältin Guo Jianmei und an die Menschenrechtlerin und Filmemacherin Prof. Ai Xiaoming. Guo Jianmei wurde 2011 außerdem mit dem International Women of Courage Award geehrt.

Weibliche Bevölkerung auf dem Land

In China ist die Kluft zwischen Stadt und Land enorm. In den Städten können Frauen freier leben und optimistischer in die Zukunft blicken, während sich Frauen in ländlichen, traditionsgebundenen Gegenden immer wieder gegen Diskriminierungen wehren müssen. Chinesinnen auf dem Land bringen viel lieber einen Sohn zur Welt als eine Tochter. Allgemein sind in China mehr Frauen Selbstmord gefährdet als Männer (im Westen ist es umgekehrt), wobei die Selbstmordrate bei Frauen auf dem Land fünf Mal höher ist als in den Städten.

Religion & Glaube

Das chinesische Volk scheint zwar in mancher Hinsicht pragmatisch veranlagt zu sein, trotzdem spielte der Glaube schon immer eine wichtige Rolle im Reich der Mitte. Bevor er sich mit dem heutigen Konsumdenken der Chinesen verband, war der Kommunismus einst eine mächtige Ideologie, die für kurze Zeit eine ungeheuer große Rolle im Bewusstsein der Chinesen spielte.

Der Taiping-Aufstand im 19. Jh. basierte auf einer Mischung aus christlichen und revolutionären Gesellschaftsutopien. Dabei wurde die Qing-Dynastie nahezu ausradiert: 20 Mio. Tote waren der Preis für zwei unruhige Jahrzehnte. In der zeitweiligen Durchschlagskraft des Boxeraufstands (1899–1901) zeigte sich eine explosive Mischung aus Kampfkunst, Aberglaube und Ausländerfeindlichkeit. Auch das Chaos der Kulturrevolution erinnert daran, welche Folgen die radikale und konsequente Umsetzung von Ideen in China haben kann.

Der Tod eines zweijährigen Mädchens im Jahr 2011, das in Foshan zwei Mal überfahren wurde und dem 18 Passanten nicht halfen, entfachte eine heftige Debatte über die Moral in der heutigen chinesischen Gesellschaft.

Die Kommunistische Partei Chinas (KPCh) gibt sich bis heute zurückhaltend gegenüber Ideologien und Religionen, die ihre Autorität gefährden könnten. Religiöse Werbung ist nicht erlaubt, religiöse Institutionen werden staatlich kontrolliert, und Bewegungen wie Falun Gong (S. 1063) können ohne Umschweife verboten werden. Trotz dieser Beschränkungen sind Religionen und Rituale grundsätzlich legal, und Spiritualität spielt im Alltag der Bevölkerung eine lebendige, vielfältige Rolle.

Religion heute

In China existierten schon immer mehrere Glaubensrichtungen nebeneinander, und obwohl chinesische Statistiken oft wenig glaubwürdig sind, gehören heute angeblich rund 400 Mio. Chinesen einer bestimmten Religion an. Die KPCh setzt seit 1949 alles daran, religiösen Glauben durch eine weltliche kommunistische Philosophie zu ersetzen, doch seit die Prinzipien des marxistisch-leninistischen Kollektivismus nicht mehr gelten, sind diese Bestrebungen deutlich abgeschwächt.

In Zeiten von Veränderung und Verunsicherung sind Religionen wieder im Kommen. Die Armen und diejenigen, auf deren Kosten sich die Veränderungen vollziehen, kehren zur Religion zurück, weil sie die kommunistischen Ideale und alten Sicherheiten vermissen. Die gebildete und wohlhabende Schicht dagegen interessiert sich mehr für die sinnstiftende Funktion der Religionen, da sie alte Moralvorstellungen im Land vermissen.

Religiöser Glauben ist in China traditionell durch Toleranz gekennzeichnet. Auch wenn die einzelnen Religionen sich erheblich voneinander unterscheiden, gibt es zwischen Buddhismus, Taoismus und Konfuzianismus nicht wenige Überschneidungen. An manchen Heiligtümern und sakralen Orten werden alle drei Glaubensrichtungen praktiziert. Guanyin, die buddhistische Gottheit des Trosts und Mitgefühls, entspricht Tianhou (Mazu), einer taoistischen Gottheit, der Beschützerin der Seefahrer und Fischer. Die beiden Gottheiten scheinen fast eins zu eins austauschbar zu sein. Es gibt auch noch andere Symbiosen: Elemente aus dem Taoismus ebenso wie aus dem Buddhismus prägen das Denken vieler chinesischer Christen, während die Jungfrau Maria im Ansatz in der chinesischen Seele zu finden ist, weil sie Guanyin ähnlich sieht.

Buddhismus

Obwohl der Buddhismus (Fo Jiao) seine Wurzeln nicht in China hat, wird er immer wieder mit China und Tibet in Verbindung gebracht. Der Buddhismus hat längst nicht mehr die Autorität von einst, dennoch übt der Glaube noch immer einen kaum zu unterschätzenden Einfluss auf das religiöse Denken der Chinesen aus. Viele Chinesen sind zwar keine regelmäßigen Tempelbesucher, fühlen sich aber dem Buddhismus nahe. Weil sie die buddhistische Kultur äußerst schätzen, könnte man sie vielleicht als „Kulturbuddhisten" bezeichnen.

In allen chinesischen Städten mit nennenswerter Geschichte befanden sich meist mehrere buddhistische Tempel. Heute existieren weit weniger als noch vor 1949. In der kleinen Stadt Zhengding in der Provinz Hebei sind beispielsweise von ehemals acht buddhistischen Tempeln nur noch vier erhalten. In Beijing standen früher Hunderte buddhistischer Tempel, heute sind nur noch etwa 20 von ihnen übrig geblieben.

Einige der größten Kulturgüter Chinas sind buddhistischen Ursprungs. Das bedeutendste und älteste chinesische, zentralasiatische und tibetische buddhistische Kunstwerk sind die Mogao-Grotten in Gansu, während die buddhistischen Kunstschätze in Longmen und Yungang weitere atemberaubende Beispiele für das religiöse Kulturerbe darstellen.

China besitzt außerhalb Tibets noch vier Bergregionen, die im buddhistischen Glauben als heilig gelten, in denen jeweils ein Bodhisattva sein Zuhause hat. Die beiden berühmtesten Berge sind der Wutai Shan und der Emei Shan, die von den Bodhisattvas Wenshu und Puxiang bewohnt werden.

Ursprung

Der Buddhismus entstand vermutlich im 5. Jh. v.Chr. in Indien. Das Leben ist nach buddhistischer Lehre von Leiden geprägt. Unser Verlangen schafft dieses Leiden, das wiederum im Zusammenhang mit

FALUN GONG

Falun Gong bedeutet wörtlich „Rad des Gesetzes" und ist eine Praxis, die Elemente von Atem- und Standübungen aus dem Qigong mit buddhistischen Lehrsätzen verbindet und dabei quasi einen religiösen Glauben formt. Nachdem es die 1990er-Jahre hindurch auf der Welle des Interesses an Qigong-Systemen mitgeschwommen war, beanspruchte Falun Gong 1999 nicht weniger als 100 Mio. Anhänger in China für sich. Es wurde jedoch im selben Jahr verboten. Denn mehr als 10000 Anhänger hatten in stillem Protest vor Zhongnanhai in Beijing gestanden, um die Proteste in Tianjin zu unterstützen, die sich gegen den Artikel einer Regionalzeitung richteten, in dem Falun Gong kritisiert wurde. Die Obrigkeit wurde unruhig angesichts des Mutes und der organisatorischen Macht der Bewegung und begann in ihr eine Bedrohung für das Primat der KPCh zu sehen. Sie wurde als Kult gebrandmarkt und eine harte, alle Medien umfassende Propaganda-Kampagne wurde gegen die Anhänger gestartet. Viele steckte man zu einer „Umerziehung" in Gefängnisse und Arbeitslager. Nach dem Verbot behandelte die Obrigkeit Anhänger von Falun Gong mit großer Härte und es tauchten Berichte über Anhänger auf, die in Haft gestorben waren. Die Webseite der chinesischen Botschaft in Großbritannien (www.chinese-embassy.org.uk) enthält Propaganda-Artikel über einen „Falun Gong Kult". Zwar werden die Leser dort eingeladen, Kommentare zu schreiben, aber scheinbar will niemand das tun.

Taoistischer Tempel, Sik Sik Yuen Wong Tai Sin, Hongkong (S. 538)

Gefühlen und Abhängigkeiten steht. Es kann nur überwunden werden, wenn der Achtfache Weg beschritten wird, ein Leitfaden für moralisches Verhalten, Meditation und das Erlangen von Weisheit. Diejenigen, denen es gelingt, sich aus dem Kreislauf der Wiedergeburt zu befreien, erreichen das Nirwana, das gleichbedeutend ist mit Erleuchtung. Das Wort Buddha bezeichnet in der Regel den historischen Begründer des Buddhismus, Siddhartha Gautama, kann aber auch generell für diejenigen stehen, die zu Erleuchtung gelangt sind. Von Siddhartha Gautama sind keine Schriften überliefert. Die Sutren, die den buddhistischen Kanon bilden, wurden erst viele Jahre nach seinem Tod zusammengestellt.

Buddhismus in China

Der älteste noch erhaltene buddhistische Tempel ist der Tempel des weißen Pferdes in Luoyang. Viele andere Tempel sind jedoch inzwischen verschwunden.

Der Buddhismus gelangte wie andere Religionen auch, etwa das Christentum, der Nestorianismus, der Islam und das Judentum, ursprünglich über die Seidenstraße nach China. Zum ersten Mal fand im 1. Jh. n. Chr. ein buddhistischer Tempel Erwähnung. Erst im 4. Jh. jedoch, als Kriegsherren und Nomadeninvasionen das Land in chaotische Verhältnisse stürzten, entwickelte der Buddhismus eine ungeheure Anziehungskraft. Die damals schnelle Verbreitung wird häufig den komplexen Theorien über das Gesetz von Ursache und Wirkung (Karma) und das Leben nach dem Tod (Wiedergeburt) zugeschrieben, die im Konfuzianismus und im Taoismus keine Rolle spielen. In Zeiten der Unsicherheit war das Bedürfnis nach spirituellem Halt besonders stark ausgeprägt.

Der Buddhismus wurde in China von der taoistischen Philosophie (was auch an Überschneidungen in den Übersetzungen lag) und vom archaischen Volksglauben (in Form ritueller Bräuche) beeinflusst und entwickelte sich von der indischen Tradition weg zu etwas eigenständig Neuem. Am bekanntesten ist die esoterische Chan-Schule (in Japan bekannt als Zen), die im 5. oder 6. Jh. begründet wurde. Charakteristisch für sie ist die Betonung der Bedeutung von Meditation als Mittel, um zur Erleuchtung zu gelangen. Die unorthodoxen Lehrmethoden der Schule waren neu, und Laien außerhalb der Klosterwelt konnten nun erstmals ebenfalls Erleuchtung erlangen. Die Blütezeit der Chan-Schule war in der Tang- und Song-Dynastie, während die Methoden später vor allem in Japan praktiziert wurden. Andere wichtige buddhistische Richtungen in China waren die Tiantai (Schule der Lotos-Sutra) und die Schule des Reinen Landes, eine glaubensorientierte Lehre, nach der die Wiedergeburt in paradiesischen Gefilden durch Gebete und Rezitationen erreicht werden kann, wie etwa durch das Wiederholen des Mantras von Buddha Amitabha. Die Schule des Reinen Landes ist heute die am meisten verbreitete buddhistische Glaubensrichtung.

Buddhistische Schulen

Die meisten Buddhisten in China gehören derzeit einer der vielen verschiedenen Richtungen der Amitabha-Schule an. Nach ihrer Lehre hängt in der allumfassenden Existenz alles mit allem zusammen, und das Schicksal eines jeden Menschen ist mit dem aller anderen verwoben. Die Bodhisattvas – Wesen, die bereits Erleuchtung erlangt, aber entschieden haben, auf der Erde zu bleiben – setzen sich für die Befreiung aller fühlenden Wesen ein. Der beliebteste Bodhisattva in China ist deshalb auch Guanyin, Gottheit des Mitgefühls.

GUANYIN 观音

Das unendlich barmherzige Antlitz von Guanyin, der buddhistischen Gottheit des unendlichen Mitgefühls, findet sich in den Tempeln ganz Chinas. Die Gottheit (genauer gesagt, der Bodhisattva) hat in China viele Namen: Ihr eigentlicher Name ist Guanshiyin (wörtlich: „alle Schreie auf der Welt wahrnehmen"); sie kann aber auch Guanzizai, Guanyin Dashi und Guanyin Pusa heißen, oder auf Sanskrit Avalokiteshvara.

In Tibet entspricht ihr Chenrezig, und auf Kantonesisch heißt sie Guanyam. Guanyin trägt das Leid der Welt auf ihren Schultern; ihr Mitgefühl und Mitleid gehört den Menschen. Christen sehen in der Aura, die von dieser Göttin ausgeht, eine Ähnlichkeit zur Jungfrau Maria, was zumindest zum Teil erklärt, wie sich der christliche Glaube in das Bewusstsein der Chinesen schmuggeln konnte. Nach den Lehren des Tibetischen Buddhismus ist der Dalai Lama die weltliche Gestalt der Gottheit. Sie wohnt im Potala-Palast (S. 1003) in Lhasa und in China auf der Insel Putuo Shan (S. 292) in der Provinz Zhejiang. Die ersten beiden Silben des Inselnamens leiten sich vom Palast der Gottheit in Lhasa ab. In ganz China findet sich Guanyin häufig am hintersten Ende des Tempelhauptraumes und sieht Richtung Norden (während der Blick der meisten anderen Gottheiten – mit Ausnahme von Weituo – nach Süden gerichtet ist). Meist hat sie einen eigenen kleinen Altar und steht mit einer Lotosblüte in der Hand auf dem Kopf eines großen Fisches. Manchmal wird ihr sogar ein eigener kleiner Raum im hinteren Teil des Tempels gewidmet.

Die Gottheit (die in früheren Dynastien als Mann dargestellt wurde) wird häufig umgeben von kleinen Bildnissen der luohan (oder Arhat; denjenigen, die sich aus dem Kreislauf der Wiedergeburt befreien konnten). Der Guanyin-Pavillon (S. 737) außerhalb von Dali ist dafür ein gutes Beispiel. Guanyin kann auf verschiedene Weisen dargestellt werden: meist nur zwei-, manchmal aber auch mehrarmig (wie etwa im Tempel Puning in Chengde, S. 145). Guanyin mit 11 Gesichtern, die wilde Guanyin mit Pferdegesicht, die Songzi Guanyin (wörtlich „die opfernde Son Guanyin") und die wassertropfende Guanyin sind nur einige Beispiele für ihre unzähligen Verkörperungen. Besonders beliebt ist sie als Motiv für glänzend weiße dehua-Porzellanfiguren, die in der Regel sehr edel aussehen.

NATIONALISMUS

Heute werden in China alle „-ismen" (主义; zhuyi oder „Doktrinen") oft argwöhnisch betrachtet. Jede zhuyi deutet auf einen persönlichen Fokus der Menschen, den die KPCh lieber in harte Arbeit gesteckt sehen würde. Das „Intellektuellentum" ist suspekt, da es politische Tabus brechen könnte. Der „Idealismus" wiederum gilt als nicht pragmatisch und potenziell destruktiv, wie der Maoismus gezeigt hat.

Viele glauben, dass der chinesische „Ein-Parteien-Staat" mit all seiner Zensur, Propaganda und der dazu gehörigen geistigen Verdummung dazu geführt hat, dass viele Chinesen weniger über den Tellerrand schauen. Auch das Bildungssystem sei viel zu stark auf eine Erziehung hin zu einer patriotischen Gesinnung ausgerichtet. Das alles hat jedoch den Nährboden für einen anderen „-ismus" bereitet: den Nationalismus.

Der Nationalismus steht nicht nur, aber vor allem bei den jungen Chinesen hoch im Kurs. Gerade innerhalb der jungen Generation, die von den Schrecken der Kulturrevolution verschont geblieben ist, identifizieren sich auffällig viele in besonders starker Form mit der nationalistischen Botschaft. Die fenqing (wütende Jugend) wurde von Chinas rasanter Entwicklung mitgerissen. Obwohl sie nicht gerade Anhänger der KPCh sind, sehnen sie sich nach einem starken China, das sich auch international durchsetzen und anderen Ländern seine Bedingungen diktieren kann.

Noch immer fördert die KPCh jede Form von Patriotismus, wird aber langsam nervös in Anbetracht dieses neuen, aufstrebenden Nationalismus, der der Partei durchaus gefährlich werden könnte. Nationalismus in China hat im Grunde wenig mit der KPCh zu tun. Ziel ist einzig und allein ein starkes China. Die KPCh hatte dagegen immer noch den holprigen und wenig erfolgreichen Versuch unternommen, Chinas Tradition und Werte in irgendeiner Form in sich aufzunehmen. Weil Chinesen dazu neigen, sich immer wieder Ideen mit Haut und Haar zu verschreiben, wird der Nationalismus oft kaum beachtet, gilt aber als nicht zu unterschätzende Strömung im heutigen China.

Die Tibeter und Mongolen, die in China leben, gehören in der Regel einem spezifischen Mahayana-Buddhismus an, der allgemein als Tibetischer oder Tantrischer Buddhismus (Lama Jiao) bekannt ist. Der Tibetische Buddhismus hat seine Ursprünge im frühen 7. Jh. und wird häufig auch Vajrayana oder „Diamantfahrzeug" genannt. Die prä-buddhistische tibetische Bön-Religion hatte großen Einfluss auf diese Glaubensrichtung. Ihre Priester oder Schamanen besänftigten Geister, Götter und Dämonen. Allgemein könnte man sagen, dass der Tibetische Buddhismus sehr viel mystischer ist als alle anderen Richtungen des Buddhismus. Mudras (rituelle Gesten), Mantras (heilige Worte), Yantras (heilige Bilder) und geheime Initiationsriten spielen dabei eine wichtige Rolle. Die Lehrer heißen Lamas und gelten als Wiedergeburten besonders hoch entwickelter Wesen. Der Dalai Lama wird als geistliches Oberhaupt aller Tibetischen Buddhisten verehrt.

Das chinesische Verb für „wissen" ist zhidao (知道), was wörtlich „das dao kennen" oder „den Weg kennen" bedeutet – möglicherweise ist das Wort also taoistischen Ursprungs.

Taoismus

Die im eigenen Land entstandene Philosophie-cum-Religion des Taoismus ist als Glaubensrichtung wohl am schwierigsten zu fassen. Kontrovers und paradox wie sie ist, sperrt sie sich – wie Tao selbst – gegen jede Art von Definition und unterscheidet sich dadurch vom strengen Konfuzianismus.

Der Taoismus hat eine noch ältere Tradition als der Buddhismus in China. Frühe Formen animistischer Kulte sowie der Schamanismus haben daher die religiöse Kultur unabhängig von der rein philosophischen Lehre geprägt. In seiner frühesten und einfachsten Form bezieht sich der Taoismus allein auf seine Gründungsschrift: Tao Te King: *Das Buch vom Sinn und Leben* (Taote Jing; Daode Jing), die dem Weisen Laotse zugeschrieben wird (Laozi, 580–500 v.Chr.). Der Legende nach hat er seine Schriften einem Torwächter am Shan-Gu-Pass übergeben, bevor er sich auf dem Rücken eines Wasserbüffels Richtung Westen aufmachte. Manche Chinesen glauben, dass er auf seiner Reise in ein fernes westliches Land nach Tibet gekommen und dort zum Buddha geworden sei.

Tao Te King: Das Buch vom Sinn und Leben ist ein Buch von erhabener Schönheit und voller erstaunlicher Einsichten. Laotse beschäftigt sich darin nicht mit einer Gottheit oder gottähnlichen Wesen, sondern wagt sich an eben jenes Prinzip des Universums, das sich weder beschreiben noch erkennen lässt. Er nennt das Prinzip „Tao" (dao; 道) oder den „Weg". Gemeint ist die Art und Weise, nach der unser Universum funktioniert. Tao kann als universelles oder kosmisches Prinzip verstanden werden.

Doch schon in den ersten Zeilen des Tao Te King, „Das Buch vom Sinn und Leben", räumt Laotse ein, dass seine Abhandlung ihr Ziel verfehlen könnte: 道可道非常道, 名可名非常名; „Der Weg, über den sich etwas sagen lässt, ist nicht der echte Weg; der Name, der gegeben werden kann, ist nicht der echte Name." Trotz dieser Vorbehalte verrät dieses dünne Buch, aus 5000 Schriftzeichen in prägnantem klassischem Chinesisch bestehend, eine Menge über die nebulöse Kraft und Autorität des „Weges". Bis heute gilt das Buch als die bedeutendste Schrift des Taoismus, und taoistische Puristen sehen überhaupt keinerlei Veranlassung, über die darin festgehaltenen Offenbarungen hinauszublicken.

Wuwei (Zurückhaltung, Nicht-Handeln) ist einer der verführerischsten taoistischen Grundsätze: Dinge dürfen ohne jeglichen Einfluss von außen auf natürliche Weise geschehen. Begeistert folgen die Schüler des Taiji Quan, Wuji Quan und anderer Kampfsportarten (S.1113), die heute eher zur Schulung des Körperbewusstseins erlernt werden, diesem Prinzip, indem sie durch ihr Streben nach innerer Leere und Ausgeglichenheit einen Gegner in die Niederlage zwingen.

Konfuzianismus

Der humanistisch ausgerichtete Konfuzianismus (Rujia Sixiang) war in den letzten 2000 Jahren Kernelement der chinesischen Gesellschaft und strebt soziale Harmonie und Allgemeinwohl an. In China ist der Einfluss dieser Philosophie auf allen Ebenen spürbar: vom hohen Stellenwert der Erziehung, im Respekt für ältere Menschen bis hin zur patriarchalischen Führungsrolle der Regierung. Der Konfuzianismus basiert in erster Linie auf der Lehre des Philosophen Konfuzius (Kongzi; siehe S.167), der im 6. Jh. v.Chr. in Zeiten ständiger Kriege und sozialer Aufstände lebte. Obwohl sich der Konfuzianismus im Laufe der Zeit sehr stark gewandelt hat, sind die meisten seiner Grundgedanken mehr oder weniger erhalten geblieben, wie beispielsweise die fünf Elementarbeziehungen Vater-Sohn, Herrscher-Untertan, Mann-Frau, Ältere-Jüngere und Freund-Freund. Konfuzius war überzeugt, dass jeder Mensch lediglich seine ihm zugeschriebene Rolle in der Gesellschaft gut zu erfüllen habe, um eine soziale Ordnung zu erreichen (der Sohn sollte seinem Vater mit allem Respekt dienen, während der Vater für den Sohn sorgt; der Untertan sollte seinem Herrscher mit allem Respekt dienen, während der Herrscher für den Untertan sorgt usw.). Später schrieben seine Schüler die Ideen in Form kurzer Aphorismen und Dialoge nieder, die in dem bis heute berühmten Buch Gespräche (Lun-Yu) zusammengefasst sind.

Menzius (Mengzi) und Xunzi arbeiteten die Gedanken des Konfuzius weiter aus. Beide entwarfen eine theoretische und praktische

Überall auf der Welt fördern Konfuzius-Institute die chinesische Sprache und Kultur und tragen zugleich dazu bei, den kulturellen und wirtschaftlichen Einfluss Chinas im Ausland auszubauen.

Grundlage für seine moralischen Lehren. Im 2. Jh. v. Chr. wurde der Konfuzianismus zur offiziellen Staatsphilosophie der Han-Dynastie erhoben und damit erstmals von den breiten Massen akzeptiert. Dies stellte eine bedeutende Zäsur in der chinesischen Geschichte dar, denn sie wirkte sich auch auf die Ausbildung der Elite aus, die nun gleichzeitig für die Regierung arbeitete und dem einfachen Volk als moralisches Vorbild diente. Während der Tang-Dynastie wurde ein offizielles Prüfungssystem eingeführt, was das Kaiserreich zumindest theoretisch zu einer wahren Leistungsgesellschaft machte. Gleichzeitig führte es jedoch zu einer Verknöcherung des Konfuzianismus und zu einem automatischen Abspulen kanonischer Texte.

Trotzdem gab es immer wieder einflussreiche Denker, die den Konfuzianismus neu interpretierten – vor allem Zhu Xi (1130–1200), der mit buddhistischen und taoistischen Gedanken den sogenannten Neokonfuzianismus (Lixue oder Daoxue) schuf. Der Konfuzianismus selbst blieb bis zur Revolution im Jahr 1911, die die Ordnung des Kaiserreichs stürzte, vorherrschende soziale Kraft. Im 20. Jh. galt der Konfuzianismus unter den Intellektuellen als Hindernis für Modernisierung, und Mao denunzierte den Weisen, indem er ihn zu den „Vier Alten" zählte. Doch ungeachtet aller feudalen Missstände, taucht Konfuzius' Sozialethik erneut in Propagandaschriften der Regierung auf, wo sie dem Streben nach Harmonie (*hexie*) der politischen Führung Autorität verleiht.

David Aikman's *Jesus in Beijing: How Christianity Is Transforming China and Changing the Global Balance of Power* (2003) wagt die Prognose, dass in den nächsten 30 Jahren fast ein Drittel der Chinesen den christlichen Glauben annehmen werden.

Christentum

Das in China plötzlich auftretende Interesse für die christliche Religion (Jidujiao) in den letzten Jahren ist in dieser Form neu. Bisher gab es nur das einmalige Phänomen der Massenkonvertierungen, die mit dem turbulenten pseudo-christlichen Taiping-Aufstand im 19. Jh. einhergingen.

Den christlichen Glauben brachten die Nestorianer im 7. Jh. über die Seidenstraße nach China. Die Nestorianer sind eine Sekte aus dem alten Persien, die sich im Jahr 431 n. Chr. von der byzantinischen Kirche abgespalten hatte. Eine berühmte Stele – die Nestorianische Stele – in Xi'an aus dem Jahr 781 ist das früheste christliche Zeugnis in China. Die Jesuiten kamen erst deutlich später, im 16. Jh., nach China, spielten aber eine bedeutende Rolle am kaiserlichen Hof, und das, obwohl sie kaum Missionserfolge aufzuweisen hatten.

Zahlreiche katholische und protestantische Missionare ließen sich im 19. Jh. in China nieder, nach der Gründung der Volksrepublik China im Jahr 1949 verließen sie aber wieder das Land. Einer von ihnen, der Missionar James Hudson Taylor aus Barnsley in England, setzte sich intensiv mit der chinesischen Kultur auseinander. In den 50er-Jahren, die er im 19. Jh. in China verbrachte, soll er dazu beigetragen haben, dass 18 000 Chinesen zum Christentum konvertiert sind, und auch der Bau von 600 christlichen Kirchen gilt als sein Verdienst.

Der Rebell Hong Xiuquan stammte aus einer Hakka-Familie und hielt sich für den Sohn Gottes. Er glaubte, ein Bruder Jesu zu sein, und führte von 1856 bis 1864 den blutigen, aufreibenden pseudo-christlichen Taiping-Aufstand gegen die Qing-Dynastie an.

Im heutigen China ist das Christentum eine aufstrebene Religion mit vielleicht einzigartigen Aussichten auf weiteres Wachstum, dank ihrer auf Fleiß basierenden Arbeitsethik, ihrer Verbindung zu den Nationen der Ersten Welt und dem hohen Stellenwert der Menschenrechte und des wohltätigen Engagements.

Manche Schätzungen gehen von bis zu 100 Millionen Christen in China aus. Die genaue Zahl ist jedoch schwer zu bestimmen, da viele Gruppierungen – außerhalb der vier offiziellen christlichen Organisationen – im Untergrund existieren (in Form sogenannter „Hauskirchen") aus Angst vor politischer Verfolgung.

Islam

Arabische und persische Händler führten den Islam (Yisilan Jiao) im 7. Jh. über die Seidenstraße in China ein. Später siedelte sich eine wachsende Zahl von Händlern während der mongolischen Yuan-Dynastie auch in den Hafenstädten Guangzhou und Quanzhou an. Der Seehandel hatte zu dieser Zeit bereits deutlich zugenommen. Zur Zeit der Han-Kultur integrierten sich ihre Nachkommen nach und nach. Mittlerweile leben sie in ganz China verstreut und unterscheiden sich eigentlich nur noch durch ihre religiösen Auffassungen. Die Chinesen nennen sie Hui. Auch die Uiguren, Kasachen, Kirgisen, Tadschiken und Usbeken sind muslimischen Glaubens und leben in den Grenzregionen im Nordwesten. Schätzungsweise sind zwischen 1,5 und 3 Prozent der Chinesen Muslime.

In Kaifeng in der Provinz Henan lebt die größte jüdische Gemeinde Chinas. Obwohl der jüdische Glauben (Youtai Jiao) nicht mehr praktiziert wird, halten die Nachfahren der ursprünglichen Juden noch immer an alten Traditionen fest.

Kommunismus & Maoismus

Die Ironie der Geschichte oder ein raffinierter Schachzug Mao Zedongs sorgten dafür, dass Mao wie ein Gott verehrt wurde, obwohl er seinen Kampf für den Kommunismus gerade gegen die feudalen Denkmuster und alle Formen religiösen „Aberglaubens“ führte.

Der Kommunismus steht in einem merkwürdigen Verhältnis zur wirtschaftlichen Entwicklung Chinas der letzten 30 Jahre. Während die offizielle Parteiphilosophie zu Zeiten heftiger Bürgerkriege, Revolutionen und fieberhaftem Patriotismus gezielt eingesetzt wurde, um die nationale Unabhängigkeit des Landes zu erstreiten, hat der Kommunismus schon seit den 1960er-Jahren zunehmend an Glaubwürdigkeit und Überzeugungskraft verloren. Als Mao Zedong 1976 starb, hatte die offizielle politische Leitphilosophie das Land bereits mehrfach an den Rand des Abgrunds gedrängt. Stationen der Krise sind etwa die Hundert-Blumen-Bewegung, der Große Sprung und die verheerende Gewalt der Kulturrevolution.

Der Kommunismus ist nach wie vor die offiezielle Parteidoktrin der KPCh. Die jungen, aufstrebenden Parteigänger geben sich jedoch kaum als Ideologen und versuchen vielmehr, sich mit einer gehörigen Portion Pragmatismus in der Parteihierarchie nach oben zu kämpfen. Vielen gilt der Kommunismus nur noch als Anhängsel und überkommene Überlebensstrategie der KPCh.

Der chinesische Kommunismus wurde vom Konfuzianismus beeinflusst. Die Philosophie des Konfuzius beschäftigt sich mit dem Leben der Menschen, der menschlichen Gesellschaft und den hierarchischen Beziehungen zwischen Herrscher und Untertan. Die spirituelle Seite des Übernatürlichen beschäftigte ihn dagegen kaum. Die Kommunisten haben den im Konfuzianismus streng vorgegebenen Rahmen mit verschiedenen Rollen in den jeweils hierarchischen Beziehungen bewusst eingesetzt, um ihre Vormachtstellung in der Gesellschaft zu legitimieren.

Während der Kulturrevolution wurden viele christliche Kirchen als Warenlager oder Fabriken zweckentfremdet, in den 1980ern wurden sie nach und nach wiederhergestellt.

Der Zusammenbruch der Sowjetunion 1989 führte dem politischen Kader in Beijing die gefährliche Macht des Volkes vor Augen. Seitdem wird versucht, den Staat mit aller Macht zusammenzuhalten. Die KPCh arbeitet noch immer mit denselben Mitteln, um das Bewusstsein der Chinesen mit patriotisch geprägter Bildung, Propaganda, Zensur, Nationalismus und einem immer stärkeren Staat zugunsten der Partei zu manipulieren.

Für die älteren Chinesen hat der Kommunismus einen nicht unerheblichen nostalgischen Wert. Sie beklagen den Werteverfall im heutigen China und sehnen sich nach den Zeiten zurück, in denen die Gesellschaft egalitärer war und die Menschen sich sicherer fühlten. Das Porträt von Mao Zedong hängt noch immer in ganz China, ob in

Trommeltürmen in der Provinz Guangxi oder in den Restaurants von Beijing, und zeugt von einer Generation, die noch immer ihren kommunistischen Führer verehrt. Vor seinem spektakulären Fall im Jahr 2012 rief der chinesische Politiker und Parteichef von Chongqing, Bo Xilai, populäre Kampagnen zur „roten Kultur“ im maoistischen Stil ins Leben. Dazu gehörte etwa das Singen revolutionärer Lieder und Massenrezitationen von Zitaten aus der Mao-Bibel.

Animismus

Etwa 3% der chinesischen Bevölkerung sind Animisten und damit Anhänger einer archaischen Religion, die dem Schamanismus nahesteht. Für die chinesischen Animisten ist die Welt lebendig: Steine, Bäume, Berge und alle Lebewesen sind beseelt mit Geistern, die in Harmonie zusammenleben müssen. Wird diese Harmonie gestört, muss das natürliche Gleichgewicht mit Hilfe eines Schamanen wiederhergestellt werden. Schamanen sollen die seltene Gabe besitzen, die menschliche mit der spirituellen Welt in Einklang zu bringen. Animismus wird heute vor allem von Minderheiten und Randgruppen praktiziert. Es gibt ihn in vielen verschiedenen Formen, von denen einige auch vom Buddhismus oder anderen großen chinesischen Religionen beeinflusst wurden.

Chinesische Küche

Das Kochen spielt eine ausgesprochen wichtige Rolle sowohl in der chinesischen Gesellschaft wie auch für die kollektive Identität. Bei einem Treffen begrüßen sich Chinesen meist mit einem ‚*Nǐ chīfan le ma?*' – ‚Hast du schon gegessen?' Arbeit, Spiel, Liebesgeschichten, Geschäfte und Familie: Alles dreht sich ums Essen. Mahlzeiten dienen der Freude und der Unterhaltung; es werden neue Geschäftsabschlüsse getätigt, neue Freundschaften geschlossen und alte wieder aufgefrischt. Wer die kulinarischen Genüsse Chinas intensiv erleben möchte, braucht ein gültiges Visum, ein paar Stäbchen, einen neugierigen Gaumen und leidenschaftliche Offenheit für Überraschungen und Ungewöhnliches.

Auf www.bbcgoodfood.com gibt es leckere Rezepte mit Kochanleitungen für klassische und weniger bekannte Gerichte aus ganz China.

Authentische chinesische Küche

Die allerersten eindrücklichen Erfahrungen mit China machen häufig die Geschmacksknospen, was daran liegt, dass die chinesische Küche auch außerhalb der Landesgrenzen überall vertreten ist. Die vielseitigen, hart arbeitenden chinesischen Köche haben die chinesische Kochkunst über alle Weltmeere in die verschiedenen Kontinente getragen. Immer sonntags pilgern die Menschen in die Chinatown-Viertel für ihren *yum cha* (Tee) und *dim sum*. Das Essen bietet einen wohltuenden und schmackhaften Anknüpfungspunkt für chinesische Einwanderer und alle anderen.

Außerhalb Chinas gibt es jedoch nur ein hauchdünn geschnittenes Stück von der mächtigen und doch so schmackhaften kulinarischen Torte zu sehen – und zu kosten. Die chinesische Küche wird in den Kochbüchern der westlichen Welt zu einseitig dargestellt. Sie enthalten vor allem die Kochkünste von Auswanderern, die ursprünglich aus den Küstenregionen im Süden stammen. Auf ähnliche Weise war der kantonesische Singsang in den Chinavierteln die gängigste chinesische Sprache, obwohl der Dialekt jenseits von Hongkong, Macau, Guangdong und Teilen Guangxis kaum verstanden wird. Bisweilen kommt es einer kniffligen bzw. kostspieligen Aufgabe gleich, in den Chinatowns neben *dim sums* und *cha siu* ungewöhnlichere Spezialitäten aus anderen Teilen Chinas ausfindig zu machen.

Zongzi (Klöße aus klebrigem Reis, die in Bambusblätter oder Schilfgras eingewickelt werden) sind die Klassiker auf dem Drachenboot-Festival.

Die Pekingente im Chinarestaurant um die Ecke ist beispielsweise nur im besten Fall eine entfernte Verwandte des Federviehs, das in den *kaoyadian* (Entenbratenrestaurants) in Beijing über Obstbaumhölzern in Öfen zubereitet wird.

China ist nicht viel kleiner als Europa, entsprechend vielfältig ist die kulinarische Tradition. So wie Europa ein Patchwork aus verschiedenen Nationen, Sprachen, Kulturen und klimatischen Gegebenheiten ist, so gibt es auch in China trotz der üblichen Überschneidungen der Han-Kultur eine wilde Mischung aus Dialekten, Sprachen und ethnischen Minderheiten. Die geographischen und klimatischen Unterschiede sind zum Teil extrem.

Allein schon die Größe des Landes, die Eigenwilligkeit der regionalen Kultur und die geographischen Unterschiede sorgen dafür, dass es kaum Überschneidungen zwischen der Küche in Xinjiang und dem in Tibet gibt, wenngleich die Regionen direkt aneinander grenzen. Sich von der eigenen Nase (und dem Gaumen) einmal quer durch China leiten zu lassen, ist nicht gerade die schlechteste Art und Weise, das Land kennenzulernen: Deshalb gehört ein abenteuerlustiger kulinarischer Geist mindestens ebenso ins Reisegepäck wie das passende Schuhwerk!

Regionale Küchen

Die rote Chilischote wurde von spanischen Händlern zu Beginn der Qing-Dynastie in China eingeführt. Das Gewürz ist besonders reich an den Vitaminen A und C.

Die Vielfalt der verschiedenen chinesischen Küchen hängt mit den unterschiedlichen klimatischen Gegebenheiten, den vielen verschiedenen Tierarten und Feldfrüchten, den Erdböden, der Nähe zum Meer und den Einflüssen aus den Nachbarländern sowie den Importmöglichkeiten von Zutaten und Gewürzen ab. Meeresfrüchte und Meeresfische prägen selbstverständlich die Kochkünste der Küstenregionen Chinas, während die Küche der Inneren Mongolei und in Xinjiang eher fleischlastig ist und beispielsweise überaus typische Lammgerichte hervorgebracht hat.

Auch die Geschichte hat die Küche mitgeprägt: Chinas große regionale Küchen entstanden, als die Song-Dynastie südlich des Jangtsekiang im 12. Jh. vor den Jurchen aus dem Norden floh. Mit der fortschreitenden Urbanisierung kam die Kommerzialisierung der Landwirtschaft und Nahrungsmittelverteilung, was wiederum ein Aufkommen der Gastronomie und eine weitere Verbreitung regionaler Küchen zur Folge hatte. Händler und Bürokraten bereisten das Land, und der Informationsaustausch wurde – auch dank des Kaiserkanals – zunehmend besser.

Fast jede ethnische Minderheit in China verfügt über ihre eigene regionale Küche, die sich auch mal überschneiden bzw. gegenseitig

Qie zhi yu pian – ein Fischgericht mit Tomaten und Paprika

GUTE REISE FÜR DIE GESCHMACKSKNOSPEN

China ist ein wahres Paradies für Gourmets – da fällt es schwer, überhaupt ein Ende zu finden. Im Norden locken köstliche Suppen mit Wan Tans *(hundun)*, gefüllt mit saftigem Hackfleisch und Lauch, in der Mongolei ein Hotpot *(Menggu Huoguo)*, eine herzhafte Brühe mit Hammelfleisch, Zwiebeln und Kohl.

Im dürren Nordwesten duften die Schalen mit Nudeln und Geschnetzeltem vom Esel *(lurou huang mian)* oder zischend heiße Kebabs mit Lammfleisch *(kao yangrou)*. Ein Zwischenstopp in Xi'an lohnt sich allein schon für eine Schale leckerer Hammelbrühe mit Fladenbrotstreifen, die einem das Herz erwärmt *(yangrou paomo)*. Eine Schale mit köstlichen, hausgemachten Nudeln *(la mian)* ist typisch für die Gegend von Lanzhou.

Die interessante Mischung aus süß und pikant ist in Shanghai berühmt: Lecker geräucherter Honigkarpfen *(mizhi xunyu)* oder auch scharfsaure Tintenfische kitzeln den Gaumen *(suanla youyu)*. Abgerundet wird dieser kulinarische Genuss mit einem Glas des schweren Shaoxing Weißweins *(Shaoxing huangjiu)* oder etwas sanfter noch mit dem Aroma eines Drachenbrunnentees *(longjing cha)*. Auch wenn ein nach Huangshan Art geschmortes Täubchen *(Huangshan dunge)* noch keine Flügel verleiht, so hilft es doch, *den Aufstieg auf den nebelverhangenen* Huangshan spielend zu meistern.

„Manche mögen's heiß", und es gibt vermutlich kaum etwas Schärferes als die feurigen Aromen Sichuans. Angefangen von dem lippenbetäubenden Mapo Tofu *(mapo doufu)*, bis hin zum legendär scharfen Hühnchen mit Erdnüssen *(gongbao jiding)*. Falls den Mutigen die Ohren danach immer noch nicht qualmen, fehlt nur noch der in Chili eingelegte Fisch *(shuizhu yu)*, um endgültig Feuer zu speien. Oder man läuft bei einem vulkanähnlichen Chongqing Hotpot zu Höchstform auf.

Im Süden fängt ein Tag ganz entspannt mit *dim sum* in Guangzhou oder einer Schale kantonesischer Schlangensuppe (*she geng*) an, am besten auf einem der wilden und lauten Nachtmärkte der Stadt. In Macau wartet dann das macanesische Gericht *porco a alentejana*, eine Kasserole mit Schweinefleisch und Muscheln, die einem das Wasser im Mund zusammenlaufen lässt.

bereichern können. Die Küche der Han wird traditionell in acht Schulen unterteilt (中华八大菜系; *zhonghua badacaixi*):

» **Chuan** (Sichuan-Küche) 川
» **Hui** (Anhui-Küche) 徽
» **Lu** (Shandong-Küche) 鲁
» **Min** (Fujian-Küche) 闽
» **Su** (Jiangsu-Küche) 苏
» **Xiang** (Hunan-Küche) 湘
» **Yue** (Kanton-/Guangdong-Küche) 粤
» **Zhe** (Zhejiang-Küche) 浙

Jede dieser Schulen ist zwar eigenständig und verfügt über charakteristische Merkmale; dennoch lassen sich diese acht Kochtraditionen in eine **nordchinesische, südchinesische, westchinesische** und eine **ostchinesische** Küche unterteilen.

Der chinesischen Küche liegt eine gemeinsame Philosophie zugrunde: die meisten Gemüse- und Obstsorten sind Yin-haltig, d. h. sie sprechen das Weibliche an, sind weich und feucht und verfügen über eine kühlende Wirkung. Yang-haltiges – sprich gebratenes oder scharfes Essen bzw. rotes Fleisch – ist wärmend und spricht die männliche Seite an. Jede Mahlzeit sollte alle Geschmacksrichtungen miteinander in Einklang bringen und einen Ausgleich zwischen kühlenden und wärmenden Nahrungsmitteln schaffen.

Die chinesischen Restaurantbesucher erlebten 2010 einen Schock, als sie erfahren mussten, dass jedes zehnte Essen in chinesischen Restaurants mit einem Öl zubereitet wurde, das aus der Kanalisation oder aus dem Abwassersystem heraufbefördert wurde.

Die Küche des Nordens

Im Zentrum der nordchinesischen Küche steht die **Shandong**-Schule (鲁菜; *lucai*) – die älteste der acht regionalen Küchen. Zusammen mit der Pekingküche, der nordöstlichen (Mandschu-)Küche und der Shanxi-Küche bildet sie die älteste und wichtigste Form der chinesischen Kochkunst.

Der trockene Norden ist die Kornkammer Chinas. Hier liegt der Schwerpunkt der Küchenzutaten auf verschiedenen Hirsesorten, Mais, Gerste und vor allem Weizen. Reisgerichte gibt es dagegen seltener (was auch daran liegt, dass der Reisanbau sehr wasserintensiv ist). Passend zu den rauen, harten Wintermonaten ist die Küche des Nordens sehr reichhaltig und durchaus wohltuend (was Nordchinesen als Erklärung dafür angeben, dass sie größer sind als die Südchinesen). Gut sättigende Brote – wie das *mantou* (馒头) oder *bing* (饼; flaches Brot) – werden gedämpft, gebacken oder frittiert. Nudeln bilden die Grundlage für fast jedes Gericht im Norden, auch wenn der Reis hier mittlerweile überall gut zu bekommen ist. Die Gerichte des Nordens sind überwiegend salzig. Auch köstliche Klöße (饺子; *jiaozi*) werden hier sehr viel gegessen, meist in Wasser gekocht oder in der Pfanne angebraten.

STINKENDER TOFU

Durch die Straßen Chinas zieht sich der mächtige Gestank von fermentiertem, stinkendem Tofu (chou doufu), der sich in China äußerster Beliebtheit erfreut. Geruchlich liegt er irgendwo zwischen dreckigen Socken und Komposthaufen.

Da Beijing ja bereits in der Yuan-, Ming- und Qing-Dynastie die Hauptstadt des Kaiserreichs war, ist die kaiserliche Kochkunst auch charakteristisch für den Norden. Pekingente ist der Klassiker Beijings. Zur Ente werden Beilagen gereicht, die für den Norden typisch sind: Pfannkuchen, Frühlingszwiebeln und fermentierte Bohnenpaste (Tofu). Die Pekingente wird in ganz China zubereitet; wirklich authentisch ist sie aber nur in der Hauptstadt, wo sie über Obstbaumhölzern in den Öfen knusprig zubereitet wird.

Weil China von 1644 bis 1911 von den Mandschu regiert wurde, die nicht zu den Han-Chinesen gehören, enthält die Küche des Nordens auch viele nordöstliche Gerichte (*dongbei cai*): herzhafte Eintöpfe, schwere Brote, Eingelegtes und Klöße.

Gegrilltes Fleisch ist im Norden sehr viel verbreiteter als im restlichen China. Das Fleisch wird in Nordchina solange geschmort, bis es sich vom Knochen löst, oder es wird mit Gewürzen mariniert und gegrillt bis es rauchig schmeckt. Pikanter Knoblauch, Schnittlauch und Frühlingszwiebeln werden großzügig verwendet oder auch roh dazu gegessen.

Die nomadische und fleischhaltige Ernährung der Mongolen findet sich auch in der nordchinesischen Küche wieder, insbesondere beim mongolischen Hotpot oder den mongolischen Barbecues. Die Kuh-, Ziegen- und Pferdemilch der Nomadenherden hat sich ebenfalls in die Küche des Nordens eingeschlichen, wie etwa durch den Gebrauch von Joghurt (suannai).

Gerichte aus dem Norden:

PINYIN	SCRIPT	DEUTSCH
Beijing kaoya	北京烤鸭	Pekingente
jiao zha yangrou	焦炸羊肉	Frittiertes Hammelfleisch
qing xiang shao ji	清香烧鸡	Hähnchen im Lotusblatt
shuan yangrou	涮羊肉	Hotpot mit Lamm
mantou	馒头	Dampfnudeln (Hefeklöße)
jiaozi	饺子	Klöße
rou baozi	肉包子	Dampfnudeln mit Fleischfüllung

san mei doufu	三美豆腐	In Scheiben geschnittener Tofu mit Chinakohl
si xi wanzi	四喜丸子	Gedämpftes und frittiertes Schweinefleisch, Shrimps und Bambusbällchen
yuan bao li ji	芫爆里脊	Schweinefilet aus der Pfanne mit Koriander
zao liu san bai	糟溜三白	Hühnchen, Fisch und Bambussprossen aus der Pfanne

Die Küche des Südens

Die Südchinesen – vor allem die Kantonesen – zog es in Auswanderungswellen immer wieder vor die Tür und außerhalb der Landesgrenzen. Ihnen ist es zu verdanken, dass die Chinatowns überall auf der Welt eine aromatische Duftmarke gesetzt haben. Infolgedessen gilt diese Kochschule im Westen als die typisch chinesische Küche schlechthin.

Die Küche des Südens wird von der **Kanton**-Küche (粤菜; *yuecai*) dominiert und ist deshalb ein wenig fad und weniger gehaltvoll als die im Norden. Dafür gibt es viele feine Aromen zu entdecken. Die Kantonesen sind nämlich gewitzt und felsenfest davon überzeugt, dass sich eine hervorragende Küche nicht durch Gewürze und Aromen auszeichnet, sondern durch die *xian* (natürliche Frische) der Zutaten. Daher wird in der südchinesischen Kochtradition nahezu obsessiv darauf geachtet, dass alle Zutaten besonders frisch und gut sind.

In Restaurants landet eine geöffnete Packung Feuchtigkeitstücher, die auf dem Tisch zum Händeabwischen bereitsteht, auf der Rechnung. Wer sie nicht benutzt, muss in der Regel auch nicht dafür bezahlen.

Der Klassiker der Kanton-Küche ist *dim sum* (点心; Mandarin: *dianxin*). *Yum cha* (wörtlich heißt das „trink Tee") ist in Guangzhou und in Hong Kong ein anderer Name für *dim sums*. Sie können an jedem Tag der Woche gegessen werden. Die Gerichte werden in Restaurants manchmal in kleinen Servierwagen herum gerollt, damit jeder Gast sehen kann, was es zu bestellen gibt. Zu den bekanntesten *dim-sum*-Gerichten gehören *guotie* (gebratene Knödel), *shaomai* (offene Knödel gefüllt mit Schweinefleisch), *chashaobao* (Teigtaschen gefüllt mit Schweinfleisch) und *chanjuan* (Frühlingsrollen). *Fengzhua* (Phönixklaue) ist der extravagante Name für gedämpfte Hühnerfüße – ein absoluter Klassiker. *Xiaolongbao* (gedämpfte Knödel) stehen in *dim-sum*-Restaurants zwar oft auf der Karte, sind aber eigentlich aus Shanghai.

Der Respekt für die kantonesische Küche wird in einem beliebten Sprichwort deulich: „In Suzhou geboren, in Hangzhou leben, in Guangzhou essen und in Liuzhou sterben." In Suzhou lebten besonders viele gut aussehende Menschen, Hangzhou war ein besonders lebenswerter Ort, Guangzhou hatte die beste Küche, und Liuzhou war bekannt für das Holz, aus dem Särge gemacht wurden!

Auch die **Fujian-Küche** (闽菜; *mincai*) gehört mit zu den wichtigen Kochtraditionen des Südens. Die Gerichte sind feiner gewürzt, und durch die Nähe zum Ostchinesischen Meer werden vermehrt Meeresfrüchte gegessen.

Ebenfalls typisch für die südchinesische Küche sind die Gerichte des Hakka-Volks (Kejiazu) sowie die aus Chaozhou in östlichen Guangdong.

Die südchinesische Küche dreht sich vor allem um die Beilage Reis. Glänzende Reisfelder leuchten überall im Süden. Das feuchte Klima, der viele Regen und die guten Bewässerungssysteme haben beste Voraussetzungen dafür geschaffen, dass der Reis im Süden schon seit der Han-Dynastie (206 v. Chr. – 220 n. Chr.) angebaut werden konnte.

Gerichte aus dem Süden:

PINYIN	SCRIPT	DEUTSCH
bai zhuo xia	白灼虾	Blanchierte Königsgarnelen mit fein geschnittenen Schalotten
dongjiang yanju ji	东江盐焗鸡	Hähnchen in Salzkruste
gali ji	咖喱鸡	Curry-Huhn
haoyou niurou	蚝油牛肉	Rindfleisch mit Austernsoße
kao ruzhu	烤乳猪	Knuspriges Spanferkel
mi zhi chashao	密汁叉烧	Gebratenes Schweinefleisch mit Honig
she rou	蛇肉	Schlange
tangcu liji/ gulao rou	糖醋里脊/咕老肉	Süßsaures Schweinefilet
tangcu paigu	糖醋排骨	Süßsaure Rippchen

Die Küche des Westens

Die Küche des ganz vom Land umschlossenen Westen Chinas, der stark von unterschiedlichsten ethnischen Minderheiten und gegensätzlichen Kulturen geprägt ist, ist besonders für sein scharfes Essen berüchtigt. Die Küche im Westen dreht sich um den extrem scharfen roten Chili, einen echten Kracher unter den Gewürzen, der jedes Essen zu einer schweißtreibenden Angelegenheit macht. Anis, Koriander, Knoblauch und Sichuan-Pfefferkörner sorgen zusätzlich für ihre berühmte, legendäre Schärfe und ihren Biss.

Die bekannteste Kochrichtung im Westen ist die feurig scharfe Kochtradition **Sichuans** (川菜; *chuancai*), eine der acht regionalen Küchen Chinas. Sie ist berühmt für ihre beißende Würze, die einem die Tränen in die Augen treibt. Ein Gewürz unterscheidet die Küche Sichuans von den meisten anderen scharfen Küchen: In Sichuan wird „Anispfeffer" *(huajiao)* verwendet, ein betäubendes, pfefferähnliches Kraut, das im Mund nahezu wie ein Lokalanästhetikum wirkt und in der Kochsprache als *mala* (scharf und betäubend) bezeichnet wird. Ein für Sichuan typisches Gericht, das auch in ganz China von den Küchenchefs zubereitet wird, ist die köstliche, saure Fischsuppe mit Kohl (酸菜鱼; *suancaiyu*; ganze Fischstücke in einer scharfen Brühe). Der Chongqing-Hotpot hat eine Wucht, der man sich einmal gestellt haben sollte – wenn auch mit großer Vorsicht (und viel Flüssigkeit zum Feuerlöschen!). Ein Yuanyang-Hotpot *(yuanyang huoguo)* ist nicht ganz so scharf. Serviert wird er in einer Schale im Ying-Yang-Stil mit zwei abgetrennten Bereichen für unterschiedliche Basissuppen.

Sichuan-Restaurants sind in ganz China verbreitet. Man findet sie zuhauf in Bahnhofsnähe, in Restaurantmeilen meist Wand an Wand oder auf Straßenmärkten, wo das Mobiliar aus wackligen Hockern und nicht minder wackligen Tischen besteht.

Die Gerichte aus **Hunan** (湘菜; *xiangcai*) haben es nicht weniger in sich, da fast immer mit feurig scharfen Chilischoten gekocht wird. Zwar wird nicht wie in Sichuan mit Anispfeffer gewürzt, dafür stechen die scharfen Gewürze meist noch mehr hervor. Das Fleisch wird vor allem in Hunan erst mariniert, eingelegt oder anderweitig verarbeitet, bevor es dann gekocht wird. Meist wird es nur kurz angebraten oder sehr heiß angebrutzelt.

Nähere Informationen über die Küche der muslimischen Uiguren aus Chinas Nordwesten stehen separat in einem der Kästen (S. 896) im Kapitel Xinjiang. Auf Seite S. 830 sind die Gerichte einer typisch chinesisch-tibetanischen Speisekarte übersetzt.

PINYIN	SCRIPT	DEUTSCH
bangbang ji	棒棒鸡	Hühnchengeschnetzeltes in scharfer Pfeffer- und Sesamsoße
Chongqing huogo	重庆火锅	Chongqing-Hotpot
dandan mian	担担面	Pikante Nudeln
ganshao yan li	干烧岩鲤	Geschmorter Karpfen mit Speck und scharf-süßer Soße
huiguo rou	回锅肉	Gekochtes und im Wok geschwenktes Schweinefleisch mit einer salzig scharfen Soße
mala doufu	麻辣豆腐	Pikanter Tofu
Maoshi Hongsharou	毛氏红烧肉	Geschmortes Schweinefleisch nach Mao-Art
shui zhu niurou	水煮牛肉	Pikant gebratenes und gekochtes Rindfleisch
shuizhuyu	水煮鱼	Gebraten und gekochter Fisch mit Knoblauch und Sellerie
suancaiyu	酸菜鱼	Saure Fischsuppe mit Kohl
yu xiang rousi	鱼香肉丝	Schweinegeschnetzeltes mit Fischgeschmack
zhacai rousi	榨菜肉丝	Schweine- oder Rinderfilet im Wok geschwenkt mit braunem Senf

Die Küche des Ostens

Die Küche des Ostens von China nimmt ihre Zutaten aus einer sehr fruchtbaren Region, die von Flüssen und Kanälen durchzogen und mit glitzernden Seen gesegnet ist. Die Grenze verläuft zu einem guten Teil an der Meeresküste, und all diese günstigen Voraussetzungen werden zusätzlich durch subtropisches Klima unterstützt. Die Provinz Jiangsu selbst – wo die **Jiangsu-Küche** (苏菜; *sucai*) beheimatet ist – ist eine der wichtigsten Regionen für die kulinarische Tradition im Osten und wurde als das Land von Fisch und Reis berühmt. Angespielt wird damit auf die Fülle an Nahrungsmitteln und deren Herstellung. Die Gegend gehörte schon immer zu den wohlhabenderen Landstrichen Chinas. In der heutigen exportorientierten Wirtschaft zählt sie zu den reichsten Provinzen des Landes. Aus dieser günstigen Kombination aus Reichtum und reichlich Nahrungsmitteln entwickelte sich eine genussorientierte Kultur, in der die Gastronomie hoch gepriesen wird.

Die **Zhejiang-Küche** (浙菜; *zhecai*) südlich des Jangtse ist ein weiterer Meilenstein der ostchinesischen Küche. Während der Song-Dynastie erlebte die hiesige Gastronomie bereits ihre erste Blütezeit. In Hangzhou beispielsweise, der ehemaligen Hauptstadt des Südens zu Zeiten der Song-Dynastie, machten die Restaurants und Teehäuser in einer damals kulturell besonders reichen Phase zwei Drittel der Geschäfte der Stadt aus. Ein für Hangzhu typisches Gericht – *dongpo rou* (das nach einem beliebten Dichter und Gouverneur Hangzhous, Su Dongpo, benannt ist) – war bereits damals berühmt.

Die Küche des Ostens dreht sich vor allem um Fisch und Meeresfrüchte. Sie ist öliger und süßer als die übrige chinesische Küche. Die Fischlastigkeit liegt natürlich vor allem an der geographischen Lage, den vielen Flüssen und der langgezogenen Meeresküste. Der Fisch wird meist gedämpft (清蒸; *qingzheng*), kann aber auch in der Pfanne

STÄBCHEN

Laut Greenpeace China werden jedes Jahr 57 Milliarden Einmal-Stäbchen hergestellt. Das entspricht einem Holzbedarf von 3,8 Millionen Bäumen.

angebraten, gegrillt oder im Wok zubereitet werden. Haarige Krabben *(dazhaxie)* sind vor allem von Oktober bis Dezember eine Spezialität in Shanghai. Die besten Krabben stammen aus dem Yangchengsee. Sie werden mit Soja, Ingwer und Essig gegessen. Dazu wird ein warmer Shaoxing-Wein getrunken. Da die Krabben angeblich die kühle Energie des Yin im Körper stärken, wird die wärmende Kraft des *Yang* durch das Schlürfen des lauwarmen Reisweins wieder ins Gleichgewicht gebracht. Auch auf andere Weise wird für Ausgewogenheit gesorgt: Normalerweise werden immer männliche und weibliche Krabben zusammen gegessen.

Ähnlich wie in der kantonesischen Küche, wird im Osten immer darauf geachtet, dass die Zutaten frisch und gut sind. Soßen und Gewürze dienen dazu, den Eigengeschmack der Zutaten besser herauszuarbeiten. Vieles wird auch hier kurz angebraten, manches auch gedämpft: wie beispielsweise die in Shanghai legendären *xiaolongbao*, gedämpfte Taschen mit Schweinefleisch oder auch mit Krabben gefüllt, die in einer kochend heißen Fleischbrühe schwimmen. Zu lernen, wie sich diese leckere Schweinerei vernaschen lässt, ohne die Fleischbrühe wild durch die Gegend zu spritzen oder sich den Mund zu verbrennen (oder die Tischnachbarn zum Erblinden zu bringen), erfordert einige, durchaus amüsante Übung.

Die **Anhui-Küche** lockt mit leichteren Aromen und gehört von den acht großen Kochtraditionen Chinas klar zur Küche des Ostens, d. h. Fisch und Meeresfrüchte liegen nur selten auf dem Teller. Gemüse und Fleisch werden am liebsten gedünstet und geschmort.

Chinas beste Sojasoßen kommen aus dem Osten des Landes. Auch die Kunst, das Fleisch mit Sojasoße, Zucker und Gewürzen zu schmoren, wurde hier zur Perfektion gebracht. Das auf diese Weise zubereitete Fleisch nimmt eine dunkle Malvenfarbe an, die gern als „rot“ bezeichnet wird, weil die Farbe Rot Glück bringt.

Bio-*(youji)*-Essen wird in China immer populärer, was an dem erhöhten Bewusstsein für Lebensmittelsicherheit liegt, aber auch am steigenden Einkommen der Chinesen.

Zu einigen der berühmtesten Gerichte aus dem Osten gehören:

PINYIN	SCRIPT	DEUTSCH
gongbao jiding	宫爆鸡丁	Pikantes Huhn mit Erdnüssen; Kung-Pao-Huhn
haoyou niurou	蚝油牛肉	Rindfleisch mit Austernsauce
hongshao paigu	红烧排骨	Rot gedünstete Spareribs
hongshao qiezi	红烧茄子	Rot gekochte Aubergine
hongshao yu	红烧鱼	Rot gedünsteter Fisch
huoguo	火锅	Hotpot
huntun tang	馄饨汤	Wonton-Suppe
jiachang doufu	家常豆腐	Tofu nach Hausmannsart
jiaozi	饺子	Klöße
jidanmian	鸡蛋面	Nudeln und Ei
qingjiao roupian	青椒肉片	Schweinefleisch und grüne Paprika
shaguo doufu	沙锅豆腐	Doufu im Tontopf
suanlatang	酸辣汤	Suppe scharf-sauer
tieban niurou	铁板牛肉	Rindfleisch auf heißer Platte
xihongshi chaojidan	西红柿炒鸡蛋	Gebratenes Ei mit Tomate
xihongshi jidantang	西红柿鸡蛋汤	Suppe mit Ei und Tomate
xihongshi niurou	西红柿牛肉	Rindfleisch und Tomate
yuxiang qiezi	鱼香茄子	Aubergine mit Fischgeschmack

Essen wie bei Muttern

Neben den Regionalküchen hat China auch eine ausgesprochen leckere Hausmannskost (*jiachangcai*) zu bieten, in Restaurants oder auf der Straße.

PINYIN	SCRIPT	DEUTSCH
jiang cong chao xie	姜葱炒蟹	Im Wok geschwenkte Krabben mit Ingwer und Schalotten
mizhi xunyu	蜜汁熏鱼	Geräucherter Honigkarpfen
ning shi shanyu	宁式鳝鱼	Im Wok geschwenkter Aal mit Zwiebeln
qiezhi yukuai	茄汁鱼块	Fischfilet in Tomatensoße
qing zheng guiyu	清蒸鳜鱼	Gedämpfter Mandarinfisch
songzi guiyu	松子鳜鱼	Mandarinfisch mit Pinienkernen
suanla youyu	酸辣鱿鱼	Scharfsaure Tintenfische
xiaolongbao	小笼包	Gedämpfte Teigtaschen
youbao xiaren	油爆虾仁	Gebratene Garnelen
zha hei liyu	炸黑鲤鱼	Gebratener Silberkarpfen
zha yuwan	炸鱼丸	Fischbällchen

Essen gehen

Chinesische Restaurants

Chinalokale gibt es in allen erdenklichen Größen und Formen, von winzig klein, heruntergekommen, mit Plastik-Mobiliar, dröhnend lauten Fernsehern und abgegriffenen Speisekarten aus Plastik, bis hin zu auf große Gesellschaften ausgerichtete Restaurants, wo Kellnerinnen im eleganten Cheongsam-Dress den Tisch zuweisen, die Stäbchen gerade biegen und ein warmes Handtuch und eine mit Gold geprägte Weinliste bringen.

Dazwischen gibt es jede Menge passabler Mittelklasse-Restaurants, die Gerichte aus ganz China servieren.

Weil Restaurantbesuche in China ein großes gesellschaftliches Ereignis mit oftmals viel Tamtam darstellen, setzen viele der Bankett-Restaurants auf große runde Tische ohne Intimsphäre und 1000-Watt-Beleuchtung. Romantische Stimmung kommt hier selten bis nie auf. Übereifriges Servicepersonal raubt ausländischen Gästen oftmals noch den letzten Nerv.

Essenszeiten

Die Chinesen essen früh. Ab 11.30 Uhr gibt es Mittagessen, das die Chinesen gern in kleinen Straßenrestaurants einnehmen, zum Mitnehmen bestellen oder zu Hause kochen. Ab 18.00 Uhr gilt dann fast überall die Abendkarte. In Anbetracht der üblichen Essenszeiten sind viele Restaurants ab 11:00 Uhr geöffnet, machen von 14.30 Uhr bis 17.00 Uhr zu und sind dann wieder bis spätabends geöffnet.

Chinesen beenden ein Bankett oder Abendessen oft recht abrupt. Plötzlich stehen alle auf und verlassen geschlossen und ohne Umschweife das Restaurant.

Speisekarte

In Beijing, Shanghai und anderen Großstädten sind die Speisekarten oft auf Englisch übersetzt (英文菜谱; *yingwen caipu*). In kleineren Städten und weit ab vom Schuss auf dem Land gibt es ausschließlich chinesische Speisekarten und eigentlich auch fast nie Englisch sprechendes Personal. Am aufschlussreichsten sind die Fotos auf der Speisekarte. Wer im Restaurant ein lecker aussehendes Gericht entdeckt, zeigt einfach auf das Gericht des Nachbarn (我要那个; *wo yao nei ge;* „Ich hätte gern das Gleiche" wäre dann der dazu passende Satz). Die Alternative wäre ein Besuch in der Küche, um auf das Fleisch, den Fisch oder die passende Gemüsebeilage zu zeigen. Im Kapitel Sprache (S. 1157) im hinteren Teil dieses Buchs stehen die praktischsten Sätze rund um die Bestellung.

Desserts & Süßigkeiten

Die Chinesen gönnen sich eher selten Süßes. Dafür essen sie nach Mahlzeiten lieber Obst wie Wassermelone (xigua) oder Orange (cheng). In manchen Lokalen wird zwar Eis angeboten, wobei süße Desserts (tianpin) als Snacks gelten und nicht auf der Karte stehen.

Tischmanieren

In China wird in der Regel nicht auf Tischmanieren geachtet. Ein Essen kann im strengen konfuzianischen Stil beginnen und im total taoistischen Chaos enden. Nicht unerheblich ist die Frequenz, in der mit einem *baijiu* (klarer Schnaps) oder Bier miteinander angestoßen wird. Oft wird zum Essen auch ausgiebig gequalmt.

Die Mahlzeiten beginnen meist damit, dass eine Person für die gesamte Runde das Essen bestellt. Bei größeren Gesellschaften wird häufig eine ganze Auswahl an Gerichten geordert, die dann geteilt werden. Tatsächlich wäre es ziemlich ungewöhnlich, wenn sich jeder ein eigenes Gericht bestellen würde. Oft werden die Platten in der Tischmitte oder auf einem Tablett platziert, das vom Gastgeber so gedreht werden kann, dass sich der Hauptgast bei jedem servierten Gericht immer als erster nehmen kann. Suppen werden manchmal während des Essens serviert, häufig aber erst gegen Ende (genau wie der Reis). Wer ihn von Anfang an als Beilage dazu haben möchte, sollte das vorher sagen.

Teezeremonie

TRINKGELD

In den einfachen Restaurants auf dem chinesischen Festland wird eigentlich kein Trinkgeld gegeben. Modernere, internationale Restaurants könnten ihre Gäste dazu ermuntern, Trinkgeld zu geben, erwartet wird es allerdings nicht. Zudem ist fraglich, ob die Kellner überhaupt etwas davon sehen. In Hotelrestaurants sind bereits 15 % Trinkgeld im Preis inbegriffen. Gleiches gilt oft auch in eleganten, teuren Restaurants.

Den Teebecher oder das Glas des Tischnachbarn wieder aufzufüllen, gilt als sehr aufmerksam. Unbedingt immer allen anderen zuerst Tee oder das jeweilige Getränk nachschenken, bevor man sich selbst nimmt – alles andere wäre unhöflich. Um sich für das Einschenken zu bedanken, wird mit dem Mittelfinger sanft auf den Tisch geklopft.

Damit die Teekanne noch einmal frisch aufgegossen wird, muss nur der Deckel von der Kanne genommen werden. Vor dem Trinken ist es immer ratsam, das Ritual mit den Trinksprüchen abzuwarten. Bei großem Durst also am besten selbst einen Toast auf den Gastgeber aussprechen. Die Chinesen lieben Trinksprüche und machen sehr viel mehr Gebrauch davon als wir im Westen: Das kann so weit ausarten, dass vor jedem Schluck ein Trinkspruch kommt. Um formell auf jemanden anzustoßen, wird das Glas mit beiden Händen in Richtung der Person erhoben, auf die getrunken wird. Dann wird laut ganbei gerufen, was wörtlich „trocknet die Gläser" bedeutet. In der Regel leeren alle ihre Gläser dann auf ex. Bei so manchem 65prozentigen baijiu kann das durchaus schwierig werden, zumal die Gläser meist unverzüglich wieder gefüllt werden, um gleich den nächsten Trinkspruch aussprechen zu können.

Während des Essens darf in China ungeniert geraucht werden. Dies gilt selbstverständlich nicht in den Nichtraucher-Bereichen eines Restaurants. In so manchem Restaurant sind die Tische vom pausenlosen Rauchen ganz gehörig eingenebelt. Bei Rauchern gehört es zum guten Ton, die Schachtel einmal in die Runde zu halten, damit sich jeder eine Zigarette nehmen kann.

Niemals mit den Stäbchen auf Leute zeigen, oder damit herumfuchteln, und die Stäbchen niemals senkrecht in eine Reisschüssel stellen (das gilt als Todesomen)!

Meist bezahlt derjenige die Rechnung, der eingeladen hat, oder zumindest gehört es sich so. Diese Geste sollte unbedingt gestattet werden, sonst würde der Gastgeber sein Gesicht verlieren.

Zahnstocher werden in China wie in jedem anderen asiatischen Land gern benutzt: Mit einer Hand reinigt man sich mit dem Zahnstocher die Zwischenräume, mit der anderen wird der Mund bedeckt.

Garküchen auf der Straße

Sich an der Straße durch China zu essen ist eine prima Methode, um die verschiedenen Aromen des Landes im Vorbeigehen kennenzulernen. In den meisten Städten finden sich Straßen- oder Nachtmärkte (夜市; yeshi). Dort ist das Preis-Leistungs-Verhältnis unglaublich gut. Die Gerichte und Snacks gibt's sogar zum Mitnehmen. Am schönsten ist es aber, sich mit einem Bier direkt vor Ort auf einen der wackligen Stühle zu setzen und das Treiben zu beobachten. Mit der Auswahl auf Märkten wie dem trubeligen Nachtmarkt in Kaifeng kann kein Restaurant in China mithalten. Händler tun alles, um ihre Waren lautstark beim Volk anzupreisen. Am besten achtet man also darauf, wo die Einheimischen kaufen und was gekocht wird. Dann heißt es nur noch, mit anstellen und auf das Objekt der Begierde zeigen.

Für kleine Esser

So wie das Reisen mit Kindern generell in China abenteuerlich werden kann, so wird auch ein Essen mit Kindern schnell zur Herausforderung. An den billigen Essensständen gibt es keine Kindergerichte, von Hochstühlen mal ganz abgesehen. In den besseren Restaurants mag es zwar all das geben, doch ob Kinder bereit sind, auch nur einen einzigen Bissen zu probieren, bleibt dahingestellt. In größeren Städten gibt es mittlerweile viele Restaurants, die sich auf westliche Kinder eingestellt haben, und so trumpfen einige westlich ausgerichtete Lokale mit Spielecken, Kindermenüs, Kinderbetreuung, Hochstühlen usw. auf.

Frühstück

Das Frühstück in China ist in der Regel einfach und leicht. Es ist eine schnelle und eher beiläufige Angelegenheit. Entweder gibt es eine einfache Schale Reisbrei (粥; *zhou*) oder den wässrigeren kleinen Bruder davon, eine Schale Reisschleim (稀饭; *xifan*). Saure Gurken, gekochte Eier, Dampfklöße, geröstete Erdnüsse und frittierte Teigstäbchen (油条; *youtiao*) sind morgens ebenfalls beliebt. Gern wird dazu ein warmes Glas Sojamilch getrunken. Das Frühstücksangebot in den chinesischen Hotels kann gut aus einigen oder all diesen Dingen bestehen. Kaffee wird zum Frühstück eher selten getrunken, es sei denn, die Gastgeber sind modern, urban und gehören zur Mittelschicht. In Großstädten ist es allerdings kein Problem, ein Café zu finden. Eine Scheibe Brot (面包; *mianbao*) war früher fast gar nicht zu bekommen. Das hat sich geändert, und auch Butter (黄油; *huangyou*) ist immer mehr im Kommen.

In China gehört Tee schon immer zu den sieben Notwendigkeiten des Alltags und wurde im Reich der Mitte früher als Währung benutzt.

Vegetarisches Essen

Für alle, die lieber Gemüse essen als Lammkeule, dürfte es nicht leicht werden, authentische vegetarische Gerichte zu finden. Da China in seiner Geschichte immer wieder unter Armut und Hungersnöten zu leiden hatte, gilt Fleisch als Statussymbol und als Zeichen von Gesundheit und Wohlstand. Fleisch steht zudem im Ruf, bei Männern eine potenzsteigernde Wirkung zu erzielen. Ein männlicher Vegetarier kann also schon mal einiges Kopfschütteln auslösen. Dies mögen einige der Gründe sein, wieso in China derzeit keine nennenswerte vegetarische Bewegung existiert. Wenn Chinesen tatsächlich freiwillig auf Fleisch verzichten, dann am ehesten aus buddhistischen Gründen. Insofern wird an bestimmten Tagen auch schon mal fleischlos gegessen.

Gemüse wird oft in tierischem Fett oder tierischen Brühen zubereitet; „vegetarische" Suppen werden in der Regel mit Hühner- oder Rinderbrühe gekocht. Nur in Beijing und Shanghai ist die Auswahl an vegetarischen Restaurants relativ groß. Im Element Fresh (S. 226) gibt es tatsächlich einige sehr gesunde, rein vegetarische Gerichte.

Außerhalb der Großstädte wäre die beste Empfehlung, sich in buddhistischen Tempeln oder Klöstern zu erkundigen, die manchmal auch öffentliche buddhistische, rein vegetarische Restaurants betreiben. Die vegetarischen Gerichte in den buddhistischen Restaurants sehen häufig aus wie Fleischgerichte: mit Tofu, Kartoffeln, Weizen oder frischem Gemüse wird das Fleisch nachgeahmt. Einige dieser Gerichte wirken fast schon wie kleine Kunstwerke, weil es gar nicht so leicht ist, aus rein pflanzlichen Zutaten ein Grillhuhn oder Spareribs täuschend echt nachzumachen. So mancher Koch hat aus einer Möhre oder Lotoswurzel schon „Knochen" geschnitzt. Ich bin Vegetarier heißt auf Chinesisch übrigens: 我吃素*(wo chi su)*.

Tee

Einem alten chinesischen Sprichwort zufolge gehört Tee zu den sieben wesentlichen Dingen, die der Mensch zum Leben braucht – neben Brennholz, Öl, Reis, Salz, Sojasoße und Essig. Die Chinesen waren auch die erste Kultur, die gezielten Teeanbau etablierte. Das Ritual des Teekochens und Teetrinkens geht bis auf die Tang-Dynastie zurück (618–907 v.Chr.).

In China gibt es hauptsächlich drei verschiedene Teesorten: grünen Tee *(lü cha)*, schwarzen Tee *(hong cha)* und den wulong (ein halbfermentierter Tee, der irgendwo in der Mitte zwischen schwarzem und grünem Tee einzuordnen ist). Beliebt sind auch Jasmintee (chashui), Chrysanthementee *(juhua cha)* und einige andere Sorten. Sehr berühmt in China sind der Fujian tie guanyin, Pu-Erh-Tee aus Yunnan und der Zhejiang-longjing-Tee. Der Acht-Schätze-Tee *(babao cha)*, bestehend aus Kandiszucker, Datteln, Nüssen und Tee, wird zusammen in einer Tasse zubereitet und gilt als besonders wohltuend. Tee ist für die Chinesen das, was ein guter Wein für die Franzosen ist: ein innig geliebtes Getränk. Sein feines Aroma wird ebenso geschätzt wie sein unverwechselbarer Geschmack und angenehmer Nachgeschmack.

Das chinesische Wort für Tee (*cha*) ist in das Vokabular vieler Sprache eingeflossen, u.a. ins britische Englisch, Portugiesisch, Griechisch und Russisch. Das Wort „Tee" ist Fujian-Dialekt.

Alkoholische Getränke

Bier

Obwohl Tee das beliebteste Getränk Chinas ist, folgt Bier (啤酒; *pijiu*) gleich an zweiter Stelle. In vielen Städten gibt es eigene Brauereien und Biersorten. Da die Sozialisten es jedoch geschafft haben, die Braukunst mehr oder weniger zu vereinheitlichen, schmecken alle Sorten mehr oder weniger gleich. Das chinesische Bier ist verhältnismäßig leicht. Man könnte ganze Badewannen leer trinken und würde immer noch keine Schlangenlinien laufen. Wer sein Bier gekühlt mag, sollte es liang de (凉的) bestellen; für ein eiskaltes Bier sollte man noch bingzhen de (冰镇的) hinzufügen.

Am bekanntesten ist die Marke Tsingtao, das mit Mineralwasser aus Lao Shan gebraut wird und daher besonders prickelnd ist. Ursprünglich war Tsingtao ein deutsches Bier – Qingdao war früher deutsche Koloniestadt und hieß „Tsingtao" – und die Chinesen haben später die Brauerei übernommen (siehe Kasten S.179). Ursprünglich im Jahr 1903 gegründet, braute sie ihr Bier nach bayrischem Reinheitsgebot.

Einige ausländische Biersorten werden mittlerweile auch in China gebraut. Die Bars, die in diesem Reiseführer aufgelistet sind, dürften fast alle eine gute Auswahl an Importbier haben – das ist allerdings nicht ganz billig.

Es lohnt sich durchaus, die kräftigeren Schwarzbiere aus Xinjiang und die Dunkelbiere aus anderen chinesischen Brauereien zu probieren (beispielsweise das Reeb-Bier aus Shanghai). Eher exotische Beispiele sind das Milchbier aus der Inneren Mongolei oder das Ananasbier aus Beijing.

Wein

Der Bedarf an importierten Weinen in China und Hongkong ist derart gest iegen, dass dort 2011 am meisten Bordeaux-Weine weltweit getrunken wurden. Teure französische Rotweine (*hongjiu*) werden heute hoch geschätzt, obwohl sie in China erst seit 15 Jahren verkauft werden. Wein ist vor allem bei Geschäftsleuten sehr beliebt, die anspruchsvoll und extravagant wirken wollen. Die Kehrseite ist, dass importierte Weine in Restaurants in Shanghai oder Beijing völlig

Chinas riesige Nachfrage nach edlen Tropfen hat leider einen kriminellen Nebeneffekt. Betrüger kaufen leere Weinflaschen, füllen sie mit billigem altem Fusel neu ab und verkaufen sie weiter. Besonders hoch im Kurs sind leere Flaschen eines Chateau Lafite Rothschild 1982.

überteuert sind. Weißwein wird in China besonders von Frauen sehr gern getrunken.

Doch auch in China gibt es schon seit rund 4000 Jahren Weinberge. Chinesische Weine sind meist günstiger als die Importe aus dem Ausland. Die Provinzen Xinjiang und Ningxia ganz im Nordwesten Chinas sind für ihre Weingüter berühmt.

Hochprozentiges

Unter „Wein“ verstehen die Chinesen allerdings weit mehr als wir: Zahlreiche der chinesischen „Weine“ sind eher als Schnäpse zu bezeichnen. Maotai ist der – sehr teure – Lieblingsschnaps der Chinesen, dessen Geist baijiu genannt wird und der aus Sorghum (einer Art Hirse) gebrannt wird. Auf Banketten wird meist mit Maotai angestoßen. Eine billigere Alternative ist Erguotou, der in Beijing gebrannt wird, aber überall in China zu kaufen ist. Empfehlenswert ist hier der Red-Star (Hongxing)-Weinbrand. Baijiu kann bis zu 65% Alkohol enthalten. Milder Reiswein wird vor allem zum Kochen verwendet, kann wie Sake aber auch häufig warm getrunken werden.

2010 war China der fünftgrößte Weinproduzent der Welt. Bis 2014 könnte China Platz 6 der meisten Weinkonsumenten belegen.

Kunst & Architektur

China wacht über eines der größten kulturellen und künstlerischen Vermächtnisse der Welt. Bis ins 20. Jh. war die chinesische Kunst und Kultur extrem konservativ und Änderungen gegenüber verschlossen. Die Revolutionen der letzten 100 Jahre in Technik und inhaltlicher Thematik führten zu einem dramatischen Wandel. Trotz dieser Entwicklung verbindet Chinas Kunst und Kultur – egal welcher Epoche – eine Ästhetik, die aus der inneren Seele des Volkes schöpft.

Ästhetik

Wenn man das Wesen der Chinesen betrachtet (S. 1058), war ihre Ästhetik schon immer von Zurückhaltung bestimmt. Sie ziehen indirekte Verweise direkten Erklärungen vor, bleiben vage, meiden das Offensichtliche und lieben das Subtile. Mit der traditionellen chinesischen Ästhetik wurde ein distanzierter künstlerischen Impuls kultiviert; Prinzipien, die sich in fast jeder chinesischen Kunstform wiederfinden, ob in der Malerei, der Bildhauerei oder Töpferkunst, in der Kalligrafie, im Film, der Dichtkunst, in der Literatur oder darüber hinaus.

Die Kultur und das Ästhetikverständnis der ältesten Zivilisation der Welt sind eng miteinander verwoben. Über Jahrtausende war die chinesische Ästhetik traditionell und blieb trotz fremder Einflüsse, sei es durch mongolische oder europäische Besatzungsmächte, stets konservativ. Erst mit dem Untergang der Qing-Dynastie im Jahr 1911 und dem Aufkommen der Neuen-Kultur-Bewegung veränderten sich Chinas große traditionelle Kunstformen rasant. In der Literatur machte das klassische Chinesisch Platz für das umgangssprachliche Chinesisch (*Baihua*), was die Entwicklung einer progressiven neuen Ästhetik ermöglichte, die letztendlich alle Kunstformen revolutionierte, ob Lyrik, Malerei, Theater oder Musik.

Es fällt schwer, Chinas ästhetische Traditionen mit dem, was ihnen seit 1949 angetan wurden, in Einklang zu bringen. Konfuzius befürwortete Musik und Lyrik als positive Prägungsmittel menschlichen Lebens, während der Philosoph Mozi im 5. Jh. Musik und andere Künste als extravagant und verschwenderisch verteufelte. Die Kommunisten gingen sogar noch einen Schritt weiter und missbrauchten die Kunst als Requisiten für ihre Propaganda-Feldzüge. Zahlreiche traditionelle Bauten und kulturelles Erbe wurden mit ihrer Erlaubnis verwüstet und zerstört. Kunsthandwerk und andere traditionelle Fertigkeiten, wie beispielsweise auch die chinesische Kampfkunst, gerieten während der Kulturrevolution in Vergessenheit oder verkümmerten. Viele Kunstformen müssen sich erst wieder erholen, wenngleich nach der Öffnung Chinas und entsprechenden Reformen Unmengen künstlerischer Konzepte aus dem Ausland ins Land strömten.

VOGELNEST

Der chinesische Künstler Ai Weiwei, der beim Entwurf des Vogelnests, Beijings Nationalstadion, als künstlerischer Berater zur Seite stand, distanzierte sich später von dem Gebäude, das er als „vorgetäuschtes Lächeln schlechten Geschmacks" umschrieb.

Kalligrafie

Zwar wird in den meisten Sprachen, die ein Alphabet besitzen, Kalligrafie (书法; *shufa*) verwendet, dennoch ist die Kalligrafiekunst in China besonders komplex und herausragend. Zwar ist die chinesische Kalligrafie an sich schon wunderschön, jedoch lässt sich die außergewöhnliche Hochschätzung der Kalligrafiekunst vor allem mit der Vernarrtheit der Chinesen in ihre Schriftsprache erklären.

Um zu verstehen, wie sehr sich die chinesische Schriftsprache für Kalligrafie eignet, muss man begreifen, wie Schriftchinesisch überhaupt funktioniert. Ein deutsches Wort repräsentiert einen einzigen Klang; in China werden mit einem Schriftzeichen Klang und Bild kombiniert. Das Klangelement eines chinesischen Schriftzeichens – wenn es denn eines gibt – hilft oft bei der groben visuellen Darstellung.

Die abstrakteste Form der Kalligrafie ist die Grasschrift *oder kursive Schrift (caoshu)*, eine sehr flüssige Form der Schreibschrift, die selbst Chinesen kaum lesen können.

Obwohl einige chinesische Schriftzeichen in den 1950er-Jahren im Zuge einer Alphabetisierungskampagne vereinfacht wurden, haben sich die meisten Zeichen seit Jahrtausenden nicht verändert. Weil die Zeichen nichts anderes sind als Bilder, spiegeln sie die allmählichen Änderungen im gesprochenen Chinesisch nur unzulänglich wider. Eine phonetische Schriftsprache wie das Deutsche kann sich im Laufe der Zeit anpassen, um den klanglichen Wandel der Sprache zu reflektieren. Der chinesischen aus Bildern bestehenden Schrift gelingt dies nicht so leicht. Während sich die gesprochene Sprache über die Jahrhunderte verändert hat, ist die Schriftsprache nahezu gleich geblieben.

Das erklärt auch, warum die Kalligrafie die für westliche Besucher am schlechtesten zugängliche Kunstrichtung Chinas ist, es sei denn, sie wissen bereits, wie die chinesische Schriftsprache aufgebaut ist. Die Schönheit eines chinesischen Schriftzeichens lässt sich zwar auch so bewundern, aber um es wirklich zu verstehen, muss seine Bedeutung und der Kontext bekannt sein.

In der Kalligrafie gibt es fünf Hauptschriften: Siegelschrift, Kanzleischrift, Semikursiv- und Kursivschrift und Regelschrift. Jede von ihnen steht für den Schreibstil einer bestimmten Zeit. Die Siegelschrift, die älteste und schwierigste von allen, war während der Qin-Dynastie die offizielle Schriftsprache und wird seitdem für Siegel oder Namenszüge auf Dokumenten benutzt. Die Siegel werden aus Stein hergestellt. Professionelle Kalligrafen bevorzugen Langzeichen *(fantizi)* statt der vereinfachten Variante oder Kurzzeichen *(jiantizi)*.

Malerei

Traditionelle Malerei

Im Zeichen 永 für „ewig" sind alle fünf Grundpinselstriche zu finden, die für die Kalligrafie gebraucht werden.

Anders als die chinesische Kalligrafie lässt sich traditionelle chinesische Malerei auch ohne „Insiderwissen" bewundern. Trotz ihrer Symbolik, obskuren Verweisen und gelegentlich schwer verständlicher chinesischer Philosophie ist sie durchaus zugänglich. Traditionelle chinesische Gemälde, insbesondere Landschaften, wurden im Westen deshalb lange wegen ihrer Schönheit geschätzt.

Schon im 6. Jh.t stellte Xie He in seinen *Sechs Prinzipien der Malerei* fest, die Hauptaufgabe der chinesischen Malerei bestünde darin, den inneren Kern oder Geist *(qi)* von etwas einzufangen und ihm Leben einzuhauchen. Ein in Dicke und Farbe variierender Pinselstrich war das zweite Prinzip, die „Knochenmethode"; eine Technik, die die chinesische Malerei definiert. Früher meinte man, anhand der Qualität des Pinselstrichs Rückschlüsse auf die Moral des Künstlers schließen zu können. Allgemein galt, dass Maler sich weniger um Äußerlichkeiten scherten (das dritte Prinzip), sondern vor allem die inneren Qualitäten offenbaren wollten.

DIE BESTEN KUNSTMUSEEN UND GALERIEN

- **Shanghai Museum** (S. 195) Herausragende Sammlung traditioneller chinesischer Kunst und Antiquitäten.
- **Poly Art Museum** (S. 67) Inspirierende Exponate traditioneller Bronzen und buddhistischer Statuen.
- **Rockbund Art Museum** (S. 194) Fortschrittlich denkendes Museum für zeitgenössische Kunst, direkt an der Uferpromenade (Bund).
- **Hong Kong Museum of Art** (S. 537) Erstklassige Ausstellung mit Antiquitäten, Gemälden, Kalligrafien und zeitgenössischer Kunst aus Hongkong.
- **M50** (S. 208) Zeitgenössische Kunst in einem alten Industriegebiet in Shanghai.
- **Kunstbezirk Dashanzi** (S. 81) In einem ehemaligen Fabrikkomplex arbeitet und trifft sich Bejings Kunstszene.
- **Propaganda Poster Art Centre** (S. 206) Die kommunistische Propagandakunst in diesem diesem Museum in Shanghai ist absolut sehenswert.
- **Beaugeste** (S. 203) Diese winzige Galerie in Shanghai zeigt ausschließlich zeitgenössische Fotografie.

Die frühen Maler konzentrierten sich auf den Menschen und die Morallehren, malten aber auch Alltagsszenen. Mit der Tang-Dynastie entstand ein neues Genre: die Landschaftsmalerei. Zur Zeit der Song- und Yuan-Dynastien erlebte sie ihre Blütezeit und befasste sich vor allem mit der Umwelt des Menschen. Erlesene Tuschmalereien auf Seide präsentierten Landschaften mit hohen Bergen, Nebelschwaden, offenen Weiten, Bäumen und Flüssen. Landschaftsmaler versuchten, das Metaphysische und Absolute einzufangen und den Betrachter in eine bestimmte Welt eintauchen zu lassen, wo taoistische und buddhistische Philosophien zum Ausdruck kamen. Der Mensch ist hier meist nur ein kleiner und fast unbedeutender Subtext. Das traumartige Bild sollte die Betrachter anziehen, anstatt sich ihnen aufzudrängen.

In puncto Technik hing der Erfolg eines Landschaftsgemäldes von der Fähigkeit des Künstlers ab, das Licht und die Atmosphäre korrekt einzufangen. Offene Weiten ohne Farbe schaffen lichtdurchflutete leere Räume, die z. B. ein dunkles Faltengebirge kontrastieren. Sie füllen das Bild mit *qi* und flüchtiger Lebendigkeit. Es werden keine bestimmten Emotionen geweckt, sondern verworren bleibende Eindrücke geschaffen. Malerei und klassische Lyrik gingen oft Hand in Hand, was besonders gut bei den Arbeiten von Tang-Dichter und Künstler Wang Wei (699–759) zu erkennen ist.

Detaillierte Artikel und Kritiken über zeitgenössische Kunst und Künstler stehen gesammelt auf der Seite www.newchineseart.com, die von der Galerie Art Scene China betrieben wird.

Moderne Kunst

Sozialistischer Realismus

Nach 1949 waren klassische chinesische Techniken out, und fremde Kunsttechniken wurden en masse importiert. Die Seidenmalerei wurde ersetzt durch Öl auf Leinwand, und Chinas langjähriger Hang zum Mysteriösen und Unaussprechlichen wich Detail und Realismus.

Um 1970 hatten chinesische Künstler die Fertigkeiten des sozialistischen Realismus perfektioniert: ein lebendiger, kommunistisch geprägter Stil, inspiriert von der neoklassizistischen Kunst Europas, den lebensechten Bildern von Jacques Louis David und den Malern der Sowjetunion. Voller politischer Symbolik und Propaganda wurde diese unverblümte Kunst als Massenware produziert.

Die chinesische Malerei, die sich über die Jahrhunderte im Schneckentempo weiterentwickelt hatte, schlug praktisch über Nacht eine neue Richtung ein. Dunstige Landschaften wurden ersetzt durch kantige Panoramabilder. Die traditionelle taoistische und buddhistische Philosophie war überholt, und der Mensch wurde zum Herrscher über die Natur. Verträumte Ausblicke waren gestern – der Trend ging zu Fabrikschloten, roten Traktoren und muskelbepackten Bauern.

Propagandakunst

Eine weitere Kunstform stieß während Maos Regierungszeit auf fruchtbaren Boden: das Propagandaposter. Seit den 1950er-Jahren werden sie in China massenproduziert und heute zu Tausenden auf Touristenmärkten vertickt. Die Ästhetik dieser fröhlich-bunten Poster, mit denen die Gesellschaft in Schach gehalten wurde, hatte sich der kommunistischen Orthodoxie unterworfen.

Propagandaposter hingen überall, und es gab eine große Bandbreite an Themen: von gut genährten chinesischen Babys bis hin zum Koreakrieg, von den Vorzügen körperlicher Fitness und der Unterdrückung konterrevolutionärer Aktivitäten bis hin zu den Erfolgen des Großen Sprung nach vorn bzw. China als Paradies auf Erden. Erst mit Deng Xiaopings Amtszeit und der Öffnung Chinas zum Westen hatte die Massenproduktion ein Ende.

Visuelle Propaganda war deshalb so erfolgreich, weil die meisten Bauern entweder schlecht oder gar nicht lesen und schreiben konnten. Der Idealismus, die revolutionäre Romantik und die leuchtenden Farben chinesischer Propagandakunst brachten Hoffnung und Leben in eine monotone und trostlose Zeit, die von Leid und großer Not geprägt war.

ASTEROIDEN-GÜRTEL

Ein Asteroidengürtel, den der Amateurastronom William Kwong Yu Yeung 2001 entdeckte, wurde im gleichen Jahr nach dem chinesischen Künstler Ai Weiwei benannt: 83598 Aiweiwei.

Nach Maos Tod

Erst mit dem Tod Mao Zedongs im September 1976 trat die chinesische Kunst allmählich aus dem Schatten der Kulturrevolution, während der sie durch Gewaltandrohungen stark konditioniert war. Ein Künstler durfte sein individuelles Temperament von nun an wieder ausleben. Maler wie Luo Zhongli setzten die realistischen Techniken der Kunstakademien Chinas ein, um die harsche Wirklichkeit zu beschreiben, die in die Gesichter zeitgenössischer Bauern eingemeißelt war. Andere entflohen den erstickenden Schranken des sozialistischen Realismus und wagten sich in neues Terrain. Ein Heißhunger auf westliche Kunst brachte neue Konzepte und frische Ideen, während die Mehrdeutigkeit der Kunst einen gewissen Schutz vor staatlicher Zensur bot.

Die Künstlergruppe Stars fand retrospektive Inspiration in Picasso und im deutschen Expressionismus. Sie brach bald wieder auseinander, prägte jedoch die Entwicklung der chinesischen Kunst in den 1980er- und 1990er-Jahren und ebnete den Weg für die New-Wave-Bewegung, die 1985 aufkam. New-Wave-Künstler waren stark von westlicher Kunst geprägt, vor allem vom Maler und Objektkünstler Marcel Duchamp. In wahrlich nihilistischer Manier zerstörte der New-Wave-Künstler Huang Yongping seine Werke bei Ausstellungen, um der gängigen Vorstellung von „Kunst" zu entfliehen. Politische Realitäten wurden in der Kunst unmittelbar verarbeitet: Performance-Künstler umwickelten sich mit Plastikfolie oder Klebeband, um damit die Unterdrückung im modernen China darzustellen.

Kunst nach den Demonstrationen von 1989

Die Demonstrationen auf dem Tiananmen-Platz 1989 schürten einen tief sitzenden Zynismus, der Werke hervorbrachte, die durchsetzt waren mit Verlust, Einsamkeit und gesellschaftlicher Isolation. Immer mehr Künstler kehrten China den Rücken und zogen in den Westen.

Zur gleichen Zeit stiegen die Preise auf dem Kunstmarkt, da Kunstwerke zunehmend für teures Geld als Investition erstanden wurden.

Ein Großteil der chinesischen Kunst nach 1989 befasst sich fast obsessiv mit den soziowirtschaftlichen Realitäten von heute, wobei Konsumgesellschaft, Materialismus, Verstädterung und sozialer Wandel zu den immer wiederkehrenden Themen gehören. Seitdem die Kunstszene mehr Zeit hatte, heranzureifen, sind die Themen universeller geworden. Viele der Künstler, die China in den 1990er-Jahren verließen, sind zurückgekehrt und eröffnen eigene Ateliers und Galerien. Staatliche Zensur gibt es zwar weiterhin, doch Künstler beschäftigen sich mittlerweile durchaus auch mit anderen Bereichen und konzentrieren sich nicht mehr nur auf übermäßig politische Inhalte und China-relevante Belange.

Die zynischen Realisten Fang Lijun und Yue Minjun malten groteske Porträts, die Leere und gespielte Heiterkeit vermittelten, jedoch auch einen Anflug von Verzweiflung. Wang Guangyi, der Ende der 1950er-Jahre geboren wurde, nahm die Pop-Art-Kunst als Vorlage für seine ironisch gemeinten Werke. Er lässt dabei Techniken der Propagandakunst aus der Zeit der Kulturrevolution mit in seine Arbeiten einfließen.

Zeng Fanzhi, der 1964 kurz vor der Kulturrevolution zur Welt kam, ist besonders vom deutschen Expressionismus geprägt. In seiner Serie der Maskenbilder aus den 1990er-Jahren verarbeitete er die Themen Entfremdung und Isolation, die allgemein zu dieser Zeit eine große Rolle in der chinesischen Kunst spielten. Zengs Markenzeichen als Künstler ist die Selbstbeobachtug. 2008 wurde im Hongkonger Auktionshaus Christie's das Bild *Mask Series 1996 No. 6* von Zeng Fanzhi (mit maskierten Mitgliedern der chinesisch-kommunistischen Jugendorganisation Junge Pioniere) für 6,8 Millionen Euro versteigert – es war die höchste Summe, die je für ein zeitgenössisches chinesisches Kunstwerk geboten wurde.

Auch Zhang Dali ist ein Kind der frühen 1960er-Jahre. Der Künstler thematisiert in seinen Werken den sozialen Wandel und die Kluft zwischen Arm und Reich, insbesondere die ärmlichen Verhältnisse der Gastarbeiter in Beijing.

2011 wurde ein Tuschgemälde von Qi Baishi (1864–1957) für 425,5 Mio. Yuan (47 Mio. Euro) versteigert.

Zeitgenössische Kunstrichtungen

Die meisten Künstler, die bekannt oder ambitioniert sind, zieht es nach Beijing (und vielleicht noch nach Shanghai).

Ai Weiwei, der u.a. durch seine Aufmüpfigkeit internationale Berühmtheit erlangt hat, verdeutlicht wohl am besten, wie gefährlich es sein kann, wenn künstlerischer Ausdruck bei den Behörden in den falschen Hals gerät. Bei seiner Verhaftung 2011 wurde Ai Weiwei Steuerhinterziehung vorgeworfen, was seiner Ausstellung Sunflower Seeds im Tate Modern Museum in London PR-technisch sehr gelegen kam. Als sein Atelier in Shanghai im Januar 2011 abgerissen wurde, hieß es, das Gebäude sei „illegal". Der Künstler sah in dem Abriss eine Bestrafung für seinen Aktivismus.

Keramik

Die ersten Gefäße in China entstanden vor über 8000 Jahren und waren einfache, handgefertigte Töpferwaren aus Ton, die in erster Linie für religiöse Zwecke genutzt wurden. Mit der Erfindung der Töpferscheibe im Jungneolithikum machten Technologie und Kunsthandwerk jedoch einen gewaltigen Sprung.

Über die Jahrhunderte perfektionierten chinesische Töpfer ihre Handwerkskunst mit vielen neuen interessanten Stilen und Techniken. So entstanden die faszinierenden Terrakottakrieger in Xi'an mit

Hilfe einer hochentwickelten Technik, die Kunsthandwerker in der Qin-Dynastie erfunden hatten. In Zeiten künstlerischer Weiterentwicklung wie etwa unter der kosmopolitischen Tang-Dynastie kam es zu weiteren stilistischen Neuerungen. Eine beliebte Keramik-Machart aus dieser Zeit ist die „Drei-Farben-Glasur" (gelb, grün, weiß) der Tang-Dynastie. Sogar in fernen Ländern wie Ägypten und Persien stieg die Nachfrage nach herrlich saldongrüner (graugrün) Keramik.

In der Yuan-Dynastie entwickelte sich erstmals das bekannte, chinesische blauweiße Qinghua-Porzellan. Kobaltblaue Farbe aus Persien wurde als Unterglasur direkt auf das weiße Porzellan gepinselt; dann wurde das Gefäß mit einer zweiten durchsichtigen Glasur überzogen und gebrannt. Während der Ming-Dynastie wurde die Technik weiter perfektioniert, und Porzellan und Keramik wurde überall auf der Welt ein solcher Verkaufsschlager, dass sich im Englischen der Begriff „chinaware" etablierte, egal ob das Porzellan in China produziert wurde oder nicht.

2010 wurde eine chinesische Vase aus der Zeit der Qing-Dynastie für 53,1 Millionen Pfund versteigert. Jemand hatte sie auf dem Dachboden seines Hauses im Nordwesten Londons entdeckt.

Obwohl überall in China viele Brennöfen gebaut wurden, stand der berühmteste in Jingdezhen in der Provinz Jiangxi, wo das königliche Porzellan gebrannt wurde.

Zur Zeit der Qing-Dynastie wurden die erstklassige Handwerkskunst und wahrhaft kunstvollen Porzellantechniken immer weiter entwickelt und verfeinert. Käufer aus Großbritannien und Europa beherrschten den Exportmarkt mit ihrem unstillbaren Verlangen nach chinesischen Vasen und Schüsseln, dekoriert mit Blumen und Landschaften. Wunderbar monochromatische Töpferware ist ein weiteres Markenzeichen der Qing-Dynastie, vor allem die Ochsenblutvasen und sorgfältig gefertigten Schüsseln im chinesischen Kaisergelb und Porzellan mit Emaille-Verzierung. Ebenfalls bekannt ist die Qing-Dynastie für ihre kunstvollen und reich verzierten Tonwaren.

Noch immer ist Jingdezhen ein hervorragender Ort, um Keramikwerkstätten zu besuchen und verschiedene Tonwaren zu kaufen, von Mao-Statuen bis hin zu traditionellen, glasierten Urnen. Das Museum in Shanghai besitzt eine erstklassige Porzellansammlung, während mehrere freie Händler in Beijing und Shanghai auch modischere und kreative Stücke verkaufen.

Bildhauerei

Die früheste Bildhauerkunst in China stammt aus der Zeit der Zhou- und Shang-Dynastien, als kleine Ton- und Holzfiguren in Grabstätten gelegt wurden, um die Toten zu beschützen und sie auf ihrem Weg ins Himmelreich zu begleiten.

Mit Aufkommen des Buddhismus wendeten sich Bildhauer religiösen Themen und Figuren zu. Oft beteiligten sie sich an riesigen Schnitzereien zu Ehren Shakyamunis. Über äußere Einflüsse entlang der Seidenstraße und weiter weg gelangten Stile über Indien aus fernen Ländern wie Griechenland und Persien nach China. Die fantastischen Buddha-Grotten bei Yungang in der Provinz Shanxi gehen zurück auf das 5. Jh. und zeugen deulich von indischem Einfluss.

OMEN

Im Westen taucht die Fledermaus vor allem in Geister- oder Vampirgeschichten auf. In China hingegen gilt sie als Glücksbote und wird daher gern als Motiv auf Porzellan, Textilien, Holzdesign und Kunstwerken verwendet.

Ende des 5. Jhs. begannen Steinmetze mit ihrer Arbeit an den Longmen-Grotten in der Provinz Henan. Die ersten Bildnisse gleichen denen von Yungang: die Gesichtsausdrücke der Figuren haben indische Züge, weisen aber auch Einflüsse aus anderen Ländern auf. Die späteren Figuren in den Longmen-Grotten wurden während der Tang-Dynastie fertiggestellt und zeigen einen eher chinesischen Stil.

Die schönsten Beispiele finden sich bei den Mogao-Grotten in Dunhuang in der Provinz Gansu. Hier haben die gut erhaltenen Skulpturen im indischen und zentralasiatischen Stil, vor allem aus der Tang-

Der Dichter Li Po auf einer Platte aus der Zeit der Qing-Dynastie

Dynastie, auffallend chinesische Züge. Viele Statuen haben lange, fließende Körper und ihre Gesichtszüge sind nicht nur freundlicher, sondern auch detaillierter.

Das Museum in Shanghai besitzt eine wunderbare Sammlung buddhistischer Skulpturen, ebenso wie das Capital Museum und das Poly Art Museum in Beijing.

Doch chinesische Skulpturen lassen sich nicht nur in dunklen Grotten bestaunen; überall in China stehen sie bisweilen versteckt in Tempeln. Die aus fünf Hölzern geschnitzte, 22 m hohe Riesenstatue von Guanyin im Tempel Puning in Chengde ist kaum zu übersehen und verschlägt einem buchstäblich den Atem. Auch der Tempel Shuanglin außerhalb von Pingyao in der Provinz Shanxi ist berühmt für seine bemalten Statuen aus der Song- und Yuan-Dynastie.

Das *I Ging* (*yijing*; Buch der Wandlungen) ist der älteste chinesische Text und wird als Handbuch für Divination bzw. Weissagung verwendet. Es setzt sich zusammen aus 64 Bildern (Hexagrammen), bestehend aus durchgehenden und durchbrochenen Linien, die eine Balance der Gegensätze darstellen (yin und yang), unvermeidbaren Wandel und das Werden von Ereignissen.

Literatur

Klassische Romane

Bis Anfang des 20. Jhs. galt die klassische Literatur (古文; *guwen*) über Jahrtausende als wichtigste Form des Schreibens. Für das reine literarische Schreiben wurde eine vereinfachte Form der chinesischen Schriftsprache, das klassische Chinesisch, verwendet, die mit der gesprochenen Sprache nichts zu tun hatte. Zum einen war die Grammatik völlig anders als im gesprochenen Chinesisch, zudem tauchten in den Texten viele obskure chinesische Schriftzeichen auf. Klassisches Chinesisch hielt die Kluft zwischen gebildeten und ungebildeten Chinesen aufrecht. Literarische Werke waren der Durchschnittsbevölkerung zu hoch, sodass sich bald eine elitäre Lingua Franca für konfuzianische Beamte und Gelehrte herausbildete.

Klassische Romane entwickelten sich aus den Volkssagen und Dramen der Unterschicht. Den Schreibstil während der Ming-Dynastie

NICHT-MUTTERSPRACHLICHE WERKE

Neben den Übersetzungen berühmter chinesischer Werke, existiert auch ein leichter zugänglicher literarischer Kanon ausgewanderter Chinesen.

» *Wilde Schwäne* (Jung Chang; 1992) ist eine preisgekrönte autobiografische Familiensaga über drei Generationen chinesischer Frauen, die in den Tumulten des 20. Jhs. in China ums Überleben kämpfen. Chang war außerdem Co-Autorin der heftig umstrittenen Biografie über Mao Zedong (*Mao;* 2005).

» *Im Teich* (1998), *Warten* (1999), *Verrückt* (2002), *Kriegspack (2004)*, *Ein freies Leben* (2007) Als produktivster unter den emigrierten Schriftstellern hat Ha Jin bereits den National Book Award (USA) und den PEN/Faulkner-Preis gewonnen.

» *A Thousand Years of Good Prayers* (Yiyun Li; 2005) Preisgekrönte Kurzgeschichtensammlung, die den chinesischen Alltag im Wandel der letzten 20 Jahren beschreibt. Keine deutsche Übersetzung.

» Qiu Xiaolongs chinesische Version von Inspector Barnaby ist der literarisch gebildete Oberinspektor Chen, der mit *Tod einer roten Heldin* (2003), *Die Frau mit dem roten Herzen* (2004), *Schwarz auf Rot* (2005), *Rote Ratten* (2007), *Blut und rote Seide* (2009) und *Tödliches Wasser* (2011) bereits seinen sechsten Fall gelöst hat. Spannend auch das lebendige Porträt eines sich wandelnden Shanghais.

» *Peking Girls* (Annie Wang; 2008) 88 Episoden erzählt im Stil von „Sex and the City" über die tabufreie Lustbefriedigung junger Frauen im modernen Beijing.

» *Die chinesische Geliebte* (Hong Ying; 2004) Der britische Bohemian Julian Bell begibt sich in das geheimnisvolle und verruchte China der 1930er-Jahre und verliebt sich dort in die Schriftstellerin Lin.

kann man fast schon als umgangssprachlich oder vulgär bezeichnen, und die Texte waren mit vielen actionreichen Kampfszenen gespickt, was dem Ganzen oftmals eine unfreiwillige Komik zuteilwerden ließ.

Der Roman, der über die Grenzen Chinas hinaus die größte Bekanntheit erlangte, ist *Die Reise nach Westen* (Xiyou Ji). Im 16. Jh. verfasst, handelt der Roman von den Missgeschicken eines feigen buddhistischen Mönches (Tripitaka; basierend auf dem echten Pilger Xuan Zang) und seinen Begleitern - einem rebellischen Affen, einem lüsternen Wesen halb Mensch halb Schwein und einem Halbdämon - auf ihrer Pilgerreise nach Indien. Im Jahr 2007 kam es zu einer Zusammenarbeit zwischen einem chinesischen Regisseur und dem Gründer der fiktiven Musikgruppe Gorillaz, Damon Albarn, der die Musik zur Zirkusoper *Monkey – Journey to the West* schrieb, die weltweit große Erfolge feierte.

Renditions ist ein hervorragendes Journal englisch übersetzter chinesischer Literatur mit Werken in klassischem Chinesisch bis hin zu moderner Schriftsprache. Veröffentlicht wurde das Buch vom Forschungszentrum für Übersetzung der chinesischen Universität Hongkong.

Der im 14. Jh. verfasste Roman *Die Räuber vom Liang-Schan-Moor/Wasserufergeschichte* (Shuihu Zhuan) ist, rein oberflächlich betrachtet, eine herausragende Geschichte über ehrenwerte Banditen und korrupte Beamte à la Robin Hood. Auf tieferer Ebene soll die Erzählung konfuzianische Beamte daran erinnern, dass sie im Fall einer moralisch zwielichtigen Regierung das Recht haben, dagegen zu rebellieren (zumindest ließ ein Kaiser das Werk offiziell verbieten).

Moderne Literatur

Literatur des frühen 20. Jhs.

Bis ins frühe 20. Jh. hinein standen Literaten weiter unter dem Scheffel des klassischen Chinesisch, bis der westliche Einfluss Einzug hielt. 1918 schrieb Schriftsteller Lu Xun seine revolutionäre Kurzgeschichte *Tagebuch eines Verrückten*. Abgesehen vom ersten Abschnitt ist Lu Xuns bahnbrechende und schockierende Fabel in umgangssprachlichem Chinesisch verfasst.

Dass Lu Xun seine Kurzgeschichte in modernem Chinesisch verfasste, war literarischer Sprengstoff, denn damit hatten die Leser endlich die Möglichkeit, Schriftsprache so zu lesen, wie sie gesprochen wurden. Seit dem Erscheinen der unheimlichen und verstörenden Kurzgeschichte *Tagebuch eines Verrückten* wurden in China fast alle literarischen Werke nur noch in gesprochener Sprache verfasst – die chinesische Schriftsprache war schlagartig revolutioniert worden.

Zu Lu Xuns Zeitgenossen zählen Ba Jin (*Die Familie*; 1931), Mao Dun (*Shanghai im Zwielicht*; 1933), Lao She (*Rikscha Kuli*; 1936) sowie der moderne Dramatiker Cao Yu (*Gewitter*). Lu Xun und Ba Jin haben viele fremdsprachige Werke ins Chinesische übersetzt.

Moderne Literatur

Zwar werden immer mehr moderne chinesische Autoren ins Deutsche übersetzt, doch die Zahl der unübersetzten Werke überwiegt bei weitem. Die 1973 geborene Zhou Wei Hui sorgte mit ihrem Roman *Shanghai Baby* (2001) für Aufsehen, der nach Veröffentlichung von der KPCh verboten wurde. Von den Autoren Yu Hua (*Leben*; 1992) und Su Tong (*Die Tränenfrau*; 2008) stammen wichtige historische Romane, die im 20. Jh. spielen. Zhu Wen macht sich über die profitorientierte Gesellschaft in China lustig. Seine witzig geschriebenen Kurzgeschichten, lebendige Darstellungen des absurden Alltags in China, wurden in Deutschland unter dem Titel *I Love Dollars und Andere Geschichten aus China* (2009) veröffentlicht.

Wang Shuo (*Herzklopfen heißt das Spiel*; 1997) ist ein Vertreter der Hooligan-Literatur. Mit seinen Politsatiren und überzeugenden Darstellungen urbaner „Slacker" ist er einer von Chinas Bestseller-Autoren. Der tibetisch-chinesische Schriftsteller Alai (*Roter Mohn*; 2004) schlug Wellen, als er auf Chinesisch über das tibetische Sichuan Anfang des 20. Jhs. schrieb – unabhängig von politischen Ansichten ist der Roman aufschlussreich und fesselnd. Ma Jian (*Roter Staub*; 2009) lebt heute in London und übt mit seinen politisch geprägten Romanen Gesellschaftskritik an China. Sein Erstlingswerk im Stil von Jack Kerouac handelt von einem sich wandelnden China in den 1980er-Jahren, das sich verschmutzend auf den Geist auswirkt. Chinas berühmtester regierungskritischer Autor, Gao Xingjian, gewann im Jahr 2000 den Nobelpreis für Literatur. Sein Roman *Berg der Seele* erzählt von seiner Reise entlang dem Jangtse, nachdem er die Fehldiagnose (wie sich später herausstellte) Lungenkrebs erhalten hatte. Alle seine Werke sind seit 1989 in der Volksrepublik China verboten.

Der umstrittene Blogger Han Han (http://blog.sina.com.cn/twocold) katapultierte sich selbst ins literarische Rampenlicht mit seinem Roman *San Chong Men*, in dem er harsche Kritik an Chinas Bildungssystem übt.

In seinem Roman *Banished!* verarbeitete der Dichter, Essayist, Autor von Kurzgeschichten und Blogger Han Dong seine persönlichen Erfahrungen während der Kulturrevolution. Der Roman *Die Mondgöttin* von Bi Feiyu, der 2010 den Man Asian Literary Prize gewann, ist die bewegende Geschichte einer Frau vor dem Hintergrund der chinesischen Oper. Vom Nobelpreisträger für Literatur 2012, Mo Yan, stammt der Roman *Der Überdruss*. Die poetische Geschichte erzählt von einem Großgrundbesitzer, der immer wieder neu geboren wird.

Wer ein paar chinesische Autoren kennenlernen möchte, hat mit *Gela wird erwachsen und andere Erzählungen aus China* (2009) die Möglichkeit, fünf zeitgenössische Geschichten zweisprachig auf Chinesisch und Deutsch zu lesen. Am Rand werden wichtige Vokabeln erklärt.

Der Zorn der Wölfe (2009) von Jiang Rong bietet faszinierende Einblicke in das Leben in der Steppe der Inneren Mongolei zur Zeit der Kulturrevolution und beschreibt die Auswirkungen moderner Kultur auf eine archaische Lebensweise.

The Book and the Sword von Louis Cha alias Jin Yong (2004, nur auf Englisch) war der Erstlingsroman von Chinas meist gefeiertem Martial-Arts-Autor. Das Kampfkunst-Genre *(wuxia xiaoshuo)* leitet sich direkt ab vom klassischen Roman.

Film

Frühes Kino

Das bewegte Bild im Reich der Mitte nahm 1896 seinen Anfang, als der Spanier Galen Bocca seinen Filmprojektor auspackte und damit den Menschen in einem Teehaus in Shanghai die Sprache verschlug. Zwar wurde Shanghai durch seine Weltoffenheit und exotisches Flair zum Zentrum der chinesischen Filmindustrie, der erste chinesische Kinofilm – *Der Berg Dingjun* (nach einer Peking-Oper) – wurde jedoch 1905 in Beijing gedreht.

Das erste Kino wurde 1908 in Shanghai eröffnet. Damals ließen die Kinobesitzer einen Film erst ein paar Minuten lang laufen, um dann den Zuschauern das Eintrittsgeld abzuknöpfen, bevor es weiterging. Die goldenen Kinojahre erlebte Shanghai in den 1930er-Jahren, als in der Stadt noch über 140 Filmproduktionen ansässig waren. Im Jahr 1937 feierte das chinesische Kino seine ersten Höhepunkte mit dem packenden Drama *Street Angel* von Yuan Mushzi über zwei Schwestern, die vor den Japanern im Nordosten Chinas fliehen und in Shanghai zur Prostitution gezwungen werden; und mit *Crossroads*, einer Komödie über vier arbeitslose Studienabgänger. Während der japanischen Besetzungszeit kam die chinesische Filmbranche schließlich völlig zum Erliegen; viele Filmemacher packten ihre Koffer und verließen ihre Heimat.

Untergang des Kommunismus

Auch nach der kommunistischen Revolution hatte es der chinesische Film schwer. Filmemacher emigrierten in Scharen nach Hongkong und Taiwan, wo sie maßgeblich am Aufbau der dortigen sehr erfolgreichen Filmindustrien beteiligt waren. Derweil wurden Filme in China zu Propagandazwecken eingesetzt und der Kommunismus stark glorifiziert. Die Kulturrevolution (1966–76) traf die Filmbranche besonders schwer. Zwischen 1966 und 1972 entstanden gerade mal acht Filme auf dem chinesischen Festland, was einem völligen Zusammenbruch der Industrie gleichkam.

Wiederaufleben

Erst zwei Jahre nach dem Tod Mao Zedongs im September 1978 wurde die renommierteste Filmschule Chinas, die Filmakademie in Beijing, wiedereröffnet. Zu den ersten, die aufgenommen wurden, gehörten Zhang Yimou, Chen Kaige und Tian Zhuangzhuang – die als Hauptvertreter der gefeierten „Fünften Generation" des chinesischen Kinos gelten. Mit ihren Filme entkamen sie erfolgreich der harten, farblosen und proletarischen Ära Maos und ebneten mit ihren aufwändig und opulent gedrehten Tragödien den Weg für eine zweite Blütezeit des chinesischen Films in den 1980er- und 1990er-Jahren. Chen Kaiges *Gelbe Erde,* eine trostlose, dafür überragend inszenierte Geschichte über einen Soldat der Kommunistischen Armee, der in ein entlegenes Dorf in der Provinz Shaanxi geschickt wird, um dort folkloristisches Liedgut zu sammeln, wurde in China kaum wahrgenommen. Im Westen, wo der Film 1985 in die Kinos kam, wurde er zum Kassenschlager.

Mit Zhang Yimous Regiedebüt *Rotes Kornfeld* wurden Gong Li und Jiang Wen international berühmt. Gong Li war in den 1990er-Jahren der Vorzeigestar des chinesischen Kinos und die erste Schauspielerin des chinesischen Festlands, die in internationalen Produktionen zu sehen war. Jiang, der Marlon Brando des chinesischen Films, gibt den ausdauernden Leinwandhelden, hat sich aber auch als innovativer und umstrittener Regisseur preisgekrönter Filme einen Namen gemacht. Für *New York, I love you* führte er bei der ersten Episode „Chinatown" Regie.

Zu den Meilensteinen des chinesischen Kinos zählen Filme wie *Lebewohl, meine Konkubine* (1993; Chen Kaige) und *Die Rote Laterne* (1991; Zhang Yimou), die beide bei internationalen Preisverleihungen mit stehenden Ovationen gefeiert wurden. In Cannes wurden die Regisseure verehrt, das westliche Kinopublikum war begeistert. Auch Cineasten in China bewunderten ihre Filmkunst, wenngleich sie die Filme der Fünften Generation als Anbiederung an den westlichen Markt verstanden.

1993 drehte Tian Zhuangzhuang das überragende Episodendrama *The Blue Kite*, eine herzzerreißende Geschichte über das Leben einer Familie aus Beijing zur Zeit der Kulturrevolution. Zensoren waren über das Werk so erbost, dass man Tian mit einem 10-jährigen Kooperationsverbot bestrafte.

Jede Generation geht einen neuen Weg, und auch bei den Vertretern der Sechsten Generation – die erst nach den Demonstrationen auf dem Tiananmen-Platz ihren Abschluss an der Filmakademie Beijing machten – war das nicht anders. Diese Regisseure mieden die ausufernde Schönheit ihrer Vorgänger und zogen es vor, die Existenzängste und den Mut moderner Chinesen zu porträtieren. Ihre zynischen Independent- und Low-Budget-Filme zeigen eine ganz andere Seite der chinesischen Filmindustrie, doch die dunkleren Themen und der harsche Drehstil (oftmals in Schwarz-Weiß) ließen viele westliche Cineasten eher kalt.

Derweil wurde Zhang Yuan mit seinem Filmdebüt *Mama* (1992) zum Richtungsweiser des chinesischen Independent-Kinos. International bekannt wurde er jedoch mit seinem zweiten Werk, dem offenen und draufgängerischen Dokumentarfilm *Beijing Bastards* (1993). *Wintertage, Frühlingstage* von Regisseur Wang Xiaoshuai handelt vom Ende einer Ehe als Folge der Proteste auf dem Tiananmen-Platz. Sein überragendes Drama *Beijing Bicycle* (2001), bei dem er als Co-Autor und Regisseur fungierte, war inspiriert von Vittorio De Sicas Film *Fahrraddiebe* aus dem Jahr 1948.

Zeitgenössischer Film

Jia Zhangke gilt derzeit als einer der besten neuen Filmemacher Chinas. Sein meditativer und mitfühlender Film *Still Life* (2006) über die Auswirkungen des Drei-Schluchten-Damms auf die einheimische Bevölkerung wurde beim Filmfestival in Venedig 2006 mit dem Goldenen Löwen ausgezeichnet.

Die großen Kinostreifen dienen vor allem dazu, Kasse zu machen, und richten sich an die Märkte in China, Hongkong und Taiwan. Alte *wuxia* (Kampfkunst)-Filme sind in China immer noch sehr beliebt. In den 2000er-Jahren entstanden neue, eindrucksvolle Produktionen, allen voran *Hero* (2002; Zhang Yimou), *House of Flying Daggers* (2004; Zhang Yimou) und *The Banquet* (2006; Feng Xiaogang). Epische Kriegsdramen wie *Red Cliff* (2008 und 2009; John Woo) und *The Warlords* (2007; Peter Chan) sind Beispiele für ein ähnliches Genre. Der Regisseur Wong Kar-Wai aus Hongkong ist besonders bekannt für seine Liebesdramen *In the Mood for Love* (2000) und *2046* (2004).

Als Schutzmaßnahme wird in Beijing die Zahl ausländischer Filme, die pro Jahr in den Kinos gezeigt werden dürfen, auf etwa 20 begrenzt. Trotzdem ist die chinesische Filmindustrie gezwungen, alle möglichen Tabus zu umgehen, und Regisseure müssen weiterhin ihren Eiertanz aufführen (selbst versteckte Kritik an den Behörden kann für Filmemacher beruflich gefährlich werden).

Das Remake von *Karate Kid* (2010) mit Jackie Chan in der Hauptrolle wurde in Beijing gedreht und vermittelt ein sehr authentisches Bild der Stadt. Da macht es nichts, dass Karate dort eigentlich keine Rolle spielt.

Chinesische Oper

Die zeitgenössische Oper, deren berühmtester Vertreter die Peking-Oper darstellt (京剧; *Jīngjù*), blickt auf eine rund 900-jährige Tradition zurück. Entwickelt hat sich die Chinesische Oper aus einer Mischung aus Komik und Ballade zur Zeit der Nördlichen Song-Dynastie und vereint unterschiedlichste Kunstformen: Akrobatik, Kampfkunst, lyrischer Gesang und stilisierter Tanz.

Opern wurden meist von Wandertruppen aufgeführt, die in China zur untersten Gesellschaftsschicht gehörten. Aufführungen mit Männern und Frauen waren gesetzlich verboten, sodass Schauspieler auch Rollen des jeweils anderen Geschlechts spielen mussten. Weil in China das Klischee herrschte, alle Opernsänger wären homosexuell, litt ihr gesellschaftliches Ansehen zusätzlich.

Früher wurden Opern hauptsächlich auf Freilichtbühnen auf Märkten, Straßen, in Teehäusern oder Tempelhöfen aufgeführt. Der schrille Gesang und das laute Getrommel sollten den öffentlichen Lärm übertönen, woraufhin der amerikanische Schriftsteller P. J. O'Rourke anmerkte: „Es war, als wäre ein Lastwagen voll mit Windspielen bei einem Vogelsangwettbewerb mit einem Haufen leerer Trommeln zusammengestoßen."

Auf meist kargen Bühnen verkörperten die Opernsänger Figuren, die vom Publikum sofort erkannt wurden. Die meisten Geschichten stammen aus der klassischen Literatur und aus der chinesischen Mythologie und erzählen von (Natur-)Katastrophen, Intrigen und Aufständen.

Wer kasachische Volksmusik aus der nordwestlichen Provinz Xinjiang hören will, dem sei *Eagle* von Mamer empfohlen, eine spannende Liedersammlung, die der Komponist als „Chinagrass" bezeichnet.

Neben der Peking-Oper sind auch die Kanton-Oper (S. 609), die Kunqu-Oper (aus Jiangnan), die Min-Oper (aus Fujian) und die Shanghai-Oper berühmte Formen der Chinesischen Oper.

Architektur

Traditionelle Architektur

In der traditionellen chinesischen Architektur sind vier Stile vorherrschend: kaiserliche, religiöse und weltliche Bauten sowie Architektur für Freizeit und Erholung. Am opulentesten war der kaiserliche Stil, der die Architektur der nachfolgenden Herrscher beeinflusste. Der religiöse Stil galt dem Bau von Tempeln, Klöstern und Pagoden, während die Architektur für weltliche und erholungsfördernde Bauten den Bereich Privathäuser und Gärten abdeckte.

Unabhängig vom Stil hatten alle chinesischen Häuser der Tradition wegen einen ähnlichen Grundriss: eine symmetrische Anordnung um eine zentrale Achse – idealerweise von Nord nach Süd, um die grundlegenden Feng-Shui-Regeln einzuhalten und um für möglichst viel Sonnenlicht zu sorgen – mit einem Innenhof *(yuan)*, der auf allen Seiten von Gebäuden eingeschlossen ist.

In vielerlei Hinsicht sind Kaiserpaläste so etwas wie glorifizierte Wohnhöfe (mit Ausrichtung nach Süden, mehreren Innenhöfen, Seitenhallen und manchmal noch einem Garten auf der Rückseite) – nur eben sehr viel luxuriöser. Abgesehen von ihrer Größe unterscheiden sie sich in erster Linie durch ihre Wachtürme entlang der Mauern und manchmal auch durch einen Wassergraben, Dachziegel im kaiserlichen Gelb, Drachenverzierungen (als Symbol für den Kaiser), dem wiederholten Auftauchen der Zahl Neun und diverser Tempel.

Viele Wohngehöfte der Gutsituierten, sowie Tempel oder Hallen in Kaiserpalästen wurden am Eingang von einer Geistermauer *(yǐngbì)* geschützt, die böse Geister fern, aber auch neugierige Gaffer abhalten sollten. Obwohl sehr viele dieser Geistermauern über die Jahre verloren gingen, sind sie immer noch in ganz China zu finden. Oft erfüllen sie keinen Zweck mehr, weil es die Gebäude, die sie einst abschirmten, längst nicht mehr gibt. Eins der spektakulärsten Beispiele ist die Neun-Drachen-Mauer von Datong.

Hinter dem Eingang von Palästen und luxuriöseren Wohnhäusern befand sich eine öffentliche Halle. Darauf folgten die Privatgemächer, die um einen weiteren begrünten Innenhof gebaut waren. Die gesamte Gestaltung der meist einstöckig gebauten Häuser musste harmonisch wirken, was durch Symmetrie und eine gewisse Zurückhaltung erreicht wurde. Das bedeutete jedoch auch, dass es keine bestimmte Bauweise gab, die bevorzugt wurde. Wenn Grundstücke erweitert wurden, wurden einfach noch ein paar mehr Innenhöfe hinzugefügt.

Zu den großen Kunstfestivals gehören das Kunstfestival in Beijings 798 Art District, die CIGE (China International Gallery Exposition), die Beijing-Biennale, die Shanghai-Biennale, die Guangzhou Trienniale und das eintägige Clockenflap-Festival in Hongkong.

Religiöse Architektur

Die Tempel chinesischer Buddhisten, Taoisten und Konfuzianer folgen oft einem strengen, schematischen Muster. Jeder Grundriss ist entlang einer Nord-Süd-Achse ausgerichtet; die Tempel bestehen aus mehreren Hallen, deren Haupteingang jeweils zur Südseite zeigt.

Mit ihrer Vielzahl von Hallen und Gebäuden, die immer wieder von luftigen, nicht überdachten Innenhöfen unterbrochen werden, sind chinesische Tempel vollkommen anders aufgebaut als christliche Kirchen. So fließt frische Luft und Lebensenergie (*qi*, 气) durch den Tempel, ohne dass die brennenden Räucherstäbchen den Sauerstoff wegnehmen.

Buddhistische Tempel

Wer die Logik eines buddhistischen Tempels einmal durchschaut hat, erkennt, dass die meisten einem Muster entsprechen. Häufig ist die erste Halle und das Zugangsportal zum Tempel die Halle der Himmlischen Könige, wo der sitzende, dickbäuchige Bodhisattva Maitreya von den grimmig dreinschauenden Vier Himmlischen Königen flankiert wird. Dahinter folgt der erste Innenhof, wo sich oft ein Glocken- und Trommelturm im Osten und Westen erheben; manchmal sind brennende Feuerbecken zu sehen.

Die Haupthalle ist in der Regel immer die Große Schatzhalle, in der glitzernde Buddhastatuen der Vergangenheit, Gegenwart und der Zukunft aufgereiht in einer Linie sitzen. Gläubige, die den Tempel besuchen, halten sich meist hier auf. In zwei Reihen an der westlichen und östlichen Innenwand der Halle sind oft 18 *luohan* (*arhat* – ein buddhistischer Heiliger, der zu Lebzeiten das Nirwana erreicht hat) in Form von Gemälden oder Skulpturen dargestellt. In manchen Tempeln sind bis zu 500 Erleuchtete, die dem Kreis der Wiedergeburt entkommen sind, in einer eigenen Halle untergebracht. Eine Statue von

ART-DÉCO IN SHANGHAI

Fans von Art-déco sollten unbedingt Shanghai besuchen. Der Stil hat die Architektur der Stadt fest im Griff: Keine andere Stadt der Welt hat mehr Art-déco-Bauwerke zu bieten, von den Zeichenbrettern des französischen Architektenbüros Leonard, Veyseyre und Kruze u. a. Als nach 1949 die meisten Ausländer Shanghai verließen, blieben die meisten historischen Villen und Gebäude intakt, auch die herrlichen Art-déco-Bauwerke. Zu den schönsten zählen das Peace Hotel, das Gebäude der Bank of China, das Cathay Theatre, das Green House, der Paramount Ballroom, die Broadway Mansions, das Liza Building, die Savoy und Picardie Apartments sowie das Majestic Theatre. Eine gute Einführung in die Stilrichtung gibt das Buch *Shanghai Art Deco* von Deke Erh und Tess Johnston (nur auf Englisch).

Guanyin (Göttin der Barmherzigkeit) steht oft ganz hinten in der Haupthalle, auf dem Kopf eines Fisches oder auf einem Felsvorsprung, den Blick Richtung Norden gewandt. Manchmal wird der Göttin, die oft auch in ihrer Inkarnation mit tausend Armen dargestellt wird, eine eigene Halle gewidmet. Eines der eindrucksvollsten Beispiele dafür ist das Bildnis der Guanyin in der Mahayana-Halle des Puning-Tempels in Chengde.

Wenn in der hinteren Halle Sutras (buddhistische Schriften) aufbewahrt wurden, wird das Gebäude als Sutra-Bibliothek bezeichnet. In manchen Fällen werden die Haupthallen von einer Pagode überragt, die häufig auch das noch einzig stehende Fragment eines sonst zerstörten Tempels ist. Pagoden wurden als Aufbewahrungsstätte für die Gebeine Buddhas, später auch für andere buddhistische Relikte, errichtet und enthielten zudem Sutras, religiöse Artefakte und Dokumente.

Taoistische Tempel

Taoistische Schreine spiegeln zwar den Grundriss buddhistischer Tempel wieder, sind aber doch wesentlich weltentrückter. Sie sind verziert mit charakteristischen Motiven wie den Acht Trigrammen (*bagua*), deren Form sich in oktogonalen Pavillons und Hallen widerspiegelt, und das Taiji (Yin-Yang-Symbol)-Diagramm. Üblich sind auch Bildnisse des Jade-Kaisers Laotzu sowie andere Figuren, die traditionellerweise mit dem taoistischen Mythos in Verbindung gebracht werden wie die Acht Unsterblichen und der Gott des Reichtums.

Die Eingänge taoistischer Tempel werden, ähnlich wie in buddhistischen Tempeln, häufig von taoistischen Türgöttern bewacht Die Haupthalle wird meist die Halle der Drei Reinen genannt, die einem Triumvirat aus taoistischen Gottheiten gewidmet ist.

Taoistische Mönche (und Nonnen) sind leicht von ihren kahlgeschorenen buddhistischen Mitbrüdern zu unterscheiden, denn sie tragen lange, zu einem Knoten gebundene Haare, gerade geschnittene Hosen und kastenartige Jacken.

Konfuziustempel

Konfuziustempel sind vollgestellt mit den Stelen berühmter einheimischer Gelehrter, von denen sich manche auf dem Rücken von *bixi* (mystische Drachen, die aussehen wie Schildkröten) befinden. In der Haupthalle ist meist eine von Anhängern flankierte Statue des Kongzi

WETTSTREIT DER BUDDHAS

Chinas größter Buddha steht in Leshan in der Provinz Sichuan und blickt über den Zusammenfluss von Dadu und Min. Als der noch größere Buddha im afghanischen Bamyan von den Taliban zerstört wurde, nahm der Leshan-Buddha den Platz als weltgrößte Buddhastatue ein. Der Buddha im Tempel des Großen Buddhas in Zhangye in der Provinz Gansu ist der größte liegende bzw. schlafende Buddha Chinas. Früher sind Kinder in die Statue hineingeklettert und in dessen hohlem Bauch herumgeturnt.

An zweiter Stelle folgt der liegende Buddha in den Mogao-Grotten. Der riesige schlafende Buddha in Leshan ist unglaubliche 170 m lang und damit der größte, im Freien liegende Buddha der Welt. Auch die Statue der tausendarmigen Guanyin in der Mahayana-Halle im Tempel Puning in Chengde hat einen Superlativ zu bieten: Sie ist die größte hölzerne Statue in ganz China (möglicherweise sogar der Welt). Um nicht im Regen zu stehen, versucht auch Hongkong, einen Buddha-Rekord zu halten: die Statue des Tian-Tan-Buddha ist die weltgrößte im Freien sitzende Buddhastatue aus Bronze.

ZHAN TIAN / GETTY IMAGES ©

Buddhistisches Kloster, Gansu

(Konfuzius) zu sehen, die oft ganze Reihen von Musikinstrumenten überwacht. Häufig ist auch eine Statue des mystischen *qilin* (beispielsweise im Sommerpalast in Beijing) anzutreffen. Dieses Fabeltier erschien nur dann auf der Erde, wenn Harmonie herrschte. Der größte Konfuziustempel Chinas steht in Qufu in Shandong, wo Konfuzius geboren wurde.

Moderne Architektur

Architektonisch ist im modernen China alles erlaubt. Ein Blick auf die Skyline von Pudong sagt alles: eine Mischung aus konkurrierenden Designs, von denen manche dramatisch, inspirierend und neu wirken, andere wiederum wenig durchdacht. Die Skyline ist der Spiegel einer Nation, die vor Selbstvertrauen, Eifer und Geld nur so strotzt.

Würden alle Bauwerke Chinas, die nach 1949 entstanden sind, als moderne Architektur gelten, hätte das Land bereits eine Achterbahnfahrt der Trends und Baustile hinter sich. Stellt man die Große Halle des Volkes (1959) neben das National Centre for the Performing Arts (2008) – beides in Beijing –, wird deutlich, wie sehr sich China in 50 Jahren architektonisch weiterentwickelt hat. Interessanterweise fällt keines der beiden Gebäude durch markante chinesische Motive auf. Dasselbe gilt auch für die Konstruktion der Zentrale des Fernsehsenders CCTV in Beijing: eine Art Schleife mit horizontalen und vertikalen Ebenen.

Während vielen Provinzen im Landesinneren das Geld für gewagte oder großangelegte Bauprojekte fehlt, sind die Küstengegenden Chinas das reinste Schlaraffenland für jeden Architekt – selbst die verrücktesten Entwürfe werden realisiert, Bebauungsvorschriften über Bord geworfen und an billigen Arbeitskräften mangelt es sowieso nicht. Baugenehmigungen sind schnell arrangiert – oft reicht schon das nötige Vitamin B.

GEBAUT FÜR DIE EWIGKEIT?

Hochhäuser, die in China gebaut werden, haben eine Lebenszeit von nur 25 bis 30 Jahren. Als 2009 ein neu gebautes Hochhaus in Shanghai einstürzte, kam ein Arbeiter ums Leben. Fragen zu Qualitätssicherung wurden einmal mehr aufgeworfen.

In China geben sich die internationalen Toparchitekten die Klinke in die Hand – IM Pei, Rem Koolhaas, Norman Foster, Kengo Kuma, Jean-Marie Charpentier, Herzog & de Meuron – mindestens ein Gebäude haben sie alle in den vergangenen zehn Jahren hier entworfen. Weitere eindrucksvolle Beispiele für moderne Architektur bietet Beijing mit seinem Nationalstadion (wegen des Baustils auch „Vogelnest" genannt), dem Nationalen Schwimmzentrum („Wasserwürfel") und dem Südbahnhof. In Shanghai sind die wichtigsten modernen Bauwerke der Jin-Mao-Turm im Art-déco-Stil, das Shanghai World Financial Center (492 Meter), der Wolkenkratzer Tomorrow Square und der Shanghai Tower. In Hongkong sind das glänzende Two International Finance Center auf Hongkong Island und das International Commerce Center in Kowloon beeindruckende Beispiele für moderne Wolkenkratzer-Architektur.

Gärten

Ursprünglich wurden chinesische Gärten als kaiserliche Parks oder Privatgärten für Anwesen konzipiert und folgen einer völlig anderen Philosophie als die Gartenkunst in Europa. Wie die Landschaftsmalerei basiert auch die chinesische Gartenkunst auf der chinesischen Vorstellung von Natur, nach der sich der Mensch in diese natürliche Harmonie einfügt. Chinesische Gärten waren wie ein Abbild der Erde im Kleinformat: Berge und Hügel, Seen und Teiche und Vegetation. Der Garten ist meist klein, abgeschlossen und schlicht, die Farben oft gedämpft.

Ganz wichtig sind die Arrangements von Steinen und Steingärten, sowie die Platzierung von Teichen und der Einsatz von Blättern, kleinen Bäumen und Sträuchern. Pavillons, angelegte Wege, Brücken und Durchgänge spiegeln den menschlichen Kosmos wieder, ohne je zu überladen zu wirken.

Wichtig für ein erfolgreiches Gartendesign sind die Landschaften eines traditionellen chinesischen Gemäldes. Manchmal sind Fenster strategisch angeordnet, um einen bestimmten Ausblick einzufangen; auf Privatgrundstücken wurden Pflanzen oft vor weißgetünchte Wände gesetzt, um an die Leere eines Gemäldes zu erinnern. Berge *(shan)* und Wasser *(shui)* sind die Hauptelemente traditioneller Gemälde, die sich in der Gartenkunst in Steingärten und Fischteichen wiederfinden. Ähnlich entscheidend ist das Spiel mit Licht und Schatten: Licht, das sich in der Wasseroberfläche spiegelt oder von weißen Wänden reflektiert wird und Schatten wirft.

Chinesische Gärten zeichnen sich aber auch durch ihre Symbolik aus. Bei der Auswahl der Pflanzen wurde neben ihrer Schönheit ebenso sehr auf ihre symbolische Bedeutung geachtet (die Kiefer steht für Langlebigkeit, die Pfingstrose für Aristokratie) und die riesigen erodierten Felsen symbolisieren Berge sowie die undefinierbare Natur der Tao, die sich immer wieder verändert. Die Namen von Gärten und Hallen sind meist literarische Anspielungen auf Ideale, die in der klassischen Dichtkunst Ausdruck finden.

Die meisten Gärten sind im Südosten Chinas zu finden, südlich des Jangtse, in Hangzhou und Suzhou.

Chinas Landschaften

Das Land

China ist nach Russland und Kanada mit etwa 9,5 Mio. km² das drittgrößte Land der Erde – so ziemlich gleich groß wie die USA. Das riesige Land umfasst so unterschiedliche Naturlandschaften wie subarktische Tundra im Norden und tropische Regenwälder im Süden, im Westen das höchste Gebirge und eine der heißesten Wüsten der Welt sowie die feucht-heiße, taifungepeitschte Küste am Südchinesischen Meer. Durchzogen wird die endlose Landschaft von zahllosen Flüssen, darunter auch einer der mächtigsten Ströme der Welt – der Jangtse (长江; Chang Jiang).

Es wird vorausgesagt, dass China 2015 etwa eine halbe Million Elektro-, Hybrid-, Brennstoffzellen- oder Alternativenergieautos haben wird.

Berge

China besteht zum großen Teil aus bergiger und hügeliger Landschaft, die auf dem weiten und dünn besiedelten Qinghai-tibetischen Plateau im Westen mit gewaltigen Bergen beginnt und dann in Richtung der fruchtbaren, wasserreichen, dicht bevölkerten und reichen Provinzen Ostchinas allmählich abflacht.

Der bergige Charakter hat viele der landschaftlichen Naturschönheiten Chinas hervorgebracht: die schimmernden Drachenknochen-Reisterrassen in Guangxi, den atemberaubenden Mount Everest, die hinreißende Schönheit des Nationalparks Jiuzhaigou in Sichuan, die magischen Gipfel des nebligen Huang Shan in Anhui, die schwindelerregenden Höhen des Hua Shan in Shaanxi (Shanxi), die traumhafte Karstlandschaft Yangshuo in Guangxi und den vulkanischen, dramatisch schönen Himmelssee in Jilin.

Die durchschnittliche Höhe der Region Qinghai-Tibet liegt bei 4500 m ü. M., aber die höchsten Gipfel ragen im Himalaya am Südrand empor, wo der Berge im Schnitt 6000 m und 40 Gipfel über 7000 m hoch sind. Hier an der Grenze zwischen Tibet und Nepal, auch als „dritter Pol" der Erde bezeichnet, ragt auch der höchste Berg der Welt in den Himmel, der Mount Everest, von den Chinesen Zhumulangmafeng genannt. Charakteristisch für die Region sind eisige Temperaturen, starke Winde und intensive Sonnenstrahlung.

China Dialogue (www.chinadialogue.net) ist eine informative englisch-chinesische Website, die eine Diskussion um Chinas enorme Umweltprobleme fördern will.

Die weitläufige Hochgebirgsregion (Tibet allein macht ein Achtel der chinesischen Landmasse aus) ist von 37000 Gletschern bedeckt, das drittgrößte Eisvolumen der Erde nach der Arktis und Antarktis. Diese gewaltige Menge gefrorenen Wassers macht die Region Qinghai-Tibet zum Quellgebiet von vielen der größten Flüsse Chinas, wie des Gelben Flusses (Huang He), des Mekong (Lancang Jiang), des Saluen (Nu Jiang) und natürlich des mächtigen Jangtse, deren Oberläufe hier vom Schmelzwasser gespeist werden. Die globale Erwärmung

BERGE, MYTHEN & MAGIE

Die von Legenden und Aberglauben umwobenen Berge Chinas mit all ihren Geistern und Gottheiten wurden schon immer von frommen Taoisten und Buddhisten verehrt, die dort Tempel und Klöster errichteten. Der Kailash und viele andere Berge Tibets sind eng verbunden mit buddhistischen Gottheiten und Bodhisattvas (Erleuchteten) und haben Legionen von Pilgern und Gläubigen zur kora, der rituellen Umrundung eines heiligen Ortes, angelockt. Auch außerhalb Tibets hat jeder der fünf heiligen buddhistischen Berge Chinas seinen eigenen Bodhisattva, dessen vergeistigte Gegenwart die Schreine, Schluchten und Gipfel durchdringt: am Putuo Shan wird die barmherzige Guanyin (s. Kasten S. 1066) verehrt, am Wutai Shan ist der gelehrte Wenshu (Manjushri) die oberste Gottheit. Der Hua Shan, Song Shan, Wudang Shan und andere heilige taoistische Berge sind berühmt für ihre Einsiedler, die sich in Felsspalten und Höhlen zurückgezogen haben, um ihre „innere Kraft" und ihre esoterischen Kampfsportarten zu entwickeln (S. 1113).

lässt die Gletschermasse jedoch unausweichlich schrumpfen, auch wenn Experten sich darüber streiten, wie schnell sie schmelzen.

Tibet ist zudem reich an Bodenschätzen, was den chinesischen Namen (西藏; Xizang; „Westliches Schatzhaus") erklärt. Tief in den tibetischen Bergen ruhen enorme Vorkommen von Gold, Kupfer, Uran, Lithium, Blei und anderen wertvollen Mineralien und Erzen.

Gebirgslandschaften zerfurchen durchgehend auch den Rest von China: Das ganze Land ist von spektakulären Gebirgszügen durchzogen, wie dem atemberaubenden 2500 km langen Kunlun-Gebirgszug, dem mächtigen Karakoram-Gebirge an der Grenze zu Pakistan, die Tian-Shan-Berge in Xinjiang, der Tanggula-Gebirgszug auf dem Qinghai-tibetischen Plateau, das Qinling-Gebirge und das Große Chinggan-Gebirge (Daxingan Ling) im Nordosten.

Wüsten

In China gibt es, hauptsächlich im Nordwesten, riesige und sich ausdehnende Wüstengebiete, die fast ein Fünftel des Landes einnehmen. Es sind unwirtliche, sandige und felsige Gebiete mit glühend heißen Sommern und eisig kalten Wintern. Nördlich der Hochebenen von Tibet und Qinghai Richtung Kasachstan und Kirgisien liegt in der Provinz Xinjiang das Tarimbecken, die größte Beckenlandschaft der Welt. Dort erstreckt sich die gnadenlos trockene Taklamakan-Wüste, Chinas größte Sandwüste und die zweitgrößte der Welt nach der Sahara. Im gleichen Gebiet liegt auch der Lop Nur, Chinas größter Salzsee und erstes Atombombentestgebiet des Landes.

Die Weltgesundheitsorganisation schätzt, dass die Luftverschmutzung über 650 000 tödliche Krankheiten pro Jahr in China verursacht. 95 000 Menschen sterben jährlich durch verunreinigtes Trinkwasser.

Die schroffe Landschaft ähnelt in vielerlei Hinsicht jener der benachbarten Staaten Afghanistan, Kirgisien und Kasachstan und ist das Gegenteil der üppigen und wasserreichen südlichen Provinzen. Trotz der glühenden Trockenheit der nordwestlichen Wüstenregionen gibt es jedoch in den gewaltigen Gebirgen Tian Shan, Altai, Pamir und Kunlun riesige Wasserreservoirs, meist in Form von Schnee und Eis.

Nordöstlich des Tarimbeckens liegt Ürümqi, die am weitesten vom Meer entfernte Stadt der Welt. Im Norden des Tarimbeckens erstreckt sich das hohe Tian-Shan-Gebirge mit dem glitzernden Bergsee Tian Chi, und im Westen an der Grenze zu Pakistan das mächtige Pamir-Gebirge. Ebenfalls in Xinjiang glüht der heißeste Ort Chinas, die Turpan-Senke oder „Feueroase", Chinas tiefstgelegene Region und nach dem Toten Meer in Israel die zweittiefste Senke der Welt. Die berühmteste Wüste Chinas ist natürlich die Gobi. Allerdings liegt sie zum großen Teil außerhalb der Landesgrenzen.

Die Seidenstraße nach China, deren Kamelkarawanen Waren, Sprachen, Philosophien, Gebräuche und Menschen aus dem Nahen Osten mitbrachten, führte auf ihrem endlos langen Weg auch durch diese Region. Heute birgt das Gebiet reiche Stätten fossiler Brennstoffe – ein Drittel aller bekannten Gas- und Ölreserven Chinas sowie riesige und unerschlossene Kohlevorkommen lagern hier. Auch entstehen hier immer mehr große Windparks, vor allem in Gansu (s. Kasten S. 943).

Östlich von Xinjiang dehnen sich die endlosen Grassteppen der Inneren Mongolei – Chinas größtes Abbaugebiet für Seltene Erden und das größte Kohlebergbaugebiet des Landes – als unendlicher Gürtel aus, der sich bis zur einstigen Mandschurei erstreckt.

Flüsse & Ebenen

Die andere große Region umfasst etwa 45 % des Landes mit 95 % der Bevölkerung. Dieser dicht besiedelte Teil Chinas steigt wie eine Treppe von West nach Ost hinab, von den Hochplateaus Tibets und Qinghais bis zu den fruchtbaren, aber weitgehend flachen Ebenen und Becken der großen Flüsse, die in den Hochgebirgen entspringen. Als Faustregel gilt, dass die Provinzen immer reicher werden, je weiter es nach Osten Richtung Küste geht.

2012 wurden die letzten riesigen Turbinen des Drei-Schluchten-Damms an das Stromnetz angeschlossen. Die Damm erzeugt nun 11 % des hydroelektrischen Stroms Chinas.

Die Ebenen sind die wichtigste landwirtschaftliche Region des Landes, und sie sind am dichtesten besiedelt. Es ist zwar schwer vorstellbar, aber die Ebenen entstanden über viele Jahrtausende durch Anschlammungen des Jangtse und anderer großer Flüsse. Der Prozess dauert an: Der Jangtse allein lagert jedes Jahr Millionen Tonnen Schlick ab, und das Land an der Mündung wächst um 100 m pro Jahr. Natürliche Vegetation gibt es kaum noch in dieser Gegend. Nur einige

DAS SÜD-NORD-WASSERTRANSFERPROJEKT

Wasser ist das Lebenselixier ökonomischen und landwirtschaftlichen Wachstums. Aber da China nur etwa 7 % der weltweiten Wasserressourcen besitzt (bei fast 20 % der Weltbevölkerung), wird das Nass immer mehr zu einem kostbaren Gut.

Nordchina, eine Region mit wenig Niederschlag, sieht einer heftigen Wasserkrise entgegen. Die Bauern zapfen Grundwasser an, das sich über Jahrtausende angesammelt hat, und die chinesische Industrie verbraucht drei- bis zehnmal mehr Wasser pro Produktionseinheit als westliche Industrieländer. Hinzu kommt, dass der Wasserverbrauch in Großstädten wie Beijing und Tianjin immer höher wird, je mehr Menschen aus den ländlichen Gebieten hinzuziehen. Einige Schätzungen gehen davon aus, dass das Grundwasser in Nordchina nur noch 30 Jahre reichen wird.

Zur Bekämpfung der Wasserkrise beschloss die KPCh den Bau des 42 Mrd. € teuren Süd-Nord-Wassertransferprojekts , ein weitläufiges Netz aus Flüssen, Kanälen und Seen zwischen Nord und Süd. Dadurch soll überschüssiges Wasser aus dem Jangtse in den versiegenden und seit Langem übernutzten Gelben Fluss umgeleitet werden.

Es gibt Bedenken, dass die Verschmutzung des Jangtse sich durch Wasserentzug immer mehr konzentriert, und die Städte am Jangtse wie Nanjing und Wuhan machen sich Sorgen, dass sie weniger Wasser zur Verfügung haben werden. Alarm wurde auch wegen der Verschmutzung der Kanäle ausgelöst, über die das Ableitungswasser fließen soll – einschließlich des Großen Kanals, der Hangzhou mit Nordchina verbindet. Es wird befürchtet, dass diese verschmutzten Wasserläufe kaum zu behandeln sind, was Teile des Projekts nicht durchführbar macht.

Kritiker behaupten auch, dass das Projekt, das die Massenumsiedlung von Hunderttausenden Menschen einschließt, das grundlegende Problem des Wassermangels in China nicht anspricht, nämlich fehlende Richtlinien für die nachhaltige Wassernutzung als kostbarer Rohstoff.

Gebirgszüge sind noch bewaldet und bieten Tieren und einheimischen Pflanzen Lebensraum.

Der Gelbe Fluss (黄河; Huanghe), mit etwa 5460 km der zweitlängste Fluss in China, gilt als die Wiege der chinesischen Zivilisation und spielte eine grundlegende Rolle in der Entwicklung der chinesischen Gesellschaft. Der mythische Architekt der Flüsse Chinas, Yu der Große, soll gesagt haben: „Wer auch immer den Gelben Fluss beherrscht, beherrscht China." Wegen der starken Verschlickung ist das Flussbett in einigen Bereichen höher als das Niveau der nordchinesischen Ebenen (außerhalb von Kaifeng fließt der Fluss um die 10 m über dem Bodenniveau).

China ist seit 1993 ein Nettoimporteur für Öl und hat 2011 über 5 Mio. Barrel Öl pro Tag importiert, eine Menge, die nur von der EU und den USA übertroffen wurde.

Chinas längster Fluss, der Jangtse („Langer Fluss"), ist einer der längsten Flüsse der Welt. Sein Durchlaufgebiet von nahezu 2 Mio. km² – 20 % der chinesischen Landmasse – ernährt 400 Mio. Menschen. Von seiner Quelle im tibetischen Hochplateau fließt er über 6300 km bis zum Meer, die letzten paar 100 km über praktisch völlig flaches Schwemmland.

Der Jangtse bildete über Jahrhunderte einen wichtigen Verkehrsweg und wurde im Laufe der Geschichte Chinas für Handel und Transport genutzt – er besitzt sogar seine ganz eigene Tierwelt, die jedoch durch den umstrittenen stromerzeugenden Drei-Schluchten-Damm bedroht ist. Die Damm soll auch der Gefahr von Überschwemmungen entgegenwirken – die Fluten überschwemmten in der Vergangenheit Millionen Hektar Land und forderten Hunderttausende Menschenleben.

Felder & Landwirtschaft

Chinas Hügel und Berge mögen zwar für Reisende eine dramatische und grandiose Kulisse bilden, aber sie waren schon immer ein massives Problem für Bauern. Kleine Landparzellen wurden mühsam als Flickwerk zwischen Hängen oder an Felswänden und in Schluchten

Karstberge und Bauerndörfer, Provinz Guangxi (S. 656)

GEHEIMNISVOLLE MUSTER

Riesige Signalanlagen zur Satellitenjustierung, gewaltige Fraktalantennen, enorme Raketenabschussrampen oder das Werk außerirdischer Zivilisationen – niemand scheint eine plausible Erklärung für die kolossalen geometrischen Muster in Westchina zu haben, die 2011 im Internet die Gerüchte zum Kochen brachten. Die bizarren Muster – einige bis zu anderthalb Kilometer lang – reichen von immensen konzentrischen Kreisen bis zu gigantischen Rastern oder Geflechten aus krummen Linien, alle deutlich auf Google Maps zu sehen. Sie verteilen sich über die Provinzen Gansu und Xinjiang, zumindest ein Gebilde befindet sich in der Region Dunhuang in der Provinz Gansu. Da einige der Formen in der Nähe von Lop Nur (Chinas Atomtestgelände) entdeckt wurden, waren Verschwörungstheoretiker schnell bei der Hand mit wilden Spekulationen. Einige behaupteten, dass die riesigen Raster dem Straßennetz von Washington DC und anderen US-Städten entsprachen (was auf einen militärischen Zweck hinweisen würde). Andere machten geltend, dass die Chinesen sich außerirdische Technologie beschafft hätten. Bis heute gibt es keine überzeugende Erklärung – allerdings wurde ein gigantisches Muster als die größte Kalidüngerfabrik der Welt identifiziert.

angelegt, um die beschwerliche Aufgabe zu erfüllen, 20 % der Weltbevölkerung mit nur 10 % des urbaren Landes zu ernähren. Erstaunlicherweise sind nur 15 % des Landes landwirtschaftlich nutzbar, und so wurden an den Hängen, sofern möglich, fruchtbare Terrassenfelder angelegt. In vielen Hausgärten in den Vorstädten Chinas wird Gemüse angebaut, und jedes verfügbare Fleckchen Land wird kleinteiliger landwirtschaftlicher Nutzung zugeführt, ob nun Brachland unter Straßenüberführungen oder Erdstreifen neben Gehsteigen. Das Ergebnis ist ein unregelmäßges Flickwerk aus kleinen Feldern und Beeten, die oft mit Plastikfolien gegen Feuchtigkeitsverlust abgedeckt sind, und ein Mangel an öffentlich genutzten Flächen (z. B. Fußballfeldern). Wegen der Aufteilung des Agrarlands in so viele kleine Parzellen ist der Einsatz von großangelegter Mechanisierung (was die Produktivität verbessern würde) schwierig.

Tiere & Pflanzen

Chinas gewaltige Größe, seine vielfältigen Landschaftsformen sowie die klimatischen Gegebenheiten bieten eine erstaunliche Bandbreite an Biotopen für eine variationsreiche Tierwelt. Chinas Wildtiere verbreiten sich über die dampfenden tropischen Regenwälder im Südwesten bis hin zur subarktischen Wildnis im äußersten Norden, von den hohen Bergen Tibets bis zu den Wüstenbecken des Nordwestens und dem mächtigen Jangtse. Sie umfassen fast 400 Säugetierarten (darunter auch einige der seltensten und charismatischsten Spezies der Welt), über 1300 Vogelarten, 424 Reptilien- und über 300 Amphibienarten. Auf dem tibetischen Plateau allein sind über 500 Vogelarten heimisch – die Hälfte aller Spezies der nördlichen Hemisphäre ist in China zu finden.

Viele dieser Tiere sind jedoch selten in ihrem natürlichen Habitat zu sehen, bestenfalls gelingt das Spezialisten oder Menschen mit viel Zeit, Geduld, Beharrlichkeit, Entschlossenheit und Glück. Wer sich aufs Geratewohl in die Wildnis begibt, um große Tiere zu erspähen, wird wohl Pech haben. Aber es gibt genug unberührte Naturreservate nicht weit von Touristenzielen wie Chengdu und Xi'an. Immer mehr Reisende beziehen Naturschutzgebiete in ihre Tour ein, um Chinas wild lebende Tiere erleben zu können – und zwar außerhalb der eher erbärmlichen Zoos.

PANDAS

Das Naturreservat Changqing in der Provinz Shaanxi lohnt mit seinem relativ unberührten Bergwald und der Chance, den Großen Panda in freier Wildbahn zu sehen, unbedingt einen Besuch. Mehr dazu auf www.cqpanda.com.

Säugetiere

Chinas Hochgebirge bilden natürliche Rückzugsgebiete für wilde Tiere. Viele sind nun in Naturparks und Reservaten, die von den Verwüstungen durch Holzfäller und Dammbauern verschont blieben, geschützt. In den kargen Hochebenen des tibetischen Plateaus leben mehrere Großtierarten wie der Tschiru (Tibetantilope), der tibetische Wildesel, wilde Schafe und Ziegen sowie Wölfe. Theoretisch stehen viele dieser Tiere unter Naturschutz, aber praktisch ist ihr Überleben durch Wilderei und Jagd noch immer bedroht.

Der wunderschöne und besonders scheue Schneeleopard mit seinem dichten Pelz, der ihn gegen die Kälte schützt, durchstreift meist die höchsten Regionen in den abgelegensten Gebirgen. Er jagt große Säugetiere wie Bergziegen, aber wird leider selbst verfolgt, weil er angeblich Nutzvieh tötet.

In den Ausläufern des Himalaya im westlichen Sichuan ist die größte Vielfalt an Säugetieren zu finden: Abgesehen vom Großen Panda leben in dieser Region auch der kleine Vetter des Pandas, der waschbärartige Rote (Kleine) Panda sowie Kragenbären und Leoparden. Hinzu kommen der Goldene Takin, eine große, ziegenartige Antilope mit einem gelblichen Fell und einer ausgeprägten Streitlust, das Argali und zudem verschiedene Rotwildarten, darunter auch das winzige Hirschferkel.

In den dünn besiedelten nordöstlichen Provinzen an der Grenze zu Sibirien leben Rentiere, Elche, Moschushirsche, Bären, Zobel und sibirische Tiger.

Überhaupt ist China mit großen und kleinen Katzen ungewöhnlich gut bestückt. Vom größten Tiger der Welt, dem Amurtiger (dongbeihu) oder auch Sibirischen Tiger (s. S. 357), gibt es in freier Wildbahn nur noch ein paar Hundert, wobei sein abgeschiedener Lebensraum sein größter Schutz ist. Drei Leopardenarten leben hier, darunter der schöne Nebelparder aus den tropischen Regenwäldern sowie mehrere Kleinkatzenarten wie die Asiatische Goldkatze und eine seltene einheimische Art, die Gobikatze.

Die Regenwälder Chinas sind berühmt für ihre große Artenvielfalt, und der tropische Süden der Provinz Yunnan, besonders die Gegend um Xishuangbanna, hat eine der reichsten Tierwelten Chinas. In diesen Wäldern leben der Indochinesische Tiger und Herden Indischer Elefanten.

Die Tiere, die sich am häufigsten blicken lassen, sind diverse Affenarten. Der große und freche Tibetmakak ist häufig am Emei Shan in Sichuan anzutreffen, wo Affenbanden oft Leute bis zur Herausgabe ihres Essens nerven. Makaken sind auch auf der Affeninsel von Hainan zu sehen. Mehrere Affenarten sind selten und vom Aussterben bedroht, darunter die bildhübsche Goldmeerkatze aus Fanjing Shan und der Stumpfnasenaffe aus den Regenwäldern Yunnans. Am gefährdetsten ist jedoch der Hainangibbon, von dem es wegen massiver Waldrodung überhaupt nur noch ein paar wenige Dutzend auf der Insel Hainan gibt.

Der Große Panda (*xiongmao* – buchstäblich „Bärenkatze") ist der berühmteste Bewohner des westlichen Sichuan, aber der Einzelgänger ist nur sehr selten in freier Wildbahn zu beobachten. Selbst heute, nach jahrzehntelangen intensiven Forschungen und absolutem Schutz in ausgewiesenen Reservaten, sind Sichtungen selten. Pandas pflanzen sich bekanntermaßen nur schwer fort (das Weibchen ist nur für ein paar Tage im Frühling fruchtbar) und laut World Wildlife Fund leben in China nur noch schätzungsweise 1600 der Tiere in freier Wildbahn. Interessanterweise hat der Panda, wie andere Bären auch,

WIND-PARKS

China hat unglaubliche 100 Mrd. € für ein ehrgeiziges Windparkprojekt in den Provinzen Xinjiang bis Jiangsu im Osten bereitgestellt. Das gewaltige Vorhaben soll im Jahr 2020 vollendet sein.

den Verdauungstrakt eines Fleischfressers, isst aber ausschließlich Bambussprossen und -blätter. Das Verdauungssystem des Panda kann jedoch Pflanzenstoffe nicht ausreichend aufspalten, also muss er große Mengen verspeisen, um die benötigten Nährstoffe zu erhalten. Er verbringt daher die meiste Zeit mit Fressen, lichtet ein Gebiet mit Bambus und zieht dann in eine andere Gegend.

Vögel

Am häufigsten von allen Tieren in China sind Vögel zu sehen, und mit über 1300 Arten, darunter 100 endemische oder beinah endemische, bietet China fantastische Gelegenheiten zur Vogelbeobachtung. Der Frühling eignet sich dafür meist am besten, wenn die Laubbäume knospen, Zugvögel aus ihrem Winterquartier zurückkehren und die Nistsaison in vollem Schwung ist. **BirdLife International** (www.birdlife.org/regional/asia), die weltweite Vogelschutzorganisation, hat zwölf „Regionen Einheimischer Vögel" (EBAs) in China definiert, von denen sich neun komplett im Land befinden und drei auch Nachbarländer miteinbeziehen.

Die Vogelvielfalt ist zwar riesig, aber China besitzt auch mehrere endemische Vogelarten, die Vogelbeobachter besonders gerne aufspüren wollen. Am bekanntesten sind die Fasane, von denen 62 Arten in China leben.

Ebenfalls in China gut repräsentiert sind die Häherlinge mit stolzen 36 Arten, Papageienmeisen, die es fast ausschließlich in China und den unmittelbaren Nachbarländern gibt, und viele Mitglieder der Häherfamilie. Der zartrosa Nipponibis, der sich von wirbellosen Tieren in den Reisfeldern ernährt, war einst von Zentralchina bis Japan verbreitet.

Zu den berühmteren Großvögeln Chinas zählen die Kraniche, von denen neun der weltweit 14 Arten hier gezählt wurden. In der Provinz Jiangxi am Unterlauf des Jangtse haben sich durch Überschwemmungen etliche flache Seen und Lagunen gebildet. Der größte ist der Poyang-See, auch wenn er nur wenige Meter tief ist und im Winter austrocknet. Zahlreiche Wasser- und andere Vögel bevölkern diese Sümpfe das ganze Jahr über, darunter Enten, Gänse und Reiher. Die Gegend ist zwar schwer zu erreichen und eine Infrastruktur für Vogelbeobachter ist nicht vorhanden, aber sie kommen immer häufiger im Winter hierher, wenn die Seen austrocknen und Schwärme von bis zu fünf Kranicharten anlocken, darunter der gefährdete weiße Schnee- oder Nonnenkranich.

Eines der Ziele des Drei-Schluchten-Damms ist die Vorbeugung gegen Überflutungen durch den Jangtse. Der Fluss hat Hunderte katastrophaler Fluten verursacht, auch die verheerende Überschwemmung von 1931, die schätzungsweise 145 000 Menschenleben forderte.

DER CHINESISCHE FLUSSDELPHIN

Der Jangtse ist so groß, dass er die Entstehung von einzigartigen großen Flusstieren begünstigte, darunter der Chinesische Flussdelphin (baiji) und der China-Alligator, die beide nun stark gefährdet sind. Der Chinesische Flussdelphin, einer von nur wenigen Süßwasserdelphinen der Welt (weitere gibt es im Ganges und im Amazonas) und der weitaus seltenste, wanderte vor 20 Mio. Jahren vom Pazifik den Jangtse hinauf und passte sich dem Süßwasserhabitat an. Im trüben Flusswasser hat der Delphin seine Sehfähigkeit weitgehend verloren und benutzt stattdessen eine Art Echolot, um sich im Fluss zu orientieren.

Einst kam er ziemlich häufig vor – in den 1950er-Jahren lebten noch etwa 6000 Delphine im Jangtse –, aber das explosive Wirtschaftswachstum seit den 1970er-Jahren ließ die Zahl drastisch zurückgehen. Das letzte Mal wurde der Delphin 2002 gesichtet. Das Tier ist, wie so viele, ein Opfer menschlicher Aktivität in der Region – es ertrinkt in Fischernetzen und erliegt tödlichen Verletzungen durch Schiffspropeller.

Teile Chinas sind mittlerweile fester Tourbestandteil von internationalen Ökoreiseunternehmen. **Bird Watching China** (www.birdwatchingchina.com) spezialisiert sich auf Vogelbeobachtungs- und Fototouren nach China, das **China Bird Watching Network** (www.chinabirdnet.org) hat nützliche Links zu Vogelbeobachtungsvereinen in ganz China.

Empfehlenswert ist u.a. das Naturreservat Zhalong, eines von mehreren riesigen Feuchtgebieten in der Provinz Heilongjiang. Im Sommer nisten dort Störche, Kraniche und massenhaft Wildgeflügel, bevor sie im Winter nach Süden ziehen. Beidaihe an der Küste des Golfs von Bohai ist bekannt als Zwischenstation für Zugvögel. Weitere Brutplätze und Feuchtgebiete sind der Qinghai Hu in Qinghai, der Caohai-See in Guizhou, Jiuzhaigou in Sichuan und das Sumpfgebiet Mai Po in Hongkong. Für Letzteres organisiert die **Hong Kong Bird Watching Society** (www.hkbws.org.hk) regelmäßig Ausflüge und veröffentlicht einen Newsletter auf Englisch.

Die meisten Vogelbeobachter und Vogeltouren steuern direkt Sichuan an, wo an Orten wie Wolong wunderbar Vögel zu beobachten sind. Hier leben in den steilen, bewaldeten Berghängen links und rechts der Hauptstraße mehrere spektakuläre Fasanenarten, wie Gold-, Blut- und Kalifasan. Weiter oben sind Hochlandspezies wie Ohrfasan und der prächtige Grünschwanzmonal zu entdecken. Auf Bergwiesen tummeln sich kleinere Vögel und an den Geröllhängen am Pass Rebhühner, der hübsche Grandala und der mächtige Lämmergeier (Bartgeier) mit seiner Flügelspannweite von 2 m.

2010 wurden sechs der *danxia* (erodierte, rötliche Sandsteinfelsen) Chinas, karstartige geologische Formationen, in das Weltkulturerbe der Unesco aufgenommen. Zu ihnen gehört auch Chishui (S.708) in der Provinz Guizhou. Die Felsen sind auch außerhalb von Zhangye in Gansu zu sehen.

Reptilien & Amphibien

Der in China heimische China-Alligator – auch „Schlammdrachen“ genannt – gehört mit seinen nur 2 m Länge zu den kleinsten Alligatoren und ist für Menschen harmlos. Der unerbittliche Druck, die Feuchtgebiete am Unterlauf des Jangtse in Ackerland umzuwandeln, hat dafür gesorgt, dass nur noch weniger als 150 dieser Reptilien in freier Wildbahn leben. Eine Zucht in Gefangenschaft hat sich als erfolgreich erwiesen, und in einem Reservat in Anhui wurden einige der seltenen Reptilien markiert und freigesetzt.

Die kalten Wildbäche der Berge im Südwesten sind das Lebensgebiet der weltweit größten Amphibienart, des Riesensalamanders. Das gewaltige Tier kann bis zu 180 cm lang werden und ernährt sich von kleinen Wassertieren. Leider ist es mittlerweile stark bedroht und wird, wie so viele Tiere, als Nahrung gejagt.

Über 300 weitere Frosch- und Salamanderspezies kommen in Chinas Flüssen und Feuchtgebieten vor. Sie sind Beutetiere von diversen Schlangenarten wie Kobras und Nattern. Einer der ungewöhnlicheren Nationalparks Chinas ist die Schlangeninsel bei Dalian in der Provinz Liaoning. Auf der 800 ha großen Insel im Golf von Bohai leben keine Menschen, aber schätzungsweise 130 000 Pallas-Grubenottern, eine unglaublich hohe Anzahl. Sie fangen Zugvögel, die im Frühjahr und Herbst auf der Insel in großer Zahl landen. Da die Schlangen sich dann mit Vögeln vollfressen, können sie sich im restlichen Jahr auf Eidechsen und wirbellose Tiere beschränken.

Pflanzen

In China gibt es über 32 000 Samenpflanzenarten und 2500 Baumarten, überhaupt eine ungeheure Pflanzenvielfalt, zu der auch einige berühmte „lebende Fossilien“ gehören – eine derart große Vielfalt, dass die Provinz Jilin im eisigen Norden und die Provinz Hainan im tropischen Süden nur wenige Pflanzenarten gemeinsam haben. Es gibt noch immer zahlreiche Reservate mit intakten pflanzlichen Ökosystemen, aber nur wenige Teile des Landes blieben von menschlichen

Eingriffen verschont. In vielen Regionen wird auch weiterhin abgeholzt und in großen Gebieten Reis als Monokultur angebaut.

Die Pflanze, die außer Reis am häufigsten mit China und chinesischer Kultur in Verbindung gebracht wird, ist der Bambus, von dem es im Land um die 300 Arten gibt. Bambus wächst noch in vielen Teilen Chinas, aber die Bambuswälder waren einst so ausgedehnt, dass sich in ihnen der Große Panda, der praktisch nichts anderes frisst, und etliche andere Kleinlebewesen, die im Bambusgestrüpp leben, entwickelt haben. Viele dieser Bambuswäldchen sind in den subtropischen Gebieten südlich des Jangtse zu finden, die am schönsten erhaltenen Wäldchen in den südwestlichen Provinzen wie Sichuan.

Viele Pflanzen in den Gärten der westlichen Welt stammen ursprünglich aus China, wie der Ginkgo, ein berühmtes „lebendes Fossil", dessen unverwechselbare Abdrücke in 270 Mio. Jahre alten Felsen gefunden wurden. Der einzigartige und immer seltener vorkommende Tauben- oder auch Taschentuchbaum, dessen übergroße, weiße Hochblätter wie ein Taubenschwarm wirken, wächst nur in den Laubwäldern des Südwestens.

Die mittleren Berghöhen sind von Laubwäldern bedeckt, meist Eichen, Schierlingstannen und Espen sowie Stauden und Sträuchern die nach der Schneeschmelze zu neuem Leben erwachen. Zu den bekanntesten Blütensträuchern gehören Rhododendren und Azaleen, von denen viele Arten wild in den chinesischen Gebirgen gedeihen. Am schönsten sind sie im Frühjahr, aber manche Arten blühen den ganzen Sommer hindurch. Einer der besten Orte, diese Pflanzen zu bewundern, ist das Naturschutzgebiet Wolong in Sichuan. Rhododendren und Azaleen wachsen jeweils in eigenständigen Gruppen auf verschiedenen Höhenlagen, die bei der Fahrt durch das Gebiet zu den Hochgebirgspässen deutlich erkennbar sind. In den allerhöchsten Lagen sind die Bergwiesen, auf denen Yaks grasen, oft von prächtigen und farbenfrohen Blumen übersät.

Die Abholzung hat weite Gebiete der einst weiten und herrlichen Urwälder Chinas vernichtet. Ende des 19. Jhs. bestanden 70 % des Nordostens Chinas noch aus Wäldern. Der radikale Kahlschlag des 20. Jhs. – besonders während des Großen Sprungs – wurde erst Mitte der 1980er-Jahre verboten, als nur noch 5 % des alten Baumbestands übrig waren. Nach den Überschwemmungen von 1998 wurde die Abholzung schärfer reguliert, nachdem die Obrigkeit erkannt hatte, dass der Kahlschlag zur Überschwemmungsgefahr erheblich beiträgt. Seither wird eine rigorose Aufforstungspolitik betrieben, um große Gebiete Chinas wieder mit Wäldern zu bedecken. Aber sie kann die einstige reiche Artenvielfalt nicht wiederherstellen.

Botanikreisen nach China werden von internationalen Naturreiseunternehmen angeboten, darunter der britische Veranstalter **Naturetrek** (www.naturetrek.co.uk) mit Touren nach Yunnan und Sichuan.

2010 überholte China die USA als weltweit größter Stromverbraucher; im gleichen Jahr wurde China zur zweitgrößten Wirtschaftsmacht der Welt und verdrängte Japan auf den dritten Platz und wird vermutlich bis 2030 (einige behaupten, bis 2020) die USA vom ersten Platz stoßen.

Gefährdete Arten

Nahezu jedes erdenkliche größere Säugetier in China ist auf der Liste für gefährdete Arten gelandet, ebenso wie viele der sogenannten „niederen" Tiere und Pflanzen. Der Schneeleopard, der Indochinesische Tiger, die Tibetantilope, der Nipponibis, der Indische Elefant, der Mandschuren- und der Kronenkranich – sie alle sind bedroht.

Abholzung, Umweltverschmutzung, Jagd und Fallenstellen, um Pelze oder Körperteile zu erbeuten oder als Sport sind die Hauptursachen. Die Convention on International Trade in Endangered Species of Wild Fauna and Flora (CITES; Washingtoner Artenschutzabkommen) erfasst legalen Handel mit lebenden Reptilien und Papageien und einer hohen Anzahl von Reptilienhäuten und Wildkatzenfellen.

BÜCHER ÜBER CHINAS UMWELT

Die nachfolgend vorgestellten Bücher gibt es leider nur in englischer Sprache.

» *When a Billion Chinese Jump* (2010) Jonathan Watts' nüchterne und fesselnde Untersuchung der Umweltprobleme Chinas

» *The River Runs Black: The Environmental Challenge to China's Future* (2. Auflage, 2010) Elizabeth Economys erschreckender Blick auf die unglückliche Kombination aus halsbrecherischer Wirtschaftsproduktion und ökologischem Zerfall

» *The China Price: The True Cost of Chinese Competitive Advantage* (2008) Alexandra Harneys aufschlussreicher Blick hinter die Zahlen des wirtschaftlichen Aufstiegs Chinas

» *China's Water Crisis* (2004) Ma Jun untersucht die Ursachen der Wasserprobleme Chinas

» *Mao's War Against Nature* (2001) Judith Shapiro beschreibt die ideologische Konfrontation zwischen Kommunismus und Umwelt

Wie viele davon illegal gefangen oder verkauft werden, lässt sich nur vermuten.

Trotz der Bedrohung können einige seltene Tiere in der Wildnis gerade so überleben. Dazu gehören der China-Alligator in Anhui, der Riesensalamander in den Oberläufen des Jangtse und des Gelben Flusses, der Chinesische Flussdelphin in den Mittel- und Unterläufen des Jangtse (allerdings wurde er seit 2002 nicht mehr gesichtet) und der Chinesische Weiße Delphin um die Hongkonger Inseln Sha Chau und Lung Kwu Chau. Der Große Panda beschränkt sich auf die Täler und Berge in Sichuan, aber am ehesten ist er in der Giant Panda Breeding Research Base (Forschungs- und Zuchtstation) in Chengdu zu sehen (S. 790).

Chinas Bergbaugebiet Bayan Obo in der Inneren Mongolei produziert ungefähr die Hälfte der Seltenen Erden der Welt, Metalle, die für die Produktion von Handys, hochauflösenden Fernsehern, Computern, Windturbinen und anderen Erzeugnissen erforderlich sind.

Intensive landwirtschaftliche Monokultur, die Trockenlegung von Feuchtgebieten, Dammbauten, Industrie- und Landwirtschaftsabfälle und Versteppung sorgen für den Rückgang ungeschützter Waldgebiete und machen somit das Überleben vieler dieser Tierarten fraglich. Es gibt zwar Gesetze gegen das Töten und Fangen seltener Tiere, aber ihr Überlebenskampf wird dadurch erschwert, dass viele noch immer für die Traditionelle Chinesische Medizin und als Delikatesse höchst begehrt sind.

Die Tibetantilope (Tschiru) aus Tibet wird seit jeher wegen ihres Fells gejagt, aus dem eine teure Wolle gewonnen wird. Trotz der Schutzmaßnahmen wird das Tier noch immer gewildert, und das in einer Region, die wegen ihrer Größe und ihres Mangels an Arbeitskräften nur schwer zu kontrollieren ist.

Die Umwelt

China mag zwar riesig sein, aber da zwei Drittel des Landes entweder aus Bergen und Wüsten bestehen oder nicht kultivierbar sind, drängen sich die Menschen des bevölkerungsreichsten Landes der Welt auf dem verbleibenden Drittel. Aus sozialen, ökonomischen und politischen Gründen erlebt China die – auch weltweit – schnellste Urbanisierung der Geschichte.

Das bedeutet, dass sich die Städte unkontrolliert vergrößern. Erstmals in der Geschichte Chinas war 2011 die Zahl der Stadtbewohner höher als die der Landbewohner – und die Verstädterung soll bis 2050 auf 65 % steigen. Im gleichen Jahr wurde bekanntgegeben, dass neun Städte in der Provinz Guangdong zu einer einzigen Metropole zusammenwachsen werden, die zweimal so groß wie Wales und 26-mal so groß wie London sein und eine Bevölkerungszahl von 42 Mio. haben wird. Das Tempo der Entwicklung – und das schiere Volumen an Beton – ist überwältigend. In den nächsten 15 Jahren wird China Stadtgebiete bauen, die zehnmal der Größe New Yorks entsprechen.

Abholzung und Überweidung haben außerhalb der urbanen Gebiete die Versteppung weiter Gebiete beschleunigt, besonders in den westlichen Provinzen. Wüsten nehmen mittlerweile fast ein Fünftel des Landes ein, und Chinas Trockengebiet ist das größte der Welt, das zudem jeden Monat 200 km^2 Ackerland schluckt.

China hatte die Umwelt jahrzehntelang vernachlässigt, da der Schutz zu teuer war und die wirtschaftliche Entwicklung bremste. Umweltprobleme wurden auf Eis gelegt, bis sich eine gesunde Volkswirtschaft entwickelt hätte. China war die wirtschaftliche Entwicklung wichtiger – das Saubermachen sollte später kommen. Die Weltbank schätzt die jährlichen Kosten der Umweltverschmutzung allein auf fast 6 % des chinesischen Bruttoinlandsprodukts; werden alle Ausprägungen der Umweltschäden miteinbezogen, schießt die Zahl auf 12 %, das heißt, die endgültigen Umweltkosten Chinas könnten das Wirtschaftswachstum übersteigen.

Ein grüneres China?

China ist sich der rasanten Versteppung, zunehmenden Wasserknappheit, schmelzenden Gletscher, des sauren Regens, der verseuchten Flüsse, beißenden Stadtluft und des verunreinigten Bodens schmerzlich bewusst. Die Regierung engagiert sich per Richtlinien für die Entwicklung umweltfreundlicherer und sauberer Energiequellen. Chinas Politiker bemühen sich auch um ein nachhaltigeres und weniger verschwenderisches Wirtschaftsmodell für die zukünftige Entwicklung des Landes.

Ehrgeiziges und kühnes Denken ist durchaus vorhanden: 2010 verkündete China, Milliardensummen in die Entwicklung von Elektro- und Hybridautos zu stecken, Beijing will Europa 2020 in Sachen Investition in erneuerbare Energien übertrumpfen, der Bau von Windparks (in Gansu zum Beispiel) schreitet rasch voran (S. 943), und China ist Weltmarktführer bei der Produktion von Solarzellen. Das Land will auch vor 2015 den Energieverbrauch je Einheit des Bruttoinlandsprodukts um über 15 % senken.

Die Regierungsform Chinas ermöglicht es der Politik zwar, kühne Initiativen durchzusetzen, aber sie fördert auch die Abhängigkeit von technologischen „Lösungen“ und gewaltigen Technikprogrammen, um Umweltprobleme anzugehen. Zum Beispiel will China die Wasserkrise durch Umleitung von Wasser aus dem Jangtse ins durstige Nordchina bekämpfen, während andere Lösungen sehr viel nachhaltiger wären.

Einige Projekte, wie der Drei-Schluchten-Damm, sind durchaus in Teilbereichen ökologisch ausgerichtet (keine Treibhausgase, erneuerbare Energiequellen, geringe CO2-Bilanz), aber in anderen unvertretbar (Wasserverschmutzung, seismische Auswirkungen, lokaler Klimawandel). 2012 reagierte China schließlich auf die Veröffentlichung der Luftverschmutzungswerte für Beijing durch die US-Botschaft mit der Forderung, dass ausländische Regierungen keine Daten mehr veröffentlichen sollen.

Öffentliche und manchmal gewalttätige Proteste gegen umweltverschmutzende Industriezweige haben in den vergangenen Jahren in ganz China stark zugenommen und einige bemerkenswerte Erfolge errungen. So haben 2012 die Demonstrationen in Shifang (Sichuan) zur Stornierung einer geplanten 1,2 Mrd. € teuren Kupferverhüttungsanlage geführt.

Eine der Energiezwickmühlen Chinas ist die Kohle. Chinas Wachstum beruht auf Kohleenergie, und das zu einer Zeit, in der die Bekämpfung der globalen Erwärmung zur globalen Priorität wurde. Kohle ist billig, leicht abzubauen und noch immer die vorrangige Energiequelle Chinas: fast 70% des Energiebedarfs werden mit ihr erzeugt. China baut mehr Kohle ab als jedes andere Land und besitzt die drittgrößten Lagerstätten der Welt. Gewaltige unerschlossene Reserven im Nordwesten harren der Ausbeutung, und riesige Kohlefelder in der Inneren Mongolei werden gefördert – die Wirtschaftlichkeit des Kohleverbrauchs in China macht sie zu einem sehr billigen und verlässlichen Brennstoff.

Der heimische Kohlebedarf sprang 2011 um fast 10% in die Höhe im Vergleich zu 2,7% Mehrbedarf für Rohöl im gleichen Jahr. Kohle ist nicht nur eine schmutzige, sondern auch eine nicht erneuerbare Energiequelle. Experten sagen voraus, dass China bereits 2020 oder sogar früher die „Kohlespitze" erreicht haben wird – den Punkt des maximalen Abbaus, nach dem die Kohleindustrie ihrem Niedergang entgegensehen wird.

Chinesische Kampfkunst

Anders als westliche Kampfsportarten – Savate, Kickboxen, Wrestling o. Ä. – sind die chinesischen Kampfkünste tief in religiösen und philosophischen Werten verwurzelt. Manche meinen, dass auch ein Quäntchen Magie dazugehört. Viele bedeutende Vertreter des gongfu (功夫) – im Westen eher bekannt unter dem Namen Kung-Fu – waren strenggläubige Mönche oder vom Buddhismus bzw. Taoismus inspirierte Einsiedler, die nach einer mystischen Verbindung zur Natur suchten. Die von ihnen praktizierten Künste waren kein bloßer Zeitvertreib. Vielmehr waren sie Teil dessen, was als Sinn und Aufgabe des Lebens betrachtet wurde.

Ein paar chinesische *gongfu*-Stile umfassen Lerneinheiten, bei denen der Schüler die „weichen" Bewegungen eines Betrunkenen nachahmt.

Vielen Menschen ist nicht bekannt, dass gongfu eine Lebensanschauung ist, die auf Tugenden wie Geduld, Ausdauer, Großmut und Bescheidenheit aufbaut. Wer sich ernsthaft mit der chinesischen Kampfkunst auseinandersetzt, begibt sich auf eine spannende Reise. Wenn zwei Personen feststellen, dass sie das Interesse an einer Kampftechnik teilen, ist das der Auftakt für Fachsimpelei und den Austausch von Anekdoten.

Stile & Schulen

Es gibt eine geradezu verblüffende Vielfalt von chinesischen Kampfsportarten. Einige sind extravagant und prahlerisch, inspiriert von den Bewegungen von Tieren oder Insekten (z. B. der „Gottesanbeterinnen"-Stil), doch es gibt auch Schulen, die auf empirischen Werten der menschlichen Bewegungslehre fußen (z. B. wing chun). Bei manchen Boxtechniken steht die mentale Kraft im Vordergrund, andere hingegen sind vor allem physisch. Zum Spektrum gehören aber auch esoterischere Künste mit metaphysischer Note, obskuren Praktiken und voller sorgsam gehüteter Geheimnisse.

Eisenhemd (*tieshan*) ist eine Abhärtungsübung im *gongfu qigong*, bei der Körperteile und Organe mit *qi* gefüllt werden und es auf bestimmte Bereiche konzentriert wird, um den Körper gegen Schläge während des Kampfes zu schützen.

Das geheime Wissen um viele Kampfstile wurde einst innerhalb der Familien von Generation zu Generation weitergegeben. Erst seit relativkurzer Zeit werden „Außenseiter" als Schüler akzeptiert. Einige obskurere Schulen sind letztlich gerade auch wegen ihrer Exklusivität ganz verschwunden.

Aus manchen Stilen sind mittlerweile rivalisierende Gruppen hervorgegangen, welche die Originallehren und -techniken jeweils als ihre eigenen deklarieren. Die ursprünglichen Prinzipien, die den „abgespaltenen" Kampfstilen zugrunde liegen, sind jedoch zuweilen verfremdet worden oder gar komplett verloren gegangen. Wieder andere Sportarten stehen auf der Beliebtheitsskala ganz oben und haben sich stark entwickelt: Besonders wing chun ist mittlerweile eine weltweit anerkannte Kampftechnik, vor allem, weil sie mit Bruce Lee in Verbindung gebracht wird.

Anders als die koreanischen und japanischen Kampftechniken wie Taekwondo oder Karate gibt es für die chinesischen Kampfkünste häufig keine internationale Aufsichtsbehörde, die die Lehrpläne, Turniere oder Einstufungskriterien kontrolliert. Dementsprechend wissen die Schüler oftmals nicht, wo sie aktuell stehen und welches Niveau sie bereits erreicht haben. Wenn das Curriculum fehlt, entscheiden gewöhnlich die Lehrer, was sie ihren Schülern beibringen und wie schnell sie dabei vorgehen.

Einst tötete der „Gottesanbeterinnen"-Meister Fan Yook Tung zwei rasende Bullen mit einer Handflächenschlagtechnik.

Die harte Schule…

Häufig wird zwischen den „harten" und „weichen" Stilen unterschieden, wobei die beiden Lager mitunter schwer voneinander abzugrenzen sind. Die harte oder „nach außen gewandte" (外家; *waijia*) Schule wird typischerweise mit dem Buddhismus in Verbindung gebracht. Sie ist tendenziell dynamisch und athletisch und darauf ausgerichtet, Kraft zu entwickeln. Viele harte Stile weisen einen Bezug zum Shaolin-Boxen und dem Shaolin-Tempel in der Provinz Henan auf.

Das Shaolin-Boxen wird auf immer und ewig mit dem Bodhidharma, einem asketischen indischen Buddhistenmönch, assoziiert werden. Er besuchte den Shaolin-Tempel und ergänzte die im Sitzen ausgeführten Meditationen der Mönche um ein paar Atem- und Muskelaufbauübungen. Die legendären Abenteuer und beeindruckenden körperlichen Fähigkeiten des Shaolin-Mönchs erlangten nicht nur in China Bekanntheit. Zu berühmten harten Schulen gehören auch baimei quan (das „Weiße-Augenbrauen"-Boxen) und chang quan (Langboxen).

…und die weiche Schule

Die gewöhnlich vom Taoismus inspirierte weiche oder „nach innen gewandte" (内家; *neijia*) Schule trainiert Geschmeidigkeit und Sanftheit als „Waffen" gegen körperliche Krafteinwirkung. Die berühmteste weiche Kampfkunst ist Tai-Chi (*taiji quan*), bei der es vor allem um den Aufbau von qi (Energie) geht. Angriffe werden mit fließenden Bewegungen abgefangen und gleichsam erstickt, wodurch der Gegner aus der Balance gebracht wird. Der Weg zur formvollendeten Ausübung von Tai-Chi ist allerdings lang und steinig, da man die Regeln physischer Bewegung neu lernen und gleichzeitig verlernen muss, sich im Falle einer Bedrohung instinktiv zu versteifen (siehe S. 478). Zur weichen Schule gehören auch die kreisförmigen Bewegungen des *bagua zhang* und die geraden Boxhiebe des xingyi quan, das auf den typischen Bewegungsabläufen von zwölf Tieren sowie fünf Faustschlägen basiert, von denen jeder einzelne einem der fünf Elemente der chinesischen Philosophie zugeordnet ist.

TAI-CHI

Zhang Sanfeng, der Gründer des Tai-Chi , soll angeblich über 1000 *li* (etwa 560 km) an einem Tag gelaufen sein, andere sagen, er sei über 200 alt geworden!

Formen

Die meisten Kampfkunstschüler – egal, ob sie harte oder weiche Techniken erlernen – studieren sogenannte Formen (套路; *taolu*), eine Aneinanderreihung von Bewegungen, die zusammen einen speziellen Ablauf ergeben. Dieser umfasst dann die wichtigsten Schläge und Tritte dieses Kampfstils. Im Grunde genommen sind die Formen eine Art Kompendium des jeweiligen Stils; sie werden zwar nicht schriftlich fixiert, aber dennoch von Generation zu Generation weitergegeben. Die Anzahl und Komplexität der Formen hängt von dem jeweiligen Stil ab: Beim Tai-Chi gibt es zwar vielleicht nur eine einzige Form, sie kann dafür aber sehr lang sein (um die lange Form des Yang-Stils durchzuführen, benötigt man ca. 20 Min.). Beim „Fünf-Ahnen"-Boxen existieren Dutzende von Formen, während wing chun gerade mal drei Formen der „leeren Hand" aufweist.

KURSE, BÜCHER & FILME

In China werden Kampfkunst-Kurse en masse angeboten, z. B. in Beijing, Hongkong, Shanghai, am Wudang Shan in Hubei, in Yangshuo in Guangxi und im Shaolin-Tempel in Henan. Siehe hierzu auch die Abschnitte „Kurse" in den entsprechenden Städtekapiteln.

Sehr lesenswert ist ist *The Way of a Warrior* von John F Gilbey, ein gut geschriebener, ironischer und fesselnder Bericht über östlichen Kampfkünste (nur noch antiquarisch erhältlich). *Meditations on Violence: A Comparison of Martial Arts Training & Real World Violence* von Sergeant Rory Miller ist ein anschauliches, aufschlussreiches und drastische Buch über Gewalt und deren Folgen, dessen Lektüre sich ebenso lohnt.

Wer eher metaphysisch interessiert ist und sich zu den Anhängern der weichen Schule zählt, kann sich in das relativ knapp gehaltene, aber inspirierende Buch *The Classic of the Way and Its Power* von Lao Tzu vertiefen (S. 1066). Spektakuläre (wenn auch wenig plausible) wing-chun-Techniken und des entsprechende Chaos zeigt der Film *Ip Man* (2008) mit dem nicht unterzukriegenden Hauptdarsteller Donnie Yen.

Qigong

Die Qigong-Technik ist eng verbunden mit den harten, aber vor allem mit den weichen Kampfkünsten. Mit ihr soll das *qi* um den Körper aufgebaut, kultiviert und ausgedehnt werden. Das *qi* kann dem Schutz des Körpers in Kampfsituationen und als Kraftquelle dienen oder zu heilenden, gesundheitsfördernden Zwecken eingesetzt werden.

Qi lässt sich in vielfältiger Weise entwickeln – indem man still in einer festgelegten Position verharrt oder durch sanfte Übungen, Meditation und gute Atemtechniken. Tai-Chi selbst ist eine bewegte, nach innen gewendete Form des Qigong, während es im härteren Bereich viele Qigong-Übungen gibt, die bestimmte Teile des Körpers unangreifbar machen.

Die linearen Bewegungen und fünf Schläge der weichen chinesischen Kampkunst des Body-and-Mind-Boxen (xingyi quan) entwickelte sich möglicherweise aus Speerkampftechniken.

bagua zhang

Eine der esoterischeren und obskureren, aber zugleich faszinierendsten weichen Kampfkünste, inspiriert vom Taoismus, heißt bagua zhang (八卦掌; „Acht-Trigramme"-Boxen, auch als pa-kua bekannt). Die *bagua-zhang*-Schüler drehen sich in einem Kreis und ändern dabei schnell die Richtung und das Tempo. Dabei vollziehen sie gelegentlich einen Handflächenschlag.

Die Bewegungsmuster gehen auf die Trigramme aus dem Buch der Wandlungen (Yi Jing oder I Ging) – das uralte Orakel für Weissagungen – zurück. Es handelt sich um eine Anordnung von drei unterbrochenen und durchgehenden Linien. Die Trigramme sind üblicherweise in Kreisform angelegt, und in den Spuren eben dieses Musters wandelt der *bagua-zhang*-Schüler. Anfänger laufen den Kreis ab, wieder und wieder, um allmählich ein Gespür für die Bewegungsmuster und -rhythmen zu bekommen.

Das Markenzeichen dieses Stils ist, dass die Handfläche, nicht die Faust, die wichtigste „Waffe" darstellt. Das scheint auf den ersten Blick merkwürdig und wenig effektiv zu sein, tatsächlich kann die Handfläche jedoch enorm viel Kraft übertragen – etwa durch einen Volltreffer am Kinn! Hinzu kommt, dass die Handfläche durch Muskelgewebe gepolstert und daher besser geschützt ist als die Faust. Bei einem Faustschlag wird die Kraft durch eine Unmenge von Knochen übertragen, die exakt positioniert sein müssen, um Verletzungen zu vermeiden. Die Kraftübertragung mit der Handfläche ist sehr viel unkomplizierter: wer schon einmal mit voller Kraft mit der Handfläche gegen eine Ziegelsteinmauer geschlagen hat, weiß, dass es weniger schmerzhaft ist als mit der Faust.

Die Schüler müssen mit den typischen Elementen von *bagua zhang* vertraut sein: Täuschungs- und Ausweichmanöver, Schnelligkeit und Unberechenbarkeit. Einer Krafteinwirkung wird gewöhnlich nicht mit Gegenwehr begegnet. Stattdessen wird sie von den Schülern bei ihrer Meditation auf dem gedachten Kreis weitergeleitet. Der Schlüssel dazu sind kreisförmige Bewegungen, die von der Taille ausgehen: Sie biegen, krümmen, winden und drehen sich.

Historiker vermuten, dass *bagua zhang* aus dem 19. Jh. stammt, dabei ist diese Kampfkunst wahrscheinlich noch viel, viel älter. Die Bewegungsmuster mit den zeitlosen Rhythmen lassen ahnen, dass *bagua zhang* tatsächlich auf animistische, nicht auf taoistische Traditionen zurückgeht.

Wing Chun

Bei dieser schnellen, dynamischen Kampfkunst machen Anfänger rasch Fortschritte. *Wing Chun (yong chun)* geht auf eine buddhistische Nonne aus dem Shaolin-Tempel zurück: Ng Mui gab ihre Fertigkeiten an ein junges Mädchen namens Wing Chun (詠春) weiter. Durch wing chun lernte Bruce Lee, wie er sich zu bewegen hatte. Obwohl er zuletzt einen eigenen Stil entwickelte, hatte diese Technik doch einen sehr großen Einfluss auf den Kampfkunstguru und Schauspieler aus Hongkong.

Beim wing chun geht es mehr um Schnelligkeit als um Kraft. Typische Merkmale sind Ausweichmanöver, schnelle Schläge und niedrige Tritte. Die Formen sind einfach und schnörkellos.

Am besten kann man diese Kampfkunst wohl als „wissenschaftlich-nüchtern" beschreiben. Tierische Bewegungsmuster, die andere Techniken so faszinierend machen, fehlen. Stattdessen steht beim wing chun die Theorie von der zentralen Linie im Mittelpunkt, einer gedachten Linie durch den menschlichen Körper. Alle Angriffe und Abwehrhaltungen konzentrieren sich auf diese Linie. Sie führt durch die empfindlichen Regionen des Körpers: Augen, Nase, Mund, Kehle, Herz, Solarplexus und Leistengegend. Ein Treffer in einer dieser Regionen ist schmerzhaft und gefährlich.

Die drei Formen der leeren Hand – sie muten bizarr an – trainieren die Koordination der Arme und Beine, um die gedachte Körperlinie zu schützen. Der Aktionsspielraum bei der Abwehr geht nicht über die Schulterbreite hinaus (es geht ja um den Schutz der Körperlinie). Nach demselben Prinzip platziert der Kämpfer seine Schläge. Sie werden sehr schnell und gerade ausgeführt – die Distanz zwischen Angreifer und Attackiertem soll so kurz wie möglich sein. Diese Elemente verleihen dem wing chun eine besondere Schlichtheit.

Eine typische Übung für zwei Personen, chi sau (klebrige Hände), schult die Teilnehmer darin, „weich" und entspannt auf einen Angriff zu reagieren, da so mehr Geschwindigkeit erzeugt wird. Beim wing chun kommen auch Waffen zum Einsatz, z. B. Zwillings-Butterfly-Messer und ein langer Stab; es braucht sehr viel Kraft, um Letzteren effektiv einzusetzen.

Praktische Informationen

ALLGEMEINE INFORMATIONEN . . 1118
Allgemeine Informationen 1118
Aktivitäten 1118
Botschaften & Konsulate 1118
Elektrizität 1119
Feiertage 1119
Freiwilligendienst 1120
Gefahren & Ärgernisse 1120
Geld 1121
Gewichte und Maße 1123
Internetzugang 1123
Kinder 1123
Öffnungszeiten 1124
Pässe 1124
Post 1124
Rechtsfragen 1125
Schwule & Lesben 1125
Sprachkurse 1125
Telefon 1125
Unterkunft 1126
Vergünstigungen 1129
Versicherungen 1129
Visa 1129
Zollbestimmungen 1132

VERKEHRSMITTEL & -WEGE 1133
AN- & WEITERREISE 1133
Einreise 1133
Auf dem Landweg 1133
Flugzeug 1135
Flussreisen 1137
Übers Meer 1137
UNTERWEGS VOR ORT 1138
Auto und Motorrad 1138
Bus 1138
Fahrrad 1139
Flugzeug 1139
Nahverkehr 1140
Schiff/Fähre 1141

CHINA MIT DEM ZUG 1142
Das chinesische Schienennetz 1142
Züge 1143
Reisen mit dem Zug 1143
Ticketklassen 1144
Kartenverkauf 1147
Infos im Internet 1148

GESUNDHEIT 1149
Vor der Reise 1149
Impfungen 1149
Reiseapotheke 1149
Infos im Internet 1150
Noch mehr Lektüre 1150
Versicherung 1150
IN CHINA 1151
Medizinische Versorgung 1151
Infektionskrankheiten 1151
Durchfallerkrankungen 1153
Gesundheitsrisiken 1154
Frauen & Gesundheit 1155
Traditionelle chinesische Medizin 1156

SPRACHE. 1157

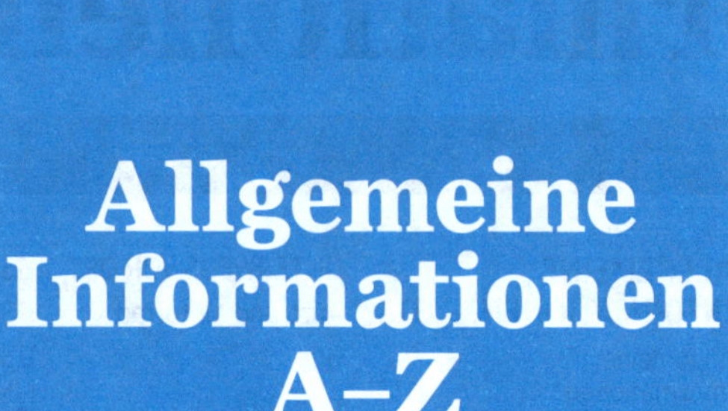

Allgemeine Informationen A–Z

Aktivitäten

In den Städten Beijing, Hongkong, Guangzhou und Shanghai ist die einfachste Möglichkeit, sich eine Ausgabe eines Expat-Magazins zu schnappen, um Informationen über Aktivitäten, wie Golf, Joggen, Reiten, Radfahren, Fußball, Cricket, Wandern und Trekking, Schwimmen, Eislaufen, Skifahren, Skateboarden, Wasserskifahren und Klettern zu bekommen.

Botschaften & Konsulate

Botschaften

In Beijing befinden sich zwei große Botschaftsviertel – Jianguomenwai und Sanlitun (Karte S. 78). Botschaften sind montags bis freitags meist von 9 bis 12 Uhr und von 13.30 bis 16 Uhr geöffnet. Die Visaabteilungen haben häufig nur vormittags offen; am besten vorher telefonisch einen Termin vereinbaren.

Deutschland (☎010-8532 9000; Fax 010-6532 5336; www.peking.diplo.de; 17 Dongzhimenwai Dajie)

Indien (☎010-8531 2500; Fax 010-8531 2515; www.indianembassy.org.cn; 5 Liangmaqiao Beijie)

Kasachstan (☎010-6532 6182; Fax 010-6532 6183; 9 Sanlitun Dongliujie)

Laos (☎010-6532 1224; Fax 010-6532 6748; 11 Sanlitun Dongsijie)

Mongolei (☎010-6532 1203; Fax 010-6532 5045; www.mongolianconsulate.com; 2 Xiushui Beijie)

Myanmar (☎010-6532-0359; Fax 010-6532-0408; www.myanmarembassy.com/chinese; 6 Dongzhimenwai Dajie)

Nepal (☎010-6532 1795; Fax 010-6532 3251; www.nepalembassy.org.cn; 1 Sanlitun Xiliujie)

Nordkorea (☎010-6532 1186; Fax 010-6532 6056; 11 Ritan Beilu)

Österreich (☎010-6532 9869; Fax 010-6532 1505; www.bmeia.gv.at/peking; 5 Xiushui Nanjie)

Pakistan (☎010-6532 2504/2558; Fax 010-6532 2715; 1 Dongzhimenwai Dajie)

Russland (☎010-6532 1381; Fax 010-6532 4851; www.russia.org.cn; 4 Dongzhimen Beizhongjie)

Schweiz (☎010-8532 8888; Fax 010-6532 4353; www.eda.admin.ch/beijing; 3 Sanlitun Dongwujie)

Südkorea (☎010-8531 0700; Fax 010-8531 0726; 20 Dongfang Donglu)

Vietnam (☎010-6532 1155; Fax 010-6532 5720; www.vnemba.org.cn; 32 Guanghua Lu)

Konsulate

CHENGDU

Deutschland (☎028-8528 0800; 24. OG, Western Tower, 19 Renmin Nanlu 4th Section)

Pakistan (☎028-8526 8316; 7. OG, Western Tower, 19 Renmin Nanlu 4th Section)

ERENHOT

Mongolei (Menggu Lingshiguan; nähere Infos siehe S. 968)

GUANGZHOU

Deutschland (☎020-8313 0000; Fax 020-8516 8133; 13. OG, Main Tower, Yuehai Tianhe Bldg, 208 Tianhe Lu)

Indien (☎020-8550 1501; Zimmer 1401-1402, 13. OG, HNA Tower, 8 Linhe Zhonglu)

Russland (☎020-8518 5001; 26a Fazhan Zhongxin Bldg, 3 Linjiang Dadao)

Schweiz (☎020-3833 0450; 26. OG, Grand Tower, 228 Tainhe Lu)

HOHHOT

Mongolei (Menggu Lingshiguan; 5 Dongying Nanjie; ⏰Mo, Di, Do 8.30 – 12.30)

HONGKONG

Deutschland (☎852-2105 8788; Fax 852-2865 2033; www.hongkong.diplo.de; 21. OG, United Centre, 95 Queensway, Admiralty)

Indien (☎852-3970 9900; www.cgihk.gov.in; 26A United Centre, 95 Queensway, Admiralty)

Japan (☎852-2522 1184; www.hk.emb-japan.go.jp; 45-46. OG, One Exchange Sq., 8 Connaught Pl., Central)

Laos (☎852-2544 1186; 13. OG, Arion Commercial Centre,

2-12 Queen's Rd. West, Sheung Wan)

Nepal (☎852-2369 7813; www.nepalconsulatehk.org; 715 China Aerospace Tower, Concordia Plaza, 1 Science Museum Rd., Tsim Sha Tsui)

Österreich (☎852-2522 8086; 2201 Chinachem Tower, 34-37 Connaught Rd.)

Russland (☎852-2877 7188; 20. OG, Sun Hung Kai Centre, 30 Harbour Rd., Wan Chai)

Schweiz (☎852-3509 5000; Suite 62006-07, 18 Harbour Rd.)

Vietnam (☎852-2591 4510; vnconsul@netvigator.com; 14. OG, Great Smart Tower, 230 Wan Chai Rd., Wan Chai)

JINGHONG

Laos (EG, King Land Hotel, 6 Jingde Lu; ⊙8.30–11.30 Uhr & 13.30–16 Uhr)

KUNMING

Laos (☎0871-316 8916; EG, Kunming Diplomat Compound, 6800 Caiyun Beilu)

Myanmar (☎0871-816 2810; 99 Yingbin Lu, Guandu District Consular Zone)

Thailand (☎0871-316 8916; Fax 0871-316 6891; EG, South Wing, Kunming Hotel, 145 Dongfeng Donglu)

Vietnam (☎0871-352 2669; Kai Wah Plaza Hotel, 157 Beijing Lu)

LHASA

Nepal (☎0891-681 3965; www.nepalembassy.org.cn; 13 Norbulingka Beilu; ⊙Mo–Fr 10–12 Uhr) In einer Seitenstraße zwischen dem Lhasa Hotel und dem Norbulingka.

QINGDAO

Japan (☎0532-8090 0001; Fax 0532-8090 0009; 59 Xiang gang Donglu)

Südkorea (☎0532-8897 6001; Fax 0532-8897 6005; 8 Qinling Lu)

SHANGHAI

Deutschland (☎021-3401 0106; www.shanghai.diplo.de; 181 Yongfu Rd.)

Indien (☎021-6275 8881; 1008 Shanghai International Trade Centre, 2201 West Yan'an Rd.)

Japan (☎021-5257 4766; www.shanghai.cn.emb-japan.go.jp; 8 Wanshan Rd.)

Nepal (☎021-6272 0259; 16a, 669 West Beijing Rd.)

Österreich (☎021-6474 0268; 3. OG; 3a Qui Hua Building, 1375 Huaihai Zhong Rd.)

Russland (☎021-6324 8383; Fax 021-6324 2682; 20 Huangpu Rd.)

Schweiz (☎021-6270 0519; 22. OG, Gbd. A, Far East International Plaza, 319 Xianxia Rd.)

SHENYANG

Nordkorea (☎024-8690 3451; Fax 024-8690 3482; 37 Beiling Dajie) In der nordkoreanischen Botschaft in Beijing sind Visa für Nordkorea eher erhältlich.

Russland (☎024-2322 3927; Fax 024-2322 3907; 31 Nanshisan Weilu)

Südkorea (☎024-2385 3388; 37 Nanshisan Weilu)

ÜRÜMQI

Kasachstan (Hasakesitan Lingshiguan; ☎0991-369 1444; 216 Kunming Lu; ⊙Mo–Fr 9–13 Uhr) Wer ein Visum beantragen möchte, sollte unbedingt frühzeitig da sein; telefonisch ist meist niemand erreichbar.

Kirgisien (38 Hetan Beilu; ⊙Mo–Fr 12–14 Uhr) Seitlich am Aipai (Central Asian) Hotel befindet sich eine kleine blaue Tür. Für Visa (475 Yuan) muss eine Woche eingeplant werden; Expressvisa, die drei Tage dauern oder am selben Tag noch fertig sind, kosten mehr. Ein Passbild und eine Kopie des Passes mit Visum mitbringen (in der nahegelegenen Bank of China bezahlen und hingehen, bevor sie aufmachen). Ein Visum ist auch bei der Ankunft am Flughafen Bischkek erhältlich.

Elektrizität

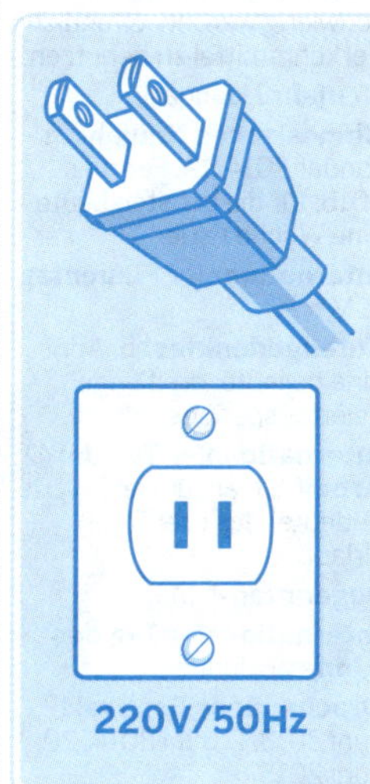

Feiertage

In der Volksrepublik China gibt es eine ganze Reihe Nationalfeiertage. Einige davon sind nur dem Namen nach Feiertage, d. h. es wird trotzdem gearbeitet. Es ist keine gute Idee, in einer der großen Feiertagszeiten in China anzukommen, von dort abzureisen oder dort herumzureisen, denn die Hotels verlangen Höchstpreise, und es kann sehr schwierig werden, öffentliche Verkehrsmittel zu benutzen.

Neujahr 1. Januar

Chinesisches Neujahr 31. Januar 2014, 19. Februar 2015; für die meisten Leute eine Woche Ferien.

Internationaler Frauentag 8. März

Totengedenkfest 5. April; eine beliebte, dreitägige Feiertagsperiode.

Internationaler Tag der Arbeit 1. Mai; für viele bedeutet das drei Tage Urlaub.

Jugendtag 4. Mai

Internationaler Tag des Kindes 1. Juni

Drachenboot-Festival 12. Juni 2013, 2. Juni 2014, 20. Juni 2015

Jahrestag der Gründung der Kommunistischen Partei 1. Juli

Jahrestag der Gründung der Befreiungsarmee 1. August

Mittherbstfest/Mondfest Ende September

Nationalfeiertag 1. Oktober; der größte Feiertag; eine Woche Ferien.

Freiwilligendienst

Eine große Zahl Freiwilliger aus westlichen Ländern arbeitet in China bei internationalen Freiwilligenorganisationen wie **VSO** (www.vso.org.uk). Gut, um nützliche Erfahrungen zu sammeln und Chinesisch zu lernen.

Global Vision International (GVI; www.gvi.co.uk) Englisch unterrichten in China.

Global Volunteer Network (www.globalvolunteernetwork.org) Bringt Leute mit Gemeinden in Not zusammen.

Joy in Action (JIA; www.joyinaction.org) Workcamps an bedürftigen Orten in Südchina.

World Teach (www.worldteach.org) Freiwillige Lehrtätigkeit.

Gefahren & Ärgernisse

Abzocke

Trickbetrüger sind weit verbreitet. Gut gekleidete Mädchen flanieren auf Shanghais East Nanjing Rd. und dem Bund sowie auf Beijings Wangfujing Dajie und bitten alleinreisende Männer darum, mit ihren Handys Fotos von ihnen zu machen, bevor sie sie in überteuerte Cafés oder chinesische Teehäuser ziehen und sie mit monströsen Rechnungen sitzen lassen. „Arme" Kunststudenten suchen meist ähnliche Gegenden auf, drängen Fremde in Ausstellungen, wo ihnen billige Kunst aufgedrängt wird.

Mittlerweile legendär ist die Taxiabzocke am Beijinger Capital Airport; wer sichergehen will, an einen seriösen Fahrer zu gelangen, sollte sich immer in die Schlange am Taxistand einreihen und darauf bestehen, dass das Taxameter eingeschaltet wird. Fahrradrikschas und motorisierte Dreiräder möglichst vermeiden; wir erhalten immer endlos viele Klagen über Fahrer, die erst einem Preis zustimmen und am Ziel eine viel höhere Summe (oft das Zehnfache) haben wollen.

Wer auf dem Schwarzmarkt Geld tauscht oder ein Ticket (z. B. Bahnfahrkarten, siehe S. 1142) kauft (was wir ausdrücklich nicht empfehlen), muss ebenfalls vorsichtig sein.

Besondere Vorsicht gilt beim Einkaufen, wenn Waren kein Preisschild haben (was meistens der Fall ist): Ausländer werden hier oft übers Ohr gehauen. Auch die Rechnung im Restaurant sollte immer auf versteckte Posten kontrolliert werden; wer mit Kreditkarte zahlt, sollte darauf achten, dass keine zusätzliche Gebühr erhoben wird.

Verbrechen

Reisende werden eher Opfer von kleineren Delikten wie Diebstählen, selten das Opfer von Kapitalverbrechen. Ausländer sind beliebte Ziele für Langfinger. Doch wer wachsam bleibt und es den Dieben nicht zu leicht macht, an die Brieftasche heranzukommen, sollte keine Probleme bekommen. Rund um das chinesische Neujahrsfest steigt die Kriminalität an, aber Wachsamkeit ist zu jeder Jahreszeit geboten.

Riskant ist es vor allem an Eisenbahn- und Busbahnhöfen, in Nahverkehrs- und Fernreisebussen (ganz besonders bei Nachtfahrten), in den Hartsitzerwaggons und in öffentlichen Toiletten.

Fürs Bargeld empfiehlt sich ein Geldgürtel, in dem auch der Pass und Kreditkarten gut aufgehoben sind.

REISEWARNUNGEN DER BEHÖRDEN

Die folgenden Websites der Regierungen bieten Ratschläge und Informationen zu aktuellen Krisenherden.

Deutsches Auswärtiges Amt (☎049 30 1817 2000; www.auswaertiges-amt.de)

Eidgenössisches Departement für auswärtige Angelegenheiten (☎041 800 247365; www.eda.admin.ch/eda/de/home/travad.html)

Österreichisches Auswärtiges Amt (☎043 50 11 50-4411; www.bmeia.gv.at/aussenministerium/buergerservice.html)

Wer allein unterwegs ist, geht ein höheres Risiko ein – besonders Frauen. Deshalb ist es ratsam, zu zweit oder in kleinen Gruppen zu reisen. Sogar in Beijing soll es schon vorgekommen sein, dass alleinreisende Frauen von Taxifahrern in entlegene Gegenden kutschiert und dann ausgeraubt wurden – absolute Sicherheit gibt es nicht.

SCHADENSMELDUNGEN

Wer bestohlen wurde, meldet dies sofort der Abteilung für Ausländer im nächstgelegenen Büro für öffentliche Sicherheit (Public Security Bureau PSB; 公安局; Gong'anju). Dort wird eine Schadensmeldung ausgefüllt, bevor der Fall untersucht wird.

Um von seiner Reiseversicherung eine Entschädigung zu bekommen, ist eine Schadensmeldung unerlässlich. Unter Umständen sind mehrere Stunden oder sogar einige Tage nötig, um dies zu organisieren. Auf jeden Fall sollten China-Reisende für den Notfall eine Kopie ihres Passes bei sich haben.

Verkehr

Verkehrsunfälle sind in China die häufigste Todesursache bei Personen zwischen 15 und 45, und die Weltgesundheitsorganisation (WHO) schätzt, dass es 600 Verkehrstote täglich gibt. Wer in einen Reisebus einsteigt, wird schnell feststellen, dass es keine Sicherheitsgurte gibt oder dass diese so vernachlässigt wurden, dass sie unbrauchbar sind und unwiederbringlich zwischen den Sitzen feststecken. Außerhalb der großen Städte ist es eher unwahrscheinlich, dass Taxis auf den Rücksitzen Sicherheitsgurte haben.

Die größte Gefahr für Reisende ist es, die Straße zu überqueren: Am besten also einen 360-Grad-Blick und einen sechsten Sinn entwickeln. Wer erst über die Straße gehen möchte, wenn es wirklich sicher ist, könnte am Straßenrand zur Statue erstarren – trotzdem sollte man nicht die Angewohnheit der Einheimischen übernehmen, die die Straße überqueren, ohne sich umzusehen. Oft ignorieren Autofahrer rote Ampeln, sodass auch das grüne Fußgängerzeichen nicht wirklich Sicherheit bietet.

Geld

Im Kapitel „Gut zu wissen" (S. 22) gibt's eine Tabelle zur Währungsumrechnung.

Die chinesische Währung heißt Renminbi (RMB), die „Volkswährung". Die Basiseinheit des RMB ist der Yuan (元; Y), der in 10 Jiao (角) unterteilt ist, die wiederum in 10 Fen (分) unterteilt sind. Umgangssprachlich wird der Yuan auch kuai genannt und Jiao mao (毛). Der Fen ist heutzutage so wenig wert, dass er nur selten verwendet wird.

Die Bank of China gibt RMB-Scheine mit den Werten 1, 2, 5, 10, 20, 50 und 100 Yuan aus. Es gibt 1-Yuan-Münzen, 1- und 5-Jiao-Münzen sowie 5-Fen-Münzen. Außerdem sind noch alte Papierversionen der Münzen im Umlauf.

In Hongkong wird mit Hongkong-Dollar (HK$) bezahlt. Ein Hongkong-Dollar wird unterteilt in 100 Cent. Scheine gibt es mit den Werten 10, 20, 50, 100, 500 und 1000 HK$. Die 50-, 20- und 10-Cent-Münzen sind aus Kupfer; die 5-, 2- und 1-Dollar-Münzen sind silbern; die 10-Dollar-Münze ist aus Nickel und Bronze. Der Wert des Hongkong-Dollar orientiert sich am US-Dollar; 1 US$ entspricht 7,80 HK$, wobei der Wert manchmal etwas variiert.

Die Währung in Macau heißt Pataca (MOP$); diese ist unterteilt in 100 Avos. Scheine gibt es im Wert von 10, 20, 50, 100, 500 und 1000 MOP$. Kupfermünzen sind 10, 20 und 50 Avos wert, silberne 1, 2, 5 und 10 MOP$. Der Wert des Pataca ist wiederum vom Hongkong-Dollar abhängig; der Wechselkurs beträgt 103,20 MOP$ für 100 HK$. Theoretisch sind beide Währungen austauschbar, Hongkong-Dollars (auch in Münzen) werden auch in Macau akzeptiert, der chinesische Renminbi wird auch an vielen Orten in Macau im Verhältnis 1:1 angenommen. Aber Achtung: Patacas gelten nur in Macau – also vorm Verlassen der Stadt ausgeben. Die Preise sind in diesem Buch in Yuan angegeben, soweit nicht anders vermerkt.

Geldautomaten

Rund um die Uhr zugängliche Geldautomaten (engl. ATM, automatic teller machine) der Bank of China und der Industrial & Commercial Bank of China (ICBC) gibt's fast an jeder Ecke; mit Visa, MasterCard, Cirrus, Maestro Plus und American Express kann hier Geld abgehoben werden. Alle Automaten, die internationale Karten akzeptieren, haben auch ein mehrsprachiges Anzeigefeld. Am verbreitetsten sind Automaten natürlich in großen Städten. Hier finden sich auch Automaten von HSBC und Citibank. Wer länger in China bleiben möchte, sollte ein Konto bei einer Bank mit einem landesweiten Geldautomatennetz wie bei der Bank of China eröffnen. Die Belege aus den Geldautomaten aufbewahren, damit man beim Verlassen Chinas die übrigen Yuan tauschen kann.

Der Wechselkurs beim Abheben vom Geldautomaten entspricht in etwa dem der Kreditkarten, es gibt jedoch eine tägliche Höchstgrenze bei der Auszahlung, die nicht überschritten werden darf. Achtung: manche Banken verlangen eine Gebühr für das Abheben am Geldautomaten einer anderen Bank; wer nach China reist, sollte sich darüber vorher bei seiner Bank informieren.

PREISE IN CHINA

Die Tage, in denen China sehr günstig war, sind nur noch eine nostalgische Erinnerung – teilweise treiben einem die Preise Tränen in die Augen; trotzdem kann eine Chinareise bei umsichtiger Planung erschwinglich sein. Die Eintrittspreise für viele teure Sehenswürdigkeiten schnellen in die Höhe, während andere, einst kostenlose Sehenswürdigkeiten plötzlich Eintritt kosten. Die Praxis, die Eintrittsgelder niedrig zu halten, um Reisende dazu zu ermutigen, in anderen Bereichen der lokalen Wirtschaft Geld auszugeben (Hotels, Restaurants, Geschäfte), ist in China nur wenig vorangekommen. Andere Eintrittspreise (z. B. für die Verbotene Stadt) sind jedoch extrem niedrig, und in immer mehr Museen ist der Eintritt kostenlos.

Der öffentliche Nahverkehr in China hat noch immer angemessene Preise, doch bei den riesigen Distanzen zwischen den einzelnen Sehenswürdigkeiten kommt ganz schön was zusammen, vor allem wenn man fliegt. Deshalb bei der Auswahl der Reiseziele immer auch die Reisekosten, die aktuellen Eintrittsgelder, Reisezeit und Preise für Unterkunft berücksichtigen. Da Preise ohne Vorwarnung sprunghaft ansteigen können, besser die aktuellen Preise abchecken, bevor die Fahrt zu weit entfernten und schwer erreichbaren Zielen beginnt.

Auch in teuren Restaurants kann man eine Menge Geld lassen, aber es ist auch möglich, sich preisgünstig zu ernähren. Achtung: Die Preise der Supermärkte in den Städten sind vergleichbar mit denen im Westen – oft sogar noch teurer. Unterkunft ist noch immer erschwinglich, oft sogar günstig, aber einige der billigen Hotels und Pensionen nehmen keine Ausländer auf (siehe S. 1126). Bars werden immer teurer, aber wer Bier in kleinen Läden kauft, kommt sehr günstig weg.

Geldautomaten sind bei den einzelnen Reisezielen unter „Praktische Informationen" aufgeführt. Wer Geld aus dem Ausland geschickt bekommen möchte, muss ein Büro von Western Union oder Moneygram (www.moneygram.com) suchen.

Geldwechsel

Am besten tauschen Reisende ihr Geld erst, wenn sie in China ankommen – der Wechselkurs ist dann besser. An Grenzübergängen, in internationalen Flughäfen, Niederlassungen der Bank of China, Touristenhotels und einigen großen Kaufhäusern können ausländische Währungen und Reiseschecks eingetauscht werden. Die Wechselschalter sind in der Regel von 8 bis 19 Uhr geöffnet (in Hotels auch länger). Luxushotels tauschen üblicherweise nur für ihre Gäste Geld um. Fast überall gibt's den offiziellen Wechselkurs, und die Gebühr ist immer gleich hoch. Deshalb ist es überflüssig, auf der Suche nach dem besten Angebot mehrere Optionen miteinander zu vergleichen.

In China können australische, kanadische, US-amerikanische und Hongkong-Dollars sowie das britische Pfund und der Euro gewechselt werden. Auf dem Lande kann es unter Umständen schwieriger sein, weniger verbreitete Währungen zu tauschen, sodass der US-Dollar die sicherste Wahl ist.

Ausländer sollten zumindest einige Belege für den Geldtausch aufbewahren, damit etwaige übrige Yuan am Ende der Reise problemlos zurückgetauscht werden können.

Kreditkarten

In großen Touristenstädten sind Kreditkarten zwar immer mehr auf dem Vormarsch, sie werden aber noch lange nicht überall angenommen. Es bietet sich also an, immer genug Bargeld bei sich zu haben. Eine Ausnahme ist Hongkong, wo internationale Kreditkarten nahezu überall akzeptiert werden (auch wenn manche Geschäfte versuchen, eine zusätzliche Gebühr von 2,5 bis 7 % zu erheben, die zu den Kreditkartengebühren noch dazukommt). Am besten abklären, ob die Kreditkartenfirma Gebühren auf Auslandstransaktionen (in der Regel zwischen 1 und 3 %) für Käufe in China erhebt.

Wo sie angenommen werden, bieten Kreditkarten oft einen etwas besseren Wechselkurs als die Banken. An einigen Geldautomaten in großen Städten ist es auch möglich, mit Karten wie Visa, MasterCard und AmEx Bargeld abzuheben. Zugfahrkarten müssen immer bar bezahlt werden.

Reiseschecks

Da es inzwischen überall in China Geldautomaten gibt, sind Reiseschecks nicht mehr so wichtig, wie sie einmal waren, und sie können nicht überall benutzt werden, deshalb immer genug Bargeld dabeihaben. In den Touristenhotels sind Reiseschecks in der Regel problemlos zu Geld zu machen, doch in billigen Hotels und Restaurants ist das eher selten möglich. Die meisten Hotels tauschen nur für Gäste Reiseschecks ein. Wer

Reiseschecks bei Banken umtauscht, sollte sich die größeren wie die Bank of China oder die ICBC aussuchen.

Am besten hält man sich dabei an die größten Firmen wie Thomas Cook, AmEx und Visa. In großen Städten werden Reiseschecks in fast jeder Währung angenommen, doch in kleineren Orten sollten sie möglichst auf US-Dollar ausgestellt sein. Die Belege sollten Reisende aufbewahren, um bei der Abreise chinesisches Restgeld wieder zurücktauschen zu können.

Trinkgeld

In China (einschließlich Hongkong und Macau) erwartet praktisch niemand ein Trinkgeld. In Restaurants wurden Trinkgelder früher abgelehnt. Heute gilt in vielen Mittel- und Spitzenklasserestaurants eine eigene (oft sehr hohe) Servicegebühr. In preiswerten Restaurants wird kein Trinkgeld erwartet. Auch Taxifahrer hoffen in ganz China nicht auf Trinkgeld.

Internetzugang

Chinas Verhältnis zum Internet ist bekanntermaßen heikel. Der WLAN-Zugang in Hotels, Cafés, Restaurants und Bars ist in der Regel okay, vor allem in den großen Städten. Bei der Benutzung von Internetcafés kann es jedoch Probleme geben. Die meisten Internetcafés verlangen einen Ausweis, um online zu gehen, in manchen Städten (oft Provinzhauptstädten oder anderen größeren Städten) ist ein chinesischer Ausweis erforderlich; dadurch werden Ausländer daran gehindert, online zu gehen. Daher ist es besser, ein WLAN-fähiges Handy oder einen solchen Laptop mitzunehmen oder den Hotelcomputer oder eine Breitbandinternetverbindung zu benutzen, als von der Gnade der Internetcafés abhängig zu sein, die keine Ausländer akzeptieren.

Bis zu 10 % aller Internetseiten sind aufgrund der Zensur in China nicht verfügbar; plötzlich verschwindet der Zugang zu Zeitungsartikeln und anderen Links einfach. Soziale Netzwerke wie Facebook und Twitter sind in China ebenso wenig zugänglich wie YouTube.

Überall im Buch sind unter der Rubrik „Praktische Informationen" auch Internetcafés genannt. In großen Städten liegen die meisten Internetcafés in den Vierteln rund um den Bahnhof.

Die Kosten für eine Stunde Internetzugang sollten in den Cafés zwischen 2 und 5 Yuan liegen; normalerweise wird eine kleine Kaution verlangt. Die meisten Internetcafés sind rund um die Uhr geöffnet.

In Jugendherbergen haben die Gemeinschaftsräume meist Internetzugang; falls der Zugang nicht gratis ist, kostet er um die 5 Yuan pro Stunde. In diesem Buch wird mit dem Zeichen (@) angegeben, wenn ein Hotel über ein Internetcafé oder ein Internetterminal verfügt; WLAN-Zonen werden mit dem Zeichen (WLAN) gekennzeichnet.

Kinder

Kindern wird es in großen Städten wie Hongkong, Beijing und Shanghai am besten gefallen; in kleineren Orten und abgelegenen Regionen können sie sich leicht etwas deplatziert fühlen. Mit Ausnahme von Hainan gibt es in China nur eine trostlose Auswahl an Stränden. Ein auf Reisemedizin spezialisierter (Kinder-)Arzt gibt Informationen, auch zu empfohlenen Impfungen.

Praktisch & konkret

» Babynahrung, Windeln und Milchpulver sind in den meisten Supermärkten erhältlich.

» Restaurants: nur wenige verfügen über Hochstühle.

» Zugreisen: Kinder unter 1,40 m erhalten einen harten Schlafplatz für 75 % des regulären Preises, ein Hartsitzer kostet den halben Preis. Kinder unter 1,10 m bezahlen nichts, müssen aber während der Fahrt auf dem Schoß gehalten werden.

» Flugreisen: Kinder unter zwei Jahren fliegen für 10 %, während Zwei- bis Elfjährige bei Inlandsflügen die Hälfte und bei internationalen Flügen 75% des vollen Preises zahlen.

» Sehenswürdigkeiten und Museen: Hier gibt es für Kinder ermäßigte Eintrittspreise, die in der Regel für Nachwuchs mit einer Größe bis zu 1,10 oder 1,30 m gelten.

» Für den Fall, dass das Kind verloren geht, sollte es immer eine Ausweiskopie bei sich haben.

Weitere Infos für Reisen mit Kindern finden sich hier (nur auf Englisch):

» *Travel with Children* (Brigitte Barta et al.)

» *Take the Kids Travelling* (Helen Truszkowski)

» *Adventuring with Children* (Nan Jeffrey)

» *Travels with Baby: The Ultimate Guide for Planning Trips with Babies, Toddlers, and Preschool-Age Children* (Shelly Rivoli)

» *Take-Along Travels with Baby: Hundreds of Tips to Help During Travel with Your Baby, Toddler, and Preschooler* (Shelly Rivoli)

Maße & Gewichte

In China wird weitgehend das metrische System verwendet. Aber auch traditionelle chinesische Gewichte und Maße haben sich noch gehalten, vor allem auf lokalen Märkten. Obst und Gemüse wird in *jin* (500 g) berechnet. Kleinere Gewichte (z. B. Teigtaschen, Tee usw.) werden in *liang* (50 g) gewogen.

Öffnungszeiten

In China wird offiziell an fünf Tagen pro Woche gearbeitet. Die Samstage und die Sonntage sind in der Regel frei.

» Banken, Büros und Ämter haben in der Regel von Montag bis Freitag (etwa von 9 Uhr bis 17 oder 18 Uhr) geöffnet. Einige schließen regelmäßig mittags für zwei Stunden; zahlreiche Banken haben samstags und eventuell sogar sonntags geöffnet.

» Postämter sind in der Regel sieben Tage die Woche geöffnet.

» Museen sind am Wochenende normalerweise geöffnet und schließen an einem der Wochentage.

» Reisebüros und Geldwechselschalter in Hotels haben normalerweise an sieben Tagen die Woche geöffnet.

» Kaufhäuser, Einkaufszentren und Geschäfte sind täglich von 10 bis 22 Uhr offen.

» Die meisten Internetcafés haben rund um die Uhr offen, einige öffnen um 8 Uhr und schließen um Mitternacht.

» Restaurants bieten von etwa 10.30 Uhr bis 23 Uhr etwas zu essen an; einige schließen jedoch zwischen 14 und 17 bzw. 18 Uhr.

» Die Bars öffnen in der Regel am späten Nachmittag und schließen um Mitternacht oder später.

Pässe

Ausländer müssen immer ihren Pass (护照; *huzhao*) bei sich haben; er ist das wichtigste Reisedokument, das in allen Hotels zum Einchecken vorgezeigt werden muss. Inzwischen ist es auch vorgeschrieben, beim Kauf einer Zugfahrkarte und in Internetcafés, die Ausländer akzeptieren, den Pass vorzulegen.

Die chinesische Regierung fordert, dass der Reisepass nach Ablauf des Visums noch mindestens sechs Monate gültig sein muss. Für das Visum muss der Pass mindestens eine freie Seite enthalten.

Für den Fall, dass der Pass verloren geht, sollten Reisende einen Personalausweis mit Foto bei sich haben und Kopien des Passes: Die Botschaft braucht eventuell eine Kopie, wenn ein neuer Pass ausgestellt werden muss. Geht der Pass verloren, sollte dies auch dem örtlichen PSB mitgeteilt werden.

Wer länger bleibt, sollte den Pass in seiner Botschaft registrieren lassen.

Post

Der internationale Postdienst arbeitet in der Regel effizient. Per Luftpost verschickte Briefe und Postkarten sind nach etwa fünf bis zehn Tagen am Ziel. Auch die nationale Post ist sehr schnell – rund ein bis zwei Tage braucht ein Brief von Guangzhou nach Beijing. Innerhalb einer Stadt kann ein Schreiben sogar am selben Tag zugestellt werden, an dem es abgeschickt worden ist.

Die chinesische Post betreibt auch einen Schnellservice (Express Mail Service; EMS), der schnell und zuverlässig ist und Pakete als Einschreiben verschickt. Nicht alle Niederlassungen der chinesischen Post bieten EMS an.

Die großen Touristenhotels verfügen über einen Postschalter, an dem Briefe, Pakete und Päckchen angenommen werden. Selbst in billigen Hotels ist es in der Regel möglich, Briefe an der Rezeption abzugeben. Eventuell ist für den Versand eines Pakets das Ausfüllen eines Zollformulars beim Hauptpostamt erforderlich, wo auch der Inhalt geprüft wird.

In größeren Städten bieten private Paketdienste wie **United Parcel Service** (☎800 820 8388; www.ups.com), **DHL** (Dunhao; ☎800 810 8000; www.cn.dhl.com), **Federal Express** (Lianbang Kuaidi; ☎800 988 1888; http://fedex.com/cn) und **TNT Skypak** (☎800 820 9868; www.tnt.com/express/zh_cn) einen Abholservice und haben Niederlassungen, an denen Pakete aufgegeben werden können. Für aktuelle Informationen einfach dort anrufen.

Wer Waren ins Ausland schickt, sollte sie unverpackt zur Post bringen, damit sie dort begutachtet werden können; ein passender Karton oder Umschlag findet sich dann schon. In den meisten Postniederlassungen ist kostenpflichtiges Verpackungsmaterial erhältlich, wie beispielsweise wattierte Umschläge, Schachteln und dickes Packpapier. Postkunden, die ihre eigene Verpackung mitbringen, müssen damit rechnen, dass diese nicht akzeptiert wird. Wer eine Quittung für die Waren hat, sollte diese für den Versand in den Karton legen, weil dieser eventuell beim Zoll noch mal geöffnet wird.

UMRECHNUNG VON MASSEINHEITEN

METRISCH	CHINESISCH
1 m *(mi)*	3 *chi*
1 km *(gongli)*	2 *li*
1 L *(gongsheng)*	1 *sheng*
1 kg *(gongjin)*	2 *jin*

PRAKTISCH & KONKRET

» Es gibt vier Arten von Stromsteckern: mit dreipoligen, eckigen Stiften, mit dreipoligen, runden Stiften, mit zwei flachen Stiften und mit zwei schmalen, runden Stiften. Aus der Steckdose kommt Wechselstrom mit 220 Volt und 50 Hertz.

» Eine allgegenwärtige englischsprachige Zeitung ist die (zensierte) *China Daily* (www.chinadaily.com.cn). Die größte chinesische Tageszeitung ist die *People's Daily (Renmin Ribao)*. Eine englische Ausgabe davon gibt es aufenglish.peopledaily.com.cn. Importierte englischsprachige Zeitungen sind in den Buchläden der Fünfsternehotels erhältlich.

» Ausländische Radiosender können übers Internet gehört werden: **BBC World Service** (www.bbc.co.uk/worldservice/tuning) oder **Voice of America** (www.voa.gov) sind allerdings häufig gesperrt. Auch die **Deutsche Welle** (www.dw.de) bietet ein Internetprogramm. Der nationale Fernsehsender Chinese Central TV (CCTV) hat auch einen englischsprachigen Kanal – CCTV9. Im Hotel sind meist ESPN, Star Sports, CNN oder BBC News 24 zu empfangen.

» Offiziell gilt in China das metrische System. Trotzdem werden Reisenden noch alte chinesische Gewichts- und Maßeinheiten begegnen: *liang* (*tael*; 37,5 g) und *jin* (*catty*; 0,6 kg). Ein *jin* entspricht 10 *liang*.

Rechtsfragen

Wer noch nicht 18 Jahre alt ist, gilt als minderjährig; Autofahren ist ab 18 möglich. Heiratsfähig sind Männer mit 22 Jahren, Frauen mit 20. Für den Genuss von Alkohol und Tabak gibt es keine Altersbeschränkungen.

Chinas Gesetze im Kampf gegen illegale Drogen sind hingegen sehr streng: Es wurden schon Ausländer wegen Verstößen gegen die Drogengesetze hingerichtet (der Handel mit mehr als 50 g Heroin kann mit dem Tode bestraft werden). 2009 wurde ein britischer Staatsbürger wegen Drogenschmuggels hingerichtet (auch wenn Petitionen darauf hinwiesen, dass er geistig unterentwickelt war). Das chinesische Strafjustizsystem gewährleistet nicht immer einen fairen Prozess, und Angeklagte gelten nicht als unschuldig, bis ihre Schuld bewiesen ist. In China werden von den Gerichten mehr Hinrichtungen angeordnet als überall sonst auf der Welt – manche Schätzungen sprechen von bis zu 10 000 jährlich (also 27 pro Tag). Ausländer, die in Haft sind, haben meist die Möglichkeit, Kontakt zu ihrer Botschaft aufzunehmen.

Schwule & Lesben

In den größeren Städten ist mit mehr Toleranz zu rechnen als in konservativen ländlichen Gegenden, doch ist es auch in den Städten ratsam, ziemlich diskret zu sein. Oft sieht man jedoch auch chinesische gleichgeschlechtliche Freunde, die Händchen halten oder einander in den Arm nehmen; dies hat meist aber keinen sexuellen Hintergrund.

Spartacus International Gay Guide (Bruno Gmunder Verlag) Verkaufsschlager unter den Reiseführern für Homosexuelle; auch als iPhone App erhältlich.

Utopia (www.utopia-asia.com/tipschin.htm) Bietet zahlreiche Tipps zu Reisen in China sowie eine komplette Liste der Schwulenbars des Landes.

Sprachkurse

Chinesisch lernen in China ist ein großes Vorhaben. Kursgebühren und Lehrplan sollten sorgfältig abgewogen werden; am besten online Kritiken lesen – manche Schulen sind teuer und verwenden vielleicht Lehrmethoden, die für Leute aus dem Westen nicht geeignet sind. Auch sollte genau überlegt werden, wo dieser Kurs besucht wird: Beijing ist vom Akzent und der Umgebung her offensichtlich prestigeträchtig, aber ein Kurs in einer Umgebung wie Yangshuo kann viel Freude bereiten.

Telefon

Festnetz

Für Inlandsgespräche bieten sich superbillige öffentliche Telefone bei Zeitungsständen (报刊亭; *baokanting*) oder Miniläden (小卖部; *xiaomaibu*) an; nach dem Telefonat wird beim Besitzer bezahlt. Fern- und Auslandsgespräche sind auch in den größeren Telekommunikationsbüros und „Telefonbars" (话吧; *huaba*) möglich. Auslandsgespräche ohne Telefonkarte sind sehr teuer, es ist also eine gute Idee, sich eine Internet Phone Card (IP-Karte) zu besorgen. Öffentliche Telefonzellen werden in China heutzutage selten benutzt, sie können aber als WLAN-Hotspots dienen (wie in Shanghai).

Vorwahlen für alle Städte und Regionen stehen in den jeweiligen Kapiteln.

Handys

Ein Handy ist zum Telefonieren die beste Option. Wer das richtige Handy hat (z. B. Blackberry, iPhone, Android) und in einer WLAN-Zone ist, kann über **Skype** (www.skype.com) und **Viber** (www.viber.com) sehr billig oder sogar kostenlos telefonieren. Niederlassungen von China Mobile und einige Zeitungskiosks verkaufen SIM-Cards, die je nach Telefonnummer (Nummern mit Achten sind teurer, Nummern mit Vieren sind billiger) zwischen 60 und 100 Yuan kosten und 50 Yuan Guthaben umfassen. Wenn das Guthaben aufgebraucht ist, lässt es sich wieder aufladen, indem in einer Niederlassung von China Mobile oder einem Zeitungsstand eine Aufladekarte *(chongzhi ka)* gekauft wird. Darauf achten, dass das Handy für den Gebrauch in China freigeschaltet ist. Auch ein Handy zu kaufen ist eine gute Option, denn sie sind in China in der Regel nicht teuer. Cafés, Restaurants und Bars in größeren Städten bieten häufig WLAN-Zugang.

Telefonkarten

Abgesehen von Skype oder Viber kommt man mit einer IP-Karte fürs eigene Handy oder einem Festnetztelefon billiger weg als mit einem Direktanruf; außerhalb der großen Städte sind die Karten allerdings schwer zu bekommen. Um eine IP-Karte zu benutzen, muss eine örtliche Nummer gewählt werden, gefolgt von der eigenen Kontonummer, dann einer PIN-Nummer; danach kann die gewünschte Nummer gewählt werden. In der Regel gibt es einen englischsprachigen Service. Einige IP-Karten können nur für Orts- oder nationale Ferngespräche genutzt werden, also beim Kauf immer auf den richtigen Kartentyp (und das Ablaufdatum) achten.

Unterkunft

Egal ob Bauernhöfe, Unterkünfte bei Privatpersonen, Jugendherbergen, Studentenunterkünfte mit Schlafsälen, Pensionen, historische Hofhäuser, schicke Boutiquehotels, historische Villen oder Fünfsternetürme – die Auswahl an Unterkünften in China ist auf nationaler Ebene beeindruckend. Das variiert jedoch enorm, je nach Region oder Stadt. Top-Städte wie Beijing, Shanghai, Hangzhou und Hongkong bieten eine reiche Auswahl an Unterkunftsmöglichkeiten, andere Städte hingegen sind weniger gut ausgestattet, obwohl sie von Besuchern überschwemmt werden. Tatsächlich orientieren sich viele Reisende bei der Wahl ihrer Reiseziele in China an der Größe der Auswahl an Unterkunftsmöglichkeiten vor Ort.

Zimmer & Preise

ZIMMER

Wenn nicht anders angegeben, sind alle in diesem Buch aufgeführten Zimmer mit eigenem Badezimmer oder Duschraum ausgestattet. In der Regel ist es leicht, ein Zimmer zu bekommen, aber in beliebten Touristenstädten (wie Hangzhou) besser vorher anrufen und reservieren, vor allem bei Wochenendbesuchen.

Die meisten Zimmer in China fallen in folgende Kategorien:

Doppelzimmer (双人房、 标准间; *shuang ren fang* oder *biaozhun jian*) In den meisten davon stehen zwei Einzelbetten.

Einzelzimmer (单间; *danjian*).

Zimmer mit übergroßen (Einzel-)Betten (大床房; *dachuang fang*)

Suiten (套房; *taofang*) Gibt es in den meisten Mittel- und Spitzenklassehotels.

Schlafsäle (多人房; *duorenfang*) In den meisten Jugendherbergen (und wenigen Hotels) verfügbar.

Businessrooms (商务房; *shangwu fang*) Normalerweise mit Computern ausgestattet.

PREISE

Die in diesem Buch vorgestellten Unterkünfte sind in verschiedene Kategorien eingeteilt, die durch die Symbole € (Budget), €€ (Mittelklasse) oder €€€ (Spitzenklasse) gekennzeichnet werden; innerhalb Chinas variieren die Preise, deshalb immer erst die entsprechenden Anmerkungen am Kapitelbeginn der einzelnen Regionen checken.

Die in diesem Buch aufgelisteten Preise sind Standardtarife und geben in der Regel wieder, womit man höchstens zu rechnen hat. In den meisten Zeiten des Jahres gibt's jedoch Rabatte, die zwischen 10 und 60 % liegen können; an der Rezeption um einen guten Preis feilschen. Höchstpreise werden jedes Jahr in den großen Ferienperioden Anfang Mai und Anfang Oktober für die Zimmer verlangt. In manchen Städten (wie Hangzhou) können die Wochenendtarife (Freitag und Samstag) teurer sein. Internationale Kreditkarten werden generell nur in Mittelklasse- und

ONLINE BUCHEN

Weitere Unterkunftstipps der Lonely Planet Autoren gibt's unter lonelyplanet.com/china/hotels. Auf der Seite finden sich sowohl unabhängige Bewertungen als auch Empfehlungen für die besten Hotels. Und das Allerbeste: die Hotels können direkt online gebucht werden.

Spitzenklassehotels akzeptiert, am besten Bargeld dabeihaben.

In den meisten Hotels ist es üblich, das Zimmer bis 12 Uhr zu verlassen. Wer erst zwischen 12 und 18 Uhr geht, muss 50 % des Zimmerpreises zahlen, nach 18 Uhr wird der Preis für eine weitere Nacht fällig.

Einschränkungen & Ärgernisse

Eine ganze Reihe Hotels in China nehmen keine Ausländer auf. Es kann sehr frustrierend sein festzustellen, dass preisgünstigere Gästehäuser Nicht-Chinesen nicht zur Verfügung stehen und man gezwungen ist, eine teurere Unterkunft zu suchen und in einem Mittel- oder Spitzenklassehotel abzusteigen. Alle in diesem Buch aufgeführten Hotels akzeptieren ausländische Gäste.

Buchen

Wer online bucht, kann sich zwar ein Zimmer sichern und einen guten Preis bekommen, aber immer daran denken, dass an der Hotelrezeption oder am Telefon um den Zimmerpreis gefeilscht werden kann (außer in Jugendherbergen und den billigsten Hotels). In der Hochsaison ist es ratsam, zu planen und die Unterkunft im Voraus zu buchen, um sicherzugehen. In großen Städten gibt's oft auch am Flughafen einen Schalter, an dem Zimmer zu günstigen Preisen gebucht werden können.

Hilfreiche Websites für Unterkünfte sind:

Ctrip (☎800 820 6666; www.english.ctrip.com)

Elong (☎800 810 1010; www.elong.com)

Einchecken

Beim Check-in muss immer der Pass vorgelegt werden, und in einem Registrierungsformular wird nach der Art des Visums gefragt. Bei den meisten Reisenden ist es ein L-Visum; eine komplette Auflistung der Visa findet sich auf S. 1129. Die Hotels verlangen in der Regel eine Kaution (押金; *yajin*) – entweder in bar oder in Form der Kreditkartennummer. Wer das Pfand in bar hinterlegt, erhält dafür eine Quittung; beim Auschecken wird es dann wieder erstattet.

Bauernhöfe

In ländlichen Gebieten, kleineren Städten und Dörfern ist es oft möglich, auf Bauernhöfen (农家; *nongjia*) mit einer Handvoll Zimmer zu übernachten, die um die 50 Yuan kosten (Handeln ist möglich); hier muss sich keiner registrieren. Oft bieten sich die Besitzer auch an, einen zu bekochen. Meist nur Gemeinschaftsduschen und -toiletten.

Business-Hotelketten

Überall in China gibt's preisgünstige Business-Hotelketten, die manchmal eine vernünftige Alternative zu den guten alten Zwei- und Dreisternehotels darstellen; die Preise liegen bei 150 bis 200 Yuan. In den letzten Jahren ist ihr einst makelloses Antlitz jedoch manchmal zu dem einer schäbigen Absteige verkommen, die sie einst ersetzen sollten. Trotzdem: Durch ihre Allgegenwärtigkeit findet man in der Regel immer eine Unterkunft (besser vorher die Zimmer anschauen). Es gibt Mitgliedschaften und Treuesysteme, durch die die Zimmer günstiger werden. Beispiele für Business-Hotelketten:

Home Inn (www.homeinns.com)

Jinjiang Inn (www.jinjianginns.com)

Motel 168 (www.motel168.com)

Camping

In China gibt's nur ein paar wenige offizielle Campingplätze. Da Chinas Ebenen meist als Agrarfläche genutzt werden, liegen diese weit abseits im hügeligen Hinterland. In den ursprünglicheren und weniger bewohnten Gegenden im Westen des Landes ist Campen eher möglich. In einigen Gebieten werden von Reiseagenturen und Hotels (Trekking-)Ausflüge mit einer oder mehr Übernachtungen angeboten; hier wird die Campingausrüstung gestellt.

Historische Hofhäuser

Auch wenn es sie fast ausschließlich in Beijing gibt,

RABATTE FÜR HOTELZIMMER

Die ausgeschriebenen Zimmerpreise am besten ignorieren und nach Sonderangeboten oder Rabatten für ein Zimmer fragen. Rabatte gibt's eigentlich überall, außer in Jugendherbergen (nur für Mitglieder) und in ganz billigen Absteigen. Ansprechpartner ist immer die Person an der Rezeption; auch online buchen ist meist billiger. Außer während der turbulenten Urlaubszeiten (Ende April und die ersten Mai-Tage, erste Oktoberwoche und das chinesische Neujahr) liegen die Zimmerpreise deutlich unter dem offiziellen Preis, und die Hotels sind selten ausgebucht. An der Rezeption, durch vorherigen Anruf oder bei Buchung über Ctrip (http://english.ctrip.com) sollte es möglich sein, einen Nachlass von 10 bis 60 % auf den normalen Tarif zu bekommen – 30 % sind die Regel. Im Buch geben wir immer den offiziellen Preis und den möglichen Rabatt an.

schießen Zimmer in historischen Hofhäusern wie Pilze aus dem Boden. Die um einen traditionellen *siheyuan* (Hof) angeordneten Zimmer befinden sich im Erdgeschoss. Historische Hofhäuser sind reizvoll und romantisch, die Zimmer sind aber oft teuer und – wegen der baulichen Gegebenheiten – klein. Die Ausstattung ist beschränkt, Pool, Fitnessraum oder Tiefgarage gibt's nicht.

Hotels

Auch innerhalb einer bestimmten Klasse geht die Bandbreite der Ausstattung von Hotels weit auseinander. Das in China geltende Sternesystem ist etwas irreführend: es kommt vor, dass Hotels fünf Sterne erhalten, obwohl sie eigentlich einen Stern weniger verdient hätten. Als Faustregel gilt: Immer das neueste Hotel in jeder Kategorie wählen – Renovierungen sind nämlich selten. Mängel sind oft nicht auf den ersten Blick sichtbar – also das Hotel und das Zimmer vorher ansehen, es lohnt sich.

In China gibt's nur sehr wenige wirklich ausgezeichnete, unabhängige Hotels. Wer also in einem Spitzenklassehotel nächtigen will, sollte sich am besten für das Hotel einer Kette entscheiden, die einen erwiesenen, international herausragenden Standard bietet. Shangri-La, Marriott, Hilton, St. Regis, Ritz-Carlton, Marco Polo und Hyatt sind alle auch in China vertreten und in der Regel verlässlich hinsichtlich hoher Standards bei Service und Komfort.

Anmerkungen:

» Die Englischkenntnisse des Personals sind selbst in Fünfsternehotels oft schlecht.

» Die meisten Zimmer sind Zweibettzimmer, keine Doppelzimmer, deshalb sollte sich klar ausdrücken, wer wirklich ein Doppelzimmer will.

» Praktisch alle Hotelzimmer, egal in welcher Preisklasse, verfügen über Klimaanlage und Fernseher.

» Sehr billige Zimmer haben eventuell weder Telefon noch Internetzugang.

» WLAN ist in Jugendherbergen und Mittelklassehotels zunehmend vorhanden (eventuell jedoch nur in der Lobby).

» Spätabendliche Anrufe von „Masseurinnen" sind in Budget- oder minderen Mittelklassehotels noch immer üblich.

» Bei allen Hotelzimmern wird eine Servicegebühr von 10 bis 15 % fällig.

» In der Regel ist es in jedem Hotel möglich, Geld zu wechseln, und alle Mittelklasse- und Spitzenhäuser akzeptieren Kreditkarten.

» Zumindest in Viersternehäusern sollte ein westliches Frühstück angeboten werden.

» Die Zählweise der Stockwerke entspricht in China der amerikanischen Zählweise: Das europäische Erdgeschoss ist also der erste Stock, der erste Stock ist der zweite usw.

Hotel heißt auf Chinesisch:

» *binguan* (宾馆)

» *dafandian* (大饭店)

» *dajiudian* (大酒店)

» *fandian* (饭店)

» *jiudian* (酒店)

Jugendherbergen

Wer eine gut geführte Budgetunterkunft sucht, sollte sich eine chinesische Jugendherberge ansehen. Die Unterkünfte von **Hostelling International** (☎020-8751 3731; www.yhachina.com) sind durchgehend gut geführt; außerdem gibt es überall in China eigenständige, private Jugendherbergen – hier variiert der Standard sehr. In beliebten Städten sollte im Voraus gebucht werden, da die Zimmer schnell weg sind.

Jugendherbergen sind nicht nur toll für alle, die Gleichgesinnte kennenlernen wollen, sondern sie werden auch meist von jungen, Englisch sprechenden Einheimischen geführt, die auch gut über die Sehenswürdigkeiten und den öffentlichen Nahverkehr vor Ort Auskunft geben können. Die ausländerfreundliche Atmosphäre in Jugendherbergen steht in krassem Gegensatz zu vielen chinesischen Hotels. Die Doppelzimmer in Jugendherbergen sind meist besser als das Pendant im Mittelklassehotel, oft sind sie ebenso komfortabel, günstiger gelegen und manchmal auch billiger (aber nicht immer). Viele bieten WLAN, die meisten haben wenigstens einen Internet-PC (manchmal gratis, für 30 Minuten gratis oder für ungefähr 5 bis 10 Yuan pro Stunde). Zur Ausstattung gehören meist auch ein Waschsalon, eine Bibliothek, eine Küche zur Mitbenut-

HOTEL-TIPPS

» An der Rezeption nach einem Stadtplan fragen

» Das Personal in Jugendherbergen spricht oft ein besseres Englisch als das in Mittelklasse- oder manchen Spitzenklassehotels

» Das Hotel hilft gegen Provision beim Ticketkauf

» Im Kapitel „Sprache" gibt's in der Rubrik „Unterkunft" einige hilfreiche Sätze auf Chinesisch

» In beinahe jedem Hotel gibt's eine Gepäckaufbewahrung, die für Gäste des Hauses stets kostenlos sein sollte

» Beim Zimmerpreis immer handeln

zung, Fahrradverleih, Schließfächer, Pinnwand, Bar und Café, möglicherweise
sogar ein Pool, Tischtennisplatten, DVDs, PlayStation und andere Formen der Unterhaltung. Seife, Duschgel und Zahnpasta werden im Allgemeinen nicht zur Verfügung gestellt, sind aber an der Rezeption käuflich zu erwerben.

Ein Bett im Schlafsaal kostet meist zwischen 40 und 55 Yuan (für Mitglieder 5 Yuan weniger). Oft haben sie Etagenbetten, manchmal gibt's aber auch normale Betten. Die wenigsten Schlafsäle haben eine eigene Dusche (manche schon); eine Klimaanlage sollte immer vorhanden sein. In vielen Jugendherbergen gibt es auch Doppel-, Einzel- und sogar Familienzimmer; Preise für ein Doppelzimmer liegen zwischen 150 und 250 Yuan, für Mitglieder ist es günstiger. Die meisten Jugendherbergen helfen beim Besorgen von Fahr- und Eintrittskarten oder buchen ein Zimmer in einer angeschlossenen Herberge in einer anderen Stadt. Da sie oft ausgebucht sind, besser vorab (am besten online) reservieren – vor allem während der Ferien und am Wochenende.

Pensionen

Am billigsten sind die in China allgegenwärtigen Pensionen (招待所; *zhaodaisuo*). Meist liegen sie geballt in der Nähe von Bahnhöfen oder Busbahnhöfen, aber auch verstreut in den Zentren großer und kleiner Städte. Nicht in allen Pensionen sind Ausländer willkommen, und chinesische Fertigkeiten könnten gefragt sein, um an ein Zimmer zu kommen. Die Zimmer (mit zwei, drei oder vier Betten) sind primitiv und grau, mit gekacheltem Boden und möglicherweise mit Duschraum oder schäbigem Badezimmer; meist gibt's nur Gemeinschaftsduschen.

Die Zeichen für Pensionen sind:

» 旅店 *(lüdian)*

» 旅馆 *(lüguan)*

» 有房 bedeutet „Zimmer frei"

» 今日有房 bedeutet „heute Zimmer frei"

» 住宿 *(zhusu)* bedeutet „Unterkunft"

Studentische Unterkünfte

In einigen Universitäten gibt es billige und einfache Unterkünfte in Schlafsälen für ausländische Studenten (留学生楼; *liuxuesheng lou*) oder teurere Zimmer in den Wohnheimen der Lehrkörper (专家楼; *zhuanjia lou*), in denen oft Gastprofessoren untergebracht sind.

Tempel & Klöster

Einige Tempel und Klöster (vor allem in Chinas heiligen Bergen) bieten ebenfalls eine Unterkunft an. Diese kann sehr preiswert sein, ist jedoch ausgesprochen asketisch, womöglich ohne fließendes Wasser und Strom.

Vergünstigungen

Senioren über 65 bekommen bei den meisten Sehenswürdigkeiten einen Rabatt – also den Pass als Nachweis nicht vergessen.

Die International Student Identity Card (ISIC; 12 €) verhilft Studenten an vielen Sehenswürdigkeiten zum halben Preis (kann vorkommen, dass man darauf bestehen muss).

Versicherungen

Über eine Reiseversicherung, die Diebstahl, Verluste, Reiserücktritt und medizinische Eventualitäten abdeckt, sollte sorgfältig nachgedacht werden. Reisebüros können eine solche Versicherung organisieren, doch häufig finden Urlauber eine preiswertere Variante bei einem Online-Versicherer oder Versicherungsmakler. Eine weltweite Reiseversicherung gibt's auch unter www.lonelyplanet.com/travel_insurance/. Die Versicherung ist jederzeit abzuschließen, zu erweitern oder zu kündigen – auch für alle, die schon unterwegs sind.

Einige Versicherungspolicen schließen „gefährliche Aktivitäten" wie Tiefseetauchen, Skifahren und sogar Trekking aus. Auf jeden Fall sollte die Police die Kosten für einen Krankenwagen oder einen Notfall-Rückflug nach Hause abdecken.

Wer sein Flugticket mit der Kreditkarte bezahlt, bekommt oft automatisch eine reduzierte Reiseversicherung – am besten beim Kreditkartenanbieter fragen, welche Leistungen genau inbegriffen sind.

Von Vorteil ist es, eine Versicherung zu finden, die Ärzte oder Krankenhäuser direkt bezahlt, sodass nicht erst ein großer Betrag vorgestreckt werden muss. Wer das Geld erst selbst zahlt, muss auf jeden Fall alle Rechnungen aufbewahren.

Weitere Infos stehen unter Krankenversicherung im Kapitel Gesundheit (S. 1149).

Visa

Ein Visum beantragen

FÜR CHINA

Abgesehen von Reisenden mit visalosen Transitaufenthalten (S. 1131) in Beijing und Shanghai sowie Staatsangehörigen von Japan, Singapur, Brunei und San Marino brauchen alle Besucher Chinas ein Visum. Ein chinesisches Visum deckt praktisch ganz China ab. Es gibt jedoch noch immer einige Gebiete, für die Beschränkungen gelten und die eine zusätzliche, kostenpflichtige Genehmigung vom PSB erfordern. Eine besondere Erlaubnis wird auch für eine Reise nach

VISAKATEGORIEN

Es gibt acht Visa-Kategorien (für die meisten Reisenden wird ein Visum der Kategorie L ausgestellt).

KATEGORIE	BESCHREIBUNG	CHINESISCHE BEZEICHNUNG
C	Flugbegleitung	*chengwu* 乘务
D	Einwohner	*dingju* 定居
F	Geschäftsreise, Student	*fangwen* 访问
G	Transit	*guojing* 过境
J	Journalist	*jizhe* 记者
L	Reise	*lüxing* 旅行
X	Dauerhaft in China Studierende	*liuxue* 留学
Z	Arbeit	*gongzuo* 工作

Tibet (siehe Kasten S. 1022) benötigt; für dieses Gebiet kann es auch vorkommen, dass die chinesischen Behörden ohne Vorankündigung gar keine ausländischen Besucher erlauben.

Der Reisepass muss nach Ablauf des Visums mindestens sechs Monate gültig sein (neun Monate für ein Visum für zweimalige Einreise) und eine ganze freie Seite enthalten. Für Kinder und Jugendliche unter 18 muss ein Elternteil das Antragsformular unterschreiben.

Zur Zeit der Recherche für dieses Buch ist das Antragsverfahren für Visa strenger geworden, und die Antragsteller müssen nun folgendes vorlegen:

» Eine Kopie der Flugbestätigung, auf der Ankunft und Abflug verzeichnet sind.

» Bei einem Visum für zweimalige Einreise muss eine Flugbestätigung vorgelegt werden, die alle Daten der Ein- und Ausreise zeigt.

» Wer in China in einem Hotel übernachtet, muss eine Bestätigung vom Hotel vorlegen (kann später storniert werden, wenn man woanders übernachtet).

» Wer bei Freunden oder Verwandten übernachtet, muss eine Kopie der Informationsseite von deren Pass, eine Kopie ihres China-Visums und einen Einladungsbrief von ihnen vorlegen.

Zur Zeit der Recherche für dieses Buch kostete ein Visum für EU-Bürger

» 30 € für ein 30-Tage-Standard-Visum

» 45 € für zweimalige Einreise

» 60 € für ein Sechs-Monats-Visum für mehrmalige Einreise. Ein 30-Tage-Standard-Visum wird in der Regel innerhalb von drei bis fünf Arbeitstagen ausgestellt.

In vielen Ländern wurde der Visa-Service von der chinesischen Botschaft in ein **Chinese Visa Application Service Centre** (www.visaforchina.org) ausgelagert, das eine zusätzliche Verwaltungsgebühr erhebt.

Ein 30-Tage-Visum wird bei der Einreise nach China aktiviert und muss innerhalb von drei Monaten nach dem Ausstellungsdatum verwendet werden. 60- und 90-Tage-Reisevisa sind schwieriger zu bekommen. Um länger zu bleiben, kann man sein Visum in China verlängern lassen.

Um ein Visum zu beantragen, muss das Antragsformular (gibt's bei der Botschaft, im Visa Application Service Centre oder als Download von der Website der Botschaft) ausgefüllt sein; außerdem ist mindestens ein Foto (normalerweise 51 mm x 51 mm) erforderlich. Das Visum wird in der Regel bei Abholung bezahlt. Falls das Visum zugeschickt werden soll, muss eine Bearbeitungszeit von drei Wochen eingeplant werden.

In Deutschland kann ein Visum bei der Botschaft in Berlin (www.china-botschaft.de) oder bei den Generalkonsulaten in Frankfurt, Hamburg und München beantragt werden. Österreichische Staatsbürger wenden sich an die Chinesische Botschaft (www.chinaembassy.at) in Wien, Schweizer beantragen es in der Chinesischen Vertretung (www.china-embassy.ch) in Bern.

In Hongkong ist es noch immer am einfachsten, ein Visum für China zu bekommen. Hilfreich ist der **China Travel Service** (CTS; 广州中国旅行社; Zhongguo Lüxingshe), oder Reisende wenden sich direkt an das **Visa Office of the People's Republic of China** (☎852-3413 2300; www.fmcoprc.gov.hk/eng; 6. OG, Lower Block, China Resources Centre, 26 Harbour Rd., Wan Chai; ⊙Mo–Fr 9–12 & 14–17 Uhr).

Für ein China-Visum sind in Hongkong zwei Fotos erforderlich; die Preise sind wie folgt:

» **Standard-Visum** Ein-/zwei-/dreitägige Bearbeitungszeit 500/400/200 HK$

» **Visum für zweimalige Einreise** Ein-/zwei-/dreitägige Bearbeitungszeit 600/500/300 HK$

» **Sechsmonatiges Visum für mehrmalige Einreise** Ein-/zwei-/dreitägige Bearbeitungszeit 800/700/500 HK$

» **Ein-Jahres-Visum für mehrmalige Einreise** Ein-/zwei-/dreitägige Bearbeitungszeit 1100, 1000, 800 HK$

VISAFREIER TRANSIT

Bürger aus 45 Nationen (darunter USA, Deutschland, Frankreich, Österreich und die Schweiz) können sich jetzt ohne Visum 72 Stunden in Beijing aufhalten, wenn sie sich auf der Durchreise zu anderen Zielen außerhalb Chinas befinden und ein Visum für ein Drittland und ein Flugticket ab Beijing haben (sie dürfen sich nicht aus Beijing hinauswagen). Angehörige derselben Nationen können sich auch in Shanghai 72 Stunden lang, unter denselben Bedingungen, auf dem Transit aufhalten.

Ein Visum für fünf Tage, das nur bar bezahlt werden kann (160 Yuan für die meisten Nationalitäten) ist am **Grenzübergang Luohu** (Lo Wu; ⌚9–22.30 Uhr) zwischen Hongkong und Shenzhen erhältlich; es gilt aber nur für die Provinz Shenzhen. Das gleiche Visum ist auch in **Huangang** (⌚9–13 Uhr & 14.30–17 Uhr) und **Shekou** (⌚8.45–12.30 Uhr & 14.30–17.30 Uhr) erhältlich.

Visa für drei Tage gibt es außerdem am **Grenzübergang Macau–Zhuhai** (160 Yuan für die meisten Nationalitäten; ⌚8.30–12.15 Uhr, 13–18.15 Uhr & 7–22.30 Uhr). Für US-Bürger ist dies allerdings nicht möglich, sie müssen in Macau oder Hongkong ein Visum im Voraus kaufen.

Aufgrund politischer Ereignisse kann es unter Umständen vorkommen, dass es auch mal schwieriger ist, ein Visum zu bekommen oder zu verlängern.

Deshalb sollten, sofern im Antragsformular danach gefragt wird, am besten Standard-Reiseziele angegeben werden. Wer mit dem Gedanken spielt, nach Tibet oder ins westliche Xinjiang zu fahren, trägt das nicht ein; die Liste ist ohnehin nicht bindend. Für Mitarbeiter von Zeitungen oder anderen Medien ist es oft ratsam, einen anderen Beruf anzugeben; es kann sonst vorkommen, dass ein Visum abgelehnt wird oder nur eins für einen kürzeren Zeitraum genehmigt wird.

FÜR HONGKONG

Zur Zeit der Recherche war für Besucher aus EU-Ländern und der Schweiz kein Visum zur Einreise nötig; sie können 90 Tage bleiben. Wer von China aus nach Hongkong fährt, braucht für die Wiedereinreise nach China ein Visum, das zur zwei- oder mehrmaligen Einreise berechtigt, oder muss ein neues Visum beantragen.

FÜR MACAU

Die meisten Reisenden aus der EU und der Schweiz können bis zu 90 Tage ohne Visum nach Macau einreisen. Wer Macau von China aus besucht und wieder nach China einreisen will, braucht ein Visum für zwei- oder mehrmalige Einreise.

Visaverlängerungen

FÜR CHINA

Die Abteilung für auswärtige Angelegenheiten des PSB vor Ort kümmert sich um die Verlängerung der Visa.

Erstmalige Verlängerungen um 30 Tage sind für Standard-Touristenvisa zur einmaligen Einreise problemlos zu bekommen; eine weitere Verlängerung um einen Monat kann möglich sein, aber vielleicht bekommt man auch nur eine zusätzliche Woche. Einige Reisende berichten von großzügigen Verlängerungen, die vor Ort in einer Provinzstadt genehmigt wurden, darauf ist jedoch kein Verlass. Eine weitere Möglichkeit ist, nach Hongkong zu fahren, um ein neues Touristenvisum zu beantragen.

Die Verlängerung eines Visums, das zur einmaligen Einreise berechtigt, ist je nach Nationalität unterschiedlich teuer. Westeuropäer zahlen um die 100 Yuan. Die Bearbeitung dauert bis zu fünf Tage.

Ein längerer Aufenthalt in China, als das Visum zulässt, kann mit bis zu 500 Yuan pro Tag bestraft werden. Es kann sogar Ärger mit den Behörden geben, weil diese das Ablaufdatum auf dem Visum nicht richtig lesen. Achtung: Bei einem Touristenvisum (L), das einen Monat gilt, entspricht der unter „valid until" (gültig bis) eingetragene Tag dem Datum, zu dem man nach China einreisen muss (innerhalb von drei Monaten, nachdem das Visum ausgestellt wurde), nicht dem Datum, an dem das Visum abläuft!

FÜR HONGKONG

Für die Verlängerung eines Touristenvisums ist die Hongkonger Einwanderungsbehörde zuständig: **Hong Kong Immigration Department** (☎852-2852 3047; www.immd.gov.hk; 1. OG, Immigration Tower, 7 Gloucester Rd., Wan Chai; ⌚Mo–Fr 8.45–16.30 Uhr, Sa 9–11.30 Uhr). Verlängerungen (160 HK$) werden nicht gerne gewährt, es sei denn man kann außerordentliche Umstände wie eine Krankheit vorweisen.

FÜR MACAU

Wenn das Visum ausläuft, kann eine einmalige einmonatige Verlängerung bei der Einwanderungsbehörde beantragt werden: **Macau Immigration Department** (☎853-2872 5488; EG, Travessa da Amizade; ⌚Mo–Fr 9–17 Uhr).

Aufenthaltsgenehmigungen

Die Green Card ist eine Aufenthaltsgenehmigung, die in China lebende Lehrer und Expats sowie dauerhaft in China Studierende erhalten.

Sie gilt zwischen sechs Monaten und einem Jahr und muss danach erneuert werden. Neben den entsprechenden Unterlagen muss sich der Antragsteller einem kostenpflichtigen Gesundheitstest unterziehen. Wenn die Genehmigung erteilt ist, bezieht sie sich automatisch auf die ganze Familie. Allerdings muss für jedes Familienmitglied eine Gebühr bezahlt werden. Geht die Green Card verloren, ist ein hoher Preis fällig, um einen Ersatz zu bekommen.

Zollbestimmungen

Chinesische Zollbeamte achten in der Regel kaum auf Touristen. An den Flughäfen gibt es eindeutig gekennzeichnete „grüne" bzw. „rote" Ausgänge . Gänzlich verboten ist die Ein- und Ausfuhr illegaler Drogen sowie von Tieren und Pflanzen (auch Samen). Raubkopien von DVDs und CDs sind illegale Exporte aus China – sie werden beschlagnahmt, sobald sie gefunden werden. Chinesische Medizin kann bis zu einem Wert von 300 Yuan beim Verlassen des Landes mitgenommen werden.

Zollfrei eingeführt werden dürfen:

» 400 Zigaretten oder eine entsprechende Menge Tabakprodukte.

» 1,5 l Alkohol.

» 50 g Gold oder Silber.

» Ein Fotoapparat, eine Videokamera und ähnliche Artikel, nur für den persönlichen Bedarf.

Außerdem:

» Der Import von frischem Obst und Wurstwaren ist verboten.

» Die Grenze für die Ein- und Ausfuhr der chinesischen Währung liegt bei 6000 Yuan; für ausländische Währung wird keine Begrenzung vorgegeben; wer Bargeld im Wert von über 5000 US$ (oder den entsprechenden Gegenwert in einer anderen Währung) bei sich hat, sollte dies jedoch am Zoll angeben.

Für Gegenstände, die als Antiquitäten gelten, sind für den Zoll bei der Ausreise aus China ein Nachweis und ein rotes Siegel erforderlich. Alles, was vor 1949 hergestellt wurde, gilt als antik. Gegenstände, die vor 1795 angefertigt wurden, können überhaupt nicht legal außer Landes gebracht werden. Für den Nachweis und das rote Siegel muss die Antiquität vom **State Administration of Cultural Heritage** (Guojia Wenwu Ju; www.sach.gov.cn, nur Chinesisch; ☎010-5988 1572; 10 Chaoyangmen Beidajie) in Beijing in Augenschein genommen werden.

Verkehrsmittel & -wege

AN- & WEITER-REISE

Flüge, Mietwagen und Touren können auch online unter www.lonelyplanet.com/bookings gebucht werden.

Einreise

Für Reisende ergeben sich keine besonderen Schwierigkeiten bei der Einreise nach China. Am wichtigsten sind der Pass, der nach Ablauf des Visums noch mindestens sechs Monate gültig sein muss, und ein Visum (s. S. 1129); allerdings gelten für die Dokumente, die für die Beantragung des Visums erforderlich sind, inzwischen strengere Bestimmungen. In der Regel wird für die meisten Nationalitäten kein Visum an der Grenze ausgestellt (außer einem Fünf-Tage-Visum für Shenzhen an der Grenze Hongkong–Shenzhen und einem Drei-Tage-Visum an der Grenze Zhuhai–Macau). Für Einreisen nach Hongkong und Macau ist in der Regel kein Visum nötig; wer von China aus nach Hongkong oder Macau einreisen und wieder nach China zurückkehren will, braucht ein Visum, das zur mehrmaligen Einreise berechtigt, oder er muss sich ein neues Visum besorgen. Für Reisen nach Tibet, s. Kasten S. 1022. Beamte der chinesischen Einwanderungsbehörde sind äußerst gewissenhaft und erklärtermaßen bürokratisch, aber dennoch nicht übereifrig. Wer nach China einreist, muss ein Formular mit einer Gesundheitserklärung sowie ein Einreiseformular ausfüllen.

Auf dem Landweg

China grenzt an Afghanistan, Bhutan, Indien, Kasachstan, Kirgisien, Laos, die Mongolei, Myanmar (Birma), Nepal, Nordkorea, Pakistan, Russland, Tadschikistan und Vietnam; die Grenzen zu Afghanistan, Bhutan und Indien sind geschlossen. Es gibt darüber hinaus offizielle Grenzübergänge zu den chinesischen Sonderverwaltungszonen Hongkong (siehe S. 562 und Macau (siehe S. 595).

Es kommt vor, dass Beamte den Lonely Planet *China* konfiszieren, vor allem an der Grenze zwischen Vietnam und China.

Kasachstan

Es gibt Grenzübergänge von Ürümqi nach Kasachstan bei den Grenzstationen Korgas, Alashankou, Tacheng und Jimunai (siehe S. 883). Ein gültiges Visum für Kasachstan (zur Zeit der Recherche war es in Ürümqi oder Beijing erhältlich) bzw. China muss vorhanden sein. Weitere Einzelheiten im Kapitel über Xinjiang.

Der Grenzübergang von China nach Kasachstan bei Alashankou wird mit dem Zug bedient. Alle anderen genannten Grenzstationen sind für eine Fahrt mit dem Bus eingerichtet; auch ein Fahrrad kann in der Regel mitgenommen werden. Zweimal pro Woche gibt es außerdem eine Zugverbindung (32 Std.) zwischen Ürümqi und Almaty (S. 883), einmal pro Woche fährt ein Zug nach Astana.

Achtung: Aufgrund sich ändernder politischer Gegebenheiten sind die Grenzstationen nicht immer offen, und manche sind nur bei guten Wetterbedingungen passierbar. Also am besten beim **Büro für Öffentliche Sicherheit** (PSB; Gong'anju) in Ürümqi nachfragen.

Kirgisien

Es gibt zwei Routen zwischen China und Kirgisien: eine zwischen Kashgar und Osh über den Irkeshtam-Pass; die andere von Kashgar nach Bishkek über den beeindruckenden, 3752 m hohen Torugart-Pass. Auf S. 899 stehen mehr Infos.

Laos

Es ist möglich, von der Region Mengla – in Chinas südlicher Provinz Yunnan gelegen – bei Boten in der Provinz Luang Nam Tha nach Laos einzureisen. Es fährt auch ein Bus zwischen Vientiane und Kunming und von Jinghong nach Luang Nam Tha in Laos (siehe S. 723).

An der Grenze sind Visa erhältlich, der Preis dafür hängt von der jeweiligen

Nationalität ab (ein Visum für China ist hier allerdings nicht erhältlich). Mehr Infos im Kapitel über Yunnan (S. 723).

Mongolei

Von Beijing fahren die transmongolische Eisenbahn und die K23-Züge (siehe S. 112) nach Ulan-Bator. Zweimal pro Woche verkehren auch Züge zwischen Hohhot und Ulan-Bator; zwischen Hohhot und der Grenzstadt Erenhot (Erlian) fahren auch regelmäßig Busse. Auf der chinesischen Seite sind Visa für die Mongolei in Beijing, Hohhot and Erenhot erhältlich. Mehr Infos im Kapitel über die Innere Mongolei (S. 968).

Myanmar (Birma)

Die Birmastraße verläuft von Kunming in der chinesischen Provinz Yunnan bis zur burmesischen Stadt Lashio. Die Straße ist für Reisende geöffnet, die eine Genehmigung für die Region nördlich von Lashio haben, auch wenn die Grenze nur in eine Richtung legal überschritten werden kann – von China (Jiegao) nach Myanmar; als dieses Buch verfasst wurde, war die Grenze für ausländische Reisende nicht geöffnet, die einzige Möglichkeit bestand darin, ins Land zu fliegen. Mehr Infos siehe S. 774. Visa für Myanmar gibt's nur in Kunming oder Beijing.

Nepal

Die 865 km lange Straße zwischen Lhasa und Kathmandu ist auch als Freundschaftspass (Friendship Highway; S. 1014) bekannt; er ist (für ausländische Reisende) derzeit nur mit einem Mietfahrzeug überquerbar. Die Fahrt über das tibetische Hochland mit dem 5100 m hohen Gyatso-la Pass ist spektakulär.

Visa für Nepal sind in Lhasa oder erst an der Grenze in Kodari erhältlich. Auf S. 1025 gibt's praktische Infos über die Reise und den Grenzübertritt.

Ausländer, die von Nepal nach Tibet reisen möchten, müssen nach wie vor ihre Reise von einem Reisebüro in Kathmandu organisieren lassen. Der Zugang nach Tibet kann allerdings ohne Vorankündigung für Monate gesperrt werden.

INTERNATIONALE ZUGVERBINDUNGEN

Neben der Transsibirischen und der Transmongolischen Eisenbahn, können folgende Strecken mit dem Zug zurückgelegt werden:

» Vom Bahnhof Hung Hom in Kowloon (Jiulong; Hongkong; www.throughtrain.kcrc.com; S. 562) nach Guangzhou, Shanghai, Beijing.

» Pjöngjang (Nordkorea) nach Beijing (S. 113)

» Almaty (Kasachstan) nach Ürümqi (S. 883)

» Astana (Kasachstan) nach Ürümqi (S. 883)

» Beijing nach Ulan-Bator (S. 112)

» Beijing nach Hanoi (S. 112)

Weitere Infos und Tipps zu internationalen Bahnverbindungen von Beijing stehen im Kasten über internationale Zugverbindungen (S. 112) im Beijing-Kapitel.

Nordkorea

Ein Visum für Nordkorea zu bekommen, ist nicht ganz einfach, und bei der Entstehung dieses Buches war das für US-Bürger und Südkoreaner ausgeschlossen. Deutsche, Österreicher und Schweizer können sich im Heimatland ein Visum besorgen. Wer von Beijing nach Nordkorea reisen möchte, sollte sich mit Nicholas Bonner oder Simon Cockerell von **Koryo Tours** (☎010-6416 7544; www.koryogroup.com; 27 Beisanlitun Nan, Beijing) in Verbindung setzen.

Vier internationale Expresszüge pro Woche (K27 und K28) verkehren zwischen Beijing und Pjöngjang.

Pakistan

Die spannende Reise auf dem Karakorum Highway (S. 898) führt über die weltweit am höchsten gelegene öffentliche Schnellstraße. Sie ist eine hervorragende Möglichkeit, ins chinesische Zentralasien zu gelangen oder von dort wegzukommen. Es gibt Busse ab Kashgar, die über Taxkorgan zwei Tage in die pakistanische Stadt Sost brauchen, wenn der Pass offen ist; weitere Infos im Kapitel über Xinjiang (S. 897).

Russland

Als dieses Buch verfasst wurde, fuhr der Zug von Ha'erbin Ost nach Wladiwostok nicht mehr, aber Reisende können den Zug nach Suifenhe nehmen und von dort weiterfahren.

Die transmongolische (über Erenhot) und die transmandschurische (über Ha'erbin) Verbindung der Transsibirischen Eisenbahn führt von Beijing nach Moskau; weitere Infos auf S. 1144.

Etwa 9 km von Manzhouli (siehe S. 968) entfernt sowie bei Heihe gibt es Grenzübergänge.

Tadschikistan

Bei Redaktionsschluss war der Kulma-Pass, der Kashgar mit Murghob verbindet, noch nicht für Ausländer offen. Weitere Infos siehe S. 899.

Vietnam

An der Grenze ist kein Visum erhältlich; Visa für Vietnam können in Beijing (S. 1118), Kunming (S. 1119), Hongkong (S. 1118) und Nanning (S. 678) beantragt werden. Ein Visum für China gibt es in Hanoi.

FREUNDSCHAFTSPASS

Der am stärksten frequentierte Grenzübergang befindet sich bei der düsteren vietnamesischen Stadt Dong Dang, 164 km nordöstlich von Hanoi. Auf der chinesischen Seite ist die nächste Stadt Pingxiang in der Provinz Guangxi, etwa 10 km nördlich des Grenzübergangs. Auf S. 685 stehen die Infos zum Grenzübertritt und zur An- und Weiterreise zwischen Pingxiang und Vietnam.

Es gibt auch sieben Busse ab Nanning, die über den Freundschaftspass nach Hanoi fahren; zweimal wöchentlich fahren Züge (T5 und T6) zwischen Beijing und Hanoi (über Nanning), während ein täglich verkehrender Grenzzug (T8701 und T8702) Hanoi mit Nanning verbindet.

HEKOU

Der Grenzübergang Hekou–Lao Cai liegt 468 km von Kunming und 294 km von Hanoi entfernt. Zur Zeit der Recherche war die einzige Möglichkeit, über Hekou nach Vietnam zu kommen, eine Busverbindung ab Kunming; mehr Infos dazu auf S. 723.

MONG CAI

Ein dritter, weniger bekannter Grenzposten liegt bei Mong Cai in der nordöstlichsten Ecke des Landes, genau gegenüber der chinesischen Stadt Dongxing und etwa 200 km südlich von Nanning.

Flugzeug

Flughäfen

Hongkong, Beijing und Shanghai sind Chinas wichtigste internationale Flughäfen. Seit 2012 fliegt China Southern die Strecke zwischen London Heathrow und Baiyun International Airport in Guangzhou.

Baiyun International Airport (Xinbaiyun Jichang; ☎020-3606 6999-3) In Guangzhou; hier kommt eine zunehmende Zahl von internationalen Flügen an.

Capital Airport (Shoudu Jichang; ☎010-6454 1100; http://en.bcia.com.cn) Beijings internationaler Flughafen; drei Terminals.

Hong Kong International Airport (☎852-2181 8888; www.hongkongairport.com) Liegt in Chek Lap Kok auf der Insel Lantau im Westen des Stadtgebiets.

Hongqiao Airport (Hongqiao Jichang; ☎021-6268 8899/3659) In Shanghais Westen; Inlandsflüge, eine Reihe von internationalen Verbindungen.

Pudong International Airport (Pudong Guoji Jichang; ☎021-96990) In Shanghais Osten; internationale Flüge.

Fluglinien nach und von China

Die folgende Liste zählt Airlines auf, die nach Beijing, Hongkong, Shanghai, Guangzhou, Kunming und Macau fliegen; andere Ziele sind in den jeweiligen Kapiteln genannt.

Aeroflot Russian Airlines (www.aeroflot.ru)

Air Canada (www.aircanada.ca)

Air China (www.airchina.com)

Air France (www.airfrance.com)

Air Koryo (☎in Beijing 010-6501 1557)

Air Macau (www.airmacau.com.mo)

Air New Zealand (www.airnewzealand.com)

AirAsia (www.airasia.com)

Alitalia (www.alitalia.com)

All Nippon Airways (www.ana.co.jp) Fliegt auch nach Dalian, Qingdao, Shenyang, Tianjin und Xiamen.

American Airlines (www.aa.com)

Asiana Airlines (www.flyasiana.com) Fliegt auch nach Changchun, Chengdu, Chongqing, Guangzhou, Guilin, Haerbin, Nanjing, Xi'an und Yantai.

Austrian Airlines (www.aua.com)

British Airways (www.britishairways.com)

Cathay Pacific (www.cathaypacific.com)

China Airlines (www.china-airlines.com)

China Eastern Airlines (www.ce-air.com)

China Southern Airlines (www.cs-air.com)

Delta Air Lines (www.delta.com)

Dragonair (www.dragonair.com)

El Al Israel Airlines (www.elal.co.il)

Emirates Airline (www.emirates.com)

Ethiopian Airlines (www.flyethiopian.com)

EVA Airways (www.evaair.com)

Garuda Indonesia (www.garuda-indonesia.com)

Hong Kong Airlines (www.hkairlines.com)

Iran Air (www.iranair.com)

Japan Airlines (www.jal.com) Fliegt auch nach Qingdao, Dalian und Xiamen.

Kenya Airways (www.kenya-airways.com)

KLM (www.klm.nl)

Korean Air (www.koreanair.com) Fliegt auch nach Qingdao und Shenyang.

Lao Airlines (☎in Kunming 0871-312 5748; www.laoairlines.com)

Lufthansa Airlines (www.lufthansa.com)

Malaysia Airlines (www.malaysiaairlines.com)

MIAT Mongolian Airlines (www.miat.com)

Nepal Airlines (www.nepalairlines.com.np)

Pakistan International Airlines (www.piac.com.pk)

Philippine Airlines (www.philippineairlines.com)

Qantas Airways (www.qantas.com.au)

Qatar Airways (www.qatarairways.com)

Royal Jordanian Airlines (www.rj.com)

Scandinavian Airlines (www.sas.dk)
Shanghai Airlines (www.shanghai-air.com)
Silk Air (www.silkair.com)
Singapore Airlines (www.singaporeair.com)
Swiss International Airlines (www.swiss.com)
Thai Airways International (www.thaiairways.com)
Tiger Airways (www.tigerairways.com)
Trans Asia Airways (www.tna.com.tw)
United Airlines (www.ual.com)
Uzbekistan Airways (www.uzairways.com)
Vietnam Airlines (www.vietnamair.com.vn)
Virgin Atlantic (www.virgin-atlantic.com)

Tickets

Die günstigsten Tickets nach Hongkong und China werden häufig online auf Preisvergleichsseiten oder bei Billiganbietern in den chinesischen Vierteln überall auf der Welt angeboten. Preiswerte (Studenten-) Reisebüros bieten günstige Tickets. Am billigsten ist es bei Agenturen, die mit den Chinesen Geschäfte machen, die regelmäßig nach Hause fliegen. Zwischen Juni und September sind Flüge am teuersten.

Die billigsten Chinaflüge bieten Fluglinien, die am Heimatflughafen einen Zwischenstopp einlegen, wie zum Beispiel Air France (über Paris nach Beijing) oder Malaysia Airlines (über Kuala Lumpur nach Beijing).

Die besten Angebote für Direktflüge bieten Chinas internationale Fluglinien, wie China Eastern Airlines, Air China oder China Southern Airlines.

Neben Reise-Websites – z. B. Expedia (www.expedia.com) und Travelocity (www.travelocity.com) – vergleichen Preisvergleichs-Websites für Flüge die besten Angebote von Airline-Websites, Reiseagenturen, Suchmaschinen und anderen Internetquellen; dabei gehen sie sehr gewandt vor, neigen aber dazu, ähnliche Preise zu zitieren. Dazu gehören etwa folgende Websites:

Fly (www.fly.com)
Kayak (www.kayak.co.uk)
Momondo (www.momondo.com)
Travelsupermarket (www.travelsupermarket.com)
Skyscanner (www.skyscanner.net)

Australien

Von Australien aus ist Hongkong ein beliebter Einreiseort nach China. Allerdings kostet es von Australien nach Hongkong in der Regel auch nicht viel weniger als nach Beijing oder Shanghai. Qantas, China Eastern, Air China, China Southern und Cathay Pacific fliegen alle direkt nach Beijing, Shanghai, Hongkong oder Guangzhou. Die preisgünstigsten Flüge gehen über Jakarta, Manila, Bangkok oder Kuala Lumpur.

Europäisches Festland

In der Regel gibt es keine großen Preisunterschiede bei Flügen von den wichtigsten europäischen Städten. Die wichtigsten Fluggesellschaften und Reisebüros bieten normalerweise eine Reihe von Angeboten, deshalb lohnt sich ein Preisvergleich. **STA Travel** (www.statravel.com) und **Nouvelles Frontières** (www.nouvelles-frontieres.fr) haben überall in Europa Niederlassungen.

Großbritannien & Irland

British Airways fliegt Hongkong, Beijing und Shanghai an; Virgin Atlantic fliegt nach Shanghai; China Eastern fliegt nach Shanghai und Hongkong; auch Cathay Pacific fliegt nach Hongkong. Am preiswertesten sind unter anderem China-Flüge mit KLM über Amsterdam, Air France über Paris oder Singapore Airlines über Singapur.

Reisebüros in der Londoner Chinatown, die Flüge nach China anbieten:

Jade Travel (☎020-7734 7726; www.jadetravel.co.uk; 5 Newport Pl.)
Omega Travel (☎020-7439 7788; www.omegatravel.ltd.uk; 53 Charing Cross Rd.)
Reliance Tours Ltd (☎0800 018 0503; www.reliance-tours.co.uk; 12-13 Little Newport St.)

REISEN & KLIMAWANDEL

Fast jede Art der motorisierten Fortbewegung erzeugt Kohlendioxyd (CO_2) – die Hauptursache für den von Menschen ausgelösten Klimawandel. Moderne Reisende sind vom Flugzeug abhängig, und auch wenn sie bezogen auf den einzelnen Kilometer pro Person weniger Sprit verbrauchen als Autos, werden mit ihnen größere Entfernungen zurückgelegt. Aber nicht nur der Kohlendioxidausstoß ist das Problem. Auch weil sie in hohen Schichten der Atmosphäre Treibhausgase freisetzen, sind Flugzeuge große Umweltsünder und tragen zum Klimawandel bei. Viele Websites bieten „Emissionsrechner", mit denen Reisende die CO_2-Emissionen ihrer Reise ausrechnen und die Auswirkung dieser Treibhausgase mit einem Beitrag für klimafreundliche Projekte in der ganzen Welt ausgleichen können. Lonely Planet gleich die CO_2-Bilanz aller Reisen der Mitarbeiter und Autoren aus.

Japan

Täglich gibt's Flüge zwischen Tokio und Beijing; häufige Verbindungen gibt es außerdem zwischen Osaka und Beijing. Von Shanghai nach Tokio und Osaka verkehren ebenfalls täglich Flugzeuge, und es gibt Flüge von Japan in andere wichtige Städte in China, z. B. Guangzhou, Dalian und Qingdao. Bei **STA Travel** (in Tokyo 03-5391 2922; www.statravel.co.jp) schauen.

Kanada

Von Kanada aus kostet es oft mehr, nach Hongkong zu fliegen als nach Beijing. Air Canada bietet täglich Flüge von Vancouver nach Beijing und Shanghai. Air Canada, Air China und China Eastern Airlines bieten manchmal superbillige Preise an.

Neuseeland

Air New Zealand bietet Flüge nach Hongkong und Shanghai; China Southern fliegt täglich nach Guangzhou.

Flight Centre (0800 24 35 44; www.flightcentre.co.nz)

STA Travel (0800 474 400; www.statravel.co.nz)

Singapur

Im Chinatown Point Shopping Centre in der New Bridge Rd. findet sich eine gute Auswahl an Reisebüros. **STA Travel** (6737 7188; www.statravel.com.sg) hat drei Büros in Singapur.

USA

Fluggesellschaften, die von den USA die Strecken nach Shanghai oder Beijing bedienen, sind z. B. Air China, American Airlines, China Eastern, Delta Airlines, Hainan Airlines und United Airlines. Direkt nach Hongkong fliegen American Airlines, Delta Airlines, United Airlines und Cathay Pacific. Die preisgünstigsten Flugverbindungen nach Hongkong bieten chinesische Reisebüros in San Francisco, Los Angeles sowie in New York.

Vietnam

Air China bietet Flüge zwischen Ho-Chi-Minh-Stadt und Beijing, Guangzhou, Shanghai und Hongkong. Vietnam Airlines fliegt von Hanoi nach Shanghai, Guangzhou, Beijing und Hongkong. Flüge mit China Southern Airlines gehen über Guangzhou.

Flussfahrten

Zur Zeit der Recherche war der Schnellbootverkehr zwischen Jinghong in Yunnan nach Chiang Saen in Thailand ausgesetzt; weitere Infos siehe S. 781.

Übers Meer

Japan

Es verkehren wöchentlich Fähren zwischen Osaka und Kobe und Shanghai (siehe S. 238). Von Tianjin (Tanggu) fährt einmal pro Woche eine Fähre nach Kobe in Japan; siehe S. 135. Zweimal pro Woche fahren Schiffe von Qingdao nach Shimonoseki; siehe S. 183.

Bei internationalen Fahrten muss zwei Stunden vor Abfahrt eingecheckt werden.

Südkorea

Internationale Fähren verbinden den südkoreanischen Hafen Incheon mit Weihai, Qingdao (S. 183), Yantai (S. 188), Tianjin (Tanggu; S. 135), Dalian (S. 331) und Dandong (S. 338). Auch zwischen Qingdao und Gunsan (S. 183) fahren Schiffe.

In Seoul gibt es alle Fahrkarten für Schiffe nach China bei der **International Union Travel Agency** (822-777 6722; Zimmer 707, 6. Stock, Daehan Ilbo Gebäude, 340 Taepyonglo 2-ga, Chung-gu). In China sind preiswerte Tickets am Hafen zu haben oder – für einen gesalzenen Aufpreis – beim **China International Travel Service** (CITS; Zhongguo Guoji Lüxingshe).

Wer den Internationalen Passagierterminal in Seoul erreichen möchte, nimmt

Schifffahrtsrouten

den Pendlerzug Seoul-Incheon (U-Bahnlinie 1 vom Stadtzentrum aus) und steigt an der Station Dongincheon aus. Die Zugfahrt dauert 50 Minuten. Von der Station Dongincheon aus sind es entweder 45 Minuten zu Fuß bis zum Fährterminal oder fünf Minuten Fahrt im Taxi.

UNTERWEGS VOR ORT

Zu Bahnreisen in China siehe Kapitel „China mit dem Zug" (S. 1142).

Auto & Motorrad

In China ein Auto zu mieten, war für Ausländer schon immer kompliziert oder unmöglich; auf dem chinesischen Festland ist dies derzeit lediglich in Beijing und Shanghai eine Option – Städte, die regelmäßig kurz vor dem Verkehrsinfarkt stehen. Dazu kommen noch die Gefahren, die für Neulinge unübersichtlichen Verhältnisse auf Chinas Straßen und die Fahrkosten – da ist es dann sinnvoller, mit der U-Bahn oder dem Taxi zu fahren, was in Beijing und Shanghai günstig und praktisch ist. In Hotels können Autos samt Fahrer gemietet werden, aber generell ist es weit billiger und bequemer, stattdessen ein Taxi für einen Tag zu mieten (S. 1141).

Führerschein

Zum Fahren in Hongkong oder Macau ist ein internationaler Führerschein erforderlich. Ausländer dürfen Motorrad fahren, wenn sie in China ansässig sind und einen chinesischen Motorradführerschein besitzen. Internationale Führerscheine werden in China in der Regel nicht anerkannt.

Mieten

An Beijings Capital Airport steht ein **Vehicle Administration Office** (车管所; cheguansuo; ☎010-6453 0010; ⏰Mo–So 9–18 Uhr) zur Verfügung, das eine für drei Monate gültige Fahrerlaubnis ausstellt (ein internationaler Führerschein reicht nicht aus). Für den Antrag wird der Führerschein geprüft und ein einfacher Gesundheitscheck (inklusive Sehtest) durchgeführt. Diese Fahrerlaubnis ist notwendig, um bei Mietagenturen ein Auto ausleihen zu können: **Hertz** (☎400-888-1336; www.hertzchina.com) unterhält Büros am Capital Airport. Im Hertz-Büro (☎021-6085 1900; Terminal 2; ⏰Mo–Fr 8–18 Uhr & Sa–So 9–18 Uhr) am Shanghaier Pudong International Airport nachfragen, wie man eine vorübergehende Fahrerlaubnis für Shanghai bekommen kann. Auch im Zentrum von Beijing und Shanghai gibt es Büros. Die Preise für Mietwagen beginnen bei Hertz ab 230 Yuan pro Tag (bis zu 150 km pro Tag; 20 000 Yuan Kaution). Auch **Avis** (☎400 882 1119) hat ein wachsendes Netzwerk in China; ein Mietwagen kostet hier ab 200 Yuan pro Tag (5000 Yuan Kaution). Infos über Mietwagen in Hongkong und Macau liefern die beiden entsprechenden Kapitel über diese Territorien.

Verkehrsregeln

In China herrscht Rechtsverkehr. Selbst geübte Fahrer sind normalerweise nicht auf das vorbereitet, was sich auf Chinas Straßen abspielt: In den Städten schießen aus allen Ecken Autos hervor, und überall herrscht das Chaos.

Bus

Fernreisebusse (长途公共汽车; *changtu gonggong qiche*) verfügen über ein gut ausgebautes Netz und verbinden auch Städte und Dörfer, die nicht mit dem Zug zu erreichen sind; außerdem existieren immer mehr Schnellstraßen zwischen den Städten, die die Reise verkürzen.

Busse & Busbahnhöfe

Auf Strecken zwischen größeren Städten sind private Busunternehmen mit größeren, saubereren und komfortableren Bussen unterwegs; einige haben sogar eine Toilette und Busbegleiterinnen, die Snacks und Mineralwasser reichen. Kürzere und abgelegenere Strecken werden noch immer von klapprigen Minibussen bedient, in die so viele Menschen wie möglich gestopft werden. Oft fahren die Busse erst ab, wenn sie gefüllt sind, oder sie gondeln endlos durch die Straßen, um zusätzliche Fahrgäste zu finden.

Nacht-/Schlafbusse (卧铺客车; *wopu keche*) verkehren auf beliebten Langstrecken. Die Fahrkarten sind ungefähr doppelt so teuer wie bei normalen Bussen. Die Betten sind jedoch oft sehr kurz; es herrschen klaustrophobische Zustände und im Falle eines Brandes gibt es kaum ein Entkommen.

Die Fahrzeiten, die in diesem Buch bei den Reisen angegeben sind, gelten als ungefähre Richtwerte. Wer berechnen möchte, wie lange eine Busfahrt dauert, ist bei Landstraßen auf der sicheren Seite, wenn er mit einer Durchschnittsgeschwindigkeit von 25 km/h rechnet.

In fast jeder größeren Stadt in China befinden sich ein oder mehrere Busbahnhöfe (长途汽车站; *changtu qichezhan*). Generell lässt sich sagen, dass in einer Stadt der Busbahnhof ungefähr in der Himmelsrichtung liegt, in der auch die Zielorte liegen, die er bedient. In den meisten Busbahnhöfen gibt's eine Gepäckaufbewahrung. In vielen Städten dient der Bahnhofsvorplatz als Busbahnhof.

Tickets

Busfahrkarten werden immer teurer, da die Treibstoffpreise steigen, aber sie sind günstiger und leichter zu bekommen als Zugtickets; einfach zum Busbahnhof gehen und an Ort und Stelle die Fahrkarte kaufen. Wer sein Ticket früher kauft, sitzt weiter vorne; allerdings können Tickets erst am Abreisetag gekauft werden.

Um die Nationalfeiertage kann es schwierig werden, an Fahrkarten zu kommen.

Gefahren & Ärgernisse

Pannen können ein Problem darstellen, und einige ländliche Straßen (hauptsächlich im Südwesten, in Tibet und im Nordwesten) befinden sich in einem schlechten Zustand. Steile Abhänge, Schlaglöcher, unsicherer Fahrbelag und rücksichtslose Fahrer führen zu einer Häufung von Unfällen. Fernreisen in Bussen können sich außerdem beengt und laut gestalten, wenn endlose Hongkongfilme und grauenvolle Karaoke über den Fernseher flimmern. Außerdem drücken die Fahrer permanent auf die Hupe (ein MP3-Player leistet hier hervorragende Dienste für die Nerven). Auf Busreisen bitte Folgendes beachten:

» Sicherheitsgurte sind in vielen Provinzen eine Seltenheit.

» Wer im Winter mit dem Bus zu einem hoch gelegenen Ort fahren will, sollte warme Kleidung bei sich haben. Sonst kann es bei einer Panne in der Eiseskälte unangenehm werden.

» Auf Fahrten durch heiße Gebiete wie die Taklamakan-Wüste sollte außerdem ausreichend Wasser mitgenommen werden.

Fahrrad

Fahrräder (自行车; *zixingche*) sind eine hervorragende Methode, Chinas Städte und Sehenswürdigkeiten kennenzulernen. Auch bei der Erkundung der Umgebung von Städten wie Yangshuo ist ein Fahrrad von unschätzbarem Wert.

Mieten

In immer mehr Städten – Hangzhou zum Beispiel – gibt's Fahrradverleihnetzwerke, die ihre Fahrräder auch an Ausländer vermieten und Andockstationen überall in der Stadt haben. Der Pass und eine ansehnliche Kaution (etwa 300 Yuan) müssen hinterlegt werden, aber die Nutzungsgebühren sind in der Regel sehr preisgünstig mit einer Kostenstruktur, die im Allgemeinen kürzere Fahrten begünstigt (manchmal ist die erste Stunde kostenlos). Auch viele Jugendherbergen vermieten Fahrräder, ebenso Hotels, wobei es dort teurer ist. Fahrradverleihe, die auch an Reisende vermieten, sind jeweils in den Kapiteln der einzelnen Reiseziele aufgeführt.

Fahrräder können tage- oder stundenweise geliehen werden; es besteht sogar die Möglichkeit, sie für mehrere Tage zu bekommen. Die Leihgebühren hängen von der Region ab, beginnen aber in Städten wie Beijing bei 10 bis 15 Yuan pro Tag.

Herumfahren

Wer mit dem Fahrrad in China unterwegs ist, kann gehen, wohin er möchte, sehen, was er möchte – alles im eigenen Tempo. Es ist eine extrem billige und dazu noch sehr authentische Möglichkeit, das Land zu bereisen.

Man hat die sprichwörtliche Freiheit der Bewegung – andererseits, angesichts der Größe des Landes, sind die Kombinationen von Fahrradtouren mit Zugfahrten, Busreisen, Schiffspassagen, Taxifahrten oder Flügen unerlässlich, vor allem um steile Gegenden oder Regionen mit extrem schlechten Straßen oder kaltem Klima vermeiden zu können.

Zu den grundlegenden Gegenständen, die eingepackt werden sollten, gehören Flickzeug, Sonnencreme und anderer Sonnenschutz, wasserfeste, fluoreszierende Reflexionsstreifen und Campingzubehör. Unerlässlich ist angemessene Kleidung, da manche Touren in eine beträchtliche Höhe führen. Straßenkarten auf Chinesisch sind wichtig, um die Einheimischen nach dem Weg fragen zu können.

Bikechina (www.bikechina.com) organisiert Radtouren und ist eine gute Informationsquelle für alle, die mit dem Fahrrad in China unterwegs sind.

Flugzeug

Auch wenn in China riesige Entfernungen zu überwinden sind, ist es für alle, die ausreichend Zeit mitbringen, unkompliziert, mit dem Zug oder Bus durchs Land zu reisen. Besonders das Schnelltrassennetz hat sich im letzten Jahrzehnt enorm ausgedehnt, wodurch Reisezeiten schrumpften und Konkurrenz zu den Fluggesellschaften entstand.

Chinas Luftverkehr ist gut ausgebaut und wächst ständig. Die Luftverkehrsflotte wird sich in den beiden nächsten Jahrzehnten verdreifachen, bis zu 56 neue Flughäfen sollen gebaut und noch mehr sollen erweitert oder nachgerüstet werden. Flugsicherheit und Flugqualität haben sich beträchtlich verbessert, doch die Schnelligkeit der Veränderungen verursacht ganz eigene Probleme: Aufgrund eines schweren Mangels an qualifiziertem Flugpersonal wird China bis 2015 angeblich 18 000 neue Piloten brauchen.

Normalerweise verkehren Shuttlebusse von den Büros der **Civil Aviation Administration of China** (CAAC; Zhongguo Minhang) in den chinesischen Städten – häufig mit weiteren Zwischenstopps – zum jeweiligen Flughafen; siehe Rubrik „Unterwegs vor Ort" in den einzelnen Kapiteln. Bei Inlandsflügen reicht es, eine Stunde vor Abflug am Flughafen zu sein.

Auf jeden Fall sollten die Passagiere den Gepäckschein auf ihrem Ticket aufbewahren, da er bei der Gepäckabholung vorgezeigt werden muss. Stil und Komfort der Flugzeuge variieren. Es wird eventuell eine warme Mahlzeit oder ein kleines Stück Kuchen serviert, und ein Souvenir der Airline gibt's als Präsent dazu. Die Ansagen an Bord sind in chinesischer und englischer Sprache.

Fluglinien in China

Die CAAC ist als Behörde für zivile Luftfahrt für zahlreiche Fluglinien zuständig:

Air China (☎in China 95583; www.airchina.com.cn)

Chengdu Airlines (☎in Chengdu 028-6666 8888; www.chengduair.cc)

China Eastern Airlines (☎in Shanghai 95530; www.ceair.com)

China Southern Airlines (☎in Guangzhou 4006 695 539; www.csair.com/en) Fliegt auf zahlreichen Routen, darunter ab Beijing, Shanghai, Xi'an und Tianjin.

Hainan Airlines (☎in Hainan 950712; www.hnair.com)

Shandong Airlines (☎400-60-96777; www.shandongair.com.cn)

Shanghai Airlines (☎in Shanghai 95530; www.ceair.com) Gehört China Eastern Airlines.

Shenzhen Airlines (☎in Shenzhen 95080; www.shenzhenair.com)

Sichuan Airlines (☎in Chengdu 4008 300 999; www.scal.com.cn)

Spring Airlines (☎in Shanghai 800 820 6222; www.china-sss.com) Fliegt zwischen Shanghai und Touristenzielen wie Qingdao, Guilin, Xiamen und Sanya.

Tianjin Airlines (☎in Tianjin 950710; www.tianjin-air.com)

Einige der oben genannten Airlines haben Tochtergesellschaften. Nicht alle Internetseiten chinesischer Fluggesellschaften sind auf Englisch. Die Abflugzeiten und Ticketpreise sind in den jeweiligen Kapiteln aufgeführt.

Die CAAC veröffentlicht jedes Jahr im April und November einen kombinierten Flugplan für internationale und nationale Flüge auf Englisch und Chinesisch. Diesen Flugplan gibt's in manchen Flughäfen und CAAC-Büros in China zu kaufen. Einzelne Airlines drucken auch Flugpläne, die in den Ticketbüros in China verkauft werden.

Tickets

Außer während der wichtigen Feiertage und Hauptferienzeiten sind Tickets leicht zu bekommen, denn in der Regel gibt es ein Überangebot an Plätzen. Im ganzen Land sind Flugtickets in den CAAC-Büros, Airline-Geschäftsstellen, Reisebüros oder am Reiseschalter der Hotels erhältlich; Reisebüros bieten meist bessere Rabatte als die Büros der Fluglinien. Rabatte sind üblich – Ausnahme: Wochenendflüge in Großstädte wie Shanghai und Beijing, für die meist Normalpreise gelten. Die in diesem Reiseführer angegebenen Preise sind Normaltarife. Gute Schnäppchen gibt's unter www.elong.com, www.ctrip.com oder www.travelzen.com (Anmerkung: Einige Nutzer haben bezüglich Ctrip von Schwierigkeiten mit ausländischen Kreditkarten berichtet). Die Preise beziehen sich auf einfache Flüge, Hin- und Rückflug kosten meist das Doppelte. Wer von Hongkong oder Macau aufs chinesische Festland fliegt, sollte beachten, dass diese Flüge als international eingestuft sind; preiswerter ist es, über Land nach Shenzhen, Zhuhai oder Guangzhou zu fahren und von dort zu fliegen.

Die meisten CAAC- und Reisebüros akzeptieren Kreditkarten. Die Luftverkehrssteuer ist im Ticketpreis enthalten.

Nahverkehr

Das Fernverkehrsnetz ist in China gut ausgebaut, der Nahverkehr ist hingegen weniger brauchbar, außer in Städten mit U-Bahnnetz. Der Nahverkehr ist zwar vielseitig, doch die Fahrzeuge sind häufig langsam und überfüllt, und die Netze für Fremde verwirrend. Ein Mietwagen ist oft unpraktisch, und ein Fahrrad ist auch nicht immer das passende Verkehrsmittel. Wenn es sich nicht um eine kleine Stadt handelt, ist die Erkundung zu Fuß nicht wirklich zu empfehlen. Ein Vorteil des Nahverkehrs: Er ist billig, und Taxis sind allgegenwärtig und preiswert; in großen, touristischen Städten werden die Metronetze derzeit weiterhin rasant erweitert.

Bus

Das Busnetz ist gut ausgebaut, und Busse sind ein hervorragendes Verkehrsmittel, um sich in der Stadt vorwärts zu bewegen, doch Reisende benutzen sie eher selten. Wer in den Bus einsteigt, zeigt einfach auf den Ort, zu dem er möchte, und der Schaffner (der neben der Tür sitzt) verkauft ihm dann die richtige Fahrkarte. Normalerweise sagen die Schaffner den Fremden auch, wo sie aussteigen müssen, sofern sie daran denken. In schaffnerlosen Bussen wirft man beim Einsteigen Geld in einen Schlitz beim Fahrer.

» Fahrkarten sind sehr günstig (normalerweise 1 bis 2 Yuan), allerdings sind die Busse häufig brechend voll.

» Für Nicht-Chinesen ist es schwierig, sich zu orientieren, da die Busstrecken und Haltestellen meist nur auf Chinesisch, nicht aber in Pinyin-Umschrift angegeben sind.

» In Beijing, Shanghai und anderen großen Touristenstädten werden die Haltestellen auf Englisch angesagt.

» Immer Kleingeld dabeihaben, falls es keinen Schaffner gibt.

» Busse, die mit einer Schneeflocke gekennzeichnet sind, sind klimatisiert.

» Bei starkem Verkehr kommen die Busse nur langsam voran.

U-Bahn & Stadtbahn

Mit unterirdischen Verkehrsmitteln oder der Stadtbahn zu fahren, ist schnell, effektiv und billig; die meisten U-Bahnen sind außerdem ziemlich neu, und sie finden sich in immer mehr Städten, einschließlich Beijing, Shanghai, Suzhou, Xi'an, Hangzhou, Tianjin, Chengdu, Shenzhen, Wuhan und Hongkong.

Taxi

Taxis (出租汽车; *chuzu qiche*) sind preiswert und leicht zu finden. Ein Aufkleber auf der Heckscheibe des Taxis zeigt an, wie viel ein Kilometer mit diesem Wagen kostet; die Standgebühr variiert von Stadt zu Stadt und hängt auch von der Größe und Qualität des Autos ab. In der jeweiligen Rubrik „Unterwegs vor Ort" finden sich die entsprechenden Preise.

Es gibt zwar in den meisten Taxis Taxameter, doch es ist nur in den größeren Städten angeschaltet. Wenn es nicht verwendet wird (bei einer Tour außerhalb der Stadt beispielsweise oder wenn für einen halben oder ganzen Tag ein Taxi gemietet wird), sollte vor dem Einsteigen ein Preis vereinbart werden. Am besten den ausgehandelten Preis schriftlich festhalten. Wer die Verwendung des Taxameters wünscht, bittet um *dabiao* (打表). Außerdem immer nach einer Quittung (发票; *fapiao*) fragen; anhand der aufgedruckten Nummer lässt sich der Wagen wieder ausfindig machen, falls etwas im Fahrzeug vergessen wird.

Folgendes beachten:

» Sammelpunkte gibt es vor Bahnhöfen und Fernbusbahnhöfen, aber normalerweise lassen sich Taxis überall gut anhalten.

» Taxifahrer sprechen selten Englisch. Fahrgäste sollten das gewünschte Ziel also auf einem Zettel in chinesischen Schriftzeichen stehen haben.

» Wenn es Verständigungsprobleme gibt, mit dem Handy im Hotel anrufen, damit das Personal dort für einen dolmetscht.

» Taxis lassen sich oft zu vernünftigen Preisen (immer feilschen) für einen halben oder ganzen Tag mieten.

» Wer denselben Fahrer noch einmal haben möchte, fragt nach seiner oder ihrer Karte (名片; *mingpian*).

» In vielen Provinzen fahren Taxis auch die Routen der Langstreckenbusse. Das kostet in der Regel etwa 30% bis 50% mehr, geht aber viel schneller. Man muss nur auf vier weitere Fahrgäste warten.

Andere Nahverkehrsmittel

Eine Vielzahl klappriger Transportmöglichkeiten ist überall in China zu finden; den Preis immer vorher aushandeln (und am besten aufschreiben).

» **Motordreiräder** sind geschlossene, dreirädrige Fahrzeuge (oft kosten sie genauso viel wie ein Taxi).

» **Rikschas** sind die mit Muskelkraft betriebene Version der Motordreiräder.

» **Motorradfahrer** bieten in manchen Städten an, jemanden zum halben Preis einer Taxifahrt mitzunehmen. Ein Helm ist Pflicht – der Fahrer hat einen mit sich zu führen.

Schiff/Fähre

Innerhalb Chinas sind die Schifffahrtsverbindungen eingeschränkt, vor allem auch deshalb, weil es immer mehr Hochgeschwindigkeitsbahntrassen und Expressstrecken gibt. Am meisten verbreitet sind Schiffsverbindungen in solchen Küstenregionen, in denen Reisende ein Schiff benutzen, um vorgelagerte Inseln wie Putuo Shan oder Hainan oder die Inseln vor Hongkong zu besuchen. Die Fähre Yantai–Dalian wird höchstwahrscheinlich erhalten bleiben, denn sie erspart den Reisenden Hunderte von Kilometern Überlandreisen.

Die bekanntest Bootsfahrt ist die drei Tage dauernde Tour auf dem Fluss Jangtse (Chang Jiang) von Chongqing nach Yichang (S. 868). Die Fahrt auf dem Li Jiang von Guilin nach Yangshuo (S. 600) ist ebenfalls bei Reisenden beliebt.

In Hongkong gibt es eine ganze Flotte von Schiffen, die eine Verbindung zu den unzähligen Inseln herstellen. Einige Boote verkehren darüber hinaus zwischen Hongkong und anderen Teilen Chinas – darunter Macau, Zhuhai, Shekou (für Shenzhen) und Zhongshan. Siehe S. 521 für weitere Informationen.

Schiffstickets sind in den Passagierterminals oder in Reisebüros erhältlich.

China mit dem Zug

Züge sind das beste Verkehrsmittel, um über lange Strecken in einem vernünftigen Tempo und mit einigermaßen Komfort durch China zu reisen. Mit dem Zug zu fahren, ist eine abenteuerliche, unterhaltsame und effektive Möglichkeit, das Land zu erkunden. Außerdem sind die Preise für Fahrkarten erschwinglich. Riesige Investitionssummen haben das chinesische Schnelltrassennetz in den letzten Jahren zu einem Motor der Modernisierung gemacht. Auch Reisende, die keine ausgesprochenen Eisenbahnfetischisten sind, werden eine Bahnfahrt faszinierend finden – und nirgendwo sonst sind die Chinesen so relaxed und gesellig.

Das chinesische Schienennetz

Als eines der am besten ausgebauten Schienennetze der Welt erreicht die chinesische Eisenbahn jede entlegene Provinz, und plötzlich gibt es überallhin Schnellzugverbindungen. Verbunden mit Chinas rasender wirtschaftlicher Entwicklung und der damit zusammenhängenden Mobilität, die 1,4 Mrd. Menschen durch das drittgrößte Land der Erde bewegt, war der Ausbau des Schienennetzes in den letzten zehn Jahren wirklich erstaunlich.

Das Schienennetz sollte Ende 2012 insgesamt 110 000 km umfassen.

Seit 2006 fährt auch regelmäßig ein Zug nach Lhasa in Tibet, allen Unkenrufen zum Trotz, dieser sei ohnehin immer verspätet; Reisende können also in Beijing oder Shanghai in den Zug steigen und in Tibets Hauptstadt wieder aussteigen (Tickets nach Lhasa sind allerdings knapp, d. h. es ist einfacher, hinzufliegen und den Zug zurück zu nehmen). Immer weiter reichen die Bahnstrecken nach Tibet hinein, ab 2014 soll es eine Bahnlinie nach Shigatse geben. Tausende Kilometer Schienen werden jedes Jahr neu verlegt, und neue Schnellzüge zischen seit 2007 durch China und lassen einst abschreckende Distanzen schrumpfen. Dauernd tauchen neue, futuristische Bahnhöfe auf, von denen viele Hochgeschwindigkeitsverbindungen bedienen.

Mit der Einführung von Hochgeschwindigkeitszügen der Klassen D, G und C wird für Reisende die Fahrt von einer wichtigen Stadt zur nächsten ein Kinderspiel (wenn auch weit teurer als mit normalen Schnellzügen). Im Jahr 2011 wurde eine ultraschnelle Bahnstrecke zwischen Beijing und Shanghai eingeweiht, die die Fahrtzeit auf etwa fünf Stunden verringert. Ab 2014 soll eine Schnellzugverbindung Beijing und Xi'an verbinden. Die Hochgeschwindigkeitszüge haben den zahlreichen Inlandsflugrouten die Daumenschrauben angelegt; die Züge haben weit weniger Verspätung als die Flüge.

Ein fatales Zugunglück mit Hochgeschwindigkeitszügen, bei dem 2011 in Wenzhou 40 Menschen ums Leben kamen, wurde auf technische Mängel und Managementfehler zurückgeführt. Der Unfall erregte eine Menge öffentliches Aufsehen, vor allem mit Blick auf Japans Schnelltrassennetz, das seit den 1960er-Jahren kein einziges Todesopfer gefordert hat. Nach dem Unglück wurde der Ausbau des (verlustreichen) Hochge-

NORMALE ZÜGE

TYP	PINYIN	CHINESISCH	HÖCHSTGESCHWINDIGKEIT
Z-Klasse (Express)	*zhida*	直达	160km/h
T-Klasse	*tekuai*	特快	140km/h
K-Klasse	*kuaisu*	快速	120km/h

HOCHGESCHWINDIGKEITSZÜGE

TYP	PINYIN	CHINESISCH	HÖCHST-GESCHWINDIGKEIT
C-Klasse	Chengji	城际	350km/h
D-Klasse	Dongche	动车	250km/h
G-Klasse	Gaotie	高铁	350km/h

schwindigkeitsprogramms zurückgefahren; das Netz wächst dennoch weiter.

Internationale Züge nach und von China s. „Verkehrsmittel & -wege" (S. 1134).

Züge

Die Nummern der chinesischen Züge beginnen normalerweise (aber nicht immer) mit einem Buchstaben, der die Kategorie des jeweiligen Zuges anzeigt.

Hochgeschwindigkeitszüge

Die schnellsten, luxuriösesten und teuersten Intercityverbindungen sind die stromlinienförmigen Hochgeschwindigkeitszüge der Kategorien C, D und G. Diese Züge bieten eine Art Shuttleservice zwischen den wichtigsten Städten wie Beijing und Tianjin oder Beijing und Shanghai.

Hochgeschwindigkeitszüge der C-Klasse verkehren derzeit nur zwischen Beijing und Tianjin. Die D-Klasse-Züge waren die ersten Hochgeschwindigkeitszüge, die auf der Bildfläche erschienen; sie gleiten jetzt mit atemloser Geschwindigkeit durch China und bieten beträchtlichen Komfort und regelmäßigen Service. Die wohltemperierten 1.-Klasse-Abteile bieten Ladestationen für Laptops und Handys, die beiden Sitze nebeneinander bieten genügend Beinfreiheit sowie einen Fernseher. Die Abteile der 2. Klasse haben fünf Sitze in zwei Reihen. Die Türen zwischen den einzelnen Abteilen werden auf Knopfdruck geöffnet. Noch schneller als die D-Klasse-Züge sind die Züge der Kategorie G; sie verkehren z. B. zwischen Beijing und Shanghai, Wuhan und Guangzhou sowie Zhengzhou und Xi'an. Platz für Gepäck gibt's in den G-Klasse-Zügen nur sehr limitiert. Die *Shanghai Maglev* ist mit einer Höchstgeschwindigkeit von 431 km/h Chinas schnellster Zug, aber seine Strecke ist auf die 30 km zwischen dem Pudong International Airport und der U-Bahnstation Longyang Rd. begrenzt.

Zu den weniger schnellen Expresszügen gehören die Nachtzüge der Z-Klasse; noch weiter unten in der Hackordnung rangieren die Züge der T- und K-Klasse, die älter und einfacher sind.

Darüber hinaus gibt's nummerierte Züge, die nicht mit einem Buchstaben anfangen; diese Züge heißen *pukuai* (普快) oder *puke* (普客), und sie erreichen Geschwindigkeiten von etwa 120km/h.

Reisen mit dem Zug

Züge in China sind generell sehr pünktlich und außerdem ein recht sicheres Transportmittel, es gibt nur wenige Unfälle. Die Bahnhöfe liegen meist gut erreichbar in Zentrumsnähe. Wer mit dem Nachtzug fährt, erreicht meist am frühen Morgen gut ausgeruht sein Ziel und spart das Geld für eine Hotelübernachtung. Also: vorausplanen, Fahrkarten rechtzeitig buchen und eine Menge Reisezeit durch China einfach verschlafen.

Wer einen großen Bahnhof betritt (z. B. den Bahnhof Shanghai Süd), muss die richtige Wartesaalnummer finden, die am Eingang auf einem beleuchtete Bildschirm angezeigt wird.

Auf der Fahrt rollen Bahnangestellte regelmäßig mit Minibars durch die Abteile, aber hier sind die Preise hoch und die Auswahl beschränkt. An den Bahnhöfen können in kleinen Kiosken am Bahnsteig Mineralwasser und Snacks gekauft werden. Fernzüge sollten einen Speisewagen (餐厅车厢; canting chexiang) haben, der manchmal auch nachts geöffnet ist.

In allen Schlafwagenklassen ist die Bettwäsche sauber und wird vor jeder Fahrt gewechselt; die Betten sind auch wanzenfrei. Die Angestellten sprechen nur selten Englisch; eine Ausnahme können die Hochgeschwindigkeitszüge sein.

Wer mit dem Schlafwagen unterwegs ist, muss sein Papierticket in eine Plastik- oder Metallkarte mit der Schlafabteilnummer eintauschen. Daran erkennt dann auch der Schaffner, wann man aussteigen möchte, weckt einen rechtzeitig und gibt die Fahrkarte zurück. Das Papierticket aufbewahren – es wird eventuell beim Verlassen des Bahnhofs kontrolliert.

Was man auf Bahnreisen tun und was man lassen sollte:

» Nicht erst auf den letzten Drücker am Bahnhof erscheinen, denn die Menschenschlangen am Bahnhofseingang können manchmal schockierend sein.

» Am Bahnhofseingang muss das Gepäck durch einen Sicherheitsscanner geschoben werden.

» Auf lange Reisen sollten ausreichend Essen, Trinken und Snacks mitgenommen werden.

REISEN MIT DER TRANSSIBIRISCHEN EISENBAHN

Die Transsibirische Eisenbahn rollt von Europa aus durch Asien; sie durchquert acht Zeitzonen und über 9289 km Taiga, Steppe und Wüste. Zusammen mit ihren Anschlussstrecken gehört sie zu den berühmtesten und romantischsten Bahnstrecken der Welt.

Tatsächlich handelt es sich dabei eigentlich um drei Bahnen. Die „echte" **Transsibirische** Strecke verläuft von Moskau nach Wladiwostok. Doch die Strecken, die traditionell als Transsibirische Eisenbahn bezeichnet werden, zweigen in Ostsibirien nach Beijing ab.

Da die erste Option China außen vor lässt, werden die meisten Leser dieses Buches entweder die **transmongolische** oder die **transmandschurische** Strecke wählen. Die transmongolische Route (von Beijing nach Moskau, 7865 km) ist schneller, erfordert allerdings ein zusätzliches Visum und einen Grenzübertritt mehr. Ein Vorteil ist hier allerdings, dass man etwas von der Landschaft der Mongolei zu sehen bekommt. Die transmandschurische Route ist länger (von Beijing nach Moskau, 9025 km).

Weitere Einzelheiten finden sich im *Trans-Siberian Railway* von Lonely Planet.

Routen

TRANSMONGOLISCHE BAHNSTRECKE

Die Züge bieten Deluxe-Abteile mit zwei Schlafplätzen (mit gemeinsamer Dusche) sowie Abteile der 1. und 2. Klasse mit je 4 Schlafplätzen. Tickets für 2.-Klasse-/Deluxe-Abteile kosten nach Moskau etwa 4049/6527 Yuan, nach Ulan-Bator 1430/2250 Yuan und Nowosibirsk 3000/4800 Yuan. Für Gruppen sind die Tickets billiger.

» Ab Beijing: Jeden Mittwoch um 7.45 Uhr unternimmt Zug K3 vom Bahnhof Beijing die fünftägige Reise nach Moskau über Datong, Ulan-Bator und Nowosibirsk; am darauf folgenden Montag um 13.58 Uhr erreicht er Moskau.

» Ab Moskau: Dienstags um 21.35 Uhr fährt Zug K4 nach Beijing; dort kommt er am darauf folgenden Montag um 14.04 Uhr an. Abfahrts- und Ankunftszeiten können leicht variieren.

TRANSMANDSCHURISCHE BAHNSTRECKE

Die Züge bieten 1.-Klasse-Abteile mit zwei Schlafplätzen und 2.-Klasse-Abteile mit vier Schlafplätzen; die Preise sind ähnlich wie auf der transmongolischen Strecke.

» Ab Beijing: Samstags um 23 Uhr fährt Zug K19 am Bahnhof Beijing ab und erreicht Moskau (über Manjur) am darauf folgenden Freitag um 17.58 Uhr.

» Ab Moskau: Samstags um 23.55 Uhr fährt Zug K20 in Moskau los und erreicht den Bahnhof Beijing am Freitag darauf um 5.32 Uhr. Abfahrts- und Ankunftszeiten können leicht variieren.

» Wer in einem Sitzwagen fährt, sollte am besten einen Angestellten oder einen Mitreisenden bitten, ihm zu sagen, wann er aussteigen muss.

» Wer einen leichten Schlaf hat, sollte Ohrstöpsel mitnehmen, wenn er in einem Schlafwagen reist – Schnarcher gibt es immer.

Ticketklassen

Es besteht grundsätzlich die Möglichkeit, ein Zugticket nach Antritt der Reise upzugraden (补票; *bupiao*). Wer also zum Beispiel einen Stehplatz hat, sucht sich den Schaffner und kauft bei ihm ein Ticket für einen Hartsitzer, einen Weichsitzer, einen Hartschläfer oder einen Weichschläfer (vorausgesetzt, es gibt noch freie Plätze) oder einen Platz in einer anderen Klasse.

Weichschläfer

Weichschläferabteile sind sehr bequem und gehen ohne Weiteres als mobile Hotels durch; Tickets für Weichschläfer sind viel teurer als die für Hartschläfer und zudem oft ausverkauft – also rechtzeitig reservieren. Der Komfort variiert zwischen den einzelnen Zugklassen; am besten sind die neueren Züge der D- und Z-Klasse. Alle Z-Klasse-Züge haben weiche Schlafplätze mit sehr komfortablen, modernen Kojen. Einige Züge der T-Klasse bieten Zwei-Bett-Abteile mit eigener Toilette an. Die Tickets für die obere Schlafkoje sind billiger als für die un-

Visa

Für die transmongolische Eisenbahn benötigen Reisende Visa für Russland und die Mongolei sowie für China. Dies kann oft zusammen mit den Tickets von einem Reisebüro wie China International Travel Service (CITS) arrangiert werden.

Die Bearbeitung von mongolischen Visa – entweder ein Transitvisum für zwei Tage (180 Yuan) oder ein Touristenvisum für 30 Tage (270 Yuan) – dauert drei bis fünf Tage. Ein Eilvisum gibt's gegen Aufpreis innerhalb eines Tages. Ein Transitvisum ist leicht zu bekommen (einfach einen durchgehenden Fahrschein und ein Visum für das Zielland vorzeigen). Die Bestimmungen für Visa ändern sich häufig, deshalb bei einer mongolischen Botschaft oder einem mongolischen Konsulat nachfragen. Alle mongolischen Botschaften haben in der Woche des Nationalfeiertags (Naadam) geschlossen, der offiziell auf den 11. bis 13. Juli fällt.

Russische Transitvisa (einwöchige/dreitägige/eintägige Bearbeitungszeit 50/80/120 US-Dollar) gelten 10 Tage, wenn man den Zug nimmt, damit bleiben einem am Ende der Reise aber nur drei oder vier Tage in Moskau. Hierfür wird ein Passfoto, der Reisepass und die genaue Summe in US-Dollar, außerdem ein gültiges Einreisevisum für ein Drittland und einen durchgehender Fahrschein von Russland in dieses Drittland benötigt. Es gibt auch ein russisches Touristenvisum für 30 Tage, aber der Bearbeitungsprozess ist kompliziert.

Tickets kaufen

Am besten im Voraus buchen (vor allem im Sommer); im Zentrum Beijings können Tickets bei **CITS** (Zhongguo Guoji Lüxingshe; www.cits.net; ☎010-6512 0507; Beijing International Hotel, 9 Jianguomen Neidajie) gegen einen Aufschlag bequem gekauft und im Voraus gebucht werden. **Monkey Shrine** (www.monkeyshrine.com; Youyi Youth Hostel, 43 Beisanlitun Lu) in Beijing organisiert auch Reisen; die Website ist sehr informativ und bietet eine Broschüre zum Herunterladen. Eine weitere **Niederlassung** (☎852-2723 1376; Liberty Mansion, Kowloon) gibt's in Hongkong.

Nützliche Websites

The Man in Seat 61 (www.seat61.com/Trans-Siberian) Bergeweise Informationen über Reisen mit der Transsibirischen Eisenbahn.

Im Ausland können Tickets (und manchmal auch Visa) über Reiseagenturen gebucht werden:

Intourist UK (www.intouristuk.com)
Russia Experience (☎0845 521-2910; www.trans-siberian.co.uk)
Trans-Sputnik Nederland (www.trans-sputnik.nl)
Vodkatrain (www.vodkatrain.com)

tere. Es kann vorkommen, dass man sein Abteil mit einem vollkommen Fremden teilen muss. Wer schläft, wird vom Personal geweckt, bevor er aussteigen muss; auf diese Weise bleibt genug Zeit, um die Sachen einzupacken.

Weichschläferwaggons umfassen:

» Vier klimatisierte Schlafkojen (oben und unten) in einem geschlossenen Abteil.

» Bettzeug auf allen Schlafplätzen und eine abschließbare Tür zum Gang.

» Mahlzeiten, Flachbildfernseher und Ladestationen auf manchen Strecken.

» Ein kleines Tischchen und Stauraum fürs Gepäck.

» Jedes Abteil ist mit einer Thermoskanne mit heißem Wasser ausgestattet, das vom Personal nachgefüllt wird.

Hartschläfer

Wagen mit harten Schlafplätzen gibt es in den langsameren und weniger modernen T-, K- und N-Klasse-Zügen sowie in Zügen, die nicht mit Buchstaben gekennzeichnet sind. Genau wie Weichschläfer sind sie als Hotel für eine Nacht bestens geeignet. Es gibt einen kleinen Preisunterschied zwischen den nummerierten Schlafkojen: die untersten Kojen (下铺; *xiapu*) sind am teuersten, die obersten (上铺; *shangpu*) am billigsten. Ein guter Tipp ist allerdings die mittlere

Koje (中铺; zhongpu), da die unterste tagsüber von Hinz und Kunz als Sitzplatz und Ablage benutzt wird und der obere Liegeplatz wenig Kopffreiheit bietet und sich nahe bei den Lautsprechern befindet. Wie bei den Weichschläfern wird man auch hier rechtzeitig vor dem Ziel von einem Bediensteten geweckt.

Karten für die harten Liegeplätze sind besonders schwierig zu bekommen – also auf jeden Fall einige Tage im Voraus darum kümmern. Zu erwarten sind:

» Türlose Abteile mit jeweils sechs Schlafkojen, immer drei übereinander.

» Laken, Kissen und Decken auf jeder Koje.

» Rauchverbot.

» Das Licht und die Lautsprecher werden gegen 22 Uhr abgestellt.

» Jedes Abteil hat eine eigene Thermoskanne mit heißem Wasser, das vom Personal nachgefüllt wird.

» Minibars mit Snacks und Getränken werden durch die Wagen geschoben.

» Gepäckablage über dem Fenster.

Sitzplätze

Weiche Sitzplätze sind komfortabler, aber lange nicht so verbreitet wie Hartsitzer. Die Hochgeschwindigkeitszüge der Kategorien D, C und G haben Sitzplätze der 1. Klasse und der 2. Klasse. In den 1.-Klasse-Abteilen gibt's Fernseher, Ladestationen für Handys und Laptops sowie Sitze in Zweierreihen. Auch die Sitze in der 2. Klasse sind sehr komfortabel; die Schaffner sind immer sehr höflich und die Abteile nie überfüllt. In älteren Zügen sind die Abteile oft Doppeldecker und nicht so vornehm wie in den moderneren Hochgeschwindigkeitszügen.

Die schnelleren und vornehmeren C-, D- und G-Klasse-Züge haben keine harten Sitzplätze. Hartsitzer gibt's nur in T- und K-Klasse-Zügen und in Zügen ohne Buchsta-

BAHNSTRECKEN IN CHINA

ROUTE	DAUER	FAHRTKOSTEN (SITZ-/SCHLAFWAGEN)
Beijing West–Liuyuan (nach Dunhuang)	24 Std.	Hart-/Weichschläfer 458/705 Yuan
Beijing West–Guilin	23 Std.	Hartsitzer/Schlafwagen 242/438 Yuan
Beijing –Haerbin	9 Std.	2./1. Klasse 267/333 Yuan
Beijing Süd–Hangzhou	6½ Std.	2./1. Klasse 631/1058 Yuan
Beijing West–Kunming	38 S td.	Hartsitzer/Schlafwagen 320/578 Yuan
Beijing West–Lhasa	44 Std.	Hart-/Weichschläfer 766/1189 Yuan
Beijing Süd–Qingdao	4½ Std.	2./1. Klasse 315/475 Yuan
Beijing Süd–Shanghai	5 Std.	2./1. Klasse 555/935 Yuan
Beijing Süd–Tianjin	33 Min.	2./1. Klasse 55/66 Yuan
Shanghai Hongqiao–Hangzhou	1 Std.	2./1. Klasse 78/124 Yuan
Shanghai –Hong Kong	18½ Std.	Hartsitzer/Schlafwagen 226/409 Yuan
Shanghai –Lhasa	48 Std.	Hartsitzer/Schlafwagen 406/845 Yuan
Shanghai –Nanjing	1½ Std.	2./1. Klasse 135/230 Yuan
Shanghai Hongqiao–Wuhan	6 Std.	2./1. Klasse 265/317 Yuan
Shanghai Hongqiao–Xiamen	8 Std.	2./1. Klasse 339/408 Yuan
Shanghai –Xi'an	14 Std.	Hart-/Weichschläfer 333/511 Yuan
Chengdu–Chongqing Nord	2 Std.	2./1. Klasse 98/117 Yuan
Guangzhou Süd–Shenzhen Nord	40 Min.	2./1. Klasse 75/100 Yuan
Hohhot–Yinchuan	10 Std.	Hart-/Weichschläfer 175/264 Yuan
Kunming–Chengdu	20 Std.	2./1. Klasse 143/263 Yuan
Lanzhou–Ürümqi	21 Std.	Hartsitzer/Hartschläfer 215/390 Yuan
Ürümqi–Kashgar	24 Std.	Hart-/Weichschläfer 345/529 Yuan
Wuhan–Guangzhou Süd	4 Std.	2./1. Klasse 445/710 Yuan
Xi'an–Zhengzhou	2 Std.	2./1. Klasse 230/370 Yuan
Xi'an Nord–Ürümqi	34 Std.	Hart-/Weichschläfer 287/494 Yuan

ZUGTICKETS

TICKETKLASSE	PINYIN	CHINESISCH
Weichschläfer	*ruanwo*	软卧
Hartschläfer	*yingwo*	硬卧
Weichsitzer	*ruanzuo*	软座
Hartsitzer	*yingzuo*	硬座
Stehplatz	*wuzuo* oder *zhanpiao*	无座\站票

ben. Ein Handvoll Züge der Z-Klasse haben auch harte Sitze. Harte Sitzplätze sind zwar gepolstert, aber meist hart an der Grenze zum Ertragbaren; sie sind häufig dreckig, laut und auf langen Strecken schmerzhaft.

Da sich die Einheimischen meist nichts anderes leisten können, sind die Abteile immer überfüllt.

Normalerweise gibt's für die Züge ein Ticket mit einer Sitzplatznummer. Wenn alle Sitzplätze ausverkauft sind, sollte man einen Stehplatz kaufen, um wenigstens in den Zug zu kommen; oft kann dann dort noch ein Upgrade gekauft werden. Falls nicht, muss die Reise allerdings stehend zwischen dem Gepäck (zusammen mit den Rauchern) hinter sich gebracht werden.

Hartsitzer-Abteile in Chinas neueren Zügen sind klimatisiert und weniger überfüllt.

Fahrkartenverkauf

Fahrkarten kaufen

Die Achillesferse in Chinas stark belastetem Eisenbahnsystem ist der Fahrkartenverkauf – hier kann es nervenaufreibend zugehen.

Die meisten Fahrkarten werden als einfache Fahrt verkauft, der Preis hängt von den gefahrenen Kilometern, der Zugkategorie, vorhandener Klimaanlage, der Art des Schlafwagens und der Position der Schlafkoje ab.

Einige Tipps zum Fahrkartenkauf:

» Niemals versuchen, am Reisetag noch einen Hartschläfer (zunehmend gilt das auch für Weichschläfer) zu ergattern – im Voraus planen.

» Die meisten Fahrkarten lassen sich zwischen zwei und zehn Tage vor dem geplanten Abfahrtsdatum buchen.

» Fahrkarten für Hartsitzerwagen lassen sich normalerweise auch kurzfristig mühelos kaufen, aber es könnte dann ein Stehplatz sein und kein nummerierter Sitz.

» Fahrkarten können nur in bar bezahlt werden.

» Wer eine Fahrkarte kaufen will, braucht an allen Ticketschaltern seinen Reisepass (die Passnummer wird auf das Ticket gedruckt).

» Die meisten Fahrkartenautomaten (z. B. am Shanghaier Bahnhof) erfordern einen chinesischen Ausweis, der Reisepass funktioniert hier nicht; am Fahrkartenschalter anstellen.

» Fahrkarten für Hartschläfer sind normalerweise in jeder größeren Stadt erhältlich, im ländlichen Hinterland kann's aber schwierig werden, sie zu bekommen.

» Wie bei Flugreisen ist es besonders schwierig, rund ums Chinesische Neujahrsfest und in den Ferien um den 1. Mai und den 1. Oktober eine Fahrkarte zu kaufen. Auf manchen Strecken steigen dann die Preise.

» Tickets für viele Strecken (z. B. nach Lhasa) können im Juli und August schwer erhältlich sein, deshalb sollte man damit rechnen, zu entfernten Zielen fliegen zu müssen.

» Wer eine Fahrkarte am Bahnhof kaufen möchte, sollte damit rechnen, bis zu einer halben Stunde anstehen zu müssen.

» Am besten versuchen, ein Ticketbüro außerhalb des Bahnhofs zu benutzen (Adressen sind überall im Buch aufgeführt).

» Keine Fahrkarten auf dem Schwarzmarkt kaufen: Die Passnummer muss auf dem Ticket stehen.

» Verlorene Tickets werden nicht erstattet.

Auf der Fahrkarte stehen:

» Die Zugnummer.

» Abfahrts- und Zielort auf Chinesisch und Pinyin.

» Reiseuhrzeit und Reisedatum.

» Wagen- und Sitz- (bzw. Kojen-)Nummer.

» Ticketpreis.

» Passnummer (zweite von unten).

Fahrkartenschalter

Die Fahrkartenschalter (售票厅; *shoupiaoting*) in den Bahnhöfen befinden sich meist auf einer Seite des Haupteingangs. Fahrkartenautomaten gibt's nur für wenige Strecken und sie nehmen meistens keine ausländischen Pässe an. In großen Bahnhöfen sollte es einen Schalter geben, hinter dem jemand sitzt, der einigermaßen Englisch spricht.

Als Alternative bieten sich unabhängige Fahrkartenbüros an, die oft anderswo in der Stadt liegen.

Hier können Fahrkarten ohne Menschenschlangen, dafür mit einem Aufschlag von 5 Yuan gekauft werden – oft eine lohnende Investition. Diese Ticketbüros sind überall in diesem Buch angegeben. Manchmal verkaufen auch größere Postämter

Fahrkarten. Auch Hotels oder Reisebüros können – gegen Aufpreis – Fahrkarten auftreiben.

Es gibt auch einen telefonischen Buchungsservice – allerdings nur auf Chinesisch.

Online gibt's Fahrkarten unter www.12306.cn, aber die Website ist nur auf Chinesisch, außerdem wird dafür eine chinesische Bankkarte benötigt. Billiger ist es allerdings, die Fahrkarte am Bahnhof zu kaufen. Aber man kann auch im Internet Tickets buchen unter:

Travel China Guide (www.travelchinaguide.com)

China Trip Advisor (www.chinatripadvisor.com)

China Train Timetable (www.china-train-ticket.com)

Für Züge von Hongkong nach Shanghai, Guangzhou oder Beijing können bei **KCRC** (www.mtr.com.hk) online Tickets ohne Aufschlag bestellt werden.

Auch Zugfahrpläne auf Englisch gibt's auf diesen Websites; gedruckte Fahrpläne für das ganze Land (7 Yuan), die im April und Oktober herauskommen, gibt's nur auf Chinesisch.

Wer ein ungenutztes Ticket zurückgeben möchte, erhält eine Rückzahlung (退票; *tuipiao*) in Höhe von 80 % des Fahrpreises, in großen Bahnhöfen gibt's hierfür einen extra Schalter.

Infos im Internet

Seat 61 (www.seat61.com/China.htm)

Travel China Guide (www.travelchinaguide.com)

Tielu (www.tielu.org, auf Chinesisch)

China Tibet Train (www.chinatibettrain.com)

Gesundheit

China ist aus gesundheitlicher Sicht ein einigermaßen problemloses Reiseland. Dennoch sind einige Dinge zu beachten. Bereits vorhandene Gesundheitsprobleme und Verletzungen (vor allem durch Verkehrsunfälle) sind die Hauptgründe für lebensbedrohliche Probleme. Es ist trotzdem nicht ungewöhnlich, dass Reisende in China krank werden. Außerhalb der großen Städte ist die medizinische Versorgung häufig unzureichend. Durch das Essen oder Wasser ausgelöste gesundheitliche Probleme treten häufig auf. In einigen Teilen des Landes ist auch noch Malaria verbreitet. Hauptsächlich in Tibet kann außerdem die Höhenkrankheit zum Problem werden.

Im Falle eines Unfalls oder einer Krankheit ist es am besten, mit einem Taxi direkt in das nächstgelegene Krankenhaus zu fahren.

Die folgenden Hinweise sind nur allgemeiner Natur und ersetzen nicht den Rat eines auf Reisemedizin spezialisierten Arztes.

VOR DER REISE

» Medikamente sollten in ihrer Originalverpackung mitgenommen werden. Darauf achten, dass sie deutlich beschriftet sind.

» Ist die regelmäßige Einnahme von Medikamenten erforderlich, besser die doppelte Menge mitnehmen, falls etwas verloren geht oder gestohlen wird.

» Ein unterschriebener und datierter Brief des (Haus-) Arztes mit einer Beschreibung des Gesundheitszustands sowie der einzunehmenden Medikamente (Wirkstoffe) ist ebenfalls hilfreich.

» Wer Spritzen oder Nadeln bei sich hat, muss auf jeden Fall ein Schreiben des Arztes besitzen, in dem deren medizinische Notwendigkeit erklärt wird.

» Reisenden mit Herzleiden wird empfohlen, die Kopie eines EKGs bei sich zu haben, das direkt vor Reisebeginn erstellt wurde.

» Vor der Reise zum Zahnarzt gehen.

» Brillenträgern wird empfohlen, eine Ersatzbriulle und ein Rezept dabei zu haben.

» In China sind viele Medikamente ohne ärztliches Rezept erhältlich, jedoch nicht alle. Im Allgemeinen ist es nicht ratsam, vor Ort Medikamente zu kaufen, ohne zuvor einen Arzt befragt zu haben. Nachgemachte Medikamente, falsche Aufbewahrung oder abgelaufene Wirkstoffe sind so weit verbreitet, dass es besser ist, eigene Medikamente mitzubringen.

Impfungen

» Auf Reisemedizin spezialisierte Kliniken sind die beste Informationsquelle und können je nach Reiseziel individuell beraten. Dabei werden bereits vorhandene Impfungen, die Reisedauer, die geplanten Aktivitäten und der Gesundheitszustand sowie eine etwaige Schwangerschaft berücksichtigt.

» Sechs bis acht Wochen vor der Abreise zum Arzt gehen, da die meisten Impfungen nicht sofort schützen; oft sind für den vollen Schutz mehrere Impfungen notwendig.

» Nach einem Internationalen Impfausweis (gelbes Büchlein) fragen, in dem alle Impfungen aufgeführt sind, die man bekommen hat.

» Nur die Impfung gegen Gelbfieber ist vorgeschrieben.

» Ein Beleg der Impfung gegen Gelbfieber wird nur gefordert, wenn der Reisende innerhalb der sechs Tage vor seiner Einreise nach China ein Land besucht hat, in dem Gelbfieber vorkommt. Wer direkt aus Südamerika oder Afrika nach China reisen will, sollte sich bei einer auf Reisemedizin spezialisierten Klinik erkundigen, ob eine Impfung gegen Gelbfieber nötig ist.

Reiseapotheke

Empfohlener Inhalt der persönlichen Reiseapotheke (Wirkstoffe genannt):

» Abführmittel, z. B. Bisacodyl

» Abschwellendes Mittel (Nasentropfen), z. B. Xylometazolin; auch an ein Mittel gegen Husten sollte gedacht werden

» Acetazolamid gegen Höhenkrankheit, falls die Reise in hoch gelegene Regionen führt

» Antibakterielle Salbe mit Kamille

» Antibiotikum/Penicillin gegen Hauterkrankungen, z.B. Amoxicillin/Clavulansäure

» Antibiotikum gegen Durchfall, beispielsweise Ciprofloxacin bei bakteriellem Durchfall; oder Tinidazol bei Giardia-Erregern bzw. Amöbenruhr

» Antihistaminica, beispielsweise Cetirizin für tagsüber und Promethazin für die Nacht

» Antimykotikum gegen Pilzerkrankungen, z.B. Clotrimazol

» Antiseptikum zur Wunddesinfektion, z.B. Triclosan, Chlorhexidin

» Elastische Binden, Bandagen, Verbandsmull, Thermometer (ohne Quecksilber), sterile Nadeln und Spritzen, Sicherheitsnadeln und Pinzette

» Ibuprofen oder ein anderes entzündungshemmendes Mittel

» Insektenschutzmittel auf DEET-Basis

» Jodtabletten zur Reinigung von Wasser (nicht bei Schwangerschaft oder Problemen mit der Schilddrüse)

» Krampflösendes Mittel bei Magenkrämpfen, z.B. Butylscopolamin

» Lösung zur Oralen Rehydration (z.B. Elektrolyt-Glucose-Präparat) bei Durchfall, „Durchfallstopper" (z.B. Loperamid) und ein Medikament gegen Übelkeit/Erbrechen (z.B. Metoclopramid, Dimenhydrinat)

» Mittel gegen Magenverstimmung, beispielsweise mit Magaldrat

» Mittel mit Goldrutenextrakt oder Schachtelhalm für Reisende, die zu Harnwegsinfektionen neigen

GESUNDHEITSBERATUNG

Generell ist es eine gute Idee, gegebenenfalls vor der Abreise die Gesundheitshinweise auf der Internetseite des Auswärtigen Amts oder vergleichbarer Institutionen zu lesen.

Deutschland
(www.auswaertiges-amt.de) Infos stehen unter dem Reiter Länder, Reise, Sicherheit

Österreich
(www.bmeia.gv.at/aussenministerium/buergerservice/reiseinformation/a-z-laender/china-de.html)

Schweiz
(www.eda.admin.ch/eda/de/home/travad/preper.html)

» Mittel zur Behandlung einer vaginalen Pilzinfektion, z.B. Povidon-Iod

» Paracetamol

» Permethrin zum Imprägnieren von Kleidung und Moskitonetzen

» Sonnenschutzmittel

» Salbe gegen eventuellen Ausschlag, eventuell mit dem Wirkstoff Hydrokortison (1% bis 2%)

Infos im Internet

Centers for Disease Control & Prevention (CDC; www.cdc.gov)

Lonely Planet (www.lonelyplanet.com)

MD Travel Health (www.mdtravelhealth.com) Die Seite bietet umfangreiche medizinische Empfehlungen für jedes Land; täglich aktualisiert.

Weltgesundheitsorganisation (WHO; www.who.int/ith) Gibt die hervorragende Broschüre *International Travel & Health* heraus; das Heft wird jährlich aktualisiert und kann im Internet kostenlos heruntergeladen werden.

Noch mehr Lektüre

Healthy Travel – Asia & India (Lonely Planet; nur auf Englisch) Handliches Taschenformat mit vielen nützlichen Infos.

Traveller's Health von Dr. Richard Dawood (auf Englisch).

Travelling Well (www.travellingwell.com.au) von Dr. Deborah Mills (auf Englisch); auch als PDF-Download erhältlich.

Versicherung

» Selbst fitte und gesunde Traveller sollten nicht ohne Krankenversicherung reisen, denn Unfälle können immer passieren.

» Immer alle gesundheitlichen Beeinträchtigungen angeben (die Versicherungsgesellschaft wird immer prüfen, ob die Erkrankung schon vorher bestand; und wenn dies der Fall ist, gilt der Versicherungsschutz nicht).

» Für Adventure-Aktivitäten, wie beispielsweise Klettern oder Skifahren, kann ein besonderer Schutz erforderlich sein.

» Wer nicht für eine entsprechende Versicherung gesorgt hat, muss bei einem Notfall für seine Rechnung tief in die Tasche greifen: Rechnungen von über 75000 Euro sind nicht ungewöhnlich.

» Auf jeden Fall alle Belege über medizinische Ausgaben aufbewahren.

IN CHINA

Medizinische Versorgung

In den großen Städten gibt es inzwischen einige gute Kliniken, die Reisende versorgen. Obwohl sie in der Regel teurer sind als örtliche Einrichtungen, fühlen sich Ausländer eventuell wohler, wenn sie von einem Arzt versorgt werden, der im Westen studiert hat und ihre Sprache spricht. Diese Krankenhäuser stehen gewöhnlich in guter Verbindung mit den besten örtlichen Kliniken und haben für den Notfall eines Rücktransports einen engen Kontakt zu Versicherungsunternehmen.

Wenn es sich nur um ein kleineres Gesundheitsproblem handelt (z. B. Durchfall), reicht im Allgemeinen die Selbstmedikation aus, falls man die entsprechenden Arzneimittel bei sich hat und kein Krankenhaus aufsuchen kann. Sollte der Verdacht aufkommen, an einer ernsthaften Krankheit zu leiden (vor allem Malaria), muss allerdings schnell gehandelt werden: Sofort das nächste gute Krankenhaus aufsuchen. Die Adresse der nächstgelegenen vertrauenswürdigen medizinischen Einrichtung erfahren Reisende über ihre Versicherung oder die Botschaft.

Infektionskrankheiten

Dengue-Fieber

Diese durch Moskitos übertragene Krankheit tritt in einigen Teilen Südchinas auf. Man kann sich nur davor schützen, indem man Moskitostiche verhindert – es gibt keine Impfung. Der Moskito, der das Dengue-Fieber überträgt, sticht sowohl tagsüber als auch nachts, sodass immer Insektenschutzmittel verwendet werden sollte. Zu den Symptomen zählen hohes Fieber sowie starke Kopf- und Gliederschmerzen. Manche Menschen bekommen außerdem Ausschlag und Durchfall. Es gibt keine spezielle Behandlung – es helfen nur Ruhe und Paracetamol, kein Aspirin! Betroffene müssen zur Diagnose und Überwachung einen Arzt aufsuchen.

Hepatitis A

Diese Infektionskrankheit ist in ganz China ein Problem. Sie wird durch verunreinigtes Wasser oder Lebensmittel übertragen und greift die Leber an. Hepatitis A führt zu einer Gelbsucht (gelbe Haut und Augen), Übelkeit und Lethargie. Es gibt keine spezielle Behandlung; Erkrankte müssen der Leber einfach Zeit geben, sich zu erholen. Wer nach China reist, sollte sich auf jeden Fall gegen Hepatitis A impfen lassen.

Hepatitis B

Diese Krankheit wird ausschließlich durch den Austausch von infizierten Körperflüssigkeiten (v. a. beim Sex) übertragen und kann durch eine Impfung verhindert werden. Zu den Spätfolgen können Leberkrebs und Leberzirrhose gehören. Wer nach China reist, sollte sich auf jeden Fall gegen Hepatitis B impfen lassen.

Japanische Enzephalitis

Eine unter Reisenden seltene Erkrankung. Dennoch wird eine Impfung denjenigen empfohlen, die während der Sommermonate mehr als einen Monat in ländlichen Gebieten oder insgesamt mehr als drei Monate in China verbringen. Es gibt keine Behandlungsmöglichkeit. Ein Drittel der infizierten Menschen stirbt, während ein weiteres Drittel einen bleibenden Hirnschaden davonträgt.

Malaria

Malaria ist in China fast ausgerottet und stellt in der Regel in den großen Städten oder Touristenregionen für Urlauber kein Risiko dar. Die Krankheit tritt vor allem im ländlichen Südwesten auf – an der Grenze zu Myanmar, Laos und Vietnam – hauptsächlich in Hainan, Yunnan und Guangxi. Ein geringes Risiko besteht auch in abgelegenen Regionen von Fujian, Guangdong, Guangxi, Guizhou und Sichuan.

Zum Schutz vor Malaria bietet sich die Kombination zweier Strategien an: Abwehr von Moskitos und Medikamente gegen Malaria. Die meisten Menschen, die daran erkranken, haben die falschen oder gar keine Malariamittel eingenommen. Reisende sollten stehts Insektenschutzmittel verwenden, um sich gegen alle von Insekten übertragenen Krankheiten zu schützen – nicht nur Malaria:

» Auf nackte Haut ein Insektenschutzmittel auf DEET-Basis auftragen. Natürliche Abwehrmittel wie Citronella können wirksam sein, müssen jedoch häufiger aufgetragen werden als Produkte mit DEET.

» Unter einem mit Permethrin getränkten Moskitonetz schlafen.

» Unterkünfte mit Fliegengitter und Ventilator bevorzugen (wenn es keine Klimaanlage gibt).

» In Regionen mit erhöhtem Risiko Kleidung mit Permethrin imprägnieren.

» Langärmelige Hemden und lange Hosen in hellen Farben tragen.

» Moskitospiralen verwenden.

» Im Zimmer Insektenschutzmittel versprühen, bevor man zum Abendessen geht.

Schistosomiasis (Bilharziose)

Diese Krankheit tritt im zentralen Tal des Jangtse (Chang Jiang) auf. Sie wird im Wasser von winzigen Würmern übertragen, die verschiede Arten von

EMPFOHLENE IMPFUNGEN

Die Weltgesundheitsorganisation (WHO) empfiehlt China-Reisenden die folgenden Impfungen:

Diphtherie und Tetanus Einzelne Auffrischungsimpfung empfohlen, falls in den letzten 10 Jahren keine stattgefunden hat. Nebenwirkungen: Schmerzen im Arm und Fieber. Es gibt auch eine neue Diphtherie-Impfung, die mit einer Impfung gegen Keuchhusten kombiniert ist und evtl. vom Arzt empfohlen wird.

Hepatitis A Bietet fast hundertprozentigen Schutz für bis zu einem Jahr. Eine Auffrischungsimpfung nach 12 Monaten sichert Schutz für weitere 20 Jahre. Leichte Nebenwirkungen wie Kopfschmerzen und Schmerzen im Arm treten in 5 bis 10 % der Fälle auf.

Hepatitis B Heutzutage Routineimpfung bei den meisten Reisenden. Über sechs Monate verteilt werden drei Spritzen verabreicht. Es gibt auch ein Schnellverfahren sowie eine Kombi-Impfung mit Hepatitis A. Selten treten leichte Nebenwirkungen auf, gewöhnlich Kopfschmerzen und Schmerzen im Arm. Bei 95 % aller Geimpften hält der Impfschutz lebenslang.

Masern, Mumps und Röteln Zwei Dosen der MMR-Impfung werden Personen empfohlen, welche diese Erkrankungen nicht bereits hatten. Gelegentlich treten eine Woche nach der Impfung ein Ausschlag und eine grippeähnliche Erkrankung auf. Viele Erwachsene unter 40 Jahren brauchen eine Nachimpfung.

Typhus Empfohlen, wenn die Reise länger als eine Woche dauert. Die Impfung bietet einen etwa 70%igen Schutz, hält zwei bis drei Jahre und besteht aus einer einzigen Spritze. Es sind auch Tabletten erhältlich; dennoch wird in der Regel die Injektion empfohlen, da sie weniger Nebenwirkungen hat. Schmerzen im Arm und Fieber können auftreten. Inzwischen gibt es auch eine einzelne Spritze, in der die Impfstoffe gegen Hepatitis A und Typhus kombiniert sind.

Windpocken Wer noch keine Windpocken hatte, sollte seinen Arzt auf diese Impfung ansprechen.

Die folgenden Schutzimpfungen werden Reisenden empfohlen, die länger als einen Monat in China bleiben wollen oder spezielle Risikofaktoren aufweisen:

Grippe Eine einzelne Spritze bietet Schutz für ein Jahr und wird Menschen über 65 und Personen empfohlen, die eine Herz- oder Lungenkrankheit haben.

Japanische Enzephalitis Eine Folge von drei Spritzen zur Grundimmunisierung und eine Auffrischung alle zwei Jahre. Empfohlen für Reisende, die im Sommer mehr als einen Monat in ländlichen Regionen verbringen oder insgesamt länger als drei Monate in China bleiben.

Lungenentzündung Eine einzelne Spritze sowie alle fünf Jahre eine Nachimpfung. Empfohlen für Reisende über 65 oder Personen mit Erkrankungen, die das Immunsystem schwächen, wie Herz- oder Lungenkrankheiten, Krebs und Aids.

Tollwut Insgesamt drei Spritzen. Eine Auffrischung nach einem Jahr bietet dann Schutz für zehn Jahre. Nebenwirkungen sind selten, gelegentlich Kopfschmerzen und Schmerzen im Arm.

Tuberkulose Eine komplizierte Angelegenheit – Langzeitreisenden mit erhöhtem Risiko wird in der Regel statt einer Impfung geraten, vor und nach der Reise einen TB-Hauttest zu machen. Es ist während der gesamten Lebenszeit nur eine einzige Impfung nötig. Kinder unter fünf Jahren, die mehr als drei Monate in China verbringen, sollten geimpft werden.
Kinder und schwangere Frauen sollten vor der Reise den Rat eines auf Reisemedizin spezialisierten Arztes einholen.

Süßwasserschnecken in Flüssen, Strömen, Seen – vor allem hinter Staudämmen – infizieren. Der Wurm dringt über die Haut in den Körper ein und befällt den Darm oder die Harnblase. Oft löst die Infektion keine Symptome aus, bis die Krankheit fortgeschritten (mehrere Monate bis Jahre nach der Ansteckung) und die Schädigung der inneren Organe nicht mehr rückgängig zu machen ist. Je früher die Infektion diagnostiziert wird, desto besser sind die Behandlungsmöglichkeiten.

» Die beste und einfachste Möglichkeit der Vorbeugung ist, nicht in verseuchtem Wasser zu schwimmen oder zu baden.

» Ein Bluttest ist die zuverlässigste Methode, um die Krankheit zu diagnostizieren; doch der Test ist erst Wochen nach der Infizierung positiv.

Tollwut

Tollwut entwickelt sich in China zunehmend zum Problem. Diese tödliche Krankheit wird durch den Biss oder Zungenkontakt eines infizierten Tiers übertragen – meistens durch einen Hund. Wer von einem Tier gebissen wurde, sollte sofort danach zum Arzt gehen und mit der Behandlung beginnen. Wer sich vor der Reise impfen ließ, braucht nur eine deutlich vereinfachte Behandlung nach dem Biss.

Nach einem Biss:

» Die Wunde vorsichtig mit Wasser und Seife auswaschen und ein antiseptisches Mittel auf Jodbasis auftragen.

» Wer nicht geimpft ist, muss so schnell wie möglich das Tollwut-Immunglobulin verabreicht bekommen, dem innerhalb des folgenden Monats eine Serie von fünf Spritzen folgt. Geimpfte benötigen nach einem Biss lediglich zwei Spritzen.

» Die Versicherung kennt die nächstgelegene Klinik, die das Immunglobulin und Spritzen vorrätig hat. Außerhalb großer Städte ist das Immunglobulin meistens nicht verfügbar. Es ist allerdings ganz entscheidend, möglichst schnell ein Krankenhaus aufzusuchen, in dem das Immunglobulin vorhanden ist, wenn der Biss die Haut verletzt hat.

Typhus

Diese ernste bakterielle Infektion wird durch Lebensmittel und Wasser übertragen. Zu den Symptomen zählen Kopfschmerzen und hohes, langsam steigendes Fieber, eventuell trockener Husten und Magenschmerzen. Achtung: Die Impfung garantiert keinen hundertprozentigen Schutz, sodass man immer darauf achten sollte, was man isst und trinkt. Wer mehr als eine Woche in China verbringt, sollte sich impfen lassen.

Durchfallerkrankungen

Zwischen 30 und 50 % der Urlauber leiden innerhalb der ersten beiden Wochen nach Reiseantritt unter Durchfallerkrankungen. In den meisten Fällen wird der Durchfall durch Bakterien ausgelöst. Aus diesem Grund führt eine Behandlung mit einem Antibiotikum schnell zum Erfolg.

Für den Erkrankten ist es wichtig, genügend Flüssigkeit aufzunehmen. Dazu eignen sich Rehydrationslösungen wie Elotrans am besten. Ein Antibiotikum – z. B. Ciprofloxacin – tötet die Bakterien schnell ab. Loperamid unterdrückt nur die Symptome, bekämpft aber nicht die Ursache. Es kann jedoch nützlich sein, wenn beispielsweise eine lange Busfahrt ansteht. Loperamid sollte nicht bei Fieber eingenommen werden oder wenn Blut im Stuhl ist. Falls ein passendes Antibiotikum nicht anschlägt, muss sofort ein Arzt aufgesucht werden.

» Nur in Restaurants essen, die viele Kunden haben.

» Nur frisch zubereitetes Essen essen.

» Essen, das lange auf Buffets steht, vermeiden.

» Alle Früchte schälen, Gemüse kochen und Salat mindestens 20 Min. in jodiertes Wasser legen.

TRINKWASSER

Wer folgende Regeln beachtet, kann Krankheiten vermeiden:

» Niemals Leitungswasser trinken.

» In Flaschen abgefülltes Wasser ist in der Regel sicher – beim Kauf gründlich prüfen, ob das Siegel unversehrt ist.

» Eiswürfel meiden.

» Kein frisches Obst essen – es könnte mit Leitungswasser gewaschen sein.

» Wasser abzukochen ist die effektivste Methode, es zu reinigen.

» Das beste chemische Reinigungsmittel für Wasser ist Jod. Schwangere oder Menschen mit Schilddrüsenproblemen sollten es nicht verwenden.

» Wasserfilter filtern normalerweise auch Viren. Der Filter sollte eine chemische Barriere (z. B. Jod) enthalten und Poren haben, die kleiner als vier Mikrometer sind.

Amöbenruhr

Amöbenruhr kommt heutzutage unter Reisenden selten vor. Die Symptome sind ähnlich wie bei einer bakteriellen Durchfallerkrankung – also Fieber, blutiger Durchfall und allgemeines Unwohlsein. Wenn bei einem Durchfall Blut im Stuhl ist, sollte auf jeden Fall verlässliche medizinische Hilfe in Anspruch genommen werden. Zur Behandlung werden zwei Wirkstoffe eingesetzt: zuerst Tinidazol oder Metronidazol, um die Parasiten im Darm abzutöten, und danach ein anderes Mittel, um die Zysten zu zerstören. Wird die Amöbenruhr nicht behandelt, können Leber- oder Darmabszesse auftreten.

Darmwürmer

Diese Parasiten kommen vor allem in ländlichen tropischen Gegenden vor. Manche werden mit der Nahrung aufgenommen, etwa durch halbgares Fleisch (z. B. der Bandwurm), andere dringen über die Haut ein (z. B. der Hakenwurm). Oft weisen Betroffene einige Zeit lang keine Anzeichen eines Befalls auf. Obwohl der Krankheitsverlauf meistens nicht besorgniserregend ist, können bei fehlender Behandlung später ernste Gesundheitsprobleme auftreten. Nach der Rückkehr in die Heimat könnte eine Stuhluntersuchung sinnvoll sein.

Giardiasis

Die Giardien sind Parasiten, die unter Travellern recht verbreitet sind. Zu den Symptomen zählen Übelkeit, Blasenbildung, starke Blähungen, Müdigkeit sowie anhaltender Durchfall. Häufig werden übel riechende Rülpser dem Parasiten zugeschrieben, doch bei Untersuchungen in Nepal stellte sich heraus, dass diese nicht charakteristisch sind. Giardiasis geht eventuell auch ohne Behandlung vorbei, doch das kann Monate dauern. Am besten wird Giardiasis mit Tinidazol behandelt, zweite Wahl ist Metronidazol.

Gesundheitsrisiken

Hitzeschäden

Dehydrierung oder Salzmangel können die Ursache für Hitzeschäden sein. Deshalb müssen Reisende sich genügend Zeit lassen, um sich an hohe Temperaturen zu gewöhnen, ausreichend Flüssigkeit zu sich nehmen und zu große körperliche Anstrengungen vermeiden.

Die Symptome eines Salzmangels sind Müdigkeit, Lethargie, Kopfschmerzen, Schwindelgefühl und Muskelkrämpfe. Salztabletten können Abhilfe schaffen, allerdings ist es noch besser, sein Essen zusätzlich großzügig zu salzen.

Höhenkrankheit

In Tibet, Qinghai und Xinjiang werden Busreisen angeboten, die in Höhen von über 5000 m führen. Es nimmt normalerweise mehrere Wochen in Anspruch, bis sich der Körper an solche extremen Höhen gewöhnt hat. Dennoch überwinden Reisende die Distanz vom Meeresspiegelniveau ins Hochgebirge häufig innerhalb kurzer Zeit – das ist keine gute Idee! Die akute Höhenkrankheit (engl. acute mountain sickness, AMS) wird durch einen schnellen Aufstieg in Höhen von über 2700 m ausgelöst. Meistens beginnen die Beschwerden 24 bis 48 Stunden nach der Ankunft in der Höhe. Zu den Symptomen der Höhenkrankheit zählen Kopfschmerzen, Übelkeit, Müdigkeit und Appetitlosigkeit – ein ähnliches Gefühl wie beim Kater am Morgen nach zu viel Alkohol ...

Wer unter der Höhenkrankheit leidet, darf sich vor allen Dingen nicht noch höher hinauf begeben. Denn andernfalls verschlechtert sich der Zustand zwangsläufig, sodass ernstere und sogar tödliche Formen der Krankheit auftreten können. Dazu gehören Lungenödeme (high altitude pulmonary oedema, HAPE) und Hirnödeme (high altitude cerebral oedema, HACE). Beide Ausprägungen der Höhenkrankheit sind medizinische Nofälle. Da es in China keine ähnlichen Bergungsmöglichkeiten gibt wie im nepalesischen Himalaya, ist Vorbeugung der beste Schutz.

Die Höhenkrankheit kann durch einen allmählichen langsamen Aufstieg vermieden werden. Es wird dementsprechend empfohlen, ab einer Höhe von 3000 m täglich maximal 300 m an Höhe zu gewinnen und alle 1000 Höhenmeter einen Ruhetag einzulegen. Zur Prophylaxe oder Behandlung der Höhenkrankheit gibt es ein Medikament namens Diamox, das nach Rücksprache mit einem erfahrenen Arzt der Höhenmedizin eingenommen werden kann. Aufgrund seines Schwefelgehalts dürfen Personen mit einer Sulfonamidallergie Diamox nicht verwenden.

Wer unter der Höhenkrankheit leidet, sollte ein oder zwei Tage bleiben, wo er ist, bis die Symptome verschwinden. Dann kann es weitergehen, allerdings immer mit Vorsicht und entsprechend den Richtlinien zum allmählichen Aufstieg. Wenn sich die Symptome verschlechtern, muss der Erkrankte sich umgehend in tiefer gelegene Regionen begeben, um eine lebensbedrohliche Situation zu vermeiden. Es gibt keine Möglichkeit vorherzusagen, wer unter Höhenkrankheit leiden wird und wer nicht. Allerdings erhöhen bestimmte Faktoren das Risiko: ein zu schneller Aufstieg, das Tragen von schweren Lasten oder eine anscheinend harmlose Erkrankung wie Erkältung oder Durchfall. Auf jeden Fall sollte man täglich mindestens 3 l Flüssigkeit trinken und eine Dehydrierung vermeiden. In der Höhe ist die Sonneneinstrahlung intensiv, sodass darüber hinaus ein Sonnenschutz wichtig ist.

Insektenstiche & -bisse

Bettwanzen übertragen keine Krankheiten, doch ihre Stiche jucken stark. Wanzenstiche können mit Antihistaminen behandelt werden.

Läuse leben in verschiedenen Zonen des menschlichen Körpers, meist jedoch auf dem Kopf oder im Intimbereich. Sie werden durch engen Kontakt zu einer betroffenen Person übertragen. Manchmal ist es schwer, Läuse zu bekämpfen, sodass eventuell öfters ein Antiläuse-Shampoo wie Permethrin angewendet werden muss. Im Intimbereich werden Läuse in der Regel durch Geschlechtsverkehr übertragen.

Luftverschmutzung

In zahlreichen chinesischen Großstädten wird Luftverschmutzung zu einem immer gravierenderen Problem. Menschen mit Atemwegserkrankungen sollten vor der Reise ihren Arzt aufsuchen, um die richtigen Medikamte für den Notfall dabei zu haben. Lutschtabletten gegen Halschmerzen, Medikamente gegen Husten und abschwellende Tropfen gegen Schnupfen sollten immer zur Hand sein.

Unterkühlung

Reisende, die in großer Höhe unterwegs sind oder auf einer langen Busfahrt durchs Hochgebirge fahren, sollten sich der Gefahr der Unterkühlung bewusst sein. In Tibet kann die Temperatur innerhalb weniger Minuten von einer angenehmen Wärme in bittere Kälte umschlagen; aus dem Nichts können eisige Schneestürme aufkommen.

Das Wetter kann überraschend schnell von „sehr kalt" zu „gefährlich kalt" wechseln. Dazu tragen unter Umständen der Wind, feuchte Kleidung, Müdigkeit und Hunger bei, selbst wenn die Lufttemperatur über dem Gefrierpunkt liegt. Am besten zieht man mehrere Schichten übereinander an. Seide, Wolle und einige Kunstfasern isolieren gut. Wichtig ist auch eine Kopfbedeckung, denn viel Wärme geht über den Kopf verloren. Eine widerstandsfähige äußere Schicht (und eine Decke für den Notfall) sind ebenfalls erforderlich. Grundnahrungsmittel sollte man immer dabei haben, wie z. B. Getränke und Lebensmittel, die Einfachzucker enthalten.

Frauen & Gesundheit

Schwangere Frauen sollten vor einer Chinareise medizinischen Rat einholen. Die ideale Reisezeit ist im zweiten Drittel der Schwangerschaft (zwischen der 14. und der 28. Woche), da in dieser Zeit die Risiken am geringsten sind und sich die Frau in der Regel am wohlsten fühlt. Während des ersten Drittels ist das Risiko einer Fehlgeburt erhöht, und im dritten Drittel sind Komplikationen wie vorzeitige Wehen und hoher Blutdruck möglich. Es ist besser, wenn Schwangere nicht alleine reisen. Außerdem sollten sie immer eine Liste mit guten medizinischen Einrichtungen an ihrem Reiseziel bei sich haben und die vorgeburtliche Vorsorge dort wie gewohnt fortsetzen. Reisen in ländliche Gegenden mit schlechter Verkehrsanbindung und unzureichender medizinischer Versorgung sollten vermieden werden. Auf jeden Fall muss die Schwangere darauf achten, dass ihre Reiseversicherung alle mit der Schwangerschaft verbundenen Eventualitäten (wie vorzeitige Wehen) abdeckt.

Malaria während der Schwangerschaft ist sehr riskant. Die Weltgesundheitsorganisation empfiehlt schwangeren Frauen, nicht in Regionen zu reisen, in denen eine gegen Chloroquin resistente Malaria vorkommt.

Reisedurchfall kann schnell zu Dehydrierung führen und eine schlechte Blutversorgung der Plazenta zur Folge haben. Ein Großteil der Medikamente, die zur Behandlung von Durchfallerkrankungen üblich sind, sollte während einer Schwangerschaft nicht eingenommen werden.

Hitze, Feuchtigkeit und Antibiotika können Pilzerkrankungen begünstigen; behandelt werden diese meist mit einem Antimykotikum in Salbenform. Eine praktische Alternative ist eine einzelne Tablette Fluconazol. Harnwegsinfektionen können durch Dehydrierung oder lange Busreisen ohne Pinkelpause verschlimmert werden – also entsprechende Antibiotika mitnehmen.

In ländlichen Gegenden sind Damenbinden und Tampons unter Umständen nicht leicht zu bekommen. Darüber hinaus sind Verhütungsmittel nicht immer verfügbar, sodass Reisende diese am besten bereits von zu Hause und in ausreichender Menge mitbringen.

Traditionelle chinesische Medizin

Die Traditionelle chinesische Medizin (TCM) betrachtet den menschlichen Körper als ein Energiesystem, in dem die Grundsubstanzen *Qi* (气; belebender Geist), *Jing* (精; Lebensessenz), *Xue* (血; Blut) und *Tiye* (体液; Körperflüssigkeiten, Blut und andere organische Flüssigkeiten) fließen.

Das Prinzip von Yin (阴) und Yang (阳) ist in diesem System grundlegend. Befinden sich die beiden Elemente Yin und Yang innerhalb der Grundsubstanzen im Ungleichgewicht, kann dies innere Ursachen (Emotionen), äußere Ursachen (klimatische Verhältnisse) oder sonstige Ursachen (Arbeit, Ausbildung, Stress etc.) haben. Akkupunktur, Massagen, Kräuter, eine spezielle Ernährung und Qigong (气功) sind Behandlungsmethoden, welche diese Elemente wieder in Einklang bringen sollen. Die traditionelle chinesische Medizin kann besonders bei der Behandlung von chronischen Krankheiten und Gebrechen, wie Erschöpfung, Arthritis, Reizdarmsyndrom sowie einigen chronischen Hauterkrankungen sehr hilfreich sein.

„Natürlich" heißt aber nicht immer, dass Medikamente völlig unschädlich sind; es kann durchaus zu Wechselwirkungen zwischen Kräutern und westlichen Medikamenten kommen. Wer die westliche Medizin mit der traditionellen chinesischen Medizin kombinieren will, sollte beide Behandler darüber informieren, welche Arzneimittel der jeweils andere verschrieben hat.

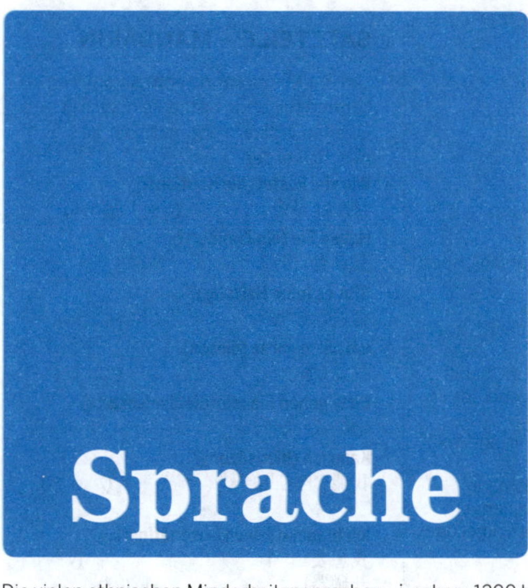

Sprache

NOCH MEHR CHINESISCH?

Weitere Informationen zur Sprache sowie praktische Redewendungen finden sich im **Reise-Sprachführer Mandarin** von Lonely Planet. Er ist unter **shop.lonelyplanet.de** oder als Sprachführer fürs iPhone im Apple App Store zu haben.

Die vielen ethnischen Minderheitensprachen außer Acht gelassen, gibt es in China acht große Dialektgruppen: Putonghua (Mandarin), Yue (Kantoniesisch), Wu (Shanghaiisch), Minbei (Fuzhou), Minnan (Hokkien-Taiwanesisch), Xiang, Gan und Hakka. Von diesen Dialekten gibt es wiederum zahlreiche Unterdialekte.

Das in Beijing gesprochene Chinesisch ist die offizielle Landessprache. Es wird in der Regel als Mandarin bezeichnet, die Chinesen selbst nennen es Putonghua, (gemeinsame Sprache). Putonghua wird auch Hanyu (die Han-Sprache), Guoyu (die nationale Sprache), Zhongwen oder Zhongguohua (einfaches „Chinesisch") genannt. Außer in den westlichen und südlichsten Provinzen spricht der Großteil der Bevölkerung Mandarin, oft mit regionalen Akzenten. In diesem Kapitel wurden Mandarin, Kantonesisch, Tibetisch, Uigurisch und Mongolisch eingeschlossen.

MANDARIN

Schrift

Häufig wird Chinesisch als Schrift aus Bildzeichen charakterisiert. Viele der wichtigen chinesischen Schriftzeichen sind in der Tat sehr stilisierte Bilder dessen, was sie darstellen. Doch etwa 90 % sind Zusammensetzungen eines bedeutungstragenden Elements und eines Klangelements.

Ein gebildeter Chinese dürfte zwischen 6000 und 8000 Schriftzeichen verwenden. Wer eine chinesische Zeitung lesen möchte, muss 2000 bis 3000 Schriftzeichen beherrschen; 1200 bis 1500 reichen aus, um den Inhalt grob zu verstehen.

Theoretisch liegt allen chinesischen Dialekten dasselbe Schriftsystem zugrunde. Das Kantonesische hat jedoch z. B. 3000 besondere, eigene Schriftzeichen, und viele Dialekte existieren gar nicht in geschriebener Form.

Pinyin & Aussprache

Im Jahr 1958 führten die Chinesen Pinyin ein, ein System mit dem sie ihre Sprache mit lateinischen Buchstaben darstellen konnten. Damit sollten allmählich die Schriftzeichen ersetzt werden. Da es jedoch schwer ist, gegen die Tradition anzukämpfen, wurde die Idee schließlich wieder verworfen.

Pinyin wird oft an Ladentüren, auf Straßenschildern und Plakatwänden genutzt. Man darf aber nicht erwarten, dass Chinesen in der Lage sind, Pinyin einzusetzen. Auf dem Land und in kleineren Städten ist möglicherweise nirgends auch nur ein einziges Pinyin-Wort zu sehen. Wer also kein Chinesisch spricht, verwendet am besten einen Sprachführer mit chinesischen Schriftzeichen.

In diesem Sprachführer wurde Pinyin neben Mandarin aufgeführt.

Vokale

a	wie in "Vater"
ai	wie in "Kai"
ao	wie das "au" in "Haus"
e	wie der Umlaut in "hören"
ei	wie in "Hey"
i	wie das "ie" in "mieten" (oder wie ein leichtes "r" wie in "Grr!" nach c, ch, r, s, sh, z oder zh)

ian	wie das "ien" in "Ambiente"
ie	wie das "je" in "jetzt"
o	wie das "o" in "Ohr"
ou	wie das "ow" in "Show"
u	wie das "u" in "Buch"
ui	wie das "ai" in "Aids"
uo	wie "wo"
yu/ü	wie das "ü" in "über"

Konsonanten

c	wie "tz"
ch	wie das "tsch" in "Deutsch", aber stark behaucht
h	wie das "ch" in "Buch"
q	wie das "tch" in "Lottchen", aber stark behaucht
sh	ähnlich wie das "sch" in "Schiff", aber mit zurückgezogener Zungenspitze
x	wie "ch" in "ich" und "ß" in "weiß" gleichzeitig
z	wie das "ds" in "Landsmann"
zh	wie das "dsch" in "Dschungel", aber stimmlos mit zurückgezogener Zungenspitze

Die einzigen Konsonanten, die am Ende einer Silbe vorkommen, sind n, ng und r.

In der Pinyin-Umschrift werden gelegentlich Apostrophe verwendet, um Silben voneinander zu trennen und Mehrdeutigkeiten zu vermeiden. So kann beispielsweise das Wort ping'ān mit einem Apostroph nach dem "g" geschrieben werden, damit es nicht wie pin'gān ausgesprochen wird.

Tonfall

Im Mandarin werden zahlreiche Wörter auf dieselbe Weise ausgesprochen, haben aber verschiedene Bedeutungen. Diese Homophone (so der korrekte Begriff dieser Wörter) unterscheiden sich durch die Stimmlage oder Sprachmelodie, mit der sie gesprochen werden – dem Ansteigen oder Absenken der Tonhöhe bei bestimmten Silben. Im Mandarin gibt es vier Töne – gleich bleibend hoch, steigend, fallend-steigend und fallend. Außerdem existiert ein fünfter, neutraler Ton, der allerdings ignoriert werden kann. Zur Verdeutlichung, wie wichtig der richtige Ton ist, dient das Wort ma, das je nach Tonfall einen anderen Sinn hat:

gleich bleibend hoch	mā (Mutter)
steigend	má (Hanf, betäubt)
fallend-steigend	mǎ (Pferd)
fallend	mà (schimpfen, fluchen)

Grundlagen

Um höflich zu fragen, den Satz am besten anfangen mit qǐng wèn – ungefähr „Darf ich fragen?".

SATZTEILE – MANDARIN

Um mit Mandarin zurechtzukommen, können folgende Satzteile noch mit eigenen Wörtern ergänzt oder gemischt werden:

Wie viel kostet (die Kaution)?
(押金)多少？ (Yājīn) duōshǎo?

Haben Sie (ein Zimmer)?
有没有(房)？ Yǒuméiyǒu (fáng)?

Gibt es (eine Heizung)?
有(暖气)吗？ Yóu (nuǎnqì) ma?

Ich hätte gerne (diesen).
我要(那个)。 Wǒ yào (nàge).

Bitte geben Sie mir (die Speisekarte).
请给我(菜单)。 Qǐng gěiwǒ (càidān).

Kann ich (hier sitzen)?
我能(坐这儿)吗？ Wǒ néng (zuòzhèr) ma?

Ich brauche (einen Dosenöffner).
我想要(一个开罐器)。 Wǒ xiǎngyào (yīge kāiguàn qì).

Brauchen wir (einen Guide)?
需要(向导)吗？ Xūyào (xiàngdǎo) ma?

Ich habe (eine Reservierung).
我有(预订)。 Wǒ yǒu (yùdìng).

Ich bin (Arzt).
我(是医生)。 Wǒ (shì yīshēng).

Hallo.	你好。	Nǐhǎo.
Auf Wiedersehen.	再见。	Zàijiàn.
Wie geht es Ihnen?	你好吗？	Nǐhǎo ma?
Gut. Und Ihnen?	好。你呢？	Hǎo. Nǐ ne?
Entschuldigung.		
(um Aufmerksamkeit zu erlangen)	劳驾。	Láojià.
(um durchgelassen zu werden)	借光。	Jièguāng.
Verzeihung.	对不起。	Duìbùqǐ.
Ja./Nein.	是。/不是。	Shì./Bùshì.
Bitte ...	请…	Qǐng ...
Danke.	谢谢你。	Xièxie nǐ.
Keine Ursache.	不客气。	Bù kèqi.

Wie heißen Sie?
你叫什么名字？ Nǐ jiào shénme míngzi?

Ich heiße ...
我叫… Wǒ jiào ...

Sprechen Sie Englisch?
你会说英文吗？ Nǐ huìshuō Yīngwén ma?

Ich verstehe nicht.
我不明白。 Wǒ bù míngbái.

Essen & Trinken

Was würden Sie empfehlen?
有什么菜可以推荐的? Yǒu shénme cài kěyǐ tuījiàn de?

Was ist in diesem Essen?
这道菜用什么东西做的? Zhèdào cài yòng shénme dōngxi zuòde?

Das war köstlich!
真好吃! Zhēn hǎochī!

Die Rechnung, bitte!
买单! Mǎidān!

Prost!
干杯! Gānbēi!

Ich würde/hätte gerne
我想预订 Wǒ xiǎng yùdìng

reservieren
一张… yīzhāng ...

einen Tisch für ...
的桌子。 de zhuōzi.

(acht) Uhr
（八）点钟 (bā)diǎn zhōng

(zwei) Personen
（两个）人 (liǎngge) rén

Ich esse kein ...	我不吃…	Wǒ bùchī ...
Fisch	鱼	yú
Geflügel	家禽	jiāqín
Nüsse	果仁	guǒrén
rotes Fleisch	牛羊肉	niúyángròu

Wichtige Wörter

Abendessen	晚饭	wǎnfàn
Bar	酒吧	jiǔbā
Café	咖啡屋	kāfēiwū
Essen	食品	shípǐn
Flasche	瓶子	píngzi
Frühstück	早饭	zǎofàn
Gabel	叉子	chāzi
Gericht (Essen)	盘	pán
Glas	杯子	bēizi
halal	清真	qīngzhēn
Hauptgericht	主菜	zhǔ cài
heiß/warm	热	rè
Hochstuhl	高凳	gāodèng
(zu) kalt	(太)凉	(tài) liáng
Kinderkarte	儿童菜单	értóng càidān
koscher	犹太	yóutài
Löffel	勺	sháo
lokale Spezialität	地方小吃	dìfāng xiǎochī
Markt	菜市	càishì
Messer	刀	dāo
Mittagessen	午饭	wǔfàn
Restaurant	餐馆	cānguǎn
(zu) scharf	(太)辣	(tài) là
Schüssel	碗	wǎn
Speisekarte (auf Englisch)	(英文)菜单	(Yīngwén) càidān
Teller	碟子	diézi
vegetarisches Essen	素食食品	sùshí shípǐn
Vorspeisen	凉菜	liángcài

Fleisch & Fisch

Ente	鸭	yā
Fisch	鱼	yú
Huhn	鸡肉	jīròu
Lamm	羊肉	yángròu
Meeresfrüchte	海鲜	hǎixiān
Rind	牛肉	niúròu
Schwein	猪肉	zhūròu

Obst & Gemüse

Ananas	凤梨	fènglí
Apfel	苹果	píngguǒ
Banane	香蕉	xiāngjiāo
Erbse	梨	lí
Frucht	水果	shuǐguǒ
Frühlingszwiebel	小葱	xiǎo cōng
Gemüse	蔬菜	shūcài
grüne Bohnen	扁豆	biǎndòu
Guave	石榴	shíliu
Gurke	黄瓜	huángguā
Karotte	胡萝卜	húluóbo
Kartoffel	土豆	tǔdòu

Fragewörter – Mandarin

Wann?	什么时候	Shénme shíhòu?
Warum?	为什么?	Wèishénme?
Was?	什么?	Shénme?
Welche/er/es?	哪个	Nǎge?
Wer?	谁?	Shuí?
Wie?	怎么?	Zěnme?
Wo?	哪儿	Nǎr?

Zahlen – Mandarin

1	一	yī
2	二/两	èr/liǎng
3	三	sān
4	四	sì
5	五	wǔ
6	六	liù
7	七	qī
8	八	bā
9	九	jiǔ
10	十	shí
20	二十	èrshí
30	三十	sānshí
40	四十	sìshí
50	五十	wǔshí
60	六十	liùshí
70	七十	qīshí
80	八十	bāshí
90	九十	jiǔshí
100	一百	yībǎi
1000	一千	yīqiān

Longan ("dragon eyes")	龙眼	lóngyǎn
Lychee	荔枝	lìzhī
Mango	芒果	mángguǒ
Orange	橙子	chéngzi
Pflaume	梅子	méizi
Pilz	蘑菇	mógū
Rettich	萝卜	luóbo
Sellerie	芹菜	qíncài
Senfkohl	小白菜	xiǎo báicài
Süßkartoffel	地瓜	dìguā
Traube	葡萄	pútáo
Wassermelone	西瓜	xīguā
Zwiebel	洋葱	yáng cōng

... außerdem

Brot	面包	miànbāo
Butter	黄油	huángyóu
Ei	蛋	dàn
Essig	醋	cù
Kräuter/Gewürze	香料	xiāngliào
Pfeffer	胡椒粉	hújiāo fěn
Pflanzenöl	菜油	càiyóu
Salz	盐	yán
Sojasoße	酱油	jiàngyóu
Tofu	豆腐	dòufu
Zucker	砂糖	shātáng

Getränke

Bier	啤酒	píjiǔ
Chinesischer Schnaps	白酒	báijiǔ
Joghurt	酸奶	suānnǎi
Kaffee	咖啡	kāfēi
Limonade	汽水	qìshuǐ
Milch	牛奶	niúnǎi
Mineralwasser	矿泉水	kuàngquán shuǐ
Reiswein	米酒	mǐjiǔ
Rotwein	红葡萄酒	hóng pútáo jiǔ
(Orangen-)Saft	(橙)汁	(chéng) zhī
Tee	茶	chá
(abgekochtes) Wasser	(开)水	(kāi) shuǐ
Weißwein	白葡萄酒	bái pútáo jiǔ

Notfälle

Hilfe!	救命!	Jiùmìng!
Ich habe mich verirrt.	我迷路了。	Wǒ mílù le.
Hau ab!	走开!	Zǒukāi!

Es hat sich ein Unfall ereignet!
出事了! Chūshì le!

Rufen Sie einen Arzt!
请叫医生来! Qǐng jiào yīshēng lái!

Rufen Sie die Polizei!
请叫警察! Qǐng jiào jǐngchá!

Ich bin krank.
我生病了。 Wǒ shēngbìng le.

Es tut hier weh.
这里痛。 Zhèlǐ tòng.

Ich habe eine Allergie gegen (Antibiotikum).
我对(抗菌素)过敏。 Wǒ duì (kàngjūnsù) guòmǐn.

Richtungen

Wo ist (eine Bank)?
(银行)在哪儿? (Yínháng) zài nǎr?

Wie ist die Adresse?
地址在哪儿? Dìzhǐ zài nǎr?

Können Sie die Adresse bitte aufschreiben?
能不能请你把地址写下来? Néngbunéng qǐng nǐ bǎ dìzhǐ xiě xiàlái?

Können Sie mir das auf der Karte zeigen?
请帮我找它在地图上的位置。 Qǐng bāngwǒ zhǎo tā zài dìtú shàng de wèizhi.

Gehen Sie geradeaus.
一直走。 Yīzhí zǒu.

an der Ampel
在红绿灯 zài hónglǜdēng

an der Ecke	拐角	guǎijiǎo
gegenüber	对面	duìmiàn
hinter	背面	bèimiàn
in der Nähe	近	jìn
Links abbiegen.	左转。	Zuǒ zhuǎn.
neben	旁边	pángbiān
Rechts abbiegen.	右转。	Yòu zhuǎn.
vor ...	…的前面	... de qiánmian
weit	远	yuǎn

Shoppen & Dienstleistungen

Ich möchte gerne ... kaufen
我想买… Wǒ xiǎng mǎi ...

Ich sehe mich nur um.
我先看看。 Wǒ xiān kànkan.

Kann ich das mal sehen?
我能看看吗? Wǒ néng kànkan ma?

Es gefällt mir nicht.
我不喜欢。 Wǒ bù xǐhuan.

Was kostet es?
多少钱? Duōshǎo qián?

Das ist zu teuer!
太贵了! Tàiguì le!

Können Sie den Preis reduzieren?
能便宜一点吗? Néng piányi yīdiǎn ma?

Es ist ein Fehler auf der Rechnung.
帐单上有问题。 Zhàngdān shàng yǒu wèntí.

Geldautomat	自动取款机	zìdòng qǔkuǎn jī
Internetcafé	网吧	wǎngbā
Kreditkarte	信用卡	xìnyòng kǎ
Post	邮局	yóujú
Touristen-information	旅行店	lǚxíng diàn

Transport

Öffentliche Verkehrsmittel

Bus (Stadt)	大巴	dàbā
Bus (Überland)	长途车	chángtú chē
Flugzeug	飞机	fēijī
Schiff	船	chuán
Straßenbahn	电车	diànchē
Taxi	出租车	chūzū chē
Zug	火车	huǒchē

Ich möchte nach ...
我要去… Wǒ yào qù ...

Hält er in (Hāěrbīn) an?
在(哈尔滨)能下车吗? Zài (Hā'ěrbīn) néng xià chē ma?

Wann fährt er los?
几点钟出发? Jǐdiǎnzhōng chūfā?

Wann kommt er in (Hángzhōu) an?
几点钟到(杭州)? Jǐdiǎnzhōng dào (Hángzhōu)?

Wann kommen wir in (Hángzhōu) an?
到了(杭州)请叫我,好吗? Dàole (Hángzhōu) qǐng jiào wǒ, hǎoma?

Ich möchte hier aussteigen.
我想这儿下车。 Wǒ xiǎng zhèr xiàchē.

Wann fährt ... (Bus)?	…(车)几点走?	... (chē) jǐdiǎn zǒu?
erste	首趟	Shǒutàng
letzte	末趟	Mòtàng
nächste	下一趟	Xià yītàng

Ein ... Ticket nach (Dàlián).	一张到(大连)的…票。	Yīzhāng dào (Dàlián) de ... piào.
1. Klasse	头等	tóuděng
2. Klasse	二等	èrděng
einfach	单程	dānchéng
hin & zurück	双程	shuāngchéng

Bahnhof	火车站	huǒchēzhàn
Bahnsteig	站台	zhàntái
Fahrkartenschalter	售票处	shòupiàochù
Fahrplan	时刻表	shíkè biǎo
Fensterplatz	窗户的座位	chuānghu de zuòwèi
Sitzplatz am Gang	走廊的座位	zǒuláng de zuòwèi

storniert	取消	qǔxiāo
verspätet	晚点	wǎndiǎn

Autofahren & Radeln

Benzin/Sprit	汽油	qìyóu
Diesel	柴油	cháiyóu
Helm	头盔	tóukuī
Kindersitz	婴儿座	yīng'érzuò
Luftpumpe	打气筒	dǎqìtóng
mechanisch	机修工	jīxiūgōng
Werkstatt	加油站	jiāyóu zhàn

Ich würde gerne mieten ...	我要租一辆…	Wǒ yào zū yīliàng ...
Geländewagen	四轮驱动	sìlún qūdòng
Auto	汽车	qìchē
Fahrrad	自行车	zìxíngchē
Motorrad	摩托车	mótuochē

Führt diese Straße nach ...?
这条路到…吗？ Zhè tiáo lù dào ... ma?

Wie lange kann ich hier parken?
这儿可以停多久？ Zhèr kěyi tíng duōjiǔ?

Das Auto ist liegengeblieben (in ...).
汽车是(在…)坏的。 Qìchē shì (zài ...) huài de.

Ich habe einen platten Reifen.
轮胎瘪了。 Lúntāi biě le.

Ich habe kein Benzin mehr.
没有汽油了。 Méiyou qìyóu le.

Unterkunft

Haben Sie ein Einzel-/Doppelzimmer?
有没有(单人/套)房？ Yǒuméiyǒu (dānrén/tào) fáng?

Was kostet es pro Nacht/Person?
每天/人多少钱？ Měi tiān/rén duōshǎo qián?

Campingplatz	露营地	lùyíngdì
Gästehaus	宾馆	bīnguǎn
(Jugend-)Herberge	招待所	zhāodàisuǒ
Hotel	酒店	jiǔdiàn

Badezimmer	浴室	yùshì
Bett	床	chuáng
Fenster	窗	chuāng
Kinderbett	张婴儿床	zhāng yīng'ér chuáng

Schilder – Mandarin

入口	Rùkǒu	**Eingang**
出口	Chūkǒu	**Ausgang**
问讯处	Wènxùnchù	**Information**
开	Kāi	**Geöffnet**
关	Guān	**Geschlossen**
禁止	Jìnzhǐ	**Verboten**
厕所	Cèsuǒ	**Toiletten**
男	Nán	**Männer**
女	Nǚ	**Frauen**

Klimaanlage	空调	kōngtiáo

Zeit & Datum

Wie spät ist es?
现在几点钟？ Xiànzài jǐdiǎn zhōng?

Es ist (10) Uhr.
(十)点钟。 (Shí)diǎn zhōng.

Halb (10).
(十)点三十分。 (Shí)diǎn sānshífēn.

Morgen	早上	zǎoshang
Nachmittag	下午	xiàwǔ
Abend	晚上	wǎnshàng
gestern	昨天	zuótiān
heute	今天	jīntiān
morgen	明天	míngtiān

Montag	星期一	xīngqī yī
Dienstag	星期二	xīngqī èr
Mittwoch	星期三	xīngqī sān
Donnerstag	星期四	xīngqī sì
Freitag	星期五	xīngqī wǔ
Samstag	星期六	xīngqī liù
Sonntag	星期天	xīngqī tiān

Januar	一月	yīyuè
Februar	二月	èryuè
März	三月	sānyuè
April	四月	sìyuè
Mai	五月	wǔyuè
Juni	六月	liùyuè
Juli	七月	qīyuè
August	八月	bāyuè

September	九月	jiǔyuè
Oktober	十月	shíyuè
November	十一月	shíyīyuè
Dezember	十二月	shí'èryuè

KANTONESISCH

Kantonesisch ist die am weitesten verbreitete Variante des Chinesischen in Hongkong, Macau, Guangdong, in Teilen von Guangxi sowie den umliegenden Regionen. Im Kantonesischen werden chinesische Schriftzeichen verwendet, aber viele werden anders ausgesprochen als im Mandarin. Darüber hinaus erweitert das Kantonesische das Schriftsystem um etwa 3000 eigene Schriftzeichen.

Leider finden sich mehrere Systeme zur Darstellung des Kantonesischen mit lateinischen Buchstaben; keines konnte sich als offizieller Standard durchsetzen. In diesem Sprachführer wird ein von Lonely Planet entwickeltes System genutzt; es ist einfach, aber phonetisch sehr genau.

Aussprache

Im Kantonesischen gibt es die Silbe ng am Wortanfang. Wenn ein Wort auf p, t, und k endet, werden diese Konsonanten am Ende weich ausgesprochen. Vor allem junge Menschen ersetzten am Wortanfang ein n durch ein l – náy (du) wird also oft als láy ausgesprochen. Wo sie wichtig ist, wurde diese Lautverschiebung hier berücksichtigt.

Die Vokale werden wie folgt ausgesprochen: a wie in "Vater", ai wie in "Eis", au wie in "Haus", ay wie das "ä" in "hätte" und ein "i", eu etwa wie das "ör" in "Körner", aber mit gespitzten Lippen, eui langes "ö" und langes "i", ew wie das "u" in "Schuhe", i wie das "ih" in "ihn", iu ähnlich wie das englische Wort "you", o wie das "o" in "Motte"; am Wortende wie das "o" im englischen Wort "no", oy wie das "eu" in "heute", ui langes "u" und langes "i".

Im Kantonesischen gibt es bei den Vokalen (a, e, i, o, u) und beim n unterschiedliche Tonhöhen. Ein und dasselbe Wort bekommt durch eine andere Tonhöhe eine andere Bedeutung, z. B. gwàt bedeutet "ausgraben", gwàt wird mit Knochen übersetzt. Es gibt sechs Töne, die in hohe und tiefe Tonhöhen eingeteilt werden können. Bei hohen Tonhöhen werden die Stimmbänder angespannt, bei tieferen Tönen werden sie entspannt. Die Töne werden wie folgt durch Akzente unterschieden (die tiefen Töne werden dabei unterstrichen): à (hoch), á (hoch ansteigend), à (tief fallend), á (tief ansteigend), a (tief), a (mittel – ohne Akzente).

Zahlen – Kantonesisch

1	一	yàt
2	二	yi
3	三	sàam
4	四	say
5	五	ńg
6	六	luk
7	七	chàt
8	八	baat
9	九	gáu
10	十	sap
20	二十	yi·sap
30	三十	sàam·sap
40	四十	say·sap
50	五十	ńg·sap
60	六十	luk·sap
70	七十	chàt·sap
80	八十	baat·sap
90	九十	gáu·sap
100	一百	yàt·baak
1000	一千	yàt·chìn

Grundlagen

Hallo.	哈佬。	hàa·ló
Auf Wiedersehen.	再見。	joy·gin
Wie geht es Ihnen?	你幾好啊嗎？	láy gáy hó à maa
Gut.	幾好。	gáy hó
Entschuldigung. (um Aufmerksamkeit zu erlangen)	對唔住。	deui·ǹg·jew
Entschuldigung. (um durchgelassen zu werden)	唔該借借。	ǹg·gòy je·je
Entschuldigung.	對唔住。	deui·ǹg·jew
Ja./Nein.	係。/不係。	hai/ǹg·hai
Bitte ...	唔該…	ǹg·gòy ...
Danke.	多謝。	dàw·je
Gern geschehen.	唔駛客氣。	ǹg·sái haak·hay

Wie heißen Sie?
你叫乜嘢名？ láy giu màt·yé méng aa

Ich heiße ...
我叫… ngáw giu ...

Sprechen Sie (Englisch)?
你識唔識講(英文)啊？ láy sìk·ǹg·sìk gáwng (yìng·mán) aa

Ich verstehe nicht.
我唔明。 ngáw ǹg mìng

Essen & Trinken

Was würden Sie empfehlen?
有乜嘢好介紹？ yáu màt·yé hó gaai·siu

Das war köstlich.
真好味。 jàn hó·may

Die Rechnung, bitte.
唔該我要埋單。 ǹg·gòy ngáw yiu màai·dàan

Prost!	乾杯！	gàwn·buì

Ich möchte gerne einen Tisch reservieren für ...
我想訂張檯，嘅。 ngáw séung deng jèung tóy ... ge

(acht)	(八)	(bàat)
Uhr	點鐘	dím·jùng
(zwei) Personen	(兩)位	(léung) ái
Abendessen	晚飯	máan·faan
Bar	酒吧	jáu·bàa
Café	咖啡屋	gaa·fè·ngùk
Flasche	樽	jèun
Frühstück	早餐	jó·chàan
Gabel	叉	chàa
Glas	杯	buì
Löffel	羹	gàng
Markt	街市 (HK)	gàai·sí
	市場 (China)	sí·chèung
Messer	刀	dò
Mittagessen	午餐	ńg·chàan
Restaurant	酒樓	jáu·làu
Teller	碟	díp

Notfälle

Hilfe!	救命！	gau·meng
Ich habe mich verirrt.	我蕩失路。	ngáw dawng·sàk·lo
Hau ab!	走開！	jáu·hòy

Rufen Sie einen Arzt!
快啲叫醫生！ faai·dì giu yì·sàng

Rufen Sie die Polizei!
快啲叫警察！ faai·dì giu gíng·chaat

Ich bin krank.
我病咗。 ngáw beng·jáw

Richtungen

Wo ist ...?	…喺邊度？	... hái bìn·do
Wie lautet die Adresse?	地址係？	day·jí hai
Ampel	紅綠燈	hùng·luk·dàng
an der Ecke	十字路口	sap·ji·lo·háu
immer geradeaus	前面	chìn·min
links	左邊	jáw·bìn
rechts	右邊	yau·bìn

Shoppen & Dienstleistungen

Ich würde gerne ... kaufen
我想買… ngáw séung máai ...

Was kostet das?
幾多錢? gáy·dàw chín

Das ist zu teuer!
太貴啦！ taai gwai laa

Es ist ein Fehler auf der Rechnung.
帳單錯咗。 jeung·dàan chaw jáw

Internetcafé	網吧	máwng·bàa
Post	郵局	yàu·gúk
Touristen-information	旅行社	léui·hàng·sé

Transport

Bus	巴士 (HK)	bàa·sí
	公共	gùng·gung
	汽車 (China)	hay·chè
Schiff	船	sèwn
Zug	火車	fáw·chè

Hält er in (Mong Kok)?
會唔會喺(旺角)停呀？ wuí·ǹg·wuí hái (wawng·gawk) tìng aa

Wann fährt er los?
幾點鐘出發？ gáy·dím jùng chèut·faa

Wann kommt er an in (Shunde)?
幾點鐘到(順德)？ gáy·dím jùng do (seun·dàk)

Eine ... Fahrkarte (Panyu).	一張去(番禺)嘅飛。	yàt jèung heui (pùn·yèw) ge ... fày
1. Klasse	頭等	tàu·dáng
2. Klasse	二等	yi·dáng
einfach	單程	dàan·chìng
hin & zurück	雙程	sèung·chìng

Wann fährt er/es ab?
幾點鐘出發？ gáy·dím jùng chèut·faa

Hält er/es in ...?
會唔會喺停呀？ wuí·ǹg·wuí hái ... tìng aa

Wann kommt er/es in ... an?
幾點鐘到？ gáy·dím jùng do ...

Unterkunft

Campingplatz	營地	yìng·day
Gästehaus	賓館	bàn·gún
(Jugend-)Herberge	招待所	jiù·doy·sáw
Hotel	酒店	jáu·dim
Haben Sie ein ... Zimmer?	有冇… 房？	yáu·mó ... fáwng
Doppel	雙人	sèung·yàn
Einzel	單人	dàan·yàn
Was kostet es pro ...?	一…幾多 錢？	yàt ... gáy·dàw chín
Nacht	晚	máan
Person	個人	gaw yàn

Zeit & Datum

Wie spät ist es?	而家 幾點鐘？	yì·gàa gáy·dím·jùng
Es ist (10) Uhr.	(十)點鐘。	(sap)·dím·jùng
Halb (10).	(十)點半。	(sap)·dím bun
Morgen	朝早	jiù·jó
Nachmittag	下晝	haa·jau
Abend	夜晚	ye·máan
gestern	寢日	kàm·yat
heute	今日	gàm·yat
morgen	听日	tìng·yat

TIBETISCH

Tibetisch wird von rund sechs Millionen Menschen gesprochen, hauptsächlich in Tibet. In städtischen Gebieten sprechen Tibeter auch Mandarin.
Das Tibetische ist eine Buchstabenschrift und basiert auf einem Alphabet mit 30 Grundbuchstaben. Zur Umschrift in lateinische Buchstaben gibt es verschiedene Systeme, von denen die Wylie-Transkription das am meisten verbreitete ist. Aus der reinen Transliteration ist für den des Tibetischen Unkundigen aber die Aussprache nicht ableitbar, sodass die wichtigsten Begriffe und Standardsätze in einer Lautschrift wiedergegeben sind, die auf der deutschen Aussprache der Buchstaben beruht. Es gibt die Vokale a, e, i, o, und u und die Umlaute ä, ö, ü. Die tibetischen Konsonanten werden ausgesprochen wie im Deutschen. Folgt auf einen Konsonanten ein "h" wird er aspiriert, das bedeutet, dass er von einem Hauchgeräusch begleitet wird.

Im Tibetischen gibt es keine Wörter für „Ja" und „Nein". Auch wenn es nicht immer richtig ist: Wer la ong für "Ja" und la men für "Nein" verwendet, wird verstanden werden.

Hallo. བཀྲ་ཤིས་བདེ་ལེགས། ta·shi de·lek

Auf Wiedersehen.
(zu einer Person, die sich verabschiedet)
ག་ལེར་ཕེབས། ka·lee pay

(von der Person, die sich verabschiedet)
ག་ལེར་བཞུགས། ka·lee shu

Entschuldigung. དགོངས་དག gong·da

Verzeihung. དགོངས་དག gong·da

Bitte. ཐུགས་རྗེ་གཟིགས། tu·jay·sig

Danke. ཐུགས་རྗེ་ཆེ། tu·jay·chay

Wie geht es Ihnen?
ཁྱེད་རང་སྐུ་གཟུགས་ kay·râng ku·su
བདེ་པོ་ཡིན་པས། de·po yin·bay

Gut. Und Ihnen?
བདེ་པོ་ཡིན། ཁྱེད་རང་ཡང་ de·bo·yin kay·râng·yâng
སྐུ་གཟུགས་བདེ་པོ་ཡིན་པས། ku·su de·po yin·bay

Wie heißen Sie?
ཁྱེད་རང་གི་མཚན་ལ་ kay·râng·gi tsen·lâ
ག་རེ་རེད། kâ·ray·ray

Ich heiße ...
ངའི་མིང་ལ་ … རེད། ngay·ming·la ... ray

Sprechen Sie Englisch?
ཁྱེད་རང་དབྱིན་ཇི་སྐད་ kay·râng in·ji·kay
ཤེས་ཀྱི་ཡོད་པས། shing·gi yö·bay

Ich verstehe nicht.
ཧ་གོ་མ་སོང་། ha ko ma·song

Wo ist ...?
… ག་པར་ཡོད་རེད། ... ka·bah yö·ray

Was kostet das?
གོང་ག་ཚད་རེད། gong kâ·tsay ray

UIGURISCH

Uigurisch wird in der Provinz Xinjiang gesprochen. In China wird uigurisch mit arabischen Schriftzeichen geschrieben. Die in diesem Kapitel aufgeführten Sätze beruhen auf dem kashgarischen Dialekt.

In unserem Ausspracheführer werden betonte Silben kursiv geschrieben. Die meisten Konsonanten werden wie im Deutschen ausgesprochen, nur beim h wird Luft ausgestoßen. Die Vokale sind: a wie das "ä" in "schätzen", aa wie "a" in "Vater", ee wie das "ie" in "mieten", aber kehlig, o wie in "Ohr", ö wie in "hören", u wie in "Buch", und ü wie in "früh". Die betonten Silben sind kursiviert.

Grundlagen

Hallo.	ئەسسالامۇ ئەلەيكۇم.	as·saa·laa·*mu* a·lay·*kom*
Auf Wiedersehen.	خەير-خوش.	hayr·*hosh*
Entschuldigung.	كەچۈرۈڭ گە قانداق بارىدۇ؟	ka·chü·*rüng* ga kaan·*daak* baar·i·du
Verzeihung.	كەچۈرۈڭ.	ka·chü·*rüng*
Ja.	ھەئە.	ee·a·*a*
Nein.	ياق.	yaak
Bitte.	مەرھەمەت.	ma·ree·am·*mat*
Danke.	رەھمەت سىزگە.	rah·*mat* siz·ga

Wie geht es Ihnen?
قانداق ئەھۋالىڭىز؟ — kaan·*daak* a·ee·vaa·*li*·ngiz

Gut. Und Ihnen?
ياخشى. سىزچۇ؟ — yaah·*shi* siz·*chu*

Wie heißen Sie?
سىزنىڭ ئىسمىڭىز نىمە؟ — siz·*ning* is·mi·*ngiz* ni·*ma*

Ich heiße ...
مېنىڭ ئىسمىم ... — mi·*ning* is·*mim* ...

Sprechen Sie Englisch?
سىز ئىنگلىزچە بىلەمسىز؟ — siz ing·gi·lis·*ka* bi·*lam*·siz

Ich verstehe nicht.
مەن چۈشەنمىدىم. — man chu·*shan*·mi·dim

Wo ist ...?
... نەدە؟ — ... na·*da*

Was kostet es?
قانچە پۇل؟ — kaan·*cha* pool

MONGOLISCH

Geschätzte zehn Millionen Menschen weltweit sprechen mongolisch. Das Standard-Mongolisch der Autonomen Chinesischen Region Innere Mongolei basiert auf dem Chahar-Dialekt; er wird mit einer schwungvollen Schrift vertikal (also von oben nach unten) geschrieben und von links nach rechts gelesen. Wer also einen Einheimischen bittet, die Zeichen in diesem Kapitel zu lesen, muss das Buch um 90 Grad im Uhrzeigersinn drehen. Die Lautschrift wird aber in die gleiche Richtung wie das Deutsche gelesen.

Bei der Lautschrift sind betonte Silben kursiv geschrieben. Die meisten Konsonanten klingen im Mongolischen wie im Deutschen, nur das r ist ein harter, trillernder Laut, kh wird wie „ch" in „Buch" ausgesprochen und z ist ein stimmhaftes „s". Bei den Vokalen wird ē wie ein "ä" in "Bären" ausgesprochen, das ö entspricht dem gleichen deutschen Buchstaben; ihn gibt es auch etwas länger: öö. Das entspricht u einem „a" wie in „Katze", ü wird wie in „Buch" ausgesprochen und ô klingt wie in „Show".

Grundlagen

Hallo.
sēn bēn nô

Auf Wiedersehen.
ba·yur·*tē*

Entschuldigung/Verzeihung.
ôch·*lē*·rē

Ja./Nein.
teem/oo·*gway*

Danke.
ba·yur·*laa*

Wie geht es Ihnen?
sēn bēn nô

Gut. Und Ihnen?
sēn sēn
sēn nô

Wie heißen Sie?
tan·*nē al*·dur

Ich heiße ...
min·*nee* nur ...

Sprechen Sie Englisch?
ta *ang*·gul hul *mu*·tun nô

Ich verstehe nicht.
bee *oil*·og·sun·gway

Wo ist ...?
... haa bēkh vē

Was kostet es?
hut·tee jôs vē

GLOSSAR

apsaras – buddhistische himmliche Wesen
arhat – Buddhist; besonders Mönch, der die Erleuchtung erreicht hat und nach seinem Tod ins Nirwana geht

bei – Norden; die anderen Himmelsrichtungen heißen *dong* (Osten), *nan* (Süden) und *xi* (Westen)
bianjie – Grenze
bieshu – Villa
binguan – Hotel
bixi – mythischer schildkrötenartiger Drache
Bodhisattva – Person, die das Nirwana verdient hätte, aber auf Erden bleibt, um anderen bei der Erlangung der Erleuchtung zu helfen
Bön – prä-buddhistischer Glaube der Ureinwohner Tibets
bowuguan – Museum

CAAC – Civil Aviation Administration of China, Luftfahrtbehörde
canting – Restaurant
caoyuan – Weideland
chau – Festland
chengshi– Stadt
chi – See, Teich
chop – geschnitztes Siegel, das als Unterschrift dient
chörten – Tibetische *Stupa*
CITS – China International Travel Service; Reisedienst für ausländische Chinatouristen
cun – Dorf

dadao – Boulevard
dafandian – großes Hotel
dajie – Avenue
dajiudian – großes Hotel
dao – Insel
dapubu – großer Wasserfall
daqiao – große Brücke
dasha – Hotel, Gebäude
daxue – Universität
dehua – weiß glasiertes Porzellan
ditie – U-Bahn
dong – Osten; die anderen Himmelsrichtungen heißen *bei* (Norden), *nan* (Süden) and *xi* (Westen)
dong – Höhle
dongwuyuan – Zoo
Dschunke – ursprünglich chinesisches Fischer- und Kriegsboot mit quadratischen Segeln; heute zur Bezeichnung verschiedener Schiffsarten verwendet

fandian – Hotel, Restaurant
feng – Gipfel
fengjingqu – landschaftlich schöne Gegend; Landschaftsschutzgebiet

ge – Pavillon, Tempel
gompa – Kloster
gong – Palast
gongyuan – Park
gou – Schlucht, Tal
guan – Pass
guju – Haus, Heim, Wohnsitz

hai – Meer
haitan – Strand
Hakka – ethnische Gruppe in China
Han – wichtigste ethnische Gruppe Chinas
he – Fluss
hu – See
huaqiao – Übersee-Chinesen
Hui – ethnische chinesische Muslime
huochezhan – Bahnhof
huoshan – Vulkan
hutong – schmale Gasse

jiang – Fluss
jiao – Einheit des *Renminbi;* 10 Jiao entsprechen 1 *Yuan*
jiaotang – Kirche
jichang – Flughafen
jie – Straße
jie – Festival
jin – Gewichtseinheit; 1 *jin* entspricht 600g
jingju – Oper in Beijing
jinianbei – Denkmal
jinianguan – Gedenkhalle
jiudian – Hotel
ju – Wohnsitz, Heim

Kader – Bürokrat der chinesischen Regierung
kang – erhöhte Plattform zum Schlafen
KCR – Kowloon–Canton Railway
kora – Pilgerweg
KPCh – Kommunistische Partei Chinas
Kuomintang – Chiang Kaisheks nationalistische Partei, heute eine der wichtigsten politischen Parteien in Taiwan

Lama – buddhistischer Priester der tantrischen oder lamaistischen Schule; ein Titel für Mönche, die eine besonders hohe Stufe der spirituellen Entwicklung erreicht haben
lilong – Gasse in Shanghai
lin – Wald
ling – Grab
lishi – Geschichte
lou – Turm
LRT – Light Rail Transit; Stadtbahn
lu – Straße
lüguan – Gästehaus, Pension
luohan – Buddhist; besonders Mönch, der die Erleuchtung erreicht hat und nach seinem Tod ins Nirwana eingeht; siehe auch *arhat*

Mahjong – beliebtes chinesisches Spiel mit gravierten Spielsteinen für vier Teilnehmer
matou – Dock
men – Tor
menpiao – Eintrittskarte
Miao – ethnische Gruppe in Guizhou
miao – Tempel
MTR – Mass Transit Railway; U-Bahn
mu – Grab

nan – Süden; die anderen Himmelsrichtungen heißen *bei* (Norden), *dong* (Osten) und *xi* (Westen)

pailou – dekorativer Bogengang

Pinyin – das offizielle System zur Umschrift chinesischer Schriftzeichen mit lateinischen Buchstaben

PLA – People's Liberation Army; Volksbefreiungsarmee

Politbüro – das aus 25 Mitgliedern bestehende Politikgremium der Kommunistischen Partei

PRC – People's Republic of China; Volksrepublik China

PSB – Public Security Bureau; Büro für Öffentliche Sicherheit, für Ausländer zuständig

pubu – Wasserfall

qi – Lebenskraft

qiao – Brücke

qichezhan – Busbahnhof

renmen – Volk, des Volkes

Renminbi – wörtlich "Geld des Volkes", die offizielle Bezeichnung der chinesischen Währung, abgekürzt RMB; Einheit ist der *Yuan*

sampan – kleines Motorboot

sanlun motuoche – Motordreirad

sanlunche – durch Pedale angetriebenes Dreirad, Rikscha

SAR – Special Administrative Region; Sonderverwaltungszone

senlin – Wald

shan – Berg

shangdian – Geschäft, Laden

sheng – Provinz, provinziell

shi – Stadt

shi – Stein

shichang – Markt

shiku – Grotte

shikumen – wörtlich "Steintor-Haus"; typisches Wohnhaus aus dem 19. Jh. in Shanghai

shoupiaochu – Ticketbüro

shuiku – Stausee

si – Tempel, Kloster

siheyuan – traditionelles Hof-Haus

Stupa – Denkmal, gewöhnlich als Reliquienschrein genutzt für die eingeäscherten Überreste bedeutender *Lamas*

ta – Pagode

thangka – tibetische geistliche Kunst

ting – Pavillon

wan – Bucht

wangba – Internetcafé

wenquan – heiße Quelle

xi– Westen; die anderen Himmelsrichtungen heißen *dong* (Osten), *bei* (Norden) und *nan* (Süden)

xi – kleiner Fluss, Bach

xia – Schlucht

xian – Bezirk, Landkreis

xueshan – verschneiter Berg

ya – Felsvorsprung

yan – Felsen oder Klippe

youju – Post

Yuan – Grundeinheit der Währung *Renminbi*

yuan – Garten

zhao – Lamakloster

zhaodaisuo – Gästehaus

zhiwuyuan – botanischer Garten

zhong – Mitte

Zhongguo – China

ziran baohuqu – Naturreservat

Hinter den Kulissen

WIR FREUEN UNS ÜBER EIN FEEDBACK

Post von Travellern zu bekommen ist für uns ungemein hilfreich – Kritik und Anregungen halten uns auf dem Laufenden und helfen, unsere Bücher zu verbessern. Unser reiseerfahrenes Team liest alle Zuschriften genau durch, um zu erfahren, was an unseren Reiseführern gut und was schlecht ist. Wir können zwar nicht jede Zuschrift individuell beantworten, aber jedes Feedback wird garantiert schnurstracks an die jeweiligen Autoren weitergeleitet, rechzeitig vor der nächsten Neuauflage. Jedem, der uns Informationen zuschickt, wird in der Neuauflage namentlich gedankt – die nützlichsten Einsendungen belohnen wir zudem mit einer Auswahl an digitalisierten Kapiteln als PDF- Datei.

Unter **lonelyplanet.de/kontakt** können Anregungen oder Fragen angebracht werden. Auf unserer Website finden sich auch zahlreiche Reiseberichte, Neuigkeiten und Diskussionen.

Hinweis: Da wir die Beiträge möglicherweise in Lonely Planet Produkten (Reiseführer, Websites, digitale Medien) veröffentlichen, bitten wir um Mitteilung, falls ein Kommentar nicht veröffentlicht oder ein Name nicht genannt werden soll. Wer Näheres über unsere Datenschutzpolitik wissen will, erfährt das unter lonelyplanet.com/privacy.

UNSERE LESER

Allen Reisenden vielen Dank, die die letzte Auflage benutzt und uns mit hilfreichen Hinweisen, nützlichen Ratschlägen und interessanten Anekdoten versorgt haben:

A Joao Aleluia, Mark Allison, Christine Amrhein **B** Richard Balsik, Marieke Blaakmeer, Nick Botham, Cam Bowman, Julia Broska, Dorian Burt **C** Eulalia Calveras, Jamie Carstairs, Javier Castro Guinea, Igor Chabrowski, Sonny Chan, Anirban Chatterjee, Christina Cheng, Gabriel Chew, Alison Clark, Mate Cobrnic, Susan Cofer Jones, Meodi Cohen & Yossi Margoninsky, Philip Corthout, Christine Counsell, Pippa Curtis **D** Bertrand Daigneault, Antonio De Biase, Marianne De Swart, Wolfgang Deuster, Christine Doyle, Clemens Dürrschmid **E** Jenna Eakins, Ros Edwards, Amir Eltahan, Jos Emmerik, Richard Emms **F** Caroline Fink, Mark Fisher, Jordan Flory, Yuji Fujimoto **G** Marcelo Gareca, Anja Gatzsche, Ferran Gonzalez-Franquesa, Tim Grady, Jeff Grigor **H** Stephanie Hancock, Grace Harris, Nicholas Harris, Elvira Hautvast, Tom Hay, Desmond Hennelly, Daniel Holz, Dana Howell **J** Bruce Jackson, Ralpha Jacobson, Wenchi Jin, Jim Jodie, Gary Jones, Marco Jonker **K** Marleen Kaag, Tobias Kalenscher, Magnus Köhler, Björn Krämer, Uta Kreimeier **L** Martin Lægård Poulsen, Lisanne Lee, Pieter Lerou, David Levin, Yoni Levin, Daniel Lidonnici, Peter Lin, Harris Lindenfeld, Louise Linder & Rombout Kampen, Sarah Linten, Paul Lippevelt, Mary Longenbaker, Eladio Lopez, Leonardo Losoviz **M** Anne Mahon, Alex Matos, Deborah McGrouther, Andreas Messerli, Alphee Michelot, Yuval Mizrakli & Naama Melumad, Sander Molenaar, Elena Morara, Julie & Cameron Muir **N** Rachel Nachtrieb, Amar Nanda, Urša & Klemen Naveršnik, Eric Neemann, Francisco Javier Núñez **O** Oonagh O'Hare, Suzanne O'Keefe, Liz O'Sullivan, Onur Oznar **P** John Paer, Stefano Pelli, Alex Phillips, Caroline Pitt, Wai Poc, Ernesto Priarollo **R** James Robinson, Jairo Romero, Marian Rosenberg, Shai Roth **S** Nickolay Salo, Jonas Schulze, Lucy Schumer, Giovanni Segre, Inbal Shani, Gerald Slocock, Jim Smith, Jonathan Spars, Alexandra Staley, Karoline Steinbacher, Victoria Steven, Vilhelm Stokstad **T** Shohei Takashiro, Annie Taylor Chen, Twan Ten Haaf, Bart Ter Haar Romeny, Paulien Ter Meulen, Jean-Claude Thelen, Yanagi Tsuyoshi, Simon Tunderman **U** Manouk Uijtdehaag, Viktoria Urbanek, Hanna Van Egmond, Joris Van Der Mijnsbrugge **V** Sarah Van Beek, Lotte Van Ekert, Karine Van Malderen, Yvonne Van Sambeek & Jan Neels, Benny Verbercht **W** Jess Watt, Marco Weber, Michael Weigh, Nigel West, James & Tamara Wharton, Timo Wiese, Jon Winkels, Alexandra Winter, Elizabeth Wright, Candice Wu **Y** Foo Yee Ling **Z** Jean Zimmermann

DANK DER AUTOREN

Damian Harper

Danke vor allem an Dai Min, Dai Lu, Li Jianjun, Katarina Nilsson, den kreativen Autoren des Sanlian/Lonely Planet *Guizhou* Guides (Yi Xiaochun, Wu Yaoyao und Dong Yi), Edward Li und Maggie Zhang. Mein Dank gilt auch allen anderen, denen ich auf meinem Weg begegnet bin, und wie immer danke ich dem herzlichen und hilfsbereiten chinesischen Volk.

Piera Chen

Herzlichen Dank an Ulysses Hwang, Yangyi, Reeve Wong und Carmen Ng für ihre Großzügigkeit und ihre wunderbare Unterstützung. Mein Dank gilt außerdem Jeremy Chan, Andrew Kwong und Herman Lee für ihr wertvolles Wissen, dass sie mir elektronisch übermittelt haben. Dank an Mr. Kong Xianzhu und alle Taxifahrer, die meine Reise und dieses Buch mit ihrem Humor und interessanten Berichten bereichert haben, *xièxiè*. Und wie immer viele liebe Grüße und Dank an meinen Ehemann, Sze Pang-cheung.

Chung Wah Chow

Aufrichtigsten Dank an Sean Yap, Cui Qun, Sun Hui und Li Yang, die Autoren der Reihe „domestic guide" von Lonely Planet, für ihre umfangreichen Kenntnisse einzelner Regionen. Dank an Winter Wong, Xing Xing, Lola Liu, Eugenia Lo, Josh Stenberg und Ben Potter für ihre Unterstützung und die Insider-Tipps zu Jiangsu sowie an Huang Song, Raynne Ong, Peter Li und Au Oi Sing für ihre unbezahlbare Hilfe und dafür, dass sie ihre Gedanken über Fujian mit mir geteilt haben. Mein innigster Dank an Haider Kikabhoy. Deine Liebe und Unterstützung macht all dies erst möglich.

David Eimer

Mein besonderer Dank gilt Li Xinying für ihre unbezahlbare Hilfe. Danke an Damian Harper für seine Unterstützung und seine Geduld sowie an Emily Wolman, Barbara Delissen und Mark Griffiths von Lonely Planet. Wie immer danke ich den vielen Menschen, die mich während dieser Zeit bewusst oder auch unwissentlich mit Tipps versorgt haben.

Tienlon Ho

Vielen Dank an Jin Liu, Emma, Marcus Murphy, Neil Bhullar und Daniel McCrohan, die mir bei dieser Unternehmung geholfen haben. Mein besonderer Dank gilt Lijie Han, die mir großzügig bei diesem und anderen Projekten geholfen hat. Besonders dankbar bin ich AJ Wang, für den es keine Herausforderung gibt, der er sich nicht stellt. Danke Ken Ho, Wenhuei Ho und Tienfong Ho für ihr unvergleichliches Wissen und ihren Enthusiasmus sowie Jon Adams, der neben vielen anderen Dingen für's Essen sorgte und mich zum Lachen brachte.

Robert Kelly

Herzlichen Dank an jeden, der dazu beigetragen hat, dass dies einer der besten Trips war, die ich je erlebt habe. Emily Wolman und Damian Harper von Lonely Planet, ihr zwei seid wie immer großartig. Elizabeth, deine Gastfreundlichkeit (und dein Bananenbrot) sind aus gutem Grund legendär. Mein tiefster Dank gilt meinen Freunden, die alles am Laufen gehalten haben, während ich weg war. Und schließlich: Danke an Tania Simonetti, die in einem Sandsturm zur rechten Zeit am rechten Ort war.

Michael Kohn

Unzählige Leute halfen mir an jedem Punkt meiner Reise. Mein spezieller Dank gilt Mei (Lijiang), Dave Shaw (Dali), Shirley (Shaxi), Steven (Jinghong), Hendrik Heyne und Tenzin (Shangri-la), Lina und Jane (Kunming), Tsomo (Xining) sowie Chris, Wendy, Jane und Bobby (Xi'an). Ein Hoch auf einige meiner Reisegefährten, Oscar Robinson, Clare Johnson, Kimberly Hagner, Nicole Mahnert und Matan Kavel. Danke an Lonely Planet, vor allem an Emily Wolman und Damian Harper.

Shawn Low

Wie immer danke ich Emily für ihren Glauben an mich und – was noch wichtiger ist – für den Auftrag! Ein Hoch ebenso an Damian (schon wieder einer in trockenen Tüchern – irgendwann finden wir die Zeit für ein Bier). Danke an die LP Crew, die an diesem Buch gearbeitet hat: eds, cartos, MEs, MCs, LDs etc. Ich habe einen Einblick bekommen können, wie hart ihr alle arbeitet. Viele liebe Grüße an Wyn-Lyn: Ich kann unsere zukünftigen Abenteuer kaum erwarten.

Bradley Mayhew

Dank an Ali Tash und Abdul Wahab für viele großartige Informationen in Kashgar. Bhutti und Tenzin in Lhasa waren eine riesige Hilfe dabei, trotz all der Verbote in Tibet herumzukommen. Ein Hoch auf Malong, der mich in Beijing aufgefangen hat.

Daniel McCrohan

Danke an alle Traveller, denen ich auf meinem Weg begegnet bin, für Tipps, Empfehlungen und nette Gesellschaft. Für fachkundige Beratung und Insider-Infos danke ich Iain Shaw, Gil Miller, David Goodman-Smith, Kevin Li (alle Beijing), Jamin York, Angela Lankford, Kris Rubesh, Kieran Fitzgerald (alle Sichuan), Roger Geden (Hubei) und Gong Ying (Chongqing). Ein großes *nǐ hǎo* an meine Mum und den Rest der Familie sowie an meine Freunde in Großbritannien; ich liebe euch alle. Besonders liebe Grüße wie immer an meine wunderbare Frau Taotao und unsere zwei kleinen Engel.

Christopher Pitts

Wie immer danke ich all denjenigen, die mir wertvolle Tipps gegeben oder mich auf der Reise begleitet haben. Für Shanghai gilt mein Dank Gerald und May Neumann für ihre Gastfreundschaft und großartigen Empfehlungen. Danke auch an Miranda Yao, Wang Xinhai, Laure Romeyer, Claudio Valsecchi, Sandy Chu, Lynn Ye, Caroline und Antoine Lebouc sowie Sam Maurey (Shànghǎi) und You Shaojun, Tingting, Kangkang, Meiling, Su, Little Book und Rose, die aus dem überwältigenden Qingming Festival in Wuyuan einen Ausflug voller Spaß gemacht haben. Mein spezieller Dank gilt dem Shanghai-Co-Autor Damian Harper sowie Emily Wolman, Barbara Delissen, Annelies Mertens, Mark Griffiths und all denjenigen, die hinter den Kulissen arbeiten. Schließlich liebe Grüße an Perrine, Elliot und Celeste, die mir mehr Inspiration zuteil werden ließen, als ich es je zuvor erlebt habe.

QUELLENNACHWEIS

Die Klimadiagramme nach Köppen-Geiger wurden entnommen von Peel MC, Finlayson BL & McMahon TA (2007) "Updated World Map of the Köppen-Geiger Climate Classification", Hydrology and Earth System Sciences, 11, 163344.

Abbildungen pp58-9 und pp186-7 von Michael Weldon.

Titelfotograf: Army of Terracotta Warriors, Xi'an, Shaanxi (Shanxi), John W Banagan/ Getty Images.

Über dieses Buch

Dies ist die 4. deutsche Auflage von Lonely Planet *China*, basierend auf der 13. englischen Auflage. Geschrieben wurde sie von einem Autorenteam unter der Leitung von Damian Harper, der auch die letzten drei Ausgaben koordiniert und für sie geschrieben hat. Dieser Führer wurde vom Lonely Planet Büro in Oakland in Auftrag gegeben und von den folgenden Personen verwirklicht:

Verantwortliche Redakteure Emily K Wolman, Kathleen Munnelly

Leitende Redakteurin Amanda Williamson

Leitender Kartograf Andrew Smith

Leitender Layoutdesigner Frank Deim

Redaktion Barbara Delissen, Annelies Mertens, Martine Power

Kartografie Alison Lyall, Diana Von Holdt

Layoutdesigner Chris Girdler

Redaktionsassistenz Janet Austin, Kate Kiely, Anne Mulvaney, Alan Murphy, Joanne Newell, Kristin Odjik, Monique Perrin, Simon Williamson

Kartografieassistenz Mick Garrett, Joelene Kowalski, Samantha Tyson, Robert Townsend

Umschlag Naomi Parker

Bildredaktion Nicholas Colicchia, Aude Vauconsant

Redaktion Sprachführer Branislava Vladisavljevic

Dank an Shahara Ahmed, Melanie Dankel, Ryan Evans, Justin Flynn, Larissa Frost, Mark Griffiths, Corey Hutchison, Tim Lu, Trent Paton, Raphael Richards, Jessica Rose, Kerrianne Southway, Gina Tsarouhas, Gerard Walker, Juan Winata

Register

798 Art District 81

A

Abzocke 107, 115, 1120
Ahnentempel der Chen-Sippe 603
Akrobatik
Aktivitäten 1118
  Beijing 106, 107
  Bergsteigen 646
  Bootsausflüge 27, 316, 533, 607, 624, 660, 683, 700, 811, 861, 872, 918, 960
  Dunhuang 939
  Guangzhou 604
  Höhlenwanderungen 512
  Klettern 80, 537,668, 735
  Plankenweg 411
  Radfahren 70, 367, 640, 664, 668, 674, 736, 769, 897, 928, 1139, **21**
  Rafting 512, 735, 908
  Reiten 823, 831, 833, 884, 908, 928, 975
  Schwimmen 90, 293, 326, 471, 659, 673, 676, 770
  Shanghai 229
  Skifahren 342, 349, 363
  Surfen 33, 650
  Tischtennis 90
  Vogelbeobachtung 365, 707, 732, 987, 1107
  Wandern 29, 183, 271, 379, 433, 438, 449, 483,493, 496, 540, 543, 571, 587 624, 665, 693, 712, 731, 751, 764, 766, 777, 786, 808, 816, 819, 823, 831, 834, 835, 838, 898, 908, 926, 927, 933, 990, 1015, **571**
Amnye Machen 990
Anhui 44, 419–442, **420**
  An-& Weiterreise 421
  Highlights 420
  Huangshan 431, **432**
  Huizhou-Dörfer 425
  Klima 421
  Kosten 421
  Reisezeit 419
  Tunxi 421, **422**
  Unterwegs vor Ort 421
  Wetter 419
Animismus 1070
Anshun 702, **703**
Anwesen der Familie Chen 866
Anwesen der Familie Zhang 289
Architektur 1096
  Huizhou 428
  Kaiserzeit 26, 55, 86, 142, 143, 322, 396, 933, **56**, **6**
  Konzessionszeit 130, 173, 202, 304, 428, 469, 528, 574, 604
  Lingnan 608
  Moderne 26, 80, 82, 84, 208, 209, 525, 560, 581
Art Deco 1097
atlas 900
Ausländische Konzessionen, *siehe* Konzessionszeit, Architektur
Auslandschinesen 617, 619
Autonomes Gebiet der Dong-Minderheit bei Tongdao 515
Autoreisen 23, 1138
  Führerschein 1138

B

Badain-Jaran-Wüste 972
Bagua Zhang 1115
Bai Ta 969
Baisha 748
Baishuitai 753, 761
Bambusmeer 711, 816, **842–843**
Bambustempel 723
Bank of China Building 529
Baojing 702
Baoshan 767
Baotou 970
Baoxian, Tempel 741
Barkhor 1002
Basha 697
Bayanhot 956
Bazare, *siehe* Märkte
Beidaihe 152
Beihai 679, **681**
Beijicun (Nordlichtdorf) 369
Beijing 16, 50–119, **52–53**, **56**, **86**, **842**, **844**
  Aktivitäten 90
  An- & Weiterreise 110
  Ausgehen 104
  Beihai-Park & Nord-Xicheng **82**
  Büro für öffentliche Sicherheit (PSB) 109
  Dashilar & Süd-Xicheng **86**
  Dongcheng Zentrum **62–63**
  Essen 50, 97
  Geschichte 51
  Highlights 52
  Himmelstempelpark & Süd-Dongcheng **75**
  hutong 16, 73, 77, 107, **71**, **16**
  Internetzugang 109
  Karten & Stadtpläne 110
  Klima 50, 51, 54
  Kosten 51
  Küche 99, 100
  Kurse 91
  Märkte 108
  Medizinische Versorgung 110
  Reiserouten 54
  Reisezeit 50
  Sanlitun & Chaoyang **78–79**
  Sehenswertes 54
  Shoppen 107
  Sommerpalast 86, **88**
  Sprache 54
  Stadtmauern 68
  Stadtspaziergang 73
  Tian'anmen-Platz 61, **842**
  Touriseninformation 110
  Trommelturm & Nord-Dongcheng **70–71**
  Unterhaltung 105
  Unterkunft 50, 91
  Unterwegs vor Ort 114
  Verbotene Stadt 6, 55, **56**, **6**
  Wetter 50
Berge der weißen Wolken 615
Bergsteigen
  Qi Xian Ling (Sieben-Feen-Berg)
  Wuzhishan (Fünffingerberg)
Betrügereien 104, 115, 563, 1120, *siehe auch* Gefahren, Sicherheit
Bevölkerung 1057
Bevölkerungsdichte 1028
Bewässerungsanlage Dujiangyan 803
Bier 1083
Big Goose Pagoda 400
Big Likeng 492
Bildhauerei 1090
Bingyu-Tal 334
Bingzhongluo 766
Bo'ao 647
Bootsausflüge 27
  Bingling Si 918
  Chongqing City 861
  Felsmalereien von Huashan 682
  Fluss der Neun Biegungen 316
  Fluss Li 14, 27, 660, 674, **14**, **565**
  Gelber Fluss 960
  Jangtse 8, 35, 872, **870**, **9**
  Leshan 811
  Perlfluss 607
  Qingyuan 624

000 Karten
000 Abbildungen

Shanghai 214, 215
Star Ferry 533
Zhenyuan 700
Botschaften 1118
Bücher 1028, 1091, 1110
Chinesische Kampfkunst 1115
Diamant-Sutra 1037
Die Vergewaltigung von Nanjing 248
Enzyklopädie der Chinesischen Kultur 1038
Mao: Das Leben eines Mannes, das Schicksal eines Volkes 1051
Midnight in Peking 1047
Sonne über dem Sanggan 1049
Bu'erjin 907
Buddhismus 1063, 1098
Buddhistische Grotten in Dazu 863
Budget 22
Bund 8, 194, **8**, **200–201**

C

Cang Shan 737
Cangyan Shan 142
Cao'an Manicahean, Tempel 314
Caohai-See 707
Casinos 593
Changbai Shan 342
Changbai-Wasserfall 343
Changchun 349, **350**
Changsha 501, **503**
Chaozhou 630, **631**
Charklik 906
Chen Tingjing 392
Chengde 142, **144**
Chengdu 790, **792-793**
Chengkana 429
Chengyanger Wind- und Regenbrücke 667
Cherchen 905
Chikan 619
Chinesische Kampfkunst 1113
Kurse 543
Shaolin-Tempel 449
Tai-Chi 1, 478, **17**
Wing Chun 617
Chinesische Oper 557, 603, 605, 799, 1096, **843**
Beijing 84, 107
Chongqing 853
Guandong 602, 603, 605, 609, 632
Hongkong 542, 557
Jiangsu 253, 261, 264
Shaanxi 404
Shanghai 229, 231
Sichuan 799
Tibet 1005
Chishui 708
Chöde Gompa 830
Chongqing 46, 850–867, **851**
Geschichte 852
Klima 852
Kosten 852
Highlights 851
Reisezeit 850
Wetter 850
Chongqing City 852, **853**, **854–855**, **858**
Chongshan, Tempel 381
Chongwu 314
chörten
Baita Gongyuan 830
Gomar Gompa 989
Gongtan-chörten 922
Gyantse Kumbum 1014
Kloster Kumbum 987
Kloster Tagong 823
Potala-Palast 14, 1003, 1007, **14**
Wutun Si 989
Central Mid-Levels Escalatot 525
Christentum 1068
Chuandixia 117
Coloane 585
Confucian Temple (Jianshuǐ) 727

D

Dai-Neujahr 31
Dai, Tempel 160
Dali 732, **734**
Dalian 326, **327**, **333**
Damenglong 783
Danba (Rongtrak) 821
Dandong 334, **336**
Dangjiacun 414
Daocheng (Dabpa) 832
Daoyunlou 633
Datong 372, **374**
Dege (Derge) 828
Dehang 514
Demografie 1058
Dengfeng 449
Deqin 761
Der letzte Kaiser (le the film) 349
Deshengbao 376
Detian-Wasserfall 683
Dian Chi 724
diaojiaolou 518, 702
diaolou 11, 618, **11**
Diaolou(P) 11
Dinosauriermuseum 814
Dorf Huomai 685
Drachenbootfest 31, 572, **572**
Drachenknochen-Reisterrassen 10, 665, **10**
Drehorte
2046 588
Avatar 510
Der bunte Schleier 674
Der letzte Kaiser 349, 1050
Der Mann mit der Todeskralle 542
Der Verlorene Horizont (Shangri-La) 758
Drachenläufer 899
Hero 944
Judou 426
Rote Laterne 387
Tashkurgan-Festung 899
Tiger & Dragon 426, 427
Tödliche Kugeln 618
Western Film Studios 956
Drei Schluchten 8, 481, 855, 868, **8**
Drei-Schluchten-Damm 481
Drepung, Kloster 1004
Druckerei & Kloster Bakong 828
Dschingis Khan 960, 971, 1035, 1038
Dulong-Tal 767
Dunhuang 20, 937, **937**, **20**
Dynastien
Han 1033
Ming 1038
Qing 1041, 1059
Tang 1035
Wei 1034
Yuan 1038

E

Ein-Kind-Politik 1060
Eis- & Schnee-Festival 30, 359, 572, **572**
Emei Shan 805, **807**, **845**
Erhai Hu 736, **736**
Ermäßigungen 1127, 1129
Essen 11, 28, 566, 860, 1071, **11**, **504–505**, **1073**, *siehe auch* einzelne Regionen
Beijing-Küche 99
Fujian 302
Guangzhou 609
Hainan 642, 643
Hotpot 566, 859
Kunming 719
Nudeln 566, 860
Pekingente 566
Regionale Küchen 1072
Shanghai 222
Sichuan 796
Sprache 1159, 1164
Tibetisch 830
Uigurisch 896
Ethnische Minderheiten 29, 709, 725, 1029, 1058, **846**
Bai 738, 740, 743
Bao'an 920
Bulang 780
Dai 780, 782
Dong 515, 693, 697, 707

Dongxiang 920
Dulong 767
Ewenki 973
Hakka 307, 497, 633, 634
Hani 780
Hui 920, 955
Jinuo 780
Koreaner 346
Li 645
Miao 514, 645, 693, 695, 707
Minnan (Fujianesen) 307
Mosu 754
Naxi 741, 744, 746, 1057
Etikette 25, 783, 1030
Everest-Basislager 1019, 28

F

Fackelfest Dali 733
Fackelfest Lijiang 743
Fahrradfahren siehe Radfahren
Fahrradverleih 284
Falun Gong 1063
Fanjingshan 701
Feiertage 1119
Felsmalereien von Huashan 682
Felsskulpturen
Buddhistische Grotten in Dazu 863
Chagpo 1005
Helan Shan 955
Maiji Shan 946
Tempel der Prinzessin Wencheng 995
Feng-Shui 560
Fenghuang 21, 516, **516**, 21
Fernstraße 1024
Fest der Herbstmitte 33
Fest des Rundgangs um den Berg 31
Festivals & Events 30, 572, 1097, 32, 572, *siehe auch* Kulturevents, einzelne Festivals, Sportevents
Bier 32
Blumen 31
Dali 732
Eis- & Schnee-Festival 30, 359, 572, 572
Essen 33
Ethnische Minderheiten 709
Fackelfest Dali 733
Fackelfest Lijiang 743
Fest der Drei Tempel 732
Fest der Geschlossenen Türen 775
Fest des Rundgangs um den Berg 819
Festival der Aurora Borealis 369
Fruchtbarkeitsfest 743
Guizhou 709
Hongkong 544
International Qiantang River Tide Observing Festival 33
Internationales Bierfestival von Dalian 30
Kurban Bairam 33
Literatur 30
Macau 586
Messe des Dritten Mondes 31, 572, 732
Monlam-Fest (Großes Gebetsfest) 30, 572, 923
Naadam 965, 974
Nanjing 251
Qingdao 176
Qufu 170
Reiterfest von Litang 831
Shanghai 215
Suzhou 262
Tan-Ta-Fest 775, 783
Tibet 1005
Wasserfest 775
Xiamen 300
Region Xishuangbanna 775
Yanguan 285
Yunnan 743
Festung Dapeng 628
Festung Fischer-Stadt 865
Filme 413, 533, 1030, 1056, 1095, 1115
Flammenberg 887
Flughäfen 1135
Beijing Capital Airport 23
Hongkong International Airport 23
Shanghai Pudong International Airport 23
Flugreisen 1135
Foding Shan 293
Formel Eins 31
Foshan 616
Frauen in China 1059
Frauen & Gesundheit 1155
Fred Yeung 537
Freiwilligendienst 1120
Fresken
Baisha 749
Lijiang 748
Yulin-Grotten 944
Yungang-Grotten 16, 375, 16
Fluss Li 14, 27, 660, 674, 14, 565
Freundschaftspass 685, 1135
Frühlingsfest 30, 572
Fugong 765
Fujian 43, 296–318, **297**
An- & Weiterreise 298
Geschichte 298
Highlights 297
Klima 298
Kosten 298
Reisezeit 296
Sprache 298
Unterwegs vor Ort 298
Wetter 296
Xiamen 298, 300
Fuli 673
Fuzhou 315
Fuzi, Tempel 250

G

Ganden Sumtseling Gompa 756
Ganjia-Steppe 925
Gansu 47, 912, **913**
An- & Weiterreise 914
Dunhuang 936, **937**
Geschichte 912
Highlights 913
Klima 914
Kosten 914
Lanzhou 914, **916**
Reisezeit 912
Sprache 914
Unterwegs vor Ort 914
Wetter 912
Xiahe 920, **921**
Gansu, Provinzmuseum 915
Ganzi (Garze) 824
Gao, Tempel 957
Geburtstag des Weisen 170
Gefahren 1139, *siehe auch* Betrügereien, Sicherheit
Gelber Fluss 992
Geld 22, 23, 25, 1121, *siehe auch* Kosten, einzelne Regionen
Geldautomaten 1121
Geldwechsel 1122
Geografie 1101
Geschichte 1032
Die Macht der Kuomintang 1047
Japanische Besatzung 1049
KPCh 1045, 1047, 1048
Kulturrevolution 1052
Museen 1056
Sowjetische Beziehungen 1046
Zweiter Weltkrieg 1049
Gesundheit 1149
Bücher 1150
Höhenkrankheit 1016, 1154
Impfungen 1149, 1152
Infos im Internet 1150
Versicherung 1150
Glaube 1062
Gletscher des 1. Juli 935
Goldene-Enten-Pagode 773
Golmud 996
Gomar Gompa 989
Grab des Kaisers Jingdi 407

000 Karten
000 Abbildungen

Grabreinigung (Fest) 170
Grabstätte von Qin Shihuangdi 408
Grabstätten, siehe auch Mausoleen und Denkmäler
Abakh-Hoja-Grabmal 893
Fürst Baos Grabstätte 440
Grab des Kaisers Jingdi 407
Gräber der westlichen Xia-Dynastie 954
Grabstätte von Qin Shihuangdi 408
Huang Taiji 322
Jiangjunfen 347
Kaiserliche Gräber 409
Maulana Ashiddin Mazar 889
Mausoleum der Hami-Könige 888
Mausoleum des Bai Juyi 457
Mausoleum des Sun Yatsen 247
Mazar Imam Asim 903
Ming-Gräber 116
Ming-Xiaoling-Mausoleum 246
Su Xiaoxiao 276
Tughluk-Timur-Khan-Mausoleum 910
Wie-Jin-Gräber 934
Xiongjia Zhon 474, 476, 479
Graffiti 537
Grenzübergänge 1133
Japan 135, 183
Kasachstan 883
Kirgisien 899
Laos 723, 784
Mongolei 968
Myanmar 773, 774
Nepal 1025
Pakistan 899
Russland 362, 977
Südkorea 135, 183, 188, 332, 338,
Tadschikistan 899
Taiwan 307
Thailand 780
Tibet 762
Vietnam 678, 684, 723
Große Mauer 6, 26, 120–127, 568, **121**, **2**, **7**, **568–569**
Badaling 127
Deshengbao 376
Essen 124, 125, 127
Geschichte 120
Grosse Mauer am Tigerberg 336
Große Mauer von Jiumenkou 151
Große Mauer von Miaojiang 699
Große-Mauer-Museum 149
Huanghua Cheng 124, 568
Jadetorpass 944
Jiankou 123, 568
Jiayuguan-Fort 568, 934, **934**
Jinshanling 125, 568
Mutianyu 122
Sanguankou 957
Unterkunft 91, 122, 124, 125
Wandern 126
Zhuangdaokou 124
Groß-Likeng 492
Große Mauer Marathon 31
Große Wildganspagode 400
Großer (Sonntags-) Basar 895
Großer Buddha 12, 809, **13**, **846**
Großer Kanal 260
guaiwu 342
Guandi, Tempel 143
Guangdong 45, 597–636, **598**
Geschichte 599
Guangzhou 599, **600–601**, **604**
Highlights 598
Kaiping 617
Kosten 599
Reisezeit 597
Shenzhen625, 626
Sprache 599
Wetter 597
Guangdong, Museum zur maritimen Seidenstraße 620
Guangji-Brücke 630
Guangxi 46, 656, **657**
Beihai 679, **681**
Drachenknochen-Reisterassen 665
Geschichte 658
Guilin 658, 660
Highlights 657
Kosten 658
Reisezeit 656
Sprache 658
Wetter 656
Yangshuo 667, 668
Guangzhou 599, **600–601**, **604**
Guangzhou, Opernhaus von 602
Guangzong Si 957
Guanlu 427
Guanyin 1065
Guia-Fort 583
Guide 991
Guilin 658, **660**
Guiyang **690**
Guizhou 46, 687–711, **688**
An- & Weiterreise 689
Anshun 702, **703**
Geschichte 689
Guiyang 689, 690
Highlights 688
Klima 689
Kosten 689
Longgong-Höhlen 704
Preise 689
Reisezeit 687
Sprache 689
Unterwegs vor Ort 689
Wetter 687
Gulang Yu 304, **300**
Guodong 290
Guoliangcun 459
Guoyu 392
Gyantse 1014
Gyantse Kumbum 1014

H

Haikou 639, **641**
Haikou, Vulkanischer Geopark 644
Hailaer 973
Hainan 24, 45, 637–655, **638**, **21**
Aktivitäten 637
An- & Weiterreise 639
Geschichte 638
Haikou 639, **641**
Highlights 638
Klima 639
Kosten 639
Ostküste 647
Reisezeit 637
Sanya 651, **652**
Sprache 639
Strände 637
Unterwegs vor Ort 639
Wetter 637
Zentrales Hochland 645
Hami (Kumul) 888
Han-Chinesen 1057
Hancheng 412
Handys 23, 1126
Hängende Särge 495, 825
Hängendes Kloster 376
Hangzhou 273, **274–275**
Happy-Valley-Rennstrecke 529
Harbin 355, **356**
Hebei 12, 136–153, **129**
An- & Weiterreise 130
Chengde 142, **144**
Highlights 129
Klima 130
Preise 130
Reisezeit 128
Shanhaiguan 148, **149**
Sprache 130
Unterwegs vor Ort 130
Wetter 128
Hefei 440, 441
Heijing 726
Heilige Stätten
Amnye Machen 990
Emei Shan 805, **845**
Gyantse Kumbum 1014
Heng Shan 508
Hua Shan 410
Huang Shan 12, 431, 432, **12**, **571**
Jiuhua Shan 437
Kawa Karpo 762

Kloster Labrang 16, 570, 921, **16**, **570**
Kloster Tashilhunpo 1016
Mount Kailash 10, 1024, **10**
Naturpark Yading 834
Qingcheng Shan 802
Song Shan 449
Tai Shan 20, 164, 164, **20**
Tempel Puning 145, 570, **570**
Wudang Shan 477
Wutai Shan 377
Heilongjiang 44, 353–369, **354**
Aktivitäten 353
An-& Weiterreise 355
Geschichte 355
Harbin 355, **356**
Highlights 354
Klima 355
Kosten 355
Reisezeit 353
Sprache 355
Unterwegs vor Ort 355
Wetter 353
Wudalian Chi 366
Heiße Quellen, *siehe* Natürliche Quellen
Henan 44, 443–466, **444**
An- & Weiterreise 445
Geschichte 445
Highlights 444
Kaifeng 460, **462**
Klima 445
Kosten 445
Longmen-Höhlen 456
Luoyang 452, **453**
Reisezeit 443
Sprache 445
Unterwegs vor Ort 445
Wetter 443
Heng Shan 508
Heshun 769
Hezuo 926
Himmelsbestattung 831
Himmelsleiter 459
Himmelssee 343
Himmelstempel 74, **75**, **570**
Historische Siedlungen 27
Hongcun 425
Jiangtouzhou 664
Luotiancun 488
Neolithische Siedlung Banpo 408
Ruinenstadt Jiaohe 887 Pingyao 15, 383, **383**, **15**, **27**
tulou 19, 296, 307, 634, **18**

000 Karten
000 Abbildungen

Wufu 317
Wuyuan 488
Xiamei 317
Xidi 425
Yuyuan 291
Hochgeschwindigkeitszüge 1143
Hof der Familie Shi 136
Höhenkrankheit 1013, 1154
Hohhot 965, **966**
Höhlen
Bingling Si 918
Buddhistische Grotten in Dazu 863
Dripping Water Cave 507
Ganjia-Steppe 925
Guyaju 118
Höhlen von Bäzäklik 887
Höhlenwohnungen 391
Lijiashan 390
Longgong-Höhlen 704
Longmen-Höhlen 456, **39**
Luomei-Lotushöhle 685
Maiji Shan 946
Mati Si 932
Mogao-Grotten 940
Park der Sieben Sternfelsen 621
Putuo Shan 293
Schwalbenhöhle 728
Tausend-Bhudda-Höhlen von Kizil 890
Tropfwasserhöhle 507
Vulkanischer Geopark Haikou 644
Wudalian Chi 367
Wulingyuan 512
Xumi Shan 960
Yungang-Grotten 16, 375, **16**
Zehntausend-Buddha-Höhle 415
Zhijin-Höhle 704
Höhlenwanderungen 512
Holztafeldruck 465
Homosexuelle Reisende 1125
Hongcun 425
Hongjiang, Altstadt 519
Hongkong 19, 45, 521–564, **522–523**, **18**, **541**, **571**, **847**
Aktivitäten 543
An-& Weiterreise 562
Ausgehen 554
Essen 521, 549
Festivals & Events 544
Geschichte 524
Highlights 522
Internetzugang 561
Klima 524
Kosten 524
Kowloon 534
Lebensmittel 550
Medizinische Versorgung 561
Reiserouten 529

Reisezeit 521
Sehenswertes 525
Sheung Wan, Central & Admiralty **526–527**
Shoppen 558
Sprache 525
Touren 543
Touristeninformation 561
Unterhaltung 557
Unterkunft 521, 544
Unterwegs vor Ort 563
Wan Chai & Causeway Bay **530**
Wechselkurse 525
Wetter 521
Yau Ma Tei 532
Hong Kong Heritage Museum 542
Hotan 902, **903**
HSBC Building 560
Hua Shan 410, **411**
Huangguoshu-Fälle 705
Huanglong, Nationalpark 837
Huangshan 12, 431, 571, **432**, **12**, **571**
Huangyao 674
Hubei 44, 467–482, **468**
Geschichte 469
Highlights 468
Klima 469
Kosten 469
Reisezeit 467
Sprache 469, 477
Wetter 467
Wudang Shan 467
Wuhan 469, **470**
Hunan 45, 499–520, **500**
An-& Weiterreise 501
Changsha 501, **503**
Fenghuang 516, **516**
Highlights 500
Klima 501
Kosten 501
Reisezeit 499
Sprache 501
Unterwegs vor Ort 501
Wetter 499
Wulingyuan 510, **511**
hutong 16, 73, 77, 107, **71**, **16**

I

Immigration 1113
Innere Mongolei 47
An-& Weiterreise 964
Geschichte 964
Hailaer 973
Highlights 963
Hohhot 965
Klima 964
Kosten 964
Reisezeit 962

Sprache 964
Unterwegs vor Ort 964
Wetter 962
Internationales Bergfestival 164
Internationales Bierfestival 177
Internationales Bierfestival von Dalian 31, 331
Internationales Kunstfestival von Shanghai 215
Internationales Pflaumenblütenfest von Nanjing 251
Internationales Qiantang-Flutfestival
Internetquellen 23, 538
Internetzugang 23, 1123
Ip Man 617
Irrglaube oder Tatsache 1031
Islam 1069

J

Jademarkt 538
Jangtse 8, 35, 868, **870**, **9**
Jangtse-Brücke 251
Japan, Grenzübergänge 135, 183
Japanische Basis für bakteriologische Kriegsführung 359
Japanische Besatzung 322, 349, 359, 974
Ji'an 347
Ji'an-Museum 348
Jiangjunfen (Grabmal des Generals) 347
Jiangsu 43, 241–270, **242**
An-& Weiterreise 243
Geschichte 243
Highlights 242
Klima 243
Nanjing 243, **244–245**
Reisezeit 241
Suzhou 255, **256**
Unterwegs vor Ort 243
Wetter 241
Jiangtouzhou 664
Jiangxi 45, 483
An-& Weiterreise 485
Geschichte 485
Highlights 484
Klima 485
Kosten 485
Nanchang 485, **487**
Reisezeit 483
Sprache 485
Unterwegs vor Ort 485
Wetter 483
Jiayuguan 568, 933, **934**
Jiegao, Grenzübergang 773
Jilin 43, 340–352, **341**
An-& Weiterreise 342
Changbai Shan 342
Geschichte 341
Highlights 341
Klima 342
Kosten 342
Reisezeit 340
Sprache 342
Unterwegs vor Ort 342
Wetter 340
Ji'nan 156, 157
Jilue Huang, Tempel 631
Jiming, Tempel
Jimingyi 151
Jincheng 391
Jinghong 775, **778**
Jingpo Hu 366
Jingzhen 785
Jingzhou 474
Jinjiangli 618
Jinmao Tower 208
Jiuhua Shan 437
Jiumenkou, Große Mauer 151
Jiuzhaigou, Nationalpark 19, 837, **838**, **19**
Jiuzhaigoun, Nationalpark 19, 837, **838**, **19**
Jokhang, Tempel 1003
Jurtensiedlungen 47, 969, 973, 975, 976

K

Kaifeng 460, **462**
Kaili 693, **693**
Kaiping 617
Kaiserliche Architektur 26
Sommerpalast 86, **88**
Bishu Shanzhuang 142, 143
Kaiserpalast 322
Xi'an 396
Verbotene Stadt 6, 55, **56**, **6**
Kaiserliche Gräber 409
Kaiserpalast 322
Kaiserpalast der Mandschurei (Palast des Marionettenkaisers) 349
Kalligrafie 1086
Kanalstädte
Lijiang 741, **849**
Luzhi 267
Mudu 268
Qibao 213
Suzhou 255
Tai O 543
Tongli 265
Wuzhen 287
Zhouzhuang 269
Zhujiajiao 239, **3**
Kanas-See, Naturschutzgebiet 907
Kangding (Dardo) 818, **820**
Kangxi-Wörterbuch 392
Kantonesisch 1163
Karakorum Highway 898
Karghilik 902
Kasachstan, Grenzübergang 883
Kashgar 20, 891, **891**, **20**, **29**
Kawa Karpo 761, 762
Keramik 494, 616, 1089, **1090**
Khara Khoto 972
Kinder, Reisen mit 213, 1124
Kinmen (Taiwan) 305
Kirchen & Kathedralen
Beijing 67
Hangzhou 279
Harbin 356
Hongkong 533, 537
Lushan 496
Macau 575
Pingyao 15, 383, **384**, **15**
Qingdao 175
Shanghai 212
Tianjin 132
Kirgisien, Grenzübergang 899
Klein-Likeng 490
Klettern
Beijing 80
Dali 736
Hongkong 537
Yangshuo 668
Klima 22, **22**, *siehe auch* einzelne Regionen
Kloster der weißen Pferde 457
Kloster Samye 1013
Kloster Sera 1004
Koguryo 347
Kokosnussplantage Dongjiao 644
Kommunismus 1069
Kommunistische Partei Chinas (KPCh) 191, 1045, 1046, 1047
Konfuzianismus 1036, 1067
Konfuzius 167, 1033
Konfuziushain 170
Konfuziustempel (Qufu) 168
Kong Xianzhu 605
Kong-Residenz 169
Konsulate 1118
Konzessionszeit, Architektur
Gulang Yu 304
Hankou 469
Hongkong 528
Insel Shamian 604
Macau 574
Qingdao 173
Shanghai 194, 202
Tianjin 130
Wuhan 469
kora
Amnye Machen 990
Barkhor 1002, 1007
Chenresig 834

Kawa Karpo 764
Kloster Drepung 1004
Kloster Ganden 1012
Kloster Labrang 16, 570, 923, **16**, **1098**
Kloster Sera 1004
Kloster Tashilhunpo 1016
Mount Kailash 10, 1024, **10**
Potala 14, 1003, 1007, **14**
Tempel der Prinzessin Wencheng 995
Koreanische Autonome Präfektur 346
Kosten 1122
Anhui 421
Beijing 51
Chongqing 852
Fujian 298
Gansu 914
Guangdong 599
Guangxi 658
Guizhou 689
Hainan 639
Heilongjiang 355
Henan 445
Hongkong 524
Hubei 469
Hunan 501
Innere Mongolei 964
Jiangsu 243
Jiangxi 485
Jilin 342
Liaoning 321
Macau 576
Ningxia 951
Qinghai 881
Shaanxi (Shanxi) 396
Shandong 156
Shanghai 191
Shanxi 372
Sichuan 787
Tianjin 130
Tibet 1000
Xinjiang 877
Yunnan 714
Zhejiang 273
Kreditkarten 1122
Küche, *siehe* Essen
Kulturevents
Fest des Rundgangs um den Berg 31
Konfuzius' Geburtstag 33
Messe des Dritten Mondes 31, 572, 732
Miao-Neujahr 33

000 Karten
000 Abbildungen

Mönlam-Fest des Großen Gebetes 30, 572, 923
Kulturrevolution 1052
Kurse
Buddhistische Philosophie 756
Chinesische Kampfkunst 90, 214, 478, 543, 668, 1115
Freiwilligendienst 668
Kochen 90, 96, 214, 669, 839
Kultur 90
Malerei 756
Sprache 96, 690, 1125
Tee 96
Traditionelle Chinesische Medizin 96

L

Labrang, Kloster 16, 570, 923, **16**, **1098**
Laitan 866
Lamakloster Wudang 971
Landschaften 29
Bambusmeer 816, **842**
Dawan-See 290
Dehang 514
Elefantenrüsselhügel 495
Lao Shan 183
Lijiang 743
Longhu Shan 494
Mati Si 932
Ming Xiaoling 247
Moganshan 285
Penha-Hügel 581
Tai Shan 20, 164, 164, **20**
Tempel Linggu 247
Tianmen Shan 512
Tianzhu 166
Wanxian-Berge 458
Weizhou 681
Wulingyuan 510
Wuyi Shan 316
Yuanjiajie 511
Yuquanxi 515
Zuo Jiang 682
Langde 696
Langmusi 927
Langzhong 812
Lanzhou 914, **916**
Laos, Grenzübergänge 723, 784
Laternenfest 30
Lavafelder *siehe auch* Vulkane
Shi Hai 367
Steindorf Longmen 367
Tengchong 770
Vulkanischer Geopark Haikou 644
Lehrausbildung Nr. 1 in Hunan 502
Leishan 696
Leshan 809, 810
Leye 684
Lhasa 14, 1002, **1003**, **1006**, **14**
Liaoning 43, 319–339, **320**
An-& Weiterreise 321
Geschichte 321
Highlights 320
Klima 321
Kosten 32
Reisezeit 319
Sprache 321
Unterwegs vor Ort 321
Wetter 319
Li Zicheng 417
Lijiang 741, **742**, **748**, **849**
Lingnan-Kultur 608, 616
Lingshui 118
Lingyan Shan 269
Lingyin, Tempel 277
Linxia 919
Litang (Lithang) 830
Literatur 1091
Liu Jiang 804
Liuku 765
Longhu Shan 494
Longli 697
Longnan 497
Lord Bao 440
Lu Xun 287
Lugu Hu 754
Luomei-Lotoshöhle 685
Luotiancun 488
Luoyang 452, **453**
Lüshun 332
Luzhi 267

M

Macau 45, 573–596, **574**
Aktivitäten 586
An- & Weiterreise 595
Ausgehen 592
Casinos 593
Essen 573, 589
Geschichte 574
Halbinsel Macau **578–579**
Highlights 574
Insel Coloane **586**
Insel Taipa **584**
Kosten 576
Macau Zentrum **582**
Medizinische Versorgung 594
Reiserouten 581
Reisezeit 573
Sehenswertes 575
Shoppen 593
Sprache 574
Touren 587
Touristeninformation 595
Unterhaltung 593

Unterkunft 587
Unterwegs vor Ort 596
Wechselkurse 575
Wetter 573
Maiji Shan 946
Mandarin 1157
Manigange (Manigango) 826
Manzhouli 976
Mao Zedong 504, 1051
Geburtshaus 507
Gedenkhalle 65
Museum 507
Schule 507
Maoismus 1069
Marco Polo 1035
Märkte
Beijing 108
Guangxi 662
Hangzhou 282
Hongkong 535, 540, 542
Hotan 902
Kashgar 20, 891, **892**, **20**, **39**
Kuqa 890
Qingdao 180
Tengchong 767
Tianjin 133
Ürümqi 879
Xi'an 404
Xinjiang 875
Yunnan 720, 736, 743, 771
Maße & Gewichte 1123, 1124
Matang 696
Mati Si 932
Mausoleen & Denkmäler, *siehe auch* Grabstätten
Dschingis-Khan-Mausoleum 971
Friedhof der Adligen in Yushan 348
Gedenkstätte für die Opfer des Nanjing-Massakers 246
Grab des Wang Jian 791
Hill 203 333
Mausoleum des Nanyue-Königs 606
Mausoleum des Sun Yatsen 247
Mausoleum Revolutionärer Märtyrer 136
Mausoleum von Ammanisashan 901
Yue-Fei-Mausoleum 277
Medizinische Versorgung 1151
Meer der Hitze 770
Meili-Schneeberg-Nationalpark 762
Meizhou 634
Mencius 172
Menghai 784
Menghan 782
Menghun 784
Mengla 782
Menglun 782
Mengyang 781
Messe des Dritten Mondes 31, 572, 732,
Miacimu 762
Miaojiang, Große Mauer 699
Ming-Gräber 116
Ming-Xiaoling-Mausoleum 246
Mingshi Tianyuan 683
Mingyong-Gletscher 763
Misheng Art Museum 214
Mizhi 417
Mobiltelefon 23, 1125
Moderne Architektur 26
CCTV Building 80
Gelände der Expo 2010 209
HSBC Building 525, 560
Jinmao Tower 208
Nationales Zentrum der Darstellenden Kunst 84
Oriental Pearl Tower 211
Pier 8 581
Shanghai World Financial Center 208
Vogelnest & Wasserwürfel 81
Moganshan 285
Mogao-Grotten 20, 940, **20**
Mogao-Grotten, Manuskripte 941
Mohe 368
Mondberg 673
Mongolei, Grenzübergang 968
Mongolisch 1166
Monlam-Fest (Großes Gebetsfest) 30, 572, 923
Moscheen
Guangzhou 607
Harbin 358
Id-Kah-Moschee 893
Jamia-Moschee 535
Ji'nan 157
Kaifeng 463
Kowloon-Moschee & Islamisches Zentrum 539
Kunming 717
Kuqa 889
Nui-Jie-Moschee 85
Quanzhou 312
Tongxin 959
Turpan 884
Xi'an 397
Xining 983
Yarkand 901
Yining 909
Kailash 10, 1024, **10**
Mountainbike, *siehe* Radfahren
Mu-Wohnsitz 743, 744
Mudanjiang 364
Mudu 268
Museen & Galerien 28, 1055, 1087
798 Art District 81
AFA 577
Beijinger Museumspass 66
Buddhismusmuseum 293
Bund History Museum 194
Changyu-Weinmuseum 176
Chinese Sex Culture Museum 266, 267
Chinesisches Marinemuseum 177
Chinesisches Nationalmuseum 65
Chinesisches Seidenmuseum 278
Chinesisches Teemuseum 278
Chinesisches Wissenschafts- und Technikmuseum 82
Chuang Ku (The Loft) 715
Dali-Museum 732
Dinosauriermuseum 814
Dr. Sun Yatsen Museum 529
Drei-Schluchten-Museum 855
Dunhuang-Museum 937
Eisenbahnmuseum Beijing 76
Ewenken-Museum 973
FCY Tung Marizime Museum 212
Gedenkstätte der Lingnan-Malereischule 603
Gedenkstätte für Dr. Sun Yatsen 584
Gedenkstätte Wohnhaus des Sun Yatsen 603
Geschichtsmuseen 18. September 323
Geschichtsmuseum Shaanxi 399
Gouverneursresidenz 175
Große-Mauer-Museum 149
Guyuan-Museum 960
Hainan-Museum 640
Hauptstadtmuseum 84
Heilongjiang Science & Technology Museum 359
Historisches Museum des Himmlischen Taiping-Königreichs 250
Hongkong Heritage Museum 542
Hongkong Museum of Art 537
Hongkong Museum of History 536
Hongkong-Museumspass 536
Hotan-Kulturmuseum 904
Huguang-Gildenhalle 853
Japanische Basis für bakteriologische Kriegsführung 359
Jiangsu 241
Jingzhou-Museum 474
Jinsha-Museum 791
Jockey Club Creative Arts Centre 539
Kaifeng Museum 461
Kaiserpalast der Mandschurei (Palast des Marionettenkaisers) 349
Kong-Residenz 169
Königliches Pferde- und Kutschenmuseum der Östlichen Zhou 453

KP-Gründungsgedenkstätte 203
Kunstmuseum Guangdong 605
Kunstmuseum Guangzhou 606
Kunstmuseum Hubei 470
Kunstmuseum Macau 581
Kunstmuseum Shanghai 199
Liuli China Museum 203
Luoyang-Museum 452
Lushan-Museum 496
Lüshun-Museum 333
M50 208
Macau-Museum 575
Macau-Museumspass 575
Maos Geburtshaus 507
Marionettenmuseum Jinxiuzhuang 313
Mosu Folk Custom Museum 755
Museum der 100 Betten 288
Museum der Auslandschinesen aus Guangdong 606
Museum der Autonomen Region Xinjiang 878
Museum der Inneren Mongolei 965
Museum der kaiserlichen Examensanstalt 250
Museum der Minderheiten 693
Museum der Naxi-Dongba-Kultur 743
Museum der Revolution von 1911 471
Museum des Genossen Mao 507
Museum zum Gedenken an den US-Angriff 335
Museum zur Kulturrevolution 633
Museum zur maritimen Seidenstraße in Guangdong 620
Nanan-Schule 507
Nanjing-Museum 250
Nationales Kunstmuseum Chinas 69
Naturkundemuseum 76
Neues Guangdong-Museum 602
Ningxia-Museum 951
OCT Kunst- und Designgalerie 625
Peace Gallery 219
Pfandleihhaus-Museum 577
Polizeimuseum Beijing 66
Poly Art Museum 67
Propaganda Poster Art Museum 206
Provinzmuseum Gansu 915
Provinzmuseum Guangxi 675
Provinzmuseum Hebei 136
Provinzmuseum Henan 445
Provinzmuseum Hubei 469
Provinzmuseum Hunan 502
Provinzmuseum Liaoning 322
Provinzmuseum Yunnan 715
Qiuci-Palast 889
Revolutionsmuseum Yan'an 415
Rishengchang Finanzhaus-Museum 385
Rockbung Art Museum 194
Salzmuseum Zigong 814
Sanxingdui-Museum 802
Schifffahrtmuseum 583
Science & Technology Museum 211
Seefahrtsmuseum 312
Shaanxi (Shanxi) 394
Shanghai History Museum 208
Shanghai Museum of Contemporary Art 199
Shanghai Urban Planning Exhibition Hall 199
Shanghai-Museum 195
Shanghai-Postmuseum
Shanxi-Museum 380
Shēnzhen-Museum 625
Städtisches Changsha Museum 501
Stadtmuseum 165
Stadtmuseum Xianyang 409
Stelenwaldmuseum 397
Suzhou-Museum 257
Suzhou-Seidenmuseum 260
Terrakotta-Armee 12, 406, 1035, **12**
Tibetisches Kulturmuseum 981
Tousewe-Museum 213
Turpan-Museum 885
Wancuilou-Museum 421
Whampoa-Militärakademie 605
Xanadu-Museum 969
Xi'an-Museum 400
Xinhai-Revolutionsmuseum 605
Yantai-Museum 186
Museen & Historische Stätten 203, 415, 485, 496, 501, 504, 605
Museumspässe
Beijing 66
Hongkog 536
Macau 575
Muta 377
Muslimisches Viertel (Xi'an) 397
Myanmar, Grenzübergänge 774, 773

N

Naadam-Fest 32
Nam-tso 1012
Nanchang 485, **487**
Nangchen 995
Nanjiecun 448
Nanjing 243, **244–245**
Nanning 675, **675**
Nanping 426
Nanwan-Affeninsel 648
Nanxun 288
Napa Hai 760
Nationalismus 1031, 1066
Nationalpark Nanling 624
Nationalparks, siehe auch Naturschutzgebiete, Parks & Gärten
Changbai Shan 342
Liupan Shan Guojia Senlin Gongyuan 960
Meili-Schneeberg-Nationalpark 762
Nationalpark Huanglong 837
Nationalpark Jiuzhaigou 19, 837, **838**, **19**
Nationalpark Nanling 624
Nationalpark Yadan 944
Nationalpark Zhangjiajie 510
Naturschutzgebiet Kanas-See 907
Waldnationalpark A'ershan 976
Wudalian Chi 366
Natürliche Quellen
Changbai Shan 343
Darjay Gompa 827
Ganzi (Garze) 824
Guide 992
Huangshan 12, 433, 571, **432**, **12**, **571**
Huaqing 408
Ji'nan 156
Lao Shan 183
Litang (Lithang) 831
Meer der Hitze 770
Qi Xian Ling (Sieben-Feen-Berg) 647
Tiansheng-Brücke 760
Naturschutzgebiete, *siehe auch* Nationalparks, Parks & Gärten
Caohai-See 707
Changqing, Naturreservat 1105
Dingshu Shan 623
Fanjingshan 701
Geopark Leye 684
Horqin Nationales Naturschutzgebiet 365
Nationales Naturschutzgebiet Momoge 365
Nationales Naturschutzgebiet Xianghai 365
Naturpark Yading 834
Naturschutzgebiet Jinshagou 710
Naturschutzgebiet Kanas-See 907
Naturschutzgebiet Longrui 682
Naturschutzgebiet Mengda 991
Naturschutzgebiet Sanchahe 781
Naturschutzgebiet Suoxi-Tal 510
Naturschutzgebiet Tianzi Shan 512
Naturschutzgebiet Zhalong 365
Tonggu Ling 645
Vulkanischer Geopark Haikou 644

000 Karten
000 Abbildungen

Wuzhishan (Fünffingerberg) 646
Naxi 745
Sprache 744, 746
Musik 746
Nepal, Grenzübergang 1025
Neues Guangdong-Museum 602
Neun-Drachen-Mauer 373
Ningxia 47, 949–961, **950**
An- & Weiterrreise 951
Gräber der Westlichen Xia-Dynanstie 954
Highlights 950
Klima 951
Kosten 951
Sprache 951
Unterwegs vor Ort 951
Wetter 949
Yinchuan 951, **953**
Norbulingka 1005
Nordkorea 334
Notfälle 23, 1160, 1164
Nu Jiang Dam 766
Nu-Jiang-Tal 763
Nuodeng 738

O

Öffnungszeiten 1124
Ölkatastrophe von Dalian 328
Opiumkriege 1039
Orgelmuseum 306

P

Pandazuchtstation 790
Pakistan, Grenzübergang 899
Parks & Gärten 1100, *siehe auch* Nationalparks, Naturschutzgebiete
Beijing 66, 74, 83, 91
Changchun 351
Changsha 502
Guangzhou 606
Guilin 659
Gulang Yu 306
Harbin 357
Hefei 440
HK 531, 533
Hongkong 531, 539, 540
Ji'nan 157
Jiangsu 241, 250
Jinghong 776
Kaifeng 461
Luoyang 454
Macau 584
Nanning 675
Park der Sieben Sternfelsen 621
Park des Duftbergs 91
Park für Sibirischen Tiger 357
Qingdao 177
Shenyang 322
Shijiazhuang 136
Suzhou 255, 261
Yuyuan-Garten 202, **842–843**
Zhaoqing 621
Pässe 1124
Peak Tram 525
Penglai-Pavillon 187
Pferdetrekking *siehe* Reiten
Pfingstrosenfest 452
Pingle 804
Pingliang 947
pingtan 259
Pingxiang 683
Pingyao 15, 383, **384**, **15**, **27**
Planenung
Eventkalender 30
China im Überblick 42
Reisezeiten 30
Reiserouten 34
Po Lin, Kloster 542
Porzellan 445, 616, 1090, **1091**
Post 1124
Potala-Palast 14, 1003, 1007, **14**
Präfektur Dehong 770
Premierminister Chens Burg 392
Prinzessin Wencheng, Tempel 995
Puning, Tempel 145, 570, **570**
Putuo Shan 291, **292**
Puyi 349

Q

Qi Xian Ling (Sieben-Feen-Berg) 647
Qiantang River Tide Observing Festival 33
Qibao 213
Qikou 389
Qingcheng Shan 802
Qingdao 173, **174**
Qinghai 47, 979–997, **980**
An- & Weiterreise 981
Geschichte 981
Highlights 980
Kosten 981
Reisezeit 979
Sprache 981
Tongren 988
Unterwegs vor Ort 981
Wetter 979
Xining 981, **983**
Qin Shi Huang 413
Qinghai-See 987
Qinghai-Tibet-Bahn 1011
Qinghua 491
Qinglong Dong 698
Qingyan 692
Qingyuan 491
Qingzhēn Da Si 959
Qiyun Shan 424
Quanzhou 311, **312**
Qufu 168, **169**

R

Radfahren
Beijing 90
Erhai Hu 736
Guangxi 664
Hainan 640, **21**
Herumfahren 1139
Hongkong 543
Karakorum Highway 898
Langmusi 928
Macau 586
Tengchong 769
Wudalian Chi 367
Yangshuo 668, 674
Rafting
Dali 736
Naturschutzgebiet Kanas-See 909
Wulingyuan 512
Raoping 633
Rauchen 553
Rechtsfragen 1125
Reiserouten 34
Am Jangtse entlang 35
Big Ticket Tour 37
Chinas Küsten 37
Durch den Norden 34
Durch den Nordosten 41
Entlang Tibets Grenzen
Seidenstraße 36
Südwest-China 38
Von Beijing in die Mongolei 41
Von Qinghai nach Sichuan 40
Reiseschecks 1122
Reisterrassen von Yuangyang 17, 729, **729**, **17**, **745**
Reiten
Langmusi 928
Litang (Lithang) 831
Naturschutzgebiet Kanas-See 907
Songpan 835
Steppe von Jinzhanghan 975
Tagong 823
Tian Shan 884
Religion 1029, 1062
Rock, Joseph 750
Rongphu, Kloster 1019
Rongwo Gonchen Gompa 989
Rotfelsen-Schlucht 711
Ruili 771, **772**
Ruinen 1037
Bergfestung Wandu 348
Charklik 906
Chongqing-Stadt 853
Kaifeng-Synagogue 463
Khara Khoto 972

Mor-Pagode 893
Qiang-Wachttürme 821
Ruinen der Kirche São Paolo 575
Ruinen des Ming-Kaiserpalastes 248
Ruinen von Melikawat 904
Ruinenstadt Gaochang (Khocho) 887
Ruinenstadt Jiaohe 887
Tsaparang 1026
Russland, Grenzübergänge 362, 977

S

Sakya 1018
Sanddünen 927
Sangke-Steppe 925
Sanjiang 667
Sanqing Shan 492
Sanxingdui-Museum 802
Sanya 651, **652**
Schattenpuppenspiel 813
Schiffsreisen
Reisen innerhalb Chinas 1141
Reisen nach/von China 238, 1137
Schwalbenhöhle 728
Seen
Barkol-See 888
Guilin 659
Himmelssee 343
Hulun Hu 977
Lugu Hu 754
Manasarova-See 1026
Mondsichelsee 942
Nam-Tso 1012
Napa Hai 760
Nationalpark Jiuzhaigou 19, 837, **838** 19
Qinghai-See 987
Sayram-See 911
Shudu Hu 761
Smaragdpagodensee 761
Tian Chi 884
Xinlu Hai (Yilhun Lha-Tso) 827
Yamdrok-tso 1014
Seide, *siehe* atlas
Seidenstraße 15, 36, 900, **36,** 15
Seng-Ze-Gyanak-Mani-Mauer 995
Shaanxi (Shanxi) 44, 394, **395**
An- & Weiterreise 396
Geschichte 396
Highlights 395
Hua Shan 410, **411**
Preise 396
Reisezeit 394
Sprache 396
Unterwegs vor Ort 396
Wetter 394
Xi'an 396, **398**
Shandong 42, 154, **155**
An- & Weiterreise 159
Geschichte 155
Highlights 155
Ji'nan 156, **157**
Klima 155
Preise 156
Qufu 168, **169**
Reisezeit 154
Sprache 156
Tai Shan 164, **164**
Unterwegs vor Ort 159
Wetter 154
Shangdou (Xanadu) 969
Shanghai 8, 11, 43, 190, **192–193**, 8, 11, 32, 200–201, 842–843
Aktivitäten 230
An- & Weiterreise 236
Bahnhof Shanghai **212**
Büro für Öffentliche Sicherheit (PSB) 234
Der Bund & Volksplatz **196–197**
Essen 190, 222
Feste & Events 215
Französische Konzession **204–205**
Geschichte 191
Highlights **192–193**
Internationales Literatufestval Shanghai 215
Internetzugang 235
Klima 191
Kurse 214
Medizinische Versorgung 235
Preise 191
Pudong **210**
Reiserouten 195
Reisezeit 190
Shanghai mit Kindern 213
Shanghai World Financial Center 208
Shanghai-Museum 195
Shoppen 203, 231
Touren 214
Touristeninformation 235
Trinken 227
Unterhaltung 229
Unterkunft 190, 216
Unterwegs vor Ort 238
Westnanjing Road 207
Wetter 190
Shangri-la (Zhongdian) 755, **757**
Shanhaiguan 148, **149**
Shantou 633, **634**
Shanxi 44, 370, **371**
An- & Weiterreise 372
Datong 372, **373**
Geschichte 372
Highlights 371
Klima 372
Pingyao 383, **384**
Preise 372
Reisezeit 370
Sprache 372
Unterwegs vor Ort 372
Wetter 370
Wutai Shan 377, **377**
Shaolin-Tempel 449
Shaoshan 507
Shaoxing 287
Shapotou 958
Shaxi 739
Shennongjia 480
Shenyang 321, **324**
Shenzhen 625, **626**
Shexian 430
Shi Wei 975
Shibaoshan 740
Shigatse 1016, **1017**
Shijiazhuang 136, **137**
Shilin 725
Shimei-Bucht 651
Shipton's Arch (Tushuk Tagh) 893
Shiqiao 696
Shiqu (Sershu) 829
Shitoucheng 673
Shuhe, Altstadt 749
Shui Dong Gou 956
Shuiyu Cun 118
Sibirische Tiger 358
Sicherheit 1120, *siehe auch* Betrügereien, Gefahren
Sichuan 46, 786, **788–789**
An- & Weiterreise 787
Bambusmeer 816
Chengdu 790, **792–793**
Emei Shan 805
Geschichte 787
Highlights 788
Internetzugang 787
Kangding 818, **820**
Preise 787
Reisezeit 786
Sichuan-Tibet-Fernstraße 822
Sprache 787
Unterwegs vor Ort 787
Wetter 786
Sichuan-Tibet-Fernstraße
Nordroute 822
Südroute 830
Sidonggou 710
Singende Sanddünen 942
Sixi 491

000 Karten
000 Abbildungen

Ski-Resorts
- Ski-Resort Beidahu 349
- Changbai Shan 310, 342, 363

Sommerpalast 86, **88**
Song Shan 449
Songji 866
Songpan 833, **835**
Sonne-und-Mond-Bucht 651
Sowjetischer Märtyrerfriedhof 332
Sportevents
- Drachenbootfest 31, 572, **572**
- Drachenbootrennen 700, **572**
- Formel 1 31, 215
- Große Mauer Marathon 31
- Naadam-Fest 32
- Pferdefest Litang 32
- Shangri-la Pferderennen 31
- Surfen 33
- Xiamen International Marathon 300

Sprache 22, 24, 1157
- Essen & Trinken 1159
- Kantonesisch 1163
- Kurse 669, 1125
- Macau 574
- Mandarin 1157
- Mongolisch 1166
- Naxi 745
- Notfälle 1160
- Tibetisch 1165
- Transport 1161
- Uigurisch 1165
- Unterkunft 1158

städtische Extravaganzen 27
Stadtmauern
- Beijing 68
- Chongwu 314
- Datong 373
- Fenghuang 516
- Guilin 658
- Guoyu 392
- Jimingyi 153
- Jingzhou 474
- Kaifeng 463
- Nanjing 249
- Pingyao 385
- Shangdu (Xanadu) 969
- Songpan 835
- Xi'an 399
- Xingcheng 338
- Xining 984
- Zhaoqing 621
- Zhengding 138
- Zhenyuan 700

Stadtspaziergänge
- Beijing 73, **73**
- Bund 186, **186–187**
- Hongkong 541, **541**
- Verbotene Stadt 58, **58–59**

St Lazarus Church District 575
Star Ferry 19, 533, **19**
Stelzenhäuser (diaojiaolou) 21, 516, 518, **21**
Steppe von Jinzhanghan 975
Strände
- Beidaihe 152
- Beihai 679
- Bo'ao 674
- Dalian 326
- Hainan 637
- Hongkong 536
- Kokosnussplantage Dongjiao 644
- Macau 585
- Putuo Shan 293
- Qingdao 176
- Sanya 651
- Shandong 154
- Shimei-Bucht 651
- Sonne-und-Mond-Bucht 651
- Xingcheng 338
- Yanjiang 619
- Yantai 186
- Yue Liang Wan 645

Straße der Freundschaft 1014
Südkorea, Grenzübergänge 135, 183, 188, 322, 338
Sun Yatsen 1044
- Ehemaliges Wohnhaus 207
- Gedenkhalle 91
- Gedenkstätte 584
- Gedenkstätte Wohnhaus des Sun Yatsen 603
- Mausoleum 247
- Museum (Hongkong) 529

Surfen 33, 650
Suzhou 255, **256**
Suzhou-Seidenfestival 262
Synagogen
- Neue Synagoge (Harbin) 358
- Ohel-Leah-Synagoge 535
- Ohel-Moishe-Synagoge 211
- Synagoge von Kaifeng 463

T

Tachuana 426
Tadschikistan, Grenzübergang 899
Tagong (Lhagang) 823
- Radfahren 823
- Reiten 823
- Wandern 823

Tai-Chi 17, 478, **17**
Tai O 543
Tai Shan 20, 164, **164**, **20**
- Weg über den Tianzhu 166
- Westweg 166
- Zentralweg 165

Tai'an 160
Taipa 585
Taiwan, Grenzübergang 307
Taiyuan 380, **381**
Taktser 988
Tangmo 429
Taoismus 1066
Tee 105, 799, 1083, **1080**
- Chinesisches Teemuseum 278
- Fangcun-Teemarkt 613
- Museum of Tea Ware 531
- Xiaoqi 491

Tee- und Pferdestraße 740
Telefon 23
Telefondienste 1126
Telefonkarten 1126
Tempel & Klöster 570, 1064, 1097, **14**, **570**
- Acht äußere Klöster 143
- arhat-Tempel 852
- Bambustempel 723
- Baopu, taoistischer Tempel 279
- Chöde Gompa 830
- Darjay Gompa 827
- Drei Pagoden 732
- Druckerei & Kloster Bakong 828
- Elefantenbad 806
- Etikette 783, 1008
- Fayuan-Tempel 85
- Fujian 296
- Fuwen Miao 702
- Ganden Sumtseling Gompa 756
- Gao-Tempel 957
- Glückstempel 359
- Goldene-Enten-Pagode 773
- Gomar Gompa 989
- Große Wildganspagode 400
- Großer Buddhatempel 931
- Guangzong Si 957
- Gyantse Kumbum 1014
- Hängendes Kloster 376
- Himmelstempel 74, **75**, **570**
- Hof der östlichen Kultur 649
- Höhlentempel 973
- Huacheng Si 437
- Innere Mongolei 962
- Jadebuddha-Tempel 207
- Jadegipfelkloster 748
- Jinjiang-Pagode 335
- Jokhang-Tempel 1003
- Kerti Gompa 927
- Kloster der weißen Pferde 457
- Kloster der weißen Pferde 457
- Kloster Drepung 1004
- Kloster Ganden 1012
- Kloster Huayan 373
- Kloster Jyekundo Dondrubling 994
- Kloster Kumbum 987

Kloster Labrang 16, 508, 921, **16**, **1099**
Kloster Linji 140
Kloster Puning 145, 570, **570**
Kloster Rongphu 1019
Kloster Sakya 1018
Kloster Samye 1013
Kloster Sera 1004
Kloster Tagong 823
Kloster Tashilhunpo 1016
Kloster Tsing Shan 542
Kloster Wenshu 791
Konfuziustempel (Beijing) 71
Konfuziustempel (Hancheng) 413
Konfuziustempel (Hangzhou) 278
Konfuziustempel (Harbin) 359
Konfuziustempel (Jianshui) 727
Konfuziustempel (Pingyao) 385
Konfuziustempel (Qufu) 168, 570
Konfuziustempel (Shanghai) 202
Konfuziustempel (Suzhou) 260
Konfuziustempel (Wuwei) 929
Konfuziustempel (Xingcheng) 338
Konfuziustempel (Zhengzhou) 446
Kongtong Shan 947
Lamakloster 69, **845**
Lamakloster Wudang 971
Lei-Feng-Pagode 277
Menziustempel 172
Milarepa-Palast 926
Ninxia 949
Nonnenkloster Chenxiangge 202
Nonnenkloster Chi Lin 538
Nordtempel-Pagode 260
Pagode der sechsfachen Harmonie 279
Perlenpagode 266
Pflaumen-Kloster 621
Potala-Palast 14, 1003, **14**
Premierministertempel 461
Qinghai 979
Qinglong Dong 698
Qingxu Guan 385
Qingyin-Pavillon 806
Residenz der Himmelsmeister 495
Rongwo Gonchen Gompa 989
Schatzpagode 415
Schwarze Pagode 783
Schwarzer Drachentempel 390
Serti Gompa 927
Shangqing-Palast 495
Shanxi 370
Shaolin-Tempel 449
Sikh-Tempel Khalsa Diwan 533

000 Karten
000 Abbildungen

Steinglockentempel 740
Tangdi Miao 392
Tempel A-Ma 581
Tempel Banruo 351
Tempel Baoguo 805
Tempel Baoxian 741
Tempel Bifeng 391
Tempel Cao'an Manicahean 314
Tempel Changchun 471
Tempel Chenghuang 446
Tempel Chongshan 381
Tempel Dai 160
Tempel der Acht Unsterblichen 401
Tempel der Glückseligkeit & Langlebigkeit des Sumeru-Berges 146
Tempel der Großen Glocke 89
Tempel der Grünen Ziegen 794
Tempel der Prinzessin Wencheng 995
Tempel der Sechs Banyanbäume 606
Tempel der Weißen Wolken 85
Tempel derZwillingspagode 381
Tempel des Großen Mitleids 131
Tempel des Herrn der Höhle 291
Tempel des Mysteriums 261
Tempel Donglin 702
Tempel Dongyue 77
Tempel Fayu 293
Tempel Fuxi 945
Tempel Fuzi 250
Tempel Ganzi 824
Tempel Gao 957
Tempel Guandi 143
Tempel Guandi 312
Tempel Guanghui 140
Tempel Guangxiao 607
Tempel Guiyuan 470
Tempel Haihui 393
Tempel Hongfu 689
Tempel Jilue Huang 631
Tempel Jilue Huang 631
Tempel Jiming
Tempel Jinding 806
Tempel Jingan 818
Tempel Jingci 277
Tempel Jokhang 1003
Tempel Kaiyuan 140, 311
Tempel Kun lam 584
Tempel Linggu 247
Tempel Lingyin 277
Tempel Longhua 211
Tempel Longxing 139
Tempel Man Mo 528, 540
Tempel Miaoying der Weißen Pagode 85
Tempel Mingjiao 440
Tempel Na Tcha 577
Tempel Nanputuo 299
Tempel Nanyue 509
Tempel Pak Tai 533
Tempel Po Lin 542
Tempel Puji 292
Tempel Pule 146
Tempel Renshou 616
Tempel Shangqing 802
Tempel Shanhua 373
Tempel Shuanglin 389
Tempel Sik Sik Yuen Wong Tai Sin 538
Tempel Tayuan 378
Tempel Tianhou 175
Tempel Tianning 139
Tempel Tin Hau 538
Tempel Wannian 806
Tempel Wuhou 794
Tempel Xiangshan 457
Tempel Xiantong 379
Tempel Xinguochan 156
Tempel Yan 170
Tempel Yongzuo 381
Tempel Yuantong 715
Tempel Yuquan 945
Tempel Zhiyuan 437
Tempel Zhonghe 737
Tempel Zhonghe 737
Tempel Zhongyue 451
Tempel zum Gedenken an die fünf Beamten 640
Tempelanlage von Feilai 624
Tempelbezirk Taihuai 378
Tempelkloster Famen 408
Tempelkloster Putuozongcheng 146
Temple Street Night Market 537
Tibet 998
Weiße Bambussprossenpagode 783
Wuta-Pagode 965
Wutun Si 989
Youning Si 988
Yuanjue-Pagode 413
Yushu 993
Zehntausend-Buddha-Kloster 542
Zhilin Si 727
Zu Miao 616
Zwillingspagoden der Sonne und des Mondes 659
Tengchong 767, **768**
Tengger-Wüste 960
Terrakotta-Armee 12, 406, 1035, **12**
Thailand, Grenzübergänge 781
thangka 988
Tian Chi 884
Tiananmen-Platz 61, **842**
Tianjin 42, 130, **129**, **132**
An- & Weiterreise 130, 134
Büro für Öffentliche Sicherheit (PSB) 134
Essen & Ausgehen 134

Geführte Touren 133
Geschichte 130
Highlights 129
Klima 130
Medizinische Versorgung 134
Preise 130
Reisezeit 128
Sehenswertes 130
Sprache 130
Unterkunft 133
Unterwegs vor Ort 130, 136
Wetter 128
Tianlong 705
Tianping Shan 269
Tianshui 944
Tiantaishan 705
Tibet 47, 998, **999**
An- & Weiterreise 1002, 1022
Essen 830
Feste & Events 1005
Geschichte 1000
Grenzen 840
Highlights 999
Kailash 1024
Klima 1001
Lhasa 1002, **1003**, **1006**
Preise 1000
Reisezeit 998
Sprache 1001
Straße der Freundschaft 1014
Touren 762, 1022
Unterwegs vor Ort 1001, 1022
Wetter 998
Tibet, Grenzübergang 762
Tibetische Gebetsmühle 992
Tibetische Sprache 1165
Tibetisches Kulturmuseum 981
Tiere & Pflanzen 1105
Tiexi 702
Tigersprungschlucht 8, 750, **752**, **8**
Tonggu Ling 645
Tongli 265
Tongren (Repkong) 988
Tongxin 959
Touren 25, 214
Boot 133, 213, 214, 262, 278
Bus 127, 214, 421, 544, 944
Fluss Li 14, 27, 660, 674, **14**
Große Mauer 121, 126
Guangzhou 614
Guiyang 691
Hongkong 543
Kameltouren 893, 960, 972
Karakorum Highway 898
Kloster Labrang 16, 921, **16**, **1099**
Leshan 811
Motorrad 214
Muztagh Ata 893
Nationalpark Yadan 944
Naturschutzgebiet Kanas-See 908
Opernhaus von Guangzhou 602
Radfahren 214, 215, 1139
Rafting 512, 736, 909
Reiten 823
Shanghai 214
Skifahren 349, 363
Tianjin 133
Tibet 1022
tulou 19, 296, 308, 634, **18**
Vogelbeobachtung 1007
Wandern 693
Wulingyuan 512
Xi'an 409
Xiahe 923
Traditionelle chinesische Medizin 1156
Museum traditioneller chinesischer Medizin Huqingyu Tang 278
Transsibirische Eisenbahn 1144
Travellerschecks 1122
Trekking, *siehe* Wandern
Trinken 1159, 1164
Trinkgeld 25, 1081, 1123
Tsingtao-Bier 179
tulou 19, 296, 308, 634, **18**
Tunxi 421, **422**
Turpan 884, **885**
Tuyoq 887

U

Uferpromenade
Avenida da República 580
Bund **8**, 194, **196–197**, **9**, **200–201**
Flussufer Plaza 348
Hankou-Bund 469
Tsim Sha Tsui Oastpromenade 536
Xiamen 299
Uigurische Sprache 1165
Umweltfragen 305, 1103, 1110
Bücher 1110
Ölkatastrophe von Dalian 328
Umweltprobleme 1104, 1111
Unesco-Welterbestätten
Altstadt von Macau 575
Bewässerungsanlage Dujiangyan 803
Buddhistische Grotten in Dazu 863
danxia 710, 1108
diaolou 11, 617, **11**
Emei Shan 805
Hongcun 425
Huang Shan 12, 431, 571, **432**, **12**, **571**
Jian 347
Leshan 809, **810**
Lijiang 741, **742**, **748**, **849**
Longmen-Grotten 456, **39**
Ming-Gräber 116
Nationalpark Jiuzhaigou 19, 837, **838**, **19**
Nu-Jiang-Tal 763
Shangdu (Xanadu) 969
Shaolin-Tempel 449
Tai Shan 20, 164, **164**, **20**
Tempel Jilue Huang 631
tulou 19, 296, 308, 634, **18**
Wudang Shan 477
Wulingyuan 510
Xidi 425
Untergrundwald 366
Unterirdische Burg Zhangbi 389
Unterirdische *Festung 974*
Unterkunft 1126, 1162, 1166 *siehe auch einzelne* Regionen
Ürümqi 878, **880**

V

Vegetarier 1082
Verkehr 1121, 1133
Vokabular 1020
Zugreisen 1142
Versicherung 1129
Victor Sassoon 219
Viehmarkt am Sonntag 891
Vietnam, Grenzübergänge 678, 685, 723
Visa 23, 1129, 1133
Vogelbeobachtung 1107
Napa Hai 760
Qinghai-See 987
Weibao Shan 731
Weining 707
Vogelnest 1085
Vulkane, siehe auch Lavafelder
Laohei Shan 367
Tengchong 770
Untergrundwald 366
Vulkanischer Geopark Haiku 644
Wudalian Chi 366

W

Währung 22
Wandern 29, **571**
Amnye Machen 990
Bambusmeer 816, **842–843**
Bingzhongluo 766
Dengfeng 449
Drachenknochen-Reisterrassen 10, 665, **10**
Emei Shan 808, **807**, **845**
Ganjia-Steppe 925
Hong Kong 540, 543, 571, **571**
Huangshan 12, 431, 571, **432**, **12**, **571**

Jiangxi 483
Jiuhua Shan 438
Kaili 693
Kangding (Dartsendo) 819
Karakorum Highway 898
Kawa Karpo 764
Langmusi 927
Lao Shan 183
Litang (Lithang) 831
Lushan 497
Macau 587
Mati Si 933
Nationalpark Jiuzhaigou 19, 837, **838**, 19
Nationalpark Nanling 624
Naturpark Yading 834
Naturschutzgebiet Kanas-See 907
Region Xishuangbanna 777
Sangke-Steppe 925
Sanqing Shan 492
Sichuan 786, 823
Songpan 835
Tigersprungschlucht 8, 571, 751, **752**, 8
Von Ganden nach Samye 571, 1015
Weibao Shan 731
Wutai Shan 379
Wuyuan 493
Yangshuo 571
Yubeng 764
Yunnan 712
Zhejiang 271

Wasserfälle
Changbai-Wasserfall 343
Dehang 515
Detian-Wasserfall 683
Dieshui-Wasserfall 768
Huangguoshu-Fälle 705
Shizhangdong-Wasserfall 710
Wasserfall Diaoshuilou 366

Wasserfest 775
Wasserräder 915
Wechselkurse 23, 525, 575
Weibao Shan 731
Weilongwu 634
Weining 707
Weishan 731
Weltkulturerbe, siehe Unesco-Welterbestätten
Western Film Studios 956
Westsee 275
Wetter 22, siehe auch einzelne Regionen

000 Karten
000 Abbildungen

Wildschutzgebiet, siehe Nationalparks & Landschaftsschutzgebiete
Windparks 943, 1106
Wing chun 1116
Wirtschaft 1028
Wohnhaus der Familie Cai 649
Wohnhof der Familie Wang 389
Wolong-Tal 491
Wong Fei Hung 617
Wudalian Chi 366
Wudang Shan 477
Wufu 317
Wuhan 469, **470**
Wulingyuan 510, **511**
Wutai Shan 377, **377**
Wutun Si 989
Wuwei 929
Wuyi 289
Wuyi Shan 316
Wuyuan 488, **490**
Wuzhen 287
Wuzhi Shan (Fünffingerberg) 646
Wuzhishan Stadt (Tongshi) 245

X

Xanadu-Museum 969
Xi Shan 724
Xi'an 396, **398**
Xiaguan 730
Xiahe 920, **921**
Xiamei 317
Xiamen 298, **300**
Xiaoqi 491
Xidi 425
Xiding 784
Xijiang 695
Xilamuren 969
Xincun 648
Xingcheng 338
Xingping 672
Xining 981, **982**
Xinjiang 46, 875, **876**
An- & Weiterreise 878
Geschichte 876
Highlights 876, **876**
Hotan 902, **903**
Kashgar 891, **892**
Klima 877
Kuqa 889
Preise 877
Reisezeit 875
Sprache 877
Unterwegs vor Ort 878
Ürümqi 878, **880**
Wetter 875
Xinjiang, Museum der Autonomen Region 878
Xinlu Hai (Yilhun Lha-tso) 827
Xiongjia Zhong 479
Xishuangbanna region 774, **775**
Xizhou 738
Xunpu 314

Y

Yamdrok-tso 1014
Yan'an 414
Yancun 491
Yangjiang 619, **622**
Yangmei 678
Yangshuo 14, 667, **668, 672**
Yanji 345
Yantai 184, **185**
Yarkand 901
Yengisar 900
Yibin 816
Yichang 481
Yinchuan 951, **953**
Yining 909
Youning Si 988
Yue Liang Wan 645
Yujiacun 141
Yuliang 430
Yulin 416
Yulin-Grotten 944
Yulong He 673
Yulong Xueshan 749
Yunfeng Bazhai 706
Yunfeng Shan 770
Yungang-Grotten 16, 375, 16
Yunnan 46, 712, **713**
An- & Weiterreise 714
Dali 732, **734**
Geschichte 714
Highlights 713, **713**
Klima 714
Kunming 714, **716–717**
Lijiang 741
Preise 714
Reisezeit 712
Reisterrassen von Yuanyang 729, **729**
Sprache 714
Unterwegs vor Ort 714
Wanderrouten 712
Wetter 712
Yushu (Jyekundo) 993
Yuyuan 290

Z

Zeitzonen 878
Zhangbi Cun 389
Zhangjiajie 510
Zhangmu 1020
Zhangye 931
Zhaoqing 621

Zhaoxing 697
Zhaozhou-Brücke 142
Zhejiang 43, 271–295, **272**, 849
An- & Weiterreise 273
Geschichte 273
Hangzhou 273, **274–275**
Highlights 272
Klima 273
Preise 273
Putuo Shan 291, **292**
Reisezeit 271
Sprache 273
Unterwegs vor Ort 273
Wetter 271
Wuzhen 287
Zhengding 138
Zhengzhou 445, **446**
Zhenyuan 698, **699**
Zhijin-Höhle 704
Zhongshan 865
Zhongwei 957, **957**
Zhouzhuang 269
Zhuangjing Tong 756
Zhuhai 628, **629**
Zhujiajiao 239, 3
Zhujiayu 159
Zhuxian Zhen 465
Zigong 814
Zili 618
Zoll 1132
Zugreisen 23, 1142, siehe auch einzelne Regionen
Infos im Internet 1148
Internationale Zugverbindungen 112, 1134
Qinghai 986
Qinghai-Tibet-Bahn 1011
Tibet 111
Ticketklassen 1144
Transsibirische Eisenbahn 1144
Von/nach China 1133

Auf einen Blick

Mit diesen Symbolen sind wichtige Kategorien leicht zu finden:

Sehenswertes
Strände
Aktivitäten
Kurse
Touren
Festivals & Events
Schlafen
Essen
Ausgehen
Unterhaltung
Shoppen
Praktische Informationen/Transport

Diese Symbole bieten wertvolle Zusatzinformationen:

Telefonnummer
Öffnungszeiten
Parken
Nichtraucher
Klimaanlage
Internetzugang
WLAN
Swimmingpool
Vegetarische Gerichte
Englischsprachige Speisekarte
Familienfreundlich
Tierfreundlich
Bus
Fähre
Metro
U-Bahn
Straßenbahn
Zug

Die Reihenfolge spiegelt die Bewertung durch Autoren wider.

Empfehlungen von Lonely Planet:

Das empfiehlt der Autor

Hier bezahlt man nichts

Nachhaltig und umweltverträglich

Unsere Autoren haben diese Einrichtung gewählt, weil man dort großen Wert aus Nachhaltikeit legt, etwa durch die Förderung einheimischer Gemeinschaften oder Hersteller durch umweltverträgliche Bewirtschaftung oder durch Engagement im Naturschutz.

Kartenlegende

Sehenswertes
buddhistisch
christlich
hinduistisch
islamisch
jüdisch
Denkmal
Museum/Galerie
Ruine
Schloss
Strand
Weinkeller/Kelter
Zoo
andere Sehenswürdigkeiten

Aktivitäten, Kurse & Touren
Kanu-/Kajak fahren
Ski fahren
Surfen
Swimmingpool
tauchen/schnorcheln
wandern
windsurfen
andere Aktivitäten/Kurse/Touren

Schlafen
Unterkunft
Camping

Essen
Lokal

Ausgehen
Bar/Kneipe
Café

Unterhaltung
Unterhaltung

Shoppen
Shoppen

Praktisches
Bank
Botschaft/Konsulat
Krankenhaus/Arzt
Internet
Polizei
Post
Telefon
Toilette
Touristeninformation
andere Einrichtung

Transport
Bus
Fahrrad
Fähre
Flughafen
Grenzübergang
Metro
Magnetschwebebahn
Parkplatz
Zug/Eisenbahn
Seilbahn
Tankstelle
Taxi
Straßenbahn
andere Transportmittel

Verkehrswege
Mautstraße
Autobahn
Hauptstraße
Landstraße
sonstige Straße
Straße
unbefestigte Straße
Plaza/Mall
Stufen
Tunnel
Fußgängerüberweg
Stadtspaziergang
Abstecher vom Stadtspaziergang
Pfad

Landschaft
Aussichtspunkt
Berg/Vulkan
Hütte/Unterstand
Leuchtturm
Oase
Park
Pass
Picknickplatz
Wasserfall

Städte
Hauptstadt (Staat)
Hauptstadt (Provinz)
Großstadt
Kleinstadt/Dorf

Grenzen
Internationale Grenze
Bundesstaat, Provinz
umstrittene Grenze
Region/Vorort
Meeresschutzgebiet
Klippen
Befestigungsanlage

Gewässer
Fluss, Bach
Periodischer Fluss
Sumpfgebiet
Riff
Kanal
Wasser
Trocken-/Salz-/periodischer See
Gletscher

Gebietsform
Friedhof (christl.)
Friedhof
Highlight (Gebäude)
Park/Wald
Sehenswürdigkeit (Gebäude)
Sportplatz
Strand/Wüste

DIE AUTOREN

Damian Harper

Hauptautor, Shanghai, Zhejiang, Guizhou

Nach seinem Chinesischstudium in einer Zeit, in der das noch völlig unmodern und exotisch war, zog Damian nach Hongkong, um die letzten Jahre unter britischer Herrschaft mitzuerleben. Seit er 1997 für die sechste Ausgabe dieses Bandes eine Reise durch neun chinesische Provinzen unternahm, die echt in die Beine ging, treibt sich Damian immer wieder in China herum bei seiner Arbeit an den zahlreichen Auflagen der Lonely Planet Reiseführer China, Shanghai und Beijing und an seinen Beiträgen zu Lonely Planet Hongkong und China's Southwest. Dabei testet er unberechenbare Hotelbetten, winzige Restaurants und abgelegene Kneipen.

Mehr über Damian unter:
lonelyplanet.com/members/damianharper

Piera Chen

Hongkong, Macau, Guangdong

Piera lernte Guangdong bereits als Teenager kennen, als sie in Hongkong lebte. Verwandte von ihr waren nach Südchina gezogen, und so lernte sie dort, wie man rauchte, Fahrrad fuhr und Blutegel abwehrte – Fähigkeiten, die ihr bei den Recherchereisen für dieses Buch sehr zugute kamen. Piera hat an den Lonely Planet Titeln *Hongkong, Hong Kong Encounter* und der letzten Auflage des Lonely Planet *China mitgearbeitet.*

Mehr über Piera unter:
lonelyplanet.com/members/pierachen

Chung Wah Chow

Jiangsu, Fujian, Hongkong

Chung Wah war schon immer umtriebig und bereiste deshalb nicht nur ausgiebig ihre Heimat Hongkong, sondern auch andere Orte; immer wieder kehrt sie jedoch nach China zurück und unternimmt dort Reisen – verbringt Zeit in den Dörfern Yunnans oder fährt in Qinghai flussaufwärts. Sie lieferte Beiträge für die letzten beiden Auflagen dieses Reiseführers und war als Co-Autorin am Lonely Planet *Hongkong* beteiligt. Für diese Ausgabe entdeckte sie die Schönheit der Küsten Südchinas und verfiel der großartigen Kultur und den Meeresfrüchten dieser Region. Sie betrachtet sich selbst als dauerhaft in Hongkong lebende Touristin.

Mehr über Chung Wah unter:
lonelyplanet.com/members/cwchow

David Eimer

Beijing, Tianjin & Hebei, Shanxi, Ningxia, Innere Mongolei

David kam 1988 zum ersten Mal nach China, als Autos und Ausländer dort noch Mangelware waren. Nachdem er eine Weile als Journalist in LA und seiner Heimatstadt London gearbeitet hatte, lebte David sieben Jahre in Beijing. Seine Reisen führten ihn dabei in fast jede Provinz des Reichs der Mitte. David arbeitet als Co-Autor an den letzten drei Auflagen der Reiseführer Lonely Planet *China* und Lonely Planet *Beijing* mit. Heute lebt er in Bangkok und schreibt für eine Reihe britischer Zeitungen und Zeitschriften.

Tienlon Ho

Shandong, Hunan

Tienlon ist in Worthington, Ohio, aufgewachsen, wo es bei ihr zu Hause immer das beste chinesische Essen gab. Seitdem ist sie häufig umgezogen, wobei sie sich aber überwiegend an Orte hielt, an denen sie leicht an Meeresfrüchte und Mangostanfrüchte kommen konnte, etwa Shanghai, Hongkong, Bangkok, Singapur, New York, und derzeit San Francisco, wo sie über Kulinarisches, Reisen und andere Dinge schreibt. Auch am Lonely Planet Reiseführer China's Southwest hat sie mitgeschrieben. Mehr unter tienlon.com.

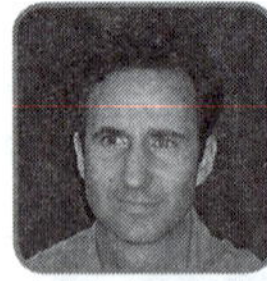

Robert Kelly

Liaoning, Jilin, Heilongjiang, Hainan, Gansu

Geboren in Vancouver, Kanada, verschlug es Robert erstmals Mitte der 1980er nach China; seit 2003 ist er regelmäßig dort. Seit 16 Jahren lebt Robert in Taiwan, wo er derzeit an einer Dokumentation über den Verlust traditioneller taoistischer Tempelkunst arbeitet. Auf seiner sechsten Chinareise für Lonely Planet deckte Robert den sumpfigen Norden, den tropischen Süden und die Provinz Gansu an der Seidenstraße ab. Für jemanden, der Kunst und Abenteuer liebt, kann es nicht viel besser laufen.

Michael Kohn

Shaanxi, Yunnan, Qinghai

Nach seinem Journalismusstudium an der University of California startete Michael eine Karriere als Auslandskorrespondent und berichtete für eine Handvoll Pressekanäle wie BBC und Reuters. Im Jahr 1994 reiste er zum ersten Mal nach China, wo er im Rahmen eines Universitätsprogramms **Beijing** und Tibet besuchte. Dies ist sein dritter Einsatz für den Lonely Planet Reiseführer *China*, für frühere Auflagen hat er bereits über Gansu, Xinjiang, die Innere Mongolei und **Ningxia** recherchiert. Michael lebt in Ulan-Bator. Mehr über seine Arbeit unter www.michaelkohn.us.

DIE LONELY PLANET STORY

Ein mitgenommenes Auto, ein paar Dollar und Abenteuerlust – 1972 war das alles, was Tony und Maureen Wheeler für die Reise ihres Lebens brauchten, die sie durch Europa und Asien bis nach Australien führte. Die Tour dauerte einige Monate, und am Ende saßen die beiden – erschöpft, aber voller Inspiration – an ihrem Küchentisch und schrieben ihren ersten Reiseführer *Across Asia on the Cheap*. Innerhalb einer Woche hatten sie 1500 Exemplare verkauft. Lonely Planet war geboren.

Heute hat der Verlag Büros in Melbourne, London und Oakland mit mehr als 600 Mitarbeitern und Autoren. Sie alle teilen Tonys Überzeugung, dass ein guter Reiseführer drei Dinge erfüllen sollte: informieren, bilden und unterhalten.

Shawn Low

Anhui, Henan, Guangxi

Shawn wuchs im heißen, feuchten, nach Essen verrückten Singapur auf, doch später fand der den Weg nach Süden ins weniger heiße, weniger feuchte, nach Essen verrückte Melbourne (Australien, nicht Florida). In den letzten sechs Jahren arbeitete er für Lonely Planet als Redakteur sowie als verantwortlicher Redakteur, Autor, TV-Moderator und Reiseredakteur. Wenn er nicht gerade seine Hass-Liebe zu China erforscht, isst und trinkt sich Shawn durch andere Teile Asiens. Er ist unter Twitter@shawnlow und generell im Social Media@shawn_low zu finden.

Bradley Mayhew

Xinjiang, Tibet

Bradley zieht es immer wieder ins chinesische Grenzgebiet, seit er vor 20 Jahren, als er an der Universität Oxford Chinesisch studierte, nach Kashgar und Lhasa gereist ist. Bradley schrieb mit an den ersten Ausgaben der Lonely Planet Reiseführer *China's Southwest* und *Shanghai* und ist Hauptautor der Lonely Planet Reiseführer *Tibet, Bhutan, Central Asia* und *Nepal*. Kürzlich wurde er in einer fünfteiligen Dokumentarserie von Arte/SWR vorgestellt, in der die Route Marco Polos von Venedig über den Iran und Afghanistan zu Kublai Khans Sommerhauptstadt Xanadu in der Inneren Mongolei nachgezeichnet wurde. Wer wissen will, was Bradley momentan treibt, kann dies nachlesen unter www.bradleymayhew.blogspot.com.

Mehr über Bradley unter:
lonelyplanet.com/members/nepalibrad

Daniel McCrohan

Beijing, Chinesische Mauer, Hubei, Sichuan, Chongqing, Flussfahrten auf dem Jangtse

Daniel lebt seit 2005 in China und wohnt derzeit mit seiner Frau und seinen Kindern in einem Haus mit Innenhof in einer versteckten Gasse hinter dem Trommelturm in Beijing. Er hat an über einem Dutzend Lonely Planet Reiseführern über China und Indien mitgeschrieben, hat die Smartphone-App *Beijing on a Budget* entwickelt und ist Co-Moderator der Lonely Planet TV-Serie *Best in China*. Mehr über Daniel auf seiner Website: danielmccrohan.com oder Twitter@danielmccrohan.

Mehr über Daniel unter:
lonelyplanet.com/members/danielmccrohan

Christopher Pitts

Shanghai, Jiangxi

Chris startete seine Universitätsausbildung mit klassischer chinesischer Dichtung, als ein Aufenthalt in Shanghai (unterwegs zu seiner Unterrichtsstelle in Kunming) in den 1990ern sein Interesse plötzlich auf die Eigenarten des modernen China gelenkt hat. Nachdem er einige Jahre in Asien die Chinesische Schrift studiert hat, war er angefixt und kehrt, wann immer es möglich war, zurück, um in eine der faszinierendsten Sprachen der Welt einzutauchen. Seit 2004 schreibt er für den Lonely Planet Reiseführer *China* und ist außerdem Co-Autor des Reiseführers *Shanghai*. Wer möchte, kann ihn online unter www.christopherpitts.net besuchen.

Lonely Planet Publications,
Locked Bag 1, Footscray,
Melbourne, Victoria 3011,
Australia

Verlag der deutschen Ausgabe:
MAIRDUMONT, Marco-Polo-Str. 1, 73760 Ostfildern,
www.mairdumont.com, lonelyplanet@mairdumont.com

Chefredakteurin deutsche Ausgabe: Birgit Borowski

Producing: SAW Communications, Redaktionsbüro
Dr. Sabine A. Werner, Mainz

Übersetzung: SAW Communications – Birgit Bruder, Petra Dubilski, Sonja Häußler, Dr. Wolfgang Hensel, Norma Keßler, Melanie Koster, Margit Sander, Stefanie Sendelbach, Isabell Sterner, Sabine Tessloff, Karin Weidlich

An früheren Auflagen haben mitgewirkt: Michaela Böhm, Ulrike Brandhorst, Christa Trautner-Suder, Katja Weber

Redaktion: SAW Communications – Eva Gößwein, Anna Ueltgesforth, Dr. Sabine A. Werner

Technischer Support: SAW Communications – Katrin Pfeil

China

4. deutsche Auflage September 2013, übersetzt von
China 13th edition, May 2013 Lonely Planet Publications Pty

Printed in Malaysia